Über die Herausgeber

Wolfgang Beck, Jahrgang 1949, Studium (Germanistik, Geschichte, Pädagogik) in Kiel und Hamburg. Staatsexamen. 1981–99 Lehrbeauftragter und Wissenschaftlicher Angestellter am Literaturwissenschaftlichen Seminar der Universität Hamburg und am Zentrum für Theaterforschung / Hamburger Theatersammlung. Vorträge in Wien, Kiel, Riverside (Kalifornien), Weimar. Seit 1988 Dozent für Theatergeschichte an verschiedenen Schauspielschulen.

Wichtigste Veröffentlichungen: Eines Hohen Senats Buchdrucker. Zur Geschichte der Ratsbuchdrucker in Hamburg (mit Jan Hans), 1988; Jura Soyfer und die deutschen Satiriker Tucholsky, Mehring, Weinert. In: Die Welt des Jura Soyfer. Wien 1991; Literaturwissenschaft im ‹Dritten Reich›. Das Literaturwissenschaftliche Seminar zwischen 1933 und 1945 (mit Johannes Krogoll). In: Hochschulalltag im Dritten Reich. Die Hamburger Universität 1933 und 1945. Hg. Eckart Krause (u. a.). Bd. 1, 1991; Das Germanische Seminar im ‹Dritten Reich› (mit Wolfgang Bachofer). In: ebd.; «Ich habe mir eine Geschichte geschrieben». Anmerkungen zur Frauenliteratur seit 1945 (mit Barbara Spieß). In: Der deutsche Roman nach 1945. Hg. Manfred Brauneck, 1993; Fachsprachen und Fachjargon im Theater. In: Fachsprachen / Languages for Special Purposes. Ein internationales Handbuch zur Fachsprachenforschung und Terminologiewissenschaft. Hg. Lothar Hoffmann (u. a.), 1998.

Prof. emerit. Dr. Manfred Brauneck, Jahrgang 1934, lehrte seit 1973 Neuere Deutsche Literaturwissenschaft und Theaterwissenschaft an der Universität Hamburg. Von 1986 bis 2003 Leiter des Zentrums für Theaterforschung, bis 2005 auch des Studiengangs Schauspieltheater-Regie. Seit 1973 zahlreiche Gastprofessuren in den USA, Polen und Bulgarien. Seine Forschungsschwerpunkte sind: Geschichte und Theorie des Theaters, Grenzbereiche zwischen Theater und bildender Kunst.

Wichtigste Veröffentlichungen: Deutsche Literatur des 17. Jahrhunderts – Revision eines Epochenbildes. Forschungsbericht 1945–1970, 1971; Literatur und Öffentlichkeit im ausgehenden 19. Jahrhundert. Zur Rezeption des naturalistischen Theaters in Deutschland, 1974; Theater im 20. Jahrhundert. Programmschriften, Stilperioden, Reformmodelle, 1982 u. ö.; Klassiker der Schauspielregie. Positionen und Kommentare zum Theater im 20. Jahrhundert, 1988; Die Welt als Bühne. Geschichte des europäischen Theaters. 5 Bde., 1993ff. – *Herausgebertätigkeit:* Sixt Birck. Sämtliche Dramen. 3 Bde., 1969ff.; Spieltexte der Wanderbühne des 17. Jahrhunderts. 4 Bde., 1970ff.; Das deutsche Drama vom Expressionismus bis zur Gegenwart, 1970; Theaterstadt Hamburg. Geschichte und Gegenwart. Hg. vom Zentrum für Theaterforschung der Universität Hamburg, 1989; Theaterlexikon. CD-Rom, 1999; (mit Michaela Giesing u. a.) 100 Jahre Deutsches Schauspielhaus, 1999.

Dr. Werner Schulze-Reimpell, Jahrgang 1931, Studium an der FU Berlin, Promotion 1955. 1956–66 Dramaturg und Regisseur in Bochum, Lübeck, Bonn. 1966 bis 1972 Kulturkorrespondent der *Welt.* 1972–77 Chefredakteur *Die Deutsche Bühne.* Seit 1977 freier Journalist. Lehraufträge in Köln, Hamburg, München. 1993 bis 2000 Vorsitzender des Verbands der deutschen Kritiker.

Wichtigste Veröffentlichungen: Vom kurkölnischen Hoftheater zu den Bühnen der Bundeshauptstadt, 1983; Stücke 76–90. 15 Jahre Mülheimer Dramatikerpreis, 1991; Zwischen Rotstift und Spaßzwang – Ist das Theater noch zu retten?, 2005.

Manfred Brauneck
Wolfgang Beck (Hg.)
Unter Mitarbeit von
Werner Schulze-Reimpell

Theaterlexikon 2

Schauspieler und Regisseure,
Bühnenleiter, Dramaturgen
und Bühnenbildner

rowohlts enzyklopädie
im Rowohlt Taschenbuch Verlag

rowohlts enzyklopädie
Herausgegeben von Burghard König

Originalausgabe
Veröffentlicht im Rowohlt Taschenbuch Verlag,
Reinbek bei Hamburg, August 2007
Copyright © 2007 by Rowohlt Verlag GmbH,
Reinbek bei Hamburg
Umschlaggestaltung any.way, Walter Hellmann
Satz Proforma PostScript (PageOne)
Gesamtherstellung Clausen & Bosse, Leck
Printed in Germany
ISBN 978 3 499 55650 0

Vorwort

Dieser zweite Band des erstmals 1986 erschienenen, inzwischen als Standardwerk ausgewiesenen Theaterlexikons, das über «Begriffe und Epochen, Bühnen und Ensembles» der Weltgeschichte des Theaters informiert, ist ein lang geplantes und vorbereitetes Projekt: Es ist eine Ergänzung des ersten Bandes, über deren Notwendigkeit Verlag und Herausgeber sich stets einig waren. Dieser zweite Band ist Personen gewidmet, die an der Realisierung des Bühnenkunstwerks unmittelbar beteiligt sind, die es ermöglichen und die diese Arbeit kritisch begleiten. Es sind dies in erster Linie Schauspieler und Schauspielerinnen, Regisseure, Dramaturgen, Bühnenbildner und Theaterleiter, Intendanten und Prinzipale. Nicht aufgenommen sind Bühnenautoren, soweit diese nicht auch in anderen Funktionen, etwa als Regisseure, für das Theater arbeiten.

Der Bezug des zweiten Bandes zum ersten hat zur Folge, dass auch hier ein weiter historischer Bogen gespannt ist, dass Personen aufgenommen sind, mit deren Namen Brennpunkte und Wendepunkte, insbesondere exzeptionelle künstlerische Leistungen verbunden sind; so etwa Shakespeare als Theaterunternehmer, Lessing als Dramaturg und theaterpolitischer Reformer, Goethe als von seinem Souverän und dessen Maitresse gegängelter Intendant des Weimarer Hoftheaters; selbstverständlich auch die großen Bühnenstars früherer Jahrhunderte von David Garrick, Henry Irving, Sarah Bernhardt, Eleonora Duse bis zu den einstmals gefeierten Größen des Wiener Burgtheaters wie Adolf Sonnenthal oder Charlotte Wolter. Der Schwerpunkt der Auswahl liegt jedoch eindeutig im 20. Jahrhundert, verdichtet noch auf das Gegenwartstheater der letzten drei Jahrzehnte. Gerade in diesem Zeitraum sind wichtige innovative Entwicklungen in der Bühnenkunst mit den Namen ihrer Initiatoren verbunden; Beispiele sind Jerzy Grotowski, Peter Brook, Dario Fo oder Robert Wilson. Zudem hat sich in den letzten Jahren eine Tendenz der Subjektivierung der Bühnenästhetik durchgesetzt, bei der Positionen in erster Linie über die «Handschrift» der Regisseure zu beschreiben sind. In diesem Gegenwartsbereich sind neben den etablierten Künstlerpersönlichkeiten auch viele junge Bühnenkünstler aufgenommen, die über ihre erwiesenen Anfangserfolge hinaus für uns diejenigen zu sein scheinen, die das Theater der nächsten Jahrzehnte prägen und voranbringen werden.

Dass dem Theater im deutschsprachigen Raum ein gewisser Vorrang in der Anzahl der aufgenommenen Personen eingeräumt wurde, ist ein Entgegenkommen gegenüber einer Leserschaft, die sicherlich überwiegend mit dieser Theatersphäre konfrontiert ist und darüber aktuell informiert werden will. Selbstverständlich ist die internationale Theaterwelt zureichend einbezogen, zumal jene Bühnenkünstler, die durch Gastspiele und ihre Beteiligung an Festivals international präsent sind oder die durch künstlerische Positionen, welche mit ihrem Namen verbunden sind, in das deutschsprachige Theater hineinwirken. Diese Auswahl ist nicht frei von subjektiven Einschätzungen. Ein Hinweis dieser Art fehlt berechtigterweise wohl in keinem Vorwort einer vergleichbaren

Vorwort

Publikatioion. Doch da dieses Lexikon, wie der erste Band auch, als langfristiges Projekt angelegt ist, werden künftige Auflagen den Bestand immer wieder zu ergänzen und kritisch zu überprüfen haben. Die Artikel sind im Einzelnen so aufgebaut, dass die für die Person relevanten Grunddaten der Biographie mit den wichtigsten Stationen ihres Arbeitswegs, die spezifischen künstlerischen Leistungen, Rollen, Inszenierungen, Theaterdirektionen genannt sind. Zitate aus Aufführungsbesprechungen oder anderen Formen der Würdigung sind zur Pointierung des künstlerischen Profils oder der Lebensleistung eingefügt. Die Länge der Artikel lässt indessen keinen unmittelbaren Rückschluss auf die Bedeutung der behandelten Person zu.

Wie aufwendig diese Arbeit im Detail war, insbesondere das Recherchieren und Überprüfen der Daten von Biographie und Arbeitsgeschichte, vermag nur derjenige wirklich zu ermessen, der mit solchen Arbeiten schon einmal befasst war. Für die Bereitschaft zur Mitarbeit durch persönliche Auskünfte ist vielen der in dieses Lexikon aufgenommenen Personen herzlich zu danken. Dank aber in erster Linie allen Mitarbeitern, denen diese Arbeit ein Übermaß an Idealismus abverlangt hat! Neben den Herausgebern hat Werner Schulze-Reimpell maßgeblich an Konzeption und Auswahl mitgearbeitet. Alle Beteiligten hoffen, ja, sind sich sicher, dass mit diesem Buch allen am Theater Interessierten ein zuverlässiges, aktuell informierendes Nachschlagewerk an die Hand gegeben wird, seien sie professionell mit diesem Bereich befasst als Lernende, Studierende oder eben als Liebhaber dieser wunderbaren «überflüssigsten Sache der Welt», die das Theater nun einmal ist.

Hamburg, Juli 2006
Manfred Brauneck
Wolfgang Beck

Liste der Mitarbeiter

Wolfgang Beck
Karoline Bendig
Manfred Brauneck
Wojciech Dudzik
Susanne Eigenmann
Sonja Galler
Christian Gefert
Nina Grabe
Ute Hagel
Friedemann Kreuder
Marlies Minuth
Mario Rauter

Donatha Reisig
Diana Schindler
Katja Schneider
Karin Schönewolf
Werner Schulze-Reimpell
Horst Schumacher
Nuca-Nursen Selbuz
Bernd Stegemann
Sabine Steinhage
Patricia Stöckemann
Eva-Maria Voigtländer

Abkürzungen

amerik.	= amerikanisch		jap.	= japanisch
armen.	= armenisch		Jh.	= Jahrhundert
asiat.	= asiatisch		jidd.	= jiddisch
austral.	= australisch		jüd.	= jüdisch
bayer.	= bayerisch		jugoslaw.	= jugoslawisch
Bb.	= Bühnenbild (nur in Klammern)		kaiserl.	= kaiserlich
			kanad.	= kanadisch
belg.	= belgisch		königl.	= königlich
brit.	= britisch		künstl.	= künstlerisch
ca.	= circa		lateinamerik.	= lateinamerikanisch
chines.	= chinesisch		lit.	= litauisch
dän.	= dänisch		MuK	= Maske und Kothurn
DEA	= Deutsche Erstaufführung		Musik. Ltg.	= Musikalische Leitung (nur in Klammern)
Diss.	= Dissertation (nur im Literaturverzeichnis)		nat.	= national
			niederländ.	= niederländisch
dt.	= deutsch		norweg.	= norwegisch
EA	= Erstaufführung		NZZ	= Neue Zürcher Zeitung
eig.	= eigentlich		österr.	= österreichisch
engl.	= englisch		P.	= Premiere (nur in Klammern)
europ.	= europäisch			
FAZ	= Frankfurter Allgemeine Zeitung		poln.	= polnisch
			preuß.	= preußisch
FR	= Frankfurter Rundschau		Pseud.	= Pseudonym
franz.	= französisch		R.	= Regie (nur in Klammern)
GdBA	= Genossenschaft deutscher Bühnenangehöriger		rumän.	= rumänisch
			russ.	= russisch
griech.	= griechisch		sächs.	= sächsisch
hebr.	= hebräisch		schwed.	= schwedisch
hess.	= hessisch		schweiz.	= schweizerisch
hl.	= heilig		skandinav.	= skandinavisch
ind.	= indisch		slowen.	= slowenisch
Insz.	= Inszenierung		sowjet.	= sowjetisch
internat.	= international		span.	= spanisch
israel.	= israelisch		staatl.	= staatlich
ital.	= italienisch		städt.	= städtisch

SZ	= Süddeutsche Zeitung	Ü.	= Übersetzung
taz	= Tageszeitung		(nur in Klammern)
Th.	= Theater, Theatre, Théâtre	UA	= Uraufführung
		ungar.	= ungarisch
ThdZ	= Theater der Zeit	WamS	= Welt am Sonntag
TR	= Titelrolle	WAZ	= Westdeutsche Allgemeine Zeitung
tschech.	= tschechisch		
tschechoslowak.	= tschechoslowakisch	württemberg.	= württembergisch
türk.	= türkisch	zit. n.	= zitiert nach
TV	= Fernsehen (nur in Klammern)	Ztg.	= Zeitung

Achternbusch, Herbert, * 23. 11. 1938 München. Autor, Regisseur, Schauspieler.

Geboren als Herbert Schild; aufgewachsen bei der Großmutter im Bayer. Wald. Nach dem Abitur studierte A. an den Kunstakademien in Nürnberg und München. Er begann als Maler, fertigte Plastiken an, schrieb Gedichte, Theaterstücke und Drehbücher. Seine Texte sind meist autobiographischen Inhalts. A. inszeniert sie häufig selbst. Lernte W. Herzog, V. Schlöndorff und M. v. Trotta kennen, die ihn in seiner Filmarbeit bestärkten. A. gilt als Kauz und Außenseiter. Unbekümmert um übliche Dramaturgie, sind seine Arbeiten wild, radikal, subjektiv und losgelöst von jeglichen Konventionen. Filmdebüt mit *Das Andechser Gefühl* (1974), bis heute etwa 30 Filme. Benjamin Henrichs schrieb: «Schwer und schwermütig fangen Achternbusch-Filme an – und enden tödlich [...] Achternbuschs Schauplätze sind nur vordergründig bajuwarische. Das eigentliche Drama passiert in einer anderen Realität: in der schwer zugänglichen, oft erschreckenden Welt unterhalb der Schädeldecke» (*Die Zeit*, 1977). 1982 erhielt A. für seinen Film *Das letzte Loch* (1981) den Spezialpreis des Filmfestivals von Locarno und den Bundesfilmpreis. Zu seinen – oft in eigener Regie uraufgeführten – Theaterstücken gehören u. a. *Ella* (UA 1978, Staatstheater Stuttgart), *Susn* (UA 1980, Schauspielhaus Bochum), *Plattling* (UA 1982, Schauspiel Frankfurt a. M.), *Mein Herbert* (UA 1983, Graz), *Sintflut* (UA 1984, Bochum), *Weg* (UA 1985), *Linz* (UA 1987, beide Münchner Kammerspiele), *Weißer Stier* (UA 1987, Schauspiel Bonn), *An der Donau* (UA 1987, Akademietheater Wien), *Auf verlorenem Posten* (UA 1990), *Letzter Gast* (UA 1996, R. A. → Lang), *Meine Grabinschrift* (UA 1996), *Dulce est* (UA 1998), *Daphne von Andechs* (UA 2001, alle Münchner Kammerspiele). Für seine Stücke *Gust* (Staatsschauspiel München) und *Der Stiefel und sein Socken* (UA 1993, Münchner Kammerspiele, eigene R.) erhielt A. 1986 und 1994 den Mülheimer Dramatikerpreis. Mit *Gust* wurde er 1986 zum Berliner Theatertreffen eingeladen. A. schrieb weitere Stücke: *Mein Vater heißt Dionysos* (2003), *Der Weltmeister* (2004), *Kopf und Herz* (2005). Filme u. a. *Die Atlantikschwimmer* (1975), *Bierkampf* (1976), *Der junge Mönch* (1978), *Der Neger Erwin* (1981), *Die Föhnforscher* (1984), *Heilt Hitler* (1985), *Punch Drunk* (1987), *Ich bin da, ich bin da* (1992), *Ab nach Tibet* (1993), *Neue Freiheit Keine Jobs Schönes München Stillstand* (1998, mit Schauspielern der Münchner Kammerspiele). Bei seinen Filmen war A. meist Regisseur, Autor, Produzent und Schauspieler zugleich.

Achternbusch, H.: Die Alexanderschlacht. Schriften 1963–71. Frankfurt a. M. 1986; ders: Die Atlantikschwimmer. Schriften 1973–79. Frankfurt a. M. 1986; ders.: Es ist niemand da. Frankfurt a. M. 1992; ders.: Die Föhnforscher. Schriften 1984–85. Frankfurt a. M. 1990; ders.: Gesamtausgabe. Bd 1 ff. Weitra 2001 ff.; ders.: Das Haus am Nil. Schriften 1980–81. Frankfurt a. M. 1987; ders.: Hundstage. Frankfurt a. M. 1995; ders.: Der letzte Schliff. München 1997; ders.: 1969. Schriften 1968–69. Frankfurt a. M. 1986; Herbert Achternbusch. Materialien. Hg. J. Drews. Frankfurt a. M. 1981; Herbert Achternbusch. Beiträge von W. Jacobsen. München 1984; Herbert Achternbusch. Hg. V. B. Gass. Heidelberg 1998.

Donatha Reisig

Acquart, André, * 12. 11. 1922 Vincennes bei Paris. Maler, Bühnen- und Kostümbildner.

A. verbrachte seine Schul- und Studienjahre in Algier, wo er die Kunstakademie besuchte und mit Gilles Sandier am dortigen Universitätstheater zusammenarbeitete. 1942 erste Ausstellung in Algier. 1951 Bühnenausstattung für das von Georges Sallet (alias Gilles Sandier) inszenierte Montherlant-Stück *Pasiphaë*. Zahlreiche Regisseure sicherten sich in der Folge seine Mitarbeit: Jean → Vilar, Roger → Blin, Gabriel Garran, Guy Retoré, Laurent Terzieff. A. zählt zu den *concepteurs*, die das Bühnenbild zu einem konstituierenden Element der Insz. gemacht haben. Revolutionär war sein Dekor für Genets *Les Nègres (Die Neger)* 1958/1959, später für → Brechts *Der aufhaltsame Aufstieg des Arturo Ui* am Pariser Th. National Populaire (TNP), für → Shakespeares *Macbeth* am Th. de L'Est Parisien (TEP). Grundprinzip war für A. stets, die Abgrenzung zwischen Zuschauerraum und Spielfläche im klassischen Sinn (v. a. des Guckkastentheaters) aufzuheben, um dem Schauspieler größere Entfaltungsmöglichkeiten in einem magisch – zusätzlich durch Beleuchtungseffekte – vergrößerten Gesamttheaterraum zu schaffen. Die Insz. des Billetdoux-Schauspiels *Comment va le monde, Môssieu? (Wie geht's der Welt, Mossjöh?)* von André Miquel 1994 wurde gerade deswegen gerühmt. Weitere Szenographien u. a. für Williams' *The Strangest Kind Of Romance* (UA 1960, Th. des Champs Élysées, Paris), Corneilles *Horace* (1962/63), *Suréna* (1968, beide Th. National de Strasbourg), Genets *Les Paravents* (1966, Th. de l'Odéon, R. Blin), *Elle* (1998 Th. Les Ateliers, Lyon u. a.), Weiss' *Marat/Sade* (1966, Th. Sarah Bernhardt, Paris), Shakespeares *Heinrich VIII.* (1971, Th. d'Aubervilliers), Ionescos *Le roi se meurt* (1988, Th. des Arts, Brüssel), *Contes et exercices* (1991, Compagnie Claude Confortès), Schisgals *Love* (1985, Th. de la Gaîté-Montparnasse), *Le Regard* (2002, Th. Rive-Gauche, Paris), Topors *L'Hiver sous la table* (1998, Studio-Th. de la Comédie Française), Billetdoux' *Va donc chez Törpe* (2000, Th. du Vieux-Colombier), Turrinis *Alpenglühen* (2002, Le Poche-Montparnasse), Goldonis *Die Rachsüchtige* (2004, Th. Antoine).

Die A.schen Dekore verwenden bevorzugt unbearbeitete Rohmaterialien: Holz, Blech, Kupfer, Stahl, Wasser, Kunststoffe und Spiegel. Seine Bauten sind so angelegt, dass eine beinahe unbegrenzte «Zirkulation» der Handlung und der Schauspieler ermöglicht wird. Seine Bühnenbilder zeigen ihn eher als Konstrukteur, der die Abstraktion liebt, denn als Maler. Das schließt nicht aus, dass A. sich über die Zeit der Handlung, v. a. wenn sie in geschichtlicher Vergangenheit angesiedelt ist, eingehend kundig macht und z. B. Veduten, Gravüren ins Bühnenbild integriert, um eine dem Text gerecht werdende, ins Optische übersetzte «Atmosphäre» zu erzeugen. Die Kritik bezeichnete A. oft als einen Skulpteur, der seine Dekorelemente zusammenfügen und zerlegen (lassen) kann, um auf alle Zu- und Einfälle der theatralischen Handlung unmittelbar und flexibel reagieren zu können.

André Acquart: 30 ans de scénographies. Avignon 1985 *(Katalog)*.

Horst Schumacher

Adler, Stella (Künstlername Lola A.), * 10. 2. 1901 New York, † 21. 12. 1992 Los Angeles. Theaterpädagogin, Schauspielerin.

Tochter der berühmten Schauspieler des jid. Th.s Sarah (1865 – 28. 4. 1953) und Jacob P(avlovic) A. (12. 2. 1855 – 1. 4. 1926). Auch A.s (Halb-)Geschwister Jay (26. 9. 1896 – 23. 9. 1978), Luther (4. 5. 1903 – 8. 12. 1984), Charles († 22. 6. 1955), Celia (1891 – 31. 1. 1979) waren Schauspieler. Debüt als 4-Jährige im väterlichen Grand Th., in dem klassische und moderne Stücke in jid. Übersetzung gespielt wurden. 1919 einjähriges Londoner Gastspiel. A. spielte im folgenden Jahrzehnt in den USA, Europa und Südamerika mehr als 100

Rollen in Vaudevilles und v. a. im jid. Th., u. a. in Maurice →Schwartz' Yiddish Art Th. in New York und auf Tourneen. Broadway-Debüt 1922 in Čapeks *Aus dem Leben der Insekten*. Schloss sich dem American Laboratory an, das von ehemaligen Mitgliedern des Moskauer Künstlertheaters (MChAT) geleitet wurde. 1928 Actor's Laboratory mit Lee →Strasberg und Harold →Clurman, mit dem sie 1943–60 verheiratet war. Mitglied des 1931 durch Clurman, Strasberg und Cheryl Crawford (24. 9. 1902 – 7. 10. 1986) gegründeten Group Th., das als Kollektiv auf der Grundlage der Schauspielmethodik →Stanislavskijs hauptsächlich soziale aktuelle Dramatik spielte. Wichtige Rollen in J. H. Lawsons *Success Story*, M. Andersons *Night Over Taos* (beide 1932), M. P. Levys *Gold Eagle Guy* (1934), C. Odets *Awake and Sing* und *Paradise Lost* (beide 1935). Wurde 1934 in Paris von Stanislavskij privat unterrichtet. 1937 ging A. als Produktionsassistentin (MGM) und Schauspielerin nach Hollywood. Wenige Filme, u. a. *Love on Toast* (1938), *The Shadow of the Thin Man* (1941). Rückkehr zum Theater, v. a. Broadway. U. a. in Irwin Shaws *Sons and Soldiers* (1943, Morosco Th., R. Max →Reinhardt, mit Karl Malden, Gregory Peck), Andreevs *Der, der die Maulschellen kriegt* (1946, Booth Th., R. Tyrone →Guthrie), Regisseurin bei R. Wallings *Manhattan Nocturne* (1952, Forrest Th.), E. Rubio und M. Balfs *Sunday Breakfast* (1952, Coronet Th.). Letzter Bühnenauftritt 1959 in einer Off-Broadway-Produktion von Arthur Kopits *Oh Dad, Poor Dad, Mama's Hung You in the Closet, and I'm Feeling So Sad*. – Parallel zu ihrer praktischen Theaterarbeit unterrichtete sie seit Anfang der 1940er Jahre in Erwin →Piscators Dramatic Workshop an der New School for Social Research in New York. 1949 Gründung ihrer eigenen Schauspielschule: S. A. Th. Studio (heute S. A. Studio of Acting, seit 1985 mit Dependance in Los Angeles). A. war eine begeisterte und begeisternde Pädagogin, die auf der Grundlage der Stanislavskij-Methode, ihrer Erfahrungen mit dem jid. und dem Group Th. überaus erfolgreich Schüler ausbildete (u. a. Warren Beatty, Peter Bogdanovich, Marlon Brando, James Coburn, Melanie Griffith, Robert de Niro, Harvey Keitel, Bette Midler). Später auch Professorin der School of Drama der Yale Universität. In mehreren Werken gab sie konzise Zusammenfassungen ihrer Theorien über Schauspielkunst und deren Entwicklung.

Adler, S.: The art of acting. New York 2000; dies.: Stella Adler on Ibsen, Strindberg, and Chekhov. New York 1999; dies.: The technique of acting. Toronto 1988; Rosenfeld, L. A.: The Yiddish theatre and Jacob P. Adler. New York 1988; Rotté, J.: Acting with Adler. New York 2000.

Wolfgang Beck

Admiraal, Joop (eig. Jacob), * 26. 9. 1937 Ophemert (Niederlande), † 25. 3. 2006 Amsterdam. Schauspieler, Autor.

A. besuchte ein Jahr die Kunstnijverheidsschool, ab 1955 Ausbildung als Schauspieler an der Toneelschool (Amsterdam). Nach Abschluss 1959 ein Jahr bei der Nederlandse Comedie. Nach erfolglosen Versuchen, in Italien beim Film Fuß zu fassen, Rückkehr in die Niederlande, Mitglied experimenteller Theatergruppen (Centrum, Studio). 1971 Mitglied der für die niederländ. Theaterentwicklung wichtigen Gruppe Het Werkteater (Amsterdam), die auch großen Einfluss auf das europ. Freie Th. ausübte. Diese politisch und sozial engagierte Theatergruppe entwickelte ihre Stücke über Improvisationen in kollektiver Arbeit selbst. Themen dieser Stücke, die sich v. a. mit Problemen sozialer Randgruppen befassten und auch in entsprechenden Einrichtungen gespielt wurden, waren u. a. Psychiatrie (*Toestanden*, 1972), Altersheime (*Avondrood*, 1974), Tod und Sterbebegleitung (*Je moet ermee leven*, 1977). Nachdem 1984 das Werkteater als Gruppentheater sein Ende gefunden hatte, war A. seit Gründung 1987 Mitglied der Toneelgroep Amsterdam. Wichtige Rollen u. a. in → Pinters *Alte Zeiten* (1988), Th. Bernhards *Die Jagdgesellschaft* (1991), → Shakespeares *Timon von Athen*, Gerardjan → Rijnders' und Carla Mulders «Montage-Performance» *Ecstasy*, Čechovs *Ivanov* (alle 1995), Euripides' *Bakchanten* (1998, R. Jürgen → Gosch), Corneilles *Der Cid* (1999), Sophokles' *Oidipus* (2001), Peter de Graefs *Metamorphosen* (2003), Ederveens *Echt iets om naar toe te leven* (2005). Auftritte in der Solovorstellung *J. A. speelt Phèdre* (1995) und dem mit Hans Kesting entwickelten Stück *Vertraagd Afscheid* (1998). Speziell für A. und seine Kollegin Kitty Courbois schrieb der amerik. Autor Richard Maxwell das Stück *Barmhartige Samaritanen* (UA 2002/03). Filme u. a. *Max Havelaar* (1976), *Het Teken van het beest* (1980), *Achter glas* (1981), *Hersenschimmen* (1988), *Ramses* (2002), z. T. nach Produktionen des Werkteaters oder der Toneelgroep, z. B. *Toestanden* (1976), *Oude Tongen* (1994), *Duinzicht boven* (1999). – A. war ein Schauspieler von großer Eindringlichkeit in klassischen wie modernen Rollen. Bekannt für seine sensible Darstellung von Frauenrollen. Seine schauspielerische Vielseitigkeit konnte er bereits in seinem (1983 verfilmten) autobiographischen Einpersonenstück *U bent mijn Moeder (Du bist meine Mutter)* beweisen, in dem er nicht nur den Sohn, sondern auch dessen demenzkranke Mutter spielt und die bedrückenden wie komischen Erlebnisse bei den Besuchen lebendig werden lässt. Für diese Darstellung, mit der er auch auf Deutschland-Tournee war, bekam A. 1982 den Louis d'Or als bester männlicher Schauspieler und 1984 den Adolf-Grimme-Preis. Noch am Tag vor seinem Tod spielte er in Houtapels' *Uit Liefde* im Amsterdamer Th. Bellevue.

Ogden; D. H.: Das «Werkteater» von Amsterdam. Würzburg 1993; Schayk, M. van: Hallo Medemens! De geschiedenis van Het Werkteater. Amsterdam 2001.
Wolfgang Beck

Adorf, Mario, *8. 9. 1930 Zürich. Schauspieler, Autor.

Ab 1950 Studium (Philosophie, Theaterwissenschaft) in Mainz, 1953 in Zürich. Auftritte bei Studentenbühnen. 1953–55 Otto-Falckenberg-Schule München. 1955–62 Münchner Kammerspiele, u. a. in Frys *Das Dunkel ist Licht genug* (1955, R. → Kortner), Millers *Blick von der Brücke* (1956, R. → Hilpert), Kästners *Die Schule der Diktatoren* (UA 1957), Ionescos *Die Stühle* (1958, beide R. → Schweikart), Anouilhs *General Quichotte* (1960), Braun/Aischylos' *Die Perser* (1961), Williams' *Endstation Sehnsucht* (1962, R. → Verhoeven). Seit dem Debüt mit *08/15* (1954) über 170 Film- und Fernsehrollen, u. a. in *Nachts wenn der Teufel kam* (1957, R. Siodmak, Bundesfilmpreis), *Das Totenschiff* (1959), *Schachnovelle*, *Der Schulfreund* (beide 1960), *Winnetou 1* (1963), *Major Dundee* (1965, R. Peckinpah), *König, Dame, Bube* (1972, R. Skolimowski), *Il delitto Matteotti* (*Die Ermordung Matteottis*, 1973), *Der Dritte Grad* (1974, R. Fleischmann). Übergang zu Charakterrollen; spielte in Filmen Schlöndorffs (*Die verlorene Ehre der Katharina Blum*, 1975; *Die Blechtrommel*, 1979), Damianis (*Io ho paura*, dt. *Ich habe Angst*, 1977; *Uomo di rispetto*, 1992), Wilders (*Fedora*, 1978), → Fassbinders (*Lola*, 1981), J.-M. Straubs (*Klassenverhältnisse*, 1984), → Schaafs (*Momo*, 1986), Chabrols (*Stille Tage in Clichy*, 1990), B. Augusts (*Fräulein Smillas Gespür für Schnee*, 1997), Dietls *Rossini* (1997), Eggers (*Epsteins Nacht*, 2002). Im Fernsehen (seit 1956) u. a. in → Brechts *Herr Puntila und sein Knecht Matti* (1966), *Der große Bellheim* (1993), *Der Schattenmann* (1996), *Vera* (2004). Theaterrollen u. a. in → Molières *Der Wirrkopf* (1972, Freie Volksbühne Berlin, R. → Lindtberg; 1974 Tournee), Horváths *Geschichten aus dem Wienerwald* (1977/78, Triest), TRn in → Brechts *Der aufhaltsame Aufstieg des Arturo Ui* (1979) und → Shakespeares *Othello* (1982, beide Bad Hersfelder Festspiele), Porter/Spewacks *Kiss Me Kate* (1995, Volksoper Wien), Rezas *Der Mann des Zufalls* (2002, R. → Clemen), E.-E. Schmitts *Enigma* (2004, beide Renaisance-Th. Berlin, R. Schlöndorff), 2002–03 Nibelungen-Festspiele Worms. Soloabende als Entertainer; Schriftsteller (*Der Mäusetöter, Der Dieb von Trastevere, Der römische Schneeball* u. a.). Zahlreiche Auszeichnungen. Seine Tochter Stella Maria (* 1963) ist ebenfalls Schauspielerin. – Heute durch Film und Fernsehen einer der beliebtesten dt. Schauspieler, ein anerkannter Charakterdarsteller mit großem komödiantischen Talent, zurückgenommenen Mitteln und modulationsreicher Stimme. Lange Jahre bestimmte das Rollenklischee seiner frühen Filme A.s Ein- bzw. Unterschätzung.

Zurhorst, M., H. R. Blum: Mario Adorf. Seine Filme – sein Leben. München 1992.

Wolfgang Beck

Affolter, Therese, * 28. 11. 1951 Olten (Schweiz). Schauspielerin.

A. studierte Schauspiel am Max-Reinhardt-Seminar in Wien. 1974 wurde sie von Claus → Peymann an das Württemberg. Staatstheater Stuttgart engagiert, wo sie u. a. die Margarete in Peymanns berühmter *Faust*-Insz. war (P. 26. 2. 1977). Ihre darstellerische Leistung fand großen Anklang bei der Theaterkritik: «Die Naivität dieser Gretchen-Figur, stellt sich schließlich heraus, ist nicht die Gretchens, sondern nur der moderne Begriff, den Therese Affolter von dieser Naivität besitzt» (H. Schödel in *Th. heute* 4/1977, S. 21). In der Spielzeit 1979/80 war sie Ensemblemitglied des Bochumer Schauspielhauses, wo sie die TR in → Brechts *Die heilige Johanna der Schlachthöfe* spielte (R. Alfred → Kirchner). Wanderjahre führten A. an das Schauspielhaus Hamburg (1980–82), ans Residenztheater München (1982–84) und an das Hamburger Thalia Th. unter der Leitung von Jürgen → Flimm (1985–87). Hier überzeugte sie wiederum in der Rolle der Johanna in Flimms Insz. der Schiller'schen *Jungfrau von Orléans* (P. 30. 11. 1985). 1987 war sie bei George → Tabori engagiert, der damals im Wiener Schauspielhaus das Th. «Der Kreis» leitete. Peymann holte sie anschließend an das Burgtheater, wo sie bis 1999 fest engagiert war; dann ging A., wiederum unter Peymann, ein Engagement am Berliner Ensemble ein. Dort spielte sie u. a. Petra Kelly in → Kroetz' *Das Ende der Paarung* (UA 5. 2. 2000), Rosa Luxemburg in Peymanns Bearbeitung der Brecht'schen *Mutter* (P. 15. 1. 2003), Lisette in → Lessings *Die Juden* (2003, R. Tabori), verschiedene Rollen in Bernhards Dramolette *Der deutsche Mittagstisch* (2003/04, R. Peymann), Jelineks *Wolken. Heim. Und dann nach Hause* (P. 2. 3. 2005, R. Peymann). Seit 2000 ist A. auch als Gast an der Berliner Schaubühne zu sehen, hier spielte sie u. a. in Thomas → Ostermeiers Insz. von Jon Fosses *Der Name* die Rolle der Mutter (P. 2. 10. 2000). Weitere Rollen u. a. in Schwabs *Die Präsidentinnen* (2002/03), McBurneys *Die drei Leben der Lucie Cabrol* (2005, beide Zimmertheater Tübingen, R. Vera Sturm), García Lorcas *Bluthochzeit* (2006, Schauspielhaus Graz). – Neben ihrer Theaterarbeit wirkte A. in zahlreichen Filmen mit (*De Omweg*, 2000); der wichtigste, *Stammheim*, Reinhard Hauffs Verfilmung des RAF-Prozesses, wurde 1986 mit dem Goldenen Bären der Berliner Filmfestspiele ausgezeichnet. A. spielte darin die Rolle der Ulrike Meinhof. 1974 Förderpreis zur Kainzmedaille, 2001 Kunstpreis des Kantons Solothurn.

Wille, F.: «Auf die Plätze, Fertig, Halt!» In: Th. heute, 3/2000.

Eva-Maria Voigtländer

Aillaud, Gilles, * 5. 6. 1928 Paris, † 24. 3. 2005 Paris. Bühnenbildner, Dramatiker.

Sohn des Architekten Emile A. Nach Abschluss des Studiums der Philosophie und Literaturwissenschaft an der Sorbonne längerer Aufenthalt in Italien, wo er sich ganz der Malerei widmete und 1950 in der Galleria dell'Obelisco zum ersten Mal ausstellte. Weitere Ausstellungen in Paris, Turin, Brüssel, New York und Mailand machten ihn bekannt als Vertreter einer «peinture en procès», die 1958 mit dem Prix Fénéon ausgezeichnet wurde. Seit 1961 Zusammenarbeit mit Eduardo → Arroyo und Antonio Recalcati (* 1938), mit denen er 1965 die Bilderserien *Vivre et laisser mourir ou la fin tragique de Marcel Duchamp (Leben und sterben lassen oder Das tragische Ende von Marcel Duchamp)* und *Passion dans le Desert* schuf. 1973/74 Herausgeber der Zeitschrift *Rebelote*. Seit 1972 zahlreiche Arbeiten als Bühnen- und Kostümbildner: → Brechts *Im Dickicht der Städte* bei den Festspielen von Avignon in der Regie von Jean → Jourdheuil und Jean-Pierre → Vincent. Weitere Insz.en (Auswahl): Heiner → Müllers *Hamletmaschine* 1979 im Th. Gérard Philippe Paris-St. Denis (R. Jourdheuil); nach Michel de Montaigne *Le Rocher, la Lande, la Librairie (Der Felsen, die Heide, die Bibliothek)* 1982 im Th. d'Aubervilliers (R. Jourdheuil und Peyret). 1974 Beginn der Zusammenarbeit mit K. M. → Grüber, unter dessen Regie er – oft gemeinsam mit Arroyo – die Bühnenbilder schuf, u. a. für *Die Bakchen* von Euripides (1974, Schaubühne am Halleschen Ufer Berlin), *Faust-Salpêtrière* nach → Goethe (1975, Chapelle de la Salpêtrière Paris), Goethes *Faust* (1982, Freie Volksbühne Berlin), → Shakespeares *Hamlet* (1982), Čechovs *An der großen Straße* (1984, beide Schaubühne am Lehniner Platz Berlin, 1984), Racines *Bérénice* (Comédie Française Paris, 1984), Arroyos *Bantam* (Bayer. Staatsschauspiel München, 1986), *La medesima strada* nach Empedokles, Heraklit, Parmenides, Sophokles (1987/88, Piccolo Teatro di Milano), Büchners *Dantons Tod* (1989, Nanterre), Schönbergs *Erwartung* (1991, Th. de la Monnaie Brüssel), *Catharina von Siena* von J. M. R. Lenz (1992), Goethes *Iphigenie auf Tauris* (1998, beide Schaubühne am Lehniner Platz), Mozarts *Idomeneo* (2003, Opernhaus Zürich), Janáčeks *Tagebuch eines Verschollenen* (2005, Wiener Festwochen). Häufige Zusammenarbeit auch mit Luc → Bondy, u. a. bei Handkes *Die Stunde, da wir nichts voneinander wußten,* (1994, Koproduktion Schaubühne Berlin/ Festival d'Automne Paris), Verdis *Don Carlos* (1996, Th. du Chatelet Paris), Becketts *Warten auf Godot* (1999), Strauß' *Lotphantasie* (UA 1999), Čechovs *Die Möwe* (2000, jeweils Koproduktionen Wiener Festwochen).

A. verneinte die klassische Idee des Bühnenbildes, «zu dekorieren», und stellte ihr eine → Brecht'sche Auffassung, «zu verfremden», «zu desillusionieren» entgegen. Für A. gab es eine «Sinnkontinuität» («continuité de sens») zwischen Th. und Malerei. Laut Jourdheuil «bestimmt sich in den Dekoren» von A. «eine Ästhetik des Betrachtens und Zuhörens, einer andauernden Gegenwart wie bei der Betrachtung eines Gemäldes». So soll der Raum in die Insz. einverleibt, die Ausstattung für Regisseur und Darsteller einsetzbar werden. A. sieht sich wie Grüber als «Mann ohne Theorie» («homme sans théorie»), denn die Kunst illustriere gar nichts, v. a. nicht Theorien. Das berühmte Bühnenbild zu *Bérénice* entstand nach einem Besuch in Grübers Wohnung: «In seinem Fensterrahmen gab es eine Arabeske, die mir ein Matisse-Bild ins Gedächtnis rief und die ich benutzt habe. Auf der anderen Seite gab es eine Wendeltreppe, die ich zu einem römischen Pantheon umgestaltet habe» (zit. nach *Libération*, 22. 4. 2002). – A. schuf auch die Bühnenbilder für seine eigenen Th.-Stücke *Vermeer et Spinoza (Ver-*

meer und Spinoza), *Le Masque de Robespierre* (*Die Maske Robespierres*).

Aillaud, G.: Écrits 1965–1983. Paris 1987; ders.: Œuvres complètes. Berlin 1980; ders.: Le Proche et le Lointain. Paris 1980; ders.: Voir sans être vu. Paris 1985; Bailly, J.-Ch.: Gilles Aillaud. Marseille 2005; Carstensen, U. B.: Klaus Michael Grüber. Frankfurt a. M. 1988; Gilles Aillaud: retrospective. Red. P. Reiles, J.-C. Koltz. Luxemburg 2005 (*Katalog*); Gilles Aillaud, Eduardo Arroyo et le théâtre. Hg. B. Dahan-Constant. Paris 1987; Jourdheuil, J.: Un théâtre de regard. Paris 2002; Onfray, M.: Épiphanies de la séparation: la peinture de Gilles Aillaud. Paris 2004; Pesquès, N.: Gilles Aillaud. Marseille 2001.

Horst Schumacher

Albers, Hans (Philipp August), * 22. 9. 1891 Hamburg, † 24. 7. 1960 Kempfenhausen / Berg. Schauspieler.

Sohn eines Schlachtermeisters, Kaufmannsgehilfe, privater Schauspielunterricht (Arthur → Hellmer). Erste Engagements 1911 Bad Schandau und Neues Th. Frankfurt a. M., 1912 Güstrow, 1913/14 Hamburg (u. a. Schiller-Th. Altona, Thalia Th.). 1915–16 Soldat. Seit 1917 in Berlin, Arbeit beim Film, Auftritte in Operetten und Lustspielen. Mitte der 1920er Jahre Hauptdarsteller in Revuen Rudolf Nelsons und James Kleins (*Berlin ohne Hemd*, 1926; *Zieh Dich aus*, 1928), in denen er als früher «Entertainer» singend und mit akrobatischen Einlagen Erfolg hatte. Sprechtheaterrollen u. a. in Bruckners *Die Verbrecher* (Dt. Th., P. 23. 10. 1928, R. → Hilpert), Anderson/Stallings *Rivalen* (Th. an der Königgrätzer Straße, P. 20. 3. 1929, R. → Piscator). Durchbruch mit der TR in Molnárs *Liliom* (Volksbühne Berlin, P. 7. 1. 1931, R. K. H. → Martin), die zu seiner Paraderolle wurde. Über 100 Stummfilme, meist als eleganter Schurke oder Lebemann. Bereits mit ersten Tonfilmen (*Ein Tag Film*, *Die Nacht gehört uns*, beide 1929) wurde er durch natürliches Spiel und Sprache zum Star, der er auch während der nationalsozialistischen Herrschaft blieb – «angepaßt, und dennoch eigensinnig» (Krützen, S. 250). 1939 Staatsschauspieler. Er verkörperte in über 50 Tonfilmen im Grunde nur eine Rolle: den Abenteurer und (komödiantischen) Draufgänger voll Spontaneität und Tatendrang. Die erfolgreichsten Filme waren u. a. *Der blaue Engel* (1930, mit M. Dietrich, E. → Jannings), *Bomben auf Monte Carlo* (1931), *F.P.1 antwortet nicht* (1932), *Der Mann, der Sherlock Holmes war* (1937, mit H. → Rühmann), *Wasser für Canitoga* (1939), *Große Freiheit Nr. 7* (1944). Spielte die TR im Jubiläumsfilm der Ufa *Münchhausen* (1943) und in wenigen NS-Propagandafilmen (*Flüchtlinge*, 1933, *Henker, Frauen und Soldaten*, 1935, *Carl Peters*, 1941). A. konnte nach Kriegsende nicht an frühere Filmerfolge anknüpfen; u. a. *Vor Sonnenuntergang* (1956, nach G. Hauptmann), *Der Mann im Strom* (1958, nach S. Lenz). – Spielte noch 3 Bühnenrollen, den Titelhelden in Molnárs *Liliom* (P. 25. 4. 1946, Hebbel-Th., Berlin), auf Betreiben → Brechts Macheath in der *Dreigroschenoper* (P. 27. 4. 1949, Münchner Kammerspiele, R. → Buckwitz) und Karl Knie in Zuckmayers *Katharina Knie* (P. 15. 1. 1957, Th. am Gärtnerplatz, München). – Volksschauspieler, dessen ungebrochene Popularität nicht auf der Virtuosität seiner schauspielerischen Vielseitigkeit beruht, sondern darauf, dass er differenziert und facettenreich einen Typus verkörperte, sodass Rollen und Person kongruent zu sein schienen. V. a. als Filmschauspieler von großer Ausstrahlungskraft; entwickelte sich im Alter zum Charakterdarsteller.

Blumenberg, H. C.: «In meinem Herzen, Schatz...» Die Lebensreise des Sängers und Schauspielers Hans Albers. Frankfurt a. M. 1991; Cadenbach, H. J.: Hans Albers. Frankfurt a. M. u. a. 1983; Krützen, M.: Hans Albers. Eine deutsche Karriere. Weinheim, Berlin 1995.

Wolfgang Beck

Alegría, Alonso, * 14. 7. 1940 Santiago de Chile. Regisseur, Theaterleiter, Autor.

Sohn des Schriftstellers Ciro A. (1909–67) und der Pianistin Rosalía Amézquita. Aufgewachsen in der peruanischen Hauptstadt Lima. 1958–62 Studium der Kunstgeschichte an der Universität Lima. Anschließend an der Yale University in New Haven / Connecticut: 1964 B. A., 1966 M. A. in Dramatik und Dramaturgie, 1967 Diplom in Regie. 1968 Leitung des Universitätstheaters Lima und UA seines – in über 50 Ländern nachgespielten – Stücks *El cruce sobre el Niagara* (*Die Überquerung des Niagara-Falls*, 1969, Premio Casa de las Américas). Gründungsdirektor und Hauptregisseur des Teatro Nacional Popular in Lima (1971–78). Gastprofessuren für Theaterwissenschaft an verschiedenen Universitäten in den USA (1979–87), 2006 Middlebury College (Vermont). Lehrt Dramaturgie und Regie an der privaten Pontificia Universidad Católica del Perú in Lima, leitet eine private Amateurtheatergruppe. Insz.en eigener und fremder Stücke an in- und ausländ. Th.n, u. a. von → Molières *Der Menschenfeind* (1968, Teatro la Cabaña), Vargas Llosas *Los cachorros* (1970, Teatro de la Universidad Católica, eigene Adaption), Eltons *Pop Corn* (2001, Teatro Británico, Lima), Ampueros *Arresto domiciliario* (2002, Auditorio de la Alianza Francesa de Miraflores). Für den Film Drehbuch zu *La vida es una sola* (*Es gibt nur ein Leben*, 1992), Schauspieler in *No se lo digas a nadie* (1998), *Proof of Life* (2000). Weitere Stücke: *El terno blanco* (*Der weiße Anzug*, UA 1981 Potsdam); *Daniela Frank* (UA 1984 Williamstown / USA; peruan. EA Lima 1993); *Encuentro con Fausto* (UA 1999, Lima), Libretto für Didier Lockwoods Jazz-Oper *Libertad* (UA 2003, Th. de Verdure, Montpellier).

 Alegría, A.: Elementos de composición dramática. Lima 1987.

Horst Schumacher

Allio, René (Alfred Marc), * 8. 3. 1924 Marseille, † 27. 3. 1995 Paris. Bühnenbildner, Regisseur, Drehbuchautor.

Beginn als Maler. Erste Theaterarbeit für den Avantgarderegisseur Jean-Marie Serreau. Zu seinen frühen Arbeiten gehört das Bühnenbild zu Deguys *Les condamnés* (1950, Th. des Noctambules). Mitte der 1950er Jahre bei den Pariser Festspielen Th. des Nations lernte er → Piscator und → Visconti kennen und v. a. das Berliner Ensemble, dessen Insz.en seinen Vorstellungen als Bühnenbildner entsprachen, d. h. einer Realisation, die stoff- und sinngetreu zugleich ist, die Theateraufführung und Theaterbesucher zusammenführt, die den Zuschauer in das Bühnengeschehen auf eine Weise einbindet, die dem Engagement des Schauspielers nicht nachsteht. Diese neue Ästhetik entwickelte A. in einer rund 10 Jahre dauernden Zusammenarbeit mit Roger → Planchon im Th. de la Cité in Lyon seit 1958. Er schuf Bühnenbilder und Kostüme u. a. zu → Shakespeares *Heinrich IV.* (1957), → Molières *George Dandin* (1958), *Tartuffe* (1962), → Brechts *Der gute Mensch von Sezuan* (1958), *Schweyk im zweiten Weltkrieg* (1961), Racines *Bérénice* (1966). A. war für die Gestaltung des neu gegründeten Maison de la Culture in Lyon ebenso mitverantwortlich wie für den Umbau des Pariser Th. Sarah Bernhardt zum Th. de Ville. Von William Gaskill für Szenographien in Stratford-upon-Avon (Shakespeare, *Cymbeline*, 1961) und London verpflichtet, arbeitete A. auch für das Piccolo Teatro di Milano (Weiss, *Marat / Sade*, 1967) und war für zahlreiche Operneinstudierungen in der ganzen Welt tätig. Zusammenarbeit u. a. mit → Zadek (Shakespeare, *Der Kaufmann von Venedig*, 1972, Schauspielhaus Bochum). – Es ging A. um die größte Flexibilität in der Bühnengestaltung, die Ausweitung der Spielfläche unter Ausnutzung aller (z. B. Umbau-)Möglichkeiten. Das «Atelier d'urbanisme et d'architecture» (AUA) erlaubte ihm, seine Ideen umzusetzen, einen «Ort der Transformation» («lieu de transformation») zu schaffen, die «technicité du lieu théâtral» zu betonen (gemeinsam mit Perrottet, Deroche, Loiseau, Tribel, Valentin Fabre; im Übrigen v. a. am Th. de la Commune d'Aubervilliers). – Erste Filmarbeit für eine Einspielung in eine Insz. von Gogol's *Die toten Seelen*. Seine antikonformistische Tätigkeit für den Film führte zu Experimenten, die für das Th. nutzbar gemacht wurden: *Les Ames mortes* (1962), *La Vielle Dame indigne* (1965, eine Verfilmung der Brecht'schen Kalendergeschichte *Die unwürdige Greisin*), *L'Une et l'autre* (1967), *Pierre et Paul* (1968), *Les Camisards* (1970), *Rude journée pour la reine* (1973, mit Simone → Signoret in der Hauptrolle), *Moi, Pierre Rivière* (1976), *Retour à Marseille* (1981), *Le Matelot 512* (1984), *Transit* (1991, Drehbuch von Jean → Jourdheuil nach dem Roman von Anna Seghers), *Marseille, la vieille ville indigne* (1993). 1979 gründete er das Centre de Création Cinématographique Méditerranéenne in Vitrolles. – Die Wesensverschiedenheit der Darbietungsformen führte A. zur Folgerung: «Im Theater schafft der Raum die Zeitvorstellung, im Film schafft die Zeit die Raumvorstellung.»

Allio, R.: Carnets. Hg. A. Farge. Paris 1991; Cinéma et réalité: rencontre avec René Allio, Jean-Jacques Adrien […]. Brüssel 1982; Gauthier, G.: Les Chemins de René Allio. Paris 1993; René Allio. Hg. G.-D. Farcy. Caen 2005.

Horst Schumacher

Ambesser, Axel von (eig. Axel Eugen Alexander von Oesterreich), * 22. 6. 1910 Hamburg, † 8. 9. 1988 München. Schauspieler, Regisseur, Dramatiker.

A. begann 1930 an den Hamburger Kammerspielen, bei dessen Direktor Erich → Ziegel er Schauspielunterricht nahm. 1932–34 Stadttheater Augsburg, 1935–36 Münchner Kammerspiele, 1936–41 und 1944 Dt. Th. Berlin, 1941–43 Th. in der Josefstadt Wien, 1943–45 auch am Preuß. Staatstheater Berlin. 1945–65 spielte er, zeitweise als Gast, an den Münchner Kammerspielen, am Wiener Burgtheater, aber auch und später vorwiegend an anderen, nicht zuletzt Boulevardtheatern. Nach dem Krieg begann A. Regie zu führen, u. a. in München, Berlin, Zürich und bei den Salzburger Festspielen (*Träume von Schale und Kern* von → Nestroy 1953). Mehr und mehr Filmarbeit als Schauspieler und Regisseur. A. schrieb mehrere Stücke, so *Wie führe ich eine Ehe* (1945 Berlin), *Das Abgründige in Herrn Gerstenberg* (Hamburger Kammerspiele 1946, R. Helmut → Käutner), *Lebensmut zu hohen Preisen* (1951 Berlin, R. und Hauptrolle A.), *Mirakel in Müll* (1958), *Omelette Surprise* (1971). – A. war ein Schauspieler von großer Noblesse und starker Ausstrahlung. Vorzüglich besonders im komischen Fach, anfangs in klassischen Rollen, später in Lustspielen und Boulevardkomödien, obwohl nicht der Typ des Komödianten. Georg Hensel nannte ihn einen «Theatermann für die Großstädte und für das große Publikum», Fritz → Kortner durchaus achtungsvoll «Charme-Pinkel». Seine Stücke, zum alsbaldigen Gebrauch bestimmt, zielten, nicht ohne Tiefgang, auf geistreiche Unterhaltung. *Das Abgründige in Herrn Gerstenberg* ging über viele Bühnen.

Ambesser, A. v.: Nimm einen Namen mit. Berlin 1985.

Werner Schulze-Reimpell

Andree, Ingrid (eig. I. Tilly Unverhau), * 19. 1. 1931 Hamburg. Schauspielerin.

Studium an der Staatl. Hochschule für Musik und Darstellende Kunst in Hamburg bei Eduard Marks. Auf ihr Theaterdebüt im Thalia Th. Hamburg 1951 (Turgenevs *Ein Monat auf dem Lande*) folgte ein erfolgreiches Filmdebüt mit *Primanerinnen* (1951, R. Rolf Thiele). Nach zahlreichen Film- und Fernseherfolgen in den 1950er und 1960er Jahren – u. a. in *Bekenntnisse des Hochstaplers Felix Krull* (1957, R. Kurt Hoffmann) und *Der Rest ist Schweigen*

(1959, R. Helmut → Käutner) – kehrte sie zum Th. zurück. Am Dt. Schauspielhaus Hamburg Cleopatra in Shaws *Cäsar und Cleopatra* (1959, mit → Gründgens). An den Münchner Kammerspielen (1967–70) arbeitete sie vorwiegend mit dem Regisseur Dieter → Giesing zusammen. Herauszuheben aus dieser Zeit sind ihre TRn in Strindbergs *Fräulein Julie* (1967, R. → Kortner) und Ibsens *Hedda Gabler* (1968, R. Giesing). A.s größte schauspielerische Zeit waren unstrittig die Jahre am Hamburger Thalia Th. (1971–80) unter der Intendanz von Boy → Gobert. Die Eroberung des Hamburger Publikums durch das Dreigestirn A. – Gobert – Nicole → Heesters fand ihren Höhepunkt in der Insz. von Schillers *Maria Stuart* durch Gobert (1974) mit Heesters als Maria Stuart und A. in der Rolle der Königin Elisabeth. Geprägt durch ihre unverwechselbare Stimme, zeigte sie in ihrer grazilen Präsenz eine schneidend kalte Elisabeth, deren Einsamkeit umso anrührender war. – Triumphe feierte A. in den Stücken von Harold → Pinter: als Emma mit Hans-Michael → Rehberg in *Betrogen* (1979, R. Giesing) und besonders als Kate gemeinsam mit Gobert in *Alte Zeiten* (1972, R. Hans → Schweikart), das einer der größten Thalia-Erfolge der 1970er Jahre wurde. Nachdem A. bereits in Hamburg mit Jürgen → Flimm zusammengearbeitet hatte, ging sie 1980 mit ihm ans Kölner Schauspielhaus. Dort spielte sie u. a. Alkmene in Kleists *Amphitryon* in bewährt hanseatischer Zurückhaltung mit einem Hang zur Überheblichkeit. Eine mit Bravour gemeisterte Herausforderung dagegen war die Rolle des Alten Fritz in Robert → Wilsons Kölner Teil von *CIVIL warS* (1984). C. B. Sucher schrieb darüber: «Ingrid Andree hatte den Schlüssel gefunden, Menschen die Seele aufzusperren» (Sucher, S. 17). Nach einem Intermezzo ab 1985 am Hamburger Thalia Th., wiederum unter Flimm, spielte sie seit Anfang der 1990er Jahre erneut im Schauspiel Köln und setzte hier ihre Zusammenarbeit mit dem Regisseur Günter → Krämer fort. Viel Beachtung fand ihre Franziska Dehke in Roland Schimmelpfennigs *Die Arabische Nacht* (2002, R. Krämer). In Berlin Herodias in Wildes *Salome* (2003, Holz Theaterproduktion), an der Schaubühne am Lehniner Platz Greta in Mayenburgs *Eldorado* (UA 2004, R. → Ostermeier). Neben der Theaterarbeit hat A. immer wieder Film- und Fernsehrollen übernommen. Sie hat bei zahlreichen Hörbüchern und Hörspielen, auch für Kinder, mitgewirkt und war als Synchronsprecherin tätig. A. ist ausgezeichnet mit dem Bundesverdienstkreuz und Mitglied der Akademie der darstellenden Künste. Sie war verheiratet mit dem Schauspieler Hanns → Lothar († 1967), ihre Tochter Susanne → Lothar hat wie ihre Mutter als Schauspielerin Karriere gemacht.

Blasche, G., E. Witt: Hamburger Thalia Theater – Boy Gobert. Hamburg 1980; Sucher, C. Bernd: Theaterzauberer. Schauspieler 40 Porträts. München 1988.

Susanne Eigenmann

Antoine, André, * 31. 1. 1858 Limoges, † 19. 10. 1943 Le Pouligneu (Bretagne). Schauspieler, Regisseur, Theaterleiter, Theaterkritiker.

Als Angestellter der Gasvertriebsgesellschaft leitete A. deren Laienspielgruppe, die im Kern dann zu der Amateurtruppe wurde, die unter dem Namen Th.-Libre in der Passage de l'Élysée-Montmartre von 1887 bis 1894 aktiv war. Unterstützt von Émile Zola und Alphonse Daudet, wurde er zum Wegbereiter des modernen Th.s und v. a. des naturalistischen Repertoires. Statt Berufsschauspieler beschäftigte er Amateure als von der zu seiner Zeit üblichen übertriebenen Gestik und Pathetik unbelastete Darsteller. Bekämpfung des eingefahrenen Klassiker-Spielplans der Comédie Française und der modischen seichten Unterhaltungsstücke der Art von Alexandre Dumas d. J., Emile Augier, Victorien Sardou, Eugène Scribe in der vom Großbürgergeschmack bestimmten Belle Époque. Erste Aufführungen lösten Proteststürme aus. Als konsequenter Naturalist bemühte sich A. um ein realitätsgetreues Bühnenbild. Sein erster Triumph war Tolstojs Drama *Die Macht der Finsternis* (1888): Die Dichte der Atmosphäre, die Echtheit des Spiels, die Handlungs- und Personenführung aus einem Guss wurden von der zeitgenössischen Kritik hervorgehoben. – Nach und nach trennte sich A. von der naturalistischen Überladenheit des Bühnendekors, um der «inneren Wahrheit» des jeweiligen Stücks zum Ausdruck zu verhelfen, ohne realistische Insz.en aufzugeben. Er war der Erste, der in Frankreich Henrik Ibsen (*Gespenster*, 1890, *Wildente*, 1891), August Strindberg (*Fräulein Julie*, 1893), Gerhart Hauptmann (*Die Weber*, 1893) inszenierte. Die 1889 in Berlin unter Otto → Brahm gemeinsam mit den Brüdern Hart, dem Verleger Samuel Fischer u. a. gegründete Freie Bühne hatte sich das Th.-Libre zum Vorbild genommen. A. selbst musste 1894 mit seinem Th. Konkurs anmelden. Er hatte vergeblich auf einen Dramatiker gewartet, der – wie er es von Zola erhoffte – als «Shakespeare des Naturalismus» die Zuschauer in sein Haus gezogen hätte. 1896 bis 1906 Fortsetzung seiner Arbeit im Th. Antoine im 10. Pariser Stadtbezirk und schließlich 1906–14 im Th. de l'Odéon, dessen Leitung er übernahm. Er spielte auch an diesen Bühnen moderne Autoren, wandte sich aber nun auch verstärkt den Klassikern zu, besonders → Shakespeare, den er im franz. Bühnenrepertoire heimisch machte *(König Lear, Julius Cäsar, Coriolan, Romeo und Julia)*. Die Gründung von Jacques → Copeaus Th. du Vieux-Colombier ließ ahnen, dass sich A.s Theaterstil überlebt hatte. A. konnte überschuldet nie mehr ein Th. übernehmen und verdiente seinen Lebensunterhalt als freier Journalist und Theaterkritiker.

Antoine, A.: Mes souvenirs sur le Théâtre libre. Paris 1921; ders.: Mes souvenirs sur le Théâtre Antoine et sur l'Odéon. Paris 1928.

Horst Schumacher

Appen, Karl von, *12. 5. 1900 Düsseldorf, † 22. 8. 1981 Berlin (DDR). Bühnenbildner, Maler, Theaterleiter.

Sohn eines Glasmalerehepaars; in Frankfurt a. M. 1914–17 Ausbildung zum Reproduktionsphotographen, 1918–20 Volontariat am Stadttheater, 1920–24 Studium (Malerei und Graphik) an der Kunstgewerbeschule und am Städelschen Institut bei Max Beckmann. 1921–26 Bühnenbilder für das Frankfurter Künstlertheater (Hebbel, *Maria Magdalena*, 1921) und die Oper (Bartóks *Herzog Blaubarts Burg*, 1922). 1924–26 Bildredakteur und Pressezeichner. 1926–29 freier Maler und Pressezeichner in Berlin; Bühnenbilder u. a. für das Th. in Dortmund. Seit 1929 freier Maler in Dresden; Bühnenbilder für Schauspielhaus und Staatsoper; 1930 für das Würzburger Th. 1932 Mitglied der KPD und des Bundes revolutionärer bildender Künstler (ASSO). 1935 Berufsverbot, Arbeit als Dekorationsmaler des Sächs. Staatstheaters. Als Mitglied des kommunistischen Widerstands 1941 zu 4 Jahren Zuchthaus verurteilt (Strafgefangenenlager Nieder-Roden bei Frankfurt a. M.); 1945 von amerik. Truppen befreit. Rückkehr nach Dresden; dort bis 1954 Ausstattungsleiter der Th. (1947–49 kommissarischer Generalintendant). Etwa 70 Bühnenbilder, u. a. für Zuckmayers *Der Hauptmann von Köpenick* (1945), Beethovens *Fidelio* (1948). 1947 Gründung und Leitung der Bühnenbildklasse der späteren Hochschule für bildende Künste. Seit 1953 Zusammenarbeit mit → Brecht am Berliner Ensemble, dessen Ausstattungsleiter er 1954–81 war. Arbeiten u. a. für Strittmatters

Katzgraben (UA 1953, R. Brecht), Farquhar/ Brechts *Pauken und Trompeten* (R. → Besson), Synges *Der Held der westlichen Welt* (1956, R. → Palitzsch / → Wekwerth), Shakespeares *Coriolan* (1964, R. Tenschert / Wekwerth), Nestroys *Der Unbedeutende* (1976, eigene R.), v. a. aber für Stücke Brechts: *Der kaukasische Kreidekreis* (1954, R. Brecht), *Der gute Mensch von Sezuan* (1957, R. Besson), *Der aufhaltsame Aufstieg des Arturo Ui* (1959, R. Palitzsch / Wekwerth), *Die Dreigroschenoper* (1960, R. Erich → Engel), *Der Brotladen* (1967, R. → Karge / M. → Langhoff), *Die heilige Johanna der Schlachthöfe* (1968, R. Tenschert / Wekwerth). Gast-Bühnenbildner u. a. in Leipzig (Mozart, *Figaros Hochzeit*, 1966), Halle (Hacks' *Polly*, 1966), an der Volksbühne (Braun / Euripides' *Die Troerinnen*, 1961) und am Dt. Th. Berlin (Hacks' *Senecas Tod*, Ring-UA 1980), den Münchner Kammerspielen (Shakespeare, *Timon von Athen*, 1961, R. → Kortner) und am Londoner National Th. (Zuckmayers *Der Hauptmann von Köpenick*, Shakespeares *Coriolan*, beide 1971). Verheiratet mit den Schauspielerinnen Charlotte Wasmund, danach mit Manja Behrens (12. 4. 1914 Dresden – 18. 1. 2003 Berlin). Zahlreiche Auszeichnungen. – A.s Bemühungen, die Personen und ihre wechselnde Stellung im Raum in die Szenerie einzubeziehen, die szenische Aktion zu unterstützen, machten seine Arbeit zum integralen Bestandteil jeder Insz. Seine antiillusionistischen Bühnenbilder sollten – unter Verzicht auf alles bloß Dekorative, mit Betonung des realistischen Details – Hintergründe des im Stück Gezeigten verdeutlichen und die Intentionen der Regie unterstützen. A. beeinflusste durch seine praktische Arbeit und Lehrtätigkeit die ihm folgende Generation von Bühnenbildnern der DDR.

Bühnenbilder der DDR. Arbeiten aus den Jahren 1971–1977. Hg. F. Dieckmann. Berlin 1978; Dieckmann, F.: Karl von Appens Bühnenbilder am Berliner Ensemble. Berlin 1971; Renk, A.: Karl von Appen – Ein Maler im Theater. In: Mitteilungen der Akademie der Künste der DDR 4/1990.

Wolfgang Beck

Appia, Adolphe, * 1. 9. 1862 Genf, † 29. 1. 1928 Glérolles bei Nyon. Bühnenbildner, Theatertheoretiker, Regisseur.

Der Großvater war Pastor, der Vater Arzt. A. erhielt eine solide musikalische Bildung und fiel früh durch seine zeichnerische und malerische Begabung auf. Seine Leidenschaft für das Th. wurde in den Jahren 1879–86 geweckt. Als regelmäßiger Schauspiel- und Opernbesucher begeisterte er sich v. a. für Richard Wagner und wohnte in Bayreuth Aufführungen von *Parsifal* (1886) und *Tristan und Isolde* (1888) bei. A. propagierte die Abkehr vom naturalistischen Aufführungsstil der Wagner'schen Opern und des Th.s seiner Zeit allgemein, er entwickelte ab 1888 – ein Jahr nach Gründung des Th.-Libre von André → Antoine und 7 Jahre vor dem Erscheinen von Edward G. → Craigs *The Art of the Theatre* – seine Reformtheorie. Der freiwillige Rückzug an den Schreibtisch hinderte ihn allerdings nicht, zahlreiche Bühnenbilder zu entwerfen: zu Opern von Wagner, Gluck und Bizet und zu Schauspielen von Aischylos, → Shakespeare, → Goethe, Ibsen und Claudel. Gleichzeitig – zwischen 1906 und 1912 – enge Zusammenarbeit mit seinem Schweizer Landsmann Émile → Jaques-Dalcroze (1865–1950), der 1905 als Musikpädagoge in Genf erstmalig seine Methode der «Rhythmischen Gymnastik» vorgestellt hatte, d. h. des intensivierten Musikerlebens durch Körperrhythmik. A. war an der Konzeption der 1911 in Hellerau bei Dresden gebauten Bildungsanstalt Jaques-Dalcroze beteiligt und kreierte Dekore für die dort 1912 und 1913 veranstalteten Festspiele. 1923 schuf er für die Aufführung von *Tristan und Isolde* an der Mailänder

Scala unter Arturo Toscanini das Bühnenbild; er inszenierte 1925 *Das Rheingold* und *Die Walküre* in Basel. Modelle der Bühnenbildentwürfe wurden in Wanderausstellungen in Deutschland, der Schweiz, England, den Niederlanden und Schweden gezeigt. Große Beachtung fanden seine Broschüre über *La Mise en scène du drame wagnérien* (Paris 1895) und das 1899 in München erschienene Werk *Musik und Inszenierung*. – A., von dem Jacques → Copeau als «dem genialen, dem einfachen, dem bescheidenen A.» sprach, hatte sich in diesen – und den späteren – Schriften zum Vorläufer und Sprecher der innovativen Regisseure des 20. Jh.s gemacht. Ihm schwebte ein Bühnenraum vor, «eine Art Kathedrale der Zukunft, die einem weiten, freien und umwandlungsfähigen Raum den idealen Ort schafft, wo die dramatische Kunst mit oder ohne Zuschauer ihre volle Blüte entfaltet». Max → Reinhardt hat sich ebenso auf ihn bezogen wie die franz. Avantgarderegisseure.

Appia, A.: La Mise en scène du drame wagnérien. Paris 1895; ders.: Musik und Inszenierung. München 1899; ders.: L' Œuvre d'art vivant. Genf 1921; ders.: Œuvres complètes. 6 Bde. Lausanne 1983 ff.; Bablet, D.: Esthétique générale du décor de théâtre de 1870 à 1914. Paris 1984; Brauneck, M.: Theater im 20. Jahrhundert. Reinbek 1982; Copeau, J.: Registres, I. Appels. Paris 1974; Mercier, J. u. a.: Adolphe Appia, a Memorial. In: Theatre Arts Monthly XVI, 8. New York 1932; Blätter, U., E. Stadler: Mostra delle scenografie di Adolphe Appia. Rom 1951; Stadler, E.: Adolphe Appia. In: MuK, 1959; Volbach, W.: Adolphe Appia, Prophet of the Modern Theatre. Middletown 1968.

Horst Schumacher

Arent, Benno (Georg Eduard Joachim) von, * 19. 6. 1898 Görlitz, † 14. 10. 1956 Bonn. Bühnenbildner, Architekt.

1916 – 18 Kriegsfreiwilliger, danach Freikorps Oberland und Reichswehr. Ab 1920 Arbeit u. a. als Versicherungsangestellter, Handelsvertreter, Automobilverkäufer. Künstl. Autodidakt. Arbeit in der Kinoreklame, seit 1923 Ausstatter und Bühnenbildner für Berliner Unterhaltungstheater und den Film (*Die schönste Frau der Welt*, 1924; *Ronny*, 1931; *Goethe-Gedenkfilm*, 2 Teile, 1932; *Hitlerjunge Quex*, 1933; *Viktor und Viktoria*, 1933; *Freut Euch des Lebens*, 1934; *Ein idealer Gatte*, 1935). Vor 1933 Mitglied der NSDAP und der SS. 1932 Mitbegründer des Bundes Nationalsozialistischer Bühnenkünstler (seit 1933 Kameradschaft der dt. Künstler), des Kampfbundes für dt. Kultur (1933). 1937 Professor und SS-Sturmbannführer, 1938 Mitglied des Reichskultursenats. A. arbeitete auch als Architekt, entwarf in Berlin das Haus der Dt. Arbeitsfront und verkitschte den von C. → Holzmeister begonnenen Umbau des Kleinen Festspielhauses in Salzburg 1939 durch eine barockisierende Stuckausstattung. Der künstl. nicht hervorgetretene A. bekam zeitgeschichtliche Bedeutung durch seine Ernennung zum Reichsbühnenbildner (1936) und Reichsbeauftragten für die Mode (1939). Als solcher entwarf er Uniformen und Orden, war zuständig für die Ausstattung staatl. Prestigeveranstaltungen (u. a. Straßendekorationen für die Olympiade 1936, Staatsbesuch Mussolinis 1937, Staatsbegräbnisse). V. a. aber sollten seine naturalistischen oder ins Monumentale gehenden Bühnenbilder vorbildhaft die Szenographie des dt. Th. beeinflussen. A. entwarf Bühnenbilder u. a. für das Landestheater Linz, die Berliner Volksbühne (u. a. → Molière, Schiller, Hauptmann), das Dt. Opernhaus Berlin. Mehrfach war er verantwortlich für die Ausstattung von Wagners *Die Meistersinger von Nürnberg*, so 1934 in Nürnberg (im Rahmen des Reichsparteitags), 1935 in Berlin (Dt. Opernhaus), 1936 in München, 1937 in Weimar («Festspiele der dt. Jugend»), 1941 in Linz. Weder seine künstl. Potenz noch sein tatsächlicher Einfluss waren geeignet, die Bühnenbildgestaltung selbst während der NS-Zeit wirksam zu beeinflussen. 1945–53 in sowjet. Gefangenschaft.

<small>Biographisches Lexikon zum Dritten Reich. Hg. H. Weiß. Frankfurt a. M. 2002; Eckert, N.: Das Bühnenbild im 20. Jahrhundert. Berlin 1998; Hitlers Künstler. Die Kultur im Dienst des Nationalsozialismus. Hg. H. Sarkowicz. Frankfurt a. M. 2004; Kiehn, U.: Theater im ‹Dritten Reich›: Volksbühne Berlin. Berlin 2001; Das Landestheater Linz 1803–2003. Hg. M. Klügl. Salzburg, Wien 2003.</small>

Wolfgang Beck

Arroyo, Eduardo, * 26. 2. 1937 Madrid. Maler, Bühnenbildner, Autor.

Studium an der Hochschule für Journalismus in Madrid. Arbeitete seit 1957 als Journalist. Verließ Spanien 1958, um dem Militärdienst zu entgehen. A. kam nach Paris, wo er journalistisch und als Maler tätig war. 1968–1972 in Mailand, danach erneut in Paris, nach dem Tode General Francos auch wieder in Spanien. Als Multikonzeptionskünstler (Maler, Bildhauer, Töpfer, Printmaker, Bühnenbildner) Autodidakt. Ausgangspunkt seines Schaffens war das Spannungsfeld zwischen Expressionismus und Realismus *(figurina de Nueva)*. Reflexion über die Rolle des Künstlers in der Gesellschaft. Bildelemente und Wortverbindungen kommerziell angewandter Kunst fließen in seine Kreationen ein. Seine Werke sind oft Serien, deren Titel sich z. B. auf den Span. Bürgerkrieg beziehen und die Zeitgeschichte kritisch kommentieren. 1975/76 Stipendiat des DAAD-Künstlerprogramms in Berlin. Erste Einzelausstellungen in der Pariser Galerie Karl Flinker (1974 und 1978). Retrospektiven im Pariser Centre Georges Pompidou (1982), Guggenheim Museum New York (1984). Teilnahme an der Weltausstellung Sevilla (1992). Vertrat Spanien auf der Biennale Venedig 1995. Weitere Ausstellungen u. a. 2002 Museo Nacional Centro de Arte Reina Sofía (Madrid), 2003 Ludwig Museum (Budapest). Zahlreiche Bühnendekors seit Ende der 1960er Jahre. Aufsehen erregte A. mit der Ausstattung für *Vermeil comme le sang* von Claude Régy, ein frei nach den Märchen der Brüder Grimm geschriebenes «Sinnstück» über das Leben, das 1974 auf Veranlassung von Jack Lang im Pariser Th. National de Chaillot uraufgeführt wurde. A. hatte in 7 Sackgassen-Passagen in leuchtender Farbgebung die Ängste des Alltagslebens sichtbar gemacht, jonglierend mit Symbolen und metaphysischen Anspielungen. A. nahm 1975 gemeinsam mit Klaus Michael → Grüber, Gilles → Aillaud und Bernard Poutrat an der Einrichtung («mise en place») von → Goethes *Faust I* und *Faust II (Faust-Salpêtrière)* in der Kapelle Saint-Louis des Krankenhauses La Salpêtrière in Paris teil: eine Kreation, die geteilte Aufnahme fand. A. hatte Grüber in Mailand kennengelernt und mit ihm die Insz. von Adamovs *Off limits* am Piccolo Teatro di Milano (1968/69) erarbeitet; dort auch Zusammenarbeit bei Jungs *Nostalgia* (1983/84) und Genets *Splendid's* (1994/95). Das Dreigespann A. – Grüber – Aillaud war auch für die Aufführung des Euripides-Dramas *Die Bakchen* an der Berliner Schaubühne am Halleschen Ufer (1974) verantwortlich. Weitere Szenographien für Insz.en Grübers u. a. bei Bergs *Wozzek* (1971, Bremer Th.), Wagners *Die Walküre* (1976, Opéra de Paris), Verdis *Othello* (1996, Amsterdam), bei den Salzburger Festspielen von Janáčeks *Aus einem Totenhaus* (1992; 2005 Teatro Real Madrid), Wagners *Tristan und Isolde* (2000). A. schuf auch das Bühnenbild für die UA seines eigenen Theaterstücks *Bantam* (1986, Residenztheater München, R. Grüber). A. veröffentlichte 1982 den Roman *Panama Al Brown*, der auf Deutsch unter dem Titel *Panama. Das Leben des Boxers Al Brown* vorliegt. Auszeichnungen u. a.: Premio Nacional de Artes Plásticas (1982), Chevalier des Arts et des Lettres (1983).

<small>Arroyo, E.: Espana, il poi viene prima. Mailand</small>

1973; ders.: Sardines à l'huile. Paris 1989 (dt. Sardinen in Öl. Frankfurt a. M. 1991); ders.: El trío calaveras: Goya, Benjamín y Byron-boxeador. Madrid 2003; ders.: Un día sí y otro también. Madrid 2004; Calvo Serraler, F.: Diccionario de ideas recibidas del pintor Eduardo Arroyo. Madrid 1991; ders.: Eduardo Arroyo. Madrid 1991; Célébrités poldèves: Aillaud, Arroyo, Mordillat. Paris 1984; Eduardo Arroyo. Madrid 2002; Eduardo Arroyo: obra gráfica. Valencia 1989; Eduardo Arroyo, Theater – Boxen – Figuration. Hg. G. Langemeyer. München 1987; Orgullo y pasión: Eduardo Arroyo en diálogo con Rosa Pereda. Madrid 1998; Pradel, J.-L.: Vingt-cinq ans d'art en France. Paris 1986.

Horst Schumacher

Artaud, Antonin (Marie Joseph), * 4. 9. 1896 Marseille, † 4. 3. 1948 Vitry-sur-Seine bei Paris. Theaterschriftsteller, Intendant, Schauspieler, Regisseur.

A. erkrankte als 5-Jähriger an Gehirnhautentzündung und litt sein ganzes Leben an «körperlichen Schmerzen nervösen Ursprungs», die immer wieder lange Klinikaufenthalte notwendig machten. 1920 zog A. nach Paris und versuchte, seine seit dem 13. Lebensjahr entstandenen Gedichte zu publizieren, u. a. in der *Nouvelle Revue Française*, deren Chefredakteur Jacques Rivière sie ablehnte. A., der sich als Dichter verstand und die Surrealisten um André Breton frequentierte, wandte sich dem Theater zu, trat im Th. de l'Œuvre bei → Lugné-Poe als Schauspieler auf und wurde Schüler von Charles → Dullin (1922/23), spielte im Th. de l'Atelier (König Basilius in Calderóns *Das Leben ein Traum*, Juni 1922; Karl der Große im Märchendrama *Huon de Bordeaux* von Alexandre Arnoux, März 1923) und übernahm Filmrollen (Marat in *Napoléon* von Abel Gance 1926, Bettlerkönig in der *Dreigroschenoper* von G. W. Pabst 1930). 1926 mit Roger Vitrac und Robert Aron Gründung des Th. Alfred Jarry, das 1927 4 Insz.en mit jeweils 1 bis 2 schlecht besuchten Vorstellungen spielte, 1929 bereits wieder geschlossen wurde.

A.s Theatertheorie, bes. seine Proklamierung eines «Th.s der Grausamkeit» (Th. de la cruauté; 1932/33), revolutionierte das Bühnenschaffen des 20. Jh.s. A. verglich das Th. mit der Pest, weil Th. und Pest das Scheingebäude der modernen Zivilisation zerstören, die existenziellen Abgründe offenlegen, den Rückfall der Menschheit in einen primitiven Urzustand ohne Moral und Vernunft. Das Th. der Grausamkeit beabsichtigt die Verunsicherung des Zuschauers und die Befreiung der Naturkräfte. Um dies zu erreichen, sollen die nicht-verbalen Mittel («un th. contre le culte du texte») im Mittelpunkt einer Aufführung stehen: Farbe, Bewegung, Gewalt als eigentliche Theatermaschinerie. Nach einem Aufenthalt bei den Indianern Nordmexikos, Drogenexperimenten und einer Irlandreise (1936/37) definierte er als Erster in einem Brief die Idee des absurden Th.s. A.s Grundvorstellungen enthält das Werk *Le théâtre et son double*. Er verbrachte die letzten 9 Jahre seines Lebens in psychiatrischen Anstalten und schuf in Phasen geistiger Klarheit noch ein umfangreiches schriftstellerisches Werk. – Jean Genet, Peter Weiss, Fernando Arrabal, Peter → Brook, Julian → Beck und Judith → Malina wurden sehr stark von A. beeinflusst; ebenso J.-L. → Barrault, Roger → Blin und Antoine → Vitez.

Artaud, A.: Œuvres complètes. 26 Bde. Paris 1956–94; ders.: L'arve et l'aume, suivi de 24 lettres à Marc Barbezat. Décines/Isère 1989; ders.: Lettre contre la Cabbale. Paris 1949; ders.: Lettres à Annie Besnard. Paris 1977; ders.: Lettres à Génica Athanasiou. Paris 1969; ders.: Nouveaux écrits de Rodez, suivi de Six lettres à Marie Dubuc. Paris 1977; ders.: Les Tarahumaras. Décines/Isère 1955; ders.: Vie et Mort de Satan le feu, suivi de Textes mexicains. Paris 1953; Blanchot, M.: Le livre à venir. Paris 1959; ders.: L'entretien infini. Paris 1969; Blüher, K. A.: Antoine Artaud und das ‹Nouveau Théâtre› in Frankreich. Tübingen 1991; Brauneck, M.: Die Welt als Bühne. 4. Bd. Stuttgart, Weimar 2003; Breton, A.: Entretiens. Paris 1952; Charbonnier, G.: Essai sur Antoine Artaud. Paris 1959; Derrida, J.: Die Schrift und die Differenz. Frankfurt a. M. 1976; Durozoi, G.: Artaud. Paris 1972; Gouhier, H.: Antoine Artaud et l'esprit du théâtre. Paris 1975; Grimm, J.: Das avantgardistische Theater Frankreichs 1895–1930. München 1982; Krapalik, E.: Antoine Artaud. München 1977; Kaschel, G.: Text, Körper und Choreographie. Frankfurt a. M. 1981; Maeder, T.: Antoine Artaud. Paris 1978; Sollers, Ph.: Logiques. Paris 1968; Virmaux, A.: Antoine Artaud et le théâtre. Paris 1970; Virmaux, O. und A.: Artaud, bilan critique. Paris 1980.

Horst Schumacher

Ashcroft, Dame Peggy (eig. Edith Margaret Emily A.), * 22. 12. 1907 Croydon (heute London), † 14. 6. 1991 London. Schauspielerin.

A. besuchte die Central School of Dramatic Art, London. Debüt 1926 im Birmingham Repertory Th. in J. Barries *Dear Brutus*. 1927 erster Auftritt in London, Durchbruch 1929 als Naomi in *Jew Süß* (A. Dukes Dramatisierung des Romans *Jud Süß* von L. Feuchtwanger). Aufsehen erregte ihre Desdemona 1930 in → Shakespeares *Othello* neben dem schwarzamerik. Schauspieler Paul → Robeson. A., die mit allen Größen des engl.sprachigen Th.s spielte (Laurence → Olivier, Michael → Redgrave, Ralph → Richardson, besonders häufig mit John → Gielgud), trat v. a. in London (Old Vic, Royal Court, Aldwych) und in Stratford-upon-Avon (Royal Shakespeare Company, RSC) auf, seit 1937 auch auf Tourneen in den USA. Nach 1933 spielte sie (selten) auch in Filmen, so u. a. in Hitchcocks *Die 39 Stufen* (1935), neben Audrey Hepburn in *Geschichte einer Nonne* (1959) und in David Leans *Reise nach Indien* (1984; Oscar). Noch im hohen Alter spielte sie im Fernsehen, so 1990 in *She's Been Away*. 1951 «Commander of the Order of the British Empire», 1956 geadelt. Norweg. Orden für ihre Interpretation von Ibsens *Hedda Gabler*. 1962 wurde in London ein Th. nach ihr benannt. – Ihr umfangreiches Repertoire umfaßte mit gleicher Selbstverständlichkeit Rollen in klassischen wie modernen Stücken, u. a. Webster (*The Duchess of Malfi*, 1945, R. Gielgud; 1960 RSC), Sheridan (*The School for Scandal*), Ibsen (*Hedda Gabler*, 1954), Wilde (*The Importance of Being Earnest*, 1939, 1942), Beckett (*Happy Days*, 1975), Albee (*A Delicate Balance*, 1969), → Pinter (*Landscape*, 1969). 1956 spielte sie die Doppelrolle Shen Te / Shui Ta in → Brechts *Der gute Mensch von Sezuan* (Royal Court Th.). Shakespeare aber war der Autor, in dessen Stücken sie ihr ganzen Bühnenleben lang brillierte und Erfolge feierte. Ihre Interpretation der Julia in *Romeo and Juliet* (1935, New Th., R. Gielgud; als Romeo alternierend Gielgud und Olivier) etablierte sie als eine der herausragenden Schauspielerinnen ihrer Zeit. Weitere Shakespeare-Rollen: Mistress Page in *The Merry Wives of Windsor*, Rosalind in *As You Like It*, Cordelia in *King Lear* (1950, Stratford – mit Gielgud als Lear). Gefeiert als Königin Margarete in der Shakespeare-Adaption *The War of the Roses* (nach *Henry VI* und *Richard III*, R. Peter → Hall): «Die Variationen im Klang, in der Stimmlage, in Rhythmus und Betonung, die Peggy Ashcroft findet, [...] sind ihr eigenes, eigentliches Geheimnis, aber sie erst setzen den Schlußakzent auf eine darstellerische Leistung, die man unter die größten einreihen muß» (P. Roberts in *Th. heute*, Jahresband 1964, S. 110). Noch 1981 feierte sie mit der RSC einen triumphalen Erfolg in *All's Well That Ends Well*. – A. war eine Schauspielerin von großer Vielseitigkeit (sie spielte über 100 tragende Rollen), die komische wie tragische Rollen mit der gleichen Überzeugungskraft darzustellen und im Sinne eines psychologischen Realismus zu interpretieren wusste. In jugendlichen Rollen wie in Altersrollen bis zuletzt erfolgreich.

Billington, M.: Peggy Ashcroft. London 1988; O'Connor; G.: The Secret Woman: A Life of Peggy Ashcroft. London 1997; Tanitch, R.: Ashcroft. London 1987.

Wolfgang Beck

Askin, Leon (eig. Leo [Lion] Aschkenasy), * 18. 9. 1907 Wien, † 3. 6. 2005 Wien. Schauspieler, Regisseur.

Schauspielunterricht u. a. bei Hans → Thimig und im späteren Reinhardt-Seminar. Debüt in Rolf Lauckners *Schrei aus der Straße* (P. 15. 5. 1926, Th. der Jugend in den Pan-Spielen). 1928 Städt. Bühnen Düsseldorf, 1928–32 Düsseldorfer Schauspielhaus unter Louise → Dumont und Gustav → Lindemann; u. a. in Brecht/Weills *Dreigroschenoper*, Gor'kijs *Nachtasyl*, → Goethes *Faust II* (1932). Erneut Städt. Bühnen, u. a. in Schillers *Räuber* (P. 4. 1. 1933). März 1933 «beurlaubt», inhaftiert, April Emigration nach Paris. Gründung der Kabaretts Künstlerklub Paris-Vienne (u. a. mit → Gerron) und Les Sans Culottes. 1935 Rückkehr nach Wien, bis März 1938 künstl. Leiter des Kabaretts ABC. Daneben 1935/36 Regisseur und Schauspieler am Landestheater Linz. Nach dem «Anschluss» Österreichs Flucht nach Paris. Mitarbeiter → Piscators. 1939 u. a. in Meslay-du-Maine interniert (Kabarett- und Liederabende u. a. mit → Farkas). 1940 Exil in den USA. 1940–42 als Nachfolger Piscators künstl. Leiter des Civic Th. in Washington (Insz.en u. a.: Shaws *The Apple Cart*, → Shakespeares *Troilus and Cressida*, beide 1941). 1942–46 im Special Service der US-Luftwaffe. 1943 amerik. Staatsbürgerschaft und Namensänderung. 1946 Mitbegründer der Veterans Memorial Stage (VMS). Regisseur und Schauspieler bei Sommertheatern, Tourneen, Broadway-Produktionen (u. a. Giraudoux' *Die Irre von Chaillot*, 1947/48). Lehrtätigkeit (American Theatre Wing, Piscators Dramatic Workshop). Vorstandsmitglied, Regisseur des New Yorker Equity Library Th., u. a. Goldonis *La Locandiera* (*Mirandolina*, 1946), Shakespeares *Merchant of Venice* (*Kaufmann von Venedig*, Rolle: Shylock). 1947 mit den Players from Abroad Goethes *Faust* (R., TR, → Bassermann als Mephisto). 1950 Broadway-Erfolg in Hecht/McArthurs *Twentieth Century* (R. → Ferrer). Seit 1955 Auftritte in der BRD und Österreich. 1955 Croft in Shaws *Frau Warrens Gewerbe*, 1957 TR in Shakespeares *Othello* (beide Hamburger Kammerspiele), 1962 Pozzo in Becketts *Warten auf Godot* (Th. in der Josefstadt, Wien), 1968 de Sade in Weiss' *Marat/Sade* (Burgtheater Wien). 1993 Rückkehr nach Wien (wiedereingebürgert). 1995 in Frank/Sobols *Der Vater* (Th. an der Wien), 1996 in Sobols *Alma – A Show Biz ans Ende* (Sanatorium Purkersdorf, beides Wiener Festwochen, R. Paulus → Manker). – Seit 1950 hat A. in über 70 Spiel- und zahlreichen Fernsehfilmen in USA und Europa mitgewirkt, u. a. in *Der Schinderhannes* (1958), *One, Two, Three* (1961, R. B. Wilder), *Karl May* (1974, R. H.-J. → Syberberg), *Deshima* (1987), *Höhenangst* (1994), *Ene mene muh – und tot bist du* (2001). Intern. Popularität als General Burkhalter in der weltweit ausgestrahlten Fernsehserie *Hogan's Heroes* (1965–71). – 1988 Österr. Ehrenkreuz für Wissenschaft und Kunst, 1996 Professor, 2002 Goldenes Ehrenzeichen für Verdienste um das Land Wien. – Ein «denkender» Künstler, der als Schauspieler wie als Regisseur Stücke und Rollen analysierte und sich so den Zugang erarbeitete. Als Schauspieler anfangs von Dumont geprägt, wurde zum Charakterdarsteller von großer Wandlungsfähigkeit und Ausdruckskraft, gleichermaßen überzeugend in komischen wie in ernsten klassischen Rollen (Faust, Shylock, Othello). Auch in Nebenrollen von bestechender Bühnenpräsenz und Ausstrahlungskraft. Als Regisseur beeinflusst von Piscator.

Askin, L.: Der Mann mit den 99 Gesichtern. Wien u. a. 1998.

Wolfgang Beck

Aslan, Raoul (Maria Eduardus Carolus), * 16. 10. 1886 Saloniki (Osmanisches Reich, heute Thessaloniki, Griechenland), † 17. 6. 1958 Litzlberg / Attersee (Oberösterreich). Schauspieler, Regisseur, Theaterleiter.

A.s Vater war ein begüterter Tabakpflanzer armen., seine Mutter ital. Herkunft; seit 1896 aufgewachsen in Wien. 1906 Volontär am Dt. Schauspielhaus in Hamburg; Schauspielunterricht bei Franziska → Ellmenreich. Erste Rollen in → Shakespeares *Julius Caesar,* Sudermanns *Das Blumenboot* (beide 1906). Engagements in Teplitz-Schönau (Teplice), Karlsbad (Karlovy Vary), St. Pölten, Graz (1909–11) und seit 1911 am Hoftheater Stuttgart. Ab 1917 am Dt. Volkstheater in Wien, erfolgreiches Debüt in Hauptmanns *Gabriel Schillings Flucht.* Von 1920 bis zu seinem Tod Mitglied des Wiener Burgtheaters, wo er von klassischen Helden über Charakter- bis zu Väterrollen alles spielte und auch Regie führte. Spielte u. a. Orest in → Goethes *Iphigenie auf Tauris,* die TRen in Hebbels *Gyges und sein Ring,* Shakespeares *Hamlet* (alle 1920), Goethes *Torquato Tasso* (1921), Herzog in Shakespeares *Maß für Maß* (1930), Franz Moor in Schillers *Die Räuber* (1931), Philipp II. in *Don Carlos* (1938), Attinghausen in *Wilhelm Tell* (1954; 1956 Film), Antonio in Müthels antisemitischer Insz. von Shakespeares *Der Kaufmann von Venedig* (1943), TR in → Lessings *Nathan der Weise* (1945). Zuletzt wegen wachsender Textschwierigkeiten kleinere Charakterrollen wie Horneck in Grillparzers *König Ottokars Glück und Ende* (1955) anlässlich der Wiedereröffnung des Burgtheaters. Zahlreiche Rollen in Konversationsstücken. 1945–48 leitete R. das Burgtheater, das wegen der Kriegszerstörungen das ehemalige Varieté Ronacher und den Redoutensaal bespielte. Regie in dieser Zeit u. a. bei Hofmannsthals *Das Salzburger Große Welttheater,* Goethes *Iphigenie auf Tauris* und *Torquato Tasso.* Zahlreiche Gastspiele, wenige Filme, u. a. *Das andere Ich* (1918), *Das Flötenkonzert von Sanssouci* (1930), *Yorck* (1931), *Spiegel des Lebens* (1938), *Symphonie Wien* (1952). – Ein Charakterschauspieler spezifisch österr. Prägung, von eleganter und unverwechselbarer Erscheinung, in Spiel und Sprache unpathetisch, seine Rollen vom Intellekt her entwickelnd. Er war ein Meister der Sprechtechnik. Der besondere Reiz seiner unverwechselbaren Sprache bestand in einer eher mediterranen Sprachmelodie. A. galt als großer Shakespeare-Darsteller. Über Jahrzehnte ein Publikumsliebling, Ehrenmitglied des Burgtheaters. 1929 erhielt A. als erster Schauspieler den Titel Kammerschauspieler.

Aslan, R.: Tonio Riedl, Begegnung im Licht. Wien 1978; Buschbeck, E.: Raoul Aslan und das Burgtheater. Wien 1946; Aslan, D.: Nichts Menschliches ist mir fremd. Ein Lebensbericht über Raoul Aslan. Wien 1953; David, H.: Aslans Direktionszeit am Burgtheater. Diss. Wien 1966.

Wolfgang Beck

Aubry, Blanche, * 21. 2. 1921 Les Breuleux (Schweiz), † 9. 3. 1986 Wien. Schauspielerin, Sängerin.

Die Tochter eines Uhrmachers erhielt ihre Bühnenausbildung in Basel, wo sie am Stadttheater ab 1939 als Tänzerin, 1941–45 als Schauspielerin und Sängerin engagiert war. Es folgten Engagements in der Schweiz, u. a. im Th. am Central Zürich und an der von ihrem Lebensgefährten, dem Schauspieler und Regisseur Leopold Biberti (1894–1969) mitbegründeten Komödie Basel. Besonders im Zusammenspiel mit ihm entwickelte sie einen eigenen Stil in Konversationsstücken. Außerdem wirkte sie mit in Programmen der Schweizer Kabaretts Cornichon und Cabaret Fédéral. In Wien zuerst im Th. in der Josefstadt, von 1959–86 am Burgtheater. Dort brillierte sie v. a. als mondäne Salondame in Konversationsstücken, war aber später auch im ernsten Charakterfach erfolgreich, u. a. in Ionescos *Der König stirbt* (1964, mit → Pluhar),

Max Frischs *Triptychon* (1980), Václav Havels *Das Berghotel* (UA 1981, R. → Palitzsch). Ihre letzte große Rolle hatte A. als Winnie in Becketts *Glückliche Tage*. Bei den Salzburger Festspielen war sie die Hexe in → Goethes *Faust* (1961, R. → Lindtberg), Melanie Galattis in Hofmannsthals *Der Unbestechliche* (1971, R.G. → Manker), 1. Schauspielerin in → Strehlers → Shakespeare-Bearbeitung (nach *Heinrich VI.*) *Das Spiel der Mächtigen* (1973, R. Strehler). Ihre größten Erfolge feierte A. aber in Musicals, wo sie als Dulcinea in Leigh/Darions *Der Mann von La Mancha* (1968, mit → Meinrad, → Muliar) und als Zeremonienmeister in Kander/Ebbs *Cabaret* (1970, beide Th. an der Wien) Triumphe feierte. Bei den Wiener Festwochen trat sie in Johann Strauß' *Die Fledermaus* (1975, Th. an der Wien, Musikal. Ltg: Mstislav Rostropowitsch) erfolgreich auf. Film- und Fernsehrollen u. a. in *Das Gespensterhaus*, *Matura-Reise* (beide 1942), *Polizischt Wäckerli* (1955), *Café Odeon* (1959), *Der Ritter vom Mirakel* (1966, TV), *Perahim – die zweite Chance* (1974), *La dernière carte* (1974, TV), *Geschichten aus dem Wiener Wald* (1981, TV). 1968 Josef-Kainz-Medaille, 1979 Kammerschauspielerin, 1986 Ehrenmitglied des Burgtheaters. – Eine hervorragende Konversationsschauspielerin, die sich zu einer Charakterdarstellerin von Format entwickelte. Mit großem komödiantischem Talent und gesanglich-schauspielerischen Fähigkeiten.

Wolfgang Beck

Aufricht, Ernst Josef, * 31. 8. 1898 Beuthen (heute Bytom, Polen), † zwischen 24. und 26. 7. 1971 Cannes (Frankreich). Theaterdirektor, Produzent, Schauspieler.

Nach privatem Unterricht (1919) in Berlin 1920–23 Schauspieler am Sächsischen Staatstheater Dresden (Schauspielhaus). A. gründete 1923 u. a. mit Berthold → Viertel Die Truppe, die sich nur ca. 1 Jahr halten konnte. 1924 Dt. Künstlertheater, 1925 Volksbühne Berlin, gab danach das Spielen auf. 1926/27 stellvertretender Direktor des Wallner-Th.s (Berlin); mietete 1928 mit väterlichem Zuschuss das Th. am Schiffbauerdamm. Er engagierte Heinrich Fischer als Dramaturgen, Erich → Engel als Oberspielleiter, Regisseure wie Leopold → Jeßner, Karl Heinz → Martin und bekannte Schauspieler (Carola → Neher, Erich → Ponto, Kurt → Gerron, Peter → Lorre, Lotte → Lenya, Ernst → Deutsch u. a.). Auf der Suche nach einem zugkräftigen Eröffnungsstück nahm er → Brecht/Weills im Entstehen begriffene *Dreigroschenoper* an, trotz Bedenken wegen des «atonalen» Komponisten. Der sensationelle Erfolg der UA (31. 8. 1928, R. Engel) belohnte seine Risikobereitschaft. Weitere UAen folgten, so 1929 die einen Skandal auslösende 2. Fassung von Marieluise Fleißers *Pioniere in Ingolstadt* und Peter Martin Lampels *Giftgas über Berlin* (nach der Premiere verboten), 1930 Ernst Tollers *Feuer aus den Kesseln* und Paul Kornfelds *Jud Süß*. 1931 musste A. aus finanziellen Gründen aufgeben; die letzte Produktion war Horváths *Italienische Nacht* (UA 20. 3. 1931). 1931 gründete A. eine eigene Produktionsgesellschaft (E.-J.-A.-Produktion) und produzierte ohne festes Haus und Ensemble u. a. Brecht/Weills *Aufstieg und Fall der Stadt Mahagonny* (1931, Th. am Kurfürstendamm), Brechts *Die Mutter* (1932), Horváths *Kasimir und Karoline* (UA 1932, zuerst in Leipzig). 1932 auch künstl. Leiter des Th.s im Admiralspalast (Berlin). – 1933 Emigration nach Frankreich, wo er nach Versuchen in der Landwirtschaft wieder als Produzent arbeitete und zeitweise 2 Pariser Th. gemietet hatte. 1937 in Paris *Die Dreigroschenoper* (mit Yvette Guilbert), 1939 Lampels *Revolte im Erziehungsheim* (beide in franz. Fassung). 1939/40 interniert, danach eingezogen. 1941 über Südfrankreich, Spanien, Portugal in die USA. Seit 1942 Rundfunkregisseur für die Serie *We fight back* der Zeitung *Aufbau*. 1946 kurzer Aufenthalt in Europa (Paris). Nach fehlgeschlagenen Bemühungen am amerik. Th. kehrte A. 1953 nach Europa zurück (Frankreich, dann Berlin). Vergebliche Versuche, an die Erfolge vor 1933 anzuknüpfen. A. war einer der letzten Privattheaterdirektoren und -produzenten, die ohne Furcht vor finanziellen Verlusten und mit literarischem Spürsinn junge Autoren und unbequeme Stücke unterstützten und in der Weimarer Republik ein kritisch-modernes Th. förderten.

Aufricht, E. J.: Erzähle, damit du dein Recht erweist. Berlin 1966 (*Autobiographie*, Neuausg. u. d. T. Und der Haifisch, der hat Zähne. Berlin 1998).

Wolfgang Beck

Axer, Erwin, * 1. 1. 1917 Wien. Regisseur, Theaterleiter.

A. war einer der ersten Absolventen der unter der Leitung von Leon → Schiller 1933 gegründeten Regieabteilung am Staatl. Institut für Theaterkunst (Państwowy Instytut Sztuki Teatralnej – PIST) in Warszawa (Diplom 1939). Nach dem 2. Weltkrieg begann er als Regisseur in Łódź, am Teatr Kameralny (Kammertheater), das 1949 nach Warszawa verlegt und dort in Teatr Współczesny (Zeitgenössisches Th.) umbenannt wurde. A. leitete dieses Th. 1954–81 (1954–57 zusammen mit dem Teatr Narodowy, Nationaltheater) – was die längste ununterbrochene Theaterdirektion in Polen bedeutet – und inszenierte dort über 50 Stücke, hauptsächlich aus dem zeitgenössischen Repertoire, u. a.: *Niemcy (Die Sonnenbrucks)* von L. Kruczkowski (P. 5. 11. 1949), *Unsere kleine Stadt* von T. Wilder (P. 26. 11. 1957, auch: Gorki-Th., Leningrad, P. 3. 6. 1979), *Biedermann und die Brandstifter* von M. Frisch (P. 23. 4. 1959, auch: Schauspielhaus Zürich, P. 2. 5. 1978), *Der aufhaltsame Aufstieg des Arturo Ui* von → Brecht (P. 6. 1. 1962, auch: Gorki-Th., Leningrad, P. 26. 6. 1963), *Tango* von S. Mrożek (UA 7. 7. 1965, auch: Schauspielhaus Düsseldorf, P. 18. 1. 1966), *Alte Zeiten* von H. → Pinter (P. 1. 3. 1972), *Lear* von E. Bond (P. 2. 3. 1974), *Ein Fest für Boris* von Th. Bernhard (P. 4. 11. 1976, auch: Akademietheater Wien, P. 2. 2. 1973), *Der Schneider* von Mrożek (P. 22. 2. 1979), *Der Komödiant* von Th. Bernhard (P. 6. 6. 1990), *Liebe auf dem Krim* von Mrożek (P. 23. 4. 1994), *Ostern* von Strindberg (P. 15. 9. 2001). Aus den wenigen klassischen Insz.en A.s kann man *Kordian* von J. Słowacki (Warszawa, Teatr Narodowy, P. 21. 4. 1956), *Iphigenie auf Tauris* von → Goethe (Warszawa, Teatr Wspołczesny, P. 1. 2. 1961) und *Maria Stuart* von Schiller (Warszawa, Teatr Współczesny, P. 15. 10. 1969; Wien, Akademietheater, P. 19. 10. 1974) hervorheben. Außerdem inszenierte er Dramen von Giraudoux, Gor'kij, Ibsen, Ionesco, Musil, Sartre, Schnitzler, Shaw, Čechov, Williams – in Polen wie auch auf ausländischen Bühnen, u. a. in Wien, Berlin, Düsseldorf, Hamburg, München, Zürich, Amsterdam, Leningrad (St. Petersburg). Mit wenigen Unterbrechungen unterrichtete A. 1949–79 an der Staatl. Theaterhochschule in Warszawa.

A. entwickelte einen eigenen Theaterstil in Opposition zu seinem Lehrer und Meister, Leon Schiller, der v. a. das Monumentaltheater mit dem romantischen Repertoire und das politische Zeittheater forderte. A. konzentriert sich dagegen auf psychologische und realistische Kammerstücke und ihre literarische und logische Struktur; demonstrativ und «altmodisch» betont er die wichtige Funktion des Worts im Th., analysiert und interpretiert den Text, erst danach konstruiert er alle Bühnensituationen. In der Arbeit mit Schauspielern ist A. präzise und konsequent; er bearbeitet jede Rolle sehr genau, begrenzt jedoch die Individualität des Schauspielers nicht. Seine Insz.en sind deswegen auch durch bedeutende Rollengestaltungen bekannt. So gilt z. B. Arturo Ui in der Interpretation von Tadeusz Łomnicki bis heute als ein Höhepunkt der poln. Schauspielkunst der Nachkriegszeit. Die Schauspieler schätzen ebenso A.s Methoden der Bühnenarbeit – das ausgezeichnete Ensemble des Teatr Współczesny, das A. über 27 Jahre geleitet hat, gehörte in dieser Zeit zu den stabilsten in Polen. Nach dem eigenen literarischen Geschmack prägte A. als Intendant auch das Repertoire seiner kleinen Bühne (einer der kleinsten in Warszawa): Im Teatr Współczesny fanden viele zeitgenössische, westeurop. und poln. Erstaufführungen statt, mit denen der Direktor und der Regisseur einen seriösen, intellektuellen Dialog mit den Zuschauern führten (was im sozialistischen Polen dieser Jahre nicht immer die Regel war und sein konnte). Erwähnenswert ist auch die literarische Tätigkeit des Regisseurs. Besonders seine ironischen, mit einer gewissen Distanz skizzierten Erinnerungen (*Ćwiczenia pamięci*, 3 Bde., 1984–98) – in Form kleiner plastischen Bilder aus der Vergangenheit, oft mit brillanten Anekdoten gespickt – wurden mit großer Begeisterung aufgenommen.

Grodzicki, A.: Regisseure des polnischen Theaters. Warszawa 1979.

Wojciech Dudzik

Ayckbourn, Sir Alan, (Künstlername Roland Allen), *12. 4. 1939, London. Autor, Theaterleiter, Regisseur, Schauspieler.

Der wohl erfolgreichste lebende Autor (über 70 Stücke, übersetzt in ca. 40 Sprachen) war am Th. u. a. Inspizient, Ton- und Beleuchtungstechniker, Bühnenmaler, Schauspieler; er arbeitet als Regisseur und leitet das Stephen Joseph Th. in Scarborough. Aufgewachsen in musischer Umgebung (sein Vater war Musiker, seine Mutter Irene Maud Worley Schriftstellerin), Besuch einer Privatschule. Schloss sich danach u. a. der Theatertruppe Donald Wolfits (1902–68), ab 1957 Stephen Josephs Th. in Scarborough an. 1961 Gründungsmitglied und (bis 1964) Mitdirektor des Victoria Th. in Stoke on Trent. 1964–70 bei der BBC, danach Rückkehr zu Stephen Josephs Th. in Scarborough, das er nach dessen Tod seit 1970/71 leitet, seit 1996 in einem neuen Haus. – Zahlreiche Literatur- und Theaterpreise, Ehrendoktor mehrerer Universitäten, Professor h. c. der Universität Hull, lehrte bis 1992 in Oxford. 1987 «Commander of the Order of the British Empire» (CBE), 1997 geadelt. – 1957 bis Mitte der 1960er Jahre als Schauspieler tätig, spielte u. a. in Stücken Dylan Thomas', Priestleys, Robert Bolts, → Pinters, Becketts. Als Schauspieler weniger erfolgreich denn als Autor und seit Anfang der 1960er Jahre als Regisseur – nicht nur eigener Stücke, meist in Scarborough. U. a. Pinter (*The Caretaker*, 1962, 1976; *Betrayal*, 1995), Čechov (*Onkel Vanja*, 1972; *Die Möwe*, 1979), Shaffer (*Black Comedy*, 1974), Anouilh (*Die Probe*, 1977), Shaw (*Pygmalion*, 1977), A. Miller (*The Crucible*, 1979), Priestley (*Time and the Conways*, 1980; *Eden End*, 1988), Fry (*Brontes of Haworth*, 1985), Ibsen (*Nora*, 1998), → Shakespeare (*Othello*, 1990), Gardner (*Conversations With My Father*, 1994), Firth (*The Safari Party*, 2003, Hampstead Th.). Die meisten seiner eigenen Stücke erlebten ihre UA in Scarborough in der Regie A.s (*Improbable Fiction*, 2005), der seit 1978 auch alle Londoner Premieren leitet. A. inszenierte mehrfach in den USA, u. a. 1996 die EA des Musicals *By Jeeves* (Musik: Lloyd Webber; Buch: A.), das er 2001 erneut am Broadway inszenierte (Helen Hayes Th.). Erfolgreich das New-York-Gastspiel des Stephen Joseph Th. mit seinem Stück *Private Fears In Public Places* (2005). Auf Einladung Peter → Halls inszenierte A. 1987/88 mit eigenem Ensemble im Londoner National Th. mehrere Stücke, darunter Fords' *Tis Pity She's A Whore* und Arthur Millers *A View From The Bridge*, wofür er als «Regisseur des Jahres» ausgezeichnet wurde. Seit 2001 leitet A. am Stephen Joseph Th. die jährlich stattfindende «Th. School».

Allen, P.: Alan Ayckbourn – Grinning at the Edge. London 2001; Auld, T. R: Alan Ayckbourn and Theatre in the Round. Diss. Oxford 1998; Ayckbourn, A.: The Crafty Art of Playmaking. London 2002; Glaap, A. R., N. Quaintmere: Ayckbourn Country. Trier 1999; Holt, M.: Alan Ayckbourn. Plymouth 1999.

Wolfgang Beck

B

Bachmann, Stefan, * 1. 7. 1966 Zürich. Regisseur.

Studium der Germanistik, Theater- und Religionswissenschaft an der Universität Zürich und der FU Berlin. Mitglied des Studententheaters «Studiobühne an der FU», 1991 dort als erste Insz. *Baal* von →Brecht. 1992 gründete B. zusammen mit Ricarda Beilharz, Thomas Jonigk, Tom Till und Lars-Ole Walburg das «Theater Affekt» in Berlin. Ab 1993 inszeniert B. außerdem am Schauspiel Bonn, der Volksbühne Berlin, dem Th. Neumarkt Zürich und am Dt. Schauspielhaus in Hamburg. 1996 wurde er in der Kritikerumfrage von *Th. heute* zum Nachwuchsregisseur des Jahres gewählt und zum ersten Mal zum Berliner Theatertreffen eingeladen mit den *Wahlverwandtschaften nach Goethe*, 1997 folgt die zweite Einladung mit dem *Triumph der Illusion* von Corneille, den er am Dt. Schauspielhaus in Hamburg inszeniert hat. 1998 bis 2002 war B. Schauspieldirektor am Th. Basel, das gleich in der ersten Spielzeit seiner Direktion zum Th. des Jahres gewählt wurde. Die große Akzeptanz durch das überregionale Feuilleton wurde jedoch durch einen permanenten Publikumsschwund konterkariert. Die Inszenierungstechniken der Dekonstruktion von Handlung und Figuren, der Verwendung von Pop-Symbolen und freischwebenden Assoziationen haben am Schauspiel Basel unter der Leitung von B. ein Niveau erreicht, das die Wahrnehmung zu einem komplexen Spiel der Dechiffrierung macht, dem Kenner und Laien nicht mehr in gleicher Weise folgen können. B.s eigene Insz.en weisen in diesem Spielplan sich jedoch eher durch spielerische Einfälle und konzeptionellen Charme aus. 2001 inszenierte B. seine erste Oper, *Così fan tutte* von W. A. Mozart an der Opéra de Lyon. 2002 eröffnete seine Insz. von →Shakespeares *Hamlet* den Neubau des Baseler Schauspielhauses. Insz.en in Basel u. a. von Wedekinds *Franziska* (2000), Claudels *Der seidene Schuh* (2003). Seit 2005 wieder freier Regisseur, inszenierte am Burgtheater, der Dt. Staatsoper Berlin (Wagners *Tristan und Isolde*), Dt. Th. Berlin (Kleists *Amphitryon*).

Bernd Stegemann

Badora, Anna, * ?. 11. 1951 Częstochowa (Polen). Regisseurin, Theaterleiterin.

Tochter des Schriftstellers und Historikers Jerzy B. (1920–2006); besuchte 1970–74 die Staatl. Hochschule für darstellende Kunst in Krakow. Regieassistenz am Stadttheater St. Pölten (1975/76); 1976–79 als erste aufgenommene Frau Regiestudium am Reinhardt-Seminar Wien (Regiedebüt). Nach Assistenzen bei →Strehler, →Zadek, →Grüber war B.

1982–84 am Schauspielhaus Köln Regieassistentin von →Flimm, wo sie 1983 Shepards *Der goldene Westen* und Bauers *Das kurze Leben der Schneewolken* inszenierte. 1984–86 freie Regisseurin, 1986–88 Stadttheater Basel (dt.sprachige EA von Noréns *Nacht, Mutter des Tages*), danach Arbeiten in München, Ulm, Darmstadt (Durchbruch mit Ibsens *Nora*, 1990). 1991–96 Oberspielleiterin, dann Schauspieldirektorin am Staatstheater Mainz; inszenierte u. a. Čechovs *Ivanov* (1991; 1996 Düsseldorf), Saroyans *Ein Leben lang*, Grillparzers *Medea* (beide 1992), →Shakespeares *Maß für Maß* (1995), Shepards *Simpatico* (1996). Am Wiener Volkstheater Regie bei Ibsens *Baumeister Solneß* (1992/93), →Lessings *Emilia Galotti* (1994). 1996–2006 als erste Frau Generalintendantin des Düsseldorfer Schauspielhauses. Inszenierte u. a. Wedekinds *Lulu* (1996), Shakespeares *Der Sturm* (1997), *Was ihr wollt* (2000), Kühns *Bankers Opera* (UA 1998), Heins *Bruch*, Kissels *Die Apokalypse der Marita Kolomak* (beide UA 1999), Čechovs *Die Möwe* (2001), *Der Kirschgarten* (2005), Sophokles' *Antigone* (2002), Buñuels *Der Würgeengel* (2003), Hauptmanns *Vor Sonnenuntergang* (2004), Andruchowytschs *Orpheus, Illegal* (UA 2005). 2005 in Dresden die eigene Adaption (mit A. Koschwitz) von Heins *Landnahme*. Ab 2006/07 Intendantin des Grazer Schauspielhauses. – In Mainz wegen ihres künstl. Elans gelobt, brauchte B. in Düsseldorf einige Spielzeiten, um sich und ihre Spielplanpolitik durchzusetzen. Ihr Verständnis von Th. hat B. so definiert: «Wir können eine Reise in die Vergangenheit unternehmen und daraus Schlüsse für die Zukunft ziehen, wir können Gefühle auslösen und Möglichkeiten zeigen. […] Theater muß Räume der Phantasie und der Gefühle eröffnen. Wenn das durch Lachen geschieht, um so besser. Aber das geht nicht immer» (*Das Sonntagsblatt*, 19. 9. 1997).

Wolfgang Beck

Bakst, Leon (eig. Lev Samoilovič Rosenberg), * 10. 5. 1866 Grodno an der Memel, † 20. 12. 1924 Paris. Buchillustrator, Bühnenbildner, Kostümbildner.

Nach dem Besuch des Gymnasiums und der Kunstakademie in St. Petersburg begann B. als Illustrator für Zeitschriften zu arbeiten. Reiste nach der Begegnung mit Aleksandre Benois (1870–1960) durch ganz Europa und suchte Kontakt zu Künstlern der Avantgarde. Nach der Rückkehr nach St. Petersburg machte er sich einen Namen als Buchillustrator und Porträtmaler. 1898 gemeinsam mit Benois und Serge Diaghilev (1872–1929) Gründung der Gruppe um die Zeitschrift *Mir Iskusstva (Kunstwelt)*. 1906 wurde er Zeichenlehrer an der privaten Kunstschule von Yelizave Zvantseva, an der Marc Chagall zu seinen Schülern gehörte. – B.s Arbeit für das Th. begann in der Spielzeit 1902/03 mit Bühnendekorationen für das Eremitage-Th. und das Mariinskij-Th. in St. Petersburg (u. a. *Ödipus auf Kolonos* von Sophokles). Ab 1909 Zusammenarbeit mit Diaghilev, die zur Gründung der Ballets Russes führte. Die Kostümentwürfe für die Ballette *Scheherazade* (1910, Choreographie Michail Fokin), *Feuervogel* von Stravinskij (1910), *Josephslegende* von Richard Strauss, Harry Graf Kessler und Hugo von Hofmannsthal (1914) machten B. internat. bekannt. Weitere Ausstattungen für d'Annunzios *Das Martyrium des heiligen Sebastian* (1911) und *Phädra* (1923). B. lebte seit 1912 in Paris und umgab sich in seinem Atelier mit Figurinen russ. Bauern. Carl Einstein schrieb über ihn: «Die Schuhe laufen auf fremden Boulevards, während das Herz woanders sich abnutzt.» B. verarbeitete Anregungen aus dem panischen, archaischen Griechenland mit orientalischen Einflüssen, dem Wiener Biedermeier und dem Paris von Balzac zu einer fürstlich-reichen, jugendstilartigen, prachtvoll leuchtenden Farbigkeit und linearer Konturierung in unverwechselbarer Dekorationskunst.

Alexandre, A.: The decorative art of Leon Bakst. London 1913; Bakst, L.: Bühnenbild- und Kostümentwürfe. Buchgrafik, Malerei und Grafik. Leningrad 1986; Einstein, C.: Leon Bakst. Berlin 1927; Levinson, A.: Zum Ruhme des Balletts. Leon Bakst in Wort und Bild. Dortmund 1983; Lister, R.: The Moscovite Peacock. Cambridge 1954; Oudard. G.: Katalog der ersten Œuvre-Ausstellung im Hôtel Charpentier. Paris 1925.

Horst Schumacher

Balser, Ewald, * 5. 10. 1898 Elberfeld (heute Wuppertal), † 17. 4. 1978 Wien. Schauspieler.

Sohn eines Maurerpoliers. Lehre als Graveur und Ziseleur an der Kunstgewerbeschule Elberfeld; Soldat im 1. Weltkrieg; Schauspielunterricht 1916–18. Debüt 1919 am Stadttheater Elberfeld-Barmen; u. a. in → Lessings *Emilia Galotti* und *Minna von Barnhelm*. Engagements in Basel und Düsseldorf, Gastrollen u. a. bei den Heidelberger Festspielen, 1928 ans Wiener Burgtheater engagiert (Antrittsrolle: Faust). Daneben 1929–31 Münchner Kammerspiele, u. a. in → Shakespeares *Hamlet* (1930), → Goethes *Urfaust* (1931, beide R. → Falckenberg). 1933–35 auch Volksbühne Berlin, u. a. in Hauptmanns *Florian Geyer* (1933; 1942 Burgtheater), Goethes *Egmont* (1934; 1948 Burgtheater). Seit 1935 auch Dt. Th. Berlin, u. a. in Schillers *Don Karlos* (1936), Shakespeares *Othello* (1938), *König Lear* (1939), → Verhoevens *Eines Mannes Leben* (UA 1941). Am Burgtheater u. a. in Hauptmanns *Ulrich von Lichtenstein* (UA 1939), Goethes *Torquato Tasso* (1942), Schillers *Wallenstein* (1943, Einrichtung für 1 Abend). Nach Kriegsende u. a. in Shaws *Candida* (1945), Hochwälders *Das heilige Experiment* (1947), Büchners *Dantons Tod* (TR, 1947), Goethes *Faust I* (1948, eigene R.), Zuckmayers *Des Teufels General* (TR, 1948), Priestleys *Schafft den Narren fort* (UA 1955), Grillparzers *König Ottokars Glück und Ende* (TR, 1955) und *Ein treuer Diener seines Herrn* (1972), Ibsens *Nora* (1956, eigene R.), *John Gabriel Borkman* (1964, R. → Kortner) und *Gespenster* (1975), Schillers *Die Piccolomini, Wallensteins Tod* (beide 1959, R. → Lindtberg), O'Neills *Ein Mond für die Beladenen* (1960), Shakespeares *Heinrich VI.* (1964, Einrichtung für 1 Abend), Calderóns *Das Leben ist Traum* (1965), Shakespeares *Coriolanus* (1969), Millers *Alle meine Söhne* (1972), Bonds *Die See* (1974). Gast u. a. am Zürcher Schauspielhaus in Shakespeares *Macbeth* (TR, 1946), am Schiller-Th. Berlin in Kleists *Prinz Friedrich von Homburg* (1951/52; 1959 Burgtheater), am Düsseldorfer Schauspielhaus in Goethes *Geschichte Gottfriedens von Berlichingen* (1961). Bei den Salzburger Festspielen u. a. in Goethes *Faust*, Shakespeares *Die lustigen Weiber von Windsor* (beide 1964) und *Hamlet* (1970), Fortes *Cenodoxus* (UA 1972, nach Bidermann), Gott der Herr in Hofmannsthals *Jedermann* (1970–80, 1990–94, seit 1973 Bandeinspielung; 1961 Film). Wenige Insz.en. Filme u. a. *Jana, das Mädchen aus dem Böhmerwald* (1935), *Rembrandt* (1942), *Eroica* (1949), *Sauerbruch – Das war mein Leben* (1954), *Kinder, Mütter und ein General* (1955), *Es geschah am hellichten Tag* (1958), *Leutnant Gustl* (1962, TV). Der Kammerschauspieler B. war verheiratet mit der Schauspielerin und Sprecherzieherin Vera B.-Eberle (1897–1982), danach mit der Schauspielerin Erni Bauer. Seine Tochter Evelyn B.-Eilers ist Schauspielerin. Zahlreiche Auszeichnungen. – Ein außergewöhnlicher Heldendarsteller, der seit Beginn seiner Theaterlaufbahn fast alle klassischen Rollen dieses Fachs gestaltete. Ein machtvoller, dabei im Spiel zurückgenommener Charakterschauspieler mit sonorer, unverwechselbarer Stimme, dessen Repertoire auch wesentliche Rollen der Moderne von O'Neill über Miller und Hochwälder bis Bond umfasste.

Balser-Eberle, V.: Hast du dir schon überlegt? Horn, Wien 1983; Cerha, U.: Ewald Balser (1898–1978). Wien u. a. 2004; Ewald Balser und das Burgtheater. Red.

L. Knessl. Wien [1979]; Ihering, H.: Von Josef Kainz bis Paula Wessely. Heidelberg u. a. 1942; Reimann, V.: Die Adelsrepublik der Künstler. Düsseldorf, Wien 1963.

Wolfgang Beck

Balthoff, Alfred (eig. A. Berliner) * 8. 12. 1905 Preiskretscham / Oberschlesien (heute Pyskowice, Polen), † 8. 3. 1989 Wien. Schauspieler.

Nach Schauspielausbildung in Wien Debüt in Breslau. 1925/26 Stadttheater Reichenberg, danach Vereinigte Th. Breslau. Seit 1929 in Berlin an verschiedenen Th.n. 1935–41 spielte B. zahlreiche Rollen in Aufführungen der Jüd. Kulturbünde im Rheinland, in Berlin, Hamburg und Breslau (Benedict in → Shakespeares *Viel Lärm um nichts*, 1938 Berlin; TR in → Molières *Der eingebildete Kranke*, 1940 Berlin). 1941 Verhaftung und Flucht. B. überlebte in Berlin im Untergrund mit Hilfe der ebenfalls verfolgten Familie Wisten. 1945 Derwisch in → Lessings *Nathan der Weise* am Dt. Th. Berlin in der Regie von Fritz → Wisten. 1946–49 am von Wisten geleiteten Th. am Schiffbauerdamm (1947 Dorfrichter Adam in Kleists *Der zerbrochne Krug*, R. Rochus → Gliese). Anschließend an verschiedenen Berliner Th.n.; an der Freien Volksbühne u. a. in der Doppelinszenierung von Büchners *Woyzeck* und Molières *Tartuffe* (1953), Buzzatis *Das Haus der sieben Stockwerke* (1954, beide R. → Schuh), im Hebbel-Th. u. a. in Lessings *Nathan der Weise* (1952), → Nestroys *Einen Jux will er sich machen* (beide 1953, beide R. → Meisel), an der Komödie Westberlin in Sternheims *Die Hose* (1957, R. → Neuss). 1955 Polonius in Shakespeares *Hamlet* bei den Ruhrfestspielen. 1955–57 Schauspielhaus Düsseldorf. Ab 1971 am Wiener Burgtheater. Mitwirkung in einigen Filmen (Kurt Bernstein in *Ehe im Schatten* 1947); Synchronsprecher. – B. war v. a. ein hintergründiger, manchmal skurriler Komiker, der mit leisen, fast unauffälligen Mitteln große Wirkungen erzielte. Friedrich Luft konstatierte, er sei «ein gezügelter, rechnender Schauspieler», und pries anlässlich des Malvolio in Shakespeares *Was ihr wollt* (Hebbel-Th. 1953) seine «vielen Qualitäten ironischer Zurechtsetzung».

Werner Schulze-Reimpell

Bantzer, Christoph, * 4. 1. 1936 Marburg / Lahn. Schauspieler.

Ausbildung an der Berliner Max-Reinhardt-Schule bei H. → Körber. Nach ersten Engagements in Wuppertal (1959–62), Hamburg (1964/65) und unter B. → Barlog am Berliner Schiller-Th. (1965–69) Durchbruch 1971 in der TR von Joseph → Papps Züricher *Hamlet*-Insz. Als Ensemblemitglied 1972–78 am Dt. Schauspielhaus in Hamburg war B. u. a. als Leonce in *Leonce und Lena* (1975, R. → Savary), St. Just in *Dantons Tod* (1976, R. → Flimm) und Simon Hench in Simon Grays *Leider nicht erreichbar* (DEA 1976, R. → Giesing) zu sehen. Nach Gastengagements 1982–85 am Zürcher Schauspielhaus engagiert, spielte B. u. a. den Tellheim in → Lessings *Minna von Barnhelm* (1982, R. Flimm) sowie den Herzog in → Shakespeares *Maß für Maß* (1985, R. → Zinger). Mit Flimm kam B. 1985 an das Hamburger Thalia Th., wo er auch nach dem Amtsantritt von Ulrich → Khuon im Jahr 2000 Ensemblemitglied blieb. – Die Vielfalt der Charaktere und Typen, die B. im Verlauf seiner Karriere verkörperte, ist eindrucksvoll: In Flimms Hamburger Insz.en feierte er v. a. in den TRn von Ibsens *Peer Gynt* (1985) und Shakespeares *Hamlet* (1986) große Erfolge, war als Doktor in Büchners *Woyzeck* (1990), Narr in Shakespeares *Was ihr wollt* (1991), Buckingham in *Richard III.* (1993), Aigner in Schnitzlers *Das weite Land* (1995), in der Hauptrolle von Marc Neikrugs Musikdrama *Through Roses* (1995), Cléante in → Molières *Tartuffe* (1996), Freddy in Frayns *Der nackte*

Wahnsinn (1998) und Kulygin in Čechovs *Drei Schwestern* (1999) zu sehen. Weitere Rollen: Gooper in Williams' *Die Katze auf dem heißen Blechdach* (1987, R. Zinger), Präsident von Walter in Schillers *Kabale und Liebe* (1993, R. Sykosch), Christoph Groth in Botho Strauß' *Das Gleichgewicht* (1994), Jack in Wallace Shawns *Zum Trauern bestellt* (DEA 1996, jeweils R. N.-P. → Rudolph), in Handkes *Die Stunde, da wir nichts voneinander wussten* (1996; R. → Gosch), Frank in Brian Friels *Molly Sweeney* (1997, R. Y. → Oida), Herr Jelke in Strauß' *Der Kuß des Vergessens* (DEA 1999, R. Sykosch), der Fremde in *Das Urteil* von Paul Hengge (UA 16. 6. 1999, R. Wallner), der ältere Poe in R. → Wilsons *POEtry* (UA 13. 2. 2000), Montag in Moritz Rinkes *Republik Vineta* (UA 23. 9. 2000), Kottwitz in Kleists *Prinz Friedrich von Homburg* (2001), Leonato in *Viel Lärm um Nichts* (2002), Dr. Rank in Ibsens *Nora* (2002, R. jeweils St. Kimmig). Weiter u. a. in den UAen von Ostermaiers *Auf Sand* (2003, R. → Kusej), Lohers *Unschuld* (2003, R. → Kriegenburg), Stemann / Stegemanns *German Roots* (2004, Koproduktion Ruhrfestspiele), Düffels Adaption von Manns *Buddenbrooks* (2005). Bei der Ruhrtriennale Rezitator in Klaus / Eggerts Fußballoratorium *Die Tiefe des Raumes* (UA 11. 9. 2005). – Günther Rühle, der an B.s darstellerischer Kunst die Fähigkeit herausstellte, das Artistische mit dem Charakteristischen, das Schwere mit dem Leichten, das Komödiantische mit dem Genauen zu verbinden, schrieb über den wandlungsfähigen Schauspieler: «Bantzer hat heute diese, morgen jene Gestalt. Er ist immer der schöne Schein, der wie zu Besuch ist. Seine Nähe auf der Bühne bleibt immer auch eine Ferne. In unserem täglichen Zynismus schmeichelt er uns sichtbar mit der Botschaft, die Menschen (und er meint immer die einzelnen) seien auch in ihrer jeweiligen Not der anteilnehmenden Liebe wert. Die Freundlichkeit seiner Person durchdringt noch die Katastrophen derer, die er zeigt» (*FAZ*, 26. 3. 1983). – Seit Mitte der 1960er Jahre spielt B. auch in zahlreichen Film- und Fernsehproduktionen. Große Anerkennung erhielt er u. a. für seine Darstellung in den TRn des Fernsehspiels *Heinrich Heine* (1977) sowie des Fünfteilers *Mozart* (1982/83).

Nina Grabe

Barba, Eugenio, * 29. 10. 1936 Brindisi. Regisseur, Theaterleiter, Theatertheoretiker.

Schulbesuch in Gallipoli, Kadettenanstalt in Neapel (1951–54). Auswanderung nach Norwegen und ab 1954 Aufnahme des Studiums der Literatur und Religionswissenschaften an der Universität Oslo, verdiente seinen Lebensunterhalt als Schweißer und Matrose. – Erhielt 1960 ein UNESCO-Stipendium nach Polen, besuchte kurze Zeit die Schauspielschule in Warschau, bevor er sich für 3 Jahre im oberschlesischen Opole (Oppeln) etablierte, wo er mit Jerzy → Grotowski arbeitete, den er auch noch Jahrzehnte später als seinen eigentlichen «Meister» im fast konfuzianischen Sinn betrachtete. 1964 kehrte B. nach Norwegen zurück und gründete das Odin Teatret (genannt nach dem germanischen Gott Wotan, der in Skandinavien Odin heißt) in Oslo. 1966 Umzug des O. T. in den Landort Holstebro in Nordwestjütland / Dänemark als subventioniertes Gemeindetheater. Erste Insz.en: *Ornitofilene* (1965 Oslo), *Kaspariana* (1967), *Ferai* (1969). Als Nordisk Teaterlaboratorium (seit 1984) vielfältige Aktivitäten zur Erforschung und Umsetzung interkultureller Einflüsse, Perfektionierung der stimmlichen und körperlichen Ausbildung des Schauspielers mit Bezug auf Grotowski, → Stanislavskij, → Mejerchol'd, die chinesische Oper und orientalische Vorbilder. Die 1980 von B. gegründete International School of Theatre Anthropology (ISTA) und die mit dem O. T. verbundenen Verlags-, Film-, Seminaraktivitäten beeinflussten innovative Bühnenexperimente in Europa und Südamerika. Das grönländische Sagenstoffe gestaltende Tukak Teatret in Fjaltring/Dänemark als ständige Einrichtung (seit 1975) sowie zeitlich begrenzte Experimente von Insz.en im süditalienischen Carpignano oder im Amazonasgebiet Venezuelas sollten die Trennlinie zwischen Kunst und Leben aufheben und gerade durch die Einbeziehung von künstl. nicht (aus-)gebildeten Einheimischen und Eingeborenen ein dem Rituellen verwandtes emotionales visuelles Th. schaffen.

Von großem Einfluss auf den B.'schen Stil war das indische Tanztheater Keralas namens Kathakali, über das B. schon 1963 einen in viele Sprachen übersetzten Essay geschrieben hatte. Berühmte Kreationen: *Min Fars Hus* (*Meines Vaters Haus*, 1972–74), *Come! And the Day will be Ours* (1976–80), *Anabasis* (1977–84), *The Million* (1978–84), *Brechts Aske 2* (*Brechts Asche*, 1982–84), *The Story of Oedipus* (1984–90), *Talabot* (1988–91), *The Castle of Holstebro* (2 Teile, 1990 und 1999), *Kaosmos* (1993–96), *Ode to Progress* (1996), *Mythos* (1998), *Salt* (2002), *Andersen's Dream* (2005). – B. fasste seine Gedanken zur Soziologie des Th.s in Begriffen wie «Drittes Theater» zusammen, einer Form des «community based theatre», wie es die Länder der Dritten Welt kennen.

<small>Barba, E., N. Savarese: Anatomie de l'Acteur. Un dictionnaire d'anthropologie théâtrale. Rom 1985; Barba, E.: Arar el cielo: diálogos latinoamericanos. Havanna 2002; ders.: Jenseits der schwimmenden Inseln, Reinbek 1985; ders.: Das Land von Asche und Diamant: meine Lehrjahre in Polen. Köln 2000; ders.: Modsætningernes spil. København 1980; ders.: Théâtre: solitude, métier, révolte. Saussan 1999; ders.: Viaggi con l'Odin = Voyages with Odin. Mailand (3. Aufl.) 2000; Coppietors, F.: Eugenio Barba et son Ecole Internationale d'Anthropologie Théâtrale. Brüssel 1981; Giacco, P.: La scuola di Barba e il teatro di gruppo. Mailand 1981; Il Libro dell'Odin. Hg. F. Taviani. Mailand 1975; Meetings with the Odin Teatret. Hg. K. Kowalewicz. Łodz 2000; Odin Teatret: Experiences. Holstebro 1973; Odin Teatret 2000. Hg. J. Andreasen. Århus 2000; Shoemaker, D. M.: Odin's shadow: the performance theory and practice of Eugenio Barba and the Odin Teatret. Diss. Berkeley 1991; Lo Straniero che danza. Hg. T. D'Urso, Ferdinando Taviani. Turin 1977, Holstebro 1978; Teatrets Teori og Teknik (TTT). H.1 ff. Holstebro 1964 ff.; Watson, J.: Towards a Third Theatre: Eugenio Barba and the Odin Teatret. London 1993; Weiler, Ch.: Kultureller Austausch im Theater: theatrale Praktiken Robert Wilsons und Eugenio Barbas. Marburg 1994; Wunderlich, V.: KörperPhilosophen: Eugenio Barba und das Odin Teatret. Wien 2000.</small>

Horst Schumacher

Barlog, Boleslaw (Stanislaus), * 28. 3. 1906 Breslau (heute Wrocław, Polen), † 17. 3. 1999 Berlin. Regisseur, Theaterleiter.

Sohn eines Rechtsanwalts; wandte sich nach einer Buchhändler- und kaufmännischen Lehre dem Th. zu und arbeitete 1930–33 an der Berliner Volksbühne u. a. als Regieassistent bei K. H. →Martin. Schlug sich danach u. a. als Hilfsbademeister und Mitarbeiter des Olympia-Komitees durch, war seit 1937 Regieassistent u. a. von R. A. Stemmle, →Liebeneiner und →Käutner bei der Ufa und der Terra-Film. Seit 1940 Filmregie, u. a. bei *Unser kleiner Junge* (1941), *Wenn die Sonne wieder scheint* (1943), *Junge Herzen* (1944), *Tierarzt Dr. Vlimmen* (1945). Erste Regie bei Wildenbruchs *Der Junge von Hennersdorf* (1942, Rose-Th.). Am 3. 11. 1945 eröffnete B. das Schlossparktheater mit →Goetz' *Hokuspokus* (u. a. mit Hildegard Knef). B. war dort so erfolgreich, dass man ihm die Leitung des wiederaufgebauten Schiller-Th.s anbot, das 1951 mit Schillers *Wilhelm Tell* in B.s Insz. eröffnet wurde. Mit dem Schlossparktheater und der 1959 eröffneten Werkstatt des Schiller-Th.s bildete es die Staatl. Schauspielbühnen. 1963 wurde B. Generalintendant. Ihm gelang es, Schauspieler von internat. Rang an das Th. zu binden, u. a. →Dorsch, →Mosheim,

→ Krauss, L. → Steckel, B. → Minetti, → Held, → Kammer, → Drews, → Raddatz, → Schellow, → Hinz, → Gorvin. B. führte Regie bei rund 100 Stücken von Klassikern bis zur Moderne, von Tragödien bis zu Berliner Possen, u. a. im Schlossparktheater bei → Shakespeares *Der Widerspenstigen Zähmung* (1947), Zuckmayers *Des Teufels General* (1948, 302 Aufführungen), Osbornes *Blick zurück im Zorn* (1957), Čechovs *Drei Schwestern* (1960), Ibsens *Ein Volksfeind* (1960), Albees *Wer hat Angst vor Virginia Woolf?* (1963, Einladung zum Berliner Theatertreffen), → Ustinovs *Halbwegs auf dem Baum* (1967). Im Schiller-Th. u. a. bei Hauptmanns *Die Weber* (1952), Zuckmayers *Der Hauptmann von Köpenick* (1954, 1964), *Das kalte Licht* (1955), → Goethes *Faust I* (1954), Thomas' *Unter dem Milchwald* (1956), Vidals *Der beste Mann* (1960), → Brechts *Herr Puntila und sein Knecht Matti* (1965), Feydeaus *Der Floh im Ohr* (1968); in der Werkstatt u. a. bei Albees *Der amerikanische Traum* (1961), Mortimers *Der Privatdetektiv*, → Pinters *Die Kollektion* (1962). 1972 wurde B. als dienstältester Generalintendant verabschiedet, führte aber weiter Regie an dt. und österr. Th.n. Seit 1963 auch Opernregie, u. a. bei Nicolais *Die lustigen Weiber von Windsor* (1964, Hamburgische Staatsoper), Puccinis *Tosca* (1969, Dt. Oper Berlin), Donizettis *Lucia di Lammermoor* (1978, Wiener Staatsoper). – Der erfolgreiche Theaterleiter B. wurde von der Kritik oftmals unterschätzt, sein Spielplan galt als zu bildungsbürgerlich, zu wenig progressiv. Dabei machte B. die Staatl. Schauspielbühnen zu einem führenden europ. Th., in dem er vieles ermöglichte. Hier wurden die ersten Stücke Albees uraufgeführt, er half, Osborne, Pinter, Dylan Thomas auf den dt. Bühnen durchzusetzen. Zu seinen Oberspielleitern gehörten → Stroux (1951–55) und → Lietzau (1955–63); Regisseure wie → Piscator, → Fehling, → Noelte, → Swinarski arbeiteten unter seiner Intendanz an den Staatl. Schauspielbühnen. Legendär die Regiearbeiten → Kortners, Becketts Insz.en eigener Stücke, → Taboris erste Regie in Europa (1969, DEA *Kannibalen*). Der vielfach ausgezeichnete «Theaterquirl» (F. Luft) B. war als Regisseur ein Verfechter «handfesten» Th.s, der Wert auf perfektes Ensemblespiel legte, dem Text und den Intentionen des Autors mehr verpflichtet als einem eigenen innovativen Regiekonzept: «Wenn ich in meinem Theater der schlechteste Regisseur bin, ist es gut geführt» (Barlog, S. 314).

Barlog, B. u. a.: Biografie eines Theaters. Berlin 1972; ders.: Theater lebenslänglich. München 1981 (erw. 1990); Eglau, J.: Des Schillers General: Boleslaw Barlog. (TV-Film) Berlin 1994; 25 Jahre Theater in Berlin. Bearb. H. J. Reichardt. Berlin 1972; Theater in Berlin 1951–1961. Hg. B. Barlog, A. Bessler. Berlin 1962.

Wolfgang Beck

Barnay, Ludwig (eig. L. Weiß), * 11. 2. 1842 Pest (Österr.-Ungarn, heute Budapest), † 31. 1. 1924 Hannover. Schauspieler, Theaterleiter.

Sohn eines Synagogenkantors; debütierte nach Schauspielunterricht in Wien 1860 in Trautenau (heute Trutnov). Weitere Engagements u. a. in Budapest, Graz, Leipzig, Wien (Burgtheater), Weimar. Seit 1870 am Stadttheater in Frankfurt a. M., wo er sich als noch relativ unbekannter Schauspieler um die Interessenvertretung der Schauspieler verdient machte. B wurde Initiator und Mitbegründer der 1871 in Weimar ins Leben gerufenen Genossenschaft Dt. Bühnenangehöriger (GdBA). 1874 Hoftheater Meiningen, wo er als einer der führenden Schauspieler u. a. als Marc Anton in → Shakespeares *Julius Caesar* erfolgreich war. 1875–80 am Hamburger Stadttheater engagiert, an dem B. bereits 1870 in Hebbels *Judith und Holofernes* und → Goethes *Iphigenie auf Tauris* gastiert hatte. Weitere wichtige Rollen bei Gastspielen in Europa u. a. die TRn in Shakespeares *Hamlet* und *Othello*,

Schillers *Wallenstein* und *Wilhelm Tell*, Gutzkows *Uriel Acosta*. Mit Adolf L'Arronge (1838–1908) 1883 Mitbegründer und Societär des Dt. Th.s Berlin. 1887–94 Leiter des von ihm gegründeten Berliner Th.s, an das er u. a. Agnes Sorma (1865–1927) und Josef → Kainz engagierte, der wegen künstl. Differenzen vertragsbrüchig wurde. Bis 1897 gehörte B. dem Wiesbadener Th. an, war 1906–08 Intendant des Königl. Schauspielhauses Berlin, 1908–12 Leiter des Königl. Hoftheaters in Hannover. B. schrieb u. a. Erinnerungen und Bühnenbearbeitungen klassischer Dramen. Zahlreiche in- und ausländ. Orden und Auszeichnungen. – Sein einnehmendes Äußeres, seine perfekte Sprechtechnik machten B. zum klassischen Heldendarsteller. Er war ein glänzender Virtuose am Ende einer Epoche der Schauspielkunst, die sich weg von der Hoftheatertradition hin zu realistisch-naturalistischer Darstellung entwickelte, an der B. keinen Anteil mehr hatte. Anhänger dieser neuen Richtung warfen ihm Oberflächlichkeit des Spiels und wirkungsorientierte Effekthascherei vor. Bleibende Verdienste erwarb sich B. durch seine unermüdliche Arbeit für die Interessenvertretung und soziale Sicherung der Schauspieler.

Barnay, L.: Erinnerungen. 2 Bde. Berlin 1903 (Auswahl: Berlin 1953); ders.: Über Theater und Anderes. Berlin 1913; Elsner, G., H. Knudsen: Aus den Schiedsgerichts-Akten Josef Kainz gegen Ludwig Barnay. Berlin 1933; Gellert, G.: Ludwig Barnay. Berlin 1890.

Wolfgang Beck

Barrault, Jean-Louis, * 8. 9. 1910 Le Vésinet bei Paris, † 22. 1. 1994 Paris. Schauspieler, Intendant, Regisseur.

B. war Schauspielschüler von Charles → Dullin, dem Begründer des modernen franz. Th.s, und Etienne → Decroux, der B. strengen pantomimischen Exerzitien unterwarf, durch die, wie B. später bekannte, sein «Körper ein Gesicht bekam». Erste Rolle im Th. de l'Athénée von Dullin als Volpone im gleichnamigen Stück von Jules Romains. Erste Insz. 4 Jahre später (1935) mit einer eigenen Faulkner-Bearbeitung. 1937 Durchbruch mit der *Numance*-Insz. nach Cervantes und 1939 mit *Faim (Hunger)*, einer Dramatisierung des Romans von Knut Hamsun. 1940–46 Mitglied des Ensembles der Comédie Française. Insz.en: *Phèdre (Phädra)* von Racine (1940), *Le soulier de satin (Der seidene Schuh)* von Claudel (1943), *Les Mal-Aimés (Die Ungeliebten)* von François Mauriac. Übernahme vieler Rollen des Standardrepertoires und Tätigkeit als Filmschauspieler. Bei den Dreharbeiten zu *Hélène* (1936) von Marc Allégret hatte er die 10 Jahre ältere Madeleine → Renaud kennengelernt, die 1940 seine Frau wurde. Er spielte in *Drôle de drame* (1937) von Marcel Carné, *Le Puritain* (1937) von J. Massu, *La symphonie fantastique* (1940) von Christian Jacque und in seiner berühmtesten Filmrolle als Mime Baptiste Debureau in *Les enfants du paradis (Die Kinder des Olymp*, 1945). Weitere Filmrollen in *La Ronde (Der Reigen*, 1950) von Max Ophüls nach Arthur Schnitzler und *Le testament du docteur Cordelier* (1960) von Jean Renoir.

1946 gründete B. mit seiner Frau die unabhängige Compagnie Madeleine Renaud – Jean-Louis Barrault, die 10 Jahre im Th. Marigny residierte und als Wandertruppe weitergeführt wurde. Die Insz.en der Compagnie wurden weltweit aufgeführt und bildeten einen wichtigen Faktor der auswärtigen Kulturpolitik Frankreichs, besonders → Shakespeares *Hamlet* und *La Double Inconstance (Unbeständigkeit auf beiden Seiten)* von Marivaux (1946), *Partage de Midi (Mittagswende)* von Paul Claudel, *Occupe-toi d'Amélie (Kümmere dich um Amélie)* von Feydeau (beide 1948), *Les Fourberies de Scapin (Scapins Streiche)* von → Molière (1949), *La Répétition (Die Probe)* von Anouilh (1950), *Pour Lucrèce (Für Lukrezia)* von Giraudoux (1953), *Bérénice* von Racine, *Orestie* von Aischylos (beide 1955). 1959 wurde B. Direktor des staatlichen Th. de l'Odéon, das in Th. de France umgetauft wurde. Einweihung mit *Tête d'Or (Goldhaupt)* von Claudel. Er inszenierte Shakespeare *(Julius Cäsar)* und Molière *(Les Précieuses Ridicules*, dt. *Die lächerlichen Preziösen)* und verhalf avantgardistischen Autoren zum Durchbruch: Eugène Ionesco (1960 *Les Rhinocéros*, dt. *Die Nashörner*; franz. EA nach der UA in Düsseldorf), Nathalie Sarraute, Marguerite Duras. Gastregisseure realisierten zahlreiche franz. EAen: Roger → Blin *Oh les beaux jours* (1962, *Glückliche Tage*) von Samuel Beckett und *Les Paravents* 1966 (nach der UA 1961 in Berlin u. d. T. *Die Wände*) von Genet. Maurice Béjart kreierte 1967 *La Tentation de saint Antoine (Die Versuchung des heiligen Antonius).*

1968 wurde B. als Sympathisant der studentischen Mairevolution aus dem Th. de l'Odéon vertrieben und etablierte sich mit seiner Truppe in der ehemaligen Ringkampfarena Élysée-Montmartre, wo er mit seiner *Rabelais*-Insz. Erfolge feierte (1968). Im Frühjahr 1974 Umzug in den aufgelassenen Orsay-Bahnhof, der als Th. d'Orsay mit der Aufführung von *Harold und Maude* von Colin Higgins eingeweiht wurde. Berühmte Insz.en: *Christophe Colomb* von Paul Claudel 1974 und *Zadig ou la Destinée* nach Voltaire 1978. Wegen der Schaffung eines Museums des 19. Jh.s im ehemaligen Orsay-Bahnhof Umzug ins Th. du Rond-Point auf den Champs-Élysées. Hier gab B. jungen Regisseuren die Möglichkeit zu Insz.en (Roger Blin, Guy Retoré, Claude Régy). Große Erfolge waren die Eigeninszenierungen *Ainsi parlait Zarathoustra* (1974) nach Nietzsche, *Les nuits de Paris* (1976) nach Restif de La Bretonne, *L'amour de l'amour* (1981) nach Molière, La Fontaine und Apuleius. Auch B.s letzte Insz.en (1985 *Die Vögel* nach Aristophanes und das anthologische Stück *Théâtre de Foire* 1986) zeigten einen Theatermenschen von ungebrochenem Erfindungsreichtum, dessen Anspruch war: «Das totale Th., das seit 1925 existiert und das versucht, Theaterpoesie durch die Form zu finden, d. h. im wesentlichen durch die Form der Schauspielkunst, die gleichzeitig die Poesie des menschlichen Körpers ist» (1981 in einem Interview). Dank zahlreicher Gastspiele seiner Compagnie und Gastinsz.en, u. a. in Hamburg und Wien, wo er 1978–80 künstl. Leiter des neugegründeten Th. Française de Vienne war, ist er der wohl bekannteste franz. Regisseur im Ausland.

Barrault, J.-L.: Réflexions sur le théâtre. Paris 1949; ders.: Souvenirs pour demain. Paris 1972 (dt. Erinnerungen für morgen. Frankfurt a. M. 1973); Cahiers de la Compagnie Renaud – Barrault. Nr. 1ff. Paris 1953 ff.; Frank, A.: J.-L. Barrault. Paris 1971.

Horst Schumacher

Barsacq, André (eig. Anatole Sophocle B.), * 24. 1. 1909 Feodosia (Krim, Russland), † 3. 2. 1973 Paris. Regisseur, Theaterleiter, Bühnenbildner.

Väterlicherseits entstammte B. einer russ. Intellektuellenfamilie, mütterlicherseits einer in den südwestfranz. Landes ansässigen Familie von Jagdaufsehern und Förstern. Kindheit in Russland. Nach der Oktoberrevolution 1917 Niederlassung in Frankreich mit seinen Eltern. Heiratete die Tochter des ebenfalls aus Russland stammenden Bühnenbildners Leon → Bakst und wurde 1928 mit dem Dekor für die Insz. der Komödie *Volpone* von Ben Jonson im Th. de l'Atelier bekannt. Gemeinsam mit Jean Dasté und Maurice Jacquemont Gründung der eigenen Theatertruppe Compagnie des Quatre Saisons, die bei der Pariser Weltausstellung 1937 große Erfolge mit der Aufführung von Carlo Gozzis Märchenkomödie *König Hirsch* feierte. 1938 inszenierte er *Le bal des voleurs (Ball der Diebe)* von Jean Anouilh, dessen Lieblingsregisseur er wurde. 1940 als Nachfolger von Charles → Dullin Direktor des Th. de l'Atelier, das unter ihm eine über dreißigjährige Blütezeit erlebte. UAen von Stücken von Marcel Aymé, Félicien Marceau, Françoise Sagan. Einsatz für das russ. Drama, oft von B. selbst übersetzt und bearbeitet: Dostoevskij (*Der Idiot*, 1966), Gogol', Čechov, Ostrovskij (*Der Wald*, 1970) begeisterten durch die Dichte und Harmonie der Insz. Kritik und Zuschauer. *Heute abend wird aus dem Stegreif gespielt* von Pirandello gab B. Gelegenheit, spätere Versuche des Th.s im Th. genial vorauszunehmen, obwohl er immer einem gewissen «Klassizismus» verhaftet blieb. B. gelang es, für jedes Stück eine spezifische Stimmung zu schaffen, eine werkgerechte Intuition auf der Bühne umzusetzen.

Horst Schumacher

Barth, Susanne, * 17. 8. 1944 Groß-Karol (Ungarn). Schauspielerin.

Schauspielschule Hannover. 1968–74 Städt. Bühnen Frankfurt a. M. 1974–85 Gastrollen am Staatstheater Stuttgart (Martha in Albees *Wer hat Angst vor Virginia Woolf?*, UA *Bekannte Gesichter, gemischte Gefühle* von Botho Strauß 1975), Bayer. Staatsschauspiel München (Inès in Sartres *Geschlossene Gesellschaft*, Mrs. Constable in *Sommerhaus* von Jane Bowles), Frankfurt a. M. (Blanche in *Endstation Sehnsucht* von Tennessee Williams). Kontinuierliche Zusammenarbeit mit dem Regisseur Schulte-Michels. Seit 1985 Schauspiel Köln (Merteuil in Heiner → Müllers *Quartett*, Fernando in → Goethes *Stella*, Gertrud in → Shakespeares *Hamlet*, Bernarda Alba in García Lorcas *Bernarda Albas Haus*, Helene Alvig in Ibsens *Gespenster*, TR in → Taboris *Mutters Courage*). 1976–85 Dozentin an der Staatl. Schauspielschule Stuttgart. Fernsehrollen. – B. ist eine prägnante Charakterschauspielerin mit Salondamenflair, starkem Temperament und großem Formgefühl.

Werner Schulze-Reimpell

Bassermann, Albert Eugen, * 7. 9. 1867 Mannheim, † 15. 5. 1952 (auf einem Flug von New York nach Zürich). Schauspieler.

Nach dem Chemiestudium debütierte der Neffe des Heldendarstellers August Bassermann 1887 am Nationaltheater Mannheim. Es folgten Engagements in Heidelberg, Köln, Hannover, Lüneburg, Bern, Aachen, Meiningen und Mannheim (1887–95). Erste größere Erfolge am Berliner Th. (1895–1900) machten → Brahm auf ihn aufmerksam, der B. ans Dt. Th. (1900–04) und Lessing-Th. (1904–09) engagierte. Bei Brahm brillierte B. v. a. in den großen Rollen realistisch-naturalistischer Stücke: als Nikita in Tolstojs *Die Macht der Finsternis*, in Ibsens Dramen als Stockmann in *Der Volksfeind*, Ekdal in *Die Wildente*, TR in *Baumeister Solneß*, Konsul Bernick in *Stützen der Gesellschaft*, Helmer in *Nora*, Oswald in *Gespenster* sowie in Stücken Hauptmanns als Crampton in *Kollege Crampton*, Wehrhahn in *Der Biberpelz* und Streckmann in *Rose Bernd*. Die Vielfalt seiner Ausdrucksmöglichkeiten zeigte er v. a. mit seiner Darstellung der Schwankfigur Striese in Schönthans *Der Raub der Sabinerinnen* (1907/08, Lessing-Th.), die zu einer seiner Glanzrollen werden sollte. – 1908 heiratete B. die Schauspielerin Else Schiff (1878–1961), mit der er seitdem meist zusammen auftrat. Ihr folgte er zu → Reinhardt ans Dt. Th. (1909–15) und spielte dort v. a. Rollen des klassischen Repertoires: in Stücken → Shakespeares die TRn in *König Lear* und *Othello*, Shylock in *Der Kaufmann von Venedig*, Benedikt in *Viel Lärm um nichts*, Malvolio in *Was ihr wollt*, Petruchio in *Der Widerspenstigen Zähmung*; in → Goethe-Insz.en die TR in *Egmont* und Mephisto in *Faust*, die TR in Schillers *Wallenstein*, Philipp II. in *Don Carlos* sowie die TRn in → Lessings *Nathan der Weise* und → Molières *Tartuffe*. – Seit 1911 Träger des Iffland-Rings. 1912 gab B. sein (erfolgloses) Debüt auf der Kinoleinwand in dem Stummfilm *Der Andere*.

1915–33 spielte er neben Gastspielreisen an verschiedenen Th.n, u. a. am Berliner Staatstheater die TR in Schillers *Wilhelm Tell* (1919, R. → Jeßner) sowie am Lessing-Th. Vater Knie in Zuckmayers *Katharina Knie* (UA 1928, R. → Martin). – 1933 emigrierte B. mit seiner Frau über Prag nach Wien; es folgten Tourneen in Österreich, der Schweiz und der ČSR (1933–38), u. a. mit → Deutsch und → Durieux. 1933 trat B. als Ekdal in Ibsens *Die Wildente* am Neuen Dt. Th. Prag auf und spielte 1934 die TR von Shakespeares *Richard III.* am Schauspielhaus Zürich. Als seine Frau 1934 in Deutschland als Jüdin Auftrittsverbot erhielt, gab B. öffentlich die Ehrenmitgliedschaft der GdBA zurück. – 1939 emigrierte das Paar in die USA und trat dort in Emigrantenensembles (u. a. Continental Players, The Players from Abroad) auf. 1942 wurde B. wegen seiner Mitwirkung an den Filmen *Foreign Correspondent* und *Escape* die dt. Staatsbürgerschaft aberkannt. Während seiner 7-jährigen Karriere in den USA spielte B. zahlreiche Filmrollen, zumeist positive Charaktere, was in diesen Jahren eine Seltenheit für einen dt. Schauspieler war. – In Europa stand B. erst nach Beendigung des Kriegs wieder auf der Bühne, seit 1946 in der Schweiz und Österreich, ab 1949 auch wieder in Deutschland. 1951 war B. als Attinghausen in Schillers *Wilhelm Tell* (R. → Barlog) bei der Wiedereröffnung des Berliner Schiller-Th.s in seiner letzten Rolle zu sehen. – Obwohl B., der zu den prominentesten dt. Charakterdarstellern seiner Zeit zählte, im Film nicht die gleichen Akzente zu setzen vermochte wie auf der Bühne, war er doch auch in großen Stummfilmrollen zu sehen, u. a. *Das Weib des Pharao* (1921), *Lucrezia Borgia* (1922), *Der Mann mit der eisernen Maske* (1922), *Alt-Heidelberg* (1923). Auch an wichtigen Tonfilmen wirkte B. mit, u. a. *Dreyfus* (1930), *Alraune* (1930), *Ein gewisser Herr Gran* (1933), *Der Hauptmann von Köpenick* (USA 1944).

Albert Bassermann (1867–1952). Mannheim 1987 *(Katalog)*; Bab, J.: Albert Bassermann. Leipzig 1929; ders.: Kränze dem Mimen. Emsdetten 1954; Bronnen, A.: Begegnungen mit Schauspielern. Berlin 1977; Ihering, H.: Albert Bassermann. Berlin o. J.

Nina Grabe

Baty, Gaston (Jean-Baptiste Marie), * 16. 5. 1885 Pélussin (Frankreich), † 13. 10. 1952 Pélussin. Intendant, Regisseur.

B. wuchs in Lyon auf und erhielt die auf breite Allgemeinbildung Wert legende Erziehung eines aus dem reichen katholischen Bürgertum stammenden Erben eines Familienvermögens. 1919 Berufsentscheidung für das Th., nachdem Firmin → Gémier ihm für den Cirque d'Hiver die Insz. von Hellem/d'Estocs *La Grande Pastorale* anvertraut hatte und ihn 1920/21 als Leiter der Comédie des Champs-Élysées einsetzte, die sich unter seiner Führung von einer Unterhaltungsbühne zu einem «th. d'art» entwickelte. Durchbruch mit *Le Simoun* von Henri-René Lenormand (1882–1951) mit Gémier in der Hauptrolle. 1922 gründete B. in einer von ihm in einer Baulücke am Boulevard Saint-Germain errichteten Bretterbaracke das Th. La Chimère, in der er seine Theaterästhetik praktisch umsetzen konnte: in Rückbesinnung auf das klassische Th. ein Versuch, das Th. populär zu machen und die Stilmittel des dt. Expressionismus für die eigene Arbeit zu nutzen. B. schwebte die «Retheatralisierung des Th.s» vor, und zwar durch Infragestellung der Vorrangigkeit des Textes und der Allgewalt des Schauspielers. Gegen Ende seines Lebens führte dies zur Bevorzugung des Marionettenspiels. Bühnenbild und Beleuchtung standen in B.s Insz.en im Vordergrund, die sog. «Atmosphäre», die der Zuschauer erleben sollte. B.s Arbeit am Studio des Champs-Élysées und schließlich 1930–47 im Th. Montparnasse fand europaweit Resonanz. Praktisch immer sein eigener Bühnenbildner, blieb er dem Gedanken der École du Silence verbunden, wobei die von ihm gespielten Autoren in der Zurückdrängung des gesprochenen Worts auf der Bühne oft noch weiter gingen: Lenormand mit *Le Simoun* (1920, dt. *Samum*), Jean-Jacques Bernard (1888–1972) mit *Martine* (1922), Jean-Victor Pellerin mit *Têtes de rechange* (1926) und *Cris des cœurs* (1928), Simon Gantillon (1887–1961) mit *Maya* (1924) waren außerordentliche Publikumserfolge, zu denen Dekor, Musik und Beleuchtung ambienteschaffend beitrugen. Alle diese Stücke sind heute aus dem Repertoire verschwunden. – 1931 versuchte B. – vergeblich –, → Brecht/ Weills *Dreigroschenoper* mit einem sehr gerühmten – halb poetischen, halb realistischen – Bühnenbild durchzusetzen. Bühnenbearbeitungen von Romanen führten zu unterschiedlichen Reaktionen: *Schuld und Sühne* (1933, nach Dostoevskij) wurde ein Erfolg, *Madame Bovary* (1936, nach Flaubert) fand geteilte Aufnahme. B.s Klassikerinsz.en lösten wegen ihrer starken Aktualisierungen große Proteste aus: → Shakespeares *Hamlet* (1929), → Molières *Le malade imaginaire* (*Der eingebildete Kranke*, 1929), Racines *Phèdre* (*Phädra*, 1940), Mussets *Lorenzaccio* (1946) und Racines *Bérénice* (*Berenike*, 1946) an der Comédie Française.

Vom Cartel des quatre, zu dem sich 1926 Charles → Dullin, Louis → Jouvet, Georges → Pitoëff und B. zusammengeschlossen hatten, war er der radikalste Erneuerer, der Einzige auch, der das Th. des dt. Expressionismus in der Zwischenkriegszeit in Frankreich bekannt machte und die absolute Vorherrschaft des dichterischen Worts in der Aufführung eines Stücks bestritt. In seiner Lust am großen Spektakel gehörte B. zu jenen Regisseuren, die dem Autor Konkurrenz machen und ihn, wie ihm die Th.-Kritik vorwarf, in den Hintergrund drängen. In dieser Hinsicht ist B. Vorläufer von Regisseuren wie Roger → Planchon, Antoine Bourseiller, Jorge → Lavelli oder Jérôme → Savary.

Baty, G.: Le Masque et l'Encensoir. Paris 1926; ders.: Rideau baissé. Paris 1949; ders.: Trois P'tits Tours et puis s'en vont. Paris 1942; ders.: Vie de l'art théâtral des origines à nos jours. Paris 1932; Lieber, G.: Gaston Baty et ses auteurs. Le théâtre d'évasion. Habil. Universität Paris-Nanterre (Paris X), 1987; Revue de la Société du Théâtre. 5. Jg. 1953 (Sondernr.: Gaston Baty).

Horst Schumacher

Bauer, Hans, * 16. 8. 1914 Berlin, † 4. 11. 1970 Binningen/Basel. Schauspieler, Regisseur.

Nach seiner Ausbildung an der Schauspielschule der Preuß. Staatstheater (1935–37) 1937–39 am Landestheater Schleswig, wo B. sofort auch als Regisseur arbeitete. 1939–45 Soldat. Nach Stationen in Braunschweig und am Thalia Th. Hamburg 1948–49 Intendant der Lüneburger Bühne. Gastinsz.en in Bochum, Frankfurt a. M., 1951–53 Bonn. 1953 UA *Der Muttermord* von Hans Rehberg, Staatstheater Stuttgart. 1953–61 vorwiegend als Regisseur in Köln und Hannover. Gastinsz.en am Schiller-Th. Berlin, Düsseldorfer Schauspielhaus, Wuppertal. 1957 DEA *Endspiel* von Beckett im Schlossparktheater Berlin. 1961–64 leitender Regisseur am Staatstheater Darmstadt. 1964 freier Regisseur, zuletzt mit Schwerpunkt in Basel. 5 Einladungen zum Berliner Theatertreffen. Einige Operninsz.en. – B. war einer der bedeutendsten Regisseure der 1960er Jahre mit Vorliebe für leise, poetische Stücke der klassischen Moderne von Autoren wie García Lorca (1956 DEA *Sobald fünf Jahre vergehen*), Giraudoux (*Intermezzo* inszenierte er 4-mal), Schehadé, Thornton Wilder. Inszenierte nur selten Klassiker, zumeist Komödien, und nur einmal → Brecht (*Baal*, Darmstadt 1964). Verdienste erwarb er v. a. durch seinen Einsatz für die Dramen von Else Lasker-Schüler, deren *Wupper* er zweimal inszenierte und deren *Artur Aronymus* er 1968 zur DEA in Wuppertal brachte.

Hering, G. F., H.-J. Weitz: Hans Bauer. Regisseur. 2 Bde. Frankfurt a. M. 1974.

Werner Schulze-Reimpell

Bauer, Raimund, * 19. 12. 1955 Heiligkreuz (jetzt Trostberg). Bühnen- und Kostümbildner.

1974–79 Studium am Salzburger Mozarteum und der Hochschule für Angewandte Kunst Wien bei → Wonder; Förderpreis der Stadt Wien. 1979–81 am Schauspiel Köln Assistent bei Wonder und → Wilson; Ausstattung von Büchners *Leonce und Lena* (1981, R. → Flimm). 1983–85 Ausstattungsleiter am Schauspiel Frankfurt (u. a. Kipphardts *Bruder Eichmann*, 1983, R. → Löscher), 1985–88 am Staatstheater Stuttgart. Seither freischaffend an zahlreichen Th.n Europas, Amerikas und Asiens; seit 1997 Professor für Bühnenraum an der Hochschule für Bildende Künste in Hamburg. Kontinuierliche Zusammenarbeit mit bestimmten Regisseuren. Mit → Giesing u. a. bei Mamets *Edmond* (1986), Ayckbourns *Der Held des Tages* (DEA 1990, beide Dt. Schauspielhaus Hamburg), Babels *Marija* (1999, Schauspielhaus Zürich); mit Elke → Lang bei Bonds *Gerettet* (1994), Gor'kijs *Sommergäste* (1997, beide Dt. Schauspielhaus), Millers *Scherben* (1996, Hamburger Kammerspiele); mit → Düggelin u. a. bei → Molières *Der Menschenfeind* (1997), *Die Schule der Frauen* (2000), *Der Geizige* (2005), Čechovs *Onkel Vanja* (2004, alle Schauspielhaus Zürich); mit → Weber u. a. bei Schillers *Die Jungfrau von Orleans* (1992), Beltz' *Die Frankfurter Verlobung* (UA 2003, beide Schauspiel Frankfurt), Goetz' *Kritik in Festung* (UA 1993), *Krieg* (1998), → Lessing / Marlowes *Nathan der Weise / Der Jude von Malta* (1994), Kanes *Zerbombt* (DEA 1996), Srbljanovic' *Familiengeschichten. Belgrad* (DEA 1998, alle Dt. Schauspielhaus), Grabbes *Don Juan und Faust* (1999, Residenztheater München), McDonaghs *Der Kissenmann* (dt.sprachige EA 2003, Burgtheater Wien), Gor'kijs *Sommergäste* (2004, Staatsschauspiel Hannover); mit Ulrich Waller u. a. bei Rezas *Drei Mal Leben* (2001, Hamburger Kammerspiele), Kander / Ebbs *Cabaret* (2005, St. Pauli Th., Hamburg). Seit Ende der 1990er Jahre vermehrt Szenographien für Werke des Musiktheaters. Für Insz.en Webers bei Verdis *Rigoletto* (1999), Wagners *Lohengrin* (2000), *Die Meistersinger von Nürnberg* (2003, alle Oper Essen), → Briegers bei Strauss' *Der Rosenkavalier* (1995, Staatsoper Berlin), Menottis *Der Konsul* (1998, Volksoper Wien), Weills *Der Protagonist / Royal Palace* (2004, Bregenzer Festspiele), Martins *Der Cornet* und Dayers *Mémoires d'une jeune fille triste* (2005, Grand Th. Genf), Nikolaus Lehnhoffs u. a. bei Puccinis *Tosca* (1998, De Nederlandse Opera), Wagners *Parsifal* (1999, English National Opera; 2000 San Francisco; 2002 Chicago; 2004 Baden-Baden), *Der fliegende Holländer* (2001, Chicago; 2004 San Francisco), Poulencs *Dialogues des Carmélites* (2002, Hamburgische Staatsoper), Schrekers *Die Gezeichneten* (2005, Salzburger Festspiele). – Internat. gefragter Szenograph, der – ausgehend von eher realistischen Raumgestaltungen – zu architektonisch-abstrakten Lösungen übergegangen ist, um suggestive Bildwirkungen zu erreichen. «Dramaturgisch schlüssige Raumbehauptungen und Neo-Entrümpelung der Bühnen» (B.) sind kennzeichnend für seine Arbeiten, in denen auch moderne Medien stilsicher eingesetzt werden.

Wolfgang Beck

Bauersima, Igor, * 23. 6. 1964 Prag. Regisseur, Bühnenbildner, Autor, Filmemacher, Performancekünstler, Architekt.

Aufgewachsen in Bern, wohin seine Eltern nach 1968 emigriert waren. Architekturstudium in Zürich und Lausanne. B. arbeitet seit 1989 als freier Architekt, Musiker, Autor,

Film- und Theaterregisseur und Szenograph. 1993 gründete er in Zürich mit den Schauspielern Ingrid Sattes, Alexander Seibt und Pascal Ulli die OFF OFF Bühne, für die v. a. er u. a. *Plane Thoughts* (UA 1994), *Tourist Saga* (UA 1995), *Die Pflicht glücklich zu sein* (UA 1996), *Snobs* (UA 1997, alle OFF-OFF-Bühne), *Mixed* (UA 1997), *Forever Godard* (UA 1998, Preis für das beste Stück beim Impulse-Theatertreffen 1998), *Context* (UA 1999), *Exil* (UA 2000, alle Theaterhaus Gessnerallee) geschrieben und inszeniert hat. Der Durchbruch außerhalb der Freien Szene gelang ihm mit der Insz. seines Stücks *norway. today* 2000 am Düsseldorfer Schauspielhaus (Einladung zu den Mülheimer Theatertagen, Wahl zum Nachwuchsautor des Jahres in *Th. heute*). Das Stück wurde in 16 Sprachen übersetzt und an über 100 Th.n nachgespielt. In Düsseldorf Insz. seiner Adaption von Vancuras *Launischer Sommer* (UA 2001), des mit Réjane Desvignes geschriebenen Stücks *Tattoo* (UA 2002), *69* (UA 2003, 3 Fassungen, abwechselnd gespielt), *Schwarz und Weiß. Ein musikalischer Filmabend* (2004, mit Dominique → Horwitz). Am Staatstheater Hannover Insz. seiner Stücke *future de luxe* (UA 2002), *Film* (mit Desvignes, UA 2003), seiner Bearbeitung von Büchners *Dantons Tod* (2003). Am Wiener Burgtheater inszenierte B. LaButes *das maß der dinge* (2002, Koproduktion Salzburger Festspiele), die eigenen Stücke *Bérénice de Molière* (UA 2004), *Boulevard Sevastopol* (UA 2006, beide mit Desvignes), am Schauspiel Zürich sein Stück *Lucie de Beaune* (mit Desvignes, UA 2005), am Dt. Schauspielhaus Hamburg seine «Rockoper» *Oh die See* (UA 2006). Autor und Regisseur experimenteller Filme, u. a. *Terminal Diner* (1989), *Bowling* (1992), *50 % Absolut* (1995), *Dr. Younamis' Couch* (1996), *Making Off* (1999), *Un regard sur deux* (2001). – B. ist einer der meistgespielten dt.sprachigen Gegenwartsdramatiker. Waren seine frühen Stücke v. a. szenische Umsetzungen aktueller Probleme, hat er sich zuletzt auch historischen Themen zugewandt. Für alle gilt, dass sie in Ästhetik, Erzählweise und seiner Regie das «Unterhaltungskünstlerische» betonen: «Seine Kostüme dürfen ebenso gut aus dem Second-Hand-Container wie aus dem Fundus, Abteilung Barock, stammen. Und auch bei den Bühnenbildern, die Bauersima häufig selbst entwirft, ist von Laterna-magica-Effekten bis zu moderner Bungalow-Architektur alles vertreten, was sich assoziativ anbietet» (T. Briegleb).

Wolfgang Beck

Baumbauer, Frank, * 2. 9. 1945 München. Theaterleiter, Regisseur.

Sohn der Schauspielagentin Erna B. Nach dem Studium u. a. der Theaterwissenschaft in München begann B. als Regieassistent am Schauspielhaus Düsseldorf (1970–72). Am Bayer. Staatsschauspiel München als Regieassistent (1972–74), seit 1974 als Regisseur tätig, wurde B. 1975–83 Leiter des Künstl. Betriebsbüros. Seit 1980 persönlicher Mitarbeiter des Intendanten K. → Meisel, trat B. 1983 dessen Nachfolge an und verließ die Regiearbeit. Schnell profilierte sich B., indem er Autoren und Regisseure wie → Achternbusch, → Schroeter oder den Kabarettisten Gerhard → Polt engagierte und gegen politische Angriffe verteidigte. 1986 kündigte B., nachdem die CSU politische Improvisationen J. → Bierbichlers scharf angegriffen hatte. – 1986/87 wirkte B. als Stellvertreter von Schauspiel-Intendant I. → Nagel am Staatstheater Stuttgart und übernahm 1988/89 die Intendanz des Basler Th.s. Dort gelang es ihm, Regisseure wie → Marthaler, → Wieler, → Freyer, H. Wernicke und → Hollmann zu verpflichten und das Haus mit 28 Premieren pro Spielzeit sowie zahlreichen Neuproduktionen zu beleben. Bereits nach 3 Jahren als Generalintendant galt B. als einer der «begehrtesten Theaterdirektoren im deutschsprachigen Raum» (*SZ* 16. 5. 1991). Aufgrund der gegebenen finanziellen und personellen Möglichkeiten verlängerte B. seinen Vertrag in Basel jedoch nicht über die Spielzeit 1992/93 hinaus, sondern trat, von 3 Städten umworben, 1993 die Nachfolge von M. → Bogdanov am Dt. Schauspielhaus Hamburg an, «einen der attraktivsten Schleudersitze des deutschen Theaters» (*FAZ*, 16. 1. 1991). «Kein Regisseur wird künftig an der Spitze des größten deutschen Sprechtheaters stehen, sondern ein Organisator, Erfinder und Förderer künstlerischer Zusammenhänge, ein ‹Manager-Intendant›» (Müller-Wesemann, S. 186). Von Beginn an setzte B. auf ein festes Ensemble und die enge Zusammenarbeit mit prägenden Autoren wie Elfriede Jelinek oder Rainald Goetz. Dabei lag auch in Hamburg der Schwerpunkt auf Neuproduktionen (u. a. Jelineks *Wolken. Heim.*, R. Wieler, Insz. des Jahres 1994), UAen (u. a. Jelineks *Stecken, Stab und Stangl* und *er nicht als er*, Goetz' *Kritik in Festung*) aber auch selten gespielten Klassikern. Neben neu verpflichteten Regisseuren wie A. → Weber, M. → Hartmann, K. → Beier, F. → Castorf, J. → Kresnik, Ch. → Schlingensief oder Th. → Ostermeier führte B. auch die erfolgreiche Zusammenarbeit mit Künstlern aus seiner Basler Zeit fort, u. a. mit Marthaler, dessen Regiearbeiten wie *Faust $\sqrt{1+2}$* (1994), *Die Stunde Null oder die Kunst des Servierens* (1996) oder *Kasimir und Karoline* (Insz. des Jahres 1996/97) den neuen Ruhm des Hamburger Hauses mitbegründeten. Während B.s 7-jähriger Intendanz wurde das Dt. Schauspielhaus zu einer Spielstätte für risikoreiches, zeitgenössisches Th. und neue Theaterformen. So entstand 1999/2000 anläßlich der Hundertjahrfeier der zwölfstündige → Shakespeare-Marathon *Schlachten* des belg. Regisseurs Luk → Perceval. Unter B. auf alle renommierten Festivals, darunter 12-mal zum Berliner Theatertreffen eingeladen, wurde das Dt. Schauspielhaus 1994, 1996, 1997 und 2000 von *Th. heute* zum «Th. des Jahres» gewählt. Die angebotene Verlängerung seines Vertrags nahm B. nicht an, sondern unterschrieb einen Vertrag als Konsulent der Salzburger Festspiele für den Bereich Schauspiel (1999–2001). – 2001 wurde B., der als erfolgreichster Intendant der 1990er Jahre gilt, in der Nachfolge D. → Dorns als Intendant an die Münchner Kammerspiele berufen. 2001/2002 trat B. dort mit einem neuen Team und dem Vorsatz an, die Kammerspiele wieder zu einem ersten Ort für zeitgenössische Stücke werden zu lassen. Mehrere Einladungen zum Berliner Theatertreffen. 2003 Eröffnung der renovierten Kammerspiele mit Percevals Insz. von Shakespeares *Othello*. Über sein Erfolgsrezept äußerte B. selbst: «Ich denke, ich bin ein Ermöglicher. Dann bin ich ein Kollege, der keine Mühe hat, Entscheidungen zu fällen, Gleise zu legen. Und ich lasse mich von der Kreativität der anderen anstecken. Ich suche das Richtige aus und versuche es weiterzuentwickeln. Vieles, was ich gemacht habe, ist ja durchaus nicht nur in meinem Kopf entstanden, sondern war immer Arbeit eines Teams» (*SZ*, 16. 5. 1991).

Müller-Wesemann, B.: Neuer Aufbruch 1993–2000. Die Intendanz Frank Baumbauer. In: 100 Jahre Schauspielhaus. Hg. Zentrum für Theaterforschung der Universität Hamburg und Deutsches Schauspielhaus Hamburg. Hamburg 1999, S. 186–89.

Nina Grabe

Baumgartner, Monika, * 9. 5. 1951 München. Schauspielerin, Regisseurin.

Nach der Ausbildung an der Otto-Falckenberg-Schule (1969–72) erstes Engagement 1973–78 am Nationaltheater Mannheim, wo sie u. a. als Polly in → Brecht/Weills *Dreigroschenoper*, Hermia in → Shakespeares *Ein Sommernachtstraum*, Christoferl in → Nestroys *Einen Jux will er sich machen*; Julie in Molnárs *Liliom* sowie in Turrinis *Rattenjagd* zu sehen war. 1978/79 unter Boy → Gobert am Hamburger Thalia Th. debütierte B. als Simba in Wedekinds *Der Marquis von Keith*. Nach verschiedenen Gastengagements Rückkehr nach München, dort 1983–86 Ensemblemitglied der Kammerspiele, wo sie auf den wichtigsten Regisseur ihrer Theaterlaufbahn traf: In von ihm selbst inszenierten Stücken von → Kroetz' spielte sie Helga in *Nicht Fisch nicht Fleisch* (1983), die Tochter in der UA von *Bauern sterben* (P. 9.6.1985) sowie in *Der Nusser* (1986). – Seit Mitte der 1970er Jahre erlangte B. in zahlreichen Fernsehproduktionen Popularität. Eine erste größere Rolle erhielt sie 1979 an der Seite von Walter Sedlmayr in der Serie *Der Millionenbauer*. Der Durchbruch gelang ihr 1981 in der TR des Zweiteilers *D' Rumplhanni*. Nach Rollen im Fernsehspiel *Kampftag* (1983, mit → Bierbichler) und Franz X. Bogners Serie *Zur Freiheit* (1986) wurde sie 1996 für ihre Darstellung in *Sau sticht* mit dem Bayer. Fernsehpreis ausgezeichnet. Kinoerfolge verbuchte B. u. a. in Michael Verhoevens Oscar-nominiertem Film *Das schreckliche Mädchen* (1990). Weiter u. a. in *Jennerwein* (2003, TV), *Der Judas von Tirol* (2006, TV). – Mit dem TV-Film *Die Ehrabschneider* gab B. 1998 ihr Regiedebüt, 1999 inszenierte sie Turrinis *Die Liebe in Madagaskar* am Nationaltheater Mannheim, 2005 Lautensacks *Hahnenkampf* bei den Volksschauspielen Telfs. Im Jahr 2000 stand B. nach langer Zeit wieder auf der Bühne, als Hasi war sie in Werner Schwabs *Übergewicht, unwichtig: Unform*, 2001 als Die Beflissene in Philip Arps *Die wundersame Überquerung der Würm* an den Münchner Kammerspielen zu sehen, 2002 als Marthe Rull in Ahlsens bayer. Fassung von Kleists *Der zerbrochne Krug* in der Alten Münze (München). Am Volkstheater München, wo sie bereits 1987 Julie in Molnárs *Liliom* gespielt hatte, verkörperte sie 2003 Maria in *Nieder Bayern* nach Sperrs *Jagdszenen aus Niederbayern*, ebenso 2004 bei den Luisenburg-Festspielen Wunsiedel. 2004 Hauptrolle in Sagans *Geliebter Feigling* (Kleine Komödie München). B. unterrichtet an der Bayer. Theaterakademie und betreibt als Fachkauffrau für Raumausstattung mit ihrer Schwester ein entsprechendes Geschäft.

Nina Grabe

Bausch, Pina, * 27.7.1940 Solingen. Tänzerin, Choreographin, Ballettdirektorin.

Nach ihrer Ausbildung zur Tänzerin und Pädagogin an der Folkwangschule in Essen (1955–58) ging B. 1959 mit einem Stipendium des DAAD als Special Student an die Juilliard School nach New York. Dort erhielt sie Unterricht u. a. bei Antony Tudor, José Limón, Margret Craske. Es folgten Engagements beim New American Ballet und beim Ballett des Metropolitan Opera House. 1962 Rückkehr nach Essen, um Mitglied in dem neu gegründeten Folkwangballett unter der Leitung von Kurt → Jooss zu werden. Als herausragende Tänzerin fand sie bei den Kritikern besondere Beachtung. 1968 choreographierte sie für das Ensemble ihr erstes Stück *Fragment*, ein Jahr später *Im Wind der Zeit*, für das sie beim Choreographischen Wettbewerb in Köln den 1. Preis erhielt. 1969 übernahm B. die Leitung des Folkwang Tanzstudios alias Folkwangballett und unterrichtete an der Folkwangschule. Es entstanden die Stücke *Nachnull* (1970) und *Aktionen für Tänzer* (1971). Seit 1973 leitet B. das Ballett der Wuppertaler Bühnen, das sie in Tanztheater Wuppertal umbenannte. 1983–89 auch Leiterin der Folkwang-Tanzabteilung sowie des Folkwang Tanzstudios, dessen künstl. Oberleitung sie bis heute innehat.

B. zählt zu den internat. bedeutendsten Choreographen. Sie hat das traditionelle Tanzverständnis grundlegend verändert, indem sie den Tanz neu definierte, jede Bewegung als potenziell tänzerische begriff und immer wieder hinterfragte: «Wo fängt es an zu tanzen, wo nicht? [...] Wann sagt man Tanz?» (Gespräch mit Jochen Schmidt, 9. 11. 1978, in Servos, S. 294). Mit den Mitteln des Th.s führte sie den Tanz in eine neue Richtung, die unter dem Begriff Tanztheater untrennbar mit ihr und ihrem Tanztheater Wuppertal verbunden ist.

Ihre ersten Stücke in Wuppertal, die choreographischen Umsetzungen der Gluck-Opern *Iphigenie auf Tauris* (1974) und *Orpheus und Eurydike* (1975), folgten noch einem dem modernen Tanz verpflichteten Choreographiestil. Mit ihrer Choreographie zu Stravinskijs *Le Sacre du Printemps* (1975) begab sie sich auf den Weg in ästhetisches Neuland, das sie konsequent weiter beschritt. *Die sieben Todsünden* zur Musik von Kurt Weill und Texten von Bert → Brecht (1976) und schließlich *Blaubart – beim Anhören einer Tonbandaufnahme von Béla Bartóks Oper «Herzog Blaubarts Burg»* (1977) markieren den ästhetischen Umbruch in ihrem Werk: Sie hebt die Spartentrennung auf, kombiniert revueartig Elemente des Tanzes, der Oper, des Schauspiels, der Pantomime, des Films, erteilt dem im traditionellen Sinn durchchoreographierten Stück eine Absage und verknüpft szenische Motive assoziativ zu einem Ganzen. Geschichten, die B. erzählt, basieren auf ihren eigenen Erfahrungen und denen ihrer Tänzer. Sie sind vielschichtig und ereignen sich oft parallel in aneinandergereihten, schnittartig zusammengefügten oder ineinandergeblendeten Szenen und Bildern. Dieses Montageverfahren wird zu einem ihrer Stilprinzipien, ebenso ihr Umgang mit Musik. Statt durchgespielter Kompositionen stellt sie verschiedene Musiken (kontrastierend) zusammen, darunter Schlager, Evergreens oder Musik aus unterschiedlichen Ethnien dieser Welt.

Stark geprägt wurde die Ästhetik des Tanztheaters Wuppertal darüber hinaus von dem innovativen Bühnenbild der Produktionen, wie den torf-, laub- oder wasserbedeckten Bühnenböden Rolf Borziks, des 1980 verstorbenen Lebenspartners B.s. Auch als ihr szenischer und dramaturgischer Mitarbeiter leistete er einen entscheidenden Beitrag zu den wegweisenden Tanzabenden der 1970er Jahre (u. a. *Café Müller* und *Kontakthof*, beide 1978). Seine Arbeit haben Peter Pabst und Marion Cito (Kostüme) übernommen.

Trotz anfänglicher Anfeindungen und Proteste des Publikums, der Kulturpolitiker, der Presse, ist B. sich selbst treu geblieben. Innerhalb von etwa 10 Jahren brachte sie es an die Spitze der internat. Tanzszene und gehört mit ihren zahlreichen jährlichen Gastspielen weltweit wohl zu den gefragtesten Choreographen. Verschiedene Städte und Länder haben das Tanztheater Wuppertal zu Koproduktionen eingeladen, um Teile des neuen Stücks in der jeweiligen Stadt bzw. Land zu erarbeiten. So entstanden *Viktor* (1986 mit Rom), *Palermo, Palermo* (1989 mit Palermo), *Tanzabend II (Madrid)* (1991 mit Madrid), *Nur Du* (1996 mit Los Angeles und Austin / Texas), *Der Fensterputzer* (1997 mit Hongkong), *Masurca Fogo* (1998 mit Lissabon), *Wiesenland* (2000 mit Budapest), *Água* (2001 mit Brasilien), *Nefés* (2003 mit Istanbul), *Ten Chi* (2004 mit Japan), *Rough Cut* (2005 mit Korea).

Arbeitsweise und Inhalte der Stücke haben sich im Lauf der Zeit wenig verändert. Nach wie vor entsteht ein neuer Tanzabend anhand von Fragen, die B. ihren Tänzern vorlegt und die diese mit szenischen Bildern und Bewegungen beantworten. Motive, aus denen die Choreographin das entstehende Werk komponiert. Einsamkeit, Entfremdung, Zwänge, Sehnsüchte, Kindheitserinnerungen, Träume oder der Körper als Medium der eigenen Biographie und Gesellschaftsgeschichte sind wiederkehrende Themen. Die Choreographin, eine genaue Beobachterin, zeigt auf, in mehrdeutigen Bildern, in denen Tragik und Komik, Humor und Ernst eng beieinander liegen und in denen sie aufgebaute Scheinwelten oder eingeübte Verhaltensmuster entlarvt. Ihre Stücke sind in den letzten Jahren wieder tänzerischer geworden, mit virtuosen Soli von Mitgliedern ihrer internat. zusammengesetzten Kompanie. Zahllose internat. Auszeichnungen.

Fernandes, C.: Pina Bausch and the Wuppertal Dance Theater. New York u. a. 2001; Müller, H., R. Stabel, P. Stöckemann: Krokodil im Schwanensee. Tanz in Deutschland seit 1945. Frankfurt a. M. 2003; Schulze-Reuber, R.: Das Tanztheater Pina Bausch: Spiegel der Gesellschaft. Frankfurt a. M. 2005; Servos, N.: Pina Bausch – Wuppertaler Tanztheater oder die Kunst, einen Goldfisch zu dressieren. Seelze-Velber 1996.

Patricia Stöckemann

Bechtolf, Sven-Eric, * 13. 12. 1957 Darmstadt. Schauspieler, Regisseur.

B. absolvierte die Schauspielausbildung am Salzburger Mozarteum und debütierte 1981 am Thalia Th. Hamburg. Nach Engagements in Zürich (1982–86) und Bochum (1986–88) kehrte B. 1988 ans Thalia Th. zurück, seit 1996/97 auch Regisseur und Direktoriumsmitglied. Nach Gastrollen am Almeida Th. London (u. a. in Vilars *Speer*, 1999, TR und R. → Brandauer) wechselte der vielseitige und wandlungsfähige Charakterdarsteller 1999 als Schauspieler und Hausregisseur ans Burgtheater Wien. – Sein breites Rollenspektrum stellte B. am Thalia Th. u. a. als Polizeipräfekt in Koltès' *Rückkehr in die Wüste* (1988, R: → A. Lang), Fairchild in → Brechts *Mann ist Mann* (1989, R. → Thalbach), TRen in dessen *Der aufhaltsame Aufstieg des Arturo Ui* (1990), Büchners *Leonce und Lena* (1991, R. → Manthey) und → Shakespeares *Othello* (1993, R. → Joosten) unter Beweis und entwickelte sich v. a. in Insz.en → Flimms zu einem der Protagonisten des Ensembles, so in Mamets *Oleanna* (1994), Schillers *Die Räuber* (1994), Ibsens *Wildente* (1994) und Molnárs *Der gläserne Pantoffel* (1996, Wiener Festwochen). Erfolgreich war B. auch in der Regie von → Wilson als Humpty-Dumpty in der UA von *Alice* (P. 19. 12. 1992) sowie in Insz.en von → Berghaus in Büchners *Dantons Tod* (1989), Brechts *Im Dickicht der Städte* (1991) und *Der kaukasische Kreidekreis* (Burgtheater Wien 1993). Bei den Salzburger Festspielen Trofimow in Čechovs *Der Kirschgarten* (1995, R → Stein). – Wichtige Rollen am Burgtheater u. a. in Rezas *Drei Mal Leben* (UA 29. 10. 2000, R. → Bondy), Ostrovskijs *Der Wald* (2002, R. Tamás Ascher) und Schnitzlers *Das weite Land* (2002, Salzburger Festspiele), → Lessings *Emilia Galotti* (2002), *Minna von Barnhelm* (2005), Schillers *Don Carlos* (2004), Čechovs *Der Kirschgarten* (2005, alle R. → Breth). – Sein Regiedebüt gab B. mit sich als einzigem Darsteller 1995 in Bochum in einer szenischen Einrichtung von Kafkas Erzählung *Der Bau*. Am Thalia Th. gelang ihm 1995 nach H. → Müllers *Die Schlacht* mit seiner Marivaux-Insz. *Der Streit* (1996 zum Berliner Theatertreffen eingeladen) ein triumphaler Erfolg. Nach Shakespeares *Romeo und Julia* (1997), Kaisers *Von morgens bis mitternachts* (1997), Brechts *Baal* (1998) am Thalia Th. inszenierte B. beim Festival Grec in Barcelona Büchners *Leonce und Lena* (2001 Burgtheater) sowie am Burgtheater Schnitzlers *Reigen* (1999), Rostands *Cyrano de Bergerac* (1999, TR → Brandauer) und Boothe Luces *Damen der Gesellschaft* (2001). – In Zürich erste Opernregie mit Bergs *Lulu* (2000) und Verdis *Otello* (2001), 2002 folgte Offenbachs *Les Contes d'Hoffmann* an der Dt. Oper Berlin. Seither Konzentration auf Musiktheaterregie. Für die RuhrTriennale 2005 Libretto (Musik: A. Schett / M. Kraler) und Insz. der UA des Singspiels *Steine und Herzen*. – Wenige Fernsehrollen. Als bisher einziger Schauspieler hat B. zweimal den Wiener Theaterpreis Nestroy gewonnen.

Kahle, U.: Viel Wind unter den Flügeln. Über Sven-Eric Bechtolf. In: Th. heute, H. 12, 1996, S. 20–24; Kralicek, W.: Allüren ohne Star. In: Falter 49/2005.

Nina Grabe

Beck, Julian, * 31. 5. 1925 New York, † 14. 9. 1985 New York. Schauspieler, Regisseur, Theaterleiter.

Der Vater entstammte einer nach Amerika ausgewanderten dt.-jüd. Familie aus Sambor im damaligen Österr.-Galizien (heute Ukraine). Die Mutter war schon in den USA geboren und wuchs als Tochter von Deutsch-Amerikanern sowohl dt.- als engl.sprachig auf. B. verbrachte seine Kindheit im bürgerlichen Mittelstandsmilieu von Washington Heights im Norden Manhattans. 1943 traf er in New York die 1 Jahr jüngere Judith → Malina, Tochter eines Rabbiners aus Kiel, der mitten in der Weltwirtschaftskrise und einem sich verstärkenden Antisemitismus Deutschland 1929 mit seiner Familie verlassen hatte. Das seit dieser Begegnung bis zu B.s Tod 1985 unzertrennliche Paar ließ sich keine Theateraufführung im Raum New York entgehen, schlich sich oft nach der Pause in den Zuschauerraum, weil sich die beiden das Eintrittsgeld nicht leisten konnten, war vom Broadway ebenso beeindruckt wie von den fernöstlichen Aufführungen in Chinatown.

B. besuchte – wie Judith Malina – den von Erwin → Piscator geleiteten Dramatic Workshop der New School for Social Research. Erste Theatergründung 1948 mit J. Malina, die im gleichen Jahr seine Frau wurde: eine Abonnementsbühne in einem Keller der Wooster Street (Lower East Side), deren Subskribenten nie eine Aufführung erlebten, weil die Polizei dort ein Bordell vermutete. Unmittelbar danach kam es zu der Namensfindung The Living Th. für ein radikal-revolutionäres Theaterkollektiv, das im August 1951 in der Wohnung des Paars begann (weshalb böse Zungen das Living Th. oft als «Living Room Th.» bezeichneten). Auf dem Programm standen: *Childish Jokes* des Anarchisten Paul Goodman, *Ladies Voices* von Gertrude Stein, *Der Jasager und der Neinsager* von Bertolt → Brecht, der 2. Akt eines García-Lorca-Stücks. In der Umsetzung von Ideen des Moskauer Künstlertheaters, Erwin Piscators und des dt. Expressionismus war das Ziel die Vermittlung neuer Formen und Inhalte, wobei die Bühnenbilder von Robert Edward Jones den Aufführungen besonderen Eklat gaben. B. und Malina machten das Living Th. zu einem der berühmtesten Off-Off-Broadway-Th., das eigene Stücke erarbeitete und sich als Ankläger der repressiven amerik. Gesellschaft verstand (*The Brig* von Kenneth Brown, 1963) und deswegen immer wieder in Schwierigkeiten mit den Behörden geriet. 1963–68 hauptsächlich in Europa mit viel beachteten Insz.en: *Mysteries and Smaller Pieces, Frankenstein, Antigone, Paradise Now.* Diese 4 Insz.en wurden 1968 auf einer Rundreise auch in vielen Städten der USA gezeigt und verschafften dem Living Th. Anerkennung als einem prominenten Forum von Oppositionsströmungen, das mit Guerilla- und Straßentheater für künstl. und gesellschaftliche Erneuerung eintrat. Ende der 1960er, Anfang der 1970er Jahre gingen B. und Malina einige Jahre nach Brasilien, während andere Teile des Living-Th.-Ensembles in Europa und Indien aktiv wurden. Hauptrealisierung des Südamerika-Aufenthalts 1969–71 waren Szenenfolgen aus dem geplanten Zyklus *The Legacy of Cain*, ein Protest gegen jede Form von Repression. Mit einem Stipendium der Mellon Foundation 1974–75 in Pittsburgh Weiterarbeit an diesem Zyklus mit den Produktionen *The Money Tower* und *Six Acts to Transmute Violence into Concord: Tampering with the Master/Slave System: Ceremonies* sowie *Processions: Changing Pittsburgh: Prologue to The Legacy of Cain.* Gastspiele in Europa mit *Prometheus* 1976–78. 1983 wieder fest in New York stationiert, ohne dass die Neuinsz.en (*Masse Mensch* von Ernst Toller; *The Yellow Methuselah*; *The Archeology of Sleep*) einen Durchbruch brachten. Erst die nach B.s Tod 1986 gezeigte Ausschnittfolge aus der 35-jährigen Geschichte des Living Th. *Retrospectacle* fand Beachtung.

Judith Malina führte mit ihrem neuen Ehemann Hanon Reznikov das Living Th. im Beck'schen Sinn weiter. Keine andere Bühne dieser Art konnte sich bisher in den USA so lange (über ein halbes Jahrhundert) behaupten und einen vergleichbaren Einfluss gewinnen, u. a. durch seine alle Tabus missachtenden politischen, moralischen und gesellschaftlichen Stellungnahmen. Ensembles und Gruppen, die sich auf B. berufen, gab und gibt es weltweit, u. a. in Berlin, Paris, Rom, São Paulo.

Bartolucci, G.: The Living Theatre. Rom 1970; Beck, J.: The Life of the Theatre. San Francisco 1972; Biner, P.: Le Living Theatre. Lausanne 1968; Brown, K. H.: The Brig. With an Essay on the Living Theatre by J. Beck and Director's Notes by J. Malina. New York 1965; J. Grotowski, E. Barba: Living Theatre, Open Theatre, V. Garcia et Arrabal. Hg. J. Jacquot. (2. Aufl.) Paris 1985; Innes, Ch.: Avant-Garde Theatre 1892–1992. London, New York 1993; Kothes, M. M.: Guerilla Theater. Tübingen 1990; Malina, J.: The Diaries of J. M. 1947–57. New York 1984; dies.: The Enormous Despair. New York 1972; dies., J. Beck: Paradise Now. New York 1971; Neff, R.: The Living Theatre. New York 1970; Shank, T.: American Alternative Theatre. London 1982; Theandric: J. Beck's Last Notebooks. Hg. E. Bilder. Newark 1992; Tytell, J.: The Living Theatre. London u. a. 1997; We, The Living Theatre. Hg. A. Rostagno u. a. New York 1970; Wegscheider-Cruse, S.: Family Reconstruction: The Living Theater Model. Palo Alto 1995.

Horst Schumacher

Becker, Maria, * 28. 1. 1920 Berlin. Schauspielerin, Regisseurin.

Tochter der Schauspieler Theodor B. (1880–1952) und Maria Fein (1892–1965). Verließ 1936 mit ihrer Mutter Berlin; 1936–38 Ausbildung am Reinhardt-Seminar in Wien. Erste Auftritte u. a. 1937 an den Kammerspielen in Gor'kijs *Nachtasyl* (mit → Bassermann, → Durieux), 1938 am Dt. Volkstheater in Bratts *Das Haus Romanow* mit ihrer Mutter. Nach Sprachunterricht in London seit 1938 am Zürcher Schauspielhaus, dem sie seither – mit Unterbrechungen – verbunden blieb. Trat in zahlreichen klassischen Rollen auf, von Sophokles (*Antigone*, TR, 1940) über → Shakespeare (*Troilus und Cressida*, 1938; *König Johann*, 1941; *Macbeth*, 1946) und Racine (*Britannicus*, 1985) bis zu Schiller (*Die Jungfrau von Orleans*, TR, 1940; *Don Carlos*, 1941), → Goethe (*Iphigenie auf Tauris*, TR, 1941; 1949 Salzburger Festspiele), Kleist (*Penthesilea*, TR, 1942). Neben Rollen in Tolstojs *Die Macht der Finsternis* (1939, R. → Lindtberg), Ibsens *Hedda Gabler* (TR, 1948, R. → Viertel), Gor'kijs *Wassa Schelesnowa* (TR, 1987) in zahlreichen dt.sprachigen EAen, u. a. in Wilders *Wir sind noch einmal davongekommen* (R. → Wälterlin), Claudels *Der seidene Schuh* (R. → Horwitz; 1949 Burgtheater), García Lorcas *Bluthochzeit*, Sartres *Die Fliegen* (alle 1944), Eliots *Die Familienfeier* (1945), Williams' *Endstation Sehnsucht* (1949, R. Hilpert). Außerdem in den UAen von → Brechts *Der gute Mensch von Sezuan* (1943, R. → Steckel), Dürrenmatts *Frank V.* (1959) und *Achterloo* (1983), Vilars *Die Antrittsrede der amerikanischen Päpstin* (1984). Spielte daneben in Basel (Dürrenmatt, *Der Blinde*, UA 1948, R. → Ginsberg) und Bern. Nach dem Krieg – z. T. als Gast – an verschiedenen dt.sprachigen Th.n. In Österreich u. a. am Burgtheater (Wien) in O'Neills *Trauer kleidet Elektra (Trauer muß Elektra tragen)*, Schillers *Die Jungfrau von Orleans* (beide 1946), bei den Salzburger Festspielen u. a. 1948–49 Buhlschaft, 1957–59 Glaube in Hofmannsthals *Jedermann*, 1957 Orsina in → Lessings *Emilia Galotti* (R. → Lothar). Am Berliner Schlossparktheater u. a. in Hauptmanns *Fuhrmann Henschel (1951) und Albees *Wer hat Angst vor Virginia Woolf?* (DEA 1963, R. → Barlog), im Renaissancetheater in Dürrenmatts *Die Physiker* (1990, R. → Klingenberg). In Hamburg am Dt. Schauspielhaus u. a. in Hochwälders *Virginia* (UA 1951, R. → Piscator), Büchners *Dantons Tod*, Goethes *Faust II* (beide 1958, R. → Gründgens), Behans *Die Geisel* (1973); am Ernst-Deutsch-Th. in García Lorcas *Bernarda Albas Haus* (1988), Ibsens *Gespenster* (1990, beide R. K. → Paryla). Im Düsseldorfer Schauspielhaus TR in der UA von Hildesheimers *Mary Stuart* (1970, R. Swiniarski). In München am Bayer. Staatsschauspiel Präsidentin in Bernhards *Der Präsident* (1976), Mephisto in Goethes *Faust I* (1977, R. → Degen), im Prinzregententheater TR in Hochhuths *Effis Nacht* (UA 1998, R. → Everding, TV). 1956 gründete B. mit → Quadflieg und ihrem damaligen Mann Robert Freitag (* 1916) die Schauspieltruppe Zürich, mit der sie über 30 Jahre in klassischen und modernen Stücken auf Tournee ging und die sie mit Gastspielen in Europa und den USA internat. bekannt machte. 2003/04 Tournee mit der UA von Vilars *Reisen mit Lady Astor*, 2005 im Th. Stadelhofen Dame in Meiers *Drama in Weiss*. Eigene Insz.en von Werken des Sprech- und Musiktheaters. Wenige Film- und Fernsehauftritte, zahlreiche Rundfunkaufnahmen (u. a. für die BBC). Als Auszeichnung hervorzuheben der Louise-Dumont-Goldtopas (1997), das an Schauspielerinnen verliehene Pendant zum Iffland-Ring; 2005 Goldene Ehrenmedaille des Regierungsrates Zürich. Nach B. wurde ein Nachwuchs-Preis für Schauspielerinnen benannt. Von ihren Söhnen arbeitet Oliver Tobias Freitag (* 1947, Künstlername Oliver Tobias) als Schauspieler und Regisseur v. a. in Großbritannien, Benedict Freitag (* 1952) als Schauspieler und Musiker. – Eine der bedeutendsten Charakterdarstellerinnen des dt. Th.s im 20. Jh., deren schauspielerische Präsenz und mimisch-gestische Gestaltungskraft mit gleicher Brillanz Figuren aus klassischen und modernen Stücken lebendig und berührend werden lässt. Eine klassische Tragödin, aber auch im komischen Fach bedeutend. Als Schauspielerin wie als Regisseurin dem Wort des Dichters und der Herausarbeitung des geistigen Gehalts verpflichtet. Ihre außergewöhnliche Sprechkunst macht sie auch zu einer herausragenden Vortragskünstlerin.

Freitag, R.: Es wollt mir behagen mit Lachen die Wahrheit zu sagen. Zürich 1994; Gerwig Epkes im Gespräch mit Maria Becker. In: Dürrenmatt, F.: Der Tunnel. Berlin 2003; Eine grosse Zeit: das Schauspielhaus Zürich in der Ära Wälterlin. Hg. F. Lendenmann. Zürich 1995; Kröger, U., P. Exinger: «In welchen Zeiten leben wir?» Das Schauspielhaus Zürich 1938–1998. Zürich 1998; Maria Becker im Gespräch mit Anne Linsel. Mainz 1990 (TV-Sendung); Melchinger, S., R. Clausen: Schauspieler. Velber 1965; Mittenzwei, W.: Das Züricher Schauspielhaus 1933–1945 oder Die letzte Chance. Berlin 1979; Das verschonte Haus. Hg. D. Bachmann. Zürich 1987.

Wolfgang Beck

Becker, Rolf, * 31. 5. 1935 Leipzig. Schauspieler, Regisseur.

Nach dem Abitur besuchte B. in München die Otto-Falckenberg-Schule (1956–58) und erhielt nach kleineren Rollen an den Kammerspielen ein Engagement am Landestheater Darmstadt (1958–61). In der Spielzeit 1962/63 am Ulmer Th. war B. 1963–69 am Th. der Freien Hansestadt Bremen als Schauspieler und Regisseur sowie ab 1965 als Oberspielleiter der Oper engagiert. Seit 1969 arbeitet B. neben kürzeren Engagements am Dt. Schauspielhaus Hamburg (1973/74, 1979/80, 1993), Thalia Th. Hamburg (1985/86) und am Berliner Ensemble (1995) als Schauspieler, (Synchron-)Sprecher, Autor und Übersetzer überwiegend freischaffend und führt nur noch selten Regie. – Als Schauspieler weist B. ein breites Rollenspektrum auf: Unter der Regie von P. → Zadek war er als Botschafter in

Held Henry (1962, nach → Shakespeare), John Worthing in Wildes *Bunbury* (1964), Krogstadt in Ibsens *Nora* (1967, jeweils Bremen) sowie in dem Film *Ich bin ein Elefant, Madame* (1968) zu sehen. In Hamburg spielte er u. a. in Shakespeares *Troilus und Cressida*, Strindbergs *Gespenstersonate* (beide 1973, Thalia-Th., R. → Hübner), Schillers *Jungfrau von Orleans* (1973, R. → Minks), Gor'kijs *Die Feinde* (1974, R. → Heising), Hopkins' *Diese Geschichte von Ihnen* (1992, alle Dt. Schauspielhaus, R. → Solter), Borcherts *Draußen vor der Tür* (1982, Kammerspiele, R. Gerlach Fiedler), sowie 1997 – 2003 alljährlich den *Hamburger Jedermann* von Michael Batz. Einem breiten Publikum ist der politisch engagierte Schauspieler durch zahlreiche Rollen in Film- und Fernsehproduktionen bekannt, in denen er häufig harte, zwielichtige Typen verkörperte. Vor allem mit Theater- und Literaturverfilmungen machte B. sich einen Namen, u. a. in der Böll-Adaption *Nicht nur zur Weihnachtszeit* (1970, R. Vojtech Jasny), in dem Vierteiler *Wallenstein* (1978, nach Golo Mann) sowie 1984 in → Goethes *Egmont*, in *Vor dem Sturm* (nach Fontane), *Don Carlos* (R. jeweils F. P. Wirth). Auf der Kinoleinwand war B. als Olivier in Edgar Reitz' *Cadillac* (1968), Jäger in *Ich liebe dich, ich töte dich* (1970, R. Uwe Brandner) und als Staatsanwalt in Schlöndorffs *Die verlorene Ehre der Katharina Blum* (1976) erfolgreich. Nachdem er 1999 mit seinem Sohn Ben (* 1964) in *Gloomy Sunday – Ein Lied von Liebe und Tod* (R. Rolf Schübel) zu sehen war, spielten er und seine Tochter Meret (* 1969) die Hauptrollen in *Heinrich der Säger* (2001, R. Klaus Gietinger).

Nina Grabe

Beelitz, Günther, * 29. 9. 1939 Berlin. Intendant, Regisseur.

Nach dem Studium (Theaterwissenschaft, Germanistik, Kunstgeschichte) in Marburg und Wien 1965 – 66 Leiter des Ateliertheaters Wien. Dramaturg in Dortmund. 1968 – 71 Leiter der Theaterabteilung der Universal Edition Wien. 1971 – 76 Intendant des Staatstheaters Darmstadt, 1976 – 86 des Düsseldorfer Schauspielhauses, 1986 – 92 des Bayer. Staatsschauspiels München, 1994 – 2000 des Dt. Nationaltheaters Weimar, 2000 – 05 des Stadttheaters Heidelberg. Debüt als Regisseur 1993 im Münchener Residenztheater (*Im Spiel der Sommerlüfte* von Schnitzler).

B. ist ein konsequenter Verfechter des Ensembletheaters und der kontinuierlichen Zusammenarbeit mit einer kleinen Anzahl von Regisseuren. Dramaturgisch beziehungsvoller, bestimmte Themen reflektierender Spielplan (Antisemitismus, «Drittes Reich»). In Düsseldorf profilierte er sich mit zahlreichen UAen wichtiger Stücke von Tankred Dorst, Franz Xaver → Kroetz, Christoph Hein, Jörg Graser u. a. Einsatz für Joshua Sobol, Woody Allen. B. initiierte in den 1980er Jahren größere Gastspielreisen in die DDR, nach Russland und Israel; für das «Th. der Nationen» in Seoul (Südkorea) eine Insz. von → Shakespeares *King Lear* mit asiat., amerik. und europ. Schauspielern.

Blick zurück 1986 – 1992. Eine Dokumentation. München 1993; Bloss, C.: Günther Beelitz. Die Jahre seiner Intendanz in Düsseldorf. Frankfurt a. M. u. a. 2004; Düsseldorfer Schauspielhaus 1976 – 1986. Düsseldorf 1986.

Werner Schulze-Reimpell

Beginnen, Ortrud (Elsa Elisabeth), * 5. 2. 1938 Hamburg, † 18. 1. 1999 Stuttgart. Schauspielerin, Sängerin, Autorin.

Buchhändlerin; Schauspielausbildung in Hamburg. 1964 Übersiedlung nach Berlin. Arbeit im Kabarett Die Bedienten, Bühnendebüt 1965 in Aymées *Messerköpfe*. 1969 – 75 leitete B. mit dem Regisseur Paul Vasil das Westberliner Off-Th. Reichskabarett; erste Soloprogramme wie *Letzte Rose* (1973). 1975 mit der musikalischen Kriegsrevue *Fronttheater* auf Tournee (mit W. Habicht, J. Knieper). 1976–80 Württemberg. Staatstheater Stuttgart (u. a. in Abrahams Operette *Blume von Hawaii*, → Shakespeares *Maß für Maß*). 1980–86 am Schauspielhaus Bochum u. a. in → Lessings *Nathan der Weise* (1981, R. → Peymann), Behans *Richards Korkbein* (1983), → Achternbuschs *Sintflut* (UA 1984, R. → Manthey). Außerdem in eigenen Stücken wie der Trilogie *Minna, oder wie man dazu gemacht wird, Die Magd des Schicksals, Minna auf Mallorca* (UA 1983–85). Textlich-musikalische (Solo-)Programme (auch auf Tournee) u. a. *Ich will deine Kameradin sein – Deutsche Helden- und Soldatenlieder* (1980), *Deutsche Hausfrau Superstar* (1985), *O solo Mia* (1986). Nach 1986 freiberuflich tätig. 1989–93 am Dt. Schauspielhaus Hamburg in Kleists *Amphitryon* (1989, R. → Nel), Swerling/Burrows' *Guys und Dolls* (1990, R. → Bogdanov), Probsts *Höhenschwindel* (UA 1990), Bernhards *Der Theatermacher* (1990), → Pohls *Karate Billi kehrt zurück* (UA 1991), Turrinis *Tod und Teufel* (DEA 1991), Čechovs *Der Kirschgarten* (1991), Schwabs *Volksvernichtung* (1992); UA ihres erfolgreichen Programms *Wir Mädel singen* (1993). Seit 1994 wieder in Stuttgart (u. a. in McNallys *Meisterklasse*, den DEAen von Turrinis *Schlacht um Wien* und McCabes *Der Schlächterbursche*). 1995 von *Th. heute* zur Schauspielerin des Jahres gewählt für ihre Rolle in Schwabs *Die Präsidentinnen* (Burgtheater Wien); dort auch 1997 mit dem eigenen «monarchistischen Abend» *Ein Zacken aus der Krone*. Weitere Soloprogramme u. a.: *Mein Freund Rudi* (1989), *1000 Jahre deutscher Humor – Eine Überanstrengung* (1991), *Eine verführerische Frau* (1995). Insz. der UA von Luigi Fortes *Störung* (1998, Graz, steirischer herbst). Film- und Fernsehrollen. 1976 Dt. Kleinkunstpreis. – Die großen klassischen Rollen, die sie gern gespielt hätte, blieben dieser unverwechselbaren Charakterdarstellerin und -komikerin versagt. Ihre ausdrucksvolle Körpersprache und Mimik schienen sie zu prädestinieren für schrille und skurrile Frauenrollen, die sie mit Distanz und hintergründiger Ironie verkörperte. Diese ironische Distanz und eine kunstvoll «triviale» Spielweise wurden auch das Markenzeichen ihrer eigenen Programme. «Was sie anfasste in ihren Lieder- und Kabarettabenden, in ihren komischen und, ja, auch tragischen Rollen, das zerbröselte unter dem leisen Druck der Lächerlichkeit» (R. Müller, *Stuttgarter Ztg.*).

Beginnen, O.: Guck mal, schielt ja! Gütersloh 1975 (Zürich, Dortmund 1994); Das Bochumer Ensemble. Hg. H. Beil u. a. Königstein 1986.

Wolfgang Beck

Beier, Karin, * 14. 12. 1966 Köln. Regisseurin.
Erste Theatererfahrung bereits während der Schulzeit in Köln, danach in Nordengland bei einem Jugendtheater. Zurück in Köln während des Studiums der Anglistik 1986 Gründung der freien engl.-sprachigen Theatergruppe Countercheck Quarrelsome (CCQ). 1992–94 Regieassistentin bei David → Mouchtar-Samorai am Düsseldorfer Schauspielhaus; dort auch eigene Regiearbeiten. 1996 wechselte B. nach Hamburg ans Dt. Schauspielhaus, inszenierte aber auch in Köln, Wien und Bochum. 1997 gab sie ihr erfolgreiches Debüt als Opernregisseurin mit Bizets *Carmen* in Bremen; weiter Mozarts *Die Hochzeit des Figaro* (1999, Bremen), Verdis *Rigoletto* (2001, Köln), Mozarts *Così fan tutte* (2004, Basel). B. hat sich mit zahlreichen innovativen → Shakespeare-Insz.en hervorgetan. Bereits mit der Theatergruppe CCQ brachte sie mehrere seiner Stücke in modernisierter Form auf die Bühne. In Düsseldorf *Romeo und Julia* (1993), wofür B. von *Th. heute* zur Nachwuchsregisseurin des Jahres gewählt wurde, *Der Kaufmann von Venedig* (1994). Herausra-

gend ihr Projekt *Der Sommernachtstraum – Ein europäischer Shakespeare* (1995), an dem 14 Schauspieler aus 9 Nationen beteiligt waren, die ihre Rollen in ihrer jeweiligen Muttersprache gestalteten, womit B. die bei Shakespeare angelegte babylonische Gefühls- und Sprachverwirrung wörtlich nahm und mit Elan und Witz umsetzte. 1996 wurde das Berliner Theatertreffen mit diesem Stück eröffnet. Im selben Jahr Insz. von *Was ihr wollt* in Hamburg. Mascha Curdt, die B. «als Meisterin des guten alten Slapsticks, den sie stets ad absurdum zu führen weiß» und als «Meisterin der schönen, klaren Bilder» bezeichnet, schrieb zu dieser Aufführung: «Komisch und unerbittlich inszeniert die gerade mal 30jährige Regisseurin […] ihren 13. Shakespeare» (*HR*, 17. 10. 1996). 1997 hatte ihr zweites multilinguales Projekt *Sturm – Ein europäischer Shakespeare* in Köln wieder mit Schauspielern aus verschiedenen Nationen Premiere. Weitere Shakespeare-Insz.en u. a. *Maß für Maß* (1998, Hamburg) und *König Richard III.* (2001, Bochum). Weitere Theaterarbeiten: u. a. → Taboris *Die 25. Stunde* (DE 1992, Düsseldorf), Schwabs *Eskalation ordinär* (UA 1995, Hamburg), Burgess' *Clockwork Orange* (1997, Hamburg), → Molières *Menschenfeind*, Horváths *Geschichten aus dem Wiener Wald* (beide 1998), Čechovs *Der Kirschgarten* (2000), Labiches *Rue de Lourcine* (2001, alle Köln). In Hamburg brachte sie ihr eigenes Projekt *Futur zwei* (UA 2000) heraus, eine Auseinandersetzung mit dem Lebensgefühl ihrer Generation. An den Münchner Kammerspielen Regie bei Ostermaiers *99 Grad* (UA 2002), am Bochumer Schauspielhaus bei LaButes *das mass der dinge* (DEA 2002), → Lessings *Minna von Barnhelm* (2003), bei den Wormser Festspielen 2004 Hebbels *Die Nibelungen*, am Schauspiel Zürich bei Stephens' *Am Strand der weiten Welt* (DEA 2006). Als Hausregisseurin am Wiener Burgtheater inszenierte B. u. a. 1999 Dorsts *Merlin oder Das wüste Land*, 2000 die dt.-ital. Pirandello-Produktion *Mit Leidenschaften ist nicht zu spaßen!*, 2002 Schillers *Die Jungfrau von Orleans*, 2003 Osbornes *Der Entertainer*, 2004 als österr. EA *God Save America* von Srbljanovic, 2005 Franzobels *Wir wollen den Messias jetzt oder Die beschleunigte Familie* (UA 2005), Mozarts *Die Entführung aus dem Serail* (2006). Ab 2007 Kölner Schauspielintendantin.

Karin Schönewolf

Beil, Hermann, * 9. 8. 1941 Wien. Dramaturg.
Studium Literaturwissenschaft, Geschichte, Musik in Marburg und Wien. 1965 – 68 Dramaturgieassistent Schauspiel Frankfurt a. M., 1968 – 74 Chefdramaturg Basler Th. Seit 1974 ständige Zusammenarbeit mit Claus → Peymann in Stuttgart (1974 – 79), Bochum (1979 – 86), Burgtheater Wien (1986 – 99), seitdem Berliner Ensemble, jeweils als Dramaturg und Mitglied des Direktoriums. – B. ist der prägendste Dramaturg seiner Generation und von erheblichem Einfluss auf die Theaterarbeit Peymanns. Ihm ist v. a. auch das intensive und kontinuierliche Interesse für zeitgenössische Dramatiker zu verdanken (u. a. Gerlind Reinshagen, Thomas Bernhard, Peter Handke, Peter Turrini, seit den 1990er Jahren Elfriede Jelinek). Seit 2001 Regie bei kleineren Produktionen und Soloabenden. Zahlreiche Lesungen eigener und fremder Texte (u. a. Bernhard). 1995 Theaterpreis des Verbandes der dt. Kritiker.

Agai, E. A.: Hermann Beil – ich bin Dramaturg und das ist ein ehrenwerter Beruf! 2 Bde. Diss. Wien 2003; Beil, H.: Theaternarren leben länger. Wien 2000 (Neuausgabe 2004); Das Bochumer Ensemble: ein deutsches Stadttheater 1979 – 1986. Hg. H. Beil u. a. Königstein 1986; Weltkomödie Österreich: 13 Jahre Burgtheater, 1986 – 1999. 2 Bde. Hg. H. Beil u. a. Wien 1999.

Werner Schulze-Reimpell

Beilharz, Manfred Roy Erich, * 13. 7. 1938 Böblingen. Theaterleiter, Regisseur.

Studium der Rechts- und Theaterwissenschaft in München, Dr. jur. Gründete eine Studiobühne, versuchte sich als Schauspieler und Regisseur. 1967–68 Regieassistent Münchner Kammerspiele. 1970–75 Intendant der Landesbühne Tübingen, 1976–83 Stadttheater Freiburg, 1983–90 Staatstheater Kassel, 1991–97 Intendant Schauspiel Bonn, 1997–2002 Generalintendant Th. Bonn. Seit 2002 Intendant des Staatstheaters Wiesbaden und Leiter der Internat. Maifestspiele. Starkes Interesse für neue Dramatik, zahlreiche Ur- und Erstaufführungen. In Bonn Reihe «Bonn Chance» für neues Musiktheater. B. gründete 1992 mit Tankred Dorst die «Bonner Biennale – Neue Stücke aus Europa», das einzige Festival, das von Autoren bestimmt wird: Ein Dramatiker in jedem europ. Land schlägt Stücke aus seiner Heimat vor, die nicht älter als 5 Jahre sein dürfen. Die «Bonner Biennale» fand 6-mal statt mit enormer internat. Resonanz und optimalem Publikumszuspruch. In Wiesbaden wird diese Theaterbiennale seit 2004 fortgesetzt. B. inszeniert nur gelegentlich, in zunehmendem Maße Repertoireopern ohne besondere Vorlieben. Insz.en im Ausland u. a. die franz. EA von Wedekinds *Frühlings Erwachen* (1995, Comédie de Saint-Etienne), Bergs *Wozzeck* (2005, New Israeli Opera, Tel Aviv). 2002 künstl. Direktor des alle 3 Jahre stattfindenden ITI-Festivals «Th. der Welt». – Präsident des Internat. Theaterinstituts (ITI) und des dt. Zentrums, Vorsitzender der Dramaturgischen Gesellschaft, Mitglied der Europ. Theaterkonvention Brüssel und Paris, Vizepräsident der Hess. Theaterakademie.

Werner Schulze-Reimpell

Béjart, zur Zeit Molières tätige Schauspielerfamilie.

Die Träger des Namens B., von denen 5 in die Theatergeschichte eingegangen sind, waren z. T. mit → Molière an der Gründung des 1643–45 bestehenden L'Illustre Th. beteiligt, zogen mit ihm durch die franz. Provinz, waren Mitglieder seiner Truppe in Paris (seit 1658) und begleiteten seine ganze Laufbahn. Die als Schauspieler tätigen Kinder des subalternen Staatsbeamten Joseph B. und seiner Frau Marie Hervé waren 2 Söhne und 2 (möglicherweise 3) Schwestern.

Joseph B. (1616 Paris – 1659 Paris) war beteiligt an der Gründung des L'Illustre Th., kehrte später zur Truppe zurück und starb kurz nach der Niederlassung der Truppe in Paris. In Stücken Molières spielte er u. a. Lélie in *L'Étourdi (Der Wirrkopf)*, Eraste in *Le Dépit amoureux (Der Liebesverdruss)*.

Madeleine B. (1618 Paris – 1672 Paris) war Schauspielerin schon vor der Bekanntschaft mit Molière. Mit ihm u. a. war sie an der Gründung des L'Illustre Th. beteiligt und blieb auch weiterhin in Molières Truppe. Zeitgenossen wie G. de Scudery hoben ihre Schönheit und ihren Geist, ihre Gesangs- und Tanzkunst hervor. Ursprünglich Soubrette bei Molière, wurde sie besonders gerühmt als Marinette in *Le Dépit amoureux*, Magdelon in *Les Précieuses ridicules (Die lächerlichen Preziösen)*, Dorine in *Tartuffe* und Frosine in *L'Avare (Der Geizige)*. Sie, der ein Verhältnis mit Molière nachgesagt wurde, war entweder die Schwester oder – nach den Angaben einiger Autoren – die Mutter von Armande B.

Geneviève B. (1624 Paris – 1675 Paris), als Schauspielerin weniger bedeutend, spielte sie v. a. Dienerinnen und Vertraute. Um Verwechslungen zu vermeiden, trat sie unter dem Mädchennamen ihrer Mutter als Mlle. Hervé auf.

Louis B., genannt l'Éguisé (1630 Paris – 1678 Paris), wurde spätestens zur Zeit der Niederlassung der Truppe in Paris (1658) ihr

Mitglied. Zu seinen Rollen in Stücken Molières gehörten u. a. Alcantor in *Le Mariage forcé (Die erzwungene Heirat)*, La Flèche in *L'Avare*, Oronte in *Monsieur de Pourceaugnac*. Nach seinem Rückzug von der Bühne war er der Erste der Truppe, der eine Pension erhielt.

Armande (Grésinde Claire Élisabeth) **B.** (1643 Paris – 1700 Paris) war entweder die Schwester oder die Tochter von Madeleine. Sie wurde von Molière ausgebildet und trat in seiner Truppe wohl 1653 erstmals auf. 1662 heiratete sie Molière und spielte unter dem Namen Mademoiselle Molière die weiblichen Hauptrollen der meisten seiner Stücke, u. a. Elise in *La Critique de l'Ecole des femmes (Die Kritik der Schule der Frauen)*, Elmire in *Tartuffe*, Henriette in *Les Femmes savantes (Die gelehrten Frauen)*, TRn in *La Princesse d'Élide* und *Psyché*, Angélique in *Le Malade imaginaire (Der eingebildete Kranke)*. Ihre modulationsreiche und gefühlvolle Stimme wurde von den Zeitgenossen gelobt: Sie verstünde ebenso viele Töne zu treffen, wie sie Rollen übernähme. Ihre Koketterie führte zu zahlreichen Eifersuchtsszenen mit Molière. Sie inspirierte die Gestalt der Célimène in *Le Misanthrope (Der Menschenfeind)*, die sie als Erste auch spielte. Ihre Putzsucht warf ihr Molière oft vor. Nach dessen Tod (1673) bemühte sie sich um den Fortbestand der Truppe, spielte in der 1680 gegründeten Comédie Française und zog sich 1694 vom Th. zurück. In zweiter Ehe war sie mit dem Schauspieler Isaac François Guérin d'Estriché (um 1638–1728) verheiratet.

Caste, L.: Monsieur de Modène, Madeleine Béjart et Molière. Marseille 1934; Chardon, H.: M. de Modène: ses deux femmes et Madeleine Béjart. Paris 1886 (Nachdruck New York 1972); Larroumet, G.: Une famille de comédiens au XVIIe siècle, les Béjart. Paris 1885; Lyonnet, H.: Mademoiselle Molière (Armande Béjart). Paris 1932; Moulin, L.-H.: Armande Béjart, sa fille et ses deux maris. Paris 1881.

Horst Schumacher

Bel Geddes, Norman (eig. N. Melancton G.), * 27. 4. 1893 Adrian (USA), † 8. 5. 1958 New York. Bühnenbildner, Designer.

B. G. besuchte die Cleveland School of Art und studierte kurze Zeit am Art Institute in Chicago. Arbeitete danach für Werbeagenturen in Chicago und Detroit. Nach der Heirat mit der Autorin Helen Belle Sneider (1916) änderte er seinen Namen. 1916 erste Bühnenbildentwürfe für das Little Th. in Los Angeles, seit 1918 Bühnenbildner für die New Yorker Metropolitan Opera. Er schuf mehr als 200 Szenographien für die Oper, Broadway-Th. und seit Mitte der 1920er Jahre auch für den Film (u. a. *The Sorrows of Satan*, 1926, R. D. W. Griffith). 1927 gründete er eine eigene Firma für Industriedesign, entwarf Autos, Radios ebenso wie eine standardisierte Küche. Seine Arbeiten trugen wesentlich zur Popularisierung der «Stromlinienform» bei. 1939 entwarf er für die Weltausstellung im Auftrag von General Motors die Zukunftsstadt «Futurama» mit einem Plan für ein nationales Verkehrssystem. Großer Einfluss durch die Veröffentlichung damals nicht realisierbarer, aber zukunftsweisender Projekte. 1944 Mitbegründer der Society of Industrial Designers. – Während seiner erfolgreichen Karriere als Bühnenbildner – beeinflusst von Adolphe → Appia – entwarf er häufig großräumig-monumentale Räume und revolutionierte die Lichtregie (erfand u. a. einen besonders leistungsstarken Scheinwerfer). Seine Entwürfe (1921) für eine nicht realisierte Dramatisierung von Dantes *Göttlicher Komödie* fanden internat. Beachtung. Auch hierbei sollte wesentlich mit Licht gearbeitet werden, dem symbolische Bedeutung zukam. Gleiches gilt für sein expressionistisch beeinflusstes Bühnenbild zu → Shakespeares *Hamlet* (1931), für das er große Treppenkonstruktionen und verschiedene Plattformen entwarf. Bekannt v. a. durch seine Zusammenarbeit mit Max

→ Reinhardt. Für dessen New Yorker Insz. von Vollmöllers *Das Mirakel* (1924, Century Th.) gestaltete er das gesamte Innere des Th.s in ein gotisches Kirchenschiff um und bezog das Publikum in das Geschehen ein. Für Reinhardts Aufsehen erregende Insz. (P. 7. 1. 1937) des Bibelspiels *The Eternal Road (Der Weg der Verheißung)* von Franz Werfel mit der Musik von Kurt Weill entwarf B. G. ein vergleichbares Szenarium im Manhattan Opera House, entfernte die vorderen Sitzreihen und nutzte den Orchestergraben für sein monumentales Bühnenbild, das den «ewigen Weg» der Juden ins Bild umsetzte. – Seine Tochter Barbara B. G. (1922 – 2005) war Th.- und Filmschauspielerin, spielte u. a. Maggie in Tennessee Williams' *Cat on a Hot Tin Roof (Die Katze auf dem heißen Blechdach*, 1955, R. Elia → Kazan), die TR in Jean Kerrs *Mary, Mary* (1961) sowie in *Silent Night, Lonely Night* (1959, The Playwrights' Company, mit Henry Fonda). Bekannt wurde sie durch Filme wie *I Remember Mama* (1948), *Vertigo* (R. A. Hitchcock) und die Rolle der Miss Ellie in der Fernsehserie *Dallas*.

Wolfgang Beck

Beligan, Radu, * 14. 12. 1918 Galbeni (Rumänien). Schauspieler, Theaterleiter, Regisseur, Autor.

B. studierte am Bukarester Konservatorium, debütierte am Th. Muncă şi Lumina und spielte am Alhambra, am Teatrul de Comedia (Komödientheater, Bukarest), dessen Leiter er 1961 – 69 war. Rasche Anerkennung als unverwechselbarer Schauspieler, zuerst in eher komischen Rollen. Spielte seit Ende der 1940er Jahre auch am Nationaltheater Bukarest, das er 1969 – 90 leitete. 1950 – 65 Professor am Institut für Th. und Film in Bukarest. Ehrenpräsident des Internat. Th. Instituts (ITI), Mitglied der Akademie «Le Muse» in Florenz. Im In- und Ausland mehrfach ausgezeichnet, u. a. mit dem Großen Preis des rumän. Theaterpreises 2001. Verheiratet mit der Übersetzerin, Dramatikerin und Drehbuchautorin Marica Pop (* 9. 12. 1943 Brüssel, † 27. 2. 1993 Bukarest) und Vater der Schauspielerin Lamia B. (* 23. 8. 1966 Bukarest). – B. führte Regie an der Th.- und Filmakademie Bukarest (u. a. I. L. Caragiale, A. Wesker) und am Nationaltheater (u. a. → Molière, Caragiale, Arbuzov, Anouilh). Sein Repertoire als Schauspieler umfasst Rollen in Boulevardstücken ebenso wie in klassischen und modernen Dramen der Weltliteratur vom komischen bis zum tragischen Genre. Hauptrollen in klassischen Dramen wie Shaws *Der Arzt am Scheideweg* (1944), Čechovs *Drei Schwestern* (1949), Gogol's *Der Revisor* (1952), Goldonis *Die Grobiane* (1957), → Shakespeares *Der Sturm* (1958), *Richard III.* (1976). Gleich bedeutend in modernen Schauspielen wie Dürrenmatts *Romulus der Große* (1977), Camus' *Caligula* (1980, Nationalth., Rolle: Cherea), Shaffers *Amadeus* (1982/83, Odeon-Th. Bukarest, Rolle: Salieri), Süskinds *Der Kontrabaß* (1986/87, Nationalth.), Albees *Wer hat Angst vor Virginia Woolf?* (1990, Rolle: George), Simons *Sonny Boys* (1997), Gor'kijs *Nachtasyl* (1998), Anouilhs *Der Nabel* (2004, eigene R.). B. trat auch immer wieder in Stücken bedeutender rumän. Autoren auf, wie Ion Luca Caragiale, z. B. in *O scrisoare pierduta (Der verlorene Brief*, 1948, auch im Film) oder Victor Ion Popa, z. B. in *Take, Ianke si Cadîr* (2001, Nationalth.). Seit Mitte der 1940er Jahre auch in zahlreichen Filmen tätig, darunter 2001 in der rumän.-franz. Koproduktion *L'Après-midi d'un tortionnaire (Der Nachmittag eines Folterers)*, in dem anhand des Zusammentreffens eines Folteropfers mit seinem ehemaligen Peiniger Probleme der Geschichte Rumäniens unter Ceauşescu behandelt werden. B. verfasste mehrere Essaybände (*Pretexte si subtexte*, 1968; *Luni, Marti, Miercuri…*, 1978, *Note de insomniac*, 2000) und Memoiren (1978).

Wolfgang Beck

Bennent, Anne, * 13. 10. 1963 Lausanne. Schauspielerin, Regisseurin.

Tochter des Schauspielers Heinz → B. und der Tänzerin Paulette Renou (Künstlername Diane Mansart), Schwester David → B.s. Erste Filmrolle der mehrsprachig aufgewachsenen B. als 10-Jährige an der Seite ihres Vaters in Geißendörfers Film *Die Eltern* (1973). Schauspielstudium am Genfer Konservatorium bei Claude Stratz (1981–82) und an der dem Th. des Amandiers in Nanterre bei Paris angeschlossenen École du Th. bei Patrice → Chéreau (1982–84). Erste Bühnenrolle 1978 im Berliner Schiller-Th. in *Der Kirschgarten* von A. Čechov (R. → Lietzau), wo sie die Gutsbesitzerstochter Anja spielte. 1984–85 gehörte B. zum Ensemble des Münchner Residenztheaters. Sie brillierte als Frida in Ibsens *John Gabriel Borkman* unter der Regie von Ingmar → Bergman und als Ophelia in → Shakespeares *Hamlet* in der Regie von B. K. → Tragelehn. 1986–88 war B. in Stuttgart bei Ivan → Nagel engagiert; wichtige Rollen waren dort: Bjuty in Harald Müllers *Totenfloß*, Varja in Čechovs *Der Kirschgarten*, Indras Tochter in Strindbergs *Ein Traumspiel*, Elisabeth in Schillers *Don Carlos*. Bei den Salzburger Festspielen spielte B. die Rolle der Johanna in Schnitzlers *Der einsame Weg* (1987, 1989), Esther in Grillparzers *Die Jüdin von Toledo* (beide R. Thomas → Langhoff). 1989/90 feierte sie als Pippa in Hauptmanns Glashüttenmärchen *Und Pippa tanzt* Triumphe (Münchner Kammerspiele, R. Th. Langhoff). Nach Tourneen als Chansonsängerin *(Pour Maman)* seit 1989 regelmäßige Auftritte am Wiener Burgtheater. Sie spielte Sascha in Čechovs *Ivanov* (1990, R. → Zadek), Desdemona in Shakespeares *Othello* (1990, R. → Tabori), überzeugte in Kleists *Penthesilea* (TR 1991, R. → Berghaus) und als gefeierte Protagonistin in Kleists *Käthchen von Heilbronn* (1992, R. → Neuenfels). Weiter Mascha in Čechovs *Drei Schwestern* (R. → Haußmann), TR in Gombrowicz' *Yvonne, Prinzessin von Burgund* (beide 1994/95), Wandererzählerin in Handkes *Zurüstungen für die Unsterblichkeit* (UA, R. → Peymann), Alkmene in Kleists *Amphitryon* (R. Neuenfels), TR in → Lessings *Minna von Barnhelm* (alle 1997/98), Sarah Bernhardt in Taboris *Purgatorium* (1999, R. der Autor). 2001 in Koltès' *Roberto Zucco* (R. → Grüber), 2002 in der österr. EA von Strauß' *Der Narr und seine Frau heute abend in Pancomedia* (R. → Giesing), 2003 Klytämnestra in Hofmannsthals *Elektra*. Am Burgtheater inszenierte sie Shakespeares *Liebes Leid und Lust* in der Nachdichtung von Erich Fried. Als Gast u. a. am Dt. Schauspielhaus (Cressida in Shakespeares *Troilus und Cressida*, 1993). In Peter → Brooks Th. des Bouffes du Nord in Paris spielte sie zum ersten Mal gemeinsam mit ihrem Bruder David in *Qui est là?* (1995). Zahlreiche Lesungen (u. a. mit dem Musiker Otto Lechner), u. a. von Texten Robert Walsers *(Gwundrig)*, Christa Wolfs *(Kassandra)*, Nizamis *(Layla und Majnun)*. Den wohl größten Leinwanderfolg erzielte B. als Hedwig in der Verfilmung von Ibsens *Die Wildente* durch Hans W. Geißendörfer (1976). Weiter u. a. in *Lulu* (1979), *Der Snob* (1984, alle mit ihrem Vater), *Domino* (1982), *Eine Liebe von Swann* (1983, R. Schlöndorff), *Requiem für eine romantische Frau* (1999), *Wambo* (2001). O.-E.-Hasse-Preis für die beste Nachwuchsschauspielerin (1986), Kainz-Medaille 1996.

Troller, G. St.: Bennent mal vier – Porträt einer berühmten Familie. Fernsehdokumentation. WDR. Köln 1999.

Horst Schumacher

Bennent, David, * 9. 9. 1966 Lausanne. Schauspieler.

Sohn des Schauspielers Heinz → B. und der Tänzerin Paulette Renou (Künstlername Diane Mansart), Bruder von Anne → B. Filmdebüt 1978 in der Rolle des kleinwüchsigen Oskar

Bennent, Heinz

Matzerath in Schlöndorffs Verfilmung des Romans *Die Blechtrommel* von Günter Grass. Nach diesem triumphalen Erfolg nur noch unregelmäßiger Schulbesuch. Die Schauspielerkarriere schien vorgezeichnet: Patrice → Chéreau verpflichtete ihn 1983 ans Th. des Amandiers (Paris-Nanterre) für Jean Genets *Les Paravents (Die Wände)*. Eine Rolle in Audureaus *Félicité* an der Comédie Française folgte (1983, R. → Vincent). Anschließend v. a. auf dt.sprachigen Bühnen. In → Grübers Regie verkörperte er den Narren in → Shakespeares *König Lear* an der Seite Bernhard → Minettis (1985, Schaubühne am Lehniner Platz, Berlin), spielte in → Arroyos *Bantam* (1986, Bayer. Staatsschauspiel). Am Staatstheater Stuttgart 1987 in einer → Wilson-Insz. der *Alkestis* von Euripides eines der Kinder Admets, Pförtner und Hekate in Shakespeares *Macbeth* (R. → Zinger). Weiter in → Achternbuschs *Mein Herbert* (1988, Th. de l'Europe, R. H. P. Cloos), → Goethes *Urgoetz* (1989, Schauspiel Frankfurt, R. → Schleef), Puck in Brittens Oper *Sommernachtstraum* (1989, Frankfurt, R. Th. → Langhoff). Ohne je Schauspielunterricht genommen zu haben, hat sich B. als internat. erfolgreicher – die dt., franz. und engl. Sprache gleichermaßen beherrschender – Darsteller durchgesetzt. 1990–97 arbeitete er mit Peter → Brook zusammen, fand als Caliban in Shakespeares *Der Sturm* (1990) begeisterte Zustimmung, auch bei zahlreichen Gastspielen und den Theaterfestspielen von Avignon, spielte mehrere Rollen in *L'homme qui* nach Texten Oliver Sacks' (1993), Horatio in der Hamlet-Paraphrase *Qui est là?* (1996). Mit seinem Vater spielte er die Hauptrollen in Becketts *Endspiel* (1995, R. J. Jouanneau) im Th. de Vidy-Lausanne und auf Europa-Tournee in dt. und franz. Sprache. Am Wiener Burgtheater mit seiner Schwester in Kleists *Amphitryon* (1997/98, R. → Neuenfels), → Taboris *Purgatorium* (UA 1999). Danach einige Jahre am Berli-

ner Ensemble, u. a. in Shakespeares *Ein Sommernachtstraum* (2002, R. L. → Haußmann), Taboris *Erdbeben-Concerto* (UA 2002), Hauptmanns *Michael Kramer* (2003, R. Th. Langhoff), → Lessings *Die Juden* (2003), Švarč / Kirschs *Die verzauberten Brüder* (2004). B. wirkte mit in der UA von Goebbels' *Landschaften mit entfernten Verwandten* (UA 2002, Genf, mit Ensemble Modern), spielte Riccaut in Lessings *Minna von Barnhelm* (2005, Ruhrfestspiele), Bernhard in Roger-Lacans *Der Krawattenklub* (2005, Renaissancetheater Berlin), Mozart in Pozsgais *Mozart und Konstanze* (2006, Hamburger Kammerspiele). Zahlreiche Gastspiele mit seinem Vater in Rezitationsabenden mit Texten H. → Müllers und Hölderlins. Filmengagements u. a. in *Canicule* (1984), *Legend* (1985), *L'Enfant des lumières* (2002), *Poem – Ich setzte den Fuß in die Luft und sie trug* (2003), *She Hate Me* (2004), *Traumschatten* (2005). – Der wegen einer kindlichen Wachstumsstörung eher kleine B. ist «ein wunderbar unberechenbarer, seiner Kunst obsessiv verschriebener, spleeniger Charakterspieler» (K. Witzeling in *Hamburger Abendblatt*, 20. 3. 2006), ein präziser und nuancenreicher Darsteller mit komödiantischem Talent und ausdrucksvoller Sprachgestaltung.

Troller, G. St.: Bennent mal vier – Porträt einer berühmten Familie. Fernsehdokumentation / Reportage. WDR. Köln 1999.

Horst Schumacher

Bennent, Heinz (eig. Heinrich August B.), * 18. 7. 1921 Atsch bei Aachen. Schauspieler, Autor, Regisseur.

Sechstes Kind eines Buchhalters. Besuch des Gymnasiums bis zur Obersekundareife. Nach nicht beendeter Ausbildung zum Schlosser ab 1940 Dienst bei der Luftwaffe. Nach Kriegsende nahm B. Schauspielunterricht bei Karl Meixner in Göttingen. Seit 1947 Engagements an vielen dt.sprachigen Bühnen, u. a.

1947–50 in Karlsruhe (Debüt in Schillers *Don Carlos*), 1961–63 am Hamburger Thalia Th., 1976–78 in München. Er spielte schon zu Beginn seiner Laufbahn auch in Frankreich (auf Franz.) und wurde für die Festspiele in Bad Hersfeld (1961 in Aischylos' *Die Orestie*; 1964 in → Shakespeares *Ein Sommernachtstraum*) und Salzburg verpflichtet (1987 Fichtner in Th. → Langhoffs Insz. von Schnitzlers *Der einsame Weg*). Als Charakterdarsteller wurde B. in vielen Rollen gefeiert: als Don Carlos in Schillers gleichnamigem Schauspiel, Lövborg in Ibsens *Hedda Gabler*, Iwan in Camus' *Die Gerechten* (1959, Staatsschauspiel Hannover), Davoren in O'Caseys *Der Rebell, der keiner war* (1961, Thalia Th., beide R. → Zadek), Riccaut de la Marlinière in → Lessings *Minna von Barnhelm* (1976), Tom Moody in Odets' *Golden Boy* (1977, beide Münchner Kammerspiele), Jerry in → Pinters *Betrogen* (1979, Schiller-Th. Berlin, R. → Lietzau), als Andersen in Enquists *Aus dem Leben der Regenwürmer* (1984), in Ibsens *John Gabriel Borkman* (1985, beide R. → Bergman), als Schäfer in Eduardo → Arroyos *Bantam* (1986, beide Bayer. Staatsschauspiel, Insz. → Grüber), Karl Joseph in der UA der *Besucher* von Botho Strauß (1988), in mehreren Rollen in Strauß' *Sieben Türen* (DEA 1988), als Narr in Shakespeares *König Lear* (1992, alle Münchner Kammerspiele, R. → Dorn). 1995 stand B. mit seinem Sohn David → B. in Becketts *Endspiel* in Lausanne im Th. Vidy-Lausanne auf der Bühne. Joël Jouanneaus Insz. gastierte danach in zahlreichen Städten (über 100 Vorstellungen). Anschließend viele gemeinsame Auftritte von Vater und Sohn: seit 1997 Gastspiele mit einem Programm, das Texte Hölderlins und H. → Müllers umfasst, 2001 Lese- und Rezitationsreise durch Deutschland. In der Spielzeit 2001/02 führte B. am Berliner Renaissancetheater Regie bei der DEA seines Stücks *Ich bin der Mann meiner Frau* nach und mit Texten Čechovs. «Als sein eigener Autor, Regisseur und Darsteller gelingt Bennent die Glanzleistung eines wachen, kritischen Kopfspielers und weisen wahrhaftigen Komödianten, der in den Spiegel der Erkenntnis blicken lässt» *(Hamburger Abendblatt)*. Anfang der 1970er Jahre Übersiedlung in die Schweiz. – Seit 1954 viele Film- und Fernsehrollen in dt.-, franz.- und engl.sprachigen Produktionen, u. a. in *Das Schloß* (1962, nach Kafka), *Die verlorene Ehre der Katharina Blum* (1975), *Das Schlangenei* (1977, R. Bergman), *Deutschland im Herbst* (1978), *Schwestern oder Die Balance des Glücks* (1979, R. v. Trotta), *Aus dem Leben der Marionetten* (1980, R. Bergman), *Le transfuge* (1985), *Elles ne pensent qu'à ça …* (1994), *Jonas et Lila, à demain* (1999), *Kalt ist der Abendhauch* (2000), *Marie und Freud* (2004). Besonderen Erfolg hatte B. als Darsteller eines von den Nationalsozialisten verfolgten Theaterdirektors an der Seite von Catherine Deneuve in *Le dernier métro (Die letzte Metro)* von François Truffaut (1980). In Geißendörfers Ibsen-Verfilmung *Die Wildente* (1976) spielte er mit seiner Tochter Anne → B., in Schlöndorffs Verfilmung des Grass-Romans *Die Blechtrommel* (1979) mit seinem damals 13-jährigen Sohn David. Der seit 1954 mit der Tänzerin Paulette Renou (Künstlername: Diane Mansart) verheiratete B. spielte 1973 gemeinsam mit Frau und Kindern in Geißendörfers Film *Eltern*. – Ein Charakterdarsteller von bannender Präsenz und komödiantischem Talent, der mit zurückgenommenen Mitteln v. a. problematische, gebrochene Figuren darzustellen versteht, deren innere Widersprüche er mit großer Präzision und Intensität herausarbeitet. Seine kunstvolle Artikulation, sein manchmal ‹singender› Tonfall machen seinen Sprachduktus unverwechselbar.

Troller, G. St.: Bennent mal vier – Porträt einer berühmten Familie. (Fernsehdokumentation/Reportage). WDR. Köln 1999.

Horst Schumacher

Benning, Achim, * 20. 1. 1935 Magdeburg. Schauspieler, Regisseur, Theaterleiter.

1955–60 Philosophiestudium in München und Wien. 1956–59 Max-Reinhardt-Seminar Wien. Eleve, dann Schauspieler am Wiener Burgtheater (Orest in der *Elektra* des Sophokles, Lwow in Čechovs *Ivanov*, Warwick in Shaws *Die heilige Johanna*). Spielte bei den Salzburger Festspielen in Shakespeares *Die lustigen Weiber von Windsor* (1964). Erste Insz. 1966 am Staatstheater Braunschweig (Mrożeks *Tango*). Landestheater Salzburg (→ Lessings *Minna von Barnhelm*, Nashs *Der Regenmacher*). Inszenierte am Burgtheater/Akademietheater u. a. Hildesheimers *Mary Stuart*, Strindbergs *Der Vater*, Hauptmanns *Der rote Hahn*, Joyce' *Der Verbannte*, Gombrowicz' *Die Trauung*. 1976–86 Direktor des Burgtheaters. Insz.en u. a. *Totentanz* und *Der Pelikan* von Strindberg, Gor'kijs *Sommergäste* (1979, Einladung zum Berliner Theatertreffen), Feydeaus *Einer muß der Dumme sein* und *Klotz am Bein*, Büchners *Dantons Tod*, Čechovs *Der Kirschgarten*, UA von Klaus Pohls *Das alte Land* (1984), Ibsens *John Gabriel Borkman*, Turgenevs *Ein Monat auf dem Lande* (1986). 1987 Albees *Empfindliches Gleichgewicht* am Thalia Th. Hamburg, 1988 Lessings *Minna von Barnhelm* am Residenztheater München. 1989–92 Direktor des Zürcher Schauspielhauses. Inszenierte 2 Hürlimann-UAen: *Der letzte Gast* 1990, *Der Gesandte* 1991. In den 1990er Jahren wieder Schauspieler und Regisseur am Burgtheater, inszenierte v. a. → Nestroy (*Der Talisman*, 1993), aber auch Schnitzler (*Das weite Land*, 1998/99, *Professor Bernhardi*, 1999/2000), Ionesco (*Die Stühle*, 1999). Lehrer am Wiener Reinhardt-Seminar. 1981 Josef-Kainz-Medaille der Stadt Wien. Kammerschauspieler. Professorentitel. Ehrenmitglied des Burgtheaters. 2006 Goldenes Ehrenzeichen für Verdienste um das Land Wien. – B. öffnete als Direktor das Burgtheater dem zeitgenössischen Repertoire und dem Regietheater. Verpflichtete namhafte Regisseure aus Deutschland, West- und Osteuropa. Inszeniert mit Vorliebe russ. Dramatiker und geistreiche Komödien mit Vaudeville-Charakter.

<small>Mainusch, H.: Regie und Interpretation. München 1989; Salih, O.: Achim Benning als Direktor und Regisseur am Burgtheater 1976–1986. Dipl.-Arbeit Wien 1996.</small>

<small>Werner Schulze-Reimpell</small>

Benrath, Martin (eig. Helmut Kurt August Hermann Krüger), * 9. 11. 1926 Berlin, † 31. 1. 2000 Herrsching (Ammersee). Schauspieler, Regisseur.

Privater Schauspielunterricht bei Maria Loya. 1947–53 an verschiedenen Berliner Th.n; Debüt im Th. am Schiffbauerdamm. 1951–52 Theaterclub im British Center: Karl Moor in Schillers *Die Räuber* (Friedrich Luft: «Ein jugendlicher Held, der in Momenten an den frühen Horst Caspar erinnert, die gleiche reinliche Ausstrahlung […] er hat Kraft und Keuschheit im Ausdruck»), → Shakespeare-Rollen: Petrucchio in *Der Widerspenstigen Zähmung*, Hektor in *Troilus und Cressida*, in der Freien Volksbühne in *Wintermärchen*. 1953–62 Düsseldorfer Schauspielhaus (Hans in Cocteaus *Bacchus*, Bruno in Hauptmanns *Die Ratten*, Prinz in → Lessings *Emilia Galotti*, Orpheus in Anouilhs *Eurydike* und Becket in dessen *Becket oder Die Ehre Gottes*). 1961 TR in Schillers *Wallenstein* (Ruhrfestspiele). 1962–69 und 1976–87 Bayer. Staatsschauspiel München (Der Alte in Ionescos *Die Stühle*, Don Camillo in Claudels *Der seidene Schuh*, Odysseus in der UA von Heiner → Müllers *Philoktet*, Franz Moor in Schillers *Die Räuber*, Krapp in Becketts *Das letzte Band*, TRn in Čechovs *Iwanow* und in Strindbergs *Der Vater*, Feldprediger in → Brechts *Mutter Courage und ihre Kinder*, Der Unbekannte in Strindbergs

Nach Damaskus, TR in Shakespeares König Lear, George in Albees Wer hat Angst vor Virginia Woolf?). 1970 Dt. Schauspielhaus Hamburg in der Beckett-Lesung Atem (mit → Lietzau, → Schweikart). 1974 TR in der DEA von Simon Grays Butley (Schlossparktheater Berlin). Ab 1986 Tourneen mit dem Thomas-Mann-Abend Fülle des Wohllauts. 1988 im Th. in der Josefstadt Melody in O'Neills Fast ein Poet (R. → Schenk). Bei den Salzburger Festspielen 1973–77 Teufel, 1995–99 Tod in Hofmannsthals Jedermann, 1992 TR in Shakespeares Julius Caesar (R. P. → Stein), 1993 Christoph Groth in der UA Das Gleichgewicht von Botho Strauß (R. → Bondy), 1996 TR (als Schauspieler) in Webers Oper Oberon. Leseabende. Film- und Fernsehrollen, u. a. in Kennwort Morituri (1965, mit Marlon Brando), Berlinger (1975), Aus dem Leben der Marionetten (1980, R. → Bergman), Väter und Söhne (1986, TV), Erfolg (1991), Schtonk (1992), Der Laden (1998, TV), Beresina oder Die letzten Tage der Schweiz (1999). Gelegentlich Regisseur. 1982 Bayer. Staatsschauspieler. Auszeichnungen u. a. Bundesverdienstkreuz, Bayer. Verdienstorden. – Einer der profiliertesten Darsteller seiner Generation, kraftvoll und raumbeherrschend, von intellektueller Brillanz und mit hohem Sprachbewusstsein. Karg im Gebrauch seiner Mittel, ein Untertreiber mit Distanz zu den Figuren. «Er lebte sich ein in die Schichtungen seiner Figuren, in die Widersprüche, die Verdrängungen, die Lüste und die Bosheiten. Er verkörperte sie nicht nur, sondern griff nach ihrer inneren Geschichte, nach den dramatischen Abläufen in ihnen, wenn die Bosheit kämpfte mit dem Gewissen, die Forderung mit dem Trotz, das Verlangen mit der Furcht» (G. Rühle).

Faber, M., L. Weizert: ... dann spielten sie wieder. Das Bayerische Staatsschauspiel 1946–86. München 1986; Sucher, C. B.: Theaterzauberer. Schauspieler. München, Zürich 1988.

Werner Schulze-Reimpell

Berger, Alfred Freiherr von, * 30. 4. 1853 Wien, † 24. 8. 1912 Wien. Theaterleiter, Regisseur, Dramaturg, Autor.

Sohn des liberalen Politikers und Publizisten Johann Nepomuk B. (1816–70), studierte Rechtswissenschaft, Philosophie, Literatur (Promotion über Descartes), habilitierte sich für Philosophie und Ästhetik (1886 Privatdozent, 1894 außerordentlicher, 1896 ord. Prof.). 1887–90 artistischer Sekretär des Burgtheaters (Wien). Seit 1889 mit der Hofschauspielerin Stella Hohenfels (1858–1920) verheiratet. 1900–09 erster Intendant des neuen Dt. Schauspielhauses (DSH) in Hamburg, das am 15. 9. 1900 mit einem Prolog B.s und → Goethes Iphigenie auf Tauris (TR seine Frau) eröffnet wurde. An klassischen Kunstidealen orientiert, befreite er v. a. die Klassiker vom bislang üblichen Pathos, baute ein homogenes Ensemble auf (u. a. Adele Doré, Franziska → Ellmenreich, Max Montor, Robert Nhil, Carl Wagner) und bemühte sich um eine unpathetische, psychologisch nachvollziehbare Darstellungs- und Sprachkultur. Das DSH gewann dadurch rasch überregionalen Ruf, musste aber aus finanziellen Gründen einen großen Teil des Repertoires mit durchschnittlichen Unterhaltungsstücken füllen. Die Notwendigkeit geschäftlichen Erfolgs an einem nicht subventionierten Th. und B.s eigene theaterästhetische Vorstellungen ließen risikoreiche Insz.en moderner Dramatik kaum zu. B.s Regiearbeiten umfassten alle Bereiche des Spielplans, Unterhaltungsdramatik, Moderne (Schnitzlers Literatur, P. 10. 3. 1902; Shaws Frau Warrens Gewerbe, P. 28. 10. 1906) wie v. a. Klassiker (von Sophokles bis zum damals als wenig bühnenwirksam betrachteten Hebbel). Erfolgreich seine 6-stündige Insz. von Goethes Faust I (P. 24. 7. 1907) mit alternierender Besetzung; gefolgt von Faust II (P. 15. 4. 1908). 1910 übernahm B. die Direktion des Burgtheaters. Sein baldiger

Tod verhinderte durchgreifendere Reformbemühungen. Als Autor von Lyrik (*Gesammelte Gedichte*, 1891), Prosa (*Hofrat Eysenhardt*, 1911), Dramen (*Oenone*, 1873) und theaterwissenschaftlichen Arbeiten (*Dramaturgische Vorträge*, 1890; *Meine hamburgische Dramaturgie*, 1910) ist B. heute vergessen.

 Berger, A. v.: Gesammelte Schriften. 3 Bde. Wien, Leipzig 1913; ders.: Theater und Literatur. Bonn 1992; Blahout, R.: Baron Berger und die Krise des Burgtheaters. Diss. Wien 1975; Schmidsberger, P.: A. Freiherr von Berger. Diss. Wien 1960; Schrögendorfer, Konrad: Schicksal Burgtheater: A. Freiherr von Berger und der Anbruch der Moderne. Graz u. a. 1966.

Wolfgang Beck

Berger, Ludwig (eig. L. Gottfried Heinrich Bamberger; Pseud. van de Waal), * 6. 1. 1892 Mainz, † 18. 5. 1969 Schlangenbad. Regisseur, Schriftsteller.

Bankierssohn; Bruder des Malers und Bühnenbildners Rudolf Bamberger (21. 5. 1888 Mainz–Januar 1945 Auschwitz), mit dem er im Th. und Film häufig zusammenarbeitete. Studium der Musik und Kunstgeschichte in München und Heidelberg (1914 Promotion über Johann Conrad Seekatz); Lehrer am Kunstgewerbemuseum Stuttgart. Regiedebüt März 1916 in Mainz mit Mozarts *Die Gärtnerin aus Liebe* und → Shakespeares *Viel Lärm um nichts*. 1918 Volksbühne Berlin (→ Immermann, *Merlin*, Shakespeare, *Maß für Maß*). 1919/20 Dt. Th., u. a. Shakespeare, *Cymbeline*, Strindberg, *Advent* (beide 1919), Kornfeld, *Himmel und Hölle* (UA 23. 4. 1920), Zuckmayer, *Kreuzweg* (UA 12. 12. 1920). Seit 1920 Staatstheater und andere Berliner Bühnen. Inszenierte u. a. Shakespeares *Der Sturm* (1921, mit → Kortner), → Goethes *Torquato Tasso* (1923, mit Lothar → Müthel), Kleists *Prinz von Homburg* (1925, alle Staatstheater), → Lessings *Miß Sara Sampson* (1922, Renaissancetheater), Shakespeares *Der Widerspenstigen Zähmung* (1925, Schiller-Th.). Seit 1920 v. a. Filmregie, u. a. *Der Richter von Zalamea* (1920), *Der Roman der Christine von Herre* (1921, mit → George), *Ein Glas Wasser*, *Der verlorene Schuh* (beide 1923), *Der Walzertraum* (1925), *Der Meister von Nürnberg* (1927). 1928–31 Filmregisseur in Hollywood, *The Woman from Moscow* (*Fedora*, 1928), *Sins of the Fathers* (*Sünden der Väter*, mit → Jannings, beide 1928), *Vagabond King* (*Vagabunden-König*, 1930), *Le Petit Café* (1931). Rückkehr nach Deutschland; Ilse Langners *Die Heilige aus USA* (UA 5. 11. 1931, Th. am Kurfürstendamm), Filme *Ich bei Tag und Du bei Nacht* (1932), *Walzerkrieg* (1933). 1933 Emigration in die Niederlande. Filmregie dort (*Pygmalion*, 1937; *Ergens in Nederland*, 1940), in Frankreich (*Les Trois Valses*, 1938) und Großbritannien (*The Thief of Bagdad*, 1939/40, mit anderen). Insz.en von Lion Feuchtwangers *Vasantasena* (*A Golden Toy*, 1934, Coliseum Th., London), des eigenen Stücks (mit A. van Duinkerken) *Eenheid door Oranje* (1938, Haarlem). Gab Schauspielunterricht in Amsterdam. Inszenierte April 1944 in seiner Wohnung Shakespeares *Ein Sommernachtstraum* (in Englisch). Seit 1947 wieder in Deutschland. Regie bei van Drutens *Die Unvergeßliche* (Hebbel-Th.), Goethes *Stella* (Dt. Th., beide 1947). Gastregien, u. a. Bechers *Samba* (UA 1952) und *Mademoiselle Löwenzorn* (UA 1954, beide Schlossparktheater, Berlin), Blachers Ballettoper *Preußisches Märchen* (1952, Berliner Festwochen), Lessings *Minna von Barnhelm*, Dumas' *Die Kameliendame* (beide 1954, Dt. Schauspielhaus Hamburg), Goethes *Hermann und Dorothea* (eigene Dramatisierung, 1961, Renaissancetheater) und *Torquato Tasso* (1963, Schiller-Th.), Fritz von Unruhs *Odysseus auf Ogygia* (1968, Th. der Akademie der Künste, alle Berlin). Hörspiel- und Fernsehregie, u. a. Raimunds *Der Alpenkönig und der Menschenfeind* (1962), *Die Nacht von Zaandam* (1960), *Frau Mozart* (beide Buch: B.), Zyklus von Lustspielen Shakespeares (1958). 1956–68 Direktor der Abteilung Darstellende Kunst der

Akademie der Künste Westberlin. Mehrfach ausgezeichnet. – B. erlangte mit seinen sensiblen, dem Wort verpflichteten Insz.en von großer Musikalität in wenigen Jahren Anerkennung als einer der wichtigen Regisseure der 1920er Jahre. Seine szenisch innovativen Arbeiten, seine Gabe der Schauspielerführung beeinflussten die Entwicklung des dt. Ths. Mit Lang und Murnau einer der Regisseure, die dem dt. Film internat. Ansehen verschafften. B. schrieb Drehbücher, Romane, Essays, (auto)biographische Werke, Theaterstücke *(Luise, Kronprinzessin von Preußen; Der goldene Schnitt; Die Rosenbraut; Ottiliens Tollheiten).*

Berger, L.: Theatermenschen. Velber 1962; ders.: Wenn die Musik der Liebe Nahrung ist. Tübingen 1957; ders.: Wir sind vom gleichen Stoff, aus dem die Träume sind. Tübingen 1953 *(Autobiographie)*; Exil und Rückkehr. Hg. A. M. Keim. Mainz 1986; Ludwig Berger. Eine Würdigung. Mainz 1966.

Wolfgang Beck

Berghaus, Ruth, * 2. 7. 1927 Dresden, † 26. 1. 1996 Zeuthen bei Berlin. Choreographin, Regisseurin, Intendantin.

Nach dem Choreographiestudium an der Palucca-Schule in Dresden war B. Meisterschülerin an der Dt. Akademie der Künste in Ost-Berlin (u. a. bei Wolfgang → Langhoff) und hatte zwischen 1951 und 1964 erste Engagements als Regieassistentin und Choreographin an verschiedenen Berliner Bühnen (u. a. an der Komischen Oper unter der Intendanz Walter → Felsensteins). 1964 kam sie ans Berliner Ensemble, wo sie u. a. Peter Weiss' *Viet Nam Diskurs* (1968), Heiner → Müllers *Zement* (1973) und → Brechts *Die Mutter* (1974) inszenierte. 1970 stellvertretende Intendantin neben Helene → Weigel, wurde sie 1971 Intendantin des Berliner Ensembles, das sie bis 1977 leitete. Seither inszenierte sie als Gastregisseurin u. a. an der Frankfurter Oper Wagners *Der Ring des Nibelungen* (1985–87), Richard Strauss' *Der Rosenkavalier* (1992), an der Hamburgischen Staatsoper Wagners *Tristan und Isolde* (1988), an der Brüsseler Oper Alban Bergs *Lulu* (1988), bei den Wiener Festwochen Schuberts *Fierrabras* (1988), an der Freien Volksbühne Berlin Schillers *Die Braut von Messina* (1990), am Hamburger Thalia Th. Brechts *Im Dickicht der Städte* (1991; Einladung zum Berliner Theatertreffen 1992), am Burgtheater Wien Kleists *Penthesilea* (1991), am Basler Th. Verdis *Don Carlos* (1992), an der Leipziger Oper Jörg Herchets *Nachtwache* (UA 1993), an der Staatsoper Dresden Puccinis *Tosca* (1993). Ihre meist streng choreographierten umstrittenen Opernsz.en (Mozart, Wagner, Strauss, Schönberg, Matthus) sind in der Musikwelt legendär, zu ihren aufsehenerregenden Theaterarbeiten zählen auch einige Werke Paul Dessaus (1894–1979), mit dem sie seit 1954 verheiratet war.

In seinem Nachruf schrieb Klaus Bertisch: «Ihr Regiestil war nicht psychologisch, sondern analytisch. Man sollte nicht das, was man sah, miterleben, sondern darüber nachdenken, daraus dann die Zusammenhänge begreifen, um sie auf sich selbst zu beziehen. Sie wollte betroffen machen, und dies gelang ihr, ohne daß ihre Darsteller auf die Tränendrüse drücken mußten. Man kommt unwillkürlich zum erzählenden Arrangement, das sie bei Meister Brecht am BE gelernt hatte […]. Szenenkomplexe wurden dabei von ihr fast graphisch durchgestaltet. Der Ausdruck des Sängers blieb nicht auf die Stimme beschränkt. Es gab in ihren Aufführungen keine zufälligen Haltungen. Alles, Stimme und Körper, mußte in einem gewissen Verhältnis stehen zum Gesamtbild oder zu den Gegenständen auf der Bühne. Die Körpersprache diente der Verständigung, war Zeichen der Verbindung von Personen oder Zeichen von Trennung und Isolierung. Alles mußte mit Ausdruck geschehen, und das bewußt» (*Opernwelt* 3/1996, S. 25 ff.).

Bertisch, K.: Ruth Berghaus. Regie im Theater. Frankfurt a. M. 1990; Eggert, M.: Magische Augenblicke. Inszenierungen von Ruth Berghaus und Robert Wilson. Dt. Theatermuseum München. München 1991 *(Katalog)*; Neef, S.: Das Theater der Ruth Berghaus. Frankfurt a. M. 1989.

Friedemann Kreuder

Bergman, (Ernst) Ingmar, * 14. 7. 1918 Uppsala. Regisseur, Intendant, Schriftsteller.

B. verbrachte die ersten 6 Jahre seines Lebens in Uppsala. 1920 Umzug nach Stockholm, wo sein Vater Erik B., ein lutherischer Pfarrer, 1924 die Krankenseelsorge am Hospital Sophia Hemmet übernahm und königl. Hofprediger wurde. B. wohnte regelmäßig dem väterlichen Gottesdienst bei und äußerte später, dass niemand über ihn schreiben könne, der nicht den *Kleinen Lutherischen Katechismus* gelesen hat. Als 12-Jähriger erlebte er eine Aufführung des *Traumspiels* von Strindberg, dessen Werk ihn sein ganzes Leben begleitete: «Damals erlebte ich zum erstenmal die Magie des Theaters. Der Advokat hielt eine Haarnadel in der Hand, bog sie, verbog sie, zerbrach sie, aber es gab gar keine Haarnadel, doch ich habe sie gesehen.» Im gleichen Jahr besichtigte B. die Studios der führenden schwed. Produktionsgesellschaft Svensk Filmindustri in Råsunda bei Stockholm, in deren weiterer Entwicklung er eine entscheidende Rolle spielen sollte. Als 19-Jähriger begann B. Universitätsstudien in Kunstgeschichte und Literaturwissenschaft, widmete sich aber hauptsächlich Regiearbeiten an der Studentenbühne, sodass er keinen akademischen Grad erwarb und mit seiner Familie brach. B. arbeitete zunächst als freier Kritiker, Regisseur und Darsteller in eigenen Insz.en, v. a. von Stücken →Shakespeares und Strindbergs *(Der Pelikan, Gespenstersonate)*. 1944 erste feste Anstellung am Stadttheater Helsingborg. Carl-Anders Dymling, Leiter von Svensk Filmindustri, ermöglichte ihm, sich auf Anhieb als erfolgreicher Drehbuchautor und Filmregisseur zu profilieren: *Hets* (1944), *Kris* (1945). 1946–50 Regisseur am Stadttheater Göteborg. 1954–63 Intendant Stadttheater Malmö (Insz.en u. a. *Sechs Personen suchen einen Autor* von Pirandello, Strindbergs *Gespenstersonate*, Patricks *Das kleine Teehaus*). 1963–66 leitete er das Kgl. Schauspielhaus Stockholm (Dramaten), dem er nach seinem Ausscheiden aus der Leitung als Regisseur verbunden blieb. Insz.en u. a. *Die Ermittlung* von Peter Weiss (1965), *Woyzeck* von Büchner (1969), *Die Wildente* (1972), *Peer Gynt* (1991) von Ibsen; *Ein Traumspiel* (1970, 1986), *Gespenstersonate* (1973, 2000), *Nach Damaskus I und II* (1974) von Strindberg; *König Lear* (1984), *Hamlet* (1986) von Shakespeare; *Goldberg-Variationen* von →Tabori (1994); *Maria Stuart* von Schiller (2000), zuletzt *Gespenster* von Ibsen (2002). 1976–81 fest engagiert und Mitte der 1980er Jahre als Gast am Bayer. Staatsschauspiel München, Insz.en u. a. von Čechovs *Drei Schwestern* (1978), Gombrowicz' *Yvonne, Prinzessin von Burgund* (1980), des eigenen Stücks *Szenen einer Ehe* (1981), Enquists *Aus dem Leben der Regenwürmer* (1984), Ibsens *John Gabriel Borkman* (1985).

Als Filmregisseur und (in der Regel auch) Drehbuchautor wurde B. 1955 internat. bekannt mit *Sommarnattens leende (Lächeln einer Sommernacht)*, in Cannes mit dem Großen Preis ausgezeichnet. Den eigentlichen Durchbruch brachten dann die Meisterwerke *Det sjunde inseglet (Das siebte Siegel*, 1956) und *Smultronstället (Wilde Erdbeeren*, 1957). Damit fanden auch die früheren Filme weltweite Aufmerksamkeit, die Konfliktsituationen des modernen Menschen und der modernen Gesellschaft, die Schwierigkeiten in der Paarbeziehung behandelten: *Kvinnors väntan* (*Wartende Frauen*, 1952), *Sommaren med Monika* (*Sommer mit Monika*, 1952). Dieselbe Thematik bestimmte viele Filme, z. B. *Scener ur ett* äktenskap (*Szenen einer Ehe*, 1973) und *Höstsonaten (Herbstsonate)* 1978. Nach *Fanny och Alexander* (*Fanny und Alexander*, 1983) Arbeiten für das Fernsehen, bis zur allgemeinen Überraschung der 84-jährige B. 2002 als seinen «allerletzten Film» *Saraband* (2003 TV-Premiere) drehte, um sich anschließend in sein Refugium auf der – der Nordspitze Gotlands vorgelagerten – Insel Fårö zurückzuziehen. Zu den Premieren der fremdsprachigen EAen seiner Theaterstücke, die in den letzten Jahren zunehmend gespielt werden, erschien B. nie persönlich.

Assayas, O., S. Björkman: Gespräche mit Ingmar Bergman. Berlin 2002; Bergman, I.: Die besten Absichten. Köln 1993 *(Roman)*; ders.: Bilder. Köln 1991 *(autobiograph. Rückblick)*; ders.: Einzelgespräche. München, Wien 1996; ders.: Fanny und Alexander. München 1983; ders.: Laterna magica (Mein Leben). Berlin 2003; Gaukler im Grenzland. Ingmar Bergman. Hg. L. Ahlander. Berlin 1993; Ketcham, C. B.: The influence of existentialism on Ingmar Bergman: an analysis of the theological ideas shaping a filmmaker's art. Lewiston 1986; Müller, W. D.: Der Theaterregisseur Bergman, dargestellt an seiner Inszenierung ‹Traumspiel›. Mag.-Arbeit München 1980.

Horst Schumacher

Bergner, Elisabeth (eig. E. Ettel), * 22. 8. 1897 Drohobycz (Österreich-Ungarn, heute Drogobyc, Ukraine), † 12. 5. 1986 London. Schauspielerin, Regisseurin.

Aufgewachsen in Wien, u. a. Privatunterricht durch den späteren Psychotherapeuten und Schöpfer des Psychodramas Jakob Levy →Moreno. 1912–15 Akademie für Musik und darstellende Kunst in Wien. 1915/16 Stadttheater Innsbruck. 1916–1918 Stadttheater Zürich, u. a. in →Shakespeares *Hamlet* (1916, TR →Moissi), beim Gastspiel Wedekinds 1917 in der UA von dessen *Schloß Wetterstein*, Lulu in *Erdgeist*. 1918–19 Neue Wiener Bühne, u. a. in Wedekinds *Die Büchse der Pandora* und *Erdgeist*, A. Zweigs *Die Sendung Semaels* (alle 1919). 1920–22 Münchner Kammerspiele und Residenz-Th. (Hofmannsthal, *Der Schwierige*, UA 7. 11. 1921). Seit 1922 in Berlin (Bronnen, *Vatermord*, UA 14. 5. 1922, Junge Bühne). 1922/23 Barnowsky-Th. (Strindberg, *Königin Christine*, 1922, Lessing-Th.) und Reinhardt-Bühnen (Shakespeare, *Richard II.*, 1922, Dt. Th.). 1923 mit →George und →Granach im selbstorganisierten Schauspielertheater in Marlowes *Eduard II.*, TRn in Hauptmanns *Hannele* und *Elga*. 1924–26 v. a. Dt. Th., u. a. TR in Shaws *Die heilige Johanna* (DEA 1924, 165 Vorstellungen), Klabunds *Der Kreidekreis* (1925, beide R. →Reinhardt). Gastspiele u. a. am Staatstheater Berlin in Shakespeares *Der Kaufmann von Venedig* (1927, R. →Fehling, mit →Kortner), Wedekinds *Der Marquis von Keith* (1929), Hauptmanns *Gabriel Schillings Flucht* (1932, beide R. →Jessner; letzte Rolle in Dt. vor 1933). Zahlreiche Gastspiele. 1931 Europa-Tournee mit eigenem Ensemble. Bei ihrer Filmarbeit (*Der Evangelimann*, 1923; *Nju*, 1924, *Liebe*, 1926, *Fräulein Else* 1929) lernte B. ihren späteren Mann (Heirat 1933), den Regisseur, Drehbuchautor und Produzenten Paul Czinner (1890–1972), kennen. Von einem Arbeitsbesuch in London Ende 1932 kehrten B. und Czinner nicht zurück. Filme in Großbritannien: *Catherine the Great* (1933), *As You Like It* (1936, mit →Olivier), *Dreaming Lips* (1937), *Stolen Life* (1938/39). Bühnenrollen in Kennedys *Escape Me Never* (1933, Apollo Th. London; 1935 Broadway; Film 1934), J. M. Barries *The Boy David* (1936, His Majesty's Th., London), Shaws *Saint Joan* (Festival 1938 in Great Malvern). 1940–50 in den USA (einziger Film *Paris Calling*, 1941), seit 1942 in New York. Mitarbeit bei antifaschistischen Veranstaltungen. Großer Erfolg in Vales *The Two Mrs. Carrolls* (1943, Booth Th., New York; 385 Vorstellungen; 1950 Australien-Tournee). Erste Regie bei Lawrence' *The Overtons* (1945, Forrest Th.). Rollen in Websters *The Duchess of Malfi* in einer Bearbeitung von → Brecht und Auden (1946, Ethel Barrymore Th., New York), Pauls *The Cup of Trembling* (1948, Music Box, New York), Giraudoux' *Amphitryon 38* (1949, Washington). Mit dem Exil-Ensemble Players from Abroad in dt. Sprache TR in Goethes *Iphigenie auf Tauris* (8. 4. 1949, Barbizon-Plaza-Th., New York). 1949–50 Lesetournee durch die BRD und Israel. Seit 1950 wieder in London. Bühnenrollen u. a. in Jackson / Brennons *The Gay Invalid* (1951, Garrick Th., London), O'Neills *Eines langen Tages Reise in die Nacht* (1956), Giraudoux' *Die Irre von Chaillot* (1964, beide Schauspielhaus Düsseldorf), Kiltys *Geliebter Lügner* (1959; 1963 TV), O'Neills *Alle Reichtümer der Welt* (1971, beide Renaissancetheater, Berlin und Tournee). Regie bei Carrières *Ich suche Monsieur Ferrand* (1970, Renaissancetheater) und Hamptons *Der Menschenfreund* (1971, Düsseldorf). Letzter Auftritt in Örkénys *Catsplay* (1973, Greenwich Th., London). Arbeiten für den Film (*Der Fußgänger*, 1973, R. Maximilian → Schell), das brit. (*In Good King Charles's Golden Days*, 1970, mit → Gielgud) und dt. Fernsehen (*Wenn ich dich nicht hätte*, 1983). Zahlreiche Auszeichnungen. – Spätestens seit ihren ersten Berliner Jahren wurde «die» B. zu einem Kritiker wie Publikum faszinierenden Phänomen. Klein, zierlich, knabenhaft-androgyn wirkend, mit modulationsreicher Stimme wurde sie zum Star, gar zum Mythos. Eine reflektierte und präzise Schauspielerin mit großer Rollenvielfalt, eine Meisterin der Übergänge und Brüche: «sie beherrscht die Rolle, ohne sich von ihr beherrschen zu lassen. […] Von der Bergner ist zu sagen: sie dichtet die Rolle noch einmal» (Kurt Pinthus, zit. nach Völker, S. 158 f.).

Bergner, E.: Bewundert viel und viel gescholten … München 1978 *(Autobiographie)*; Hochholdinger-Reiterer, B.: Vom Erschaffen der Kindfrau. Elisabeth Bergner – ein Image. Wien 1999; Reiterer, B.: Die Urenkelinnen des Proteus. Diss. Wien 1996; Unsere schwarze Rose – Elisabeth Bergner. Wien 1993 *(Katalog)*; Völker, K.: Elisabeth Bergner. Berlin 1990.

Wolfgang Beck

Berndl, Christa (eig. Christina Cäcilia Maximiliana B.), * 18. 1. 1932 München. Schauspielerin.

1939 im Kinderballett des Gärtnerplatztheaters. Dezember 1945 Rolle in Wilders *Unsere kleine Stadt* (Münchner Kammerspiele). 1947 Gretchen in → Goethes *Urfaust* (Th. der Jugend / Junges Th. München). Ausbildung an der Otto-Falckenberg-Schule. 1949–51 Städtische Bühnen Augsburg. Über Kiel und Essen 1954–56 und 1958–60 Städtische Bühnen Nürnberg. Dazwischen Schauspielhaus Bochum (Rosaura in Calderóns *Das Leben ein Traum*, Eliza in Shaws *Pygmalion*, Imogen in → Shakespeares *Cymbeline*). 1961–71 Münchner Kammerspiele (TR in Thomas *Maria Magdalena*, Dame in Feydeaus *Der Floh im Ohr*). 1971 Hure in Sperrs *Koralle Meier* (Ruhrfestspiele). 1971–78 Dt. Schauspielhaus Hamburg (Jenny in → Brechts *Die Dreigroschenoper*, Nadjeshda in Gor'kijs *Barbaren*, in → Zadek-Insz.en Gina in Ibsens *Die Wildente*, Emilia in Shakespeares *Othello*, Paulina in Shakespeares *Ein Wintermärchen*). 1980 im Düsseldorfer Schauspielhaus Maria und Elisabeth in Schillers *Maria Stuart*. 1980–83 Schauspiel Köln (Winnie in Becketts *Glückliche Tage*, Die Frau in Strauß' *Kalldewey. Farce*, Mutter in Bernhards *Am Ziel*). 1983–87 Bayer. Staatsschauspiel München (Hedda in Strauß' *Bekannte Gesichter, gemischte Gefühle*, Arkadina in Čechovs *Die Möwe*, La Poncia in García Lorcas *Bernarda Albas Haus*, TR in Fos *Zufällig eine Frau: Elisabeth*). 1986 im Stuttgarter Staatsschauspiel Juno in O'Caseys *Juno und der Pfau*. 1986 im Düsseldorfer Schauspielhaus Dora in der UA von *Die Clownin* von Gerlind Reinshagen. 1988–93 Dt. Schauspielhaus Hamburg (Betzn in der UA von Dorsts *Korbes*, Frau Loman in Millers *Der Tod eines Handlungsreisenden*, TR in Gor'kijs *Wassa Schelesnowa*). 1994 Sgricia in Pirandellos *Die Riesen vom Berge* (Salzburger Festspiele, R. → Ronconi). Seit 1994 Münchner Kammerspiele (Daja in → Lessings *Nathan der Weise*, Martha in Albees *Wer hat Angst vor Virginia Woolf?*, Schmugglerrmma in Brechts *Herr Puntila und sein Knecht Matti*). Außerdem in → Achternbuschs *Daphne von Andechs* (R. der Autor), Crouch / McDermotts Junk-Opera *Shockheaded Peter* (beide 2001/02), der UA von Jelineks *In den Alpen* (R. → Marthaler, Koproduktion Schauspielhaus Zürich), Aischylos' *Orestie*, Wittenbrinks Liederabend *Metamorphosen* (alle 2002/03). Liederabende, zahlreiche Film- und Fernsehrollen. Verheiratet mit Ulrich → Heising. Auszeichnungen u. a. Gertrud-Eysoldt-Ring (1994), Bayer. Verdienstorden (2001). – Eine Vollblutkomödiantin mit außergewöhnlich weit gefächertem Rollenrepertoire, die mit der Fülle ihrer Möglichkeiten erst verhältnismäßig spät als Protagonistin «entdeckt» wurde. Das Naturell einer Volksschauspielerin korrespondiert sehr harmonisch mit verinnerlichtem Ernst und ruhiger Nachdenklichkeit bei der Darstellung komplexer Charaktere. Sie selbst bezeichnet sich als Verwandlungsschauspielerin mit dem Wunsch, hinter der Rolle zu verschwinden.

Werner Schulze-Reimpell

Bernhardt, Sarah (eig. Henriette Rosine B.), * 22. 10. 1844 Paris, † 28. 3. 1923 Paris. Schauspielerin.

Die als uneheliches Kind einer niederländ. Mutter geborene B. konnte sich dank der Beziehungen des Herzogs von Morny, eines Halbbruders Napoleons III. und Liebhabers ihrer Mutter, am Pariser Konservatorium zur Schauspielerin ausbilden lassen. 1862 erhielt sie erste Rollen an der Comédie Française und wurde 1872 als «sociétaire» ins ständige Ensemble aufgenommen. Seit 1880 trat sie bei zahlreichen Gastspielreisen in fast allen europ. Ländern und auch in Übersee (Amerika, Australien) auf. 1899 übernahm B. das auf ihren Namen umgetaufte ehemalige Th. Lyrique bzw. Th. des Nations am Pariser Châtelet-Platz, das heutige Th. de la Ville. Als Schauspielerin brillierte B. sowohl im klassischen franz. Repertoire als auch im modernen Gesellschaftsdrama. Ihre außerordentliche Wirkung bezeugen enthusiastische Kritiken auch dt.sprachiger Zeitgenossen wie Hugo von Hofmannsthal. Sie trat auch in Männerrollen auf: als → Shakespeares Hamlet, v. a. aber als «junger Adler» in Rostands *L'Aiglon*. Sie schrieb eigene Lustspiele und gab 1907 ihre Lebenserinnerungen unter dem Titel *Ma double vie* (*Mein Doppelleben*, dt. 1908) heraus. Ihre vielseitige künstl. Tätigkeit entfaltete sich auch in Malerei und Plastik. So unterschiedliche Persönlichkeiten wie D. H. Lawrence, Jean Cocteau und John → Gielgud betrachteten sie als eine der größten Tragödinnen aller Zeiten. Marcel Proust porträtierte sie als Berma in seinem Romanwerk *Auf der Suche nach der verlorenen Zeit*. Greta Garbo stellte sie 1928 im Film *Die göttliche Frau* dar. Maria Callas identifizierte sich mit ihr und sang viele Rollen, in denen B. zuerst aufgetreten war. Françoise Sagan betrachtet sie als Geistesverwandte und veröffentlichte 1987 einen imaginären Briefwechsel mit ihr.

In ihrer langen Bühnenlaufbahn trat B. in 125 Stücken auf. Sie feierte ihre ersten Erfolge als Racines Phädra, die sie zwischen 1874 und 1913 immer wieder verkörperte. Die großen franz. Dramatiker ihrer Zeit – Rostand, Hugo, Dumas – schrieben ihr Rollen auf den Leib: Sie spielte Roxane in Rostands *Cyrano de Bergerac* und begeisterte in patriotischen Erbauungsstücken wie *L'Aiglon*. Anatole France sah in ihr die ideale Jungfrau von Orléans. 1898, auf der Höhe ihres Ruhms, bekannte sie sich während der Dreyfus-Affäre zu ihrer (halb)jüd. Herkunft und unterstützte Émile Zolas «J'accuse!» Sie galt und gilt als Personifizierung der Belle Époque. Sie trat seit 1912 auch als Filmschauspielerin in Erscheinung; als Königin Elisabeth begeisterte sie v. a. die Zuschauer in der engl.sprachigen Welt.

    Balk, C.: Theatergöttinnen. Inszenierte Weiblichkeit. Frankfurt a. M. 1994; Bernhardt, L.: Sarah Bernhardt. La vie de ma grand-mère. Paris o. J.; Bernhardt, S.: L'art du théâtre. Paris 1993; Huret, J.: Sarah Bernhardt. Paris 1899; Pronier, E.: Une vie au théâtre. Sarah Bernhardt. Paris o. J.; Sarah Bernhardt. Bibliothèque Nationale. Paris 2000 *(Katalog)*; Spivakoff, P.: Sarah Bernhardt vue par les Nadar. Paris 1982; Stoken, J., M. R. Booth, S. Bassnet: Sarah Bernhardt, Ellen Terry, Eleonora Duse. Weinheim, Berlin 1991.

Horst Schumacher

Besson, Benno, * 4. 11. 1922 Yverdon (Schweiz), † 23. 2. 2006 Berlin. Regisseur, Theaterleiter.

    Studium der Anglistik und Romanistik in Zürich. 1943 Regieassistent am Zürcher Schauspielhaus. Dramatisierung des Kinderbuchs *Die drei Soldaten* von → Brecht, Insz. mit Laien in Yverdon. 1945 Theaterarbeit in Paris, Insz. von Brechts *Die Ausnahme und die Regel*, Tournee durch die franz. Besatzungszone in Deutschland. 1949–58 als Regieassistent und Schauspieler, später Regisseur beim Berliner Ensemble (BE). In Rostock 1952 Insz. von → Molière / Brechts *Don Juan* (1964 auch in Palermo, 1968 Dt. Th. Berlin), im BE 1952 Seghers / Brechts *Der Prozeß der Jeanne d'Arc zu Rouen* (UA), 1955 *Pauken und Trompeten* nach Farquhar von Brecht (UA), Brechts *Der gute Mensch von Sezuan*. 1956 Karl-Marx-Stadt (Chemnitz) UA von Brechts *Die Tage der Commune*. 1959 → Shakespeares *Zwei Herren aus Verona* in Frankfurt a. M. (1961 in Rostock und Stuttgart, 1962 in Lausanne, 1974 in den Münchner Kammerspielen). 1981 in Stockholm Brechts *Die heilige Johanna der Schlachthöfe*. 1962–68 Dt. Th. Berlin. Insz. 1962 *Der Frieden* von Hacks nach Aristophanes (UA), 1965 *Der Drache* von Jevgenij Švarč. Mit beiden Aufführungen Gastspiele in Bonn und im Ausland. *Der Drache* 1966 beste Aufführung beim Th. der Nationen in Paris, Einladung zum Berliner Theatertreffen (musste abgesagt werden). Durchbruch zu internat. Anerkennung. 1965 in der Volksbühne Berlin UA *Moritz Tassow* von Hacks (nach wenigen Aufführungen verboten), 1969 im Zürcher Schauspielhaus UA von Brechts *Turandot oder Der Kongreß der Weißwäscher*. 1968 Künstl. Leiter, 1974–78 Intendant der Volksbühne Berlin (Gozzis *König Hirsch*, UA *Margarete in Aix* von Hacks, Shakespeares *Wie es euch gefällt*, *Hamlet* u. a.). 1980 Brechts *Der kaukasische Kreidekreis* in Avignon. 1982 im Burgtheater *Der neue Menoza* von Lenz. 1982–89 Direktor der Comédie Genf. 1989 UA von Frischs *Jonas und sein Veteran* im Zürcher Schauspielhaus. Im Berliner Schiller-Th. 1992 Serreaus *Hase Hase*, 1993 UA von Serreaus *Weißalles und Dickedumm*. Inszenierungen am Th. Vidy-Lausanne. Ende der 1990er Jahre noch einmal *Hamlet* mit seiner Familie (u. a. Tochter Katharina → Thalbach, Ursula → Karusseit, Pierre Besson) im Zürcher Schauspielhaus. – Der bedeutendste schweiz. Regisseur mit internat. Renommee, der zwischen Palermo und Helsinki, Sofia und Paris vielerorts in Europa inszeniert hat. Bevorzugter Regisseur der UAen des Spätwerks Brechts. Jahrzehntelange intensive, weiterführende Auseinandersetzung mit Brechts Werk, aus der ein sehr eigener Theaterstil erwuchs, ein modernes Volkstheater, gespeist aus vielen Traditionslinien vom Elisabethanischen Th. bis zur Commedia dell'arte.

    Benno Besson: jouer en apprenant le monde. Hg. H. Cornaz. Yverdon-les-Bains 1998; Benno Besson, maître de stage. Carnières-Morlanwelz 1999; Besson, B.: Jahre mit Brecht. Willisau 1990; Cuneo, A., J. Moreno:

Benno Besson et Hamlet. Lausanne u. a. 1987; Der Regisseur Benno Besson. Hg. A. Müller. Berlin 1967.

Werner Schulze-Reimpell

Bibiena (auch Bibbiena; Galli da B.). Familie von Szenographen, (Theater-)Architekten, Theatertechnikern, Malern.

Die Mitglieder der Familie waren über 100 Jahre in ganz Europa berühmt und begehrt als Meister des Bühnenbilds, als Theaterarchitekten und -techniker. Die Homogenität ihrer Kunstanschauungen, ihre intensive Zusammenarbeit, die Zahl ihrer Schüler und Mitarbeiter machen individuelle Unterscheidungen schwierig. Die B. beeinflussten durch ihre Arbeiten, Lehrtätigkeit und Veröffentlichungen lange Zeit die Entwicklung der europ. Theatertechnik und Szenographie. Ihre perspektivischen und technischen Neuerungen, ihr souveräner Umgang mit der Theatermaschinerie faszinierten die Zeitgenossen. Ihre Bühnengestaltungen voll barocker Pracht und Monumentalität beherrschten die Szene und entsprachen in ihrer Repräsentativität dem Geschmack ihrer meist hocharistokratischen Auftraggeber.

Giovanni Maria B. d. Ä. (eig. Galli), * 1618/19 oder 1625 Bibbiena bei Bologna, † 21.6.1665 Bologna.

Stammvater der Familie, arbeitete v. a. als Maler, fügte zur Unterscheidung von einem gleichnamigen Mitschüler seinem Namen den seines Heimatorts hinzu. Vater von Maria Oriana, Ferdinando und Francesco B.

Maria Oriana B., * 1656 Bologna, † 1749 Bologna.

Schülerin ihres Vaters; arbeitete v. a. als Bildnismalerin.

Ferdinando B., * 18.8.1657 Bologna, † 3.1.1743 Bologna.

Mit seinem Bruder Francesco bekanntestes Familienmitglied. Studierte in Bologna Malerei und Theatertechnik. 1684 technischer Direktor des Teatro Farnese in Parma. Arbeitete in zahlreichen Städten, häufig zusammen mit seinem Bruder. Bei der Eröffnung des renovierten Teatro Ducale in Piacenza mit Lotti / Sabatinis *Il Didio Giuliano* (1687) verließ B. die Zentral- und arbeitete mit der Winkelperspektive, die der Bühne optisch größere Tiefe verlieh. Dabei legte er den Fluchtpunkt in die Szene hinein. Neben Neu- und Umbauten von Th.n in verschiedenen ital. Städten viele Szenographien mit neuen perspektivischen Lösungen, die den Ruhm der B. in Europa verbreiteten, sodass die Aufträge nur noch mit Gehilfen und Schülern zu bewältigen waren. 1708 in Barcelona, wo er die Hochzeit Karls von Habsburg und Hoffeste ausstattete und dem zum Kaiser gewählten Fürsten 1712 nach Wien folgte. Dort 1. Theaterarchitekt, Fest- und Theatermaler, unterstützt von seinen Söhnen. 1726 offiziell entlassen, da er sich wegen fast völliger Erblindung von öffentlichen Arbeiten zurückziehen musste. Lehrte weiter an der Accademia Clementina in Bologna und beeinflusste so künftige Generationen. Veröffentlichungen trugen zu seinem Ruhm bei: *Considerazioni pratiche di architettura civile preparata sù la geometria, e ridotta alle prospettive* (1711), bearbeitet als *Direzioni a'giovani studenti del disegno dell'architettura civile* (2 Bde., 1731–45). Vater von Alessandro, Antonio, Giovanni Maria (d. J.) und Giuseppe B.

Francesco B., * 12.12.1659 Bologna, † 20.1.1739 Bologna.

Bruder von Ferdinando, mit dem er häufig zusammenarbeitete. Vater von Giovanni Carlo Sicinio B. Studierte Architektur in Bologna, begann als Dekorationsmaler. 1692–95 Insz.en und Bühnenbilder in Rom, u. a. für Corradis *Il Vespasiano* (1693, Teatro Tor di Nona), Sabatinis *Orfeo* (1694, Teatro della Pace). 1702 organisierte B. in Neapel die Empfangsfeierlichkeiten für König Philipp V.

von Spanien, wofür er das gesamte Stadtbild mit Triumphbögen etc. umgestaltete. Im Teatro S. Bartolomeo inszenierte er Scarlattis Opern *Tiberio imperiale d'oriente* und *Tito Sempronio Gracco*. 1703 entwarf er den Neubau des Hoftheaters in Wien, 1705 den des Th.s in Nancy. 1709 «Erster Theatral-Ingenieur» und Dekorationsmaler in Wien. 1732 wurde das von ihm entworfene Th. in Verona eingeweiht, zuvor bereits das Teatro Alibert in Rom. Seit 1727 Lehrer, zeitweise Leiter der Accademia Clementina in Bologna, von großem Einfluss auf die Entwicklung des europ. Bühnenbildes. Letzte szenographische Arbeiten u. a. für Orlandinis *La fedeltà incoronata* (1727), Metastasios *Artaserse* (1730), Metastasio / Vincis *Siface* (1737, alle Bologna, Teatro Malvezzi).

Alessandro B., * 15. 10. 1686 Parma, † 5. 8. 1748 Mannheim.

Sohn von Ferdinando B., arbeitete mit dem Vater und dem Bruder Giuseppe in Barcelona und Wien. 1717 Architekt und Szenograph des Kurfürsten Karl Philipp von der Pfalz; arbeitete in Innsbruck, Neuburg, Heidelberg und seit 1720 in Mannheim. 1740 Ritter des Hl. Röm. Reiches Dt. Nation, 1741 Oberbaudirektor; nach seinen Plänen wurden Th. in Schwetzingen und im Mannheimer Schloss gebaut. Dort war er auch künstl. Leiter bis zu seinem Tod.

Giovanni Maria B. d. J., * 19. 1. 1693 (1694?) Piacenza, † 27. 9. 1777 Neapel. Sohn von Ferdinando B., mit dem er in Wien zusammenarbeitete. War dann wohl mit seinem Bruder Alessandro in Mannheim; 1739–69 hauptsächlich in Prag, zwischenzeitlich in Neapel tätig.

Giuseppe B., * 5. 1. 1696 Parma, † 1757 Berlin.

Sohn und Schüler von Ferdinando B., mit dem er mit seinem Bruder Alessandro in Barcelona und Wien zusammenarbeitete. 1716 zur Geburt des Prinzen Leopold Insz. von Fux' Oper *Angelica vincitrice di Alcina* auf 2 Inseln in einem Teich im Park der Favorita. Seit 1718 2. Hof-Theaterarchitekt, 1723 als Nachfolger seines Vaters «Erster Theatral-Ingenieur». Zahlreiche Ausstattungen für Trauerfeierlichkeiten und Hochzeiten hoher Adliger. Auf einem eigens errichteten Freilichttheater im Prager Hradschin inszenierte er 1723 zur Krönungsfeier Karls VI. als König von Böhmen Pariatis *Costanza e Fortezza*. Arbeitete außerdem in Graz, Linz, wo er bei der Aufführung von Caldaras *L'Asilo d'amore* erstmals mit bemalten, transparenten Szenerien experimentierte. Mehrfach Direktor der Architekturklasse der Accademia Clementina in Bologna. Veröffentlichte *Architetture e Prospettive* (1740). Errichtete mit seinem Sohn Carlo 1745–48 das Hoftheater in Bayreuth. 1747–54 in Dresden, wo er 1738 das Opernhaus am Zwinger errichtet hatte. Seit 1754 Hofarchitekt in Preußen, inszenierte am Hoftheater in Berlin u. a. Grauns *Armida* (1751), *Orfeo e Britannicus* (1752), *Montezuma e Semiraraide* (1754), *Ezio* (1755), *Merope* (1756). Vater von Carlo und Ferdinando Antonio B.

Antonio (Luigi) B., * 1. 1. 1698 (1697?) Parma, † 28. 1. 1774 Mailand. Sohn von Ferdinando B., mit dem und seinen älteren Brüdern Alessandro und Giovanni er nach seiner Ausbildung in Bologna wahrscheinlich 1708–11 in Barcelona, 1712–17 in Wien zusammenarbeitete. Danach Mitarbeiter seines Onkels Francesco in Verona und Rom. Ging mit seinem Bruder Giuseppe nach Wien zu seinem dort als 1. Hof-Theaterarchitekt tätigen Vater. 1723–40 2. Hof-Theaterarchitekt. Belegt ist neben der Theatermaschinerie für höfische Feste die Insz. von Caldaras *Andromaca* (1724, Th. der Neuen Favorita) und Metastasio / Caldaras *Adriano in Siria* (Hoftheater). 1736 bekam er mit dem Bildhauer Antonio Corradini ein zehnjähriges Privileg zur Abhaltung von Tierhetzen. 1745 mit der Rekonstruierung des Hoftheaters seines Onkels Francesco beauftragt. 1755 Mitglied der Accademia Clementina in Bologna. Mit vielen Gehilfen verantwortlich für eine Reihe von Theaterbauten in Italien (u. a. des Teatro Scientifico in Mantua), für die er häufig auch inszenierte. Seine letzte Arbeit war wohl die Insz. von Paisiellos *Andromeda* (1774, Teatro Regio Ducale, Mailand).

Giovanni Carlo Sicinio B., * 11. 8. 1717 Bologna, † 20. 11. 1760 Ajuda / Lissabon. Ältester Sohn von Francesco B., der bei seinem Vater und seinem Onkel Ferdinando an der Accademia Clementina in Bologna studierte, an der er selbst 1742 Professor und mehrfach Leiter der Architekturklasse wurde. Szenographische Arbeiten u. a. 1740 in Verona (Hasses *Alessandro nelle Indie*, Carlones *Ezio*, Teatro Filarmonico), 1741 in Mailand und Bologna (Metastasio / Jommellis *Ezio*, Teatro Malvezzi). Seit 1752 in Lissabon (1760 naturalisiert) als Hofarchitekt. Mehrere Theaterbauten und Insz.en, u. a. Metastasio / Mazzonis *La Clemenza di Tito* (1755, Tejo-Th.). Er verunglückte bei Bauarbeiten.

Carlo (Ignazio) B., * 1721 (1725?, 1728?) Wien, † 1787 Florenz.

Sohn und Schüler von Giuseppe B., mit dem er in Bayreuth am Bau des Hoftheaters (1745–48) arbeitete und Szenographien entwarf. Hofarchitekt in Bayreuth; verließ Deutschland 1756 wegen des Siebenjährigen Kriegs. Begann Ende der 1750er Jahre eine Europareise; 1763–66 (?) Hofarchitekt in Berlin. Insz.en von Hasses *Leucippo* und Agricolas *Achille in Sciro* (1765). Danach in Italien, bevor er seine Reise durch Europa fortsetzte. Schuf in Schweden am Th. in Drottningholm u. a. die (erhaltenen) Bühnenbilder zu Gyllenborgs *Birger Jarl*. Danach bis 1778 Hofarchitekt der Zarin Katharina II. von Russland.

Ferdinando Antonio B., (Lebensdaten unbekannt).

Sohn und wohl auch Schüler seines Vaters Giuseppe B.; arbeitete mindestens bis 1769 in Dresden. Inszenierte u. a. wohl mit seinem Bruder Carlo 1778 Metastasio / Anfossis *L'Olimpiade* (Teatro Onigo, Treviso).

Filippo B., * ? Forlì, † ?. Nachgewiesen 1786–1808.

Seine Familienzugehörigkeit ist unsicher. Er studierte an der Accademia Clementina in Bologna, schuf Szenerien und Ausstattungen für Th. in Fusignano, Bologna und Reggio Emilia.

Baur-Heinhold, M.: Theater des Barock. München 1966; Bertram, W.: Die Galli-Bibiena und ihre theatergeschichtliche Bedeutung auf stilkritischer Grundlage. Diss. Marburg 1923; Die Familie Galli-Bibiena in Wien. Hg. F. Hadamowsky. Wien 1962; Filippi, E.: L'arte della prospettiva: l'opera e l'insegnamento di Andrea Pozzo e Ferdinando Galli Bibiena in Piemonte. Firenze 2002; Glanz, A.: Alessandro Galli-Bibiena (1686–1748), Inventore delle scene und Premier Architecteur am kurpfälzischen Hof in Mannheim. Berlin 1991; Hatfield, J. A.: The relationship between late baroque architecture and scenography 1703–78. Detroit 1981; Januschke-Mietling, E.: Der Wandel der Bühnengestaltung bei Ferdinando Galli-Bibiena. Diss. Jena 1945; Meravigliose scene, piacevoli inganni: Galli Bibiena. o. O. 1992; Muraro, M. T., E. Povoledo, Disegni teatrali dei Bibiena, 1970; Schöne, G.: Die Entwicklung der Perspektivbühne von Serlio bis Galli-Bibiena nach den Perspektivbüchern. Leipzig 1933; Tintelnot, H.: Barocktheater und barocke Kunst. Berlin 1939.

Wolfgang Beck

Bickel, Moidele, * München 6. 3. 1937. Kostümbildnerin.

Die gelernte Fassadenmalerin und Restauratorin erarbeitete für das Passauer Th. ihre ersten Bühnenbilder. Bekannt wurde sie als Kostümbildnerin für die UA von Handkes *Kaspar* (11. 5. 1968) und als Bühnenbildnerin für dessen *Das Mündel will Vormund sein* (UA 31. 1. 1969, beide Th. am Turm Frankfurt a. M., beide R. → Peymann). Für die UA von Bernhards *Ein Fest für Boris* (29. 6. 1970, Dt. Schauspielhaus, R. Peymann) kam sie nach Hamburg. Fest engagiert war sie jedoch als Kostümbildnerin 1970–92 an der Berliner Schaubühne. Dort arbeitete B. außer für Peymann (Handkes *Der Ritt über den Bodensee*, UA 23. 1. 1971) und → Minks (Strauß' *Die Hypochonder*, 1973) überwiegend für die Regisseure Peter → Stein (u. a. Ibsens *Peer Gynt*, 1971; Kleists *Prinz Friedrich von Homburg*, 1972; Čechovs *Drei Schwestern*, 1984), → Bondy (Lasker-Schülers *Die Wupper*, 1982) und → Grüber (Horváths *Geschichten aus dem Wiener Wald*, 1972; Hölderlins *Empedokles*, 1976; → Shakespeares *Hamlet*, 1982; Labiches *Die Affäre Rue de Lourcine*, 1988). Mit diesen Regisseuren arbeitete sie auch sonst zusammen. Mit Peymann u. a. bei Bernhards *Der Ignorant und der Wahnsinnige* (UA 1972, Salzburger Festspiele), dessen *Die Jagdgesellschaft* (UA 1974), Shakespeares *Macbeth* (1992, beide Burgtheater Wien), mit Grüber bei Bartóks *Herzog Blaubarts Burg*/Schönbergs *Erwartung* (1974, Oper Frankfurt a. M.), Wagners *Die Walküre* (1976, Opéra de Paris), *Parsifal* (1990, Amsterdam), *Tristan und Isolde* (2000, Salzburger Festspiele), mit Bondy bei Verdis *Don Carlos* (1996, Opéra de Paris), Brittens *The Turn of the Screw* (Aix-en-Provence), Schnitzlers *Anatol* (beide 2001, Burgtheater), Strauß' *Unerwartete Rückkehr* (2002, Berliner Ensemble), Fosses *Schlaf* (dt.sprachige EA 2006, Burgtheater), mit Stein bei Verdis *Otello* (1986), *Falstaff* (1988), Debussys *Pelléas et Mélisande* (1992), Brittens *Peter Grimes* (1999, alle Welsh National Opera, Cardiff), Shakespeares *Julius Caesar* (1992), Čechovs *Der Kirschgarten* (1995), Schönbergs *Moses und Aron*, → Raimunds *Der Alpenkönig und der Menschenfeind* (beide 1996), Bergs *Wozzeck*, Grillparzers *Libussa* (beide 1997), Verdis *Simon Boccanegra* (2000, alle Salzburger Festspiele), Harrowers *Blackbird* (UA 2005, Edinburgh Festival; 2006, Albery Th., London). B. entwarf auch für sein 21-stündiges Mammutprojekt der ungestrichenen Insz. beider Teile von → Goethes *Faust* die Kostüme (1999–2001, Expo Hannover, Berlin, Wien): «mehr als die Arrangements waren es die vielfältigen Kostüme Moidele Bickels, die Eindruck machten» (Peter Iden in *FR*, 24. 7. 2000). Außerdem u. a. Zusammenarbeit mit → Chéreau (Koltès' *Dans la solitude des champs de coton*, 1995; Racines *Phèdre*, 2003, beide Odéon-Th. de l'Europe, Paris) und → Wilson (Wilson/Glass' *White Raven*, Expo 98, Lissabon; *Les Fables* nach La Fontaine, 2004, Comédie Française, Paris). Auch Kostümbildnerin für den Film, u. a. *Die Marquise von O…* (1976), *La Reine Margot* (1994), *Le Tour d'écrou* (2001, TV). – B. hat eine Vorliebe für den Realismus. Ihre Kostümentwürfe zeichnen sich durch liebevolle Figurengestaltung bis hin zu ganzen Bewegungsabläufen aus: «Moidele Bickel erzählt durch Stoffe, Schnitte und Farben. An ihrer Grammatik arbeiten Schauspieler und Schneider […] Wenn sich die Schauspieler auf der Bühne bewegen, kann man die Sätze der Moidele Bickel lesen» (Georg Hensel in *FAZ*, 21. 1. 1978).

Iden, P.: Die Schaubühne am Halleschen Ufer 1970–1979. München 1979; Progr. Wiener Burgtheater 1991/92, Heft 89.

Sabine Steinhage

Bierbichler, Josef, * 26. 4. 1948 Ambach (Starnberger See). Schauspieler, Regisseur, Autor.

Nach mittlerer Reife, Hotelfachschule und der Ausbildung an der Otto-Falckenberg-Schule München avancierte B. zu einem bedeutenden Charakterdarsteller und spielte an allen renommierten dt.sprachigen Bühnen, u. a. Münchner Kammerspiele (1973–86, ab 1974 zugleich Bayer. Staatsschauspiel), Staatstheater Stuttgart (1978), Schauspiel Frankfurt (1980/81), Münchner

Th. rechts der Isar (1983) sowie seit Ende der 1980er Jahre am Burgtheater Wien, Dt. Schauspielhaus Hamburg und der Volksbühne Berlin. – Nach seinem Durchbruch an den Münchner Kammerspielen in Rollen internat. Volksdramatik machte sich B. zunächst v. a. als → Achternbusch-Darsteller einen Namen. Im Film u. a. in *Bierkampf* (1976, TV), *Die Atlantikschwimmer* (1976), *Servus Bayern* (1977), *Der Kommantsche* (1979), *Der Neger Erwin* (1981), *Das Gespenst* (1983), *Wanderkrebs* (1984), *Heilt Hitler* (1986), *Wohin?* (1987). Auf der Bühne gelang B. in der Regie des Autors in der TR von *Ella* (UA 21. 1. 1978, Staatsth. Stuttgart) ein großer Erfolg, an den er nach Rollen u. a. in *Plattling* (1983/84, Bayer. Staatsschauspiel, R. → Minks) und *Weg* (UA 22. 11. 1985, Münchner Kammerspiele) mit der Darstellung der TR in *Gust* (1985, Bayer. Staatsschauspiel) anknüpfen konnte. Für diese Rolle wurde B. 1985 erstmals von *Th. heute* zum Schauspieler des Jahres gewählt. Noch vor dem Bruch mit Achternbusch Ende der 1980er Jahre, mit dem und seiner Schwester, der Volksschauspielerin Annamirl B. (1949–2005), er seit 1976 in einer künstl. produktiven Wohngemeinschaft in Ambach gelebt hatte, machte B. in Insz.en wichtiger Regisseure auf sich aufmerksam: unter → Tragelehn als Clown in → Shakespeares *Maß für Maß* (1979, Stuttgart), TR in → Molières *Tartuffe* (1980, Frankfurt a. M.), Odysseus in H. → Müllers *Philoktet* (1984, Cuvilliés-Th. München), Geist von Hamlets Vater in *Hamlet* (1985, Bayer. Staatsschauspiel); in den von → Kroetz verfassten und in München inszenierten Stücken als Hermann in *Nicht Fisch, nicht Fleisch* (1983, Kammerspiele), Hinkemann in *Der Nusser* (UA 15. 3. 1986, Residenztheater). Die TRn, die B. danach spielte, reichen u. a. von Dorsts *Korbes* (1988, Dt. Schauspielhaus, R. Minks) über → Goethes *Urfaust* (1988, Münchner Volkstheater, R. → Palitzsch) bis zu Schillers *Wilhelm Tell* (1989, Burgtheater, R. → Peymann). – Am Dt. Schauspielhaus Hamburg gelang B. mit der TR in → Pohls *Karate-Billi kehrt zurück* (UA 16. 5. 1991, R. der Autor) ein weiterer Erfolg, bevor er in der Regie → Marthalers als Faust in *Goethes Faust, $\sqrt{1+2}$* (P. 4. 11. 1993) brillierte. Unter Marthaler 1994 auch an der Volksbühne Berlin als Prospero in Shakespeares *Sturm* erfolgreich, triumphierte B. als Lopachin in → Zadeks Čechov-Insz. *Der Kirschgarten* (1996, Akademietheater Wien, mit → Winkler), für die er erneut zum Schauspieler des Jahres gewählt wurde. M. Skasa schrieb über B.: «wo immer er auftritt, irritiert er die Menschen, weil er ihnen das Staunen neu beibringt: darüber, wie einer, bloß indem er steht und stiert, einen Raum erfüllt mit sich; wie einer mit leichtem Grinsen zeigt, daß er die Welt durchschaut (und nicht versteht)» (*Th. heute 1996*, S. 8). In der folgenden Spielzeit gelang B. in der Rolle des Kasimir in Horváths *Kasimir und Karoline* ein weiterer Erfolg, für die er 1997 mit dem Gertrud-Eysoldt-Ring sowie zum 3. Mal als Schauspieler des Jahres ausgezeichnet wurde. Im gleichen Jahr urteilte *Die Zeit* über B.s Darstellung der TR in → Brechts *Galileo Galilei* am Berliner Ensemble: «Mühelos steht er im Mittelpunkt aller Aufmerksamkeit. Er ruht in sich, ohne viel Aufhebens, und ist eindrücklich ohne Nachdruck [...] Bierbichler ist ein Meister des Weglassens» (19. 12. 1997). 1998 als Sänger in Goebbels' Projekt *Eislermaterial* (1998, Hebbel-Th. Berlin, mit dem Ensemble Modern). Am Schauspielhaus Zürich in den dt.sprachigen EAen von Fosses *Der Gitarrenmann* (2001, R. Marthaler) und *Der Sohn* (2003) und der UA von → Schlingensiefs (nach Jelinek) *Attabambi Pornoland* (2004), in Berlin an der Volksbühne in Schlingensiefs *Atta Atta – die Kunst ist ausgebrochen* (2003) und H. Müllers *Philoktet* (2005, Volksbühne Berlin, R. und TR Gotscheff), an der Schaubühne am Lehniner

Platz Salter in Churchills *Die Kopien* (DEA 2003), Walter in Mayenburgs *Augenlicht* (UA 2006). – Nach seinem Fernseh-Debüt in *Der Brandner Kaspar und das ewig Leben* (1975) spielte B. u. a. in *Zeit zum Aufstehn* (1978), *Mein Freund der Scheich* (1981), *Kampftag* (1983) und wurde für seine Darstellung in *Freier Fall* (1997) mit dem Grimme-Preis in Gold ausgezeichnet. Im Film u. a. in *Herz aus Glas* (1976), *Woyzeck* (1978, beide R. W. Herzog), *Wildfeuer* (1979, R. Baier), *Mitten ins Herz* (1983, R. Dörrie), *Winterschläfer* (1997, R. Tykwer), *Code: unbekannt* (2000, R. Haneke), *Abschied – Brechts letzter Sommer* (TR, 2000, R. J. Schütte), *Hierankl* (2003, R. Steinbichler, Grimme-Preis). 1987 debütierte B. als Drehbuchautor und Filmregisseur mit *Triumph der Gerechten*. Ab 1997 setzte er die erfolgreiche Zusammenarbeit mit Achternbusch in der Filmproduktion *Picasso in München* (1997) und *Neue Freiheit. Keine Jobs. Schönes München. Stillstand* (1998) fort; Letztere brachte er erstmals als Th.-Regisseur am Dt. Schauspielhaus zur UA (18. 9. 1998). – Als Autor gab der politisch engagierte B. 2001 sein Debüt mit dem autobiographisch gefärbten Buch *Verfluchtes Fleisch*.

<small>Kahle, U.: Die Rolle als einzige Haut. In: Th. heute 1997, S. 26 ff.; Skasa, M.: Verwandelt Natur in Kunst. Über Josef Bierbichler, den Schauspieler des Jahres. In: Th. heute 1996, S. 8–18; Vom produktiven Leerlauf. Josef Bierbichler im Gespräch mit der Hamburger Dramaturgin Stefanie Carp über Marthaler und die Folgen. Ebd., S. 30–36.</small>

Nina Grabe

Bilabel, Barbara, * 21. 4. 1939. Regisseurin, Bühnenbildnerin.

Nach ihrem Bühnenbildstudium in Berlin an der Hochschule für Bildende Künste bei Willi → Schmidt arbeitete B. 20 Jahre lang im Ausstattungsbereich an verschiedenen großen Th.n, u. a. bei Niels-Peter → Rudolph in Stuttgart. Bereits ihr Regiedebüt 1981 mit Euripides' *Medea* am Hamburger Dt. Schauspielhaus war sehr erfolgreich. Weitere Insz.en dort von Strindbergs *Totentanz* (1982), Horváths *Sladek, der schwarze Reichswehrmann* (1983). 1985 verließ sie mit der Punkband The Balls und einigen Schauspielern den Staatstheaterbetrieb und gründete die freie Theatergruppe Babylon, mit der sie die folgenden 6 Jahre frei von Terminzwängen in der Hamburger Kulturfabrik Kampnagel arbeitete. Eines ihrer Projekte war Euripides' *Bakchen*, das die Gruppe 1988 vorstellte. Seit 1986 ist B. wieder an verschiedenen staatlichen Th.n tätig, u. a. in Basel mit Lina Wertmüllers *Liebe und Magie in Mammas Küche* (1988), Edward Bonds *Die See*, Kleists *Penthesilea* (TR Barbara → Nüsse, beide 1991), mit → Molières *Schule der Frauen* am Prinzregententheater in München (1990) oder John Ardens *Leben wie die Schweine* am Stadttheater Bonn (1993). Seit 1994 ist sie regelmäßig in Bremen mit eigenwilligen Regiearbeiten vertreten wie Jelineks *Krankheit oder Moderne Frauen* (1994), Schillers *Don Carlos* (1997), Horváths *Zur schönen Aussicht* (1998), Marieluise Fleißers *Fegefeuer in Ingolstadt* (1999) oder René Polleschs *Harakiri einer Bauchrednertagung* (UA 2000), ein Stück über die Macht der Bilder, das B. als «witzig-verstörendes Videospektakel» (Frank Schümann in *Die Welt*, 20. 7. 2002) auf die Bühne brachte. Dies gilt auch für ihre Insz. von Werner Schwabs «Fäkaldrama» *Volksvernichtung oder Meine Leber ist sinnlos* (2001, mit Irm Herrmann). Aufsehenerregend war auch ihre Insz. von Büchners Revolutionsdrama *Dantons Tod* in der Bremer Bürgerschaft (2002); nach Jelineks *Sportstück* in der Mannheimer Eissporthalle (1999) die zweite Aufführung in einer Außenspielstätte unter B.s Regie. 2003 → Shakespeares *Titus Andronicus* im Staatstheater Karlsruhe. Die eigenwillige Form ihrer Insz.en spiegelt ihre inhaltliche Auseinandersetzung mit zeitgenössischen Themen wider: Gewalt, Faschismus und Geschlechterkampf bringt sie in erschreckenden, grausamen, die Zuschauer schockierenden und verstörenden Bildern auf die Bühne. B. unterrichtet Bühnen- und Kostümbild beim Zusatzstudium Bühnenbild der TU Berlin.

Karin Schönewolf

Bissmeier, Joachim, * 22. 11. 1936 Bonn. Schauspieler, Regisseur.

Nach Ausbildung an der Folkwang Hochschule Essen Debüt als Rodrigo in → Shakespeares *Othello* in Wuppertal. Über kleinere Bühnen (Contrakreis Bonn, Tübinger Zimmertheater, Stella → Kadmons Th. der Courage in Wien) 1965 zum Wiener Burgtheater (1992 letzter Auftritt, 1996 pensioniert). Gastengagements am Staatstheater Stuttgart und Residenztheater München, seit 2000 kontinuierlich auch am Züricher Schauspielhaus. B. avancierte schnell zu einem Protagonisten, spielte klassische Heldenrollen (Wetter vom Strahl in Kleists *Käthchen von Heilbronn* 1973, → Goethes *Faust* 1975), zunehmend aber psychologisch differenzierte Rollen schwieriger Charaktere (Schriftsteller in Bernhards *Die Jagdgesellschaft*, UA 1974, Burgtheater, R. → Peymann; Thomas in Musils *Schwärmer*, 1981, Freie Volksbühne Berlin; Hofreiter in Schnitzlers *Das weite Land*, 1992, Frankfurt a. M.; Orgon in → Molières *Tartuffe*, 2000, Berliner Ensemble; TR in Schnitzlers *Professor Bernhardi*, 2000, Schauspielhaus Düsseldorf; Der Herr in Strindbergs *Wetterleuchten*, 2001, Professor in Čechovs *Onkel Wanja*, 2004, beide Schauspielhaus Zürich). Bei den Salzburger Festspielen in Raimunds *Der Alpenkönig und der Menschenfeind* (1969, R. → Meisel), Claudels *Der seidene Schuh* (1985, R. → Lietzau), Hofmannsthals *Jedermann* (1990), *Der Schwierige* (1991, R. → Flimm), Wyspiańskis *Wesele* (1992, R. → Wajda), Pirandellos *Die Riesen vom Berge* (1994, R. → Ronconi). Im Wiener Th. in der Josefstadt in Mearas *Nachspiel* (1999), Moritz Meister in Bernhards *Über allen Gipfeln ist Ruh* (2002), Doktor in dessen *Der Ignorant und der Wahnsinnige* (2005, mit → Muliar). – Obwohl B. wichtige Rollen spielte und mit bedeutenden Regisseuren arbeitete (→ Schweikart, → Felsenstein, Peymann, → Noelte, Flimm, → Palitzsch, Ronconi), gewann er nie Star-Glamour. Als Schauspieler der leisen Töne, der «nervösen Eleganz» (Verena Auffermann), macht er auch auf der Bühne wenig Aufhebens von sich. Ein Bernhard-Spieler par excellence. Seit 1978 auch gelegentlich Insz.en (Schnitzler, Grillparzer u. a.). Zahlreiche Film- und Fernsehrollen, u. a. in *Der Überfall* (2000, Darstellerpreis Filmfestspiele Locarno), *Napola* (2003), *Speer und Er* (2004, TV), *Klimt* (2005). Gefragter Rezitator. 1979 Kainz-Medaille, 1983 Kammerschauspieler, 1985 «Ludwig Dessoir Orden», 2002 Goldenes Ehrenzeichen für Verdienste um das Land Wien.

Werner Schulze-Reimpell

Bjørnson, Bjørn, * 15. 11. 1859 Christiania (heute Oslo), † 14. 4. 1942 Oslo. Schauspieler, Regisseur, Theaterleiter.

Sohn des Schriftstellers Bjørnstjerne B. (1832–1910); Musikstudium in Berlin und Theaterausbildung in Wien (beeinflusst von den Insz.en Heinrich Laubes am Stadttheater, Franz von Dingelstedts am Burgtheater). 1880–82 Schauspieler am Hoftheater Meiningen unter → Georg II. (Spiegelberg in Schillers *Räubern*, Casca in → Shakespeares *Julius Caesar*), in St. Gallen und Paris (1882/83), Hamburg (1883/84). Nachdem er die Entwicklungen des modernen Th.s (Regie, Szenographie, Schauspielkunst) kennengelernt hatte, kehrte er nach Norwegen zurück und arbeitete 1884–93 als Schauspieler und Regisseur am Th. in Christiania. Spielte und führte Regie u. a. in Shakespeares *Richard III*.

(TR, 1884), Ibsens *Peer Gynt* (TR, 1892), in seines Vaters *En Hanske* (*Ein Handschuh*, 1883), *Maria Stuart i Skotland* (1884), *Geografi og Kjærlighed* (*Geographie und Liebe*, 1889). Herausragend seine Insz.en von Ibsens *Vildanden* (*Die Wildente*, 1885) und *Fruen fra Havet* (*Die Frau vom Meer*, UA 1889). Beides frühe Beispiele moderner Regiearbeit im norweg. Th., in denen es B. gelang, «eine vollständige Stimmigkeit im Verhältnis aller Elemente der Inszenierung untereinander, auch der kleinsten Details in ihrer Beziehung zur großen Linie des Stücks herzustellen» (Brauneck, S. 808). 1894–96 Regisseur am fortschrittlicheren Dagmar Teater in Kopenhagen; u. a. TR und Regie bei Bjørnsons *Paul Lange og Tora Parsberg* (1898). 1899–1907 erster Leiter des neu gegründeten norweg. Nationaltheaters im späteren Oslo, das er mit dem patriotischen Drama seines Vaters *Sigurd Slembe* (auch TR) eröffnete. Eine Insz. im Stil der Meininger, bei der besonders die malerisch arrangierten Massenszenen das Publikum begeisterten. B. lebte und arbeitete danach (zahlreiche Gastinsz.en) in Skandinavien, Deutschland (Hebbel-Th. Berlin) und Italien. 1923–27 übernahm B. erneut die Leitung des Nationaltheatret (Oslo). Wichtigste Mitarbeiterin war die Schauspielerin und Regisseurin Johanne Dybwad (1867–1950), mit der er seit der Zeit am Christiania Th. zusammenarbeitete. – Als Regisseur und Theaterleiter von herausragender Bedeutung für die Entwicklung des modernen norweg. Th.s, das er aus künstl. Stagnation auf die Höhe damals aktueller europ. Theaterentwicklungen hob und v. a. mit moderner Regie im Sinne der Meininger und mit einem unpathetischen, nichtdeklamatorischen Schauspielstil vertraut machte. Der Theaterleiter B. förderte (und inszenierte z. T.) nicht nur Neuinterpretationen der Werke Ibsens und seines Vaters, sondern auch moderne norweg. und internat. Dramatik. Als Schauspieler von großer Energie, expressiver Ausdruckskraft und dominierender Bühnenpräsenz. Er wirkte in einigen Stummfilmen mit (*Gøglerblod*, 1911; *Scenens børn*, 1913) und schrieb autobiographische und theaterhistorische Werke und Dramen (*Johanne*, 1898; *Solen skinner jo*, 1913; *En tørstig kamel*, 1919).

Anker, Ø: Scenekunsten i Norge fra fortid til nutid. Oslo 1968; Bjørnson, B.: Aulestad-minner. Oslo 1973; ders.: Det gamle teater: kunsten og menneskene. Oslo 1937; ders.: Mit livs historier. Kristiania 1922; ders.: Nur Jugend. Leipzig 1935; ders.: Vom deutschen Wesen. Berlin 1917; ders.: Zum Theater. Berlin [1938]; Bjørnson, E.: Boken om Bjørn. Oslo 1946; Brauneck, M.: Die Welt als Bühne. 3. Bd. Stuttgart 1999; Erbe, B.: Bjørn Bjørnsons vej mod realismens teater. Oslo 1976.
Wolfgang Beck

Blech, Hans Christian, * 20. 2. 1915 Darmstadt, † 5. 3. 1993 München. Schauspieler.

Nach dem Besuch der Schauspielschule des Landestheaters Darmstadt war B. in Baden-Baden, den Städt. Bühnen Kiel, Freiburg i. Br., dem Alten Th. in Leipzig engagiert, bevor Wehrdienst und Gefangenschaft 1940–45 seine Bühnenlaufbahn unterbrachen. 1947 verpflichtete ihn E. → Engel an die Münchner Kammerspiele, wo B. bis 1955 blieb. In der R. → Kortners spielte er Dr. Östermark in Strindbergs *Der Vater* (1949), Oswald in Ibsens *Gespenster* (1959), in der Regie → Brechts Eilif in dessen *Mutter Courage und ihre Kinder* (1950), in der Regie → Schweikarts u. a. Matti in Brechts *Herr Puntila und sein Knecht Matti* (1949), Happy in Millers *Tod eines Handlungsreisenden* (1950), Spitta in Hauptmanns *Die Ratten*, TR in Büchners *Woyzeck* (beide 1952), Procter in Millers *Hexenjagd* (DEA 1954). Danach an verschiedenen Th.n als Gast, spielte u. a. die TR in Büchners *Dantons Tod* (1959, Bayer. Staatsschauspiel, München, R. Kortner), Möbius in der UA von Dürrenmatts *Die Physiker* (1962, Zürcher Schauspielhaus, R. → Horwitz; auch Münchner Kammerspiele und

Wiener Burgtheater), Dorland in Hochhuths *Soldaten* (1967, Freie Volksbühne Berlin), die TR in → Shakespeares *Richard III.* (1968), Nicholson in Hochhuths *Guerillas* (1970, beide Württemberg. Staatstheater Stuttgart, R. → Palitzsch), die TR in Saunders' *Michael Kohlhaas* (1975, Schauspielhaus Bochum). Nach dem Debüt im unvollendeten Film *Der letzte Appell* (1939) begann B. nach dem Krieg eine internat. Karriere als Schauspieler in über 70 Film- und Fernsehproduktionen, u. a. *Affaire Blum* (1948), *Decision Before Dawn* (*Entscheidung vor Morgengrauen*, 1951), die *08/15*–Trilogie (1954–55), *Kinder, Mütter und ein General* (1955), *Schinderhannes* (1957, TV), *L'Enclos* (1961), *The Longest Day* (*Der längste Tag*, 1962), *The Visit* (*Der Besuch*, 1964), *La Voleuse* (*Schornstein Nr. 4*, 1966), *The Bridge at Remagen* (*Die Brücke von Remagen*, 1969), *Cardillac*, *Ore'ach B'Onah Metah* (beide 1970), *Der scharlachrote Buchstabe* (1973), *Les Innocents aux mains sales* (*Die Unschuldigen mit den schmutzigen Händen*), *Falsche Bewegung* (beide 1975), *Ansichten eines Clowns* (1976), *Der Mädchenkrieg* (1977), *Messer im Kopf* (1978), *Winterspelt*, *Theodor Chindler* (beide 1979, TV), *Meister Timpe* (1980, TV), *Collin* (1981, TV), *Der Zauberberg* (1982), *Die letzte Rolle* (1986, TV), *Ungarisches Requiem* (1991). – «Er ist blond und macht kein Aufhebens davon. Er hält das für eine Haarfarbe. Er hat große blaue Augen und blitzt nicht damit. Hitlers Krieg und Frieden steht ihm ins Gesicht geschrieben. Ich ahnte, hier wächst ein Trauriger, Angeschlagener zur Größe empor» (Kortner, S. 60). Kortners vielzitierte Charakteristik verdeutlicht das Dilemma des Filmschauspielers B., der nur durch kritische Rollenauswahl verhindern konnte, besonders im amerik. Film als Prototyp des dt. Soldaten eingesetzt zu werden. Obwohl er das Th. als seine künstl. Heimat betrachtete, wurde B. mit seiner Ausstrahlung und bannenden Präsenz zu einem der wenigen internat. erfolgreichen dt. Filmschauspieler. Bedeutender Charakterdarsteller mit unverwechselbarer Physiognomie und ausdrucksstarker, spröder Stimme, der v. a. sensible Einzelgänger und gebrochene, zwielichtige Charaktere faszinierend gestaltete.

Hans-Christian Blech. Bilder und Dokumente. Hg. D. Semler. München 2000; Hans-Christian Blech, Ernie Wilhelmi, Theater-Tondokumente. München 2001 (1 CD); Kortner, F.: Aller Tage Abend. München 1969.

Wolfgang Beck

Bleibtreu, Hedwig, * 23. 12. 1868 Linz, † 24. 1. 1958 Wien. Schauspielerin. Tochter des Schauspielers und Regisseurs Sigmund B. (1819–94) und der Schauspielerin Amalie B. (1835–1917), Schwester der Schauspielerin Maximiliane B.-Mebus (1870–1923). Spielte schon mit 4 Jahren in → Raimunds *Der Verschwender* im Th. an der Wien. Ausbildung am Konservatorium für Musik und darstellende Kunst in Wien. 1886 Debüt am Stadttheater Augsburg; Engagements in Brünn (Brno), Berlin (Berliner Th.), am Sommertheater Schwedt (1889) und den Hoftheatern in Kassel und München. In Wien 1891 am Carltheater, 1893 bis zu ihrem Tod am Burgtheater, wo auch ihr Vater engagiert war, an dessen Seite sie in → Goethes *Egmont* erstmals auftrat. 1898 Hofschauspielerin, 1906 Anstellung auf Lebenszeit, 1924 Ehrenmitglied. Im Verlauf ihrer langen Karriere (über 200 Rollen) spielte sie alle wesentlichen Rollen des jeweiligen Fachs. Sie begann als jugendliche Heldin und Sentimentale, wechselte zu Salondamen und Heroinen, schließlich zu Müttern und Greisinnen. Zu ihrem Repertoire gehörten klassische wie moderne Dramen, Volksstücke (Anzengruber, Schönherr), tragische und komische Rollen. Zu ihren gefeierten Rollen gehörten u. v. a. Frau Alving in Ibsens *Gespenster* (1903, mit → Kainz), Elisabeth in Schillers *Maria Stuart* (1905), die TR in Racines *Phädra*

(1913), Glaube in Hofmannsthals *Jedermann* (1945), Schwiegermutter in García Lorcas *Bluthochzeit* (1951), Marfa in Schillers *Demetrius* (1953) anlässlich ihrer 60-jährigen Zugehörigkeit zum Burgtheater. Zur Wiedereröffnung des restaurierten Th.s 1955 sprach sie Goethes Prolog zur Wiedereröffnung der Schaubühne in Weimar. Letzter Auftritt mit 88 Jahren in Ch. Morgans *Unsichtbare Ketten*. Als Gast u. a. im Wiener Th. in der Josefstadt (Molnár, *Olympia*, UA 1930), bei den Salzburger Festspielen und in Berlin, u. a. in Maughams *Victoria* (1926, R. → Reinhardt), Kaisers *Kolportage* (1929, beide Komödie, R. E. → Engel). Seit 1919 *(Herrin der Welt)* auch im Film tätig, u. a. in *Pygmalion* (1935), *Hotel Sacher* (1939), *Wunschkonzert* (1940), *Der Engel mit der Posaune* (1948), *Der dritte Mann* (1949), *Gefangene Seele* (1952). B. war verheiratet mit dem Schauspieler und Regisseur Alexander Römpler (1860–1909), danach mit dem Schauspieler und kurzzeitigen Burgtheaterdirektor (1922/23) Max Paulsen (1876–1956, Künstlername Peter Petersen). Zahlreiche Auszeichnungen. – Bedeutende Charakterdarstellerin der «klassischen» Burgtheatertradition, in jeder Phase ihrer Karriere vom Publikum gefeiert und verehrt. Nicht nur als Tragödin, sondern v. a. auch in bürgerlichen Dramen und Volksstücken herausragend: «Sie spricht den Dialekt nicht […] als privaten Ausdruck, sie wird an ihm produktiv. Sie ist in Volksgestalten meisterhaft (während sie als Tragödin eine heroische Technik gegen eine bürgerliche Natur setzt)» (Ihering, 1. Bd., S. 221).

Berger von Lengerke, W.: Hedwig Bleibtreu. Sillian 1945 (masch.); Doublier, G. W. Zeleny: Hedwig Bleibtreu. Wien 1948; Friedmann, M.: Hedwig Bleibtreu. Wien 1933; Ihering, H.: Von Josef Kainz bis Paula Wessely. Heidelberg u. a. 1942; ders.: Von Reinhardt bis Brecht. 1. Bd. Berlin 1958.

Wolfgang Beck

Bleibtreu, Monica, * 4. 5. 1944 Wien. Schauspielerin.

Nach der Ausbildung am Max-Reinhardt-Seminar Wien begann die Großnichte der Kammerschauspielerin Hedwig → Bleibtreu ihre Laufbahn an den Städt. Bühnen Bonn (1963/64). Engagements führten B. an die bedeutendsten dt.sprachigen Bühnen, u. a. Burgtheater Wien (1964/65), Staatstheater Hannover (1965–69), Münchner Kammerspiele (1969–72), Schaubühne am Halleschen Ufer Berlin (1970), Dt. Schauspielhaus Hamburg (1972–75), Freie Volksbühne (1985/86) und Schiller-Th. Berlin (1987/88). Unter → Bogdanov und → Baumbauer 1989–2000 am Dt. Schauspielhaus engagiert, arbeitet B. seitdem freischaffend. – Ihre Wandlungsfähigkeit stellte die ausdrucksstarke und unverwechselbare Charakterdarstellerin immer wieder unter Beweis: In Wien stand B. 1964/65 als Adelheid in Hauptmanns *Der Biberpelz* (Burgtheater), Luise in Schillers *Kabale und Liebe* (Th. im Zentrum) und Edrita in Grillparzers *Weh dem, der lügt!* (Th. in der Josefstadt) auf der Bühne. In Hannover spielte sie u. a. Salome in → Nestroys *Talisman* (1965, R. F. Zecha), Viola in → Shakespeares *Was ihr wollt* (1966), Julia in *Romeo und Julia* (1967), Nina in Čechovs *Die Möwe* (1968), an den Münchner Kammerspielen u. a. Tonka in Sperrs *Jagdszenen aus Niederbayern* (1969, R. → Heising). An der Seite von Therese → Giehse war B. als Mascha in → Steins legendärer Insz. von → Brecht / Gor'kijs *Die Mutter* (1970) an der Schaubühne Berlin zu sehen. – Am Dt. Schauspielhaus u. a. 1974 als Mascha in Čechovs *Die Möwe* (R. → Giesing) und Nadja in Gor'kijs *Die Feinde* erfolgreich, spielte B. nach ihrer Rückkehr 1989 in → Goethes *Stella* (1990, R. → Castorf), → Marthalers *Sucht/Lust* (UA 30. 3. 1993), Jelineks *Stecken, Stab und Stangl* (UA 12. 4. 1996, R. → Bruncken), Bernhards *Alte Meister* (DEA 3. 10. 1997, R. → Nel) und → Achternbuschs *Neue Freiheit. Keine Jobs. Schönes München. Stillstand* (UA 18.9.1998, R. → Bierbichler.). 2001 gelang B. an den Hamburger Kammerspielen als Rose in Shermans gleichnamigem Stück eine herausragende Solo-Leistung. 2004 in Alfieris *Sechs Tanzstunden in sechs Wochen* (St. Pauli Th. Hamburg). – Auch als Darstellerin in Film und Fernsehen machte sich B. einen Namen: Unter der Regie von F. P. Wirth debütierte sie 1969 in dem Fernsehfilm *Change* und wirkte seither u. a. in M. Hanekes *Lemminge* (1976) und *Variation* (1982), in L. Targowniks *Rosenzweigs Freiheit* (1997) und J. Bauers *Verlorenes Land* (2001) mit. Für die Rolle der Katja in H. Breloers preisgekröntem Mehrteiler *Die Manns* wurde B. 2002 u. a. mit dem Grimme-Preis in Gold ausgezeichnet. Auf der Kinoleinwand war sie erstmals 1972 in *König Ludwig* (R. → Syberberg) zu sehen. Es folgten u. a. T. Tykwers *Lola rennt* (1998, mit ihrem Sohn Moritz B.), *Marlene* (2000, R. J. Vilsmaier), *Abschied – Brechts letzter Sommer* (2000, R. J. Schütte), *Der Stellvertreter* (2001, R. C. Gavras), *Ikarus* (2002), *Marias letzte Reise* (2004, Dt. Fernsehpreis), *Maria an Callas* (2005), *Eine Liebe in Saigon* (2006). – 1993–98 lehrte B. als Professorin für Schauspiel an der Hochschule für Musik und Th. Hamburg.

Nina Grabe

Blin, Roger, * 22. 3. 1907 Neuilly-sur-Seine, † 20. 1. 1984 Evecquemont bei Paris. Regisseur, Schauspieler.

B. begann 1935 als Statist, war Schüler von Charles → Dullin, stand den Surrealisten und Antonin → Artaud nahe, der Groupe Octobre. 1936 bereits war sein Name mit wichtigen Th.-Ereignissen verbunden: dem für die Weltausstellung 1937 von Sylvain Itkine inszenierten *Ubu enchaîné* (Jarry) und Jean-Louis → Barraults *Numance et la faim* (nach Cervantes). Nachdem Blin sein Stottern überwunden hatte, fiel er durch seine mimische Perfektion auf, die er sich gemeinsam mit Barrault angeeignet hatte und die ihm erlaubte, auch der kleinsten Nebenrolle ein ganz persönliches Profil zu geben. Seine erste eigene Insz. – *Gespenstersonate* von August Strindberg 1948 – veranlasste Samuel Beckett, B. die UA von *En attendant Godot (Warten auf Godot)* im Th. Babylone (P. 5. 1. 1953) anzuvertrauen. Alle UAen bzw. franz. EAen von Stücken Becketts bis *Oh les beaux jours (Glückliche Tage)* 1969 inszenierte B. Er kreierte 1959 Jean Genets *Les nègres (Die Neger)* im Pariser Th. de Lutèce mit schwarzen Schauspielern. Barrault betraute ihn 1966 mit der Insz. von Genets *Les Paravents (Die Wände)* im Th. de l'Odéon – Th. de France, die als provokative Anspielung auf den Algerienkrieg zu tumultuösen Publikumsreaktionen führte. B. setzte sich immer wieder für Arthur Adamov ein, dessen erstes Stück *La Parodie* (dt. *Das Rendezvous*) er schon im Th. Lancry inszeniert hatte und dessen *La Grande et la Petite Manœuvre* (dt. *Der Appell*) er zum Erfolg verhalf. 1978 gründete B. ein eigenes Ensemble, die Compagnie Roger Blin. Seine letzte Insz. mit Schauspielern der Comédie Française war die franz. EA von Max Frischs *Triptychon* im Th. de l'Odéon. – Unabhängig von Modeerscheinungen und kritisch gegenüber Theatertheorien wollte B. mit «Ernst und Hingabe» («gravité et recueillement») dem dichterischen Wort und dem Schauspieler Geltung verschaffen. Der «Brief» von Jean Genet, der als Vorwort der Buchausgabe des Stücks *Les Bonnes (Die Zofen)* vorausgeschickt ist, betont, dass niemand außer B. in der Lage sei, den flüchtigen Stil der dramatischen Kunst so kraftvoll auszudrücken: «Man kann nur von einer Kunst träumen, die eine tiefe Verflechtung aktiv wirkender Symbole darstellt, die zum Publikum zu sprechen vermag in einer Sprache, in der nichts wörtlich gesagt, aber alles angedeutet ist». B. hat nur ein Stück des klassischen Th.-

Repertoires inszeniert: *Macbeth* von →Shakespeare. Er verstand sich als Förderer des zeitgenössischen Th.s, von Autoren wie z. B. Beckett, Genet, Billetdoux. Als Schauspieler fiel B. durch seine schüchterne und schelmenhafte Art und seine synkopenhafte Diktion aus dem gängigen Rahmen.

Karagheuz, H.: Roger Blin, une dette d'amour. Paris 2002.

Horst Schumacher

Boal, Augusto (eig. A. Pinto B.), *16. 3. 1931 Rio de Janeiro. Regisseur, Theaterleiter, Theatertheoretiker, Autor.

B. studierte Theaterwissenschaft und Chemie an der New Yorker Columbia Universität. Grundlage der in Brasilien und anderen Ländern Lateinamerikas und in Europa entwickelten politischen Intervention mit Hilfe des Th.s war die von B. früh propagierte Idee eines «Th.s der Unterdrückten» (Teatro do Oprimido), das seinen Ursprung im 1953 von José Renato in São Paulo gegründeten Volkstheater hatte, das nach dem Eintritt B.s 1956 Teatro di Arena hieß und bis zur Verhaftung und Landesverweisung B.s 1971 bestand. Der Zuschauer soll dabei aus seiner Lethargie herausgerissen und aktiviert werden zu Reflexion, zum Mitspielen im und außerhalb des Th.s, um alle – auch die verstecktesten – Formen der Unterdrückung zu entlarven. Er soll sich an die Stelle der Unterdrücker wie der Unterdrückten versetzen, wie sie von den Schauspielern als «Anti-Modell» im Th.-Raum stehen und als Eingreifer und Teilnehmer am dramatischen Geschehen eine Gegengewalt («contre-pouvoir») aufbauen. Diese Art des «unsichtbaren Th.s» nähert sich den Formen des proletarisch-revolutionären Agitprop-Th.s: Die Darsteller spielen vorher einstudierte provokative Situationen in der Öffentlichkeit so, als wären sie unmittelbare Realität – ohne dass das zufällig anwesende «Publikum» das als Th. erkennt. Beeinflusst durch →Stanislavskij, →Brecht, →Piscator will B. mehr, als das Th. in den Dienst der Revolution zu stellen. Es soll als plebejisches Proben des Aufstands die Abschüttelung der Unterdrückung bewirken: «Schluß mit einem Theater, das die Realität nur interpretiert, es ist an der Zeit, sie zu verändern» (B.). Während der 1970er Jahre arbeitete er in den meisten lateinamerik. Ländern, wo er seine Theorien weiterentwickelte, z. B. mit dem «Forum-Th.», das die Antwort auf eine Problematik aus dem Publikum holen soll: Eine dargestellte Szene mit schlechtem Ausgang kann durch aktive Beteiligung des Publikums anders durchgespielt werden. Nachdem er bis 1976 v. a. in Buenos Aires im Exil gelebt hatte, ging B. nach Europa. Zuerst nach Portugal, wo er Gastprofessor und Regisseur bei der Theatergruppe A Barraca in Lissabon wurde. Seit 1978 lebte er in Paris, wo er das Centre d'étude et de diffusion des techniques actives d'expression (CEDITADE) gründete und leitete. Er lehrte an der Sorbonne und anderen europ. Universitäten, inszenierte an verschiedenen europ. Th.n meist eigene Stücke und leitete zahlreiche Workshops. B.s Ideen wurden in Europa stark beachtet. Die Wirkung stieß an ihre Grenzen, als das von vornherein überzeugte Publikum von Gewerkschaftlern und Linksgruppen mit dem Abonnements-Stammpublikum der etablierten Bühnen konkurrierte. Außerdem sind hier die Methoden der Unterdrückung weniger offensichtlich und eher strukturell zu begreifen. Um sein Th. der Unterdrückten für europ. Verhältnisse zu adaptieren, entwickelte B. sogenannte «prospektive» und «introspektive» Techniken, die die politischen Theatermethoden um den psychosozialen Bereich erweiterten. Diese neueren Methoden fasste B. zusammen unter dem Titel «Regenbogen der Wünsche». 1986 ging B. zurück nach Brasilien, wo er das Zentrum für Th. der Unterdrückten (CTO) in Rio de Janeiro gründete. Das CTO bildete u. a. Kultur-Animatoren aus, die die Techniken verbreiten und neue Theatergruppen organisieren sollten, half Gewerkschaften bei der Vorbereitung öffentlicher Aktionen und gründete in verschiedenen Städten neue Gruppen des Th.s der Unterdrückten. 1991–96 war B. als Stadtrat Mitglied der kommunalen Regierung Rio de Janeiros. In dieser Zeit entwickelte und erprobte er Möglichkeiten für eine direkte Art der Demokratie («Legislatives Th.»). Sogenannte «coringas» organisierten als Anleiter in den verschiedenen Stadtteilen Gruppen, mit denen Stücke über die jeweiligen Alltagsprobleme gespielt wurden. Das Publikum wurde animiert, an möglichen Lösungen der Probleme durch aktive Teilnahme mitzuwirken. Die verschiedenen Lösungsansätze wurden verschriftlicht und in die politischen Verhandlungen eingebracht.

Das Th. als politische Kampftribüne im Sinne von B. findet seit den 1980er Jahren zunehmende Resonanz im pädagogischen und sozialen Bereich: Psychotherapeuten, Krankenpfleger, Psychiater, Sozialhelfer, Lehrpersonen sahen in der Aufdeckung der Beziehungsdefizite zwischen Patienten und medizinischen Betreuern, zwischen Behandelten und Behandlern usw. einen Weg zur Milderung der Leiden und Schmerzen der Unterdrückten, zu denen nach Definition B.s auch auf Pflege und Therapie angewiesene Kranke gehören. Die UNESCO hat das «Th. der Unterdrückten» als «Methode des sozialen Wandels» anerkannt und zeichnete B. 1994 mit der Pablo-Picasso-Medaille aus. Als Dachverband für die weltweit nach seinen Methoden arbeitenden Gruppen wurde die Internat. Organisation des Th.s der Unterdrückten (ITO) gegründet, deren Präsident er ist. – Als Dramatiker entwickelte sich B. vom Verfasser bürgerlicher Komödien (*Dünner Mann, langweilige Frau*, 1957) zum Politiko-Therapeuten mit – z. T. gemeinsam mit G. Guarnieri geschriebenen – Revolutionsstücken (*Revolution auf Südamerikanisch*, 1960, *Kriegszeit*, 1967, *Torquemada*, 1971, *Mit der Faust ins offene Messer*, 1981).

Baumann, T.: Von der Politisierung des Theaters zur Theatralisierung der Politik. Theater der Unterdrückten im Rio de Janeiro der 90er Jahre. Stuttgart 2001; Boal, A.: The aesthetics of the oppressed. London 2006; ders.: Hamlet and the baker's son: my life in theatre and politics. London 2001; ders.: Jeux pour acteurs et non-acteurs. Paris 1997; ders.: Legislative theatre: using performance to make politics. London 1998; ders.: Der Regenbogen der Wünsche. Berlin u. a. 2006; ders.: Stop. C'est magique. Paris 1980; ders.: Teatro como arte marcial. Rio de Janeiro 2003; ders.: Theater der Unterdrückten. Frankfurt a. M. 1979 u. ö.; Costa, I. C.: A hora do teatro épico no Brasil. Rio de Janeiro 1997; Driskell, Ch. B.: The Teatro de Arena of Sao Paulo. In: Popular Theater for Social Change in Latin America. Hg. G. Luzuriaga. Los Angeles 1978, S. 270–80; Feldhendler, D.: Psychodrama und Theater der Unterdrückten. Frankfurt a. M. 1987; Gebraucht das Theater: die Vorschläge Augusto Boals. Hg. B. Ruping. Münster, Hamburg 1993; Herzog, S.: Augusto Boals Zentrum des Theaters der Unterdrückten in Paris. Münster 1997; Kempchen, D.: Wirklichkeiten erkennen – enttarnen – verändern. Dialog und Identitätsbildung im Theater der Unterdrückten. Stuttgart 2001; Playing Boal. Hg. M. Schutzman, J. Cohen-Cruz. New York u. a. 1993; Pörtl, K.: Revolution und Untergang im lateinamerikanischen Gegenwartstheater. In: Iberoamericana 8 (1979), S. 23–43; Theater im Dialog: heiter, aufmüpfig und demokratisch. Deutsche und europäische Anwendungen des Theaters der Unterdrückten. Hg. H. Wiegand. Stuttgart 2004; Thorau, H.: Augusto Boals Theater der Unterdrückten in Theorie und Praxis. Rheinfelden 1982; Working Without Boal. Newark 1995.

Horst Schumacher / Wolfgang Beck

Boehm, Franz, * 24. 6. 1938 Ingolstadt, † 20. 7. 1989 Freiburg. Schauspieler.

Gesangsstudium, Schauspielunterricht. Engagements in Celle (1965–68) und Kiel (1968–70). 1970–78 Düsseldorfer Schauspielhaus. Danach nur Gastrollen – Trileckij in Čechovs *Platonov* (Freie Volksbühne Berlin, R. Luc → Bondy), TR in Ibsens *Baumeister Solness* (1978, Schauspiel Frankfurt a. M., R. Peter → Palitzsch), Franz in → Kroetz' *Der stramme Max* (UA 1980, Ruhrfestspiele), Otto der Frisör in Taboris *Jubiläum* (UA 1983, Schauspielhaus Bochum, R. → Tabori), Gloster in → Shakespeares *König Lear* (1984, Bayer. Staatstheater München, R. → Lietzau), zuletzt Carl Salter in Pirandellos *Come tu mi vuoi* (*Wie du mich wünschst*, 1988, Piccolo Teatro Mailand, R. Giorgio → Strehler). Film- und Fernsehrollen. – «Ein Schwieriger, ein Zweifler, ein Unbequemer war Boehm», schrieb Franz X. Bogner im Nachruf. «Er war ein besessener Arbeiter, der erst einmal alles in Frage stellte» (*SZ*, 24. 7. 1989). Ein hochdifferenzierter, sensibler Darsteller komplizierter Charaktere, die er fast allein aus der Sprache entwickelte.

Werner Schulze-Reimpell

Bogdanov, Michael, * 15. 12. 1938 London. Schauspieler, Regisseur, Theaterleiter, Autor.

B. studierte am Trinity College in Dublin, der Universität München und der Pariser Sorbonne. Produzent und Regisseur beim Telefis Eireann 1966–68. Erregte zuerst als Musical-Regisseur 1968 in Dublin Aufsehen. 1970–71 bei der Royal Shakespeare Company. 1970 Zusammenarbeit mit Peter → Brook am Royal Shakespeare Th. (Stratford-upon-Avon) mit einer von der Kritik als reißerisch gefeierten wie gebrandmarkten Insz. von *A Midsummer Night's Dream* (*Ein Sommernachtstraum*) von → Shakespeare (1971 New York, 1972 Welttournee). 1971–73 am Tyneside Th., 1973–77 in Leicester, am Londoner Haymarket Th. sowie am Phoenix Th. 1978–80 am Young Vic Th. in London (Shakespeare, *Richard III*, *Hamlet*, *The Tempest*). 1980–88 am National Th. zuständig u. a. für Experimentierstücke (Brenton, *The Romans in Britain*, 1980; Čechov, *Onkel Vanja*, 1982). Mit dem Schauspieler Michael Pennington (* 1943) 1986 Gründung der English Shakespeare Company als Tourneetheater; u. a. 1987–89 mit der Shakespeare-Kompilation *The War of the Roses* auf weltweiter Tournee. Insz. en von Shakespeares *Julius Caesar* (1986) und der Adaption von → Goethes *Reineke Fuchs* (1987) am Dt. Schauspielhaus Hamburg. Seine Tätigkeit als Intendant dieses Th.s 1989–92 war umstritten, die als anachronistisch empfundene Aktualisierung des *Hamlet* (1989) erregte Anstoß. Mit Schillers *Maria Stuart* (1990), Shakespeares *Romeo und Julia* (1990) und *Der Sturm* (1991) gewann er einen Teil des Hamburger Publikums, ebenso wie mit seinen erfolgreichen Insz. en: der Adaption von Dylan Thomas' *Unter dem Milchwald* (1989), Swerling/Burrows' Musical *Guys and Dolls* (1990), Friels *Lughnasa Tanz* (DEA 1991). Viele Insz. en als freier Regisseur in England und im Ausland, u. a. 1991 in Köln John Fords *Schade, daß sie eine Hure ist*, 1992 Shakespeares *Macbeth* und *The Tempest* (Royalty Th., London), 1993 Goldonis *Die venezianischen Zwillinge* (Swan Th., Stratford-upon-Avon), 1994 die Adaption des angelsächsischen Epos *Beowulf* für Det Kongelige Teater (Kopenhagen), am Residenz-Th. München 1995 Ibsens *Peer Gynt*, 1997 Shakespeares *Macbeth*, Künnekes Operette *Lady Hamilton* in Köln (2004). Gründer und Leiter einer Filmgesellschaft. Mitbegründer und künstl. Leiter der in Swansea beheimateten Wales Th. Company; u. a. Insz. en von Thomas' *Under the Milkwood* (2003), der UA des Musicals *Amazing Grace* von Vickery/Bogdanov/Pope, Shakespeares *Hamlet* (beide 2005). 2-mal «Regisseur des Jahres» in Großbritannien. Autor von Schauspielen, Bühnenadaptionen und Kinderstücken.

Horst Schumacher

Bogusławski, Wojciech, * 9. 4. 1757 Glinno bei Poznań, † 23. 7. 1829 Warszawa. Schauspieler, Regisseur, Theaterleiter, Dramatiker.

B. debütierte 1778 als Schauspieler und gleich danach als Theaterautor und Opernsänger in Warschau; 1783–85, 1790–94 und 1799–1814 Direktor des 1765 gegründeten Nationaltheaters in Warschau; 1785–89 leitete er das öffentliche Th. in Wilna, 1795–99 in Lwow. Anfänglich kultivierte B. den franz. Klassizismus und galt als der «poln. Molière», später führte er auf den poln. Bühnen → Shakespeares Tragödien und viele eigene Übersetzungen bzw. Bearbeitungen franz. und dt. Dramen wie auch Opern und originale Singspiele ein, von denen *Das vermeintliche Wunder oder Krakauer und Goralen* (1794) bis heute als Bestandteil der nat. Klassik auf den Spielplänen in Polen geblieben ist. 1811 gründete B. die erste poln. Schauspielschule in Warschau und schrieb für sie ein Lehrbuch der Schauspielkunst. – B. erwarb sich große Verdienste um das poln. Nationaltheater, schuf dafür Grundlagen eines eigenen, interessanten Repertoires und beeinflusste nachhaltig die Entwicklung der Schauspielkunst in Polen. Aus diesen Gründen wurde er nach 1795 (seit dem Verlust der Unabhängigkeit Polens) «Vater des polnischen Th.» genannt.

Raszewski, Z.: Bogusławski. (2. Aufl.) Warszawa 1982.

Wojciech Dudzik

Böhlke, Edgar M., * 8. 1. 1940 Lauban (heute Luban, Polen). Schauspieler.

1960–62 Studium der evangelischen Theologie, 1962–66 der Germanistik und Theaterwissenschaft an den Universitäten Tübingen und München. Daneben Schauspielausbildung (Zinnerstudio). 1967–72 Wuppertaler Bühnen (1967 Halbrechts in O'Caseys *Der Pott*, R. → Zadek; 1971 Hamm in Becketts *Endspiel*, R. → Bosse; 1972 Edmund in → Shakespeares *König Lear*, R. → Peymann). 1972–78 Schauspiel Frankfurt a. M. (1972 Paris in Shakespeares *Troilus und Cressida*, 1973 Krogstadt in Ibsens *Nora*, 1977 Malvolio in Shakespeares *Was ihr wollt*). 1978–80 Düsseldorfer Schauspielhaus (1978 Wladimir in Becketts *Warten auf Godot*, Spiegelberg in Schillers *Die Räuber*, beide R. Löscher). 1980–88 Schauspiel Frankfurt a. M. (1980 Thoas in → Goethes *Iphigenie auf Tauris*, 1981 Albert Züst in UA *Züst von Urs Widmer*, Ziffel in → Brechts *Flüchtlingsgespräche*, TRn 1982 in Čechovs *Onkel Wanja*, 1983 in Kipphardts *Bruder Eichmann*, 1982 Jupiter in Kleists *Amphitryon*, 1984 Edgar in Strindbergs *Totentanz*, 1985 der reiche Jude in → Fassbinders *Der Müll, die Stadt und der Tod*, 1986 Theobald Maske in Sternheims *Die Hose*, 1987 in dessen *Der Snob*). 1985 TR in Brechts *Galileo Galilei* im Residenztheater München, 1989 Polizeipräsident in Genets *Balkon* in Basel, 1997 ebenda Luka in Gor'kijs *Nachtasyl*, 2002 TR in Goethes *Faust I* im Ernst-Deutsch-Th. Hamburg, 2003 Tiresias in Sophokles' *König Ödipus* im Dt. Th. Berlin, 2004 Komponist in Janáčeks *Die Sache Makropulos* im Staatstheater Stuttgart (beide R. → Neuenfels). Mehrfach Bassa Selim in Mozarts *Die Entführung aus dem Serail* (1981 und 2005 Frankfurt a. M., 1982 Lyon, 1991 Nizza). Ab 2006 am Nationaltheater Mannheim. Außerdem zahlreiche Film- und Fernsehrollen, u. a. in *Die Macht der Gefühle* (1983, R. Kluge), *Das Kleeblatt* (1993), *Leben mit Hannah* (2005). Zahlreiche Lesungen, Hörbücher. – Ein stark reflektierter, nachdenklicher Darsteller problematischer Charaktere, denen er eine oft erschreckend normale Alltäglichkeit erspielt. Bravourös sein Balanceakt in der heiklen Rolle des «reichen Juden» von Fassbinder. Exzellenter Sprecher mit suggestiver Ausstrahlung. 1987–2005 Professor an der Hochschule für Musik und Darstellende Kunst in Frankfurt a. M.

Werner Schulze-Reimpell

Bohner, Gerhard, * 19. 6. 1936 Karlsruhe, † 13. 7. 1992 Berlin. Tänzer, Choreograph.

B. absolvierte eine Tanzausbildung an der Tanz- und Gymnastikschule Härdl-Munz in Karlsruhe und studierte anschließend bei Mary →Wigman in Berlin. Engagements am Nationaltheater Mannheim (1958–60), den Städt. Bühnen Frankfurt a. M. (1960–61), der Dt. Oper Berlin (1961–71). 1964 begann er zu choreographieren und gehörte neben →Kresnik und →Bausch zu den vielversprechendsten Nachwuchschoreographen der BRD. 1969 gewann B. mit *Frustration – Aggression (Silvia frustriert)* beim Choreographischen Wettbewerb in Köln den 2. Preis. Als Gastchoreograph arbeitete er für verschiedene Ballettkompanien in Deutschland sowie für das Folkwang Tanzstudio in Essen. 1972–75 leitete er das Tanztheater am Staatstheater Darmstadt und war damit der Erste, der die Bezeichnung Tanztheater für ein städt. Tanzensemble wählte. Sein Versuch, ein basisdemokratisches Kunstverständnis durchzusetzen, etwa die Mitbestimmung seiner Tänzer an künstl. Entscheidungsprozessen oder kollektive Produktionen, scheiterte. Zusammen mit R. →Hoffmann übernahm er 1978 noch einmal die Leitung eines städt. Ensembles, des Bremer Tanztheaters, das er 1981 wieder verlassen musste. Seine Karriere setzte er als freier Choreograph mit viel beachteten Solostücken fort. Zu B.s erfolgreichsten Ensemblechoreographien gehören *Die Folterungen der Beatrice Cenci*, ein Auftragswerk der Akademie der Künste Berlin, wo es 1971 zur UA gelangte. B. aktualisierte darin das Drama der historischen Figur, die von ihrem Vater missbraucht wurde, woraufhin sie ihn töten ließ; 1599 wurde Cenci in Rom hingerichtet. Das Thema von Gewalt und Vergewaltigung fasste B. in formalisiert gehaltenen Szenen, die er im Laufe des Stücks immer mehr mit obszönen und brutalen Gesten durchsetzte. Eine spannungsgeladene Wirkung entstand: «Auf Bohners Bühne und in dem von Ansgar Nierhoff gestalteten weißen Folterkäfig ereignet sich ein Tanztheater der Grausamkeit, wie es die Ballettbühne in dieser Intensität bis dato nicht gekannt hatte» (J. Schmidt, in *Gerhard Bohner*, S. 25). In seiner Soloarbeit befasste sich B. mit den Bauhaustänzen →Schlemmers, dessen *Triadisches Ballett* er 1977 rekonstruierte. Die Auseinandersetzung mit den raumarchitektonischen Formspielen des Bauhauskünstlers regte B. zu weiteren Experimenten an. Er versuchte, den Raum in seinen Proportionen, Winkeln, Ausrichtungen zu erfassen und in Beziehung zum eigenen Körper mit seinen Maßen und Proportionen zu setzen (*Schwarz weiß zeigen*, 1983). Ausgangspunkt aller seiner Körper-Raum-Inspektionen war immer auch der Versuch, seine Identität als Tänzer und Choreograph zu ergründen. In sein Solo *Abstrakte Tänze* (1986), choreographiert für die Körperglieder Hand, Unterarm, Bein, Kopf, Arm, Füße, spielte auch seine individuelle Beschäftigung mit dem Altern hinein, die eigene Erfahrung der zunehmend beschränkten Möglichkeiten des Körpers. Konsequent hat B. bis zuletzt sein Instrument, seinen Raum und auch sein Alleinsein auf der Bühne thematisiert und zu einer auf die Form und die abstrakte Bewegung konzentrierten choreographischen Sprache gefunden. Zuletzt in seinem Soloabend *Im (Goldenen) Schnitt I, II, III* (1989).

Gerhard Bohner. Tänzer und Choreograph. Hg. Edition Hentrich Berlin in Zusammenarbeit mit Gerhard Bohner u. a. Berlin 1991.

Patricia Stöckemann

Bois, Curt, * 5. 4. 1901 Berlin, † 25. 12. 1991 Berlin. Schauspieler.

Bühnen- und Filmdebüt mit 7 Jahren als Heinerle in Leo Falls Operette *Der fidele Bauer* (P. 23. 10. 1908, Th. des Westens Berlin, Teilverfilmung 1908); Kinderstar in Th. und Film; später «Salonhumorist», Auftritte in Kabaretts. Durchbruch in der UA von A. Bronnens *Die Exzesse* (P. 7. 6. 1925, Junge Bühne, R. → Hilpert). Wichtige Rollen u. a. in Leo Lanias *Konjunktur* (UA 10. 4. 1928, Piscatorbühne, R. → Piscator), Fritz von Unruhs *Phaea* (UA 13. 5. 1930, Dt. Th., R. → Reinhardt). Großer Erfolg als Chlestakov in Gogol's *Der Revisor* (P. 12. 9. 1932, Volksbühne, R. Hilpert). Spielte im Film und führte Regie. 1933 ging B. ins Exil, 1934 in die USA, wo er in New York Th. spielte (u. a. in Perutz / Adlers *Tomorrow's a Holiday*, Golden Th., P. 29. 12. 1935), bevor er nach Hollywood übersiedelte. Im Film meist in Nebenrollen beschäftigt, u. a. in *Tovarich* (1937, R. A. Litvak), *The Hunchback of Notre Dame* (1939, R. W. Dieterle), *Casablanca* (1942, R. M. Curtiz), *Caught* (1949, R. M. Ophüls). 1950 Rückkehr nach Deutschland (Dt. Th., Berliner Ensemble). Eine Überraschung war die Besetzung des zierlichen B. als Puntila in → Brechts *Herr Puntila und sein Knecht Matti* (P. 4. 1. 1952, Berliner Ensemble, R. Brecht / → Engel / → Monk). 1954 wegen fehlender Rollen nach Westberlin, wo er als in die DDR gegangener Emigrant zuerst keine Engagements bekam. 1957 begann mit → Shakespeares *Was ihr wollt* (Münchner Kammerspiele, P. 20. 7. 1957) die fruchtbare Zusammenarbeit mit dem Regisseur Fritz → Kortner; u. a. Shaws *Androklus und der Löwe* (P. 2. 4. 1958, Residenztheater München), Schillers *Die Räuber* (P. 20. 2. 1959), → Molières *Don Juan* (P. 13. 2. 1960, beide Schiller-Th. Berlin) und *Der eingebildete Kranke* (P. 17. 1. 1964, Dt. Schauspielhaus Hamburg). «Das schauspielerisch Erlernbare schien ihm unerreichbar, das Unerlernbare ist ihm gegeben» (Kortner, S. 211). 1959–79 meist am Berliner Schiller-Th. engagiert; Gastspiele am Berliner Ensemble und der Dt. Staatsoper. Letzte Theaterrolle Gonzalo in Shakespeares *Sturm* (P. 12. 2. 1978, Schiller-Th., R. → Kirchner). Film- und Fernsehrollen bis ins hohe Alter, u. a. in den Brecht-Adaptionen *Herr Puntila und sein Knecht Matti* (1955/60) und *Flüchtlingsgespräche* (1964, TV, R. → Buckwitz), in Peter → Zadeks *Der Pott* (1971), Markus Imhoofs *Das Boot ist voll* (1981), J.-C. Kuners Beckett-Adaption *Das letzte Band* (1989). 1988 Europ. Filmpreis für seine Rolle in Wim Wenders' *Der Himmel über Berlin*. Staatsschauspieler (1963), Gr. Bundesverdienstkreuz (1991). – Ein reflektierter Schauspieler, der alle Mittel beherrschte und dem es auf der Bühne wie im Film gelang, «eine beiläufige Rolle zu einer kleinen Kostbarkeit» zu machen (Herrmann-Neiße, S. 306). Klein und zerbrechlich wirkend, dabei von großer gestischer und mimischer Ausdruckskraft. Bedeutender Charakterschauspieler, der als Puntila, da ihm die «gemütliche» Körperlichkeit fehlte, die der Figur inhärente Bosheit und Menschenverachtung herausarbeiten, mit seiner grotesk-melancholischen Komik die Tragik des Malvolio in Shakespeares *Was ihr wollt* verdeutlichen konnte. Wurde zuletzt immer minimalistischer in seinen Mitteln, ohne an Überzeugungskraft einzubüßen.

Bois, C.: Zu wahr, um schön zu sein. Berlin 1982; Exil. Sechs Schauspieler aus Deutschland. Hg. Stiftung Dt. Kinemathek. Berlin 1983; Herrmann-Neiße, M.: Kabarett. Frankfurt a. M. 1988; Ich mache alles mit den Beinen …: der Schauspieler Curt Bois. Hg. S. Zolchow, J. Muschelknautz. Berlin 2001; Kortner, F.: Aller Tage Abend. München 1969.

Wolfgang Beck

Bollmann, Horst, * 11. 2. 1925 Dessau. Schauspieler.

1946–49 Ausbildung an der Folkwangschule Essen. 1949–54 Städt. Bühnen Essen, daneben Kabarettist im «Musenstall» (Essen) und der «Wäscheleine» (Düsseldorf). 1954–59 Nationaltheater Mannheim, 1959–87 Staatl. Schauspielbühnen Berlin. Spielte dort 1962 Alois in der UA von Walsers *Eiche und Angora* (R. → Käutner), Behringer in Ionescos

Fußgänger der Luft (1963), Wladimir, später Estragon in Becketts *Warten auf Godot* (1965, 1975), Clov in Becketts *Endspiel* in der Regie des Autors (1967), Trygaios in Aristophanes/Hacks' *Der Frieden* (1970), TR in →Shakespeares *Julius Caesar* (1972, R. →Hollmann), Zettel in Shakespeares *Ein Sommernachtstraum* (1981), Willy Loman in Millers *Der Tod eines Handlungsreisenden* (1985, R. →Klingenberg), Robert in Bernhards *Der Schein trügt* (1984, R. →Gobert). Seit Ende der 1980er Jahre zahlreiche Film- und Fernsehrollen. – Exzellenter Charakterkomiker mit melancholischer Aura, teils skurril, teils hintergründig gefährlich. Inbegriff des kleinen Mannes, der Zurücksetzung mit List und Schlauheit zu begegnen weiß. Überzeugend auch im ernsten Fach. Disziplinierter Ensemblespieler.

Werner Schulze-Reimpell

Bondy, Luc, * 17.7. 1948 Zürich. Regisseur, Theaterleiter.

Sohn des Publizisten François B. (1915–2003) und Enkel des aus Prag stammenden Feuilletonisten Fritz B. (1888–1980), der unter dem Schriftstellernamen N. O. Scarpi veröffentlichte. Nach dem Abitur an einem südfranz. Internat Aufnahme eines zweijährigen Studiums an der kurz zuvor gegründeten Pantomimenschule von Jacques →Lecoq in Paris. Mit einer von ihm selbst für das Th. bearbeiteten Novelle von Witold Gombrowicz beim Pariser Universitätstheatertreffen machte B. zum ersten Mal auf sich aufmerksam. 1969, 1 Jahr später, als Regieassistent ans Hamburger Thalia Th. verpflichtet. Dt. Regiedebüt 1971 am Jungen Th. Göttingen mit *Narr und Nonne* von Stanisław Ignacy Witkiewicz, 1923 entstanden und eines der frühen Stücke des erst Jahrzehnte später so genannten absurden Th.s. Eine große Zahl von Insz.en im In- und Ausland dokumentieren den kometenhaften Aufstieg B.s zu einem der gefragtesten und berühmtesten Regisseure des zeitgenössischen Welttheaters. Wichtige Insz.en u. a.: *Die See* von Bond (1973, Bayer. Staatsschauspiel München); *Stella* von →Goethe (1973, Hess. Staatstheater Darmstadt); *Was ihr wollt* von →Shakespeare (1973, Wuppertaler Bühnen); *Glaube, Liebe, Hoffnung* von Horváth (1974, Dt. Schauspielhaus Hamburg); *Die Hochzeit des Papstes* von Bond (1975, Schauspiel Frankfurt a. M.); *Die Wupper* von Lasker-Schüler (1976) und *Man spielt nicht mit der Liebe* von Alfred de Musset (1977), beide an der Schaubühne am Halleschen Ufer Berlin; *Gespenster* von Ibsen (1977, Dt. Schauspielhaus Hamburg); *Platonow* von Thomas Brasch nach Čechov (1978, Berlin). 1980 für mehrere Spielzeiten Bindung ans Schauspiel Köln, dort u. a. Becketts *Endspiel* (1980) und *Glückliche Tage* (1981), Shakespeares *Macbeth* (1982). Es folgten Edward Bonds *Sommer* (1983, Münchner Kammerspiele) und die EA in franz. Sprache von Schnitzlers *Das weite Land* (1984, Th. des Amandiers Paris-Nanterre), die ein sensationeller Erfolg war. B. lehnt in seiner Regiearbeit und Stellungnahmen die Übertreibungen der Theatralität, des Illusionskults, die vorgebliche Natürlichkeit ab, stellt weniger die Motivationen der auftretenden Personen heraus als die Art und Weise, wie das Unbewusste Bewegungen und Verhaltensmuster gestaltet. Bei franz.sprachigen Insz.en waren Schauspieler wie Michel →Piccoli und Bulle Ogier die bevorzugten Interpreten in seinen Schnitzler-, Ibsen-, Shakespeare-Insz.en: Erwähnt seien: Shakespeares *Wintermärchen* (1988, Th. des Amandiers), *Der einsame Weg* von Schnitzler (1989) und Ibsens *John Gabriel Borkman* (1993, beide Th. de l'Odéon Paris). B. distanzierte sich immer von politischem oder →Brecht'schem (Lehrstück-)Th. In Botho Strauß' Skeptik fand sein künstl. Temperament einen Geistesverwandten, dessen Stücke er immer wieder inszenierte: *Kalldewey, Farce* (1982) *Die Fremdenführerin* (1986, Berlin), *Die Zeit und das Zimmer* (UA 1989), *Schlußchor* (1992, beide Schaubühne Berlin), *Das Gleichgewicht* (1993, UA Salzburger Festspiele), *Lotphantasie* (UA 1999, Wiener Festwochen), *Unerwartete Rückkehr* (UA 2002), *Die eine und die andere* (2005, beide Berliner Ensemble), *Die Schändung* (UA 2005, Th. de l'Odéon, Paris). 1985–88 war B. nach dem Rücktritt von Peter → Stein Ko-Direktor der Berliner Schaubühne am Lehniner Platz. Insz.en wie *Der Triumph der Liebe* von Marivaux (1985), → Molières *Der Menschenfeind* (1987) fallen in diesen Zeitraum. Am Wiener Burgtheater erfolgreich mit Yasmina Rezas *Drei Mal Leben* (UA 2000), Čechovs *Die Möwe* (2000), Schnitzlers *Anatol* (2002), Fosses *Schlaf* (dt.sprachige EA 2006), am Schauspiel Zürich mit *Auf dem Land* von Martin Crimp (2002), am Pariser Th. de la Madeleine mit Rezas *Une pièce espagnole* (UA 2004). Seit September 1997 ist Luc Bondy Schauspieldirektor, seit 2002 Intendant der Wiener Festwochen, für die er (häufig in Koproduktion mit in- und ausländischen Th.n) u. a. Mozarts *Don Giovanni* (1990), Horváths *Figaro läßt sich scheiden* (1998), Racines *Phèdre* (1998), Becketts *En attendant Godot* (1999), Verdis *Macbeth* (2000), Crimps (nach Sophokles) *Cruel and Tender* (UA 2004) inszenierte. – Zahlreiche Opern-insz.en, u. a. von Bergs *Lulu* (1977, Hamburgische Staatsoper), Mozarts *Così fan tutte* (1984), Monteverdis *Die Krönung der Poppea* (1989, beide Th. Royal de la Monnaie, Brüssel), Strauss' *Salome* (1992), Mozarts *Die Hochzeit des Figaro* (1995, beide Salzburger Festspiele), Verdis *Don Carlos* (1996, Paris), Brittens *The Turn of the Screw* (2001, Festival Aix-en-Provence), Mozarts *Idomeneo* (2005, Mailänder Scala). B. schrieb die Libretti zu Philippe Boesmans' Opern *La Ronde* (UA 1993), *Conte d'hiver* (UA 1999), *Julie* (UA 2005), deren UAen er am Th. Royal de la Monnaie in Brüssel inszenierte. B. bekannte, in seiner Arbeitsweise stark vom Film beeinflusst zu sein, besonders von Lubitsch und Max Ophüls. Filmregie bei *Die Ortliebschen Frauen* (1980, Grand Prix du Jeune Cinéma, Festival d'Hyères 1981), *Das weite Land* (1987, nach Schnitzler), *Ne fais pas ça!* (2004). Seit 1997 Gastprofessor am Wiener Reinhardt-Seminar.

B., der neben Patrice → Chéreau aus der gleichen Generation einer der Großmeister der Insz. ist, ist 1998 zum ersten Mal auch literarisch hervorgetreten mit dem Erzählungsband *Wo war ich?*, der in seiner sanften Intensität des Sprachflusses weitere schriftstellerische «Inbilder», wie Peter von Becker sie nannte (*Tagesspiegel*, 25. 3. 1998), erhoffen ließ. 2005 erschien der Erinnerungsband *Meine Dibbuks*. Auszeichnungen u. a. 1983 Dt. Kritikerpreis, 1997 Hans-Reinhart-Ring, 1998 Theaterpreis Berlin.

Banu, G., L. Bondy: Das Fest des Augenblicks (Gespräche über das Theater). Salzburg 1997; Bondy, L.: Meine Dibbuks. Wien 2005; ders.: Wo war ich? Einbildungen. Zürich 1998; Fritz, François & Luc Bondy. Clan des Dramas und der Lettern. Red. M. Meier. Zürich 1998 (Du 1998/10); Haentjes, M.: Luc Bondy, le voleur d'âmes. Fernsehdokumentation arte 2000; Henrichs, B., I. Nagel: Liebe! Liebe! Liebe! Ist die Seele des Genies: vier Regisseure des Welttheaters. München, Wien 1996; Iden, P.: Theater als Widerspruch. München 1984; Regie Luc Bondy. Hg. D. N. Schmidt. Berlin 1991; Sucher, C. B.: Luc Bondy: Erfinder, Spieler, Liebhaber. Salzburg u. a. 2002; ders.: Theaterzauberer. Von Bondy bis Zadek. München, Zürich 1990; Theatermacher. Hg. W. Kässens, J. W. Gronius. Frankfurt a. M. 1987.

Horst Schumacher

Borchert, Ernst Wilhelm, * 13. 3. 1907 Berlin, † 1. 6. 1990 Berlin. Schauspieler.

Nach der Ausbildung in Berlin 1927–29 Landestheater Ostpreußen, 1929–34 Stadttheater Erfurt (wo er zum ersten Male die TR in → Goethes *Faust* spielte), 1934–38 Köln, 1938–44 Volksbühne Berlin (wieder u. a. Faust), 1945–47 Hebbel-Th. Berlin (Weisenborns *Die Illegalen*, UA 1946), 1947–50 Dt. Th. Berlin (u. a. 1949 Faust mit Wolfgang →Langhoff als Mephisto), seit 1950 Staatl. Schauspielbühnen Berlin. Dort u. a. K in Kafka/Brods *Das Schloß*, UA 1953, R. →Noelte), Erzähler in →Piscators Adaption von Tolstojs *Krieg und Frieden* (1955), TR in Goethes *Faust II* (R. E. →Schröder), Vater in Bernhards *Der Ignorant und der Wahnsinnige* (1972, R. →Dorn). Am Wiener Burgtheater 1963 Gastspiel als Florian Geyer in Hauptmanns gleichnamigem Schauspiel. – B. war ein stets verlässlicher Darsteller geradliniger Charaktere, von Menschen aus rechtem Schrot und Korn mit klarem Umriss, kein Spieler und kein Komödiant, eher schwerblütig und erdhaft, nie brillant, aber immer ein glaubhafter Menschendarsteller, sehr zurückhaltend in seinen Mitteln, ein Ensembleschauspieler par excellence, der sich nie an die Rampe spielte.

Werner Schulze-Reimpell

Bosse, Jürgen, * 4. 11. 1939 Quakenbrück. Regisseur, Intendant.

Landwirtschaftsstudium. Regieassistent u. a. von Fritz →Kortner. 1975–88 Nationaltheater Mannheim, seit 1977 Schauspieldirektor. Inszenierte u. a. 1975 Friedrich Wolfs *Cyankali*, 1978 die westdt. EA von Brauns *Guevara oder Der Sonnenstaat*, 1979 Bronnens *Vatermord*, 1980 die UA von Hochhuths *Ärztinnen*, 1981 Wedekinds *Lulu*, 1986 →Shakespeares *Hamlet* und Koltès' *Quai West* (1986, Einladung zum Berliner Theatertreffen 1987). Im Wiener Burgtheater 1983 →Brechts *Im Dickicht der Städte* (1995 auch in Essen), 1985 Havels *Largo Desolato*. 1988–93 Schauspieldirektor Staatstheater Stuttgart. Insz.en u. a. von Pohls *Karate-Billi kehrt zurück*, Strauß' *Die Zeit und das Zimmer* (1989). 1993–2005 Intendant des Schauspiels Essen. Zahlreiche DEAen von brit., aber auch russ. Gebrauchsstücken; Kushners *Angel in America* (1993), UA von Pohls *Manni Ramm I* (1994), McDonaghs *Beauty Queen of Leenane* (DEA 1997), Vinavers *Livesendung* (DEA 2004), Schillers *Kabale und Liebe* (2005). Am Schauspielhaus Graz Regie bei Schillers *Maria Stuart* (2005). Offenbar wenig Interesse an Klassikern, sondern an engagiertem Zeittheater und Gegenwartsstücken. Profilierter Vertreter eines genau beobachtenden psychologischen Realismus, den er oft exemplarisch ausprägte.

Werner Schulze-Reimpell

Böwe, Kurt, * 28. 4. 1929 Reetz / Westprignitz, † 14. 6. 2000 Berlin. Schauspieler.

1950–54 Studium der Germanistik und Theaterwissenschaft an der Humboldt-Universität zu Berlin. 1954–60 wissenschaftlicher Assistent und Dozent. 1958–60 Leiter der Studentenbühne. Autodidakt. 1961–67 Maxim-Gorki-Th. Berlin, 1961–73 Landestheater Halle (Puntila in →Brechts *Herr Puntila und sein Knecht Matti*, Spiegelberg in Schillers *Die Räuber*, TR in →Goethes *Faust I*, Luka in Gor'kijs *Nachtasyl*). Seit 1973 Dt. Th. Berlin (Stockmann in Ibsens *Ein Volksfeind*, TR in Hauptmanns *Michael Kramer*, Puck in →Shakespeares *Ein Sommernachtstraum*, Orest in Goethes *Iphigenie auf Tauris*, TR in Barlachs *Der blaue Boll*, Alter Sedemund in Barlachs *Die echten Sedemunds*, Bruscon in Bernhards *Der Theatermacher*, Talbot in Schillers *Maria Stuart*). Zuletzt über 100-mal TR in Dorsts *Herr Paul* und Ill in Dürrenmatts *Der Besuch der alten Dame*. 1979 Gastspiel im Berliner Ensemble: TR in Gor'kijs *Jegor Bulytschow und die anderen*. Zahllose Film- und Fernsehrollen seit 1965, u. a. 16-mal Kommissar Groth in der Serie «Polizeiruf 110» (seit 1993). – Ein ungemein populärer Charakterspieler, der «kindliche Naivität und hohe Intellektualität» (Thomas Langhoff), elementare Komik, körperliche Robustheit und grazile Zartheit ideal zu verbinden vermochte: «Ich will sensibilisieren, nachdenklich machen, etwas in Bewegung setzen», war sein Credo.

<small>Böwe, K., H.-D. Schütt: Der Unfugladen oder endlich Schluß mit dem Theater? Vorstellungen und Personalien. Berlin 1999; Gaus, G.: Zur Person. 3. Bd. Berlin 1999; Schütt, H.-D.: Kurt Böwe, der lange kurze Atem. (3. Aufl.) Berlin 1997.</small>

Werner Schulze-Reimpell

Boysen, Markus, * 3. 9. 1954 Hannover. Schauspieler.

Nach Abitur und Ausbildung an der Hochschule für Musik und Th. in Hamburg (1975/76) begann B. als Regieassistent und Schauspieler an den Münchner Kammerspielen (1976–83). Dort debütierte er als Mickey Maloy in O'Neills *Fast ein Poet* (1977, R. → Clemen) und war v. a. in Insz.en E. → Wendts sehr erfolgreich, u. a. als Ferdinand in Schillers *Kabale und Liebe* (1978, mit seinem Vater Rolf → B. als Präsident von Walter), Mortimer in dessen *Maria Stuart* (1979), Laërtes in → Shakespeares *Hamlet* (1980), Amiens in *Wie es euch gefällt* (1982), Jean in Strindbergs *Fräulein Julie* (1980), der TR in → Goethes *Tasso* (1981), Trofimow in Čechovs *Der Kirschgarten* (1983). Mit Wendt verließ B. 1983 die Kammerspiele. – Nach Stationen am Dt. Schauspielhaus Hamburg (1983–85), Th. in der Josefstadt Wien (1986/87) und dem Schauspielhaus Düsseldorf (1987/88) wechselte B. ans Wiener Burgtheater (1988–93), wo er u. a. in Turrinis *Die Minderleister* (UA 1. 6. 1988, R. A. → Kirchner), Schillers *Wilhelm Tell* (1989, R. → Peymann), Hauptmanns *Die Ratten* (1989, R. → Palitzsch), Handkes *Spiel vom Fragen oder Die Reise zum sonoren Land* (UA 16. 1. 1990), Grillparzers *König Ottokars Glück und Ende* (1991, R. W. → Engel), Albees *Wer hat Angst vor Virginia Woolf?* (1991, R. → Neuenfels) und Dorsts *Fernando Krapp hat mir diesen Brief geschrieben* (UA 15. 5. 1992, R. → Minks) auftrat. – Unter → Baumbauer erneut am Dt. Schauspielhaus (1993–2000), spielte u. a. in → Molières *Der Menschenfeind* (TR, 1995, R → Schroeter), Bonds *Männergesellschaft* (1995, R. → Tragelehn), → Brechts *Herr Puntila und sein Knecht Matti* (1996, R. → Castorf), Kanes *Zerbombt* (DEA 26. 9. 1996, R. A. → Weber), Koltès' *In der Einsamkeit der Baumwollfelder* (1996), Gor'kijs *Sommergäste* (1997, R. E. → Lang), Shakespeares *Maß für Maß* (1998, R K. → Beier) und in Jelineks *Ein Sportstück* (4. 12. 1998, R. → Nel). – Neben Gastengagements im Th. übernahm B. seitdem verstärkt Rollen in Fernsehspielen, u. a. in O. Storz' TV-Zweiteiler *Im Schatten der Macht* (2002) und D. Grafs *Kalter Frühling* (2003), *Kalter Sommer* (2005). Seit 2001 ständiger Gast am Schauspiel Frankfurt (Kleists *Penthesilea*, 2001/02, R. Weber) und am Schauspielhaus Düsseldorf (Shakespeares *Was ihr wollt*, 2000, Čechovs *Die Möwe*, 2001, beide R. → Badora). Im Schauspielhaus Bochum General in Crimps Sophokles-Adaption *Sanft und grausam* (2005, R. Minks), Sir Robert Chiltern in Wildes *Ein idealer Gatte* (2006).

Nina Grabe

Boysen, Rolf, * 31. 3. 1920 Flensburg. Schauspieler.

Nach dem Abitur 1939 begann B. in Hamburg eine kaufmännische Ausbildung, die durch seine Einberufung zum Kriegsdienst unterbrochen wurde. Nach ersten Theatererfahrungen während seiner Soldatenzeit besuchte B. nach Kriegsende ein Schauspielstudio in Hamburg. Ein erstes Engagement erhielt B. an den Städt. Bühnen Dortmund (1946–50). Er kam nach Stationen am Kieler Th. (1950–53), dem Staatstheater Hannover (1953–56), dem Schauspielhaus Bochum (1957–60) 1957 erstmals an die Münchner Kammerspiele. Neben der Verpflichtung in München trat er seit 1964 auch im Dt. Schauspielhaus Hamburg auf. Dort war B. 1968–78 Ensemblemitglied und nahm außerdem

Gastengagements u. a. in Wien, Düsseldorf, Berlin wahr. 1978 kehrte B. an die Münchner Kammerspiele zurück und folgte 2001 dem Intendanten →Dorn ans Bayer. Staatsschauspiel. – Nach ersten Erfolgen unter der Regie des Bochumer Intendanten →Schalla in Calderóns *Das Leben ein Traum* (1957), →Shakespeares *Julius Cäsar* (1957), *Macbeth* (TR, 1959), Ibsens *Wildente* (1957) war B. an den Münchner Kammerspielen als Herzog Alba in →Piscators Schiller-Insz. *Don Carlos* (1959) zu sehen. Dort begann die prägende Zusammenarbeit mit →Kortner, in dessen Regie er mit der TR von Shakespeares *Othello* (1962) Theatergeschichte schrieb und als Alkibiades in dessen *Timon von Athen* (1961), Jean in Strindbergs *Fräulein Julie* (1967) sowie in Hamburg als Carlos in →Goethes *Clavigo* (1969) auf der Bühne stand. – Erfolgreiche Gastengagements u. a. bei den Salzburger Festspielen in *Das Spiel der Mächtigen* (1973, R. →Strehler, nach Shakespeare), Hofmannsthals *Jedermann* (1978, R. →Haeusserman); Schriftsteller in Bernhards *Jagdgesellschaft* (DEA 15. 5. 1974, Staatl. Schauspielbühnen Berlin, R. Dorn), Antonio in Goethes *Torquato Tasso* (1975 Burgtheater Wien, R. →Felsenstein), Rittmeister in Strindbergs *Der Vater* (1977, Düsseldorf). Während seines zweiten Engagements an den Münchner Kammerspielen u. a. Präsident von Walter in Schillers *Kabale und Liebe* (1978, R. →Wendt) an der Seite seines Sohns Markus →B., TR in →Lessings *Nathan der Weise* (1984, R. →Marquardt). Seine größten Erfolge feierte B. unter Dorn, als Orsino in Shakespeares *Was ihr wollt* (1980), Ulysses in dessen *Troilus und Cressida* (1986), Dorfrichter Adam in Kleists *Der zerbrochne Krug* (1986), der TR in Shakespeares *König Lear* (1992), für die er mit dem Gertrud-Eysoldt-Ring ausgezeichnet wurde. In der Regie von Th. →Langhoff brillierte B. in O'Caseys *Ein Freudenfeuer für den Bischof* (1982), Lessings *Emilia Galotti* (1984), Hauptmanns *Und Pippa tanzt* (1988). Nach Rollen in Insz.en des von B. verehrten →Lietzau – u. a. als Serebrjakow in Čechovs *Onkel Wanja* (1987) und der TR in Ibsens *John Gabriel Borkman* (1989) – gelang B. an der Seite von R. Wessely in →Achternbuschs *Der Stiefel und sein Socken* (UA 22. 12. 1993) ein triumphaler Erfolg, an den er mit dem von Achternbusch für ihn verfassten Monolog *Meine Grabinschrift* (UA 28. 11. 1996, beide R. der Autor) sowie als Karl in Bernhards *Der Schein trügt* (1998, R. Dorn) anknüpfen konnte. Im Bayer. Staatsschauspiel stand B. u. a. als Shylock in Shakespeares *Der Kaufmann von Venedig* (2001) und Dionysos in Euripides' *Die Bakchen* (2005) auf der Bühne. – Die *SZ* schrieb über B., der mit den namhaftesten Regisseuren seiner Zeit zusammenarbeitete und in klassischen Heldenrollen ebenso brillierte wie in modernen Stücken: «Der Glanz, den Boysen in all seinen Rollen sucht und mit dem er seine Figuren beleben will, ist die Menschlichkeit […]. Sein Spiel ist die Fortsetzung des Blochschen Prinzips Hoffnung auf der Bühne – und im Leben» (31. 3. 1995). – Auch in zahlreichen Film- und Fernsehproduktionen war der u. a. mit dem Kortnerpreis oder dem Bayer. Theaterpreis für sein Lebenswerk ausgezeichnete Schauspieler seit Ende der 1950er Jahre erfolgreich, so u. a. in der TR des hochgelobten TV-Mehrteilers *Wallenstein* (1978, R. Wirth). 1997 veröffentlichte B., einer der bedeutendsten dt. Charakterdarsteller, das autobiographisch inspirierte Buch *Nachdenken über Theater*, in dem er neben Essays und Arbeitsnotizen seine ästhetisch-philosophischen Reflexionen festhielt.

Boysen, R.: Nachdenken über Theater. Frankfurt a. M. 1997; Lottermoser, K.: Der Schauspieler Rolf Boysen. Frankfurt a. M. 2000; Müller, H.-R., D. Dorn, E. Wendt: Theater für München. Ein Arbeitsbuch der Kammerspiele 1973–1983. München 1983.

Nina Grabe

Bragaglia, Anton Giulio, * 11. 9. 1890 Frosinone / Latium, † 15. 7. 1960 Rom. Regisseur, Theaterleiter.

B. begann seine künstl. Laufbahn 1906 bei der Filmproduktionsgesellschaft Cines. Er interessierte sich für die experimentelle Fotografie und entwickelte die Fotodinamica genannte futuristische Fotografie. Er nahm an archäologischen Ausgrabungen teil und gründete 1916 die Zeitschrift *Cronache di Attualità*, die avantgardistische Tendenzen in Kunst, Musik, Literatur und Politik unterstützte. Im gleichen Jahr Gründung eines eigenen Filmunternehmens, Novissima-Film, das 3 futuristische Experimentierfilme produzierte, darunter *Perfido incanto*, ausgestattet von Enrico → Prampolini. 1918 Einweihung der Kunstgalerie Casa d'Arte Bragaglia in Rom. Neben dem Kunsthaus wurde die bis 1936 aktive Experimentierbühne Teatro Sperimentale degli Independenti gegründet, wo Stücke von Strindberg, Jarry, Apollinaire, Laforgue, O'Neill ihre ital. EA erlebten. In der Spielzeit 1929 unternahm die Compagnia Spettaculi Bragaglia eine Italientournee mit → Brecht / Weills *Dreigroschenoper*, die vorher noch nicht in Italien gespielt worden war. Die neuen ital. Autoren standen bei der Compagnia allerdings im Mittelpunkt, vor allem Pirandello, aber auch Svevo und Rosso di San Secondo. Inszenierte u. a. Strindbergs *Traumspiel*, Ghelderodes *Der Tod des Doktor Faust*, Apollinaires *Die Brüste des Tiresias*, Jarrys *König Ubu*. 1932 wurde B. Berater des Verbandes der Bühnenangehörigen, Corporazione dello Spettacolo. 1937 betraute ihn Corrado Pavolini mit der Leitung des Teatro delle Arti, dessen Tätigkeit eng mit der renovierten Galleria di Roma verbunden war. Er half, modernes Th. in Italien durchzusetzen, vertrat Ensemble- und Regietheater. B. legte seine Theatertheorie in zahlreichen Veröffentlichungen dar: *La Maschera mobile* (1926), *Del teatro teatrale, ossia del teatro* (1927), schließlich in seinem Hauptwerk *Il segreto di Tabarrino* (1933), das die Verwandtschaft mit der europ. Th.-Avantgarde wie Apollinaire, Jarry, → Piscator, Max → Reinhardt aufzeigt. Seine Brüder Arturo (1893 – 1962), Carlo (1894 – 1998) und Alberto (1896 – 1984) waren in verschiedenen Bereichen ebenfalls künstl. tätig.

Alberti, A. C.: Poetica teatrale e bibliografia di Anton Giulio Bragaglia. Rom 1978; ders.: Il teatro nel fascismo. Pirandello e Bragaglia. Rom 1974; Bigi, D.: Il teatro delle arti: le attivita espositive dal 1937 al 1943. Rom 1994; Bragaglia, A.G.: Evoluzione del mimo. Mailand 1930; ders.: Fotodinamismo futurista. (2. Aufl.) Turin 1980; ders.: Le maschere romane. Rom 1947; ders.: Nicola Sabbattini e Giacomo Torelli: scenotecnici marchigiani. Pesaro 1952; ders: Pulcinella. Rom 1953 (Florenz 1982); ders.: Sottopalco: saggi sul teatro. Osimo 1937; ders.: Storia del teatro popolare romano. Rom 1958; ders.: Il teatro della Rivoluzione. Rom 1929; Brauneck, M.: Theater im 20. Jahrhundert. Reinbek 1993; ders. Die Welt als Bühne. 4. Bd. Stuttgart, Weimar 2003; Calendoli, G.: Il teatro delle arti: le attivita teatrali dal 1937 al 1943. Rom 1996; Morselli, F.: L'Accademia Nazionale e altre aperture teatrali in Italia nel secondo decennio del Fascismo. Diss. Univ. Bologna 1998/99; Rauti, S.: Il teatro visivo di Anton Giulio Bragaglia (1919 – 1930). Padua 1993; Il teatro delle arti: lo Sperimentale di Stato di Anton Giulio Bragaglia 1937 – 1943. Hg. G. Calendoli. 3 Bde. Rom 1991 – 94; Verdone, M.: Anton Giulio Bragaglia. Rom 1965; ders.: La Casa d'arte Bragaglia, 1918 – 1930. Rom 1992.

Horst Schumacher

Brahm, Otto (eig. O. Abrahamsohn, Pseud. O. Anders), * 5. 2. 1856 Hamburg, † 28. 11. 1912 Berlin. Theaterleiter, Regisseur, Kritiker.

Kaufmannssohn, Bruder des Schauspielers Ludwig Brahm (1862 – 1926). Abgebrochene Lehre als Bankkaufmann, 1876 – 80 Germanistikstudium in Berlin, Heidelberg, Jena (Promotion). Schon während des Studiums journalistisch tätig, 1882 – 85 Kritiker der *Vossischen Zeitung*, seit 1885 der Wochenzeitschrift *Die Nation*. 1889 Mitbegründer und Leiter des Vereins Freie Bühne, erster Herausgeber der gleichnamigen Zeitschrift.

Nach Vorbild von →Antoines Th. Libre veranstaltete der Verein nichtöffentliche Aufführungen moderner Dramatik, um die Zensur zu umgehen. Wichtige Aufführungen u. a. Ibsens *Gespenster* (P. 29. 9. 1889), Hauptmanns *Vor Sonnenaufgang* (P. 20. 10. 1889) und *Die Weber* (P. 26. 2. 1893). Im Vorstand der 1890 gegründeten Freien Volksbühne. Als Kritiker und Publizist für moderne Dramatiker (Hauptmann, Ibsen, Strindberg, Tolstoj) und die Erneuerung von Insz. und Schauspielkunst eintretend. 1894–1904 Leiter des von Adolph L'Arronge 1883 gegründeten Dt. Theaters in Berlin. Zum Skandal wurde die erste öffentliche Aufführung von Hauptmanns *Die Weber* (P. 25. 9. 1894). Pflege moderner Dramatik, Aufbau eines bedeutenden Ensembles, u. a. →Kainz, →Lehmann, Agnes Sorma (1865–1927), Oscar Sauer (1856–1918), Rudolf Rittner (1869–1943), →Reicher, →Dumont, →Kayßler, →Bassermann und →Reinhardt. Wichtige Insz.en von Stücken Ibsens (*Nora, Gespenster*, beide 1894/95, *Die Wildente, John Gabriel Borkman*, beide 1896/97, *Hedda Gabler* 1897, *Der Volksfeind* 1900), Hauptmanns (*Florian Geyer* 1895, *Fuhrmann Henschel* 1898, *Michael Kramer* 1900, *Der rote Hahn* 1901, *Rose Bernd* 1903), Schnitzlers (*Liebelei* 1896, *Der grüne Kakadu* 1899, *Der einsame Weg* 1904). 1904/05 wechselte B. mit Ensemble ans Lessing-Th.; im Spielplan v. a. moderne (realistische) Autoren, kaum Klassiker. UA von Schnitzlers *Der Ruf des Lebens* (P. 24. 2. 1906), *Das weite Land* (P. 14. 10. 1911), *Professor Bernhardi* (P. 28. 11. 1912), Bahrs *Das Konzert* (P. 23. 12. 1909). — Neben der Durchsetzung zeitgenössischer Autoren ging es dem Kritiker wie Theaterleiter B. auf Grundlage eines umfassenden Regiekonzepts um eine neue realistisch-psychologische, unpathetische Schauspielkunst. Von großer Bedeutung für die Entwicklung der modernen Regie, dessen Arbeit Generationen von Schauspielern und Regisseuren nicht nur in Deutschland beeinflusst hat. Dabei trat er (wie →Georg II. von Sachsen-Meiningen) offiziell nie als Regisseur auf, bestimmte aber dennoch alle Insz.en. Ein Regisseur des Worts, der Treue zu Text und Intention des Autors, dem das Szenische notwendige Voraussetzung, nicht Selbstzweck war. Ziel seiner Arbeit mit den Schauspielern war es, die «Grundstimmung» eines Werks zu erfassen und darauf aufbauend Dialogführung und schauspielerische Aktion zu entwickeln und so zu einer in sich stimmigen Gestaltung zu gelangen. Menschendarsteller, keine «Schau»spieler sollten auf der Bühne stehen.

Brahm, O.: Kritische Schriften. 2 Bde. Hg. P. Schlenther. Berlin 1913–15; ders.: Theater – Dramatiker – Schriftsteller. Hg. H. Fetting. Berlin 1961; ders.: Kritiken und Essays. Hg. F. Martini. Zürich, Stuttgart 1964; Brauneck, M.: Klassiker der Schauspielregie. Reinbek 1988; Claus, H.: The Theatre Director Otto Brahm. Ann Arbor 1981; Liljeberg, M.: Otto Brahm. Diss. Berlin (DDR) 1980; Seidlin, O.: Der Theaterkritiker Otto Brahm. (2. Aufl.) Bonn 1978.

Wolfgang Beck

Branagh, Kenneth Charles, * 10. 12. 1960 Belfast. Regisseur, Schauspieler, Autor.

Nach der Ausbildung an der Londoner Royal Academy of Dramatic Arts (1979–81) gelang B. ein triumphales Debüt in Julian Mitchells *Another Country* (1982, West End). Seine Vielseitigkeit stellte er bereits 1983 als Schauspieler, Regisseur und Produzent mit dem hoch gelobten Ein-Mann-Stück *The Madness* (1983) unter Beweis. B.s rasante Karriere als →Shakespeare-Interpret begann 1984 in der Royal Shakespeare Company (u. a. Laërtes in *Hamlet*, TR in *Henry V.*). Am Lyric Th. brillierte er 1986 mit *Romeo and Juliet* als Titelheld und Regisseur. 1987 gründete er mit David Parfitt die Renaissance Th. Company, die mit dem von B. geschriebenen Stück *Public Enemy* ihre erste Premiere feierte. Rollen dort u. a. in

Shakespeares *Much Ado About Nothing*, *Hamlet* (TR), *As You Like It* (alle 1988), *Coriolanus* (TR, 1992), Osbornes *Look Back in Anger* (1989), Regie u. a. bei Shakespeares *Twelfth Night or, What you will* (1987), *A Midsummer Night's Dream* (1990), Čechovs *Onkel Vanja* (1991). 1990 ging das Ensemble mit Bs. Insz.en von *King Lear* und *A Midsummer Night's Dream* auf Welttournee. Nach langer Theaterpause kehrte B. 2001 als Regisseur mit *The Play What I Wrote* von Sean Foley und Hamish McColl (Everyman Playhouse, Liverpool, danach Wyndham's Th., London) zum Theater zurück. 2002 TR in Shakespeares *Richard III* (Crucible Th., Sheffield), 2003 TR in Mamets *Edmond* (National Th., London). – Seit 1985 wandte er sich vermehrt Film und Fernsehen zu. Als Hauptdarsteller und Regisseur wurde B. mit seinen vielfach ausgezeichneten Shakespeare-Adaptionen *Henry V.* (1988), *Much Ado About Nothing* (1993), *Hamlet* (1996), *Love' Labour's Lost* (1999), *As You Like It* (2006) zum internat. gefeierten Filmstar: «Das Tragische und das Komische, die dunkle und die helle Seite des Lebens – augenfälliger als Branagh vermag es niemand in Szene zu setzen», schrieb S. Mayer in *Die Zeit* (10. 9. 1993). Immer wieder mit Laurence →Olivier verglichen, avancierte B. nicht zuletzt mit weiteren Regiearbeiten, u. a. dem Hollywood-Thriller *Dead Again* (1991), der Gesellschaftskomödie *Peter's Friends* (1992) und der hochkarätig besetzten Produktion von *Mary Shelley's Frankenstein* (1994, mit B. in der TR), zum «Wunderkind des europäischen Kinos» (B. Möller, *Hamburger Abendblatt*, 17. 11. 1994). Zahlreiche Auszeichnungen. Als Autor veröffentlichte er neben Theaterstücken seine Autobiographie *Beginnings* (1989).

Berthomieu, P.: Kenneth Branagh: traînes de feu, rosées de sang. Paris 1998; Crowl, S.: The Films of Kenneth Branagh. Westport u. a. 2006; ders.: Shakespeare at the cineplex: the Kenneth Branagh era. Athens 2003; Hatchuel, S.: A companion to the Shakespearean films of Kenneth Branagh. Winnipeg u. a. 2000; López Velayos, T., S. González Ortiz: Kenneth Branagh: en el nombre de Shakespeare. Madrid 1998; Pecchioni, D.: Kenneth Branagh. Mailand 2000; Shuttleworth, I.: Ken & Em: a biography of Kenneth Branagh and Emma Thompson. London 1994; Weiss, T.: Shakespeare on the screen: Kenneth Branagh's adaptions of Henry V, Much ado about nothing and Hamlet. (2. Aufl.) Frankfurt a. M. u. a. 2000; White, M.: Kenneth Branagh. London 2005.

Nina Grabe

Brandauer, Klaus Maria (eig. Klaus Georg Steng), * 22. 6. 1943 Bad Aussee (Österreich). Schauspieler, Regisseur.

Sohn eines Zollbeamten. Erste Theatererfahrungen bei Schulaufführungen und der Laienspielbühne Oberkirch. 1962 abgebrochene Ausbildung an der Hochschule für Musik und Darstellende Kunst in Stuttgart. 1963 Debüt am Landestheater Württemberg-Hohenzollern in Tübingen (Claudio in →Shakespeares *Maß für Maß*). 1964–66 am Landestheater Salzburg u. a. TR in Büchners *Leonce und Lena* (1975 auch Salzburger Festspiele), Oswald in Ibsens *Gespenster* (beide 1965); Regiedebüt bei Coubiers *Aimée oder der gesunde Menschenverstand* (1964). 1966–68 Düsseldorfer Schauspielhaus, u. a. in Shaws *Die heilige Johanna* (1966), →Molières *Der Wirrkopf* (1967), Frischs *Biografie. Ein Spiel* (1968). 1968–72 Th. in der Josefstadt (Wien), u. a. in Kerrs *Armer Richard* (1968) und in →Kortners letzter Insz. Prinz in →Lessings *Emilia Galotti* (1970, auch auf triumphaler Tournee). Insz. von Shakespeares *Wie es euch gefällt* (1973), Clarks *Ist das nicht mein Leben?* (1980, auch Tournee). Seit 1972 Burgtheater (Wien). TRen u. a. in Cocteaus *Bacchus*, Schillers *Don Carlos* (beide 1972), Vitracs *Victor oder Die Kinder an der Macht* (1977), Molières *Tartuffe* (1979, R. →Noelte), Lessings *Nathan der Weise* (2004). Publikumserfolge in Shakespeares *Hamlet* (TR, 1985, R. →Hollmann), Albees *Wer hat Angst vor Virginia Woolf?* (1991, R. → Neuenfels), Rostands *Cyrano von Bergerac* (1999); Insz. von *Hamlet* (2002). Weitere Regiearbeiten bei Mitterers *Das Spiel im Berg* (1992 und 1995, Th. im Salzbergwerk, Altaussee), Vilars *Speer* (UA 1998, Akademie der Künste, Berlin; 1999 Almeida Th., London). 1996 erste Musiktheaterregie bei Léhars *Das Land des Lächelns* (Volksoper Wien), 2003 Erzähler bei Stravinskijs *Ödipus Rex* (Opernhaus Graz), Bassa Selim in Mozarts *Die Entführung aus dem Serail* (Opernhaus Zürich). Gastspiele u. a. am Residenztheater München (Shakespeare, *Der Widerspenstigen Zähmung*, 1971, R. → Schenk), den Münchner Kammerspielen (Shaw, *Der Arzt am Scheideweg*, 1975), dem Thalia Th. Hamburg (Grillparzer, *Weh dem, der lügt!*, 1976, eigene R.). Bei den Burgenländischen Festspielen u. a. in Grillparzers *Die Ahnfrau* (1973), *Ein treuer Diener seines Herrn* (1975), *Die Jüdin von Toledo* (1977, eigene R.), *Der Traum ein Leben* (1981). Bei den Salzburger Festspielen in Shakespeares *Was ihr wollt* (1972), Beaumarchais' *Der tolle Tag oder Figaros Hochzeit* (1978), 1983–89 TR in Hofmannsthals *Jedermann*. In den letzten Jahren verstärkt Lesungen und sinfonisch-dramatische Projekte mit dem Dirigenten Thomas Hengelbrock. Seit 1994 Dozent am Reinhardt-Seminar, seit 1996 Professor. Internat. Durchbruch beim Film in *Mephisto* (1981, R. Szabó); außerdem u. a. in *Never Say Never Again* (*Sag niemals nie*, 1983), *Oberst Redl* (1985), *Out of Africa* (*Jenseits von Afrika*, 1986), *Hanussen* (1988), *Das Spinnennetz* (1989), *Colette* (1991), *Rembrandt* (1999), *Jedermanns Fest* (2001), *Im Visier des Bösen* (2003, TV). Regie und Rolle bei *Georg Elser – Einer aus Deutschland* (1989), *Mario und der Zauberer* (1994). B. war verheiratet mit der Film- und Fernsehregisseurin Karin B. (1945–92), ihr Sohn Christian (*1963) ist Musiker. Zahlreiche Auszeichnungen. – B. ist ein herausragender Charakterdarsteller, der das Publikum begeistert und die Kritik oft polarisiert. Für die einen ein schauspielerischer Monomane, auf wohlkalkulierte Effekte und seine Manierismen setzend («Hamlet spielt Brandauer», H. Karasek in *Der Spiegel* 1/1986), für die anderen ein begnadeter und obsessiver Darsteller von großer Authentizität; ein denkender, jungenhaft wirkender, sensibler Schauspieler mit großer Sprechkultur; ein Darsteller mit intensiver Präsenz und auratischer Ausstrahlung, diszipliniert, perfektionistisch. Es sind die schillernden, die sensiblen, gebrochenen Figuren, die er besonders überzeugend zu gestalten versteht. Als Schauspieler wie als Regisseur beeinflusst von Kortner und wie dieser kompromisslos im Anspruch an die eigene Arbeit. Als Regisseur dem Autor und den Intentionen des Textes verpflichtet, den Schauspieler in den Mittelpunkt stellend. «Er ist sich treu bis ins Klischee: unnachahmlich schwierig und unnachahmlich großartig zu sein» (J. Riedl in *Der Spiegel* 9./1989).

Blum, H. R., S. Schmitt: Klaus Maria Brandauer. München 1996; Brandauer, K. M.: Bleiben tu' ich mir nicht. Wien 1991; Dössel, Ch.: Klaus Maria Brandauer. Salzburg u. a. 2003; Lanz, P.: Klaus Maria Brandauer. Bergisch Gladbach 1986.

Wolfgang Beck

Brasseur, Pierre (eig. P. Espinasse), *22.12.1905 Paris, †14.8.1972 Bruneck/Südtirol. Schauspieler, Autor.

Entstammte einer bekannten Schauspielerfamilie und verließ mit 17 Jahren die Schule mit der Absicht, am Pariser Konservatorium, das ihn allerdings ablehnte, eine Schauspielerausbildung zu beginnen. → Lugné-Poë gab ihm 1925 die erste Theaterrolle. Schauspielunterricht bei Harry Baur und Dorival. Freundschaft mit Jean Cocteau und Raymond Radiguet. Er trat in komischen Rollen in Boulevard-Th.n auf und spielte in surrealistischen Stücken von Tristan Tzara. Er verfasste selbst surrealistische Dramen *(Ancre noir, Homme du monde, Cœur à gauche, Grisou, Un ange passe, Sainte-Cécile, Le Mascaret)*. 1927 trat er in den Stummfilmen *Madame Sans-Gêne*, *Léonce Perret* und *Le Feu* auf und war während seiner ganzen weiteren Laufbahn sowohl Bühnen- als auch Filmschauspieler. In Marcel Carnés *Quai des brumes* (1938) verkörperte er den ausschweifenden Herumtreiber, dem man eine gewisse Sympathie nicht versagen kann. 1943 sah man ihn in *Lumière d'été* von Jean Grémillon, 1945 als den unvergesslichen Frédérick Lemaître in *Les Enfants du Paradis (Kinder des Olymp)*, seiner zweifellos geglücktesten Rolle. Auf der Bühne gab der nach und nach sehr korpulent gewordene und mit tiefer Grabesstimme deklamierende B. mit seinem funkelnden Blick und Backenbart vielen Rollen für Jahrzehnte sein Gepräge: *Le Bossu (Der Bucklige)* von Paul Féval z. B., den er in der Saison 1948/49 bei der Compagnie Renaud-Barrault kreierte, und v. a. in Stücken von Jean-Paul Sartre: 1951 als Goetz in *Le Diable et le bon Dieu (Der Teufel und der liebe Gott)* und als Kean in dem gleichnamigen Stück von Alexandre Dumas, das Sartre neu bearbeitet hatte. Jean Anouilh hatte ihm 1955 *Ornifle ou le courant d'air (Der Herr Ornifle)* auf den Leib geschrieben, eine Art Don Juan mit seinen Körpermaßen, die B. dann auch 1958 im *Don Juan* von Henry de Montherlant spielte und schließlich 1965 in Shaws *Don Juan in der Hölle*. Große Theatererfolge waren sein Auftritt an der Seite von Maria → Casarès in *Geliebter Lügner* von Jerome Kilty 1960 und 1967 in Harold → Pinters *Die Heimkehr* im Th. de Paris, wo er die Rolle des Vaters spielte. B. starb in Bruneck in Südtirol bei den Dreharbeiten zur Verfilmung von Friedrich Dürrenmatts Erzählung *Die Panne: La più bella serata della sua vita (Der schönste Abend seines Lebens)*. B. bleibt als extrovertierter Darsteller in Erinnerung, im Gegensatz zum introvertierten Jean → Vilar und dem überschwänglichen jugendlichen Helden Gérard → Philipe: 3 Schauspieler, die das franz. Th. des 20. Jh.s wesentlich prägten.

Horst Schumacher

Brauer, Charles (seit 1952, eig. C. Knetschke), * 3. 7. 1935 Berlin, Schauspieler.

Der Regisseur Gerhard Lamprecht engagierte den 11-Jährigen 1946 von der Straße weg für seinen Film *Irgendwo in Berlin*. B. erhielt einen 2-Jahres-Vertrag bei der DEFA. Danach spielte er 1951 am Hebbel-Th. in W. Saroyans *Mein Herz ist im Hochland*, am Berliner Th. am Schiffbauerdamm in F. Bruckners *Die Rassen* und an der Tribüne. 1952–53 Schauspielausbildung an der Max-Reinhardt-Schule in Berlin. 1954 hatte B. sein Fernsehdebüt in der ersten Serie des dt. Fernsehens, *Familie Schölermann*, die 5 Jahre lang alle 14 Tage live ausgestrahlt wurde. Im gleichen Jahr ging er nach Hamburg und wurde nach Zwischenstationen am Jungen Th. (Hauptrolle in O'Neills *Oh Wildnis*) und den Hamburger Kammerspielen von → Gründgens 1956 ans Dt. Schauspielhaus engagiert. Er arbeitete u. a. mit Regisseuren wie Gründgens (→ Brechts *Die heilige Johanna der Schlachthöfe*, UA 1959), → Kortner (→ Molières *Der eingebildete Kranke*, 1964), → Schuh (→ Shakespeares *Ein Sommernachtstraum*, 1965), → Lietzau (Kopits *Indianer*, DEA 1970), → Peymann (Tourneurs *Die Tragödie der Rächer*, 1972), → Bondy (Horváths *Glaube, Liebe, Hoffnung*, 1974). Nach 20 Jahren wechselte B. 1976 nach München, wurde Ensemblemitglied der Münchner Kammerspiele und stand in Insz.en u. a. von Th. → Langhoff, G. → Tabori, E. → Wendt und D. → Dorn auf der Bühne. Bis 1983 war sein Arbeitsschwerpunkt das Th., seither steht das Fernsehen im Mittelpunkt. Zwischendurch gibt er aber immer wieder Bühnengastspiele, z. B. 1989 im Berliner Schiller-

Th. in Shakespeares *Maß für Maß* (R. N.-P. →Rudolph), 1990/91 bei den Salzburger Festspielen in Th. Langhoffs Insz. von Grillparzers *Die Jüdin von Toledo* und 1996 in der Rolle des Skolsky in Neil Simons *Ein Gag für Max* am Renaissancetheater in Berlin. – B. zeichnet sich durch die Vielseitigkeit seiner schauspielerischen Tätigkeiten aus: Als Theaterschauspieler auf der ganzen Bandbreite des Repertoires von der Klassik bis zur Moderne; er hat in Kino- (z. B. *Rosa Luxemburg*, 1986, R. Margarethe von Trotta) und Fernsehfilmen (z. B. *Tiger, Löwe, Panther*, 1989, R. D. Graf) gespielt und ist beliebter Darsteller in TV-Serien (u. a. 1986 – 2000 als gelegentlich singender Hauptkommissar Brockmüller in den Hamburger *Tatort*-Krimis an der Seite Manfred Krugs und seit 2000 in der erfolgreichen Reihe *Samt und Seide im* ZDF). B. ist auch ein gefragter Hörbuchsprecher (u. a. J. Grisham, M. Puzo, S. Marai, E. A. Poe).

Brauer, C., M. Krug: Tatort. Die Songs (New Edition). O. O. 2001 (*CD*); Oetjen, A., H. Wacker: Swinging Cops. Manfred Krug und Charles Brauer. Berlin 1999.
Ute Hagel

Brecht, Bertolt (eig. Eugen Berthold Friedrich B.), * 10. 2. 1898 Augsburg, † 14. 8. 1956 Berlin (DDR). Dramatiker, Lyriker, Erzähler, Regisseur, Intendant.

Aus der Familie eines Angestellten kommend, der später kaufmännischer Direktor einer Papierfabrik wurde, nahm B. 1917/18 ein Literatur- und Medizinstudium in München auf. Während dieser Zeit verkehrte er in literarischen Kreisen und lernte neben anderen Lion Feuchtwanger, Frank Wedekind und Karl →Valentin kennen. Im Herbst Unterbrechung des Studiums, Einberufung zum Kriegsdienst, anschließend Sanitätshelfer in einem Augsburger Lazarett. 1918/19 schrieb er sein erstes Stück *Baal*, ab 1919 Fortsetzung des Literaturstudiums, Besuch des theaterwissenschaftlichen Seminars Artur Kutschers. 1922 erhielt er auf Vorschlag Herbert Iherings den Kleist-Preis für die Komödie *Trommeln in der Nacht* (1919); Heirat mit Marianne Zoff, 1923 Geburt der Tochter Hanne (→Hiob). 1922 kam B. als Dramaturg an die Münchner Kammerspiele, lernte 1923 Helene →Weigel kennen, ein Jahr später wurde der gemeinsame Sohn Stefan geboren. 1924 wechselte B. als Dramaturg zu Max →Reinhardt ans Dt. Theater in Berlin; Beginn einer intensiven Auseinandersetzung mit dem Marxismus. 1927 Scheidung von Marianne Zoff; 1929 Heirat mit Helene Weigel. Im selben Jahr UA von B.s *Dreigroschenoper* im Berliner Th. am Schiffbauerdamm (Musik Kurt Weill; R. Erich →Engel); der triumphale Erfolg des effektsicheren Stücks zählt zu den größten Theaterereignissen der Weimarer Republik. Am 28. 2. 1933, einen Tag nach dem Reichstagsbrand, Emigration über Prag, Wien, die Schweiz und Frankreich nach Dänemark, wo B. 1933 – 39 auf der Insel Fünen lebte; 1939 Umzug mit der Familie nach Schweden, von dort nach Finnland. 1941 Flucht über Russland in die USA. 1941 – 47 lebte B. in Santa Monica bei Hollywood, wo er das Szenario für Fritz Langs Film *Hangman Also Die* (1943) schrieb und mit Charles →Laughton an der Übersetzung seines Stücks *Das Leben des Galilei* (1. Fassung: 1938/39; 2. Fassung: 1945 – 47; 3. Fassung: 1954 – 56) arbeitete. 1947 sollte sich B. in Washington vor dem Komitee zur Bekämpfung «unamerikanischer Umtriebe» verantworten, woraufhin er die USA verließ und in die Schweiz übersiedelte. Von 1947 bis Anfang 1949 Aufenthalt in Zürich. Da man ihm die Einreise nach Westdeutschland verwehrte, zog er nach Ostberlin, wo er 1949 gemeinsam mit seiner Frau Helene Weigel das Berliner Ensemble gründete, das 1954 im Th. am Schiffbauerdamm seine feste Arbeitsstätte einrichtete. Zahlreiche Regiearbeiten und Gastspielreisen. 1950 erwarben beide die österr. Staatsbürgerschaft; 1955 reisten sie zur Entgegennahme des Stalin-Preises nach Moskau.

Am Th. seiner eigenen Zeit bemängelte B., dass Unterhaltung und Belehrung mehr und mehr in einen scharfen Konflikt geraten seien. Entsprechend erhob B. die Forderung nach einem Th. für das wissenschaftliche Zeitalter. Damit fällt in B.s Theaterästhetik seit Mitte der 1920er Jahre dem Begriff des Experiments eine Schlüsselfunktion zu. Diese für die exakten Naturwissenschaften typische und charakteristische Methode wollte B. auf die Gesellschaft übertragen wissen und seinem Th. zugrunde legen: Auf experimentellem Weg sollten die Bedingungen ermittelt werden, von denen das Zusammenleben der Menschen, ihre Beziehungen untereinander bestimmt werden und abhängen. Der Marxismus gewann für B. v. a. aus diesem Kontext heraus seine Bedeutung und Funktion. Marx' Gesellschaftstheorie ermöglichte ihm die präzise Formulierung der Fragen, deren Überprüfung sein Th. übernehmen sollte, sowie die Isolierung der dafür wesentlichen Elemente. So setzen die meisten B.-Stücke der Vorstellung vom immer gleichen Sein des Menschen die These von seiner prinzipiellen Veränderbarkeit entgegen: Der Mensch an sich – ohne soziale und ökonomische Bezüge – ist nichts; er wird erst durch die Beziehungen etwas, in die er eintritt; diese Beziehungen sind nicht primär humane, sondern ökonomische Sachbeziehungen, die auch den Menschen primär zu einer Sache werden lassen, die je nach Kontext positiv oder negativ eingesetzt werden kann; jeder Wechsel der Beziehung führt zu einer Veränderung der Person (als Sache). Der Dramatiker tritt selbst als Veranstalter dieses gesellschaftlichen Experiments hervor und betont ausdrücklich seinen beweisenden, demonstrierenden Charakter, der dem Publikum Einfühlung verbietet und es zu reflektierender, wenn auch fröhlicher Distanz anhält. B. ging also davon aus, dass es Individualität im «alten» bürgerlichen Sinn nicht geben kann, und fühlte sich in dieser Auffassung durch Marx bestärkt, der den Menschen als ein veränderliches und veränderndes Wesen bestimmt, dessen Bewusstsein durch sein gesellschaftliches Sein bedingt ist. Der «neue» Mensch, der sich als Produkt nichtbürgerlicher Verhältnisse in der klassenlosen Gesellschaft herausbilden wird, lässt sich daher nicht im voraus festlegen und kann deshalb auch auf der Bühne nicht als das neue Ideal dargestellt werden, dem der Zuschauer durch Identifikation nacheifern kann. Vielmehr obliegt es dem Zuschauer, aus den auf der Bühne vorgeführten Handlungen und Verhaltensweisen aktiv den «neuen» Menschen weiterzuentwickeln. Von daher zielten die künstl. Verfahren B.s in den eigenen Insz.en seiner großen epischen Stücke wie *Das Leben des Galilei* (1938/39), *Mutter Courage und ihre Kinder* (1939, Musik Paul Dessau), *Der gute Mensch von Sezuan* (1939–42, Musik Paul Dessau) und *Herr Puntila und sein Knecht Matti* (1940, Musik Paul Dessau) kontinuierlich auf den Wechsel in der Fokussierung zwischen Bühnenvorgängen und Zuschauern. Er wurde im Verlauf der Aufführung immer wieder durch «Verfremdung» erzielt, durch den sog. «V-Effekt», der dem Zuschauer die dargestellten Vorgänge – auch die bekanntesten – fremd erscheinen lassen soll, sodass er an ihnen Kritik zu üben vermag. Zu solchen V-Effekten gehörten bereits auf der Ebene der Gestaltung der Dramen die Wendung der Personen ans Publikum, die Selbsteinführung der Personen, die Handlung kommentierende szenische Rückblenden, Pantomimen und das Stück inhaltlich gliedernde Songs – Elemente des «epischen Theaters», dessen Begriff B. in zahlreichen theatertheoretischen Schriften wie etwa *Klei-*

nes *Organon für das Theater* (1949) differenziert darstellte. B. entwickelte zu diesem Zweck gemeinsam mit seinen Darstellern aber auch eine besondere Technik der Schauspielkunst, bei der es der Schauspieler in keinem Augenblick zur restlosen Verwandlung in die Figur kommen lassen durfte, sondern lediglich die Haltung eines Zeigenden und Vorführenden einnehmen sollte. B. markierte ferner die Grenze zwischen Bühne und Zuschauerraum oft lediglich durch eine halbhohe flatternde Gardine und beließ die Lichtquellen der Bühnenbeleuchtung für den Zuschauer sichtbar. B. verwendete die gerade vorherrschende Stücksituation thematisierende Leinwandprojektionen und ausschließlich die für das Spiel der Darsteller unerlässliche Menge von Dekorationen und Requisiten, die oft reale Gebrauchsobjekte waren. Die solcherart an und mit konkreten Gegenständen vollzogenen praktischen Tätigkeiten der Darsteller/innen leisteten zu einem entscheidenden Teil den Aufbau der Figur. Die Ablösung des mimetischen Th.s durch das in seinen Mitteln durchschaubar gemachte epische Th. ließen B. zu einem der einflussreichsten Dramatiker und Theatertheoretiker des 20. Jh.s werden. Seine Theaterarbeit wirkte stilbildend auf die nachfolgende Regiegeneration (u. a. → Besson, → Wekwerth, → Palitzsch).

Weitere Stücke: *Leben Eduards des II. von England* (1924); *Im Dickicht der Städte* (1921–24); *Mann ist Mann* (1926); *Aufstieg und Fall der Stadt Mahagonny* (1929, Musik Kurt Weill); *Der Ozeanflug* (1929); *Die heilige Johanna der Schlachthöfe* (1929/30); *Der Jasager – Der Neinsager* (1929–31); *Die Mutter* (1932); *Die Rundköpfe und die Spitzköpfe* (1933); *Die sieben Todsünden der Kleinbürger* (1933, Ballett, Musik Kurt Weill); *Furcht und Elend des Dritten Reiches* (1935–38); *Die Gewehre der Frau Carrar* (1937–39); *Flüchtlingsgespräche* (1940); *Der aufhaltsame Aufstieg des Arturo Ui* (1941, Musik H.-D. Hosalla); *Flüchtlingsgespräche* (1940/41); *Schweyk im zweiten Weltkrieg* (1941–44, Musik Hanns Eisler); *Der kaukasische Kreidekreis* (1944/45, Musik P. Dessau).

Bertolt Brecht. Hg. R. Grimm. Stuttgart 1971; Brechts Dramen. Neue Interpretationen. Hg. W. Hinderer. Stuttgart 1984; Brauneck, M.: Die Welt als Bühne. 4. Bde. Stuttgart, Weimar 2003; Fiebach, J.: Von Craig bis Brecht. Studien zu Künstlertheorien in der 1. Hälfte des 20. Jahrhunderts. Berlin 1975; Fischer-Lichte, E.: Theater im wissenschaftlichen Zeitalter. In: dies.: Kurze Geschichte des deutschen Theaters. Tübingen 1993, S. 347–72; Theaterarbeit. 6 Aufführungen des Berliner Ensembles. Hg. v. Berliner Ensemble, Helene Weigel. Dresden 1952.

Friedemann Kreuder

Brecht, Ulrich, * 8. 10. 1927 Wertheim, † 21. 7. 2003. Dramaturg, Regisseur, Theaterleiter.

1949–51 Regieassistent, Schauspieler, Dramaturg in Kiel. Am Landestheater Darmstadt (1951–53) von → Sellner geprägt, war B. 1954–57 Oberspielleiter am Stadttheater Luzern, 1957–59 Staatstheater Oldenburg und 1959–62 an den Bühnen der Hansestadt Lübeck (Dorsts *Große Schmährede an der Stadtmauer*, UA 1961). Intendant 1962–66 am Ulmer Th., 1966–72 Staatstheater Kassel, 1972–76 Düsseldorfer Schauspielhaus, («Brecht bekam bald zu spüren, daß er unter Umständen berufen worden war, die nicht mehr die gleichen waren», Hans Schwab-Felisch), 1976–83 Städt. Bühnen Essen, 1983–89 Städt. Bühnen Freiburg (Hochhuths *Der Stellvertreter*, 1990). B. machte sich schnell einen Namen als präziser Regisseur. 1973 Insz. der UA von Pavel Kohouts *Armer Mörder* (Düsseldorf). Bei den Bad Hersfelder Festspielen Insz. von → Brechts *Die heilige Johanna der Schlachthöfe* (1970) und *Der aufhaltsame Aufstieg des Arturo Ui* (1979). 1969 mit seiner Insz. der *Antigone* von Sophokles zum Berliner Theatertreffen eingeladen. Gastinsz. an großen Opernhäusern (München, Berlin). Als

Brenner, Hans, * 25. 11. 1938 Innsbruck, † 4. 9. 1998 München. Schauspieler.

Der Sohn eines Arbeiters debütierte nach dem Schauspielunterricht in Salzburg am Th. für Vorarlberg in Bregenz. Über Engagements in Heidelberg (→ Nestroy, *Der Talisman*, 1965/66; 1981 Bayer. Staatsschauspiel), Göttingen (Hacks, *Die Schlacht von Lobositz*, 1967), Berlin und Zürich kam er an die Münchner Kammerspiele. Spielte dort u. a. in Sperrs *Jagdszenen aus Niederbayern* (1969, mit → Giehse, → Drexel), Bauers *Change* (1970, R. → Everding), → Valentins *Tingeltangel* (1971, R. N.-P. → Rudolph) und erstmals in einem Stück von → Kroetz (*Hartnäckig / Heimarbeit*, UA 1971), für dessen Schauspiele er in den folgenden Jahren ein wichtiger Protagonist wurde. So 1972–75 am Staatstheater Darmstadt in *Männersache* (UA 1972) und *Lieber Fritz* (UA 1975, R. Kroetz) und 1976–79 am Düsseldorfer Schauspielhaus in *Herzliche Grüße aus Grado* (1976) und *Mensch Meier* (TR, UA 1978). Danach bis 1983 Mitglied des Bayer. Staatstheaters in München; Rollen dort u. a. in → Brechts *Herr Puntila und sein Knecht Matti* (1975, R. → Schweikart) und *Mutter Courage und ihre Kinder* (1982), Fleißers *Der starke Stamm* (1979; 1982 TV), Schnitzlers *Reigen* (1982, R. → Meisel; 1996/97 Volkstheater), Deichsels *Zappzarapp* (UA 1982). 1982 erstmals bei den Volksschauspielen in Telfs (Tirol) in der UA von Mitterers *Stigma*; dort außerdem u. a. in dessen *Das wunderbare Schicksal* (1992, Übernahme ins Volkstheater) und → Shakespeares *Hamlet* (1998). Seit 1983 am Münchner Volkstheater, dessen Intendanz 1988 seine Lebensgefährtin Ruth Drexel übernahm. Wesentliche Rollen dort u. a. in Becher / Preses' *Der Bockerer* (1984, mit → Schenk), Brechts *Schweyk im zweiten Weltkrieg* (TR, 1985), *Die Dreigroschenoper* (1990), *Der kaukasische Kreidekreis* (1993), Nestroys *Häuptling Abendwind* (1986) und *Der böse Geist Lumpazivagabundus* (1993/94), Horváths *Glaube, Liebe, Hoffnung*, Molnárs *Liliom* (TR, beide 1987), → Goethes *Urfaust* (1989, mit → Bierbichler, R. → Palitzsch), → Raimunds *Der Alpenkönig und der Menschenfeind* (1989) und *Der Bauer als Millionär* (1998), Büchners *Woyzeck* (TR, 1990), Luis Zaglers *Vogelfrei* (1991), Jonsons *Volpone* (1996). Überregionale Bekanntheit erlangte B. durch zahlreiche Film- und Fernsehrollen, u. a. in *Mathias Kneißl* (TR, 1971), *Der Reigen* (1973), *Der Hauptdarsteller* (1977), *Messer im Kopf* (1978), *Nacht der Wölfe* (1981), *Nix für unguat* (Serie, 1984–86), *Der landläufige Tod* (1990), *Der Friede, der zum Krieg führt* (1995), *Todesspiel* (1996). – Der Schauspieler B. mit seiner unverwechselbaren Physiognomie und markanten Stimme wurde v. a. im Fernsehen häufig als ewig grantelnder und kauziger «typischer» bayrischer Dickschädel besetzt. Dabei war er Charakterdarsteller und glänzender Volksschauspieler in einem, der leiser Töne ebenso fähig war wie der Verkörperung zerrissener und nachdenklicher Figuren. Sein darstellerisches Repertoire umfasste mit gleicher Selbstverständlichkeit Klassiker wie zeitgenössische Stücke. Herausragend seine Darstellungen in Stücken von Nestroy, Brecht, Horváth und Kroetz. Der Schauspieler Moritz Bleibtreu (* 1971) stammt aus der Beziehung B.s mit Monika → Bleibtreu.

Wolfgang Beck

Breth, Andrea, * 31. 10. 1952 Rieden / Füssen. Regisseurin.

Anfänge am Heidelberger Th. (1972/73), erste eigene Insz. am Bremer Th. (Švarc, *Die verzauberten Brüder*, 1975), wo sie bis 1977/78 arbeitete. Danach Insz.en in Wiesbaden,

Hamburg und Westberlin. Nach dem Misserfolg mit →Lessings *Emilia Galotti* an der Freien Volksbühne Berlin (1980) Rückzug nach Zürich (1980–83) und Freiburg (1983–85). Dort mit der Insz. von García Lorcas *Bernarda Albas Haus* (1984) sehr erfolgreich. Erste Zusammenarbeit mit dem Bühnenbildner Gisbert →Jäkel, mit dem sie in den folgenden Jahren immer wieder zusammenarbeitete. Höhepunkt ihres Engagements am Bochumer Schauspielhaus (1986–90) war die Insz. von *Süden* von Julian Green (1987), für die sie von *Th. heute* zur Regisseurin des Jahres gewählt wurde. Nachdem B. nach Unstimmigkeiten mit dem Intendanten 1990 das Bochumer Th. verlassen hatte, debütierte sie 1991 mit Schnitzlers *Der einsame Weg* an der Berliner Schaubühne. 1992 Eintritt in die künstl. Leitung der Schaubühne, die sie 1997 wieder verließ. Als Regisseurin arbeitete sie dort noch 2 weitere Jahre. B., «eine behutsame, psychologisch äußerst sorgfältige, ja taktvolle Regisseurin» (R. Schaper in *SZ*, 19. 12. 1995) inszeniert eher «alte» Stücke, in denen sie «nach einer Antwort nach drängenden Fragen der Gegenwart sucht» (K. Dermutz in *SZ*, 16./17. 1. 1993). Dies gilt auch für ihre Insz.en an der Schaubühne: Gor'kijs *Nachtasyl*, Vampilovs *Letzter Sommer in Tschulimsk* (beide 1992), Kaisers *Von morgens bis Mitternacht* (1993). An der Insz. von Ibsens *Hedda Gabler* (1993) schieden sich – wie so oft – die Geister der Kritiker und reichten von Bewunderung bis zu brüsker Ablehnung. Weitere Regiearbeiten u. a.: Euripides' *Orestes*, Čechovs *Die Möwe* (beide 1995), *Onkel Wanja* (1998), Kleists *Die Familie Schroffenstein* (1997). Mit *Stella* von →Goethe verabschiedete sich B. 1999 von der Berliner Schaubühne und ging nach Wien als Hausregisseurin ins Team von Klaus Bachler am Burgtheater. Dort inszenierte sie mit Ostermaiers *Letzter Aufruf* zum ersten Mal ein zeitgenössisches Stück (UA 2002). Weitere Insz.en u. a. von Horváths *Der jüngste Tag* (2000), Schillers *Maria Stuart* (2001), *Don Carlos* (2004), →Lessings *Emilia Galotti* (2002), *Minna von Barnhelm* (2005), Albees *Die Ziege oder Wer ist Sylvia?* (dt.sprachige EA), Williams' *Die Katze auf dem heißen Blechdach* (beide 2004), Ostermaiers *Nach den Klippen* (UA), Čechovs *Der Kirschgarten* (beide 2005). Bei den Salzburger Festspielen Schnitzlers *Das weite Land* (2003). In Leipzig erste Opernregie bei Glucks *Orfeo ed Euridice* (2000). 2003 Smetanas *Die verkaufte Braut* (Oper Stuttgart), 2005 Bizets *Carmen* (2005, Styriarte, Graz). Seit 1994 ist B. Professorin für Regie an der Hochschule für Schauspielkunst «Ernst Busch» in Berlin. Auszeichnungen u. a. 1986 Dt. Kritikerpreis, 1987 erste Preisträgerin des Fritz-Kortner-Preises, 2006 Theaterpreis Berlin. Zahlreiche Einladungen zum Berliner Theatertreffen.

B. gehört zu den führenden Regisseuren des gegenwärtigen dt.sprachigen Th.s, deren atmosphärisch dichte und psychologisch präzise Arbeiten sich modischen Trends verschließen und mit sensiblem Gespür für menschliche Abgründe v. a. klassische Stücke auf ihre Aktualität hin durchleuchten. Neben «dem Erschrecken über die Banalität des Bösen» zieht sich das Thema Familie «als Brutstätte von Neurosen» durch fast alle ihre Insz.en (Dermutz in *SZ*, 16/17. 1. 1993). B. betont den Bildungsauftrag des Th.s und sieht die Bühne in einer dienenden Funktion gegenüber dem Text. Eine radikale Einzelgängerin, die sich dem «Event-Denken» des Kulturbetriebs verweigert.

Ahrends, G.: Andrea Breth. Theaterkunst als kreative Interpretation. Frankfurt a. M. 1989; Auffermann, V.: Das Publikum auf die falsche Fährte locken. Andrea Breth und das Regietheater. In: TheaterFrauen, Hg. U. May. Frankfurt a. M. 1998; Dermutz, K: Andrea Breth. Frankfurt a. M. 1995; ders.: Der Augenblick der Liebe. Salzburg, Wien 2004.

Karin Schönewolf

Brewster, Yvonne, * 1938 Kingston (Jamaika). Schauspielerin, Regisseurin, Theaterleiterin.

Tochter eines Grundbesitzers. Schauspielausbildung 1956–59 in Großbritannien am Rose Bruford College (Sidcup bei London), dessen erste weibliche schwarze Studentin sie war, und der Royal Academy of Music. 1960 Rückkehr nach Jamaika; Lehrerin, Radio-, Film- und Fernseharbeit. Gründete mit dem Autor Trevor Rhone das noch bestehende Barn Th. als erstes professionelles Th. Jamaikas. Seit 1971 v. a. in Großbritannien als Schauspielerin und Regisseurin tätig. 1985 gründete B. mit Mona Hammond, Carmen Monroe, Inigo Espejel die Talawa Th. Company, die sie bis 2003 leitete. Eröffnung mit C. L. R. James' *The Black Jacobins* (1986). Mit dieser Gruppe inszenierte sie Klassiker wie →Shakespeares *Antony and Cleopatra* (1991/92), *King Lear* (1994), *Othello* (1997), Fords *'Tis A Pity She's A Whore* (1995), Wildes *The Importance of Being Earnest* (1989) als erste «schwarze» Produktion des Stücks in England. V. a. aber Stücke von Dramatikern des karibischen Raums, Afrikas und Afro-Amerikanern wie Walcotts *O Babylon!* (1988) und *Beef, No Chicken* (1996), Rotimis *The Gods Are Not To Blame* (1989, auch TV), Lovelace' *The Dragon Can't Dance* (1990), Soyinkas *The Road*, ihre Adaption von Tipling / Dwyers *Arawak Gold* (beide 1992), Bandele-Thomas' *Resurrections* (1994), Cleages *Flyin' West* (1997), Trianas *Medea In The Mirror* (1999), Dawes' *One Love* (2001). Weitere Insz.en u. a. von García Lorcas *Bluthochzeit* (1991, National Th.), Shakespeares *Romeo and Juliet* (1995, TV, BBC), Pinters *The Lover* (Teatro della Limonaia, Florenz), in den USA von Walcotts *Ti-Jean and His Brothers* (1998), Williams' *A Streetcar Named Desire* (2004, beide University of California, Davis), Eubas *The Eye of Gabriel* (1999, Louisiana State University, Baton Rouge), in Jamaika u. a. von Rhones *Bellas Gate Boy* (2002, Barn Th.), Nelsons *Maskarade* (2004, Ward Th., Kingston). Künstl. Leiterin des Musikrevue-Projekts in Falmouth (Jamaika). Herausgeberin (*Black Plays*. 3 Bde. London 1987–95) und Verfasserin einer Autobiographie (*The Undertaker's Daughter. The Colourful Life of a Theatre Director*. London 2004). Auszeichnungen u. a. Order of the British Empire (OBE), Woman of Achievement Award, Living Legend Award (USA), 2001 Ehrendoktorin der Open University. – B. hat v. a. als Regisseurin und Theaterleiterin Bedeutung für das Th. Großbritanniens wie das Jamaikas. Seit sie The Barn gründete, hat sich in Jamaika ein reges Theaterleben entwickelt. Mit Talawa schuf sie die am längsten erfolgreich existierende Theatergruppe des «Black Th.» und hatte wichtigen Anteil an der Heranbildung von Schauspielern, jungen Dramatikern und eines neuen Publikums Farbiger. Talawa ist heute eine der führenden brit. Theatergruppen ihrer Art. Nicht zuletzt ihr ist es zu verdanken, wenn Talawa 2007 ein eigenes Th. erhält. Als Regisseurin nutzt sie u. a. Elemente der Volkskultur Jamaikas auch bei der Insz. von Klassikern.

Black Theatre in Britain. Hg. A. R. Tompsett. London 1998.

Wolfgang Beck

Brook, Sir Peter (Stephen Paul), * 21. 3. 1925 London. Regisseur, Theaterleiter.

1942–44 Studium in Oxford, 1942 Regiedebüt mit Amateuren (Marlowes *Doctor Faustus*). 1944 Film *A Sentimental Journey* nach Laurence Sterne. 1945 Shaws *Pygmalion* für eine Tournee durch England und Deutschland, Shaws *Man and Superman (Mensch und Übermensch)*, →Shakespeares *King John*, Ibsens *Die Frau vom Meer* im Birmingham Repertory Th. 1946 in Stratford-upon-Avon Shakespeares *Love's Labour's Lost (Verlorene Liebesmüh)*, 1947 *Romeo and Juliet*. Verschiedene Sartre-

Brook, Sir Peter

Insz.en in London und Hammersmith. 1948–49 Operninsz.en in Covent Garden, London (Musorgskijs *Boris Godunov*, Puccinis *La Bohème*, Mozarts *Die Hochzeit des Figaro*, UA *Die Olympier* von Arthur Bliss, *Salome* von Strauss). 1951 Millers *Tod eines Handlungsreisenden* in Brüssel, in London UA *A Penny for a Song (Wo wir fröhlich gewesen sind)* von John Whiting, Shakespeares *A Winter's Tale (Ein Wintermärchen)*. 1952 Verfilmung von John Gays *Die Bettleroper* mit Laurence → Olivier. 1953 New Yorker Fernsehproduktion von Shakespeares *König Lear* mit Orson Welles, Gounods *Faust* in der Metropolitan Opera (Met). 1955 Europatournee von Shakespeares *Titus Andronicus* mit Olivier und Vivien Leigh, Shakespeares *Hamlet*, London. Fernsehproduktionen. 1956 Eliots *Der Familientag*, London, Williams' *Die Katze auf dem heißen Blechdach* mit Jeanne → Moreau, Paris. 1957 (und 1963, 1968, in Zürich 1970) Shakespeares *Der Sturm* in Stratford, Čaikovskijs *Eugen Onegin* in der Met. 1958 Dürrenmatts *Der Besuch der alten Dame* in New York (1960 London). 1960 Genets *Der Balkon*. Kinofilme. 1963 Dürrenmatts *Die Physiker*, London (1964 New York), Hochhuths *Der Stellvertreter*, Paris. Seit 1962 mit Peter → Hall Direktor der Royal Shakespeare Company. Gleichzeitig Gründung der experimentellen Gruppe Lamda Th. 1962 *König Lear* in Stratford – weitgehender Verzicht auf Bühnenbild, entscheidender Schritt zum Th. des leeren Raums mit dem Schauspieler im Mittelpunkt (1969 Verfilmung). 1964 *Theater der Grausamkeit* als Koproduktion beider Theater mit Szenen u. a. von → Artaud, Robbe-Grillet, Genet, Marowitz, Brook. *Marat/Sade* von Weiss, London (1966 Verfilmung). 1965 *Die Ermittlung* von Weiss, 1968 Senecas *Ödipus*. 1970 Shakespeares *A Midsummer Night's Dream (Ein Sommernachtstraum)* in Stratford – Abschied vom traditionellen Th. Mit Micheline Rozan Gründung des Centre International de Recherches Théâtrales (CIRT) in Paris mit Schauspielern aus 4 Erdteilen. Untersuchung sprachunabhängiger Kommunikationsformen im Th. Erstes Ergebnis 1971 *Orghast* in Persepolis in einer aus diversen Sprachrudimenten zusammengesetzten Kunstsprache, die eine universelle Kommunikation ermöglichen sollte. 1972 Europa-Tournee der *Sommernachtstraum*-Insz. von 1970 mit triumphalem Erfolg, 1973 in Japan und den USA. 3-monatige Afrika-Reise des C. I. R.T., 1973 3-monatige Reise durch die USA. 1974 wählte B. die Bouffes du Nord in Paris zum festen Spielort und nannte das Th. jetzt Centre International de Créations Théâtrales. Eröffnung mit Shakespeares *Timon von Athen*. 1977 *Ubu aux Bouffes* nach Alfred Jarry, Tournee durch Europa und Lateinamerika. Kinofilm. 1978 Shakespeares *Antonius und Cleopatra*, Stratford, Shakespeares *Maß für Maß* im Théâtre des Bouffes du Nord. 1979 für das Festival d'Avignon *Der Knochen* nach Birago Diop und *Die Konferenz der Vögel* nach einem Text des persischen Mystikers Attar. 1980 Tournee nach Australien und New York. 1981 Čechovs *Der Kirschgarten* (1988 Neuinsz. in New York), *Die Tragödie der Carmen* nach Bizet (1983 verfilmt, 1986 Japan-Tournee). 1985 *Mahābhārata* nach einem altindischen Epos (franz. Version, 1987 engl. Version). Welttournee, in Deutschland beim Th. der Welt in Frankfurt a. M. 1989 *Woza Albert!* nach einem südafrik. Stück, 1992 Debussys *Pelléas und Melisande*. Danach kleinere Produktionen. 1993 *L'Homme qui / The Man who* nach Oliver Sacks, von dem er weitere Texte für das Th. adaptierte. 1996 Becketts *Glückliche Tage*, Th. Vidy Lausanne. 2000 Mothobi Mutloatses *Der Anzug*, 2003 *Ta main dans la mienne*, der Briefwechsel Čechovs und seiner Frau Olga → Knipper, mit Michel → Piccoli. 2004 im Rahmen der Ruhrtriennale in der Gebläsehalle eines ehemaligen Duisburger Stahlwerks UA

Tierno Bokar nach dem Roman *Leben und Lehre des Tierno Bokar* von Amadou Hampâté Bâ (Mali), 2006 *Sizwe Banzi est mort* von Athol Fugard, John Kani und Winston Ntshona (Th. Vidy Lausanne).

Einer der überragenden, weil prägendsten und innovativsten Regisseure des 20. Jh.s, ein Grundlagenforscher des Th.s auf der Suche nach anderen, elementaren Spielweisen und einer neuen, völlig einfachen Bild- und Formensprache. Einer Familie von Wissenschaftlern entstammend, unterwarf er die Bühne gleichsam Laborbedingungen für Experimente mit Ausdrucksmöglichkeiten, die über die nur verbale Verständigung weit hinausgehen. Solche Arbeitsprozesse machte er öffentlich mit dem Publikum als Partner. Umfassendes Studium der Theorien von Antonin Artaud und Jerzy → Grotowski, aber auch Integration außereurop. Traditionen, intensives Erforschen unterschiedlicher Wahrnehmungsweisen und ästhetischer Prozesse in Afrika und Asien zusammen mit den Schauspielern, immer mit dem Ziel, mehr über die Kommunikation zwischen Spielern und Zuschauern zu erfahren. Von seinen zahlreichen Publikationen nimmt *The Empty Space* (zuerst 1968; dt. *Der leere Raum*) eine Art Kultstatus v. a. für die internat. alternative Theaterbewegung der 1970er und 80er Jahre ein.

Banu, G.: Peter Brook. Paris 1991; Brook, P.: Der leere Raum. (3. Aufl.) Berlin 1997; ders.: Das offene Geheimnis. (3. Aufl.) Frankfurt a. M. 1995; ders.: Vergessen Sie Shakespeare. (2. Aufl.) Berlin 1999; ders.: Wanderjahre. Schriften zu Theater, Film, Oper 1946–87. Berlin 1989; ders.: Zeitfäden. Frankfurt a. M. 1999; Heilpern, J.: Peter Brooks Theatersafari. Hamburg 1979; Hunt, A., G. Reeves: Peter Brook. Cambridge u. a. 1995; Ortolani, O.: Peter Brook. Frankfurt a. M. 1988; Peter Brook: a theatrical casebook. Hg. D. Williams. London 1994; Peter Brook and the Mahabharata. Hg. D. Williams. London, New York 1991; Smith, A. C. H.: Peter Brooks ‹Orghast› in Persepolis. Ein Beispiel seiner Arbeit. Frankfurt a. M. 1974.

Werner Schulze-Reimpell

Bruncken, Thirza, * 4. 10. 1958 Bonn. Regisseurin.

1978–83 Studium der Germanistik, Kunstgeschichte, Publizistik in Münster. 1983–85 freie Journalistin, Mitarbeit in einem Off-Th. im Ruhrgebiet, Regie- und Dramaturgiehospitanzen. 1986–93 Stadttheater Koblenz, zunächst als Dramaturgin. Akquirierte einen Raum als Studiobühne für eigene Versuche mit neuen dt.sprachigen Texten. Auf der «probe-Bühne 2» inszenierte ausschließlich B., zunächst Stücke von Heiner → Müller, Jelinek, Rainald Goetz, dann UAen von Barbara Stroschein, Lothar Schöne, Michael Roes, Mona Winter, Margret Kreidl. Seit 1993 freie Regisseurin am Schauspiel Köln, 1993 UA *Cham* von Roes, 1995 *Hermes in der Stadt* von Trolle, 1994/95 Fleißers *Pioniere in Ingolstadt* als erstes Stück eines nicht mehr lebenden Autors. Am Dt. Schauspielhaus Hamburg 1996 UA *Stecken, Stab und Stangl* von Jelinek (Einladung zum Berliner Theatertreffen), 1997 UA *American Psycho* von Bret Easton Ellis, 1999 Grabbes *Don Juan und Faust* als erster Klassiker; am Schauspiel Bonn 1998 Wildes *Bunbury*, 1999 Gogol's *Der Revisor*, 2001 Čechovs *Drei Schwestern*, 2006 → Brecht/ Weills *Die Dreigroschenoper*; am Düsseldorfer Schauspielhaus 1996 Brinkmanns *Der Film in Worten* (UA), 1999 Handkes *Die Unvernünftigen sterben aus*; am Volkstheater Wien 2001 *Mayerling* von Franzobel (UA), 2003 *Antigone* von Sophokles; am Schauspiel Köln *Aias* von Sophokles (2002). An den Münchner Kammerspielen Sarah Kanes *4.48 Psychose* (DEA 2002), Heiner Müllers *Verkommenes Ufer Medeamaterial Landschaft mit Argonauten* (2002); am Staatstheater Wiesbaden Albees *Alles im Garten* (2005); am Bremer Th. Müllers *Quartett* und Bronnens *Geburt der Jugend* (beide 2005); am Dt. Nationaltheater Weimar → Goethes *Die Mitschuldigen* (2006). Besonders die frühen Insz.en zeichneten sich im «Durchbrechen zwanghafter Denk- und Assoziationsmuster» durch große Konsequenz im ästhetischen Zugriff aus. B. «sieht ihre Arbeit nicht als Interpretation des Textes, sondern als ‹eigenständigen Lebensausdruck›, der weniger darauf zielt, verständlich und erklärbar als erlebbar zu sein» (Anke Röder). In den letzten Jahren zeigte sich bei ihren Insz.en größerer Texte eine Tendenz zur Verengung des Ansatzes und der szenischen Mittel.

 Röder, A., S. Ricklefs: Junge Regisseure. Frankfurt a. M. 1994.

Werner Schulze-Reimpell

Brunner, Lore, * 2. 10. 1950 Möbling (Österr.), † 17. 7. 2002 Berlin. Schauspielerin.

 Nach der Ausbildung an der Hochschule für Musik und darstellende Kunst in Graz erstes Engagements in Basel (Schnitzler, *Liebelei*, 1973, R. → Hollmann; Wedekind, *Frühlings Erwachen*). Am Württemberg. Staatstheater Stuttgart Beginn der langjährigen Zusammenarbeit mit → Peymann. Spielte in seiner Regie mit großem Erfolg 1975 die TR in Kleists *Das Käthchen von Heilbronn*, «über den Dingen taumelnd, aber ihnen ungeheuer nahe» (G. Stadelmaier); außerdem in Bernhards *Minetti* (UA 1976), → Goethes *Faust – Der Tragödie Erster und Zweiter Teil* (1977), Čechovs *Drei Schwestern* (1978), in A. → Kirchners Regie in Reinshagens *Sonntagskinder* (UA 1976). B. folgte Peymann ans Schauspielhaus Bochum (1979–86), Rollen u. a. in Reinshagens *Das Frühlingsfest* (UA 1980), Braschs *Lieber Georg* (UA 1980, R. → Karge / M. → Langhoff), der Büchner-Bearbeitung *Marie-Woyzeck*, Čechovs *Der Kirschgarten* (beide 1981), Kleists *Die Hermannsschlacht*, Karges *Jacke wie Hose* (UA), → Brechts *Die Mutter* (alle 1982), → Shakespeares *Ein Wintermärchen* (1983), TR in Karge / Waldens Musical *Claire* (UA 1985). Seit 1986 am Burgtheater Wien, Rollen u. a. in Horváths *Glaube Liebe Hoffnung* (1987), H. → Müllers *Quartett* (1991), Jelineks *Totenauberg* (1992, R. Karge), Ibsens *Peer Gynt* (1994). Seit Mitte der 1990er Jahre freischaffend, zahlreiche Soloabende, Gastspiele im In- und Ausland. In Frankreich u. a. in Peyret / Vincents (nach Goethe) *Un Faust, Histoire Naturelle* (1998, Koproduktion Th. National de Bretagne / MC 93 / TF2 Compagnie). Außerdem in Frankfurt a. M. (TR in Schillers *Maria Stuart*, 1991, R. Karge), Bremen (Goethe, *Faust I*, 1998/99), am Berliner Ensemble. Dort in Ionescos *Der König stirbt* (1996, R. K. → Henkel), Fleißers *Fegefeuer in Ingolstadt* (2001). Bei den Salzburger Festspielen 2000 in der Sonderveranstaltung *Mon amour Österreich*. Seit 2000 großer Erfolg auf Gastspielen im In- und Ausland in Stravinskijs *Die Geschichte vom Soldaten*. Film- und Fernsehrollen u. a. *in Esch oder Die Anarchie* (1979, TV), *Regentropfen* (1981), *Der Fischerkrieg* (1997, TV). – Eine Protagonistin und disziplinierte Ensemblespielerin mit hoher Sprechtechnik und ausdrucksvollem Spiel. Eine wichtige Charakterdarstellerin, v. a. in klassischen Stücken, Dramen Brechts und ihres Lebenspartners Karge herausragend. Auch als Solistin und Rezitatorin von Rang.

 Das Bochumer Ensemble. Ein deutsches Stadttheater 1979–1986. Hg. H. Beil u. a. Königstein 1986.

Wolfgang Beck

Buckwitz, Harry, * 31. 3. 1904 München, † 27. 12. 1987 Zürich. Regisseur, Theaterleiter, Schauspieler.

 1923–26 Studium der Germanistik, Theaterwissenschaft, Kunstgeschichte in München, zugleich Schauspielunterricht (Feldern-Förster). Engagements in Recklinghausen (1925/26), München (Kammerspiele, 1926/27), Mainz (1927–29), Vereinigte Stadttheater Duisburg-Bochum (1929–33), Augsburg (1933–36), Freiburg i. Br. (1936/37). 1937 aus der Reichstheaterkammer ausgeschlossen. Emigration nach Tanganjika, dort bis 1939

Hoteldirektor. Internierung durch die brit. Mandatsmacht, Anfang 1940 zwangsweise repatriiert; bis 1944 Hoteldirektor in Łodz (damals Litzmannstadt). 1945 Theaterlizenz durch die amerik. Besatzungsbehörde, 1945/46 Direktor des Münchner Volkstheaters. Erste Insz.: Ernst Penzoldts *Die verlorenen Schuhe* (P. 21. 3. 1946). 1946–51 Verwaltungsdirektor und Geschäftsführer der durch Zusammenschluss von Kammerspielen und Volkstheater entstandenen Städt. Bühnen München. 1951–68 Generalintendant der Städt. Bühnen Frankfurt a. M., die er zu einem führenden Th. der BRD machte. 1968–70 freier Regisseur, Insz.en u. a. bei den Ruhrfestspielen Recklinghausen (→ Brechts *Der gute Mensch von Sezuan*, P. 13. 5. 1969), in Düsseldorf (UA Peter Weiss, *Trotzki im Exil*, P. 20. 1. 1970) und Dallas (P. Weiss, *Marat/Sade*, P. 12. 3. 1970). Als Nachfolger P. Löfflers 1970–77 Direktor des Zürcher Schauspielhauses, danach freier Regisseur. – Großes Bundesverdienstkreuz, Goethemedaille der Stadt Frankfurt a. M., Chevalier des Arts et des Lettres (Frankreich).

Wichtige Rollen u. a. in Shaws *Der Kaiser von Amerika* (P. 13. 5. 1930), → Shakespeares *Der Kaufmann von Venedig* (P. Januar 1931, R. S. → Schmitt) und *Der Sturm* (P. 20. 9. 1932, alle Duisburg-Bochum), Schillers *Don Carlos* (1935/36), Ibsens *Peer Gynt*, Kleists *Das Käthchen von Heilbronn* (alle Augsburg). In Freiburg i. Br. erste Insz. (C. → Goetz *Hokuspokus*, P. 24. 2. 1936). Nach dem Krieg nur Regisseur. Wichtige Impulse unter den Intendanten E. → Engel und H. → Schweikart an den Städt. Bühnen München. Hier inszenierte B. u. a. die DEA von Horváths *Der jüngste Tag* (P. 3. 4. 1947), Zuckmayers *Des Teufels General* (P. 26. 2. 1948) und – von Brecht autorisiert – die erste Nachkriegsinsz. von Brecht/Weills *Die Dreigroschenoper* (ebd., P. 27. 4. 1949, alle Kammerspiele). Als Intendant in Frankfurt a. M. gewann B. bedeutende Mitarbeiter (Georg Solti als GMD der Oper, Lothar → Müthel und Heinrich → Koch als Schauspieldirektoren, Teo → Otto als Bühnenbildner) und setzte mit seinen Insz.en in Oper und Schauspiel Maßstäbe. Beginnend mit *Der gute Mensch von Sezuan* (DEA, P. 16. 11. 1952) hat er sich in 9 Insz.en mit Brecht auseinandergesetzt und wesentlichen Anteil an seiner Durchsetzung auf bundesdt. Bühnen – trotz immer wieder gefordertem Boykott; u. a. westdt. EA von *Der kaukasische Kreidekreis* (P. 28. 4. 1955) und UA von *Die Gesichte der Simone Machard* (P. 8. 3. 1957). F. Dürrenmatt, M. Frisch, Peter Weiss half B. zu etablieren. Von Dürrenmatt inszenierte er *Frank V.* (P. 22. 10. 1960), *Die Physiker* (P. 2. 11. 1962, beide Frankfurt a. M.), *Der Besuch der alten Dame* (Dt. Nat.theater Weimar, P. 3. 11. 1978) und – als letzte Regie – *Die Ehe des Herrn Mississippi* (P. 9. 1. 1987) für das Hamburger Tournee-Th. Greve. Hochgelobt seine Insz.en von Stücken Frischs, u. a. DEA von *Biedermann und die Brandstifter* (P. 28. 9. 1958), *Andorra* (P. 20. 1. 1962), Ring-UA von *Biografie. Ein Spiel* (P. 3. 2. 1968, alle Frankfurt a. M.). Mit derselben künstl. Überzeugungskraft setzte sich B. für P. Weiss ein, dessen *Viet-Nam-Diskurs* er mit seiner Abschiedsinsz. als Frankfurter Intendant am 20. 3. 1968 uraufführte. – Als Theaterleiter verband B. Durchsetzungsvermögen für ihm wichtige Stücke und Theaterbelange mit Mut zum (künstl.) Risiko. Er war ein Regisseur, der handwerkliches Können und Theaterenthusiasmus verband, in jeder Insz. versuchte, den Gehalt des Textes ohne «Regieeinfälle» herauszuarbeiten – im Sinne eines engagierten, kritisches Mitdenken forderndes «Volkstheaters», das sich gegenüber modernen Medien behaupten muss: «Das Theater von heute hat nur die eine Funktion: zu erleuchten, und nur eine Chance: in seinen Darbietungen anspruchsvoller zu sein, als es der Durchschnittsgeschmack des Publikums erfordert» (H. B., um 1962, in *Harry Buckwitz*, S. 48).

<small>Harry Buckwitz, Schauspieler, Regisseur, Intendant: 1904–1987. Zusammenstellung R. Rätz. Berlin 1998.</small>

Wolfgang Beck

Buhre, Traugott, * 21. 6. 1929 Insterburg/ Ostpreußen. Schauspieler.

Nach Kriegsende arbeitete der junge B. als Landarbeiter in der Lüneburger Heide. Erst spät interessierte er sich für den Beruf des Schauspielers und besuchte ab 1949 die Schauspielschule in Hannover. Sein erstes Engagement in Wetzhausen/Franken umfasste neben der Schauspielerei noch Beleuchtungsaufgaben. Es folgten Rheydt, Karlsruhe, Bremen und Köln, bis er 1968 ans Württemberg. Staatstheater in Stuttgart ging. Dort arbeitete er mit dem Regisseur → Palitzsch zusammen und spielte u. a. den John Johnson in Hopkins' *Diese Geschichte von ihnen* (DEA 1969). Mit → Peymann konnte sich B. zum überzeugenden Bernhard-Darsteller entwickeln: von Ernst Ludwig in Thomas Bernhards *Immanuel Kant* (UA 1978) über Rudolf Höller in *Vor dem Ruhestand* (1979, beide Stuttgart), Robert in *Der Schein trügt* (1984, Bochum, mit Bernhard → Minetti) bis zur triumphalen Umsetzung des Bruscon in *Der Theatermacher* (UA 1985, Salzburger Festspiele). Seine Darstellung der TR in → Lessings *Nathan der Weise* in der Insz. Peymanns (1981, Bochum) nahm alles humanistische Pathos aus der Rolle; der Theaterkritiker Peter Iden lobte, er habe in Bochum eine «Art von Uraufführung» erlebt. B. arbeitete auch mit → Hollmann (TR in → Goethes *Faust I* und *II*, Thalia Th. Hamburg 1979) und → Flimm sowie vielen anderen führenden Regisseuren seit den 1970er Jahren zusammen. 1989 trat mit Gor'kijs *Die Letzten* in Bochum eine neue wichtige Regisseurpersönlichkeit in B.s schauspielerisches Leben:

Andrea → Breth. Breth inszenierte Kleists *Der zerbrochne Krug* (1990, Burgtheater Wien) als «unkomisches Lustspiel», in dem B.s Adam «ein plumper Unrechtsprecher aus Panik» war (S. Löffler). Und B. spielte unter Breth den Luka als stillen Gottsucher in Gor'kijs *Nachtasyl* (1992, Schaubühne Berlin). Für Aufsehen sorgte auch B.s Darstellung des Blinden an der Seite von Kirsten → Dene in Turrinis *Alpenglühen* (1993, Burgtheater Wien, R. Peymann). Außerdem war B. u. a. in Dorsts *Die Geschichte der Pfeile* (UA 1996, Bühnen der Stadt Köln), Koltès' *Roberto Zucco* (2002, Dt. Schauspielhaus Hamburg, R. Jan Bosse), Claudels *Der seidene Schuh* (2003, Th. Basel, R. → Bachmann), in einer Kombination von Schauspiel und Figurentheater als Prospero in Shakespeares *Der Sturm* (2003, Puppentheater Halle/Bühnen der Stadt Köln), Strauß' *Besucher* (2005, Schauspiel Frankfurt) zu sehen. Am Bochumer Schauspielhaus in → Pinters *Der Hausmeister* (TR, 2001, R. → Minks), Dürrenmatts *Die Physiker* (2003), am Berliner Ensemble u. a. in Bernhards *Der Ignorant und der Wahnsinnige* (1999/2000, Koproduktion Stadttheater Klagenfurt), Kroetz' *Das Ende der Paarung* (UA 2000, R. Peymann), Bernhards *Der deutsche Mittagstisch* (2003, R. Peymann), → Taboris *Jubiläum* (2005, R. der Autor). – B.s «Heldenstatur», verbunden mit dem Ausdruck feinen Seelenlebens, prädestinierten ihn immer wieder für Rollenfiguren, die entgegen ihrer körperlichen Präsenz Verletzbarkeit und seelische (Un-)Tiefen offenbarten. – B. ist auch als Regisseur tätig (Andreas Marbers *Das sind sie schon gewesen, die besseren Tage*, Köln 1997) und ist in zahlreichen Fernsehfilmen zu sehen gewesen.

<small>Sucher, C. B.: Theaterzauberer. Schauspieler. 40 Porträts. München 1988; Dermutz, K.: «Ich bin ein Dinosaurier». Traugott Buhre, Schauspieler – ein Porträt, in: Th. heute 4/1997, S. 32–37.</small>

Susanne Eigenmann

Burian, Emil František, * 11. 6. 1904 Pilsen (Österreich-Ungarn, heute Plzeň, Tschech. Republik), † 9. 8. 1959 Prag. Regisseur, Theaterleiter, Schauspieler, Komponist, Autor.

Sohn eines Opernsängers; studierte Komposition am Prager Konservatorium als Schüler von Josef Bohuslav Foerster (1859–1951). Begann seine Theaterlaufbahn als Komponist, Musiker, Schauspieler an Prager Avantgardebühnen wie dem Osvobozené divadlo (Befreites Th.) der Künstlergruppe «Děvetsil», die den sog. «Poetismus» vertrat, den Versuch, Ästhetik und Lebensentwürfe zu vereinen. B. entwickelte das Konzept der «Voiceband» (Stimmorchester), die vokale und musikalische Elemente mit einer neuen Rhythmisierung zur Aufführung poetischer Texte miteinander verband. B. ging mit der gleichnamigen Gruppe auch auf Tournee; erregte 1928 internat. Aufsehen beim Festival für moderne Musik in Siena. Beteiligt an der Prager Vereinigung für moderne Musik «Pritomnost». Arbeitete 1929–30 am «Modernen Studio» in Prag; 1930/31 und 1932/33 als Regisseur am Národní Divadlo (Nationaltheater) Brno (Brünn) – inszenierte dort u. a. 1930 → Brecht/Weills *Dreigroschenoper* – und 1931/32 am Städt. Th. Olomouc (Olmütz). B. gründete 1933 das Avantgardetheater D 34, dessen Name (nach divadlo = Th.) sich den wechselnden Jahren anpasste. Hier inszenierte er Stücke des internat. (Wedekind, *Frühlings Erwachen*, 1936; Beaumarchais, *Der Barbier von Sevilla*; Puškin, *Eugen Onegin*, beide 1937) wie des nat. Repertoires (Melíšek, *Činžak Evropa*, 1934; Nezval, *Milenci z kiosku*, 1936; Benešova, *Věra Lukášová*, 1939). Zu eigenen Bearbeitungen klassischer Stücke gehören *Lakomec* (1934, nach → Molières *Der Geizige*), *Kupec benátský* (1935, nach → Shakespeares *Kaufmann von Venedig*), *Hamlet III* (1937, nach Shakespeare und Laforgue). Adaptierte auch Prosawerke für das Th.: *Dobrý voják Svejk* (1935, nach Hašek), *Die Leiden des jungen Werthers* (1938, nach → Goethe). Als Regisseur bemüht um «synthetisches Theater», eine Art Gesamtkunstwerk, in dem Text, Musik, Tanz, Sprechchöre zu einer vom Rhythmus bestimmten Einheit verschmelzen sollten. Innovative Lichtregie und Filmprojektionen waren wesentlicher Teil seiner Insz.en. Sozialistische und gesellschaftskritische Gedanken beeinflussten wichtige Insz.en B.s, der nach der Besetzung der ČSR durch das nationalsozialistische Deutschland zuerst weiterarbeiten durfte und mit seiner Bearbeitung der Rattenfängersage (*Krysař*, 1940) eine überzeugende Metapher für aktuelle Verhältnisse fand (1988 in der R. von Jan Kačer erneut aufgeführt). 1941 wurde sein Th. geschlossen, er selbst bis 1945 in die KZs Dachau und Neuengamme verschleppt. Nach Kriegsende gründete B. die Wochenschrift *Kulturní Politika* (1945–49) und eröffnete 1946 sein Th. als D 46 erneut, das – 1951 in Armádní Umělecké Divadlo (Th. der tschech. Armee) umbenannt – von 1956 bis zu seinem Tod als D 34 fortgeführt wurde. Nachkriegsinsz.en u. a. *Esther* (Hochwälder), *Sen Jedneho vězně* (nach Shakespeares *Romeo und Julia*) (beide 1946), *Neni pozdě na štěstí* (Burian, 1948), *Winterschlacht* (Becher, 1952). Der zunehmend künstl. isolierte B. konnte – besonders nach den seit 1948 rigider werdenden kulturpolitischen Vorgaben des kommunistischen Staats – nicht mehr an die künstl. Kreativität und Innovation der Vorkriegsjahre anknüpfen. B. schrieb musik- und theatertheoretische Werke (u. a. *Zamette jeviště*, 1936; *Pražská dramaturgie*, 1937; *O nové divadlo*, 1946), Lyrik (*Atomový mír*, 1950) und Prosa. B. arbeitete auch für den Film, schrieb die Musik zu mehr als 20 Filmen, trat als Schauspieler auf (*Zlaté ptáče*, 1932; *Ze světa lesních samot*, 1933), schrieb Drehbücher und führte Regie (*Věra Lukášová*, 1939; *Chceme žit*, 1950). Besonderer Erwähnung bedarf sein umfangreiches musikalisches Œuvre, zu dem neben Instrumental- und Vokalmusik eine Reihe Bühnenwerke gehören, darunter die Opern *Pred slunce východem* (UA Nov. 1925 Nationaloper Prag), *Mastickár* (UA 1928 Divadlo Dada Prag), *Pohádka o velké lásce* (UA 1934 Prag), *Maryša* (UA 16. 4. 1940 Brno), *Bubu z Montparnassu* (UA 1999 Prag). Sein Sohn Jan Burian (* 1952) ist ein bekannter Liedermacher, Autor und Fernsehjournalist.

Brauneck, M.: Die Welt als Bühne. 4. Bde. Stuttgart, Weimar 2003; Burian, E. F.: Emil František Burian a jeho program poetického divadla. Praha 1981; ders.; Z. Kocová: Kronika Armádního umeleckého divadla. Praha 1955; Obst, M., A. Scherl: K dejinám ceské divadelní avantgardy. Praha 1962; Scherl, A.: Emil František Burian. Berlin 1966; Srba, B.: Inscenacni tvorba E. F. Buriana, 1939–1941. Praha 1980; ders.: O nové divadlo: nástup nových vývojových tendencí v ceském divadelnictví v letech 1939–1945. Praha 1988; ders.: Poetické divadlo E. F. Buriana. Praha 1971.

Wolfgang Beck

Burton, Richard (eig. R. Walter Jenkins), * 10. 11. 1925, Pontrhydyfen (Großbritannien), † 5. 8. 1984 Genf. Schauspieler.

Zwölftes Kind eines walisischen Bergmanns. Künstlername nach einem Lehrer, der ihm auch zu einem Stipendium verhalf. Nur kurz in Oxford, aktiv im Studententheater. Debüt in Emlyn Williams' *Druid's Rest*. 1944–47 Royal Air Force, danach Mitglied einer Theatertruppe unter Hugh Beaumont. Gleichzeitig erster Film: *The Last Days of Dolwyn* (1947/48). Seither parallele Arbeit für Bühne und Film. Durchbruch als Bühnenschauspieler 1949 mit Frys *The Lady's Not For Burning* (*Die Dame ist nicht für's Feuer*, Globe Th. London, R. John → Gielgud). Mit seinem ersten Hollywood-Film *My Cousin Rachel* (1952) begann eine Folge von fast 50 internat. Filmen, die ihm Ruhm und zahlreiche Auszeichnungen (u. a. 7 Oscar-Nominierungen) einbrachten. Darunter Monumentalfilme wie *The Robe* (*Das Gewand*, 1953), *Cleopatra* (1963, mit seiner mehrmaligen Ehefrau Elizabeth Taylor), Thriller wie *The Spy Who Came in from the Cold* (1965), künstl. beachtenswerte Werke wie Tony Richardsons Osborne-Adaptation *Look Back in Anger* (1959), *Becket* (1964), *The Night of the Iguana* (1964), *Who's Afraid of Virginia Woolf?* (1966), *The Taming of the Shrew* (1967) und *Equus* (1977, R. Sidney Lumet). Trotz aller Filmerfolge regelmäßige Bühnenauftritte. So in Frys *The Boy With a Cart* und *A Phoenix Too Frequent* (London 1949), Anouilhs *Eurydike* (1951). In Stratford-upon-Avon Anfang der 1950er Jahre Prince Hal in *Henry IV* (beide Teile). Im Old Vic Th. (London) in einer Reihe von Shakespeare-Stücken, *Hamlet* (1953), später *King John*, *The Tempest*, *Twelfth Night*, TRn in *Coriolanus* und *Henry V* (1955/56), *Othello* (1955/56). Immer wieder auch am Broadway: Frys *Die Dame ist nicht für's Feuer* (1950), Anouilhs *Leocadia* (1957, mit Helen → Hayes), 1960 (und 1980) im Musical *Camelot*, 1976 in P. Shaffers *Equus*, 1983 mit E. Taylor in Noël Cowards *Private Lives*. Größter Broadwayerfolg 1964 in Gielguds Insz. von Shakespeares *Hamlet* (17 Wochen ausverkauft, Tournee durch die USA und Kanada). – Vielfach ausgezeichnet, 1970 Commander of the British Empire (CBE). – Internat. als Filmschauspieler und Darsteller intelligenter, zynischer, gebrochener Männer voller Weltschmerz bekannt, war B. ein bedeutender Bühnendarsteller mit hoher Sprachkultur, facettenreichem Ausdruck und sensibler Darstellungsvielfalt.

Bragg, M.: Richard Burton: A Life. Boston 1988; Ferris, P. Richard Burton. London 1981; Junor, P. Burton: The Man Behind the Myth. London 1985.

Wolfgang Beck

Busch, Ernst, * 22. 1. 1900 Kiel, † 8. 6. 1980 Berlin. Schauspieler, Sänger.

Der Maurersohn B. arbeitete nach Maschinenschlosserlehre (1915–19) bis 1921 auf der Germaniawerft Kiel. Daneben 1919/20 privater Gesangs- und Schauspielunterricht. Früh gewerkschaftlich und politisch engagiert. 1921–23/24 Volontär und Engagement in Kiel, danach Frankfurt/Oder und Pommersche Landesbühne. Seit 1927/28 Piscator-Bühne und weitere Berliner Th. und Kabaretts (Berliner Th., Th. am Schiffbauerdamm, Volksbühne, Die Wespen, Katakombe). Auftritte als Sänger («Barrikadentauber»), seit 1930 Schallplattenaufnahmen. Nach dem Reichstagsbrand 1933 Emigration, bis 1935 in Westeuropa. 1935 auf Einladung des Internat. Revolutionären Theaterbunds (IRTB) Reise nach Moskau, Auftritte und Radiosendungen als Sänger. 1937 aus Deutschland ausgebürgert. Februar 1937 bis Juli 1938 Teilnahme am Span. Bürgerkrieg. 1938–40 v. a. in Belgien, von dort in südfranz. Internierungslager verschleppt (St. Cyprien, Gurs). Dezember 1942 auf der Flucht verhaftet, an die Gestapo ausgeliefert. August 1943 Anklage wegen Werbung für den Kommunismus, 1944 zu 4 Jahren Zuchthaus verurteilt. Am 27. 4. 1945 von der Roten Armee aus dem Zuchthaus Brandenburg befreit. 1946 Lizenz für den – 1953 in Volkseigentum überführten – Verlag Lied der Zeit. In der DDR Sänger und Schauspieler (Volksbühne, Dt. Th., Berliner Ensemble), seit 1962 nur noch Sänger (zahlreiche Schallplatten). Zahlreiche Auszeichnungen. – Bereits vor 1933 an wichtigen Aufführungen beteiligt: 1927/28 Tollers *Hoppla, wir leben*, 1928/29 Zuckmayers Bearbeitung von Anderson/Stallings *Rivalen*, 1929/30 Schillers *Die Räuber* und Mehrings *Der Kaufmann von Berlin*, alle in der Regie → Piscators. Außerdem in den UAen von → Brecht/Weills *Dreigroschenoper* (Th. am Schiffbauerdamm, P. 31. 8. 1928), Friedrich Wolfs *Die Matrosen von Cattaro* (1930/31), Brechts *Die Maßnahme*. 1932 mit der Gruppe junger Schauspieler in Brechts *Die Mutter*. Letzte Rolle vor der Emigration im Februar 1933 in G. Kaisers *Der Silbersee* (Städt. Bühnen Magdeburg). Im Exil am Zürcher Schauspielhaus in → Lindtbergs Insz. Marc Anton in → Shakespeares *Julius Cäsar* (P. 8. 3. 1934). Ende 1938 in Antwerpen Aufführung von Brecht/Weills *Dreigroschenoper* in eigener Regie. Nach 1945 u. a. Jago in Shakespeares *Othello* (P. 5. 9. 1953), Mephisto in → Goethes *Faust I* (P. 25. 12. 1954, beide Dt. Th.). Hauptrollen v. a. in Neuinsz.en von Werken Brechts im Berliner Ensemble. In *Die Mutter* (P. 10. 1. 1951, R. Brecht/→ Engel, Bb: → Neher, Projektionen: → Heartfield, Musik: Eisler) trat B. in der für ihn geschriebenen Rolle des Semjon Lapkin auf. In *Mutter Courage und ihre Kinder* (P. 11. 9. 1951, mit → Weigel, → Geschonneck) wurde B.s Gestaltung der Rolle des Feldkochs vorbildhaft für folgende Interpretationen. Als Azdak in *Der kaukasische Kreidekreis* (P. 27. 9. 1954) wirkte B. in einer der erfolgreichsten Produktionen des Berliner Ensembles mit, die bis Ende 1958 auch bei internat. Gastspielen aufgeführt wurde. Letzte Hauptrolle der Titelheld in *Galileo Galilei* (P. 15. 1. 1957, R. Engel, Musik: Eisler, Bb. → Appen). 19. 10. 1966 Teilnahme an der szenischen Lesung von Peter Weiss' *Die Ermittlung* (Ring-UA). Zahlreiche Filme, u. a. *Dreigroschenoper* (1931), *Kameradschaft* (1931, mit → Granach), *Kuhle Wampe oder Wem gehört die Welt* (1932). Im sowjet. Exil in der Regie → Wangenheims in *Kämpfer* (1936). Wichtigste Nachkriegsfilme: *Mutter Courage und ihre Kinder* (1961, R. → Palitzsch/→ Wekwerth) und Konrad Wolfs *Goya oder Der arge Weg der Erkenntnis* (1971). – B. war mit seiner metallisch harten, dabei sehr variablen Stimme, mit seinen eigenwilligen Rollengestaltungen ein Schauspieler unverwechselbarer Eigenart von eindringlicher Kraft der Charakterisierung. Besonders eindrucksvoll in Rollen mit proletarischem Hintergrund. «Ein unbeirrter Tatsachenschauspieler, knapp und demonstrativ, mutig und beherrscht. Kein öder Deklamator der Revolution, [...] sondern ein kriegerischer Künstler des Tages» (H. Jhering in *Berliner Börsen-Courier*, 23. 6. 1932).

Brecht, B.: Theaterarbeit. Dresden 1952; Hoffmann, L., K. Siebig: Ernst Busch. Berlin 1987.

Wolfgang Beck

Büttner, Wolfgang, * 1. 6. 1912 Rostock, † 18. 11. 1990 Stockdorf bei München. Schauspieler.

B. studierte Germanistik, Theaterwissenschaft, Romanistik, Anglistik, bevor er gegen den Willen seines Vaters die Schauspielausbildung an der Berliner Max-Reinhardt-Schule (1932–34) absolvierte. 1934–36 erstes Engagement im Ensemble von Agnes Straub. Nach Stationen in Hamburg-Altona (1936/37) und Frankfurt a. M. (1937–44) 1944 einberufen, geriet er in franz. Kriegsgefangenschaft. 1947 Junges Th. München, 1948–60 Ensemblemitglied am Bayer. Staatsschauspiel, wo er u. a. in Wedekinds *Der Liebestrank*, → Goethes *Götz von Berlichingen*, Schillers *Die Räuber*, Calderón de la Barcas *Der Richter von Zalamea*, → Shakespeares *Julius Cäsar* und *Troilus und Cressida* spielte. Nach Differenzen mit dem Intendanten arbeitete B. ab 1960 als freier Schauspieler v. a. in zahlreichen Film- und Fernsehproduktionen. Bereits 1959 spielte er in der legendären Serie *So weit die Füße tragen* (R. Fritz Umgelter). Große Erfolge erzielte B. mit der Darstellung gebrochener Charaktere, u. a. als Stockmann in der TV-Verfilmung von Ibsens *Der Volksfeind* (1965), als Goya im gleichnamigen Fernsehspiel (1969) oder als Maler Nansen in der *Deutschstunde* (1971, nach S. Lenz). Obwohl B. seit den 1960er Jahren an einer fortschreitenden Lähmung litt und zunehmend für den Hörfunk tätig war, trat der disziplinierte Schauspieler u. a. 1984 in Bonn als Nörgler in Karl Kraus' *Die letzten Tage der Menschheit* auf. 1988 war B., der mehr als 200 Rollen spielte, ein letztes Mal auf der Bühne zu sehen, in N.-P. → Rudolphs Stuttgarter Insz. von Schillers *Don Carlos* spielte er im Rollstuhl den Großinquisitor. Zu seinem Tod schrieb J. Kaiser: «Der Schauspieler Wolfgang Büttner war einer von den Unauffälligen, die man nicht vergisst. Nicht daß er zu jenen im Privatleben unscheinbaren, dann aber auf der Bühne oder vor der Kamera aufblühenden Künstlern gehört hätte. Nein, Büttner war auch als Darsteller ein Leiser. Kein Aufschneider oder Schäumender, kein bedenkenlos Extrovertierter. Sondern nachdenklich, norddeutsch scharf in der Diktion, manchmal durchaus pathetisch, aber nie undiszipliniert, gedankenlos, oberflächlich» (*SZ*, 20. 11. 1990).

Nina Grabe

C

Campbell, Ken (eig. Kenneth Victor C.; Pseudonym Henry Pilk), * 10. 12. 1941 Ilford (Essex, Großbritannien). Schauspieler, Regisseur, Stückeschreiber.

1961 Abschluss des Schauspielstudiums an der Royal Academy of Dramatic Arts (RADA). Gründung der in Pubs und Stunts auftretenden The Ken Campbell Roadshow, eine Art Wiedergeburt der Marx Brothers mit respektlosen vaudevilleartigen Sketch-Aufführungen wie dem Dauererfolg *Ferrets down the trousers*. 1967 Schauspieler, Hausautor, Regisseur am Victoria Th. in Stoke on Trent in der Grafschaft Stafford. 1976 mit Chris Langham Mitbegründer des The Science Fiction Th. of Liverpool, wo er monumentale, vielstündige epische Stücke aufführte, so etwa den 10-teiligen Zyklus *The Warp* (ca. 22 Stunden) und *The Illuminatus!* (8 Stunden Spieldauer), eine Bühnenbearbeitung der *The Illuminatus! Trilogy* von R. A. Wilson und R. Shea, dem nach Wilson «radikalsten anarchistischen Roman dieses Jahrhunderts», der beabsichtigte, «das, was Voltaire der Kirche angetan hatte, dem Staat anzutun». Das Stück war in Liverpool ein solcher Erfolg, dass es 1977 die neue Bühne The Cottesloe des National Th. in London unter der Schirmherrschaft Elizabeth' II. einweihte. Mit dieser subversiven Aufführung «bare-ass naked» («mit entblößtem Hinterteil») war C. eine nat. Institution mit königlichen Weihen geworden. Das unter Pseudonym veröffentlichte Stück *Mr. Pilk's Madhouse (Mr. Pilks Irrenhaus)* wurde weltweit gespielt (UA 1973, Toronto, Passe Muraille Th.; DEA 1979 Schauspielhaus Frankfurt, R. der Autor). Autor zahlreicher Texte für das Kindertheater. Sein von F. K. Waechters *Schule mit Clowns* inspiriertes Stück *Ausflug mit Clowns (Clowns on an school outing)* wurde am Schauspielhaus Bochum uraufgeführt (1985). Insz. des mit Jeff Merrifield aus dem Dt. übersetzten Stücks über die Geschlechtsaufklärung 6-Jähriger *Darüber spricht man nicht* in Stoke on Trent (2003). Einzelauftritte in One Man Shows weltweit. *Recollections of a Furtive Nudist (Bekenntnisse eines heimlichen Nudisten)* (UA 1991) und *Jamais vu* (UA 1993) wurden als schauspielerische Spitzenleistung und «köstliche Unterhaltung» mehrmals ausgezeichnet. Im September 1996 begann die Solo-Show *Violin Time or The Lady From Montsegur* am National Th. und führte ihn u. a. nach Krakau, Bonn, Amsterdam und Neuseeland. 2000 ebenfalls am National Th. die Solo-Show *History of Comedy. Part One: Ventriloquism*. C. verfasste auch Drehbücher und Fernsehtexte und interviewte für den brit. TV-Sender Channel 4 Naturwissenschaftler *(Reality On The Rocks)* und Philosophen *(Brainspotting)*. Schauspieler in zahlreichen Filmen und u. a. in Rezas *Kunst* (1999, Wyndham Th., London).

Campbell, K.: The bald trilogy. London 1995; Merrifield, J.: Ken Campbell and the Science Fiction Theatre of Liverpool. Diss. Liverpool 2001.

Horst Schumacher

Canonica, Sibylle, * 26. 4. 1957 Bern. Schauspielerin.

Nach der Schauspielausbildung an der Folkwangschule Essen erhielt C. ein erstes Engagement in Oldenburg (1980/81). Unter G. → Krämer in Stuttgart (1981–84) engagiert, war sie dort u. a. als Putzi in Albees *Wer hat Angst vor Virginia Woolf?* (1983, R.

→ Schulte-Michels) und Nina in Čechovs *Die Möwe* (1983, R. Krämer) zu sehen. – Seit 1984 an den Münchner Kammerspielen unter → Dorn, folgte diesem 2001 ans Bayer. Staatsschauspiel. Nach ersten Erfolgen in München als Andromache in Jens' *Die Troerinnen des Euripides* (1985, R. → Tabori) sowie bei den Bregenzer Festspielen als Bolette in Ibsens *Die Frau vom Meer* (1984, R. Schulte-Michels) und den Salzburger Festspielen als Dona Proëza in Claudels *Der seidene Schuh* (1985, R. → Lietzau) wurde C. 1985 von der Berliner Akademie der Künste mit dem Förderpreis für Darstellende Kunst ausgezeichnet. In Dorns Kleist-Insz. *Der zerbrochne Krug* (1986, Salzburger Festspiele) machte C. als Eve Furore und war 1987 unter der Regie von A. → Lang als Arikia in Racines *Phädra* und Prothoe in Kleists *Penthesilea* zu sehen. – Weitere wichtige Rollen in Strauß' *Besucher* (UA 6. 10. 1988, R. Dorn), → Brechts *Im Dickicht der Städte* (1988, R. H.-J. Ruckhäberle), Grillparzers *Die Jüdin von Toledo* (1990, Salzburger Festspiele, R. Th. → Langhoff), Synges *Der Held der westlichen Welt* (1990, R. → Griem), Barlachs *Der blaue Boll* (1991, R. Lietzau), → Goethes *Stella* (TR, 1991, R. Langhoff). – In Stücken von F. X. → Kroetz (in dessen R.) spielte C. in *Der Drang* (UA 21. 5. 1994), *Bauerntheater* (1995) und *Wunschkonzert* (1995). 1996 gelang ihr als Pallas Athene in Strauß' *Ithaka* (UA 19. 7. 1996, R. Dorn) ein großer Erfolg. Außerdem u. a. in → Shakespeares *Richard III.* (1997, R. → Zadek), Marbers *Hautnah* (DEA 1. 2. 1998, R. Ch. Loy), Kleists *Amphitryon* (1999), Shakespeares *Der Kaufmann von Venedig* (2001, beide R. Dorn), → Raimunds *Der Bauer als Millionär* (2002, R. Kroetz), Genets *Die Wände* (2003, R. Dorn), Racines *Phädra* (TR, 2004, R. B. Frey), Euripides' *Die Bakchen* (2005, R. Dorn). – In einem Porträt schrieb M. Skasa: «Am liebsten staunen die Kritiker ratlos, wenn sie spricht und spielt, geht oder auch nur steht […] Nie ist man sicher, ob sie so ganz dazugehört, ob, wenn die andern miteinander lachen oder sich befetzen, sie mit von der Partie ist oder es auch nur sein möchte – etwas Fremdes, irritierend Danebenstehendes geht von ihr aus und fasziniert zugleich. Sie ist immer die Andere, die draußen steht, die scharf verwirft oder sich erst gar nicht einläßt ins Chaos der Gemeinschaft» (*Th. heute* 9/1995, S. 20). – Seit Mitte der 1980er Jahre spielt C. auch in Film und Fernsehen, u. a. in *Wallers letzter Gang* (1988), *Mrs. Klein* (1994), *Im Zeichen der Liebe* (1995), *Nach fünf im Urwald* (1995), *Jenseits der Stille* (1996), *Fette Welt* (1997), *Der Campus* (1997), *Die Braut* (1998), *Bella Martha* (2001).

M. Skasa: Eine Landgräfin der preußischen Schweiz. In: Th. heute 9/1995, S. 20 ff.

Nina Grabe

Carrière, Mathieu, * 2. 8. 1950 Hannover. Schauspieler, Regisseur.

Sohn eines Neurologen und Psychoanalytikers. Der von Kindheit an polyglotte C. begann schon als Jugendlicher eine internat. Karriere als Schauspieler. In Schlüsselrollen zweier Meisterwerke der dt. Literatur um 1900 wurde er berühmt: Verfilmungen von *Tonio Kröger* nach Thomas Mann von Rolf Thiele (1964) und *Der junge Törleß* (1966) von Volker Schlöndorff nach Musils Erzählung *Die Verwirrungen des Zöglings Törleß*. Nach Philosophiestudium u. a. bei Michel Foucault in Paris und St. Denis/Vincennes neben der Filmarbeit auch als Theaterschauspieler tätig. Auftritte als Travestit am Revuetheater Alcazar in Paris 1974. Am Th. National de Paris spielte er 1975 die TR in Wildes *Das Bildnis des Dorian Gray*. In → Noeltes Insz. von Büchners *Dantons Tod* trat er bei den Salzburger Festspielen auf (1981). Weitere Bühnenauftritte u. a. in Dostoevskijs *Der Idiot* (1980/81, Tournee, mit → Schygulla), Schmitts *La nuit de Valognes* (1991, Maison de la Culture de Loire Atlantique), in *Der Ölprinz* bei den Karl-May-Festspielen Bad Segeberg (TR, 2000), der multimedialen Insz. *Terrain! Terrain! Pull up! Pull up!* der Gruppe norton.commander.productions (2001, verschiedene Orte), Euripides' *Herakles* (TR, 2001) und *Hekabe* (2003, beide Th. am Kirchplatz, Schaan, Liechtenstein), → Taboris Insz. von Mozarts *Die Entführung aus dem Serail* in 3 Berliner Gotteshäusern (2002), Palminteris *Treue oder der Hochzeitstag* (2002/03, Tournee), Hofmannsthals *Jedermann* (TR, 2003, Stephanskirche Lindau), Hofmanns *Der Dichter und sein Diktator* (UA 2003, Landestheater Salzburg), Richard Wagner in Wesslings *Cosimo und Ricarda* (UA 2004, Theaterhaus Köln), Erzähler in Haas' *Schiller und Wir – eine moderne Collage* (2005, Wort- und Bild-Festifall, Schaffhausen). Aus der Regiearbeit ragen hervor die Insz.en des Verdi'schen *Rigoletto* beim Festival zweier Welten in Spoleto 1986 und die Gesamtleitung des Kinofilms *Zugzwang* 1989 (nach eigenem Buch). Wichtige Filmrollen in *Bramy Raju (Die Pforten des Paradieses)* (1969, R. → Wajda), *Malpertuis* (1971), *Don Juan 73* (1973, R. Vadim), *Giordano Bruno* (1973), *India Song* (1975, R. M. Duras), *Der Fangschuß* (1976, R. Schlöndorff), *Wege in die Nacht* (1978, R. Zanussi); *Egon Schiele – Exzesse* (1979, R. Vesely); *Die Frau des Fliegers* (1980, R. Rohmer); *Die Spaziergängerin von Sans-Souci* (1982, mit Romy Schneider), *Die flambierte Frau* (1983, R. van Ackeren); *Yerma* (1985), *Malina* (1991, R. Schroeter), *Die Zeit danach* (1992), *Luther* (2003). Drehbuch für den Film *Beethoven* (1985). Zahlreiche Fernsehrollen. Seine Schwester Mareike C. (* 1954) ist Schauspielerin. – Als Darsteller prägte sich C. v. a. in anspruchsvollen Filmen internat. Regisseure als die vornehme Erscheinung von kalter Eleganz ein, außerordentlich nuanciert in seiner Spielweise. Manche Kritiker vermeinten, mit dem Verlust der Jugendlichkeit auch einen Abfall der künstl. Überzeugungskraft feststellen zu müssen, und fanden C. in seinen späteren Rollen weniger überzeugend. Sein 1981 erschienener Essay *Für eine Literatur des Krieges, Kleist* wurde stark diskutiert. 2001 szenische UA seiner Farce *Die Wette gilt* (Fabrik, Hamburg). Ritter der franz. Ehrenlegion (2002).

Horst Schumacher

Carstensen, Margit, * 29. 2. 1940 Kiel. Schauspielerin.

Arzttochter; ausgebildet ab 1958 an der Hochschule für Musik und Th. in Hamburg. Engagements in Kleve, Heilbronn, Münster und Braunschweig. 1964–68 am Dt. Schauspielhaus Hamburg u. a. in Osbornes *Richter in eigener Sache* (DEA 1965, R. → Klingenberg), Camus' *Der Belagerungszustand* (1966, R. → Schuh), Hašek / Kohouts *Josef Schwejk oder «Sie haben uns also den Ferdinand erschlagen»* (DEA 1967), Césaires *Im Kongo* (DEA 1968). 1969–72 unter K. → Hübner am Bremer Th.; Beginn der Zusammenarbeit mit → Fassbinder bei dessen Bearbeitungen von Goldonis *Das Kaffeehaus* (1969, 1970 TV), Lope de Vegas *Das brennende Dorf* (1970) und Fassbinders *Bremer Freiheit* (UA 1971, 1972 TV). Außerdem u. a. in Gombrowicz' *Yvonne, Prinzessin von Burgund* (TR, 1971), Schillers *Maria Stuart* (1972, beide R. → Minks; 1977 Schiller-Th. Berlin). 1973–76 (mit Unterbrechungen) Staatstheater Darmstadt, wo sie bereits 1971 die TR in der UA von Fassbinders *Die bitteren Tränen der Petra von Kant* (1972 Film) gespielt hatte. 1976/77 erneut Dt. Schauspielhaus Hamburg, u. a. in Boothe Luces *Frauen in New York* (1976, R. Fassbinder), Strauß' *Trilogie des Wiedersehens* (UA 1977, R. → Giesing), → Brechts *Der gute Mensch von Sezuan* (1977, R. → Strehler). Ab 1977 Staatl. Schauspielbühnen Berlin, ab 1981 Staatstheater Stuttgart. Dort u. a. in Schillers *Demetrius* (1982), Bergs *Iphigenie* (TR, UA 1982), *Niobe* (UA 1983), Aischylos' *Die Per-*

ser (1983), Schillers *Die Braut von Messina, Wilhelm Tell* (beide 1984, alle R. → Heyme). 1984/85 an den Münchner Kammerspielen in → Lessings *Emilia Galotti* (R. Th. → Langhoff), H. → Müllers *Die Hamletmaschine* und *Verkommenes Ufer Medeamaterial Landschaft mit Argonauten.* 1985–89 am Schauspiel Essen u. a. in Lohensteins *Sophonisbe* (1985, Premiere bei den Berliner Festwochen), Euripides' *Die Troerinnen*, Brecht / Weills *Die Dreigroschenoper* (beide 1986), → Goethes *Faust I*, Grabbes *Don Juan und Faust* (beide 1987), Cixous' *Die schreckliche, aber unvollendete Geschichte von Norodom Sihanouk, König von Kambodscha*, Aischylos' *Orestie* (beide 1988, alle R. Heyme). Am Bayer. Staatsschauspiel u. a. in → Shakespeares *Hamlet* (1985, R. → Tragelehn), Strindbergs *Totentanz* (1989, R. → Zinger), Ibsens *Gespenster* (1992), Sophokles' *Antigone* (1993), Bauers *In den Augen eines Fremden* (UA 1994, alle R. L. → Haußmann). Seit 1995 am Schauspielhaus Bochum u. a. in Čechovs *Die Vaterlosen* (1995), H. Müllers *Germania 3 – Gespenster am toten Mann* (UA 1996), Bonds *Das Verbrechen des 21. Jahrhunderts* (UA 1999), Ibsens *John Gabriel Borkman* (2000, alle R. L. Haußmann), Strauß' *Der Narr und seine Frau heute Abend in Pancomedia* (2001, R. M. → Hartmann), Čechovs *Die Möwe* (R. → Goerden), von Uslars Bearbeitung von Wedekinds *Lulu* (beide 2004), → Schleefs *Nietzsche-Trilogie* (2005), Wildes *Ein idealer Gatte* (2006). – Auch im Film und Fernsehen eine der Protagonistinnen Fassbinders, von *Acht Stunden sind kein Tag* (1972, TV) bis *Berlin Alexanderplatz* (1980, TV). Seit den 1990er Jahren Zusammenarbeit mit → Schlingensief, u. a. in der UA von Jelineks *Bambiland* (2003, Burgtheater), dessen *Atta Atta – Die Kunst ist ausgebrochen!* (2003, Volksbühne Berlin), Filmen wie *100 Jahre Adolf Hitler* (1989), *Terror 2000* (1992), *Die 120 Tage von Bottrop* (1996). Weitere Filme u. a. *Die Niklashauser Fahrt* (1970), *Die wilden Fünfziger* (1983, R. → Zadek), *Gesches Gift* (1997), *Sonnenallee* (1999), *Manila* (2000), *Scherbentanz* (2002, Bayer. Filmpreis). – Eine der bedeutenden dt.sprachigen Schauspielerinnen der Gegenwart von großer Bühnenpräsenz, eine «Actrice von hundert Energien und tausend Widersprüchen – eine sensible Nervenspielerin» (G. Rühle). Technisch perfekt und kontrolliert in ihrer Darstellung, ist sie zu tragischem Pathos wie elementaren Ausbrüchen fähig. Anfangs als Darstellerin fragiler und nervöser Frauen in gewollter Künstlichkeit eine ideale Verkörperung der Figuren Fassbinders. V. a. in der intensiven Zusammenarbeit mit Heyme gelangen ihr überzeugende Gestaltungen klassischer tragischer Rollen.

Erken, G.: Hansgünther Heyme. Frankfurt a. M. 1989.

Wolfgang Beck

Casarès, Maria (eig. M. Victoria C. Perez), * 21. 11. 1922 La Coruña (Spanien), † 22. 11. 1996 La Vergne (Frankreich). Schauspielerin.

Frühe Bühnenerfahrung als Schülerin, als sie *Die Mutter Erde* von Isabel de Palencia vor einem Publikum spielte, unter dem sich Valle-Inclán und García Lorca befanden. Als Tochter eines Rechtsanwalts, der Minister der republikanischen Regierung gewesen war, kam C. im Alter von 14 Jahren nach Frankreich, ohne ein Wort Französisch zu können. Ihr erster Versuch, sich mit 17 Jahren an der Schauspielschule des Conservatoire einzuschreiben, scheiterte an ihren schlechten Sprachkenntnissen und ihrem starken Akzent. Sie nahm Unterricht bei Béatrice Dussane und verbesserte ihre Diktion so, dass sie 3 Jahre später (1942) von Marcel Herrand ans Th. des Mathurins verpflichtet wurde. Durchbruch in der Hauptrolle von *Deirdre of the Sorrows* (franz. *Deirdre des douleurs*) des Iren John Millington Synge; *Le voyage de Thésée* von Georges Neveux und *Fede-*

rigo von René Laporte. 2 Jahre gehörte sie zum Ensemble der Comédie Française und spielte dort vor allem in *Don Juan* von → Molière und *Jeanne d'Arc* von Charles Peguy. Anschließend 6 Jahre am Th. National Populaire (TNP) mit Jean → Vilar und regelmäßige Teilnahme am Festival d'Avignon mit Gérard → Philipe, Georges Wilson, Philippe Noiret, Jeanne → Moreau. Sie brillierte als Lady Macbeth, spielte *Marie Tudor* mit romantischem Pathos, wurde in *Le Triomphe de l'Amour* begeistert gefeiert. Nach der Trennung vom TNP trat C. auf vielen Bühnen auf und unternahm eine lange Tournee nach Südamerika, wo sie García-Lorca-Stücke im span. Original spielte. Unvergessen blieben ihre Auftritte in Ibsens *Baumeister Solness*, *Geliebter Lügner* von Jerome Kilty an der Seite von Pierre → Brasseur. Ihre Rollen in Stücken von Albert Camus, zu dem sie eine leidenschaftliche Zuneigung hatte (*Le Malentendu* 1944, dt. *Das Mißverständnis*; *L'Etat de siège* 1948, dt. *Belagerungszustand*; *Les Justes* 1949, dt. *Die Gerechten*) gelten ebenso als Höhepunkte ihrer Karriere wie der letzte große Auftritt im Th. de la Colline bei Jorge → Lavelli im Februar 1996 in *Les Œuvres complètes de Billy the Kid* von Michael Ondaatje. Obwohl C. den Film nicht schätzte, trug sie zu einigen Filmen entscheidend bei: In *Les enfants du paradis* (dt. *Kinder des Olymp*) verkörperte sie Nathalie, die vom Mimen Baptiste mit der strahlenden Garance-Arletty betrogene, griesgrämige Ehefrau. Als Sanseverina in der Verfilmung von Stendhals *La Chartreuse de Parme* und in den beiden Orpheus-Filmen (*Orphée* 1950, *Le Testament d'Orphée* 1960) fand sie Bewunderung. – C. gilt nach Sarah → Bernhardt als größte Tragödin des franz. Th.s im 20. Jh., deren ein wenig singende Stimme, unglaubliche Wandlungsfähigkeit und Aura von den meisten bewundert wurde, deren Ekstase und Gefühlsausbrüche auf der Bühne einigen Kritikern aber auch zu weit gingen.

Casarès, M.: Residente priviligiée. Paris 1980 *(Autobiographie)*.

Horst Schumacher

Caspar, Horst (Joachim Arthur), * 20. 1. 1913 Radegast, † 27. 12. 1952 Berlin. Schauspieler.

Ausbildung bei Lucie → Höflich in Berlin. 1933–38 Schauspielhaus Bochum. 1934 anlässlich der Schiller-Wochen 4 Schiller-Rollen (Karl Moor, Ferdinand, Max, Don Cesar). Hamlet, Tellheim. 1936 zur Kleist-Woche 5 Kleist-Rollen. Romeo. 1938–40 Münchner Kammerspiele (auf Empfehlung von Saladin → Schmitt). 1940–44 Schiller-Th. Berlin, Zusammenarbeit mit Jürgen → Fehling, u. a. bei Kleists *Prinz Friedrich von Homburg*, Halbes *Der Strom* (beide 1940). 1942 TR in → Goethes *Torquato Tasso* (R. → Martin) am Wiener Burgtheater. 1945 Renaissancetheater (Schnitzlers *Der grüne Kakadu*), Dt. Th. Berlin: TR in → Shakespeares *Hamlet* (1945, R. → Wangenheim, Orest in Goethes *Iphigenie auf Tauris* (1947). 1948 Leander in Grillparzers *Des Meeres und der Liebe Wellen* bei den Salzburger Festspielen. 1949 Düsseldorfer Schauspielhaus, Übernahme der → Gründgens-Rollen Hamlet und Faust. 1950 Posa in Schillers *Don Carlos* (Hebbel-Th. Berlin) und 1951 Tellheim in → Lessings *Minna von Barnhelm* (München) in der Regie von Fritz → Kortner. Filmrollen, u. a. TR in *Friedrich Schiller* (1940). Verheiratet mit der Schauspielerin Antje → Weisgerber. – C. war der Inbegriff des klassischen jugendlichen Helden, in seiner ungewöhnlichen Strahlkraft vielleicht die größte Begabung seiner Zeit neben Will → Quadflieg. Leidenschaft paarte sich mit einer Aura tief vergeistigter Innerlichkeit. Starkes Formgefühl, absolute Sicherheit im disziplinierten Umgang mit seinen reichen darstellerischen Mitteln – «der moderne Darsteller, der das klassische Maß hat» (Paul Rilla, 1947).

Vortisch, K. L.: Horst Caspar. Ein Schauspieler im Wandel seiner Epoche. Diss. Berlin 1965.

Werner Schulze-Reimpell

Castorf, Frank, * 17. 7. 1951 Berlin (DDR). Regisseur, Theaterleiter.

Nach dem Studium der Theaterwissenschaft an der Ostberliner Humboldt-Universität war C. 1976–79 Dramaturg in Senftenberg. Nach verschiedenen Regiearbeiten in Brandenburg arbeitete er 1981–85 mit einer festen Gruppe von Schauspielern und dem Bühnenbildner Hartmut Meyer am Th. in Anklam, wo er u. a. zum Holland-Festival eingeladene Insz.en von →Müllers *Der Auftrag* und *Die Schlacht* machte, ferner eine in der DDR verbotene Insz. von →Brechts *Trommeln in der Nacht*. Es folgten Regiearbeiten an verschiedenen DDR-Bühnen, u. a. →Goethes *Clavigo* in Gera (1986), Müllers *Der Bau* in Karl-Marx-Stadt (1986, heute Chemnitz) und García Lorcas *Bernarda Albas Haus* in Halle (1986/87). 1988 debütierte C. an der Ostberliner Volksbühne mit einer gefeierten Insz. von Paul Zechs *Das trunkene Schiff* (mit Henry →Hübchen und Axel Wandtke). Vor der politischen Wende 1989 arbeitete C. auch in der Bundesrepublik und avancierte nach seiner Insz. einer ungewöhnlich freien Version des →Shakespeare'schen *Hamlet* im April 1989 in Köln schnell zum Shooting-Star der westdeutschen Feuilletons mit dem Ruf eines Klassiker-Zertrümmerers. Nach weiteren umstrittenen Klassiker-Insz.en – →Lessings *Miß Sara Sampson* (1989, Einladung zum Berliner Theatertreffen) und Goethes *Torquato Tasso* (1991) am Bayer. Staatsschauspiel in München, Goethes *Stella* (1990) am Dt. Schauspielhaus in Hamburg, Schillers *Die Räuber* (1990) an der Volksbühne Berlin sowie *Wilhelm Tell* (1991) am Th. Basel – wurde er Hausregisseur am Dt. Th. Berlin und inszenierte hier u. a. Trolles *Hermes in der Stadt* (UA 1992). Mit Beginn der Spielzeit 1992/93 übernahm C. die Intendanz der Berliner Volksbühne am Rosa-Luxemburg-Platz, wo er mit den Dramaturgen Matthias →Lilienthal und Carl Hegemann, den Bühnenbildnern Hartmut Meyer und Bert →Neumann, den Regisseuren Christoph →Marthaler und Christoph →Schlingensief sowie dem Choreographen Johann →Kresnik und dem Dramatiker René Pollesch zusammenarbeitete. Wichtige Insz.en: Shakespeares *König Lear* (1992, Einladung zum Berliner Theatertreffen); Bronnens *Rheinische Rebellen* (1992, mit Hübchen, ausgezeichnet mit dem neu gestifteten Friedrich-Luft-Preis); Burgess' *Clockwork Orange* (1993, mit Herbert Fritsch und Silvia Rieger); Carl Laufs / Wilhelm Jacobys *Pension Schöller* und Heiner Müllers *Die Schlacht* als Doppelprojekt (1994, mit Hübchen). Seit Übernahme der Intendanz der Volksbühne verlängerte Castorf 2-mal seinen Vertrag, 1995 und 2002. Die Volksbühne wurde 1993 von den Kritikern zum Th. des Jahres gewählt. Insz.en dieses Zeitraums u. a.: *Stadt der Frauen* (1995, nach dem gleichnamigen Film Fellinis, mit Hübchen und Cornelia →Schmaus), Zuckmayers *Des Teufels General* (1996, Harras im 1. Akt mit Corinna →Harfouch, im 2. mit Bernhard Schütz besetzt; Einladung zum Berliner Theatertreffen 1997), Harry Gibsons *Trainspotting* (1997, nach dem Roman von Irvine Welsh und dem gleichnamigen Kultfilm), Hauptmanns *Weber* (1997, mit Hübchen und Sophie →Rois), Sartres *Die schmutzigen Hände* (1998, Einladung zum Berliner Theatertreffen), Shakespeares *Edward II.* und *Richard II.* (1999), *Dämonen* (1999, nach dem Roman von Dostoevskij), *Das obszöne Werk: Caligula* (2000, in dramaturgischer Verschachtelung des Camus-Dramas und des Bataille-Textes); *Endstation Amerika* (2000, nach Williams' *Endstation Sehnsucht*), *Erniedrigte und Beleidigte* (2001, nach dem Roman von Dostoevskij), *Meister und Margarita* (2002;

nach dem Roman von Bulgakov), *Der Idiot* (2002, nach Dostoevskij), *Forever Young* (2003, nach Williams' *Süßer Vogel Jugend*), *Kokain* (2004, nach Pittigrilli), *Gier nach Gold* nach dem Roman von Frank Norris (2004, Koproduktion Ruhrfestspiele), die Dostoevskij-Bearbeitung *Verbrechen und Strafe* (2005, Koproduktion Wiener Festwochen), *Der Marterpfahl* (2005) nach Friedrich von Gagerns Roman und späten Gesprächen Heiner Müllers (Bb. Anna → Viebrock). Gastinsz.en u. a.: Jelineks *Raststätte oder Sie machens alle* (1995), Brechts *Herr Puntila und sein Knecht Matti* (1996, Einladung zum Berliner Theatertreffen 1997); Johann Strauß' *Die Fledermaus* (1997/98, alle Dt. Schauspielhaus Hamburg, musikalische Einrichtung: Franz Wittenbrink), *Berlin Alexanderplatz* nach Döblins Roman (Schauspielhaus Zürich 2001, Volksbühne 2005).

Ivan Nagel schrieb in seiner Rede zur Verleihung des Kortner-Preises 1994 an C.: «Das was man Castorfs ‹Regiestil› nennt und was sein Blick auf die Welt ist, sieht die Heteronomie des Wirklichen. Er hält sowohl die Autonomie des Subjekts als auch die Theonomie des Weltalls (diese beiden Zuflüchte der Einheit) für fiktiv und lügenhaft. Da es ihm um Wirklichkeit und Wahrheit geht, gilt für ihn das Verbot, uns eine einheitliche Welt und einen sie wahrnehmenden, begreifenden einheitlichen Menschen vorzutäuschen. So muß er die prachtvollen Weltsysteme, als die sich manche großen Theaterstücke geben, zerbrechen; und die Figuren zerbrechen, die, wenn schon nicht von Shakespeare oder Ibsen, so doch von jedem Gymnasiallehrer als geschlossene Charaktere gedeutet werden. Er muß sie dann neu zusammensetzen: nicht nur aus Fragmenten, sondern auch zu Fragmenten. [...] Castorfs Vorschlag könnte lauten: Der Entschluß, im Theater Theater zu spielen, darf kein dummes, aber auch kein hehr schönheitsfrommes, gestelzt würdevolles, sondern muß ein skandalös schreckenerregendes Ereignis sein – durchmischt mit dem entgegengesetzten Skandal: daß der Schauspieler auf der Bühne gar nicht spielt, sondern in seiner faktischen Körperpräsenz lebt, ist. [...] Da Castorf es hier und jetzt nicht für erlaubt hält, auf dem Theater Leben zu spielen, zwingt er das willkürlich ausgefallenste Theaterspielen und das unverhohlen roheste Nichtmehrspielen zueinander – um doch noch beim Leben anzukommen» (Balitzki, S. 230 ff.).

Balitzki, J.: Castorf, der Eisenhändler. Theater zwischen Kartoffelsalat und Stahlgewitter. Berlin 1995; Detje, R.: Castorf. Provokation aus Prinzip. Berlin 2002 *(Biographie)*; Wilzopolski, S.: Theater des Augenblicks. Die Theaterarbeit Frank Castorfs. Eine Dokumentation. Berlin 1992.

Friedemann Kreuder

Caven, Ingrid (eig. Ingrid Schmidt, seit 1970 Ingrid Fassbinder), * 3. 8. 1938 Saarbrücken. Schauspielerin, Chansonette.

Tochter eines Tabakwarenhändlers. Ihre Schwester Trudeliese Schmidt (1943–2004) war Opernsängerin. C. studierte (nach dem Abitur in Saarbrücken) Germanistik und Kunstgeschichte an der Universität München. Kurze Tätigkeit als Lehrerin in Oberbayern. Ohne Schauspielausbildung trat sie im 1968 als Nachfolger des Action Th.s von Rainer Werner → Fassbinder gegründeten «antiteater» auf; 1970–72 mit Fassbinder verheiratet. Verschiedene Fernseh-, Film- und Bühnenrollen, u. a. unter der Regie von Fassbinder, Werner → Schroeter, Daniel Schmid, Peter → Zadek. – Als Chansonsängerin sah man sie erstmals in Fassbinders Film *Mutter Küsters Fahrt zum Himmel* (1975). 1976 Liederabende im Münchner Nationaltheater, 1978 an der Pariser Kleinkunstbühne «Au Pigall's», wo sie Fassbinder- und Wondratschek-Texte vortrug (Musik von Peer Raben) und mit sensationellem Erfolg als eine neue Marlene Dietrich gefeiert wurde, deren rauchig-verführerische Stimme Hans Magnus Enzensberger u. a. zu – von Raben in Musik gesetzten – Liedtexten inspirierte, die ihren Ruf weiter festigten und sie als Solo-Chansonsängerin auf Tourneen durch Deutschland, Frankreich und nach New York führten. Beim Fassbinder-Festival in München (1992) wurde ihr Vortrag der *Seelandschaft mit Pocahontas* von Arno Schmidt und *Polaroid-Kokaïn* von Jean-Jacques Schuhl besonders gerühmt. In der Regie (und Bb.) Ulrike Ottingers in dem «musiktheatralischen Psychogramm» *Effi Briest* mit der Musik Ter Schiphorsts und Oehrings (UA 2001, Oper Bonn). – In dem mit dem franz. Goncourt-Preis bedachten Roman *Ingrid Caven* (2000) ihres Lebensgefährten Jean-Jacques Schuhl wurde sie literarisch verewigt und als sinnliche Verschmelzung von Körperlichkeit und Musikalität stilisiert. Als Performance unter dem Titel *Schattenzonen* (Musik: Pierre Henry) auch auf der Bühne (2003, Berliner Festspiele, MaerzMusik). Mitwirkung im Film *Für mich gab's nur noch Fassbinder* (2000, R.: Rosa von Praunheim), einer Hommage an den Regisseur, der C. entdeckt hatte. Mehrere internat. Auszeichnungen.

Horst Schumacher

Čechov, Michail (Aleksandrovič), * 16. 8. 1891 St. Petersburg, † 30. 9. 1955 Beverly Hills. Schauspieler, Regisseur, Theaterleiter und -pädagoge.

Sohn eines Journalisten; Neffe des Autors Anton Pavlovič Čechov. Besuchte 1907 – 10 A. S. Suvorins Schauspielschule (St. Petersburg). Debüt mit der TR in Alexej K. Tolstojs *Car' Fëdor Joannovič* (P. 20. 10. 1911, Malyi Teatr). Seit 1913 am Moskauer Künstlertheater (MChAT); Rollen u. a.: Friebe in Hauptmanns *Das Friedensfest* (1913), TR in → Molières *Der Geizige* (1917), Malvolio in → Shakespeares *Was ihr wollt* (1920), Chlestakov in Gogol's *Der Revisor* (1921), TR in Shakespeares *Hamlet* (1924). Seit 1913 Stummfilmrollen. 1914 – 17 verheiratet mit Ol'ga Konstantinovna Knipper (Nichte Ol'ga → Knipper-Čechovas), die als Olga Tschechowa in Deutschland ein erfolgreicher Filmstar der 1930/40er Jahre wurde. 1918 – 21 private Schauspielschule (Č.-Studio). 1922 – 28 Leiter des Ersten Studios am MChAT (seit 1924: MChAT-2). 1928 Emigration nach Deutschland; in Wien und Berlin Arbeit mit Max → Reinhardt. Filmarbeit (*Troika*, *Der Narr seiner Liebe*, beide 1929). Kurzfristige Leitung der «Habima», des ersten in Hebräisch spielenden Th.s. Versuchte nach 1930 vergeblich, in Paris ein russ. Th. zu etablieren. Arbeitete nach 1932 als Regisseur und Schauspieler an Th.n in Riga und Kaunas, inszenierte u. a. an der Lettischen Nationaloper Wagners *Parsifal* (1934). Gastspiele in Brüssel, Paris, den USA mit einer Theatergruppe russ. Emigranten (Moscow Art Players); am Broadway Regie und TR in Gogol's *Der Revisor* (1935, Majestic Th.). Č. gründete Oktober 1935 im engl. Dartington Hall das «Chekhov Th. Studio» mit angegliederter Schauspielschule. Dezember 1938 Übersiedlung in die USA, gründete in Ridgefield (Connecticut) die «Chekhov-Players» als Ausbildungsstätte und Th.; 1940 USA-Tournee. Broadway-Gastspiele mit *The Possessed* (Georgij S. Ždanov nach Dostoevskij, 1939), Shakespeares *Twelfth Night* (1942); inszenierte mit der New Opera Company u. a. Musorgskijs *Der Jahrmarkt von Soročincy*. 1942 musste sein Schauspielzentrum schließen (die meisten Schauspieler wurden eingezogen). Filmarbeit in Hollywood, u. a. *In Our Time* (1944), *Spellbound* (1945, R. Hitchcock), *Abie's Irish Rose* (1946), *Texas, Brooklyn and Heaven* (1948), *The Price of Freedom* (1949), *Invitation* (1952), *Rhapsody* (1954). Daneben Schauspielunterricht, u. a. am Tamirov-Studio in Hollywood

(Leitung 1947–50). Zu seinen Schülern gehörten Ingrid Bergman, Marilyn Monroe, Yul Brynner, Anthony Quinn, Gary Cooper, Gregory Peck, Clint Eastwood. Č. hat immer auch als Pädagoge gearbeitet, der auf der Grundlage der Methodik →Stanislavskijs und der Anthroposophie Rudolf Steiners eine eigene Schauspielmethodik entwickelte und in mehreren Büchern publizierte.

Bedeutender Schauspieler von großer Wandlungsfähigkeit, komödiantischem Talent, Ausdrucks- und Improvisationskraft. Bemüht, Figuren aus ihrem Wesen heraus zu gestalten. Brillierte als Fräser in Henning Bergers *Die Sintflut*, Chlestakov in Gogol's *Revisor*, TR in Strindbergs *Erik XIV.*, Malvolio in Shakespeares *Was ihr wollt*. Ein «Experimentator der seelischen und physischen Qualitäten des Menschen», der «durch das Geflecht der physiologischen, moralischen und anderen Qualitäten mitten in das Mark der Gestalt» durchdrang (P. A. Markov, zit. nach Čechov, *Die Kunst des Schauspielers*, S. 204 f.). – Konzentration – Imagination – Verkörperung sind zentrale Begriffe seiner Schauspielmethodik, die – ähnlich der Stanislavskijs – nicht als geschlossenes «System» entstand, sondern sich mit den praktischen Erfahrungen seiner Lehrtätigkeit veränderte. Um zu eigener Rollengestalt zu gelangen, müssen «Fragen» an die Rolle gestellt werden, bis sie ein Eigenleben beginnt und der Schauspieler in einen Dialog mit ihr tritt. Um dies zu erreichen, bedarf es der Konzentration, für die Č. ebenso Übungen entworfen hat wie für den Prozess der Imagination, der durch Improvisation die Selbstwahrnehmung in der Rolle verstärkt. Psycho-physische Übungen sollen das Wechselspiel von Körper und Seele trainieren, um so Harmonie zwischen Denken, Fühlen und Wollen herzustellen. Zu wichtigen Begriffen seiner Methode gehören u. a. «Atmosphäre» als die «Seele» einer Aufführung, als Teil der Fähigkeit, das ganze Stück in seiner ideellen Vielfalt zu erfassen, die «psychologische Gebärde», die – die Rollengestaltung unterstützend – «schöpferisches Fühlen» hervorrufen soll. Lange Zeit wenig beachtet, hat seine Schauspielmethodik in den letzten Jahrzehnten internat. verstärkt Aufmerksamkeit gefunden, wird in zahlreichen Ländern gelehrt und wissenschaftlich aufgearbeitet.

<small>Black, L. C.: Mikhail Chekhov as Actor, Director and Teacher. Ann Arbor 1987; Boner, G.: Hommage an Michael Tschechow. Zürich, Stuttgart 1994; Byckling, L.: Michail Čechov v zapadnom teatre i kino. St. Peterburg 2000; Čechov, M.: Die Kunst des Schauspielers. Stuttgart 1990; ders.: Leben und Begegnungen. Stuttgart 1992; ders.: Lessons for the Professional Actor. New York 1985; ders.: Lessons for Teachers of his Acting Technique. Ottawa 2000; ders.: To the Actor. New York 1953 (vollständ. Ausg. u. d. T. On the Technique of Acting. New York 1991); ders.: To the Director and Playwright. New York 1963.</small>

Wolfgang Beck

Chaikin, Joseph, * 16. 9. 1935 New York, † 27. 6. 2003 New York. Regisseur, Theaterleiter, Schauspieler, Autor.

Sohn eines Hebräischlehrers, aufgewachsen in Des Moines (Iowa), 3 Jahre Studium an der Drake University. Ging 1955 nach New York, Ausbildung im Herbert Berghof Studio; Mitbegründer der Harlequin Players (1955–57). Ab 1959 Mitglied des Living Th.s; Auftritte in W. C. Williams' *Many Loves*, Gelbers *The Connection* (beide 1959), Galy Gay in →Brechts *Mann ist Mann* (1962, R. →Beck). 1963 Gründer, künstl. Leiter, Regisseur und Schauspieler des als Workshop gegründeten Open Th., einer experimentellen Bühne für innovative Theaterkünstler aller Sparten, die gemeinsam ihre Produktionen erarbeiteten. C. spielte u. a. in McNallys *And Things That Go Bump In The Night* (1963), Ionescos *Der neue Mieter / Opfer der Pflicht* (1964), Brechts *Die Ausnahme und die Regel* (1965), Hamm in Becketts

Chaikin, Joseph

Endspiel (1969) und inszenierte u. a. van Itallies *Almost Like Being, The Hunter and the Bird* (beide 1964), *Interview* (1966) aus *American Hurrah*, *The Serpent* (1968, zuerst auf Europa-Tournee, Teatro del Arte, Rom), Terrys *Viet Rock* (1966), die Kollektivproduktionen *Terminal* (1970, Ko-R. R. Sklar), *The Mutation Show* (1971), *Nightwalk* (1973). Nach Auftritten in den USA, Europa und dem Nahen Osten löste sich das Open Th. Ende 1973 auf. C. gründete in New York den Workshop The Working Th., mit van Itallie The Other Th., 1976 The Winter Project, einen (bis 1983) jährlich 12 Wochen dauernden Workshop mit Schauspielern, Musikern und Autoren zur Erforschung theatralen Schreibens und Produzierens (*Re-Arrangements*, 1979; *Tourists & Refugees*, 1980; *Tourists & Refugees No. 2*, 1981; *Trespassing*, 1982; *Lies and Secrets*, 1983, alle La Mama, New York). Mitte der 1980er Jahre hatte ein Schlaganfall Aphasie zur Folge. Die Erfahrung der Sprechunfähigkeit fand ihren Niederschlag in Stücken wie dem zusammen mit van Itallie verfassten Monolog *Struck Dumb*, mit dem C. mehrfach auftrat (1988, Taper Too, Los Angeles; 1991, American Place Th., New York). Zu seinen Rollen gehörten u. a. die TRn in Büchners *Woyzeck* (1976, Public Th., New York), Čechovs *Onkel Vanja* (1983, La Mama, New York, R. → Șerban), Auftritte in Kopits *Sing to Me Through Open Windows* (1965, Players Th., New York), den mit Sam Shepard verfassten Stücken *Tongues* (1978, 1994 Magic Th., San Francisco), *Savage / Love* (1979 Eureka Th., San Francisco; 1994 Magic Th.), *The War in Heaven* (1986 DuMaurier World Stage, Toronto; 1998 Magic Th., San Francisco). C. inszenierte u. a. van Itallies *A Fable: Telling About A Journey* (1975, The Mount, Lenox; Westbeth Th., New York), dessen Bearbeitung von Čechovs *Die Möwe* (1975 Manhattan Th. Club, New York), *The Bird and the Hunter* (1998, 7 Stages, Atlanta), An-Skis *Der Dybuk* (1977 Public Th., New York; 1978 Habima, Tel Aviv), Ionescos *Die kahle Sängerin* (1987 Cubiculo Th., New York), Williams' *Talk To Me Like the Rain*, Albees *Counting the Ways* (beide 1993, Magic Th., San Francisco; 1997, Th. for the New City, New York), *The Sandbox* (1993, 7 Stages, Atlanta), *A Delicate Balance* (2002, 7 Stages, Atlanta), A. Kennedys *A Moviestar Has To Star In Black And White* (1995, Signature Th., New York), Shepard / C.s *When the World Was Green (A Chef's Fable)*, Shepards *Chicago* (beide 1996, Signature Th., New York), *The Late Henry Moss* (2001, Signature Theatre, New York), C. / Yankowitz' *1969 Terminal 1996* (1996, Bitef Festival, Belgrad), Millers *All My Sons* (1997, 7 Stages, Atlanta), *I Can't Remember Anything* (verfasst mit C.), *The Last Yankee* (beide 1998, Signature Th., New York), *Broken Glass* (2003, 7 Stages, Atlanta), Williams' *The Glass Menagerie* (1999, Yale Repertory Th., New Haven), das mit der Pig Iron Th. Company entwickelte Stück *Shut Eye* (2001, Philadelphia), Machados *That Tuesday* (The Actors' Studio, New York), Euripides' *Medea* (beide 2003, Pacific Repertory Th.). C. hat sich als Schauspieler wie als hochgelobter Regisseur intensiv mit Texten Becketts auseinandergesetzt, der ihm ein Gedicht *(What is the Word)* widmete. Als Schauspieler v. a. in *Texts For Nothing* (1981 Public Th., New York; 1985 Internat. Th. Congress, Toronto; 1995 Amsterdam, Rotterdam, Antwerpen; 1996 Royal Court Th., London; 1999 Berkshire Th. Festival, Stockbridge), als Regisseur mit *Endgame* (*Endspiel*, 1977 Murray Th., Princeton; 1979 Manhattan Th. Club, New York; 1995 7 Stages, Atlanta), *Waiting for Godot* (*Warten auf Godot*, 1990 Taper Too, Los Angeles; 1992 7 Stages, Atlanta), *Texts for Nothing* (1992 Joseph Papp Public Th., New York; 2000 7 Stages, Atlanta), *Happy Days* (*Glückliche Tage*, 2002 Cherry Lane Th., New York). Zahlreiche Auszeichnungen, mehrfacher Ehrendoktor. – Eine Schlüsselfigur des amerik. Avantgarde-Th.s von großem Einfluss. Durch Insz.en, zahlreiche Workshops (u. a. mit →Grotowski) und Seminare von internat. Ausstrahlung. Auch als Schauspieltheoretiker von Bedeutung. Seine Schwester Shami C. ist Schauspielerin.

> Blumenthal, E.: Joseph Chaikin: exploring at the boundaries of theater. Cambridge, New York 1984; Chaikin, J., S. Shepard: Letters and Texts 1972–1984. New York 1989; Chaikin, J: The Presence of the Actor. New York 1972 (Neuausgabe 1991); Dillon, J.: The development of performance material in The Open Theatre. Columbia University masters theses 1972 (masch.); Gildzen, A., D. Karageorgiou: Joseph Chaikin: a bio-bibliography. Westport 1992; Pasolli, R.: A book on the Open Theatre. Indianapolis 1970; Shank, Th.: Beyond the boundaries: American alternative theatre. Ann Arbor 2002.

Wolfgang Beck

Chéreau, Patrice, * 2. 11. 1944 Lézigné (Maine-et-Loire). Regisseur, Theaterleiter.

Schon der Gymnasiast Ch. erwarb sich in der Laienspielgruppe des Lycée Louis-le-Grand in Paris den Ruf eines Theaterwunderkindes, der Regisseur, Darsteller und Bühnenbildner zugleich war (1964, Hugos *L'Intervention*). Nach einem Studium der Germanistik an der Sorbonne Beginn der Theaterlaufbahn. Die Insz. von Labiches *L'affaire de la rue de Lourcine* war 1966 sein erster Publikumserfolg. 1966–69 Leiter des Th.s in der Pariser Satellitenstadt Sartrouville, das er als engagierte Volksbühne entwickelte. 1967 erhielt die Insz. von Lenz' *Die Soldaten* den Nachwuchstheaterpreis. Aufsehenerregend die Insz. von 2 chines. Stücken (*La neige au milieu de l'été*, *Schnee mitten im Sommer* und *Le voleur des femmes*), ungewöhnlich im Zusammenspiel von Bühnendekoration, der Montage von Plattformen, Seilscheiben, Laufbrücken als Spielebenen. Paolo →Grassi holte Ch. ans Piccolo Teatro in Mailand, wo er Pablo Nerudas Erstlingsdrama *Glanz und Tod des Joaquín Murieta* inszenierte. Ab 1971 mit Roger →Planchon Leiter des Th. National Populaire im Lyoner Vorort Villeurbanne, wo er mit *Das Massaker von Paris* nach Christopher Marlowe entfesseltes Th. als Maschinerie zur «Lebenszerstückelung» («machine à déchiqueter la vie») aufführte, Menschenleiber im in Mondlicht getauchten schwarzen Wasser treiben ließ, in dem 2 Clowns als Totengräber plätscherten. Großer Erfolg mit Marivaux' *La Dispute* (1973).

Zwischen 1973 und 1978 trat der Schauspiel- hinter dem Opernregisseur zurück. Nachdem Ch. 1969 in Spoleto mit Rossinis *Die Italienerin in Algier* und 1974 in Paris mit Offenbachs *Hoffmanns Erzählungen* sich für das Musiktheater qualifiziert hatte, holte ihn Pierre Boulez nach Bayreuth, wo er zum 100-jährigen Jubiläum der Festspiele 1976 den *Ring* herausbrachte, eine zunächst umstrittene Insz. mit über eine halbe Stunde andauernden Applaus- und Missfallensäußerungen am Ende der *Götterdämmerung*. *Die Zeit* (6. 8. 1976) sprach von einem «Triumph für Wagner», einem «Alptraum für die Wagnerianer» und «für die Bayreuther Festspiele ein Ende der Biederkeit». Das Echo war überwiegend positiv und stellte den Beginn einer Wandlung der Bayreuther Szene vom Weihefestspiel zur Werkstattinszenierung fest. 5 Jahre blieb Ch.s *Ring* auf dem Bayreuther Programm und wurde von Fernsehanstalten in der ganzen Welt übertragen. Einen weiteren großen Opernerfolg erzielte Ch. 1979 mit der Insz. des von Friedrich Cerha vollendeten Fragments von Alban Bergs *Lulu* in Paris (TR Teresa Stratas) unter der musikalischen Leitung von Pierre Boulez.

1982 übernahm Ch. die künstl. Leitung des Maison de la Culture in Nanterre bei Paris, das unter dem neuen Namen Th. des Amandiers («Mandelbaumtheater») zum führenden Schauspielhaus Frankreichs wurde, dem als Modellversuch eine Schauspielschule und eine Filmwerkstatt angeschlossen wurden. Wichtige Insz.en: UA und EA von Stücken seines Freundes Bernard-Marie Koltès, *Combat de nègre et de chiens* (*Kampf des Negers und der Hunde*) 1983 und *Dans la solitude des champs de coton (In der Einsamkeit der Baumwollfelder)* 1987; Marivaux' *La fausse suivante* 1986 und Heiner → Müllers *Quartett*, eine sehr freie Bearbeitung der *Gefährlichen Liebschaften (Les liaisons dangereuses)* von Choderlos de Laclos, Zwiegespräch zwischen Valmont und der Marquise du Montreuil nach dem Dritten Weltkrieg. 1987 Čechovs *Platonov* mit den Schülern der Theaterschule. 1990 beendete Ch. seine Tätigkeit in Nanterre. Bei den Festspielen von Avignon hatte er mit einer unkonventionellen *Hamlet*-Insz. den Preis für die beste Aufführung der Spielzeit 1988/89 erhalten. Im Th. de l'Europe-Odéon inszenierte Ch. 1991 Strauß' *Die Zeit und das Zimmer* (1991) und eine Neufassung von Koltès *Dans la solitude des champs de coton* (1995). In einer Koproduktion des Th. de l'Europe und der RuhrTriennale 2003 Regie bei Racines *Phèdre*.

Zur Eröffnung der neuen Pariser Oper am Bastille-Platz war die Insz. des *Don Giovanni* vorgesehen, die aber aufgrund zahlreicher Querelen erst bei den Salzburger Festspielen 1994 realisiert wurde und von der der *Spiegel* (1.8.1994) schrieb, dass Ch. damit «größter Hoffnungsträger für einen neuen Mozart-Stil» geworden sei. Erst 2005 inszenierte Ch., der seit den späten 1960er Jahren fast ausschließlich mit dem Bühnenbildner Richard Peduzzi (*1943) zusammenarbeitet, mit Mozarts *Così fan tutte* (Festival d'Aix-en-Provence) erneut eine Oper.

Neben der Schauspiel- und Opernsinsz. wird die Tätigkeit als Filmregisseur für Ch. immer wichtiger: *La Reine Margot* (1994) nach Alexandre Dumas mit Isabelle Adjani in der TR erhielt in Cannes den Prix du Jury. Ch. hatte 1975 mit der Verfilmung eines Kriminalromans von James Hadley Chase, *La chair d'orchidée*, begonnen, den die Kritik als verfilmtes Th. einstufte. Als filmgerechter wurde dann 1978 *Judith Therpauve* aufgenommen mit → Signoret als Direktorin einer um ihr Überleben kämpfenden Provinzzeitung. *L'homme blessé* (1983), die Geschichte einer homosexuellen Leidenschaft, wurde mit dem César für das beste Szenario ausgezeichnet. Erwähnt sei noch *Hôtel de France* nach Čechovs *Platonov* mit den Schauspielern des Th.s Nanterre. *Ceux qui m'aiment prendront le train* (*Wer mich liebt, nimmt den Zug*, 1998) ist von Ch. als Huldigung an seinen Vater gedacht. Der mit einem César für die beste Regie ausgezeichnete Film entwickelt ein explosives Panorama der Hassliebe, der verlorenen Träume und Zukunftsängste. In Deutschland fand der Film nicht das gleiche positive Echo wie in Frankreich. Die *SZ* (27.8.1998) meinte, Ch. bleibe unwiderruflich dem Sprechtheater verhaftet: «Er kehrt stets das Innerste nach außen, so wie er es von der Bühne gewohnt ist, und will einfach nicht begreifen, dass die Wege des Kinos genau in die entgegengesetzte Richtung führen.» Große Polemik löste der 2001 auf der Berlinale mit dem Goldenen Bären ausgezeichnete Film *Intimacy (Intimität)* aus, dessen Drehbuch sich auf Novellen des brit. Schriftstellers Hanif Kureishi bezieht. Es ist die Geschichte eines Paars, das eine rein körperliche Beziehung führen will – sich dann aber doch näher kommt. Weitere Filme: 2003 *Son frère*, 2005 *Gabrielle*. Ch. arbeitet auch als Filmschauspieler, u.a. in *Danton* (1982, R. Wajda), *Adieu Bonaparte* (1985), *Lucie Aubrac* (1997), *Le Temps des loups* (2003).

Azoulay, Ph.: Patrice Chéreau. Les Feux de la rampe (sechsstündiger Interview-Film. Ch. im Gespräch mit Bernard Papp) 2002; Pascaud, F., P. Aubier: Portrait de Patrice Chéreau: épreuve d'artiste. (Interview-Film la Sept/FR 3). Erstsendung 27.7.1991.

Horst Schumacher

Chundela, Jaroslav, * 10. 12. 1936 Brno, † 25. 6. 1995 München. Regisseur, Schauspieler.

Ausbildung am Konservatorium Brno, Kunsthochschule Prag, Staatl. Theaterschule Moskau. 1960–64 Schauspieler und Regisseur am Th. Neumann (Divadlo S. K. Neumanna) in Prag. 1964–72 Gastinsz.en u. a. in Dresden und Wittenberg. Schauspieldirektor 1972–75 Staatstheater Ústí nad Labem (Aussig), 1975–78 Divadlo na zábradlí (Th. am Geländer) Prag. Gastinsz.en an den Staatsopern Berlin und Dresden. 1978 Übersiedlung in die Schweiz. Opernoberspielleiter Städt. Bühnen Gelsenkirchen. Seit 1980 freier Regisseur (Düsseldorf, Hamburg, München, Essen, Wiesbaden u. a.). Einsatz für die Stücke von Tankred Dorst (UA *Die Villa*, 1980 Düsseldorf, UA *Merlin oder Das wüste Land*, 1981 Düsseldorf) und zeitgenössische Opern (Bialas, *Der gestiefelte Kater*, Gerd Kühr, *Stallerhof*). – C. scheute drastische Eingriffe in die Struktur der Vorlagen, ordnete sich ihnen aber nicht dienend unter, sondern entwickelte seine oft erhellenden und transitorischen Interpretationen aus genauer Analyse des Materials und sorgsamer Beobachtung der sozialen und psychologischen Gegebenheiten. Viel Geschick bei der Führung der Darsteller und großer Ensembles.

Werner Schulze-Reimpell

Cieślak, Ryszard, * 9. 3. 1937 Kalisz (Polen), † 15. 6. 1990 Houston (USA). Schauspieler.

Noch während des Schauspielstudiums in Kraków wurde C. 1961 von Jerzy → Grotowski, Direktor des Teatr 13 Rzędów (Th. der 13 Reihen) in Opole, engagiert. Danach arbeitete er mit Grotowski bis zur Auflösung seines Th.s (seit 1965 in Wrocław als Teatr Laboratorium) im Jahr 1984 zusammen und wurde zum Haupt- und Lieblingsschauspieler des poln. Theaterreformators. C. trat in den wichtigsten Stücken Grotowskis auf, seine größten Rollen kreierte er in Calderón-Słowackis *Der Standhafte Prinz* (TR, P. 20. 4. 1965) und *Apocalypsis cum Figuris* (Ciemny, P. 19. 7. 1968) nach Texten aus der Bibel, F. Dostoevskijs, T. S. Eliots, S. Weils. Nach den Gastspielen in New York wurde er von den amerik. Kritikern zum besten Schauspieler des Off-Broadway 1969 gewählt. C. nahm auch an den paratheatralischen Projekten am Laboratorium-Th. in den 1970er Jahren teil. 1985–87 spielte er in der großen *Mahābhārata*-Insz. von Peter → Brook am Pariser Th. des Bouffes du Nord (anschließend Welttournee und 1988 Verfilmung). – In C. fand Grotowski einen idealen Darsteller seiner Theorie des «armen Th.s», d. h. einer Theorie, die sich auf die schauspielerische Arbeit konzentrierte und vom Schauspieler einen «totalen Akt» bzw. eine Selbstentblößung forderte. «Mir scheint» – so Grotowski – «daß [C.] wirklich der Inbegriff eines Schauspielers war, der so spielt, wie ein Dichter schreibt oder wie van Gogh malte». Diese Selbstaufopferung, diese «Schenkung» statt «eines normalen Spiels» auf der Bühne konnte infolge einer besonderen Beziehung zwischen «einem sogenannten Regisseur und einem sogenannten Schauspieler» zustande kommen: einer «Symbiose, die alle Grenzen der Technik, einer Philosophie oder der üblichen Gewohnheiten zu überschreiten vermag» (Grotowski). Ohne Grotowski konnte C. jedoch später, nach der Auflösung des Laboratorium-Th.s, seine Erfolge nicht mehr wiederholen und widmete sich vor allem der pädagogischen Tätigkeit (Workshops) in Europa und Amerika.

Richards, T.: Ryszard Cieslak an der Yale University. In: Theaterarbeit mit Grotowski an physischen Handlungen. Berlin 1996; Schwerin von Krosigk, B.: Der nackte Schauspieler. Die Entwicklung der Schauspieltheorie Jerzy Grotowskis. Berlin 1985.

Wojciech Dudzik

Ciulei, Liviu, * 7. 7. 1923 Bukarest. Schauspieler, Regisseur, Theaterleiter, Bühnenbildner.

Architekturstudium an der Universität Bukarest (bis 1949). Gleichzeitig Schauspielunterricht (Conservatorul de Artă Dramatică). Debüt 1946 als Puck in → Shakespeares *Ein Sommernachtstraum* (Teatrul Odeon).

Beginn als Bühnenbildner am Konservatorium für dramatische Kunst, seit 1946 Nationaltheater. 1963–72 Intendant des 1947 als städt. Bühne gegründeten, 1963 umbenannten Th.s Lucia Sturdza Bulandra in Bukarest. Insz.en u. a. von Nashs *Der Regenmacher* (1957), Shaws *Die heilige Johanna* (1959/60), → Brecht / Weills *Die Dreigroschenoper* (1964), Shakespeares *Macbeth* (1968), Caragiales *O scrisoare pierduta* (1972), Fosters *Elisabeth I.* (1974), Gor'kijs *Nachtasyl* (1975), O'Neills *Eines langen Tages Reise in die Nacht* (1976). Mitwirkung in Filmen als Schauspieler (u. a. *În sat la noi,* 1951; *Soldați fără uniformă,* 1960; *Decolarea,* 1971; *Mastrodontul,* 1975; *Falansterul,* 1979) und Ausstatter (u. a. *Mitrea Cocor,* 1952; *Facerea lumii,* 1957). Erste Filmregie 1957 mit *Erupția (Eruption),* dessen Handlung im rumän. Erdölgebiet spielt. 1960 machte *Valurile Dunării (Die Fluten der Donau / Die Donau brennt)* C. als Schauspieler und Regisseur bekannt. In einem harten und nüchternen Stil schildert dieser Film den Kampf der auf die alliierte Seite übergewechselten Rumänen gegen die Deutschen 1944. 1964 erhielt C. in Cannes den Preis für die beste Regie für *Pădurea spânzuraților (Wald der Gehängten),* eine lyrische und kraftvolle Evokation vom Glanz und Elend des Soldaten während des 1. Weltkriegs. 1963 Mitbegründer (bis 1968 Vizepräsident) der rumän. Asociatiei Cineastilor (ACIN). Das Schwergewicht der Arbeit C.s lag allerdings immer beim Th., seit seiner Niederlassung in den USA (1980) praktisch ausschließlich. Dort war er 1980–85 künstl. Leiter des Guthrie Th.s in Minneapolis. Regie u. a. bei Shakespeares *The Tempest* (1981/82), *A Midsummer Night's Dream* (1985/86), Bernhards *Vor dem Ruhestand* (1981/82), Faulkners *Requiem for a Nun,* Ibsens *Peer Gynt* (beide 1982/83), Čechovs *Drei Schwestern* (1984/85), Euripides' *Die Bakchen* (1987/88), Kleists *Der zerbrochne Krug* (1994/95). In Amerika gehörte C. zu den aus dem nicht engl.sprachigen Ausland zugereisten Regisseuren, die unter dem Einfluss von Peter → Brook seit den 1960er Jahren große Wirkung ausübten, u. a. Andrei → Șerban, Lucian Pintilie (* 1933) und Andrei Belgrader (* 1946): Ihre nicht tabu- und traditionsbelastete Neuinterpretation vieler engl.sprachiger Klassiker machte Furore. Insz.en an weiteren amerik. Th.n, u. a. in New York von Wedekinds *Frühlings Erwachen* (1978), Goldonis *Il Campiello* (1981), Shakespeares *Hamlet* (1986, alle Joseph Papp Public Th.), Gogol's *Der Revisor* (1978, Circle in the Square Th.), Frischs *Andorra* (2002, Lucille Lortel Th.). Als Gastregisseur inszenierte C. häufig in Deutschland: u. a. 1966 und 1968 in Berlin Büchners *Dantons Tod;* 1970 an der Freien Volksbühne Berlin Ben Jonsons *Volpone;* 1972 Ionescos *Macbett,* 1976 Gor'kijs *Nachtasyl* an den Münchner Kammerspielen; 1975 Čechovs *Der Kirschgarten* im Th. Essen. Seit den 1990er Jahren inszeniert C. auch wieder in Rumänien, so am Bulandra Th. (an dessen Umbau er beteiligt war) u. a. Shakespeares *Hamlet* (2000), Pirandellos *Sechs Personen suchen einen Autor* (2005, auch Bühnenbild). Lehrtätigkeit u. a. in den USA (Columbia University). Zahlreiche nat. und internat. Auszeichnungen. Sein Sohn Thomas arbeitet als Drehbuchautor, Kameramann und Filmregisseur.

Berlogea, I.: Liviu Ciulei: a stage director on four continents. Bukarest 2000.

Horst Schumacher

Ciulli, Roberto, * 1. 4. 1934 Mailand. Regisseur, Theaterleiter.

Studium und Promotion in Philosophie. Mit 26 Jahren gründete er das Th. Il Globo in Mailand. 1965 kam C. nach Göttingen und arbeitete zunächst als Beleuchter und Bühnenarbeiter am Dt. Th., bevor er Regisseur wurde. Hansgünther → Heyme holte ihn 1972 ans Kölner Schauspielhaus, wo er bis 1979 Schauspieldirektor war. Insz.en u. a. von Pirandellos *Sechs Personen suchen einen Autor*, Gor'kijs *Nachtasyl* und Euripides' *Der Zyklop*. Von 1974–77 als Gastregisseur an den Staatl. Schauspielbühnen Berlin und der Freien Volksbühne u. a. Büchners *Leonce und Lena* und → Brechts *Mann ist Mann*. 1978 bei den Bad Hersfelder Festspielen Insz. von Goldonis *Der Diener zweier Herren*. 1979–81 Regisseur am Düsseldorfer Schauspielhaus, u. a. *Alkestis* nach Euripides (1980), Woody Allens *Gott* (DEA). Mit dem Dramaturgen Helmut Schäfer (* 1952) und dem Bühnenbildner Gralf-Edzard Habben (* 1934) gründete C. 1980 das Th. an der Ruhr in Mülheim. C. begreift sich als Gegner rein literarischen Th.s, er zentriert die Reise als Kategorie seines Theaterverständnisses. Seine bildreichen Insz.en machten das Th. an der Ruhr zu einem der renommiertesten und außergewöhnlichsten Häuser in Deutschland. Durch zahlreiche Tourneen wurden sie auch über die Grenzen Europas bekannt. Die erste Premiere war Wedekinds *Lulu* (1981). Es folgten u. a. → Shakespeares *Ein Sommernachtstraum* (1982), Botho Strauß' *Groß und klein* (1983), P. Weiss' *Der neue Prozeß* (DEA 1983, Freie Volksbühne Berlin), Horváths *Kasimir und Karoline* (1985), Brechts *Dreigroschenoper* (1987/88). Einladung zum Berliner Theatertreffen mit Sartres *Tote ohne Begräbnis* (1988). Gemeinsam mit dem Roma-Th. Pralipe ging C. mit García Lorcas *Bluthochzeit* auf Tournee (1992). Er organisiert Gastspielreisen und Koproduktionen mit dem Türk. Staatstheater. Sein Konzept lautet: Wandel durch Annäherung, allen politischen Umständen zum Trotz. Weitere Insz.en u. a. von Ibsens *Haus* (1995), → Goethe / Collodis *Pinocchio Faust* (1997). Operndebüt in Bonn mit Mozarts *Don Giovanni* (1995). Seit 1997 Projekt *Seidenstraße* mit Theaterleuten aus Europa und Asien. 1998 reiste das Th. an der Ruhr erstmalig in den Iran. C. gilt als Europas unermüdlicher Theaterbotschafter. 2001 lud er zu einem iranischen Festival nach Mülheim ein. Er inszenierte Shakespeares *Titus Andronicus* (27. 9. 2002), verstörend in seiner Darstellung der Gewalt, die quasi im Vorbeigehen stattfindet. C. und das Th. an der Ruhr wurden vom Internat. Theaterinstitut (ITI) 2002 mit dem Preis zum Welttheatertag ausgezeichnet. 2003 realisierte C. ein Projekt mit Patienten der forensischen Psychiatrie: *Wie hast Du geschlafe*, 2004 Büchners *Dantons Tod*, 2005 eine Collage verschiedener Horváth-Dramen als ein «Tanzvergnügen» unter dem Titel *Es geht immer besser, besser – immer besser*. 1988 Dt. Kritikerpreis.

<small>Bartula, M., St. Schroer: Über Improvisation: neun Gespräche mit Roberto Ciulli. Duisburg 2001; Jocks, H.-N. u. a.: Die Theatervisionen des Roberto Ciulli. Bruchstücke. Essen 1991; Wolf, E.: Das Abendland versuchen. Theater an der Ruhr. Köln 1991.</small>

Donatha Reisig

Clarin, Irene, * 28. 6. 1955 München. Schauspielerin.

Nach der Ausbildung an der Neuen Münchner Schauspielschule erhielt die Tochter des Schauspielers Hans Clarin (1929–2005) erste Rollen am Th. der Jugend in München. Als Ensemblemitglied der Münchner Kammerspiele (1977–2002) machte C. unter der Regie von E. → Wendt zunächst in kleineren Rollen auf sich aufmerksam: als junger Soldat in der UA von → Müllers *Germania Tod in Berlin* (P. 20. 4. 1978), Marie in → Brechts *Trommeln in der Nacht* (1979), Rosalie in Kleists *Das Käthchen* von Heilbronn (1979), Fortinbras in → Shakespeares *Hamlet* (1980), Mara-Mara in Pirandellos *Die Riesen vom Berge* (1980) sowie als Rosalind in Shakespeares *Wie es euch gefällt* (1982). Hoch gelobt wurde ihre Darstellung der Grekowa in Čechovs *Platonov* (1981, R. Th. → Langhoff). – Weitere Rollen: Frau im weißen Kleid in *Die goldenen Fenster* (UA 29. 5. 1982, R. → Wilson), Ann in der DEA von Bonds *Sommer* (P. 20. 2. 1983, R. → Bondy), Recha in → Lessings *Nathan der Weise* (1984, R. → Marquardt), Herbert in der UA von → Achternbuschs *Weg* (P. 22. 11. 1985, R. der Autor), Léone in Koltès' *Kampf des Negers und der Hunde* (1992, R. A. → Petras), Königin Isabella in Marlowes *Edward II.* (1993, R. Christian Stückl), Tochter in Bernhards *Am Ziel* (1993, R. Martin Meltke), Erna in Schwabs *Die Präsidentinnen* (1997, R. Antoine Uitdehaag), Arkadina in Čechovs *Die Möwe* (1997, R. Jens-Daniel Herzog), Königin in Shakespeares *Cymbelin* (1998, R. → Dorn), Nadezda in Biljana Srbljanovics *Familiengeschichten. Belgrad* (1999, R. Peter Wittenberg), Lisa in Schmitts *Kleine Eheverbrechen* (2006, Rémond-Th., Frankfurt a. M.). – Seit Ende der 1970er Jahre wirkt C., die für ihre schauspielerischen Leistungen 1981 von *Th. heute* als Nachwuchsschauspielerin des Jahres und 1983 mit dem O.-E.-Hasse-Preis ausgezeichnet wurde, auch in Fernsehproduktionen mit, u. a. in zahlreichen *Derrick*-Produktionen sowie in den Serien *Die Wiesingers* (1984) und in der TR von *Pfarrerin Lenau* (1989).

Nina Grabe

Clausen, Andrea, * 17. 1. 1959 Oldenburg. Schauspielerin.

Nach der Ausbildung bei E. → Decroux in Paris (1977/78) und an der Folkwang Hochschule in Essen (1979–82) erhielt die Nichte der Th.-Photographin Rosemarie Clausen (1907–90) erste Engagements am Staatstheater Oldenburg (1982–84) und Schauspiel Köln (1984/85). Nach Stationen am Bochumer Schauspielhaus (1985–91), Wiener Burgtheater (1991–93) und der Schaubühne Berlin (1993–96) kehrte C. 1996 ans Burgtheater zurück. – In Bochum feierte C. gleich in ihrer zweiten Rolle einen großen Erfolg: Für ihre Darstellung der Angelina in Julien Greens *Süden* (1987, R. → Breth) wurde sie von *Th. heute* zur Nachwuchsschauspielerin des Jahres gewählt. Unter der Regie von Breth, die C. als ihre «künstlerische Heimat» bezeichnet, spielte sie Ann in Bonds *Sommer* (1987), Olivia in → Shakespeares *Was ihr wollt* (1989), Regine Engstrand in Ibsens *Gespenster* (1989, alle Bochum), Elektra in Euripides' *Orestes* (1995, Berlin), Eve in Kleists *Der zerbrochne Krug* (1990) und Kunigunde in *Das Käthchen von Heilbronn* (2001), Tita in der UA von Ostermaiers *Letzter Aufruf* (P. 27. 4. 2002), Orsina in → Lessings *Emilia Galotti* (2002), Dame in Trauer in *Minna von Barnhelm* (2005), Ranevskaja in Čechovs *Der Kirschgarten* (2005, jeweils Wien) sowie Frau Hofreiter in Schnitzlers *Das weite Land* (2002, Salzburger Festspiele). Am Burgtheater, wo C. als Marie Beaumarchais in → Goethes *Clavigo* (1991, R. → Peymann) debütierte, wurde sie als Honey in Albees *Wer hat Angst vor Virginia Woolf?* (1991, R. → Neuenfels, mit → Trissenaar, → Brandauer) mit der Kainz-Medaille ausgezeichnet. Weitere Rollen: Julia in Dorsts *Fernando Krapp hat mir diesen Brief geschrieben* (UA 15. 5. 1992, R. → Minks), Julie in Molnárs *Liliom* (1993, R. P. → Manker), Célimène in → Molières *Menschenfeind* (1996, R. M. → Hartmann), TR in Ibsens *Nora* (1997, R. Karin Henkel) und Inès Finidori in der UA von Rezas *Drei Mal Leben* (P. 29. 10. 2001, R. → Bondy)

Dermutz, K.: Glauben an den Lebensatem. Ein Portrait der Schauspielerin Andrea Clausen. In: Th. heute 9/1997, S. 15 ff.; Michaelis, R.: Flammenfrau. Ein Portrait der Schauspielerin Andrea Clausen. In: Jahrbuch Th. heute 1987, S. 110–13.

Nina Grabe

Clemen, Harald, * 23. 1. 1947. Regisseur.

Als Student der Theaterwissenschaft und Germanistik in München Hospitant bei Fritz → Kortner und Peter → Stein an den Münchner Kammerspielen. 1967–69 Studium am Drama Department Bristol. 1970 Regieassistent und Dramaturg Dt. Schauspielhaus Hamburg. Hausregisseur und Dramaturg 1972–75 Staatl. Schauspielbühnen Berlin (Insz.en von Gerhart Hauptmann, → Molière, Hebbel), 1976–80 Münchner Kammerspiele (Insz.en von Tankred Dorst, O'Neill, Čechov, Fleißer u. a.). 1980–84 freier Regisseur (Bochum, Berlin, München). 1982–84 Dozent für Theaterwissenschaft an der Universität München. 1984–86 Oberspielleiter am Nationaltheater Mannheim. Seit 1986 freier Regisseur (München, Berlin, Hamburg, Bonn, Wien, Basel, Zürich, Sydney, Mexiko City). Inszenierte u. a. in Hamburg Babels *Marija* (1987, Thalia Th.), Jahnns *Armut, Reichtum, Mensch und Tier* (1994), Čechovs *Drei Schwestern* (1995, beide Dt. Schauspielhaus), in Berlin Rezas *Gespräche nach einer Beerdigung* (1988, Schlossparktheater), *Der Mann des Zufalls* (2002, Renaissancetheater), Streeruwitz' *Elysian Park* (1993, Dt. Th.), in Wien Herzbergs *Leas Hochzeit* (1992, Th. in der Josefstadt), Horváths *Eine Unbekannte aus der Seine* (1997), Albees *Wer hat Angst vor Virginia Woolf?* (1999/2000, beide Volkstheater), in Zürich Schneiders *Komödie vom deutschen Heimweh* (UA 1999), in Bonn Herzbergs *Heftgarn* (DEA 1996), Bowles' *Das Gartenhaus* (1999), Dorsts *Freude des Lebens* (UA 2001). 2003 szenische Einrichtung von Bendas Melodram *Ariadne auf Naxos* für das Berliner Sinfonie-Orchester. Regelmäßige Zusammenarbeit mit dem Bühnenbildner Martin Kekulies. Zwei Einladungen zum Berliner Theatertreffen. Dozent an der Otto-Falckenberg-Schule München, dem Mozarteum Salzburg, Professor für szenischen Unterricht an der Universität der Künste Berlin. – C. ist ein dramaturgisch denkender Regisseur, der nicht auf Effekte ausgeht, Stimmungen und psychologischen Motiven nachspürt, nie die Figuren denunziert, ihren Argumenten Raum lässt und seinen Insz.en eine dichte, unverwechselbar spezifische Atmosphäre gibt. Ein Regisseur der leisen Töne, nie spektakulär (und dadurch manchmal unterschätzt) und stets ein getreuer Sachwalter des Autoreninteresses, deren Stücke sich mit seiner Hilfe zumeist optimal entfalten können.

Werner Schulze-Reimpell

Clever, Edith, * 13. 12. 1940 Wuppertal. Schauspielerin, Regisseurin.

Ausbildung an der Otto-Falckenberg-Schule München. Debüt am Staatstheater Kassel. 1966–70 Th. Bremen. In Insz.en Peter → Steins Luise in Schillers *Kabale und Liebe* (1967), Leonore Sanvitale in → Goethes *Torquato Tasso* (1969), in Insz.en → Zadeks Amalia in Schillers *Die Räuber* (1966), Gräfin Sofia Delyanoff in Osbornes *Ein Patriot für mich* (beide 1966), TR in Ibsens *Nora*, Shirl in Donleavys *Ein sonderbarer Mann* (DEA), Isabella in → Shakespeares *Maß für Maß* (alle 1967), in Insz.en Kurt → Hübners TR in Sophokles' *Antigone* (1966), Solveig in Ibsens *Peer Gynt* (1968), Eboli in Schillers *Don Carlos* (1969). Im Zürcher Schauspielhaus 1970 Beatrice in Middleton / Rowleys *Changeling* (R. Stein). An den Münchner Kammerspielen Marie in → Brechts *Im Dickicht der Städte* (1968, R. Stein), Georgina in Bonds *Schmaler Weg in den tiefen Norden* (DEA 1969, R. Zadek). 1971–84 Schaubühne am Halleschen Ufer/am Lehniner Platz Berlin. Dort u. a. in der Regie → Peymanns (mit Wiens) Henny Porten in der UA von Handkes *Ritt über den Bodensee* (1971), → Minks' Nelly in *Hypochonder* von Botho Strauß (1973), → Bondys Die Frau in der UA von Strauß' *Kalldewey, Farce* (1982). In der Regie Steins Aase in *Peer Gynt* (1971),

Warwara in Gor'kijs *Sommergäste* (1974), Ruth in Strauß' *Trilogie des Wiedersehens*, Lotte in dessen *Groß und klein* (UA, beide 1978), Klytämnestra in der *Orestie des Aischylos* (1980), Olga in Čechovs *Drei Schwestern* (1984), in der Regie → Grübers Valerie in Horváths *Geschichten aus dem Wiener Wald* (1972), Agaue in Euripides' *Bakchen* (1974), Gertrud in Shakespeares *Hamlet* (1982). Seitdem ohne festes Engagement. Zusammenarbeit mit Hans-Jürgen Syberberg im Film (Kundry im *Parsifal*-Film, 1982) und auf der Bühne (1984 *Die Nacht*, Molly Blooms Monolog aus *Ulysses* von Joyce, 1987 Kleists *Penthesilea* als Soloabend, ebenso 1989 dessen *Marquise von O.*). Bei den Salzburger Festspielen 1994 Antigone in Peter → Sellars' Fassung *Oedipus Rex / Psalmen-Symphonie* (nach Stravinskij und Sophokles) und Cleopatra in Steins Insz. von Shakespeares *Antonius und Cleopatra*, 1996 Titania (als Schauspielerin) in Webers Oper *Oberon*, 1998 Marion in Büchners *Dantons Tod* (R. → Wilson, Koproduktion Berliner Ensemble). 2005 Insa in *Die eine und die andere* von Botho Strauß (Berliner Ensemble, R. Bondy). Regie (meist auch Rolle) u. a. von Goethes *Stella* (1992, Festival Szene Salzburg), Euripides' *Medea* (1996, Schaubühne Berlin), eigene Adaption von Borchardts *Der Hausbesuch* (1997, beide Schaubühne, mit → Lampe), Botho Strauß' *Jeffers Akt I und II* (UA 1998, Schaubühnen-Produktion im Hebbel-Th., mit → Ganz), Becketts *Glückliche Tage* und die eigene Theaterfassung (mit Dieter → Sturm) von → Schleefs *Gertrud* (beide 2002, Koproduktionen Berliner Ensemble / Burgtheater Wien). – Eine der letzten großen Tragödinnen des klassischen Dramas mit der Aura einer Königin der Bühne, die immer wieder auch die Zerrissenheit der Figuren zeigt. Von starker intellektueller und emotionaler Präsenz mit der Neigung, auch Alltagspersonen zu mythisieren; nicht frei von Manierismen.

Iden, P.: Die Schaubühne am Halleschen Ufer. 1970–79. München 1979; Die Schaubühne am Halleschen Ufer und am Lehniner Platz 1962–1987. Frankfurt a. M. 1987; Sucher, C. B.: Theaterzauberer. Schauspieler. München, Zürich 1988.

Werner Schulze-Reimpell

Clurman, Harold (Edgar), * 18. 9. 1901 New York, † 9. 9. 1980 New York. Regisseur, Theaterleiter, Kritiker.

Studium an der Columbia University und der Pariser Sorbonne (Dissertation über das franz. Th. 1890–1914). Ohne Ausbildung Schauspieler am Greenwich Village Th., zugleich beschäftigt bei der alternativen Th. Guild. 1931 mit Lee → Strasberg und Cheryl Crawford (1902–86) Gründung des Group Th., ein auf der Basis der Lehren → Stanislavskijs arbeitendes Kollektiv, zu dem u. a. Stella → Adler, Clifford Odets und Sanford Meisner gehörten. Die Gruppe bemühte sich um ein Th. jenseits des (kommerziellen) Broadway, um sozialkritische Stücke mit einer in den USA damals neuen realistischen und einfühlsamen Schauspielkunst. In 10 Jahren spielte man 26 Stücke amerik. Autoren, darunter UAen von Schauspielen William Saroyans *(My Heart in the Highlands)*, Sidney Kingsley *(Men in White*, 1933), v. a. aber von Clifford Odets. C. inszenierte u. a. dessen *Awake and Sing* (P. 19. 2. 1935, *Die das Leben ehren*), *Rocket to the Moon* (P. 24. 11. 1938, beide Belasco Th.), *Night Music* (P. 22. 2. 1940, Broadhurst Th.) und als größten Erfolg der Gruppe *Golden Boy* (P. 4. 11. 1937, Belasco Th., *Goldene Hände*, mit Karl Malden, Lee J. Cobb). Weitere Insz.en u. a. Irwin Shaws *The Gentle People* (P. 5. 1. 1939) und *Retreat to Pleasure* (P. 17. 12. 1940, beide Belasco Th.). Nach dem Ende des Group Th. (1940/41) durch finanzielle Probleme und interne Streitigkeiten arbeitete C. für den Film, kehrte aber nach 1945 als Regisseur zum Th. (v. a. Broadway) zurück. Zahlreiche Insz.en, u. a. Maxwell Andersons *Truckline*

Cafe (P. 27. 2. 1946, Belasco Th., mit K. Malden, Marlon Brando), Carson McCullers' *The Member of the Wedding* (P. 5. 1. 1950, Empire Th.), O'Neills *Desire Under the Elms* (P. 16. 1. 1952, ANTA Playhouse) und *A Touch of the Poet* (P. 2. 10. 1958, Helen Hayes Th., mit H. → Hayes), Anouilhs *Colombe* (amerik. EA, P. 5. 1. 1954, Longacre Th.) und *Walzer der Toreros* (P. 17. 1. 1957, Coronet Th., mit Ralph → Richardson), Giraudoux' *Der Trojanische Krieg findet nicht statt* (P. 3. 10. 1955, Plymouth Th., mit Michael → Redgrave), T. Williams' *Orpheus Descending* (P. 21. 3. 1957, Martin Beck Th.), A. Millers *Incident in Vichy* (P. 3. 12. 1964, ANTA). Seine kritisch-analytischen Insz.en entsprachen seiner Grundüberzeugung, dass das Th. seinem Publikum etwas zu sagen haben und sich zur jeweils aktuellen Gegenwart verhalten müsse. Außerdem für *New Republic* (1948–52) und *The Nation* (1953–80) als Kritiker tätig, war C. eine der einflussreichsten Persönlichkeiten des amerik. Th.s des 20. Jh.s.

Clurman, H.: All people are famous (instead of an autobiography). New York 1974; ders.: The collected works. New York 1994; ders.: The divine pastime; theatre essays. New York 1974; ders.: The fervent years: the Group Theatre and the thirties (1946). New York 1983; ders.: On directing (1972). New York 1997.

Wolfgang Beck

Colin, Christian, *7. 3. 1945 Nagnac-Laval/Haute-Vienne (Frankreich). Schauspieler, Regisseur.

Schulzeit im Département Sarthe. Privater Schauspielunterricht, im übrigen Autodidakt. Seit 1967 in Paris. Setzte sich in den 1970er Jahren als Schauspieler durch, vor allem im Ensemble von Bernard → Sobel (Th. de Gennevilliers), dem er 1972–78 angehörte. 1978–80 am Th. du Soleil von Ariane → Mnouchkine, u. a. als Sebastian Brückner (alias Klaus Mann) in *Mephisto*. 1991 auf dem Festival in Avignon in *Quartett* von Heiner → Müller unter der Regie von Jean → Jourdheuil und François Peyret. 2003/04 Mitglied der Comédie Française. Zahlreiche Rollen in Film und Fernsehen. Wichtige Insz.en: *Die Schwärmer* (franz. *Les Exaltés*) von Robert Musil (Festival du Marais, Paris 1986), *Othello* von → Shakespeare (TEP, Th. de l'Est Parisien 1985), *Le Misanthrope* von → Molière (Gennevilliers 1990), *Einfach kompliziert* von Thomas Bernhard (franz. EA, Festival d'Avignon 1988), *Le Nom (Der Name)* von Jan Fosse (franz. EA, Th. National de Strasbourg, Th. de la Tempête Paris 2002). Gründer und Direktor 1991–94 der École Dramatique du Th. National de Bretagne in Rennes, die die Tradition der Th.-Schule von Antoine → Vitez am Th. National de Chaillot fortführte; Lehre an verschiedenen Ausbildungsstätten. Insz.en in Deutschland (Wuppertal, Trier, Memmingen). Dt.-franz. Insz.en: *Fin de Partie – Endspiel* von Samuel Beckett (Ko-Regie Walter Weyers, Landestheater Schwaben, Th. de la Tempête Paris), *Theater der Verachtung III* von Didier-Georges Gabily (UA 1969 Wuppertaler Bühnen und Th. Gérard Philipe de Saint-Denis) u. a. In Sobels letzter Spielzeit als Intendant des Th. de Gennevilliers 2006 Regie bei *Tout* nach Texten Ingeborg Bachmanns.

Horst Schumacher

Copeau, Jacques, *4. 2. 1879 Paris, † 20. 10. 1949 Beaune. Regisseur, Schauspieler.

Als Schriftsteller und enger Freund André Gides (1869–1951) gehörte C. zu den Begründern der Avantgardezeitschrift *Nouvelle Revue Française (NRF)*, die seit 1909 im Pariser Verlag Gallimard erscheint. Er schrieb Schauspielkritiken und verurteilte den kommerzialisierten und epigonal erstarrten Theaterbetrieb seiner Zeit, dem er mit einem eigenen kleinen Th. im Quartier Latin als 34-Jähriger entgegenwirken wollte. Im Oktober 1917 übernahm C. das Th. Athénée Saint-Germain, das den Namen Th. du Vieux Colombier erhielt und für die Erneuerung des franz. Th.s steht. Er engagierte junge Schauspieler wie Charles → Dullin und Louis → Jouvet. Stilisierte Aufführungen klassischer Autoren (→ Shakespeare, → Molière) und zeitgenössischer Dramatiker (Charles Vildrac, Jules Romains, Georges Duhamel) fast ohne Dekor und Maschinerie, um dem Text und dem Schauspieler verstärkte Wirkung zu verschaffen. Die Insz.en von C. waren von großem Einfluss auf die europ. und amerik. Avantgarde. Von 1924 bis 1929 versuchte C. in Burgund mit seinen Les Copiaux genannten Schauspielschülern eine Th.-Dezentralisation zu verwirklichen: Emanzipation der Provinz gegenüber der Theaterhauptstadt Paris. Die Tätigkeit am Th. du Vieux Colombier hatte C. zum ersten Mal nach dem Kriegseintritt der USA 1917 aufgegeben, als Georges Clemenceau ihn als «Botschafter der französischen Kultur» nach Amerika geschickt hatte. Von 1919 bis 1924 dauerte die zweite Phase im Th. du V. C., wo er sich wegen seiner autoritären Mitarbeiterführung von seinen Weggefährten des Beginns, Jouvet und Dullin, trennen musste. Die eigenen Schauspieler nannten das Th. «Les folies-Calvin» und beschrieben so die Nüchternheit der von Projektoren ausgeleuchteten Bühne, die nur durch die sogenannte «architekturale Lösung» («la solution architecturale») mit Proszenium, einem einfachen Nebeneinander von Arkaturen und Draperien, Kuben und Lichteffekten gegliedert wurde. «Auf diese Weise kann man die Worte sehen» («Comme ça, on peut voir les mots»), sollen die Zuschauer gesagt haben. C. bekannte: «Es gibt keinen Zweifel, daß ich von der Kunst eine religiöse Auffassung habe.»

C., den Jacques Rivière einen ewigen «Neubeginner» («commenceur») nannte, war der → Stanislavskij des franz. Th.s, ohne dessen Vorbild er nicht denkbar wäre. Als Schauspieler war C. umstritten, als Rezitator und Redner gesucht und anerkannt. Bearbeitung von Dostoevskijs *Brüder Karamasow* (1911), eigene Theaterstücke (*La Maison natale*, 1921) und Schriften zum Th. (*Le th. populaire*, 1941).

<small>Brauneck, M.: Die Welt als Bühne. 4. Bd. Stuttgart, Weimar 2003; Christout, M. F., N. Guibert, D. Pauly: Théâtre du Vieux Colombier 1913–1993. Paris 1993; Copeau, J.: Journal 1901–1948. 2 Bde. Paris 1999; ders.: Registres du Vieux Colombier 1919–1924. Paris 1993.</small>

<small>*Horst Schumacher*</small>

Craig, Edward Gordon, * 16. 1. 1872 Stevenage (Großbritannien), † 29. 7. 1966 Vence (Frankreich). Schauspieler, Regisseur, Bühnenbildner, Theatertheoretiker, Graveur.

Der Sohn der Schauspielerin Ellen → Terry und eines Architekten, Bühnenbildners und Regisseurs begann als Schauspieler unter Henry → Irving in London (1889–97). Bald interessierte er sich für Regieaufgaben und stattete erste Insz.en aus (u. a. Purcells *Dido und Äneas*, 1900), die aufgrund ihrer ungewöhnlichen, antinaturalistischen Formensprache große Aufmerksamkeit erregten, aber keine kommerziellen Erfolge wurden. Mit den Insz.en von Ibsens *Nordischer Heerfahrt* und → Shakespeares *Much Ado About Nothing (Viel Lärm um nichts)* für die Schauspieltruppe seiner berühmten Mutter (Imperial Th. London, 1903) bildete C. seinen eigenen Stil eines Th.s der Abstraktion heraus. Schon bald gab er im Gefühl seines Ungenügens die Schauspielerei auf und verließ das in Theaterbelangen konservative England in der Hoffnung auf mehr Aufgeschlossenheit für seine Regie- und Ausstattungsarbeiten im Ausland. – In Berlin lernte er Otto → Brahm kennen und schuf die Ausstattung zu Hofmannsthals *Das gerettete Venedig* (1905, R. Brahm). Besonderen Einfluss auf sein Denken nahmen die Begegnung mit der Tänzerin Isadora → Duncan und die Lektüre der Werke Nietzsches. In Italien stattete er eine Aufführung von Ibsens *Rosmersholm* (Florenz 1906) für Eleonora → Duse aus und übersiedelte bald ganz nach Florenz. In der «Arena Goldoni», einem leerstehenden Freilichttheater, das C. als Musterbühne und Forschungslabor diente, experimentierte er mit Hilfe geschnitzter Holzfiguren mit dem für ihn grundlegenden Theaterprinzip der Bewegung und entwickelte spezielle *screens*, Wandschirme, die ihm eine größtmögliche Flexibilität in der Bühnengestaltung ermöglichten. – Den Höhepunkt seines künstl. Schaffens bildete eine *Hamlet*-Insz. am Künstlertheater Moskau auf Einladung von → Stanislavskij (1912, R. und Ausstattung C., Ko-Regie L. A. Sulerzickij). C.s kompromissloser Erneuerungswille machte es ihm jedoch nahezu unmöglich, an fremden Th.n zu arbeiten, sodass verschiedene Ausstattungs- und Inszenierungspläne in den nächsten Jahren nicht zustande kamen. Für ein eigenes Th. fehlten die ökonomischen Möglichkeiten. Erst in den 1920er Jahren war C. wieder theaterpraktisch tätig (*Die Kronprätendenten* von Ibsen, Kopenhagen 1926, Ko-R. und Ausstattung; *Macbeth*, New York 1928, Bühnenbild). – Für C. waren sein Leben lang Theaterpraxis, Lehre und Theatertheorie eng verbunden. Seine theaterreformerischen Gedanken fasste er in der Schrift *Der Schauspieler und die Über-Marionette* (1908) zusammen. In den Jahren 1908–29 war er mit Unterbrechungen als Herausgeber und Autor (unter zahlreichen Pseudonymen) der Zeitschrift *The Mask* tätig. In einer eigenen Theaterschule plante C. die Erneuerung des Th.s voranzutreiben, aber die Schule musste bereits nach kurzer Zeit wegen Ausbruchs des 1. Weltkriegs geschlossen werden. In den langen Jahren nach seinem Rückzug aus dem Th. entwickelte er seine Ideen schreibend und zeichnend in Frankreich weiter.

Neben Adolphe → Appia war C. in seiner Abwendung vom Naturalismus hin zur Stilisierung der wohl wichtigste Wegbereiter des modernen Th.s. Während etwa Brahm und Max → Reinhardt noch mit Theaterkonzepten des Illusionismus Publikumserfolge feierten, wandte sich C. bereits dezidiert gegen die «plumpe Nachbildung des Lebens» und revolutionierte das Th. als eigenständige Kunstform. In seinem Theaterkonzept ist die Aufführung nicht mehr durch die Dominanz des literarischen Textes bestimmt, sondern durch eine ganz neue Gleichberechtigung verschiedener szenischer Elemente. Bühnenbild und Ausstattung erhalten mit konzentrierter, ausdrucksstarker Lichtführung und Akzentsetzungen auf Rhythmus und Farbe in Anlehnung an die symbolistische Kunstbewegung eine bis dahin unbekannt große Bedeutung. Und auch die Rolle des Schauspielers definiert C. neu: Gegen das gefeierte Virtuosen-Th. der Zeit setzte er seine «Stilbühne», in der die Figuren einer ausgefeilten Choreographie folgen. Nicht mehr der Schauspieler in seiner individuellen Eigenart prägt die Aufführung, sondern der Regisseur, der als Zentralinstanz die Einheit des szenischen Eindrucks gewährleistet. Folgerichtig stellt der Schauspieler in seiner Individualität und Kontingenz in C.s systematischer Reflexion einen tendenziellen Störfaktor dar. In seiner Schrift *Der Schauspieler und die Über-Marionette* heißt es deshalb konsequent: «Kunst beruht auf plan. Es versteht sich daher von selbst, dass zur erschaffung eines kunstwerks nur mit den materialien gearbeitet werden darf, über die man planend verfügen kann. Der mensch gehört nicht zu diesen materialien.» – Obwohl sein programmatisches Hauptwerk *Die Kunst des Theaters* 1905 in dt. Sprache erschien und einige Ausstellungen seine Werke bekannt machten, blieben C.s Ideen in Deutschland zunächst folgenlos. Zu gewaltig war offenbar die Ungleichzeitigkeit von

Theaterkonvention und C.s auf hohem Niveau reflektierten Konzepten. Nichtsdestotrotz ist seine Betonung des Visuellen gegenüber der traditionellen Vorrangstellung der Sprache gerade heute wieder von größter Bedeutung. C.s Abwendung vom Schauspieler allerdings ist von der Theaterentwicklung in der 2. Hälfte des 20. Jh.s überholt worden. In Zeiten zunehmender Technisierung und Medialisierung der Gesellschaft hat der Schauspieler-Körper im Th. eine ganz neue Wertigkeit erhalten. Und entgegen C.s Überzeugung von der universalen Deutungsmacht des Regisseurs sind in neueren Theaterkonzepten Strategien entwickelt worden, die die zentrale Rolle des Regisseurs von den Rändern her in Frage stellen (u. a. Bedeutung des Zufalls, Einbeziehung des Publikums).

Bablet, D.: Edward Gordon Craig. Köln, Berlin 1965; Brauneck, M.: Klassiker der Schauspielregie. Reinbek 1988; ders.: Theater im 20. Jahrhundert. Reinbek 1982; Craig, E. G.: Die Kunst des Theaters. Berlin, Leipzig 1905.

Susanne Eigenmann

Cunningham, Merce (eig. Mercier Philip C.), * 16. 4. 1919 Centralia (Washington). Tänzer, Choreograph, Leiter einer Kompanie.

C. studierte Step und Gesellschaftstanz in Centralia, dann modernen Tanz an der Cornish School of Fine and Applied Arts in Seattle bei Bonnie Bird, einer ehemaligen → Graham-Tänzerin. 1939 besuchte er die legendären Sommerkurse der Bennington School of Dance, bei denen er Martha Graham traf, die ihn sofort als einen der führenden Tänzer in ihre Kompanie engagierte. Als Mitglied der Gruppe (1939–45) kreierte er Rollen in vielen ihrer Werke, u. a. in *Every Soul is a Circus* (1939) und *Letter to the World* (1940). Während dieser Zeit studierte C. Ballett an der School of American Ballet und begann zu choreographieren. 1942 gab er am Bennington College in Vermont seine erste Vorstellung mit eigenen Stücken und trat 1944 erstmals in einem Konzert zusammen mit John Cage (1912–92) auf, der sein Lebens- und wichtigster Arbeitspartner wurde. Seit 1945 war C. als freier Choreograph tätig, ab 1953 mit einer eigenen Gruppe, der M. C. Dance Company, die 1955 ihre erste US-Tournee unternahm und 1964 erstmals auf internat. Gastspielreise ging, u. a. nach Deutschland. – C. schuf ein umfangreiches choreographisches Werk. Viele seiner Stücke entstanden in Zusammenarbeit mit den Musikern und Komponisten Cage und David Tudor, den bildenden Künstlern Robert Rauschenberg, Andy Warhol, Jasper Johns oder Frank Stella. Zu seinen wichtigsten Arbeiten zählen *Septet* (1953), *Suite for Five in Space and Time* (1956), *Summerspace* (1958), *Winterbranch* (1964), *How to Pass, Kick, Fall and Run* (1965), *Rebus* (1975), *Roadrunners* (1979), *Field and Figures* (1989), *Trackers* (1991), *Biped* (1993). C. stand noch 1999 in *Occasion Piece* mit Mikhail Baryshnikov in New York auf der Bühne.

C. gehört zu den führenden Vertretern der amerik. Tanz-Avantgarde. Auf den Tanz in der zweiten Hälfte des 20. Jh.s hat er einen kaum zu überschätzenden Einfluss ausgeübt. Er wandte sich strikt vom Tanzverständnis des klassischen Modern Dance ab, bei dem Konflikt und Lösung, Ursache und Wirkung die Struktur der Stücke bestimmen und die Bewegung psychologisch motiviert ist. Mit Cage teilte er die Faszination für das *I Ging* (das chines. Buch der Wandlungen) und den Zen-Buddhismus. Aus der östlichen Philosophie bezogen sie für ihre Arbeitsweise die Methode des Zufalls und damit der Nicht-Intentionalität. Um sich aus dem Korsett der Tradition zu befreien, nicht in alte Bewegungsmuster und eigene Vorlieben zu verfallen und den Aktionsradius der Tänzer ständig zu erweitern, wählt C. aleatorische Mittel u. a. zur Erforschung menschlicher Bewegungsmöglichkeiten. So listet er die beweglichen Teile des Körpers und ihre potenziellen Tätigkeiten auf, ebenso verschiedene Zeiteinheiten und Raumrichtungen. Würfel oder Münzen entscheiden über Kombinationen, die neue, unvorhergesehene Bewegungsabläufe bedingen. Tanz, Musik und bildende Kunst begreift C. zudem als autonome Bestandteile eines Werks. Sie entstehen unabhängig voneinander und ohne jeglichen Bezug aufeinander. Erst im Moment der Aufführung treffen sie erstmals zusammen. Bewegungen interpretieren also weder Musik noch Emotionen noch Inhalte, sondern geschehen um ihrer selbst willen. Seit Beginn der 1990er Jahre benutzt C. das Computerprogramm LifeForms zur Erkundung des menschlichen Bewegungs- und Gestaltungsspektrums und entwickelt auf dieser Grundlage seine Choreographien. Weltweit zahlreiche Auszeichnungen.

Copeland, R.: Merce Cunningham. The Modernizing of Modern Dance. New York, London 2004; Cunningham, M.: Changes. Notes on Choreography. New York 1968; ders.: Der Tänzer und der Tanz. Gespräche mit Jacqueline Lesschaeve. Frankfurt a. M. 1986; ders.: Other Animals. Drawings and Journals. New York 2002; de Gubernatis, R.: Cunningham. Arles, Paris 1990; Huschka, Ś.: Merce Cunningham und die Moderne Tanz. Körperkonzepte, Choreographie und Tanzästhetik. Würzburg 2000; Merce Cunningham. Hg. G. Celant. Mailand 1999; Merce Cunningham. Dancing in Space and Time. Hg. R. Kostelanetz. Pennington 1992; Vaughan, D.: Merce Cunningham: Fifty Years. New York 1997.

Patricia Stöckemann

D

Dagover, Lil (eigtl. Maria Antonia Siegelinde Martha Lilitt Seubert), * 30. 9. 1887 Madiun (Java), † 23. 1. 1980 München. Schauspielerin.

Tochter eines Oberforstmeisters; nach dem Tod ihrer Eltern u. a. in Pensionaten in England, Frankreich und der Schweiz erzogen. 1913–20 mit dem Schauspieler Fritz Daghofer, seit 1926 mit dem Filmproduzenten Georg Witt verheiratet. Ohne Schauspielunterricht Filmkarriere unter ihrem Künstlernamen, u. a. in *Das Lied der Mutter* (1918), *Das Cabinet des Dr. Caligari* (1919), *Der Richter von Zalamea* (1920), *Der müde Tod* (1921, R. Lang), *Luise Millerin* (1922), *Tartüff* (1925, R. Murnau), *La grande passion* (1928), *Va Banque* (1930), *Der Kongreß tanzt*, *The Woman from Monte Carlo* (beide 1931), *Die Tänzerin von Sanssouci* (1932), *Lady Windermeres Fächer* (1935), *Schlußakkord* (1936, R. → Sirk), *Die Kreutzersonate* (1937), *Friedrich Schiller*, *Bismarck* (beide 1940), *Wien 1910* (1942). D. kam relativ spät zum Th.; 1926 spielte sie in der Regie → Reinhardts in Hofmannsthals *Das Große Salzburger Welttheater* die Schönheit (Salzburger Festspiele; 1951 Bad Hersfelder Festspiele) und die TR in Bourdets *Die Gefangene* (Th. in der Josefstadt, Wien); außerdem Leda in Giraudoux' *Amphitryon 38* (1930, Lessing-Th., Berlin). – Eine der beliebtesten Filmschauspielerinnen während der NS-Zeit, 1937 Staatsschauspielerin. Während des Kriegs u. a. mit eigener Truppe in der Truppenbetreuung tätig. Nach 1945 am Th. u. a. in Čechovs *Der Kirschgarten* (1947), Schillers *Kabale und Liebe* (1948, beide Komödie Berlin). Große Erfolge auch auf Tourneen und bei zahlreichen Gastspielen mit den TRen in Patricks *Eine sonderbare Dame* (TR, 1960, Berliner Th.) und Giraudoux' *Die Irre von Chaillot* (1962, Stadttheater Hildesheim). Zahlreiche Filmrollen, zuletzt u. a. in → Syberbergs *Karl May* (1974), Maximilian → Schells *Der Richter und sein Henker* (1976) und *Geschichten aus dem Wiener Wald* (1979). – Schauspielerin mit tiefer, ausdrucksstarker Stimme, eine mondäne, aristokratisch wirkende Schönheit. Obwohl dank ihrer Ausstrahlung schon früh auf die Rolle der Dame festgelegt, vermochte sie in ihren Altersrollen diese Festlegung ironisch und an darstellerischer Tiefe gewinnend zu brechen. Ihre Autobiographie *(Ich war die Dame)* erschien 1979.

Wolfgang Beck

Dahlke, Paul (Viktor Ernst), *12. 4. 1904 Streitz (Pommern), † 23. 11. 1984 Salzburg. Schauspieler.

D. studierte an der Bergakademie Clausthal-Zellerfeld und arbeitete zwischenzeitlich auf einer Zeche, bevor er ab 1924 in Berlin Germanistik und Theaterwissenschaft studierte. Seit 1927 Schauspielausbildung an der Reinhardt-Schule in Berlin. Ab 1929 an verschiedenen Berliner Th.n, u. a. Lessing-Th. und Künstlertheater. 1932–33 an der Volksbühne; dort u. a. in Hauptmanns *Die Ratten*, Gogol's *Der Revisor*, Hays *Das neue Paradies* (UA, alle 1932), Zuckmayers *Der Schinderhannes*, → Shakespeares *Viel Lärm um nichts*, → Raimunds *Der Bauer als Millionär*, Schillers *Maria Stuart* (alle 1933). 1931–44 Dt. Th. (Berlin), u. a. in Shakespeares *Antonius und Cleopatra* (1931), *Coriolan* (1937), *Was ihr wollt* (1939) und *König Lear* (1940), Horváths *Geschichten aus dem Wiener Wald* (1931), Bruckners *Timon* (1932), Shaws *Pygmalion* (1939), Schillers *Die Räuber* (1941). 1946–48 an den Münchner Kammerspielen, u. a. in → Ambessers *Das Abgründige in Herrn Gerstenberg* (1946), Zuckmayers *Des Teufels General* (TR, 1948). 1949–53 am Münchner Residenztheater, u. a. in der TR in → Fehlings Insz. von Tiecks *Ritter Blaubart* (1951). Seither v. a. Boulevardtheater und Film- und Fernsehrollen. Zu seinen rund 120 Filmen seit 1934 gehören u. a. *Liebe, Tod und Teufel* (1934), *Fridericus* (1936), *Der zerbrochne Krug* (1937), *... reitet für Deutschland* (1941), *Romanze in Moll* (1943), *Der Fall Rabanser* (1950), *Das fliegende Klassenzimmer* (1954), *Drei Männer im Schnee* (1955), *Bekenntnisse des Hochstaplers Felix Krull* (1957), *Hexenjagd* (1960), *Affäre Blum* (1962, TV), *Das Haus in Montevideo* (1963, TV), *Die Heiden von Kummerow* (1967), *Der Biberpelz* (1975), *Unternehmen Arche Noah* (1983, TV). – D. wurde 1932 von Jhering charakterisiert als «ein diskreter Darsteller der Brutalität. Ein übersichtlicher Schauspieler jugendlich forscher Durchschnittsmenschen» (Jhering, S. 22). Er war ein technisch perfekter Charakterdarsteller mit großem komödiantischem Talent, der häufig vitale und temperamentvolle Figuren verkörperte.

Dahlke, P.: Heiteres Sternbild. Stuttgart 1958; Jhering, H.: Von Reinhardt bis Brecht. 3. Bd. Berlin 1961.

Wolfgang Beck

Dalberg, Wolfgang Heribert (Tobias Otto Maria Johann Kämmerer von Worms) **Freiherr von und zu**, *18. 11. 1750 Schloss Herrnsheim bei Worms, † 27. 9. 1806 Mannheim. Theaterleiter, Autor, Staatsminister.

1770 Kammerherr des Kurfürsten Karl Theodor von der Pfalz, der 1777 bayerischer Kurfürst wurde und Residenz und Hofhaltung nach München verlegte. D. wurde Vizepräsident der Hofkammer in Mannheim und erhielt (1. 9. 1778) Aufsicht und Leitung des neugegründeten Nationaltheaters. 1778 Vorsteher der Kurpfälz. Teutschen Gesellschaft, 1780 Wirklicher geheimer Rat, 1791 Präsident der obersten Justizbehörde der Pfalz,

1796–99 Mitglied der Präsidialverwaltung. Nachdem die Pfalz an Baden übergegangen war, wurde D. Staatsminister und behielt die Aufsicht über die Mannheimer Bühne, die seit 1803 sein Schwiegersohn, Freiherr von Venningen, leitete. – Durch kluge Ensemble- und Spielplanpolitik machte D. das nach Vorbild des Wiener Burgtheaters organisierte Mannheimer Th. in kurzer Zeit zu einer führenden dt.sprachigen Bühne. Bemüht um vorbildliche Organisation des Th.s, Hebung des Sozialstatus' der Schauspieler, ihre berufliche Weiterbildung und einen Spielplan zwischen literarischem Anspruch und Unterhaltungsbedürfnis des Publikums – bei ausgeglichenem Etat (auf Dauer wegen der begrenzten Zahl potenzieller Zuschauer und der politischen Unruhen während der Revolutionskriege unmöglich). D. engagierte Schüler Konrad → Ekhofs: Heinrich Beck (1760–1803), Johann David Beil (1754–94), Johann Michael Boeck (1743–93) und August Wilhelm → Iffland. 1781–89 regelmäßige Sitzungen des Theaterausschusses, in denen u. a. Personalprobleme, neue Stücke, Aufführungskritiken, Schauspieltheorie besprochen wurden. Der Spielplan umfasste, v. a. anfangs, Klassiker (→ Shakespeare, → Molière, Voltaire, Goldoni, Gozzi, Calderón) und aktuelle dt. Autoren. Aufführungen von Werken → Lessings *(Minna von Barnhelm, Emilia Galotti)*, Lenz' (*Hofmeister*, 1780), Leisewitz' *(Julius von Tarent)*, → Goethes (*Clavigo, Götz von Berlichingen*, 1786), Ifflands. Am bekanntesten ist D.s Förderung Friedrich Schillers, dessen erstes Schauspiel *Die Räuber* er zur UA brachte (13. 1. 1782) und den er 1783/84 als Theaterdichter verpflichtete (UA *Die Verschwörung des Fiesco zu Genua*, 1783, veränderte Fassung; UA *Kabale und Liebe*, 1784). – D. ließ auch eigene Werke und Bearbeitungen engl., franz. und ital. Stücke aufführen. Hervorzuheben sind seine Bearbeitungen Shakespeares (*Julius Cäsar*, DEA 1785; *Macbeth*, 1788; *Timon von Athen*, 1789; *Coriolan*, 1791), die zu dessen Durchsetzung auf den dt. Bühnen beitrugen.

Stubenrauch, H: Wolfgang Heribert von Dalberg. Nationaltheater Mannheim. Bühnenblätter. Sonderausgabe. Mannheim [1956].

Wolfgang Beck

Dallansky, Bruno, * 19. 9. 1928 Wien. Schauspieler.

D. arbeitete nach dem Studium der Erziehungswissenschaft als Lehrer, bevor er sich am Wiener Reinhardt-Seminar zum Schauspieler ausbilden ließ. Erste Engagements an Wiener Kellertheatern, u. a. im Kaleidoskop in Moretos *Der Unwiderstehliche* (1953/54, R. → Schenk); am Th. für Vorarlberg (Bregenz). 1955–61 am Wiener Th. in der Josefstadt; 1957–59 auch am Hebbel-Th. Berlin. Seither als Ensemblemitglied bzw. als Gast u. a. am Wiener Burgtheater, den Münchner Kammerspielen (Odets' *Golden Boy*, 1976) und immer wieder am Dt. Schauspielhaus Hamburg. Dort Rollen in Waldmanns *Von Bergamo bis morgen früh* (UA 1960), Tirso de Molinas *Don Gil von den grünen Hosen* (beide R. → Gründgens), Anouilhs *Becket oder die Ehre Gottes*, Lenz' *Die Zeit der Schuldlosen* (UA), Calderón de la Barcas *Der Richter von Zalamea* (alle 1961), → Shakespeares *Othello* (1962, R. W. → Schmidt), Ostrovskijs *Der Wald*, Strindbergs *Ein Traumspiel* (R. → Schuh), Ionescos *Der König stirbt* (alle 1963, R. → Lietzau, mit W. → Hinz), Feydeaus *Ein Klotz am Bein* (1971), → Brecht / Weills *Die Dreigroschenoper*, → Kroetz' *Stallerhof* (UA), Vitracs *Victor oder die Kinder an der Macht* (alle 1972), → Nestroys *Der Zerrissene* (1974), Shaws *Haus Herzenstod* (1992), Tom Coles *Es wird Zeit* (DEA 1993). Bei den Salzburger Festspielen Schüler in Goethes *Faust I* (1961), Baccalaureus in *Faust II* (1963), Zwirn in Nestroys *Der böse Geist Lumpazivagabundus* (1962, alle R. → Lindtberg),

Spaßmacher in Bernhards *Die Macht der Gewohnheit* (UA 1974, R. → Dorn, mit B. → Minetti), Simon in Büchners *Dantons Tod* (1981, R. → Noelte), Rosig in Canettis *Hochzeit* (1988). 1979–83 Leiter der Otto-Falckenberg-Schule in München. Einer der Mitinitiatoren der Nestroy-Spiele in Schwechat bei Wien. Seit den 1980er Jahren verstärkt Film- und Fernsehrollen, u. a. in *Flucht ins Schilf* (1953), *Dunja* (1955), *Sieben Tage Frist* (1969), *Und Jimmy ging zum Regenbogen* (1971), *Die neuen Leiden des jungen W.* (1976), *Der Mond is nur a nackerte Kugel* (1981), *Eine Schülerliebe* (1986, TV), *Radetzkymarsch* (1995, TV), *Liebesfeuer* (1997, TV), *Gebürtig* (2002). Verheiratet mit Judith → Holzmeister. Lesungen, Rundfunkarbeit. – Charakterdarsteller v. a. tragender Nebenrollen mit Bühnenpräsenz und zurückgenommenem Spiel. Vorzüglicher Nestroy-Spieler.

Wolfgang Beck

Damiani, Luciano, * 14. 7. 1923 Bologna. Bühnen- und Kostümbildner, Regisseur, Theaterleiter.

Sohn eines Postbeamten. Ausbildung u. a. am Collegio Venturoli in Castelnuovo di Garfagnana und der Accademia di Belle Arti in Bologna. Mitbegründer einer auf den Entwurf von Filmplakaten spezialisierten Firma, die er seit 1949 allein leitete. Daneben Bühnenbildentwürfe für das Teatro della soffitta und das Teatro Comunale in Bologna. D.s bekannteste Bühnenbildentwürfe sind eng mit der Arbeit → Strehlers verbunden, für dessen Piccolo Teatro di Milano er 1952–66 und wieder ab 1974 tätig war. Szenographien für Insz.en Strehlers u. a. zu Verganis *Il cammino sulle acque* (1952), D'Erricos *La sei giorni* (1953), Moravias *La mascherata* (1954), García Lorcas *Bernarda Albas Haus* (1955), Bertolazzis *El nost Milan* (1955, 1979), → Shakespeares *Coriolan* (1957), Čechovs *Platonov* (UA 1959), Dürrenmatts *Der Besuch der alten Dame* (1960), Goldonis *Le baruffe chiozzotte* (1964), *Il campiello* (1975, 1993), Kipphardts *In der Sache J. Robert Oppenheimer* (1964); außerdem u. a. zu Prosperis *La congiura* (1960), → Brechts *Was kostet das Eisen?*, *Furcht und Elend des Dritten Reiches* (beide 1995), *Die Kleinbürgerhochzeit / Lux in tenebris* (1996), Strehlers Brecht-Bearbeitung *Madre coraggio di Sarajevo* (1996), → Molières *Der Geizige* (1997). Herausragend die Bühnenausstattungen u. a. zu *Der Kirschgarten* von Čechov (1974), *Der Balkon* von Genet (1976), *Der Sturm* von Shakespeare (1978) und zu Strehlers Brecht-Insz.en: *Die Dreigroschenoper* (1956), *Der gute Mensch von Sezuan* (1958, 1996), *Schweyk im zweiten Weltkrieg* (1961), *Die Ausnahme und die Regel* (1962, 1995), *Leben des Galilei* (1963). Strehler zog D. auch für seine Operninsz.en heran, bei der Mailänder Scala (Cimarosas *Il matrimonio segreto*, 1955, Brecht/Weills *Aufstieg und Fall der Stadt Mahagonny*, 1965) und den Salzburger Festspielen, wobei die Ausstattungen für Mozarts *Die Entführung aus dem Serail* (1965) und *Die Zauberflöte* (1974) hervorzuheben sind. Zusammenarbeit mit → Ronconi u. a. bei Aristophanes' *Die Vögel* (1975, Burgtheater Wien), Aischylos' *Orestie* (1976), Verdis *Don Carlos* (1978, Mailänder Scala), *Macbeth* (1980, Dt. Oper Berlin). D. arbeitete auch für viele dt. Regisseure, u. a. für → Palitzsch (*Der aufhaltsame Aufstieg des Arturo Ui* von Brecht, 1965, Th. Bremen) und → Peymann (*Wilhelm Tell* von Schiller, 1989, Burgtheater Wien). – Mozarts *Idomeneo* führte D. als Regisseur und Bühnenbildner an der Dt. Oper Berlin 1981 zu einem großen Erfolg. Weitere Insz.en und Ausstattungen u. a. Anfang der 1970er Jahre von Verdis *Aida* (Arena di Verona), Rossinis *Mosè* (1979, Mailänder Scala), Verdis *Macbeth*, Glucks *Orfeo ed Euridice* (1987, Teatro Regio Parma). 1982 gründete D. u. a. mit Ronconi in Rom das Teatro di documenti, für das er seither v. a. arbeitet. Dort u. a. Regie und Ausstattung bei Macchiavellis

Mandragola (2004), Lunaris *Il Padre de li santi* (2005), Ruzantes *La Moscheta*, dem Projekt *Lezioni di erotismo* (beide 2006).

D. gilt als einer der wichtigsten Bühnenbildner seiner Zeit. Er löste sich schon in seinen ersten Bühnenausstattungen von den überkommenen und historisierenden Dekorationen und erlaubte so der Insz., den psychologisch-intellektuellen Entwicklungsprozess der handelnden Personen beim klassischen wie beim modernen Repertoire in neuem Licht erscheinen zu lassen. Er «hat häufig die Bühnen von einer Ecke ausgehend aufgebaut [...] Die daraus entstandenen Panoramen, Plätze, Winkel waren unaufdringlich präsent, sie waren weniger dekorativ als mehr ‹verschwiegen›» (Eckert, S. 147). Sein Ziel war die Sprengung des Bühnenrahmens, die Öffnung des Bühnenraums. Oft Verzicht auf den Vorhang und Umbau bei offener Bühne. Kennzeichnend für seine Arbeit ist eine ausgefeilte Lichtführung, die mit unterschiedlichen Licht- und Schattenzonen operiert, die Darsteller gelegentlich wie Schattenrisse erscheinen lässt und Bilder von faszinierender Eindringlichkeit schafft.

Eckert, N.: Das Bühnenbild im 20. Jahrhundert. Berlin 1998; Luciano Damiani: architetto dell'effimero, costruttore di teatri, 1945–1995. Rom 1997; Luciano Damiani al Teatro alla Scala. Hg. F. Quadri. Mailand 1990; Peduzzi, R. u. a.: Damiani, de Nobili, Tosi: scene e costumi; tre grandi artisti del XX secolo. Mailand 2005; Piccolo Teatro 1947–58. Hg. P. Grassi, P., G. Strehler. Mailand 1958.

Horst Schumacher

Danegger, Mathilde (eig. M. Deutsch), * 2. 8. 1903 Wien, † 27. 7. 1988 Berlin (DDR). Schauspielerin.

D. entstammte einer Schauspielerfamilie. Ihr Vater war der Schauspieler, Regisseur und Theaterpädagoge Josef D. (ursprünglich Deutsch, 1867–1933), ihre Mutter Bertha, geb. Müller (1866–1938), ihre Brüder Josef (eig. J. Deutsch, 1889–1948) und Theodor (eig. Th. Friedrich Wolfgang Deutsch, 1891–1959) waren Schauspieler. Debüt bereits 1912 am Wiener Burgtheater in einer Adaption von Tolstojs Roman *Anna Karenina*. 1912 in Maeterlincks *Der blaue Vogel*, 1914 in → Raimunds *Der Alpenkönig und der Menschenfeind* (beide Dt. Th. Berlin). 1916–19 in Zürich; 1919/20 Burgtheater, 1920–23 Dt. Volkstheater, 1924–27 Th. in der Josefstadt (alle Wien). 1927–30 am Zürcher Schauspielhaus (u. a. Schillers *Kabale und Liebe*, Langers *Peripherie*, beide 1928); danach u. a. in Brünn (Brno), Wien und Berlin. 1933 emigrierte D. in die Schweiz; spielte in Zürich 1933/34 am Schauspielhaus und der Freien Bühne; arbeitete 1934–38 im Kabarett Cornichon, das ihr damaliger Mann, der Schriftsteller und Kabarettist Walter Lesch (1898–1958), mitbegründet hatte. 1938–46 Zürcher Schauspielhaus, u. a. in Zuckmayers *Bellmann* (UA 1938, R. → Lindtberg), Tolstojs *Die Macht der Finsternis*, Wilders *Unsere kleine Stadt* (beide 1939, R. → Wälterlin), Bührers *Pioniere* (UA 1940), Courtelines *Ein ruhiges Heim*, → Shakespeares *König Richard III.* (beide 1942), Frischs *Nun singen sie wieder* (UA, R. → Horwitz), Gor'kijs *Nachtasyl* (beide 1945). Filmrollen u. a. in *Wie d'Warret würkt* (1933), *Kriminalkommissar Studer* (1939), *Die mißbrauchten Liebesbriefe* (1940), *Marie-Louise* (1944), *Matto regiert* (1947). Engagiert in der Arbeitertheaterbewegung und in Emigrantenvereinigungen. D. ging 1946/47 nach Westdeutschland, arbeitete (kultur-)politisch, war 1951 am Hess. Regionaltheater Wiesbaden, übersiedelte im gleichen Jahr nach Ostberlin. 1951–53 Berliner Ensemble und Dt. Th., danach nur noch am Dt. Th.; dort u. a. in → Goethes *Egmont* (1951, R. W. → Langhoff), Kipphardts *Shakespeare dringend gesucht* (UA 1953), Hacks' *Die Schlacht bei Lobositz* (UA 1956, R. W. → Langhoff), Gor'kijs *Die Kleinbürger* (1957,

R. W. → Heinz), Čechovs *Drei Schwestern* (1958, R. → Hilpert) und *Onkel Wanja* (1972), Strittmatters *Die Holländerbraut* (UA 1960), Hacks'/Aristophanes' *Der Frieden* (UA 1962, R. → Besson), Horst Salomons *Ein Lorbaß* (1967), Kroetz' *Weitere Aussichten* (1976). Unterrichtete in den 1950er Jahren an der späteren Hochschule für Schauspielkunst «Ernst Busch». Film- und Fernsehrollen, u. a. in *Leute mit Flügeln* (1960), *Der Fliegende Holländer* (1964), *Wenn du groß bist, lieber Adam* (1965, verboten, EA 1990), *Abschied* (1968), *Januskopf* (1972), *Wie die Alten sungen…* (1986). – Schauspielerin, die v. a. mit der differenzierten Gestaltung volkstümlicher Frauengestalten zu überzeugen wusste, ohne dass sich ihre darstellerische Gestaltungskraft, die bürgerliche Tradition mit sozialistischem Anspruch verband, darauf einschränken ließe. Wesentliche Altersrollen.

Wolfgang Beck

de Boer, Lodewijk, * 11. 2. 1937 Amsterdam, † 4. 6. 2004 Amsterdam. Regisseur, Autor, Musiker, Komponist.

Nach Musikstudium am Amsterdamer Konservatorium 1958–69 als Bratschist Mitglied des Leonhard Consorts und 1961–68 des Concertgebouw-Orchesters; 1975 der experimentellen Gruppe Willem Breuker Kollektief. Er begann in den 1960er Jahren unter dem Einfluss des Absurden Th.s (→ Pinter, Beckett) Theaterstücke zu schreiben wie *De kaalkop luistert* (1963), *Dit spel* (beide 1963), *De verhuizing* (1964), *Het gat* (beide 1964), *De brandtrap* (1965). Eigene Insz.en, u. a. von *Darts* und *Lykensynode* (1968) mit der Toneelgroep Studio, mit der er ebenso zusammenarbeitete wie mit den Gruppen Family, Baal, Centrum, de Appel. Mit den Schauspielern entwickelte de B. Theatertexte. Am bekanntesten und erfolgreichsten (über 300-mal in Amsterdam) wurde auch in Deutschland der wüst-komische Vierteiler *The Family* (1972/73). Jugendliche aus den Slums besetzen ein abbruchreifes Haus und etablieren dort eine Ordnung nach eigenen rigorosen moralischen Normen, die ihre Umwelt schockiert. Die Provo-Folge in der Art einer rüden Soap-Opera, die auch Familienserien des Fernsehens parodiert, wurde 1973 verfilmt. 1974 inszenierte de B. die DEA im Düsseldorfer Schauspielhaus. *The Family* wurde in den 1970er Jahren vielfach nachgespielt (Belgien, Frankreich, USA). Weniger erfolgreich die Fortsetzung *The Family in heaven* (1974). Anderes von de B. konnte im dt.sprachigen Th. nicht Fuß fassen. Zu seinen weiteren Stücken gehören u. a. *Zeven manieren om een rivier over te steken (Sieben Wege einen Fluß zu überqueren,* 1971), *De watergeus* (1975), *De pornograaf* (1978), *Vrouw in het zand* (1983), *Iris* (1985), *Angelo en Rosanna* (1986), *Vijf kamers* (1990), *Kanjincho* (1993), *La Luna* (1995), *De Herinnering* (1998). Außerdem verfasste er Hör- und Fernsehspiele, Musik zu Filmen und Tanztheaterproduktionen (*Stirred, not shaken,* Choreographie: Tjitske Broersma, 1993, Danscentrum Utrecht), Libretti zur Musik von Willem Breuker (*Kaïn en Abel,* 1972), Dick Raaijmaker (*Der Fall,* 1993), Louis Andriessen (*Orpheus,* 1977; *M is Muziek Monoloog en Moord,* 1993). Zu seinen rund 70 Insz.en gehören nicht zuletzt die eigener Arbeiten wie *Het oordeel van Paris* (1992, Toneelgroep De Appel), die Kammeroper *Gershwin in Blue* mit der Musik Chiel Meijerings (1998, Den Bosch, Th. aan de Parade), die Adaption *Cairo Café* (nach → Fassbinders *Angst essen Seele auf,* 2001, Hummelinck Stuurman Theaterproducties), aber auch von Pinters *Die Geburtstagsfeier* (1987, Toneelgroep De Appel), de Wijs/Stokkermans Musical *Lang leve de opera* (1996, Th. de Veste), der Adaption von Kubricks *Clockwork Orange* (1997, Het Nationale Toneel), Harwoods *Der Fall Furtwängler* (2001), Albees *Wer hat Angst vor Virginia Woolf?* (2002, beide Hummelinck Stuurman Theaterproducties). Letzte Regie bei Breuker / Deurloos Oper *Jona, de Neezegger* (2003, Rotterdamse Schouwburg).

    Solleveld, R.: Fiktie is soms gevaarlijker dan de werkelijkheid. In: Dramatisch accoord 1973 (1974), S. 77–96; Tindemans, C.: De waarheid als een glazen oog. Lodewijk de Boer als toneelauteur. In: Streven 24 (1970/71) 1, S. 60–69.

Werner Schulze-Reimpell

Debureau, Jean-Gaspard (auch Dubureau, eig. Jan Kaspar Djorjak), *31. 7. 1796 Kolin (heute Kolín, Tschech. Republik), † 17. 6. 1848 Paris. Pantomime.

    D. schuf die Figur des Pierrot in der Kleinkunstbühne Th. des Funambules. Pierrot ist der gefühlvolle und charmante, aber immer wieder enttäuschte und abgewiesene Liebhaber. Sacha Guitry schrieb ein Theaterstück über Pierrot, Jean-Louis → Barrault stellte Pierrot in Marcel Carnés Film *Kinder des Olymp* (1944) dar. Die Gestalt des Pierrot faszinierte Maler wie Picasso. – D.s Sohn Charles (1829–73) war an der Entwicklung der Pierrot-Gestalt, des weiß geschminkten Baptiste, wesentlich beteiligt. Die stumme Rolle setzte in der D.-Nachfolge Paul Legrand fort; die Reinheit der Pantomime ging dabei immer mehr verloren.

    Janin, J.: Dubureau. Histoire du Théâtre à quatre sous à l'Histoire du Théâtre Français. Paris 1832; Kozik, F.: Debureau. Paris 1940 *(Biographie)*; Périca, L.: Le Théâtre des Funambules, ses mimes, ses acteurs et ses pantomimes, depuis sa fondation jusqu'à sa démolition. Paris 1897; Rémy, T.: Jean-Gaspard Dubureau. Paris 1954; Séverin: L'homme blanc. Souvenirs d'un Pierrot. Paris 1929.

Horst Schumacher

de Chirico, Giorgio, *10. 7. 1888 Wolos / Thessalien (Griechenland), † 20. 11. 1978 Rom. Maler, Schriftsteller, Bühnenbildner.

    Studium am Polytechnikum in Athen, 1906–09 an der Münchner Kunstakademie bei Max Klinger (1857–1920). Malte zunächst allegorische Bilder unter dem Einfluss Arnold Böcklins. Beeindruckt von der ital. Architektur, ließ er sich 1910 in Florenz nieder und schuf eine Reihe von Landschaftsgemälden wie *Das Rätsel eines Herbstnachmittags*, in dem von unsichtbaren Gegenständen geworfene lange, unheimliche, widersinnige Schatten in bewegungsleerer Stadtumgebung einen krassen Gegensatz zum hellklaren Licht, das auf brütend grünliche Flächen trifft, bilden. 1911–15 in Paris, wo er mit seinen ersten rätselhaften, die Wirklichkeit traumhaft verfremdenden Gemälden die Aufmerksamkeit von Picasso und Guillaume Apollinaire fand. Weiterentwicklung seines Stils 1915–17 in Ferrara, wo er Carlo Carrà kennenlernte und die Kunstrichtung der «Metaphysischen Malerei» (Pittura metafisica) im Gegensatz zum Futurismus begründete. Nach dieser verhältnismäßig kurzen Schaffensperiode wandte sich de C. der Frührenaissance zu und neigte zum Klassizismus, wobei er ab 1925 gegen die Avantgarde Stellung bezog, wieder in Paris lebte und in seinen Bildern die Antike dämonisch umdeutete. 1940 Rückkehr nach Italien. Verstärkung seiner Gegenposition zur modernen Kunst, die er – v. a. Richtung Surrealismus – entscheidend mitgeprägt hatte. – 1929 veröffentlichte C. einen visionären Roman *Hebdomeros*. Als Theaterausstatter begann de C. 1924 für das Ballett *La Jarre* von Alfredo Casella (1883–1947) am Pariser Th. des Champs-Élysées (Choreographie von Jean Börlin). Weitere Bühnenbilder für das Musiktheater u. a.: *Das Leben des Orest* von Ernst Křenek 1930 in der Berliner Staatsoper am Platz der Republik; die romantische Oper *I Puritani* von Vincenzo Bellini 1933 im Teatro Comunale in Florenz; *Anfione* von Paul Valéry und Arthur Honegger 1944 in der Mailänder Scala; *Don Chisciotte* von R. Corrado Pavolini im Teatro Comunale in Florenz.

Bühne und bildende Kunst im XX. Jahrhundert. Hg. H. Rischbieter. Velber 1968; de Chirico, G.: Memorie della mia vita. Rom 1945; ders., J. Far: Commedia dell'Arte Moderna. Rom 1945; Schmidt-Garré, H.: Ballett. Vom Sonnenkönig bis Balanchine. Velber 1966.

Horst Schumacher

Decroux, Etienne (eig. Etienne-Marcel D.), * 19. 7. 1898 Paris, † 12. 3. 1991 Paris. Pantomime.

Vom Elternhaus aus für eine Architektenlaufbahn ausersehen, verließ D. die Volksschule schon mit 12, hatte Gelegenheitsjobs als Metzgergehilfe, Hilfsklempner, Krankenwärter und besuchte Kurse in Sprecherziehung, um sich auf politischen Versammlungen als Redner zu profilieren. 1923 trat er in die Schauspielschule von Jacques → Copeau ein. Als er dort sein erstes Ausbildungsjahr beendet hatte, sah er eine, *Masken* genannte, Aufführung von Absolventen der Schauspielschule: Die nackten Schauspieler spielten mit von ausdruckslosen Masken verdecktem Gesicht; die Körper mimten elementare dramatische Ereignisse, klatschten in die Hände, trampelten mit den Füßen, stießen Urlaute aus. Unter diesem Eindruck versuchte D. der elementaren Bewegung im klassischen Tanz auf die Spur zu kommen. Er erfand den «mime corporel» mit nacktem Körper und verschleiertem Gesicht, wie ihn Copeau embryonal und stets als Ergänzung des sprechenden Schauspielers bereits entwickelt hatte. D. machte den «mime corporel» nach der Devise «Rien dans les mains, rien dans les poches» (Nichts in den Händen, nichts in den Taschen) zu einer autonomen dramatischen Kunstform, einer Art Mime-Alphabet. Seine Recherchen führten in einem sehr langen Reifungsprozess zu der Vollendung, die das von D. zitierte franz. Sprichwort «Le génie est une longue patience» ausdrückt. Zusammenarbeit mit den großen Theaterleitern seiner Zeit: Charles → Dullin, Gaston → Baty, Jacques Prévert, Antonin → Artaud. 1941 Gründung der École de Mime. Mit seinen Schülern Eliane Guyon und Jean-Louis → Barrault im Juni 1945 erste Aufführung eines Mimentheaters vor rund 1000 Zuschauern. E. G. → Craig rühmte die Aufführung und leitete den internat. Erfolg für D. ein mit zahlreichen Auslandsgastspielen. Bekannteste Mimen-Titel: *L'Usine, Les Arbres, Combat Antique, Duo Amoureux, Le Passage des hommes sur la terre, Petits Soldats, Chirurgie Esthétique, Méditation, L'Esprit Malin.* – D. war praktisch während seines ganzen Theaterlebens gleichzeitig Mimenlehrer. Er wirkte 1 Jahr als Gastprofessor an der Schule des Piccolo Teatro di Milano und 5 Jahre in New York. 1963 kehrte er nach Paris zurück und unterrichtete Studenten aus aller Welt im Kellerstudio seines Hauses im Pariser Vorort Boulogne-Billancourt.

D. verkörpert die Neugeburt der mimischen Kunst im 20. Jh. und rückte seine Arbeit in die Nähe von Craig, → Stanislavskij, → Mejerchol'd, Copeau, → Brecht und → Grotowski. Was D. für die Schauspielkunst durch die eigenständige Emanzipation des Mimen geleistet hat, erinnert an die Experimente im Bauhaus und geht noch über Oskar → Schlemmers *Triadisches Ballett* hinaus. (Eine Verwandtschaft von D. zu dem Pantomimen → Debureau ist abwegig!) Die Wirkung von D. war so groß, dass das Internat. Th.-Institut der Unesco seinen 100. Geburtstag zum «Tag des Mimen» erklärte.

Horst Schumacher

de Filippo, Eduardo, * 24. 5. 1900 Neapel, † 31. 10. 1984 Rom. Dramatiker, Schauspieler, Regisseur.

Unehelicher Sohn des Dramatikers Eduardo Scarpetta (1853–1925) und der Kostümschneiderin Luisa de Filippo. Er stand schon als Kind auf der Bühne. 1904 spielte er in der Truppe seines Vaters im Teatro Valle in Neapel die Rolle eines chines. Knaben in der Komödie *La Geisha*. 1913 Eintritt in die Truppe seines Bruders Vincenzo Scarpetta. Sommerengagements bei Wanderbühnen. 1918 wurde de F. einberufen und gründete ein Soldatentheater, für das er die Komödie *Farmacia di Turno* schrieb. 1922 erste Insz. im Teatro Partenope in Neapel mit *Surriente Gentile* von Enzo Lucio Murolo. 1924 brachte die Compagnia Vincenzo Scarpetta sein Jugendwerk *Uomo e Galantuomo* unter dem Titel *Ho fatto un guaio? Riparerò* heraus. Seit 1928 mit einer Amerikanerin verheiratet: Dorothy Pennington, genannt Dodò. 1930 gründete er mit seinen Geschwistern Titina (1898–1963) und Peppino (1903–80) die Truppe Il teatro umoristico di Eduardo di Filippo con Titina e Peppino, die in Neapel, Rom und Mailand auftrat. 1931 Umgründung der Truppe und Verkürzung des Theaternamens durch Weglassung der Vornamen. Häufige Behinderungen durch die Zensurbehörden Mussolinis. Ab 1932 auch Filmarbeit. Seine hauptsächlich das neapolitanische Volksleben behandelnden Bühnenerfolge wurzeln in der Tradition des Dialekttheaters. Die Aufführung von *Napoli milionaria* 1945 im Th. San Carlo in Neapel und die Verfilmung dieses und anderer Dramen machten de F. weltberühmt. 1954 eröffnete er das während des 2. Weltkriegs ausgebombte Teatro San Ferdinando. Letzter triumphaler Bühnenauftritt in Mailand an seinem 80. Geburtstag. – Ungewöhnliches Kommunikationsvermögen, verbunden mit der Universalität seiner Bühnendichtungen und der immer wieder zu Neuansätzen führenden Hinterfragung der eigenen Arbeit charakterisieren de F.s Arbeit als Dramatiker, Schauspieler und Regisseur.

de Filippo, E.: Cantata dei giorni dispari. 3 Bde. Torino 1958–66 u. ö.; ders.: Cantata dei giorni pari. Torino 1959 u. ö.

Horst Schumacher

Degen, Michael (Max), * 31. 1. 1932 Chemnitz. Schauspieler, Regisseur, Autor.

Überlebte die Nazi-Jahre im Berliner Untergrund. 1946 Statist am Dt. Th. Berlin, ebd. 1949–50 Schauspielerausbildung und erstes Engagement. Berliner Volksbühne (Tschazky in Griboedovs *Verstand schafft Leiden*). Städt. Bühnen Leipzig. 1952–54 Cameri Th. Tel Aviv (Chlestakov in Gogol's *Der Revisor*). 1954 Th. am Schiffbauerdamm Berlin, 1955–57 Städt. Bühnen Köln (Student in Strindbergs *Die Gespenstersonate*, Jüngling in der DEA *Sobald fünf Jahre vergehen* von García Lorca, Mortimer in Schillers *Maria Stuart*). Kehrte 1960 nach Berlin zurück, spielte in der Tribüne die TR in Hasenclevers *Napoleon greift ein*, Gennaditsch in Ostrovskijs *Tolles Geld* und in der UA *Zeitvertreib* von Wolfgang Menge, im Th. am Kurfürstendamm Edmund Tyrone in O'Neills *Eines langen Tages Reise in die Nacht*. 1965 Städt. Bühnen Frankfurt a. M. (TR in → Shakespeares *Hamlet*, Jimmy in Osbornes *Blick zurück im Zorn*). 1967–73 Staatl. Schauspielbühnen Berlin (Camille in Büchners *Dantons Tod*, Onkel in der europ. EA von *Kannibalen* von → Tabori, Mann in Horváths *Don Juan kommt aus dem Krieg*). 1973–83 Bayer. Staatstheater München (Jean in Strindbergs *Fräulein Julie*, Edward Teller in Kipphardts *In der Sache J. Robert Oppenheimer*). 1983 TR in → Molières *Don Juan* bei den Salzburger Festspielen. 1984 Gens in der DEA von Sobols *Ghetto* (Freie Volksbühne Berlin / Dt. Schauspielhaus Hamburg, R. → Zadek). 1985 am Dt. Schauspielhaus Hamburg Alceste in Molières *Der Menschenfeind* (R. N.-P. → Rudolph), 1986 Brutus in Shakespeares *Julius Caesar*, 1990 Nathan Detroit in Swerling / Burrows' *Guys & Dolls* (beide R. → Bogdanov). 1987 im Th. in der Josefstadt Wien TR in Schnitzlers *Professor Bernhardi*. 1998 Max Gallenz in der UA *Wegen Reichtum geschlossen* von Dorst (Residenztheater München). Eigene Insz.en: 1972 → Goethes

Urfaust (Schiller-Th. Werkstatt Berlin), 1977 Goethes *Faust I*, Bernhards *Der Präsident* (Residenztheater München). Zunehmend fast nur noch Film- und Fernsehrollen, z. T. in Serien. U. a. in *Die Wahlverwandtschaften* (1981, R. Chabrol), *Die Geschwister Oppermann* (1983), *Porträt eines Richters* (1997), *Leo und Claire* (2001), *Die Sturmflut* (2006); Polizeichef Patta in den Verfilmungen der Romane Donna Leons. Verfasser einer Autobiographie und von Romanen. Die Schauspielerin Elisabeth D. ist seine Tochter. – Eindrucksvoller Darsteller, perfekt im Handwerk und in komischen wie in ernsten Rollen gleichermaßen überzeugend; von gebändigter Leidenschaftlichkeit.

Degen, M.: Blondi. München 2002; ders.: Nicht alle waren Mörder. Eine Kindheit in Berlin. München 1999; ders.: Der Steuerhinterzieher. Berlin 2005.

Werner Schulze-Reimpell

Degischer, Vilma (eig. Wilhelmine Anna Maria D.), * 17. 11. 1911 Wien, † 3. 5. 1992 Baden bei Wien. Schauspielerin.

Tochter eines Hofrats. Ausbildung in Ausdruckstanz und klassischem Ballett bei Grete Gross, Gertrude Bodenwieser, Ellinor Tordis. Schauspielausbildung am Wiener Reinhardt-Seminar bis 1931. Noch vor dem Abschluss Bühnendebüt als Hermia in →Shakespeares *Ein Sommernachtstraum* in der Regie Max →Reinhardts am Dt. Th. in Berlin. Bei dieser Arbeit lernte sie Hermann →Thimig kennen, mit dem sie seit 1939 verheiratet war. Nach der Ausbildung an die Reinhardt-Bühnen in Wien und Berlin verpflichtet. Ihre künstl. Heimat fand D. im Th. in der Josefstadt, an dem sie – mit Unterbrechungen (1935–39 Dt. Volkstheater Wien) – 60 Jahre aktiv und schließlich dessen Doyenne war. Hier glänzte sie v. a. in Konversations- und Salonstücken, galt als ideale Verkörperung der Frauengestalten Schnitzlers und Hofmannsthals, trat aber auch in klassischen Dramen von Shakespeare über →Goethe und Grillparzer bis Ibsen, Čechov und Pirandello auf. Über 400 Rollen, u. a. in Hölderlins *Tod des Empedokles* (1943, R. →Hilpert), →Ustinovs *Die Liebe der vier Obersten* (1953), García Lorcas *Maria Pineda* (1954), Inges *Picnic* (1955, mit →Gessner), Molnárs *Panoptikum* (1959, mit →Reyer), Turners *Ein wunderbarer Gatte* (1964), Frys *Das Dunkel ist Licht genug* (1967), Anouilhs *Der Walzer der Toreros* (1972), Wolfes *Herrenhaus* (1973, mit →Brandauer), Svevos *Ein Ehemann* (1977), Čechovs *Drei Schwestern* (1986, R. →Wendt). 1965/66 ging sie mit →Kortners *Zwiesprache* (R. Kortner), 1976/77 mit Bahrs *Das Konzert* auf Tournee. 1967 an der Kleinen Komödie München in Taylors *Unsere liebste Freundin*. Bei den Salzburger Festspielen, wo sie bereits in den 1930er Jahren aufgetreten war, u. a. in Horváths *Figaro läßt sich scheiden* (1970, R. →Schuh), Hofmannsthals *Jedermann* (1973–74, 1976, R. →Haeusserman), →Nestroys *Der Talisman* (1976, 1978–80, R. →Schenk), Canettis *Hochzeit* (1988). D. war auch in Musicals erfolgreich, wie etwa Loewe/Lerners *Gigi* (1975, Th. an der Wien, mit J. →Heesters). Film- und Fernsehrollen u. a. in *Das andere Leben* (1948), *Der Komödiant von Wien* (1954), *Sissi* (3 Filme, 1955–57), *Nachsaison* (1962, TV), *The Cardinal* (1963), *Onkel Toms Hütte* (1965), *Sechs Personen suchen einen Autor* (1978, TV), *Trostgasse 7* (1989, TV). – Eine als Konversationsschauspielerin herausragende Darstellerin mit Eleganz, Noblesse, Charme und großer sprachlicher Meisterschaft. In ihr fand der «legendäre Josefstädter Stil aus musikalischer Sprachkultur und Haltung, die dort als ‹Contenance› bezeichnet wird» (Weinzierl in *FAZ*, 22. 11. 1999) seine ideale Verkörperung. Ihre Tochter Johanna (* 1943) ist ebenfalls Schauspielerin. Zahlreiche Auszeichnungen (Kainz-Medaille, Goldene Ehrenmedaille Wien). D. wurde als erste Schauspielerin, die nicht am Burgtheater spielte, mit dem Titel Kammerschauspielerin geehrt und war die erste Frau überhaupt, die das Österr. Ehrenkreuz für Wissenschaft und Kunst erhielt (1959). In Wien ist ein Park nach ihr benannt.

<small>Ihering, H.: Junge Schauspieler. München 1948; Möckli, H.: Das Theater in der Josefstadt 1945–1955 und das Lebenswerk Vilma Degischers (1911–1992). Dipl.-Arb. Univ. Wien 1996.</small>

Wolfgang Beck

Dejmek, Kazimierz, * 17. 5. 1924 Kowel (heute Ukraine), † 31. 12. 2002 Warszawa. Schauspieler, Regisseur, Theaterleiter.

D. begann 1944 als Schauspieler in Rzeszów (Südostpolen). Nach kurzem Engagement in Jelenia Góra kam er nach Łódź: Dort spielte er zuerst im Th. der Poln. Armee (1946–49); 1949 gründete D. mit einer Gruppe junger Schauspieler und Regisseure das Teatr Nowy (Neues Th.), das damals den Stil des sozialistischen Realismus pflegen sollte (erste P. *Brigade Karhan* von V. Káňa, 12. 11. 1949). 1952–61 leitete D. selbständig das T. Nowy und inszenierte dort u. a. Majakovskijs *Das Schwitzbad* (P. 11. 12. 1954) und 2 altpoln. Dramen: *Żywot Józefa* (*Das Leben des heiligen Joseph*, P. 6. 4. 1958), *Historyja o chwalebnym Zmartwychwstaniu Pańskim* (*Die Historie von der ruhmreichen Auferstehung unseres Herrn*, P. 16. 12. 1961, Gastspiele in Paris und Berlin), die den Regisseur im ganzen Land berühmt machten. 1962 übernahm D. das Teatr Narodowy (Nationaltheater) in Warszawa (Warschau) und wiederholte dort seine größten Erfolge aus der altpoln. Theaterliteratur. Nach dem politischen Skandal (Mickiewicz' *Die Totenfeier*, P. 25. 11. 1967, wurde von den Behörden für antisowjetisch erklärt und aus dem Spielplan gestrichen, was nach der letzten Vorstellung am 30. 1. 1968 zu einer Straßendemonstration führte) musste D. 1968 die Intendanz aufgeben. 1969–72 arbeitete er ausschließlich im Ausland (Oslo, Essen, Düsseldorf, Belgrad, Mailand, Wien), 1974 kehrte er nach Łódź zurück, zuerst als Regisseur, dann auch als Leiter des Teatr Nowy (1975–80). Seine wichtigsten Insz.en aus dieser Zeit gehörten zum gegenwärtigen Repertoire: Gombrowicz' *Operette* (UA 13. 4. 1975), Mrożeks *Der Bucklige* (UA 14. 12. 1975) und *Vatzlav* (UA 21. 4. 1979). 1981–95 leitete D. das Teatr Polski (Polnisches Th.) in Warschau, wo seine Arbeit in den ersten Jahren vom Publikum enthusiastisch aufgenommen wurde (die größten Erfolge: *Der Botschafter* Mrożeks, UA 22. 10. 1981; *Uciechy staropolskie, Die altpolnischen Spiele*, P. 3. 12. 1981; *Die Befreiung* →Wyspiańskis, P. 15. 7. 1982), dann jedoch als «akademisch» und «traditionell» bezeichnet, nicht mehr so populär. 1993 wurde D. zum Kultusminister berufen und übte das Amt bis 1996 aus. 2002 kehrte der 78-jährige Regisseur zur künstl. Tätigkeit zurück und übernahm zum 3. Mal in seinem Leben die Leitung des Teatr Nowy in Łódź. Insz. u. a. von Tadeusz Slobodzianek *Sen Pluskwy* (2001). Die Premiere seiner letzten Insz. von →Shakespeares *Hamlet* (P. 30. 1. 2003) erlebte er nicht mehr.

Insgesamt spielte D. 22 Rollen als Schauspieler und inszenierte rund 130 Stücke des klassischen wie modernen Repertoires (auch in der Oper). Als Regisseur war er Schüler und Nachfolger Leon →Schillers, beschäftigte sich mit der poln. Klassik (Mickiewicz, Wyspiański), erneuerte altpoln. Dramatik, interessierte sich jedoch auch für politisches, aktuelles Th. wie auch die gegenwärtige Groteske (Mrożek). Für das Th. stellte er immer ethische, soziale bzw. didaktische Aufgaben; in der Bühnenarbeit lehnte er ästhetische Experimente ab und forderte einen einheitlichen Stil jeder Insz. Als Theaterleiter hat sich D. besonders durch seine künstl. Programme, sein Repertoire und die gesellschaftliche

Auswirkung seiner Tätigkeit im Warschauer Teatr Narodowy (Nationaltheater) in den 1960er und im Teatr Nowy (Neues Th.) in Łódź in den 1970er Jahren ausgezeichnet. Zahlreiche Auszeichnungen.

Wojciech Dudzik

Deltgen, René, * 30. 4. 1909 Esch-sur-Alzette (Luxemburg), † 29. 1. 1979 Köln. Schauspieler.

Nach dem Abitur bekam D. ein Stipendium an der Kölner Schauspielschule und war ab 1929 an den Städt. Bühnen in Köln engagiert. 1934/35 folgte eine Verpflichtung nach Frankfurt a. M., ab 1936 spielte er in Berlin, vornehmlich an der Volksbühne (Schillers *Die Räuber,* 1936, Schönherrs *Glaube und Heimat,* 1937, → Goethes *Clavigo,* 1938, *Faust I,* 1941). Gleichzeitig machte D. als Filmschauspieler Karriere: Seine Rollen in *Das Mädchen Johanna* (1935), *Savoy-Hotel 217* (1936), *Kautschuk* (1938), *Wen die Götter lieben* (1942) machten ihn zu einem der Großen des dt.sprachigen Films. Ab 1947 stand er in Stücken → Shakespeares, Tolstojs, Zuckmayers (TR in *Des Teufels General,* 1948), → Molières (TR in *Tartuffe,* 1952), Eliots (Gomez in *Ein verdienter Staatsmann,* DEA 1960) und Max Frischs wieder in Köln auf der Theaterbühne und arbeitete weiterhin als gefragter Filmschauspieler in Filmen wie *Torreani* (1951), *Phantom des großen Zeltes* (1954), *Hotel Adlon* (1955), *Der Tiger von Eschnapur* (1958, R. Fritz Lang), *Der Hexer* (1964). Für sein langjähriges und hervorragendes Wirken im dt. Film 1978 mit dem Filmband in Gold ausgezeichnet. Von 1966 bis 1969 ging D. am Schauspielhaus Zürich noch einmal ein festes Engagement ein, danach nahm er keine längerfristigen Bühnenverpflichtungen mehr an und verstärkte seine Arbeit beim Fernsehen: z. B. in den TV-Filmen *Schau heimwärts Engel* (1962), *Nicht nur zur Weihnachtszeit* (1970), *Trotzki in Coyoacan* (1975). Seine Rolle in *Heidi* (1979, auch als Fernsehserie) war eine seiner letzten Film- und Fernseharbeiten. D. war auch ein gefragter Sprecher: als Synchronstimme von Spencer Tracy; 1949 in dem Zeichentrickfilm *Tobias Knopp, Abenteuer eines Junggesellen* (nach W. Busch) und 1949–67 als Privatdetektiv *Paul Temple* in elf Folgen der F.-Durbridge-Hörspielreihe des WDR. – Bis 1945 besetzte D. vornehmlich das Rollenfach des Abenteurers, Draufgängers und Bösewichts. Erst in den Film- und Fernsehproduktionen nach dem Krieg konnte er seine Fähigkeiten als vielseitiger und nuancierter Charakterdarsteller zur Geltung bringen.

Ute Hagel

Dench, Dame Judi (eig. Judith Olivia D.), * 9. 12. 1934 York (Großbritannien). Schauspielerin, Regisseurin.

Studium an der Central School of Speech and Drama (London); Debüt 1957 als Ophelia in → Shakespeares *Hamlet* am Londoner Old Vic Th. Dort Rollen in *Twelfth Night, Henry V, Measure for Measure, A Midsummer Night's Dream, Romeo and Juliet,* die ihr rasch den Ruf einbrachten, eine der bedeutenden Shakespeare-Darstellerinnen der Gegenwart zu sein. 1961 Mitglied der Royal Shakespeare Company (RSC), zu der sie nach Engagements in Nottingham und Oxford 1969 zurückkehrte. Dort bewies sie ihre künstl. Vielfalt, Wandlungsfähigkeit und Ausdruckskraft in Shakespeare-Rollen wie in Stücken Shaws (*St. Joan,* 1966, *Major Barbara,* 1970), O'Caseys (*Juno and the Paycock*) und modernen Dramen. Zu ihren Erfolgen zählt die Lady Macbeth an der Seite Ian → McKellens (1976), die TR in → Brechts *Mutter Courage und ihre Kinder* (1984), die weibliche Hauptrolle in Shaffers *The Gift of the Gorgon* (1992, R. Peter → Hall). Auftritte auch am National Th., u. a. in Wildes *The Importance of Being Earnest* (1982),

Shakespeares *Antony and Cleopatra* (1987, R. Hall, mit Anthony Hopkins), Bonds *The Sea* (1991), Čechovs *Die Möwe* (1994), Acklands *Absolute Hell* (1995), David Hares *Amy's View* (1997, R. Richard → Eyre; 1999 am Broadway); im Young Vic u. a. in O'Caseys *The Plough and the Stars* (1991). D. spielte auch in erfolgreichen West-End-Produktionen, so in → de Filippos Komödie *Filumena Marturano* (1998/99, Piccadilly Th.), Edna Ferbers und George S. Kaufmans *The Royal Family* (2001), Hares *The Breath of Life* (2002, beide Th. Royal, Haymarket) wie auch in Musicals (*Cabaret*, 1968, *Cats*, *A Little Night Music*, 1996). Seit Ende der 1980er Jahre eigene Insz.en für Fernsehen und Th., u. a. Shakespeares *Much Ado About Nothing* (1988), Osbornes *Look Back in Anger* (1989, beide mit Branagh, Renaissance Th. Company). Seit 1964 auch in Film und Fernsehen. – Zu ihren bekanntesten Filmen gehören Shakespeareverfilmungen, u. a. *Midsummer Night's Dream* (1968, R. P. Hall), *Henry V* (1989), *Hamlet* (1996, beide R. K. Branagh) ebenso wie *Wetherby* (1985, mit Ian → Holm, Vanessa → Redgrave), *A Room with a View* (1986), *Iris* (2002), *Mrs. Henderson Presents* (2005) oder die Rolle der «M» in James-Bond-Filmen (mit P. Brosnan). Oscar für *Shakespeare in Love* (1998). Zahlreiche Auszeichnungen, mehrfache Ehrendoktorin, 1970 Orden des Britischen Empire, 1988 geadelt. Sie war verheiratet mit dem Schauspieler Michael Williams (1935–2001).

Wolfgang Beck

Dene, Kirsten, * 16. 3. 1943 Hamburg. Schauspielerin.

Ausbildung an der Staatl. Hochschule für Musik und darstellende Kunst Hamburg. 1961–63 Th. der Stadt Essen, 1963–70 Städt. Bühnen Frankfurt a. M. (Annabella in Fords *Schade, daß sie eine Hure ist*, Luise in Schillers *Kabale und Liebe*, Marie in → Shakespeares *Was ihr wollt*, Goneril in dessen *König Lear*). 1971 Th. der Stadt Bonn (Katharina in Shakespeares *Der Widerspenstigen Zähmung* – vorzeitige Vertragsauflösung nach Konflikten über die Rollenauffassung). 1972–79 Staatsschauspiel Stuttgart – seitdem bis 1999 kontinuierlich im Ensemble von Claus → Peymann. Spielte in Stuttgart Mania in Gombrowicz' *Die Trauung*, Hete in Wolfs *Cyankali*, Dora in Camus' *Die Gerechten*, Jim Boy in Abrahams Operette *Die Blume von Hawaii*, TR in → Goethes *Iphigenie auf Tauris*, Olga in Čechovs *Drei Schwestern*, Madame Irma in Genets *Der Balkon*, Clara in der UA von Bernhards *Vor dem Ruhestand*; zwischen 1979 und 1986 im Bochumer Schauspielhaus Leonore Sanvitale in Goethes *Torquato Tasso*, Rosalinde in der Strauß-Operette *Die Fledermaus*, TR in → Brechts *Mutter Courage und ihre Kinder*, Thusnelda in Kleists *Hermannschlacht*, Medea in der UA von Heiner → Müllers *Medeamaterial Verkommenes Ufer Landschaft mit Argonauten*, Katharina in der DEA von Noréns *Dämonen*; zwischen 1986 und 1999 am Wiener Burgtheater Caliban in Shakespeares *Der Sturm*, Anna in der UA von Bernhards *Heldenplatz*, Frau John in Hauptmanns *Die Ratten*, Lady Macbeth in Shakespeares *Macbeth*, Marthe Rull in Kleists *Der zerbrochne Krug*, Versicherungsangestellte in der UA von Turrinis *Die Liebe in Madagaskar* und Jasmine in der UA von dessen *Alpenglühen*. Bei den Salzburger Festspielen 1981 Tochter in der UA von *Am Ziel*, 1985 Frau Bruscon in der UA *Der Theatermacher*, 1986 in der UA *Ritter, Dene, Voss* (alle von Bernhard), 1993 Marianne Abel in der UA *Das Gleichgewicht* von Botho Strauß, 2001 Frau Stern in der UA von Christoph Ransmayrs *Die Unsichtbare*. Im Berliner Ensemble 2001 in Bernhards *Claus Peymann kauft sich eine Hose und geht mit mir essen*, im Wiener Burgtheater 2000 Gnädige Frau in Genets *Die Zofen*, 2004 Gutsbesitzerin in Ostrovskijs *Der*

Wald, 2005 Lady Bracknell in Wildes *Bunbury*, 2006 Abby Brewster in Kesselrings *Arsen und Spitzenhäubchen*. Sprechrolle in Arnold Schönbergs *Die Jakobsleiter* (2000, Wiener Staatsoper). Gelegentlich Filmrollen. Josef-Kainz-Medaille der Stadt Wien. Kammerschauspielerin. Goldenes Ehrenzeichen für Verdienste um das Land Wien (2005). – D. kann sich schier unendlich verwandeln und in die unterschiedlichsten Figuren schlüpfen, bleibt dabei doch immer sie selbst. Stets hält sie ein wenig Abstand von einer Rolle, um nie die Kontrolle über ihr Spiel zu verlieren und nicht künstl. schon Erreichtes routiniert zu kopieren. Von überschäumendem Temperament, dann von pomadiger Trägheit, voll Spiellust und praller Komik, anderentags von kluger Nachdenklichkeit. Exzeptionelle Charakterdarstellerin.

Sucher, C. B.: Theaterzauberer. Schauspieler. München, Zürich 1988.

Werner Schulze-Reimpell

Deutsch, Ernst (Pseudonym: Ernest Dorian), * 16. 9. 1890 Prag, † 22. 3. 1969 Berlin.

Kaufmannssohn; gehörte zum «Prager Kreis» um Werfel, Kafka, Brod und Haas. Nach dem Schauspielstudium (1911/12) an die Wiener Volksbühne engagiert (Eulenberg, *Alles um Geld*, Galsworthy, *Kampf*, beide 1913, mit → Kortner); danach Dt. Th. Prag, 1915–17 Albert-Th. Dresden, u. a. in Wedekinds *Frühlings Erwachen*, Freksas *Sumurun*, 1915; Durchbruch in der TR von Hasenclevers *Der Sohn* (1916; 1918 Dt. Th. Berlin). Galt seither als einer der herausragenden expressionistischen Darsteller. Beginn der Filmarbeit, u. a. *Die Rache der Toten* (1916), *Von morgens bis Mitternacht*, *Der Golem, wie er in die Welt kam* (beide 1920), *Sein ist das Gericht* (1922), *Das alte Gesetz* (1923), *A Daughter of Her People* (1932). Seit 1917 Dt. Th. Berlin und andere → Reinhardt-Bühnen, u. a. in den UAen von Sorges *Der Bettler* (1917, R. Reinhardt), Zweigs *Die Sendung Semaels*, Rollands *Danton* (beide 1920); weiter in Kaisers *Die Koralle* (1918), → Goethes *Urfaust* (1920), Werfels *Juarez und Maximilian* (1926), Shaws *Der Arzt am Scheidewege* (1927). Daneben an vielen anderen Berliner Th.n; spielte u. a. in Schillers *Die Verschwörung des Fiesco zu Genua* (TR, 1921) und *Don Carlos* (1922, beide Staatstheater, R. → Jeßner); mit dem selbstorganisierten Schauspielertheater in Marlowes *Eduard II.* (TR, 1923); in Galsworthys *Gesellschaft* (1925, Komödie), *Justiz* (1927, Dt. Künstlertheater), *Flucht* (1928, Th. in der Königgrätzer Str.), Blochs *Der letzte Kaiser* (1928, Th. am Nollendorfplatz), Kornfelds *Jud Süß* (TR, UA 1930, Th. am Schiffbauerdamm, R. Jeßner), Hasenclevers *Kommt ein Vogel geflogen…* (1931, Komödie). 1933 Emigration nach Prag. Europa-Tournee mit → Durieux, → Bassermann, → Moissi; Gastauftritte in Prag, Wien, Zürich, Paris und London. 1938 emigrierte D. in die USA, trat am Broadway in Priestleys *We Have Been Here Before* (1938, Guild Th.), Behrmans *The Talley Method* (1941, Henry Miller's Th.) auf. Ging 1939 nach Hollywood, Filmrollen (z. T. unter Pseudonym) u. a. in *Nurse Edith Cavell* (1939), *Escape* (1940), *Reunion in France*, *Prisoner of Japan* (beide 1942), *The Moon Is Down* (1943), *Isle of the Dead* (1945). D. spielte mit den Exilgruppen Continental Players in Schillers *Wilhelm Tell* (1939, El Capitan Th. Los Angeles, R. Jeßner), mit The Players from Abroad in New York Ibsens *Gespenster* (1946, Barbizon Plaza Th., eigene R.). Mitwirkung an Veranstaltungen Exilierter. 1946 Südamerika-Tournee. 1947 Rückkehr nach Österreich, Mitglied des Burgtheaters. Bei den Salzburger Festspielen 1947–51, 1956–60 in Hofmannsthals *Jedermann*, 1953 in Shakespeares *Julius Cäsar*. Er spielte seit den 1950er Jahren neben zahlreichen Tourneen und Gastspielen v. a. in Berlin, Düsseldorf und Wien. In Berlin im Hebbel-

Th. 1951 in Büchners *Dantons Tod*, an den Staatl. Schauspielbühnen u. a. in Sophokles' *König Ödipus* (TR, 1951), Cocteaus *Bacchus* (1953), Schillers *Don Carlos* (1964). Am Burgtheater, mit dem er 1968 auf Welt-Tournee ging, u. a. in Eliots *Mord im Dom* (1952), Hauptmanns *Vor Sonnenuntergang* (1964). Drei Rollen sind es v. a., die ihn in der Nachkriegszeit so berühmt machten, dass lange Zeit nur er für sie prädestiniert schien: die TRen in Schnitzlers *Professor Bernhardi* (1947, Renaissancetheater Wien; 1955, Staatl. Schauspielbühnen Berlin, 1965 Burgtheater) und → Lessings *Nathan der Weise* (1955, 1962 Berlin; 1955 TV; 1962 Burgtheater), Shylock in Shakespeares *Der Kaufmann von Venedig* (1957 Düsseldorf; 1963, Freie Volksbühne Berlin; 1967 Burgtheater). D. spielte den Nathan etwa 12 Jahre in rund 1000 Aufführungen, auch auf Tourneen und Gastspielen im In- und Ausland (Norwegen, UdSSR, Israel). Die Aufführungszahlen dieses Stücks gingen nach seinem Tod erheblich zurück. Auch sein (veredelter) Shylock wurde auf einer erfolgreichen Deutschlandtournee gezeigt. Diese Erfolge beruhten unstrittig auf D.s überragender Schauspielkunst, waren zugleich aber Ausdruck einer Stimmung der Nachkriegszeit. Dass ein verfolgter jüd. Schauspieler zurückgekehrt war und diese jüd. Dramenfiguren gestaltete, vermittelte dem Publikum die Hoffnung auf Versöhnung, für den Schauspieler bedeutete es, «repräsentativ zu sein für den guten Willen, Geschichte versöhnend zu bewältigen, ja mit ‹der Geschichte› (dieser Geschichte) ins Reine zu kommen» (Stadelmaier, S. 101). Filmrollen u. a. in *Der Prozeß* (1948), *The Third Man* (1949), *Symphonie Wien* (1952), *Sebastian Kneipp* (1958), *Vor Sonnenuntergang* (1962, TV). Zahlreiche Auszeichnungen.

D. hatte sich im Th. schlagartig durchgesetzt als Vertreter eines expressionistischen Darstellungsstils von «ekstatischem Pathos und scharfer Dialektik» (K. Pinthus). Ein temperamentvoller, ausdrucksstarker Charakterdarsteller mit asketischer Physiognomie, der mit gleicher darstellerischer Souveränität klassische Helden gestaltete wie psychologisch zerrissene Rollen moderner Dramatik oder elegante Figuren des geistreichen Konversationstheaters. Im Alter wurde seine Schauspielkunst immer vergeistigter, zurückgenommener, in der sprachlichen wie gestalterischen Formung präzise und scharf charakterisierend, das Wesen seiner Figuren von innen herausarbeitend. Einer der bedeutendsten dt.sprachigen Schauspieler seiner Zeit.

Bayerdörfer, H.-P.: Theatralia Judaica (II). Nach der Shoah. Israelisch-deutsche Theaterbeziehungen seit 1949. Tübingen 1996; Hadamczik, D. u. a.: Was spielten die Theater? Bilanz der Spielpläne in der Bundesrepublik Deutschland 1947–1975. Köln 1978; Mertz, P.: Das gerettete Theater. Die deutsche Bühne im Wiederaufbau. Weinheim, Berlin 1990; Monschau, J.: Der Jude nach der Shoah. Zur Rezeption des *Kaufmann von Venedig* auf dem Theater der Bundesrepublik Deutschland und der Deutschen Demokratischen Republik 1945–1989. Diss. Heidelberg 2002; Stadelmaier, G.: Lessing auf der Bühne. Tübingen, 1980; Zehder, H.: Ernst Deutsch. Berlin 1960); Zivier, G.: Ernst Deutsch und das deutsche Theater. Berlin 1964.

Wolfgang Beck

Devine, George (Alexander Cassady), * 20. 11. 1910 London, † 20. 1. 1966 London. Theaterleiter, Regisseur, Schauspieler.

Studierte an der Universität Oxford (Wadham College), war u. a. Präsident der Oxford University Dramatic Society (OUDS). Begann noch während dieser Zeit als Schauspieler. 1931 inszenierte John → Gielgud Shakespeares *Romeo und Julia* mit D. als Mercutio (Julia: Peggy → Ashcroft). Mitglied der Old Vic Company und 1936–39 mit Michel Saint-Denis (1897–1971) Manager und Produzent beim London Th. Studio. Im 2. Weltkrieg Soldat, kehrte er 1946 zum Old Vic zurück, wo er v. a. als Gründungsdirektor (bis 1954) der Young Vic Company tätig war. Nach Gründung (1955) der English Stage Company (ESC) im Royal Court Th. wurde D. künstl. Leiter (bis 1965). D. bekam 1957 den Orden CBE (Commander of the British Empire). Seit 1966 G.-D.-Preis für Theatertalente. – Obwohl bis kurz vor seinem Tod als Schauspieler tätig (z. B. 1965 in Osbornes *Ein Patriot für mich*), erlangte er bereits in den späten 1930er Jahren seine Arbeit als Regisseur (seit den 1950er Jahren auch Opern) und anregender Theaterleiter größere Bedeutung. Wichtige Rollen u. a. Mr. Antrobus in Wilders *Wir sind noch einmal davongekommen* (1946), Danforth in Millers *Hexenjagd* (1953), Shu Fu in → Brechts *Der gute Mensch von Sezuan* (1956). Seit 1939 auch Filmschauspieler, z. B. in *Der Sturm* (1939), *Die Dreigroschenoper* (1953), *Blick zurück im Zorn* (1958), *Tom Jones* (1963). – Seine Insz.en (v. a. im Old / Young Vic, im Royal Court und in Stratford) umfassten neben Klassikern wie → Shakespeare (*Ein Mittsommernachtstraum*, 1948, Young Vic; *König Johann*, 1953, Old Vic; *Der Widerspenstigen Zähmung*, 1953/54, *König Lear*, 1953, beide Stratford Memorial Th.) moderne Stücke, u. a. → Brecht (*Der gute Mensch von Sezuan*, 1956, Royal Court), Miller (*Hexenjagd*, 1956), Sartre (*Nekrassow*, 1957, New York), Ionesco (*Der König stirbt*, 1963, Royal Court), Duras, Genet. – Ziel seiner Arbeit im Young Vic und der ESC war die Produktion zeitgenössischer, nichtkommerzieller Stücke, um neue Autoren der Öffentlichkeit vorzustellen («Angry Young Men»). Untrüglicher Instinkt für Talente (u. a. John Osborne, John Arden, Arnold Wesker, Edward Bond, Ann Jellicoe, Harold → Pinter). Unter ihm wurde die ESC bekannt als «Theater der Autoren». Auch als Regisseur versuchte D., die Intentionen des Autors statt eigener Regiekonzepte auf Kosten des Textes zu verwirklichen. Häufige Zusammenstöße mit der Zensur wegen unbequemer zeitgenössischer Stücke, die dann von der ESC in nichtöffentlichen Aufführungen («club th.») gezeigt wurden. – Neben Theatermachern wie Joan → Littlewood gehört D. zu den großen Anregern des modernen brit. Th.s, dessen Bedeutung kaum überschätzt werden kann. Förderung neuer Dramatiker gehört bis heute zur Arbeit im Royal Court (z. B. Sarah Kane, Mark Ravenhill).

<small>At the Royal Court: 25 Years of the English Stage Company. Hg. R. Findlater. New York 1981; Wardle, I.: The Theatres of George Devine. London 1978.</small>

<small>*Wolfgang Beck*</small>

Devrient (Familie). Schauspieler, Regisseure, Theaterleiter.

Die Familie D. hat im 19. und 20. Jh. in männlicher wie weiblicher Deszendenz mehrere Generationen von für das dt. Th. bedeutenden Schauspielern, Sängern, Regisseuren und Theaterleitern hervorgebracht.

Devrient, Ludwig (eig. Daniel Louis) (Künstlername bis 1807 Ludwig Herzberg), * 15. 12. 1784 Berlin, † 30. 12. 1832 Berlin. Schauspieler.

Sohn eines Kaufmanns, der mehrfach aus Lehrverhältnissen floh. 1804 Mitglied der Lange'schen Wandertruppe; Debüt am 18. 5. 1804 in Gera als Bote in Schillers *Die Braut von Messina*. 1805 Hoftheater in Dessau, das seit 1807 im Winter in Leipzig spielte. Anfang 1809 ging D. unter Vertragsbruch nach Breslau; Debüt als Franz Moor in Schillers *Die Räuber*. D. spielte als Erster → Shakespeare in Dt. nach der Schlegel/Tieckschen Übersetzung, u. a. 1810 TR in *König Lear*, 1814 Shylock in *Der Kaufmann von Venedig*. 1815 ans Berliner Hoftheater engagiert (Debüt als Franz Moor). Großer Erfolg als Falstaff in Shakespeares *Heinrich IV*. (1. Tl. 1817, 2. Tl. 1820), TR in *Richard III*. (1828). Alkoholismus zerrüttete seine Gesundheit (legendär die Trinkgelage mit dem

Dichter E. T. A. Hoffmann); chronische Schulden zwangen zu umfangreichen Gastspielen, denen er zunehmend weder physisch noch psychisch gewachsen war (1828 Burgtheater Wien, 1830/31 Weimar). Insgesamt hat D. 513 Rollen gespielt. Letzter Auftritt am 1.12. 1832 als Shewa in Cumberlands *Der Jude.* – D. gilt als der romantische Schauspieler schlechthin. Körperlich eher schmächtig, mit spröder, aber nuancenreicher Stimme. Ein Charakterdarsteller von dämonischer Darstellungskraft, besonders überzeugend in der Darstellung komischer, v. a. aber zerrissener, leidenschaftlicher und extremer Bühnenfiguren. «Das Außerordentliche, Entsetzliche, Grausenerregende, das Bizarre und das Lächerliche, von den feinsten, leisesten Zügen bis zum letztmöglichen Grade des Ausdrucks, das war das Gebiet, welches er mit der genialsten Charakteristik und wahrhaft poetischem Humor beherrschte» (E. Devrient, zit. nach Bab, S. 40f.). Seine Tochter aus erster Ehe war

Höffert, Emilie, * 1808 Dessau, † 25.11. 1857 in Siebenbürgen. Schauspielerin.

Sie wurde seit 1821 von →Klingemann in Braunschweig ausgebildet, wo sie 1824–27 engagiert war (Debüt mit der TR in Körners *Toni*). Danach in Danzig und Königsberg, wo sie den Schauspieler Höffert heiratete. Gastspiele in Berlin, Breslau, Wien, Leipzig, Hamburg, Dresden. 1832–38 mit ihrem Mann in Stettin. 1838–45 Hoftheater Schwerin. Sie verließ die Bühne und starb verarmt. Ihre Tochter war

Höffert, Elise, * 1829 (?), † 5. 7. 1855 Oldenburg. Schauspielerin.

Sie war u. a. am Thalia Th. (Hamburg) und in Oldenburg engagiert, wo sie mit 26 Jahren starb.

Ludwig D.s Bruder Tobias Philipp (1772–1836) war Kaufmann. Seine Söhne Karl, Eduard, Emil wie die Kinder seiner Tochter Mathilde waren dem Th. auf verschiedene Weise verbunden.

Devrient, Karl (August), * 5. 4. 1797 Berlin, † 3. 8. 1872 Lauterberg/Harz. Schauspieler.

Der Sohn Tobias Philipp D.s, Bruder Karl und Emil D.s machte eine Kaufmannslehre und nahm 1815 an der Schlacht von Waterloo gegen Napoleon teil. Danach Arbeit als Kaufmann. Mit Unterstützung seines Onkels Ludwig wurde er von Klingemann als Schauspieler ans Braunschweiger Th. engagiert. Debüt am 28. 7. 1819 als Rudenz in Schillers *Wilhelm Tell.* 1821–34 am Hoftheater Dresden. Aus der 1823–28 bestehenden Ehe mit der Sängerin Wilhelmine Schröder-Devrient (1804–60) stammt der Sohn Friedrich. 1834 unternahm D. eine Gastspielreise durch Deutschland und eine Studienreise nach Paris. 1835–39 Engagement in Karlsruhe; 1839–72 am Hoftheater Hannover, wo 1855–58 auch sein Sohn Friedrich engagiert war. Hier wurde er zum (lokalen) Star, zu dessen darstellerisch geschlossenen Leistungen neben Shakespeares König Lear wohl v. a. tragende Nebenfiguren zählten. 1869 wurde er Ehrenbürger von Hannover. Seiner zweiten Ehe mit der Schauspielerin und Sängerin Johanna Block entstammt sein Sohn Max.

Devrient, Friedrich (Philipp), * 31. 1. 1827 Dresden, † 18. 11. 1871 St. Petersburg. Schauspieler.

Der Sohn Karl D.s, Stiefbruder Max D.s, wurde ohne Ausbildung 1845 als Schauspieler nach Detmold engagiert. Bei einem Gastspiel in Hannover 1847 spielte er u. a. in Schillers *Wallenstein* zusammen mit seinem Vater. 1847/48 in Bremen. Aus seinem 1848 beginnenden Engagement am Wiener Burgtheater (Antrittsrolle: Ferdinand in Schillers *Kabale und Liebe*) flüchtete er aus Angst vor seinen Gläubigern. 1853–55 Frankfurt a. M.; 1855–58 Hannover. Bei einem Gastspiel seines Onkels Emil standen am 10. 11. 1857 in Schillers *Don Carlos* 3 Mitglieder der Familie

Devrient (Familie)

gemeinsam auf der Bühne (Emil D. als Posa, Karl D. als König Philipp, F. D. als Don Carlos). 1858 unternahm er eine Gastspielreise nach Budapest, von der er wegen Schulden nicht nach Hannover zurückkehrte. 1858–60 spielte er am Stadttheater Hamburg, 1860–65 in Wiesbaden, danach bis zu seinem Tod am Dt. Th. in St. Petersburg.

Devrient, Max, * 12. 12. 1857 Hannover, † 14. 6. 1929 Chur. Schauspieler.

Sohn Karl D.s, Stiefbruder Friedrich D.s. Gesangsausbildung am Konservatorium von F. Schmidt in Berlin; 1878 Schauspielunterricht bei Heinrich Oberländer. 1878 Debüt in Dresden als Bertrand in Schillers *Die Jungfrau von Orleans*. Sein Engagement am Wiener Ringtheater 1881 endete nach 10 Wochen wegen des in die Theatergeschichte eingegangenen Theaterbrandes. 1882–1929 Burgtheater Wien; zuerst als Kosinsky in Schillers *Die Räuber* (2. 1. 1882). Da er in keines der damals üblichen Rollenfächer zu passen schien, entwickelte sich das sog. «D.-Fach», das die vornehm-bösartigen, zynisch-brutalen Figuren umfasste. Dazu gehörten u. a. Edmund in Shakespeares *König Lear*, Zawisch in Grillparzers *König Ottokars Glück und Ende* (lange seine Paraderolle). Im Alter wuchs D. über diese Rollen hinaus; Geßler in Schillers *Wilhelm Tell*, Präsident von Walter in dessen *Kabale und Liebe*, Konsul Bernick in Ibsens *Die Stützen der Gesellschaft* wurden gefeierte Rollen des Charakterdarstellers. Seine letzte Rolle war der Prinz in Rollands *Die Leoniden* (1928). Der u. a. mit der Burgschauspielerin Babette Reinhold verheiratete D. galt als letzte Verkörperung der alten Burgtheatertradition. Zahlreiche Auszeichnungen.

Devrient, (Philipp) Eduard, * 11. 8. 1801 Berlin, † 4. 10. 1877 Karlsruhe. Intendant, Dramaturg, Schauspieler, Regisseur.

Sohn Tobias Philipp D.s, Bruder Karl und Emil D.s. Neben der Kaufmannslehre nahm D. Musikstunden bei K. F. Zelter und wurde 1819 ans Berliner Hoftheater als Sänger (Bariton) engagiert. Überanstrengung der Stimme führte zum Übergang zum Sprechtheater, wo er zuerst eher elegische Helden (Posa, Tasso), dann Charakterrollen (Nathan, Mephisto, Narr in Shakespeares *König Lear*, Egmont) spielte. Ohne die Genialität seines Onkels Ludwig zu besitzen, war er ein präziser und «denkender» Schauspieler, der seine Rollen über den Verstand aufbaute und für den Natürlichkeit Grundlage seiner Darstellungskunst war. Seit 1844 Oberregisseur und Schauspieler (Thorane in der UA von Gutzkows *Der Königsleutnant*, 1849) am Dresdener Hoftheater, an dem auch sein Bruder Emil engagiert war. Er förderte das Ensemblespiel, setzte Leseproben durch. Nach häufigen Konflikten v. a. mit seinem Bruder trat er von der Oberregie zurück. 1852–69 Hoftheaterdirektor in Karlsruhe. Als Intendant und Regisseur legte D. Wert auf dramaturgische Vorarbeit und intensive Proben. Er baute in Karlsruhe ein auf den Klassikern (Shakespeare, →Lessing, →Goethe, Schiller) basierendes Repertoire auf. 1864/65 Shakespeare-Zyklus, 1865/66 Lessing-Goethe-Schiller-Zyklus, Opern-Zyklen. D. bevorzugte von modernen dt.sprachigen Dramatikern eher epigonale Autoren, lehnte z. B. Grillparzer und Hebbel ab. D.s Bedeutung liegt v. a. in seiner Tätigkeit als Intendant und Theaterhistoriker und -reformator. Der auch als Dramatiker und Librettist (Marschners *Hans Heiling*) tätige D. schrieb über die Notwendigkeit künstl. fundierter Ausbildung (*Über Theaterschule*, 1840), auf Anforderung des preuß. Kultusministeriums das (folgenlos bleibende) Gutachten *Das Nationaltheater des neuen Deutschlands* (1848) und eine bis heute immer wieder aufgelegte *Geschichte der deutschen Schauspielkunst* (1848–74). Als zeitbedingter Irrweg erwies sich sein *Deutscher Bühnen- und Familien-Shake-*

speare, der den Autor von allem «Anstößigen» reinigte. Sein Sohn war

Devrient, Otto, * 3.10.1838 Berlin, † 23.6.1894 Stettin. Schauspieler, Regisseur, Theaterleiter.

Der Sohn Eduard D.s begann als Eleve bei seinem Vater am Karlsruher Hoftheater; Debüt im Festspiel *Die Lilie des Orakels* zur Hochzeit des Großherzogs (20.9.1856). 1858 Stuttgart, 1859 Hoftheater Berlin, 1862 Leipzig. Danach wieder in Karlsruhe als Schauspieler und Regieassistent (fast 10 Jahre Zusammenarbeit mit seinem Vater). 1873–76 am Hoftheater Weimar als Schauspieler und Regisseur. Seine bedeutendste Leistung dort war die Aufführung beider Teile von Goethes *Faust* an 2 Abenden (1876; 1880 Viktoria-Th. Berlin) mit ihm selbst als Mephisto. 1876/77 Oberregisseur in Mannheim, 1877–79 Leitung des Th.s in Frankfurt a. M. Danach hielt er in Jena Vorlesungen über dramatische Kunst, veröffentlichte dramaturgische und theaterhistorische Schriften. Zum 400. Geburtstag des Reformators 1883 schrieb, inszenierte und spielte D. die TR im Festspiel *Luther* in Jena, wofür er die Ehrendoktorwürde der Universität erhielt. 1884–89 Intendant des Hoftheaters Oldenburg. 1889/90 als Leiter des Schauspiels am Hoftheater Berlin erfolglos, zog er sich wieder nach Jena zurück, schrieb, inszenierte und spielte die TR im *Gustav-Adolf-Spiel* (UA 25.6.1895, Jena), womit er auf Tournee durch Norddeutschland ging. Seine sonstigen dramatischen Versuche blieben bedeutungslos. Als Schauspieler eher unbedeutend, liegen seine Verdienste v. a. im Bemühen um den Ensembleaufbau und die Etablierung eines klassischen und modernen Repertoires an allen Th.n, an denen er tätig war. Sein Sohn Hans (1868–1927) war Theaterhistoriker und Germanist.

Devrient, (Gustav) **Emil**, * 4.9.1803 Berlin, † 7.8.1872 Dresden. Schauspieler, Sänger.

Der Sohn Tobias Philipp D.s, Bruder Karl und Eduard D.s war der zu Lebzeiten berühmteste der Brüder. Nach abgebrochener Kaufmannslehre begann seine Theaterlaufbahn bei Klingemann in Braunschweig, wo er sein Debüt als Raoul in Schillers *Die Jungfrau von Orleans* gab (5.11.1821) und auch als Sänger tätig war. 1822 in Bremen, 1823–29 Stadttheater Leipzig, 1829–31 Stadttheater Hamburg. Seit 1831 am Hoftheater Dresden, schließlich lebenslang verpflichtet. Er wurde der Schauspieler des Jungen Deutschland, spielte Molière in Gutzkows *Das Urbild des Tartuffe*, die TR in der UA von dessen *Uriel Acosta*, Schiller in Laubes *Die Karlsschüler*, TR in Freytags *Graf Waldemar*. Seine umfangreiche Gastspieltätigkeit (insges. in 55 Orten, fast 200 Gastspiele, mehr als 1500 Auftritte) verschaffte dem bis ins Alter jugendlich und schön wirkenden D. Berühmtheit auch im Ausland. Er war 1852 und 1853 bei einem Gesamtgastspiel dt. Künstler in London ebenso beteiligt wie 1854 bei Dingelstedts Gesamtgastspiel in München. 1856 nahm er offiziell Abschied von der Dresdener Hofbühne, trat aber weiterhin dort auf. Nach einer Abschiedstournee durch Deutschland letzter Auftritt in Dresden in der TR von Goethes *Torquato Tasso* am 1.5.1868. Seine Darstellungskunst verband Weimarischen Schönheitsstil mit technisch perfektem, auch manieriertem Virtuosentum. Stark auf Publikumsreaktionen bedacht. Klassischer Sprachstil und kontrolliertes Spiel, jedoch ohne elementare Kraft, ließen zeitgenössischen Kritikern seine Darstellungen zwar stets als schön, nie aber aufregend erscheinen. Seine wohl erfolgreichste Rolle war Bolingbroke in Scribes *Das Glas Wasser*, die er 246-mal verkörperte. Nach seinem Tod rasch vergessen. 1825–42 war er mit der Schauspielerin und Sängerin Dorothea (Doris) Böhler (1801–82) verheiratet.

Die Tochter Mathilde (1809–88) von Ludwig D.s Bruder Tobias Philipp heiratete den Kaufmann Stägemann. Ihre Söhne waren Max und Eugen Stägemann.

Stägemann, Max, * 10. 5. 1843 Freienwalde, † 29. 1. 1905 Leipzig. Sänger, Theaterleiter.

Schauspielausbildung am Konservatorium in Dresden, 1862 erstes Engagement in Bremen. Nach ersten kleineren Opernpartien 1863 in Hannover, 1864 zur weiteren Gesangsausbildung in Paris. Seit 1865 erster Bariton in Hannover. Glanzrollen in Opern Marschners (TR in *Hans Heiling*), Mozarts (*Don Giovanni, Figaro*), Wagners (Wolfram, Holländer, Hans Sachs). 1876–80 Leiter des Th.s in Königsberg, 1882–1905 des Stadttheaters Leipzig und der Theaterschule. Seine Töchter Helene und Erna arbeiteten bis zur Heirat als Sängerinnen. Sein Sohn war

Stägemann, Waldemar (Walter Ludwig Eugen), * 21. 7. 1879 Neuhäuser bei Königsberg, † 11. 2. 1958 Hamburg. Schauspieler, Sänger, Regisseur, Gesangspädagoge.

Jurastudium in Königsberg (Dr. jur.). 1902–12 Kgl. Schauspielhaus Berlin. Ging nach seiner Ausbildung als lyrischer Bariton 1912–36 nach Dresden (Kaiser in Puccinis *Turandot*, DEA 1926). Seit 1929 auch Regisseur, später Oberspielleiter. Arbeitete nach seinem Bühnenabschied (1939) seit 1940 als Gesangspädagoge in Berlin, seit 1945 in Hamburg.

Stägemann, Eugen (Eduard Otto), * 13. 10. 1845 Freienwalde, † 11. 3. 1899 Düsseldorf. Schauspieler, Regisseur, Theaterleiter, Autor.

Bruder von Max S.; wurde 1863 in Karlsruhe von seinem Onkel Eduard D. ausgebildet. Engagements in Bremen (1864/65), Meiningen (1866), Hannover (1867), Hamburg (1867–79, 1887/88, Thalia Th.), Frankfurt a. M. (1879–87). 1888–91 Schauspieler und Regisseur am Lessing-Th. Berlin. Danach bis zu seinem Tod Direktor des Stadttheaters Düsseldorf. Autor von Dramen. Verheiratet mit der Schauspielerin Ida Valeska Malwine Kaulbach (1848–1905).

Altman, G.: Ludwig Devrient. Berlin 1926; Bab, J.: Die Devrients. Berlin 1932; Devrient, Eduard: Aus seinen Tagebüchern. Hg. R. Kabel. 2 Bde. Weimar 1964; ders.: Geschichte der deutschen Schauspielkunst. Hg. R. Kabel, Ch. Trilse. 2 Bde. München 1967; Goldschmit-Jentner, R. K.: Eduard Devrients Bühnenreform am Karlsruher Hoftheater. Leipzig 1921; Houben, H. H.: Emil Devrient. Frankfurt a. M. 1903; Rein, F.: Eduard Devrient als Oberregisseur in Dresden von 1844–1846. Diss. Erlangen 1931; Reinholz, K.: Eduard Devrients Geschichte der deutschen Schauspielkunst. Berlin 1967; Williams, S.: German Actors of the 18th and 19th Centuries. Westport 1985.

Wolfgang Beck

Diekhoff, Marlen, * 16.5. 1938 Bremerhaven. Schauspielerin.

D. absolvierte die Ausbildung an der Staatl. Hochschule für Musik und Th. Hannover und kam über die Staatstheater Hannover (1961–71), Stuttgart (1968–72), das Schauspiel Frankfurt a. M. (1972–78) und das Bremer Th. (1979/80) an das Dt. Schauspielhaus Hamburg, an dem sie neben Gastengagements seit 1980 festes Ensemblemitglied ist. – Nach ersten Erfolgen u. a. in Ibsens *Nora* (Stuttgart 1972, R. → Neuenfels), Marivaux' *Die Unbeständigkeit der Liebe* (Schauspiel Frankfurt 1975, R. → Bondy), B. Strauß' *Trilogie des Wiedersehens* (UA 18. 5. 1977 Dt. Schauspielhaus, R. → Giesing) urteilte der Rezensent der *FAZ*: «Marlen Diekhoff beherrscht die Verwandlungskunst des Verhaltens, der Gänge, der Bewegung, sogar der Stimme […]», sie «steigt in Menschen ein und geht ihnen nach» (24. 12. 1977). In Frankfurt a. M. knüpfte D. als Fräulein Isenbarn in Barlachs *Der arme Vetter* (1977) und in der TR von Kleists *Penthesilea* (1978, beide R. F.-P. → Steckel) an ihre Erfolge an, in Bremen stand sie als Elisabeth in Schillers *Maria Stuart* (1978, R. → Brieger) auf der

Bühne. – Ihr breites Rollenspektrum stellte D. am Dt. Schauspielhaus unter Beweis: Unter der Regie von N.-P. → Rudolph war sie als Olga in Čechovs *Drei Schwestern* (1980), Julia in Schillers *Die Verschwörung des Fiesko zu Genua* (1981) und Verwalterin in Handkes *Über die Dörfer* (DEA 30. 10. 1982) zu sehen, unter P. → Löscher spielte sie die Nell in Becketts *Endspiel* (1981) und Blanche in Williams' *Endstation Sehnsucht* (1982). Es folgten Rollen u. a. als Hekuba in Euripides' *Die Troerinnen* (1984, R. → Wendt), Else Reißner in Wedekinds *Musik* (1987, R. Giesing), TR in Hunters *Zelda* (DEA Frankfurt 26. 8. 1988, R. G. Uhlig), Deborah in O'Neills *Fast ein Poet* (1988, R. → Zinger), Generalin in Dostoevskis *Der Idiot* (1989, R. → Minks), TR in Rasumovskajas *Liebe Jelena Sergejewna* (1990, R. Ch. Kleist), Claudia Galotti in → Lessings *Emilia Galotti* (1992) und Lucienne in Feydeaus *Floh im Ohr* (1993, beide R. Löscher). – Zu Beginn der Ära → Baumbauer wurde D. zusammen mit ihren 5 Mitspielerinnen für ihre schauspielerische Leistung in → Wielers Jelinek-Insz. *Wolken. Heim.* (1993) zur «Schauspielerin des Jahres 1994» gewählt und spielte unter seiner Regie in den UAen von Dorsts *Herr Paul* (16. 2. 1994) und → Ellerts *Josephs Töchter* (16. 10. 1994). Weitere Rollen am Dt. Schauspielhaus in Kleists *Prinz Friedrich von Homburg* (1994, R. → Kušej), Canettis *Hochzeit* (1995, R. → Marthaler), Belbels *Nach dem Regen* (DEA 17. 11. 1995), Gor'kijs *Sommergäste* (1997, beide R. E. → Lang), Enslers *Vagina-Monologe* (R. Viviane de Muynck) sowie in 4 UA-Insz.en von Stücken Jelineks: *Stecken, Stab und Stangl* (12. 4. 1996, R. → Bruncken), *er nicht als er (zu, mit Robert Walser)* (1. 8. 1998 Salzburger Festspiele, R. Wieler), *Ein Sportstück* (4. 12. 1998, R. → C. Nel), *Prinzessinnendramen. Der Tod und das Mädchen I–III* (22. 10. 2002, R. L. Chétouane). Weiter u. a. in Polleschs *Splatterboulevard* (UA 2003), Schillers *Don Carlos* (2004), *Mephisto* nach Klaus Mann (2005), Frischs *Andorra* (2006, R. → Lanik) – P. Iden schrieb über D., die sich auch mit Rollen in Film- und Fernsehproduktionen, zahlreichen Hörbüchern einen Namen gemacht hat: «Die Diekhoff kann Sehnsucht spielen wie kaum jemand sonst in ihrer Generation am Deutschen Theater. Immer ist so eine verwirrende Unruhe in ihren Darstellungen gewesen, die aus unbändigem Verlangen kommt, etwas Flirrendes (wie fliegende Hitze) in den glücklichen Momenten ihrer Figuren und auch in den Augenblicken vor deren Trauer […]» (*FR*, 16. 7. 1988).

Nina Grabe

Doll, Hans Peter, * 21. 2. 1925 Offenbach, † 27. 12. 1999 Stuttgart. Dramaturg, Intendant.

D. begann nach der Heimkehr aus kurzer Gefangenschaft 1945 Literaturwissenschaft zu studieren. Auf der Suche nach Praxisbezug wurde er Hospitant in der Dramaturgie des Schauspiels Frankfurt a. M., dann Dramaturgieassistent. Nach Abbruch des Studiums fest engagiert. 1950–61 Chefdramaturg Städt. Bühnen Gelsenkirchen, Staatstheater Braunschweig, Bochumer Schauspielhaus, Landestheater Hannover, Bühnen der Freien Hansestadt Bremen. 1962–66 Intendant Städt. Bühnen Heidelberg, 1967–72 Generalintendant Staatstheater Braunschweig, 1972–85 Württemberg. Staatstheater Stuttgart. Gastspielreisen des Balletts, der Oper und des Schauspiels in 40 Länder in 4 Erdteilen. 1985 Landesbeauftragter für den künstl. Nachwuchs in Baden-Württemberg, 1985–99 Intendant der Luisenburg-Festspiele Wunsiedel. 1986 Professor e. h. – Übersetzungen, Bühnenbearbeitungen klassischer Märchen.

D. strebte nie nach persönlicher künstl. Selbstverwirklichung auf der Bühne. Er verstand sich als Kommunikator, Anreger und Ermöglicher. Er hatte das Talent, Menschen zusammenzuführen und fruchtbare Arbeitsbeziehungen zu stiften, nicht zuletzt auch, in Konflikten erfolgreich zu vermitteln und seinen Künstlern den Rücken frei zu halten bei politischer Einflussnahme – eine Fähigkeit, die Ende der 1970er Jahre (RAF-Terror, Stammheim-Prozess) auf die Probe gestellt wurde. Außerordentlich war sein Gespür für Talente. Er entdeckte Claus → Peymann im Studententheater und immer wieder später renommierte Schauspieler, «witterte» in der Ballerina Marcia Haydée eine Ballettchefin und in dem Musikkritiker Wolfram Schwinger einen exzellenten Operndirektor. – Als Pensionär startete D. gleichsam eine zweite Karriere als Interimsintendant führungslos gewordener Th. – erst des Schauspiels, dann der Oper Frankfurt a. M., des Staatstheaters Braunschweig und 1994–96 des Theaters Basel. Als strikt neutraler, nur dem Betrieb verpflichteter Sachwalter von Übergängen erwarb er große Meriten.

Doll, H. P., G. Erken: Theater – Eine illustrierte Geschichte des Schauspiels. Stuttgart 1985.

Werner Schulze-Reimpell

Domin, Friedrich, * 15. 5. 1902 Beuthen (heute Bytom, Polen), † 18. 12. 1961 München. Schauspieler, Regisseur.

Sohn eines Gärtners, der sich nach begonnener Ausbildung als Maler und Architekt am Bauhaus in Weimar und kurzer Arbeit als Landwirtschaftseleve entschloss, Schauspieler zu werden. D. debütierte nach dem Besuch der Reinhardt-Schule in Berlin (1921–22) am Berliner Volkstheater in Hauptmanns *Michael Kramer*; zugleich als Bühnenbildner. An der Berliner Volksbühne Rolle und Bühnenbild in Eßmanns *Vater und Sohn* (1923). Spielte danach in → Viertels Ensemble Die Truppe, in Königsberg, Zürich, Gera und Kassel, wo er erstmals Regie führte und auch als Bühnenbildner tätig war. Seit 1934 Schauspieler und Regisseur an den Münchner Kammerspielen, die seine künstl. Heimat wurden. Dort u. a. Rollen in Büchners *Dantons Tod* (TR, 1937) und *Woyzeck* (1952), → Lessings *Minna von Barnhelm* (1937, 1951), *Nathan der Weise* (TR, 1957), Shaws *Cäsar und Cleopatra* (1938), → Shakespeares *Hamlet* (1939), *Ein Sommernachtstraum* (1940), *Othello* (1942), *Macbeth* (1945, eigene R.), *Der Sturm* (1946), *Heinrich IV.* (1956), Grabbes *Scherz, Satire, Ironie und tiefere Bedeutung*, *Hannibal* (beide 1940) und *Heinrich VI.* (1942), → Goethes *Faust I* (1949), Eliots *Die Cocktail-Party* (1951, R. → Lühr), Ibsens *Gespenster* (1953), Dürrenmatts *Ein Engel kommt nach Babylon* (TR, UA 1953, R. → Schweikart), Thomas *Moral* (1954), Cannan / Bosts Adaption von Greenes *Die Kraft und die Herrlichkeit* (1954, R. → Verhoeven), Hacks' *Eröffnung des indischen Zeitalters* (UA 1955), Schillers *Wallenstein* (1956), → Brechts *Leben des Galilei* (TR, 1959). Pozzo in → Kortners berühmter Insz. von Becketts *Warten auf Godot* (1954, mit → Rühmann). Letzter Auftritt in Gor'kijs *Wassa Schelesnowa* (1961). Insz. en u. a. von Jeans / Teichs' *Kann eine Frau sich ändern?* (1934), Ivers *Spiel an Bord*, Langenbecks *Bianca und Juwelier* (beide 1935), Hebbels *Maria Magdalena* (1936), Hauptmanns *Der Biberpelz* (1938), → Ambessers *Lebensmut zu hohen Preisen* (1944), Priestleys *Ein Inspektor kommt*, Claudels *Der seidene Schuh* (beide 1947). Zahlreiche Film- und Fernsehproduktionen, u. a. *Das Lied der Wüste* (1939), *Komödianten* (1941), *Der Ruf* (1949, R. Kortner), *Sarajevo* (1955), *Ludwig II.* (1955), *Lola Montès* (1955), *Der Hauptmann von Köpenick* (1956), *Königin Luise* (1957). *Ein Mann geht durch die Wand* (1959), *Das Schwarze Schaf* (1960), *Die Perser* (1961, TV, R. → Lietzau), *Becket oder Die Ehre Gottes* (1962, TV). – D. war ein bedeutender Charakterdarsteller mit leisen Tönen und zurückgenommenen Mitteln, Repräsentant einer nachdenklich-reflektierten Schauspielkunst. Seine modulationsreiche

Sprechtechnik, sein melancholisch geistreicher Sprachgestus beeindruckten im tragischen wie im komischen Fach.

Wolfgang Beck

Domröse, Angelica, * 4. 4. 1941 Berlin. Schauspielerin, Regisseurin.

Ausbildung als Stenotypistin. 1958 unter 1500 Bewerberinnen für die Hauptrolle in Slatan Dudows Film *Verwirrung der Liebe* ausgewählt. 1959–61 Studium an der Filmhochschule Babelsberg. 1961–67 Berliner Ensemble (Polly in → Brechts *Dreigroschenoper*, Babette in dessen *Die Tage der Commune*). Daneben zahlreiche Film- und Fernsehrollen, über 50 bis 1980 in der DDR (1970 *Effi Briest*, 1973 *Die Legende von Paul und Paula*, 1978 *Fleur Lafontaine*). 1967–79 Volksbühne Berlin (1968 Eboli in Schillers *Don Carlos*, 1972 Helena in Offenbach / Hacks' *Die schöne Helena*, 1975 Célimène in → Molière / Bartschs *Der Menschenhasser*). 1976 Unterschrift gegen die Ausbürgerung von Wolf Biermann. Mit Ausreisevisum Wechsel in die Bundesrepublik Deutschland. 1980 am Thalia Th. Hamburg Helena in → Goethes *Faust II*, an den Staatl. Schauspielbühnen Berlin 1981 TR in Wedekinds *Lulu*, 1982 Cäcilie in Goethes *Stella*, 1986 Martha in Albees *Wer hat Angst vor Virginia Woolf?*. 1986 im Bochumer Schauspielhaus Charlotte in DEA *Nachtwache* von Lars Norén. 1987 «Der Kreis» Wien TR in Salvatores *Stalin* (mit ihrem Mann Hilmar → Thate). Staatl. Schauspielbühnen Berlin Marthe Schwertlein in Goethes *Faust I*, Frau John in Hauptmanns *Die Ratten*. Komödie am Kurfürstendamm Berlin Maria Callas in McNallys *Meisterklasse*. 2006 am Potsdamer Hans Otto Th. Mary Tyrone in O'Neills *Eines langen Tages Reise in die Nacht*. 1992 Debüt als Regisseurin mit Dullemens *Schreib mich in den Sand* in Meiningen. Inszenierte im Berliner «bat» Zschokkes *Brut*, im Wiener Th. in der Josefstadt Hebbels *Maria Magdalena*. Film- und Fernsehrollen u. a. als Kommissarin in der Serie *Polizeiruf 100* (1994–98), *Die Verfehlung* (1992), *Tal der Ahnungslosen* (2003). Seit 1994 Dozentin an der Berliner Hochschule für Schauspielkunst «Ernst Busch». 1969 Kunstpreis der DDR, 1976 DDR-Nationalpreis, 1988 Kainz-Medaille. Ihre Autobiographie *Ich fang mich selbst ein* erschien 2003. – D. verband stets eine große Filmkarriere, die sie zum prominentesten Star der DDR machte und in Westdeutschland fortführen konnte, mit intensiver Theaterarbeit. Darstellerin mit unmittelbarer Präsenz und perfekter Beherrschung des Handwerks.

Blum, F.: Angelica mit C. Die Schauspielerin Angelica Domröse, Frankfurt a. M. 1992; Domröse, A.: Ich fange mich selbst ein. Mein Leben. Bergisch Gladbach 2003; Funke, C., D. Kranz: Angelica Domröse. Berlin 1976.

Werner Schulze-Reimpell

Dorn, Dieter, * 31. 10. 1935 Leipzig. Regisseur, Intendant.

1954–56 Studium der Theaterwissenschaft an der Theaterhochschule Leipzig. 1956–58 Schauspielerausbildung an der Max-Reinhardt-Schule Berlin. 1958–61 Schauspieler, Dramaturg, Regieassistent am Landestheater Hannover. 1961–64 freier Mitarbeiter verschiedener Rundfunkanstalten (Reporter, Sprecher). 1964–68 Dramaturg und Regisseur an der Landesbühne Hannover. 1968–70 Städt. Bühnen Essen und Th. Oberhausen – Versuche mit einem Mitbestimmungsmodell. 1971 Dt. Schauspielhaus Hamburg (Hamptons *Der Menschenfreund*, *Lysistrata* von Aristophanes). 1972 Storeys *Zur Feier des Tages*, 1976 Gor'kijs *Die Kleinbürger* am Burgtheater Wien. 1972–75 Staatl. Schauspielbühnen Berlin (1972 DEA von Bernhards *Der Ignorant und der Wahnsinnige*, Wedekinds *Musik*, Genets *Die Zofen*, 1974 DEA von Bernhards *Die Jagdgesellschaft*, Feydeaus *Ein Klotz am Bein*, 1975 UA von Dorsts *Auf dem*

Chimborazo, Hamptons *Die Wilden*). 1974 Salzburger Festspiele UA von Bernhards *Die Macht der Gewohnheit*. 1976–83 Oberspielleiter, 1983–2001 Intendant der Münchner Kammerspiele. Insz.en u. a. von →Lessings *Minna von Barnhelm* (1976), Enquists *Die Nacht der Tribaden* (DEA 1977), Wedekinds *Lulu* (1977); von →Shakespeare *Ein Mittsommernachtstraum* (1978), *Was ihr wollt* (1980), *Troilus und Cressida* (1986), *König Lear* (1992), *Der Sturm* (1994), *Cymbeline* (1998); von →Goethe *Clavigo* (1979), *Iphigenie auf Tauris* (1981), *Torquato Tasso* (1984), *Faust I* (1987); von Kleist *Der zerbrochne Krug* (1986 Salzburger Festspiele), *Prinz Friedrich von Homburg* (1995), *Amphitryon* (1999); von Büchner *Dantons Tod* (1980) und *Leonce und Lena* (1981), von Botho Strauß *Groß und klein* (1979), *Der Park* (1984), *Besucher* (UA 1988), *Sieben Türen* (DEA 1988), 1991 UA *Schlußchor*, 1996 UA *Ithaka*; von Dorst 1982 *Merlin oder Das wüste Land*, 1990 UA *Karlos*; mit Florian Boesch 1997 UA *Kleine Zweifel* von Theresia Walser. Seit 2001 Intendant des Bayer. Staatsschauspiels München. Inszenierte 2004 Shakespeares *Maß für Maß*, 2005 UA *Die eine und die andere* von Strauß. Zahlreiche Einladungen zum Berliner Theatertreffen. 1972 Josef-Kainz-Medaille der Stadt Wien, 1973 Theaterpreis des Verbands der dt. Kritiker. Seit 1979 auch Opern-Insz.en: Mozarts *Die Entführung aus dem Serail* (Staatsoper Wien), Strauss' *Ariadne auf Naxos* (Salzburger Festspiele), Hamels *Ein Menschentraum* (Staatstheater Kassel), Bergs *Wozzeck* (Staatsoper München), Wagners *Der Fliegende Holländer* (Bayreuther Festspiele), Mozarts *Così fan tutte* (Münchner Opernfestspiele).

Vorzüglicher Intendant mit der Gabe, exzellente Schauspieler über viele Jahre an sein Th. zu binden. Als Regisseur verbindet er großes Formgefühl mit dem Verlangen nach schönen Bildern, ohne je in leeren Ästhetizismus abzugleiten. Im Mittelpunkt seiner Arbeit steht der Schauspieler. Hervorragend v. a. als Shakespeare-Regisseur, zugleich ein unermüdlicher Förderer zeitgenössischer dt. Dramatik (Bernhard, Dorst, Strauß, Achternbusch, von Mayenburg u. a.). Sein Credo: «Ein Regisseur muß die Zuschauer lenken, sie müssen mitgenommen werden.»

Dorn, D. u. a.: W. Shakespeare. Troilus und Cressida. Weinheim, Berlin 1987; Mainusch, H.: Regie und Interpretation. Gespräche. München 1985; Die Münchner Kammerspiele. Hg. S. Dultz. München 2001; Sucher, C. B.: Theaterzauberer. Von Bondy bis Zadek. München, Zürich 1990.

Werner Schulze-Reimpell

Dorsch, Käthe, * 29. 12. 1890 Neumarkt / Oberpfalz, † 25. 12. 1957 Wien. Schauspielerin, Soubrette.

Debüt 1906 am Nürnberger Th.; 1909–12 Operettensoubrette am Stadttheater Mainz, 1912 am Neuen Operettentheater Berlin. 1919 Wechsel zum Sprechtheater. Spielte an verschiedenen Berliner Bühnen: Residenztheater, Lessing-Th. (Evchen Humbrecht in H. L. Wagners *Die Kindsmörderin*, Gretchen in →Goethes *Faust*, Christine in Schnitzlers *Liebelei*, Eliza in Shaws *Pygmalion*, TR in Ibsens *Nora*, 1927 Julchen in der UA von Zuckmayers *Schinderhannes*). Titelpartie in Lehàrs *Friederike*. Preuß. Staatstheater (TR in Hauptmanns *Rose Bernd*). Volksbühne (Frau John in Hauptmanns *Die Ratten*, 1932). 1935 Dt. Th. Berlin. 1936–38 Staatstheater: Donna Anna in Grabbes *Don Juan und Faust* (R. →Fehling), Orsina in →Lessings *Emilia Galotti* in der Regie von →Gründgens (K. H. Ruppel schrieb: «Ein Ereignis des Theaters […]. Eine Offenbarung elementarer Gestaltungskraft»), TR in Dumas' *Die Kameliendame*. 1939 Burgtheater Wien (TR in Schillers *Maria Stuart*, Frau Alving in Ibsens *Gespenster*, Klytämnestra in der UA von Hauptmanns *Iphigenie in Aulis*, 1943). Nach dem Krieg wieder in Berlin. D. spielte 1946 im Dt.

Th. in Shaws *Kapitän Brassbounds Bekehrung* (R. Gründgens), 1947 Cäcilie in Goethes *Stella*; im Schiller-Th. 1952 Frau Gihle in Hamsuns *Vom Teufel geholt*, im Schlossparktheater Mutter Wolff in Hauptmanns *Der Biberpelz* («Vor diesem Sprung in ein für sie neues Fach hatte man sich heimlich gesorgt. Er gelang herrlich. Sie agierte lebensgeladen, als sollten die schmalen Mauern des Schlossparktheaters schier bersten», schwärmte Friedrich Luft), die TR in → de Filippos *Philomena Marturano*; im Renaissancetheater die TR in Shaws *Frau Warrens Gewerbe*; einige Rollen in Boulevardstücken, zuletzt im Schiller-Th. Cläre Zachanassian in Dürrenmatts *Der Besuch der alten Dame*. – Alfred Kerr nannte sie zu Recht eine «Volksgestalt», was ihre enorme Popularität erklärte. Sie spielte lebensprall und erdhaft, aber ohne proletarischen Einschlag, auf rührende Weise bürgerlich-behütete junge Mädchen zunächst, später sinnlich-vitale Frauen verschiedener Stände. «Unaufdringlich eindringlich wie immer» sah sie Alfred Döblin Anfang der 1920er Jahre spielen. 30 Jahre danach faszinierte Luft der «wahrhaft herzerwärmende Goldton», aus dem sie ihre Bühnenfiguren webte. Sie war auch privat eine couragierte Frau, die während der Nazi-Jahre vielen Diskriminierten half.

Bronnen, H.: Käthe Dorsch. Berlin 1977; Ihering, H.: Käthe Dorsch. München 1944; Melchinger, S., R. Clausen: Schauspieler. 36 Porträts. Velber 1965.

Werner Schulze-Reimpell

Drese, Claus Helmut, * 25. 12. 1922 Aachen. Dramaturg, Regisseur, Theaterleiter, Autor.

Ab 1941 Studium der Germanistik, Geschichte, Theaterwissenschaft, Philosophie, Geographie in Köln, Bonn, Marburg. Promotion. 1946–50 Dramaturg und Schauspieler, seit 1948 auch Regisseur in Marburg. 1950–52 Dramaturg und Regisseur im Th. am Domhof in Osnabrück. 1952–59 Chefdramaturg und Regisseur am Nationaltheater Mannheim, 1959–62 Intendant des Th.s der Stadt Heidelberg, 1962–68 des Hess. Staatstheaters Wiesbaden (Insz. *Der Rosenkavalier* von Strauss). 1968–75 Generalintendant der Bühnen der Stadt Köln (Puccinis *La Bohème*, Wagners *Tristan und Isolde*, Čechovs *Die Möwe*). Einsatz für Jacques Offenbach, Zyklus der 7 im Repertoire verankerten Opern Mozarts ohne Entdeckerlust, inszeniert von → Ponnelle. 1975–86 Direktor des Opernhauses Zürich. Entwicklung eines Monteverdi-Zyklus mit Nikolaus Harnoncourt und Ponnelle. Inszenierte 1976 Puccinis *La Bohème*, 1980 Wagners *Tristan und Isolde*, 1984 dessen *Die Meistersinger von Nürnberg*, 1982 Händels *Saul*. 1986–91 Direktor der Wiener Staatsoper (u. a. 1987 Bergs *Wozzeck*, 1988 Schuberts *Fierrabras*, 1989 Strauss' *Elektra*, 1990 Wagners *Lohengrin*, 1991 Mozarts *La Clemenza di Tito*). Nach seinem Weggang aus Wien hat D. bis 1996 als Berater und Regisseur am neuen Athener Musikzentrum Megaron Musikis gearbeitet. – Engagierter Förderer des Regisseurs Hansgünther → Heyme in Heidelberg, Wiesbaden und Köln gegen heftige Widerstände und trotz zeitweiligen Zuschauerschwunds («Die Kölner Jahre werden immer als die schwersten meines Lebens im Gedächtnis haften bleiben»). Verstand sich als Prinzipal, der anderen Freiräume zu schaffen hat und viele ästhetische Handschriften zulässt. In der Oper fand er schließlich sein Metier, in dem er erfolgreicher war. Erkannte seine Grenzen als Regisseur und nahm sich sehr zurück. Mitglied der Dt. Akademie der Darstellenden Künste.

Drese, C. H.: ... aus Vorsatz und durch Zufall ...: Theater- und Operngeschichte(n) aus 50 Jahren. Köln 1999; ders.: Im Palast der Gefühle: Erfahrungen und Enthüllungen eines Wiener Operndirektors. Köln 2001; ders.: Nachklänge. Köln 2002; ders.: Theater, Theater ... Zürich 1984; ders.: Theaterarbeit in drei deutschsprachigen Ländern. Bern 1986; Elf Jahre Schauspiel Köln 1968–79. Eine Dokumentation.

Red. J. Fabritius. Köln 1979; Hiller, C. H.: Vom Quatermarkt zum Offenbachplatz. 400 Jahre Musiktheater in Köln. Köln 1986.

Werner Schulze-Reimpell

Dresen, Adolf, * 31. 3. 1935 Eggesin, † 11. 7. 2001 Leipzig. Dramaturg, Regisseur, Intendant.

Nach dem Studium der Germanistik an der Karl-Marx-Universität Leipzig war D. Dramaturg und Regisseur in Crimmitschau (1958/59), Magdeburg (1959–62) und Greifswald (1962–64). 1964 kam er ans Dt. Th. in Ostberlin, wo er u. a. seine legendären Insz.en von → Goethes *Faust I* (1968, mit Fred Düren als Faust, Ko-R. Wolfgang → Heinz), Goethes *Clavigo* (1971), Kleists *Prinz Friedrich von Homburg* und *Der zerbrochne Krug* (1975) machte. 1977 verließ er die DDR und übernahm nach Gastinsz.en von Barlachs *Der arme Vetter* am Basler Th. 1977, → Lessings *Emilia Galotti* am Wiener Burgtheater 1979 und Strauß' *Die Fledermaus* am Th. Bochum 1980 im Folgejahr die Leitung des Schauspiels Frankfurt a. M., schied allerdings am Ende der Spielzeit 1985/86 vorzeitig aus diesem Amt. Seitdem arbeitete er als freier Regisseur an vielen europ. Bühnen. Wichtige Insz.en u. a.: 1982 Gor'kijs *Barbaren* am Burgtheater Wien, Lessings *Minna von Barnhelm* und Kleists *Amphitryon* am Schauspiel Frankfurt; 1983 Gor'kijs *Wassa Schelesnowa*, 1985 Barrie Keefees *Bastard Angel* (beide Schauspiel Frankfurt); 1986 Musorgskijs *Boris Godunow* an der Brüsseler Oper; 1992/93 Wagners *Der Ring des Nibelungen* an der Staatsoper Wien.

Günther Rühle beschrieb den für D. typischen, von marxistischer Gesellschaftsanalyse inspirierten, an der Reduktion und alltäglichen Materialität des → Brecht-Th.s orientierten Inszenierungsstil anlässlich seiner Frankfurter Produktion von Lessings *Minna von Barnhelm* folgendermaßen: «Schon von Helmut Stürmers Szenerie her eine variierte Brechtbühne. Ein sehr leichtes Arrangement von Spielfläche und Wänden, nicht illusionistisch, aber realistisch im Detail. Die Wirtshaushalle liegt wohl im ersten Stock. Die Treppe steigt von unten auf, man spielt also im Hinauf und Hinab, auch in einem Loch. Vier Eisensäulen stützen das Dach. In den Wänden viele Türen. Die Zimmer sind anscheinend voll belegt mit aus dem Krieg in den Frieden gefallenen Offizieren; Dresen lässt sie einmal (es ist Dresens, nicht Lessings Personal) über die Bühne gehen. Das Ambiente ist ihm wichtiger. Es ist noch Soldatenzeit, die Wertbegriffe sind entsprechend. Derb, knorrig, deutlich, eigenwüchsig: so spielt Heinrich → Giskes den roh-treuen Burschen Tellheims und Michael Greiling den Wachtmeister Werner. Dresen hat dem einen seine Schnurrigkeit, dem anderen seine tränentreibende, herzlich-teutsche Gutmütigkeit genommen. Beide beschreiben Um- und Zustände. An ihren Stiefeln hängt der Morast der Straßen» (*Th. heute* 4/1982, S. 30 f.).

Dresen, A.: Siegfrieds Vergessen. Kultur zwischen Konsens und Konflikt. Berlin 1992; ders.: Wieviel Freiheit braucht die Kunst? Berlin 2000; Mainusch, H.: Regie und Interpretation. Gespräche. München 1985.

Friedemann Kreuder

Drew-Barrymore (Familie), Schauspielerfamilie.

Die als «Amerikas königliche Schauspielerfamilie» bezeichnete Familie hat seit Anfang des 19. Jh.s mehrere Generationen erfolgreicher Bühnen- und Filmschauspieler hervorgebracht. Der Schauspieler **John Drew Sr.** (13. 9. 1827–21. 5. 1862) war mit der Schauspielerin **Louisa Lane D.** (10. 1. 1820–31. 8. 1897) verheiratet, die über 30 Jahre das Arch Street Th. in Philadelphia leitete. Ihre Kinder ergriffen denselben Beruf: **John D.** (13. 11. 1853–9. 7. 1927) war als Charakterdarsteller

v. a. in klassischen Rollen erfolgreich. **Georgina Emma D.** (11.7.1854 Philadelphia – 2.7. 1893 Santa Barbara) trat zuerst 1872 im Th. ihrer Mutter auf. 1875 ging sie nach New York, Auftritte u. a. mit dem berühmten Edwin Booth und Helena → Modrzejewska (Modjeska), mit der sie auch auf Tournee ging. In New York heiratete sie 1876 ihren Kollegen **Maurice Barrymore** (eig. M. Herbert Blyth, 1847 Agra – 26.3.1905). M. B. hatte in Cambridge Jura studiert, ging aber 1875 nach Anfängerjahren in der Provinz in die USA, wo er Erfolge als Darsteller v. a. in Konversationsstücken hatte. Aus dieser Ehe gingen 3 Kinder hervor, die alle Bühnen- und Filmschauspieler von Rang wurden. Der Älteste war der Schauspieler, Regisseur und Autor **Lionel (Herbert) B.** (28.4.1878 Philadelphia – 15.11. 1954 Los Angeles). Neben einer Reihe von Bühnenauftritten am Broadway arbeitete er v. a. für das Kino. 1911–53 trat er in mindestens 225 Filmen (1 Oscar) und Fernsehserien auf. – Seine Schwester **Ethel (Mae) B.** (15.8. 1879 Philadelphia – 18.6.1959 Beverly Hills) war diejenige der Geschwister, die v. a. auf dem Th. Erfolge feierte, am Broadway ebenso wie in London. Die spätere «First Lady» des amerik. Th.s verzauberte in der Jugend durch ihre Schönheit eine ganze Generation, überzeugte aber besonders durch die Modulationskraft ihrer Stimme, ihre Bühnenpräsenz und ihr psychologisch durchdachtes Spiel in tragischen wie komischen Rollen. Nach dem Besuch der Schule Notre Dame in Philadelphia debütierte sie 14-jährig in Sheridans *The Rivals* (1893) im Ensemble ihrer Großmutter. Erster beachteter Auftritt 1894 in *The Bauble Shop* (1894), einem Stück ihres Onkels John D. 1897 gastierte sie am Londoner Adelphi Th. und trat danach mit Henry → Irving in Leopold Lewis' *The Bells* auf (Tournee). Durchbruch am Broadway mit der Hauptrolle in Clyde Fitchs *Captain Jinks of the Horse Marines* (1901). Als Broadway-Star trat sie danach in vielen speziell für sie geschriebenen bzw. auf sie zugeschnittenen Rollen auf. Daneben überzeugte sie in Rollen des klassischen Repertoires, in → Shakespeares *Merchant of Venice (Der Kaufmann von Venedig), Romeo and Juliet (Romeo und Julia), Hamlet,* in Sheridans *School for Scandal (Die Lästerschule),* aber auch als Ibsens Nora. Ihr Ruhm war so groß, dass der Shubert Trust eines seiner Th. in New York nach ihr benannte. 1928 eröffnete sie das E.-B.-Th. mit Martinez Sierras *The Kingdom of God.* In den 1930er Jahren wechselte sie ins ältere Rollenfach. Letzte bedeutende Bühnenrolle in Emlyn Williams' *The Corn is Green* (1940). Seit 1914 trat sie in ca. 30 Filmen auf, lange Zeit von ihr als Nebenarbeit empfunden, die den Lebensunterhalt sicherte, so *Rasputin and the Empress* (1932) mit ihren Brüdern Lionel und John. Für *None But the Lonely Heart* (1944) erhielt sie einen Oscar. Im Film fehlte ihr nach eigenen Aussagen v. a. der unmittelbare Publikumskontakt, die Möglichkeit, Charaktere zu entwickeln. – Jüngster der drei Geschwister war **John (Sidney) B.** (15.[14.?] 2. 1882 Philadelphia – 29.5.1942 Hollywood), der von allen am berühmtesten wurde. Er studierte Malerei in Paris, debütierte nach seiner Rückkehr in die USA 1903 auf dem Th. Er spielte in vielen leichten Komödien, wurde aber v. a. durch ernste Rollen bekannt, so in Galsworthys *Justice* (1916), *Peter Ibbetson* (1917), *The Jest* (1919), Shakespeares *Richard III* (1920) und *Hamlet,* dessen Titelhelden er 1922 in New York, 1925 in London verkörperte. Diese Darstellungen brachten ihm den Ruf ein, der führende Hamlet-Darsteller seiner Generation zu sein. Neben zahlreichen Broadway-Erfolgen trat er seit 1912 auch im Film auf. Sein meteorhafter Aufstieg als Filmschauspieler begann 1920 mit der TR in *Dr. Jekyll and Mr. Hyde.* Im Gegensatz zu vielen anderen Schauspielern der Zeit bemühte er sich auch in

Stummfilmen um nuanciertes gestisches und mimisches Spiel. J. B., bekannt als «Das große Profil», war ein Meister der Verwandlung, der Maske. Im Bemühen, v. a. durch Charakterrollen und ihre Darstellung zu überzeugen, bevorzugte er Rollen, die ihm Verwandlung und das Verbergen seiner körperlichen Vorzüge erlaubten (Kobler). Zu seinen bedeutendsten Filmen gehören *The Sea Beast* (1926), 1930 unter dem Titel *Moby Dick* nachvertont, *The Beloved Rogue* (1927) und *Counsellor-at-Law* (1933, R. William Wyler). – J. B.s Kinder setzten die Familientradition fort. Seine Tochter **Diana B.** (1921–60) war eine vielversprechende Schauspielerin, bis sie ihrem Leben selbst ein Ende setzte. Sein Sohn **John Blythe B., Jr.** (*1932), bekannt unter dem Namen John Drew B., ebenfalls Filmschauspieler, ist der Vater der Filmschauspielerin **Drew B.** (* 22. 2. 1975 Culver City).

    Kobler, J.: Damned in Paradise: The Life of John Barrymore. New York 1977; Norden, M. F.: John Barrymore: A Bio-Bibliography. Westport 1995; Peters, M.: The House of Barrymore. New York 1990.

Wolfgang Beck

Drews, Berta (Helene), * 19. 11. 1901 Berlin, † 10. 4. 1987 Berlin. Schauspielerin.

Lehrerstochter, aufgewachsen in Stettin und Posen; studierte in Berlin 2 Jahre an der Hochschule für Musik, dann an der Schauspielschule Max → Reinhardts am Dt. Th.; erstes Engagement 1924–26 in Stuttgart (Debüt 1. 9. 1924 in Blumenthal / Kadelburgs Lustspiel *Im weißen Rössl*). Spielte u. a. in der DEA von Strindbergs *Gustav III.* (P. 29. 11. 1924). 1926–30 an Otto → Falckenbergs Münchner Kammerspielen, u. a. TR in Hauptmanns *Dorothea Angermann* (P. 20. 11. 1926), Hanne Schäl in dessen *Fuhrmann Henschel* (P. 13. 9. 1927, mit Th. → Giehse), Gräfin Trotzky in Wedekinds *Der Liebestrank* (P. 16. 6. 1928, R. → Gründgens), Gräfin Geschwitz in dessen *Lulu* (P. 26. 11. 1928), Florence in Bruckners *Die Kreatur* (UA 27. 2. 1930). 1930 Rückkehr nach Berlin, zunächst an der Volksbühne (Molnárs *Liliom*, P. 7. 1. 1931, mit → Albers; Döblins *Die Ehe*, UA 17. 4. 1931), seit 1933 am Staatstheater (Ibsens *Peer Gynt*, P. 7. 10. 1931, R. → Jessner). 1938–45 Schiller-Th., dessen Intendant ihr Ehemann (seit 1932) Heinrich → George war. Rollen u. a. in → Goethes *Geschichte Gottfriedens von Berlichingen mit der eisernen Hand* (P. 23. 9. 1939, R. George), Ibsens *John Gabriel Borkman* (P. 4. 3. 1940), → Lessings *Emilia Galotti* (P. 20. 5. 1944). Nach Kriegsende bis 1951 am Hebbel-Th. Berlin tätig, u. a. in Giraudoux' *Undine* (P. 16. 10. 1949) und *Intermezzo* (P. 15. 1. 1951), Millers *Der Tod des Handlungsreisenden* (P. 31. 5. 1950, mit → Kortner). Seit 1951 Staatl. Schauspielbühnen; UA Frischs *Don Juan oder Die Liebe zur Geometrie* (P. 5. 5. 1953), UA (nach Tolstoj) *Krieg und Frieden* (P. 20. 3. 1955, R. → Piscator), DEA Dylan Thomas' *Unter dem Milchwald* (P. 22. 12. 1956). Große Erfolge v. a. mit moderner Dramatik. In der Regie → Lietzaus in Genets *Der Balkon* (DEA 18. 3. 1959) und *Wände* (UA 19. 5. 1961), Walter Henns in Becketts *Glückliche Tage* (DEA 30. 9. 1961), Günter → Krämers in Canettis *Hochzeit* (P. 7. 11. 1976), → Neuenfels' in Kleists *Penthesilea* (P. 27. 6. 1981), Genets *Der Balkon* (P. 19. 3. 1983). Mit ihrem Sohn Götz → George auch auf Tournee (*Thérèse Raquin* nach Zola 1970, Tolstojs *Die Macht der Finsternis*, 1975). Seit 1933 auch im Film (*Hitlerjunge Quex*, 1933; *Heimkehr*, 1941; *Es geschah am hellichten Tag*, 1958; *Die Blechtrommel*, 1979), seit 1955 im Fernsehen tätig. – Eine Schauspielerin von kraftvoller Vitalität und Ausdruckskraft, die «imperative Macht über die Bühne» (F. Luft) besaß, der leise Töne ebenso zur Verfügung standen wie expressive, laszive Vulgarität. B. konnte Proletarierinnen und Salondamen gleichermaßen überzeugend gestalten wie Mütter und Kurtisanen. Sie erlebte den Höhepunkt ihrer Darstellungskunst in großen Altersrollen moderner Dramatik, die ihr mehr zu liegen schien als die Klassiker.

Drews, B.: Wohin des Wegs. Erinnerungen. München, Wien 1986.

Wolfgang Beck

Drexel, Ruth, * 12. 7. 1930 Vilshofen. Schauspielerin, Regisseurin, Intendantin.

Nach der Ausbildung an der Otto-Falckenberg-Schule in München erstes Engagement an den dortigen Kammerspielen, wo sie 1953–71 u. a. in Millers *Hexenjagd* (1954), Horváths *Glaube Liebe Hoffnung* (1961), Sperrs *Jagdszenen aus Niederbayern* (1969, mit → Giehse, → Brenner), Kipphardts *Sedanfeier* (1970) auftrat. Engagements am Berliner Ensemble (1955/56), der Schaubühne am Halleschen Ufer (Fleißer, *Der starke Stamm*, 1966; 1979 Bayer. Staatsschauspiel; 1982 TV), den Wuppertaler Bühnen (O'Casey, *Der Pott*, 1967, R. → Zadek). 1970/71 am Staatstheater Stuttgart (→ Kroetz, *Koralle Meier*, UA 1970, R. → Palitzsch), 1972–75 am Staatstheater Darmstadt u. a. in den UAen von Kroetz' *Männersache* (1972) und *Lieber Fritz* (1975, R. Kroetz), 1976–79 am Düsseldorfer Schauspielhaus u. a. in Kroetz' *Herzliche Grüße aus Grado* (1976) und *Mensch Meier* (UA 1978). 1976–87/88 Bayer. Staatsschauspiel München, u. a. in Wagners *Die Kindermörderin* (1976), → Brechts *Mutter Courage und ihre Kinder* (TR, 1982), Kipphardts *Bruder Eichmann* (UA 1983), García Lorcas *Bernarda Albas Haus* (1984, R. → Minks). Regiedebüt 1978 in Düsseldorf mit → Nestroys *Frühere Verhältnisse*; bei dessen *Der Talisman* führte sie 1981 als erste Frau Regie am Bayer. Staatstheater. Verstärkte Regiearbeit am Münchner Volkstheater, dessen Intendantin D. 1988–98 war und dessen künstl. Leitung sie 1999–2002 erneut übernahm. Neben ihrer Spieltätigkeit führte sie dort u. a. Regie bei Schönherrs *Glaube und Heimat* (1983), Brechts *Schweyk im Zweiten Weltkrieg* (1985), Essigs *Die Glückskuh* (1988), Wertmüllers *Liebe und Magie in Mammas Küche*, Büchners *Woyzeck* (beide 1990), Horváths *Italienische Nacht*, Helms *Stein der Weisen* (beide 1991), Schnitzlers *Liebelei* (1992), *Der Reigen* (1996), Gor'kijs *Wassa Schelesnowa* (1994), Topors *Ein Winter unterm Tisch* (1995), → Raimunds *Der Bauer als Millionär* (1998), Wedekinds *Der Marquis von Keith*, Dorsts *Friss mir nur mein Karlchen nicht* (beide 2001, Ko-R. M. Völlenklee). Mitbegründerin und Leiterin der Tiroler Volksschauspiele in Telfs, wo sie u. a. 1992 Mitterers *Das wunderbare Schicksal* (UA), 1994 die Tiroler Fassung *Da Franzos in Ötz* von Hürlimanns *De Franzos im Ybrig*, 2000 Kranewitters *Die Teufelsbraut*, 2002 Kroetz' *Nicht Fisch nicht Fleisch*, 2003 → Goethes *Urfaust*, 2005 Horovitz' *Die Makrele* inszenierte. Am Wiener Volkstheater Regie bei Nestroys *Das Mädl aus der Vorstadt* (1998/99). Im Film und Fernsehen u. a. in *Der große Fall* (1949), *Eiche und Angora* (1964), *Adele Spitzeder* (TR, 1972), *Wildwechsel* (1973), *Die Marquise von O.* (1975), *Niemandsland* (1981). Große Popularität durch die Serie *Der Bulle von Tölz* (seit 1996). Zahlreiche Auszeichnungen. Ihr Lebensgefährte war der Schauspieler Hans Brenner. – Die gern als «Volksschauspielerin» apostrophierte D. ist eine Charakterschauspielerin von darstellerischer Vielfalt und eine Regisseurin, die durch den Verzicht auf vordergründige Aktualisierung die Modernität der Stücke zu verdeutlichen vermag. Eine wichtige Vertreterin des kritisch-aktuellen Volksstücks. Sie wird häufig mit der Giehse verglichen, die von ihr sagte: «Ich versteh überhaupt nicht, warum sich nicht alle Theater um die Drexel schlagen. […] Wahrscheinlich ist sie den Theaterherren zu politisch. Sie denkt zu viel. Das macht die Arbeit unbequem» (Giehse, S. 180).

Düggelin, Werner

Ein Blick zurück: Die Spielzeiten 1999–2002. Red. F. Höll. München 2002; Giehse, Th.: «Ich hab nichts zum Sagen». München u. a. 1973; Mitterer, F.: 10 Jahre Tiroler Volksfestspiele Telfs. Innsbruck 1991; Münchner Volkstheater 1988–1998. Red. F. Höll. München 1998; Theaterfrauen. Hg. U. May. Frankfurt a. M. 1998.

Wolfgang Beck

Düggelin, Werner, * 7. 12. 1929 Zürich. Schauspieler, Regisseur, Theaterleiter.

Sohn eines Tischlers, in Zürich 1947–49 kurzes Studium der Germanistik und Romanistik, 1948/49 Beleuchter am Schauspielhaus. Beginn der künstl. Laufbahn in Frankreich. 1952 Gründung eines Schauspielensembles in der Pariser Arbeitervorstadt Asnières. 1953 Regieassistent bei Roger → Blin und Mitwirkung bei der Insz. der UA von *Warten auf Godot*, die den Durchbruch von Samuel Beckett (1906–89) als Dramatiker bedeutete. 1954 Verpflichtung ans Staatstheater Darmstadt (→ Goethes *Urfaust*, 1954), 1956 Bayer. Staatsschauspiel München und zahlreiche Gastspielinsz.en am Berliner Schiller-Th., am Wiener Burgtheater (Calderóns *Das Leben ist Traum*, 1965), an den Schauspielhäusern Zürich, Düsseldorf, Hamburg und bei den Salzburger Festspielen. 1965–68 Regisseur am Schauspielhaus Zürich (1967 UA von Dürrenmatts *Die Wiedertäufer*). 1968 Generalintendant der beiden Basler Stadttheater, die er in den 8 Jahren seiner Tätigkeit (bis 1975) zu den künstl. bedeutendsten europ. Th.n profilierte. UAen von Dürrenmatt'schen Klassiker-Bearbeitungen *(König Johann, Play Strindberg)* und Insz.en von Georg Büchners *Woyzeck* und des James-Joyce-Dramas *Verbannte* erregten ebenso Aufsehen wie sein Einsatz für junge Autoren (Dieter Forte, Heinrich Henkel). Der Spielplan wurde nach anfänglicher Zurückhaltung der Besucher mit dem Publikum diskutiert, was zu dieser Zeit eine neue Form des Direktkontakts war, der – wie die als genial bezeichneten Aufführungen – D. als «Kommunikationsgenie, Weltumarmer und Menschenfischer» auswies, wie ihn der Theaterkritiker Georg Hensel charakterisierte. Seit 1975 als freier Regisseur tätig, u. a. in Wien, Aix-en-Provence und regelmäßig am Schauspielhaus Zürich. Dort u. a. → Shakespeares *Troilus und Cressida* (1979), Hürlimanns *Großvater und Halbbruder* (UA 1981), *Das Lied der Heimat* (1998), Horváths *Zur schönen Aussicht* (1988), → Molières *Der Menschenfeind* (1997), *Die Schule der Frauen* (2000), *Der Geizige* (2005), Sartres *Geschlossene Gesellschaft* (1999), Strindbergs *Unwetter* (2001), Čechovs *Onkel Wanja* (2004). Die kurze Zeit (1988–91) als Leiter des Schweizer Kulturinstituts (Centre Culturel Suisse) im Pariser Marais-Viertel brachte keine Unterbrechung der Regietätigkeit. 1999 Mitbegründer des Kulturzentrums «Raum 33» in Basel, das Künstlern aller Sparten Raum für Experimente bieten soll. Basler Kulturpreis 1995, Ehrenpreis des Dt. Kritikerverbandes 2006.

Ashoss, B.: Das Basler Theater unter Werner Düggelin. Diss. Wien 1977; Matt, B. von: Werner Düggelin. Porträt und Gespräche. Zürich 2006.

Horst Schumacher

Dullin, Charles, * 12. 5. 1885 Yenne / Savoyen (Frankreich), † 11. 12. 1949 Paris. Schauspieler, Regisseur, Intendant.

D. wurde auf einer Art Märchenschloss geboren, verbrachte seine Kindheit in ein wenig chaotischer poetischer Umgebung, sollte Priester werden, aber entschied sich für das Th. Seine ersten Auftritte waren an Pariser Vorstadttheatern, wo er melodramatische Rollen spielte (1905), und am Th. de l'Odéon, wohin André → Antoine ihn 1907/08 verpflichtet hatte. Anschließend am Th. des Arts von Jacques Rouché, wo er als Smerdiakov in *Die Brüder Karamasov* einen großen Erfolg erzielte. Jacques → Copeau, der den Roman Dostoevskijs für die Bühnen bearbeitet hatte, erinnerte sich an D., als er das Th. du Vieux-Colombier übernahm. D. brillierte in mehreren Charakterrollen, so in → Molières *L'Avare (Der Geizige)*. Nach Kriegsausbruch 1914 folgte D. Jacques Copeau in die USA, überwarf sich dort mit ihm und gründete nach der Rückkehr nach Paris l'Atelier, das zunächst in der rue Honoré-Chevalier und dann bis 1941 im Th. Drancourt in Montmartre spielte. 1941–47 leitete er das Th. Sarah Bernhardt, das er nach Auseinandersetzung mit der Stadt Paris, die als Träger des Hauses Rentabilitätsgesichtspunkte geltend machte, abrupt verließ und ohne Abfindung arm im Alter von 60 Jahren auf der Straße stand. D. starb auf einer Tournee, als er die Hauptrolle in *L'Archipel Lenoir* von Armand Salacrou spielte.

D.s Arbeit bestimmten 3 Anliegen: Fortsetzung der von Copeau begonnenen Erneuerung des Th.s, Entdeckung neuer Bühnenwerke, Ausbildung der Schauspieler im umfassenden Sinn, sodass sie auch als Mimen, Tänzer, Akrobaten auftreten konnten. Obwohl D. ein kleiner Mann mit brüchiger Stimme und von Natur her nicht zum heroischen Darsteller bestimmt war, prägte er für Jahrzehnte das Bild von Personen wie Smerdiakov, Harpagon (1921 im Th. du Vieux-Colombier), Volpone (1928), Richard III. (1933). Er führte als Erster in Frankreich ein Pirandello-Drama auf (*Das Vergnügen anständig zu sein*, franz. *La Volupté de l'honneur*, 1922). Viele Klassikeraufführungen und UAen der Erstlingsstücke von Marcel Achard und Armand Salacrou. 1943 während der dt. Besatzungszeit UA von Sartres *Les Mouches (Die Fliegen)*. Zu D.s ständigem Repertoire gehörten *Der Geizige* und *Volpone*, die er immer dann aufnahm, wenn ihm die Gläubiger auf den Fersen waren und er Einnahmen einspielen musste. Die von D. gegründete Schauspielschule setzte ihre Arbeit nach seinem Tod fort. Vom Cartel des quatre ist D. derjenige, der im volkstümlichen wie auch im Avantgarde-Th. bis heute fortwirkt. Antonin → Artaud war enger Mitarbeiter von D., → Barrault gab er die erste Chance, Jean → Vilar war sein Schüler.

Arnoux, A.: Charles Dullin. Paris 1951; Borgal, C.: Metteurs en scène. Paris 1963; Gagneré, G.: Permanence artistique et pratique théâtrale. Diss. Paris 2001; Hort, J.: Les théâtres du cartel et leurs animateurs. Plan de la Tour 1976; Jouvet, Dullin, Baty, Pitoëf: le cartel. Paris, 1987 *(Katalog)*; Mignon, P.-L.: Charles Dullin. Lyon 1990; Surel-Tupin, M.: Charles Dullin. Louvain-la-Neuve 1985.

Horst Schumacher

Dumont, Louise (eig. Hubertine Maria Louise Heynen), * 22. 2. 1862 Köln, † 16. 5. 1932 Düsseldorf. Schauspielerin, Theaterleiterin und -pädagogin, Regisseurin.

Tochter eines Fabrikanten; arbeitete nach dem Bankrott des Vaters als Näherin und Verkäuferin, seit Anfang der 1880er Jahre in Berlin. Schauspielunterricht bei Hugo Gottschalk. Zu ihrem Künstlernamen machte sie den Mädchennamen ihrer Mutter. Debüt am 20. 5. 1883 im Ostend-Th. in Rosenthals *Madelaine Morell*. 1883/84 Hanau, 1884/85 Dt. Th. Berlin, 1885/86 Reichenberg (Liberec), Karlsbad (Karlovy Vary), Graz, 1887/88 Burgtheater Wien. 1888–98 Hoftheater Stuttgart, seit 1895 nur halbjährig; TRn u. a. in Schillers *Maria Stuart*, Moretos *Donna Diana* (beide 1888), → Lessings *Minna von Barnhelm* (1889), Ibsens *Nora* (1891), Hebbels *Judith* (1897). 1893 erste Gastspielreise nach Russland. 1895–97 zusätzlich am Lessing-Th. Berlin, Erfolge in Stücken Sudermanns. 1898–1903 Dt. Th. unter → Brahm; u. a. in Sudermanns *Johannes* (1898), Ibsens *Hedda Gabler* (TR, 1898), *Gespenster* (1900), Kleists *Prinz Friedrich von Homburg* (1899), Schnitzlers *Der Schleier der Beatrice* (1903). D. gründete zur Verbesserung der sozialen Lage der Schauspielerinnen einen Kostümfundus, die «Zentralstelle für die weiblichen Bühnenangehörigen Deutschlands»

(1899). 1901 Mitbegründerin und Hauptgeldgeberin von → Reinhardts Schall und Rauch (später Kleines Th.); dort Herodias in Wildes *Salome* (1902); 1903 Trennung. 1903/04 Gastspiele mit → Lindemanns internat. Tournee in Deutschland, Osteuropa und Russland. Nach vergeblichen Versuchen, mit ihm, den sie 1907 heiratete, in Weimar bzw. Wien ein Th. zu betreiben, 1904 Gründung der Schauspielhaus Düsseldorf GmbH mit angeschlossener Schauspielschule, zu deren Schülern u. a. → Gründgens gehörte. Eröffnung des Th.s, das sie mit Lindemann bis zu ihrem Tod leitete (1919/20 und 1922–24 geschlossen), am 28. 10. 1905 mit Hebbels *Judith* (R. Lindemann, TR D.). Neben einigen Insz.en Rollen u. a. in Stücken Ibsens, Shaws, Schillers, Bahrs, Werfels, Kaisers und Unruhs. Letzter Auftritt am 5. 5. 1932 als Erichtho und Sorge in → Goethes *Faust II*.

Die auch als Rezitatorin bedeutende D. strebte als Schauspielerin und Theaterleiterin über den Naturalismus wie auch über Reinhardts «kulinarisches» Th. hinaus. Ihr Konzept eines literarischen «Kulturtheaters» stellte das Werk des Dichters in den Mittelpunkt: «Der Schauspieler ist für das Theater da, das Theater aber für das Volk, das ein Recht hat, seine eigene Seele durch das Wort seiner Dichter kennenzulernen – ein Recht hat, seine eigene Sprache durch deren Künder, durch den Schauspieler zu vernehmen» (D., *Vermächtnis*, S. 36). Th. war für sie auch Bildungsarbeit mit volkspädagogischen Zielen, wozu die hauseigene Zeitschrift *Masken* ebenso beitragen sollte wie die sonntäglichen literarischen Morgenfeiern. Das Repertoire umfasste neben Klassikern und klassischer Moderne (Ibsen) auch aktuelle Stücke (Kaiser) und Werke regionaler Autoren. Müller-Schlössers Lokalposse *Schneider Wibbel* (UA 1913) war der größte Publikumserfolg. Das Ensemble sollte auch eine «geistige Gemeinschaft» (D.) bilden, Werktreue und szenische Stilisierung waren Grundlage der Insz.en. «Entsprechend der Idee eines ‹dichterischen Theaters› wurde […] ein Inszenierungsstil entwickelt, bei dem alle bildnerischen und schauspielerischen Effekte von der Bühne verbannt wurden, sofern sie nicht unmittelbar der ‹Freilegung des geistigen Kerns› (Gustav Lindemann) des dramatischen Werks dienten» (Brauneck, S. 329). Als Schauspielerin von ungewöhnlicher Sprachkultur; mit zum Statuarischen neigender, fast kultischer Darstellungsweise verkörperte sie v. a. in Ibsen-Stücken Frauengestalten mit emanzipatorischem Drang nach Freiheit und Selbstbestimmung. Ihr «Kraftstein» (D.), ein Goldtopas, wird seit ihrem Tod als Auszeichnung auf Lebenszeit an bedeutende Schauspielerinnen (analog dem Iffland-Ring) verliehen. Gegenwärtige Trägerin ist seit 1997 Maria → Becker.

Brauneck, M.: Die Welt als Bühne. 4. Bd. Stuttgart, Weimar 2003; Brües, O.: Louise Dumont. Emsdetten 1956; Dumont, L.: Lebensfeiertag. Briefe an Gustav Lindemann. Velber 1948; dies.: Vermächtnis. Reden und Schriften. Hg. K. Loup. (2. Aufl.) Köln, Berlin 1957; Das festliche Haus. Hg. K. Loup. Köln, Berlin 1955; Liese, W.: Louise Dumont. Hamburg, Düsseldorf 1971; Riemenschneider, H.: Theatergeschichte der Stadt Düsseldorf. 2. Bd. Düsseldorf 1987; Das Schauspielhaus Düsseldorf 1904–33. Korrespondenzen und Personalakten. Bearb. S. Arnold, M. Matzigkeit. Düsseldorf 1997; Schwab-Felisch, H.: Das Düsseldorfer Schauspielhaus. Düsseldorf, Wien 1970.

Wolfgang Beck

Duncan, Isadora, * 26. 5. 1877 San Francisco, † 14. 9. 1927 Nizza. Tänzerin, Pädagogin.

Als Tänzerin Autodidaktin; das Ballett lehnte sie als unnatürlich ab. Ende der 1890er Jahre Auftritte in Theaterproduktionen in Chicago und New York. 1900 erste erfolgreiche Solotanz-Vorstellung in einer Londoner Galerie. Umzug nach Paris, wo ihr der tänzerische Durchbruch gelang. Künstler wie

A. Rodin oder M. Ravel zählten fortan zu ihren Bewunderern. Ab 1902 erfolgreiche Gastspielreisen in Deutschland und ganz Europa; in Berlin-Grunewald gründete sie 1904 zusammen mit ihrer Schwester Elisabeth eine Tanzschule ausschließlich für junge Mädchen. In Aufsätzen und Vorträgen verkündete D. den «Tanz der Zukunft», der für sie die Emanzipation der Frau, deren Befreiung aus gesellschaftlichen Konventionen und ein neues weibliches Körpergefühl bedeutete. Für Gesprächsstoff sorgten ihre zahlreichen Liebesaffären, u. a. mit dem Theaterreformer E. G. → Craig und dem Nähmaschinen-Millionär Paris Singer. Mit dem sowjet. Dichter S. Esenin war sie von 1922 bis zu seinem Selbstmord 1925 verheiratet. Wie ihre beiden Kinder, die im Auto in der Seine ertranken, starb auch D. auf tragische Weise: Ihr Schal verfing sich in den Rädern ihres Automobils und erdrosselte sie. – D. revolutionierte die traditionelle Tanzkunst, lehnte das Korsett ab, trat barfuß, ohne Trikot auf, nur in eine lose Tunika gehüllt. Mit ihren Tänzen wollte sie das ästhetische Ideal der griech. Antike wiederbeleben, die Harmonie von Körper, Seele, Geist heraufbeschwören. Ursprung des Tanzes war für sie die Empfindung, ausgelöst durch eine Musik, ein Gemälde oder das Erleben eines Naturvorgangs. Beispielsweise tanzte sie Botticellis *Primavera* oder Beethovens *7. Sinfonie*. Ihre Tänze folgten nicht mehr der Dramaturgie einer Geschichte, sondern einer von ihr empfundenen Bewegungslogik.

Allard, O.: Isadora, la danseuse aux pieds nus ou La révolution isadorienne. Paris 1997; Apicella, A.: Fonti ispiratrici della poetica e della prassi di Isadora Duncan. Rom 2002; Daly, A.: Done into dance. Isadora Duncan in America. Middletown 2002; Isadora & Elizabeth Duncan in Deutschland. Hg. F-M. Peter. Köln 2000; Life into art: Isadora Duncan and her world. Hg. D. Duncan. New York u. a. 1993; Loewenthal, L.: The search for Isadora: the legend & legacy of Isadora Duncan. Pennington 1993; Nahumck, N. Ch. u. N.: Isadora Duncan, the dances. Washington 1994; Roseman, J. L.: Dance was her religion: the sacred choreography of Isadora Duncan, Ruth St. Denis and Martha Graham. Prescott 2004; Schmidt, J.: Isadora Duncan: «Ich sehe Amerika tanzen». München 2000; Stern, C.: Isadora Duncan und Sergej Jessenin. Reinbek 2002 *(Neuausgabe)*; Wood, E.: Isadora Duncan. London 2003.

Patricia Stöckemann

Durieux, Tilla (eig. Ottilie Godeffroy), * 18. 8. 1880 Wien, † 21. 2. 1971 Berlin. Schauspielerin.

Die Tochter eines Chemieprofessors und einer Pianistin besuchte 1899–1901 die Theaterschule Arnau in Wien und wählte als Künstlernamen den Namen ihrer Großmutter. 1901 Debüt am Städt. Th. Olmütz (Olomouc) in Zellers Operette *Der Vogelhändler*. D. kam über Stuttgart und Breslau (Wrocław) an die Berliner → Reinhardt-Bühnen. Lady Milford in Schillers *Kabale und Liebe*, TR in Wildes *Salome* (beide 1903), Titania in → Shakespeares *Ein Sommernachtstraum* (1905), Rhodope in Hebbels *Gyges und sein Ring* (1907), TR in dessen *Judith* (1910), Jokaste in Sophokles' *König Ödipus* (1910), Kassandra in Aischylos' *Orestie* (1911). Danach Gastspiele, u. a. in Wien, Prag, Zürich, St. Petersburg, München (TR in Wedekinds *Lulu*, 1913, Künstlertheater). 1913 Eliza in der DEA von Shaws *Pygmalion* (Lessing-Th., Berlin): «Tilla Durieux ließ in ihrer Glanzrolle alle Minen springen. Sie durchfeuerte den Dialog, sie steigerte und gipfelte die Szenen – eine große, hinreißende Temperaments- und Komödiantenleistung» (Jhering, 3. Bd., S. 272). Nach Beginn des 1. Weltkriegs freiwillige Krankenschwester. 1915–17 Schauspielhaus Berlin. Seit 1919 u. a. am Nationaltheater München, Lessing-Th. und Preuß. Staatstheater Berlin. Dort u. a. in Wedekinds *Der Marquis von Keith* (1920, TR → Kortner), Schillers *Die Verschwörung des Fiesco zu Genua* (1921, beide R. → Jeßner). Gastspiele in New York (1923/24), Den Haag, Düsseldorf, Wien (1924–26 Raimund-Th.). 1925 im Th. in der Königgrätzer Straße (Berlin) in der Gesamtaufführung von Shaws *Zurück zu Methusalem*, an der Volksbühne in Schönbergs *Pierrot Lunaire*. D. unterstützte → Piscator finanziell und als Schauspielerin (Tolstoj/Štšegolevs *Rasputin, die Romanows, der Krieg und das Volk, das gegen sie aufstand*, 1927; Lanias *Konjunktur*, 1928). Letzte Rolle vor der Emigration in Alsbergs *Konflikt* (1933, Th. in der Stresemannstraße); damit auch Gastspiele in Prag und der Schweiz. D., die nach dem Maler Eugen Spiro (1904), dem Verleger und Kunsthändler Paul Cassirer (1910–26) seit 1930 mit Ludwig Katzenellenbogen, dem Generaldirektor der Schultheiß-Brauerei, verheiratet war, emigrierte mit ihm über die Schweiz 1934 nach Jugoslawien (Zagreb). Seit 1933 Gastspiele in mehreren europ. Ländern. 1936/37 Lehrtätigkeit am Salzburger Mozarteum, 1936–38 Leitung eines Hotels in Abbazia (Opatja). 1938 wieder in Zagreb. Vergeblicher Versuch, in die USA zu emigrieren (ihr Mann starb 1943 in Gestapo-Haft). Seit 1941 in der jugoslaw. Widerstandsbewegung aktiv. 1945–51/52 Kostümnäherin und Regieassistentin am staatl. Puppentheater Vjesnik. Seit 1952 Gastspiele an dt.sprachigen Theatern, u. a. in Berlin in Frys *Der Erstgeborene* (1952, Schlossparktheater), Büchners *Woyzeck* (1953), Frischs *Die Chinesische Mauer* (1955), Hauptmanns *Atriden*-Trilogie (1962, alle Freie Volksbühne); in Schmidt-Barriens *Babuschka* (1955, Bremen), García Lorcas *Bernarda Albas Haus* (1956, Th. in der Josefstadt, Wien), Ionescos *Die Stühle* (1958, Münchner Kammerspiele; 1959 Essen), Giraudoux' *Die Irre von Chaillot* (TR, 1964, Münster). Große Erfolge auf mehreren Tourneen seit 1959 in Dengers Einpersonenstück *Langusten* (1960 TV). 1969/70 letztes Engagement am Staatstheater Wiesbaden. Wenige Filme, u. a. *Der Flug in die Sonne* (1914), *Die Verschleierte* (1920), *Prinz Karneval* (1923), *Die Frau im Mond* (1929), *Die letzte Brücke* (1954), *El Hakim* (1957), *Unterm Birnbaum* (1963), *Weiße Wyandotten* (1965), *Es* (1966). D. schrieb Erinnerungen, einen Roman (*Eine Tür fällt ins Schloß*, Berlin 1929); ihr Drama *Zagreb* wurde 1945/46 am Stadttheater Luzern uraufgeführt. Vielfach ausgezeichnet. – Eine technisch perfekte Charakterdarstellerin, die Maßstäbe setzte für die Interpretation klassischer wie moderner Rollen. Ihre einprägsame Stimme, ihre ungewöhnliche Erscheinung machten sie bereits früh zu einer Protagonistin der Reinhardt-Bühnen. Ihre politisch engagierte Haltung zeigte sich in der Unterstützung Piscators ebenso wie in ihrer Teilnahme am Widerstand. Große Altersrollen, in denen sie häufig in sich widersprüchliche Frauengestalten verkörperte.

Durieux, T.: Eine Tür steht offen. Erinnerungen. Berlin 1954; dies.: Meine ersten neunzig Jahre. Die Jahre 1952–1971. Nacherzählt von J. W. Preuß. München, Berlin 1971; Jhering, H.: Von Reinhardt bis Brecht. 3. Bd. Berlin 1960; Möhrmann, R.: Tilla Durieux und Paul Cassirer. Berlin 1997; Preuß, J. W.: Tilla Durieux. Berlin 1965; Rai, E.: Tilla Durieux: eine Biographie. Berlin 2005; Tilla Durieux – der Beruf der Schauspielerin. Red. M. Gleiss. Berlin 2004.

Wolfgang Beck

Düringer, Annemarie, * 26. 11. 1925 Basel. Schauspielerin.

Tochter eines Firmendirektors. 1946 Ausbildung in Paris (Cours René Simon), 1947–49 in Wien (Reinhardt-Seminar); Abschlussaufführung: Barrys *Arme kleine Tiere*. Seit 1949 am Burgtheater Wien (2001 Doyenne); zuerst als Übernahme Hermia in → Shakespeares *Ein Sommernachtstraum*. Danach u. a. in Ibsens *John Gabriel Borkman* (1950), Hauptmanns *Vor Sonnenuntergang* (1952, beide mit Werner → Krauß; 1956 Film, mit → Albers), Zuckmayers *Der Gesang im Feuerofen* (1951, mit → Meinrad, → Werner), Millers *Hexenjagd* (1954). Filmdebüt in *Feldherrnhügel* (1953), danach u. a. in *Gefangene der Liebe* (1954), *Die Stadt ist voller Geheimnisse* (1954, R. → Kortner), *Der 20. Juli* (1955, R. → Harnack), *Nachts, wenn der Teufel kam* (1957, R. Siodmak). Ein langjähriger Vertrag mit der 20th Century Fox führte nur zum (brit.) Film *Count Five and Die* (1958), ermöglichte D. aber u. a. die Teilnahme an → Strasbergs Actor's Studio. Gastspiele in Berlin, 1955 in O'Neills *Trauer muß Elektra tragen* (1963 auch Burgtheater), 1958 in dessen *Fast ein Poet* (beide R. → Schuh, Th. am Kurfürstendamm). Wichtig die Zusammenarbeit mit Kortner in Schillers *Die Räuber* (1959) und → Molières *Don Juan* (1960, beide Schiller-Th. Berlin): «Ich habe bei Kortner endlich gelernt, wie man einen Text erarbeitet. Nicht Auswendiglernen, sondern Begreifen» (D., zit. nach Arnbom, S. 122). Seit 1960 wieder am Burgtheater; Rollen u. a. in Osbornes *Richter in eigener Sache* (1965), Shakespeares *Der Kaufmann von Venedig* (1967), *Richard III.* (1987, R. → Peymann), Albees *Winzige Alice* (TR, 1971), → Pinters *Alte Zeiten* (1972, R. → Hall), Schillers *Maria Stuart* (1974), Hacks' *Ein Gespräch im Hause Stein über den abwesenden Herrn von Goethe* (1977), Čechovs *Die Möwe* (1977, R. → Axer), *Ivanov* (1990), *Der Kirschgarten* (1996, beide R. → Zadek), García Lorcas *Bernarda Albas Haus* (TR, 1986, R. → Lietzau), Dürrenmatts *Der Besuch der alten Dame* (TR, 1992, R. → Hollmann), Bernhards *Heldenplatz* (UA 1993, R. → Peymann) und *Elisabeth II* (2002, R. Th. → Langhoff), Ibsens *Rosmersholm* (2000, R. Zadek), Fosses *Traum im Herbst* (2001, R. → Oida). Gastspiele; u. a. bei den Salzburger Festspielen in Hofmannsthals *Jedermann* (1960), in München in Hauptmanns *Die Ratten* (1972, Kammerspiele, R. → Everding), Ibsens *Baumeister Solness* (1983, Residenztheater, R. Zadek), den Festspielen Reichenau in Hofmannsthals *Der Unbestechliche* (2002). Filme u. a. *Anne Bäbi Jowäger* (2 Tle., 1960–62), *Schatten der Engel* (1976, R. Schmid), *Die Spitzenklöpplerin* (1977, R. Goretta), *Berlin Alexanderplatz* (1980, TV), *Die Sehnsucht der Veronika Voss* (1982, beide R. → Fassbinder), *Gebürtig* (2002), *Klimt* (2006). 1991 Regie bei Saunders' *Bessere Zeiten* (Th. in der Josefstadt). Lehrtätigkeit am Reinhardt-Seminar. Kammerschauspielerin. Zahlreiche Auszeichnungen, u. a. 1974 Hans-Reinhard-Ring, 2000 Alma-Seidler-Ring. – Eine außergewöhnlich vielseitige Charakterdarstellerin von intensiver Ausstrahlungskraft und psychologisch ausgefeilter Tiefe des Spiels. Große Altersrollen. Mit intellektueller Neugier und Offenheit gegenüber neuen Entwicklungen der Darstellungstechnik und der Regie, hat sie erfolgreich mit Regisseuren wie Kortner, Hollmann, Zadek und Peymann zusammengearbeitet.

Arnbom, M.-Th.: Blitzlichter. Erinnerungen von Annemarie Düringer. Wien 2003; Sucher, C. B.: Theaterzauberer. Schauspieler. München, Zürich 1988; Weltkomödie Österreich. 13 Jahre Burgtheater 1986–1999. 2 Bde. Hg. H. Beil u. a. Wien 1999.

Wolfgang Beck

Duse, Eleonora (Amalia Giulia), * 3. 10. 1858 Vigevano (Österreich-Ungarn, heute Italien), † 21. 4. 1924 Pittsburgh (USA). Schauspielerin.

Die Eltern waren wenig erfolgreiche Schauspieler, die schon die 4-Jährige in Th.-Rollen einsetzten. Ein erstes Echo in der Rolle der Julia (in → Shakespeares *Romeo und Julia*) blieb folgenlos, weil die schwer lungenkranke Mutter unmittelbar danach starb. Sie wurde von Th.-Truppe zu Th.-Truppe gestoßen und wegen ihrer Hässlichkeit und Verschlossenheit von ihren Kollegen gemieden. Kurzes Verhältnis mit dem Schriftsteller Martino Carfino. Durchbruch 1878 in Neapel mit der TR in Émile Zolas *Thérèse Raquin*. Kometenhafter Aufstieg zur großen Tragödin, die nur noch «die Duse» genannt wurde. Sie lehnte es ab, sich zu schminken. Ihr schwermütiger Gesichtsausdruck, ihre einfachen, expressiven Gesten, ihre natürliche und nüchtern-verhaltene Interpretation kraftvoll erlittener großer seelischer Erschütterungen der von ihr dargestellten Figuren führten zu frenetischen Beifallskundgebungen. George Bernard Shaw bewunderte ihr unprätentiöses Spiel, die Tatsache, dass sie ganz unkomödiantisch war und jeder Rolle ein eigenes seelisch-geistiges Gepräge zu geben vermochte. Sie war der absolute Gegensatz von Sarah → Bernhardt, die sie 1882 auf der Bühne erlebt hatte und die sie motivierte, die zeitgenössische Dramatik zu bevorzugen. Für den dt.sprachigen Raum ist D. in Hermann Sudermanns *Heimat* entdeckt worden (Gastspielreise im Baltikum), in dem sie die Rolle der sich emanzipierenden Magda an der Seite Paul → Wegeners spielte. In *Heimat* trat sie übrigens 1886 in London gemeinsam mit Sarah Bernhardt auf, wobei Kritik und Publikum sich scharf in D.- und Bernhardt-Anhänger teilten. Trotz ihrer (von der Mutter ererbten) Tuberkulose rastlose Reisetätigkeit, 4-mal in den USA, praktisch in allen europ. Ländern. 1894 spielte sie auf Schloss Windsor vor Königin Victoria die Wirtin in *Mirandolina* von Carlo Goldoni. Ihr Einsatz für Alexandre Dumas d. J. fand seinen Höhepunkt in der Pariser Aufführung der *Kameliendame*, wo sie in der Titelfigur, einer Starrolle erster Ordnung, Triumphe feierte, die ihr Sarah Bernhardt, die auch in dieser Rolle brillierte, missgönnte, was zur lebenslangen Feindschaft der beiden Rivalinnen führte. 1897 begegnete sie Gabriele d'Annunzio, der zahlreiche Stücke für sie schrieb und ihre turbulente Beziehung im Roman *Il fuoco* (*Feuer*, 1900) schilderte. Die Verkörperung der Frauengestalten von Henrik Ibsen – nach Sardou, Dumas, Maeterlinck, d'Annunzio – verschaffte ihr eine perfekte Selbstverwirklichung, weil sie (immer) über die rein realistisch-naturalistische Darstellung hinausging, z. B. in *Ein Puppenheim* mehr von Noras Persönlichkeit über die Rampe brachte, als die Bühnengestalt und der Dramatiker von ihr wussten, wie die zeitgenössische Kritik urteilte. Sie spielte sozusagen, was zwischen den Zeilen stand. Rebekka West in *Rosmersholm*, Ella Rentheim in *John Gabriel Borkman*, Ellida in *Die Frau vom Meer*, die TR in *Hedda Gabler* betrachtete Ibsen selbst als schwer übertreffbare Inkarnationen. Aus gesundheitlichen Gründen zog sich D. 1909 von der Bühne zurück, musste aber 1921, nachdem der 1. Weltkrieg ihr Vermögen vernichtet hatte, wieder auftreten. Sie feierte erneut Triumphe, u. a. in London und Wien sowie in den Vereinigten Staaten, wo sie an den Folgen einer Pneumonie erschöpft zusammenbrach.

Balk, C.: Theatergöttinen. Basel, Frankfurt a. M. 1994; Cacciaglia, M.: Eleonora Duse. Mailand 1998; Divina Eleonora: Eleonora Duse nella vita e nell'arte. Venedig 2001 *(Katalog)*; La figlia di Iorio: «era mia, era mia e me l'hanno presa!»; lettere inedite di Eleonora Duse a Gabriele D'Annunzio. Hg. F. Minnucci. Altino 2004; Frauen im Rampenlicht. Hg. M. Steegmann. Frankfurt a. M. u. a. 2004; Le Gallienne, E.: The Mystic in the Theatre. New York 1966; Maurer, D.: Eleonora Duse. Reinbek 1995; Nielsen, F. W.: Eleonora Duse. (3. Aufl.) Freiburg 1984; Pontiero, G.: Eleonora Duse in life and art. Frankfurt a. M. u. a. 1986; Reinhardt, E. A.: Das Leben der Eleonore Duse. Berlin 1928 u. ö.; Schino, M.: Racconti del grande attore: tra la Rachel e la Duse. Città di Castello 2004; Sheehy, H.: Eleonora Duse. New York 2003; Simoncini, F.: Rosmersholm di Ibsen per Eleonora Duse. Pisa 2005; Stokes, J. u. a.: Sarah Bernhardt, Ellen Terry, Eleonora Duse. Weinheim, Berlin 1991; Weaver, W.: Duse. San Diego 1984.

Horst Schumacher

Dux, Pierre (eig. P. Alex Martin Vargas), * 21. 10. 1908 Paris, † 1. 12. 1990 Paris. Schauspieler, Intendant.

Sohn eines Schauspielerehepaares. Der Vater gehörte zum Ensemble des Pariser Odéon-Th.s, die Mutter, Émilienne D., war «sociétaire» der Comédie Française und gastierte vor der russ. Revolution häufig in Sankt Petersburg. Nach Studien am Conservatoire trat D. 1929 zum ersten Mal an der Comédie Française auf, 1935 feste Anstellung als «sociétaire». 1945 wurde er für wenige Monate Intendant und später – von 1970 bis 1979 – «administrateur-général» der in der franz. Klassikerpflege erstarrten Institution, die er für das avantgardistische Th. und ausländische Dramatik öffnete. Mehrere Stücke von Beckett, Ionesco, Billetdoux kamen auf den Spielplan. Gastregisseure wie Jorge → Lavelli, Antoine → Vitez und Marcel Maréchal wurden verpflichtet. Er gab jungen Schauspielern eine Chance, z. B. Isabelle Adjani: sie spielte in → Molières *École des femmes* die Rolle der Agnès, während D. Adolphe verkörperte. D. hatte sich Ende der 1940er Jahre zunächst dem Boulevard-Th. zugewandt, dessen Bedeutung für eine lebendige Theaterkultur er sein ganzes Leben verteidigte: 1948–53 Direktor des Th. de Paris, wo er mit *Patate* von Marcel Achard und *Hélène ou la joie de vivre* von André Roussin triumphierte.

Trotz seines Erfolgs in 38 Filmrollen (z. B. als Gendarmerieoberst an der Seite von Yves Montand in *Z* von Costa-Gavras) gehörte D.s Liebe dem Schauspiel. Nach Verlassen des staatl. Bühnenwesens 1979 an vielen Th.n tätig; mehrere freie Insz.en, u. a. am Th. du Rond-Point: *Compagnie (Gesellschaft), Fin de partie (Endspiel), En attendant Godot (Warten auf Godot)* seines Freundes Samuel Beckett, *L'amante anglaise (Die englische Geliebte)* von Marguerite Duras, *Les chaises (Die Stühle)* von Eugène Ionesco. Kurz vor seinem Tod spielte D. als Partner von Jane Birkin die Rolle eines einsamen alten Professors im Ruhestand im Stück von Israël Horovitz *Quelque part dans cette vie* (Th. des Bouffes-Parisiens) und erhielt für seine Darstellung den Molière-Preis als bester Schauspielers des Jahres. Die Zuschauer hatten den Eindruck gehabt, D. spiele seine eigene Resignation und den Abschied vom (aktiven) Leben.

Devaux, P.: La comédie française. Paris 1993; Dux, P.: Vive le théâtre. Paris 1984.

Horst Schumacher

E

Ebert, Carl (Anton) (Pseudonym: Anton Charles), * 20. 2. 1887 Berlin, † 14. 5. 1980 Pacific Palisades (USA), Regisseur, Schauspieler, Theaterleiter, Pädagoge.

Bankangestellter; 1907–09 Schauspielschule des Dt. Th.s Berlin, dort 1909–14 engagiert. Stummfilmrollen seit 1913, u. a. *Der Golem* (1915), *Der Golem, wie er in die Welt kam* (1920), *Erdgeist* (R. → Jeßner), *Der Kaufmann von Venedig* (beide 1923). 1915–22 Schauspielhaus Frankfurt a. M.; u. a. in Unruhs *Ein Geschlecht* (UA 16. 6. 1918), Sternheims *1913* (UA 23. 1. 1919), Hasenclevers *Antigone* (1919) und *Jenseits* (1921), Kornfelds *Himmel und Hölle* (1922). 1919 Gründung der Frankfurter Schauspielschule. 1922–27 Staatstheater Berlin; Rollen in Insz.en des Intendanten Jeßner (→ Shakespeare, *Macbeth*, 1922; Schiller, *Wallenstein*, 1924; Grabbe, *Hannibal*, 1925; Kleist, *Amphitryon*, 1926), → Fehlings (Shakespeare, *Viel Lärm um Nichts*; Hebbel, *Die Nibelungen*, beide 1924; Barlach, *Die Sündflut*, 1925), → Bergers (Shakespeare, *Der Widerspenstigen Zähmung*, 1925, Schiller-Th.), → Pis-

Edwards, Jango

cators (Schiller, *Die Räuber*, 1926). 1925 stellvertretender Leiter der neuen Staatl. Schauspielschule. 1927–31 Generalintendant des Landestheaters Darmstadt. Übergang zur Regie; Insz.en u. a. von →Brechts *Im Dickicht der Städte* (UA der 2. Fassung, 10. 12. 1927), Bruckners *Elisabeth von England* (Ring-UA 1. 11. 1930), Kaisers *Mississippi* (Ring-UA 1930), Penzoldts *Die Portugalesische Schlacht* (UA 31. 1. 1931). Seit den 1930er Jahren fast ausschließlich Insz.en von Werken des Musiktheaters. 1931–33 Intendant der Städt. Oper Berlin, inszenierte u. a. Weills *Die Bürgschaft* (UA 10. 3. 1932). Ging März 1933 ins Schweizer Exil. 1933–35 Gast als Schauspieler und Regisseur am Zürcher Schauspielhaus und am Stadttheater Basel; auch Opernregie. Gastregisseur des Maggio Musicale (Florenz) und in Verona. 1933–36 Direktor und Regisseur der Dt. Operntemporada in Buenos Aires. Seit Gründung der Opernfestspiele im engl. Glyndebourne durch John Christie fungierte E. neben dem musikalischen Leiter Fritz Busch (1890–1951) als künstl. Direktor (1934–39, 1946–59). Seit 1936 Leiter der Abteilung Darstellende Kunst des neu gegründeten Staatl. Konservatoriums der Türkei in Ankara. 1939–47 in der Türkei; 1940 Eröffnung der Experimentierbühne des Konservatoriums; Sprech- und Musiktheater-Insz.en des klassischen und modernen Repertoires mit Schülern waren Vorläufer des 1949 gegründeten Nationaltheaters in Ankara. Zusammenarbeit mit dem Komponisten Hindemith und dem Bühnenbildner Clemens →Holzmeister (Goethe, *Faust I*). Nach 1945 Gastregisseur in Europa und den USA. Inszenierte u. a. 1951 in Venedig die UA von Stravinskijs *The Rake's Progress*. E. ging 1948 in die USA, lehrte bis 1954 an der University of California Los Angeles (UCLA), leitete seit 1950 die Guild Opera Company (Křeneks *Dark Waters*, UA 5. 2. 1952). 1954–61 Intendant der Städt. Oper Westberlin (heute Dt. Oper). Danach Gastregisseur. – E. ist bedeutend als Schauspieler, Regisseur des Sprech- und Musiktheaters, Intendant, Initiator und Leiter von Festivals und Theaterpädagoge. Er förderte aktuelle Dramatik, beeinflusste die Entwicklung und Insz. des modernen Musiktheaters. Mehrfach ausgezeichnet; in Glyndebourne wird ein nach E. benannter Dirigentenpreis verliehen. – Sein Sohn Peter (*6. 4. 1918 Frankfurt a. M.) war (Opern-)Regisseur und Theaterleiter.

Ebert, P.: In this theatre of man's life. Lewes 1999.
Wolfgang Beck

Edwards, Jango (eig. Stanley Ted E.), *15. 4. 1950 Detroit (USA). Clown, Theaterpädagoge.

Sohn eines Immobilienmaklers, der bereits als 17-Jähriger mit seinem Bruder eine entsprechende Firma gründete. Begann auf Europareisen sich mit dem Komischen und der Kunst des Clownesken als Ausdruck einer Lebenshaltung zu beschäftigen. Machte Straßentheater in London, gründete mit Nola Rae «The London Mime Company», die 1971 u. a. mit «The London Black Th. Company» zu «The Friends Road show» (London, Amsterdam, Detroit) mit Mitgliedern auf der ganzen Welt verschmolz. 1976 Gründung der «Fools-School». E. war wesentlicher Inspirator des «Festivals of Fools» in Amsterdam, in dem «Fools» (Narren, Clowns, Straßenkünstler) aus aller Welt alternative Th. und die Stadt bespielten. 1975–78 jährlich (seit 1976 auch in weiteren niederländ. Städten), 1980–84 2-jährlich. E. setzte damit Maßstäbe für die Entwicklung einer neuen anarchisch-kritischen «Clown-Kultur», die weltweit Einfluss auf die alternative Theaterszene gewann. Internat. bekannt durch Solo-Auftritte 1979 beim Th. der Welt (Hamburg) und anderen Festivals. In seinen meist revueartigen Ein-Mann-Shows (u. a. *Holey Moley, Night*

Mirrors, Mum) und Ensembleproduktionen *(Klones)* verbinden sich Travestie und Persiflage zu einem gesellschaftskritischen «totalen» Th. Sprache, Tanz, Musik, Artistik spielen wie die Traditionen historischen Gauklertums eine Rolle in seinen poetischen, Nonsens und Vulgarität nicht scheuenden Darbietungen. Seine Auftrittsorte sind ebenso vielfältig wie seine Shows – von Th.n über Straßen bis zu Kirchen. Er schreibt, inszeniert, spielt, auch in Filmen (u. a. *Rendez-vous au tas de sable,* 1990; *All Men Are Mortal,* 1995), unterrichtet weltweit in Workshops seine «Clown-Theorie»: «Narr zu sein heißt, zu versuchen, die Spannung der sozialen Situation, die uns täglich umgibt, abzubauen [...]. Der Narr hilft, diese soziale Situation zu durchschauen; er fordert dazu heraus, an ihr zu ändern, was geändert werden muß» (zit. nach Brauneck, S. 451). E. arbeitet seit Jahren mit Peter Ercolano (* 1958) zusammen, u. a. in der Show *WFun Radio 121* (2001), mit der sie Ende 2002 auf Welttournee gingen.

Brauneck, M.: Theater im 20. Jahrhundert. Reinbek (2. Aufl.) 1984; Edwards, J.: Ich lebe dich. Basel 1983; Jango Edwards. Hg. B. Held. Flensburg 1980; Venth, Ch.: Clowns & Co. Die alten und die neuen Fools. Frankfurt a. M. 1982.

Wolfgang Beck

Efremov, Oleg Nikolaevič, * 1. 10. 1927 Moskau, † 24. 5. 2000 Moskau. Schauspieler, Regisseur, Theaterleiter.

1949 Absolvent der Theaterschule des Moskauer Künstlertheaters (MChAT), an der er später selbst lange Jahre lehrte. Schauspieler am Zentralen Kindertheater in Moskau, geleitet von der → Stanislavskij-Schülerin Marija Osipovna Knebel' (1898–1985). Regiedebüt 1955. E. gründete u. a. mit Absolventen der Schule des MChAT das Studio junger Schauspieler (Studija molodych aktërov; Regie bei Rozovs *V poiskach radosti,* dt. *Auf der Suche nach Freude,* 1957), aus dem 1958 das von E. geleitete Sovremennik Th. wurde, das sich v. a. auf zeitgenössische russ. und ausländische Stücke spezialisierte. Hier inszenierte E. (z.T. auch Rollen) u. a. Volodins *Starsaja sestra (Die ältere Schwester,* 1962), *Naznachenie* (1963), Švarč' *Golyj korol'* (*Der nackte König,* 1962), Rozovs *V deǎn svad'by (Am Tage der Hochzeit,* 1964), *S veečera do poludnja* (*Vom Abend bis zum Mittag,* 1969) und dessen Gončarov-Adaption *Obyknovennaja istorija (Eine gewöhnliche Geschichte,* 1967), Rostands *Cyrano von Bergerac* (1964), Osbornes *Blick zurück im Zorn* (1966), Albees *Die Ballade vom traurigen Café,* Zorins *Dekabristy,* Svobodins *Narodovol'cy,* Shatrovs *Bol'ševiki (Bolschewiki,* alle 1967), Gor'kijs *Na dne (Nachtasyl,* 1969), Čechovs *Čajka (Die Möwe,* 1970). 1971 wurde er Leiter des MChAT, nach dessen Reorganisation in 2 selbständige Th. 1987 Leiter der nach Čechov benannten Bühne. Insgesamt über 40 Insz.en, u. a. bei Volodins *Dulšineja Tobosskaja (Dulcinea von Toboso),* Roščins *Valentin i Valentina (Valentin und Valentina,* beide 1972), *Staryj Novyj God (Das alte neue Jahr),* Buero Vallejos *Der Traum der Vernunft* (beide 1973), Bokarevs *Stalevary (Stahlschmelzer,* 1974), Williams' *Süßer Vogel Jugend* (1975), Vampilovs *Utinaja ochota (Entenjagd,* UA 1979), Gelmans *My, nižepodpisavšiesja (Wir, die Endesunterzeichneten,* 1979), *Naedine so vsemi (Allein mit allen,* 1981), Bulgakovs *Molière* (auch TR), Petruševskajas *Moskovskij chor(Der Moskauer Chor,* beide 1988), Puškins *Boris Godunov* (TR, 1994). Bedeutend und auch internat. gezeigt seine lange im Repertoire verbliebenen Insz.en von Dramen Čechovs, u. a. *Ivanov* (1976), *Čajka (Die Möwe,* 1980), *Djadja Vanja (Onkel Vanja,* 1985, Rolle: Astrov; 1989 London), *Viśnevyi sad (Der Kirschgarten,* 1989), *Tri sestry (Drei Schwestern,* 1997). E. wirkte als Schauspieler an über 70 Filmen mit; neben der monumentalen Tolstoj-Verfilmung *Wojna i mir (Krieg und Frieden,* 1967) u. a. in *Komandirovka* (1961), *Gori, gori, moja svesda*

(*Leuchte, mein Stern, leuchte*, 1969), *Vragi* (1977), *Inspektor GAI* (1982), *Bataljony prosjat ognja* (*Bataillone bitten um Feuer*, 1984), *Shapka* (1990), *Ah, zachem eta noch ...* (1997). Sein Sohn Michail E. (* 1963) ist ebenfalls Schauspieler.

E. gehört zu den richtungsweisenden Künstlern des russ. Th.s nach dem 2. Weltkrieg. Als Schauspieler wie als Regisseur den Theorien →Stanislavskijs verpflichtet, die er für seine Arbeiten produktiv erweiterte. Obwohl als schauspielerische Hoffnung geltend, spielte er zwar bis zuletzt, legte aber das Schwergewicht seiner Arbeit auf Regie und Theaterleitung. In diesen Bereichen liegen auch seine bleibenden Verdienste. Während der Zeit des sog. «Tauwetters» nach dem 20. Parteitag der KPdSU förderte er als Regisseur und Leiter des Sovremennik Th.s aktuelle russ. Autoren wie Rozov, Volodin, Aksjonov, nahm internat. Dramatik ins Repertoire und machte das Ensemble zu einem der führenden des Landes. Einige Schauspieler folgten ihm ans MChAT, als er die Leitung dieser russ. Vorzeigebühne übernahm. Hier galten seine vordringlichen Bemühungen der inhaltlichen und strukturellen Erneuerung des künstl. stagnierenden Th.s. Seine Versuche, das Ensemble zu verkleinern, künstl. Kreativität zu fördern, den Verwaltungsapparat zu straffen, führten letztendlich zur Teilung des MChAT in 2 selbständig organisierte Bühnen. Neben Neuinsz.en von Dramen des klassischen Repertoires galt auch hier sein besonderes Augenmerk moderner russ. und internat. Dramatik. E. förderte junge Regisseure, lud anerkannte (→Ėfros) zu Gastinsz.en ein, übernahm selbst Rollen. Zahlreiche Auszeichnungen. Das franz. Th. MC93 in Bobigny bei Paris hat seine große Bühne nach ihm benannt.

Efremov, O.: Vsë neprosto ... Stat'i, vystuplenija, besedy, dokumenty. Moskau 1992; In der Garderobe erzählt. Hg. I. Pietzsch. Berlin 1986; Roščin, M.: Moj drug Oleg Efremov. In: Svobodnaya mysl' 4/1998, S. 27–40; Smeljanskij, A. M.: Oleg Jefremow: Meister der sowjetischen Kunst. Moskau 1988; Svobodin, A. P.: Teatr Sovremennik. Moskau 1973.

Wolfgang Beck

Ėfros, Anatolij Vasil'evič, * 3. 6. 1925 Charkov (UdSSR, heute Ukraine), † 13. 1. 1987 Moskau. Regisseur, Theaterleiter, Schauspieler.

Ausgebildet u. a. von den →Stanislavskij-Schülern Marija O. Knebel' (1898–1985) und Aleksej D. Popov (1892–1961) am Staatl. Theaterinstitut GITIS in Moskau. Seit 1951 Regisseur an verschiedenen Th.n der UdSSR, Debüt am Drama Th. in Rjazan. 1954–63 Regisseur und künstl. Leiter am Zentralen Kindertheater (CDT) in Moskau, wo er Kinderstücke wie Chmeliks Pionierstück *Drug moj, Kol'ka! (Mein Freund Kolka)* und aktuelle Dramatik wie Rozovs *V poiskach radosti (Auf der Suche nach Freude)* inszenierte. Hier machte er die Bekanntschaft →Efremovs, an dessen Sovremennik Th. er 1959 →Brecht / Feuchtwangers *Die Gesichte der Simone Machard* in Szene setzte. 1963–67 Chefregisseur am Th. des Leninschen Komsomol (Lenkom), wo er u. a. eine Reihe aktueller und kritischer Dramen inszenierte, u. a. Rozovs *V deân svad'by* (*Am Tage der Hochzeit*, 1964), Radzinskijs *104 stranicy pro ljubo'v*, Arbuzovs *Moj bednyj Marat* (*Mein armer Marat*, beide 1965), Bulgakovs *Molière* (1967; 1979 Guthrie Th., Minneapolis), Čechovs *Čajka* (*Die Möwe*, 1967). 1963/64 Chefregisseur am Komsomoltheater Moskau, ab 1967 Direktor und Chefregisseur am Th. in der Malaja Bronnaja (neben Jurij Petrovič →Ljubimov und Georgi Aleksandrovič →Tovstonogov) sowie Berufung als Lehrer am GITIS. Wichtige Insz.en: 1977 Čechovs *Der Kirschgarten* am Taganka-Th. Moskau. Am Th. an der Malaja Bronnaja: 1971 Dworezkis *Der Mann von draußen*, 1972 Kornejtschuks *Der*

Chirurg, 1977 → Shakespeares *Othello*, 1980 Tennessee Williams' *Sommer und Rand*, 1982 Čechovs *Drei Schwestern*, 1984 *Der Theaterdirektor*. Dazwischen auch zahlreiche Gastinsz.en am Moskauer Künstlertheater (MChAT), u. a. 1975 und 1978 Gogol's *Die Heimat*, 1981 → Molières *Tartuffe* und 1982 Tolstojs *Der lebende Leichnam*. – È. war neben Ljubimov und Tovstonogov einer der wichtigsten Regisseure des russ. Gegenwartstheaters, die im Sinne der großen Tradition des russ. Th.s zu seiner Erneuerung in den späten 1950er und 1960er Jahren beitrugen. In der Tradition des psychologischen Realismus stehend, liebte er auch das Experiment. Er modernisierte Stücke und betonte Zeitgenössisches, ohne die Texte zu enthistorisieren, akzentuierte Fragen der sozialen und individuellen Verantwortung. È. nutzte eine Vielzahl von Darstellern und technischen Mitteln, konnte aber auch sehr sparsam sein: In *Der lebende Leichnam* kam er mit einem Sofa für 26 Szenen aus. Mit der Übernahme des durch Ljubimov geprägten Th.s an der Taganka geriet er zunehmend in Konflikt mit dortigen dramaturgischen und darstellerischen Methoden, sodass weitere innovative Erfolge ausblieben.

Efros, A. W.: Die Probe, meine Liebe. Berlin 1979.

Nuca-Nursen Selbuz

Ehre, Ida, * 9. 7. 1900 Prerau (Österreich-Ungarn; heute Přerov, Tschech. Rep.), † 16. 2. 1989 Hamburg. Schauspielerin, Theaterleiterin, Regisseurin.

Tochter des Kantors der Synagoge; aufgewachsen in Wien. Unterricht beim Hofschauspieler Heinrich Prechtler; 1916–18 an der Akademie für Musik und darstellende Kunst (Wien). Erstes Engagement 1919/20 in Bielitz (Bielsko); Rollen u. a. in →Shakespeares *Was ihr wollt*, Ibsens *Die Frau vom Meer*, →Goethes *Iphigenie auf Tauris* (TR). Engagements in Czernowitz (Tscherniwzi), Bukarest (Schnitzler, *Der Reigen*), Cottbus (1921–23), Bonn (1923/24). 1924–26 Neues Schauspielhaus Königsberg; erste Regie bei Carl Hauptmanns *Die armseligen Besenbinder*. 1926/27 Schauspielhaus Stuttgart. 1927–31 Nationaltheater Mannheim (u. a. in An-Ski/Nadels *Die Pest*, Claudels *Das harte Brot*, →Brechts *Die Dreigroschenoper*). 1931–33 Lessing-Th. Berlin (Debüt in Schillers *Wallenstein*). Nach 1933 Berufsverbot. Die Emigration nach Chile 1939 scheiterte, da das Schiff nach Kriegsbeginn nach Hamburg zurückkehrte. E. überlebte, da sie in einer sog. «privilegierten Mischehe» lebte. 1943 zeitweise im KZ Fuhlsbüttel. Erste Rolle nach Kriegsende in Hofmannsthals *Jedermann* (1. 9. 1945, St. Johanniskirche, Hamburg). 1945 gründete E. die Hamburger Kammerspiele, eine für sie auch kulturpolitisch programmatische Entscheidung. Eröffnung mit Ardreys *Leuchtfeuer* (DEA 10. 12. 1945). Anspruchsvolle Spielplangestaltung, ein bedeutendes Ensemble machten die Kammerspiele zu einem überregional wichtigen Th., in dem zahlreiche Ur- und Erstaufführungen dt. und internat. Dramatik stattfanden. Theatergeschichte ist die UA von Borcherts *Draußen vor der Tür* (21. 11. 1947). E. führte Regie u. a. bei Tagores *Das Postamt* (1947), Hauptmanns *Der Biberpelz* (1953), Denkers *Verbotenes Land* (DEA 1966), Firners *Das Kuckucksei* (1970). Zu ihren bedeutendsten Rollen gehörten die TRen in Brechts *Mutter Courage und ihre Kinder* (zuerst 1952), Shaws *Frau Warrens Gewerbe* (zuerst 1947), Giraudoux' *Die Irre von Chaillot* (zuerst 1977), Hekuba in Euripides/Werfels *Die Troerinnen* (1947). Altersrollen u. a. in Murrells *Memoiren* (1980). Jens' *Der Untergang* (UA 1983), *Die Friedensfrau* (UA 1986), Galins *Einmal Moskau und zurück* (1984). Gastregisseurin und -schauspielerin an Th.n in Deutschland und der Schweiz. Film- und Fernsehrollen u. a. in *In jenen Tagen* (1947), *Der*

Bagnosträfling (1949), *Auf Engel schießt man nicht* (1960), *Die Ermittlung* (1966, TV), *Tartuffe oder Der Betrüger* (1969, TV), *Bei Thea* (1988, TV), Regie bei *Verbotenes Land* (1967, TV). Aktiv in der Friedensbewegung, berufsständischen und kulturpolitischen Vereinigungen. Zahlreiche Auszeichnungen. – Als Regisseurin auf Werktreue und Ensemblespiel bedacht; Verzicht auf inszenatorische Experimente. Charakterschauspielerin mit komödiantischem Talent, die auch in tragischen Rollen glänzte. Trotz ihrer umfangreichen schauspielerischen und inszenatorischen Tätigkeit liegt die Bedeutung E.s v. a. in der bis zu ihrem Tod dauernden Leitung eines chronisch untersubventionierten Privattheaters, für das sie sich bis zuletzt um ein anspruchsvolles Repertoire bemüht hat.

Brenken, A.: Ida Ehre. Hamburg 2002; Ehre, I.: Gott hat einen größeren Kopf, mein Kind. Hamburg 1985; 25 Jahre Hamburger Kammerspiele. Hamburg 1970; Ida Ehre: Schauspielerin, Theaterleiterin, Bürgerin. Bearb. M. Giesing. Hamburg 2002 *(Katalog)*; Ida Ehre im Gespräch mit Sepp Schelz. Berlin 1999; Joos, V.: Ida Ehre – Mutter Courage des Theaters. München 1999; Mutter Courage und ihr Theater. Hg. R. Italiaander. Hamburg 1965; Nichts als Theater. Die Geschichte der Hamburger Kammerspiele. Hg. U. Tukur, U. Waller. Hamburg 2003.

Wolfgang Beck

Ehrhardt, Kurt, * 23. 2. 1900 Frankfurt a. M., † 25. 4. 1971 Hannover. Schauspieler, Regisseur, Intendant.

Nach Ausbildung an der Schauspielschule Frankfurt a. M. bei Carl → Ebert Schauspieler an den Vereinigten Bühnen Barmen-Elberfeld (Wuppertal), Oberhausen, Lobe Th. Breslau (Regiedebüt). Rundfunksprecher unter Ernst Hardt beim Kölner Rundfunk. 1935–40 Essener Th. (zum 1. Mal Mephisto in → Goethes *Faust I* und *II*), 1940–43 Dt. Schauspielhaus Hamburg (Merkur in Kleists *Amphitryon*, 1941; Carlos in Goethes *Clavigo*, 1942), ab 1943 Th. Hannover. 1945 kommissarischer Leiter des Schauspiels Hannover, dann Schauspielintendant, 1950–65 Generalintendant des Th.s Hannover. Spielte u. a. Kreon in Anouilhs *Antigone* (1946), Loman in Millers *Tod eines Handlungsreisenden* (1950), Ramsay in Wolfes *Herrenhaus* (1954). Regie u. a. bei Kafka / Brods *Der Prozeß* (1951), O'Neills *Der Eismann kommt* (1954), Thomas' *Unter dem Milchwald* (1957), Barlachs *Die echten Sedemunds* (1963). Gastinsz.en in Köln, Bochum, Zürich. Seit 1951 zahlreiche Opernsz.en – schauspielerisch differenziertes, aus der Partitur inspiriertes Musiktheater. Im Film *Affaire Blum* 1948 unter Regie von Erich → Engel der Dr. Blum. – E. war v. a. Schauspieler, ein exzellenter Charakterdarsteller (Galilei, Shylock, Lear). «Aber er war kein Schauspielintendant von der Art etwa Heinrich → Georges oder Eugen Klöpfers, deren Rollenehrgeiz den von ihnen geleiteten Bühnen sein Gesetz aufzwang. Bei Ehrhardt waltete immer kontrollierender Instinkt, ausgeprägtes Stilgefühl» (Gerd Schulte). Geprägt wurde der Begriff «Ballhof-Stil» (der einstige Ballhof war die Spielstätte des Schauspiels) für die Theaterarbeit von E.: magischer Realismus mit Transparenz zum Überrealen.

Rischbieter, H., G. Schulte: Kurt Ehrhardt – Schauspieler, Regisseur, Theaterleiter. Hannover 1965.

Werner Schulze-Reimpell

Eis, Maria (Theresia), * 22. 2. 1896 Prag, † 18. 12. 1954 Wien. Schauspielerin.

Tochter eines Kaffeehausbesitzers, arbeitete beim *Prager Tagblatt*, als Anwaltsgehilfin und in einer Bank. Schauspielunterricht beim Regisseur Maximilian Wolf und 1916/17 an der Akademie für Musik und darstellende Kunst in Wien. 1918/19–24 in Wien an der Neuen Wiener Bühne, dem Renaissancetheater, den Kammerspielen, wo sie v. a. moderne Frauen verkörperte, vielfach in Schauspielen Strindbergs, Wedekinds und expressionistischer Dramatiker. Tourneen mit Paul →Wegener und Ernst →Deutsch. 1924 Dt. Th. Berlin; 1925–32 Thalia Th. und Dt. Schauspielhaus in Hamburg; dort u. a. in Blumes *Treibjagd*, Feuchtwangers *Die Petroleuminseln* (beide UA 1927), Werfels *Juarez und Maximilian* (1927), Schillers *Die Räuber* (1929) und *Maria Stuart* (1930), →Goethes *Götz von Berlichingen mit der eisernen Hand* (1929) und *Iphigenie auf Tauris* (TR, 1931), Kleists *Prinz Friedrich von Homburg* (1930), Kaisers *Mississippi*, Bruckners *Elisabeth von England* (TR, beide UA 1930), →Shakespeares *Macbeth* (1931). Hier gelang ihr der endgültige Durchbruch zur klassischen Tragödin und bedeutenden Charakterdarstellerin. 1932 wurde sie vom damaligen Intendanten Anton Wildgans an das Wiener Burgtheater verpflichtet, wo sie bis zu ihrem Tod v. a. die großen klassischen Frauenrollen in Stücken Shakespeares, Goethes, Schillers, Grillparzers, Hebbels, Hauptmanns verkörperte. Letzte Rolle in Anouilhs *Colombe*. 1938–43 auch am Berliner Schiller-Th. als Gast (Schiller, *Die Braut von Messina*, 1943). Erfolgreich auch als Salondame und – vermehrt nach dem Krieg – im komischen Fach. E. spielte auch in Operetten und Filmen, u. a. *Spiegel des Lebens* (1938), *Der Prozeß* (1948), *Maria Theresia* (1951), *Wienerinnen* (1952), *Der Verschwender* (1953), *Ewiger Walzer* (1954). 1946 Kammerschauspielerin. – Bedeutende Charakterschauspielerin mit leidenschaftlichem, aber klassischen Vorbildern verpflichtetem, psychologisch differenziertem Spiel und meisterlicher Sprachbehandlung.

Fontana, O. M.: Wiener Schauspieler. Wien 1948; Rohner, H. Maria Eis. Diss. masch. Wien 1948; Schinnerer-Kamler, L.: Maria Eis. Die schöpferische Vielfalt einer großen Schauspielerin. Graz 1961.

Wolfgang Beck

Ekhof, (Hans) **Conrad** (Dietrich), * 12. 8. 1720 Hamburg, † 16. 6. 1778 Gotha. Schauspieler, Theaterleiter.

Sohn eines Stadtsoldaten und Handwerkers; 1735–38 Postschreiber in Hamburg; 1739 Schreiber eines Anwalts in Schwerin. Mitglied der von Johann Friedrich Schönemann 1739 gegründeten Wandertruppe (bis 1757). Debüt am 12. 1. 1740 in Lüneburg als Xiphares in Racines *Mithridate* (TR Konrad Ackermann, mit Sophie Schröder). Auftritte v. a. in Hamburg, Schwerin, Berlin, Breslau, Leipzig. Rollen u. a. in der UA des ersten dt. Lokallustspiels *Der Bookesbeutel* von Heinrich Borkenstein (1741), Marivaux / Krügers *Der Bauer mit der Erbschaft* (1747), der DEA von Lillos *George Barnwell oder der Kaufmann von London* (Okt. 1754), →Lessings *Miß Sara Sampson* (1756, alle Hamburg). 1751–56 wurde die Schönemann'sche Gesellschaft von Herzog Christian II. von Mecklenburg-Schwerin als «Hofkomödianten» in Dienst genommen. 1757 Schuch'sche Gesellschaft und kurzfristige (Mit-)Leitung der von Schönemann aufgegebenen Truppe (seit April 1758 unter Leitung Heinrich Gottfried Kochs). 1764 wechselte E. zur Ackermann'schen Truppe, die v. a. in Hamburg spielte. Hier war E. auch Mitglied des kurzlebigen, aber theatergeschichtlich bedeutsamen Versuchs eines Nationaltheaters. Fruchtbares Zusammentreffen mit dem dort als Dramaturg angestellten Lessing. Tellheim in der UA von dessen *Minna von Barnhelm* (30. 9. 1767). August 1769 Mitglied der Truppe Abel Seylers, 1771 von Herzogin Anna Amalie nach Weimar berufen. Odoardo in Lessings *Emilia Galotti* (1772). 1775 künstl. Leiter des ersten dt. durch einen Hof finanzierten Sprechtheaters in Gotha. Letzte Rolle: Geist in →Shakespeares *Hamlet* (1778).

Der «Vater der deutschen Schauspielkunst», der «deutsche →Garrick» besaß eine wenig einnehmende Statur, dafür aber eine ausdrucksstarke, natürliche Gebärdensprache und eine «Stimme, der nie ein Herz widerstanden» (Meyer, Bd. 1, S. 127). Erster dt. Schauspieler, dessen Darstellungsstil auf Natürlichkeit und Wahrscheinlichkeit zielte; Prototyp eines «realistischen» Schauspielers, wie ihn die entstehende bürgerliche Dramatik brauchte. Bedeutend als Darsteller bürgerlicher und bäuerlicher Charaktere. «Indes mag dieser Mann eine Rolle machen, welche er will; man erkennt ihn in der kleinsten immer für den ersten Akteur und bedauert, auch nicht zugleich alle übrige Rollen von ihm sehen zu können» (Lessing, *Hamburgische Dramaturgie*, 2. St., 5. 5. 1767). Der «größte Theaterredner, den wohl je eine Nation gehabt» (Schröder in Meyer, Bd. 1, S. 143) wurde Vorbild für eine neue Schauspielergeneration (→ Schröder, → Iffland). Seiner Zeit voraus als Theaterreformer, der mit der Gründung der «Akademie der Schönemann'schen Gesellschaft» (5. 5. 1753 – 15. 6. 1754) das methodische Studium der Schauspielkunst und die bürgerliche Anerkennung des Berufsstandes fördern wollte. Betonung des Ensembles und der dem jeweiligen Stück angemessenen Ausstattung. Bis zuletzt beschäftigte ihn der Plan einer Pensions- und Sterbekasse für Schauspieler. Nach ihm benannt ist ein Theaterpreis (Schwerin), eine Schauspielakademie (Hamburg) und seit 1970 das Schlosstheater in Gotha.

Conrad Ekhof. Hg. H. Fetting. Berlin 1954; Kindermann, H.: Conrad Ekhofs Schauspieler-Akademie. Wien 1956; Meyer, F. L. W.: Friedrich Ludwig Schröder. Bd 1. Hamburg 1819; Piens, G.: Konrad Ekhof und die erste deutsche Theaterakademie. Berlin 1956; Pietschmann, C.: Konrad Ekhof. Diss. masch. FU Berlin 1956; Troickij, Z. L.: Konrad Ekhof, Ludwig Schröder, August Wilhelm Iffland […]. Berlin 1949.

Wolfgang Beck

Ellert, Gundi, * 8. 9. 1951 Lengenfeld (Oberpfalz). Schauspielerin, Regisseurin, Autorin.

Nach abgebrochener Ausbildung an einer privaten Münchner Schauspielschule und Auftritten in der Berliner Off-Th.-Szene (1976/77) Engagements in München am Staatsschauspiel (1977–86) und den Kammerspielen (1978/79). Unter F. → Baumbauer Ensemblemitglied und Regisseurin am Th. Basel (1988–93), Dt. Schauspielhaus Hamburg (1993–2000) und den Münchner Kammerspielen (seit 2001). – Neben ersten Erfolgen unter der Regie von Rolf Stahl in den TRn von L. Thomas *Magdalena* (1978) und → Goethes *Stella* (1980) spielte E. die Hermia in → Shakespeares *Mittsommernachtstraum* (1978, R. → Dorn), Annerl in Fleißers *Der starke Stamm* (1979, R. → Giesing), Kristin in Strindbergs *Fräulein Julie* (1981), Charlotte in → Molières *Don Juan* (1983, Salzburger Festspiele, R. jeweils → Bergman), Regan in Shakespeares *König Lear* (1984, R. → Lietzau), Liese in → Kroetz' *Nusser* (1986). In Basel, wo E. auch Regie führte, war sie u. a. in Kleists *Käthchen von Heilbronn* (1988, R. → Lievi) und Schillers *Wilhelm Tell* (1991, R. → Castorf) zu sehen. In Hamburg wurde sie mit ihren 5 Mitspielerinnen für die Darstellung in Jelineks *Wolken. Heim.* (1993, R. Wieler) von *Th. heute* zur Schauspielerin des Jahres 1994 gewählt. Weitere Rollen dort u. a. in Kroetz' *Der Drang* (1996, R. → Minks), Jelineks *Ein Sportstück* (UA 4. 12. 1998, R. → Nel), Mayenburgs *Feuergesicht* (1999, R. → Ostermeier), L. → Percevals *Schlachten* (DEA 2. 10. 1999, Koproduktion Salzburger Festspiele). «Auch wer nur wenig von ihr gesehen hat, wird merken, daß es die gefühlsstarken Frauenrollen sind, die zu ihr passen, die naturverbundenen, heftigen, dramatischen Figuren zwischen hartnäckiger Drastik und Gelöstheit, diejenigen, die etwas riskieren, und sei es das eigene Wohlbefinden. Jede Geste ist der Realität entnommen und doch alles andere als Naturalismus: ein Zeichen für komplizierte Seelenzustände.

Wenn sie zaudert, dann mit Verve, wenn sie zetert, dann mit Kraft, wenn sie weinen muß, neigt sie eher zum Zerfließen als zum Wimmern» (A. Seegers in: *Hamburger Abendblatt*, 15. 2. 1994). An den Münchner Kammerspielen spielte E. 2001 die Mutter in Fosses *Traum im Herbst* (R. Perceval); außerdem in Sigarews *Plastilin* (R. A. → Weber), → Ayckbourns *Schöne Bescherungen* (beide 2003, R. K. Beier), Trolles *Hermes in der Stadt* (2004, R. L. Chétouane), in Johan Simons Insz. von *Die zehn Gebote* (2005) nach Geschichten und Filmen von Krzysztof Kieslowski und Krzysztof Piesiewicz, Polleschs *Schändet eure neoliberalen Biographien* (UA 2005, R. der Autor), Händl Klaus' *Dunkel lockende Welt* (UA 2006, R. Sebastian Nübling). 2006 in Mayenburgs *Feuergesicht* (Schaubühne am Lehniner Platz, Berlin). Seit Anfang der 1980er Jahre wirkte E. in zahlreichen TV-Produktionen (u. a. von M. Verhoeven, H. Dietl) und Kinofilmen mit, u. a. *Madam Bäurin* (1996), *Girl* (2001), *Oktoberfest* (2004). – Seit 1987 schreibt E. Theaterstücke, bisher erschienen *Elena und Robert* (1987), *Lenas Schwester* (1989), *Josephs Töchter* (1992), *Die Fremden* (1992) und *Jagdzeit* (1994).

Nina Grabe

Ellmenreich, Franziska, * 28. 1. 1847 Schwerin, † 20. 10. 1931 Herrsching (Ammersee). Schauspielerin.

E. gab ihr Debüt im Alter von 15 Jahren in Meiningen, wo ihr Vater Albert E. (1816–1905) als Regisseur tätig war. Über Mainz und Kassel kam sie ans Hoftheater Hannover (1865–75); dort entwickelte sie sich zur Ersten Liebhaberin, die in zahlreichen großen Frauenrollen zunehmend Anerkennung fand (Emilia Galotti, Luise Millerin, Desdemona, Ophelia, Julia u. v. a.). 1875 war sie zu einer gefeierten Berühmtheit geworden, deren Kutsche nach einer letzten Abschiedsvorstellung von Bewunderern nach Hause getragen wurde. Nach verschiedenen Engagements (Leipzig, Hamburg und Altona, Dresden) unternahm E. als gefeierte Virtuosin mehrere Gastspielreisen, die sie auch nach England und in die USA führten (dort füllte sie mühelos Th. mit 2000 Zuschauerplätzen) und einen großen ideellen wie finanziellen Gewinn für sie darstellten. – Als Star im Hamburger Stadttheater unter Bernhard Pollini konnte sie ihre Entwicklung zur Charakterdarstellerin vollenden. Paul Th. Hoffmann schrieb: «Ihre Gestalten waren gewachsen, nicht gemacht; immer gab sie *sich*, schenkte *sich* und war immer echte Natur, nicht virtuose Kunst» (Hoffmann, S. 167). – 1900 gehörte sie zu den hochgeachteten 4 Sozietären des neugegründeten Dt. Schauspielhauses in Hamburg. Ihr 50. Bühnenjubiläum wurde dort mit einer Reihe von Ehrungen begangen. Bis zu ihrem Ausscheiden 1912 erhielt sie zuletzt immer weniger Rollen, da sich ein neuer Schauspielstil durchzusetzen begann, dessen natürlichen «Salon-Ton» (wie ihn die Zeitgenossen nannten) sie nicht mehr übernahm.

Fischer, G.: Franziska Ellmenreich. Hannover 1919; Hoffmann, P. Th.: Die Entwicklung des Altonaer Stadttheaters. Altona 1926.

Susanne Eigenmann

Engel, Erich, * 14. 2. 1891 Hamburg, † 10. 5. 1966 Berlin. Schauspieler, Regisseur, Theaterleiter.

Ausbildung bei Leopold → Jeßner in Hamburg, Entschied sich früh für die Regie. 1918–21 Hamburger Kammerspiele, 1922–24 Residenztheater München. Distanz zum expressionistischen Theaterstil. Frühes Interesse für → Brecht, dessen wichtigster Regisseur er in den 1920er Jahren war. Am 9. 5. 1923 UA von Brechts *Im Dickicht der Städte* in München (Neuinsz. 1924 im Dt. Th. Berlin). Ab 1924 in Berlin an verschiedenen Th.n. Seiner Insz. von → Shakespeares *Corio-*

lan (1925 Lessing-Th.) attestierte Brecht eine Tendenz zum epischen Th; 1926 Wedekinds *Lulu* (*Erdgeist* und *Büchse der Pandora* an einem Abend, Preuß. Staatstheater). 1928 Brechts *Mann ist Mann* (Volksbühne), UA von Brecht/Weills *Die Dreigroschenoper* (Th. am Schiffbauerdamm), 1929 UA von Dorothy Lanes (d. i. Elisabeth Hauptmann) *Happy End* (ebendort, Ko-Regisseur Brecht). 1933–44 hauptsächlich Dt. Th. Berlin, bedeutende Shakespeare-Insz.en. 1945–47 Intendant der Münchner Kammerspiele. Einsatz für Thornton Wilder und Anouilh. Nach der Rückkehr Brechts und der Gründung des Berliner Ensembles neue Zusammenarbeit in Berlin. 1949 gemeinsam mit Brecht Insz.en von *Mutter Courage und ihre Kinder* und *Herr Puntila und sein Knecht Matti* (beide Dt. Th.). 1957 vollendete E. die von Brecht begonnene Insz. des *Leben des Galilei* (Th. am Schiffbauerdamm). Letzte Insz. Silvester 1962 *Schweyk im Zweiten Weltkrieg*. Die Aufführung setzte das Stück endgültig im Spielplan durch (Th. am Schiffbauerdamm). Seit 1930 Regisseur zahlreicher Unterhaltungsfilme, oft mit Jenny Jugo. 1948 mit R. A. Stemmle Regie in *Affaire Blum* (DEFA). – E. war Vertreter eines von der Dramaturgie bestimmten Th.s von geistiger Luzidität und schnörkelloser Genauigkeit. Nicht ohne Einfluss auf die Theaterarbeit Brechts, aber kein «Brechtianer» im Sinne von dessen Theatertheorie, sondern immer seinem unauffällig dienlichen Stil verpflichtet. «Fünfzig Jahre […] wirkte Engel als Vertreter und Verteidiger der Klarheit und Wahrheit, Feind allem Nebligen und Wolkigen», schrieb Wolfgang Drews in einem Nachruf 1966.

Engel, E.: Schriften. Über Theater und Film. Berlin 1971; Über Theater und Marxismus. Berlin 1972.

Werner Schulze-Reimpell

Engel, Tina, *6. 4. 1950 Hannover. Schauspielerin.

E. erhielt ihre Schauspielausbildung an der Staatl. Hochschule für Musik und Th. in ihrer Heimatstadt. Erste Engagements in Rendsburg, Bielefeld und am Züricher Th. am Neumarkt. 1976 wurde sie Ensemblemitglied der Schaubühne am Halleschen Ufer in Berlin, dort blieb sie im festen Engagement bis zum Jahr 2000. In dieser Zeit wirkte E. in zahlreichen Insz.en des prägenden Künstl. Leiters der Schaubühne, Peter → Stein, mit: so war sie u. a. Celia in Steins Version von → Shakespeares *Wie es euch gefällt* (P. 20. 9. 1977, mit Jutta → Lampe und Michael → König), Emmi in → Kroetz' *Nicht Fisch nicht Fleisch* (P. 3. 6. 1981) und Elektra in Steins legendärer Insz. der *Orestie* des Aischylos (P. 18. 10. 1980). Nach dem Umzug der Schaubühne an den Lehniner Platz spielte sie Natascha in Steins Interpretation der *Drei Schwestern* von Anton Čechov (P. 4. 2. 1984). Außerdem war sie Lina in Franz Jungs Stück *Heimweh* (P. 20. 12. 1989, R. Ernst Stötzner) und Irene Herms in Schnitzlers *Der einsame Weg* (P. 30. 9. 1991, R. Andrea → Breth). Den ganzen «Reichtum ihrer Schauspielkunst» (*Th. heute* 12/1994, S. 15) konnte sie mit dem Solo-Stück *Das Jagdgewehr* nach der Erzählung von Yasushi Inoue (P. 15. 10. 1994, R. Yoshi → Oida) zeigen. Mit dieser Produktion wurde sie zu zahlreichen Festivals eingeladen. Seit im Jahr 2000 Thomas → Ostermeier die künstl. Direktion der Schaubühne übernahm, hat E. häufig dort gastiert: So spielte sie die Hauptrolle in der DEA von Daniel Danis' *Das Lied vom Sag-Sager* (P. 25. 3. 2000, R. Peter Wittenberg), in Falk → Richters Insz. von Caryl Churchills *In weiter Fern so nah* (P. 17. 4. 2001) und in der UA von Roland Schimmelpfennigs *Push up 1–3*. (P. 10. 11. 2001). Außerdem u. a. am Berliner Renaissancetheater in Rezas *Die Reise in den Winter* (2002/03), am Schauspielhaus Zürich in Musils *Die Schwärmer* (1998, R. → Giesing), Noréns *Die Klinik* (2002), Walshs *The New Electric Ballroom* (2005). Ihre Insz. von Schimmelpfennigs Bühnenerstling *Fisch um Fisch* wurde ein «beeindruckendes Regiedebüt» (P. 12. 7. 2002, Th. Rampe, Stuttgart). Weitere Insz.en von *Anissijas Geschichte* nach Tolstoj (2004, Schauspielhaus Zürich), Jens Roselts *Dreier* (2005, Renaissancetheater Berlin). Als Filmschauspielerin errang E. große Aufmerksamkeit in Margarethe von Trottas Film *Das zweite Erwachen der Christa Klages* (1977); für ihre Rollengestaltung erhielt sie den Bundesfilmpreis als beste Darstellerin. Darüber hinaus wirkte sie in Volker Schlöndorffs Verfilmung der *Blechtrommel* von Günter Grass mit (1979 u. a. mit Mario → Adorf, David → Bennent, Katharina → Thalbach, Angela → Winkler), die 1980 den Oscar als bester ausländischer Film gewann. 1981 spielte sie in Markus Imhoofs Film *Das Boot ist voll* die weibliche Hauptrolle an der Seite von Curt → Bois. Weiter u. a. in *Der Kinoerzähler* (1992), *Das Versprechen* (1993), *Und keiner weint mir nach* (1996), *Wer Angst Wolf* (2000), *Erbsen auf halb 6* (2003). Außerdem wirkte sie in zahlreichen Fernsehfilmen mit.

Eva-Maria Voigtländer

Engel, Wolfgang, * 13. 8. 1943 Schwerin. Schauspieler, Regisseur, Theaterleiter.

Nach dem Abitur Bühnenarbeiter. 1962–74 Staatstheater Schwerin – Schauspielerausbildung während des Engagements als Schauspieler und Regieassistent (Diplom 1965). 1973 dort Debüt als Regisseur (→ Brechts *Dreigroschenoper*, DDR-EA *Oberösterreich* von → Kroetz). 1974–76 Landesbühne Sachsen in Radebeul (→ Lessings *Nathan der Weise*, → Shakespeares *Maß für Maß*). 1976–78 Th. der Freundschaft Berlin. 1978–80 Dozent an der Hochschule für Schauspielkunst Berlin. 1980–91 Staatsschauspiel Dresden (Schillers *Maria Stuart*, → Goethes *Iphigenie auf Tauris*, 1981 Heiner → Müllers *Die Schlacht / Lohndrücker*, Goldonis *Der Krieg*, 1984 Hebbels *Die Nibelungen*, 1986 Kleists *Penthesilea*, 1987 DDR-EA von Becketts *Warten auf Godot*, 1990 beide Teile von Goethes *Faust* in eigenwilliger Version, E. spielte abwechselnd Faust und Mephisto, 1991 Goethes *Stella*). 1983–85 jährlich eine Insz. am Staatstheater Saarbrücken (Lessings *Minna von Barnhelm*, Kleists *Amphitryon*, Čechovs *Die Möwe*). 1986 Gastspiel des Dresdner Staatsschauspiels in Köln, Düsseldorf und Hamburg, bei dem mehrere Insz.en von E. gezeigt wurden, die ihn überregional bekannt machten. 1988 am Bayer. Staatsschauspiel Shakespeares *Sonette* und *Wie es euch gefällt*. 1991 am Zürcher Schauspielhaus Hebbels *Judith*. 1991–94 Hausregisseur am Schauspiel Frankfurt a. M. (Shakespeares *Der Kaufmann von Venedig*, Schillers *Don Carlos*, Bernhards *Der Theatermacher*). 1995 am Wiener Burgtheater Shakespeares *Titus Andronicus* (Einladung zum Berliner Theatertreffen). Seit 1995 Intendant des Leipziger Schauspiels (bis 2008). Dort 1999 noch einmal Insz. beider Teile von Goethes *Faust* an verschiedenen Spielorten. 1999 Shakespeares *Richard III.*, 2003 *Troilus und Cressida*, 2004 Silvers *Fette Männer im Rock*, 2005 Schillers *Don Carlos*, 2006 Ibsens *Peer Gynt*. Gelegentlich Operninsz.en.

In den 1980er Jahren neben Christoph → Schroth der wichtigste und unangepassteste Regisseur der DDR, der seine Opposition zur offiziellen Kulturpolitik auch öffentlich zur Schau trug und ihr eine eigenwillige, ästhetisch progressive, politisch intendierte Lesart der Stücke entgegensetzte. Einer der Wortführer der Protestbewegung im Dresdner Staatsschauspiel Ende 1989. Inszeniert überwiegend Klassiker, in deren Struktur er allenfalls behutsam eingreift, die er jedoch mit dem Blick des Heutigen interpretiert. Gibt im

Spielplan jedoch dem Zeitgenössischen viel Raum. Förderung junger Regisseure.

Raab, M.: Wolfgang Engel. Regie am Theater. Frankfurt a. M. 1991; Sein oder Nichtsein? Staatsschauspiel Dresden 1913 bis heute. Hg. U. Dittmann. Dresden o. J.; Wellemeyer, T.: Innenraum – Spielraum – Gesellschaftsraum. Über Wolfgang Engels Theaterarbeit in der Mitte der achtziger Jahre. Leipzig 1989; Wolfgang Engel inszeniert Goethes Faust am Staatstheater Dresden 1990. Dokumentiert von D. Görne. Berlin 1991; Wolfgang Engel inszeniert «Penthesilea» von H. v. Kleist. Hg. M. Funke, D. Görne. Berlin 1989.

Werner Schulze-Reimpell

Epp, Leon, * 29. 5. 1905 Wien, † 21. 12. 1968 Eisenstadt (Burgenland). Regisseur, Theaterleiter, Schauspieler. E. studierte an der Wiener Akademie für Musik und darstellende Kunst und war als Schauspieler in Teplitz-Schönau (Teplice), München (Kammerspiele), Nürnberg, Köln und am Neuen Wiener Schauspielhaus tätig, bevor er 1937 in Wien das Th. Die Insel gründete (Regie u. a. bei Claudels *Der Tausch*, 1937), das nach dem «Anschluss» Österreichs von der SS besetzt und im Juni 1938 geschlossen wurde. Er war dann Regisseur am Wiener Volkstheater, künstl. Leiter der Komödie in Wien (1939–41), Oberspielleiter in Bochum, Direktor in Graz. 1945 gründete er im Gebäude der ehemaligen Komödie das literarisch und aktuell ausgerichtete Th. Die Insel, an dem u. a. → Meinrad, → Moser, → Geßner, → Ott auftraten. Regie u. a. bei Stücken Čechovs, Schnitzlers, Achards, Hauptmanns, Claudel, Rollands. Um den literarischen Spielplan finanzieren zu können, pachtete E. 1948–49 das Renaissancetheater als Bühne für Lustspiele. Die Folgen der Währungsreform erzwangen 1951 die Schließung der Insel. Von 1952 bis zu seinem Unfalltod war E. (1958–60 auch Intendant in Münster) Direktor des Wiener Volkstheaters, das unter seiner Leitung zu einer der führenden dt.sprachigen Bühnen wurde. Der Spielplan wurde literarischer, die Insz.en auch alter Stücke zeitgemäßer; neben dem Wiener Volksstück, das seinen Stellenwert behielt, wurde das Schwergewicht auf moderne Dramatik gelegt. E. durchbrach den von den Kritikern Hans Weigel und Friedrich Torberg propagierten → Brecht-Boykott der Wiener Bühnen, inszenierte Sartres *Die schmutzigen Hände* (1954), Dürrenmatts *Der Besuch der alten Dame* (1956), *Frank V.* (1962), Ionescos *Mörder ohne Bezahlung* (1961), Genets *Der Balkon* (1961), *Die Wände* (1963), Frischs *Andorra* (1964), Hochhuths *Der Stellvertreter* (1964), Saunders' *Ein Duft von Blumen* (1966). Weitere Insz.en u. a. von Freytags *Die Journalisten* (1953, mit → Schenk), → Shakespeares *Ein Sommernachtstraum* (1965, Musik Carl Orff), Švarc' *Der Drache* (1966), → Raimunds *Die gefesselte Phantasie* (1968). 1954 begründete E. das «Volkstheater in den Außenbezirken» (heute «Th. in den Bezirken»), um an verschiedenen Spielstätten die Außen- und Randbezirke Wiens und seiner Umgebung zu bespielen. Er war verheiratet mit der Schauspielerin Elisabeth E. (geb. Eschbaum, * 26. 1. 1910 Köln, † 29. 10. 2000 Wien). – E. prägte als engagierter Regisseur und Intendant das Wiener Theaterleben. Mit seinen dem Wort und den Intentionen des Autors verpflichteten Insz.en half er v. a. moderne Autoren und aktuelle Stücke an den österr. Th.n durchzusetzen. Als Intendant um die Balance von literarischem Niveau und Unterhaltung im Spielplan bemüht, dabei nie das künstl. Risiko scheuend. Neben Stella → Kadmons Th. der Courage war es v. a. das Volkstheater unter seiner Leitung, das internat. aktueller Dramatik eine Heimstatt in Wien bot.

Breitenecker, K.: Es muß gewagt werden: die Direktion Leon Epp am Volkstheater 1952–1968. Dipl.-Arbeit Univ. Wien 1991; Eder, A.: Theater Die Insel in der Komödie. Wien 1998 *(Katalog)*; Epp, E.: Erinnerungen. Aufzeichnungen eines Theaterlebens. Wien 2000; dies.:

Glück auf einer Insel. Leon Epp – Leben und Arbeit. Wien, Stuttgart 1974; Es muß gewagt sein: Leon Epp 1905–1968. Hg. Volkstheater. Wien 1999; 100 Jahre Volkstheater. Hg. E. Schreiner. Wien, München 1989.

Wolfgang Beck

Erfurth, Ulrich (Wilhelm), * 22. 3. 1910 Elberfeld (heute Wuppertal), † 21. 9. 1986 Hamburg. Schauspieler, Regisseur, Theaterleiter.

Einige Semester Theaterwissenschaft in Köln. 1931 Regieassistent, Schauspieler, Tänzer am Stadttheater Wuppertal. 1932 erste Insz. 1934–35 Oberspielleiter am Stadttheater Koblenz, 1935–44 am Preuß. Staatstheater Berlin. Er inszenierte u. a. Lope de Vegas *Der Ritter vom Mirakel*, Michaels *Der blaue Strohhut*. 1946–49 Oberspielleiter der Hamburger Kammerspiele (Euripides / Werfels *Die Troerinnen*, Schillers *Maria Stuart*). 1949–55 Oberspielleiter, dann Schauspieldirektor des Düsseldorfer Schauspielhauses (*Hamlet* und *Othello* von → Shakespeare, Kafkas *Der Prozeß*, Millers *Der Tod eines Handlungsreisenden*, *Wallenstein* und *Wilhelm Tell* von Schiller, Pirandellos *Sechs Personen suchen einen Autor*). 1955–63 Dt. Schauspielhaus Hamburg, stellvertretender Intendant. Inszenierte u. a. Schillers *Wallensteins Tod*, Wedekinds *König Nicolo*, Hauptmanns *Rose Bernd*, Moretos *Donna Diana*, Dürrenmatts *Der Besuch der alten Dame*, Racines *Phädra*, → Goethes *Egmont*, Schehadés *Die Geschichte von Vasco*, Hauptmanns *Iphigenie in Delphi*, O'Neills *Fast ein Poet*, Büchners *Woyzeck*, → Brechts *Der Hofmeister*, → Lessings *Minna von Barnhelm*, Kleists *Das Käthchen von Heilbronn*, Hamsuns *Vom Teufel geholt*, Frischs *Don Juan oder Die Liebe zur Geometrie*. 1964 für kurze Zeit Leiter des Schauspielinstituts der Folkwangschule Essen. 1965–67 Vizedirektor des Wiener Burgtheaters, 1966–75 Intendant der Bad Hersfelder Festspiele (Shakespeares *König Lear*, Grabbes *Napoleon oder Die hundert Tage*), zugleich 1967–72 Generalintendant der Städt. Bühnen Frankfurt a. M. 1976–77 Leiter der Burgfestspiele Jagsthausen. Gastinsz.en. Filmregie u. a. bei *Keine Angst vor großen Tieren* (1953), *Rittmeister Wronski* (1954), *Die Troerinnen* (1966, TV). – Handwerklich gediegener Schauspielregisseur im Banne des Vorbilds → Gründgens, in dessen Schatten er 24 Jahre arbeitete. Wählte ausschließlich Stücke von literarischem Rang und bemühte sich um publikumsfreundliche Spielpläne. Kein Interesse an Avantgarde.

Werner Schulze-Reimpell

Eschberg, Peter (eig. Eschberger), * 20. 10. 1936 Wien. Schauspieler, Regisseur, Intendant.

Sohn eines Malers und Hoteldirektors. Ausbildung Max-Reinhardt-Seminar Wien. Debüt am Wiener Volkstheater. 1959–65 Münchner Kammerspiele, Arbeit mit Fritz → Kortner und Karl → Paryla. 1965–68 Gastspiele in Wien, Frankfurt a. M., Berlin. 1968–81 Schauspiel Köln, seit 1970 auch als Regisseur, seit Ende der 1970er Jahre fast ausschließlich. Spielte Rostands *Cyrano de Bergerac*, Wedekinds *Marquis von Keith*, Marquis de Sade in *Marat / Sade* von Peter Weiss, Vater in Strindbergs *Der Vater* (in eigener Insz.). 1981–86 Schauspieldirektor in Bonn, 1986–91 Intendant Schauspiel Bonn. Zahlreiche UAen. Einsatz besonders für Elfriede Jelinek (5 UA / DEA), Rainald Goetz (3 UA), Hartmut Lange, Joshua Sobol. Einladungen zum Berliner Theatertreffen. Das Bonner Schauspiel gewann überregionale Aufmerksamkeit. Für E.s *Faust*-Insz. entwarf Alfred Hrdlička die Ausstattung. 1991–2001 Intendant Schauspiel Frankfurt a. M. Beschäftigung mit Thomas Bernhard, vier Insz.en seiner Stücke durch E. Letzte Insz. und TR in → Shakespeares *König Lear* (2001). Vor dem Hintergrund erheblicher kulturpolitischer Kontroversen mit der Stadt und Etatkürzungen wenig glückhafte Theaterleitung. Spielplan ohne deutliche Profilierung. Fernsehproduktionen als Schauspieler und Regisseur. 1987 Professorentitel und Bundesverdienstkreuz, 2002 Goethe-Plakette der Stadt Frankfurt. Lesungen, Hörbücher.

<small>Eschberg, P.: Gegen Heuchelei. Eine subjektive Theatergeschichte. Wien 2002; Jelinek, E. u. a.: Peter Eschberg, Theatermacher, was sonst! Frankfurt a. M. 2001; Klunker, H. u. a.: Peter Eschberg, Theatermacher. Bonn 1991.</small>

Werner Schulze-Reimpell

Esrig, David, * 23. 9. 1935 Haifa (Israel). Regisseur, Theaterpädagoge.

E. kam 1938 in die elterliche Heimat Rumänien, wo er 1953–58 am Bukarester Institutul de Arta Teatrala si Cinematografica ‹ I. L. Caragiale › Regie studierte (Diplom 1958) und 1957 → Molières *Die Schelmenstreiche des Scapin* (1958 Teatrul Tineretului Piatra Neamt) inszenierte. Arbeit in Bukarest als Fernsehregisseur und am Teatrul Evreiesc de Stat (Jüd. Staatstheater), Regie bei Gorbatovs *Di Iugnt fun di Eltern* (1959). 1961–68 Regie am Bukarester Teatrul de Comedie bei Coşaşus *Mi se pare romantic* (1961), Ştefănescus *Procesul Domnului Caragiale* (1962), Svarč' *Der Schatten* (1963; 1968 Th. Bonn), → Shakespeares *Troilus und Cressida* (1965; Gastspiel Th. des Nations Paris; 1972 Bayer. Staatsschauspiel), Ciprians *Capul de rățoi* (1966). Weitere Insz.en u. a. am Teatrul Municipal ‹ George Bacovia › in Bacău (Storin, *O felie de lună*, 1963), am Bukarester Teatrul ‹ Lucia Sturdza Bulandra › von Diderots *Rameaus Neffe* (1968) und Becketts *Warten auf Godot* (verboten), am Teatrul Naţional in Constanţa (Goldoni, *Trilogie der Sommerfrische*, 1969). 1967 Promotion, 1969 Habilitation (über Diderot). Ende der 1960er Jahre Schauspieldirektor am Teatrul Naţional ‹ Ion Luca Caragiale › (Nationaltheater) in Bukarest. Schwierigkeiten mit der Zensur: Seine Insz. von Shakespeares *Der Sturm* wurde verboten, andere Stücke nicht zugelassen. Insz. von Collaltos *Die Drillinge von Venedig* in eigener Übersetzung (1973). 1974 Übersiedlung in die BRD, wo er 1968 in Bonn erstmals inszeniert hatte. Gastinsz.en u. a. in Bremen (*Meister Pathelin*, 1974; → Brecht / Weill, *Die Dreigroschenoper*, 1975), Köln, München (Synge, *Ein wahrer Held*, 1976, Bayer. Staatsschauspiel), am Pariser Th. National de Chaillot (Serreau / Esrig, *Tabarin*, 1974/75), Haifa, Tel Aviv. 1978 Dr. phil. habil. an der Universität München. 1979–1981 Schauspieldirektor am Stadttheater Bern (Gor'kij, *Das Nachtasyl*, 1980; 1982 Essen), 1981–1984 in Essen. Insz.en von Shakespeares *Hamlet* (1983), *Der Krieg* nach Goldoni (1984), Diderots *Brief über die Blinden*. Seit 1985 freier Regisseur, u. a. bei der internat. multimedialen Theaterproduktion *Der Golem* (1993–94, München, Bukarest, Haifa), am Landestheater Salzburg bei Shakespeares *Romeo und Julia* (1998). E., der an der Universitatea Nationala de Arta Teatrala si Cinematografica Bucuresti, den Universitäten München und Essen gelehrt hatte, gründete 1995 (und leitet seither) die Akademie für darstellende Kunst und Regie Athanor in Burghausen, bei deren Schulproduktionen meist er Regie führt. Auszeichnungen u. a. Preis des Th. des Nations 1965, Preis der franz. Kritik 1964/65 (mit → Zeffirelli), des Belgrader Festivals BITEF 1967 (mit → Grotowski und → Krejca) und 1973, Rumän. Verdienstorden 2000, Nat. Kulturpreis Rumäniens (2003), Preis des rumän. Th.-Verbandes UNITER (2004), Dr. h. c. (2005) der Universitatea Nationala de Arta Teatrala si Cinematografica; Ehrenpräsident des Europ. Schul-Th.-Festivals. – E. ist ein engagierter und kritischer Regisseur, am Werk orientiert, seine Insz.en zeigen häufig eine Affinität zu den Traditionen der Commedia dell'arte. «Eine Aufführung ist ein Weltbild, sie ist ein Blick auf die Welt, wie ich sie sehe.»

[…] Theater muss ethisch verbindlich und engagiert und manifest sein» (E., zit. nach E. Rath: *Körper sind sehr ausdrucksstark*, in: *Salzburger Nachrichten*, 19. 2. 2005).

<small>Commedia dell'Arte – Eine Bildgeschichte der Kunst des Spektakels. Hg. D. Esrig. Nördlingen 1985; Serreau, G., D. Esrig: Tabarin. Paris 1981.</small>

<small>*Wolfgang Beck*</small>

Evans, Dame Edith (Mary), * 8. 2. 1888 London, † 14. 10. 1976 Cranbrook (Großbritannien). Schauspielerin.

Gelernte Modistin, besuchte seit 1904 eine Londoner Schauspielschule und debütierte bei den Streatham Shakespeare Players. 1912 von William Poel entdeckt, war ihr Londoner Debüt die TR in → Shakespeares *Troilus and Cressida*. Ging danach u. a. mit Ellen → Terry auf Tournee. 1924 großer Erfolg im Lyric Th. Hammersmith als Mrs. Millamant in W. Congreves *Way of the World (Der Lauf der Welt)*. Seit 1925 mehrere Spielzeiten am Old Vic Th., danach an verschiedenen Londoner Bühnen, in Stratford-upon-Avon sowie in New York. Ehrendoktorin mehrerer Universitäten, 1946 geadelt. – Zu den wichtigen Rollen der überaus vielseitigen E. gehörten u. a. Lady Utterwood in Shaws *Heartbreak House (Haus Herzenstod*, 1921), Mrs. Sullen in Farquhars *The Beaux' Strategem* (1927), Katharina Iwanowna in Acklands (nach Dostoevskij) *Schuld und Sühne* (1946, mit J. → Gielgud), Ranjewskaja in Čechovs *Kirschgarten* (1946). Christopher Fry schrieb die Rolle der Gräfin Ostenburg in *The Dark Is Light Enough (Das Dunkel ist Licht genug)* für E., die sie bei der UA 1954 interpretierte (Aldwych Th., R. P. → Brook). V. a. Shakespeare-Rollen trugen zu ihrem Ruhm bei. So am Old Vic u. a. Helene in *A Midsummer Night's Dream (Ein Sommernachtstraum)*, Porzia in *The Merchant of Venice (Der Kaufmann von Venedig)*, Katharina in *Taming of the Shrew (Der Widerspenstigen Zähmung)*, Amme in *Romeo and Juliet*, Rosalinde in *As You Like It (Wie es euch gefällt)*, Katherine in *King Henry VIII* (1958). In Stratford-upon-Avon u. a. Volumnia in *Coriolan* (1959), Margaret in *Richard III.* (1961). Ihre wohl berühmteste Rolle war dennoch Lady Bracknell in O. Wildes *The Importance of Being Earnest (Ernst sein ist alles)*, die sie mehrfach interpretierte (1939, 1942, 1952 in der Insz. Gielguds mit Peggy → Ashcroft). E. trat v. a. später in Monodramen u. ä. auf, so auch in einer «One-Woman-Show» 1974 bei ihrem letzten Bühnenauftritt. Filme u. a. *The Importance of Being Earnest* (1952), *Look Back in Anger* (1959), *The Nun's Story* (1959), *Tom Jones* (1963), *The Chalk Garden* (1964), *The Whisperers* (1967), *Crooks and Coronets* (1969), *A Doll's House* (1973). – Eine der bedeutendsten und vielseitigsten engl.sprachigen Schauspielerinnen des 20. Jh.s, deren Repertoire von Shakespeare und den Restaurationsdramen bis zur Moderne reichte. Interessiert v. a. an schwierigen und psychologisch komplizierten Rollenporträts. Bekannt für ihre Sprachkultur und Meisterschaft in der (An-)Verwandlung unterschiedlichster komischer wie tragischer Rollen.

<small>Forbes, B.: Ned's Girl: the Life of Dame Edith Evans. London 1991; Trewin, J. C.: Edith Evans. London 1954.</small>

<small>*Wolfgang Beck*</small>

Everding, August, * 31. 10. 1928 Bottrop, † 26. 1. 1999 München. Regisseur, Theaterleiter.

Sohn eines Organisten. Studium der Philosophie, Theologie, Germanistik in Bonn (1949–51), der Philosophie, Geschichte, Theaterwissenschaft in München (1951–53). Studententheater. 1953–56 Regieassistent, seit 1955 Regisseur (zuerst bei von Bassewitz' *Peterchens Mondfahrt*), 1959 Oberspielleiter, 1960 Schauspieldirektor und stellvertretender Intendant, 1963–1973 Intendant der Münchner Kammerspiele. Insz.en u. a. von Hildesheimers *Pastorale* (UA 1958), Dürrenmatts *Frank V.* (DEA 1960), Kipphardts *Der Hund des Generals* (UA 1962), *Joel Brand* (UA 1965), → Brechts *Herr Puntila und sein Knecht Matti* (1964), Albees *Empfindliches Gleichgewicht* (DEA 1967), *Alles vorbei* (DEA 1972), Sperrs *Landshuter Erzählungen* (UA 1967), Shaffers *Revanche* (1970), Hochhuths *Die Hebamme* (UA 1972). Übergang zum Musiktheater; zuerst Verdis *La Traviata* (1965, Bayer. Staatsoper). 1973–77 Intendant der Hamburgischen Staatsoper; Professor der Hochschule für Musik und Darstellende Kunst. Regie u. a. bei Searles *Hamlet* (UA 1968), Telemanns *Pimpinone* (1974), Wagners *Lohengrin* (1977; 1978 München). 1977–82 Intendant der Bayer. Staatsoper München. Insz.en dort u. a. von Orffs *Prometheus* (UA 1968), Mozarts *Die Zauberflöte* (1978; 1979 Covent Garden, London) und *Mitridate* (1990), Honeggers *Johanna auf dem Scheiterhaufen* (1984), Pendereckis *Ubu Rex* (UA 1991). 1982–93 Generalintendant der Bayer. Staatstheater. Seit 1993 Staatsintendant. Initiator und Präsident der Bayer. Theaterakademie. Professor der Musikhochschule München. Bei den Bayreuther Festspielen Regie von Wagners *Der fliegende Holländer* (1969) und *Tristan und Isolde* (1974, 1996 Prinzregententheater München); bei den Salzburger Festspielen von Orffs *De temporum fine comoedia* (UA 1973), Landis *Il Sant'Alessio* (1977). Als Gastregisseur weltweit tätig. Am Teatr Wielki (Warschau) 1988–89 Insz. von Wagners *Der Ring des Nibelungen*. Letzte Opernregie bei Strauss' *Capriccio* (1998, Staatstheater München). V. a. seiner Initiative ist zu danken, dass das Prinzregententheater in München nicht abgerissen, sondern restauriert wurde. Hier inszenierte er Hillers *Peter Pan* (UA 1997) und als letzte Sprechtheaterregie Hochhuths *Effis Nacht* (UA 1998). Fernseharbeit als Regisseur, Moderator, Gesprächsleiter. Zahlreiche theater- und kulturpolitische Funktionen, u. a.

Präsident der dt. Sektion des Internat. Th.-Instituts, Präsident des Dt. Bühnenvereins, des Dt. Kulturrats. – Der vielfach ausgezeichnete E. war ein Allroundtalent: Regisseur, Theaterleiter, Manager, Moderator und Medienstar. Ein Regisseur, der werktreu und ohne weitergehende künstl. Experimente den Sinn der Stücke und Opern herauszuarbeiten suchte. Ein manchmal fast zu eloquenter Streiter für Th. und Kultur, ein Selbstinszenator und Kommunikator, überall beteiligt, vieles bewegend durch seine Beziehungen zur Wirtschaft und Politik. «Kultur war ihm Lebenselexier und Lebenshaltung. Wie kaum ein anderer vermochte er dem Theater zu gewinnen, was das Theater braucht: Geld, Ansehen und die Herzen der Menschen. […] Er war vor allem in seinen späten Jahren ein Theaterermöglicher» (D. Brandenburg in *Die dt. Bühne* 3/99).

Everding, A.: Mir ist die Ehre widerfahren. An-Reden Mit-Reden Zu-Reden. München 1985; ders.: Wenn für Romeo der letzte Vorhang fällt. München 1993; ders.: Zur Sache, wenn's beliebt. München 1996; Die ganze Welt ist Bühne. Hg. K. J. Seidel. München 1988; Reissinger, M.: August Everding. München 1999.

Wolfgang Beck

Eyre, Sir Richard (Charles Hastings), * 28. 3. 1943 Barnstaple (Devon, Großbritannien). Regisseur, Theaterleiter.

Sohn eines Marineoffiziers. Studium in Cambridge. Erste Regie 1965 bei Ann Jellicoes *The Knack* im Phoenix Th. (Leicester). 1967–72 Regisseur am Royal Lyceum Th. (Edinburgh), dessen Produktionsleiter er 1970 wurde. Insz.en u. a. von Stücken Čechovs *(Drei Schwestern, Der Kirschgarten),* → Brechts *(Mit Pauken und Trompeten, Schweyk im zweiten Weltkrieg),* → McGraths (*Random Happenings in the Hebrides,* Edinburgh Festival). 1969–71 jeweils STV Award für die beste schott. Produktion. E. leitete Tourneen des British Council nach Westafrika (1971) und Südostasien (1972). 1973–78 künstl. Leiter des Nottingham Playhouse. Förderung neuer Autoren, Insz.en u. a. von Brenton / Hares *Brassneck*, Brentons *The Churchill Play*, Griffith' *Comedians*. Außerdem Klassikerinszenierungen: Gogol's *Der Revisor*, → Shakespeares *Othello*, Jonsons *Bartholomew Fair* und *The Alchemist*. 1979 Insz. von Shakespeares *Hamlet* am Royal Court Th. (London). 1978–80 Produzent der Sendereihe «Play for Today» der BBC, in deren Aufsichtsgremien er 1995–2003 arbeitete. 1981–88 Ko-Direktor des National Th. (NT) in London, das er 1988–97 als Nachfolger Peter → Halls kommerziell wie künstl. erfolgreich leitete. Inszenierte in dieser Zeit auch Musicals (Loessers *Guys 'n' Dolls*) und «ballad operas» (Gays *The Beggar's Opera*). Regie u. a. von Mamets *Edmond* (1985), Hughes' *Futurists* (1986), Shakespeares *Hamlet* (1989), *Richard III* (1990), *Macbeth* (1993), Williams' *The Night of the Iguana* (*Die Nacht des Leguan*, 1992), *Sweet Bird of Youth* (*Süßer Vogel Jugend*, 1994), Hares Trilogie *Racing Demon* (1990), *Murmuring Judges* (1991), *The Absence of War* (1993). Nach dem Verlassen des NT freier Theater-, Film- und Fernsehregisseur in Großbritannien und den USA. Regie bei Ibsens *Hedda Gabler* (Almeida Th.), Fellowes / Shermans *Mary Poppins* (beide 2004, Prince Edward Th.). Wenige Operninszenierungen (Mozarts *Le nozze di Figaro*, 2001 Aix-en-Provence). Aufführungen am Broadway, u. a. Hares *The Judas Kiss* (1998, Broadhurst Th.), *Amy's View* (1999, Ethel Barrymore Th., Übernahme vom NT), Millers *The Crucible* (*Hexenjagd*, 2002, Virginia Th.), Wrights *Vincent in Brixton* (2003, John Golden Th.).– Fernsehproduktionen u. a. von Shakespeares *Julius Caesar* (1960) und *King Lear* (1997), Griffith' *Comedians* (1979) und *Country* (1981), Bennetts *The Insurance Man* (1986), Woods *Tumbledown* (1989), Williams' *Suddenly Last Summer* (1993), Becketts *Rockaby* (2000). Autor und Präsentator einer Serie über das brit. Th. des 20. Jh.s (*Changing Stages*, 2000). Zu seinen erfolgreichen Filmarbeiten gehören *The Ploughman's Lunch* (1983) und *Iris* (2001, mit Judi → Dench). Zahlreiche internat. Auszeichnungen, mehrfacher Ehrendoktor. 1992 CBE (Commander of the British Empire), 1997 geadelt.

Bedeutender Regisseur, der im Th. wie im Film gesellschaftliche Widersprüche herausarbeitet, Klassiker gegenwärtig vermitteln kann. So versetzte er in seiner hochgelobten (verfilmten) Insz. von Shakespeares *Richard III* (1990) das Stück in die Zeit des 1. Weltkriegs, und der Aufstieg des Titelhelden glich dem der Diktatoren des 20. Jh.s. Seine kritische und auf soziale Genauigkeit achtende Regie zeigt sich gerade in seinen Insz.en moderner Stücke. E. öffnete das NT moderner Dramatik und alternativen Regieentwürfen.

Eyre, R.: National Service – Diary of a Decade. London 2003; ders.: Utopia and Other Places. London 1993; ders., N. Wright: Changing Stages. London 2000; Wu, D.: Making plays. New York 2000.

Wolfgang Beck

Eysoldt, Gertrud (Gabriele Franziska), * 30. 11. 1870 Pirna, † 6. 1. 1955 Ohlstadt bei Murnau. Schauspielerin, Schauspiellehrerin, Theaterleiterin.

In München absolvierte E. die Musikfachschule und wurde nach Schauspielunterricht bei Heinrich Richter 1889 Elevin am Hoftheater. 1890/91 trat sie am Hoftheater Meiningen in naiv-sentimentalen Rollen auf und nahm am Russlandgastspiel der Meininger teil. Seit 1891 Mitglied am Dt. Th. in Riga, dessen Direktor Max Martersteig sie 1894 heiratete, spielte E. dort zum ersten Mal ihre spätere Glanzrolle, den Puck in → Shakespeares *Ein Sommernachtstraum* (1893). Am Stuttgarter Hoftheater (1893–97) avancierte E. u. a. in den TRn von Hauptmanns *Hanneles Himmel-*

fahrt (1893) und Ibsens *Nora* (1894) zum Publikumsliebling. – 1898 kam E. nach Berlin, wo sie am Dt. Th. unter → Brahm gastierte und am Schiller- und Lessing-Th. (u. a. in der UA von Sudermanns *Johannisfeuer*, P. 5. 1. 1900) auftrat. Ohne Engagement trug E. 1901 dän. Gossenlieder im Kabarett «Schall und Rauch» vor. Dort begann ihre enge Zusammenarbeit mit → Reinhardt. An seiner in Kleines Th. umbenannten Bühne spielte sie 1902 Henriette in Strindbergs *Rausch*, die TR in Wildes *Salome*, Lulu in Wedekinds *Erdgeist*. Ein triumphaler Erfolg gelang ihr dort als Nastja in Gor'kijs *Nachtasyl* (DEA 23. 1. 1903): Von ihrer Darstellung beeindruckt, schuf Hofmannsthal daraufhin für sie die TR der *Elektra*, die E. in der UA am Neuen Th. kongenial verkörperte (P. 13. 10. 1903, R. Reinhardt) und R. Strauss zu seiner Opernfassung inspirierte. Hofmannsthal schrieb ihr 1905: «Wir wollen einander immer wieder Gestalten und nichts als Gestalten schenken wie viel schöner ist das als Worte, und selbst Blicke und alles übrige» (*Der Sturm Elektra*, S. 17). Er konzipierte noch 2 weitere Rollen für E.: Kreons Schwertträger in *Ödipus und die Sphinx* (UA 2. 2. 1906, Dt. Th.) und die Figur der Guten Werke in *Jedermann* (UA 1. 12. 1911, Zirkus Schumann, beide R. Reinhardt). – Seit 1905 Mitglied des Dt. Th.s auf Lebenszeit, begann E. an der zugehörigen Schauspielschule zu unterrichten. Bis 1933 gehörte sie zu den festen Größen in Reinhardts Ensemble und spielte an fast allen seinen Berliner Bühnen: Nach der TR in Strindbergs *Fräulein Julie* (1904, Kleines Th.) feierte sie 1905 als Puck in Shakespeares *Sommernachtstraum* (Neues Th.) einen sensationellen Erfolg. E., die diese Rolle bis 1921 in 5 Reinhardt-Insz.en spielte, «befreite den Puck von den graziösen Gebärden, dem süßen Geton, dem neckischen Gehabe der Hoftheaternaiven» (W. Drews in *FAZ*, 10. 1. 1955). – Weitere Rollen u. a. in Wedekinds *Frühlings Erwachen* (UA 20. 11. 1906), Ibsens *Hedda Gabler* (1907), → Goethes *Clavigo* (1908, jeweils Kammerspiele), Kleists *Penthesilea*, Gozzis *Turandot* (beide 1911), Strindbergs *Totentanz* (1912, jeweils Dt. Th.) und *Wetterleuchten* (1913, Kammerspiele). – «Trotz ihres kindlichen, knabenhaften Körpers wirkt die Eysoldt keineswegs unerotisch. Im Gegenteil: mit diesen Rollen, den ‹großen Perversen› wird sie zur Vampfigur der Wilhelminischen Ära um 1910 und damit zugleich zur ersten ‹Feministin› der deutschen Bühne. […] Ihr kindlicher Körper, ihre akrobatische Beweglichkeit und ihre geschlechtlich neutrale Stimme ermöglichen der Eysoldt plötzliche Wechsel von einer zynischen zu einer schlangenhaften oder unschuldsvollen bis zu einer tödlich schönen Figur» (Bier, S. 58). – Kafka schwärmte 1913 gegenüber seiner Verlobten Felice Bauer: «Hast Du die Eysoldt schon gehört? Ihr Wesen und ihre Stimme beherrschen mich geradezu». – Nach weniger erfolgreichen Rollen in Strindbergs *Gespenstersonate* (DEA 20. 10. 1916), Sorges *Der Bettler* (UA 1917, beide Kammerspiele), Wedekinds *Die Büchse der Pandora* (1918, Kleines Schauspielhaus), Hasenclevers *Antigone* (1920, Großes Schauspielhaus) übernahm E. als Direktorin, Regisseurin, Schauspielerin 1920–22 das Kleine Schauspielhaus. Trotz Androhung einer Haftstrafe brachte sie dort am 23. 12. 1920 Schnitzlers *Reigen* zur UA (R. H. Reusch), die 1921 zum berühmten *Reigen*-Prozess führte, der mit einem Freispruch von Direktion und Ensemble endete. – Auf der Bühne war E. u. a. in Shaws *Pygmalion* (1923), Hauptmanns *Dorothea Angermann* (1927) und *Rose Bernd* (1932, alle Kammerspiele) zu sehen. Nach der Auflösung des Reinhardt-Ensembles 1933 zog sie sich weitgehend von der Bühne zurück und übernahm neben ihrer Lehrtätigkeit vermehrt Filmrollen. – Auf der Leinwand hatte E. 1923 mit den Filmen *Das brennende Geheim-*

nis und *Der verlorene Schuh* ihr Debüt gegeben. Es folgten *Dr. Bessels Verwandlung* (1927), *Anwalt des Herzens* (1927), *Die Dame mit der Maske* (1928), *... reitet für Deutschland* (1941), *Ein Windstoß* (1942), *Nachtwache* (1949). – 1943 verließ E. Berlin und lebte seit 1945 im oberbayer. Ohlstadt bei Murnau. Nach ihr benannt ist der G.-E.-Ring, den die Stadt Bensheim im Namen der Wilhelm-Ringelband-Stiftung seit 1986 für hervorragende schauspielerische Leistung verleiht.

Bab, J., W. Handl: Deutsche Schauspieler. Berlin 1908; Bier, M.: Schauspielerporträts. Berlin 1989; Clauss, E.-M.: Nur schaffen will ich und geschaffen werden. Oldenburg 2001; Ihering, H.: Von Josef Kainz bis Paula Wessely. Heidelberg u. a. 1942: Niemann, C.: Gertrud Eysoldt. Bensheim 1988 *(Katalog)*; ders.: «Das Herz meiner Künstlerschaft ist Mut». Die Max-Reinhardt-Schauspielerin Gertrud Eysoldt. In: prinzenstraße. Hannoversche Hefte zur Theatergeschichte. 6. Bd. Hannover 1995; Der Sturm Elektra. Gertrud Eysoldt / Hugo von Hofmannsthal – Briefe. Hg. L. M. Fiedler. Salzburg 1996.

Nina Grabe

F

Fabian, Jo, * 18. 1. 1960 Berlin. Schauspieler, Autor, Regisseur, Choreograph.

Nach einem Schauspielstudium in Rostock erhielt F. Engagements an den Th.n in Gera (1983/84) und Meiningen (1984–87), wo auch seine ersten Regiearbeiten zu eigenen Stücken entstanden (u. a. *Nebel / Schwarze Phantasie* oder *Wartesaal*). Seit 1987 freiberuflich als Regisseur und Autor tätig, arbeitete mit dem Studententheater Louis Fürnberg in Leipzig und inszenierte 1989 am Bauhaus in Dessau (*Example No. P*). Im selben Jahr Gründung der freien Projektgruppe example dept. in Berlin, die aus Schauspielern und Tänzern besteht. Parallel zur freien Theaterarbeit inszeniert F. kontinuierlich an Stadttheatern, so am Landestheater Dessau (→ Müllers *Hamletmaschine*, 1990; *Parsifal*, 1992) oder für das Tanztheater am Staatstheater Cottbus (*Fish on the beach*, 1991; *Simple Swan*, 1992; *BaalTanzTod*, 1994). – Mit seiner Gruppe example dept. entwickelte F. ein unverwechselbares Profil: ein Th. der Bilder, das «Geschichten» in surrealen Bildentwürfen und Szenen einfängt und mit der Wahrnehmung von Zeit durch totale Verlangsamung bis hin zur «Stillegung von Zeit» operiert. Alle Medien und Genres der Bühne verschmilzt er miteinander, experimentiert mit Bewegungen, Klängen, neuen Technologien, Videoinstallationen. In der klaren Formensprache und Raumarchitektur, der Stilisierung der menschlichen Figur durch Kostüme und mechanisierte tänzerische Bewegungen zeigt er sich vom Konstruktivismus, insbesondere vom Bauhaus beeinflusst. Mitte der 1990er Jahre entwickelte sich aus der Gruppe example dept. die DEPARTMENT Theater GmbH als Zusammenschluss darstellender und bildender Künstler.

Inhaltliche Aussagen und Botschaften vermitteln sich in seinen Arbeiten nicht über eine Handlung und Erzählung, sondern über die Zeichen der Bilder und Bewegungen. F. hinterfragt die Bedeutung von Gesten, die in einem bestimmten System zu Zeichen und Symbolen geworden sind, in einem anderen jedoch eine ganz andere Aussage haben können. Für den Tanz entwickelte er das sog. Alphasystem, nach dem eine Bewegungssequenz, wie in einem Alphabet, einem Buchstaben entspricht und jede Bewegungsfolge semantisch strukturiert, d. h. entzifferbar, ist. Das Alphasystem wandte F. in *Blown away* (1999), *Lighthouse* (2000) und *The Dark Side of Time* (2001) an. Letzteres hatte er mit dem 1999 an ihn verliehenen «3. Dt. Produzentenpreis für Choreographie» erarbeitet.

In seinen Stücken spielt immer wieder die Auseinandersetzung mit dt. Geschichte und Gegenwart eine entscheidende Rolle, z. B. in seiner Trilogie *Vaterlandskomplex* (1993), von der die beiden ersten Teile *Whiskey & Flags* und *Keine Gnade* 1994 zum Berliner Theatertreffen eingeladen worden waren, in *Alzheimer Light* (1995) oder *Pax Germania* (1997). *Whiskey & Flags*, ein Stück über seine eigene Geschichte, die Wendesituation und Utopien, nahm F. 2003 wieder auf und setzte es mit seiner Neuproduktion *Tenyearsafter* fort. 2002 *Die Idioten. das stück* (UA Hebbel-Th. Berlin), 2004 *Das Dalí-Projekt* (UA Staatstheater Kassel), 2005 *Der Nachttisch Sigmund Freuds als Echo*.

Patricia Stöckemann

Fabre, Jan, * 14. 12. 1958 Antwerpen. Bildender Künstler, Autor, Regisseur, Choreograph.

F. besuchte mit 16 Jahren das Institut für Dekorative Künste und die Königl. Akademie der Schönen Künste in Antwerpen. Bekannt wurde er durch seine bic-blauen Kugelschreiberzeichnungen, dichte Schraffuren, mit denen er auch einige seiner späteren Bühnenräume ausmalte. Seit 1976 Ausstellungen und Ein-Mann-Performances. 1980 Insz. seines ersten Theaterstücks *Theater geschrieben mit einem K ist ein Kater*, 1982 intern. Aufsehen mit dem 8-Stunden-Abend *Es ist Theater wie es zu erwarten und vorauszusehen war* (Brüssel 1982). Auf der Biennale in Venedig 1984 bestätigte der Erfolg seiner Produktion *Die Macht der theatralischen Torheiten* seinen internat. Ruf. 1986 Gründung und seither künstl. Leitung der internat. Theatertruppe Troubleyn mit Sitz in Antwerpen. Mit *The Dance Sections*, 1987 auf der documenta in Kassel uraufgeführt, unternahm F. erste Schritte auf dem Gebiet der Choreographie. Das Stück war zugleich eine Vorstudie seiner mit dem poln. Komponisten Eugeniusz Knapik erarbeiteten Oper *Das Glas im Kopf wird vom Glas* (Antwerpen, De Vlaamse Opera, 1990), dem 1. Teil der Operntrilogie *The Minds of Helena Troubleyn*. Auf der documenta in Kassel 1992 erfolgte die UA des zweiten, ebenfalls mit Tanzsequenzen durchsetzten Teils *Silent Screams, Difficult Dreams*. Vorausgegangen war 1990 eine Auftragsarbeit von William → Forsythe, für dessen Ballett Frankfurt F. das abendfüllende Stück *The Sound of one Hand Clapping* kreierte. Seine choreographische Arbeit setzte F. fort u. a. mit *Da un' altra faccia del tempo* (Brüssel 1993) und *Quando la terra si rimette in movimento* (Het Nationale Ballet, Amsterdam 1995), *Quando l'uomo principale è una donna* (2004) u. a. 2005 war F. künstl. Berater des Festival d'Avignon; zur Eröffnung wurde sein Projekt *Histoire des larmes* uraufgeführt.

Bis heute ist der vielseitige Künstler als Choreograph tätig. Seine Tanzsprache basiert auf der des klassischen Balletts. In glasklarer Präzision zelebriert er mit der Intensität der Wiederholung und Variation immer dieselben Schrittfiguren, Haltungen, Drehungen, Linien und Diagonalen im Raum. Gleichzeitig sucht er den «Einbruch des Realen» auf der Bühne zu inszenieren: «Er schafft eine oft schwer erträgliche Verbindung von Grausamkeit und Geometrie, heftiger Konzentration auf eine quälerische Körperlichkeit und zugleich die Funktionalisierung der Körper zu Faktoren einer Raumgeometrie» (H.-Th. Lehmann, zit. n. Wesemann, S. 119). F.

lässt die Grenzen zwischen Kunst und Alltag, Realität und Fiktion verwischen, ohne die Bühnenrampe zu überschreiten. Seine Bildentwürfe gleichen Traumdarstellungen und erinnern in ihren infernalischen Szenarien an die Visionen eines Hieronymus Bosch. Dabei «verstellt totale Ordnung» in F.s Th. «hartnäckig jede Bedeutung. Zwar gibt es Zeichen, Namen, Verweise, Anspielungen (es gibt sie sogar in verwirrender Fülle), doch wollen sie sich nicht zu irgendeinem faßbaren Sinn zusammenfügen. Indem alles sich auf System und Struktur konzentriert, stellt Theater sich in seinen absurd konkreten Einzelelementen aus, gibt keinen Blick frei auf eine hinter der Szene liegende organische Bedeutung» (H.-Th. Lehmann, *Wenn Wut zur Form gerinnt*, in: *Theaterschrift* Nr. 3, März 1993, S. 98).

Fabre, J.: Ik ben een fout: theaterscripts & theaterteksten (1975–2004). Antwerpen 2004; Van den Dries, L.: Corpus Jan Fabre: observations sur un processus de création. Paris 2005; Jan Fabre: texts on his theatre work. Hg. S. Bousset. Brüssel 1993; Wesemann, A.: Jan Fabre. Frankfurt. a. M. 1994.

Patricia Stöckemann

Falár, Hans, * 1. 6. 1944 Wien, † 13. 8. 2002 Dresden. Tänzer, Schauspieler, Regisseur.

F. begann seine Karriere als Ballett-Eleve der Wiener Staatsoper. Als Schauspieler und als Regisseur wirkte er in Mannheim, Stuttgart, Bremen, Bonn, Frankfurt a. M. und zuletzt in Dresden. F. gehörte zu den großen Charakterspielern des Bonner Schauspielchefs Peter → Eschberg, dem er 1991 an das Frankfurter Schauspiel folgte. Eine weitere wichtige Station seiner Laufbahn war das Bremer Th. unter dem Schauspieldirektor Günter → Krämer, in dessen Insz. von → Brecht / Weills *Dreigroschenoper* (1987) er am Berliner Th. des Westens und der Hamburger Staatsoper als Peachum zu sehen war. 1989 inszenierte er in Bremen *Frühlings Erwachen* von Frank Wedekind. 1988 erhielt F. als Auszeichnung für seine schauspielerischen Leistungen in der Bremer Ära den «Silbernen Roland» der Volksbühne Bremen. Am Schauspiel Frankfurt, wo er u. a. *Der Feind* (1995) von Julien Green und *Der Geizige* (1996) von → Molière erfolgreich in Szene setzte, blieb er bis zur Spielzeit 1995/96. In Heidelberg leitete er seit 1996 das Tanztheater, wo er szenisch-choreographische Tanztheater-Projekte wie Pasolinis *Orgie* und *Stoned oder Das seltsame Lächeln der Angst* nach Motiven von Edward Bond (P. 1. 4. 1999) inszenierte, aber auch *Ein Sommernachtstraum* von → Shakespeare (P. 18. 10. 1998). Seit August 2001 war F. Mitglied des Dresdner Schauspielhauses, wo er in Holk → Freytags Insz. von → Lessings *Nathan der Weise* (P. 22. 9. 2001) in der TR brillierte, aber auch eigene Insz.en schuf: so die UA von Kristof Magnussons Farce *Der totale Kick* (P. 1. 11. 2001) und die szenische und musikalische Einrichtung von Marie Laberges Stück *Der Falke* (P. 6. 4. 2002). F. war auch als Fernsehschauspieler gefragt; besondere Bekanntheit erlangte er durch seine Darstellung des Transvestiten Harriet Dimanche im Tatort *Rosen für Nadja* (1998). Neben seinen darstellerischen und inszenatorischen Arbeiten verfasste F. 3 Theaterstücke. – «Was für ein Schauspieler! Einer bei dem die Leute den Atem anhielten, wenn er die Bühne betrat, einer dieser Spieler, die durch ihr bloßes Da-Sein schon Kunstwerk sind, die alles Übrige, Licht, Dekoration und Musik nicht mehr so wichtig erscheinen lassen […]» (Hans Hollmann in *Th. heute*).

Theater heute 11/2002.

Eva-Maria Voigtländer

Falckenberg, Otto, * 5. 10. 1873 Koblenz, † 25. 12. 1947 Starnberg. Regisseur, Theaterleiter, Autor.

Sohn eines Hofmusikalienhändlers; Lehre im väterlichen Geschäft und 1893 in einer

Falckenberg, Otto

Berliner Musikalienhandlung. Unabgeschlossenes Literatur- und Kunstgeschichtsstudium in Berlin (1894) und in München, wohin er 1896 endgültig zog. Erste, dem Naturalismus verpflichtete schriftstellerische Arbeiten. 1900 Schriftführer des Goethebundes, 1901 Mitbegründer des Kabaretts Die Elf Scharfrichter (Künstlername Peter Luft); dort auch Autor und Regisseur (1902 Aufführung des 1. Akts von Wedekinds *Erdgeist*). Für den Akademisch-literarischen Verein inszenierte F. u. a. Kleists Fragment *Robert Guiskard* und Hebbels *Der Diamant*. 1903 in Emmering bei Fürstenfeldbruck dramaturgische Studien (speziell zu Schiller) und Arbeit an Dramen. Als Dramatiker erfolgreich mit *Ein Deutsches Weihnachtsspiel* (UA 1906 mit Laien; 1913 Kammerspiele) und *Doktor Eisenbart* (UA 1908 Mannheim). 1914/15 Oberspielleiter und Chefdramaturg der Münchner Kammerspiele unter → Ziegel, dessen Nachfolger als Direktor und künstl. Leiter er 1917 wurde. Unter seiner Leitung wurden die Kammerspiele zu einer überregional beachteten Bühne mit erkennbar eigenem Regie- und Darstellungsstil, an der zahlreiche Schauspieler ihre Karriere begannen (→ Gold, → Flickenschildt, → Hatheyer, → Hoppe, → Giehse, → Drews, → Caspar, → Hasse, → Ambesser, → Rühmann). F. inszenierte Klassiker wie → Shakespeare (*Wie es euch gefällt*, 1917; *Ein Sommernachtstraum*, 1920; *Troilus und Cressida*, 1925; *Cymbeline*, 1926, *Hamlet*, 1930; *Othello*, 1942), → Lessing (*Minna von Barnhelm*, 1931; 1937), Lenz (*Die Buhlschwester*, 1926, nach Plautus), → Goethe (*Urfaust*, 1931; *Torquato Tasso*, 1939), Schiller (*Die Verschwörung des Fiesco zu Genua*, 1921; *Kabale und Liebe*, 1938); Kleist (*Prinz Friedrich von Homburg*, 1938), Büchner (*Dantons Tod*, 1926), Hebbel (*Gyges und sein Ring*, 1941), v. a. aber moderne Dramatik. Dabei reichte die Spannweite von Ibsen (*Die Wildente*, 1932), Strindberg (Dramenzyklus 1915; am erfolgreichsten *Gespenstersonate*, DEA 1915; *Nach Damaskus* Teil 1–3, 1916, Teil 2/3 als UA; *Die Brandstätte*, DEA 1917), Hauptmann (*Die Ratten*, 1932), Wedekind (*Die Zensur, Lulu*, beide 1928) bis zu Dramen Kaisers (*Von morgens bis mitternachts*, UA 1917; *Oktobertag*, 1928), Barlachs (*Der tote Tag*, 1924), Bronnens (*Vatermord*, 1922), → Brechts (*Trommeln in der Nacht*, UA 1922), Leonhard Franks (*Die Ursache*, 1929), Wolfs (*Cyankali*, 1930), Döblins (*Die Ehe*, UA 1930), Billingers (*Rauhnacht*, UA 1931). Gastinsz.en am Dt. Th. Berlin und am Landestheater Salzburg. Obwohl 1933 kurzfristig unter Polizeiaufsicht, konnte der den Nationalsozialisten gegenüber eher indifferente F. unbehelligt die Kammerspiele bis 1944 weiterhin leiten, seit 1939 als städt. Intendant. 1945 Inszenierungsverbot, 1947 rehabilitiert. – Als Regisseur anfangs eher expressiven und surrealen Stilmitteln verpflichtet, später einen «poetischen» Realismus pflegend, den ideellen Gehalt der jeweiligen Stücke herausarbeitend; richtungweisende Insz.en von Werken Strindbergs, Wedekinds, aber auch Shakespeares. Als Regisseur wie als Intendant bedeutend als Förderer aktueller Dramatik, als Entdecker und Lehrer schauspielerischer Talente. Bemüht um Repertoire- und Ensemblepflege. Die den Kammerspielen angegliederte renommierte Schauspielschule trägt seinen Namen.

Euler, F.: Der Regisseur und Schauspielpädagoge Otto Falckenberg. München 1976; Falckenberg, O.: Mein Leben, mein Theater. Nach Gesprächen und Dokumenten aufgezeichnet von W. Petzet. München u. a. 1944; Münchner Theatergeschichtliches Symposium 2000. München 2000; Gebhart, H.: Über die Kunst des Schauspielers. Gespräche mit Otto Falckenberg. München 1949; Otto Falckenberg. 25 Jahre Regisseur und künstlerischer Leiter an den Münchener Kammerspielen. Hg. M. Reinhard, A. Waldek. München 1939; Petzet, W.: Theater. Die Münchner Kammerspiele 1911–1972. München 1973.

Wolfgang Beck

Farkas, Karl, * 28. 10. 1893 Wien, † 16. 5. 1971 Wien. Kabarettist, Schauspieler, Autor, Theaterleiter.

1909–12 Handelsakademie, 1913–14 Akademie für Musik und darstellende Kunst. 1913 wurden erste Einakter F.s aufgeführt. 1914–18 Kriegsfreiwilliger. Engagements in Olmütz (1918/19), Mährisch-Ostrau (1920), Linz (1920/21, erste Insz.en), Neue Wiener Bühne (1921–24); Kabarett-Auftritte, Bekanntschaft mit Fritz → Grünbaum, mit dem er zahlreiche Kabarett-Revuen und -Texte schrieb, im Kabarett Simplicissimus (Simpl) auftrat und die sog. «Doppelconférence» als feste Programmnummer einführte. Verfasste und inszenierte eigene Revuen; Erfolg und Durchbruch mit *Wien gib acht!* (1923, Ronacher). 1923 erste Filmrolle in *Namenlos* (R. Michael Kertesz, später M. Curtiz). 1926–29 künstl. Leiter des Neuen Wiener Stadttheaters (1926 mit Grünbaum). 1930 internat. Erfolg mit dem mit Géza Herczeg verfassten Stück *Die Wunder-Bar*. 1932/33 künstl. Leiter der Revuebühne Moulin Rouge. März 1938 Exil (Tschechoslowakei), 1939 Niederlande, Paris. Nach Kriegsausbruch im Lager Meslay-du-Maine (Bretagne) interniert, floh F. 1940 über Spanien nach Portugal. Februar 1941 bis April 1946 USA. Auftritte in Emigrantenveranstaltungen, Conférencier im Kabarett der Komiker (KadeKo, New York), Zusammenarbeit mit dem Operettenkomponisten Robert Stolz, Operetteninszenierungen. 1946 Rückkehr nach Wien. 1950–71 künstl. Leitung des Kabaretts Simpl, Hauptautor (bis 1965 mit Hugo Wiener), Regisseur, Conférencier. Auftritte in Rundfunk und Fernsehen, zahlreiche Drehbücher. – Ehrenzeichen der Republik Österreich (1956) und der Stadt Wien (1963), 1965 Professor h. c. – Vielseitiger Autor, der Drehbücher, Schlagertexte, Operetten-Libretti (*Hofloge*, 1936), Kabarett- und Revuetexte mit nie versiegender Produktivität verfasste. Mitbegründer der Wiener Revue. Inszenierte Revuen, Operetten, Opern und Schauspiele (V. Havels *Die Benachrichtigung*, 1967, Volkstheater Wien), trat als Schauspieler hauptsächlich in (eigenen) Revuen und Operetten auf, selten in Dramen wie in Karl Kraus' *Traumstück* (1924, Neue Wiener Bühne, R. B. → Viertel), → Nestroys *Das Haus der Temperamente* (1965, Th. an der Wien). Conférencier und Kabarettist leiser Töne, hintergründiger Interpretation politischer Vorgänge. In eloquenten (scheinbaren) Improvisationen beeindruckte er durch virtuosen Umgang mit der Sprache: «Seine Kunst liegt im feinen Gehör für die letzten Nuancen der Sprache. […] Ohne daß man darauf gefaßt ist, wächst aus einer verlegen geplauderten Zwischenbemerkung ein Wortspiel von akrobatischer Virtuosität heraus» (R. Kalmar in *Neues Österreich*, 28. 7. 1946).

Haybäck, E. M.: Der Wiener «Simplicissimus» 1912–1974. Diss. Univ. Wien 1976; Markus, G.: Das große Farkas-Buch. Wien 1993; ders.: Karl Farkas – Ein Leben für die Heiterkeit. Wien 1983; Die Welt des Karl Farkas. Hg. M. G. Patka, A. Stalzer. Wien 2001.

Wolfgang Beck

Fassbinder, Rainer Werner, * 31. 5. 1946 Bad Wörishofen, † 10. 6. 1982 München. Schauspieler, Regisseur, Theaterleiter, Filmemacher, Autor.

Statist an den Münchner Kammerspielen, privater Schauspielunterricht. 1967–68 Action Th. München, 1. Insz. *Leonce und Lena* von Büchner, Bühnenbearbeitungen, 1968 Insz. seines Stücks *Katzelmacher*. Mitarbeit am Büchner-Th. München. 1968 Gründung des antiteater in München, Th.-Kollektiv, das Impulse der außerparlamentarischen Opposition und der Studentenbewegung aufnahm, antiautoritär, gesellschaftskritisch. Einfluss des Living Theaters und der Theatertheorien von → Artaud. Alle Stücke wurden radikal aktualisiert und in Zeitbezug gesetzt, auch

→ Goethes *Iphigenie*. Montage- und Collageverfahren. Einbeziehung des Films in die Theaterarbeit. Zahlreiche eigene Stücke, die Elemente des kritischen Volkstheaters integrierten. Gastinsz.en in Bremen (Neufassung von Goldonis *Das Kaffeehaus* 1969 und Lope de Vegas *Das brennende Dorf* 1970), in Nürnberg 1971 *(Das Blut am Halse der Katze)*, Bremen 1971 *(Bremer Freiheit*, Fleißers *Pioniere in Ingolstadt)*t. 1972 – 74 Gastinsz.en fremder Stücke in Bochum (Molnárs *Liliom*, Heinrich Manns *Bibi*), Freie Volksbühne Berlin (Ibsens *Hedda Gabler*), Frankfurt a. M. (Handkes *Die Unvernünftigen sterben aus*, Čechovs *Onkel Vanja*). 1974 schnell gescheiterte Direktion des Frankfurter Th. am Turm. Daneben und bald überwiegend, dann ausschließlich Filmarbeit mit internat. Erfolg: 40 Kino- und Fernsehfilme. Z. T. auch Verfilmung eigener Theaterstücke. – Das Stück *Der Müll, die Stadt und der Tod* (1976, nach einem Roman von Zwerenz) konnte lange nur im Ausland gespielt werden. Ein UA-Versuch 1985 in Frankfurt a. M. kam nur bis zu einer Kritiker-öffentlichen Generalprobe. Eine Premiere verhinderte die Besetzung der Bühne durch Mitglieder der jüd. Gemeinde, die das Stück als antisemitisch bezeichneten und auch andere Aufführungen blockierten. – So unbekümmert sich der Autor F. vorhandener Materialien und Stoffe bediente und als Regisseur Spielweisen anderer zitierte, so war der Schauspieler F. seltsam traditionslos von unmittelbarer, kaum von Vorbildern geprägter Präsenz.

Assenmacher, K. H.: Das engagierte Theater Rainer Werner Fassbinders. In: Rump, G. C.: Sprachnetze. Hildesheim, New York 1976; Baer, H.: Schlafen kann ich, wenn ich tot bin. Das atemlose Leben des Rainer Werner Fassbinder. Köln 1982; Rainer Werner Fassbinder. Hg. H. L. Arnold. Edition Text und Kritik, Heft 103; Töteberg, M.: Fassbinders Theaterarbeit. Chaos macht Spaß. In: Th. heute 10/1985.

Werner Schulze-Reimpell

Fehling, Jürgen (Karl Geibel), *1. 3. 1885 Lübeck, †14. 6. 1968 Hamburg. Regisseur, Schauspieler.

Sohn eines Senators und der Tochter des Dichters Emanuel Geibel (1815 – 84). Nach einem Semester Theologie in Marburg (1903) Jurastudium in Göttingen (1908 Referendarexamen). 1909 privater Schauspielunterricht in Berlin bei Paul → Wegener und Friedrich → Kayßler. Engagements als Schauspieler am Neuen Schauspielhaus in Berlin (1910), am Märkischen Wandertheater (1911), der Neuen Freien Volksbühne Berlin (1912), der Neuen Wiener Volksbühne (1913 / 14), Wiener Kammerspiele (1916 – 18). 1918 – 22 Freie Volksbühne am Bülowplatz (Berlin). Beginn der beruflichen und privaten Verbindung mit Lucie → Mannheim und Übergang zur Regie. Erste Insz. Gogol's *Die Heirat* (P. 22. 3. 1919). Weitere Regiearbeiten u. a. Tollers *Masse Mensch* (UA 29. 9. 1921), → Shakespeares *König Lear* (P. 16. 11. 1921), Hauptmanns *Die Ratten* (P. 10. 3. 1922). 1922 von Leopold → Jeßner ans Staatstheater Berlin verpflichtet, an dem F. bis zur Schließung der Th. 1944 über 100 Stücke des klassischen wie modernen Repertoires inszenierte; seit 1934 in der Intendanz von → Gründgens. Dazu gehörten Hauptmanns *Hanneles Himmelfahrt* (P. 22. 11. 1922), Hebbels *Die Nibelungen* (P. 8. 4. 1924, mit → Granach), → Brechts *Leben Eduards des Zweiten von England* (P. 4. 12. 1924), H. H. Jahnns *Medea* (P. 4. 5. 1926), Shakespeares *Der Kaufmann von Venedig* (P. 17. 11. 1927, mit → Kortner als Shylock), Essigs *Des Kaisers Soldaten* (P. 1. 11. 1929), Grieses *Mensch aus Erde gemacht* (P. 23. 9. 1933), Grabbes *Don Juan und Faust* (P. 5. 12. 1936), Billingers *Am hohen Meer* (UA 16. 2. 1939), Hauptmanns *Iphigenie in Delphi* (UA 15. 11. 1941), zuletzt Sudermanns *Johannisfeuer* (P. 9. 5. 1944). Hervorzuheben bleibt die Furore machende Insz. von Shakespeares *König Richard III.* (P. 2. 3. 1937) im fast bis zur Abstraktion aufgelösten Bühnenbild Traugott → Müllers, mit Werner → Krauss (TR) und Bernhard → Minetti. Wesentlich die kongeniale Zusammenarbeit mit Heinrich → George, die sich v. a. in Insz.en der Stücke Barlachs bewährte: *Der arme Vetter* (P. 23. 5. 1923), *Die Sündflut* (P. 4. 4. 1925), *Der blaue Boll* (P. 6. 12. 1930, Bb. jeweils Rochus → Gliese). 1940 vorübergehend am Berliner Schiller-Th. (Intendant: George). Einige Operninsz.en, v. a. mit dem Dirigenten Otto Klemperer: Wagners *Der fliegende Holländer* (P. 15. 1. 1929, Kroll-Oper) und *Tannhäuser* (P. 12. 2. 1933, Staatsoper Unter den Linden). Trotz des von Nationalsozialisten erhobenen Vorwurfs des sog. «Kulturbolschewismus» 1935/36 auch Insz.en am Dt. Schauspielhaus Hamburg (Schillers *Don Carlos*, Lessings *Minna von Barnhelm*, Hebbels *Kriemhilds Rache*). Seit 1939 Verbindung mit Joana Maria → Gorvin. Nach Kriegsende Gründung des J.-F.-Th.s (1945/46). Seine Berufung zum Oberspielleiter des Dt. Th.s in der sowjet. Besatzungszone scheiterte ebenso (1946) wie die zum Intendanten des Hebbel-Th.s in der amerik. (1948). Großer Erfolg mit Sartres *Die Fliegen* mit Gorvin und Kurt → Meisel (P. 7. 1. 1948, Hebbel-Th.). 1949–51 am Bayer. Staatsschauspiel (München), wo er Stücke von Hebbel, Ibsen, García Lorca, Tieck in Szene setzte. Letzte Insz.: Schillers *Maria Stuart* (P. 27. 9. 1952) am Berliner Schiller-Th. Sein psychisch labiler Gesundheitszustand verhinderte weitere Regiearbeiten.

Ein Probenfanatiker, unerbittlich in seiner Schauspielerführung zur möglichsten Konzentration. Ein Regisseur der Werktreue, abhold allem Pathetischen und nur Theatralischen. Schöpferisch angeregt von → Stanislavskij und → Brahm, war F. künstl. Antipode sowohl von → Reinhardt als auch von → Piscator. Seine unbegrenzte szenische Phantasie entzündete sich an der Sinnlichkeit der Sprache, sein gestisches Th. entwickelte die Aktion aus dem Wort. Immer mit dem Bestreben, ein organisches Ganzes zu schaffen: «Er macht das Dämonische transparent, kontrastiert dem Pathos die Komik, schafft den sinnlich-realen Untergrund für das poetische Drama» (K. Kreiler, zit. nach *Das Theater des...*, S. 112). Wenn auch v. a. gerühmt wegen seiner bildgewaltigen, sprachlich expressiven Insz.en von Dramen Barlachs, Shakespeares, Hebbels, war F. auch ein Komödienregisseur von hohen Graden. Ein Bildvisionär, der zusammen mit den Bühnenbildnern Traugott Müller, Rochus Gliese, César → Klein Bühnenbilder als «Chiffren der Konzentration» (S. Melchinger, zit. nach *Das Theater des...*, S. 171) entwickelte, analog zur Führung der Schauspieler; immer auf der Suche nach dem Zeitlos-Aktuellen des Th.s, nie den Zuschauern entgegenkommend: «Ich bin nicht gewillt, solange ich als Regisseur Dichtergut auf dem Theater verwalte, mich einzustellen nach dem jeweiligen Geschmack der Theaterbesucher. [...] Ich traue den Dichtern, die ich spielen möchte, den Schauspielern, die ich haben möchte, und mir die Kraft zu, das Publikum zu führen» (F. in *Berliner Börsen-Courier*, 25. 12. 1925). F. war ein maßstabsetzender Regisseur, zu dessen zeitbedingter Problematik es gehörte, dass seine Wirksamkeit sich nicht über die Grenzen Deutschlands hinaus entfalten konnte.

Brauneck, M.: Klassiker der Schauspielregie. Reinbek 1988, S. 273–95; ders.: Die Welt als Bühne. 4. Bd. Stuttgart, Weimar 2003; Fehling, J.: Die Magie des Theaters. Velber 1965; Gründgens, G.: Jürgen Fehling. Köln 1964; Jürgen Fehling. Der Regisseur (1885–1968). (2. Aufl.) Berlin 1985; Steiner, P.: Von der Résistance zum Viermächtestatus: Sartres «Fliegen» in der Diskussion. Diss. FU Berlin 1987; Das Theater des deutschen Regisseurs Jürgen Fehling. Hg. G. Ahrens. (2. Aufl.) Berlin 1987.

Wolfgang Beck

Fellner, Ferdinand, * 19. 4. 1847 Wien, † 22. 3. 1916 Wien. / **Helmer, Hermann Gottfried**, * 13. 7. 1849 Harburg (heute Hamburg), † 2. 4. 1919 Wien. Architekten.

F., Sohn eines Architekten, studierte Architektur an der Wiener Technischen Hochschule, trat ins Architekturbüro seines Vaters ein und übernahm sofort selbständig Aufträge. – H. besuchte nach einer Maurerlehre die Baugewerbeschule Nienburg (Weser) und studierte in Hannover und München bei Rudolf Gottgetreu. Seit 1868 Architekturzeichner im Büro Ferdinand F. sen. (1815 – 71). 1873 gründeten F. und H. ein gemeinsames Architekturbüro, eines der erfolgreichsten aller Zeiten. Die Firma Fellner & Helmer baute bis etwa Ende des 1. Weltkriegs Schlösser und Wohnhäuser ebenso wie Warenhäuser, Hotels, Krankenhäuser und Schulen. Sie errichteten Kuranlagen, eine Sternwarte und Mausoleen. Spezialisiert war das Büro auf Theaterbauten. 1870 – 1914 planten und leiteten sie die Errichtung von mehr als 50 Th.n und Konzerthäusern in Mittel- und Osteuropa, von Zürich bis Odessa und Sofia, von Hamburg bis Rijeka (Fiume). Die meisten ihrer Theaterbauten griffen – im Zeitgeschmack des Historismus – auf verschiedenste historische Stile zurück, z.T. von den Auftraggebern vorgegeben. Anfang des 20. Jh.s vermehrt Einflüsse des Jugendstils. Der Erfolg ihrer Arbeiten, teilweise ohne Ausschreibung an sie vergeben, lag in der präzisen Umsetzung der Aufträge, termingerechter und die finanziellen Vorgaben nicht überschreitender Ausführung aller zum jeweiligen Projekt gehörenden Arbeiten. «Nicht Originalität war ihr Ehrgeiz, sondern Funktionalität, eine effiziente und rationelle Planung und Durchführung der Aufträge zur Zufriedenheit ihrer Kunden» (M. Giesing in *100 Jahre Dt. Schauspielhaus*, S. 219). Dementsprechend waren ihre Theaterbauten primär von funktionellen Kriterien getragen: Organisation des Zuschauerraums, der Zugänge und Foyers, der Bühnen und damals modernster Bühnentechnik. Die nach den zahlreichen Theaterbränden im 19. Jh. verschärften Bauvorschriften (an deren Verschärfung für Österreich-Ungarn sie selbst mitgewirkt haben) verlangten Veränderungen im üblichen Theaterbau, bei denen sie – auch dank ihrer Spezialisierung – neue Maßstäbe setzten.

Fellner & Helmer. Die Architekten der Illusion. Hg. G. M. Dienes. Graz 1999; 100 Jahre Deutsches Schauspielhaus in Hamburg. Hg. Zentrum für Theaterforschung der Universität Hamburg, Deutsches Schauspielhaus in Hamburg. Hamburg 1999.

Wolfgang Beck

Felsenstein, Walter, * 30. 5. 1901 Wien, † 8. 10. 1975 Berlin. Schauspieler, Regisseur, Intendant.

1920 – 21 abgebrochenes Technikstudium (TU Graz). 1921 – 23 Schauspielerausbildung beim Burgschauspieler Ernst Arndt. 1923 Lübeck, 1924 Nationaltheater Mannheim, 1925 – 27 Beuthen (Bytom, auch Dramaturg und Spielleiter), 1927 – 29 Regisseur in Basel und 1929 – 32 in Freiburg, 1932 – 34 Oberspielleiter der Kölner Oper, 1934 – 36 der Oper in Frankfurt a. M., wo er wegen seiner jüd. Ehefrau entlassen wurde. 1937 Ausschluss aus der Reichstheaterkammer (1939 Wiederaufnahme). 1938 – 40 Oberspielleiter der Operette mit Verpflichtung für Opernregie am Stadttheater Zürich, 1940 – 44 Schiller-Th. Berlin (Insz. von Ibsens *John Gabriel Borkman*, → Goethes *Clavigo*, Schillers *Die Braut von Messina*). Gastinsz.en in Aachen, Düsseldorf, Straßburg, Metz. 1942 Mozarts *Die Hochzeit des Figaro* bei den Salzburger Festspielen. 1945 – 47 Hebbel-Th. Berlin (Offenbachs *Pariser Leben*, Schillers *Die Räuber* – dasselbe 1949 Burgtheater Wien). 1947 bis zu seinem Tod Intendant der Komischen Oper Berlin. Prägender Regisseur eines realistischen Musiktheaters, stark am Text orientiert (Übersetzungen und Bearbeitungen). Gesang verstanden als zwingend aus der Situation hervorgehende gesteigerte Emotion, als Ausdruck eines «dramatischen Zustands». – Daneben Schauspielinsz.en im Schlossparktheater Berlin von Goethes *Torquato Tasso* (1949), im Burgtheater u. a. von Giraudoux' *Die Irre von Chaillot* (1948), → Shakespeares *Der Widerspenstigen Zähmung* (1950), Kleists *Das Käthchen von Heilbronn* (1974), Goethes *Torquato Tasso* (1975), im Düsseldorfer Schauspielhaus Kleists *Der Prinz von Homburg* (1958), im Residenztheater München Schillers *Wallenstein* (1972). – 1959 Professor, Karl-Marx-Orden, mehrmals Nationalpreis der DDR, seit 1966 Präsident des Internat. Theaterinstituts der DDR. Opernverfilmungen. Theoretische Schriften über das Musiktheater.

<small>Felsenstein, W.: Schriften zum Musiktheater. Berlin 1976; ders.: Theater. Gespräche, Briefe, Dokumente. Hg. I. Kobán. Berlin 1991; ders.: Theater muß immer etwas Totales sein. Briefe, Reden, Aufzeichnungen, Interviews. Hg. I. Kobán. Berlin 1986; ders., S. Melchinger: Musiktheater. Bremen 1961; Friedrich, G.: Walter Felsenstein. Berlin 1961; Kranz, D.: Gespräche mit Felsenstein. Berlin 1977.</small>

Werner Schulze-Reimpell

Fendel, Rosemarie, * 25. 4. 1927 Metternich (bei Koblenz). Schauspielerin, Regisseurin, Autorin.

Tochter eines Studienrats, aufgewachsen in der böhmischen Heimat ihrer Mutter; Abitur in Graslitz. Nach privatem Schauspielunterricht bei Maria → Koppenhöfer 1946–50 an den Münchner Kammerspielen (Debüt in Giraudoux' *Die Irre von Chaillot*; weiter u. a. in → Brechts *Herr Puntila und sein Knecht Matti*, Hauptmanns *Der Biberpelz*). 1950–53 Landestheater Tübingen (u. a. in → Goethes *Faust, Egmont*); 1954–56 Düsseldorfer Schauspielhaus (Thekla in Schillers *Wallenstein*, R. → Gründgens); 1957 Staatstheater Darmstadt. F. war 1955–62 mit dem Schauspieler Hans von Borsody (* 1929) verheiratet; nach der Geburt ihrer Tochter, der späteren Schauspielerin Susanne von Borsody (* 1957), zog sie sich mehrere Jahre vom Th. zurück und arbeitete v. a. als Synchronsprecherin (→ Moreau, Bardot, Girardot, Taylor, → Signoret). Engagements in München am Bayer. Staatsschauspiel (1961/62), am Th. Die Kleine Freiheit (1963), erneut den Kammerspielen (1973–77). Dort Rollen u. a. in Stücken Lasker-Schülers, Valle-Incláns, Grumbergs, Hamsuns, Wedekinds, García Lorcas. In den 1980er Jahren an den Städt. Bühnen Frankfurt a. M. u. a. in Millers *Tod eines Handlungsreisenden*, Genets *Die Wände* (beide 1984), Čechovs *Der Kirschgarten* (1986, R. → Schaaf), Lasker-Schülers *Die Wupper* (1988). Im Berliner Schlossparktheater in Hauptmanns *Michael Kramer* (1990, R. → Clemen). Bei den Salzburger Festspielen in Büchners *Leonce und Lena* (1975), Beaumarchais' *Der tolle Tag oder Figaros Hochzeit* (1978), → Lessings *Nathan der Weise* (1984, alle R. Schaaf). Seit Mitte der 1980er Jahre arbeitet F. auch als Regisseurin, inszenierte u. a. an den Staatl. Schauspielbühnen Berlin Mishimas *Madame de Sade* (1987), → Ayckbourns *Einer für alles* (1988, eigene Übersetzung), Wrights *Frau Klein* (1989, eigene Übersetzung), im Wiener Th. in der Josefstadt u. a. Shaffers *Amadeus* (1991, mit → Schenk), → Shakespeares *Wie es euch gefällt* (1994/95), am Staatstheater Karlsruhe Feydeaus *Die Dame vom Maxim* (1991). Für den Film von ihrem langjährigen Lebensgefährten Johannes → Schaaf entdeckt, spielte F. in seiner Regie in *Tätowierung* (1967), *Trotta* (1971), *Traumstadt* (1973), *Momo* (1986). Weitere Filme u. a. *Ödipussi* (1988), *Schtonk!* (1992), *Mensch Mutter* (mit ihrer Tochter), *Schwesternliebe* (beide 2003). Populär wurde sie v. a. durch zahlreiche Fernsehrollen, u. a. in *Becket oder Die Ehre Gottes* (1962), *Der Kommissar*

(1968–70), *Adele Spitzeder* (1972), *Theodor Chindler* (1979), *Erebos* (1988), *Reise nach Weimar* (1996), *Krieger und Liebhaber* (2000), *Die Farben der Liebe* (2004). Übersetzerin und Drehbuchautorin (z. T. unter dem Pseudonym Jan Gutova), u. a. für den von ihr inszenierten Fernsehfilm *Der Heuler* (1982). Sie lehrte an der Frankfurter Hochschule für Musik und Darstellende Kunst. – Eine präzise und disziplinierte Darstellerin und Regisseurin, handwerklich perfekt. Überzeugend v. a. in der Darstellung schwieriger, vom Leben gezeichneter Frauen; dabei durchaus auch von komischem Talent.

Wolfgang Beck

Fernandes, Augusto, * 12. 3. 1937 Portugal. Regisseur, Schauspieler.

Mit seinen Eltern emigrierte F. nach Buenos Aires, wo er bereits als 5-Jähriger eine Theaterschule besuchte und ab dem 7. Lebensjahr kleine Th.- und Filmrollen übernahm. 1955 schloss er sich der Bewegung Unabhängiges Th. an, die für sein gesamtes Schaffen prägend wurde. Seit 1961 auch als Regisseur tätig, gründete F. 1968 die experimentelle Th.-Gruppe E. T. E. B. A. (Equipo de Teatro Experimental de Buenos Aires). Mit seiner Insz. *La Leyenda de Pedro* (1970, frei nach Ibsens *Peer Gynt*) wurde das Ensemble 1971 nach Nancy und Florenz eingeladen. Seit 1973 arbeitete F. primär in Deutschland und widmete sich von nun an ausschließlich der Regiearbeit sowie der (u. a. von → Strasberg beeinflussten) Erneuerung des Schauspielertrainings. – Am Schauspielhaus Frankfurt inszenierte F. *Traum und Leben des Prinzen Sigismund* (1973, nach Calderón, mit → Roggisch), *Barbarische Komödie* (1974, nach Valle-Inclán) und Pirandellos *Heinrich IV.* (1975). Unter → Zadek, mit dem F. in Bochum eng zusammenarbeitete, erfolgreiche Insz. von Calderóns *Die große Zenobia* (1975), García Lorcas *Doña Rosita bleibt ledig* (1974, Berliner Theatertreffen 1975) und *Bernarda Albas Haus* (1978/79, alle mit → Hoger). Neben F.s einfallsreichen Insz.en v. a. der span. Dramatik entstanden 1976 die experimentellen Gruppenprojekte *Atlantis* (1977 Berliner Theatertreffen) und *Der Admiral von der traurigen Gestalt*, die Schauspieler und Kritiker gleichermaßen begeisterten. R. Hoghe bezeichnete F.s von Improvisation und Wahrnehmungstechniken geprägte Arbeit mit den Schauspielern als Suche «nach verschütteten Realitäten, vergessener Erfahrung, verlorener Erinnerung», die «den Schauspieler wegführen von festgelegten Verhaltensmustern, dem bloßen Reproduzieren eingeübter Gesten und Bewegungen» *(Th. heute* 12/1978, S. 14 und 18). Bevor F. am Dt. Schauspielhaus Hamburg das Gruppenprojekt *Camouflage* (1980) inszenierte, eröffnete er mit Lew Bogdan 1979 in Nancy das Institut Européen de l'Acteur, das sich der Fortbildung professioneller Schauspieler widmet. – Mit → Shakespeares *Perikles* (1981) und Čechovs *Die Möwe* (1984, Koproduktion Volksbühne Berlin) erneut Insz.en klassischer Textvorlagen in Hamburg, wo ihm mit → Goethes fast vergessenem *Groß-Cophta* (1983) ein sensationeller Erfolg gelang. – Seit 1981 wieder häufiger in Argentinien, setzte F. seine Regiearbeit dort erst 1987 fort: Seine umstrittene Insz. *Reflejos de una vieja leyenda: Fausto* mit E. T. E. B. A. feierte 1988 am Teatro Nacional Cervantes in Buenos Aires Premiere und war als Gastspiel am Schiller-Th. Berlin zu sehen. Nach Calderóns *Das große Welttheater* (1988) und Strindbergs *Ein Traumspiel* (1991) am Schiller-Th. folgten mit Pirandellos *Heinrich IV.* (1990), Ibsens *Königsblut* (1992) und *Kronprätendenten* (1993) weitere Regiearbeiten am Dt. Schauspielhaus. – Nachdem F. jahrzehntelang an internat. Instituten unterrichtet hatte, gründete er 1996 in Buenos Aires eine eigene Schule für Schauspieler und Regisseure.

Im gleichen Jahr inszenierte er dort *El relámpago* (frei nach Strindbergs *Nach Damaskus*, Teatro Nacional Cervantes) und Čechovs *Die Möwe* (Teatro San Martín). – Mit *La mitad negada* debütierte F. 2003 als Filmregisseur.

<small>Hoghe, R.: Real sein, Realität wahrnehmen. Wie der Regisseur Augusto Fernandes arbeitet. In: Theater heute 12/1978, S. 14ff.; Schumann, P. B.: Wehe, wenn die Ordnung zusammenbricht *(Interview)*. In: Die Deutsche Bühne 1988, 7, S. 6ff.</small>

<small>*Nina Grabe*</small>

Fernau, Rudolf (eig. Andreas Rudolf Neuberger) * 7. 1. 1898 München, † 4. 11. 1985 München. Schauspieler.

Privatausbildung. 1918–19 Stadttheater Regensburg, 1919–20 Stadttheater Nürnberg, 1920–22 Hamburger Kammerspiele, 1922–24 Stadttheater Leipzig (Johannes in der UA von → Brechts *Baal*). Rollen am Preuß. Staatstheater Berlin (Homburg in Kleists *Prinz von Homburg*), Dt. Theater Berlin. Im Th. in der Josefstadt unter der Regie von Max → Reinhardt 1925 Edmund in → Shakespeares *König Lear* (Alfred Polgar: «Rudolf Fernau spielte einen strahlend jungen Siegfried der Bösewichterei»). Fühlte sich zu wenig beschäftigt in Berlin, Wechsel ans Düsseldorfer Schauspielhaus, wo ihm die konträren ästhetischen Vorstellungen und Spielweisen fremd blieben. 1927 Hannover, 1929 Staatstheater Stuttgart. TRn in Brechts *Leben Eduard des Zweiten von England*, Schillers *Don Carlos*, → Goethes *Clavigo*, Shakespeares *Hamlet*. – Filmtätigkeit. Galt nach *Im Namen des Volkes* (1938) als «der» Verbrecherdarsteller. Mit der TR in *Dr. Crippen an Bord* (1942) internat. Erfolg. – 1945 wegen falscher Angaben über sein Einkommen im Dritten Reich einige Monate in Haft der amerik. Militärbehörde. 1947 Goethes *Tasso* in Bremen, 1948 Pirandellos *Heinrich IV.* in Stuttgart. In München Hauptrolle in → Nestroys *Der Zerrissene* und Dr. Rank in Ibsens *Nora*. 1954 festes Engagement an den Staatl. Schauspielbühnen Berlin. Überwiegend mittlere Rollen. 1964 (alternierend mit Ernst → Deutsch) Philipp II. in Schillers *Don Carlos*. – Wie kaum ein anderer war F. von allen divergierenden Stilrichtungen der frühen Moderne geprägt. Vom ekstatisch expressionistischen, technisch noch unfertigen Anfänger zum unter Brechts Anleitung unterkühlt Zeigenden über den klassischen jugendlichen Helden durch die Schule → Jeßners und Reinhardts zum durchgeistigten Charakterspieler – eine große Entwicklung zum ganz eigenen Ausdruck.

<small>Fernau, R.: Als Lied begann's – Lebenstagebuch eines Schauspielers. Berlin 1972.</small>

<small>*Werner Schulze-Reimpell*</small>

Ferrer, José, (eig. J. Vincente F. de Otero y Cintron), * 8. 1. 1912 Santurce (Puerto Rico), † 26. 1. 1992, Coral Gables (USA). Schauspieler, Regisseur.

Sohn aus Spanien stammender Eltern, Vater Rechtsanwalt. Nach Abschluss des Studiums (Architektur, Musik und Komposition) an der Universität Princeton (1934) wollte F. eigentlich Architekt werden, bevor er (auch ein talentierter Pianist) seine Bühnenkarriere begann. Spielte z. B. im Triangle Th., u. a. mit James Stewart. 1935 Broadway-Debüt, spielte dort in Dramen wie in Musicals. Erntete rasch Anerkennung als überaus wandlungsfähiger Schauspieler in so unterschiedlichen Stücken wie B. Thomas' *Charlie's Aunt* (1940, TR) und → Shakespeares *Othello*, wo er 1942 an der Seite Paul → Robesons den Jago spielte (bis dahin erfolgreichste Shakespeare-Insz. am Broadway). Führte seit 1942 Regie, war seit 1945 auch als Produzent tätig. Für seine Darstellung der TR in Rostands *Cyrano de Bergerac* (1946/47) erhielt er einen Tony-Award und (verfilmt 1950) einen Oscar. Regiearbeiten (häufig mit ihm als Darsteller) u. a. Hecht/MacArthurs *Twentieth Century*

(1950/51), Bevan / Trzcinskis *Stalag 17* (1951/52), Jan de Hartogs *The Fourposter* (1951–53), Joseph Kramms *The Shrike* (1952, Tony-Award) und Lerner / Lanes Musical *Carmelina* (1979). Wesentliche Bühnenrollen in den Musicals *The Girl Who Came to Supper* (Kurnitz / Coward, 1964) und *Man of La Mancha* (Wasserman / Leigh, 1965–71). Ein versierter Regisseur und brillanter Schauspieler mit hoher Sprachkultur und einfühlsamer Gestaltungskraft. Obwohl bis 1990 immer wieder auf der Bühne tätig, gewann F. internat. Ruf v. a. als Filmschauspieler. Bereits sein erster Film *Joan of Arc* (1948, mit Ingrid Bergman) brachte ihm eine Oscar-Nominierung, ebenso wie J. Hustons *Moulin Rouge* (1952). Weitere Filme *The Caine Mutiny* (1954, R. E. Dmytryk, mit Humphrey Bogart), *The Shrike* (1955), D. Leans *Lawrence of Arabia* (1962) und G. Stevens' *The Greatest Story Ever Told* (1965). Seit Mitte der 1950er Jahre auch Filmregisseur, meist in Filmen, in denen er mitspielte, u. a. *The Great Man* (1956), *I Accuse* (1958, mit Adolf Wohlbrück), *Return to Peyton Place* (1961), *State Fair* (1962). Danach nur noch Schauspieler, so 1982 in Woody Allens *A Midsummer Night's Sex Comedy (Sommernachtssexkomödie)*, 1984 in D. Lynchs *Dune (Wüstenplanet)*. Häufig als Bösewicht oder undurchsichtiger Fremder besetzt. Letzte Filmrolle 1992 in *1492: Conquest of Paradise (1492 – Die Eroberung des Paradieses)*. – F. wurde als erster Schauspieler mit der National Medal of Arts ausgezeichnet.

Wolfgang Beck

Feuillère, Edwige (eig. E. Caroline Cunati), * 29. 10. 1907 Vesoul bei Besançon, † 14. 11. 1998 Paris. Schauspielerin.

F. erhielt 1928 den 1. Preis der Staatl. Schauspielschule Conservatoire national d'art dramatique in Paris, an der sie 3 Jahre studierte. 1931–33 gehörte sie zum Ensemble der Comédie Française. Sie galt bald als eine der führenden Darstellerinnen Frankreichs, die als Tragödin und in Boulevardrollen gleichermaßen brillierte. Ihre «harmonische Schönheit, warmklingende Stimme und ihre angeborene Eleganz und meisterhafte Beherrschung von Sprache und Gestik erlaubten ihr, ein differenziertes Bild der dargestellten Person zu geben und dabei jeder Bewegung eine Aussage zuzuordnen» (aus dem Nachruf in *Le Monde*, 17. 11. 1998). Legendär ist ihre Interpretation der *Kameliendame* von Alexandre Dumas. Louis → Jouvet und Jean-Louis → Barrault förderten sie. Barrault engagierte sie 1948 für die Rolle der Ysé in der UA von Paul Claudels *Le partage de Midi (Mittagswende)*. F. stand bis ins hohe Alter auf der Bühne. Mit der Darstellung der TR in *Die Irre von Chaillot* von Jean Giraudoux gelang ihr 1965 die erste reifere Rolle. Als Claire Zachanassian in Friedrich Dürrenmatts *Besuch der alten Dame* stilisierte sie perfektionistisch die unterschiedlichen Nuancen dieser Rolle. Ihr mehrmals angekündigter Abschied vom Th. – so 1984 mit ihrem Auftritt in Jean Anouilhs *Léocadia* – dauerte bis 1992, als sie sich allein auf der Bühne als vitale Erzählerin *Edwige F. en scène* präsentierte. Außerdem trat F. in etwa 60 Filmen auf und wirkte auch in zahlreichen Fernsehspielen mit. Jean Cocteaus Drama *L'Aigle à deux têtes* wurde für sie geschrieben und 1947 mit ihr und Jean → Marais verfilmt. Sie spielte u. a. die Gattin des österr. Thronfolgers Franz Ferdinand in *De Mayerling à Sarajevo* (1940) von Max Ophüls; in *La chair de l'orchidée* 1975 von Patrice → Chéreau hatte sie einen ihrer letzten Filmauftritte. – F. gelang es, ihr künstl. Credo zu verwirklichen, in jeder Rolle «Einfachheit, aber auch Größe» («de la simplicité, mais aussi de la grandeur») zu zeigen. Sie starb wenige Tage nach dem Tod ihres Freundes Jean Marais im Alter von 91 Jahren.

Dictionnaire encyclopédique du théâtre. Hg. M. Corvin. 2 Bde. (3. Aufl.) Paris 1998; Feuillière, E.: Les

Feux de la Mémoire. Paris 1977; dies.: Moi, la Clairon. Paris 1984 *(Romanbiographie der franz. Schauspielerin des 18. Jh.s, mit der sie sich identifizierte)*; dies.: A vous de jouer. Paris 1998; Surer, P.: Le théâtre français contemporain. Paris 1964.

Horst Schumacher

Fialka, Ladislav, * 22. 9. 1931 Prag, † 22. 2. 1991 Prag. Mime, Choreograph, Tänzer, Schauspieler.

Ausgebildeter Ballett-Tänzer. 1958 mit Jan → Grossman (1925–93) und Václav Havel (* 1936) Mitbegründer des Prager Th.s am Geländer (Divadlo Na zábradlí). Begründete eine Pantomimengruppe und -schule (Pantomima Na zábradli), die sich Marcel → Marceau zum Vorbild nahm. F. war fast immer Ausrichter und Mitspieler, trat als weiß geschminkter Pierrot auf. Zum Unterschied von Marceau oder Samy Molcho, die allein vor dem Publikum agieren, hatte F. vorzugsweise Ensembleaufführungen. Zahlreiche Auslandsgastspiele, z. B. mit den Insz.en *Les amants de la lune* (1959) nach dem aus Böhmen stammenden Jean-Baptiste → Debureau (1796–1846); der vom Stummfilm inspirierten Pantomime *Die Schiffbrüchigen* (1959); *Die Narren* (1965). F. arbeitete auch als Fernseh- und Schauspielregisseur (bekannte Insz.en: 1959 → Shakespeares *Hamlet* am Prager Nationaltheater (Národní Divadlo), 1964 Jarrys *Ubu Roi* am Th. am Geländer. – Viktor Hlobil setzte nach F.s abruptem Tod durch Herzversagen die Pantomimenarbeit fort und führte mit Zdenek Sikola und Krystof Marek, die bereits mit F. gearbeitet hatten, von den Ideen des tschech. Pantomimen inspirierte Szenenfolgen auf, die nach dem Theaterkritiker Matej Noval «so universal sind, daß sie noch in 10, 20 und vielleicht 50 Jahren gespielt werden dürften».

Gillar, J., D. Paseková: Ladislav Fialka und die Pantomime. Prag 1971.

Horst Schumacher

Finck, Werner, * 2. 5. 1902 Görlitz, † 31. 7. 1978 München. Kabarettist, Schauspieler, Autor.

Seit 1918 Studium an der Dresdener Kunstschule; 1921 Zeitungsvolontariat in Görlitz; arbeitete als wandernder Märchenerzähler und bei Laienspieltruppen. Schauspielunterricht bei Josef → Gielen; 1925–27 Stadttheater Bunzlau (Boleslawiec), 1927–29 Hess. Landestheater Darmstadt. Trat danach in Berliner Kabaretts auf und gründete September 1929 mit Hans Deppe (1897–1969) das Kabarett Die Katakombe (seit 1930 Ko-Direktor Rudolf Platte), zu dessen Ensemble zeitweise Ernst → Busch, Trude → Kolman, Ursula Herking (1912–74) gehörten und in dem F. v. a. als Conférencier auftrat. Gast an Th.n in München und Berlin, u. a. an der Volksbühne in → Shakespeares *Was ihr wollt* (1934, R. → Sierck). Seit 1931 zahlreiche Filmrollen, u. a. in *Die verliebte Firma* (1931), *Der Choral von Leuthen* (1933), *La Habanera* (1937, R. Sierck), *Verklungene Melodie* (1938). Mai 1935 wurde Die Katakombe geschlossen, u. a. F. im KZ Esterwegen in «Schutzhaft» genommen; im nachgeschobenen Prozess 1936 freigesprochen. F. schrieb Glossen für das Berliner Tageblatt, trat u. a. im Kabarett der Komiker auf (1939 geschlossen) und meldete sich 1939 «freiwillig» zur Wehrmacht, um erneuter Verhaftung zu entgehen. Bis 1945 Soldat, trotz Verbots Frontbühnenauftritte; 1942 zwischenzeitlich verhaftet. Nach Kriegsende Rundfunkarbeit, Gastauftritte in Kabaretts. 1947 Leiter des Züricher Kabaretts Nebelhorn (mit Trudi Schoop). 1948 Gründer des Kabaretts Die Mausefalle in Stuttgart, seit 1951 auch in Hamburg. 1951 erfolgreiche Südamerika-Tournee, 1963 und 1968 Auftritte in den USA und Kanada. Seit 1946 Tourneen als Solokabarettist: *Kritik der reinen Unvernunft* (1946–49), *Am Besten nichts Neues* (1953), *Sire, geben Sie Gedanken…!* (1960), *Der brave Soldat* schweigt (1963), *Bewältigte Befangenheit* (1964), *Sie werden lachen – mir ist es ernst* (1970). Th.-Gastspiele, u. a. in Shaws *Pygmalion* (1954, Schauspielhaus Frankfurt a. M.), Shakespeares *Hamlet* (1956, Th. in der Josefstadt, Wien), Strauß' *Die lustige Witwe* (1956 Hamburgische Staatsoper), → Brechts *Flüchtlingsgespräche* (UA 1962, Münchner Kammerspiele, R. → Piscator). Zahlreiche Film- und Fernsehauftritte, u. a. *Lola Montez* (1955, R. Ophüls), *Die Züricher Verlobung* (1957, R. → Käutner), *Rosen für den Staatsanwalt* (1959, R. Staudte), *Es muß nicht immer Kaviar sein* (1961), *Acht Stunden sind kein Tag* (1972, TV, R. → Fassbinder). Autor von Lyrik, Glossen, autobiographischen Texten. – Kabarettist und Schauspieler von hintergründigem Humor, der sprachlich und gestisch v. a. mit Andeutungen arbeitete. Ein Wortkünstler, für den Pausen, unvollendete Sätze, wortspielerische Doppeldeutigkeiten kennzeichnend waren und die Mitarbeit des Publikums verlangten. Diese Mittel des Kabarettisten wurden bei seinen Th.- und Filmauftritten von den Regisseuren gezielt eingesetzt.

Finck, W.: Alter Narr, was nun. München 1972; ders.: Das Beste von Werner Finck. Hg. B. F. Sinhuber. (2. Aufl.) München 2002; ders.: Heiter – auf verlorenem Posten. München 1977; Memoiren. Hg. H. Schneider, W. Wessig. Frankfurt a. M. 1993; ders.: Witz als Schicksal, Schicksal als Witz. Hg. K. Budzinski. Hamburg 1966.

Wolfgang Beck

Fink, Agnes, * 14. 12. 1919 Frankfurt a. M., † 28. 10. 1994 München. Schauspielerin.

Ihre 1936 begonnene Ausbildung am Hochschen Konservatorium in Frankfurt a. M. musste sie 1938 «wegen mangelnder Begabung» vorzeitig beenden, der Heidelberger Theaterdirektor, bei dem sie debütierte, nannte sie «das Untalentierteste, was ihm je begegnet ist» und entließ sie. 1939 – 43 spielte sie in Leipzig u. a. in → Shakespeares *Maß für Maß* die Isabella, in → Goethes *Clavigo* die Marie und Klärchen in *Egmont*, in Hölderlins *Empedokles* Panthea und die TR in → Lessings *Miß Sara Sampson*, des weiteren in Stücken Schillers Beatrice in *Die Braut von Messina*, Thekla in *Wallenstein* und Amalia in *Die Räuber*. 1944 wechselte sie an das Bayer. Staatsschauspiel München und heiratete 1945 den Schauspieler und Regisseur Bernhard → Wicki. Das Paar emigrierte in die Schweiz, wo sie zunächst bis 1949 am Schauspielhaus Zürich spielte, u. a. 1947 Mee Lan in der UA von Frischs *Die Chinesische Mauer* und Judith in der UA von Dürrenmatts *Es steht geschrieben* (R. K. → Horwitz). Sie spielte unter H. → Hilpert und L. → Steckel. 1948/49 hatte sie Gastrollen am Stadttheater Basel, darunter die Iphigenie in Goethes gleichnamigem Stück; 1949 Rückkehr ans Bayer. Staatsschauspiel, wo sie bis 1956 in wichtigen Frauenrollen auftrat, so in Shakespeare-Stücken als Rosalinde in *Wie es euch gefällt* (1949), Viola in *Was ihr wollt* (1950), Portia in *Julius Cäsar* (1955); sie spielte Alkmene in Kleists *Amphitryon* (1950), Amalia in Schillers *Die Räuber* unter → Kortner (1953), die TR in *Maria Stuart* unter → Noelte (1955). 1950/51 als Gast an den Münchner Kammerspielen Celia in Eliots *Die Cocktail-Party*; sie spielte Desdemona in Shakespeares *Othello* am Staatstheater Stuttgart (1952). Ab 1957 wurde sie freischaffende Schauspielerin, spielte das Julchen in dem Fernsehfilm *Schinderhannes*, gab Gastspiele in Zürich, auch unter Wickis Regie, und hatte 1976 als Irma in Genets *Der Balkon* (R. → Wendt) großen Erfolg in München. Sie spielte in Filmen Wickis (*Das falsche Gewicht*, 1971; *Das Spinnennetz*, 1989), Hans W. Geißendörfers (*Sternsteinhof*, 1976), Margarethe von Trottas (*Schwestern oder Die Balance des Glücks*, 1979; *Heller Wahn*, 1983), in Fernsehfilmen und -serien (*Der Kommissar*, *Derrick*, *Der Alte*, *Tatort*), sie hatte Engagements am Thalia Th. in Hamburg und am Schiller-Th. Berlin. Zwischen

1973 und 1977 spielte sie in Hofmannsthals *Jedermann* den Glauben bei den Salzburger Festspielen, wohin sie 1994 als Jedermanns Mutter zurückkehrte. In den 1980er Jahren war sie Frau Alving in Ibsens *Gespenster* (1985), Agrippina in Racines *Britannicus* (1987); ihre letzten Rollen hatte sie in Hamburg, so die Amme in Strindbergs *Der Vater* (1993). C. B. Sucher schrieb über sie, sie habe «die richtigen Töne, Gesten, die manieristisch groß, auch künstlich wirken, aber doch stets verweisen auf das Zentrum der Rolle» (*Stuttgarter Ztg.*, 14.12.1989).

Diana Schindler

Finney, Albert, * 9. 5. 1936 Salford (Großbritannien). Schauspieler, Regisseur.

Sohn eines Buchmachers, Ausbildung an der Royal Academy of Dramatic Art (RADA) in London. Professionelles Debüt 1956 am Birmingham Repertory Th. in → Shakespeares *Julius Caesar*. Entdeckt von Charles → Laughton, gefördert von Laurence → Olivier, erwarb sich F. bald den Ruf, einer der wichtigen Schauspieler der (damals) jüngeren Generation zu sein. 1959 Shakespeare Memorial Th. in Stratford-upon-Avon, trat u. a. mit Olivier in mehreren Shakespeare-Stücken auf. 1960 Beginn einer langen Zusammenarbeit mit dem Royal Court Th. (1972–74 fest engagiert), daneben Auftritte am National Th. (NT) und am Broadway. Obwohl seit 1960 v. a. bekannt als Filmschauspieler, trat F. immer wieder in Theaterproduktionen hervor, die seinen Ruf als einer der bedeutendsten lebenden engl. sprachigen Schauspieler befestigten. Mit der Royal-Court-Produktion von Osbornes *Luther* (1961) gastierte F. beim Theaterfestival in Paris und spielte die Rolle 1963 auch am Broadway. Wesentliche Rollen F.s u. a. Jean in Strindbergs *Fräulein Julie* (1965, NT), Titelheld in J. Ardens *Armstrong's Last Goodnight* (1965), P. Nichols' *A Day in the Death of Joe Egg* (1968), Becketts *Krapp's Last Tape* (1973). Gefeiert wurde F. in Shakespeares *Hamlet* (1975, NT), Marlowes *Tamburlaine the Great* (1976, beide R. Peter → Hall). Weitere Rollen in Ardens *Sergeant Musgrave's Dance* (1984), R. Harwoods *Another Time* (1989) und Yasmina Rezas *Kunst* (1996). – F.s Filmkarriere ist untrennbar verbunden mit den Regisseuren des «free cinema», Tony → Richardson (1928–91) und Karel Reisz (1926–2002). Erster Filmauftritt an der Seite Oliviers in der Adaption von Osbornes *The Entertainer* (1960), internat. Durchbruch mit *Tom Jones* (1963, beide R. Richardson). Seit seinem Auftritt in einem der frühen sozialkritischen Filme des modernen brit. Kinos, *Saturday Night and Sunday Morning* (*Samstagnacht bis Sonntagmorgen*, 1960, R. Reisz) galt F. als einer der «angry young men», als Prototyp eines Vertreters der Arbeiterklasse. Über 50 Filme, darunter *Murder on the Orient Express* (1974), *Under the Volcano* (1984), *Erin Brockovich* (2000), *Big Fish* (2003). Für seine Th.- und Filmarbeit mehrfach ausgezeichnet. F. hat gelegentlich selbst Regie geführt, u. a. in dem Film *Charlie Bubbles* (1968), einer Produktion seiner Firma Memorial Enterprises (1965 mit dem Schauspieler Michael Medwin gegründet). – Von der brit. Presse nach Oliviers Tod als dessen legitimer Nachfolger betrachtet, von Olivier selbst als größter Schauspieler seiner Generation bezeichnet (so L. B. Hobson in *The Calgary Sun*, 15. 3. 2000), gehört F. zu den wichtigsten engl. sprachigen Schauspielern, dessen kraft- und temperamentvolle Kunst ihn die unterschiedlichsten komischen wie tragischen Rollen meistern lässt. Von großer Bühnenpräsenz. Herausragend als Shakespeare-Interpret, aber auch faszinierende, psychologisch genaue Charakterstudien in modernen Dramen gebend.

British stars and stardom. Hg. B. Babington. Manchester 2001.

Wolfgang Beck

Fischer, O(tto) W(ilhelm), * 1. 4. 1915 Klosterneuburg (Niederösterr.), † 29. 1. 2004 Lugano. Schauspieler.

Sohn eines Hofrats. Nach einigen Semestern Studium der Germanistik, Anglistik und Kunstgeschichte in Wien kurze Ausbildung am Reinhardt-Seminar. 1936 Debüt in Schnitzlers *Liebelei* im Th. in der Josefstadt; dort auch in Giraudoux' *Es kommt nicht zum Krieg (Der Trojanische Krieg findet nicht statt)* und Grillparzers *Die Jüdin von Toledo*. Über die Münchner Kammerspiele (1937) kam er 1938–44 ans Dt. Volkstheater Wien, wo er v. a. Bonvivants spielte, aber auch z. B. in Hebbels *Demetrius* auftrat. Nach Kriegsende u. a. am Wiener Bürgertheater (Gehri, *Im 6. Stock*, 1945). 1946–52 Mitglied des Burgtheaters, spielte u. a. Anatol in den Episoden *Frage an das Schicksal* und *Weihnachtseinkäufe* von Schnitzlers Zyklus *Anatol*, Osvald in Ibsens *Gespenster* (beide 1946), Saint Just in Büchners *Dantons Tod* (1947), die TR in der UA des von Zuckmayer beendeten Fragments Hauptmanns *Herbert Engelmann* (1952). Parallel zu seinen Bühnenengagements arbeitete F. seit 1936 *(Burgtheater)* für den Film, 1952–67 ausschließlich. In den 1950er Jahren der wohl beliebteste männliche Star des dt.sprachigen Films, erfolgreich v. a. an der Seite Maria → Schells und Ruth Leuweriks (* 1926). Ein Engagement in Hollywood scheiterte kurz nach Drehbeginn. Zu seinen über 40 Filmen gehören *Wien 1910* (1943), *Das unsterbliche Antlitz* (1947), *Erzherzog Johanns große Liebe* (1950), *Bis wir uns wiedersehen* (1952), *Ein Herz spielt falsch*, *Solange du da bist* (beide 1953), *Bildnis einer Unbekannten* (1954), *Ludwig II.*, *Napoleon* (beide 1955), *Herrscher ohne Krone*, *El Hakim* (beide 1957), *Helden*, *Peter Voss, der Millionendieb* (beide 1958), *Menschen im Hotel* (1959), *Es muß nicht immer Kaviar sein* (1961), *Axel Munthe* (1962), *Das weite Land* (1970, TV), *Amouren* (1972, TV), *Teerosen* (1977, TV). Bereits in den 1960er Jahren zog sich F. weitgehend vom Film zurück, trat selten im Fernsehen auf, kehrte gelegentlich zum Th. zurück (TR in Hofmansthals *Der Schwierige*, 1967–68, Salzburger Festspiele). Filmregie u. a. bei *Hanussen* (1955). Der seit 1942 mit der Schauspielerin Anna Usell (1903–85) verheiratete F. beschäftigte sich in den letzten Jahrzehnten v. a. mit esoterischen und metaphysischen Theorien und lebte in diesen Gedankenwelten. Zahlreiche Auszeichnungen. – F. war ein nervös-eleganter Darsteller von großer technischer Perfektion, die ihn manchmal hinderte, die Tiefen einer dargestellten Figur auszuloten. Spielte häufig zwiespältige, grüblerische und geheimnisvolle Charaktere, dabei von komödiantischem Talent. «Sein Charme [...] gründete auf beschwingte Unbekümmertheit, ein gewisses Augenzwinkern, mit dem er sich schauspielerisch stets neben seine Figuren stellte. Zur Selbstironie kamen sein Understatement und die Manie der absichtlich vernuschelten Sprache – die Markenzeichen waren perfekt» (H.-D. Seidel in *FAZ*, 3. 2. 2004).

Fischer, O. W.: «...was mich ankommt, als Gesicht, Traum und Empfindung...». Das denkwürdige Interview von O. W. Fischer. Zürich 1977; Holba, H.: O. W. Fischer. Wien 1964; Popa, D.: O. W. Fischer. Seine Filme – sein Leben. München 1989.

Wolfgang Beck

Fitz, Lisa, * 15. 9. 1951 Zürich. Kabarettistin, Sängerin, Schauspielerin, Autorin.

F. stammt aus einer Schauspielerfamilie, aufgewachsen in München, dort 1969–72 Ausbildung an der Schauspielschule Ruth von Zerboni. Danach arbeitete sie zunächst für das Fernsehen, richtig erfolgreich war sie aber als Sängerin bayer. Popmusik *(I bin bläd)*. Am Th. spielt F. erst seit 1980, u. a. gastierte sie an den Münchner Kammerspielen in Kroetz' *Nicht Fisch nicht Fleisch* und in Bonn in Horváths *Figaro läßt sich scheiden* (beide 1984).

Seit 1983 Auftritte mit eigenen Kabarettprogrammen, u. a. *Die heilige Hur* (1983/84), *Ein Perser kommt selten allein* (1985 mit Ali Halmatoglu), *Ladyboss* (1987), *Geld macht geil* (1989), *Kruzifix* (1996 mit Ali Khan), *Wie is'n die in echt* (1998), *Alles Schlampen außer Mutti!* (2002, mit ihrem Sohn Nepomuk), *LEX MIHI ARS – Die Kunst sei mir Gesetz* (2005). 1998 spielte sie im Ein-Frau-Theaterstück *Herzilein. Kein Volksstück* von Heinz Dieter Herbig, in dem es um den immer größer werdenden Widerspruch zwischen gesellschaftlicher Realität und den «Herz-Schmerzwelten» der beliebten Volksmusiksendungen geht. Fernsehmoderatorin; Film- und Fernsehrollen u. a. in *Das Nest* (1975), *Heimat* (1980, beide R. → Kroetz), *Der Neger Erwin* (1980, R. → Achterbusch), *Die Gerichtsmedizinerin* (2005, TV-Serie). – F. greift in ihren Kabarettprogrammen aktuelle gesellschaftspolitische Themen auf und bearbeitet sie mit Witz, Ironie und feministischem Scharfsinn. Dabei versteht es F., das Thema Gleichberechtigung immer wieder in ihrer derben, direkten und bitterbösen Art unterhaltsam und mit Erfolg auf die Bühne zu bringen. Dt. Kleinkunstpreis 1990.

Fitz, L.: Flügel wachsen nach. München 1995; dies.: Geld macht geil. Gerlingen 1990; dies.: Heil!: Vom Therapie-Chaos zur deutschen Ordnung. Gerlingen 1994; dies.: Die heilige Hur'. Gerlingen 1988; dies.: Kruzifix: nichts ist ihnen heilig! Gerlingen 1997; dies.: Nuan. München 2005.

Karin Schönewolf

Fitz, Peter, * 8. 8. 1931 Kaiserslautern. Schauspieler.

Nach der Ausbildung an der Schauspielschule des Dt. Schauspielhauses Hamburg debütierte er an den Städt. Bühnen Mainz, war engagiert in Schleswig, Rendsburg, Osnabrück und am Thalia Th. Hamburg. 1960–70 spielte er an den Städt. Bühnen Frankfurt a. M. (Intendanz H. → Buckwitz), u. a. unter E. → Piscator: Elia in Jahnns *Der staubige Regenbogen*, Mönch in Sartres *Der Teufel und der liebe Gott*. Er fiel durch die Fähigkeit auf, «einerseits Menschen in ihrem Normalverhalten sorgsam nachzuzeichnen – und dann andererseits an dieser Normalität plötzlich auch etwas Gefährliches, an scheinbar ganz ruhigen, gefestigten Charakteren eine Neigung zum Ausbruch, zur ekstatischen Gebärde entdecken zu können» (Iden, S. 83 f.). Ab 1970 arbeitete F. in Berlin zunächst an der Freien Volksbühne, dann bis 1980 an der Schaubühne; er verkörperte unter P. → Steins Regie den Anführer in Višnevskijs *Optimistische Tragödie* (1972), Jacques in → Shakespeares *Wie es euch gefällt* (1977), Moritz in Strauß' *Trilogie des Wiedersehens* (1978), Aigisthos in Aischylos' *Orestie*. Er war Kadmos in *Die Bakchen* (1974) und der König in *Hamlet* (1982, beide R. → Grüber) und verzeichnete großen Erfolg als Dichter in E. Jandls Sprechoper *Aus der Fremde* (DEA 1980); am Schiller Th. unter N.-P. → Rudolphs Regie Astrow in Čechovs *Onkel Wanja* (1976), Angelo in Shakespeares *Maß für Maß* (1989). An der Freien Volksbühne spielte er 1979 die TR in Čechov/Braschs *Platonow* (R. → Bondy), 1982 Mephisto in Grübers Insz. von → Goethes *Faust I*, 1990 den Teufel in → Neuenfels' Doppelinsz. von Aristophanes' *Die Frösche* und Lasker-Schülers *IchundIch*, inszenierte selbst 1985 → Brechts *Herr Puntila und sein Knecht Matti*. 1982 gründete er mit Otto → Sander die Zweiergruppe «rent-a-face», die großen Erfolg mit Becketts *Mercier und Camier* und *Ohio Impromptu* verbuchte. Von Th. heute 1980 und 1983 zum «Schauspieler des Jahres» gewählt. F. spielte unter → Peymann am Burgtheater Wien u. a. in Schillers *Wilhelm Tell* (1989) und Handkes *Spiel vom Fragen oder die Reise zum sonoren Land* (UA 1990), am Berliner Ensemble in Handkes *Die Fahrt im Einbaum oder Das Stück zum Film zum Krieg* (UA 1999), → Lessings *Nathan der Weise* (TR, 2002). Ab 1990 wieder an der Berliner Schaubühne: Beethoven in Jonkes *Sanftwut oder der Ohrenmaschinist* (R. K. Metzger), 1991 der Mann in Duras' *Die Krankheit Tod* (R. → Wilson). In Shakespeare-Stücken war er am Schiller-Th. Berlin Theseus in *Ein Sommernachtstraum* (1993, R. Neuenfels), bei den Salzburger Festspielen Cominius in *Coriolan* (1993, R. Warner), Schnock in *Ein Sommernachtstraum* (1996, F. → Haußmann), Pandarus in *Troilus und Cressida* (1998, R. → Bachmann). Außerdem u. a. Gott der Herr / Ein armer Nachbar in Hofmannsthals *Jedermann* (2003). Am Burgtheater in Ibsens *Rosmersholm* (2000, R. → Zadek), im Schauspielhaus Zürich in Hamptons *Methode* (dt.sprachige EA 2005). 1996 bekam er die Auszeichnung «Bester Europ. Schauspieler»; er brillierte in vielen Film- und Fernsehrollen, so 1987 als Muller in *Auf Wiedersehen, Kinder* (R. L. Malle), 1989 als Vater in *Die Bertinis* (TV), 1990 als Veidt in *Dr. M.* (R. Chabrol), 1998 als Weinrich in *Der Laden*, ab 2002 als der Conte Falieri in den Donna-Leon-Verfilmungen. Seine Tochter Hendrikje F. (* 1963) ist Schauspielerin.

Iden, P.: Die Schaubühne am Halleschen Ufer 1970–1979. Frankfurt a. M. 1982.

Diana Schindler

Fleckenstein, Günther, * 13. 1. 1924 Mainz. Regisseur, Theaterleiter.

Nach Rückkehr aus der Kriegsgefangenschaft 1948–54 Regieassistent, dann Regisseur am Stadttheater Mainz. Debüt mit einer Insz. von Borcherts *Draußen vor der Tür* 1949. Über Ulm, Gelsenkirchen, Essen, Münster ans Landestheater Hannover, 1962–66 Oberspielleiter. Überregionale Aufmerksamkeit fand sein Versuch einer Aufführung der *Letzten Tage der Menschheit* von Karl Kraus. 1966–86 Intendant des Dt. Th.s Göttingen (Nachfolger von Heinz → Hilpert). Stark literarischer, wesentlich von Chefdramaturg Norbert Baensch geprägter Spielplan mit Distanz zu experimentellen und avantgardistischen Texten. Antiken-Zyklus mit u. a. 7 Komödien von Aristophanes. Kontinuierlicher Einsatz für Zuckmayer und Rolf Hochhuth (2 Ko-UA) und vor allem für Peter Hacks, teils mit UAen (*Amphitryon* 1968, *Arme Ritter* 1978, *Die Fische* 1978, *Pandora* 1982), als DEA (*Margarete in Aix* 1969) oder westdt. EAen (*Schlacht bei Lobositz* 1966, *Polly* 1970, *Adam und Eva* 1973, *Ein Gespräch im Hause Stein über den abwesenden Herrn von Goethe* 1977, *Senecas Tod* 1981). Gespielt wurden 14 Hacks-Stücke, zur Hälfte von F. inszeniert. Intensive Förderung poln. Gegenwartsdramatik, zum Teil in DEA, für deren Insz. F. häufig poln. Regisseure verpflichtete, aber auch für die Insz. anderer Stücke in Göttingen. Zustande kam ein lebhafter dt.-poln. Austausch, der unter F.s Nachfolger fortgesetzt wurde. Auszeichnung mit dem «Mérite pour Faveur de la Culture Polonaise». Eher geringes Interesse an zeitgenössischer deutschsprachiger Dramatik. Verschiedene Bühnenbearbeitungen (u. a. Sartre *Das Spiel ist aus*). Carl-Zuckmayer-Medaille. 1976–81 auch Intendant der Festspiele Bad Hersfeld (u. a. 1973 Millers *Hexenjagd*, 1976 Aristophanes' *Die Vögel*, 1978 Becketts *Warten auf Godot*, 1995 Zuckmayers *Der Rattenfänger*). Nach Beendigung der Intendantentätigkeit Insz.en für Tourneetheater. Zuckmayers *Katharina Knie* (2002, Th. Heilbronn). F. war stets ein sorgfältiger, den Stücken dienlicher Regisseur, auf langfristige Entwicklungen und Ensemblepflege bedacht.

Festschrift für Günther Fleckenstein zum 13. Januar 1984. Hg. N. Baensch. Göttingen 1984; Schüler, G.: Theaterwelt zwischen Sein und Schein. 20 Jahre Rezensionen. Göttingen 1979.

Werner Schulze-Reimpell

Flickenschildt, Elisabeth, * 16. 3. 1905 Hamburg, † 26. 10. 1977 Stade. Schauspielerin.

Tochter eines Kapitäns und Lotsen; kurzzeitig Modistin. Ausbildung in Hamburg; kleine Rollen am Thalia Th.; am Dt. Schauspielhaus erste größere Rolle in Tret'jakovs *Brülle China* (1930). 1933–36 Münchner Kammerspiele, u. a. in de Letras *Glück im Haus* (R. → Falckenberg), Ibsens *Bund der Jugend* (beide 1933), → Molières *Der eingebildete Kranke* und *Amphitryon*, → Shakespeares *Ein Wintermärchen* und *Zwei Herren aus Verona* (alle 1935). 1936–41 Dt. Theater Berlin; u. a. Hauptmann, *Hamlet in Wittenberg*, Schiller, *Die Jungfrau von Orleans* (beide 1936/37, R. → Hilpert), Shaw, *Der Kaiser von Amerika* (1937/38; 1966/67 Thalia Th. Hamburg), Čechov, *Drei Schwestern* (1940/41). 1941–44 unter → Gründgens an den Preuß. Staatstheatern; u. a. in Shakespeares *Othello* (1943/44, R. → Stroux), Hauptmanns *Der Biberpelz* (1942/43, R. → Fehling). 1936–44 verheiratet mit dem Theaterwissenschaftler Rolf Badenhausen (1907–87). 1947–1955 Düsseldorfer Schauspielhaus; u. a. in Sartres *Die Fliegen* (DEA), Čechovs *Die Möwe* (beide 1947/48), Sternheims *Der Snob* (1948/49), Eliots *Die Cocktailparty* (1950/51), Frys *Venus im Licht* (1951, alle R. Gründgens), Williams' *Die Glasmenagerie* (1951/52), Schillers *Wallensteins Tod* (1953/54; 1955/56 Dt. Schauspielhaus Hamburg). 1955 mit Gründgens ans Dt. Schauspielhaus Hamburg, spielte in Racines *Phädra* (TR, 1956/57), Hauptmanns *Iphigenie in Delphi* (TR, 1958/59, beide R. → Erfurth), Schillers *Maria Stuart* (1958/59), Durrells *Sappho* (UA 1959/60). Großer Erfolg in Dürrenmatts *Der Besuch der alten Dame* (TR, 1956/57) und *Die Physiker* (1962/63, auch Düsseldorf), → Goethes *Faust I* (1956/57, Film 1960; 1948, 1952 Düsseldorf) und *Faust II* (1957–60, beide R. Gründgens). Gast in Anouilhs *Wecken Sie Madame nicht auf*, Brentons *Zahn um Zahn* (DEA, beide 1971/72), Cocteaus *Die Heiligen Ungeheuer* (1975). Seit Gründgens' Tod kein festes Engagement; Tourneen und Gastspiele. In Düsseldorf in → Brechts *Mutter Courage und ihre Kinder* (TR, 1957/58), Shakespeares *Richard III.* (1971/72), in Frankfurt a. M. in Rojas' *Celestina* (TR, 1968/69). Bei den Salzburger Festspielen u. a. in Kleists *Amphitryon* (1938, R.E. → Engel), Molières *Der Bürger als Edelmann* (1939) und *Der Menschenfeind* (1973, R. → Noelte), → Lessings *Emilia Galotti* (1957, R. → Lothar). Letzter Auftritt als Volumnia in Shakespeares *Coriolan* (1977, R. → Hollmann, Thalia Th. Hamburg und Ruhrfestspiele). Insz.en ihres eigenen Stücks *Föhn* (UA 1949, Neues Th., Düsseldorf) und von Aischylos' *Die Perser* (1966/67, Münster). Seit 1935 zahlreiche Film-, später auch Fernsehrollen. – Eine Schauspielerin von auratischer Ausstrahlung und Bühnenpräsenz, die für «ihr» (mit der Ära Gründgens endendes) Th. lebte. Ihre einprägsame Physiognomie, ihre modulationsfähige Stimme, ihre bis zum Manieristischen artifizielle Virtuosität machten sie unverwechselbar. Ihr nuancenreiches Spiel, sparsam im körperlichen Ausdruck, ihr distanziertes Pathos waren auch Ergebnis eines fast zeremoniellen Verhältnisses zur Kunst.

Flickenschildt, E.: Kind mit roten Haaren. Hamburg 1971 (*Autobiographie*); Melchinger, S. R. Clausen: Schauspieler. Velber 1965; Neumann, N., J. Voss: Elisabeth Flickenschildt. Hamburg 1978.

Wolfgang Beck

Flimm, Jürgen, 17.7.1941 Gießen. Regisseur, Intendant.

Sohn eines Arztes, aufgewachsen in Köln, wo F. Theaterwissenschaft, Germanistik, Soziologie studierte. Regieversuche an der Studiobühne der Universität. 1968 Regieassistent an den Münchner Kammerspielen (u. a. bei → Kortner). Insz.en in Wuppertal, Hamburg und Zürich (Fleißer, *Fegefeuer in Ingolstadt*, 1972, Th. am Neumarkt). 1972 Oberspielleiter am Nationaltheater Mannheim, erster größerer Regieerfolg 1973 mit Büchners *Leonce und Lena.* 1973/74 Oberspielleiter am Thalia Th. in Hamburg; Insz.en von Horváths *Geschichten aus dem Wiener Wald* (1973), Lenz / Kipphardts *Die Soldaten,* Jarrys *König Ubu,* Sternheims *Tabula rasa* (alle 1974). 1974–79 freier Regisseur. Insz.en u. a. am Residenztheater München von Bernhards *Die Jagdgesellschaft* (1974), Babels *Marija* (1976), in Hamburg am Thalia Th. von → Brecht / Marlowes *Leben Eduards II. von England* (1975), Rostands *Cyrano von Bergerac* (1976, TR → Gobert), Ionescos *Die Stühle* (1977, mit → Andree, → Striebeck), am Dt. Schauspielhaus Hamburg von Büchners *Dantons Tod* (1976), Lasker-Schülers *Die Wupper* (1978), am Schauspielhaus Bochum die H.-Mann-Adaption *Der Untertan* (1977, an 2 Abenden). 1978 als erste Operninsz. die DEA von Nonos *Al grand sole carico d'amore* (Oper Frankfurt a. M.). 1979–85 Intendant am Schauspiel Köln; Eröffnungspremiere: Kleists *Das Käthchen von Heilbronn* (mit → Thalbach, → Trissenaar, Bb. R. → Glittenberg) – «Man spürt Entspannung, Farbigkeit, Gelassenheit, Empfindung … und: eine liebende Hinneigung zu den Menschengeschichten innerhalb der klassischen Literatur» (G. Rühle in *Th. heute* 11/1979). Insz.en in Köln u. a. von Čechovs *Onkel Wanja* (1980; 1995 Thalia Th.), *Der Kirschgarten* (1983), Brechts *Baal* (1981), Büchners *Leonce und Lena* (1981, ausgezeichnet als «Aufführung des Jahres»). C. B. Sucher schrieb über die vom Publikum und der Kritik gefeierte Insz.: F. «gelang es, der Betonlandschaft unserer Städte, der Enge unserer reglementierten Gesellschaft den Traum von einem anderen, freieren, glücklicheren Leben entgegenzusetzen. Artistisch, geradezu karnevalistisch» (Sucher, S. 60). Außerdem von Kleists *Amphitryon* (1982), Brecht / Weills *Die Dreigroschenoper,* → Goethes *Faust I* (beide 1983), Pohls *Das alte Land,* Schillers *Die Jungfrau von Orleans* (beide 1984) mit → Affolter in der TR als F.s letzte Insz. seiner Intendanz. 1985–2000 Intendant am Thalia Th. in Hamburg, wo er 26 eigene Insz.en herausbrachte, darunter Ibsens *Peer Gynt* (1985), Shakespeares *Hamlet* (1986), *Was ihr wollt* (1991), *König Lear* (1992, TR → Quadflieg), *König Richard III.* (1993), *Wie es euch gefällt* (1998), Goldonis *Der Diener zweier Herren* (1986), Hebbels *Die Nibelungen I und II* (1987, Bb. → Wonder), Schnitzlers *Liebelei* (1988), *Das weite Land* (1995), Kleists *Familie Schroffenstein* (1989). Größter Hamburger Erfolg mit Čechovs *Platonow* (1989, TR H. Ch. → Rudolph, mit → Grashof, E. → Schwarz; ausgezeichnet als «Aufführung des Jahres»): «So gibt der Hamburger Platonow das Beispiel für ein Theater, auf das man gegen die vielen Akte der Selbstzerstörung derzeit an anderen Häusern – bestehen, das man wünschen und immer wollen muß» (P. von Becker in *Th. heute* 3/1989). Weitere Insz.en u. a. von Büchners *Woyzeck* (1990, bereits 1988 am Volkskunst-Th. Peking), Osbornes *Der Entertainer* (1991), Ibsens *Die Wildente,* Mamets *Oleanna* (beide 1994), Sophokles / Hölderlins *Antigone,* → Molières *Tartuffe* (beide 1996), Frayns *Der nackte Wahnsinn* (1998); zuletzt Čechovs *Drei Schwestern* (1999). Das Angebot, nach → Zadeks Weggang (1989) die Intendanz des Dt. Schauspielhauses zu übernehmen, hatte F. abgelehnt. Bei den Salzburger Festspielen, dessen Schauspieldirektor F. 2002–04 war, inszenierte er u. a. 1989 → Nestroys *Das Mädl aus der Vorstadt,* 1991 Hofmannsthals *Der Schwierige,* 1993 Monteverdis *Die Krönung der Poppea* (2005 Zürich), 2004 Purcells *King Arthur.* Seit den 1990er Jahren vermehrt Operninsz.en. An De Nederlandse Opera Amsterdam Mozarts *Così fan tutte* (1990, 2000 Zürich), *Die Hochzeit des Figaro* (1993; 1996 Zürich); der Staatsoper Wien Schrekers *Der ferne Klang* (1991), Gounods *Romeo et Juliette* (2001), Cerhas *Der Riese vom Steinfeld* (UA 2002); am Opernhaus Zürich u. a. Händels

Alcina (1994), *Il trionfo del tempe del disinganno* (2003), Verdis *Ein Maskenball* (1999), Schuberts *Alfonso und Estella* (2001); am Teatro alla Scala Mailand Bergs *Wozzeck* (1997); an der Metropolitan Opera New York 2000 *Fidelio* (Beethoven), 2004 *Salome* (Strauss); am Royal Opera House London 2001 *L'anima del filosofo* (Haydn); der Hamburgischen Staatsoper 2001 *The Rake's Progress* (Stravinskij); der Staatsoper unter den Linden Berlin 2001 Verdis *Otello*. Bei den Bayreuther Festspielen 2001–04 Wagners *Der Ring des Nibelungen*. Fernsehfilme, meist Literaturverfilmungen. Mitglied mehrerer Akademien; zahlreiche Auszeichnungen und Einladungen zum Berliner Theatertreffen. 1999–2003 Präsident des Dt. Bühnenvereins; mehrfach Gastdozent in den USA; seit 1988 Professor an der Universität Hamburg und langjähriger künstl. Leiter des Studiengangs Schauspieltheater-Regie, bei den Salzburger Festspielen «Masterclass» für Nachwuchsregisseure. 2005 übernahm F. die Intendanz der RuhrTriennale. Ab 2007 Intendant der Salzburger Festspiele.

F. ist einer der erfolgreichsten dt. Theaterleiter, der mit eigenen Insz.en klare Akzente setzt, profilierte Regisseure (in Hamburg R. → Wilson) und Bühnenbildner (Glittenberg, Wonder) längerfristig an seine Bühnen zu verpflichten und ein vorzügliches Ensemble aufzubauen verstand, dem er als «Prinzipal» vorstand. Bei Operninsz.en vielfach mit Harnoncourt als Dirigent. Für F.s Regiearbeiten ist Werktreue im besten Sinne des Wortes oberstes Prinzip, mit den überzeugendsten Leistungen in der Auseinandersetzung mit der realistischen Dramatik, wo es um das Begreifen und Ausleuchten komplexer Charaktere, um das Erzählen von «Menschengeschichten» geht. In der Vielfalt seiner künstl. und theaterpolischen Aktivitäten einer der führenden Mitgestalter des dt. Th.s.

Baus, H. und C.: ... zum Augenblicke sagen, verweile doch! Köln 1985; Flimm, J.: Theatergänger. Göttingen 2004; Iden, P.: Jürgen Flimm. Frankfurt a. M. 1996; Kässens, W., J. W. Gronius: Theatermacher. Frankfurt a. M. 1987; Sucher, C. B.: Theaterzauberer: Von Bondy bis Zadek. München 1990; Thalia Theater. Hg. M. Bissinger. Hamburg 1993 (Merian Sonderheft); ... vom Himmel durch die Welt zur Hölle. Bilder von Hermann und Clärchen Baus aus fünfzehn Jahren Arbeit am Thalia Theater unter der Leitung von Jürgen Flimm 1985 bis 2000. Hg. V. Canaris, L. von Otting. Hamburg 2000.

Manfred Brauneck

Fo, Dario, * 24. 3. 1926 San Giano (bei Varese). Schauspieler, Regisseur, Theaterleiter, Autor.

Als Enkel eines «Fabulatore» kam F. früh mit der mündlichen Erzähltradition und dem Volkstheater in Verbindung. Aus einfachen Verhältnissen stammend (Vater Eisenbahnangestellter, Mutter Bäuerin), zeigte er große Sensibilität für soziale Fragen. Kurzes Architektur- und Kunststudium ohne Abschluss. 1952 Bühnendebüt am Teatro Odeon in Mailand. Ko-Autor politisch-satirischer Revuen, die in den Jahren 1952–54 in Mailand aufgeführt wurden. Ab 1958 Verfasser volkstümlicher Farcen satirisch-sozialkritischen Charakters, die stark von → Brecht und Antonio Gramsci, aber auch von Jahrmarktspossen beeinflusst waren. 1959 Gründung eines eigenen Ensembles mit seiner Frau unter dem Namen La compagnia Dario Fo – Franca → Rame, wobei sie Hauptdarstellerin und er Schauspieler, Regisseur, Pantomime und Textautor war. 1960 das groteske Volksstück *Gli arcangeli non giocano a flipper (Erzengel flippern nicht)*. Arbeit für das Fernsehen. Anklagen wegen Blasphemie und kommunistischer Betätigung. 1968 Gründung einer der KPI nahestehenden Th.-Truppe La Nuova Scena, die in Arbeitersiedlungen, Fabrikhallen, Gefängnissen auftrat. Nach Auseinanderfallen dieses Ensembles 1970 Neubeginn mit dem Th.-Kollektiv La Comune. 1974 feste Spielstätte in

Mailand im Palazzina Liberty, einer ehemaligen Markthalle. Ständige juristische Auseinandersetzungen mit den Behörden. Papst Paul Vl. forderte das Einschreiten der Regierung gegen F. nach Ausstrahlung der Fernsehsendung *Mistero Buffo*, einer «Beleidigung der religiösen Gefühle der Italiener». 1980 und 1983 verweigerten die USA dem marxistischen Schauspieler- und Autorenpaar F. / Rame die Einreise. Die zahllosen Anfeindungen von offiziellen Stellen ließen seine künstl. Realisationen noch interessanter erscheinen – als «theatralisches Universalgenie», als Erneuerer der Commedia dell'arte. Er aktivierte die Bühne als politisches Forum, als «Th. der großen Provokation». Das Ein-Personen-Stück *Mistero Buffo* und die Enthüllungssatire *Morte accidentale di un anarchico* (*Zufälliger Tod eines Anarchisten*, 1970) wurden weltweit bekannt. Unter den über 70 eigenen Stücken sind die meisten auch an dt.sprachigen Bühnen inszeniert worden, u. a. *Isabella, tre caravelle e un cacciaballe* (*Isabella, drei Karavellen und ein Scharlatan*, 1963), *Settimo, ruba un pò meno* (*Siebtens: Stiehl ein bißchen weniger*, 1964/65), *Non si paga, non si paga* (*Bezahlt wird nicht*, 1974), *La marijuana della mamma è più bella* (*Mama hat den besten Shit*, 1976), *Tutta casa, letto e chiesa* (*Kinder, Küche, Kirche*, 1977, mit F. Rame), *Storia di una tigre a altre storie* (*Geschichte einer Tigerin*, 1979), *Clacson, trombette e pernacchi* (*Hohn der Angst*, 1981), *Coppia aperta* (*Offene Zweierbeziehung*, 1983, mit F. Rame), *Quasi per caso una donna, Elisabetta* (*Zufällig eine Frau: Elisabeth*, 1985), *Zitti, stiamo precipitando* (*Ruhe! Wir stürzen ab*, 1991), *Johan Padan a la descoverta de le Americhe* (*Johann vom Po entdeckt Amerika*, 1992), *Il diavolo con le zinne* (*Der Teufel mit den Titten*, 1997), *Marino libero! Marino è innocente!* (*Freiheit für Marino! Marino ist unschuldig!*, 1998), *L'anomalo bicefalo* (*Der anormale Doppelkopf*, 2003). Zahlreiche internat. Auftritte und Insz.en eigener und fremder Stücke und Opern, u. a. von Rossinis *Der Barbier von Sevilla* (1987, De Nederlandse Opera; 1992 Paris), *Die Italienerin in Algier* (1994, Pesaro), *Die Reise nach Reims* (2003, Helsinki), → Molières *Le médecin volant* und *Le médecin contre lui* (1990, Comédie Française, Paris).

Die weltweite Wirkung des Fo'schen Th.s beruht nach Meinung des Autors auf dem eminent unterhaltsamen Element seiner Dramatik und nicht, wie die Kritik oft behauptet, auf ihrem subversiven, skandalträchtigen Charakter. F. hatte großen Einfluss auf eine ganze Generation von Regisseuren und Schauspielern, die freie Ensembles außerhalb des eingefahrenen Bühnenbetriebs gründeten. Viele Stücke von F. sind publikumswirksame Reaktionen auf brennende Zeitprobleme, etwa die Legalisierung der Drogen, die Instrumentalisierung der Angst vor Aids-Ansteckung. Als *Hilfe, das Volk kommt!* wurde das Drama gegen (am ital. Beispiel aufgezeigte) korruptionsgeschädigte Staatsbürokratie, *Mamma! I Sanculotti*, bei der DEA 1994 in Bremen ein durchschlagender Erfolg. Neben vielen anderen internat. Auszeichnungen erhielt F. 1997 den Nobelpreis für Literatur. Die Schwed. Akademie schrieb in der Verleihungsurkunde, dass er «in der Nachfolge der mittelalterlichen Gaukler die Macht geißelt und die Würde der Schwachen und Gedemütigten wieder aufrichtet».

Behan, T.: Dario Fo: revolutionary theatre. London 2000; Dario Fo and Franca Rame Theatre Workshops at Riverside Studios, London (1983). San Francisco 1995; Dario Fo: stage, text, and tradition. Hg. J. Farrell, A. Scuderi. Carbondale 2000; Farrell, F.: Dario Fo & Franca Rame. Harlequins of the revolution. London 2001; Fo, D.: Dario Fo parla di Dario Fo, Cosenza 1977 (dt. Dario Fo über Dario Fo. Köln 1980); ders.: Il Paese dei Mezaràt. I miei primi sette anni (e qualcuno in più). Mailand 2003 (dt. Meine ersten sieben Jahre und ein paar dazu. Köln 2004); ders.: Manuale minimo dell'attore. Mailand 1987 (dt. Kleines Handbuch des Schauspielers. Frankfurt a. M. 1997); ders.: Il tempio degli uomini liberi. Il Duomo di Modena. Appunti per lezione-spettacolo. Modena 2004; Hirst, D. L.: Dario Fo and Franca Rame. London 1989; Holm, B.: Den omvendte verden – om Dario Fo og den folkelige fantasi. Gråsten o. J.; Jungblut, H.: Das politische Theater Dario Fos. Frankfurt/M. 1978; Klüver, H.: Dario Fo. Biographie. Hamburg 1998; Mitchell, T.: Dario Fo. People's court jester. London 1999; Seidel, U.: Dario Fo und die italienische Komödientradition. Marburg 1995; Valentini, Ch.: La storia di Dario Fo. Mailand 1997.

Horst Schumacher

Fontheim, Matthias, * 30. 11. 1956 Krefeld. Regisseur, Schauspieler.

Sohn des Intendanten Joachim F. 1978–81 besuchte F. die Regie- und Schauspielklasse der Züricher Schauspielakademie, als Schüler von u. a. Andrea → Breth. In Zürich 1982 erste Regie bei einigen Farcen Georges Courtelines (Th. am Spittel). Günther → Beelitz, Intendant des Düsseldorfer Schauspielhauses, engagierte F. 1982 als Schauspieler. 1982–84 arbeitete er mit Regisseuren wie → Tragelehn, Michael Gruner, → Schaaf und → Palitzsch. Anschließend arbeitete F. freiberuflich als Regisseur; in Freiburg (*Leonce und Lena* von Büchner, 1985, *Kalldewey, Farce* von Strauß, 1986, *Hedda Gabler* von Ibsen, *Die Schwärmer* von Musil, beide 1987), Darmstadt, Kiel, Kassel und Tübingen. 1989 holte ihn Eberhard Witt als Regisseur in die Leitung des Niedersächs. Staatsschauspiels Hannover. In dieser Funktion war er für den Aufbau und die Zusammenführung des Ensembles und die Entdeckung und Entwicklung junger Schauspielerinnen und Schauspieler verantwortlich. Zudem organisierte er Gastspiele, das Norddt. Theatertreffen 1990 und 2 Symposien zum Thema «Junge Regisseure» 1991 und 1992. Wichtige Insz.en: Handkes *Das Spiel vom Fragen oder die Reise zum sonoren Land* (1990), Joyce' *Verbannte*, O'Neills *Gier unter Ulmen* (beide 1991) und → Brechts *Dreigroschenoper* zur Eröffnung des Neuen Schauspielhauses (1992). 1993 Insz.en von Stücken Čechovs: *Onkel Wanja* (Hannover) und *Der Kirschgarten* – diese bereits am Bayer. Staatsschauspiel München, wohin er dem Intendanten Witt gefolgt war. Auch hier war er als Mitglied der Leitung zuständig für Schauspielerarbeit und Ensemblepflege. Die Schauspieler stehen für F. im Mittelpunkt seiner Arbeit, er formulierte sein Interesse anhand seiner Arbeit am *Spiel vom Fragen* folgendermaßen: Es «geht nicht darum, daß der Schauspieler ein bestimmtes Exponat einer bestimmten Haltung auf der Bühne ist, sondern daß er es schafft, für Schwingungen körperlich durchlässig zu bleiben, in der höchsten Luzidität des Geistes» (zit. n. Roeder, S. 72). In München Insz.en von Dorsts *Herr Paul* (1994), → Shakespeares *Was ihr wollt* (1995) und den *Troerinnen* von Euripides (1996). Nach einer erneuten Arbeitsphase als freier Regisseur war F. 2000–06 Direktor des Grazer Schauspielhauses. Er setzte etliche Neuerungen durch: So eröffnete er eine zweite Spielstätte für Stücke vorwiegend junger Autoren und einen Salon für Konzerte, Diskussionen und Matinéen. Pro Spielzeit inszenierte F. in Graz 2 Stücke, u. a. O'Neills *Trauer muß Elektra tragen* und *Lulu* von Frank Wedekind (beide 2001). Ab 2006 Intendant des Staatstheaters Mainz. – Er beschrieb seine Arbeit in einem Gespräch einmal als «konservativ» in einem besonderen Sinne: «Konservativ im Sinne einer Konservendose bin ich sicher nicht. Wenn konservieren bewahren heißt, dann verbinde ich den Begriff mit dem Wort weiterentwickeln. Bruchstücke der Vergangenheit einsammeln und mit dem Bewußtsein für Geschichte zukünftiges Denken entwerfen – in diesem Sinne bin ich gerne konservativ» (zit. n. Roeder, S. 81).

Roeder, A., S. Ricklefs: Junge Regisseure. Frankfurt a. M. 1993.

Eva-Maria Voigtländer

Foreman, Richard, * 10. 6. 1937 New York. Regisseur, Theaterleiter, Autor.

Ausbildung an der Brown University und der Yale Drama School. Ab 1968 machte F. als postmoderner Avantgarde-Regisseur und Organisator happeningartiger, aus Szenenfolgen zusammengesetzter eigener Stücke auf sich aufmerksam, die als Ontologisch-Hysterisches Th. (Ontological-Hysteric Th., OHT), wie sich schließlich auch die Truppe nannte, provozieren sollten und in St. Mark's Church im East Village New York ihren Ausgang nahmen und Residenz bezogen. 1979–85 hatte das OHT einen vom franz. Kultusministerium geförderten Ableger in Paris. Die vielfach mit Laienschauspielern produzierten Aufführungen sind bis in die letzte Einzelheit «programmiert» und sollen phänomenologisch erlebt werden und die Strukturen des Bewusstseins erfassen. Die einfallsreichen Texte, die zur Aufführung kommen, werden ständig umformuliert und umgedeutet: Themenwechsel, Abbrüche und Wiederaufnahmen charakterisieren die ästhetizistische Insz. mit an stehende Bilder erinnernden «gefrorenen Szenen». Überlaute Toneffekte werden zur Schärfung des Zuschauerbewusstseins eingesetzt. Am New Yorker Traditionsstandort wird in jeder Spielzeit ein neues Stück inszeniert. Für F. ist ein Bühnenstück ein aus dem kontinuierlichen Schreibprozess herausgelöstes Fragment. Die gleichen Personen bevölkern seine Bühnenwerke, v. a. die von seiner Frau Kate Manheim dargestellte Rhoda. Im Anfang mit *Angelface* (1968) von Gertrude Stein (1874–1946) beeinflusst. *Total Recall* (1970), *Hotel China* (1971) zeigten die formalistische Umsetzung von Verdrängung, Ritual, Fragmentierung und Repetition: rau, hässlich, abstoßend, desorientierend, verfremdend. Weitere Stücke und Insz.en u. a.: *Pandering to the Masses: A Misrepresentation* (1975), *Le Livre des Splendeurs* (Paris 1976), *Boulevard de Paris* (New York 1978), *Penguin Touquet* (New York 1981), *Café Amérique* (Paris 1981), *Egyptology* (1983), *The Cure* (1986); *Lava* (1989); *My Head Was A Sledgehammer* (1994); *Benita Canova* (1997); *Now That Communism is Dead My Life Feels Empty!* (2001), *Panic! (How to Be Happy!)* (2003), *The Gods Are Pounding My Head! AKA Lumberjack Messiah* (2005), *Zomboid!* (2006). – Außerdem arbeitet F. als Opern- und Theaterregisseur in Europa und Amerika. Große Beachtung fanden seine Insz.en von → Brecht / Weills *Dreigroschenoper* (1976), Strauß' *Trilogie des Wiedersehens* (1982), Suzan-Lori Parks' *Venus* (1996, alle Shakespeare-Festival New York), Gertrude Steins *Dr. Faustus lights the lights* (1983, Festival d'automne, Paris und Berlin). Zahlreiche Auszeichnungen.

Berevolitch, A.: ABCDery of Richard Foreman. Paris 1999; Cole, S.: Directors in Rehearsal. New York 1992; Davy, K.: Richard Foreman and the Ontological Hysteric Theatre. Ann Arbor 1981; Foreman, R.: My Head Was a Sledgehammer and other Plays. Woodstock 1995; ders.: Paradise Hotel and Other Plays. Woodstock 2001; ders.: Plays and Manifestos. New York 1976; ders.: Reverberation Machines. New York 1985; ders.: Unbalancing Acts. New York 1992; ders.: Warum ich so gute Bücher schreibe. Berlin 1982; Kaye, N.: Postmodernism and Performance. Old Tappan 1994; MacDonald, E.: Theater at the Margins. Ann Arbor 1993; Richard Foreman. Hg. G. Rabkin. Baltimore 1999; Robinson, M.: The Other American Drama. Cambridge u. a. 1994; Shank, T.: American Alternative Theatre. London 1982; What's new, Mister Foreman? In: Théâtre Public 124/1995.

Horst Schumacher

Forster, Rudolf (Anton), * 30. 10. 1884 Gröbming (Österreich), † 26. 10. 1968 Bad Aussee. Schauspieler.

Sohn eines Finanzbeamten; Schauspielausbildung am Konservatorium in Wien. 1903–04 an den reisenden Vereinigten Th.n Graz; kam über Th. in Linz, Berlin, Ohligs an das Wiener Th. in der Josefstadt (1907–09). Nach einem Zwischenspiel in Berlin (1909/10 Berliner Th.) wieder in Wien, u. a. 1913–15 an der Volksbühne (Galsworthy, *Kampf*, 1913, mit → Kortner). 1915 – 18 Soldat. 1917 – 19 Dt. Th. Bukarest; 1920 – 23 Staatstheater Berlin. Dort u. a. in → Shakespeares *Richard III.* (1920), *Othello* (1921), *Macbeth* (1922), Barlachs *Die echten Sedemunds* (1921, alle R. → Jeßner), Stuckens *Die Hochzeit Adrian Brouwers* (TR), Wedekinds *Hidalla* (beide 1922). Außerdem in W. von Scholz' *Der Wettlauf mit dem Schatten* (1921, Tribüne), Musils *Vinzenz oder Die Freundin bedeutender Männer* (UA 1923, Die Truppe), Kaisers *Nebeneinander* (UA 1923, Lustspielhaus). An den → Reinhardt-Bühnen u. a. in Schillers *Kabale und Liebe*, Shaws *Die heilige Johanna* (beide 1924), Unruhs *Bonaparte* (1927, alle Dt. Th. Berlin), Shakespeares *Der Kaufmann von Venedig* (1924, Th. in der Josefstadt). Mit → Seelers Junger Bühne 1925 in der UA von Zuckmayers *Pankraz erwacht oder Die Hinterwäldler*: «Noch niemals war dieser immer exponiert spielende und deshalb oft überschärfte Darsteller so vollkommen, so faszinierend» (Jhering, 2. Bd, S. 97 f.). Gast im Th. in der Königgrätzer Straße (Shaw, *Zurück zu Methusalem*, 1925), am Staatstheater (Rehfisch, *Duell am Lido*, 1926; → Goethe, *Egmont*, 1928), am Dt. Künstler-Th. (O'Neill, *Seltsames Zwischenspiel*, DEA 1929), der Komödie (Bruckner, *Die Kreatur*, UA 1930), der Volksbühne (Wedekind, *Der Kammersänger*, 1931). Filme u. a. *Anna Karenina* (1919), *Erdgeist*, *Fröken Fob* (beide 1923), *Die Hose* (1927), *Die Dreigroschenoper*, *Yorck* (beide 1931), *Der träumende Mund* (1932), *Morgenrot* (1933), *... nur ein Komödiant* (1935). Nach 1933 arbeitete F. verstärkt in Österreich und ging 1937 in die USA; spielte u. a. am Broadway in Kingsleys *The World We Make* (1939/40, Guild Th.), im Film in *Island of the Lost Men* (1939). 1940 Rückkehr nach Deutschland; spielte bis 1945 v. a. am Dt. Th. in Berlin (Shakespeare, *Richard II.*, 1940, R. → Hilpert) und in Wien. Einige Filmrollen, u. a. im antisemitischen *Wien 1910* (1943). Nach 1945 Gastspiele u. a. am Burgtheater (Wien), den Staatl. Schauspielbühnen Berlin (Becher, *Samba*, UA 1952), dem Dt. Schauspielhaus Hamburg (Bruckner, *Elisabeth von England*, 1955) und in der DDR. 1948/49 Tournee durch die Schweiz mit Strindbergs *Der Totentanz*. Bei den Salzburger Festspielen in Goethes *Faust II* (1963, R: → Lindtberg). Zuletzt in Wedekinds *Der Kammersänger* (1967, Thalia Th. Hamburg) und Shakespeares *Hamlet* (1968, Dt. Th. München). Zahlreiche Film- und Fernseharbeiten, u. a. *Rittmeister Wronski* (1954), *Der letzte Mann* (1955), *Das Glas Wasser*, *Schachnovelle* (beide 1960), *Lulu* (1962), *The Cardinal* (1963), *Tonio Kröger* (1964), *Der Kirschgarten* (TV), *Grieche sucht Griechin* (beide 1966), *Vanillikipferln* (1968, TV), *Rotmord* (1969, TV). Mehrfache Auszeichnungen. Verheiratet u. a. mit der Schauspielerin Eleonore von Mendelssohn (1900 – 51). – F. war ein bedeutender, technisch perfekter Charakterdarsteller, souverän und frei im Spiel. «Was mir zunächst an Forster auffiel, war die brüske Willkür, mit der er aller Theaterkonvention und allem Herkömmlichen ins Gesicht schlug» (Kortner, S. 150). Eine aristokratische Erscheinung, war F. ein sensibler und intelligenter Schauspieler mit großer mimischer und gestischer Suggestivkraft und ein Sprachgestalter von hohen Graden. Im Film mehr und mehr auf die Rolle des charmanten und weltmännischen Grandseigneurs festgelegt.

Bier, M.: Schauspielerporträts. Berlin 1989; Forster, R.: Das Spiel mein Leben. Berlin 1967; Jhering, H.: Von Reinhardt bis Brecht. 2. Bd. Berlin 1959; Kortner, F.: Aller Tage Abend. München 1969.

Wolfgang Beck

Forsythe, William, * 30. 12. 1949 New York. Tänzer, Choreograph.

F. studierte ab 1969 an der Joffrey Ballet School in New York. 1971 – 73 tanzte er im

Joffrey Ballet; danach ging er nach Europa. F. wurde Mitglied des Stuttgarter Balletts und begann bald zu choreographieren. Von 1981 an arbeitete er als freischaffender Choreograph, u. a. für das Nederlands Dans Th. und das Ballett der Städt. Bühnen in Frankfurt a. M. 1984 übernahm er die Position des Ballettdirektors der Frankfurter Kompanie, die er in Ballett Frankfurt umbenannte. 1999 Intendant des Balletts und des TAT. Zum Ende der Spielzeit 2003/04 wurde das Ballettensemble aufgelöst. Danach gründete F. die unabhängige (von den Ländern Hessen und Sachsen, den Städten Frankfurt a. M.und Dresden unterstützte) Forsythe Company mit festen Spielstätten in Dresden (Festspielhaus Hellerau) und Frankfurt (Bockenheimer Depot). Enge Kooperation mit dem Schauspielhaus Zürich, mit neuen und Repertoirestücken, aber auch multimedialen Installationen im Th. und der Stadt. Seine jüngsten Werke werden ausschließlich von der neuen Kompanie entwickelt und aufgeführt *(Human Writes, Three Atmospheric Studies)*.

In den 20 Jahren, die F. in Frankfurt tätig war, entwickelte er sich zum internat. wohl wichtigsten Ballettchoreographen und -erneuerer. Abgesehen von *Orpheus* (1979, zur gleichnamigen Musik Hans Werner Henzes), schuf F. nur Werke ohne traditionellen Handlungsfaden, in denen der künstl. Tanz selbst thematisiert wird. F.s Ausgangspunkt ist die neoklassische Technik George Balanchines, die er um das Körper- und Raumverständnis Rudolf von →Labans ergänzt. Das äußert sich in einem ganz eigenen Bewegungsstil, bei dem die Bewegungen der Danse d'école quasi nach Belieben neu arrangiert werden können; zudem kann jedes Körpergelenk Initiator einer Bewegung werden. In Verbindung gebracht wurde F.s Arbeit mit dem Dekonstruktionsbegriff der franz. Poststrukturalisten; so lässt sich in F.s Werken stets das Prinzip von Zerlegen und Neuordnen erkennen. F. selbst begreift «Ballett als Motion» und ist daran interessiert, «eine inhärente Schicht im Ballett zu entdecken» (zit. nach G. Siegmund: *Amerika wird in Frankfurt weitergetrieben. William Forsythe*. In: *ballett international/tanz aktuell*, April 1999, S. 37). Es entsteht dabei das Bild eines ständigen Variierens innerhalb räumlicher und zeitlicher Setzungen. Diese Charakteristika zeigten sich bereits mustergültig in F.s erster Choreographie als Frankfurter Ballettdirektor, *Artifact* (1984). Das seinem Choreographieverfahren immanente improvisatorische Element verstärkte F., indem er seit *Limb' Theorem* (1990) nichttänzerische Mittel wie Zeichnungen oder Film für die Generierung von Bewegung (unter Berücksichtigung eines definierten Bewegungsmaterials) einsetzte. Das bedeutete auch, dass seine Tänzer zunehmend zu Ko-Autoren wurden. Die Verbindung von gesprochenem Text, mobilen Objekten, Lichtdesign, elektronischer Musik mit hochvirtuosem Tanz machen F.s Werke zur perfekten Verkörperung eines zeitgenössischen Balletts. Viele von F.s kürzeren Choreographien – wie *Steptext* (1985), *In the Middle, Somewhat Elevated* (1987), *the second detail* (1991), *Herman Schmerman* (1992), *Approximate Sonata* (1996) und *The Vertiginous Thrill of Exactitude* (1996) – befinden sich im Repertoire klassischer Kompanien. Seine abendfüllenden Produktionen blieben grundsätzlich dem Ballett Frankfurt vorbehalten; die wichtigsten sind neben den oben genannten *Gänge* (1983), *Die Befragung des Robert Scott †* (1986), *Impressing the Czar* (1988), *Eidos:Telos* (1995) und *Kammer/Kammer* (2000). – F. ist internat. mit allen wichtigen Preisen ausgezeichnet worden, ist Ehrenmitglied des Laban Centre for Movement and Dance in London und Ehrendoktor der Juilliard School in New York. Weltweit lehrend, hat F. 1994 die interaktive Computerinstallation

Improvisation Technologies entwickelt, eine Art «digitaler Tanzschule», in der F. in die von ihm praktizierten Technologien der Improvisation und die wichtigsten Prinzipien seiner Bewegungssprache einführt.

Berger, Ch.: Körper denken in Bewegung: Zur Wahrnehmung tänzerischen Sinns bei William Forsythe und Saburo Teshigawara. Bielefeld 2006; Nugent, Ann: The architexts of Eidos:Telos: a critical study through intertextuality of the dance text conceived by William Forsythe. Diss. University of Surrey 2000; Siegmund, G.: Abwesenheit: eine performative Ästhetik des Tanzes. Bielefeld 2006; William Forsythe. Hg. S. Driver. Yverdon u. a. 2000; William Forsythe: Denken in Bewegung. Hg. G. Siegmund. Berlin 2004; William Forsythe – improvisation technologies: a tool for the analytical dance eye. Hg. Zentrum für Kunst und Medientechnologie. Ostfildern 1999 *(1 CD-Rom)*; William Forsythe – Tanz und Sprache. Hg. G. von Rauner. Frankfurt a. M. 1993.

Katja Schneider

Franck, Walter, * 16. 4. 1886 Hüttensteinach, † 10. 8. 1961 Garmisch-Partenkirchen. Schauspieler.

Ausbildung bei Albert → Steinrück, 1916 – 17 Hoftheater München. Kam über Stationen in Nürnberg, Frankfurt a. M., Lobetheater Breslau 1923 nach Berlin zu Leopold → Jeßner ans Staatstheater. 1924 – 27 Dt. Th. Berlin, wo er den Garga in → Brechts *Im Dickicht der Städte* und den Grand in der UA von Bronnens *Anarchie in Sillian* spielte («Franck gehört schon heute zu den ersten Berliner Schauspielern», Herbert Jhering, 1924). Wieder am Staatstheater TRn in Büchners *Woyzeck* und Hauptmanns *Florian Geyer* (beide 1927), Brackenburg in → Goethes *Egmont* (1928), TR in *Faust II* (1933, R. → Lindemann), Brutus in → Shakespeares *Julius Caesar* (1930), Octavio in Schillers *Wallenstein* (1931), Karl in *Die Räuber* (1932). Für Alfred Kerr war er ein «leuchtender Seelenschauspieler». In den 1930er Jahren mittlere Rollen in Insz.en von Jürgen → Fehling. 1945 in Schillers *Parasit* (Dt. Th.), Januar 1946 TR in Friedrich Wolfs *Professor Mamlock* (Hebbel-Th.). Gastspiele in Hamburg. München, Ruhrfestspiele. Seit 1952 Schiller-Th. Berlin. Götz in Sartres *Der Teufel und der liebe Gott*, TR in Shakespeares *Julius Caesar* (beide 1952), General in Thomas Wolfes *Herrenhaus* (1954), Philipp II. in Schillers *Don Carlos* (1957), Krapp in Becketts *Das letzte Band* (1959).

F. war ein vitaler, dominanter Darsteller von großer Ausstrahlung, der aufwandslos zu charakterisieren vermochte, von seinen Mitteln sparsam Gebrauch machte. Sein Rollenrepertoire war außerordentlich vielseitig und umfasste v. a. widersprüchliche und nachdenkliche, ihr Tun reflektierende Figuren («Walter Franck schien geschaffen, alle Übeltäter, alle Brunnenvergifter, alle Schubjaks und Teufel der großen Weltliteratur zu spielen. Und er spielte sie ziemlich alle – und spielte sie grandios», Friedrich Luft, 1961). Mitglied der Berliner Akademie der Künste.

Jhering, H.: Von Reinhardt bis Brecht. 2. Bd. Berlin 1959; Karsch, W.: Walter Franck. Berlin 1962.

Werner Schulze-Reimpell

Franke, Peter, * 19. 7. 1941 Breslau (heute Wrocław). Schauspieler.

Private Schauspielschule in Düsseldorf, Gesangsausbildung an der Folkwangschule Essen. 1961 – 68 in verschiedenen Keller- und Zimmertheatern. 1969 – 72 Düsseldorfer Schauspielhaus, 1972 – 74 Bühnen der Stadt Köln (Galy Gay in → Brechts *Mann ist Mann*, Karl in Hebbels *Maria Magdalena*, Volker in Hebbels *Die Nibelungen*, Narr in → Shakespeares *Was ihr wollt*). 1974 – 78 Schauspiel Frankfurt (TR in der UA von Horst Laubes *Der Dauerklavierspieler*, Arlequin in Marivaux' *Die Unbeständigkeit der Liebe*, Ekart in Brechts *Baal*, Sohn in Strindbergs *Mit dem Feuer spielen*, Hans Iver in Barlachs *Der arme Vetter*). 1978 – 80 Bremer Th. (Tyrell in Jahnns *Richard*

III., Leicester in Schillers *Maria Stuart*). 1980–85 Dt. Schauspielhaus Hamburg (Andrej in Čechovs *Drei Schwestern*, Kandaules in Hebbels *Gyges und sein Ring*). 1985–88 Staatl. Schauspielbühnen Berlin (Truffaldino in Goldonis *Der Diener zweier Herren*, TR in Büchners *Woyzeck*). 1988–94 Thalia Th. Hamburg (Herr v. Berg in *Der Hofmeister* von Lenz, Ruppert in Kleists *Familie Schroffenstein*, Baron Gondremark in Offenbachs *Pariser Leben*, Einer in der UA von Robert Schneiders *Dreck*, Miller in Schillers *Kabale und Liebe*, Just in → Lessings *Minna von Barnhelm*, der alte Moor in Schillers *Die Räuber*). Hamburger Kammerspiele (in *Scherben* von Arthur Miller, TR in Harwoods *Der Fall Furtwängler*, Professor in Auburns *Proof*), musikalische Revuen, Liederabende. 2001 Papageno in Mozarts *Die Zauberflöte* in Lübeck. 2003 Tiger Brown in Brecht / Weills *Die Dreigroschenoper*, 2005 in Labiches *Totaler Filmriß (Affäre in der Rue Lourcine)*, beide im St. Pauli Th. Hamburg. Zahlreiche Film- und Fernsehrollen (u. a. *Schlafes Bruder*, 1995, *Der Campus*, 1998, *Das Wunder von Bern*, 2003). – Ein aufwandloser, in seinen gestischen Mitteln karger Darsteller, der seinen Figuren einen klaren realistischen Umriss gibt. Am besten als Vertreter des kleinen, getretenen Mannes oft proletarischer Herkunft, ausgestattet mit bärbeißigem Humor.

Werner Schulze-Reimpell

Freyer, Achim. * 30. 3. 1934 Berlin. Bühnen- und Kostümbildner, Regisseur, Maler.

1951–55 Studium der Gebrauchsgrafik an der Fachschule für angewandte Kunst, Berlin-Weißensee. 1954–56 Meisterschüler → Brechts an der Akademie der Künste. Ab 1956 freischaffend als Maler. 1958 Figuren für das Staatl. Puppentheater Dresden. Zusammenarbeit mit Ruth → Berghaus. In Dresden Ausstattung der Ballette *Flug zur Sonne* (1959), *Hände weg* (1962), *Das Katzenhaus* (1964). In der Dt. Staatsoper Berlin 1968 Rossinis *Der Barbier von Sevilla*. Für → Besson Ausstattung von Brechts *Der gute Mensch von Sezuan* (Volksbühne Berlin 1970), für → Dresen → Goethes *Clavigo* (Dt. Th. Berlin 1971 – die Aufführung musste abgesetzt werden). Puppentrickfilme für die DEFA. 1972 während eines Italiengastspiels der Volksbühne Wechsel in die Bundesrepublik Deutschland mit seiner Frau, der Kostümbildnerin Ilona F. (1943 Dessau – 1984 Berlin). Faszinierende Bühnenbilder für Insz.en Hans Neugebauers an der Kölner Oper: Hindemiths *Cardillac* (1973, 1977 Dt. Oper Berlin), Debussys *Pelléas et Melisande* (1975), Bergs *Wozzeck* (1975, 1981 Brüssel), Schönbergs *Moses und Aron* (1978). Mit Mauricio Kagel 1976 *Musiktheater*. Am Schiller-Th. Berlin Ausstattungen für Bonds *Lear* (1973), die UA von Langes *Die Ermordung des Aias*, Čechovs *Ivanov* (beide 1974, alle R. → Lietzau); an der Oper Frankfurt a. M. für Mozarts *Die Hochzeit des Figaro* (1975), Beethovens *Fidelio* (1976). Für Claus → Peymann Insz.en im Stuttgarter Staatstheater: Schillers *Die Räuber*, Kleists *Das Käthchen von Heilbronn* (beide 1975), Goethes *Faust I + II* (1977), UA von Bernhards *Immanuel Kant* (1978), im Wiener Burgtheater: Handkes *Zurüstungen für die Unsterblichkeit* (UA 1997), am Berliner Ensemble: → Lessings *Nathan der Weise* (2002), Jelineks *Wolken.Heim.Und dann nach Hause* (2005). Seit 1974 auch Regie (*Maria Magdalena* von → Kroetz, Schlossparktheater Berlin). Zu seinen Sprechtheater-Insz.en gehören u. a. die als Triologie verstandenen Stücke *Metamorphosen des Ovid* (1987), Büchners *Woyzeck* (1989), Euripides' *Phaeton* (1991) sowie Goldonis *Der Diener zweier Herren* (1997) und die UA von Kroetz' *Die Eingeborene* (1999, alle Burgtheater); beim Berliner Ensemble → Shakespeares *Hamlet* (2000), Bernhards *Ein Fest für Boris* (2002). Seit 1979 vorwiegend

Operninsz.en: Glucks *Iphigenie auf Tauris* (Nationaltheater Mannheim, 1991 Basel und Amsterdam), 1980 Webers *Der Freischütz* (Stuttgart), 1982 Mozarts *Die Zauberflöte* (Hamburgische Staatsoper, seitdem im Spielplan; 1991 Wiener Staatsoper, 1997 Salzburger Festspiele, 2002 Schwetzinger Festspiele, 2006 Novaya Opera, Moskau, Teatr Wielki, Warschau), Glucks *Orfeo ed Euridice* (1982, Dt. Oper Berlin). Philip-Glass-Zyklus in Stuttgart: 1981 DEA *Satyagraha* (1983 TV), 1984 UA *Echnaton*, 1988 *Einstein on the Beach*. An der Hamburgischen Staatsoper u. a. bei Schnebels *Vergänglichkeit* (UA 1991), Lachenmanns *Das Mädchen mit den Schwefelhölzern* (1997), am Brüsseler Th. Royal de la Monnaie bei Wagners *Tristan und Isolde* (1994), Francesconis *Ballata* (UA 2002), bei den Schwetzinger Festspielen bei Mozarts *Don Giovanni* (1998), Haydns *L'anima del filosofo ossia Orfeo ed Euridice* (2001), Sciarrinos *Macbeth* (UA 2002), die Wiener Festwochen bei Monteverdis *L'Orfeo* (1998, Koproduktion Bayer. Staatsoper), Schumanns *Genoveva* (1999/2000, Koproduktion Oper Leipzig), der Dt. Oper Berlin eine szenische Version von Verdis *Messa da Requiem* (2001; 2002 Los Angeles Opera), Strauss' *Salome* (2003). Weiter Insz. von Busoni / Stravinskijs *Turandot / Perséphone* (1994, Venedig, Kritikerpreis für die beste Insz. des Jahres), Schnebels *Majakowskis Tod – Totentanz* (UA 1998), Berlioz' *La damnation de Faust* (2003, Los Angeles Opera), Händels *Ariodante* (2004, Oper Frankfurt a. M., R. mit F. Rinne-Wolf). – Aus der Zusammenarbeit mit F. ging das 1992 gegründete F.-Ensemble hervor, dem Schauspieler, Tänzer, Akrobaten, Sänger und Musiker angehören, die sich mehrmals im Jahr zu interdisziplinären Theaterarbeiten treffen, aber auch an seinen anderen Produktionen mitwirken. Werkstattprojekte im Grenzbereich zwischen Literatur, bildender Kunst, Musik und Bühne, extremes «Bildertheater» (Simhandl), in dem Schauspieler / Sänger zu Metaphern komplizierter innerseelischer und intellektueller «Innenraumlandschaften» werden, immer auf der Suche nach einer «Bühnensprache, in der das Wort gleichberechtigte Bedeutung hat zur Bewegung, zur Farbe, zum Zeitablauf, zum Klang» (F.). Zu diesen Projekten, bei denen F. meist für Text / Konzeption und Ausstattung zuständig ist, zählen u. a. *Freyer und Toscanini proben Traviata* (1992, Oper Kiel, Norddt. Theatertreffen), *Liebe von Kopf bis konfus* (nach Marivaux, Th. am Turm Frankfurt a. M.), *Kids* (beide 1993, Volksbühne Berlin), *DisTanzen* (1994), *Orchesterstück für acht Klangkörper*, *Komödia* (beide 1995, alle Oper Bonn), *Über die Einsamkeit der Dinge* (1995, Festival Neue Musik Rümlingen), *Missa in H-Moll* (1996, Schwetzinger Festspiele), *Ab und An* (2004, Kunst- und Ausstellungshalle Bonn). Außerdem der Film *Met amor ph osen* (P. 1994, 44. Internat. Filmfestspiele Berlin). 2 Einladungen zum Berliner Theatertreffen. 1976–99 Professor an der Berliner Hochschule der Künste. Zahlreiche Ausstellungen. Teilnahme an der documenta 6 und 8 in Kassel. 1990 Bundesverdienstkreuz, 1999 Preis des Internat. Th.-Instituts (ITI), Goldmedaille der Quadriennale Prag. Seine Tochter Amanda F. arbeitet v. a. als Kostümbildnerin.

Achim Freyer. Malerei 1966–1983. Berlin 1983; Bühnenbild heute – Bühnenbild der Zukunft. Hg. H. Klotz u. a. Karlsruhe 1993; Freyer, A.: Farbwege. Gütersloh 1985; ders.: Farbräume. München 1988; ders.: Chaos und Stille. Kornwestheim 1992; ders. Taggespinste Nachtgesichte. Berlin 1994; ders.: Individuen. Leipzig 1998 *(alles Kataloge)*; Simhandl, P.: Achim Freyer. Regie im Theater. Frankfurt a. M. 1991.

Werner Schulze-Reimpell

Freytag, Holk, *29. 9. 1943 Tübingen. Regisseur, Theaterleiter.

Aufgewachsen in Moers am Niederrhein. 1960–63 USA, Kammermusikausbildung an der Brooklyn Music School. 1964 Studium der Th.- und Musikwissenschaft in Köln. 1968–69 Leitung des Th.-Kellers in Neuss, 1969–77 Lehrbeauftragter für Medienpädagogik an der Gesamthochschule Düsseldorf. Ende der 1960er Jahre Pläne zur Gründung eines Th.s in Moers. 1969 initiierte F. ein Schultheater, 1970 Schlosshofspiele, jeweils mit ihm als fast einzigem Regisseur. 1975 Schlosstheater, kleinstes Stadttheater der Bundesrepublik unter seiner Leitung. 1977–79 daneben Chefdramaturg und stellvertretender Intendant in Hildesheim. Kommissarischer Statthalter in Moers war Thomas Schulte-Michels. 1979 Insz. *Die Bacchantinnen* von Euripides in ungewöhnlicher Präsentation als Peepshow, Einladung zum Berliner Theatertreffen. 1980 *Mauser* von Heiner → Müller, 1981 als poetisches Spiel im Schlosspark *Pelleas und Melisande* von Maeterlinck (erste Aufführung seit 1928). Organisiert wie eine Freie Truppe mit minimaler Technik und Verwaltung, gewann das Schlosstheater ein unverwechselbares Profil durch einen unkonventionellen Spielplan, phantasievollen Umgang mit Texten und spezifische Spielweisen, bald auch überregionales Ansehen. Systematische Auseinandersetzung mit den griech. Tragikern, kulminierend mit F.s Insz. der *Orestie des Aischylos* 1985 (Einladung nach Budapest). 1984 *Mittagstheater* in 17 Folgen in der Art einer TV-Soap-Opera. 1987 → Brechts *Leben des Galilei* (2. Einladung zum Berliner Theatertreffen). In 19 Jahren inszenierte F. 56 Stücke. 1990–93 Lehrtätigkeit an der Folkwang Hochschule Essen. 1988–2001 Intendant der Wuppertaler Bühnen. Auftakt mit vierteiligem *Projekt Deutschland*, Stücken von Kleist, Heiner Müller, Hölderlin und einer Apo-Revue. 1989 Tetralogie *Tantalos' Erben* von Jochen Berg. 1990 und 1992 beide Teile von → Goethes *Faust*. Vor dem Hintergrund der Intifada in Israel → Lessings *Nathan der Weise*, als Insz. ‹in progress› immer wieder neu aufgeführt, mehrere Jahre im Spielplan, 2001 auch zur Spielzeiteröffnung in Dresden. 1995–2001 Fusion mit dem Musiktheater im Revier Gelsenkirchen zum Schiller-Th. NRW. F. Leiter des Schauspiels und des Wuppertaler Hauses. Seit 2001 Intendant des Staatsschauspiels Dresden. Insz.en u. a. 2001 Kleists *Guiskard: Ein Fragment*, 2002 Horváths *Der jüngste Tag*, 2003 *Der Zauberberg* nach Thomas Mann, 2004 Peter Weiss' *Die Ermittlung*, 2005 → Molières *Amphitryon*, 2006 mehrere Kurzdramen Becketts unter dem Titel *Becketts Welt* (R. F. u. a.). – Opernsz.en u. a. DEA *Ein König horcht* von Luciano Berio (Dt. Oper am Rhein), Webers *Der Freischütz*. Seit 2001 Vorsitzender der Intendantengruppe im Dt. Bühnenverein. – Als Regisseur und Intendant sehr bestimmt von der Überzeugung, das Th. habe einen politisch-gesellschaftlichen Auftrag. Phantasievoller Querdenker, der Konflikte verdeutlicht, indem er sie in theatralischen Konstellationen abbildet.

Werner Schulze-Reimpell

Fricsay (Kali Son), András, * 2. 4. 1942 Szeged (Ungarn). Schauspieler, Regisseur.

Sohn des Dirigenten Ferenc Fricsay (1914–63). Studium der Malerei in Genf. Abgebrochene Schauspielerausbildung in Berlin. Über Bremen, Mannheim. Berlin, Hamburg 1971 Münchner Kammerspiele (Müntzer in Fortes *Martin Luther & Thomas Müntzer*). 1971 erste Insz.en im Modernen Th. München (*Vogelbad* von Melfi). 1974 Debüt als Opernregisseur in Frankfurt a. M. (Mozarts *Così fan tutte*). Insz. von Gerlind Reinshagen, H. L. Wagner *(Die Kindsmörderin)*, Gombrowicz, Brecht am Bayer. Staatsschauspiel. 1979 Gründung der Freien Truppe «Zauberflöte», die sich schnell einen Namen machte mit durchweg von F. inszeniertem unkonventionellem Th. Tourneen bis 1987. 1989 spektakulärer Erfolg mit einer ins Punker- und Rockermilieu verlegten Insz. von Schillers *Die Räuber* (Residenztheater München) – 111 Aufführungen («Der ganze Theaterabend ist voll von grellen Effekten, ätzenden Kalauern und glorreichen Einfällen. [...] daraus entsteht der staunenswerte Zauber dieser wahrlich tollwütigen Theaterarbeit, trotz dieses Einfälle-Feuerwerks zerbröselt das Ganze nicht in lauter krude Einzelaktionen» (Wolfgang Höbel). 1989–92 Oberspielleiter Schauspiel Bremen. UA von Lina Wertmüllers *Liebe und Anarchie*, → Shakespeares *Hamlet*. Seit 1992 freier Regisseur, vermehrt Operninszenierungen, u. a. von Mozarts *Figaros Hochzeit* (1997), Webers *Der Freischütz* (2000, beide Oper Bonn), Mozarts *Die Entführung aus dem Serail* (2003, Dt. Oper am Rhein). 1994 inszenierte er die Rock-Märchen-Tournee *Tabaluga und Lilli* von Peter Maffay. Verblüffend einleuchtend gelang 1993 die Übertragung von Schillers *Kabale und Liebe* in das Milieu des 3. Reichs (Hofmarschall v. Kalb als Göring-Karikatur, Lady Milford = Eva Braun) im Schauspiel Bonn. Dort auch eine bemerkenswerte Insz. von Wedekinds *Lulu* mit Karin Angerer (1995); Shakespeares *Hamlet* (1996), *Romeo und Julia* (2000). 1999 Paul Abrahams *Blume von Hawaii* mit Schauspielern. In Dresden 1995 Rostands *Cyrano von Bergerac*, 1998 Burgess' *Clockwork Orange*, am Staatstheater Wiesbaden Schillers *Don Carlos* (2004), Shakespeares *Der Sturm* (2005), am Dt. Th. Berlin Dürrenmatts *Die Physiker* (2005). Film- und Fernsehrollen. – F. geriert sich als Regie-Berserker, auch in seinem Outfit, ist aber ein eher geduldiger und sorgfältiger Arbeiter nahe am Text. Mit Neigung zur politisch motivierten Provokation begreift er Th. als gesellschaftliche Opposition.

Werner Schulze-Reimpell

Friedrichsen, Uwe, * 27. 5. 1934 Hamburg-Altona. Schauspieler, Regisseur.

Nach einer kaufmännischen Lehre und gegen den Willen der Eltern begann er mit einer Schauspielausbildung, die er sich selbst als Arbeiter finanzierte. 1953 gründete er das Theater 53; dort stand F. mit adaptierten Kurzgeschichten von W. Borchert und E. Hemingway auf der Bühne. 1955 wurde Ida → Ehre, Prinzipalin der Hamburger Kammerspiele, auf ihn aufmerksam und verpflichtete ihn, bevor er ein Jahr später von → Gründgens an das Dt. Schauspielhaus geholt wurde, wo er bis 1968 zum Ensemble gehörte. Er arbeitete dort mit den Regisseuren → Schweikart, → Lindtberg und → Kortner zusammen; in Gründgens-Insz.en spielte er u. a. in Jahnns *Thomas Chatterton* (UA 1956) und den Schüler in → Goethes *Faust I* (1957, 1960 verfilmt); er übernahm Rollen in → Shakespeares *Der Sturm* (R. → Sellner), → Lessings *Minna von Barnhelm* und Goethes *Egmont* (R. → Schuh). Danach freier Schauspieler. An der Freien Volksbühne Berlin spielte er in Insz.en von → Utzerath die TR in Dumas/Sartres *Kean* (1968), Krogstad in Ibsens *Nora* (1969), Werner Sturm in Sternheims *Tabula rasa* (1970); er war Jean in Strindbergs *Fräulein Julie* (1970, R. K. Fruchtmann). Bei den Bad Hersfelder Festspielen 1975/76 Matti in → Brechts *Puntila und sein Knecht Matti* (R. U. → Erfurth), Illo in Schillers *Wallenstein*, TR in Molnárs *Liliom*. F. arbeitete mit → Zadek zusammen als Phil Murray in Griffith' *Komiker* (DEA 1978, Thalia Th. Hamburg), als Oronte in Enzensbergers *Molières Menschenfeind* (UA 1979, Freie Volksbühne Berlin). In den 1980er Jahren spielte F. am Thalia Th. Hamburg u. a. in Wedekinds *Marquis von Keith*, Elwood in Chase' *Mein Freund Harvey* (1980/81), die TR in Anouilhs *Becket oder die Ehre Gottes* (1981/82); dort inszenierte er auch, so → Pinters *Die Geburtstagsfeier* (1980) und Odets *Das große Messer* (1985).

Mit vielen Tournee-Insz.en zog er durch Deutschland. 1994 erhielt er das Bundesverdienstkreuz. Bei den Ruhrfestspielen Recklinghausen spielte F. den Trygaios in Aristophanes / Hacks' *Der Frieden* (1995, R. → Heyme). 2002 war er Dietrich von Bern in M. Rinkes *Die Nibelungen* (UA, R. D. Wedel, Wormser Festspiele), im Jahr darauf der Erzähler. Am Ernst-Deutsch-Th. (Hamburg) spielte er 2004 Loman in A. Millers *Tod eines Handlungsreisenden* «mit starrköpfig aufbrausender, despotischer Liebe und alle Widernisse leugnender Träumerei» (M. Nellissen in *Die Welt*, 27. 5. 2004) und 2005 Robert Mohr in L. Garrat-Groags *Die Weiße Rose* (R. J. Kaetzler). Als Rezitator arbeitete F. in Orchesterproduktionen u. a. mit H. v. Karajan, Z. Mehta, P. Boulez und M. Gielen. Er trat auch in Musicals und Operetten auf und spielte in vielen beliebten dt. Fernsehserien (*Schwarz-Rot-Gold*, 1982 – 95); wirkte bei zahlreichen Hörspielen mit. Als Synchronsprecher lieh er seine Stimme u. a. Peter Falk, Jerry Lewis, Donald Sutherland. Schallplattenaufnahmen.

Diana Schindler

Frigerio, Ezio, * 16. 7. 1930 Erba bei Como (Italien). Bühnen- und Kostümbildner.

Besuch der Kunstakademie Brera in Mailand. Anschließend Studium der Architektur, das er abbrach, um 3 Jahre als Matrose zur See zu fahren. Nach Rückkehr nach Italien 1954 Begegnung mit Giorgio → Strehler. Entwarf zunächst Kostüme (García Lorca, *Bernarda Albas Haus*, 1955). 1957 zeichnete er für die Ausstattung von Goldonis *Arlecchino servitore di due padroni (Der Diener zweier Herren)* verantwortlich. Ab 1960 Tätigkeit für den Film mit Vittorio de Sica, Liliana Cavani u. a. 1964 – 72 am Piccolo Teatro di Milano. Viele Insz.en Strehlers verdankten dem Dekor von F. einen nicht unwesentlichen Teil ihres Erfolgs: *I giganti della montagna* von Pirandello (*Die Riesen vom Berge*, 1966, 1994), *König Lear* von → Shakespeare (1972) und von → Brecht *Die heilige Johanna der Schlachthöfe* (1970) und *Die Dreigroschenoper* (1973). Umzug nach Paris, wo er für Strehler die Operndekore zu *Figaros Hochzeit* von Mozart (1973) und *Der Rosenkavalier* von Richard Strauss (1976) sowie am Th. de l'Odéon zu Goldonis *Trilogie der Sommerfrische* (1978), → Molières *Dom Juan* (1980), Corneilles *L'Illusion comique* (1985) entwarf. Für Claude Régy schuf er das Bühnenbild zu Handkes *Der Ritt über den Bodensee* (1974), für Jorge → Lavelli zu Rezvanis *La Mante polaire* (1977). Arbeit am Th. National Populaire Ende der 1970er Jahre mit Roger → Planchon (Pinters *Niemandsland*, Racines *Athalie*). Weiterhin Bühnenbilder für das Piccolo Teatro, u. a. zu Becketts *Glückliche Tage* (1982), → Lessings *Minna von Barnhelm* (1983), → de Filippos *La grande magia* (1985), Marivaux' *Die Sklaveninsel* (1994), Mozarts *Così fan tutte* (1998, alle R. Strehler), → Goethes *Stella* (1988), Squarzinas *Siamo momentaneamente assenti* (1992), Strindbergs *Wetterleuchten* (2005). Bei vielen Operninsz.en in aller Welt (Paris, London, Wien, Salzburg, Hamburg, Chicago, New York, Barcelona) stammte die Szenographie von ihm, so auch an der Mailänder Scala (unter G. Strehler und L. → Ronconi) zu Verdis *Falstaff* 1980 und *Hernani* 1982, Wagners *Lohengrin* 1981, Prokof'evs *Romeo und Julia* 1979, Berlioz' *Die Trojaner* 1982. Am Th. du Capitole in Toulouse Szenographien zu Wagners *Der Ring des Nibelungen* (1999 – 2003), Verdis *Otello* (2001), *Don Carlo* (2005), an der Oper Zürich u. a. zu Verdis *Die Macht des Schicksals* (2005), *Aida* (2006). Ballettausstattungen u. a. für Choreographien Roland Petits (*Coppélia*, 1975; *Nana*, 1976; *Der Nußknacker*, 1978) und Rudolf Nurejews (*Romeo und Julia*, 1980, 1984; *Schwanensee*, 1984; *Die Bajadere*, 1992). Für die Ausstattung des Films *Cyrano de Bergerac* nach der heroischen Komödie von

Edmond Rostand erhielt er 1991 einen «César». F. engagierte sich seit 1987 am Th. de Carouge und schuf Bühnenbilder für Molières *Der Geizige* (1987), *Georges Dandin* (1991), *Der Menschenfeind* (1993), *Scapins Streiche* (1997), Corneilles *Der Cid* (1994), Shakespeares *Viel Lärm um nichts* (1995), García Lorcas *Bernarda Albas Haus* (1997). Seit seinem ersten Bühnenbild 1957 schuf er Ausstattungen zu über 250 Opern und Schauspielen in aller Welt. Zahlreiche internat. Auszeichnungen.

    Ezio Frigerio scenografo. Hg. G. Ursini Ursic. O. O. 1999; Ezio Frigerio scenografo a Milano. Hg. V. Crespi Morbio. Mailand 2002; Le magie della scena: mostra dei bozzetti delle scenografie di Ezio Frigerio. O. O. 1995.

Horst Schumacher

Fritzsche, Max, * 19. 7. 1906 Karlsruhe, † 21. 10. 1999 Bochum. Bühnenbildner, Regisseur.

Ausbildung an der Düsseldorfer Kunstakademie. Als Bühnenbildner 1929–34 Stadttheater Münster, 1934–47 Darmstadt. Dort prägte F. einen «Darmstädter Stil» mit bereits hohem Abstraktionsgrad, 1937 kam es zur ersten Zusammenarbeit mit dem Regisseur Hans → Schalla. 1947–50 Staatstheater Stuttgart. 1954–77 Ausstattungschef des Bochumer Schauspielhauses, stellvertretender Intendant. Mit der Kostümbildnerin Therese van Treeck (* 1922) entwickelte F. mit und für Schalla den charakteristischen «Bochumer Stil» für eine verknappte, nachexpressionistische Spielweise mit stark formalisiertem Gestus: weite, zeichenhafte Räume mit Podien und Schrägen, in leuchtenden Farben und analytischer Klarheit, konsequent antinaturalistisch, nie bloßes Dekor oder pure Ortsbestimmung. Als eminent dramaturgisch denkender Theatermann antizipierten oder interpretierten seine Entwürfe die Regiearbeit, deren Stil sie optisch begründeten: Sie machten den Sinn sinnlich und gaben der Insz. eine geistige Dimension: «Ich habe versucht, den Geist des Stückes zu erfassen und bildnerisch wiederzugeben.» 1977 letzte Ausstattung für UA *Freibrief* von Gaston Salvatore. – Weil sich 1961 kein Regisseur für die vertraglich vereinbarte DEA von Montherlants *Der Kardinal von Spanien* fand, sprang F. ein. Es folgten weitere Insz.en – textnah und handwerklich gediegen: u. a. → Shakespeares *König Lear*, Strindbergs *Totentanz*, Schillers *Wilhelm Tell*, Genets *Balkon*. In Köln 1967 → Goethes *Faust I*. – Maßstabsetzender Bühnenbildner der 1940er und 1950er Jahre.

Werner Schulze-Reimpell

Froboess, Cornelia, * 28. 10. 1943 Wriezen (Oder). Schauspielerin.

Tochter des Komponisten Gerhard F. (1906–76). Stand 1951 in Berlin erstmals auf einem Podium als Schlagersängerin *(Pack die Badehose ein)*. Rundfunksendungen, Tourneen, Schallplatten, Kinder- und Teenagerrollen in Trivialfilmen. 1959–61 Schauspielausbildung in Berlin. 1963–64 Landestheater Salzburg (Agnes in → Molières *Die Schule der Frauen*). 1964–66 Staatstheater Braunschweig (TR in → Lessings *Emilia Galotti*, Celimène in Molières *Der Menschenfeind*, Puck in → Shakespeares *Ein Sommernachtstraum*). 1970 Anja in Čechovs *Der Kirschgarten* (R. → Lietzau) am Dt. Schauspielhaus Hamburg, 1971 Eve in Kleists *Der zerbrochne Krug* im Dt. Th. München, 1972 Klara Hühnerwadel in Wedekinds *Musik* im Jungen Th. Hamburg. 1972–2001 Münchner Kammerspiele. Spielte u. a. Lucile in Büchners *Danton Tod*, Sonja in Čechovs *Onkel Wanja* (Benjamin Henrichs: «Ich kenne kaum eine junge Schauspielerin, die so viel Phantasie, so viel sachliche Liebe hat für das Ungeschick – in deren Körper sich Nervosität, pubertäre Angst, Unglück und Unbeholfenheit so klar […] zeichnen»), Piperkarcka in Hauptmanns *Die Ratten* (R. → Everding), TRn in Schillers

Maria Stuart, Lessings *Minna von Barnhelm* (R. → Dorn) und Wedekinds *Lulu*, Viola in Shakespeares *Was ihr wollt*; in Stücken von Botho Strauß Lotte in *Groß und klein*, Helen in *Der Park*, Edna in der UA von *Besucher*, Sie in *Sieben Türen*; in der DEA von Bonds *Sommer* die Xenia, TR in → Achternbuschs *Mein Herbert*, Ellida Wangel in Ibsens *Die Frau vom Meer* (R. Th. → Langhoff, dafür 1990 Gertrud-Eysoldt-Ring), Cäcilie in → Goethes *Stella*. 1984 Eliza in Lerner/Löwes *My Fair Lady* am Münchner Gärtnerplatztheater. Seit 2001 Bayer. Staatsschauspiel München, u. a. 2001 Laura in Strindbergs *Der Vater*, 2004 TR in → Brechts *Mutter Courage und ihre Kinder*, 2005 Insa in der UA von *Die eine und die andere* von Botho Strauß. 1987 und 1989 Irene Herms in Schnitzlers *Der einsame Weg*, 2004 Mary Tyrone in O'Neills *Eines langen Tages Reise durch die Nacht* bei den Salzburger Festspielen. Film- und zahlreiche Fernsehrollen. Verheiratet mit dem Regisseur und Theaterleiter Hellmuth → Matiasek. – Kraftvolle Darstellerin starker, manchmal aggressiver Frauen, denen sie gern etwas backfischhaft Naives hinzugibt, ebenso aber auch von Scheiternden. Ihre zerrissenen, labilen, fragilen Figuren sind jedoch durch berlinische Direktheit und Burschikosität geerdet. Begabt mit Humor und Mutterwitz. Nicht immer wählerisch in ihren Mitteln und nicht frei von Manierismen, besticht sie durch ihre Echtheit. Mitglied der Akademie der Künste Berlin und der Dt. Akademie der Darstellenden Künste.

    Die Münchner Kammerspiele. Hg. S. Dultz. München 2001; Sucher, C. B.: Theaterzauberer. Schauspieler. München, Zürich 1988; Theater für München. Ein Arbeitsbuch der Kammerspiele 1973–1983. Hg. H.-R. Müller u. a. München 1983.

Werner Schulze-Reimpell

Froscher, George, * 6. 2. 1927 Berlin. Schauspieler, Regisseur, Intendant, Bühnenbildner.

    F. nahm gegen Ende des 2. Weltkriegs und in der unmittelbaren Nachkriegszeit privaten Schauspielunterricht in Berlin. Erste Rollen an Provinztheatern, bevor er an der Folkwang-Hochschule für Musik, Th. und Tanz in Essen-Werden studierte und kurze Zeit Mitglied des Folkwang-Balletts von Kurt → Joos (1901–79) wurde. Nach einem Aufenthalt bei Jean-Louis → Barrault in Paris als Choreograph in Biel-Solothurn, Bonn und Krefeld engagiert. 1949–62 in den USA, wo er am Living Th. in New York und bei verschiedenen freien Gruppen mitwirkte. Nach Insz.en an kleineren Bühnen 1970 in München mit Kurt Bildstein Gründung des Freien Th.s München (FTM), das in Deutschland exemplarisch wurde, Gastspiele im In- und Ausland gibt und im Auftrag des Goethe-Instituts in Nord- und Südamerika Workshops und Insz.en durchführte. Beginn mit Lenz' *Soldaten*. Neben der viel beachteten Insz. von → Shakespeares *Macbeth* (1988) kam die Mischung von choreographischen und klassischen Sprechtheaterelementen mit gegebenenfalls eingeblendeten Chor- und Rezitationsgesängen bei Publikum und Kritik gut an: so die Collagen *After Brecht* (1973), *German Evergreens* (1974), *Unser Valentin*; *Firmling & Co* (1976). Zahlreiche Insz.en von Stücken Heiner → Müllers: *Hamletmaschine* (1980), *Verkommenes Ufer / Medeamaterial / Landschaft mit Argonauten* (1992), *Leben Gundlings Friedrich von Preußen Lessings Schlaf Traum Schrei* (1993). Zu den über 60 Produktionen zählen neben Bearbeitungen klassischer Stoffe Textcollagen in konsequent eigener Formensprache über Themen wie Gene (*Gen-Frankenstein*, 2001), Freitod (*Gothic Now*, 2002), Macht und Manipulation (*Count down – Come on boy, you know life isn't like that*, 2003), Krieg und seine Folgen (*Eternal Vacation*, 2004). Irritierend und radikal in formaler und thematischer Hinsicht wenden sich die Produktionen F.s mit dem FTM gegen gesellschaftlich sanktionierte Normen. 1993 war F. beteiligt an der Konstituierung des Theatervereins München, der mit dem Neuen Th./i-camp eine Produktionsstätte für Freie Gruppen schuf. 2002 erhielt F. den Theaterpreis München.

Horst Schumacher

Fuchs, Georg, * 15. 6. 1868 Beerfelden (Odenwald), † 16. 6. 1949 München. Theaterreformer, Dramaturg, Autor, Publizist.

F. stammte aus pietistisch-konservativem Elternhaus; lernte als Schüler Stefan George und Karl Wolfskehl kennen, war stark beeinflusst von Nietzsche. Studium der Theologie in Darmstadt (1889), der Germanistik in Gießen (1890). 1891 Abbruch des Studiums, Arbeit als Journalist in München. Herausgeber und Mitarbeiter der *Allgemeinen Kunst-Chronik*. 1892 erste (anonyme) kulturpolitische Denkschrift *(Was erwarten die Hessen von ihrem Großherzog Ernst Ludwig?)*, in der er sich mit Künstlerförderung und der gesellschaftlichen Integration des Künstlers beschäftigte. Um 1900 Zusammenarbeit mit dem Architekten, Designer, Theaterreformer Peter Behrens (1868–1940) in der Darmstädter Künstlerkolonie. Dort erste Versuche zur praktischen Umsetzung seiner Reformideen; Behrens inszenierte 1901 sein Festspiel *Das Zeichen* anlässlich der Eröffnung der Ausstellung «Dokument deutscher Kunst». 1904 ging F. nach München zurück und veröffentlichte die Programmschriften *Die Schaubühne der Zukunft* (1905) und *Deutsche Form* (1907). Im Verein Münchner Künstler-Theater (1907–09) arbeitete F. als Schriftführer und Dramaturg. Im 1907–08 durch Max Littmann erbauten Th. versuchte F., zentrale Ideen seiner Theaterreform zu verwirklichen: ein Arenatheater mit Abschaffung der Rampe, Abkehr von Naturalismus und Illusion auf dem Th., Theaterspiel als säkularisierte Kulthandlung, Massentheater als rauschhaftes Gemeinschaftserlebnis. Eröffnung des Th.s mit Goethes *Faust I* (1908). Im 1909–11 an Max Reinhardt, 1911–13 an den Drei-Masken-Verlag verpachteten Th. (1914 geschlossen) war F. als Leiter bzw. Dramaturg beschäftigt, ohne seine Reformideen verwirklichen zu können. Um 1910 Anregung der Münchner Volksfestspiele (*Die Sezession in der dramatischen Kunst und das Volksfestspiel*, 1911). «Dieses Festspieltheater, getragen von den ‹Besten des Volkes›, sollte eine geistige Gegenwelt zu dem in kommerzielle Interessen verstrickten herrschenden Theaterbetrieb darstellen» (Brauneck, *Die Welt als Bühne*, S. 640).

1916 vergebliche Versuche, im Auftrag Reinhardts ein Festspielhaus in Hellbrunn bei Salzburg und Festspiele in München zu etablieren. 1918 Gründung des «Kriegs-Passions-Spiel-Syndikats», mit dem F. für Passionsspiele als Instrument der Propaganda warb. Sein 1919 aufgeführtes Passionsspiel *Christus* wurde von ihm später als *Der Heiland* im nationalsozialistischen Sinn umgeschrieben. Wegen der Arbeit für republikfeindliche Gruppierungen wurde F. 1923 zu 12 Jahren Zuchthaus verurteilt (1928 begnadigt). Danach freier Schriftsteller und Publizist. In seinem Bemühen, Th. nicht als Mittel zum Zweck, sondern als «Kunst für sich», als quasi kultische, rauschhafte Überhöhung des Alltags zu betrachten, als Festplatz, in dem in amphitheatralischer Form und mit in den Zuschauerraum ragendem Proszenium die Trennung von Publikum und Spiel aufgehoben werden sollte, ist F. letztlich in der Praxis gescheitert, hat aber mit Schriften wie *Die Revolution des Theaters* (1909) Theaterreformer auch in anderen Ländern (→ Mejerchol'd) beeinflusst.

Brauneck, M.: Theater im 20. Jahrhundert. (8. Aufl.) Reinbek 1998; ders.: Die Welt als Bühne. 3. Bd. Stuttgart, Weimar 1999; Fuchs, G.: Das Passionsspiel und seine Wiedergeburt im Weltkriege. Berlin 1918; ders.: Sturm und Drang in München um die Jahrhundertwende. München 1936; Koneffke, S.: Theater-Raum. Berlin 1999; Prütting, L.: Die Revolution des Theaters. Weichenried 1971.

Wolfgang Beck

Fuchs, Matthias, * 3. 11. 1939 Hannover, † 1. 1. 2002 Hamburg. Schauspieler.

Bereits als 9-Jähriger trat F. in Osborns *Tod im Apfelbaum* im Hannoverschen Ballhof auf. Zunächst als Statist, Requisiteur und Beleuchter tätig, nahm er privaten Schauspielunterricht u. a. bei P. → Lühr. 1955 gab F. sein Filmdebüt als Ethelbert in *Die Mädels vom Immenhof* und avancierte mit der *Immenhof*-Trilogie zum Teenager-Idol. 1959 profilierte er sich in Weidenmanns TV-Film *Die Buddenbrooks* und wurde für seine Darstellung in Hoffmanns *Der Engel, der seine Harfe versetzte* mit dem Bundesjugendfilmpreis ausgezeichnet. – Über den Film kam F. zum Th.: Ein erstes Engagement erhielt er am Th. in der Josefstadt Wien (1962–64), wo er u. a. in der TR von → Shakespeares *Romeo und Julia* und als Ferdinand in Schillers *Kabale und Liebe* zu sehen war. Über Hannover (1965–67), Köln (1968–70) und Frankfurt a. M. (1971–79) kam F. 1981 ans Dt. Schauspielhaus Hamburg, wo er bis zuletzt Ensemblemitglied war. – Zu Beginn seiner Bühnenlaufbahn war F. v. a. in klassischen Heldenrollen erfolgreich. In Hannover spielte er u. a. die TR in Schillers *Don Carlos* (1967) und debütierte bei den Salzburger Festspielen 1970 in der Regie seines Vorbildes O. → Werner als Laertes in Shakespeares *Hamlet*. – In Frankfurt TRn in Shakespeares *Troilus und Cressida* und Wedekinds *Der Marquis von Keith* (beide 1972, R. → Neuenfels); außerdem in Marivaux' *Die Unbeständigkeit der Liebe* (1975, R. → Bondy), Wedekinds *Frühlings Erwachen* (1973, R. → Palitzsch), Lampels *Revolte im Erziehungshaus* (1973, R. → Löscher). In Düsseldorf war er Karl Moor in Löschers hoch gelobter Schiller-Insz. *Die Räuber* (1979) und feierte in Hamburg u. a. in Hebbels *Gyges und sein Ring* (TR, 1982, R. → Wendt) und in Wedekinds *Lulu* (1988, R. → Zadek, mit S. → Lothar) Erfolge. In Hamburg u. a. in Shakespeares *Perikles* (TR, 1981, R. → Fernandes), → Molières *Tartuffe* (1982), Carrs *Sofortige Erleuchtung* (DEA 1985), Kleists *Amphitryon* (1989, R. → Nel), Schillers *Maria Stuart* (1990, R. → Bogdanov), Turrinis *Tod und Teufel* (DEA 1991, R. → Minks), Fernandes' Insz. *Königsblut* (1993, nach Ibsens *Kronprätendenten*), Kushners *Angels in America* (DEA 1993, R. → Schroeter), Kleists *Prinz Friedrich von Homburg* (1994, R. → Kušej), Canettis *Hochzeit* (1995, R. → Marthaler), → Kresniks *Pasolini. Testament des Körpers* (TR, UA 26. 4. 1996), Gor'kijs *Sommergäste* (1997, R. E. → Lang), Schillers *Die Jungfrau von Orleans* (1999, R. M. → Hartmann), Dorsts *Merlin oder Das wüste Land* (2000, R. → Wieler). Letzte Rolle in Schimmelpfennigs *Push Up* (2001, R. → Gosch). Seit Mitte der 1970er Jahre spielte F. vermehrt in Film und Fernsehen, u. a. in *Berlin Alexanderplatz* (1980, TV, nach Döblin), *Lola* (1981, beide R. → Fassbinder), *Die flambierte Frau* (1983), *Mascha* (TV, mit → Zech), *Das Arche Noah Prinzip* (beide 1984), *Beim nächsten Kuß knall ich ihn nieder!* (1995). – Dem Charakterdarsteller F. mit ausdrucksvoller Stimme und intensivem Spiel haftete zeitlebens das Image des ewigen Jünglings mit melancholischem Charme an. Im Nachruf schrieb A. Seegers: «Matthias Fuchs war trotz der vielen hervorragenden Rollen, die er gespielt hat, kein Protagonist […]. Vielleicht fehlten ihm dazu jener Machtinstinkt und jene Unbedingtheit, die immer auch ein wenig mit Egozentrik gepaart ist». Er wusste «in jeder Rolle auch das Zweifelnde, das Zerstörte zu zeigen» (*Hamburger Abendblatt*, 2. 1. 2002).

Nina Grabe

Furt(t)enbach, Joseph von, * 30. 12. 1591 Leutkirch (Allgäu), † 17. 1. 1667 Ulm. Baumeister, Ingenieur, Kunst- und Architekturschriftsteller. Der Sohn des Ratsältesten und Bauherrn seiner Geburtsstadt ging mit 16 Jahren auf eine rund 10 Jahre dauernde Studienreise nach Italien, deren Eindrücke und Erfahrungen er in seinem Werk *Newes Itinerarium Italiae* (Ulm 1626) beschrieb. Kaufmännische Ausbildung und Studium des Bau- und Ingenieurwesens in Mailand, Genua und Florenz, u. a. bei dem berühmten Architekten und Szenographen Giulio Parigi (1571–1635). In Italien lernte er Theaterbauten verschiedener Epochen kennen und machte sich mit neuesten Entwicklungen der Theatermaschinerie und -dekoration vertraut. 1621 Rückkehr und Niederlassung als Geschäftsmann in Ulm, 1623 in den Reichsadel erhoben. 1627 wurde F. Leutnant, 1628 Artilleriehauptmann, 1631 Bauherr, 1636 Ratsherr. Als Bauherr verstärkte F. u. a. die Festungsanlagen, erbaute ein Krankenhaus, ein Wasserhebewerk, ein damals modernes Schulhaus, Gartenanlagen. In seinem Wohnhaus unterhielt er umfangreiche Sammlungen (u. a. von Modellen), die Besucher aus ganz Europa anzogen. Seine in Italien gewonnenen Erkenntnisse über Theaterbau und -dekoration setzte F. in Ulm in die Praxis um. Er errichtete im Waisenhaus ein kleines Th., auf dem die Waisen zur Hebung des Etats Theaterstücke aufführen konnten. Außerdem baute er in städt. Auftrag 1641 in einem Scheunengebäude des einstigen Dominikanerklosters das Th. am Binderhof, das – nach einem Umbau 1650 – etwa 1000 Zuschauern Platz bot. Es gilt als erstes dt. Stadttheater und wurde bis zu seinem Umbau zu einer Kaserne 1702 von Lateinschülern, engl. und dt. Wandertruppen bespielt. Er führte zuerst in Deutschland das in Italien allmählich durch die Kulissenbühne verdrängte Telari-System ein, bei dem auf drehbaren, dreiseitigen Gestellen gemalte Standardszenerien das Bühnenbild bestimmten. F.s Th. «entsprach jedoch bereits dem Typus der barocken Verwandlungsbühne mit einer deutlichen Akzentuierung der Tiefendimension. Besonderen Wert legte der Architekt auch auf die Konstruktion von Bühnenmaschinen, die eine dynamisch bewegte Szenerie herstellen ließen» (Brauneck, S. 386). In seinen Schriften zu Kunst und Architektur entwarf F. weitere Theaterprojekte und ideale Szenerien.

Berthold, M.: Joseph Furttenbach (1591–1667). Diss. München 1951; Brauneck, M.: Die Welt als Bühne. 2. Bd. Stuttgart, Weimar 1996; Furttenbach, J.: Architectura civilis. Architectura recreationis. Architectura privata. (Nachdr. der Ausgaben Ulm 1628, Augsburg 1640–41). Hildesheim, New York 1971; ders.: Architectura martialis. Architectura navalis. Architectura universalis. (Nachdr. der Ausgaben Ulm 1629–35). Hildesheim, New York 1975; ders.: Mannhaffter Kunst-Spiegel. Augsburg 1663; Der Kunst-Garten: Gartenentwürfe von Joseph Furttenbach. Hg. M. Stemshorn. Ulm 1999 *(Katalog)*; Reinking, W.: Die sechs Theaterprojekte des Architekten Joseph Furttenbach. Frankfurt a. M. u. a. 1984; The Renaissance stage. Documents of Serlio, Sabbattini and Furttenbach. Hg. B. Hewitt. (2. Aufl.) Coral Gables 1961.

Wolfgang Beck

G

Ganz, Bruno, * 22. 3. 1941 Zürich. Schauspieler.

Sohn einer Italienerin und eines Schweizer Arbeiters; verließ vor dem Abitur die Schule und absolvierte nach einem Paris-Aufenthalt das Bühnenstudio in Zürich. Er begann seine Laufbahn als Filmschauspieler mit Karl Suters *Der Herr mit der schwarzen Melone* (1960), dem im folgenden Jahr *Chikita* und *Es Dach überem Chopf* (R. Früh) folgten. 1962 ging G. in die Bundesrepublik ans Junge Th. in Göttingen. Von Kurt → Hübner 1964 an das Bremer Th. engagiert, wurde G. rasch einer der schauspielerischen Protagonisten des sog. Bremer Stils, der durch die Intensität und Präsenz seines Spiels bestach. In der Regie → Zadeks spielte er u. a. in Wedekinds *Frühlings Erwachen* (1965), Valentin / Mullers *Die Unberatenen* (UA 1965; 1966 TV), Schillers *Die Räuber* (1966); in der Regie Hübners die TRn in Shakespeares *Hamlet* (1965) und *Macbeth* (1967). Weitreichende Folgen hatte die Zusammenarbeit mit → Stein, die in Bremen mit Schillers *Kabale und Liebe* (1967) und der TR in → Goethes *Torquato Tasso* (1969, TV) ihren Anfang nahm und mit → Brechts *Im Dickicht der Städte* (1969, Münchner Kammerspiele), Bonds *Trauer zu früh* (1969) und Middleton / Rowleys *Changeling* (1970, beide Zürcher Schauspielhaus) ihre Fortsetzung fand. Mit Stein und ehemaligen Mitgliedern des Bremer Ensembles (u. a. → Lampe, → Clever) ging G. 1970 an die Berliner Schaubühne am Halleschen Ufer. Spätestens hier avancierte er zu einem Star des bundesdt. Th.s, der von Stein als Peer Nr. 3 und Peer Nr. 8 in Ibsens *Peer Gynt* (1971, TV), Titelheld in Kleists *Prinz Friedrich von Homburg* (1972, als Kleists Traum vom Prinzen Homburg in einer Fassung von Botho Strauß; 1973 TV), Quitt in Handkes *Die Unvernünftigen sterben aus* (1974), Schalimow in Gor'kij / Strauß' *Sommergäste* (1974; 1975 Film) besetzt wurde. In Insz.en → Grübers spielte er in Horváths *Geschichten aus dem Wiener Wald* (1972) den Oskar, im Rahmen des Antikenprojekts Pentheus in Euripides' *Bakchen* (1974, TV), TR in Hölderlins *Empedokles* (1975). 1971 in → Peymanns Regie in Handkes *Der Ritt über den Bodensee* (UA, Schaubühne), 1972 als Doktor in der UA von Bernhards *Der Ignorant und der Wahnsinnige* bei den Salzburger Festspielen (1972 TV). 1975 verließ G. die Schaubühne (und das Th.) und arbeitete mehrere Jahre ausschließlich für Film und Fernsehen. Filme wie *Lumière* (R. → Moreau), *Die Marquise von O.* (R. Rohmer), *Die Wildente* (alle 1976, R. Geißendörfer), *Der amerikanische Freund* (R. Wenders), *Die linkshändige Frau* (beide 1977, R. Handke), *The Boys from Brazil* (mit → Olivier), *Messer im Kopf* (R. Hauff, beide 1978), *Nosferatu: Phantom der Nacht* (1979, R. Herzog), *Der Erfinder* (1980, R. Kurt Gloor), *La Provinciale* (R. Goretta), *Die Fälschung* (R. Schlöndorff), *Rece do góry* (alle 1981, R. Skolimowski) machten ihn auch internat. zu einem gefragten Schauspieler. 1982 inszenierte er mit O. → Sander mit dem Film *Das Gedächtnis* eine Hommage für die Schauspieler Curt → Bois und Bernhard → Minetti. Seit 1982 erneut Bühnenauftritte ohne festes Engagement. An der Berliner Schaubühne am Lehniner Platz spielte G. 1982 erneut die TR in Shakespeares *Hamlet* (R. Grüber), Oberon in Strauß' *Der Park* (1985, R. Stein, TV), Martin in dessen *Die Fremdenführerin* (UA 1986), die TR in → Molières *Der Misanthrop* (1987, beide R.

→ Bondy), Scott in Nabokovs *Der Pol* (UA 1996), TR in Strauß' *Jeffers Akt I & II* (UA 1998, Schaubühne im Hebbel-Th., R. Clever). Außerdem verkörperte er bei den Salzburger Festspielen die TRn in Handkes Bearbeitung von Aischylos' *Der gefesselte Prometheus* (1986, R. Grüber) und in Shakespeares *Coriolan* (1993, R. D. Warner), an den Münchner Kammerspielen die TR in Strauß' umstrittenem Schauspiel *Ithaka* (UA 1996, R. → Dorn). In Steins 13-stündiger Insz. des vollständigen Textes von Goethes *Faust I* und *II*, die 2000 auf der Expo in Hannover Premiere hatte, sollte G. den alten Faust verkörpern. Er konnte dies (nach einem schweren Sturz) erst bei den folgenden Aufführungen in Berlin und Wien (2001 TV). 2006 am Schauspielhaus Bochum Titus Andronicus in Strauß' *Schändung* (nach Shakespeare). Mit seiner artifiziellen Sprachgestaltung hat sich G. auch einen Namen als Rezitator gemacht. Trotz sporadischer Rückkehr zum Th. ist G. v. a. in internat. Film- und Fernsehproduktionen präsent. Zu seinen über 80 Filmen gehören *Dans la ville blanche* (1983, R. Tanner), *Väter und Söhne* (1986, 4 Teile, R. Sinkel), *Der Himmel über Berlin* (1987, R. Wenders), *Un amore di donna* (*Der Himmel ist fern*, 1988, R. Risi), *Strapless* (1989, R. Hare), *La domenica specialmente* (1991, R. Barilli u. a.), *Die Abwesenheit* (R. Handke), *In weiter Ferne, so nah!* (beide 1993, R. Wenders), *Mia aioniotita kai mia mera* (*Die Ewigkeit und ein Tag*, 1998, R. Angelopoulos), *Pane e tulipani* (*Brot und Tulpen*, 2000, R. Soldini), *Epsteins Nacht* (2002, R. Egger), *Luther* (2003, R. Till), *The Manchurian Candidate* (R. Demme), *Der Untergang* (beide 2004, R. Hirschbiegel). Der mit zahlreichen in- und ausländischen Auszeichnungen geehrte G. wurde 1996 von → Meinrad zu seinem Nachfolger als Träger des Iffland-Rings bestimmt, der Auszeichnung für den nach Meinung des Vorbesitzers besten dt.sprachigen Schauspieler.

G. ist einer der bedeutendsten Charakterdarsteller unserer Zeit, dessen differenzierte Schauspielkunst auf der Bühne wie im Film überzeugt. Sein Repertoire umfasst Klassiker und Moderne mit gleicher Selbstverständlichkeit wie Charakterstudien im internat. Film. Seine Präsenz und unnachahmliche Sprachgestaltung haben die bundesdt. Theaterentwicklung seit den 1960er Jahren geprägt, machten ihn zum Protagonisten einer neuen Generation von Theatermachern. Ob als sehr junger Hamlet oder Macbeth, als Franz Moor in Zadeks dem Comic verpflichteter Insz. von Schillers *Die Räuber* in Bremen, als alter Peer Gynt in Berlin oder als quasi-monologisch eine Autopsie beschreibender Doktor in Bernhards *Der Ignorant und der Wahnsinnige* oder als Prometheus in Salzburg, immer vermag er die dargestellte Figur so zu gestalten, dass ihre Probleme und Fragen als aktuell und uns betreffend erscheinen. Trotz seines v. a. im Film deutlich werdenden komödiantischen Talents hat er immer wieder als Darsteller der Zweifler, der Sonderlinge und Grübler überzeugt. Seine Darstellung in der Körperlichkeit wie im zögernden, Text und Figuren hinterfragenden Sprachduktus ist immer auf der Suche nach der inneren Wahrheit seiner Rollen: «Denn er ist einer, der in der Raserei die List mitspielt und im Sarkasmus den Glauben, kurz: der einen hineinzieht in sein Zweifeln, bis zur Selbsterkenntnis» (R. Koberg, in *Berliner Ztg.*, 22. 3. 2001). Ein Schauspieler, der durch mitgespielte Ironie und Distanz auch Pathos glaubhaft zu vermitteln vermag.

Behind me – Bruno Ganz. Dokumentarfilm von Norbert Wiedmer. 2002; Iden, P.: Die Schaubühne am Halleschen Ufer 1970–1979. München, Wien 1979; Schaubühne am Halleschen Ufer am Lehniner Platz 1962–1987. Frankfurt a. M. 1987; Sucher, C. B.: Theaterzauberer. Schauspieler. München, Zürich 1988; 40 Jahre Schaubühne Berlin. Hg. H. Müller. Berlin 2002.

Wolfgang Beck

Garrick, David, * 19. 2. 1717 Hereford (Großbritannien), † 20. 1. 1779 London. Schauspieler, Theaterleiter, Dramatiker.

Sohn eines Offiziers, war zuerst Weinhändler. 1741 Debüt als Harlekin (Krankheitsvertretung) und triumphaler Erfolg in der TR von → Shakespeares *Richard III*. Seine gegenüber dem damals üblichen deklamatorisch-pathetischen Schauspielstil beweglichere Gestik und Mimik, der natürliche Sprachgestus begründeten seinen raschen Erfolg, ob in seiner eigenen Farce *The Lying Valet* oder Shakespeares *King Lear*, den er bereits zu Beginn seiner Karriere spielte. 1742 gefeiertes Gastspiel in Dublin und Engagement – mit der bis dahin höchsten Gage – ans Drury Lane Th. (London). Erfolgreich in so unterschiedlichen Stücken wie Jonsons *The Alchemist*, Farquhars *The Beaux' Strategem* und Shakespeares *Hamlet*. 1743 führte G. einen Schauspielerstreik gegen den unregelmäßig zahlenden Theaterleiter an. 1745/46 Leitung (mit Thomas Sheridan) des Th. Royal (Dublin). 1747 Übernahme des Drury Lane Th.; Schaffung eines bedeutenden Ensembles, zu dem u. a. Charles Macklin (1690/99–1797), Peg Woffington (1714–60), Kitty Clive (1711–85) gehörten. Durchführung von Reformen (kein Zutritt mehr zur Bühne, kein verbilligter Einlass für Zuschauer, die später kamen oder früher gingen) und auf Shakespeare konzentrierte Spielplangestaltung. G. führte in früheren Bearbeitungen weggefallene Textstücke wieder ein, nahm aber selbst wesentliche Veränderungen im Zeitgeschmack vor (u. a. *Hamlet* ohne Totengräber-Szene, *King Lear* mit glücklichem Ausgang). Er bearbeitete u. a. *The Winter's Tale* als *Florizel and Perdita* und *The Taming of the Shrew* als *Catherine and Petruchio*. G. hat die Rezeption Shakespeares wesentlich gefördert, dessen Werke seine Zeitgenossen nur in verstümmelnden Bearbeitungen kannten. Er organisierte 1769 eine Gedenkfeier in Shakespeares Geburtsort Stratford-upon-Avon und trug so wesentlich zur Entwicklung des Orts bei. 1763–65 Reise durch Italien, Deutschland, Frankreich. 1776 Abschied von der Bühne mit einer Reihe seiner großen Rollen (u. a. Hamlet, Lear, Richard III.). Unter überwältigender Anteilnahme in Westminster Abbey zu Füßen des Shakespeare-Epitaphs beigesetzt. Seine eigenen Dramen sind heute vergessen (Ausnahme das mit G. Colman d. Ä. geschriebene Lustspiel *The Clandestine Marriage*). – G. war eher klein und ohne wirklich tragende Stimme. Seine Wandlungsfähigkeit, sein biegsames Organ und seine lebendige Mimik, v. a. aber die Wendung zu einer realistischeren Rollenauffassung und Sprachgestaltung machten ihn zum bedeutendsten Schauspieler seiner Zeit – von großem Einfluss auf Zeitgenossen im In- und Ausland (→ Ekhof, → Lessing) und folgende Generationen. G. war eine europ. Berühmtheit, dessen Darstellungskunst vielfach beschrieben wurde, u. a. von Georg Christoph Lichtenberg (*Briefe aus England*, 1776). Er förderte junge Darsteller, rief eine Stiftung für notleidende Schauspieler ins Leben und propagierte die Idee eines brit. Nationaltheaters, die erst Mitte des 20. Jh.s verwirklicht wurde.

<small>Benedetti, J.: David Garrick and the birth of modern theatre. London 2001; Dircks, P. T.: David Garrick. Boston 1985; Kendall, A.: David Garrick. New York 1985; Lichtenberg, G. Chr.: Schriften und Briefe. Hg. F. H. Mautner. 2. Bd. Frankfurt a. M. 1983; McIntyre, I.: Garrick. London 1999; Nicoll, A.: The Garrick stage. Manchester 1980.</small>

Wolfgang Beck

Gassman, Vittorio, * 1. 9. 1922 Genua, † 29. 6. 2000 Rom. Schauspieler, Regisseur, Theaterleiter.

Sohn eines dt. Ingenieurs, dessen Vater in Karlsruhe Theaterdirektor gewesen war, und einer ital. Basketballspielerin. Jurastudium in

Rom mit dem Berufsziel Journalismus. Auf Anraten der Mutter Schauspielerausbildung an der Accademia d'arte Drammatica. 1943 erster Bühnenauftritt in *La Nemica (Die Feindin)* von Dario Niccodemi. Begegnung mit Luchino → Visconti. Erste Filmrolle 1946 in *Preludio d'amore*. Durchbruch 1947 mit *Daniele Cortis* von Mario Soldati. In den 1940er Jahren spielte der hochgewachsene ehemalige Basketball-Nationalspieler G. immer wieder den unwiderstehlichen Verführer oder den Abenteuerhelden, was ihn trotz der großen Publikumserfolge nicht befriedigte, sodass er sich dem Th. zuwandte. Er spielte unter Regisseuren wie Merlini, Adani und Maltagliatti und gründete 1951 ein eigenes Ensemble, die Compagnia del teatro di arte italiano. Auf dem Spielplan standen v. a. klassische Stücke, in denen G. selbst als Charakterdarsteller auftrat, in komischen und tragischen Rollen ähnlich überzeugend. In vielen → Shakespeare-Insz.en, in Ibsens *Peer Gynt*, in *Endstation Sehnsucht* von Tennessee Williams war er Hauptdarsteller. Mit der von ihm inszenierten und neu übersetzten *Macbeth*-Fassung in den 1980er Jahren Tourneen durch ganz Italien. 1984 / 85 Gastspielreise durch die Vereinigten Staaten mit der Ein-Mann-Schau *Evening with V. G.*, wobei Franz Kafkas *Bericht für eine Akademie* zum Repertoire gehörte. 1986 Gründung einer eigenen Schauspielschule La Bottega teatrale. 1999 Abschied von der Bühne. – G.s weltweiter Ruhm gründet sich auf seine Mitwirkung in über 120 Filmen, z. B. *Riso amaro (Bitterer Reis*, 1948), *Cry of the hunted (Schrei der Gehetzten*, 1953), *War and Peace (Krieg und Frieden*, 1956), *Briganti italiani* (1961), *Il Divorzio (Die Scheidung*, 1970), *In nome del popolo italiano (Im Namen des italienischen Volkes*, 1971), *Senza familia, nullatenenti cercano affetto (Ohne Familie*, 1972), *Profumo di donna (Der Duft der Frauen*, 1974), *The Nude Bomb* (1980), *La Famiglia (Die Familie*, 1987), *Sleepers* (1996), *La Bomba* (1999).

G. wurde jeweils 4-mal als bester ital. Th.- und Filmschauspieler ausgezeichnet. Für seine Interpretation in *Der Duft der Frauen* erhielt er 1974 bei den Filmfestspielen in Cannes den Preis des besten männlichen Darstellers. Die Kritik rühmte, dass er sich immer wieder selbst übertreffen konnte und «zu den ganz wenigen Schauspielern gehört, die mit zunehmendem Alter immer besser werden». Lange Krankheit und häufige Depressionen führten nur zu kurzen Arbeitsunterbrechungen, die G. zur Niederschrift seiner Memoiren nutzte: *Un grande avvenire dietro alle spalle* (1981). G. war dreimal verheiratet, darunter mit der amerik. Schauspielerin Shelley Winters.

Horst Schumacher

Gémier, Firmin (eig. F. Tonnerre), * 13. 2. 1869 Aubervilliers, † 26. 11. 1933 Paris. Schauspieler, Regisseur.

Nach Ablehnung an der staatl. Schauspielschule des Conservatoire lernte G. die Theaterpraxis an Vorstadtbühnen kennen, bevor er am Th.-Libre d'Antoine seine eigentliche Laufbahn begann. Erster Versuch, die Ideen eines Volkstheaters in die Tat umzusetzen, am Th. de la Renaissance in Paris 1902 mit *Quatorze Juillet (Der vierzehnte Juli)* von Romain Rolland. 1906 – 19 Leiter des Th. Antoine. 1911 – 12 Direktion eines nat. Wandertheaters (Th. National Ambulant). Gründete während des 1. Weltkriegs eine franz. Shakespeare-Gesellschaft. – G. revolutionierte alle geltenden Regeln der Insz.: Wegfall der Rampe, Stilisierung des Bühnenbilds, Einbeziehung des Bühnenvorraums unmittelbar vor den Zuschauern in die Spielebene. 1919 und 1920 im Cirque d'hiver (Winterzirkus) mit *Ödipus, König von Theben* von Sophokles und *La Grande Pastorale* (Hellem / d'Estoc). Parallel dazu Leitung der Comédie Montaigne und 1920 Eröffnung des Th. National Populaire (TNP). 1922 – 30 Direktor des Odéon-Th.s, an dem er klassische und zeitgenössische Stücke innovativ inszenierte. Ab 1926 entschiedener Einsatz für die Welttheatergesellschaft (Société universelle de théâtre) mit Ausrichtung von Kongressen und Publikationen. 1960 eröffnete J.-L. → Barrault im Kleinen Haus des Odéon-Th. eine Versuchsbühne, die seitdem als Salle Gémier an seinen berühmten Vorgänger erinnert.

Temkine, R. L'entreprise théâtre. Paris 1967.

Horst Schumacher

Georg II., Herzog von Sachsen-Meiningen, * 2. 4. 1826 Meiningen, † 25. 6. 1914 Bad Wildungen. Theaterleiter und -reformer, Regisseur.

Sohn Bernhards II.; 1844–47 Studium in Bonn und Leipzig; Kunstreisen durch Europa. 1866 durch Preußen erzwungene Abdankung seines Vaters zugunsten G.s. Reform des 1831 durch seinen Vater gegründeten Hoftheaters. Beschränkung auf das Sprechtheater, Aufbau eines festen Ensembles, klassisches Repertoire (→ Shakespeare). Am 4. 11. 1866 programmatische Eröffnung der neuen Spielzeit mit Shakespeares *Hamlet*. Da G. als regierender Herzog offiziell nicht im Th. in Erscheinung treten und auch an den späteren Gastspielreisen nicht teilnehmen konnte, ernannte er Regisseure und Intendanten, auch wenn de facto er als Regisseur, Dramaturg und Ausstattungsleiter fungierte. Erster Intendant war der Shakespeare-Übersetzer Friedrich von Bodenstedt (1867–70), der wichtigste Ludwig Chronegk (1837–91), der von 1866 bis zu seinem Tod in verschiedenen Funktionen am Meininger Th. tätig war. Am 18. 3. 1873 Heirat mit der Meininger Schauspielerin Ellen (eig. Herminie Helena Marie Auguste) Franz (1839–1923), die zu Helene Freifrau von Heldburg erhoben wurde und die durch intensive Rolleneinstudierungen wesentlich zur Theaterreform beitrug. Geprägt vom Historismus, wurde G. einer der Wegbereiter des Illusionstheaters. Seine Reformbemühungen beruhten – unter Abkehr vom damals üblichen Virtuosentum – auf einem eingespielten Ensemble, in dem jeder auch Statistenrollen übernehmen musste. Nur so waren die angestrebten «Musteraufführungen» zu erreichen, ein «Gesamtkunstwerk», in dem alle Bereiche zusammenwirkten. Dazu gehörte Texttreue ebenso wie die bis ins Detail gehende Authentizität der Kostüme, des Bühnenbilds (meist vom Atelier Brückner in Coburg), das zugunsten plastischer Entwürfe weitgehend auf gemalte Prospekte verzichtete. G.s Fähigkeit, Szenen sinnfällig-optisch werden zu lassen, zeigte sich v. a. in der Massenregie, die choreographische Bewegung betonte und nicht wie bisher weitgehend statuarisch blieb. Ensemble und Ausstattungskosten waren für das kleine Meiningen zu groß. Deshalb 1874–90 unter Leitung Chronegks Gastspielreisen durch Europa, vorbereitet durch intensive Presse- und Öffentlichkeitsarbeit. Vom 1. 5. 1874 (Berlin) bis zum 1. 7. 1890 (Odessa) gab das Hoftheater in 38 Städten 2591 Aufführungen (41 Stücke von 21 Autoren, am häufigsten Shakespeares *Julius Cäsar* mit 330 Auff.). Schätzungsweise 3 bis 4 Millionen Zuschauer sahen die Gastspiele, bei denen rund 8 Millionen Reichsmark eingenommen wurden. Damit beeinflussten die «Meininger» die Theaterentwicklung v. a. in Europa nachhaltig. Theatermacher wie → Irving, → Brahm, → Reinhardt, → Antoine und → Stanislavskij empfingen durch sie wichtige Anregungen. Für Schauspieler wie → Kainz, → Barnay, → Eysoldt, Helene und Hermann → Thimig, Max Grube, → Bassermann, Bjørn → Bjørnson war das Meininger Th. eine wichtige Wirkungsstätte. Den Spielplan bestimmten wesentlich Klassiker wie Shakespeare, Schiller, Kleist, von dem erste texttreue Aufführungen durchgeführt wurden (1875 *Hermannsschlacht*, 1876 *Käthchen von Heilbronn*, 1878 *Prinz von Homburg*, *Der zerbrochne Krug*, 1910 *Familie Schroffenstein*). Aber auch Bjørnson (*Maria Stuart in Schottland* 1867, *Zwischen den Schlachten* 1869) und Ibsen (*Kronprätendenten* 1875/76, *Nora* 1885/86, *Gespenster* 1886/87, *Ein Volksfeind* 1887/88, *Die Stützen der Gesellschaft* 1890/91) wurden in frühen Insz.en gezeigt. Darüber hinausgehend wenige Stücke bedeutender moderner Autoren, Hauptmanns *Kollege Crampton* (1894/95), Shaws *Cäsar und Cleopatra* (1912). Mit dem Ende der Gastspielreisen ging die innovative Bedeutung der Meininger zurück. 1908 brannte das Hoftheater ab, der von G. veranlasste Neubau wurde am 17. 12. 1909 mit Schillers *Wallensteins Lager* und *Piccolomini* eröffnet. – Seit den 1890er Jahren versuchte sich der Herzog auch als Opernregisseur und förderte die Hofkapelle, die unter der Leitung Hans von Bülows (1880–85), Richard Strauss' (1885/86), Fritz Steinbachs (1886/1903) und Max Regers (1911–14) ebenfalls überregionale Beachtung fand. Die eigentliche Bedeutung des «Theaterherzogs» lag aber in der konsequent durchgeführten historischen Exaktheit in allen Bereichen, der Betonung des Ensemblespiels, der choreographischen Auflösung von Massenszenen. Damit hat er – bei aller Zeitbedingtheit – die Herausbildung des Regietheaters im modernen Sinn wesentlich befördert.

<small>Erck, A., H. Schneider: Georg II. von Sachsen-Meiningen. Zella-Mehlis 1997; Hoffmeier, D.: Die Meininger. Diss. Berlin 1988; Koller, A. M.: The Theater Duke Georg II. of Saxe-Meiningen and the German Stage. Stanford 1984; Osborne, J.: The Meiningen Court Theatre 1866–1890. Cambrigde 1988.</small>

Wolfgang Beck

George, Götz, * 23. 7. 1938 Berlin. Schauspieler.

Sohn des Schauspielerehepaares Heinrich → G. und Berta → Drews. Debüt 1950 in Saroyans *Mein Herz ist im Hochland* (Hebbel-Th.). 1951 bei der Wiedereröffnung des Schiller-Th.s Berlin in Schillers *Wilhelm Tell* (R. → Barlog); dort auch 1953 mit seiner Mutter in → Shakespeares *Richard III.* (R. → Stroux). 1953 Filmdebüt in *Wenn der weiße Flieder wieder blüht* (mit Romy Schneider), 1957 Fernsehdebüt in Kaisers *Kolportage* (R. → Lietzau). 1955–58 Ausbildung bei Else Bongers am Ufa-Nachwuchsstudio. 1959–63 unter → Hilpert am Dt. Th. Göttingen; u. a. in Millers *Tod eines Handlungsreisenden* (1959/60), → Brechts *Der gute Mensch von Sezuan* (1960/61), Zuckmayers *Die Uhr schlägt eins* (1961/62), Gor'kij/Brechts *Die Mutter*, Sartres *Die Fliegen* (beide 1962/63). Seither keine festen Engagements. Zahlreiche Tourneen, u. a. mit Shakespeares *Troilus und Cressida* (1965, R. → Schröder), Synges *Kesselflickers Hochzeit* (1969), Farquhars *Der Werbeoffizier* (1972, R. → Ambesser), Williams' *Endstation Sehnsucht* (1974), Macchiavellis *Mandragola* (1975), Čechovs *Der Bär/Der Heiratsantrag* (1978), Schönherrs *Der Weibsteufel* (1981/82), Ostrovskijs *Die Macht des Geldes* (1984/85). In eigener Regie TRn in Gogol's *Der Revisor* (1986/87), Čechovs *Platonov* (1990). Mit seiner Mutter Tourneen mit Voyseys Adaption von Zolas *Thérèse Raquin* (1970, R. → Tausig) und Tolstojs *Die Macht der Finsternis* (1975). In Köln Luther in Fortes *Martin Luther & Thomas Münzer* (1972, R. → Heyme), bei den Salzburger Festspielen TR in Büchners *Dantons Tod* (1981, R. → Noelte; Film 1981). Parallel zum Th. intensive, in den letzten Jahren fast ausschließliche Film- und Fernseharbeit. Große Popularität in der Rolle des Kommissars Schimanski, den G. 10 Jahre in der Reihe *Tatort* verkörperte. G. lässt sich nicht auf einen Rollentyp festlegen, unter seinen über 100 Filmen finden sich Komödien (*Schulz & Schulz*, 1989; *Schtonk!*, 1992; *Rossini*, 1997), Abenteuerfilme (*Der Schatz im Silbersee*, 1962; *Sie nannten ihn Gringo*, 1965), Thriller (*Der Teufel spielte Balalei-*

ka, 1961; *Blauäugig*, *Der Bruch*, beide 1989), anspruchsvolle Filme mit psychologischem Tiefgang (*Abwärts*, 1984; *Der Sandmann*, TV 1995; *Der Totmacher*, 1995). Immer wieder hat G. in Filmen mitgewirkt, die sich mit der dt. Vergangenheit auseinandersetzen, u. a. *Kirmes* (1960), *Herrenpartie* (1964), *Aus einem deutschen Leben* (1977), *Nichts als die Wahrheit* (1999). Außerdem u. a. in *Le vent d'est* (*Ostwind*, 1970, R. u. a. Godard), *Das Trio* (1998), *Gott ist tot* (2003), *Maria an Callas* (2004). Sein Bruder Jan (* 18. 8. 1931 Berlin) ist Schauspieler, Dokumentarfilmer, Drehbuchautor und Bildjournalist – Der mehrfach ausgezeichnete G. ist ein vielseitiger Charakterschauspieler mit großer Präsenz und Intensität des Spiels. Sein komödiantisches Talent ermöglicht ihm die ironische Brechung seiner maskulinen Ausstrahlung. Mit anspruchsvolleren Aufgaben (v. a. im Film) gewann sein Spiel an Eindringlichkeit und psychologischer Variabilität.

Blum, H. R.: Götz George. Beruf: Schauspieler. Berlin 2003; ders.: Götz George. (4. Aufl.) München 1998; Goyke, F., A. Schmidt: Horst Schimanski: «Tatort» mit Götz George. Berlin 1997; Lowry, St., H. Korte: Der Filmstar. Stuttgart. Weimar 2000; Schulz, B.: Götz George. Wien 1995.

Wolfgang Beck

George, Heinrich (eig. Georg August Friedrich Hermann Schulz), * 9. 10. 1893 Stettin (Szczecin), † 25. 9. 1946 Lager Sachsenhausen bei Berlin. Schauspieler, Regisseur, Theaterleiter.

Sohn eines städt. Angestellten. Hilfsschreiber; privater Schauspielunterricht. Spielte und inszenierte 1911 mit Laien *Halbes Jugend* in Grabow. 1912 Sommerspielzeit Stadt- und Kurtheater Kolberg; Debüt in Gilberts Operette *Die keusche Susanne*. 1912/13 Bromberg, 1913/14 Neustrelitz. 1914–17 Soldat. 1917/18 Albert-Th. Dresden. 1918–21 Schauspielhaus Frankfurt a. M., u. a. in Sternheims *1913* (UA 23. 1. 1919, R. → Hartung), Hebbels *Judith* (1920), Unruhs *Platz* (UA 2. 6. 1920). Erste Regie im Neuen Th. Frankfurt bei Kokoschkas *Mörder, Hoffnung der Frauen* und *Hiob* (1920), von dem er am Schauspielhaus *Orpheus* inszenierte (TR, UA 2. 2. 1921). 1920 Salzburger Festspiele: Mammon in Hofmannsthals *Jedermann* (R. → Reinhardt), wiederholt im Großen Schauspielhaus Berlin. 1922 Gastspiel am Wiener Burgtheater. Seit 1922 in Berlin. Am Dt. Th. u. a. in Wedekinds *Simson oder Scham und Eifersucht*, → Brechts *Trommeln in der Nacht* (beide 1922). Durchbruch als Siebenmark in Barlachs *Der arme Vetter* (1923, Staatstheater, R. → Fehling). Während der Inflation und um sich vom kommerziellen Theaterbetrieb unabhängig zu machen, gründete G. mit → Granach und → Bergner das kurzlebige Schauspielertheater; u. a. Schillers *Die Räuber*, Hauptmanns *Hannele* und *Elga* (alle 1923). In Köln TR in O'Neills *Der haarige Affe* (DEA 30. 10. 1924). TR in Tollers *Hinkemann* (1924, Residenztheater Berlin; 1927 Volksbühne, R. der Autor). Wesentlich die Zusammenarbeit mit bestimmten Regisseuren wie Hartung, → Piscator, Fehling. Mit Piscator u. a. in Rehfischs *Wer weint um Juckenack?* (1925), Paquets *Sturmflut* (UA 20. 2. 1926), Gor'kijs *Nachtasyl* (1926), Welks *Gewitter über Gottland* (UA 23. 3. 1927, alle Volksbühne Berlin). Mit Fehling u. a. in Hauptmanns *Fuhrmann Henschel* (1924), Barlachs *Die Sündflut* (1925) und *Der blaue Boll* (1930, alle Staatstheater Berlin). Hartung holte G. zu den Heidelberger Festspielen; dort in → Shakespeares *Ein Sommernachtstraum* (1926) und *Macbeth* (1927), → Goethes *Urfaust*, Hamsuns *Munken Vendt* (beide 1926). 1929–34 Staatstheater, u. a. die wohl wichtigsten TRn seiner Karriere in Goethes *Geschichte Gottfriedens von Berlichingen mit der eisernen Hand* (1930) und Calderóns *Der Richter von Zalamea* (1931). Die Rolle des Götz spielte

G. über 100-mal, 1934–38 in eigener Regie auch bei den umbenannten Reichsfestspielen Heidelberg. Nach 1933 ungebrochene Karriere. 1937 Staatsschauspieler, 1938 Intendant des Schiller-Th.s. Während des Umbaus 1938 Europa-Tournee mit Calderóns *Der Richter von Zalamea*. Wichtige Rollen: Miller in Schillers *Kabale und Liebe* (eigene R.), Falstaff in Shakespeares *Heinrich IV. 1. Teil* (beide 1938) und *2. Teil* (1939), Großinquisitor in Schillers *Don Carlos* (1939), TR in Grabbes *Hannibal* (1941). Letzte Regie vor Schließung der Th. auf der Behelfsbühne des zerstörten Th.s bei Goethes *Urfaust*, letzte Rolle in Kleists *Der zerbrochne Krug* (beide 1944). Am 23. 6. 1945 wurde G. als Repräsentant nationalsozialistischer Kulturpolitik und wegen angeblicher antisowjetischer Propaganda verhaftet und im Lager Hohenschönhausen, 1946 im «Speziallager Nr. 7» in Sachsenhausen inhaftiert. In beiden Lagern trat G. bei Kulturveranstaltungen auf und führte Regie, zuletzt in einer Szenenfolge aus Puškins *Der Postmeister* in russ. Sprache. Er starb an den Folgen einer Blinddarmoperation. 1998 wurde er offiziell von Russland rehabilitiert. – Seit 1921 in über 70 Filmen, u. a. *Erdgeist* (1923), *Metropolis* (1927), *Dreyfus* (1930), *Berlin Alexanderplatz* (1931), *Stützen der Gesellschaft* (1935), *Ein Volksfeind* (1937), *Der Postmeister* (1940). Aber auch in Propaganda- und Durchhaltefilmen wie *Hitlerjunge Quex* (1933), *Jud Süß* (1940), *Kolberg* (1945). G. war verheiratet mit Berta → Drews (1905–1987). Ihr Sohn Jan (*1931) ist Schauspieler, Dokumentarfilmer, Drehbuchautor, Götz → G. Schauspieler.

Ein vitaler Schauspieler von elementarer Kraftausstrahlung und Spieldrang. Obwohl von massiger Gestalt, konnte er agil, ja graziös wirken – «ein mozärtlicher Elefant» (Fehling). Ein beispielloser Verwandlungskünstler mit wirkungsvoller Mimik und meisterhaftem Sprechstil. Intuitiv an Rollen herangehend, arbeits- und probenbesessen: «Ich muß leben, erleben, mich hineinschmeißen in das Stück, wegwerfen an die Rolle. Das ist nur bei der Probe möglich. Allein bin ich überhaupt aufgeschmissen» (G., zit. nach Laregh, S. 133). Einer der größten dt. Schauspieler seiner Zeit, der durch seinen frühen Tod – anders als viele Kollegen – keine Gelegenheit mehr hatte, seine Beteiligung an der nationalsozialistischen Kulturpolitik durch spätere Arbeiten in den Hintergrund treten zu lassen. Kein Parteimitglied, als Intendant auch unliebsamen und gefährdeten Kollegen helfend, bleiben seine politischen Vorstellungen schwierig zu beurteilen: «Es war seine größte Stärke und seine größte Schwäche, in dieser Zeit nichts als ein Schauspieler gewesen zu sein» (Weisenborn, zit. nach Laregh, S. 221).

<small>Berger, E.M.: Heinrich George im Film seiner Zeit. Wiesbaden 1975; Bronnen, A.: Begegnungen mit Schauspielern. Berlin 1967; Fricke, K.: Spiel am Abgrund. Halle 2000; Heinrich George. Ein Schauspielerleben. Hg. B. Drews. Hamburg 1959; Laregh, P.: Heinrich George. München 1992; Maser, W.: Heinrich George. Berlin 1998; Mesalla, H.: Heinrich George. Versuch der Rekonstruktion der schauspielerischen Leistung unter besonderer Berücksichtigung der zeitgenössischen Publizistik. Diss. FU Berlin 1968.</small>

Wolfgang Beck

Gerron, Kurt (eig. K. Gerson), *11. 5. 1897 Berlin, †15. 11. 1944 Auschwitz. Schauspieler, Kabarettist, Regisseur.

Kaufmannssohn, studierte Medizin, wurde aber nicht als Arzt tätig, sondern trat seit 1920 in Berliner Kabaretts auf. Gleichzeitig Beginn der Filmarbeit. Seit 1925 im Revue-Th. Rudolf Nelsons (auch R.). Engagements an verschiedenen Berliner Th.n. Anfang der 1930er Jahre überwiegend Filmarbeit (Schauspieler und Regisseur). Nach dem sog. «Judenboykott» (1. 4. 1933) emigrierte G. nach Paris, später nach Österreich, Oktober 1935 in die Niederlande. Am 20. 9. 1943 im holl. Lager Westerbork interniert, am 25. 2. 1944 nach Theresienstadt (Terezín) deportiert, in Auschwitz ermordet. – Wichtige Theaterauftritte u. a. in Zuckmayers *Schinderhannes* (UA 1. 10. 1927, Lessing-Th.), der UA von → Brecht / Weills *Dreigroschenoper* (P. 31. 8. 1928, Th. am Schiffbauerdamm, R. → Engel,), wo er als Polizeichef Brown Erfolge feierte. Weitere Rollen (alle 1929) in *Happy End* (UA, Th. am Schiffbauerdamm) von Dorothy Lane [d. i. Elisabeth Hauptmann], Werfels *Paulus unter den Juden* (Dt. Th., R. → Martin), Shaws *Kaiser von Amerika* (Dt. Th., R. → Reinhardt), Karl Kraus' *Die Unüberwindlichen* (Volksbühne, Studio, R. H. D. Kenter) – «ein Zeitereignis» (H. Jhering im *Berliner Börsen-Courier*, 21. 10. 1929). – 1920–32 in über 70 Filmen, z. B. *Der blaue Engel* (1930), *Die Drei von der Tankstelle* (1930), *Bomben auf Monte Carlo* (1931). Im Exil Regisseur bei wenigen Filmen, Auftritte in Exil-Kabaretts, im Künstlerklub Paris-Wien (Paris 1934), in Nelson-Revuen in Amsterdam (La Gaîté, Hollandsche Schouwburg, deren Direktor G. zeitweise war). In Westerbork Mitarbeit am Lagerkabarett. Um Beobachter des Internat. Roten Kreuzes über die Lage deportierter Juden zu täuschen, wurden kulturelle Aktivitäten im sog. «Musterghetto» Theresienstadt gefördert. G. gründete dort das Kabarett «Das Karussell» und wurde im Sommer 1944 zur Ausarbeitung und Regie des Propaganda-Films *Der Führer schenkt den Juden eine Stadt* gezwungen. Gedreht unter Aufsicht der SS – fertiggestellt ohne G., der inzwischen wie die meisten Mitwirkenden nach Auschwitz deportiert worden war. – Als Bühnen- und Filmschauspieler von beeindruckender Vielseitigkeit. Virtuoser Einsatz seiner Mittel, zu denen sprachliche Ausdruckskraft und körperliche Präsenz gehörten, die ihn selbst in Nebenrollen dominieren ließen. Durch Überpointierung, Brechung von Rollenklischees in komischen Rollen gleichermaßen überzeugend. «Er repräsentierte […] in vollendeter Weise das, was als Terminus erst sehr viel später geläufig wurde: Gerron war ein Entertainer allererster Ranges. […] der multimediale Unterhaltungskünstler par excellence war seiner Zeit voraus» (Prümm, S. 145).

Felsmann, B., K. Prümm: Kurt Gerron – gefeiert und gejagt. Berlin 1992.

Wolfgang Beck

Geschonneck, Erwin (Pseudonym E. Gösch), * 27. 12. 1906 Bartenstein (Ostpreußen, heute Bartoszyce, Polen). Schauspieler.

Sohn eines Flickschusters. Arbeitete in Berlin als Bürobote, Hausdiener, Hilfsarbeiter. Aktiv in der Arbeitersportbewegung, 1929 KPD-Mitglied. G. spielte u. a. mit der Agitprop-Gruppe Sturmtrupp links, war Mitglied des Arbeiterchors Groß-Berlin und der Jungen Volksbühne; Komparse bei → Piscator, Arbeitersportler in → Brecht / Dudows Film *Kuhle Wampe* (1932). 1933 Emigration nach Polen mit einer Gruppe von Schauspielern; Abschiebung nach Prag; Ende 1934 in Moskau. Arbeit für das Dt. Th. Kolonne Links (Leiter → Wangenheim). 1935–36 Dt. Gebietstheater Djnepropetrowsk (Leiter → Vallentin), 1936–37 Dt. Kollektivistentheater Odessa. Während der stalinistischen Säuberungen 1937 ausgewiesen, Rückkehr nach Prag. Arbeit u. a. in Amateurtheatergruppen, 1937–38 Leiter der Freien dt. Spielgemeinschaft. Beim Versuch, nach Polen zu gelangen, 1939 verhaftet und im KZ Sachsenhausen, seit 1940 im KZ Dachau gefangen gehalten. Spielte und führte Regie bei Theaterveranstaltungen, v. a. im von Rudolf Kalmar (1900–74) im Lager geschriebenen satirischen Ritterstück *Die Blutnacht auf dem Schreckenstein* (Sommer 1943). 1944 KZ Neuengamme, überlebte die Versenkung des KZ-Schiffs Cap Arcona. 1946–49 Hamburger Kammerspiele unter Ida → Ehre (u. a. in Borcherts *Draußen vor der Tür*, UA

1947). 1947 Filmdebüt mit → Käutners *In jenen Tagen*. 1949–55 Berliner Ensemble (BE), Rollen in Brechts *Herr Puntila und sein Knecht Matti* (DEA 1949), *Mutter Courage und ihre Kinder* (Übernahme 1951), *Die Gewehre der Frau Carrar* (1952), *Der kaukasische Kreidekreis* (1954); außerdem in Gor'kijs *Wassa Schelesnowa* (1949), Lenz / Brechts *Der Hofmeister*, Brecht / Gor'kijs *Die Mutter* (beide 1950), Hauptmann / Brechts *Biberpelz* und *Roter Hahn* (1951), Kleists *Der zerbrochne Krug* (1952), Strittmatters *Katzgraben* (UA 1953), → Molières *Don Juan* (1954). Seit 1955 fast nur Film- und Fernseharbeit, u. a. *Das Beil von Wandsbek* (1951), *Mutter Courage und ihre Kinder* (1955), *Der Hauptmann von Köln* (1956), *Die Abenteuer des Till Ulenspiegel* (1957, mit Gérard → Philipe), *Sonnensucher* (1958), *Fünf Patronenhülsen* (1960), *Nackt unter Wölfen* (1962), *Karbid und Sauerampfer* (1963), *Jacob der Lügner* (1975), *Anton der Zauberer* (1978), *Jeder stirbt für sich allein* (1979, TV), *Levins Mühle* (1980), *Matulla und Busch* (1995). Bühnengastspiele in Brecht / Weills *Die Dreigroschenoper* (1959, Volkstheater Rostock), Sternheims *Der Kandidat* (1960, Volksbühne Berlin, R. → Wisten), der szenischen Lesung von Weiss' *Die Ermittlung* (Ring-UA 1965, Akademie der Künste). Letzte Theaterrolle in → Müller / Brechts *Duell Traktor Fatzer* (1993, BE, R. Müller). Zahlreiche Auszeichnungen. – G. war ein führender Exponent Brecht'scher Schauspielkunst; gleich bedeutend in der Darstellung proletarischer wie bäuerlicher oder kleinbürgerlicher Charaktere, deren soziales Umfeld er mit differenzierter Genauigkeit, gestisch präzise, mitspielt. Ein Charakterschauspieler mit komischem Talent, streitbar und unbequem bis ins hohe Alter. Sein Sohn Matti (* 1952) ist v. a. als Film- und Fernsehregisseur tätig.

Geschonneck, E.: Meine unruhigen Jahre. Hg. G. Adge. Berlin 1993.

Wolfgang Beck

Geßner, Adrienne (eig. Geiringer), * 23. 7. 1896 Maria Schutz (Gemeinde Schottwien, Niederösterreich), † 23. 6. 1987 Wien. Schauspielerin.

G. stammte aus einer dem Th. verbundenen Familie. Ihr Großvater Karl Bukovičs von Kiss Alacska (1835–88) war Sänger, Theaterleiter, Burgschauspieler, ihr Großonkel Emmerich Bukovičs von Kiss Alacska (1844–1905) Direktor des Dt. Volkstheaters (Wien), ihr Vater Professor Gustav Geiringer Musikpädagoge, ihre Mutter Christine wie ihre Schwester Grete Bukovičs (1892–1970) Schauspielerinnen. Schauspielausbildung 1914–16 an der Akademie für Musik und darstellende Kunst in Wien. 1919 Debüt in Caillavet / de Flers *Der König in Paris* im Th. in der Josefstadt. 1921–24 in Wien am Raimund-Th. (u. a. in Anzengrubers *Der G'wissenswurm*, 1921) und 1923, 1935–37 am Dt. Volkstheater. 1924–38 an → Reinhardts Th. in der Josefstadt, das ihr Mann Ernst → Lothar 1935–38 leitete. Rollen u. a. in Hofmannsthals *Der Schwierige* (1924, R. Reinhardt), Cowards *Weekend* (1928), Saltens *Der Gemeine* (1929), Schönthans *Der Raub der Sabinerinnen* (1930, R. → Lindtberg), Molnárs *Die Fee* (1931), Fodors *Die Königin*, Lothars Adaption von Schnitzlers Novelle *Fräulein Else* (beide 1936). Filmrollen in *Die große Liebe* (1931), *Katharina, die Letzte* (1936). 1938 Emigration mit ihrem Mann über die Schweiz nach Paris, 1939 in die USA. Trat in ihres Mannes kurzlebiger Österr. Bühne in New York 1940/41 u. a. in Stücken Wildgans', Schnitzlers, Auernheimers, Cocteaus auf. G. konnte am Broadway Fuß fassen; spielte u. a. in Frankens *Claudia* (1941–43, u. a. Booth Th. und Tournee), van Drutens *I Remember Mama* (1944–46, Music Box Th., mit Marlon Brando). Außerdem in → Kortner / Thompsons Drama *Another Sun* (UA 1940, National Th., R. Kortner). Tourneen und Filme. 1946 Rückkehr nach Wien.

1947–50, 1952/53 im Th. in der Josefstadt (Wilder, *Wir sind noch einmal davongekommen*, 1947; Wilde, *Ein idealer Gatte*, 1952). 1948 Gast am Londoner Aldwych Th. (van Druten, *I Remember Mama*) und am Zürcher Schauspielhaus (dort auch 1958/59, 1962–64). Im Wiener Th. Die Insel 1949 in Chase' *Mein Freund Harvey*. Seit 1950 bei den Salzburger Festspielen; Rollen in → Raimunds *Der Verschwender* (1950), Hofmannsthals *Jedermann* (1953–59, 1975–77) und *Der Turm* (1959), Schillers *Kabale und Liebe* (1955), → Goethes *Egmont* (1956), O'Neills *Fast ein Poet* (1957, R. → Schuh). 1956–86 Burgtheater, schließlich Doyenne und Ehrenmitglied; u. a. in → Lessings *Nathan der Weise* (1957), Čechovs *Drei Schwestern* (1976), Frischs *Triptychon* (1981). Gastspiele im In- und Ausland. Fernseh- und Filmrollen, u. a. *Der Engel mit der Posaune* (1948), *Der Feldherrnhügel* (1953), *Auferstehung* (1958), *Das weite Land* (1960, TV), *Geschichten aus dem Wiener Wald* (1979). Zahlreiche Auszeichnungen. – Eine technisch perfekte Charakterschauspielerin österr. Prägung, mit großer Ausstrahlung, Intensität und breitem Repertoire. Spielte proletarische wie aristokratische Figuren mit gleicher Überzeugungskraft und Differenziertheit. «Das unbedingt Natürliche, das sie vom Leben forderte, gab sie in ihrer Kunst» (Lothar, S. 65).

Geßner, A.: Ich möchte gern was Gutes sagen ... Wien, München 1985; Lothar, E.: Das Wunder des Überlebens. Hamburg, Wien 1960.

Wolfgang Beck

Giehse, Therese (eig. Th. Gift), * 6. 3. 1898 München, † 3. 3. 1975 München. Schauspielerin, Regisseurin.

Tochter eines Textilkaufmanns. 1918–20 Schauspielunterricht bei Toni Wittels-Stury. 21. 1. 1920 erster öffentlicher Auftritt als Büßerin in Kschemisvaras *Kausikas Zorn* im «Bühnenverein für primitive und expressionistische Kunst» Das Spiel (München). 1920–25 Saisonengagements in Siegen, Gleiwitz, Landshut, Breslau. 1925–33 Schauspielhaus, später Kammerspiele München; u. a. in Heinrich Manns *Das gastliche Haus* (UA 21. 1. 1927, R. → Piscator), Ibsens *Gespenster* (1926/27, mit → Moissi a. G.) und *Peer Gynt*, UA Karl Kraus' *Traumstück*, Wedekinds *Lulu* (alle 1928), Leonhard Franks *Die Ursache* (UA 8. 3. 1929), → Brecht/Weills *Die Dreigroschenoper* (1929), Klaus Manns *Geschwister* (UA 12. 11. 1930, mit Erika Mann, Wolfgang → Liebeneiner), Döblins *Die Ehe* (UA 30. 11. 1930), Billingers *Rauhnacht* (UA 10. 10. 1931), → Goethes *Urfaust* (1931), Hauptmanns *Die Ratten* und *Der Biberpelz* (beide 1932). «Alles, was sie tut, ist mehr und mehr voll von Substanz, Klarheit und stilbildender Einfachheit» (*Münchner Telegramm-Ztg.*, 1. 2. 1933). 1930/31 auch an der Volksbühne Berlin in der Regie Karlheinz → Martins in Polgars *Defraudanten* (mit → Pallenberg), Molnárs *Liliom* (mit → Albers). Wesentliches Mitglied des von Erika Mann gegründeten Kabaretts «Die Pfeffermühle», das am 1. 1. 1933 in München und – nach Emigration der meisten Mitglieder (G. am 13. 3.) – am 30. 9. 1933 in Zürich eröffnet wurde. 1934–36 Tourneen in zahlreichen Ländern Europas und – erfolglos – in den USA. 1937–66 Ensemblemitglied, später Gast des Zürcher Schauspielhauses, an dem viele exilierte Schauspieler eine neue künstl. Heimat fanden. Mitwirkung in zahlreichen UAen, u. a. in Walter Leschs *Jedermann 1938* (3. 12. 1938), Brechts *Mutter Courage und ihre Kinder* (19. 4. 1941, R. → Lindtberg), *Der gute Mensch von Sezuan* (4. 2. 1943) und *Herr Puntila und sein Knecht Matti* (5. 6. 1948, R. Brecht), Kaisers *Zweimal Amphitryon* (29. 4. 1944), Zuckmayers *Barbara Blomberg* (5. 5. 1949); in den dt.sprachigen EAen von Wilders *Wir sind noch einmal davongekommen* (16. 3. 1944), García Lorcas *Bluthochzeit* (15. 4. 1944), Claudels

Der seidene Schuh (10. 6. 1944), Eliots *Die Familienfeier* (21. 6. 1945), Giraudoux' *Die Irre von Chaillot* (13. 6. 1946), Gor'kijs *Wassa Schelesnowa* (11. 12. 1947). 1949 Rückkehr nach Deutschland, v. a. an den Münchner Kammerspielen tätig (Marieluise Fleißer, *Der starke Stamm*, UA 7. 11. 1950). 1949–52 auch am Berliner Ensemble in Gor'kijs *Wassa Schelesnowa* (R. → Viertel), Brechts *Herr Puntila und sein Knecht Matti* (R. E. → Engel, Brecht), Hauptmanns *Der Biberpelz* und *Roter Hahn* (R. → Monk), in eigener Regie in Kleists *Der zerbrochne Krug* (1952). In Zürich Celestina in der UA von Max Frischs *Don Juan oder Die Liebe zur Geometrie* (5. 5. 1953) sowie in UAen von Stücken Dürrenmatts: Claire Zachanassian in *Der Besuch der alten Dame* (29. 1. 1956), Ottilie in *Frank V.* (19. 3. 1959), Mathilde von Zahnd in *Die Physiker* (21. 2. 1962), Frau Nomsen in *Der Meteor* (20. 1. 1966); alle später auch in München. Seit 1966 Gastspiele mit Brecht-Abenden («Man ist nicht ergriffen, man hört begreifend zu», M. Sperr in *Ich hab nichts…*, S. 158); spielte in München in der UA von Martin Sperrs *Landshuter Erzählungen* (4. 10. 1967) und in der Eröffnungs-Insz. der Berliner Schaubühne die TR in Brechts *Die Mutter* (8. 10. 1970). – Wenige Fernseh- und Filmauftritte, u. a. in *Die letzte Chance* (1945, R. Lindtberg), *Kinder, Mütter und ein General* (1955, R. L. Benedek), *Mädchen in Uniform* (1958, u. a. mit Lilli Palmer, Romy Schneider), *Lacombe Lucien* (1974), *Black Moon* (1975, beide R. Louis Malle).

Eine sperrige Charakterdarstellerin, die sich Rollenklischees verweigerte. Ihre immense Technik und markante Stimme, ihr nuancenreiches, andeutendes gestisches Spiel erlaubten ihr eine Bandbreite der Darstellung, die komische wie tragische, klassische wie moderne Rollen mit gleicher Selbstverständlichkeit umfasste. G. konnte Proletarierinnen ebenso überzeugend gestalten wie Salondamen. Ohne sich zu wiederholen, spielte sie bestimmte Rollen immer wieder – v. a. in Stücken Hauptmanns, Kleists, Dürrenmatts und Brechts. Neben Helene → Weigel die wohl herausragendste Brecht-Interpretin. Eine «denkende» Schauspielerin, eine der bedeutendsten ihrer Zeit, die jede Oberflächlichkeit in Regie wie Darstellung verabscheute.

<small>Drews, W.: Die Schauspielerin Therese Giehse. Velber 1965; Giehse, Th.: «Ich hab nichts zum Sagen». Gespräche mit Monika Sperr. München u. a. 1973; Therese Giehse 1898–1998. München 1998 *(Katalog)*.</small>

<small>*Wolfgang Beck*</small>

Gielen, Josef, * 20. 12. 1890 Köln, † 19. 10. 1968 Wien. Regisseur, Theaterleiter, Schauspieler.

G. studierte seit 1910 Kunstgeschichte, Philosophie, Theaterwissenschaft in Bonn und München; begann 1913 ohne Ausbildung in Bernburg (Saale) als Schauspieler. 1914/15 Rhein.-Westfäl. Verbandsbühne in Düsseldorf, 1915–18 Soldat. 1919–21 Neues Schauspielhaus Königsberg. Am Hess. Landestheater Darmstadt (1921–24) auch erste Regie, u. a. bei Eichendorffs *Die Freier*, Hauptmanns *Schluck und Jau* (beide 1923). Rolle in der DEA von O'Neills *Der haarige Affe* (1924, Schauspielhaus Köln). 1924–36 Regisseur (1934–36 Oberspielleiter) am Schauspielhaus Dresden, Insz. u. a. von Kaisers *Der mutige Seefahrer* (UA 1925), Jungs *Legende* (UA 1927), Menzels *Toboggan* (UA 1928) und *Fernost* (UA 1929), Dreyers *Reifeprüfung* (UA 1930/31), B. Franks *Nora* (UA 1931), R. Neuners (d. i. Erich Kästner) *Das lebenslängliche Kind* (UA 1934), Mells *Das Spiel von den deutschen Ahnen* (UA 1935), → Shakespeares *Der Widerspenstigen Zähmung* (1936). Erste Insz.en für das Musiktheater an der Staatsoper Dresden, u. a. von Weills *Der Protagonist* (UA 1926), Richard Strauss' *Arabella* (UA 1933), *Die schweigsame Frau* (UA 1935). Seit 1934 Gastins.en an der

Berliner Staatsoper, 1936/37 Oberspielleiter. G. emigrierte 1937 nach Österreich, u. a. wegen der jüd. Abstammung seiner Frau, der Schauspielerin Rosa Steuermann. 1937 Gastregisseur an der Wiener Staatsoper und Regie am Burgtheater (Schreyvogls *Der Gott im Kreml*, 1937; O'Neills *Trauer muß Elektra tragen*, Schillers *Wilhelm Tell*, beide 1938). 1939 kehrte G. von einem Gastspiel in Buenos Aires nicht zurück, wo er 1939–48 als Regisseur des Teatro Colón arbeitete und zahlreiche Opern des internat. Repertoires inszenierte. 1948 Rückkehr nach Wien; dort 1948–54 Leiter des Burgtheaters, danach ebendort Regisseur. Inszenierte neben Klassikern und österr. Autoren v. a. moderne Stücke, u. a. Bruckners *Elisabeth von England* (1948), Zuckmayers *Der Gesang im Feuerofen* (1951), Millers *Hexenjagd* (1954). Zur Wiedereröffnung des im Krieg zerstörten Gebäudes des Burgtheaters inszenierte G. 1955 Schillers *Don Carlos* mit → Krauß und → Werner. 1957–60 Oberregisseur der Wiener Staatsoper. Gastinsz.en von Stücken des Sprech- und Musiktheaters im Ausland (u. a. Paris, Mailand, London, Buenos Aires) und bei den Bad Hersfelder, Bregenzer und Salzburger Festspielen; Lehrer an der Akademie für Musik und darstellende Kunst in Wien. – G. war ein im Musik- wie Sprechtheater gleichermaßen ausgewiesener Regisseur. Als Intendant wie als Regisseur bemühte er sich nach dem Krieg, verkrustete Strukturen und den «Reichskanzleistil» (B. Viertel) des Burgtheaters zu überwinden, v. a. auch den Spielplan aktueller Weltdramatik zu öffnen. Sein Sohn Michael Andreas G. (* 1927) ist Dirigent und Komponist.

Kluth, M.: Der Regisseur Josef Gielen. Diss. Wien 1966; Wie weit ist Wien. Lateinamerika als Exil für österreichische Schriftsteller und Künstler. Hg. A. Douer, U. Seeber. Wien 1995.

Wolfgang Beck

Gielgud, Sir (Arthur) **John**, * 14. 4. 1904 London, † 21. 5. 2000 Aylesbury (Großbritannien). Schauspieler, Regisseur, Theaterleiter.

Sohn eines Börsenmaklers, stammte mütterlicherseits aus der Schauspielerfamilie Terry. Seine Großtante war Ellen → Terry. G. spielte schon auf der Schule Th. (u. a. Shylock). Schauspielunterricht 1921 an Lady Bensons Dramatic Academy, 1923 Royal Academy of Dramatic Arts (RADA). 1921 Debüt in → Shakespeares *Henry V* (Old Vic). 1924–27 Oxford Playhouse Company. Erfolgreich als Trofimov in Čechovs *Der Kirschgarten* (1925). Seit 1928 auch am Broadway (Debüt in Alfred Neumanns *Der Patriot*, P. 19. 1. 1928). 1929–31 Old Vic Th., v. a. in zahlreichen Shakespeare-Stücken, u. a. TRn in *Romeo and Juliet*, *Richard II*, *Macbeth*, *Lear*. Durchbruch als damals ungewöhnlich junger Hamlet (1930), den er 1934 (New Th.), 1936 (132 Aufführungen am Broadway), 1939 (Schloss Kronborg, Helsingør), 1944 (Th. Royal, Haymarket) über 500-mal verkörperte und 4-mal inszenierte (1934, 1939, 1945, 1964). Galt seit *Hamlet* und der TR (auch Regie) in Gordon Daviots (eig. Elizabeth Macintosh) *Richard of Bordeaux* (Juni 1932) als einer der führenden engl.sprachigen Darsteller. Stand Oktober 1935 in *Romeo and Juliet* das einzige Mal mit Laurence → Olivier gemeinsam auf der Bühne. Beide alternierten in der berühmt gewordenen Insz. G.s als Romeo und Mercutio. Mit eigenem Ensemble (u. a. Peggy → Ashcroft, George → Devine, Alec → Guinness, Michael → Redgrave) 1937/38 Klassik-Saison im Queens Th. (Shakespeares *Richard II*, *The Merchant of Venice*, Sheridans *The School for Scandal*, Čechovs *Drei Schwestern*). Ähnliches 1944/45 am Th. Royal, Haymarket, 1955 am Lyric Th., Hammersmith. 1947 Nordamerika-Tournee u. a. mit Wildes *The Importance of Being Earnest*, Euripides' *Medea*, Rodney Acklands Dostoevskij-Adaption *Crime and Punishment*. Seit 1950 auch Shakespeare Memorial Th.; u. a. *Measure for Measure* (1950, R. → Brook), *King Lear* (1950, 1955), *Much Ado About Nothing* (1955, eigene R.), *The Tempest* (1957, R. Brook). 1961 TR in → Zefirellis Insz. von *Othello* (Royal Shakespeare Company, RSC). 1958–67 mit dem Soloprogramm *Ages of Men* mit Texten Shakespeares weltweit auf Tournee. Auftritte im National Th. (NT) seit 1967; u. a. in → Molières *Tartuffe* (Nov. 1967, R. → Guthrie), Senecas *Oedipus* (März 1968, R. Brook), Shakespeares *The Tempest* (März 1974), Ben Jonsons *Volpone* (April 1977, R. jeweils → Hall). – V. a. in klassischen Rollen berühmt, erlangte er erst spät in modernen Stücken einen entsprechenden Ruf: in Edward Albees *Tiny Alice* (1964, Billy Rose Th., New York), David Storeys *Home* (1970, Royal Court Th.; anschließend am Broadway), → Pinters *No Man's Land* (1975, NT). Letzte Theaterrolle Januar 1988 in Hugh Whitemores *The Best of Friends* (Apollo Th.).

G. führte seit 1932 häufig Regie, in klassischen Stücken wie Shakespeares *Romeo and Juliet* (1932, 1935), *Richard II* (1936, 1952, 1953), *Much Ado About Nothing* (1949, 1950, 1952, 1955, 1959), modernen wie Tennessee Williams' *The Glass Menagerie* (1948), Edward Albees *All Over* (1971), Tragödien wie Euripides' *Medea* (1948), Komödien wie Wildes *The Importance of Being Earnest* (1939, 1942, 1947), Cowards *Blithe Spirit* (1945), Boulevardstücken wie Brandon Thomas' *Charly's Aunt* (1954), Opern (John Gays *The Beggar's Opera*, 1940; Berlioz' *Die Trojaner*, 1957; Mozarts *Don Giovanni*, 1968).

Filmdebüt 1924 in *Who is the Man?*; spielte in über 120 Filmen, seit 1959 auch im Fernsehen. Darunter in einer Reihe von Shakespeare-Adaptionen, u. a. *Julius Caesar* (1953, 1970) *Romeo and Juliet* (1954, 1967 TV, 1978 TV), *Richard III* (1955, R. Olivier), *Hamlet* (1964 eigene R, 1970 TV, 1996 R. → Branagh), *Richard I* (1978 TV). Weitere Filme u. a. *Secret Agent* (1936, R. Hitchcock), *Becket* (1964, R. Peter Glenville), *Oh! What a Lovely War* (1969, R. Richard Attenborough), *Galileo* (1975, nach → Brecht, R. Joseph Losey), *Providence* (1977, R. Alain Resnais), *Arthur* (1981, Oscar für die beste Nebenrolle), *Gandhi* (1982, R. Attenborough), *Prospero's Books* (1991, R. Peter Greenaway), *Catastrophe* (2000, R. David Mamet). – 1953 geadelt, 1977 «Companion of Honour», 1996 Mitglied des (auf 24 Personen beschränkten) «Order of Merit». 1994 wurde das ehemalige Globe Th. (London) nach ihm benannt.

Einer der bedeutendsten und stilprägendsten Schauspieler des 20. Jh.s, v. a. mit seinen Interpretationen Shakespeares. Von großer Vielseitigkeit, Intelligenz und Sensibilität, komödiantischem Talent, Eleganz und Bühnenpräsenz. Galt mit seiner überaus modulationsfähigen Stimme von großer Musikalität als unübertroffener Sprecher seiner Zeit (Alec Guinness nannte sie «eine silberne Trompete, eingehüllt in Seide»). Herausragend auch in den Konversationsstücken Oscar Wildes oder Noël Cowards und den Schauspielen Čechovs, zu dessen Durchsetzung im brit. Th. er wesentlich beitrug. Anfangs noch von Henry → Irvings «romantischem» Stil beeinflusst, entwickelte sich G. – unter dem Einfluss so unterschiedlicher Regisseure wie Theodore → Komisarjevsky, Michael Saint-Denis, Peter Brook zu einem bedeutenden Charakterdarsteller. Von großer Bedeutung für die Entwicklung des britischen Th.s. Zu einer Zeit, als im Londoner West End Klassiker so gut wie nicht gespielt wurden, trugen seine Klassik-Spielzeiten mit eigenem Ensemble wesentlich zur «Wiederentdeckung» Shakespeares an den großen Hauptstadtbühnen bei und waren wichtige Voraussetzungen für die Gründung der Royal Shakespeare Company wie des National Th. Entdecker und Förderer von Talenten, von denen viele das Th. der Gegenwart beeinflusst haben. Verfasser von Büchern über das Th. und sein Leben.

Brandreth, G.: John Gielgud: An Actor's Life. Stroud 2000; Croall, J.: John Gielgud: A Theatrical Life. London 2000; Findlater, F.: These Our Actors. London 1983; Francis, C.: Sir John: The Many Faces of Gielgud. London 1994; Gielgud, J.: An Actor in His Time. Erw. Ausg. London 1996; ders.: Backward glances. London 1993; ders.: Distinguished company. London (Neuausg.) 1989; ders.: Early Stages. London (erw. Ausg.) 1990 (zuerst 1939); ders.: Notes from the Gods: playgoing in the Twenties. Hg. R. Mangan. London 1994; ders.: Stage Directions. Neuausg. London 1992; ders., J. Miller: Shakespeare – Hit or Miss? London 1991 (Neuausg. u. d. T. Acting Shakespeare. London 1999); Morley, S.: John G.: The Authorised Biography of John Gielgud. London 2001.

Wolfgang Beck

Giesing, Dieter, * 21. 5. 1934 Memel (heute Kleipeda, Litauen). Regisseur.

Studium der Romanistik, Germanistik, Kunstgeschichte in Tübingen und München. 1961 Regieassistent Münchner Kammerspiele. 1964 erste Insz. im Werkraum der Kammerspiele: → Pinters *Die Kollektion*. Es folgten Pinters *Die Heimkehr*, Mrożeks *Tango*. 1965 in der Schiller-Th.-Werkstatt (Berlin) DEA von Havels *Benachrichtigung*. 1968 – 71 Oberspielleiter der Münchner Kammerspiele (Ibsens *Hedda Gabler*, Pinters *Die Geburtstagsfeier*, Feydeaus *Die Dame vom Maxim*, Wedekinds *Der Marquis von Keith*). 1971 im Thalia Th. Hamburg Wedekinds *Lulu*, im Zürcher Schauspielhaus 1972 Storeys *Home*. 1972 – 76 Oberspielleiter des Dt. Schauspielhauses Hamburg (1972 → Brecht / Weills *Die Dreigroschenoper*, Vitracs *Victor oder Die Kinder an der Macht*, Gor'kijs *Barbaren*, 1973 Sternheims *1913*, DEA von Bonds *Die See*, Feydeaus *Floh im Ohr*, 1974 → Nestroys *Der Zerrissene*, Čechovs *Die Möwe*, 1975 → Shakespeares *Maß für Maß*, 1976 Brechts *Der aufhaltsame Aufstieg des Arturo Ui*, 1977 UA *Trilogie des Wiedersehens* von Botho Strauß, Kipphardts *In der Sache J. Robert Oppenheimer*). Seit 1976 freier Regisseur. Inszenierte im Bayer. Staatsschauspiel München 1977 Horváths *Geschichten aus dem Wiener Wald*, 1983 UA von Kipphardts *Bruder Eichmann, Bekannte Gesichter, gemischte Gefühle* von Botho Strauß; im Hamburger Thalia Th. 1979 DEA von Pinters *Betrogen*; im Wiener Burgtheater 1980 Wedekinds *Frühlings Erwachen* und 1985 dessen *Musik*, 1985 Lars Noréns *Dämonen*, 1989 dt.sprachige EA von Hares *Geheime Verzückung*, 1993 Mamets *Oleanna*, Babels *Sonnenuntergang*, 2002 *Der Narr und seine Frau heute abend in Pancomedia* von Strauß; im Zürcher Schauspielhaus 1989 → Molières *Tartuffe*, 1998 Musils *Die Schwärmer*, 1999 Babels *Marija*; im Staatsschauspiel Stuttgart 1988 DEA von → Ayckbourns *Familiengeschäfte*; im Dt. Schauspielhaus Hamburg 1986 Mamets *Edmond* und 1988 dessen *Hanglage Meerblick*, 1990 DEA von Ayckbourns *Held des Tages*; im Dt. Th. Berlin 1994 Kushners *Angels in America*; im Th. in der Josefstadt Wien 2000 Bernhards *Der Schein trügt*; im Schauspielhaus Bochum 2001 Crimps *Auf dem Lande*, 2003 Fosses *Schönes*, 2005 *Die Zeit und das Zimmer* von Strauß. 1967 Preis zur Förderung der interpretierenden Kunst. Mehrere Einladungen zum Berliner Theatertreffen. – Als Regisseur, der von Anfang an nur in bedeutenden Th.n arbeitete, v. a. an Werken des 20. Jh.s interessiert – kaum Klassiker-Insz.en. Schnörkellos, genau, am Text orientiert, kein radikaler Erneuerer der Szene. Benjamin Henrichs nannte ihn respektvoll einen «Regisseur glänzend organisierter Abläufe».

Werner Schulze-Reimpell

Ginsberg, Ernst, * 7. 2. 1902 Berlin, † 3. 12. 1964 Zürich. Schauspieler, Regisseur, Autor.

Sohnes eines Augenarztes. Nach kurzer Schauspielausbildung 1922 – 24 bei der reisenden Holtorf-Truppe in Holstein, dazwischen Hamburger Kammerspiele. 1924–26 Münchner Kammerspiele, u. a. in Klaus Manns *Anja und Esther* (1925). 1926–28 Schauspielhaus Düsseldorf; Durchbruch mit Raynals Anti-Kriegsstück *Das Grabmal des unbekannten Soldaten* (1926). 1928–32 v. a. Volksbühne Berlin, u. a. in Weisenborns *U-Boot S4* (UA 1928), Horváths *Die Bergbahn*, Welks *Kreuzabnahme* (beide 1929), Rehfischs / Herzogs *Affaire Dreyfus* (UA 1929), Polgars *Defraudanten* (UA 1930). Gast u. a. in Wolfs *Tai Yang erwacht* (UA 1931, Wallner-Th., R. → Piscator); Tourneen, u. a. mit → Pallenberg, → Bergner. 1932/33 Hess. Landestheater Darmstadt. 1933 entlassen, in die Schweiz emigriert. Seit 1933/34 Schauspieler, später auch Regisseur am Zürcher Schauspielhaus; Lehrer am Bühnenstudio. Zahllose Rollen, u. a. in Bruckners *Die Rassen* (UA 1933), Brochs *... denn sie wissen nicht was sie tun* (UA 1934), → Shakespeares *Hamlet* (TR, 1936, 1947), Lasker-Schülers *Arthur Aronymus und seine Väter* (UA 1936), Zuckmayers *Bellmann* (UA 1938), Leschs *Jedermann 1938* (UA 1938), → Brechts *Mutter Courage und ihre Kinder* (UA 1941), *Der gute Mensch von Sezuan* und *Leben des Galilei* (beide UA 1943), O'Neills *Trauer muß Elektra tragen* (1943), den dt.sprachigen EAen von Wilders *Unsere kleine Stadt* (1939), *Wir sind noch einmal davongekommen*, García Lorcas *Bluthochzeit*, Sartres *Die Fliegen* (alle 1944), Giraudoux' *Die Irre von Chaillot* (1946), Bruckners *Die Befreiten* (UA 1945), Frischs *Santa Cruz* (UA 1946). 1939 Regisseur und einziger Berufsschauspieler in Paul Schoecks *Urner Tellenspiel* bei der Zürcher Landesausstellung. 1946–50 Schauspieler und Regisseur am Stadttheater Basel. Seit 1950 wieder Zürich, seit 1952 auch am Bayer. Staatsschauspiel München; spielte in Zürich u. a. in Camus' *Die Gerechten* (1950), Sartres *Der Teufel und der liebe Gott* (1951), → Molières *Tartuffe* (TR, 1951; 1955 in München) und *Der Geizige* (TR, 1952; 1953 in München), Dürrenmatts *Die Ehe des Herrn Mississippi* (1957), Brechts *Im Dickicht der Städte* (1960), Wedekinds *Lulu* (1962); in München u. a. in Schillers *Die Räuber* (1953), Shakespeares *Julius Cäsar* (1955, beide R. → Kortner). Bei den Salzburger Festspielen u. a. Teufel in Hofmannsthals *Jedermann* (1957–60), TR und Regie in Molières *Tartuffe* (1960). Letzte Rolle zur Eröffnung des neuen Hauses der Freien Volksbühne Berlin in Rollands *Robespierre* (TR, 1963). Zahlreiche Insz.en seit 1945; in Zürich u. a. Adams' *Sylvia und das Gespenst* (dt.sprachige EA 1945), Hölderlins *Empedokles* (1947); in Basel García Lorcas *Bernarda Albas Haus* (dt.sprachige EA 1947; 1948 Zürich), Dürrenmatts *Der Blinde* (UA 1948) und *Romulus der Große* (UA 1949), O'Caseys *Rote Rosen für mich* (1948) und *Juno und der Pfau* (1950, beide dt.sprachige EA; 1953 München). Arbeit bei Film, Funk und Fernsehen; zahlreiche Plattenaufnahmen; Herausgeber von Anthologien, Werkausgaben Lasker-Schülers und → Viertels. – Ein technisch perfekter, intelligenter und präziser Charakterdarsteller und Regisseur, dem Wort verpflichtet, mit großer Sprechkultur und Bühnenpräsenz, bedeutender Rezitator. Herausragend als Mephisto und in Stücken Molières, als Darsteller zwiespältiger Figuren. Schon 1932 hatte der Kritiker Jhering als wesentliches Merkmal von G.s Schauspielkunst erkannt: Er «ist handwerklich besonders zuverlässig. [...] einer der sichersten Ensemblespieler der deutschen Bühne. [...] Ein Schauspieler, der stets die Rolle klarmacht und übersichtlich geordnet vor dem Zuschauer ausbreitet und zusammenhält» (S. 20 f.).

Brock-Sulzer, E.: Ernst Ginsberg. Velber 1963; Ginsberg, E.: Abschied. Erinnerungen, Theateraufsätze, Gedichte. Hg. E. Brock-Sulzer. Zürich 1991 (Neuausgabe); Jhering, H. Von Reinhardt bis Brecht. 3. Bd. Berlin 1961.

Wolfgang Beck

Girardi, Alexander, * 5. 12. 1850 Graz, † 20. 4. 1918 Wien. Schauspieler, Sänger.

Sohn eines Schlossers, lernte den väterlichen Beruf, bildete sich autodidaktisch zum Schauspieler und Sänger; Mitglied der Laienspielgruppe Die Tonhalle. Debüt 1869 in Rohitsch-Sauerbrunn in → Nestroys Posse *Tritsch-Tratsch*. Über Provinz- und Sommertheater in Döbling, Krems, Karlsbad (Karlovy Vary), Bad Ischl und Salzburg kam G. 1871 nach Wien. Engagement am Strampfer-Th.; 1874–96 Th. an der Wien, wo er in der Blütezeit der Wiener Operette zum populärsten Operettenkomiker wurde, dessen Mitwirkung wesentliche Voraussetzung für jeden Erfolg war: «In jeder Operette ist die Girardische Rolle ausschlaggebend» (Johann Strauß). Auch als Sänger von Couplets und Wiener Liedern (1885 Picks *Fiakerlied*) wurde G. zu einer von Publikum und Kritikern verehrten Wiener «Institution». 1896/97 Carl-Th., 1898–1900 Dt. Volkstheater; Gastspiele und Engagements im Raimund-Th., Th. in der Josefstadt, Johann-Strauß-Th.; Gastspielreisen nach Nord- und Mitteldeutschland verbreiteten seinen Ruhm. Zu seinen Operettenerfolgen gehörten v. a. Millöckers *Der Bettelstudent* (UA 1882), *Der arme Jonathan* (UA 1890), Johann Strauß' *Cagliostro in Wien* (UA 1875), *Eine Nacht in Venedig* (1883, Wiener EA), *Der Zigeunerbaron* (1885), Zellers *Der Vogelhändler* (UA 1891). Bereits im Th. an der Wien war G. in Sprechtheaterrollen aufgetreten (u. a. in Stücken Nestroys), am Dt. Volkstheater spielte er u. a. in A. Müllers *Der Hofnarr*, aber auch in → Molières *Der eingebildete Kranke* und Schnitzlers *Liebelei*. Der vielfach ausgezeichnete G. wurde zu einem der höchstbezahlten Schauspieler und Sänger seiner Zeit, der sogar die Mode beeinflusste («G.-Hut»). 1913 im Stummfilm *Der Millionenonkel* (auch *Der Verschwender*). 1917 Mitglied des Burgtheaters. Am 18. 2. 1918 debütierte er kurz vor seinem Tod in → Raimunds *Der Bauer als Millionär*. Seine Ehe (1893–96) mit der Schauspielerin Helene Odilon (eig. H. Petermann, 1865–1939) war ein mediales Ereignis, besonders als sie versuchte, den drogenabhängigen G. in eine psychiatrische Anstalt einweisen zu lassen. – G. war ein Künstler, dessen Schauspielkunst lange von seiner Popularität als Sänger verdeckt wurde. Dabei muss der geniale Volksschauspieler G. «mit seinem schwarzumränderten Humor» (Kortner, S. 51) selbst in unbedeutenden Schwänken zu Momenten großer Schauspielkunst fähig gewesen sein. Er war «der größte, tiefsinnigste Schauspieler, die geheimnisvollste Gestalt des deutschsprachigen Theaters seit Devrient» (Fehling, S. 248). Charakterkomiker, der Widersprüche und das Tragische seiner Figuren stets herausarbeitete. Auf seinem Leben basiert Karl → Parylas (R. und TR) Film *Der Komödiant von Wien* (1954).

Holzer, R.: Die Wiener Vorstadtbühnen. Alexander Girardi und das Theater an der Wien. Wien 1951; Klang, H.: Alexander Girardis Leben und Bühnentätigkeit. Diss. Wien 1937; Kortner, F.: Aller Tage Abend. München 1969; Schiferer, B.: Girardi – ein Wiener aus Graz. Wien, München 1975; Das Theater des deutschen Regisseurs Jürgen Fehling. Hg. G. Ahrens. Berlin 1985.

Wolfgang Beck

Gischia, Léon, * 8. 6. 1903 Dax, † 26. 5. 1991 Venedig. Bühnenbildner.

Als Schüler von Fernand Léger (1923–27) und Othon Friesz begann G. als figurativer Maler, bevor er sich einer klaren, farbintensiven geometrischen Abstraktion zuwandte. Durchbruch als Bühnenbildner und Kostümentwerfer in enger Zusammenarbeit mit Jean → Vilar, für den er 1945 im Pariser Th. du Vieux Colombier *Mord im Dom* von T. S. Eliot ausstattete. Bei den Festspielaufführungen in Avignon war A. von Anfang an für die Ausstattung verantwortlich: *Richard II.* von

→ Shakespeare (1947), *Dantons Tod* von Büchner (1948), *Le Cid* von Corneille (1949), *Heinrich IV.* von Shakespeare (1950), *Prinz Friedrich von Homburg* von Kleist (1951), *L'Avare (Der Geizige)* (1952) und *Dom Juan (Don Juan)* von → Molière (1953), *Ruy Blas* (1954) und *Marie Tudor* von Hugo (1954), *La ville (Die Stadt)* von Claudel (1955). Mit gleichem Dekor wurden alle Insz.en auch im Großen Saal des TNP (Th. National Populaire) des Pariser Chaillot-Palasts gezeigt.

G. ging es darum, den Spielraum zu «rationalisieren» und mit wenigen signifikativen Elementen zu gliedern. Er wollte dem Th. einen feierlich-zeremoniellen Aspekt (zurück)geben, indem er Kostüme und Requisiten dem Seelenleben der agierenden Personen anzupassen versuchte. Ihm war aktive Zuschauerteilnahme und -beteiligung wichtig. G. modellierte auf der Bühne mehrere Spielräume (aires de jeu), die abgegrenzt und geordnet wurden durch Achsen, sozusagen «Verkehrswege» für die Mobilität der Schauspieler: ein funktionaler szenischer Raum im Synergieaustausch zwischen Text, Insz., Darstellern und Publikum. Plastische (also Bühnenbild-)Wirkungen und dramatische Effekte sollten zusammengeführt werden durch Farb- und Formkombinationen der Ausstattung. G. entwarf auch Operndekore (Mailänder Scala, La Fenice Venedig) und war für fast alle großen franz. Regisseure tätig, die das Erbe von Jean Vilar fortsetzten; er zeichnete oft in Gemeinschaft mit anderen Künstlern für die Ausstattung: mit André → Barsacq (*Heinrich IV.* von Pirandello, Th. de l'Atelier, 1950), Tania Balachova (*Le Profanateur* von Maulnier, Avignon 1950), Gérard → Philipe (*Lorenzaccio* von Musset, Avignon 1952), René Dupuy (*La Calandria* von Bibbiena, Avignon 1951), Jean-Pierre Darras (*Le malade imaginaire*, dt. *Der eingebildete Kranke* von Molière, Avignon 1953), Georges Wilson (*La Garde-Malade* von Monnier, Avignon 1954), Daniel Sarano (*L'Etourdi*, dt. *Der Wirrkopf* von Molière, Th. Montansier 1955), Jean-Paul Moulinot (*Les Femmes savantes*, dt. *Die gelehrten Frauen* von Molière, TNP 1956), Silvia Monfort (*Elektra* von Sophokles, Tréteaux de France 1965).

Gischia. Rétrospective 1917–1985. Paris 1985 *(Katalog).*

Horst Schumacher

Giskes, Heinrich, * 3.4.1946 Krefeld. Schauspieler, Regisseur.

G. wurde am Bühnenstudio Zürich und der Max-Reinhardt-Schule in Berlin (1965–67) zum Schauspieler ausgebildet. Nach einem Engagement für → Zadeks Insz. von Bonds *Gerettet* (1968, Freie Volksbühne Berlin) an den Münchner Kammerspielen u. a. in Weiss' *Viet Nam Diskurs* (1968, R. P. → Stein), Sperrs *Jagdszenen aus Niederbayern* (1969), Harald Müllers *Großer Wolf* (UA 1970, R → Peymann). Fortsetzung der Arbeit mit Stein am Zürcher Schauspielhaus (Bond, *Trauer zu früh*, dt.sprachige EA 1969) und der Schaubühne am Halleschen Ufer Berlin. Dort in der Eröffnungsinsz. Steins von Gor'kij / → Brechts *Die Mutter* (1970, mit → Giehse), Ibsens *Peer Gynt* (1971, mit → Ganz), 1974 in beiden Teilen des *Antiken-Projekts* (*Übungen für Schauspieler*, R. Stein; Euripides, *Die Bakchen*, R. → Grüber). In Insz.en Zadeks am Schauspielhaus Bochum in Dorst / Zadeks Fallada-Adaption *Kleiner Mann, was nun?* (mit → Hoger; 1973 TV), → Shakespeares *Der Kaufmann von Venedig* (beide 1972), Behans *Die Geisel* (1976; zuvor 1975 Freie Volksbühne Berlin, 1977 TV). 1975 am Staatstheater Stuttgart in Horváths *Geschichten aus dem Wiener Wald* (1991 Frankfurt a. M.). 1976–79 am Dt. Schauspielhaus Hamburg in Shakespeares *Othello* (1976, R. Zadek), *Das Wintermärchen* (R. Zadek / Weise), Brechts *Der gute Mensch von Sezuan* (1977, R. → Strehler), in → Karges und M.

→ Langhoffs Doppelprojekt in Brechts *Fatzerfragment* und Kleists *Prinz Friedrich von Homburg* (TR), Osbornes *Blick zurück im Zorn* (beide 1978, R. → Zinger), → Fos *Zufälliger Tod eines Anarchisten* (1979). 1980–91 am Schauspiel Frankfurt a. M. u. a. in Büchners *Dantons Tod* (TR, 1980), Williams' *Endstation Sehnsucht* (1984, R. → Dresen), Sternheims *Der Snob*, Ibsens *Die Wildente* (beide 1987). Dort auch eigene Insz.en, u. a. von Dorsts *Ameley* (DEA), Williams' *Klassenfeind* (beide 1982), Strauß' *Kalldewey, Farce* (1983), → Goethes *Stella* (1984). Seit Anfang der 1990er Jahre freiberuflich tätig. Gast u. a. im Wiener Th. in der Josefstadt (D. Lessing, *Spiel mit dem Tiger*, 1988), Staatstheater Hannover (Musil, *Die Schwärmer*, 1989/90), Schauspielhaus Düsseldorf (Gor'kij, *Wassa Schelesnowa*, 1993), Bühnen der Stadt Köln (Ostermaier, *The Making of B.-Movie*, 1999). Zahlreiche Film- und Fernsehrollen, vermehrt seit den 1990er Jahren. U. a. in *Ich bin ein Elefant, Madame* (1969), *Zärtlichkeit der Wölfe* (1973), *Unter dem Pflaster ist der Strand* (1975), *Alexander März* (1976, TV), *Heinrich* (1977), *Wir können auch anders …* (1993), *Nachtland* (1995), *So weit die Füße tragen* (2001), *Die Nacht der lebenden Loser* (2004). Lehrtätigkeit an der Hochschule für Musik und Darstellende Kunst in Frankfurt a. M. – Geprägt von der Zusammenarbeit mit Zadek und Stein, verkörpert G. mit Präsenz und charakteristischer Sprache ebenso ausgeprägt machistische wie intellektuell zerrissene Männer. Hochgelobt in Zadeks *Othello*-Insz. (1976) sein Jago, «gespielt mit einer faszinierenden Mischung aus brillant formulierender, charmanter Intellektualität und sadistischer Lust am tödlichen Herrschaftsspiel mit Menschen» (V. Canaris in *Th. heute* 7/1976).

Wolfgang Beck

Glatzeder, Winfried, * 26. 4. 1945 Zoppot bei Danzig. Schauspieler.

G. wuchs in Ostberlin auf. Nach Abitur und Ausbildung zum Maschinenbaufacharbeiter studierte er 1965–69 an der Hochschule für Film und Fernsehen in Potsdam-Babelsberg u. a. bei B. K. → Tragelehn, unter dessen Regie er 1969 den Probstein in H. → Müllers → Shakespeare-Bearbeitung *Wie es euch gefällt* spielte. 1969–71 erstes Engagement am Hans-Otto-Th. in Potsdam, 1971–82 unter B. → Besson Ensemblemitglied an der Volksbühne Ostberlin. Dort war er u. a. als Flieger Yang Sun in → Brechts *Der gute Mensch von Sezuan* (1971), Jacques in Shakespeares *Wie es euch gefällt* (1977), Oronte in → Molières *Der Misanthrop* (1975), in Müllers *Weiberkomödie* (1971) und *Die Bauern* (UA 30. 5. 1975, R. → Marquardt) zu sehen. In der DDR wurde G. neben seiner Theaterarbeit v. a. durch Film und Fernsehen bekannt. Der «Belmondo des Ostens» wirkte in mehr als 20 Defa-Filmen mit, darunter *Die Legende von Paul und Paula* (1972, mit A. → Domröse) und in der TR von *Till Eulenspiegel* (1973). Nach der Ausbürgerung aus der DDR 1982 setzte G. seine Karriere am Westberliner Schiller-Th. fort, konzentrierte sich jedoch bis 1986 auf die Film- und Fernseharbeit. Erfolge verzeichnete er u. a. in *Rosa Luxemburg* (1985, R. Margarethe von Trotta), *Vergeßt Mozart* (1985, R. Slavo Luther), *Bali* (1983/84, R. Istvan Szabo), *Hotel Excelsior* (R. Nenad Djapic) oder als *Tatort*-Kommissar Ernst Roiter (1996–98); weiter u. a. in *Sonnenallee* (1999), *Die Boxerin* (2005). Ab 1987 stand G. als ständiger Gast am Düsseldorfer Schauspielhaus wieder auf der Bühne, u. a. als Malvolio in Shakespeares *Was ihr wollt* (1987), Sganarelle in Müllers Molière-Bearbeitung *Don Juan oder der Steinerne Gast* (1988, beide R. Tragelehn), Clov in Becketts *Endspiel* (1991, R. Herbert → König). Seit 1997 stellte der Charakterschauspieler, der im Fernsehen häufig auch den Schurken verkörperte, sein komödiantisches Talent u. a. in *Pension Schöl-*

ler (1997–2000) und *Mein Freund Harvey* (1999–2002) im Th. am Kurfürstendamm, in Margulies' *Freunde zum Essen* (DEA 2002) im Renaissancetheater und auf Tournee unter Beweis. Bei den Karl-May-Spielen in Bad Segeberg Santer in *Winnetou III* (2006). Sein Sohn Robert G. (* 1971) ist ebenfalls Schauspieler.

Nina Grabe

Gliese, Rochus, * 6. 1. 1891 Berlin, † 22. 12. 1978 Berlin. Bühnen- und Kostümbildner, Filmausstatter, Drehbuchautor, Regisseur.

G. studierte 1909–11 am Staatl. Kunstgewerbemuseum Berlin. Nach seinem Studium begann er als Kostümzeichner zu arbeiten und seit 1914 als Ausstatter beim Film, wo seine Bauten dem Expressionismus sehr nahestanden. Zusammen mit P. → Wegener arbeitete er an *Der Golem* (1915), in den folgenden Jahren zeichnete er selbst für die Regie bei Stummfilmen verantwortlich, assistierte bei *Das Kabinett des Dr. Caligari* (1919). 1920 entwarf er die Kostüme für *Der Golem, wie er in die Welt kam*. Gemeinsam mit Murnau ging er nach Hollywood, wo 1926 *Sunrise* entstand, für den G. für einen der ersten Oscars nominiert wurde. 1928 kehrte er nach Deutschland zurück. Wenige weitere Arbeiten für den Film: Regie bei *Die Jagd nach dem Glück* (1930), Ausstatter bei *Der Tanz auf dem Vulkan* (1938), *Hanna Amon* (1951), Kostüme für *Les Dieux s'amusent, Amphitryon* (beide 1935). – Als Bühnenbildner seit 1914 an verschiedenen Berliner Bühnen, darunter das Dt. Th. und 1922–32 und 1934–44 das Staatl. Schauspielhaus. Ausstattung für Bruckners *Verbrecher* (1928, Dt. Th., R. → Hilpert). Er stattete am Berliner Staatstheater u. a. für → Fehling dessen Barlach-Insz.en aus (*Der arme Vetter*, 1923; *Die Sündflut*, 1925; *Der blaue Boll*, 1930), außerdem → Brecht / Marlowes *Leben Eduards des Zweiten von England* (1924), → Goethes *Egmont* (1932), Grabbes *Don Juan und Faust* (1940). G. arbeitete am Staatstheater mit G. → Gründgens (Scribe, *Das Glas Wasser*, 1934; Goethe, *Faust I* und *II*, 1941, 1942) und L. → Müthel. In den 1930er Jahren auch Bühnenbildner an der Volksbühne Berlin, u. a. für Insz.en Hilperts (Hauptmanns *Die Ratten*, 1932, *Florian Geyer*, 1933) und → Martins (Kaisers *Nebeneinander*, 1931; Kleists *Penthesilea*, 1942). Nach 1945 Engagements als Ausstatter und Regisseur an Th.n des In- und Auslands, am Nationaltheater Weimar (R. bei → Lessings *Nathan der Weise*, 1945), am Wiener Burgtheater (Ibsen, *Gespenster*, 1946), in Berlin im Th. am Schiffbauerdamm (R. bei Kleists *Der zerbrochne Krug*, 1947), am Renaissancetheater, der Volksbühne (R. und Ausstattung bei Schillers *Turandot*, 1955; → Molières *Tartuffe*, 1957), in Potsdam (Intendant 1948/49), am Staatstheater Stuttgart. G. schuf auch Ausstattungen für das Musiktheater, u. a. für Richard Strauss / Couperins *Verklungene Feste* (UA), Strauss' *Josephslegende* (beide 1941), *Capriccio* (UA 1942, alle Bayer. Staatsoper München). 1973 Dt. Filmpreis für sein Lebenswerk. – G. begann als Ausstatter für den Film wie das Th. mit vom Expressionismus beeinflussten Raumgestaltungen, die im Lauf der Jahre funktionaler wurden und sich den Intentionen der Insz. anpassten. Malerisch-farbige Lösungen blieben in seinen Ausstattungen bestimmend, sein «Mut zur Farbe und zum Akzent verschmolz in den szenischen Entwürfen mit einem besondern Sinn für theatralische Raumlösungen zu einer eigenen Bühnenqualität» (Eckert, S. 68). Kongeniale Zusammenarbeit im Film mit Murnau, im Theater mit Fehling.

Eckert, N.: Das Bühnenbild im 20. Jahrhundert. Berlin 1998.

Diana Schindler

Glittenberg, Marianne, * 1. 1. 1943 Gumbinnen (Ostpreußen, heute Gusew, Rußland). Kostümbildnerin.

G. studierte Germanistik und Musikwissenschaft in Freiburg i. Br. Erste Kostümentwürfe für die Insz. von Genets *Der Balkon* (1976, Schauspielhaus Bochum), vermittelt durch → Minks, der Kostümzeichnungen von ihr für ihren späteren Mann, den Bühnenbildner Rolf → G., gesehen hatte. Seither freischaffende Kostümbildnerin für Stücke des Sprech- und Musiktheaters; häufig in Produktionen, für die Rolf G. den Bühnenraum gestaltet. Intensive Zusammenarbeit mit bestimmten Regisseuren. Mit → Zinger u. a. bei An-Skis *Der Dybuk* (1979), O'Neills *Fast ein Poet* (1988, beide Dt. Schauspielhaus Hamburg), Frayns *Wilder Honig* (1985, Staatstheater Stuttgart); mit → Flimm u. a. bei → Lessings *Minna von Barnhelm* (1982, Zürcher Schauspielhaus), Kleists *Amphitryon* (1982), Čechovs *Der Kirschgarten* (1983), Pohls *Das alte Land* (1984), Schillers *Die Jungfrau von Orleans* (1985, alle Schauspiel Köln), Ibsens *Peer Gynt* (1985), → Shakespeares *Hamlet* (1986), *Was ihr wollt* (1991), Hebbels *Die Nibelungen* (1987), Pohls *Die schöne Fremde* (1993), Schnitzlers *Das weite Land* (1995), Sophokles' *Antigone* (1996, alle Thalia Th. Hamburg); mit → Bondy u. a. bei Bergs *Lulu* (1978), *Wozzeck* (1981, beide Hamburgische Staatsoper), Gombrowicz' *Yvonne, Prinzessin von Burgund* (1980), Shakespeares *Macbeth*, Bernhards *Am Ziel* (beide 1982, alle Schauspiel Köln), Becketts *Glückliche Tage* (1988, Dt. Schauspielhaus Hamburg), *Warten auf Godot* (1999, Th. Vidy Lausanne, Koproduktion), Strauß' *Lotphantasie* (UA 1999), Čechovs *Die Möwe* (2000, beide Wiener Festwochen); → Bechtolfs u. a. bei Schnitzlers *Der Reigen* (1999, Burgtheater Wien), Bergs *Lulu* (2000), Debussys *Pelléas und Mélisande*, Strauss' *Der Rosenkavalier* (beide 2004, alle Opernhaus Zürich). Bei den Salzburger Festspielen Kostüme für → Raimunds *Der Bauer als Millionär* (1987), → Nestroys *Das Mädl aus der Vorstadt* (1989, beide R. Flimm), Mozarts *Die Zauberflöte* (1991), *Don Giovanni* (1999, R. → Ronconi), Strauss' *Die Frau ohne Schatten* (1992), Monteverdis *L'Incoronazione di Poppea* (1993). An der Dt. Oper Berlin für Wagners *Tannhäuser* (1992), Offenbachs *Hoffmanns Erzählungen* (2002), am Staatstheater Stuttgart für Janáčeks *Die Sache Makropulos* (2004, R. → Neuenfels). – Kostümbildnerin, die ihre ästhetischen Grundprinzipien so formuliert: «Ich will nicht primär Leute bekleiden, sondern ein Kostümbild schaffen wie ein Bühnenbild, das als Ganzes zur Interpretation des Stückes beiträgt. […] Wenn man […] mich für die Kostüme engagiert, dann gehe ich davon aus, dass man wissen will, was ich zu dem Stück zu sagen habe» (G. in *NZZ*, 8. 11. 2004).

Wolfgang Beck

Glittenberg, Rolf, * 27. 7. 1945 Melle. Bühnenbildner.

Studierte bei Teo → Otto und Wilfried → Minks. In den 1970er Jahren v. a. am Dt. Schauspielhaus Hamburg; entwarf Bühnenbilder u. a. für Becketts *Glückliche Tage* (1972; 1988), Rudkins *Asche* (DEA 1974), → Müllers *Die Schlacht* (1975, R. → Wendt), Boothe Luces *Frauen in New York* (1976, R. → Fassbinder), Ibsens *Gespenster* (1977, R. → Bondy), Lasker-Schülers *Die Wupper* (1978, R. → Flimm), An-Skis *Der Dybuk* (1979, R. → Zinger); später Mamets *Hanglage Meerblick*, O'Neills *Fast ein Poet* (beide 1988). Am Bayer. Staatsschauspiel München für Bonds *Die See* (1973), Eliots *Die Cocktail-Party* (1987), am Schauspiel Köln u. a. für Gombrowicz' *Yvonne, Prinzessin von Burgund* (1980), → Shakespeares *Macbeth* (1982), am Burgtheater Wien für Čechovs *Drei Schwestern* (1976), Strindbergs *Totentanz* (1996), Schnitzlers *Der Reigen* (1999), am Zürcher Schauspielhaus für Musils *Die Schwärmer* (1997), Hürlimanns *Das Lied der Heimat* (UA 1998). Neben der Kooperation mit Regisseuren wie Bondy, Zinger, → Bechtolf, ist für G. v. a. die seit den 1970er Jahren bestehende Zusammenarbeit mit Jürgen Flimm bedeutungsvoll, in dessen Intendanz er seit 1986 Ausstattungsleiter am Hamburger Thalia Th. war. Am Schauspielhaus Bochum bei der H.-Mann-Adaption *Der Untertan* (1977), am Schauspiel Köln u. a. bei Kleists *Das Käthchen von Heilbronn* (1979), *Amphitryon* (1982), → Brechts *Baal* (1981), Čechovs *Der Kirschgarten* (1983), Pohls *Das alte Land* (1984). Am Thalia Th. u. a. für Ibsens *Peer Gynt* (1985), Shakespeares *Hamlet* (1986), Čechovs *Platonow* (1989), Büchners *Woyzeck* (1990), Pohls *Die schöne Fremde* (1993), Schnitzlers *Das weite Land* (1995), Molnárs *Der gläserne Pantoffel*, Sophokles' *Antigone* (beide 1996). Bei den Salzburger Festspielen für → Raimunds *Der Bauer als Millionär* (1987), → Nestroys *Das Mädl aus der Vorstadt* (1989, beide R. Flimm), Turrinis *Da Ponte in Santa Fe* (UA 2002, R. → Peymann). Zahlreiche Entwürfe für Operninsz.en: An der Hamburgischen Staatsoper für Bergs *Lulu* (1978; 2000 Oper Zürich), *Wozzeck* (1981), Offenbachs *Hoffmanns Erzählungen* (1981; 2002 Dt. Oper Berlin), der Wiener Staatsoper (Giordano, *Andrea Chenier*, 1981), der Nederlandse Opera Amsterdam (Mozart, *Così fan tutte*, 1990), der Dt. Oper Berlin (Wagner, *Tannhäuser*, 1992), den Salzburger Festspielen für Mozarts *Die Zauberflöte* (1991), Strauss' *Die Frau ohne Schatten* (1992), Monteverdis *L'Incoronazione di Poppea* (1993), am Opernhaus Zürich u. a. für Beethovens *Fidelio* (1992), Verdis *Otello* (2001), Debussys *Pelléas und Mélisande*, Strauss' *Der Rosenkavalier* (beide 2004), für die Wiener Festwochen Verdis *Macbeth* (2000, R. Bondy, Koproduktion). G. unterrichtete an der Fachhochschule Köln und lehrt an der Folkwang Hochschule in Essen. Er arbeitet meist mit seiner Frau, der Kostümbildnerin Marianne → G., zusammen. – Ein Bühnenbildner mit Sinn für szenische Ästhetik und handwerkliche Perfektion. «Er baut vor allem luxuriösschöne Räume von einer oft nicht zu leugnenden Glätte. Es sind ästhetische Kostbarkeiten […]. Auch wenn Glittenberg die Bühne nicht für ein Schaufenster hält, so entfaltet er doch eine enorme Lust am Dekorieren, arrangiert die erlesenen Requisiten, eben den ganzen Flitter, auf hochglanzpolierten Flächen» (Eckert, S. 162).

Eckert, N.: Das Bühnenbild im 20. Jahrhundert. Berlin 1998.

Wolfgang Beck

Gmelin, Gerda, * 23. 6. 1919 Braunschweig, † 14. 4. 2003 Hamburg. Schauspielerin, Regisseurin, Intendantin.

Bereits mit 15 Jahren stand die Tochter des Schauspielers Helmuth → Gmelin auf der Bühne. Nach dem Besuch der Schauspielschule im Dt. Schauspielhaus Hamburg (1937–39) trat sie ihr erstes Engagement in Koblenz an den Landesbühnen an. 1955 wechselte G. nach Hamburg an das Th. im Zimmer, das ihr Vater 1947 gegründet hatte. Sie übernahm nach dem Tod ihres Vaters (1959) die Theaterleitung und gab dem Haus die unverwechselbare Note durch ihre unkonventionelle, streitbare und humorvolle Art. G. war u. a. in folgenden Rollen zu sehen: Anna Mos in Hauptmanns *Einsame Menschen* (1957), Madeleine in Ionescos *Amédée oder wie wird man ihn los* (1960), Martha in Camus' *Das Mißverständnis* (1964), Linda in Millers *Der Tod des Handlungsreisenden* (1968), Winnie in Becketts *Glückliche Tage* (1968), Meg in → Pinters *Die Geburtstagsfeier* (1970), Kathrin in Ortons *Seid nett zu Mr. Sloane* (1975), Marie in O'Neills *Eines langen Tages Reise in die Nacht* (1982), Davies in Pinters *Der Hausmeister* (1984). Mitwirkung in Fernsehfilmen u. a. im

Tatort und *Randale* (1983, mit A. → Domröse), *Die Quotenmacher* (2000). Zahlreiche eigene Insz.en, eine der letzten (vor der Schließung des Th. im Zimmer 1999) war Kroetz' *Stallerhof* (1998). Ausgezeichnet mit der Medaille für Kunst und Wissenschaft des Hamburger Senats, der Biermann-Ratjen-Medaille und dem Max-Brauer-Preis. Ihre letzte Rolle: Winnie (zum 4. Mal nach 1968, 1981 und 1999) in Becketts *Glückliche Tage* (Nov. 2002, R. Ch. Roethel) im Hamburger Winterhuder Fährhaus: «Beckett dachte bei seiner Winnie eher an eine Frau um die fünfzig, aber als Zuschauer ist man über jedes Lebensjahr mehr unendlich froh. Denn wie Gerda Gmelin auf der Bühne steht, das macht Mut. Ihre schulterlangen, schlohweißen Haare sehen aus wie Elfengarn, ihre vollen Lippen spitzen sich keck, der Hut sitzt wie eine Krone, und jede Falte erzählt von einer kostbaren Erinnerung aus einem langen, reichen Bühnenleben» (*Die Welt*, 26. 11. 2002). Ihr Sohn Christian Masuth ist Bühnenbildner.

Donatha Reisig

Gmelin, Helmuth, * 21. 3. 1891 Karlsruhe, † 18. 10. 1959 Hamburg. Schauspieler, Regisseur, Theaterleiter.

Bruder des Schriftstellers Otto Gmelin (1886–1940). Ausbildung in Mannheim und Berlin. Debüt in der Schweiz. Über Bremen, Weimar, Osnabrück 1918 nach Braunschweig, wo er regelmäßig auch Regie führte. 1934 Chargenspieler am Dt. Schauspielhaus Hamburg (Doge in Schillers *Die Verschwörung des Fiesko zu Genua*, Herzog Alba in → Goethes *Egmont*). Komödiantisches Talent, bevorzugt in Komödien besetzt. Oktober 1944 von der Gestapo verhaftet, bis Kriegsende im KZ Hamburg-Fuhlsbüttel. Im August 1945 war G. der Tod in Hofmannsthals *Jedermann* (St. Johanniskirche, Hamburg), im November desselben Jahres inszenierte er → Lessings *Nathan der Weise* in einer Dependance des Dt. Schauspielhauses. Mehr und mehr erwies sich G. als erfolgreicher Schauspiellehrer. Seit den 1930er Jahren verfolgte er Pläne für ein intimes Th. ohne Rampe mit minimalem dekorativem und technischem Aufwand. 1947 Insz. von Ibsens *Gespenster* in seiner Wohnung vor geladenem Publikum. Dort am 24. 3. 1948 Eröffnung des Th.s im Zimmer mit 50 Zuschauerplätzen – das erste seiner Art in Deutschland. Geboten wurde eine werktreue, fast naturalistische Aufführung von Hebbels *Maria Magdalena*, in der G. neben der Regie auch die Rolle des Meister Anton übernahm. G. inszenierte in den ersten Jahren v. a. selbst und prägte den spezifischen Stil eines Th.s, das keine Distanz erlaubt und den Zuschauer in das Bühnengeschehen einzubeziehen scheint. Gespielt wurden überwiegend moderne Klassiker, aber auch Anouilh, Cocteau und O'Neill. 1952 Umzug in eine klassizistische Villa, in der der Charakter eines Zimmertheaters trotz jetzt 115 Plätzen bewahrt blieb. Der Spielplan tendierte jedoch mehr zum Leichten, Unterhaltsamen. Nach G.s Tod leitete seine Tochter Gerda → Gmelin das Th. im Zimmer bis zu dessen Schließung 1999. G. schuf einen neuen, viel nachgeahmten Typus Th., der auch die Spielweise prägte. Gerühmt wurden seine pädagogischen Fähigkeiten und sein fast untrüglicher Blick für junge Begabungen.

Schwiers, M.: Das Theater im Zimmer in Hamburg. Magisterarbeit Hamburg 1992; 40 Jahre Theater im Zimmer. Hg. Freundeskreis des Theaters im Zimmer. Hamburg 1988.

Werner Schulze-Reimpell

Gobert, Boy (eig. Boje Christian Klée G.), * 5. 6. 1925 Hamburg, † 30. 5. 1986 Wien. Schauspieler, Regisseur, Theaterleiter.

Sohn des Versicherungskaufmanns, Schriftstellers, Kulturpolitikers und Senators Ascan Klée G. (1894–1967). Spielte bereits in der ersten Hamburger Nachkriegsaufführung in Hofmannsthals *Jedermann* (28. 8. 1945, St. Johanniskirche). 1946/47 Nebenrollen im Dt. Schauspielhaus Hamburg. Parallel dazu Schauspielunterricht bei Helmuth →Gmelin, in dessen Th. im Zimmer er Oswald in Ibsens *Gespenster* (1947) spielte. Engagements am Badischen Staatstheater Karlsruhe (1947–50), in Frankfurt a. M. an Fritz Rémonds Th. im Zoo (1950–52) und den Städt. Bühnen (1953/54), 1954/55 Dt. Schauspielhaus Hamburg (u. a. TR in Büchners *Leonce und Lena*). Gastspiele u. a. am Berliner Renaissancetheater (Verneuil, *Staatsaffären*, 1955), am Schauspielhaus Zürich in der UA von Frischs *Biedermann und die Brandstifter* (1958). Einem größeren Publikum bekannt wurde G. durch zahlreiche Unterhaltungsfilme in den 1950er und frühen 1960er Jahren. 1960–69 Wiener Burgtheater (1971 Kammerschauspieler). Rollen u. a. in Hofmannsthals *Der Schwierige*, →Shakespeares *Was ihr wollt* (beide 1960), *König Heinrich VI.* (1964), Frys *König Kurzrock* (dt.sprachige EA 1961), Kleists *Amphitryon*, Zusaneks *Das Welttheater* (beide 1963), Schillers *Die Räuber* (1965). Regie u. a. bei Kreislers musikalischer Bearbeitung von Scribes *Das Glas Wasser* (UA 1967). Bei den Salzburger Festspielen Lustige Person in →Goethes *Faust* (1961, R. →Lindtberg). Am Berliner Renaissancetheater TR in Sternheims *Der Snob* (1964, R. →Noelte). 1969–80 Intendant des Hamburger Thalia Th.s. In seiner beim Publikum und Kulturpolitikern überaus erfolgreichen Intendanz («Kunst muß nicht das Gegenteil von Kasse sein», G. in *Die Welt*, 7. 6. 1973) bemühte sich G., die Tradition gepflegter und qualitätsvoller Unterhaltung fortzusetzen, durch die Verpflichtung von Regisseuren wie →Flimm (Oberspielleiter 1973/74), →Neuenfels, →Zadek, →Hollmann aber auch innovatives Regietheater am Haus zu etablieren. G. spielte u. a. in eigener Regie in Hasenclevers *Ein besserer Herr* (1972), in der Regie →Schweikarts in →Pinters *Alte Zeiten* (1972), Flimms die TR in Rostands *Cyrano von Bergerac* (1976), Zadeks in Griffiths' *Komiker* (DEA 1978), Hollmanns die TRn in Shakespeares *Richard III.* (1973), *Coriolan* (1977), als letzte Rolle Mephisto in beiden Teilen von Goethes *Faust* (1980). Insz.en u. a. von Shaws *Haus Herzenstod* (1971), Čechovs *Drei Schwestern* (1972), Schillers *Maria Stuart* (1974; 1975 UdSSR-Gastspiel), Simons *Sonny Boys* (1974), Beaumarchais' *Der tolle Tag oder Figaros Hochzeit* (1976), Wildes *Lady Windermeres Fächer* (1978). 1980–85 Generalintendant der Staatl. Schauspielbühnen Berlin. Trotz Publikumserfolgen fand seine Theaterleitung bei Kritik und Kulturpolitikern wenig Zustimmung. Er inszenierte u. a. Holz' *Sozialaristokraten* (1980), Zuckmayers *Der Hauptmann von Köpenick* (1983), Bernhards *Der Schein trügt* (1984), spielte in Shaffers *Amadeus* (1981), Mrożeks *Der Botschafter* (DEA 1982), Shakespeares *Othello* (1982), zuletzt die TR in Schillers *Wallenstein* (1985). Die Intendanz des Wiener Th.s in der Josefstadt ab 1986 konnte der naturalisierte Österreicher nicht mehr wahrnehmen. Spätere Film- und Fernsehrollen u. a. in *Der Kaufmann von Venedig* (1968, TV, mit →Kortner), *Schatten der Engel* (1976), *Kamikaze 1989* (1982), *Die wilden Fünfziger* (1983, R. Zadek). Nach ihm ist ein seit 1981 verliehener Preis für Nachwuchsschauspieler an Hamburger Bühnen benannt. – Als Schauspieler galt G. lange Zeit als Prototyp des Dandys und unfreiwillig komischen Liebhabers, des blasierten Snobs, den er in allen Facetten ironisch und entlarvend darzustellen wusste. Klassische Helden gelangen ihm am besten in Rollen des ironisch-intriganten Protagonisten (Richard III., Jago, Mephisto). Zu seinen bedeutsamen Rollen gehören u. a. Eisenring in Frischs *Biedermann und die Brandstifter*, Neuhoff in Hofmannsthals *Der Schwierige*, Malvolio in Shakespeares *Was ihr wollt*. Ein werk- und stücktreuer Regisseur ohne eigene innovative Absichten. Der Theaterleiter G. wurde kritisiert wegen der künstl. eher konservativen und konventionellen Spielplanpolitik, bei der die Verpflichtung innovativer Theaterkünstler allenfalls «Alibifunktion» hatte, gelobt wegen seiner herausragenden Ensemblepflege und der Publikumswirksamkeit seiner Art von Th.

  Blasche, G., E. Witt: Hamburger Thalia Theater. Boy Gobert. Hamburg 1980; Mainusch, H.: Regie und Interpretation. Gespräche mit Regisseuren. (2. Aufl.) München 1989.

Wolfgang Beck

Goerden, Elmar, * 29. 3. 1963 Viersen. Regisseur, Theaterleiter.

Studium der Theaterwissenschaft, Anglistik, Kunstgeschichte in Köln. Mit Karin → Beier Gründung einer freien Shakespeare-Truppe in Köln. 1991 – 94 Regieassistent an der Schaubühne am Lehniner Platz in Berlin; Regiedebüt 1994 mit Sam Shepards *Liebestoll*. 1995 – 2001 Regisseur am Staatsschauspiel Stuttgart. Mit *Blunt oder Der Gast* von Karl Philipp Moritz (1995) zum Berliner Theatertreffen eingeladen, ebenso mit Čechovs *Ivanov* (1996). Außerdem u. a. Bernhards *Einfach kompliziert* (1997), Musils *Die Schwärmer* (2000). 1999 UA des eigenen Textes *Lessings Traum von Nathan dem Weisen*. 2001 – 05 Oberspielleiter des Bayer. Staatsschauspiels München (Schimmelpfennigs *Vor langer Zeit im Mai*, 2001; Corneilles *Rodogune*, → Shakespeares *Titus Andronicus*, beide 2002; → Lessings *Nathan der Weise*, 2003; → Goethes *Clavigo*, Becketts *Warten auf Godot*, beide 2004. 2004 Schauspielhaus Bochum *Die Möwe* von Čechov, bei den Salzburger Festspielen *Eines langen Tages Reise in die Nacht* von O'Neill (2005 München). 2005 Intendant des Bochumer Schauspielhauses, Regie bei Handkes *Die Stunde da wir nichts voneinander wußten* (2005), Botho Strauß' *Schändung* (2006, mit → Ganz). – Einer der profiliertesten jungen Regisseure mit Interesse an Texten abseits des Repertoires, der am liebsten hinter seine Insz. en zurücktritt: «Erst kommen die Schauspieler, dann der Text, dann der Regisseur. Das größte Glück ist, wenn der Regisseur hinter der Inszenierung verschwindet». 1995 Gertrud-Eysoldt-Preis für junge Regisseure.

Werner Schulze-Reimpell

Goethe, Johann Wolfgang von, * 28. 8. 1749 Frankfurt a. M., † 22. 3. 1832 Weimar. Dramatiker, Regisseur, Theaterleiter.

G. hatte bereits eine Reihe wichtiger Dramen geschrieben (*Götz von Berlichingen* 1771/73, *Clavigo* 1774, *Stella* 1775, *Egmont*, begonnen 1775), als er 1776 zum Geheimem Legationsrat im Weimarer Staatsdienst ernannt wurde, zu dessen Aufgaben auch die Leitung der Weimarer Liebhaberbühne gehörte. Die Erfahrungen mit unzuverlässigen, ungebildeten Schauspielern und kleingeistigen Zuschauern, mit Unzulänglichkeiten bei Kostümen und Bühnenausstattung gingen in seine Romane *Wilhelm Meisters theatralische Sendung* (1782) und später *Wilhelm Meisters Lehrjahre* (1796) ein. Auch wenn G. das Th. nicht nur leitete (1776 – 83), sondern daneben als Schauspieler (in eigenen Werken: Alcest in *Die Mitschuldigen*, 1777, Orest in *Iphigenie auf Tauris*, 1779) und Regisseur tätig war, blieb sein Theaterwirken doch zunächst Episode. – Nach zahlreichen Reisen (u. a. Italien 1786 – 88) kehrte G. nach Weimar zurück und übernahm 1791 die Leitung des neuen Weimarer Hoftheaters von Herzog Karl August. Zunächst suchte er brieflichen Rat beim erfahrenen Theaterleiter Friedrich Ludwig → Schröder, der *Clavigo* (1774) und *Stella* (1776) in Hamburg zur UA gebracht hatte. Die bescheidene finanzielle Ausstattung erlaubte jedoch große Schauspieler allenfalls zu Gastspielen, und der Spielplan sah neben Theateraufführungen eine Vielzahl an Bällen, Maskenzügen und Kostümfesten vor. Die Werke Ifflands, Kotzebues und Schröders dominierten ein gemischtes Programm, das keinen ausgeprägten reformerischen Willen erkennen lässt. Mit Aufführungen eigener Werke hielt Goethe sich sehr zurück (*Groß-Cophta*, *Clavigo*, *Die Geschwister*, *Der Bürgergeneral*). Trotzdem ist ein Erziehungswille unverkennbar, wenn er unerwünschte Zuschauerreaktionen bestrafte und Schauspieler zu pflichtbewusster Arbeitserfüllung anhielt. Verbanden ihn diese disziplinierenden Maßnahmen mit Schröder, so gingen sie als Regisseure völlig entgegengesetzte Wege. Während Schröders innovatives Verständnis vom Schauspiel von «Wahrheit» und «Natürlichkeit» geprägt war («Hamburger Stil»), entwickelte G. einen statuarischen, von harmonischer Darstellung geprägten Schauspielstil in klassischer Strenge. Höhepunkt seiner Theaterarbeit stellt die gemeinsame Regiearbeit mit Schiller dar (UA fast sämtlicher Spätwerke Schillers, u. a. *Wallenstein* 1799, *Maria Stuart* 1800, *Wilhelm Tell* 1804; auch Werke G.s in der Regie von Schiller, u. a. *Iphigenie auf Tauris*, 1802). – Nach 26 Jahren Leitung war G. 1817 eines Th.s müde, dessen erste Schauspielerin und Mätresse des Herzogs, Karoline Jagemann, die Macht hatte, gegen seinen Willen eine Aufführung mit einem Pudel auf die Bühne zu bringen. – Auch wenn die künstl. Innovationskraft G.s ganz eindeutig in der dramatischen Produktion lag und die Theaterarbeit für ihn nicht mehr als eine Tätigkeit unter vielen darstellte, so ist sein Theaterwirken doch nicht zu unterschätzen in seinem Bemühen um die Werke u. a. von Voltaire, → Molière, Calderón und vor allem Schiller und von G. selbst. Letztlich war die Intendanz am Weimarer Hoftheater, zu der G. von seinem Souverän gedrängt, ja beinahe gezwungen wurde, nur eine Facette im universellen Wirken dieses Klassikers.

<small>Friedenthal, R.: Goethe. Sein Leben und seine Zeit. München 1963; Müller-Harany, V.: Das Weimarer Theater zur Zeit Goethes. Weimar 1991.</small>

<small>*Susanne Eigenmann*</small>

Goetz, Curt (eig. Kurt Walter Götz), * 17. 11. 1888 Mainz, † 12. 9. 1960 Grabs (Kanton St. Gallen, Schweiz). Schauspieler, Regisseur, Autor.

Sohn eines Kaufmanns, aufgewachsen in Halle. 1906/07 Privatunterricht bei Emanuel → Reicher in Berlin. Engagements am Stadttheater Rostock (1907–09), dem Intimen Th. Nürnberg (1909–11), in Berlin u. a. am Th. unter den Linden (1911–13), Dt. Künstlertheater (1913–18, 1919–24), Königl. Schauspielhaus (1918/19), Lessing-Th. (Kaiser, *Hölle Weg Erde*, 1920; Romains *Der Diktator*, 1926), Kleines Schauspielhaus (Schnitzler, *Der Reigen*, UA 1920). Seit 1918 trat G. auch als Verfasser geistreicher und publikumswirksamer Lustspiele und Grotesken hervor. UAen seiner Stücke u. a. am Dt. Künstlertheater (*Nachtbeleuchtung*, 1918; *Der fliegende Geheimrat*, 1919; *Menagerie*, 1920), Th. am Kurfürstendamm (*Ingeborg*, 1921), Modernen Th. Wien (*Die tote Tante*, 1924), Stettin (*Hokuspokus*, 1927), Thalia Th. Hamburg (*Der Lügner und die Nonne*, 1929), Landestheater Stuttgart (*Dr. med. Hiob Prätorius*, 1932), Basel (*Zirkus Aimée*, 1932, Musik: Benatzky). 1912–17 in erster Ehe mit der Schauspielerin und Sängerin Erna Nitter (1888–1986) verheiratet, fand G. seine kongeniale Partnerin in der Schauspielerin Valérie von Martens (eig. V. Pajér Edle von Mayersperg, 1894–1986), mit der er häufig die Protagonisten seiner Stücke verkörperte. 1924–27 Dt. Th. Berlin (R. bei *Die tote Tante*, 1924). Rollen in Shaws *Zurück zu Methusalem*

(1925, Tribüne), in → Reinhardts Regie u. a. in Galsworthys *Gesellschaft* (1925), Maughams *Viktoria* (1926, beide Komödie). Zahlreiche Tourneen mit seiner Frau in eigenen Stücken im In- und Ausland. Seit *Schwarzes Blut* (1912) außerdem Filmschauspieler und Drehbuchautor, so u. a. in *Friedrich Schiller* (1922/23), *Napoleon ist an allem schuld* (1938, eigene R.). 1933 verlegten sie ihren Wohnsitz in die Schweiz (Merlingen), blieben aber in Deutschland tätig. 1939 vom Kriegsbeginn in den USA überrascht, blieben sie dort. G. arbeitete u. a. als Drehbuchautor, Hühnerfarmer, wirkte an Künstlerabenden des Jewish Club of 1933 (Los Angeles) mit, war Schauspieler der Players from Abroad. 1945 UA seines Lustspiels *Das Haus in Montevideo* in New York (Playhouse Th., eigene R.). 1946 Rückkehr in die Schweiz (lebte später in Schaan/Liechtenstein). Auftritte in eigenen Stücken an zahlreichen Th.n des dt. Sprachraums und mit eigenem Tournee-Ensemble. Erfolgreiche Verfilmungen seiner Stücke *Frauenarzt Dr. Prätorius* (1949/50), *Das Haus in Montevideo* (1951, beide eigene R.) und *Hokuspokus* (1953). 1956 UA seiner Komödie *Nichts Neues aus Hollywood* (Dt. Schauspielhaus Hamburg, R. und Rolle: → Gründgens). G. schrieb außerdem Prosatexte, Aphorismen und Memoiren. – G. war ein eleganter, in Sprache und Spiel unverwechselbarer Darsteller, der v. a. in Konversationsstücken etwa Wildes, Shaws, Maughams und Cowards (den er auch übersetzte) glänzte. Unübertroffen als Gestalter der Hauptrollen in seinen eigenen Stücken. Als Schauspieler wie als geistreicher Dramatiker einer der seltenen dt.sprachigen Meister des gehobenen Boulevards.

Deutsche Exilliteratur seit 1933. Hg. J. M. Spalek, J. Strelka. Bern, München 1976; Fuchs Richardson, H.: Comedy in the Works of Curt Goetz. Diss. Univ. of Connecticut 1976; Goetz, C.: Sämtliche Bühnenwerke. Stuttgart 1963; ders.: Die Memoiren des Peterhans von Binningen. Berlin 1960; ders.: Die Verwandlungen des Peterhans von Binningen. Stuttgart 1962; ders. (mit V. v. Martens): Wir wandern, wir wandern. Stuttgart 1963; Das große Curt-Goetz-Album. Hg. V. v. Martens. Stuttgart 1968.

Wolfgang Beck

Gold, Käthe (eig. Katharina Stephanie G.), * 11. 2. 1907 Wien, † 11. 10. 1997 Wien. Schauspielerin.

Tochter eines Schlossermeisters; bereits seit ihrem 4. Lebensjahr Statistin am Burgtheater, der Staatsoper, dem Dt. Volkstheater (Schiller, *Don Carlos*, 1916, mit → Kortner), der Wiener Volksbühne (Hebbel, *Genoveva*, 1918). Ausbildung an der Wiener Akademie für Musik und darstellende Kunst. Debüt 1926 am Stadttheater Bern (Bianca in → Shakespeares *Der Widerspenstigen Zähmung*). Kam über Engagements in Mönchengladbach (1927/28), 1928–31 in Breslau (u. a. Pagnol, *Marius*, 1929/30; → Lessing, *Emilia Galotti*, 1930/31) 1932–35 an die Münchner Kammerspiele (→ Goethe, *Urfaust*, 1931; Ibsen, *Die Wildente*, 1932, beide R. → Falckenberg). Spielte in dieser Zeit auch am Wiener Th. in der Josefstadt. 1934–44 Preuß. Staatstheater Berlin (1936 Staatsschauspielerin). Rollen u. v. a. in Goethes *Faust I* (1932, mit → Gründgens), Ortners *Meier Helmbrecht* (1934, R. Lothar → Müthel), Shakespeares *König Lear* (1934), *Hamlet* (1936), *Die lustigen Weiber von Windsor* (1941, mit M. → Hoppe), Goethes *Egmont* (1936; 1948/49 Burgtheater), Beaumarchais' *Der tolle Tag oder Figaros Hochzeit* (1936), Hebbels *Maria Magdalena* (1938, R. → Fehling), Shaws *Die heilige Johanna* (1943). 1944–46 Zürcher Schauspielhaus (Hofmannsthal, *Cristinas Heimreise*; Lessing, *Minna von Barnhelm*), 1947 bis zu ihrem Bühnenabschied 1985 Wiener Burgtheater. Zahllose Rollen des klassischen und modernen Repertoires, u. a. in Giraudoux' *Undine*, Ibsens *Nora* (beide 1947), Strindbergs *Die Kronbraut* (1949 – O. Basil: «die Worte fehlen, um dieses schauspielerische Wunder zu beschreiben»), Williams' *Glasmenagerie* (1949) und *Endstation Sehnsucht* (1950, beide R. → Viertel), Čechovs *Die Möwe* (1952), → Raimunds *Der Verschwender* (1955), Lessings *Emilia Galotti*, Millers *Tod eines Handlungsreisenden* (beide 1961), Schnitzlers *Anatol* (1965), Ostrovskijs *Der Wald* (1971), Millers *Alle meine Söhne* (1972), Grillparzers *König Ottokars Glück und Ende* (1976). Mitwirkung bei den Bregenzer und Salzburger Festspielen. Dort u. a. in Goethes *Clavigo* (1949), Raimunds *Der Bauer als Millionär* (1961), Shakespeares *Die lustigen Weiber von Windsor* (1964), Hofmannsthals *Jedermann* (1969). Zuletzt als Rezitatorin zur 70-Jahr-Feier der Festspiele 1990. Wenige Filme, u. a. *Amphitryon* (1935), *Der Ammenkönig* (1935), *Andere Welt* (1937), *Das Fräulein von Barnhelm* (1940), *Palace Hotel* (1952), *Rose Bernd* (1956), *Karl May* (1974, R. Syberberg). Auszeichnungen u. a. Kammerschauspielerin (1952), Hans Reinhart-Ring (1960), Kainz-Medaille (1965), Goldene Ehrenmedaille Wien (1967). – Eine ausdrucksstarke, mit stupender Sprech- und Spieltechnik ausgestattete Charakterdarstellerin mit verinnerlichtem, intensivem Schauspielstil. In ihren besten Rollen von einer «Tiefe der Empfindung, die über das Theatralische weit hinausging» (Kahl, S. 33); die eigene Kunst dem Werk unterordnend. «Elementares war ihr so möglich wie der Ausdruck von Verspieltheit, Lebenssturm wie die zehrende Kraft des Verzichts, das Bürgerliche wie das Elfische» (G. Rühle in *Berliner Ztg.*, 14. 10. 1997).

Bach, R.: Die Frau als Schauspielerin. Tübingen 1937; Ihering, H.: Von Josef Kainz bis Paula Wessely. Heidelberg u. a.; Kahl, K.: Premierenfieber. Wien 1996; Reimann, V.: Die Adelsrepublik der Künstler. Schauspieler an der «Burg». Düsseldorf, Wien 1963; Wurm, E.: Käthe Gold. Graz 1951.

Wolfgang Beck

Görne, Dieter, * 7. 8. 1936 Heidenau bei Dresden. Dramaturg, Theaterleiter.

1953–58 Studium (Germanistik, Kunstgeschichte) Universität Leipzig. Dramaturg/Chefdramaturg 1958–60 Anklam, 1960–65 Plauen, 1965–68 und 1974–77 Nationaltheater Weimar, 1977–84 Karl-Marx-Stadt (Chemnitz), 1984–90 Staatsschauspiel Dresden. 1968–74 Leiter der Arbeitsgruppe «Regest-Ausgabe aller an Goethe gerichteten Briefe» im Goethe- und Schiller-Archiv Weimar. 1971 Promotion in Jena. 1990–2001 Intendant des Staatsschauspiels Dresden. Honorarprofessor an der Hochschule für Bildende Künste Dresden, Lehrtätigkeit an der Technischen Hochschule Dresden. 1990–2001 Präsidiumsmitglied des Dt. Bühnenvereins. Seit 2000 Vizepräsident der Dt. Akademie der Darstellenden Künste, 2002–05 Sekretär der Klasse Darstellende Kunst der Sächs. Akademie der Künste, seit 2005 Vizepräsident der Akademie. 2003 Ehrenmitglied des Staatsschauspiels Dresden. – In den 1980er Jahren maßgeblich an der Durchsetzung regimekritischer DDR- und Sowjetdramatik beteiligt. 1989 UA der *Ritter der Tafelrunde* von Christoph Hein. Ermöglichte eine reibungslose Kontinuität des Dresdner Staatsschauspiels über die Wende hinweg und eine behutsame Erneuerung des Ensembles.

Sein oder Nichtsein? Theatergeschichten. Hg. U. Dittmann. Dresden (1995); Wolfgang Engel inszeniert Goethes Faust am Staatsschauspiel Dresden 1990. 2 Bde. Hg. D. Görne. Berlin 1991.

Werner Schulze-Reimpell

Gorvin, Joana Maria (eig. Maria Gerda Glückselig) * 30. 9. 1922 Hermannstadt (Sibiu, Rumänien), † 2. 9. 1993 Klosterneuburg bei Wien. Schauspielerin, Regisseurin.

G. absolvierte die Schauspielschule der Staatstheater Berlin (1938/39) und sorgte bereits in einer kleinen Rolle in Billingers *Am hohen Meer* (UA 16. 2. 1939) für Furore. 1940–42 am Potsdamer Schauspielhaus engagiert, holte sie →Fehling 1943 ans Berliner Staatstheater, wo ihr als Zoe in Caragiales *Ein verlorener Brief* (DEA 6. 11. 1943, in G.s Übersetzung) ein triumphales Debüt gelang. An der Seite Fehlings, mit ihm bis zu seinem Tod 1968 privat verbunden, begann ihre glanzvolle Bühnenlaufbahn, in der G. die großen Frauenrollen von der Klassik bis zur Moderne spielte: Als Trude in Sudermanns *Johannisfeuer* (1944) gefeiert, setzte sie ihre Karriere nach dem Krieg am Berliner Jürgen-Fehling-Th. (1945/46) als Margarete im ersten *Urfaust* (→Goethe) der Nachkriegszeit und Aude in Paul Raynals *Das Grabmal des unbekannten Soldaten* fort. Am Hebbel-Th. (1946–48) große Erfolge in Wilders *Wir sind noch einmal davongekommen* (DEA 5.7.1946, R→Stroux), Giraudoux' *Der Trojanische Krieg findet nicht statt* (1947, R. →Hasse) und Sartres *Die Fliegen* (1948, R. Fehling). Über ihre Berliner Zeit schrieb R. Augstein: «Das Paar Fehling/Gorvin machte Berlin als Theaterstadt weltberühmt» (*Der Spiegel*, 13. 9. 1993). – Am Bayer. Staatsschauspiel München (1949–52) war G. in Insz. en Fehlings in Hebbels *Maria Magdalene* (1949), den TRn von Ibsens *Nora* (1950) und García Lorcas *Doña Rosita bleibt ledig* (DEA 18. 8. 1950) zu sehen. Von →Barlog an die Staatl. Schauspielbühnen Berlin engagiert (1952–57), spielte sie die TR in Schillers *Maria Stuart* (1952), der letzten Insz. Fehlings. Dieser schrieb über seine Lebensgefährtin: «Die Gorvin hat ein geheimnisvolles Etwas in ihrer hohen Kehle. Sie ist eine erotische Nachtigall. […] Sie verwaltet seltsame Geigentöne. Sie verwaltet zugleich einen geschmeidigen Körper. Ihre Gesten entwachsen dem Herzen. Sie ist unendlich tänzerisch» (zit. nach Fuhrich, S. 25). In Berlin spielte G. u. a. in García Lorcas *Bernarda Albas Haus* (1952), Hauptmanns *Die Ratten*, →Shakespeares *Was ihr wollt* (beide 1954) und *Hamlet* (1957, R. →Kortner), Giraudoux' *Elektra* (TR, 1954, R. →Lindtberg), Faulkners *Requiem für eine Nonne* (1955, R. →Piscator), Calderóns *Dame Kobold* (1956, R. Steinboeck). – Nach Gastspielen in Wien und Zürich war G. seit 1957 unter →Gründgens in Düsseldorf engagiert und folgte ihm 1959 ans Dt. Schauspielhaus Hamburg, wo sie auch unter →Nagel zu den führenden Schauspielerinnen gehörte. In Gründgens' Insz. TRn in Strindbergs *Fräulein Julie* (1960), Durrells *Actis* (UA 22.11.1961), Eboli in Schillers *Don Carlos*, Alice in Strindbergs *Totentanz* (beide 1963). Weiter u. a. in Strindbergs *Ein Traumspiel* (1963, R. →Schuh), Albees *Winzige Alice* (DEA 3. 2. 1966), Frischs *Biografie: Ein Spiel* (1968, beide R.H. →Koch), Čechovs *Der Kirschgarten* (1970, R. →Lietzau), Dürrenmatts *Besuch der alten Dame* (1971), Strindbergs *Pelikan* (1973, R. →Peymann). Nach Unstimmigkeiten mit Nagel verließ G. 1973 das Dt. Schauspielhaus und arbeitete seitdem freischaffend als Schauspielerin (u. a. in TV-Produktionen), Sprecherin und Regisseurin. – Nach Rollen als Glaube in Hofmannsthals *Jedermann* (Salzburger Festspiele 1978–1982, R. →Haeusserman) und erfolgreicher Tournee als Mary Tyrone in O'Neills *Eines langen Tages Reise in die Nacht* (1983) gelang G. mit der TR in Alfred Uhrys *Driving Miss Daisy* (DEA 20. 12. 1990, Kammerspiele Hamburg, R. →Meisel) ein großer Erfolg. 1992/93 stand G. als Frau von Schastorf in Strauß' *Schlußchor* (Schaubühne Berlin, R. →Bondy) zuletzt auf der Bühne. – Anlässlich ihres Todes schrieb G.Rohde: «Der Stimmklang und ein geschmeidiges, bis in die letzte Faser beherrschtes Körperspiel formten die Figuren, die Joana Maria Gorvin darstellte: Es waren immer Kunstfiguren, doch in der Genauigkeit der Zeichnung, des mimischen und gestischen Ausdrucks wandelten sie sich auf der Bühne wie selbstverständlich in Natur» (*FAZ*, 7. 9. 1993).

Fuhrich, E., D. Wünsche: Joana Maria Gorvin. München 1995; Melchinger, S., R. Clausen: Schauspieler. Velber 1965.

Nina Grabe

Gosch, Jürgen, * 9. 9. 1943 Cottbus. Schauspieler, Regisseur.

Ausbildung Staatl. Schauspielschule Berlin. 1964 Debüt in Parchim (Doktor in Büchners *Woyzeck*), Insz. *Die Gewehre der Frau Carrar* von → Brecht. 1967–70 Hans-Otto-Th. Potsdam. Dozent an der Berliner Schauspielschule. 1975 Alceste in → Molières *Der Menschenfeind* (Volksbühne Berlin). 1977–78 Regisseur an der Volksbühne. 1978 letzte Insz. in der DDR (Büchners *Leonce und Lena*), danach ohne Arbeitsmöglichkeiten. 1980 Kleists *Prinz von Homburg* in Hannover. Übersiedlung in die Bundesrepublik Deutschland. 1981 eigenwillige *Hamlet*-Insz. in Bremen mit Circe in der TR. Ihn brachte G. 1981 mit nach Köln, wo er bis 1985 ausschließlich arbeitete und den ungeschlachten, kaum ausgebildeten Circe zu seinem Protagonisten machte: Woyzeck, Puck in Shakespeares *Ein Sommernachtstraum* u. a. Mit dem Bühnenbildner Axel → Manthey glückten G. exzellente Insz.en: Gor'kijs *Nachtasyl* (1981), Molières *Menschenfeind* (1983, eingeladen zum Berliner Theatertreffen), Sophokles' *König Ödipus* (1984, Europ. Theaterpreis, eingeladen zum Berliner Theatertreffen), Becketts *Warten auf Godot* (1984; 1996 Dt. Th.), Racines *Horace*. 1985–87 Thalia Th. Hamburg (Kleists *Penthesilea* mit Lena → Stolze). Operninsz.en in Frankfurt a. M. (Mozarts *Hochzeit des Figaro*) und Amsterdam (Wagners *Tristan und Isolde*) 1987. 1988–89 künstl. Leiter der Berliner Schaubühne am Lehniner Platz. Aus der Krise nach dem Scheitern dort fand G. erst allmählich heraus. Insz.en in Frankfurt a. M. und am Schauspielhaus Bochum, wo er 1992 mit Becketts *Endspiel* zum Berliner Theatertreffen eingeladen wurde. Durchschlagender Erfolg auch mit Handkes *Die Stunde, da wir nichts von einander wußten* (1994). 1998 mit der Toneelgroep Amsterdam Euripides' *Bakchen*. Seit 1993 dem Dt. Th. Berlin verbunden (ab 2006/07 fester Regisseur), seit 2000 dem Dt. Schauspielhaus Hamburg. Dort Insz. von Robert Schimmelpfennigs *Push Up 1–3* (2001), *Vorher/Nachher* (UA 2002), Rezas *Ein spanisches Stück* (2005). Am Dt. Th. u. a. 1995 Kleists *Prinz Friedrich von Homburg*, 1997 Handkes *Zurüstungen für die Unsterblichkeit*, Shakespeares *Ein Sommernachtstraum*, 1998 Schillers *Jungfrau von Orleans*, 2004 Albees *Wer hat Angst vor Virginia Woolf?*, 2005 UA von Schimmelpfennigs *Auf der Greifswalder Straße*. Am Düsseldorfer Schauspielhaus Gor'kijs *Sommergäste* (2004), Shakespeares *Macbeth* (2005), am Staatstheater Hannover Čechovs *Drei Schwestern* (2005). Dt. Kritikerpreis 1984 und 2006. – G. ist ein ebenso analytischer wie phantasievoller Regisseur mit starkem Stilisierungsinteresse, der zur vollen Entfaltung seiner Möglichkeiten auf ein ihm vertrautes Ensemble angewiesen ist.

Werner Schulze-Reimpell

Gotscheff, Dimiter, * 26. 4. 1943 Părvomaj (Bulgarien). Regisseur.

Kam in den 1960er Jahren nach Ostberlin, um Veterinärmedizin zu studieren. Wechselte zur Theaterwissenschaft, wurde Schüler und Mitarbeiter von Benno → Besson am Dt. Th. und an der Volksbühne Berlin, Assistent an der Schauspielschule Babelsberg. Erste Insz.: Heiner → Müllers *Weiberkomödie* in Nordhausen. 1979 Rückkehr nach Bulgarien, übersetzte Stücke vom Deutschen ins Bulgarische (Büchner, H. Müller). Regiearbeiten an den Th.n von Ruse, Sofia und Vratsa, u. a. → Brechts *Das kleine Mahagonny*, Büchners *Leonce und Lena*, → Lessings *Emilia Galotti*, Jaborovs *Wenn der Donner schlägt*, Strativs *Der Maximalist*, 1983 in Sofia H. Müllers *Philoktet*. Müller schrieb ihm: «In der Körpersprache eurer Aufführung am Theater Sofia habe ich diese Übersetzung von Text in Theater gesehen, die Transformation der Fabel vom Stellplatz der Widersprüche zur Zerreißprobe für die Beteiligten, den Widerstand der Körper gegen die Notzucht durch den Sachzwang der Ideen» und machte ihn bekannt. Seit 1985 ständiger Gast am Schauspiel Köln; u. a. Müllers *Quartett* (1985), *Der Auftrag* (1992), Lessings *Emilia Galotti* (1986), Euripides' *Die Troerinnen* (1988), Strindbergs *Fräulein Julie* (1991), Čechovs *Die Möwe* (1993). Inszenierte in Basel *Philoktet* (1987), Sophokles/Müllers *Ödipus* (1988); am Staatsschauspiel Hannover Ostrovskijs *Gewitter* (1989), *Wald*, →Shakespeare/Müllers *Macbeth* (beide 1990). Seit 1990 zahlreiche Insz.en im Düsseldorfer Schauspielhaus (1993–96 Hausregisseur), u. a. von Seidels *Carmen Kittel* (1990), →Pohls *Die schöne Fremde*, Büchners *Leonce und Lena* (beide 1992), *Woyzeck* (1993), 1994 UA von Tomovas *Die vom Himmel Vergessenen*, Sorokins *Ein Monat in Dachau*, Čechovs *Der Kirschgarten* (beide 1995), das H.-Müller-Projekt *Bruchstücke* (1996). 1995–2000 Leitungsmitglied am Schauspielhaus Bochum; Kleists *Amphitryon* (1995), *Der zerbrochne Krug* (1998), García Lorcas *Doña Rosita bleibt ledig*, Walsers *Die Zimmerschlacht* (beide 1996), Shakespeares *Wie es euch gefällt*, Becketts *Glückliche Tage* (beide 1997), →Pinters *Asche zu Asche* (1998). In Hamburg am Thalia Th. Jahnns *Die Straßenecke*, (1995), Lohers *Der dritte Sektor* (UA 2001), Sophokles' *Elektra* (2001/02), die Beckett-Adaption *Der Verwaiser. Beckett. Lesen* (2003, Koproduktion Bregenzer Festspiele), am Dt. Schauspielhaus H. Müllers *Germania 3 – Gespenster am Toten Mann* (1997), Trolles *Hermes in der Stadt* (1998), Shakespeares *König Lear* (1999). Nach der Jahrhundertwende am Dt. Th. Berlin, wo er ab 2005/06 als fester Regisseur arbeitet, Regie bei Millers *Tod eines Handlungsreisenden* (2003), *Germania. Stücke* nach Texten H. Müllers (2004), Horváths *Geschichten aus dem Wiener Wald* (2005). Beim steirischen herbst Graz Insz. von Dukovskis *Das Pulverfass* (2001), in Frankfurt a. M. von Artauds *Die Cenci* (2002), Čechovs *Platonov* (2003), Euripides' *Medea* (2005), an der Volksbühne Berlin von Koltès' *Kampf des Negers und der Hunde* (2003), Čechovs *Iwanow* (2005), am Burgtheater Wien von Buñuels *Viridiana* (2000), McDonaghs *Der Leutnant von Inishmore* (österr. EA 2002), Wildes *Salome* (2004). Mit der TR in Müllers *Philoktet* (2005, Volksbühne Berlin, mit →Bierbichler) erster Auftritt als Schauspieler. Kritikerpreis (1991), Regisseur des Jahres (*Th. heute*, 1991, 2005), Einladungen zum Berliner Theatertreffen. – Vertreter eines ambivalenten, gebrochenen Realismus. «Er will die nackte Menschenseele finden, und für dieses durchaus pathetische Unterfangen sucht er die Qualitäten einer freien Theatergruppe im Rahmen des Stadttheaters» (Till Briegleb). Profiliert mit Heiner-Müller-Insz.en. «Obwohl Gotscheff niemals näher mit dem Tanztheater in Berührung kam, sprechen seine Arbeiten von der Schönheit und den Schmerzen der Körper», schrieb Christian Thomas 1992.

Werner Schulze-Reimpell

Graham, Martha, *11.5.1894 Allegheny (Pennsylvania, USA), †1.4.1991 New York. Tänzerin, Choreographin, Pädagogin, Direktorin einer Kompanie.

Studium in Los Angeles an der Schule Denishawn (1916) und Mitglied der Kompanie von Denishawn (bis 1923), dann der Greenwich Village Follies (bis 1925). Unterrichtete an der Eastman School of Music in Rochester (New York) und debütierte 1926 mit einem Soloprogramm in New York. Dort gründete sie 1927 die M. G. School of Contemporary Dance, die bis heute existiert und zu einer der führenden Schulen des modernen Tanzes weltweit wurde. Aufbau einer Kompanie, die sich aus ihren Schülern zusammensetzte (anfangs nur aus Frauen) und für die sie bis zu ihrem Tod choreographierte; erste Auftritte der Gruppe 1929 in den USA, nach 1950 Gastspiele u. a. in Europa und Israel. – G. gilt als überragende Figur des amerik. Modern Dance im 20. Jh. Sie schuf eine internat. verbreitete Tanztechnik und ein umfangreiches choreographisches Werk. Auf den Prinzipien von *contraction* und *release*, der stilisierten Methode des Ein- und Ausatmens, der An- und Entspannung, basiert ihre Technik, die im Becken-Bauch-Bereich Bewegung generiert und die mobilisierte Kraft in Aktionen von stark emotionaler Wirkung kanalisiert. G. trat als Solotänzerin auf und verkörperte die Hauptrollen in ihren Gruppenwerken. Inspirationen für ihre Choreographien bezog sie aus der griech. Mythologie (Medea in *Cave of the Heart*, 1946; Jokaste in *Night Journey*, 1947), amerik. Geschichte (*American Document*, 1938; *El Penitente*, 1940) und Biographien realer historischer Personen (Emily Dickinson in *Letter to the World*, 1940). Ihre Stücke mit der erdverbundenen Dynamik und den winkeligen Formen wirkten revolutionär; später wurde ihr Stil weicher und fließender.

Antonides, J. A.: Intersections of dance and theory. Diss. Stanford 1998; De Mille, A.: Martha. New York 1991; Dobbels, D.: Martha Graham. Arles 1990; Foulkes, J. L.: Modern bodies: dance and American modernism from Martha Graham to Alvin Ailey. Chapel Hill u. a. 2002; Franco, S.: Martha Graham. Palermo 2003; Freedman, R.: Martha Graham. New York 1998; Graham, M.: The notebooks. New York 1973; Johnson, J. A.: Martha Graham's legacy: analysis of intellectual property law protection for dance. Diss. Washington 2003; LaMothe, K. L.: Nietzsche's dancers: Isadora Duncan, Martha Graham, and the revaluation of Christian values. Basingstoke 2006; MacDonagh, D.: Martha Graham. New York u. a. 1973; Marquié, H.: Métaphores surréalistes dans des imaginaires féminins. Diss. Paris VIII 2000; Martha Graham: the evolution of her dance theory and training. Hg. M. Horosko. Gainesville u. a. 2002; Roques, S.: La représentation de l'oeuvre paradigme artistique de l'enseignement de la danse. 2 Bde. Diss. Nizza 2003; Roseman, J. L.: Dance was her religion: the sacred choreography of Isadora Duncan, Ruth St. Denis and Martha Graham. Prescott 2004; Tracy, R. u. a.: Goddess: Martha Graham's dancers remember. New York 1996.

Patricia Stöckemann

Granach, Alexander (eig. Jessaja Szajko Gronach), * 18. 4. 1890 [1893 ?] Werbowitz / Wierzbowce (Österreich-Ungarn, heute Verbivtsi / Ukraine), † 13. 3. 1945 New York. Schauspieler.

Sohn eines Bäckers; Bäckerlehre. 1905 Übersiedlung nach Lemberg (heute L'viv), 1906 nach Berlin; Arbeit als Bäcker und Sargtischler. Verbindung zu anarchistischen Gruppen, Mitwirkender in jidd. Theateraufführungen. Der mit Jiddisch aufgewachsene G. besuchte 1910–12 Sprach- und Schauspielunterricht bei Emil Milan, 1912–13 die Schauspielschule des Dt. Th.s. Im 1. Weltkrieg Soldat. 1917 Schauspielprüfung an der Akademie für Musik und darstellende Kunst in Wien. 1918–19 Neue Wiener Bühne (Spiegelberg in Schillers *Die Räuber*, mit → Moissi), 1919–20 Schauspielhaus München (Shylock in → Shakespeares *Der Kaufmann von Venedig*, Hetmann in *Hidalla*, Schigolch in *Erdgeist* von Wedekind, TR in Wildgans' *Kain*). Seit 1921 verschiedene Engagements in Berlin. Durchbruch mit der TR in Julius Berstls *Der lasterhafte Herr Tschu* (UA 18. 10. 1921, Lessing-Th., mit E. → Bergner). Wesentliche Rollen in Bronnens *Vatermord* (P. 14. 5. 1922, Junge Bühne), Tollers *Die Maschinenstürmer* (UA 30. 6. 1922, Schauspielhaus), → Brechts *Trommeln in der Nacht* (P. 20. 12. 1922, Dt. Th., R. → Falkenberg), Sternheims *Bürger Schippel* (P. 11. 3. 1923, Lessing-Th.), Hebbels *Die Nibelungen* (P. 8. 4. 1924, R. → Fehling), Wedekinds *König Nicolo oder So ist das Leben* (P. 10. 4. 1924, beide Schauspielhaus, R. → Jeßner), Zuckmayers *Pankraz erwacht* (P. 15. 2. 1925, Junge Bühne, R. → Hilpert). Wichtig die Zusammenarbeit mit dem Regisseur → Piscator in Paquets *Sturmflut* (P. 20. 2. 1926), Gor'kijs *Nachtasyl* (P. 10. 12. 1926), Ehm Welks *Gewitter über Gottland* (P. 23. 3. 1927, alle Volksbühne), Tollers *Hoppla – wir leben!* (P. 3. 9. 1927), A. Tolstojs *Rasputin* (P. 10. 11. 1927, beide Th. am Nollendorfplatz). Immer wieder auch von den Regisseuren Jürgen Fehling und Leopold Jeßner eingesetzt. Daneben intensive Filmarbeit, u. a. in Murnaus *Nosferatu* (1922), Jeßners *Erdgeist* (1923), Bernhardts *Die letzte Kompanie* (1930), Behrends *Danton*, G. W. Pabsts *Kameradschaft* (beide 1931). Letzte Bühnenrollen vor der Emigration in → Goethes *Faust II* (P. 22. 1. 1933, R. → Lindemann) und Billingers *Rosse* (P. 1. 3. 1933, R. Jeßner, beide Schauspielhaus). – 29. 3. 1933 Emigration nach Wien. Am Jüd. Th. in Warszawa und auf zahlreichen Gastspielen TR in Friedrich Wolfs *Professor Mamlock* (in Jidd., u. d. T. *Der gelbe Fleck*); dort auch Shylock in Shakespeares *Kaufmann von Venedig* (1936 auch in Kiev). 1935–37 in der Sowjetunion; u. a. Filmrollen in *Poslednij tabor (Das letzte Zigeunerlager)* und *Borzi (Kämpfer*, beide 1936). Nach vorübergehender Verhaftung Ende 1937 Ausreise in die Schweiz; Arbeit am Zürcher Schauspielhaus. 1938 USA, zuerst New York, dann Hollywood. Mitarbeit bei Exilgruppen, jidd. Theatertruppen und an Jeßners Insz. von Schillers *Wilhelm Tell* (Juni 1939, Continental Players, Los Angeles). Letzte Theaterrolle in Paul Osbornes *A Bell for Adano* (P. 6. 12. 1944, Cort Th., New York). Mehrere Filme, u. a. Lubitschs *Ninotschka* (1939, mit G. Garbo), Michael Curtiz' *Mission to Moscow* (1942), Fritz Langs *Hangmen Also Die* (1943), Sam Woods *For Whom The Bell Tolls* (1943, mit G. Cooper, I. Bergman), John Farrows *The Hitler Gang* (1944, mit → Kortner), Fred Zinnemanns *The Seventh Cross* (1944, mit Spencer Tracy). – Auf der Bühne wie im Film ein Schauspieler von großer Vitalität und expressiver Ausdruckskraft, modulationsreicher Stimme, selbst in Nebenrollen den Schauplatz beherrschend. Neben Kortner und Ernst → Deutsch einer der führenden expressionistischen Schauspieler. Später realistischer Charakterdarsteller mit breiter Skala an Ausdrucksmöglichkeiten. Seine Darstellungskunst gestaltete unterdrückte Proletarier ebenso überzeugend wie klassische Heldenrollen. Autor einer bedeutenden Autobiographie (*Da geht ein Mensch*, Stockholm 1945 u. ö.). – Sein Sohn Gad (Gert) Granach (*1915, Berlin) arbeitete u. a. ebenfalls als Schauspieler.

<small>Adam, W.: «Die Welt von Vorgestern». Heimat Galizien in der deutschen Exilliteratur. Regensburg 1998; Alexander Granach und das jiddische Theater des Ostens. Berlin 1971 *(Katalog)*; Klein, A., R. Kruk: Alexander Granach. Berlin 1994; Schauspieler im Exil. München 2000.</small>

<small>*Wolfgang Beck*</small>

Grashof, Christian, * 5. 8. 1943 Gablonz (heute Jablonec, Tschech. Republik). Schauspieler.

Ausbildung an der Staatl. Schauspielschule in Ostberlin (1964–67). 1967–70 am Th. Karl-Marx-Stadt (heute Chemnitz) u. a. in Gor'kijs *Feinde* (1967), Horváths *Kasimir und Karoline* (1968), TRn in Kerndls *Die seltsame Reise des Alois Fingerlein* (1968), Kleists *Prinz Friedrich von Homburg*, Ferdinand in Schillers *Kabale und Liebe*, (beide 1969). 1970–90 Dt. Th. Berlin. Rollen u. a. in → Goethes *Clavigo* (1971, R. → Dresen; 1979 Münchner Kammerspiele), Hacks' *Amphitryon* (1972), Brauns *Die Kipper* (1973). Endgültiger Durchbruch in Goethes *Torquato Tasso* (TR, 1975, R. → Solter); weiter u. a. in Hauptmanns *Michael Kramer* (1978, R. W. → Heinz), Turgenevs *Ein Monat auf dem Lande* (1987, R. Th. → Langhoff). Dem ersten gemeinsamen Auftritt in Fugards *Die Insel* (1976) folgte eine intensive Zusammenarbeit mit dem Regisseur A. → Lang, u. a. bei H. → Müllers *Philoktet* (1977), Tollers *Der entfesselte Wotan* (TR, 1979), H. Manns *Die traurige*

Geschichte von Friedrich dem Großen (1982), → Brechts *Die Rundköpfe und die Spitzköpfe* (1983), Heins *Die wahre Geschichte des Ah Q* (UA 1983), Grabbes *Herzog Theodor von Gothland* (TR, 1984), Strindbergs *Totentanz* (1986). Von theatergeschichtlichem Rang Büchners *Dantons Tod* (1981), bei dem G. Danton und Robespierre verkörperte. 1988/89 am Thalia Th. Hamburg in Koltès *Die Rückkehr in die Wüste* (DEA 1988) und Čechovs *Platonov* (1989, R. → Flimm). 1990 bis zur Schließung am Schiller-Th. Berlin u. a. in Goethes *Faust* (TR, 1990, R. A. → Kirchner), → Molières *Der eingebildete Kranke* (1991, R. Lang), Serreaus *Hase Hase* (DEA 1992, R. → Besson). An den Münchner Kammerspielen in Goethes *Stella* (1991, R. Th. → Langhoff). Seit 1992/93 erneut am Dt. Th., u. a. in Ostrovskijs *Der Wald* (1992), Strindbergs *Gespenstersonate* (1992/93), Zschokkes *Die Alphabeten* (DEA), Strauß' *Das Gleichgewicht* (beide 1994), Pohls *WartesaalDeutschlandStimmenReich* (UA, R. der Autor), Čechovs *Onkel Wanja* (beide 1995), Becketts *Warten auf Godot* (1996, R. → Gosch), Ibsens *Rosmersholm* (1997), Shakespeares *König Lear* (2001), *Was ihr wollt*, → Wilsons Th.-Adaption des Stummfilm-Klassikers *Dr. Caligari* (TR, UA), O'Neills *Trauer muss Elektra tragen* (alle 2002), Millers *Tod eines Handlungsreisenden* (TR, 2003), D. → Gotscheffs Collage nach Texten H. Müllers *Germania. Stücke* (2004), Schnitzlers *Liebelei* (2004, R. → Lanik), Horváths *Geschichten aus dem Wiener Wald* (2005), *Kasimir und Karoline* (2006), Fosses *Heiß* (UA 2005). Bei den Salzburger Festspielen in Shakespeares *Ein Sommernachtstraum* (1976, R. → Haußmann; 1997/98 Dt. Th.). Im Film und Fernsehen u. a. in *Levins Mühle* (1980), *Mephisto* (1981), *Die Zeit der Einsamkeit* (1984), *Der Trinker* (1995, TV), *Das Mambospiel* (1998), *Wellen, Willenbrock* (beide 2005). – Ein herausragender Charakterdarsteller von nervöser Eindringlichkeit; ein melancholischer Narr, der erschüttert. G. legt seine Figuren oft künstlich, fast karikaturistisch überzeichnend an, ohne sie zu desavouieren. Er vermag clowneske Elemente mit psychologisch-sensiblem Spiel zu verbinden. Besonders eindringlich in tragikomischen Rollen und Figuren, die in Illusionen verstrickt sind. Über seine Gestaltung der TR in *Tod eines Handlungsreisenden* schrieb E. Krippendorf: «Allein wie [er] seine Hände und Finger bewegt, mal aufgeregt durch die Luft, mal schüchtern-zärtlich zu seiner Frau, das zu beobachten ist schon den Abend wert; und wie er zu lachen versucht und es nicht kann, störrisch-unsympathisch ist und doch Mitleid erregend – da stimmt jede Geste, ist jede Bewegung, jeder Auftritt und Abgang ein Ereignis» (*Freitag*, 17. 1. 2003).

100 Jahre Deutsches Theater Berlin 1883–1983. Hg. M. Kuschnia. Berlin 1983; Alexander Lang, Abenteuer Theater. Hg. M. Linzer. (2. Aufl.) Berlin 1987.

Wolfgang Beck

Grassi, Paolo, * 30. 10. 1919 Mailand, † 14. 3. 1981 London. Schauspieler, Theaterleiter.

G. entstammte einer aus Martina Franca in Apulien nach Mailand gezogenen Familie. Er besuchte die Oberschule Regio Liceo Ginnasio Parini und begann als 18-Jähriger die Mitarbeit an Jugendzeitschriften mit Theaterkritiken. 1940 Gründung der Compagnia Ninchi-Dori-Tumiati, 1941 mit Giorgio → Strehler, Mario Feliciani und Franco Parenti des Avantgardeensembles Palcoscenico, dessen Aufführungen von Pirandello bis O'Neill und Čechov eine radikale Erneuerung der Dramaturgie brachten.

Nach Einberufung im 2. Weltkrieg Mitwirkung bei einem Soldatentheater und schließlich in Mailand im antifaschistischen sozialistischen Widerstand. Nach Kriegsende bis 1947 Theaterkritiker. Mit Strehler Gründung des ersten festen Th. («teatro stabile») Italiens in Mailand, dem Piccolo Teatro, das am 14. Mai 1947 mit der Premiere von Maksim Gor'kijs *Nachtasyl* eröffnet wurde. Der Spielplan umfasste v. a. Dramen von →Shakespeare und Goldoni, Čechov und →Brecht. G.s und Strehlers Anliegen war es, ein populäres «Th. für alle» («teatro per tutti») zu schaffen. – Am 25. 4. 1972 verließ G. das Piccolo Teatro, das in den 25 Jahren seiner Mitarbeit 150 Insz.en und Tourneen in 185 Städten im Ausland verzeichnen konnte. G. wurde Intendant der Mailänder Scala, die er zu einer neuen Glanzzeit führte. 1976 Umzug nach Rom, um die Präsidentschaft des staatl. Fernsehsenders RAI-TV zu übernehmen. Er starb im Alter von 62 Jahren auf einer offiziellen Besuchsreise in London.

Horst Schumacher

Gratzer, Hans, * 16. 10. 1941 Wiener Neustadt (Österr.), † 19. 1. 2005 Rhainfeld (Österr.). Schauspieler, Regisseur, Theaterleiter.

Schon nach 3 Semestern brach G. sein Schauspielstudium am Max-Reinhardt-Seminar in Wien ab, da ihm «zu große Bürgerlichkeit und zu geringe Genialität» attestiert wurden, und gründete 1963 das «Kammertheater in der Piaristengasse», wo er im selben Jahr seine ersten Insz.en (Marivaux, *Das Spiel von Liebe und Zufall*) zur Aufführung brachte. G. arbeitete zunächst als Schauspieler in Hamburg, München, an den Wiener Bühnen Th. in der Josefstadt, Volkstheater und Burgtheater, bevor er 1973 die freie Gruppe Werkstatt im Th. am Kärntnertor gründete. Mit der Werkstatt konnte G. seinen Ruf als Regisseur festigen (z. B. Foster, *Elisabeth I.*) und bekam den Förderpreis zur Kainz-Medaille sowie 1974 die Kainz-Medaille verliehen. 1977 gründete G. das Schauspielhaus Wien, dessen erster Intendant er bis 1986 war. Hier konnte G. nicht nur als Regisseur u. a. mit pointierten Klassikerinsz.en (→Shakespeare, *King Lear*) und eigenwillig in Szene gesetzten EAen (z. B. M. Sherman, *Bent*), sondern v. a. als Theaterdirektor mit Spürsinn für aktuelle Gegenwartsdramatik reüssieren; er setzte u. a. Elfriede Jelinek, Heiner →Müller, Bernard-Marie Koltès auf den Spielplan. 1986 inszenierte er im Wiener Varieté-Th. Ronacher, dessen Leitung er übernehmen wollte, die Strauß-Operette *Cagliostro in Wien*. 1986–91 war G. als freier Regisseur u. a. in Zürich, München, Berlin und Frankfurt a. M. tätig, kehrte nach einem längeren Aufenthalt in Spanien und Amerika wieder nach Wien zurück und leitete erneut das Schauspielhaus als reines Ur- und Erstaufführungstheater, wo er z. B. die Dramen Werner Schwabs entdeckte oder Sarah Kanes Stücke dem Wiener Publikum bekannt machte; bei ca. einem Drittel der Produktionen führte er selbst Regie. Für die Abschiedssaison 2000/01 wandelte G. das Schauspielhaus in ein Musiktheater um. Danach war G. 2003/04 Direktor des Th.s in der Josefstadt. Dort wurde sein Vertrag in einem undurchsichtigen Prozess vorzeitig beendet, mit der Begründung seiner 2006 beginnenden Direktion der Bad Hersfelder Festspiele und einem dadurch angeblich drohenden Interessenskonflikt. 2004 bekam G. den Nestroy-Preis für sein Lebenswerk verliehen. – G. inszenierte hauptsächlich Klassiker der Moderne und zeitgenössische Autoren und hat v. a. in seiner Funktion als Theaterdirektor mit dem Forcieren des Regietheaters während seiner ersten Direktionszeit am Schauspielhaus in Wien nachhaltige Wirkung hinterlassen. Seine Arbeit galt der Entdeckung von Regisseuren und Autoren, die an den großen Bühnen nicht inszenierten bzw. gespielt wurden, und war maßgeblich für deren spätere, vielfach breitere Rezeption. Als Theaterdirektor war G. bemüht, Lücken im Theaterangebot der Stadt Wien zu füllen und dieses zu komplettieren – mit prägnanten Regiestilen in den 1970er und 1980er, mit markanten Autoren in den 1990er Jahren.

Mario Rauter

Gretler, Heinrich, * 1.10.1897 Zürich, † 30.9.1977 Zürich. Schauspieler.

Sohn eines Chemielaboranten; Lehrerseminar in Küsnacht, Arbeit als Landschullehrer; Schauspielunterricht bei Josef Danegger (1867–1933), Gesangsunterricht. 1918–26 Schauspieler und Buffo am Pfauentheater und Stadttheater in Zürich. Debüt in Sophokles' *Antigone*; 1920 in der UA von Schoecks *Tell*. 1924 erster Film: *Die Entstehung der Eidgenossenschaft*. 1926–33 in Deutschland. 1926/27 Zentraltheater Magdeburg, 1927–29 Dt. Künstlertheater, 1929–31 Volksbühne (beide Berlin). Spielte an der Volksbühne in Wolfs *Die Matrosen von Cattaro* (UA), Kaisers *Mississippi* (beide 1930), Großmanns *Die beiden Adler* (UA 1931, R. der Autor), → Nestroys *Der böse Geist Lumpazivagabundus* (1931). Auftritte bei → Piscator, am Dt. Th. und anderen Berliner Bühnen (Herrmann, *Vorstadttragödie*, 1932, Studio im Komödienhaus), im Kabarett Tingel-Tangel. Filmrollen u. a. in *Der geheimnisvolle Spiegel* (1927), *Die letzte Kompanie*, *Menschen am Sonntag*, *Das Flötenkonzert von Sans-Souci* (alle 1930), *Berlin Alexanderplatz* (1931, mit → George), *Das Testament des Dr. Mabuse* (1933). G. kehrte 1933 aus politischer Überzeugung in die Schweiz zurück. Gast an mehreren Bühnen, 1935–40 Kabarett Cornichon in Zürich (*Gradus!*, 1935; *Xundheit*, 1937; *Limmat-Athen*, 1940). 1938–54 und 1964–75 Zürcher Schauspielhaus, u. a. in → Goethes *Götz von Berlichingen*, → Lessings *Nathan der Weise* (beide 1938, TR) und *Minna von Barnhelm* (1944), Zuckmayers *Bellmann* (UA 1938) und *Des Teufels General* (UA 1946, R. → Hilpert), Schillers *Wilhelm Tell* (1939, R. → Wälterlin), Weltis *Steibruch* (UA 1939, Film 1942), → Raimunds *Der Bauer als Millionär* (1940), Anzengrubers *Das vierte Gebot* (1942), Steinbecks *Der Mond ging unter* (1943), → Brechts *Der gute Mensch von Sezuan* (UA 1943, R. → Steckel), Dürrenmatts *Es steht geschrieben* (UA 1947, R. → Horwitz). Letzte TR in Béthencourts *Der Tag, an dem der Papst gekidnappt wurde* (1974, Film 1976). G. spielte in über 80 nationalen wie internat. Film- und Fernsehproduktionen, u. a. *La faute de l'abbé Mouret* (1937), *Farinet ou l'or dans la montagne* (mit → Barrault), *Füsilier Wipf* (beide 1938), *Wachtmeister Studer* (1939), *Landammann Stauffacher* (1941), *Matto regiert* (1947), *Der Seelenbräu* (1950), *The Devil Makes Three* (1952), *Robinson soll nicht sterben* (1957), *Es geschah am hellichten Tag* (1958, mit → Rühmann), *La Vache et le prisonnier* (1959, R. Verneuil), *Le Cave se rebiffe* (1961, mit Gabin), *Das Leben des Horace A. W. Tabor* (1965, TV), *Spiele der Macht* (1972, TV). – Der seit den 1950er Jahren in vielen Berg- und Heimatfilmen mitwirkende G. wurde geradezu der Prototyp des sturen und unzugänglichen Bergbewohners. Seine wuchtige Gestalt, die unverwechselbare Physiognomie, seine sonore Stimme machten ihn zu einem auffälligen Schauspieler, dem es selbst in unbedeutenden Produktionen gelang, Akzente zu setzen. G. war einer der populärsten und bedeutendsten Schweizer Schauspieler seiner Zeit, mit großer künstl. Bandbreite, von ungewöhnlicher Prägnanz und Bühnenpräsenz, selbst in Nebenrollen. Verheiratet mit der Schauspielerin Marion Wünsche.

Attenhofer, E.: Cornichon. Bern 1975; Eine große Zeit. Das Schauspielhaus Zürich in der Ära Wälterlin. Hg. F. Lendenmann. Zürich 1995; Gerber, K.: Schweizer Originale. 5. Bd. Basel 1999; Gretler, H.: Gretler, werden Sie Bierbrauer. Zürich 1967; Wollenberger, W.: Heiri Gretler – Der große Schweizer Schauspieler. Zürich 1978.

Wolfgang Beck

Griem, Helmut, * 6. 4. 1932 Hamburg, † 19. 11. 2004 München. Schauspieler, Regisseur.

G. wollte Journalist werden; spielte während des Studiums der Germanistik und Philosophie im literarischen Kabarett Hamburger Buchfinken. Von dort wurde er ohne entsprechende Ausbildung 1956 an das Lübecker Th. verpflichtet; Debüt in Nashs *Der Regenmacher*. 1957 von O. F. → Schuh nach Köln geholt, wo er als jugendlicher Held und in komischen Rollen erfolgreich war; u. a. in O'Neills *O Wildnis!* (1960, R. → Lietzau). Bei den Ruhrfestspielen 1962 in Camus' *Der Belagerungszustand*, 1963 in Schillers *Kabale und Liebe*. Danach an verschiedenen Th.n, u. a. in O'Neills *Alle Reichtümer der Welt* (DEA 1965, R. Schuh), Albees *Tiny Alice* (DEA 1966, beide Dt. Schauspielhaus Hamburg), Čechovs *Die Möwe* (1966, Münchner Kammerspiele). Intensive Zusammenarbeit mit Lietzau, u. a. bei Stoppards *Rosenkranz und Güldenstern sind tot* (DEA 1967, Schiller-Th. Berlin), Ortons *Seid nett zu Mr. Sloane* (Renaissancetheater Berlin), H. → Müllers *Philoktet* (UA), Schillers *Die Räuber* (alle 1968, Residenztheater München). Unter dem Intendanten Lietzau 1969–71 Dt. Schaupielhaus Hamburg, seit 1972 Staatl. Schauspielbühnen Berlin. In Hamburg u. a. in Kopits *Indianer* (DEA), Čechovs *Der Kirschgarten*, TRn in → Shakespeares *Richard II.* (alle 1970), Hamptons *Der Menschenfreund* (DEA 1971, R. → Dorn). In Berlin u. a. in Kleists *Prinz Friedrich von Homburg* (TR, 1972, R. Lietzau), Genets *Die Zofen* (1973), Feydeaus *Ein Klotz am Bein* (1974, beide R. Dorn; 1983 Münchner Kammerspiele). 1976/77 an den Münchner Kammerspielen in → Lessings *Minna von Barnhelm* (mit → Froboess) und Enquists *Die Nacht der Tribaden* (beide R. Dorn). Unterbrechung der Theaterarbeit zugunsten von Film und Fernsehen. Seit 1983/84 v. a. an den Münchner Kammerspielen (1983–89, 1993–95 fest), u. a. in Weiss' *Der neue Prozess* (1984), Shakespeares *Troilus und Cressida* (1986), → Goethes *Faust I* (TR, 1987, 1988 Film), Čechovs *Onkel Wanja* (1987), Ortons *Seid nett zu Mr. Sloane* (1989, eigene R.), Mamets *Oleanna* (1994), Albees *Wer hat Angst vor Virginia Woolf?* (1995). Er folgte Dorn 2001 ans Bayer. Staatsschauspiel. Erfolgreich war G. auch im Musical (Loewes *My Fair Lady*, 1984, Gärtnerplatztheater München, R. → Everding) und als Regisseur. Insz.en an den Münchner Kammerspielen u. a. von Synges *Der Held der westlichen Welt* (1990), Gurneys *Love Letters* (DEA 1990), Pohls *Die schöne Fremde* (1992), O'Neills *Eines langen Tages Reise in die Nacht* (1997); am Th. in der Josefstadt (Wien) von Dorfmans *Der Tod und das Mädchen* (1992), Harwoods *Der Fall Furtwängler* (1997), Millers *Tod eines Handlungsreisenden* (1998). G. war einer der wenigen auch im internat. Film erfolgreichen dt. Schauspieler, u. a. *Fabrik der Offiziere* (1960), *À cause, à cause d'une femme* (1963), *Bel Ami* (1968, TV), *La Caduta degli dei (Die Verdammten*, 1969, R. Visconti), *Cabaret*, *Ludwig II.* (R. Visconti), *Die Moral der Ruth Halbfass* (alle 1972, R. Schlöndorff), *Ansichten eines Clowns* (1976, R. Jasny), *Die gläserne Zelle* (R. Geißendörfer), *Mannen i skuggan* (beide 1978), *Die Hamburger Krankheit* (1979), *Berlin Alexanderplatz* (1980, TV, R. → Fassbinder), *Les Affinités électives (Die Wahlverwandtschaften*, 1981, R. Chabrol), *La Passante du Sans-Souci (Die Spaziergängerin von Sans-Souci)*, *Versuchung* (beide 1982, R. Zanussi), *Landläufiger Tod* (1990, TV), *Endloser Abschied* (1994, TV), *Die Stunde des Löwen* (1999, TV). Zahlreiche Auszeichnungen. – Mit seiner blendenden Erscheinung wirkte G. wie der Phänotyp des jugendlichen Helden. Dabei war er ein sensibler, in Sprache und Gestik nuancenreicher und intellektueller Charakterdarsteller mit großer Präsenz, der v. a. Brüche und Beschädigungen seiner Figuren herausarbeitete: Er «war weniger auf Verwandlung aus als auf die Darstellung, die Offenlegung seiner eigenen Widersprüche» (P. W. Jansen in *Der Tagesspiegel*, 20.11.2004). Seine differenzierte Ausdruckskraft, seine Intensität und Wandlungsfähigkeit machten ihn zu einem herausragenden Darsteller. Ein «widerborstiger Traditionalist» (G. in *Die Münchner Kammerspiele*, S. 111), der auch als Regisseur v. a. Wert auf intensive Textarbeit, Wahrhaftigkeit des Spiels und die künstl. Entfaltung der Schauspielerpersönlichkeiten legte.

Die Münchner Kammerspiele. Hg. S. Dultz. München 2001; Sucher, C. B.: Theaterzauberer. Schauspieler. München, Zürich 1988.

Wolfgang Beck

Gröning, Karl, * 7. 5. 1897 Hamburg, † 6. 11. 1980 Hamburg. Bühnenbildner.

Ausbildung an der Landeskunstschule Hamburg. Debüt als Bühnenbildner 1917 am Lessing-Th. Berlin (Strindberg, *Nach Damaskus*). 1920–22 Fachlehrer für Lithographie in Lübeck, 1923–24 Bühnenbildner in Belgrad, 1924 künstl. Beirat der Städt. Bühnen Nürnberg. 1927–35 Ausstattungsleiter des Stadttheaters Altona (heute Hamburg), wo er u. a. in der Zusammenarbeit mit →Jeßner seinen auf Verknappung und Konzentration der Mittel ausgerichteten künstl. Stil entwickelte. 1935 Ausstattungsleiter am Dt. Schauspielhaus in Hamburg, wo er bereits 1924 die Bühnenbilder für Strindbergs *Die Kronbraut* und →Shakespeares *König Lear* entworfen hatte. Bis 1972 schuf er hier – trotz zahlreicher Gastverpflichtungen an in- und ausländischen Th.n – die meisten seiner über 200 Bühnenbilder. Herausragend die Szenographie zu →Fehlings Insz. von Hebbels *Kriemhilds Rache* (1936). Weitere Bühnenbilder u. a. zu Ibsens *Peer Gynt* (1935), Hebbels *Herodes und Mariamne* (1938), →Goethes *Faust I* (1945; 1949, R. →Lippert), Zuckmayers *Des Teufels General* (DEA 1947) und *Das kalte Licht* (UA 1955, R. →Gründgens), Osbornes *Der Entertainer* (DEA 1957, R. →Hilpert), Schillers *Maria Stuart* (1959, R. Gründgens), Ortons *Seid nett zu Mr. Sloane* (DEA 1964, R. →Lietzau), Langes *Trotzki in Coyoacan* (UA 1972). Zuletzt für →Nestroys *Der Talisman* (1972, R. →Lindtberg). Autor u. a. von Büchern über das Th. und die Geschichte Hamburgs. Der Bühnenbildner G. «hatte eine Vorliebe für einen einheitlichen Schauplatz, auf dem durch Farben, Licht oder prägnante Bauelemente einzelne Spielorte festgelegt waren, die jeweilige Szene aber stets im Bezug auf das ganze Geschehen wahrgenommen werden konnte» (M. Brauneck in *100 Jahre Deutsches Schauspielhaus*, S. 251).

Der Bühnenbildner Karl Gröning. Hg. R. Italiaander. Hamburg 1962; Der Bühnenbildner Karl Gröning. Hamburg 1971; 100 Jahre Deutsches Schauspielhaus in Hamburg. Hg. Zentrum für Theaterforschung der Universität Hamburg, Deutsches Schauspielhaus. Hamburg 1999.

Wolfgang Beck

Gropius, (Adolf Georg) **Walter** * 18.03.1883 Berlin, † 05.07.1969 Boston. Architekt, Pädagoge.

Der aus einer Architektenfamilie stammende G. studierte Architektur an den Technischen Hochschulen in München (1903–06) und Berlin-Charlottenburg (1906–07). Danach Mitarbeiter von Peter Behrens und 1910 Gründung (mit Adolf Meyer) eines eigenen Architekturbüros. Der auch im Dt. Werkbund engagierte G. gründete 1919 das Staatl. Bauhaus in Weimar, das aus dem Zusammenschluss der Kunstgewerbeschule und der Hochschule für bildende Kunst entstand und das er bis 1928 leitete (seit 1925 in Dessau). Wesentliche Grundgedanken des Bauhauses waren die Synthese der Künste unter dem Dach der Architektur und die enge Verbindung von Handwerk und Kunst, die für die

Entwicklung modernen Designs von grundlegender Bedeutung wurde. Zum Bauhaus gehörte auch die von Lothar Schreyer und (seit 1923) von Oskar → Schlemmer geleitete Bauhausbühne. Seit 1928 war G. selbständiger Architekt in Berlin. 1934 verließ er Deutschland und ging nach Großbritannien, 1937 in die USA, wo er Professor an der Harvard University wurde. Mitglied der 1945 gegründeten Architekten- und Designergruppe «The Architects Collaborative» (TAC). – G. sah die Aufgabe des modernen Theaterarchitekten darin, für einen universell gebildeten Regisseur «das große Licht- und Raumklavier zu schaffen, so unpersönlich und veränderbar, daß es ihn nirgends festlegt und allen Visionen seiner Vorstellungskraft fügsam bleibt» (zit. nach Brauneck, S. 163 f.). Was er 1934 so postulierte, hatte er bereits 1927 in seinem Entwurf eines «Totaltheaters» für → Piscator zu verwirklichen gesucht, das u. a. die Möglichkeit bieten sollte, Zuschauer aktiv am szenischen Geschehen teilnehmen zu lassen. Dies Totaltheater, «eine variationsfähige Baukonstruktion für 2000 Zuschauer, bei der eine Arena-, Proszeniums- oder eine dreiteilige Tiefenbühne je nach Bedarf eingerichtet werden konnte, war die Zusammenfassung und der Höhepunkt aller am Bauhaus entwickelten Ideen zur Theaterarchitektur» (Brauneck, S. 232). Seine technischen Neuerungen in diesem Zusammenhang wurden patentiert. Das Projekt selbst wurde so wenig realisiert wie sein Entwurf für das Ukrainische Staatstheater (1930), das in der kurzzeitigen Hauptstadt Char'kov als Massentheater (4000 Zuschauer) für die verschiedensten Anlässe gedacht war.

The Architects Collaborative, 1945–1965. Hg. W. Gropius u. a. Stuttgart 1966; Berdini, P.: Walter Gropius. Zürich u. a. 1984; Brauneck, M.: Theater im 20. Jahrhundert. (8. Aufl.) Reinbek 1998; Claussen, H.: Walter Gropius: Grundzüge seines Denkens. Hildesheim u. a. 1986; Giedion, S.: Walter Gropius. New York 1992; Gropius, Walter: Apollo in der Demokratie. Mainz u. a. 1967; Isaacs, R. R.: Walter Gropius: der Mensch und sein Werk. 2 Bde. Berlin 1983–84; Lupfer, G., P. Sigel: Gropius 1883–1969. Köln 2004; Müller, U.: Raum, Bewegung und Zeit im Werk von Walter Gropius und Ludwig Mies van der Rohe. Berlin 2004; Probst, H., Ch. Schädlich: Walter Gropius. 3 Bde. Berlin 1986–87; The Walter Gropius Archive. 3 Bde. Hg. W. Nerdinger. New York u. a. 1990; Woll, S.: Das Totaltheater. Berlin 1984.

Wolfgang Beck

Grossman, Jan, * 23. 5. 1925 Prag, † 10. 2. 1993 Prag. Regisseur, Theaterleiter, Dramaturg, Lektor.

G. studierte 1945–48 Literaturwissenschaft und Ästhetik an der Karls-Universität in Prag, arbeitete 1946–48 als Lektor, 1949–53 als Dramaturg am staatl. Th. in Brno, wo 1963 seine Adaption von Hašeks *Osudy dobrého vojáka Švejka za světové války* (*Die Abenteuer des braven Soldaten Schwejk*, 2 Abende) ihre vielbeachtete UA erlebte. 1953–56 Dramaturg an → Burians Th. D 34 in Prag. Nach einer Zeit als Redakteur (1956–59) war G. 1959–61 Dramaturg am Prager Th. Laterna Magika. 1962–68 arbeitete er am Prager Divadlo Na zábradlí (Th. am Geländer) als Regisseur und – mit L. → Fialka – als Leiter des Schauspiels. Hier trug G. durch Spielplanpolitik und seine Insz.en wesentlich zur Entwicklung des tschech. absurden Th.s bei und erregte internat. Aufmerksamkeit. G. führte Regie bei seiner (mit Miloš Macourek) Bearbeitung von Jarrys *König Ubu* und *Ubu in Ketten* als *Král Ubu* (*König Ubu*, 1964), Havels *Vyrozumění* (*Die Benachrichtigung*, 1965), Vašinkas *Vyšinutá hrdlička* (1963), der eigenen (mit Jan Přeučil) Kafka-Adaption *Proces* (*Der Prozeß*, 1966; 1970 Toneelgroep), Macoureks *Hra na Zuzanku* (*Das Susannchenspiel*, 1967). Schon vor der Niederschlagung des «Prager Frühlings» 1968 litten das Th. und G. unter staatl. Repressionen. So konnte die für 1967 geplante

Insz. der *Dreigroschenoper* von → Brecht / Weill an den Münchner Kammerspielen nicht stattfinden, da G. keine Ausreiseerlaubnis erhielt. Nach 1968 durfte er lange Zeit nicht mehr in Prag arbeiten. Er inszenierte u. a. in den Niederlanden Strindbergs *Fräulein Julie*, G. / Mullers *Haute Couture* (frei nach Bontempellis *Nostra Dea*, beide 1971), G. / Hašeks *Der brave Soldat Schwejk* (1972), Gogol's *Der Revisor* (1973, alle Toneelgroep), in der Schweiz am Züricher Th. am Neumarkt R. Walsers *Alle gehen gegen das Schloß* (1973), Holbergs *Jeppe vom Berge* (1974). 1973–80 Regisseur am Th. in Cheb (u. a. → Shakespeares *König Lear*, 1975; Čechovs *Die Möwe*, 1978), 1980–83 in Hradec Králové (u. a. Mrštíkovés *Maryša*, 1981; → Molières *Don Juan*, 1982). Danach in Prag 1983–88 am Divadlo S. K. Neumanna (Neumann-Th., heute Divadlo Pod Palmovko), wo er u. a. Čechovs *Onkel Wanja*, Albees *Wer hat Angst vor Virginia Woolf?*, Sophokles' *König Ödipus* in Szene setzte. 1989 kehrte er als Regisseur (seit 1991 künstl. Leiter) ans Th. am Geländer zurück, an dem er seine größten Erfolge gefeiert hatte. Insz.en von Molières *Schule der Frauen* (1984), *Don Juan* (1989; 1992 Gastspiel Holland-Festival), Havels *Largo Desolato* (1990), *Pokoušení*, (*Versuchung*, 1992; 1992 Gastspiel Holland-Festival), Steigerwalds *Hoře, hoře, strach, oprátka a jáma* (1991). – Einer der profiliertesten Regisseure des tschech. Nachkriegstheaters, der sich in seinen Bearbeitungen (Kafka, Hašek) und Insz.en immer wieder versteckte Systemkritik erlaubte, sich von den Vorgaben der offiziellen Kulturpolitik entfernte. Als Regisseur ein Vertreter des literarischen Th.s mit Vorliebe für expressiv Stilisiertes und Groteskes. Verdienste um die Durchsetzung Brechts und Havels auf den tschech. Bühnen.

Divadelní jarmara Alfréda Radoka a Jana Grossmana. Photographie und Text J. Krejčí. Prag 2003; Grossman, J., M. Uhde: Zwei Studien über Kafka. Prag 1990; Hercíková, I., J. Císař: Začalo to Redutou: z text-appealu Divadla Na zábradlí, divadla Semafor a Paravan. Prag 1964; Jan Grossman. 6 Bde. Hg. M. Boková. Prag 1996–2001.

Wolfgang Beck

Grotowski, Jerzy, * 11. 8. 1933 Rzeszów (Polen), † 14. 1. 1999 Pontedera (Italien). Regisseur, Theaterleiter, Schauspielpädagoge, Theaterreformer, Theoretiker der performativen Künste.

G. studierte Schauspielkunst an der Theaterhochschule in Krakau (Diplom 1955), dann Regie 1955–56 am Institut für Theaterkunst (GITIS) in Moskau, danach in Krakau (Diplom 1960). Noch vor dem Studienabschluss debütierte er als Regisseur (mit Aleksandra Mianowska) am Teatr Poezji (heute Kammerbühne des Alten Th.s) in Krakau mit *Stühle* von Eugène Ionesco (P. 29. 6. 1957). Im Stary Teatr (Altes Th.) realisierte er noch ein poln. Gegenwartsstück von Jerzy Krzysztoń *Bogowie deszczu* (P. 4. 7. 1958) und Čechovs *Onkel Wanja* (P. 14. 3. 1959). 1959 wurde G. zum Leiter des experimentellen Teatr 13 Rzędów (Th. der 13 Reihen) in Opole nominiert (Dramaturg Ludwik Flaszen) und konzentrierte sich dort auf die Entwicklung der modernen Th.-Ausdrucksmittel und auf die Erarbeitung der eigenen Schauspielkunstmethode. Es folgten Premieren: *Orpheus* nach Cocteau (P. 8. 10. 1959), *Kain* nach Byron (poln. EA 30. 1. 1960), *Mysterium Buffo* nach Majakovskij (P. 31. 7. 1960), *Śakuntala* nach dem altind. Epos von Kālidāsa (P. 13. 12. 1960, Bb. Jerzy Gurawski), *Die Totenfeier* nach Mickiewicz (P. 18. 6. 1961, Bb. J. Gurawski), *Kordian* nach Słowacki (P. 13. 2. 1962, Bb. J. Gurawski), *Akropolis* nach Wyspiański (P. 10. 10. 1962, R. und Bb. zusammen mit Józef → Szajna), *The Tragical History of Dr. Faustus* nach Marlowe (poln. EA 23. 4. 1963, Bb. J. Gurawski), *Hamlet* nach → Shakespeare-Wyspiański (P. 17. 3. 1964).

1965 wurde das Th. nach Wrocław (Breslau) – unter dem später in der ganzen Welt bekannten Namen Teatr Laboratorium – verlegt, und dort entwickelte G. Theorie und Praxis seines «armen Th.s» weiter. Die neue Fassung von *Akropolis* (P. 16. 1. 1965) sowie *Der standhafte Prinz* nach Calderón-Słowacki (P. 25. 4. 1965, Bb. J. Gurawski, mit der großen Rolle von Ryszard → Cieślak) und *Apocalypsis cum figuris* nach Texten aus der Bibel, F. Dostoevskij, T. S. Eliot, S. Weil (geschlossene P. 19. 7. 1968, UA 11. 2. 1969, dann noch 2 Fassungen: 1971, 1973) krönten den Theaterweg des poln. Regisseurs und Theaterreformers. Gastspiele, Europa- und Amerikatourneen (seit 1966) mit den 3 genannten Aufführungen wie auch zahlreiche Vorträge und Meetings G.s erweckten großes Interesse für seine Arbeit und machten ihn weltberühmt.

Danach realisierte G. keine neuen Theateraufführungen mehr (*Apocalypsis cum figuris* wurde jedoch bis 1980 öffentlich gezeigt), stattdessen begann er in den 1970er Jahren eine Idee des Paratheaters und der «aktiven Kultur» zu verwirklichen. Er initiierte die sog. «Festtage», d. h. gemeinsame Treffen von Laien (aktiven Teilnehmern statt passiven Zuschauern), v. a. jungen Leuten, und Schauspielern, die der Entdeckung des Wesens der zwischenmenschlichen Beziehungen wie auch der Entblößung der theatralischen Elemente im täglichen Verhalten dienen sollten. Diese Treffen und Workshops, die *Special Project* und *The Mountain Project* genannt wurden und einen eher psychotherapeutischen als künstl. Charakter hatten, kulminierten 1975 während der großen internat. Veranstaltungen in Wrocław und Venedig: Th. of Nations University of Research – mit Jean-Louis → Barrault, Peter → Brook, Eugenio → Barba, Joseph → Chaikin, André Gregory, Luca → Ronconi und vielen anderen Teilnehmern aus der ganzen Welt. In den nächsten Jahren beschäftigten sich die Schauspieler des Theaterlaboratoriums mit weiteren Workshops in Polen und verschiedenen Ländern Europas und in Amerika. G. selber arbeitete 1977–82 mit einer internat. Gruppe von Mitarbeitern am Projekt *Theater der Quellen*: Erforschung der rituellen und transkulturellen Quellentechniken des Menschen.

1982, nach der Einführung des Kriegsrechts in Polen, verließ G. seine Heimat; das Teatr Laboratorium wurde 2 Jahre später – auf Wunsch seiner Schauspieler – aufgelöst. G. hielt sich zuerst in den USA auf, wo er 1983–86 (einzelne Veranstaltungen noch bis 1992) an der Universität von Kalifornien in Irvine das Projekt *Objective Drama* realisierte, dann (1986) gründete er im ital. Pontedera ein eigenes Arbeitszentrum: Workcenter of Jerzy Grotowski, in dem er seine performativen Studien fortführte (Projekte: *Rituelle Künste, Die Kunst als Vehikel, Die Aktion*). 1997 wurde G. auf den Lehrstuhl für Theateranthropologie am Collège de France berufen; seine erste Vorlesung am 24. 3. 1997 trug den Titel: *La «lignée organique» au théâtre et dans le rituel*. Das letzte performative Werk, an dem G. mit seinen Mitarbeitern (u. a. Thomas Richards) in Pontedera arbeitete und das er seit 1995 eingeladenen Beobachtern demonstrierte, hieß *Action*.

G. gilt als einer der größten Theaterreformer des 20. Jh. Seine Aufführungen, Projekte und sein 1968 im Westen erschienener Band *Towards a Poor Theatre* (dt. *Für ein armes Theater*) haben eine ganze Generation von Theaterleuten in aller Welt stark beeinflusst. In der künstl. Tätigkeit G.s kann man 5 Perioden unterscheiden: Th. der Aufführungen (1959–69), Th. der Mitwirkung bzw. das Paratheater (1970–77), Th. der Quellen (1978–82), Objektives Drama (1983–86) und Rituelle Künste (1986–99). Den größten Einfluss auf die Entwicklung des Welttheaters hatte die erste Phase. G. formulierte damals

Grundsätze seines «armen Th.s», d. h. eines Th.s, das auf die Bühnentechnik verzichtet und das sich auf das Wesentlichste – auf das, was sich zwischen dem Schauspieler und dem Zuschauer abspielt – konzentriert: «Wir halten die personale und szenische Technik des Schauspielers für den Kern des Theaters» (G. in *Für ein armes Theater*). Die Begegnung mit dem Zuschauer sollte den Schauspieler als Hauptträger des theatralen Geschehens bis zu einem «totalen Akt», bis zur Selbstfindung und Selbstentblößung führen. Das von G. erarbeitete neue Schauspielkunstmodell wurde später als eines der 3 wichtigsten (neben →Stanislavskijs und →Brechts) im 20. Jh. anerkannt. Die Resultate der Arbeit des Theaterreformers auf dem Gebiet der Schauspielkunst fasste Peter Brook pointiert zusammen: «Grotowski ist einzigartig. Warum? Weil meines Wissens niemand sonst auf der Welt, niemand seit Stanislawski, die Natur des Schauspielens, seine Erscheinungsformen, seine Bedeutung, Wesen und Wissenschaft seiner geistig-emotionalen Vorgänge so tiefgreifend und vollständig untersucht hat wie Grotowski.»

Die Periode des Th. der Mitwirkung bzw. des Paratheaters kann man heute als einen Übergang zu den weiteren performativen Studien G.s betrachten. Der Künstler wandte sich vom Th. ab und begann zuerst nach der allgemeinen Kreativität des Menschen, nach dem Wesen der zwischenmenschlichen Beziehungen, dann nach den Quellen der menschlichen Energie und Körpertechniken zu suchen. Das führte zur Untersuchung der Funktionsprinzipien von «Quellentechniken» in den traditionellen Kulturen aus Haiti, Bali, Indien und Mexiko, wo man noch lebendige Rituale finden konnte.

In der Phase des Objektiven Dramas wandte sich G. an Fundamente der performativen Künste: an Elemente (Bewegungen, Rhythmen, Tänze, Lieder) der ursprünglichen Mythen und rituellen Aufführungen, die einen präzisen, d. h. objektiven Einfluss auf die Teilnehmer haben. In diesem Kontext sprach G. über die Archäologie der Techniken, die zur Entdeckung «der performativen DNA» führen sollte.

In der letzten Periode, in den 1990er Jahren, entstand in Pontedera ein Werk, ähnlich strukturiert wie ein Schauspiel (obwohl nicht für Zuschauer bestimmt), das die bisherigen Forschungen G.s zusammenfasste: *Action*. Das sollte ein «Vehikel» für die Performer, wie G. seine Mitarbeiter nannte, werden. «Jeden Abend wurde die Aktion neu gestaltet. Grotowski sagte einmal, seine Arbeit sei so etwas wie die Konstruktion einer biblischen Jakobsleiter, über deren Sprossen die Engel auf die Erde herabsteigen können. Er war überzeugt, dass die präzis ausgeführte Bewegung eines Schauspielers einen präzisen (energetischen) Effekt nach sich ziehe: Wenn der Künstler das Werkzeug findet, das ihm erlaubt, die grobe, materielle Ebene zu verlassen, dann wird er eine leuchtende Ebene erreichen und sie für die Dauer der Aktion verkörpern» (Tadeusz Kornaś in *ThdZ* 9/2000). Auf diese Weise konnte man *Action* auch als einen neuen, symbolischen Wegweiser für die Schauspielkunst der Zukunft bezeichnen.

Barba, E.: Das Land von Asche und Diamant: Meine Lehrjahre in Polen. Gefolgt von 26 Briefen Jerzy Grotowkis an Eugenio Barba. Köln 2000 (*Flamboyant*, Heft 10/11); Grotowski, J.: Für ein armes Theater. Berlin 1994; The Grotowski Sourcebook. Hg. L. Wolford, R. Schechner. London, New York 1997; Kolankiewicz, L.: Grotowski w poszukiwaniu esencji. In: ders. Wielki mały wóz. Gdańsk 2001, S. 249–339; Kumiega, J.: The Theatre of Grotowski. London, New York 1985; Osiński, Z.: Grotowski and His Laboratory. New York 1986; *Pamiętnik Teatralny*. Warszawa 2000, Jg. XLIX, H. 1–4 und 2001, Jg. L, H. 1–2; Richards, T.: Theaterarbeit mit Grotowski an physischen Handlungen. Berlin 1996; Schwerin von Krosigk, B.: Der nackte Schauspieler. Die Entwicklung der Schauspieltheorie Jerzy Grotowskis. Berlin 1985.

Wojciech Dudzik

Grüber, Klaus Michael, 4.6.1941 Neckarelz. Regisseur.

Sohn eines Pfarrers. Nach Schulabschluss Schauspielstudium in Stuttgart, wo Siegfried Melchinger ihn auf die Arbeit Giorgio →Strehlers aufmerksam machte. 1964 Umzug nach Italien: Regieassistent und Mitarbeiter von Strehler und Paolo →Grassi am Mailänder Piccolo Teatro, dort 1967 erste eigene Insz.: *Der Prozeß der Jeanne d'Arc zu Rouen*, →Brechts Bühnenfassung des 1937 entstandenen Hörspiels von Anna Seghers. 1969 in Mailand viel beachtete Aufführung des Vietnam-Stücks *Off limits* von Arthur Adamov (Ausstattung Eduardo →Arroyo, dem neben Gilles →Aillaud in der Folge von G. besonders bevorzugten Bühnenbildner). Dt. Regiedebüt in Freiburg i. Br. mit Goldonis *Impresario von Smyrna*. 1969 verpflichtete ihn Kurt →Hübner ans Th. der Freien Hansestadt Bremen, wo seine visionär kargen und eigenwilligen Insz.en Aufsehen erregten: *Der Sturm* von →Shakespeare 1969; *Wozzeck* von Alban Berg 1971; *Weltmeisterschaft im Klassenkampf*, Majakovskij-Bearbeitung von Peter Otto Chotjewitz 1971; Händels Oper *Julius Caesar* 1972. Eine Vielzahl Berliner Regieaufträge begann 1972 mit Horváths *Geschichten aus dem Wiener Wald* bei Peter →Stein an der Schaubühne am Halleschen Ufer, deren Anerkennung als Kult- und Avantgardetheater ohne seine textgetreue und klare Akzente setzende Inszenierungspräzision nicht zu denken ist: *Die Bakchen* von Euripides 1974; Hölderlins Fragment *Empedokles* 1975 mit Bruno →Ganz. Im Berliner Olympiastadion Aufführung einer Adaptation des Hölderlin'schen *Hyperion* unter dem Titel *Die Winterreise* 1977. Im Berliner Hotel Esplanade *Rudi* nach den *Berliner Novellen* von Bernard von Brentano (1901–64), vom Kritiker der Zeitung *Tagesspiegel* seinerzeit als «das Kühnste, das Äußerste, das es im deutschen Theater jemals gab» bezeichnet. – Die erste Insz. in Frankreich war 1975 *Faust Salpêtrière*, ein Kondensat aus →Goethes *Faust I* und *Faust II* in der Kapelle des Pariser Krankenhauses Salpêtrière, zeigte einen tragisch einsamen Faust in der Masse der Menschen und Götter verloren, ein großer Erfolg, der den Anfang für Verpflichtungen bei franz. Th.n und Festspielen bildete. G. war der erste dt. Regisseur an der Comédie Française mit Racines *Bérénice* (1984). Zu Goethes 150. Todestag am 22. März 1982 kürzte G. die beiden Teile des *Faust* auf ein 3-Personen-Drama, das an der Berliner Freien Volksbühne mit Bernhard →Minetti in der TR widersprüchlich aufgenommen wurde. Die *Hamlet*-Insz. Ende 1982 an der Schaubühne wirkte besonders durch ihre historisierende Verfremdung mit Bruno Ganz in der TR.

Fast ununterbrochene Erfolgsserie in verschiedenen Ländern Europas: *An der großen Straße* von Čechov, Shakespeares *König Lear* (beide 1984, Schaubühne); *Heimweh* von Franz Jung (1984, Piccolo Teatro); *Bantam* von Arroyo (UA 1986, Residenztheater München); *Le récit de la servante Zerline*, eine Adaptation der Geschichte der Magd Zerline aus dem Novellenroman *Die Schuldlosen* von Hermann Broch (1986, Bouffes du Nord Paris); *Das letzte Band* von Beckett mit Bernhard Minetti (1987, Frankfurt a. M.); *Die Affäre der Rue de Lourcine* von Labiche (1988, Schaubühne); *Dantons Tod* von Büchner (1989, Th. des Amandiers Paris-Nanterre); *Phönix* von Maria Zvetajeva (1990, Schaubühne, mit Minetti); Kleists *Amphitryon* (1991, Schaubühne); Lenz' Trauerspielfragment der unerfüllten Liebe *Catharina von Siena* mit Bühnenbild von Aillaud (1992, Schaubühne); *Splendid's* von Genet (1994, Berlin; 1995 Mailand); *Bleiche Mut-*

ter, *Zarte Schwester* von Jorge Semprún (1995, Weimar); *Der Pol* von Vladimir Nabokov (UA 1996, Berlin); *Iphigenie auf Tauris* von Goethe (1998, Berlin); Koltès' *Roberto Zucco* (2001, Burgtheater), *Ödipus auf Kolonos* von Sophokles (2003, Wiener Festwochen / Burgtheater) mit Bruno Ganz. Operninszenierungen u. a. von Wagners *Die Walküre* (1976, Paris), Madernas *Hyperion* (1991, Paris, Amsterdam, Rom) Janáčeks *Aus einem Totenhaus* (1992, Salzburg), *Tagebuch eines Verschollenen* (2005, Wiener Staatsoper), *Die Sache Makropulos* (2006, Oper Zürich), Schönbergs Monodrama *Erwartung* (1995, Brüssel); Wagners *Tristan und Isolde* (1999 Salzburger Festspiele), Musorgskijs *Boris Godunow* (2006, Th. Royal de la Monnaie, Brüssel). Mehrere Einladungen zum Berliner Theatertreffen, 1995 Fritz-Kortner-Preis.

In «Biographischen Motivationen» («Motivations biographiques»), die G. in einem *Le Monde*-Interview der franz. Kritikerin Colette Godard (19. 9. 1974, S. 19) anvertraut hat, definiert er seine Arbeit im doppelten Sinn als Vorwand, also auch wortwörtlich als «Wand vor der Wand», ein maskierender Schleier, der die Gegenstände entdeckt und (ver)deckt, die Handlungsströme und Personen als Organisation der Maßlosigkeit in Szene setzt («organisation de la démesure mise en scène»). Der von der 68er-Bewegung geprägte G. bringt (indirekt) immer auch dt. Geschichte(n) als offene Fragen ins Bewusstsein der Zuschauer seiner Insz.en.

Carstensen, U. B.: Klaus Michael Grüber. Regie im Theater. Frankfurt a. M. 1988; Iden, P.: Die Schaubühne am Halleschen Ufer 1970–1979. München 1979; ders.: Theater als Widerspruch. München 1984; Kreuder, F.: Formen des Erinnerns im Theater Klaus Michael Grübers. Berlin 2002; Sucher, C. B.: Theaterzauberer. Von Bondy bis Zadek. 10 Regisseure des deutschen Gegenwartstheaters. München und Zürich 1990.

Horst Schumacher

Grünbaum, Fritz (eig. Franz Friedrich G.), * 7. 4. 1880 Brünn (Österreich-Ungarn, heute Brno, Tschech. Republik), † 14. 1. 1941 KZ Dachau. Kabarettist, Schauspieler, Autor, Theaterleiter.

1899–1904 Jurastudium. Conférencier und Vortragender in zahlreichen Kabaretts: 1906/07 Hölle (Wien), 1907–10 in Rudolf Nelsons Chat Noir (Berlin), ab 1910 erneut Hölle (1923 Leitung), seit 1912 Simplicissimus (Simpl, Wien). 1915–18 Kriegsfreiwilliger. 1920–33 abwechselnd in Berlin und Wien, zahlreiche Gastspiele. Schrieb Operetten-Libretti, u. a. *Die Donauprinzessin* (1907, Musik Leo Fall), *Miss Dudelsack* (1909, Musik Rudolf Nelson), *Der Favorit* (1916, Musik Robert Stolz). 1921 Bekanntschaft mit Karl → Farkas, mit dem er in den folgenden Jahren häufig auftrat (Doppelconférencen), Revuen (*Journal der Liebe*, 1926; *Flirt und Jazz*, 1928; *Bediene dich selbst*, *Die gestohlene Revue*, beide 1935) und Kabarettrevuen verfasste (*Prüfen Sie selbst!*, *Wir sehen Gespenster*, beide 1937; *Metro Grünbaum-Farkas' höhnende Wochenschau*, 1938). Mit Farkas 1926 künstl. Leiter des Neuen Wiener Stadttheaters, später des Simpl. Verfasser von Lustspielen (*Sturmidyll*, *Rosa Altschul*, *Dorine und der Zufall*) und Drehbüchern (*Die Csikosbaroness*, 1930; *Liebeskommando*, 1931), Film- und Theaterschauspieler, u. a. in Farkas / Herczegs *Die Wunder-Bar* (1930, Kammerspiele), Schnitzlers *Professor Bernhardi* (1930, Th. in der Königgrätzer Straße, Berlin), Freytags *Die Journalisten* (1932, Dt. Volkstheater Wien). Nach der Besetzung Österreichs im Mai 1938 verhaftet und ins KZ Dachau verschleppt; September 1938 KZ Buchenwald, Oktober 1940 erneut Dachau. – Einer der bedeutendsten Vertreter des Wiener Kabaretts der Zwischenkriegszeit, v. a. als Vortragender eigener Texte, witzig-humoristischer Versmonologe. Geistreicher Conférencier, der mit dem «Spiel der Bildung» arbeitete: «Höchst prosaische, einfache, alltägliche Angelegenheiten betrachte ich mit scheinbarem Ernst [...], gebe ihnen den Talmiwert der besonderen Bedeutung – und das Publikum lacht über dieses Mißverhältnis» (G., zit. nach *Die Welt des Karl Farkas*, S. 56).

Grünbaum, F.: Die Hölle im Himmel und andere Kleinkunst. Hg. H. Veigl. Wien 1985; ders.: Der leise Weise. Hg. H. Veigl. Wien 1992; ders.: Die Schöpfung und andere Kabarettstücke. Wien 1984; Veigl. H.: Lachen im Keller. Wien 1986; Die Welt des Karl Farkas. Hg. M. G. Patka, A. Stalzer. Wien 2001.

Wolfgang Beck

Gründgens, Gustaf (eig. Gustav), * 22. 12. 1899 Düsseldorf, † 7. 10. 1963 Manila (Philippinen). Schauspieler, Regisseur, Intendant.

1917 Kriegsfreiwilliger, Mitglied des Soldatentheaters Saarlouis. 1918 Leitung des Freilichttheaters Thale. 1919–20 Düsseldorfer Hochschule für Bühnenkunst (Leitung Louise →Dumont, Gustav →Lindemann). 1920–22 Halberstadt, 1922–23 Stadttheater Kiel (Mephisto in →Goethes *Faust I*, Weislingen in dessen *Götz von Berlichingen*). 1923–28 Hamburger Kammerspiele – 71 Rollen, u. a. die TRn in Kornfelds *Palme oder Der Gekränkte*, Sternheims *Oscar Wilde*, →Shakespeares *Hamlet*, Schnitzlers *Anatol*, Büchners *Dantons Tod* sowie Bleichenwang in Shakespeares *Was ihr wollt*, Bluntschli in Shaws *Helden*, Prinz in →Lessings *Emilia Galotti*, Christian Maske in Sternheims *Der Snob*. Inszenierte Shaws *Helden*, Büchners *Leonce und Lena* (und spielte Leonce), Wedekinds *Frühlings Erwachen* (und spielte Moritz Stiefel), *Anja und Esther* sowie *Revue zu Vieren* von Klaus Mann. 1926 im Wiener Th. in der Josefstadt Florindo in Hofmannsthals *Cristinas Heimreise*. 1928–32 lose Bindung an das Dt. Th. Berlin, wo er Otfried in der UA von Bruckners *Die Verbrecher*, Bacon in dessen *Elisabeth von England*, Orest in Goethes *Iphigenie auf Tauris*, Hofmarschall von Kalb in Schillers *Kabale und Liebe* spielte. Daneben Kabarett, Auftritte in Operetten (Herzog von Orleans in Künneckes *Liselott*), der Nelson-Revue *Glück muß der Mensch haben*; Opernregie an der Krolloper Berlin (Mozarts *Die Hochzeit des Figaro*) und Staatsoper Berlin (Mozarts *Così fan tutte* und *Der Rosenkavalier* von Richard Strauss); Filmrollen. 1932 Staatstheater Berlin, Triumph als Mephisto in Goethes *Faust I*, 1933 in *Faust II*, Dr. Jura in Bahrs *Das Konzert*. 1934 kommissarischer Leiter, September 1934 Intendant des Preuß. Staatstheaters Berlin. 1937 Staatsschauspieler. Spielte in eigenen Insz.en Riccaud in Lessings *Minna von Barnhelm*, die TR in Apels *Hans Sonnenstößers Höllenfahrt*, Friedrich II. in Rehbergs *Der Siebenjährige Krieg*, St. Just in Büchners *Dantons Tod*, erneut Mephisto, Franz Moor in Schillers *Die Räuber*; in →Fehling-Insz.en Don Juan in Grabbes *Don Juan und Faust*, TRn in Shakespeares *Julius Caesar* und *König Richard II.*, in anderen Insz.en Hamlet, Dubedat in Shaws *Der Arzt am Scheidewege*, Lukull in der UA von Hömbergs *Kirschen für Rom*, TR in Schillers *Die Verschwörung des Fiesco zu Genua*. Inszenierte Shakespeares *König Lear* und *Was ihr wollt*, Goethes *Egmont*; 1938 in der Berliner Staatsoper Mozarts *Die Zauberflöte*. Nach einem ganzseitigen Bericht über seine Hamlet-Interpretation 1938 im *Völkischen Beobachter*, den G. als «ungeheuerlichen Angriff auf mich» verstand, floh er in die Schweiz «mit dem festen Entschluß, nicht mehr zurückzukehren». Göring, dem das Staatstheater unterstand, lockte ihn mit der Ernennung zum Preuß. Staatsrat zurück, als der er vor dem Zugriff von Partei und Gestapo geschützt war. 1946 notierte G.: «Es ist mir damals über den Rahmen meiner inneren Möglichkeiten hinausgegangen, nach dieser Publikation und mit diesem Titel ins Ausland zu gehen.» G. nutzte seine privilegierte Stellung, um Gefährdete zu schützen. Das Staatstheater galt als «die Insel». Den Spielplan hielt er von platten Nazi-Dramen frei, indem er geltend machte, das erste Haus im Reich müsse eine Pflegestätte großer Dichtung sein. Als Repräsentant auf internat. Konferenzen aufzutreten oder im Ausland zu gastieren, vermied er. Als er 1943 nach der Sportpalastrede von Goebbels fürchtete, einem öffentlichen Bekenntnis zum NS-Staat nicht mehr ausweichen zu können, meldete er sich «zum Dienst in der Wehrmacht» und rückte bei der Luftwaffe ein, blieb aber Generalintendant. 1944 kehrte er für die Insz. von Schillers *Die Räuber* und die Rolle des Franz Moor vorübergehend ins Th. zurück. 1945 wurde G. in einem Lager interniert, nach 9 Monaten aber freigelassen: Die Sowjets honorierten seinen Einsatz für Verfolgte wie Ernst → Busch. 1946–47 Dt. Th. Berlin. Spielte die TRn in Sternheims *Der Snob*, *König Ödipus* von Sophokles und in Wedekinds *Der Marquis von Keith*, inszenierte *Der Schatten* von Evgenij Švarč. 1947 Intendant der Städt. Bühnen Düsseldorf, wo er mit dem Bekenntnis antrat: «Ich habe – der Beweis ist leicht zu erbringen – zehn Jahre Kunst gegen etwas gemacht, ich sehne mich danach, Kunst für etwas zu machen. Ich habe […] in vielen Tonarten inszenieren müssen, um das mir anvertraute Menschenmaterial heil über die Zeit zu bringen. Meine größte Hoffnung hier ist es, Ihnen meine Kunst nun in breitem C-Dur vormusizieren zu dürfen.» 1951 setzte er die Trennung von Schauspiel und Musiktheater durch, bis 1955 Intendant des Düsseldorfer Schauspielhauses. Spielte als Antrittsrolle noch einmal Ödipus, in seinen Insz.en Christian Maske und Mephisto, die TR in Goethes *Torquato Tasso*, Sir Henry in der DEA von Eliots *Der Privatsekretär*, Josef K. in Kafka/Gides *Der Prozeß*, noch einmal Franz Moor, die TR in Pirandellos *Heinrich IV.*, Kardinal in Cocteaus *Bacchus*, General Ramsey in Wolfes *Herrenhaus*, inszenierte außerdem Sartres *Die Fliegen* (DEA), die DEA von Eliots *Familientag*, → Raimunds *Der Alpenkönig und der Menschenfeind* (mit → Kortner) – insgesamt 35 Insz.en. 1955–63 Intendant des Dt. Schauspielhauses Hamburg. In eigenen Insz.en erneut Mephisto in *Faust I* (1957, verfilmt) und *Faust II* (1958), Caesar in Shaws *Caesar und Cleopatra* (1959), die TR in Schillers *Wallensteins Tod* (1955), Kandaules in Hebbels *Gyges und sein Ring* (1960), Heink in Bahrs *Das Konzert* (1962), Philipp II. in Schillers *Don Carlos* (1962); in → Hilperts Regie die TR in Osbornes *Der Entertainer* (DEA 1957), in → Sellners Regie Prospero in Shakespeares *Der Sturm* (1960). Inszenierte die UAen von Zuckmayers *Das kalte Licht* (1955), Jahnns *Thomas Chatterton* (1956), → Brechts *Die heilige Johanna der Schlachthöfe* (1959), Durrells *Sappho* (1959) und *Actis* (1961), Dieter Waldmanns *Von Bergamo bis morgen früh* (1960); außerdem Strindbergs *Totentanz*, Shakespeares *Hamlet* (beide 1963). *Faust*-Gastspiele in New York und Moskau. 1959 Verdis *Don Carlos* (Salzburger Festspiele), Glucks *Orpheus und Eurydike* (Mailänder Scala).

G.' epochale Bedeutung resultierte aus der glücklichen Verbindung dreier gleich großer Begabungen. Er war ein ungemein präziser, wirkungssicherer, brillanter Darsteller von starker Bühnenautorität und ein vorzüglicher, wenn auch leicht manierierter Sprecher; ein Regisseur der leichten Hand, dem Text verpflichtet, sicher in der Schauspielerführung, immer bedacht, «die Idee des Darzustellenden, das Allgemeingültige» zu zeigen; ein gut wirtschaftender, organisatorisch geschickter Intendant mit Talent zur Menschenführung. Ästhetisch konservativ, aber doch Neuem offen, wenn es seine künstl. Überzeugungen nicht in Frage stellte. 1948–49 Präsident des Dt. Bühnenvereins.

«Als Schauspieler fühle ich mich». Gustaf Gründgens. Hg. E. Fischer-Lichte, D. Walach. Berlin 2000; Blubacher, Th.: Gustaf Gründgens. Berlin 1999; Goertz,

H.: Gustaf Gründgens in Selbstzeugnissen und Bilddokumenten. (5. Aufl.) Reinbek 1995; Gründgens, G.: Briefe, Aufsätze, Reden. Hg. R. Badenhausen, P. Gründgens-Gorski. Hamburg 1967, München 1970; Gründgens, G.: Laßt mich ausschlafen. Hg. R. Badenhausen. München 1982; Gründgens, G.: Wirklichkeit des Theaters. Frankfurt a. M. 1954; Gründgens – Schauspieler, Regisseur, Theaterleiter. Hg. H. Rischbieter. Velber 1963; Gustaf Gründgens. Hg. Dumont-Lindemann-Archiv. (2. Aufl.) München u. a. 1981; Gustaf Gründgens. Ansichten eines Schauspielers. Hg. M. Matzigkeit, W. Meiszies. Düsseldorf 1999; Kühlken, E.: Die Klassiker-Inszenierungen von Gustaf Gründgens. Meisenheim a. G. 1972; Luft, F.: Gustaf Gründgens, Berlin 1958; Michalzik, P.: Gustaf Gründgens: der Schauspieler und die Macht. München 2001; Mühr, A.: Großes Theater. Begegnungen mit Gustaf Gründgens. Berlin 1952; Riess, C.: Gustaf Gründgens. Eine Biographie. Hamburg 1965; Spangenberg, E.: Karriere eines Romans. Mephisto, Klaus Mann und Gustaf Gründgens. München 1982; Walach, D.: «Aber ich habe nicht mein Gesicht». Berlin 1999; dies.: Die Glückssucher. Gustaf Gründgens und Renée Stobrawa. Berlin 2005.

Werner Schulze-Reimpell

Grzegorzewski, Jerzy, * 22. 6. 1939 Łódź, † 9. 4. 2005 Warszawa. Regisseur, Bühnenbildner, Theaterleiter.

G. studierte Bildende Kunst in Łódź und Theaterregie in Warschau, danach arbeitete er in Łódź (1967–76), Kraków (1976–82), Wrocław (1978–81 als künstl. Leiter des Teatr Polski) und Warszawa (1982–90 als künstl. Leiter, dann – bis 1997 – auch als Intendant des Centrum Sztuki Studio); 1997–2003 war er Intendant des Teatr Narodowy (Nationaltheater) in Warszawa. In seinem Repertoire griff G. oft auf dieselben Autoren (Genet, Gombrowicz, Kafka, Krasiński, Różewicz, Witkiewicz) bzw. Dramen (z. B. *Die Möwe* Čechovs, *Die Hochzeit* Wyspiańskis) und damit auf ähnliche Themen und Probleme (Kulturkrise, universale Kulturmythen und Mythen der romantischen Ideologie, existenzielle Fragen, Theatralität der menschlichen Beziehungen) zurück, die er aber in immer neuen Interpretationen und Perspektiven behandelte. Seine wichtigsten Insz.en (R. und Bb.) waren: *Balkon* (Łódź, Teatr im. Stefana Jaracza, P. 19. 2. 1972), *Amerika* nach Kafka (Warszawa, Teatr Ateneum, P. 26. 1. 1973; Wrocław, Teatr Polski, P. 26. 10. 1980), *Bloomusalem* nach Joyce (Warszawa, Teatr Ateneum, P. 27. 3. 1974), *10 Porträts mit einer Möwe im Hintergrund* nach Čechov (Kraków, Stary Teatr, P. 22. 11. 1979; Warszawa, Studio-Th., P. 24. 2. 1990), *Die Falle* von Różewicz (Studio-Th., P. 15. 1. 1984), Brecht / Weills *Die Dreigroschenoper* (Studio-Th., P. 9. 2. 1986), Čechovs *Onkel Vanja* (Studio-Th., P. 20. 3. 1993), *Die Trauung* von Gombrowicz (P. 27 .3. 1998), *Die Hochzeit* (P. 30. 1. 2000), *Operette* von Gombrowicz (P. 25. 6. 2000), *The Sea and the Mirror* nach Wystan Hugh Auden (P. 21. 12. 2002, alle Warszawa, Teatr Narodowy).

G. verstand Th. als eine autonome, unabhängige Kunst; in allen seinen Insz.en dominieren plastische, meistens symbolische Elemente. Das Wort wird der Bühnenvision des Regisseurs untergeordnet, die Schauspieler sollen kein «psychologisches Th.» darstellen. G. benutzte oft nur Fragmente der literarischen Werke, bildete szenische Collagen aus losen Bildern, einzelnen Dialogen bzw. Monologen und Musikmotiven, was eine besondere Poetik des Traums hervorruft. Auf der Suche nach dem Sinn des bearbeiteten Stücks gab G. seiner eigenen Phantasie bzw. Erfindungsgabe den Vorrang. Aus diesem Grund waren manche seiner Insz.en für das Publikum nur schwer zugänglich. Als Direktor des Nationaltheaters korrigierte G. seine «eskapistischen» Neigungen und versuchte, die aktuellen Verhältnisse in der poln. Gesellschaft durch die klassischen Werke szenisch darzustellen.

Sugiera, M.: Między tradycją a awangardą: teatr Jerzego Grzegorzewskiego. Kraków 1993.

Wojciech Dudzik

Gudzuhn, Jörg, * 24. 3. 1945 Seilershof. Schauspieler.

Nach dem Abitur Malerlehre. 1966–70 Staatl. Schauspielschule Berlin. 1970–74 Th. Karl-Marx-Stadt (Chemnitz), 1974–76 Hans-Otto-Th. Potsdam, 1978–86 Maxim-Gorki-Th. Berlin, seit 1987 einer der Protagonisten des Dt. Th.s mit großem Spektrum der Möglichkeiten zwischen erzkomödiantischen Rollen und schwierigen Charakteren, Klassik und Moderne. Spielte Saladin in → Lessings *Nathan der Weise* (1987, R. F. → Solter), Leicester in Schillers *Maria Stuart* (1990) und hatte als anders gedeuteter Dorfrichter Adam in Kleists *Der zerbrochene Krug* (R. Th. → Langhoff) 1990 seinen vielleicht größten Erfolg, indem er einen noch relativ jungen, drahtigen Mann zeigt, der sich in Eva vernarrt hat und zum Opfer seines Verlangens wird, was er sich nicht zugestehen will. Im gleichen Jahr war er der Claudius in Heiner → Müllers *Hamlet/Hamletmaschine*-Insz., 1991 Valmont in Müllers *Quartett*. G. spielte auch viele Rollen zeitgenössischer Autoren wie Volker Braun, Stefan Schütz und Klaus → Pohl (TR in *Karate-Billi kehrt zurück* 1992). Weiter u. a. Fußballtrainer in Brussigs Monologstück *Leben bis Männer* (2001), Vockerat in Hauptmanns *Einsame Menschen* (2003, R. → Thalheimer), Newton in Dürrenmatts *Die Physiker* (R. → Fricsay), Al Lewis in Simons *Sonny Boys*, Orgon in → Molières *Tartuffe* (alle 2005, R. → Schuster). Bei den Salzburger Festspielen 1992–93 Mammon in Hofmannsthals *Jedermann*, 2002 TR in der UA von Turrinis *Da Ponte in Santa Fe* (R. → Peymann). Film- und Fernsehrollen, u. a. in der Serie *Der letzte Zeuge*. Zahlreiche Preise in der DDR. – Ein ungemein vielseitiger Darsteller von nervösem Temperament und trockener Komik, souverän im Gebrauch seiner Mittel, unverwechselbar in Diktion und Gestik, ein Virtuose, der tiefem Schmerz erschütternd Ausdruck geben kann.

Werner Schulze-Reimpell

Guinness (de Cuffe), **Sir Alec**, * 2. 4. 1914 London, † 14. 8. 2000 Midhurst (West Sussex). Schauspieler, Regisseur, Autor.

Sohn eines Dienstmädchens. Erster Auftritt in einer Schüleraufführung von → Shakespeares *Macbeth*. Angestellter einer Werbeagentur. Ausbildung bei Martita Hunt und am Fay Compton Studio of Dramatic Art. 1934 Debüt in Langleys *Queer Cargo* (Piccadilly Th.) und erste Filmrolle *(Evensong)*. Von → Gielgud ans New Th. verpflichtet, u. a. in Shakespeares *Hamlet* (1934), *Romeo and Juliet* (1935), Čechovs *Die Möwe* (1936). 1936/37 Old Vic Th., meist in der Regie → Guthries in Shakespeare-Stücken, 1938 mit wenig Erfolg TR in *Hamlet* in Guthries berühmter Insz. in moderner Alltagskleidung. 1939 gründete G. u. a. mit → Devine The Actor's Company und spielte erfolgreich seine Adaption von Dickens' *Great Expectations* (1939, Rudolf Steiner Hall; 1946 verfilmt). 1940–45 Marineoffizier, unterbrochen von einem Gastspiel in New York in Rattigans *Flare Path* (1943). 1946 in seiner Adaption von Dostoevskijs Roman *Die Brüder Karamasov* (Lyric Th.) und der engl. EA von Sartres *Bei geschlossenen Türen* (Arts Th.), beide in der R. → Brooks. 1946–48 letztes festes Engagement bei der Old Vic Company im New Th.; u. a. in Priestleys *An Inspector Calls (Ein Inspektor kommt*, 1946), Shakespeares *Richard II* (TR, R. → Richardson), Jonsons *The Alchemist* (beide 1947), Gogol's *Der Revisor* (1948). Eigene Regie bei Shakespeares *Twelfth Night (Was ihr wollt*, 1949). Erfolg in Eliots *The Cocktail Party* (1949, Lyceum Th. Edinburgh). Nach der TR in seiner wenig erfolgreichen Insz. von *Hamlet* (1951, New Th.) verstärkt Arbeit beim Film und nur selten klassische Theaterrollen, so 1953 in Stratford (Ontario) in Shakespeares *Richard III* (TR) und *All's Well That Ends Well (Ende gut, alles gut*, beide R. Guthrie). 1949 internat. Erfolg mit *Kind Hearts and Coronets*

(Adel verpflichtet), in dem G. 8 Rollen spielte. Weitere Filme u. a. *The Lavender Hill Mob* (*Einmal Millionär sein*, 1951), *Father Brown* (1953), *The Ladykillers* (1955), *The Swan* (1956), *The Bridge on the River Kwai* (1957, Oscar), *Our Man in Havana* (1959), *Lawrence of Arabia* (1962), *Dr Zhivago* (1965), *Fratello sole, sorella luna* (1972, R. → Zeffirelli), *Murder by Death* (*Eine Leiche zum Dessert*, 1973), *Star Wars* (1977), *Tinker, Tailor, Soldier, Spy* (*König, Dame, As, Spion*, 1979, TV), *Little Lord Fauntleroy* (*Der kleine Lord*, 1980, TV), *Smiley's People* (1982), *A Passage to India* (1984), *Little Dorrit* (1987), *Kafka* (1991), *Mute Witness* (1994). Zuletzt in *Eskimo Day* (1996, TV). Neben der Arbeit für Film, Fernsehen, Rundfunk regelmäßige Bühnenauftritte: «Ich mache nie mehr als zwei Filme hintereinander, ohne danach Theater zu spielen; ich habe zu viele Schauspieler gesehen, die in den Studios verlorengingen und nie mehr aufgefunden wurden» (G., zit. nach Missler, S. 161). Rollen u. a. in Rattigans *Ross* (1960, Haymarket Th.), Ionescos *Der König stirbt* (brit. EA 1963, Edinburgh Festival), Michaels *Dylan* (1964, Plymouth Th., New York), Millers *Incident at Vichy* (1966, Phoenix Th.), Mortimers *A Voyage Round My Father* (1971, Haymarket Th.), in der eigenen Swift-Adaption (mit Strachan) *Yahoo* (1976, Queen's Th.). Letzte Auftritte in Shakespeare-Dramen: TR in *Macbeth* (1966, Royal Court Th., mit → Signoret), Shylock in *The Merchant of Venice* (1984), TR in *King Lear* (1985, beide Chichester Festival). Letzte Bühnenrolle in Blessings *A Walk in the Woods* (1988, Comedy Th.). Seit 1938 verheiratet mit der damaligen Schauspielerin Merula Salaman; ihr Sohn Matthew (* 6. 6. 1940 London) wurde ebenfalls Schauspieler. Zahlreiche Auszeichnungen, u. a. Commander of the British Empire (1955), geadelt 1959, Companion of Honour (1994), 1980 Ehren-Oscar, 1985 Shakespeare-Preis Hamburg, Ehrendoktor der Universitäten Oxford (1977) und Cambridge (1991). – G. gehörte mit → Olivier, Gielgud, Richardson, Michael → Redgrave zu den bedeutendsten Schauspielern seiner Zeit. Ein vielseitiger Charakterdarsteller von chamäleonhafter Wandlungsfähigkeit. Seinen Weltruhm verdankt er v. a. dem Film, der seiner antirhetorischen, minimalistisch wirkenden Schauspielkunst mit zurückgenommener Gestik und ausdrucksvoller Mimik entgegenkam. Schauspieler von großem komödiantischem Talent, der sich seinen Rollen von außen näherte; über Stimme, Körperhaltung, Mimik den jeweiligen Charakter suggestiv und sensibel ergründete. Ein technisch brillanter, präziser Darsteller, gleich bedeutend in komischen wie in dramatischen Rollen. Er schrieb Drehbücher und mehrere autobiographische Werke.

Guinness, A.: Blessings in Disguise. London (Neuausgabe) 1996 (dt. Das Glück hinter der Maske. München 1996); ders.: My Name Escapes Me: the Diary of a Retiring Actor. London 1996 (dt. Adel verpflichtet. Berlin 1998); ders.: A Positively Final Appearance: A Journal 1996–1998. London 1999; Missler, A.: Alec Guinness. Seine Filme, Sein Leben. München 1987; O'Connor, G.: Alec Guinness: master of disguise. London 1994; ders.: Alec Guinness the unknown. London 2002; Read, P. P.: Alec Guinness: the authorized biography. London 2003; Taylor, J. R.: Alec Guinness. London (Neuausgabe) 2000; Von Gunden, K.: Alec Guinness: the films. London 2002.

Wolfgang Beck

Guthrie, Sir Tyrone (William), * 2. 7. 1900 Tunbridge Wells (Großbritannien), † 15. 5. 1971 Newbliss (Irland). Regisseur, Theaterleiter, Schauspieler.

Studium am St. John's College in Oxford. Debüt als Schauspieler 1923 bei der Oxford Repertory Company, 1926/27 Regisseur der Scottish National Players. Zwischenzeitlich Regisseur bei der BBC; einer der engl.sprachigen Hörspiel-Pioniere. 1929/30 Regisseur des Festival Th. in Cambridge. Erste Londoner Produktionen (James Bridies *Anatomist*, 1931; Pirandellos *Sechs Personen suchen einen Autor*, 1932), machten ihn als Regisseur bekannt. 1933/34 Regisseur am Londoner Old Vic, das er 1936–45 und 1951/52 leitete; 1939–45 zusammen mit der Sadler's Wells Company. Dort machte er sich einen Namen als Opernregisseur, u. a. Rossinis *Barbier von Sevilla* (1942), Brittens *Peter Grimes* (1946), Bizets *Carmen* (1949; 1952 auch Metropolitan Opera, New York). Seit 1946 häufig in Amerika, wo sich G. u. a. um Stärkung des Repertoiretheaters bemühte. 1953 Mitbegründer des Shakespeare-Festivals im kanad. Stratford (Ontario), wo er bis 1957 mit herausragenden Regiearbeiten das kanad. Theaterleben und die Shakespeare-Rezeption stark beeinflusste. U. a. 1953 Shakespeares *Richard III* und *All's Well That Ends Well* (*Ende gut, alles gut*), 1954 *The Taming of the Shrew* (*Der Widerspenstigen Zähmung*), 1955 Marlowes *Tamburlaine the Great* (eigene Bearbeitung mit D. Wolfit; 1956 am Broadway). Unzufrieden mit dem kommerzialisierten Broadway-Th. propagierte G. 1959 (30. 9.) in der *New York Times* seine Idee eines zu gründenden stehenden Th.s mit festem Ensemble und Repertoirespielplan. Aus 7 interessierten Städten wurde Minneapolis ausgewählt, wo G. am 7. 5. 1963 das nach ihm benannte Th. mit seiner Insz. von Shakespeares *Hamlet* eröffnen konnte; künstl. Leiter bis 1966. Wichtige Insz.en: → Brechts *Der aufhaltsame Aufstieg des Arturo Ui* und *The House of Atreus* nach Aischylos' Trilogie *Oresteia* (beide 1968/69 auch am Broadway). Neben den festen Verpflichtungen war G. Gastregisseur in Großbritannien (u. a. Shakespeare Memorial Th., Royal Opera Covent Garden, Group Th., Belfast, Royal Shakespeare Company, National Th.) und anderen Ländern. So am Abbey und Gate Th. in Dublin, am israel. Nationaltheater Habima in Tel Aviv, wo er u. a. Sophokles' *Oedipus Rex* inszenierte (1948 Broadway-Gastspiel). – G. inszenierte risiko- und einfallsfreudig, texttreu und auf Ensemblespiel bedacht. Zu seinen Insz.en gehörten klassische wie moderne Stücke des Sprech- und Musiktheaters. Am Broadway u. a. Paddy Chayefskys *The Tenth Man* (1959–61) und *Gideon* (1961/62), Wilders *The Matchmaker* (1955–57), L. Bernsteins *Candide* (1956/57). Schwerpunkt seiner Arbeit war die Auseinandersetzung mit dem Elisabethanischen Th., v. a. mit Shakespeare. U. a. *Measure for Measure* (*Maß für Maß*, 1933/34, 1937/38, 1965/66), *Henry VIII* (1933/34, 1948/49), Macbeth (1933/34, mit Charles → Laughton), *Othello* (1937/38, 1942/43), *Timon of Athens* (*Timon von Athen*, 1951/52), *Troilus and Cressida* (1955/56, auch am Broadway), *Coriolanus* (1963, Nottingham). Herausragende Ereignisse waren seine Insz.en von *Hamlet*, mit dem er sich mehrfach auseinandersetzte. So inszenierte er ihn 1936/37 mit Laurence → Olivier eher historisierend, 1938/39 mit Alec → Guinness modern und zeitgenössisch.

Einer der wichtigen Anreger des engl.-sprachigen Th.s im 20. Jh. mit großen Verdiensten um die Erneuerung der Shakespeare-Rezeption, um Ensemblekultur und Förderung der Repertory Th.s. G. veröffentlichte Bücher über das Th., Stückbearbeitungen, Übersetzungen (Čechov) und eigene Schauspiele (u. a. *Top of the Ladder*, UA 1950 in eigener R.). 1961 geadelt. Seit 1954 werden im kanad. Stratford nach ihm benannte Th.-Preise verliehen; 2000 anlässlich seines 100. Geburtstags u. a. von Peter → Hall Gründung der T.-G.-Gesellschaft. Den Familienbesitz Annaghmakerrig bei Newbliss (Rep. Irland) vermachte G. dem ganzen irischen Volk. Sitz des T.-G.-Center (1981 eröffnet), das Künstlern aller Sparten Arbeitsaufenthalte ermöglicht und gemeinsam von Vertretern der Republik Irland und Nordirlands verwaltet wird.

Forsyth, J.: Tyrone Guthrie: a biography. London 1976; Guthrie, T.: A life in the theatre. New York 1959; ders.: In various directions; a view of theatre. New York 1965; ders.: Theatre prospect. London 1932; ders.: Tyrone Guthrie on acting. London 1971; Rossi, A.: Astonish us in the morning: Tyrone Guthrie remembered. London 1977; ders.: Minneapolis rehearsals: Tyrone Guthrie directs Hamlet. Berkeley 1970.

Wolfgang Beck

H

Haberlandt, Fritzi, * 6. 6. 1975 Ostberlin. Schauspielerin.

Schon während ihrer Ausbildung an der Hochschule für Schauspielkunst «Ernst Busch» (Berlin) von Robert → Wilson entdeckt, in dessen Regie sie in *Saints and Singing* nach Gertrude Stein (UA 4. 11. 1998, Hebbel-Th. Berlin), Büchners *Dantons Tod* (1999, Berliner Ensemble) und in *The Days Before: Death, Destruction + Detroit III* (UA 1999, State Th. New York) spielte. 1999 Schauspiel Hannover (→ Lessings *Minna von Barnhelm*, *Unsere kleine Stadt/Action* von Thornton Wilder/Sam Shepard). Ab 2000 Thalia Th. Hamburg; Rollen in Gor'kijs *Nachtasyl* (2000), der Trilogie nach Dantes *La Divina Commedia* von Tomaz Pandur (2001/02), Greigs *Mainstream* (2001), Armin → Petras' (Pseud. Fritz Kater) *Harvest*-Trilogie (2001–03), Lukas Bärfuss' *Der Bus* (UA 29. 1. 2005), Dürrenmatts *Das Versprechen* (2005). H. erregte Aufsehen v. a. in den umstrittenen Insz.en Michael → Thalheimers: Julie in Molnárs *Liliom* (2000), Luise in Schillers *Kabale und Liebe*, Mizi in Schnitzlers *Liebelei* (beide 2002), Marie in Büchners *Woyzeck* (2003, Koproduktion Salzburger Festspiele), TR in Wedekinds *Lulu* (2004). 2005/06 am Dt. Th. Berlin in Horváths *Geschichten aus dem Wiener Wald* (R. → Gotscheff). Ab 2006/07 am Maxim-Gorki-Th. in Berlin. 1999 und 2001 von *Th. heute* zur «Nachwuchsschauspielerin des Jahres» gewählt, 2001 Boy-Gobert-Preis, 2003 Alfred-Kerr-Preis als beste Nachwuchsschauspielerin. Seit *Die Braut* (TV, 1999, R. Egon Günther) auch im Film und Fernsehen; *Kalt ist der Abendhauch* (2000, Bayer. Fernsehpreis), *Heimatfilm!* (TV, 2003), *liegen lernen* (2003), *Erbsen auf halb 6* (2004). – Die Schauspielerin mit dem einprägsamen Gesicht und dem eigenwilligen Charme spielt mit ausgeprägt persönlichem Ausdruck und intensiver Ausstrahlung. «Eine, die so spielt, als pfiffe sie im Wald. [...] und es ist dies ein tapferes, komisches Pfeifen – über alles, was höhnisch in den Ohren dröhnt, und am höhnischsten klingen Worte wie Sehnsucht, Zuhause, Nähe, Wärme, Glück, Liebe» (H.-D. Schütt in *Neues Deutschland*, 1. 3. 2004).

Wolfgang Beck

Haeusserman, Ernst Heinz (eig. Häussermann, in den USA: Ernest H. Haussermann), * 3. 6. 1916 Leipzig, † 10. 6. 1984 Wien. Theaterleiter und -pädagoge, Regisseur, Schauspieler, Kulturmanager.

Sohn des Burgschauspielers Reinhold H. (1884–1947). Schauspielstudium an der Wiener Akademie für Musik und darstellende Kunst (1933–35); 1933–39 Schauspieler am Burgtheater (Wien). Emigrierte 1939 in die

USA (1943 naturalisiert); Arbeit beim Theater- und Filmagenten Paul Kohner und in → Reinhardts Workshop for Stage, Screen and Radio in Hollywood. Auftritte an Wicclairs Freier Bühne in Los Angeles (1940) und Ernst → Lothars Österr. Bühne in New York (1940/41). Filmrollen u. a. in *Ein Stern fällt vom Himmel* (1934), *Dr. Ehrlich's Magic Bullet*, *A Dispatch from Reuters*, *Four Sons* (alle 1940), *Underground* (1941), *Secret Enemies* (1942), *Mission to Moscow*, *Hitler's Madman*, *Hostages* (alle 1943). 1946 kehrte H. als Kulturoffizier des Office of War Information nach Wien zurück, leitete 1946–53 die Film-, Th.- und Musikabteilung der amerik. Botschaft, war bis 1949 Programmdirektor des Rundfunksenders Rot-Weiß-Rot in Salzburg. Gründete die Cosmopol-Filmgesellschaft, Regie bei *Pepi Columbus* (1954). 1953–59 leitete er mit Franz Stoß (1909–95) das Th. in der Josefstadt. 1954–61 Dozent an der Akademie für Musik und darstellende Kunst (Reinhardt-Seminar), 1955 Titularprofessor. 1959–68 Leiter des Burgtheaters. Studierte Theaterwissenschaft an der Universität Wien (Dissertation über *Max Reinhardts Theaterarbeit in Amerika*, 1966). 1965 Professor an der Hochschule für Musik und darstellende Kunst; 1968 Professor für Kulturmanagement. 1972–84 Direktor des Th.s in der Josefstadt (1972–77 mit Franz Stoß). Seit 1961 Direktoriumsmitglied der Salzburger Festspiele, wo er u. a. Hofmannsthals *Jedermann* (1973–89) und Hochhuths *Tod eines Jägers* (UA 1977) inszenierte. Regie u. a. am Th. in der Josefstadt, dem Burgtheater, den Burgenländischen Festspielen. Ab 1975 mit Marcel Prawy (1929–2003) Leiter des Instituts für kulturelles Management. Veröffentlichte v. a. theaterwissenschaftliche Arbeiten. Präsident des österr. Zentrums des Internat. Theater-Instituts (ITI). H. war verheiratet mit Susi → Nicoletti. Zahlreiche Auszeichnungen. – H.s Bedeutung liegt v. a. in seiner Tätigkeit als Theaterleiter. In der Spielplangestaltung legte er den Schwerpunkt auf klassisches Bildungstheater und österr. Dramatik. Das Burgtheater führte er mit einem Repertoire der Weltdramatik aus künstl. Erstarrung zu neuem Ruf (Welttournee 1968). Akzente durch Zyklen von antiken, → Shakespeare-, → Raimund-Dramen, wofür H. bedeutende Regisseure verpflichtete (→ Sellner, → Lindtberg, Steinboeck). Vorsichtig gegenüber aktueller Dramatik, die er meist erst an anderen Bühnen erproben ließ. Ein behutsamer Regisseur, der die eigene Arbeit dem Text unterordnete und sich u. a. den Schauspielern verpflichtet fühlte.

Haeusserman, E.: Die Burg. Rundhorizont eines Welttheaters. Wien 1963; ders.: Im Banne des Burgtheaters. Wien u. a. 1966; ders.: Herbert von Karajan. Wien u. a. 1978; ders.: Von Sophokles bis Grass. Wien u. a. 1968; ders.: Das Wiener Burgtheater. (2. Aufl.) Wien u. a. 1975; ders.: Mein Freund Henry. Dokumentarroman. Wien, Hamburg 1983.

Wolfgang Beck

Halász, Péter, * 1944 Budapest, † 9. 3. 2006 New York. Schauspieler, Regisseur, Theaterleiter, Autor.

1962–68 am Universitäts-Th. Ausbildung und Aktivität als Schauspieler, Regisseur und Autor. H. gründete 1969 u. a. mit Anna Koós (seiner ersten Frau) das nichtprofessionelle Kassák Stúdió Th.; Aufführungen im gleichnamigen Kulturhaus oder unter freiem Himmel. Ko-Autor, Darsteller und Regisseur in Stücken wie *Testvérballada* (1970), *Labirintus* (1971), *A skanzen gyilkosai* (1972), *King Kong* (1973). Nach einem ungenehmigten Auftritt beim Festival des Freien Th.s in Wrocław 1973 wurde Gruppenmitgliedern der Pass entzogen und das Th. verboten. Aufführungen im Untergrund in den Wohnungen der Beteiligten. Anfang 1976 Emigration der Gruppe als politische Flüchtlinge nach Frankreich (Paris); Auftritte dort, in den Niederlanden, Belgien und Deutschland z. B. mit *Improvisations* (Paris), Čechovs *Drei Schwestern* (Paris, Marseille, Amsterdam), den eigenen Stücken *Don Giovanni von Leporello* (Düsseldorf), *Pig, Child, Fire*, ihrer ersten Neuproduktion in Westeuropa (Rotterdam, Nancy, Paris). Sommer 1977 Übersiedlung der Gruppe in die USA, wo sie sich als Squat Th. in New York etablierte. Hier zeigte die sich als genreübergreifend verstehende Gruppe Filme (1980–84), veranstaltete Konzerte (1979–81) und eigene Theaterproduktionen. Dazu gehörten u. a. *Pig, Child, Fire* (1977, Obie Award), *Andy Warhol's Last Love* (1978), *Mr. Dead & Mrs. Free* (1981, Obie Award). 1984 löste sich das Squat Th. auf; H. gründete in New York die Love Th. Company, mit der Produktionen wie die auf aktuellen Neuigkeiten basierende Vorstellungsreihe *Life & Death in New York City*, *The Chinese* (beide 1985, Love Th., New York), *Ambition* (1987, La MaMa Th., New York), *She Who Once Was The Helmetmaker's Beautiful Wife* (1989, REP Art Center, New York) entstanden. Seit 1991 arbeitete H. auch wieder in Ungarn, wo 1992 *The Chinese* und *Ambition* im Budapester Katona Jozsef Th. gezeigt wurde. Mitdirektor des Budapester Városi Színház. In den folgenden Jahren schrieb H. Drehbücher, arbeitete als Autor, Schauspieler und Regisseur in Europa und den USA. Zu den Stücken, an denen er beteiligt war, gehören u. a. *Piero della Francesca Cabaret* (1993, Love Th.; Maubeuge, Antwerpen, Amsterdam, Budapest), *Jack Smith is Dead* (1994, Tilos az A Club, Budapest), *Diary of a Mad Man* (nach Gogol', Love Th.; Amsterdam, Antwerpen, Gent), *The Case of the Bata Boots* (beide 1995/96, Love Th.; Antwerpen), *Fly by Night* (1995/96, Amsterdam, Rotterdam, New York), *Hotel of the Lost Children* (1997, Gent), *Nosferatu Org.* (Katona Jozsef Th.), *Az aknaszedo feljegyzesei* (beide 1999, Uj szinhaz, Budapest). H. führte Regie u. a. bei Bartóks *Herzog Blaubarts Burg* (1993, Athen), dessen *Der holzgeschnitzte Prinz* (1994, München), Eötvös' *Radames* (1997, Kammeroper Budapest). Für das Katona Jozsef Th. inszenierte er 1994 unter dem Obertitel *Power Money Fame Beauty Love* eine Serie von 33 Stücken, die z. T. improvisierend auf Tagesaktualitäten eingingen. H. unterrichtete in den USA und Europa. Filmrollen u. a. in *Fat Man and Little Boy* (1989), *A Turné* (1993), *Balekok és banditák* (1997), *Simon mágus* (1999), *A Mohácsi vész* (2004). Seine letzte Arbeit war der experimentelle Film *Herminamezö Szellemjaras* (2006), eine groteske Verarbeitung des Ungarnaufstands von 1956. Einen Monat vor seinem Tod (6. 2. 2006) inszenierte H. in der Budapester Kunsthalle das eigene Begräbnis. – H., «ein großer Initiator» (G. Konrád), war einer der wichtigsten Vertreter der Th.-Avantgarde und des Freien Th.s Ungarns. Experimentierfreudiger und verschiedensten Einflüssen (→ Artaud, jap. Nô-Th.) offen gegenüberstehender Theaterkünstler, bemüht, die Grenzen zwischen Leben und Kunst zu verwischen. Er beeinflusste mit dem Squat Th. und der Love Th. Company das Theaterleben in den USA und Europa.

Bako, M.: Das provozierte Versehen: Kunst und Leben des Squat Theatre. Diss. Leipzig 2005 (1 CD-ROM); Buchmuller, E., A. Koós: Squat Theatre. New York 1996 (Katalog); Halász, P.: Gázóra: félálomszínház. Budapest 2003; Shank, Th.: Beyond the Boundaries: American Alternative Theatre. Ann Arbor 2002; Squat Theater (1969–1981). Hg. S. Galasso, V. Valentini. Soveria Mannelli 1998.

Wolfgang Beck

Hall, Sir Peter (Reginald Frederick), * 22. 11. 1930 Bury Saint Edmonds (Großbritannien). Regisseur, Theaterleiter.

Bereits während des Studiums in Cambridge (Magister 1953) Debüt als Schauspieler und Regisseur. Erste Stationen 1953 Windsor, Oxford, 1954 Regisseur am Arts Th. Dort u. a. Londoner EA von Becketts *Waiting for Godot,* Anouilhs *Walzer der Toreros* und erste Insz. eines Ionesco-Stücks in Großbritannien

(*Die Unterrichtsstunde*). Insz.en an Londoner und New Yorker Th.n. In den 1950er Jahren Regiearbeiten am Shakespeare Memorial Th. in Stratford-upon-Avon (u. a. 1959 *Coriolan* mit Charles → Laughton und Laurence → Olivier), 1960 künstl. Leiter des Ensembles, das 1961 zur Royal Shakespeare Company (RSC) wurde und mit dem Aldwych Th. eine Londoner Dependance bekam. Zusammenarbeit mit Peter → Brook und Michael St. Denis. Im neuen Ensemble u. a. Peggy → Ashcroft, Paul → Scofield. Im Repertoire v. a. → Shakespeare, aber auch moderne in- und ausländische Autoren. Insz.en u. a. von Anouilhs *Becket* (1961), → Pinters *The Homecoming* (1965). 1968 verließ H. die RSC (weiterhin Regisseur), leitete 1969–71 das Covent Garden Opernhaus, übernahm 1973 als Nachfolger Oliviers die Leitung des National Theatre (NT). Nach dessen Umzug in ein neues Gebäude 1976 Eröffnung zweier der 3 Bühnen mit Insz.en H.s; das Lyttelton Th. mit Shakespeares *Hamlet* (TR Albert → Finney), das Olivier Th. mit Marlowes *Tamburlaine the Great*. Weitere Regiearbeiten am NT u. a. Pinters *No Man's Land* (1975, mit John → Gielgud und Ralph → Richardson), Becketts *Happy Days* (1975, mit P. Ashcroft), Shaffers *Amadeus* (1979, mehrfach preisgekrönt, auch im West End und am Broadway), Shakespeares *The Tempest* (1988). H.s Insz. von Tony Harrisons Adaption der *Oresteia* nach Aischylos (1981) wurde als erste ausländische Produktion im antiken Th. von Epidauros gezeigt. Internat. erfolgreich auch H.s eigene Adaption von Orwells Roman *Animal Farm* (1984), die nicht nur auf allen 3 Bühnen des NT aufgeführt wurde, sondern auch in 15 Städten des In- und Auslands. 1988 verließ H. das NT und gründete eine eigene Theatertruppe, mit der er über 30 Stücke inszenierte, u. a. während einer Saison am Old Vic Th. (1997/98); regelmäßige Sommersaison im Th. Royal in Bath (2003 Pinters *Betrayal*, Cowards *Design for Living*). Im Westend Regie u. a. bei Williams' *Orpheus Descending* (1988, mit Vanessa → Redgrave), Shakespeares *The Merchant of Venice* (1989, Phoenix Th., mit Dustin Hoffman), Ibsens *Baumeister Solness* (1995, Th. Royal, Haymarket), Manfridis *Cuckoos* (2000, Gate Th.), Grays *Japes* (2001, Th. Royal, Haymarket). In den letzten Jahren verstärkte Arbeit in den USA. Dort inszenierte er 2000 in Denver (mit seinem Sohn Edward) John Bartons *Tantalus*, einen aus 10 Stücken bestehenden Zyklus über den Trojanischen Krieg; 2001 in Los Angeles mit einem multikulturellen Ensemble Shakespeares *Romeo and Juliet* (Ahmanson Th.). – Neben Schauspielen hat H. auch bei Filmen (z. B. *The Homecoming*, 1973, *She's been away*, 1990, *Never talk to strangers*, 1995) und Opern Regie geführt. U. a. Schönbergs *Moses und Aaron* (1966), Wagners *Tristan und Isolde* (1971, beide Covent Garden) und *Der Ring des Nibelungen* (1983–85, Bayreuth). Zahlreiche Insz.en beim Glyndebourne-Festival, dessen künstl. Leiter er 1984–90 war, u. a. Mozarts *Le nozze de Figaro* (1973; 2003 Lyric Opera Chicago), Beethovens *Fidelio* (1979), Brittens *A Midsummer Night's Dream* (1981) und *Albert Herring* (1985), Verdis *Otello* (2001). Mehr als 40 Opern-Insz.en weltweit. H. war u. a. verheiratet mit der amerik. Mezzosopranistin Maria Ewing (*1950), beider Tochter Rebecca H. ist Schauspielerin. Zahlreiche Auszeichnungen, u. a. 1963 Commander of the British Empire (CBE), 1977 geadelt.

H. ist einer der internat. bekanntesten Regisseure, durch die Leitung beider brit. Nationaltheater von großem Einfluss. Wichtig der kontinuierliche Aufbau eines Ensembles und die Betonung des Ensemblespiels an den von ihm geleiteten Häusern. Beispielhaft die Aufführungen von Dramen Shakespeares in rund 30 Insz.en, immer im Bemühen, dem Werk dieses Autors ohne Belastung durch Traditionen (im Spiel wie in der Konzeption) aus moderner Perspektive gerecht zu werden. «H.s Regiekonzeption der historischen Dramen Shakespeares ist eine wesentlich vom Dramaturgischen her bestimmte – ein Ablauf geschichtlicher Bilder in einem gemeinsamen symbolischen Raum» (Ch. Pesch in *Th. heute*. Jahresband 1964, S. 115). Hervorzuheben seine zyklische Bearbeitung der Königsdramen als *The War of the Roses* (1963/64, RSC, 3 Teile), *Macbeth* (1967, RSC, TR Scofield; 1978 NT), *Othello* (1980, NT), *Antony and Cleopatra* (1987, NT, mit Anthony Hopkins). Th. soll herausfordern, provozieren, Sachverhalte durchleuchten, nachdenklich machen, dies ist H.s künstl. Credo. Als Regisseur geht es ihm in klassischen wie modernen Stücken darum, die Essenz des Werks zu verdeutlichen. «Für mich ist das Geheimnis des Lebens, mich in etwas hineinzustürzen, wofür ich Leidenschaft und Besessenheit habe: Regieführen» (P. H. in *The Times*, 13. 3. 2000).

Addenbrooke, D.: The Royal Shakespeare Company: the Peter Hall years. London 1974; Beaumann, S.: The Royal Shakespeare Company. London 1982; Fay, St.: Power Play. The Life & Times of Peter Hall. London 1995; Goodwin, T.: Britain's Royal National Theatre. London 1988; Hall, P.: Diaries. London 2000; ders.: Exposed by the mask: form and language in drama. London 2000; ders.: Making an exhibition of myself. London 2000; ders.: The necessary theatre. London 1999; ders.: Shakespeare's advice to the players. London 2003; Lahrmann, H.: Shakespeare-Inszenierungen in England. Frankfurt a. M. u. a. 1988; Lowen, T.: Peter Hall directs Antony and Cleopatra. London 1990; Steinberg, M.: Flashback. A Pictorial History 1879–1979. One hundred years of Stratford-upon-Avon and The Royal Shakespeare Company. London 1985.

Wolfgang Beck

Hallwachs, Hans-Peter, * 10. 7. 1938 Jüterbog (Brandenburg). Schauspieler, Regisseur.

Sohn eines Tierarztes; seit 1952 in der BRD. Studierte Rechtswissenschaften, Publizistik und Theaterwissenschaften in Berlin und Hamburg. Der Ausbildung an der Fritz-Kirchhoff-Schauspielschule Berlin (1959–61) folgte 1962/63 ein erstes Engagement in Rheydt. Debüt in Frischs *Andorra*. Während der Intendanz → Hübner 1963–67 am Bremer Th.; Rollen u. a. in Jellicoes *Was ist an Tolen so sexy* (DEA 1963), → Shakespeares (nach *Heinrich V.*) *Held Henry* (1964), Valentin/Mullers *Die Unberatenen* (UA), Wedekinds *Frühlings Erwachen* (beide 1965, mit → Ganz), Schillers *Die Räuber* (1966), Osbornes *Ein Patriot für mich* (TR, DEA 1966), Ibsens *Nora oder Ein Puppenheim* (1967, mit → Clever, alle R. → Zadek), Shakespeares *Romeo und Julia* (TR, 1964), *Hamlet* (1965, beide R. Hübner). 1967–69 am Staatstheater Stuttgart u. a. in Horváths *Italienische Nacht*, Babels *Marija*, Schillers *Die Verschwörung des Fiesco zu Genua*, Dorsts *Toller*, Čechovs *Der Kirschgarten*. Gastspiele und Verpflichtungen an verschiedenen Th.n. In München u. a. an den Kammerspielen (Bond, *Schmaler Weg in den tiefen Norden*, DEA 1969, R. Zadek; → Goethe, *Faust*, Wiederaufnahme 1993/94, R. → Dorn), am Bayer. Staatsschauspiel (Shakespeare, *Coriolan*, 1970, R. → Hollmann), in Hamburg am Thalia Th. (Griffith, *Komiker*, DEA 1978, R. Zadek). An den Staatl. Schauspielbühnen Berlin u. a. in Weiss' *Hölderlin* (1971, R. → Hollmann), Langes *Die Gräfin von Rathenow* (1974, R. der Autor), → Pinters *Niemandsland* (1975), → Ayckbourns *Normans Eroberungen* (DEA 1976), Čechovs *Der Kirschgarten* (1978, alle R. → Lietzau), Schnitzlers *Komödie der Verführung* (1984). Weiter u. a. in Hamptons *Gefährliche Liebschaften* (1987, Th. in der Josefstadt, Wien, mit → Rath), Theobalts Guareschi-Adaption *Don Camillo und seine Herde* (2004, Altonaer Th., Hamburg), O'Neills *Eines langen Tages Reise in die Nacht* (2005, Bayer. Staatsschauspiel, R. → Goerden, mit → Froboess). Bei den Luisenburg-Festspielen (Wunsiedel) in Goethes *Faust* (1990), bei den Salzburger Festspielen in Bernhards *Die Macht der Gewohnheit* (UA 1974, R. Dorn, mit B. → Minetti), Hofmannsthals *Jedermann* (1990), Strauß' *Das Gleichgewicht* (UA, R. → Bondy), Shakespeares *Coriolan* (beide 1993). Eigene Insz.en von Stücken Stoppards, Griffiths, Feydeaus, Pinters, Simons in Hamburg, Bremen, Berlin, Wien. Seit den 1980er Jahren verstärkt Film- und Fernseharbeit, u. a. in *Mord und Totschlag* (1967), *Tatort – Taxi nach Leipzig* (1970, TV), *Der Stoff, aus dem die Träume sind* (1972), *Fabian* (1980), *Caspar David Friedrich – Grenzen der Zeit* (1986), *Der Sommer des Samurai* (1986), *Reise ohne Wiederkehr* (1989), *Der große Bellheim* (1993, TV), *Laura* (1997, TV), *Nichts als die Wahrheit* (1999), *Hannas Baby* (2002, TV), *Rosenstraße* (2003), *(T)Raumschiff Surprise – Periode 1* (2004), Gor'kijs *Nachtasyl* (2005, TV). – Ein differenzierter, asketisch wirkender Charakterdarsteller mit markanter Physiognomie, eindringlicher Sprache und zurückgenommenem Spiel. Ein «Schauspieler von lakonischer Intelligenz und seltsam wirkender Freundlichkeit» (H. C. Blumenberg), im Film häufig als kühler und unnahbarer Einzelgänger besetzt; dabei von großem komödiantischem Talent.

Wolfgang Beck

Hamel, Lambert, * 7. 6. 1940 Ludwigshafen. Schauspieler.

Studium der Germanistik, Philosophie, Theaterwissenschaft in Heidelberg und Köln. Westfälische Schauspielschule Bochum. Während der Ausbildung 1963 Debüt am Dt. Schauspielhaus Hamburg als Thomas Diaforius in → Molières *Der eingebildete Kranke* (R. → Kortner). 1964–68 Städt. Bühnen Köln (Dauphin in Shaws *Die heilige Johanna*, Artur in Mrożeks *Tango*). 1968–72 Bayer. Staatsschauspiel München (Galy Gay in → Brechts *Mann ist Mann*, TRn in Molières *George Dandin* und *Tartuffe*, Rülp in → Shakespeares *Was ihr wollt*). 1972–73 Dt. Schauspielhaus Hamburg, 1973–82 Münchner Kammerspiele (Bischof in Genets *Der Balkon*, Mosca in Jonsons *Volpone*, Wurm in Schillers *Kabale und Liebe*, TR in Shakespeares *Hamlet*, Jason in Jahnns *Medea*, Zettel in Shakespeares *Ein Sommernachtstraum*, Carlos in → Goethes *Clavigo*, Valerio in Büchners *Leonce und Lena*, Oswald in Ibsens *Gespenster*, Hjalmar Ekdal in dessen *Die Wildente*). 1982 an den Städt. Bühnen Frankfurt a. M. Shlink in Brechts *Im Dickicht der Städte* (R. → Dresen). 1984 Doolittle in Lerner / Loewes *My fair Lady* im Gärtnerplatztheater München.

1985–2001 wieder Münchner Kammerspiele (Ajax in Shakespeares *Troilus und Cressida*, Trinculo in dessen *Der Sturm*, Bruscon in Bernhards *Der Theatermacher* und Moritz Meister in dessen *Über allen Gipfeln ist Ruh*). Seit 2001 erneut Bayer. Staatsschauspiel, 2001 Rittmeister in Strindbergs *Der Vater* (R. Th. → Langhoff), Budge in DeLillos *Der Tag Raum*, 2002 TR in Shakespeares *Titus Andronicus* (beide R. → Dorn), 2004 Estragon in Becketts *Warten auf Godot* (R. → Goerden), 2006 TR in Ibsens *Baumeister Solness* (R. → Lanik). Bei den Salzburger Festspielen Mariscus in Fortes (nach Bidermann) *Cenodoxus* (UA 1972), Clitandre in Molières *Der Menschenfeind* (1973, R. → Noelte), Don Camilo in Claudels *Der seidene Schuh* (1985, R. → Lietzau), Zauberkönig in Horváths *Geschichten aus dem Wiener Wald* (2005, Koproduktion Bayer. Staatsschauspiel). Zahlreiche Film- und Fernsehrollen. – Charakterdarsteller mit vielen Facetten von der abgefeimten Bosheit des Intriganten bis zur zweifelnden Nachdenklichkeit des Intellektuellen, v. a. im Komischen. Kann ebenso die Abgründe des Biedermanns verdeutlichen wie die latente Komik des Scheiterns. Disziplinierter Ensembleschauspieler.

Werner Schulze-Reimpell

Harfouch, Corinna, * 16. 10. 1954 Suhl. Schauspielerin.

Nach vergeblicher Bewerbung an einer Schauspielschule Krankenschwester. Beginn eines Studiums der Textiltechnik. Seit 1977 Ausbildung an der Berliner Hochschule für Schauspielkunst «Ernst Busch». Engagement in Karl-Marx-Stadt (Chemnitz), u. a. in → Goethes *Faust II.* 1982 Lady Macbeth in → Shakespeare / Heiner → Müllers *Macbeth* (R. Müller, Volksbühne), Gretchen in Goethes *Urfaust,* Julia in Shakespeares *Romeo und Julia,* Cressida in Shakespeares *Troilus und Cressida,* Polly in → Brecht / Weills *Die Dreigroschenoper* am Berliner Ensemble. 1993 TR in Ibsens *Die Frau vom Meer,* 1996 General Harras in Zuckmayers *Des Teufels General,* beides Volksbühne Berlin, R. → Castorf (Benjamin Henrichs: «So zeigt uns die Frau, die auf dem Theater den Mann spielt, wie im Leben der Mann meint, den Mann spielen zu müssen. […] Die Schauspielerin Harfouch benutzt die Techniken der Karikatur, der Groteske, der exakten Übertreibung, der Verfremdung, nun gerade nicht, wie die uns bekannten Brecht-Virtuosen, um sich die Figur vom Leibe zu halten. sondern, ganz im Gegenteil, um ihr so nah wie nur möglich zu kommen, den Kampf mit ihr aufzunehmen»). TRn in Kolditz' *Eva – Hitlers Geliebte* (UA 1996, Berliner Ensemble), Calderóns *Die Tochter der Luft* (1999, Burgtheater). 2002 Cäcilie in Goethes *Stella* im Dt. Th. Berlin – mit einer ins Groteske getriebenen hysterischen Nervosität das Bild einer seelisch gestörten Frau gebend; 2004 dort Martha in Albees *Wer hat Angst vor Viginia Woolf?* (R. → Gosch). 2005 Lesung von Becketts *Glückliche Tage* auf Schloss Neuhardenberg. Seit Anfang der 1980er Jahre zahlreiche Film- und Fernsehrollen, u. a. in *Die Schauspielerin, Treffen in Travers* (beide 1988), *Der Tangospieler* (1991), *Stockholm Marathon* (1994), *Das Mambospiel* (1998), *Gebürtig* (2002), *Der Untergang* (2004). Gertrud-Eysoldt-Ring, Goldener Löwe, Adolf-Grimme-Preis, Bayer. Filmpreis, Preis des Verbands der dt. Kritiker. – Eine handwerklich perfekte Darstellerin mit viel Formgefühl und einer besonderen Aura, die ihre Figuren nie bloßstellt, sondern ihnen ein Geheimnis zu geben vermag.

Werner Schulze-Reimpell

Harlan, Veit, * 22. 9. 1899 Berlin, † 13. 4. 1964 Capri (Italien). Schauspieler, Regisseur.

Sohn des Schriftstellers Walter H. (1867–1931). Lehre als Silberschmied; Schauspielschule des Dt. Th.s, Debüt 1915. 1916–18 Soldat. 1919–22 Volksbühne Berlin, u. a. in Bjørnsons *Paul Lange und Tora Parsberg* (P. 10. 10. 1919), Hauptmanns *Die Ratten* (P. 10. 3. 1922, R. → Fehling). 1922/23 Landestheater Meiningen, 1923 reisende Holtorf-Truppe, 1924–34 Staatstheater Berlin, u. a. in → Shakespeares *Der Widerspenstigen Zähmung* (1925, R. → Reinhardt), Barlachs *Die Sündflut* (1925, mit → George), Schillers *Die Räuber* (1926, R. → Piscator; 1932, R. → Jeßner), Kaisers *Gas* (1928), Sophokles' *Ödipus* (1929), Calderóns *Der Richter von Zalamea* (1931). Außerdem mit → Seelers Junger Bühne in Bronnens *Die Geburt der Jugend* (UA 1925), im Lessing-Th. in Klaus Manns *Anja und Esther* (1926). Filmarbeit seit 1927, u. a. *Die Hose* (1927), *Revolte im Erziehungshaus* (1929), *Yorck* (1931), *Die elf Schill'schen Offiziere* (1932), *Der Choral von Leuthen* (1933). 1933 Bekenntnis H.s zum Nationalsozialismus und Fortsetzung der Karriere als Filmschauspieler und -regisseur. Als Darsteller u. a. mit *Flüchtlinge* (1933), *Abschiedswalzer* (1934), *Der rote Reiter* (1935); als Regisseur (z. T. nach eigenem Drehbuch) u. a. mit *Kreutzersonate* (1937), *Jugend* (1938), *Die Reise nach Tilsit* (1939), *Pedro soll hängen* (1941), *Der Große König* (1942), *Die Goldene Stadt* (1942), *Opfergang* (1944). 1943 Professorentitel. Die in *Der Herrscher* (1937) und *Verwehte Spuren* (1938) vorhandene nationalsozialistische Propaganda wurde bestimmend in dem antisemitischen Hetzfilm *Jud Süß* (1940, mit → Krauß) und dem kurz vor Kriegsende produzierten monumentalen Durchhaltefilm *Kolberg* (1945). Nach 1945 bestritt H. Antisemitismus und Nähe zum Nationalsozialismus, behauptete, seine Kunst sei missbraucht und er zu *Jud Süß* – der SS-Kommandos vor «Einsätzen» gezeigt wurde – gezwungen worden. 1947 als «entlastet» eingestuft, später vom Vorwurf des Verbrechens gegen die Menschlichkeit freigesprochen. Die Fortsetzung seiner Karriere als Filmregisseur wurde anfangs von Demonstrationen begleitet: *Unsterbliche Geliebte* (1951), *Die blaue Stunde* (1952), *Sterne über Colombo* (1953), *Die Gefangene des Maharadscha* (1954), *Verrat an Deutschland* (1954), *Das dritte Geschlecht* (1957, in der BRD: *Anders als Du und ich – § 175*). In den 1960er Jahren vereinzelt Theaterregie. Seine Autobiographie *Im Schatten meiner Filme* erschien posthum. H. war mit den Schauspielerinnen Dora Gerson (1899–1943) 1922–24, Hilde Körber 1929–38, seit 1939 mit Kristina Söderbaum verheiratet, die in den meisten seiner Filme mitspielte. Sein Sohn Thomas H. (* 1929) ist Autor und Filmemacher, seine Töchter Susanne Körber Schauspielerin, Maria Körber Schauspielerin und Schauspielpädagogin. – H.s Bühnen- und Filmlaufbahn ist in mehrfacher Weise symptomatisch. Ein von der Kritik frühzeitig lobend beachteter Bühnenschauspieler, der zum erfolgversprechenden Medium Film wechselte und künstl. beachtliche Filme drehte. Ein Karrierist, der sich der herrschenden Ideologie zur Verfügung stellte und – als das nicht mehr opportun war – sich zum Opfer stilisierte und damit in der restaurativen Adenauer-Ära viel Unterstützung erfuhr.

Albrecht, G.: Nationalsozialistische Filmpolitik. Stuttgart, 1969; Klee, E.: Das Personenlexikon zum Dritten Reich. Frankfurt a. M. 2003; Lowry, St.: Pathos und Politik. Ideologie in Spielfilmen des Nationalsozialismus. Tübingen 1991; Noack, F.: Veit Harlan. München 1998; Söderbaum, K.: Nichts bleibt immer so. Bayreuth 1983.

Wolfgang Beck

Harnack, Falk (Erich Walter), * 2. 3. 1913 Stuttgart, † 3. 9. 1991 Berlin. Regisseur, Theaterleiter, Schauspieler, Dramaturg.

Sohn des Literaturwissenschaftlers und Dramatikers Otto H. (1857–1914), Bruder des Juristen und als Widerstandskämpfer hingerichteten Arvid H. (1901–42). 1933–37 Studium der Theater-, Literatur- und Zeitungswissenschaft in Berlin und München (Dissertation: *Die Dramen Carl Bleibtreus*). 1937–40 Schauspieler, Regisseur, Dramaturg am Dt. Nationaltheater Weimar, 1940/41 am Landestheater Altenburg. 1941 eingezogen; wegen seiner Kontakte zur Widerstandsgruppe «Weiße Rose» vor dem Volksgerichtshof (1943 freigesprochen). Wieder an der Front, schloss sich H. Partisanen an. Nach Kriegsende Regisseur und Dramaturg am Bayer. Staatstheater München (1945–47). 1947–49 Regisseur und stellvertretender Leiter des Dt. Th.s in Ostberlin. Insz.en von Simonovs *Die russische Frage* (1947), Sternheims *Die Kassette*, Hays *Haben* (beide 1948), → Lessings *Emilia Galotti* (1949); an der Volksbühne → Shakespeares *Wie es euch gefällt* (1951). 1949–51 künstl. Leiter und Regisseur bei der Dt. Film-AG (DEFA), u. a. bei *Das Beil von Wandsbek* (1951) nach A. Zweigs Roman (verboten). H. verließ 1952 die DDR, war 2 Jahre künstl. Berater der CCC-Film-Produktion. Seither freier Film- und Theaterregisseur, 1963–65 leitender Regisseur des ZDF. Regie an verschiedenen Berliner Th.n, u. a. bei Anouilhs *Medea*, Wilders *Königinnen von Frankreich* (beide 1953), Goetz' *Der verborgene Strom* (1960), Sternheims *Die Marquise von Arcis* (1966, alle Tribüne); Barries *Der entscheidende Augenblick* (1961, Freie Volksbühne); Hubaleks *Herr Nachtigall* (UA 1955, Komödie); Shaws *Heiraten?* (1972), Anouilhs *Leocadia* (1973, beide Renaissancetheater). Zu seinen Film- und Fernseharbeiten gehören *Der 20. Juli* (1955), *Unruhige Nacht* (1958), *Jeder stirbt für sich allein* (1962), *Peenemünde* (1970), *Der Verfolger* (1973). Verheiratet mit der Schauspielerin Käthe Braun (1913–1994). Spielte bei der Konsolidierung des Theaterlebens nach 1945 v. a. in der DDR eine mitgestaltende Rolle; wesentlich seine Arbeit als ein politische, v. a. zeitgeschichtliche Themen behandelnder Filmregisseur.

Harnack, F.: Die Aufgaben des deutschen Theaters in der Gegenwart. München 1946; Hommage an Falk Harnack. Red. G. Schoenberger. Berlin 1983.

Wolfgang Beck

Hartmann, Matthias, * 27. 6. 1963 Osnabrück, Regisseur, Theaterleiter.

H. wurde nach einer kaufmännischen Ausbildung 1986 Regieassistent am Schiller-Th. in Berlin und inszenierte das erste Mal 1989 in Kiel *Tagträumer* von W. Mastrosimone. 1992 wurde seine Insz. von *Emilia Galotti* von → Lessing am Staatstheater Hannover, dem er 3 Jahre als leitender Regisseur angehörte, zum 29. Berliner Theatertreffen eingeladen. Von 1993 bis zur Spielzeit 1998/99 war H. leitender Regisseur am Bayer. Staatsschauspiel in München. Außerdem inszenierte er regelmäßig am Burgtheater in Wien (1998 UA Turrinis *Die Liebe in Madagaskar*), am Dt. Schauspielhaus in Hamburg, wo v. a. seine Insz. des *Käthchens von Heilbronn* von H. von Kleist so erfolgreich war, dass sie die gesamte Ära von Frank → Baumbauer im Spielplan blieb, ebenso am Schauspielhaus Zürich, wo er 1999 die UA von *Der Kuß des Vergessens* von Botho Strauß inszenierte, die zum 36. Berliner Theatertreffen eingeladen und zur Insz. des Jahres gewählt wurde. Seit der Spielzeit 2000/01 war H. Intendant des Schauspielhau-

ses Bochum, das er mit der UA von Peter Turrinis *Die Eröffnung* eröffnete. Weitere Insz.en u. a. UAen von Strauß *Der Narr und seine Frau heute Abend in Pancomedia* (2001), *1979* nach dem Roman von Christian Kracht (2003), sowie Fosses *Todesvariationen* (2003), → Molières *Der Menschenfeind* (2005). Seit 2005 ist H. künstl. Direktor des Schauspielhauses Zürich als Nachfolger des Interimsintendanten Andreas Spillmann. Mit *Nach der Liebe beginnt ihre Geschichte* (UA 2005) dritte UA eines Stücks von Botho Strauß. Weiter u. a. Schillers *Der Parasit* (2005), Čechovs *Iwanow* (2006). Für die Eröffnung der RuhrTriennale (2002) Insz. der UA von Ostermaiers *Deutschland, deine Lieder*; vereinzelte Opern-Insz.en an der Oper Zürich (Smetanas *Die verkaufte Braut*, 2003, d'Alberts *Tiefland* (2006) und der Opéra Bastille in Paris (Strauss' *Elektra*, 2005). Ab 2009/10 Direktor des Wiener Burgtheaters.

Von der Theaterkritik wurde H. häufig wegen seiner publikumswirksamen Einfälle und handwerklichen Glätte negativ beurteilt. Doch wenige junge Regisseure konnten den Kanon der klassischen Theatertexte auf den großen Schauspielbühnen so wirkungssicher und publikumsnah inszenieren und haben dabei den Schauspieler und nicht eine Regiekonzeption ins Zentrum gesetzt. So erfuhr das Schauspielhaus Bochum durch seine Intendanz auch einen fulminanten Aufschwung in der Akzeptanz des Publikums. H.s Insz. von *Warten auf Godot* von S. Beckett mit dem Showmaster Harald Schmidt in der Rolle des Lucky rückte das Th. in ein breites, bundesweites Interesse, das die Kreise des normalen Publikums weit überstieg.

Bernd Stegemann

Hartmann, Paul, * 8. 1. 1889 Fürth, † 30. 6. 1977 München. Schauspieler.

Erste Rollen in Zwickau, Stettin, Zürich. 1914–26 Dt. Th. Berlin. Schnell Inbegriff des

Schiller-Jünglings (Max Piccolomini in *Wallenstein*, Ferdinand in *Kabale und Liebe*, Karl Moor in *Die Räuber*, Marquis Posa in *Don Carlos*, Dunois in *Die Jungfrau von Orleans*). Aber auch Gyges in Hebbels *Gyges und sein Ring*, Posthumus in → Shakespeares *Cymbeline*, TRn in → Goethes *Urfaust* (R. → Reinhardt) und Unruhs *Louis Ferdinand, Prinz von Preußen*, Wetter vom Strahl in Kleists *Das Käthchen von Heilbronn*. 1924 am Preuß. Staatstheater Berlin TR in Kleists *Prinz Friedrich von Homburg*. 1924–26 auch Th. in der Josefstadt Wien. 1926–34 Wiener Burgtheater (Ferdinand in *Kabale und Liebe*, Tellheim in → Lessings *Minna von Barnhelm*, TRn in Goethes *Egmont*, Büchners *Dantons Tod*, Schillers *Die Verschwörung des Fiesco zu Genua*, Hauptmanns *Florian Geyer*, Kreon in Sophokles' *König Ödipus*, Siegfried in Hebbels *Die Nibelungen*. 1934–44 Preuß. Staatstheater Berlin (Jupiter in Kleists *Amphitryon*, TRn in Ibsens *Peer Gynt*, Shakespeares *Othello*, 1941/42 in Goethes *Faust I + II* (R. Gründgens), Rudolf von Habsburg in Grillparzers *König Ottokars Glück und Ende*, Herzog in Shakespeares *Maß für Maß*. 1942–45 Präsident der Reichstheaterkammer (auf Vorschlag von → Gründgens). Nach dem Krieg deshalb Spielverbot bis 1948. 1949 TR in *Faust I* am Düsseldorfer Schauspielhaus. Mannon in O'Neills *Trauer muß Elektra tragen* und Tyrone in *Eines langen Tages Reise in die Nacht* im Berliner Th. am Kurfürstendamm, General Ramsay in Wolfes *Herrenhaus* im Bochumer Schauspielhaus, Meister Anton in Hebbels *Maria Magdalena* im Wiener Burgtheater, Herzog Alba in Schillers *Don Carlos* im Dt. Schauspielhaus Hamburg (1962, R. Gründgens), der Große Kurfürst in Kleists *Prinz Friedrich von Homburg* im Residenztheater München, 1966 Gerichtsrat Walter in Kleists *Der zerbrochene Krug* (R. → Noelte) bei den Ruhrfestspielen Recklinghausen. Seit 1932 Mitwirkung in rund 150 Filmen (u. a. TR in *Bismarck*, 1940). – Betont männlicher Identifikationsschauspieler von starker Ausstrahlung. Gradlinige Entwicklung vom umschwärmten jugendlichen Helden zum schweren Helden bis zum differenzierten Charakterdarsteller mit Formbewusstsein und hoher Sprachkultur. Geprägt von den Regisseuren Reinhardt und Gründgens. Berühmt v. a. als Faust.

<small>Bier, M.: Schauspielerportraits. 24 Schauspieler um Max Reinhardt. Berlin 1989; Ihering, H.: Von Josef Kainz bis Paula Wessely. Heidelberg u. a. 1942; Michalic, D.: Paul Hartmann. Diss. Wien 1959.</small>

Werner Schulze-Reimpell

Hartung, Gustav (eig. G. Ludwig May), * 30. 1. 1887 Bartenstein (heute Bartoszyce / Polen), † 14. 2. 1946 Heidelberg. Regisseur, Theaterleiter.

Mitherausgeber der kurzlebigen *Deutschen Theater-Zeitschrift*; Ausbildung an der Schauspielschule des Dt. Th.s; Mitbegründer der Vereinigung künstl. Bühnenvorstände (VKB). 1913–14 Oberregisseur des 1910 eröffneten Bremer Schauspielhauses; 1914–20 Oberregisseur und Dramaturg am Schauspielhaus Frankfurt a. M., inszenierte v. a. expressionistische Dramen wie Kaisers *Der Zentaur*, Kornfelds *Die Verführung*, Sternheims *Perleberg* (alle UA 1917), *1913* (UA 1919), *Die Marquise von Arcis* (1919), Unruhs *Ein Geschlecht* (UA 1918), *Platz* (UA 1920). 1920–24 Intendant (ab 1922 Generalintendant) des Hess. Landestheaters Darmstadt; Regie u. a. bei Hamsuns *Königin Tamara* (DEA 1920), Sternheims *Der entfesselte Zeitgenosse* (UA 1921), Unruhs *Louis Ferdinand, Prinz von Preußen* (UA 1921), *Stürme* (UA 1922), *Rosengarten* (UA 1923). Die UA von Edschmids *Kean* (25. 5. 1921, nach Dumas père) führte zu einem Theaterskandal. 1924/25 Intendant am Schauspielhaus Köln, inszenierte u. a. O'Neills *Der haarige Affe* (DEA 1924, TR → George). Danach Gast an verschiedenen Th.n in Berlin. 1926–30 Mitbegründer und künstl. Leiter der Schlossfestspiele Heidelberg, Regie bei →Shakespeares *Ein Sommernachtstraum* (1926), *Macbeth* (1927), →Goethes *Urfaust*, Hamsuns *Munken Vendt* (beide 1926, alle mit George). 1927–30 Leiter des Renaissancetheaters Berlin; Insz.en u. a. von Sternheims *Das Fossil*, (1927), Bruckners *Krankheit der Jugend*, Pagnols *Das große ABC*, Dreisers *Ton in des Töpfers Hand* (alle 1928), Duschinskys *Stempelbrüder* (1929); am Dt. Künstlertheater Zuckmayers *Kakadu Kakada* (UA 1930). 1930–33 erneut Generalintendant in Darmstadt, 1933 entlassen; letzte Insz. Bruckners *Die Marquise von O* (1933, nach Kleist). H. emigrierte im März 1933 in die Schweiz; bezog dort immer wieder öffentlich Stellung gegen die Nazi-Diktatur. 1933–35 Regisseur am Zürcher Schauspielhaus; hervorzuheben aus der Vielzahl seiner Insz.en die UAen von Bruckners antifaschistischem Stück *Die Rassen* (1933) und Horváths *Hin und Her* (1934). Seine Berufung zum Leiter des Th.s in Bern 1934 wurde u. a. auf dt. Druck hin widerrufen. 1937–39 Oberspielleiter am Stadttheater Basel, woraufhin die Reichstheaterkammer Gastspiele etc. dt. Schauspieler und Sänger verhinderte. Insz.en u. a. Kessers *Talleyrand und Napoleon* (mit →Bassermann), Steffens' *Fahrt ins Land*, Faesis *Der Magier* (alle UA 1938). In Basel 1939/40 Gastinsz.en, 1940–44 Schauspiellehrer am Konservatorium. 1945 Rückkehr in die BRD; Leiter der Kammerspiele in Heidelberg. – H. war einer der wichtigsten Förderer und Regisseure des expressionistischen Th.s. Die schnelle, rhythmisierte Spiel- und Sprachweise, das funktionale Bühnenbild (Pilartz) wandte er auch bei seinen Insz.en klassischer Stücke an. Durch seine systematische Spielplanpolitik wurde das Darmstädter Th. überregional bekannt, auch durch seine Insz.en hat er Dramatiker wie Kornfeld, Unruh, Bruckner auf der Bühne durchgesetzt. Um das Verständnis für die neue Theaterkunst zu fördern, gründete er die Zeitschrift *Das neue Forum* (1921–23), fortgesetzt als *Darmstädter Blätter für Theater und Kunst* (1924–27). Sein unnachgiebiges Auftreten gegen die Nazi-Diktatur brachte ihn in der auf ihre Neutralität bedachten Schweiz in Schwierigkeiten.

<small>Brauneck, M.: Die Welt als Bühne. 4. Bd. Stuttgart, Weimar 2003; Göbel, A.: Das Hessische Landestheater in Darmstadt in der Frühzeit nationalsozialistischer Herrschaft. Darmstadt 2001; Kaiser, H.: Modernes Theater in Darmstadt. Darmstadt 1955.</small>

<small>*Wolfgang Beck*</small>

Hasse, O. E. (Otto Eduard), * 21. 7. 1903 Obersitzko (heute Obrzycko, Polen), † 12. 9. 1978 Berlin. Schauspieler, Regisseur.

Nach Abbruch eines Jurastudiums Ausbildung an der Max-Reinhardt-Schule des Dt. Th.s Berlin. 1924 Münchner Kammerspiele, 1925 Dt. Th. Berlin, 1926–29 Lobe-Th. Breslau (Riccaut in →Lessings *Minna von Barnhelm*, R. Max Ophüls), 1930–39 Münchner Kammerspiele (Schüler in →Goethes *Urfaust* 1931, Spitta in Hauptmanns *Ratten*, Chlestakov in Gogol's *Der Revisor* 1933, Teufel in Grabbes *Scherz, Satire, Ironie und tiefere Bedeutung* 1936, Thersites in →Shakespeares *Troilus und Cressida* 1936, St. Just in Büchners *Dantons Tod* 1937). Am Dt. Schauspielhaus Prag 1939 Riccaut und Regie in Lessings *Minna von Barnhelm*. 1940–45 Soldat (Fallschirmjäger, Ordonnanz in der Filmstelle der Luftwaffe). 1945 am Jürgen-Fehling-Th. (Berlin) Mephisto in Goethes *Urfaust*. 1946 Hebbel-Th. Berlin, Mr. Antrobus in Wilders *Wir sind noch einmal davongekommen*, 1947 Jupiter in *Die Fliegen* von Sartre (R. Jürgen →Fehling), 1948 im Schlossparktheater Berlin General Harras in Zuckmayers *Des Teufels General*. Regie bei *Die schmutzigen Hände* von Sartre (Renaissancetheater Berlin). 1952–54 Schiller-Th. Berlin (Schigolch in Wedekinds *Lulu*). Danach freier Schauspieler. 1954 bei den Salzburger Festspielen Teufel in Hofmannsthals *Jedermann*; 1959 mit Elisabeth → Bergner in Kiltys *Geliebter Lügner* (Renaissancetheater; anschließend Gastspiele in Deutschland, Österreich, der Schweiz und den USA), 1967 an der Freien Volksbühne Berlin Churchill in Hochhuths *Soldaten* (UA, R. → Schweikart), 1968 am Düsseldorfer Schauspielhaus TR in Schillers *Wallenstein* (Tournee), 1971 im Burgtheater Wien TR in Shakespeares *Julius Caesar*, 1973 am Schauspielhaus Bochum Der Alte in Dorsts *Eiszeit* (UA 15.3.1973, R. → Zadek). Letzte Rolle 1978 in der Komödie am Kurfürstendamm (Berlin) Shunderson in *Dr. med. Hiob Prätorius* von Curt → Goetz. – Zahlreiche Filmrollen. 1952 im Hitchcock-Film *I confess*, 1954 TR in *Canaris*.

Ebenso versiert in klassischen Tragödien wie in Boulevardkomödien. V. a. ein blendender Shaw-Darsteller, konnte H. gleich gut einen «Herrenmenschen» und einen Lumpenproletarier spielen. Seine durchdringenden hellen Augen schlugen in Bann, seine elegante Erscheinung nahm für ihn ein, seine markante Stimme erlaubte viele Facetten des Charakterisierens. Zu seinem Glück interessierten sich immer wieder bedeutende Regisseure für ihn, auf die er zur Entfaltung seiner Möglichkeiten angewiesen war.

Hasse, O. E.: Unvollendete Memoiren. München 1979; Knudsen, H.: O. E. Hasse. Berlin 1960.

Werner Schulze-Reimpell

Hatheyer, Heidemarie (eig. Haide Marie Pia H.), * 8.4.1918 Villach (Kärnten), † 11.5.1990 Zollikon (Schweiz). Schauspielerin.

Tochter eines Industriellen. Rollen in Schulaufführungen. Schauspielunterricht bei Anna Kainz in Wien. 1936–37 Th. an der Wien (Böttcher, *Krach im Hinterhaus*; Benatzky, *Axel an der Himmelstür*), Auftritte im Kabarett Literatur am Naschmarkt. 1937–41 Münchner Kammerspiele (1937 in Billingers *Giganten*, Schillers *Kabale und Liebe*, 1938 Shaws *Die heilige Johanna*). 1941–44 Preuß. Staatstheater Berlin (1943 Hero in Grillparzers *Des Meeres und der Liebe Wellen*, 1944 Desdemona in → Shakespeares *Othello*, beide R. → Stroux). 1946–49 Bayer. Staatsschauspiel München (Puck in Shakespeares *Ein Sommernachtstraum*). Danach Gastverpflichtungen. Spielte in Berlin 1949 im Hebbel-Th. die TR in Zuckmayers *Barbara Blomberg*, Hilda in Sartres *Der Teufel und der liebe Gott*, 1981 Frau Alving in Ibsens *Gespenster* (1982 Zürich), an der Freien Volksbühne Hermione in Shakespeares *Ein Wintermärchen* (1951), im Schiller-Th. TR in Hauptmanns *Rose Bernd* (1952; 1956 Dt. Schauspielhaus Hamburg), im Schlossparktheater Leonore in → Goethes *Torquato Tasso*, Martirio in García Lorcas *Bernarda Albas Haus*, 1953 TR in dessen *Yerma*, im Renaissancetheater TRn in Shaws *Candida* (1953), → Lessings *Minna von Barnhelm* (1954); in Remarques *Die letzte Station* (UA 1958), Scribes *Das Glas Wasser* (1961), Molnárs *Der Leibgardist* (1963), Walsers *Zimmerschlacht* (1968) und Boulevardrollen. Bei den Ruhrfestspielen 1951 in Schillers *Don Carlos*, 1952 in Wilders *Wir sind noch einmal davongekommen* (1966 Burgtheater). 1955–83 am Zürcher Schauspielhaus; u. a. Temple Stevens in Faulkners *Requiem für eine Nonne* (UA 1955; 1957 Düsseldorf), TRn in Wilders *Die Heiratsvermittlerin* (1956), Grillparzers *Medea* (1963), Hochhuths *Die Hebamme* (1972), Dürrenmatts *Der Besuch der alten Dame* (1977); weiter u. a. in Frischs *Andorra* (UA 1961), Williams' *Orpheus steigt herab* (1967), O'Neills *Trauer muß Elektra tragen* (1971), Grays *Ende des Spiels* (1980), O'Caseys *Juno und der Pfau* (1982, R. → Lietzau). Im Düsseldorfer Schauspielhaus TRn in Zuckmayers *Ulla Windblad* (1954), Schillers *Maria Stuart* (1957), Martha in Albees *Wer hat Angst vor Virginia Woolf?*

(1965), TR in → Brechts *Mutter Courage und ihre Kinder* (1968, R. → Buckwitz), Mutter Wolffen in Hauptmanns *Der Biberpelz* (1970). Im Hamburger Thalia Th. in Schnitzlers *Das weite Land* (1964), Dürrenmatts *Der Meteor* (1966), Bruckners *Elisabeth von England* (TR, 1967). Am Wiener Burgtheater 1960 Josie Hogan in O'Neills *Ein Mond für die Beladenen*, Medea in Grillparzers *Das goldene Vlies* (R. → Lindtberg), 1962 Frau John in Hauptmanns *Die Ratten* (1965 Zürich), 1963 Klytaimnestra in Sophokles' *Elektra*, 1964 Lady Macbeth in Shakespeares *Macbeth*. Bei den Salzburger Festspielen 1953–55 Buhlschaft, 1978–82 Mutter in Hofmannsthals *Jedermann*, 1955 Lady Milford in Schillers *Kabale und Liebe*. Tourneen. Seit 1937 *(Der Berg ruft!)* Film- und Fernsehrollen, u. a. in *Geierwally* (TR, 1940), *Dr. Holl* (1951), *Sauerbruch* (1954), *Die Ratten* (1955), *Andorra* (1964), *Der Besuch* (1975), *Martha Jellneck* (1988). Ihre Mitwirkung am Propagandafilm *Ich klage an* (1941) führte nach 1945 zu mehrjährigem Filmverbot. Kainz-Medaille, Grillparzer-Ring, Filmband in Gold, Berliner Staatsschauspielerin. – Kraftvolle, erdhafte Schauspielerin, hervorragend in der Darstellung bäuerlicher, einfacher Frauen, besonders in Stücken von Hauptmann. «Sie dampfte schier vor Leben. Sie war eine Natur. Sie fackelte nie sentimental. Sie war zugreifend und von einer tragischen Heftigkeit. Sie war wunderbar ehrlich immer und ist es geblieben», schrieb Friedrich Luft (*Eine Flamme, die nicht lange fackelt*, in *Die Welt*, 7. 4. 1984).

Götting, B.: Eine Besessene der Kunst. O. O. 2002; Riess, C.: Die Frau mit den hundert Gesichtern. Düsseldorf 1991.

Werner Schulze-Reimpell

Haupt, Ullrich, * 30. 10. 1915 Chicago, † 22. 11. 1991 München. Schauspieler, Regisseur.

Aufgewachsen in Chicago und Los Angeles als Sohn aus Deutschland eingewanderter Schauspieler. 1931 Studium der Malerei an der Berliner Kunstakademie. Unter dem Eindruck von Gustaf → Gründgens' Mephisto-Darstellung sprach er bei ihm vor und wurde dessen Schüler. Debüt 1936 als Romeo in → Shakespeares *Romeo und Julia* in Danzig. 1937–40 Bayer. Staatsschauspiel München, 1940–44 Preuß. Staatstheater Berlin, wo er Karl Moor in Schillers *Die Räuber*, Leander in Grillparzers *Des Meeres und der Liebe Wellen*, Kalaf in Gozzi / Schillers *Turandot*, die TRn in Shakespeares *Macbeth* und *Othello* (auch Jago) spielte. 1945–51 USA (Tourneetheater). 1951–55 Schauspielhaus Düsseldorf (St. Just in Büchners *Dantons Tod*, Geßler in Schillers *Wilhelm Tell*, TR in dessen *Die Verschwörung des Fiesco zu Genua*, Mephisto in → Goethes *Faust I*). 1955–64 Dt. Schauspielhaus Hamburg (TRn in Zuckmayers *Schinderhannes* und Joyce / Leonhardts *Stephan Daedalus*, König Heinrich in Anouilhs *Becket oder Die Ehre Gottes*, Horatio in Shakespeares *Hamlet*). 1967–70 Zürcher Schauspielhaus (Kürmann in der UA von Frischs *Biografie. Ein Spiel*, Antonius in Shakespeares *Antonius und Cleopatra*). Münchner Kammerspiele: 1970 TR in Wedekinds *Der Marquis von Keith*. 1970–73 Thalia Th. Hamburg, 1974–81 Staatsschauspiel München (TRn in Goethes *Faust I*, Shakespeare / Dürrenmatts *König Johann* und → Molières *Der eingebildete Kranke*, Talbot in Schillers *Maria Stuart*). 1981–85 Thalia Th. Hamburg (Krapp in Becketts *Das letzte Band*, Jäger Gottfried in Otto Ludwigs *Der Erbförster*, Cornelius Melody in O'Neills *Fast ein Poet*, Schmitz in eigener Insz. von Frischs *Biedermann und die Brandstifter*). Als Gast bei den Ruhrfestspielen Recklinghausen u. a. Claudio in Shakespeares *Maß für Maß* (1952), Wrangel in Schillers *Wallenstein* (1961), bei den Salzburger Festspielen Julian in Hofmannsthals *Der Turm* (1959), Pozzo in Becketts *Warten auf Godot*

(1970). H. inszenierte seit 1959 an verschiedenen Th.n u. a. Goldonis *Mirandolina*, Goethes *Götz von Berlichingen mit der eisernen Hand*, Ibsens *Hedda Gabler*, Kipphardts *In der Sache J. Robert Oppenheimer*, Sternheims *Der Snob*, Becketts *Warten auf Godot*. Film- und Fernsehrollen. – Nervös agiler Darsteller mit jähem Temperament, wesentlich von Gründgens geprägt und eine Säule von dessen Ensemble.

Werner Schulze-Reimpell

Hausner, Xenia, * 7. 1. 1951 Wien. Bühnenbildnerin, bildende Künstlerin.

Nach dem Studium in Wien und London Engagement am Wiener Burgtheater, wo sie für die Regisseure →Benning und →Schenk Bühnenbilder entwarf. Anschließend freiberuflich tätig, u. a. für Benning in Hamburg, Heribert Sasse in Berlin, →Krämer in Bremen, →Schaaf u. a. in London, Brüssel und bei den Salzburger Festspielen. Insgesamt hat H. 1977–92 für mehr als 100 Theater-, Opern- und Filmproduktionen die Bühnenbilder entworfen. Zunächst arbeitete sie mit Materialcollagen und kennzeichnete so z. B. bei Čechov «den Zerfall der Klasse durch verschlissene Teile: Alte Bügeltücher, Schürzenstoffe, Requisiten des Dienstpersonals» verwandelte sie in «abgegriffene, ausgebleichte Bürgertapeten». Im Lauf der Zeit trat der Materialwiderspruch in den Hintergrund und «optische Verwirrspiele, Spiegelkabinette, Schneckengänge, Labyrinthe, Bilder aus der Logik der Träume, Bilder, die mit den geheimen Zentren der Stücke und mit den widersprüchlichsten Alltagserfahrungen im Dialog sind, die ihre Kraft aus verschiedenen Zeiten und Assoziationsketten beziehen, sind jetzt Rohstoff ihrer Erfindungen» (K. Boeser in Hausner). Mit ihren Bühnenbildern spiegelt sie die Seelenlage der Protagonisten des jeweiligen Stücks, dabei ist ihr bevorzugtes Stilmittel die Verbindung von Gegensätzlichem, von Vertrautem und Fremden, wodurch das Publikum irritiert und zum Entschlüsseln des Stücks animiert werden soll. Gern arbeitet sie auch mit der Aufhebung der Trennung von Bühnen- und Zuschauerraum, so in Elke →Langs Projekt *Die andere Uhr* (Frankfurt a. M. 1989). Durch 7 Räume, die das Innere eines Gehirns darstellen, folgte das Publikum den Schauspielern durch ein Labyrinth der Erinnerung; oder in Friederike Roths *Das Ganze ein Stück* (R. Krämer, Bremen 1986), in dem H. als Bild für die Verwobenheit von Lebens- und Menschheitsgeschichte den Theaterraum als Schneckenwindung gestaltete, durch die die Zuschauer den Schauspielern folgten. Für ihre Ausstattung zu →Gratzers Strauß-Insz. von *Groß und Klein* in Wien wurde sie 1981 mit der Kainz-Medaille geehrt. Seit 1992 widmet sich H. ganz der Malerei.

Hausner, X.: Rätselraum Fremde Frau. Heidelberg 1990.

Karin Schönewolf

Haußmann, Leander, * 26. 6. 1959 Quedlinburg. Schauspieler, Regisseur, Theaterleiter.

Der Sohn des Schauspielers Edzard H. (* 1935) besuchte nach dem Abitur und einer Druckerlehre 1982–86 die Schauspielschule «Ernst Busch» in Ostberlin. Sein erstes Engagement war 1986–88 an den Bühnen von Gera: Carlos in →Goethes *Clavigo* (R. F. →Castorf). Es folgte 1988/89 ein Engagement als Schauspieler und Regisseur am Mecklenburg. Landestheater in Parchim (Insz. von Ibsens *Hedda Gabler*, 1989). Von 1989 bis 1992 am Nationaltheater Weimar; u. a. TR in Dorsts *Ich Feuerbach* und Büchners *Leonce und Lena* (1990, R.). Mit Ibsens *Nora – Ein Puppenheim* wurde H. 1991 zum Berliner Theatertreffen eingeladen, er zum besten Nachwuchsregisseur der Saison 1990/91 gewählt. «Kritiker rühmten die wache, intensive Lebhaftigkeit dieser Aufführung, ihre schauspielerische

Frische und Genauigkeit im Detail. [...] Mit seinem Erfindungsreichtum und seiner Lust, Stücke spielerisch auszuloten, avancierte der Sunnyboy aus dem Osten dann sehr schnell zum Shooting-Star» (Ch. Dössel). Seine erste Regiearbeit im Westen war 1991 Strindbergs *Fräulein Julie* am Schauspiel Frankfurt a. M. Weitere Insz.en u. a. Goethes *Clavigo* (1992) am Schiller-Th. in Berlin. Seine Insz.en von → Shakespeares *Romeo und Julia* (1993, Residenztheater München) und *Ein Sommernachtstraum* (1992, Nationaltheater Weimar; 1996 Salzburger Festspiele) wurden beide zum Berliner Theatertreffen eingeladen. Bei den Salzburger Festspielen u. a. Insz. von Sophokles' *Antigone* (1993), am Bayer. Staatsschauspiel München von W. M. Bauers *In den Augen eines Fremden* (UA 1994). Von 1995 bis 2000 war H. als Nachfolger F.-P. → Steckels Intendant des Schauspielhauses Bochum. Mit ihm kamen als Hausregisseure und Leitungsmitglieder J. → Kruse und D. → Gotscheff. Mit einem Ensemble aus Ost und West (u. a. Anne → Tismer, Wolfram Koch, Peter Jordan) realisierte er ein von starkem Regiestil geprägtes Th.; durch Diskussionen, Thementage und Filmpremieren schuf er eine besondere Öffnung des Th.s. Zum umjubelten und viel diskutierten Auftakt brachte H. eine neunstündige Insz. von Čechovs *Die Vaterlosen* (Urfassung von *Platonov*) heraus. Es folgten u. a. H. → Müllers *Germania 3. Gespenster am toten Mann* (UA 1996), Büchners *Dantons Tod* (1997), → Brecht/Weills *Die Dreigroschenoper* (1998), Bonds *Das Verbrechen des Einundzwanzigsten Jahrhunderts* (1999). Weitere Insz.en u. a. von Schillers *Kabale und Liebe* (1999, Tel Aviv), Plenzdorfs *Die Legende von Paul und Paula* (2000, Volksbühne Berlin), → Molières *Der eingebildete Kranke* (2001, Thalia Th. Hamburg), Shakespeares *Ein Sommernachtstraum* (2002) und *Der Sturm* (2003), Hofmannsthals *Elektra* (2003, alle Berliner Ensemble). Als Schauspieler: u. a. Leutnant Starck in Strindbergs *Die Kameraden* (1997, R. D. Buck), Rimbaud in Marbers *Rimbaud in Eisenhüttenstadt* (UA 1997, R. J. Kruse). Im Film als Schauspieler u. a. in Detlev Bucks *Der Elefant vergisst nie* (1994) und *Männerpension* (1995). Regiedebüt mit *Sonnenallee* (1999, das preisgekrönte Drehbuch schrieb er mit Th. Brussig gemeinsam); außerdem Regie bei *Herr Lehmann* (2003), *NVA* (2005).

<small>Merschmeier, M., F. Wille: Nerv und Herz treffen. Gespräch mit Leander Haußmann. In: Th. heute, Jahrbuch 1991, S. 112 ff.; Roeders, A., S. Ricklefs: Junge Regisseure. Regie im Theater. Frankfurt a. M. 1994.</small>

Donatha Reisig

Hayes, Helen (eig. H. H. Brown), * 10. 10. 1900 Washington, † 17. 3. 1993 Nyack (USA). Schauspielerin.

«First Lady» des amerik. Th.s, deren Karriere rund 80 Jahre umfasst. Als sie 1917 ihren Schulabschluss an der Sacred Heart Academy in Washington machte, hatte sie bereits über 10 Jahre Bühnenpraxis. Auf Drängen ihrer Mutter, einer Schauspielerin, Debüt mit 5 Jahren. 1905–09 Mitglied der Columbia Players. Broadway-Debüt 1909; beliebter Kinderstar. Beginn der eigenen Karriere mit J. Barries *Dear Brutus* (1917) und dem von E. Ch. Carpenter für sie geschriebenen Stück *Bab* (1920). Hauptrollen u. a. in O. Goldsmith' *She Stoops to Conquer* (1924), Shaws *Caesar and Cleopatra* (1925), Barries *What Every Woman Knows* (1926). 1928 Heirat mit dem Dramatiker Charles MacArthur. Berühmt durch legendär gewordene Darstellungen in Maxwell Andersons *Mary of Scotland* (1933) und Laurence Housmans Stück *Victoria Regina* (1935), in dem sie die Titelheldin von ihrer Jugend bis ins hohe Alter verkörperte (4 Jahre am Broadway, Tournee durch 43 Städte). Erste → Shakespeare-Rollen: Porzia in *The Merchant of Venice* (1938, *Kaufmann von Venedig*), Viola in *Twelfth Night* (1940, *Was *ihr wollt*). In den 1940er Jahren Erfolge auf Tourneen und am Broadway, u. a. als Harriet Beecher-Stowe in Ryerson / Clements' *Harriet* (1945). 1948 gefeierter Gast in London in Williams' *The Glass Menagerie* (R. → Gielgud), 1955 in Paris in Wilders *The Skin of Our Teeth (Wir sind noch einmal davongekommen)*. Hauptrollen in Anouilhs *Léocadia* (1957), O'Neills *A Touch of the Poet* (1958, *Fast ein Poet*), Čechovs *Kirschgarten* (1960). 1961 Tournee durch Südamerika und Europa, 1965 durch den Nahen Osten. 1966–68 Mitglied der APA Phoenix Repertory Company. Rückkehr an den Broadway u. a. in Sheridans *The School for Scandal (Die Lästerschule)* und Pirandellos *So ist es – wie es Ihnen erscheint*. 1971 Ende der Bühnenkarriere (Stauballergie) mit O'Neills *Long Day's Journey Into Night (Eines langen Tages Reise in die Nacht)*. Verstärkt Arbeit für Film (seit 1910), Fernsehen (seit 1950) und Radio (seit 1927). Verfasste u. a. mehrere autobiographische Werke. Engagement für soziale und berufsständische Probleme (1951–53 Präsidentin der American National Th. and Academy, ANTA). Zahlreiche Auszeichnungen (u. a. 2 Oscars, 1 Grammy-, 3 Tony-, 2 Emmy-Awards), mehrere Ehrendoktorate, Trägerin der höchsten zivilen Auszeichnung der USA (Medal of Freedom). 1955 und 1983 wurden Broadway-Th. nach ihr benannt. Seit 1983 H.-H.-Preis zur Förderung des Th.s in Washington. – H., die nur kurz privaten Schauspielunterricht hatte, war mit ihrer technischen Perfektion und Gestaltungskraft die repräsentative Schauspielerin des US-amerik. Th.s. Überaus wandlungsfähig, überzeugend in komischen wie in ernsten Rollen, als Kinderstar wie im hohen Alter, setzte H. Maßstäbe noch für die folgenden Generationen. Starke Präsenz und Ausstrahlung, die sie selbst in Nebenrollen als dominierende Persönlichkeit erscheinen ließen. «Nach all meinen Jahren im Theater kann ich nur auf eine Handvoll Augenblicke zurückblicken, die meinen eigenen Ansprüchen an Vollkommenheit genügten.»

<small>Barrow, K.: Helen Hayes, first lady of the American theatre. Garden City 1985; Hayes, H.: My Life in Three Acts (mit K. Hatch). San Diego 1990; Murphy, D. B., St. Moore: Helen Hayes. A Bio-bibliography. Westport 1993.</small>

Wolfgang Beck

Heartfield, John (eig. Hellmuth Franz Josef Herzfeld), * 19. 6. 1891 Berlin, † 26. 4. 1968 Berlin. Bühnenbildner, bildender Künstler, Fotograf.

Sohn des Autors Franz Herzfeld (Pseudonym F. Held, 1862–1908); Bruder des Verlegers und Autors Wieland Herzfelde (1896–1988). 1905/06 Buchhändlerlehre in Wiesbaden, 1908–11 Studium an der Kunstgewerbeschule München, 1912 Werbegrafiker in Mannheim, 1913–14 Studium an der Kunst- und Handwerkerschule Berlin-Charlottenburg. Im 1. Weltkrieg 1916 Namensänderung aus Protest gegen englandfeindliche Parolen (1964 legalisiert). Mit seinem Bruder gründete H. 1916 den Verlag Neue Jugend, 1917 den Malik-Verlag (dort auch Buchgestalter). Filmausstatter bei den Brüdern Grünbaum; Mitarbeit bei der späteren UFA. 1918 Mitglied der KPD und des Club Dada Berlin. Mitwirkung bei Veranstaltungen, Ausstellungen (Dada-Messe 1920); Periodika wie *Jedermann sein eigner Fußball* (1919), *Die Pleite* (1919–23), *Der Knüppel* (1923–27). Entwicklung der politischen Fotomontage. Bühnenbilder für → Reinhardt (1919 Kabarett Schall und Rauch) und → Piscators Proletarisches Th. (Barta, *Rußlands Tag*, Wittfogel, *Krüppel*, beide 1920). 1920–22 Ausstattungsleiter der Reinhardt-Bühnen; Bühnenbilder am Dt. Th. u. a. für Shaws *Cäsar und Cleopatra* (1920, mit Grosz), Tagores *Der König der dunklen Kammer* (1921), Tollers *Die Maschinenstürmer* (mit Dworsky), Kaisers *Kanzlist Krehler* (mit Grosz), Kostüme für Rollands *Die Wölfe* (alle 1922). Bühnenbilder für Kaisers *Nebeneinander* (1923, Die Truppe), Shaws *Androklus und der Löwe* (1924, Residenztheater, mit Grosz). Mitarbeiter bei *Die Rote Fahne, Arbeiter-Illustrierte-Zeitung (AIZ)*. 1928–31 Piscator-Bühnen; Programmhefte und Plakate; Bühnenbilder u. a. für dessen Revue (mit Gasbarra) *Trotz alledem* (1925, Großes Schauspielhaus), Jungs *Heimweh* (1928), Wolfs *Tai Yang erwacht* (1931, Wallner-Th.), Film- und Fotoprojektionen für Tollers *Hoppla, wir leben!* (1927), Mehrings *Der Kaufmann von Berlin* (1929). 1933 Flucht nach Prag, Arbeit für den Malik-Verlag, Fotomontagen u. a. für die *AIZ*; Ausstellungen. 1938–50 London, 1940 zeitweise interniert. Bühnenbilder und Texte für den Freien Dt. Kulturbund, dessen Kleine Bühne, das Laterndl. Buchgestalter für engl. Verlage. 1950 Rückkehr in die DDR (Leipzig, seit 1956 Berlin). Arbeit mit seinem Bruder für Verlage, Organisationen, Theater. Bühnenbilder für das Berliner Ensemble (Pogodins *Das Glockenspiel des Kreml*, 1952), das Dt. Th. (O'Caseys *Harfe und Gewehr*, 1954; I. Shaws *Brooklyn-Ballade*, 1957; Weisenborns *Die Illegalen*, 1961), das Wiener Neue Th. in der Scala (→ Shakespeares *Hamlet*, 1954), die Berliner Volksbühne (Majakovskijs *Lenin-Poem*, 1966, mit E. Fischer). 1960 Professorentitel. Internat. Ausstellungen. – H. wollte mit seinen Szenerien die Stückaussage im Bild umsetzen und paraphrasierend weiterführen: «Die Dekoration bringt nicht nur die Atmosphäre, sondern auch den Inhalt des Dramas» (H. 1931, zit. nach Siepmann, S. 142). Er nutzte alle technischen Möglichkeiten, Licht, Farbe, Film- und Fotoprojektionen, ohne sich ins Illustrative zu verlieren oder die Originalität der Szenerie dem Werk überzuordnen. Besonders in der Zusammenarbeit mit → Piscator konnte H. seine Kunst der Foto- und Filmmontage für ein politisch eingreifendes Th. nutzen. 2000 wurde Kenneth Allan Vegas Musical über ihn *(Heartfield)* beim Baltimore's Th. Project uraufgeführt.

Heartfield, J.: Der Schnitt entlang der Zeit. Hg. R. März. Dresden 1981; Herzfelde, W.: John Heartfield. (3. Aufl.) Berlin 1976; Siepmann, E.: Montage: John Heartfield. (3. Aufl.) Berlin 1977.

Wolfgang Beck

Heerdegen, Edith, * 2.7.1913 Dresden, † 13.7.1982 Dachsberg (Schwarzwald). Schauspielerin.

H. bekam nach dem Abitur kurze Zeit Schauspielunterricht bei Erich → Ponto, mit dem sie später auch privat verbunden war. Debütierte 1933 in einer Statistenrolle in Schillers *Wilhelm Tell* am Staatstheater Dresden. Nach einem Jahr Statisterie und einem einjährigen Elevenvertrag reiste sie jahrelang mit wandernden Theatertruppen wie dem Frankfurter Künstlertheater durch Deutschland. Erst gegen Ende des 2. Weltkriegs erhielt sie am Staatstheater Dresden ein festes Engagement. 1947 ging sie mit Ponto ans Württemberg. Staatstheater in Stuttgart, dem sie – mit Ausnahme weniger anderer Verpflichtungen – bis 1979 angehörte. Dort spielte sie u. a. in Strindbergs *Totentanz* (1955), Pirandellos *Heinrich IV.* (1957), Hauptmanns *Rose Bernd* (1961), O'Neills *Eines langen Tages Reise in die Nacht* (1961), → Goethes *Stella* (1965), Schillers *Maria Stuart* (1965), Ibsens *Gespenster* (1970), Dorsts *Eiszeit* (1973), → Brecht / Gor'kijs *Die Mutter* (TR, 1978). In der Regie von → Palitzsch spielte sie u. a. in Walsers *Überlebensgroß Herr Krott* (UA 1964), → Shakespeares *Richard III.* (1968, im Zyklus *Die Rosenkriege*), von H. → Bauer in Mrożeks *Tango* (1967), von → Zadek in Čechovs *Der Kirschgarten* (1968). Bei → Neuenfels u. a. in Vitracs *Victor oder Die Kinder an der Macht* (1970), Valle-Incláns *Worte Gottes* (1972), bei Horst Zankl in Horváths *Geschichten aus dem Wiener Wald* (1975) und *Zur schönen Aussicht*

(1976). Bedeutend für ihre späteren Jahre wurde die Zusammenarbeit mit →Peymann, bei dem sie neben klassischen Rollen wie Brigitte in Kleists *Das Käthchen von Heilbronn* (1975), Anfissa in Čechovs *Drei Schwestern* (1978) als Präsidentin in der UA von Bernhards *Der Präsident* (1975) mitwirkte («wegen ihr allein hätte er Bernhards Stück überhaupt angenommen, sagte er», Koberg, S. 174). H. folgte Peymann ans Schauspielhaus Bochum, wo sie in ihrer letzten Bühnenrolle als die Frau in Bernhards *Der Weltverbesserer* (UA 1980, Einladung zum Berliner Theatertreffen) an der Seite Bernhard →Minettis gefeiert wurde. Einem großen Publikum bekannt wurde sie durch das nach dem Text Bölls gedrehten Fernsehspiel *Nicht nur zur Weihnachtszeit* (1970). Weitere Film- und Fernsehrollen u. a. in *Schicksal aus zweiter Hand* (1949), *Monpti* (1957), *Sansibar* (1961), *Der Fall Liebknecht-Luxemburg* (1969, TV), *Der Stoff, aus dem die Träume sind* (1972), *Jeder stirbt für sich allein* (1975), *Das Schlangenei*, (1977, R. →Bergman), *Die Ortliebschen Frauen* (1979, R. →Bondy). – Bedeutende Charakterdarstellerin mit großer Ausdruckskraft und breitem Repertoire, die klassische und moderne, mondäne wie kleinbürgerliche Rollen mit gleicher Darstellungskunst verkörperte. Ihre modulationsreiche Sprache, ihre sensible, psychologisch vertiefte Gestaltungskraft, ihr komödiantisches Talent machten sie unverwechselbar. Geprägt von Pontos nuancenreicher Schauspielkunst und Regisseuren wie Palitzsch und Peymann, wurde sie v. a. in ihren großen Altersrollen gefeiert.

Koberg, R.: Claus Peymann. Berlin 1999; Peymann, C., H. Beil: Gespräche mit Edith Heerdegen über ihr Leben und ihre Arbeit als Schauspielkünstlerin. Stuttgart 1982; Schneider, H.: Erich Ponto. Berlin 2000.

Wolfgang Beck

Heesters, Johannes (eig. Johan Marius Nicolaas H.), * 5. 12. 1903 Amersfoort (Niederlande). Schauspieler, Sänger.

Nach einer Gesangs- und Schauspielausbildung begann H.' Bühnenlaufbahn mit Auftritten an niederländ. und belg. Sprechtheatern (*Alt Heidelberg* von W. Meyer-Förster, Amsterdam, 1921). 1923 folgte die erste Gesangsrolle, er wurde zu einem erfolgreichen Operettentenor. K. Millöckers *Bettelstudent* 1934 an der Wiener Volksoper war der Auftakt für seine dt.sprachige Bühnentätigkeit. 1936 begann für H. in Berlin mit der Verfilmung dieser Operette seine große Karriere bei der UFA (Stummfilmdebüt 1924 mit der niederl. Produktion *Cirque Hollandais*). Mit Filmen wie *Gasparone* (1937, R. G. Jacoby), *Immer nur Du* (1941, R. K. Anton) und *Illusion* (1941, R. V. Tourjanski) wurde er ein vom Publikum gefeierter Leinwandstar. Gleichzeitig stand er immer wieder auch auf Theaterbühnen in Wien, Berlin, München und Hamburg (u. a. in seiner Paraderolle des Grafen Danilo in Lehárs *Die lustige Witwe*, Berlin, 1938) und ging auf Tournee (Schröders *Hochzeitsnacht im Paradies*, 1943). Nach dem Krieg setzte er seine Karriere als Operettensänger fort. 1953 drehte er in Hollywod den Film *Die Jungfrau unter dem Dach* (R. →Preminger), 1954 entstand der eher ernste Film *Bel Ami* (R. L. Daquin). In den 1960er und 70er Jahren war H. beliebter Gast in TV-Musikshows. Seit 1978 spielte er in 750 Aufführungen des Musicals *Gigi* die Rolle des Honoré; 1982 stand er in N. Simons *Sonny Boys* vor der Fernsehkamera. 1986 ging er mit Gassauers Stück *Casanova auf Schloß Dux* auf Tournee, 1996 mit dem ihm auf den Leib geschriebenen Stück *Gesegnetes Alter* von C. Flatow. 2002 stand er als Firs in Čechovs *Der Kirschgarten* (R. S. Zimmermann) im Münchner Metropoltheater auf der Bühne. – «Operette ist für mich ein Theaterstück mit Musik», schreibt H. in seiner Autobiographie (S. 222). Dabei liegt die Betonung auf Theaterstück. Er sieht sich in erster Linie als Schauspieler und nicht als (Operetten-)Sänger. Aber zu oft hat er in unzähligen Operetten, Musik- und Revuefilmen und TV-Shows das Klischee des eleganten Charmeurs mit Frack, Zylinder und Seidenschal bedient, als dass er nicht eben doch – in erster Linie – als solcher bekannt und beliebt ist.

Heesters, J.: Ich bin gottseidank nicht mehr jung. Aufgezeichnet v. W. Eser. München 1993 *(Autobiographie)*; ders.: Ich werde 100 Jahre alt. BMG Vertrieb 1998 *(CD)*.

Ute Hagel

Heesters, Nicole, * 14. 2. 1937 Potsdam. Schauspielerin.

Tochter des Schauspielers und Sängers Johannes → H. und der Operettensängerin Louise (Wiesje) Ghijs. Schauspielausbildung am Max-Reinhardt-Seminar in Wien, u. a. bei Helene → Thimig. 1954 Bühnendebüt als Gigi in Loewes gleichnamigem Musical am Wiener Volkstheater. Anschließend Th. in der Josefstadt. 1958 – 71 Düsseldorfer Schauspielhaus, u. a. in *Fast ein Poet* von O'Neill (1958), Schillers *Die Jungfrau von Orleans* (1963), Shaws *Die heilige Johanna* (1966), Hebbels *Judith*, Kleists *Das Käthchen von Heilbronn* (beide 1967, alle R. → Stroux). Daneben bis 1967 Gast am Th. in der Josefstadt. 1971 erstmals gemeinsam mit ihrem Vater auf der Bühne (Tournee mit Albees *Alles im Garten*). 1972 – 80 Thalia Th. Hamburg, u. a. TR in Schillers *Maria Stuart* (1974, mit I. → Andree als Elisabeth) und Frau von Stein in Hacks' *Ein Gespräch im Hause Stein über den abwesenden Herrn von Goethe* (1978, R. → Gobert). Zudem auch in Musicals wie *Kiss me Kate* (1973), *Sweet Charity* (1975), *Chicago* (1977, alle R. H. Baumann). 1980 Wechsel mit Boy Gobert an die Staatl. Schauspielbühnen Berlin. Rollen u. a. Asteria in Kleists *Penthesilea* (R. → Neuenfels), Titania in → Shakespeares *Ein Sommernachtstraum* (beide 1981, R. K. Emmerich), Blanche Du Bois in Williams' *Endstation Sehnsucht* (1982, R. → Treusch). 1985/86 Bayer. Staatsschauspiel München (u. a. UA von → Arroyos *Bantam*, R. → Grüber). 1986 Sprechrolle der Athene in der UA von Reimanns Oper *Troades* an der Bayer. Staatsoper München (R. → Ponnelle). 1986 – 90 Schauspielhaus Bochum, u. a. in Greens *Süden* und Bonds *Sommer* (beide 1987, beide R. → Breth). 1995 bei den Wiener Festwochen in Genets *Die Zofen* (R. Neuenfels). In den letzten Jahren Rollen u. a. am Wiener Volkstheater (1997/98 O'Neills *Trauer muß Elektra tragen*, 2004/05 Mnouchkine / Manns *Mephisto*), am Schauspiel Köln (2000 in Čechovs *Der Kirschgarten*, R. → Beier, 2001 in Mamets *Die Gunst der Stunde*, R. T. Fischer), am Ernst-Deutsch-Th. Hamburg und den Hamburger Kammerspielen (Atkins' *Vita & Virginia*, 2006). Auch Film- und Fernsehrollen. 1953 Filmdebüt in *Ich und meine Tochter* an der Seite von Paula → Wessely. 1978 erste weibliche *Tatort*-Kommissarin. Auszeichnungen u. a. 1976 «Silberne Maske» der Hamburger Volksbühne, Großer Hersfeld-Preis 2004. – H. spielte bereits in Düsseldorf eine Vielzahl großer und sehr unterschiedlicher Rollen, von der Penthesilea über das Käthchen von Heilbronn bis zur Lady Macbeth und Kleopatra in Shaws *Cäsar und Kleopatra*. «Sie vermag nervöse und intelligente Frauen […] ebenso darzustellen wie die Inständigkeit der Schillerschen ‹Jungfrau von Orleans› und die üppige Vulgarität Dortchen Lakenreißers (in Strouxens Inszenierung von Shakespeares ‹Heinrich IV.›)» (*Weibliche Intensität, Th. heute*, Sonderheft 1963, S. 101). Diese Rollenvielfalt kennzeichnet auch ihr Engagement am Thalia Th. Hamburg, wo sie in einer Spielzeit u. a. in dem Musical *Sweet Charity* und in einer klassischen Rolle wie Maria Stuart auf der Bühne stand.

Ein großer Erfolg war für H. neben der letztgenannten Rolle die Charlotte von Stein in Hacks' *Ein Gespräch im Hause Stein über den abwesenden Herrn von Goethe*. H. Karriere zeichnet sich durch eine oftmals langjährige Verbundenheit zu einzelnen Regisseuren und Häusern aus. So arbeitete sie sehr lange am Düsseldorfer Schauspielhaus unter Stroux, am Thalia Th. Hamburg und in Berlin unter Gobert.

Karoline Bendig

Heine, Albert (Willi Amandus Max), * 16. 11. 1867 Braunschweig, † 13. 4. 1949 Westerland/Sylt. Schauspieler, Regisseur, Theaterleiter.

Sohn eines Schlossermeisters, kaufmännische Ausbildung. Seit 1891 Schauspielunterricht bei Heinrich Oberländer (1834–1911) in Berlin. 1891–1900 (erneut 1905/06) als Charakterdarsteller am dortigen Königl. Schauspielhaus. Wesentliche Rollen u. a. in → Shakespeares *Der Kaufmann von Venedig* (Shylock) und *Richard III.* (TR), Schillers *Die Räuber* (Spiegelberg), → Goethes *Faust I* (Mephisto). 1900–05 Burgtheater Wien. In Wien führte er Regie bei der von Karl Kraus inspirierten Aufführung von Wedekinds *Die Büchse der Pandora* (1905, Trianon Th., Rolle: Schigolch). 1906–08 Hoftheater München. Insz.en u. a. von Stücken Ibsens wie *Klein-Eyolf*, *Rosmersholm* (beide 1907, auch Rollen), *Peer Gynt* (DEA 1908), *Baumeister Solneß* (1908). Für den Akademisch-literarischen Verein inszenierte H. Grabbes *Scherz, Satire, Ironie und tiefere Bedeutung* (1907, Rolle: Teufel) und Goethes *Faust I* (1908). 1908 Schauspieler und Regisseur am Berliner Th. (Herodes in Hebbels *Herodes und Mariamne*). Seit 1910 Schauspieler und Regisseur am Wiener Burgtheater, dessen Direktor er 1918–21 war. Regisseur und Schauspieler in Ibsens *Rosmersholm* (1912), *Gespenster* (1914), *Klein Eyolf* (1915), *Wenn wir Toten erwachen* (1925), *Peer Gynt* (1935). Regie außerdem u. a. bei Wildgans' *Dies irae* (UA 1919), Shakespeares *Macbeth* (1920), *Hamlet* (1920, TR → Aslan) und *Coriolan* (1922), Pirandellos *Das Leben, das ich dir gab* (1926), Goethes *Torquato Tasso* (1932, Gastspiel in Weimar). Wenige Filme: *Das verbotene Land* (1924), *Der Fluch* (1925), *Spiel um den Mann* (1929), *Hermine und die sieben Aufrechten* (1934), *Schatten der Vergangenheit* (1936). 1914–37 Professor an der Akademie für Musik und darstellende Kunst in Wien. 1937 Insz. von Barré Lyndons *Der seltsame Dr. Clitterhouse* (Th. der Jugend, mit → Deutsch a. G.). – H. hatte die Leitung des Burgtheaters nach dem Zusammenbruch der Monarchie unter schwierigen politischen und v. a. wirtschaftlichen Umständen übernommen. Er öffnete es für aktuelle österr. Dramatik (Beer-Hofmann, Hofmannsthal, Wildgans, St. Zweig), bemühte sich mit Bühnenbildnern wie → Roller und Albert Paris Gütersloh um Erneuerung und Versachlichung der Szenographie und (vergeblich) um die finanzielle Absicherung des Th.s. Bedenken gegen den Plan, das Burgtheater mit den → Reinhardt-Bühnen zu fusionieren, Intrigen, nachdem er ein Wahlmanifest der SPÖ unterstützt hatte, führten zu seiner Demission. Als Regisseur war er einer der Anreger modernen Regietheaters, bemüht um die Überwindung des Hoftheaterstils, um Werktreue und den ideellen Gehalt der Stücke, förderte v. a. das Ensemblespiel. Ein kraftvoll-dynamischer Charakterdarsteller mit herausragender Sprechtechnik und differenziertem Spiel, der v. a. in Rollen der Mächtigen und Rebellierenden glänzte. 1929 Ehrenbürger Wiens, 1936 Ehrenmitglied des Burgtheaters.

Blätter des Burgtheaters. 10 Hefte. Hg. A. Heine. Wien 1919–20; Fontana, O. M.: Wiener Schauspieler. Wien 1948; Haeusserman, E.: Das Wiener Burgtheater. (2. Aufl.) Wien u. a. 1975; Kahl, K.: Die Wiener und ihr

Burgtheater. Wien, München 1974; Stuckenhoff, W.: Albert Heine, der Schauspieler und Regisseur. Diss. Wien 1966.

Wolfgang Beck

Heinz, Gerd, * 21. 9. 1940 Aachen. Regisseur, Theaterleiter, Schauspieler.

H. studierte Philosophie und Germanistik in Köln, wo er an der Schule des Th.s seine Schauspielausbildung absolvierte. Ab 1962 Schauspieler und Regisseur am Th. in Aachen, anschließend in Kiel (1965–67), Essen (1967/68), 1968 am Dt. Schauspielhaus Hamburg (Rollen in Schillers *Die Räuber*, R. → Monk; Frischs *Biografie: Ein Spiel*, R. H. → Koch; Thomas *Moral*), Schauspielhaus Bochum. 1970–73 Schauspieldirektor des Hess. Staatstheaters Darmstadt, Insz.en u. a. von Salvatores *Büchners Tod* (UA 1972), Turrinis (nach Beaumarchais) *Der tollste Tag* (UA 1972), *Kindsmord*, Kleists *Amphitryon* (beide 1973). Anschließend Hausregisseur am Thalia Th. Hamburg, u. a. bei → Nestroys *Der Färber und sein Zwillingsbruder* (1973) und *Einen Jux will er sich machen* (1977, mit → Heltau, → Rath), H. / Müller-Buchows Adaption von de Rojas' Roman *Celestina* (UA 1975), Bonds *Der Irre* (DEA 1977). Gastinsz.en u. a. in Bonn, den Festspielen Bad Hersfeld (→ Molière, *George Dandin*, 1977), in Wien am Burg- und am Volkstheater. Dort u. a. bei Turrinis *Josef und Maria* (UA 1980) und *Die Bürger* (UA 1981), Barnes' *Die Roten Nasen* (1986). 1980–89 Hausregisseur, ab 1982 Intendant des Zürcher Schauspielhauses. Insz.en u. a. von Bonds *Das Bündel oder Neuer schmaler Weg in den tiefen Norden* (dt.sprachige EA 1978), *Die Frau* (dt.sprachige EA 1979), Dürrenmatts *Achterloo* (UA 1983), Schillers *Maria Stuart* (1986), Engelmanns *Die Hochzeitsfahrt* (UA 1986), Goldonis *Trilogie der Ferienzeit* (1989). 1989–93 freier Regisseur, vermehrt für Werke des Musiktheaters, u. a. in Wien, Hamburg, Frankfurt a. M., Venedig. 1993–97 Operndirektor in Freiburg i. Br., Insz. u. a. von Wagners *Tannhäuser* (1994), Doppelaufführung von Stravinskijs *Oedipus Rex* und Sophokles' *König Ödipus* (1996), Rihms *Eroberung von Mexico* (1997). Seit 1997 ist H., der 1968–80 an der Hamburger Hochschule für Musik gelehrt hatte, szenischer Leiter der Opernschule an der Hochschule für Musik in Freiburg. Gastinsz.en im In- und Ausland. Am Bayer. Staatsschauspiel München u. a. bei A. Millers *Scherben* (DEA 1996), McNallys *Meisterklasse* (1996), Enquists *Die Bildermacher* (DEA 1999); am Stadttheater Bern bei Büchners *Dantons Tod* (1998), Hölderlins *Der Tod des Empedokles* (1995), Debussys *Pelléas und Mélisande* (2003). In Freiburg u. a. bei Schwehrs *Heimat* (1999), Eötvös' *Drei Schwestern* (2000), der komprimierten Fassung von Schillers *Wallenstein* (2004/05), Janáčeks *Das schlaue Füchslein* (2005). Sprecher bei dem musikalisch-literarischen Programm *Chants d'amour* beim Schleswig-Holstein-Festival (2005, Bad Segeberg). Filmschauspieler u. a in *Nirgendwo in Afrika* (2001). – Als Intendant und Regisseur verdient um die Durchsetzung von Autoren wie Turrini oder Bond. Ein dem Text und dem Autor verpflichteter Regisseur. Zu seiner *Wallenstein*-Insz. schrieb C. Ueding, er setze «ganz aufs gesprochene Wort, auf den Dialog voller Andeutungen, Halbwahrheiten, Anmaßungen und Missverständnisse und auf die schauspielerischen Möglichkeiten, Affekte genau zu erfassen und die Situationen dieser Stellungskämpfe in einer Art zerbröckelndem Menschenschach präzise zu erspielen. Und er zeigt in dieser wirklich großen [...] Aufführung, dass es dazu keiner modernistisch-muntereren Sprech- und Spielakrobatik bedarf».

Aller Tage Abend. Eine Rückschau. Schauspielhaus Zürich 1982–1989. Direktion Gerd Heinz. Zürich 1989.

Wolfgang Beck

Heinz, Wolfgang (urspr. David Hirsch), * 18. 5. 1900 Pilsen (Österr.-Ungarn, heute Plzeň, Tschech. Republik), † 30. 10. 1984 Berlin (DDR). Schauspieler, Regisseur, Theaterleiter.

In Wien aufgewachsen; Sohn des Journalisten und Funktionärs des Dt. Bühnenvereins Julius Hirsch (1874–1942) und der Schauspielerin Camilla Alt. Ohne Schauspielausbildung kam H. über Friedrichsroda und Eisenach (1917/18) sowie das Dt. Volkstheater Wien (1918/19) an das Dt. Th. und das Staatl. Schauspielhaus Berlin (Barlachs *Die echten Sedemunds*, 1921; Grabbes *Napoleon oder Die hundert Tage*, 1922, beide R. → Jeßner). Über Hamborn, Hagen, Hamburg (Kammerspiele) 1926–33 erneut Staatl. Schauspielhaus, u. a. in → Shakespeares *Der Kaufmann von Venedig* (1927, R. → Fehling), Hauptmanns *Die Weber* (1928), Blumes *Treibjagd*, (1929), Schönherrs *Herr Doktor, haben Sie zu essen?* (1930), → Brechts *Mann ist Mann* (1931), Holbergs *Jeppe vom Berge* (1932), → Goethes *Faust II* (1933). Seit 1930 KPD-Mitglied, 1933 deswegen und wegen «nichtarischer» Herkunft entlassen. Mit dem Jeßner-Ensemble 1933 Tournee durch die Niederlande; 1934 Emigration in die Schweiz. 1934–46 am Zürcher Schauspielhaus, u. a. in Horváths *Hin und Her* (UA 1934), Wilders *Unsere kleine Stadt* (1939), *Wir sind noch einmal davongekommen* (1944, beide dt.sprachige EAen), Büchners *Dantons Tod* (TR, 1940), Brechts *Mutter Courage und ihre Kinder* (UA 1941), Strindbergs *Ein Traumspiel* (1945/46). Regie u. a bei Somins *Attentat* (1936), Čapeks *Die Mutter* (1938), Ibsens *Nora* (1944). 1946–48 Volkstheater Wien. Bei den Salzburger Festspielen 1947–51 in Hofmannsthals *Jedermann*. 1948–56 Mitbegründer und -direktor, Schauspieler und Regisseur am Neuen Th. in der Scala (Wien). Insz.en u. a. von Gor'kijs *Feinde* (1948), *Nachtasyl* (1952), *Kinder der Sonne* (1954), Brechts *Das Leben des Galilei* (1956); Rollen u. a. in Beaumarchais' *Figaros Hochzeit* (1950), Gogol's *Der Revisor* (1951, R. → Paryla), Calderóns *Der Richter von Zalamea* (1955). Nach dem politisch erzwungenen Ende der Scala am Dt. Th. Berlin (DDR), wo H. seit 1950 als Gast gearbeitet hatte und 1958 Oberspielleiter wurde. 1958–60 Leiter der Staatl. Schauspielschule. 1962–63 Leiter der Volksbühne; Insz. von Hauptmanns *Florian Geyer* (1962), → Piscators (mit anderen) Tolstoj-Adaption *Krieg und Frieden* (1963, mit H. Fischer). 1963–70 Intendant des Dt. Th.s, u. a. in Hochhuths *Der Stellvertreter* (1966), → Lessings *Nathan der Weise* (TR, 1966–74, R. → Solter); Regie bei Millers *Zwischenfall in Vichy* (1965), Rolf Schneiders *Prozeß in Nürnberg* (UA 1967), Goethes *Faust I* (1968–73, mit → Dresen), Čechovs *Onkel Vanja* (1972), Hacks' *Adam und Eva* (1975), Hauptmanns *Michael Kramer* (1978). Am Berliner Ensemble TR in Brechts *Das Leben des Galilei* (1971). Wenige Filme. Seit 1966 Präsident des Verbandes der Theaterschaffenden der DDR; zahlreiche Auszeichnungen. Seine Tochter Gabriele (* 1948) aus der Ehe mit der Schauspielerin Erika Pelikowsky (1916–90) ist Schauspielerin. – H. war als Schauspieler und Regisseur dem bürgerlichen Erbe verpflichtet, orientiert an → Stanislavskij. Ein handwerklich sicherer, realistischer Schauspieler mit komödiantischem Talent, Widersprüche im Charakter seiner Figuren aufzeigend. Als Regisseur v. a. um Stücke Čechovs und Gor'kijs bemüht. Betonung des Ensemblespiels. Große Altersrollen. Repräsentierte lange das Th. der DDR auf internat. Ebene.

Pietzsch, U., D. Alvermann: Wolfgang Heinz inszeniert Gorki: Feinde. Berlin 1969; Waack, R.: Wolfgang Heinz. Berlin 1980.

Wolfgang Beck

Heising, Ulrich, * 15. 4. 1941 Königsberg (heute Kaliningrad). Regisseur.

Studium der Theaterwissenschaft in Köln

und Berlin. 1964 Regieassistent an den Städt. Bühnen Köln, 1965–68 Münchner Kammerspiele, 1968 Dt. Schauspielhaus Hamburg. Erste Insz. 1969 im Werkraum der Münchner Kammerspiele DEA von Albees *Kiste-Mao-Kiste*. Im gleichen Jahr Sperrs *Jagdszenen aus Niederbayern*, 1970 → Brechts *Die Ausnahme und die Regel*, 1971 Wagner/Enzensbergers *Der Ring des Nibelungen*. 1969 Zürcher Schauspielhaus O'Caseys *Kikeriki*. 1972–79 Hausregisseur am Dt. Schauspielhaus Hamburg; u. a. UA *Stallerhof* von → Kroetz, Brechts *Die Kleinbürgerhochzeit* (beide 1972), Behans *Die Geisel* (1973), DEA Rudkins *Asche*, Gor'kijs *Feinde*, Brecht/Farquhars *Pauken und Trompeten* (alle 1974), 1974–75 → de Boers *Family* (4 Teile), Hauptmanns *Einsame Menschen* (1975), *Der Biberpelz* (1977), Hebbels *Maria Magdalena* (1976), Sternheims *Die Kassette*, UA Schröders *Traum=Mörder – Edgar Poe meets Peter Kürten* (beide 1978). 1978 bei den Ruhrfestspielen Horváths *Kasimir und Karoline*. Gastinsz.en im Düsseldorfer Schauspielhaus (1980 Schillers *Maria Stuart* und → Kortners *Donauwellen*, Strauß' *Bekannte Gesichter, gemischte Gefühle*, 1986 UA Reinshagens *Die Clownin*, 1988 Laubes *Dauerklavierspieler*). 1981 Sperrs *Jagdszenen aus Niederbayern* (*Hunting Scenes From Lower Bavaria*) im New Yorker Manhattan Th. Club Downstairs; 1983 im Schauspiel Köln Strauß' *Kalldewey, Farce*; in den Münchner Kammerspielen 1970 Brechts *Die Ausnahme und die Regel*, UA Kipphardts *Sedanfeier*, 1983 Heiner → Müllers *Quartett*, 1985 UA *Der Affenmörder* von Ludwig Fels; im Residenztheater München 1985 → Fos *Zufällig eine Frau: Elisabeth*; im Münchner Volkstheater *A Rua is, Bua* von Fitzgerald Kusz. 1986 Reinshagens *Doppelkopf*, 1987 Herzmanovsky-Orlandos *Wiesenhendl*; an der Freien Volksbühne Berlin Rosenows *Kater Lampe* (1979, UA der Neufassung von H. und B. Schroeder, TV 1981), 1988 Lenz/Brechts *Der Hofmeister*, 1990 Bernhards *Ein Fest für Boris*. Im Dt. Schauspielhaus Hamburg 1990 Braschs *Frauen, Krieg, Lustspiel* und UA von Joseph Brodskys *Demokratie!*, 1991 UA von Zochows *Drei Sterne über dem Baldachin*, 1992 Gor'kijs *Wassa Schelesnowa*, Hervés *Der kleine Faust*. Zwei Einladungen zum Berliner Theatertreffen. Debüt als Opernregisseur 1991 am Ulmer Th. mit Ligetis *Le Grand Macabre*. 1967–70 Dozent an der Otto-Falckenberg-Schule, 1975–79 Hochschule für Musik und Th. Hamburg. Gastprofessur an der Hochschule für Musik und darstellende Kunst Graz, Lehrauftrag an der Münchner Universität. 1991–94 Gastprofessur im Studiengang Schauspielregie der Universität Hamburg. Zeitweise Direktor der Otto-Falckenberg-Schule München. Verheiratet mit Christa → Berndl. – Arbeitet mit großer Sicherheit im Handwerklichen, dramaturgisch versiert, kleine Details nie außer Acht lassend, so sorgfältig wie phantasievoll. Überhöhter Realismus.

Werner Schulze-Reimpell

Held, Martin, * 11. 11. 1908 Berlin, † 31. 1. 1992 Berlin. Schauspieler.

Auf Wunsch der Eltern Lehre als Elektrotechniker; Praktikant bei Siemens. 1929–31 Staatl. Schauspielschule Berlin. Über die Ostpreuß. Wanderbühne, das Albert-Th. Dessau, Stadttheater Elbing, Th. Bremerhaven, Landestheater Darmstadt 1941 für 10 Jahre zu den Städt. Bühnen Frankfurt a. M. (1947 Harras in Zuckmayers *Des Teufels General*). Seit 1951 Staatl. Schauspielbühnen Berlin. Entwickelte sich dort bald zum ersten Schauspieler des Ensembles mit schier unerschöpflichen Möglichkeiten und breitestgefächertem Rollenreservoir. H. war ein Verwandlungsvirtuose par excellence, ebenso gut im komischen wie im tragischen Fach, im Boulevardstück (*Sonny Boys* von Simon, 1973) wie im Dokumentarstück. So überzeugend als Prospero in

→ Shakespeares *Sturm* (1968) wie als Malvolio in dessen *Was ihr wollt* (1954) oder Falstaff in dessen *Heinrich IV.* (1970). Meisterhafter Darsteller von Anouilh-Rollen, 1956 TR in *Ornifle* («Er hat die lästerliche Kälte des erotischen Frauenschlächters. Aber er hat auch genau die snobistisch überlegene Denkerattitüde, die dem Ornifle zukommt. Er jagt, er schmeckt, er kostet alle Leckerbissen dieses Witz durchsetzten Dialogs», Friedrich Luft), 1957 TR in *General Quichotte*, 1957 General in *Walzer der Toreros* («Er stoppt immer genau an der Grenze jeden Effekts – und spricht die dichten Pointen seines Dialogs so überlegen und mit dem todsicheren Zeitgefühl der Zündung, daß es ein hoher Jux war, ihm zuzuschauen. Was für ein wahrhaft brillanter Akteur!», F. Luft). H. war Osbornes *Entertainer* (1958), → Molières *Don Juan* (1960), und der Wehrhahn in Hauptmanns *Der Biberpelz* (1951). Über seinen Puntila (1964, → Brecht) schrieb Siegfried Melchinger: «Ganz Puntila, genoß er die Identität mit der Figur und deren Entlarvung.» Das verweist auch auf H.s. Fähigkeit, zu seinen Figuren Distanz zu halten. Darauf hob auch Andreas Rossmann in seinem Nachruf (*FAZ*, 3. 2. 1992) ab, als er betonte, dass H. immer «zugleich ironische, genießerisch ausgekostete Distanz» zu seinen Rollen hielt.

H. arbeitete mit vielen überragenden Regisseuren wie → Fehling, → Kortner und Beckett, der mit ihm sein Stück *Das letzte Band* inszenierte (1969). 1964 UA von Kortners *Zwiesprache* in dessen Regie (Münchner Kammerspiele). 1954 wurde H. durch die Rolle des SS-Obergruppenführers Heydrich in dem Film *Canaris* weit über Berlin hinaus bekannt. Viele weitere Filme folgten (u. a. *Vor Sonnenuntergang*, 1956; *Rosen für den Staatsanwalt*, 1959). Gleichwohl hielt H. dem Th. stets die Treue, stand praktisch in jeder drehfreien Zeit und an den Wochenenden auf der Bühne.

Erst Mitte der 1980er Jahre zog er sich allmählich zurück, nachdem er 1985 den Patriarchen in → Lessings *Nathan der Weise* übernommen hatte. H. war einer der hervorragendsten Schauspieler seiner Generation.

Martin Held zum 80. Geburtstag. Red. E. Bartsch. Berlin 1988.

Werner Schulze-Reimpell

Hellmer, Arthur, * 29 6. 1880 Wien, † 12. 1. 1961 Hamburg. Schauspieler, Regisseur, Intendant.

Ausbildung am Konservatorium Wien. Über Barmen (Wuppertal) und Lübeck 1904 nach Frankfurt a. M. 1910 Gründung des Neuen Th.s in Frankfurt a. M. (mit Max Reimann), das er zur führenden UA-Bühne machte. H. brachte 20 Stücke von Georg Kaiser (Spitzname «Kaiser-Th.»), davon als UA *Die Bürger von Calais* (1917), *Die Koralle* (1917), *Gas I* (1918), *Hölle. Erde, Weg* (1919), *Gas II* (1920), *Kolportage* (1924, Lessing-Th. Berlin), *Lederköpfe* (1928). 1916 UA *Hans im Schnakenloch* von René Schickele, 1924 *Orpheus und Euridike* von Oskar Kokoschka. Spielte Hasenclever, Schnitzler, Shaw, Hamsun, Pirandello, z.T. in DEAen. Hochkarätiges Ensemble, das für viele Schauspieler zum Sprungbrett nach Berlin wurde. 1925–26 zugleich Direktor des Lessing-Th.s und des Kleinen Th.s Berlin. 1936–38 Direktor des Th.s an der Wien in Wien. 1938 Emigration nach England. 1946–48 Intendant Dt. Schauspielhaus Hamburg. H. fand nur unzureichende Spielstätten vor und v. a. erhebliche Voreingenommenheit gegen den Emigranten. Begann die Spielzeit mit → Brecht/Weills *Dreigroschenoper* und Büchners *Dantons Tod*, dessen Insz. er kurzfristig übernommen hatte. Der Aufsichtsrat erteilte ihm danach Inszenierungsverbot. H. setzte auf einen literarischen Spielplan mit Stücken von Giraudoux, O'Neill, Priestley. 1947 DEA *Des Teufels General* von Zuckmayer,

1948 UA *Armut, Reichtum, Mensch und Tier* von Hans Henny Jahnn. Der Spielplan zog heftige Kritik durch Politiker auf sich, die H. die künstl. und organisatorische Qualifikation absprachen.

<small>100 Jahre Deutsches Schauspielhaus. Hg. Zentrum für Theaterforschung der Universität Hamburg, Deutsches Schauspielhaus in Hamburg. Hamburg 1999.
Werner Schulze-Reimpell</small>

Heltau, Michael, * 5. 7. 1933 Ingolstadt. Schauspieler, Sänger, Entertainer.

Sohn eines Baumeisters, aufgewachsen in Österreich. Bei einer Kindertheateraufführung von Käthe → Dorsch «entdeckt». 1951–53 Ausbildung am Wiener Reinhardt-Seminar. Debüt 1952 im Schlosstheater Schönbrunn in Wilders *Unsere kleine Stadt* (1954 TV). Nach kurzem Engagement am Stadttheater Würzburg 1954 von → Kortner ans Bayer. Staatsschauspiel München geholt. 1957 ging H. ans Wiener Th. in der Josefstadt; gastierte daneben an verschiedenen Th.n in Berlin, bei den Ruhrfestspielen Recklinghausen (1959–61), in Hamburg 1966 am Dt. Schauspielhaus (Giraudoux, *Undine*; → Shakespeare, *Troilus und Cressida*, beide R. → Schuh), 1977 am Thalia Th. (→ Nestroy, *Einen Jux will er sich machen*), in München am Bayer. Staatsschauspiel (Shakespeare, *Othello*, 1982, R. → Palitzsch). Am Wiener Volkstheater große Erfolge mit den TRn in Shakespeares *Hamlet* (1969) und *Romeo und Julia* (1970). 1967 erstes Engagement am Wiener Burgtheater, seit 1972 Ensemblemitglied. Wichtige Rollen u. a. in Schnitzlers *Liebelei* (1972), *Anatol* (1974, beide R. → Klingenberg), *Der einsame Weg* (1985), Shakespeares *Richard II.* (TR, 1975), Nestroys *Der Zerrissene* (1974), Stoppards *Travesties* (1976), → Pinters *Heimkehr* (1977), Hofmannsthals *Der Schwierige* (TR, 1978, R. Steinboeck), Molnárs *Der Leibgardist* (1979), → Molières *Tartuffe* (1979/80, R. → Noelte), Shaffers *Amadeus* (dt.sprach. EA 1981, R. → Wood), Schillers *Wallenstein* (TR, 1983, R. → Wekwerth), Gor'kijs *Kinder der Sonne* (1988, R. → Benning), Pirandellos *Heinrich IV.* (TR, 1989, R. C. → Lievi), → Raimunds *Der Alpenkönig und der Menschenfeind* (1990, R. → Hollmann), Gurneys *Love Letters* (1991), Čechovs *Onkel Vanja* (1992/93). Wichtigster Regisseur in H.s Karriere war → Strehler, in dessen 2-teiliger Shakespeare-Adaption (nach *Heinrich VI.*) *Das Spiel der Mächtigen* H. 1973–74 bei den Salzburger Festspielen (1975 Burgtheater) brillierte. Unter Strehler spielte er in Salzburg in Mozarts *Die Entführung aus dem Serail* (1965–67, 1970, 1974), am Burgtheater in Goldonis *Die Trilogie der Sommerfrische* (1974) und Pirandellos *Die Riesen vom Berge* (1994), in Paris in Brecht/Weills *Die Dreigroschenoper* (1986, Th. Musical). Bei den Salzburger Festspielen spielte H. in Hofmannsthals *Jedermann* (1964–68 Guter Gesell, 1973 Spielansager), *Der Unbestechliche* (1971, R. G. → Manker), Shakespeares *Der Sturm* (1968, R. Schuh). Nach Gesangsunterricht (1969–72) trat H. erfolgreich in Musicals auf, so in Udo Jürgens' *Helden, Helden* (1972, Th. an der Wien), Loewes *My Fair Lady* (1993) und *Gigi* (1999, beide Volksoper Wien). Internat. Popularität als Sänger und Entertainer. Auf zahlreichen Tourneen trug er Chansons Jacques Brels vor, sang Wiener und Operettenlieder. Soloprogramme u. a. *Aber jetzt, Herr Direktor* (1981), *Hernals, Hernals* (1986), *Noch einmal, Herr Direktor* (1995), *Im Rampenlicht* (1998), *Operette sich wer kann* (2003, erweitert 2004), *Vom Himmel das Blau* (2005). Film- und Fernsehauftritte, v. a. in Literaturverfilmungen; Arbeit für den Rundfunk und als Rezitator. Wenige Insz.en. Zahlreiche Auszeichnungen, u. a. Kainz-Medaille (1973), Kammerschauspieler (1986), Ehrenkreuz für Wissenschaft und Kunst (2001), Ehrenmitglied des Burgtheaters (2003) und der Volksoper

(2004). – Der Doyen des Burgtheaters (seit 1969 österr. Staatsbürger) gilt als Prototyp des Österreichers und idealer Verkörperer spezifisch Wiener Figuren. Dabei umfasst sein Repertoire mit gleicher Selbstverständlichkeit die Protagonisten in klassischen wie modernen Stücken. Herausragend in Schauspielen Schnitzlers und Hofmannsthals. Vertreter einer klassischen Ästhetik und Tradition. Einer der wenigen Entertainer des dt.sprachigen Raums. Er selbst bezeichnet sich eher als «Bühnenmensch» denn als Schauspieler.

Wolfgang Beck

Henrichs, Helmut, * 13. 4. 1907 Elberfeld (heute Wuppertal), † 1. 10. 1975 München. Regisseur, Dramaturg, Theaterleiter.

Studium der Germanistik, Kunstgeschichte, Theaterwissenschaft. 1930–32 Regieassistent am Düsseldorfer Schauspielhaus. 1933–37 Theaterkritiker der Düsseldorfer Zeitung *Der Mittag*, 1938 Hauptschriftleiter der *Dt. Theaterzeitung* in Berlin. 1939–42 Dramaturg am Dt. Th. Berlin. 1942–50 Oberspielleiter des Staatstheaters Stuttgart (u. a. Camus' *Caligula*, DEA 1947), 1950–53 Oberspielleiter des Dt. Th.s Göttingen. 1953–58 Generalintendant der Städt. Bühnen Wuppertal, 1958–72 Intendant des Bayer. Staatsschauspiels München. Versammelte vorzügliche Darsteller und Regisseure wie Hans → Lietzau als Oberspielleiter, Rudolf → Noelte, Niels-Peter → Rudolph. Er ließ, obwohl er eher ein konservatives, dem Stücktext v. a. verpflichtetes Th. bevorzugte, immer auch andere Handschriften zu. Jedoch Scheu vor experimentellen oder avantgardistischen Spielweisen, wodurch sich das Profil seines Hauses nicht ausprägte. Auch als Regisseur konventionell, inszenierte Klassiker und Realisten, u. a. Hauptmanns *Die Ratten* (1966, Gastspiel City Center Th., New York), Anouilhs *Antigone*, → Goethes *Iphigenie auf Tauris* (beide 1966), *Torquato Tasso* (1968), → Lessings *Nathan der Weise* (1967), Ibsens *Nora*, Čechovs *Die Schädlichkeit des Tabaks* (beide 1969), Schillers *Maria Stuart* (1970). Als Intendant vorbildlich. Sein Sohn, der bedeutende Theaterkritiker Benjamin H. (* 1946 Stuttgart), attestiert ihm ein tief melancholisches Verhältnis zum Theaterbetrieb: «Weil mein Vater ein Karrierist nicht sein wollte, ein Komödiant nicht sein konnte, hat er immer sehr viel Abstand zum Theater behalten. Er war ein Intendant und blieb doch immer ein Theaterkritiker. Also wußte er immer, was er angerichtet hatte. Ich kenne nur wenige im Theater, die ihm darin gleichen.»

Henrichs, B.: Beruf: Kritiker, München 1978, S. 185–87; Faber, M., L. Weizert: … dann spielten sie wieder. Das Bayerische Staatsschauspiel 1946–86. München 1986.

Werner Schulze-Reimpell

Hering, Gerhard F(riedrich), * 28. 10. 1908 Rogasen (heute Rogozno / Polen), † 12. 4. 1996 Darmstadt. Kritiker, Regisseur, Intendant.

Studium der Germanistik, Theaterwissenschaft, Publizistik in Berlin und Heidelberg, 1932 Promotion. Regieausbildung bei Carl Hagemann und Richard Weichert. 1934 Theaterkritiker in Magdeburg und Köln, 1941 Berufsverbot (Weiterarbeit unter Pseudonym). 1943 Regiedebüt in Essen mit → Goethes *Die natürliche Tochter* (Aufführungsverbot nach der Premiere). 1948–50 Chefdramaturg von Heinz → Hilpert in Konstanz. 1950–52 Direktor der Falckenberg-Schule München. 1952–54 Chefdramaturg Staatstheater Stuttgart. Gastinsz. 1955 UA *Rosamunde Floris* von Georg Kaiser in Stuttgart. 1961–71 Intendant Staatstheater Darmstadt. Insz. → Lessing-Zyklus, Genet (*Die Neger* 1964, *Der Balkon* 1967). Danach Gastinsz.en. Lehrtätigkeit an der Universität Gießen. – H. war ein hochgebildeter Intendant und literarisch orientierter

Regisseur, der nach einem stark vergeistigten Th. strebte. Neben zahlreichen literatur- und theaterwissenschaftlichen Arbeiten Herausgeber Alfred Kerrs (*Die Welt im Drama*. Köln, Berlin 1954).

Hering, G. F.: Ausgewählte Schriften. Darmstadt 1998; ders.: Der Ruf der Leidenschaft. Aufsätze. Köln 1959; Huber-Hering, V.: Das Theater Gerhard F. Herings: Landestheater Darmstadt 1961/62–1970/71. Darmstadt 2001.

Werner Schulze-Reimpell

Hermann, Karl-Ernst, * 12.8.1936 Neukirch (Oberlausitz). Bühnen- und Kostümbildner, Regisseur.

Erlernte die Handweberei, besuchte in Berlin die Meisterschule für Kunsthandwerk, studierte ab 1957 Bühnenbild an der Hochschule für Bildende Künste (Klasse von Willi → Schmidt). 1961/62 ging H. zu Kurt → Hübner ans Ulmer Th., dem er 1963–69 ans Bremer Th. folgte. Nach Bühnenbildern am Braunschweiger Th. (1969/70) von 1970/71 bis 1982 an der Schaubühne am Halleschen Ufer (Berlin), wo seine Szenographien wesentlich den Stil des Th.s mitbestimmten. Arbeiten u. a. am Staatstheater Stuttgart, dem Schauspielhaus Bochum, dem Wiener Burgtheater, dem Schauspielhaus Zürich, dem Berliner Ensemble. Langjährige und intensive Zusammenarbeit mit bestimmten Regisseuren. So mit Peter → Stein u. a. bei → Brechts *Im Dickicht der Städte* (1968, Münchner Kammerspiele), Brecht/Gor'kijs *Die Mutter* (1970), Ibsens *Peer Gynt* (1971), Kleists *Der Prinz von Homburg*, Fleißers *Fegefeuer in Ingolstadt* (beide 1972); Labiches *Das Sparschwein* (1973), *Antiken-Projekt 1: Übungen für Schauspieler* (1973), Gor'kijs *Sommergäste* (1974), → Shakespeares *Wie es euch gefällt* (1977); Strauß' *Trilogie des Wiedersehens* (1978), *Groß und klein* (UA 1978), *Der Park* (1984), Aischylos' *Orestie*, Williams' *Klassenfeind* (DEA, beide 1981), Genets *Die Neger* (1983), Čechovs *Drei Schwestern* (1984, alle Schaubühne), Debussys *Pelléas et Mélisande* (1992, Welsh National Opera), Čechovs *Der Kirschgarten* (1995, Salzburger Festspiele). Mit Claus → Peymann u. a. bei Shakespeares *Richard III.* (1969/70, Braunschweig), Handkes *Der Ritt über den Bodensee* (UA 1971, Schaubühne), Reinshagens *Himmel und Erde* (1974), Bernhards *Der Präsident* (1975), *Minetti* (UA 1976), *Vor dem Ruhestand* (UA 1979, alle Stuttgart; 1998/99 Burgtheater), → Goethes *Torquato Tasso*, Bernhards *Der Weltverbesserer* (beide 1980) → Lessings *Nathan der Weise* (1981, alle Bochum), Shakespeares *Der Sturm*, Bernhards *Heldenplatz* (UA, beide 1988), Handkes *Das Spiel vom Fragen oder Die Reise zum sonoren Land* (UA 1990), *Die Stunde da wir nichts voneinander wußten* (UA 1992), *Die Fahrt im Einbaum oder Das Stück zum Film vom Krieg* (UA 1999), Turrinis *Alpenglühen* (UA 1993), *Die Schlacht um Wien* (UA 1995), *Endlich Schluß* (UA 1997, alle Burgtheater); außerdem bei den Salzburger Festspielen bei Bernhards *Der Ignorant und der Wahnsinnige* (UA 1972), *Am Ziel* (UA 1981), *Der Theatermacher* (UA 1985), *Ritter, Dene, Voss* (UA 1986), Ransmayrs *Die Unsichtbare* (UA 2001, Koproduktion Berliner Ensemble), am Berliner Ensemble u. a. bei Brecht/Gor'kijs *Die Mutter* (2003), Handkes *Untertageblues* (UA 2004). Szenographien für Insz.en Luc → Bondys von Lasker-Schülers *Die Wupper* (1976), Strauß' *Kalldewey, Farce* (1982), Marivaux' *Triumph der Liebe* (1985, alle Schaubühne), Mozarts *Così fan tutte* (1984, Th. de la Monnaie, Brüssel), Strauß' *Das Gleichgewicht* (UA 1993, Salzburger Festspiele), *Die eine und die andere* (2005, Berliner Ensemble); George → Taboris bei Shakespeares *Othello* (1990), Taboris *Die Goldberg-Variationen* (UA 1991), *Requiem für einen Spion* (UA 1993), *Ballade vom Wiener Schnitzel* (UA 1996, alle Burgtheater); Dieter → Giesings u. a. bei Fosses *Schönes* (2003), Strauß' *Die Zeit und das Zimmer* (2004, beide Bochum), *Der Narr und seine Frau heute abend in Pancomedia* (österr. EA 2002, Burgtheater); Matthias → Hartmanns u. a. bei Turrinis *Die Liebe in Madagaskar* (UA 1998, Burgtheater), Becketts *Warten auf Godot* (2002), Fosses *Todesvariationen* (2004, Bochum), Strauß' *Nach der Liebe beginnt die Geschichte* (UA 2005, Schauspiel Zürich). Auch Opernausstattungen. Seit 1982 arbeitet H. auch als Regisseur (meist mit seiner Frau Ursel H.) und Ausstatter von Opern. Der Intendant Gérard Mortier ermöglichte diese Arbeit am Th. de la Monnaie in Brüssel ebenso wie bei den Salzburger Festspielen. In Brüssel u. a. Insz. von Mozarts *La Clemenza di Tito* (1982; 1992 Salzburg; 2005 Opéra de Paris), *La finta giardiniera* (1986; 1992 Salzburg), *Don Giovanni* (1987), *Die Entführung aus dem Serail* (1989), *Die Zauberflöte* (1991, beide Koproduktionen Wiener Staatsoper), Glucks *Orpheus und Eurydike* (1988), Verdis *La Traviata* (1994; 1998 Düsseldorf), Rossinis *Il Turco in Italia* (1996), in Salzburg u. a. des Mozart-Pasticcios *Ombra felica* (1994), Rameaus *Les Boréades* (1999), Mozarts *Idomeneo, Ré di Creta* (2000), *Così fan tutte* (2004). Außerdem u. a. Händels *Semele* (1996, Staatsoper unter den Linden, Berlin), *Giulio Cesare in Egitto* (2001, De Nederlandse Opera), die szenische Collage *Der unendliche Gesang des Orpheus* (2001, Rheinsberger Kammeroper), Cherubinis *Medea* (2002, Dt. Oper Berlin). Erste Schauspielregie 1996 bei → Raimunds *Der Bauer als Millionär* (1996, Wiener Festwochen / Burgtheater). Für die RuhrTriennale 2005–07 entwarf er das Logo und den grafischen Gesamtauftritt. Lehrtätigkeit in München (1994–2002, Akademie der Bildenden Künste) und Berlin. Mehrfach Bühnenbildner des Jahres *(Th. heute)*, Kritikerpreis, Theaterpreis Berlin, Preis des Zentrums Bundesrepublik des Internat. Theaterinstituts, 2005 Hein-Heckroth-Bühnenbildpreis.

H. ist einer der herausragenden Szenographen seiner Zeit, bemüht um dramaturgisch bestimmte Raumkonzepte von großer Intensität, die die jeweilige Atmosphäre des Stücks eindrücklich ins Bild setzen. «Sie sind bestes Illusionstheater, dem es um Vollständigkeit im realistischen Sinn geht, sind aber auch auf die Spitze getrieben, so daß diese Lebenswelten sozusagen wirklicher als die Wirklichkeit erscheinen. Einzigartig werden sie durch ihren surrealistischen Grundriß, wenn die Dimensionen traumhaft gedehnt erscheinen, Perspektiven zugespitzt, Wände und Fenster zu hoch sind, und wenn winzige Details zu sinnfälligen Zeichen werden: etwa ein feiner Riß in der Decke, ein Wasserfleck» (Eckert, S. 142). Trotz wiedererkennbarer Bauprinzipien gibt es bei H. keinen einheitlichen Stil, da er für jede Arbeit nach der einen sinnfälligen Lösung sucht: «Zuvörderst interessiert mich das Stück und die Suche nach einem Raum für die Schreiberei» (ebd.). Seine eigenen Regiearbeiten haben sich von «verschwenderischen, anspielungsreichen Inszenierungsfesten» (M. Brug, in *Die Welt*, 17. 11. 2001) entwickelt zu meist reduzierteren, den Kern des Stücks herausstellenden Arbeiten. Grundelemente seiner bildnerischen Raumauffassung exponierte H. in dem Projekt *Inszenierte Räume* (mit → Wonder) 1979 im Rahmen des Festivals Th. der Nationen in Hamburg.

Das Bochumer Ensemble. Ein deutsches Stadttheater 1979–1986. Hg. H. Beil u. a. Königstein 1986; Eckert, N.: Das Bühnenbild im 20. Jahrhundert. Berlin 1998; Iden, P.: Die Schaubühne am Halleschen Ufer 1970–1979. München, Wien 1979; Inszenierte Räume. Hamburg 1979 *(Katalog)*; Schaubühne am Halleschen Ufer am Lehniner Platz 1962–1987. Frankfurt a. M. 1987.

Wolfgang Beck

Hesse, Volker, * 30. 12. 1944 Asbacherhütte (Rheinland-Pfalz). Regisseur, Theaterleiter.

Sohn des Opernregisseurs und Intendanten Rudolf Hesse und der Kostümbildnerin

Hetterle, Albert

Ingeborg Heimann. Wollte Schauspieler werden, studierte auf Geheiß des Vaters Germanistik, Philosophie, Theaterwissenschaft in Köln und Wien. Promotion mit einer Arbeit über den Theaterkritiker Bernhard Diebold und die Theaterästhetik um 1930. Während des Studiums Hospitanzen am Th. Gründung eines Café-Th.s in Wien, Arbeit an der Rampe (Bern) und mit Freien Truppen in der Schweiz (Die Claque, Baden bei Zürich). H. inszenierte 1977 → Shakespeares *König Lear* mit Peter → Lühr in Bern, 1978 Becketts *Endspiel* an den Münchner Kammerspielen. 1979–85 im Leitungsteam des Düsseldorfer Schauspielhauses (Intendanz Günther → Beelitz). Klassikerinsz.en. 1980 UA *Witwenverbrennung* von Jörg Graser, 1981 UA *Nicht Fisch, nicht Fleisch* von → Kroetz, 1985 UA *Heinrich oder Die Schmerzen der Phantasie* von Dorst, Schnitzlers *Professor Bernhardi*. 1986–93 ständiger Gast am Bayer. Staatsschauspiel München; 1986 UA *Ich, Feuerbach* von Dorst, 1987 Racines *Britannicus*, 1989 Lautensacks *Pfarrhauskomödie*, 1992 DEA *Der Tod und das Mädchen* von Dorfman. 1991 UA *Alice im Bett* von Susan Sontag (Bonn), → Taboris *Weisman und Rotgesicht* (Maxim-Gorki-Th.). 1993–99 Direktor (mit Stephan Müller) des Th.s am Neumarkt in Zürich. Inszenierte zur Eröffnung die dt.sprachige EA *Angels in America* von Tony Kushner. Entwickelte mit dem Ensemble und Autoren Stücke: *In Sekten* (1994/95), Widmers *Top Dogs* (UA 1996, 3sat-Preis), Hürlimanns *Carleton* (UA 1996), Theresia Walsers *King Kongs Töchter* (UA 1998). Mehrere Einladungen zum Berliner Theatertreffen. 1999–2001 Gastregien an den Bühnen der Stadt Köln sowie Lehraufträge an der Universität Bern und an der Hochschule für Musik und Darstellende Kunst in Zürich. 2001–06 Intendant des Maxim-Gorki-Th.s Berlin. Inszenierte 2001 zur Eröffnung die UA von *Die Heldin von Potsdam* von Theresia Walser. Weitere Insz.en von Ostrovskijs *Wölfe und Schafe* (2002, auch Bühnenbild), Mankells *Zeit im Dunkeln* (2003), Hübners *Bankenstück: Das Geld, die Stadt und die Wut* (UA 2003), *Gotteskrieger* (UA 2005), Hauptmanns *Vor Sonnenuntergang* (2004, mit A. → Lang), Schnitzlers *Das weite Land* (2005). – H. ist ein dramaturgisch denkender, kluger Sachwalter der Autoren mit Aversion gegen «Zerschlagungstheater». Großes Interesse an den interaktiven Beziehungen der Personen auf der Bühne, die H. klar herausarbeitet, dabei oft sehr frei in der Darstellung des vorgegebenen Milieus bei Klassikern. Als Regisseur nie spektakulär, oft von großer Intensität im Atmosphärischen.

Werner Schulze-Reimpell

Hetterle, Albert, * 31. 10. 1918 Peterstal (Petrodolina bei Odessa, Ukraine), † 17. 12. 2006 Berlin. Schauspieler, Regisseur, Intendant.

Pädagogikstudium; Ausbildung zum Schauspieler durch Ilse Fogarasi. Eleve, ab 1937 Schauspieler am Dt. Kollektivtheater Odessa. 1944 nach Deutschland umgesiedelt. 1945–47 Chiemseer Bauernbühne; 1947–49 Sondershausen. Über Greifswald (1949/50), Altenburg (1950/51), Erfurt (1951–53), Halle (1953–55) 1955 ans Maxim-Gorki-Th. Berlin (MGT), das sich der sowjet. und «volksdemokratischen» Dramatik und einem Abbildungsrealismus verpflichtet sah. Debüt als Karl Moor in Schillers *Die Räuber*. 1968–94 Intendant des MGT, seit 1970 auch Regisseur, u. a. Gor'kijs *Wassa Schelesnowa* (1970), *Nachtasyl* (1977), *Kleinbürger* (1982) und *Barbaren* (1987), → Lessings *Minna von Barnhelm* (1972), Stücke von Rasputin, Rosov, Šatrov und immer wieder Gelman. Förderung der DDR-Dramatik (Kerndl, Hammel, Strahl, Braun). Nach 1987 nur noch Schauspieler – über seine Intendantenzeit hinaus bis 1998: u. a. Höchst in Volker Brauns *Übergangsgesellschaft* (1988, R. Th. → Langhoff), Lobkowitz in

→ Taboris *Mein Kampf* (1990) und Mr. Jay in dessen *Goldberg-Variationen* (1993), Waters in Griffith' *Komiker* (1991), Krapp in Becketts *Das letzte Band* (1994/95); Tiresias in → Brechts *Die Antigone des Sophokles* (1991, Schaubühne am Lehniner Platz, Berlin). Film- und Fernsehrollen u. a. in *Thomas Müntzer* (1956), *Begegnung im Zwielicht* (1960), *Das zweite Gleis* (1962), *Trotz alledem!* (1972), *Wer zweimal lügt* (1993). Verheiratet mit der Schauspielerin Monika H.; beider Sohn Mark ist ebenfalls Schauspieler.

H. öffnete die enge Ästhetik des Sozialistischen Realismus durch das Engagement von Regisseuren wie Thomas Langhoff und setzte im Spielplan in den 1980er Jahren zunehmend auf systemkritische sowjet. Autoren, deren Texte er als Regisseur oder Schauspieler mit seiner Reputation unangreifbar machte. Mit Brauns *Übergangsgesellschaft* (1988) unverhohlene DDR-Kritik. Antizipation der «Wende». In dieser Zeit war das MGT das lebendigste und künstl. interessanteste Th. in Ostberlin. Einflussreiche Theaterleute setzten 1990 durch, dass H. Intendant bleiben konnte bis zum freiwilligen Abschied des 75-Jährigen. Nationalpreis der DDR, Ehrenmitglied des Maxim-Gorki-Th.s.

Gaus, G.: Zur Person. 3. Bd. Berlin 1998; Irmer, Th., M. Schmidt: Die Bühnenrepublik. Theater in der DDR. Berlin 2003; Schauspieler, Theater, Film, Fernsehen. Hg. R. Seydel. Berlin 1976.

Werner Schulze-Reimpell

Heyme, Hansgünther, * 22. 8. 1935 Bad Mergentheim. Schauspieler, Regisseur, Intendant.

Nach 2 Semestern Architekturstudium in Karlsruhe 1956 Wechsel zu Germanistik, Philosophie, Soziologie in Heidelberg. Regieassistent bei → Piscator in Mannheim und Berlin. 1957–58 Schauspieler und Regieassistent am Nationaltheater Mannheim, 1958–63 Städt. Bühnen Heidelberg. Erste Insz.en (García Lorcas *Bernarda Albas Haus*, Tollers *Hinkemann*, Camus' *Die Besessenen*, Walsers *Eiche und Angora*). 1958 Strindbergs *Advent* an den Bühnen der Hansestadt Lübeck, dort 1960 Sartres *Die schmutzigen Hände*. 1963–68 Staatstheater Wiesbaden. Nach → Shakespeares *Romeo und Julia*, Ionescos *Der König stirbt* und Frischs *Andorra* Durchbruch mit *Marat/Sade* von Weiss (1975 auch in Köln). Inszenierte außerdem Jahnns *Medea*, Ibsens *Ein Volksfeind* und *Stützen der Gesellschaft*, Schillers *Wilhelm Tell*, *Die Räuber*, *Der Parasit*, Strindbergs *Gustav Adolf*. 1965 Ostrovskijs *Der Wald* an den Städt. Bühnen Köln, 1966 am Zürcher Schauspielhaus Hays *Haben*, an der Freien Volksbühne Berlin Langes *Marski*, 1968 an der Schaubühne am Halleschen Ufer (Berlin) UA von Langes *Hundsprozeß/Herakles*. 1968 Oberspielleiter, 1972 Schauspieldirektor der Städt. Bühnen Köln, 1975–79 Intendant als Primus inter Pares eines Direktoriums vom Schauspiel Köln. Antikenprojekte: *König Ödipus/Ödipus auf Kolonos*, *Die Frauen von Trachis*, *Antigone* von Sophokles, *Sieben gegen Theben* von Aischylos, *Die Bakchen* von Euripides, *Die Frösche* von Aristophanes. Inszenierte *Wallenstein*, *Fiesco* (1971 auch in Buenos Aires), *Die Jungfrau von Orleans* von Schiller, *Maria Magdalena*, *Die Nibelungen* von Hebbel, *Egmont*, *Urfaust* und *Faust II* von → Goethe, Shakespeares *Antonius und Cleopatra*, → Brechts *Die Dreigroschenoper* (von den Erben verboten), 1978 UA von Casper von Lohensteins *Epicharis*, UA von Langes *Die Gräfin von Rathenow*, DEA von Offenbachs *Der Doktor Ox*; außerdem Dorsts *Toller*, Fortes *Martin Luther & Thomas Münzer*. Zuletzt 1979 mit Wolf Vostell ein *Medien-Hamlet*. 1971 an den Münchner Kammerspielen UA von Wolf Biermanns *Der Dra-Dra*, 1974 bei den Ruhrfestspielen Shakespeares *Macbeth*. 1979–85 Schauspieldirektor des Staatstheaters Stuttgart. Fortsetzung der Beschäftigung mit Schiller (*Don Carlos, Demetrius, Die Braut von Messina, Wilhelm Tell, Der Parasit*), → Lessing (*Minna von Barnhelm, Nathan der Weise*) und antiken Autoren. DEA von → Mnouchkine / Klaus Manns *Mephisto*, UA von Jochen Bergs *Die Phönizierinnen, Iphigenie* und *Niobe*, DEA von Schnitzlers *Komödie der Verführung*. 1979 *Antigone des Sophokles* in Kalkutta. 1985–92 Schauspieldirektor des Essener Th.s. In Koproduktion mit dem Renaissancetheater Berlin Lohensteins *Sophonisbe*. Außerdem *Cromwell* und als UA *Passage* von Hein, DEA von Hélène Cixous' *Die schreckliche, aber unvollendete Geschichte von Norodom Sihanouk, König von Kambodscha*, 1991 UA von Salvatores *King Kongo*, UA von Calderón / Enzensbergers *Tochter der Luft*. Im Düsseldorfer Schauspielhaus 1987 Grabbes *Don Juan und Faust*, 1989 als Koproduktion Homers *Ilias* in eigener Dramatisierung, 1990 Hölderlins *Empedokles* (Insz. und TR). 1987–92 Professor an der Folkwang Hochschule (Regieklasse). 1992–93 Generalintendant, 1993–94 Schauspieldirektor des Th.s Bremen (vorzeitige Vertragsauflösung). Inszenierte u. a. *Helena* von Euripides. 1990–2003 Leiter der Ruhrfestspiele Recklinghausen, die er programmatisch «Europ. Festival» nannte und jeweils unter ein Motto stellte. Als Regisseur erinnerte H. 2002 noch einmal an Lohenstein und seine türk. Stücke *Ibrahim Bassa* und als UA *Ibrahim Sultan*, setzte seine Auseinandersetzung mit antiken Autoren (so in einer Collage von Bruchstücken verlorener Stücke von Aischylos und Euripides) und Ibsen fort. Viele seiner Insz.en entstanden in Kooperation mit dem Th. Vidy-Lausanne, dem Teatro de la Abadia Madrid (Shakespeares *Der Kaufmann von Venedig* und *König Lear* mit span. Schauspielern) und dem Th. National du Luxembourg. Spielte in seiner Insz. von Shakespeares *Was ihr wollt* den Malvolio. 2004 Intendant des Th.s im Pfalzbau Ludwigshafen. 5 Einladungen zum Berliner Theatertreffen. H. inszeniert seit 1975 auch Opern: In Nürnberg Bergs *Wozzeck* und *Lulu* sowie Wagners *Das Rheingold*, in Frankfurt Puccinis *Manon Lescaut*, in Essen Giordanos *Andrea Chénier*, an der Rheinoper Düsseldorf-Duisburg Händels *Giulio Cesare in Egitto*. Seit 1961 zahlreiche Fernsehinsz.en.

Obwohl selber ein exzellenter Schauspieler, ist H. kein Schauspieler-Regisseur. Geprägt vom Vorbild Piscator, ist ihm stets der politisch-gesellschaftliche Ansatz wichtig. Theater ist in seinem Verständnis «subventionierte Opposition». Für H.s Theaterarbeit waren Beiprogramme aller Art wichtig, um ein Klima permanenter Diskussion, ausgehend vom Th., zu schaffen. Als Theaterleiter ist H. ein Meister der Anfänge. Stets begann er furios, verlor aber im Laufe der Jahre an Kraft und Intensität mit zunehmender ästhetischer Verengung seiner Insz.en. Stets höchst umstritten und Publikum wie Kritik polarisierend, gleichwohl ein eminenter Regisseur.

Doll, H. P.: Stuttgarter Theaterarbeit 1972–85. Stuttgart 1985; Erken, G.: Hansgünther Heyme. Frankfurt a. M. 1989; Fabritius, J.: Elf Jahre Schauspiel Köln 1968–1979. Köln 1979; Heyme, H.: Antigone in Calcutta. Köln 1980; Iden, P.: Theater als Widerspruch. München 1984; Kässens, W., W. Gronius: Theatermacher. Frankfurt a. M. 1987; Sucher, C. B.: Theaterzauberer. Zehn Regisseure des deutschen Gegenwartstheaters. München, Zürich 1990; Theaterstadt Köln. Hg. V. Canaris. Köln 1986; Wallenstein. Regiebuch der Kölner Inszenierung. Hg. V. Canaris. Frankfurt a. M. 1970.

Werner Schulze-Reimpell

Hildebrandt, Dieter, * 23. 5. 1927 Bunzlau (heute: Boieslawiec). Kabarettist, Schauspieler, Autor.

Sohn eines Beamten; Luftwaffenhelfer, Soldat, brit. Kriegsgefangenschaft. 1950–55 Studium der Literatur- und Kunstgeschichte, Theaterwissenschaft an der Universität München. Daneben 2 Jahre Schauspielunterricht am Seminar für Ausdrucksschulung bei Alice Strathmann. Erste Kontakte zum Kabarett als Platzanweiser in Trude →Kolmans Die kleine Freiheit. Mit dem Autor Klaus Peter Schreiner 1955 Gründung des Studenten-Kabaretts Die Namenlosen. Nach ersten Erfolgen als Autor und Kabarettist Abbruch des Studiums. 1956 Mitbegründer, Autor und Protagonist des Kabaretts Münchner Lach- und Schießgesellschaft, dem er bis 1972 angehörte; danach gelegentlicher Autor. Mit dem Ensemble zahlreiche Tourneen durch die Bundesrepublik und jahrelang im Fernsehen in der Silvestersendung *Schimpf vor zwölf.* Große Popularität durch regelmäßige Fernsehauftritte als Moderator der satirischen *Notizen aus der Provinz* (1973 – 79, ZDF) und der kabarettistischen Livesendung *Scheibenwischer* (1980 – 2003). Nach 1972 zahlreiche Tourneen, u. a. mit dem Kabarettisten Gerhard →Polt und der satirischen Musikgruppe Biermösl Blos'n, mit den Philharmonischen Cellisten (Köln) im Programm *Klassik, Ragtime, Kabarett* (1977), 1974 – 82 mit dem Kabarettisten und Autor Werner Schneyder in den Duoprogrammen *Talk täglich* (1974), *Lametta & Co* (1975), *Wie abgerissen* (1977), *Keine Fragen mehr* (1979), *Ende der Spielzeit* (1981). Mit seiner späteren zweiten Frau (seit 1992), der Schauspielerin und Kabarettistin Renate Küster, und dem eigenen Programm *Wippchen oder Die Schlacht am Metaphernberge* auf Tournee (1991). Buchautor, zahlreiche Lesereisen. In den Münchner Kammerspielen in den u. a. von ihm geschriebenen Programmen *München leuchtet* (1984) und *Diri Dari* (1988), sowie in Neil Simons *Sonny Boys* (2000, mit W. Schneyder; 2001 TV). Film- und Fernsehrollen u. a. in *Lampenfieber* (1960), *Dr. Murkes gesammeltes Schweigen* (1964, TV), *Dr. Murkes gesammelte Nachrufe* (1965, TV), *Kehraus* (1983), *Is' was, Kanzler?* (1984), *Kir Royal* (1986, TV-Serie), *Man spricht deutsh* (1988), *Go Trabi Go* (1991), *Wir Enkelkinder* (1992), *Silberdisteln* (1998, TV). Zahlreiche Auszeichnungen. – Einer der bekanntesten und scharfzüngigsten dt. Kabarettisten, der mit intellektueller Brillanz – scheinbar beiläufig plaudernd – seine kritischen Anmerkungen zum Zeitgeschehen pointenreich zu setzen weiß. Dabei erweckt er, auch durch angebliche «Versprecher», den Anschein beständiger Improvisation. Auch im Film und Fernsehen verkörpert H. meist Rollen dieser Art.

<small>Hildebrandt, D.: Der Anbieter. (2. Aufl.) Berlin 1994; ders.: Ausgebucht. München 2004; ders.: Denkzettel. (6. Aufl.) München 1992; ders.: Gedächtnis auf Rädern. (2. Aufl.) München 1997; ders.: Vater unser – gleich nach der Werbung. (5. Aufl.) München 2001; ders.: Was bleibt mir übrig. München (9. Aufl.) 1986; ders.: Wippchen oder die Schlacht am Metaphernberge. München 1991; Martens, M.: Ich möchte keine tragische Figur sein: ein Gespräch zur Person und über die Zeit mit Dieter Hildebrandt. Winsen/Luhe u. a. 2000; Schreiner, K. P.: Ins Schwarze geschrieben. München 1988.</small>

Wolfgang Beck

Hilpert, Heinz (eig. Heinrich Otto Gustav H.), * 1. 3. 1890 Berlin, † 25. 11. 1967 Göttingen. Regisseur, Theaterleiter, Schauspieler.

Sohn eines Gewerkschaftssekretärs. 1904 – 09 Lehrerausbildung, 1911 – 14 Volksschullehrer in Berlin. 1910 – 14 Gasthörer der Universität, 1914 Abendkurse an der «Reicherschen Hochschule für Dramatische Kunst». 1915 – 18 Soldat. 1919 – 23 Berliner Volksbühne; häufig in der Regie Jürgen →Fehlings. Durchbruch als Bruno Mechelke in Hauptmanns *Die Ratten* (P. 10. 3. 1922). Nach Fehlings Weggang zunehmend Regieaufgaben, zuerst bei L'Arronges *Mein Leopold* (P. 13. 12. 1922). 1923 Mitglied des Schauspielertheaters (mit →Deutsch, H. →George, →Granach, →Bergner, →Weigel). Durchbruch als Regisseur mit Hauptmanns *Elga* (P. 5. 11. 1923). 1924 Regisseur und Schauspieler in Die Truppe; spielte u. a. in O'Neills *Kaiser Jones*

(DEA 17. 1. 1924) und Karl Kraus' *Traumstück* (UA 25. 3. 1924, beide R. → Viertel). Für die von Moriz → Seeler gegründete Junge Bühne inszenierte H. die UAen von Bronnens *Anarchie in Sillian* (6. 4. 1924) und *Exzesse* (8. 6. 1925) sowie Zuckmayers *Pankraz erwacht* (15. 2. 1925). 1925/26 Oberspielleiter und Schauspieler Städt. Bühnen Frankfurt a. M.; 1926/27–32 Oberspielleiter der Berliner Bühnen Max → Reinhardts; seit 1930/31 Direktionsstellvertreter. 1929 zusätzlich Oberspielleiter am Berliner Th. und am Dt. Künstlertheater. Große Erfolge mit den DEAen von Sherriffs Antikriegsstück *Die andere Seite* (29. 8. 1929) und O'Neills *Seltsames Zwischenspiel* (4. 11. 1929). Am Dt. Th. UAen von Bruckners *Verbrecher* (23. 10. 1928) und *Elisabeth von England* (1. 11. 1930, mit Agnes Straub), Zuckmayers *Der Hauptmann von Köpenick* (5. 3. 1931, mit → Krauß), Horváths *Geschichten aus dem Wiener Wald* (2. 11. 1931, mit → Lorre, → Moser). 1932–34 Direktor der Berliner Volksbühne; inszenierte fast alle neuen Stücke. 1934/35–44 nach Reinhardts erzwungenem Weggang Direktor des Dt. Th.s und der Kammerspiele. Der Schwerpunkt des Spielplans lag bei klassischen Autoren (eigene Insz.en v. a. von → Shakespeare, → Goethe, Schiller, Kleist, Grillparzer, → Raimund, Shaw, Hauptmann); von faschistischen Stücken weitestgehend frei. Bemühungen um gefährdete Kollegen. Ensembles und Publikum empfanden die von H. geleiteten Theater als «Oasen», laut Goebbels waren sie (angeblich) «KZs auf Urlaub». 1934–36 im repräsentativen Präsidialrat der Reichstheaterkammer, 1935 Mitglied im sog. Reichskultursenat. 1938–44 auch Direktor des Th.s in der Josefstadt (Wien). Insz.en für die Salzburger Festspiele. Seit 1939 in Berlin, 1940 in Wien sonntägliche «Morgenfeiern», in denen meist H. programmatisch aus klassischen Werken las (später in Konstanz und Göttingen wieder aufgenommen). 1946 Gastinszenierungen in Zürich, u. a. Frischs *Santa Cruz* (UA 7. 3. 1946) und Zuckmayers *Des Teufels General* (UA 14. 12. 1946, mit → Knuth). 1947/48 Chefintendant der Städt. Bühnen Frankfurt a. M. 1948–50 Direktor des Dt. Th.s in Konstanz; UAen von Hofmannsthals *Das Bergwerk zu Falun* (4. 3. 1949), Zuckmayers *Barbara Blomberg* (30. 4. 1949), Max Kommerells *Die Gefangenen* (9. 10. 1949, mit Musik des «Hauskomponisten» Hans Werner Henze). 1950–66 Direktor des Dt. Th.s Göttingen in der damals neuen Rechtsform einer GmbH. Machte das Th. zu einer überregional beachteten Institution. Zahlreiche Insz.en klassischer, aber auch moderner Autoren: UAen von Ulrich Bechers *Feuerwasser* (29. 11. 1952) und *Der Herr kommt aus Bahia* (5. 7. 1958), Zuckmayers *Ulla Windblad* (17. 10. 1953), Hasenclevers *Konflikt in Assyrien* (15. 9. 1957), Erwin Sylvanus' *Zwei Worte töten* (30. 5. 1959). In mehr als 20 Rollen auch Schauspieler, u. a. Adam in Kleists *Der zerbrochene Krug* (1951), TR in Hauptmanns *Michael Kramer* (1955), Koch in → Brechts *Mutter Courage und ihre Kinder* (1956). Letzte Rolle: Teiresias in Sophokles' *Antigone* (1966). Gastinsz.en u. a. am Dt. Schauspielhaus Hamburg (Osbornes *Der Entertainer*, DEA 29. 9. 1957, mit → Gründgens in der TR), am Dt. Th. Berlin (Čechovs *Drei Schwestern*, 1958). — Auszeichnungen u. a. 1954 Gr. Bundesverdienstkreuz mit Stern, Ehrenmitglied mehrerer Theater. Seit 1966 trägt das Stadttheater Lünen seinen Namen.

Der «letzte Prinzipal», ein «aufgeklärter Despot» (H.), der Wert auf Ensembletheater legte. Außergewöhnlich produktiver Regisseur (fast 400 Insz.en). Allem plakativ Effektvollen abgeneigt, bemüht, den geistigen Gehalt eines Stücks herauszuarbeiten. Der Text, die Intentionen des Autors standen im Mittelpunkt seiner szenisch puristischen Regiearbeit. Meister der Nuancen und der Pausen, künstl. kompromisslos. Bedeutender Erzieher mit der Fähigkeit, individuelle Begabungen der Schauspieler zu steigern und zur Geschlossenheit zu führen. Ließ Schauspieler zu eigener Rollengestaltung finden, forderte aus Achtung vor der gemeinsamen Arbeit strenge Disziplin und Textsicherheit von Probenbeginn an. H. über den Regisseur: «Ursprünglich zur Inszenierung der Stücke bestimmt, ist seine Hauptsorge heute vorwiegend die Inszenierung seiner eigenen Person. Der Regisseur entstellt den Inhalt der Stücke und verhindert die Schauspieler an der Entwicklung der eigenen Möglichkeiten» (zit. nach Dillmann, S. 144). Nach H. ist der beste Regisseur der, dessen Arbeit kaum bemerkt wird

Dillmann, M.: Heinz Hilpert – Leben und Werk. Berlin 1990; Dreifuss, A.: Deutsches Theater Berlin. (2. Aufl.) Berlin 1987; Falkenberg, H.-G.: Heinz Hilpert: Das Ende einer Epoche. Göttingen 1968; Grange, W.: Partnership in the German theatre: Zuckmayer und Hilpert. New York u. a. 1991; Hilpert, H.: Das Theater – ein Leben. St. Gallen 1961; ders.: Formen des Theaters. Wien, Leipzig 1943; ders.: Liebe zum Theater. Stuttgart 1963; Theater am Wall: Stationen Göttinger Theatergeschichte. Hg. N. Baensch. Göttingen 1992.

Wolfgang Beck

Hinz, Werner (Heinz Alfons), * 18. 1. 1903 Berlin, † 10. 2. 1985 Hamburg. Schauspieler.

Kaufmannssohn; nach abgebrochenen kaufmännischen und landwirtschaftlichen Lehren 1920–22 Max-Reinhardt-Schule Berlin. 1922–24 Dt. Th. Berlin, Debüt als Melchior Gabor in Wedekinds *Frühlings Erwachen*. Über die Hamburger Kammerspiele, Wilhelmshaven, Oldenburg, Züricher Schauspielhaus zum Landestheater Darmstadt, wo H. zwischen 1929 und 1932 Mackie Messer in → Brecht / Weills *Die Dreigroschenoper*, Zettel in → Shakespeares *Ein Sommernachtstraum*, Hjalmar Ekdal in Ibsens *Die Wildente* (1935 auch in Hamburg, 1940 in Berlin, 1954 in Zürich), Kreon in Gides *Oedipus* spielte. 1932–39 Dt. Schauspielhaus Hamburg (Tellheim in → Lessings *Minna von Barnhelm*, Marquis von Posa in Schillers *Don Carlos*, Gunter in Hebbels *Kriemhilds Rache* – alle in der Regie von → Fehling, sowie Achill in Kleists *Penthesilea*). 1939–44 Volksbühne Berlin (Wehrhahn in Hauptmanns *Der Biberpelz*, Jupiter in Kleists *Amphitryon*, Gyges in Hebbels *Gyges und sein Ring*, TR in Shakespeares *Hamlet*). Am Preuß. Staatstheater alternierend mit → Gründgens Mephisto in → Goethes *Faust*. 1945–47 Dt. Schauspielhaus Hamburg (Kreon in Sophokles' *Antigone*, Prospero in Shakespeares *Der Sturm*, Calan in Barlachs *Die Sündflut*, Herzog in Shakespeares *Zweierlei Maß*). 1947–50 verschiedene Berliner Th.: Scholz in Wedekinds *Marquis von Keith*, Vogt in Zuckmayers *Der Hauptmann von Köpenick*, Krull in Sternheims *Die Kassette*, Prinz in Lessings *Emilia Galotti*, TR in Goethes *Faust* (alle Dt. Th.), Feldprediger in Brechts *Mutter Courage und ihre Kinder* (Berliner Ensemble), Jago in Shakespeares *Othello* (Hebbel-Th.). 1951–53 Bayer. Staatsschauspiel, 1953–55 Zürcher Schauspielhaus (Malvolio in Shakespeares *Was ihr wollt*). 1955–78 wieder Dt. Schauspielhaus Hamburg (Octavio Piccolomini in Schillers *Wallenstein*, Faust in Grabbes *Don Juan und Faust*, Edgar in Strindbergs *Totentanz* – alle inszeniert von Gründgens; Rittmeister in Strindbergs *Der Vater*, Puntila in Brechts *Herr Puntila und sein Knecht Matti*, Behringer in Ionescos *Der König stirbt*, Odoardo in Lessings *Emilia Galotti*, Maske in Sternheims *1913*, König Philipp in Schillers *Don Carlos*, 1978 Talbot in Schillers *Die Jungfrau von Orleans*. 1960 Smith in der dt.sprachigen EA von O'Neills *Hughie* (Salzburger Festspiele), 1967 Felix in der UA von Walsers *Zimmerschlacht* (Münchner Kammerspiele), 1974 General in der UA von Bernhards *Jagdgesellschaft* (Burgtheater Wien). Film- und Fernsehrollen. Verheiratet mit der Schauspielerin Ehmi Bessel (1904–88); ihre Kinder Dinah (* 1934), Michael (*1939), Knut (*1941) sind ebenfalls Schauspieler.

«Was hat dieser wunderbar vielseitige Mann nicht alles gespielt – und wie hat er es gespielt», schwärmte Friedrich Luft anlässlich des 70. Geburtstages: «Er kann, scheint's, alles.» Und Ivar →Nagel notierte: «Als Schauspieler erzeugt er in sich eine Arglosigkeit, aus der jene Arglosigkeit hervorgeht, mit welcher jeder Mensch von Sekunde zu Sekunde in eine neue Situation tritt, stolpert, sein Leben lebt.» H. wurde, geprägt durch Fehling, Gründgens und →Kortner, zum überragenden Darsteller seiner Zeit, diskret in seinen Mitteln, sprachbewusst ohne Attitüde.

Werner Hinz ein Schauspieler unserer Zeit. Hg. R. Drommert. Hamburg 1973.

Werner Schulze-Reimpell

Hiob, Hanne, *12. 3. 1923 München. Schauspielerin.

Die Tochter →Brechts wuchs hauptsächlich bei ihrer Mutter, der Opernsängerin Marianne Zoff, und deren zweitem Mann Theo →Lingen in Wien auf. Dort erhielt sie Tanz- und Schauspielunterricht und debütierte als Leontine in Hauptmanns *Der Biberpelz* am Wiener Volkstheater, wo sie 1945–47 engagiert war. Nach einer Verpflichtung am Th. in Straubing trat H. krankheitsbedingt einige Jahre nicht auf. Von 1953 bis 1958 spielte sie am Th. am Kurfürstendamm (Berlin) u. a. die Prinzessin in Frischs *Chinesische Mauer*, Lisa in Tolstojs *Das Licht scheint in der Finsternis* (1957), Lena in Büchners *Leonce und Lena* (1957). 1956 war sie mit der ihr freundschaftlich verbundenen Therese →Giehse in der UA von Dürrenmatts *Besuch der alten Dame* in Zürich (29. 1. 1956) zu sehen. Am Dt. Schauspielhaus Hamburg übernahm sie die TR in Brechts *Die heilige Johanna der Schlachthöfe* unter der Regie von Gustaf →Gründgens (UA 30. 4. 1959). Sie spielte «die Johanna als winzige, bis zur Starre stille, durch Konzentration bannende Figur» (H. Rischbieter in *Th. heute* 8/1968, S. 24). Diese Rolle übernahm sie noch 2-mal: 1963 am Berliner Ensemble und 1971 bei den Ruhrfestspielen in Recklinghausen. 1973 war sie in Becketts Einpersonenstück *Nicht ich* am Berliner Schiller-Th. zu sehen (R. E. →Wendt). Danach übernahm sie noch 2-mal die TR in Brechts *Die Gewehre der Frau Carrar*: 1974 in Egon →Monks Fernsehverfilmung und 1975 an den Münchner Kammerspielen (R. Michael Verhoeven). Anschließend zog sich die überzeugte Antifaschistin und Pazifistin von der Bühne zurück, um ihr schauspielerisches Können ausschließlich für (theater)politische Aktivitäten einzusetzen, wie in Lesungen, u. a. auf dem Bitburger Soldatenfriedhof, in Brecht-Programmen oder in Gastspielen mit der «Arisierungsrevue» *Die Beute bleibt deutsch* (1990), einer Szenenfolge über Schicksale jüd. Menschen zur Zeit des Nationalsozialismus und danach oder der Deutschlandrevue *Haifische und andere Menschen* (1993). – H. erzielt durch ihre unpathetische Vortragsweise, mit der sie leise insistierend die Texte ergründet, große Wirkung. Ein weiteres spektakuläres, von ihr mitinitiiertes Theaterprojekt war *Der anachronistische Zug* (1979), eine zeitgenössische Darstellung eines Brecht'schen Gedichts von 1947, in dem er vor dem Wiederaufkeimen des Faschismus warnt. Mit diesem Protestzug durch die BRD wurde gegen die Kandidatur des ehemaligen NSDAP-Mitgliedes Karl Carstens zum Bundespräsidenten demonstriert. In all ihren Projekten geht es H. um die Erinnerung an die Opfer des Nationalsozialismus, die Bekämpfung faschistischer Tendenzen in der BRD und um die Aktualität der Werke Brechts.

Becker, Peter v.: «Ich muss über meine Sachen am meisten lachen». Begegnungen mit der Tochter Brechts. In *Th. heute* 4/1983, S. 8–13.

Karin Schönewolf

Hirschfeld, Kurt (Pseudonym Curt Michael), * 10. 3. 1902 Lehrte bei Hannover, † 8. 11. 1964 Tegernsee. Regisseur, Theaterleiter, Dramaturg.

Sohn eines Textilkaufmanns. Erste Veröffentlichungen schon als Schüler; studierte in Frankfurt a. M., Heidelberg, Göttingen Germanistik, Kunstgeschichte, Philosophie und Soziologie. Mitarbeiter des *Berliner Börsen-Couriers* und des Rundfunks. 1930–33 am Hess. Landestheater Darmstadt (Intendant bis 1931 → Ebert, dann → Hartung) Dramaturg und Regisseur (Kästner, *Leben in dieser Zeit*, Rehfisch, *Razzia*, beide 1931; Werfel, *Juarez und Maximilian*, Calderón *Der Richter von Zalamea*, beide 1932). Nach der Entlassung im März 1933 Emigration in die Schweiz. 1933/34 Dramaturg am Zürcher Schauspielhaus; wesentliche Rolle bei der Bildung eines neuen Ensembles mit dt. Emigranten (→ Giehse, → Horwitz, → Kalser, → Lindtberg, → Paryla, → Steckel). 1934–35 Lektor des Oprecht-Verlags in Zürich; 1935–38 Moskau-Korrespondent der *Neuen Zürcher Zeitung*. Dort zeitweise Regieassistent → Mejerchol'ds. 1938–64 am Zürcher Schauspielhaus als Chefdramaturg, Regisseur, stellvertretender Direktor (seit 1946), seit 1961 Direktor als Nachfolger → Wälterlins. Seine Arbeit an der Spielplangestaltung des Th.s trug wesentlich dazu bei, dass das Schauspielhaus auch während des 2. Weltkriegs internat. aktuelle Dramatik wie zahlreiche Werke dt. Exil-Dramatiker (u. a. → Brecht, Bruckner) spielte. Assistierte Brecht – der keine Arbeitserlaubnis hatte – bei der UA von dessen *Herr Puntila und sein Knecht Matti* (P. 5. 6. 1948). H. inszenierte in Zürich Stücke von der Antike bis zum Absurden Th., u. a. Schillers *Don Carlos*, *Kabale und Liebe* (beide 1950) und *Maria Stuart* (1959), → Shakespeares *König Richard II.*, → Lessings *Nathan der Weise* (beide 1952), O'Neills *Der Eismann kommt* (dt.sprachige EA 1950) und *Ein Mond für die Beladenen* (1959), Kaisers *Napoleon in New Orleans* (1953), Sophokles' *König Ödipus* (1954), Hauptmanns *Rose Bernd* (1957) und *Fuhrmann Henschel* (1961), Wittlingers *Zwei rechts, zwei links* (UA 1960), Sternheims *Der Snob* (1960), Frischs *Andorra* (UA 1961), Wedekinds *Lulu* (1962), Ionescos *Der König stirbt* (1963). Gastinsz.en u. a. am Landestheater Hannover (Dürrenmatt, *Die Physiker*, 1962/63). 1985 wurde das Kulturzentrum Lehrte nach ihm benannt. – H.s fortdauernde Bedeutung liegt v. a. in seiner dramaturgischen Arbeit. Seine Spielplan- und Ensemblepolitik ermöglichte, dass das Zürcher Schauspielhaus nicht nur während der Zeit nationalsozialistischer Herrschaft in Deutschland zu einer der führenden dt.sprachigen Bühnen wurde. Als Regisseur verzichtete H. weitgehend auf inszenatorische Effekte und ordnete seine Arbeit dem Werk und den Intentionen des Autors unter.

Dank an Kurt Hirschfeld. Hg. H. R. Hilty. St. Gallen 1964; Giehse, Th. u. a.: Theater: Meinungen und Erfahrungen. Affoltern 1945 (Nachdruck Ascona 1988); Kurt Hirschfeld. Hg. Stadt Lehrte. Hannover 1986; Schauspielhaus Zürich 1938–1958. Hg. K. Hirschfeld, P. Löffler. Zürich 1958; Schoop, G.: Das Zürcher Schauspielhaus im Zweiten Weltkrieg. Zürich 1957; Theater – Wahrheit und Wirklichkeit. Freundesgabe zum 60. Geburtstag von Kurt Hirschfeld. Zürich 1962; Das verschonte Haus. Hg. D. Bachmann, R. Schneider. Zürich 1987.

Wolfgang Beck

Hofer, Johanna (urspr. J. Stein), * 30. 7. 1896 Berlin, † 30. 6. 1988 München. Schauspielerin.

Nichte der Malerin und Bildhauerin Käthe Kollwitz, privater Schauspielunterricht, Besuch der Th.-Akademie Matteus-Strackosch. Erste Auftritte während der Ausbildung unter Max → Reinhardt (Dt. Th. Berlin). 1915–18 Engagement in Frankfurt a. M., danach Volksbühne Berlin, seit 1919 Staatstheater Berlin unter L. → Jeßner. Seit 1924 mit Fritz

→ Kortner verheiratet, nach Geburt ihrer Kinder vereinzelte Gastrollen. 1927/28 Renaissancetheaters Berlin. Nach wachsenden Angriffen der Nazis auf Kortner 1932 im Schweizer Exil, 1933 Österreich, 1934 Großbritannien, 1938 USA (New York, seit 1941 Hollywood). 1948 Rückkehr nach Deutschland (Berlin, München). Engagements v. a. in München, Bochum, Berlin. – Die junge Schauspielerin H. «hatte eine scheue Körpergrazie und eine emotionsunterminierte Herbheit, die mit Anmut Hingabe wurde» (Kortner, S. 256). Bereits in Frankfurt TR in Schillers *Jungfrau von Orleans*, Solvejg in Ibsens *Peer Gynt*, Luise in Kornfelds *Die Verführung* (UA 1917, R. G. → Hartung). In Insz.en Jeßners u. a. Anna in → Shakespeares *König Richard III.* (1920), Desdemona in *Othello* (1921), Lady Macduff in *Macbeth*, Elisabeth in Schillers *Don Carlos* (beide 1922). Vorzüglich auch in modernen Dramen, so in Wedekinds *Hidalla* (1922, R. K. H. → Martin) und in Stücken Barlachs (Frau Grude in *Die echten Sedemunds*, 1921, R. Jeßner; Isenbarn in *Der arme Vetter*, 1923, R. → Fehling). Unter Reinhardt 1924 Porzia in Shakespeares *Der Kaufmann von Venedig* (Th. in der Josefstadt, Wien, mit Kortner als Shylock), Lucile in Büchners *Dantons Tod* (Dt. Th.). Im Exil Auftritte in Filmen, bei Veranstaltungen des «Jewish Club of 1933» (Los Angeles) und in Kortners und Dorothy Thompsons Emigrantendrama *Another Sun* (1940, New York). Nach der Rückkehr nach Deutschland bis zu seinem Tod (1970) meist an der Seite oder unter der Regie Kortners, u. a. in Millers *Tod eines Handlungsreisenden* (1950, Hebbel-Th., R. → Käutner), Frau Alving in Ibsens *Gespenster* (1953, Münchner Kammerspiele), Gräfin Ostenburg in Frys *Das Dunkel ist Licht genug* (1955, Schiller-Th., Berlin). Große Erfolge auch in Altersrollen, denen sie Menschlichkeit, Güte, aber auch Einsicht fördernde Komik verlieh: Dorothea Mertz in Dorsts *Auf dem Chimborazo* (UA 1975, Schlossparktheater, Berlin, R. → Dorn), Juliane Tesman in Ibsens *Hedda Gabler* (1977, Bochum, R. → Zadek). In P. → Steins Regie an der Berliner Schaubühne die Alte in Botho Strauß' *Groß und klein* (UA 1978), Anfissa in Čechovs *Drei Schwestern* (1984). – Wenige Filme, u. a. *Hitlers Madman* (R. D. → Sirk), *Above Suspicion* (beide 1943), *Hotel Berlin* (1945), *Der Ruf* (1948, Buch und R. Kortner), *Der Verlorene* (1951, R. und TR P. → Lorre), *Der Rebell von Samara/Il Vendicatore* (1959, R. W. Dieterle), *Die Sehnsucht der Veronika Voss* (1982, R. W. → Fassbinder).

Kortner, F.: Aller Tage Abend. München 1969.
Wolfgang Beck

Hoffmann, Jutta, * 3. 3. 1941 Halle. Schauspielerin.

Nach der Ausbildung an der Dt. Hochschule für Film und Fernsehen Babelsberg 1962 – 65 hatte H. ihr erstes Engagement am Dt. Theater in Ostberlin 1965 – 67 und wechselte dann von 1967 bis 1973 ans Maxim-Gorki-Th., wo sie u. a. die Donna Elvira in Benno → Bessons Insz. von → Molières *Don Juan* (1967) spielte. 1973 wurde sie Mitglied des Berliner Ensembles und arbeitete mit den Regisseur/innen Manfred → Wekwerth, Ruth → Berghaus und B. K. → Tragelehn zusammen. H. spielte die TR in der legendären, in der DDR verbotenen Insz. Tragelehn/ → Schleefs von Strindbergs *Fräulein Julie* (1975, mit Jürgen → Holtz). Seit 1979 arbeitete sie in der Bundesrepublik und gab 1982 ein grandioses Debüt bei den Salzburger Festspielen als Leonore von Este in Dieter → Dorns Insz. von → Goethes *Torquato Tasso*. Nach ihrem Einstand an den Münchner Kammerspielen in der gleichen Rolle 1984 und weiteren Rollen in Insz.en Dieter Dorns an diesem Theater – u. a. Olivia in → Shakespeares *Was ihr wollt* (1983), Helma in Strauß' *Der Park* (1984) – gelang ihr hier der Durchbruch in der TR von

García Lorcas *Yerma* (1984, R. → Zadek), für die sie in der *Theater-heute*-Kritikerumfrage zur Schauspielerin des Jahres gewählt wurde. 1985/86 wechselte sie an das Dt. Schauspielhaus Hamburg, wo sie mehrfach mit Peter Zadek zusammenarbeitete: TR in Websters *Die Herzogin von Malfi* (1985), Mutter in Driest / Raben / Zadeks *Andi* (1987), Gräfin Geschwitz in der Urfassung von Wedekinds *Lulu* (1988, mit Susanne → Lothar). Nach ihrer Darstellung der Lady Macbeth in Wilfried → Minks' Insz. von Shakespeares *Macbeth* am gleichen Haus (1987, mit → Wildgruber) und Gastspielen u. a. am Schiller-Th. Berlin als Julia in Volker Brauns *Böhmen am Meer* (UA 1992, R. Thomas → Langhoff) spielte sie die Eva in Einar Schleefs umstrittener → Brecht-Insz. *Herr Puntila und sein Knecht Matti* 1996 am Berliner Ensemble und Rosa Luxemburg in Schleefs Projekt *Verratenes Volk* 2000 am Dt. Theater. 1995 in der UA von Frank / Sobols *Der Vater* (Wiener Festwochen). 1991–2006 Professorin für Darstellende Kunst an der Hochschule für Musik und Th. in Hamburg. Zahlreiche Fernseh- und Kinofilme, u. a. *Der Angriff der Gegenwart auf die übrige Zeit* (1985, R. Alexander Kluge); Rolle der Edith in Wolfgang Menges satirischer TV-Serie *Motzki* (1993, mit Holtz), Kommissarin in der Serie *Polizeiruf 110* (1998–2002). 1972 Nationalpreis der DDR, 1998 Caroline-Neuber-Preis der Stadt Leipzig, 2005 Preis der DEFA-Stiftung. – H. zählt zu den beeindruckendsten Schauspielerinnen des dt. Th.s, die hohen Intellekt, äußerste Sensibilität und außergewöhnliche Bühnenpräsenz zu geradezu schneidender Intensität verbindet.

Kahle, U.: «Ich hab daran einen Genuß, weil ich das für wahr halte». Über Jutta Hoffmann, die Schauspielerin des Jahres. In: Th. heute, Jahrbuch 1984, S. 53–62; Schauspieler, Theater, Film, Fernsehen, Hg. R. Seydel. Berlin 1976; Sucher, C. B.: Theaterzauberer. Schauspieler. 40 Porträts. München, Zürich 1988.

Friedemann Kreuder

Hoffmann, Paul, * 25. 3. 1902 Barmen (heute Wuppertal), † 2. 12. 1990 Wien. Schauspieler, Regisseur, Theaterleiter.

H. promovierte 1924 nach dem Studium der Germanistik, Kunstgeschichte, Philosophie in Marburg, Köln und Würzburg über den Burgtheaterdirektor Deinhardstein. Ohne Schauspielausbildung 1924 am Würzburger Th., danach in Aachen und Gera. 1927–46 Schauspielhaus Dresden, spielte klassische Helden (TRn in → Shakespeares *Hamlet*, Schillers *Die Verschwörung des Fiesco zu Genua*) und zwielichtig-problematische Figuren (Jago in Shakespeares *Othello*, Mephisto in → Goethes *Faust*, Franz Moor in Schillers *Die Räuber*). Unterricht an der Hochschule für Musik und Th. in Dresden. Seit 1946 am Württemberg. Staatstheater Stuttgart, 1950 künstl. Leiter, 1952–57 Schauspieldirektor. Spielte klassische wie moderne Rollen (u. a. TRn in Pirandellos *Heinrich IV.*, 1952, Dumas / Sartres *Kean*, 1955), inszenierte von → Lessings *Nathan der Weise* bis Millers *Tod eines Handlungsreisenden*. Als Gast u. a. am Zürcher Schauspielhaus in Eliots *Mord im Dom* (1946/47, R. L. → Steckel), den Münchner Kammerspielen in Goethes *Faust II* (1949), Kipphardts *Der Hund des Generals* (UA 1962, 1964 TV), dem Wiener Th. in der Josefstadt in Werfels *Jacobowsky und der Oberst* (1958; 1983 Burgtheater), Insz.en von Stücken Lessings, Dumas', Ibsens, Hochwälders; bei den Bad Hersfelder Festspielen von Shakespeares *Hamlet* (1955). Seit 1959 am Wiener Burgtheater, 1968–71 dessen Direktor, 1972 Ehrenmitglied. Zuerst Octavio Piccolomini in Schillers *Wallenstein* (1959, R. → Lindtberg) – «Wenn man aufrecht lauern kann – Hoffmann tut's!» (Kahl, S. 53). Weiter u. a. in Grillparzers *Medea* (1960), Kiltys *Geliebter Lügner* (1963), Schillers *Die Räuber* (1965), Stoppards *Rosenkranz und Güldenstern* (1967), Shaws *Die heilige Johanna* (1968), Shakespeares *Richard II.*, Schönthans

Der Raub der Sabinerinnen (beide 1975), Sudermanns *Sturmgeselle Sokrates* (österr. EA, 1977), Sophokles' *Ödipus* (1980), Stoppard / Previns *Every Good Boy Deserves Favour* (dt.sprachige EA 1981), Walsers *In Goethes Hand* (UA), Sternheims *Das Fossil* (beide 1982, R. → Hurwicz), Schillers *Wilhelm Tell* (1989, R. → Peymann, 1990 TV). Am Bayer. Staatsschauspiel in Babels *Marija* (1976), Langes *Frau von Kauenhofen* (1979, mit M. → Hoppe). Bei den Salzburger Festspielen in Hochwälders *Donnerstag* (UA 1959, R. → Schuh) und *Lazaretti oder der Säbeltiger* (UA 1975), Goethes *Faust I* (1961), *Faust II* (1963), Hofmannsthals *Der Schwierige* (1967), Cerhas Oper *Baal* (UA 1981), Lessings *Nathan der Weise* (1984), Lesungen. Film- und Fernsehrollen u. a. in *Bismarck* (1940), *Liebe '47* (1949), *Der Ruf* (1949, R. → Kortner), *Hunde, wollt ihr ewig leben* (1958), *Der arme Mann Luther* (1965, TV), *Don Juan in der Hölle* (1975, TV). Kammerschauspieler und andere Auszeichnungen. – Ein differenzierter Charakterdarsteller mit breitem Repertoire und perfekter Technik. Hohe Sprachkultur und psychologisch vertieftes Spiel, was ihn besonders bei der Verkörperung gebrochener und unsympathischer Figuren zu großen Leistungen befähigte. Große Altersrollen. Als Regisseur dem Text und den Intentionen des Autors verpflichtet, Vertreter des Schauspielertheaters. Bemühte sich als Theaterleiter um ein homogenes, qualitätvolles Ensemble, versuchte, verkrustete Strukturen am Burgtheater zu verändern.

Kahl, K.: Premierenfieber. Wien 1996.

Wolfgang Beck

Hoffmann, Reinhild, * 1. 11. 1943 Sorau (heute Żary, Polen). Tänzerin, Choreographin, Ballettdirektorin.

Ausgebildet an der Tanz- und Gymnastikschule Härdl-Munz in Karlsruhe, 1965–70 Studium an der Tanzabteilung der Folkwang Hochschule in Essen. 1970–73 Tänzerin im Ensemble von Johann → Kresnik am Th. in Bremen, wo sie auch die Regisseure Peter → Stein, Peter → Zadek und Rainer Werner → Fassbinder erlebte und in Schauspielsz.en mitwirkte. Kehrte 1974 an die Folkwang Hochschule zurück und übernahm 1975–77 mit ihrer Studienkollegin Susanne → Linke die künstl. Leitung des Folkwang Tanzstudios. Ihren Durchbruch als Choreographin erfuhr sie mit ihrem 1977 choreographierten *Solo mit Sofa*, das sie selbst tanzte. Im selben Jahr ging H. mit einem Stipendium für 10 Monate nach New York, um den amerik. Modern Dance kennenzulernen, studierte u. a. bei Merce → Cunningham und Meredith Monk. Leitete 1978–86 überaus erfolgreich das Tanzensemble am Bremer Th., davon die ersten 3 Jahre zusammen mit Gerhard → Bohner; sie gaben der Kompanie den Namen Bremer Tanztheater. 1986 wagte H. den Wechsel mit dem Großteil ihres Ensembles an das Schauspielhaus nach Bochum; 1995 fiel die Sparte Tanz dem städt. Rotstift zum Opfer und wurde aufgelöst. Für H. war es nach 17 Jahren Theaterarbeit das Ende einer Bindung an ein festes Ensemble und Haus. Verlegung ihres Wohnsitzes nach Berlin und zunehmende Konzentration auf ihre solistische Tanzarbeit (*Vor Ort*, 1996) und die Insz. von Opern. Bereits 1992 hatte sie *Der Mantel* von Puccini in Bonn inszeniert, 1994 *Pierrot Lunaire* von Schönberg sowie *Tagebuch eines Verschollenen* von Janáček in Frankfurt; seit 1999 u. a. Regie der Oper *Die tödliche Blume* von Salvatore Sciarrino in Luzern, 2003 Strauss' *Ariadne auf Naxos* (Dt. Staatsoper Berlin), Furrers *Begehren* (szen. UA, steirischer herbst Graz), 2005 Mundrys *Das Mädchen aus der Fremde* (Nationaltheater Mannheim), *Ein Atemzug – die Odyssee* (Dt. Oper Berlin).

H. zählt zu den Protagonistinnen des Tanztheaters. In Bremen entstanden die Ensemblewerke, die sie berühmt machten: *Hochzeit* (1980), *Unkrautgarten* (1980), *Könige und Königinnen* (1982), *Callas* (1983), *Dido und Aeneas* (1984). In collageartigen Verfahren durchleuchtete sie Rituale, Trivialitäten, Klischees, Beziehungsverhältnisse; die intensive Bildsprache bewirkte die eindringliche Kraft dieser Stücke. *Callas*, mit Arien der Primadonna, die H. assoziativ in Beziehung zu Lebenssituationen der Künstlerin brachte, wurde zum auch internat. erfolgreichsten Werk der Choreographin. In Bochum versuchte H. mit ihrem Ensemble alternative Räume zu nutzen. Die Waschkaue einer stillgelegten Bochumer Zeche lieferte den Ort, in dem ihre Stücke *Zeche I* (1992) und *Zeche II* (1993) entstanden und aufgeführt wurden. An ihre früheren Erfolge konnte H. damit nicht anknüpfen. Anders in ihren tänzerischen Soloauftritten, in denen sie sich von Anfang an mit Objekten auseinandersetzte, die wie Partner fungierten. So in *Solo mit Sofa* (1977), in dem sie mit dem Stoff ihres überlangen Kleides an ein Sofa gebunden war und zu den *Empty Words* von John Cage der Freiheit und Spannung nachspürte, die in der Begrenzung liegt. In *Bretter* und *Steine* (1980) bestimmte das Gewicht der auf ihrem Körper lastenden Materialien den Aktionsraum ihrer Bewegungen, die zugleich psychologische Situationen, wie das Ankämpfen gegen Grenzen, versinnbildlichten. Rückblickend auf die von ihnen mitbestimmte Tanzgeschichte erkundeten H. und Linke 1999 in ihrem gemeinsamen Abend *Über Kreuz* ihren künstl. Werdegang, den sie in eine streng formale Choreographie von Raummustern — Kreuzungen, Diagonalen, Parallelen, eckige Wege — faßten. 1983 Dt. Kritikerpreis, 1992 Bundesverdienstkreuz. Mitglied im Kuratorium des von der Kulturstiftung des Bundes unterstützten «Tanzplan Deutschland». Gastprofessur an der Universität Mozarteum (Salzburg).

Bremer Tanztheater Reinhild Hoffmann 1978–1986. Bremen 1986; Körper und Raum: Pina Bausch, Susanne Linke, Reinhild Hoffmann, William Forsythe. Hg. D. Lara Heusler. Wuppertal 1999; Schlicher, S.: TanzTheater. Reinbek 1987.

Patricia Stöckemann

Höflich, Lucie (eig. Helene Lucie von Holwede), * 20. 2. 1883 Hannover, † 9. 10. 1956 Berlin. Schauspielerin, Theaterleiterin, Schauspiellehrerin.

Ihr erstes Engagement erhielt die Tochter des Schauspielers Georg Höflich am Stadttheater Bromberg (1899–1901, heute poln. Bydgoszcz). Nach Auftritten am Intimen Th. Nürnberg und am Neuen Th. Berlin wurde sie ans Wiener Raimund-Th. engagiert. Max →Reinhardt holte H. 1903 ans Dt. Th. Berlin, an dem sie mit Unterbrechungen bis 1932 tätig war. 1933/34 leitete sie die Staatl. Schauspielschule Berlin, unterhielt bis 1936 ein eigenes Studio und trat bis 1944 an verschiedenen Berliner Bühnen auf. Seit 1946 war H. Schauspieldirektorin, Regisseurin, Schauspielerin am Schweriner Th. und Leiterin der dortigen Schauspielschule. 1947 zur Professorin ernannt, kehrte sie 1950 nach Berlin zurück und übernahm neben Gastspielverpflichtungen am Hebbel-, Schiller- und Schlossparktheater auch Filmrollen. – Zu Beginn ihrer Laufbahn spielte H. an Reinhardts Bühnen u. a. die TR in Kleists *Das Käthchen von Heilbronn* (1905), Viola in →Shakespeares *Was ihr wollt* (1907), Regine in Ibsens *Gespenster* (1907), Amalie in Schillers *Die Räuber* (1908). Als Cordelia in Shakespeares *König Lear* (1908) und Gretchen in →Goethes *Faust* (1909) befreite H. «‹die sentimentalen Fachrollen des klassischen Theaters vom Schema des Hoftheaterbrauchs› (Ihering) und führt sie, alle zarten, liebreizenden, sylphidenhaften Züge vermeidend, auf menschliche Einfachheit zurück» (Bier, S. 108). Den Höhepunkt ihrer Karriere markieren realistische und naturalistische Charakterrollen, u. a. Klara in Hebbels *Maria Magdalene* (1912), TRn in Schönherrs *Der Weibsteufel* (1915), Hauptmanns *Rose Bernd* (1916), Frau John in *Die Ratten* (1916), TR in Ibsens *Nora* (1917). Seit 1919 auch Engagements an anderen Bühnen, am Preuß. Staatstheater u. a. in Hauptmanns *Fuhrmann Henschel* (1919), am Th. am Kurfürstendamm in Molnárs *Liliom* (1922). – Weitere Rollen u. a. in Pirandellos *Sechs Personen suchen einen Autor* (1924, R. Reinhardt), Wedekinds *Lulu* (DEA 21. 12. 1926, R. → Engel), Lasker-Schülers *Die Wupper* (1927, R. → Fehling), Ibsens *Gespenster* (1928), Bruckners *Die Verbrecher* (UA 23. 10. 1928, R. → Hilpert). An der Berliner Komödie brillierte H. 1929 in Reinhardts Hamsun-Insz. *Vom Teufel geholt*. Über ihre Darstellung der Juliane Gihle schrieb Ihering: «Eine Figur, durch alle Höllenstationen der Angst und der Hoffnung, der Verzweiflung und der Komik, des Ernstes und der Parodie hindurchgejagt. Immer auf der Grenze zwischen Wahrheit und Maske.» Ihre Darstellung der Florence in Bruckners *Kreatur* (1930) bezeichnete Kerr als «Fortsetzung und Steigerung ihres vom Teufel geholten Frauenbildes bei Hamsun». – «In der Gestaltung der Vereinsamung, der Angst und schließlich im Irresein, im Wahnsinn und im Tod findet Lucie Höflich ihr Thema und ihre Charaktere» (Bier, S. 111), so u. a. als Gunhild in Ibsens *John Gabriel Borkman* (Schiller-Th. 1940, R. → Felsenstein), der TR von Giraudoux' *Die Irre von Chaillot* (Hebbel-Th. 1950, R. → Stroux), als Tod im Bettgewand in García Lorcas *Bluthochzeit* (1950) und Maria Josefa in *Bernarda Albas Haus* (1952, jeweils Schlossparktheater). 1937 zur Staatsschauspielerin ernannt und seit 1946 Ehrenmitglied des Dt. Th.s, stand H. zuletzt kurz vor ihrem Tod als Äbtissin in Strindbergs *Nach Damaskus* (1956, R. → Lietzau) auf der Bühne. – H., die als Meisterin realistischer Schauspielkunst in die Theatergeschichte einging, wirkte nach ihrem Leinwanddebüt mit *Gensdarm Möbius* (1914) in zahlreichen Filmen mit. An der Seite von Emil → Jannings, mit dem sie in zweiter Ehe verheiratet war, spielte sie u. a. in *Die Ratten* (1921). Nach weiteren erfolgreichen Stummfilmrollen in *Die Straße* (1923), *Ein Walzertraum* (1925, R. → Berger) und *Tartüff* (1926, R. Murnau) gelang H. der Sprung in die Tonfilmära mit Rollen in *Der weiße Dämon/Rauschgift* (1932), *Peer Gynt* (1934), *Der Kurier des Zaren* (1936), *Der Berg ruft* (1937), *Robert Koch* (1939). Nach dem Krieg war sie in → Käutners *Himmel ohne Sterne* (1955) und → Harnacks *Anastasia, die letzte Zarentochter* (1956) sehr erfolgreich.

<small>Thiess, F.: Lucie Höflich. Berlin 1920; Ihering, H.: Von Josef Kainz bis Paula Wessely. Heidelberg u. a. 1942; Bier, M.: Schauspielerporträts. Berlin 1989.</small>

<small>*Nina Grabe*</small>

Hoger, Hannelore, * 20. 8. 1939 Hamburg. Schauspielerin, Regisseurin.

Tochter eines Schauspielers und Inspizienten am Hamburger Ohnsorg-Th., wo sie im Alter von 6 Jahren ihren ersten Bühnenauftritt und mit 14 Jahren ihre erste größere Rolle hatte. Nach der Ausbildung an der Hochschule für Musik und Th. Hamburg engagierte sie Kurt → Hübner 1961 ans Ulmer Th. Es folgten Engagements am Th. Bremen (1965–67), Staatstheater Stuttgart (1968–72), Schauspielhaus Bochum (1972–80), Dt. Schauspielhaus Hamburg (1980–85). Seit 1986 arbeitet H., die sich als eine der vielseitigsten und bedeutendsten dt. Charakterdarstellerinnen profiliert hat, freischaffend als Schauspielerin v. a. beim Film und Fernsehen und als Regisseurin. – In Ulm begann H.s erfolgreiche Zusammenarbeit mit → Zadek. In seinen Insz.en spielte H. u. a. in → Shakespeares *Maß für Maß* (1960) und *Was ihr wollt* (1961), Behans *Die Geisel* (DEA 27. 10. 1961, alle Ulm), Shakespeares *Ein Sommernachtstraum* (1963, Bremen) und *König Lear* (1974, Bochum), → Molières *Der Geizige* (1967, Stuttgart), *Kleiner Mann, was nun?* (1972, Bochum, nach Fallada), Dorsts *Eiszeit* (UA 15. 3. 1973, Volksbühne Berlin), *Professor Unrat* (1974, Bochum, nach H. Mann), Ibsens *Wildente* (1975, Dt. Schauspielhaus) und Behans *Die Geisel* (1975, Volksbühne Berlin). – In Stuttgart war H. in der Regie von → Palitzsch in Babels *Marija* (1967), Shakespeares *Richard III.* (1968), → Brecht / Weills *Die Dreigroschenoper* (1968), Horváths *Glaube, Liebe, Hoffnung* (1969) sowie in Insz.en von → Minks in Bonds *Trauer zu früh* (DEA 1970) und Lenz' *Die Soldaten* (1971) zu sehen. – In Bochum begann die prägende Zusammenarbeit mit A. → Fernandes, in dessen Insz.en H. in den TRn von García Lorcas *Doña Rosita bleibt ledig* (1974) und Calderóns *Die große Zenobia* (1975) sehr erfolgreich war. 1975 von *Th. heute* zur Schauspielerin des Jahres gewählt. 1976 spielte sie am Dt. Schauspielhaus in Fernandes' experimentellen Gruppenprojekten *Atlantis* und *Der Admiral von der traurigen Gestalt* sowie u. a. in → Goethes *Der Groß-Cophta* (1983) und Čechovs *Die Möwe* (1984). – Erfolge in Strauß' *Kalldewey, Farce* (UA 31. 1. 1982, Dt. Schauspielhaus, R. N.-P. → Rudolph) und Noréns *Nachtwache* (DEA 4. 4. 1986, Bochum, R. A. → Kirchner). – Regiedebüt 1980 in Bochum mit → Kroetz' *Stallerhof*. Es folgten u. a. Becketts *Warten auf Godot* (1984, Kampnagel, Hamburg), Hebbels *Maria Magdalene* (1986), Bernhards *Am Ziel* (1988, beide Darmstadt), Wedekinds *Frühlings Erwachen* (1989, Th. in der Josefstadt Wien), Razumovskajas *Liebe Jelena Sergejewna* (1991, Frankfurt a. M.), Dorfmans *Der Tod und das Mädchen* (1992, Lübeck) und Brechts *Kleinbürgerhochzeit* (1995 Köln; 2000 Kaiserslautern). – Seit Mitte der 1960er Jahre in Film und Fernsehen erfolgreich, u. a. in Kluges *Die Artisten in der Zirkuskuppel: ratlos* (1968, Goldener Löwe), *Der große Verhau* (1971), *Die Patriotin* (1979), *Die Macht der Gefühle* (1982), Schlöndorffs *Die verlorene Ehre der Katharina Blum* (1975), *Deutschland im Herbst* (1977), Zadeks *Eiszeit* (1977), Dorsts *Eisenhans* (1983), Dietls *Rossini* (1996). Nach Fernsehfilmen wie *Der Pott* (1970, R. Zadek), *Der Marquis von Keith* (1976, R. → Lietzau) Erfolge mit ihrer Tochter Nina (* 1961) in → Monks Familiensaga *Die Bertinis* (1989) und K. Brandauers *Marleneken* (1990). Seit 1993 erlangte H. große Popularität als Kommissarin Bella Block in den Verfilmungen nach D. Gerckes Kriminalromanen. Für diese Rolle erhielt die vielfach ausgezeichnete H. den Grimme-Preis, den Goldenen Löwen und die Goldene Kamera. Lesungen, Hörbücher.

<small>Fleck, D. C.: «Schauspieler kann man mit einem Satz vernichten» [Porträt]. In: Die Welt, 9. 5. 1997; Franke, E.: Drei Schwestern? Gabriele Jakobi, Elke Lang und Hannelore Hoger. In: Theater heute, Jahrbuch 1988; Roggenkamp, V.: Ich unterwerfe mich nicht. In: Die Zeit, 23. 10. 1992.</small>

Nina Grabe

Hollmann, Hans, * 4. 2. 1933 Graz. Regisseur, Theaterleiter, Schauspieler, Theaterpädagoge.

Juristisches Studium an der Universität Graz (1956 Promotion); Schauspiel- und Regiestudium am Wiener Max-Reinhardt-Seminar (Abschluss 1958). 1958–68 Schauspieler, Regieassistent, später Regisseur am Wiener Th. in der Josefstadt; Insz. von Handkes *Publikumsbeschimpfung* (1967), *Kaspar* (1969). 1967 wurde H. mit der Insz. von Horváths *Italienische Nacht* am Staatstheater Stuttgart überregional bekannt. Seit 1968 freier Regisseur mit Ausnahme der Zeit als Direktor des Stadttheaters Basel (1975–78). Dort Regie u. a. bei Horváths *Kasimir und Karoline* (1968), *Geschichten aus dem Wiener Wald* (1972), Handkes *Quodlibet* (UA 1970), Schnitzlers *Liebelei* (1972), Kraus' *Die letzten Tage der Menschheit* (1974),

→ Shakespeares *Othello* (1976), Roussels *Der Stern auf der Stirn* (dt.sprachige EA 1977), Canettis *Komödie der Eitelkeit* (1978; 1979 Burgtheater). Insz.en an den Staatl. Schauspielbühnen Berlin von Schillers *Kabale und Liebe* (1970), Weiss' *Hölderlin* (1971), Roussels *Sonnenstaub* (DEA 1981), Schnitzlers *Komödie der Verführung* (1982), Shakespeares *Ein Sommernachtstraum* (1993), am Thalia Th. Hamburg von Shakespeares *Richard III.* (1973), → Goethes *Faust I und II* (1980, beide mit → Gobert), am Bayer. Staatsschauspiel München von → Brecht / Marlowes *Leben Eduards des II. von England* (1970), Kipphardts *März* (1982), der eigenen (mit Th. Petz) Adaption von Feuchtwangers *Erfolg* (1986), am Schauspiel Bonn u. a. von Jelineks *Clara S.* (UA 1982), *Krankheit oder Moderne Frauen* (UA 1987), Goetz' *Krieg* (UA 1987), *Kolik* (UA 1988), Goethes *Iphigenie auf Tauris* (2002). Zu seinen Regiearbeiten am Wiener Burgtheater zählen u. a. → Raimunds *Der Diamant des Geisterkönigs* (1984), *Der Alpenkönig und der Menschenfeind* (1990), Shakespeares *Hamlet* (1986), Strauß' *Schlußchor* (1991), Dürrenmatts *Der Besuch der Alten Dame* (1992), Dorsts *Die Schattenlinie* (UA 1995), am Zürcher Schauspielhaus u. a. Herzmanovsky-Orlandos *Baby Wallenstein oder Prinz Hamlet der Osterhase* (UA 1984), Schnitzlers *Das weite Land* (1988), Strauß' *Die Zeit und das Zimmer* (1991). Seit Anfang der 1990er Jahre vermehrt am Schauspiel Frankfurt a. M., u. a. bei Goetz' *Katarakt* (UA 1992), *Festung* (UA 1992), Brecht / Weills *Die Dreigroschenoper* (1994), Handkes *Zurüstung für die Unsterblichkeit* (1997), Becketts *Endspiel* (1999), Strindbergs *Ein Traumspiel* (2000). Am Frankfurter Fritz-Rémond-Th. im Zoo → Lessings *Nathan der Weise* (2004) – «Hollmann bringt ohne Aufhebens für eine Weile ein Theater der gescheiten Empfindsamkeit nach Frankfurt» (*FR*, 24. 4. 2004), im Wiener Th. in der Josefstadt Wildes *Bunbury* (2006). Insz.en von Werken des Musiktheaters u. a. von Wagners *Rheingold* (1977), *Die Walküre* (1978, beide Oper Basel), Kelterborns *Ophelia* (UA 1984, Dt. Oper Berlin / Schwetzinger Festspiele), Strauss' *Arabella* (1992), *Die Frau ohne Schatten* (1996, beide Semperoper Dresden), Hölskys *Die Wände* (2000, Oper Frankfurt a. M.), Smetanas *Dalibor* (2003, Staatstheater Karlsruhe) – «die Regie erfüllt die Räume mit symbolkräftiger Personenführung, in die sich auch immer wieder feine Ironie mischt: eine elegante, eine kluge Art, dem Pathos des 19. Jahrhundert auf der Bühne zu begegnen, ohne es zu desavouieren» (*Bad. Ztg.*, 7. 7. 2003). Film- und Fernseharbeiten. Neben seiner umfangreichen Regietätigkeit hatte H. 1989–90 einen Lehrauftrag an der Universität Basel und ist seit 1992 Professor für Theaterregie an der Hochschule für Musik und Darstellende Kunst in Frankfurt a. M.; 2002 Leiter der Hess. Theaterakademie. Josef-Kainz-Medaille der Stadt Wien (1969) u. a. Auszeichnungen. Mehrere Einladungen zum Berliner Theatertreffen. – H. ist einer der führenden dt.sprachigen Regisseure der 2. Hälfte des 20. Jhs, neugierig, ironisch und provozierend an klassischen Texten gegenwärtige Probleme aufarbeitend. Ein um Stücktreue bemühter Perfektionist, dessen eigenwillige Ästhetik häufig Bilder beabsichtigter Künstlichkeit und Kälte schafft. Verdient um die Stücke von Karl Kraus, Canetti, Goetz.

Berry, R., Ch. Jauslin: Shakespeare inszenieren. Bottmingen 1978; Mainusch, H.: Regie und Interpretation. Gespräche. (2. Aufl.) München 1989; Pittroff, R.: Theater als Zeichensystem – Analyse der Struktur einer Theateraufführung am Beispiel der Produktion von «Schlußchor» von Botho Strauß in der Regie von Hans Hollmann. Diss. Wien 1993; So wurde noch nie ein Theater eröffnet. (Beiträge von Hans Hollmann u. a.). 2 Tle. in 1 Bd. o. O. (ca. 1975); Szabo, H.: Hans Hollmann – ein Europäer aus Österreich. 30 Jahre Theater der Erregung. Diss. Wien 1996.

Wolfgang Beck

Holm, Sir Ian (eig. I. H. Cuthbert), * 12. 9. 1931 Goodmayes / Ilford (Großbritannien). Schauspieler.

Sohn eines Psychiaters, besuchte 1950–53 die Royal Academy of Dramatic Arts (RADA) in London, 1954 Mitglied des Shakespeare Memorial Th. in Stratford-upon-Avon. Debüt als Speerträger in → Shakespeares *Othello*; Londoner Debüt 1956 in *Love Affair* (Lyric Th.). 1956 Teilnahme an der triumphalen Europatournee mit Shakespeares *Titus Andronicus* (R. Peter → Brook, TR Laurence → Olivier). 1957–67 Stratford, Mitglied der Royal Shakespeare Company (RSC). Zahlreiche Shakespeare-Rollen, u. a. Sebastian in *Twelfth Night* (1958; 1966 Rolle: Malvolio), Puck in *A Midsummer Night's Dream* (1959), Narr in *King Lear* (1959), TR in *Troilus and Cressida* (1962), *Richard II* (1963), *Henry V* (1964), *Romeo and Juliet* (1967), Ariel in *The Tempest* (1963), Prinz Henry in *Henry IV, 1 und 2* (1964). «Sein Prince Hal hat Humor und Verschlossenheit, er läßt Ausbrüche, Aufbrüche ahnen, und der immense Aufbruch auf den Thron wird [...] mit zwingender Kraft bewältigt» (S. Melchinger in *Th. heute*, Jahrbuch 1964, S. 124). Weitere Rollen an der RSC u. a. in Čechovs *Kirschgarten*, Anouilhs *Becket* (beide 1961). 1967 mit einem Tony Award ausgezeichnetes Broadway-Debüt in → Pinters *The Homecoming (Die Heimkehr)*. 1973 Hatch in Bonds *The Sea* (*Die See*, Royal Court Th.). 1976 Unterbrechung der Theaterkarriere nach schweren Lampenfieberattacken während einer Aufführung von O'Neills *The Iceman Cometh*. Erst 1993 kehrte er endgültig auf die Bühne zurück in Pinters *Moonlight*. Mehrfach ausgezeichnet für die TR in Shakespeares *King Lear* (1997, National Th.). 2001 spielte er noch einmal erfolgreich Max in Pinters *The Homecoming* (Comedy Th. London). Ein vorzüglicher Charakterschauspieler von großer Wandlungsfähigkeit, dessen besondere Qualitäten, Präsenz und Vielseitigkeit besonders in einem Ensemble deutlich werden. – Seit 1967 auch für Film und Fernsehen tätig, verstärkt während der Zeit seiner Theaterabstinenz. Erste Rollen in Peter → Halls Adaption von Shakespeares *A Midsummer Night's Dream* und – preisgekrönt – in Jack Golds *The Bofors Gun* (*Ereignisse beim Bewachen der Bofors-Kanone*, Buch: John → McGrath, beide 1968). Weitere Film- und Fernsehrollen in *Oh! What a Lovely War* (1969, R. Richard Attenborough), in Richard Lesters *Robin and Marian* (1976, mit Sean Connery, Audrey Hepburn), Terry Gilliams *Time Bandits* (1981) und dessen Endzeitphantasie *Brazil* (1985), *Greystoke* (1984, mit Ralph → Richardson), *Wetherby* (1985, Buch und Regie David Hare, mit Vanessa → Redgrave), den Shakespeare-Adaptionen Kenneth → Branaghs (*Henry V*, 1989, mit Judi → Dench, Paul → Scofield) und Franco → Zefirellis (*Hamlet*, 1990), *Kafka* (1991, mit Alec → Guinness, Armin → Mueller-Stahl), *The Madness of King George* (1994, mit Helen → Mirren), *The Sweet Hereafter* (*Das süße Jenseits*, 1997), *The Lord of the Rings* (3 Teile, 2001–03), *Lord of War* (2005). – Der für seine Bühnen- und Filmarbeit vielfach geehrte H. wurde 1989 mit dem Commander of the Order of the British Empire (CBE) ausgezeichnet und 1998 geadelt.

Holm, I.: Acting my life. London 2004.

Wolfgang Beck

Holtz, Jürgen, * 10. 8. 1932 Berlin. Schauspieler.

Nach dem Abitur Ausbildung am Theaterinstitut Weimar und Theaterhochschule Leipzig. 1955–57 Erfurt, 1957–60 Brandenburg, 1960–64 Greifswald (TR in → Shakespeares *Hamlet* 1964, R. Adolf → Dresen, nach der Premiere verboten). 1964–66 Volksbühne Berlin (TR in UA *Moritz Tassow* von Hacks 1965, nach wenigen Aufführungen abgesetzt). 1966–74 Dt. Th. Berlin, 1974–77 Berliner Ensemble (Jean in Strindbergs *Fräulein Julie*, nach der Premiere verboten). 1977–83 Volksbühne Berlin (Debuisson in UA *Der Auftrag* von Heiner → Müller in dessen Regie sowohl 1980 als auch 1982 Schauspielhaus Bochum). 1978 als Gast TR in → Brechts *Fatzer*, von der Golz in Kleists *Prinz Friedrich von Homburg* im Dt. Schauspielhaus Hamburg (beide R. → Karge / M. – Langhoff). 1983 Ausreise aus der DDR. 1983–85 Bayer. Staatsschauspiel München; 1985–90 und 1992–95 Schauspiel Frankfurt a. M., Rollen in → Schleef-Insz.en 1992 UA des Monologs *Katarakt* von Rainald Goetz («Er formt aus dem Gerede einen Menschen», Franz Wille). Für diese Rolle zum Schauspieler des Jahres gewählt. 1987 Christian Maske in Sternheims *Der Snob* und *1913*. Rollen im Schauspielhaus Bochum, 1995–2000 wieder am Dt. Th. Berlin (Puck in → Shakespeares *Ein Sommernachtstraum*, Estragon in Becketts *Warten auf Godot*, beide R. → Gosch). Sprecher in konzertanten Aufführungen von Brecht / Weills *Die Dreigroschenoper* mit dem Ensemble Modern. Seit 2000 als Gast am Nationaltheater Mannheim, König Philipp in Schillers *Don Carlos* (2002), 2003 TR in → Lessings *Nathan der Weise* («Jürgen Holtz […] führt ihn zurück auf eine kindlich-kluge, zuweilen clowneske Direktheit, welche die Tiefe dort versteckt, wo man sie am wenigsten sucht: an der Oberfläche», Ch. Schmidt in *SZ*, 7. 1. 2003), Kaiser in Kleists *Das Käthchen von Heilbronn* (2003), Dorfrichter Adam in *Der zerbrochne Krug* (2004). Am Berliner Ensemble Titus Andronicus in Strauß' *Die Schändung* (2006, R. Th. → Langhoff). – Film- und Fernsehrollen, u. a. *Berlin – Ecke Schönhauser* (1957), *Das Luftschiff* (1983), *Die Wildnis* (1993), *Deutschlandspiel* (2000, TV), *Made in Israel* (2001), *Good Bye Lenin!* (2003). 1993 TR in der Serie *Motzki*. Grimme-Preis, Hess. Kulturpreis 2004. – H. zählt zu den markantesten Charakterdarstellern, der seine Figuren primär mit der Sprache, hart rhythmisiert und formal gesetzt, charakterisiert, dabei in seinen gestischen Mitteln karg und unaufwendig. Reich an komödiantischen Möglichkeiten und trockener Komik. Starke Bühnenausstrahlung.

<small>Rischbieter, H.: Kraft und Klarheit. Über Szenen. Momente mit dem Schauspieler Jürgen Holtz. In: Theater heute, Jahrbuch 1993.</small>

<small>*Werner Schulze-Reimpell*</small>

Holtzmann, Thomas, * 1. 4. 1927 München. Schauspieler.

Schauspielausbildung 1947–49 bei Paul Wagner, Studium der Th.- und Literaturwissenschaft in München. Debüt 1949 in Anouilhs *Medea* (1949, Atelierthater München). Über das Landestheater Schleswig (1952), die Städt. Bühnen Nürnberg (1953), das Staatstheater Saarbrücken (1954), die Städt. Bühnen Köln (1954–59) kam H. 1960 an die Staatl. Schauspielbühnen Berlin, wo ihm mit der TR in Kleists *Prinz Friedrich von Homburg* (1961, R. → Barlog) der Durchbruch gelang. Dort u. a. auch in Shaws *Die heilige Johanna* (1962) und später in → Shakespeares *Antonius und Cleopatra* (1969, R. → Kortner), *Julius Caesar* (1972, R. → Hollmann), Hamptons *Die Wilden* (1975, R. → Dorn). Am Bayer. Staatsschauspiel München u. a. in Kleists *Das Käthchen von Heilbronn*, Shakespeares *Hamlet* (beide 1961), Sophokles' *Ödipus auf Kolonos* (TR, 1962, R. → Noelte), → Lessings *Minna von Barnhelm* (1963), Camus' *Caligula* (1964), am Wiener Burgtheater in Sartres *Die Fliegen* (1965, 1966 TV). Am Dt. Schauspielhaus Hamburg TR in Kortners legendärer Insz. von → Goethes *Clavigo* (1969, 1970 TV), Sitting Bull in Kopits *Indianer* (DEA 1970), Gajev in Čechovs *Der Kirschgarten* (1970, beide R. → Lietzau), Prospero in Shakespeares *Der Sturm* (1976, R. → Minks; 1994 Münchner Kammerspiele), 2. Herr in Büchners *Dantons*

Tod (1976, R. → Flimm), Fernando in Goethes *Stella* (1977). Seit Mitte der 1960er Jahre Auftritte an den Münchner Kammerspielen, zu deren Ensemble er 1977/78 – 2000/01 gehörte. Rollen u. a. in Wedekinds *Erdgeist* (1977), *Der Kammersänger* (1984), Čechovs *Die Möwe*, Strindbergs *Totentanz* (beide 1978), Jandls *Aus der Fremde* (1980), Söderbergs *Gertrud* (1981), Dorsts *Merlin oder das wüste Land* (1982), *Karlos* (UA 1990), Hebbels *Judith*, Weiss' *Der neue Prozeß* (beide 1983), Goethes *Torquato Tasso* (1984), Shakespeares *Troilus und Cressida* (1986), *König Lear* (1992, auch TV), → Pinters *Die Heimkehr* (1986), Racines *Phädra* (1987, R. A. → Lang), Koltès' *In der Einsamkeit der Baumwollfelder* (DEA 1987), Gurneys *Love Letters* (DEA 1990, mit seiner Frau Gustl Halenke), Brauns Fassung von Aischylos' *Die Perser* (1993), → Achternbuschs *Letzter Gast* (UA 1996), Bernhards *Der Schein trügt* (1998, mit R. → Boysen), Th. Walsers *King Kongs Töchter* (DEA 1999). Große Erfolge als Malvolio in Shakespeares *Was ihr wollt* (1980), Thoas in Goethes *Iphigenie auf Tauris* (1981, beide R. Dorn), Wladimir in Becketts *Warten auf Godot* (1984, R. → Tabori, mit → Lühr). 2001 folgte H. dem Intendanten Dorn ans Bayer. Staatsschauspiel. Dort u. a. in Čechovs *Onkel Wanja* (2003/04, 2004 TV). Gastspiele u. a. am Nationaltheater München (Bassa Selim in Mozarts *Die Entführung aus dem Serail*, 1980) und – mit großem Erfolg – an der Berliner Schaubühne als Hermokrates in Marivaux' *Triumph der Liebe* (1985, R. → Bondy). Bei den Salzburger Festspielen u. a. in Goethes *Faust II* (TR, 1963) und *Faust I* (TR, 1964, beide R. Lindtberg), *Torquato Tasso* (1982), Fortes (nach Bidermann) *Cenodoxus* (TR, UA 1972), Shakespeares *Julius Caesar* (1992), Horváths *Geschichten aus dem Wiener Wald* (2005, Koproduktion Bayer. Staatsschauspiel). Film- und Fernsehrollen, u. a. in *Wer sind Sie, Dr. Sorge?* (1961), *Professor Bernhardi* (1964, TV), *Cafe Europa* (1990), *Erfolg* (1991), *Schtonk!* (1992), *Neue Freiheit – keine Jobs – schönes München – Stillstand* (1998), *Das Phantom* (2000, TV).

Einer der herausragenden dt.sprachigen Charakterdarsteller seiner Generation mit markanter Physiognomie und ausdrucksstarker Stimme, der vom tönenden Pathos bis zum leichten Konversationston alle Register zur Verfügung stehen («Diese Holtzmannstimme, die der Schauspieler niemals nur zur Verfertigung von Leerklang und Wohllaut gebraucht», B. Henrichs in *Die Münchner Kammerspiele*, S. 145). Anfangs der klassische jugendliche Held, hat H. inzwischen zahllose Charakterrollen verkörpert. Seine große Ausdruckskraft und darstellerische Vielfalt, seine Fähigkeit, bei allen Figuren Widersprüche, Brüche und Verwundungen mitzuspielen, «hinter der Maske das Gesicht» (Sucher, S. 117) zu entdecken, machen ihn unverwechselbar. Fritz-Kortner-Preis 1989, Ehrenpreis des Dt. Kritikerverbandes 2003.

Müller, H.-R., D. Dorn, E. Wendt: Theater für München. München 1983; Die Münchner Kammerspiele. Hg. S. Dultz. München 2001; Sucher, C. B.: Theaterzauberer. München, Zürich 1988.

Wolfgang Beck

Holzmeister, Clemens, * 27. 3. 1886 Fulpmes (Tirol), † 12. 6. 1983 Hallein (Tirol). Architekt, Bühnenbildner.

H. studierte Architektur an der Technischen Hochschule in Wien. Der interdisziplinär arbeitende Künstler betrachtete die Lösung von Bauaufgaben als künstl. Verpflichtung. Den ersten Durchbruch errang er mit dem Bau des Krematoriums in Wien, das bereits die klare hierarchische Gliederung aufwies, die für ihn charakteristisch war. H. übte verschiedene Lehrtätigkeiten aus: 1919–24 an der Staatsgewerbeschule in Innsbruck, ab 1924 als Professor und Leiter der Meisterschule für Architektur (Wien) und 1933–37 als deren Rektor. Zeitgleich erhielt er 1928 die Berufung an die Düsseldorfer Akademie. Nach dem «Anschluss» Österreichs an das Dt. Reich war H. von 1938 bis 1945 zwangspensioniert. Erst nach 1953 nahm er seine dortige Lehrtätigkeit wieder auf. Der Auftrag für die Planung des Parlaments in Ankara ermöglichte ihm 1938 die Ausreise in die Türkei. Hier beschäftigte er sich u. a. mit dem klassischen antiken Th. In Zusammenarbeit mit Carl → Ebert entwickelte er seine Konzeption des «Idealtheaters» und legte damit den Grundstein für die spätere Planung des Neuen Festspielhauses in Salzburg. Als Architekt der Salzburger Festspielhäuser entwarf H. den ersten Umbau 1926, den zweiten Um- und Ausbau von 1937/38 und das Neue Große Festspielhaus von 1953/56 bis 1960, sowie 1968–70 die Umgestaltung der Felsenreitschule. H. arbeitete eng mit dem Regisseur Max → Reinhardt zusammen. «Bei den Festspielhäusern verwirklichte er sein Ideal ‹Vom Dreiklang der Künste› Architektur, Malerei und Bildhauerei» (Friedrich Achleitner, zit. n. *Clemens Holzmeister*, S. 168). – Die Beschäftigung mit dem Th. beinhaltete für H. auch die Auseinandersetzung mit der Ausstattung des Bühnenraums, und dies nicht unbedingt als Maler, sondern als Architekt. Die bedeutendsten Aufgaben waren u. a. → Goethes *Faust I* (P. 17. 8. 1933, R. Reinhardt), Beethovens *Fidelio* (P. 29. 7. 1934, R. Lothar Wallerstein) und Mozarts *Don Giovanni* (P. 27. 7. 1950, R. O. F. → Schuh) für die Salzburger Festspiele. Die Idee, den geschlossenen Raum der Sommerreitbahn (Felsenreitschule) mit ihren dreifachen Steingalerien als Ort für die Festspiele zu nutzen, kam von H. Hier baute er die als «Fauststadt» bekannt gewordene Kulisse zu *Faust I*. «Der überwältigende Eindruck der Fauststadt faszinierte das Publikum und fand in der Presse begeisterten Niederschlag. Einstimmig wurde hervorgehoben, daß die Leistung des Bühnenbildners gleichbedeutend neben die des Regisseurs zu stellen sei und beide am Gelingen der Inszenierung gleichen Anteil hätten» (Leisler/Prossnitz, S. 113). 1950 stattete H. den *Don Giovanni* im Festspielhaus aus. «Der ganze Entwurf ist rein architektonisch bestimmt, nach sehr genauen Studien der spanischen Palast- und Stadtarchitektur geschaffen» (*Clemens Holzmeister*. Hg. J. Gregor, S. 17 f.).

Clemens Holzmeister. Hg. G. Rigele, Innsbruck 2000; Clemens Holzmeister. Das architektonische Werk. Bd. 1 Werke für das Theater. Auswahl J. Gregor, Wien 1953; Leisler, E., G. Prossnitz, Max Reinhardts Faust-Inszenierung in Salzburg 1933–1937. In: MuK (16) 1970, H. 2, S. 105–75.

Sabine Steinhage

Holzmeister, Judith (Anna Maria Elisabeth), * 14. 2. 1920 Innsbruck. Schauspielerin.

Tochter des Architekten und Bühnenbildners Clemens → H. Reinhardt-Seminar Wien. 1936–41 Landestheater Linz, 1942–44 Wiener Volkstheater (TRn in Schillers *Die Jungfrau von Orleans* und Hofmannsthals *Elektra*). 1945–47 Die Insel, Wien. 1947–85 Wiener Burgtheater (2000 Ehrenmitglied). Spielte vorwiegend Klassikerrollen. Von → Shakespeare Titania in *Ein Sommernachtstraum*, Olivia in *Was ihr wollt*, Portia in *Julius Caesar*, Beatrice in *Viel Lärm um nichts*, von Schiller TR in *Maria Stuart*, Marina in *Demetrius*, Thekla in *Wallenstein*, Eboli in *Don Carlos*, Frau Miller in *Kabale und Liebe*, von → Lessing TRn in *Emilia Galotti* und *Minna von Barnhelm*, Sittah in *Nathan der Weise*; Elmire in → Molières *Tartuffe*, Helena in → Goethes *Faust II*, Klytämnestra in *Die Orestie* des Aischylos, aber auch Frau Peachum in → Brecht/Weills *Die Dreigroschenoper* und von Bernhard 1973 im Dt. Schauspielhaus Hamburg die Gute in der UA von *Ein Fest für Boris* und 1974 im Burgtheater die Generalin in *Jagdgesellschaft* (1974, TV). Salzburger Festspiele: 1950 und 1951 Buhlschaft in Hofmannsthals *Jedermann*, 1966–68 Glaube, Kunigunde in Grillparzers *König Ottokars Glück und Ende* sowie Hero in dessen *Des Meeres und der Liebe Wellen*, Erichtho in Goethes *Faust II* (1965). Lesungen, Film- und Fernsehtätigkeit. 1992 nach längerer Pause Rückkehr auf die Bühne für eine Rolle in Joyce Carol Oates' *Mondfinsternis* – Otto F. Beer: «Sie, die einst die Schönen und Königlichen quer durchs klassische Repertoire gespielt hat, kehrt nun als verhutzelte und verwirrte Alte wieder, und dies wurde zu einem schauspielerischen Triumph.» Verband Anmut und Flair einer Salondame mit Kraft und Pathos einer Heldin. Verkörperte die Vorzüge und das unverwechselbar Eigene des traditionellen Burgtheaterstils. Verheiratet erst mit Curd → Jürgens, dann mit Bruno → Dallansky. Auszeichnungen u. a.: 1973 Kainz-Medaille, 1991 erste Trägerin des Liselotte-Schreiner-Rings.

_{Reimann, V.: Die Adelsrepublik der Künstler. Schauspieler an der ‹Burg›. Düsseldorf, Wien 1963.}

_{Werner Schulze-Reimpell}

Homolka, Oskar, * 12. 8. 1898 Wien, † 27. 1. 1978 Sussex (Großbritannien). Schauspieler.

1915–17 Akademie für Musik und darstellende Kunst in Wien; Debüt am Komödienhaus Wien, kam über Wiener Neustadt (1919/20) und Salzburg (1920/21) 1921–23 ans Raimund-Theater in Wien; u. a. in → Shakespeares *Richard III.* (1921, R. → Jeßner) und *Othello* (1922, beide TRn → Kortner). 1923/24 Münchner Kammerspiele (*Leben Eduards des Zweiten von England* von → Brecht/Feuchtwanger nach Marlowe, UA 1924). Mit → Viertels Die Truppe TR in O'Neills *Kaiser Jones* (1924). 1925–30 Dt. Th. in Berlin, u. a. in Goetz' *Neidhardt von Gneisenau* (1926), Unruhs *Bonaparte*, Shaws *Der Arzt am Scheideweg*, Shakespeares *Troilus und Cressida* (alle 1927), Veillers *Der Prozeß Mary Dugan*, Kaisers *Oktobertag* (beide 1928), Hamsuns *Vom Teufel geholt* (1929, R. → Reinhardt), Bruckners *Timon* (1932). 1926–28 auch am Th. in der Josefstadt Wien, u. a. in Hauptmanns *Dorothea Angermann* (1926; 1927 Dt. Th.). In Berlin u. a. in Brechts *Baal* (TR, 1926, Die Junge Bühne), Franks *Karl und Anna* (1929, Schauspielhaus), D. Lanes [d. i. E. Hauptmann] *Happy End* (UA 1929, Th. am Schiffbauerdamm), Rehfischs *Brest-Litowsk* (1930, Th. des Westens); am Lessing-Th. in Strindbergs *Karl XII.* (1925), Shaws *Pygmalion*, Goethes *Faust I* (beide 1932). 1932/33 Metropol-Th. Bei den Salzburger Festspielen in Hofmannsthals *Das Salzburger Große Welttheater* (1925) und *Jedermann* (1926), Mells *Das Apostelspiel* (UA), Vollmoellers *Das Mirakel* (beide 1925), Gozzi/Vollmoellers *Turandot* (1926). Filme u. a. *Brennende Grenze* (1926), *Schinderhannes* (1928), *Dreyfus* (1930), *Unsichtbare Gegner* (1933). H. ging 1933 nach Österr., spielte in Wien in Wassermanns *Lukardis* (1933, Dt. Volkstheater), an → Ziegels Komödie in Shaws *Der Arzt am Scheideweg* (1933, eigene R.). 1935 Emigration nach Großbritannien, spielte neben Filmen in Lennox/Somins *Close Quarters* (1935, Haymarket Th. London), Nichols' *Mesmer* (1935, Kings Th., Glasgow), Čapeks *Die weiße Krankheit* (1938, Savoy Th. London). 1939 Emigration in die USA. Am Broadway u. a. in Balitho/Rattigans *Grey Farm* (1940, Hudson Th.), Osborns *Innocent Voyage* (1943, Belasco Th.), van Drutens *I remember Mama* (1944–46, Music Box Th.; 1948 Film), Strindbergs *Totentanz* (1948, Belasco Th.), Ferber/Kaufmans *Bravo!* (1948, Lyceum Th.), Kanins *Rashomon* (1959, Music Box Th.; 1960 TV). 1942 Lese-UA von Viertels *The Way Home* (Barbizon Plaza Th.). Nach Kriegsende als Gast u. a. in Österreich (Kleist, *Der zerbrochene Krug*, 1950 Burgtheater; 1951 Salzburger Festspiele) und der Schweiz (Sartre, *Der Teufel und der liebe Gott*, 1951, Zürcher Schauspielhaus). Filme u. a. *Sabotage* (1936, R. Hitchcock), *Seven Sinners* (1940, mit M. Dietrich), *Mission to Moscow* (1943), *Hostages* (1943), *Anna Lucasta* (1949), *The Seven Year Itch* (1955, mit M. Monroe), *War and Peace* (1956, mit A. Hepburn), *A Farewell to Arms* (1957), *The Madwoman of Chaillot* (1969), *The Tamarind Seed* (1974). – Ein wuchtiger Charakterdarsteller mit ausdrucksstarker Physiognomie, realistischem und intensivem Spiel, der den sozialen Hintergrund seiner Figuren mitgestaltete. Von Brecht sehr geschätzt. Im Film spielte er häufig undurchsichtige, zwielichtige Rollen. Einer der wenigen Exilanten, die auch im engl.sprachigen Th., Film und Fernsehen erfolgreich waren. Verheiratet u. a. mit Grete → Mosheim.

Wolfgang Beck

Höpfner, Ursula, * 19. 12. 1949 Hannover. Schauspielerin.

1967–71 Ballettausbildung. 1971–72 Staatstheater Hannover, 1973–76 bei Johann → Kresnik in Bremen. 1975–78 Mitglied von George → Taboris Theaterlabor im Rahmen des Bremer Th.s (Maxime in *Sigmunds Freude*, UA 1975; Panther in *Hungerkünstler*, UA 1977). Folgte Tabori, mit dem sie seit 1985 verheiratet ist, 1978–81 an die Münchner Kammerspiele (1978 Lancelot Gobbo in *Ich wollte, meine Tochter läge tot zu meinen Füßen und hätte die Juwelen im Ohr* nach → Shakespeares *Der Kaufmann von Venedig*, 1981–84 ans Schauspielhaus Bochum (in Tabori-Stücken 1982 Rosinda in *Der Voyeur*, Berliner Theatertreffen; 1983 Mizzi in UA *Jubiläum*, 1984 Anne in UA *Peepshow*), an die Münchner Kammerspiele (1985 Die Frau in *M* nach Euripides, 1985 Kassandra in Euripides/ Jens' *Die Troerinnen*, 1986 Winnie in Becketts *Glückliche Tage*, 1986 Beauty in Harald Müllers *Totenfloß*). 1986–90 in Taboris Th. Der Kreis in Wien (Rosa in der UA von Braschs *Frauen. Krieg. Lustspiel*, 1988; Rollen in Shakespeare-Projekten *Verliebte und Verrückte*, *Lears Schatten*, beide 1989; 1990 TR in Shakespeares *Hamlet*), 1990–99 Wiener Burgtheater. In den Tabori-Stücken *Babylon Blues* (UA 1991), *Goldberg-Variationen* (UA 1991), Maggie in *Requiem für einen Spion* (UA 1993), Dr. Greenberg in *Die 25. Stunde* (1994), Fräulein Schmergl/ Amanda/ Delinquentin in *Die Massenmörderin und ihre Freunde* (1995); außerdem Lucrezia in Goldonis *Der Impresario von Smyrna*, Missena in → Brechts *Die Rundköpfe und die Spitzköpfe*, Mariedl in Schwabs *Die Präsidentinnen*. Seit 1999 Berliner Ensemble, u. a. in Taboris *Erdbeben-Concerto* (2002), *Jubiläum* (2005, beide R. der Autor), Brechts *Mutter Courage und ihre Kinder*, Jelineks *Wolken.Heim.Und dann nach Haus* (beide 2005, R. → Peymann). 1989 Josef-Kainz-Medaille der Stadt Wien. – Mit der Geschmeidigkeit und Beweglichkeit einer Tänzerin ein luzider Irrwisch, halb Elfe, halb Kobold, naiv oder hintergründig. Möglichkeit zum Tragischen wie zum Komischen.

Werner Schulze-Reimpell

Hoppe, Marianne (Stephanie Paula Henni Gertrud), * 26. 4. 1909 Rostock, † 23. 10. 2002 Siegsdorf (Obb.). Schauspielerin.

Wuchs auf dem elterlichen Gut Felsenhagen in Brandenburg auf. Handelsschule Weimar. Privatunterricht bei Berthold Held (1927) und Lucie → Höflich (1929). Anfängerinnenvertrag beim Dt. Th. (Berlin). Erster Auftritt in *Mörder für uns* von Willi Schäferdieck (P. 4. 3. 1928); Ihering: Sie «scheint eine Begabung von innerlicher Spannkraft zu sein» (zit. nach Kohse, S. 49). Rollen u. a. in → Shakespeares *Die lustigen Weiber von Windsor* (1929, R. → Hilpert), Hamsuns *Vom Teufel geholt* (1929, Komödie, R. → Reinhardt). 1930/ 31–1932/ 33 Neues Th. Frankfurt a. M.; u. a. in Wedekinds *Frühlings Erwachen* (1931), Hauptmanns *Vor Sonnenuntergang* (1932), Winsloes *Mädchen in Uniform* (1932, R. → Hellmer). Von Beginn an eine unsentimentale Schauspielerin von großer Klarheit. «Sie war intelligent und mogelte nicht Gefühle, die sie nicht hatte» (S. Melchinger, zit. nach Kohse, S. 75). 1932/33 Münchner Kammerspiele, Agnes in → Molières *Die Schule der Frauen* (1932), Piperkarcka in Hauptmanns *Die Ratten* (1932, R. → Falckenberg), TR in Pagnols *Fanny* (1933). Beginn der Filmkarriere mit *Der Judas von Tirol* (1933), Durchbruch mit *Der Schimmelreiter* (1934). Seit 1935 Preuß. Staatstheater Berlin unter dem Intendanten → Gründgens, mit dem sie 1936–46 verheiratet war. Zahlreiche Shakespeare-Rollen; außerdem u. a. TRn in → Lessings *Emilia Galotti* (1937) und *Minna von Barnhelm* (1939), Schillers *Die Jungfrau von Orleans* (1939, R. Lothar → Müthel) und *Turandot* (1941, R. → Stroux), Sophokles' *Antigone* (1940), Lucile in Büchners *Dantons Tod* (1939). Letzte Rolle vor Schließung der Th. zum 1. 9. 1944 in Sudermanns *Johannisfeuer* (P. 6. 5. 1944, R. → Fehling). Daneben Filmarbeit; meist besetzt als burschikos-patente, selbstbewusste junge Frau; u. a. *Eine Frau ohne Bedeutung* (1936, nach Wilde), *Der Herrscher* (1937, nach Hauptmann, R. → Harlan), *Der Schritt vom Wege* (1939, nach Fontane, R. Gründgens), *Romanze in Moll* (1943, R. → Käutner). 1937 Staatsschauspielerin. Erste Nachkriegsrolle Elektra in Sartres *Die Fliegen* (1947) in Düsseldorf, wo sie bis 1955 v. a. unter Gründgens' Regie auftrat: in → Goethes *Torquato Tasso* (1949), Eliots *Die Cocktailparty* (1950), Giraudoux' *Um Lucretia* (1954). Seither freischaffend. Wichtige Rollen u. a. in Williams' *Endstation Sehnsucht* (1950, Schlossparktheater Berlin, R. → Viertel), Schillers *Maria Stuart* (1951, Dt. Schauspielhaus Hamburg, R. H. → Körner), Strindbergs *Ein Traumspiel* (1957, Volkstheater Wien), O'Neills *Fast ein Poet* (1957, Salzburger Festspiele, R. → Schuh), Barlachs *Der blaue Boll* (1961, Schiller-Th. Berlin, R. → Lietzau), Sophokles' *Ödipus* (1962, Residenztheater München, R. → Noelte), Shakespeares *Hamlet* (1963, Dt. Schauspielhaus Hamburg, R. Gründgens), → Kortners *Zwiesprache* (1964, Münchner Kammerspiele, R. Kortner), Genets *Die Wände* (1968, Residenztheater München, R. Lietzau), Becketts *Glückliche Tage* (1973, Dt. Schauspielhaus Hamburg, R. → Schweikart), Dorsts *Auf dem Chimborazo* (UA 23. 1. 1975, Schlossparktheater Berlin, R. → Dorn), Duras' *Savannah Bay* (1986, Schiller-Th. Berlin, R. H. Sasse). Zahlreiche Lesungen. Seit Mitte der 1970er Jahre mehrfach in Stücken Th. Bernhards: *Die Jagdgesellschaft* (1974, Schiller-Th., R. Dorn), *Am Ziel* (UA 18. 8. 1981, Salzburger Festspiele), *Heldenplatz* (UA 4. 11. 1988, Burgtheater Wien, beide R. → Peymann). 1990 spielte H. in Frankfurt a. M. in der Regie Robert → Wilsons die TR in Shakespeares *König Lear*: «Nie hat jemand den Identitätsverlust des wahnsinnig gewordenen Königs so schmerzhaft, so bedingungslos, so lebensfern und doch so rasend dargestellt» (L. Schmidt-Mühlisch in *Die Welt*, 26. 10. 2002). Letzte Auftritte am Berliner Ensemble, in Heiner → Müllers *Quartett* (1994, R. Müller) und *Der Auftrag* (1996, R. → Castorf), in *Monsieur Verdoux* nach Charles Chaplin (1997, R. → Schroeter). Seit 1948 eine Reihe wenig belangreicher Filme; Ausnahme u. a. Wim Wenders' *Falsche Bewegung* (1975). 2000 widmete ihr Schroeter eine Hommage unter dem vielsagenden Titel *Die Königin.* – Hermine-Körner-Ring 1975, 1986 Großer Kunstpreis Berlin.

Bis ins hohe Alter eine der bedeutendsten Charakterdarstellerinnen ihrer Zeit von großer Präsenz und Ausstrahlung, die ihre Rollen von Beginn ihrer Karriere an mit spröder, unterkühlter Einfachheit und Prägnanz gestaltete. Bedeutende Sprecherin von großer Artikulations- und Modulationskraft. Spielte überzeugend v. a. Frauen voller Widersprüche und Brüche: «Sie gehen zwar zugrunde, aber an ihrer eigenen inneren Konsequenz, nicht an Schwäche oder Haltlosigkeit; und deshalb liegt selbst in ihrem äußeren Untergang etwas Positives, weil sie ihre eigene Bestimmung erkannt haben und sich nicht selbst untreu werden» (H., zit. nach Kohse, S. 202). Bis zuletzt neugierig auf neue Autoren, neue Regisseure, bereit, sich Herausforderungen zu stellen, erreichte sie den Höhepunkt ihrer Gestaltungskraft gerade im Alter.

Kohse, P.: Marianne Hoppe. (2. Aufl.) Berlin 2001; Melchinger, S., R. Clausen: Schauspieler. Velber 1965; Sucher, B. C.: Theaterzauberer. München, Zürich 1988.
Wolfgang Beck

Hoppe, Rolf, * 6. 12. 1930 Ellrich (Harz). Schauspieler.

Sohn eines Bäckers; Arbeit als Kutscher; Bäckerlehre. 1946/47 Schauspieler und Regisseur beim Laientheater Ellrich. 1949–51 Ausbildung am Konservatorium Erfurt. Während einer erzwungenen Pause (Stimmprobleme) beim Zirkus Aeros. 1951–52 Städt. Bühnen Erfurt, 1952/53 Th. der jungen Garde Halle, 1953/54 Stadttheater Greifswald (Baumgarten in Schillers *Wilhelm Tell*), 1954–56 Th. der jungen Welt Leipzig (u. a. in Wolfs *Die Matrosen von Cattaro*, 1954/55; → Brechts *Die Gewehre der Frau Carrar*, 1956/57). 1956–62 Stadttheater Gera, u. a. in Brechts *Der gute Mensch von Sezuan* (1956/57) und *Mann ist Mann* (1958/59), → Lessings *Emilia Galotti* (1957/58), → Shakespeares *Ein Sommernachtstraum* (1960/61), Aischylos' *Die Perser* (1961/62). Seit 1962 Staatstheater Dresden; Priamus in Shakespeares *Troilus und Cressida* (1962/63), Gloster in *König Lear* (1966/67), Ill in Dürrenmatts *Der Besuch der alten Dame* (1962/63), Adam in Kleists *Der zerbrochne Krug* (1968/69), Klosterbruder in Lessings *Nathan der Weise*, Möbius in Dürrenmatts *Die Physiker*, Luka in Gor'kijs *Nachtasyl* (alle 1978/79), TR in Hacks' *Senecas Tod* (Ring-UA 1980/81), Schigolch in Bergs *Lulu* (1983/84). Anfang der 1970er Jahre am Dt. Th. Berlin. 1983–92 Mammon in Hofmannsthals *Jedermann* (Salzburger Festspiele). Seit Anfang der 1990er Jahre freischaffend. Seit *Jetzt und in der Stunde meines Todes* (1963) über 150 Film- und Fernsehrollen, u. a. in *Karla* (1965 verboten, UA 1990), *Ich war neunzehn* (1968), *Goya* (1971), *Die Brüder Lautensack*, 1973, TV, 3 Teile), *Ulzana* (1974), *Jörg Ratgeb – Maler* (1978). Internat. Durchbruch als General in Szabós *Mephisto* (1981). Danach u. a. in *Frühlingssinfonie* (1983), *Die Grünstein-Variante* (1985, R. → Wicki), *Der Bruch* (1989), *Bronsteins Kinder* (1991), *Schtonk* (1992), *Mario und der Zauberer* (1994, R. → Brandauer), *Matulla und Busch* (1995, TV), *Der Hauptmann von Köpenick* (1997, TV) *Comedian Harmonists* (1997), *Sardsch* (1997, TV, 3 Teile), *Trenck* (2002, TV). Rundfunkarbeit, Lesungen (regelmäßig auf Schloss Weesenstein bei Dresden). Gründer und Leiter des Hoftheaters Dresden-Weißig. 1971 Nationalpreis, 1995 Sächs. Staatspreis für Literatur und Th. (Lessing-Preis), 1998 Grimme-Preis. – Ein komödiantischer Schauspieler von elementarer Kraft und Ausstrahlung, dessen Präsenz ihn auch in Nebenrollen zur beherrschenden Figur macht. Ein disziplinierter und sensibler Ensemblespieler, der dem Text und der Intention des Autors dient. Seine wandlungsreiche, brüchige Stimme, seine bei aller Massigkeit behende Körperlichkeit, seine psychologisch fundierte Schauspielkunst kommen v. a. in der Darstellung zwiespältiger Menschen in Grenzsituationen zur Geltung. – Seine Tochter Josephine arbeitet als Märchenerzählerin und Fernsehmoderatorin, Christine (* 2. 11. 1968 Dresden) ist Schauspielerin.

Der Schauspieler Rolf Hoppe. Von Dresden in die Welt. Hg. E. Görner. Berlin 1996.
Wolfgang Beck

Hörbiger, Attila, * 21. 4. 1896 Budapest, † 27. 4. 1987 Wien. Schauspieler.

Sohn des Ingenieurs, Erfinders und Schöpfers der «Welteislehre» Hanns H. (1860–1931), Bruder Paul → H.s. Ohne Schauspielerausbildung 1919 Debüt (unter dem Namen Weingart) mit Eyslers Operette *Der fidele Geiger* (Stadttheater Wiener Neustadt). 1919/20 Schwäbische Volksbühne Stuttgart, 1920/21 Stadttheater Bozen, 1921/22 Raimundtheater Wien, 1922/23 Stadttheater Reichenberg (Liberec), 1923–25 Lustspieltheater Wien, Kurtheater Bad Ischl, 1925/26 Dt. Th. Brünn (Brno), 1926–28 Dt. Th. Prag. Dort 1926 Auftritte mit seiner späteren Frau (Heirat 1935) Paula → Wessely. 1928–49 Th. in der Josefstadt (Wien), u. a. in Shaws *Der Kaiser von Amerika* (1930), Giraudoux' *Es kommt nicht zum Krieg* (*Der Trojanische Krieg findet nicht statt*, dt.sprachige EA 1936), → Lessings *Minna von Barnhelm* (1938). Gastspiele in Berlin: 1930 Th. in der Stresemannstraße (Frank, *Sturm im Wasserglas*), 1933 Volksbühne (TR in Zuckmayers *Schinderhannes*, R. → Hilpert) und Dt. Th. (TR in Schillers *Wilhelm Tell*). Im Th. in der Josefstadt nach 1945 u. a. in Wilders *Wir sind noch einmal davongekommen* (1947; 1960 Düsseldorf), Zuckmayers *Barbara Blomberg*, Ibsens *Die Frau vom Meer* (beide 1949; Gastspiele in der BRD und der Schweiz). Seit 1950 Wiener Burgtheater, u. a. in → Shakespeares *Der Widerspenstigen Zähmung* (1950), Ibsens *Peer Gynt* (TR, 1952), Tolstojs *Und das Licht scheinet in der Finsternis* (1953, mit P. Wessely), zur Wiedereröffnung des kriegszerstörten Th.s in Grillparzers *König Ottokars Glück und Ende* (1955), O'Neills *Eines langen Tages Reise in die Nacht* (1956), Hochwälders *Der Unschuldige* (UA 1958), Schnitzlers *Das weite Land* (1959), Grillparzers *Ein Bruderzwist im Hause Habsburg* (1963, 1967 Gastspiel in der Comédie Française), mit seinem Bruder in → Raimunds *Der Alpenkönig und der Menschenfeind* (1965) und *Der Bauer als Millionär* (1966, 1979), → Brechts *Herr Puntila und sein Knecht Matti* (1969), → Nestroys *Lumpazivagabundus* (1969; 1962 Salzburger Festspiele), Lessings *Nathan der Weise* (1974), Raimunds *Der Diamant des Geisterkönigs* (1984). TR in Hofmannsthals *Jedermann* 1935–37 und 1947–51 bei den Salzburger Festspielen, 1945 im Landestheater Innsbruck (erster Nachkriegsauftritt), 1951–54 Bad Hersfelder Festspiele, 1953 Münster und Wiltz (Luxemburg), 1954 Bregenzer Festspiele. Bei den Salzburger Festspielen 1931 in Goldonis *Der Diener zweier Herren*, 1957 großer Erfolg in der dt.sprachigen EA von O'Neills *Fast ein Poet* (1959 Deutschlandtournee), 1961/62 TR in → Goethes *Faust I*, 1975 in der UA von Hochwälders *Lazaretti oder Der Säbeltiger*. Bei den Ruhrfestspielen 1959 TR in Schillers *Wilhelm Tell*, im Zürcher Schauspielhaus 1970 TR in Goethes *Urfaust* (R. Dürrenmatt). Seit 1929 *(Nachtlokal)* beim Film, u. a. *Der Tunnel* (1933), *Varieté* (1935), *Grenzfeuer* (1939), *Das vierte Gebot* (1950), *Der Verschwender* (1953), *Kaiserjäger* (1956), *Karl May* (1974, R. Syberberg). Seine Mitwirkung am NS-Propagandafilm *Heimkehr* (1941) wie seine eher indifferente Haltung während dieser Zeit beeinflussten seine Popularität nach 1945 nicht. Im Fernsehen häufig in Literaturadaptionen. Zahlreiche Auszeichnungen. Seine Töchter Elisabeth → Orth, Christiane → H., Maresa H. sind ebenfalls Schauspielerinnen. – Erst am Burgtheater, dessen Doyen er schließlich wurde, spielte H. große Charakterrollen. Davor im Film und auf der Bühne eher auf die Rolle des Naturburschen festgelegt, kraftvoll, männlich, unkompliziert. Lange Zeit stand er künstl. und in der Popularität im Schatten seines Bruders und seiner Frau. Der Volksschauspieler wandelte sich zu einem Charakterdarsteller mit zurückgenommenem Spiel und ausdrucksstarker Stimme, der in Stücken Nestroys, Raimunds, Hofmannsthals, aber auch O'Neills und Grillparzers neue Dimensionen intensiver und psychologisch ausgefeilter Menschendarstellung erreichte. Ebenso wie seine Frau wurde er zu einem Idol, einer österr. «Institution».

Klinger, E. M.: Attila Hörbiger. Diss. Wien 1970; Orth, E.: Märchen ihres Lebens. Meine Eltern Paula Wessely und Attila Hörbiger. Wien u. a. 1975; Paula Wessely und Attila Hörbiger. Ihr Leben – ihr Spiel. Hg. E. Fuhrich, G. Prossnitz. München, Wien 1985; Pichel, G.: Paul und Attila Hörbiger. Diss. Wien 1949; Weigel, H.: Der Schauspieler Attila Hörbiger. Velber 1963.

Wolfgang Beck

Hörbiger, Christiane, * 13. 10. 1938 Wien. Schauspielerin.

Tochter von Attila → Hörbiger und Paula → Wessely, Schwester von Maresa Hörbiger (* 1945) und Elisabeth → Orth. Wiener Max-Reinhardt-Seminar, dazu Tanz- und Gesangsausbildung. 1955 erste Filmrolle. 1959 Debüt als Recha in → Lessings *Nathan der Weise* am Wiener Burgtheater – Misserfolg. 1960–61 Städt. Bühnen Heidelberg (Klärchen in → Goethes *Egmont*, TR in Goldonis *Mirandolina*, Christopherl in → Nestroys *Einen Jux will er sich machen*). 1961–66 wieder Burgtheater (Hero in Grillparzers *Des Meeres und der Liebe Wellen*, Inken Peters in Hauptmanns *Vor Sonnenuntergang*). In den Münchner Kammerspielen Luise in Schillers *Kabale und Liebe* (1965, R. → Kortner). Gastspiele bei den Salzburger Festspielen: Lottchen in → Raimunds *Der Bauer als Millionär* (1961), Antoinette Hechingen in Hofmannsthals *Der Schwierige* (1967), 1969–72 Buhlschaft in Hofmannsthals *Jedermann*, Marie in → Shakespeares *Was ihr wollt* (1973), Flora Baumscheer in Nestroys *Der Talisman* (1976, R. → Schenk), 1980 Genia Hofreiter in Schnitzlers *Das weite Land* (1988 im Zürcher Schauspielhaus, R. → Hollmann). 1967–85 Zürcher Schauspielhaus (Elisabeth in Schillers *Maria Stuart*, Kate in Spewack / Porters *Kiss me Kate*, Dorine in → Molières *Tartüffe*, Arkadina in Čechovs *Die Möwe*, Alte in Ionescos *Die Stühle*, Alice in

Strindbergs *Totentanz*). 1992 Tournee als Marie in Bahrs *Das Konzert*. Seit Mitte der 1980er Jahre vermehrt, dann ausschließlich Film- und v. a. Fernsehrollen, viele Serien. Kammerschauspielerin, Bundesverdienstkreuz. Ihr Sohn Sascha Bigler (* 1968) ist Regisseur.

Tötschinger, G.: Christiane Hörbiger. (3. Aufl.) München 1998.

Werner Schulze-Reimpell

Hörbiger, Paul, * 29. 4. 1894 Budapest, † 5. 3. 1981 Wien. Schauspieler.

Sohn des Ingenieurs, Erfinders und Begründers der «Welteislehre» Hanns H. (1860–1931), Bruder Attila → H.s. Sein Chemiestudium brach H. als Kriegsfreiwilliger ab; danach kurze Ausbildung an der Theaterschule Otto in Wien. 1919/20 Stadttheater Reichenberg; 1920–26 Charakterkomiker am Neuen Dt. Th. Prag. 1926–40 in Berlin. 1926–29 Dt. Th., u. a. in F. Langers *Peripherie* (1926, R. → Reinhardt), Götz' *Neidhardt von Gneisenau* (mit → Krauß), Gantillons *Maya* (beide 1927, R. → Baty), Franks *Zwölftausend* (1928, mit → Steinrück), Dymovs *Jusik* (1929). Rittmeister in der UA von Horváths *Geschichten aus dem Wiener Wald* (1931, R. → Hilpert): Man «kann nur immer wieder Paul Hörbiger bewundern, der mit denselben leisen Mitteln eine Figur aus dem Sympathischen ins Unsympathische und wieder ins Sympathische gleiten läßt» (Jhering, 3. Bd., S. 199). An anderen Berliner Th.n u. a. in Schnitzlers *Professor Bernhardi* (1930, Th. in der Königgrätzer Straße), Hofmannsthals *Der Schwierige* (1930, Komödie, R. Reinhardt); an der Volksbühne in → Shakespeares *Der Widerspenstigen Zähmung* (1933), → Raimunds *Der Verschwender* (1935), Regie und Rolle in Lutz' *Der Brandner-Kaspar schaut ins Paradies* (1935; 1964 Raimund-Th., Wien). Bei den Salzburger Festspielen 1930 in Maughams *Victoria*, 1943 Papageno in Mozarts *Die Zauberflöte*. H., dessen Popularität nach 1945 ungebrochen blieb, wurde nach 1933 einer der Protagonisten des NS-Unterhaltungsfilms. Filme u. a. *Spione* (R. Lang), *Geschichten aus dem Wiener Wald* (beide 1928), *Der Kongreß tanzt* (1931), *So ein Mädel vergißt man nicht* (1932, Buch und R. → Kortner), *Liebelei* (R. Ophüls), *Kaiserwalzer* (beide 1933), *Ich heirate meine Frau* (1934), *Lumpacivagabundus* (1936, 1956), *Heimat* (1938), *Opernball* (1939), *Der liebe Augustin*, *Wiener G'schichten* (beide 1940), *Schrammeln* (1944). 1935 Mitbegründer der Algefa-Film in Berlin. 1938 Gast am Dt. Schauspielhaus Hamburg (→ Nestroy, *Der böse Geist Lumpazivagabundus*). 1940–46 Burgtheater Wien, u. a. in Bahrs *Franzl*, Nestroys *Das Mädel aus der Vorstadt* (beide 1940), Shakespeares *Romeo und Julia* (1941), Raimunds *Der Bauer als Millionär* (1943), TR in Molnárs *Liliom* (1945/46). Kurz vor Kriegsende wegen Hochverrats inhaftiert. 1945 Mitbegründer der Zeitung *Neues Österreich*. In den 1940–50er Jahren Gastspiele im In- und Ausland. Hauptsächlich Arbeit beim Film (insgesamt ca. 250), wo er in meist anspruchslosen Unterhaltungsfilmen den «typischen» Wiener spielte. Erwähnenswert u. a. *Der Engel mit der Posaune* (1948), *Der dritte Mann* (1949), *Der Seelenbräu* (1950), *Epilog* (1950, R. → Käutner), *Der Alte Sünder* (1951), *Hallo Dienstmann* (1952), *Der Feldherrnhügel* (1953), *Mädchenjahre einer Königin* (1954), *Sebastian Kneipp* (1958), *Der Alpenkönig und der Menschenfeind* (1965). Seit 1965 wieder am Burgtheater. Erfolge in Stücken Raimunds (mehrfach mit seinem Bruder), Nestroys, Grillparzers. Zuletzt in Canettis *Komödie der Eitelkeit* (1979, R. → Hollmann). 1974 Gastspiel in Bethencourts *Der Tag, an dem der Papst gekidnappt wurde* (Th. in der Josefstadt). Zahlreiche Auszeichnungen. Hinter dem Sänger Wiener Lieder und dem Filmschauspieler H., der vom Dienstmann bis zum Kaiser Franz Josef II. immer wieder das Klischee des grantigen, aber auch charmanten Österreichers mit dem goldenen Herzen verkörpern musste, verschwand lange Zeit der Charakterdarsteller, dessen subtiles Spiel v. a. in Stücken Raimunds, Nestroys, Schnitzlers zum Tragen kam. Sein Sohn Thomas (* 11. 7. 1931 Berlin) ist Schauspieler und Liedtexter, seine Enkel Mavie H. (* 14. 11. 1979 München) und Christian Tramitz (* 13. 7. 1955 München) sind Schauspieler.

Hörbiger, P.: Ich habe für euch gespielt. (3. Aufl.) München 1994 *(Autobiographie)*; Horowitz, M.: Paul Hörbiger. Lebensbilder. Wien 1993; Jhering, H.: Von Reinhardt bis Brecht. 3. Bd. Berlin 1961; Paul Hörbiger – Hans Moser. Hg. H. Würtz. Wien 1994 *(Katalog)*; Pichel, G.: Paul und Attila Hörbiger. Diss. masch. Wien 1949.

Wolfgang Beck

Horney, Brigitte, * 29. 3. 1911 Berlin, † 27. 7. 1988 Hamburg. Schauspielerin.

H. durchlief eine Tanz- und Schauspielausbildung bei M. → Wigman und an der Ilka-Grüning-Schauspielschule. 1930 erhielt sie den Max-Reinhardt-Preis als beste Nachwuchsschauspielerin und spielte am Stadttheater Würzburg. Danach Engagements am Dt. Th., der Volksbühne und dem Lessing-Th. in Berlin. Nach dem 2. Weltkrieg arbeitete sie bis 1949 am Zürcher Schauspielhaus und ging Anfang der 1950er Jahre mit ihrem zweiten Ehemann H. Swarzenski in die USA, wurde amerik. Staatsbürgerin. Ihre Th.- und Filmarbeit setzte sie in Deutschland fort: z. B. 1953–56 am Dt. Th. in Göttingen; sie drehte Spielfilme wie *Nacht fiel über Gotenhafen* (R. F. Wysbar, 1959/60) und war 1964 in Wallace-Kinofilmen (u. a. *Der Hexer*, R. A. Vohrer) zu sehen; es folgte der Fernsehfilm *Haus der Frauen* (R. K. Zanussi, 1978). Eine ihrer letzten Filmrollen spielte sie 1983 in *Bella Donna – Kann denn Liebe Sünde sein* (R. P. Keglevic). TV-Serien: *Jakob und Adele* (1982–86) neben K. H. Schroth (Drehbuch H. Reinecker) und *Das Erbe der Guldenburgs* (1987/88). – Trotz Theaterschauspielausbildung und mehrjährigen Bühnenengagements ist H. populär geworden als eine der großen Filmdiven des deutschen Unterhaltungsfilms der 1930er und 1940er Jahre. Ihr Debüt gab sie 1930 in der Rolle der Verkäuferin Hella in dem UFA-Film *Abschied* (R. R. Siodmak); *Liebe, Tod und Teufel* (R. H. → Hilpert/R. Steinbicker) von 1934 gilt als ihr Durchbruch. Es folgten u. a. *Savoy-Hotel 217* (1936) und *Am Ende der Welt* (1944), beide unter der Regie von G. Ucicky.

Berühmte Frauen. Hg. L. F. Pusch, S. Gretter. Frankfurt a. M. 2001; Horney, B.: So oder so ist das Leben. Aufgez. von G. H. Heyerdahl. Bern 1993.

Ute Hagel

Horwitz, Dominique, * 23. 4. 1957 Paris. Schauspieler.

Mit seinen Eltern, die vor den Nationalsozialisten nach Frankreich geflohen waren, kehrte H. 1971 nach Berlin zurück. Nach dem Abitur arbeitete er im KaDeWe und kam eher zufällig zur Schauspielerei: Auf Empfehlung eines Freundes erhielt er eine Rolle in dem TV-Film *Eine Jugendliebe* (1976) und spielte nach einer *Tatort*-Produktion in P. Lilienthals preisgekröntem Kinofilm *David* (1978). – Parallel begann H.s Laufbahn als Bühnenschauspieler am Berliner Cabaret des Westens (1978/79) und am Tübinger Zimmertheater (1979–83). 1983 engagierte ihn → Baumbauer ans Münchner Residenztheater, wo er 1984 u. a. in → Shakespeares *Der Kaufmann von Venedig* (R. A. → Kirchner) und → Brechts *Leben des Galilei* (R. → Löscher) zu sehen war. Im gleichen Jahr brachte er im Marstall-Th. seinen ersten Jacques-Brel-Abend auf die Bühne. – Unter → Flimm 1985–88 am Thalia Th. Hamburg, spielte dort u. a. in Wedekinds *Der Marquis von Keith* (1986, R. Th. → Langhoff), Shakespeares *Hamlet* (1986, R. Flimm), Dorsts *Ich, Feuerbach* (1987, R. der Autor). In R. → Wilsons *The Black Rider* (UA 31. 3. 1990) gelang H. mit seiner Darstellung des Stelzfuß «ein Meisterstück an Expressivität und Ausstrahlung» (Kahle, S. 108) – ein fulminanter Erfolg. – Seit 1988 trat H. als Gast an verschiedenen Th.n auf, u. a. in der DEA von Hatsors *Die Vermummten* (1992, Dt. Schauspielhaus, R. → Zinger), in Schillers *Die Räuber* (R. W.-D. Sprenger) und Brecht/Weills *Die Dreigroschenoper* (R. → Thalbach, beide 1994, Thalia Th.), Zadeks *Mondlicht* (1995, Berliner Ensemble), Rezas *Kunst* (1996, Hamburger Kammerspiele), Brechts *Im Dickicht der Städte* (1997, Dt. Th. Berlin) und Ravenhills *Polaroids* (2000, Schauspielhaus Zürich), → Lessings *Minna von Barnhelm* (2005, Koproduktion Ruhrfestspiele/Th. National du Luxembourg). – Einen Namen machte sich H. v. a. mit seinen Brecht- und Brel-Abenden, in denen er Schauspiel und Gesang geschickt verknüpfte: An den Hamburger Kammerspielen feierten seine Produktionen *The best of Dreigroschenoper* (1993) und *Dominique Horwitz singt Jacques Brel* (1997) Premiere, mit denen er auf Tourneen im In- und Ausland überaus erfolgreich war. Über seinen Brecht-Abend schrieb der Rezensent der *Chicago Sun Times*: «Horwitz […] sieht aus wie ein zeitgenössischer Franz Kafka und auch seine aufregendsten Interpretationen unterlegt er mit einer bestimmten, lässigen mitteleuropäischen Ironie» (6. 11. 1998). 2002 folgte an den Kammerspielen die Produktion *Cool*. Regiedebüt mit Brecht/Weills *Die Dreigroschenoper* (2006, Bad Hersfelder Festspiele). – Einem breiten Publikum wurde H. durch seine Film- und Fernseharbeit bekannt, die ihm zahlreiche Auszeichnungen einbrachte. Er spielte u. a. in den TV-Filmen *Der große Bellheim* (1992), *Trickser* (1996) und *Enthüllung einer Ehe* (2000) und war auf der Kinoleinwand in *Die wilden Fünfziger* (1983, R. → Zadek), *Stammheim* (1985), *Martha Jellneck* (1988), *Dead Flowers* (1991), *Stalingrad* (1992), *Nachtgestalten* (1998, R. → Dresen) und *Ver-*

rückt nach Paris (2001) zu sehen. Mephisto-Preis 2002.

<small>Kahle, U.: Die Vier vom Thalia. Ein Gruppenporträt junger Schauspieler, die nicht nur im ‹Black Rider› glänzen. In: Theater heute, Jahrbuch 1990, S. 106 ff.</small>

<small>Nina Grabe</small>

Horwitz, Kurt (Thomas), * 21. 12. 1897 Neuruppin, † 14. 2. 1974 München. Regisseur, Schauspieler, Theaterleiter.

1919 in Berlin Schauspielausbildung bei Ferdinand Gregori (1870–1928) und Wechsel zu Otto → Falckenberg, an dessen Münchner Kammerspielen er bis 1933 blieb, «der vielseitigste Charakterdarsteller im Ensemble» (Brauneck, S. 344). Spielte in Stücken → Shakespeares, Wedekinds, Hauptmanns, Zuckmayers, in Barlachs *Der tote Tag* (1924), Bruckners *Krankheit der Jugend* (1927), Lampels *Revolte im Erziehungshaus*, (1929), Wolfs *Cyankali* (1930), in den UAen von → Brechts *Trommeln in der Nacht* (1922) und *Leben Eduards des Zweiten von England* (1924), Heinrich Manns *Das gastliche Haus* (R. → Piscator), Slings (d. i. Paul Schlesinger) *Der dreimal tote Peter* (beide 1927), Karl Kraus' *Traumstück* (1928). Regie u. a. bei Ruederers *Die Morgenröte* (1932). An der Berliner Volksbühne in Rehfisch / Herzogs *Die Affäre Dreyfus* (UA 1929), Shakespeares *Julius Cäsar* (1930), Csokors *Gesellschaft der Menschenrechte* (1931), → Moissis *Der Gefangene* (1932). Filmrollen u. a. in *Fürst Seppl* (1915, 1932), *Mysterien eines Frisiersalons* (1923, R. Brecht / → Engel), *Die verkaufte Braut* (1932, R. Ophüls). 1933 ging H. in die Schweiz, war 1933–38, 1940–46 und 1950–53 Schauspieler und Regisseur am Zürcher Schauspielhaus. Rollen in Stücken Sophokles', Shakespeares, → Goethes, Ibsens, Hofmannsthals, Brechts; spielte z. B. in Wolfs *Professor Mamlock* (UA 1934, R. → Lindtberg), Čapeks *Die weiße Krankheit* (dt.sprachige EA 1937), Sartres *Die Fliegen* (dt.sprachige EA 1944). Regie u. a. bei Hodges *Regen und Wind* (1942), → Molières *Der Menschenfeind* (1943; 1948 Basel, 1952 München, 1959 Wien), Claudels *Der seidene Schuh* (dt.sprachige EA 1944), Frischs *Nun singen sie wieder* (UA 1945), Dürrenmatts *Es steht geschrieben* (UA 1947), Camus' *Die Gerechten* (dt.sprachige EA 1950). 1938–40 Schauspieler und Regisseur, 1946–50 Leiter des Stadttheaters Basel. Spielte u. a. in Faesis *Magier* (UA 1938), Eliots *Mord im Dom* (dt.sprachige EA 1939), Dürrenmatts *Der Blinde* (UA 1948/49), inszenierte die dt.sprachigen EAen von Claudels *Der Bürge* (1945), Williams' *Die Glasmenagerie* (1946), O'Caseys *Rote Rosen für mich* (1948). 1953–58 Intendant des Bayer. Staatsschauspiels München, spielte u. a. die TR in Shakespeares *Heinrich IV.* (1956, R. → Kortner), inszenierte → Molières *Der Geizige* (1953, mit → Ginsberg). Seither nur noch als Gast, spielte u. a. die TR in Dürrenmatts *Frank V.* (1960), inszenierte u. a. Gor'kijs *Wassa Shelesnowa* (1961, beides Münchner Kammerspiele), Dürrenmatts *Die Physiker* (UA 1962, Zürich, beide mit → Giehse), Grillparzers *Ein Bruderzwist im Hause Habsburg* (1965, Burgtheater Wien). Film- und Fernsehrollen. Zahlreiche Auszeichnungen. – Der Schauspieler H. – schon früh als «ungewöhnlich präzise Begabung» (Jhering, S. 22) gelobt – war ein überaus vielseitiger Ensembleschauspieler mit brillanter Beherrschung der Technik. Als Regisseur dem Text verpflichtet, auf Experimente verzichtend. Ein «großartige(r) Rutengänger des heutigen Theaters» (Brock-Sulzer, S. 18), mit Gespür für neue Stücke und Autoren (Dürrenmatt, Frisch), die er selbstlos förderte. Als Theaterleiter Zusammenarbeit mit Regisseuren wie Ginsberg, → Noelte, → Düggelin, Kortner.

<small>Brauneck, M.: Die Welt als Bühne. 4. Bd. Stuttgart, Weimar 2003; Brock-Sulzer, E.: Ernst Ginsberg. Velber 1963; Faber, M., L. Weizert: … dann spielten sie wieder. Das Bayerische Staatsschauspiel 1946–1986. Mün-</small>

chen 1986; Jhering, H.: Von Reinhardt bis Brecht. 2. Bd. Berlin 1959.

Wolfgang Beck

Hübchen, Henry, * 20. 2. 1947 Berlin-Charlottenburg. Schauspieler, Regisseur.

Vor seinem Abschluss an der Hochschule für Schauspielkunst «Ernst Busch» 1971 wirkte H. schon in einigen Filmen mit; erstes Theaterengagement in Magdeburg. Hier spielte er u. a. in Schillers *Die Räuber* (1972, R. Konrad Zschiedrich), Volker Brauns *Kipper Paul Bauch* (1972, R. Hans Meves / Dieter Roth) und Vladimir Majakovskijs *Schwitzbad* (1972, R. Werner Freese). 1974 Wechsel zur Ostberliner Volksbühne, der er bis heute treu blieb. Hier verkörperte er klassische wie zeitgenössische Rollen, z. B. in Racines *Britannicus* (1975, R. Brigitte Soubeyran), István Örkenys *Familie Tót* (1974, Regiekollektiv), Heins *Schlötel oder Was soll's* (UA 1974), in den Heiner- → Müller-Stücken *Die Schlacht* (1975, R. → Karge / M. → Langhoff), *Die Bauern* (1976), *Der Bau* (1980, beide R. → Marquardt) und in → Shakespeares *Hamlet* (1977, R. → Besson), *Was ihr wollt* (1981). – H. hatte sich in den 1970er Jahren als Bühnenkünstler etabliert und suchte schließlich beim Film und Fernsehen neue Herausforderungen, bis er Frank → Castorf kennenlernte. Es entstand eine dauerhafte Verbindung, denn H. entwickelte sich zum künstl. «Alter Ego» Castorfs. Ihr erstes gemeinsames Projekt war 1985 Ibsens *Nora* am Th. von Anklam, wo H. den Helmer spielte. Erst 3 Jahre später setzten sie ihre gemeinsame Arbeit mit *Das trunkene Schiff* nach Motiven von Paul Zech fort (1988, Berliner Volksbühne). Bei der ersten gemeinsamen Insz. in Westdeutschland gab H. den Claudius in Shakespeares *Hamlet* (1989, Schauspiel Köln). Eine weitere Gastinsz. folgte in Hamburg 1990 mit → Goethes *Stella* (Dt. Schauspielhaus). – Weitere erfolgreiche Castorf-Insz.en schlossen sich nicht nur an der Volksbühne an, sondern auch am Wiener Burgtheater (F. Dostoevskijs *Dämonen*, 1999) und bei den Salzburger Festspielen (Williams' *Endstation Sehnsucht*, 2000). An der Volksbühne u. a. in Castorfs *Räuber von Schiller* (1990), Ibsens *Die Frau vom Meer* (1993). Besonders spektakulär war der theatralische Doppelschlag *Pension Schöller / Die Schlacht* nach C. Laufs / W. Jacoby und Heiner Müller (1994, Berliner Volksbühne). H. wurde dafür zum Schauspieler des Jahres gewählt. Weiter u. a. in Fellinis *Die Stadt der Frauen* (1995), Hauptmanns *Weber* (1997), Sartres *Schmutzige Hände* (1998), Shakespeares *Rosenkriege 1–8* (1999), Dostoevskijs *Erniedrigte und Beleidigte* (2001, Koproduktion Wiener Festwochen). Den Berliner Theaterpreis 2000 erhielten Castorf und er gemeinsam. – Eigene Regiearbeiten legte H. 1986 erfolgreich am Ostberliner Friedrichstadtpalast mit Insz.en Sean O'Caseys vor: *Das Ende vom Anfang* und *Gutnachtgeschichten*. An der Volksbühne folgten u. a. Horváths *Glaube, Liebe, Hoffnung* (1988), Goethes *Clavigo* (1990) und → Molières *Der Menschenfeind* (1991). – Bemerkenswert sind H.s mehr als 60 Film- und Fernsehrollen: u. a. der Defa-Film *Jakob der Lügner* von Frank Beyer (1974, mit Armin → Müller-Stahl). Ebenso wirkte er mehrmals in der Fernsehserie *Polizeiruf 110* mit. Nach der Wende agierte H. u. a. als Charakterdarsteller des Schriftstellers Karl May in der ZDF-Serie von 1992, spielte an der Seite von Katharina → Thalbach in der Komödie *Sonnenallee* (Bundesfilmpreis 1999), in Fernsehproduktionen von Dieter Wedel: *Der Schattenmann* (1996) und *Der König von St Pauli* (1998) mit. Für seine Rolle in dem Zweiteiler *Warten ist der Tod* mit Ulrich → Tukur und Barbara Auer wurde H. als bester Darsteller für den Dt. Fernsehpreis 2000 nominiert. 2003–05 Kommissar Törner in *Polizeiruf 110*, 2006 TR in der Serie *Commissario Laurenti*. Dt. Filmpreis für

Alles auf Zucker! (2004). Seine Tochter Theresa H. (* 1971) ist ebenfalls Schauspielerin.

Sabine Steinhage

Hübner, Bruno, * 26. 8. 1899 Langenbruck (Österr.-Ungarn, heute Dlouhý Most, Tschech. Republik), † 22. 12. 1983 München. Schauspieler, Regisseur.

1919 Debüt an der Neuen Wiener Bühne. 1922 Lessing-Th. Berlin. Über Bonn, Karlsruhe, Düsseldorf ans Dt. Th. Berlin (1933–44), 1938–44 auch Th. in der Josefstadt Wien. Spielte Mephisto in → Goethes *Faust I*, Narr in → Shakespeares *König Lear*, Don Luis in Calderóns *Dame Kobold*, Titus Feuerfuchs in → Nestroys *Der Talisman* und Krautkopf in dessen *Der Zerrissene*, Wurm in Schillers *Kabale und Liebe*, Valentin in → Raimunds *Der Verschwender*. 1946–49 Münchner Kammerspiele (Tod in Osborns *Tod im Apfelbaum*, Rappelkopf in Raimunds *Der Alpenkönig und der Menschenfeind*), danach Bayer. Staatsschauspiel (Squenz in Shakespeares *Ein Sommernachtstraum*, Eggersen in Eliots *Der Privatsekretär*) und Gastrollen: 1959 Ignatius von Loyola in Calderóns *Die Welt ist Trug* (Th. an der Wien), Kammerdiener in Schillers *Kabale und Liebe* (1963 Ruhrfestspiele), 1965 Joxer in O'Caseys *Juno und der Pfau* (Städt. Bühnen Köln), 1966 Varro in Hays *Gáspár Varros Recht* (Wuppertaler Bühnen). Zuletzt 1980 Ullmann in der UA von Grasers *Witwenverbrennung* (Düsseldorfer Schauspielhaus), 1981 Firs in Čechovs *Der Kirschgarten* (Schauspiel Frankfurt). Bei den Salzburger Festspielen Schwarz in Nestroys *Die Träume von Schale und Kern* (1952), Dünner Vetter in Hofmannsthals *Jedermann* (1953–56), Wurm in Schillers *Kabale und Liebe* (1955), Jetter in Goethes *Egmont* (1956), Wagner in Goethes *Faust I* (1961) und *Faust II* (1964). Zahlreiche Insz.en: Goethes *Stella*, Mells *Das Spiel von den deutschen Ahnen* und dessen *Die Sieben gegen Theben*, Goldonis *Das Kaffeehaus*, Kleists *Das Käthchen von Heilbronn*, Schillers *Die Jungfrau von Orleans* (alle Dt. Th.), 1946 Frischs *Nun singen sie wieder*, Sartres *Geschlossene Gesellschaft* (Münchner Kammerspiele), 1954 Nestroys *Der konfuse Zauberer*, Raimunds *Die gefesselte Phantasie* (mit ihm als Nachtigall), Gogol's *Heiratskomödie*, 1966 UA von Raffalts *Das Gold von Bayern* (Residenztheater München), 1966 DEA von Farquhars *Der Werbeoffizier*, 1967 Čechovs *Der Kirschgarten* (Wuppertaler Bühnen). Seit den 1930er Jahren auch im Film, später im Fernsehen, u. a. in *Der zerbrochene Krug* (1937), *Bismarck* (1940), *Nora* (1944), *Frauenarzt Dr. Prätorius* (1950), *Kirschen in Nachbars Garten* (1956), *Lulu* (1980). Zuletzt in *Tatort: Freiwild* (1983). – Sehr prägnanter, scharfer Charakterspieler und skurriler Komiker, einer der besten Nestroy- und Raimundspieler seiner Zeit, «ein Spezialist für süß lächelnde Schurken und biedermännisch salbungsvolle Hauptbuchhalter der Gemeinheit» (Karl Schumann), immens verwandlungsfähig.

Werner Schulze-Reimpell

Hübner, Kurt (Ludwig Hans), * 30. 10. 1916 Hamburg. Theaterleiter, Regisseur, Schauspieler.

Im Krieg unterbrochene Ausbildung an der Schauspielschule des Dt. Th.s Berlin. 1946 Rundfunksprecher in Hamburg, Regie- und Dramaturgieassistent und Schauspieler am Dt. Schauspielhaus Hamburg (Erzengel in Giraudoux' *Sodom und Gomorrha*, DEA 21. 5. 1946; Legendre in Büchners *Dantons Tod*, 1946). 1948 Regiedebüt mit Büchners *Woyzeck* (Landestheater Hannover). Nach Regiearbeiten in Göttingen, Ingolstadt, Freiburg i. Br. 1953–55 Chefdramaturg des Süddt. Runkfunks (Stuttgart). Danach Dramaturg und Regisseur am Landestheater Hannover, Leiter der Hörspielabteilung im Landesfunkhaus des NDR. 1957–59 Chefdramaturg des Württtemberg. Staatstheaters Stuttgart. Erste Intendanz 1959–62 an den Städt. Bühnen Ulm; setzte dort (trotz des «Brecht-Boykotts» der westdt. Th. nach dem Mauerbau 1961) die westdeutsche EA von → Brecht / Seghers' *Der Prozeß der Jeanne d'Arc zu Rouen 1431* in Szene. 1964 Insz. von Frischs *Die Chinesische Mauer* (Bad Hersfelder Festspiele). 1962–73 Intendant des Bremer Th.s, das unter seiner Leitung überregionale Bedeutung erlangte und bahnbrechend wurde für den künstl. Aufbruch des westdt. Th.s in den 1960er Jahren. Zusammenarbeit mit den Regisseuren → Zadek, → Palitzsch, → Stein, → Grüber, → Fassbinder, den Bühnenbildnern → Minks, → Rose, dem Choreographen → Kresnik. In ihren und H.s Insz.en entwickelte sich der sog. «Bremer Stil», ein unpathetisches, Konventionen sprengendes Herangehen v. a. an Klassiker in allen Sparten – nach H. (wegen der unterschiedlichen Regieansätze) eher als «Bremer Stillosigkeit» (in *Th. heute* 11 / 1991) zu bezeichnen. H. verstand es, ein bedeutendes Ensemble zu schaffen, zu dem u. a. Jutta → Lampe, Edith → Clever, Hannelore → Hoger, Bruno → Ganz, Hans Peter → Hallwachs gehörten. Eigene Insz.en u. a. → Shakespeares *Romeo und Julia* (1964), *Hamlet* (1965), *Macbeth* (1967, beide mit Ganz in der TR), Sophokles' *Antigone* (1966). Unverständnis der Kulturpolitiker führte zu H.s Ausscheiden. 1973–86 Intendant der Freien Volksbühne Berlin. Inszenierte u. a. Shaffers *Equus* (1975), → Nestroys *Höllenangst* (1976), → Lessings *Nathan der Weise* (1978), Hochhuths *Ärztinnen* (1981), Bernhards *Über allen Gipfeln ist Ruh* (1983), Calderóns *Das Leben ein Traum* (1986). Seither freier Schauspieler und Regisseur im Th., Hörfunk und Fernsehen. Regie bei Shakespeares *Der Kaufmann von Venedig* (1989, Bremen), Rollen u. a. in Shakespeares *Troilus und Cressida* (Salzburger Festspiele), Horváths *Figaro läßt sich scheiden* (Wiener Festwochen, beide 1998). Gastdozent der Otto-Falckenberg-Schule und der Bayer. Theaterakademie in München. Übersetzte Dramen Shakespeares, Calderóns und → Molières. 1983 Professorentitel, 1991 Fritz-Kortner-Preis, 2000 Peter-Weiss-Preis Bochum, 2005 Preis des Internat. Th.-Instituts (ITI), 2006 Bremer Medaille für Kunst und Wissenschaft.

Schauspieler mit markanter Stimme, großer unaufdringlicher Bühnenpräsenz und zurückgenommenen Mitteln. Als Regisseur dem Text verpflichtet, dabei im Stück vorhandene «Brüche» und immanente Provokationen herausarbeitend, Machtstrukturen offenlegend, verlieh er so gerade klassischen Stücken neues Leben und Aktualität. Mit großem Gespür für innovative szenische Ausdrucksformen. Von theatergeschichtlicher Bedeutung ist H.s Fähigkeit, neue Talente zu entdecken, zu fördern, zu motivieren. «Unter Umgehung der Söhne-Generation exzellierte Hübner gleich als Enkelmacher» (G. Stadelmaier in *FAZ*, 30. 10. 1996). Er verstand es, die unterschiedlichsten künstl. Temperamente in seinen Ensembles zu vereinen – mit dem gemeinsamen Ziel eines unkonventionellen, modernen (nicht modischen) Th.s von hoher Qualität.

<small>Behrens, M.: Von der Freiheit eines Theatermenschen. Bremen 2001 (Fernsehdokumentation); Th. heute 11/1991; Schmidt, D. N.: Kurt Hübner. Von der Leidenschaft eines Theatermenschen. Berlin 2006.</small>

<small>*Wolfgang Beck*</small>

Hunger-Bühler, Robert, *7. 3. 1953 Hefenhofen (Schweiz). Schauspieler, Regisseur.

Sohn eines Tischlers. Regiedebüt mit Čechovs *Die Hochzeit* (1971, Schultheater-Festival Aarau). 1972–74 Ausbildung an der Schauspielakademie Zürich. Studium der Theaterwissenschaft und Philosophie in Wien; Mitbegründer des Studententheaters Gruppe 85 (R. bei Büchners *Woyzeck*). In Wien

1975 Th. am Belvedere, 1975/76 Werkstatt Wien (später Schauspielhaus), 1976–81 Ensemble-Th. (TR in Weiss' *Hölderlin*). Danach freischaffend; u. a. in Courtelines *Abgebrannt* (1982), Schehadés *Die Geschichte von Vasco* (1983, beide Die Kulisse, Wien), Krapp in Becketts *Das letzte Band* (1982, Museum für Moderne Kunst, Wien). 1983–87 am Schauspiel Bonn u. a. TRn in → Achternbuschs *Der weiße Stier* (UA), Kleists *Amphitryon*, → Molières *Don Juan* (R. → Wieler). 1988 Insz. der UA von Jonkes *Die Gegenwart der Erinnerung* mit seiner späteren Frau A. → Tismer (eigene Produktion) und TR in Laubes *Der Dauerklavierspieler* (Düsseldorfer Schauspielhaus). 1988–90 als Gast an der Freien Volksbühne Berlin u. a. in Lenz / → Brechts *Der Hofmeister*, Bernhards *Ein Fest für Boris*, Büchners *Leonce und Lena*. 1990–93 Stadttheater Freiburg, TR in Kleists *Prinz Friedrich von Homburg*, Kragler in Brechts *Trommeln in der Nacht*. Bei den Salzburger Festspielen 1992 in Wyspiańskis *Wesele* (R. → Wajda). An der Berliner Volksbühne 1993–96 in der Regie → Castorfs in Burgess' *Clockwork Orange*, Euripides' *Alkestis* (beide 1993), → Marthalers in dessen Fassungen *Sturm vor Shakespeare. Le petit rien* und *Der Eindringling – Ein Jubiläumskonzert in zwei Aufzügen* nach → Valentin und Maeterlinck (1994), Regie bei → Schleefs *Die Bande* (1993). In Weimar 1995 in Sempruns *Bleiche Mutter, zarte Schwester* (R. → Grüber), 1996 in Enzensbergers *Nieder mit Goethe!* (UA, Kunstfest). Ab 1996 Berliner Schaubühne u. a. in Nabokovs *Der Pol* (UA 1996), Kleists *Familie Schroffenstein* (1997, R. → Breth). In Wien in den UAen von Strauß' *Die Ähnlichen* (1998, Th. in der Josefstadt, R. P. → Stein) und Handkes *Die Fahrt im Einbaum oder das Stück zum Film vom Krieg* (1999, Burgtheater, R. → Peymann). Bei der Expo 2000 in Hannover (Gastspiele in Wien und Berlin) Mephisto in Steins ungestrichener Insz. beider Teile von → Goethes *Faust*: Er «gibt der Aufführung so etwas wie den Kammerton. Er schwebt in der Dauermüdigkeit des Wesens, das keine Angst kennt. Manchmal weht ihn etwas an: das Wissen vom menschlichen Schmerz. Dieser Mephisto spürt das Salz vergossner Tränen auf den Lippen, und er leckt gern davon» (P. Kümmel, *Die Zeit* 31/2000). Beim Monolog-Festival Zürich 2001 im eigenen Stück *Ohne Licht. Ohne Lärm* (UA, R. Grüber). In der Regie → Bondys in der UA von Strauß' *Unerwartete Rückkehr* (2002, Berliner Ensemble). Seit 2001/02 Schauspielhaus Zürich; u. a. in Hürlimanns *Synchron* (UA), → Shakespeares *Richard III.* (TR, beide 2002), Marthalers *O. T. Eine Ersatzpassion* (UA), den Adaptionen von Houellebecqs *Elementarteilchen*, Frischs *Homo faber* (alle 2004), Strauß' *Nach der Liebe beginnt ihre Geschichte* (UA, R. M. → Hartmann), Regie und TR in Gončarovs *Oblomov* (beide 2005). An den Münchner Kammerspielen in Euripides' *Die Bakchen* (2005, R. Wieler). H. arbeitet auch als Videoregisseur und im Film und Fernsehen, u. a. *Bingo* (1990), *Geboren in Absurdistan* (1999), *Le Sacre du printemps* (2004), *Tod eines Keilers* (2006, TV). – Vielseitiger, ausdrucksstarker und wandlungsfähiger Darsteller mit großer Bühnenpräsenz.

Wolfgang Beck

Huonder, Guido, * 16. 7. 1942 Chur. Regisseur, Theaterleiter.

Zunächst Volksschullehrer. Studium der Philosophie und Theologie in Zürich und Fribourg. 1967 Assistent und Dramaturg am Züricher Schauspielhaus, danach am Staatstheater Stuttgart, Schauspiel Frankfurt a. M. 1974–78 freier Regisseur u. a. in Stuttgart, Heidelberg, Graz, Bochum. 1979–82 Oberspielleiter in Ulm – Einsatz für die Stücke von Gerlind Reinshagen. 1985–90 Schauspieldirektor in Dortmund. Beachtung fand sein eigenwilliger, auf den Kern der Stücke konzentrierter Umgang mit klassischen (→ Shakespeares *Hamlet*, Grillparzers *Medea*) und spröden zeitgenössischen Texten (Pasolinis *Affabulazione*, → Arroyos *Bantam*, Enzo Cormanns *Sade*, *Höllenkonzert* DEA 1989) in Zusammenarbeit mit dem Bühnenbildner Gerd Herr. 1990–93 Intendant des Hans-Otto-Th.s Potsdam (DEA *Progrom im Bahnhofsbüffet* von Oleg Jurjew, *Der Großinquisitor* von → Tabori). Vorzeitige Vertragsauflösung aus Protest gegen die Kulturpolitik. Seitdem freier Regisseur, u. a. in Kassel (DEA *Die Ballade vom Wiener Schnitzel* von Tabori 1995), Braunschweig (Čechovs *Der Kirschgarten*, 1995), Heidelberg (Čechovs *Die Möwe*, 1996), Th. in der Josefstadt Wien, Salzburg (UA *Die Arbeitslosen* von Hochhuth 1999; O'Caseys *Das Ende vom Anfang*, 2005), Bern, Bruneck / Südtirol (ital. EA von Taboris *Mein Kampf*, Behans *Richards Korkbein*, 2002), Kreuzgangspiele Feuchtwangen (Zuckmayers *Des Teufels General*, 2001), Wien (Ernsts *Tears of Joy*, 2004, Theater m.b.H. im Kabelwerk), Meiningen (Strindbergs *Fräulein Julie*, 2006). 1995–97 Goethes *Götz von Berlichingen* Burgfestspiele Jagsthausen. Lehrtätigkeit am Mozarteum Salzburg. 2000–02 Künstl. Leiter der EU-Theaterschule Bruneck. – H. ist im Umgang mit Rechtsträgern oft nicht glücklich; ein leiser, nie auftrumpfender, sich den Schauspielern und Autoren verpflichtet fühlender Regisseur, dem immer wieder frappierende Insz.en gelingen.

Werner Schulze-Reimpell

Hurwicz, Angelika, * 29. 4. 1922 Berlin, † 26. 11. 1999 Bergen (Niederlande). Schauspielerin, Regisseurin, Theaterleiterin, Autorin.

Tochter eines aus Russland stammenden jüd. Schriftstellers und Journalisten. 1939–41 Schauspielunterricht bei Lucie → Höflich. Da sie während der NS-Zeit als sog. «Halbjüdin» nicht Mitglied der Reichstheaterkammer werden konnte, spielte H. ohne Genehmigung bei einem kleinen Wandertheater im Erzgebirge. Nach Kriegsende von → Wangenheim ans Dt. Th. Berlin engagiert (1945–49), Rollen u. a. in Dengers *Wir heißen euch hoffen* (UA 1946), Tollers *Pastor Hall* (UA 1947), Hays *Haben* (R. → Harnack), → Brechts *Furcht und Elend des Dritten Reiches* (beide 1948, R. W. → Langhoff). 1949–58 am Berliner Ensemble u. a. in Gor'kijs *Wassa Schelesnowa* (1949, R. → Viertel; 1963 TV), Brecht / Lenz' *Der Hofmeister* (R. Brecht / → Neher), Brechts *Herr Puntila und sein Knecht Matti* (beide 1950), Kleists *Der zerbrochne Krug* (R. → Giehse), → Goethes *Urfaust* (beide 1952, R. → Monk), Strittmatters *Katzgraben* (UA 1953, R. Brecht; 1957 Film), Višnevskijs *Optimistische Tragödie* (1958, R. → Palitzsch / → Wekwerth). Von theaterhistorischem Rang ihre Darstellung in Stücken Brechts: Kattrin in *Mutter Courage und ihre Kinder* (1949, R. Brecht / E. → Engel, mit → Weigel; 1961 Film), Grusche in *Der kaukasische Kreidekreis* (UA 1954, R. Brecht), Frau Sarti in *Leben des Galilei* (1957, R. Brecht / Engel). Regiedebüt mit Ostrovskijs *Die Ziehtochter* (1955, mit Weigel). Nach ihrer Übersiedlung in die BRD Schauspielerin (u. a. Th. in der Josefstadt Wien), v. a. aber Regisseurin. In Hannover Regie u. a. bei Tolstojs *Und das Licht scheint in der Finsternis* (1967), Bonds *Gerettet* (1968), Holz' *Die Sozialaristokraten* (1969), → Shakespeares *Wie es euch gefällt* (1970); in Wuppertal u. a. bei Sperrs *Landshuter Erzählungen*, Goethes *Torquato Tasso* (beide 1969), Rudkins *Vor der Nacht* (mit B. → Minetti), Čechovs *Iwanow* (beide 1970); an den Städt. Bühnen Frankfurt a. M. bei Kühns *Präparation eines Opfers* (UA 1970); am Zürcher Schauspielhaus bei Hacks' *Amphitryon* (1971). In Köln bildete sie 1973/74 mit → Heyme und → Ciulli das Schauspieldirektorium und inszenierte u. a. Brechts *Der Messingkauf* (1971, mit Heyme),

Ostrovskijs *Ein heißes Herz* (1973), Fleißers *Der starke Stamm* (UA der 4. Fassung), Kleists *Der zerbrochne Krug* (beide 1974), Krechels *Erika* (1975). Seit Ende der 1970er Jahre kontinuierliche Regiearbeit am Wiener Burgtheater, u. a. bei Sternheims *Tabula rasa* (1977, mit → Reincke), *Das Fossil* (1981), *Der Snob* (1983), Lenz / Brechts *Der Hofmeister* (1979), Schnitzlers *Professor Bernhardi* (1981), Camus' *Die Besessenen* (1983), Ibsens *Die Frau vom Meer* (1985). Dort auch letzte Rolle als Bäuerin in Brechts *Mutter Courage und ihre Kinder* (1986). 1988 am Old Vic Th. (London) Regie bei Lenz' *Der Hofmeister*. Danach zog sich H. weitgehend vom Th. zurück, übersiedelte 1986 ins niederländ. Bergen, wo sie u. a. als Autorin arbeitete. Film- und Fernsehrollen u. a. in *Und wieder 48* (1948), *Unser täglich Brot* (1949), *Die Sonnenbrucks* (1951), *Schlösser und Katen* (1957), *Sie nannten ihn Amigo* (1959), *Abschied* (1966, TV), *Die Eingeschlossenen* (1978, TV), *Miele* (1987, TV), *Tatort: Der Pott* (1989, TV). – Als Schauspielerin geformt von Brecht, in dessen Stücken ihre zurückgenommene, bis ins Detail exakte und präzise Darstellungskunst besonders zur Geltung kam. «Die Hurwicz hat gerne die Naive gespielt und war dabei sehr schlau. Man sieht es erst auf den zweiten Blick: Alles was Gefühl ist, ist bei ihr doch sehr stark vom Intellekt gelenkt, ist klug ausgedacht» (K. Cerny in *Berliner Ztg.*, 5. 2. 2000). Als Regisseurin Vertreterin einer politisch engagierten realistischen Schauspielkunst.

Hurwicz, A.: Brecht inszeniert. Der kaukasische Kreidekreis. Velber 1964; dies.: Legenden des 20. Jahrhunderts. Gifkendorf 1989; dies.: Die Nische des Insekts. Egelsbach u. a. 1999; dies.: Windflüchter: Gedichte. Berlin 1957; Die Schauspielerin Angelika Hurwicz. Hg. W. Pintzka. Berlin 1960.

Wolfgang Beck

I

Iffland, August Wilhelm, * 19. 4. 1759 Hannover, † 22. 9. 1814 Berlin. Schauspieler, Regisseur, Theaterleiter, Autor.

Sohn eines Registrators; sollte Theologie studieren. Teilnahme an Schulkomödien; Theaterleidenschaft ließ ihn 1777 durchbrennen. Bei der Truppe Marchands abgelehnt, von → Ekhof am Gothaer Hoftheater aufgenommen und gefördert; Debüt am 15. 3. 1777 in Engels *Der Diamant* und Mauvillons *Sitten der Zeit*. Nach Auflösung des Hoftheaters 1779 Engagement am Nationaltheater Mannheim (→ Dalberg), wo er sich zum nuancenreichen Charakterdarsteller entwickelte, dessen «natürliche» Schauspielkunst auf realistisch-psychologischem Detail basierte. Erste eigene Dramen (*Albert von Thurneisen*, UA 27. 5. 1781). Mitwirkung im Theaterausschuss, seit 1792 Oberregisseur. Erfolge als Franz Moor in der UA von Schillers *Die Räuber* (13. 1. 1782), Wurm in *Kabale und Liebe* (UA der Bearbeitung 15. 4. 1784), Verrina in *Die Verschwörung des Fiesko zu Genua* (UA der Bearbeitung 11. 1. 1784). Begründete seinen Ruf als Dramatiker durch das bürgerliche Drama *Verbrechen aus Ehrsucht* (UA 9. 3. 1784), das er mit *Bewußtsein* (UA 12. 12. 1786) und *Reue versöhnt* (1789) fortsetzte. Seit den 1780er Jahren zahlreiche Gastspiele. 1796 Leiter des Berliner Nationaltheaters, das er durch kluge Spielplan- und Ensemblepolitik zur führenden dt. Bühne machte. I. bemühte sich um einen die Weltdramatik umfassenden Spielplan; den zahlenmäßigen Schwerpunkt bildeten seine und die Stücke Kotzebues. 1811 wurde I. Generaldirektor der Königl. Th. und erhielt als erster Schauspieler den Roten Adlerorden. Letzter Auftritt in einem eigenen Prolog *Liebe und Wille* (23. 1. 1814). – I.s über 60 effektvoll gebaute Familiendramen und sog. «Rührstücke» machten ihn neben Kotzebue und →Schröder zum erfolgreichsten dt. Dramatiker seiner Zeit. Verfasser dramaturgischer Aufsätze, Herausgeber des *Almanachs fürs Theater* (1808–12). Als Theaterleiter und Regisseur legte er Wert auf aufwendige Szenerie, Bewegungsregie und gestisch unterstrichene, nichtdeklamatorische Sprechweise. Als Schauspieler (über 500 Rollen) Antipode des Weimarer wie Schröders Hamburger Stils. Bedeutender Schauspieler v. a. im Charakterfach, im bürgerlichen Drama und als Charakterkomiker. Umstritten war der frühe «Denkschauspieler» in tragischen Rollen, in denen sein Spiel vielfach als nur rational kalkuliert kritisiert wurde. Mit zahlreichen Gastspielen, die ihn berühmt machten, mit seinem auf Wirkung bedachten Spiel ein Vorläufer des Virtuosentums. Durch seine Persönlichkeit und seine gesellschaftliche Stellung bedeutungsvoll für die Hebung des sozialen Ansehens der Schauspieler. Dass der I.-Ring für den besten dt.sprachigen Schauspieler aus seinem Besitz stammt, ist Legende.

Braun, K.: Ifflands Schauspielkunst. Diss. München 1956; Brauneck, M.: Die Welt als Bühne. 2. Bd. Stuttgart, Weimar 1996; Fetting, H.: Das Repertoire des Berliner Königlichen Nationaltheaters unter der Leitung von August Wilhelm Iffland […]. Diss. masch. Greifswald 1978; Finkenzeller, H.: Der Beamte als Dramatis Persona bei Iffland. Diss. Bremen 1987 (3 Mikrofiches); Glaser, H. A.: Das bürgerliche Rührstück. Stuttgart 1969; Hermann, W.: Thaliens liebster Sohn: Iffland und Mannheim. Mannheim 1960; Iffland, A. W.: Theater. 24 Bde. Wien 1843; ders.: Theorie der Schauspielkunst. 2 Bde. Berlin 1815; Kliewer, E.: A. W. Iffland. Berlin 1937 (Neudruck Nendeln 1967); Klingenberg, K. H.: Iffland und Kotzebue als Dramatiker. Weimar 1962; Lesnjak, N.: August Wilhelm Iffland in Wien. Diss. Wien 1969; Mannheim und sein Nationaltheater. Mannheim 1998; Salehi, S.: A. W. Ifflands dramatisches Werk. Frankfurt a. M. 1990; Williams, S.: German Actors of the 18th and 19th Centuries. Westport 1985.

Wolfgang Beck

Immermann, Karl Leberecht, * 24. 4. 1796 Magdeburg, † 25. 8. 1840 Düsseldorf. Theaterleiter, Regisseur, Autor.

Sohn eines Kriegs- und Domänenrats. 1813–17 Jurastudium an der Universität Halle-Wittenberg. 1815 Freiwilliger im Krieg gegen Napoleon. 1818 Auskultator in Oschersleben, 1819 Referendar in Magdeburg, 1819–24 Auditor in Münster, 1823–27 Kriminalrichter in Magdeburg, seit 1827 Landgerichtsrat in Düsseldorf. Verfasste neben dem Versepos *Tulifäntchen* (1830), der Mythendichtung *Merlin* (1832), den wichtigen Romanen *Die Epigonen* (1836) und *Münchhausen* (1838/ 39) u. a. heute vergessene historische Dramen (*Das Thal von Ronceval*, 1822; *Das Trauerspiel in Tyrol*, 1828; *Alexis*. Trilogie, 1832) und Lustspiele (*Die schelmische Gräfin*, 1828; *Die Schule der Frommen*, 1829). Gründete 1833 den «Theater-Verein zu Düsseldorf», brachte in «Mustervorstellungen» Dramen des Welttheaters am Stadttheater zur Aufführung, z.T. mit berühmten Gästen (Carl Seydelmann). U. a. →Lessings *Emilia Galotti*, Calderóns *Der standhafte Prinz*, Kleists *Prinz Friedrich von Homburg*, aber auch Mozarts *Don Giovanni* (musikal. Ltg: Felix Mendelssohn-Bartholdy). 1834 übernahm I. das Stadttheater als Direktor und künstl. Leiter. Sein Bemühen um eine «Musterbühne» scheiterte bereits 1837 aus finanziellen Gründen. Wenn sich der Spielplan auch dem Publikumsgeschmack anpassen musste, brachte I. doch immer wieder Klassiker der Weltdramatik in sorgfältig vorbereiteten Insz.en auf die Bühne. In damals ungewöhnlich intensiven Proben arbeitete I. auf eine geschlossene Ensembleleistung hin, legte Wert auf unpathetisch-natürliche Sprachgestaltung, betonte das Primat des Worts gegenüber der szenischen Ausstattung. Während seiner Direktion war der Dramatiker Christian Dietrich Grabbe (1801 – 36) zeitweise Dramaturg des Th.s.

Fellner, R.: Geschichte einer Deutschen Musterbühne. Stuttgart 1888; Immermann, K.: Briefe. 3 Bde. München 1978–87; ders.: Werke. 5 Bde. Frankfurt a. M. 1971–77; ders.: Zwischen Poesie und Wirklichkeit. Tagebücher 1831–1840. München 1984; «Widerspruch, du Herr der Welt!» Neue Studien zu Karl Immermann. Hg. P. Hasubek. Bielefeld 1990; Wiese, B. v.: Karl Immermann. Bad Homburg 1969.

Wolfgang Beck

Ipsen, Bodil (Louise Jensen), * 30. 8. 1889 Kopenhagen, † 26. 11. 1964 Kopenhagen. Schauspielerin, Regisseurin.

Tochter eines Kanzleirats. 1908 Schauspielschule des Kongelige Teater (Königl. Th.). Debüt 1909 in Bjørnsons *Naar den ny Vin blomstrer (Wenn der junge Wein blüht)*, mit Betty → Nansen. 1910–14 Dagmarteatret. 1914 Kongelige Teater; 1915 in Nils C. Vogts *Therese* Beginn der Zusammenarbeit mit dem Schauspieler Poul → Reumert, die aus ihnen das bedeutendste Schauspielerpaar Dänemarks machte. Seine mehr reflektierte und ihre impulsive und facettenreiche Art der Darstellung ergänzten sich zu Höhepunkten schauspielerischer Kunst. 1919–22 gemeinsam am Dagmarteatret, u. a. in → Molières *Tartuffe*, → Shakespeares *Der Widerspenstigen Zähmung*, v. a. in Strindbergs *Totentanz*, in dem ihr Zusammenspiel klassischen Rang erreichte. 1924 Gastspiel am Nationaltheatret (Oslo) in Ibsens *Nora* (TR, R. Bjørn → Bjørnson). 1925–27 Folketeatret, u. a. TRn in Dumas' *Die Kameliendame*, Sardous *Madame Sans-Gêne*, Maughams *Mrs. Dott*. Später wieder v. a. am Kongelige Teater beschäftigt, u. a. in Holbergs *Don Ranudo* und *Ulysses von Ithacia*, J. H. Wessels *Kærlighed uden Strømper* (1935), K. Abells *Eva aftjener sin Barnepligt* (1936), K. Munks *Diktatorinden* (1938), H. Hertz' *Sparekassen (Die Sparkasse*, 1940). Wichtige Rollen in Hauptmanns *Vor Sonnenuntergang* (1932, Dagmarteatret), O'Neills *Trauer muß Elektra tragen* (1934, Betty Nansen T.), Giraudoux' *Die Irre von Chaillot* (1956, Århus T.), Dürrenmatts *Der Besuch der alten Dame* (1960, Kgl. Th.). Inszenierte u. a. Nordahl Griegs *Vår Ære og Vår Magt* (1936, Kongelige Teater). – Spielte von 1913 *(Scenens born)* bis 1960 *(Tro, håb og trolddom)* in rund 10 Filmen. Regisseurin (oft mit Lau Lauritzen) von Psycho-Thrillern (*Afsporet*, 1942; *Mordets Melodi*, 1944; *Besættelse*, 1944), Filmen über den dän. Widerstand (*De røde Enge*, 1945) und Charakterstudien (*Café Paradis*, 1950).

Bedeutende und populäre Schauspielerin mit vielgestaltigem Rollenrepertoire. Von großer Ausstrahlung, Gestaltungskraft und stimmlicher Brillanz. Bewundert für ihre virtuose Verwandlungsfähigkeit, berühmt für ihre realistische, jede psychologische Nuance nutzende Rollengestaltung. Als Höhepunkt ihrer Schauspielkunst galt (neben ihren Strindberg-Rollen) die Elisabeth in Schillers *Maria Stuart*, die sie fast maskenartig, bedrohlich bei sehr zurückgenommenen Mitteln gestaltete. – Nach ihr und der Schauspielerin Bodil Kjer benannt ist der seit 1948 von Kritikern verliehene dän. Filmpreis «Bodil», den sie selbst als Regisseurin (1949, 1951, 1952, mit Lau Lauritzen) und als Schauspielerin (1960) erhielt. Zahlreiche Auszeichnungen, u. a. 1959 Kommandeur des Danebrogordens.

Bodil Ipsen – en mindebog. Hg. S. Erichsen. København 1965; Borberg, S.: Bodil Ipsen. København 1942;

Kragh-Jacobsen, S. u. a.: Bodil Ipsen: 1889–1909–1959. København 1959; Larsen, Th.: Minder om mennesker jeg skylder tak. København 1965; Reumert, P.: Masker og Mennesker. (3. Aufl.) København 1963; Schyberg, F. L.: Danske skuespillerportrætter. København 1959.

Wolfgang Beck

Irving, Sir Henry (eig. John H. Brodribb), * 6. 2. 1838 Keinton Mandeville (Großbritannien), † 13. 10. 1905 Bradford. Schauspieler, Theaterleiter.

I. wuchs bei Verwandten auf, kam 1848 zu seinen Eltern nach London, besuchte eine Privatschule, war bei einem Überseekaufmann beschäftigt. Eine Erbschaft erlaubte ihm den Kauf einer Bühnenausstattung und der Hauptrolle in einer Amateuraufführung von →Shakespeares *Romeo and Juliet* (Royal Soho Th.). Danach rund 10 Jahre bei Wandertruppen in der Provinz; spielte in dieser Zeit rund 400 Rollen, u. a. in den meisten Shakespeare-Stücken. 1866 Durchbruch in London; Auftritte in verschiedenen Th.n (St. James', Drury Lane, Queen's Th.). Triumphaler Erfolg und Anerkennung als einer der führenden Schauspieler seiner Zeit 1871 in Leopold Lewis' Melodrama *The Bells*, in dem er einen nicht überführten Mörder verkörperte, der von seinem Gewissen verfolgt wird. Diese Paraderolle spielte er bis zu seinem Tod immer wieder. Seit 1871 am Lyceum Th. engagiert, übernahm I. es 1878 in eigene Leitung und baute um seine Person ein Ensemble auf. Das wichtigste Mitglied war Ellen →Terry, mit der sich privat und beruflich eine der bedeutendsten Partnerschaften brit. Theatergeschichte entwickelte. Das Zusammenspiel sich ideal ergänzender Schauspielerpersönlichkeiten (u. a. als Hamlet und Ophelia, Porzia und Shylock) zog über 2 Jahrzehnte das Publikum an. 1883 triumphaler Erfolg bei einem USA-Gastspiel, an dem auch die Techniker teilnahmen, die notwendig waren für die Bühneneffekte, für die I.s Th. berühmt war. Trotz großer Einnahmen ließ die üppige Bühnenausstattung kaum Gewinne übrig. Gegen Ende des Jh.s Rückschläge und Misserfolge; 1898 schwere Erkrankung. Tourneen ohne ihn waren erfolglos. 1902 musste I. das Lyceum Th. aufgeben. Er starb verarmt nach einer Aufführung von Tennysons *Becket*. 1895 als erster brit. Schauspieler geadelt.

Zu I.s Repertoire gehörte neben damals sehr wirkungsvollen, heute vergessenen Melodramen und Historienstücken v. a. das Werk Shakespeares (TRn u. a. in *Hamlet*, *Macbeth*, *Richard III*, *Coriolan*). Gefeiert wurden sein Hamlet und sein Shylock, die er ohne bis dahin übliche Klischees und Effekte verkörperte. I. war ein Schauspieler großer Bühnenpräsenz an einer theatergeschichtlichen Wende. Seine zurückgenommene, psychologische Feinheiten herausarbeitende Schauspielkunst, seine auf Details achtende Darstellung führten einen neuen Stil in das engl. Th. ein, auch wenn Zeitgenossen Manierismen, Spielen auf Effekt und seine unübliche Diktion bemängelten. Aufwendige, auf malerische Bildwirkung angelegte Bühnenausstattungen, prunkvolle Kostüme trugen zur Wirkung seiner präzisen Insz.en bei, entsprachen dem viktorianischen Zeitgeschmack und seiner Vorstellung davon, was Th. sein sollte. I. war Vertreter eines Th.s der Schauspieler, dem sich auch Autoren unterzuordnen hatten. Folgerichtig fand er keinen Zugang zu Dramatikern seiner Zeit (Ablehnung Shaws und Ibsens).

I. war der künstl. Ziehvater von E. G. →Craig, der in der Lebensgemeinschaft von I. mit Ellen Terry aufwuchs. Auch seine Söhne waren Schauspieler und Regisseure: Laurence Sidney (1871–1914) und Henry Broddripp (1870–1919), der bereits als Kind in Insz.en seines Vaters auftrat. Er sollte Jurist werden, ging aber zur Bühne, wo er anfangs im Schatten seines berühmten Vaters stand, in dessen Ensemble er zuerst spielte. Heiratete

1896 die Schauspielerin Dorothea Baird (1875–1933), die als Darstellerin einer modernen jungen Frau in *Trilby* (nach George Du Mauriers Roman) sensationellen Erfolg hatte. Zu seinen Erfolgen gehörten neben Unterhaltungsstücken v. a. Shakespeare-Rollen, u. a. in *The Winter's Tale* (1895, Stratford-upon-Avon), *Much Ado About Nothing* (1898, St. James' Th.), *Hamlet* (1904, Adelphi Th.). Nach dem Tod seines Vaters gründete er eine eigene Truppe, mit der er 7 Jahre auf Tournee war (u. a. 1911 Australien) und zu deren Repertoire viele Erfolgsstücke seines Vaters gehörten. Während des 1. Weltkriegs zog er sich von der Bühne zurück und verfasste das juristische Werk, für das er heute noch bekannt ist: *Book of Remarkable Criminals* (1918).

Bingham, M.: Henry Irving. New York 1978; Hughes, A.: Henry Irving and the Lyceum Theater. Birmingham 1971; ders.: Henry Irving, Shakespearean. Cambridge 1981; Irving, L.: Henry Irving, the Actor and His World. London 1951 (Neuausgabe London 1988).

Wolfgang Beck

J

Jacob, Paul Walter (Pseud. Paul Walter), * 26. 1. 1905 Duisburg, † 20. 7. 1977 Schwäbisch Hall. Schauspieler, Regisseur, Theaterleiter, Dirigent, Autor.

Kaufmannssohn. Ab 1923 Universität Berlin, Staatl. Hochschule für Musik (Franz Schreker), Max → Reinhardts Theaterschule. Tanzausbildung bei Rudolf von → Laban. Ab 1926 Regieassistent, später Korrepetitor an der Staatsoper Unter den Linden, freier Schauspieler und Regisseur. Oberspielleiter, Dramaturg, Schauspieler in Koblenz (1929/30), Lübeck (1930/31), Wuppertal (1931/32); 1932 Musiktheaterregie in Essen. Am 29. 3. 1933 «beurlaubt», Emigration nach Paris (Musikkritiker, Mitarbeit an Exilzeitschriften).1934/35 Schauspieler und Regisseur des Exiltheaterensembles Die Komödie (Luxemburg), 1935 künstl. Leiter der Festspiele Echternach (R. bei Hofmannsthals *Jedermann*, Mozarts *Hochzeit des Figaro*). 1936–38 am Stadttheater Teplitz-Schönau (Teplice, ČSR) über 30 Insz.en. 1938 Ausbürgerung. Emigration nach Buenos Aires, wo er 1940 die Freie Dt. Bühne gründete und (bis 1949) leitete. Einziges ständig spielendes dt.sprachiges Exiltheater. Im Spielplan v. a. Klassiker, Lustspiele, Zeittheater der 1920er Jahre. Publikumserwartungen und politische Rücksichten auf das Gastland erlaubten kaum Stücke des Exiltheaters. J. inszenierte ca. 60 Stücke (u. a. Schillers *Maria Stuart*, P. 13. 7. 1940; Ibsens *Volksfeind*, P. 26. 5. 1945, und *Gespenster*, P. 31. 5. 1946; Zuckmayers *Hauptmann von Köpenick*, P. 3. 5. 1947; Anouilhs *Medea*, P. 19. 9. 1949) und spielte mehr als 130 Rollen (TR in der dt.sprachigen EA von Werfels *Jacobowsky und der Oberst*, P. 22. 9. 1945; Harras in der amerik. EA von Zuckmayers *Des Teufels General*, P. 21. 6. 1948). Rundfunksprecher; zahlreiche Vorträge und Veröffentlichungen. 1949 Rückkehr in die BRD. 1950–62 Intendant (1957 Generalintendant) der Städt. Bühnen Dortmund. Internat. ausgerichteter Spielplan, viel Gegenwartsdramatik (1952/53 DEA von Graham Greenes *Verschlossene Räume*), Stücke während der Nazizeit verfemter Autoren (Nelly Sachs' *Eli*, UA 16. 3. 1962) und Komponisten (Křeneks *Leben des Orest*, 1954). Einführung von verschiedenen Ländern gewidmeten «Theaterwochen». 1953 erstes Kindertheater an einem Mehrspartenhaus der BRD. Auch als Intendant führte J. Regie, spielte und dirigierte. Zahlreiche Gastinsz.en in Europa. Nach 1962 freier Schauspieler und Regisseur. Wichtige Rollen u. a. in der UA von Kipphardts *In der Sache J. Robert Oppenheimer* (1964, Freie Volksbühne Berlin, R. → Piscator), → Shakespeares *Julius Cäsar* (1966, Wiesbaden, TR), Grabbes *Napoleon oder die hundert Tage* (1967, Ruhrfestspiele), im *Spiel der Mächtigen* nach Shakespeare (R. → Strehler, Salzburger Festspiele 1974), Hochhuths *Die Hebamme* (Th. am Kurfürstendamm, 1975, 1976 TV). Letzter Auftritt als Striese in Schönthans *Der Raub der Sabinerinnen* (1977, Luzern). 1964–70 Lehre am theaterwissenschaftlichen Institut der Universität Köln. Zahlreiche Veröffentlichungen. 1969 Bundesverdienstkreuz. – J. war ein Allround-Künstler: «Er hat in allen Spielgattungen inszeniert und in der Oper am Pult gestanden; er hat Dramen bearbeitet, er hat Stücke aus mehreren Sprachen ins Deutsche übersetzt, und er war als Schriftsteller erfolgreich. Im Theater hat er eigentlich alles gemacht, nur nicht selbst getanzt» (A. Spielhoff in *Ein Theatermann im Exil*, S. 225). Besonders verdienstvoll seine Leistungen als Theaterleiter, im Exil in der Bewahrung dt.sprachigen kulturellen Erbes unter schwierigsten Bedingungen, als Intendant in Dortmund im Wiederaufbau eines Ensembles und eines Repertoires, das sich der Moderne öffnete.

Ein Theatermann im Exil: P. Walter Jacob. Hg. U. Naumann. Hamburg 1985; Jacob, P. W.: Im Rampenlicht. Hg. U. Naumann. Hamburg 1985; ders.: Zeitklänge. Komponisten-Porträts und Dirigenten-Profile. Buenos Aires 1945; Theater 1940–1950. Zehn Jahre Freie Deutsche Bühne in Buenos Aires. Hg. P. W. Jacob. Buenos Aires 1950; Wolfgang, K. V.: Paul Walter Jacob und die Freie Deutsche Bühne in Argentinien. Diss. Wien 1979.

Wolfgang Beck

Jacobi, Sir Derek (George), * 22. 10. 1938 in Leytonstone (East London). Schauspieler, Regisseur.

Kaufmannssohn; spielte bei der Theatergruppe seiner Knabenschule (Players of Leyton) bis zum Stimmbruch weibliche Rollen. Erregte 1957 Aufsehen mit der TR in → Shakespeares *Hamlet* (die er inzwischen rund 400-mal verkörperte) bei einem Gastspiel des Schultheaters während des Edinburgh Festivals. Geschichtsstudium in Cambridge, spielte in der dortigen Theatergruppe u. a. die TR in Marlowes *Edward II*, wurde ans Birmingham Repertory Th. (1960–63) engagiert. Rollen u. a. in Osbornes *Look Back in Anger*, Bolts *A Man for All Seasons*, Shakespeares *The Tempest, Henry IV, Troilus & Cressida, Titus Andronicus, Henry VIII*. Wurde von Laurence → Olivier für das Chichester Festival 1963 engagiert (John Ardens *Workhouse Donkey*) und eingeladen, eines der 8 Gründungsmitglieder des neuen National Th. (NT) zu werden. Zahlreiche Shakespeare-Rollen (*Hamlet*, 1963; *Othello*, 1964, 1965 verfilmt; *Much Ado About Nothing* 1965; *As You Like It* 1967; *The Merchant of Venice* 1970). Weitere Rollen u. a. in Farquhars *The Beaux Strategem*, Websters *The White Devil* (beide 1969), Shaffers *The Royal Hunt of the Sun*, Frischs *Andorra* (beide 1964), Čechovs *Drei Schwestern* (1967) und die TR in Simon Grays Dostoevskij-Adaption *The Idiot* (1970). 1971 verließ J. das NT, arbeitete für das Fernsehen, spielte u. a. in Birmingham (Sophokles' *König Ödipus*) und mit der reisenden Prospect Th. Company (1972 Čechovs *Ivanov*, Shakespeares *Richard III*; 1975 Turgenevs *Ein Monat auf dem Lande*; 1977 *Hamlet*, 1979 damit auf Welttournee). 1980 Broadway-Debüt mit Erdmans *Der Selbstmörder*. 1982–85 Mitglied der Royal Shakespeare Company (RSC); triumphale Erfolge als Prospero in Shakespeares *The Tempest* (1982), Benedick in *Much Ado About Nothing*; TRn in Ibsens *Peer Gynt* und Rostands *Cyrano de Bergerac* (beide 1983). Blieb der RSC verbunden (1993 TR in Shakespeares *Macbeth*). 1986 Westend-Debüt in Hugh Whitemores *Breaking the Code* (Royal Haymarket Th., 1987/88 Broadway, 1996 verfilmt). 1988 Regiedebüt mit Shakespeares *Hamlet* mit Kenneth → Branagh (Renaissance Th. Company). Weitere wichtige Rollen: TR in Sartres *Kean* (1990 Old Vic, London; 1991 Toronto), 1991 TR in Anouilhs *Becket* (Royal Haymarket Th. London), 1992 Lord Byron in Jane McCulloughs *Mad, Bad and Dangerous to Know* (London). 1992 Tournee durch Großbritannien mit Shakespeares *Richard II* und *Richard III*, 1994 damit im Westend. 1995–96 künstl. Leiter der Chichester Festival Th.s. Spielte 2000 in Čechovs *Onkel Vanja* (Brooks Atkinson Th., New York) und Whitemores *God Only Knows* (Tournee durch Großbritannien, 2001 Vaudeville Th., London), 2002 in John Bartons Zusammenstellung *The Hollow Crown* (RSC und Tournee durch Australien und Neuseeland), 2003 in Shakespeares *The Tempest* (Sheffield; Old Vic, London), 2005 in Schillers *Don Carlos* (Crucible Th. Sheffield; Westend). – Trat im Fernsehen in Shakespeare-Verfilmungen auf (1967 *Much Ado About Nothing*, 1978 *Richard II*, 1980 *Hamlet*), spielte aber auch Hitler in *Inside the Third Reich* (1982). Internat. bekannt durch die TRn in den Fernsehspielreihen *I, Claudius* (1976) und *Cadfael* (1994–98), in der er als Mönch des Mittelalters Verbrechen aufklärte. Über 60 Filme, u. a. Dramenadaptionen wie Shakespeares *Othello* (1965, TR Olivier), *Henry V* (1989), *Hamlet* (1996, beide R. und TR Branagh), Čechovs *Drei Schwestern* (1970, R. Olivier), Middletons *A Revenger's Tragedy* (2002). Außerdem u. a. *Day of the Jackal* (1973), *The Odessa File* (1974), *Der Mann, der sich in Luft auflöste* (1980), *Dead Again* (1991), *Love Is the Devil* (1998), *Gosford Park* (2001), *Underworld: Evolution* (2005). Zahlreiche Rundfunkarbeiten und Hörbücher. – Auszeichnungen u. v. a. 1983 Olivier-, 1985 Tony-, 1989 Emmy-, 1997 Gielgud-Award; 1985 Commander of the Order of the British Empire (CBE), 1994 geadelt; 1980 Ritter des dän. Danebrogordens; 1998 Hamburger Shakespeare-Preis.

Einer der bedeutendsten engl.sprachigen Schauspieler seiner Generation, gerühmt v. a. wegen seiner Verkörperung von Shakespeare-Rollen. Seine große Vielseitigkeit lässt ihn klassische wie moderne Rollen mit gleicher intellektueller Überzeugungskraft und emotionaler Tiefe gestalten. Berühmter Sprecher mit ungewöhnlicher Variabilität der Sprache und charismatischer Ausstrahlungskraft. Ein stilsicherer Ensemblespieler, der sich dem Autor und seinem Werk wie dem Publikum verpflichtet fühlt. Charakterschauspieler von großem technischem Können und Disziplin, beseelt vom Streben nach Wahrhaftigkeit der Darstellung.

Wolfgang Beck

Jacobi, Ernst, * 11. 7. 1933 Berlin. Schauspieler.

1951–53 Max-Reinhardt-Schule Berlin. Kurse bei → Lecoq in Paris. Spielte an verschiedenen Berliner Bühnen (Schüler in → Goethes *Urfaust*, Tribüne; Geoffrey in Delaneys *Bitterer Honig*, Berliner Th.; Abbé in Robert Thomas' *Die Falle*, Komödie; Lancelot Gobbo in → Shakespeares *Der Kaufmann von Venedig*, Freie Volksbühne, R. → Stroux). Über die Städt. Bühnen Frankfurt, Bühnen der Stadt Köln, das Th. im Zimmer Hamburg 1968 ans Dt. Schauspielhaus Hamburg (Franz Moor in Schillers *Die Räuber*, R. → Monk). 1969

Jäger, Hanns Ernst

Münchner Kammerspiele und Residenztheater München (Andrej in Čechovs *Drei Schwestern* und Trofimow in dessen *Der Kirschgarten* – beide inszeniert von → Noelte). 1977 Wehrhahn in Hauptmanns *Der Biberpelz* im Dt. Schauspielhaus Hamburg. 1977–84 im Wiener Burgtheater (Teddy in → Pinters *Heimkehr*, Lövberg in Ibsens *Hedda Gabler*, R. → Palitzsch, Shlomov in Gor'kijs *Sommergäste*, Redillon in Feydeaus *Einer muß der Dumme sein*). Im Berliner Schiller-Th. TR in Čechovs *Onkel Wanja*, im Th. der Freien Volksbühne Berlin / Dt. Schauspielhaus Hamburg Kruk in DEA von Sobols *Ghetto* (1984, R. → Zadek). 1993 Tournee mit Simons *Das zweite Kapitel*. Ab 1987 5 Jahre am Zürcher Schauspielhaus. Seit Ende der 1980er Jahre Hörfunksprecher und fast nur noch Fernsehrollen, oft in Literaturverfilmungen, Adaptionen von Theaterstücken, u. a. in *Die Dame ist nicht fürs Feuer* (1960, TV), *Michael Kramer* (1965, TV), *Der Kirschgarten* (1970, TV), *Das Leben des schizophrenen Dichters Alexander März* (1976, TV), *Die Blechtrommel* (1979), *Deutschland bleiche Mutter* (1980), *Die Bertinis* (1989, TV), *Erfolg* (1991), *Je m'appelle Victor* (1993), *Hamsun* (1996), *Sams in Gefahr* (2003). 1976 Großer Berliner Kunstpreis und Prix Italia. J. ist auch als Photograph tätig (Ausstellungen u. a. 1994 in Berlin, Bremen, 2006 in Aalen). – Ein Darsteller mit breit gefächerten Möglichkeiten zwischen Tragödie und Boulevard, gleichermaßen hervorragend als naiver Weltverbesserer und komischer Unglücksrabe, nachdenklicher Intellektueller und Slapstickkomiker. J. gibt vielen seiner Rollen Ruhe und eine Aura der Arglosigkeit und Herzensgüte. Benjamin Henrichs beobachtete einmal «zärtliche, aufmerksame Anwesenheit».

Werner Schulze-Reimpell

Jäger, Hanns Ernst, * 1. 1. 1910 Wien, † 15. 8. 1973 München. Schauspieler.

Studierte zunächst einige Semester Jura, dann Medizin. 1937 Debüt am Scala Th. Wien. Über Linz, Graz, Chemnitz kam er 1941 nach Darmstadt (Karl Moor in Schillers *Räubern* → Goethes Egmont, Achilles in Kleists *Penthesilea*, Leicester in Schillers *Maria Stuart*, Goethes Faust, Tellheim in → Lessings *Minna von Barnhelm*, Mark Anton in → Shakespeares *Julius Caesar*). 1945 Baden-Baden. Über Essen, Mannheim und Frankfurt a. M. kam er 1951 für 4 Jahre ans Schauspielhaus Bochum (zahlreiche Shakespeare-Rollen: Othello, Richard III., Claudius in *Hamlet*, Shylock in *Kaufmann von Venedig*). 1955–58 Burgtheater Wien. Danach Gastspiele an vielen Bühnen, bei den Ruhrfestspielen, den Salzburger Festspielen. Oft in Insz.en von Peter → Palitzsch. Ein Schwerpunkt in Frankfurt a. M.

Von früh an ein klassischer jugendlicher Held, machte sich J. später v. a. als → Brecht-Schauspieler einen Namen, als Galilei, Koch in *Mutter Courage und ihre Kinder*, Puntila, in seiner Paraderolle als Schwejk an vielen Th.n und in rund einem Dutzend Insz.en, als Azdak im *Kaukasischen Kreidekreis*, den er gegen den Brecht-Kanon komödiantisch-lustvoll mit listiger Verschlagenheit spielte. J. war ein vitaler, in seinen Mitteln verschwenderisch ausladender, manchmal auch zu effektverliebter Darsteller mit großer Ausstrahlung und den Qualitäten eines Volksschauspielers.

Werner Schulze-Reimpell

Jäkel, Gisbert, * 11. 3. 1954 Aachen. Bühnenbildner, Regisseur.

J. studierte an der Kunsthochschule in Köln (Bühnenbildklasse), wo Rolf → Glittenberg sein Vorbild wurde. – Sein erstes eigenes Bühnenbild schuf er für Strauß' *Hypochonder* an den Bonner Kammerspielen (1983). – Mit der Regisseurin Andrea → Breth verbindet J. eine langjährige Zusammenarbeit, die 1984 in Freiburg begann. Viel beachtet wurde die zum Berliner Theatertreffen eingeladene Insz. von Greens *Süden* im Bochumer Schauspielhaus (1987, R. Breth). Hierfür entwarf J. einen «klassizistisch großräumigen Salon […], dessen Beleuchtung dem Wechsel der Tageszeiten folgt» (G. Grack in *Tagesspiegel*, 23. 5. 1987). J. arbeitete 1984–86 an den Städt. Bühnen Freiburg, wechselte 1986–90 nach Frankfurt a. M. (Sternheims *Der Snob/1913*, 1987), arbeitete außerdem in Bochum, Wien, am Teatro Stabile di Bolzano, Graz und Zürich. An der Berliner Schaubühne am Lehniner Platz 1992–97 fest als Bühnenbildner engagiert. Dort mehrere Szenographien für Insz.en Breths, u. a. zu Schnitzlers *Der einsame Weg* (1991). «Wie bei Jäkels Bühne für Andrea Breths Bochumer Inszenierung von Gorkis Drama *Die Letzten* sind die fünf Bühnenbilder labyrinthisch umeinander gruppiert, ineinander verschlungen» (B. Henrichs in *Die Zeit*, 11. 10. 1991). Weiter u. a. zu Vampilovs *Letzten Sommer in Tschulimsk* (1992), Čechovs *Die Möwe* (1995). Seit 1997 freiberuflich tätig. Er arbeitete häufig in Graz, führte dort auch erstmals Regie bei Verdis *Rigoletto* (1998), Wagners *Der Ring des Nibelungen* (1999–2000). R. Kager schrieb dazu: «Der ausgebildete Bühnenbildner, als Regisseur und Ausstatter für den neuen Grazer *Ring* erkoren, entwarf ein Einheitsbild, das sowohl *Das Rheingold* als auch die *Walküre* bestimmt» und gestand J. «Moment(e) von großer Suggestionskraft» zu (*Opernwelt* 2000, H. 5, S. 47). Weitere Ausstattungen u. a. zu Gounods *Roméo et Juliette* (2003, Oper Frankfurt), Šostakovičs *Lady Macbeth von Mzensk* (Komische Oper Berlin), Janáčeks *Die Sache Makropoulos* (Stuttgart, beide 2004, R. → Neuenfels), Strauss' *Die Liebe der Danae* (2005, Semperoper Dresden, R. → Krämer), Čechovs *Der Kirschgarten* (2005, Burgtheater, R. Breth). Für das Hans-Otto-Th. Potsdam Bühnenbilder zu Shakespeares *Was ihr wollt*, Čechovs *Onkel Wanja* (beide 2005,

Sommertheater in der Orangerie, Sanssouci), O'Neills *Eines langen Tages Reise in die Nacht* (2006, Hans-Otto-Th. Potsdam); Regie und Ausstattung 2005 bei dem Musiktheater-Doppelprojekt *Combattimento di Tancredi e Clorinda* (Monteverdi) – *Die sieben Todsünden* (Weill), Schillers *Kabale und Liebe* (2006). – J. versucht immer wieder, den Bühnen- und Zuschauerraum als Einheit zu gestalten. Er liebt labyrinthartige Verschachtelungen, die in seinen Arbeiten immer wieder auftauchen.

Jäkel, G.: Das Theater ist immer jetzt. In: Dermutz, K.: Andrea Breth. Frankfurt a. M. 1995, S. 63–75.

Sabine Steinhage

Jannings, Emil (eig. Theodor Friedrich Emil Janenz), * 23. 7. 1884 Rorschach (Schweiz), † 2. 1. 1950 Strobl (Österreich). Schauspieler.

Sohn eines amerik. Kaufmanns und dessen dt. Frau; aufgewachsen in Leipzig und Görlitz; ohne Schulabschluss 1 Jahr Schiffsjunge. 1901 unter dem Pseudonym Baumann Volontär am Stadttheater Görlitz, Schauspieler in Bürgstein (Sloup). Danach bei Wanderbühnen und kleineren Th.n von Königsberg bis Darmstadt. 1914 Dt. Künstler-Th. Berlin. 1915–20 am Dt. Th. → Reinhardts, u. a. in Grabbes *Scherz, Satire, Ironie und tiefere Bedeutung* (1915), Hauptmanns *Winterballade* (UA 1917), Sorges *Der Bettler* (UA 1917), Goerings *Seeschlacht* (1918). Endgültiger Durchbruch als Dorfrichter in Kleists *Der zerbrochne Krug* (1918, Kgl. Schauspielhaus; 1934 Volksbühne; 1937 Film). An den Reinhardt-Bühnen u. a. in Wedekinds *Lulu* (1918) und *Die Büchse der Pandora* (1926), Hauptmanns *Und Pippa tanzt* (1919), *Der weiße Heiland* (UA 1920), Hasenclevers *Antigone* (1920), → Shakespeares *Julius Caesar* (1920). An der von Reinhardt geleiteten Volksbühne u. a. in Schillers *Die Räuber*, Hauptmanns *Fuhrmann Henschel* (beide 1915), *Rose Bernd* (1916), *Elga* (1917), *Hanneles Himmelfahrt* (1918), → Lessings *Nathan der Weise*,

Ibsens *Nora* (beide 1917); Regie und Rolle bei Kadelburgs Schwank *Familie Schimek* (1917). 1926 Mephisto in → Goethes *Faust* (Barnowsky-Bühne), 1932 TR in Hauptmanns *Fuhrmann Henschel* (Volksbühne) und Geheimrat Clausen in *Vor Sonnenuntergang* (Volkstheater Wien). Seit 1914 zahlreiche Stummfilme, u. a. *Im Schützengraben* (1914), *Die Seeschlacht*, *Lulu* (beide 1917), *Madame Dubarry*, *Rose Bernd* (beide 1919), *Danton* (1921), *Othello* (1922), *Der letzte Mann* (1924 – «eine epische, in aller Schlichtheit monumentale Leistung» (Jhering, S. 488), *Varieté* (1925), *Herr Tartüff*, *Faust* (beide 1926). Einer der führenden Filmschauspieler seiner Zeit, der sehr früh seine Darstellungsart auf die Notwendigkeiten des neuen Mediums einstellte und mit zurückgenommener Mimik und Gestik mit eindringlichem Spiel überzeugte. Nach Hollywood verpflichtet, spielte er u. a. in *The Last Command*, *Street of Sin*, *Sins of the Fathers* (alle 1928) und erhielt als erster Schauspieler einen Oscar. Der Tonfilm ließ ihn nach Deutschland zurückkehren, wo er in der Heinrich-Mann-Verfilmung *Der blaue Engel* (1930, mit Marlene Dietrich) seinen größten Kino-Erfolg hatte. Seit 1930 unter Vertrag bei der Ufa, wurde J. einer der bestbezahlten dt. Filmschauspieler, einer der repräsentativsten während der NS-Herrschaft. Kein Parteimitglied, bekannte sich J. zur NS-Ideologie und wirkte in Propagandafilmen mit. Rollen u. a. in *Der alte und der junge König* (1935), *Traumulus* (1936), *Der Herrscher* (1937), *Robert Koch* (1939), *Ohm Krüger* (1941), *Die Entlassung* (1942). 1938 Aufsichtsratsvorsitzender der Filmgesellschaft Tobis. Träger des «Adlerschilds», Reichskultursenator, Staatsschauspieler. Nach 1945 mit Berufsverbot belegt. – Ein urwüchsiger Schauspieler von beeindruckender Körperlichkeit, kraftvoll und intensiv Genussmenschen und listig-verschlagene Rollen (Dorfrichter Adam, Mephisto) meisterlich verkörpernd. Von gro-

ßem komödiantischem Talent, das er genießerisch auszuspielen verstand; tragischer Töne fähig. Bedeutend in Stücken Hauptmanns.

<small>Bie, R.: Emil Jannings. Berlin 1936; Jannings, E.: Theater. Film – Das Leben und ich. Bearb. C. C. Bergius. Berchtesgaden 1951 (Neuausgabe München 1979); Jhering, H.: Von Reinhardt bis Brecht. 2. Bd. Berlin 1959.</small>

<small>*Wolfgang Beck*</small>

Jaques-Dalcroze, Emile, * 6. 7. 1865 Wien, † 1. 7. 1950 Genf. Komponist, Musikpädagoge, Erfinder der Rhythmischen Gymnastik.

Aufgewachsen in Genf; Musikstudien in Paris und Wien. Ab 1892 Professor für Harmonielehre und Solfège am Konservatorium in Genf, wo J.-D. sein System der Rhythmischen Gymnastik entwickelte. Auf Einladung von Wolf Dohrn (Sekretär des Dt. Werkbundes) siedelte J.-D. mit seinen Genfer Schülern 1910 nach Dresden über und eröffnete in den provisorisch hergerichteten Räumen des Alten Ständehauses den ersten Kurs in Rhythmischer Gymnastik für zahlreiche Studenten aus dem In- und Ausland; 1911 Umzug in die eigens für ihn erbaute, von dem Architekten Heinrich Tessenow entworfene Bildungsanstalt in der Gartenstadt Hellerau bei Dresden. 1914 hielt sich J.-D. vorübergehend in Genf auf; er sollte nie wieder nach Hellerau zurückkehren. Der von ihm mitunterzeichnete Protest gegen die Beschießung der Kathedrale zu Reims durch dt. Truppen im September 1914 führte in der dt. Presse zu einer maßlosen Hetze gegen ihn. Bis zu seinem Tod stand J.-D. dem 1915 gegründeten Institut Jaques-Dalcroze in Genf als Direktor vor, widmete sich der Weiterentwicklung seiner Methode, seinen zahlreichen Veröffentlichungen und Kompositionen.

J.-D. kritisierte die Musikerziehung, bei der die Schüler zum mechanischen Instrumentalspiel und Musikmachen angeleitet wurden, und beklagte: «[...] es gibt keinen

Ort, in welchem man die Kunst als die Erzieherin unserer Sinne in den Mittelpunkt des Lebens stellt und ihr die Aufgabe zuweist, Sinne und Gefühl des Menschen in Harmonie mit dem menschlichen Willen zu der gleichen Höhe auszubilden, zu der die Wissenschaft unseren Verstand emporgezüchtet hat» (J.-D., zit. n. Lorenz, S. 73). Mit der Bildungsanstalt in Hellerau war der Ort geschaffen, an dem künstl. Fachausbildung und «Menschenbildung» als einander bedingend begriffen wurden. Im Zentrum stand die Rhythmische Gymnastik J.-D.s, die auf der Beziehung von körperlichem und musikalischem Rhythmus basierte und zur Harmonisierung des Menschen beitragen wollte. Übungen, in denen die Schüler den musikalischen Ablauf direkt in Bewegung übersetzten, schulten das rhythmische Empfinden. Metrum, Takt, Tonhöhe, Tonstärke, Dynamik oder musikalische Formen fanden in der körperlichen Bewegung durch Schritte, Armgesten, formale und dynamische Abläufe im Raum eine «plastische» Entsprechung. Der Körper wurde zum Instrument, um Musik zu visualisieren. Im Rahmen der Aufsehen erregenden Hellerauer Schulfeste 1912 und 1913 wurden die Arbeitsergebnisse vorgestellt: Rhythmische Demonstrationen und der Versuch, das System der Rhythmischen Gymnastik als Inszenierungsmittel des Musiktheaters anzuwenden. Ausgewählt wurde die Oper *Orpheus und Eurydike* von Chr. W. Gluck, die J.-D. zusammen mit seinem Schüler, dem Theaterreformer Adolphe →Appia, auf der dekorationslosen Bühne des Festspielhauses inszenierte. Die Hellerauer «Werkstatt» zog lebensreformbewegte Zeitgenossen und Künstler aus ganz Europa an. Zu den Schülern von J.-D. zählten u. a. die Polin Myriam Ramberg, die als Marie Rambert zur Mitbegründerin des engl. Balletts wurde, und Mary →Wigman, die sich letztlich gegen die Dominanz der Musik in der Rhythmischen Gymnastik auflehnte und als Protagonistin des Ausdruckstanzes Karriere machte.

<small>Jaques-Dalcroze, E.: Rhythmus, Musik und Erziehung, Genf 1977 (1. Aufl. 1922); Lorenz, K.: Wege nach Hellerau. Auf den Spuren der Rhythmik, Dresden 1994.</small>

Patricia Stöckemann

Jarocki, Jerzy, * 11. 5. 1929 Warszawa. Regisseur.

Nach Abschluss des Schauspielstudiums an der Krakóẇer Theaterhochschule (1952) studierte J. Theaterregie am Staatl. Lunačarskij-Theaterinstitut GITIS in Moskau (1952–56), wo er *Die Ausnahme und die Regel* →Brechts als eine sog. Regiewerkstatt realisierte. 1957 debütierte J. in Polen mit der Groteske *Der Ball der Mannequins* von Bruno Jasieński (Katowice, Teatr Śląski / Schlesisches Th., P. 21. 7. 1957). In Katowice arbeitete der Regisseur bis zum Ende der Spielzeit 1961/62 und realisierte dort v. a. zeitgenössische Stücke, u. a. *Die Polizei* von Sławomir Mrożek (UA 6. 9. 1958) und *Die Trauung* von Witold Gombrowicz (Studententheater STG bei der Technischen Hochschule Gliwice, UA 6. 4. 1960). In der nächsten Zeit war J. v. a. am Stary Teatr (Altes Th.) in Kraków tätig (1962–98 als Hausregisseur); seine größten Erfolge sind mit diesem Th. verbunden, u. a. *Die Mutter* (UA 16. 5. 1964, neue Bearbeitung: 7. 7. 1972, auch: München, Kammerspiele, P. 23. 4. 1975) und *Die Schuster* (P. 13. 6. 1971) von Stanisław I. Witkiewicz, *Tango* (P. 17. 12. 1965), *Der Bucklige* (19. 12. 1975) und *Das Porträt* (P. 29. 1. 1988), Mrożeks, *Mein Töchterchen* von Tadeusz Różewicz (UA 23. 5. 1968), *Die Trauung* (P. 20. 4. 1991) mit der hervorragenden Hauptrolle (Henryk) von Jerzy Radziwiłowicz. Außer seinen beliebten – oben genannten – Autoren inszenierte J. in Kraków Calderóns *Das Leben ein Traum* (P. 30. 4. 1983, auch: Nürnberg, Schauspielhaus, P. 4. 11. 1984), Eliots *Mord im*

Dom (im Warschauer Dom mit dem Ensemble des Dramatischen Th.s, P. 9. 3. 1982, und im Krakauer Dom auf dem Wawel mit den Schauspielern des Alten Th.s, P. 1. 4. 1982) wie auch → Goethes *Faust* (P. 29. 6. 1997). Im Warschauer Teatr Dramatyczny realisierte J. – neben einer der bedeutendsten poln. Bearbeitungen → Shakespeares in den 1970er Jahren, *König Lear* (P. 28. 4. 1977) – *Auf allen Vieren* von Różewicz (UA 25. 3. 1972), wieder *Die Trauung* von Gombrowicz (P. 5. 4. 1974) und 2 wichtige Stücke Mrożeks: *Schlachthof* (UA 21. 3. 1975) und *Zu Fuß* (P. 22. 5. 1981, Gastspiel während der 32. Berliner Festwochen 1982). Die erfolgreichsten Premieren der 1990er Jahren entstanden dagegen im Teatr Polski (Poln. Th.) in Wrocław: *Die Falle* von Różewicz (P. 30. 5. 1992), *Platonov* (P. 7. 10. 1993) und *Onkel Vanja* (P. 11. 3. 2000) von Čechov, *Das Käthchen von Heilbronn* Kleists (P. 30. 11. 1994). J. realisierte bis jetzt mehr als 100 Premieren – hauptsächlich in Polen, aber auch im Ausland, u. a. in Amsterdam, Belgrad, Novy Sad, Wuppertal, Zürich; er erhielt zahlreiche Preise auf Theaterfestivals in ganz Europa und die Ehrendoktorwürde der Jagiellonen-Universität Kraków (2000). Seit 1966 Professor an der Theaterhochschule Kraków.

Ohne Zweifel gehört J. zu den bedeutendsten und begabtesten poln. Regisseuren der Nachkriegszeit. Er interessiert sich v. a. für die zeitgenössische Dramatik und kann in präzisen Stückanalysen alle – oft nicht eindeutigen – Sinnebenen der Texte von Gombrowicz, Mrożek, Różewicz bzw. Witkiewicz enthüllen. Mit Stücken, die oft einen tragisch-grotesken Charakter haben, aber auch mit Hilfe der klassischen Dramen von Shakespeare oder Čechov diagnostiziert der Regisseur die aktuelle ethische Situation und die politischen Perspektiven der Gegenwart wie auch die Chancen des Individuums in seiner Auseinandersetzung mit den Beschwernissen des Lebens.

Konsequent vermeidet J. – im Gegensatz zu den meisten Künstlern in Polen – irgendeine Anknüpfung an die romantische Tradition des poln. Th.s. Seine Interpretationen sind eher intellektuell als emotional geleitet. Von den Schauspielern verlangt J. volle Unterordnung gegenüber dem Regisseur und dessen Bühnenvision, intensive Arbeit, ständige physische und intellektuelle Bereitschaft zu neuen Aufgaben. Die Schauspieler stehen jedoch immer im Zentrum des von J. kreierten Theaterkosmos.

Grodzicki, A.: Regisseure des polnischen Theaters. Warszawa 1979; Guczalska, B.: Jerzy Jarocki – artysta teatru. Kraków 1999.

Wojciech Dudzik

Jeker, Valentin, * 26. 10. 1934 Olten (Schweiz). Schauspieler, Regisseur.

1957–60 Schauspielschule Zürich. 1961–63 Schauspieler und Regieassistent Städtische Bühnen Ulm, 1963–65 Staatstheater Stuttgart, 1965–66 Ulm, 1966–67 Staatstheater Kassel, 1967–72 wieder Stuttgart – inszenierte dort Fleißers *Pioniere in Ingolstadt*, Horváths *Kasimir und Karoline*. Gastinsz.en in Pforzheim und Ingolstadt, 1971 Städt. Bühnen Köln (Čechovs *Onkel Wanja*). 1972–73 Schauspiel Frankfurt, 1973–77 Landestheater Tübingen (Schillers *Kabale und Liebe*, → Molières *George Dandin*, → Brechts *Turandot oder Der Kongreß der Weißwäscher* und *Trommeln in der Nacht*). In Köln Hansjörg Schneiders *Der Brand von Uster*, 1976 *Die Antigone des Sophokles*, in Stuttgart 1977 DEA von Fos *Einer für alle, alle für einen*, 1978 Molières *Tartüffe*. Folgte Manfred → Beilharz, jeweils als ständiger Gast, von Tübingen 1977 nach Freiburg (*Transit* nach Anna Seghers, Horváths *Geschichten aus dem Wiener Wald* und *Glaube, Liebe, Hoffnung*, Kleists *Prinz Friedrich von Homburg*), 1983 nach Kassel (Kleists *Familie Schroffenstein*, Becketts *Warten auf Godot* mit J. als Pozzo), 1991 nach Bonn (UA von Koltès *Das Erbe*, DEA von *Sallinger* und *Rückkehr in die Wüste*, Büchners *Woyzeck* und *Dantons Tod*, Babels *Sonnenuntergang*, Dorsts *Eiszeit*, Genets *Splendid's*, Gombrowiczs *Yvonne, Prinzessin von Burgund*, Hauptmanns *Rose Bernd*, Hebbels *Maria Magdalena*, Rinkes *Republik Vineta*, Čechovs *Der Kirschgarten*, Barlachs *Der blaue Boll*), 2002 ans Staatstheater Wiesbaden (Schillers *Kabale und Liebe*, Ibsens *Gespenster*). Gastinsz.en im Schlossparktheater Berlin, in Basel, Bremen, am Schauspielhaus Bochum (Horváths *Italienische Nacht*, Becketts *Glückliche Tage*, Molières *Der Geizige*, → Schleefs *Der Schauspieler*, Kleists *Der zerbrochne Krug*), am Wiener Burgtheater (1988 Hochhuths *Der Stellvertreter*). Mehrere Einladungen zum Berliner Theatertreffen. – Sensibler Regisseur, der in den Text hineinhorcht, konventionelle Lesarten aufbricht, aber nie das Spektakuläre um seiner selbst willen sucht, nie theatral auftrumpft, sondern vielmehr den Boden eines psychologischen Realismus in suggestive Bilder transformiert.

Werner Schulze-Reimpell

Jesserer, Gertraud, * 13. 2. 1943 Wien. Schauspielerin.

Bereits als 14-Jährige drehte J. mit *Die Halbzarte* (1958, mit Romy Schneider) ihren ersten Film. Ausbildung am Wiener Max-Reinhardt-Seminar, das sie 1959 als «unbegabt» entließ. Bühnendebüt 1960 in Molnárs *Liliom* (1971 TV; 1993 Burgtheater) am Wiener Th. in der Josefstadt, dem sie bis 1969 angehörte (→ Shakespeare, *Was ihr wollt*, 1968). 1965 bei den Wiener Festwochen in → Nestroys *Das Haus der Temperamente* (R. G. → Manker). 1969–73 Dt. Schauspielhaus Hamburg, Rollen in Feydeaus *Einer muß der Dumme sein* (1970, R. L. → Steckel; 1980 Burgtheater), Horváths *Kasimir und Karoline* (1971), *Die italienische Nacht* (1972), Anouilhs *Wecken Sie Madame nicht auf* (DEA 1971), → Brecht / Weills *Die Dreigroschenoper* (1978 Burgtheater), Shakespeares *Wie es euch gefällt* (R. N.-P. → Rudolph), → Molières *Die Schule der Frauen* (R. → Schweikart), Nestroys *Der Talisman* (alle 1972, R. → Lindtberg). Seit 1973/74 am Wiener Burgtheater. Zuerst in Horváths *Geschichten aus dem Wiener Wald* (Kainz-Medaille). Weitere Rollen u. a. in Bauers *Magnetküsse* (UA 1976), Gor'kijs *Die Kleinbürger* (1976, R. → Dorn) und *Sommergäste* (1979, R. → Benning), Čechovs *Drei Schwestern* (1976, R. → Schenk), Schnitzlers *Der Ruf des Lebens* (1977) und *Das weite Land* (1978), Musils *Die Schwärmer* (1980, R. → Axer), Hochhuths *Ärztinnen* (1982), Dostoevskij / Ljubimovs *Verbrechen und Strafe* (1984, R. → Ljubimov), Noréns *Dämonen* (1985), García Lorcas *Doña Rosita bleibt ledig* (TR, 1988, R. → Kirchner), Shakespeares *Macbeth* (1992, R. → Peymann), Oates' *Mondfinsternis* (1992), Čechovs *Die Möwe* (2000, R. → Bondy, Koproduktion Wiener Festwochen). Schillers *Maria Stuart* (2001, R. → Breth), Anouilhs *Das Orchester* mit neuen Zwischentönen von B. Studlar (2005). Gastspiele. Bei den Wiener Festwochen in Horváths *Figaro lässt sich scheiden* (1998, R. Bondy, Koproduktion Th. in der Josefstadt; 1999 TV), bei den Salzburger Festspielen in Insz.en → Flimms in → Raimunds *Der Bauer als Millionär* (1987), Nestroys *Das Mädl aus der Vorstadt* (1989; TV), Hofmannsthals *Der Schwierige* (1991, TV). Außerdem 1995 Glaube in Hofmannsthals *Jedermann*, 1996 Sophie in Raimunds *Der Alpenkönig und der Menschenfeind* (R. P. → Stein). Zahlreiche Film- und Fernsehrollen, u. a. in Fernsehserien wie *Familie Leitner* (1958 ff., ca. 500 Folgen), Literaturverfilmungen wie *Der Kaufmann von Venedig* (1968, mit → Kortner), *Liebelei* (1969), *Reigen* (1973), *Kabale und Liebe* (1976), *Glaube, Liebe, Hoffnung* (1980), *Der veruntreute Himmel* (1990), Spielfilmen wie *Ravioli* (2003), *Lautlos* (2004). Auszeichnungen u. a.

Kammerschauspielerin (1986), Nestroy-Ring (1998), Goldenes Ehrenzeichen der Stadt Wien (2003). – Eine Charakterdarstellerin mit umfangreichem klassischem und modernem Repertoire; prädestiniert für Stücke Nestroys, Schnitzlers, Hofmannsthals und Horváths, aber auch Shakespeares. Herausragend in der Darstellung gebrochener, unglücklicher Frauen, dabei von großem komödiantischem Talent.

Wolfgang Beck

Jeßner (auch **Jessner**), **Leopold**, * 3. 3. 1878 Königsberg, † 13. 12. 1945 Los Angeles. Regisseur, Theaterleiter, Schauspieler.

J. begann als Schauspieler 1895 in Graudenz; 1897/98 Stadttheater Cottbus, 1898/99 Berliner Gesamt-Gastspiel, 1899–1901 Dt. Th. Breslau, 1901/02 Ibsen-Th. (Tournee-Th., Leitung → Lindemann; seither auch Regie), 1902/03 Dt. Th. Hannover, 1904/05 Residenztheater Dresden. 1904–15 Regisseur (seit 1908 Oberregisseur) am Thalia Th. Hamburg. Insz.en v. a. von Werken der gesellschaftskritischen Moderne; so Stücke Hauptmanns (*Der Biberpelz*, 1904; *Kollege Crampton*, 1905; *Das Friedensfest*, 1907; *Vor Sonnenaufgang*, 1912; *Florian Geyer*, 1915), Ibsens (*Die Frau vom Meer*, 1905; *Der Volksfeind*, 1906; *Hedda Gabler*, 1908, *Peer Gynt*, 1910; *Die Wildente*, 1914), Gor'kijs (*Nachtasyl*, 1907), Andreevs (*Anathema*, 1912), Wedekinds (*Erdgeist*, 1906; *Frühlings Erwachen*, 1907; *König Nicolo oder So ist das Leben*, 1911; *Die Büchse der Pandora*, 1911; *Lulu*, 1913; *Der Marquis von Keith*, 1914), Unruhs (*Offiziere*, 1914). Daneben war J. 1911–14 künstl. Leiter der von der Zentralkommission für das Arbeiterbildungswesen veranstalteten Volksschauspiele. 1915–19 Leiter des Neuen Schauspielhauses Königsberg, inszenierte neben Klassikern v. a. moderne Dramen (zuletzt Kaisers *Gas I*, 1919). Von antisemitischen und reaktionär-nationalistischen Protesten begleitet, amtierte J. 1919–28 als Intendant, 1928–30 als Generalintendant des Staatstheaters Berlin. Seit 1925 Leiter der neuen Staatl. Schauspielschule. Bereits seine erste Insz. ging als 1. Theaterskandal der Weimarer Republik und künstl. Markstein in die Theatergeschichte ein. Die kühne szenische Gestaltung, die rigorose Abwendung von naturalistischer ebenso wie von → Reinhardts eher impressionistischer Szenerie, die Verknappung und expressionistische Dynamik der Körper- und Wortsprache wie die Präzision der Raumnutzung machten J.s Insz. von Schillers *Wilhelm Tell* (P. 12. 12. 1919) zu einem epochalen Ereignis. Für diese Insz. schuf der Bühnenbildner Emil → Pirchan die Stufenbühne als raumgliederndes Element, berühmt als «J.-Treppe», auch wenn sie später abgewandelt wurde (etwa zur Bühnenschräge) – ein «systematisches Mittel, die Bühne von den Zufälligkeiten eines illusionsschaffenden *äußerlichen* Dekors zu befreien, und von nun an – als raum- und zeitlosen Schauplatz – einer Darstellung dienstbar zu machen, die ihre Gesetze lediglich aus dem *innerlich Wesenhaften* der Dichtung empfängt» (J., *Schriften*, S. 156). Auch J.s folgende Insz.en verdeutlichten den radikalen Wandel gegenüber der Hoftheatertradition und trugen wesentlich zur Entwicklung einer neuen Bühnenästhetik bei. Zu J.s Regiearbeiten zählen u. a. Wedekinds *Der Marquis von Keith* (1920, mit → Durieux), → Shakespeares *Richard III.* (1920), *Othello* (1921 mit → Forster, → Steinrück), *Macbeth* (1922), *Hamlet* (1926, alle mit → Kortner), *König Johann* (1929, mit → Granach), Schillers *Die Verschwörung des Fiesco zu Genua* (1921, TR → Deutsch), *Don Carlos, Infant von Spanien* (1922; 1929), *Wallenstein* (1924, mit → Krauß, → Reuss), → Goethes *Faust I* (1923, TR → Ebert). Die Bandbreite von J.s Insz.en reichte von der Antike (Sophokles' *Oedipus*, 1929) über vergessene Dramatiker wie Grabbe (*Napoleon oder Die hundert Tage*, 1922) bis zu modernen Autoren wie Barlach (*Die echten Sedemunds*, 1921), Bronnen (*Rheinische Rebellen*, 1925; *Ostpolzug*, 1926) und Kaiser (*Gas I*, 1928). Bereits die zweite Insz. von Schillers *Wilhelm Tell* (1923) machte deutlich, dass der Intendant J. sich zu politischen Rücksichten veranlasst sah, die den Regisseur J. zu künstl. Kompromissen zwangen. So kam es in seinen letzten Intendantenjahren auch durch konzeptionelle Probleme zur sog. «J.-Krise», die – von politisch interessierter Seite geschürt – 1930 zu seinem Ausscheiden führte. Weiterarbeit als Regisseur. Letzte Insz. in Deutschland: Billingers *Rosse* (P. 1. 3. 1933). 1926–31 Gastregie am Stadttheater Altona. März 1933 ging J. ins Exil, gründete ein Tournee-Ensemble, das in Belgien, den Niederlanden und Großbritannien Schillers *Kabale und Liebe* und Sudermanns *Heimat* aufführte. 1934 mit dem Rotterdamsch Hofstaad-Tooneel (Ko-Regie Cor van der Lugt-Melsert) Insz. von Schillers *Wilhelm Tell* (Koninklige Schouwburg Den Haag); Emigration nach Großbritannien. Dort drehte er seinen einzigen Tonfilm *Children of the Fog* (1935), dem einige Stummfilme vorangegangen waren: *Hintertreppe* (1921), *Erdgeist* (1923), *Maria Stuart* (1927). 1936 mit geringem Erfolg an der Habima in Tel Aviv Insz.en von *Wilhelm Tell* und Shakespeares *Der Kaufmann von Venedig*. In Wien 1936 als letzte Insz. in Europa Lockers *Kalender des Jahres 1933*. 1937 USA, wo J. 1 Jahr für die Filmgesellschaft MGM arbeitete. Seit 1939 in der Leitung der Exiltheatergruppe The Continental Players, inszenierte erfolglos in dt. Sprache *Wilhelm Tell* (1939, El Capitan Th. Los Angeles, TR → Bassermann). J.s letzte Insz. war Clements *The Marseillaise* für das Free French Movement in den USA (1943, Beverly Hills). Der in den 1920er Jahren in berufsständischen Interessenvertretungen tätige J. engagierte sich in Exilvereinigungen, arbeitete journalistisch. Sein Tod verhinderte seine von den Amerikanern vorgesehene Mitwirkung an Neuaufbau und Reorganisation des dt. Theaterwesens.

«Ich bin ein Regisseur des Worts und nicht der Dekoration» (J., *Schriften*, S. 15) – diese Selbstaussage von 1913 umreißt J.s Regiearbeit, für die dramaturgische Strenge, szenische Verknappung, exakte Arrangements, strenge, klar gegliederte Räume kennzeichnend waren. Die Konzentration auf wesentliche Motive der Stücke, der Verzicht auf Episodisches und Psychologisches bestimmte auch seine Klassiker-Insz.en und verlieh scheinbar nur zu bekannten Stücken unerwartete Aktualität, ohne die Aussage bewusst zu politisieren. Neben → Reinhardt, → Piscator, → Fehling einer der bedeutendsten und innovativsten dt. Regisseure seiner Zeit. Der Intendant J. sah die Aufgabe eines Staatstheaters nicht darin, Experimentierbühne zu sein, sondern repräsentativ das kulturelle Erbe auf neue Weise zugänglich zu machen, ohne moderne Autoren zu vernachlässigen. Gerade in den ersten Jahren seiner künstl. Leitung setzte er – nicht nur durch eigene Insz.en – wichtige Akzente. Er förderte neue Autoren (Barlach, Bronnen, Brecht) und Bühnenkünstler wie die Bühnenbildner → Pirchan, → Klein, → Neher, → Otto, Schauspieler wie Kortner und Regisseure wie → Fehling, dem er mit seiner Berufung 1922 eine künstl. Heimat gab.

Brauneck, M.: Theater im 20. Jahrhundert. Reinbek 1986; ders.: Klassiker der Schauspielregie. Reinbek 1988; Heilmann, M.: Leopold Jessner – Intendant der Republik. Tübingen 2005; Jessner, L.: Schriften. Hg. H. Fetting. Berlin 1979; Rühle, G.: Theater für die Republik. Frankfurt a. M. 1967; Ruppel, K. H.: Großes Berliner Theater. Velber 1962.

Wolfgang Beck

Jonasson, Andrea (eigtl. A. Stumpf), * 29. 6. 1942 Freiburg i. Br. Schauspielerin.

Tochter eines Schauspielerpaars; aufgewachsen in Hamburg; Schauspielausbildung in München. 1962 von → Gründgens ans Dt. Schauspielhaus Hamburg engagiert; Rollen in Bahrs *Das Konzert*, Frischs *Don Juan oder die Liebe zur Geometrie*, Augustins *Es war einmal* (UA, alle 1962). Nach einem Engagement in Heidelberg (u. a. in → Shakespeares *Romeo und Julia*, 1965, R. → Hollmann) ab 1966 am Zürcher Schauspielhaus; dort u. a. in den UAen von Dürrenmatts *Die Wiedertäufer* (1967, R. → Düggelin), *Der Mitmacher* (1973, R. → Wajda / Dürrenmatt). In Hamburg am Dt. Schauspielhaus in → Molières *Der Geizige* (1971, R. → Minks / Vierow), Strauß' *Die Hypochonder* (UA 1972, R. → Peymann), am Thalia Th. in Čechovs *Drei Schwestern* (1973). 1974–86 am Wiener Burgtheater u. a. in → Shakespeares *Troilus und Cressida* (TR, 1978), *Wie es euch gefällt* (1979, beide R. Terry Hands), Stoppards *Night and Day* (dt.sprachige EA 1980), *Das einzig Wahre* (dt.sprachige EA 1984, beide R. → Wood), Schillers *Maria Stuart* (TR, 1984, R. → Noelte), Feydeaus *Ein Klotz am Bein* (1985, R. → Benning), Musils *Vinzenz und die Freundin bedeutender Männer* (1985/86). An der Bayer. Staatsoper München u. a. in Claudel / Honeggers *Johanna auf dem Scheiterhaufen* (TR, 1984, R. → Everding). In → Strehlers 2-teiliger Shakespeare-Adaption *Das Spiel der Mächtigen* (nach *Heinrich VI.*) bei den Salzburger Festspielen 1973 erste Zusammenarbeit mit ihrem späteren Mann (seit 1981). In seiner Regie spielte sie u. a. mit großem Erfolg in → Brechts *Der gute Mensch von Sezuan* (1977, Dt. Schauspielhaus; 1980, 1995 auch Piccolo Teatro di Milano), am Piccolo Teatro in → Lessings *Minna von Barnhelm* (TR, 1983), Goldonis *Arlecchino servitore di due padroni* (*Der Diener zweier Herren*, 1986/87), Pirandellos *Come tu mi vuoi* (*Wie du mich willst*, 1988), *I giganti della montagna* (*Die Riesen vom Berge*, 1993/94; 1994 auch Burgtheater; 1995 USA-Tournee), → Goethes *Faust – frammenti parte seconda* (1990/91), Ibsens *Die Frau vom Meer* (beide 1990/91). Nach Strehlers Tod an verschiedenen ital. und dt.sprachigen Th.n; u. a. am Piccolo Teatro in Calderóns *Das Leben ein Traum* (1999/2000, R. E. D'Amico), am Wiener Volkstheater in Racines *Phädra* (TR, 2002), Bahrs *Das Konzert* (2003/04), Gotter / Bendas *Medea* und Dehmel / Schönbergs *Verklärte Nacht* (2004/05). Am Teatro Stabile di Genova in Turgenevs *Ein Monat auf dem Lande*, Marivaux' *Die falschen Vertraulichkeiten* (beide 1997/ 98), Wildes *Lady Windermeres Fächer* (1998), am Teatro Stabile di Catania in Brancatis *La Governante* (2002/03), in einer Koproduktion von La Contemporanea und dem Teatro Stabile del Friuli-Venezia Giulia auf Italien-Tournee in Schmitts *Kleine Eheverbrechen* (2005/06). Rezitationen; langjährige Zusammenarbeit mit dem Jess-Trio (Wien). Film- und Fernsehrollen u. a. in *Schonzeit für Füchse* (1966), *Baumeister Solness* (1966, TV), *Trauer muss Elektra tragen* (1970, TV), *Iwanow* (1971, TV), *Gott schützt die Liebenden* (1973), *Des Doktors Dilemma* (1977, TV), *Das Spinnennetz* (1989), *Das Babylon Komplott* (1993, TV), *Ultimo bersaglio* (1997), *Die Ehre der Strizzis* (1999), *Casomai* (2002), *Chiaroscuro* (2003, TV), *Haus der Harmonie* (2005, TV). Zahlreiche Auszeichnungen, u. a. 1992 Premio Europa, 1994 Premio Pirandello, 1997 Premio Eleonora Duse. – Eine attraktive Charakterdarstellerin von großer Präsenz und Präzision, Ausdrucks- und Sprachkraft; gleichermaßen im dt.sprachigen wie ital. Th. beheimatet. Charakteristisch ist ihre «wie mit Edelrost überzogene heisere Stimme, deren belegtes Timbre auch den geheimnislosesten Bühnendialogen ein Flair der Verheißung verleiht» (S. Löffler in *Th. heute* 2/1986). Stark geprägt von Strehler. In ihrem darstellerischen Gestus beeinflusst von Ausdrucksmitteln des ital. Th.s: «Was auf italienisch natürlich erscheinen mag, ist auf deutsch schon zuviel. Entschiedene Gänge, große Gesten, bewegte Mimik wirken bei uns übertrieben, dazu kommt, daß Frau Jonasson der rare Fall einer Schauspielerin ist, die mit der Stimme posieren kann, und sie tut es reichlich. In einem ausgewogenen Ensemble wirkt Andrea Jonasson als Star, sogar wenn sie leblos erscheint» (Kahl, S. 189).

Kahl, K.: Premierenfieber. Wien 1996.

Wolfgang Beck

Jones, Inigo, * 15.7.1573 London, † 21.6.1652 London. Bühnenbildner, Architekt, Maler.

Sohn eines Tuchmachers; angeblich Tischlerlehrling. Studierte wohl um die Wende vom 16. zum 17. Jh. Architektur und Theaterdesign, Malerei in Italien. Danach auf Einladung Christians IV. in Dänemark, hat dort vielleicht an höfischen Theaterinszenierungen mitgewirkt. Ende 1604 entwarf er mit dem Autor Ben Jonson (1572–1637) Szenerie, Kostüme und Theatermaschinerie für *The Masque of Blackness* (7.1.1605, Whitehall Palace). Ihr folgten bis zum Verbot sämtlicher Theateraufführungen durch das Parlament 1642 fast 30 weitere Insz.en am Hof aufgeführter sog. «Masques», einer theatralen Unterhaltung mit Masken, Musik und Tanz. Für sie entwarf J. die Einrichtung der als Th. genutzten Säle, Szenerie, Kostüme, Beleuchtung und Verwandlungen; bis zum Zerwürfnis 1631 meist mit Jonson, danach mit eigenen oder Texten anderer Autoren. Zu diesen meist allegorischen Darbietungen, an denen auch der Hof und die königl. Familie teilnahmen, gehörten u. a. *Hymenaei* (1606), *The Masque of Queens* (1609), *Oberon, The Faery Prince* (1611), *The Golden Age Restored* (1615), *Pleasure Reconciled to Virtue* (1618), *Neptune's Triumph for the Return of Albion* (1624, alle mit Jonson), *Albion's Triumph* (1632, mit Townshend), *Britannia Triumphant* (1638, mit Davenant). Im Gegensatz zur Shakespearebühne mit offener Spielfläche ohne bewegliche Szenerie nutzte J. ital. Entwicklungen, führte einen festen Bühnenrahmen, Beleuchtungseffekte mit (farbigem) Kunstlicht, ein perspektivisch geschlossenes Bühnenbild, einen ansteigenden Zuschauerraum mit Logen ein. Anfänglich bildeten sog. «telari» (drehbare Prismen mit aufgemalter Dekoration) die seitliche Begrenzung, die allmählich durch auswechselbare Kulissen ersetzt wurden. Mit dieser in England neuen Art szenischer Insz. wurde J. berühmt und «surveyor of works» beim Prinzen von Wales. Nach einer Reise nach Italien wurde J. 1615 «Surveyor to the King's Works» (königl. Baumeister). Weiterhin Inszenator theatralischer Ereignisse, zugleich rege Tätigkeit als Architekt mit vielen Entwürfen, die Palladios Ideen ins Englische transponierten. Die meisten seiner Bauten sind nicht erhalten. Während des Bürgerkriegs wurde J. 1643 seines Amts enthoben, 1645 gefangen, sein Besitz eingezogen (1646 zurückgegeben). Nach dem Beginn der Herrschaft Cromwells als Lord Protector wurde J. wieder in seine Ämter eingesetzt. – J.s klassisch-vornehme Architektur war maßstabsetzend. Bis heute gilt er als einer bedeutendsten und einflussreichsten Architekten Englands. Er hat Baupläne für Th. entworfen, aus denen hervorgeht, dass er moderne ital. Entwicklungen kreativ verändert nach England bringen wollte. Auf der Basis seiner Entwürfe wurde das I.-J.-Th. beim neuen Globe-Th. in London errichtet. Seine szenischen Neuerungen, die nicht nur Übernahmen aus dem Ital. bedeuteten, sind eng verbunden mit höfischem Th., waren aber dessenungeachtet auf Dauer von großem Einfluss auf das brit. Berufstheater und seine Entwicklung.

Brauneck, M.: Die Welt als Bühne. 1. Bd. Stuttgart, Weimar 1993; The Court Masque. Hg. D. Lindley. Manchester 1984; Harris, J., St. Orgel, R. Strong: The King's Arcadia: Inigo Jones and the Stuart Court. London 1973; Leapman, M.: Inigo: the troubled life of Inigo Jones. London 2003; Orgel, St., R. Strong: Inigo Jones: The theatre of the Stuart Court. 2. Bde. London 1973; Orrell, J.: The Theatres of Inigo Jones and John Webb. Cambridge 1985; ders.: The Human Stage: English Theatre Design 1567–1640. Cambridge 1988; Peacock, J.: The Stage Designs of Inigo Jones. Cambridge 1995; Summerson, J. N.: Inigo Jones. New Haven 2000.

Wolfgang Beck

Jooss, Kurt, * 12. 1. 1901 Wasseralfingen, † 22. 5. 1979 Heilbronn. Tänzer, Choreograph, Pädagoge, Ballettmeister, Leiter einer Kompanie.

1920–24 studierte J. bei Rudolf von → Laban in Stuttgart und Hamburg, arbeitete als dessen Assistent, wirkte als Solist in der Tanzbühne Laban, begann selbst zu choreographieren. Engagement ans Th. nach Münster (1924–26), wo er mit seiner Neuen Tanzbühne als einer der Ersten das Tanztheater als selbständige Sparte an einem dt. Th. etablierte; trat hier auch erstmals als erfolgreicher Regisseur von Opern hervor. 1927 Mitbegründer der Folkwangschule in Essen und Leiter der Folkwang-Tanzabteilung, die er zusammen mit seinem engsten Mitarbeiter Sigurd Leeder aufbaute. 1928 Gründung der Folkwang-Tanzbühne, die 1930, als J. den Ballettmeisterposten an der Essener Oper übernahm, dem Th. angegliedert wurde. Choreographien entstanden, die zu Klassikern des Tanztheaters wurden: *Pavane auf den Tod einer Infantin* (1929), *Großstadt* (1932), *Der grüne Tisch*, für den J. auf dem internat. Choreographie-Wettbewerb in Paris 1932 den 1. Preis erhielt. Damit gelang ihm und seinem nun als Ballets Jooss geführten Ensemble der internat. Durchbruch. 1933 weigerte er sich, den Forderungen der NSDAP-Gauleitung in Essen nachzukommen und sich von seinen jüd. Kompaniemitgliedern, darunter seinem Komponisten Fritz Cohen, zu trennen. J. emigrierte mit seinem Ensemble und fand in Dartington Hall im Süden Englands Asyl. Dort erhielt seine Truppe ihren Wohn- und Arbeitssitz und dort errichtete J. zusammen mit Sigurd Leeder die Jooss-Leeder School of Dance. Von England aus jährlich monatelange, weltweite Tourneen mit den Ballets Jooss. Mit Choreographien wie *The Mirror, Chronica* oder *Pandora* schrieb er sein tanzdramatisches Werk fort. 1949 Rückkehr an die Folkwangschule nach Essen, die er bis zu seiner Pensionierung 1968 erneut leitete. In seinem 1962 der Schule angegliederten Folkwang-Ballett, das bis heute unter dem Namen Folkwang Tanzstudio besteht, gab er jungen Choreographen ein Forum. Von seinen 4 erhalten gebliebenen Choreographien findet sich *Der grüne Tisch* im Repertoire internationaler Kompanien.

J. ist der Wegbereiter des dt. Tanztheaters. Sein Lehrer Laban hat den Begriff erstmals verwendet und definiert, J. hat ihm eine gültige choreographische Form verliehen. Sein *Grüner Tisch* wurde zum Signaturwerk. Jooss' pazifistische Haltung, seine tänzerische, an der Bewegungsaussage orientierte Sprache, sein choreographisches Anliegen, Inhalte über die reine Bewegung zu vermitteln, finden in diesem Antikriegsstück eine meisterhafte Formulierung. Mit seinem pädagogischen Konzept an der Folkwangschule hat J. Kontinuität in der Tradition des modernen Tanzes in Deutschland sichergestellt. Auf der Basis der Laban'schen Bewegungstheorien erarbeitete er ein Ausbildungsprofil, das mit seinem umfassenden Fächerkanon schulbildend und für Generationen von Tänzern an Folkwang wegweisend wurde. J. selbst vermittelte kein festgelegtes Vokabular, sondern ließ die Studenten Bewegungen immer wieder neu finden, analysieren, hinterfragen und gab ihnen Raum für eigene choreographische Experimente. In diesem kreativen Umfeld wuchs die erste Tanztheatergeneration mit Pina → Bausch, Reinhild → Hoffmann und Susanne → Linke heran.

    Stöckemann, P.: Etwas ganz Neues muß nun entstehen. Kurt Jooss und das Tanztheater. München 2001.

Patricia Stöckemann

Joosten, Guy, * 1963 Genk (Provinz Limburg, Belgien). Regisseur.

    J. begann 1981 eine Schauspielausbildung in Antwerpen und studierte ab 1983 parallel Theaterwissenschaft. Er gründete 1984 mit Luk → Perceval in Antwerpen die Blauwe Maandag Compagnie, die seit 1992 in Gent beheimatet war und 1998 mit der Koninklijke Nederlandse Schouwburg (KNS) in Antwerpen zu Het Toneelhuis fusionierte. Inszenierte mit dem Ensemble an verschiedenen Th.n, u. a. *Totale spraakloosheid* (1985), *Een stuk van twee dagen* (1986/87, beide nach Texten von Handke), Gray Lucas' *Merkwaardige paren* (1985, mit Perceval), → Shakespeares *Othello* (1986, mit Perceval), *König Ödipus / Kommentar* von Sophokles / J. / Perceval (1987), Noréns *Nachtwache* (1989, Theaterfestivalprijs Rotterdam), Gor'kijs *Sommergäste* (1989), Hopkins' *Verlorene Zeit* (1990/91). Weitere Insz.en u. a. von *Alles Liebe* (1985, nach Lope de Vega, Reizend Volkstheater Antwerpen, mit Perceval), Strindbergs *Ein Traumspiel* in Brüssel (1990), Gombrowicz' *Yvonne, Prinzessin von Burgund* in Amsterdam (1991), Noréns *Nacht – Mutter des Tages* im Akademietheater Wien (1991). 1992–94 Oberspielleiter am Hamburger Thalia Th. unter der Intendanz von Jürgen → Flimm; Insz.en von Čechovs *Die Möwe*, Strindbergs *Der Vater*, Shakespeares *Othello*. Seit seinem Opernregiedebüt 1991 mit Rossinis *La Cenerentola* (Vlaamse Opera, Antwerpen / Gent) inszeniert J. fast ausschließlich Stücke des Musiktheaters. An der Vlaamse Opera u. a. Mozarts *Don Giovanni* (1994), *Figaros Hochzeit* (1995), *Così fan tutte* (1997), Čajkovskijs *Pique Dame* (1999), Stravinskijs *Oedipus Rex* (2000), Verdis *Rigoletto* (1997), *Otello* (2001), *Luisa Miller* (2003), Rossinis *Il Barbiere di Siviglia* (2005). Im Brüsseler La Monnaie u. a. Bizets *Carmen* (1993/94, 1999/2000), Verdis *Un ballo in maschera*, 1994/95), für De Nederlandse Opera Donizettis *L'elisir d'amore* (2001), Bellinis *Norma* (2005), in Lüttich Webers *Der Freischütz* (2005), in Göteborg Puccinis *La Bohème* (1998), Wagners *Lohengrin* (2000), in Helsinki Mozarts *Così fan tutte* (2002), in Genf Janáčeks *Jenufa* (2001), in Essen Puccinis *La fanciulla del West* (2002), Mascagnis *Cavalleria rusticana*, Leoncavallos *I Pagliacci* (beide 2004), in Leipzig Webers *Der Freischütz*, Berlioz' *Trojaner* (beide 2003), im Th. an der Wien Massenets *Werther* (2001), an der New Yorker Metropolitan Opera Gounods *Romeo und Julia* (2005). Lehrtätigkeit als Gastprofessor an der Universität Hamburg, Dozent an den Hochschulen in Amsterdam und Maastricht, Professor am Koninklijk Conservatorium in Antwerpen, Mitbegründer und künstl. Leiter des Operastudio Vlaanderen in Gent (bis 2004).

    Dehollander, J., G. Joosten, L. Perceval: Van Blauwe Maandag Compagnie tot Het Toneelhuis. Brüssel 1998; Joosten, G., L. Perceval: Het witboek van de Blauwe Maandag Cie. O. O. u. J.

Horst Schumacher

Josephson, Erland, * 15. 6. 1923 Stockholm. Schauspieler, Theaterleiter, Schriftsteller.

    Aus großbürgerlicher Familie. Vater Buchhändler und Vorsitzender der Israelit. Kultusgemeinde Stockholm. Onkel Ragnar J. Professor für Kunstgeschichte an der Universität Lund, Verfasser von Bühnenwerken und zeitweise Direktor des Königl. Schauspielhauses in Stockholm. Der impressionistisch-symbolistische Maler Ernst J. (1852–1906) ist ein

Verwandter. J. machte schon als Gymnasiast die Bekanntschaft des 5 Jahre älteren Ingmar →Bergman, der ihm in seinen verschiedenen Provinztheaterensembles kleine Rollen gab. Nach einem abgebrochenen Universitätsstudium der Kunstgeschichte folgte er Bergman ans Stadttheater Helsingborg (1945–49) und nach Göteborg (1949–56). 1956 feste Anstellung am Kungliga Dramatiska Teatern (Dramaten) in Stockholm, Rollen u. a. in Hjalmar Bergmans *Sagan* (1963), Peter Weiss' *Die Ermittlung* (1966), Ibsens *Die Wildente* (1972), Ibsens *Nora* (1989), →Taboris *Goldberg-Variationen* (1994), Gombrowicz' *Yvonne, Prinzessin von Burgund* (1995), Euripides' *Die Bakchen* (1996), Strindbergs *Spöksonaten* (*Gespenstersonate*, 1999), Schillers *Maria Stuart* (2000, alle R. Bergman). Außerdem u. a. in Moberts *Lea och Rakel* (1957), →Shakespeares *Der Kaufmann von Venedig* (1962, R. →Sjöberg), →Goethes *Faust* (TR, 1965), Noréns *Nattvarden* (1985), Čechovs *Der Kirschgarten* (1997), Rojas' *Celestina* (1998, R. →Lepage), Strindbergs *Påsk* (*Ostern*, 2001). 1966–75 als Nachfolger Bergmans (1963–66) Intendant des Dramaten, ohne seine Schauspielertätigkeit aufzugeben. Er spielte u. a. den Marquis de Sade im *Marat/Sade*-Drama von Peter Weiss und Professor Higgins in G. B. Shaws *Pygmalion*. – Im Bergman-Film *Scener ur ett äktenskap* (*Szenen einer Ehe*, 1974) spielte er an der Seite von Liv Ullmann die Rolle des Johan, womit er internat. bekannt wurde und viele Engagements erhielt (über 90 Filme). Er war Hauptdarsteller in Claudia Holldacks *Storm – Der Schimmelreiter* (1986), spielte Nietzsche in Liliana Cavanis *Al di là del bene e del male* (*Jenseits von Gut und Böse*, 1977), Bergman in Liv Ullmanns *Trolösa* (2000). Franco Brusati (*Dimenticare Venezia*, 1979), Andrej Tarkovskij (*Nostal'gija*, 1982), Istvan Szabó (*Hanussen*, 1988), Peter Greenaway (*Prospero's Books*, 1991) und immer wieder Bergman (*Det regnar på vår kärlek*,

1946, *Ansiktet*, 1958, *Ansikte mot ansikte*, 1976, *Höstsonaten*, 1978, *Fanny och Alexander*, 1982, *Larmar och gör sig till*, 1997, *Saraband*, 2003) setzten ihn ein. – Nach seiner Entpflichtung als Theaterdirektor in Stockholm enge Zusammenarbeit mit Peter →Brook, in dessen Truppe er 1988 in den USA die Rolle des Gajev in Čechovs *Der Kirschgarten* spielte und mit der er 1989 in Moskau, Leningrad und Japan auftrat. – Das umfangreiche literarische Werk J.s umfasst Hör- und Fernsehspiele, Dramen, Erzählungen und Romane, von denen einige auch in dt. Übersetzung vorliegen: *En berättelse om herr Silberstein* (1957, *Eine Erzählung von Herrn Silberstein*), *En matt i den svenska sommaren* (1985, *Eine schwedische Sommernacht*), *Färgen* (1988, *Die Farbe*). Zahlreiche Auszeichnungen.

Josephson, E.: Föreställningar. Stockholm 1996; ders.: Memorie di un attore. Hg. V. Monaco Westerståhl. Rom 2002; ders.: Självporträtt: en egocentrisk dialog. Stockholm 1993; ders.: Spielräume. Berlin 1991; Leiser, E.: Nahaufnahmen: Begegnungen mit Künstlern unserer Zeit. Reinbek 1990.

Horst Schumacher

Jourdheuil, Jean, * 28. 12. 1944 Saint-Loup/Haute-Saône (Frankreich). Regisseur, Schriftsteller, Übersetzer.

J. wurde entscheidend durch die studentische Protestbewegung vom Mai 1968 geprägt. Er begann als Dramaturg von Jean-Pierre →Vincent, mit dem er das Th. de l'Espérance gründete (1974). 1969 Bekanntschaft mit Gilles →Aillaud aus dem Kreis der «jeune peinture» um die Künstler Biras, Fanti, Rieti, die zu diesem Zeitpunkt ein Kollektivgemälde schufen unter dem Titel: *Louis Althusser zögert die Datscha von Claude Lévy-Strauss zu betreten, eine traurige Hochzeitsfeier, zu der sich bereits Jacques Lacan, Michel Foucault und Roland Barthes eingefunden haben, als sie aus dem Radio erfahren, daß die Studenten und Arbeiter entschieden haben, ihre Vergangenheit hinter sich-*

zu lassen. Aillaud schuf das Bühnenbild für J.s Insz. von → Brechts *Im Dickicht der Städte* (1972). Die enge Zusammenarbeit bei Regie und Dekor wurde Grundvoraussetzung für alle Einstudierungen, wobei neben Aillaud auch andere Künstler der jungen Malerei sich engagierten. Büchners *Woyzeck* (1973), *Die optimistische Tragödie* von Višnevskij (1974), *Chatterton* von Alfred de Vigny (1976), *Hamletmaschine* und *Mauser* von Heiner → Müller (1979), den er auch übersetzt hat. 1984–94 Leiter des Sapajou-Th.s gemeinsam mit Jean-François Peyret mit etwa 15 besonders anspruchsvollen Insz.en: *Le Rocher, la Lande, la Librairie* nach den *Essais* von Montaigne, Stücke von Heiner Müller (1988) und *Die Sonette* nach → Shakespeare (1989). 1995 franz. EA von Kleists *Die Hermannsschlacht* (Th. des Amandiers, Paris-Nanterre). J., der auch an der Universität Paris-Nanterre unterrichtet, inszeniert in Frankreich wie in Deutschland sowohl Werke des Sprech- wie des Musiktheaters. So z. B. in Stuttgart Mozarts *La finta giardiniera* (2003), *Idomeneo* (2004/05), in Paris *Choses dites, choses vues* nach Texten Michel Foucaults (2004, Festival d'Automne). J. wurde auch als Drehbuchautor bekannt: *Les Camisards* (1972), *Moi, Pierre Rivière* (1976), *Un Médecin des Lumières* (Fernsehspiel, 1988) für René → Allio, *Transit* (1991) nach Anna Seghers. Übersetzer von Werken Brechts, Büchners, Hartmut Langes, Karl → Valentins, Autor eines Stücks über Jean-Jacques Rousseau (1978). In seinen (theater)theoretischen Schriften äußerte sich J. über seine Arbeit und die wirtschaftlichen und politischen Implikationen, denen das Th. ausgesetzt ist und die es umso notwendiger machen.

Jourdheuil, J.: L'artiste, la politique, la production. Paris 1976; ders.: Le Théâtre, l'artiste, l'état. Paris 1979.

Horst Schumacher

Jouvet, Louis (eig. Jules Eugène L. J.), * 24. 12. 1887 Crozon / Finistère, † 16. 8. 1951 Paris. Schauspieler, Bühnenbildner, Regisseur, Theaterleiter.

J. wurde im äußersten Westen der Bretagne geboren, wo sein Vater als mittelständischer Bauunternehmer für die Modernisierung des Fort Crozon-Morgat in der Bucht von Douarnenez eingesetzt war. Er war 13 Jahre alt, als sein Vater starb. Nach dem Willen der Mutter sollte er Apotheker werden. J. benutzte allerdings seine 1904 in Paris begonnene Lehrzeit hauptsächlich zum Studium des Theaterlebens. Er fiel 3-mal bei der Aufnahmeprüfung zum Conservatoire durch, erste Bühnenerfahrungen an Vorstadttheatern. 1914 holte ihn schließlich → Copeau an sein Th. du Vieux-Colombier, an dem er 6 Jahre blieb und in → Shakespeares *Was ihr wollt* einen großen Erfolg erzielte. Copeau, der franz. → Stanislavskij, brachte J. mit → Dullin, Romain Bouquet, Roger Martin du Gard, Georges Duhamel und Gaston Gallimard zusammen und bestimmte maßgeblich seine Auffassung vom Th.: sparsam in den Mitteln, aber nicht nackt. Nur das Allernötigste an Dekor, ein Vorhang, ein Tisch, ein Stuhl nach Copeaus Maxime: «Die Zuschauer sehen nichts, was sie ablenkt, so daß sie das gesprochene Wort sehen.» 1923 erste eigene Insz.en mit 2 Stücken von Jules Romains: *Monsieur le Trouhadec saisi par la débauche* und *Knock, ou le triomphe de la médicine* (Dr. *Knock oder der Triumph der Medizin*). In *Knock* spielte J. auch die Hauptrolle des Scharlatan-Arztes, dessen Gestalt bis heute mit seiner schauspielerischen Leistung verbunden ist. 1927 Mitbegründer der Solidargemeinschaft Cartel des Quatre für das avantgardistische Th., zu der außer ihm → Baty, Dullin und → Pitoëff gehörten. 1928 entdeckte J. das erste Theaterstück *Siegfried* des bis dahin nur als Erzähler hervorgetretenen Jean Giraudoux, das er mit Pierre Renoir in der TR des dt. Staatsmanns S. von Kleist zu einem großen Erfolg führte. Giraudoux hatte damit zu seiner eigentlichen Begabung gefunden und schrieb bis zu seinem Tod 1944 jedes Jahr ein Drama, das J. zur UA annahm, so 1939 *Ondine* (dt. *Undine*) nach dem romantischen Märchen Friedrich de la Motte-Fouqués und *La folle de Chaillot* (dt. *Die Irre von Chaillot*) im Dezember 1945, fast 2 Jahre nach dem Tod des Autors. In der Spielzeit 1933/34 inszenierte J. an der Comédie des Champs-Élysées *La machine infernale* (dt. *Die Höllenmaschine*) von Jean Cocteau, der ihm den Bühnenbildner Christian Bérard vorstellte, dessen Mitarbeit bald für J., der bis dahin selbst Dekoration und Kostüme entworfen hatte, unentbehrlich wurde. 1934 Intendant des Th. de l'Athénée, gleichzeitig Berufung als Lehrer ans Conservatoire und erste Insz. an der Comédie Française mit *L'Illusion comique* von Corneille. 1940 verließ J. das besetzte Frankreich und machte mit Teilen seiner Truppe eine 4-jährige Tournee durch Lateinamerika, wo er ein ausschließlich franz. Repertoire spielte. 1945 kehrte J. ans Th. de l'Athénée zurück, das während seiner Abwesenheit von Pierre Renoir geleitet worden war. Während der Probe der Bühnenfassung von Graham Greenes Roman *Die Kraft und die Herrlichkeit* erlitt er einen Herzinfarkt, an dem er zwei Tage später – wie → Molière, sein großes Vorbild – in den Th.-Räumlichkeiten starb.

Molières *Don Juan oder Der steinerne Gast* faszinierte J. sein ganzes Leben. Er setzte das Stück 1924 aufs Programm der Comédie des Champs-Élysées, 1934 des l'Athénée, wagte aber erst später, es über die Einstudierung und Generalprobe hinaus zur Premiere zu führen. Erst 1947 fühlte er sich «reif genug», als Regisseur und Hauptdarsteller *Don Juan* auf die Bühne zu bringen. Er fühlte eine tiefe Verwandtschaft mit dem aristokratischen Verführer in seiner unersättlichen Eroberungslust. J. lebte getrennt von seiner Gattin, ohne sich scheiden lassen zu wollen. Seine Liaisons mit der 20 Jahre jüngeren Adoptivtochter Isadora → Duncans, mit den Schauspielerinnen Madeleine Ozeray und Monique Mélinand gehören zur Theatergeschichte. Über die rein persönlichen Verstrickungen hinaus symbolisierte die Gestalt des Don Juan für J. «la condition même du comédien», die Unsicherheit des Schauspielers, ständig auf der Suche nach einem unauffindbaren Ideal, einer unmöglichen Identität, rätselhaft, unergründlich, problematisch, paradox. Die Selbstergründung, Selbstbefragung Don Juans stellte J. v. a. in seiner Schauspielerführung und -ausbildung als ständige Infragestellung heraus. Bescheidenheit, ja Demut solle den Schauspieler auszeichnen. «Vergiß nie», schrieb er an Odette Joyeux, «daß der Schauspieler ein Werkzeug ist, das ständig verbessert werden muß.» In der Auseinandersetzung mit Sartre, dessen Stück *Der Teufel und der liebe Gott* er im Th. Antoine uraufführte (es war seine letzte Insz.), verurteilte er die demonstrativen Elemente, die seiner Auffassung vom Bühnentext widersprachen. J. spielte in 32 Filmen, obwohl er die Filmkunst verachtete. Viele der Filme sind allein durch seine darstellerische Präsenz Meisterwerke. Unvergesslich ist J. in der Rolle des russ. Barons in *Bas-Fonds*, in *Drôle de drame*, *Hôtel du Nord*, *La fin du jour*. Klassische Kriminalfilme sind *Quai des orfèvres* und *Un Revenant*; wo J. als Kommissar Antoine als desillusionierter ehemaliger Kolonialbeamter die berufliche Routine, private Resignation und Einsamkeit des Verbrecherjägers verkörpert, Vorläufer der Großstadt-Kommissare der 1950er Jahre, wie sie etwa Jean Gabin oder Lino Ventura darstellten.

Jouvet, L.: Le comédien désincarné. Paris 2002; ders.: Ecoute mon Ami. Paris 2001; ders.: Molière et la comédie classique. Paris 1997; ders.: Témoignages sur le théâtre. Paris 1987; Brauneck, M.: Die Welt als Bühne. 4. Bd. Stuttgart, Weimar 2003.

Horst Schumacher

Juhnke, Harald (eig. Harry Heinz Hubert J.), * 10. 6. 1929 Berlin, † 1. 4. 2005 Berlin. Schauspieler, Entertainer.

Als J. 1998 im Maxim-Gorki-Th., dem Haus, in dem er 1948 debütiert hatte, sein 50. Bühnenjubiläum feierte, konnte er auf eine vielfältige und breit gefächerte Karriere zurückblicken. Der Bühnenschauspieler J., der nach einer Ausbildung in Berlin und Engagements u. a. in Hamburg und München das Boulevardtheater eroberte (u. a. in Herberts *Jungfrau auf dem Wolkenkratzer*, 1966, Kleine Komödie München; Manhoffs *Die Eule und das Kätzchen*, 1979, Kleine Komödie, Hamburg; Simons *Plaza Suite*, 1984/85, Kurfürstendamm-Th., Berlin), entwickelte sich nach einer festen Verpflichtung am Berliner Renaissancetheater ab 1987 zum ernsten Charakterdarsteller (u. a. mit Stücken wie Osbornes *Der Entertainer*, 1987; → Molières *Tartuffe*, 1988, *Der Geizige*, 1990, alle Renaissancetheater; Turrinis *Alpenglühen*, 1992, Schlossparktheater; Zuckmayers *Der Hauptmann von Köpenick*, 1996, Maxim-Gorki-Th.). Diese Tendenz – vom Leichten, oft Seichten hin zum Ernsthaften, Dramatischen – machte auch den Filmschauspieler J. aus. Nach seinem Leinwanddebüt in *Drei Mädchen spinnen* (1953) drehte er bis in die 1970er Jahre zahllose Produktionen von der Klamotte bis zum Unterhaltungsfilm (*Ohne Krimi geht die Mimi nie ins Bett*, 1962). In den 1990er Jahren interpretierte er glaubwürdig facettenreiche Charaktere in all ihrer Tragik und Gebrochenheit, aber auch mit ihren komischen Nuancen, so in der Satire *Schtonk* (1992), der Farce *Der Papagei* (1992, TV), der Fallada-Adaption *Der Trinker* (1995, TV). Das Fernsehpublikum begeisterte er zudem in Unterhaltungsreihen und Sketchserien (u. a. *Ein verrücktes Paar*, 1977–80; *Harald & Eddie*, 1986 ff.) und Musikshows (z. B. *Musik ist Trumpf*, 1979–82). In diesen Shows moderierte er nicht nur, sondern glänzte als Chansonnier mit einer Vorliebe für die Interpretation von Sinatra-Songs, die auch Teil seiner vielen Gesangstourneen waren. Seinen letzten Bühnenauftritt hatte J. 1999 im Friedrichstadtpalast; seit 2001 lebte er, unheilbar krank, in einem Pflegeheim. – J. war einer der wenigen dt.sprachigen «Entertainer» im besten Sinn des Wortes: Komödiant, Charakterdarsteller, Showmaster, Sänger – in allen Genres gleichermaßen überzeugend und erfolgreich, war er ein Publikumsliebling, dem auch gelegentliche Alkohol«eskapaden» immer wieder nachgesehen wurden.

His Way. Harald Juhnke singt F. Sinatra. 1998 *(CD)*; Juhnke, H.: Die Kunst, ein Mensch zu sein. München 1980 *(Memoiren)*; ders., H. Wieser: Meine sieben Leben. Reinbek 1998; Schaper, R.: Der Entertainer der Nation. Berlin 1997.

Ute Hagel

Jürgens, Curd (Gustav Andreas Gottlieb Franz), * 13. 12. 1915 Solln bei München, † 18. 6. 1982 Wien. Schauspieler.

Sohn eines Exportkaufmanns. Kurzzeitig Arbeit als Reporter. J.' Bühnenlaufbahn begann in Dresden; nach der Schauspielausbildung bei Walter Janssen debütierte er 1935 am Metropoltheater in F. Raymonds Operette *Ball der Nationen*, spielte in Berlin am Th. am Kurfürstendamm und der Komödie. In Wien 1938–40 am Volkstheater, 1940 ging er ans Burgtheater, dessen Ensemble er (mit Unterbrechungen) 40 Jahre lang angehörte. Rollen u. a. in → Shakespeares *Romeo und Julia* (1942, R. L. → Müthel), Williams' *Die Glasmenagerie* (1950), *Endstation Sehnsucht* (1951, beide R. B. → Viertel), Osbornes *Richter in eigener Sache* (1965), → Brechts *Leben des Galilei* (TR, 1967, R. → Meisel). 1968–80 (mit Unterbrechungen) auch im Th. in der Josefstadt, zuletzt als Sigmund Freud in Denkers *Berggasse 19* (1979/

80). Bei den Salzburger Festspielen 1973–77 TR in Hofmannsthals *Jedermann* (R. E. → Haeusserman). 1975/76 mit großem Erfolg in Rintels Ein-Personen-Stück *Im Zweifel für den Angeklagten* (Komödie, Berlin, R. Willi → Schmidt). – Ab 1935 eroberte er auch die Kinoleinwand in Deutschland und Österreich mit Filmen wie *Königswalzer* (1935), *Zu neuen Ufern* (1937, R. D. → Sierck), *Wen die Götter lieben* (1942), *Lambert fühlt sich bedroht* (1949). Nach dem viel beachteten Ehedrama *Eine Frau von heute* (1954, R. P. → Verhoeven) schaffte J. mit seiner Paraderolle des Fliegergenerals Harras in → Käutners Zuckmayer-Verfilmung *Des Teufels General* (1954/55) den internat. Durchbruch (Goldener Löwe, Filmfestspiele Venedig). Neben dt.sprachigen Filmen wie *Der Schinderhannes* (1958) war er auch in franz., amerik. und brit. Produktionen zu sehen: u. a. 1956 in *... und immer lockt das Weib* (R. Roger Vadim, mit B. Bardot), 1964/65 in *Lord Jim* (R. Richard Brooks) und 1977 in dem James-Bond-Film *Der Spion, der mich liebte*. Eine seiner letzten Rollen spielte er 1981 in dem TV-Film *Collin* nach der Vorlage von Stefan Heym. J., der in einigen Filmen selbst Regie führte und das Drehbuch schrieb, war kurzfristig auch als Theaterleiter tätig (1945 Intendant des Stadttheaters Straubing, eine Spielzeit Leiter des Th. Hébertot in Paris). Er machte sich mit seinem markanten Sprechgesang auch als Chansonnier einen Namen. – J., einer der wenigen dt. Schauspieler, die internat. bekannt wurden, spielte in seinen über 160 Filmen, die von der seichten Unterhaltungskomödie über Krimis und Actionthriller bis zum anspruchsvollen Kriegsdrama fast alle Genres abdeckten, den draufgängerischen Lebemann mit der gleichen überzeugenden Bravour wie den von moralischen Zweifeln geplagten General oder den zwielichtigen Bösewicht. Daneben war er aber auch ein profilierter Bühnenschauspieler, der dem Th. bis zu letzt verbunden blieb. Sein Schauspiel *Geliebter Michael* wurde 1946 in München uraufgeführt.

Curd Jürgens. Hg. H. Hoffmann, W. Schobert. Frankfurt a. M. 2000; Curd Jürgens. Wie wir ihn sahen. Hg. M. Jürgens. München 1985; Jürgens, C.: ... und kein bißchen weise, München 1976 *(Autobiographie und LP)*.

Ute Hagel

K

Kabel, Heidi, * 27. 8. 1914 Hamburg. Schauspielerin.

Direkt gegenüber dem heutigen Ohnsorg-Th. wurde K. als Tochter eines Druckereibesitzers geboren. Ihr Vater organisierte in seiner Funktion als Vorsitzender des «Vereins geborener Hamburger» niederdeutsche Abende, sodass sie von Kind auf mit der «plattdeutschen» Sprache vertraut war. 1932 wurde sie von Richard Ohnsorg bei einem Probesprechen entdeckt und erhielt ein festes Engagement an der Niederdt. Bühne, dem späteren Ohnsorg-Th., dem sie 65 Jahre verbunden blieb (1933 Bühnenpremiere in Petersens *Ralves Carstens*). 1954 begannen die regelmäßigen Fernsehübertragungen aus dem Ohnsorg-Th. und machten K. bundesweit zu einer der bekanntesten und beliebtesten dt. Mundart-Schauspielerinnen. Auch nach ihrem Abschied von der Bühne 1998 blieb sie ihrem

Publikum erhalten: mit Lesungen und mit Auftritten bei Live-Veranstaltungen des ARD-Radiosenders «NDR Hamburg-Welle 90,3». – K. gilt als der Inbegriff der norddt. Volksschauspielerin, die als naive «Hamburger Deern», klatschsüchtige Putzfrau und «feine» hanseatische Dame mit Herz und Schnauze in Klassikern der niederdt. Unterhaltungsliteratur gleichermaßen brilliert. Ihre Fähigkeiten als Charakterdarstellerin hat sie auch in ernsten Volksstücken und Dramen unter Beweis gestellt. Sie erhielt neben vielen Medienpreisen 1984 die Biermann-Ratjen-Medaille der Hansestadt Hamburg und 1989 die Hermann-Löns-Medaille für besondere Verdienste um die Volksmusik.

Kabel, H.: Wo sind nur die Jahre geblieben? Stationen meines Lebens. Hamburg 1994; Schramowski, C.: Das große Heidi Kabel Album. Ihr Leben, ihre Rollen. Hamburg 1999.

Ute Hagel

Kadmon, Stella, * 16.7.1902 Wien, † 12.10.1989 Wien. Theater- und Kabarettleiterin, Schauspielerin, Kabarettistin.

1920–23 Studium an der Wiener Akademie für Musik und darstellende Kunst (heute Reinhardt-Seminar). Erstes Engagement 1923/24 als «Naive» am Landestheater Linz (Durchbruch als Lulu in Wedekinds *Erdgeist*); 1924/25 Dt. Th. Mährisch-Ostrau (Ostrava). Erneuter Unterricht (Schauspiel, Regie) u. a. bei Max → Reinhardt. 1926–31 Engagements v. a. als Diseuse in Kabaretts in Wien (Simpl, Pavillon, Hölle), München, Köln, Berlin. Dort lernte K. in W. → Fincks Katakombe zeitkritisches, politisches Kabarett kennen und gründete 1931 in Wien die erste politische Kleinkunstbühne Der liebe Augustin mit Peter Hammerschlag (1902 – nach 1942) als Hausautor. Zu den Darstellern gehörten neben ihr Leo Askenasy (Leon → Askin), Fritz → Muliar, Gusti Wolf, nach 1933 verstärkt auch dt. Exilierte. Neben Gedichten, Chansons, Sketchen wurden Einakter, sog. «Mittelstücke», gespielt. Hauptautor seit 1935 Gerhart Herrmann Mostar (1901–73). Nach dem «Anschluss» Österreichs (März 1938) wurde das Kabarett durch die Nationalsozialisten geschlossen. Im Juli 1938 emigrierte K. nach Belgrad, 1939 über Griechenland nach Palästina. In Tel Aviv leitete sie 1940–42 das hebräischsprachige Kabarett Papillon (mit Martin Rost), gab Chansonabende, veranstaltete 1945/46 in ihrem Haus (trotz Widerständen) Dramenlesungen in dt. Sprache, u. a. → Brechts *Furcht und Elend des Dritten Reiches*, Werfels *Jacobowsky und der Oberst*, A. Zweigs *Napoleon in Jaffa*. – 1947 Rückkehr nach Wien und – nach Querelen mit dem neuen Lizenzinhaber – erneute Übernahme des 1945 wiedereröffneten Lieben Augustin. Erfolgsosigkeit mit zeitkritischem Kabarett veranlasste K., ihre Bühne 1948 in Th. der Courage umzubenennen und als zeitkritisch-avantgardistisches Th. bis 1981 zu führen (seit 1960 in einem neuen Gebäude). Es war das wohl innovativste Th. Österreichs, in dem 31 UAen und über 120 österr. bzw. dt.sprachige EAen stattfanden, darunter Borcherts *Draußen vor der Tür* (Dez. 1948), G. Kaisers *Das Floß der Medusa* (1949/50), Sartres *Die ehrbare Dirne* (1949/50), *Im Räderwerk* (Nov. 1954), G. Weisenborns *Die Ballade vom Eulenspiegel* (1950/51), Horváths *Don Juan kommt aus dem Krieg* (UA 1952), Kipphardts *Der Hund des Generals* (1965/66), Kroetz' *Wildwechsel*, Fassbinders *Bremer Freiheit*. «Einmalig ist ihre Stellung in der österreichischen Theatergeschichte […] schon dadurch, daß sie in Bereichen der Theaterwelt tätig war, die durchwegs Männer-Domänen sind» (Bolbecher, S. 99). 1977 wurde K. Professorin ehrenhalber.

Bolbecher, S.: Vom «Lieben Augustin» zum «Theater der Courage». In: Zwischenwelt. Die Welt des Jura Soyfer. Wien 1991, S. 99–115; Mandl, H.: Cabaret und

Courage: Stella Kadmon. Wien 1993; Reisner, I.: Kabarett als Werkstatt des Theaters. Diss. Wien 1961; Veigl, H.: Lachen im Keller. Kabarett und Kleinkunst in Wien. Wien 1986.

Wolfgang Beck

Kainz, Josef (Gottfried Ignaz), * 2. 1. 1858 Wieselburg (Österreich-Ungarn), † 20. 9. 1910 Wien. Schauspieler.

Sohn eines Eisenbahners und früheren Schauspielers. 1869 Auftritt im Schülertheater; 5. 10. 1873 Debüt am Sulkowsky-Th. (Wien). 1874 Unterricht bei der Burgschauspielerin Cesarine Kupfer-Gomansky (1818–86). Sommer 1875 Hoftheater Kassel, als talentlos entlassen. 1875/76 Marburg (Steiermark); 1876/77 Leipzig, Erfolg als Filippo in F. Coppées *Der Geigenmacher von Cremona*. 1877–80 Hoftheater Meiningen (Florizel in → Shakespeares *Ein Wintermärchen*, Kosinsky in Schillers *Die Räuber*, TR in Kleists *Der Prinz von Homburg*); Teilnahme an Gastspielen der «Meininger». 1880–83 Hof- und Nationaltheater München (TR in Schillers *Don Carlos*). Auftritt bei einer Separatvorstellung für König Ludwig II. 1883–89 Dt. Th. Berlin. In der Eröffnungsvorstellung Ferdinand in Schillers *Kabale und Liebe* (P. 30. 9. 1883). Erfolgreich v. a. in Rollen des klassischen Repertoires. Vergebliche Versuche, das für 1889–93 eingegangene Engagement an → Barnays Berliner Th. wegen künstl. Differenzen zu beenden. K. wurde wegen Vertragsbruchs 1890 vom Bühnenschiedsgericht zu einer Konventionalstrafe verurteilt. Außerdem durfte kein dem Dt. Bühnenverein (DBV) angehörendes Th. ihn engagieren. Infolgedessen Leseabende, Auftritte in Berlin am Lessing-Th. (Sudermann, *Sodoms Ende*) und dem vorstädtischen Ostend-Th. (u. a. erstmals TR in Shakespeares *Hamlet*), Gastspiele (1891 Petersburg). 1891/92 Engagement am dt.sprachigen Irving Place Th. in New York. 1892–99 Dt. Th. Berlin. Um K. engagieren zu können, trat der Leiter Adolph l'Arronge aus dem DBV aus. Als 1894 Otto → Brahm die Leitung übernahm und statt Klassikern mehr und mehr aktuelle realistische und naturalistische Dramen spielen ließ, trat K. u. a. in Stücken Schnitzlers und Hauptmanns auf. Nach erfolgreichem Gastspiel (November 1898) seit 1899 Mitglied des Wiener Burgtheaters. Wichtige Rollen u. a. in Stücken Schillers (Melchtal in *Wilhelm Tell*), → Goethes (Mephisto in *Faust I* und *II*), → Molières (TR in *Tartuffe, Der Misanthrop*), Grillparzers (Rustan in *Der Traum ein Leben*, Leon in *Weh dem, der lügt*), Strindbergs (Oswald in *Gespenster*). Zahlreiche Shakespeare-Rollen; letzter Auftritt als Marc Anton in *Julius Caesar* (12. 5. 1910). 2 Tage nach seiner Ernennung zum Regisseur starb K. an Krebs. Er übersetzte Beaumarchais und Byron, versuchte sich als Dramatiker, schrieb unter dem Pseudonym Kühnhold Wahr über Schauspielkunst (*Kritische Blitze eines forschenden Zuschauers*. Berlin 1887). – K. war einer der berühmtesten Schauspieler seiner Zeit, der die bis dahin übliche pathetische Darstellung zugunsten einer differenzierten, sensiblen, realistischen Auffassung aufgab. Ein Charakterdarsteller des Übergangs, von großer Vitalität und Ausdruckskraft. Gerühmt wegen seiner Sprechtechnik («Kainz sprach Blitze», Jhering, S. 9), seiner ausdrucksvollen und melodiösen Stimme: «Er sprach, als hätte er der Welt die Sprache gebracht wie Prometheus das Feuer. Die Sprache ward in seinem Munde ein heiliges Element» (Fehling, S. 247). K. bekam als erster Schauspieler in Wien ein Denkmal. 1958 stiftete die Stadt Wien die J.-K.-Medaille.

Brahm, O.: Kainz. Berlin 1910; Bronnen, A.: Josef Kainz. Berlin 1977; Drews, W.: Die Großen des Deutschen Schauspiels. Berlin 1941; Jhering, H.: Von Josef Kainz bis Paula Wessely. Heidelberg u. a. 1942; Kainz, J.: Briefe. Berlin 1966; Kuschnia, A. M.: 100 Jahre Deutsches Theater Berlin 1883–1983. Berlin 1983; Das Theater des deutschen Regisseurs Jürgen Fehling. Hg. G. Ahrens. Berlin 1985.

Wolfgang Beck

Kaiser, Wolf (Wilhelm), Schauspieler, * 26. 10. 1916 Frankfurt a. M., † 21. 10. 1992 Berlin.

Sohn eines Gießers und Galvaniseurs, der 1920 mit seiner Familie in die Schweiz ging. K. wuchs in Basel auf, kehrte 1937 nach Deutschland zurück, nahm 1939–41 Schauspielunterricht bei Margarethe Wellhoener in Berlin. 1941 Debüt am Stadttheater Iglau (Jihlava); 1942–44 Volksbühne Berlin (Grillparzer, *Sappho*, 1943, R. → Martin). Nach Kriegsende Schauspieler in München und Frankfurt a. M.; 1947–50 am Leipziger Schauspielhaus (Hasenclever, *Münchhausen*, UA 1948). Seit 1950 in Berlin, zuerst am Dt. Th., dann (1950–67) am Berliner Ensemble. Rollen v. a. in Stücken → Brechts, u. a. in *Mutter Courage und ihre Kinder* (1961 Film), *Leben des Galilei* (beides Übernahmen), Brecht/Farquhars *Pauken und Trompeten* (1955), *Der gute Mensch von Sezuan* (1957, beide R. → Besson), *Der aufhaltsame Aufstieg des Arturo Ui* (1959, R. → Palitzsch / → Wekwerth), Brecht/Weills *Die Dreigroschenoper* (1961, R. E. → Engel), *Die Tage der Commune* (1962), *Der Messingkauf* (UA 1963), Brecht/ → Shakespeares *Coriolan* (1964). Außerdem in Baierls *Frau Flinz* (1962, mit → Weigel). 1967/68 an der Volksbühne Berlin in Shaws *Cäsar und Cleopatra*, Baierls (nach Majakovskij) *Mysterium Buffo – Variante für Deutschland* (beide 1967), Schillers *Don Carlos* (1968). Seit 1969 Mitglied im Schauspielerensemble des Fernsehens der DDR. Film- und Fernsehrollen u. a. in *Die Buntkarierten* (1949), *Das verurteilte Dorf* (1952), *Ernst Thälmann* (2 Teile, 1954–55), *Thomas Müntzer* (1956), *Kabale und Liebe* (1959), *Mutter Courage und ihre Kinder* (1961), *Die Abenteuer des Werner Holt* (1965), *Kleiner Mann – was nun?* (1967, TV), *Die Leidenschaftlichen* (1979), *Casanova auf Schloß Dux* (TR, 1981, TV). Gastengagements in Weimar (Dürrenmatt, *Der Besuch der alten Dame*, 1981, R. → Buckwitz), der BRD und der Schweiz. Dort in Becketts *Warten auf Godot* (1980, Zürich), Brechts *Die Antigone des Sophokles* (1989, Chur). Seit 1959 Präsident des Künstlerklubs Die Möwe in Berlin, Kunstpreis 1961, mehrere Nationalpreise. – Temperamentvoller und komödiantischer Schauspieler, der im Alter an tragischer Kraft und darstellerischer Tiefe gewann. Als Bühnen- wie als Film- und Fernsehschauspieler sehr populär.

Wolfgang Beck

Kalser, Erwin (eig. E. Kalischer, in USA auch Irwin Kalischer), * 22. 2. 1883 Berlin, † 26. 3. 1958 Berlin. Schauspieler.

Studium an der Berliner Universität. Promotion zum Dr. phil. 1910–23 Münchner Kammerspiele (in der R. → Falckenbergs u. a. 1917 Kassierer in der UA von Kaisers *Von morgens bis Mitternacht*, TRn in Johsts *Der Einsame*, 1918, und *Der König*, 1920, Dichter in Sorges *Der Bettler*, 1920). 1923–33 Berlin. Am Staatstheater 1923 Marchbanks in Shaws *Candida*, Iversen in Barlachs *Der arme Vetter* (R. Jürgen → Fehling). Unter → Piscator an der Volksbühne 1926 Oberst in der UA von Paquets *Sturmflut*, in Gor'kijs *Nachtasyl*, 1927 in UA von Ehm Welks *Gewitter über Gottland*. Schauspieler und Regisseur an der Piscatorbühne am Nollendorfplatz, Mitglied der kollektiven Direktion. Spielte 1927 den Zaren in der UA von A. Tolstojs *Rasputin* (mit Tilla → Durieux), 1929 in der UA von Mehrings *Der Kaufmann von Berlin*. 1933 Emigration. 1933–39 Schauspielhaus Zürich (alter Rabbiner in der UA von Lasker-Schülers *Arthur Aronymus und seine Väter*, 1936; Spielleiter in Wilders *Unsere kleine Stadt*, 1939). 1939–46 Hollywood; Filmrollen u. a. in *Escape to Glory* (1940), *Berlin*

Correspondent (1942), *Mission to Moscow* (1943), *Hotel Berlin* (1945); Mitwirkung in → Kortner / Thompsons antifaschistischem Stück *Another Sun* (UA 1940, National Th., New York). 1946–51 wieder Zürcher Schauspielhaus. 1952 bis zu seinem Tod Schiller- und Schlossparktheater Berlin (Shrewsbury in Schillers *Maria Stuart*, 1952; Bettler in Giraudoux' *Elektra*, 1954; Großinquisitor in Schillers *Don Carlos*, 1955; Arnolphe in → Molières *Die Schule der Frauen*, 1955; Philemon in Ahlsens *Philemon und Baucis*, 1956; Polonius in → Shakespeares *Hamlet*, R. Kortner; Kaiser in Kleists *Das Käthchen von Heilbronn*; TR in → Lessings *Nathan der Weise*, alle 1957). – Übersetzungen von Stücken Sheridans. – Vorzüglicher Vertreter des expressionistischen und des politischen Th.s. Im Alter ein Darsteller von großer Würde und Autorität sowie tragisch gebrochener Ironie.

Werner Schulze-Reimpell

Kamińska, Esther Rahel, * 10. 3. 1868 oder 1870 Porosowo bei Grodno, † 25. 12. 1925 Warschau. Schauspielerin, Regisseurin, Theaterleiterin.

E. R. Halpern arbeitete als Gehilfin einer Modistin in Warschau (Warszawa), wo sie 1892 ihr Bühnendebüt am Th. Eldorado gab. 1893 heiratete sie den Schauspieler und Leiter in Jiddisch spielender Theatergruppen Abraham Isaak Kamiński. Die meiste Zeit ihres Lebens war die ganze Familie mit ihrer eigenen Theatertruppe auf Tournee, v. a. durch Polen und Russland. 1905 am neuen jidd. Th. in Warschau, wo K. als Star des Ensembles ebenso gefeiert wurde wie bei zahlreichen Gastspielen, u. a. in Petersburg (1908), New York (1909 und 1911), London (1913) und Paris (1913). Nach Beginn des 1. Weltkriegs spielte sie v. a. in Russland; setzte dann ihre Arbeit in Polen fort. Zum Repertoire ihres Ensembles gehörten jidd. Übersetzungen von Stücken Ibsens, Sudermann, Dumas' ebenso wie die Werke der noch relativ neuen jidd. Dramatik. Berühmt wurde sie durch ihre Darstellung der Frauenfiguren Jakob Gordins (1853–1909), der neben realistischen Schauspielen aus der Welt des Judentums auch Adaptionen klassischer europ. Dramatik verfasste. Zu K.s bekanntesten Interpretationen gehörte die TR in Gordins *Mirele Efros*, in dem bereits 1905 ihre Tochter Ida auftrat. Weitere Rollen u. a. in Perez' *Shvester (Schwester)*, *Di goldene Kejt* (*Die goldene Kette*, UA 1906). Sie trat später in dem von ihrer Tochter und ihrem Schwiegersohn gegründeten Varshever yidisher kunst-teater (VIKT, Warschauer jidd. Kunst-Th.) auf. Außerdem spielte sie mit ihrer Tochter in den Stummfilmen *Mirele Efros* (1912) und *Tkies kaf* (1924, in amerik. Tonfassung 1933: *A Vilna Legend*). – K. gilt als die «Mutter des jidd. Theaters». Gefeiert als die «jüdische Duse» wegen der inneren Wahrhaftigkeit und realistischen Einfachheit ihrer Darstellungskunst. Sie war eine Pionierin des sich erst entwickelnden eigenständigen jidd. professionellen Th.s; in ihrer Bedeutung als Anregerin und Vorbild kaum zu überschätzen. Ihre Arbeit wurde fortgesetzt von ihrer Tochter

Kamińska, Ida, * 18. 9. 1899 Odes'ka Oblast (Odessa, Russland, heute Ukraine), † 21. 5. 1980 New York. Schauspielerin, Regisseurin, Theaterleiterin, Autorin.

Sie betrat die Bühne bereits mit 6 Jahren; Regiedebüt mit 18 Jahren. Mit der jidd. Theatertruppe ihrer Eltern spielte sie in Warschau (Warszawa) wie auf Tourneen durch Polen und Russland. Sie wurde eine führende Schauspielerin des Ensembles, aus dem 1923 das Varshever yidisher kunst-teater (VIKT, Warschauer jidd. Kunst-Th.) hervorging, das sie mit ihrem ersten Mann, dem Schauspieler Zygmund Turkow, begründete. Das Schwergewicht des Repertoires lag auf Stücken jidd. Autoren wie Gordin, Perez, Hirschbein, Sholem Aleichem, Goldfaden. Daneben wurden klassische und moderne Stücke und Bühnenadaptionen in jidd. Übersetzung gespielt, u. a. →Molières *Der Geizige*, Rollands *Wölfe*, Berstls *Der lasterhafte Herr Tschu* (1923), Andreevs *Die sieben Gehängten*, *Die Brüder Karamasow* (nach Dostoevskij, 1927). Ihr Bemühen war, den künstl. Standard des noch jungen, meist halbprofessionell bis amateurhaften jidd. Th.s zu heben. Das für diesen Anspruch nicht immer vorhandene Publikum, die finanziell prekäre Lage erzwangen die Aufnahme von Unterhaltungsstücken und Operetten. Sie spielten nicht nur in Warschau, sondern auch auf Tourneen durch Polen; Gastspiele in Paris, Brüssel und Litauen. 1931 Gründung des I.-K.-Th.s in Warschau. In ihm wurde unter dem Titel *Der gelbe Fleck* Wolfs antifaschistisches Stück *Professor Mamlock* in jidd. Sprache mit →Granach in der TR uraufgeführt (19. 1. 1934). K. leitete auch andere jidd. Th., war 1936–41 in Łwow (Lemberg). 1941 floh sie mit ihrem zweiten Mann, dem Schauspieler Meir (Marian) Melman (um 1900–78), und Teilen des Ensembles bis nach Frunse, der Hauptstadt der Kirgisischen SSR. Um dort weiterspielen zu können, rekonstruierte K. Stücke ihres Repertoires aus dem Gedächtnis, da sie keine Texte hatten mitnehmen können. Nach Kriegsende nach Polen zurückgekehrt, wurde K. künstl. Leiterin des neugegründeten Staatl. Jüd. Th.s (heute Panstwowy Teatr Zydowski im. Ester Rachel Kaminskiej), 1949–53 in Łodz, 1953–55 in Breslau (Wrocław), seither im eigenen Th. in Warschau beheimatet. Wegen der weitgehenden Vernichtung des poln. Judentums gab es kaum noch ein jidd. sprechendes Publikum, was ein nicht nur auf jüd. Themen bezogenes Repertoire erforderlich machte. U. a. Goldfadens *Di beyde Kuni-Lemls*, Gordins *Got, mentsh un taiwl* (beide 1947), Baumanns *Glikl Hameln fordert Gerechtigkeit* (1952), Orzeskowas *Meir Ezofowicz* (1953), Kruczkowskis *Juliusz i Ethel* (1954), →Brechts *Mutter Courage und ihre Kinder* (1957; 1967 Billy Rose Th., New York), Dluznowskis *Dos ejnsame Schif* (1961), Etingers *Serkele* (1963), Taylors *Mister David* (1966). Zahlreiche Insz.en. Gastspiele in Israel (1959), Australien (1960, R. und Hauptrollen in Gordins *Mirele Efros*, Casonas *Die Bäume sterben aufrecht*), Großbritannien (1962), am Broadway (1967). Wegen antiisraelischer und antisemitischer Tendenzen in Polen blieben K. und ihr Mann in den USA. Vergebliche Versuche, Anfang der 1970er Jahre ein jidd. Kunst-Th. in New York zu etablieren. 1974 gingen K. und ihr Mann nach Israel, wo sie als Gast auftrat, kehrten aber bereits 1976 in die USA zurück. Wenige Filme: *Mirele Efros* (1912), *Tkies kaf* (1924, 1933 amerik. Tonfassung: *A Vilna Legend*), *On a Hejm* (1939), *Mir Lebn Gebliebene* (1947), *Obchod na korze* (1965, *The Shop on Main Street*), *The Angel Levine* (1970). – Charakterschauspielerin von internat. Rang mit großer Ausdrucksstärke und Präsenz, in jidd. Stücken ebenso wie in Stücken der Weltdramatik. Als Regisseurin wie als Schauspielerin realistischer Darstellungskunst verpflichtet. Von überragender Bedeutung für die künstl. Entwicklung des jidd. Th.s ist ihre Rolle als Regisseurin, Autorin, Übersetzerin und Theaterleiterin, v. a. nach 1945, als es um den Wiederaufbau jidd. Theaterlebens ging. Sie spielte ca. 150 Rollen, führte über 70-mal Regie, übersetzte etwa 70 Stücke ins Jiddische, dramatisierte Romane und schrieb eigene Schauspiele. Ihre Tochter Ruth Torkow K. (*1920) war – wie andere Mitglieder der Familie – ebenfalls am Th. tätig.

Handbuch des dt. Exiltheaters 1933–1945. Hg. F. Trapp u. a. 1. Bd. München 1999; Ida Kaminska: 50 yor kinstlerishe tetikeyt. Warszawa 1967; Kaminska, E. R.: Briv. Hg. M. Turkov. Vilne 1927; Kaminska, I.: My Life, My Theater. New York 1973; Sandrow, N.: Vagabond Stars. New York u. a. 1977; Steinlauf, M. C.: Polish-Jewish theatre. Ann Arbor 1988; Szydlwoski, R.,

Kammer, Klaus

M. Friedman: The Ester Rachel Kaminska State Jewish Theater. Warszawa 1981; Zylbercweig, Z.: Di velt fun Ester Rahel Kaminska. [México] 1969.

Wolfgang Beck

Kammer, Klaus, * 15. 1. 1929 Hannover, † 8. 5. 1964 Berlin (Freitod). Schauspieler.

Ausbildung und Debüt in Hannover. 1949–50 Witten/Ruhr, 1950–51 Landesbühne Schleswig (Hugo in Sartres *Die schmutzigen Hände*, Melchior in Wedekinds *Frühlings Erwachen*). 1951–52 Essen, 1952–55 Thalia Th. Hamburg (Wurm in Schillers *Kabale und Liebe*). Seit 1955 Staatl. Schauspielbühnen Berlin. Durchbruch als Jimmy Porter in der DEA von Osbornes *Blick zurück ins Zorn* (1957, R. → Barlog). Spielte u. a Peter in Goodrich/Hacketts *Das Tagebuch der Anne Frank* (1956), Laërtes in → Shakespeares *Hamlet* (1957), 1960 Chlestakov in Gogol's *Der Revisor*, Eugene in Wolfes *Schau heimwärts, Engel*, Andri in Frischs *Andorra* (1962, R. → Kortner), TRn in Goethes *Clavigo* (1962) und 1960 in Ahlsens *Raskolnikoff* nach Dostoevski; («Ähnliches an intelligenter Intensität, Vergleichbares an fast schmerzhafter Verdeutlichung einer Rolle hat man nicht oft so gesehen. Er läßt nicht nach zu überraschen. Er findet immer neue Aspekte für die Gestalt, wiederholt sich nicht, verfällt nie in Unleidlichkeit oder Hysterie. Dauernd in höchster Erregung, geht er nie auf die Nerven, zieht er den großen, bösen Bogen klar nach. Er setzt sicher die kleinen, schwarzen Humore der heiklen Figur. Seine Glut, seine Intensität ist jede Sekunde scharf kontrolliert», schrieb Friedrich Luft), Affe in Kafkas *Bericht für eine Akademie* (1962, R. Willi → Schmidt). 1963 im Wiener Burgtheater Orin an O'Neills *Trauer muß Elektra tragen*. – Ein hochbegabter, hochgefährdeter Schauspieler, exzellent in der Darstellung aufbegehrender, unangepasster, auch neurotischer Charaktere, in sich zerrissener Menschen. Nach seinem frühen Tod schrieb Henning Rischbieter: «Geistigkeit, Nervosität und Sensibilität vereinigten sich in seiner Schauspielerei zum unverwechselbaren Ganzen. Seine hochentwickelte Artistik reichte in die Bezirke des Unfaßbaren.»

Melchinger, S., R. Clausen: Schauspieler. 36 Porträts. Velber 1965; Rischbieter, H.: Der Schauspieler Klaus Kammer. Velber 1964.

Werner Schulze-Reimpell

Kantor, Tadeusz, * 16. 4. 1915 Wielopole, † 8. 12. 1990 Kraków. Theaterkünstler, Regisseur, Bühnenbildner, Maler.

K. studierte an der Akademie für Bildende Kunst in Krakau, die er im Jahre 1939, kurz vor dem Anfang des 2. Weltkriegs, absolvierte. Noch während des Studiums begann er seine Theatertätigkeit; mit anderen Malern gründete K. 1938 ein «Ephemerisches Puppentheater» und realisierte dort *Der Tod des Tintagiles* von M. Maeterlinck. 1942–44, im okkupierten Krakau, organisierte er das illegale Teatr Niezależny (Unabhängiges Th.), das in Privatwohnungen 2 Aufführungen poln. Klassiker gab: *Balladyna* von J. Słowacki (4 Vorstellungen im Mai 1943 für insgesamt ca. 100 Zuschauer) und *Powrót Odysa* (*Rückkehr des Odysseus*) von S. → Wyspiański (3 Fassungen im Juni/Juli 1944). «Der rückkehrende Odysseus ist dann zum Urbild für alle späteren Figuren meines Theaters geworden», notierte K. im Jahre 1980. Gleich nach dem Krieg und während der Periode des sog. sozialistischen Realismus in der poln. Kunst widmete sich K. hauptsächlich der Malerei und der Bühnenbildnerei in verschiedenen Th.n. Seine avantgardistischen und abstrakten Werke fanden damals keine entsprechende Resonanz. Im Herbst 1955 organisierte K. eine freie Truppe von Amateurschauspielern unter dem Namen Cricot 2; der Name knüpfte an die Tradition des in den 1930er Jahren wirkenden Th.s Cricot – und im nächsten Jahr fand in Krakau die erste Premiere statt: *Mątwa (Der Tintenfisch)* von S. I. Witkiewicz (P: 12. 5. 1956, Krzysztofory-Galerie). Damit erklärte sich K. eindeutig für ein radikal modernes, autonomes, antimimetisches Th., das seine Wurzeln in Witkiewicz' Theorie der «Reinen Form» hatte. Andere Dramen des poln. Avantgardekünstlers galten für K. auch in den nächsten 20 Jahren als hauptsächliche Inspiration und literarischer Stoff bei der Arbeit an weiteren Aufführungen, von denen jede eine neue Etappe in der Entwicklung der Theateridee Kantors darstellen sollte: *W małym dworku (In einem kleinen Landhaus*, P. 14. 1. 1961) – das Th. Informel, *Wariat i zakonnica (Narr und Nonne*, P. 8. 6. 1963) – das Zero-Th., *Kurka wodna (Das Wasserhuhn*, P. 28. 4. 1967) – das Happening-Th., *Nadobnisie i koczkodany (Zierpuppen und Schlampen*, P. 4. 5. 1973) – das Unmögliche Th. Zitate und Bilder aus Witkiewicz' *Tumor Mózgowicz* konnte man noch in der *Toten Klasse* (P. 15. 11. 1975) finden. Mit diesem Projekt leitete K. die bedeutendste Periode in seinem Schaffen ein: das Th. des Todes. Alle genannten Phasen wurden mehrmals in verschiedenen Manifesten und Programmschriften des Künstlers kommentiert. Seit 1969 verwirklichte Cricot 2 die Idee eines Wandertheaters, ohne eigenen Sitz, immer auf der Reise. Der internat. Erfolg der *Toten Klasse* hat sicher viel dazu beigetragen: In den Jahren 1976–90 machte die Truppe im Grunde eine Welttournee durch 27 Länder. Im Ausland fanden alle nachfolgenden UAen statt: *Wielopole, Wielopole* (Florenz, P. 23. 6. 1980), *Die Künstler sollen krepieren* (poln. *Niech sczezną artyści*, Nürnberg, P. 2. 6. 1985), *Ich kehre hierher nicht mehr zurück (Nigdy tu już nie powrócę*, Mailand, P. 23. 4. 1988), *Heute ist mein Geburtstag (Dziś są moje urodziny*, Toulouse, P. 10. 1. 1991 – ein Monat nach K.s Tod). Seit 1965 realisierte K. auch zahlreiche Happenings und sog. Cricotages, eine Mischform zwischen Happening und Theateraufführung, z. B. *Où sont les neiges d'antan? (Gdzie są niegdysiejsze śniegi*, 1979), *Liebes- und Todesmaschine (Maszyna miłości i śmierci*, 1987), *Ô douce nuit (Cicha noc*, 1990). K. war der einzige Autor seiner Theaterwerke: alle Elemente des jeweiligen Spektakels (Dramaturgie, Bühnenbild, Requisite, Musik, Text, Akteure, Puppen) wurden ausschließlich von ihm konzipiert, die Bühnenaktion bis ins Detail festgelegt und im Ablauf «dirigiert».

Als das repräsentativste Werk in der Theaterästhetik K.s und eine der wichtigsten Insz.en in der Geschichte des europ. Th.s im 20. Jh. gilt die *Tote Klasse* – «ein Theaterstück ohne Handlungsstruktur und ohne dramatische Personen. Die Funktion eines einheitsstiftenden Elements erfüllte die leitmotivisch immer wiederkehrende Grundidee von der Rückkehr der Toten in die Welt der Lebenden und die Darstellung des Lebens durch die Maske des Todes» (Wiewiora, S. 87). Auf der kleinen Bühne belebte K. eine Reihe von Erinnerungsbildern bzw. «immer wieder expressionistisch verdichtete Szenen, verbunden in einer quasirituellen Form der Vergangenheitsbeschwörung» (Lehmann, S. 119). Auf ähnliche Weise konstruierte K. auch seine nächsten Stücke, in denen Kindheitserinnerungen, Reminiszenzen an die poln. und europ. Geschichte, Erfahrungen mit dem Totalitarismus des 20. Jh.s und Fragen der gesellschaftlichen Funktion der Kunst zu den Hauptmotiven gehörten. Der Regisseur, der während jeder Vorstellung wie ein Dirigent bzw. Zeremonienmeister auf der Bühne neben den Schauspielern präsent war, kreierte Theatergeschichten und höchst eindrucksvolle Bühnenvisionen, in denen eine «Realität des niedrigsten Ranges» zur szenischen Poesie wurde.

K. starb während der Proben zu *Heute ist mein Geburtstag*. «Mit seinem Tod endete das 20. Jahrhundert in der Kunst», stellte die franz. *Libération* fest. In Krakau arbeitet bis heute das 1980 gegründete Zentrum für die Dokumentation seiner Kunst – Cricoteka.

<small>Kantor, T.: Ein Reisender – seine Texte und Manifeste. Nürnberg 1988; ders.: A Journey Through Other Spaces. Essays and Manifestos, 1944–1990. Hg. M. Kobialka. Berkeley 1993; Kłossowicz, J.: Tadeusz Kantors Theater. Tübingen, Basel 1995; Kott, J.: Theater der Essenz: Kantor und Brook. / Kantors Kaddisch. In: ders.: Das Gedächtnis des Körpers. Essays zu Theater und Literatur. Berlin 1990; Les voies de la création théâtrale, Bd. 11: Le Théâtre Cricot 2, La classe morte, Wielopole-Wielopole. Hg. D. Bablet. Paris 1983; Lehmann, H.-T.: Kantor oder die Zeremonie. In: ders.: Postdramatisches Theater. Frankfurt a. Main 1999; Pleśniarowicz, K.: The Dead Memory Machine. Tadeusz Kantor's Theatre of Death. Kraków 1994; ders.: Kantor. Artysta końca wieku. Wrocław 1997; Wiewiora, D.: Materielle, kollektive Erinnerung und individuelle Existenz im Theater von Tadeusz Kantor (1938–1991). Diss. Kraków 1998.</small>

<small style="text-align:right">Wojciech Dudzik</small>

Karge, Manfred, * 1. 3. 1938, Brandenburg / Havel. Schauspieler, Regisseur, Dramatiker.

Studierte 1958–61 an der Staatl. Schauspielschule Berlin. 1961–68 am Berliner Ensemble (BE) als Regieassistent und Schauspieler engagiert, dort in Regie-Zusammenarbeit mit Matthias → Langhoff rasch erfolgreiche, szenisch-lyrische → Brecht-Abende. 1969–78 ging K. mit Langhoff an die Berliner Volksbühne (Leitung → Besson), wo auch die langjährige Zusammenarbeit mit Heiner → Müller begann. Wiederum mit Langhoff arbeitete K. 1978 am Dt. Schauspielhaus Hamburg. Danach an verschiedenen Th.n in der BRD, v. a. am Schauspielhaus Bochum (unter → Peymann) sowie am Kölner Schauspielhaus. 1986–93 Hausregisseur, Autor und Schauspieler am Wiener Burgtheater (Intendanz Peymann). Seit 1993 Arbeit als freier Regisseur an diversen dt. Bühnen, aber auch in Paris, Wien und Zürich. Zudem leitete K. 1993–2003 das Regie-Institut der Hochschule für Schauspielkunst «Ernst Busch». K. gehört zu den meistgespielten dt. Autoren im Ausland. – Wichtige Rollen u. a.: Alaskawolf-Joe in Brechts *Das kleine Mahagonny* (1963), Polly Baker in dessen *Mann ist Mann* (1972, R. Birnbaum), beide am BE; Karl Moor in Schillers *Die Räuber* (Übernahme 1972), Hjalmar Ekdal in Ibsens *Die Wildente* (1973), Oberst Totonio in Da Silvas *Speckhut* (1974), TR in Shakespeares *Hamlet* (1977, R. Besson), alle Volksbühne Berlin; Woyzeck in *Marie-Woyzeck* (nach Büchner, 1981), Jason in Heiner Müllers *Verkommenes Ufer Medeamaterial Landschaften mit Argonauten* (UA 1983) im Schauspielhaus Bochum. – Wichtige Insz.en u. a von Brechts *Das kleine Mahagonny* (1963), *Der Messingkauf* (1963/64) und *Der Brotladen* (UA 1967, eingeladen zum Berliner Theatertreffen), Aischylos' *Sieben gegen Theben* (1968), alle am BE gemeinsam mit M. Langhoff. An der Volksbühne inszenierte K. mit Langhoff u. a. Schillers *Die Räuber* (1971) und Ibsens *Die Wildente* (1973), H. Müllers *Die Schlacht/Traktor* (UA 1975), Ch. Heins *Schlötel oder was soll's* (UA 1974/75). Mit der Zehn-Tage-Aktion von Pereira Da Silvas *Speckhut* (1975) und dem *Spektakel II. Zeitstücke* (1975) feierte das Regie-Duo dort einen seiner größten Publikumserfolge. Es folgten Kleists *Prinz Friedrich von Homburg* / Brechts *Fatzer* (montiert von H. Müller, 1978 Dt. Schauspielhaus Hamburg und eingeladen zum Berliner Theatertreffen), Aischylos / Müllers *Der gefesselte Prometheus* (1978/79, Genf), Thomas Braschs *Lieber Georg* (UA 1980, eingeladen zum Berliner Theatertreffen), *Marie-Woyzeck* (nach Büchner, 1981), Čechovs *Der Kirschgarten* (1981, beide eingeladen zum Berliner Theatertreffen), → Goethes *Clavigo* (1982), H. Müllers *Verkommenes Ufer Medeamaterial Landschaften mit Argonauten* (UA 1983, eingeladen zum Berliner Theatertreffen), Brechts *Die Mutter* (1982, alleinige R., mit Lore → Brunner), alle am Schauspielhaus Bochum, gemeinsam mit M. Langhoff. Es folgen Insz.en eigener Stücke wie *Jacke wie Hose* (UA 1982), *Die Eroberung des Südpols*

(UA 1986, auch internat. vielfach inszeniert) und seines gemeinsam mit Stanley Walden verfassten Musicals *Claire*. Am Wiener Burgtheater inszenierte K. u. a. Horváths *Glaube, Liebe, Hoffnung* (1987), Jahnns *Medea* (1988), Fühmanns Monolog *Der Sturz des Engels* (UA 1988), Brechts *Der gute Mensch von Sezuan* (1989), *Baal* (1991), Müllers *Quartett, Herzstück* (1991), Jelineks *Totenauberg* (UA 1992/93) sowie die eigenen Stücke *Lieber Niembsch* (UA 1989) und die DDR-Farce *MauerStücke* (UA 1990). Seine letzte Insz. im festen Engagement in Wien war Brechts *Die Rundköpfe und die Spitzköpfe* (1993). Seither arbeitete K. als freier Schauspieler (2004 in Brechts *Die Mutter*, 2005 in *Mutter Courage und ihre Kinder*, beide BE) und Regisseur, u. a. von Büchners *Leonce und Lena* (1994), *Faust. Eine Höllenfahrt. Ein Gastmahl* (1996, nach Motiven von Ch. Marlowe). Mit dem Faust-Stoff beschäftigte sich K. bereits in mehreren Projekten, u. a. im eigenen Stück *Faust 1911*. Seit 1999 inszeniert und spielt K. wieder am Berliner Ensemble, u. a. Smilgin/Metzger in Brechts *Die Mutter* (2003), Pierpont Mauler in Brechts *Die heilige Johanna der Schlachthöfe* (2003, beide R. Peymann), Regie von Fleißers *Pioniere in Ingolstadt* (2001) und Brechts *Verschollener Ruhm der Riesenstadt New York. Ein Amerika-Abend* (2002).

Als Schauspieler war K. zunächst in Filmen der DEFA erfolgreich (Gilbert Wolzow in *Die Abenteuer des Werner Holt*), spielte dann aber auch im Th. unter eigener oder Langhoffs oder Bessons Regie große Rollen (Karl Moor, Hamlet, Othello). V. a. durch die insbesondere an der Volksbühne äußerst produktive Zusammenarbeit mit seinem Regie-Partner Langhoff (von 1963 bis 1983) erlangten beide internat. Anerkennung. Sie entwickelten eine eigene, radikal aktualisierende Lesart von Klassikern. Beispielhaft dafür die kontrovers diskutierte *Räuber*-Insz., in der die Räuberbande als revoltierende Gang (mit Anleihen bei der 68er DDR-Generation) zur wichtigsten Figur des Stücks wird. Ein Doppelerfolg für K. (als Regisseur und Hauptdarsteller) wird auch die folgende Insz. der *Wildente*. Gemeinsam mit Besson und Langhoff entwickelt K. in seinen *Spektakel*-Insz.en ein Volkstheater-Konzept, das sich durch komödiantische Spontaneität, Unmittelbarkeit auszeichnet und als Gegenentwurf zu den Modellinsz.en eines bürgerlich konservierenden Theaterentwurfs versteht. Wichtig auch die enge Zusammenarbeit mit Heiner Müller, von dessen Stücken er diverse UAen besorgte.

Müller, C.: Die Regisseure Manfred Karge und Matthias Langhoff. In: Theater heute, Jahrbuch 1978, S. 46–59.

Sonja Galler

Karlstadt, Liesl (eig. Elisabeth Wellano), * 12. 12. 1892 München, † 27. 7. 1960 Garmisch-Partenkirchen. Komikerin, Schauspielerin.

Tochter eines Bäckers, 1908–11 Textilverkäuferin. Künstlername nach dem Volkssänger Karl Maxstadt. Begann ihre Bühnenkarriere um 1910 bei Münchner Volkssängergruppen, wo sie als Soubrette und in kleinen Theaterstücken auftrat. 1911 wurde ihr komisches Talent von Karl → Valentin entdeckt und sie rund 25 Jahre seine kongeniale Partnerin. Bis heute als bloße «Stichwortgeberin» unterschätzt, organisierte sie beider Auftritte, war Mitautorin und -regisseurin seiner Stücke. Auf kein Rollenfach festgelegt, spielte sie die Ehefrau ebenso virtuos wie den Firmling, das Ritterfräulein wie den Kapellmeister. Ihre erstaunliche Wandlungsfähigkeit bewies sie v. a. in zahlreichen Hosenrollen. In Valentins verbohrten, die (Schein-)Logik ins Absurde treibenden Szenen spielte K. den ernsthaft argumentierenden, sich auf den «gesunden Menschenverstand» berufenden Dialogpartner. –

K. nahm privaten Schauspielunterricht und trat 1930–33 an Münchner Th.n auf, erfolgreich in Bruno Franks *Sturm im Wasserglas* (1931). – Von der Kritik unbeachtet, durch Valentin auch in ihrer künstl. Entfaltung eingeengt, kam es um 1935 zum Bruch. Trotz mehrerer Klinikaufenthalte trat K. u. a. in der Revue *Münchner Bilderbogen* (1941) auf, zog sich für 2 Jahre zurück und lebte als angeblicher Gebirgsjäger auf einer Tiroler Alm. 1947/48 trat sie noch mehrmals mit Valentin auf. Nach seinem Tod unverändert populär, spielte K. Th., trat in Filmen (*Das doppelte Lottchen*, 1951, *Feuerwerk*, 1954, *Wir Wunderkinder*, 1958) und im Rundfunk auf.

Dimpfl, M.: «Immer veränderlich». Liesl Karlstadt (1892–1960). München 1996; Riegler, Th.: Das Liesl Karlstadt Buch. München 1961; Wendt, G.: Liesl Karlstadt. München 1998.

Wolfgang Beck

Karusseit, Ursula, * 2. 8. 1939 Elbing. Schauspielerin, Regisseurin.

Nach Besuch einer Wirtschaftsschule Stenotypistin und Sachbearbeiterin einer Firma in Gera. Auftritte als Amateurkabarettistin. 1960–63 Staatl. Schauspielschule Berlin. 1963–64 Volksbühne Berlin (Rote Rose in UA *Moritz Tassow* von Hacks), 1964–70 Dt. Th. Berlin, 1970–87 Volksbühne Berlin. Viele Rollen in der Regie von Benno → Besson, u. a. Shen Te in → Brechts *Der gute Mensch von Sezuan* («Hinter aller kräftigen Vulgarität bewahrt sie dieser Gestalt einer jungen liebenden Frau Zartheit, Zärtlichkeit, Zauber», Rolf Michaelis); TR in *Margarete in Aix* von Hacks und Brechts *Die heilige Johanna der Schlachthöfe*, Gertrud in → Shakespeares *Hamlet*. 1987–90 Schauspiel Köln (Brechts *Mutter Courage*, *Liebestirade gegen einen sitzenden Mann* von García Márquez, DEA 1989). Claire Zachanassian in Dürrenmatts *Besuch der alten Dame*, Dessau 1992. Männliche TR in Dorsts *Herr Paul*, Bremen 1994. Rollen im Schiller-Th. Berlin (Mutter in Serreaus *Hase Hase*, 1992, R. Besson), im Berliner Ensemble und Zürcher Schauspielhaus (Gertrud in Bessons Insz. von Shakespeares *Hamlet*). 2004 TR in Molières *Der eingebildete Kranke* (Hans Otto Th. Potsdam). 1985 Regie-Debüt mit Synges *Der Held der westlichen Welt* (Volksbühne Berlin). Weitere Insz.en in Osnabrück, Schwerin, Dresden, Dessau. 1994 zusammen mit Besson *König Hirsch* in Helsinki. Allmählicher Rückzug vom Th. zugunsten von Fernsehrollen. Zu den bekanntesten ihrer über 50 Filme zählen *Wege übers Land* (1968), *Daniel Druskat* (1976), *Märkische Chronik* (1983), *Pelle, der Eroberer* (1986), *Sprache der Vögel* (1991), *Unter die Haut* (1996), *Nachtgestalten* (1999). K. lehrt an der Hochschule für Film und Fernsehen «Konrad Wolf» in Potsdam-Babelsberg. – K. zählte zu den profiliertesten und populärsten Schauspielerinnen in der DDR. Nähert sich den Rollen naiv, die sie dann kritisch zu analysieren versucht und deren Bruchstellen sie zeigt. Kann derb elementar sein und bald darauf ganz zart, lyrisch gefühlvoll. «Ursula Karusseit hat die Schnauze der Mutter Ubu und das Herz der Courage» (Rüdiger Schaper, 1992). Als Regisseurin im Banne des Vorbilds Besson.

Werner Schulze-Reimpell

Käutner, Helmut, * 25. 3. 1908 Düsseldorf, † 20. 4. 1980 Castellina (Toskana/Italien). Regisseur, Schauspieler.

Kunstgewerbeschule Düsseldorf, Universitätsstudium München, u. a. beim Theaterwissenschaftler Artur Kutscher. 1932–35 Texter und Regisseur des Studentenkabaretts Die vier Nachrichter, Tourneen durch Deutschland und erster Kontakt zum Film (*Kreuzer Emden*, 1932, R. Louis Ralph). Nach dem Auftrittsverbot der Vier Nachrichter durch die Nationalsozialisten und kurzem Gastspiel beim Berliner Kabarett der Komiker ging K. zunächst ans Th. Debüt als Schauspieler bereits 1928 bei den Luisenburg-Festspielen Wunsiedel (Kleist, *Hermannsschlacht*, R. Otto Kustermann). Am Schauspielhaus Leipzig agierte er 1936–38 als Schauspieler und Regisseur, bis 1942 an den Kammerspielen München, danach in Berlin am Th. am Schiffbauerdamm und der Komödie. – Nach dem Krieg arbeitete K. zunächst in Hamburg am Dt. Schauspielhaus (→ Shakespeare, *Der Widerspenstigen Zähmung*, 1945) und den Kammerspielen. Hier inszenierte er u. a. → Ambessers *Das Abgründige in Herrn Gerstenberg* (UA 5. 3. 1946), Wilders *Wir sind noch einmal davongekommen* (1947) und spielte selbst in Devals *Wir armen Erdenbürger* (1948, R. Günter → Rennert). «Käutner arbeitet mit Liebe zu den Menschen, mit Hochachtung, ja Verehrung für alles, was Menschen für Menschen hervorgebracht haben» (Ida Ehre in *Die Welt*, 26. 4. 1980). Bemerkenswert sind ebenso seine späteren Hamburger Insz.en von Henzes *Prinz von Homburg* an der Staatsoper (1960) und von Millers *Nach dem Sündenfall* (1965) und Shakespeares *Macbeth* (1966) am Thalia Th. – Weitere Insz.en waren u. a. am Berliner Schlossparktheater *Die Liebe der vier Obersten* von Peter → Ustinov (1951) und *Bacchus* von Jean Cocteau (1953), in Bochum → Brechts *Der aufhaltsame Aufstieg des Arturo Ui* (1964) und im Th. an der Wien Cole Porters Musical *Kiss me Kate* (1973). – Berühmt geworden ist K. v. a. als Filmregisseur. Zunächst schrieb er Drehbücher, inszenierte 1939 seinen ersten eigenen Film *Kitty und die Weltkonferenz*, der unter Hinweis auf die Kriegslage verboten wurde. Unter dem Druck der Staatspolitik schuf K. jedoch seine besten Filme, u. a. *Kleider machen Leute* mit Heinz → Rühmann (1940), *Romanze in Moll* (1943), *Große Freiheit Nr. 7* mit Hans → Albers (1943/44) und *Unter den Brücken*, der in den letzten Kriegstagen gedreht wurde, aber erst später in die Kinos kam. Zu seinen bekanntesten Nachkriegsfilmen zählen *In jenen Tagen* (1947), *Die letzte Brücke* mit Maria → Schell (1954), *Des Teufels General* mit Curd → Jürgens (1954), *Der Hauptmann von Köpenick* (1956) und die Scribe-Verfilmung *Ein Glas Wasser* mit Gustaf → Gründgens (1960). Zuletzt arbeitete K. v. a. für das Fernsehen, zumeist als Regisseur, doch auch als Darsteller, so 1977 als Karl May in Hans-Jürgen Syberbergs gleichnamigem Zweiteiler.

Käutner. Hg. W. Jacobsen, H. H. Prinzler. Berlin 1992.

Sabine Steinhage

Kayßler, Friedrich, *7. 4. 1874 Neurode, † 30. 4. 1945 Kleinmachnow (Berlin). Schauspieler, Theaterleiter, Regisseur, Autor.

Sohn eines Arztes; 1893/94 Philosophiestudium in München. Von Otto → Brahm 1895 ans Dt. Th. (Berlin) engagiert. Nach Engagements in Görlitz, Halle, Breslau (Wrocław) seit 1900 in Berlin. Beginn der Zusammenarbeit mit Max → Reinhardt 1901 im Kabarett Schall und Rauch, aus dem das Kleine Th. hervorging und in dem K. u. a. 1902 in Wildes *Salome* auftrat. 1904–13 Reinhardt-Bühnen; Durchbruch mit der TR in Kleists *Prinz Friedrich von Homburg* (1907). Rollen u. a. in → Lessings *Minna von Barnhelm* (1904), Ruederers *Die Morgenröte* (UA 1904), → Shakespeares *Ein Sommernachtstraum*, *Der Kaufmann von Venedig* (beide 1905), Hofmannsthals *Ödipus und die Sphinx* (1906), Maeterlincks *Aglavaine und Selysette* (1907), → Goethes *Faust I* (1909), *Faust II* (1911), Unruhs *Offiziere* (UA 1911). Danach u. a. in Ibsens *Peer Gynt* (TR), Eulenbergs *Zeitwende* (beide 1913, Lessing-Th.), Goethes *Götz von Berlichingen* (Berliner Th.), Sigurjonssons *Berg Eyvind und sein Weib* (beide 1915, Volksbühne). 1918–23 Intendant der Volksbühne, wo er die Regisseure → Fehling und → Hilpert förderte. Rollen u. a. in Immermanns *Merlin* (UA 1918), Lauckners *Predigt in Litauen*

(1919), Shaws *Kapitän Brassbounds Bekehrung* (1921), Bjørnsons *Über die Kraft*, (1. Teil, TR, 1922), Tolstojs *Und das Licht scheinet in der Finsternis* (1923), Lunačarskijs *Der befreite Don Quichote* (UA 1925), Welks *Kreuzabnahme* (1929). Regie bei Čechovs *Der Kirschgarten*, Schillers *Wilhelm Tell* (beide 1918), *Wallensteins Tod* (1920); Regie und Rolle bei Bjørnsons *Paul Lange und Tora Parsberg* (1919), Strindbergs *Nach Damaskus. I. Teil* und *Teil II & III* (beide 1920). Als Gast in München in → Brecht / Feuchtwangers *Leben Eduards II. von England* (UA 1924, Kammerspiele), in Wien in Hauptmanns *Dorothea Angermann* (UA 1926, Th. in der Josefstadt; 1927, Dt. Th.), in Berlin in Grabbes *Don Juan und Faust* (1925, Th. in der Königgrätzer Straße), Sheriffs *Die andere Seite* (1929, Dt. Künstlertheater), Rehfischs *Brest-Litowsk* (Th. des Westens), Bruckners *Timon* (beide 1930, Dt. Th.). 1933–44 Preuß. Staatstheater, u. a. in Lessings *Emilia Galotti* (1937, R. → Gründgens). Filme u. a. *Der Tunnel* (1915), *Fridericus Rex* (1922), *Der Hauptmann von Köpenick* (1930), *Der alte und der junge König* (1935), *Bismarck* (1940), *Friedrich Schiller* (1941), *Träumerei* (1944). Autor u. a. von Schauspielen (*Simplicius*, *Jan der Wunderbare*, *Der Brief*). Verheiratet mit der Schauspielerin Helene Fehdmer (1872–1939); sein Sohn Christian (1898–1944) war ebenfalls Schauspieler. Beim Einmarsch der Roten Armee wurde K. von russ. Soldaten erschossen. – Als Regisseur kaum herausragend, war K. ein bedeutender Helden- und Charakterdarsteller mit ausgeprägter Physiognomie und unverwechselbarer Sprachgestaltung, v. a. in klassischen Rollen überzeugend. Dabei von – selten genutztem – komischem Talent. «Ein ernster, strenger, bis zur Kargheit verschlossener Mann, [...] Ein ehrlicher Verwalter des Überkommenen und ein selbstloser Vermittler des Werdenden» (Drews, S. 14 f.).

Bab, J.: Friedrich Kayßler. Berlin 1920; Bier, M.: Schauspielerporträts. Berlin 1989; Drews, W.: Festgabe für Heinz Hilpert. Göttingen 1965; Kayssler, F.: Gesammelte Schriften. 3 Bde. Berlin 1929; ders.: Helene Fehdmer zum Gedächtnis. Potsdam 1942; ders.: Schauspielernotizen. Berlin 1910; Witte, K.: Kunstwollen und Schauspielkunst Friedrich Kayßlers. Diss. Greifswald 1940.

Wolfgang Beck

Kazan, Elia (eig. E. Kazanjioglou), * 7. 9. 1909 Konstantinopel (heute Istanbul), † 28. 9. 2003 New York. Regisseur, Schauspieler, Autor.

Sohn eines zur griech. Minderheit in der Türkei gehörenden Geschäftsmanns. 1912 Umzug nach Berlin (die Familie nannte sich nun Kazan), 1913 nach New York. 1930–32 Studium an der School of Drama der Yale University. Mitglied des 1931 von Harold → Clurman, → Lee Strasberg und Cheryl Crawford (1902–86) gegründeten Group Th., das – beeinflußt von → Stanislavskij – (sozialkritische) Stücke jenseits des kommerziellen Th.s spielte. Erster Auftritt als Schauspieler in R. A. Porters *Chrysalis* (1932, mit Humphrey Bogart). Rollen in Stücken Clifford Odets': *Waiting For Lefty*, *Till the Day I Die*, *Paradise Lost* (alle 1935), *Golden Boy* (1937), *Night Music* (1940). Außerdem u. a. in *Case of Clyde Griffiths* von Erwin → Piscator und Lena Goldschmidt (1936) und Molnárs *Liliom* (1940, mit Ingrid Bergman). Wendung zur Regie, u. a. mit dem eigenen Stück (mit Art Smith) *Dimitroff* (1934 für die League of Workers Th.s). Filmschauspieler in *City for Conquest* (1940) und *Blues in the Night* (1941). Seit den 1940er Jahren führender Theaterregisseur am Broadway, u. a. bei Wilders *The Skin of Our Teeth* (*Wir sind noch einmal davongekommen*, 1942, mit Montgomery Clift), Behrman / Werfels *Jacobowsky und der Oberst* (1945), → Taboris *Flight Into Egypt* (UA 1952), W. Inges *The Dark at the Top of the Stairs* (1957), O'Neills *Marco Millions*, Baldwins *Blues for Mr. Charlie* (beide 1964). Theatergeschichtlich wichtig seine UA-Insz.en von Stücken Tennessee Williams' und Arthur Millers. Von Williams: *A Streetcar Named Desire* (*Endstation Sehnsucht*, 3. 12. 1947, mit Marlon Brando, Jessica → Tandy), *Camino Real* (17. 3. 1953), *Cat on a Hot Tin Roof* (*Die Katze auf dem heißen Blechdach*, 24. 3. 1955), *Sweet Bird of Youth* (*Süßer Vogel Jugend*, 10. 3. 1959, mit Paul Newman); von Miller: *All My Sons* (*Alle meine Söhne*, 29. 1. 1947), *Death of a Salesman* (*Tod eines Handlungsreisenden*, 10. 2. 1949), *After The Fall* (*Nach dem Sündenfall*, 23. 1. 1964, mit Jason Robards, Faye Dunaway), *Incident at Vichy* (*Zwischenfall in Vichy*, 3. 12. 1964). 1962–65 mit Robert Whitehead Gründungsdirektor und künstl. Leiter des Repertory Th. im Lincoln Centre New York. Für diesen Versuch, eine Art Nationaltheater der USA zu begründen, erarbeitete K. seine letzten Insz.en. Ein Theaterregisseur mit Gespür für atmosphärische Dichte, psychologische Nuancen, der nicht das eigene Regiekonzept, sondern die Intentionen des Autors in den Mittelpunkt der Insz. stellte. – 1947 Mitbegründer des Actors' Studio, aus dem bedeutende Theater- und Filmschauspieler hervorgingen und an dessen Leitung er bis 1954 beteiligt war. Internat. Ansehen als Filmregisseur, u. a. *Gentleman's Agreement* (*Tabu der Gerechten*, 1947, mit Gregory Peck), *A Streetcar Named Desire* (*Endstation Sehnsucht*, 1951), *Viva Zapata!* (1952), *On the Waterfront* (*Die Faust im Nacken*, 1954, alle 3 mit Marlon Brando), *East of Eden* (*Jenseits von Eden*, 1955, mit James Dean), *Baby Doll* (1956), *America, America* (*Die Unbezwingbaren*, 1963), *The Arrangement* (mit Kirk Douglas, 1969, beide nach eigenem Buch), *The Last Tycoon* (1976, mit Robert de Niro, Jeanne → Moreau). Die Theatererfahrungen beeinflussten auch seine Filme über den amerik. Traum und die (andersartige) Realität, die das Bemühen um Realismus, Authentizität der Schauplätze mit Pathos und Emotionalität verbinden. Ein Regisseur der Schauspieler (von denen nicht nur Brando und Dean durch ihn Stars wurden), der ihre individuellen Fähigkeiten förderte und zu einer Synthese verband. Internat. ausgezeichnet (u. a. 2 Oscars, 2 Tony Awards, 1996 Goldener Bär Berlin für sein Lebenswerk).

1952 während der McCarthy-Hysterie vom Kongressausschuss für unamerikanische Aktivitäten befragt, denunzierte er neben Mitgliedern des ehemaligen Group Th. u. a. auch Arthur Miller als Kommunisten. Dies von ihm bis zuletzt verteidigte Verhalten brachte Kollegen auf «schwarze Listen» und vor den Ausschuss und beeinflusste die Aufnahme seiner folgenden Insz.en und Filme. Noch 1999 kam es bei der Verleihung eines Ehren-Oscars für sein Lebenswerk fast zum Eklat. – K. hat eine Autobiographie (*A Life*, 1988) und Romane verfasst (*The Arrangement*, 1967; *The Assassins*, 1972; *The Understudy*, 1974; *Acts of Love*, 1978; *The Anatolian*, 1982). – Sein Sohn Nicholas arbeitet als Drehbuchautor, Regisseur und Produzent. Sein Sohn Chris (* 16. 12. 1938 New York, † 14. 12. 1991 Santa Monica) schrieb das Drehbuch zum wohl radikalsten Film seines Vaters (*The Visitors*, 1972) über Veteranen des Vietnamkriegs.

Elia Kazan. Red. H. Belach, W. Jacobsen. Berlin 1996; Girgus, S. B.: Hollywood renaissance. New York 1998; Kazan, E.: Interviews. Hg. W. Baer. Jackson 2000; Kazan – The Master Director Discusses His Films. Hg. J. Young. New York 1999; Kazan on Kazan. Hg. J. Young. London 1999; Michaels, L.: Elia Kazan. Boston 1985; Murphy, B.: Tennessee Williams and Elia Kazan. Cambridge 1992; Pauly, Th. H.: An American Odyssey. Elia Kazan and American Culture. Philadelphia 1983; Working With Kazan. Hg. J. Basinger u. a. Middletown 1973.

Wolfgang Beck

Kean, Charles (John), * 18. 1. 1811 Waterford (Irland), † 22. 1. 1868 London. Schauspieler, Theaterleiter.

Sohn Edmund → K.s; Schulbesuch in Eton, das er 1827 nach der Trennung der Eltern verlassen musste. 1827 Debüt in Homes *Douglas* im Drury Lane Th., wo er seine spätere Frau (Heirat 1842), die Schauspielerin Ellen Tree (1805–80), kennenlernte, bekannte Darstellerin Shakespeare'scher Frauengestalten. Mehrere Provinzjahre; spielte 1828 in Glasgow erstmals mit seinem Vater in Paynes *Brutus*. Mehrfach Tourneen durch die USA (1830, 1839, 1845–47), die ihn zum Star machten. Erster Erfolg in London 1838 mit der TR in → Shakespeares *Hamlet* (Drury Lane Th.). 1848 künstl. Leitung der privaten Theateraufführungen für Königin Victoria in Windsor. 1850–59 übernahm K. mit seiner Frau die Leitung des Princess's Th. in London, wo 1851 auch ihre Adoptivtochter Agnes Robertson (1833–1916) debütierte. Hier produzierten sie neben den erfolgreichen Melodramen Dion Boucicaults (u. a. *Love in a Maze*, 1851; *The Corsican Brothers*, *The Phantom*, beide 1852; *Faust and Marguerite*, 1854; *Louis XI*, 1855) v. a. Shakespeare-Dramen in aufwendiger, historisch möglichst genauer Szenerie, wobei im Zweifel der Text den szenischen Effekten angepasst wurde. Die kostspielige, technisch komplizierte Ausstattung machte es notwendig, ein Stück möglichst lange en suite zu spielen, sodass K. als wesentlicher Begründer des sog. «long-run-systems» zu gelten hat. In den meisten Shakespeare-Insz.en spielte K. tragende Rollen: TRn in *King John*, *Macbeth* (beide 1852), Wolsey in *Henry VIII* (1855), *A Midsummer Night's Dream* (keine Rolle), Leontes in *The Winter's Tale* (beide 1856), TR in *Richard II* (1857), Shylock in *The Merchant of Venice* (1858), TR in *Henry V* (1859). 1859 zogen sich K. und seine Frau, die immer für die soziale Anerkennung ihres Berufstandes gekämpft hatten, wohlhabend vom Th. zurück. 1863–64 bereisten sie Australien, die USA und Jamaika. K.s letzter Bühnenauftritt war 1867 in Liverpool. – Als Schauspieler war K. mit wenig ausdrucksvollem Gesicht und Augen, mit einer nasalen, zur Monotonie neigenden Stimme weniger beeindruckend als sein ausdrucksstarker, leidenschaftlicher Expressivität fähiger Vater. Bedeutend als Shakespeare-Darsteller und v. a. in der Durchsetzung eines realistischen Darstellungsstils, mit dem er Henry → Irving ebenso beeinflusste wie → Georg II. von Sachsen-Meiningen durch seine Form der Bühnenausstattung und die Choreographie der Massenszenen.

Brauneck, M.: Die Welt als Bühne. 3. Bd. Stuttgart, Weimar 1999; Cole, J. W.: The Life and Theatrical Times of Charles Kean. London 1860; Donohue, J.: Theatre in the Age of Kean. Oxford 1975; Emigrant in Motley. The journey of Charles and Ellen Kean in quest of a theatrical fortune in Australia and America, as told in their hitherto unpublished letters. Hg. J. M. D. Hardwick. London 1954; Schoch, R. W.: Shakespeare's Victorian Stage: Performing History in the Theatre of Charles Kean. Cambridge 1998.

Wolfgang Beck

Kean, Edmund, * 4. 11. 1787 (17. 3. 1789?) London, † 15. 5. 1833 Richmond (Surrey). Schauspieler.

Unehelicher Sohn der mit Wandertruppen reisenden Schauspielerin Ann Carey und eines Edmund Kean. Über seine Kindheit und Jugend gibt es viele, z.T. von ihm selbst verbreitete Legenden. Debüt angeblich mit 3 Jahren. Wuchs in der Obhut seines Onkels Moses K., eines Bauchredners, und der Schauspielerin Charlotte Tidswell auf. Kinderrollen am Drury Lane Th.; akrobatische Kunststücke auf Jahrmärkten; Mitglied reisender Truppen (u. a. Samuel Jerrolds in Sheerness, Kent). 1806 kleinere Rollen am Haymarket Th. in London. 1808 Heirat mit der Schauspielerin Mary Chambers (Sohn Charles → K.). Am 26. 1. 1814 sensationeller Erfolg in → Shakespeares *Der Kaufmann von Venedig* (Drury Lane Th.) mit einer neuen Interpretation des Shylock, den er nicht mehr als rothaarige Schreckgestalt, sondern differenziert und facettenreich verkörperte. Er festigte seinen plötzlichen Ruhm durch weitere TRn in Shakespeare-Stücken, u. a. *Richard III*, *Othello* (auch Jago), *Macbeth*, *Romeo and Juliet*, *Richard II* (alle 1814/15), *Timon of Athens*, *King John* (beide 1816/17), *Coriolanus*, *King Lear* (beide 1820). Rollen u. a. in Jonsons *The Alchemist* (1814/15) und *Every Man in his Humour* (1816), Massingers *A New Way to Pay Old Debts* (1816), Marlowes *The Jew of Malta* (1818, alle Drury Lane Th.). 1820/21 und 1825/26 Tourneen durch die USA; dabei wurde K. 1825 vom Stamm der Huronen zum Häuptling gewählt. Mehrfach in Paris. Eine Anklage wegen Ehebruchs führte 1825 durch eine Pressekampagne und Demonstrationen zu einem rufschädigenden Skandal und zur Trennung der Familie. Berufliche Anstrengung und exzessive Lebensführung (Alkohol) schwächten seine Gesundheit. 1827 Covent Garden Th., 1829 Rückkehr zum Drury Lane Th.; 1832 letzter Erfolg als Othello; in dieser Rolle (mit seinem Sohn als Jago) brach er am 25. 3. 1833 auf der Bühne des Covent Garden Th. zusammen und verstarb wenige Wochen später. – K. galt als genialster Shakespeare-Darsteller seiner Zeit, Prototyp eines romantischen Schauspielers. Durch seine Schauspielkunst wie sein Leben ein früher Medienstar, dessen Darstellungsart den bis dahin üblichen pathetischen und feierlich-statuarischen Aufführungsstil ablöste. Die konzentrierte Energie, die mimische und stimmliche Ausdruckskraft und Variabilität seines leidenschaftlichen Spiels faszinierten: «Da gabs Modulationen in seiner Stimme, die ein ganzes Schreckenleben offenbarten, da gab es Lichter in seinem Auge, die einwärts alle Finsternisse einer Titanenseele beleuchteten» (Heine, S. 321). Überzeugend in der Darstellung problematischer, gebrochener Charaktere, weniger als Liebhaber oder in komischen Rollen. Die Zerrissenheit seines Lebens und seines Charakters inspirierte Alexandre Dumas d. Ä. zu seinem (1953 von Sartre bearbeiteten) Stück *Kean, ou désordre et génie* (1836).

Abel, Ch. D.: The acting of Edmund Kean, tragedian. Diss. Toronto 1985; Brauneck, M.: Die Welt als Bühne. 3. Bd. Stuttgart, Weimar 1999; DeZego, F.: Edmund Kean in New York and Boston: the 1820s. Diss. City Univ. of New York 1988; Disher, M. W.: Mad Genius. London 1950; Donohue, J.: Theatre in the Age of Kean. Oxford 1975; Findlater, R.: Six great actors. London 1957; Fitzsimons, R.: Edmund Kean. Frankfurt a. M. 1987; Heine, H.: Sämtliche Schriften. Hg. K. Briegleb. 5. Bd. München 1976; Hillebrand, H. N.: Edmund Kean. New York 1933 (Neuausgabe 1966); Macqueen-Pope, W.: Edmund Kean. London 1960; Playfair, G.: The Flash of Lightning: A Portrait of Edmund Kean. London 1983; ders.: Kean. London 1939 (Nachdruck 1973).

Wolfgang Beck

Kentridge, William, * ?. 4. 1955 Johannesburg (Südafrika). Theatermacher, Regisseur, Multimediakünstler, Filmemacher, Bühnenbildner, Autor.

Sohn eines immer wieder für Opfer der Apartheid eintretenden Juristenpaars. Studierte 1974–76 an der Universität Witwatersrand Politikwissenschaft und Afrikanistik (Abschluss: BA), 1976–78 Kunst an der Johannesburg Art Foundation, wo er 1978–80 Druckgraphik unterrichtete. 1981/82 Theaterstudium an der École Jacques → Lecoq in Paris. Arbeitete als Autor, Regisseur, Schauspieler und Bühnenbildner für Th. und Film. Mitbegründer und Mitglied der Free Filmmakers Cooperative (1988) und der in Johannesburg und Soweto situierten Junction Avenue Th. Company (1975–91). Heute einer der bekanntesten bildenden Künstler Südafrikas, dessen Werke weltweit ausgestellt werden. Zahlreiche Auszeichnungen. Begann Ende der 1980er Jahre mit kurzen Animationsfilmen zu experimentieren, die heute einen wesentlichen Teil seiner künstl. Arbeit bilden und auch in seine multimedialen Theaterprojekte

Eingang gefunden haben. Anders als üblich basieren seine Animationsfilme lediglich auf wenigen großflächigen Kohlezeichnungen, wobei die Bewegung durch Ausradieren, Neu- bzw. Überzeichnung entsteht und nur die Schlusseinstellung als Zeichnung erhalten bleibt. Filme (mit Musik) und Zeichnungen ergänzen sich zu einer Art «Gesamtkunstwerk» und werden meist zusammen ausgestellt. Filme u. a.: *Johannesburg – 2nd Greatest City After Paris* (1989), *Sobriety, Obesity and Growing Old* (1991), *Felix in Exile* (1994), *History of the Main Complaint* (1996), *Stereoscope* (1999), *Medicine Chest* (2001). Eine zentrale Rolle in seinen Werken spielen die zerstörte Landschaft und Gesellschaft Südafrikas, die Traumata der Vergangenheit, der Zwiespalt zwischen Vergessen-Wollen und Erinnern-Müssen. Das gilt auch für seine Theaterarbeit, die ihn zuerst internat. bekannt machte und bei der er als Regisseur, Schöpfer von Konzeption und Animationen, gelegentlich auch als Puppendesigner tätig ist. Er arbeitet dabei seit 1992 zusammen mit der Handspring Puppet Company (Kalk Bay). Das Besondere der gemeinsamen multimedialen Projekte mit eingeblendeten Animationen ist das faszinierende Zusammenspiel von Schauspielern mit lebensgroßen, roh aus Holz geschnitzten Puppen, die von offen zu sehenden Puppenspielern geführt werden. Das erste der internat. ausgezeichneten Projekte war die Büchner-Adaption *Woyzeck on the Highveld* (UA 1992 in Grahamstown), in der aus Büchners Soldat ein schwarzer Wanderarbeiter im Johannesburg von 1956 wurde. Alle Produktionen werden weltweit auf Gastspielen gezeigt. Adaptionen waren auch die weiteren Insz.en, die klassische europ. Werke in einen aktuellen (süd-)afrikanischen Zusammenhang stellen. *Faustus in Africa* (1995, Weimar) basiert auf → Goethes *Faust I und II* (mit Texten Lesego Rampolokengs), *Ubu and the Truth Commission* (1997, Weimar; Text: Jane Taylor) auf Jarrys *Ubu Roi*, verbunden mit authentischen Aussagen vor den nach Ende der Apartheid eingesetzten Wahrheits- und Versöhnungskommissionen. Die Zusammenarbeit K.s und der Handspring Puppet Company wurde durch Musiker und Sänger erweitert in der Adaption von Monteverdis Oper *Il Ritorno d'Ulisse* (1998, Kunsten-Festival Brüssel). Aus der antiken Szenerie wurde der Traum des in einem Johannesburger Krankenhaus liegenden Titelhelden. Die Ähnlichkeit des Anfang des 20. Jh.s am Rand der «realen Welt» liegenden Triest mit dem in der Endphase der Apartheid isolierten Johannesburg brachte K. zur mehrfachen Auseinandersetzung mit Svevos Erzählung *La Conscienza di Zeno* von 1923. Dem «Schattenoratorium» *Zeno at 4am* (UA Brüssel 2001, Libretto: Jane Taylor, Musik: Kevin Volans) folgte *Confessions of Zeno* (UA 14. 5. 2002, Kaaiteater, Brüssel) sowie der Animationsfilm *Zeno Writing* (2002). – Das künstl. Selbstverständnis K.s, der sich selbst als «eine Person, die zeichnet» charakterisiert, ist u. a. geprägt von der Suche nach kultureller Identität und der Auseinandersetzung mit Geschichte und Politik Südafrikas. Für ihn bedeutet politische Kunst «eine Kunst der Mehrdeutigkeit, des Widerspruchs, der unvollendeten Gesten und des ungewissen Ausgangs» (W. K. in *Revue Noire* 11). K. ist ein Vertreter des «Cross-over», dessen vielfältige künstl. Arbeiten sich eindeutigen Begrifflichkeiten entziehen und – gerade in seinen Theaterarbeiten – europ. Traditionen und Sichtweisen konfrontieren mit der (post)kolonialen afrikanischen Gegenwart.

Benezra, N. u. a.: William Kentridge. New York 2001 *(Katalog)*; Christov-Bakargiev, C. u. a.: William Kentridge. London 1999; dies.: William Kentridge. Brüssel 1998 *(Katalog)*; Negotiating the Past: the Making of Memory in South Africa. Hg. S. Nuttal, C. Coetzee. Cape Town 1998; William Kentridge. Hg. D. Krut. Johannesburg 1998 *(CD-Rom)*.

Wolfgang Beck

Kentrup, Norbert, * 2. 5. 1949 Düsseldorf. Schauspieler, Regisseur.

Ausbildung Folkwang Hochschule Essen. 1970–72 Th. der Freien Hansestadt Bremen, 1 Jahr Th. am Turm (Frankfurt), 1973–79 Schauspiel Frankfurt a. M. 1978 Gründung des Mobilen Rhein-Main Th.s, Beginn der Auseinandersetzung mit Formen des Volkstheaters. Erste Insz.en. 1981–82 Schauspielhaus Bochum, 1982–83 Neumarkttheater Zürich als Schauspieler und Regisseur. 1983 mit Dagmar Papula u. a. Mitbegründer der ortsfesten Freien Truppe bremer shakespeare company (bis 1997 deren Sprecher), die sich zur Aufgabe gemacht hatte, Volkstheatertraditionen und -spielweisen bei → Shakespeare zu untersuchen und wiederzubeleben. Burlesker, improvisatorischer, immer direkt auf das Publikum bezogener Aufführungsstil. Rollen u. a.: Othello, König Lear, Timon von Athen, Falstaff. Zahlreiche Insz.en v. a. von Stücken Shakespeares und Papulas. 1993 mit der bremer shakespeare company Falstaff in *Die lustigen Weiber von Windsor* als erste Vorstellung im Rohbau des neuen Londoner Globe Th. 1993 Initiator eines «Shakespeare Globe Zentrums Deutschland», 1994 Mitglied des Artistic Board des Internat. Shakespeare Globe Centers London. 1998 Shylock in Shakespeares *Merchant of Venice* im Londoner Globe Th. (64 Vorstellungen in engl. Sprache). – 1998–99 Visiting professor an der University of Toronto. 2001 u. a. mit Papula Mitbegründer des Tourneetheaters Shakespeare und Partner, das Prinzipien der bremer shakespeare company weiterführt. Gastspiele in zahlreichen Ländern, Einladungen zu internat. Festivals. Zusammenarbeit mit dem Theaterhof Priessenthal, Gastregie im Altonaer Th. (Hamburg). 2002 Debüt als Opernregisseur mit der UA *The Bird Garden* von Quentin Thomas (Dt. Oper am Rhein). Film- und Fernsehrollen. Vorstandsmitglied der Dt. Shakespeare Gesellschaft. – K. ist der Typ des schweren Charakterdarstellers, ein kraftvoller Schauspieler mit ausladenden Mitteln, die er zu disziplinieren weiß und seinem ausgeprägten Formgefühl unterordnen kann.

Werner Schulze-Reimpell

Khuon, Ulrich, * 31. 1. 1951 Stuttgart. Theaterleiter.

Nach einem Jura-, Germanistik- und Theologiestudium arbeitete K. zunächst als Theater- und Literaturkritiker. 1980 begann er seine Theaterlaufbahn als Chefdramaturg und Regisseur am Stadttheater Konstanz. Zum Intendanten ernannt (1988–93), brachte K. als Vermittler, Anreger und «Ermöglicher» mit neuen Stücken und jungen Regisseuren Bewegung ins Provinztheater. 1993 übernahm K. das Niedersächs. Staatsschauspiel Hannover, dem er zu großer überregionaler Beachtung verhalf durch eine geschickte Modernisierung in Programm und Personal, so etwa durch die Zusammenarbeit mit Regisseuren wie Andreas → Kriegenburg (Ibsens *Ein Volksfeind* wurde 1998 zum Berliner Theatertreffen eingeladen), Mark Zurmühle, Hartmut Wickert und Stephan Kimmig. Junge Dramatiker förderte K. durch sein viele Nachahmer findendes Projekt «Autorentheater», an dem u. a. Albert Ostermaier, Moritz Rinke und John von Düffel mit ihren Texten teilnahmen. Aus der intensiven, bis heute andauernden Zusammenarbeit von Dea Loher und Andreas Kriegenburg gingen in Hannover Lohers *Fremdes Haus* (UA 1995) und *Adam Geist* (UA 1998) in der Regie von Kriegenburg hervor. Mit der Übernahme der Intendanz des Hamburger Thalia Th.s im Jahr 2000 stand K. vor der schwierigen Aufgabe, nach der erfolgreichen, 15-jährigen Ära Jürgen → Flimm dem Haus neue Impulse zu vermitteln, eigene Akzente zu setzen. Die geschickte Durchmischung des Ensembles mit neuen Schauspielern (besonders prägnant

Fritzi → Haberlandt), die fortgeführten «Autorentheatertage» und der Mut zum Risiko in der Experimentalstätte «Thalia in der Gaußstraße», der «zweiten Herzkammer» (K.) des Thalia, markieren einen bislang erfolgreichen Kurs. Autoren wie Moritz Rinke, Dea Loher, Gesine Danckwart, John von Düffel und Steffen Kopetzky hat K. an ein Haus geholt, das sich durch eine in vielen Produktionen überzeugende Mischung aus Solidität und Risiko auszeichnet. Auch die Zusammenarbeit mit den Regisseuren Kriegenburg (seit 2001 Oberspielleiter am Thalia), Stephan Kimmig, Armin → Petras und Michael → Thalheimer, dessen scheinbar kalt sezierende Insz. von Franz Molnárs *Liliom* 2000 für Aufregung sorgte, weist dem Thalia Th. unter der Leitung von K. einen Weg über ein Th. der psychologischen Differenzierung hinaus. Das Thalia Th. wurde 2003 zum «Th. des Jahres» gewählt und erhielt 3 Einladungen zum Berliner Theatertreffen (Kimmig, Thalheimer, Petras). K. ist Professor der Hochschule für Musik und Th. Hannover (seit 1997) und seit 1999 Mitglied der Dt. Akademie der Darstellenden Künste.

Susanne Eigenmann

Kilger, Heinrich, * 8. 3. 1907 Heidelberg, † 19. 1. 1970 Ostberlin. Bühnenbildner.

Lehre als Dekorationsmaler und Kurzbesuch der Städt. Kunstgewerbeschule München, bevor er 1929 nach Berlin kam. Dort arbeitete er als Dekorations- und Stubenmaler, später am Dt. Th. als Theatermaler. Nach dem Krieg konnte er hier wieder anknüpfen, war Zeichner für die satirische Zeitschrift *Ulenspiegel*, die u. a. von Günther Weisenborn herausgegeben wurde. – Für dessen Stück *Die Illegalen* entstand K.s erstes Berliner Bühnenbild (UA 20. 3. 1946, Hebbel-Th., R. Franz Reichert). «Die Bühnenbilder Heinrich Kilgers: halbhohe Raumfragmente vor graphisch angedeuteten Stadtprospekten. Sie setzen frühere unnaturalistische Stilversuche fort, ohne sie experimentell zu betonen» (Paul Rilla in *Berliner Ztg.*, 23. 3. 1946). 1947 begann K. als Chefbühnenbildner am Dt. Theater in Berlin. Zudem übernahm er bis zu seinem Tod an der Ostberliner Kunsthochschule den Bereich Bühnenbild. K. arbeitete fast ausschließlich in Ostberlin und stattete für viele bekannte Regisseure die Bühne aus: Benno → Besson, Jürgen → Fehling, Wolfgang → Heinz, Joachim Herz, Friedo → Solter und besonders Wolfgang → Langhoff. Namhafte Insz.en waren u. a. → Goethes *Egmont* (P. 27. 10. 1951) und *Faust I* (P. 25. 12. 1954, beide Dt. Th., beide R. W. Langhoff, Shaws *Androklus und der Löwe* (P. 11. 3. 1954, Kammerspiele des Dt. Th.s, R. Heinar Kipphardt), Hacks' *Der Frieden* (1962/63, Dt. Th., R. Besson) und → Lessings *Nathan der Weise* (1966/67, Dt. Th., R. F. Solter), für dessen Bühnenbilder K. den Kritikerpreis der *Berliner Ztg.* 1967 erhielt.

In K.s Arbeiten spielt die Auseinandersetzung mit der Raumdimension eine zentrale Rolle: Vorder-, Mittel- und Hinterbühne sind wichtige Gestaltungselemente; öfter übernahm er historische Bühnenformen, die er – der Intention der Insz. folgend – modifizierte. Seine Bühnen bildeten keine realistischen Milieus ab, wiesen aber durch den Einsatz milieuspezifischer Details auf konkrete Lebensumwelten hin. Beispielhaft für diese Arbeitsweise seine Bühne für → Brechts *Mutter Courage und ihre Kinder* (P. 11. 1. 1949, Dt. Th., R. Erich → Engel / Brecht; nach dem Züricher Modell zur UA von Teo → Otto).

Funke, C.: Der Bühnenbildner Heinrich Kilger. Berlin 1975; Heinrich Kilger. Hg. Kunsthochschule Berlin-Weißensee 1986.

Sabine Steinhage

Kirchner, Alfred, * 22. 5. 1937 Göppingen. Regisseur, Theaterleiter.

Schauspielausbildung an der Max-Reinhardt-Schule (Berlin); Engagement u. a. an der Vaganten-Bühne Berlin. 1964–71 am Bremer Th. unter Leitung K. → Hübners, zuerst u. a. als Assistent → Zadeks, später eigene Regie, u. a. bei Hall / Waterhouses *Lügen-Billy* (DEA 1965), Hill / Hawkins' Musical *Canterbury Tales* (1970), → Shakespeares *Was ihr wollt* (1972). Insz.en in Bochum (Vitrac, *Der Coup von Trafalgar*, 1970; Gor'kij *Die falsche Münze*, 1972), Stuttgart (Walser, *Ein Kinderspiel*, UA 1971). 1972–79 Oberspielleiter am Staatstheater Stuttgart, unter dem Schauspieldirektor → Peymann ab 1974 Mitglied im Direktorium. Beginn der intensiven Zusammenarbeit. Insz.en u. a. von Shakespeares *Romeo und Julia* (1972), *Ein Sommernachtstraum* (1977; 1986 Burgtheater), Storeys *Die Umkleidekabine* (1972), Krležas *Galizien* (1973), Wedekinds *Frühlings Erwachen*, Ionescos *Die kahle Sängerin*, Rémys *Clownnummern* (alle 1974), Essigs *Die Glückskuh* (1975), Behans *Die Geisel* (1995 Burgtheater), Holberg / Langes *Jeppe vom Berge* (alle 1975), Büchners *Woyzeck* (1976), Reinshagens *Sonntagskinder* (UA 1976), Abrahams Operette *Blume von Hawaii* (1976), → Brechts *Furcht und Elend des Dritten Reiches*, Becketts *Endspiel* (beide 1978), Kleists *Der zerbrochene Krug* (1979). Als Gast Regie u. a. bei Walsers *Sauspiel* (UA, Dt. Schauspielhaus Hamburg), Handkes *Die Unvernünftigen sterben aus* (beide 1975, Bayer. Staatsschauspiel München), Shakespeares *Der Sturm* (1978, Schiller-Th. Berlin, mit B. → Minetti). Mit einem Teil des Stuttgarter Ensembles folgte K. 1979 Peymann ans Bochumer Schauspielhaus (Mitdirektor bis 1986). Insz.en u. a. von → Achternbuschs *Susn / Kuschwarda City* (mit Vera Sturm), Lodemanns *Ahnsberch* (beide UA 1980), Brechts *Die heilige Johanna der Schlachthöfe* (1980), *Mutter Courage und ihre Kinder* (1981), *Herr Puntila und sein Knecht Matti* (1985), → Fos *Hohn der Angst* (1981), Zahls *Johann Georg Elser*, Bernhards *Über allen Gipfeln ist Ruh* (beide UA 1982), Hauptmanns *Die Weber*, → Molières *Der eingebildete Kranke* (beide 1983), Schillers *Die Räuber* (1984), Noréns *Nachtwache* (DEA 1986, Einladung zum Berliner Theatertreffen. Am Münchener Residenztheater Shakespeares *Der Kaufmann von Venedig* (1984). Auch ans Wiener Burgtheater folgte K. 1986 Peymann als Teil des (inoffiziellen) Direktoriums. Dort endete allerdings nach kurzer Zeit die langjährige Zusammenarbeit. K. inszenierte u. a. Goebbels / Achternbuschs «Oper für Schauspieler und kleines Orchester» *An der Donau* (UA 1987), Turrinis *Die Minderleister* (UA), García Lorcas *Doña Rosita bleibt ledig*, Brechts *Der aufhaltsame Aufstieg des Arturo Ui* (alle 1988). Ab 1989 / 90 übernahm K. (mit A. → Lang, V. Clauß, V. Sturm) die Leitung der Staatl. Schauspielbühnen Berlin bis 1993. Insz.en u. a. von Goethes *Faust I* (1990), Turrinis *Tod und Teufel* (1991), *Alpenglühen* (DEA 1993), Hauptmanns *Die Ratten* (1992), Dürrenmatts *Der Besuch der alten Dame* (1992 / 93). Seither freier Regisseur. Mehrere Einladungen zum Berliner Theatertreffen. K., der schon seit Ende der 1970er Jahre v. a. in Frankfurt a. M. unter dem Operndirektor → Gielen an einem neuen inszenatorischen Umgang mit dem traditionellen Opernrepertoire mitgewirkt hatte, inszeniert seit den 1990er Jahren hauptsächlich Werke des Musiktheaters an Opernhäusern der ganzen Welt. An der Frankfurter Oper u. a. Janáčeks *Jenufa* (1979), B. A. Zimmermanns *Soldaten* (1981), Verdis *Maskenball* (1982), Čajkovskijs *Eugen Onegin* (1984), Zenders *Stephen Climax* (UA 1986); Puccinis *La Bohème* (1997 / 98), *Manon Lescaut* (1999), *Tosca* (2001). An der Staatsoper Wien Musorgskijs *Chowanschtschina* (1989; 2002 Oper Zürich), Webers *Der Freischütz* (1995), der Hamburgischen Staatsoper Mozarts *Idomeneo* (1990). Umstritten seine Neuinsz. von Wagners *Ring des Nibelungen* (1994–98) bei den Bayreuther Festspielen. Insz.en u. a. in Zürich (Glinka, *Ein*

Leben für den Zaren, 1996), in Straßburg (Britten, *Peter Grimes*, 1999; Borodin, *Prinz Igor*, 2002), Bonn (Mozart, *Così fan tutte*, 2000), Amsterdam (Wagner, *Tristan und Isolde*, 2001), Oslo (Wagner, *Lohengrin*, 2002), bei den Wiener Festwochen (Lachenmann, *Das Mädchen mit den Schwefelhölzern*, 2003), der Semperoper Dresden (Donizetti, *Viva la Mamma!*, 2004), Santiago de Chile (Wagner, *Lohengrin*, 2005). – K. hat v. a. in Stuttgart und Bochum viel beachtete Insz.en geschaffen, klassische und moderne Stücke kritisch-aufklärerisch, aber auch komisch interpretierend. Trotz Verbundenheit mit der realistischen Tradition die Eigengesetzlichkeit des Th.s betonend. Umstritten häufig seine sinnlich-theatralischen Operninterpretationen.

Das Bochumer Ensemble. Ein deutsches Stadttheater 1979–1986. Hg. H. Beil u. a. Königstein 1986.

Wolfgang Beck

Kirchner, Ignaz, * 13. 7. 1948 Andernach. Schauspieler.

Buchhändlerlehre. Schauspielschule Bochum. 1971 Debüt in Vitracs *Der Coup von Trafalgar* (R. Alfred → Kirchner). 1973–74 Freie Volksbühne Berlin, 1974–78 Staatsschauspiel Stuttgart, 1978–81 Bremer Th. (TR in → Shakespeares *Hamlet*, R. Jürgen → Gosch; Damis in → Molières *Tartuffe*), 1982–86 Münchner Kammerspiele (Mordred in Dorsts *Merlin*, Orlando in Shakespeares *Wie es euch gefällt*, Medici in Mussets *Lorenzaccio*). 1983–84 Schauspiel Köln (Fürst in Marivaux' *Der Streit*, Lopachin in Čechovs *Der Kirschgarten*, Estragon in Becketts *Warten auf Godot*). 1967–92 Burgtheater Wien (Shlomo Herzl in der UA *Mein Kampf* von → Tabori in der Regie des Autors, Beginn längerer Zusammenarbeit). In vielen Rollen Partner von Gerd → Voss (1990 Jago in Shakespeares *Othello*, 1991 Goldberg in Taboris *Goldberg-Variationen*, 1988, beide R. Tabori; TR in Shakespeares *Der Kaufmann von Venedig*, 1990 Lvov in Čechovs *Ivanov*, beide R. → Zadek; 1992 Macduff in Shakespeares *Macbeth*, R. → Peymann; in Genets *Die Zofen* – 1992 wurden K. und Voss «Schauspieler des Jahres»). Spielte außerdem u. a. 1988 die TR in Sophokles / → Müllers *Ödipus, Tyrann* (R. Matthias → Langhoff). 1992–94 Dt. Th. Berlin (Sosias in Kleists *Amphitryon*, 1993). 1994–98 Thalia Th. Hamburg (Hjalmar Ekdal in Ibsens *Die Wildente*, Astrow in Čechovs *Onkel Wanja*, Zettel in Shakespeares *Ein Sommernachtstraum*, TR in Molières *Tartuffe*, Jacques in Shakespeares *Wie es euch gefällt*). Rückkehr ans Burgtheater, dort und im Wiener Th. in der Josefstadt auch Regisseur. Rollen u. a. in Becketts *Endspiel* (1998, R. Tabori, eingeladen zum Berliner Theatertreffen), Wedekinds *Lulu* (1999), Čechovs *Die Möwe* (2000, R. → Bondy), Schönherrs *Glaube und Heimat* (2001, R. → Kušej), der UA von Raoul Schrotts *Gilgamesh* (2002), der österr. EA von Bernhards *Elisabeth II.* (2002, R. Thomas → Langhoff), Neil Simons *Sonny Boys* (2003, R. K. und Gert Voss), Sophokles / Handkes *Ödipus in Kolonos* (2003, mit → Ganz), Bernhards *Die Macht der Gewohnheit* (2004), der UA von → Pohls *Der Anatom*, Čechovs *Der Kirschgarten* (beide 2005). Soloprogramme u. a. mit Texten von Robert Walser und Thomas Bernhard. – K. verkörpert stupend den linkischen kleinen Mann, der sich zurückgesetzt fühlt (Sosias), die getretene Kreatur, die zurücktritt, aber auch den Scheiternden, vom Schicksal Geschlagenen (Ödipus) und den skrupellosen Kleinbürger (Tartuffe, Jago, Lopachin). Er mischt dabei oft das Komische mit dem Tragischen und gibt seinen Figuren eine verquere Größe.

Becker, P. v.: «Willst Du mich einen Virtuosen schimpfen?» Gert Voss und Ignaz Kirchner – ein freundschaftliches Streitgespräch über Kunst und Wahnsinn des Theaters. In: Th. heute. Jahrbuch 1992, S. 38–51; Sucher, C. B.: Theaterzauberer. Schauspieler. München, Zürich 1988.

Werner Schulze-Reimpell

Klaußner, Burghart, * 13. 9. 1949 Berlin. Schauspieler.

Max-Reinhardt-Schule Berlin. 1971 Rollen an der Schaubühne am Halleschen Ufer, 1972–73 am Schiller-Th. Berlin. 1973–74 Th. am Turm Frankfurt a. M., 1974–77 Schauspiel Köln (Brackenburg in → Goethes *Egmont*, Mandelstamm in Sternheims *Die Hose*) und 1979–80 (Gottschalk in Kleists *Käthchen von Heilbronn*). 1978–80 Schauspiel Frankfurt a. M. (Wolfi in UA *Der erste Tag des Friedens* von Horst Laube). 1980–87 und 1990–92 Dt. Schauspielhaus Hamburg (Rupprecht in Kleists *Der zerbrochne Krug*, Pater Lorenzo in → Shakespeares *Romeo und Julia*, Baron Puck in Offenbachs *Die Großherzogin von Gerolstein*). Gastengagements Schiller-Th. Berlin (Teufel in Panizzas *Das Liebeskonzil*, 1988), Bremen (Macheath in → Brechts *Die Dreigroschenoper*, 1996), Züricher Schauspielhaus (1992 Mann in *Kalldewey Farce* von Botho Strauß, 1998 Lukas Rostlaub in dessen UA *Kuß des Vergessens*, 1997 Alceste in → Molières *Der Menschenfeind*, 1998 Indergand in UA *Lied der Heimat* von Thomas Hürlimann), Maxim-Gorki-Th. Berlin (2000 Trigorin in Čechovs *Die Möwe*, 2001 Richard in Walsers *Die Heldin von Potsdam*, 2002 Pastor Manders in Ibsens *Gespenster*), Bochumer Schauspielhaus (2001 *Auf dem Lande* von Martin Crimp, 2003 Fosses *Schönes*, 2005 Strauß' *Die Zeit und das Zimmer*), Hamburger Kammerspiele (*Dreimal Leben* von Yasmina Reza, 2001; szenische Liederabende; 2006 Regiedebüt mit Albees *Die Ziege oder Wer ist Sylvia?*). *Je chante*, ein Abend über Charles Trenet. – Zahlreiche Film- und Fernsehrollen (1994 Engholm in Breloers *Einmal Macht und zurück*), u. a. *Die Denunziantin* (1991), *Rossini* (1996), *Ganz unten, ganz oben* (1999), *Goodbye, Lenin* (2002), *Requiem* (2004, Dt. Filmpreis), *Offene Wunden* (2006). – Ein außerordentlich wandlungsfähiger, auch singbegabter Darsteller mit großen Möglichkeiten im ernsten und im komischen Fach.

Werner Schulze-Reimpell

Klein, Cesar (auch César), * 14. 9. 1876 Hamburg, † 13. 3. 1954 Pansdorf (bei Lübeck). Bühnenbildner, Maler, Kunstgewerbler, Raumausstatter.

K. besuchte nach einer Lehre als Maler und Lackierer (1892–95) die Kunstgewerbeschulen in Hamburg (1894–97) und Düsseldorf (1897/98), seit 1899 die Unterrichtsanstalt des Berliner Kunstgewerbemuseums. Nach einer Zeit als freier Künstler in Leipzig kehrte K. 1903 nach Berlin zurück und arbeitete als Gebrauchsgraphiker, Illustrator, entwarf Plakate, Mosaiken, Glasmalereien, Intarsienarbeiten und stattete Innenräume aus. 1910 schloss er sich der Berliner Sezession, später der Neuen Sezession an, war im Vorstand des Dt. Werkbundes und 1918 Mitbegründer der Novembergruppe. 1919 wurde er Lehrer an der Unterrichtsanstalt des Kunstgewerbemuseums und leitete nach der Zusammenlegung mit der Hochschule für bildende Künste die Klasse für Wand- und Glasmalerei und Bühnengestaltung. 1920 vom Expressionismus bestimmte Ausstattung des Stummfilms *Genuine*. Seit 1919 entwarf K. Bühnenbilder für verschiedene Berliner Th., zuerst für Lauckners *Christa, die Tante* (Lessing-Th.). Weitere u. a. für Kaisers *Hölle Weg Erde* (1920), *Von morgens bis mitternachts* (1921), Strindbergs *Königin Christine* (1922), *Rausch* (1923, alle Lessing-Th.), Grabbes *Don Juan und Faust* (1925, Th. in der Königgrätzer Straße). An den Staatstheatern in Insz.en → Jeßners u. a. für Schillers *Wallenstein* (1924) und *Don Carlos* (1929), → Goethes *Faust I* (1926), für Insz.en E. → Engels bei Strindbergs *Gespenster* (1928). Kongeniale Zusammenarbeit mit → Fehling u. a. bei Grabbes *Napoleon oder die hundert Tage* (1922), → Shakespeares *Der Kauf-*

mann von Venedig, Lasker-Schülers *Die Wupper* (beide 1927). 1931 ordentlicher Professor, 1933 von den Nazis beurlaubt; Arbeitsverbot als freier Maler. K. konnte am Th. weiterarbeiten, schuf u. a. am Dt. Schauspielhaus Hamburg die aufsehenerregenden Bühnenbilder für Fehlings Insz.en von Schillers *Don Carlos* und → Lessings *Minna von Barnhelm* (beide 1935), wobei die hier zur Strukturierung des Raums verwandte Mohrenstatue scharfe publizistische Angriffe («Negerkunst») zur Folge hatte. Dennoch weitere Bühnenbilder am Dt. Schauspielhaus (u. a. Schwitzke, *Scarrons Schatten*, UA 1936; Ibsen, *Nordische Heerfahrt*, 1938, Goethe, *Faust I*, 1940; Borberg, *Das Boot*, UA 1943), in Berlin am Staatstheater (Hebbel, *Maria Magdalena*; Shaw, *Frau Warrens Gewerbe*, beide 1938, R. Fehling) und der Volksbühne (Blunck, *Kampf um Neuyorck*, 1939; Lessing, *Emilia Galotti*, 1942), am Wiener Burgtheater (Hauptmann, *Iphigenie in Delphi*, *Florian Geyer*, beide 1942; Mells *Der Nibelunge Not*, 1944). 1937 verlor K. seine Professur, einige seiner Werke wurden in die Ausstellung «Entartete Kunst» aufgenommen, zugleich war er aber in der Ausstellung «Das dt. Bühnenbild» 1937 in Berlin vertreten. Nach 1945 schuf K. u. a. die Bühnenbilder zu Shakespeares *Ein Sommernachtstraum* (1948), Camus' *Caligula* (1949), Goethes *Iphigenie auf Tauris* (1950, alle Dt. Schauspielhaus). – Hatte K. mit Szenographien von expressionistischer Farb- und Ausdruckskraft begonnen, so wurden seine Räume seit den 1930er Jahren kahler und großräumiger strukturiert, mit wenigen, den symbolischen Gehalt des Stücks akzentuierenden Requisiten. Für K. umfasste die Arbeit des Szenographen nicht nur das eigentliche Bühnenbild, sondern «neben dem Kostümentwerfen auch das Schminken, die Masken der Schauspieler, ihre Bewegungen und Stellungen, kurz alles, was an der Regie optisch ist» (K., zit. nach Dingelstedt, S. 151).

Brauneck, M.: Die Welt als Bühne. 4. Bd. Stuttgart, Weimar 2003; Dingelstedt, K.: Cesar Klein als Bühnenbildner. In: Kunst in Schleswig-Holstein 1953. Flensburg 1953, S. 142–53; Eckert, N.: Das Bühnenbild im 20. Jahrhundert. Berlin 1998; 100 Jahre Deutsches Schauspielhaus in Hamburg. Hamburg 1999; Pfefferkorn, R.: Cesar Klein. Berlin 1962.

Wolfgang Beck

Klingemann, (Ernst) **August** (Friedrich) (Pseud. Bonaventura), * 31. 8. 1777 Braunschweig, † 25. 1. 1831 Braunschweig. Schriftsteller, Regisseur, Theaterleiter und -reformer.

Seit 1798 Jurastudium in Jena (abgebrochen); Bekanntschaft mit den Romantikern; Herausgeber der Zeitschrift *Memnon* (1800), Mitarbeiter der *Zeitung für die elegante Welt*. 1801 Rückkehr nach Braunschweig. Wahrscheinlicher Verfasser der *Nachtwachen des Bonaventura* (1804). Seit 1795 zahlreiche Romane und effektvolle, damals sehr erfolgreiche – häufig historische – Dramen. Theatergeschichtlich bedeutsam sein *Faust* (UA 1811), der jahrzehntelang → Goethes Schauspiel erfolgreich Konkurrenz machte. Seit 1806 Tätigkeit als Registrator. Heiratete 1810 die Schauspielerin Elise Anschütz (17. 3. 1785–26. 7. 1862), die bei der Walther'schen Truppe beschäftigt war. Oberregisseur, seit 1814 Mitdirektor der ständig in Braunschweig spielenden Truppe. 1815 Insz. von → Shakespeares *Hamlet* mit dem bis dahin unüblichen originalen Schluss. Aus der Walther'schen Truppe ging das Braunschweiger Nationaltheater hervor, dessen Direktor K. bis 1826 war. Eröffnung am 28. 5. 1818 mit einem Prolog K.s und Schillers *Die Braut von Messina*. Berühmte Gäste, u. a. F. Eßlair, Ludwig → Devrient, dessen Neffen Karl und Emil Devrient unter K.s Anleitung ihre Theaterlaufbahn begannen. 1827 Umwandlung zum Hoftheater mit K. als künstl. Leiter. K.s bedeutendste Bearbeitung und Insz. war die (öffentliche) UA von Goethes *Faust I* (19. 1. 1829) mit Eduard Schütz (16. 8. 1799 – 2. 5. 1868) als Faust, Heinrich Marr (30. 8. 1797 – 16. 9. 1871) als Mephisto. Unter K.s Leitung wurde das Braunschweiger Th. eine der wichtigsten dt. Bühnen mit literarisch anspruchsvollem und vielseitigem Spielplan. Seine Insz.en betonten die jeweilige Atmosphäre des Stücks, bezogen Bühnenbild und Kostüm gleichrangig in das Regiekonzept ein. K. ist insofern ein Vorläufer der Bemühungen → Georgs II. von Sachsen-Meiningen. Seine theaterästhetischen und -praktischen Vorstellungen hat K. in mehreren Schriften veröffentlicht (u. a. *Was für Grundsätze müssen eine Theaterdirektion bei der Auswahl der aufzuführenden Stücke leiten?*, 1802; *Über das Braunschweiger Theater*, 1817; *Vorlesungen für Schauspieler*, 1818; *Kunst und Natur*, 3 Bde., 1819 – 28).

Burath, H.: August Klingemann und die deutsche Romantik. Braunschweig 1948; 300 Jahre Theater in Braunschweig: 1690–1990. Hg. Stadt Braunschweig. Braunschweig 1990; Kolkamm, B.: Weimarer Klassik und Deutsches Theater im frühen 19. Jahrhundert: Klingemann, Immermann, Laube. Mag.-Arb. TU Braunschweig 1984; 275 Jahre Theater in Braunschweig. Bearb. C.-H. Bachmann, G. Frank. Braunschweig 1965.

Wolfgang Beck

Klingenberg, Gerhard (eigl. G. Schwabenitzky), * 11. 5. 1929 Wien. Theaterleiter, Regisseur, Schauspieler.

Sohn eines Angestellten. 1946 – 48 Ausbildung am Wiener Konservatorium. Um trotz des für Schüler bestehenden Verbots auftreten zu können, wählte K. seinen (später legitimierten) Künstlernamen. 1946/47 Landesbühne Burgenland, Debüt in Schönherrs *Erde*. Statist am Burgtheater, erste Rolle (Umbesetzung) Camille in Büchners *Dantons Tod* (1947). Ebenfalls bei den Landhaushoffestspielen 1947 in Klagenfurt. 1948 Schauspieler und Regisseur am Stadttheater Klagenfurt (erste R. bei → Goetz' *Das Haus in Montevideo*); 1948 – 53 Stadttheater St. Pölten; 1953 – 55 Tiroler Landestheater Innsbruck, anschließend Exl-Th. 1956 im Neuen Th. in der Scala (Wien) in → Brechts *Galileo Galilei*. Für 1956/57 von Brecht ans Berliner Ensemble engagiert. François in der UA von Brechts *Die Tage der Commune* (1956, Karl-Marx-Stadt, R. → Wekwerth / → Besson), zugleich letzte Rolle am Th. 1957/ 58 Maxim-Gorki-Th. (Berlin). Bis er 1961 die DDR verließ, drehte K. mehr als 20 Filme und Fernsehspiele. Erfolgreich auch im BRD-Fernsehen (u. a. Kipphardt, *In der Sache J. Robert Oppenheimer*, 1963; 1983 Burgtheater). Insz.en in Köln (→ Shakespeare, *Ein Sommernachtstraum*, Ionesco, *Der König stirbt*, beide 1963), in Hamburg an den Kammerspielen (Lampbell, *Die Mauer*, 1962) und am Dt. Schauspielhaus, u. a. bei O'Neills *Trauer muß Elektra tragen* (1965), Osbornes *Richter in eigener Sache* (DEA 1965), Hebbels *Judith* (1966), Shakespeares *Der Widerspenstigen Zähmung* (1967; 1978 Zürcher Schauspielhaus; 1982 Burgtheater), Albees *Wer hat Angst vor Virginia Woolf?* (1968), Hochhuths *Soldaten* (1969). In Frankfurt a. M. Regie bei Dorsts *Die Mohrin* (UA 1964), am Züricher Schauspielhaus bei Hochwälders *Der Himbeerpflücker* (UA 1965), an den Münchner Kammerspielen bei Amerys *Ich stehe zur Verfügung* (UA 1967). 1967 ans Burgtheater engagiert, Regie u. a. bei Brechts *Herr Puntila und sein Knecht Matti* (1969) und *Der kaukasische Kreidekreis* (1970), Shakespeares *Antonius und Cleopatra* (1969) und *Julius Cäsar* (1971), Dürrenmatts *Der Besuch der alten Dame* (1970). Als Direktor des Burgtheaters (1971 – 76) versuchte K. – angefeindet von Teilen der Presse, des Ensembles und des Publikums –, verkrustete Strukturen aufzubrechen und das Th. wieder zu einer führenden Bühne zu machen. Er verpflichtete renommierte Regisseure aus West- und Osteuropa, gründete die «Junge Burg» für moderne

Stücke und Insz.en, inszenierte u. a. Ionescos *Macbett* (dt.sprachige EA), Schnitzlers *Liebelei* (beide 1972), Schillers *Kabale und Liebe*, Shakespeares *Richard II.* (beide 1975), Grillparzers *König Ottokars Glück und Ende* (1976), *Das goldene Vließ* (1934). 1977–82 Leiter des Zürcher Schauspielhauses, Regie u. a. bei O'Neills *Alle Reichtümer der Welt*, Saunders' *Bodies* (dt.sprachige EA), Schillers *Kabale und Liebe* (alle 1977/78). Dürrenmatts *Romulus der Große* (1983). In Berlin 1985–95 Direktor des Renaissancetheaters, das er mit abwechslungsreichem Spielplan und prominenten Gästen (→ Juhnke, → May) aus finanziell bedrohlicher Lage rettete. Wenige Operninsz.en; Filme und Fernsehspiele. Sein Sohn Reinhard Schwabenitzky (* 1947) ist Regisseur. – K. hat sich immer wieder mit Shakespeare (häufig in eigenen Bearbeitungen), Grillparzer, Schnitzler, O'Neill, aber auch mit modernen Autoren auseinandergesetzt. Er vermag Schauspieler zu führen, Ensembles aufzubauen, auch traditionelles Publikum für zeitgenössische Stücke zu interessieren. Bleibend seine Verdienste um die künstl. und strukturelle Modernisierung des Burgtheaters, auf denen seine Nachfolger → Benning und → Peymann aufbauen konnten.

Burgtheater Wien 1776–1986. Hg. R. Urbach, A. Benning. Wien 1986; Klingenberg, G.: Das gefesselte Burgtheater: 1776 bis in unsere Tage. Wien 2003; ders.: Kein Blatt vor dem Mund. Wien 1998.

Wolfgang Beck

Kneidl, Karl, * 22. 8. 1940 Nürnberg. Bühnen- und Kostümbildner, Regisseur.

K. war 1956 Schüler des Schweizer Malers und Bühnenbildners Ambrosius Humm (* 1924), absolvierte eine Lehre als Bau- und Möbeltischler und wurde 1959 Bühnentechniker am Th. in Nürnberg. Seit dieser Zeit arbeitet er als Bühnen- und Kostümbildner für Werke des Sprech- und Musiktheaters im In- und Ausland. 1960 entwarf er u. a. für die Studentenbühne Erlangen das Bühnenbild zu → Brechts *Trommeln in der Nacht*. Ab 1962 Assistent Max → Fritzsches am Schauspielhaus Bochum (Bühnenbild u. a. für Pirandellos *Das Vergnügen, anständig zu sein*, 1964). Beginn der Zusammenarbeit mit N.-P. → Rudolph, u. a. bei Arrabals *Der Architekt und der Kaiser von Assyrien* (DEA 1968, Bochum), → Molières *George Dandin* (1969, Bayer. Staatsschauspiel München), Čechovs *Onkel Wanja* (1970, Staatstheater Stuttgart), Euripides' *Ödipus* (1973, Th. Basel), Schillers *Die Verschwörung des Fiesko zu Genua* (1981, Dt. Schauspielhaus Hamburg). Arbeiten am Zürcher Schauspielhaus bei O'Caseys *Kikeriki* (1970/71, R. P. → Stein), Gustafssons *Nächtliche Huldigung* (1971), Storeys *Home* (1972), am Dt. Schauspielhaus Hamburg u. a. bei Sternheims *Die Hose* (1970), → Kroetz' *Stallerhof* (UA 1972, auch Ko-Regie), Strindbergs *Der Pelikan* (1973, R. → Peymann), Hauptmanns *Einsame Menschen* (1975), *Der Biberpelz* (1977). Zusammenarbeit mit → Neuenfels u. a. bei Euripides' *Medea*, Ibsens *Gespenster* (beide 1975/76, Schauspiel Frankfurt a. M.), Jelineks *Jackie und andere Prinzessinnen* (UA 2002, Dt. Th., Berlin); mit A. → Kirchner bei Brechts *Die heilige Johanna der Schlachthöfe* (1979), → Achternbuschs *Kuschwarda City* (UA 1980, beide Bochum), Zimmermanns *Die Soldaten* (1981, Oper Frankfurt a. M.); mit → Karge bei dessen *Jacke wie Hose* (UA 1982, Bochum); mit Karge / M. → Langhoff bei Kleists *Prinz Friedrich von Homburg* (1984, TNP Villeurbanne); mit Kroetz' bei dessen *Bauern sterben* (UA 1985), *Der Weihnachtstod* (UA 1986), Kafkas *Ein Bericht für eine Akademie* (1986, alle Münchner Kammerspiele); mit → Marquardt bei Ibsens *Klein Eyolf* (1986, Bochum), H. → Müllers *Germania Tod in Berlin* (1989, Berliner Ensemble); mit → Nel bei Smetanas *Die verkaufte Braut* (1981, Oper Frankfurt; 2003 Stuttgart, R.

→ Breth), Wagners *Die Walküre* (1999/2000), Hartmanns *Simplicius Simplicissimus* (2004) – «eine ingeniöse Ortlosigkeit, die nichts vordenkt» *(Stuttgarter Ztg)*. Intensive Zusammenarbeit mit → Palitzsch, u. a. bei Weiss' *Hölderlin* (1971), Becketts *Warten auf Godot* (1973, beide Staatstheater Stuttgart; 1990 Frankfurt a. M.), Ibsens *Hedda Gabler* (1978, Burgtheater Wien), Laubes *Der erste Tag des Friedens* (1978/79, Frankfurt a. M.), Devlins *Wir ganz allein* (DEA 1987, Dt. Schauspielhaus), Joyce' *Verbannte* (1991), → Pinters *Party Time* (dt.sprachige EA 1992, beide Zürcher Schauspielhaus), Dorsts *Karlos* (1991), *Fernando Krapp hat mir diesen Brief geschrieben* (1994, beide Schauspiel Bonn), → Shakespeares *Perikles*, Brechts *Baal* (beide 1993), Bonds *Ollys Gefängnis* (DEA 1994), Becketts *Endspiel* (1995, alle Berliner Ensemble). Seit den 1990er Jahren vermehrt Ausstattungen für → Zadek, u. a. für Pinters *Mondlicht* (1995, Koproduktion Berliner Ensemble / Thalia Th. Hamburg), Zadeks Adaption von Carrolls *Alice im Wunderland* (UA 1996, mit J. Grützke), Shakespeares *Richard III.* (1997, beides Koproduktionen Münchner Kammerspiele / Wiener Festwochen), Čechovs *Der Kirschgarten* (1996), Ibsens *Rosmersholm* (2000, beide Burgtheater), LaButes *Bash* (DEA 2001, Hamburger Kammerspiele), Brechts *Mutter Courage und ihre Kinder* (2003, Dt. Th.), Ibsens *Peer Gynt* (2004), Strindbergs *Totentanz* (2005, beide Berliner Ensemble). – Seit 1973 Sprechtheater-, seit 1982 auch Opernregie; u. a. bei Švarc' *Die Schneekönigin* (1973, Staatstheater Stuttgart), Bruckners *Krankheit der Jugend* (1976), Gor'kijs *Wassa Shelesnowa* (1977, beide Th. am Neumarkt, Zürich), Brechts *Trommeln in der Nacht* (1978, Frankfurt a. M.), *Im Dickicht der Städte* (1980, Arnheim; 1987 Freie Volksbühne Berlin), Glucks *Alkestis* (1982), Stravinskijs *The Rake's Progress* (1984, beide Oper Frankfurt a. M.), H. Müllers *Die Schlacht* (1985, Schauspielschule Arnheim), Kaiser/Weills *Der Silbersee* (1989, Gelsenkirchen), Bergs *Lulu* (Staatstheater Darmstadt), Horváths *Sladek oder Die schwarze Armee* (beide 1990, Nationaltheater Mannheim), Bruckners *Die Rassen* (1994, Staatstheater Hannover). Verheiratet mit der Schauspielerin und Autorin Emine Sevgi Özdamar, für deren Insz. des eigenen Stücks *Karagöz in Alamania* er 1986 (Schauspiel Frankfurt a. M.) das Bühnenbild entwarf. Seit 1974 lehrt K. als Professor für Bühnenbild an der Kunstakademie Düsseldorf. 1986 Kulturpreis der Stadt Nürnberg. – K.s Bühnenbilder sind nie glatt und lediglich ästhetisch-dekorativ. Er dient dem Werk und der Insz. nicht durch bloße optische Ausgestaltung, sondern durch widerständige Raumkompositionen, die einen eigenständigen Stellenwert – auch als «leerer Raum» – erreichen, ohne die Insz. zu dominieren.

Wolfgang Beck

Knipper-Čechova, Ol'ga (Leonardovna), *9. 9. 1868 Glasov (Russland), † 22. 3. 1959 Moskau. Schauspielerin.

Tochter des aus Deutschland stammenden Ingenieurs und Fabrikbesitzers Leonhardt Knipper. 1895–98 Schauspielunterricht an der Dramatischen Abteilung des Konservatoriums der Moskauer Philharmonie bei → Nemirovič-Dančenko und A. F. Fedotov (1841–95). Wurde in das Ensemble des 1898 von → Stanislavskij und Nemirovič-Dančenko gegründeten Moskauer Künstlertheaters (MChAT) aufgenommen, dessen Mitglied sie jahrzehntelang blieb. Erste Rolle: Zarin Irina in Alexej K. Tolstojs *Car' Fëdor Joannovič* (P. 14. 10. 1898). Beim sensationellen Erfolg von Čechovs *Die Möwe* (P. 17. 12. 1898) spielte sie die Rolle der Arkadina zugleich als Teil ihres Abschlussexamens. Sie blieb trotz der Heirat mit dem damals schon todkranken Čechov (25. 5. 1901) weiter beim Th. Begleitete ihren

Mann zur Behandlung nach Berlin und Badenweiler, wo er am 15.7.1904 starb. Galt als herausragende Interpretin Čechovs, der z. T. die Rollen für sie geschrieben hatte: Jelena Andrejevna in *Onkel Wanja* (UA 26.10.1899), Mascha in *Drei Schwestern* (UA 31.1.1901), Ranevskaja in *Der Kirschgarten* (UA 17.1.1904), Sarah in *Ivanov* (P. 19.10.1904). Auftritte in Stücken russ. Autoren, u. a. in Gor'kijs *Die Kleinbürger* (1902), *Nachtasyl*, (UA 18.12.1902), *Feinde* (1935), in Gogol's *Der Revisor* (1908), Turgenevs *Ein Monat auf dem Lande* (1909), Griboedovs *Verstand schafft Leiden* (1906, Wiederaufnahmen 1914, 1925), Ivanovs *Panzerzug 14–69* (1927), *Onkelchens Traum* nach Dostoevskij (1929). Hauptdarstellerin auch in modernen nichtruss. Stücken, z. B. G. Hauptmanns *Einsame Menschen* (1899), Ibsens *Stützen der Gesellschaft* (1903), Hamsuns *Spiel des Lebens* (1907). Zu ihrem klassischen Repertoire gehörten u. a. → Shakespeares *Was ihr wollt* (1899), → Molières *Der eingebildete Kranke* (1913). In → Craigs bahnbrechender Insz. von Shakespeares *Hamlet* (P. 23.12.1911) spielte sie die Königin. K.-Č. nahm – als führende Schauspielerin des MChAT – an Gastspielen des Th.s in Russland, 1906 in Westeuropa (u. a. Berlin) und 1922–24 in Westeuropa und den USA teil.

Sie schrieb Erinnerungen und war eine bedeutende Briefschreiberin. Ihr – fast täglicher – Briefwechsel mit Čechov ist in den vergangenen Jahren in unterschiedlichen szenischen Lesungen weltweit aufgeführt worden. Eine vielseitige Schauspielerin, die durch ihre Bühnenpräsenz, ihre psychologisch durchdachte Darstellungskunst das Publikum zu begeistern vermochte. V. a. in Insz.en Stanislavskijs und Nemirovič-Dančenkos gelangte sie zu überzeugenden Gestaltungen. K.-Č. hatte ihre größten künstl. Erfolge in den ersten Jahrzehnten des MChAT, in denen sie – trotz ihrer eher intuitiven und spontanen Herangehensweise an neue Rollen – ihren Ruf als Protagonistin des Stanislavskij-Systems erwarb: «nehmen Sie endlich ein für allemal den Ihnen zukommenden Thron in unserem Theater ein» (Stanislawski, *Briefe*, S. 302). Mehrfach ausgezeichnet (Künstlerin des Volkes, Staatspreis 1943), wurde sie im Verlauf ihrer langen Karriere zur lebenden Legende der Anfänge moderner russ. Theaterkunst.

<small>Pitcher, H. J.: Chekhov's Leading Lady: A Portrait of Olga Knipper. New York 1980; Stanislawski, K. S.: Briefe 1886–1938. Berlin 1975; Tschechow, A., O. Knipper: Mein ferner lieber Mensch. Liebesbriefe. Frankfurt a. M. 1998.</small>

Wolfgang Beck

Knuth, Gustav (Adolf Karl Friedrich), * 7.7.1901 Braunschweig, † 1.2.1987 Küsnacht (Schweiz). Schauspieler.

Sohn eines Eisenbahnschaffners, machte eine Schlosserlehre, nahm Schauspielunterricht bei dem Hofschauspieler Casimir Paris und debütierte 1918/19 am Stadttheater Hildesheim. Über die Th. in Harburg (1919–22), Basel (1922–25), (Hamburg-)Altona kam K. ans Dt. Schauspielhaus Hamburg (1933–38). Rollen u. a. in Schillers *Wilhelm Tell* (1933), *Don Carlos* (1935, R. → Fehling), → Shakespeares *König Lear* (1934), *Viel Lärm um Nichts* (1936), → Lessings *Minna von Barnhelm* (R. Fehling), Billingers *Die Hexe von Passau* (UA), Kleists *Robert Guiskard* (beide 1935), Madáchs *Die Tragödie des Menschen* (1937), → Goethes *Götz von Berlichingen* (1938). Außerdem an der Berliner Volksbühne in Schillers *Die Räuber* (1936), bei den Reichsfestspielen Heidelberg in Shakespeares *Der Widerspenstigen Zähmung* (1938; 1942 Preuß. Staatstheater, 1945 Dt. Schauspielhaus Hamburg). Danach bis 1944 Engagement an den Preuß. Staatstheatern; u. a. in Büchners *Dantons Tod* (1939, R. → Gründgens), Shakespeares *Julius Cäsar*, P. A. Wolffs *Preciosa* (beide 1941), Shaws *Die heilige Johanna* (1943, alle R. Fehling). 1945/46 wieder am Dt. Schauspielhaus Hamburg (Molnár, *Liliom*, Shakespeare, *Der Sturm*, beide 1946). Seither am Zürcher Schauspielhaus, wo er seine wichtigsten Rollen spielte. U. a. in Zuckmayers *Des Teufels General* (TR, UA 1946, R. → Hilpert), Ibsens *Peer Gynt* (TR, 1948), → Brechts *Herr Puntila und sein Knecht Matti* (UA 1948, R. Brecht / → Hirschfeld), Frischs *Graf Öderland* (UA 1951), Shakespeares *Othello* (1954), Kleists *Der zerbrochne Krug* (1955), O'Neills *Fast ein Poet* (1958), Wedekinds *Lulu* (1962), Gustafssons *Die nächtliche Huldigung* (UA 1970). Wichtig seine Mitwirkung in den UAen von Stücken Dürrenmatts: *Es steht geschrieben* (1947), *Ein Engel kommt nach Babylon* (1954), *Der Besuch der alten Dame* (1956), *Die Physiker* (1962), *Der Meteor* (1966), *Die Wiedertäufer* (1967). Gastspiele und Tourneen. Seit 1935 in rund 100 Filmen, u. a. *Der Ammenkönig* (1935), *Das Mädchen von Fanö* (1941), *Große Freiheit Nr. 7* (1944, mit → Albers), *Unter den Brücken* (1944/45, beide R. → Käutner), *Die Ratten* (1955, R. → Siodmak), *Die Buddenbrooks* (1959), *Der Bockerer* (1981). Große Popularität erreichte K. seit den 1960er Jahren durch Fernsehserien (*Alle meine Tiere*, *Salto Mortale*, *Die Powenzbande*). – Ein vitaler Schauspieler, hinter dessen Volkstümlichkeit und scheinbar einfacher Gradlinigkeit seine darstellerische Bedeutung manchmal zu verschwinden schien. Ein Charakterdarsteller von physischer Präsenz, unverwechselbarer Mimik, Stimme und Sprachkraft, mit großem komödiantischem Talent; konnte proletarische Figuren ebenso überzeugend verkörpern wie (klein-)bürgerliche.

Ihering, H.: Junge Schauspieler. München 1948; Knuth, G.: Mit einem Lächeln im Knopfloch. Hamburg 1974.

Wolfgang Beck

Koch, Heinrich Georg, * 22. 11. 1911 Bad Godesberg, † Anfang November 2006 Wallau. Regisseur.

Universitätsstudium in Berlin und Graz. 1933 – 37 Regieassistent und Dramaturg am Dt. Th. Berlin, 1937 – 39 Oberspielleiter Stadttheater Göttingen, 1939 – 42 Regisseur am Dt. Th. Berlin und Th. in der Josefstadt Wien, 1943 – 44 Schauspieldirektor Hannover, bis Kriegsende Soldat. Wiederbeginn am Dt. Schauspielhaus Hamburg, unterbrochen von 3 Jahren Lehrtätigkeit am Schauspielstudio München. 1957 – 68 Schauspieldirektor Frankfurt a. M. Zahlreiche Gastinsz.en u. a. Schiller-Th. Berlin, Ruhrfestspiele, 1971 Bad Hersfelder Festspiele. K. war ein um Werktreue bemühter, auf äußerste Stilisierung bedachter Regisseur, im Bild mit Tendenz zu Abstraktion in ortlosen Räumen. Entwickelte mit dem Bühnenbildner Franz Mertz eine scheibenförmige Einheitsbühne («Koch-Platte»), deren Spielfläche sich interessant gliedern ließ und keinerlei Milieurealismus gestattete. Für die 1950er Jahre ähnlich stilprägend wie der «Bochumer Stil» (Max → Fritzsche / Hans Schalla). Konsequente Abkehr von Spielweisen der 1930er und 1940er Jahre («Reichskanzleistil»), aber auch von einem hochemotionalen Spätexpressionismus. Die ästhetische Stringenz der Raumlösungen bedingte eine andere Behandlung der Klassiker, deren Realisierung K. vorsichtig und verantwortungsvoll modernisierte. K. inszenierte bevorzugt Klassiker, auch kaum mehr gespielte wie Grabbes *Hannibal* (1957, Frankfurt) und *Scherz, Satire, Ironie und tiefere Bedeutung* (1955, Schlossparktheater Berlin), Byrons Kain (1958, Frankfurt a. M. 1958), Calderóns *Über allen Zaubern Liebe* (1955, Hamburg), interessierte sich jedoch auch für neue Stücke von Giraudoux (*Undine*, 1946, Hamburg), García Lorca (*Doña Rosita bleibt ledig*, 1955, Berlin), Ionesco (*Die Nashörner*, 1960), Dürrenmatt (*Besuch der alten Dame*, 1962, beide Frankfurt a. M.), Frisch (*Biografie – ein Spiel*, 1969, Hamburg), Albee (*Winzige Alice*, 1966,

Hamburg), Forte (*Martin Luther & Thomas Müntzer*, 1974) und insbesondere für Claudel. Lediglich eine → Brecht-Insz.: Die UA des *Coriolan* nach → Shakespeare (1962, Frankfurt a. M.). K. zog sich in den 1970er Jahren vom Th. zurück.

Hundert Jahre Deutsches Schauspielhaus in Hamburg. Hamburg 1999.

Werner Schulze-Reimpell

Koen, Mirjam, * 1948. Regisseurin, Theaterleiterin, Schauspielerin.

K. ist seit der Gründung (1972 in Amsterdam) ein wichtiges Mitglied der ab 1973 in Rotterdam beheimateten niederländ. Theatergruppe Onafhankelijk Toneel (OT). Zuerst Schauspielerin, seit 1980 Regisseurin und künstl. Leiterin zusammen mit dem Bühnenbildner, Regisseur und Autor Gerrit Timmers und (seit 1983) dem Choreographen und Tänzer Ton Lutgerink. Dieses multidisziplinäre Th., das sich u. a. das Durchbrechen der Barrieren zwischen verschiedenen theatralen Kunstformen zum Ziel gesetzt hat, lebt von der Zusammenarbeit seiner künstl. Leiter, da für jede Produktion Künstler verpflichtet werden müssen. Als Schauspielerin trat K. u. a. auf in Majakovskijs *Das Schwitzbad* (1974), Schnitzlers *Der grüne Kakadu* (1975), *Sloppengarga* (nach → Brechts *Im Dickicht der Städte*, 1979), dem Projekt *Alleen Romeo en Julia* (1985). Insz.en u. a. von Gor'kijs *Sommergäste* (1980), Veldhuizens *Affaire B* (1985, Koproduktion ro Th.), Groenevelds *Parlement* (1986), → Shakespeares *Romeo/Julia* (1987), Timmers' *On Wings of Art* (1988), *Rest and Remember,* Cowards *Design for Living* (Koproduktion De Mug met de Gouden Tand), Carvers *Carver,* ‹verplaatst u zich eens in mij› (Koproduktion Beeldenstorm, alle 1989), Dauthendeys *Glück* (1991), Gales Adaption von Puigs *Ramirez* (1992), die Wohmann-Adaption *Alleen!,* Harwoods *De dresser* (beide 1994), Steigs *Abels eiland* (1996), Geerlings' *Heden toekomstmuziek* (1996), *Het ongeluk* (2000), Timmers' (nach K. Michel) *Tingeling* (1999), Koolschijns (nach Euripides) *De Trojaansen* (2001), Camus' *Caligula* (2003), Bischoffs *Mijn waardeloze slavin* (2004), Albees *Wer hat Angst vor Virginia Woolf?* (2005). Intensiv hat sich K. (auch für andere Th.) mit Čechov und Ibsen auseinandergesetzt. Insz.en von Čechovs *Platonov* (1985; 1991 als *Stück ohne Titel*), *Die Möwe* (1993, Hogeschool voor de Kunsten Arnhem), *Der Waldschrat* (1999, mehrfach preisgekrönt), *Ivanov* (2002), der Kompilation seiner Texte mit denen Sarah Kanes *4484. Psychose* (2002, Het Vervolg, Maastricht), von Ibsens *Die Frau vom Meer* (1998), *John Gabriel Borkman* (2001, Toneelgroep Amsterdam), *Baumeister Solness* (2004), sowie der eigenen Kompilation *Vrouwen van Ibsen* (1998). In Zusammenarbeit mit Lutgerink u. a. führte K. auch Regie bei Tanz- und Pantomimenproduktionen wie *De dansende man: Niemand hier weet wie ik ben* (1990), *Café Lehmitz* (1991, Koproduktion Carver), *Happy Endings* (1992), *Privé-Story* (1997), *Nader, een dansromance* (2003); mit der Gruppe Carver u. a. bei *Apachendans* (1993), *De witte hal* (1995), *Het grote hoofd* (1997). Kennzeichnend für die Arbeitsweise von OT ist die Sprech-, Tanz- und Musiktheater mischende Insz. von Shakespeares *Hamlet* (1996/97, Choreographie: Lutgerink, Musik: de Wit). Seit der UA von Nyman/Timmers' Oper *Orpheus' dochter* (1988) hat das OT sich auch in diesem Bereich etabliert und K. sich einen Namen als Opernregisseurin auch bei anderen Th.n gemacht. So – meist in Zusammenarbeit mit Timmers – mit der Musik- und Textkompilation *Operaliefde!* (1988, Krochttheater), Mozarts *Così fan tutte* (1990), Monteverdis *L' incoronazione di Poppea* (1993, mit Combattimento Consort Amsterdam), Stravinskijs *The Rake's Progress* (1997, mit Nederlands Balletorkest), Händels *Rodelinda* (1998, mit Combattimento Consort), *Samson* (2003, Koproduktion De Nederlandse Opera), Rameaus *Platée* (2002, Koproduktion Nationale Reisopera), Adams' *The Death of Klinghoffer* (2004, Koproduktion Nieuwe Luxor Th., Rotterdam), *Antigona/e* (2005, Ko-R. Lutgerink; eine Verbindung von Sophokles' Stück mit der Oper Traettas), *Orfeo Intermezzi* (2005, einer Mischung barocker und moderner Werke). Auszeichnungen u. a. Albert van Dalsumprijs (1986), Prijs van de Kritiek (1999). – K. hat mit ihren Insz.en wesentlich zum Erfolg und künstl. Profil des OT beigetragen, gilt darüber hinaus als eine der führenden Regisseurinnen der Niederlande. Hervorzuheben sind neben ihren Insz.en von Stücken Čechovs und Ibsens die von Werken des Musiktheaters. In ihrer Arbeit analytisch, von subtiler Ironie und einem «zwingenden Regiestil» (*De Volkskrant*, 20. 10. 2001) und außergewöhnlicher Schauspielerführung.

Geerlings, E: Daarom zou ik dus gek worden van een dramaturg: Mirjam Koen, een regisseuse dwars door alle hokjes heen. In: Toneel Theatraal, Jg. 113, Nr. 7 (September 1992), S. 7–11; Onafhankelijk Toneel: 1979–1995. Red. M. Koen. Rotterdam 1995; Studio's Onafhankelijk Toneel. Red. M. Merkx. Rotterdam 1985.

Wolfgang Beck

Kogge, Imogen, *8. 2. 1957 Berlin. Schauspielerin.

Bereits im Schultheater TR in Schillers *Die Jungfrau von Orleans*. Direkt nach ihrer Ausbildung an der Hochschule der Künste in Berlin (1976–80) bekam K. ein Engagement am Dt. Schauspielhaus Hamburg. Sie spielte dort u. a. in Sternheims *Bürger Schippel* (1981), Ruge/Topors *Weihnachten an der Front* (UA 1981, R. → Savary), einer Revue über den Kriegswinter 1916. Weitere Rollen u. a. in → Molières *Tartuffe*, → Shakespeares *Titus Andronicus* (beide 1982), mit großem Erfolg Mascha in Čechovs *Die Möwe* (1985, R. A. → Fernandes) und Rollen in dessen Einaktern *Der Heiratsantrag* und *Die Hochzeit* (alle 1985, R. A. Fernandes). Durch ihre Ernsthaftigkeit gelang es K., die «Gratwanderung zwischen Komödie und Klamotte» in der Darstellung der seelischen Struktur der Čechov'schen Figuren zu meistern (M. Nelissen in *Die Welt*, 7. 3. 1985). 1985 Tanztheaterprojekt mit Rotraut de Neve und Heidrun Vielhauer. Nach einem Gastspiel bei → Peymann in Bochum (1985 Rosetta in Büchners *Leonce und Lena*) wurde sie 1985/86 von Luc → Bondy an die Berliner Schaubühne am Lehniner Platz geholt. Dort spielte sie u. a. in Racines *Phädra* (1986, R. P. → Stein), Labiches *Die Affäre Rue de Lourcine* (1988), Kleists *Amphitryon* (1991, beide R. → Grüber): «Gemeinsam mit dem clownesken Udo → Samel brachte sie als Charis die drastische Komik der ‹einfacheren› Leute in diese bis zum Stillstand der Emotionen getriebene Inszenierung» (K. Dermutz in *Th. heute* 2/96, S. 62). In der Regie Andrea → Breths *Johanna Wegrath* im Schnitzlers *Der Einsame Weg* (1991), Frau Elvsted in Ibsens *Hedda Gabler* (1994), Nina in Čechovs *Die Möwe* (1995/96) – «alles Figuren, die die Kindheit hinter sich gelassen haben und nicht glücklich im Erwachsenenleben angekommen sind» (ebd., S. 58). K. verließ 1997 nach 12 Jahren die Schaubühne, spielte am Berliner Maxim-Gorki-Th. in → Ayckbourns *Schöne Bescherungen* (1997/98), bei den Salzburger Festspielen in Büchners *Dantons Tod* (1998, R. → Wilson), am Zürcher Schauspielhaus in Sartres *Geschlossene Gesellschaft* (1999, R. → Düggelin), am Staatstheater Stuttgart in Musils *Die Schwärmer* (2000, R. → Goerden), am Renaissancetheater Berlin in Grumbergs *Das Atelier* (2000) und Rezas *Dreimal leben* (2001), am Schauspiel Frankfurt in Mulischs *Das Theater, der Brief und das Leben* (2001, R. Samel), an der Berliner Schaubühne in → Brechts *Im Dickicht der Städte* (2003/04). Ab 2005/06 im Ensemble des Bochumer Schauspielhauses; Rollen in Handkes *Die*

Stunde da wir nichts voneinander wussten (2005, R. Goerden), Wildes *Ein idealer Gatte* (2006). Mit Tobias Hoheisel Operninsz.en für die niederländ. Nationale Reis Opera (Händel, *Ariodante*; Puccini, *Madame Butterfly*; Mozart, *Die Entführung aus dem Serail*). Rollen in Filmen (*Nachtgestalten*, 1998; *König der Diebe*, 2000; *Bluthochzeit*, *Requiem*, beide 2004) und Fernsehspielen (*Totalschaden*, 1997; *Die Geisel*, 2002; *In einem anderen Leben*, 2003). 1999 Sonderpreis der Dt. Akademie für Darstellende Künste (deren Mitglied sie ist) für ihre Rolle im Fernsehspiel *Schande* (1998). Seit 2001 Hauptkommissarin in der Serie *Polizeiruf 110* (Grimme-Preis 2006). Boy-Gobert-Preis. – K. ist eine der führenden dt.sprachigen Charakterdarstellerinnen ihrer Generation, «bekannt für ihre unprätentiösen, verhaltenen und dennoch eindrücklichen Darstellungen» (Ch. Gubler in *Sonntagsztg.*, 25. 4. 1999). Der Regisseur Werner Düggelin über sie: «Selten habe ich jemanden gesehen, der mit so wenig Mitteln so viel erzählen kann.»

Karin Schönewolf

Kolman, Trude (eig. Gertrude Kohlmann), * 15. 9. 1904 Nürnberg, † 3. 12. 1969 München. Kabarettistin, Schauspielerin, Regisseurin, Kabarett- und Theaterleiterin.

Ausbildung als Buch- und Kunsthändlerin. Schauspielunterricht bei Tilla → Durieux. Auftritte als Diseuse und Kabarettistin in Berliner Kabaretts (u. a. Rosa Valettis Larifari, Werner → Fincks Die Katakombe). Spielte in Toller / Hasenclevers → Molière-Bearbeitung *Bourgeois bleibt Bourgeois* (Revue nach *Le Bourgeois gentilhomme*) unter der Regie Aleksander Granovskijs (P. 12. 2. 1929, Lessing-Th. Berlin). Filmschauspielerin (*Zweimal Hochzeit*, 1930; *Die Bräutigamswitwe*, 1931). In Berlin 1932 Leiterin des Kabaretts Casanova, 1935 des von Friedrich Hollaender 1931 gegründeten Tingel-Tangel, das am 10. 5. 1935 aus politischen Gründen geschlossen wurde. Emigration 1935 nach Österreich (eigene Kabaretts, u. a. Der sechste Himmel), 1938 Tschechoslowakei, 1939 Großbritannien, wo sie bis 1949 in Loxwood eine Pension leitete. 1950 Rückkehr in die BRD. Am 25. 1. 1951 Eröffnung des Kabaretts Die Kleine Freiheit in München (Hausautor Erich Kästner), das sich durch hohes literarisches Niveau und perfekte theatralische Umsetzung auszeichnete. Aus dem Kabarett wurde später ein reines Th. Wichtige Stationen dabei Hollaenders Kabarett-«Revuetten» *Hoppla, aufs Sofa!* (1957), *Der große Dreh*, *Es ist angerichtet!* (beide 1958), *Futschikato!* (1961). K. spielte weiterhin und inszenierte meist selbst (u. a. Frank Marcus' *Schwester George muß sterben*, 1967). Außerdem arbeitete K. als Fernsehregisseurin (*Oh, diese Geister*, *Die verschenkten Jahre*, beide 1966) und inszenierte, v. a. in München, auch Werke des Musiktheaters (Mischa Spolianskys *Wie lernt man Liebe?*, UA 5. 3. 1967, Cuvilliés-Th.). K.s Bedeutung liegt v. a. in der maßstabsetzenden Rolle, die sie für die Entwicklung des Nachkriegskabaretts in der BRD hatte. «Sie war die geborene Prinzipalin» (Greul, Bd. 2, S. 382).

Budzinski, K.: Wer lacht denn da? Braunschweig 1989; ders., R. Hippen: Metzler-Kabarett-Lexikon. Stuttgart, Weimar 1996; Greul, H.: Bretter, die die Zeit bedeuten. 2 Bde. München 1971; Münchner Kleine Freiheit. Hg. T. Kolman. München 1960; Zivier, G., H. Kotschenreuther, V. Ludwig: Kabarett mit K. (3. Aufl.) Berlin 1989.

Wolfgang Beck

Komisarjevsky, Theodore (eig. Fedor Fedorovič Komissarshevskij), 23. 5. 1882 Venedig, † 17. 4. 1954 Darien (Connecticut, USA). Regisseur, Bühnenbildner, Designer, Theaterleiter, -pädagoge.

Sohn des Sängers F. P. Komissarshevskij (1832 – 1905) und einer russ. Prinzessin. Ausbildung u. a. am kaiserl. Institut für Architektur und der Universität Petrograd. Regiedebüt am Th. seiner Halbschwester Vera →Komissarshevskaja in St. Petersburg, wo er – nach der Entlassung →Mejerchol'ds – neben Nikolai Evreinov (1879–1953) inszenierte, u. a. Andreevs *Cernyja maski (Die schwarzen Masken)*, Ibsens *Baumeister Solness*, Glucks *Die Maienkönigin* (alle 1908). Seit 1910 arbeitete K. in Moskau an verschiedenen Th.n, u. a. für K. N. Nezlobins Th., das Malyj, das Novyj, das Bol'šoj Th. und sein eigenes Studio. Insz.en von Werken des klassischen Repertoires wie →Molières *Der Bürger als Edelmann* (1910), *Die erzwungene Heirat* (1918), Gozzis *Turandot* (1910), →Goethes *Faust I* (1912), →Shakespeares *Der Sturm* (1918/19) und russ. Autoren wie Ostrovskijs *Ne bylo ni grosa, da vdrug altýn* (*Geld und Glück*, 1910), Dostoevskijs *Idiot* (1913), Ozerovs *Dmitrij Donskoj* (1914). Operninsz.en u. a. von Rimskij-Korsakovs *Zolotoj petušok* (*Der goldene Hahn*, 1917), Wagners *Lohengrin*, Musorgskijs *Boris Godunov* (beide 1918), Offenbachs *Hoffmanns Erzählungen* (1918/19). 1919 ging K. nach Großbritannien (1932 naturalisiert), wo er in London als Regisseur, Bühnenbildner und Innenausstatter von Th.n und Kinos (Granada Cinema, 1930) arbeitete. Insz.en u. a. von Borodins *Fürst Igor* (1919, Covent Garden Th.), Gogol's *Der Revisor* (1920, Duke of York's Th.), Pirandellos *Sechs Personen suchen einen Autor* (1921, Kingsway Th.), Čechovs *Onkel Vanja* (1921), Hamsuns *An des Reiches Pforten* (1922), Bennett/Knoblocks *Mr Prohack* (1927, alle Court Th.), Schnitzlers *Fräulein Else* (1932, Kingsway Th.), Mackenzies *Musical Chairs* (1932, Criterion Th.), Kennedys *Escape Me Never* (1934, Apollo Th.; 1935 Shubert Th., New York, mit →Bergner), Barries *The Boy David* (His Majesty's Th.), Čechovs *Die Möwe* (beide 1936, New Th., mit →Guinness). Seine damalige Frau Peggy →Ashcroft trat in vielen seiner Insz.en auf. Seinen Ruf als künstl. innovativer Regisseur verdankte er v. a. seinen Insz.en von Stücken Čechovs und Shakespeares. 1925–26 inszenierte er mit eigenem Ensemble (u. a. →Gielgud, →Laughton) im Barnes Th. u. a. Čechovs *Onkel Vanja*, *Drei Schwestern*, *Der Kirschgarten*, mit denen er den Autor im brit. Spielplan durchzusetzen half. Im Shakespeare Memorial Th. in Stratford-upon-Avon inszenierte K. Shakespeares *The Merchant of Venice* (*Der Kaufmann von Venedig*, 1932), *Macbeth* (1933), *The Merry Wives of Windsor* (*Die lustigen Weiber von Windsor*, 1935), *King Lear* (1936), *The Comedy of Errors* (*Komödie der Irrungen*, 1936), *The Taming of the Shrew* (*Der Widerspenstigen Zähmung*, 1939). Gastinsz.en u. a. in Frankreich und Italien. Ende der 1930er Jahre übersiedelte K. in die USA. Insz.en am Broadway u. a. von Aderer/Ephraims *Maitresse de Roi* (1926/27, Cosmopolitan Th.), Dietz/Schwartz' *Revenge with Music* (1934/35, New Amsterdam Th.), Komisarjevsky/Sims' *Russian Bank* (1940, St. James Th.), Acklands Adaption von Dostoevskijs *Schuld und Sühne* (1947/48, National Th.). Am Open Air Th. in Montreal Shakespeares *Cymbeline* (1950), mit der New York City Opera Prokof'evs *Die Liebe zu den drei Orangen* (1951). K., der an der Royal Academy of Dramatic Arts (RADA) in London unterrichtet und →Stanislavskij in Großbritannien bekannt gemacht hatte, gründete in den USA eine Schauspielschule, die er bis zu seinem Tod leitete. Verfasser mehrerer Bücher über Th.-Theorie. Regie bei den Filmen *Vdova* (1918) und *Yellow Stockings* (1928).

K. war ein bedeutender Regisseur und Bühnenbildner, der das moderne Regietheater in Russland wie Großbritannien durchzusetzen half. Produktive Auseinandersetzung mit den Theorien Stanislavskijs und Mejerchold's; in seinen Ideen eines alle Künste umfassenden Th.s den Ansichten →Tairovs verwandt. Als Regisseur dem Autor verpflichtet, die philosophische Grundidee des Textes herausstellend, beispielhaft in seiner Kunst der Schauspielerführung. K. vermied Konventionen des Th.s, entdeckte auch in klassischen Stücken neue Aspekte (philosophische Tiefe bei Ostrovskij, das Komödiantische bei Čechov). K.s stilprägende Shakespeare-Insz.en (u. a. *Macbeth* in modernen Uniformen und einem nur aus Aluminium bestehenden Bühnenbild) revolutionierten brit. Traditionen und sind von theatergeschichtlichem Rang.

Borovsky, V.: A triptych from the Russian theatre: an artistic biography of the Komissarzhevskys. London 2001; Johnson, C. J.: The stage art of Komisarjevsky. Cambridge, Mass. 1991 *(Katalog)*; Komisarjevsky, Th.: The Costume of the Theatre. London 1931; ders.: Myself and the Theatre. London 1929; ders., L. Simonson: Settings and Costumes of the Modern Stage. London 1933; ders.: Teatral'nyia preliudii. Moskau 1916; ders: The Theatre and a Changing Civilization. London 1935; ders.: Tvorchestvo aktera i teoriëiia Stanislavskogo. Petrograd [1900?].

Wolfgang Beck

Komissarshevskaja, Vera (Fedorovna), Grafinya Muravyova, * 27. 10. 1864 St. Petersburg, † 10. 2. 1910 Taschkent (heute Usbekistan). Schauspielerin, Theaterleiterin.

Tochter der Sänger Maria Shulgina und F. P. Komissarshevskijs (1832–1905), Halbschwester des Regisseurs Th. → Komisarjevsky. Ausgebildet von ihrem Vater und dem Schauspieler V. N. Davydov (1849–1925). Auftritte in Amateurtheatergruppen in St. Petersburg. 1890–91 Zusammenarbeit mit → Stanislavskijs Gesellschaft für Kunst und Literatur in Moskau, Rolle in Tolstojs *Plody prosveščenija* (*Früchte der Bildung*, 1891). 1893 professionelles Debüt in der Truppe Nikolai N. Sinelnikovs in Novočerkassk, wo sie besonders in komischen Rollen Erfolg hatte (Rosine in Beaumarchais' *Der Barbier von Sevilla*). 1894–96 spielte K. im lit. Vilnius bei K. N. Nezlobin vermehrt auch klassische Rollen, u. a. in Schillers *Kabale und Liebe*, Ostrovskijs *Talanty i poklonniki* (*Talente und Verehrer*), Griboedovs *Gore ot uma* (*Verstand schafft Leiden*). 1896–1902 Aleksandrinskij Th. (St. Petersburg), spielte u. a. in Sudermanns *Die Schmetterlingsschlacht* (1896), Ostrovskijs *Bespridannica* (*Das Mädchen ohne Mitgift*, 1898) und war die erste Nina in der erfolglosen UA von Čechovs *Čajka* (*Die Möwe*, 17. 10. 1896). Wegen künstl. Differenzen verließ K. das Th. und gründete nach einer Tournee durch die Provinz 1904 ihr eigenes Th. in St. Petersburg, dessen Publikum v. a. der kritischen und liberalen Intelligenz angehörte. Neben Klassikern waren es Hauptwerke der Moderne, die den Spielplan bestimmten. K. spielte 1904–06 u. a. in Stücken → Shakespeares (*Othello*, *Hamlet*), → Goethes (*Faust I*), Schnitzlers (*Liebelei*), Maeterlincks (TR in *Monna Vanna*), Ibsens (TR in der russ. EA von *Nora*, *Baumeister Solness*). Wichtig ihre Rollen in Čechovs *Ivanov*, *Djadja Vanja* (*Onkel Wanja*), Turgenevs *Cholostjak* (*Der Junggeselle*), Gor'kijs *Dačniki* (*Sommergäste*), *Deti solnca* (*Kinder der Sonne*). Die Hinwendung zu Stücken des Symbolismus verstärkte sich durch das Engagement → Mejerchol'ds als Regisseur (1906/07), von dem sich K. nach künstl. Differenzen zugunsten ihres Halbbruders und des Regisseurs Nikolai Evreinov (1879–1953) wieder trennte. In Mejerchol'ds Regie verkörperte K. u. a. die TRn in Ibsens *Hedda Gabler*, Maeterlincks *Schwester Beatrice* (beide 1906), *Pelléas und Mélisande* (1907). 1908 erfolglose Tournee durch die USA. Um die durch das Th. entstandenen Schulden zu tilgen, ging sie 1908–10 mit eigenen Ensemble auf Tournee durch Russland, in deren Verlauf sie an den Pocken erkrankte und verstarb. Kurz zuvor (1909) hatte sie ihren Rückzug vom Th. angekündigt. – K., von Zeitgenossen als «russische Duse» bezeichnet, war eine bedeutende Charakterdarstellerin von psychologisch grundiertem

Spiel, großer Sensibilität und einer melodiösen, modulationsreichen Stimme. Besonders beeindruckend in der Verkörperung gebrochener, melancholischer Frauen. Sie wurde zu einer Ikone der russ. Symbolisten, von denen A. Blok ihr ein Gedicht widmete. Von bleibender Bedeutung ihre Theaterleitung, die wesentlich zur künstl. Erneuerung des russ. Th.s beitrug, Autoren wie Čechov und Gor'kij durchzusetzen half und bedeutenden Regisseuren Arbeitsmöglichkeiten bot. Seit 1964 ist in St. Petersburg ein Th. nach ihr benannt.

Borovsky, V.: A triptych from the Russian theatre: an artistic biography of the Komissarzhevskys. London 2001; Rybakova, J.: Komissarzhevskaja. Leningrad 1971; dies.: V. F. Komissarzhevskaia. St. Petersburg 1994; Sbornik pamjati V. F. Komissarzhevskoj. Sankt Petersburg 1911; Tal'nikov, D.: Komissarzhevskaja. Moskau, Leningrad 1939.

Wolfgang Beck

König, Herbert, * 1944 Magdeburg, † 3. 9. 1999 Düsseldorf. Regisseur.

Nach Abitur bald abgebrochenes Chemiestudium. Bierfahrer, Transportarbeiter. Filmkritiker der *Volksstimme* Magdeburg, Kulturredakteur. Vom Magdeburger Intendanten Hans-Dieter Meves als Pressedramaturg verpflichtet. Regieassistenzen, Fernstudium (Theaterwissenschaft) an der Leipziger Theaterhochschule Hans Otto («Ich brauchte den Schein, sonst hat das Studium für mich keine Bedeutung gehabt»). Regieschüler von Konrad Zschiedrich. 1973 mit Strindbergs *Fräulein Julie* Regiedebüt in Magdeburg. Danach mit einer Gruppe Schauspieler nach Brandenburg. Inszenierte O'Casey, → Kroetz *(Oberösterreich)*, Horváth, Fugard u. a., in Karl-Marx-Stadt (Chemnitz) → Shakespeares *Komödie der Irrungen*. Seine Insz. von García Lorcas *Yerma* in Brandenburg wurde vor der Premiere abgesetzt, K. einem Parteiverfahren unterzogen und mit «strenger Rüge» bestraft. Alle Insz. K.s in Brandenburg wurden abgesetzt. Auflösung seines Vertrags. Vorwurf: «Biologismus», nihilistische und pessimistische Weltsicht. Gastinsz.en u. a. in Zittau, Nordhausen, Dessau (Hildesheimers *Die Eroberung der Prinzessin Turandot*). *Theater der Zeit* verurteilte eine Neigung zum Grotesken und Absurden: «Der Regisseur verbrennt sich in Formalismen.» Gor'kijs *Nachtasyl* kam in Greifswald nicht zur Premiere, Goldonis *Impresario von Smyrna* wurde in Zittau nach 2 Aufführungen abgesetzt. Angebote aus der Bundesrepublik durfte K. nicht annehmen. Nach Mussets *Man spielt nicht mit der Liebe* in Anklam stellte K. 1983 einen Ausreiseantrag und begann 1984 kontinuierlich im Düsseldorfer Schauspielhaus zu arbeiten, mit einer irritierend spröden Insz. von Büchners *Leonce und Lena* zum Auftakt. V. a. die überregionale Kritik wurde schnell auf K. aufmerksam und schätzte ihn hoch ein, was die Düsseldorfer Intendanz nicht hinderte, im Sommer 1984 seine Insz. von Shakespeares *Was ihr wollt* nach der Generalprobe «aus künstlerischen Gründen» aus dem Spielplan zu nehmen. Gleichwohl blieb K. dem Schauspielhaus verbunden, inszenierte u. a. Sophokles / Pounds *Die Frauen von Trachis*, Christoph Heins *Die wahre Geschichte des Ah Q* und folgte dem Intendanten 1986 für einige Jahre nach München. 1987 Brechts *Trommeln in der Nacht* an der Schaubühne am Lehniner Platz Berlin. Seit Anfang der 1990er Jahre inszenierte K. wieder regelmäßig in Düsseldorf (Gor'kijs *Nachtasyl*, Čechovs *Platonow*, Koltès *Roberto Zucco*, Becketts *Endspiel* u. a.). Zuletzt, von schwerer Krankheit gezeichnet, Becketts *Warten auf Godot* am Schauspiel Leipzig.

Werner Schulze-Reimpell

König, Michael, * 26. 3. 1947 München. Schauspieler, Regisseur.

Nach der Schauspielausbildung an der Otto-Falckenberg-Schule in München debütierte K. in → Nestroys *Der Zerrissene* (1966) an den Münchner Kammerspielen, wo er bis 1967 engagiert war. Im gleichen Jahr spielte er unter der Regie von P. → Stein mit großem Erfolg den Len in Bonds *Gerettet*. Am Bremer Th. in Schillers *Kabale und Liebe* (1968, R. Stein), TR in Ibsens *Peer Gynt* (1968, R. K. → Hübner). Ab 1970 gehörte K. zum Ensemble der Berliner Schaubühne. Dort blieb er bis 1996 im Engagement und spielte unter Steins Regie u. a. in Gor'kij / → Brechts *Die Mutter* (1970, mit → Giehse), Ibsens *Peer Gynt* (1971), Gor'kijs *Sommergäste* (1974), → Shakespeares *Wie es euch gefällt* (1977) und in → Kroetz' *Nicht Fisch nicht Fleisch* (1981). Auch in Produktionen anderer namhafter Regisseure war K. zu sehen; u. a. in Horváths *Geschichten aus dem Wiener Wald* (1972), Euripides' *Die Bakchen* (1974, beide R. → Grüber), Brechts *Die Ausnahme und die Regel* (1974, R. F.-P. → Steckel). In Insz.en → Bondys u. a. in Strauß' *Die Zeit und das Zimmer* (UA 1989), Shakespeares *Das Wintermärchen* (1990). In der Regie → Goschs Macduff in Shakespeares *Macbeth* (1988), → Breths u. a. in Gor'kijs *Nachtasyl* (1992), Čechovs *Die Möwe* (1995) und → Goethes *Stella* (1999). An der Berliner Schaubühne inszenierte (und spielte) K. 1978 → Achternbuschs *Ella*; 1981 Büchners *Woyzeck*. In den Münchner Kammerspielen 1984 mit → Lessings *Emilia Galotti* (R. Th. → Langhoff) und 1985 mit Heiner → Müllers *Herakles 5* (TR, R. → Tragelehn) im Marstall zu Gast. K. gehörte 1996–99 zum Ensemble der Münchner Kammerspiele, dort spielte er u. a. Gregor Neuhaus in Strauß' *Das Gleichgewicht* (1996), den Mann mit Brille in Sorokins *Pelmeni* (DEA 1997, R. P. Wittenberg) und den Arzt Dorn in Čechovs *Die Möwe* (1997, R. J. D. Herzog). Seit der Spielzeit 1999/2000 gehört K. zum Ensemble des Wiener Burgtheaters. Rollen dort u. a. Agamemnon in Shakespeares *Troilus und Cressida* (2000, R. D. Donnellan),

Alfons in Horváths *Der jüngste Tag* (2000), Theobald Friedeborn in Kleists *Das Käthchen von Heilbronn* (2001), Claudio Dieu in A. Ostermaiers *Letzter Aufruf* (UA 2002, alle R. Breth) und in Lessings *Emilia Galotti* (2003) den Vater «mit dröhnendem Verzweiflungslachen» *(Die Welt)*. Ebenfalls mit großem Erfolg Malvolio in Shakespeares *Was ihr wollt* (2003, R. Koch). Die *Südd. Ztg.* schrieb: «Die Inszenierung besteht aus lauter Soli, allen voran Michael König, der im roten Blazer und mit Herrentasche Malvolios Beamtenseele aufdröselt wie in einem Stück von Botho Strauß.» In T. Williams' *Die Katze auf dem heißen Blechdach* (2004, R. Breth). Bei den Salzburger Festspielen in Wyspiańskis *Wesele* (dt.sprachige EA 1992, R. → Wajda), Schnitzlers *Das weite Land* (2002, R. Breth). Viele Filmrollen, u. a. in *Niklashauser Fahrt* (1970, R. → Fassbinder), TR in *Lenz* (1971, n. Büchner, R. G. Moorse), *Requiem für eine romantische Frau* (1998, R. D. Knöpfel), *Der neunte Tag* (2004, R. V. Schlöndorff).

Schaubühne am Halleschen Ufer am Lehniner Platz 1962–1987. Frankfurt a. M. 1987.

Donatha Reisig

Koppenhöfer, Maria, * 11.12.1901 Stuttgart, † 1.12.1948 Heidelberg. Schauspielerin.

Tochter eines Hoteliers, besuchte eine Haushaltungsschule und nahm privaten Schauspielunterricht. Debüt in → Shakespeares *Macbeth* (1921, Volksbühne Stuttgart). 1921–24 Münchner Kammerspiele; u. a. in der UA von → Brechts *Leben Eduard des Zweiten von England* (1924, R. Brecht). Engagements in Köln (1924/25) und 1925/26 am Dt. Th. in Berlin. Dort u. a. in Klabunds *Der Kreidekreis* (1925), Werfels *Juarez und Maximilian* (1926), später in der UA von Hauptmanns *Vor Sonnenuntergang* (1932, alle R. → Reinhardt). Für → Seelers Junge Bühne in Fleißers *Fegefeuer in Ingolstadt* (UA 1926, Dt. Th.).

1926–44 Mitglied der Berliner Staatstheater (1934 Staatsschauspielerin). Rollen u. a. in Shakespeares *Hamlet* (1926, R. → Jeßner, mit → Kortner), *Othello* (1932), *Richard III.* (1937), *Richard II.* (1939), *Julius Caesar* (1941), → Goethes *Geschichte Gottfriedens von Berlichingen mit der eisernen Hand* (1930, mit → George), *Faust I* (1941, R. → Gründgens), *Iphigenie auf Tauris* (1943), Schillers *Die Räuber* (1926, R. → Piscator), *Die Jungfrau von Orleans* (1930; 1939), *Die Verschwörung des Fiesco zu Genua* (1940, R. → Stroux), Hauptmanns *Die Weber* (1928), *Das Friedensfest* (1930), *Michael Kramer* (1937). Außerdem in Wedekinds *Musik* (1927, R. E. → Engel), Kaisers *Gas I* (1928), Ibsens *Peer Gynt* (1931), Billingers *Rauhnacht* (1931, R. → Fehling), → Lessings *Emilia Galotti* (1931), Aischylos' *Die Orestie* (1936), Büchners *Dantons Tod* (1939), Wolffs *Preziosa* (1941), Hamsuns *Abendröte* (1942). 1945–48 Münchner Kammerspiele (Giraudoux, *Die Irre von Chaillot*, 1948). Filme u. a. *Das Mädchen Johanna* (1935), *Schlußakkord* (1936, R. → Sirk), *Seinerzeit zu meiner Zeit* (1944, R. → Barlog). – Charakterdarstellerin von tragischer Kraft, mit suggestiver Persönlichkeit und ausdrucksstarker Stimme. Dabei von elementarer Spielfreude, groß in der Darstellung gebrochener Frauenfiguren. Der Kritiker Jhering sprach von «ihrer dunklen, drohenden, sprengenden Sprache» (2. Bd., S. 431), der Regisseur Fehling nannte sie «eine mystische Frau, vielleicht die Größte seit der Réjane, der Yvette und der Duse. Sie schluchzte wie dunkles Gestein und hatte nicht geweinte Tränen, die unsäglich zu erschüttern vermochten» (S. 250).

Jhering, H.: Von Josef Kainz bis Paula Wessely. Heidelberg u. a. 1942; ders.: Von Reinhardt bis Brecht. 2. Bd. Berlin 1959; Das Theater des deutschen Regisseurs Jürgen Fehling. Hg. G. Ahrens. Berlin 1985; Stemans, W.: Maria Koppenhöfer. Diss. München 1959.

Wolfgang Beck

Körner, Hermine, * 30. 5. 1878 Berlin, † 14. 12. 1960 Berlin. Schauspielerin, Regisseurin, Intendantin.

Kurzes Musikstudium in Wiesbaden. Ohne Ausbildung 1898 Debüt am Wiener Burgtheater. 1899–1904 Stadttheater Wien, 1904–05 Residenztheater Berlin, 1905–09 Düsseldorfer Schauspielhaus (TRn in → Lessings *Minna von Barnhelm* und Wildes *Salome*, Portia in → Shakespeares *Der Kaufmann von Venedig*, Königin Elisabeth in Schillers *Maria Stuart*, Gräfin Terzky in dessen *Wallenstein*, Leonore Sanvitale in → Goethes *Torquato Tasso*, Gräfin Werdenfels in Wedekinds *Der Marquis von Keith*). 1909–15 Hoftheater Dresden. 1915 Vertragsbruch – Max → Reinhardt trat aus dem Dt. Bühnenverein aus, um K. nach Berlin holen zu können. Spielte am Dt. Th. Lady Macbeth in Shakespeares *Macbeth*, TR in Racines *Phädra*, Gräfin Geschwitz in Wedekinds *Die Büchse der Pandora*. 1919–25 Intendantin des Münchner Schauspielhauses (der späteren Kammerspiele). Insz.en von Wedekinds *Die Büchse der Pandora*, UA von Lautensacks *Das Gelübde*, Shakespeares *Der Kaufmann von Venedig*, Schnitzlers *Der Reigen* (nach wenigen Aufführungen verboten), Lessings *Emilia Galotti*, Hamsuns *Vom Teufel geholt* mit ihr als Juliane, spielte Mariamne in Hebbels *Herodes und Mariamne*. 1925–26 und 1927–29 Direktion des Dresdner Albert-Th.s, 1926–27 der Komödie Dresden. Inszenierte (und spielte) Goethes *Iphigenie auf Tauris*, → Brechts *Die Dreigroschenoper*. Während der Weltwirtschaftskrise zum Aufgeben gezwungen, kehrte sie zu Reinhardt nach Berlin zurück. 1934–44 Preuß. Staatstheater Berlin (Herzogin von Marlborough in Scribes *Ein Glas Wasser*, TRn in Shaws *Frau Warrens Gewerbe*, Rehbergs *Die Königin Isabella*, der UA von Hauptmanns *Iphigenie in Delphi*, Ibsens *Frau Inger auf Östrot* – 1959 auch Städt. Bühnen Freiburg). 1946–48 Staatstheater Stuttgart

(Frau Alving in Ibsens *Gespenster* – 1953 auch im Berliner Schiller-Th., Mutter in ihrer Insz. von García Lorcas *Bluthochzeit*, Madame de Staël in Bruckners *Heroische Komödie*). 1950 im Berliner Hebbel-Th. (später auch im Dt. Schauspielhaus Hamburg und im Düsseldorfer Schauspielhaus, 1959 im Berliner Schiller-Th.) TR in Giraudoux' *Die Irre von Chaillot*. 1951 Insz. von Schillers *Maria Stuart* im Dt. Schauspielhaus Hamburg, 1954 Herzogin in Anouilhs *Leocadia* in der Berliner Tribüne. 1956 Claire Zachanassian in Dürrenmatts *Der Besuch der alten Dame* im Düsseldorfer Schauspielhaus; im Berliner Schiller-Th. 1958 Hekuba in Euripides / Brauns *Die Troerinnen*, 1960 Atossa in Aischylos / Brauns *Die Perser*. Mitte der 1930er Jahre wurde ihr die Intendanz des Münchner Staatsschauspiels angeboten, was sie ablehnte, 1946 die Leitung des Göttinger Th.s. Preuß. Staatsschauspielerin, Kunstpreis der Stadt Berlin, Großes Bundesverdienstkreuz 1957.

K. agierte zwischen 2 Extremen. Sie war die vielleicht letzte große Heroine des klassischen Th.s in Deutschland mit pathetischer Sprachgewalt und hoheitsvoller Haltung, eine Königin der Bühne, zugleich perfekte Salondame, eine «Dame von Welt, immer mit einem Zug ins Großartige» (Hanns Braun). Herbert Jhering nannte sie eine «Technikerin ersten Ranges. Jedes Wort erhielt seine Klarheit, jede Silbe schon ihre Deutlichkeit». Eine Identifikationsschauspielerin, «eine hochtheatralische Existenz» nannte sie Friedrich Luft: «Diese Frau machte die Theater knistern, weil sie selber Theater war und inkorporierte». K. war gleichwohl in den 1920er Jahren bei den führenden Kritikern umstritten. Als Regisseurin eine der ersten Frauen, die sich in diesem Metier durchsetzen konnten.

Bilstein, F. M.: Hermine Körner 1878–1960. Eine Schauspielerin im Wandel der Stilepochen. Diss. Berlin 1970; Braun, M.: Die Schauspielerin Hermine Körner. Velber 1965; Jhering, H.: Von Josef Kainz bis Paula Wessely. Heidelberg u. a. 1942; Melchinger, S., R. Clausen: Schauspieler. Velber 1965; Smith, A.: Hermine Körner. Berlin 1970.

Werner Schulze-Reimpell

Korte, Hans, *8. 4. 1929 Bochum. Schauspieler, Regisseur.

Kinderrollen im Schauspielhaus Bochum. Musikstudium in Köln und Detmold. 1950 ohne Ausbildung Engagement am Stadttheater Augsburg. 1953–59 Staatstheater Kassel (Jan in de Hartogs *Land in Sicht*). Operninsz.en. 1959–65 Städt. Bühnen Frankfurt a. M. (König in Anouilhs *Becket oder Die Ehre Gottes*, Götz in Sartres *Der Teufel und der liebe Gott*, Krey in Sternheims *1913* in → Piscator-Insz.en, Macheath in → Brecht / Weills *Die Dreigroschenoper*, R. → Buckwitz). 1961 Die Pest in Camus' *Belagerungszustand* (Ruhrfestspiele), TR in → Shakespeares *Richard III.* (1963 Bad Hersfelder Festspiele), TR in Sternheims *Der Snob* (1966, Wuppertaler Bühnen). 1965–72 Münchner Kammerspiele (1968 Shlink in der Insz. Peter → Steins von Brechts *Im Dickicht der Städte*, 1969 Goldberg in → Pinters *Geburtstagsfeier* und Edgar in Dürrenmatts *Play Strindberg*, 1970 Tilmann Hicketier in Sternheims *Bürger Schippel*, 1972 Theobald Maske in Sternheims *Die Hose* – von Joachim Kaiser als ein Höhepunkt in der Karriere dieses vorzüglichen Schauspielers bezeichnet). 1973–80 Bayer. Staatsschauspiel München (1974 Mephisto in → Goethes *Faust I*, 1977 Wilhelm Ständer in Sternheims *Tabula rasa* und Galy Gay in Brechts *Mann ist Mann*, 1979 Dorfrichter Adam in Kleists *Der zerbrochene Krug*). TRn in → Molières *Der Geizige* (1973) und → Lessings *Nathan der Weise* (1975, beide Düsseldorfer Schauspielhaus), TR in Schillers *Wallenstein* (1981 Grugahalle Essen). 1992 TR und Regie bei Strindbergs *Der Vater* (Tournee). Inszenierte Kabarettabende, Dürrenmatts *König Johann* (1974), → Nestroys *Lohengrin* (1979, beide Bayer. Staatsschauspiel), Sternheims *Die Hose* (1975, Düsseldorfer Schauspielhaus), Hartmanns Oper *Simplicius Simplicissimus*, Stravinskijs *Die Geschichte vom Soldaten* (1976, Gärtnerplatztheater München), 1979 Udo Zimmermanns *Schuhu und die fliegende Prinzessin* und 1982 *Die wundersame Schustersfrau* (beide Städt. Bühnen Bielefeld), Verdis *Ein Maskenball* (1980, Th. Bremen). Lesungen (mit Musik), u. a. *Beziehungskisten* (mit seiner Frau, der Schauspielerin Barbara Rath). Zahlreiche zentrale Film- und Fernsehrollen u. a. in *Abschied von gestern* (1966), *Aus einem deutschen Leben* (1977), *Der Vater eines Mörders* (1987, TV), *Das Spinnennetz* (1989), *Der große Bellheim* (1993, TV), *Der König von St. Pauli* (1997, TV), *Leben wäre schön* (2003, TV), *Der Elefant – Mord verjährt nie* (2005, TV). Dt. Darstellerpreis, Adolf-Grimme-Preis. – Scharf zeichnender Charakterspieler in Biedermannsmaske. «Er läßt den Typus des Spießbürgers mit Abitur und Embonpoint in all seinen Spielarten aufmarschieren», schrieb Hans-Dieter Seidel 1989. Ideal in Sternheim-Rollen. Neigung zu Virtuosität bei glänzender Beherrschung seiner Mittel.

Werner Schulze-Reimpell

Kortner, Fritz (eig. F. Nathan Kohn), * 12. 5. 1892 Wien, † 22. 7. 1970 München. Schauspieler, Regisseur, Autor.

Sohn eines Juweliers. 1908–10 Akademie für Musik und darstellende Kunst (Wien). 1910/11 Hof- und Nationaltheater Mannheim; 1911/13 Dt. Th. Berlin (→ Reinhardt). 1913/14 und 1917/18 Volksbühne Wien; 1915/16 Albert-Th. Dresden (TR in Molnárs *Liliom*, P. 1. 10. 1915); 1916 Dt. Volkstheater Wien (Shylock in → Shakespeares *Der Kaufmann von Venedig*, P. 30. 10. 1916). 1918/19 an Erich → Ziegels avantgardistischen Hamburger Kammerspielen; u. a. in Wedekinds *Franziska* (P. 25. 1. 1919) und *Die Büchse der Pandora* (P. 4. 3. 1919). 1919 erfolgreich in Tollers *Die Wandlung* (UA 30. 9. 1919, Tribüne Berlin, R. K. H. → Martin). 1919–23 Staatstheater Berlin; avancierte v. a. in Insz.en des Intendanten → Jeßner zum Protagonisten eines neuen Theaterstils. Geßler in Schillers *Wilhelm Tell* (P. 12. 12. 1919), Verrina in *Fiesco* (P. 6. 5. 1921), TRn in Wedekinds *Der Marquis von Keith* (P. 12. 3. 1920), Shakespeares *Richard III.* (P. 5. 11. 1920), *Othello* (P. 11. 11. 1921), *Macbeth* (P. 10. 11. 1922). Spielte 1923 in Berthold → Viertels Ensemble Die Truppe die Rolle, mit der er sich immer wieder auseinandersetzte: Shylock in Shakespeares *Der Kaufmann von Venedig* (P. 12. 9. 1923); erneut im Wiener Th. in der Josefstadt (P. 26. 5. 1924, R. Reinhardt). 1924 Heirat mit Johanna → Hofer. 1924/25 am Dt. Th. Berlin TR in Büchners *Dantons Tod* (P. 29. 2. 1924), Shlink in → Brechts *Im Dickicht der Städte* (P. 29. 10. 1924), TRn in Shakespeares *Othello* (P. 14. 11. 1924) und *Coriolan* (P. 27. 2. 1925, Regie jeweils E. → Engel). Engagements in Berlin, u. a. Th. in der Königgrätzer Straße (Shakespeares *Wie es euch gefällt*, P. 15. 9. 1925; Wedekinds *Schloß Wetterstein*, P. 9. 12. 1927; Anderson / Stallings *Rivalen*, P. 20. 3. 1929, R. → Piscator; Schnitzlers *Professor Bernhardi*, TR, P. 23. 1. 1930) und im Staatstheater (Bronnens *Ostpolzug*, P. 29. 1. 1926; Wedekinds *Lulu*, P. 22. 10. 1926; Shakespeares *Hamlet*, TR, P. 3. 12. 1926; Sophokles' *Oedipus*, TR, P. 4. 1. 1929; Schillers *Don Carlos*, P. 2. 11. 1929). Letzte Rolle vor der Machtübergabe an die Nationalsozialisten in Hays *Gott, Kaiser und Bauer* (Dt. Th., P. 23. 12. 1932). Auf Grundlage von K.s Szenarium schrieb Zuckmayer sein Stück *Der Hauptmann von Köpenick*. Seit 1913 zahlreiche Stumm- und Tonfilme, u. a. in der Regie von F. W. Murnau (*Satanas*, 1919), K. H. Martin (*Das Haus zum Mond*, 1920), L. Jeßner (*Hintertreppe*, 1921), B. Viertel (*Nora*, 1923), G. W. Pabst (*Die Büchse der Pandora*, 1929), E. A. Dupont (*Menschen im Käfig*, 1931). Erste Stummfilmregie 1918 (*Gregor Marold*), Tonfilmregie bei *Der brave Sünder* (1931), *So ein Mädel vergißt man nicht* (1932). Lange von nationalsozialistischer Presse angegriffen, kehrte K. 1933 von einer Tournee (u. a. Skandinavien) nicht nach Deutschland zurück. Keine Auftrittsmöglichkeiten in seiner Heimat; 1934 Exil in London; Drehbuchautor und Filmschauspieler (u. a. *Abdul The Damned*, 1934; *Midnight Menace*, 1937). Nach ausbleibenden Engagements (Filme mit ihm konnten nicht nach Deutschland verkauft werden) 1937 in die USA. Herbst 1938 TR in Hebbels *Herodes und Mariamne* (Detroit und Washington). Mit der einflussreichen Journalistin Dorothy Thompson schrieb K. das Stück *Another Sun* (UA 23. 2. 1940, National Th., New York), das ebenso erfolglos blieb wie das mit Zuckmayer verfasste *Somewhere in France* (UA 28. 4. 1941, Washington). 1941 Übersiedlung nach Hollywood; Drehbucharbeit, seit 1943 auch in Filmen, u. a. *The Strange Death of Adolf Hitler* (1943, Drehbuch K.), *The Hitler Gang* (1944), *Somewhere in the Night* (1946), *The Vicious Circle* (1948). Ende 1947 Deutschland; erste künstl. Arbeit nach der Rückkehr im Film *Der Ruf* (1948/49, eigene R.). Insz. des eigenen Stücks *Donauwellen* (P. 15. 2. 1949) und von Strindbergs *Der Vater* (TR, P. 8. 10. 1949, beide Münchner Kammerspiele). Am Hebbel-Th. (Berlin) Regie bei Schillers *Don Carlos* (P. 3. 12. 1950, mit → Caspar), TR in Millers *Der Tod des Handelsreisenden* (P. 31. 5. 1950). Letzte Rollen in → Raimunds *Der Alpenkönig und der Menschenfeind* (P. 5. 1. 1952, R. → Gründgens, Schauspielhaus Düsseldorf), TR und Regie in Hebbels *Herodes und Mariamne* (P. 6. 5. 1952), Krapp in Becketts *Das letzte Band* (P. 15. 11. 1961, beide Münchner Kammerspiele); im Fernsehen 1969 in Shakespeares *Shylock (Der Kaufmann von Venedig)*. Seit 1952 fast nur Regie, v. a. in München. An den Kammerspielen u. a. Ibsens *Gespenster* (P. 18. 9. 1953), Becketts *Warten auf Godot* (P. 27. 3. 1954, mit → Rühmann), Shakespeares *Was ihr wollt* (P. 20. 7. 1957), *Othello* (P. 18. 6. 1962), *Richard III.* (P. 10. 7. 1963), des eigenen Stücks *Zwiesprache* (P. 11. 4. 1964), Schillers *Kabale und Liebe* (P. 25. 3. 1965), Walsers *Die Zimmerschlacht* (P. 7. 12. 1967); am Bayer. Staatsschauspiel u. a. Schillers *Die Räuber* (P. 23. 11. 1953), Shakespeares *Julius Cäsar* (P. 4. 3. 1955), *Heinrich IV.* (P. 6. 6. 1956), → Goethes *Faust I* (P. 11. 12. 1956), Büchners *Dantons Tod* (P. 9. 7. 1959). Insz.en am Schiller-Th. (Berlin) von Shakespeares *Hamlet* (P. 13. 3. 1957), *Der Sturm* (P. 8. 5. 1968), → Molières *Don Juan* (P. 13. 2. 1960), *Der eingebildete Kranke* (P. 21. 6. 1965, mit → Bois), Frischs *Andorra* (P. 23. 3. 1962, mit → Kammer); am Burgtheater (Wien) bei Ibsens *John Gabriel Borkman* (P. 12. 11. 1964), Shakespeares *Othello* (P. 6. 12. 1966); an den Städt. Bühnen Frankfurt a. M. bei Frischs *Graf Öderland* (P. 4. 2. 1956). Wurde mit Strindbergs *Der Vater* (P. 14. 4. 1967) und Goethes *Clavigo* (P. 23. 11. 1969, beide Dt. Schauspielhaus Hamburg) zum Berliner Theatertreffen eingeladen. Letzte Insz.: → Lessings *Emilia Galotti* (Mai 1970, Th. in der Josefstadt, Wien). 1957 Bundesverdienstkreuz, 1964 Staatsschauspieler (Berlin), 1967 Kainz-Medaille (Wien).

Einer der bedeutendsten dt.sprachigen Bühnenkünstler des 20. Jh.s. Als Schauspieler wie als Regisseur von künstl. Unbedingtheit, intellektueller Klarheit, unbeirrbarer Wahrheitssuche. Er «wäre zu jeder Zeit und unter allen künstlerischen Umständen ein hervorragender Schauspieler […] geworden» (B. Viertel, zit. n. Völker, S. 193). Allem künstl. Konventionellen in Insz. wie Spiel abhold. Keinem «Stil» anhängend, waren seine Insz.en bis zuletzt sperrig, unbequem und häufig umstritten. Der Schauspieler wie der Regisseur K. war dem Wort verpflichtet, bemüht, den geistigen Gehalt der Rolle wie des

Stücks auf die Bühne zu bringen. Seine einprägsame Physiognomie und Stimme machten ihn zu einem unverwechselbaren Schauspieler von großer Präsenz und Ausstrahlung. Ein Probenfanatiker, nie zufrieden mit der eigenen Arbeit, von großem Einfluss auf die nachfolgende Generation von Regisseuren. – K.s Sohn Peter (* 4. 12. 1924 Berlin, † 9. 2. 1991 Sonoma / USA) war als Fernsehproduzent und -regisseur in den USA tätig.

Brandt, M.: Fritz Kortner in der Weimarer Republik. Rheinfelden 1981; Kortner, F.: Aller Tage Abend. München 1959 *(Autobiographie)*; ders.: Letzten Endes. Fragmente. München 1971; ders.: Theaterstücke. Köln 1981; Nagel, I.: Kortner, Zadek, Stein. München, Wien 1989; Schütze, P.: Fritz Kortner. Reinbek 1994; Völker, K.: Fritz Kortner. (2. Aufl.) Berlin 1993.

Wolfgang Beck

Koun, Karolos, * 13. 11. 1908 Bursa (Türkei), † 14. 2. 1987 Athen. Regisseur, Theaterleiter, Schauspieler.

Studierte u. a. am Robert College (Istanbul). Anfang der 1930er Jahre Lehrer am Athens College (Athen), wo er mit Schülern Stücke von Aristophanes, Euripides, →Shakespeare inszenierte. Gründete 1934 Laiki Skini, inszenierte dort u. a. Georgios Hortatis' *Erofili* und Euripides' *Alkestis* (beide 1934). Arbeitete mit der berühmten Schauspielerin und Theaterleiterin Marika Kotopouli (1887 – 1954) zusammen (Sophokles' *Elektra*, 1939). 1942 Gründung des Théatron Technis (Th. der Kunst, 1949 – 54 aus finanziellen Gründen geschlossen), eine der für die Entwicklung des modernen griech. Th.s maßstabsetzenden Bühnen. Inszenierte Klassiker wie →Shakespeare, Ibsen (*Die Wildente*, 1942), Čechov (*Der Kirschgarten*, 1945; *Drei Schwestern*, 1951; *Onkel Vanja*, 1953, 1960), zeitgenössische internat. Dramatiker wie Williams (*Die Glasmenagerie*, 1946; *Endstation Sehnsucht*, 1949), García Lorca (*Bluthochzeit*, 1948), Miller, Anouilh, →Brecht, Beckett (*Warten auf Godot*, 1969), Arrabal (*Labyrinth*, 1973). Förderte als Regisseur und Theaterleiter moderne griech. Dramatiker wie Iakovos Kambanellis (*Avli ton thaumaton, Der Hof der Wunder*, 1957), Loula Anagnostaki (*I dianichterefsi, I poli, I parlasi*, 1965; *I niki*, 1978; *I cassetta*, 1982), Dimitris Kechaïdis (*Dafnes kai Pikrodafne*, 1979/80). Von besonderer Bedeutung seine Insz.en antiker griech. Stücke, die er ohne «Regieeinfälle» in ihrer überzeitlichen Aktualität erfahrbar machte, bei Gastspielen weltweit gefeiert. Inszenierte auch in antiken Th.n, wie dem Herodes Atticus Th. (Athen), in Epidauros und im Ausland (1964 Aischylos' *Persai, Die Perser*, in London). Neben Tragödien wie Aischylos' *Hepta epi Thebas* (*Sieben gegen Theben*, 1975) *Oresteia* (*Orestie*, 1980, Epidauros), Sophokles' *Oidipus tyrannos* (*Ödipus*, 1978), Euripides' *Bakchai* (*Die Bakchen*, 1976, Epidauros), galt seine Arbeit immer wieder den Komödien des Aristophanes: *Ornithes* (*Die Vögel*, 1959, 1974 Festival von Epidauros), *Lysistrate* (1969), *Acharnes* (*Archaner*, 1976, Epidauros), *Eirene* (*Frieden*, 1978, Gastspiele weltweit), *Thesmophoriazusai* (*Die Weiber am Thesmophorenfest*, 1986). K. nutzte in seinen Insz.en Mittel des antiken Th.s wie den Chor oder Masken ebenso selbstverständlich, wie er auf Elemente griech. Folklore zurückgriff, etwa des Schattentheaters (Karagiozis). Seine alles Weihevolle vermeidenden, ihre politische Substanz verdeutlichenden Insz.en antiker Stücke (v. a. Aristophanes' Komödien) waren in Griechenland häufig umstritten, v. a. bei rechtsgerichteten Politikern. Seine Insz. der *Vögel* 1959 wurde verboten. – K. ist einer der wichtigsten Regisseure seiner Zeit, in seiner Bedeutung für die Entwicklung modernen griech. Theaterlebens kaum zu überschätzen. Einer der Bahnbrecher eines modernen literarischen Th.s in Griechenland, der avantgardistische Bühnenästhetik und Elemente der Regiemethoden

→ Stanislavskijs für ein aktuelles, sich auch politisch verstehendes Regietheater zu verbinden wusste.

Kranz, D.: Positionen: Strehler, Planchon, Koun, Dario Fo, Langbacka, Stein. Berlin 1981; Maggiar, M.: Karolos Koun and the Theatro Technis. Diss. New York 1990; Mavromoustakos, P. Z.: Espace dramatique, espace scénique dans le théâtre neo-hellenique contemporain. Diss. Paris III 1987; Van Steen, G. A. H.: Venom in Verse. Aristophanes in Modern Greece. Princeton 2000; Vlachou, O.: Karolos Koun. Diss. Paris-Nanterre 1999.

Wolfgang Beck

Krahl, Hilde (bis 1936 Hila, eig. Hildegard Kolacný), * 10. 1. 1917 Brod (Österr.-Ungarn, heute Slavonski Brod, Kroatien), † 28. 6. 1999 Wien.

Schauspielerin. Tochter eines technischen Zeichners; kam mit 5 Jahren nach Wien. Klavierausbildung am Konservatorium, privater Schauspielunterricht (Lamberg-Offer). Debütierte 1935 als Christine in Schnitzlers *Liebelei* (Th. der 49) und 1935/36 im Kabarett Literatur am Naschmarkt (u. a. dt.sprachige EA von Wilders *The Long Christmas Dinner*). 1936 im Th. in der Scala (u. a. in → Farkas' *Hofloge*) und erster Film *(Puppenfee)*. Seit 1936 Th. in der Josefstadt, 1938–44 auch Dt. Th. Berlin (gemeinsame Leitung → Hilpert). In der Josefstadt u. a. in Gor'kijs *Nachtasyl* (1937), Ibsens *Gespenster* (1938, mit → Durieux, → Bassermann) und *Nora* (1943), Lernet-Holenias *Glastüren* (UA 1939), Hebbels *Maria Magdalene* (1941), Jüngsts *Achill unter den Weibern* (1944). Durchbruch beim Film mit *Der Postmeister* (1940, nach Puškin), weiter u. a. in *Serenade* (1937), *Donauschiffer* (1940), *Das andere Ich* (1941), *Großstadtmelodie*, *Träumerei* (beide 1943). Seit 1944 verheiratet mit dem Regisseur und Schauspieler Wolfgang → Liebeneiner, 1945 Geburt der Tochter Johanna → Liebeneiner. Erster Auftritt nach Kriegsende in → Shakespeares *Der Widerspenstigen Zähmung* (Dt. Schauspielhaus Hamburg). 1946–53 v. a. an den Hamburger Kammerspielen, u. a. in Anouilhs *Eurydike* (1946), Wilders *Wir sind noch einmal davongekommen*, Giraudoux' *Amphitryon 38* (beide 1947), Sartres *Geschlossene Gesellschaft*, *Die respektvolle Dirne* (1949). Am Dt. Th. Göttingen in der UA von Zuckmayers *Der Gesang im Feuerofen* (1950). Seit 1949 auch wieder Th. in der Josefstadt; dort u. a. in García Lorcas *Mariana Pineda* (1955), Dumas' *Die Kameliendame* (1956), Schönherrs *Der Weibsteufel* (1957), Strindbergs *Totentanz* (1961), Albees *Wer hat Angst vor Virginia Woolf?* (1964). Gastspiele u. a. in Düsseldorf (Williams' *Orpheus steigt herab*, DEA 1957), Berlin (Pound/Sophokles' *Die Frauen von Trachis*, UA 1959, Schiller-Th.), bei den Ruhrfestspielen (Shakespeares *Macbeth*, 1960) und den Bad Hersfelder Festspielen (1967–68 TR in → Brechts *Mutter Courage und ihre Kinder*; 1974 Burgtheater; 1985/86 Tournee). Zahlreiche Tourneen. 1959 erstmals im Burgtheater (Schiller, *Wallenstein*); seit 1967 Mitglied, u. a. in Shakespeares *Antonius und Cleopatra* (1969), Ingrischs *Damenbekanntschaften* (1971; 1973 Tournee), Strindbergs *Der Vater* (1973), *Totentanz* (1977), Albees *Seeskapade* (1974), Handkes *Wunschloses Unglück* (1979, 1981 TV), Brochs *Die Erzählung der Magd Zerline* (1983). Weiter in Duras' *Savannah Bay* (1991, Th. in der Drachengasse, Wien; 1992 TV, 1994 Tournee), Giraudoux' *Die Irre von Chaillot* (1994, Stadttheater Weilheim). Filme u. a. *Das Leben geht weiter* (1945), *Liebe 47* (1948), *1. April 2000* (1952, alle R. Liebeneiner), *Das Glas Wasser* (1960, mit → Gründgens); im Fernsehen u. a. in der österr. Stegreif-Serie *Die liebe Familie* (1980–93). – Sehr vielseitige, vitale und ausdrucksstarke Schauspielerin von großer Professionalität, auf kein Rollenfach festlegbar. Am überzeugendsten in der Darstellung «starker» Frauen. Charakterdarstellerin mit unverwechselbarer Stimme und

Sprechkultur, mit nuancenreichem, präzisem Spiel. Erhielt als erste Schauspielerin zweimal die Kainz-Medaille verliehen.

<small>Krahl, H.: Ich bin fast immer angekommen. Aufgezeichnet von D. H. Bratsch. München 1998.</small>

Wolfgang Beck

Krämer, Günter, * 2. 12. 1940 Neustadt/Weinstraße. Regisseur, Theaterleiter.

Germanistikstudium in Freiburg, Gymnasiallehrer. 1969 Hospitant, dann Regieassistent Staatstheater Wiesbaden. Regie in Köln (O'Neills *Fast ein Poet*), 1973–75 Landestheater Hannover (Büchners *Woyzeck*, Regiepreis des Norddt. Theatertreffens 1975), 1975–77 Staatl. Schauspielbühnen Berlin (Canettis *Hochzeit*, Schillers *Maria Stuart*, Bernhards *Ein Fest für Boris*), 1979–84 Oberspielleiter Staatsschauspiel Stuttgart (UA *Die Villa* von Dorst 1980, UA *Ritt auf die Wartburg* von Friederike Roth 1982, *Ödipus* von Seneca, *Lulu* von Wedekind, *Die Möwe* von Čechov). 1981 Münchner Kammerspiele *Gertrud* von Söderberg. 1984–89 Leiter des Schauspiels Th. der Freien Hansestadt Bremen (UA *Die einzige Geschichte* von Friederike Roth 1985, UA *Das Ganze ein Stück* von Roth 1986 – auch in Köln und Th. in der Josefstadt Wien, jeweils mit total verschiedener Raumlösung, → Goethes *Faust I* ungekürzt an 2 Abenden, *Faust II*, → Shakespeares *Richard III*., Barlachs *Der arme Vetter*). 1987 Th. des Westens Berlin → Brechts *Dreigroschenoper* – Übernahme an die Hamburgische Staatsoper, Schauspiel Köln. 1990 Intendant Schauspiel Köln, 1995–2002 Generalintendant Kölner Bühnen (Goethes *Stella* in Verbindung mit *Das Ganze ein Stück*, Strindbergs *Totentanz* und Albees *Wer hat Angst vor Virginia Woolf?* in gleicher Besetzung in gleichem Bühnenbild, UA *Erben und Sterben* von Friederike Roth 1992, UA *Die Tankstelle der Verdammten* von Georg Ringsgwandl 1994, Büchner-Zyklus). In den letzten Jahren Tendenz, schon einmal inszenierte Stücke erneut aus anderer Sicht zu realisieren. Mehr und mehr Schwerpunktverlagerung zur Oper mit Engagement für seltener gespielte Werke (Korngolds *Die tote Stadt*, Düsseldorf 1986, Schrekers *Die Gezeichneten*, Düsseldorf 1987, UA *König Kandaules* von Zemlinsky, Hamburg 1996, Halévys *Die Jüdin*, Staatsoper Wien 1999, *Jonny spielt auf* von Krenek, Wien 2002). Operninsz.en auch in Berlin (Webers *Der Freischütz*, 1989, Komische Oper; Brecht/Weills *Aufstieg und Fall der Stadt Mahagonny*, 1999, Dt. Oper), Köln (Puccinis *Turandot*, 2004), München, Salzburger Festspiele (Mozarts *Mitridate, Re di Ponto*, 2005), Montepulciano, Lyon, Dresden (Strauss' *Die Liebe der Danae*, 2005). 1992–93 Wagners *Ring der Nibelungen* Hamburg, *Parsifal* Bonn, *Tristan und Isolde* Köln. – Vielseitiger Regisseur mit eher geringem Interesse an Komödien. «Seine Inszenierungen balancieren auf jenem schmalen Grat, von dem aus die Wirklichkeit wie ein Spiel aussieht und das Spiel wie eine schrecklich-schöne Möglichkeit des Wirklichen. Krämer [...] liebt vor allen Dingen eines nicht: sich festlegen zu lassen auf Programme, Erklärungen, Theorien» (Lothar Schmidt-Mühlisch).

Werner Schulze-Reimpell

Krauß, Werner, Schauspieler, * 23. 6. 1884 Gestungshausen (bei Coburg), † 20. 10. 1959 Wien. Schauspieler.

Sohn eines Oberpostsekretärs, besuchte die Präparandenanstalt in Breslau. Statist am Lobe-Th., erster Auftritt in Ganghofers *Die Hochzeit von Valeni* mit einer Laientruppe des CVJM. Ohne Schauspielausbildung 1903/04 in Guben engagiert; kam über Magdeburg, Bromberg, eine Wandertruppe im Erzgebirge, Gießen, Aachen (1907–10) nach Nürnberg (1911–13). 1913–24 und 1926–31 am Dt. Th. Berlin und anderen → Reinhardt-Bühnen. Durchbruch im Wedekind-Zyklus (1914). Zu seinen Erfolgen in klassischen wie modernen Rollen gehörten u. a. Wurm in Schillers *Kabale und Liebe* (1918), Polonius in → Shakespeares *Hamlet* («Es ist das Geheimnis dieses Schauspielers, sich zu verwandeln, ohne die Stimmlage zu wechseln [...] Dieser Körper ist, ohne daß man die Änderung spürte, variabel nur durch seine von der Phantasie diktierte Energie», Jhering, 1. Bd., S. 144), TR in Shaws *Cäsar und Cleopatra* (beide 1920), Shylock in Shakespeares *Der Kaufmann von Venedig* (1921), TR in Rostands *Cyrano von Bergerac* (1922), TR in Ibsens *Peer Gynt*, Higgins in Shaws *Pygmalion* (beide 1928), TR in dessen *Der Kaiser von Amerika* (1929). 1923 beim Reinhardt-Gastspiel in New York mit Vollmoellers *Das Mirakel*. Triumphale Erfolge in Goetz' *Neidhardt von Gneisenau* (TR, 1926), Zuckmayers *Der Hauptmann von Köpenick* (TR, UA 1931; 1950 Burgtheater; 1954 Schiller-Th. Berlin), Hauptmanns *Vor Sonnenuntergang* (1932) als Geheimrat Clausen («Diese Rolle steht über allem, was jemals die größten Schauspieler in unserer Zeit gespielt haben. [...] Eine historische Leistung», Jhering, 3. Bd., S. 240). Diese Rolle spielte K. nach 1933 auch in London in engl. Sprache (mit Peggy → Ashcroft). 1924–26, 1931–44 Staatstheater Berlin. Dort u. a. in → Jeßners Regie in Schillers *Wallenstein* (1924), Grabbes *Hannibal* (TR, 1925), Shakespeares *Othello* (1932, Rolle: Jago); in Insz.en → Fehlings in → Brecht/Marlowes *Leben Eduards des Zweiten von England* (1924), Moretos *Donna Diana* (1937), TR in der legendären Aufführung von Shakespeares *Richard III.* (1937). Außerdem TR in → Goethes *Faust I* (1932, R. Lothar → Müthel) und *Faust II* (1933, R. → Lindemann). 1933–44 auch am Wiener Burgtheater; u. a. in Mussolini/Forzanos *Hundert Tage* (1933), Krasińskis *Die ungöttliche Komödie* (1935), Hauptmanns *Michael Kramer* (1938), Grillparzers *Ein Bruderzwist im Hause Habsburg* (1941, auch Berlin, R. Müthel; 1957). 1943 Shylock in Müthels antisemitischer Insz. von Shakespeares *Der Kaufmann von Venedig*. Bei den Salzburger Festspielen 1920/21 in Hofmannsthals *Jedermann*, 1937 in Goethes *Faust I* (beide R. Reinhardt), 1938 in *Egmont* (R. → Hilpert), 1953 TR in Shakespeares *Julius Caesar*. – K. spielte seit 1914 *(Stuart Webbs: Die geheimnisvolle Villa, Die Pagode)* in rund 100 Stummfilmen, darunter *Das Kabinett des Doktor Caligari* (1920), *Scherben* (erster Film ohne Zwischentitel), *Die Brüder Karamasoff* (beide 1921), *Fridericus Rex*, *Nathan der Weise* (alle 1922), *Der Kaufmann von Venedig* (1923), *Die freudlose Gasse* (R. G. W. Pabst), *Varieté* (beide 1925, R. E. A. Dupont), *Nana* (R. Jean Renoir), *Der Student von Prag* (beide 1926), *Die Hose* (1927). Weniger erfolgreich im Tonfilm, u. a. *Yorck* (1931), *Burgtheater* (1936), *Robert Koch* (1939), *Die Entlassung* (1942). Im antisemitischen Hetzfilm *Jud Süß* (1940, R. → Harlan) spielte K. auf eigenen Wunsch mit Ausnahme der TR alle jüd. Figuren (auch Frauen). Nicht nur deswegen durfte K. 1945–48 nicht auftreten, wurde 1946 aus Österreich ausgewiesen, nach 3 Entnazifizierungsverfahren als «Mitläufer» eingestuft und zu einer Geldbuße verurteilt. 1948 erhielt K. die österr. Staatsbürgerschaft, 1951 die dt. zusätzlich. 1948–59 Burgtheater, u. a. in Strindbergs *Die Kronbraut* (1949), Shakespeares *Antonius und Cleopatra* (1953, beide R. → Viertel), Ibsens *John Gabriel Borkman* (1950, R. → Felsenstein). Damit auch auf Deutschlandtournee, gelegentlich begleitet von Demonstrationen gegen seinen Auftritt. Weitere Tourneen mit Shaws *Don Juan in der Hölle* und Cocteaus *Bacchus* (mit Oscar → Werner). Gastauftritte an verschiedenen Bühnen der BRD. In der NS-Zeit Mitglied des nur repräsentativen Kultursenats, Staatsschauspieler (1934), Goethe-Medaille (1938); 1954 Großes Bundesverdienstkreuz, 1955 österr. Großes Ehrenzeichen, 1959 Ehrenmitglied des Burgtheaters. 1954 Iffland-Ring als bester dt.sprachiger Schauspieler.

K. war ein leidenschaftlicher Komödiant, der durch seine immense Verwandlungsfähigkeit Charakterrollen des klassischen wie modernen Repertoires faszinierend zu verkörpern wusste. Ein intuitiver Schauspieler, der sich den Zugang zu seinen Rollen nicht intellektuell erarbeitete, sondern sie von innen heraus gestaltete. Er konnte Ausgestoßene der Gesellschaft wie preuß. Generäle oder Herrscherfiguren mit gleicher Überzeugungskraft und vollendeter Sprechkultur gestalten. «Komödiantisch ist die Verwandlungsgier, die durch Werner Krauss strömt. Komödiantisch ist die geniale Besessenheit von der Rolle, die körperliche Intensität, die hemmungslose Aggressivität gegen das Publikum, die strömende Wollust der Wirkung» (Jhering, 1. Bd., S. 189). Zugleich ist K. geradezu das Musterbeispiel eines sich selbst korrumpierenden Schauspielers, der gesellschaftliche Zusammenhänge und Entwicklungen nicht sehen will. Bis zuletzt ohne Selbstreflexion und -kritik, lautete seine Rechtfertigung für die Teilnahme an *Jud Süß*: «Wenn ich es nicht gemacht hätte, hätte es ein anderer gemacht; wenn der nicht, ein dritter» (Krauß, S. 226).

Goetz, W.: Werner Krauß. Hamburg 1954; Jhering, H.: Von Reinhardt bis Brecht. 3 Bde. Berlin 1958–61; ders.: Werner Krauß. Berlin 1997; Krauß, W.: Das Schauspiel meines Lebens. Stuttgart 1958; Mühr, A.: Die Welt des Schauspielers Werner Krauß. Berlin 1928; ders.: Werner Krauß. Berlin 1933.

Wolfgang Beck

Krejča, Otomar, * 23. 11. 1921 Skrysov (Bez. Pelhrimov, Tschechische Republik). Schauspieler, Regisseur, Theaterleiter.

Nach Realschulabschluss Studium der Philosophie und Literatur an der Karls-Universität Prag. 1940–42 Mitglied des Nadherova-Ensembles. 1942 Schauspieler am Bergtheater in Jihlava (Iglau/Mähren), anschließend am Stadttheater Kladno (Böhmen) und am Unabhängigen Th. Prag. 1946 am Th. D 46 in Prag, 1950 am Th. der Tschechoslowak. Armee. In den 1940er bis 1960er Jahren war K. auch als Filmschauspieler tätig. Ab 1951 Schauspieler und Regisseur, später Schauspieldirektor am Nationaltheater in Prag. Er inszenierte u. a. Wildes *Ein idealer Gatte* (1954), Kunderas *Majitelé klíčů* (1962), v. a. aber mehrere Čechov- und → Shakespeare-Dramen und verschaffte sich in Zusammenarbeit mit dem Dramaturgen Karel Kraus und dem Bühnenbildner Josef → Svoboda Ansehen als künstl. innovativer Regisseur. 1963 UA von Havels *Zahradní slavnost (Das Gartenfest)* im Divadlo Na zábradlí (Th. am Geländer). 1965 mit Kraus und Ensemblemitgliedern des Nationaltheaters Gründung des unabhängigen Divadlo Za branou (Th. hinter dem Tor). Die erste Spielzeit wurde mit *Die Katze auf dem Gleis* von Josef Topol eröffnet, der (tschech.) Hausautor wurde. Die perfektionierten und zugleich sehr poetischen Insz.en von Stücken der tschech. wie der klassischen Bühnendichtung, von der griech. Tragödie bis zur Gegenwartsdramatik, begründeten den Weltruhm K.s. Seine Čechov-Insz.en und besonders die der *Drei Schwestern* wirkten beispielhaft in ihrer psychologischen Dichte und Einfühlung. K. gehörte zu den Intellektuellen des «Prager Frühlings» und war Mitunterzeichner des «Manifests der 2000 Worte». Er durfte ab 1968 einige Zeit weder im Ausland auftreten noch überhaupt ausreisen. 1971 verlor er die Leitung des von ihm gegründeten Th.s, 1972 wurde dieses geschlossen und erst nach dem Ende der kommunistischen Herrschaft 1990 wieder eröffnet. Nach einem mehrmonatigen völligen Arbeitsverbot Aufnahme der Regisseurtätigkeit an verschiedenen Bühnen, u. a. am Prager Vorstadt-Th. S. K. Neumann. 1970 bei den Salzburger Festspielen Becketts *Warten auf Godot* (1978 Festival d'Avignon). Er sollte während der Olympischen Sommerspiele

1972 in München Goethes *Faust* inszenieren, erhielt aber keine Ausreiseerlaubnis. Erst in der Spielzeit 1976/77 wurde *Faust I* in Wien von ihm inszeniert, nachdem Burgtheaterdirektor Gerhard → Klingenberg K. (der in der ČSSR mit Insz.verbot belegt war) mit diplomatischer Unterstützung als Gastregisseur durchgesetzt hatte. 1976/77 Schauspieldirektor in Düsseldorf, Regie bei Čechovs *Der Kirschgarten* (1976), *Platonov*, Shakespeares *Hamlet* (beide 1977), *Maß für Maß* (1978). 1977/78 Staatstheater Karlsruhe. Gastinsz.en in verschiedenen europ. Ländern, u. a. am Pariser Th. National de Chaillot Strindbergs *Der Vater* (1982), an der Comédie Française Čechovs *Die Möwe* (1980), Sophokles' *Antigone* (1992), am Wiener Burgtheater *Intermezzo* von Giraudoux (1985). Ab 1986 wurde Prag wieder Hauptwohnort und Hauptwirkungsstätte. Staatspräsident Václav Hável setzte ihn persönlich als Intendanten des Th.s hinter dem Tor (Divadlo Za branou II) ein, das er 1990–94 führte. 1997/98 Leiter des Prager Nationaltheaters und Organisator der Festspiele «Dt. Th. Prag» mit seiner *Faust*-Inszenierung als Premiere. Mit seiner Insz. von Bernhards *Minetti* (2001) gewann das Nationaltheater 2002 den Max-Preis zur Förderung von Insz.en dt.sprachiger Dramatik. Internat. Auszeichnungen, u. a. tschech. Staatspreis 2004.

Bablet, D.: Krejča – Brook. Paris 1982 (Les voies de la création théâtrale, Bd. X); Černý, J.: Otomar Krejča. Prag 1964; Helgheim, K.: Måken: fra Stanislavskij til Otomar Krejča. Oslo 1992; Mandouze, Ch.: Le «Lorenzaccio» d'Alfred de Musset: analyse comparée de trois mises en scène. Straßburg 1970; Otomar Krejča et le Théâtre Za branou de Prague. Lausanne 1972 (Beiheft zu «Travail théâtral»).

Horst Schumacher

Kresnik, Johann, * 12. 12. 1939 Sankt Margarethen (heute zu Bleiburg, Kärnten). Tänzer, Choreograph, Regisseur.

K. absolvierte eine Lehre als Werkzeugmacher, ehe er 1958 in Graz als Statist am dortigen Th. arbeitete und eine Tanzausbildung begann; es folgten Engagements in Graz und Bremen. 1961–68 tanzte er in Köln und wurde in dieser Zeit zum Solisten ernannt. 1967 stellte er in Köln seine erste Choreographie vor, *O sela pei* (Musik H. Pauels, H.-J. Michaletz). 1968–78 wirkte er als Ballettdirektor in Bremen, dieselbe Funktion übte er 1979–89 in Heidelberg und 1989–94 wieder in Bremen aus. 1994–2002 leitete er das Tanztheaterensemble der Berliner Volksbühne am Rosa-Luxemburg-Platz. Seit 2003 ist er am Th. in Bonn engagiert. Der Beginn seiner Tätigkeit als Choreograph fällt in die Zeit der Studentenunruhen, und so wie diese gegen das bürgerliche Establishment aufbegehrten, wandte sich K. gegen eine überkommene Ästhetik auf den dt. Bühnen. Sein Leitspruch wurde: «Ballett kann kämpfen». Seine Stücke propagieren eine dezidiert linke Politik; in gesellschaftlichen Missständen und kapitalistischen Auswüchsen sieht er den Ausgangspunkt für sämtliche Defizite im Zusammenleben der Menschen. Für die Behandlung seiner Themen schuf er eine bildmächtige Theaterform, die er als «choreographisches Th.» bezeichnet: ein eklektischer Stilmix aus verschiedenen Tanzstilen und Aktionstheater; er setzt Sprache und mitunter umfangreich Requisiten ein. Seine plakativen Produktionen trugen ihm die Bezeichnung «Berserker des deutschen Theaters» ein. Außerdem hat K. auch Opern (etwa Beethovens *Fidelio*, 1997, Th. Bremen; Rotmans *Die sechste Stunde*, UA 2003, Th. Gera) und Schauspiele (Jarry, *König Ubu*, 1989 Stuttgart; *Suburbio / Niemandsland* nach Bonassi, 1998 Dt. Schauspielhaus Hamburg; Kraus, *Die letzten Tage der Menschheit*, 1999 Bremen, in einem U-Boot-Bunker; Jahnn, *Die Trümmer des Gewissens / Straßenecke*, 2002 Dresden; Ibsen, *Peer Gynt*, 2003, Salzburger

Festspiele) inszeniert. Wichtige Stücke sind: *Kriegsanleitung für jedermann* (1970, Musik Collage), *Schwanensee AG* (1971, Musik Collage), *Jesus GmbH* (1977, Musik G. Mandozzi), *Familiendialog* (1980, Musik G. Mahler u. a.), *Mars* (1983, Musik W. Haupt), *Sylvia Plath* (1985, Musik W. Haupt), *Pasolini. Der Traum von einem Menschen* (1986, Musik W. Haupt), *Macbeth* (1988, Musik K. Schwertsik), *Ulrike Meinhof* (1990, Musik S. Weber), *Frida Kahlo* (1992, Musik K. Schwertsik), *Wendewut* (1993, Musik S. Weber), *Nietzsche* (1994, Musik K. Schwertsik), *Gründgens* (1995, Musik S. Weber), *Riefenstahl* (1996, Musik L. Tragtenberg), *Brecht* (1998, Musik S. Weber), *Goya. Der Schlaf der Vernunft gebiert Ungeheuer* (1999, Musik S. Weber), *Don Quixote* (2000, Musik S. Weber), *Garten der Lüste. BSE* (2001), *Picasso* (2002).

Johann Kresnik. Choreographische Skizzen und Zeichnungen 1973–1998. Köln 1999; Johann Kresnik und sein Choreographisches Theater. Hg. U. Ackermann. Berlin 1999; Kraus, H.: Johann Kresnik. Frankfurt a. M. 1990; Schlicher, S.: TanzTheater. Reinbek 1987.

Katja Schneider

Kriegenburg, Andreas, * 15. 11. 1963 Magdeburg. Regisseur.

Nach einer Ausbildung zum Modelltischler war K. 1982–84 Tischler und Bühnentechniker am Magdeburger Th. und debütierte 1984 in Zittau. Er wechselte 1988 ans Kleist-Th. in Frankfurt an der Oder, u. a. Strindbergs *Fräulein Julie* (1989), *Medeia / Medeamaterial* (1991, nach Euripides und Heiner → Müller). 1991–95 fester Regisseur an der Volksbühne Berlin unter F. → Castorf. Mit Büchners *Woyzeck* (1991) gelang ihm ein fulminanter Einstieg (1992 zum Berliner Theatertreffen eingeladen). Es folgten u. a. → Shakespeares *Othello* (1993), → Brechts *Der gute Mensch von Sezuan* (1994), Tollers *Hinkemann* (1995). Gast in Bonn (Fleißers *Fegefeuer in Ingolstadt*, 1993) und Basel (→ Fassbinders *Katzelmacher*, 1993). Schließlich Hausregisseur im Staatstheater Hannover (1996–99) mit Gastaufträgen am Bayer. Staatsschauspiel München. K. hat eine große Liebe für die kleinen Leute, die Verlierer, die immer den Kürzeren ziehen wie die Figuren in den Stücken Dea Lohers, mit der er seit 1995 regelmäßig zusammenarbeitet: *Fremdes Haus* (UA 1995, Schauspiel Hannover), *Blaubart – Hoffnung der Frauen* (UA 1997, Bayer. Staatsschauspiel), *Olgas Raum* (1998), *Adam Geist* (UA 1998, beide Schauspiel Hannover). Für seine Insz. *I Hired a Contract Killer* (1997, Schauspiel Hannover) nach dem Film von Aki Kaurismäki wurde K. mit dem Bayer. Theaterpreis ausgezeichnet. 1997 wurde er erneut zum Berliner Theatertreffen eingeladen «mit seiner bitter-komischen Neudeutung von Borcherts Kriegsheimkehrerdrama *Draußen vor der Tür*, das er – ohne große Texteingriffe – ins Wirtschaftswunder-Deutschland der Fünfzigerjahre verlegte» (Ch. Dössel). Ebenfalls mit Ibsens *Ein Volksfeind* (1997, Schauspiel Hannover). Seit 1999 auch am Wiener Burgtheater, u. a. Wedekinds *Lulu* (2000). Mehrere Gastregien am Dt. Th. in Berlin, u. a. bei Hauptmanns *Vor Sonnenaufgang*, am Schauspielhaus Zürich (Brechts *Herr Puntila und sein Knecht Matti*, 2004), den Münchner Kammerspielen (2003 Aischylos' *Die Orestie*, 2004 Hebbels *Die Nibelungen*, 3sat-Preis, beide eingeladen zum Berliner Theatertreffen), schauspielfrankfurt (*Idioten* nach Lars von Trier, 2005). Am Thalia Th. Hamburg eröffnete er mit Gor'kijs *Nachtasyl* die Spielzeit 2000/01. Seit der Spielzeit 2001/02 ist K. Oberspielleiter des Thalia Th.s. Insz.en u. a. von → Lessings *Miss Sara Sampson* (2002), *Macbeth* nach Shakespeare (2003), Lohers *Unschuld* (UA 2003), *Das Leben auf der Praça Roosevelt* (UA 2004), *Quixote in der Stadt* (Musiktheater von Loher / K. / Simonetti, UA 2005), Schillers *Die*

Jungfrau von Orleans (2004), Shakespeares *König Lear* (2005), Sartres *Die schmutzigen Hände* (2006). 2006 Debüt als Opernregisseur am Theater Magdeburg mit Glucks *Orpheus und Eurydike*.

<small>Roeders, A., S. Ricklefs: Junge Regisseure. Regie im Theater. Frankfurt a. M. 1994.</small>

Donatha Reisig

Kroetz, Franz Xaver, * 25. 2. 1946 München. Schauspieler, Regisseur, Dramatiker.

Aufgewachsen in Simbach / Niederbayern als Sohn eines Beamten. Verließ nach dem Tod des Vaters mit 15 die Schule. Schauspielunterricht, 1962 Reinhardt-Seminar Wien, das er 2 Jahre später verlassen musste. Gelegenheitsarbeiter, Kraftfahrer, Pfleger in München. Rollen in → Fassbinder-Insz.en, Volkstheater Gmund, Tegernseer Ludwig-Thoma-Bühne. Dort 1969 Debüt als Autor *(Hilfe, ich werde geheiratet)*. Regieassistent am Staatstheater Darmstadt. 1971 UA *Heimarbeit / Hartnäckig* Münchner Kammerspiele. Durchbruch als Autor mit sozialkritischen Stücken, die Elemente des Bauerntheaters mit Traditionen des kritischen Volksstücks (Fleißer, Horváth) verbinden. In rascher Folge mehr als 50 Bühnenwerke (z. T. verfilmt), Fernsehspiele. Zeitweise meistgespielter lebender Autor des deutschen Th.s, in 28 Sprachen übersetzt, in mehr als 40 Ländern aufgeführt. Zahlreiche Literaturpreise. Sowohl in den Texten (*Münchner Kindl*, 1973, *Furcht und Hoffnung der BRD*, 1984) als auch außerhalb des Th.s starkes politisches Engagement bis in die 1980er Jahre. Seit den 1990er Jahren zunehmend Bearbeitungen älterer Fremdtexte, *Der Nusser* nach Tollers *Hinkemann* (UA 1986 München, eigene R.), *Oblomov* nach Gončarov. Schreibkrise wird Thema einiger Stücke (*Bauerntheater*, 1991). Insz.en eigener und fremder Stücke (*Stigma* von Mitterer, München 1987, Büchners *Woyzeck*, Hamburg 1996, Schillers *Wilhelm Tell*, Düsseldorf 1997, Raimunds *Der Bauer als Millionär*, München 2002, Grasers *Servus Kabul*, UA 2006, Bayer. Staatsschauspiel). 3 seiner Insz.en wurden zum Berliner Theatertreffen eingeladen. Als Schauspieler gelegentlich in eigenen Stücken (*Nicht Fisch, nicht Fleisch*, Bonn mit anschließender Tournee), häufig im Fernsehen. 1986 mit der Hauptrolle in der TV-Serie *Kir Royal* bundesweit populär. – K. ist als Regisseur wie als Schauspieler von unaufwendiger Genauigkeit. Zurückhaltend im Gebrauch schauspielerischer Mittel und bühnentechnischer Effekte.

Werner Schulze-Reimpell

Kruse, Jürgen, * 8. 2. 1959 Hamburg. Regisseur.

Hospitierte nach Realschulabschluss im Zimmertheater Münster. Regieassistent in Düsseldorf, Köln, Frankfurt a. M., 1978–81 Schaubühne am Halleschen Ufer / Lehniner Platz. 1981 Ko-Insz. mit Peter → Stein bei Nigel Williams' *Klassenfeind*. Inszenierte an der Schaubühne 1982 → Shakespeares *Romeo und Julia*, 1985 → Pinters *Die Geburtstagsfeier*, 1987 Shepards *Die unsichtbare Hand* (1992 Freiburg, 1998 Volksbühne Berlin). Im Schauspiel Dortmund 1986 Bonds *Gerettet*, in Luzern 1987 Millers *Der Tod eines Handlungsreisenden* (2001 Bochum), im Stadttheater Basel 1985 Ibsens *Nora*, 1988 Handkes *Die Unvernünftigen sterben aus* (2002 Bochum). 1989–93 Oberspielleiter Städt. Bühnen Freiburg, inszenierte u. a. Hebbels *Judith*, O'Neills *Eines langen Tages Reise in die Nacht*, Albees *Wer hat Angst vor Virginia Woolf?* (1999 Bochum), Kleists *Prinz Friedrich von Homburg*, Shakespeares *Timon von Athen*, Pinters *Die Heimkehr*, García Lorcas *Die wundersame Schustersfrau*, Camus' *Das Missverständnis* (Bochum 1999). 1992–95 Insz.en am Schauspiel Frankfurt von Hauptmanns *Hanneles Himmelfahrt* (1992), Ibsens

Hedda Gabler (1993, Einladung zum Berliner Theatertreffen), Aischylos' *Die Perser*. 1993 bei den Salzburger Festspielen Aischylos' *Sieben gegen Theben*. Wolfgang Höbel: «Man mag Kruses blutige Seance nervenzerfetzend, prahlerisch und allzu effekthascherisch finden – der Reiz seines Terror-Theaters aber liegt gerade in der Konsequenz, mit der er den Kriegshorror lebendig macht». 1995–2000 Hausregisseur und Mitglied der künstl. Leitung am Bochumer Schauspielhaus; u. a. Wedekinds *Musik* (1995), Schillers *Kabale und Liebe* (1996), *Tryin' Macbeth (as an unfinished play)* nach Shakespeare, UA *Rimbaud in Eisenhüttenstadt* von Andreas Marber, Hebbels *Maria Magdalene* (alle 1997), → Goethes *Urfaust*, Labiches *Die Sache mit der Rue de Lourcine* (beide 1998), Fleißers *Fegefeuer in Ingolstadt*, Shakespeares *Der Sturm* (beide 1999), Shepards *True Dylan* (2002), García Lorcas *Bluthochzeit* (2004). K. inszenierte am Thalia Th. Hamburg Shakespeares *Hamlet* (2000), O'Neills *Gier unter Ulmen* (2002); am Dt. Th. Berlin 2002 Eliots *Die Cocktailparty*, 2003 Wildes *Salome*, 2004 *Tryin' Othello* nach Shakespeare; am Staatstheater Mainz Pinters *Der stumme Diener*/ Genets *Unter Aufsicht* (2005). – Zunächst ein Regie-Berserker von extremer Radikalität, später mehr und mehr ein kraftvoller, metiersicherer Anwalt der Autoren mit der Vorliebe, in den Insz.en seinen Vorrat an Pop-CDs auszubreiten.

Werner Schulze-Reimpell

Kühnel, Tom, * 4. 4. 1971 Cottbus, Regisseur.
Schon während des Studiums (1992–96) in der Regieklasse an der Hochschule für Schauspielkunst «Ernst Busch» in Berlin begann K. zusammen mit Robert → Schuster zu inszenieren. 1994 erregte ihre Insz. der noch verbotenen *Maßnahme* von B. → Brecht Aufsehen durch die Interpretation als kommunistisches Weihespiel und führte u. a. zu einer Einladung in die USA. Nach weiteren gemeinsamen Insz.en an verschiedenen Th.n wurde K. zusammen mit Schuster von 1997 bis 1999 fester Hausregisseur am Schauspiel Frankfurt a. M. V. a. der gemeinsame szenische Einsatz von Schauspielern und lebensechten Puppen von Suse Wächter machte Insz.en von Texten wie Ibsens *Peer Gynt*, → Goethes *Faust I und II*, die das von Schauspielern zu Verkörpernde übersteigen, zu sinnlichen Erlebnissen. Ab der Spielzeit 1999/2000 war K. zusammen mit Schuster künstl. Leiter des TAT im Bockenheimer Depot. Hier trat er, zusammen mit einer Truppe junger Schauspieler, mit denen er seit der Schauspielschulzeit zusammenarbeitet, mit einem Manifest zum «affirmativen Theater» und einer basisdemokratischen Mitbestimmung aller künstl. Mitarbeiter an. Die erste Koproduktion mit der Schaubühne am Lehniner Platz im Januar 2000, *Das Kontingent* von Sören Voima, einem Pseudonym wechselnder Autorschaft, eröffnete dort die neue Leitung von Thomas → Ostermeier. Dieses UN-Oratorium stellte sich im Geist des affirmativen Th.s der Frage, wie individuelles und allgemeines Menschenrecht tragisch miteinander verquickt sind, und führte zu einer Einladung der Aufführung zu den Vereinten Nationen in New York, wo es die erste Theateraufführung in der Geschichte dieser Institution war. Seit dieser Produktion inszeniert K. allein und intensivierte die Zusammenarbeit mit Suse Wächter v. a. in den Insz.en von *Der Ring des Nibelungen* von R. Wagner und *Die heilige Johanna der Schlachthöfe* von Brecht. Ende 2002 endete seine künstl. Leitung am TAT, das inzwischen endgültig geschlossen wurde, und damit endete der Versuch eines Gegenwartstheaters, das die großen Stoffe und Fragen im alltäglichen Detail wiederzufinden versuchte. Seither inszenierte K. u. a. in Berlin an der Schaubühne am Lehniner Platz Schimmelpfennigs

Die arabische Nacht (2001), Falk Richters *Electronic City* (2004), Spregelburds *Die Dummheit* (DEA 2005), am Dt. Th. Kleists *Die Hermannsschlacht* (2004), am Th. Basel Bergmans *Szenen einer Ehe* (2003), Aischylos' *Die Orestie*, Ibsens *Gespenster* (beide 2004), sowie die gemeinsam u. a. mit Jürgen Kuttner und Suse Wächter erarbeiteten Projekte *Helden des 20. Jahrhunderts* (UA 2003) und *Die Schöpfer der Einkaufswelten* nach dem Dokumentarfilm von Harun Farocki (UA 2005), am Thalia Th. Hamburg das mit Kuttner erarbeitete «Seminar für Führungskräfte» *Jasagen und Neinsagen* (2006).

Bernd Stegemann

Kušej, Martin. * 14. 5. 1961 Ruden (Kärnten / Österreich). Regisseur, Bühnenbildner, Autor.

Sohn eines Volksschullehrers. 1979–85 Studium der Germanistik und Sportwissenschaft in Graz (Magister), 1982–84 Regiestudium an der Hochschule für Musik und darstellende Kunst Graz. Diplominszenierung David Bretts *Ultramarin* (P. 29. 5. 1984), danach Regieassistent Landestheater Salzburg und Slowen. Nationaltheater Ljubljana. Erste Regie *Es* von Karl Schönherr am Schauspielhaus Graz (1987); dort weitere Insz.en u. a. Roseis *Tage des Königs* (UA, P. 8. 3. 1991), als Gemeinschaftsarbeit, u. a. mit → Kresnik, → Schlingensief, *Schnitzler's Brain* (P. 6. 5. 2000). Regiearbeiten in Klagenfurt (UA von Kurt Franz' *Judith*, P. 19. 5. 1987, Klagenfurter Ensemble; Schillers *Kabale und Liebe*, 1993, Stadttheater), Ljubljana (u. a. Stefan Schütz' *Kleistfragment*, 1989, Eg Glej Th.; Horváths *Glaube Liebe Hoffnung*, 1990, Nationaltheater; *Pohujšanje* nach Ivan Cankar 1991, Slovensko Mladinsko Gledališče), Wien (→ Müllers *Philoktet*, 1990, Jura-Soyfer-Th.). Gründete 1990 mit der Dramaturgin Sylvia Brandl und dem Bühnenbildner Martin Zehetgruber (mit dem er meist zusammenarbeitet) die Gruppe «my friend martin», mit der er eigene Projekte erarbeitet. Erste Insz. in Deutschland Strittmatters *Irrlichter – Schrittmacher* (UA, P. 3. 11. 1992, Bayer. Staatsschauspiel München). 1993 Hausregisseur des Württemberg. Staatstheaters Stuttgart; inszenierte dort selten gespielte Stücke wie Grabbes *Herzog Theodor von Gothland* (1993), Jahnns *Straßenecke. Ein Ort. Eine Handlung* (1994), Klassiker wie → Goethes *Clavigo* (1995), Sophokles' *Ödipus* (1997) und moderne Stücke (Sarah Kanes *Gesäubert*, 1999). Seit 1996 inszeniert K. auch Werke des Musiktheaters, so Purcells *König Arthur* (1996), Nonos *Al gran sole carico d'amore* (1998), Schrekers *Die Gezeichneten* (2002), Händels *Giulio Cesare in Egitto* (2003, alle Stuttgart), Mozarts *Don Giovanni* (2002, Salzburger Festspiele). Gastinsz.en in Berlin (→ Shakespeares *Richard III.*, 1996, Volksbühne), Hamburg (Kleists *Prinz Friedrich von Homburg*, 1994, Horváths *Zur schönen Aussicht*, 2006, beide Dt. Schauspielhaus; Horváths *Geschichten aus dem Wiener Wald*, 1998 – «Inszenierung des Jahres» 1999; Strindberg / K.s *Gespenstersonate*, 2000; Marlowes *Edward II.*, 2001, alle Thalia Th.), Salzburg (Shakespeares *Hamlet*, 2000, Festspiele. Seit 1999 Hausregisseur am Wiener Burgtheater, u. a. Grillparzers *Weh dem der lügt!* (1999), Schönherrs *Glaube und Heimat* (2001 – Einladung zum Berliner Theatertreffen), Horváths *Glaube Liebe Hoffnung* (2002). 2005–2006 Schauspieldirektor der Salzburger Festspiele. – «Ich verstöre mich selber bei der Arbeit, und diese Energie wird an das Publikum weitergegeben» (K. in *Der Standard*, 16. 05. 2002). K. ist ein Regisseur der Extreme, der mit grausamen, dunklen Bildern provoziert, der Texte und Libretti radikal neu liest, Widersprüche setzt, damit «das Verborgene und Verdrängte, die Spuren des Leidvollen und Zerstörten entdeckt werden» kann (K., zit. nach Diez, S. 79). Sein kompromissloser

Theaterstil verstört und zwingt zur Auseinandersetzung.

Diez, G.: Gegenheimat. Das Theater des Martin Kušej. Salzburg u. a. 2002.

Wolfgang Beck

Kuzmany, Elfriede, * 29. 9. 1915 Rokitnitz (Österr.-Ungarn, heute Rokytnice v Orlických horách, Tschech. Republik). Schauspielerin.

Studierte zunächst Malerei und Grafik an der Wiener Kunstakademie, dann an der Wiener Akademie für Musik und darstellende Kunst. 1938–44 Th. in der Josefstadt Wien (u. a. Hauptmanns *Winterballade*, 1939/40), Gastspiele am Dt. Th. Berlin. 1947–49 Bremer Kammerspiele, 1949–79 Bayer. Staatsschauspiel München. → Shakespeare-Rollen: Rosalinde in *Wie es euch gefällt* (1952), Titania in *Ein Sommernachtstraum* (1954) und Ariel in *Der Sturm* (1966); TR in *Die heilige Johanna* (1952) und Lavinia in *Androklus und der Löwe* von Shaw (1958, R → Kortner), TR in Lope de Vegas *Dame Kobold* (1958), Kunigunde in Kleists *Das Käthchen von Heilbronn* (1961), TR in García Lorcas *Doña Rosita bleibt ledig* (1966), Sidonie Knobbe in Hauptmanns *Die Ratten* (1966 – der amerik. Kritiker Alan Rich schrieb in der *Herald Tribune*: «Miss Kuzmanys Spiel ist ein Triumph der flatternden Verzweiflung. Auch ohne ein Wort Deutsch zu verstehen, weiß man, daß sich großes Theater ereignet. Dramatische Funken von solcher Brillanz haben sich in dieser Saison nirgends, in keiner Sprache entzündet»), Olga in Čechovs *Drei Schwestern* (1967), Leonore Sanvitale in → Goethes *Torquato Tasso* (1968), Elisabeth in Schillers *Maria Stuart* (1970), Madame Knorr in → Nestroys *Einen Jux will er sich machen* (1973), Frau Fröhlich in Bernhards *Der Präsident* (1976), Aischylos' *Orestie* (1979). 1960 Elmire in → Molières *Tartuffe* (Salzburger Festspiele, R. → Ginsberg), 1963 TR in *Elektra* von Sophokles, Städt. Bühnen Freiburg; 1981 Narr in Shakespeares *König Lear*, Bad Hersfelder Festspiele; Anne Meister in Bernhards *Über allen Gipfeln ist Ruh*, 1983 Freie Volksbühne Berlin. An den Münchner Kammerspielen in Strauß' *Schlußchor* (UA 1991), Belbels *Liebkosungen* (DEA 1995). Zahlreiche Film- und Fernsehrollen. Auch als Malerin erfolgreich. Veröffentlichte 1985 *Der Anti-Antifaust* über negative Auswüchse des Regietheaters. Bayer. Staatsschauspielerin (1959), Bayer. Verdienstorden (1967), Bad-Hersfeld-Preis (1981), Schwabinger Kunstpreis (1989), Maximiliansorden (1999). – Grazile Nervenschauspielerin mit einem unverwechselbaren hellen, etwas gebrochenen Ton, flirrend in ihrer Erscheinung, prädestiniert für ruhelose Charaktere in ständiger Bewegung.

Werner Schulze-Reimpell

L

La Roche, Karl (Ritter von), * 12. 10. 1794 Berlin, † 11. 3. 1884 Wien. Schauspieler, Regisseur.

Studierte zunächst Tierarzneikunde. 1811 bei einem Besuch in Dresden Debüt durch Einspringen bei der Seconda'schen Gesellschaft in der TR der Posse *Rochus Pumpernickel*. 1812 Danzig (Operette, Singspiele, Opern;

Titelpartie und Leporello in Mozarts *Don Giovanni*. Über Königsberg 1823 ans Hoftheater Weimar. Freundschaft mit August v. Goethe, von dessen Vater sehr geschätzt, den er auf einer Badereise begleitete. 1827: 20 Gastrollen in Berlin, u. a. Franz in Schillers *Die Räuber*. 1828 Regisseur der Weimarer Oper. Anlässlich von → Goethes 80. Geburtstag 1829 Mephisto in dessen *Faust*, von ihm einstudiert. 1833–80 Burgtheater Wien (ein Angebot des Berliner Hoftheaters als Nachfolger → Devrients schlug er aus). Spielte mehr als 300 Rollen, u. a. von → Shakespeare Shylock in *Der Kaufmann von Venedig*, Jago in *Othello*, Polonius in *Hamlet*, Malvalio in *Was ihr wollt*, von Schiller König Philipp in *Don Carlos*, Octavio in *Wallenstein*, Attinghausen in *Wilhelm Tell*, von Kleist Dorfrichter Adam in *Der zerbrochne Krug*, → Molières Harpagon in *Der Geizige*. Seit 1841 auch Regisseur. – 1873 als erster dt. Schauspieler geadelt. Zahlreiche Orden. Hervorragender Charakterspieler im ernsten wie im komischen Fach, frei von Effekthascherei.

Mautner, E.: Carl La Roche. Wien 1873; Laube, H.: Das Burgtheater. Leipzig 1868 (Kap. 31).

Werner Schulze-Reimpell

Laban, Rudolf von, * 15. 12. 1879 Preßburg (Österr.-Ungarn, heute Bratislava, Slowak. Republik), † 1. 7. 1958 bei Weybridge (Großbritannien). Tänzer, Choreograph, Ballettmeister, Tanztheoretiker.

Studium an der Münchner Kunstakademie (1900–03), Architekturstudium an der École-des-Beaux-Arts in Paris (1904–07); während dieser Zeit intensive Beschäftigung mit historischen Tanzformen und Tanzschriften. 1911 Gründung eines Bewegungsateliers in München, das die Sommermonate 1913 und 1914 auf dem Monte Verità bei Ascona verbrachte. Bei Ausbruch des 1. Weltkriegs blieb L. in der Schweiz und gründete in Zürich seine Schule für Bewegungskunst. 1920 Publikation seiner tanzphilosophischen Schrift *Die Welt des Tänzers*; Gründung der Tanzbühne Laban in Stuttgart. Gastchoreograph am Mannheimer Nationaltheater, wo er u. a. seine «epische Tanzfolge» *Die Geblendeten* uraufführte (1921). 1923 siedelte L. mit seiner Tanzbühne nach Hamburg über und errichtete dort die Zentralschule Laban. Mit seiner Gruppe erarbeitete er eine Reihe von Choreographien, darunter *Der schwingende Tempel*, und schuf für Sprech- und Bewegungschöre u. a. *Fausts Erlösung* und *Prometheus*. 1926 erschienen seine Publikationen *Des Kindes Gymnastik und Tanz* sowie *Choreographie*. 1928 Veröffentlichung der von ihm entwickelten Tanzschrift (Kinetographie). Sein 1926 in Würzburg gegründetes Choreographisches Institut siedelte 1928 nach Berlin über und fusionierte 1929 mit der Tanzabteilung der Folkwangschule in Essen. 1930–34 Ballettmeister an der Staatsoper Berlin. Übernahm im «Dritten Reich» wichtige organisatorische Aufgaben als Leiter der Dt. Tanzbühne (1934) und der Meisterwerkstätten für Tanz (1936) in Berlin. Die Aufführung seines 1936 für die Eröffnungsfeier der Olympischen Spiele in Berlin choreographierten Weihespiels *Vom Tauwind und der neuen Freude* wurde verboten. 1937 Flucht nach Paris, 1938 Emigration nach Dartington (England). Konzentration auf seine choreutischen Studien und Bewegungsanalyse. In Manchester fand L. eine neue Basis und eröffnete das Art of Movement Studio, das 1953 nach Addlestone (Surrey) verlegt wurde; Unterrichtstätigkeit und weitere Veröffentlichungen.

L. zählt zu den einflussreichsten Theoretikern des Tanzes im 20. Jh. und wurde zur Leitfigur eines neuen Tanzverständnisses. Im Tanz sah er ein wichtiges Instrument zur umfassenden Erneuerung des kulturellen, religiösen und politischen Lebens und glaubte, über die Bewegungserziehung eine harmonischere, von «Zivilisationsschäden» befreite Gesellschaft heranbilden zu können. Tanz, den L. propagierte, richtete sich an jeden Menschen; die von ihm initiierten Bewegungschöre dienten der tänzerischen Schulung von Laien. L. strebte die Gleichberechtigung der Tanzkunst mit den anderen Künsten an und führte den Tanz auf seine ihm immanenten Mittel, die Bewegung des Tänzers im Raum, zurück. Die Befreiung des Tanzes von der Dominanz der Musik, einem fixierten Bewegungsvokabular und dem Zwang einer Handlungsgrundlage gehörten zu seinen Forderungen einer emanzipierten Tanzkunst. Während des 1. Weltkriegs begann L. seine praktischen und theoretischen Studien über Raum, Dynamik und Rhythmus des Tanzes in seiner Raum- und Ausdruckslehre (Choreutik und Eukinetik) zu formulieren. Sie fand, wie auch seine Kinetographie, in zahlreichen Ländern große Verbreitung und ist bis heute von nicht zu unterschätzendem Einfluss auf den Tanz und seine Pädagogik.

Dörr, E.: Rudolf von Laban. Leben und Werk des Künstlers (1879–1936). Diss. Berlin 1998, Partsch-Bergsohn, I., H. Bergsohn: The makers of modern dance in Germany: Rudolf Laban, Mary Wigman, Kurt Jooss. Hightstown 2003.

Patricia Stöckemann

Lacis, Asja (Anna Ernestovna), * 18. 3. (19. 10.?) 1891 Ligatne (Lettland), † 21. 11. 1979 Riga. Regisseurin, Schauspielerin, Autorin, Theaterpädagogin.

L. wuchs in Riga auf und absolvierte eine Hochschulausbildung am Psychoneurologischen Institut in St. Petersburg, bevor sie ab 1914 in Moskau Schauspiel und Regie bei → Komissarshevskij sowie später Film studierte. 1918 wurde sie Regisseurin am Stadttheater Orel, verzichtete angesichts des Elends der Kinder jedoch auf eine Karriere am Th., um mit Kriegswaisen und kriminalisierten Kindern improvisierte Stücke aufzuführen und ein Modell politisch-ästhetischer Erziehung zu entwickeln. 1920 Rückkehr nach Riga, wo sie für die in Lettland verbotene Kommunistische Partei arbeitete und ein Arbeitertheater organisierte, das Agitprop-Stücke aufführte. Verfolgt und kurzzeitig inhaftiert, reiste sie 1922 nach Berlin. Dort lernte sie den Regisseur und Theaterkritiker Bernhard Reich (1892–1972) kennen, mit dem sie eine lebenslange Beziehung führen und ihn 1957 nach zahlreichen Prüfungen durch Verhaftung, Krieg und Trennung heiraten sollte. Beide gingen 1923 nach München, wo L. als Regieassistentin und Schauspielerin an → Brechts *Leben Eduards des Zweiten von England* (1924, Kammerspiele) mitwirkte. Aus der Begegnung mit Walter Benjamin (1892–1940) 1924 auf Capri entwickelte sich eine konfliktreiche Beziehung, deren Einfluss auf Benjamin erst in den letzten Jahrzehnten erkannt wurde. L.' Schilderungen der russ. Theateravantgarde und Revolution weckten Benjamins Interesse am Marxismus, und ihre Arbeit mit Kindern fand Niederschlag in seinem *Programm eines proletarischen Kindertheaters in Deutschland*. 1925 setzte L. in Riga ihre Arbeit mit Kindern fort, war Regisseurin und Leiterin des Th.s beim Klub der linken Gewerkschaften und engagierte sich weiterhin für die Kommunistische Partei. 1926 gründete sie in Moskau das erste Kinderkino und wurde 1928 Referentin für Kultur- und Schulfilm der sowjet. Handelsvertretung in Berlin. 1930 kehrte L. nach Moskau zurück; als Regieassistentin und Dolmetscherin begleitete sie 1931 die Dreharbeiten von → Piscators Seghers-Verfilmung *Der Aufstand der Fischer von St. Barbara*. Im Gegenzug wirkte Piscator im Februar 1934 an der Insz. von Wolfs *Bauer Baetz* mit, die L. im Lett. Th. Moskau zur Aufführung brachte. 1938 wurde L. mit anderen Mitgliedern des lett. Emigrantentheaters

Skatuve (Die Bühne) wegen «konterrevolutionärer Tätigkeit» verhaftet und konnte erst nach 10-jähriger Haft in einem kasachischen Internierungslager ihre Arbeit fortsetzen. Nach ihrer Rehabilitierung an das Staatl. Schauspielhaus Walmiera (1948–1957) verpflichtet, wo L. in den 1950er Jahren als Regisseurin maßgeblichen Anteil an der Durchsetzung Brechts auf den lett. Bühnen hatte. – L., die als Zeitgenossin des Theateroktobers und Akteurin der antinaturalistischen Gruppe Proletarisches Th. linken dt. Künstlerkreisen von den aktuellen Theaterentwicklungen und der russ. Revolution berichtete, machte andererseits mit Publikationen und Vorträgen die neueste dt. Dramaturgie in der Sowjetunion bekannt. Nicht zuletzt als Mitbegründerin des sowjetischen Kindertheaters geriet sie zu Unrecht in Vergessenheit.

Lacis, L.: Revolutionär im Beruf. Hg. H. Brenner. (2. Aufl.) München 1976.

Nina Grabe

Lampe, Jutta, * 13. 12. 1937 (1943?) Flensburg. Schauspielerin.

Schauspielausbildung an der Hamburger Hochschule für Musik und Theater, u. a. bei Eduard Marks (1901–81). Erste Engagements am Staatstheater Wiesbaden und am Nationaltheater Mannheim. Bis 1969 am Bremer Th., wo sie u. a. Elisabeth in Schillers *Don Carlos* spielte (1969, R. → Hübner). In Bremen wurde P. → Stein auf L. aufmerksam und besetzte sie als Lady Milford in Schillers *Kabale und Liebe* (1967), Leonore in → Goethes *Torquato Tasso* (1969, mit → Ganz). Der große Erfolg führte zu einer langen Zusammenarbeit, sie wurde eine seiner großen Protagonistinnen. 1969 am Zürcher Schauspielhaus in Bonds *Early Morning* (R. Stein). 1971 gehörte L. zu den Mitbegründern der Berliner Schaubühne am Halleschen Ufer unter der Leitung von P. Stein. Dort galt sie als der «Inbegriff der Schaubühnen-Besonderheit, die hohes Formbewußtsein mit dem klösterlichen Ernst dieses Gralszirkels von Theaterpriestern vereinigt» (*SZ*, 1994). Sie begeisterte in vielen Rollen nicht nur das Berliner Publikum, u. a. in Ibsens *Peer Gynt* (1971), Kleists *Traum vom Prinzen Homburg* (1972), Labiche / Strauß' *Das Sparschwein* (1973), Gor'kijs *Sommergäste* (1974, verfilmt 1975), → Shakespeares *Wie es euch gefällt* (1977), Athene in der *Orestie* des Aischylos (1981), Čechovs *Drei Schwestern* (1984), TR in Racines *Phädra* (1987). Auch die Zusammenarbeit mit anderen bedeutenden Regisseuren war von bemerkenswertem Erfolg; u. a. mit → Peymann in Handkes *Der Ritt über den Bodensee* (UA 1971), mit F.-P. → Steckel in Hofmannsthals *Das gerettete Venedig* (1971), mit → Minks in Strauß' *Die Hypochonder* (1973). Auch in vielen Insz.en → Grübers war L. in führenden Rollen zu sehen, so u. a. in Euripides' *Die Bakchen* (1974), als Ophelia in Shakespeares *Hamlet* (1983) und als Alkmene in Kleists *Amphitryon* (1991). Ebenso unter der Regie von → Bondy in Marivaux' *Triumph der Liebe* (1985), Strauß' *Schlußchor* (1992). Für ihre Darstellung der TR in → Wilsons *Orlando* nach Virginia Woolf (1990) wurde L. zur Schauspielerin des Jahres gewählt (ebenso 1988 und 2000). In → Breths letzter Insz. als Leiterin der Schaubühne Cäcilie in Goethes *Stella* (1999). L. war mehrfach an Produktionen der Salzburger Festspiele (u. a. Strauß, *Das Gleichgewicht*, UA 1993, R. Bondy; Pirandello, *Die Riesen vom Berge*, 1994, R. → Ronconi; Čechov, *Der Kirschgarten*, 1995, R. Stein) wie der Wiener Festwochen (u. a. Čechov, *Die Möwe*, 2000, R. Bondy, Koproduktion mit dem Burgtheater) beteiligt. Sie spielte 2001 bis 2002 am Wiener Burgtheater. Seither u. a. an der Schaubühne in Racines *Andromache* (2003, R. → Perceval), am Berliner Ensemble in Becketts *Glückliche Tage* (2002, Koproduktion mit dem Burgtheater, R. →Clever), Strauß' *Die eine und die andere* (2005, R. Bondy). Wenige Filmrollen, u. a. in Margarethe von Trottas *Schwestern oder die Balance des Glücks* (1979), *Die bleierne Zeit* (1981), *Rosenstraße* (2003), Bondys *Das weite Land* (1986), Wajdas *Dämonen* (1987). 1992 erhielt sie den Berliner Theaterpreis und 1998 den Gertrud-Eysoldt-Ring, 2004 Stanislavskij-Preis. Sie ist Mitglied des Ordens Pour le mérite. Lehrt an der Hochschule der Künste Berlin. – Eine der bedeutenden Charakterdarstellerinnen des dt.sprachigen Th.s, deren sensibles, psychologisch eindringliches Spiel «beseelt und zugleich intellektuell kommentiert (wird) durch die Dialektik ihres Vorgehens: sie reflektiert die Historizität der Rolle, und zugleich mißt sie sie an den eigenen Erfahrungen» (Sucher, S. 139). Eine technisch brillante Ensemblespielerin, über die Luk Perceval sagte: «Die Jutta ist ja so durchlässig wie ein Schmetterling.»

Stolzenberg, P.: Die Gesichter des Lebens. Über die Kunst der Schauspielerin Jutta Lampe. In: Theater heute, Jahrbuch 1992, S. 111–13; Sucher, C. B.: Theaterzauberer. München, Zürich 1988.

Donatha Reisig

Lamprecht, Günter, * 21. 1. 1930 Berlin. Schauspieler.

Nach Schwarzmarkt und Gelegenheitsarbeit Lehre als Orthopädiemechaniker und einige Jahre in diesem Beruf tätig. 1953 kostenlos Schauspielunterricht bei Else Bongers, Stipendium für die Max-Reinhardt-Schule Berlin. 1954–55 Rollen im Schiller-Th. Berlin. 1955–59 Schauspielhaus Bochum, 1959–66 Oberhausen, Wiesbaden, Heidelberg, Essen. 1968–71 Städt. Bühnen Köln, in zunehmendem Maß Fernseh-, später auch Filmrollen. Keine festen Engagements mehr, Gastrollen in Hamburg (Kinesias in Aristophanes' *Lysistrata*, 1971, Dt. Schauspielhaus) und Bochum. 1977 John in Hauptmanns *Ratten* (Freie Volksbühne Berlin, R. →Noelte). 1981 Azdak in →Brechts *Der kaukasische Kreidekreis*, 1983 Adam in Kleists *Der zerbrochne Krug*, Ruhrfestspiele. Tourneetheater (u. a. Leroy in Arthur Millers *Der letzte Yankee*, 1995). 1999 von einem jugendlichen Amokschützen in Bad Reichenhall schwer verletzt. – Nach schwierigen Anfängerjahren ohne wesentliche Förderung, handwerklich noch unfertig, spielte sich L. allmählich mehr und mehr frei und fand zu seiner künstl. Eigenart als sensibler, auch nachdenklicher Charakterspieler mit dem Nimbus des Kraftkerls (Stanley Kowalsky in Williams' *Endstation Sehnsucht*) und genau beobachtenden Realisten mit starker Bühnenpräsenz. Internat. Erfolg als Franz Biberkopf in den 14 Fernsehfolgen der →Fassbinder-Verfilmung von Döblins Roman *Berlin Alexanderplatz* 1980.

Lamprecht, G.: Und wehmütig bin ich immer noch: eine Jugend in Berlin. Köln 2000.

Werner Schulze-Reimpell

Lang, Alexander, * 24. 9. 1941, Erfurt. Schauspieler, Regisseur.

L. studierte von 1964 bis 1966 an der Staatl. Schauspielschule Berlin (DDR). Von 1966–67 war er am Maxim-Gorki-Th. in Berlin, danach am Berliner Ensemble engagiert. 1969 Ensemblemitglied des Dt. Th.s in Berlin. Dort hatte er rasch Erfolg, v. a. in Insz.en von →Dresen und →Solter (Caliban in →Shakespeares *Der Sturm*, Edmund in *König Lear*, Aigisth in Euripides' *Elektra*) und konnte Kritiker und Publikum nachhaltig beeindrucken: «Daß da einer – bei äußerster Beherrschung seiner Kunst-Mittel – sich völlig und vorbehaltlos seiner Figur stellte, nicht nur ihren intellektuellen Habitus erfaßte, sondern ihre innersten Empfindungen nach außen kehrte» (M. Linzer, S. 6). 1974 wechselte L. zur Regie, er inszenierte am Dt. Th. u. a. Heiner → Müllers *Philoktet* (1977, gemeinsam mit Christian → Grashof und Roman Kaminski), Shakespeares *Sommernachtstraum* (1980) und *Dantons Tod* von Büchner (1981) und wurde bald zu einem der prägenden Regisseure des Th.s der DDR. Seine Insz. eines Doppelprojekts, Grabbes *Herzog Theodor von Gothland* und → Goethes *Iphigenie auf Tauris*, an 2 aufeinander folgenden Abenden, erregte Aufmerksamkeit auch in bundesrepublikanischen Feuilletons (P. 27./28. 9. 1984). «Grabbes exzessive Grotesk-Komödie inszenierten Regisseur, Bühnenbildner (der Lang kongeniale Volker Pfüller) und Schauspieler in kühner, könnerischer Balance: das unfreiwillig Komische ebenso wie das schreckenerregende Extremistische in Form aufgehoben, in artifizielle und artistische Distanz gebracht, das eigentlich ungenießbare, ‹rausgekotzte› Grabbesche Gebräu genießbar gemacht» (H. Rischbieter in *Th. heute* 2/1985, S. 12). L.s erste Theaterarbeit in der BRD folgte im Jahr darauf: *Don Carlos* von Schiller (1985, Münchner Kammerspiele) und wurde im gleichen Jahr zum Berliner Theatertreffen eingeladen. 1986 inszenierte L. wieder am Dt. Th. ein auf mehrere Monate hin angelegtes Projekt: die sog. *Trilogie der Leidenschaft*, die *Medea* von Euripides, *Stella* von Goethe und *Totentanz* von Strindberg miteinander verband: «Es ist für mich und, glaube ich, auch für den Zuschauer interessanter, in einer Folge von Inszenierungen Zusammenhänge zu erkennen, Rückbezüge herzustellen. Damit erweitert sich gemeinsam der Erfahrungshorizont, im Umgang mit Dramatik, mit Geschichte, mit Weltproblematik überhaupt» (L., zit. n. Linzer, S. 242). Für diese Arbeit erhielt L. 1986 den Kritikerpreis der Berliner Akademie der Künste. Nach einigen weiteren Insz.en an den Münchner Kammerspielen (u. a. 1987 *Phädra* von Racine, mit Gisela → Stein in der TR) wechselte L. 1988 als Hausregisseur an das Hamburger Thalia Th. unter der Leitung von Jürgen → Flimm. Dort inszenierte er u. a. die DEA von Koltès' *Rückkehr in die Wüste* (P. 17. 9. 1988, Einladung zum Berliner Theatertreffen 1989), bevor er 1990 mit Vera Sturm, Alfred → Kirchner und Volkmar Clauß Intendant des Berliner Schiller-Th.s wurde. Insz.en in dieser Zeit waren u. a. Schillers *Die Räuber* (1990) und Goethes *Iphigenie auf Tauris* (1991). Diese Arbeitsphase endete glücklos mit dem Auseinanderbrechen des Direktoriums und der Schließung des Th.s durch den Berliner Senat 1993. Seitdem inszenierte Lang u. a. an der Comédie Française (Kleist, *Prinz Friedrich von Homburg*, 1994; → Lessing, *Nathan der Weise*, 1997; Goethe, *Faust*, 1999), am Dt. Th. Berlin u. a. die vielbeachtete Aufführung von → Pohls *Karate-Billi kehrt zurück* (1992), Sophokles' *König Ödipus* (1994), Shakespeares *Othello* (1998), Corneilles *Der Cid* (2000), am Leipziger Th. Hebbels *Die Nibelungen* (2001), am Dt. Nationaltheater Weimar Shakespeares *Hamlet* (2001), am Maxim-Gorki-Th. Gor'kijs *Nachtasyl* (2003), Kleists *Der zerbrochne Krug* (2006), im Staatstheater Schwerin Strindbergs *Ein Traumspiel* (2005). Rollen u. a. am Hans-Otto-Th. Potsdam TR in Shakespeares *König Lear* (2003), am Maxim-Gorki-Th. Clausen in Hauptmanns *Vor Sonnenuntergang* (2004), Hofreiter in Schnitzlers *Das weite Land* (2005). Als Filmschauspieler erlangte L. einige Berühmtheit durch seine Darstellung des Musikers Ralph in *Solo Sunny* von Konrad Wolf, der 1980 auf der Berlinale den Silbernen Bären gewann.

Brachwitz, Ch.: Trilogie der Leidenschaft. Medea von Euripides, Stella von Goethe, Totentanz von Strindberg in Inszenierungen des Deutschen Theaters, Regie Alexander Lang, Bühnenbild und Kostüme Volker Pfüller. Berlin 1988; Alexander Lang. Abenteuer Theater. Hg. M. Linzer. Berlin 1987; Ruckhäberle, H.-J.: Regie im Theater. Alexander Lang. Frankfurt a. M. 1990.

Eva-Maria Voigtländer

Lang, Elke, * 29. 10. 1952 Wiesbaden, † 12. 1. 1998 Hamburg. Schauspielerin, Regisseurin, Bühnenbildnerin.

Nach der Ausbildung an der Otto-Falckenberg-Schule (1972–74) erhielt L. erste Engagements in Augsburg (1974/75) und Landshut (1975/76). Hans → Hollmann holte sie nach Basel (1976–78), wo ihr als Geneviève in Roussels *Stern auf der Stirn* der Durchbruch gelang. In Hamburg debütierte L. 1980 am Thalia Th. als Marie in Büchners *Woyzeck* (R. M. Gruner) u. verwirklichte in der Markthalle mit Genets *Zofen* ihr erstes eigenes Projekt. Als Regisseurin, Bühnenbildnerin und Schauspielerin brachte sie 1981 Peignots *Laure* in der Hamburger Druckerei Dankerrt zur UA. Günter → Krämer engagierte L. daraufhin ans Staatstheater Stuttgart, wo sie Roths *Klavierspiele* (1981), Genets *Unter Aufsicht* (1982) sowie als Ko-Regisseurin Bauers *Das kurze Leben der Schneewolken* (UA 28. 10. 1983, R. Waller) inszenierte und die TR in Schillers *Maria Stuart* (1982, R. Krämer) übernahm. – Nach Gastinsz.en u. a. von Becketts *Katastrophe* (1982, Th. am Turm [TAT] Frankfurt), Reinshagens *Eisenherz* (1983), Braschs *Mercedes* (1984, beide Schauspiel Frankfurt) und Pasolinis *Orgia* (DEA 22. 11. 1985, Schauspielhaus Wien) arbeitete L. überwiegend am TAT, wo sie *Shelley* (DEA 22. 10. 1985, nach Oates), → Müllers *Quartett* (1987, mit L. als Merteuil) und Čechovs *Die Möwe* (1988) zur Aufführung brachte und 1988 feste Regisseurin und Oberspielleiterin wurde. – Im *Jahrbuch Th. heute 1988* schrieb Eckhard Franke über die Künstlerin: «Sie ist die große Stilisierende, Manierierende. Mildherb und glühend. Sie bezaubert, wo sie geht und steht. Auch sich selbst. […] Ihr Wille zur Kunst mündet noch oft in Künstlichkeit. Die Regisseurin orientiert sich an der Schauspielerin Elke Lang: Und die besitzt eine expressive Körpersprache, präzis, scharf, ausdrucksstark, eine Körpersprache, die genau beobachtete Riten und (Körper-)Signale wiedergeben kann.» Neben Ibsens *Gespenster, Die andere Uhr* (beide 1989), *Immer von dir* (1991) und Duras' *Die Krankheit Tod* (1992, beide TAT) entstanden zahlreiche Projekte in Zusammenarbeit mit L.s langjährigem Lebensgefährten Ulrich Waller, u. a. *KüsseBisseRisse* (UA 22. 2. 1986, Schauspielhaus Wien) – mit fast 200 Vorstellungen in Wien, Frankfurt, Hamburg und Zürich ihre erfolgreichste Insz., Wallers *Nur Du* (UA 29. 10. 1986, TAT) und *Davon geht die Welt nicht unter* (UA 26. 1. 1991, Schiller-Th. Berlin). → Baumbauer engagierte L. 1993 ans Dt. Schauspielhaus Hamburg. Dort inszenierte L., die mit Puccinis *Suor Angelica* (1993, Oper Bonn) und Mozarts *Zauberflöte* (1995, Städt. Bühnen Wuppertal) zwischenzeitlich auch als Opernregisseurin arbeitete, Bonds *Gerettet* (1994), Belbels *Nach dem Regen* (DEA 17. 11. 1995) und die von Dirk Schümer als «grandios leicht» (*FAZ*, 13. 05. 1997) gerühmte Aufführung von Gor'kijs *Sommergästen* (1997). Als Schauspielerin stand L. u. a. als Cassandra in → Shakespeares *Troilus und Cressida* (1993, R. → Haußmann), Hanna in → Ellerts *Josephs Töchter* (UA 16. 10. 1994, R. J. → Wieler), Mascha in Čechovs *Drei Schwestern* (1995, R. → Clemen), Maria in Shakespeares *Was ihr wollt* (1996, R. → Beier) auf der Bühne. – 1996 brillierte sie unter der Regie von Waller als Fräulein Stefan in Laederachs gleichnamigem Stück an den Hamburger Kammerspielen. – Zuletzt brachte L. Büchners *Woyzeck* am Staatstheater Wiesbaden (1997) zur Aufführung; ihre Insz. von *Dantons Tod* am Dt. Schauspielhaus konnte sie nicht mehr beenden.

«Mein Weg dauert länger». Elke Lang – Regisseurin und Schauspielerin. Hg. U. Waller. Hamburg, Bremen 1999; Stromberg, T.: Regie: Elke Lang. Frankfurt a. M. 1991.

Nina Grabe

Långbacka, Ralf (Runar), * 20. 11. 1932 Närpes / Österbotten (Finnland). Regisseur.

Beide Eltern waren Volksschullehrer in der schwed.sprachigen Provinz Österbotten. Erste Begegnung mit dem Th. bildeten die Aufführungen des Amateurtheaters seines Geburtsorts beim Öjskogparken in Närpes, das in der finnlandschwed. Närpesmundart u. a. → Brechts *Herr Puntila und sein Knecht Matti* spielte. Nach dem Abitur in Kristinastadt von 1950–56 Studium der Literaturwissenschaft, Philosophie und Nordistik an der schwed.sprachigen Universität Finnlands Åbo Akademi. Nach der Graduierung zum Fil. kand. Inskription für das Fach Theaterwissenschaft an der Universität München und der Freien Universität Berlin 1956/57. Ab 1959 Regie und Intendanz an schwed.sprachigen Bühnen Finnlands (Lilla Teater und Svenska Teater in Helsinki, Wasa Teater, Åbo Svenska Teater). 1967–71 Regisseur am Stadttheater Göteborg / Schweden. Leitung finnischsprachiger Bühnen: 1971–77 Stadttheater Turku / Åbo (Turun kaupunginteatteri), 1983–87 Stadttheater Helsinki (Helsingin kaupunginteatteri). Lehrtätigkeit, u. a. bei Theaterworkshops. Verantwortlich für mehrere Brecht-Seminare (u. a. 1996 in Helsinki Symposium «BB in Finnland»). 1979–83 und 1988–93 hauptberuflich Hochschullehrer (Theaterwissenschaft und Bühnenausbildung). Gastregisseur in Deutschland und den nordischen Ländern. Übersetzte Büchners *Woyzeck* ins Schwedische, Autor zahlreicher Bühnen- und Fernsehbearbeitungen dramatischer und erzählerischer Literatur. Eigene Schauspiele: *Krocketspelaren* (UA 1991 Stadttheater Stockholm), *Olga, Irina och Jag* (UA 1993 Åbo Svenska Teater). – L. gilt als der bedeutendste schwed.sprachige Th.- und Opernregisseur der Gegenwart neben Ingmar → Bergman. Seine Insz.en bei den Festspielen auf der Olofsburg in Savonlinna oder seine anspruchsvolle Insz. von Verdis *Macbeth* 2003 im Opernhaus Philadelphia zeichneten sich durch Werktreue und innovative Deutung aus. Sprechtheaterinsz.en neben → Shakespeare (in den 1990er Jahren u. a. mit der Gruppe Viirus), Goldoni, Čechov, Büchner, Ibsen v. a. immer wieder Brecht, Peter Weiss, Max Frisch und weitere Stücke moderner und zeitgenössischer Autoren. Sein Sohn ist der Schauspieler Mats L. (* 1963).

Långbacka, R. Bland annat om Brecht. Helsinki 1981 *(Brecht-Essays)*; ders.: Brecht og det realistiske teater: de første 100 år. Gråsten 1998; ders.: Denna långa dag, detta korta liv. Dikter. Helsinki 1988 *(Lyrik)*; ders.: Möten med Tjechov. Sex essäer. Helsinki 1986.

Horst Schumacher

Langhoff, Matthias, * 9. 5. 1941 Zürich. Regisseur, Bühnenbildner, Theaterleiter.

Sohn von Wolfgang → L., Bruder von Thomas → L. Ab 1961 Regieassistent am Berliner Ensemble, wo die produktive Zusammenarbeit mit Manfred → Karge begann. 1969–78 arbeitete L. mit Karge an der Berliner Volksbühne (Leitung: Benno → Besson). Ab 1978 arbeitete das Regie-Duo auch in Westdeutschland sowie in Österreich und Frankreich. Nach der Trennung von Karge arbeitete L. v. a. in der Westschweiz und in Frankreich. 1988 wurde ihm die Nachfolge Bessons als Leiter der Comédie de Genève angetragen, die er wegen des zu kleinen Etats ablehnte. 1989 wurde L. Direktor des Th. de Vidy in Lausanne, gab aber die Leitung bereits 1991 wieder ab. 1992/93 gehörte L. (neben Fritz → Marquardt, Heiner → Müller, Peter → Palitzsch und Peter → Zadek) zum Leitungsteam des Berliner Ensembles, verließ jedoch auch dieses zum Ende der Spielzeit. L., der in Paris lebt und v. a. in Frankreich arbeitet, wurde 1994 für seine Insz. von Čechovs *Drei Schwestern* mit dem franz. Kritikerpreis ausgezeichnet. L. hat in Frankreich, dessen Arbeitsstruktur ohne feste Ensembles und ohne Bindung an ein

Haus etc. ihm zusagt, seine neue künstl. Heimat gefunden (1995 naturalisiert).

Gemeinsame Insz.en von L. / Karge: → Brechts *Das kleine Mahagonny* (1963), *Der Messingkauf* (1965), *Der Brotladen* (1967), Aischylos' *Sieben gegen Theben* (1969), alle am Berliner Ensemble. Es folgten Schillers *Die Räuber* (1971), Ibsens *Die Wildente* (1973) sowie Heiner Müllers *Die Schlacht / Traktor* (UA 1975). Mit Pereira da Silvas *Speckhut* (1975) und der Zehn-Tage-Aktion *Spektakel 2. Zeitstücke* (1975) feierten L. und Karge einen ihrer größten Publikumserfolge an der Volksbühne. Außerdem: Kleists *Prinz Friedrich von Homburg*, zusammen mit Brechts *Fatzer*-Fragment (1978, Dt. Schauspielhaus Hamburg), → Shakespeares *König Lear* (1979, Rotterdam), Müllers *Anatomie Titus Fall of Rome* (UA 1985, Schauspielhaus Bochum). Eigenständige Insz.en u. a. von Thomas Braschs *Mercedes* (UA 1983, Schauspielhaus Zürich, mit → Thalbach), Brenton / Hares *Prawda* (DEA 1986, Dt. Schauspielhaus Hamburg), Müller / Sophokles' *Ödipus, Tyrann* (1988, Burgtheater Wien), Shakespeares *Macbeth* (1990, Th. National de Chaillot, Paris), John Websters *Die Herzogin von Malfi* (1991, Th. de la Ville, Paris), O'Neills *Gier unter Ulmen* (1992, Th. National de Bretagne, Rennes). 1994 entstand Čechovs *Drei Schwestern* vor dem Hintergrund des Mauerfalls und des Abzugs russ. Soldaten aus der Ex-DDR (Th. de la Ville, Paris). Es folgten *Gloucester Time: Matériau Shakespeare / Richard III.* (1995, Festival d'Avignon) und Strindbergs *Totentanz* (1996, Comédie Française). Mit Sophokles' *Die Trachinierinnen* (1999, Dt. Th. Berlin) inszenierte L. erstmals wieder in Deutschland. Außerdem Arbeit in Burkina Faso (Aischylos' *Prometheus*). Regie u. a. bei Müllers *Philoktet* (1994 Th. Nationale de Bretagne, Rennes, 2003 Piccolo Teatro della Corte, Genua), *Quartett* (2005, Conservatoire National Supérieur d'Art Dramatique), Rodrigo Garcías *Borges* (2002), Tantanians *Muñequita ou jurons de mourir avec gloire* (2003, beide Th. des Lucioles, Rennes), *Dernières nouvelles de Mataderos* nach Texten Garcías, Tantanians, Lamborghinis (2004), García Lorcas *Doña Rosita bleibt ledig oder Die Sprache der Blumen* (2005/06, beide Th. des Amandiers, Paris-Nanterre). Insz.en in verschiedenen Ländern Europas. Seine Tochter Anna L. (* 1956) ist Dramaturgin, Regisseurin, Autorin.

L'école des maîtres: libri di regia 1995 – 1999. Bd. 3. Hg. F. Quadri. Mailand 2001; Foskolu, C.: Matthias Langhoff et la tragédie grecque. O. O. u. J.; Godard, C.: Matthias Langhoff. In: Theaterwege. De l'Allemagne á la France. Von Frankreich nach Deutschland. Hg. C. Godard, F. Spinazzi. Berlin 1996; Langhoff. Hg. O. Aslan. Paris 1994 (Les voies de la création théâtrale, 19); Lelardoux, M.: Sur le chantier d'un spectacle en construction: «L'inspecteur Général» de Matthias Langhoff. Diss. Paris III 2000; Martinez, A.: Utopies de metteurs en scène. Diss. Paris III 2001; Matthias Langhoff. Hg. O. Aslan. Arles 2005.

Sonja Galler

Langhoff, Thomas, * 8. 4. 1938 Zürich. Regisseur, Theaterleiter, Schauspieler.

Der Sohn Wolfgang → L.s, Bruder Matthias → L.s wuchs im Schweizer Exil auf; 1945 Ostberlin. Seit 1956 Schauspielausbildung an der Theaterhochschule Leipzig, der Engagements in Borna und Brandenburg (1962 – 64) folgten; dort u. a. in Weisenborns *Zwei Engel steigen aus*, erste R. bei Schillers *Die Räuber* (1962). 1964 – 71 Hans-Otto-Th. (Potsdam), u. a. in Lovinescus *Fieber* (1963 / 64), O'Caseys *Ein Freudenfeuer für den Bischof* (1970), → Molières *Herr von Pourceaugnac* (TR, 1971); Insz.en von Goldonis *Die venezianischen Zwillinge*, → Goethes *Clavigo*, Wiedes *Untier von Samarkand* (mit → Gosch). Seit 1971 im Ensemble des Fernsehens der DDR, für das er seit 1975 auch als Regisseur tätig war (*Befragung – Anna O.*, 1977; *Guten Morgen, du Schöne!*, 1980; *Aufstand der Fischer von St. Barbara*, 1988). Dozent an der Filmhochschule und an der Schauspielschule Berlin. Insz.en mit Studenten von Sternheims *Die Hose* (1975), Goethes *Iphigenie auf Tauris* (1976, 1977 TV) und *Faust in ursprünglicher Gestalt* (1979, auch TV). Ende der 1970er Jahre endgültiger Übergang zur Regie. Am Maxim-Gorki-Th. (Berlin) u. a. Hauptmanns *Einsame Menschen* (1978), Čechovs *Drei Schwestern* (1979, 1984 TV; 1980 Frankfurt a. M.) und *Platonov* (1984), →Shakespeares *Ein Sommernachtstraum* (1980, 1984 TV), Brauns *Die Übergangsgesellschaft* (1988, 1990 TV), Taboris *Mein Kampf* (1990). Mit Schillers *Maria Stuart* (1980) begann L.s Arbeit am Dt. Th. (Berlin), dessen Intendant er 1991 bis 2001 war. Regie u. a. bei Ibsens *Gespenster* (1983), Shakespeares *Der Kaufmann von Venedig* (1985), Behans *Die Geisel* (1989), Shaws *Haus Herzenstod* (1990). Kleists *Der zerbrochne Krug* (1990) und *Das Käthchen von Heilbronn* (1991). Hofmannsthals *Der Turm*, Ostrovskijs *Der Wald*, Hauptmanns *Der Biberpelz* (alle 1992/93), Strauß' *Das Gleichgewicht* (DEA 1994) und *Ithaka* (1997), Hebbels *Kriemhilds Rache* (1994), Čechovs *Onkel Wanja* (1995) und *Die Möwe* (2001), Shakespeares *Heinrich IV.* (1995/96) und *König Lear* (2001, TR →Grashof), →Brechts *Der kaukasische Kreidekreis* (1998), Dürrenmatts *Der Besuch der alten Dame* (1999). Seit 1980 R. auch in der damaligen Bundesrepublik, u. a. am Thalia Th. Hamburg (Wedekind, *Der Marquis von Keith*, 1984), Schiller-Th. Berlin (Braun, *Böhmen am Meer*, UA 1992), v. a. aber an den Münchner Kammerspielen (→Lessing, *Emilia Galotti*, 1984; Hauptmann, *Und Pippa tanzt*, 1988; Ibsen, *Die Frau vom Meer*, 1989; Goethe, *Stella*, 1991). Am Burgtheater (Wien) Regie bei O'Caseys *Der Pflug und die Sterne* (1984), Bernhards *Elisabeth II.* (österr. EA 2002), Hofmannsthals *Der Unbestechliche* (2003); für die Salzburger Festspiele bei Schnitzlers *Der einsame Weg* (1987), Grillparzers *Die Jüdin von Toledo* (1990). Weitere Insz.en in München (Strindberg, *Der Vater*, 2001; Brecht, *Mutter Courage und ihre Kinder*, 2004; Ibsen, *Brand*, 2006, alle Bayer. Staatsschauspiel), am Berliner Ensemble (Hauptmann, *Michael Kramer*, 2003; Ibsen, *Die Wildente*, 2004; Strauß, *Schändung*, DEA 2006). Seit 1989 (Britten, *Ein Sommernachtstraum*, Frankfurt a. M.) auch Opernregie in Tel Aviv, Wien, Berlin und München (Wagner, *Die Meistersinger von Nürnberg*, Opernfestspiele 2004). Mehrere Einladungen zum Berliner Theatertreffen, zahlreiche Auszeichnungen.

L. ist einer der führenden dt. Regisseure der Gegenwart, von unaufdringlicher Genauigkeit, mit Gespür für komische Brechungen, der durch ungewohnte Lesarten Klassiker in neuem Licht zu zeigen vermag, ohne sie durch experimentelle Regiekonzepte gewaltsam zu aktualisieren. Ein subtiler und sensibler Inszenator, der Schauspieler durch intensive Proben zu führen versteht. L. interpretiert nicht in Texte hinein, sondern legt sorgfältig und genau ihren Gehalt frei, das Politische auch im Privaten entdeckend: «Er fragt, was in dem Stück steht und was das seine Zuschauer angehen könnte und wie das mit Schauspielern lebendig zu machen geht» (G. Piens in *ThdZ* 3/1978). Sein Sohn Tobias →L. (* 1962 Brandenburg) ist Schauspieler, Lukas (* 1964 Berlin) arbeitet als Regisseur und leitet seit 1995 die Nebenspielstätte der Berliner Volksbühne «Der Prater».

<small>Gaus, G.: Im Gespräch. 4. Bd. Berlin 1993; Pietzsch, I.: Thomas Langhoff. Schauspieler Regisseur Intendant. Berlin 1993; dies.: Thomas Langhoff inszeniert «Drei Schwestern». Berlin 1979.</small>

<small>*Wolfgang Beck*</small>

Langhoff, Tobias, * 28. 11. 1962 Brandenburg (Havel). Schauspieler.

Der Enkel Wolfgang →L.s, Sohn Thomas →L.s, Bruder des Regisseurs und Musikers Lukas L. (* 1964), Neffe Matthias →L.s wurde an der Ostberliner Hochschule für Schauspielkunst «Ernst Busch» ausgebildet (1983–86). Parallel studierte er Philosophie und Germanistik an der Berliner Humboldt-Universität (Dissertation über Schillers *Don Carlos*). 1987–90 Dt. Th. Berlin, u. a. in Sudermanns *Sturmgeselle Sokrates* (1986), Behans *Die Geisel* (1989, beide R. Th. Langhoff), → Lessings *Nathan der Weise* (1987, R. F. → Solter). TR in Büchners *Woyzeck* (1990, Thalia Th. Hamburg, R. → Flimm). 1990–92 am Wiener Burgtheater u. a. in Kleists *Der zerbrochne Krug* (1990, R. → Breth), *Penthesilea* (1991, R. → Berghaus), → Shakespeares *Macbeth* (1992, R. → Peymann), → Taboris *Unruhige Träume* (1992, R. der Autor). 1992–95, 1998/99 im Ensemble der Münchner Kammerspiele. Spielte dort u. a. Bébert in Serreaus *Hase Hase* (1992, R. H. Clemen), den Boten aus der Schlacht in Mattias Brauns Fassung von Aischylos' *Die Perser* (1993, R. → Dorn, mit Th. → Holtzmann), Lloyd in der DEA von Maria Irene Fornes' *Schlamm* (1993), Philipp in der UA von Simone Schneiders *Die Nationalgaleristen* (1994), Sekretär in Hebbels *Maria Magdalene* (1999). Herfurt in der Adaption von Christa Wolfs *Der geteilte Himmel* (2001, Volksbühne Berlin, R. Sebastian Hartmann), Michel in Laufenberg/Vilters Bühnenfassung von Houellebecqs *Elementarteilchen* (2002, Bayer. Staatsschauspiel). Film- und Fernsehrollen u. a. in *Ein brauchbarer Mann* (1988), *Der Aufstand der Fischer von St. Barbara* (1988, TV), *Irrlichter* (1997), *Plätze in Städten* (1998), *Feuerreiter* (1998), *Deutschlandspiel* (2000, TV), *Die Schönste aus Bitterfeld* (2003, TV), *Hunger auf Leben* (2004, TV), *Robin Pilcher – Jenseits des Ozeans* (2006, TV).

Wolfgang Beck

Langhoff, Wolfgang, * 6. 10. 1901 Berlin, † 25. 8. 1966 Berlin. Schauspieler, Regisseur, Theaterleiter.

Sohn eines Kaufmanns und einer Malerin, wuchs in Freiburg i. Br. auf, fuhr zur See, nahm 1918/19 Schauspielunterricht. 1919–23 Schauspielhaus Königsberg (Kaliningrad), 1923/24 Thalia Th. Hamburg, 1924–28 Staatstheater Wiesbaden. 1928 KPD-Mitglied. 1928–32 Schauspielhaus Düsseldorf. Gründer (1930) und Mitautor der Agitprop-Gruppe Nordwest ran in Düsseldorf. 1932/33 Stadttheater Düsseldorf. Nach der Machtübernahme der Nationalsozialisten entlassen. Nach vorausgegangener «Schutzhaft» 1933–34 in den KZs Börgermoor und Lichtenburg inhaftiert. Im KZ Börgermoor organisierte er ein Kabarettprogramm *Zirkus Konzentrazani*. Sein 1935 in der Schweiz erschienenes Buch über seine Haftzeit, *Die Moorsoldaten*, erregte internat. Aufsehen. Nach der Entlassung aus der Haft floh L. illegal in die Schweiz, wo er 1934–45 als Schauspieler und Regisseur am Zürcher Schauspielhaus arbeitete. Rollen u. a. in Wolfs *Professor Mannheim* (*Professor Mamlock*, dt. sprachige EA 1934), → Shakespeares *König Lear* und *Othello* (beide 1935), Ibsens *Peer Gynt* (TR, 1936), Bruckners *Napoleon der Erste* (UA 1937), von Arx' *Der kleine Sündenfall* (UA 1938), → Lessings *Nathan der Weise* (1939), → Goethes *Faust I* und *II* (1940), → Brechts *Mutter Courage und ihre Kinder* (UA 1941, mit → Giehse), Aischylos' *Die Orestie* (1942), O'Neills *Trauer muß Elektra tragen* (1943), Kaisers *Zweimal Amphitryon* (UA 1944), Frischs *Nun singen sie wieder* (UA 1945, R. → Horwitz). Wenige Insz.en. (Kultur-)politische, journalistische und berufsständische Aktivitäten. Ende 1945 Generalintendant der Städt. Bühnen Düsseldorf. 1946–63 als Nachfolger → Wangenheims Leiter des Dt. Th.s in Berlin (DDR), das er 1949–54 auch Brecht/ → Weigels Berliner Ensemble als Spielstätte zur Verfügung stellte. Als Schauspieler u. a. in Goethes *Faust I* (1949), Wolfs *Thomas Münzer* (UA 1953), Schillers *Kabale und Liebe* (1955) und *Wilhelm Tell* (1962), Goethes *Iphigenie auf*

Tauris (1963, alle eigene R.). Insz.en u. a. von Büchners *Woyzeck* (1947), Brechts *Furcht und Elend des Dritten Reiches* (1948), Wolfs *Tai Yang erwacht* (1949), Goethes *Egmont* (1951), Zinners *Lützower* (UA 1955). Einsatz für aktuelle DDR-Dramatiker, v. a. für Peter Hacks; inszenierte die UAen von dessen *Die Schlacht bei Lobositz* (1956), *Der Müller von Sanssouci* (1958), *Die Sorgen und die Macht* (1962). Wegen des letzten Stücks angegriffen und zur «Selbstkritik» gezwungen, trat L. 1963 «aus gesundheitlichen Gründen» als Intendant zurück. Weiterarbeit als Regisseur und Schauspieler. Zahlreiche Auszeichnungen. L. war verheiratet mit der Schauspielerin Renate Reiner; Matthias → L. und Thomas → L. sind seine Söhne. – L. ist bedeutend v. a. als Regisseur und Intendant. Beispielhaft seine werkgetreuen Insz.en von Dramen der deutschen Klassik, die er als zentralen Teil des bürgerlichen Erbes für den Sozialismus bewahren wollte. Orientiert an der Methode → Stanislavskijs, lehnte er Brechts episches Th. als zu abstrakt ab und vertrat so mit dem Dt. Th. einen Gegenpol zum Berliner Ensemble. Er förderte junge Regisseure und Dramaturgen, gab Autoren wie Hacks (Hausdichter 1960–63) die Möglichkeit zu theaterpraktischer Arbeit.

Langhoff, W.: Die Moorsoldaten. Zürich 1935; Wolfgang Langhoff. Hg. C. Funke. Berlin 1969; Wolfgang Langhoff – Theater für ein gutes Deutschland. Hg. W. Meiszies, Düsseldorf 1992.

Wolfgang Beck

Lanik, Tina (eig. Martina), * 22. 2. 1974 Paderborn. Regisseurin.

L. wuchs in Stuttgart auf und begann 1994 in Wien das Studium der Politikwissenschaft. Hospitierte bei Elmar → Goerdens Insz. von Čechovs *Iwanow* (1996) am Staatstheater Stuttgart. Er empfahl sie als Regieassistentin ans Schauspielhaus Wien, woraufhin sie ihr Studium abbrach. 1997 Regieassistentin bei Luc → Bondy (Racine, *Phèdre*) am Th. de Vidy in Lausanne. 1999 Regiedebüt mit Biljana Srbljanovics *Belgrader Trilogie* (Th. Rabenhof, Wien); am Regiewettbewerb der Wiener Festwochen nahm L. 2000 mit der Insz. von McEwans *Zementgarten* teil. Beim steirischen herbst in Graz inszenierte sie die UA von Josef Winklers *Tintentod* (31. 10. 2001). Seit 2002 arbeitet L. regelmäßig am Bayer. Staatsschauspiel München, u. a. R. W. → Fassbinders *Tropfen auf heiße Steine* (2002, Gertrud-Eysoldt-Förderpreis), Fausto Paravidinos *Peanuts* (DEA 2003), Ibsens *Baumeister Solness* (2006). Weitere Inszen.en am Volkstheater Wien (K. Röggla, *fake reports*, UA 2002, Koproduktion mit dem steirischen herbst), Staatstheater Stuttgart (Horváth, *Glaube Liebe Hoffnung*, 2004; Schiller, *Die Jungfrau von Orleans*, P. 19. 3. 2005), Dt. Th. Berlin (McDonagh, *Der Kissenmann*, DEA 2003; Schnitzler, *Liebelei*, 2004; Horváth, *Geschichten aus dem Wiener Wald*, → Shakespeare, *Der Kaufmann von Venedig*, beide 2005), Th. am Neumarkt Zürich (K. Röggla, *junk space*, UA 29. 10. 2004), bei den Salzburger Festspielen (Lobo Antunes, *Der Judaskuss*, 2005), Dt. Schauspielhaus Hamburg (Frisch, *Andorra*, 2006). 2003 wurde L. von *Th. heute* zur Nachwuchsregisseurin des Jahres gewählt. – L.s Insz.en, die sie fast immer mit der Bühnenbildnerin Magdalena Gut erarbeitet, zeichnen sich durch konzentrierte sprachliche Kühle im Wechsel mit hitziger Körperlichkeit aus, mit der sie den Emotionen ihrer Figuren Raum gibt. Text lässt L. konzentriert, opulent und oft frontal sprechen, während sie die Körper ihrer Figuren bis auf wenige, stark zeichen- und bildhafte Momente häufig eher statisch einsetzt, zurücknimmt.

Mario Rauter

Laughton, Charles, * 1. 7. 1899 Scarborough (Großbritannien), † 15. 12. 1962 Hollywood (Los Angeles). Schauspieler.

Sohn eines Hotelbesitzers. Erster Auftritt in einer Schulaufführung. Ausbildung im Hotelfach. 1924–26 Royal Academy of Dramatic Arts (RADA); Bester seines Jahrgangs. Erstes Engagement in seiner Geburtsstadt in Brighouses *Hobson's Choice* (P. 22. 3. 1923). Spielte in London in Gogol's *Revisor*, Čechovs *Kirschgarten, Drei Schwestern* (alle Barnes Th., 1926), Molnárs *Liliom* (Duke of York's Th., 1926). 1929 Heirat mit der Schauspielerin Elsa Lanchester (28. 10. 1902–26. 12. 1986). Spielte als erster Agatha Christies Detektiv Poirot (*Alibi*, P. 12. 11. 1928, Th. Royal). Weitere Rollen in O'Caseys *The Silver Tassie* (Apollo Th., P. 11. 10. 1929), Jeffrey Dells *Payment Deferred* (nach C. S. Forester, P. 4. 5. 1931, St. James's Th.). 1931 USA-Debüt. Seither Th.- und Filmauftritte und Regie in Großbritannien und den USA (1950 eingebürgert). 1933/34 v. a. im Old Vic Th., u. a. in Wildes *The Importance of Being Earnest*, → Shakespeares *Henry VIII, Measure for Measure, The Tempest, Macbeth*. 1936 erster engl. Schauspieler an der Comédie Française (→ Molières *Der eingebildete Kranke*). Gründete 1937 mit Erich Pommer eine eigene Filmgesellschaft (Mayflower Pictures); spielte 1937–47 nur in Filmen. Übersetzte 1944–47 mit → Brecht dessen *Leben des Galilei* und übernahm die TR (R. Joseph Losey, 30. 7. – 17. 8. 1947 Coronet Th. Los Angeles, 7. – 14. 12. 1947, Maxine Elliott's Th. New York, verfilmt 1947): «getrieben von seinem theatralischen instinkt arbeitet laughton [...] auch die politischen elemente ruhelos heraus. [...] laughton ist vollkommen bereit, seine figur vor die wölfe zu werfen» (Brecht, *Arbeitsjournal*, S. 760). Spielte trotz Filmverpflichtungen immer wieder Th. und führte Regie: Shaws *Don Juan in Hell* (1951/52), *Major Barbara* (P. 30. 10. 1956), Herman Wouks *The Caine Mutiny Court Martial* (P. 20. 1. 1954, alle New York). Letzte Bühnenauftritte im Shakespeare Memorial Th. in Stratford-upon-Avon in Shakespeares *A Midsummer Night's Dream* (P. 2. 6. 1959) und *King Lear* (P. 18. 8. 1959). Trat auch als Rezitator und Sprecher im Rundfunk hervor. Internat. bekannt durch seine Filmrollen, beginnend 1928 mit *The Blue Bottle*. Oscar für die TR in *Private Life of Henry VIII* (1933). Wichtige Filme u. a. *Mutiny on the Bounty* (1935), *Rembrandt* (1936), *The Hunchback of Notre Dame* (1939, R. W. Dieterle), *The Suspect* (1944), *The Canterville Ghost* (1944, R. J. Dassin), *The Paradine Case* (1947, R. A. Hitchcock), *Arch of Triumph* (1948, nach E. M. Remarque), *The Blue Veil* (1951), *Witness for the Prosecution* (1957, R. B. Wilder), *Spartacus* (1960). Letzter von über 50 Filmen *Advise & Consent* (1962). Führte mit sicherer Hand für subtilen Horror Regie bei *The Night of the Hunter* (1955, mit Robert Mitchum). – Trotz Körperfülle und eines Gesichts, «das eine Sonnenuhr zum Stehen bringen könnte» (L.), einer der vielseitigsten Schauspieler seiner Generation von großer Beweglichkeit und Wandlungsfähigkeit. Ein ebenso komödiantischer wie intellektueller Schauspieler, gleich überzeugend in «leichten» wie tragischen Rollen. Einer der populärsten (Film-)Stars der 1930/40er Jahre, der im Film wie auf der Bühne selbst in Nebenrollen die Szene beherrschte.

Brecht, B.: Arbeitsjournal. Frankfurt a. M. 1973; ders.: Aufbau einer Rolle: Laughton's Galilei. Berlin 1956; Callow, S.: Charles Laughton. London 1995; Higham, Ch.: Charles Laughton. Garden City 1976; Lanchester, E.: Charles Laughton and I. New York 1938; Missler, A.: Charles Laughton: Seine Filme – sein Leben. München 1990; Werner, F.: Charles Laughton als Filmschauspieler. Mag.-Arbeit München 2000.

Wolfgang Beck

Lause, Hermann (auch Herman), *7. 2. 1939 Meppen (Ems), † 28. 3. 2005 Hamburg. Schauspieler.

Nach dem Studium der Archäologie, Philosophie und Kunstgeschichte ließ sich L. ab 1963 in München zum Schauspieler ausbilden. 1965 debütierte er am Schiller-Th. Berlin, wo er die folgenden 3 Jahre arbeitete: Er spielte 1966 Writzky in Zuckmayers *Des Teufels General* (R. → Hilpert), 1968 Francisco in → Shakespeares *Der Sturm* (R. → Kortner). Engagements in Essen (1968–71) und Oberhausen (1971/72) folgten. Danach kam er ans Schauspielhaus Bochum, wo er 5 Jahre mit → Zadek zusammenarbeitete, als Alter Gobbo in Shakespeares *Der Kaufmann von Venedig* (1972), Treplew in Čechovs *Die Möwe* (1973), Tesman in Ibsens *Hedda Gabler*, Claudius in *Hamlet* (beide 1977): «ein knöchrig beherrschter Mensch, der als König Claudius den Eichmann und den Biedermann übereinander zu kopieren schien» (P. v. Becker in *Stuttgarter Ztg.*, 26. 10. 1977). L. war außerdem der Bischof in Genets *Der Balkon* (R. → Minks) und spielte in A. → Fernandes' vom Actor's Studio angeregten *Atlantis – ein Gruppenprojekt* (beide 1976). 1977–79 arbeitete er mit Zadek am Dt. Schauspielhaus Hamburg, u. a. Polyxenes in Shakespeares *Wintermärchen* (1978), Sven in → Ayckbourns *Spaß beiseite* (1979). Von nun an unterschrieb er Stückverträge an verschiedenen Th.n; so spielte er am Schauspielhaus Düsseldorf Shylock in *Der Kaufmann von Venedig* (1979, R. → Zinger), die TR in *Macbeth* (1982, R. → Bondy): «waagerecht vor dem Gesicht, es bis auf die Augen verdeckend, angewinkelt ein Arm, schützend und abwehrend zugleich – schräg über diesen Arm hinweg mißtrauisch lauernd-beobachtend sein Blick: die ganze gespannte Haltung wie eine zwischen Flucht und Offensive erstarrte Schwebe, feig und schon etwas paranoid» (M. Stoessel in *Th. heute* 8/1982). L. wurde, wie bereits 1977, zum «Schauspieler des Jahres» gewählt. Erneute Zusammenarbeit mit Zadek an der Freien Volksbühne Berlin und am Schauspielhaus Hamburg; dort spielte er auch 1983 den Domherrn in → Goethes *Der Großkophta* (R. A. Fernandes), Karl Moor in Schillers *Die Räuber* (R. → Wendt), Thomas in Musils *Die Schwärmer* (1984, R. N.-P. → Rudolph), Polonius in *Hamlet* (1989, R. → Bogdanov), Doug in Ayckbourns *Der Held des Tages* (DEA 1990, R. → Giesing); am Düsseldorfer Schauspielhaus spielte er die TR in Shakespeares *König Lear* (1990, R. W. → Schroeter). 1993–95 war er am Berliner Ensemble und arbeitete wieder mit Zadek; 1998 bei den Salzburger Festspielen in Büchners *Dantons Tod* (R. → Wilson), 2001/02 gastierte er an der Staatsoper Hannover als John Styx in Offenbachs *Orpheus in der Unterwelt*. 2002/03 im Wiener Akademietheater in Williams' *Die Nacht des Leguan* (R. Zadek). L. ist in zahlreichen prämierten Spielfilmen, zuletzt als Dr. Schiller in *Gegen die Wand* (2004, R. Fatih Akin), und in Gastrollen in Fernsehserien zu sehen.

Diana Schindler

Lauwers, Jan, *17. 4. 1957 Antwerpen. Regisseur, Lichtdesigner, bildender Künstler, Autor, Filmemacher.

L. studierte Malerei an der Königl. Akademie der bildenden Künste in Gent, wandte sich jedoch bald dem Th. zu und gründete 1979 die freie Theatertruppe Epigonenensemble, aus der das Epigonentheater und später die bis heute bestehende Needcompany hervorgingen. In wechselnden Besetzungen und Kooperationen erarbeiteten L. und die Needcompany seither eine Vielzahl an Produktionen, die nicht nur das Th. in Flandern neu definierten, sondern schon bald internat. Aufmerksamkeit erlangten. Seine Theaterarbeiten mit der Needcompany sind mit üblichen Insz.en von Theatertexten nicht vergleichbar; sie stellen eigenständige Werke in Form von Collagen aus epischen Texten (z. T. von L. selbst geschrieben) dar, hochkomplexe Vernetzungen aus Sprache(n), Tanz, Musik und bildender Kunst in einem ausgeklügelten

Lichtdesign. Einer der künstl. Höhepunkte von L.' Schaffen ist *The Snakesong Trilogy* nach Texten Alberto Moravias, bestehend aus *Le Voyeur*, *Le Pouvoir* und *Le Désir* (1994–96, Frankfurt a. M., München, Kopenhagen). Die einzige Ausnahme bildet seine Beschäftigung mit den Werken → Shakespeares: *Julius Caesar* (1990, Rotterdam), *Antonius und Kleopatra* (1992, Frankfurt a. M.), *Needcompanyns Macbeth* (1996, Brüssel), *Needcompanyns King Lear* (2000, Brüssel) und *Ein Sturm nach Shakespeare* (2001, Hamburg). – Nach *Need to know* (1987, Mickery Th., Amsterdam) entstand mit *ça va* (1989) L.' erste Koproduktion mit dem Th. am Turm (TAT) in Frankfurt. Weitere Koproduktionen mit dem TAT unter Leitung Tom → Strombergs folgten (u. a. *Invictos*, *SCHADE/schade*). Auf der Kasseler documenta X (1997) zeigte L. *No beauty for me there, where human life is rare, part one: Caligula* nach Camus (1997). Für den 2. Teil, *Morning Song* (1999, Brüssel), erhielten L. und die Needcompany den renommierten Obie Award in New York. Die intensive Auseinandersetzung mit Tanz führte zur Zusammenarbeit mit dem Choreographen William → Forsythe und dem Ballett Frankfurt in der gemeinsamen Produktion zu James Joyce' Werk: *DeaDDogsDonntDance/DjamesDjoyceDeaD* (2000, Frankfurt a. M.). L. stellt sich immer wieder politischen Fragen. So rekurriert *Images of Affection* (2002 zum 15. Geburtstag der Needcompany, Brügge) auf den Balkankrieg und einer der Monologe in *No Comment* (2003, Brüssel) – *Ulrike* – beschäftigt sich mit Ulrike Meinhof und ihrer Gewaltbereitschaft. – In *Isabella's Room* (2004, Festival d'Avignon; im Dt. Schauspielhaus Hamburg war zuvor *Needlapb*, eine Laborfassung des Stücks, zu sehen) hat sich L. mit dem Tod seines Vaters auseinandergesetzt. Diese Hommage an die Darstellerin der Isabella, Viviane de Muynck, ist nicht nur eine biographische Arbeit, sondern auch eine erneute Beschäftigung mit der Ambiguität von L.' «heiliger Dreifaltigkeit» (Zitat L.) Sex, Gewalt und Tod. – Die Stärke der Gruppe – u. a. Viviane de Muynck, Carlotta Sagna, Grace Ellen Barkey, Tijen Lawton – liegt besonders in ihrem für konventionelle Sehgewohnheiten ungewöhnlichen Schauspielstil. L. unterscheidet zwischen dem «Schauspieler (der eine Rolle spielt)» und dem «Performer (der ist, wer er ist)». Besonderes Gewicht gibt L. in der Needcompany den weiblichen Darstellern, so hat er Macbeth in seiner *Macbeth*-Bearbeitung von Viviane de Muynck darstellen lassen, und *No Comment* gibt 4 starken Frauen in Monologen Stimme und Raum. «I want to create images about things that I myself no longer understand», hat L. den Antrieb für sein Theaterschaffen beschrieben. In der ihm eigenen Bild- und Formensprache schafft L. komplexe Kompositionen, die dem Zuschauer sehr viel Offenheit für neue Erfahrungen abverlangen und ein gehöriges Maß an Toleranz gegenüber dem Nichtverstehen. Über *Isabella's Room* heißt es bei Florian Malzacher: «Schwer zu sagen, wann und wie das Ganze zu schweben begann, leicht flirrend. Wie die heitere, ganz leise Traurigkeit diese unangestrengte Energie erreicht hat, diese Schwerelosigkeit und gleichzeitige Tiefe; Jan Lauwers' Isabella's Room [...] ist bei aller Reflektiertheit und Komplexität schlicht berührend». L. hat auch zahlreiche Film- und Videoprojekte realisiert, u. a. in Spielfilmlänge *Goldfish Game* (2002). 1993 inszenierte er in Antwerpen die Oper *Orfeo* von Walter Hus.

L. ist seit den 1990er Jahren einer der wichtigsten Regisseure der internat. freien Theaterszene. Seine Experimente mit neuen Repräsentationsformen im Th. brechen tradierte Erwartungen auf. L.' Th. findet in der Kraft seiner Bilder und der komplexen Gleichzeitigkeit von Geschehnissen in unterschiedlichsten künstl. Ausdrucksformen zu einer neuen

Form von «Schönheit» und einer situationsabhängigen, gleichsam intimen Menschlichkeit.

<small>Jans, E.: Rastloses Suchen in den Zwischenräumen. Gesehen mit den Augen von Jan Lauwers. In: Theater etcetera. Hg. T. Broszat, G. Hattinger. München 1997, S. 53–57; Pochhammer, S.: «Schön ist häßlich, häßlich schön». Shakespeare ist ein Paradoxon. Ein Gespräch mit Jan Lauwers und Klaus Reichert. In: Theaterschrift 11 (1997), S. 80–111; www.needcompany.com.</small>

Susanne Eigenmann

Lavelli, Jorge, * 11. 11. 1931 Buenos Aires. Schauspieler, Regisseur, Theaterleiter.

Als Enkel ital. Einwanderer in Buenos Aires aufgewachsen, wo sein Vater als Steinmetz arbeitete. Seine Geschwister waren wagnerbegeistert und nahmen den 14-Jährigen mit in eine *Parsifal*-Aufführung im Opernhaus Colòn. Als Heranwachsender erlebte er zahlreiche Th.- und Opernaufführungen von billigen Stehplätzen aus. Er stand dann selbst in Laientheatern auf der Bühne, erhielt 1961 ein 6-monatiges Stipendium für einen Studienaufenthalt in Paris. Nach einer Begegnung mit Jean → Vilar entschied L., in Frankreich zu bleiben (1977 naturalisiert). Durchbruch mit der Insz. des Gombrowicz-Stücks *Die Trauung*, 1963 beim «concours des jeunes compagnies» preisgekrönt. L. entwickelte früh seinen eigenen Stil. Seine Schauspieler schlendern oft kreidebleich geschminkt, grotesk, fratzenhaft, bis in die Sprechweise hinein verfremdet, in einem locker-ausgelassenen Spiel, das die Ambiguität der Beziehungen zwischen den Personen betont. Der Intuition wird, jeden Bezug zur Psychologie ausblendend, der Vorrang gegeben. L. wurde zum wichtigen Vertreter der Avantgarde um Fernando Arrabal unter der Bezeichnung «th. panique», wozu Realisationen wie *L'Echange (Der Tausch)* von Claudel, *Yvonne, Prinzessin von Burgund* von Gombrowicz, *Das Liebeskonzil* von Oskar Panizza mit seinen prachtvoll morbiden Bildern, das 1968 in Avignon abgesagt wurde und im Herbst des gleichen Jahres einen Skandal auslöste, gehörten. L.s Gastinsz. am Nürnberger Schauspielhaus von Arrabals *Der tausendjährige Krieg* 1973/74 als Kollektivspektakel mit der rockartigen Musik von Axel Lindstädt machte ihn als Regisseur auch in Deutschland bekannt. Als Opernregisseur provozierte er mit Gounods *Faust* (1975, Opéra de Paris) mit einem von Max Bignen geschaffenen Dekor aus Balken und Glaskonstruktionen. Mit *La Traviata* auf dem Festival d'Aix setzte er sich endgültig auch im Musiktheater durch. Sprech- und Musiktheaterinsz.en wechselten seitdem einander ab. 1987 wurde er zum Intendanten des Pariser Th. de la Colline ernannt, wo er zeitgenössische Dramatiker bevorzugte. García Lorcas surrealistisches Stück *Sobald fünf Jahre vergehen* führte er zum ersten Mal in Frankreich auf, weiter *Ein unangebrachter Besuch* seines argent. Landsmanns Copi (1988), *Greek* des engl. Dramatikers Steven Berkoff (1990), *Heldenplatz* von Thomas Bernhard (1991), Stücke von Norén (*Nachtwache*, 1989), Valle-Inclán (*Barbarische Komödien*, 1991), → Tabori (*Mein Kampf*), Bond (*Ollys Gefängnis*, beide 1993), Kushner (*Slawen!*, 1996), Friel (*Molly Sweeney*, 1997). Konzentration auf die Regietätigkeit, seit er sich nach dem Abschied vom Th. de la Colline (1996) von Verwaltungsaufgaben entlastete. An der Comédie Française u. a. Regie bei Ionescos *Le roi se meurt* (*Der König stirbt*, 1976), Arrabals *La Tour de Babel* (1979), Calderóns *Das Leben ein Traum* (1982), → Shakespeares *Ein Sommernachtstraum* (1986), Corneilles *Polyeucte* (1987), → Brechts *Mutter Courage und ihre Kinder* (1998). Gastinsz.en weltweit, von Opern wie Chaynes' *Cecilia* (2000, Monaco), Händels *Ariodante* (2001, Opéra Garnier, Paris), Liebermanns *Medea* (2001/02, Opéra Bastille, Paris) und Stücken des Sprechtheaters wie Pirandellos *Sechs Personen suchen einen Autor* (1998 Buenos Aires), Copis *L'Ombre de Venceslao* (2001, Th. du Rond Point, Paris), Arthur Millers *Mr. Peters' Verbindungen* (2002, Th. de l'Atelier, Paris), Kushners *Homebody/Kabul* (2003, Th. national, Luxemburg), Calderóns *La Hija del aire* (2004, Teatro Español. Madrid), Dorsts *Merlin oder Das wüste Land* (2005, MC93 Bobigny). Auszeichnungen u. a. Chevalier de la Légion d'Honneur (1994), Officier de l'Ordre national du Mérite (2002). Sein Credo: «Jede Inszenierung ist Interpretation, eine Anverwandlung eines Werks.» Opern- und Schauspielinsz.en sind für ihn nicht verschieden: «Man inszeniert keine Worte oder Musiknoten, sondern Situationen und Gedanken.»

Jorge Lavelli, maître de stage: à propos de La ronde d'Arthur Schnitzler; suivi du stage par Delphine Salkin. Carnières-Morlanwelz 1999; Ledesma, M.: L'exil et le théâtre: trois artistes argentins. Paris 1997; Poincheval, A.: La création dramatique contemporaine à travers le Théâtre national de la Colline dans les années Lavelli. 2 Bde. Diss. Aix-Marseille 1998; Satgé, A.: Jorge Lavelli, des années soixante aux années Colline. Paris 1996.

Horst Schumacher

Le Gallienne, Eva, 11.1.1899 London, † 3.6.1991 Weston (USA). Theaterleiterin, Schauspielerin, Regisseurin, Übersetzerin, Theaterpädagogin.

Die Tochter des brit. Autors Richard Le Gallienne (1866–1944) studierte an der Royal Academy of Dramatic Art (RADA) in London und debütierte 1914 mit einer stummen Rolle in Maeterlincks *Monna Vanna*. Sie ging 1915 in die USA, wo sie ihren Durchbruch als Julie in Molnárs *Liliom* (1921) erlebte. 1926 gründete sie in New York das Civic Repertory Th. mit dem Ziel, klassische und moderne in- und ausländische Stücke mit hohem künstl. Anspruch zu einem niedrigen Preis einem breiten Publikum zugänglich zu machen. L. G. spielte (z.T. in eigenen Übersetzungen) Autoren der europ. Moderne (u. a. Ibsen, Čechov, G. Hauptmann), führte Regie und übernahm Hauptrollen. Das literarisch anspruchsvolle und kulturpolitisch ambitionierte Th. mit für die USA ungewöhnlicher Spielplangestaltung überlebte trotz hoher Besucherzahlen die Weltwirtschaftskrise nicht (1933 geschlossen). 1946 war sie mit Cheryl Crawford und Margaret Webster Gründerin des American Repertory Th. mit ähnlicher künstl. Zielsetzung, das bereits ein Jahr später aus finanziellen Gründen geschlossen werden musste. L. G. arbeitete später als Regisseurin, Produzentin, Theaterpädagogin (Schüler u. a. Peter Falk) und Schauspielerin. 1961–66 Regisseurin und Schauspielerin am National Repertory Th. Zahlreiche Auszeichnungen, u. a. Pulitzer-Preis und National Medal of Arts (1986). Sie schrieb Memoiren (*At 33*, 1934; *With a Quiet Heart*, 1953) und eine Biographie ihrer berühmten Kollegin Eleonora → Duse. Zu ihren wesentlichen Rollen gehörten neben Figuren → Shakespeares (u. a. in *Twelfth Night*, 1926, *Romeo and Juliet*, 1930, *King Henry VIII*, 1946) Protagonistinnen in Stücken Čechovs (u. a. *Drei Schwestern*, 1926; *Die Möwe*, 1929, 1964; *Der Kirschgarten*, 1944) und Ibsens (u. a. *Baumeister Solness*, 1925; *John Gabriel Borkman*, 1926, 1946 in eigener R.; *Hedda Gabler*, 1928, 1948; *Rosmersholm*, 1935). Spätere Rollen u. a. in Schillers *Maria Stuart* (1957, auf Tournee bis 1962), Giraudoux' *Die Irre von Chaillot* (1965), Euripides' *Die Troerinnen* (1966), Ionescos *Der König stirbt* (1968). Letzter Bühnenauftritt 1982 als Weiße Königin in ihrer eigenen Adaption von L. Carrolls *Alice in Wonderland*, mit der sie bereits 1932 Erfolge gefeiert hatte. Mehrere Filme, u. a. *The Devil's Disciple* (1959, mit Kirk Douglas, Laurence → Olivier), *Resurrection* (1980). – G.s Bedeutung als eine der herausragenden amerik. Theaterkünstlerinnen des 20. Jh.s liegt in ihrer Spielplanpolitik und ihren sozial- und kulturpolitischen Intentionen. Sie trug wesentlich dazu bei, modernes europ. Th. – Stücke wie Schauspielkunst – in den USA zu verbreiten. Ihre Bemühungen, durch niedrige Eintrittspreise einem großen Publikum literarisch anspruchsvolle Dramen nahezubringen, ein Repertoiresystem in den USA zu etablieren, fanden große Resonanz, scheiterten letztlich aber an den wirtschaftlichen Bedingungen und dem etablierten kommerziellen Theatersystem.

Schanke, R. A.: Shattered Applause. Carbondale 1992; Sheehy, H.: Eva Le Gallienne. New York 1996.

Wolfgang Beck

Lébl, Petr, * 16.5. 1965 Prag, † 12. 12. 1999 Prag (Freitod). Regisseur, Theaterleiter, Bühnenbildner, Schauspieler.

L. studierte Regie und Bühnenbild an der Prager Akademie für Darstellende Künste (DAMU), wo er seit 1994 selbst unterrichtete. Seine erste eigene Produktion *Slapstick* (1985, mit der Amateurtheatergruppe Doprapo) basierte auf Erzählungen Kurt Vonneguts. L. gründete noch im gleichen Jahr die Amateurtheatergruppe Jak se vám jelo (JELO), die er bis 1990/91 leitete. Hier erregte er mit eigenen Adaptionen nach Texten Morgensterns, Eliades, Kafkas und → Wyspiańskis, die auch auf in- und ausländischen Festivals gezeigt wurden, begeisterte Zustimmung wie erbitterte Kritik. Arbeitete seit 1988 als Regisseur und Bühnenbildner auch für andere tschech. Bühnen, inszenierte u. a. für das Divadlo Labyrint Egon Tobiáš' Erstlingswerk *Voicev*, das als Manifest der tschech. Postmoderne gilt. Dort führte er 1992 auch Regie bei Tankred Dorsts *Fernando Krapp hat mir einen Brief geschrieben*. Weitere Arbeiten u. a. Dorsts *Merlin* (Realistické divadlo), Genets *Die Zofen* (Lucerna). Nach Jan → Grossmans Tod übernahm L. 1993 neben der kaufmännischen Direktorin Doubravka Svobodová die künstl. Leitung des renommierten Divadlo Na zábradlí (Th. am Geländer) in Prag, an dem er zuvor schon J. A. Pitínskýs *Pokojíček* (1993) inszeniert hatte. Weitere Regiearbeiten u. a. Genets *Die Zofen* (1993), Gogol's *Der Revisor*, Synges *Der Playboy der westlichen Welt*, das Musical *Cabaret* (alle 1995). Internat. Aufsehen erregten L.s kontroverse Insz.en von Čechovs *Die Möwe* (P. 20. 4. 1994) und *Ivanov* (P. 15. 4. 1997). Beide Regiearbeiten wurden mit dem Alfred-Radok-Preis für die beste Insz. des Jahres ausgezeichnet und auch noch nach L.s Tod auf Gastspielen und Festivals u. a. in der Slowakei, Ungarn, Russland, Deutschland gezeigt. – Mit seinen radikalen Neuinterpretationen klassischer Texte, provozierenden, stilistisch häufig heterogenen, «postmodernen» Insz.en auch moderner Stücke hat L. das Th. am Geländer (mehrfach als Th. des Jahres ausgezeichnet) auf eine neue künstl. Höhe geführt und das tschech. Theaterleben zeitweise dominiert. Er galt als eine der talentiertesten und ausdrucksstärksten Regiepersönlichkeiten der 1990er Jahre. L. hat auch für das Fernsehen gearbeitet (u. a. für die fiktive Diskussionsserie *Studio Kroměříž*) und in wenigen Filmen und Fernsehproduktionen mitgewirkt (*Ziletky*, 1994, *Ene bene*, 2000, *Kocky*, 2000).

Wolfgang Beck

Lecoq, Jacques, * 15. 12. 1921 Paris, † 19. 1. 1999 Paris. Schauspieler, Pantomime, Theaterleiter und -pädagoge.

Nach Abschluss der 1937 begonnenen Turn- und Sportlehrerausbildung arbeitete L. 1941–45 als Fachpädagoge für Leichtathletik und als Schwimmmeister. L.s Engagement, Leibesübungen nicht nur als Körperertüchtigung im traditionellen Sinn zu unterrichten, sondern Bewegung und physischen Ausdruck zu trainieren, wurde vom Sportverantwortlichen Jean-Marie Conty als so neuartig wahrgenommen, dass er L. mit seinen Freunden Antonin → Artaud und Jean-Louis → Barrault bekannt machte. 1945 stand er mit Gabriel Cousin, mit dem er eine Th.-Truppe gründete, zum ersten Mal als Schauspieler auf der Bühne. Jean Dasté, der im Rahmen der franz. Th.-Dezentralisierung mit den Comédiens de Grenoble die erste maßgebliche Provinzbühne betreute, verpflichtete ihn nach Grenoble, wo er für das Körper- und Bewegungstraining der Schauspieler zuständig war. L. begann die Schauspieler mit Masken auszustatten und sich als Fortsetzer der Ideen → Copeaus zu profilieren. Nach einem kurzen Aufenthalt als Ausbilder in Deutschland etablierte sich L. 8 Jahre lang in Italien (1948–56). Am Universitäts-Th. Padua lehrte L. Bewegungstechnik, kreierte seine ersten Mimenauftritte und entdeckte – «auf den Marktplätzen der Stadt» – die Commedia dell'arte. Er arbeitete verstärkt mit Masken, die der Bildhauer Amleto Sartori nach Commedia-dell'Arte-Vorbildern für ihn geschaffen hatte. Giorgio → Strehler und Paolo → Grassi holten ihn ans Piccolo Teatro di Milano zur Koordinierung der theatereigenen Schauspielschule. Tätigkeit als Choreograph und Regisseur, u. a. in Zusammenarbeit mit Dario → Fo, in der Cinecittà und verschiedenen ital. Städten. Im sizilianischen Syrakus nutzte er die Dynamik des antiken Chors für die Choreographierung griech. Tragödien. 1956 Rückkehr nach Frankreich, Gründung einer Mimenschule und Zusammenarbeit mit Jean → Vilar am Th. National Populaire (TNP). Einladung ans Schiller-Th. Berlin. Drehte mit seinen Studenten eine 26-teilige Stummfilmserie *La Belle Equipe*. 1977 Gründung des Labors für Bewegungsstudien (LEM, Laboratoire d'Étude du Mouvement) an der Pariser Hochschule für Architektur. Weltweite Auftritte mit seinem Ein-Mann-Spektakel *Tout bouge (Alles bewegt sich)*. 1998 Veröffentlichung des in mehrere Sprachen übersetzten Buchs *Le corps poétique*. In seinen letzten Lebensjahren hatte sich L. hauptsächlich seiner 1956 gegründeten Mimenschule gewidmet, die als internat. frequentierte Hochschule für Schauspielkunst heute seinen Namen trägt und von seiner Frau Fay L. weitergeführt wird. Als Theaterpädagoge ordnete ihn der seinerzeitige franz. Kulturminister Jack Lang an der Seite von Jerzy → Grotowski ein, «der viele anregte und inspirierte».

Chamberlain, F., R. Yarrow: Jacques Lecoq and the British Theatre. London 2002; Lecoq, J.: Der poetische Körper. Berlin 2000; Le théâtre du geste. Hg. J. Lecoq. Paris 1987.

Horst Schumacher

Lecouvreur, Adrienne, * 5. 4. 1692 Damery bei Epernay / Champagne, † 20. 3. 1730 Paris. Schauspielerin.

Der mit L. befreundete Voltaire nannte sie «eine unvergleichliche Schauspielerin, die die Kunst, zum Herzen zu sprechen, recht eigentlich erfand». Sie war bekannt für ihre Natürlichkeit, die sie vom hochdramatischen Pathos ihrer Zeit abhob. Sie wurde in der Nähe von Epernay als Tochter eines Hutmachers geboren. Ihre erste Rolle hatte sie als 14-Jährige in Corneilles *Polyeucte*. 1717 wurde sie Ensemblemitglied der Comédie Française. Sie spielte komische und tragische Rollen, war aber vor allem als Tragödin in Stücken von Corneille und Racine geschätzt. Voltaire hat sich immer wieder bewundernd über sie geäußert. Über ein Jahrhundert nach ihrem Tod schilderten Eugène Scribe und Ernest Legouvé ihr Leben im seinerzeit als sensationell empfundenen Theaterstück *Adrienne Lecouvreur* (1848). L.s Erfolg war so groß, dass ihr früher Tod als das Werk einer giftmischenden Rivalin hingestellt wurde. Weil die Schauspielkunst im 18. Jh. noch als ehrenrührig galt und L. auch auf dem Sterbebett dieser Tätigkeit nicht abgeschworen hatte, wurde ihr ein christliches Begräbnis verweigert. Voltaire war empört darüber, dass eine der größten Schauspielerinnen bei Nacht verscharrt wurde, und prangerte in seinem Gedicht *La Mort de Mlle Lecouvreur* die Hypokrisie der katholischen Kirche an.

Clément, C.: Le coeur transporté: Adrienne Lecouvreur. Paris 1997; Germain, P.: Adrienne LeCouvreur: tragédienne. Paris 1983; Marciano-Jacob, Ch.: Adrienne Lecouvreur: l'excommunication et la gloire. Straßburg 2003; Richtman, J.: Adrienne Lecouvreur. The actress and the age. Englewood Cliffs 1971; Rousseau-Delahaigue, Y.: Adrienne Lecouvreur. Grosrouvre 1999.

Horst Schumacher

Lehmann, Else, Schauspielerin, * 27. 6. 1866 Berlin, † 6. 3. 1940 Prag. Schauspielerin.

Tochter eines Versicherungsdirektors. Nach dem Besuch einer Klosterschule Schauspielunterricht in Berlin beim Regisseur Franz Kierschner. 1885 Debüt am Bremer Stadttheater (Page in Wagners *Lohengrin*). Tournee mit Mitgliedern des Berliner Wallnertheaters durch die Provinz, anfangs als Soubrette. Kam über kurze Engagements in Trier, Metz, Sondershausen 1888 an das Wallnertheater. Von Otto → Brahm für die Rolle der Helene Krause in der UA von Hauptmanns *Vor Sonnenaufgang* (20. 10. 1889) an die Freie Bühne engagiert, mit der sie ihren Durchbruch erlebte. 1891 wurde sie von Adolph L'Arronge (1838–1908) an das Dt. Th. verpflichtet, wo sie auch unter Brahm blieb, dem sie 1905 ans Lessing-Th. folgte. Als Partnerin u. a. von Rudolf Rittner (1869–1943), Oscar Sauer (1856–1918), Emanuel → Reicher (1849–1924) brillierte sie v. a. in Stücken Gerhart Hauptmanns. Sie war die erste Luise Hilse in *Die Weber* (UA 26. 2. 1893, Freie Bühne), Hanne Schäl in *Fuhrmann Henschel* (UA 5. 11. 1898), TR in *Rose Bernd* (UA 31. 10. 1903), Frau John in *Die Ratten* (UA 14. 11. 1911). Die berühmteste Rolle ihrer Karriere war Mutter Wolffen in *Der Biberpelz* (UA 21. 9. 1893) und *Der Rote Hahn* (UA 27. 11. 1901), die sie mehrfach verkörperte. – Glänzend außerdem in Stücken Ibsens, Tolstojs, aber auch Schnitzlers und Shaws. Sie spielte auch am Dt. Th. Max → Reinhardts und anderen von ihm geleiteten Bühnen, u. a. in Schönherrs *Volk in Not* (1917, Volksbühne Berlin), Ibsens *John Gabriel Borkman* (1917), Hauptmanns *Einsame Menschen* (1920, beide Dt. Th.), Schillers *Kabale und Liebe* (1924, Th. in der Josefstadt, Wien). Schwerhörigkeit erzwang ihren Abgang vom Th.; L. ging nach Prag zu ihrem Mann, dem Journalisten und Zeitungsbesitzer Oskar Kuh (1858–1930). Mitglied des 1935 u. a. von dt. Exilierten gegründeten Dt.-tschech. Bühnenklubs. Nach der Besetzung der Tschechoslowakei noch von den nationalsozialistischen «Rassegesetzen» bedroht. – Eine der führenden Charakterdarstellerinnen des Naturalismus, instinktsicher und von großer schauspielerischer Präzision und Disziplin. Eine volkstümliche Darstellerin mit großem komödiantischem Talent. Maßstabsetzend v. a. in Stücken Hauptmanns. Hochgelobt von Kritikern wie Julius Bab und Alfred Kerr («Die Frau ist ein Genie»).

Bab, J., W. Handl: Deutsche Schauspieler. Berlin 1908; Bab, J.: Kränze dem Mimen. Emsdetten 1954; Henze, W.: Otto Brahm und das Deutsche Theater in Berlin. Diss. Erlangen 1933; 100 Jahre Deutsches Theater Berlin 1883–1983. Hg. M. Kuschnia. (2. Aufl.) Berlin 1986; Ihering, H.: Von Josef Kainz bis Paula Wessely. Heidelberg u. a. 1942; Weno, J.: Der Theaterstil des Naturalismus. Diss. masch. FU Berlin 1951.

Wolfgang Beck

Lekain (eig. Henri Louis Cain), * 14. 4. 1729 Paris, † 8. 2. 1778 Paris. Schauspieler.

Sohn eines Goldschmieds und selbst Goldschmied, bis Voltaire ihn bei einer Amateurtheateraufführung 1750 entdeckte und an seinem eigenen Th. in der rue Traversière engagierte. L. unterschied sich durch natürliche Sprechweise von der übertrieben feierlichen

Deklamation des Th.s seiner Zeit. Er wurde vorbildlich in der Treue zum dichterischen Text. L., der als größter Tragöde des 18. Jh.s galt, spielte in vielen Dramen Voltaires, u. a. als Titus in *Brutus*. L. erneuerte das franz. Th. in vieler Hinsicht: Zuschauersitze wurden von der Bühne verbannt; er führte Kostüme der klassischen Antike ein und sah im Schauspieler v. a. den Charakterdarsteller. L., der als außerordentlich hässlich beschrieben wird, soll in den von ihm überlieferten Porträts wesentlich vorteilhafter aussehen, als er in Wirklichkeit war. Das berühmteste Bildnis stammt von Elisabeth-Louise Vigée-Le Brun (1755-1842), ein anderes malte 1782 Prinz Heinrich von Preußen. – L.s Erinnerungen veröffentlichte sein Schauspielerkollege F. J. Talma in *Reflexions sur Lekain et sur l'art théâtral* (1825 und 1856).

Robiquet, J.: Le théâtre à Paris au XVIIIe siècle. Paris 1930.

Horst Schumacher

Lenya, Lotte (eig. Karoline Wilhelmine Charlotte Blamauer), * 18. 10. 1898 Wien, † 27. 11. 1981 New York. Schauspielerin, Sängerin.

Erste Theatererfahrungen sammelte L. in Zürich und Berlin. 1924 lernte sie den Komponisten Kurt Weill kennen, den sie 1926 in erster Ehe heiratete. S. spielte in zahlreichen Koproduktionen von → Brecht und Weill, die Rollen direkt für sie schrieben. 1927 wirkte sie als Jessie in der spektakulären UA des Songspiels *Mahagonny* beim Baden-Badener Kammermusikfestspiel mit, wie bei etlichen späteren Insz.en. Ihren großen Erfolg hatte L. als Jenny in der *Dreigroschenoper*, nicht nur in der UA 1928 in Berlin, sondern auch bei anderen Auftritten und in der Verfilmung von G. W. Pabst 1931. Neben vielen anderen Rollen spielte sie Alma in Fleißers *Pioniere in Ingolstadt* (1929, R. Jacob Geis), Lucile in Büchners *Dantons Tod* und Ilse in Wedekinds *Frühlings Erwachen* (beide 1929, R. Karl Heinz → Martin). 1933 emigrierte sie nach Frankreich, wo sie noch im gleichen Jahr in der UA des Balletts *Die sieben Todsünden der Kleinbürger* (Brecht/Weill) in Paris auftrat. Bevor sie 1937 nach New York ging, gab sie mehrere Konzerte in Paris und London. In New York spielte sie u. a. Miriam in Werfels *The Eternal Road* (1937, R. Max → Reinhardt), in Weills *The Firebrand of Florence* (1945) oder in Stücken von Maxwell Anderson, z. B. die Xanthippe in *Barefoot in Athens* (1951, R. Alan Anderson). An ihren Berliner Erfolg konnte L. aber erst 1954 als Jenny in Aufführungen der *Dreigroschenoper* in den USA anknüpfen. Erfolgreich war sie auch als Fräulein Schneider in zahlreichen Auftritten im Musical *Cabaret* (ab Herbst 1966). Außerdem trat sie in den USA in etlichen Weill-Liederabenden auf, aber auch in der BRD, wo sie zudem in der DEA von *Die sieben Todsünden der Kleinbürger* (1960) mitspielte oder die Hauptrolle in Brechts *Mutter Courage* bei den Ruhrfestspielen in Recklinghausen verkörperte (1965, R. Harry → Buckwitz). L. ist auch in zahlreichen Filmen zu sehen, am erfolgreichsten als russ. Meisterspionin im James-Bond-Film *Liebesgrüße aus Moskau* (1963). «Immer wieder fesselte sie ihr Publikum – damals in Deutschland, später in Amerika –, weil es ihr gelang, die Zuschauer mit elementaren menschlichen Gefühlen und Erfahrungen direkt zu konfrontieren […] in Form eines ruhigen, wie selbstverständlichen Ausdrucks» (Spoto, S. 97).

Lotte Lenya. Hg. D. Farneth. Köln 1999; Spoto, D.: Die Seeräuber-Jenny. München 1990.

Karin Schönewolf

Lepage, Robert, * 12. 12. 1957 Québec (Kanada). Schauspieler, Regisseur, Theaterleiter, Multimediakünstler.

Sohn eines Taxifahrers, zweisprachig aufgewachsen. Schauspielausbildung 1975–78 am Conservatoire d'art dramatique (Québec) und 1978–80 an Alain Knapps Theaterschule (Paris). L. wurde rasch herausragender Schauspieler und Regisseur des 1980–94 bestehenden Th. Répère (Quebec); erstes eigenes Werk *Circulations* (1984). 1989–93 künstl. Leiter des Th. français du Centre national des Arts in Ottawa 1994 gründete er die Gruppe Ex Machina, deren künstl. Leiter er ist und die seit 1997 das multidisziplinäre Kunstzentrum La Caserne Dalhousie in Québec ihr Eigen nennt. Die Gruppe begreift sich als eine Art Laboratorium der Künste, zu ihr gehören Schauspieler, Autoren, Bühnenbildner, Sänger, Musiker, Film- und Videokünstler, aber auch Puppenspieler und Akrobaten. Das Multitalent L. hat außerdem die Tourneeprogramme *Secret World Tour* (1993) und *Growing Up Live* (2002) des Rockstars Peter Gabriel inszeniert, war künstl. Leiter der Ausstellung *Métissage* (1999) im Musée de la Civilisation in Québec und des mehrmonatigen Festivals *Printemps du Québec* (1999) in Paris, hat mit dem Cirque du Soleil zusammengearbeitet (2004, Las Vegas). Als Gastregisseur hat er Dramen (v. a. →Shakespeare) und Opern inszeniert. Als erster Nordamerikaner inszenierte er am Londoner National Th. (Shakespeare, *A Midsummer Night's Dream*, 1992). Regie bei Shakespeares *Macbeth* und *Der Sturm* in jap. Sprache am Globe Th. in Tokio (1993), dem Shakespeare-«Extrakt» *Rapid Eye Movement* (1993, Residenztheater München), bei Rojas' *Celestina* und Strindbergs *Ein Traumspiel* (1994) in schwed. Sprache am Stockholmer Dramaten. Mit der Canadian Opera Company erarbeitete er u. a. Bartóks *Blaubarts Burg* und Schönbergs *Erwartung* (1992), in Japan inszenierte er Nymans Shakespeare-Oratorium *Noises, sounds, and sweet aires* (1994/95) und Berlioz' *Fausts Verdammnis* (1999, 2001 Paris). Zuerst ausschließlich als Schauspieler, später auch als Drehbuchautor und Regisseur im Film, u. a. in *Jésus de Montréal* (1989), *Ding et Dong le film* (1990), *Montréal vu par…* (1991), *Le Confessional* (1995), *Nô* (1998), *Possible Worlds* (2000), *Stardom* (2000). Die meisten seiner Th.-Produktionen entstanden in Zusammenarbeit mit dem Th. Repère und seit 1994 mit Ex machina. Meist sind sie als «work in progress» konzipiert, existieren in verschiedenen Fassungen, werden erweitert oder kondensiert. Fast sämtlich auf Tourneen und bei Gastspielen weltweit aufgeführt. Dazu gehören Soloprogramme wie *Vinci* (1986–88), *Les Aiguilles et l'opium* (Needles and Opium, 1991–99) und die *Hamlet*-Paraphrase *Elsinore* (1995–97). Seinen internat. künstl. Durchbruch brachte ihm 1985 das visionäre Bildertheater *La Trilogie des Dragons (The Dragon's Trilogy)*, das bis 1992 in erster, seit 2003 in zweiter (5-stündiger) Fassung weltweit Triumphe feiert. Zu seinen weiteren Werken gehören *Le Polygraphe* (Polygraph, 1988–2000; 1996 Film), *Les Plaques tectoniques* (Tectonic Plates, 1988–91; 1992 Film), *Les sept branches de la rivière Ota* (The Seven Streams of the River Ota, 1994–98), *Géométrie des Miracles* (Geometry of Miracles, 1998–2002), *Zulu Time* (1999–2002), *la face cachée de la lune* (the far side of the moon, 2000–03; 2003 Film), *La casa Azul* (2001–03), *Busker's Opera* (2004). – L. gilt als führende Persönlichkeit der kanad. Avantgarde. Ein innovativer Regisseur von Dramen und Opern, v. a. aber Schöpfer bilderreicher, multimedialer Theaterproduktionen, die im virtuosen Zusammenspiel mit Licht, Musik und Choreographie neue Bilderwelten schaffen, imaginativ mit neuen Technologien experimentierend. Ein Magier des Lichts, in dessen Produktionen Improvisation und Interdisziplinarität eine wesentliche Rolle spielen.

Bunzli, J. R.: Looking into the mirror: décalage and identity in the solo performances of Robert Lepage. Bowling Green State University 1996; Dundjerovich, A. The Cinema of Robert Lepage. London 2003; ders.:

Theatricality of Robert Lepage. Diss. London 1999; Fouquet, L.: De la boîte à l'écran, le langage scénique de Robert Lepage. 2 Bde. Diss. Paris-Nanterre 2002; In contact with the gods? Directors talk theatre. Hg. M. M. Delgado, P. Heritage. Manchester 1996; Lavender, A.: Hamlet in pieces: Shakespeare reworked. New York 2001; Lepage, R., R. Charest: Robert Lepage: quelques zones de liberté. Québec 1995; Theater sans frontières: essays on the dramatic universe of Robert Lepage. Hg. Donohoe, J. I., J. Koustas. East Lansing 2000.

Wolfgang Beck

Lessing, Gotthold Ephraim, * 22. 1. 1729 Kamenz (Oberlausitz), † 15. 2. 1781 Braunschweig. Autor, Dramaturg, Kritiker, Bibliothekar, Übersetzer.

Sohn eines lutherischen Pastors; besuchte 1741–46 die Fürstenschule St. Afra in Meißen. Seit 1746 Studium der Theologie in Leipzig, das er zugunsten seiner philologischen Interessen vernachlässigte. Durch den verwandten Journalisten und Schriftsteller Christlob Mylius (1722–54) u. a. Kontakte zum Th. Friederike Caroline → Neubers, die seine frühen Lustspiele *Der junge Gelehrte* (1748) und *Die Juden* (1749) uraufführte. 1748 kurzes Medizinstudium in Leipzig und Wittenberg (1752 Magister). Übersiedlung nach Berlin, Arbeit als freier Schriftsteller, Übersetzer und Journalist *(Berlinische Privilegirte Zeitung)*. 1754 Beginn der Freundschaft und Zusammenarbeit mit dem Philosophen Moses Mendelssohn (1729–86) und dem Verleger und Autor Friedrich Nicolai (1733–1811). Erster großer Theatererfolg mit dem bürgerlichen Trauerspiel *Miß Sara Sampson* (UA 10. 7. 1755 Frankfurt a. d. O.). Eine europ. Bildungsreise als Begleiter eines Kaufmanns wurde wegen des Siebenjährigen Kriegs abgebrochen. 1758 Rückkehr nach Berlin. Arbeit an den *Briefen, die neueste Literatur betreffend*, Fabeln, Dramen und Übersetzungen (*Das Theater des Herrn Diderot*, 1760). 1760–65 Sekretär des preuß. Generalleutnants von Tauentzien in Breslau. 1765 Rückkehr nach Berlin. 1767 Übersiedlung nach Hamburg als Dramaturg des kurzlebigen Versuchs eines dt. Nationaltheaters, das durch anspruchsvolles Repertoire und bedeutende Schauspieler (→ Ekhof) das dt. Th. fördern sollte. UA seines Lustspiels *Minna von Barnhelm oder Das Soldatenglück* (30. 9. 1767). Das ambitionierte Th.-Projekt begleitend, veröffentlichte L. seine dramaturgischen Überlegungen in der *Hamburgischen Dramaturgie* (1767–69). Seit 1770 Bibliothekar der Herzog-August-Bibliothek in Wolfenbüttel. UA des Trauerspiels *Emilia Galotti* (13. 3. 1772, Hoftheater Braunschweig). Die (anonyme) Veröffentlichung der deistischen *Fragmente eines Ungenannten* von H. S. Reimarus durch L. (1774–78) führte zu polemischen Auseinandersetzungen mit orthodoxen Theologen, v. a. dem Hamburger Hauptpastor Goeze (1717–86). Das Verbot, die Auseinandersetzung fortzusetzen, veranlasste L. zu seinem letzten vollendeten Drama *Nathan der Weise* (UA 14. 4. 1783, Berlin).

L. hat als Autor, Kritiker und Philologe, Literatur-, Theater- und Kunsttheoretiker, philosophischer und theologischer Denker das dt. Geistesleben geprägt. In seinen Stücken wie als Theoretiker und Kritiker hat er sich um die Eigenständigkeit des dt. Dramas wie der Schauspielkunst bemüht. *Miß Sara Sampson* gilt als erstes dt. bürgerliches Trauerspiel, *Minna von Barnhelm* als erstes dt. Zeitstück; *Emilia Galotti* war als antifeudales Trauerspiel ebenso folgenreich wie das auf das Humanitätsideal der Klassik vorausweisende «dramatische Gedicht» *Nathan der Weise*. Mit seinen dramen- und literaturtheoretischen Schriften bereitete L. die dt. Rezeption → Shakespeares vor, stellte das «Genie» des engl. Dramatikers den «Regeln» der klassizistischen franz. Tragödien gegenüber, formulierte ausgehend von Inszenierungsanalysen eine Poetik des Dramas, des Wesens von Tragödie und Komödie wie ihrer Wirkungsästhetik. Er forderte die Darstellung «gemischter» Charaktere, deren «gesellschaftliche Konditioniertheit [...] den Rahmen für deren individuelles Bewegungsgesetz» darstellt (Brauneck, S. 764). Er übersetzte die zentralen Begriffe der Katharsislehre des Aristoteles mit «Mitleid» und «Furcht» und begründete so für das bürgerliche Th. seiner Zeit und sein Publikum die Forderung nach einem «bessernden» Drama: «Wer uns also mitleidig macht, macht uns besser und tugendhafter, und das Trauerspiel, das jenes tut, tut auch dieses, oder – es tut jenes, um dieses tun zu können» (L., zit. nach Hildebrandt, S. 202).

Albrecht, W.: Gotthold Ephraim Lessing. Stuttgart, Weimar 1997; Barner, W. u. a.: Lessing. Epoche – Werk – Wirkung. (5. Aufl.) München 1987; Brauneck, M.: Die Welt als Bühne. 2. Bd. Stuttgart, Weimar 1996; Hildebrandt, D.: Lessing. München, Wien 1979; Lessing, G. E.: Werke. Hg. H. G. Göpfert. 8 Bde. München 1970–78; ders.: Werke in Einzelausgaben. Hg. W. Woesler. Tübingen 2004 ff.; ders.: Werke und Briefe. Hg. W. Barner. 12 Bde. Frankfurt a. M. 1985–2003; Maurer-Schmoock, S.: Lessing und die Bühne seiner Zeit. Diss. Tübingen 1980; Mönch, C.: Abschrecken oder Mitleiden. Tübingen 1993; Rüskamp, W.: Dramaturgie ohne Publikum. Köln, Wien 1984.

Wolfgang Beck

Lichtenhahn, Fritz, * 6. 5. 1932 Arosa (Schweiz). Schauspieler.

Nach bald abgebrochenem Germanistikstudium 1953–56 Schauspielschule Zürich. Anfängerjahre in Graz und Essen. 1960–69 Schauspielhaus Bochum, wo er eine Fülle zentraler Rollen spielte (Malvolio in → Shakespeares *Was ihr wollt*, Wurm in Schillers *Kabale und Liebe*, Alwa Schön in Wedekinds *Lulu*). 1969–72 Dt. Schauspielhaus Hamburg (TRn in Büchners *Woyzeck* und *Hölderlin* von Peter Weiss, Vladimir in UA *Hypochonder* von Botho Strauß). 1972–73 Basel (Narr in *Was ihr wollt*, TR im *Hofmeister* von Lenz). 1973–87 mit Unterbrechungen Staatl. Schauspielbühnen Berlin (TR in Büchners *Leonce und Lena*, Čechovs *Onkel Vanja*, Strindbergs *Vater*, UA *Pfarrer Koldehoff* von Hartmut Lange, Erdmanns *Der Selbstmörder*). Gastspiele Salzburger Festspiele (Jongleur in UA *Die Macht der Gewohnheit* von Bernhard, 1974), Frankfurt a. M. (UA *Goncourt oder Die Abschaffung des Todes* von Dorst / Laube 1977), Zürcher Schauspielhaus (Großvater in UA *Großvater und Halbbruder* von Hürlimann, 1981), Bremen (TR *Faust I* und *Faust II* von → Goethe 1985/86), Stuttgart. 1987–97 Thalia Th. Hamburg (u. a. Gloster in Shakespeares *Lear*, Krapp in Becketts *Das letzte Band*, Wladimir in *Warten auf Godot*, TR in → Molières *Tartuffe*, Riccaut in → Lessings *Minna von Barnhelm*, Meister Anton in Hebbels *Maria Magdalena*). Bei den Salzburger Festspielen Gall in Canettis *Hochzeit* (1988), Mann vom Grünstreifen in Strauß' *Das Gleichgewicht* (UA 1993, R. → Bondy). 1998 Zürcher Schauspielhaus (Gottfried Keller in UA *Lied der Heimat* von Hürlimann). Filmrollen u. a. in *Deutschland bleiche Mutter* (1980), *Winckelmanns Reisen* (1990), *Komiker* (2000), *Rosenstraße* (2003). Große Popularität als Familienvater Bruno Semmeling in Dieter Wedels *Die Semmelings* (Fernseh-Dreiteiler 1972 und 1976, Sechsteiler 2002). Zahlreiche Hörspiele, Lesungen, Hörbücher. – L. «ist ein Präzisionsdarsteller von Schweizer Akkuratesse, der noch jeder Figur etwas Skrupulöses, Skeptisches, Skurriles mitgegeben hat: Nie wirft er sich voll in eine Rolle, nie läßt er es zu, daß, wer ihm zuschaut, sich bequem zurücklehnen kann. Etwas Eigenbrötlerisches, oft Kauziges bestimmt ihn, den Figuren verpaßt er scharfe Konturen, sein Blick aber bleibt nach innen gerichtet» (Andreas Rossmann). Er zeigt auf der Bühne oft eine liebenswerte Unbeholfenheit, ein linkisches Ungeschick, das er v. a. in Beckett-Rollen in künstl. Stärke umzumünzen weiß. Ein bedeutender Darsteller.

Werner Schulze-Reimpell

Liebeneiner, Johanna, * 25. 6. 1945 Hamburg. Schauspielerin, Regisseurin.

Tochter Hilde → Krahls und Wolfgang → Liebeneiners; Waldorfschule; Schauspielunterricht in Wien und Berlin (Else Bongers). Debüt in Schnitzlers *Liebelei* (1965) an den Hamburger Kammerspielen. 1967 Aachen, 1968–73 und 1976/77 Schauspielhaus Düsseldorf, Rollen u. a. in → Brechts *Mutter Courage und ihre Kinder* (1968, R. → Buckwitz), Sternheims *Bürger Schippel*, → Shakespeares *Richard III.* (R. → Stroux, beide 1972/73), Čechovs *Der Kirschgarten*, Schnitzlers *Liebelei* (beide 1976/77, R. → Krejča). 1973–75 Staatstheater Hannover (u. a. in Strindbergs *Fräulein Julie*, Shakespeares *Troilus und Cressida*, *Was ihr wollt*). Mit → Quadflieg in → Noeltes erfolgreicher Insz. von → Molières *Der Menschenfeind* (1975, Dt. Schauspielhaus Hamburg). Am Staatsschauspiel Stuttgart u. a. in Schnitzlers *Komödie der Verführung* (1980, R. → Heyme); in Bremen 1985/86 u. a. in den UAen von Friederike Roths *Die einzige Geschichte* (1985), *Das Ganze ein Stück* (1986, beide R. → Krämer); am Bayer. Staatsschauspiel München 1986/87 u. a. in Molières *Tartuffe* (1987; 1989 Weilheimer Theatersommer), Camus' *Die Gerechten* (1987). Danach freie Schauspielerin und Regisseurin. Beim Weilheimer Theatersommer in Wedekinds *Der Marquis von Keith* (1988), in der Nürnberger Sebalduskirche in Hoffmann/Kanefzkys Musikdrama *Das Urteil* (UA 2001), im Metropoltheater München in Čechovs *Der Kirschgarten* (2002, mit J. → Heesters). Zahlreiche Tourneen, u. a. mit Dürrenmatts *Der Besuch der alten Dame* (2003), *Die Ehe des Herrn Mississippi* (2004/05), Aristophanes' *Lysistrata* (2005/06). Seit 1989 (Orton, *Seid nett zu Mr. Sloane*, Fürstenfeldbruck) eigene Insz.en, u. a. von Jelineks *Präsident Abendwind* (UA 1992, Tiroler Landestheater Innsbruck), Mitterers *Ein Jedermann* (2005, Neue Bühne Bruck). Lesungen, Schauspielunterricht. Seit den 1970er Jahren zahlreiche Film- und Fernsehrollen, u. a. in *Mit der Liebe spielt man nicht* (1973), *Filmriss* (1975, TV), *Der Mörder* (1979), *Gastspieldirektion Gold* (1982, TV-Serie), *Unser Lehrer Dr. Specht* (1992, TV-Serie), *Alle meine Töchter* (1995, TV-Serie), *Venus und Mars* (2001).

Wolfgang Beck

Liebeneiner, Wolfgang (Georg Louis), * 6. 10. 1905 Liebau (Schlesien, heute Lubawka), † 28. 11. 1987 Wien. Schauspieler, Regisseur.

Sohn eines Offiziers und Leinenfabrikanten. Nach den Kadettenanstalten in Wahlstatt und Berlin-Lichterfelde 1924–27 Studium der Philosophie, Germanistik und Geschichte in Innsbruck, Berlin, München. Dort Mitglied, später Leiter der Akademischen Spielschar. Schauspielunterricht bei → Falckenberg, an dessen Münchner Kammerspielen er 1928–32 Schauspieler und Regieassistent war. Rollen u. a. in Wedekinds *Frühlings Erwachen* (1928), Klaus Manns *Geschwister* (UA 1930); 1932 erste Regie bei Winsloes *Gestern und Heute (Mädchen in Uniform)*. Als Schauspieler und Regisseur in Berlin 1932–34 am Dt. Th. (u. a. TR in Hauptmanns *Michael Kramer*, 1932), 1936–44 am Staatstheater. Dort u. a. in Beaumarchais' *Der tolle Tag oder Figaros Hochzeit* (1936), → Lessings *Emilia Galotti* (1937), → Shakespeares *Was ihr wollt* (1937, alle R. → Gründgens), Wildes *Bunbury* (1937), Möllers *Der Sturz des Ministers* (1938), Mussolini/Forzanos *Cavour* (1940); Insz.en u. a. von Rißmanns *Versprich mir nichts* (1936), Schwenzens *Jan und die Schwindlerin* (1937), Goldonis *Der Lügner* (1938), Kleists *Der zerbrochne Krug* (1939), Holz/Jerschkes *Traumulus* (1940), Shaws *Pygmalion* (1941, mit → Rühmann), Calderóns *Das Leben ein Traum* (1942/43). 1931–36 in ca. 20 Filmen, u. a. in *Die andere Seite* (1931), *Liebelei* (1933), *Abschiedswalzer* (1934), *Künstlerliebe* (1935), *Donaumelodien* (1936). Danach kaum noch Filmrollen. Mit dem Debüt bei *Versprich mir nichts* (1937) begann L.s Karriere als Filmregisseur. 1937 wurde er in den Aufsichtsrat der Terra-Film berufen, war 1938–44 Leiter der künstl. Fakultät der Filmakademie Babelsberg, seit 1939 ehrenamtlicher Leiter der Fachschaft Film der Reichsfilmkammer, 1942–45 Produktionschef der Ufa, seit 1942 Mitglied des Präsidialrats der Reichstheaterkammer. Professorentitel. Hochkarätige Besetzungen, technisches Niveau und das Bemühen um neue künstl. Ausdrucksmittel kennzeichnen die besten seiner Filme. Dazu gehörten neben Unterhaltungsfilmen wie *Der Mustergatte* (1937), *Yvette* (1938), *Der Florentiner Hut* (1939) auch Propagandafilme wie *Bismarck* (1940), *Die Entlassung* (1942), *Das Leben geht weiter* (1945, unvollendet). Es ist v. a. der Film *Ich klage an* (1941), in dem am Beispiel einer Tötung auf Verlangen die Euthanasie propagiert wird, mit dem L.s Name seit Kriegsende belastet ist. Bereits ab Herbst 1945 konnte L. problemlos weiterarbeiten. 1945–54 Regisseur an Ida → Ehres Hamburger Kammerspielen (später als Gast), Insz.en u. a. von Shaws *Frau Warrens Gewerbe* (1946), Sartres *Geschlossene Gesellschaft / Die ehrbare Dirne* (1948), Wedekinds *Die Büchse der Pandora* (1950), Giraudoux' *Die Irre von Chaillot* (1977, mit Ehre), Weisenborns *Die Neuberin* (1981). In die Theatergeschichte eingegangen ist die UA von Borcherts *Draußen vor der Tür* (1947, mit → Quest), das er 1949 als *Liebe '47* verfilmte. 1954–58 Regisseur am Wiener Th. in der Josefstadt (u. a. Inges *Picnic*, García Lorcas *Mariana Pineda*, beide 1955). Danach freier Regisseur, u. a. am Burgtheater. Am Wiener Volkstheater Regie bei Grillparzers *Libussa* (1961, Koproduktion Wiener Festwochen). Seit 1962 (Sullivan, *Der Mikado*, Wiener Volksoper) auch Insz.en des Musiktheaters, u. a. in Wien, Zürich, Düsseldorf. Nach 1945 erfolgreiche Fortsetzung der Filmarbeit (seit 1962 auch TV), meist bei Unterhaltungsfilmen. Intensive Zusammenarbeit mit Ruth Leuwerik (*Die Trapp-Familie*, 1956, *Königin Luise*, 1957, *Taiga*, 1958). Außerdem u. a. *1. April 2000* (1952), *Ingeborg* (1960), *Schlußakkord* (1960), *Die Schatzinsel* (1966, TV), *Wenn süß das Mondlicht auf den Hügeln schläft* (1969), *Die Abenteuer des braven Soldaten Schwejk* (1972, TV), *Das Chinesische Wunder* (1977), *Der Garten* (1982, TV). L. war in erster Ehe mit der Schauspielerin Ruth Hellberg (eig. Holl, 1906–2001), seit 1944 mit Hilde → Krahl verheiratet, für deren Tourneen er in späteren Jahren inszenierte. Die Schauspielerin Johanna → L. ist ihre gemeinsame Tochter. – L. hat als Schauspieler (auch im Film) v. a. als jugendlicher, häufig melancholisch umschatteter Liebhaber Erfolg gehabt. Regisseur mit ausgezeichneter Schauspielerführung, der auf technische und sprachliche Perfektion Wert legte und besonders bei Lustspielen eine leichte und sichere Hand bewies. Mit seinen zahlreichen Filmen verschiedenster Sujets hat er dt. Filmgeschichte mitgeschrieben. «In der Nachkriegszeit zählte er zu jenen handwerklich versierten Unterhaltungsspezialisten, deren solide Arbeit volle Kinokassen garantierte und ins restaurative Gesellschaftsklima der Adenauer-Ära passte» (M. Wenk in *NZZ*, 7. 10. 2005).

Wolfgang Beck

Lieffen, Karl (eig. Karel František Lifka), * 17. 5. 1926 Osek (Tschechoslowakei), † 13. 1. 1999 Starnberg. Schauspieler.

Sohn einer Köchin und eines Bergmanns. Heeresmusikschule Bückeburg; Schauspielausbildung an der Braunschweiger Akademie für Musik und Darstellende Kunst. Soldat, Kriegsgefangenschaft. L. änderte nach Kriegsende seinen Namen. Debüt 1946 an den Städt. Bühnen Freiburg i. Br.; danach am Hess. Staatstheater Wiesbaden (1947 / 48), den Münchner Kammerspielen unter → Schweikart (1949–51), den Städt. Bühnen Frankfurt unter → Buckwitz (1951–57). Danach freier Schauspieler. 1975–95 Bayer. Staatsschauspiel München. L. war ein typischer Ensemblespieler, der v. a. tragende Nebenrollen und Chargen verkörperte. Wichtige Rollen u. a. in Frischs *Graf Öderland* (1956, Frankfurt, mit B. → Minetti), → Shakespeares *Was ihr wollt* (1957, Münchner Kammerspiele), Shaws *Androklus und der Löwe* (1958, alle R. → Kortner), Gogol's *Der Revisor* (1978, R. K. → Paryla), O'Neills *Trauer muß Elektra tragen* (1982, R. → Löwitsch), Schnitzlers *Professor Bernhardi* (1986, R. → Hesse), → Arroyos *Bantam* (UA 1986), der Adaption von Feuchtwangers *Erfolg* (1986, R. → Hollmann), Feydeaus *Einer muß der Dumme sein* (1986/87), Frayns *Der nackte Wahnsinn* (1987/88), Bulgakovs *Molière oder Der Geheimbund der Heuchler* (1990), Herzmanovsky-Orlandos *Apoll von Nichts oder Exzellenzen ausstopfen* (1991), Flannerys *Singer* (1992, alle Bayer. Staatsschauspiel). Bei den Salzburger Festspielen in Shakespeares *Julius Cäsar* (1993, R. P. → Stein). Seit den 1950er Jahren war L. in über 200 Film- und Fernsehproduktionen beschäftigt, darunter *Haie und kleine Fische* (1957), *Wir Wunderkinder* (1958), *Das Totenschiff* (1959), *Die Ehe des Herrn Mississippi* (1961), *Die Sendung der Lysistrata* (1961, TV, Buch und R. Kortner), *Adrian, der Tulpendieb* (1965), *Die Wilden Fünfziger* (1983, R. → Zadek), *Rohe Ostern* (1996). Große Popularität erlangte L. in der TR der Comic-Verfilmung *Nick Knatterton* (1958), als Fahrer Fritz in Billy Wilders Film *Eins, zwei, drei* (1961) und als Vater Kempowski in *Tadellöser & Wolff* (1975, TV). 1991 Bayer. Staatsschauspieler. – L., der auch Autobiographisches veröffentlichte (*Was fällt Ihnen ein, Lieffen,* 1974; *Gerneklein,* 1980), war ein Ensemblespieler von großer Ausstrahlung und Präzision. Sein markanter Glatzkopf, seine einprägsame Stimme machten ihn unverwechselbar. Auch wenn er häufig für undurchsichtige Gestalten und Bösewichter besetzt wurde, war er ein großer Komödiant von handwerklicher Perfektion. Ein Chargenspieler par excellence, der auch Nebenrollen einprägsam zu gestalten wusste.

Wolfgang Beck

Lietzau, Hans, * 2. 9. 1913 Berlin, † 29. 11. 1991 Berlin. Regisseur, Theaterleiter, Schauspieler.

Erste Auftritte in Schulaufführungen. 1932/33 Germanistik- und Politologiestudium in Berlin. 1933–35 Staatl. Schauspielschule Berlin. Erste wichtige Rolle in Kolbenheyers *Heroische Leidenschaften* (1935, Schauspielhaus). 1935/36 Nordmark Landestheater Schleswig, 1936–38 Vereinigte Städt. Th. Kiel, 1938/39 Städt. Th. Leipzig. 1939–46 Burgtheater Wien, u. a. in Hauptmanns *Ulrich von Lichtenstein* (UA 1939), → Shakespeares *Der Kaufmann von Venedig* (1943), → Molières *Der Misanthrop* (1946). Regiedebüt mit Kernmayrs *Hans und seine drei Frauen* (1941, Die Komödie, Wien). 1946–49 Schauspieler und Regisseur am Stadttheater Bern, u. a. in Zuckmayers *Des Teufels General* (1947, eigene R.); Insz.en von → Lessings *Nathan der Weise* (1946), Millers *Alle meine Söhne* (dt.sprachige EA 1948). Seither fast ausschließlich Regie. 1949–53 inszenierte L. meist in Hamburg; am Thalia Th. u. a. Millers *Der Tod des Handlungsreisenden* (1950), an den Kammerspielen → Brechts *Mutter Courage und ihre Kinder* (1952), am Dt. Schauspielhaus Grillparzers *Ein Bruderzwist im Hause Habsburg* (1952). 1953/54 Oberspielleiter am Schauspielhaus Bochum; Insz.en von Claudels *Der seidene Schuh* (1953), Neumanns *Der Teufel* (1954). 1955–63 Oberspielleiter der Staatl. Spielbühnen Berlin; inszenierte u. a. Weisenborns *Das verlorene Gesicht* (UA 1956), Pounds (nach Sophokles) *Die Frauen von Trachis* (UA 1959), Williams' *Süßer Vogel Jugend* (DEA

1959), die Neufassung M. Brauns von Aischylos' *Die Perser* (UA 1960), Frischs *Graf Öderland* (UA letzte Fassung 1961), Whitings *Die Teufel* (DEA 1962); mehrfach Barlach und Genet; zuletzt Lasker-Schülers *Die Wupper* (1963). Inszenierte 1963/64 am Dt. Schauspielhaus Hamburg die DEA von Saunders' *Ein Eremit wird entdeckt* und Ortons *Seid nett zu Mr. Sloane*, die UA von Tieck / Dorsts *Der gestiefelte Kater oder Wie man das Spiel spielt* (alle 1964). 1965–69 Oberspielleiter am Residenztheater München. Erfolge mit Büchners *Woyzeck* (1966; Gastspiel in New York) und den zum Berliner Theatertreffen eingeladenen Insz.en von Ionescos *Die Stühle* (1966, mit → Goethes *Die Mitschuldigen*), → Müllers *Philoktet* (UA 1968), Schillers *Die Räuber* (1968). 1969/70 Intendant des Dt. Schauspielhauses Hamburg, 1972–80 der Staatl. Schauspielbühnen Berlin. Insz.en der UA von Müllers *Horatier* (1973), Langes *Die Ermordung des Aias* (1974), der DEA von Grays *Butley* (1974), → Ayckbourns *Normans Eroberungen* (1976), → Pinters *Betrogen* (1979). Danach Gastregie in München, Wien, Zürich, Salzburg. Seit 1947 Hörfunk-, seit 1953 Fernseharbeit als Regisseur und Schauspieler bzw. Sprecher. Verheiratet mit den Schauspielerinnen Alice Warnke, dann mit Carla Hagen. – L. wurde früh als hochbegabter, im Handwerklichen perfekter Schauspieler von komödiantischer Beweglichkeit gelobt. Als Regisseur hat L. von klassischen Tragödien bis zum Boulevardstück alles mit der gleichen künstl. Ernsthaftigkeit inszeniert. Dabei die Mittel des Th.s dem Bemühen um den Text und seine gedankliche Durchdringung unterordnend, auf spektakuläre Effekte verzichtend. Ein «Genauigkeitsfanatiker», der Traditionen kreativ aufnahm und umsetzte, Schauspieler zu künstl. Höhepunkten führte. Weil er «in so vieler Hinsicht ‹altmodisch› war, sperrte er sich nie gegen neue Tendenzen in der Kunst» (Völker, S. 8). Er setzte sich als Regisseur wie als Intendant risikofreudig für «sperrige» Autoren ein. Einer der prägendsten und bedeutendsten dt. Regisseure der zweiten Hälfte des 20. Jh.s.

<small>Sucher, C. B.: Theaterzauberer. Von Bondy bis Zadek. München, Zürich 1989; Völker, K.: Hans Lietzau. Schauspieler – Regisseur – Intendant. Teetz 1999.</small>

<small>Wolfgang Beck</small>

Lievi, Cesare, * 1953 Gargnano (Gardasee, Italien). Regisseur, Dramatiker.

Lievi, Daniele, * 1954 Gargnano, † ? 11. 1990. Bühnenbildner.

Die Brüder L. führten schon als Kinder Schauspiele und Operetten auf. Die geradezu bühnenbildhafte oberital. Landschaft soll nach Meinung mancher Kritiker die Leidenschaft zu Insz.en vor grandioser Kulisse früh geweckt haben. C. L. studierte in Rom und Bologna, promovierte zum Dr. phil., begeisterte sich für dt. Sprache und Literatur. D. L. studierte Architektur an der Kunstakademie. Danach machten sich die Brüder auf Reisen (v. a. durch Deutschland und Frankreich) mit dem zeitgenössischen Th. vertraut und besuchten u. a. Workshops bei → Grotowski, → Mnouchkine, → Wilson. 1979 gründeten sie in ihrer Geburtsstadt mit dem Kostümbildner Mario Braghieri das zimmertheatergroße Teatro dell'acqua, wo sie Georg Trakls *Blaubart*-Fragment mit Passagen von Ludwig Tieck zum *Paessaggio con Barbeblu* montierten, das auf der Biennale in Venedig 1984 preisgekrönt wurde (Neuinsz. Mittelfest di Cividale del Friuli 1992). Großes Echo fand die Adaptation von Hölderlins *Tod des Empedokles* 1987 in einer Freilichtaufführung im vom Erdbeben zerstörten Gibellina auf Sizilien. Insz.en in Mailand, Rom, Brescia (u. a. ital. EAen von → Goethes *Tarquato Tasso*, 1986 und *Clavigo*, 1988, von C. L. übersetzt). Viele Gastspiele und Insz.en im dt. Sprachraum: u. a. in Frankfurt

a. M. Hofmannsthals *Das Bergwerk von Falun* (1985), in Heidelberg Ibsens *Die Frau vom Meer* (1986), Ionescos *Der neue Mieter* (1988), in Basel Kleists *Das Käthchen von Heilbronn* (1988). Claus →Peymann verpflichtete die Brüder L. für das Wiener Burgtheater: 1988 Strindbergs *Gespenstersonate*, 1989 Pirandellos *Heinrich IV.*, 1990 *Die Zeit und das Zimmer* von Botho Strauß, 1991 Becketts *Warten auf Godot*. – Die von D. L. konzipierten Bühnenlandschaften mit festen Konturen, Lichteffekten und Spiegelungen in der Tradition und Weiterentwicklung surrealistischer Bilderwelten (René Magritte, Giorgio →de Chirico), Perspektivenwechseln machten die Darsteller zu Grenzgängern. Dies entsprach der Vorstellung von C. L., jedes Bühnengeschehen ins Poetische zu überhöhen und Schönheit «zu produzieren». Alles «Wühlen im Häßlichen, in Erde und Blut» habe einen faschistischen Beigeschmack, äußerte er in einem Interview (*taz*, 28. 5. 1991). Der plötzliche Tod Danieles 1990 führte zur Zusammenarbeit mit zahlreichen Bühnenbildnern (Peter Laher, Paul Lerchbaumer u. a.). 1993 wurde C. L. mit Michael Gruner und Peter Iden die Leitung des Stuttgarter Staatsschauspiels angeboten, die alle 3 wegen der befürchteten «provinziellen Bevormundung» ihrer künstl. Arbeit ablehnten. 1996 wurde C. L. zum Künstl. Direktor des Centro Teatrale Bresciano – Teatro Stabile di Brescia ernannt, wo er u. a. Crimps *The Country* (2001), Millers *Alle meine Söhne* (2002), Kleists *Der zerbrochne Krug* (2004) inszenierte. Regie bei den UAen eigener Stücke wie *Die Sommergeschwister (Fratelli d'estate)* an der Schaubühne am Lehniner Platz, Berlin (1992), *Tra gli infiniti punti di un segmento* (Udine 1995), *Festa d'anime* (Modena 1996), *Wurzeln aus zwei* (Schauspielhalle Beuel 2000), *Fotografia di una stanza* (*Fotografie eines Raums*, UA 2005, Brescia). Seit 1989 vermehrt Operninsz.en, u. a. in Frankfurt a. M. (Mozart, *La Clemenza di Tito*, 1989; Verdi, *Macbeth*, 1990), Mailand (Wagner, *Parsifal*, 1991), Wien (Schnittke, *Gesualdo*, UA 1995), New York (Rossini, *La Cenerentola*, 1997, Metropolitan Opera), Berlin (Massenet, *Manon*, 1998, Dt. Oper), Modena (Britten, *Peter Grimes*, 2005), regelmäßig in Zürich (R. Strauss' *Ariadne auf Naxos*, 1993, *Die Frau ohne Schatten*, 1994, Offenbachs *Hoffmanns Erzählungen*, 1995, Willis *Schlafes Bruder*, UA 1996, Paisiellos *Nina*, 2002, Händels *Giulio Cesare in Egitto*, 2005).

Daniele Lievi: scene di teatro. Hg. R. Bettinelli u. a. Brescia 1992; Daniele Lievi: segni oltre il sipario. Milano 1991; Dedica: monografia teatrale dedicata a Cesare Lievi. Hg. G. Capitta, R. Canziani. Pordenone 1996; Lievi, D.: Spuren in ein Theater. Frankfurt a. M. 1987; Moneta, M.: Milena Moneta intervista Cesare Lievi, regista. Gussago 2000.

Horst Schumacher

Lilienthal, Matthias, * 21. 12. 1959 Berlin. Dramaturg, Journalist, Theater- und Festivalleiter.

L. studierte an der Freien Universität Berlin mit Unterbrechungen 1978–87 Theaterwissenschaft, Geschichte und Germanistik; 1979 hospitierte er bei Nicolas →Briegers Insz. von Čechovs *Drei Schwestern* in Bremen. 1986–87 war L. freier Journalist, u. a. für die *taz* und die *SZ*, Regieassistent bei →Freyers Insz. der *Metamorphosen des Ovid* am Wiener Burgtheater (1987). 1988–91 Dramaturg am Th. Basel bei Frank →Baumbauer, wo er →Marthalers erste Regiearbeiten betreute. Ab November 1991 war L. stellvertretender Intendant und Chefdramaturg von Frank →Castorfs Volksbühne am Rosa-Luxemburg-Platz in Berlin, wo er den Spielplan gestaltete und das Rahmenprogramm im Spannungsfeld von Theorieveranstaltungen und der wachsenden Berliner Partyszene konzeptuell betreute. L. holte u. a. die Regisseure →Kresnik, Marthaler, →Schlingensief,

→ Bachmann, Stefan Pucher, Andrej Woron an die Volksbühne, wo sie mit über mehrere Spielzeiten andauernder Kontinuität ihre Arbeit weiterentwickeln konnten. Bereits 1993 wurde die Volksbühne von *Th. heute* zum Th. des Jahres gewählt, weitere Ernennungen folgten in den nächsten Jahren. 1999–2000 arbeitete Lilienthal erneut publizistisch, im Mai und Juni 2000 führte er mit Schlingensief das Aufsehen erregende Projekt *Bitte liebt Österreich! Erste europäische Koalitionswoche* für die Wiener Festwochen durch. 2000 wurde L. Mitglied und stellvertretender Leiter der Abteilung Darstellende Kunst der Berliner Akademie der Künste; im Sommer 2000 wurde er Programmdirektor des vom ITI Deutschland veranstalteten Festivals Th. der Welt 2002, das in Bonn, Duisburg, Düsseldorf und Köln stattfand. Seit September 2003 ist L. künstl. Leiter und Geschäftsführer der neu gegründeten Hebbel am Ufer GmbH in Berlin (kurz HAU), ein Zusammenschluss von Hebbel-Th., Th. am Halleschen Ufer und Th. am Ufer, die 2004 von *Th. heute* zum Th. des Jahres gewählt wurde. – L.s Programmierungen der Volksbühne, des HAU und des Th.-der-Welt-Festivals ist eine konkrete Anbindung an die sozialen Strukturen des jeweiligen Veranstaltungsorts, ein starkes Einbeziehen dessen (jüngerer) Geschichte und die Beschäftigung mit aktuellen philosophischen und soziologischen Theorien gemeinsam. Am HAU verwirklicht L. ein dichtes Programm unterschiedlicher ästhetischer Richtungen zwischen Th., Tanz, benachbarten theatralen Formen und anderen Kunstgattungen mit Einbindung dt.sprachiger und internat. freier Gruppen, internat. Gastspielen und Koproduktionen; er veranstaltet u. a. die Festivals *100° Berlin* und *Context*.

Mario Rauter

Lindemann, Gustav, * 24. 8. 1872 Danzig, † 6. 5. 1960 Sonnenholz (bei Rosenheim). Regisseur, Theaterleiter, Schauspieler.

Sohn eines Kaufmanns. Nach Kaufmannslehre Schauspielausbildung an der Berliner Bühnenschule. Volontär am Lessing-Th., Engagements u. a. in Tilsit, Oldenburg, Braunschweig, Berlin (Residenztheater). Frühe Wendung zur Regie. 1897–99 Direktor der Stadttheater Graudenz und Marienwerder. Kurzzeitig im Tournee-Ensemble Carl Heines. Gründete 1900 die Ibsen-Tournee (auch: Internat. Tournee G. L.), die mit Stücken Ibsens u. a. Skandinavien und Russland bereiste. Engagierte 1903 seine spätere Frau Louise → Dumont, mit der er die Ablehnung des Stadttheatersystems teilte und 1904 das Düsseldorfer Schauspielhaus als Reformbühne gründete. Eröffnung am 28. 10. 1905 mit Hebbels *Judith*. Angegliedert eine Schauspielschule (Leitung: Josef Lewinsky; Schüler u. a. Paul Henckels, → Gründgens). Die Theaterzeitschrift *Masken* sollte die künstl. Arbeit begleiten, sonntägliche Morgenfeiern in Leben und Werk großer Künstler einführen (Leitung: Herbert Eulenberg). Im Ensemble u. a.: Hermine → Körner, Leon → Askin, Ewald → Balser, Ernst → Ginsberg, Wolfgang → Langhoff, Rudolf → Fernau. 1922–24 Schließung des Th.s aus finanziellen Gründen. Der geplante Zusammenschluss mit den Städt. Bühnen Köln zum Dt. Th. am Rhein scheiterte 1933 an den neuen Machthabern. Ziel der Reformbemühungen Dumonts und L.s war es, dem Th. «seine alte Bedeutung für die geistige Macht der Nation» zurückzugeben; Th. als Raum geistiger Auseinandersetzung, verpflichtet dem Text und den Intentionen des Autors. Gekennzeichnet vom Bemühen, jedes Drama aus sich selbst heraus zu verstehen und szenisch zu gestalten. Förderung des Ensembletheaters, Ablehnung jedes Starkults im Streben nach stilistischer Einheitlichkeit, Betonung der Sprache. Bemühungen, Klassiker ohne äußerliche Aktualisierungen gegenwärtig und in ihrer zeitlosen Aktualität erkennbar zu machen. Neben zahlreichen Insz.en Ibsen'scher Stücke führte L. Regie in klassischen (→ Shakespeare, Schiller, → Goethe) und modernen Stücken; u. a. bei Wedekinds *Frühlings Erwachen* (P. 9. 10. 1907), Schönherrs *Erde* (UA 13. 1. 1908), Kaisers *Das Frauenopfer* (UA 23. 3. 1918), *Gas* (UA 28. 11. 1918), *Mississippi* (UA 20. 9. 1930), → Brecht / Weills *Die Dreigroschenoper* (P. 21. 9. 1929). Letzte Insz. vor der Machtübergabe an die Nationalsozialisten war Goethes *Faust II* in Berlin (P. 21. 1. 1933, Staatl. Schauspielhaus, Bb.: Teo → Otto). Arbeitsverbot als sog. Nichtarier während der NS-Herrschaft. Einzige Nachkriegs-Insz.: Julius M. Beckers *Das Mahl des Herrn* (1948, Städt. Bühnen Düsseldorf). Das Schauspielhaus-Archiv stiftete L. 1947 der Stadt Düsseldorf. 1947 Professor, 1952 Gr. Bundesverdienstkreuz.

Das festliche Haus. Das Düsseldorfer Schauspielhaus Dumont-Lindemann. Hg. K. Loup. Köln, Berlin 1955; Linke, M.: Gustav Lindemann. Düsseldorf 1969; Riemenschneider, H.: Theatergeschichte der Stadt Düsseldorf. 2 Bde. Düsseldorf 1987; Schwab-Felisch, H.: 75 Jahre Düsseldorfer Schauspielhaus. Düsseldorf 1980.

Wolfgang Beck

Lindtberg, Leopold (urspr. L. Lemberger), * 1. 6. 1902 Wien, † 18. 4. 1984 Sils-Maria (Schweiz). Regisseur, Theaterleiter, Schauspieler.

In Wien Schauspielunterricht u. a. bei Josef Danegger; Studium u. a. der Germanistik, Kunstgeschichte; Bühnendebüt 1922. 1924/25 Dramatisches Th. Berlin; 1925/26 Stadttheater Düsseldorf; 1926/27 Stadttheater Bielefeld. 1927–29 an den → Piscator-Bühnen Berlin als Schauspieler (Sinclair, *Singende Galgenvögel*, 1928) und Regisseur; erster Erfolg mit der Insz. von Mühsams *Judas* (UA 1928, auch Rolle). 1928–30 an Th.n in Koblenz, Bielefeld und Breslau (Wrocław). 1930–32 Regisseur am Staatstheater Berlin; Regie u. a. bei Schönherrs *Herr Doktor, haben Sie zu essen?* (UA 1930), Penzoldts *Die Portugalesische Schlacht* (1931), Graff / Hintzes *Die endlose Straße*, Holbergs *Jeppe vom Berge* (beide 1932). Außerdem Plieviers *Haifische* (1932, Th. in der Stresemannstraße). 1932 Oberspielleiter in Düsseldorf. 1933 Emigration in die Schweiz; seither Regisseur am Zürcher Schauspielhaus (über 100 Stücke). Wichtige Insz.en u. a. von Arx' *Der Verrat von Novarra* (UA), Wolfs *Professor Mannheim* (*Professor Mamlock*, beide 1934), Lasker-Schülers *Arthur Aronymus und seine Väter* (UA 1936), Giraudoux' *Es kommt nicht zum Krieg (Der Trojanische Krieg findet nicht statt)*, Bruckners *Napoleon der Erste* (UA, beide 1937), Zuckmayers *Bellmann*, Leschs *Jedermann 1938* (beide UA 1938), Tolstojs *Die Macht der Finsternis* (1939), Bührers *Pioniere* (UA 1940), → Brechts *Mutter Courage und ihre Kinder* (UA 1941), → Shakespeares *König Richard III.* (1942), Guggenheims *Der sterbende Schwan* (UA 1943), Kaisers *Zweimal Amphitryon* (UA 1944). Gastregie 1934/35 an der Habima (Tel Aviv), 1936 Jüd. Nationale Bühne (Warschau). Daneben verschaffte L. seit 1935 als Filmregisseur dem Schweizer Film internat. Beachtung, u. a. *Jä-soo* (1935, mit Lesch), *Füsilier Wipf* (1938), *Wachtmeister Studer* (1939), *Die missbrauchten Liebesbriefe* (1940), *Landammann Stauffacher* (1941), *Die letzte Chance* (1945), *Matto regiert* (1947), *Swiss Tour* (1949), *Die Vier im Jeep* (1951), *Sie fanden eine Heimat* (1953). L. blieb dem Zürcher Schauspielhaus auch nach 1945 verbunden, 1965–68 als Leiter; Regie u. a. bei Sartres *Der Teufel und der liebe Gott* (dt.sprachige EA 1951), Brods Kafka-Adaption *Das Schloß*, → Nestroys *Lumpazivagabundus* (beide 1953) und *Einen Jux will er sich machen* (1961), Faulkners *Requiem für eine Nonne* (UA 1955; 1957 Düsseldorf), Wilders *Alkestiade* (dt.sprachige

EA 1957), Hamsuns *Vom Teufel geholt* (1961), Shakespeares *Hamlet* (1961), Wolfes *Willkommen in Altamont* (dt.sprachige EA 1962), Brechts *Der kaukasische Kreidekreis* (1965), Dürrenmatts *Der Meteor* (UA 1966, 1968 TV), Frischs *Biografie. Ein Spiel* (UA 1968), Zuckmayers *Der Rattenfänger* (UA 1975). Am Wiener Burgtheater (seit 1956 fest) u. a. Regie bei Shakespeares *Hamlet* (1947; 1954 Münchner Kammerspiele; 1961 Zürich), einem Zyklus von dessen Königsdramen (1960–64), Hofmannsthals *Der Turm* (1948), Nestroys *Häuptling Abendwind* (1957), *Einen Jux will er sich machen* (1980), → Raimunds *Der Alpenkönig und der Menschenfeind* (1957), Anouilhs *Beckett oder die Ehre Gottes* (dt.sprachige EA 1960), Schillers *Kabale und Liebe* (1965), Kohouts *Attest* (UA 1981). Bei den Salzburger Festspielen Insz.en von → Goethes *Iphigenie auf Tauris* (1949), *Faust I* (1961), *Faust II* (1963), Nestroys *Lumpazivagabundus* (1962), Shakespeares *Ein Sommernachtstraum* (1966), Hofmannsthals *Jedermann* (1969). Gastregie bei den Forchtensteiner Burgspielen, in Düsseldorf, Hamburg (Thalia Th.), Tel Aviv, München, den Staatl. Schauspielbühnen Berlin (u. a. → Molières *Schule der Frauen*, 1954; Anouilhs *Die Schule der Väter*, dt.sprachige EA 1955, TV; Wedekinds *Hidalla*, 1970), der Freien Volksbühne Berlin (Molière, *Der Wirrkopf*, 1972). Weltweit zahlreiche Opern.insz.en. 1963–65 Leiter der Österr. Filmakademie in Wien. Lehrtätigkeit in Zürich an der Universität, der Eidgenössischen Technischen Hochschule, dem Bühnenstudio, in Wien am Reinhardt-Seminar. Veröffentlichungen und zahlreiche Auszeichnungen. Seine Tochter Bettina Bucher-L. (1946–2002) war Schauspielerin. – Theatergeschichtlich bedeutsam seine Tätigkeit am Zürcher Schauspielhaus, zu dessen prägendsten Regisseuren L. lange Jahre gehörte. Bedeutend seine Insz.en von Stücken Nestroys und Shakespeares und (mehrfach) beider Teile von Goethes *Faust*. Ein behutsamer Regisseur, der Wert auf Werktreue legte, seine Arbeit dem Text und den Intentionen des Autors unterordnete, Sinn für den Theaterraum und seine konzeptionelle Gestaltung besaß und Schauspieler zu großen Leistungen führen konnte.

<small>Dumont, H.: Leopold Lindtberg und der Schweizer Film 1935–1953. Ulm 1981; Lieber Lindi. Hg. Ch. Jauslin. Zürich 1972; Lindtberg, L.: Du weißt ja nicht, wie es in mir schäumt. Schriften, Bilder, Dokumente. Hg. E. Leiser. Zürich, St. Gallen 1985; ders.: Reden und Aufsätze. Zürich, Freiburg i. Br. 1972; ders.: Shakespeares Königsdramen. Wien 1962; Metzger, N.: «Alles in Szene setzen, nur sich selber nicht». Der Regisseur Leopold Lindtberg. Wien 2002; Regiearbeit Leopold Lindtbergs. Auswahl H. R. Hilty. St. Gallen, Stuttgart 1962.</small>

Wolfgang Beck

Lingen, Theo (eig. Franz Theodor Schmitz), * 10. 6. 1903 Hannover, † 19. 11. 1978 Wien. Schauspieler, Regisseur, Autor.

Sohn eines Juristen (dessen Geburtsort er als Künstlernamen nutzte), «entdeckt» bei einer Schüleraufführung, Privatunterricht. Engagements in Hannover, Halberstadt, Bad Oeynhausen, 1924–26 Münster. Heirat mit der früheren Ehefrau → Brechts, Marianne Zoff (Tochter Ursula → Lingen). 1926–30 Neues Th. Frankfurt a. M., dort u. a. in Hauptmanns *Fuhrmann Henschel* (1927, mit → George), Wedekinds *Marquis von Keith* (1928), mehreren Stücken Kaisers (*Zweimal Oliver*, *Papiermühle*, beide 1927, *Lederköpfe*, 1928), Bruckners *Verbrecher* (1929), Brecht/Weills *Dreigroschenoper* (1928). Als Macheath Durchbruch in Berlin, spielte bis 1930 parallel in Frankfurt. L. ersetzte Harald Paulsen in der UA-Insz. im Th. am Schiffbauerdamm, dort auch in mehreren UAen: 1929 in Dorothy Lanes (d. i. Elisabeth Hauptmann) *Happy End*, 1930 in Tollers *Feuer aus den Kesseln*, Kornfelds *Jud Süß* (R. → Jeßner), Kästners *Emil und die Detektive*. Engagements in Revuen,

Kabaretts und weiteren Berliner Bühnen, u. a. am Schauspielhaus in Brechts *Mann ist Mann* (1931). 1929 in Brechts *Badener Lehrstück vom Einverständnis* (UA Baden-Baden), 1932 mit der Gruppe Junger Schauspieler in Brechts *Die Mutter* (UA). Mehrfach Zusammenarbeit mit Gustaf → Gründgens (Schiffer/Spolianskys *Alles Schwindel*, 1931, Offenbachs *Die Banditen*, 1932, Apels *Hans Sonnenstößers Höllenfahrt*, 1936, → Shakespeares *Was ihr wollt*, 1937). Seit 1930 beim Film (u. a. *M – Eine Stadt sucht einen Mörder*, 1932, R. Fritz Lang); beliebter Komiker, dessen Popularität ihn während der NS-Herrschaft vor Repressalien wegen der jüd. Herkunft seiner Frau bewahrte. Spielte 1933–45 nur in Lustspielen und zahlreichen – v. a. komischen – Filmen. 1946 österr. Staatsbürger; 1948 Burgtheater (Wien), u. a. Hauptmanns *Biberpelz* (1950, 1956, 1965), Shaws *Cäsar und Cleopatra* (1951), Ibsens *Peer Gynt* (1952, 1965), → Lessings *Minna von Barnhelm* (1954), Shakespeares *Die lustigen Weiber von Windsor* (1964), Sartres *Die Fliegen* (1965). Engagements im Th. in der Josefstadt, bei den Salzburger Festspielen, in Berlin, München, Hamburg. Am Zürcher Schauspielhaus Einstein in der UA von Dürrenmatts *Die Physiker* (1962, mit Th. → Giehse und seiner Stieftochter Hanne → Hiob). Letzte Theaterrolle in Offenbachs komischer Oper *Orpheus in der Unterwelt* (1971, Hamburgische Staatsoper). – Heute v. a. durch seine rund 200 Filme bekannt, in denen näselnde Sprache, Räuspern, ausdrucksvolle Mimik, tänzelnder Gang zu seinem Markenzeichen wurden und seine wahren Fähigkeiten kaum zu erahnen sind. Charakterdarsteller, der seine Rollen intellektuell erarbeitete, von großer Präzision, ohne Übertreibungen spielend, dezent und zurückhaltend Pointen setzend, tragikomische Züge der Rollen herausarbeitend: «Ein Moralist des Lachens» (O. M. Fontana, zit. nach Eser, S. 114). Bedeutende Rollen: Malvolio in Shakespeares *Was ihr wollt*, Wehrhahn in Hauptmanns *Biberpelz*, Krull in Sternheims *Kassette*. – Führte Film- und Theaterregie, schrieb eigene Stücke (*Was wird hier gespielt?*, UA 1939, *Johann*, UA 1942, *Theophanes*, UA 1948, *Der mysteriöse Herr X*, UA 1966) und autobiographische Texte.

<small>Eser, W.: Theo Lingen – Komiker aus Versehen. München, Wien 1986; Lingen, Th.: Das kann doch nicht wahr sein. München 1974; ders.: Ich bewundere. München 1969; ders.: Ich über mich. Velber 1963.</small>

<small>*Wolfgang Beck*</small>

Lingen, Ursula (eig. U. Schmitz), *9. 2. 1928 Berlin. Schauspielerin, Intendantin.

Tochter Theo → Lingens (eig. F. Th. Schmitz), seit 1953 mit Kurt → Meisel verheiratet. In Wien Schauspielausbildung und erste Engagements 1947 am Volkstheater, 1948–50 Neues Th. in der Scala. 1950–58 an verschiedenen Berliner Bühnen. Ab 1958 meist in München, zunächst Kammerspiele, später Bayer. Staatsschauspiel, wo ihr Mann als Regisseur, Darsteller und Intendant wirkte. Herausragende Erfolge u. a. als Olga in Čechovs *Drei Schwestern* (1978, R. → Bergman) und als Elisabeth in Schillers *Maria Stuart* (1981, R. Meisel). Anfang der 1970er Jahre kam sie mit ihrem Mann kurzzeitig nach Hamburg an das Thalia Th. zu Boy → Gobert. Debüt neben Gustav → Knuth als Hesione Hushabye in Shaws *Haus Herzenstod* (1971). «Ihre Eleganz, ihre Damenhaftigkeit, ihr besonderer Charme und nicht zuletzt ihre kühle Schönheit verschmolzen in dieser Rolle zur Einheit» (Blasche/Witt, S. 215). Sie war die Gräfin Geschwitz in Wedekinds *Lulu* (1971, R. → Giesing) und die Olga in Čechovs *Drei Schwestern* (1972). Bei der Modellinsz. von → Pinters *Alte Zeiten – Old Times* spielte sie neben Ingrid → Andree und Gobert die Anna (1972, R. → Schweikart). Unter der Regie von

Jürgen → Flimm war sie Mutter Ubu (Jarry, *König Ubu*, tik 1974) und bei der Schnitzler-Insz. von Gerd → Heinz Gabriele in *Anatol* (1974). Hervorzuheben ihre Darstellung der Gräfin Almaviva in Beaumarchais' *Der tolle Tag oder Figaros Hochzeit* (1976). Nach 1984 häufig in Tourneeproduktionen; in der Spielzeit 1990/91 Intendantin der Hamburger Kammerspiele. Sie versuchte, der Aufgabe als Nachfolgerin Ida → Ehres mit neuen Ideen (Literaturcafé, finanzielle Absicherung durch Donatoren, Theaterrestaurant) und v. a. durch einen Spielplan mit modernen Stücken gerecht zu werden, und konnte bekannte Schauspieler und Regisseure wie Stephan Barbarino, Martin → Benrath, Dominique → Horwitz an das Haus binden, das innerhalb kurzer Zeit wieder überregionale Beachtung fand. Nach der Hamburger Intendanz zog sie sich bis auf literarische Lesungen und kurze Gastspiele mit Michael → Heltau in Gurneys *Love Letters* am Wiener Burgtheater aus dem Theaterbetrieb zurück. – L. werden Klarheit der Sprache und v. a. Disziplin nachgesagt. Ihr Rollenrepertoire reicht von der Klassik bis zur Moderne. Neben dem Th. war sie auch in einigen Film- und Fernsehproduktionen zu sehen.

Blasche, G., E. Witt: Hamburger Thalia Th., Boy Gobert. Hamburg 1980.

Sabine Steinhage

Linke, Susanne. * 19. 6. 1944 Lüneburg. Tänzerin, Pädagogin, Choreographin, Ballettdirektorin.

Tanzausbildung im Studio von Mary → Wigman in Berlin, anschließend Studium an der Tanzabteilung der Essener Folkwang Hochschule (1967–70). Tänzerin im Folkwang Tanzstudio (1970–73) unter der Leitung von Pina → Bausch und erste eigene choreographische Arbeiten. 1975 Auszeichnung für ihr Stück *Puppe* beim renommierten Choreographischen Wettbewerb in Köln. 1975–85 Leitung des Folkwang Tanzstudio (FTS), bis 1977 zusammen mit Reinhild → Hoffmann. Für das FTS choreographierte L. u. a. ihr vielbeachtetes *Frauenballett* (1981) und *Wir können nicht alle nur Schwäne sein* (1982). Parallel dazu schuf sie eine Reihe von Soloarbeiten, mit denen sie weltweit gastierte: *Wandlung* (1978), *Im Bade wannen* (1980), *Flut* (1981), *Es schwant* (1982), *Orient-Okzident* (1984). 1994, nach Jahren freiberuflicher Tätigkeit, übernahm L. die Direktion des Bremer Tanztheaters (bis 1997 zusammen mit Urs Dietrich). Im Jahr 2000 kehrte sie nach Essen zurück und wurde zur Leiterin des Choreographischen Zentrums ernannt, an dessen Aufbau sie beteiligt war; diese Funktion hatte L. bis 2001 inne. Seitdem lebt und arbeitet sie als freischaffende Choreographin in Berlin.

L. machte sich in den 1980er Jahren v. a. als Solotänzerin, auch internat., einen Namen. Ihre Arbeiten werden mit der Tradition des Ausdruckstanzes assoziiert, sind von emotionaler Dichte und formaler Stringenz. Sie geht in ihrem Tanz vom individuellen Erleben und Erfahren aus, transzendiert das Persönliche zu einer allgemeingültigen Aussage. «Ich will die Leute berühren mit Themen, die immer gelten. Es geht mir um Liebe, um Ewigkeit, um die Unmöglichkeit von Liebe, um Tod und Angst», sagte sie im Programmheft zu ihrem erfolgreichen, autobiographisch motivierten Soloabend *Schritte verfolgen* (1985). Die eigene Tanzgeschichte wurde auch Thema ihres 1999 gemeinsam mit R. Hoffmann choreographierten Stücks *Über Kreuz*. 2003 das Solostück *Akut*, zusammen mit Urs Dietrich unter dem Titel *Tanz-Distanz*.

Patricia Stöckemann

Lippert, Albert, * 17. 12. 1901 Oldenburg, † 21. 2. 1978 Schlehdorf (Kochelsee). Schauspieler, Regisseur, Theaterleiter.

Nach kaufmännischer Lehre Ausbildung am Hoftheater Oldenburg, dort erste Rollen. 1922–27 Stettin, Graz, Nürnberg. 1927–45 Bayer. Staatsschauspiel München (Orest in → Goethes *Iphigenie auf Tauris*, TR in → Shakespeares *König Richard II.*). Inszenierte Lustspiele und Jugendstücke (Forsters *Robinson darf nicht sterben*). Nach dem Krieg kurze Zeit Intendant des Oldenburgischen Staatstheaters. 1948–55 Intendant des Dt. Schauspielhauses Hamburg. Inszenierte 1948 gleich nach der UA die DEA von → Brechts *Herr Puntila und sein Knecht Matti* sowie 1949 Camus' *Caligula*, 1952 → Ustinovs *Die Liebe der vier Obersten*, 1953 Kafka/Brods *Das Schloß*, 1954 Tennessee Williams' *Camino Real*, aber auch *Faust I* und *Die natürliche Tochter* von Goethe (beide 1949), Schillers *Die Braut von Messina* (1952), Shakespeares *König Richard II.* (1949), Strindbergs *Schwanenweiß* (1953). Unter L. versammelte das Schauspielhaus erstmals viele bedeutende Schauspieler und Regisseure – 1951 inszenierte Erwin → Piscator zum ersten Mal nach 19 Jahren Emigration wieder in Deutschland (UA von Hochwälders *Virginia*). L. taktierte gegenüber Piscators Gagenforderung so ungeschickt und hinhaltend, dass weitere verabredete Insz.en nicht zustande kamen. 1951 verpflichtete L. als Erster in Deutschland nach 1945 Werner → Krauß für mehrere Rollen. 1955–62 Generalintendant in Bremen. Operninsz.en (Wagners *Tristan und Isolde* und *Der Ring des Nibelungen*, Hindemiths *Harmonie der Welt*, UA Fortners *Bluthochzeit*). In den folgenden Jahren Gastrollen und Gastinsz.en. Zuletzt 1977 TR in → Lessings *Nathan der Weise* auf Tournee. – Ein Intendant der alten Schule, aufgeschlossen gegenüber zeitgenössischer Dramatik, konfliktscheu im Verhältnis zum Rechtsträger, bürgte für kultiviertes, gut besuchtes Th.

Werner Schulze-Reimpell

Littlewood, Joan (Maud), * 6. 10. 1914 Stockwell (South London), † 20. 9. 2002 London. Regisseurin, Theaterleiterin, Schauspielerin.

Abgebrochene Schauspielausbildung an der Royal Academy of Dramatic Arts (RADA) in London; Arbeit am Rusholme Repertory Th. und für die BBC in Manchester. Heiratete 1934 den sozialistischen Sänger, Schauspieler und Autor Ewan MacColl (eig. Jimmie Miller, 1915–89), mit dem sie 1934 das experimentelle Th. of Action in Manchester gründete, ab 1936 als Th. Union weitergeführt und v. a. den Norden Großbritanniens bereisend. Gemeinsame Insz.en u. a. von Lope de Vegas *Das brennende Dorf* (1937), MacColls Adaption von → Piscators Version von Hašeks *Der brave Soldat Schwejk* und dem «Living Newspaper» *Last Edition* (1939/40). Dieses zeitkritische Agitprop-Stück wurde verboten, MacColl und L. wegen Störung des öffentlichen Friedens 2 Jahre von allen Theateraktivitäten ausgeschlossen. 1945 gründeten MacColl, L., ihr zweiter Lebenspartner Gerry Raffles (1924–75) u. a. den Th. Workshop, in dem ausschließlich sie die Regiearbeit übernahm. Die Truppe sollte Th. und beständige Fortbildung der Schauspieler sein, zu denen Sir Nigel Hawthorne, Harry H. Corbett, Richard Harris und Barbara Windsor gehörten. Ziel von L.s Arbeit war von Beginn an ein unterhaltsames, sozialkritisches Th. für die Schichten, die dem Th. eher fremd gegenüberstanden. Methodische Grundlagen ihrer Arbeit bildeten die Theorien → Stanislavskijs (später → Brechts), verbunden mit den Improvisationstechniken der Commedia dell'Arte und der Körperarbeit nach → Laban. Th. Workshop, wegen der sozialistischen Grundeinstellung staatlich nicht gefördert, bereiste Großbritannien (auch

Edinburgh Fringe Festival), gab Gastspiele in Skandinavien, Deutschland, der Tschechoslowakei, Frankreich. Anfangs zahlreiche Insz.en von Stücken MaColls, darunter die «ballad opera» *Johnny Nobel* (1945), das beständig erweiterte Episodenstück *Uranium 235* (1946), die *Lysistrata*-Adaption *Operation Olive Branch* (1947), als L.s erste Londoner Produktion, 1957 von ihr als *Operation Ölzweig* am Ostberliner Maxim-Gorki-Th. inszeniert). 1953 übernahm Th. Workshop das Th. Royal im Arbeiterstadtteil Stratford (East London). Erste Premiere (2.2.1953) war → Shakespeares *Twelfth Night, or What You Will* (*Was ihr wollt*), von dem sie u. a. auch *Richard II.* (1954), *Macbeth* (1957), eine Zusammenfassung beider Teile von *Henry IV* (1964, Edinburgh Festival) inszenierte. 1955 brit. EA von Brechts *Mutter Courage und ihre Kinder* (Devon Arts Festival). Wirklicher Durchbruch in Großbritannien erst, nachdem ihre Insz.en von *Arden of Faversham*, Jonsons *Volpone*, MaColls eigener *Schweijk*-Adaption beim Internat. Theaterfestival in Paris Aufsehen erregt hatten. L. hat zahlreichen Dramatikern zum Durchbruch verholfen, auch durch intensive Mitwirkung an den endgültigen Stückfassungen: Behans *Quare Fellow* (*Der Spaßvogel*, 1956), *The Hostage* (*Die Geisel*, UA der engl. Version 16.6.1958), Henry Chapmans *You Won't Always Be On Top* (1957), Shelagh Delaneys *A Taste of Honey* (*Bitterer Honig*, UA 1958), Frank Normans *Fings Ain't Wot They Used T'be* (1959), Stephen Lewis' *Sparrers Can't Sing* (1960, unter L.s Regie 1963 verfilmt). Mehrere ihrer Insz.en wurden in kommerzielle West-End-Th. übernommen – finanziell zwar notwendig, zugleich aber die kollektive Arbeit fast unmöglich machend. 1961–63 arbeitete L. in Afrika, feierte nach ihrer Rückkehr mit der Revue über den 1. Weltkrieg *Oh, What a Lovely War*, bei der sie Elemente der Music Hall aufnahm, ihren größten internat. Triumph (Gr. Preis Theaterfestival Paris, Übernahmen ins West End und an den Broadway). Textimprovisationen bei Aufführungen führten zu Konflikten mit der Theaterzensur und mehreren Verurteilungen L.s. 1965–68 arbeitete L. auch in Tunesien (Centre Culturel Hammamet) und Indien (Kalkutta). 1967 wurde ihre Insz. von Gersons Stück gegen den Vietnamkrieg *MacBird* verboten und konnte nur als Vereinsaufführung gezeigt werden. Anfang der 1970er Jahre reformierte L. den Th. Workshop, den sie 1975 endgültig verließ. Nach dem frühen Tod Gerry Raffles zog sich L. weitgehend vom Th. zurück, lebte überwiegend in Frankreich und schrieb u. a. ihre Autobiographie. – 1983 Laurence Olivier Special Award, 1996 Lifetime Achievement Award der Director's Guild of Great Britain.

Eine der internat. einflussreichsten und v. a. in England kontrovers beurteilten Regisseurinnen des 20. Jh.s. Für die Entwicklung modernen brit. Th.s von ähnlicher Bedeutung wie Peter → Brook. Ihre Bemühungen um radikales politisches Th., das zugleich unterhalten sollte, ihre Versuche, dem Th. ein neues (Arbeiter-)Publikum zuzuführen und (als eine der Pionierinnen des «Th. in Education») bereits Jugendliche für das Th. zu gewinnen, machten sie v. a. in den 1950/60er Jahren zu einer das Th.-Establishment provozierenden Figur, deren Ansehen lange Zeit im Ausland größer war als in ihrer Heimat. Eine Visionärin der Bühne, die den damals üblichen konventionellen Darstellungsstil durch eine neue Form der Theatralität revolutionierte.

Callaghan, D.: Shakespeare at the Fun Palace: Joan Littlewood. Urbana 1993; Goorney, H.: The Theatre Workshop Story. London 1981; Littlewood, J.: Joan's Book. London 1994 (Autobiographie); dies., Ch. Chilton u. a.: Oh, What A Lovely War. London 2000 (Erstausgabe 1965); Schafer, E.: Ms-directing Shakespeare: women direct Shakespeare. New York 2000; Taylor, J. R.: Anger and After. Harmondsworth 1966.

Wolfgang Beck

Ljubimov, Jurij Petrovič, * 30. 9. 1917 Jaroslawl (Russland). Regisseur, Schauspieler, Theaterleiter.

L. studierte Schauspielkunst in Moskau und debütierte dort 1936 im Vachtangov-Th. (noch als Student). Diplom 1940. Nach dem Militärdienst kehrte er 1946 auf dieselbe Bühne zurück und spielte bis 1964 über 30 Rollen – zu den besten zählt man u. a. Romeo (1956, R. J. Rapoport), Iwolgin in *Idiot* nach Dostoevskij (1958, R. A. Remisowa), Mozart in *Kleine Tragödien* nach Puškins *Mozart und Salieri* (1959, R. J. Simonow). Zu dieser Zeit trat L. auch in vielen sowjet. Filmen auf und begann seine Tätigkeit als Theaterregisseur (als Diplomarbeit wurde → Brechts *Der gute Mensch von Sezuan* anerkannt, 1963 mit Studenten vorbereitet und 1964, nach einem großen Erfolg, ins von ihm neugegründete Taganka-Th. verlegt). Als Leiter des Taganka-Th.s widmete sich L. hauptsächlich der Regie und realisierte (meist in eigener Bearbeitung) mit einem engagierten Ensemble u. a. *Zehn Tage, die die Welt erschütterten* nach John Reed (P. 2. 4. 1965), Brechts *Leben des Galilei* (P. 17. 5. 1966), Esenins *Pugatschow* (P. 17. 11. 1967), → Molières *Tartüff* (P. 14. 11. 1968), *Die Mutter* Gor'kijs (P. 23. 5. 1969), *Im Morgengrauen ist es noch still* nach B. Vasil'ev (P. 6. 1. 1971), → Shakespeares *Hamlet* (P. 29. 11. 1971, mit Vladimir → Vysockij in der TR), *Meister und Margarita* nach Bulgakov (P. 6. 4. 1977), *Schuld und Sühne* nach Dostoevskij (P. 12. 2. 1979). Nachdem 2 Insz.en – *Vladimir Vysockij* (gespielt nur einmal, am 25. 7. 1981, dem 1. Todestag des legendären Schauspielers und Sängers) wie auch Puškins *Boris Godunov* (1982) – im Taganka-Th. verboten wurden, begann L. nur in Westeuropa zu arbeiten. Demzufolge wurde der Künstler von den sowjet. Behörden aus seiner Moskauer Intendanz entlassen und 1984 ausgebürgert. Im Exil arbeitete L. nicht nur in Sprechtheatern, sondern auch in den besten Opernhäusern Europas wie La Scala in Mailand, Staatsoper Stuttgart, Grand Opéra Paris, Covent Garden in London, Züricher Oper. Zu den interessantesten und internat. anerkanntesten Theaterinsz.en L.s gehörten in den 1980er Jahren *Schuld und Sühne* (u. a. 1984 Arena del Sole, Bologna; 1985 Burgtheater, Wien; 1987 Arena Stage, Washington) sowie *Dämonen* nach Dostoevskij (P. in London am 16. 2. 1985, dann Gastspiele in ganz Europa), Babels *Sonnenuntergang* (1986 Habima, Tel Aviv), Puškins *Gastmahl während der Pest* (1986), *Meister und Margarita* (1988, beide Dramaten, Stockholm). Im Mai 1988 besuchte L. wieder Moskau und brachte alle seine vorher verbotenen Werke auf die Bühne; ein Jahr später erhielt der Regisseur den sowjet. Pass und die Direktion des Taganka-Th.s zurück. Es folgten intensive Arbeit und neue Premieren, u. a. Erdmans *Selbstmörder* (P. 24. 7. 1990), *Schiwago (Doktor)* nach Pasternaks Roman – in Kooperation mit den Wiener Festspielen (P. 18. 5. 1993 Wien, 16. 6. 1993 Moskau), *Brüder Karamasow* nach Dostoevskij (P. 30. 9. 1997), *Marat/Sade* von Weiss (P. 22. 11. 1998), *Chroniken* Shakespeares (P. 6. 2. 2000) und zu L.s 85. Geburtstag → Goethes *Faust* (P. 30. 9. 2002).

L. führte insgesamt mehr als 100 Bühnenwerke auf, aber nicht nur aus diesem Grund gehört er zu den in der Welt bekanntesten russ. Regisseuren. Geschätzt wird L. wegen seiner Leidenschaft zur Theaterarbeit, seines Glaubens an die Notwendigkeit des Th.s für das Verstehen, für die Empfindung der heutigen Welt, seiner Kenntnis aller Möglichkeiten der Bühne, wegen seiner Begabung für einen offenen Dialog mit dem Publikum und seines hohen Ethos. Man kann diese Dispositionen in beiden Grundrichtungen von L.s Repertoire bemerken: im politischen bzw. publizistischen Zeittheater, in dem der Regisseur hauptsächlich die Brecht'sche Ästhetik fortsetzte, wie auch im poetischen, metaphorischen Th., dessen ausdrucksstarke Bühnenbilder im Zuschauergedächtnis weiterwirken. L. kann auch überzeugend und entdeckend klassische Werke neu lesen und große epische Romane szenisch bearbeiten. Dabei benutzt er mit Meisterschaft verschiedene Theaterelemente samt dem ganzen Theaterraum: Als Beispiel kann hier der berühmte, vielseitig verwendete, in allen Richtungen bewegliche Vorhang in *Hamlet* dienen, der zum Hauptakteur dieser Aufführung wurde. «Ljubimows Aufführungen leben lange. Nicht nur deshalb, weil sie eine präzise, ausgedrückte ‹Form› haben. Ljubimow mit seinem organischen Historismus schaut durch, er untersucht gesellschaftliche Prozesse, die nicht heute begonnen haben und die nicht morgen enden werden» (B. Singerman in *Teatr* 1991, Nr. 1).

Beumers, B.: Yury Lyubimov at the Taganka Theatre, 1964–1994. Amsterdam 1997; Malceva, O.: Poetičeskij teatr Jurija L'ubimova: spektakli Moskovskogo teatra dramy i komedii na Taganke 1964–1998. Sankt-Petersburg 1999; Picon-Vallin, B.: Lioubimov: la Taganka. Paris 1997 (= Les voies de la création théâtrale, Bd. 20).

Wojciech Dudzik

Loebinger, Lotte, * 10. 10. 1905 Kottowitz (heute Katowice, Polen), † 9. 2. 1999 Berlin. Schauspielerin, Regisseurin.

Tochter eines Arztes; wuchs bei ihren Schwestern in Stettin und Kiel auf. In Kiel Kindergärtnerin, Verkäuferin, Opernstatisterie. 1923–26 in Breslau (Wrocław), begann 1925 als Schauspielerin; 1923 Mitglied der KPD, Mitarbeit in deren Jugendverband. Seit 1926 in Berlin; erstes Engagement am Renaissancetheater, u. a. in Strindbergs *Kameraden* und in Revuen. 1927–53 verheiratet mit dem späteren SPD-Politiker Herbert Wehner. Ab 1927 Ausbildung an der Volksbühne. An den → Piscator-Bühnen in Tollers *Hoppla, wir leben* (UA 1927), Credés (d. i. Otto Pense) *§ 218 (Frauen in Not)* (1929–31, Deutschlandtournee und Berlin), Bill'-Beločerkovskijs *Mond von Links* (1930), Glebovs *Frau in Front,* Wolfs *Tai Yang erwacht* (beide 1931). 1931 für die Dreharbeiten zu Piscators *Der Aufstand der Fischer von St. Barbara* in der UdSSR (1934 beendet). Filmdebüt in Fritz Langs *M* (1931). 1932/33 Dt. Künstlertheater, u. a. in Hinrichs' *Krach um Jolanthe.* L. floh Ende 1933 nach Polen; nach Ausweisung über Prag in die UdSSR. Spielte in → Wangenheims Film *Borzy (Kämpfer,* 1936), war Korrektorin, Rundfunksprecherin, Dozentin für Fachphonetik der dt. Sprache am Lehrerinstitut in Moskau. L. kehrte 1945 nach Ostberlin zurück. Rundfunkarbeit, seit 1946 am Dt. Th., u. a. in Wolfs *Beaumarchais oder Die Geburt des Figaro* (UA 1946) und *Tai Yang erwacht* (1949, R. W. → Langhoff), Zapolskas *Die Moral der Frau Dulski* (1952); inszenierte und spielte 1950/51 mit Schauspielern des Dt. Th.s Kanas *Brigade Karhan – Ein Stück vom Fünfjahrplan* (Tournee, Nationalpreis). Spielte auch an anderen Berliner Th.n und mit einer von ihr gegründeten Truppe Kurzfassungen sowjet. Stücke in Betrieben und Kinosälen. Seit 1953 am Maxim-Gorki-Th. (Ehrenmitglied). Rollen u. a. in Gor'kijs *Dostigajew und andere* (1954), *Die Letzten* (1975), *Die Kleinbürger* (1982, R. → Hetterle), in Bechers *Der Weg nach Füssen* (UA 1956), Blažeks *Und das am Heiligabend* (1960), Rosovs *Am Tage der Hochzeit* (1965), O'Caseys *Der Stern wird rot,* Pirandellos *Liolá* (beide 1968), Hacks' *Rosie träumt* (UA 1975), Groß' *Match* (UA 1978), Čechovs *Die drei Schwestern* (1979, R. Th. → Langhoff, 1984 TV), Galins *Testamente* (1986), → Shakespeares *Was ihr wollt* (1991). An der Volksbühne in Bielers *Nachtwache* (DEA 1964), Šatrovs *Dalsche... Dalsche... Dalsche! Weiter... Weiter... Weiter!* (1990). Viele Film- und Fernsehrollen, u. a. in *Irgendwo in Berlin* (1946), *Ehe im Schatten* (1947), *Das kalte Herz* (1950), *Schlösser und Katen* (1957), *Engel* im *Fegefeuer* (1964), *Guten Morgen, du Schöne* (1980, TV), *Das Mädchen Störtebeker* (1980, TV), *Jan auf der Zille* (1986), *Grüne Hochzeit* (1989), *Adamski*, *Heller Tag* (beide 1994). Lesungen, Vortragsabende (Schiller-Programm). – Vertreterin eines «politischen», «eingreifenden» Th.s, das aufklären und zu Veränderungen ermutigen sollte. Von Bedeutung für die Entwicklung der Schauspielkunst in der DDR. Eine realistische, einfühlende Schauspielerin von Rang in proletarisch-kleinbürgerlichen Rollen. Große Altersrollen.

Lause, B., R. Wiens: Theaterleben. Frankfurt a. M. 1991.

Wolfgang Beck

Loepelmann, Goetz, * 24. 12. 1930 Berlin. Bühnen-, Kostümbildner, Regisseur, Autor, bildender Künstler.

Studium der Malerei an der Hochschule der Künste Berlin; Arbeit als Maler und Bildhauer, seit 1972 als Bühnenbildner und Regisseur. 1981–83 war L. der erste Leiter des Ensembles der Ruhrfestspiele Recklinghausen. Seit 1989 lebt er auf Teneriffa. Seit Beginn seiner szenographischen Arbeit intensive Zusammenarbeit mit → Zadek, u. a. am Schauspielhaus Bochum bei Čechovs *Die Möwe*, Dorsts *Eiszeit* (UA), Hamptons *Die Wilden* (DEA, alle 1973), → Shakespeares *König Lear* (1974), am Dt. Schauspielhaus Hamburg u. a. bei Ibsens *Die Wildente* (1975), *Hedda Gabler* (1979), → Ayckbourns *Spaß beiseite* (DEA 1979), in München am Bayer. Staatsschauspiel bei Ibsens *Baumeister Solness* (1983), den Kammerspielen bei García Lorcas *Yerma* (1984; 1985 Dt. Schauspielhaus), Ibsens *Wenn wir Toten erwachen* (1991), im Berliner Th. am Kurfürstendamm bei Ayckbourns *Ab jetzt* (1989). Mit → Fernandes u. a. bei García Lorcas *Doña Rosita bleibt ledig* (1974), Racines *Britannicus* (1978, beide Bochum), Čechov, *Der Heiratsantrag / Die Hochzeit / Das Jubiläum* (1985, Dt. Schauspielhaus), mit → Kroetz u. a. bei dessen *Der Drang* (UA 1994), *Bauerntheater* (1995, beide Münchner Kammerspiele). Außerdem u. a. Bühnenbilder für H. → Müllers *Die Schlacht* (1982, Düsseldorfer Schauspielhaus, R. → Tragelehn), Shakespeares *Ein Sommernachtstraum* (1986, Burgtheater Wien, R. A. → Kirchner), Goldonis *Der Diener zweier Herren* (1990, Dt. Th. Berlin), Dürrenmatts *Der Besuch der alten Dame* (1994, Zürcher Schauspielhaus). In Hamburg am Dt. Schauspielhaus für Bernhards *Der Theatermacher* (1990), → Lessings *Emilia Galotti* (1992), Shaws *Haus Herzenstod* (1992, R. → Zinger), den Kammerspielen für Borcherts *Draußen vor der Tür* (1995), Rezas *Kunst* (1996), Becketts *Das letzte Band* (1997), *Glückliche Tage* (1999), Shermans *Rose* (2001), am St. Pauli Th. für → Brecht / Weills *Die Dreigroschenoper* (2003), am Ernst-Deutsch-Th. für Schmitts *Oscar und die Dame in Rosa* (2004). Vereinzelt Opernausstattungen. Insz.en (auch Bühnenbild) u. a. von Müllers *Leben Gundlings Friedrich von Preußen Lessing Schlaf Traum Schrei* (1979), Brechts *Trommeln in der Nacht* (1987, beide Bochum), García Lorcas *Chimäre / In seinem Garten liebt Don Perlimplin Belisa* (1990, Dt. Schauspielhaus), → Goethes *Urfaust* (1997/98, Teatro de la Abadía, Madrid), Shakespeares *Othello* (2004, Rhein. Landestheater). Einen wichtigen Aspekt im Theaterschaffen L.s bildet das Kinder- und Jugendtheater, für das er als Autor, Bearbeiter, Regisseur und Szenograph tätig ist. Dazu gehören das eigene Stück *Supermann* (1974, Bochum), die Adaptionen von Wildes *Der Geburtstag der Infantin* (1980, Frankfurt a. M.), Kästners *Pünktchen und Anton* (1985), *Der 35. Mai* (1988), *Emil und die Detektive* (1998, alle Dt. Schauspielhaus Hamburg), E. T. A. Hoffmanns *Der goldene Topf* (1993, Stuttgart), *Der Sandmann* (1995, Hamburger Kammerspiele), die UAen von Endes *Der Satanarchäolügenialkohöllische Wunschpunsch*

(1990), Dorsts *Wie Dilldapp nach dem Riesen ging* (1994), Baschow / Blaschay, *Die steinerne Blume* (1996), Renckhoffs *Das klingende Haus* (2001, alle Dt. Schauspielhaus Hamburg). – L. versteht es, seine verschiedenen künstl. Talente für seine Theaterarbeit als Bühnenbildner wie als Regisseur nutzbar zu machen. Diese Vielseitigkeit trägt auch dazu bei, dass er keinem wiedererkennbaren szenographischen Stil folgt, sondern sich bei jedem Stück um «einen stückdramatisch sinnvollen Spielraum» (Eckert, S. 164) bemüht, der sich dem theatralen Gesamteindruck unterordnet. L. «baut radikale Menschenpuppenstuben und Versammlungsstätten für die konspirativen Treffen unverbesserlicher Theater-Traumtöter. Sie rotten sich zusammen in einem Reich, in dem Pinsel ein Zepter ist und über Welten aus Sperrholz und Papier regiert» (Ch. Schmidt in *Die Münchner Kammerspiele*, S. 447). Als Regisseur dem Autor und seinem Text verpflichtet.

Eckert, N.: *Das Bühnenbild im 20. Jahrhundert*. Berlin 1998; *Die Münchner Kammerspiele*. Hg. S. Dultz. München 2001.

Wolfgang Beck

Lohner, Helmut, * 24. 4. 1933 Wien. Schauspieler, Intendant.

Sohn eines Schlossers; Ausbildung als Grafiker. Nach dem Abitur an der Arbeiterhochschule nahm L. privaten Schauspielunterricht. Seine erste Theaterstation war in Baden bei Wien, wo er als Chorist und Schauspieler engagiert war. Danach Operetten-Buffo am Stadttheater Klagenfurt. 1953–63 am Th. in der Josefstadt Wien, u. a. in Rices *Spur der Leidenschaft* (1961, R. L. → Steckel). Zahlreiche Gastspiele folgten, u. a. in Berlin (Th. am Kurfürstendamm, Renaissancetheater). An den Münchner Kammerspielen u. a. Ferdinand in Schillers *Kabale und Liebe* (1965, R. → Kortner), Alfred in Horváths *Geschichten aus dem Wiener Wald* (1967). In Hamburg am Dt. Schauspielhaus u. a. in Strindbergs *Ein Traumspiel* (1963), Schnitzlers *Der grüne Kakadu* (1965, beide R. → Schuh), am Thalia Th. u. a. TRn in Erdmanns *Der Selbstmörder* (1971), → Nestroys *Der Färber und sein Zwillingsbruder* (1973). TRn in → Shakespeares *Hamlet* und *Richard III.* (beide 1972, R. → Stroux) in Düsseldorf. In weiteren Rollen am Schauspielhaus Zürich, u. a. Orin in O'Neills *Trauer muß Elektra tragen* (1971, R. Stroux), Mosca in Jonsons *Volpone* (1973), in Zuckmayers *Der Rattenfänger* (UA 1975, R. → Lindtberg). Ab 1980 war L. Ensemble-Mitglied des Wiener Burgtheaters. Unter → Schenks Regie spielte L. u. a. die TR in → Goethes *Faust I* (1982). Ebenso in Insz.en Schenks bei den Salzburger Festspielen, u. a. den Titus Feuerfuchs in → Nestroys *Der Talisman* (1976) und die TR in *Der Zerrissene* (1982). Bei den Salzburger Festspielen Teufel (1984–87), Tod (1989), TR (1990–94) in Hofmannsthals *Jedermann*. Großer Erfolg in Insz.en von Schnitzlers *Das weite Land* (1986/87, Zürcher Schauspielhaus) und *Der einsame Weg* (1987/88, Salzburg). *Th. heute* wählte L. dafür (mit → Wildgruber) zum Schauspieler des Jahres 1988. Hoch gelobt seine Darstellungen in Osbornes *Der Entertainer* (1992, Thalia Th. Hamburg) und als Geisterfürst in → Raimunds *Der Alpenkönig und der Menschenfeind* (1996, Salzburg, R. P. → Stein). Umfangreiche Film- und Fernsehtätigkeit seit 1955. 1997 übernahm L. als Nachfolger Schenks die Leitung des Th.s in der Josefstadt in Wien, dessen Ehrenmitglied er ist. Als er es 2003 verließ, hinterließ er ein Haus mit hoher Auslastung (83 %) und herausragendem künstl. Profil. Nach der kurzen Intendanz Hans → Gratzers übernahm L. 2004–06 erneut die künstl. Leitung. In seiner Intendantenzeit inszenierte er u. a. Werfels *Jacobowsky und der Oberst* (1997), spielte u. a. in Shaws *Haus Herzenstod* (1997), Horváths *Figaro läßt sich scheiden* (1998, R. →Bondy), Hofmannsthals *Der Schwierige* (TR, 2000), Ortons *Seid nett zu Mr. Sloane*, Bernhards *Der Schein trügt* (beide 2002), →Molières *Der Menschenfeind* (TR, 2003), Nestroys *Kampl* (TR, 2004), Lady Bracknell in Wildes *Bunbury* (2006, R. →Hollmann). Insz.en an verschiedenen Bühnen, v. a. von Werken des Musiktheaters (u. a. Mozarts *Die Zauberflöte*, 2005, Volksoper Wien). Zahlreiche Auszeichnungen, u. a. Kammerschauspieler. L. war u. a. 1962–76 mit der Schauspielerin Karin Baal verheiratet, ihre Tochter Therese ist ebenfalls Schauspielerin. – U. Weinzierl schrieb über L.: «Der schlaksigen Bubengestalt haben die Falten nichts anzuhaben vermocht. Begabt und geschlagen mit Perfektionswahn und außergewöhnlicher artistischer Intelligenz. […] Gern trägt er die Masken der Einsamkeit, mühsam beherrschte Panik ist sein Revier. […] Zudem besitzt Helmut Lohner die Gnade der absoluten Bühnenpräsenz. Wenn er auftritt, und sei's wie nebenbei, verändert sich rundum alles» (*Die Welt*, 24. 4. 2003). Ein überaus wandlungsfähiger, disziplinierter und hochsensibler Charakterdarsteller mit hoher Sprechkultur. Herausragend seine Verkörperungen von Gestalten Nestroys, Schnitzlers, Horváths.

Donatha Reisig

Lorre, Peter (eig. László Löwenstein), * 26. 6. 1904 Rosenberg (Österr.-Ungarn, heute: Ruzomberok, Slowakei), † 23. 3. 1964 Hollywood. Schauspieler.

Seit 1913 in Wien, studierte und arbeitete am Stegreiftheater Jakob L. →Morenos. Debüt 1924 am Breslauer Lobe- und Thalia-Th., danach Engagements in Zürich und Wien (Kammerspiele, Carl-Th.). 1928/29–31 Th. am Schiffbauerdamm Berlin, Durchbruch in der einen Skandal auslösenden Insz. von Marieluise Fleißers *Pioniere in Ingolstadt* (1929, R. Jacob Geis / →Brecht). Engagements an verschiedenen Berliner Bühnen, u. a. in Wedekinds *Frühlings Erwachen* (1929), Karl Kraus' *Die Unüberwindlichen* (1929), Büchners *Dantons Tod* (alle Volksbühne), Brechts *Mann ist Mann* (1931, Staatl. Schauspielhaus, R. Brecht / Ernst Legal), Horváths *Geschichten aus dem Wiener Wald* (UA 1931, Dt. Th., R. →Hilpert). Internat. Bekanntheit durch Fritz Langs Film *M – Eine Stadt sucht einen Mörder* (1932), in dem er den Triebtäter so überzeugend darstellte, dass er seither im Film auf die Rolle des Bösewichts, des geheimnisvoll-unheimlichen Charakters festgelegt war. Weitere Filme u. a. *Bomben auf Monte Carlo*, *F. P. 1 antwortet nicht*, *Der weiße Dämon* (alle 1932, jeweils mit H. →Albers). – März 1933 Emigration über Wien und Paris 1934 nach London. Mitwirkung an 2 Filmen Hitchcocks (*The Man who Knew Too Much*, 1934; *Secret Agent*, 1936). 1934 USA, wo L. erfolgreich beim Film arbeitete: *Crime and Punishment* (1935, R. J. v. Sternberg), *The Maltese Falcon* (1941, R. John Huston), *Casablanca* (1942, R. Michael Curtiz), *Arsenic and Old Lace* (R. Frank Capra), *The Mask of Dimitrios*, *Passage to Marseille* (alle 1944), *Beat the Devil* (1953, R. Huston). L. spielte 1937–39 in der Serie *Mr. Moto* den Titelhelden, einen Detektiv japan. Herkunft. Trat auch bei Veranstaltungen dt. Exilierter auf, so im «Kabarett der Komiker» in New York. 1949 Tournee durch engl. Varietés. 1951 war L. in der BRD Drehbuchautor, Regisseur und Hauptdarsteller des zeitkritischen und preisgekrönten Films *Der Verlorene*, der finanziell ein Misserfolg wurde. L. kehrte noch im selben Jahr nach Hollywood zurück. Danach meist nur noch Rollen in künstl. unbedeutenden Filmen, seltene Theaterauftritte und Arbeit beim Fernsehen und im Rundfunk. – L. war ein u. a. von Brecht hochgeschätzter «epischer» Charakterdarsteller, der Widersprüche und Brüche seiner Figuren herauszuarbeiten verstand. Kleinbürgerliche (bösartige) Harmlosigkeit, zynische Freundlichkeit waren Merkmale seiner Schauspielkunst, die seinen Rollen – besonders im Film – ein unverwechselbares Kennzeichen verlieh.

Beyer, F.: Peter Lorre. München 1988; Hofmann, F., St. D. Youngkin: Peter Lorre. München 1996.

Wolfgang Beck

Löscher, Peter, * 1938 Dresden. Regisseur.

1957–59 Studium der Germanistik und Theaterwissenschaft an der Humboldt-Universität Berlin, Regie- und Schauspielunterricht in Frankfurt a. d. O. 1959 Freie Universität Berlin. 1962 Gastsemester in Los Angeles. 1966–69 Dramaturg Städt. Bühnen Wuppertal, Hospitanz bei der Royal Shakespeare Company. 1969 Gründung des Theaterlaboratoriums Elten/Niederrhein. Gastinsz.en (Horváths *Zur schönen Aussicht*, Landestheater Tübingen; DEA *Teufel am Mittag* von Barnes, Wuppertal). Work-in-progress-Produktionen im Th. am Turm in Frankfurt a. M. (*Die Jakobsgeschichte* 1973, Schauspielerübungen nach Motiven von Beckett). Am Schauspiel Frankfurt u. a. Lampels *Revolte im Erziehungshaus* (1973), Strindbergs *Mit dem Feuer spielen* (1974), Rudkins *Vor der Nacht* (1976), →Shakespeares *Was ihr wollt* (1977), Kipphardts *Bruder Eichmann* (1983). Im Düsseldorfer Schauspielhaus Becketts *Damals/Tritte* (1976) und *Warten auf Godot* (1978), Bruckners *Krankheit der Jugend* (1976), 1979 mit eigener Truppe im Ensemble des Schauspielhauses in der Alten Messe Schillers *Die Räuber* (2005 auch Dortmund), Projekt *Mit tränenüberströmtem Gesicht*. 1980 im Thalia Th. Hamburg UA von Laubes *Endlich Koch*, 1981 Staatsschauspiel Stuttgart *Fräulein Julie* von Strindberg, im Dt. Schauspielhaus Hamburg 1981 Becketts *Endspiel*, 1982 Williams' *Endstation Sehnsucht* und →Molières *Tartuffe*, 1990 Bernhards *Der Theatermacher*, 1992 →Lessings *Emilia Galotti*, 1993 Feydeaus *Der Floh im Ohr*, am Bayer. Staatsschauspiel →Brechts *Leben des Galilei* (1984), im Schauspiel Köln Strindbergs *Gläubiger* (1987), Bruckners *Die Rassen* (1988), im Schauspiel Bonn 1993 Strindbergs *Der Pelikan*, 1994 Pirandellos *Sechs Personen suchen einen Autor*, am Stadttheater Basel, dessen Schauspieldirektor er 1996/97 für wenige Monate war, Shakespeares *Richard III.* (1996), Gor'kijs *Nachtasyl* (1997), an den Hamburger Kammerspielen Hares Schnitzler-Bearbeitung *The Blue Room* (DEA 2000), Dorfmans *Purgatory* (UA 2003). 3 Einladungen zum Berliner Theatertreffen. – Eigenwilliger Regisseur, der sich nur schwer in den Stadttheaterbetrieb einpasst, immer auf der Suche nach neuen Arbeitsformen, interessiert an Gruppenarbeit und Mitbestimmungsmodellen. Analytischer Regisseur. Heinrich Vormweg charakterisierte seine Insz.en als «szenisch-bildhaftes, ungemein plausibles und sachliches und anregendes Nachdenken, das weiterwirkt».

Werner Schulze-Reimpell

Lothar, Ernst (eig. E. L. Sigismund Müller), * 25. 10. 1890 Brünn (Österr.-Ungarn, heute: Brno, Tschech. Republik), † 30. 10. 1974 Wien. Regisseur, Theaterleiter, Schriftsteller.

Sohn eines Rechtsanwalts, studierte Jura in Wien (Promotion 1914). 1914–16 Soldat. Juristische und schriftstellerische Tätigkeit. Als Beamter im Handelsministerium Mitbegründer der Wiener Messe, der Hochschule für Welthandel und mit →Reinhardt, Hofmannsthal u. a. der Salzburger Festspiele. Auf eigenen Wunsch Frühpensionierung mit dem Titel Hofrat. 1925–32 Kritiker der *Neuen Freien Presse*. Seit 1933 mit der Schauspielerin A. →Geßner verheiratet. Präsident des Gesamtverbandes schaffender Künstler Österreichs. Seit 1932 Insz.en am Burgtheater; Debüt mit *Ein Bruderzwist im Hause Habsburg* von Grillparzer, von dem er u. a. auch *König Ottokars Glück und Ende* (1933), *Die Jüdin von*

Toledo (1937) inszenierte. Lehrer und mehrere Jahre Leiter des Reinhardt-Seminars. 1935 als Nachfolger →Premingers Leiter des Th.s in der Josefstadt; inszenierte u. a. die dt.sprachige EA von Giraudoux' *Der Trojanische Krieg findet nicht statt* (1936). Nach dem sog. «Anschluss» Österreichs 1938 Rücktritt als Theaterleiter. Emigration in die Schweiz zu seinem Bruder, dem Schriftsteller und Dramaturgen Hans Müller (1882–1950). 1938 Paris, 1939 USA. Gründete in New York das Austrian Th. (1940/41), inszenierte mit Exilschauspielern u. a. Stücke von Wildgans, Schnitzler, Auernheimer, Cocteau. Vortragstourneen, Arbeit als Schriftsteller und für den Rundfunk. 1941–43 Professor für Komparatistik und Theaterwissenschaft am Colorado College in Colorado Springs, zuständig für Aufführungen des College (u. a. Ibsens *Die Wildente*, Claire Booth' *Women*). 1946–48 im Auftrag des amerik. Außenministeriums Kulturbeauftragter für Österreich (Th. und Musik); 1948 endgültige Rückkehr nach Wien. Beteiligt an der Wiedereröffnung der Salzburger Festspiele 1946. Dort inszenierte er u. a. Grillparzers *Des Meeres und der Liebe Wellen* (1948), →Goethes *Clavigo* (1949), *Egmont* (1956), →Raimunds *Der Verschwender* (1950), Hofmannsthals *Jedermann* (1952), *Der Turm* (1959), Schillers *Kabale und Liebe* (1955), →Lessings *Emilia Galotti* (1957), Werfels *Juarez und Maximilian* (1958). Regelmäßige Insz.en v. a. im Burgtheater, im Akademietheater, im Th. in der Josefstadt. Theaterkritiker und Autor von Romanen und Erzählungen, Drehbüchern, theatertheoretischen Schriften (*Macht und Ohnmacht des Theaters*, 1968) und einer Autobiographie (*Das Wunder des Überlebens*, 1960). Verband als Theaterleiter künstl. Anspruch mit kommerziellem Erfolg, schuf ein homogenes Ensemble und besaß ein Gespür für neue Talente. Als Regisseur dem Text verpflichtet, vertrat L. ein stark literarisch geprägtes Th. mit dem Schwerpunkt auf österr. Dramatik. Er setzte sich für vergessene und verdrängte Dramatiker ein (Anzengruber), trug bei zur Grillparzer-, Hofmannsthal- und Schnitzler-Renaissance.

<small>Bolbecher, S., K. Kaiser: Lexikon der österreichischen Exilliteratur. Wien 2000; Lothar, E.: Ausgewählte Werke. 8 Bde. Wien 1961–68; Maurer, S.: Ernst Lothar. Dipl.-Arbeit Wien 1995; Waldner, H.: Das Theater in der Josefstadt von Lothar bis Steinboeck (1935–47). Diss. Wien 1949.</small>

Wolfgang Beck

Lothar, Hanns (eig. Hans-L. Neutze), * 10. 4. 1929 Hannover, † 11. 3. 1967 Hamburg. Schauspieler.

Sohn eines Justizbeamten, jüngerer Bruder der Schauspieler Horst-Michael Neutze (* 1923) und Günther Neutze (1921–91). Stand schon als 12-Jähriger 1941 im Weihnachtsmärchen auf der Bühne. Noch während der Schulzeit Schauspielunterricht bei Max Gaede. Bereits als 16-Jähriger Ensemblemitglied des Th.s in Hannover unter Intendant Kurt →Ehrhardt. Spielte u. a. in Zuckmayers *Des Teufels General* (1948), →Shakespeares *Komödie der Irrungen* (1949), Giraudoux' *Der Trojanische Krieg findet nicht statt* (1950). Seit 1951 Städtische Bühnen und auch Kleines Th. am Zoo in Frankfurt a. M.; 1954 erneut in Hannover, 1955–62 Thalia Th. Hamburg. Rollen u. a. in Sternheims *Bürger Schippel* (TR, 1957), Marceaus *Das Ei* (1958), Williams' *Süßer Vogel Jugend* (1959), Curt →Goetz' *Der Lügner und die Nonne* (1960). 1959–65 verheiratet mit Ingrid →Andree, gemeinsame Tochter Susanne →Lothar. 1966 Tournee mit Wincelbergs *Kataki* (mit Samy Molcho). Seit 1948 *(Wege im Zwielicht)* auch in zahlreichen Film- und Fernsehproduktionen zu sehen, u. a. in Literaturadaptionen (*Biedermann und die Brandstifter*, 1958; *Sturm im Wasserglas*, 1960; *Schloß Gripsholm*, 1963). Durchbruch als Filmschauspieler in Alfred Weidenmanns Zweiteiler

Die Buddenbrooks (1959, nach Thomas Mann). Rollen in Billy Wilders Ost-West-Satire *One, Two, Three* (*Eins, zwei, drei*, 1961), in *Flug in Gefahr* (TV, 1964), *Polizeirevier Davidswache* (1964), *Der Fall Lothar Malskat* (TV, 1966). Erste Regie (und Rolle des Verteidigers) bei Herman Wouks *Meuterei auf der Caine* (Junges Th. Hamburg, heute: Ernst-Deutsch-Th.). L. starb während dieser Arbeit. – Ein instinktsicherer und intuitiver Schauspieler von großer Direktheit und Präsenz, der klassische wie moderne Rollen mit souveräner Selbstverständlichkeit gestaltete. Seine meist unterspielende Schauspielkunst wirkte leicht und spontan, dabei war er immer von Selbstzweifeln gequält. Ein ungewöhnliches komödiantisches Talent von großer Präzision und Präsenz.

Wolfgang Beck

Lothar, Susanne, * 15. 11. 1960 Hamburg. Schauspielerin.

L., Tochter des Schauspielerehepaares Ingrid → Andree und Hanns → Lothar, begann ihre Ausbildung in Hamburg an der Hochschule für Musik und darstellende Kunst, brach sie aber nach 3 Semestern ab, um als Elevin ans Hamburger Thalia Th. zu gehen. Dort war die damals 19-jährige als Hermine in Fleißers *Fegefeuer in Ingolstadt* sofort erfolgreich. Für diese Rolle und die Verkörperung der Recha in → Lessings *Nathan der Weise* (1981, R. B. Korn) erhielt sie 1981 den Boy-Gobert-Preis. 1982/83 wechselte sie zu Jürgen → Flimm nach Köln und spielte u. a. Gretchen in → Goethes *Faust*, Cordelia in → Shakespeares *König Lear* oder M in Strauß' *Kaldewey, Farce* (1983, R. → Heising, mit ihrer Mutter). 1985 am Thalia Th. als Viola in Shakespeares *Was ihr wollt* (R. → Chundela). 1986 gastierte sie am Wiener Burgtheater und bei → Nagel in Stuttgart. In Wien war sie in → Giesings Regie als Klara Hühnerwadel in Wedekinds *Musik* erfolgreich (Josef-Kainz-Medaille). In Stuttgart beeindruckte sie u. a. an der Seite von Ulrich → Tukur als May in Shephards *Liebestoll* (R. → Zinger) oder als Marie in Büchners *Woyzeck* (R. → Wieler). 1986/87 spielte sie in Hamburg am Dt. Schauspielhaus bei → Zadek die Rockerbraut im Musical *Andi*. 1988 Riesenerfolg als Lulu in Zadeks umjubelter Insz. von Wedekinds *Die Büchse der Pandora*. Dabei brachte er erstmals die neuentdeckte Urfassung des Dramas von 1884 auf die Bühne. L., die in dieser Rolle an der Seite → Wildgrubers glänzte, spielte die Lulu sowohl als Objekt, als Projektionsfläche für Männerphantasien, wie auch als Subjekt, als eine selbstbewusst handelnde Frau, die zwischen «Masochismus (extrem), grimmigen Durchhaltevermögen und wilder romantischer Phantasie» schwankte (*Th. heute*, Jb. 1988); dabei wirkte L. auch in den Nacktszenen ungekünstelt. Für diese Rolle wurde sie zur Schauspielerin des Jahres gewählt. Unter Giesings Regie spielte L. in Hamburg in Mamets *Edmond* (1986) und → Ayckbourns *Der Held des Tages* (DEA 1990) und in Wien (1993) die Studentin Carol in Mamets *Oleanna*, einem provokanten und umstrittenen Stück über «political correctness». 1990/91 bei den Salzburger Festspielen Rahel in Grillparzers *Die Jüdin von Toledo* (R. Th. → Langhoff). Weitere Rollen u. a. in der Regie Luc → Bondys: in Rezas Komödie *Drei Mal Leben* (2000, Wien) die kluge Pariserin, die das Karrieregehabe der Männer durchschaut und so aussieht, als wenn sie gleich fliehen würde, ganz im Gegensatz zur Arztfrau Corinne in Crimps *Auf dem Land* (2001, Schauspielhaus Zürich), die wider besseres Wissen bei ihrem Ehemann bleibt. 2004 Blanche in Williams' *Endstation Sehnsucht* (schauspielfrankfurt), 2006 Christine in O'Neills *Trauer muss Elektra tragen* (Schaubühne am Lehniner Platz, R. → Ostermeier). – L. spielt vorzugsweise schwierige, gebrochene Charakterrollen, Frauenfiguren, die auf der

Verliererinnenseite stehen. Dies trifft auch auf ihre zahlreichen Filmrollen zu, so 1983 die autistische Marga in Tankred Dorsts *Eisenhans* (Bundesfilmpreis) oder in Helke Misselfitzs *Engelchen* (1996) die junge Fabrikangestellte Ramona, die sich verzweifelt ihre kleine private Traumwelt zu erhalten versucht und scheitert, oder in *Funny Games* (1997, mit ihrem Ehemann Ulrich → Mühe, R. M. Haneke), *Die Klavierspielerin* (2001), Costa-Gavras' *Der Stellvertreter* (2002), *Schneeland* (2005). L.s herausragende Ausdruckskraft ist geprägt von pathosfreier, intensiver Emotionalität und von der Fähigkeit, innerhalb kürzester Zeit von einem Extrem ins andere zu fallen. Dadurch gelingt es ihr, die Figuren unmittelbar und glaubwürdig zu verkörpern und sowohl die Mitspielenden als auch das Publikum mitzureißen, zugleich ist ihre Spielweise zumeist von «stoischer Komik» durchzogen.

Karin Schönewolf

Löwitsch, Klaus, * 8. 4. 1936 Berlin, † 3. 12. 2002 München. Schauspieler.

Nach klassischer Tanzausbildung und Studium am Max-Reinhardt-Seminar in Wien erste größere Bühnenrollen an der Wiener Volksoper; 1961 festes Engagement an den Münchner Kammerspielen. Danach Verpflichtungen nach Konstanz, Köln, Wien, Hamburg, Zürich und am Bayer. Staatsschauspiel. Neben dem Th. arbeitete L. seit Mitte der 1950er Jahre verstärkt für den Film. Für seine Rolle in *Mädchen… nur mit Gewalt* (R. R. Fritz, 1969) erhielt er 1970 einen Bundesfilmpreis. Seit Anfang der 1970er Jahre drehte er unter der Regie von R. W. → Fassbinder mehrere Filme, u. a. *Der Händler der vier Jahreszeiten* (1971), die 2-teilige TV-Produktion *Welt am Draht* (1973) und *Die Ehe der Maria Braun* (1979). 1976 und 1979 stand er in Hollywood in S. Peckinpahs Landserfilm *Steiner – das Eiserne Kreuz* (1 und 2) vor der Kamera. TV-Serien: Der *Hafendetektiv* (1985–89) und *Peter Strohm* (1998–91). Im 2001 uraufgeführten Kinofilm *Was tun, wenn's brennt?* (R. G. Schnitzler) spielte L. den Polizisten Manowsky, der im ehemaligen Hausbesetzermilieu ermittelt. – Gern in die Schublade des einsamen Draufgängers gesteckt, bediente L. das Image des «harten Mannes» mit großer Überzeugungskraft, vornehmlich in seinen Krimi-Rollen. Sein großes schauspielerisches Können, auch sensibel und einfühlsam, differenziert und nuancenreich zu interpretieren, zeigt er v. a. in den Kino- und Fernsehfilmen, z. B. in der Rolle des jüdischen Antiquars Rabinovicz in der TV-Verfilmung des Dramas *Das Urteil* (R. O. Hirschbiegel, Autor/Drehbuch P. Hengge, 1998), für die er mit dem Adolf-Grimme-Preis und dem Bayer. Fernsehpreis ausgezeichnet wurde. L. ist auch Interpret mehrerer ausgezeichneter Hörbücher: *Offenbarung und Untergang. Fühmanns Kontroverse mit Trakl* (Köln 2001), *Ich, Kreatur… Ein Monolog* (Berlin 2002).

Schütt, H.-D.: Asche auf der Seele. Berlin 1997.

Ute Hagel

Lowitz, Siegfried, * 22. 9. 1914 Berlin, † 27. 6. 1999 München. Schauspieler.

Nach der Schauspielschule in Frankfurt a. M. spielte L. seit 1934 in Frankfurt a. M., Konstanz, Göttingen und war 1950–56 (nochmals 1962–68) Mitglied des Ensembles der Münchner Kammerspiele. 1968–78 am Bayer. Staatsschauspiel verpflichtet, machte er sich einen Namen als Charakterdarsteller. Populär aber wurde L. in den 1950er und 1960er Jahren durch seine Kinofilme: u. a. 1958 *Schinderhannes* (R. H. Käutner, Drehbuch G. Hurdalek/C. Zuckmayer) und *Der Arzt von Stalingrad* (R. G. v. Radványi) oder 1960 in *Das schwarze Schaf* zusammen mit H. → Rühmann (R. H. Ashley). Er stand 4-mal in der von H. Wendlandt produzierten längsten dt. Tonfilmserie, der Verfilmung der Edgar-Wallace-Krimis, vor der Kamera, u. a. 1964 in *Der Hexer* (R. A. Vohrer, Drehbuch H. Reinecker). Er drehte eine Reihe von Fernsehspielen (M. Frischs *Biedermann und die Brandstifter*, R. Wolffhardt, 1967) und spielte schließlich 1977–86 seine populärste TV-Rolle, die Hauptrolle in 100 Folgen der ZDF-Krimiserie *Der Alte*, die in 60 Ländern ausgestrahlt wurde. – L. war ein gestandener Theaterschauspieler, der an renommierten Häusern und auf deutschlandweiten Tourneen (*Gnadenbrot* von I. Turgenev, 1986) viele Rollen der klassischen und modernen Weltliteratur (z. B. Willy Loman in Millers *Tod eines Handlungsreisenden*, Münchner Volkstheater, R. G. Gräwert, 1986) verkörperte, er war ein bekannter Darsteller in über 40 Kinofilmen und Fernsehproduktionen – aber sein Publikum wird ihn wohl immer in erster Linie als den eher mürrischen, aber sensiblen Kommissar Köster, eben «den Alten», in Erinnerung behalten.

Lowitz, S. (unter Mitarb. von G. Seidl): Was für ein Leben. Erinnerungen. München 2000.

Ute Hagel

Lüders, Günther, * 5. 3. 1905 Lübeck, † 1. 3. 1975 Düsseldorf. Schauspieler, Regisseur.

Nach kaufmännischer Lehre und Schauspielunterricht wurde L. 1923 Mitglied des Lübecker Städtebundtheaters; 1924/25 Stadttheater Lübeck, 1925–30 Friedrich-Th. Dessau, 1930–34 Neues Th. Frankfurt a. M., danach in Berlin (Lessing-Th., Th. am Kurfürstendamm). Arbeitete als Kabarettist in → Kolmans Tingeltangel und → Fincks Die Katakombe. Nach der Schließung der Katakombe 1935 wurde auch L. im KZ Esterwegen in «Schutzhaft» genommen, 1936 in einem nachgeschobenen Prozess freigesprochen. Spielte danach an verschiedenen Berliner Th.n, war seit 1934 in zahlreichen Filmen meist in Nebenrollen beschäftigt, u. a. in *Der Etappenhase* (1937), *Kreutzersonate* (1937), *Schneider Wibbel* (1939), *Wunschkonzert* (1940), *Frau Luna* (1941), *Floh im Ohr* (1943), *Familie Buchholz, Große Freiheit Nr. 7* (beide 1944). Spielte nach Kriegsende in Hamburg (Intimes Th., Komödie) und Berlin (Tribüne), bis ihn → Gründgens 1947–54 an die Städt. Bühnen Düsseldorf verpflichtete. Dort u. a. in → Shakespeares *Hamlet* (1949), Kafka/Gides *Der Prozeß* (1950), Pirandellos *Heinrich IV.*, Büchners *Dantons Tod* (beide 1952), Shaws *Pygmalion* (1953, eigene R.); inszenierte u. a. Hauptmanns *Die Ratten* (1953), Hasenclevers *Ein besserer Herr* (1954). Spielte 1958 am Renaissancetheater Berlin in Gore Vidals *Besuch auf einem kleinen Planeten*: «er spricht so nuanciert und intelligent, daß man ihm einmal einen großen Text wünschte. In den tiefen Lagen trifft er die diabolische Diktatorenlust mit genau dem bedrohlich heiteren Ton, den der Autor sich wünschen mochte» (Th. Koch in *Die Zeit*, Nr. 11, 1958). 1958–63 Schauspieldirektor am Württemberg. Staatstheater Stuttgart, als Regisseur und Schauspieler noch danach. Spielte u. a. Eggerson in Eliots *Der Privatsekretär* (1961), die TRn in Ibsens *Ein Volksfeind*, Schnitzlers *Professor Bernhardi* (beide 1962), Kulygin in Čechovs *Die drei Schwestern* (1965, R. → Noelte), Gajev in dessen *Der Kirschgarten* (1968), TR in → Molières *Der Geizige* (1967, beide R. → Zadek). Gastierte an verschiedenen Bühnen, wurde 1972/73 von Zadek ans Schauspielhaus Bochum verpflichtet; spielte in dessen Regie Antonio in Shakespeares *Der Kaufmann von Venedig* (1972, mit → Mahnke), die TR in der Heinrich-Mann-Adaption *Professor Unrat* (1974, mit → Hoger). Als Filmschauspieler nach 1945 u. a. in *Keine Angst vor großen Tieren* (1953), *Drei Männer im Schnee* (1955), *Lumpazivagabundus* (1956), *Robinson soll nicht sterben* (1957), *Das Wirtshaus im Spessart* (1958), *Auferstehung* (1958), *Buddenbrooks* (2 Teile, 1959), *Ich bin ein*

Elefant, Madame (1969); Regie bei *Wenn wir alle Engel wären* (1956), *Vater, unser bestes Stück* (1957), *Ihr 106. Geburtstag* (1958). Unübertroffener Rezitator (Morgenstern, Ringelnatz, Goethe). 1962 Staatsschauspieler, 1974 Dt. Kleinkunstpreis. – Ein bedeutender Charakterschauspieler mit großem komödiantischem Talent, sprachlicher Meisterschaft und präziser und pointensicherer Spielweise. Im Th. wie im Film leider überwiegend nur in komischen Nebenrollen eingesetzt, die er mit feinem, zurückhaltendem Humor zu komödiantischen Kabinettstücken gestaltete.

Günther Lüders. Hg. H.-G. Kästner, W.-R. Ohlhoff. Lübeck 1985; Melchinger, S., R. Clausen: Schauspieler. 36 Porträts. Velber 1965; Trouwborst, R.: Hinreißender Komödiant, sensibler Charakterspieler, pfleglicher Regisseur. In: Düsseldorfer Hefte 3/1995, S. 34 f.

Wolfgang Beck

Ludwig, Rolf (Erik), * 28. 7. 1925 Stockholm; † 28. 3. 1999 Berlin. Schauspieler.

Steindruckerssohn; kam mit 6 Jahren nach Dresden. Lehre als Kartolithograph. 1943 Soldat; erste Theatererfahrungen bei Lageraufführungen in brit. Kriegsgefangenschaft (bis 1947); zuerst Kosinsky in Schillers *Die Räuber*. An den Hamburger Kammerspielen in Wilders *Wir sind noch einmal davongekommen* (1947, mit → Geschonneck). 1947/48 Privatunterricht in Lübeck, Dresden und an der Akademie für Musik und Th. (Dresden). 1948/49 Dt. Volksbühne Dresden. Seit 1950 in Berlin, bis 1952 im Metropol-Th. Buffo und jugendlicher Komiker. Anschließend an der Volksbühne, u. a. Puck in → Shakespeares *Ein Sommernachtstraum* (1956), Figaro in Beaumarchais' *Der tolle Tag* (1957), Mosca in Jonsons *Volpone* (1958). Großer Erfolg als Truffaldino in Goldonis *Der Diener zweier Herren* (R. → Tausig), den er 1955–65 275-mal verkörperte. Seit 1964/65 am Dt. Theater. Fast 600-mal spielte L. seit 1965 die TR in Švarc' satirischem Märchen *Der Drache* (R. → Besson), auch bei internat. Gastspielen (1966 Festival Théâtre des Nations, Paris; Teatro Comunale, Florenz). Weiter in Millers *Zwischenfall in Vichy*, Hacks' *Die schöne Helena* (beide 1965), → Lessings *Nathan der Weise* (1966), → Molières *Don Juan* (1968). L. folgte Besson an die Volksbühne, spielte in seiner Regie u. a. in → Brechts *Der gute Mensch von Sezuan*, Molières *Der Arzt wider Willen* (beide 1970); in der Regie → Karge / M. → Langhoffs in Ostrovskijs *Der Wald* (1969), Shakespeares *Othello* (TR, 1972), Ibsens *Die Wildente* (1973), H. → Müllers *Die Schlacht* (1975). Nach kurzer Zeit als freier Schauspieler wieder am Dt. Th., u. a. in Schillers *Wallenstein* (1979), Hacks' *Senecas Tod* (1980), Barlachs *Der blaue Boll* (1985, R. Winkelgrund), Shakespeares *Der Kaufmann von Venedig* (1985), Behans *Die Geisel* (1989), Hofmannsthals *Der Turm* (1992), Hauptmanns *Der Biberpelz* (1993, alle R. Th. → Langhoff), Pohls *Wartesaal Deutschland StimmenReich* (UA 1995). Außerdem bei den Salzburger Festspielen in Grillparzers *Die Jüdin von Toledo* (1990–91), Shakespeares *Coriolan* (1993), am Burgtheater Wien in O'Caseys *Ende vom Anfang* (1991, R. → Breth). Leseabende (Borchert, Joseph Roth u. a.). Zahlreiche Hör- und Fernsehspiele, rund 50 Filme, u. a. *Sein großer Sieg* (1952), *Der Hauptmann von Köln*, *Thomas Müntzer* (beide 1956), *Das Feuerzeug* (1959), *Abschied* (1968), *Die Legende von Paul und Paula* (1973), *Lotte in Weimar* (1975), *Ich zwinge dich zu leben* (1978), *Die Verlobte* (1980), *Die Grünstein-Variante* (1985), *Sansibar oder Der letzte Grund* (1987), *Stein* (1991, Fellini-Preis), *Nikolaikirche* (1995, TV), *Winterkind* (1997, TV). Seine Erinnerungen tragen den beziehungsreichen Titel *Nüchtern betrachtet*. – Einer der populärsten und vielseitigsten Schauspieler der DDR von ursprünglicher Vitalität, vor allem als Truffaldino und Drache internat. gefeiert. Ein schöpferischer und phantasievoller Komödiant und Verwandlungskünstler mit großer mimischer und physischer Ausdruckskraft, durch diszipliniertes und prägnantes Spiel seine ursprüngliche Vitalität zum Nutzen seiner Darstellungskunst bändigend. In der Schule Bessons zum bedeutenden Charakterdarsteller gereift.

Ludwig, R.: Nüchtern betrachtet. Erinnerungen eines Volksschauspielers, aufgeschrieben von G. Stave. (2. Aufl.) Berlin 1995; Schauspieler – Theater – Film – Fernsehen. Berlin 1974; Vor der Kamera – Fünfzig Schauspieler in Babelsberg. Hg. R. Schenk. Berlin 1995.

Wolfgang Beck

Ludwig, Volker (eig. Eckart Hachfeld), * 13. 6. 1937 Ludwigshafen. Theaterleiter, Autor, Übersetzer.

Sohn des Schriftstellers Eckart Hachfeld (1910–94). Ab 1957 9 Semester Studium der Germanistik und Kunstgeschichte in Berlin und München; erste Veröffentlichungen und Kabarett-Texte; seit 1962 freier Schriftsteller. L. gründete 1962 das Reichskabarett und war der Haupttexter der 8 Programme bis 1971. 1966 wurde das Th. für Kinder im Reichskabarett gegründet, das 1972 in GRIPS Th. umbenannt wurde und das L. bis heute leitet. L.s erfolgreiche Stücke bestimmen seit Beginn den Spielplan des Th.s, sie wurden in über 30 Sprachen übersetzt, in über 40 Ländern nachgespielt. Dazu gehören Kinderstücke wie *Stokkerlok und Millipilli* (mit R. Hachfeld, UA 1969), *Trummi Kaputt* (UA 1971), *Himmel Erde Luft und Meer* (UA 1990), *Kannst du pfeifen, Johanna?* (UA 2002), *Julius und die Geister* (UA 2002), Stücke für Jugendliche wie *Das hältste ja im Kopf nicht aus* (UA 1975), *Alles Plastik* (beide mit D. Michel, UA 1981), *Die Moskitos sind da* (UA 1994), *Melodys Ring* (UA 2000), Stücke und Musicals für Erwachsene, u. a. *Eine linke Geschichte* (mit D. Michel, UA 1980, Neufassung UA 2004), *Ab heute heißt du Sara* (mit D. Michel, UA 1989), *Café Mitte* (UA 1997), *Baden gehn* (mit F. Steiof, UA 2003). Am erfolgreichsten war die musikalische Revue *Linie 1* (UA 1986), die bislang allein im GRIPS Th. über 1000 Aufführungen erlebte, 120-mal nachgespielt, verfilmt und mit dem Mülheimer Dramatiker-Preis 1987 ausgezeichnet wurde. – Neben seiner Tätigkeit als Autor («Tschechow des Kindertheaters», *Th. heute*) liegt L.s bleibendes Verdienst in der Gründung und Leitung des heute weltweit bekannten wichtigsten dt. Th.s für Kinder und Jugendliche. Mit seinem emanzipatorischem Anspruch, seinem problem- und realitätsnahen Spielstil haben L. und das GRIPS Th. einen entscheidenden Beitrag zur Entwicklung nicht nur des dt. Kinder- und Jugendtheaters geleistet. Zahlreiche Auszeichnungen als Autor und für das GRIPS Th., darunter Preise des Internat. Th.-Instituts (1999) und der ASSITEJ (2003).

Das GRIPS-Buch. Theatergeschichten. 2 Bde. Berlin 1994–99; Der Schriftsteller Volker Ludwig. Hg. St. Fischer-Fels. Berlin 1999.

Wolfgang Beck

Lugné-Poë, Aurélien (eig. Aurélien-François-Marie Lugné), * 17. 12. 1869 Paris, † 19. 6. 1940 Villeneuve-lès-Avignon. Schauspieler, Regisseur, Theaterleiter.

Gymnasialzeit am Pariser Lycée Condorcet, wo der Literaturkritiker und -historiker Emile Faguet (1847–1916) sein Lehrer war. Gründung des Schülerensembles Escholiers. Schauspielstudium am Pariser Konservatorium. Oktober 1889 im Th.-Libre erste Erfolge in bürgerlichen Rollen und von Anfang an gespannte Beziehungen mit dem Intendanten André → Antoine. 1890 Freundschaft mit den Malern der Nabis-Gruppe Vuillard, Bonnard, Maurice Denis. 1893 wechselte er ans von Paul Fort neu gegründete Th. d'Art, dessen Leitung er bald übernahm und das gegen den herrschenden Naturalismus und die Spielpläne des Th.-Libre den Symbolismus förderte: Mallarmé, Verlaine, Maeterlinck, Régnier wurden aufgeführt, Bühnendekorationen von Paul Gauguin und den Nabis entworfen. Nach dem sensationellen Erfolg des Märchendramas *Pelléas et Mélisande (Pelleas und Melisande)* von Maurice Maeterlinck 1893 Eröffnung des Th. de l'Œuvre, wo er Stücke von Ibsen und Strindberg aufführte und sie in getragenem, psalmodierendem Stil symbolistisch interpretierte, was Ibsen außerordentlich missfiel. Die UA des Skandalstücks *Ubu Roi (König Ubu)* von Alfred Jarry am 10.12.1896 durch L.-P. wurde von vielen Kritikern als die Geburtsstunde des modernen (absurden) Th.s betrachtet. Unter den Zuschauern befanden sich am Premierentag W. B. Yeats, Paul Léautaud, Jules Renard und der damals 17-jährige Jacques →Copeau. Firmin →Gémier spielte die Hauptrolle. Bonnard, Vuillard und Toulouse-Lautrec hatten das Bühnenbild geschaffen, der Operettenkomponist Claude Terrasse die Musik geschrieben. Die szenischen und dramaturgischen Elemente von *König Ubu* (Masken, Tafeln statt Bühnenbildern, puppentheaterähnliche Karikaturisierung, marionettenhafte Steifheit) beeinflussten das Bühnenschaffen des 20. Jh.s grundlegend. 1899 jahrelange Schließung des Th. de l'Œuvre. L.-P. ging auf Tourneen ins Ausland, teilweise in Begleitung von Eleonora→Duse, Isadora →Duncan, Suzanne Després. 1912 Wiedereröffnung und Aufführung des Marienmysteriums *L'Annonce faite à Marie* von Paul Claudel in moderner Insz., bei der Rampe und Schnürbodenbeleuchtung durch Projektoren ersetzt wurden. Nach dem 1. Weltkrieg etablierte L.-P. sein Th. in der rue de Clichy und spielte im Jahrzehnt 1919–29 v. a. ausländische und zeitgenössische franz. Dramen: Ibsen, Claudel, D'Annunzio, Jarry, Jean Sarment, Jacques Natanson, Bernard Shaw, Steve Passeur, Armand Salacrou. Das wahrscheinlich größte Echo hatte 1920 die Aufführung von *Le Cocu magnifique* (dt. *Der Hahnrei*) von Fernand Crommelynck.

1929 zog sich L.-P. vom Th. zurück. Er hatte sich immer wieder bitter über das Cartel des quatre und das Th. du Vieux-Colombier und dessen Leiter Jacques Copeau geäußert, dessen totaler Th.-Vision er nichts Vergleichbares entgegenzusetzen hatte. Der geniale Schauspieler und Entdecker neuer Werke und Talente verdrängte oft seine Leistung als Regisseur, die kein Geringerer als →Stanislavskij als richtungweisend für seine eigene Entwicklung bezeichnete.

<small>Dusigne, J.-F.: Le Théâtre d'Art. Aventure européenne du XXe siècle. Paris 1997; Lugné-Poë, A.: Acrobaties. Paris 1931; Robichez, J.: Lugné-Poë. Paris 1955; ders.: Le Symbolisme au théâtre. Paris 1957.</small>

Horst Schumacher

Lühr, Peter, * 3.5.1906 Hamburg, † 15.3.1988 München. Schauspieler, Regisseur.

Sohn eines Kaufmanns; Schauspielunterricht bei Arnold Marlé (1889–1970). 1925/26 Debüt im Kleinen Lustspielhaus Hamburg, 1926–28 Stadttheater (Hamburg-)Harburg, 1928/29 Friedrich-Th. Dessau, 1929/30 Vereinigte Städtische Th. Kiel, 1930–33 Staatstheater Kassel (TR in Kleists *Prinz Friedrich von Homburg*). 1933–38 Schauspielhaus Düsseldorf; u. a. in Schillers *Don Carlos* (TR, 1933/34), Ibsens *Peer Gynt* (1934/35), →Goethes *Faust I* (1936/37), →Shakespeares *Hamlet* (TR, 1937/38; Leipzig 1938/39; München 1954). Regiedebüt mit Goethes *Iphigenie auf Tauris* (1937). 1938–47 Städt. Theater Leipzig; TRn in Schillers *Die Verschwörung des Fiesco zu Genua* (1938/39), Goethes *Clavigo* (1940/41) und *Urfaust* (1943/44), →Lessings *Philotas* (1941/42), Büchners *Woyzeck* (1945/46). Insz.en u. a.: Kleist, *Amphitryon* (1938), Lessing, *Miß Sara Sampson* (1942), Čechov, *Die Möwe*, Shakespeare, *Macbeth* (beide 1946). Seit 1947 Münchner Kammerspiele. Rollen in Stücken

Zuckmayers (*Des Teufels General*, 1948; *Der Hauptmann von Köpenick*, 1962), Shakespeares (*Ende gut, alles gut*, 1949; *Was ihr wollt*, 1980; *Troilus und Cressida*, 1986), Giraudoux' (*Sodom und Gomorrha*, 1954; *Das Lied der Lieder, Der Apollo von Bellac*, beide 1961), Dürrenmatts (*Die Ehe des Herrn Mississippi*, 1952; *Romulus der Große*, 1958; *Frank V.*, 1960; *Der Meteor*, 1967), → Brechts (*Mutter Courage und ihre Kinder*, 1950, R. Brecht; *Der gute Mensch von Sezuan*, 1955; *Leben des Galilei*, 1959; *Die heilige Johanna der Schlachthöfe*, 1974), Sartres (*Hinter geschlossenen Türen*, 1950; *Die Eingeschlossenen*, 1960). L. spielte in der Regie → Hilperts in → Raimunds *Der Bauer als Millionär* (1953), → Lindtbergs in Faulkners *Requiem für eine Nonne* (1956), → Piscators in Schillers *Don Carlos* (1959), → Zadeks in Bonds *Schmaler Weg in den tiefen Norden* (1969), → Ciuleis in Gor'kijs *Nachtasyl* (1977), → Wilsons in dessen *Die Goldenen Fenster* (1982), → Taboris in Becketts *Warten auf Godot* (1984), → Dorns u. a. in Dorsts *Merlin oder Das wüste Land* (TR, 1982), Weiss' *Der neue Prozeß* (1983), Strauß' *Der Park* (1984), Goethes *Faust I* (1987). Gastspiele u. a. am Zürcher Schauspielhaus (Giraudoux, *Undine*, 1955), bei den Salzburger Festspielen (Goethe, *Faust II*, 1964), der Freien Volksbühne Berlin (Hochhuth, *Soldaten*, 1967), Schaubühne am Halleschen Ufer (Kleist, *Prinz Friedrich von Homburg*, 1972, R. → Stein). Insz.en u. a. von Barlachs *Die Sündflut* (1959), Hofmanns *Der Sohn* (1965, mit → Giehse), Sartres *Die Troerinnen des Euripides* (1968). Film- und Fernsehauftritte. – Ein Charakterdarsteller mit unglaublicher Technik und großer Verwandlungsfähigkeit, der verinnerlichte Rollen ebenso zu spielen wusste wie komödiantisch extrovertierte, stets im Dienst des Textes. «Alles was er macht ist Tanz: Seine Gesten, seine Bewegungen, sein Timing, die Art und Weise wie er mit dem Raum umgeht – und das ist etwas, was kein Regisseur vermitteln kann» (Wilson, zit. nach Haberlik, S. 116). Bedeutend seine Altersrollen als Narr in Shakespeares *Was ihr wollt*, Pandarus in dessen *Troilus und Cressida*, TR in Dorsts *Merlin*, Estragon in Becketts *Warten auf Godot*.

<small>Haberlik, C.: Peter Lühr. Berlin 1989; Müller, H.-R., D. Dorn, E. Wendt: Theater für München. München 1983; Sucher, C. B.: Theaterzauberer. München, Zürich 1988.</small>

Wolfgang Beck

Lupa, Krystian, * 7. 11. 1943 Jastrzębie Zdrój (Polen). Regisseur, Bühnenbildner.

L. studierte Malerei und Grafik an der Akademie für Bildende Kunst (Diplom 1969), danach Theaterregie in Kraków (Diplom 1978). Er begann als Regisseur und Bühnenbildner in Jelenia Góra und am dortigen Teatr im. Cypriana Norwida (Cyprian-Norwid-Th.); weit von den großen Theaterzentren entwickelte er seinen originellen Bühnenstil (u. a. eigenes Szenario *Ein durchsichtiges Zimmer*, P. 17. 2. 1979; *Die Mutter* von S. Przybyszewski, P. 4. 11. 1979; *Die Pragmatisten* von S. I. Witkiewicz, P. 24. 10. 1981). Schon diese ersten Insz.en weckten das Interesse der Kritik. Seit 1981 arbeitet L. hauptsächlich am Stary Teatr (Altes Th.) in Kraków und realisierte dort seine erfolgreichsten Projekte, mehrstündige szenische Bearbeitungen der epischen – meistens österr. – Literatur: *Die Schwärmer* nach R. Musil (P. 28. 2. 1988; auch Hamburg, Thalia Th., P. 23. 11. 2001), *Die Brüder Karamasov* nach F. Dostoevskij (P. 10. 4. 1990; Wiederaufnahme 18. 12. 1999, Gastspiele: Paris – Antwerpen – Wien – Zürich – Venedig 2000, Rennes – Palermo 2001), *Malte* nach R. M. Rilke (P. 19. 12. 1991), *Kalkwerk* nach Th. Bernhard (UA 30. 7. 1992, Theaterfestival MITTELFEST, Cividale del Friuli; P. in Kraków: 7. 11. 1992, Gastspiele: Brüssel 1994, Budapest – München – Nürnberg 1995), *Die*

Schlafwandler nach H. Broch (P. des 1. Teils: 11. 2. 1995, P. des 2. Teils: 24. 10. 1998, Gastspiele: Festival d'Automne Paris 1998 – Grand Prix de la Critique, Edinburgh 1999, Bonn– Warschau 2000). In Wrocław inszenierte L. u. a. Bernhards *Immanuel Kant* (Teatr Polski, P. 13. 1. 1996) sowie *Die Präsidentinnen* von Werner Schwab (P. 17. 9. 1999) und am Teatr Dramatyczny (Dramatisches Th.) in Warszawa *Die Auslöschung* nach Bernhard (P. 10. 3. 2001). Dort verband L. auch in einem Projekt 2 Dramen, die sich mit dem Problem der Schauspielkunst und der Wahrheit im Th. beschäftigen: Čechovs *Die Möwe* (unter dem veränderten Titel *Das unfertige Stück für den Schauspieler – nach der «Möwe» Čechovs*) und *Ein spanisches Stück* von Yasmina Reza (Teatr Dramatyczny, Warszawa, P. 1. 10. 2004). L. führt auch im Ausland Regie, so u. a. 2005 bei Čechovs *Drei Schwestern* am American Repertory Th. (Boston) oder bei seiner eigenen Adaption des Science-Fiction-Romans *Solaris* von Lem am Düsseldorfer Schauspielhaus.

L. interessiert sich v. a. für Ethik und die psychischen Probleme des Menschen während der großen kulturellen Umbrüche. Er komponiert auf der Bühne eine autonome Wirklichkeit, in der empfindliche, oft infolge eines Schuldgefühls sich bis zur Grenze des Wahnsinns quälende Menschen leben. Ziel seiner Aufführungen ist eine Annäherung der inneren Welten der auftretenden Personen und eine Analyse der «verdammten menschlichen Fragen». L. fordert volle Ergebenheit, Bereitwilligkeit und nicht alltäglichen Fleiß seitens der Schauspieler, die – auch dank der viele Monate dauernden Proben – eine auf den poln. Bühnen seltene innere Wahrheit und Expression erreichen. Das Publikum akzeptierte den Theaterstil und die düstere Bühnenwelt L.s nicht sofort. Die Rezeption reichte von Enthusiasmus bis zur Ablehnung. In der letzten Zeit gilt der internat. ausgezeichnete Regisseur – schon unbestritten – als «großer Meister».

Archimbaud, M.: Entretien avec Krystian Lupa. Kraków-Paris 1999; Krystian Lupa / entretiens réalisés par Jean-Pierre Thibaudat. Arles 2004; Niziołek, G.: Sobowtór i utopia – teatr Krystiana Lupy. Kraków 1997; Schorlemmer, U.: Die Magie der Annäherung und das Geheimnis der Distanz: Krystian Lupas Recherche «neuer Mythen» im Theater. München 2004.

Wojciech Dudzik

Lüttge, Martin, * 7. 7. 1943 Hamburg. Schauspieler, Regisseur.

Ausbildung zum Landwirt. Privater Schauspielunterricht in München. 1966–70 Münchner Kammerspiele (Artur in Mrożeks *Tango*, Rosenkranz in Stoppards *Rosenkranz und Güldenstern*, Kiro in Bonds *Schmaler Weg in den tiefen Norden*). 1970–74 Düsseldorfer Schauspielhaus (Doc in der DEA von → de Boers *Family I–IV*), 1975–78 Staatstheater Stuttgart. In der Regie von Claus → Peymann 1975 Wetter vom Strahl in Kleists *Das Käthchen von Heilbronn*, 1976 Annenkow in Camus' *Die Gerechten*, 1977 TRn in → Goethes *Faust – Der Tragödie Erster und Zweiter Teil*. 1978 Gründung der Freien Gruppe Zelttheater (heute: Theaterhof) Priessenthal, eines Theaterkollektivs, das zugleich einen ökologischen Bauernhof im bayerischen Mehring bewirtschaftet, der Wohn- und Arbeitsort ist. Entwicklung eigener Stücke, aktualisierender Bearbeitungen historischer Stoffe *(Wir Nibelungen)*, z. T. von L. inszeniert. Als Schauspieler im kollektiv erarbeiteten *Rattenfänger* (UA 1989), Frankes *Mensch Hermann* (UA 1988), *Der Kommissar, der Komödiant, der Tod und die Liebe* (1997), *Vor einem dunklen Wald* (1998), *Bruder Frankenstein* (1998, Bearb. von Szenen Deichsels), als Autor und Regisseur bei *Herz auf Rädern* (1994), *Ken – Kennnummer M 10/12/2007* (UA 2000), *Helmbrecht* (2001, 2004, nach dem mittelhochdt. Text Wernher des Gärtners), Regie bei Breitingers *Maria Sibylla Merian – Die Frau vom*

500-*Mark Schein* (1995). Koproduktionen mit der Gruppe Shakespeare & Partner (2002 Jacob Grimm in der UA von Dagmar Papulas *Die Brüder Grimm*, 2004 TR in → Shakespeares *Macbeth*, Altonaer Th., Hamburg und Tournee). Zahlreiche zentrale Film- und Fernsehrollen, einige Jahre *Tatort*-Kommissar. 2001 Oberbayer. Kulturpreis. – Begann im Fach des Naiv-Komischen, erarbeitete sich mit seinen Mitteln eine eindrucksvolle eigene Gestaltung klassischer Heldenrollen, die bereits auf Formen des Volkstheaters zielte. Arbeitet im Theaterhof Priessenthal in der Tradition von Dario → Fo: eingreifendes, politisch intendiertes Th.

Werner Schulze-Reimpell

M

Mahnke, Hans, * 22. 4. 1905 Stralsund, † 29. 5. 1978 Stuttgart. Schauspieler.

Ausbildung in Berlin als Schüler von Albert → Bassermann. Debüt 1925 in Köslin. Nach Dessau, Stralsund, Mainz 1939–48 Hamburg (Altonaer Th., Dt. Schauspielhaus, Kammerspiele), 1948–50 Kleines Th. am Zoo Frankfurt a. M. 1950 bis zu seinem Tod überwiegend Württemberg. Staatstheater Stuttgart, wo er in Zusammenarbeit mit bedeutenden Regisseuren zum hervorragenden Charakterdarsteller heranreifte. M. spielte Schillers *Wallenstein*, Shakespeares *Othello*, Falstaff und Caliban in *Der Sturm*, Mauler in → Brechts *Die heilige Johanna der Schlachthöfe* (R. → Besson), in Insz.en von Rudolf → Noelte den alten Maske in Sternheims *Der Snob* und Dorfrichter Adam in Kleists *Der zerbrochne Krug* (Ruhrfestspiele). Häufig in Insz.en von Peter → Palitzsch (TR in Molières *Eingebildet Kranken* und in der UA von Walsers *Überlebensgroß Herr Krott*, Landauer in UA von Dorsts *Toller* u. a.). 1973–75 zahlreiche Rollen in Insz.en von Peter → Zadek im Bochumer Schauspielhaus und Dt. Schauspielhaus Hamburg. Sein Bochumer Shylock in Shakespeares *Kaufmann von Venedig* war die radikalste, nachhaltig irritierende Deutung der Figur nach 1945, ein Gegenentwurf zur idealisierenden Darstellung durch Ernst → Deutsch. «Mahnkes Shylock war ein häßlich gewordener, ins Böse getriebener Mensch […] mit einer gewaltsamen, jähen Härte, die jener Weich- und Zartheit abgepreßt war als endliche Entlastung vom dauernden Sichfügen» (P. Palitzsch). Herausragend auch sein Sorin in Čechovs *Die Möwe* und Gloster in Shakespeares *König Lear*, deren tiefe Menschlichkeit er auslotete und die er doch auf faszinierende Art von Gefühligkeit fern-, als Kunstfiguren auf Distanz hielt. Seine letzte Rolle war in Stuttgart der Arkas in Goethes *Iphigenie auf Tauris* (R. Claus → Peymann). M. war körperlich von robuster Kompaktheit mit mächtiger Stimme, der aber auch ganz «schlank», leichtfüßig mit schwebender Grazie und verschmitzter Komik spielen konnte. Er «wollte lieber zu leise, zu unauffällig sein als auch nur einmal zu laut, zu derb, zu aufgedonnert (wodurch ja alle Wahrheit verdirbt)», schrieb Joachim Kaiser im Nachruf: «Um das Gesicht dieses großartig sicheren und stets zurückhaltend agierenden Schauspielers geisterte immer etwas seltsam Verbiestertes. Etwas Natur-Dämonisches, etwas Norddeutsch-Spökenkiekeriges […]».

Th. heute 7/1978.
Werner Schulze-Reimpell

Malina, Judith, * 4.6.1926 Kiel. Schauspielerin, Regisseurin, Theaterleiterin.

Tochter eines Rabbiners aus Kiel, der 1929 mit seiner Familie nach Amerika auswanderte. Die Mutter war vor ihrer Heirat Schauspielerin gewesen und ließ die 2-jährige M. schon auf der Bühne auftreten. Kindheit in New York. 1943 begegnete sie Julian →Beck, mit dem sie unermüdlich Th.- und Kulturveranstaltungen in allen Stadtteilen New Yorks aufsuchte und der 1948 ihr Ehemann wurde. 1945 begann M. am Dramatic Workshop der New School for Social Research bei Erwin →Piscator zu studieren und beabsichtigte, Schauspielerin zu werden. Sie brach Julian Becks Widerstand gegen jede Form systematischen Lernens, sodass er sich in den Piscator'schen Hauptkurs «The March of Drama» einschrieb. 1948 Versuch der Theatergründung des frisch vermählten Paars in einem Keller in Lower East Side New York. Die für die erste Spielzeit geprobten Stücke von Ibsen, Ezra Pound, Strindberg konnten nie vor dem Publikum aufgeführt werden, weil die Polizei die Räumlichkeiten als vermeintliches geheimes Bordell aushob. Mit Hilfe des Bühnenbildners Robert Edmond Jones eigentlicher Beginn mit dem Living Th. getauften «lebendigen Theater», das zeitgenössische Stücke bevorzugen wollte, auf die Broadway-Routine mit großen Sälen, bequemen Zuschauerplätzen, hohen Eintrittsgeldern verzichtete. Jones riet den Bühnenanfängern, in Studios zu spielen oder in der eigenen Wohnung (Spötter sprachen vom «Living-Room»-Th.) 789 West End Avenue, wo ab August 1951 Paul Goodman, Gertrude Stein, →Brecht und García Lorca die Autoren der ersten inszenierten Stücke waren. Das Living Th. setzte sich mit den Ideen von Antonin →Artaud auseinander, die Körpersprache des Schauspielers neben dem reinen Textvortrag betonend, gegen jede Form der Unterdrückung anarchistisch-virulent aufbegehrend. Th. und Leben, Utopie und Wirklichkeit, Kunst und Politik wurden programmatisch als wiederherzustellende Harmonie gefordert und «in Szene gesetzt». Als Herausforderung empfunden wurde das den amerik. Strafvollzug anklagende Kenneth-Brown-Stück *The Brig* wie der im brasil. «Exil» 1969–71 in Angriff genommene Anti-Gewalt-Zyklus *The Legacy of Cain*, der 1974–75 in Pittsburgh fortgeführt wurde. Bei Festspielen in Europa Aufführungen des *Prometheus* (1976–78). Ab 1983 wurde New York wieder Mittelpunkt des Wirkens von M. Nach dem Tod Julian Becks wurde sie – gemeinsam mit ihrem zweiten Ehemann, dem Schauspieler, Schriftsteller und Regisseur Hanon Reznikov (* 1950) – Leiterin des Living Th. Posthume Ehrung der 35-jährigen gemeinsamen Theaterarbeit mit Beck in *Retrospectacle* 1986. Unter ihrer Direktion, z. T. in ihrer Regie und mit Texten Reznikovs, entstanden u. a. die internat. aufgeführten Produktionen *German Requiem*, *The Body of God*, *Tumult*, *Rules of Civility* (1991), *The Zero Method* (1992), *Anarchia* (1993), *Utopia* (1995), *Resistance*, *Capital Changes*, *Not In My Name*, *Love & Politics*. Film- und Fernsehrollen u. a. in *Dog Day Afternoon* (1975), *Radio Days* (1987), *Awakenings* (1990), *Men Lie* (1994), *The Deli* (1997), *Katalog* (2005).

Bartolucci, G.: The Living Theatre. Rom 1970; Beck, J.: The Life of the Theatre. San Francisco 1972; Biner, P.: Le Living Theatre. Lausanne 1968; Brown, K. H.: The Brig. With an Essay on the Living Theatre by J. Beck and Director's Notes by J. Malina. New York 1965; Conversazioni con Judith Malina. Hg. C. Valenti. Mailand 1995; J. Grotowski, E. Barba, Living Theatre, Open Theatre, V. Garcia et Arrabal. Hg. J. Jacquot. (2. Aufl.) Paris 1985; Innes, Ch.: Avant-Garde Theatre 1892–1992. London, New York 1993; Kothes, M. M.: Guerilla Theater. Tübingen 1990; Malina, J.: The Diaries of J. M. 1947–57. New York 1984; dies.: The Enormous Despair. New York 1972; dies., J. Beck: Paradise Now. New York 1971; Neff, R.: The Living Theatre. New York 1970; Shank, T.: American Alternative Theatre. London 1982; Theandric: J. Beck's Last Notebooks. Hg. E. Bilder. Newark 1992; Tytell, J.: The Living Theatre. London u. a. 1997; We, The Living Theatre. Hg. A. Rostagno u. a. New York 1970; Wegscheider-Cruse, Sh.: Family Reconstruction: The Living Theater Model. Palo Alto 1995.

Horst Schumacher

Malton, Leslie, * 15. 11. 1959 Washington. Schauspielerin.

Wuchs zwischen Berlin, New York und Wien auf. Ausbildung an der Royal Academy of Dramatic Art in London und in Workshops. 1975/76 bei den Embassy Players in Berlin. 1982 Evchen Humbrecht in Wagners *Die Kindsmörderin* (Renaissancetheater Berlin). Im Wiener Burgtheater 1985 Ophelia in → Shakespeares *Hamlet* (R. → Hollmann), 1986 Laura Wingfield in Williams' *Die Glasmenagerie*, 1987 Gretchen in der UA von → Taboris *Mein Kampf*, 1990 Ruth in der UA von Taboris *Weisman und Rotgesicht*. Im Residenztheater München 1991 Sittah und das Mädchen in der UA von Taboris *Nathans Tod*, 1993 Gruschenka in Taboris *Der Großinquisitor*. Am Züricher Schauspielhaus 1993 Crevette in Feydeaus *Die Dame vom Maxim*, 1996 in Marivaux' *Die falsche Zofe*. In Hamburg am Thalia Th. Studentin in Mamets *Oleanna* (1995), in den Kammerspielen 1999/2000 in Patrick Marbers *Hautnah*, 2001 Ines in Yasmina Rezas *Dreimal Leben*. Am Schauspiel Frankfurt in Hofmannsthals *Elektra* (2001). Dort seit 2004/05 festes Ensemblemitglied, TR in Strindbergs *Fräulein Julie*, Julika Stiller-Tschudy in *Stiller* nach Max Frisch, Gina Ekdal in Ibsens *Die Wildente* (alle 2004/05), Lena in Strauß' *Besucher* (2005). Zahlreiche Film- und Fernsehrollen. Internat. Auszeichnungen. – Facettenreiche Darstellerin mit weit gefächerten Ausdrucksmöglichkeiten. Jahrelange intensive Zusammenarbeit mit George Tabori.

Werner Schulze-Reimpell

Manen, Hans van, * 11. 7. 1932 Nieuwer Amstel (bei Amsterdam). Tänzer, Choreograph.

Nach einer Ausbildung zum Maskenbildner begann M. mit einer Ausbildung im Ballett und tanzte ab 1952 v. a. in niederländ. Kompanien. 1960 schloss er sich dem neugegründeten Nederlands Dans Theater (NDT) an, dessen künstl. Direktor er einige Jahre später wurde (bis 1970). Von 1973 bis 1987 arbeitete er als Hauschoreograph und Ballettmeister beim niederländ. Nationalballett (Het Nationale Ballet); ab 1988 entstanden seine Choreographien wieder überwiegend für das NDT. M. wurde mit vielen Auszeichnungen bedacht; u. a. erhielt er im Jahr 2000 den niederländ. Erasmus-Preis. Daneben betätigte er sich erfolgreich als künstl. Photograph. M. gehört zu den produktivsten und angesehensten Choreographen seiner Zeit. Er kreierte über 100 meist kürzere Werke, die sich durch eine klare Struktur und eine enge Beziehung zur Musik auszeichnen. Sein Bewegungsvokabular basiert stark auf der klassischen Technik, bezieht aber auch Elemente des Modern Dance mit ein. Tanz handle nur von Tanz, stelle nichts anderes als sich selbst dar, lautet sein künstl. Credo. Deshalb hat M. auch kein Handlungsballett geschaffen. Obwohl seine Stücke formal als abstrakt zu bezeichnen sind, zieht sich doch eine Art Leitfaden durch sein Œuvre: Beziehungen zwischen Menschen, insbesondere das Verhältnis von Mann und Frau in der heutigen Gesellschaft. Er zeigt Menschen, die starke Persönlichkeiten sind, wobei Mann und Frau gleichberechtigt auftreten. Choreographisch manifestiert sich diese Grundthematik in stimmungsvollen Duetten, deren Charakter von zärtlich über komischsarkastisch bis aggressiv reicht. M. verwendete fast ausschließlich Musik, die nicht für Ballett geschrieben wurde, häufig Kompositionen des 20. Jh.s. Seine wichtigsten Werke – wie *Große Fuge* (1971), *Twilight* (1972), *Adagio Hammerklavier* (1973), *Lieder ohne Worte* (1977), *Fünf Tangos* (1977), *Live* (1979), *Sarkasmen* (1981), *Trois gnossiennes* (1982), *Black Cake* (1989), *Visions fugitives* (1990), *Concertante* (1994), *Kammerballett* (1995), *Kleines Requiem* (1996) und *Solo* (1997) – befinden sich im Repertoire zahlreicher Kompanien auf der ganzen Welt.

Hans van Manen. Foto's – feiten – meningen. Amsterdam 1992; Schaik, E. v.: Hans van Manen. Leven & werk. Amsterdam 1997; Schmidt, J.: Der Zeitgenosse als Klassiker. Über den holländischen Choreographen Hans van Manen. Köln, Seelze 1987.

Katja Schneider

Manker, Gustav (von), * 29. 3. 1913 Wien, † 7. 7. 1988 Wien. Bühnenbildner, Regisseur, Theaterleiter.

Ausbildung als Schauspieler und Regisseur bei → Reinhardt, als Bühnenbildner bei → Roller und → Strnad. Am Wiener Volkstheater 1938 Engagement als Bühnenbildner, 1942 Ausstattungsleiter. An dieser Bühne wirkte M. – von Gastverpflichtungen (BRD, Schweiz) abgesehen – bis 1979 fast ausschließlich, seit 1946 als Regisseur, unter Leon → Epp als Ausstattungs- und Oberspielleiter, 1969 – 79 in dessen Nachfolge als Direktor. Danach hauptsächlich am Th. in der Josefstadt. Seine Tätigkeit als Bühnenbildner und Regisseur umfasst das gesamte Repertoire der Weltdramatik. Als Szenograph stattete er aus an Epps Th. Die Insel Čechovs *Onkel Wanja* (1945), am Burgtheater Billingers *Traube in der Kelter* (UA 1951), am Th. in der Josefstadt Stolz / Becher / Preses' *Das Spiel vom lieben Augustin* (1953, Koproduktion Wiener Festwochen), bei den Salzburger Festspielen Hofmannsthals *Der Turm* (1959), am Volkstheater u. a. Horváths *Geschichten aus dem Wiener Wald* (1948), Zuckmayers *Katharina Knie* (1951, EA der Wiener Dialektfassung), *Ulla Windblad* (österr. EA 1955), Faulkners *Requiem für eine Nonne* (österr. EA 1956), Grillparzers *Libussa* (1961, Koproduktion Wiener Festwochen), Ibsens *Peer Gynt* (1962). Zu seinen Insz.en (häufig im eigenen Bühnenbild) am Volkstheater gehörten u. a. Becher / Preses' *Der Pfeifer von Wien* (UA 1951), Werfels *Juarez und Maximilian* (1952), Aristophanes' *Lysistrata* (1954), Büchners *Dantons Tod* (1960), Vercors' *Zoo oder der menschenfreundliche Mörder* (1965), Schnitzlers *Komödie der Verführung* (1966), *Freiwild* (1974), *Das Märchen* (1975), Lieblein / Dostoevskijs *Raskolnikoff* (UA 1969), → Shakespeares *Hamlet* (1970), *Maß für Maß* (1972), Sebestyens *Agnes und Johanna* (1973). Aufsehen erregte seine Insz. von Schillers *Die Räuber* (1959) mit geteiltem Bühnenbild, in dem Karl und Franz Moors Geschichte parallel ablief. Erfolgreich auch sein Wedekind-Zyklus (*Die Büchse der Pandora*, 1960; *Frühlings Erwachen*, 1962; *König Nicolo*, 1964). Mit seiner Insz. von → Brechts *Mutter Courage und ihre Kinder* (1963) durchbrach M. den österr. Brecht-Boykott. Theatergeschichtlich bedeutsam sind aber v. a. seine Bemühungen um das österr. Volksstück. Er gewann Anzengruber (u. a. *Das vierte Gebot*, 1970) wieder für das Th., inszenierte Stücke → Raimunds (*Der Bauer als Millionär*, 1973, mit K. → Paryla; *Der Verschwender*, 1975) und v. a. → Nestroys, u. a. *Kampl* (1947), *Das Haus der Temperamente* (1953; 1965, mit → Jesserer), *Heimliches Geld, heimliche Liebe* (1971), *Das Gewürzkrämerkleeblatt* (1972), *Umsonst* (1975), *Einen Jux will er sich machen*, *Weder Lorbeerbaum noch Bettelstab* (beide 1976), *Höllenangst* (1977). Am Th. in der Josefstadt inszenierte M. u. a. Grays *Versäumte Stunden* (1983), Svevos *Die Kusinen* (dt.sprachige EA, 1984), am Burgtheater Ingrischs *Die Wirklichkeit und was man dagegen tut* (UA 1968), bei den Salzburger Festspielen Hofmannsthals *Der Unbestechliche* (1971). In seiner Intendanz bemühte er sich aber auch um moderne Volksstücke und ließ z. B. die UAen von Bauers *Change* (1969) und Turrinis *Rozznjogd* (1971) inszenieren. Titularprofessor. Seine Frau war die Schauspielerin und Regisseurin Hilde Sochor (* 1924), seine Tochter Katharina Scholz-M. ist Schauspielerin, sein Sohn Paulus → M. Schauspieler und Regisseur. – Als Regisseur Vertreter eines dem Text verpflichteten, komödiantischen Th.s spezifisch österr. Prägung; als Intendant ein «Ermöglicher», der Risiken und Provokation nicht scheute, junge Schauspieler und Dramatiker förderte.

Fontana, O. M.: Volkstheater Wien. Wien 1964; Huemer, A.: Gustav Manker. Wien 1998; 100 Jahre Volkstheater. Hg. E. Schreiner. Wien 1989; Konschill, M.: Gustav Manker und das Wiener Volkstheater. Dipl.-Arb., Wien 1999; Schwarz, H.: Gestaltung und Gestalter des modernen Bühnenbilds: Judtmann, Manker, Meinecke. Diss. Wien 1950; Teichgräber, A.: Das «Deutsche» Volkstheater und sein Publikum. Diss. Wien 1965.

Wolfgang Beck

Manker, Paulus, * 25. 1. 1958 Wien. Schauspieler, Regisseur.

Der Sohn Gustav → M.s und der Schauspielerin Hilde Sochor (* 1924), Bruder der Schauspielerin Katharina Scholz-M., erhielt seine Schauspielausbildung am Wiener Max-Reinhardt-Seminar. Über das Wiener Burgtheater (1979/80), Schauspiel Frankfurt (1980/81), Thalia Th. Hamburg (1981/82) kam er ans Bayer. Staatsschauspiel München, wo er in Ibsens *Baumeister Solness* (1983) erstmals mit → Zadek zusammenarbeitete. In dessen Intendanz 1986–89 am Dt. Schauspielhaus Hamburg. Rollen in Sobols *Weiningers Nacht* (TR, 1986, R. → Chundela), → Shakespeares *Julius Caesar* (1986, R. → Bogdanov), Wedekinds *Musik* (1987, R. → Giesing), *Lulu* (UA der Urfassung 1988, R. Zadek). Seit 1990 am Burgtheater u. a. in Shakespeares *Der Kaufmann von Venedig* (1990; 1994/95 Berliner Ensemble, R. Zadek), Becketts *Warten auf Godot* (R. C. → Lievi), → Goethes *Clavigo* (beide 1991, R. → Peymann), Marlowes *Der Jude von Malta* (2001, R. Zadek), Strauß' *Der Narr und seine Frau heute abend in Pancomedia* (österr. EA 2002, R. Giesing). An den Münchner Kammerspielen in Zadeks Adaption von Carrolls *Alice im Wunderland* (UA 1996) und dessen – durchgefallener – Insz. von Shakespeares *Richard III.* (TR, 1997). Nach heftigem Streit mit der Intendanz und den Kollegen wurde das Stück nach 34 Vorstellungen abgesetzt. Bei den Wiener Festwochen 1980 in Kraus' *Die letzten Tage der Menschheit* (R. → Hollmann), 1998 in Horváths *Figaro läßt sich scheiden* (R. → Bondy), 1999 in Shakespeares *Hamlet* (R. Zadek). Am Schauspielhaus Bochum 2005 in Strauß' *Die Zeit und das Zimmer* (R. Giesing). Insz.en u. a. von Sobols *Weiningers Nacht* (TR, 1988, Volkstheater Wien; TR und Regie auch 1989 im Film), Molnárs *Liliom* (1993, mit → Jesserer), → Brecht / Weills *Die Dreigroschenoper* (1996, mit → Schediwy, beide Burgtheater). In Zusammenarbeit mit Sobol entstanden die von M. inszenierten Produktionen von Frank / Sobols *Der Vater* (UA 1995, Wiener Festwochen / Th. an der Wien, auch Rolle, mit J. → Hoffmann;), als interaktive «Events» dessen «Polydrama» über Alma Mahler-Werfel *Alma – A Show Biz ans Ende* (UA, 1996–2001 Sanatorium Purkersdorf, Gastspiele in Venedig, 2002, Lissabon, 2003, Los Angeles, 2004, 2005 Schloß Petronell bei Carnuntum; 1997 Film) und *F@lco – A Cyber Show* (UA 2000, Ronacher Wien). Als Filmschauspieler u. a. in *Lemminge* (1979), *Die Macht der Gefühle* (1983, R. Kluge), *Das weite Land* (1987, R. Bondy), *Landläufiger Tod* (1990), *Schlafes Bruder* (1994,

R. Vilsmaier), *Das Schloß* (1996), *Code Inconnu* (1999), *Wambo* (2000), *König der Diebe* (2004). Filmregie u. a. bei *Schmutz* (1985), *Das Auge des Taifun* (1992, mit → Wonder), *Der Kopf des Mohren* (1995), *Hans Hollein – Alles ist Architektur* (1996). – M. ist ein nicht unumstrittener Theaterkünstler, der den einen als genialischer und innovativer Darsteller und Regisseur, den anderen als überschätzter, wenn auch überzeugender Selbstdarsteller gilt. Künstl. geprägt von der intensiven Zusammenarbeit mit Zadek und Sobol. Der Kritiker Kahl urteilte über M.s Spiel in Sobols *Weiningers Nacht* (eigene Regie): «Ein Fall von totaler Verausgabung, auch etwas Selbstüberschätzung war dabei» (S. 154).

<small>Kahl, K.: Premierenfieber. Wien 1996; Wagner, R.: Formale Radikalität in der österreichischen Filmkunst. Michael Haneke und Paulus Manker. Dipl.-Arb. Wien 1999.</small>

Wolfgang Beck

Mann, Dieter, * 20. 6. 1941 Berlin. Schauspieler, Intendant.

1955 – 57 Lehre als Spitzendreher, seit 1958 Facharbeiter im Schleifmaschinenwerk in Berlin und Studium an der Arbeiter- und Bauernfakultät Friedrich Engels. 1961 Abitur, Praktikant an der Volksbühne Berlin. 1962 – 64 Staatl. Schauspielschule Berlin. Noch als Student Debüt am Dt. Th. in der männlichen Hauptrolle von Rosovs *Unterwegs*. Seit 1964 Schauspieler am Dt. Th. Berlin, 1984 – 91 dessen Intendant, 2004 Ehrenmitglied. Spielte u. a. Tempelherr in → Lessings *Nathan der Weise* (1966, R. → Solter), TR in → Goethes *Clavigo*, 304-mal Edgar Wibeau in Plenzdorfs *Die neuen Leiden des jungen W.* (1972 – 78), Ariel in → Shakespeares *Der Sturm*, Antonius in Goethes *Torquato Tasso*, Lopachin in Čechovs *Der Kirschgarten*, Truffaldino in Goldonis *Diener zweier Herren*, Julian in Hofmannsthals *Der Turm*, von Schmettow in Sternheims *Der Nebbich*, Wehrhahn in Hauptmanns *Der Biberpelz*, Odysseus in Strauß' *Ithaka*, Professor in Mamets *Oleanna*, Odysseus in Euripides' *Der Zyklop*, Kreon in Sophokles' *Antigone*, Kurfürst in Kleists *Der Prinz von Homburg*, Philipp II. in Schillers *Don Carlos*, TR in Kipphardts *In der Sache J. Robert Oppenheimer*, 2002 Malvolio in Shakespeares *Was ihr wollt*, 2003 Thomas-Mann-Abend *Fülle des Wohllauts*, General Irrigua in Feydeaus *Ein Klotz am Bein* (2005), Möbius in Dürrenmatts *Die Physiker* (2005, R. → Fricsay), James Tyrone in O'Neills *Eines langen Tages Reise in die Nacht* (2006), Gajev in Čechovs *Der Kirschgarten* (2006) als letzte Rolle im festen Engagement. Als Gast u. a. in Bulgakovs *Verschwörung der Heuchler* (1982, Th. im Palast, R. Th. → Langhoff), 2002 in Dresden TR in Lessings *Nathan der Weise* (Übernahme von → Falár), Aschenbrenner in Mayenburgs *Eldorado* (UA 2004, Schaubühne am Lehniner Platz, R. → Ostermeier). Literarische Soloabende. Über 80 Film- und Fernsehrollen u. a. in *Berlin um die Ecke* (1965; UA 1987), *Ich war neunzehn* (1967), *Lotte in Weimar* (1974), *Die Leiden des jungen Werthers* (1975), *Das Versteck* (1977), *Mat Mariya* (1982), *Pause für Wanzka* (1990, TV), *Wunderjahre* (1992), *Das Versprechen* (1995), *Es geschah am hellichten Tag* (1997, TV), *Der blonde Affe* (1999, TV), *Der Aufstand* (2003, TV), *Der Untergang* (2004). – 1975 Kunstpreis der DDR, 1981 Johannes-R.-Becher-Medaille in Gold. – Typ des nüchternen Männerdarstellers, oft karg in seinen Mitteln, aufwandslos präsent, dann wieder von enormer Beweglichkeit bis hin ins Artistische mit immensen komödiantischen Möglichkeiten. Hohe Sprachkultur, die ihm als wesentliches Charakterisierungsmoment dient. Als Intendant ließ er sich nicht politisch in Anspruch nehmen, hielt ein hohes künstl. Niveau mit sehr unterschiedlichen Handschriften. Spektakulär die Heiner- → Müller-Insz. von Shakespeares *Hamlet*, verbunden mit Müllers *Hamletmaschine*, Anfang 1990 vor dem Hintergrund eines historischen Umbruchs.

Werner Schulze-Reimpell

Mannheim, Lucie, * 30. 4. 1899 Berlin, † 18. 7. 1976 Braunlage. Schauspielerin, Regisseurin.

Nach der Ausbildung an der Hochschule für dramatische Kunst in Berlin und einem Engagement in Libau (Liepaja, Lettland) 1916–18 am Neuen Schauspielhaus in Königsberg (Kaliningrad). 1918–22 Volksbühne Berlin, u. a. in C. Hauptmanns *Die armseligen Besenbinder* (1918), Kaisers *Gas* (1919, beide R. Legband), Gogol's *Die Heirat* (1919), Tagores *Das Postamt* (DEA), Sophokles' *Antigone* (beide 1921), Hauptmanns *Die Ratten* (1922, alle R. → Fehling). 1922–33 am Preuß. Staatstheater Berlin, spielte in Hölderlins *Der Tod des Empedokles* (1923, R. Legal), in der Regie → Jeßners u. a. in Wedekinds *König Nicolo* (1924), Rehfischs *Duell am Lido* (UA 1926). Fortsetzung der Zusammenarbeit mit Fehling, u. a. bei Hauptmanns *Hanneles Himmelfahrt* (1922), Kleists *Das Käthchen von Heilbronn* (1923), Barlachs *Die Sündflut*, → Shakespeares *Romeo und Julia* (beide 1925), Čechovs *Drei Schwestern* (1926), Lasker-Schülers *Die Wupper* (1927), Ibsens *Nora* (1930), Wedekinds *Der Liebestrank* (1932). Erfolgreich in Berliner Possen wie Kalischs *100 000 Taler* (1930; 1950 eigene R., Freie Volksbühne), Bibo / Rameaus *Die Göttliche Jette* (1931). Außerdem u. a. in Essigs *Überteufel* (UA 1923, Die Junge Bühne), Veillers *Der Prozeß Mary Dugan* (1928, Berliner Th.), Großmann / Hessels *Apollo, Brunnenstraße* (UA 1930, Volksbühne). Auftritte in Kabaretts und im Film, u. a. *Der Schatz* (1923, mit → Krauß), *Atlantik* (1929, mit → Kortner), *Danton* (1930, mit → Gründgens). 1933 Emigration über die Tschechoslowakei, Wien und Zürich 1934 nach Großbritannien. Stand in London u. a. in Bruno Franks *Nina* (1935, Criterion Th.), Percy / Denhams *The Last Straw* (1937, Comedy Th.), Ibsens *Nora* (TR, 1939, Duke of Yorks' Th.) auf der Bühne, spielte in Filmen wie *The 39 Steps* (1935, R. Hitchcock), *East Meets West* (1936), *The High Command* (1937), *The True Story of Lilli Marlene* (1943), *The Tawny Pipit* (1944). Seit 1941 verheiratet mit dem Schauspieler und Regisseur Marius Goring (1912–98). 1940–46 beim dt. Dienst der BBC. Nach Kriegsende Theaterauftritte in London u. a. in Ibsens *Rosmersholm*, Čechovs *Der Bär* und Gogol's *Die Heirat* (eigene R.), Shaws *Too True to be Good* (alle 1948, Arts Th.). Seit 1949 als Gast v. a. in Berlin, u. a. in Williams' *Die tätowierte Rose* (1952, Komödie), Wolfes *Schau heimwärts, Engel* (1958, Schiller-Th.), Anouilhs *Cher Antoine* (1970, Th. am Kurfürstendamm, auch TV). Im dt. und brit. Film u. a. in *Nachts auf den Straßen* (1951), *So Little Time* (1952), *Ihr 106. Geburtstag* (1958), *Beyond the Curtain*, *Der letzte Zeuge* (beide 1960), *Bunny Lake Is Missing* (1965). Mehrfach ausgezeichnet. – Eine «berlinische» Schauspielerin von großer Vitalität und Ausdruckskraft, komödiantischem Talent und modulationsreicher Stimme. Gleich bedeutend in komischen wie tragischen Rollen. «Die Vielseitigkeit ihrer Begabung ist stupend. […] die Mannheim kann nicht, braucht nicht zu spielen. Sie ist auf der Bühne ein Elementarereignis» (Fehling, S. 250).

Lehnhardt, R.: Die Lucie-Mannheim-Story. Remagen-Rolandseck 1973; Das Theater des deutschen Regisseurs Jürgen Fehling. Hg. G. Ahrens. Berlin 1985.

Wolfgang Beck

Manthey, Axel, * 10. 4. 1945 Güntersberge (Harz), † 29. 10. 1995 Tübingen. Bühnenbildner, Regisseur.

M. wuchs in Halle (Saale) auf; 1961 Übersiedlung nach Westberlin, wo er an den Hochschulen für Grafik, Druck und Werbung (1963–65) und für bildende Künste

(1965–68) studierte. Ab 1968 Assistent des Bühnenbildners Thomas Richter-Forgách in Kassel; 1970/71 Bühnenbildner am Landestheater Württemberg-Hohenzollern in Tübingen, Debüt mit → Molières *Der Tartüff* (P. 28.9.1970). 1972–81 Bühnenbildner des Württemberg. Staatstheaters Stuttgart. Dort Zusammenarbeit mit dem Regisseur Alfred → Kirchner, u. a. bei → Shakespeares *Was ihr wollt* (1974) und *Der Sturm* (1978), Wedekinds *Frühlings Erwachen* (1974), Handkes *Die Unvernünftigen sterben aus* (1975), Reinshagens *Sonntagskinder* (UA 1976), → Nestroys *Der Zerrissene*, Becketts *Endspiel* (beide 1978). Danach freier Bühnenbildner. Seit 1980 Zusammenarbeit mit dem Regisseur Jürgen → Gosch, u. a. bei Shakespeares *Hamlet* (1980, Th. Bremen), Gor'kijs *Nachtasyl* (1981), Büchners *Woyzeck*, Molières *Der Menschenfeind* (beide 1982), Sophokles' *Ödipus*, Becketts *Warten auf Godot* (beide 1984, alle Schauspiel Köln), Kleists *Penthesilea* (1985, Thalia Th. Hamburg). M. hat seit 1977 auch Szenerien für das Tanztheater geschaffen. Für Gerhard → Bohner bei *Die Dinge in meiner Hand* (UA 20.1. 1979, Th. Bremen), *Wieland – Ein Heldenleben* (UA 16.11.1979, Bayer. Staatsoper, München), *Schwarz Weiß Zeigen* (UA 15.5.1983, Akademie der Künste, Berlin), für William → Forsythe bei *Time Cycle* (UA 22.12.1979, Staatstheater Stuttgart), *Say Bye Bye* (UA 26.11.1980, Nederlands Dans Th. im Circustheater Scheveningen; DEA 1984, Oper Frankfurt a. M.), *Whisper Moon* (UA 12.4.1981, Staatstheater Stuttgart). Zahlreiche Ausstattungen für Werke des Musiktheaters, u. a. für Henzes *Boulevard Solitude* (1976) und *Orpheus* (UA 17.3. 1979, beide Staatstheater Stuttgart). In Zusammenarbeit mit Ruth → Berghaus Bühnenbild und Kostüme für Wagners *Parsifal* (1982), *Der Ring des Nibelungen* (1985–87, alle Oper Frankfurt a. M.). Regiedebüt mit Schwertsiks Oper *Fanferlieschen Schönefüßchen* (UA 24.11.1983, Staatsoper Stuttgart), erste Sprechtheater-Regie bei der UA von → Achternbuschs *Sintflut* (14.9.1984, Schauspielhaus Bochum). In seinen letzten Jahren fast nur noch in Personalunion als Regisseur, Bühnen- und Kostümbildner tätig (z. T. mit A. Lintl). So bei Strindbergs *Ein Traumspiel* (1987, Stuttgart), Wysockis *Schauspieler Tänzer Sängerin* (UA 8.5.1988, Th. am Turm, Frankfurt a. M.), Aristophanes' *Die Vögel* (1989, Burgtheater Wien), van Vlijmens *Un Malheureux Vêtu de Noir* (UA 16.11.1990, Stadsschouwburg Amsterdam), Zenders *Don Quijote de la Mancha* (UA 3.10.1993, Staatsoper Stuttgart). Zuletzt Flauberts *Die Versuchung des heiligen Antonius* (1994, Dt. Schauspielhaus Hamburg). Seit 1985 Professor an der Hochschule für angewandte Kunst (Wien). Mehrere Einladungen zum Berliner Theatertreffen; 1983 und 1988 von *Th. heute* zum Bühnenbildner des Jahres gewählt. – Einer der stilprägenden Bühnenbildner der 1980er Jahre, der – ausgehend von eher nüchternen, realistischen Bildentwürfen – seine «anti-illusionistischen Spielräume» mehr und mehr auf Bildchiffren reduzierte. «Für mich sind Theaterwelten verarbeitete, übersetzte Realität» (M., zit. nach Eckert, S. 165). Emblematische Räume, Symbolwelten, offene, bruchstückhafte Räume, in denen wenige, zeichenhaft gesetzte Details neue theatrale Realität schufen: «Abbreviaturen der Wirklichkeit» (G. Wysocki).

Axel Manthey 1945–1995. Bühnen | Bilder. Zusammenstellung R. Rätz. Berlin 2002; Axel Manthey Theater. Hg. C. Ahrens u. a. Salzburg, Wien 1995; Eckert, N.: Das Bühnenbild im 20. Jahrhundert. Berlin 1998; Zeppenfeld, I.: Anti-illusionistische Spielräume. Die ästhetischen Konzepte des Surrealismus, Symbolismus und der abstrakten Kunst im Spiegel der Theaterarbeit Achim Freyers und Axel Mantheys. Tübingen 1998.

Wolfgang Beck

Marais, Jean (eig. Jean Alfred Villain-Marais), * 11. 12. 1913 Cherbourg, † 8. 11. 1998 Cannes. Schauspieler, Regisseur.

M. verbrachte seine Kindheit nach der Trennung der Eltern mit seiner Mutter und seinem Bruder Henri in dem Pariser Villenvorort Le Vésinet. Er wurde wegen «Unruhestörung und Zerstreutheit» vom Gymnasium verwiesen und schlug sich mit Gelegenheitsarbeiten durch. Nachdem ihn die staatl. Schauspielschule abgelehnt hatte, nahm M. Unterricht bei Charles → Dullin, in dessen Th. er als Statist arbeitete. Ab 1933 Th.- und Filmschauspieler. Mitwirkung in Filmen von Marcel L'Herbier (*L'épervier*, 1933, *L'aventurier*, 1934, *Nuits de feu*, 1937). Juli 1937 Bekanntschaft mit Jean Cocteau (1889–1963) und Beginn einer engen Zusammenarbeit und intimen Freundschaft. Er spielte die Hauptrolle in Cocteaus Stücken *Oedipe Roi*, *Les chevaliers de la table ronde* und *Les parents terribles*. Erste große Filmrolle 1941 mit *Le Pavillon brûle* von Jean de Baroncelli, nachdem viele größere Filmprojekte gescheitert waren, u. a. mit Marcel Carné, mit dem er schließlich kein einziges Mal zusammenarbeitete. Dank Cocteau engagierte sich M. immer stärker als Filmschauspieler, der in *L'éternel retour* (1943) den Durchbruch zum Idol und Symbol der filmbegeisterten Jugend schaffte. Unvergessen sind seine Rollen in *La belle et la bête* (1946), *Les parents terribles* (1949), *Le comte de Monte-Christo* (1955), *Le capitaine Fracasse* (1961), *Le masque de fer* (1962), *Fantomas* (1966), in denen M. neben der künstl. auch die körperliche Herausforderung suchte und mit Bravour bestand. Ende der 1960er Jahre vornehmlich wieder Theaterarbeit, bei der M. als Schauspieler, Regisseur, Choreograph und Dekorateur zugleich Exemplarisches leistete: *Le disciple du diable* (1968), *Oedipe Roi* (1969), *L'amour masqué* (1970), *Les misérables* (1976). Großen Publikumserfolg erzielte M. 1983 mit der Textmontage *Cocteau-Marais*, mit der er auch in Deutschland auf Tournee ging. 1983 stand er als Don Diego im *Cid* von Corneille zum ersten Mal mit Jean-Louis → Barrault gemeinsam auf der Bühne. Letzte Filmrollen in Rameaus *Le lien de parenté* und *Stealing beauty – Genie und Verführung* (1996). 1997 trat M. zum ersten Mal im Revuetheater Folies-Bergère auf und spielte den alten Balthasar in der Bizet-Oper *L'Arlesienne*. – M. ist auch als bildender Künstler hervorgetreten.

 Aslan, O.: L'art du théâtre. Paris 1968; Marais, J.: Contes. Paris 1978; ders.: Les histoires de ma vie. Paris 1975; ders.: L'inconcevable Jean Cocteau. Paris 1993; ders.: Mes quatre vérités. Paris 1957.

Horst Schumacher

Marceau, Marcel (eig. M. Mangel), * 22. 3. 1923 Straßburg. Pantomime.

M. besuchte nach seiner Gymnasialzeit in Straßburg die École des Arts Décoratifs in Limoges. Sein pantomimisches Interesse äußerte sich früh schon im Bestreben, Gesten und Mimik seiner Mitmenschen zu imitieren. Stummfilmschauspieler wie Charlie Chaplin, Buster Keaton, Harry Langdon, Stan Laurel und Oliver Hardy faszinierten ihn. 1946 trat er in die Schauspielschule am Pariser Th. Sarah Bernhardt ein und studierte bei Charles → Dullin und Etienne → Decroux, der auch Jean-Louis → Barrault unterrichtet hatte. Im legendären Film *Les enfants du paradis* (1944, dt. *Kinder des Olymp*) von Marcel Carné als Harlekin Baptiste künstl. Durchbruch, der M. zu seinem ersten «Mimodrama» *Praxiteles und der Goldene Fisch* ermutigte. 1947 erster Auftritt als weißgesichtiger Clown Bip mit gestreiftem Pullover, zerbeultem Seidenhut und roter Blume, sozusagen das Alter Ego von M., dessen Missgeschicke wie bei *Gehen gegen den Wind* und dessen stumme Exerzitien zum klassischen Repertoire der Pantomime geworden sind. 1948, nach einer triumphalen Europa-Tournee, Gründung der Compagnie de Mimes Marcel Marceau (im traditionsreichen kleinen Th. L'Ambigu am Pariser Boulevard Saint-Martin), die mit 26 Mimodramen, darunter *Der Mantel* nach Gogol', weltweite Erfolge feierte. Von der Lebensalter-Pantomime *Jugend, Reife, Alter und Tod* sagte die Kritik, M. verwirkliche in weniger als 2 Minuten etwas, das die meisten Romanciers nicht einmal in dicken Bänden schafften. 1964 löste sich die Truppe auf, und M. setzte als Solopantomime seine Karriere bis 1993 fort. 1969 wollte Rolf Liebermann M. als Ballettdirektor an die Hamburgische Staatsoper holen. Das Vorhaben scheiterte an der unlösbaren Schwierigkeit, klassisches Ballett und Pantomime zu verbinden und überhaupt die Pantomime als gleichberechtigte Kunstsparte neben Schauspiel, Oper und Tanz zu etablieren. Die 1971 in Hamburg uraufgeführte Auftragsarbeit, das Mimodrama *Candide* nach Voltaire war ein Misserfolg. 1993 Gründung der Nouvelle Compagnie de Mimodrame, die im Espace Pierre Cardin an den Champs-Élysées mehrere Aufführungen gab.

M. gilt als der größte Mime der Welt, dessen Soloauftritte besonders in Amerika, wohin er sich seit seiner ersten Tournee 1955 praktisch alle 2 Jahre begibt, nichts an Zuspruch eingebüßt haben (wie sein Triumph im Geffen-Th. von Los Angeles in Sommer 2002 bewies). – Für M. ist die Pantomime die Kunst, «nicht Worte durch Gesten, sondern Gefühle durch treffende Haltungen auszudrücken». «Das Theater ist überall in der Welt zu weit vom Physischen abgekommen. Sie geben Worte statt Körper. Ich erzähle einfach von den allerelementarsten Dingen: von Liebe, Trauer, Glück, Fröhlichkeit, Alter und Tod. Ich gebe den Leuten im Theater wieder einen Helden – Bip –, in den jeder einzelne sich selbst hineinzudenken vermag.»

Horst Schumacher

Marijnen, Franz (Joseph Theresia Maria), * 4. 4. 1943 Mechelen (Belgien). Regisseur, Theaterleiter.

Der Sohn eines Juristen studierte 1963–67 Regie am Rijksinstituut voor Toneel- en Cultuurspreiding (RITCS) in Brüssel und inszenierte bereits während des Studiums. Am Mechels Miniatuur Teater (MMT) debütierte er mit Albees *Zoogeschichte* (1966) und inszenierte u. a. Saunders' *Ein Duft von Blumen* (1967), Bonds *Gerettet* (1968). Der wohl bedeutendste lebende niederländischsprachige Regisseur verbrachte nach Abschluss seines Studiums 1968/69 zunächst einige Monate bei Jerzy → Grotowski in Wrocław (Breslau), dessen Teatr Laboratorium ihn für sein avantgardistisches Th. Laboratoire Vicinal im Brüsseler Vorort Schaerbeek (niederländ.: Schaarbeek) inspirierte. 1970 ging M. für mehrere Jahre in die USA, unterrichtete an verschiedenen Colleges und Universitäten, war anderthalb Jahre am La MaMa Experimental Th. Club in New York und gründete 1973 in Jamestown im Staat New York das eigene Ensemble Camera Obscura, mit dem er auch in Europa spielte. Insz. von Wolks *Oracles* (1973) und *Maldoror* (1974), dem Gemeinschaftsprojekt *Toreador* (1975), Aischylos' *Prometheus* (1976). 1976 Rückkehr nach Europa und Gründung des Ro Th.s in Rotterdam, das er 1983 verließ, um als freier Regisseur zu arbeiten. Insz.en u. a. von Panizzas *Das Liebeskonzil* (1976; 1977 Dt. Schauspielhaus Hamburg; 1989 Schiller-Th. Berlin), Claus' *Het Huis van Labdakus* (1977), Genets *Der Balkon* (1978), *Die Zofen* (1980), → Molières *Tartuffe* (1981), *Alice* (nach Carroll), → Shakespeares *Der Kaufmann von Venedig* (beide 1982). Gastinsz.en u. a. am Dt. Schauspielhaus Hamburg (das Gruppenprojekt *Grimm!*, 1975; Offenbach, *Die Großherzogin von Gerolstein*, 1983), dem Berliner Schiller-Th. (Miller, *Hexenjagd*, 1989), in Groningen (Scholten/M.s *Jules Ver-*

ne, 1984; Nijghs *Ik Jan Cremer*, 1985; *Bataille/bataille* nach Bataille, 1992), am Nederlands Toneel Gent (Ionesco, *Der König stirbt*, 1984; Shakespeare, *König Lear*, 1987), Het Nationale Toneel Den Haag (Büchner, *Woyzeck*, 1988; Shakespeare, *Macbeth*, 1990). Opernsz.en u. a. von Wagners *Der Fliegende Holländer* (1979, Muziektheater Amsterdam), Verdis *Aida* (1983, Opera voor Vlaanderen), Kettings *Ithaka* (1986), Busonis *Doktor Faust* (1987, beide Muziektheater Amsterdam), Donizettis *Don Pasquale* (1987, Hamburgische Staatsoper). 1993 wurde M. Intendant der Koninklijke Vlaamse Schouwburg (KVS) in Brüssel, wo er bereits als Gast inszeniert hatte (Beckett, *Endspiel*, 1991; Čechov, *Drei Schwestern*, 1992). Insz.en u. a. von Claus' Bearbeitungen von Senecas *Oedipus* und Sophokles' *In Kolonos*, → Fabres *Vervalsing zoals ze is, onvervalst* (alle 1994), Mishimas *Madame de Sade* (1996), Shakespeares *Othello*, Widmers *Top Dogs* (beide 1997), Theresia Walsers *King Kongs Töchter* (1999), Kanes *Gesäubert* (2000). 2000 legte M. seinen Posten nieder und arbeitet seither wieder als freier Regisseur, inszenierte u. a. das Musical nach Saint-Exupéry *De Kleine Prins* (2002/03, Music Hall Group), Rostands *Cyrano de Bergerac* (2004), Genets *Die Zofen* (2005, beide Het Nationale Toneel Den Haag).

De Naeyer, K.: Franz Marijnen. Theater van het risico. Diss. Gent 1988.

Horst Schumacher

Märki, Stephan, *15. 4. 1955 Basel. Theaterleiter, Regisseur, Schauspieler.

Nach der Ausbildung zum Photographen und Werbeleiter (1972–75) begründete M. in Basel eine Werbe- und Presseagentur, bevor er nach einer kurzen Episode als Rennfahrer eine private Schauspielausbildung (1980–83) in München absolvierte. Es folgten verschiedene Engagements am Th. sowie Rollen in Film und Fernsehen. 1985 gründete M. in München das Teamtheater, an dem er als Geschäftsführer und künstl. Leiter tätig war. Dort gab er mit der DEA von Baryllis *Butterbrot* (1987) auch sein erfolgreiches Regiedebüt. Nach 5-jähriger Intendantentätigkeit am Hans-Otto-Th. in Potsdam (1993–97) arbeitete M. seit 1998 als freier Regisseur und erhielt 1999 eine Gastprofessur am Max-Reinhardt-Seminar in Wien. Im September 2000 trat er als Generalintendant des Dt. Nationaltheaters und der Staatskapelle Weimar die Nachfolge von → Beelitz an. – Angesichts der finanziell ausweglosen Situation des Nationaltheaters machte sich M. zunächst kulturpolitisch einen Namen: Mit großer Unterstützung der Bevölkerung verhinderte er die vom Dt. Bühnenverein vorgeschlagene Fusion mit dem Th. Erfurt und die damit verbundene partielle Schließung des Dreispartentheaters, indem er ein neues Finanzierungskonzept erarbeitete. Im Rahmen des sog. Weimarer Modells wurde das Th. im September 2002 nach dem Vorbild des Berliner Ensembles in eine gemeinnützige GmbH umgewandelt und trat 2003 aus dem Dt. Bühnenverein aus. Der im Einvernehmen mit den Mitarbeitern vollzogene Ausstieg aus dem Tarifverband verschaffte dem Th. Planungssicherheit bis 2008; als Lösung für andere Th. wird M.s in Weimar sehr erfolgreiches Reform- und Solidarkonzept jedoch kontrovers diskutiert. – Als Regisseur brachte M. in Weimar Greiffenhagens *Comedian Harmonists* (2000), Wedekinds *Lulu* (2001) und Kristo Sagors → Goethe-Projekt *Werther. Sprache der Liebe* (2003), Schillers *Maria Stuart* (2005) zur Aufführung. 2004 sorgte er mit einer als Höhepunkt des Sommers geltenden Insz. für Furore: Als erster Regisseur durfte M. mit seinem Weimarer Ensemble anlässlich des 200. Jahrestages der UA von Schillers *Wilhelm Tell* das Stück an historischer Stätte aufführen. Die Raumgestaltung der erfolgreichen Freilichtaufführung auf der Schweizer Rütli-Wiese übernahm Günther Uecker.

Nina Grabe

Marquardt, Fritz, * 15. 7 1928 Großfriedrich / Warthebruch (heute Karkoszów, Polen). Regisseur, Schauspieler.

Zunächst Landarbeiter und Neubauer. 1950 Abitur an der Arbeiter- und Bauernfakultät, 1953–58 Studium der Philosophie und Ästhetik, Humboldt-Universität Berlin. Bauarbeiter. 1961–63 dramaturgischer Mitarbeiter und Archivar der Volksbühne Berlin. 1963–65 Dramaturg und Regisseur in Parchim (Büchners *Woyzeck*, 1964). 1965–69 Schauspieldozent an der Hochschule für Film und Fernsehen Potsdam-Babelsberg. 1969–83 Regisseur an der Volksbühne (1970 Katajews *Avantgarde*, 1975 → Molière / Bartschs *Der Menschenhasser*, von → Müller 1971 *Die Weiberkomödie*, 1976 UA *Die Bauern*, 1980 UA *Der Bau*). Spielte 1971 den Totengräber in → Shakespeares *Hamlet*. 1973 in Rotterdam Kleists *Penthesilea*, in Amsterdam → Brechts *Herr Puntila und sein Knecht Matti* sowie *Der aufhaltsame Aufstieg des Arturo Ui* (1983), in Mannheim *Nicht Fisch nicht Fleisch* von → Kroetz, 1984 an den Münchner Kammerspielen → Lessings *Nathan der Weise*. 1983 Berliner Ensemble (1985 Sternheims *Bürger Schippel*, 1989 Müllers *Germania – Tod in Berlin*, 1991 UA von Seidels *Villa Jugend*, 1992 Barlachs *Der arme Vetter*, 1992/93 O'Caseys *Juno und der Pfau*). 1991–96 einer der anfangs 5 Intendanten des Berliner Ensembles, danach einige Zeit künstl. Beirat des Intendanten. Schauspieler im Film. Maler und Zeichner.

Einer der am wenigsten angepassten Regisseure in der DDR mit der Tendenz zu kritischem Zeittheater und politischen Parabeln. Vorliebe für Darstellung von Umbruchkonflikten. Einsatz für das Werk von Heiner Müller, der ihm bescheinigte, er «gehört einer seit Kortner auf dem deutschen Theater seltenen Spezies an: er geht mit dem Text und […] mit den Schauspielern um wie ein Bildhauer mit seinem Material. […] Ein Maßstab für den Rang eines Künstlers ist, was er nicht macht: Marquardt verweigert sich jeder Mode». Sue-Ellen Case schrieb 1980: «Marquardts Inszenierungen von Müllers Geschichtsdramen polemisieren gegen die offizielle Sicht auf die Vergangenheit, sie fordern auf, sich den Anzeichen der Zukunft zu öffnen. Das Lachen bindet das Publikum an die Clowns auf der Bühne: es nimmt so teil am individuellen Kampf mit der kollektiven Geschichte.»

Pietzsch, I.: Werkstatt Theater. Gespräche mit Regisseuren. Berlin 1975.

Werner Schulze-Reimpell

Marthaler, Christoph, * 17. 10. 1951 Erlenbach / Kanton Zürich. Regisseur, Theaterleiter.

Studium der Musik, Theaterschule → Lecoq in Paris. Zunächst Bühnenmusiker am Züricher Th. am Neumarkt, eigene Liederabende und Choreografien. Bühnenmusik u. a. für Aufführungen im Dt. Schauspielhaus Hamburg, Wiener Burgtheater, Düsseldorfer Schauspielhaus. 1980 Beteiligung am ersten Züricher Theaterspektakel mit *Indeed*, Projekt für Schauspieler und Musiker. 1985 eine 24-stündige Aufführung von Eric Saties *Vexations* beim Züricher Minimal-Festival; 1988 Kurt Schwitters-Abend. 1988–93 Baseler Theater (*Ankunft. Bad. Bahnhof* zum 50. Jahrestag der Pogromnacht, *Wenn das Alphirn sich rötet, tötet, freie Schweizer, tötet … ein Abend über Soldaten, Serviertöchter und ihre Lieder, Stägli uf, Stägli ab, juhee!*, Labiches *Die Affäre in der Rue de Lourcine*, DEA von Fernando Pessoas *Faust-Fragment*, *Prohelvetia*). 1993–2000 Insz.en am Dt. Schauspielhaus Hamburg (*Goethes Faust, √1 & 2*, *Sucht/Lust*, Canettis *Hochzeit, Die Stunde*

Null oder Die Kunst des Servierens, Horváths *Kasimir und Karoline*, Kesselrings *Arsen und Spitzenhäubchen*, *Die Spezialisten. Ein Überlebenstee*). In der Volksbühne Berlin Insz.en von *Murks den Europäer! Murks ihn! Murks ihn! Murks ihn! Murks ihn ab!* (1993), *Sturm vor Shakespeare* (1994), *Der Eindringling* nach → Valentin und Maeterlinck (1994), *Straße der Besten* (1996), Čechovs *Drei Schwestern* (1997). 2000–04 Intendant des Zürcher Schauspielhauses (DEA von Fosses *Der Gitarrenmann*, → Shakespeares *Was ihr wollt*, Franz Schuberts *Die schöne Müllerin*, *Groundings*, UA von Jelineks *Die Alpen*, Büchners *Dantons Tod*). 2005 mit der niederländ. Gruppe ZT Hollandia *Op hoop van zegen/Seemannslieder*. Opern-Insz.en: 1994 in Frankfurt a. M. Debussys *Pelléas et Melisande*, 1996 UA de Vries' *A King Riding* (Th. Royal de la Monnaie, Brüssel), 1998 bei den Salzburger Festspielen Janáčeks *Katja Kabanowa*, 2005 bei den Bayreuther Festspielen Wagners *Tristan und Isolde*. Theaterpreis Berlin (mit Anna → Viebrock). Zahlreiche Einladungen zum Berliner Theatertreffen. – Mit seinem ganz anderen Zugang zum Th. entwickelte M. eine sehr eigene vorbildlose Spielweise der intensiven Langsamkeit, des beunruhigenden Stillstands, präzis rhythmisiert zwischen Slapstick und Ruhe, immer wieder in Liedgesang mündend. M. schreibt eigentlich keine Stücke, sondern collagiert gefundenes Textmaterial zu aberwitzig komischen, ungemein erhellenden Gesellschaftsbildern. «Ich habe nie mit der Absicht Theater gemacht, gesellschaftskritisch wirken zu wollen. Ich beobachte Menschen im Leben, und daraus mache ich Theater. Ich kann nur Theater machen, wenn die Bühnenfiguren Menschen sind, die ich kenne.» So ungemein stimmig die Spielvorlagen komponiert sind mit klug gesetzter Reprisen und Wortwiederholungen – oft gehen sie zu sehr in die Breite. Überzeugend gelingt ihm immer wieder die Übertragung seiner spezifischen Ästhetik auf Stücke anderer Autoren. Wesentlichen Anteil an der Entwicklung von M.s Arbeitsweise hat die Bühnenbildnerin Anna Viebrock.

Dermutz, K.: Christoph Marthaler. Die einsamen Menschen sind die besonderen Menschen. Salzburg, Wien 2000; Flimm, J.: Theatergänger. Begegnungen und Stationen. Göttingen 2004.

Werner Schulze-Reimpell

Martin, Karl Heinz, * 6. 5. 1886 Freiburg i. Br., † 13. 1. 1948 Berlin. Regisseur, Theaterleiter, Bühnenbildner.

Sohn eines Uhrmachers; begann als Schauspieler an Bühnen in Kassel und Hannover. 1907/09 Regieassistent am Nationaltheater Mannheim. 1910/11 pachtete und leitete M. das Komödienhaus in Frankfurt a. M., wo er seit 1912 Oberspielleiter der Vereinigten Städt. Bühnen war (R. u. a. bei Stücken Wedekinds und Sternheims). Danach bis 1919 Oberspielleiter am Hamburger Thalia Th. (Insz. von Dramen Kaisers, Unruhs u. a.). 1919 in Berlin Mitbegründer des politischen Th.s Die Tribüne, das mit seiner Insz. von Hasenclevers *Der Retter/Die Entscheidung* eröffnet wurde. Die UA von Tollers *Die Wandlung* (1919) begründete seinen Ruf als Regisseur (auch Bühnenbildner) expressionistischer Stücke («Er hat die Dämonisierung des Sachlichen erreicht. […] Er brachte niemals Stimmung, niemals Begleitung. Immer Wesen. Immer Expression», Jhering, 1. Bd., S. 124). Nach internen Querelen gründete M. Das proletarische Th., mit dem nur Kranz' *Freiheit* einmalig aufgeführt wurde. 1920–22 Regisseur an → Reinhardts Berliner Bühnen, wo er u. a. Hauptmanns *Der weiße Heiland* (UA 1920), *Die Weber* (1921; 1922 Breslau; 1930 Volksbühne Berlin), Kaisers *Europa* (UA 1920), Schillers *Die Jungfrau von Orleans* (1921), Tollers *Die Maschinenstürmer* (UA 1922) inszenierte. 1923 gründete M. mit H. → George das Schauspielertheater; Regie bei Schillers *Die Räuber*, Marlowes *Eduard II.*, Hauptmanns *Hannele* und *Elga* (alle 1923). In den folgenden Jahren Insz.en von Dramen und Opern in Breslau, Salzburg, Berlin und Wien. In Berlin u. a. für die Junge Bühne die UA von Ernst Weiß' *Olympia* (1923), im Lessing-Th. Sternheims *Bürger Schippel* (1923), Shaws *Mensch und Übermensch*, Romains' *Der Diktator* (beide 1926), Neumanns *Der Patriot* (1927), Hauptmanns *Rose Bernd* (1928), Zuckmayers *Katharina Knie* UA 1929), an den → Piscator-Bühnen die UA von J. R. Blochs *Der letzte Kaiser* (1928). In Wien am Raimund-Th. u. a. Wedekinds *Franziska*, → Goethes *Götz von Berlichingen* (beide 1924), am Dt. Volkstheater → Shakespeares *Othello* (1922), Grabbes *Napoleon oder die 100 Tage* (1925), Schönherrs *Der Armendoktor*, mit → Moissi Rollands *Ein Spiel von Tod und Zufall* (beide 1926). 1929–32 künstl. Leiter der Volksbühne Berlin; dort u. a. Regie bei Tollers *Hinkemann* (UA 1927), Büchners *Dantons Tod*, Wedekinds *Frühlings Erwachen* (beide 1929), Shakespeares *Julius Cäsar*, Polgar / Kataevs *Die Defraudanten* (UA), Molnárs *Liliom* (alle 1930), Döblins *Die Ehe* (UA), Kaisers *Nebeneinander*, Stemmles *Kampf um Kitsch* (UA), Anzengrubers *Das vierte Gebot* (alle 1931), Hauptmanns *Fuhrmann Henschel*, Shaws *Androklus und der Löwe* (beide 1932). 1932–33 Mitdirektor des Dt. Th.s Berlin; von den Nazis abgesetzt; Regie bei Hays *Gott, Kaiser und Bauer* (1932). Verbot, als Theaterregisseur zu arbeiten. Nach frühen Stummfilmen (*Von morgens bis Mitternacht*, 1920; *Das Haus zum Mond*, 1921) in den 1930er Jahren Regie bei Unterhaltungsfilmen, u. a. *La Paloma* (1934), *Der Hampelmann* (1938), *Verdacht auf Ursula* (1939). In den 1940er Jahren Gastregisseur in München an den Kammerspielen (Grabbe, *Hannibal*, 1940; 1941 Schiller-Th.), in Berlin am Schiller-Th. (Laube, *Die Karlsschüler*; Gherardi, *Die Söhne des Herrn Grafen*, beide 1941) und der Volksbühne. Dort Insz. u. a. von Hebbels *Gyges und sein Ring*, Ibsens *Die Wildente* (beide 1941), Hauptmanns *Winterballade* und *Florian Geyer* (beide 1942), Kleists *Penthesilea* (1942), Grillparzers *Sappho* (1943). Nach Kriegsende mit der Eröffnung des Renaissancetheaters beauftragt, das nach wenigen Vorstellungen für die brit. Truppenbetreuung beschlagnahmt wurde. Insz. von Schnitzlers *Der grüne Kakadu* und Wedekinds *Der Kammersänger* (mit H. Knef). August 1945–48 Leiter des Hebbel-Th.s, dem er 1946 eine Schauspielschule und eine Volksbühne anschloss. M. brachte dort u. a. Brecht / Weills *Die Dreigroschenoper*, Ardreys *Leuchtfeuer* (beide 1945), Molnárs *Liliom*, Gor'kijs *Nachtasyl* (beide 1946), Anouilhs *Eurydike* (1947) heraus, → Fehling inszenierte Sartres *Die Fliegen* (1948). Sein Tod verhinderte eine tiefergreifende Wirkung M.s auf das dt. Nachkriegstheater. – M. wurde bekannt als Regisseur expressionistischer Stücke. Als sein eigener Bühnenbildner legte er Wert auf szenische Kargheit und expressive Lichtregie. «Er ging nicht vom Wort aus, nicht vom Schauspieler, sondern von den Kontrasten der Situation. Er spielte weniger die Sätze als die Interpunktion, weniger den geistigen oder gefühlsmäßigen Inhalt als seine Akzente» (Jhering in *Dramaturgische Blätter*, 2. Jg., 2. H. Berlin 1948, S. 59). Als Regisseur und Intendant Förderer politischer aktueller Dramatik.

Biedrzynski, R.: Schauspieler, Regisseure, Intendanten. Heidelberg u. a. 1944; Jhering, H.: Von Reinhardt bis Brecht. 3 Bde. Berlin 1958–61; Schorlies, W.-J.: Der Schauspieler, Regisseur, szenische Bühnenbauer und Theaterleiter Karl Heinz Martin. Diss. Köln 1972.

Wolfgang Beck

Martinelli, Jean-Louis (Henri Emile), * 3. 9. 1951 Rodez (Aveyron, Frankreich). Regisseur, Theaterleiter.

Ingenieurdiplom der École des Arts et des

Métiers de Lyon. Erste eigene Insz. schon als Student: *Skandalon* von René Kalisky (1975). 1977 Gründung einer eigenen Truppe in Lyon: Compagnie du Th. du Réfectoire. Breites eklektisches Repertoire, wobei die Förderung junger Bühnenautoren im Vordergrund stand. Insz.en u. a.: *Italienische Nacht* von Ödön von Horváth (1977), *Lenz* von Georg Büchner (1979), *Lorenzaccio* von Alfred de Musset (1979), *Le Cuisinier de Warburton* von Annie Zadek (1980), *Sang et Eau* von Enzo Cormann und verschiedene Pasolini-Adaptationen. – 1987 Direktor des Théâtre de Lyon. Insz.en dort u. a.: *Le Prince Travesti* von Marivaux (1988), *Quartett* von Heiner → Müller (1989), *La Maman et la Putain* von Jean Eustache (1990), *La Musica deuxième (La Musica zwei)* von Marguerite Duras (1991), *L'Eglise* von Louis-Ferdinand Céline (1992), *Variations Calderón* (1992), *Les Marchands de Gloire (Schieber des Ruhms)* von Marcel Pagnol (1993). Seit Dezember 1993 Direktor des Nationaltheaters Straßburg: Einstudierungen von *Roberto Zucco* von Bernard-Marie Koltès (1995), 2 Stücken von R. W. → Fassbinder (1995) und *Andromaque (Andromache)* von Jean Racine. 1997 Insz.en von H. Müllers *Germania 3* und 2 Bernhard-Texten unter den Titeln *Thomas Bernhard Comédies* und *Emmanuel Kant Comédie*. Beim Festival d'Avignon im Juli 1998 Eröffnung mit M.s Fassung eines Hölderlin-Textes *Ödipus der Tyrann*. 2001 wurde M. Generalintendant des Th. des Amandiers in Nanterre bei Paris als Nachfolger von Jean-Pierre → Vincent. Insz.en u. a. von Noréns *Categorie 3:1* (2001), Čechovs *Platonov* (2002), Rouquettes *Medée* (2003), Jouets *La République de Mek-Ouyes* (2006). An der Opéra de Nancy Janáčeks *Jenufa* (2002).

Horst Schumacher

Matiasek, Hellmuth, * 15. 5. 1931 Wien. Regisseur, Theaterleiter. Studium der Theaterwissenschaft, Germanistik, Psychologie an der Universität Wien (Promotion 1957). Regie-Ausbildung am Reinhardt-Seminar Wien. 1953 Gründung und Leitung des avantgardistischen Th.s Kaleidoskop in Wien. 1957–60 Regie am Landestheater Salzburg, 1960–61 Regie von Fernsehunterhaltung. 1960–62 Insz.en im Schauspiel Köln. 1963–64 Intendant des Landestheaters Salzburg, 1964–67 Generalintendant am Staatstheater Braunschweig (Chefdramaturg Claus Henning Bachmann). Einige spektakuläre Insz.en von Canetti (UA *Komödie der Eitelkeit*, UA *Hochzeit*, beide 1965), Audiberti u. a. erregten Aufsehen und Publikumsproteste. Gastinsz.en im Dt. Schauspielhaus Hamburg (UA *Das Geständnis* von Mortimer 1967), Residenztheater München (Shakespeare, O'Neill), den Luisenburg-Festspielen Wunsiedel. 1967 *Ascanio in Alba* von Mozart (Salzburger Festspiele). 1972–79 Direktor der Otto-Falckenberg-Schule München. Insz.en Staatstheater Stuttgart, Münchner Kammerspiele, Staatstheater Karlsruhe. 1979–83 Generalintendant Wuppertaler Bühnen. 1983–96 Intendant am Gärtnerplatztheater München. Seitdem überwiegend Operninsz.en, gelegentlich auch Schauspiel (Münchner Volkstheater, Th. in der Josefstadt u. a.). Seit 1998 künstl. Leiter der Carl-Orff-Festspiele in Andechs (Insz. u. a. von Hillers *Der Goggolori*, 2004). Zahlreiche Funktionen in dt. und internat. Th.-Institutionen. Professor an der Bayer. Theaterakademie in München, 2000–04 deren Präsident, Leitung des Prinzregententheaters. Libretto zu Ruth Zechlins Kammeroper *Elissa* (UA 2005, Südostbayer. Städtetheater Passau). Verheiratet mit Cornelia → Froboess. – M. ist ein sehr genauer, realistischer Regisseur, den Stücktexten verpflichtet und den Darstellern dienlich, zugleich ein geschickter, auf Interessenausgleich bedachter Intendant.

Alles auf der Welt ist Komödie…: für den Intendanten und Regisseur Hellmuth Matiasek. Hg. Th. Siedhoff. München 1996; 125 Jahre Gärtnerplatztheater. Hg. H. Matiasek. Burgthann 1990; Matiasek, H.: Die Komik des Clowns. Diss. Wien 1957.

Werner Schulze-Reimpell

Mattes, Eva, * 14. 12. 1954 Tegernsee. Schauspielerin.

Als 12-Jährige spielte die Tochter des Dirigenten Willy Mattes und der Schauspielerin Margit Symo ihre erste Rolle in Curt →Goetz' *Dr. med. Hiob Prätorius* (Kleine Komödie München). Zunächst als Synchronsprecherin erfolgreich (u. a. Timmy in *Lassie* und Pippi Langstrumpf), gelang M. als Filmschauspielerin der Durchbruch in M. Verhoevens Antikriegsfilm *O. K.* (1970) und R. Hauffs *Mathias Kneißl* (1971), für die sie – ebenso wie für ihre Rollen in →Fassbinders *Die bitteren Tränen der Petra Kant* (1972) und *Wildwechsel* (1973, nach →Kroetz) – mit dem Bundesfilmpreis ausgezeichnet wurde. Mit weiteren Rollen u. a. in R. Klicks *Supermarkt* (1973), W. Herzogs *Stroszek* (1976) und *Woyzeck* (1978, Goldene Palme in Cannes als beste Nebendarstellerin) und der Hauptrolle in H. Sander-Brahms' *Deutschland, bleiche Mutter* (1979) avancierte M. in den 1970er Jahren zu einer der bedeutendsten Darstellerinnen des Neuen Dt. Films. – Parallel dazu begann die gleichermaßen kraftvolle wie sensible Schauspielerin ihre erfolgreiche Theaterkarriere unter →Nagel am Dt. Schauspielhaus Hamburg (1972–79). Dort traf sie mit →Zadek auf einen der wichtigsten Regisseure ihrer Laufbahn und schrieb als Beppi in Kroetz' *Stallerhof* (UA 24. 6. 1972, R. →Heising) Bühnengeschichte. 1983/84 an den Münchner Kammerspielen engagiert, kehrte M. 1985 mit Zadek ans Dt. Schauspielhaus zurück und folgte ihm 1992 ans Berliner Ensemble (BE), wo sie 1994/95 auch Gesellschafterin und Direktoriumsmitglied war. Seither arbeitet M., die 1987 mit dem Programm *Von Ulm nach Metz* auch als Chansonsängerin debütierte, überwiegend freischaffend. – Ihre größten Erfolge feierte M. unter Zadek, in dessen →Shakespeare-Insz.en sie Desdemona in *Othello* (1976, mit →Wildgruber), Gertrud in *Hamlet* (1977, Bochum), Katharina in *Der Widerspenstigen Zähmung* (1981, Volksbühne Berlin), Rosalind in *Wie es euch gefällt* (1986, Dt. Schauspielhaus), Portia in *Der Kaufmann von Venedig* (1988, Burgtheater Wien), Cleopatra in Shakespeares *Antonius und Cleopatra* (1994, BE/Wiener Festwochen), Gertrud in *Hamlet* (1999, Th. Straßburg/Wiener Festwochen) spielte. Weitere Rollen in Zadeks Regie in Ibsens *Die Wildente* (1975), Hopkins' *Verlorene Zeit* (1984, beide Hamburg), García Lorcas *Yerma* (1984, München), dem Rock-Musical *Andi* (1987, Hamburg), Guste/TR für die erkrankte Ute Lemper in *Der blaue Engel* (1991/92, Th. des Westens, Ko-R. →Savary), de Sicas/Zadeks *Das Wunder von Mailand* (UA 1993, BE), Čechovs *Der Kirschgarten* (1996), Williams' *Die Nacht des Leguan* (2002, beide Burgtheater Wien), Delaneys *Bitterer Honig* (2006, St. Pauli Th. Hamburg). – Erfolge am Dt. Schauspielhaus Hamburg in den TRn von Schillers *Die Jungfrau von Orleans* (1973), →Brechts *Mutter Courage* (1986, R. beide →Minks), Schillers *Maria Stuart* (1990, R. →Bogdanov, mit I. →Ritter), in Pohls *Karate-Billi kehrt zurück* (UA 16. 5. 1991, R. der Autor), Lindlaus *St. Pauli Saga* (1997, R. Minks). – Bayer. Filmpreis für ihre Darstellung von Prousts Haushälterin in *Céleste* (1981, R. P. Adlon). Weitere Filme u. a. *Ein Mann wie Eva* (1983), *Auf immer und ewig* (1985), *Felix* (1987), *Das Versprechen* (1995, R. M. v. Trotta), *Schlafes Bruder* (1995, R. J. Vilsmaier), *Der Schrei der Liebe* (1997, R. M. Geschonneck), *Duell – Enemy at the Gates* (2001, R. J.-J. Annaud). Ihre Wandlungsfähigkeit stellte die vielseitige Schauspielerin nicht zuletzt als Frau Rotkohl in dem erfolgreichen Kinderfilm *Das Sams* unter Beweis, für die sie 2001 mit dem Dt. Filmpreis ausgezeichnet wurde. Im gleichen Jahr übernahm M. auch die Rolle der *Tatort*-Kommissarin Klara Blum.

Nina Grabe

Matthes, Ulrich. * 9. 5. 1959 Berlin. Schauspieler, Regisseur.

Sohn eines Journalisten. Kinderrollen im Th. und Fernsehen. Einige Semester Germanistik und Anglistik Freie Universität Berlin. 1980–82 Schauspielunterricht. 1982 Debüt in Pavel Kohouts *Armer Mörder* im Renaissancetheater Berlin. 1983 TR in → Shakespeares *Hamlet* (Kreuzgangfestspiele Feuchtwangen). 1983–85 Vereinigte Städt. Bühnen Krefeld-Mönchengladbach (Camille Desmoulin in Büchners *Dantons Tod*, TR in Kleists *Prinz Friedrich von Homburg*, Jimmy Porter in Osbornes *Blick zurück im Zorn*). 1985–86 Düsseldorfer Schauspielhaus (TR in der UA von Dorsts *Heinrich oder Die Schmerzen der Phantasie*, Otto Weininger in der DEA von Sobols *Weiningers Nacht*, Artur in Mrożeks *Tango*). 1986–88 Bayer. Staatsschauspiel München (Valère in → Molières *Tartuffe*, Orlando in Shakespeares *Was ihr wollt*). 1988–92 Münchner Kammerspiele (Michel in Hauptmanns *Und Pippa tanzt*, TR in Handkes *Kaspar* und in der UA von Dorsts *Karlos*). 1992 Schaubühne am Lehniner Platz Berlin (Baron in Gor'kijs *Nachtasyl*, Tesman in Ibsens *Hedda Gabler*, Kostja in Čechovs *Die Möwe*). Zahlreiche Hörspiele, Hörbücher und Lesungen. Rückkehr zur Bühne ans Dt. Th. Berlin (Olaf in Botho Strauß' *Die Zeit und das Zimmer*, Dauphin in Schillers *Die Jungfrau von Orleans*, Vermummter Herr in Wedekinds *Frühlings Erwachen*). Seit 2004/05 festes Ensemblemitglied, 2004 George in Albees *Wer hat Angst vor Virginia Woolf?*, 2005 Tellheim in → Lessings *Minna von Barnhelm*, Shylock in Shakespeares *Der Kaufmann von Venedig*, 2006 Lopachin in Čechovs *Der Kirschgarten*. Inszenierte Strauß' *Groß und klein* am Staatstheater Darmstadt, 2003 *Frühlings Erwachen* am Dt. Th. Große Filmrollen (Goebbels in *Der Untergang*, 2004). 2005 Gertrud-Eysoldt-Ring der Akademie der darstellenden Künste, von *Th. heute* zum Schauspieler des Jahres gewählt. – Schnell als große Begabung erkannt und gefördert. Entwickelte sich vom Prototyp des geradlinigen klassischen Helden zum hochdifferenzierten Charakterdarsteller. M. gibt seinen Rollen oft etwas schmerzlich Gebrochenes und tief Nachdenkliches. Er wirkt nicht selten scheu, in sich verkapselt und nicht ganz zugehörig, gleichwohl eminent präsent, dann wieder leidenschaftlich bewegt und von starkem Temperament.

Werner Schulze-Reimpell

Maximowna, Ita, * 31. 10. 1914 St. Petersburg, † 8. 4. 1988 Berlin. Bühnenbildnerin.

Zu Beginn der russ. Revolution kam M. über die Schweiz nach Frankreich und dann nach Berlin. Sie studierte europ. Kunst, begann als Buchillustratorin, bis sie nach dem 2. Weltkrieg Karl Heinz → Martin kennenlernte. Der Regisseur am Renaissancetheater bat sie, für seine erste Doppelpremiere (A. Schnitzlers *Grüner Kakadu* und Wedekinds *Kammersänger*, Berlin 10. 7. 1945) die Bühnenbilder zu entwerfen. Martin wurde danach Intendant des Berliner Hebbel-Th.s und nahm M. mit. Eine internat. Karriere schloss sich an. Sie arbeitete u. a. mit Herbert von Karajan und Günther → Rennert zusammen. Ihre künstl. Handschrift verschrieb sich keiner eindeutigen Kunstrichtung, doch war der malerische Ursprung ihrer Arbeiten nie zu leugnen. Eine zumeist luftig leichte Pinselführung kennzeichnet ihre zahlreichen Entwürfe und Skizzen. «Schwere und Leichtigkeit, Trauer und Freude, immer sind beide Aspekte der Erlebnismöglichkeit in den Arbeiten Ita Maximownas sichtbar» (Martin Rupprecht, in *I. M. Bühnenbilderbuch*, S. 6.) – M. wurde schnell eine Spezialistin für UAen des neuen Musiktheaters (u. a. Cikkers *Das Spiel von Liebe und Tod*, 1969, Nationaltheater München). – In Hamburg entwickelte Heinrich → Koch zusammen mit ihr und Franz Mertz eine nahezu dekorationslose Scheibenbühne. «So entstand in der Bühnenmitte auf kreisrunder Scheibe – die Leute vom Bau nennen sie ‹Kochplatte› – ein faszinierend moderner *Peer Gynt*» (J. Althoff in *Abendpost*, 26. 2. 1952) über die Ibsen-Insz. am Dt. Schauspielhaus (P. 12. 2. 1952, R. Koch). Dort auch u. a. Szenographien zu Nossacks *Die Rotte Kain* (1952), Claudels *Tobias und Sara* (UA 1953), Kleists *Penthesilea* (1954), Calderóns *Über allen Zauber Liebe* (1955), Albees *Winzige Alice* (DEA 1966). Als Bühnengestalterin war es ihr Ziel, die Konzeption ihrer Regisseure optimal umzusetzen. Nach 1970 widmete sie sich wieder ausschließlich der Malerei.

Ita Maximowna. Bühnenbilderbuch. Tübingen 1982.

Sabine Steinhage

Maxwell, Richard, * 23. 11. 1967 Fargo (North Dakota, USA). Regisseur, Theaterleiter, Autor, Musiker.

Schauspielausbildung an der Illinois State University (1986–90). 1990 Mitglied der Steppenwolf Th. Company in Chicago, wo er 1992 mit Gary Wilmes das Cook County Th. Department begründete. 1994 ging M. nach New York, wo er seit 1998 als künstl. Leiter der New York City Players seine Stücke inszeniert. Nach ersten Stücken wie *Billings* (1996, Williamstown), *Flight Courier Service* (1997, Ontological Th., New York), *Burger King* (1997, Williamstown Th. Festival), *Ute Mnos. v. Crazy Liquors* (1998, Eden Arcade, New York) gelang M. der internat. Durchbruch mit seinem Stück *House* (1998, Ontological Th.), das auf Gastspielen u. a. 1999 beim Th. der Welt in Berlin und dem Holland-Festival gezeigt wurde. In kurzer Zeit etablierte sich M. als einer der wichtigsten Theaterkünstler Amerikas, der mit Gastspielen und Insz.en auch in Europa ständig präsent ist. Viele seiner Insz.en sind Ko-Produktionen mit amerik. und europ. Th.n wie Hebbel-Th. (Berlin), Bonner Biennale, Lyric Th., Barbican Centre (beide London), Kaiitheater (Brüssel). Zu seinen weiteren Stücken und Insz.en gehören *Cowboys & Indians* (mit Jim Strahs, Soho Rep, New York), *Showy Lady Slipper* (beide 1999, Performance Space 122, New York), *Boxing 2000* (2000, Present Company Theatorium New York; Ko-Produktion u. a. mit dem Hebbel-Th., Berlin), *Caveman* (2001, Soho Rep), *Drummer Wanted* (2001), *Joe* (2002, beide Performance Space 122), *Showcase* (2003, Cinematexas, Austin), *Henry VI, Part I* (nach → Shakespeare, 2003, Hebbel-Th.), *Good Samaritans* (2004, Biennale Bonn), *The End of Reality* (2006, The Kitchen, New York). Gast-Insz.en im In- und Ausland. M. komponiert auch die Songs seiner Stücke, die er mit eigener Band internat. vorträgt und die auch auf CDs publiziert wurden (*Showtunes*, 1999; *I'm Feeling So Emotional*, 2002). – M. ist als Autor und Regisseur ein innovativer und unkonventioneller Vertreter eines post-dramatischen «Anti-Th.s», der die Grenzen traditionellen Theaterverständnisses sprengt. Seine Stücke «dekonstruieren» den amerik. «way of life», zeigen die Paradoxien der Sprachlosigkeit verbaler Kommunikation, der Glaubwürdigkeit scheinbar künstlicher Gefühle. In seinen neuesten Stücken nahm die Komplexität der Texte ebenso zu wie eine realistischere Schauspielerführung.

Maxwell, R.: Plays 1996–2000. New York 2004.

Wolfgang Beck

May, Gisela, * 31. 5. 1924 Wetzlar. Schauspielerin, Sängerin.

Tochter der Schauspielerin Käthe (1898–1969) und des Schriftstellers Ferdinand May (1896–1977). 1940–42 Theaterschule Leipzig, 1942 Debüt in Thomas *Moral* (Komödienhaus Dresden). 1942/43 Landesbühne Danzig-Westpreußen, 1943/44 Stadttheater Görlitz. 1945–47 Städt. Bühnen Leipzig, 1947–50 Staatstheater Schwerin, 1950/51 Landestheater Halle. 1951–62 Dt. Th. Berlin; gefördert von Wolfgang → Langhoff, entwickelte sich M. zur überaus vielseitigen Schauspielerin. Rollen u. a. in → Molières *Der eingebildete Kranke* (1951), → Lessings *Minna von Barnhelm* (1952), Kipphardts *Shakespeare dringend gesucht* (1953), Ibsens *Nora* (1956), → Shakespeares *König Lear* (1957), Goldonis *Das Kaffeehaus* (1961), Büchners *Woyzeck* (1958), Hauptmanns *Der Biberpelz* (1962). Ende der 1950er Jahre Beginn der zweiten Karriere als Chansonsängerin. 1962–92 Berliner Ensemble (BE). Wichtig v. a. ihre Auftritte in Stücken → Brechts, u. a. in *Die Tage der Commune* (R. → Wekwerth/Tenschert), *Schweyk im zweiten Weltkrieg* (beide 1962, R. E. → Engel), *Die Rundköpfe und die Spitzköpfe*, *Der Messingkauf* (beide 1963), *Die Dreigroschenoper* (1966). Rollen, die sie häufig über mehrere Spielzeiten hinweg verkörperte, so von 1978–92 die TR in *Mutter Courage und ihre Kinder*. Gastauftritte u. a. in Brecht/Weills *Die sieben Todsünden der Kleinbürger* (1963 Dt. Staatsoper, 1968 Schauspielhaus Berlin und Musikalische Komödie Leipzig), Herman/Stewarts Musical *Hello Dolly* (1970 Metropol-Th. Berlin), Friels *Haus Eden* (1992), O'Neills *Fast ein Poet* (1994, beide Renaissancetheater Berlin), Kander/Masteroffs *Cabaret* (1997, Th. des Westens). Film- und Fernsehrollen, u. a. in *Das Beil von Wandsbek* (1951), *Die Schönste* (1957), *Die Entscheidung der Lene Mattke* (1958, TV), *Das Leben beginnt* (1960), *Frau Jenny Treibel* (1975), *Die Verführbaren* (1977), *Fleur Lafontaine* (1979), *Csak egy mozi* (1985), *Die Hallo-Sisters* (1990), *Adelheid und ihre Mörder* (seit 1993, TV). 1984–89 eigene Fernsehshow *Die Pfundgrube*. Bekannter noch als Schauspielerin ist M. als weltweit gefeierte Chansonsängerin. Seit 1969 Lehrtätigkeit u. a. an der Hochschule für Musik «Hanns Eisler» (Berlin), Workshops in zahlreichen Ländern Europas. Mehrfach ausgezeichnet, u. a. Nationalpreis der DDR (1973, 1988), Dt. Kleinkunstpreis, Verdienstorden des Landes Berlin (2000). M. ist Schauspielerin und Sängerin von großer Vielseitigkeit und Bühnenpräsenz, mit komödiantischem Talent und nuancenreicher Gestaltungskraft.

Carlé, W.: Gisela May. Berlin 1960; Gaus, G.: Zur Person. 5. Bd. Berlin 2001; Kranz, D.: Gisela May. Berlin 1988; May, G.: Mit meinen Augen. Berlin 1976 (bearb. als: Es wechseln die Zeiten. Berlin 2002).

Wolfgang Beck

McGrath, John (Peter), * 1. 6. 1935 Birkenhead (Großbritannien), † 22. 1. 2002 Edinburgh. Theaterleiter, Regisseur, Autor.

Sohn einer irisch-katholischen Familie, Studium in Oxford (1959 Abschluss in Englisch und Pädagogik). Mitarbeit am Studententheater als Regisseur und Autor. Bereits seine ersten Stücke *A Man Has Two Fathers* (UA Juni 1958, Oxford) und *Why the Chicken* (UA 26. 8. 1959, Edinburgh) beschäftigten sich mit sozialen Problemen. 1958 schrieb er auf Einladung George → Devines für das Royal Court Th. *The Tent* (UA 19. 10. 1958). 1960–65 Autor und Regisseur bei der BBC. 1965 kehrte er als Autor mit dem Stück über brit. Nachkriegsimperialismus *Events while Guarding the Bofors Gun* (UA 12. 4. 1966, Hampstead Th. Club, London) auf die Bühne zurück (1968 nach seinem Drehbuch verfilmt). Weitere Filmdrehbücher. Zusammenarbeit mit Alan Dosser vom Liverpooler Everyman Th. mit dem Ziel, Th. für Arbeiter interessant zu machen. Gemeinsame Produktionen u. a. M.'

Stücke *Hover Through the Fog* (UA 19. 5. 1971), *Soft or a Girl* (UA 24. 11. 1971), *Fish in the Sea* (UA 29. 12. 1972). 1971 gründete M. die Theatergruppe 7:84 (nach einer Statistik, derzufolge 7 Prozent der Bevölkerung 84 Prozent des nationalen Reichtums besaßen). Der Name war Programm für ein Th., das sich an Arbeiter und Unterprivilegierte der Gesellschaft richtete. In den folgenden Jahren tourte die kollektiv organisierte Truppe, in der alle gleich bezahlt wurden, durch Großbritannien. 1973 teilte sich 7:84 in eine engl. (bis 1984, Sitz London) und eine schott. Truppe. M. blieb künstl. Leiter und Hauptautor beider Gruppen, arbeitete aber auch mit anderen in- und ausländischen Theatergruppen zusammen (u. a. Mickery Theater, Amsterdam). 7:84 (Scotland) wollte populäres, politisches Th. bis in die entlegensten Gebiete bringen; Th., das sich mit aktuellen Problemen des Landes und seiner Bevölkerung beschäftigte. Hierfür schrieb und inszenierte M. u. a. das internat. erfolgreiche *The Cheviot, the Stag and the Black, Black Oil* (UA 7. 4. 1973, Edinburgh) über die Ausbeutung der Bodenschätze und Bevölkerung Schottlands, *Little Red Hen* (UA Febr. 1975, St. Andrews Festival), *Blood Red Roses* (UA 18. 8. 1980, Edinburgh), *The Baby and the Bathwater* (UA Sept. 1984, Dunbartonshire), *Main Mhor: Woman of Skye* (UA August 1987, Edinburgh) über die Lage der Frauen. 1988 Rücktritt als künstl. Leiter nach Querelen mit dem Scottish Arts Council über Subventionen; Weiterarbeit als Autor und Regisseur meist eigener Stücke, u. a. *Reading Rigoberta* (UA 19. 8. 1994, Edinburgh). Dies Einpersonenstück über die guatemaltekische Nobelpreisträgerin Rigoberta Menchu inszenierte M. mit seiner Frau Elizabeth MacLennan in «Szenen aus Hieronymus Boschs schlimmsten Visionen ewiger Folter» (C. Lockerbie in *The Scotsman*, 20. 8. 1994). In den 1990er Jahren Zusammenarbeit mit der Wildcat Th.

Company (ein Ableger von 7:84), Insz.en eigener Stücke, Filmproduktionen mit seiner Firma Freeway Films. – Der Theaterleiter und Regisseur M. lässt sich vom Autor nicht trennen. Seine gesamte Arbeit basierte auf seiner sozialistischen Überzeugung und sollte populäres politisches Th. dem Teil der Bevölkerung zugänglich machen, der im üblichen System weder Zeit und Geld noch Möglichkeiten zu Theaterbesuchen hatte. Dazu nutzte der Autor wie der Regisseur M. alle theatralischen Mittel, griff auf populäre Formen, volkstümliche Traditionen, Musik und Tanz zurück. Wegen seiner politischen Anschauungen speziell während der konservativen Regierung Thatcher umstritten, war M. einer der innovativsten und einflussreichsten Theatermacher Großbritanniens.

<small>Di Cenzo, M.: The Politics of Alternative Theatre in Britain. Cambridge 1996; Dornan, W. R.: Committed Theatre in post-war Britain. Ann Arbor 1988; Jäger, A.: John McGrath und die 7:84 Company Scotland. Amsterdam 1986; McGrath, J.: A Good Night Out: Popular Theatre. London 1996; ders.: The Bone Won't Break: on theatre and hope in hard times. London 1990: MacLennan, E: The Moon Belongs to Everyone: Making Theatre with 7:84. London 1990.</small>

<small>*Wolfgang Beck*</small>

McKellen, Sir Ian (Murray), * 25. 5. 1939 Burnley (Großbritannien). Schauspieler, Regisseur.

Seit 1958 Studium in Cambridge (1961 Bachelor of Arts), Auftritte im Studententheater. Debüt am Belgrade Th. (Coventry) in Bolts *A Man For All Seasons* (1961). Spielte in Ipswich, u. a. in → Shakespeares *Henry V.* (1962), Osbornes *Luther* und Ardens *Sergeant Musgrave's Dance*, im Nottingham Playhouse in der Regie → Guthries in Shakespeares *Coriolanus* (alle 1963). 1965 erstmals am Nat. Th. (NT) in → Zeffirellis Insz. von Shakespeares *Much Ado About Nothing* (mit → Finney). Große öffentliche Resonanz, als er beim Edinburgh

Festival 1969 und auf Europatourneen Shakespeares *Richard II* und Marlowe's *Edward II* kombinierte. 1972 Mitbegründer der selbstverwalteten Actors' Company, in deren viel beachteten Produktionen er u. a. in John Fords *'Tis Pity She's A Whore* (1972) und Shakespeares *King Lear* (1974, auch in New York) in ganz Großbritannien auftrat. 1974 Mitglied der Royal Shakespeare Company (RSC). Hauptrollen u. a. in Marlowes *Dr Faustus*, Wedekinds *Marquis von Keith* (beide 1974), Shakespeares *Romeo and Juliet*, *The Winter's Tale*, *Macbeth* (alle 1976), Ben Jonsons *The Alchemist*, Ibsens *Die Stützen der Gesellschaft*, → Brechts *Die Tage der Commune* (alle 1977), Čechovs *Drei Schwestern* (1978). 1989 Schauspieler des Jahres mit seiner viel diskutierten Darstellung des Jago in Shakespeares *Othello* (R. → Nunn, RSC). Seit 1984 auch am Nat. Th., u. a. in Th. Otways *Venice Preserv'd* (1984), Shakespeares *Coriolanus* (1984, R. Peter → Hall), *Richard III*, *King Lear* (1990, Welttournee), Čechovs *Kirschgarten* (1985), *Onkel Wanja* (1992), Ibsens *Volksfeind* (1997). Am Broadway umjubelte Aufführungsserie von Strindbergs *Totentanz* (2001/02, mit Helen → Mirren); in London im Old Vic Th. in Browns neuer Version von *Aladdin* (2004), im Donmar Warehouse 2006 in Ravenhills *The Cut*. Wenige Insz.en, u. a. Stoppards *Real Inspector Hound* (1972, Leicester), Ortons *Erpingham Camp* (1972, Watford). Filme u. a. *Priest of Love* (1979, mit → Gielgud), *Last Action Hero* (1993, mit A. Schwarzenegger), *Restoration* (1995), *Richard III* (1996, Europ. Filmpreis), *Gods and Monsters* (1998), *Lord of the Rings* (3 Teile, 2000–03). – Seine virtuose Vielseitigkeit und Beherrschung aller theatralischen Mittel konnte M. in seinen Soloprogrammen zeigen, wie *Acting Shakespeare*, einer Folge von Szenen und Monologen Shakespeares mit eigenen Kommentaren und Zwischentexten. Aufgeführt 1977–90 in Großbritannien und auf Tournee (z. B. 1980 Skandinavien, 1981–83, 1987 USA, 1982/83 Europa, 1984 Kanada). Erfolgreich auch *A Knight Out*, seit 1994 in Großbritannien, Amerika, Südafrika und Europa gezeigt. In diesem Soloprogramm verband der bekennende Homosexuelle M. seine «Parallelleben» als Schauspieler und Homosexueller mit Texten anderer Autoren. – Ein Schauspieler, der mit gleicher Überzeugungskraft Rollen des elisabethanischen wie des modernen Th. verkörpert, durch seine Interpretationen häufig Kontroversen hervorrufend. M. dient dem Wort und wird mit seiner Präsenz, dem Mut zur großen Geste und der Leidenschaft für das Außergewöhnliche oft als Nachfolger Laurence → Oliviers angesehen: ein «ruhiger Gigant des englischen Theaters» (M. Billington in *Telegraph Sunday Magazine*, 14. 2. 1982). – Mehr als 40 Preise, 1979 CBE (Commander of the British Empire), 1990 geadelt. Ehrendoktor der Universitäten Nottingham und Aberdeen, 1990/91 Gastprofessor der Universität Oxford.

Wolfgang Beck

Medelsky, Lotte (eig. Karoline), * 20. 5. 1880 Wien, † 4. 12. 1960 Wien. Schauspielerin.

Tochter eines Gaskassierers und einer Weißnäherin. Ihre Schwester Hermine (ca. 1880–1940) war ebenfalls Schauspielerin. Ab 1894 Ausbildung am Wiener Konservatorium für Musik und darstellende Kunst. Empfohlen von ihrem Lehrer, dem Hofschauspieler Alexander Strakosch, wurde M. mit 17 Jahren ans Burgtheater engagiert, dem sie bis zur Pensionierung 1946 treu blieb (danach als Gast, u. a. in → Raimunds *Der Verschwender*, 1955). Debüt am 23. 11. 1896 in Moser und Schönthans Lustspiel *Krieg im Frieden*. Erste Erfolge als Hedwig in Ibsens *Die Wildente* (mit Friedrich Mitterwurzer, → Sandrock), Gretchen in → Goethes *Faust I* (beide 1897), Christine in Schnitzlers *Liebelei* (1898). Noch minderjährig wurde sie bereits 1899 zur Hofschauspielerin ernannt; 1924 Ehrenmitglied. M. begann ihre triumphale Karriere als tragische Sentimentale, spielte aber bald alle klassischen und modernen Mädchen- und Frauengestalten, wurde eine gefeierte Charakter-, später Mütterdarstellerin. In ihren Anfängen verkörperte sie einen damals neuen und ungewohnten Typ junger Frauen. Zu ihrem weit über 200 Rollen umfassenden Repertoire gehörten Dramen der Klassik und der klassischen Moderne ebenso wie aktuelle und kontrovers diskutierte Stücke wie Wildgans' *Dies irae* (UA 1919), Terramares *Erfüllung* (1925, R. Ophüls). Gastspiele in Österreich, Deutschland und der Schweiz. Bei den Salzburger Festspielen trat sie u. a. in → Reinhardts legendärer *Faust*-Insz. als Marthe Schwerdtlein (1933–47), als Jedermanns Mutter in Hofmannsthals *Jedermann* (1947, 1949–52), als Heros Mutter in Grillparzers *Des Meeres und der Liebe Wellen* (1948) auf. Nach ihrer Pensionierung unterrichtete sie am Reinhardt-Seminar. Zahlreiche Auszeichnungen, u. a. Goldenes Ehrenzeichen für Verdienste um die Republik (1926), Verdienstkreuz für Kunst und Wissenschaft (1936), Professorentitel (1946). Seit 1901 mit dem Hofschauspieler Eugen Frank (eig. Krauspe, 1876–1942) verheiratet; ihr Sohn Hans Frank (1901–61) war Schauspieler und Autor, ihre Tochter Liselotte Frank-Medelsky (1907–81) Schauspielerin (seit 1936 am Burgtheater). – M. war eine der herausragenden Charakterdarstellerinnen ihrer Zeit, mit ausgefeilter Sprachkultur und verinnerlichtem, psychologisch durchdringendem Spiel. Gefeiert als Darstellerin von Mütterrollen wie schon für ihre Mädchenrollen (Julius Bab: «Sie war das beste Gretchen, das je diese Rolle gespielt hat»).

Bab, J., W. Handl: Deutsche Schauspieler. Berlin 1908; Buschbeck, E.: Die Medelsky. Wien 1922; Haeusserman, E.: Das Wiener Burgtheater. Wien 1975; Schidrowitz, L.: Lotte Medelsky. Wien u. a. 1921; Strentzsch, L.: Lotte Medelsky. Diss. masch. Wien 1947; Wurm, E.: Die Burgschauspielerin. Wien 1969.

Wolfgang Beck

Mehring, Wolfram, * 25. 6. 1930 Münster. Schauspieler, Regisseur, Theaterleiter.

1954 Studium der Philosophie und Literatur an der Sorbonne in Paris. Ausbildung zum Pantomimen bei Etienne → Decroux. 1958 Gründung des Th. de la Mandragore und des Centre international de Recherches Théâtrales / Scéniques in Paris. Aufführungen in dt. und franz. Sprache in der Cité Universitaire (*Goldtopfkomödie* von Plautus, *Leonce und Lena* von Büchner). 1962–70 im Th. du Vieux Colombier. 1963 Mimenschule La Mandragore. Als Darsteller 1964 in → Shakespeares *Komödie der Irrungen* im Dt. Fernsehen. Konzept eines transkulturellen Th.s mit Schauspielern verschiedener Länder und Kontinente. Ziel ist die Ausbildung des perfekten «totalen» Darstellers mit kulturübergreifendem Bewusstsein in Parallele zur Arbeit von → Grotowski und → Brook. Betonung der Körpersprache, Spiel mit Masken. 1968 *Manifeste pour une Conscience Personelle* als Gegenentwurf zu Forderungen der Pariser Studentenbewegung. Insz.en an verschiedenen Pariser Th.n. Internat. Gastspiele seiner Truppe. Daneben Theaterarbeit (Insz.en, Workshops) in der 3. Welt. Auseinandersetzung mit der Kabuki-Tradition und afrikanischen Mythen. 1976 Insz. von Büchners *Woyzeck* auf Arabisch in Khartum, 1991 *Das Postamt* von Tagore auf Bengali in Indien, basierend auf dem Versuch, Techniken der Pantomime für Schauspielaufführungen nutzbar zu machen. Seit Ende der 1960er Jahre zunehmend Insz.en an dt. Stadttheatern, z.T. auch eigener Stücke mit magisch-mythisch-märchenhaften Motiven. In den 1990er Jahren Wendung zur Oper, bevorzugt von Verdi, aber auch von zeitgenössischen Komponisten. 1999–02 Operndirektor am Staatstheater Kassel.

M. leistet Pionierarbeit auf dem Weg einer Symbiose westlicher, asiatischer und afrikanischer Theatertraditionen sowie von Stilelementen einer aus starrer Dogmatik befreiten Pantomime mit Prinzipien des Sprechtheaters an der Grenze des körperlichen und sprachlichen Ausdrucksvermögens. Zahlreiche Schüler setzten seine Arbeit internat. fort.

Mehring, W.: Masques brulés. Aphorismes. Paris 1983; ders.: Die Möglichkeiten eines eigenständig kreativen Darstellers im europäischen Theater, Paris o. J.

Werner Schulze-Reimpell

Meinrad, Josef (eig. J. Moučka), * 21. 4. 1913 Wien, † 18. 2. 1996 Großgmain. Schauspieler.

Zunächst Kaufmann. Ausbildung an der Wiener Akademie für Musik und darstellende Kunst. Debüt 1936 in der Komödie Wien. Rollen an kleineren Wiener Bühnen. 1940 im Burgtheater Reisl in Bahrs *Der Franzl*. 1940–44 Dt. Th. Metz. Seit 1947 Mitglied des Burgtheaters. Spielte → Shakespeare-Komiker (Thisbe/Flaut, später Zettel in *Ein Sommernachtstraum*, Bleichenwang, später Malvolio in *Was ihr wollt*, Holzapfel in *Viel Lärm um nichts*), Schüler in → Goethes *Faust I*, Valentin in → Raimunds *Der Verschwender* und immer wieder → Nestroy-Rollen (Fabian in *Die zwei Nachtwandler*, Johann in *Zu ebener Erde und im ersten Stock*, Kilian/Hermann in *Der Färber und sein Zwillingsbruder*, Weinberl in *Einen Jux will er sich machen*, Schnoferl in *Das Mädl aus der Vorstadt*), aber auch TR in Hofmannsthals *Der Schwierige* und Theodor in dessen *Der Unbestechliche*, Isolani in Schillers *Wallenstein*, Teiresias in Sophokles' *Antigone*, Jourdain in → Molières *Der Bürger als Edelmann*, Mr. Antrobus in Wilders *Wir sind noch einmal davongekommen*, in Stücken von Tennessee Williams, Dürrenmatt, Hochwälder u. a. Zahlreiche Film- und Fernsehrollen. Werner → Krauß vererbte ihm 1959 den Iffland-Ring, den er testamentarisch an Bruno → Ganz weitergab. – Stand in der Tradition der Wiener Volksschauspieler, exzellent v. a. in Wiener Mundartstücken, denen er im Ausloten der Dialektik ihrer Komik eine tragische Dimension erschloss. M. zeigte naive Menschen, arglos und herzensgut, die sich gegen die Gemeinheit der Mitwelt und die Härten des Schicksals zur Wehr setzen, und «zerrissene» Charaktere mit unbändigem Temperament, oft scheinbar dem Wahnsinn nahe.

Holler, G.: Josef Meinrad: «da streiten sich die Leut herum … Wien u. a. (2. Aufl.) 1996; Mayer, R.: Josef Meinrad. Diss. Wien 1995; Melchinger, S., R. Clausen: Schauspieler. Velber 1965; Reimann, V.: Die Adelsrepublik der Künstler. Düsseldorf, Wien 1963; Weigel, H. u. a.: Versuch über Josef Meinrad. Velber 1962.

Werner Schulze-Reimpell

Meisel, Kurt (Franz Josef), * 18. 8. 1912 Wien, † 5. 4. 1994 Wien. Schauspieler, Regisseur, Intendant.

Einige Semester Jura. Volontariat am Wiener Volkstheater, erste Rollen. 1933 Münchner Kammerspiele, 1934–36 Stadttheater Leipzig, 1936 Th. am Kurfürstendamm Berlin, 1937–44 Preuß. Staatstheater Berlin. Spielte Toni in Billingers *Der Gigant* (auch im Film *Die goldene Stadt*) und Anderlan in dessen *Am hohen Meer*, Don Eugenio in P. A. Wolffs *Preciosa*, Schüler in → Goethes *Faust I*. 1946–48 Hebbel-Th. Berlin (TR in Kaisers *Soldat Tanaka*, Henry in Wilders *Wir sind noch einmal davongekommen*, Orest in Sartres *Die Fliegen*). Im Berliner Schlossparktheater Rappelkopf in → Raimunds *Der Alpenkönig und der Menschenfeind*, im Schiller-Th. TR in → Shakespeares *Richard II.*, im Th. am Kurfürstendamm Marinelli in → Lessings *Emilia Galotti*, TR in Büchners *Woyzeck*. 1955 Münchner Kammerspiele (Columbus in der UA von

Hacks' *Die Eröffnung des indischen Zeitalters*). Zahlreiche Filmrollen seit 1935, Filmregie seit 1949. 1961–65 Oberspielleiter des Bayer. Staatsschauspiels München. Inszenierte u. a. Shakespeares *König Lear*, Lessings *Minna von Barnhelm*, → Nestroys *Das Mädl aus der Vorstadt*, Molnárs *Liliom*. 1966–72 Oberregisseur und stellvertretender Direktor des Wiener Burgtheaters. Insz.en von Schnitzlers *Professor Bernhardi* (noch einmal 1972 in München), → Brechts *Das Leben des Galilei*, Grass' *Die Plebejer proben den Aufstand*, Stoppards *Rosenkranz und Güldenstern*, Grillparzers *Die Jüdin von Toledo*, Rolf Schneiders *Der Prozeß von Nürnberg*. 1972–83 Intendant des Bayer. Staatsschauspiels München. Inszenierte Hašek / Torbergs *Der brave Soldat Schwejk*, Nestroys *Einen Jux will er sich machen*, Schnitzlers *Das weite Land*, *Liebelei* und *Anatol*, Shaffers *Amadeus*, → Pinters *Betrogen*, Shakespeares *Richard III.*, Schillers *Maria Stuart*, zuletzt Shakespeares *Viel Lärm um nichts*. Spielte Terzky in Schillers *Wallenstein*, Alceste in → Molières *Der Misanthrop*, Puntila in Brechts *Herr Puntila und sein Knecht Matti*, TR in Bernhards *Der Präsident* und Moritz Meister in dessen *Über allen Gipfeln ist Ruh*, Lenin in Stoppards *Travesties*, Prosorov in Čechovs *Drei Schwestern*. 1985 bei den Salzburger Festspielen in Claudels *Der seidene Schuh*, 1987 im Staatsschauspiel Stuttgart in Odets' *Wachet auf und rühmet*, 1989 im Schiller-Th. Berlin in der UA von Bernhards *Elisabeth II.*, 1987 im Thalia Th. Hamburg Midge in Gardners *Ich bin nicht Rappaport*, 1992 Oberpräparator in Horváths *Glaube, Liebe, Hoffnung*. Kleinere Rollen in den von seiner Frau Ursula → Lingen geleiteten Hamburger Kammerspielen. – Brillanter Darsteller mit unwiderstehlichem Charme, oft auch von hintergründiger Gefährlichkeit, einer «schleichenden Intensität» (Friedrich Luft); wunderbar in seiner Leichtigkeit und dann wieder von sturköpfiger Strenge. Als Regisseur traditionsverhaftet, dem Text und den Schauspielern verpflichtet. Als Intendant ein Ermöglicher, bereit, ihm ferner liegende Regiehandschriften zuzulassen und Bedeutendere neben sich zu heranzuziehen.

<small>Faber, M., L. Weizert: ... dann spielten sie wieder. Das Bayerische Staatsschauspiel 1946–86. München 1986; Ruhwinkel, B.: Kurt Meisel und sein Beitrag zur modernen Theatergeschichte, Diss. München 1991.</small>

<small>*Werner Schulze-Reimpell*</small>

Mejerchol'd, Vsevolod Emil'evič (eig. Karl Theodor Kasimir Meiergold), * 10. 2. [nach Julianischem Kalender 28. 1.] 1874 Penza (Russland), † 2. 2. 1940 Moskau. Regisseur, Schauspieler, Theaterpädagoge, Theaterreformer.

M. debütierte als junger Schauspieler schon im Gymnasium in Penza. 1895 begann er in Moskau Jura zu studieren, nach einem Jahr wechselte er jedoch zur Theaterschule der Moskauer Philharmonischen Gesellschaft unter der Leitung von → Nemirovič-Dančenko. 1898 wurde M. als Mitglied des neugegründeten Moskauer Künstlertheaters (MChT) unter der Leitung → Stanislavskijs aufgenommen, wo er dann 18 Rollen spielte, u. a. Treplev in Čechovs *Čajka* (*Die Möwe*, 1898) und Iwan den Schrecklichen in *Smert' Ioanna Grocznago* (*Der Tod Iwans des Schrecklichen*) von A. Tolstoj (1899). 1902 gründete M. ein eigenes Ensemble (Tovarišcestvo novoj dramy, Gesellschaft des Neuen Dramas), mit dem er bis 1905 durch die russ. Provinz wanderte und in dem er selber spielte (ca. 100 Rollen) und inszenierte (ca. 200 Aufführungen). 1905 folgte M. der Einladung Stanislavskijs und organisierte in Moskau ein experimentelles Studio-Th. Seine ersten, durch den Symbolismus geprägten Arbeiten, *Der Tod des Tintagiles* von Maeterlinck und *Schluck und Jau* von Hauptmann, lehnte Stanislavskij jedoch ab und löste das Studio auf. 1906–07 war M. als Hauptregisseur am Schauspieltheater Vera → Komissarshevskajas in Petersburg tätig. Diese Zusammenarbeit endete mit einem Bruch, nach dem M. in den Jahren 1908–17 an den Kaiserl. Bühnen in Petersburg, Alexandrinski-Th. (Schauspiel) und Mariinski-Th. (Oper), arbeitete. Dort realisierte er seine größten Insz.en vor der Oktoberrevolution: Wagners *Tristan und Isolde* (1909), Mozarts *Don Juan* (1910), Ostrovskijs *Groza* (*Das Gewitter*, 1916), Lermontovs *Maskarad* (*Maskerade*, 1917). Gleichzeitig trat M. unter dem Pseudonym Doktor Dapertutto in zahlreichen Petersburger Kleintheatern und Kabaretts auf und leitete seit 1913 das neue experimentelle Studio-Th. (Studio na Borodinskoj), um dort «einen neuen Schauspieler zu erziehen». In dieser Zeit formulierte M. auch sein Theaterprogramm im Band *O teatre* (1913, dt. *Über das Theater*) und in zahlreichen Beiträgen in der von ihm selbst gegründeten Zeitschrift *Ljubov' k trem apel'sinam* (*Die Liebe zu den drei Orangen*, 1914–16). Dort findet man auch Zeugnisse von M.s Interesses für orientalisches Th., Volkstheater, Commedia dell'Arte und europ. Kabarett.

Mit Begeisterung begrüßte M. die Oktoberrevolution und trat in die Kommunistische Partei ein. 1919 inszenierte er Majakovskijs *Mysterium-Buffo* (Bb. K. Malevič), das als ein Modell der neuen Kunst in den neuen Zeiten gelten sollte. 1920 wurde M. Leiter der Theaterabteilung im Kommissariat für Bildungswesen in Moskau; er arbeitete das Programm des «Theateroktobers» (Teatral'nyj Oktjabr') aus, organisierte eine Theaterschule (1921) und eine Theatertruppe, in denen er seine Theorie der Biomechanik entwickelte. Aus dieser Erfahrung entstanden 2 berühmte Insz.en: Crommelyncks *Der großmütige Hahnrei* und Sukhovo-Kobylins *Smert' Tarelkina* (*Tarelkins Tod*, beide 1922), die an den Konstruktivismus anknüpften und damit eine neue Ausdruckssprache auf der Bühne einführten. Dann leitete M. kurz das Th. der Revolution (Teatr revoljucii, 1922–24) und gründete schließlich das eigene Mejerchol'd-Th. (1923), das 1926 zum Staatstheater (GosTIM) wurde. In diesem Th. realisierte M. seine größten Insz.en der russ. Klassik: Ostrovskijs *Les* (*Der Wald*, 1924; 1338 Vorstellungen in 14 Jahren!), Gogol's *Revizor* (*Der Revisor*, 1926), Griboedovs *Gore ot uma* (*Verstand schafft Leiden*, 1928) wie auch zeitgenössische, aktuelle Stücke Majakovskijs: *Klop* (*Die Wanze*, 1929), *Banja* (*Das Schwitzbad*, 1930). Ferner inszenierte M. u. a. *Die Kameliendame* von Dumas (1934), Einakter Čechovs unter dem Titel *Tricat' tri obmoroka* (*33 Ohnmachten*, 1935) und die Oper *Pique Dame* von Čajkovskij (Leningrad, Kleines Opernheater, 1936). Seit 1936 wurde M. wegen seines angeblichen Formalismus kritisiert und angegriffen. 1938 wurde das Mejerchol'd-Th. endgültig geschlossen. Am 20. 6. 1939 wurde M. verhaftet und am 2. 2. 1940 in Moskau geheim erschossen. Erst 1955 ist der Künstler offiziell rehabilitiert worden.

M. gehört zu den wichtigsten Theaterreformern des 20. Jh.s. Er zeigte neue Wege in der Theaterinsz., Regie und Schauspielkunst. Auch seine Experimente mit Theaterraum, Licht, Bewegung, Szenenmontage wurden rasch in die moderne Bühnenpraxis eingegliedert. M. vergrößerte die Rolle des Regisseurs im Th. und bewies, daß jede Aufführung als ein autonomes Kunstwerk gelten soll (ohne der Literatur dienen zu müssen). M. kämpfte gegen Naturalismus und forderte eine «Theatralisierung» des Th.s. In der Schauspielkunst lehnte er den psychologischen Realismus und das «innere Erleben» ab und entwickelte seine Theorie der Biomechanik: «Weil das Schaffen des Schauspielers im Schaffen plastischer Formen im Raum besteht, muß er die Mechanik seines Körpers studieren» und durch intensives Schauspieltraining ein breites Repertoire der physischen Mittel beherrschen (Akrobatik, Rhythmik, Gymnastik, Tanz, Pantomime). [Näheres zur → Meyerhold-Methode s. *Theaterlexikon 1*]. An M. knüpften in ihrer Arbeit viele Theaterkünstler in der 2. Hälfte des 20. Jh.s. an; Tadeusz → Kantor würdigte ihn direkt in seinem letzten Bühnenwerk *Heute ist mein Geburtstag* (1991).

<small>Brauneck, M.: Die Welt als Bühne. Geschichte des europäischen Theaters. 4. Bd. Stuttgart, Weimar 2003, S. 844–60; Gordon, M.: Meyerhold's Biomechanic. In: The Drama Review, 19 (1974), S. 73–89; Leach, R.: Meyerhold and Biomechanic. In: Twentieth Century Actor Training. Hg. A. Hodge. London, New York 2000; ders.: Stanislavsky and Meyerhold. Oxford 2003; Meyerhold, W. E.: Schriften in zwei Bänden. Berlin 1979; Meyerhold on Theatre. Hg. E. Braun. London 1969; Picon-Vallin, B.: Meyerhold. Paris 1990; Das Theater Meyerholds und die Biomechanik. Hg. Jörg Bochow. Berlin 1997.</small>

Wojciech Dudzik

Melles, Sunnyi, * 7. 10. 1958 Luxemburg. Schauspielerin.

Tochter der aus Ungarn emigrierten Schauspielerin Judith M. (1930–2001) und des Dirigenten Carl M. (1926–2004); aufgewachsen in der Schweiz. Ballett-, Step- und Jazztanzausbildung; erste Rollen noch als Schülerin u. a. in → Hollmanns Insz von Kraus' *Die letzten Tage der Menschheit* (1974) am Th. Basel. Nach der Schauspielausbildung an der Otto-Falckenberg-Schule in München (1978–80) direkt an die dortigen Kammerspiele verpflichtet, an denen sie – von wenigen Gastspielen abgesehen – blieb, bis sie 2001 dem Intendanten → Dorn ans Bayer. Staatsschauspiel folgte. Rollen in → Brechts *Trommeln in der Nacht*, Kleists *Das Käthchen von Heilbronn* (beide 1979), → Shakespeares *Hamlet* (1980, alle R. → Wendt), *Wie es euch gefällt* (1982), *Troilus und Cressida* (TR, 1986), Büchners *Dantons Tod*, → Achternbuschs *Susn*, Pirandellos *Die Riesen vom Berge* (alle 1980), Schütz' *Heloisa und Abaelard* (1981), Dorsts *Merlin oder das wüste Land* (1982), Sternheims *Der Snob* (1983), Strauß' *Kalldewey, Farce* (1983), *Schlußchor* (UA 1991), → Lessings *Emilia Galotti* (TR, 1984, R. Th. → Langhoff), Wedekinds *Der Kammersänger* (1984), Schillers *Don Carlos* (1985, R. → Lang), Topors *Leonardo hat's gewußt* (DEA 1985), → Goethes *Faust I* (1987, R. Dorn, 1988 Film), Ibsens *Wenn wir Toten erwachen* (1991, R. → Zadek), Kopits *Road to Nirvana* (TR, DEA 1992). Nach einer Babypause kehrte M. als Imogen in Shakespeares *Cymbelin* (1998, 2000 TV) auf die Bühne zurück. Am Bayer. Staatsschauspiel ab 2003 Rollen u. a. in Čechovs *Onkel Wanja* (2003, 2004 TV), Shakespeares *Maß für Maß* (2004). Gastspiel am Wiener Burgtheater als Desdemona in Shakespeares *Othello* (1983, R. → Lietzau). TR in Orffs *Die Bernauerin* an der Wiener Volksoper (1997, R. Th. Langhoff). Bei den Salzburger Festspielen 1990–93 Buhlschaft, 2002 Glaube in Hofmannsthals *Jedermann*, Adele in Schnitzlers *Das weite Land* (2003, R. → Breth), Valerie in Horváths *Geschichten aus dem Wiener Wald* (2005, Koproduktion mit dem Bayer. Staatsschauspiel). Dazu G. Stadelmaier: «Melles führt die immer größer werdende Laufmasche in Valeries schwarzen Strümpfen ebensowenig als immer größer werdendes Zeichen von Schlamperei vor, wie sie die immer größer werdende Geilheit und Streichel- und Kußsucht keineswegs als immer größer werdendes Zeichen von Verkommenheit zeigt. Beides wird bei ihr zu Zeichen einer immer größer werdenden Unabhängigkeit» (*FAZ*, 27. 7. 2005). Film- und Fernsehrollen u. a. in *Die wilden Fünfziger* (1983), *Dormire* (1985), *Der wilde Clown* (1986), *Geld* (1989), *Die Rättin* (1997), *Olgas Sommer* (2003), *Wellen* (TV), *Snow White* (beide 2005). 2004 Schauspielerin des Jahres *(Th. heute)* und Bayer. Verdienstorden. – Mit viel Selbstdisziplin und einer großen Begabung ist es M. in wenigen Jahren gelungen, sich in der ersten Reihe dt.sprachiger Schauspielerinnen zu etablieren und zum Liebling nicht nur des Münchner Publikums zu werden. Eine wandlungsfähige Schauspielerin, die ihre reichen Mittel immer rückhaltlos einsetzt, künstl. Risiko nie scheuend und v. a. durch ihre ausdrucksvolle Körpersprache ihren Figuren neue Aspekte abgewinnend.

Birnbaum, L., P. St. Jungk: Vier Frauen. Porträts. Heidelberg 1993; Die Münchner Kammerspiele. Hg. S. Dultz. München 2001; Sucher, C. B.: Theaterzauberer. München, Zürich 1988.

Wolfgang Beck

Mensching, Herbert, * 11. 1. 1928 Hannover, † 29. 9. 1981 Hamburg. Schauspieler.

Schauspielschule in Hannover. Über die Landesbühnen Hannover und Schleswig, das Th. Baden-Baden, Städt. Bühnen Augsburg, Kleines Th. am Zoo Frankfurt a. M. und die Städt. Bühnen Köln 1959 – 65 Städt. Bühnen Frankfurt a. M. Spielte Andres in Büchners *Woyzeck* (1961), in der DEA von Wilders *Alkestiade*, Moll in Hofmanns *Der Bürgermeister*. 1965 – 70 Bayer. Staatsschauspiel München: Fluther Good in O'Caseys *Der Pflug und die Sterne*, Harry Berlin in Schisgals *Liiiebe*, Said in Genets *Die Wände*, Helmer in Ibsens *Nora*, Touchstone in → Shakespeares *Wie es euch gefällt*, Malvolio in dessen *Was ihr wollt*, Zettel in *Ein Sommernachtstraum* («Mensching gab keinen ‹Trottel›, sondern einen bedächtigen Sektierer, einen ungeheuer komischen Dilettanten, der sich zu allem seine Gedanken macht und nach sorgfältigem Abwägen findet, daß er wirklich alles am besten kann: auch den Löwen spielen», schrieb Joachim Kaiser in *SZ*, 19. 7. 1971). Ab 1970 Dt. Schauspielhaus Hamburg: Theobald Maske in Sternheims *Die Hose* (1970), Krull in dessen *Die Kassette* (1978), Hofmarschall von Kalb in Schillers *Kabale und Liebe* (1972), Hatch in Bonds *Die See* (DEA 1973), Chandebise / Poche in Feydeaus *Der Floh im Ohr* (1973), TR in → Brechts *Der aufhaltsame Aufstieg des Arturo Ui* (1976), Robespierre in Büchners *Dantons Tod* (1976, R. → Flimm), TR in → Molières *Der eingebildete Kranke* (1979, R. → Rehberg). Im Bayer. Staatsschauspiel 1972 Thersites in Shakespeares *Troilus und Cressida*, 1981 Ankläger in Kipphardts *In der Sache J. Robert Oppenheimer*. Zuletzt im Schauspiel Köln TR in Čechovs *Onkel Wanja* (Henning Rischbieter: «Mensching hält den bitteren, höhnischen Zorn über die Vergeblichkeit, Aussichtslosigkeit seiner Liebe, seines Lebens als Grundton stark durch ... verzweifelt über seinen kindischen Ausbruch kauert er sich hinter dem Sofa zusammen, entlarvt sich vor sich selbst als ein graulich verspätetes Kind», *Th. heute* 4 / 1980). Film- und Fernsehrollen. – Ein leiser, nie auftrumpfender Komiker, liebenswert verschroben, und ein im Alltäglichen wurzelnder realistischer Darsteller, so Benjamin Henrichs im Nachruf, mit «Sinn und Instinkt für Abgründe und Exzesse. Man konnte, ihm zusehend, tief erschrecken: Wie da unvermittelt, katastrophenhaft, aus einem mittleren Schauspieler mittlerer Menschen ein extremer Darsteller verzweifelter, verzweifelt liebender, verzweiflungsvoll lustiger Figuren wurde» (*Die Zeit*, 9. 10. 1981).

Werner Schulze-Reimpell

Messemer, Hannes (eig. Hans Edwin M.), * 17. 5. 1924 Dillingen, † 2. 11. 1991 Aachen. Schauspieler.

Sohn eines Verlagskaufmanns. Nach dem Krieg und der Flucht aus russ. Kriegsgefangenschaft Kellner, Buchhalter. Ohne Ausbildung 1947 Debüt als Mercutio in → Shakespeares *Romeo und Julia* in Tübingen (Freilichtaufführung). 1947 – 50 Landesbühne Hannover, 1950 – 57 Schauspielhaus Bochum. Mit Götz in Sartres *Der Teufel und der liebe Gott* (Gastspiel beim Th. der Nationen in Paris, bester Schauspieler), Mephisto in → Goethes *Faust I*, TR in Wedekinds *Der Marquis von Keith*, Macheath in → Brecht / Weills *Dreigroschenoper* Protagonist des Hauses. 1967 *Macbeth* (Münchner Kammerspiele). In den folgenden Jahren v. a. Film- und Fernsehrollen, u. a. in der Regie von Roberto Rossellini (*Il Generale della Rovere*, 1959). Weiter u. a. in *Rose Bernd* (1957, mit Maria → Schell), *Nachts, wenn der Teufel kam* (1957), *Babette s'en va-t-en guerre* (1959, mit Bardot), *Das kunstseidene Mädchen* (1960), *Era notte a Roma* (1960), *The Great Escape* (1963), *Grieche sucht Griechin* (1966, mit → Rühmann), *Brennt Paris?* (1966, mit Belmondo), *Die Verschwörung* (1969, TV), *Die Akte Odessa* (1974, mit Jon Voight), *Der tödliche Schlag* (1975, TV) *Die Geschwister Oppermann* (1983, TV), *Langusten* (1989, TV). 1965 Franz Moor in Schillers *Räubern* (Ruhrfestspiele), 1968 TR in *Wallenstein* (Schauspielhaus Bochum), 1972 Mephisto in *Faust I* und *II* (Düsseldorfer Schauspielhaus). – Markanter Darsteller mit starkem Formgefühl, der seine Rollen mit sprachlichen Mitteln gestaltete und intellektuell ausprägte, damit in die Selbstreflexion trieb. Unverwechselbar der Ton seiner heiser rauen, metallischen Diktion. Ein Nervenschauspieler, der Emotionen ironisch-kühl ausstellte, sich gleichsam distanzierte von den Figuren, deren psychische Abgründe er auslotete.

Melchinger, S., R. Clausen: Schauspieler. Velber 1965.

Werner Schulze-Reimpell

Meyer, Robert, * 21. 10. 1953 Bad Reichenhall. Schauspieler, Regisseur.

Nach einer Lehre als Baustoffkaufmann (1968 – 71) Schauspielausbildung 1971 – 74 am Salzburger Mozarteum (Abschluss mit Auszeichnung). Nach einer Spielzeit als Gast am Landestheater Salzburg (1973/74) ans Wiener Burgtheater engagiert, dessen Ensemblemitglied er seit 1974 ist. Bereits mit seiner ersten Hauptrolle in → Nestroys *Umsonst* (1977; 1987) wurde ein Schwerpunkt seiner schauspielerischen Tätigkeit deutlich: M. entwickelte sich zu einem der wichtigsten Nestroy-Darsteller der Gegenwart. Rollen u. v. a. in dessen *Der Talisman* (1993), *Der Färber und sein Zwillingsbruder*, *Der Zerrissene* (beide 2001; 2001 TV), *Zettelträger Papp oder Meine Frau hat eine Grille* (2004, 3 Einakter, eigene R.), *Zu ebener Erde und erster Stock* (2005). Weitere Rollen u. a. in Lope de Vegas *Der Ritter vom Mirakel* (1975), → Brecht / Lenz' *Der Hofmeister* (TR, 1978), Schnitzlers *Das weite Land* (1978), *Professor Bernhardi* (1981), *Der Reigen* (1999/2000), Gogol's *Der Revisor* (1979), Lenz' *Der neue Mendoza* (1982, R. → Besson), → Achternbuschs *Gust*, Feydeaus *Ein Klotz am Bein* (beide 1985, R. → Benning), Spiels *Anna und Anna* (UA 1988), Gor'kijs *Kinder der Sonne* (1988; 1999 TV), Aristophanes' *Die Vögel* (1989, R. → Manthey), Goldonis *Der Impresario von Smyrna* (1992), Babels *Sonnenuntergang* (1994), Behans *Die Geisel* (1995), Handkes *Die Stunde da wir nichts voneinander wußten* (UA 1992), Turrinis *Die Schlacht um Wien* (UA 1995, beide R. → Peymann), Strauß' *Der Narr und seine Frau heute abend in Pancomedia* (2002), → Shakespeares *Hamlet* (2004, R. → Brandauer), Bernhards *Die Macht der Gewohnheit* (2005). An der Wiener Volksoper als Gast in Benatzkys *Im weißen Rössl* (1993), Wassermanns *Der Mann von La Mancha* (1996), Loewes *My Fair Lady* (2003), an der Staatsoper Wien in Strauß' *Die Fledermaus* (2001). Bei den Salzburger Festspielen in Lesungen, Beaumarchais' *Der tolle Tag oder Die Hochzeit des Figaro* (1978) und als Dünner Vetter in Hofmannsthals *Jedermann* (1999 – 2001; 2000 TV). Zahlreiche Soloabende mit Texten und Stücken *(Häuptling Abendwind)* Nestroys und anderer Autoren (→ Valentin, Busch u. a.). 1988 – 98 Schauspieler und (ab 1993) Regisseur beim Sommertheater im niederösterr. Reichenau. Insz.en u. a. am Schauspielhaus Graz, bei den Operettenfestspielen Bad Ischl, am Burgtheater. Film- und Fernsehrollen u. a. in *Geschichten aus dem Wiener Wald* (1979), *Wildfeuer* (1991), *Die Ameisenstraße* (1995), *Winterschläfer* (1997), *Nacht über Edensloh* (2002). Auszeichnungen u. a. Nestroy-Ring der Stadt Wien (1993), Kammerschauspieler (1997), Kainz-Medaille (1999). – Charakterdarsteller und -komiker von technischer Perfektion und großer Ausstrahlung. Besonders als Nestroy-Darsteller hat er Maßstäbe gesetzt in der kritischen Interpretation von dessen satirisch-gesellschaftskritischen Texten. Sein sprechtechnisches Können erlaubt ihm, «auch die vertracktesten Texte mit einer kaum zu übertreffenden Virtuosität und silbengenau über die Rampe zu bringen» *(Salzburger Nachrichten)*. Als Regisseur weniger erfolgreich; auch bei Nestroy-Stücken manchmal geneigt, das komisch-burleske Element überzubetonen.

Wolfgang Beck

Meysel, Inge (Ingeborg Charlotte), * 30. 5. 1910 Berlin, † 10. 7. 2004 Hamburg. Schauspielerin.

Tochter eines Generalvertreters für Tabakwaren. Erster Bühnenkontakt 1913 als Engel in Humperdincks *Hänsel und Gretel* und im Schultheater. Ab 1927 Schauspielunterricht bei Ilka Grüning (1878–1964). 1930/31 Stadttheater Zwickau, u. a. in Rehfisch / Herzogs *Die Affäre Dreyfus*, → Lessings *Minna von Barnhelm*. 1931 Sommertheater Kolberg (Kolobrzeg). 1932/33 Schauspielhaus Leipzig; u. a. in Billingers *Rauhnacht*, → Shakespeares *Komödie der Irrungen*. Erste Filme (*Großstadtnacht*, 1932). 1933–35 Rundfunkarbeit in Danzig (Gdańsk). 1935 wegen jüd. Herkunft Auftrittsverbot. Seit 1936 mit ihrem späteren Mann, dem Schauspieler Helmut Rudolph (eig. H. Heym), in Hamburg. Arbeitseinsatz. Erster Auftritt nach Kriegsende in Hofmannsthals *Jedermann* (28. 8. 1945, St. Johanniskirche, Hamburg). 1946–55 Thalia Th. Hamburg; u. a. in → Molières *Tartuffe* (1946), Zuckmayers *Der Hauptmann von Köpenick*, Priestleys *Seit Adam und Eva* (DEA, beide 1948), Hauptmanns *Ratten* (1949; 1965; 1969 TV), Sardous *Madame Sans-Gêne* (TR, 1950; 1953 und 1960 TV), Chase' *Mein Freund Harvey* (1951, mit → Rühmann), Williams' *Die tätowierte Rose* (DEA 1952), Wildes *Lady Windermeres Fächer* (1953), Wilders *Heiratsvermittlerin* (TR, 1955). 1956 in Douglas Homes *Ein Mann für Jenny* (Komödie Berlin, 1957 Südamerika-Tournee; 1967 Tournee mit → Knuth). Großer Erfolg in Flatow / Pillaus *Das Fenster zum Flur* (1960, Hebbel-Th. Berlin; 2 Tourneen; 1960 TV). 1965–70 erneut Thalia Th., danach v. a. am Renaissancetheater Berlin (u. a. Björnsons *Wenn der junge Wein blüht*, 1974, Tournee), Th. am Kurfürstendamm (Hochhuth, *Die Hebamme*, 1975), Ernst-Deutsch-Th. Hamburg (u. a. Gor'kij, *Wassa Schelesnowa*, 1981, 1983 Tournee). Bühnenabschied 1995 in Bouchards *Teures Glück* nach über 500 Vorstellungen auf Tournee. Über 100 Film- und Fernsehrollen, u. a. *Liebe '47* (1948), *Des Teufels General* (1955), *Rosen für den Staatsanwalt* (1959), *Schau heimwärts, Engel* (1961, TV), *Der Biberpelz* (1962, TV), *Die Unverbesserlichen* (1965–71, TV), *Mrs. Harris* (TV, 1982–91), *Die Liebenden vom Alexanderplatz*, (2001, TV). Letzter Auftritt in *Polizeiruf 110 – Mein letzter Wille* (2004, TV). Zahlreiche Auszeichnungen. M. war in zweiter Ehe mit dem Regisseur und Schauspieler John (Frederick) Olden (1918–65) verheiratet, der als brit. Theateroffizier 1945 aus der Emigration nach Hamburg kam. – Trotz umfang- und erfolgreicher Theaterkarriere ist M. v. a. durch ihre Fernsehrollen populär geworden. Spätestens seit *Das Fenster zum Flur* und *Die Unverbesserlichen* schienen ihr resolute Frauengestalten auf den Leib geschrieben: Sie «beschreiben noch eine kollektive Erfahrung. [...] Die ehrgeizigen Meysel'schen Figuren dürfen nicht sein, was sie hätten werden können. Ihnen ist die Mutterrolle zugewiesen worden wie eine Notunterkunft» (K. Brunst in *FR*, 12. 7. 2004). Gegen die Bezeichnung «Mutter der Nation» hat sie sich (vergeblich) ebenso vehement verwahrt wie gegen die Bezeichnung «Volksschauspielerin». Beides empfand sie als Degradierung ihres schauspielerischen Könnens, das sie noch in ihren letzten Rollen bewies, in denen sie vergessene und abgeschobene alte Frauen verkörperte, die verzweifelt um ihre Würde kämpfen.

Meysel, I.: Frei heraus – mein Leben. Weinheim, Berlin 1991; Pacher, M.: Inge Meysel. Die verborgenen Jahre. Frankfurt a. M. 1991; Stamer, S.: Inge Meysel. Hamburg 2003.

Wolfgang Beck

Millowitsch, Willy, * 8. 1. 1909 Köln, † 20. 9. 1999 Köln. Schauspieler, Regisseur, Theaterleiter.

M. stammte aus einer seit 1792 in Köln nachweisbaren Familie von Puppen- und Schauspielern. Auftritte in Kinderrollen. Seit dem 13. Lebensjahr Schauspieler am Familientheater, das nach der Inflation jahrelang auf Tournee gehen musste. Seit 1936 im heutigen Haus, während des Kriegs Fronttheatertourneen. Seit dieser Zeit (anfangs mit seiner Schwester) Leiter des Familienunternehmens. Kurz nach Kriegsende Wiederaufnahme des bis heute unsubventionierten Theaterbetriebs, der sich von Anfang an auf volkstümliche Unterhaltung konzentriert hatte. Zahllose Auftritte in klassischen Schwänken und volkstümlichen Stücken. M. wurde überregional bekannt, als in der ersten Live-Übertragung des Fernsehens aus einem Th. (27. 10. 1953) die ins Kölnische transponierte Fassung von Karl Bunjes Schwank *Der Etappenhas* gesendet wurde. Seither wurden rund 150 Insz.en des M.-Th.s übertragen, die M. zu dem wohl beliebtesten dt. Volksschauspieler machten. Kaum jemand hat wie er die Geschichte der dt. Unterhaltung im Th., in Film und Fernsehen über einen solchen Zeitraum mitgestaltet. In den 1980er Jahren Gastspiele auch in klassischen Rollen, die sein wahres Können zeigten, sein Stammpublikum aber nicht zur Kenntnis nahm. 1980 TR in → Molières *Der Bürger als Edelmann*, 1981 in Zolas *Rabourdin und seine Erben*, 1983 in Houghtons *Ehrensache oder Lustpartie in Lancashire* (alle Rhein. Landestheater Neuss); 1981 Totengräber in → Noeltes Insz. von → Shakespeares *Hamlet* (Schauspiel Bonn). 1985 in → Flimms Fernseh-Adaption von Lasker-Schülers *Die Wupper*. Seit 1949 *(Gesucht wird Majora)* in zahlreichen Unterhaltungsfilmen und Fernsehserien; erwähnenswert *Die wilden Fünfziger* (1983, R. → Zadek), *European Vacation* (1985, dt. *Hilfe, die Amis kommen*) und seine letzten Auftritte in 6 Fernsehfilmen als pensionierter Kommissar Klefisch (1990–96). Erfolgreich als Sänger von Karnevalsliedern und Schlagern. – M. war ein kraftvoll-derber Volksschauspieler, dessen schauspielerisches Können weit über das hinausging, was er an seinem Th. zeigen konnte. Aber: «Er hat für das Volk gespielt, er hat mit dem Volk gespielt, und er hat immer genau gewußt, was das Volk von ihm erwartet» (Th. Eckert in *Der Tagesspiegel*, 21. 9. 1999). Von seinen Kindern leitet Katharina (* 1948) die Freien Kammerspiele Köln, Peter (* 1949) das M.-Th., Marie-Luise (Mariele, * 1955) ist Schauspielerin.

Millowitsch, W. Heiter währt am längsten. München 1992; Renckhoff, D.: Willy Millowitsch. Köln 1996.

Wolfgang Beck

Minetti, Bernhard (Theodor Henry), * 26. 1. 1905 Kiel, † 12. 10. 1998 Berlin. Schauspieler, Regisseur, Theaterleiter.

Sohn eines Architekten; als Schüler Statist unter dem Künstlernamen Konrad Helfer. 1923–25 Studium der Germanistik und Theaterwissenschaft in München; 1925–27 Schauspielschule der Berliner Staatstheater. 1927/28 Reußisches Th. in Gera, 1928–30 Hess. Staatstheater Darmstadt (TRn in Schillers *Don Carlos*, 1928/29, →Shakespeares *Hamlet*, 1929/30), 1930–45 Preuß. Staatstheater Berlin. Rollen u. a. in Schillers *Die Räuber* (1931/32), *Wilhelm Tell* (1932/33) Shakespeares *Julius Caesar* (1933/34), *König Lear* (1934/35), *Richard II.* (1938/39), →Goethes *Faust I* (1935/36, Rolle: Mephisto), →Lessings *Emilia Galotti* (1937/38, mit →Gründgens), Grillparzers *König Ottokars Glück und Ende* (TR, 1941/42), Calderóns *Das Leben ein Traum* (1943/44). Im Film u. a. in *Der Mörder Dimitri Karamasoff*, *Berlin Alexanderplatz* (beide 1931), *Der Kaiser von Kalifornien* (1936), *Die Rothschilds*, *Friedrich Schiller – Der Triumph eines Genies* (beide 1940), *Tiefland* (1940–44, R. Leni Riefenstahl). Erste Regie bei Rehbergs problematischem U-Boot-Drama *Die Wölfe* (UA 1944, Schauspielhaus Breslau). Nach Kriegsende in Kiel, dort 1946/47 Schauspieldirektor. Insz.en von Shakespeares *Wie es euch gefällt*, Anouilhs *Eurydike*, Wilders *Wir sind noch einmal davongekommen*. TRn in Shakespeares *Hamlet* (1945/46; 1947/48 Hamburg), Goethes *Faust I*, Robespierre in Büchners *Dantons Tod* (beide 1946/47). 1947–49 Dt. Schauspielhaus Hamburg, u. a. in den UA-en von Jahnns *Armut, Reichtum, Mensch und Tier* (1947/48) und Gides *Saul* (1948/49). 1949–51 Gastspiele, u. a. bei den Ruhrfestspielen Recklinghausen. 1951–56 Städt. Bühnen Frankfurt a. M.; dort u. a. TR in Schillers *Wallenstein* (1951/52), Bolingbroke in Scribes *Ein Glas Wasser* (1952/53), Staatsanwalt in Frischs *Graf Öderland* (UA 2. Fassung 1956, R. →Kortner). Regie bei Giraudoux' *Elektra* (1955). Danach v. a. am Schauspielhaus Düsseldorf, den Bühnen der Stadt Köln und den Staatl. Schauspielbühnen Berlin; dort von 1965 bis zur Schließung 1993 im Ensemble. Rollen des klassischen und modernen Repertoires, u. a. in →Pinters *Die Heimkehr* (DEA 1966/67) und *Niemandsland* (1976/77; 1978 TV), Shaws *Haus Herzenstod* (1969/70), Strindbergs *Der Totentanz* (1971/72), Behans *Die Geisel* (1972/73), Simons *Sonny Boys* (1974/75), Shakespeares *Der Sturm* (1977/78), Genets *Der Balkon* (1982/83). Große Erfolge in Stücken Becketts, in *Endspiel* (DEA 1957/58), *Warten auf Godot* (1964/65), *Alle die da fallen* (1965/66, alle Berlin) und mehrfach (auch auf Tournee) *Das letzte Band* (1960/61 Köln; 1972/73 Bremen; 1987/88 Berlin). Seit den 1970er Jahren gewann M. neuen Ruhm als Protagonist von theatergeschichtlichem Rang in Stücken Bernhards, der General in *Die Jagdgesellschaft* (DEA 1973/74, Berlin), Caribaldi in der triumphalen UA von *Die Macht der Gewohnheit* (1974, Salzburger Festspiele, R. →Dorn), TR im ihm gewidmeten Stück *Minetti* (UA 1976, Stuttgart, R. →Peymann), TR in *Der Weltverbesserer* (UA 1980/81, Bochum), Karl in *Der Schein trügt* (UA 1983/84, Bochum), Schauspieler in *Einfach kompliziert* (UA 1986, Schiller-Th., Berlin). Große Altersrollen in →Grübers Insz.en von Goethes *Faust I* (TR, 1982, Freie Volksbühne Berlin, TV) und Shakespeares *König Lear* (TR, 1985, Schaubühne am Lehniner Platz, Berlin). 1990 mit dem Soloprogramm *Märchen in Deutschland* auf Tournee. Seit 1994 am Berliner Ensemble. Letzte Rollen in H. →Müllers letzter Regie von →Brechts *Der aufhaltsame Aufstieg des Arturo Ui* (1995; 1996 TV), →Wilsons Insz. von Brechts *Ozeanflug* (1998). Nach 1945 wenige Filme (*Die linkshändige Frau*, 1977) und Fernseharbeiten. 1982 drehten Bruno →Ganz und Otto →Sander den Film *Gedächtnis* als Hommage für M. und Curt → Bois. Zahlreiche Auszeichnungen.

M. war einer der bedeutendsten dt.sprachigen Charakterschauspieler seiner Zeit, dessen ungeachtet auch polarisierend. Ein intellektueller, analytischer Darsteller, ein «Bühnensensibilist», seine Figuren ausstellend, kritisch hinterfragend. Besonders überzeugend in zerrissenen, ambivalenten Charakteren, denen er (manchmal zynisch-scharfe) Klarheit und Luzidität verlieh, ihre Widersprüche auslotend. Ein Ensemblespieler, der häufig die Gegenspieler der Protagonisten verkörperte: Geßler, Franz Moor, Marinelli, Mephisto. Sein fast singender Sprachgestus, seine physische Unruhe auf der Bühne wurde von Kritikern als manieriert betrachtet. Vorgeworfen wurde ihm auch fehlende Selbstreflexion seiner Rolle während des sog. «Dritten Reichs», seine Mitwirkung an Filmen wie dem antisemitischen *Die Rothschilds* (1940) oder Riefenstahls mit KZ-Insassen als Statisten gedrehten *Tiefland* (1940–44). M., der «Geistestheaterkopf» (Bernhard), gewann im Alter neue darstellerische Qualitäten und Intensität. Zurückhaltend in der Gestik, mit ausdrucksstarker Mimik wurde sein Spiel zuletzt immer zurückgenommener. «Wir haben in einem Jahrhundert tatsächlich nicht viele solche uns tatsächlich *auf die Nerven* gehenden Künstler!» (Bernhard, zit. nach Koberg, S. 183).

Minetti, B.: Erinnerungen eines Schauspielers. Hg. G. Rühle. Stuttgart 1985; Koberg, R.: Claus Peymann. Berlin 1999; Niess, Ch.: Minetti-Paraphrasen. Lilienthal 1985; Völker, K.: Bernhard Minetti – Meine Existenz ist mein Theaterleben. Berlin 2004.

Wolfgang Beck

Minetti, Hans-Peter (Theodor), * 21. 4. 1926 Berlin, † 10. 11. 2006 in Tschechien. Schauspieler.

Sohn von Bernhard → M., Bruder von Jennifer → M. Studium der Philosophie und Kunstgeschichte in Kiel, Hamburg, Berlin. 1949–50 Schauspielausbildung im Theaterinstitut Weimar. Debüt 1950 als Perdican in Mussets *Man spielt nicht mit der Liebe* in Weimar. Über Schwerin 1953 ans Maxim-Gorki-Th. Berlin (Franz Moor in Schillers *Die Räuber*). 1956–59 Dt. Th. Berlin (Tellheim in → Lessings *Minna von Barnhelm*, Tusenbach in Čechovs *Drei Schwestern*). Danach Gastrollen im Berliner Ensemble (Kaiser in → Brechts *Turandot*, Feldprediger in Brechts *Mutter Courage und ihre Kinder*), in Rostock, an der Volksbühne Berlin (1978 → Shakespeares *Ende gut, alles gut*, 1987 als DDR-EA Szenen aus H. → Müllers *Leben Gundlings Friedrich von Preussen Lessings Schlaf Traum Schrei*). Anfang der 1990er Jahre im Berliner Th. des Ostens (Edgar in Strindbergs *Totentanz*, der Alte in Ionescos *Die Stühle*). 1992–93 St. Gallen (u. a. TR in Bernhards *Der Theatermacher*). Bassa Selim in Mozarts *Die Entführung aus dem Serail*, 1982 Komische Oper Berlin, 1987 Salzburger Festspiele und Buenos Aires, 1991 Paris. Freud in Schmitts *Der Besucher* (1999, Th. der keller, Köln), 2005 in der Shakespeare-Collage *Margaretha. Eddy. Dirty Rich* am Dt. Nationaltheater Weimar. Filmrollen u. a. im Zweiteiler *Ernst Thälmann* (1954/55), *Lissy* (1957), *Die Spur der Steine* (1966), *Schatten im Zenit* (1989), *Miraculi* (1992). Tourneen, Lesungen und Rezitationsabende, Seminare für Führungskräfte. – 1975 Direktor der Schauspielschule in Ostberlin, 1981–87 Rektor der Hochschule für Schauspielkunst «Ernst Busch» Berlin, Professor bis 1991. Vorsitzender der Gewerkschaft Kunst der DDR, 1984–89 Präsident des Verbandes der Theaterschaffenden der DDR. Kunstpreis, Nationalpreis. Verheiratet mit der Schauspielerin Irma Münch (* 1930), beider Sohn Daniel (* 1958) ist ebenfalls Schauspieler. – Realistischer Schauspieler, oft in künstl. schwachen, politisch affirmativen Stücken. Parteifrommer Theaterfunktionär.

Creutz, L.: Hans-Peter Minetti. Berlin 1962; Minetti, H.-P.: Erinnerungen. Frankfurt a. M., Berlin 1997.

Werner Schulze-Reimpell

Minetti, Jennifer, * 8. 1. 1940, Berlin. Schauspielerin.

Tochter von Bernhard → M., Schwester von Hans-Peter → M. Schauspielunterricht bei Herma Clement. 1958 Debüt am Landestheater Hannover (bis 1960). Es folgten Engagements an den staatl. Th.n in Essen, Wuppertal, Aachen, Bonn und Göttingen. 1977–2001 im Ensemble der Münchner Kammerspiele. Seit 2001/02 ist M. Ensemblemitglied des Schauspiels Frankfurt a. M. Wichtige Rollen u. a.: Frau Miller in Schillers *Kabale und Liebe* (1978, R. E. → Wendt), Marceline in G. Feydaus *Klotz am Bein* (1983, R. D. → Dorn), Frau Bruscon in Th. Bernhards *Der Theatermacher* (1988, R. Hans → Lietzau), Frau Kovacic in W. Schwabs *Volksvernichtung oder Meine Leber ist sinnlos* (UA 1991, R. C. Stückl), Grete in Schwabs *Die Präsidentinnen* (1997, R. A. Uitdehaag; jeweils Münchner Kammerspiele), Chor in Sophokles' *Oedipus* (2001, Dt. Schauspielhaus Hamburg, R. J. Bosse). In Frankfurt u. a. in Hofmannsthals *Elektra* (2001/02), Kleists *Der zerbrochne Krug* (2002, R. → Petras), Hebbels *Maria Magdalena* (2003), Genets *Die Zofen* (2004), Euripides' *Die Bakchen* (2005). Am Bayer. Staatsschauspiel u. a. in Euripides' *Hekabe* (2001), Sophokles' *Ödipus* (2003), Fritschs *Das Rad des Glücks* (UA 2005), Schillers *Maria Stuart* (2006). Bei den Salzburger Festspielen u. a. Mutter in Hofmannsthals *Jedermann* (seit 2002). Mit Schwabs *Faust: Mein Brustkorb: Mein Helm* (UA 1994, Hans-Otto-Th. Potsdam, R. Th. Thieme) begann die stetige Zusammenarbeit mit dem Experimentalmusiker FM Einheit. Neben Rollen des klassischen Repertoires spielt M. häufig Rollen zeitgenössischer Autoren wie Heiner → Müller, Thomas Brasch und v. a. Werner Schwab auf. 1995 eigene Regie bei Bukowskis *Londn-L. Ä.-Lübbenau* (Esslingen), 2003/04 bei Schwabs *Offene Gruben, offene Fenster* (schauspielfrankfurt).

Sonja Galler

Minks, Wilfried, * 21. 2. 1931 Binai (Tschechoslowakei, heute Doksy-Zbyny, Tschechien). Bühnenbildner, Regisseur.

Ausbildung an der Kunstgewerbeschule Leipzig, Akademie der Bildenden Künste Berlin, 1955–57 bei Willi → Schmidt. 1958 Assistent am Staatstheater Stuttgart. 1959–62 Stadttheater Ulm, Beginn der Zusammenarbeit mit Kurt → Hübner, Peter → Zadek und Peter → Palitzsch, denen er 1962 nach Bremen folgte. Dort revolutionierte M. die tradierten Vorstellungen vom Bühnenraum, setzte an die Stelle von illusionistischen Ausstattungen frei assoziierende Bildfindungen voller Zitate auf großen Signalflächen, hell ausgeleuchtete Environments statt der gewohnten stimmungsvollen Dekorationen als Resonanzflächen für Texte und Darsteller. «So sehr Minks' Bühnen bildnerische Trends der Gegenwart aufnehmen – Foto, Comics, Filmprojektion, Schrifttafeln, Bildelemente der Pop Art, der Werbung oder Motive und Genres der traditionellen Kunst –, sind sie doch gänzlich frei von modischer Attitüde» (Manfred Brauneck). Zadeks Insz. von Schillers *Räubern* spielte 1966 vor einem riesigen Bild von Roy Lichtenstein, Peter → Steins Insz. von → Goethes *Torquato Tasso* 1969 vor transparenten, spiegelnden Kunststofffolien. Für Klaus Michael → Grübers Insz. von → Shakespeares *Sturm* entwarf M. einen die Bühne überwölbenden Lichtbogen (1969), in Zadeks Insz. von Shakespeares *Maß für Maß* wurde die Bühne von einer Glühbirnenkette umrahmt (1967). Von Bremen aus zahlreiche Gastspiele. Er arbeitete für Palitzsch in Köln und Stuttgart (*Die Rosenkriege* nach Shakespeare 1967, UA *Toller* von Dorst 1968). 1969 übernahm er die Ausstattung des Fernsehfilms *Rotmord* nach Toller (R. Zadek). Seit 1971 kontinuierlich auch Regie. Debüt mit *Soldaten* von Lenz (Stuttgart). In seiner Insz. von Schillers *Maria Stuart* 1972 in Bremen zeigte ein grandioses Bild die Machtkonstellation bei der Begegnung der Königinnen: Elisabeth auf hohem Kothurn überragt die Stuart meterhoch. Bei Schillers *Die Jungfrau von Orleans* im Dt. Schauspielhaus Hamburg lobte Henning Rischbieter, «wie M. Schillers Stück zelebrierte: als Kette wunderschöner und wunderleerer Arrangements, mit weißer Seide, die sich bauschte und wellte, mit langen Schleppen und fließenden Haaren und Gewändern – eine optische Zitaten-Collage […] des optisch hellsten Kopfs der modernen und mondänen Bühne.» M. inszenierte im Berliner Schiller-Th., in der Schaubühne am Halleschen Ufer, in Stuttgart (McCabes *Der Schlächterbursche*, 1997), Bochum (Hebbels *Judith*, 2004, Crimps *Sanft und grausam*, 2005), Frankfurt, Rotterdam, Hannover (O'Neills *Trauer muß Elektra tragen*, 2006), Zürich (Büchner/LaButes *Woyzeck*, 2006), am Residenztheater München, Düsseldorfer Schauspielhaus und Burgtheater Wien. Zahlreiche Insz.en von Dorst-Stücken, als UAen *Korbes* (Dt. Schauspielhaus Hamburg 1988), *Fernando Krapp hat mir diesen Brief geschrieben* (Akademietheater Wien 1992), *Harrys Kopf* (Düsseldorfer Schauspielhaus 1997). 1988 gelang ihm die erste überzeugende Aufführung von Dorsts *Der verbotene Garten* im Dt. Schauspielhaus Hamburg. 1982 UA *Plattling* von →Achternbusch (München). Längere Zeit entwarf M. nur noch Ausstattungen für eigene Insz.en, in den 1990er Jahren wieder Zusammenarbeit mit Zadek (*Hamlet* u. a.). – 1990 erste Operninsz.: *Salome* von Richard Strauss (Nürnberg). Film *Die Geburt der Hexe* 1982. Eigene Spielvorlagen für die Bühne: die Revue *Gewidmet Friedrich dem Großen* (UA 1965, Bremen), *Auge, Auge, Komma, Strich* (UA 1988, Dt. Schauspielhaus Hamburg), ein verzauberndes Spiel des Th.s mit seinen technischen Möglichkeiten. Auf der Bühne Puppen aller Art, die plötzlich zu leben scheinen und in lebendige Menschen verwandelt werden. M. nahm mit Schauspielern Texte auf und filmte dabei nur deren Gesichter, die verblüffend perfekt auf die Puppenköpfe projiziert wurden, die scheinbar zu reden beginnen. Ab 1967 Professur für Bühnenbild an der Hochschule für Bildende Künste Hamburg. 1980 kurze Zeit Ko-Intendant am Schauspiel Frankfurt. Gestaltung des bundesdeutschen Pavillons für die Expo '70 in Osaka und des BMW-Museums in München.

«Es interessiert mich nicht, die Figuren auf der Bühne in eine ästhetisch oder literarisch bestimmte Umgebung zu stellen. Ich suche für sie ausschließlich ihren dem Wesen der Dichtung entsprechenden scheinbar realistischen Ort. Mit möglichst realistischem Material bringe ich den Schauspieler, der ja in seiner äußeren Erscheinung aus Körper und Kostüm besteht, zu ihm in Beziehung. Dieses Material hilft mir, auf jeden Illusionismus – sofern ihn das Stück nicht ausdrücklich verlangt – zu verzichten. Es hilft mir, das Spiel so überschaubar wie möglich zu machen, das heißt, ihm vom Raum her den größtmöglichen Halt zu geben» (Wilfried Minks, *Bühnenbildner*).

Die neue Bühne. Leverkusen 1967 *(Katalog)*; Riddell, R. V.: Wilfried Minks and the «Bremer Stil». Diss. Stanford 1978; Wilfried Minks, Bühnenbildner. Red. G. Ursini Ursic. Berlin 1997.

Werner Schulze-Reimpell

Mira, Brigitte, * 20. 4. 1910 Hamburg, † 8. 3. 2005 Berlin. Schauspielerin, Sängerin.

Ballett- und Gesangsausbildung, 1929 Debüt an der Kölner Oper, 1930 Verpflichtung als Soubrette nach Bremerhaven, 1932 Reichenberg (Liberec), 1934 Opernhaus Graz, 1935–39 Kieler Stadttheater und kurzfristig Hannover. In Hamburg gastierte sie in der Schiller-Oper als Anita in Franz Lehárs Operette *Giuditta* (UA, 4. 1. 1939, R. Hanns W. Sattler) – 1941 wurde Berlin ihre künstl. Heimat. Als Halbjüdin konnte sie mit falschen Papieren sogar in einer Propagandafilm-Reihe mitwirken (*Liese und Miese*, Text Friedrich Luft, R. Eugen York), die wegen «falscher Reaktion» rasch abgesetzt wurde. – M. trat am Rose-Th., im Th. am Schiffbauerdamm, beim Kabarett der Komiker sowie im Wintergarten auf. Nach dem Krieg spielte sie in einigen Walter- → Felsenstein-Insz.en mit: J. Offenbachs *Pariser Leben* (P. 6. 12. 1945, Hebbel-Th.) und J. Strauß' *Die Fledermaus* (P. 23. 12. 1947, Komische Oper), agierte u. a. mit dem Kabarett Die Insulaner bei Günter Neumann (RIAS Berlin) und spielte zumeist komische Nebenrollen in Unterhaltungsfilmen. Anspruchsvollere Aufgaben stellten sich erst später ein. Peter → Zadek besetzte sie in Dorsts Fallada-Revue *Kleiner Mann, was nun* (P. 22. 9. 1972, Bochum). Hier lernte sie Rainer W. → Fassbinder kennen, der mit ihr 1974 *Angst essen Seele auf* drehte. Für ihre darstellerische Leistung erhielt sie das Filmband in Gold. «[...] ich mußte erst älter werden, bis ich zeigen durfte, daß ich mehr konnte, als eine gute Operetten-Soubrette sein, Liedchen trällern und als muntere Stimmungskanone müde Gesellschaften hochreißen» (M., S. 12). Weitere Filme wie *Berlin Alexanderplatz* (1979/80) und *Lili Marleen* (1980) unter Fassbinders Regie folgten, doch auch Charakterrollen auf dem Th., z. B. Mutter Maheude in Yaak Karsunkes *Germial* (P. 15. 9. 1974, Th. am Turm, Frankfurt a. M., R. Fassbinder) und die Köchin Laina in → Brechts *Herr Puntila und sein Knecht Matti* (P. 31. 7. 1985, Freie Volksbühne Berlin, R. Peter → Fitz). M. spielte in vielen Filmen und Fernsehfilmen mit, u. a. in der Fernsehfassung von → Pinters *Die Geburtstagsfeier* (1978, R. → Flimm) und der TV-Serie *Drei Damen vom Grill* (1978–87). M. ging noch 1999 mit ihren Gesangskolleginnen Evelyn Künneke (1921–2001) und Helen Vita (1928–2001) und dem Programm *Drei alte Schachteln in der Bar* auf Deutschlandtournee. «Hätte man Brigitte Mira früher in ihrer ganzen Begabung entdeckt, wäre sie wohl eine Art deutsche Shirley MacLaine gewesen» (D. Kothenschulte in *FR*, 10. 3. 2005).

Mira, Brigitte: Kleine Frau – was nun? Aufgezeichnet von B. Lubowski. München 1988.

Sabine Steinhage

Mirren, Dame Helen (eig. Ilyena Lydia Mironoff), * 26. 7. 1945 Chiswick (Großbritannien). Schauspielerin.

M. brach ihre Ausbildung als Lehrerin ab, um Schauspielerin zu werden. Bereits ihr Debüt als Titelheldin in → Shakespeares *Antony and Cleopatra* (1965, National Youth Th. im Old Vic) erregte Aufsehen. 1967 Mitglied der Royal Shakespeare Company (RSC), Hauptrollen v. a. in klassischen Stücken, u. a. in Shakespeares *All's Well that Ends Well* (1967), *Much Ado About Nothing*, *Troilus and Cressida* (beide 1968), *Two Gentlemen of Verona* (1970), *Macbeth* (1974, R. Trevor → Nunn). Ihre Interpretationen stießen anfangs auf kontroverses Echo, da sie nicht nur die Verletzlichkeit seiner Frauengestalten mitspielte, sondern auch deren «kontrollierte, intelligente, unwiderstehliche Sexualität» (H. Hobson). Seit 1972 bei Peter → Brooks Centre International de Recherches Théâtrales in Paris, nahm an Tourneen durch Nordafrika (mit *Die Konferenz der Vögel*) und die USA teil. Ihre Theaterrollen umfassen neben modernen Dramen, wie D. Hares *Teeth 'n' Smiles* (1975), W. Mastrosimones *Extremities* (1984), A. Millers *Two-Way Mirror* (1989), T. Williams' *Orpheus Descending* (2000), v. a. Klassiker des elisabethanischen Th.s, so Shakespeares *Henry VI* (1977), *Measure for Measure* (1979) *Antony and Cleopatra* (1982 RSC, 1998 National Th.), *Richard III* (1988), J. Websters *The Duchess of Malfi* (1980). Großer Erfolg als Natalja Petrowna in Turgenevs *Ein Monat auf dem Lande* in London (1994) und am Broadway (1995). Dort 2001/02 gefeiert als Alice in Strindbergs *Totentanz* (Broadhurst Th., P. 11. 10. 2001) an der Seite Ian → McKellens. 2003 Christine Mallon in O'Neill's *Mourning Becomes Electra* (National Th.). – Seit Ende der 1960er Jahre auch in Film und Fernsehen, z. B. in Literaturverfilmungen wie Shakespeares *A Midsummer Night's Dream* (1968, R. Peter → Hall; 1982), *Hamlet* (1976), *As You Like It* (1982), *Cymbeline* (1983). Weitere Film- und Fernseharbeiten u. a. *The Cook, The Thief, His Wife and Her Lover* (1989, R. P. Greenaway), *The Madness of King George* (1994), *The Passion of Ayn Rand* (1999), *The Pledge* (nach Dürrenmatt), *Calendar Girls* (2003), *Shadowboxer* (2005). Internat. bekannt als Polizei-Inspektorin der Krimi-Serie *Prime Suspect* (seit 1990). Zahlreiche Auszeichnungen. 2003 geadelt. – Eine Schauspielerin großer Wandlungsfähigkeit, Energie und Präsenz. Beeindruckend als Darstellerin vielschichtiger Frauengestalten, deren Brüche, Schwächen und oftmals versteckten Stärken sie gestaltet. Eine Schauspielerin, die Sensibilität und Intelligenz verbindet und mit zurückgenommenen Mitteln zu überzeugen vermag. Seit ihren Anfängen bemüht, jenseits aller Konventionen ihren Interpretationen neue Aspekte und Sichtweisen hinzuzufügen.

Helen Mirren: prime suspect. Hg. A. Rennert. San Francisco 1995; Waterman, I.: Helen Mirren. London 2003; Zucker, C.: Conversations with actors on film, television, and stage performance. Portsmouth 2002.

Wolfgang Beck

Mnouchkine, Ariane, * 3. 3. 1939 Boulogne-sur-Seine bei Paris. Regisseurin, Intendantin. Tochter des Filmproduzenten Alexandre M. (1908–1993). Nach einem propädeutischen Studienjahr an der Sorbonne ging M. nach England, dem Geburtsland ihrer Mutter, um in Oxford Psychologie zu studieren. Gleichzeitig wirkte sie in der Oxford University Drama Society als Regieassistentin bei Klassikerinsz.en mit und entschied sich für die Theaterlaufbahn. 1959 in Paris Gründung der Theaterwerkstatt Association Théâtrale des Étudiants de Paris (ATEP), 1961 Aufführung von Bauchaus *Genghis Khan* (Arènes de Lutèce). Nach einem längeren Aufenthalt in Ostasien, besonders in Japan und Kambodscha, 1964 in Paris Schaffung der Truppe des Th. du Soleil, wobei der Name eine Anspielung auf den *Sonnenstaat* (1612) von Tommaso Campanella sein soll, der eine kommunistische Utopie beschrieb, wie sie das Th.-Kollektiv von M. mit gleichem Gehalt für alle Ensemblemitglieder in gewisser Weise zu realisieren versucht. – Bei den aus allen Nationen kommenden Mitgliedern der Truppe gibt es keine Arbeitsteilung. Alle machen bei allem mit, d. h. bei der Schaffung der Dekoration, der Konfektion der Kostüme und Masken, den Aufräumarbeiten und der Zubereitung der Mahlzeiten bei den oft tage- und nächtelangen Proben und natürlich bei den eigentlichen Einstudierungen.

Das Th. du Soleil spielt seit 1970 auf dem Gelände einer ehemaligen Munitionsfabrik (Cartoucherie) in Vincennes im Osten von Paris. Die kollektive Theaterarbeit soll neue Beziehungen zum Publikum herstellen, das in die Handlung einbezogen wird. Spiel auf verschiedenen Bühnen und Laufstegen zwischen den Zuschauern. Aussparung von Bühnendekor. Erste Produktionen: Gor'kijs *Die Kleinbürger* (1964/65) und *Capitaine Fracasse* (1965/66) nach Théophile Gautier. Arnold Weskers *Die Küche* (1967) wurde während der Mairevolution 1968 in bestreikten Betrieben aufgeführt. 1969 entstand die Gemeinschaftsproduktion *Les Clowns*. Zahlreiche aufsehenerregende Insz.en, darunter Eigenproduktionen wie *1789* (1970, Filmfassung 1974), *1793* (1972), *L'Age d'or* (1975), *Mephisto* (1979) nach dem Roman von Klaus Mann mit Christian → Colin in der Hauptrolle, zu der M. den Text schrieb. *Mephisto* wie auch die Revolutionsstücke wurden von der Kritik als Aufrufe verstanden, moralisches Handeln in die Politik zurückzubringen (vgl. Colette Godard in *The Guardian*, 22. 7. 1979). Aufführungen von → Shakespeares *Richard II.* (1981), *La nuit des rois* (*Was ihr wollt*, 1982), *Henry IV* (1. Teil, 1984), die auch auf internat. Festivals gezeigt wurden, fanden u. a. durch die Verfremdungseffekte von Regieelementen der ind. Theatertradition begeisterte Aufnahme. Nach den Shakespeare-Insz.en, die ursprünglich 6 Stücke umfassen sollten, wandte sich M., die ihre Truppe als Th. der Solidarität versteht und verstanden wissen will, verstärkt einem veritablen Politdrama zu, mit allen kabarettistischen Übertreibungen und plakativen Vereinfachungen (vgl. Wilfried Weigand in *FAZ*, 3. 10. 1985), um Unrechtsregime anzuprangern, koloniale und totalitäre Entgleisungen künstl. aufzuarbeiten. Wie Shakespeares Königsdramen auf die Hauptperson konzentriert, verfaßte Hélène Cixous *L'Histoire terrible mais inachevée de Norodom Sihanouk, Roi du Cambodge* (*Die schreckliche, aber unvollendete Geschichte des Norodom Sihanouk, König von Kambodscha*, 1985). Das fast 9 Stunden dauernde Mammutstück wurde an 2 aufeinanderfolgenden Abenden gespielt und schildert die tragischen Ereignisse von 1955 bis 1979 zwischen der Abdankung des Königs und der Etablierung einer sozialistischen Einheitspartei und der Eroberung der Hauptstadt Phnom Penh durch die Vietnamesen. Das nächste eigens von Cixous für M. geschriebene Stück *L'Indiade ou l'Inde de leurs rêves* (*Indiade oder das Indien ihrer Träume*, 1987) schildert chronikhaft den Befreiungskampf der Inder gegen das brit. Empire in den Jahren 1937 bis zur Unabhängigkeit 1948.

Der zuerst in Teilaufführungen in Vincennes gezeigte Atriden-Zyklus mit Euripides' *Iphigenie in Aulis*, Aischylos' *Agamemnon* (beide 1990), den *Choephoren* (1991) und den *Eumeniden* (1992), 1992 nach einem triumphalen Erfolg im Brooklyner Park Slope Armory in einer 8-stündigen Integralversion präsentiert, wurde als «szenisches Wunderwerk» gefeiert. 1994 wurde die Auftragsarbeit von Hélène Cixous über die Wiederkehr der Erinnyen *La ville parjure ou le réveil des Erinyes* uraufgeführt. M.s erstmals bei den Wiener Festwochen 1995 vorgestellte Neuinsz. von → Molières *Tartuffe* wollte, die Handlung im Orient ansiedelnd, religiösen Fanatismus und Fundamentalismus bloßstellen. Das Ende 1997 aufgeführte Cixous-Stück *Et soudain des nuits d'eveils* kritisierte die koloniale Unterdrückungs- und Assimilierungspolitik Chinas in Tibet, im Sinne der Anklagen des berühmten chines. Dissidenten Wei Jing-Shen, der M. 1998 nach seiner Entlassung aus dem Gefängnis in Frankreich besuchte, um ihren Kampf zur Rettung bedrohter Minderheiten und Kulturen zu unterstützen. Wieder in Zusammenarbeit mit Cixous entstand 1999 das in der Art eines Stücks für Marionettentheater geschriebene *Tambours sur la digue* (2001, TV). Emigrantenschicksale im Welttheaterasyl, Flüchtlingsgeschichten in Auffanglagern, Telefonzellen, Warteräumen; Schleppern und Erpressern ausgelieferte Menschen sind das Thema des 2003 im Th. du Soleil uraufgeführten 2-teiligen Odysseen-Bilderbogen *Le Dernier Caravansérail (Odyssées)* (*Die letzte Karawanserei (Odysseen)*).

M., von ihren Anhängern liebevoll und respektvoll «la reine Ariane» (Königin Ariane) genannt, versteht sich im Sartre'schen

Sinn als engagierte Intellektuelle, die auch außerhalb und ergänzend zur künstl. Arbeit in ihrem Einsatz gegen Unterdrückung und «exclusion» (Ausgrenzung) vor spektakulären Aktionen in der Öffentlichkeit nicht zurückschreckt. Im Sommer 1995 protestierte sie in einem 4-wöchigen Hungerstreik gegen die ethnischen Säuberungen in Bosnien und wollte eine Massenmobilisierung zur Unterstützung der von Serbien verfolgten Moslems erreichen. 1997 beherbergte sie in Notunterkünften auf dem Theatergelände in Vincennes die Sans-Papier-Protester, die durch vorausgegangene Kirchenbesetzungen und Hungerstreiks eine Daueraufenthaltsgenehmigung in Frankreich erzwingen wollten. M. war eine der ersten Theaterleiterinnen in Frankreich und hat durch ihrer Erfolg dazu beigetragen, dass sich seitdem eine Vielzahl von Regisseurinnen – Deborah Warner, Brigitte Jacques, Karine Saporta, Catherine Diverres, Mathilde Monnier u. a. – durchsetzen konnten (Interview mit Cathérine Bédarida in *Le Monde*, 28. 2. 1998). Zahlreiche internat. Auszeichnungen würdigen ihre Arbeit.

<small>Ariane Mnouchkine. Entretiens avec Fabienne Pascaud. Paris 2005; Ariane Mnouchkine & Das Théâtre du Soleil. Hg. J. Féral. Berlin 2003; Dannon, E.: Die Sonne auch in der Nacht. Dokumentarfilm des Kulturkanals ARTE 1997.</small>

Horst Schumacher

Modrzejewska, Helena (eig. Jadwiga Helena Misel, in USA und England bekannt als Helena Modjeska), * 12. 10. 1840 Kraków, † 8. 4. 1909 Newport (Bay Island, Kalifornien). Schauspielerin.

Nach dem Debüt in einem Amateurtheater (1861), nachfolgenden Wanderjahren in Galizien und einem misslungenen Versuch eines Engagements in Wien wurde M. 1865 am Stadttheater Kraków engagiert, wo sie 4 Spielzeiten – mit immer wachsenden Erfolgen – verbrachte. 1869–76 spielte M. in Warszawa (Warschau) und wurde dort schnell zum ersten Star mit großem Einfluß auf das Repertoire, wobei sie sich besonders für das Werk → Shakespeares einsetzte. 1876 Auswanderung nach Amerika, auf der Suche nach dem internat. Erfolg. Der erste, sehr gelungene Auftritt M.s als Adrienne Lecouvreur in Scribe / Legouvés gleichnamigem Stück 1877 in San Francisco (California Th.) entschied über ihre weitere Karriere. In den folgenden Jahren unternahm M. 26 große Tourneen durch die ganzen USA und eroberte das amerik. Publikum. 1880–85 gefeierte Gastspiele in England, bis 1903 häufige Besuche und Auftritte in Polen. Seit 1883 amerik. Bürgerin mit Wohnsitz in Kalifornien. 1907 zog sich M. vom Th. zurück und starb 2 Jahre später in ihrer Residenz. Im Juli 1909 wurde sie feierlich in Kraków beigesetzt. – M. gehörte zu den schönsten Frauen und zu den intellektuellsten Schauspielerinnen ihrer Zeit; als perfekte Virtuosin wurde sie in ihren großen Rollen, wie Ophelia, Lady Macbeth, Maria Stuart, Marguerite Gauthier *(Kameliendame)*, Nora, oft mit Sarah → Bernhard und Eleonore → Duse verglichen, war sich jedoch wahrscheinlich der künstl. Aufgaben des Schauspielers und der Bedeutung der gemeinsamen Arbeit des Theaterensembles für den Endeffekt jeder Aufführung bewusster als diese.

<small>Coleman M. M.: Fair Rosalind: The American Career of Helena Modjeska. Cheshire, Conn. 1969; Dudzik, W.: Modrzejewska und ihr ‹Schauspieler›. In: Balagan. Slavisches Drama, Theater und Kino. Bd. 7 (2001), H. 1, S. 84–89; Modjeska, H.: Memoires and Impressions. An Autobiography. New York 1910; Szczublewski, J.: Żywot Modrzejewskiej. Warszawa 1977.</small>

Wojciech Dudzik

Moholy-Nagy, László, * 20. 7. 1895 Bácsbarsod (Ungarn), † 24. 11. 1946 Chicago. Bühnenbildner, Maler, Fotograf, Kunstlehrer.

Sohn eines Domänenverwalters, der die Familie verließ und in Amerika untertauchte. M.-N. fand mit Mutter und Schwester bei einem seiner Onkel, der Jurist war, Zuflucht. Der Name «Moholy» verweist auf den Ort Mohol, aus dem die Familie stammte, und wurde erst vom erwachsenen M.-N. dem Namen hinzugefügt. 1913 Beginn des Jurastudiums, das er nach Unterbrechung durch Kriegsdienst und Verwundung 1918 wieder aufnahm, ohne es zu beenden. Ab 1919 künstl. tätig. Erste Bilderausstellung in Szeged. Stand der Ungar. Räterepublik unter Belá Kun nahe, emigrierte nach deren Scheitern über Wien nach Berlin: Kontakte zur Zeitschrift *Der Sturm* von Herwarth Walden, Freundschaft mit Schwitters, Höch und Hausmann. 1922 Einzelausstellung in der Galerie Der Sturm. 1923 als Nachfolger von Johannes Itten Professor am Bauhaus Weimar, nach dem Umzug nach Dessau auch dort bis 1928. Im Vordergrund seiner Arbeit stand die Gestaltung von Lichtquellen, Lichtspuren, Lichteffekten und ihrer Nutzung für Th., Tanz und Ballett in Kooperation mit Oskar → Schlemmer und Farkas Molnár (1897–1945). «Lichtrequisiten» sollten im Spannungsfeld von Hell-, Dunkel- und Farbeffekten der Bühne eine erweiterte Dimension geben und zu konstruktivistischen Lösungen führen: Jacques Offenbachs *Hoffmanns Erzählungen* (Krolloper Berlin, 1929), Walter Mehrings *Der Kaufmann von Berlin* (Piscator-Bühne Berlin, 1929), Puccinis *Madame Butterfly* (Krolloper Berlin, 1930). Bei der Beteiligung an der Dt. Ausstellung in Paris 1930 stellte er sein Projekt *Lichtrequisit für eine elektrische Bühne* vor, das die Grundlage für seinen Film *Lichtspiel Schwarz-Weiß-Grau* bildete. Emigrierte nach der Machtübernahme Hitlers über Amsterdam nach London, wo ihm Herbert Read (1893–1968) erste Aufträge verschaffte und er Walter → Gropius wiedertraf, der ihn schließlich 1937 nach Chicago holte, wo er nach Jahren intensiver Lehrtätigkeit an verschiedenen Design-Schulen, darunter dem sog. New Bauhaus, 1946 an Leukämie starb.

Bossmann, A.: Theater und Technik. Theaterkonzeptionen des Bauhauses. Diss. Berlin 1988; Bühne und bildende Kunst im XX. Jahrhundert. Hg. H. Rischbieter. Velber 1968; Fiedler, J.: Laszlo Moholy-Nagy. London 2001; Moholy-Nagy, L.: Wie soll das Theater der Totalität verwirklicht werden. In: Bauhaus, Heft 3, 1924; Moholy-Nagy, S.: Laszlo Moholy-Nagy. Ein Totalexperiment. Berlin 1972; Schlemmer, O., L. Moholy-Nagy, F. Molnár: Die Bühne im Bauhaus. Berlin 1925.

Horst Schumacher

Moissi, Alexander (eig. Alessandro, alban. Aleksander Moisiu), * 2. 4. 1879 Triest, † 22. 3. 1935 Wien. Schauspieler.

Sohn eines alban. Kaufmanns und einer ital. Mutter. Aufgewachsen in Triest, Durrës (Durazzo), Graz, 1898 Wien. Wollte Sänger werden (ein Semester Konservatorium); Statist am Burgtheater. November 1900 als Aushilfe bei einem Gastspiel des Burgtheaters in Nußdorf Spiegelberg in Schillers *Räubern*. Von Josef → Kainz entdeckt und gefördert. 1901–03 Dt. Th. Prag unter Angelo Neumann. 1903 Dt. Volksbühne Berlin, engagiert von Max → Reinhardt, dessen Ensemble er – trotz anfänglicher Schwierigkeiten wegen seines Akzents und ungewohnter Sprachmelodie – als einer der Stars bis Anfang der 1920er Jahre angehörte. Durchbruch bei Eröffnung der Kammerspiele als Oswald in Ibsens *Gespenster* (P. 8. 11. 1906), Moritz in Wedekinds *Frühlings Erwachen* (UA 20. 11. 1906). Wichtige Rollen in Stücken → Shakespeares (*Hamlet*, 1909, 1913, 1920; *Romeo und Julia*, 1907; *König Lear*, 1908; *Heinrich IV.*, 1912; *Wie es euch gefällt*, 1919), Schillers (*Die Räuber*, 1908; *Don Carlos*, 1909), → Goethes (*Torquato Tasso*, 1913). Alternierend Teiresias und TR in Sophokles' *König Ödipus* (P. 25. 9. 1910, München, Musikhalle; 1911 Russland-Tournee). Erfolgreich auch in modernen Stücken wie Shaws *Der Arzt am Scheideweg* (1908), Hofmannsthals *Cristinas*

Heimreise (UA 11. 2. 1910), Hauptmanns *Hanneles Himmelfahrt* (1918) und *Der weiße Heiland* (UA 28. 3. 1920), Pirandellos *Heinrich IV.* (1925). Zur Rolle seines Lebens, die er über 1500-mal verkörperte, wurde Fedja in Tolstojs *Der lebende Leichnam* (zuerst 1913, Dt. Th.). 1914 Kriegsfreiwilliger auf dt. Seite. TR in Hofmannsthals *Jedermann* (UA 1. 12. 1911, Zirkus Schumann), ebenfalls 1920–31 bei den Salzburger Festspielen. Dort auch der Bettler in Hofmannsthals *Das Salzburger Große Welttheater* (UA 1922). Seit 1913 wenige Filme, u. a. *Der Student von Prag* (1913), *Pique Dame* (1918), *Der junge Goethe* (1919), *Figaros Hochzeit* (1920), *Die Königsloge* (1929), *Lorenzo de Medici* (1935). Seit den frühen 1920er Jahren von der rechten Presse als angeblicher Jude und Kommunist angegriffen. Seit Mitte der 1920er Jahre fast nur noch Gastspiele und Tourneen, u. a. 1924 Moskau (Künstlertheater, MChAT), 1927 Paris (Th. de l'Atelier), 1927/28 mit den Reinhardt-Bühnen am Broadway (Hofmannsthals *Jedermann*, Tolstojs *Der lebende Leichnam*), 1929 in USA, Südamerika, Spanien, Rumänien, Österreich, Deutschland. Nach 1933 nicht mehr in Deutschland auftretend. 1933/34 Gastspiele in Österreich, Schweiz und der Tschechoslowakei (mit →Durieux, →Deutsch, →Bassermann). Spielte seit 1933 v. a. in Italien (Tournee mit eigenem Ensemble). Pirandello schrieb für ihn *Non si sa come (Man weiß nicht wie)*, vor dessen UA M. starb. Eigenes Drama *Der Gefangene* über den verbannten Napoleon (UA 31. 10. 1931, Thalia Th. Hamburg, R. →Röbbeling). 1910–18 mit der auch als Leiterin einer Schauspielschule in Berlin tätigen Schauspielerin Maria Urfus, 1919–35 mit der Schauspielerin Johanna Terwin (eig. Winter, 18. 3. 1884–4. 1. 1962) verheiratet. – M. besaß großes Charisma und Bühnenpräsenz und faszinierte als Darsteller v. a. durch die ungewöhnliche Sprachführung und Artikulation. M. galt als einer bedeutendsten dt.sprachigen Darsteller seiner Zeit, v. a. in der Verkörperung psychologisch problematischer Charaktere, die er mit beispielhafter Sensibilität und Intensität darzustellen vermochte. Nach ihm ist das Th. im alban. Durrës benannt.

Faktor, E.: Alexander Moissi. Berlin (1920); Moisi, V.: Alexander Moissi. Tirana 1980; Moissi. Hg. A. Dugulin. Triest 1986; Moissi, der Mensch und der Künstler in Worten und Bildern. Hg. H. Böhm. Berlin (1927); Schaper, R.: Moissi. Berlin 2000.

Wolfgang Beck

Molander, Olof (Künstlername auch Olaf Morel), * 18. 10. 1892 Helsinki, † 26. 5. 1966 Stockholm. Regisseur, Theaterleiter, Schauspieler.

Sohn des Regisseurs und Autors Harald M. (1858–1900) und der Schauspielerin Lydia M. (Wessler); Bruder des Filmregisseurs und Drehbuchautors Gustaf M. (1888–1973). 1912–14 Ausbildung an der Schauspielschule des Kungliga Dramatiska Teatern (Dramaten) in Stockholm, wo er auch seine Debüts als Schauspieler (1914) und 1919 als Regisseur gab (→Shakespeare, *Der Kaufmann von Venedig*). Das Dramaten bildete den Schwerpunkt seiner gesamten künstl. Tätigkeit (Leiter 1934–38); seine Leitung des Folkets Parker Teater 1938–42 blieb daneben ebenso Episode wie verstärkte Filmarbeit in den 1940er Jahren. Als Regisseur beeinflusst von Edward Gordon →Craig und Max →Reinhardt. Seine Regiearbeit an der führenden schwed. Bühne war auf das klassische Repertoire konzentriert. Dazu gehörten Dramen der Antike wie Euripides' *Medea*, Aristophanes' *Lysistrata* (beide 1934), Sophokles' *Antigone* (1949) und *König Ödipus* (1951), Aischylos' *Orestie* (1953), ebenso wie Stücke Shakespeares (u. a. *Der Sturm*, 1921; *Othello*, 1924; *Macbeth*, 1931). M.s Insz.en von Dramen Strindbergs (viele mehrfach) trugen wesentlich zur Renaissance dieses Autors bei, u. a. *Advent* (1926), *Mäster Olof*

(1933), *Ett drömspel* (1935, 1947, 1955), *Folkungasagen* (1937), *Dödsdansen* (1937), *Till Damaskus I* (1937, 1960), *II* (1943), *Spöksonaten* (1942, 1962). Daneben inszenierte er Stücke von Autoren der klassischen Moderne wie Claudel (*Mittagswende*, 1957), Eliot (*Die Cocktailparty*, 1950), Giraudoux (*Amphitryon 38*, 1934; *Die Irre von Chaillot*, 1950), Tennessee Williams (*Endstation Sehnsucht*, 1949). Wichtig auch für die internat. Durchsetzung des Autors waren seine Insz.en der Dramen Eugene O'Neills, darunter einige UAen; u. a. *Trauer muß Elektra tragen* (1934), *Der Eismann kommt* (1948), *Fast ein Poet* (UA 1957), *Alle Reichtümer der Welt* (UA 1962). – M. galt als strenger und kompromissloser Regisseur, der im Bemühen um geschlossene Insz.en mit Vorliebe mit den gleichen Schauspielern und Bühnenbildnern arbeitete. Seine Interpretationen antiker Dramen befreiten diese von der klassizistischen Tradition und stellten sie in eher realistische Zusammenhänge. M. verließ als einer der Ersten die Hoftheatertradition, wandte sich aber auch gegen den naturalistischen Inszenierungsstil und gab dem Phantastischen größeren Raum. Daher auch seine Konzentration auf das Spätwerk Strindbergs, das er einerseits in ein durchaus realistisches Ambiente versetzte, andererseits christlich-metaphysisch überhöhte. Der neben → Sjöberg und → Bergman wohl wichtigste schwed. Regisseur des 20. Jh.s trug wesentlich zur Durchsetzung des Regietheaters in Schweden bei. Er arbeitete für den Rundfunk und drehte als Schauspieler (*Thomas Graals myndling*, 1922; *Gubben kommer*, 1939; *Stora famnen*, 1940; *Vandring med månen*, 1945; *Galgmannen*, 1945) wie als Regisseur (*Damen med kamelior*, 1925; *Giftas*, 1926; *Bara en danserska*, 1927; *General von Döbeln*, 1942; *Kvinnor i fångenskap*, 1943; *Jag dräpte*, 1943; *Appasionata*, 1943; *Oss tjuvar emellan*, 1945; *Johansson och Vestman*, 1946) Filme. Auch Drehbuchautor, u. a. *Vi tre debutera* (1953).

Forslund, B.: Molander, Molander, Molander. Stockholm 2003; Freeberg, D. L.: Olof Molander directs Strindberg. Diss. Pittsburgh 1995; Hong, J.-U.: Creating Theatrical Dreams. A Taoist Approach to Molander's, Bergman's & Wilson's Productions of Strindberg's A Dream Play. Stockholm 2003; Molander, G.: Detta är jag kom. Stockholm 1961 *(Autobiographie)*; Törnqvist, E.: Strindberg's The Ghost Sonata. Amsterdam 2000.

Wolfgang Beck

Molière (eig. Jean-Baptiste Poquelin), * 15. 1. 1622 (Taufdatum) Paris, † 17. 2. 1673 Paris. Schauspieler, Regisseur, Theaterleiter, Autor.

Sohn eines Tapezierers und Besitzers des Hofamts «tapissier du Roy et valet de chambre» (Tapezierer des Königs und Kammerdiener). Etwa 1635–39 Ausbildung am von Jesuiten gegründeten Collège de Clermont (heute Lycée Louis-le-Grand), Jurastudium in Orléans (wohl ohne Abschluss). 1643 gründete er in Paris u. a. mit Madeleine → Béjart L'Illustre Th., das in Konkurrenz zu den Truppen des Hôtel de Bourgogne und Hôtel du Marais treten wollte, aber bald zahlungsunfähig wurde und M. wegen Schuldenmachens 1645 ins Gefängnis brachte. 1644 unterschrieb er erstmals mit seinem Künstlernamen. 1648 schloss er sich der Wandertruppe Dufresnes an, deren Leitung er 1653 übernahm und die bis 1658 v. a. durch Südfrankreich zog. 1658 gelang es, den Bruder des Königs als Schutzpatron der Truppe zu gewinnen. Am 24. 10. 1658 durften sie vor dem König spielen, dem M.s Farce *Le Dépit amoureux* so gefiel, dass er abwechselnd mit den Comédiens-italiens den Saal des Petit-Bourbon als Spielstätte benutzen konnte. Ab 1660 traten sie im für Richelieu erbauten Th. im Palais-Royal auf. M. schrieb keine Farcen mehr, sondern fand jetzt einen eigenen Ton: In *Les précieuses ridicules (Die lächerlichen Preziösen)* geißelte er die aufgeblasene Halbbildung der Damen aus guter Gesellschaft (1659). 1662 folgte *L'École des femmes (Die Schule der Frauen)*, das zu seinen

Lebzeiten meistgespielte Stück. Obwohl M. sich in allen dramatischen Gattungen versucht hat, hat er seinen festen Platz in der Weltliteratur durch seine insgesamt 27 Komödien, in denen er jeweils in der Hauptrolle selbst auftrat: z. B. *Dom Juan* 1665, *Georges Dandin* 1668, *Amphitryon* 1668, *Le Bourgeois gentilhomme (Der Bürger als Edelmann)* 1670, *Les Femmes savantes (Die gelehrten Frauen)* 1672. Ludwig XIV. förderte ihn, übernahm die Patenschaft für seinen ältesten Sohn (aus der Ehe mit Armande → Béjart) und schützte ihn lange vor der Zensur und Angriffen von Adel und Geistlichkeit, u. a. indem er den 1664 zunächst verbotenen *Tartuffe* 1669 ohne Kürzungen zur Aufführung freigab. Für die Festlichkeiten bei Hofe schrieb M. mehrere Comédies-Ballets mit Gesangs- und Tanzeinlagen, z. B. *Les Fâcheux* 1661, *Le Malade imaginaire (Der eingebildete Kranke)* 1673. M., der die TR spielte, starb nach der 4. Aufführung dieses Stücks, während der er einen Blutsturz erlitten hatte. Ein christliches Begräbnis wurde ihm verweigert. Erst nach einer Bittschrift seiner Witwe an den Erzbischof und einer Audienz beim König erlaubte der Erzbischof ein Begräbnis ohne Aufsehen und nicht bei Tage. – Die komischen Gestalten, die M. geschaffen hat, z. B. *L'Avare (Der Geizige)*, *Misanthrope (Der Menschenfeind)*, Arnolphe in *L'École des femmes*, streifen oft das Tragische, die Oberhand behält bei M. aber fast nie das Dämonische einer Person, sondern das Natürliche, die gesunde Mittellage, vor der die Lächerlichkeit der Lebensuntauglichkeit offenbar wird. Fast 350 Jahre nach ihrer Entstehung haben die Komödien M.s nichts von ihrer Frische und Wirksamkeit eingebüßt. M. vereinte die Sicherheit des Theaterpraktikers und Schauspielers mit einer souveränen Technik der Handlungsführung und einer ungekünstelten Sprache.

Bray, B.: Molière, homme de théâtre. Paris 1954; Collinet, J.-P.: Lectures de Molière. Paris 1974; Conesa, G.: Le dialogue molièresque. Paris 1983; Gutwirth, M.: Molière, ou l'invention comique. Paris 1966; Hösle, J.: Molière. München 1987; Mongrédien, G.: Recueil des textes et documents du XVIIème siècle rélatifs à Molière. Paris 1965; Scott, V.: Molière. Amherst 2000.

Horst Schumacher

Monk, Egon, * 18. 5. 1927 Berlin, † 28. 2. 2007 Hamburg. Regisseur, Theaterleiter.

1945–47 Schauspielausbildung in Berlin, Regieausbildung bei der DEFA. Spielte an Wanderbühnen und kleinen Th.n. 1949 Regieassistent im Berliner Ensemble (BE). Inszenierte 1951 Hauptmann / Brechts *Biberpelz und roter Hahn* im BE, UA von → Brechts *Herrnburger Bericht* (auch Sprecher) im Dt. Theater Berlin. Im BE 1952 → Goethes *Urfaust*, Brechts *Die Gewehre der Frau Carrar*. 1953 verließ M. die DDR und arbeitete als freier Autor und Hörspielregisseur beim RIAS Berlin. 1957 Hörspieldramaturg in Hamburg, 1960 Leiter der Hauptabteilung Fernsehspiel beim NDR, zugleich Produzent und Regisseur. Rekonstruierte Modellinsz.en des BE für Fernsehfilme. Inszenierte 1964 die UA *Das Gesicht* von Siegfried Lenz im Dt. Schauspielhaus Hamburg. Operninsz.en. 1968 für 75 Tage Intendant des Dt. Schauspielhauses. Die beiden Eröffnungsinsz.en in seiner Regie (UA *Über den Gehorsam – Szenen aus Deutschland*, eine Montage authentischen Materials von Claus Hubalek und M., sowie Schillers *Die Räuber*) stießen auf massive Kritik. Danach kehrte M. als Autor und Regisseur zum NDR zurück. Zu seinen bekanntesten Fernsehproduktionen zählen *Anfrage* (1962), *Deutschland, Mai 1945*, *Ein Tag – Bericht aus einem deutschen Konzentrationslager 1939* (beide 1965), *Industrielandschaft mit Einzelhändlern* (1970), *Bauern, Bonzen und Bomben* (1973, nach Fallada), *Die Geschwister Oppermann* (1983, nach Feuchtwanger), *Die Bertinis* (1989, nach Giordano). Zahlreiche Auszeichnungen, u. a. Ehrenprofessor (1987). – M.s dokumentarischer Stil prägte die Ästhetik des damals neuen Genres Fernsehspiel in der Bundesrepublik nachhaltig. Kennzeichnend für sein künstl. Schaffen sind neben der produktiven Adaption der Theorie des epischen Th.s für das Fernsehen das Aufgreifen aktueller politischer Themen wie die Beschäftigung mit dem Nationalsozialismus. Hochgelobt seine Literaturadaptionen.

Brechts und Monks Urfaust-Inszenierung mit dem Berliner Ensemble 1952/53. Bearb. B. Mahl. Stuttgart, Zürich 1986; Deutsche Geschichten: Egon Monk – Autor, Dramaturg, Regisseur. Hg. J. Felix u. a. Marburg 1995; Hickethier, K.: Das Fernsehspiel der Bundesrepublik. Stuttgart 1980; ders., P. Hoff: Geschichte des deutschen Fernsehens. Stuttgart, Weimar 1998; Monk, E.: Auf dem Platz neben Brecht. Erinnerungen an die ersten Jahre des Berliner Ensembles. O. O. 2001; Pfau, S.: Das frühe Fernsehspiel Egon Monks. Mag.-Arbeit Halle 2000.

Werner Schulze-Reimpell

Moog, Heinz (eig. Heinrich Gustav Eduard M.), * 28. 6. 1908 Frankfurt a. M., † 9. 5. 1989 Wien. Schauspieler.

Der Sohn eines Polizeibeamten nahm bei Alfred Auerbach und am Hoch'schen Konservatorium Schauspielunterricht. Debüt 1927 am Frankfurter Künstlertheater. Danach bei den Marburger Festspielen (1928), am Kleinen Th. Kassel (1928–33), am Stadttheater Plauen (1933–35), am Dt. Nationaltheater Weimar (1935–39) in unterschiedlichsten Rollen, die vom Bonvivant und komischen Rollen bis zu klassischen Heldenfiguren und Greisen reichten. Seit 1939 an den Städt. Bühnen Bochum unter Saladin → Schmitt. Dort wandelte er sich zum Charakterdarsteller (Rudolf II. in Grillparzers *Ein Bruderzwist im Hause Habsburg*). Als Gast an der Berliner Volksbühne in Gherardis *Der einsame Mann* (1942). Seit 1943 am Wiener Burgtheater (1978 Ehrenmitglied), von dem er erst 1980 endgültig Abschied nahm, obwohl er es 2-mal (1969, 1978) im Streit verlassen hatte. Zahlreiche Charakterrollen des klassischen und modernen Repertoires, u. a. in → Shakespeares *Der Kaufmann von Venedig* (1943, R. → Müthel, mit → Krauß) und *Der Widerspenstigen Zähmung* (1961, R. → Gielen), Biharys *Die andere Mutter* (1945), Goldonis *Der Diener zweier Herren* (1946, mit Hermann → Thimig), Schillers *Die Räuber* (1947 R. → Felsenstein), *Maria Stuart* (1956), *Die Piccolomini* (1959, beide R. → Lindtberg), → Goethes *Faust I* (1948, R. → Balser), Priestleys *Schafft den Narren fort* (UA 1955), Grillparzers *Das goldene Vließ* (1960), → Raimunds *Der Verschwender* (1963, R. → Meisel), O'Neills *Der Strohhalm* (1963), der Dostoevskij-Bearbeitung *Die Brüder Karamasow* (1965), Gor'kijs *Die Kleinbürger* (1976, R. → Dorn), Pinters *Heimkehr* (1977, R. → Palitzsch), O'Caseys *Juno und der Pfau* (1977, R. → Schenk), Kleists *Prinz Friedrich von Homburg* (1978, R. → Wekwerth). In seinen letzten Jahren als Gast im Th. in der Josefstadt und am Wiener Volkstheater (Turrini, *Josef und Maria*, 1980). Auftritte bei den Salzburger Festspielen, als Rezitator, Rundfunkarbeit. Zahlreiche Film- und Fernsehproduktionen, u. a. *Lache Bajazzo* (1943), *Der Prozeß* (1948), *1. April 2000* (1952), *Spionage* (1955), *Maria Stuart* (1959), *Wahn oder Der Teufel in Boston* (1965, TV), *Ludwig II.* (1972), *Die Wildente* (1976), *Affäre Nachtfrost* (1988, TV). Zahlreiche Auszeichnungen, u. a. 1955 Kammerschauspieler, 1977 Kainz-Medaille. – Markanter Charakterdarsteller mit hoher Sprachkultur und psychologisch nuancierter Schauspielkunst. Überzeugend v. a. in der Interpretation zwiespältiger Charaktere und repräsentativer Herrschergestalten. Von großem komödiantischem Talent.

Ihering, H.: Von Josef Kainz bis Paula Wessely. Berlin u. a. 1942; Sommer, D.: Heinz Moog. Menschengestalter am Wiener Burgtheater. Diss. Wien 1972.

Wolfgang Beck

Moreau, Jeanne, * 23. 1. 1928 Paris. Schauspielerin, Regisseurin.

M. besuchte die Schauspielschule des Pariser Konservatoriums unter Denis d'Inès ab 1946. 1947 hatte sie mit Jean → Vilar ihr erstes Theaterengagement und wurde 1948, gerade 20 Jahre alt, das jüngste Ensemblemitglied in der Geschichte der Comédie Française. Bei den Festspielen in Avignon war sie Partnerin von Gérard → Philipe in Kleists *Prinz von Homburg* und Corneilles *Cid*. Ab 1952 wirkte sie am Th. National Populaire unter Jean Vilar. 1953 feierte sie am Th. Antoine in Paris Triumphe. 1954 besetzte sie unter der Regie von Jean → Marais Hauptrollen in Shaws *Pygmalion* und Jean Cocteaus *La machine infernale (Die Höllenmaschine)*, die ihr den Titel der besten Schauspielerin ihrer Generation einbrachten. Am Broadway spielte die perfekt zweisprachige M. (ihre Mutter war die brit. Tänzerin Kathleen Buckley, die u. a. als Tiller-Girl in den Folies-Bergères aufgetreten war) neben Olivia de Havilland auf Englisch in Anna Bonaccis *L'heure éblouissante*. Weitere Broadway-Auftritte in Tennessee Williams' *Die Katze auf dem heißen Blechdach*, Peter Handkes *Der Ritt über den Bodensee* und Wedekinds *Lulu*. M. hatte 1951 einen Siebenjahresvertrag der Paramount ausgeschlagen, um sich vorrangig dem Sprechtheater zu widmen, wurde aber durch ihre Mitwirkung in etwa 160 Filmen internat. bekannt. *Il est minuit, Docteur Schweitzer (Es ist Mitternacht, Doktor Schweitzer*, 1952) von André Haguet, *Touchez pas au Grisbi (Wenn es Nacht wird in Paris*, 1953) und *Ascenseur pour l'Echafaud* (1957, dt. *Fahrstuhl zum Schafott*) von Louis Malle waren erste große Erfolge. Malle hat den Mythos «La Moreau» mit aufgebaut und die distanzierte Erotik und Hochmütigkeit der Schauspielerin in der Gesellschaftssatire *Les amants* (1958) betont, die in der Bundesrepublik der 1950er Jahre von der Zensur zeitweise sanktioniert wurde. M., die als Femme fatale der Nouvelle Vague betrachtet wurde, arbeitete in der Folge mit den besten Filmregisseuren der Welt zusammen: Peter → Brook vertraute ihr 1960 die Hauptrolle in der Marguerite-Duras-Verfilmung *Moderato cantabile (Stunden voller Zärtlichkeit)* an, Michelangelo Antonioni verpflichtete sie für *La Notte (Die Nacht*, 1961), François Truffaut gab ihr 1961 die Hauptrolle in *Jules et Jim* (mit Oskar → Werner), Orson Welles drehte mit ihr die Filmversion von Kafkas Roman *Der Prozeß* (1962), Luis Buñuel übertrug M. die Rolle der Célestine in *Le Journal d'une femme de chambre* (1963, dt. *Das Tagebuch einer Kammerzofe*), Rainer Werner → Fassbinder arbeitete mit ihr für *Querelle, ein Pakt mit dem Teufel* (1982) zusammen. M. führte selbst Regie bei *Lumière (Im Scheinwerferlicht*, 1975), *L'Adolescente (Mädchenjahre*, 1978), *Lillian Gish* (1984). Verstärkte Bühnentätigkeit nach der begeisterten Aufnahme ihrer Darstellung der Zerline in → Grübers Insz. von Hermann Brochs *Die Erzählung der Magd Zerline* (1986) im Pariser Th. Bouffes du Nord, die 1988 auch in mehreren Städten der Bundesrepublik zu sehen war. Im Sommer 1989 begeisterte sie in Avignon in der Hauptrolle von Fernando de Rojas' *Célestine*. Bedeutende Filmrollen spielte sie u. a. in *Bis ans Ende der Welt* (1991) von Wim Wenders, als Frau des Schriftstellers in Peter Handkes *Die Abwesenheit* (1992). 1998 war sie das Aschenputtel in Andy Tennants *Ever after – A cinderella story*. Die Verfilmung von Yann Andréas Erzählung *Cet amour-là* (2001) schildert die Beziehung der alten Marguerite Duras mit einem 40 Jahre jüngeren Mann und zeigt M. auf der Höhe ihrer Darstellungskraft. Sie bekannte (in einem Interview mit Jérôme Garcin, *Le Nouvel Observateur*, 9. 12. 2001), in dieser Interpretation suche sie Antwort auf die «privatesten und universellsten Fragen über Liebe, Tod, Zwänge der Paarbeziehung, Zärtlichkeit, Grausamkeit, die mich unaufhörlich beschäftigen». 2005 in Ozons Film *Le temps qui reste*. Arbeit als Th.-Regisseurin: Margaret Edsons *Un trait de l'esprit* (2000 im Th. de Chaillot); Verdis *Attila* mit Josée Dayan in der Bastille-Oper (2001). – Vielfach ausgezeichnet, mehrfache Ehrendoktorin.

<small>Delmar, M. Jeanne Moreau. Paris 1994; Gray, M.: Mademoiselle Jeanne Moreau. Paris 2003; Jeanne Moreau. Hommage. Red. R. Aurich. Berlin 2000; Lauermann, G.: Jeanne Moreau. München 1989; Moireau, J.: Jeanne Moreau. Paris 1994.</small>

Horst Schumacher

Moreno, Jakob Levy (eig. J. Moreno Levy), * 18. 5. 1889 Bukarest (Osmanisches Reich, heute Rumänien), † 14. 5. 1974 Beacon (New York). Theaterreformer, Psychodramatiker, Arzt, Autor.

Sohn eines Kaufmanns, kam 1894 nach Wien, wo er Philosophie und Medizin (Promotion 1917) studierte und vom Expressionismus beeinflusste Lyrik und Prosa veröffentlichte, darunter die dialogisierten Schriften *Die Gottheit als Komödiant* (1911), *Die Gottheit als Autor* (1918), *Die Gottheit als Redner* (1919), in denen er neue Konzepte künstl. Produktion entwarf. 1918–21 Herausgeber der Zeitschrift *Daimon* (umbenannt in *Der neue Daimon* und *Die Gefährten*). 1918–25 Arztpraxis in Bad Vöslau. Bereits 1910/11 veranstaltete er mit Kindern Stegreifspiele, die er während des 1. Weltkriegs mit Bewohnern des von ihm betreuten Flüchtlingslagers Mitterndorf (bei Wien) fortsetzte. Seine Idee eines Th.s, in dem die Trennung zwischen Dichter, Schauspieler und Zuschauer aufgehoben war, setzte er erstmals 1921 in einer happeningartigen Aktion *(Das Narrentheater des Herren der Welt)* im Wiener Komödienhaus um. Seit 1923 wurden in seinem «Stegreiftheater» in Wien experimentelle spontane Aufführungen durchgeführt, die wegen der wechselnden Teilnehmer (u. a. Peter → Lorre) nicht wiederholbar waren und die Grundlage des späteren therapeutischen Psychodramas bildeten. Für diese, das (literarische) Th. revolutionierenden Aufführungen hatte M. eine neue Bühnenform entwickelt, aber nicht realisieren können: unterschiedlich hohe Spielebenen, konzentrisch um eine zentrale Spielebene angeordnet. Die für die Internat. Ausstellung für neue Theatertechnik (1924) geplante Realisierung scheiterte. 1925 ging M. in die USA, wo er neben praktischen Untersuchungen und Lehrtätigkeit seit 1928 als Arzt in New York auch mit theatertherapeutischen Ansätzen arbeitete. Er entwickelte seine gruppenpsychologische Methodik (Soziometrie) weiter und setzte das nun Impromptu Th. genannte Stegreiftheater 1930–31 in der Carnegie Hall fort. In seinem privaten Sanatorium in Beacon Hill gründete er 1936 ein Psychodramatheater, das baulich seinen Vorstellungen entsprach und v. a. therapeutisch eingesetzt wurde. 1942 in New York Gründung eines Forschungs- und Lehrinstituts für Psychodrama; 1958 Gründer und Leiter des «World Center for Psychodrama, Sociometry and Group Psychotherapy». Seine Theorien haben nicht nur Psychologie und Psychotherapie in vielfältiger Weise beeinflusst, sondern auch Formen des Th.s, wie Darstellendes Spiel, Mitspieltheater, Happening, Aktionskunst und Performance. Bühnenkünstler wie → Kazan, → Strasberg, → Tabori, Gruppen wie das Living Th., das Squat Th. u. a. haben in ihrer Arbeit auf seine Theorien zurückgegriffen.

<small>Angewandtes Psychodrama in Therapie, Pädagogik, Theater und Wirtschaft. Hg. H. Petzold. Paderborn 1972; Hare, A. P. und J. R.: J. L. Moreno. London u. a. 1996; Marineau, R. F.: Jacob Levy Moreno 1889–1974. London, New York 1989; Marschall, B.: «Ich bin der Mythe». Von der Stegreifbühne zum Psychodrama J. L. Morenos. Wien u. a. 1988; Moreno, J. L.: Auszüge aus der Autobiographie. Köln 1995; ders.: Gruppenpsychotherapie und Psychodrama. (4. Aufl.) Stuttgart 1993; ders.:</small>

Psychodrama. 2 Bde. Beacon 1946–59; ders.: Psychodrama und Soziometrie. Köln 1989; ders.: Das Stegreiftheater. Potsdam 1924; Morenos therapeutische Philosophie. Hg. F. Buer. (2. Aufl.) Opladen 1991; Theaterwelt – Welttheater. Hg. W. Greisenegger u. a. Wien, New York 2003 *(Katalog)*; Reindell, H.: Jacob Levi Moreno. Hannover 1981; Thomas, Th. T.: Psychodrama. Cleveland 1981.

Wolfgang Beck

Moser, Hans (eig. Johann (Jean) Julier); *6. 8. 1880 Wien, † 19. 6. 1964 Wien. Schauspieler.

Der Sohn eines Bildhauers nahm neben der Lehre zum Lederwarenhändler Unterricht an der Theaterschule Otto und beim Burgschauspieler Josef Moser, nach dem er seinen Künstlernamen wählte. 1897–1902 bei Wander- und Provinzbühnen in Böhmen, Mähren, Ungarn. Erstes Engagement in Fridek-Mistek (Frýdek-Místek). 1903–07 Th. in der Josefstadt (Wien), danach erneut Wanderbühnen. Seit 1910/11 in Wien komische Episodenrollen u. a. im Intimen Th., den Kabaretts Max und Moritz, Colosseum, Die Budapester. 1912–14 Mitglied des Budapester Orpheums. 1914–18 Soldat. 1918 Filmdebüt mit *Das Baby*. Nach 1918 an Wiener Kleinkunstbühnen, Varietés, im Zirkus, in Revuen im Ronacher. Durchbruch mit Sketchen wie *Der Dienstmann, Die zwei Pompfineberer, Der Patient*. Seit 1924 «Dritter-Akt-Komiker» in Operetten im Th. an der Wien. 1925 von →Reinhardt ans Th. in der Josefstadt engagiert, trat M. seit 1926 auch am Dt. Th. in Berlin auf und nahm an der Amerika-Tournee des Ensembles teil. Bei den Salzburger Festspielen in Hofmannsthals *Das Große Salzburger Welttheater* (1924), Gozzis *Turandot* (1926), →Shakespeares *Ein Sommernachtstraum* (1927). Im Th. in der Josefstadt u. a. in Hofmannsthals *Der Schwierige* (1927), →Nestroys *Einen Jux will er sich machen* (1934), Shakespeares *Wie es euch gefällt* (1938); im Dt. Th. u. a. in Watters/Hopkins' *Artisten* (1928), Strauß' *Die Fledermaus* (1929), Horváths *Geschichten aus dem Wiener Wald* (UA 1931; 1961 Film, 1964 TV), Baums *Pariser Platz 13* (1931), →Raimunds *Der Bauer als Millionär* (1938; 1961 Film). Nach dem Durchbruch (*Leise flehen meine Lieder*, 1933) Konzentration auf den Film. M. wirkte in über 150 Filmen mit und wurde zu einem beliebten Komiker, v. a. im Unterhaltungsfilm der NS-Zeit. Diese Popularität ermöglichte ihm das Weiterspielen (mit Sondergenehmigung), obwohl er sich nicht von seiner jüd. Frau scheiden ließ. Filme dieser Zeit sind u. a. *Familie Schimek* (1935, 1957), *Burgtheater* (1936), *Die Fledermaus* (1937), *Das Ekel* (1939), *Wiener G'schichten* (1940), *Wiener Blut* (1942), *Schrammeln* (1944). Nach Kriegsende am Landestheater Salzburg, seit 1947 in Wien. 1948 Gastspiele in Buenos Aires (→Jacobs Freie Dt. Bühne) und New York (Players from Abroad). Filme u. a.: *Der Hofrat Geiger* (1947), *Der Herr Kanzleirat* (1948), *Hallo Dienstmann* (1952), *Der Kongreß tanzt* (1956), *Oberzahlen* (1957), *Leutnant Gustl* (1962, TV). Seit 1954 spielte M. am Burgtheater, u. a. in Schnitzlers *Liebelei* (1954; 1958 Film), Nestroys *Höllenangst* (1961) und – als letzte Rolle – in Molnárs *Liliom* (1963; TV). An den Münchner Kammerspielen in Nestroys *Einen Jux will er sich machen* (1959, R. K. →Paryla), bei den Salzburger Festspielen in Raimunds *Der Bauer als Millionär* (1961). – M. war ein großartiger Charakterschauspieler, dessen Können erst mit seinen wichtigen Altersrollen wirklich wahrgenommen wurde. Hier brillierte er mit leisen Mitteln und melancholischer Tragikomik in Stücken Nestroys, Raimunds, Schnitzlers und Horváths. Populär gemacht hat ihn der Film, in dem er immer wieder den kleinen Beamten, Diener, Hausmeister, Dienstmann verkörperte, der über die Ungerechtigkeiten des alltäglichen Lebens «mosert». Seine unverwechselbare Physiognomie und Mimik, seine rudernde Gestik, v. a. sein unnachahmliches «Nuschein», das Verschlucken von Silben und Wörtern, wurden zum Markenzeichen seiner Komik, die besonders im Zusammenspiel mit dem kongenialen Paul → Hörbiger den Inhalt der Filme fast vergessen ließ.

Bier, M.: Schauspielerporträts. Berlin 1989; Eser, W.: Hans Moser, «habe die Ehre». München 1981; Kresse, D.: Nur ein Komödiant? Hans Moser in den Jahren 1938–45. Wien 1994; Mantler, A.: Paul Hörbiger, Hans Moser. Wien 1994; Markus, G.: Hans Moser. München 1993; ders.: Hans Moser. Der Nachlaß. München u. a. 1989; Nachmann, M.: Der späte Hans Moser. 4 Bde. Diss. Wien 1996; Schulz, H.: Hans Moser. Wien u. a. 1980.

Wolfgang Beck

Mosheim, Grete, * 8. 1. 1905 Berlin, † 29. 12. 1986 New York. Schauspielerin.

Tochter eines Sanitätsrats. Ausbildung an der Schauspielschule des Dt. Th.s Berlin, wo sie 1922–31 engagiert war. Spielte dort und an anderen → Reinhardt-Bühnen u. a. in Fuldas *Des Esels Schatten* (1922), Wedekinds *Frühlings Erwachen* (1925, R. Reinhardt), Aristophanes' *Lysistrata* (1926, R. E. → Engel), Kaisers *Papiermühle* (R. → Viertel), Shaws *Zinsen* (beide 1927), Maughams *Wann kommst du wieder?* (1928, R. → Gründgens), Hamsuns *Vom Teufel geholt* (1929), Unruhs *Phaea* (1930), Hasenclevers *Kommt ein Vogel geflogen* (1931). Danach an verschiedenen Berliner Theatern, u. a. in Rice' *Die Straße* (1930, Berliner Th., R. → Hilpert), → Goethes *Faust* (mit W. → Krauß), Shaws *Pygmalion* (beide 1932, Dt. Künstlertheater), Pohls *Eine leichte Person* (1932, Volksbühne). 1933 emigrierte M. nach einem Engagement in Klagenfurt nach Großbritannien, wo sie u. a. in Alice Campells *Two Share a Dwelling* im St. James' Th. London (Okt. 1935) auftrat. Ging 1938 mit ihrem zweiten Mann nach New York. Nach jahrelangem Rückzug von der Bühne Broadway-Debüt in Rotter / Vincents *Letters to Lucerne* (1941, Cort Th.); März 1945 in Gibneys *Calico Wedding* (National Th.). M. wirkte in Veranstaltungen dt. Emigrantenvereinigungen mit, war an der Gründung des dt.sprachigen Ensembles The Players from Abroad in New York beteiligt, mit dem sie in Goethes *Egmont* (1948) und *Torquato Tasso* (1949) auftrat. 1952 Rückkehr nach Deutschland (BRD). Zahlreiche Gastspiele; in Berlin im Schlossparktheater (van Druten, *Ich bin eine Kamera*, 1952; H. Lange, *Frau von Kauenhofen*, UA 1977), im Th. am Kurfürstendamm (Wilder, *Die Heiratsvermittlerin*, 1955), im Renaissancetheater (Williams, *Die Nacht des Leguan*, 1963; Higgins, *Harold and Maude*, 1974), an der Freien Volksbühne (O'Neill, *Eines langen Tages Reise in die Nacht*, 1956), in München an den Kammerspielen (Kesselring, *Arsen und Spitzenhäubchen*; Albee, *Worte des Vorsitzenden Mao*, beide 1969; dessen *Alles im Garten*, 1972), in Köln Winnie in Becketts *Glückliche Tage* (1961), in Frankfurt a. M. TR in Dürrenmatts *Der Besuch der alten Dame* (1962). 1955 am Dt. Th. in New York Mutter Wolffen in Hauptmanns *Der Biberpelz*. – Filmtätigkeit seit 1924 *(Michael)*, u. a. in *Frau Sorge* (1928), *Cyankali* (1930), *Dreyfus* (beide 1930), *Yorck* (1931), *Car of Dreams* (1935), *Moritz, lieber Moritz* (1978). – Eine feingliedrig und zerbrechlich wirkende Schauspielerin, die mit zurückgenommenen Mitteln große Bühnenpräsenz erreichte. Mit äußerster Sensibilität und geistiger Kraft durchdrang sie ihre Rollen und konnte Kontraste und Brüche der von ihr dargestellten Personen kritisch und auch mit ironischer Distanz gestalten. Bedeutende Charakterdarstellerin, besonders in ihren Altersrollen.

Wolfgang Beck

Moszkowicz, Imo, * 27. 7. 1925 Ahlen. Regisseur, Schauspieler, Theaterleiter.

Nach der Reichspogromnacht 1938 musste die Familie nach Essen umziehen. M. lernte in Umschulungswerkstätten der Jüd. Gemeinde Dortmund Tischler; Schauspielunterricht bei Rolf Wilhelm Feldheim (1904–43?). Nach vergeblichen Bemühungen, dem nach Argentinien emigrierten Vater zu folgen, Zwangsarbeiter für die RWE; 1943 nach Auschwitz deportiert, das er als Einziger seiner Familie überlebte. Zwangsarbeit für die IG Farben im Außenlager Buna / Monowitz. Mitwirkung an verordneten «bunten Abenden». M. überlebte den «Todesmarsch» nach der Evakuierung des Lagers und wurde von sowjet. Truppen in Liberec (Reichenberg) befreit. 1945 begann seine Theaterarbeit an der Jungen Bühne Warendorf und dem Westfalentheater Gütersloh. Ab 1947 Regieassistent am Düsseldorfer Schauspielhaus bei → Gründgens, später bei → Kortner am Berliner Schiller-Th. Arbeitete als Regisseur und Schauspieler in Santiago de Chile (Shaw, *Pygmalion*; Klabund, *Der Kreidekreis*; Williams, *Die Glasmenagerie*, alle 1953) und am Künstlertheater in São Paulo, das er zeitweilig leitete (→ Goethe, *Iphigenie auf Tauris*; Hofmannsthal, *Jedermann*, beide 1955). Inszenierte 1961 am israel. Nationaltheater Habima in Tel Aviv mit Lenz' *Zeit der Schuldlosen* das erste Stück eines lebenden dt.sprachigen Autors. Mehr als 100 Insz.en, u. a. in Hamburg am Dt. Schauspielhaus → Shakespeares *Der Widerspenstigen Zähmung* (1958), in Frankfurt a. M. u. a. Williams' *Die tätowierte Rose* (1960), Hochhuths *Der Stellvertreter* (1964), Langes *Die Gräfin von Rathenow* (1970), bei den Ruhrfestspielen Recklinghausen Weskers *Tag für Tag* (1974), in Hannover Sartres *Die schmutzigen Hände* (1978), am Zürcher Schauspielhaus u. a. Giraudoux' *Die Unsterbliche* (1957), Marcus' *Schwester George muß sterben* (1967), in Wien am Th. in der Josefstadt Albees *Wer hat Angst vor Virginia Woolf?* (1964), Schisgalls *Liiiiebe* (1966), im Th. an der Wien Ibsens *Nora* (1964), in Karlsruhe O'Neills *Eines langen Tages Reise in die Nacht* (1987), in Graz Cocteaus *Geliebte Stimme* (1997). Musiktheaterregie von Porters *Kiss Me Kate* (1958, Wuppertaler Bühnen) über Mozarts *Die Zauberflöte* (1986, Landestheater Salzburg) bis Berlioz' *Beatrice und Benedict* (1990, Oper Graz). In den 1970er Jahren häufig an der Oper Zürich, u. a. Fortners *Elisabeth Tudor* (1972), Klebes *Ein wahrer Held* (1975), Strauss' *Arabella* (1978; 1985 Graz). 1989–93 Intendant der Kreuzgangspiele Feuchtwangen (u. a. Schiller, *Maria Stuart*, 1990; Goethe, *Torquato Tasso*, 1992). Einer der Pioniere des Fernsehspiels, der neben wenigen Filmen über 200 Fernsehfilme drehte – von Literaturverfilmungen (*Jeanne oder Die Lerche*, 1966) bis zu Kinderserien (*Pumuckl*, 1999). Lesungen. Gastdozent am Salzburger Mozarteum, am Wiener Reinhardt-Seminar, der Grazer Hochschule für Musik und darstellende Kunst. Seine Tochter Daniela Dadieu ist Schauspielerin, sein Sohn Martin Filmproduzent. Auszeichnungen u. a. Großes Bundesverdienstkreuz (1991), Bayer. Regiepreis (1995), Scopus Award (2002), Oberbayer. Kulturpreis (2003). – Ein präziser, der Werk- und Worttreue verpflichteter Regisseur von großem dramaturgischen Geschick, der sich immer als Anwalt der Dichter empfand.

Moszkowicz, I.: Der grauende Morgen. Erinnerungen. (3. Aufl.) Münster 2003.

Wolfgang Beck

Mouchtar-Samorai, David, * 1942 Bagdad. Regisseur.

Kam mit 8 Jahren nach Israel. 1969 Schauspielerausbildung an der Habima Drama School. Schauspieler und Regieassistent am Israel. Nationaltheater Habima (Tel Aviv). Fortsetzung der Ausbildung am Royal Court Actors Studio London. Erste Insz. im Universitätstheater. Gastregisseur im Citizen Th. Glasgow, Travel Th. Edinburgh, Haymarket Th. Leicester und verschiedenen Londoner Bühnen. Mit der Insz. *Stallerhof* von Kroetz beim Edinburgh Festival (Scotsman Price) Gastspiel in Deutschland. 1975 Übersiedlung nach Deutschland. 3 Insz.en in Bremen. 1978–82 Hausregisseur der Städt. Bühnen Heidelberg, inszenierte Lope de Vega, Gogol', O'Casey, → Shakespeare, Marlowe, Wedekind, O'Neill. 2 Einladungen zum Berliner Theatertreffen. Regie-Arbeiten in Frankfurt a. M. und Basel (Bearbeitung der Autobiografie O'Caseys unter dem Titel *Vivat den Unterlegenen*). 1985–2001 ständiger Gast im Th. Bonn (UA *Der weiße Stier* von → Achternbusch 1987, UA *Adam* von Sobol 1990, eigenwillige Deutung von → Lessings *Miß Sara Sampson* 1986, die ebenso zum Berliner Theatertreffen eingeladen wurde wie 1996 *Der große Knall* von Arthur Miller). Seit Beginn der 1990er Jahre ständige Zusammenarbeit mit dem phantasievollen Bühnenbildner Heinz Hauser und Joachim Bliese, der den Aufführungen als ihr Protagonist intellektuelle Brillanz sichert. Beide folgten ihm auch nach Düsseldorf, wo er im Schauspielhaus 1989 Canettis *Hochzeit*, 1990 Strindbergs *Traumspiel*, 1991 Ibsens *Peer Gynt* vom Ende her gesehen als Erinnerung des alten Peer, 1992 sehr leicht, auch als Parodie des Th.s auf dem Th., Pirandellos *Heute wird improvisiert* und Shakespeares *Sommernachtstraum*, 1993 Gor'kijs *Sommergäste* inszenierte. Gastregisseur am Dt. Schauspielhaus Hamburg (Sobol, *Die Palästinenserin*, 1987; Ibsen, *Die Stützen der Gesellschaft*, Calderón, *Das Leben ein Traum*, beide 1990). Seit 2002 Staatstheater Wiesbaden (Schnitzler, *Der einsame Weg*, 2003/04). In Bochum → Ayckbourns *Haus & Garten* (2002), Dürrenmatts *Die Physiker* (2003), in Bonn *Der Mensch, das Tier und die Tugend* (2004/05). – Seit Mitte der 1990er Jahre regelmäßig Operninsz.en (*Macbeth* und *Aida* von Verdi, UA *Das Bankett* von Marcello Panni 1998 in Bremen, *Don Carlos* von Verdi, *Boris Godunow* von Musorgskij, Puccini in Bonn, Hannover). – Einer der wichtigsten Regisseure des dt. Th.s, dessen oft ins Surreale schweifende Phantasie harmonisch im Einklang steht mit Gespür für die Ökonomie der Szene und dramaturgischen Notwendigkeiten. Transparenter Realismus mit starkem Gesellschaftsbezug.

Werner Schulze-Reimpell

Mueller-Stahl, Armin, * 17. 12. 1930 Tilsit (heute Sovetsk). Schauspieler.

Bruder von Hagen → M.-S. Studium der Musikwissenschaft in Ostberlin. Danach war M.-S. ein Jahr lang als Dozent, Musiker (Geige und Klavier), Sänger und Komponist tätig. 1952–54 Schauspieler am Berliner Th. am Schiffbauerdamm. 1954 Wechsel zur Volksbühne. Heute ist M.-S. v. a. durch seine internat. Film- und Fernsehtätigkeit (seit 1989 auch in Hollywood) bekannt. – Wichtige Theaterrollen u. a.: Marquis von Posa in Schillers *Don Carlos* (1968) und Wurm in *Kabale und Liebe* (1967), Menelaos in Hacks' *Die schöne Helena* (1972, R. → Besson), Narr in → Shakespeares *Was ihr wollt* (1961) und Mercutio in *Romeo und Julia* (1964, alle Volksbühne). Wichtige Filme u. a.: *Fünf Patronenhülsen* (1960), *Nackt unter Wölfen* (1963), *Wolf unter Wölfen* (1965, TV), *Jakob der Lügner* (1975), *Lola* (1981, R. → Fassbinder, Bundesfilmpreis), *Oberst Redl* (1985, R. Istvan Szábo), *Music Box* (1989, R. Costa Gavras), *Das Geisterhaus* (1993, R. Bille August), *Shine* (1996, R. Scott Hink; Oscar-Nominierung für M.-S.), *Der Unhold* (1996, R. Volker Schlöndorff), *Die Manns* (2001 Fernsehspiel, mit M.-S. als Thomas Mann). – Als Fernsehschauspieler wurde M.-S. durch die DDR-Serie *Flucht aus der Hölle* bekannt. Er gehörte zu den erfolgreichsten, häufig ausgezeichneten Schauspielern der DDR. Nachdem er sich 1976 der Protestaktion gegen die Ausbürgerung Wolf Biermanns anschloss, erhielt er keine Rollenangebote mehr und übersiedelte 1980 nach Westberlin.

Auch in der BRD erfreute sich M.-S. bald großer Beliebtheit und avancierte zu einem der renommiertesten Charakterdarsteller. Sein Regiedebüt gab M.-S. 1996 mit dem Film *Gespräch mit dem Biest*.

<small>Hölzl, G., Th. Lassonczyk: Armin Mueller-Stahl: seine Filme – sein Leben. München 1992; Michel, G.: Armin Mueller-Stahl. (2. Aufl.) München 2000; Skierka, V.: Armin Mueller-Stahl: Begegnungen. München 2002.</small>

Sonja Galler

Mueller-Stahl, Hagen, * 21. 9. 1926 Tilsit (heute Sovetsk). Regisseur, Schauspieler.

1947 – 52 Studium der Germanistik und Theaterwissenschaft an der Humboldt-Universität Berlin. 1952 Dramaturg im Berliner Th. am Schiffbauerdamm. Insz.en an der Volksbühne Berlin von Baierls *Die Feststellung* (1958), Kellers *Begegnung 57* (UA 1959), Engel / Stemmles *Affaire Blum*, O'Caseys *Abschied 4 Uhr früh*, Frischs *Biedermann und die Brandstifter* (alle 1961). 1962 – 70 Hausregisseur der Berliner Schaubühne am Halleschen Ufer (u. a. Weskers *Tag für Tag* und *Nächstes Jahr in Jerusalem*, Ghelderodes *Die Ballade vom großen Makabren*, Horváths *Kasimir und Karoline*, → Brechts *Mann ist Mann* und *Im Dickicht der Städte*, Sperrs *Jagdszenen in Niederbayern*, Plautus' *Der Maulheld*, Erdmans *Der Selbstmörder*). 1969 – 71 Toneelgroep Centrum Amsterdam, u. a. Insz. von Plautus' *Smoeshaan* (*Miles gloriosus*, 1968), Brechts *Im Dickicht der Städte* (1969). 1972 – 73 Nationaltheater Mannheim. 1972 im Bayer. Staatsschauspiel München Ibsens *Ein Volksfeind*. 1976 – 78 Schauspieldirektor des Staatstheaters Kassel. 1986 UA von H. W. Müllers *Komarek* (Staatstheater Karlsruhe), 1988 UA von Elfriede Müllers *Bergarbeiterinnen* im Stadttheater Freiburg. 2000 Rolle in Anne Mearas *Nachspiel* (Münchner Volkstheater). 1980 – 90 Dozent an der Schauspielabteilung der Universität der Künste (Berlin). Seit den 1990er Jahren fast ausschließlich für Film- und Fernsehproduktionen tätig. Als Regisseur u. a. bei *Bethanien* (1966, TV), *Cautio Criminalis* (1974, TV), *Die Hexe von Köln* (1989, TV), *Tatort – Endstation* (1995, TV), als Schauspieler u. a. in *Die Kinder aus Nr. 67* (1980), *Dabbel Trabbel* (1982), *Reise ohne Wiederkehr* (1989), *Morfars resa* (1993), *Amerika* (1996, TV), *Der Campus* (1998), *Stern der Liebe* (2001, TV). Bruder des Schauspielers Armin → M.-S.

Werner Schulze-Reimpell

Mühe, Ulrich (Friedrich Hans), * 20. 6. 1953 Grimma / Sachsen. Schauspieler, Regisseur.

Nach der Ausbildung an der Leipziger Theaterhochschule Hans Otto 1975 – 79 hatte M. sein erstes Engagement am Städt. Th. Karl-Marx-Stadt (heute Chemnitz). 1982 holte ihn Heiner → Müller für seine *Macbeth*-Insz. (→ Shakespeare) an die Volksbühne Berlin. 1983 wurde M. Ensemblemitglied des Dt. Th.s in Ostberlin, wo er im selben Jahr den Osvald Alving in Thomas → Langhoffs Insz. von Ibsens *Gespenstern* spielte. Weitere Rollen: Sigismund in Calderóns *Das Leben ein Traum* (1985); TR in → Goethes *Egmont* (1986); Hauptdarsteller in → Lessings *Philotas*, Stettiner in Müllers *Der Lohndrücker* (1988). M. war der erste Darsteller der TR von Shakespeare / Müllers *Hamlet / Hamletmaschine* (1990; R. H. Müller). Neben Gastspielen u. a. als Alfonso von Kastilien in Grillparzers *Die Jüdin von Toledo* bei den Salzburger Festspielen (1990; R. Th. Langhoff), Clavigo in Claus → Peymanns Insz. von Goethes gleichnamigem Stück am Wiener Burgtheater (1991, Gertrud-Eysoldt-Ring), Professor in der EA von David Mamets Erfolgsstück *Oleanna* am Akademietheater Wien (1993; R. Dieter → Giesing, mit seiner Frau Susanne → Lothar), TR in Ibsens *Peer Gynt* (1994, Burgtheater, R. Peymann), Teufel in Hofmannsthals *Jedermann* (1995, Salzburger Festspiele), Folterer in Peter → Zadeks Insz. von Sarah Kanes *Gesäubert* an den Hamburger Kammerspielen (1999), Astrophysiker in der UA von Yasmina Rezas *Drei Mal Leben* am Wiener Akademietheater (2000; R. Luc → Bondy), Ian in Kanes *Zerbombt* an der Berliner Schaubühne am Lehniner Platz (2005, R. → Ostermeier) verfolgte M. seit 1990 verstärkt seine Film- und Fernsehkarriere u. a. mit der Darstellung des Verlegers in Helmut Dietls Satire *Schtonk* (1992) und des Gerichtsmediziners Dr. Robert Kolmaar in der ZDF-Serie *Der letzte Zeuge* (seit 1997). Weitere (Fernseh-)Filme u. a. 1988/89 *Das Spinnennetz* (nach Joseph Roth, R. Bernhard → Wicki), 1992 *Benny's Video* (mit Angela → Winkler), 1997 *Funny Games* (mit Susanne Lothar, R. jeweils Michael Haneke), 2002 *Amen* (R. Costa-Gavras), 2004 *Schneeland*, 2006 *Das Leben der Anderen*. 2004 gab M. sein Regiedebüt mit einer Insz. von Heiner Müllers *Der Auftrag* (mit Inge Keller, Ekkehard → Schall, Udo → Samel, Christiane Paul u a.) an der von den Berliner Festspielen als Gastspieltheater für freie Produktionen genutzten Freien Volksbühne. Vielfach ausgezeichnet.

M. ist einer der bemerkenswertesten Schauspieler des dt.sprachigen Th.s, der Intellekt und Sensibilität der Brecht-Schule mit einer außergewöhnlich hohen Intensität und Bereitschaft zur Selbstentäußerung verbindet. C. Bernd Sucher schrieb über ihn anlässlich seiner Darstellung des *Hamlet*: «Mühe ist ein ungewöhnlich talentierter Schauspieler, der, ohne je zu forcieren, selbst die wahnwitzigsten, eben nicht psychologisch begründbaren Veränderungen seiner Figur mit aller Leichtigkeit entwickelt, sich seiner Rolle zugleich mit der größten intellektuellen Distanz nähert und sie andererseits beherzt emotional einnimmt. Er offenbart das Kind und den Liebhaber, den zornigen Revolutionär und den Mitmacher» (*SZ*, 26. 3. 1990).

Friedemann Kreuder

Muliar, Fritz, (geb. als Friedrich Ludwig Stand), * 12. 12. 1919 Wien. Schauspieler, Kabarettist, Operettenbuffo, Regisseur, Autor.

Unehelicher Sohn eines Offiziers, bekam den Namen seines Stiefvaters. Ab 1935 Ausbildung am Wiener Konservatorium; 1937–38 an Stella → Kadmons Kabarett Der liebe Augustin. 1938–40 am Wiener Kabarett Simpl, Engagements in Innsbruck und Brüx (heute Most, Tschech. Republik). 1940 Soldat, 1942 wegen «Wehrkraftzersetzung» verurteilt, ab 1943 Strafbataillon. Nach Entlassung aus brit. Kriegsgefangenschaft 1945 Sprecher bei Radio Klagenfurt, 1946 Kabarett-Th. Der Igel (Graz), 1947 Landestheater Graz als Schauspieler (Zwirn in → Nestroys *Der böse Geist Lumpazivagabundus*) und Regisseur (Debüt mit Tagores *Das Postamt*). 1948/49, 1956 am Raimund-Th. (Wien) in Operetten und Sprechstücken. 1950–65 auch im Simpl. 1957–64 Wiener Volkstheater, neben Rollen in Stücken Nestroys, Anzengrubers auch in Hochhuths *Der Stellvertreter* und → Brechts *Der kaukasische Kreidekreis* (beide 1963/64). 1964–74 Th. in der Josefstadt (Wien); u. a. in Stücken Hochwälders, Horváths, Anouilhs; einige Regiearbeiten. 1968 mit → Meinrad in Wassermanns Musical *Der Mann von la Mancha* (dt.sprachige EA, Th. an der Wien). 1970–74 Leiter der Schauspielschule Krauß. 1973–2001 bei den Salzburger Festspielen. 1974–93 Burgtheater (Wien); u. a. in Brecht/Weills *Die Dreigroschenoper* (1977/78), → Molières *Tartuffe* (1979/80, R. → Noelte), Nestroys *Einen Jux will er sich machen* (1980/81, R. → Lindtberg), Kipphardts *In der Sache J. Robert Oppenheimer* (1982/83), Dürrenmatts *Die Physiker* (1983/84) und *Der Besuch der alten Dame* (1991/92, R. → Hollmann). Großer Erfolg in Mitterers Monolog *Sibirien* (1991, auch in Berlin, Salzburg, Film). 1994–2003 Th. in der Josefstadt (Baron, *Besuch bei Mr. Green*, 1999/2000). Letzter Auftritt in Schnitzlers *Ab-*

schiedssouper (aus *Anatol*) und Nestroys *Frühere Verhältnisse*. Danach noch 2005 in Bernhards *Der Ignorant und der Wahnsinnige* (R. → Sprenger, mit → Bissmeier). 2003 am Volkstheater in → Raimunds *Der Bauer als Millionär*. Seit den 1980er Jahren Insz.en für die Wiener Kammeroper, das Th. in der Josefstadt und das Salzburger Landestheater, wo er auch als Schauspieler tätig war. Soloabende mit österr. Literatur und jüd. Witzen, auch auf Tourneen. Seit 1977 einige Jahre Zeitungskolumnist. Zahlreiche Plattenaufnahmen. Mitwirkung in weit über 100 Filmen und Fernsehspielen. Internat. bekannt durch die TR in der TV-Serie *Der brave Soldat Schwejk* (nach Hašek). Autor von Erinnerungen und politischen Kommentaren. Zahlreiche Auszeichnungen. – M. ist ein «Volksschauspieler» spezifisch österr. Prägung, der zum Charakterdarsteller gereift ist. Ein «Komödiant» im besten Sinn des Wortes, der berührender Tragik Gestalt zu geben versteht, mit Spürsinn für Zwischentöne. Als Schauspieler wie als Regisseur modernes Regietheater ablehnend: «Ich wünsche mir, daß das Theater wieder populär und geliebt wird, daß es immer veränderlich bleibt und man endlich begreift, daß man es nicht immer wieder neu erfinden muss» (M., *Das muss…*, S. 16). Große sprachliche Ausdruckskraft auch für regionale und soziale Nuancen.

Muliar, F.: Das muss noch gesagt werden. Wien 1999; ders.: Melde gehorsamst, das ja! Wien 2003; ders.: Streng indiskret. Wien u. a. 1969; ders.: Strich drunter. Wien 1996; ders.: Von A bis Z. Unaussprechliches ausgesprochen. Wien 1989.

Wolfgang Beck

Müller, Heiner, * 9. 1. 1929 Eppendorf (Sachsen), † 30. 12. 1995 Berlin. Dramatiker, Regisseur, Theaterleiter.

Nach Rückkehr aus amerik. Gefangenschaft Abitur. Hilfsbibliothekar in Frankenberg (1947–51), Journalist (*Sonntag*, *Neue dt. Literatur*). 1954–55 wissenschaftlicher Mitarbeiter des Schriftstellerverbandes der DDR. 1957/58 Redakteur bei der Zeitschrift *Junge Kunst*. 1958–59 dramaturgischer Mitarbeiter am Maxim-Gorki-Th. Berlin. Seit 1959 freier Schriftsteller. Nach dem Verbot der UA seines Stücks *Die Umsiedlerin* Ausschluss aus dem Schriftstellerverband (1988 Wiederaufnahme). 1970–76 dramaturgischer Mitarbeiter am Berliner Ensemble, 1976 bis Mitte der 1980er Jahre der Volksbühne Berlin. Zunehmende Beachtung als Dramatiker in Ost und West. 1984 Mitarbeit am Text der Kölner Sektion von → Wilsons Projekt *The Civil warS: A Tree is Best Measured When it is Down* – Heinrich-Mann-Preis 1959, Lessingpreis 1975, Mülheimer Dramatikerpreis 1979, Büchner-Preis 1985, Nationalpreis der DDR 1986, Kleist-Preis 1990, Europ. Theaterpreis 1991, Berliner Theaterpreis 1996. Im Rahmen des Holland-Festivals wurden in Den Haag 1983 10 Stücke M.s von niederländ., belg., bulgar., ost- und westdt. Theatertruppen aufgeführt. 1990 wurde in Frankfurt a. M. das Festival Experimenta zu seinen Ehren veranstaltet. Erste eigene Insz. 1980 (mit seiner dritten Frau Ginka Tscholakowa): UA seines Stücks *Der Auftrag* in der Volksbühne Berlin, dasselbe Stück 1982 im Schauspielhaus Bochum. 1982 *Macbeth* nach Shakespeare an der Volksbühne Berlin (mit Tscholakowa), im Dt. Th. Berlin 1988 *Der Lohndrücker*, 1990 → Shakespeares *Hamlet* mit M.s *Hamletmaschine* (Einladung zum Berliner Theatertreffen), 1991 M.-Trilogie *Mauser*, *Quartett*, *Der Findling* an einem Abend. Debüt als Opernregisseur 1993 mit Wagners *Tristan und Isolde* (Bayreuther Festspiele). Seit 1992 zunächst einer von 5 Direktoren des Berliner Ensembles, zuletzt (ab 1995) alleiniger Intendant. Inszenierte dort die eigenen Stücke *Duell Traktor Fatzer* (1993, mit Fragmenten → Brechts), *Quartett* (1994, mit → Wuttke, M. → Hoppe); großer Erfolg mit Brechts *Der aufhaltsame Aufstieg des Arturo*

Ui (1995, Einladung zum Berliner Theatertreffen). – Einer der bedeutendsten Dramatiker der 2. Hälfte des 20. Jh.s, zugleich einer der besten Regisseure seiner, aber auch fremder Stücke, die er eigenwillig, scheinbar unbeeinflusst von Vorbildern, mit großer Phantasie und szenischer Kraft inszenierte.

Fiebach, J.: Inseln der Unordnung. Fünf Versuche zu Heiner Müllers Theatertexten. Berlin 1990; Heiner-Müller-Handbuch. Hg. H.-Th. Lehmann. Stuttgart, Weimar 2003; Müller, H.: Gesammelte Irrtümer – Interviews und Gespräche. Frankfurt a. M. 1986; ders.: Werkausgabe. Hg. F. Hörnigk. Bd. 1 ff. Frankfurt a. M. 1998ff.; Schmidt, I., F. Vassen: Bibliographie Heiner Müller. 2 Bde. Bielefeld 1993–96; Suschke, S.: Müller macht Theater. Berlin 2003; Der Text für den Coyote: Heiner-Müller-Bestandsaufnahme. Hg. Ch. Schulte, B. M. Mayer. Frankfurt a. M. 2004; Tschapke, R.: Heiner Müller. Berlin 1996.

Werner Schulze-Reimpell

Müller, Traugott (Karl Alexander), * 28. 12. 1895 Düren, † 29. 2. 1944 Kleinmachnow bei Berlin. Bühnenbildner.

Sohn eines Superintendenten. Seit 1913 Kunstgewerbeschule Düsseldorf; 1914–18 Soldat. Arbeit als Sänger, Lautenspieler, Conférencier. Erstes Bühnenbild für Hofmannsthals *Der Tor und der Tod* im Gartenlokal «Vossen links» in Düsseldorf (1920). Seit 1923 in Berlin. Auftritte in Kabaretts. Bühnenbild zu Strindbergs *Wetterleuchten* (1924, Kammerspiele des Dt. Th.s). Seit 1925 Arbeiten für Insz.en → Piscators: Leonhards *Segel am Horizont* (1925, Volksbühne), Schillers *Die Räuber* (1926, Schauspielhaus), Welks *Gewitter über Gottland* (1927, Volksbühne), Tollers *Hoppla – wir leben!* (1927), A. Tolstoi / P. Štšegolevs *Rasputin, die Romanovs, der Krieg und das Volk, das gegen sie aufstand* (1927, beide Th. am Nollendorfplatz), Lanias *Konjunktur* (1928, Piscatorbühne im Lessing-Th.), Credés *§ 218 (Frauen in Not)* (1929, Apollo-Th., Mannheim), Pliviers *Des Kaisers Kulis* (1930, Piscatorbühne im Lessing-Th.). In der Zusammenarbeit mit Piscator konnte M. seine technischen und architektonischen Raumphantasien kreativ umsetzen, ein Schiff für *Segel am Horizont* bauen, eine fahrbare Etagenbühne für *Hoppla – wir leben!*, eine bespielbare Weltkugel (Globusbühne) für *Rasputin*. Weitere Bühnenbilder u. a. für Insz.en → Viertels, → Jeßners, → Hilperts, → Lindtbergs, → Stroux'. Seit 1935 fest an den Preuß. Staatstheatern. Zusammenarbeit mit → Fehling (→ Shakespeare, *Richard III.*, 1937, *Julius Caesar*, 1941; Shaw, *Die heilige Johanna*, 1943), → Gründgens (Hebbel, *Gyges und sein Ring*, 1935; Büchner, *Dantons Tod*, 1939), Lothar → Müthel (Aischylos, *Die Orestie*, 1936; → Goethe, *Iphigenie auf Tauris*, 1943). Gast-Bühnenbildner u. a. in Erfurt, Hamburg, Düsseldorf, Wien, Heidelberg (Reichsfestspiele 1937/38), für die Reichsautobahnbühne, die erste fahrbare KDF-Bühne. Eigene Insz. von Feuchtwangers *Die Petroleum-Insel* (1928, Schauspielhaus Frankfurt a. M.), Wolfensteins *Die Nacht vor dem Beil* (1929, Th. am Nollendorfplatz, Berlin). Wenige Arbeiten für den Film (*Der Schritt vom Wege*, 1939; *Zwei Welten*, 1940), Regie bei *Friedemann Bach* (1941).

M. wollte die «Abschaffung des Bühnenbildes» als illusionistischer Dekoration, arbeitete mit wenigen Requisiten, die die Phantasie anregen sollten. «Meine Aufgabe ist es, die geeignete Bühne zu schaffen, die den Schauspieler niemals allein läßt, aber auch niemals übertönt» (M. 1940, zit. nach Müller, S. 212). M. erhoffte sich von einem künftigen Th. die Abkehr von der «Guckkastenbühne», entwarf neue Theaterformen, wie ein (nicht realisiertes) «Sporttheater» für das Ruhrgebiet als Kombination von Sportarena, variablen Bühnen, Versammlungsräumen. Ein phantasiereicher Bühnenbildner mit großem Stil- und Raumgefühl, der mit Andeutungen Atmosphäre zu schaffen verstand. Er schuf raumgestaltende strenge Dekorationen, mehr Bühnenarchitektur als Bühnenbild. Konnte aber auch heitere, verspielte Bühnenbilder gestalten, wie die nur aus Hunderten von «Schneebällen» bestehende Dekoration für Moretos Donna Diana (1935, R. Fehling). Einer der wegweisenden Bühnenbildner der ersten Hälfte des 20. Jh.s in Deutschland.

    Eroe, G. M.: The Stage Designs of Traugott Müller in Relation to the Political Theatre of Erwin Piscator and the Weimar Republic. Diss. Stanford Univ. 1993; Melchinger, S.: Theater der Gegenwart. Frankfurt a. M. 1956; Müller, T. R.: Traugott Müller 1895–1944. Essen 2002.

Wolfgang Beck

Müthel, Lola, * 9. 3. 1919 Darmstadt. Schauspielerin.

Tochter des Schauspielers und Regisseurs Lothar → Müthel und der Sängerin Marga Reuter. Ihr «Entdecker» war Gustaf → Gründgens, der sie von der Schauspielschule weg 1936–44 ans Preuß. Staatstheater in Berlin engagierte; Rollen u. a. in Apels Hans Sonnenstößers Höllenfahrt (1936), Rehbergs Heinrich und Anna, → Goethes Faust II (beide 1942), Calderóns Das Leben ein Traum (1943). Nach Kriegsende 1946–49 am Dt. Th. Berlin, u. a. in Goethes Iphigenie auf Tauris (TR, 1947, mit → Caspar), Wedekinds Der Marquis von Keith (1947, R. und TR Gründgens). 1950–52 Staatstheater Stuttgart (Claudel, Der seidene Schuh). Als Gast im Th. am Kurfürstendamm (Berlin) in Pirandellos Sechs Personen suchen einen Autor (1951, R. → Schuh), auf Tournee in Shaws Don Juan in der Hölle (1954, u. a. mit → Krauß). 1952–64 an den Städt. Bühnen Frankfurt a. M., spielte u. a. in Wilders Wir sind noch einmal davongekommen (1953), Porters Musical Kiss Me Kate (1955), O'Neills Seltsames Zwischenspiel (1958), → Brechts Der brave Soldat Schwejk (westdt. EA, R. → Buckwitz), Schillers Maria Stuart (1959), Kleists Penthesilea (TR, 1962). Als Gast u. a. bei den Ruhrfestspielen Recklinghausen in Schillers Wallenstein (1961; 1972 München, R. → Felsenstein), TR in J. Hermans Musical Hello, Dolly (1966, Th. am Kurfürstendamm; Tournee; 1968 Dt. Th. München, R. → Ponnelle). 1973–84 Bayer. Staatsschauspiel München; u. a. in Bernhards Ein Fest für Boris, Bonds Die See (beide 1973), → Ayckbourns Frohe Feste (1975), Euripides' Medea (TR, mit → Degen), → Shakespeares Hamlet (beide 1976), Brechts Mann ist Mann (1977), Kleists Der zerbrochne Krug, Shaws Frau Warrens Gewerbe (TR, beide 1979), Shakespeares König Richard III. (1980), Ostrovskijs Der Wald (1981). 1982 Tournee mit Cowards Duett im Zwielicht, in Berlin an der Freien Volksbühne in Euripides' Elektra (1986), Dorsts Der verbotene Garten (1988, beide R. → Neuenfels), im Renaissancetheater in Dürrenmatts Der Besuch der alten Dame (1988/89, mit → Raddatz). Am Bayer. Staatsschauspiel 1990 in → Taboris Mein Kampf (1990), Brechts Baal (1999). Bei den Salzburger Festspielen 1949 die Buhlschaft, 1995–98 die Mutter in Hofmannsthals Jedermann. Film- und Fernsehrollen, u. a. in Spiel im Sommerwind (1938), Rosen im Herbst (1955), Aus dem Leben der Marionetten (1980, R. I. → Bergman), Wildfeuer (1991), Die Königin – Marianne Hoppe (2000). Seit 1958 ist M. mit dem Schauspieler Hans Caninenberg (* 1917) verheiratet. – Charakterdarstellerin von elementarer Vitalität und Leidenschaftlichkeit, die besonders Frauen in extremen Situationen (Medea, Penthesilea) beeindruckend gestaltete. Ihre Sprechkultur beherrscht das Pathos wie den leichten Konversationston; dabei von komödiantischem Talent und ungewöhnlichen sängerischen Fähigkeiten. «Die meisten Leute können nicht verstehen, daß man mit gleicher Leidenschaft ‹Hello, Dolly› und ‹Medea› spielen kann. […] Ich komme mir vor wie ein Prisma: Ich maße mir an, alle Farben zu haben und haben zu wollen» (M.).

Wolfgang Beck

Müthel, Lothar (Max), (eig. M. L. Lütcke) * 18. 2. 1896 Berlin, † 9. 4. 1965 Frankfurt a. M. Schauspieler, Regisseur, Theaterleiter.

Zweifache Ausbildung in Berlin: An der Musikhochschule studierte M. Orgel und besuchte gleichzeitig die Max-Reinhardt-Schauspielschule. 1913 debütierte er als Don Carlos am Dt. Th., wo er bis 1917 engagiert war. Danach spielte er in Bukarest und Darmstadt, 1919/20 am Staatstheater München. 1920 – 24 arbeitete er am Staatstheater Berlin, zwischen 1924 und 1927 bereitete er mit B. → Viertel Gastspiele vor, daneben Auftritte am Lessing-Th. Berlin, in Köln und 1926 als Guter Gesell in Hofmannsthals *Jedermann* bei den Salzburger Festspielen (R. → Reinhardt). In den 1920er Jahren wirkte er in einigen wichtigen Stummfilmen mit: als Junker Florian in *Der Golem, wie er in die Welt kam* (1920), Vertrauter in *Der müde Tod* (1921), Mönch in Murnaus *Faust* (1926). 1927 kehrte M. ans Dt. Th. nach Berlin zurück und war 1928 – 39 Mitglied des Preuß. Staatstheaters und Leiter der angegliederten Schauspielschule. Als Regisseur debütierte er dort 1931 mit → Goethes *Die natürliche Tochter* und Hans Rehbergs *Cecil Rhodes*; seine Insz.en der folgenden Jahre standen neben jenen → Fehlings und → Gründgens', der 1932 den Mephistopheles in M.s Insz. von Goethes *Faust I* spielte. M. wurde Mitglied der NSDAP und spielte 1933 den Schlageter in der UA des gleichnamigen Stücks von H. Johst. 1934 Staatsschauspieler. Von 1939 bis 1945 war er Intendant des Burgtheaters in Wien (danach Gastregisseur). Dort inszenierte er u. a. 1943 seine höchst umstrittene Interpretation von → Shakespeares *Der Kaufmann von Venedig* («das letzte große antisemitische Projekt des Dritten Reiches auf dem Gebiet der Kunst», Monschau, S. 88) und nach Kriegsende 1945 → Lessings *Nathan der Weise*. 1947 – 50 Schauspieler und Regisseur am Dt. Nationaltheater Weimar, in der Spielzeit 1950/51 in Berlin am Schlossparktheater und am Th. am Schiffbauerdamm; 1951 – 56 war er Schauspieldirektor an den Städt. Bühnen Frankfurt a. M. (Intendant H. → Buckwitz). Als Schauspieler arbeitete M. am Staatstheater Berlin unter L. → Jeßner, als Scholz in Wedekinds *Marquis von Keith*, als Richmond in Shakespeares *Richard III*, als Malcolm in *Macbeth*; unter → Fehlings Regie spielte er 1935/36 die TR in H. Johsts *Thomas Paine*. Seine wichtigsten Insz.en, deren Bühnenbilder T. → Müller oder R. → Gliese schufen, betrafen v. a. Klassiker wie Shakespeare, Schiller, Goethe, Kleist, aber auch Hauptmann und Ibsen. Nach dem 2. Weltkrieg inszenierte er neben den Klassikern u. a. auch Anouilh und Strindberg. Über seine Insz. von Schillers *Die Jungfrau von Orleans* (1939) schrieb K. H. Ruppel 1963, sie «war geradezu programmatisch für den Willen des Staatstheaters, das Aufgebot der äußeren Mittel, über die es unbegrenzt hätte verfügen können, nicht zum Maßstab der künstlerischen Gestaltung zu machen, dem [...] theatralischen Illusionismus nicht die Herrschaft über die dichterische Symbolik zu überlassen». Und Gründgens schrieb: «Viel Grundlegendes zu meinem Mephisto verdanke ich Lothar Müthel.» Seine Tochter ist Lola → M.

Biedrzynski, R.: Schauspieler, Regisseure, Intendanten. Heidelberg u. a. 1944; Monschau, J.: Zur Rezeption des *Kaufmann von Venedig* auf dem Theater der Bundesrepublik Deutschland und der Deutschen Demokratischen Republik 1945 – 1989. Diss. Heidelberg 2002; Szabó, H.: Lothar Müthel und das Wiener Burgtheater 1933 – 1945. Die Dramaturgie als Spiegel der Ideologie. Diplomarb. Wien 1994.

Diana Schindler

N

Nagel, Ivan, * 28. 6. 1931 Budapest. Theaterleiter, Dramaturg, Autor.

Sohn eines Textilfabrikanten, überlebte die Verfolgung durch die Nationalsozialisten im Versteck, emigrierte 1948 vor der kommunistischen Herrschaft in die Schweiz. Studierte in Paris und Heidelberg Germanistik, in Frankfurt a. M. v. a. bei Adorno Philosophie und Soziologie. Danach arbeitete N. als Theaterkritiker für die *Dt. Ztg.*, bis ihn 1962 → Schweikart als Chefdramaturgen an die Münchner Kammerspiele holte, wo er bis 1969 auch unter → Everding blieb. V. a. die Zusammenarbeit mit → Kortner, den er neben Adorno als seinen zweiten Lehrer betrachtet, wurde prägend für ihn. Arbeit als Th.- und Musikkritiker für die *SZ* 1972–79 Intendant des in einer Krise steckenden Dt. Schauspielhauses Hamburg, dem er durch kluge Ensemble- und Spielplanpolitik zu neuem Aufschwung und Ansehen verhalf. Er verpflichtete Darsteller wie → Sukowa, → Rehberg, → Quadflieg, → Wildgruber, gab Regisseuren wie → Bondy, → Peymann, → Noelte, → Savary, → Strehler und v. a. → Zadek Raum für vielbeachtete Insz.en. Unter seiner Leitung fanden UAen u. a. von → Kroetz (*Stallerhof*, 1972), Botho Strauß (*Die Hypochonder*, 1972), → Marijnen (*Grimm!*, 1975), Walser (*Das Sauspiel*, 1975), zahlreiche Gastspiele internat. Th. statt, wurden Klassiker aufsehenerregend präsentiert (→ Shakespeare, *Othello*, 1976, R. Zadek). Zum Abschluss seiner Intendanz veranstaltete er das Festival Th. der Nationen, aus dem 1981 das seither in regelmäßigen Abständen stattfindende Festival Th. der Welt hervorging, dessen Gründungsdirektor er wurde. 1981–83 Kulturkorrespondent der *FAZ* in New York, 1983 Fellow des Berliner Wissenschaftskollegs (erneut 1988), 1985–88 Leiter des Württemberg. Staatsschauspiels in Stuttgart. Auch hier bewies er mit der Verpflichtung von Schauspielern (u. a. A. → Bennent, S. → Lothar) und Regisseuren (N.-P. → Rudolph, → Wieler) Gespür für Begabungen. 1989 übernahm er die neue Professur für Geschichte und Ästhetik der darstellenden Künste an der Berliner Hochschule der Künste, die er bis 1996 innehatte. Im wiedervereinigten Berlin vom Senat zum Gutachter über die Zukunft der Th. bestellt, wo er sich u. a. für → Castorf und die Volksbühne einsetzte. 1998 übernahm er die Schauspieldirektion der Salzburger Festspiele, die er nach einer Spielzeit wieder aufgab. Seit 2000 Professor der Central European University Budapest. N. war 1976–80 Präsident des Internat. Th.-Instituts (ITI) und ist ein streitbarer und luzider Essayist über politische wie künstl. Themen aller Art. Zahlreiche Auszeichnungen, u. a. Kortner-Preis (1999), Mendelssohn-Preis (2000), Bloch-Preis (2003), Bundesverdienstkreuz (2003), Heinrich-Mann-Preis (2005). – Als Theaterleiter ein «Ermöglicher» mit feinem Gespür für neue Entwicklungen, Begabungen und ungewöhnliche künstl. Handschriften, denen er den nötigen Spielraum gab und die er gegen künstl. und v. a. politische Einflussnahmen zu verteidigen wusste.

Nagel, I.: Automonie und Gnade. Über Mozarts Opern. München 1985; ders.: Das Falschwörterbuch. Berlin 2004; ders.: Gedankengänge als Lebensläufe – Versuche über das 18. Jahrhundert. München 1987; ders.: Johann Heinrich Dannecker, «Ariadne auf dem Panther» – Zur Lage der Frau um 1800. Frankfurt a. M. 1993; ders.: Kortner Zadek Stein. München 1989; ders.:

Der Künstler als Kuppler – Goyas Nackte und Bekleidete Maja. München 1998; ders., B. Henrichs: Liebe! Liebe! Liebe! Ist die Seele des Genies – Vier Regisseure des Welttheaters. München 1996; ders.: Streitschriften. Berlin 2001.

Wolfgang Beck

Nansen, Betty, * 19. 3. 1873 Kopenhagen, † 15. 3. 1943 Kopenhagen. Schauspielerin, Theaterleiterin, Regisseurin.

Aus einer alten Theaterfamilie stammend, reiste N. bereits als Kind mit ihren Eltern durch Dänemark und erhielt ihre Ausbildung wesentlich am Th. Mit 19 Jahren Debüt am Kopenhagener Casino-Th. (TR in Sardous *Dora*); bewies schon zu Beginn ihrer Karriere erstaunliche Virtuosität. Sie arbeitete u. a. am Königl. Th., am Dagmar- und am Folketeatret und fand zuerst Beachtung in den Virtuosenrollen der Zeit, etwa als Marguerite Gautier in Dumas' *Die Kameliendame*. Wohl auch durch den Einfluss ihres damaligen Mannes, des Journalisten und Verlagsleiters Peter Nansen, wandte sie sich verstärkt dem klassischen und dem modernen, v. a. skandinavischen Repertoire zu (Ibsen, Bjørnson, Strindberg). Ihre Darstellung moderner Frauen brachte ihr Ruhm über die dän. Grenzen hinaus. Nach einem ersten Stummfilm (*Et Revolutionsbryllup*, 1909) ging sie 1915 in die USA, wo sie im gleichen Jahr 5 Filme drehte, zumeist nach literarischen Vorlagen: *Anna Karenina* und *A Woman's Resurrection* nach Tolstoi, *The Song of Hate* nach Sardous *Tosca*, *The Celebrated Scandal* nach *El Gran galeoto* von José Echegaray y Eizaguirre sowie *Should a Mother Tell*. Damit endete ihre Filmarbeit. Spätere Versuche, ihre wichtigsten Rollen zu verfilmen und so ihre Schauspielkunst der Nachwelt zu überliefern, scheiterten ebenso wie Bemühungen um eine eigene Filmgesellschaft. – 1917 übernahm sie das Alexandra Th. in Frederiksberg, dem sie ihren Namen gab und das sie rund 25 Jahre leitete. Sie führte die Geschäfte, bestimmte das Repertoire, inszenierte und spielte die weiblichen Hauptrollen (häufig mit Henrik Bentzon). Sie bemühte sich um ein v. a. modernes, künstl. anspruchsvolles Repertoire, musste aber aus finanziellen Gründen auch auf Tournee gehen und Unterhaltungsdramatik spielen, worin ihr komisches Talent zur Entfaltung kam. Die ersten Jahre ihrer Leitung waren bestimmt von skandinavischer Dramatik, u. a. Ibsens *Et dukkehjem (Nora)*, *En folkefiende (Ein Volksfeind)*, *Rosmersholm*, *Hedda Gabler*, *Gengangere* (*Gespenster;* 1925 Gastspiel im Pariser Th. de l'Œuvre), Bjørnsons *Paul Lange og Tora Torsberg*, *En Fallit (Ein Bankrott)*, Strindbergs *Fadren (Der Vater)*, *Påsk (Ostern)*. Seit den späten 1920er Jahren gewannen aktuelle sozialkritische Stücke an Bedeutung (u. a. E. Tollers *Hoppla, wir leben!*, 1927/28, A. Döblins *Gold*, 1932, Ch. Winsloes *Mädchen in Uniform*) wie auch Werke junger skandinavischer Autoren (Kaj Munk, Sven Rindom u. a.). N. hat das Verdienst, eine Reihe ausländischer Dramatiker häufig erstmals dem dän. Publikum vorgestellt zu haben (Čapek, Maeterlinck, Pirandello, O'Neill, Shaw u. a.). – N. setzte sich vehement und ausdauernd für Veränderungen im dän. Theatersystem ein, forderte Subventionen, damit die Th. durch niedrigere Eintrittspreise neue Publikumschichten gewinnen könnten. Trotz finanzieller Verluste führte sie verbilligte Aufführungen und sonntägliche literarische Veranstaltungen durch. Ihre Reputation als Theaterleiterin und Regisseurin, ihr Mut zum künstl. Risiko führte zu (vergeblichen) Bemühungen, sie zur Übernahme der Leitung des künstl. erstarrten Königl. Th.s zu bewegen.

N.s Bedeutung für das moderne dän. Th. kann kaum überschätzt werden. Als Darstellerin spielte sie – entgegen der Tradition – selbständige, emanzipierte Frauen und wurde gleichsam die Personifikation eines neuen Frauenbildes – nicht nur auf dem Th. Als Regisseurin setzte sie Stücke auf ungewohnte

Weise in Szene und interpretierte v. a. die Frauenrollen neu, betonte ihre Stärke und Eigenständigkeit – auch gegen den «männlichen» Blick der Autoren. So etwa in Strindbergs *Vater* die Rolle der Laura oder Lady Macbeth in Shakespeares *Macbeth*. Als Theaterleiterin bewies sie außergewöhnliches kaufmännisches Geschick und künstl. Gespür, was ihr, allen finanziellen Problemen zum Trotz, ermöglichte, ihr Th. zur führenden Bühne des Landes zu machen. Mit ihren kultur- und theaterpolitischen Forderungen war sie vielen Zeitgenossen weit voraus.

Kvam, K.: Betty Nansen – Masken og Mennesket. København 1997.

Wolfgang Beck

Neher, Carola (eig. Karoline), * 2. 11. 1900 München, † 26. 6. 1942 Sol'-Ileck (bei Orenburg, UdSSR). Schauspielerin.

Tochter eines Musiklehrers und einer Wirtin; Handelsschule; 1917–19 Bankangestellte. Privater Schauspiel- und Tanzunterricht. 1920–22 Kurtheater Baden-Baden; danach Schauspielhaus und Kammerspiele München (Wedekind, *Frühlings Erwachen*, 1924), zwischenzeitlich Nürnberg. 1924–26 Lobe- und Thalia-Th. in Breslau. 1925 Heirat mit dem Schriftsteller Klabund (eig. Alfred Henschke, 1891–1928), in dessen Stücken sie Hauptrollen übernahm (*Der Kreidekreis*, UA 1925; *Brennende Erde*, UA 1926, beide Frankfurt a. M.; *XYZ*, UA 1927, Burgtheater Wien). Seit 1926 v. a. in Berlin, spielte u. a. in Shaws *Mensch und Übermensch* (1926, Lessing-Th.) und dessen *Pygmalion* (mit → Krauß), in der UA von Hasenclevers *Ehen werden im Himmel geschlossen* (beide 1928, Dt. Th.), Hollaenders Revue *Ich tanze um die Welt mit dir* (Dt. Künstlertheater), Schwieferts *Marguerite: 3* (beide 1930, Th. in der Stresemannstraße). 1927 TR in Shaws *Cäsar und Cleopatra* (Burgtheater). Die Rolle der Polly in → Brecht / Weills *Die Dreigroschenoper* übernahm sie – wegen des Todes ihres Mannes – erst bei der Wiederaufnahme im Mai 1929: «Eine vollkommene Einheit von Stil und Ausdruck, von Niveau und Distanz» (H. Jhering in *Berliner Börsen-Courier*, 13. 5. 1929). Erfolgreich auch in den UAen von Dorothy Lanes (d. i. Elisabeth Hauptmann) *Happy End* (Sept. 1929, beide Th. am Schiffbauerdamm) und Horváths *Geschichten aus dem Wiener Wald* (2. 11. 1931, Dt. Th., R. → Hilpert). TR in der Funkfassung von Brechts *Die heilige Johanna der Schlachthöfe* (1932, mit → Busch, → Kortner, → Lorre, → Weigel). Wenige Filmrollen, u. a. *Mysterien eines Frisiersalons* (1923, Buch und R. Brecht und Karl → Valentin), *Zärtlichkeit* (1930), *Die Dreigroschenoper* (1931, R. G. W. Pabst). 1933 emigrierte N. nach Prag, spielte am Neuen Dt. Th. in Shaws *Pygmalion* und → Shakespeares *Der Widerspenstigen Zähmung*. Sie ging nach Moskau; arbeitete journalistisch und bei der Filmgesellschaft «Meshrapom-Rus», rezitierte, gab Schauspielunterricht. N. sollte Mitglied des geplanten Dt. Th.s in Engels werden; wurde im Verlauf stalinistischer «Säuberungen» (ebenso wie ihr zweiter Mann) wegen angeblicher trotzkistischer Verbindungen verhaftet und zu 10 Jahren Arbeitslager verurteilt; starb an Typhus. – N. war eine attraktive und «moderne» Schauspielerin, die im Stil der «Neuen Sachlichkeit» prägnant und unsentimental den Typ der modernen Frau verkörperte. Ihre eindrücklichsten schauspielerischen Leistungen vollbrachte sie in Stücken Brechts und Horváths.

Gaehme, T.: «Dem Traum folgen». Das Leben der Schauspielerin Carola Neher. Köln 1996; Ginzburg, E. S.: Gratwanderung. (8. Aufl.) München 1991 *(Roman über N.)*; Kaulla, G. v.: «Und verbrenn in seinem Herzen». Die Schauspielerin Carola Neher und Klabund. Freiburg i. Br. 1984; Wegner, M.: Klabund und Carola Neher. Berlin 1996.

Wolfgang Beck

Neher, (Rudolf Ludwig) **Caspar,** * 11. 4. 1897 Augsburg, † 30. 6. 1962 Wien. Bühnenbildner.

Sohn eines Lehrers; Mitschüler, Freund und wesentlicher Mitarbeiter → Brechts. 1915–18 Kriegsfreiwilliger; 1919–22 Kunstgewerbeschule und Kunstakademie in München. Da seine Entwürfe für die UA von Brechts *Trommeln in der Nacht* (1922, Münchner Kammerspiele) abgelehnt wurden, Debüt als Bühnenbildner mit Kleists *Das Käthchen von Heilbronn* (1923, Staatstheater Berlin, R. → Fehling). Entwürfe für die UAen von Brechts *Im Dickicht der Städte* (1923; 1924 Dt. Th. Berlin), dessen (mit Feuchtwanger) Bearbeitung von Marlowes *Leben Eduards II.* (1924, beide Münchner Kammerspiele), *Mann ist Mann* (1926, Darmstadt; 1928 Volksbühne Berlin), Brecht/Weills Songspiel *Mahagonny* (1927 UA Baden-Baden). 1924–26 Dt. Th. Berlin, Entwürfe u. a. für Klabunds *Der Kreidekreis* (1925, R. → Reinhardt). 1926–29 Staatstheater Berlin, u. a. Wedekinds *Lulu* (1926), Hauptmanns *Florian Geyer* (1927, R. → Jeßner). 1927–32 Ausstattungsleiter der Städt. Bühnen Essen, Bühnenbilder für Schauspiele und Opern (Honeggers *Der siegreiche Horatier*, szenische UA 1928). Daneben weiter Arbeiten v. a. für Berliner Th., u. a. für das Th. am Schiffbauerdamm; Entwürfe für die UAen von Brecht/Weills *Die Dreigroschenoper* (1928), Lampels *Giftgas über Berlin*, Dorothy Lanes (d. i. Elisabeth Hauptmann) *Happy End* (beide 1929), Tollers *Feuer aus den Kesseln*, Kornfelds *Jud Süß* (beide 1930), Brechts *Die Mutter* (1932). In Leipzig am Neuen Th. für Brecht/Weills *Aufstieg und Fall der Stadt Mahagonny* (UA 1930), im Schauspielhaus für Horváths *Kasimir und Karoline* (UA 1932), im Alten Th. für Kaisers *Der Silbersee* (UA 1933). 1933 für die UA von Brecht/Weills *Die sieben Sünden der Kleinbürger* in Paris (Th. des Champs-Élysées). 1934–36 Städt. Bühnen Düsseldorf, 1934–41 Frankfurt a. M., 1937–44 Dt. Th. Berlin (zahlreiche Szenerien für → Shakespeare-Stücke). Verstärkt Arbeit für das Musiktheater. 1940 Beginn langjähriger Zusammenarbeit mit O. F. → Schuh, zuerst an der Wiener Staatsoper (Mozarts *Figaros Hochzeit*, 1941; *Così fan tutte*, 1943). Während der Kriegs- und Nachkriegszeit zahlreiche Arbeiten in Hamburg für das Dt. Schauspielhaus und die Staatsoper, u. a. Mozarts *Don Giovanni* (1941) und *Die Zauberflöte* (1947), Orffs *Carmina Burana* (1942). 1946–49 Zürcher Schauspielhaus, u. a. für Zuckmayers *Des Teufels General* (UA 1946), Frischs *Als der Krieg zu Ende war* (UA 1949). 1947 Beginn der Arbeit für die Salzburger Festspiele mit von Einems Oper *Dantons Tod* (UA); außerdem u. a. Martins *Der Zaubertrank* (UA 1948), Orffs *Antigonae* (UA 1949), Liebermanns *Penelope* (UA 1954, alle R. Schuh). 1948 Beginn der erneuten Zusammenarbeit mit Brecht bei dessen Bearbeitung der *Antigone* des Sophokles (UA 1948, Stadttheater Chur); fortgesetzt 1949–51 am Berliner Ensemble mit dessen *Herr Puntila und sein Knecht Matti* (1949) und *Die Mutter* (1951), Lenz/Brechts *Der Hofmeister* (UA 1950), Brecht/Dessaus *Das Verhör des Lukullus* (UA 1951, Staatsoper). 1953–58 u. a. Arbeiten für die Freie Volksbühne Berlin (Intendant: Schuh) und die Münchner Kammerspiele (Dürrenmatt, *Ein Engel kommt nach Babylon*, UA 1953; Hacks, *Die Eröffnung des indischen Zeitalters*, UA 1955). 1959–62 Arbeiten für die Bühnen der Stadt Köln, u. a. Nabokovs *Der Tod des Grigori Rasputin* (UA 1959), Stravinskijs *Oedipus Rex* (1960, beide R. Schuh). Arbeit für Insz.en → Gründgens' bei Wolfes *Herrenhaus* (1956), Brechts *Die heilige Johanna der Schlachthöfe* (UA 1959), Strindbergs *Fräulein Julie* (1960, alle Dt. Schauspielhaus Hamburg). Zahlreiche Bühnenbildentwürfe für in- und ausländische Bühnen, vom Glyndebourne Festival bis zur Metropolitan Opera (New York). Seit

1958 war N. (seit 1948 österr. Staatsbürger) Professor der Akademie der bildenden Künste in Wien. Außerdem schrieb N. Libretti für Opern Weills (*Die Bürgschaft*, UA 1932, Städtische Oper Berlin) und Wagner-Regénys (*Der Günstling*, UA 1935, Dresden; *Die Bürger von Calais*, UA 1939, Berliner Staatsoper, *Johanna Balk*, UA 1941, Wiener Staatsoper), die in seinen Bühnenbildern uraufgeführt wurden.

Einer der bedeutendsten Bühnenbildner des 20. Jh.s von unerschöpflicher Phantasie und immenser Produktivität, der zahlreiche Regisseure und Komponisten beeinflusste, der maßstabsetzend für folgende Generationen war. Brechts Lob des «größten Bühnenbauers unserer Zeit» war nicht singulär, Schuh nannte N. einen «ingeniösen ‹Ausstatter›» (S. 151), → Kortner einen «Erneuerer des Bühnenbildes» (S. 160), für → Felsenstein war er «Mensch, Maler, Architekt, Regisseur, Musiker und Dichter» in einem (S. 110). «Bühnenbauer» eher als Bühnenbildner war N., dessen Entwürfe sich dadurch auszeichneten, dass sie die Szenerie nicht einfach dem Theaterraum anpassten, sondern durch neue Raumgliederungen, Kostüme und Beleuchtung eine jeweils auf das Werk zugeschnittene eigene Bühnenwelt schufen. Dabei verzichtete er auf plakative Farbigkeit, arbeitete meist mit abgetönten und nuancierten Farben. Für das moderne Musiktheater war seine künstl. Formensprache von prägender Wirkung. Sein Einfluss auf die Entwicklung der theatralischen Sprache Brechts kann kaum überschätzt werden. N. entwickelte die sog. «Brecht-Gardine», erweiterte die künstl. Möglichkeiten der v. a. von → Piscator entwickelten Projektionen, schuf stilsicher Szenerien, die den Text «weiterdachten» und zugleich als «Bühne» erkennbar blieben. → Hilpert: «Er schuf seine Visionen aus der Struktur des jeweiligen Stückes, aus seinen dramaturgischen Gesetzen, aus seiner dramatischen Dynamik und aus seiner dichterischen Substanz» (S. 120, alle zit. nach: *Caspar Neher*, 1966).

Bohaumilitzky, W.: Caspar Nehers Bühnenbild in den 20er Jahren. Diss. Wien 1968; Brecht, B.: Gesammelte Werke. 16. Bd. Frankfurt a. M. 1967; Caspar Neher. Hg. G. v. Einem, S. Melchinger. Velber 1966; Caspar Neher. Zeugnisse seiner Zeitgenossen. Köln 1960; Caspar Neher, 1897–1962. Hg. O. Pausch. Wien 1987 *(Katalog)*; Caspar Neher: der größte Bühnenbauer unserer Zeit. Hg. Ch. Tretow, H. Gier. Opladen, Wiesbaden 1997; Caspar Nehers szenisches Werk: ein Verzeichnis […]. Bearb. F. Hadamowsky. Wien 1972; Knofe, M. K.: Schaubuden und Fertighäuser: Analyse der bühnenbildnerischen Positionen von Caspar Neher und Bert Neumann. Dipl.-Arb. Hildesheim 2000; Tretow, Ch.: Caspar Neher – Graue Eminenz hinter der Brecht-Gardine und den Kulissen des modernen Musiktheaters. Trier 2003; Was ist die Antike wert? Griechen und Römer auf der Bühne von Caspar Neher. Hg. V. Greisenegger, H. J. Jans. Wien u. a. 1995 *(Katalog)*; Willett, J.: Caspar Neher: Brecht's Designer. London 1986.

Wolfgang Beck

Nekrošius, Eimuntas, * 21. 11. 1952 Raisenai (Litauen). Regisseur.

Studierte am Konservatorium in Vilnius (Wilna) und am Lunačarskij-Institut (GITIS) in Moskau (Schwerpunkt: Bühnenmanagement). Regiedebüt 1976 mit Delaneys *Bitterer Honig*. Nach Ende seines Studiums 1978 Staatl. Jugendtheater (Jaunimo Teatras) in Vilnius; 1979/80 Th. in Kaunas, inszenierte S. Šaltenis' *Duokiškio baladės* (1978), Čechovs *Ivanov* (1979). 1980 Rückkehr ans Jugendtheater, dessen künstl. Leiter er bis 1991 war. Zu seinen das Th. prägenden Insz.en gehörten sein eigenes Stück *Kvadratas* (1980), S. Gedas und K. Antanėlis' Rockoper nach → Shakespeare *Meilė ir mirtis Veronoje*, V. Korostyliovas' *Pirosmani, Pirosmani…* (beide 1982), Č. Ajtmatovs *Ein Tag länger als ein Leben* (1983), Čechovs *Onkel Vanja* (1986). Damit internat. Resonanz bei Gastspielen 1988 in den USA und Europa sowie beim Festival BITEF-22 in Belgrad (Sonderpreis). Seit 1991 ist N. künstl. Leiter des litauischen Theaterfestivals LIFE, in dessen Rahmen er die internat. erfolgreichen Produktionen von Puškins «Kleinen Tragödien» *Mozart und Salieri. Der steinerne Gast. Das Gelage während der Pest* (1994), Čechovs *Drei Schwestern* (1995), Shakespeares *Hamlet* (1997/ Ko-Produktion Hebbel-Th. Berlin) inszenierte. «Der Hamlet von Vilnius ist ein Hamlet für Fortgeschrittene. Nekrosius inszeniert nicht den Text, er übersetzt den Subtext in Bilder. Als neurotisch zerquälter ödipaler Kinderprinz hat dieser Hamlet nicht seinesgleichen» (S. Löffler in *Die Zeit*, 23. 5. 1997). 1998 gründete N. das Studiotheater Meno Fortas, mit dem er u. a. seine internat. preisgekrönten Shakespeare-Produktionen *Macbeth* (1998, Palermo) und *Othello* (2000, Biennale Venedig, inoffizielle P. in Vilnius) erarbeitete. Weitere Insz.en: Čechovs *Die Möwe* (2000, Teatro Quirino, Rom) und *Der Kirschgarten* (2004, Moskau; Gastspiel Th. der Welt 2005, Stuttgart); 2003 im Nationaltheater Vilnius die 2-teilige Produktion *Metai. Pavasario linksmybės, Metai. Rudens gėrybės*, basierend auf dem Versepos *Metai* von K. Donelaitis. November 2002 erste Opernregie mit Verdis *Macbeth* (Teatro Communale, Florenz), später ins Moskauer Bolšoj-Th. übernommen. N. leitet Workshops in verschiedenen Ländern Europas. Vielfach ausgezeichnet, u. a. 1994 Preis Neue Th.-Wirklichkeiten (Taormina), mehrfach ital. UBU-Preis, 1998 russ. Kritikerpreis und Lit. Nationalpreis, 2001 Biennale-Preis (Venedig), Preis des Festivals Kontakt (Torún) und Stanislavskij-Preis (Moskau).

Der oft als «baltischer Robert → Wilson» apostrophierte N. hat eine eigene, sehr bildhafte szenische Sprache und einen ausdrucksstarken schauspielerischen Stil entwickelt, der zusammen mit Musik- und Toneffekten und einer choreographischen Bewegungsregie zu einer neuen Theatralität führt, die das Wort dem Bild unterordnet. Bildgewaltige und symbolbeladene Szenen dienen der mehrschichtigen und suggestiven Verdeutlichung des Gehalts, des «Subtextes» meist klassischer Stückvorlagen, Authentizität v. a. im metaphorischen Bild suchend. Neben Schauspielern, mit denen er oft jahrelang zusammenarbeitet, scheut N. nicht ungewöhnliche Besetzungen. So spielte der Rockmusiker Andrius Mamontovas die TR in *Hamlet*, die Primaballerina Eglė Špokaitė die Desdemona in *Othello*. – N.s Sohn Marius arbeitet als Bühnenbildner.

L'École des Maîtres: libri di regia 1995–1999. Bd 3. Hg. F. Quadri. Milano 2001; Eimuntas Nekrošius. Hg. V. Valentini. Soveria Mannelli [1999]; Il Gabbiano secondo Nekrošius. Hg. C. Giammarini. Milano 2002; Marcinkeviciutė, R.: Eimuntas Nekrošius. Vilnius 2002; Popenhagen, L. A.: Nekrošius and Lithuanian theatre. New York u. a. 1999.

Wolfgang Beck

Nel, Christof, * 7. 4. 1944 Stuttgart. Schauspieler, Regisseur.

Sohn eines Musikers. Kurzes Studium (Theaterwissenschaft, Germanistik) in München. Schauspielschule in München. Schauspieler in Luzern, Münster, Bremen. 1970 Gefängniswärter in Gorki/ → Brechts *Die Mutter* (Schaubühne am Halleschen Ufer Berlin). Seit 1972 Regisseur in Köln (*Stallerhof* von Kroetz, *Kameliendame* von Dumas, DEA *Occupation* von Griffith, *Bluthochzeit* von García Lorca, 1980 DEA *Mauser* von Heiner → Müller in sehr freier Deutung). 1974 *Woyzeck* von Büchner in Bremen. 1974–79 Schauspiel Frankfurt a. M. (UA *Loch im Kopp* von Deichsel; mit *Antigone* von Sophokles zum Berliner Theatertreffen eingeladen) und Staatsschauspiel Stuttgart (*Trommeln in der Nacht* von Brecht; UA *Rotter* von Brasch, 1978 Einladung zum Berliner Theatertreffen; *Balkon* von Genet). 1980–82 Dt. Schauspielhaus Hamburg (1981 UA *Die Klavierspielerin* von Friederike Roth,

→ Shakespeares *Titus Andronicus*). Freie Volksbühne Berlin (*Romeo und Julia* von Shakespeare, *Leonce und Lena* von Büchner, *Die Perser* von Aischylos). 1990 im TAT Frankfurt a. M. mit Studenten Kleist-Projekt *Wortpest*; Deutschlandrevue *Das Gedächtnis mißt sich an der Geschwindigkeit des Vergessens* 1991. Im Hamburger Schauspielhaus 1994 *Katarakt* von Rainald Goetz, 1997 eine Bühnenfassung des Romans *Alte Meister* von Bernhard. 2001 Projekt für das Festival «Theaterformen» in Hannover. 2006 Euripides / Schrotts *Die Bakchen* (schauspielfrankfurt). Seit 1983 zunehmend Opernregie in Frankfurt a. M. (Wagners *Die Meistersinger von Nürnberg*, 1993, 2002, *Parsifal*, 2006), Stuttgart (Riehms *Das Schweigen der Sirenen*, UA 1994), Komische Oper (Webers *Der Freischütz*, 2000) und Dt. Oper Berlin (Beethovens *Fidelio*, 2002), Köln (Mozarts *Idomeneo*, 2005), Dt. Oper am Rhein (Mozarts *La clemenza di Tito*, 2006) sowie im Ausland. Gastprofessor an den Universitäten Hamburg und Frankfurt a. M. – N. zählt zu den eigenwilligsten Regisseuren, der sich fern hält von Moden und Trends, viele exzellente Insz.en vorstellte und sich manchmal verrannte. «Der tollkühne C. N. erfindet mit jeder Inszenierung das Theater für sich neu. Mit seinen unerhörten Fragen entkleidet er die Texte der Weltliteratur» (Verena Auffermann). Häufig wird ihm ein «anarchisches Weltgefühl» unterstellt, aber auch Sinn für Humor, Satire und Parodie.

Werner Schulze-Reimpell

Nemirovič-Dančenko, Vladimir Ivanovič, *23. 12. 1858 Osurgety (heute Macharadse / Georgien), †25. 4. 1943 Moskau. Schauspieler, Regisseur, Theaterleiter.

Bruder des Schriftstellers Vassilij Ivanovič N.-D. (1848–1936). 1876–79 Studium an der Moskauer Universität. Tätigkeit als Amateurschauspieler und Literatur- und Theaterkritiker. Verfasste Erzählungen und Theaterstücke in der Art Anton Čechovs. N.-D. gründete 1898 gemeinsam mit K. S. → Stanislavskij (1863–1938) das Moskauer Künstlertheater (MChAT) als private Bühne, die dem Volk offenstehen sollte und sowohl das herkömmliche Hoftheater als auch den «bourgeoisen» kommerziellen Theaterbetrieb ablehnte. Unter dem Einfluss der Meininger, die auf Russland-Gastspielen große Aufmerksamkeit gefunden hatten, sollte naturgetreues Spiel und Dekor eine wirklichkeitsnahe Bühnenkunst schaffen. Die erste Insz. war das Geschichtsdrama *Car' Fëdor Ioannovič (Zar Fjodor Joannowitsch)* von Aleksej Konstantinovič Tolstoj (1817–75), einem Vetter von Leo Tolstoi. Die zweite Insz. hatte am 17. 12. 1898 sensationellen Erfolg: *Čajka (Die Möwe)* von Čechov, die 2 Jahre früher am Petersburger Aleksandrinskij-Th. durchgefallen war, stand für den internat. Durchbruch des Autors wie auch des Th.s, das die schwebende Möwe seither als Emblem führt. Sämtliche Čechov-Dramen wurden aufgeführt, und das MChAT bekam den Beinamen «Haus Čechovs». Um die Jahrhundertwende Aufführungen von Stücken Gerhart Hauptmanns und Henrik Ibsens, bis durch die revolutionären Unruhen von 1905 das Repertoire auf politisch unverdächtigere symbolistische Dramen u. a. von Maurice Maeterlinck und Leonid Nikolaevič Andreev umgestellt wurde.

In der Sowjetära brachte N.-D. viele russ. Klassiker auf die Bühne und setzte sich für das Werk sowjet. Dramatiker ein. Er gründete innerhalb des MChAT eine eigene Schauspiel- und Opernschule, die später nach ihm N.-D.-Musikdramatheater hieß. Das Ziel war, polyvalente Bühnenkünstler auszubilden, die als Sänger wie als Schauspieler überzeugen. Zwischen 1920 und 1932 produzierte er mehrere Opern, in denen der (sonst oft übertonte) Tanz der Handlung untergeordnet und ein Teil von ihr sein sollte. Zusammenarbeit u. a. mit V. Burmeister, N. Glan. War 1920 an einer Insz. von *Schwanensee* im Bol'šoj-Th. beteiligt. 1939 Vereinigung seines N.-D.-Musikdramatheaters mit dem Moskauer Kunstballett. N.-D. war bis 1938 mit Stanislavskij Ko-Direktor des Moskauer Künstlertheaters und blieb ihm bis zu seinem Tod 1943 verbunden. Der anfängliche Erneuerer und Revolutionär der Bühne wurde in den Jahren der stalinistischen Diktatur ein – von offiziellen Ehren und Ämtern überhäufter – Verfechter des sozialistischen Realismus.

Brauneck, M.: Theater im 20. Jahrhundert. Reinbek 1982; ders.: Die Welt als Bühne. 3. Bd. Stuttgart, Weimar 1999; Frejdkina, L.: Die Regie W. J. Nemirowitsch-Dantschenkos und das Stanislawskij-System. Weimar 1952; Paech, J.: Das Theater der russischen Revolution. Kronberg 1974; Worrall, N.: The Moscow Art Theatre. New York 1996.

Horst Schumacher

Nestroy, Johann Nepomuk (Eduard Ambrosius), *7. 12. 1801 Wien, † 25. 5. 1862 Graz. Schauspieler, Theaterleiter, Autor, Sänger.

Sohn eines Advokaten. Jurastudium (1820–22); Sprech- und Gesangspartien in Liebhaberaufführungen. N. begann seine Theaterlaufbahn als Bassist am K. K. Hoftheater nächst dem Kärntnertor (Debüt 24. 8. 1822 als Sarastro in Mozarts *Zauberflöte*). 1823–25 Sänger am Dt. Th. in Amsterdam. 1825/26 Nationaltheater Brünn (Brno); sein Engagement wurde am 30. 4. 1826 wegen verbotenen Extemporierens durch die Polizei beendet. 1826–31 an den Th.n in Graz und Pressburg (Bratislava). Übergang vom Musik- zum Sprechtheater; Rollen v. a. im grotesk-komischen Fach. Debüt als Autor von Lokalpossen und Schauspieler in eigenen Stücken mit *Der Zettelträger Papp* (UA 15. 12. 1827). 1831 Engagement als Komiker und Autor beim Wiener Theaterleiter Karl Carl (eig. Karl August Bernbrunn, 1787–1854), in dessen Ensemble er bis zum Tod Carls 1854 blieb. Zuerst (bis 1845) im Th. an der Wien, seit 1838 zusätzlich im von Carl gepachteten Th. in der Leopoldstadt, das 1847 durch das neue Carl-Th. ersetzt wurde. Nach Carls Tod pachtete und leitete N. das Th. bis 1860. Übersiedlung nach Graz; weiterhin Gastspiele in Wien (zuletzt 4. 3. 1862) und Graz (zuletzt 29. 4. 1862). Wesentlich unter seinen 880 Rollen die Auftritte in den UAen eigener Stücke, deren aphoristischen Sprachwitz und gedankliche Tiefe (Karl Kraus: «der erste deutsche Satiriker, in dem sich die Sprache Gedanken macht über die Dinge») er unübertroffen gestaltete: u. a. Knieriem in *Der böse Geist Lumpacivagabundus* (11. 4. 1833), Kilian und Hermann Blau (Doppelrolle) in *Der Färber und sein Zwillingsbruder* (15. 1. 1840), Titus Feuerfuchs in *Der Talisman* (16. 12. 1840), Schnoferl in *Das Mädl aus der Vorstadt* (24. 11. 1841), Weinberl in *Einen Jux will er sich machen* (10. 3. 1842), Lips in *Der Zerrissene* (9. 4. 1844), Ultra in *Freiheit in Krähwinkel* (1. 7. 1848), Wendelin in *Höllenangst* (17. 11. 1849), TRn in *Kampl* (29. 3. 1852) und *Häuptling Abendwind oder Das gräuliche Festmahl* (1. 2. 1862). Zahlreiche Gastspiele im dt.sprachigen Raum (u. a. Budapest, Prag, Berlin, Hamburg, Frankfurt a. M., Leipzig).

Rund 70 000 Menschen sollen seinem Begräbnis in Wien beigewohnt haben. Dennoch war weder der Autor noch der Schauspieler N. zu Lebzeiten unumstritten. Mit dem Autor N. «ergoß sich urplötzlich über die Stadt der specifischen Sorglosigkeit und ‹Gemüthlichkeit› ein Schwefelregen von infernalischem Witz» (Friedrich Schlögl, zit. nach Basil, S. 47), der immer dann wenig hatte, wenn er die Wiener Lebensart allzu deutlich karikierte. Den Schauspieler N. mit seiner unverwechselbaren Physiognomie kennzeichnete die gleichermaßen körperliche wie stimmliche Bühnenpräsenz mit großer mimischer und gestischer Ausdruckskraft: «Mit dem bloßen Blicke, mit der stummen Miene erzielt Herr Nestroy Effekte, die andern beim Aufgebote aller Kräfte unerreicht bleiben» (B. Gutt, zit. nach Schübler, S. 80). Sein virtuoses stummes Spiel war wohl auch Ausfluss der strengen Zensur, die vieles auszusprechen verbot. Ein Schauspieler, der outrierte Komik ebensowenig scheute wie die das Groteske streifende satirische Karikatur – auf das zeitgenössische Publikum nicht nur komisch, sondern auch unheimlich und bedrohlich wirkend.

Basil, O.: Nestroy. (8. Aufl.) Reinbek 2001; Brauneck, M.: Die Welt als Bühne. 3. Bd. Stuttgart, Weimar 1999; Cersowsky, P.: Johann Nestroy oder Nix als philosophische Mussenzen. München 1992; Hein, J.: Johann Nestroy. Stuttgart 1990; ders., C. Meyer: Theaterg'schichten. Ein Führer durch Nestroys Stücke. Wien 2001; Mautner, F. H.: Nestroy. Heidelberg 1974; Nestroy, J. N.: Gesamtausgabe. Hg. J. Hein u. a. Bd. 1 ff. Wien, München 1977 ff; Nestroy – weder Lorbeerbaum noch Bettelstab. Red. J. Danielczyk. Wien 2000 (Katalog); Schübler, W.: Nestroy. Salzburg u. a. 2001; Schwarz, H.: Nestroy im Bild. Wien, München 1977.

Wolfgang Beck

Neuber, Friederike Caroline, * 9. 3. 1697 Reichenbach / Vogtl., † 29. (30?) 11. 1760 Laubegast (heute Dresden). Theaterleiterin, Schauspielerin, Autorin.

Einer harten und gewalttätigen Jugend entfloh F. C. Weißenborn 1717 mit dem Jurastudenten Johann Neuber (* 21. 1. 1697 Reinsdorf, † Ende Februar 1759 Dresden). Beide heirateten am 15. 2. 1718 in Braunschweig und schlossen sich verschiedenen Wandertruppen an. N. wurde rasch eine beliebte Schauspielerin, während ihr Mann weder als Schauspieler noch später in der künstl. Leitung hervorgetreten ist. 1726 Gründung einer eigenen Gesellschaft. In Leipzig Begegnung mit dem Professor für Poesie Johann Christoph Gottsched (1700–66), dessen Bemühungen um ein den klassischen Regeln gehorchendes dt. Th. sie durch Spielplangestaltung und Aufführungspraxis unterstützte. Regelmäßig besuchte Orte waren Leipzig, Dresden, Hamburg, wo man 1737 ihre Bitte, eine Art stehender Bühne einrichten zu dürfen, ablehnte. 1740 durch den Tod der Zarin erfolglos abgebrochenes Gastspiel in Russland. Nach der Rückkehr Bruch mit Gottsched. Mehrfache Auflösung und Neugründung ihrer Theatertruppe. Theatergeschichtlicher Höhepunkt 1748 die UA von Lessings *Der junge Gelehrte* in Leipzig. 1750 erfolgloses Gastspiel in Wien. 1756 zwang sie der 3. Schlesische Krieg endgültig zum Aufgeben. Völlig verarmt starb Johann N. in Dresden, sie selbst wenig später in Lobegast. Die Erzählung, man habe ihr ein christliches Begräbnis verweigert und sie sei heimlich begraben worden, dürfte eine Legende sein. – Die historische Bedeutung «der Neuberin» liegt in ihren theaterreformerischen Bemühungen. Sie trug wesentlich dazu bei, das Ansehen des Schauspielerstandes zu heben. Wo immer möglich versuchte N., ihren Spielplan von «Haupt- und Staatsaktionen» und exzessivem Extemporieren freizuhalten. Zu ihrem Repertoire gehörten neben franz. Klassikern neue dt. Stücke von Gottsched (*Der sterbende Cato*, 1731) und seiner Frau, von Gellert und Johann Elias Schlegel. Das Auftreten der extemporierenden «komischen Person» in Trauerspielen wurde abgeschafft und der Hanswurst in dieser Funktion 1737 programmatisch von der Bühne verbannt. Ihr Aufführungsstil, noch zu Lebzeiten überholt, richtete sich nach dem franz. Th., achtete mehr auf «Schönheit» und «Anstand» als auf Natürlichkeit und Wahrheit der Darstellung. Ihrer Zeit voraus mit ihren (vergeblichen) Bemühungen um ein stehendes Th. Sie schrieb Gedichte, Vorspiele, Epiloge und Schäferspiele. Ihre historische Bedeutung zeigt sich auch darin, dass wesentliche Theaterleiter der folgenden Generation aus ihrer Truppe hervorgingen (G. H. Koch, J. F. Schönemann, C. Th. Doebbelin).

Neuber, F. C.: Das Lebenswerk der Bühnenreformerin. Poetische Urkunden. 2 Tle. Reichenbach 1997–2002; Oelker, P. «Nichts als eine Komödiantin». Weinheim, Basel 1993; Reden-Esbeck, F. J. von: Caroline Neuber und ihre Zeitgenossen. Leipzig 1881 (Nachdruck Leipzig 1985); Vernunft und Sinnlichkeit. Beiträge zur Theaterepoche der Neuberin. Hg. B. Rudin. Reichenbach 1999; Walz, Ch.: Die Rezeption der Friederike Caroline Neuber. Mag.-Arbeit Erlangen-Nürnberg 1998.

Wolfgang Beck

Neuenfels, Hans, * 31. 5. 1941 Krefeld. Regisseur, Intendant, Autor.

Regiestudium am Wiener Max-Reinhardt-Seminar. Sekretärstätigkeit für Max Ernst. Erste Insz. 1964 im Wiener Th. am Naschmarkt. 1964 Oberspielleiter (jüngster in Deutschland) Stadttheater Trier (Hofmanns *Der Bürgermeister*). Fristlos entlassen wegen dadaistischer Plakataktion *Helfen Sie mit, den Trierer Dom abzureißen*. 1965–68 Regisseur und Dramaturg Vereinigte Städt. Bühnen Krefeld-Mönchengladbach. Inszenierte u. a. Handkes *Publikumsbeschimpfung*, Becketts *Warten auf Godot*, Bonds *Gerettet*, Claudels *Der seidene Schuh*. Beginn der Zusammenarbeit mit Elisabeth → Trissenaar, seiner späteren Frau. 1968–70 Stadttheater Heidelberg (Weiss' *Die Verfolgung und Ermordung des Jean Paul Marat* [...], Tersons *Zicke Zacke*, Büchners *Dantons Tod*, Strindbergs *Fräulein Julie*). 1970–72 Staatsschauspiel Stuttgart (Vitracs *Victor oder Die Kinder an der Macht*, Strindbergs *Gespenstersonate*, DEA von Valle-Incláńs *Worte Gottes*, Ibsens *Nora*). 1971 UA *Die Versicherung* von Weiss (Bühnen der Stadt Essen), Schillers *Die Räuber* (Nationaltheater Mannheim), Wedekinds *Der Marquis von Keith* (Städt. Bühnen Köln 1972). 1972–80 (z. T. als Gast) Schauspiel Frankfurt (→ Shakespeares *Troilus und Cressida*, Ibsens *Hedda Gabler*, Hauptmanns *Die Ratten*, → Brechts *Baal*, Gor'kijs *Nachtasyl*, Gombrowicz' *Operette*). Im Bochumer Schauspielhaus 1976 Büchners *Dantons Tod*, im Theater Basel 1977 Dürrenmatts *Die Frist*, im Thalia Th. Hamburg 1978 Shakespeares *Hamlet*, 1979 García Lorcas *Bernarda Albas Haus*, im Akademietheater Wien Wedekinds *Franziska* (1985 auch Freie Volksbühne Berlin), Staatl. Schauspielbühnen Berlin 1981 Kleists *Penthesilea*, 1982 Musils *Die Schwärmer*, 1983 Genets *Balkon*. 1986–90 Intendant des Th.s der Freien Volksbühne Berlin. Inszenierte Bonds *Trauer zu früh* (Kooperation mit Wiener Festwochen), an einem Abend *Elektra* von Euripides und *Gerettet* von Bond, → Lessings *Emilia Galotti*, DEA von Dorsts *Der verbotene Garten*, Kleist-Projekt *Der tollwütige Mund – Stationen eines Europäers* (auch verfilmt), Shakespeares *Antonius und Cleopatra*, an einem Abend *Die Frösche* von Aristophanes und *Ichundich* von Lasker-Schüler. 1990 Dt. Schauspielhaus Hamburg → Goethes *Torquato Tasso*, am Wiener Burgtheater Albees *Wer hat Angst vor Virginia Woolf?*, Kleists *Das Käthchen von Heilbronn*, Wiener Festwochen 1994 eigene Bearbeitung der Grillparzer-Trilogie *Das goldene Vließ* und 1995 Robert Musil-Projekt *Der Clarisse-Komplex*. Im Münchner Residenztheater Horváths *Geschichten aus dem Wiener Wald*, Williams' *Die tätowierte Rose*, Genets *Die Zofen*, UA seines Stücks *Frau Schlemihl und ihre Schatten*. Im Berliner Schiller-Th. Shakespeares *Ein Sommernachtstraum*. Seit der Jahrhundertwende regelmäßiger Gast am Dt. Th. Berlin (Shakespeares *Titus Andronicus*, Strindbergs *Totentanz*, UA von Jelineks *Jackie und andere Prinzessinnen*, *König Ödipus* von Sophokles). – Seit 1974 auch Operninsz.en: Verdis *Il Trovatore* in Nürnberg, Schrekers *Die Gezeichneten*, Busonis *Doktor Faust*, Verdis *Macbeth* und *Aida* Oper Frankfurt. In der Dt. Oper Berlin verschiedene Verdi-Opern, Zimmermanns *Die Soldaten* und Mozarts *Idomeneo*. In Paris UA von York Höllers *Der Meister und Margarita*, Wiener Festwochen UA von Adriana Hölszkys *Die Wände*, Wiener Volksoper Zemlinskys *König Kandaules*, Wiener Staatsoper Meyerbeers *Le Prophète*, Staatsoper Stuttgart Wagners *Die Meistersinger von Nürnberg*, Mozarts *Die Entführung aus dem Serail*, Janáčeks *Die Sache Makropulos*, 2000 UA von Hölszky/N.' *Giuseppe e Sylvia*, Salzburger Festspiele 2000 Mozarts *Così fan tutte* und 2001 *Die Fledermaus* von Johann Strauß, 2004 Hamburgische Staatsoper Beethovens *Fidelio*, Komische Oper Berlin Šostakovičs *Lady Macbeth von Mzensk*. Einige Filme nach Bühnenstücken. Veröffentlichte 2 Gedichtbände, den Roman *Isaakoros* und *Neapel oder Die Reise nach Stuttgart*. Schrieb Opernlibretti für Hölszky und Moritz Eggert. – Stark geprägt vom Living Theatre *(Krefelder Antigone)*, dem Surrealismus und der Psychoanalyse. Machte als junger Regisseur Furore mit frechen, extrem unkonventionellen Insz.en, entwickelte später eine nicht leicht zugängliche Zeichensprache und tiefenpsychologische Analysen der Personen. C. Bernd Sucher nannte ihn einen «genialischen Egomanen», der «das Unsichtbare sichtbar zu machen» bestrebt ist. Günter Rühle attestierte seinen Antiken-Insz.en «die Verbindung des Willens, Theater als jähes Ereignis für alle Sinne stattfinden zu lassen, mit dem ihm entsprechenden Stoff». N. selbst behauptete, er inszeniere «die Kluft zwischen Kopf und Herz». Er ordnet alles, Stück und Schauspieler, einem Konzept mit oft starken Bildern unter. Seine Insz.en im Schauspiel wie in der Oper provozieren nicht selten begeisterte Zustimmung und scharfe Ablehnung. Einer der prägenden und einflussreichsten Regisseure im letzten Drittel des 20. Jh.s und darüber hinaus.

Iden, P.: Theater als Widerspruch. München 1987; Sucher, C. B.: Theaterzauberer. 10 Regisseure, München, Wien 1990; Theatermacher. Hg. W. Kässens, J. Gronius. Frankfurt a. M. 1987; War da was? Theaterarbeit und Mitbestimmung am Schauspiel Frankfurt 1972–1980. Hg. G. Loschütz, H. Laube. Frankfurt a. M. 1980.

Werner Schulze-Reimpell

Neumann, Bert, * 1960 Magdeburg. Bühnen- und Kostümbildner.

1980–85 Studium an der Kunsthochschule Berlin-Weißensee, erste Arbeiten am Hans-Otto-Th. Potsdam. Das konventionelle Th. war aber nicht seine Welt. Erst die Begegnung mit Frank → Castorf an der Berliner Volksbühne (seit 1992 Chefbühnenbildner) führte zu einer langjährigen erfolgreichen Zusammenarbeit: Auf Paul Zechs *Das trunkene Schiff* (1988) folgten u. a. *Räuber von Schiller!* (1990), Euripides' *Alkestis* (1993), *Pension Schöller: Die Schlacht* nach Laufs/→ Müller (1994), Hauptmanns *Die Weber* (1997), Dostoevskijs *Dämonen* (1999), *Erniedrigte und Beleidigte* (2001, Koproduktion Wiener Festwochen), *Endstation Amerika* nach T. Williams (2000), Houellebecqs *Elementarteilchen* (2000), *Berlin Alexanderplatz* nach Döblin (2001 Schauspielhaus Zürich, 2005 Volksbühne). – N. ist Mitbegründer des Grafikbüros LSD (Last Second Design), entwarf die sog. «Volksbühnenästhetik», das Gesamtlayout für das Bochumer Schauspielhaus (Intendanz L. → Haußmann), für das Podewil in Berlin sowie für das Th. Basel. – Er baute 1999 für → Shakespeares *Rosenkriege 1–8* im Prater, der Nebenspielstätte der Volksbühne, das «Globe» als geschlossene Arenabühne nach, 2004 für Castorfs Bearbeitung von Frank Norris' Roman *Gier nach Gold* eine «Westernstadt». – N. arbeitet auch mit anderen Regisseuren zusammen, dazu zählen u. a. Peter Konwitschny (Offenbachs *Hoffmanns Erzählungen*, Staatsoper Dresden 1992; Wagners *Götterdämmerung*, Stuttgarter Staatsoper 2002), Haußmann (Shakespeares *Sommernachtstraum*, Salzburger Festspiele,

1996, Kostüme für den Film *Sonnenallee*, 1999), Andreas → Kriegenburg (Lew Lunz' *Stadt der Gerechtigkeit*, 1992, Shakespeares *Othello*, 1993, Flenzdorfs *Paul und Paula*, 2000, jeweils Volksbühne), → Schlingensief (*Rocky Dutschke, '68*, 1996) und v. a. René Pollesch, für den er im Prater eine Wohnlandschaft entwarf (*Prater-Saga*, ab 2001) und in der Volksbühne 2002 sogar eine eigene «Stadt» baute, in der Pollesch *24 Stunden sind kein Tag. Escape from New York* inszenierte und Castorf Dostoevskijs *Idiot* auf die Bühne brachte. Georg Diez schreibt: «Wirklichkeit kommt auf Neumanns Bühnen höchstens als Wirklichkeitszitat vor, als Videobild, als Warenschild, als Neonzeichen. Neumanns Erfindung ist der Naturalismus einer denaturierten Welt» (*FAZ*, 13. 10. 2002). – N. erhielt für seine Arbeiten verschiedene Preise, u. a. wurde er von *Th. heute* 2001 und 2002 zum «Bühnenbildner des Jahres» gekürt und erhielt 2003 den Theaterpreis Berlin. Seine Th.-Installationen haben die Bühnenästhetik der letzten Jahre wesentlich geprägt. Er arbeitet vielfach mit Materialien, die «sowieso da sind» (DDR-Fahne als Minirock), lässt selten etwas neu bauen oder als Kostümbildner nähen, bevorzugt stattdessen Materialien aus dem Baumarkt (Plastikstühle) oder dem Kaufhaus; spielt mit Sehgewohnheiten. Die sog. «vierte Wand» im Th. schließt er in seinen Wohncontainern wirklich. Nur Kameras übertragen die Aktionen der Schauspieler, dennoch sieht man nicht alles. Der Zuschauer wird zum Voyeur. Die *Rollende Road Show*, mit der die Volksbühne in Berlins Stadtteilen tourt, ist ebenfalls ein Versuch, den eingefahrenen Theaterkonventionen zu entgehen.

Castorfs Volksbühne. Hg. H.-D. Schütt, K. Hehmeyer. Berlin 1999; Imitation of Life: Bert Neumann Bühnenbildner. Hg. H. Hurtzig. Berlin 2001.

Sabine Steinhage

Neuss, Wolfgang (Hans Otto), * 3. 12. 1923 Breslau (Wrocław), † 5. 5. 1989 Berlin. Kabarettist, Schauspieler, Regisseur, Autor.

N. begann mit Unterhaltungsprogrammen während seiner Soldatenzeit, im Lazarett und Internierungslager. Nach dem Krieg tingelte er mit Kabarettprogrammen, seit 1949 mit dem kongenialen Partner Wolfgang Müller (1922–60). 1950 am Hamburger Kabarett *Die Bonbonniere*, seit 1951 in Westberlin. Durchbruch als Kabarettist als «Mann mit der Pauke». Er inszenierte 1952 Programme der *Stachelschweine*, erarbeitete mit Müller erste Duo-Programme (*Zwischen Tür und Angel*, 1953). 1955 großer Erfolg beider in Porter / Spewacks Musical *Kiss me Kate* (1955, Th. am Kurfürstendamm, Berlin) und der Parodie *Schieß mich, Tell*. N. führte Regie, schrieb Komödien wie *Tu's nicht ohne Liebe* (UA 1958, Residenztheater München) und *Zwei Berliner in Paris* (UA 1959, Th. am Kurfürstendamm, Berlin, beide eigene R.), spielte u. a. in → Shakespeares *Was ihr wollt* (1953, Hebbel-Th.), Wittlingers *Kennen Sie die Milchstraße?* (1958), Roses *Die zwölf Geschworenen* (1959, beide Komödie, Berlin), Kipphardts *In der Sache J. Robert Oppenheimer* (UA 1964, Freie Volksbühne Berlin, R. → Piscator), → Shakespeares *Troilus und Cressida* (1966, Dt. Schauspielhaus Hamburg). 1968 wirkte er an der (abgesetzten) Insz. → Steins von Weiss' *Viet-Nam Diskurs* an den Münchner Kammerspielen mit. Über 50 Filme, u. a. *Der Mann, der sich selber sucht* (1950), *Des Teufels General* (1955), *Der Hauptmann von Köpenick* (1956), *Das Wirtshaus im Spessart* (1958), *Wir Wunderkinder* (1958), *Rosen für den Staatsanwalt* (1959), *Die Tote von Beverly Hills* (1964), *Katz und Maus* (1967), *Rotmord* (1969, TV, R. → Zadek), *Chapeau claque* (1974), *Is was, Kanzler?* (1984). N. schrieb und produzierte die satirischen Filme *Wir Kellerkinder* (1960) und *Genosse Münchhausen* (1962, eigene R.). Seit 1963 Solo-Kabarettist mit eigenen und fremden Texten, auch auf BRD-Tournee: *Das jüngste Gerücht* (1963), *Neuss' Testament* (1965), *Asyl im Domizil* (1967). In den 1970er Jahren Rückzug aus der Öffentlichkeit, Tabletten- und Drogenkonsum. Anfang der 1980er Jahre begann die alternative Szene ihn (wieder) zu entdecken. Mitschnitte seiner privat aufgenommenen Soli *(Ich hab noch einen Kiffer in Berlin)* erschienen, die *taz* gab ihm eine eigene Kolumne. Letzter Bühnenauftritt 1988. 1964 Berliner Kunstpreis, 1983 Dt. Kleinkunstpreis. – N. war in den 1960er Jahren Deutschlands wohl bekanntester und scharfzüngigster Kabarettist, dessen satirische Schärfe und politisches Engagement ihm in der «Frontstadt» Berlin v. a. während der Zeit der Außerparlamentarischen Opposition heftige Angriffe und Zensureingriffe eintrugen. Auch als Film- und Theaterschauspieler war N. häufig in Rollen von entsprechendem Profil eingesetzt.

Budzinski, K., R. Hippen: Metzler Kabarett Lexikon. Stuttgart, Weimar 1996; Budzinski, K.: Wer lacht denn da? Braunschweig 1989; Kühn, V.: Das Wolfgang Neuss Buch. Köln 1981; Salvatore, G.: Der Mann mit der Pauke. Berlin 1981.

Wolfgang Beck

Nicklisch, Maria, * 26. 1. 1904 Luckenwalde (Brandenburg), † 20. 11. 1995 München. Schauspielerin.

Kurzer Schauspielunterricht bei Maria Moissi und Leontine Sagan. In München 1934 am Bayer. Staatsschauspiel, seit 1935 an den Kammerspielen, an denen sie – von wenigen Gastspielen abgesehen – seither spielte. In den 6 Jahrzehnten ihrer Karriere an einem Th. verkörperte sie von jugendlichen Heldinnen bis zu alten Damen alle tragenden Rollen des klassischen und modernen Repertoires, arbeitete lange Jahre mit den gleichen Intendanten bzw. Regisseuren zusammen, von → Falckenberg über → Schweikart (mit dem sie 1930–40 verheiratet war) bis zu → Dorn. Rollen u. a. in → Shakespeares *Troilus und Cressida* (TR, 1936), *Hamlet* (1939, mit → Caspar), *Macbeth* (1945), *Der Widerspenstigen Zähmung* (1952), Shaws *Cäsar und Cleopatra* (TR, 1938), *Der Kaiser von Amerika* (1956/57, R. → Everding), Anouilhs *Eurydike* (TR, 1947), → Brecht / Weills *Die Dreigroschenoper* (1948/49, R. → Buckwitz), Williams' *Endstation Sehnsucht* (1951), Dürrenmatts *Die Ehe des Herrn Mississippi* (UA 1952, R. Schweikart, mit → Domin), *Play Strindberg* (1969), Frischs *Don Juan oder Die Liebe zur Geometrie* (1953, R. L. → Steckel), Millers *Hexenjagd* (1954), *Der Preis* (1968), Faulkners *Requiem für eine Nonne* (1956), Albees *Wer hat Angst vor Virginia Woolf?* (1963, mit → Lühr), *Empfindliches Gleichgewicht* (1967), *Alles vorbei* (DEA 1972, mit → Mosheim), Čechovs *Der Kirschgarten* (1962), *Die Möwe* (1966), *Onkel Wanja* (1987, R. → Lietzau), Lenz / Kipphardts *Die Soldaten* (1970, R. Kipphardt), Behans *Richards Korkbein* (1974), Witkiewicz' *Die Mutter* (TR, 1975), Dorsts *Auf dem Chimborazo* (1976, R. Clemen), *Merlin oder das wüste Land* (1982, R. Dorn), Coburns *Gin-Rommé* (DEA 1978, R. H.-R. Müller), Pirandellos *Die Riesen vom Berge* (1980, R. → Wendt), Söderbergs *Gertrud* (1981), → Wilsons *Die goldenen Fenster* (UA 1982, R. Wilson), Feydeaus *Ein Klotz am Bein* (1983), Büchners *Woyzeck* (1984, R. B. Korn), Strauß' *Der Park* (1984), *Sieben Türen* (DEA 1988), → Goethes *Faust I* (1987, alle 3 R. Dorn). Kaum Film- und Fernsehrollen. – N., die Robert Wilson als «die größte aller Schauspielerinnen» bezeichnete, mit der er je zusammengearbeitet habe (zit. nach Dultz, S. 209), war eine bedeutende Charakterdarstellerin von großer Ausstrahlung und Bühnenpräsenz. Ihr umfangreiches Repertoire umfasste mit gleicher Selbstverständlichkeit komische und tragische, klassische und moderne Rollen. «Die N.» begeisterte durch ihr psychologisch nuanciertes Spiel, das die Brüche in ihren Figuren mitgestaltete, und ihre modulationsreiche Stimme. «Diese Mischung aus Handfestigkeit, Pünktlichkeit, Treue, Zuverlässigkeit auf der einen und dem irisierenden Zauber, dem Abheben, dem puren Wegschweben auf der anderen Seite (beides immer wieder neu und immer anders zusammengesetzt) war der Boden, von dem aus sie ihre Faszination ausübte. Das gelang ihr vom ersten bis zum letzten Tag bei einem ihr zu Füßen liegenden Publikum» (Dultz, S. 208).

Müller, H.-R., D. Dorn, E. Wendt: Theater für München. München 1983; Die Münchner Kammerspiele. Hg. S. Dultz. München 2001; Sucher, C. B.: Theaterzauberer. Schauspieler. München, Zürich 1988.

Wolfgang Beck

Nicoletti, Susi (eig. Susanne Emilie Luise Adele Habersack), * 3.9. 1918 München, † 5.6. 2005 Wien. Schauspielerin, Schauspielpädagogin.

Tochter der Schauspielerin Consuela N. und des Reedereidirektors Ernst Habersack, lebte 1921–27 in Amsterdam. Nach einer Tanzausbildung 13-jährig erste Auftritte in Kinderaufführungen der Münchner Kammerspiele. Engagement als Tänzerin an der Münchner Opernbühne. Mitglied der Kabarett-Gruppe Die weißblaue Drehorgel, Ausbildung an der Schauspielschule von Magda Lina. 1936–40 Städt. Bühnen Nürnberg. 1940–92 am Wiener Burgtheater (1983 Ehrenmitglied); Debüt in Bahrs *Der Franzl* (mit P. → Hörbiger). Rund 100 Rollen u. a. in Stücken → Nestroys (*Das Mädl aus der Vorstadt*, 1941, 1961; *Unverhofft*, 1971/72; *Der Talisman*, 1981/82), → Shakespeares (*Der Widerspenstigen Zähmung*, 1950; *Caesar und Cleopatra*, 1951), Hauptmanns (*Der Biberpelz*, 1950; *Vor Sonnenuntergang*, 1963/64), Schnitzlers (*Liebelei*, 1954; *Anatol*, 1960/61; *Das weite Land*, 1978, R. → Schenk), Giraudoux' (*Amphitryon 38*, 1955/56; *Der Trojanische Krieg findet nicht statt*, 1958/59), Wildes (*Ein idealer Gatte*, 1961/62; *Bunbury*, 1976/77). Außerdem u. a. in Kleists *Das Käthchen von Heilbronn* (TR, 1942), Ibsens *Gespenster* (1946), Büchners *Dantons Tod* (1947), Shaws *Haus Herzenstod* (1965/66), Schillers *Kabale und Liebe* (1967/68), Ingrischs *Die Wirklichkeit und was man dagegen tut* (UA 1968, R. G. → Manker), Rojas/Terrons *Celestina* (TR, 1969/70), Sudermanns *Sturmgeselle Sokrates* (österr. EA 1977), Canettis *Komödie der Eitelkeit* (1978/79), Kohouts *Attest* (UA 1979/80), Feydeaus *Ein Klotz am Bein* (1984/85). 1959–61 und ab 1992 im Th. in der Josefstadt. Verführerin und Muse in Paulus → Mankers Insz. von Sobols Polydrama *Alma – A Show biz ans Ende* (UA 1996, Sanatorium Purkersdorf). Bei den Salzburger Festspielen Viola in Shakespeares *Was ihr wollt* (1950), Colombine in Goldonis *Der Lügner* (R. → Wälterlin), Mamsell Margaret in Nestroys *Die Träume von Schale und Kern* (beide 1952), Marthe Schwerdtlein in → Goethes *Faust I* (1961, R. → Lindtberg), Crescence in Hofmannsthals *Der Schwierige* (1967, mit O. W. → Fischer), Jedermanns Mutter in dessen *Jedermann* (1983–89), Antonie in → Raimunds *Der Alpenkönig und der Menschenfeind* (1969). Über 100 Film- und Fernsehrollen, u. a. in *Mutterliebe* (1939), *Gottes Engel sind überall* (1948), *Hallo Dienstmann* (1952, mit → Moser), *Mariandl* (1961), *Mein Freund Harvey* (1970, TV, mit → Rühmann), *Ringstraßenpalais* (1980, TV), *Comedian Harmonists* (1997), *Kinder der Sonne* (1999, TV), *Ein glücklicher Tag* (2004, TV). Schauspielpädagogin, Professorin am Wiener Reinhardt-Seminar (1954–89), 1978–84 Leitung eines Sommerkurses für Musical-Nachwuchs. Verheiratet mit Ernst → Haeusserman. Kammerschauspielerin, u. a. Ehrenkreuz für Wissenschaft und Kunst, Nestroy-Ring, Goldenes Ehrenzeichen der Stadt Wien. – Vom Inbegriff des süßen Wiener Madels mit Temperament und Anmut, frechem Witz und koketter Aufsässigkeit reifte sie mehr und mehr zu einer differenzierenden Charakterdarstellerin mit präzisem Gestus und großen Möglichkeiten im Komischen. Komödiantin mit entfesselter Spiellust, im Alter von gelassener Souveränität. Hervorragend in Volksstücken von Nestroy und Raimund.

Nicoletti, S.: Nicht alles war Theater. Erinnerungen, aufgezeichnet von G. v. Schönthan. Düsseldorf u. a 1997; dies., L. Mazakarini: Wege zum Theater. Wien u. a. 1979.

Werner Schulze-Reimpell

Niehaus, Ruth, * 11.7. 1928 Krefeld, † 24. 9. 1994 Hamburg. Schauspielerin, Regisseurin.

Nach dem Abitur Schauspielausbildung bei Peter Esser an der Düsseldorfer Schauspielschule, Debüt 1947 in Krefeld, 1948 Engagement am Dt. Schauspielhaus in Hamburg. Hier agierte sie u. a. als Sascha in Leo Tolstojs *Der lebende Leichnam* (P. 12. 8. 1948, R. Robert Meyn) und als Luise in Schillers *Kabale und Liebe* (P. 25. 11. 1948). 1949 wechselte N. für 1 Jahr an das Stadttheater Oldenburg. In Düsseldorf sprach sie 3-mal vor, bevor Gustaf → Gründgens sie an das Schauspielhaus engagierte. In der Spielzeit 1952/53 spielte sie in Grillparzers *Medea* die Kreusa (P. 24. 5. 1952, R. Ulrich → Erfurth), zudem brillierte sie als Desdemona in → Shakespeares *Othello* (P. 13. 9. 1952, R. Erfurth) – 1951 wurde sie von Curt → Goetz für den Film entdeckt (*Das Haus in Montevideo*, Rolle: Atlanta). Als «deutsche Rita Hayworth» wurde N. in den 1950er Jahren Kinostar. Dennoch gastierte sie auch in dieser Zeit immer wieder auf verschiedenen Bühnen, u. a. mehrfach am Dt. Schauspielhaus in Hamburg, als Solveig in Ibsens *Peer Gynt* (P. 12. 2. 1952, R. Heinrich → Koch) oder mit Ruth Leuwerik als Pippa in G. Hauptmanns *Und Pippa tanzt* (P. 19. 11. 1952, R. Peter Hamel). Prädestiniert war sie für die Rolle des Gretchens, so in Goethes *Urfaust* (Heilbronn 1954) oder bei den Festspielen in Bad Hersfeld (*Faust*, 1959). 1955 gastierte sie an den Hamburger Kammerspielen. Ihre große Theaterzeit begann 1964, als sie wieder dem Ensemble des Dt. Schauspielhauses Hamburg angehörte. Bis 1968 spielte sie dort in vielen Insz.en von Oscar F. → Schuh. Die bekanntesten Rollen aus der Zeit waren: Undine in dem gleichnamigen Stück von Giraudoux (P. 21. 6. 1966), Lucile in Büchners *Dantons Tod* (P. 31. 10. 1967), Martha in Claudels *Tausch* (P. 9. 6. 1968). Danach arbeitete sie verstärkt für das Fernsehen, gastierte als freie Schauspielerin, war 1974–79 wieder an den Hamburger Kammerspielen, wo sie Boulevard spielte. U. a. war sie als Lavinia in T. S. Eliots *Die Cocktail Party* (P. 29. 4. 1975, R. Schuh) zu sehen. – Als Regisseurin gab N. 1984 ihr Debüt in Paderborn (Anouilh, *Eurydike*). Ihr Dokumentarfilm *Jeffrey zwischen Leben und Tod* wurde 1994 mit dem Filmpreis der Dt. Aids-Stiftung ausgezeichnet. – N. war als Schauspielerin auf den mädchenhaft-zarten Typus festgelegt. Persönlich bevorzugte sie jedoch widersprüchliche, rätselhafte Frauenrollen. Ihre größte Popularität erreichte N. in Hamburg und später als TV-Star, u. a. in *Tatort*-Krimis.

Sabine Steinhage

Niermeyer, Amélie, * 14. 10. 1965 Bonn. Regisseurin, Intendantin.

1983 High School Diplom in St. Louis. Hospitanzen am Schauspiel Bonn. Regie bei der Pädagogium-Theatergruppe Bonn, Kurse an der Drama School in Sydney, Regieassistentin am New Th. Sydney. 1986–89 Germanistikstudium in Bonn und München. Regieassistenzen in Bonn und am Bayer. Staatsschauspiel München. 1990–92 Regie am Bayer. Staatsschauspiel (1990 Rasumovskajas *Liebe Jelena Sergejewna*, 1991 *Memmingen* von Bettina Fless, van Dullemens *Schreib mich in den Sand*, 1992 Wedekinds *Frühlings Erwachen*). In Nürnberg 1991

Phil Youngs *Kissing God*, im Dt. Th. Alma Ata → Goethes *Die Laune des Verliebten*. 1992–93 Oberspielleiterin am Th. Dortmund (*Lysistrata* von Aristophanes, Goethes *Clavigo*), 1993–98 Bayer. Staatsschauspiel (Goethes *Iphigenie auf Tauris*, Marivaux' *Der Streit*, 1994 Ostrovskijs *Das Gewitter*, 1995 UA Jonigks *Rottweiler*, Ibsens *Hedda Gabler*, Kleists *Der zerbrochne Krug*, 1998 Jelineks *Krankheit oder Moderne Frauen*). 1994 Schiller-Collage *Zauber der Hölle* (Nationaltheater Mannheim), UA von Sam Snapes *Abschied ohne Ende* (Dt. Nationaltheater Weimar), 1995 Hebbels *Maria Magdalena* (Thalia Th. Hamburg). 1995–2000 Hausregisseurin am Schauspiel Frankfurt (Kleists *Prinz Friedrich von Homburg*, → Shakespeares *Was ihr wollt*, → Lessings *Miß Sara Sampson*, Shakespeares *Romeo und Julia*, 1999 Goethes *Stella*, 2000 Hauptmanns *Und Pippa tanzt*). Dt. Th. Berlin: 1999 Lessings *Minna von Barnhelm*, 2000 Schillers *Don Carlos*. 2002–06 Intendantin des Th.s Freiburg. Inszenierte Shakespeares *Ein Sommernachtstraum* und *Wie es euch gefällt* (2002), nach Fontanes Roman *Effi Briest* (2003), *Moby Dick* nach Melvilles Roman (2004). 2006 Schillers *Maria Stuart* (Bayer. Staatsschauspiel). Seit 2006 Intendantin des Düsseldorfer Schauspielhauses. 1992 Förderpreis für «Frauenforschung und Frauenkultur» der Stadt München. – N. wurde attestiert, sie suche eine «Versöhnung von Dekonstruktions- und Erzähltheater» (Jürgen Berger) und gehe in ihren Insz.en stark vom Schauspieler aus. Interesse an Klassikern, aber auch an aktuellen sozialkritischen Stücken und solchen, die die Rolle der Frau in unterschiedlichen Gesellschaften spiegeln.

Roeder, A., S. Ricklefs: Junge Regisseure. Regie am Theater. Frankfurt a. M. 1994.

Werner Schulze-Reimpell

Nitsch, Hermann, * 29. 8. 1938 Wien. Aktionskünstler, Bühnenbildner, Maler.

Der von der bildenden Kunst kommende N. (Ausbildung an der graphischen Lehr- und Versuchsanstalt Wien) entwickelte bereits 1957 die Idee des *orgien mysterien theaters*, eines 6 Tage dauernden Festspiels, welches ihn bis heute unablässig beschäftigt – ein Gesamtkunstwerk aus Musik, Th. und bildender Kunst. Alle 5 Sinne der Spielteilnehmer werden direkt beansprucht, fast bis zu einem orgiastischen Höhepunkt angeregt, auf den dann im Idealfall ein Erkennen des Selbst folgen soll. Anknüpfend an die Psychoanalyse sind es Rituale, die ihre Vorbilder in der katholischen Messfeier, im Dionysos-Kult und mittelalterlichen Mysterienspielen haben. Aus der Aktions- und Ausstellungstätigkeit in Wien, die Blut, rohes Fleisch, Gedärme und Tierkadaver als Material verwandte, entwickelte sich seine Malerei, die sog. «Schütt-Bilder». Seine Projekte brachten N. mehrere Prozesse und Gefängnisstrafen ein. Er gilt als der bekannteste Initiator des «Wiener Aktionismus». 1971 erwarb er Schloss Prinzendorf für die Realisation des Orgien-Mysterien-Th.s, wo seither die meisten seiner Aktionen stattfinden. Doch erst im August 1998 setzte N. eine erste Fassung des ganzen *Sechstagespiels* als 100. Aktion in Szene. 2005 fand seine 122. Aktion mit dem Wiener Burgtheater erstmals in einem offiziellen Th. statt. N. ist auch kompositorisch und literarisch tätig, da seine Aktionen in exakten «Partituren», die Handlungsanweisungen, Texte und grafisch notierte Musikstücke enthalten, festgehalten werden. – Mit Aufführungen und Aktionen in der ganzen Welt (u. a. in London, Neapel, New York und Sydney) machte sich N. einen Namen. 1989–95 hatte er eine Professur für interdisziplinäre Kunst an der Staedelschule in Frankfurt a. M., Gastprofessuren in Hamburg und Wien (2004). Inzwischen ist etabliert und museumswürdig, was früher abgelehnt wurde. Die erste Arbeit an einem

Staatstheater übernahm N. bei der Ausstattung und Regiebeteiligung an Jules Massenets Oper *Hérodiade* (1994/95, Wiener Staatsoper). Für die Oper *Satyagraha* von Philip Glass (2001, Festspielhaus St. Pölten, R. Michael Schilhan) erstellte N. das Bühnenbild und war für die Ausstattung verantwortlich. «Für viele überraschend [...] ist die ungeheure Farbigkeit, fast möchte man sagen Buntheit, der Ausstattung [...] Diese harmonische Farbigkeit in den Prospekten und Kostümen unterstreicht die Harmonie in der Musik [...] und die friedliche Grundstimmung in besonderer Weise» (E. Kienzl in: *@cetera. Literarisch-aktuelles Magazin der Literarischen Gesellschaft St. Pölten*, 2001). 2005 Ausstattung zu Stravinskijs *Le renard* (2005, Wiener Staatsoper) – begleitet von Zuschauerprotesten. 2005 Goldene Ehrenmedaille der Stadt Wien, Österr. Staatspreis – N.s Werk ist ein ständiger Arbeitsprozess am Projekt des Orgien-Mysterien-Th.s: «das 6 tage dauernde spiel des o. m. theaters soll das grösste und wichtigste fest der menschen werden (es ist ästhetisches ritual der existenzverherrlichung). es ist gleichzeitig volksfest und zu bewusstsein gebrachtes mysterium der existenz. das fest des o. m. theaters hat keinen anderen vorwand als die seinsmystische verherrlichung unseres hierseins. das fest treibt in richtung zu einem durch den menschen zu sich selbst kommenden sein» (N.). Es geht ihm um eine Erweiterung der Auffassung des Malerischen und des Theatralischen, des architektonischen und des musikalischen Gestaltens. Seine Aktionen brechen Tabus und verbinden Motive alter Kulturen und verschiedener Weltreligionen mit der Gegenwart.

Hermann Nitsch, das Sechstagespiel des Orgien-Mysterien-Theaters 1998. Hg. O. Rychlik. Ostfildern-Ruit 2003; Hermann Nitsch: Leben und Arbeit. Aufgezeichnet von D. Spera. (2. Aufl.) Wien 2005; Lichtberger, G.: Kritische Überlegungen zum Thema: «Kunst als prophetische Liturgie am Beispiel von Hermann Nitsch». Diss. Graz 2001; Nitsch: eine Retrospektive. Hg. G. Bösch. Klosterneuburg 2003; Nitsch, H.: König Oedipus: eine spielbare Theorie des Dramas. Berlin 1986; ders.: Das Orgien-Mysterien-Theater. Salzburg u. a. 1990; ders.: Wiener Vorlesungen. Wien u. a. 2005; ders.: Zur Theorie des Orgien Mysterien Theaters: zweiter Versuch. Salzburg u. a. 1995; Das rote Tuch, der Mensch, das unappetitlichste Vieh: Hermann Nitsch, das Orgien-Mysterien-Theater im Spiegel der Presse 1960–1988. Wien 1988; Stärk, E.: Hermann Nitschs «Orgien Mysterien Theater» und die «Hysterie der Griechen». München 1987.

Sabine Steinhage

Noelte, Rudolf, * 20. 3. 1921 Berlin, † 7. 11. 2002 Garmisch-Partenkirchen. Regisseur.

1939 Arbeitsdienst. 1939–41 Studium der Philosophie, Germanistik, Theaterwissenschaft, Kunstgeschichte in Berlin. Statist am dortigen Staatstheater. 1941–45 Soldat. 1945 kleine Rollen im Hebbel-Th. (Berlin), Regieassistent der ersten Insz. des Bühnenbildners Willi → Schmidt und bei anderen Regisseuren, 1948 bei Jürgen → Fehling. Im gleichen Jahr Insz. von Borcherts *Draußen vor der Tür* im Studio des Hebbel-Th.s. Hörspiel-Insz.en. 1952 *Pygmalion* von Shaw (Dt. Theater Berlin). Assistenzen beim Film. 1952 Regieassistent der letzten Fehling-Insz. *Maria Stuart* von Schiller im Schiller-Th. Berlin (P. 27. 9. 1952), UA *Die Gefangenen* von Stefan Barcava, Schlossparktheater, UA *Das Schloß* von Kafka/Brod. Gastspiel beim Th. der Nationen in Paris, «Prix des Critiques» (zusammen mit → Brecht). Insz.en in Frankfurt a. M., München (*Maria Stuart*), Hamburg (Ibsens *Die Wildente*), Berlin. 1957 Fernsehverfilmung *Draußen vor der Tür*. 1959 Intendant des Th.s der Freien Volksbühne Berlin. Nach wenigen Monaten wegen angeblicher Etatüberschreitung fristlos entlassen. Im anschließenden Prozess voll rehabilitiert. 1960 dort mit Insz. von Sternheims *Kassette* Anstoß zur Sternheim-Renaissance. Inszenierte in München (Sternheim,

Sophokles, Ostrovskij), Stuttgart (Sternheims *Snob*, Čechovs *Drei Schwestern*). 1966 Ruhrfestspiele *Der zerbrochne Krug* von Kleist. 1968 Verfilmung von Kafkas *Schloß*, dt. Beitrag bei der Biennale in Venedig. 1970 Debüt als Opernregisseur mit *Lulu* von Alban Berg in Frankfurt a. M. Čechov-Insz.en in Köln und München, Strindbergs *Todestanz* im Schlossparktheater Berlin. 1973 → Molières *Menschenfeind* bei den Salzburger Festspielen (1975 Dt. Schauspielhaus Hamburg), Mozarts *Don Giovanni* (Dt. Oper Berlin). O'Neills *Eines langen Tages Reise in die Nacht* (Dt. Schauspielhaus Hamburg, 1975), Shaws *Arzt am Scheideweg* (Münchner Kammerspiele / Dt. Schauspielhaus Hamburg, 1979), Ibsens *Nora* (1976, Renaissancetheater Berlin). 1977 Hauptmanns *Ratten* (Th. der Freien Volksbühne), Čajkovskijs *Eugen Onegin* (Bayer. Staatsoper), 1979 Čajkovskijs *Pique Dame* (Köln), Molières *Tartuffe* (Burgtheater Wien). 1981 Büchners *Dantons Tod* (Salzburger Festspiele), →Shakespeares *Hamlet* (Bonn), 1982 →Goethes *Egmont* (Düsseldorfer Schauspielhaus), 1983 Hauptmanns *Michael Kramer* (Thalia Th. Hamburg), dessen *Schluck und Jau* (Bonn), 1984 *Maria Stuart* (Burgtheater), 1987 *Manon* von Massenet (Covent Garden London). Zwischen 1988 und 1990 5 Insz.en für den Theatersommer in Weilheim. Letzte Insz. 1991 Molières *Der Geizige* (Zürcher Schauspielhaus), Mozarts *La nozze di Figaro* (Festival d'Aix-en-Provence).

N., der sich stets als Schüler seines hochverehrten Vorbilds Jürgen Fehling verstand, war neben Fritz →Kortner der bedeutendste und einflussreichste Regisseur der Nachkriegsjahre in Deutschland. 9 seiner Insz.en wurden zum Berliner Theatertreffen eingeladen. Er galt wegen seiner unerbittlichen Kompromisslosigkeit hinsichtlich der Arbeitsbedingungen und in Besetzungsfragen als besonders schwierig. In den späteren Jahren wurden von ihm fest vereinbarte Projekte häufiger abgesagt als realisiert. In mehr als 40 Jahren inszenierte N. 54 Schauspiele, 10 Opern, 10 Fernsehfilme (fast ausschließlich nach Bühnenstücken). Das Reservoir der ihn interessierenden Stücke war klein. Vieles inszenierte er mehrfach: viermal Sternheims *Der Snob*, dreimal dessen Komödie *Die Kassette* und Čechovs *Drei Schwestern* – insgesamt 39 Titel. Shakespeare lag ihm fern («Zu seinen Komödien habe ich – außer zu *Maß für Maß* – keine Beziehung und noch nie eine überzeugende Aufführung erlebt») – *Hamlet* war eine seiner schwächsten Arbeiten. Auch an den dt. Klassikern konnte sich sein Genie offenbar nicht voll entfalten. →Brecht war für ihn suspekt; von neuen Autoren wandte er sich bald ab. «Ich fühle mich keinem zeitgenössischen Dramatiker verpflichtet», schrieb er 1964. – N.s Feld war der bürgerliche Realismus des späten 19. und frühen 20. Jh.s. Georg Hensel nannte ihn einen «unübertrefflichen Meister des psychologischen Realismus». Sein Ziel war unbedingte Wahrhaftigkeit auf der Bühne, eine stilisierte, hochartifizielle Normalität und Natürlichkeit. Benjamin Henrichs schrieb 1970 anlässlich von N.s *Kirschgarten*-Insz.: «Getragen wird die Aufführung von Noeltes fanatischem Interesse für jede einzelne Figur. [...] alle diese Menschen zeigt er mit rigorosem Pessimismus als hilflos, als zukunftslos. Doch eines ist diesen unnützen Menschen geblieben: Zartheit und Schönheit. Bei Noelte bedingen Zärtlichkeit und Pessimismus einander. Nur wer Menschen nicht an einem utopischen Idealbild mißt, kann ihre Schwächen und Beschränktheiten so objektiv, so mitfühlend schildern.» Niemand wird verurteilt – Strafverteidiger hätte sich N. als Beruf vorstellen können.

«Alle theatralischen Zwecke sind mir fremd, das Komödiantische ist mir suspekt; die Bühne hat lediglich dem dramatischen

Text zu dienen», heißt es in einem seiner seltenen Selbstkommentare 1964. Und 1978: «Mein Grundsatz ist, bei einer Inszenierung so lange Regie zu führen. bis man den Regisseur nicht mehr merkt.» Viele Schauspieler haben davon profitiert. – Stets ein Außenseiter, isolierte sich N. mehr und mehr, wozu seine polemischen Ausfälle gegen «Brülltheater», neue Inszenierungsweisen und linke Ideologie wesentlich beitrugen. Angebote, ein Th. zu leiten, zerschlugen sich an seiner Forderung, herkömmliche Strukturen des Stadttheaterbetriebs radikal zu ändern.

Inszenierungen in Moll. Der Regisseur Rudolf Noelte. Hg. A. Gerlach. Berlin 1996.

Werner Schulze-Reimpell

Nunn, Sir Trevor (Robert), * 14. 1. 1940 Ipswich (Großbritannien). Regisseur, Theaterleiter.

Handwerkersohn; 1959–62 Universität Cambridge, erste Regieerfahrungen mit der Marlowe Society. 1962–65 Regisseur am Belgrade Th. (Coventry): → Brecht *(Der kaukasische Kreidekreis)*, Arthur Miller *(A View from the Bridge)*, Ibsen *(Peer Gynt)*. 1966 Royal Shakespeare Company (RSC), deren künstl. Leiter (1968–78) und deren Direktor (1978–86, mit Terry Hands) er war. Inszenierte v. a. Shakespeare *(Henry IV, 1 and 2,* 1966, 1981; *Hamlet,* 1970; *Macbeth,* 1974, 1976; *King Lear,* 1968, 1976; *Othello,* 1989) und Zeitgenossen: 1966 Tourneurs *The Revenger's Tragedy (Die Tragödie der Rächer),* 1977 Jonsons *The Alchemist (Der Alchemist),* 1986 Heywoods *Fair Maid of the West.* Setzte sich von modernen Autoren v. a. für Tom Stoppard ein (*Tango,* 1966; *Every Good Boy Deserves Favour,* 1997 Royal Festival Hall; *Arcadia,* 1993 National Th., 1995 Broadway; *Rock'n'Roll* (2006, Royal Court Th.). Große Erfolge mit der Adaption von Romanen wie Dickens' *The Life and Times of Nicholas Nickelby* (1980, Ko-Regie John Caird, 1981/82 Broadway; 1985, 1986 Broadway) und Hugos *Les Misérables* als Musical (1985 Palace Th., 1987–2003 Broadway). Unter seiner Leitung Konsolidierung der RSC, Erweiterung der Bühnen in Stratford, in London Umzug ins Barbican Arts Centre. – Seit den 1980er Jahren erfolgreiche Musicalinsz.en: Lloyd Webbers *Cats* (1981 New London Th., 1982–2000 Broadway), *Starlight Express* (1984 Apollo Victoria Th., 1987–89 Broadway), *Aspects of Love* (1989 Prince of Wales Th., 1990/91 Broadway), *Sunset Boulevard* (1993 Adelphi Th., 1994–97 Broadway), *The Woman in White* (2004–06, Palace Th., 2005 Broadway), Rodgers' *Oklahoma!* (1998 NT, 2002 Broadway), Loewes *My Fair Lady* (2001, NT). – 1997–2002/03 Leiter des National Theatre (NT). Inszenierte u. a. Williams' *Not About Nightingales* (*Aber nichts von Nachtigallen,* 1998) und *A Streetcar Named Desire* (*Endstation Sehnsucht,* 2002, mit Glenn Close), Ibsens *Ein Volksfeind* (1998, mit Ian → McKellen), Gor'kijs *Sommergäste,* → Pinters *Betrayal* (*Betrogen,* beide 1999), Čechovs *Kirschgarten* (mit Vanessa und Corin → Redgrave), Shakespeares *The Merchant of Venice* (*Kaufmann von Venedig,* beide 2000), Stoppards Trilogie *The Coast of Utopia* (2002). Kommerziell erfolgreich, war seine Leitung des NT nicht unumstritten. Kritiker warfen ihm zu ausgeprägten Geschäftssinn in eigener Sache vor, Kommerzialisierung und weitgehenden Verzicht auf künstl. Risiko, Vernachlässigung zeitgenössischen Th.s zugunsten ertragreicher Musical-Produktionen. Einzelne Operninsz.en (Maws *Sophie's Choice,* 2002, Royal Opera House; Brittens *Peter Grimes,* 2005, Salzburger Festspiele), Fernsehproduktionen und Filme. Seit 2003 freiberuflich: Ibsens *Die Dame vom Meer* (2003, Almeida Th.), Almonds *Skellig* (UA 2003, Young Vic Th.), Shakespeares *Richard II* (2005, Old Vic Th.). Verheiratet u. a. mit den Schauspielerinnen Janet Suzman (* 1939) und Imogen Stubbs (* 1961), von der er u. a. ihr

Stück *We Happy Few* (2004, Gielgud Th.) in Szene setzte.

    Regisseur mit außergewöhnlicher künstl. Bandbreite, der Klassiker wie Musicals, kommerzielle wie experimentelle Stücke gleichermaßen in populärer Qualität zu inszenieren vermag. Dabei stilistisch eher eklektisch, weniger von eigener Ästhetik beeinflusst als von der Achtung vor dem dichterischen Text. Nutzt alle Möglichkeiten der Visualisierung, um eine möglichst komplexe Theatralität der Insz. zu erreichen. Betonung des Ensembles. Zahlreiche Auszeichnungen, 1978 Commander of the British Empire (CBE), 2003 geadelt und Auszeichnung für sein Lebenswerk durch die Directors Guild of Great Britain.

Wolfgang Beck

Nüsse, Barbara, * 17. 2. 1943 Essen. Schauspielerin.

    Schauspielausbildung an der Otto-Falckenberg-Schule in München. Erstes Engagement am Ateliertheater Bern, 1967–71 Bayer. Staatsschauspiel München. 1972–76 Bühnen der Stadt Köln, u. a. Klara in Hebbels *Maria Magdalena* (1972, R. → Heyme). 1976–78 Staatstheater Stuttgart (Mascha in Čechovs *Drei Schwestern*, 1978), 1978–80 Schauspielhaus Bochum, u. a. in → Goethes *Torquato Tasso* (R. → Peymann), Strauß' *Groß und klein* (beide 1979, R. N.-P. → Rudolph). Zusammenarbeit mit Rudolph auch am Dt. Schauspielhaus Hamburg (1980–85), u. a. in Schillers *Die Verschwörung des Fiesco zu Genua* (1981), Strauß' *Kalldewey, Farce* (UA 1982), → Fos *Hohn der Angst* (1983), Musils *Die Schwärmer* (1984). 1985/86 an den Staatl. Schauspielbühnen Berlin u. a. mit M. → Hoppe in der DEA von Duras' *Savannah Bay*. 1986 machte N. mit dem Soloabend *Penelope* Furore (Kampnagel, Hamburg), der szenischen Umsetzung des Monologs der Molly Bloom aus Joyce' *Ulysses*. Mit dieser theatergeschichtlich bedeutsamen freien Produktion war sie mehrere Jahre auf Tournee (mehr als 200 Auftritte). Am Stadttheater Basel in Insz.en → Bilabels in Wertmüllers *Liebe und Magie in Mammas Küche* (1988) und Kleists *Penthesilea* (TR, 1991); 1989 in Düsseldorf Medea in Jahnns gleichnamigem Stück (R. → Schroeter) und H. → Müllers *Verkommenes Ufer / Medeamaterial / Landschaft mit Argonauten* (R. → Tragelehn). 1989 Soloprogramm mit der Adaption von Gertrude Steins *Er sagt es. Monolog*. Eine Produktion mit Birgitta Linde, mit der N. danach u. a. in der sprachmusikalischen Dramatisierung von Zaimoglus *Kanak Sprak* über die Desintegration türk. Jugendlicher in Deutschland (1997, Kampnagel) zusammenarbeitete. Ab 1992 wieder Dt. Schauspielhaus, u. a. in Kushners *Engel in Amerika* (DEA 1993), Bonds *Gerettet* (1994, R. E. → Lang), Canettis *Hochzeit* (1995, R. → Marthaler), Jelineks *Stecken, Stab und Stangl* (UA 1996), der Adaption von Ellis' *American Psycho* (2001), beide in der Regie → Brunckens, mit der sie auch am Wiener Volkstheater zusammenarbeitete (Sisi in Franzobels *Mayerling – Die österreichische Tragödie*, UA 2001; Chor in Sophokles' *Antigone*, 2003). An den Hamburger Kammerspielen Erfolge in Millers *Scherben* (1996, R. E. Lang), Becketts *Glückliche Tage* (1999), Bernhards *Am Ziel* (2002), Kochs Adaption von Wessels Film *Martha Jellneck* (TR, UA 2004 – «Die Nüsse ist in ihrem verinnerlichten Spiel, in der minutiös ehrlichen Darstellung sensationell» (*Hamburger Abendblatt*, 23. 2. 2004), Atkins' *Vita & Virginia* (2006). Am Maxim-Gorki-Th. Berlin in Ibsens *Gespenster* (2002, R. → Watanabe), den Münchner Kammerspielen in Walshs *The New Electric Ballroom* (UA 2004/05), am Schauspiel Zürich in Ibsens *John Gabriel Borkman* (2005), Fosses *Todesvariationen* (2005, R. M. → Hartmann; Übernahme aus Bochum). Film- und Fernsehrollen, Lesungen, Hörbücher. – N. ist eine von Anfang an erfolgreiche Schauspielerin, der es immer wieder aufgrund ihrer breiten Skala an sprachlichen und körperlichen Ausdrucksmöglichkeiten und ihres sensiblen und differenzierten Spiels gelingt, vielschichtige Frauenfiguren überzeugend darzustellen. Dabei lockt sie auch noch aus der tragischsten Figur den komödiantischen Anteil hervor.

Karin Schönewolf

O

Oida, Yoshi, * 1933 Kobe (Japan). Regisseur, Schauspieler.

Nach Philosophiestudien Auseinandersetzung mit den traditionellen jap. Theaterformen: Nô, Kabuki, Kyôgen, Gidavu, Bunraku. Vielseitige Schauspielerkarriere in einheimischen wie westlichen Stücken. Interesse an experimenteller Theaterarbeit in Gemeinschaft mit dem v. a. als Erzähler bekannten Schriftsteller Yukio Mishima (1925–70). Tätigkeit für Film und Fernsehen. Auf Einladung von Jean-Louis → Barrault etablierte er sich in Paris 1968, im gleichen Jahr wie Peter → Brook, in dessen Centre international de Recherches Théâtrales (CIRT) er als künstl. Anreger und Schauspieler wesentliche Impulse setzte. O. spielte u. a. in Brooks Insz.en von → Shakespeares *Der Sturm* (1968, Round House, London), dem dramatischen Epos *Orghast* (1971, aufgeführt beim Shiraz Festival auf einem Berggipfel über den Ruinen von Persepolis), *Les Iks* (nach Colin Turnbull, 1975, Th. des Bouffes du Nord), *Der Knochen* nach Birago Diop und *Die Konferenz der Vögel* nach einem Text des persischen Mystikers Attar (1979, Festival d'Avignon), der 9-stündigen Dramatisierung des Sanskrit-Versepos *Mahabharāta* (1985, Festival d'Avignon), *L'homme qui* (nach Oliver Sacks, 1993), Brooks Adaption *Qui est là?* (1995, beide Th. des Bouffes du Nord), *Tierno Bokar* nach dem Roman *Leben und Lehre des Tierno Bokar* von Amadou Hampâté Bâ (UA 2004 in der Gebläsehalle eines ehemaligen Duisburger Stahlwerks im Rahmen der RuhrTriennale). Außerdem in Nadjs *Il n'y a plus de firmament* (2003, Th. Vidy-Lausanne). Yoshi and Company, die 1975 gegründete eigene Truppe, schöpft aus allen Quellen der Weltliteratur: → Molière-Improvisationen unter dem Titel *Le Sac ridicule*, *Das Tibetanische Totenbuch* (1982), *Die Göttliche Komödie* nach Dante (1982), *Über den Berg kommen*, ein Nô-Stück nach Zeami Kanze (1983, Werkhaus Moosach), *Der Gang des Chamäleons* nach afrikan. Überlieferung (1986, Festival de San'Arcangelo di Romagna), *Madame de Sade* von Yukio Mishima (1996, Schaubühne am Lehniner Platz, Berlin). Insz.en u. a. von Abes *Die Frau in den Dünen* (1995, Theaterlabor Bielefeld), Becketts *Endspiel* (1997, Appeltheater, 's Gravenhage), Brittens Oper *Curlew River* (1998, Festival d'Aix), Camus' *Das Mißverständnis* (1999, Thalia Th. Hamburg), *Molly Sweeney* von Brian Friel (2001, Nürnberg), Fosses *Traum im Herbst* (2001, Burgtheater Wien), Mahlers *Das Lied von der Erde* (2002, Opéra de Rouen), Manourys Kammeroper *La frontière* (2003, Th. des Bouffes du Nord). 2002 Jean Genets *Die Zofen* als Tanztheateraufführung, wobei die weiblichen Hauptpersonen

Claire und Solange von 2 männlichen Tänzer-Choreographen gespielt wurden, dem aus Brasilien stammenden Ismael Ivo und dem aus Benin gebürtigen Koffi Kôkô, eine von der jap. Tradition und den Ritualen → Grotowski'scher und Brook'scher Observanz gestaltete Produktion, die im Theaterhaus Stuttgart, in Berlin, Rouen und Ferrara zu sehen war. Theaterpädagoge, Verfasser theatertheoretischer Werke *(L'Acteur flottant*, dt. *Zwischen den Welten*; *L'Acteur invisible*; dt. *Der unsichtbare Schauspieler)*. Chevalier de l'Ordre des Arts et des Lettres. – O.s relativ einfache Spielweise, sein Zuschauerkontakt ist von außerordentlicher Dichte. Das Ideal ist «der unsichtbare Schauspieler» – so der Titel des mit Lorna Marshall geschriebenen Bekenntnisbuchs – «der nicht zeigen soll, was er kann, sondern der den Zuschauer in ein Anderswo, ein völlig ungewöhnliches Anderswo entführen soll».

Horst Schumacher / Wolfgang Beck

Olivier, Sir Laurence (Kerr), Lord Olivier of Brighton, * 22.5. 1907 Dorking (Surrey), † 11.7. 1989 Steyning (West Sussex). Schauspieler, Regisseur, Theaterleiter.

Sohn eines anglikanischen Geistlichen; besuchte die All Saints Choir School (Marylebone); spielte dort mit großem Erfolg 1917 Brutus in → Shakespeares *Julius Caesar*, 1918 Maria in *Twelfth Night or What You Will*, 1920 Katharina in *The Taming of the Shrew*. 1921–24 Saint-Edward-College Oxford. Mit dessen Theatertruppe spielte O. erneut Katharina (1922, Festival Th., Stratford-upon-Avon), Puck in *A Midsummer Night's Dream* (1923). Schauspielunterricht an der Central School of Speech Training and Dramatic Art (London). Erste Rollen an verschiedenen Th.n und Lena Ashwells Wandertruppe. 1926–28 Mitglied von Barry Jacksons Birmingham Repertory Th.; Durchbruch mit der TR in Tennysons *Harold* (UA 1928, Royal Court Th., London). Erfolge in Sherriffs Anti-Kriegsstück *Journey's End* (1928, Apollo Th., London) und Cowards *Private Lives* (1930, Arts Th., London; 1931, Times Square Th., New York). 1929 erster Broadway-Auftritt in Vospers *Murder on the Second Floor* (Eltinge Th.). Erste Regie bei Thompson / Cunards *Golden Arrow* (1935, Whitehall Th., London). Die Reihe seiner Triumphe in Stücken Shakespeares begann mit *Romeo and Juliet* (1935, New Th., London), in der O. und der Regisseur John → Gielgud abwechselnd Romeo und Mercutio verkörperten. Sie setzte sich fort im Old Vic Th., in dem O. u. a. die TRn in *Hamlet* (auch in Schloss Kronborg in Helsingør), *Henry V*, *Macbeth* (alle 1937), *Othello*, *Coriolan* (beide 1938) spielte. 1944–49 leitete O. mit Ralph → Richardson und John Burrell das Old Vic Th. und wirkte dabei u. a. in Shakespeares *Richard III* (TR, 1944), *King Lear* (TR, 1945, eigene R.), *Henry IV* (beide Teile, 1945), Ibsens *Peer Gynt*, Čechovs *Onkel Vanja*, Wilders *The Skin of Our Teeth* (eigene R.), Sophokles' *Ödipus Rex* (alle 1945) mit; Regie bei Sheridans *The School for Scandal* (1948), Anouilhs *Antigone* (1949). Mit einer Reihe dieser Stücke unternahm das Ensemble Tourneen durch Westeuropa (1945), Australien und Neuseeland (1948). Seine darstellerische Vielseitigkeit konnte O. unter Beweis stellen in der abwechselnden Verkörperung der Titelhelden in Shaws *Caesar and Cleopatra* und Shakespeares *Antony and Cleopatra* (1951, Saint James' Th., London; 1951/52, New Century Th., New York), die im gleichen Bühnenbild und Kostüm gespielt wurden. Im Shakespeare Memorial Th. in Stratford-upon-Avon verkörperte O. Malvolio in Shakespeares *Twelfth Night or What You Will*, die TRn in *Titus Andronicus* R. → Brook), *Macbeth* (alle 1955), *Coriolan* (1959, R. → Hall); beim Chichester-Festival, dessen erster künstl. Leiter er 1962–65 war, inszenierte er u. a. Fletchers *The Chances*, Fords *The Broken*

Heart, Čechovs *Onkel Vanja* (alle 1962). Dass seine Darstellungskunst nicht auf das klassische Repertoire beschränkt war, bewies O. auf eindrucksvolle Weise als Archie Rice in Osbornes *The Entertainer* (UA 1957, Royal Court Th.; 1958, Royal Th., New York, 1960 Film), Beringer in Ionescos *Die Nashörner* (1960, Royal Court Th., R. Orson Welles), Becket bzw. Heinrich II. in Anouilhs *Becket oder die Ehre Gottes* (1960/61, verschiedene Broadway-Th. und USA-Tournee). 1962–73 war O. Direktor des neu gegründeten National Th., das bis zur Fertigstellung des eigenen Theaterkomplexes im Old Vic Th. spielte. Er leitete nicht nur diese neue Institution, sondern spielte und inszenierte auch. Rollen u. a. in Ibsens *Baumeister Solness* (1964) Congreves *Love for Love* (1965, beide R. → Wood), Strindbergs *Totentanz* (1967), Maughams *Home and Beauty* (1969), Shakespeares *The Merchant of Venice* (1970), O'Neills *A Long Day's Journey into Night* (1971), Griffiths' *The Party* (1973, letzte Bühnenrolle). Regie u. a. bei Millers *The Crucible* (1965), O'Caseys *Juno and the Peacock* (1966), Čechovs *Drei Schwestern* (1967), Ginzburgs *The Advertisement* (1968), Giraudoux' *Amphitryon 38* (1971), Priestleys *Eden End* (1974). Von *Too Many Crooks* (1930) bis *War Requiem* (1989) wirkte O. in rund 90 Film- und Fernsehproduktionen mit, u. a. *Fire Over England* (1937), *Wuthering Heights* (1939), *Rebecca* (1940), *Pride and Prejudice* (1940), *The Beggar's Opera* (1953), *The Prince and the Showgirl* (1957, eigene R.), *The Devil's Disciple* (1959), *Spartacus* (1960), *Bunny Lake Is Missing* (1965), *The Shoes of the Fisherman* (1968), *Oh! What a Lovely War*, *Battle of Britain* (beide 1969), *Sleuth* (1972), *Love Among the Ruins* (1975, TV), *Cat on a Hot Tin Roof* (TV), *Marathon Man* (beide 1976), *The Betsy*, *The Boys from Brazil* (beide 1978), *The Jazz Singer* (1980), *A Voyage Round My Father* (1982, TV), *King Lear* (1983, TV), *The Ebony Tower* (1984, TV). Einen Platz in der Filmgeschichte erwarb sich O. v. a. durch seine Regie (und TRn) bei Shakespeares *Henry V* (1944, Oscar), *Hamlet* (1948, Oscar) und *Richard III* (1955). Zahlreiche Ehrungen, 1947 geadelt, 1970 als erster Schauspieler in den persönlichen Adelsstand erhoben, 1981 Order of Merit. Nach ihm sind die Hauptbühne des National Th. und ein wichtiger brit. Theaterpreis benannt. Er wurde als fünfter Schauspieler überhaupt in Westminster Abbey begraben. O. war verheiratet mit den Schauspielerinnen Jill Esmond (1908–90), Vivien Leigh (1913–67), Joan Plowright (* 1929). Seine Kinder aus erster und dritter Ehe, Tarquin (* 1936), Richard (* 1962), Tamsin (* 1963), Julie Kate (* 1966), waren bzw. sind als Schauspieler, Regisseure, Produzenten beim Th. und Film tätig.

O. gilt nicht nur in Großbritannien als einer der bedeutendsten Charakterschauspieler aller Zeiten. Technisch brillant, war er ein Sprachkünstler wie Gielgud, von großer körperlicher Ausdruckskraft wie Richardson, ein Verwandlungskünstler wie → Guinness, von intellektueller Schärfe und psychologischer Tiefe wie M. → Redgrave. In jedem Punkt vielleicht den Genannten im Einzelfall nicht immer gleichwertig, überragte er sie durch die vollkommene Verbindung all dieser darstellerischen Möglichkeiten. «Er ist ein Schauspieler mit einem derart breitgefächerten Spektrum, mit einer so bewundernswerten Intelligenz und einer so vollkommenen Technik, daß kein Prädikat ausreicht, um seine Fähigkeiten richtig zu beschreiben» (D. Serge, zit. nach Lefèvre, S. 178). Zahlreiche seiner Interpretationen moderner, v. a. aber von Shakespeare-Rollen sind in die Th.- bzw. Filmgeschichte eingegangen.

Bragg, M.: Laurence Olivier. London 1984; Lefèvre, R.: Sir Laurence Olivier. Seine Filme – sein Leben. München 1983; Lewis, R.: The real life of Laurence Olivier. New York 1997; Olivier, L.: Confessions of an actor. New York 1982 (dt. Bekenntnisse eines Schauspielers. München 1985); ders.: On acting. New York 1986; Olivier at work: the National years. Hg. L. Haille. London 1989; Sanderson, M.: From Irving to Olivier. New York 1984; Silviria, D.: Laurence Olivier and the art of film making. London 1985; Spoto, D.: Sir Laurence Olivier. München 1992.

Wolfgang Beck

Orth, Elisabeth (eig. E. Hörbiger), * 8. 2. 1936 Wien. Schauspielerin.

Tochter der Schauspieler Paula → Wessely und Attila → Hörbiger; Schwester von Christiane → H. und Maresa H.; Künstlername nach dem Mädchennamen ihrer Großmutter. Ausbildung am Wiener Max-Reinhardt-Seminar. Erste Engagements in Wien am Volkstheater, dem Th. der Courage und dem Th. in der Josefstadt. Danach 1960/61 am Ulmer Th., Rollen in O'Caseys *Der Rebell, der keiner war* (1960), → Shakespeares *Der Kaufmann von Venedig* (1961, beide R. → Zadek), → Lessings *Emilia Galotti* (TR, 1961, R. K. → Hübner). Engagements in Bad Hersfeld, Köln (H. Mann, *Madame Legros*, 1964), seit 1964 am Bayer. Staatsschauspiel München. Dort u. a. in Ionescos *Die Stühle*, Goethes *Iphigenie auf Tauris* (TR, beide 1966), Büchners *Woyzeck* (1966, R. → Lietzau); Claudels *Der seidene Schuh* (1967), Čechovs *Drei Schwestern* (1967, R. → Hilpert), Genets *Die Wände* (1968), O'Neills *Alle Reichtümer der Welt* (1970/71). 1968 Tournee mit O'Neills *Fast ein Poet* (Euro-Studio). Seit 1970 am Wiener Burgtheater, wo sie 1965 in Schillers *Kabale und Liebe* (R. → Lindtberg) debütiert hatte. Wichtige Rollen u. a. in Ibsens *Nora* (1971), → Goethes *Götz von Berlichingen* (1973), *Clavigo* (1980), Schillers *Don Carlos* (1973; 2004), Aischylos' *Die Orestie* (1976, R. → Ronconi), Gor'kijs *Die Kleinbürger* (1977, R. → Dorn), Strindbergs *Der Pelikan* (1978), Lessings *Emilia Galotti* (1979, 2002, TV 2003), Frischs *Triptychon* (1981, R. → Axer); Lenz' *Der neue Menoza* (R. → Besson), Büchners *Dantons Tod* (beide 1982, R. → Benning), *Woyzeck* (1989, R. → Freyer), Shakespeares *Othello* (1983, R. Lietzau; 1990, R. → Tabori), *Hamlet* (1985, R. → Hollmann), → Brechts *Mutter Courage und ihre Kinder* (TR, 1986, R. → Schroth), Bonds *Sommer* (1987), Čechovs *Ivanov* (1990, R. Zadek), O'Caseys *Das Ende vom Anfang* (1992, R. → Breth). In den 1990er Jahren Gastrollen in Berlin am Renaissancetheater (O'Neill, *Fast ein Poet*, 1994, R. → Klingenberg) und der Schaubühne (Kleist, *Familie Schroffenstein*, 1997). Am Burgtheater in Insz.en Zadeks (Marlowe, *Der Jude von Malta*, 2001), Breths in Bonds *Die See*, Horváths *Der jüngste Tag* (beide 2000), Schillers *Maria Stuart* (2001), Čechovs *Der Kirschgarten* (2005). Bei den Salzburger Festspielen u. a. in → Raimunds *Der Alpenkönig und der Menschenfeind* (1969), Hofmannsthals *Jedermann* (1972, 1990), Schnitzlers *Der einsame Weg* (1987, R. Th. → Langhoff), *Das weite Land* (2002), Shakespeares *Julius Cäsar* (1992, R. P. → Stein), Grillparzers *König Ottokars Glück und Ende* (2005, R. → Kusej, Ko-Prod. Burgtheater). Zahlreiche Film- und Fernsehrollen. Im Fernsehen präsentierte sie 1985–94 die Sendung *Schatzhaus Österreich*. Zahlreiche Lesungen und Vorträge; Autorin (*Märchen ihres Lebens – Meine Eltern Attila Hörbiger und Paula Wessely*, 1975) und bis 2000 Kolumnistin der Wochenzeitung *Die Furche*. Ihr Sohn Cornelius Obonya (* 1969) ist ebenfalls Schauspieler. O. ist österr. Kammerschauspielerin, bayer. Staatsschauspielerin, Trägerin zahlreicher Auszeichnungen. Charakterdarstellerin mit großer Ausstrahlung und umfangreichem Repertoire, hervorzuheben in Herrscherfiguren und mythischen Gestalten, denen sie eine eigene Gestaltung zu geben, bei denen sie Brüche in den Figuren zu artikulieren versteht.

Wolfgang Beck

Ostermayer, Christine, * 15. 12. 1936 Wien. Schauspielerin.

Schon als Kind Auftritte am Wiener Kindertheater. Nach Tanzausbildung Ausbildung am Max-Reinhardt-Seminar Wien. Debüt als Julia in → Shakespeares *Romeo und Julia* an den Städt. Bühnen Essen. Engagements bei den Luisenburg-Festspielen, den Bad Hersfelder Festspielen, den Wuppertaler Bühnen. 1963–83 Bayer. Staatsschauspiel München. Spielte Zoë in Saunders' *Ein Duft von Blumen* (1965), Piperkarcka in Hauptmanns *Die Ratten* (1966), die TRn in Anouilhs *Antigone* (1966) und in Ibsens *Nora* (1969), Mari in Hays *Haben* (1967), Laila in Genets *Wände* (1968, R. → Lietzau), Rosalind in → Shakespeares *Wie es euch gefällt* (1968), Viola in dessen *Was ihr wollt* (1970, 1972 auch bei den Salzburger Festspielen), Isabella in dessen *Maß für Maß* (1973), Berta in Fleißers *Pioniere in Ingolstadt*, Gretchen in → Goethes *Urfaust* (1972), Polly in → Brecht/Weills *Die Dreigroschenoper* (1974), TRn in Shaws *Die heilige Johanna* (1975) und in Schillers *Maria Stuart* (1981, R. → Meisel), Dame in Strindbergs *Nach Damaskus* (1983, R. → Axer). 1988–93 Th. in der Josefstadt Wien, seit 1994 Rollen im Münchner Volkstheater (TR in Gor'kijs *Wassa Schelesnowa*). Auftritte im Wiener Volkstheater (TR in García Lorcas *Mariana Pineda*, 2001). Mitwirkung an den Tiroler Volksschauspielen in Telfs (u. a. seit 1997 in Winiewicz' *Späte Gegend*, mit → Drexel). Bei den Salzburger Festspielen u. a. Salome in Nestroys *Der Talisman* (1976–80), in Hofmannsthals *Jedermann* 1990–94 Gute Werke, 2000–01 Jedermanns Mutter. Im Th. in der Josefstadt 1999 in Turrinis *Josef und Maria* (mit → Schenk), 2005 Adrienne in Ron Clarks *Eine Bank in der Sonne* (österr. EA). Mehrfach in Literaturverfilmungen (*Der zerbrochne Krug*, 1965; *Komtesse Mizzi*, 1975; *Madame Bäurin*, 1993). Prädestiniert für die Darstellung schlichter, unverkrampfter junger Mädchen und Frauen, oft in Herzenskummer oder unverschuldeten Schwierigkeiten, die sie umstandslos mit leiser Eindringlichkeit spielt. Kainz-Medaille 1975.

Werner Schulze-Reimpell

Ostermeier, Thomas, * 3. 9. 1968 Soltau. Regisseur.

Studium in der Regieklasse der Hochschule für Schauspielkunst «Ernst Busch» 1992–96. 1996–99 übernahm O. die künstl. Leitung der Baracke am Dt. Th. Hier setzte er die Anwendung der Biomechanik von V. → Mejerchol'd in der Insz. von *Mann ist Mann* von B. → Brecht fort und entdeckte mit seinem Dramaturgen Jens Hillje zugleich die junge, engl.sprachige Dramatik. V. a. durch die Aufführungen der Stücke von Mark Ravenhill (*Shoppen und Ficken*, DEA 1998), Richard Dresser (*Unter der Gürtellinie*, DEA 1998) und Nicky Silver (*Fette Männer im Rock*, 1996), 2 Einladungen zum 35. Berliner Theatertreffen und die Wahl zum Th. des Jahres 1998 wurde die Baracke zum wichtigsten jungen Th. in Berlin. Gastregie u. a. am Dt. Schauspielhaus Hamburg von Walshs *Disco Pigs* (1998), Mayenburgs *Feuergesicht* (UA 1999), *Parasiten* (UA 2000), am Dt. Th. Berlin (Maeterlincks *Der blaue Vogel*, 1999). Bei den Salzburger Festspielen 2000 dt.sprachige EA von Fosses *Der Name*. Im September 1999 übernahm O. zusammen mit der Choreographin Sascha → Waltz (bis 2004) die künstl. Leitung der Schaubühne am Lehniner Platz, die er programmatisch mit der DEA von *Personenkreis 3.1* von Lars Norén eröffnete. Die in der Baracke begonnene Zusammenarbeit u. a. mit dem Royal Court Th. in London wird fortgesetzt, und durch eine enge Verbindung von Autoren und Regisseuren wird versucht, die Schaubühne zu einem europ. Autorentheater zu machen. Ähnlich wie die parallel startende Leitung des TAT von → Kühnel und → Schuster wurde dieser Beginn mit theoretischen Texten begleitet, in denen O. eine Repolitisierung des

Ott, Elfriede

Th.s in realistischer Spielweise forderte. «Gerade dort, wo es nicht um große Ideologien geht, artikuliert sich das Politische: wie sich Mann und Frau zueinander verhalten, wie die Generationen miteinander umgehen. Politisches Theater kann heutzutage nur heißen: Man forscht in diesen kleinen Einheiten, versucht Konflikte zu zeigen, und überlässt die Antwort dem Zuschauer» (O. in *Berliner Ztg.*, 21.9.2000). Insz.en u. a. von Kanes *Gier* (2000), *Zerbombt* (2005), Srbljanovic' *Supermarket* (UA 2001, Koproduktion Wiener Festwochen), Kroetz' *Wunschkonzert* (2003), Büchners *Woyzeck* (2003), Woudstras *Der Würgeengel* (2003), Wedekinds *Lulu* (2004), Mayenburgs *Eldorado* (2004), Ibsens *Hedda Gabler* (2005), O'Neills *Trauer muß Elektra tragen* (2006). Beim Edinburgh Festival UA von Fosses *The Girl on the Sofa* (2002, Koproduktion Schaubühne), an den Münchner Kammerspielen 2002 Fleißers *Der starke Stamm*, 2004/05 Hauptmanns *Vor Sonnenaufgang*, am Wiener Burgtheater Ibsens *Baumeister Solness* (2004, Koproduktion Wiener Festwochen). 2004 künstl. Berater beim Festival d'Avignon mit weitgehendem Einfluss auf die Programmgestaltung. – O.s durch die Wahrnehmung sozialer Ungleichheit geschärfter Blick findet auch Anwendung bei der Insz. klassischer Texte wie *Dantons Tod* von G. Büchner (2001) und *Nora* von H. Ibsen (2002, Einladung zum Berliner Theatertreffen). Internat. Anerkennung finden jedoch v. a. seine Insz.en der Gegenwartsdramatik. Im dt.sprachigen Raum arbeitet er eng mit Marius von Mayenburg zusammen, der nicht nur als Hausautor an der Schaubühne tätig ist, sondern auch als Dramaturg O.s Produktionen begleitet.

Bernd Stegemann

Ott, Elfriede, * 11.6.1925 Wien. Schauspielerin, Sängerin, Regisseurin, Theaterleiterin, Theaterpädagogin.

Die Tochter eines Uhrmachermeisters absolvierte die Uhrmacher-Gewerbeprüfung, nahm aber heimlich privaten Unterricht bei der Burgschauspielerin Lotte Medelsky (1880–1960). Debüt am 26.5.1944 in Hauptmanns *Die goldene Harfe* am Burgtheater, dem sie 5 Jahre angehörte. Rollen u. a. in → Nestroys *Das Mädl aus der Vorstadt* (1945), Grillparzers *Sappho* (1945, R. → Stroux), → Lessings *Nathan der Weise* (1945), Goldonis *Der Diener zweier Herren* (1946), → Goethes *Stella* (1947), Maughams *Theater* (1949). Danach am Landestheater Graz (1949/50), verschiedenen Wiener Th.n und Kabaretts, dem Operettenhaus Hamburg (1956), dem Burgtheater (→ Raimund, *Der Alpenkönig und der Menschenfeind*, 1957, R. → Lindtberg). Seit 1958 ist O. Ensemblemitglied des Wiener Th.s in der Josefstadt, dessen Ehrenmitglied sie heute ist. Zahlreiche Rollen v. a. des heiteren und österr. Repertoires, u. a. in → Molières *Der eingebildete Kranke* (1959, R. L. → Steckel), Molnárs *Liliom* (1960), Nestroys *Höllenangst* (1961, R. → Ambesser), *Der Färber und sein Zwillingsbruder* (1972), *Der Talisman* (1981), → Shakespeares *Wie es euch gefällt* (1963), *Was ihr wollt* (1968), Lessings *Minna von Barnhelm* (1964), Bahrs *Das Konzert* (1977), Shaffers *Komödie im Dunkeln* (1986), de Filippos *Filumena Maturano* (TR, 1987), Hellmans *Herbstgarten* (1989), → Valentins *Der Theaterbesuch / Die Orchesterprobe* (1994), Kesselrings *Arsen und alte Spitzen* (2004). Die mit dem Schauspieler und Kabarettisten Ernst Waldbrunn (1907–77) verheiratete O. initiierte mit ihrem späteren Lebensgefährten, dem Kritiker und Schriftsteller Hans Weigel (1908–91), die Festspiele «Nestroy auf Liechtenstein» in Maria Enzersdorf, deren Intendantin und Regisseurin sie seit 1983 ist. Dort spielte und inszenierte sie zahlreiche Nestroy-Stücke, u. a. *Das Gewürzkrämerblatt* (1983), *Das Mädl aus der Vorstadt* (1988), *Zu ebener Erde und erster Stock*

(1990), *Der Zerrissene* (1993), *Umsonst* (1996), *Nur Ruhe* (2000), *Der Färber und sein Zwillingsbruder* (2003), *Frühere Verhältnisse* (2004). Weitere Insz.en u. a. am Raimundtheater, Th. an der Wien, Th. in der Josefstadt (Mihuras *Katzenzungen*, 2001), Stadttheater Baden. Außerdem Film- und Fernseharbeiten, zahlreiche Soloprogramme mit Texten, Couplets, Parodien (u. a. *Phantasie in Ö-Dur*). 1986 gründete sie die Schauspielabteilung des Wiener Konservatoriums, die sie seither leitet. Die vielfach ausgezeichnete Kammerschauspielerin und Professorin hat auch eine Reihe von Büchern veröffentlicht. – O. ist eine sehr komödiantische Charakterdarstellerin und -komikerin spezifisch österr. Prägung, die v. a. in Stücken des österr. Volkstheaters (Nestroy, Raimund) brilliert. Große Popularität durch Fernsehserien wie «*Hallo – Hotel Sacher ... Portier!*» (1973) und *Die liebe Familie* (1980).

Der dritte Akt. Theateralltag. Hg. E. Ott. Graz u. a. 2002; Der Komödie zweiter Teil... und wieder aus dem Theateralltag. Hg. E. Ott. Graz u. a. 2001; Ott, E.: Hingeschrieben statt ausgesprochen. Eibiswald 1997; dies.: Ein Hoch dem Tief. Quer durch ein Theaterleben. Hg. E. Vujica. Graz u. a. 2000; dies.: Phantasie in Ö-Dur. Wien 1975; dies.: Wenn man in Wien zur Welt kommt. Wien 1977; Was hinter dem Vorhang passiert. Hg. E. Ott. (3. Aufl.) Graz u. a. 2002.

Wolfgang Beck

Otto, Hans, * 10. 8. 1900 Dresden, † 24. 11. 1933 Berlin. Schauspieler.

Ausbildung in Dresden. 1920–23 Künstlertheater Frankfurt a. M. (Ferdinand in Schillers *Kabale und Liebe*, Rupprecht in Kleists *Der zerbrochne Krug*). 1923–24 Hamburger Kammerspiele. Eintritt in die KPD. Mitgründer der Hamburger Agitprop-Truppe Die Nieter. 1924–26 Stadttheater Gera (Lionel in Schillers *Jungfrau von Orleans*, TRn in → Goethes *Clavigo* und Kleists *Prinz Friedrich von Homburg*). 1926–29 Dt. Schauspielhaus Hamburg (Prinz in → Lessings *Emilia Galotti*, Gyges in Hebbels *Gyges und sein Ring*, Romeo in → Shakespeares *Romeo und Julia*). 1929–30 Barnowsky-Bühne Berlin (Amphitryon in DEA *Amphitryon 38* von Giraudoux mit Elisabeth → Bergner und Ernst → Deutsch als Partnern). Filmtätigkeit (*Das gestohlene Gesicht*, 1930). Vorsitzender des Arbeitertheaterbunds Deutschland. 1930–33 Preuß. Staatstheater Berlin (TR in Goethes *Egmont*, Max in Schillers *Wallenstein*). Politische Aktivitäten. Hausdurchsuchung. Am 21. 1. 1933 letzte Rolle als Kaiser in Goethes *Faust II* (R. → Lindemann). Ende Februar 1933 Entlassung aus dem Engagement. O. lehnte die Rolle des Schlageter in Hanns Johsts gleichnamigem Stück ab. Illegale politische Arbeit. Am 13. 11. 1933 Verhaftung. Nach tagelangen Verhören und Folterungen wurde O. schließlich aus einem Fenster auf die Straße geworfen und kam dadurch ums Leben. Goebbels verbot die Bekanntgabe seines Todes und die Teilnahme am Begräbnis, das → Gründgens bezahlte. – O. war der Inbegriff des jugendlichen Helden, dem von der Kritik eine große Zukunft vorausgesagt wurde. Das Th. in Potsdam trägt seinen Namen.

Kuckhoff, A. G.: Hans Otto. Gedenkbuch. Berlin 1948; Liebe, U.: Verehrt, verfolgt, vergessen. Schauspieler als Naziopfer. Berlin 1992; Trepte, C., J. Wardetzky: Hans Otto. Schauspieler und Revolutionär. Berlin 1970.

Werner Schulze-Reimpell

Otto, Teo (eig. Theodor Karl O.), * 4. 2. 1904 Remscheid, † 9. 6. 1968 Frankfurt a. M. Bühnenbildner, Maler.

Sohn eines Malermeisters; Fachschule für Eisen- und Stahlindustrie; 1923–26 Studium (Malerei, Bildhauerei) an der Kunstakademie Kassel. Dort Arbeiten für die Agitprop-Gruppe Proletkult Cassel, 1925 für das Staatstheater (Feuchtwanger, *Vasantasena*). 1927 Assistent an der Bauhochschule Weimar. Seit 1927 Staatstheater Berlin, 1931–33 Ausstattungs-

Otto, Teo

leiter. Arbeiten v. a. für die 1931 geschlossene Kroll-Oper, für Insz.en →Jeßners, →Lindtbergs, →Gründgens', →Lindemanns, →Fehlings. Bühnenbilder für →Brechts *Die Maßnahme* (1930), →Wangenheims *Wer ist der Dümmste?* (1933, Truppe 31), das Kolchostheater Odessa. Filmarbeit für Brecht/Dudows *Kuhle Wampe*, Lindtbergs *Wenn zwei sich streiten* (beide 1932), Wangenheims *Borzi* (*Kämpfer*, 1935). 1933 aus politischen Gründen entlassen, Emigration in die Schweiz. 1933–68 verantwortlicher Bühnenbildner am Zürcher Schauspielhaus, z. T. über 30 Szenerien pro Spielzeit. Zusammenarbeit mit →Wälterlin, →Hartung, →Horwitz, →Hirschfeld, L. →Steckel. Bühnenbilder für die UAen von Bruckners *Die Rassen* (1933) und *Die Befreiten* (1945), Brochs *Denn sie wissen nicht was sie tun*, Horváths *Hin und her* (beide 1934), Lasker-Schülers *Arthur Aronymus* (1936), Zuckmayers *Bellmann* (1938), Brechts *Mutter Courage und ihre Kinder* (1941), *Der gute Mensch von Sezuan*, *Leben des Galilei* (beide 1943), *Herr Puntila und sein Knecht Matti* (1948), Kaisers *Zweimal Amphitryon* (1944), Frischs *Santa Cruz* (1946), *Graf Öderland* (1951), *Don Juan oder die Liebe zur Geometrie* (1953), *Die Chinesische Mauer* (1955, 2. Fassung), *Andorra*, 1961, *Biografie* (1968), Dürrenmatts *Es steht geschrieben* (1947), *Der Besuch der alten Dame* (1956), *Frank V.* (1959), *Die Physiker* (1962), *Herkules und der Stall des Augias* (1963), *Der Meteor* (1966, TV 1968). Nach 1945 als Gast u. a. Berliner Ensemble, Salzburger Festspiele, Burgtheater Wien, Schauspiel Frankfurt a. M., Dt. Schauspielhaus Hamburg (→Goethe, *Faust I*, 1957, *Faust II*, 1958, R. Gründgens), Habima, Cameri-Th. (beide Tel Aviv), Royal Court Th., Covent Garden (beide London), Metropolitan Opera (New York), Piccolo Teatro di Milano. Ausstattungen u. a. für Insz.en →Buckwitz', →Stroux', →Kortners, →Strehlers. 1952–57 Leiter der Bühnenbildklasse, Staatl. Werkakademie Kassel, 1958–68 Professor für Bühnenbild, Kunstakademie Düsseldorf. Zahlreiche Auszeichnungen. – Einer der bedeutendsten dt. Bühnenbildner des 20. Jh.s, von ungewöhnlicher Fruchtbarkeit (über 800 Bühnenbilder). Seine künstl. Bandbreite reichte von funktionalen, konstruktivistischen Spielgerüsten über Lichtplastiken bis zu verspielten, mit Stilzitaten arbeitenden Raumgestaltungen. Mal chiffrenhaft verfremdend, mit wenigen Versatzstücken, Schriftprojektionen, Vorhängen arbeitend, mal ironisch den Kulissencharakter der Szenerie betonend, bei der immer Farbe und Licht eine wichtige Rolle spielten. «Eine gelungene, stimmende Dekoration ist immer das Ergebnis einer lebendigen Auseinandersetzung zwischen Regisseur und Bühnenbildner, das Resultat der Zusammenarbeit, in der sich die Grenzen des Berufs verwischen und alles der Aufführung, dem Dichter dient» (O., *Meine Szene*, S. 73).

Der Bühnenbildner Teo Otto. Hg. J. Mayerhöfer. Salzburg 1977; Otto, T.: Meine Szene. Köln, Berlin 1966; ders.: Nie wieder. Berlin 1949; ders.: Skizzen eines Bühnenbildners. St. Gallen, Stuttgart 1964; Teo Otto (1904–1968) – der Bühnenbildner, der Maler, der Lehrer. Bottrop 2000.

Wolfgang Beck

P

Palitzsch, Peter, * 11. 9. 1918 Deutmannsdorf / Schlesien (Zybulotów), † 18. 12. 2004 Havelberg. Regisseur, Theaterleiter.

Kurze Ausbildung zum Grafiker. Begann nach dem Krieg bei der Dresdener Volksbühne. 1948–61 Berliner Ensemble, zunächst als Dramaturg → Brechts und Assistent. 1955 erste Insz. *Der Tag des großen Gelehrten Wu*, die Bearbeitung eines alten chines. Märchens. 1956 (mit → Wekwerth) *Held der westlichen Welt* von Synge. Trug wesentlich bei zum internat. Renommee des Berliner Ensembles, treuer Sachwalter der Theaterarbeit Brechts. Gastinsz.en von Brecht-Stücken in Stuttgart (1956 UA *Der aufhaltsame Aufstieg des Arturo Ui*), in Bremen, Ulm, Skandinavien. Nach dem Bau der Mauer in Berlin Bruch mit der DDR. 1961 Brechts *Prozeß der Jeanne d'Arc* in Ulm, 1962 Büchners *Dantons Tod* in Stuttgart. Walser-UAen in Stuttgart: 30. 11. 1963 *Überlebensgroß Herr Krott*, 16. 10. 1964 *Der schwarze Schwan*. 1964 Brechts *Mutter Courage und ihre Kinder* in Köln. – 1966–72 Schauspieldirektor am Staatstheater Stuttgart. 1967–68 *Die Rosenkriege*, eine Bearbeitung der Königsdramen → Shakespeares; *Marija* von Babel; 9. 11. 1968 UA *Toller* von Dorst. 1971 Filmregie *Sand* von Dorst. Einführung einer informellen Mitbestimmung des Ensembles. 1972–80 Vorsitzender des Schauspieldirektoriums in Frankfurt a. M. Mit der Stadt vereinbartes Statut uneingeschränkter Mitbestimmung, das immer umstritten blieb und nie frei von Krisen war. Vorzügliches Ensemble und hervorragende Regisseure. Insz. u. a. *Lear* von Bond, Stücke von → Pinter, Wedekinds *Frühlings Erwachen*, Heiner → Müllers *Zement*, Brechts *Tage der Kommune*, UA *Goncourt oder Die Abschaffung des Todes* von Dorst / Horst Laube 1977, Schillers *Don Carlos*, Horváths *Kasimir und Karoline*. 1975 als Gastregisseur Hauptmanns *Einsame Menschen* an den Münchner Kammerspielen. Seit 1980 freier Regisseur: DEA *Gertrud* von Söderberg (Dt. Schauspielhaus Hamburg), Čechovs *Onkel Wanja* (Düsseldorfer Schauspielhaus), Shakespeares *Othello* (Residenztheater München), → Goethes *Egmont* (Bregenzer Festspiele), Dorsts *Karlos* (Bonn), Pinters *Playtime* (Zürcher Schauspielhaus). 1984 zeitgleich mit Bochum UA *Furcht und Hoffnung der BRD* von → Kroetz (Düsseldorf), 1990 UA *Christine Lawrenz* von Hauptmann (Zürich), UA *Tod und Teufel* von Turrini (Burgtheater Wien), 1991 *Die Verbannten* von Joyce (Zürich). 1992 kurze Zeit Ko-Direktor des Berliner Ensembles, dort 1993 Shakespeares *Perikles* und Brechts *Baal*. 1997 Strindbergs *Vater* (Zürich), 1998 Čechovs *Onkel Wanja* (Basel), 1999 UA der Gründgens-Revue *Alles Theater* von Frank Raddatz (Düsseldorf), UA *Alzheimer Roulette* von → Praetorius (Frankfurt a. M.). – Achtmal zum Berliner Theatertreffen eingeladen. Seit 1984 auch Opernregie: Debüt *Gespenstersonate* von Aribert Reimann (Stuttgart), 1988 Beethovens *Fidelio* (Hamburg). 2003 inszenierte er die UA seines ersten eigenen Stücks *Drei kurze Texte (mit tödlichem Ausgang)* am Th. National du Luxembourg (Koproduktion Th. Altenburg / Gera, Staatstheater Kassel).

P. war der konsequenteste Schüler Brechts, der dessen Theaterarbeit schöpferisch weiterentwickelte und die Abhängigkeit von seinen Modellinsz.en allmählich aufgab, seinem gesellschaftsbezogenen Ansatz als eigentlicher Aufgabe des Th.s jedoch treu blieb. Gegen ästhetische Beliebigkeit setzte er die Hoffnung, «die Welt zu verändern, millimeterhaft, aber doch». Kompromissloser Vertreter des realistischen Th.s, das er freilich zu überhöhen verstand. «Immer wieder hat er die Provokation der Wirklichkeit angenommen, sie hat ihn angestiftet und ihm Kraft gegeben für jene innere Widerständigkeit, die in seinen Aufführungen bis heute wirksam ist. Das Politische seiner Arbeit begründet sich daraus und kommt von daher» (Peter Iden, 1991). Klarheit, Anschaulichkeit und eine genaue dramaturgische Analyse des Textmaterials zeichnen seine Theaterarbeit aus. Zum Besten zählen seine Insz.en der Stücke von Pinter und Beckett, denen er Tiefenschärfe und Mehrdimensionalität gab, zugleich ihnen ihre rätselhafte Transparenz ließ. Wichtig war P. immer für Schauspieler. «Er mischte sich nie ein, wenn es um meinen Ausdruck ging, aber er testete ständig meine Motivation. Er brachte mir bei, mich selbst zu beobachten, die Rolle mit Hilfe dessen, was ich von dem Charakter der darzustellenden Person wußte sich selbst spielen zu lassen» (Liv Ullmann).

Kässens, W. J. W. Gronius: TheaterMacher. Frankfurt a. M. 1987; Mennicken, R.: Peter Palitzsch. Regie am Theater. Frankfurt a. M. 1993; War da was? Theaterarbeit und Mitbestimmung am Schauspiel Frankfurt 1972–1980. Hg. G. Loschütz, H. Laube. Frankfurt a. M. 1980.

Werner Schulze-Reimpell

Pallenberg, Max, * 18. 12. 1877 Wien, † 26. 6. 1934 bei Karlsbad (Karlovy Vary, Tschech. Republik, Flugzeugabsturz). Schauspieler.

1895–1904 an Provinztheatern in Österreich-Ungarn. Von Josef Jarno 1904 im Sommertheater Bad Ischl entdeckt, 1904–08 ans Th. in der Josefstadt (Wien) engagiert. 1908–10 Operettenkomiker im Th. an der Wien (u. a. in der UA von Léhars *Der Graf von Luxemburg*, 12. 11. 1909), 1910/11 Dt. Volkstheater Wien, 1911–14 Dt. Künstlertheater München. 1911 Spielmann in Vollmoellers *Das Mirakel* in der Olympia Hall London (UA, R. Max → Reinhardt). 1914 von Reinhardt ans Dt. Th. (Berlin) engagiert, spielte u. a. Rappelkopf in → Raimunds *Der Alpenkönig und der Menschenfeind* (1914), Schluck in Hauptmanns *Schluck und Jau*, Kassierer in Kaisers *Von morgens bis mitternachts* (1919). Seit den 1920er Jahren an zahlreichen Berliner Bühnen, Gastspiele u. a. in Wien, Salzburg, Zürich. TRn in Molnárs *Liliom* (1922, Th. am Kurfürstendamm) und Hofmannsthals *Der Unbestechliche* (UA 16. 3. 1923, Raimund-Th., Wien), Theaterdirektor in Pirandellos *Sechs Personen suchen einen Autor* (P. 30. 12. 1924, Komödie, Berlin, R. Reinhardt), Oberbuchhalter in Polgars *Die Defraudanten* (P. 12. 12. 1930, Volksbühne Berlin, mit → Giehse, → Ginsberg, Leonard → Steckel). Großer Erfolg mit der TR in der Adaption durch Max Brod/Hans Reimann von Jaroslav Hašeks *Die Abenteuer des braven Soldaten Schwejk* (UA 23. 1. 1928, Piscator-Bühne Th. am Nollendorfplatz Berlin, R. → Piscator). Nahm mit allen führenden dt. Schauspielern an der Gedächtnisaufführung für Albert → Steinrück von Wedekinds *Der Marquis von Keith* teil (einmalige Aufführung 28. 3. 1929, Schauspielhaus, R. → Jeßner). Seit 1917 mit der Operettendiva Fritzi Massary (eig. Friederike Massarik, 21. 3. 1882–2. 1. 1969) verheiratet, ging 1933 mit ihr ins österr. Exil. Spielte Mephisto in Reinhardts Insz. von → Goethes *Faust* im Th. in der Josefstadt, wie zuvor bei den Salzburger Festspielen. Dort hatte er früher Argan in → Molières *Der eingebildete Kranke* (1923), Teufel in Hofmannsthals *Jedermann* (1926), Truffaldino in Gozzi/Vollmoellers *Turandot* (alle R. Reinhardt) gespielt. Zu seinen großen Erfolgen gehörte Zawadil in Kadelburgs Posse *Familie Schimek*, mit der er noch Juni 1934 am Stadttheater Basel gastierte. P. spielte in 2 Filmen:

Max und seine zwei Frauen (1915), *Der brave Sünder* (1931, R. → Kortner, mit → Rühmann, → Grünbaum). – Einer der bedeutendsten Charakterkomiker seiner Zeit von großer Gestaltungskraft, mimisch-gestischer Ausdrucksfülle, sprachlichem Variationsreichtum – ein Wortjongleur und Improvisator. Ein schauspielerischer Repräsentant kritischen Volkstheaters, bekannt dafür, auch klassische Texte sich anzuverwandeln, sie zu modernisieren und improvisierend zu verändern, vorgestellt in einem unverwechselbaren, Aggressivität und Groteske nicht scheuenden Stil, der die Kritik der Rollen beinhaltete. «Schauspielerisch ist P. die verwegenste Konsequenz des Improvisationskomikers der commedia dell'arte. [...] Er brüllt einen Witz wie ein verwundeter Ochse, zerfließt vor Gefühl bei einer Zote und ist Kasperle und Hampelmann, wenn es ihm an den Kragen geht. Er tut immer das Unerwartete, und seine tödlichsten Scherze sind lyrische Parodien» (Jhering, S. 16).

Ahrens, U.: Max Pallenberg 1877–1934. Diss. Berlin 1972; Bronnen, A.: Max Pallenberg. Berlin 1977; Jhering, H.: Von Reinhardt bis Brecht. 1. Bd. Berlin 1958; Polgar, A.: Max Pallenberg. Berlin 1921; Schack, I.-L.: Max Pallenberg. Frankfurt a. M. 1980.

Wolfgang Beck

Papp, Joseph (Joe, urspr. Yosl Papirofsky), * 22. 6. 1921 New York, † 31. 10. 1991 New York. Regisseur, Theaterleiter, -produzent, Autor.

Sohn armer Immigranten. Gelegenheitsarbeiten, im 2. Weltkrieg bei der Marine. Schauspiel- und Regiestudium am Actors' Laboratory Th. (1946–48); Inspizient an verschiedenen Th.n, 2 Jahre Produktionsleiter bei der Radiogesellschaft CBS. 1954 gründete P. in New York den Shakespeare Workshop, der zuerst in Kirchenräumen auftrat, beginnend mit P.s Insz. der Szenenfolge *An Evening With Shakespeare and Marlowe*. 1956 erste kostenlose → Shakespeare-Aufführungen (im East River Amphitheater) – der Beginn des New York Shakespeare Festivals, bei dem neben klassischen auch aktuelle Stücke, Musicals usw. aufgeführt werden. 1957 erstes mobiles Th., das Shakespeare gratis in die Vororte brachte. Nach Auseinandersetzungen mit der Stadtverwaltung gelang es P., den Bau eines Amphitheaters im Central Park durchzusetzen. Das Delacorte-Th. wurde 1962 in P.s Regie mit Shakespeares *The Merchant of Venice* eröffnet. 1966 übernahm P. die vom Abriss bedrohte ehemalige Astor Place Library, die nach ihrem Umbau Heim des aus dem Shakespeare Workshop hervorgegangenen Public Th. wurde. Die Produktion von Čechovs *Der Kirschgarten* (1973) mit farbigen Schauspielern war für das amerik. Th. ein Markstein für eine nicht mehr auf Hautfarbe achtende Besetzung. 1973–78 expandierte das Shakespeare Festival und produzierte neue Stücke im Vivian Beaumont Th. im Lincoln Center. P. leitete das Public Th., das Shakespeare Festival, produzierte zahlreiche Stücke und führte Regie. Er inszenierte v. a. Stücke Shakespeares, u. a. *Cymbeline* (1955), *Twelfth Night or, What you will* (1958, 1963, 1969), *Antony and Cleopatra* (1959, mit George C. Scott), *Henry V* (1960, 1976), *Much Ado About Nothing* (1961), *King Lear* (Ko-R.), *Julius Caesar* (beide 1962), *Hamlet* (1964, 1967, 1979 mit Al Pacino), *Troilus and Cressida*, *The Taming of the Shrew* (beide 1965), *All's Well That Ends Well* (1966), *King John* (1967), *Romeo and Juliet* (1968), *As You Like It* (1973), *Hamlet* (1982, mit der Schauspielerin Diane Venora in der TR), *Richard II*, *Henry IV Part I* (beide 1987). Außerdem u. a. Middleton/Rowleys *The Changeling* (1956), Havels *Die Benachrichtigung*, Burrs *Huui, Huui* (beide 1968), *Mert & Phil* (1974), Lambs *Mod Donna* (1969), *Apple Pie* (1975), Childress' *Wedding Band* (1972, Ko-R. die Autorin), Rabes *In the Boom Boom Room* (1973), Swados' *Alice in Con-*

cert (1980), Babes *Buried Inside Extra* (1983), Rozovs *The Nest of the Wood Grouse* (1984), Gunns *The Forbidden City* (1989). P. produzierte u. a. Insz.en bekannter Regisseure wie Mike Nichols (Rabes *The Streamers*, 1976), → Şerban (Čechovs *Der Kirschgarten*, 1977, mit Meryl Streep), → Foreman (→ Brecht / Weills *Die Dreigroschenoper*, 1976), → Ciulei (*Hamlet*, 1986, TR Kevin Kline), förderte junge Schauspieler und neue Autoren wie David Mamet, Tony Kushner, David Rabe, Miguel Piñero, Ntozake Shange, Wallace Shawn, unterstützte freie Theatergruppen (Mabou Mines), multikulturelle und interdisziplinäre Aktivitäten. Um seine Idee eines nichtkommerziellen Th.s für alle finanziell zu sichern, produzierte P. u. a. auch Musicals, darunter Erfolge wie MacDermot / Rado / Ragnis *Hair* (UA 1967), MacDermot / Shapiro / Guares *Two Gentlemen of Verona* (UA 1971), *A Chorus Line* (UA 1975), Swados' *Runaways* (UA 1978), Gilbert / Sullivans *The Pirates of Penzance* (1980), Holmes' *The Mystery of Edwin Drood* (UA 1985). Viele seiner (häufig preisgekrönten) Produktionen wurden an den Broadway übernommen und boten P. so den finanziellen Spielraum, ihm künstl. wichtige Stücke aufführen zu können. – P., vielfach ausgezeichnet und angefeindet, war eine Ikone des amerik. Th.s, «der König des wagemutigen nichtkommerziellen amerikanischen Theaters» *(New York Times).* Überzeugt, Aufführungen klassischer Stücke müssten allen Menschen kostenlos zugänglich sein und die Gegenwart reflektieren, kämpfte er sein Leben lang um die Verwirklichung dieses Ziels. Obwohl er die Förderung des Th.s als eine genuine Aufgabe des Staates betrachtete, lehnte er Subventionen ab, wenn sie mit direkten oder indirekten Versuchen der Einflussnahme, gar der Zensur verbunden waren. Ein innovativer Produzent und Regisseur von bedeutender künstl. Kreativität und Energie und kaum zu überschätzendem Einfluss auf das amerik. Th. seiner Zeit. Das Public Th. wurde 1992 nach ihm umbenannt.

Epstein, H.: Joe Papp: an American life. New York 1996; Faust, R., Ch. Kadushin: Shakespeare in the neighborhood: audience reaction to «A Midsummernight's dream» as produced by Joseph Papp for the Delacorte Mobile Theater. New York 1965; Hashimoto, Y.: Joseph Papp and New York Shakespeare Festival. Diss. Ann Arbor 1972; Horn, B. L.: Joseph Papp: a bio-bibliography. New York 1992; King, Ch. E.: Joseph Papp and the New York Shakespeare Festival: an annotated bibliography. New York 1988; Little, St. W.: Enter Joseph Papp: in search of a new American theater. New York 1974; Papp, J., E. Kirkland: Shakespeare alive! Toronto, New York 1988; Papp, J.: William Shakespeare's «naked» Hamlet: a production handbook. New York 1969.

Wolfgang Beck

Parmeggiani, Frida, * 1946 Meran (Italien). Kostümbildnerin.

Schneiderlehre, Modezeichnerin in Zürich, 1973 durch Hospitanz und Assistenz an der Berliner Schaubühne Quereinsteigerin als Kostümbildnerin, erste Arbeiten am Berliner Schiller-Th. (*Damals / Tritte*, P. 1. 10. 1976, Text und R. Samuel Beckett), der Dt. Oper Berlin und den Kammerspielen, von 1976 – 78 am Dt. Schauspielhaus Hamburg. In der Zeit arbeitete sie u. a. mit den Regisseuren → Fassbinder (C. Boothe Luce, *Frauen in New York*, P. 17. 9. 1976), → Minks (→ Goethe, *Stella*, P. 4. 3. 1977), Inge (Lampel, *Revolte im Erziehungshaus*, P. 9. 10. 1977) und Jürgen → Flimm (E. Lasker-Schüler, *Die Wupper*, P. 3. 5. 1978), → Giesing (Kipphardt, *In der Sache J. Robert Oppenheimer*, P. 19. 11. 1977) und → Karge / M. → Langhoff (→ Müllers Bearbeitung von → Brechts *Fatzerfragment* und Kleists *Prinz Friedrich von Homburg*, beide P. 5. 3. 1978) zusammen. Danach freie Arbeiten u. a. in Bremen, Düsseldorf und wieder Berlin und am Dt. Schauspielhaus (Schiller, *Die Räuber*, P. 28. 10. 1983, → Lessing, *Minna von Barnhelm*, P. 30. 9. 1984, beide R. → Wendt). In München fand sie an der

Bayer. Staatsoper Zugang zum Musiktheater; u. a. Wagners *Rienzi* (P. 6. 7. 1983, R. → Lietzau) und Wagners kompletten *Ring des Nibelungen* (1987, R. N. Lehnhoff). Weitere Arbeiten u. a. für Wagners *Lohengrin* (1979, Bayreuther Festspiele, R. Götz Friedrich), Henzes *König Hirsch* (UA 1985, Staatsoper Stuttgart, R. → Hollmann), Mozarts *Mitridate Re di Ponto* (1997, Salzburger Festspiele, R. J. Miller). 1987 trafen P. und Robert → Wilson zusammen. Für das Th. der Welt in Stuttgart inszenierte Wilson H. Müllers *Quartett* (P. 18. 6. 1987, Schlosstheater Ludwigsburg), und sie sorgte für die Konfektionierung. Von da an arbeiten sie häufig internat. zusammen. P. sagt: «Bob beleuchtet jede Figur, und damit jedes Kostüm. Er achtet darauf, wie sich jemand bewegt, die Hand hebt. Die Kleiderdetails, die Stoffe und Farben, gelangen so zu ihrer wahren Bedeutung» (*FAZ*, 6. 1. 1989). Erfolgreiche Zusammenarbeit mit Wilson u. a. in Hamburg am Thalia Th. bei Wilson / Burroghs / Waits' *Black Rider* (UA 31. 3. 1990), Wilson / Schmidt / Waits' *Alice* (UA 19. 12. 1992), Wilson / Reeds *Time Rocker* (UA 12. 6. 1996), an der Staatsoper bei Wagners *Parsifal* (P. 21. 3. 1991), bei den Salzburger Festspielen bei Bartóks *Herzog Blaubarts Burg* / Schönbergs *Erwartung* (1995), Debussys *Pelléas und Mélisande* (1997, Koproduktion Opéra Garnier, Paris), Büchners *Dantons Tod* (1998, Koproduktion Berliner Ensemble), dem Pariser Th. du Châtelet (Glucks *Alceste*, 1999) und in Zürich bei Wagners *Ring des Nibelungen* (2000–02), der Los Angeles Opera (Wagners *Parsifal*, 2005/06). Lehrtätigkeit u. a. an der Hochschule für angewandte Kunst in Wien, Universität Mozarteum Salzburg. – P. entwirft und drapiert am liebsten direkt am Schauspieler, besteht auf den besten Stoffen (manchmal auch Papier) und ist eine Lichtfanatikerin. Ihre Kostüme sind zumeist extravagant, manchmal architektonisch stilisiert. Für *Black Rider* erhielt sie von *Th. heute* die Auszeichnung Kostümbildnerin des Jahres 1990.

Sabine Steinhage

Paryla, Karl, * 12. 8. 1905 Wien, † 14. 7. 1996 Wien. Schauspieler, Regisseur.

Sohn eines Amtsdieners und einer Arbeiterin; Bruder des Schauspielers Emil Stöhr (eig. P., 5. 12. 1906 – 26. 2. 1997). Seit 1922 Schauspielstudium an der Akademie für Musik und darstellende Kunst. Engagements am Raimund-Th. (Debüt in Roda Roda / Rößlers *Der Feldherrnhügel*, 1924) und am Dt. Volkstheater in Wien; Rollen dort u. a. in Holz / Jerschkes *Traumulus* (1925, mit → Bassermann), → Shakespeares *Was ihr wollt* (1926, mit → Moissi), im Raimund-Th. u. a. in Klaus Manns *Anja und Esther* (1926). 1926 auf Tournee mit Moissi. Engagements in Köln (1926/27), Darmstadt (1927/28), Düsseldorf (Städt. Bühnen, 1928/29). 1929–31 Breslau, spielte am Lobe-Th. u. a. in Shakespeares *Richard III.* (1930/31) und Wolfs *Die Matrosen von Cattaro* (1930, R. Max Ophüls). 1931–33 erneut Darmstadt; u. a. TR in Shakespeares *Romeo und Julia* (1931, R. → Hartung). Der gewerkschaftlich und kommunistisch engagierte P. wurde 1933 sofort entlassen. Rückkehr nach Wien, 1933–38 Th. in der Josefstadt; spielte u. a. in → Goethes *Faust I* (1933, R. → Reinhardt), → Nestroys *Einen Jux will er sich machen* (1934, R. → Preminger), Grillparzers *Ein treuer Diener seines Herrn* (1935, R. E. → Lothar). Erste Filmrollen (*... nur ein Komödiant*, 1935; *Burgtheater*, 1936; *Nanon*, 1938). 1938 Exil in der Schweiz. 1938–46 Zürcher Schauspielhaus. Ca. 90 Rollen, u. a. TRn in Sophokles' *König Ödipus* (1938, R. → Wälterlin), Zuckmayers *Bellmann* (UA 17. 11. 1938, R. → Lindtberg), Kaisers *Der Soldat Tanaka* (UA 2. 11. 1940); spielte in Wilders *Unsere kleine Stadt* (1939), Giraudoux' *Undine* (beide dt.sprachige EA, 1940), Tolstojs *Der lebende Leichnam* (1942), → Brechts

Mutter Courage und ihre Kinder (UA 19.4.1941, mit → Giehse), *Der gute Mensch von Sezuan* (UA 4.2.1943) und *Leben des Galilei* (UA 9.9.1943, beide R. L. → Steckel), García Lorcas *Bluthochzeit* (dt.sprachige EA 15.4.1944). Regiedebüt in Zürich mit Helwigs *Am hellichten Tag* (1940). Setzte sich ein für eine antifaschistische Kulturentwicklung im Nachkriegsösterreich. 1946 Rückkehr nach Wien; Engagements am Volkstheater, Th. in der Josefstadt und bei den Salzburger Festspielen (Teufel in Hofmannsthals *Jedermann*, 1947–48; Naukleros in Grillparzers *Des Meeres und der Liebe Wellen*, 1948; Beaumarchais in Goethes *Clavigo*, 1949). Unzufriedenheit mit der kultur- und theaterpolitischen Entwicklung, das Bemühen, ein «wirkliches Schauspieler-Theater» zu schaffen, führte nach jahrelangen Querelen zur Gründung des Neuen Th.s in der Scala (Sozietäre neben P. u. a. sein Bruder und Wolfgang → Heinz). Eröffnung am 16.9.1948 mit Nestroys *Höllenangst*. Insz.en u. a. von Stücken Nestroys, Gor'kijs, Tolstojs, Calderóns. Verweigerung von Subventionen und Nichtverlängerung der Konzession führten 1956 zum Ende dieses bei Kulturpolitikern als kommunistisch verschrieenen Theaterexperiments. Bis 1961 arbeitete P. danach v. a. in München und Ostberlin, wo er am Dt. Th. u. a. Gor'kijs *Die Kleinbürger*, Tolstojs *Auferstehung* (beide 1957), Schillers *Wallenstein*-Trilogie (1959), Kohouts *Die dritte Schwester* (1961) inszenierte. Spielte in München (Kammerspiele, Residenztheater) in der Regie → Kortners in Goethes *Faust I* (1956), Shakespeares *Was ihr wollt* (1957), Büchners *Dantons Tod* (1959), Kortners *Zwiesprache* (1964), Schillers *Kabale und Liebe* (1965). Inszenierte u. a. mehrere Stücke Nestroys, großer Erfolg mit *Der Talisman* (1957). Aus politischen Gründen in Österreich lange gemieden, arbeitete P. als Schauspieler und Regisseur in der BRD. Inszenierte u. a. Weiss' *Gesang vom lusitanischen Popanz* (1967, Schaubühne am Halleschen Ufer, Berlin), → Molières *Tartuffe* (1969, Dt. Schauspielhaus Hamburg), Gogol's *Der Revisor* (1978, Residenztheater München), Turrinis *Die Minderleister* (1989, Zürcher Schauspielhaus). Zahlreiche Insz.en am Jungen Th. (heute Ernst-Deutsch-Th.) in Hamburg. Bei den Salzburger Festspielen 1972–74 in Shakespeares *Was ihr wollt* (R. → Schenk), 1973 und 1974 in → Strehlers *Das Spiel der Mächtigen I und II* nach Shakespeare, 1987 und 1988 in → Raimunds *Der Bauer als Millionär* (R. → Flimm). Filme u. a. *Der Komödiant von Wien* (1954), *Gasparone* (1956), *Mich dürstet* (1956, alle eigene R.), im Fernsehen u. a. in Sartres *Kean* (1963), Shakespeares *Shylock* (1969, mit Kortner), Turrinis *Alpensaga* (1977). Nestroy-Ring 1954 und 1990, 1984 Professorentitel. P. war u. a. verheiratet mit der Schauspielerin Hortense Raky (1918–2006), seine Söhne Michael P. (1935–66), Nikolaus → P. (* 19.11.1939) und Stefan P.-Raky (* 7.7.1948) waren oder sind ebenfalls Schauspieler.

Ein «Volksschauspieler» im besten Sinn, ein Charakterdarsteller von beherrschender Bühnenpräsenz, beeindruckender stimmlicher, mimischer und gestischer Variabilität. Als Schauspieler wie als Regisseur ein unermüdlicher Arbeiter, immer auf der Suche nach der geistigen Essenz der Stücke und der Rollen. P. war ein politischer Theaterkünstler, der an die emanzipatorischen Möglichkeiten des Th.s glaubte: «Ich kann gar nicht anders, als politisches Theater machen, denn alle Kunst ist Auseinandersetzung mit der Gesellschaft» (P., zit. n. Deutsch-Schreiner, S. 150). Gleich bedeutend in klassischen wie modernen Rollen, zudem einer der großen Nestroy-Darsteller, der die sozialkritischen wie die komödiantischen Aspekte der Stücke mit gleicher künstl. Virtuosität herausarbeitete.

Ausgangspunkt Schweiz – Nachwirkungen des Exiltheaters. Hg. Ch. Jauslin, L. Naef. Willisau 1989;

Deutsch-Schreiner, E.: Karl Paryla. Salzburg 1992; Pellert, W.: Roter Vorhang – Rotes Tuch. Das Neue Theater in der Scala. Wien 1979.

Wolfgang Beck

Paryla, Katja, * 25. 1. 1940 Zürich. Schauspielerin, Regisseurin.

Tochter des Schauspielers und Regisseurs Emil Stöhr (eig. Paryla, 1907–97), Nichte Karl → P.s, Kusine Nikolaus → P.s, aufgewachsen in Wien. An der Kunsthochschule Berlin-Weißensee Ausbildung zur Diplom-Modegestalterin, 1961–63 Schauspielausbildung an der Staatl. Schauspielschule Ostberlin. 1963–67 Volksbühne am Rosa-Luxemburg-Platz Berlin, Rollen u. a. in Tucholskys *Schloß Gripsholm* (1964), Bielers *Nachtwache* (DEA 1964), Salomons *Katzengold* (1964), Hacks' *Moritz Tassow* (UA 1965, R. → Besson), Frischs *Andorra* (1966), Weiss' *Marat/Sade* (1967). 1967–76 am Maxim-Gorki-Th. Berlin u. a. in Kotschergas *Der Uhrmacher und das Huhn* (1967, mit → Hetterle), Kerndls *Die seltsame Reise des Alois Fingerlein* (UA 1967), Pirandellos *Liolà* (1968), Goldonis *La donna di garbo oder Liebe macht erfinderisch* (1971), Congreve / Gassauers *Liebe für Liebe* (1972), Gor'kijs *Die Letzten* (1975, R. W. → Heinz). 1976–86 Dt. Th. Berlin. In Insz.en A. → Langs in → Shakespeares *Ein Sommernachtstraum* (1980), H. Manns *Die traurige Geschichte von Friedrich dem Großen*, → Goethes *Iphigenie auf Tauris* (TR, beide 1982), → Brechts *Die Rundköpfe und die Spitzköpfe* (1983, 1985 TV), Euripides' *Medea*, Strindbergs *Totentanz* (beide 1986, mit Ch. → Grashof). Außerdem in Majakowskijs *Das Schwitzbad* (1977, R. → Solter), Różewiczs *Weiße Ehe* (1981), → Lessings *Nathan der Weise* (1987, R. Solter). Regiedebüt mit Ionescos *Die kahle Sängerin* (1989); weiter bei Shakespeares *Heinrich VI.* (1991), Lope de Vegas *Der hat uns noch gefehlt!* (1994, alle Dt. Th.). 1990–93 Schauspielerin und Regisseurin (Whitby, *Dirty Dishes*, 1992) am Schiller-Th. Berlin. 1994–2001 Oberspielleiterin und Schauspielerin am Dt. Nationaltheater Weimar, Insz.en u. a. von Schillers *Maria Stuart* (1995), *Die Jungfrau von Orleans* (1997), Hacks' *Die schöne Helena* (1997), Ionescos *Die Nashörner* (1998), Heidenreich / Heins *Siegfried und Sieglinde* (UA 1999), Shakespeares *Liebes Leid und Lust* (2000). Gastinsz.en u. a. in Kassel (Shakespeare, *König Lear*, 1999), Cottbus (Cooney, *Cash – Und ewig rauschen die Gelder*, 2001), Rostock (Engelmann, *Der gestiefelte Kater*, 2002), als Schauspielerin u. a. in Schillers *Die Braut von Messina* (Th. Heidelberg, 2003). Seit 2004/05 Schauspieldirektorin in Chemnitz. Insz.en u. a. von Shakespeares *Was ihr wollt* (2003), → Schleefs Goldoni-Bearbeitung *Wilder Sommer* (DEA 2004), Schillers *Die Verschwörung des Fiesco zu Genua*, Lope de Vegas *Der Ritter vom Mirakel* (beide 2005). Film- und Fernsehrollen u. a. in *Die Russen kommen* (1971), *Januskopf* (1972), *Zwischen Nacht und Tag* (1975), *Eine Handvoll Hoffnung* (1978), *Spuk unterm Riesenrad* (1979, TV), *Levins Mühle* (1980), *Spuk im Hochhaus* (1982, TV), *Die Verfehlung* (1992). Seit 1985 war sie Dozentin an der Hochschule für Schauspielkunst «Ernst Busch» (Berlin), später Leiterin des Studios Weimar der Leipziger Hochschule für Musik und Theater. Auch in Chemnitz leitet sie ein Studio. 2005 Professorin. – Eine ausdrucksstarke, vitale und komödiantische Charakterdarstellerin mit breitgefächertem Repertoire. Als Regisseurin Wert legend auf Ensemblespiel und körperliche Ausdruckskraft, das Komödiantische betonend, dabei groteske Überhöhungen nicht scheuend.

Wolfgang Beck

Paryla, Nikolaus, * 19. 11. 1939 Zürich. Schauspieler, Regisseur.

Sohn der Schauspieler Karl → P. und Hortense Raky (1918–2006), Bruder der Schauspieler Michael P. (1935–66) und Stephan P.-Raky (* 1948), Cousin Katja → P.s. Als Kind erste Theaterrolle in der Mark-Twain-Adaption *Tom Sawyer* (Neues Th. in der Scala, Wien), im Film in *Semmelweis – Retter der Mütter* (1950). Tapeziererlehre. Schauspielausbildung am Wiener Reinhardt-Seminar. 1958–61 Hans-Otto-Th. Potsdam, 1961–69 Th. in der Josefstadt (Wien). 1968–86 (mit Unterbrechung) am Bayer. Staatsschauspiel München. Rollen u. a. in Schillers *Die Räuber* (1968, R. → Lietzau), → Nestroys *Der Talisman* (1969; 1987 Münchner Volkstheater), Jonsons *Volpone* (1970), Weskers *Die Küche* (1971). 1971–73 Staatl. Schauspielbühnen Berlin (→ Raimund, *Der Alpenkönig und der Menschenfeind*, 1972, R. → Hollmann). Danach wieder Bayer. Staatsschauspiel; Rollen u. a. in der Regie seines Vaters in Hauptmanns *Michael Kramer*, Nestroys *Der böse Geist Lumpazivagabundus* (beide 1976), Gogol's *Der Revisor* (TR 1978). Außerdem u. a. in Handkes *Die Unvernünftigen sterben aus* (1975), Stoppards *Travesties* (1977, R. Lietzau, auch TV), Strindbergs *Ein Traumspiel* (1977), Čechovs *Drei Schwestern* (1978), → Molières *Tartuffe* (TR, 1979, alle R. → Bergman), Shaffers *Amadeus* (1981), Schnitzlers *Der Reigen* (1982), → Shakespeares *König Lear* (1984). Letzte Rolle in Hollmanns Feuchtwanger-Adaption *Erfolg* (1986). Seither freiberuflich tätig, vermehrt eigene Insz.en. Größter Th.-Erfolg mit der Solorolle in Süskinds *Der Kontrabaß*, bei deren UA 1981 im Münchner Cuvilliés-Th. er Regie führte und die er seither über 500-mal (auch auf Tournee) gespielt hat – seit 1986 im Münchner Volkstheater. Dort u. a. auch in Goldonis *Der Lügner* (eigene R.), Mitterers *In der Löwengrube* (beide 1999 – «Ganz bei sich, leise nuanciert und differenziert zwischen Anpassung und Fatalismus, ist Paryla der stille Star des Abends» *(Abendzeitung)*. Gast u. a. in München, Zürich, Wien, Paris, Lyon. Rollen u. a. in Goldonis *Der Diener zweier Herren* (TR, 1992, Komödie im Bayer. Hof, München, eigene R.), Strauß' *Die Fledermaus* (1996, Gärtnerplatztheater, München), Horváths *Geschichten aus dem Wiener Wald* (1998, Wiener Volkstheater), Walsers *Die Zimmerschlacht* (2002, Tournee, Rolle und R.), → Brechts *Mutter Courage und ihre Kinder* (2004/05, Bayer. Staatsschauspiel, R. Th. → Langhoff), Sobols *Alma – A Show Biz ans Ende* (2005, Schloss Petronell bei Carnuntum, R. P. → Manker). Insz. von Pirandellos *Der Mensch, das Tier und die Tugend* (1996, Komödie im Bayer. Hof). Bei den Festspielen in Bad Hersfeld Mephisto in → Goethes *Faust* (1980, R. → Buckwitz), in Salzburg in → Strehlers Shakespeare-Adaption *Das Spiel der Mächtigen* (1973). Zahlreiche Film- und Fernsehrollen, u. a. in *Der Kaufmann von Venedig* (1968, TV, mit → Kortner), *Lena Rais* (1979), *Kehraus* (1983), *Der veruntreute Himmel* (1990, TV), *Die Ameisenstraße* (1995), *Das Schloß* (1997), *Heimkehr der Jäger* (2000), *Germanikus* (2004). – Der Bayer. Staatsschauspieler P. ist ein bei aller Wandlungsfähigkeit unverwechselbarer Charakterdarsteller, ein Perfektionist mit ausgeprägter Gestik und Sprache. Immer auf der Gratwanderung zwischen Witz und Melancholie, Nervosität und Resignation. Sensibler und leiser Töne ebenso fähig wie des großen komödiantischen Ausbruchs.

Wolfgang Beck

Paulmann, Annette, * 5. 10. 1964 Ertinghausen bei Göttingen. Schauspielerin.

Nach dem Abitur besuchte P. die Hochschule für Musik und Th. in Hamburg, wo sie bereits als Schauspielschülerin in Insz.en von R. → Wilson am Thalia Th. zu sehen war, 1986 in H. → Müllers *Hamletmaschine* und 1987 in der UA von Dorsts *Parzival*. Unter J. → Flimm 1987–2000 Mitglied des Thalia-Ensembles, wechselte sie 2000 ans Wiener Burgtheater und ist seit 2002 unter F. → Baumbauer an den

Münchner Kammerspielen engagiert. – In Hamburg spielte P. u. a. in → Goethes *Clavigo* (1988), Koltès' *Rückkehr in die Wüste* (DEA 17. 9. 1988, R. jeweils A. → Lang), → Brechts *Mann ist Mann* (1989, R. → Thalbach), Koltès' *Roberto Zucco* (1990, R. → Minks), Osbornes *Der Entertainer* (1991, R. Flimm). Ein spektakulärer Erfolg gelang ihr in der Rolle des Käthchen in Wilsons *Black Rider* (UA 31. 3. 1990), für die sie von *Th. heute* als Nachwuchsschauspielerin des Jahres sowie mit dem Boy-Gobert-Preis ausgezeichnet wurde. Über ihre Darstellung schrieb Benjamin Henrichs: «In ihren Grimassen, ihren wilden Schreien, ihren lieblichen Gesängen wird das tolle Musical zu einem wirklichen Märchen» (*Die Zeit*, 6. 4. 1990). Unter Wilsons Regie spielte P. auch die TR in der UA von *Alice* (P. 19. 12. 1992), Priscilla in der UA von *Time Rocker* (P. 12. 6. 1996) und Lucile in Büchners *Dantons Tod* (1998, Salzburger Festspiele). Hoch gelobt wurde ihre Darstellung von Frauenfiguren Čechovs und → Shakespeares, Viola in *Was ihr wollt* (1991), Cordelia in *König Lear* (1992), Sascha in Čechovs *Platonow* (1989), Sonja in *Onkel Wanja* (1995), Mascha in *Drei Schwestern* (1999, R. jeweils Flimm) und Dunjascha in P. → Steins *Kirschgarten*-Insz. (Salzburger Festspiele 1995). – Weitere Rollen u. a. am Thalia Th. in Schillers *Die Räuber*, Brechts *Dreigroschenoper* (beide 1994), → Molières *Tartuffe* (1996), Molnárs *Der gläserne Pantoffel* (1996, Koproduktion Wiener Festwochen), Friels *Molly Sweeney* (TR, 1997, R. Y. → Oida), Brechts *Baal* (1998), Ibsens *Die Frau vom Meer* (TR, 1998). In Wien spielte P. u. a. in der UA von Buñuels *Viridiana* (4. 3. 2000, R → Gotscheff), Horváths *Der jüngste Tag* (2000), Fosses *Traum im Herbst* (2001). In München war sie in Wedekinds *Der Marquis von Keith* (2002), der Junk-Opera *Shockheaded Peter* (2002), Carringtons *Das Fest des Lamms* (2002), → Ayckbourns *Schöne Bescherungen* (2003), Trolles *Hermes in der Stadt* (2004), *Lulu live* in der Fassung von Zaimoglu / Senkel nach Wedekind (UA 2005, R. → Perceval) zu sehen. Für ihre schauspielerischen Leistungen wurde P. 1998 mit dem Tilla-Durieux-Schmuck geehrt. Seit 1990 wirkt sie auch in Film- u. Fernsehproduktionen mit, u. a. in den Kinofilmen *Durst* (1992), *Liebes Luder* (2000), *Verschwende Deine Jugend* (2003).

Shaegi, M., F. Böhm: Annette Paulmann. Hamburg 1997.

Nina Grabe

Pekny, Romuald, * 1. 7. 1920 Wien. Schauspieler.

Nach kaufmännischer Lehre und 6 Jahren als Soldat ab 1946 Ausbildung im Max-Reinhardt-Seminar; Debüt am Schlosstheater Schönbrunn. Über das Landestheater Linz (1948 – 52), das Stadttheater Basel (1952 – 53) kam P. 1953 – 58 an die Bühnen der Stadt Köln (u. a. in → Shakespeares *Maß für Maß*, 1954; Musils *Vinzenz und die Freundin bedeutender Männer*, 1957). 1958/59 – 90/91 Münchner Kammerspiele. Er spielte in → Kortners Regie die TRn in Shakespeares *Timon von Athen* (1961), *König Richard III.* (1963), Jago in *Othello* (1962; 1966 Burgtheater). Weiter in Hofmannsthals *Der Unbestechliche* (1959; 1971 Salzburg), → Brechts *Leben des Galilei* (1959), *Leben Eduards des Zweiten von England* (TR, 1970, R. → Hollmann), *Die heilige Johanna der Schlachthöfe* (1974), Dürrenmatts *Frank V.* (1960/61), *Der Meteor* (1966), *Die Wiedertäufer* (1967), Frischs *Andorra* (1961), *Biografie: Ein Spiel* (1968), → Nestroys *Der böse Geist Lumpazivagabundus* (1964), Kipphardts *Joel Brand* (1965, R. → Everding), Wedekinds *Musik* (1965), Ionescos *Macbett* (1972), Genets *Der Balkon* (1976, R. → Wendt), García Lorcas *Doña Rosita la Soltera oder Die Sprache der Blumen* (1977), Strindbergs *Totentanz* (1978), Pirandellos *Die Riesen vom Berge* (1980), Söderbergs

Gertrud (1981), Dorsts *Merlin oder Das wüste Land* (1982), H. → Müllers *Quartett* (1983), Strauß' *Der Park* (1984); Schillers *Don Carlos* (1985, R. A. → Lang), → Goethes *Faust I* (1987, R. → Dorn, 1988 Film), Čechovs *Schwanengesang* (1989), Dorsts *Karlos* (UA 1990), Barlachs *Der blaue Boll* (1991). Am Wiener Burgtheater u. a. Rudolf II. in Grillparzers *Ein Bruderzwist in Habsburg* (1980/81), Salieri in Shaffers *Amadeus* (dt.sprachige EA 1981). Bei den Salzburger Festspielen u. a. in Shakespeares *Ein Sommernachtstraum* (1966, R. → Lindtberg), *Wie es euch gefällt* (1980, R. → Schenk), Horváths *Figaro läßt sich scheiden* (1970, R. → Schuh), Fortes (nach Bidermann) *Cenodoxus* (UA 1972), → Molières *Der Menschenfeind* (1973, R. → Noelte), Büchners *Leonce und Lena* (1975), Schnitzlers *Das weite Land* (1980), Goethes *Torquato Tasso* (1982), Hofmannsthals *Jedermann* (1983), Wyspiańskis *Wesele* (1993, R. → Wajda). Zahlreiche Lesungen. Film- und Fernsehrollen v. a. in Literaturverfilmungen, u. a. in *Das Wunder des Malachias* (1961), *Professor Bernhardi* (1964, TV), *Romulus der Große* (1965, TV), *Der Floh im Ohr* (1966, TV), *Komtesse Mizzi* (1975), *Wallenstein* (1978, TV), *Der Schüler Gerber* (1981, TV), *Das Biest im Bodensee* (1999, TV). Mitinitiator des «Ausseer Kultursommers». Zahlreiche Auszeichnungen (Kammerschauspieler, Titularprofessor). Sein Sohn Thomas P. (* 1951) ist Bühnenbildner. – Charakterdarsteller mit breitgefächertem Repertoire im komischen wie ernsten Fach. Große Bühnenpräsenz und Wandlungsfähigkeit, eine markante Stimme zeichnen ihn aus; gebrochene, nachdenkliche Charaktere, aber auch schillernd-diabolische Rollen sind seine Stärke. «Am reinsten aber kommt Peknys Eigenart zu sich selbst, wenn er sich solcher Rollen annimmt, denen er etwas Verträumtes, leicht Verwehtes, eine große Kindlichkeit geben kann […]. Da trifft er, in wunderbar genau artikulierter Sprache und mit gewinnendem Charme, eine Art präziser Unbestimmtheit, deren Geheimnis einem lange nachgeht» (B. Kayser in *Die Münchner Kammerspiele*, S. 219 f.).

<small>Müller, H.-R., D. Dorn, E. Wendt: Theater für München. München 1983; Die Münchner Kammerspiele. Hg. S. Dultz. München 2001; Romuald Pekny. München 1990.</small>

Wolfgang Beck

Perceval, Luk, * 30. 5. 1957 Lommel (Belgien). Regisseur, Theaterleiter, Schauspieler, Lichtdesigner, Theaterpädagoge.

P. studierte am Koninklijk Conservatorium Antwerpen und begann in der Toneelgezelschap Ivonne Lex (1979) und im Antwerpener Stadttheater Koninklijke Nederlandse Schouwburg seine Theaterlaufbahn als Schauspieler. Seine Unzufriedenheit mit dessen festgefügten Strukturen ließ ihn 1984 mit Guy → Joosten eine freie Gruppe gründen, die «Blauwe Maandag Compagnie», für die er bald auch inszenierte. In den 1980er und 1990er Jahren zahlreiche Regiearbeiten v. a. in Antwerpen, Brüssel und Gent. Der Zusammenschluss der kleinen, erfolgreichen «Blauwe Maandag Compagnie» mit der Koninklijke Nederlandse Schouwburg ermöglichte P. 1998 neue künstl. Entwicklungen als Regisseur und Intendant. P. leitete bis 2005 das nun «Het Toneelhuis» genannte Th.; Insz.en u. a. von *Aars!* nach Aischylos' *Orestie* (2000), *Oom Vanja* nach Čechov (2003), → Rijnders Fassung von → Shakespeares *Macbeth* (2004). Aufmerksamkeit über Belgien hinaus erlangte P. mit *Ten oorlog* nach Shakespeare (Gent 1997, Bearbeitung P. und der flämische Autor Tom Lanoye), einer explosiven Verdichtung von Shakespeares Historiendramen zu einer furiosen Geschichte von besessenem Machtstreben und unausweichlichem Machtverlust, vom Niedergang der Formen, vom Kulturverfall als Sprachverfall. Die 9-stündige dt. Fassung *Schlachten!* wurde als Koproduktion mit dem Dt. Schauspielhaus Hamburg bei den Salzburger Festspielen 1999 gezeigt. In den folgenden Jahren polarisierte P. Publikum und Kritik mit einer Reihe herausragender Insz.en an dt. Th.n: Čechovs *Der Kirschgarten* in Hannover, Fosses *Traum im Herbst* an den Münchner Kammerspielen (beide 2001) und *Das kalte Kind* von Mayenburg an der Berliner Schaubühne am Lehniner Platz (2002). V. a. *L. King of Pain* nach Shakespeare mit Thomas Thieme in der Rolle des Lear, eine Koproduktion von Het Toneelhuis mit dem Schauspielhaus Zürich und dem schauspielhannover (Brügge 2002), erlangte große Aufmerksamkeit durch die eindringliche Auseinandersetzung mit Alter und Vergessen, mit Sprachverlust und Fremdheit der Generationen. P.s Insz. des *Othello* (Wiedereröffnung der Münchner Kammerspiele 2003) in einer neuen Textfassung von Günter Senkel und dem dt.-türk. Autor Feridun Zaimoglu spaltete das Publikum durch seine drastische, brutale Sprache und die ungewöhnliche Darstellung des Othello als weißen (!), älteren, des Kämpfens müden Mannes. Die darstellerische Zurückhaltung der Schauspieler in der schwarzweißen Insz. (Bühnenbild wie meistens bei P. von Katrin Brack) kommuniziert in einer so noch nie gesehenen Weise mit der emotionalen musikalischen Begleitung durch den auf der Bühne spielenden Pianisten Jens Thomas. Ebenfalls an den Kammerspielen Senkel/Zaimoglus freie Wedekind-Adaption *Lulu live* (2005). An der Berliner Schaubühne, deren fester Hausregisseur P. seit 2006 ist, u. a. *Andromache* nach Racine (2003), Mayenburgs *Turista* (UA 2005), Schillers *Maria Stuart* (2006). Wenige Opern-Insz.en. 1981–89 Dozent am Koninklijk Muziekconservatorium in Antwerpen. Zahlreiche Auszeichnungen. – P.s Regiearbeiten stehen für ein zeitgemäßes, differenziertes Th. zwischen der sensiblen, eindringlichen, gänzlich auf Sprache konzentrierten Produktion *Traum im Herbst* und den scheinbar wüsten Shakespeare-Bearbeitungen, von denen P. und Lanoye behaupteten, sie seien «mit dem Abbruchhammer und der Kettensäge» entstanden. Die wiederholte Auseinandersetzung mit Shakespeare stellt selbstredend keinen Zufall dar, hat P. in Shakespeare doch einen Autor gefunden, der einen ganzen Kosmos menschlicher Schicksale und Empfindungen in sensibler Beobachtung entfaltet, ohne zu moralisieren. Die Insz.en P.s erhielten verschiedene Auszeichnungen und mehrfache Einladungen zum jährlichen Theaterfestival der Niederlande und Belgiens. Einladung zum Berliner Theatertreffen 2000 mit *Schlachten!*, 2002 mit *Traum im Herbst*.

Dehollander, J., G. Joosten, L. Perceval: Van Blauwe Maandag Compagnie tot Het Toneelhuis. Brüssel 1998; «Im Schatten von Dutroux. Der belgische Regisseur L. P. im Gespräch mit Thomas Irmer». In: ThdZ 3/2000, S. 30–33; Joosten, G., L. Perceval: Het witboek van de Blauwe Maandag Cie. O. O. u. J.; Perceval, L.: Alles ist möglich: das Theater des Verlangens. In: ThdZ 5/2000, S. 24–27.

Susanne Eigenmann

Perten, Hanns Anselm, * 12. 8. 1917 Bromberg (heute Bydgoszcz, Polen), † 29. 11. 1985 Rostock. Schauspieler, Regisseur, Theaterleiter.

Ausbildung 1943–45 in Neustrelitz. 1945–46 Volkstheater Hamburg, 1946 Kabarett *Die Laternenanzünder*. 1948–50 Intendant Landestheater Schwerin, 1950–52 Intendant in Wismar. 1952–70, 1972–85 Generalintendant des Volkstheaters Rostock, 1970–72 Intendant Dt. Theater Berlin. P. avancierte schnell zu einem Vorzeigeintendanten der DDR, dessen Th. häufig, v. a. anlässlich von DKP-Veranstaltungen, in der Bundesrepublik gastierte. Durfte öfter als andere DDR-Th. westliche Autoren spielen, hauptsächlich sog. «fortschrittliche» (7 Stücke von Peter Weiss, 4 von Hochhuth, Forte, Dürrenmatt, Hildesheimer), aber auch 3 von O'Neill sowie von Fo, Albee. Weniger engagiert die Förderung der DDR-Dramatiker, ausgenommen Claus Hammel (1932–90), dessen Stücke fast alle in Rostock zur UA kamen. Insz.en u. a. von → Brechts *Herr Puntila und sein Knecht Mutti* (1950), Schwerin; → Shakespeares *König Richard III.* (1957), Schillers *Wallenstein* (1958), Vallejos *Traum der Vernunft* (1973), Mauris *Die Konversationshefte Beethovens* (DDR-EA 1984); auch Opernregie (Henzes *El Cimarron*, DDR-EA 1976, *La Cubana*, DDR-EA 1981). Gründete Festspiele in Ralswieck auf Rügen (UA 1959 *Klaus Störtebeker* seines Chefdramaturgen Kurt Barthel). In Berlin künstl. gescheitert am Dt. Theater.

Pietzsch, I.: Werkstatt Theater. Gespräche mit Regisseuren. Berlin 1975.

Werner Schulze-Reimpell

Pesenti, François-Michel, *8. 6. 1954 Savoyen. Bühnenbildner, Regisseur, Intendant.

Am 1979 mit Hervé Perard gegründeten Th. du Point Aveugle, das sich 1984 in Marseille niederließ, war und ist P. Intendant, Regisseur und Bühnenbildner in einer Person. Er machte diese unabhängige, bis 1987 subventionsfreie Bühne nat. und internat. durch Insz.en v. a. klassischer Stücke bekannt. Bei den Saarbrücker Theatertagen «Perspektiven» gab er 1983 ein Gastspiel mit einer Insz. von Euripides' *Die Bakchen*, die zu verschiedenen Einladungen als Gastregisseur führte: 1985 Racines *Phädra* in Nürnberg; in Düsseldorf 1986 *Die Perser* von Aischylos und 1989 *Le retour au desert (Die Rückkehr in die Wüste)* von Bernard-Marie Koltès; in Bremen 1993 *Das Leben Eduards des Zweiten* von Marlowe/ → Brecht; *Berenike* von Jean Racine in Zürich 1997 (Neumarkt-Th.); *Aminta* von Torquato Tasso 2000 in Berlin (Kammerspiele des Dt. Th.s); *Sechs Personen suchen einen Autor* von Pirandello 2000 in Split (Nationaltheater); *Meinhof/ Angot* nach Texten von Ulrike Meinhof und Christine Angot 2001 in Zürich (Schauspielhaus). Verschiedene Projekte zwischen bildender Kunst, Th., Tanz und Performance erregten Aufsehen: *Nichts in white satin* (1993 Bremen), *Several species of small furry animals gathered together in a cave* (1995 Aix-en-Provence); *1949: if 6 was 9* (1996 Taipeh/Taiwan); *Particules élémentaires* (1998 Marseille); *Nous partirons quand la direction des vents sera stabilisée* (1999 Tokio); *Pornologos* (2000 Wien); *Schneeknoten* (2001 Basel); *Le Jardin des délices. Auparavant nous ne faisions que chanter* (UA 2003 kampnagel, Hamburg).

Horst Schumacher

Petras, Armin (Pseud. Fritz Kater), *17. 3. 1964 Meschede. Regisseur, Autor, Theaterleiter.

Sohn einer Fotografin und eines Mikrobiologen, mit denen er 1969 in die DDR übersiedelte, aufgewachsen in Ostberlin. 1985–87 Regiestudium an der Berliner Hochschule für Schauspielkunst «Ernst Busch». Mitbegründer der freien Theatergruppe Medea Ost. Regieassistent am Dt. Th.; am Th. Nordhausen Regie bei H. → Müllers *Wolokolamsker Chaussee 1–3* (1987). 1988 ging P. nach Westberlin, wo er die freie Gruppe Medea West gründete. Regieassistenzen am Frankfurter Th. am Turm (TAT) und den Münchner Kammerspielen. Seit den 1990er Jahren Insz.en an zahlreichen west- und ostdeutschen Th.n, darunter eigene Stücke, die er unter seinem Namen wie unter Pseudonym veröffentlicht. 1996–99 Oberspielleiter am Th. Nordhausen, Hausregisseur am Schauspiel Leipzig. 1999–2002 Schauspieldirektor am Staatstheater Kassel. Ab 2002 Hausregisseur am Schauspiel Frankfurt, seit 2003/04 Kurator der Spielstätte schmidtstraße 12. Ab 2006/07 Intendant des

Maxim-Gorki-Th.s in Berlin. Insz.en am Kleist-Th. Frankfurt / Oder u. a. von Plenzdorfs *Vater, Mutter, Mörderkind*, Katers *Schwarz – ein Schnitt*, (beide UA 1993), *Krieg, Böse III*, (UA 1994), Trolles *Die Baugrube* (UA 1996, Koproduktion Berliner Ensemble), am Th. Chemnitz des Musicals *Knock out Deutschland* (1994, Musik Rio Reiser), Greigs *Europa* (beide 1995), am Schauspiel Leipzig u. a. Belbels *Streicheleinheiten* (1995), → Lessings *Minna von Barnhelm* (1996, 2003 Frankfurt a. M.), Sporkmanns *Fidibus* (UA 1997), seine Stücke *Life according to Agfa* (nach Dayan), *Hund* (nach Hlasko, beide UA 1997), *Auf dem Weg zur Hochzeit* (nach Berger, UA 1998), *Gelb* (nach Noon, UA 1999), → Schleefs *Die Bande* (2001), Wildes *Salome* (2002), Katers *Sterne über Mansfeld* (UA 2003), Katers (mit Pernille Sonne) *Mach die Augen zu und fliege oder krieg böse 5* (Kooperation Schauspiel Frankfurt), das eigene Stück (nach Euripides) *Alkestis, mon amour* (beide UA 2004). Am Th. Nordhausen inszenierte P. u. a. Katers *Bloss weil dich irgend ein Typ mit Sperma bedeckte und dich dann zurückwies oder meine kleine Wolokolamsker Chaussee 6* (UA 1996), *Keiner weiss mehr 2 oder Martin Kippenberg ist nicht tot* (UA 1998), → Brechts *Leben des Galilei* (1998), Ibsens *Nora* (1999), an der Freien Volksbühne Berlin Sorokins *Ein Monat in Dachau* (1998), am Staatstheater Kassel u. a. → Shakespeares *Othello* (1999), *Hamlet* (2000), Schillers *Kabale und Liebe* (1999), *Die Jungfrau von Orleans* (2002). Insz.en u. a. am Bayer. Staatsschauspiel München, Dt. Schauspielhaus Hamburg, Staatstheater Hannover, Schauspiel Köln. Von seinen Insz.en am Hamburger Thalia Th. von Nagims *Der Schrei des Elefanten* (UA 2000), Katers *Harvest*-Trilogie *Fight City. Vineta* (UA 2001), *zeit zu lieben zeit zu sterben* (UA 2002, Mülheimer Dramatikerpreis), *We are camera / Jasonmaterial* (UA 2003) wurden die beiden letztgenannten zum Berliner Theatertreffen eingeladen; außerdem Hauptmanns *Die Ratten* (2004); Dürrenmatts *Das Versprechen* (2005). In Frankfurt a. M. u. a. 2001 *Simulacron 3* (nach Galouye), 2002 Hebbels *Maria Magdalena*, 2003 an einem Abend Williams' *Die Glasmenagerie*, Kanes *Zerbombt*, 2004 Ibsens *Die Frau vom Meer*, Kleists *Das Käthchen von Heilbronn*, 2005 Hugos *Lucretia Borgia*, Goethes *Egmont*, die UA seiner Fassung von Sophokles' *Ajax*. Am Nationaltheater Mannheim inszenierte P. seine Adaption von Schleefs *Zigaretten* (UA 2003), Hauptmanns *Vor Sonnenaufgang* (2005), am Dt. Th. Berlin Camus' *Die Gerechten* (2004), Katers *3 von 5 Millionen* (UA 2005). 2003 Dramatiker des Jahres *(Th. heute)*, 2005 Leipziger Theaterpreis und Lessing-Preis Sachsen. – P., «Hans Dampf in fast allen Theatern der Republik» (R. Wengierek in *Die Welt*, 15. 3. 2005), lange von der Kritik als → Castorf-Adept und postmoderner «Stückezertrümmerer» bezeichnet, ist inzwischen einer der anerkannten dt. Regisseure. Seine Insz.en von Klassikern wie Zeitgenossen sind «lustvolle Schauspielorgien, angereichert mit Gags, Slapstick und ironischen Brüchen, oft unter Einsatz von Mikrofonen, modernen Medien und Popmusik» (Ch. Dössel). Seine Haltung zum Th. hat P. so beschrieben: «Für mich bedeutet Theater die Chance, Haltungen permanent zu wechseln, so, daß immer wieder Brechungen entstehen. […] Es geht ums Weiterspielen, über den Text hinaus» (Schütt, S. 325 f.).

Schulze-Reimpell, W.: Zwischen Rotstift und Spaßzwang. Hamburg 2005; Schütt, H.-D.: Hinterm Vorhang das Meer. Berlin 2001.

Wolfgang Beck

Peymann, Claus (eig. Klaus Eberhard P.), * 7. 6. 1937 Bremen. Regisseur, Theaterleiter.

Sohn eines Lehrers; 1958 (abgebrochenes) Studium in Hamburg. Ab 1959 Schauspieler, später Regisseur an der Studiobühne an der Universität. Erste Regie bei Tardieus *Herr Ich* und Courtelines *Das traute Heim* (1962); 1963 UA von Jahnns *Neuer Lübecker Totentanz*. Regiedebüt am Berufstheater bei Bretts *Quadratur der Liebe* (1963, Th. am Fürsthof, Neumünster). 1965 als Gast bei den Erlanger Studententheatertagen UA von Jahnns *Straßenecke*. 1966–69 Oberspielleiter im Frankfurter Th. am Turm (TAT). Insz.en u. a. der UAen von Handkes *Publikumsbeschimpfung* (1966), *Kaspar* (1968), *Das Mündel will Vormund sein* (1969); außerdem von Kipphardts *Der Hund des Generals* (1966), Jellicoes *Meine Mutter macht Mist mit mir* (DEA 1967), Reinshagens *Doppelkopf* (UA 1968), → Brechts *Der gute Mensch von Sezuan* (1969). Gastinsz.en in Heidelberg (Hacks, *Die Schlacht bei Lobositz*, westdt. EA 1966; Rousseau, *Rache einer russischen Waise*, DEA 1967), Braunschweig (Brecht, *Mutter Courage und ihre Kinder*, 1968; → Shakespeare, *Richard II.*, 1969), Münchner Kammerspiele (Harald Mueller, *Großer Wolf*, UA 1970). 1970 beteiligt an der Gründung der Berliner Schaubühne am Halleschen Ufer, erste und einzige Insz. Handkes *Ritt über den Bodensee* (UA 1971). Am Dt. Schauspielhaus Hamburg bei Bernhards *Ein Fest für Boris* (UA 1970), Weiss' *Hölderlin* (UA 1971), Tourneurs *Tragödie der Rächer* (DEA 1972), Strauß' *Die Hypochonder* (UA 1972). Bei den Salzburger Festspielen 1972 UA von Bernhards *Der Ignorant und der Wahnsinnige* (mit → Ganz, → Wildgruber), am Wiener Burgtheater 1974 UA von dessen *Die Jagdgesellschaft*. 1974–79 Schauspieldirektor am Württemberg. Staatstheater Stuttgart; Insz.en u. a. von Reinshagens *Himmel und Erde* (UA 1974), Schillers *Die Räuber* (1975), Bernhards *Der Präsident* (DEA 1975), *Minetti* (UA 1976, mit B. → Minetti), *Immanuel Kant* (UA 1978), *Vor dem Ruhestand* (UA 1979), Kleists *Das Käthchen von Heilbronn* (1975), → Goethes *Faust – Der Tragödie Erster und Zweiter Teil* (1977), Čechovs *Drei Schwestern* (1979). 1979–86 Direktoriumsmitglied am Schauspielhaus Bochum (u. a. mit H. → Beil, A. → Kirchner). Insz. der UAen von Reinshagens *Das Frühlingsfest* (1980), Bernhards *Der Weltverbesserer* (1980), *Am Ziel* (1981, Premiere bei den Salzburger Festspielen), *Der Schein trügt* (UA 1984), *Der Theatermacher* (UA 1986, Premiere bei den Salzburger Festspielen). Außerdem → Lessings *Nathan der Weise* (1981; 2002 Berliner Ensemble), Shakespeares *Das Wintermärchen* (1983), Noréns *Dämonen* (DEA 1984). Von theatergeschichtlichem Rang seine Insz. von Kleists *Die Hermannsschlacht* (1982). 1986 bei den Salzburger Festspielen UA von Bernhards *Ritter, Dene, Voss*. 1986–99 Leiter des Wiener Burgtheaters. Als «Reichsdeutscher» zahlreichen Widerständen von Seiten der Politik, der Boulevardpresse und v. a. der Schauspieler ausgesetzt, die er z. T. durch undiplomatische Äußerungen und Handlungen verstärkte. Insz.en u. a. von Dramen Shakespeares (*Richard III.*, 1987; *Der Sturm*, 1988; *Macbeth*, 1992), Schillers (*Wilhelm Tell*, 1989), Ibsens (*Ein Volksfeind*, 1990; *Peer Gynt*, 1994). UAen von Stücken Spiels (*Anna und Anna*, 1988), Handkes (*Das Spiel vom Fragen oder Die Reise ins sonore Land*, 1990; *Die Stunde da wir nichts voneinander wußten*, 1992; *Zurüstungen für die Unsterblichkeit*, 1997; *Die Fahrt im Einbaum oder Das Stück zum Film vom Krieg*, 1999), Turrinis (*Alpenglühen*, 1993; *Die Schlacht um Wien*, 1995; *Endlich Schluß*, 1997), Jelineks (*Raststätte oder Sie machens alle*, 1994), des Projekts *Ingeborg Bachmann. Wer?* (1995). Zum Skandal wurde die UA von Bernhards *Heldenplatz* (1988, mit M. → Hoppe). Seit 1999 ist P. Intendant des Berliner Ensembles. Insz.en von Shakespeares *Richard II.* (2000), Brecht / Gor'kijs *Die Mutter*, Brechts *Die heilige Johanna der Schlachthöfe* (beide 2003), Handkes *Untertagblues* (UA 2004), Jelineks *Wolken. Heim. Und dann nach Hause* (Teil-UA 2005).

P., der von sich sagte, «ich glaube an das Theater als moralische Anstalt. Ich glaube an die Erziehbarkeit des Menschen durch Kunst, weil sich Kunst, wenn sie gut ist, mit dem Auffinden der Wahrheit beschäftigt. Und zwar auf durchaus vergnügliche Weise» (*Die Zeit*, 27. 5. 1988), ist einer der führenden, auch in den öffentlichen Debatten um das Th. exponiertesten dt. Regisseure der Gegenwart. Seine Insz.en provozieren, wollen aufklärerisch wirken, ohne belehrend zu sein, versuchen, bilderreich und manchmal (zu) spielerisch neue Sinnschichten im Text zu entdecken. Dabei inszeniert er Klassiker häufig freier und offener als Gegenwartsstücke, bei denen er Text und Intention des Autors folgt. «Ein moderner Regisseur mit einem Gespür fürs Komödiantische und für die Aktualität der Klassiker, ein Theatermacher fürs Publikum und für die (guten) Schauspieler» (Kahl, S. 144). P.s intensive Beschäftigung mit den Stücken bestimmter Autoren wie Reinshagen, Handke und v. a. Bernhard hat viel für deren Etablierung in den Spielplänen getan. Langfristige Zusammenarbeit mit anderen Theaterkünstlern wie den Dramaturgen H. Beil, Vera Sturm, dem Regisseur A. Kirchner, den Kostüm- und Bühnenbildnern M. → Bickel, K.-E. → Herrmann, A. → Freyer, Schauspielern wie → Affolter, → Buhre, → Dene, I. → Kirchner, B. Minetti, → Schwab, → Voss. Zahlreiche Einladungen zum Berliner Theatertreffen.

Das Bochumer Ensemble. Ein deutsches Stadttheater 1979–1986. Hg. H. Beil u. a. Frankfurt a. M. 1986; Canaris, V.: Claus Peymann. London 1975; Haberlik, Ch.: Theaterpaare. Berlin 2004; Hans Peter Doll: Stuttgarter Theaterarbeit 1972–1985. Stuttgart 1985; Iden, P.: Theater als Widerspruch. München 1984; Kahl, K.: Premierenfieber. Wien 1996; Ketelsen, U.-K.: Ein Theater und seine Stadt. Die Geschichte des Bochumer Schauspielhauses. Köln 1999; Koberg, R.: Claus Peymann. Berlin 1999; Mainusch, H.: Regie und Interpretation. München 1985; Müller, A.: Im Gespräch mit … Reinbek 1989; Sucher, C. B.: Theaterzauberer. Von Bondy bis Zadek. München, Zürich 1990; Theatermacher. Hg. Kässens, W., J. W. Gronius. Frankfurt a. M. 1987; Weltkomödie Österreich. 13 Jahre Burgtheater. Hg. H. Beil u. a. Wien 1999.

Wolfgang Beck

Philipe, Gérard, * 4. 12. 1922 Cannes, † 25. 11. 1959 Paris. Schauspieler, Regisseur.

P. beschloss 1941, sein Jurastudium aufzugeben und Schauspielunterricht zu nehmen. Erster Bühnenauftritt in Nizza in einem Stück von André Roussin. 1943 Eintritt ins Pariser Conservatoire d'art dramatique, das er vor der Abschlussprüfung verließ, um sich ganz der Einstudierung der ihm angetragenen Rollen zu widmen. Er spielte den Engel in *Sodom und Gomorrha* von Jean Giraudoux (1943), Federigo im gleichnamigen Stück von René Laporte (1907–54) an der Seite von Maria → Casarès (1944). P. wurde schlagartig berühmt, als er 1945 im Théâtre Hébertot für einen erkrankten Schauspieler einsprang und in der TR des *Caligula* von Albert Camus Triumphe feierte. Bühne und Film standen ihm offen. Erste große Filmrollen 1946 in *L'Idiot* und *Le diable au corps*, 1948 *La Chartreuse de Parme*, später in *La Ronde* (1950, dt. *Der Reigen*) nach Arthur Schnitzler, *Fanfan la tulipe* (1951, dt. *Fanfan, der Husar*), *Le Rouge et le Noir* (1954, dt. *Rot und Schwarz*), *Montparnasse* (1957), *Les liaisons dangereuses* (1959, dt. *Gefährliche Liebschaften*). – P. nutzte seinen frischen Ruhm, um seinem Dichterfreund Henri Pichette zum Durchbruch zu verhelfen; er mietete Th.-Räumlichkeiten auf eigene Kosten, um dessen *Epiphanies* in gemeinsamer Insz. mit Georges Vitaly aufzuführen und die Hauptrollen mit Maria Casarès, Roger → Blin und sich selbst zu besetzen (1947, Th. des Noctambules). 1948 schlug ihm Jean → Vilar vor, die TR in Corneilles Tragikomödie *Le Cid* zu spielen. Erst nach 2-jähriger Bedenkzeit nahm P. das Angebot an: seine Darstellung des Cid wie auch der TR in Kleists *Prinz Friedrich von Homburg* auf dem 5. Festival d'Avignon 1951 war so überzeugend und einmalig, dass das weltweite Echo des Festivals wie auch der Einstudierungen des von Vilar geleiteten Th. National Populaire (TNP) bis zu P.s Tod 1959 ohne ihn nicht vorstellbar wäre.

Schon 1951 äußerte P.: «Das wahre Theater ist Th. für das Volk, daher meine große Freude, am TNP zu spielen.» Kurz vor seinem frühen Tod ergänzte er seine Aussage und sagte: «Das Theater ist ein soziales Problem wie alle künstlerischen Fragen.» Als gewerkschaftlich organisierter Linksintellektueller übernahm er 1957 den Vorsitz des franz. Syndikats der Bühnenangehörigen und engagierte sich bei (kommunistisch beeinflussten) Aktionen und Unterschriftensammlungen für den Weltfrieden und soziale Gerechtigkeit. Neben dem *Cid* und *Prinz Friedrich von Homburg* sowie → Brechts *Mutter Courage und ihre Kinder* (1951) wurden seine Auftritte in Mussets *Lorenzaccio* (1952), Hugos *Ruy Blas* (1954), Mussets *Les Caprices de Marianne* (1956) und *On ne badine pas avec l'amour* (1959) sprichwörtlich für seine und Jean Vilars Vorstellung von einem Th. für das Volk. – 30 Filmrollen, 19 Bühnenrollen in einer 17-jährigen Laufbahn. P.s physische und stimmliche Präsenz sprengte den Rahmen von Bühne oder Leinwand. Sein Name wurde bald Mythos und verband und verbindet sich mit der Verkörperung der Jugend, der Verführung und gleichzeitig tiefer Melancholie, sodass er zu jenen Schauspielern gehört, denen viele Jahre nach seinem Tod die Nachwelt «Kränze flicht».

<small>Giannoli, P.: La vie inspirée de Gérard Philipe. Paris 1960; Perisset, M.: Gérard Philipe. Paris 1964; Philipe, A.: Nur einen Seufzer lang. Reinbek 1997 *(Erinnerungen der Witwe P.s, der Schriftstellerin Nicole Fourcade)*; Philipe, A. u. Roy: Gérard Philipe. Paris 1960; Pichette, H.: Tombeau de Gérard Philipe. Paris 1968; Sadoul, G.: Gerard Philipe. Paris 1960.</small>

Horst Schumacher

Piccoli, (Jacques Daniel) **Michel,** * 27. 12. 1925 Paris. Schauspieler.

P.s Mutter war Klavierlehrerin, sein Vater Geiger ital. Herkunft. Besuch von Eliteschulen in Compiègne und im südfranz. Département Corrèze. 1942 in Paris am College Saint-Barbe. Frühe Liebe zum Th. Spielte als 11-Jähriger in einer Bühnenadaption von Andersens *Des Kaisers neue Kleider* mit Jean-Claude Pascal und Michel Auclair. Schauspielschüler bei Andrée Bauer-Therond. 1947 wurde er bekannt und trat an mehreren Pariser Th.n auf. Im Th. Babylone spielte er mit Eleonore Hirt, die seine erste Frau wurde, in Strindbergs *Fräulein Julie*. Er schloss sich Ende der 1950er Jahre dem Th. National Populaire (TNP) von Jean → Vilar und später der Compagnie von Madeleine → Renaud und Jean-Louis → Barrault an. Auf der Bühne trat er besonders in Stücken der klassischen Moderne und zeitgenössischer Autoren hervor: beispielhaft in der Insz. von Patrice → Chéreau von Koltès' *Combat de nègre et de chiens* (*Der Kampf des Negers und der Hunde*, UA 22. 2. 1983). Viele Rollen am Th. des Amandiers in Nanterre, so etwa in dem von Luc → Bondy auf Franz. aufgeführten Schnitzler-Stück *Das weite Land* (1984), aber auch in Chéreau-Insz.en von → Shakespeare- und Marivaux-Dramen. Einer der größten Erfolge in P.s an Triumphen reichen Laufbahn war sein Auftritt als John Gabriel Borkman in Bondys Lausanner Insz. des gleichnamigen Ibsen-Dramas (1993), die an vielen Orten zu sehen war. 1997 in → Wilsons Insz. von Duras' *La maladie de la mort* (Th. Vidy-Lausanne, Koproduktion), 2004 in → Brooks Insz. von *Ta main dans la mienne* von Carol Rocamora nach dem Briefwechsel zwischen Anton Čechov und seiner Frau Olga → Knipper-Čechova (Comédie des Champs-Élysées, Paris). Regelmäßige Engagements als Filmschauspieler (über 200 Filme). In *Marie Antoinette* (1956) und *Destinées* (1954) war er Partner von Michèle Morgan. Entscheidend war die Begegnung mit Luis Buñuel, der ihn für die Rolle des Priesters in *La mort en ce jardin (Pesthauch des Dschungels*, 1956) verpflichtete. 1963 engagierte ihn Jean-Luc Godard für *Le mépris (Die Verachtung)* an der Seite von Brigitte Bardot. Danach Mitwirkung in vielen Filmen an der Seite internat. Stars. Buñuel-Gestalten in Filmen wie *Le journal d'une femme de chambre (Tagebuch einer Kammerzofe*, 1963/64, mit Jeanne → Moreau), *Le charme discret de la bourgeoisie (Der diskrete Charme der Bourgeoisie*, 1972, mit Stéphane Audran), *Le Fantôme de la liberté (Gespenst der Freiheit*, 1974). Mit Catherine Deneuve in *Belle de Jour* (1966, *Schöne des Tages*), mit Jane Fonda, Marlène Jobert, Andréa Ferréol (*La Grande Bouffe*, dt. *Das große Fressen*, 1973), mit Liv Ullmann (*La diagonale du fou*, 1984), Jane Birkin, Ornella Muti (*La dernière femme*, dt. *Die letzte Frau*, 1975), mit Claudia Cardinale, Isabelle Huppert, Hanna → Schygulla, Susan Sarandon (*Atlantic City, USA*, 1979) und immer wieder mit Romy Schneider in *Les choses de la vie (Die Dinge des Lebens*, 1969), *Max et les ferrailleurs (Das Mädchen und der Kommissar*, 1970), *Mado* (1976), *La passante du Sans-Souci (Die Spaziergängerin von Sanssouci*, 1981). – P. führte Regie bei einigen Filmen, *Contre l'oubli* (1991, mit anderen), *Train de nuit* (1994, auch Buch), *Alors voilà* (*Voilà – Eine schöne Familie*, 1997, auch Buch) und *La Plage noire* (2001, auch Buch). Zahlreiche Auszeichnungen, u. a. Europ. Theaterpreis 2001.

P.s außerordentlich vielseitiges Talent, seine hünenhafte Erscheinung, seine Wandlungsfähigkeit machen ihn, auch wenn er eine Nebenrolle spielt, auf Bühne und Leinwand unübersehbar. Zahlreiche Rollen sind durch seine Darstellungsweise noch für Jahrzehnte geprägt. P. war in zweiter Ehe (1966–77) mit der Chansonsängerin Juliette Greco und seit 1980 in dritter Ehe mit Ludovine Clerc verheiratet. Er gilt – auch in hohem Alter, in Schauspielrollen wie im Leben – als von den Frauen bewunderter Charmeur und Verführer, dem die Klatschspalten der Regenbogenpresse Affären mit Martine Carol, Annie Girardot, Brigitte Bardot, Jane Fonda, Catherine Deneuve, Romy Schneider, Jane Birkin und Sandrine Bonnaire nachsagten.

Horst Schumacher

Pierwoß, Klaus, * 29. 8. 1942 Berge (Niedersachsen). Theaterleiter, Dramaturg, Regisseur.

Aufgewachsen in Meppen; studierte 1962–70 Germanistik und Theaterwissenschaft in Köln, an der FU Berlin und in Wien (1970 Promotion mit *Der Szenen- und Kostümbildner Emil Pirchan*). 1971–75 Dramaturg am Landestheater Tübingen, 1975–78 am Nationaltheater Mannheim. 1978–84 Intendant des Landestheaters Tübingen, 1985–90 Leiter des Schauspiels Köln, wo er u. a. → Gotscheff (u. a. H. → Müllers *Quartett*, (1985/86) und → Castorf erste Insz.en in der BRD ermöglichte (→ Shakespeares *Hamlet*, 1989) und regelmäßig mit Regisseuren wie → Karge, → Löscher u. a. zusammenarbeitete. Eigene Regie u. a. bei der europ. EA von Márquez' *Liebestirade gegen einen sitzenden Mann* (1989), Galins *Testamente* (westdt. EA 1990). Unter dem Intendanten → Hetterle war P. nach dem Ende der DDR Chefdramaturg des Berliner Maxim-Gorki-Th.s (1990–94). Seit 1994/95 Generalintendant des Bremer Th.s, dem er – trotz kulturpolitischer und publizistischer Widerstände – durch kluge Spielplanpolitik wieder zu gesteigerter Auslastung und überregionaler Aufmerksamkeit verhalf. Kontinuierliche Zusammenarbeit mit Regisseuren wie → Kresnik (Kraus' *Die letzten Tage der Menschheit*, 1999 in einem U-Boot-Bunker; Nonos *Intolleranza*, 2000), → Bilabel (u. a. Jelineks *Krankheit oder Moderne Frauen*, 1994; Polleschs *Harakiri einer Bauchrednertagung*, UA 2000; Büchners *Dantons Tod*, 2002 in der Bürgerschaft). Förderung des Musiktheaters mit anspruchsvollen UAen und EAen, sowie des Musicals mit dem Regisseur Helmut Baumann (*Ein Käfig voller Narren*, 2000; *Cabaret*, 2001; *My Fair Lady*, 2002; *Kiss me Kate*, 2004; *Victor/Victoria* 2004; *Swinging Berlin*, 2005). Müde der ständigen Auseinandersetzungen mit lokalen Kulturpolitikern, hat P. angekündigt, seinen 2007 auslaufenden Vertrag nicht zu verlängern. 1984–94 Vorsitzender der Dramaturgischen Gesellschaft, Hölderlin-Plakette Tübingen (1984). Honorarprofessor der Universität Bremen im Bereich Kulturmanagement.

Wolfgang Beck

Pinter, Harold (Künstlername David Baron). * 10. 10. 1930 London. Autor, Regisseur, Schauspieler.

Der heute mit Stücken wie *The Caretaker (Der Hausmeister)*, *Old Times (Alte Zeiten)*, *No Man's Land (Niemandsland)*, *Betrayal (Betrogen)*, *One for the Road (Noch einen Letzten)*, *Ashes to Ashes (Asche zu Asche)* zu den bekanntesten Autoren der Gegenwart gehörende P. begann seine Theaterlaufbahn als Schauspieler. Bereits in der Schule TRn in → Shakespeares *Macbeth* und *Romeo and Juliet*. Seit 1948 Studium an der Royal Academy of Dramatic Arts (RADA). Danach in mehreren kleineren Theatertruppen (1951/52 Irland-Tournee mit der Anew McMaster Repertory Company, 1953/54 Donald Wolfit Company), meist Rollen in Stücken Shakespeares und Oscar Wildes spielend. In den folgenden Jahren an zahlreichen Repertory-Th.n engagiert; Rollen u. a. in Agatha Christies *Ten Little Niggers* (1954, Huddersfield), Anouilhs *Eurydike* (1955), Graham Greenes *The Living Room* (1955), Noël Cowards *Present Laughter* (1955, alle in Colchester). Seit dem Durchbruch als Dramatiker 1960 mit dem Sensationserfolg von *The Caretaker (Der Hausmeister)*, in dem er vertretungsweise ebenfalls spielte, tritt P. seltener und v. a. in eigenen Stücken auf, u. a. in *The Homecoming* (1969, Watford), *Old Times* (1985, Los Angeles und USA-Tournee), *No Man's Land* (1992/93, London), *The Hothouse* (1995, Chichester Festival und Tournee), *The Collection* (1997 Dublin, 1998 London), *One For The Road* (2001, London und Lincoln Center Festival New York), *Press Conference* (2002, Royal Nat. Th.). Von Kritikern gelobt für seine Bühnenpräsenz und seine modulationsreiche Stimme, seine Fähigkeit, jede Nuance, jede psychologische Feinheit darstellen zu können. Auch Film- und Fernsehschauspieler in eigenen und fremden Stücken, u. a. Sartres *Bei geschlossenen Türen* (1965, BBC 2), *Mojo* (1997), *Mansfield Park* (1998), *The Tailor of Panama* (2000), Becketts *Catastrophe* (2000, R. David Mamet, mit → Gielgud). Als Regisseur hat P. eigene Stücke in Szene gesetzt, u. a. *The Collection* (1962), *The Lover* und *The Dwarfs* (1963), *The Birthday Party* (1964), *The Hothouse* (1980), *One for the road* (1984), *Landscape* (1994), *Ashes to Ashes* (1996, 1997 in Italien, 1998 in Frankreich), *Celebration* und *The Room* (2000), *No Man's Land* (2001). Aber auch Stücke anderer Autoren, von Giraudoux (*Der Trojanische Krieg findet nicht statt*, 1983) und T. Williams (*Sweet Bird of Youth*, 1985) bis zu D. Mamets *Oleanna* (1993) und immer wieder Simon Gray (*Otherwise Engaged*, London 1975, New York, 1977; *Close of Play*, 1979; *The Common Pursuit*, 1984; *Life Support*, 1997; *The Late Middle Classes*, 1999; *The Old Masters*, 2004). Der Autor wie der Regisseur P. ist beeinflusst von seiner eigenen Arbeit als Schauspieler. Bemüht um Ensemblespiel, nah am jeweiligen Text, genau und präzise inszenierend, ohne durch Regieeinfälle Stück und Schauspieler dominieren zu wollen. «Wenn Pinter nie ein Wort geschrieben hätte, würde seine Arbeit als Regisseur ihn im britischen Theater auszeichnen» (*The Independent*, 2. 5. 1999). – Mehrfacher Ehrendoktor und als Autor vielfach internat. ausgezeichnet, u. a. Commander of the British Empire (CBE), 2002 Companion of Honour, 2005 Nobelpreis für Literatur.

Baker, W., J. C. Ross: Harold Pinter: a bibliographical history. London 2005; Begley, V.: Harold Pinter and the twilight of modernism. Toronto u. a. 2005; Billington, M.: The Life and Works of H. P. London 1996; Cahn, V. L.: Gender and power in the plays of Harold Pinter. New York 1993; The Cambridge Companion to H. P. Hg. P. Raby. Cambridge 2001; The films of Harold Pinter. Hg. S. H. Gale. Albany 2001; Gauthier, B.: Harold Pinter. Paris 2002; Grimes, Ch.: Harold Pinter's politics. Madison u. a. 2005; Lecercle, A.: Le théâtre d'Harold Pinter. Paris 2006; Merritt, S. H.: Pinter in play. Durham u. a. 1995; Münder, P.: Harold Pinter. Reinbek 2006; Peacock, D. K.: Harold Pinter and the new British theatre. Westport u. a. 1997; Strunk, V.: Harold Pinter: towards a poetic of his plays. New York u. a. 1989; Thompson, D. T.: Pinter – The Player's Playwright. London 1985.

Wolfgang Beck

Pirchan, Emil, * 27. 5. 1884 Brünn (Österr.-Ungarn, heute Brno, Tschech. Republik), † 20. 12. 1957 Wien. Bühnenbildner.

Studium der Architektur an der Technischen Hochschule und der Akademie der bildenden Künste in Wien. Der gelernte Architekt kam 1908 nach München, gründete ein Atelier für Architektur und Gebrauchsgrafik und 1913 eine Plakatschule. Er entwarf Plakate, gab Zeichenunterricht und plante als Bühnenausstatter erste Dekorationen für das Bayer. Staatstheater (1918 Ausstattungsleiter). Er brach mit dem Prinzip der absolut naturalistischen Bühnendekoration. Seine erste Ausstattung war die UA von Grabbes *Hannibal* (Nationaltheater München, P. 20. 12. 1918, R. Albert → Steinrück) – 1919–32 war P. Bühnen- und Kostümbildner der Berliner Staatstheater, wo er Leopold → Jeßners und Max v. Schillings neuen Inszenierungsstil mit seinen expressionistischen Arbeiten unterstützte.

So schrieb Herbert Ihering über den *Wilhelm Tell* (Schiller, R. Jeßner) am 13. 12. 1919 im *Berliner Börsencourier*: «Die Aufführung brachte eine radikale Veränderung des in diesem Haus üblich gewesenen Theaterstils», denn keine «Details, keine Psychologie, sondern symbolische Gesten und Arrangements (auch symbolisches Licht und symbolische Farbe)» beherrschten die Bühne. Durch die Erfindung der sog. «Jeßner-Treppe» für diese Insz. berühmt. Eine neue Bühnentechnik erlaubte Licht- und Farbeffekte, die in ihrer Art richtungweisend wurden. «Farbe, Luft und Licht, auf straffe Form vereinfacht, gaben die Version der Handlung, steigerten den Klang des Dichterwortes» (Paul Eipper in *Westermanns Monatshefte*, Mai 1926, S. 256). – Aufgrund der politischen Umstände wurde P. in Berlin unerwünscht. In den Jahren 1932–36 agierte er daher als Ausstattungsleiter des Dt. Theaters in Prag, unterrichtete an der Dt. Musikakademie. Danach fand P. in Wien einen neuen Wirkungskreis: als Professor an der Akademie der bildenden Künste, als Leiter der Meisterschule für Bühnenbildner sowie mit Arbeiten für das Burgtheater. Doch keine Ausstattung erreichte mehr eine seinen Berliner Erfolgen vergleichbare Beachtung. – P. soll an mehr als 500 Insz.en beteiligt gewesen sein. Sein hauptsächliches Verdienst besteht jedoch nicht nur in der Erneuerung des Bühnenbildes, sondern auch in seinen zahlreichen Fachpublikationen und Monographien.

Eckert, N.: Das Bühnenbild im 20. Jahrhundert. Berlin 1998; Pirchan, E.: Bühnenbrevier. Wien 1938; Bühnenmalerei. Ravensburg 1950; Schepelmann-Rieder, E.: Emil Pirchan und das expressionistische Bühnenbild. Wien 1964.

Sabine Steinhage

Piscator, Erwin (Friedrich Max), * 17. 12. 1893 Ulm (Kreis Wetzlar), † 30. 3. 1966 Starnberg. Regisseur, Theaterleiter, Theaterpädagoge.

Kaufmannssohn. 1913/14 Studium (Germanistik, Philosophie, Kunstgeschichte) an der Universität München; am Hof- und Nationaltheater Debüt als Volontär in Kleists *Hermannsschlacht* (1914). 1915–18 Soldat, seit 1917 Leiter einer Frontbühne im belg. Kortrijk. 1919 Engagement in Königsberg; gründete (mit O. L. Spaun) *Das Tribunal*, inszenierte Wedekind und Kaiser. Seit 1920 in Berlin. 1920–21 Leiter des Proletarischen Th.s, das sich nur an Arbeiter wandte; Insz.en von Stücken Wittfogels, Gor'kijs, Jungs. 1922–23 mit H. J. Rehfisch Leitung des Central-Th.s. 1924–27 Regisseur und Oberspielleiter an der Volksbühne, wo seine Insz.en polarisierten; u. a. Paquet, *Fahnen* (UA 26. 5. 1924), *Sturmflut* (1926), Rehfisch, *Wer weint um Jucknack?* (1925), Leonhard, *Segel am Horizont* (1925), Zech, *Das trunkene Schiff* (UA 21. 5. 1926), Welk, *Gewitter über Gottland* (UA 23. 3. 1927). Gastregie u. a. an den Münchner Kammerspielen, dem Preuß. Staatstheater (Schiller, *Die Räuber*, 1926), multimediale Revuen für die KPD (*Revue Roter Rummel*, 22. 11. 1924; *Trotz alledem!* 12. 7. 1925). 1927–28 P.-Bühne im Th. am Nollendorfplatz (Mitarbeiter u. a. Felix Gasbarra, →Brecht). Insz.en u. a. Toller, *Hoppla, wir leben!* (UA 3. 9. 1927), Tolstoj/Štšegolev, *Rasputin, die Romanows, der Krieg und das Volk, das gegen sie aufstand* (1927), Brod/Reimann, *Die Abenteuer des braven Soldaten Schwejk* (1928, nach Hašek), Lania, *Konjunktur* (Lessing-Th., 1928). Nicht zuletzt die Übernahme des Lessing-Th.s führte zum Konkurs. 1929 zweite P.-Bühne, die nach der Insz. von Mehrings *Der Kaufmann von Berlin* (UA 6. 9. 1929) scheiterte. Mit dem P.-Kollektiv (1929–30) inszenierte P. Carl Credés (d. i. Otto Pense) *§ 218 (Frauen in Not)*, das trotz juristischen und politischen Widerstands auf Tournee in mehr als 30 Städten (UA 23. 11. 1929, Apollo-Th., Mannheim) über 300-mal aufgeführt und mit dem auch die dritte P.-Bühne (1930–31) im Berliner Wallner-Th. eröffnet wurde. Seit 1931 war P. für die Verfilmung von Seghers' *Der Aufstand der Fischer von St. Barbara* (1934) meist in der UdSSR. 1934–36 Präsident des Internat. Revolutionären Theaterbundes (IRTB), für den er 1936 nach Paris reiste, wo er blieb. 1937 Heirat mit der Tänzerin Maria Ley. 1939 Emigration in die USA. 1940 Gründung des Dramatic Workshop an der New Yorker New School for Social Research, aus dem sich eine der bekanntesten amerik. Schauspielschulen entwickelte. P. war als Regisseur oder Supervisor an über 30 Produktionen mit Studenten beteiligt. Insz.en u. a. von P./Alfred Neumanns Adaption von Tolstojs *Krieg und Frieden* (1942), Gronemanns *Solomon the King and Shalmai the Cobbler* (1945), Sartres *Die Fliegen* (1947), Warrens *All the King's Men* (1948), Borcherts *Draußen vor der Tür* (1949). Zu P.s Schülern gehörten →Malina, →Beck, Marlon Brando, Tony Curtis, Harry Belafonte, Walter Matthau, Tennessee Williams, Arthur Miller. In seiner Arbeit durch die Kommunistenverfolgung des Kongressausschusses gegen «unamerikanische Umtriebe» zunehmend bedroht, kehrte P. 1951 in die BRD zurück. Abwehr gegen zurückkehrende Emigranten wie seine explizit politische Haltung führten dazu, dass er bis 1962 nur Gastregien erhielt, dieselben Stücke immer wieder inszenieren musste; u. a. Hochwälders *Virginia* (1951, Dt. Schauspielhaus Hamburg), Büchners *Dantons Tod* (1952 Marburg; 1956 Schiller-Th. Berlin), Sartres *Im Räderwerk* (1953 Frankfurt a. M.; 1955 Landestheater Württemberg-Hohenzollern; 1956 TV), *Die Eingeschlossenen* (1960 Essen, Marburg; 1961 Landestheater Württemberg-Hohenzollern), Millers *Hexenjagd* (1954 Mannheim, Landestheater Württemberg-Hohenzollern; 1955 Göteborg, Marburg; 1958 Essen), Brechts *Mutter Courage und ihre Kinder* (1960 Kassel) und *Flüchtlingsgespräche* (UA 15. 2.

1962, Münchner Kammerspiele). 5-mal inszenierte P. die Neufassung seiner Adaption (mit Neumann, Guntram Prüfer) von Tolstojs *Krieg und Frieden* (1955 Schiller-Th. Berlin, Darmstadt; 1956 Landesbühne Württemberg-Hohenzollern, Krefeld-Mönchengladbach; 1957 Uppsala). Seit 1962 Intendant der Freien Volksbühne Berlin. Neben dem klassischen Repertoire bestimmten Stücke des dokumentarischen Th.s den Spielplan. Insz.en von Hochhuths *Der Stellvertreter* (UA 20. 2. 1963, Th. am Kurfürstendamm, über 250 Aufführungen, 1963/64 Tournee), Kipphardts *In der Sache J. Robert Oppenheimer* (UA 1964; 1965 Brüssel), Weiss' *Die Ermittlung* (Ring-UA 1965); als letzte Regie die Adaption von Kirsts *Aufstand der Offiziere* (1966). Opernregie bei Verdis *Die Räuber* (1963) und Strauss' *Salome* (1964, beide Teatro Comunale, Florenz).

P. war einer der innovativsten und experimentierfreudigsten Regisseure der 1920er und frühen 1930er Jahre, der insgesamt über 130 Insz.en herausgebracht, bei zahlreichen Insz.en anderer die künstl. Oberaufsicht geführt hat. Er hatte präzise szenische und inhaltliche Vorstellungen, arbeitete genau am Text. Sein aufklärerischer Impetus wies dem Th. eine aktuelle gesellschaftliche Funktion zu. Das beinhaltete die Forderung nach neuen Inhalten, einer neuen, «soziologischen» Dramaturgie, um auch bei Klassikern den Zeitbezug herauszuarbeiten, das Stück über das nur Dramatische hinaus erweitern zu können. In diesem Zusammenhang entstand der Begriff des «epischen Th.s». Um gesellschaftliche Zusammenhänge und Hintergründe aufzeigen zu können, schöpften P. und seine Bühnenbildner (u. a. → Müller, → Moholy-Nagy, → Heartfield) alle bühnentechnischen Möglichkeiten aus, nutzten Etagen- wie Segment-Globusbühne, Film- und Textprojektionen, Laufbänder etc. und schufen so eine zusätzliche Zeichenebene: «Piscator war ein Ingenieur der Szene» (Brauneck, *Klassiker*, S. 370). Dabei sollte das Technische nicht Selbstzweck sein, sondern «der Steigerung des Szenischen ins Historische» dienen (P., zit. nach: Brauneck, *Theater*, S. 273). Das mit Felix Gasbarra verfasste Buch *Das Politische Theater* (1929) war Selbstverständigung und Resümee seiner Arbeit in den Jahren der Weimarer Republik. Im Bemühen um ein kämpferisches Zeittheater griff P. seit den 1920er Jahren immer wieder auf Romanadaptionen zurück. Weder im amerik. Exil noch in den restaurativen Anfangsjahren der Bundesrepublik konnte P. seine Idee eines politischen Zeittheaters fortführen, fand er zur offenen kritischen Auseinandersetzung mit Politik und Gesellschaft bereite Schauspieler, Theaterleiter und ein entsprechendes Publikum. Erst mit dem Aufkommen des Dokumentartheaters in den frühen 1960er Jahren schien dafür eine neue Möglichkeit gegeben. P. konnte diese Entwicklung noch entscheidend fördern.

Birri, U.: Totaltheater bei Meyerhold und Piscator. Zürich 1982; Brauneck, M.: Klassiker der Schauspielregie. Reinbek 1988; ders.: Theater im 20. Jahrhundert. Reinbek 1986; ders.: Die Welt als Bühne. 4. Bd. Stuttgart, Weimar 2003; Connelly, S. J.: Forgotten debts: Erwin Piscator and the epic theatre. Diss. Bloomington 1991; Erwin Piscator. Eine Arbeitsbiographie. 2 Bde. Hg. K. Boeser, R. Vatková. Berlin 1986; Freie Volksbühne Berlin. Hg. B. Mauer u. a. Berlin 1980; Gleber, K.: Theater und Öffentlichkeit. Frankfurt a. M. 1979; Goertz, H.: Erwin Piscator. Reinbek 1974; Haarmann, H.: Erwin Piscator und die Schicksale der Berliner Dramaturgie. München 1991; Kirfel-Lenk, Th.: Erwin Piscator im Exil in den USA 1939–1951. Berlin 1984; Knellessen, F. W.: Agitation auf der Bühne. Emsdetten 1970; «Leben – ist immer ein Anfang!»: Erwin Piscator 1893–1966. Hg. U. Amlung. Berlin, Marburg 1993; Ley-Piscator, Maria: The Piscator Experiment. (3. Aufl.) New York 1979; McAlpine, Sh.: Visual Arts in the Productions of the First Piscator-Bühne. Frankfurt a. M. u. a. 1990; Piscator, E.: Schriften. 2 Bde. Berlin 1968; ders.: Theater, Film, Politik. Berlin 1980; ders.: Zeittheater. Reinbek 1986; Probst, G. F.: Erwin Piscator and the American Theatre. New York u. a. 1991; Rorrison, H.: Erwin Piscator: Politics on the Stage in the Weimar Republic. Cambridge

1987; van der Velden, A. W. T.: Strijdtonelen: Erwin Piscator en de geschiedenis van Das politieke Theater. Utrecht 1998; Willet, J.: Die Eröffnung des politischen Zeitalters auf dem Theater. Frankfurt a. M. 1982; Woll, Stefan: Das Totaltheater. Berlin 1984.

Wolfgang Beck

Pitoëff, Georges (eig. Georgij Pitojew), * 4. 9. 1884 Tiflis (Russland, heute Tbilissi, Georgien), † 17. 9. 1939 Genf. Regisseur, Intendant.

Geformt vom Moskauer Künstlertheater von Konstantin Stanislavskij und Mejerchol'd, kam P. 1905 mit seiner Familie nach Genf. Er nahm Kurse bei Emile → Jaques-Dalcroze, dem Erfinder der rhythmischen Gymnastik und Erneuerer der Tanzkunst. Erste Insz.en in Genf, besonders beachtet *L'Échange* (dt. *Der Tausch*) von Paul Claudel (1917). Seit 1910 war P. mit Henri-René Lenormand (1882–1951) befreundet, den er durch die Genfer Aufführungen von *Le temps est un songe* (1919, dt. *Die Zeit ist ein Traum*) und *Les ratés* (1920, dt. *Die Gescheiterten*) bekannt machte und auch später in Paris 4 weitere Stücke inszenierte. P. betrachtete Lenormand anfänglich als die größte dramatische Begabung seiner Generation und erhoffte sich als glühender → Shakespeare-Verehrer, der er war (Insz.en von *Macbeth* 1921, *Hamlet* 1926, *Romeo und Julia* 1937), von Lenormand eine der Shakespeare'schen Wirkung vergleichbare Revolutionierung des Th.s im 20. Jh. Auf Einladung von Jacques Hébertot zog P. 1921 nach Paris, wo er die Ideen von Adolphe → Appia und Edward Gordon → Craig in die Praxis umzusetzen versuchte. Das Wort des Autors hatte für ihn unbedingte Priorität, wobei weitgehend stilisierte Insz.en den dichterischen Text zur Geltung bringen sollten. P. wurde einer der Theaterpioniere im Cartel des quatre mit Gaston → Bazy, Charles → Dullin und Louis → Jouvet. Wegen seiner hohen künstl. Ansprüche ständige Geldschwierigkeiten, die P. hinderten, über eine feste Spielstätte zu verfügen. Er zog mit seiner Truppe mehrfach um, von der Comédie des Champs-Élysées zum Th. des Arts, vom Th. des Mathurins zum Th. de l'Avenue. Er bespielte zu kleine Säle, um sich durch Eintrittsgelder finanzieren zu können, zu kleine Bühnenräume, um seine Vorstellungen optimal umsetzen zu können. Allen Widrigkeiten zum Trotz hatte P. von den Theatermachern des Cartel des quatre eine der beeindruckendsten Bilanzen aufzuweisen: 204 Insz.en von 114 Autoren in nur 18 Jahren. Die Öffnung des dem nat. Repertoire stark verhafteten franz. Th.s gegenüber der Weltdramatik war wesentlich sein Werk. Er setzte mit seiner Frau Ludmilla → P. Čechov in Frankreich durch. In Fortsetzung der Arbeit von Charles Dullin, der als erster Pirandello in franz. Sprache inszeniert hatte, kreierte er 1923 *Sechs Personen suchen einen Autor* als das vielleicht folgenreichste Theaterereignis der Zwischenkriegszeit: Themen, die in den Schauspielen Pirandellos zur Sprache kamen, Suche und die Zweifel an der eigenen Identität bestimmten Dramatiker von Jules Romains über Jean-Paul Sartre bis Jean Genet, sodass die Literaturwissenschaft vom «Pirandellismus» im franz. Dramenschaffen sprach. 1925 nachhaltiger Erfolg mit G. B. Shaws *Die heilige Johanna* mit Ludmilla P. in der Hauptrolle.

P. gelang es, ohne öffentliche Förderung Welttheater zu bieten und dabei das künstl. und wirtschaftliche Risiko zu tragen, so unterschiedliche Autoren wie Anouilh, Ibsen, Schnitzler, O'Neill, Cocteau, Gide u. a. auf Dauer auf den franz. Spielplänen zu etablieren. Er lehnte jede Routine ab und forderte mit Nachdruck, dass jedes Stück eine besondere Inszenierungsweise verlange. Einige seiner «spezifischen» Regieeinfälle haben Theatergeschichte gemacht: die im irrealen Licht dem Aufzug entsteigenden 6 Personen Pirandellos, die «abgehobene» Jahrmarktsatmosphäre in Molnárs *Liliom* oder die verblichenen Bühnenbild-Medaillons für die *Kameliendame* von Dumas d. J. Cocteau nannte P. einen «Heiligen des Theaters» («saint du théâtre»), weil er idealistisch und ohne Verständnis für Budgetfragen seiner Bühnenpassion erläge. Tatsächlich aber wollte P. seine Unabhängigkeit gegenüber staatl. Bevormundung bewahren. Zeitweise versuchte er nicht ohne Erfolg, dank Schweizer Mäzenen und den zahlreichen Auslandstourneen seiner Truppe, Eigenmittel für seine ehrgeizigen Pläne zu beschaffen. Von ihm stammte die Idee eines Theatergarantiefonds, der vom Staat alimentiert werden sollte. In den letzten Lebensjahren (von → Antoine u. a. angefeindet, die eine «Überfremdung» des franz. Th.s fürchteten) verwehrte man ihm – zum Unterschied von Baty, Copeau, Dullin, Jouvet – dem 1936 ernannten Intendanten der Comédie Française, Edouard Bourdet, als künstl. Berater zur Seite zu stehen.

Frank, A.: Georges Pitoëff. Paris 1958; Hort, J.: La vie héroïque des Pitoëff. Genf 1966; Jomaron, J. de: Georges Pitoëff, metteur en scène. Lausanne 1979; Lenormand, H.-R.: Les Pitoëff, souvenirs. Paris 1948; Pitoëff, G.: Notre théâtre. Documents réunis par J. de Rigault. Paris 1949.

Horst Schumacher

Pitoëff, Ludmilla (eig. Ljudmila von Smanov oder Smanova), * 25. 12. 1895 Tiflis (Russland, heute Tbilissi/Georgien), † 16. 9. 1951 Reuil-Malmaison bei Paris.

P.s Vater Iakov von Smanov entstammte einer alten Adelsfamilie und war zaristischer Beamter beim Gouverneur für den Kaukasus Graf Vorontsov-Bachkov. In dieser Eigenschaft war er ehrenamtlich Geschäftsführer des Th.s, dessen künstl. Leitung Ivan Pitoëff hatte. P.s Vater hatte sich 40-jährig mit einer 15 Jahre jüngeren Choristin kaukasischen Ursprungs, Anna Andrejevna Vassiliavna, verheiratet. L. P. war die einzige Tochter und besuchte das Institut St. Nina, eine Internatsschule für Töchter aus dem russ. Hochadel. Nach dem Ende ihrer Schulzeit entschied die Mutter, ständig in Paris zu leben, wo ihre Tochter Sprachen studierte, Gesangs- und Ballettstunden nahm. Sie war Schauspielschülerin bei Paul Mounet und bemühte sich vergeblich um Aufnahme ins Konservatorium. 1915 Heirat mit Georges → P., mit dem sie 7 Kinder bekam. Erste Bühnenauftritte in Genf, später in Paris in praktisch allen Insz.en ihres Mannes. Ihre schauspielerische Leistung trug zu seinem Erfolg entscheidend bei, sodass man bald im Plural von «den Pitoëffs» sprach. Einen ihrer größten Erfolge hatte sie in der Rolle der heiligen Johanna im gleichnamigen Stück von George Bernard Shaw. Nach dem Tod von Georges P. (1939) spielte L. P. in der Schweiz und in den USA und setzte nach 1945 mit ihrem Sohn Sacha P. (1920-1990) in Paris unter wirtschaftlichen Schwierigkeiten, aber künstl. erfolgreich die Theaterarbeit fort. Ein Schwerpunkt war das russ. Repertoire (Čechov).

Pitoëff, A.: Ludmilla, ma mère. Paris 1955.

Horst Schumacher

Planchon, Roger, * 12. 9. 1931 Saint-Chamond bei Saint-Étienne. Schauspieler, Regisseur, Theaterleiter.

1951 in Lyon Gründung des Th. de la Comédie, mit dem P. im konservativen Theaterbetrieb der zweitgrößten Stadt Frankreichs Werke von Adamov, Ionesco und → Brecht aufführte und zum ersten Mal in Frankreich Kleists *Zerbrochenen Krug* inszenierte. Zur Spielzeit 1957/58 übernahm P. das Stadttheater in der Arbeitervorstadt Villeurbanne, das als Th. de la Cité engagiertes Volkstheater verwirklichte und 1972 Th. National Populaire (TNP) de Villeurbanne wurde und immer wieder als das erfolgreichste Beispiel einer gelungenen kulturellen Dezentralisierung ge-

Pleasence, Donald

nannt wird. Den Anspruch, das Th. «ins Volk zu tragen», erreichte P. durch besonders farbige Insz.en anstatt eines überhöhten Intellektualismus und der Einbindung des klassischen Repertoires in aktuelle soziale Zusammenhänge. Er lud das Publikum zu Spielplandiskussionen ein und ließ sich in seinem Programm von ihm anregen. Neben → Shakespeare-Stücken wurde so die Dramatisierung der *Drei Musketiere* von Alexandre Dumas (1960) mit stets gleichbleibendem Echo aufgeführt. Patrice → Chéreau und Robert Gilbert waren seit 1972 an der Entwicklung des TNP beteiligt. P. blieb Villeurbanne verbunden, auch als er seine Insz.en verstärkt im Pariser Odéon-Th. und im Ausland zeigte. Umfassendes Textstudium geht bei P. jeder Einstudierung voraus. Er ließ sich von Freud, Marx und der Brecht'schen Dramaturgie beeinflussen und wandte Psychologie und Zeitgeschmack zur Aktualisierung eingefahrener Interpretationen der Klassiker an. Die Insz. von Marivaux' *Le triomphe de l'amour* bestach 1998, weil nicht nur die Abgründe verzehrender Leidenschaft, sondern auch Gelassenheit und Versöhnlichkeit betont wurden. Seine Insz. von → Molières *L'Avare (Der Geizige)* mit ihm in der TR (1999) zeigte Harpagon als auf seinen Vorteil bedachten Kaufmann kalvinistischer Prägung und nicht als krankhaften Geizhals. P. inszenierte neben Schauspielen des klassischen und modernen Repertoires seit 1962 auch mehr als 15 eigene dramatische Arbeiten, oft aufwendige historische Collagen, die bei den Zuschauern mehr Gnade fanden als bei der professionellen Kritik. Zu diesen Stücken, in denen er häufig auch Rollen übernahm, gehören u. a. *Bleus, blancs, rouges ou les libertins* (1967), *La Remise, Dans le vent* (1968), *L'Infâme* (dt. *Das Scheusal,* 1969, alle Th. de la Cité), *La Langue au chat* (1972), *Le Cochon noir* (1973), *Gilles de Rais* (1976), *Alice, par d'obscurs chemins* (1983), *Le Vieil Hiver, Fragile Forêt* (beide 1991), *Les Libertins* (1994), *Le Radeau de la Méduse* (1995, alle TNP). Für 3 Filme war P. zugleich Drehbuchautor und Regisseur. Er spielte viele Charakterrollen in Filmen wie *Louis l'enfant roi* (1993) und *Lautrec* (1998). Seit 2002 leitet er die Theatergruppe Studio 24. – P. ist ein außerordentlich vielseitiger «homme de théâtre», der von sich sagt: «Ich bin kein Nostalgiker. Sartre sagte, ‹den Jazz lieben heißt frisches Obst lieben›. Ich schätze frisches Obst. Die Vergangenheit interessiert mich nicht, am allerwenigsten die eigene. […] Sehr bald hatte ich Verantwortung für eine Schauspielerfamilie. Ich habe mich bemüht, daß meine Familie die beste ist, und ich bemühe mich weiter darum.»

<small>Planchon, R.: Apprentissages. Paris 2004 *(Autobiographie)*; Copfermann, E.: Roger Planchon. Paris l969.</small>

<small>*Horst Schumacher*</small>

Pleasence, Donald (gelegentlich auch: Pleasance), * 5. 10. 1919 Worksop (Großbritannien), † 2. 2. 1995 St. Paul de Vence (Frankreich). Schauspieler.

P. musste aus finanziellen Gründen die Ausbildung an der Royal Academy of Dramatic Art (RADA) abbrechen; begann seine Bühnenlaufbahn als Hilfsinspizient und Schauspieler am Th. der Kanalinsel Jersey. Juni 1942 Londoner Debüt als Curio in → Shakespeares *Twelfth Night, or What You Will* (Arts Th. Club). 1948–50 Birmingham Repertory Th., 1950/51 Bristol Old Vic Company, 1951/52 Teilnahme am Broadway-Gastspiel Laurence → Oliviers und Vivien Leighs mit Shakespeares *Antony and Cleopatra* und Shaws *Caesar and Cleopatra*. 1952 produzierte er seine Adaption von R. L. Stevensons gleichnamiger Novelle *Ebb Tide* (Edinburgh Festival und Royal Court Th. London). 1953 als Mitglied des Shakespeare Memorial Th. in Stratford-upon-Avon u. a. in Shakespeares *Antony and Cleopatra*, *The Merchant of Venice*, *The Taming of the Shrew*. Rollen in Stücken Anouilhs, Dauphin in *Jeanne oder Die Lerche* (Lyric Th., P. 11. 5. 1955), Monsieur Tarde in *Die Wilde* (St. James's Th., P. 8. 5. 1957). Mitte der 1950er Jahre begann der «Mann mit den hypnotischen Augen» und der markanten Stimme seine erfolgreiche Karriere als Film- und Fernsehschauspieler, u. a. neben Richard → Burton im Klassiker des neuen brit. Kinos *Look Back in Anger* (*Blick zurück im Zorn*, 1959). Endgültiger Durchbruch auf der Bühne als mehrfach ausgezeichneter Darsteller des Davies in der UA von → Pinters *The Caretaker* (*Der Hausmeister*, P. 27. 4. 1960), die erfolgreich im Arts Th. Club, dem Duchess Th. in London wie auch am Broadway (Lyceum, P. 4. 10. 1961) lief und 1964 mit P. verfilmt wurde. 1991 spielte er diese Rolle noch einmal in London in der Regie des Autors. Seine Fähigkeit, allein durch körperliche Präsenz und mit zurückgenommenen Mitteln eine bedrohliche Atmosphäre des Unheimlichen zu schaffen, prädestinierte ihn für Rollen in Pinters «Komödien der Bedrohung»: *The Basement* und *Tea Party* (beide Duchess Th. London, P. 17. 9. 1970). Hochgelobt seine Darstellungen der TR in Anouilhs *Der arme Bitos oder Das Diner der Köpfe* (1963) und in Robert Shaws *The Man in the Glass Booth* (1967, R. Pinter), die er beide in London und in New York verkörperte, sowie als Transvestit in Simon Grays *Wise Child* (Helen Hayes Th. New York, P. 27. 1. 1972). Trotz erfolgreicher Bühnentätigkeit arbeitete P. seit den 1950er Jahren hauptsächlich für Fernsehen und Film. Meist in markanten Nebenrollen zu sehen, hat er – einer der meistbeschäftigten Schauspieler – in etwa 190 Filmen mitgewirkt, u. a. in der Orwell-Verfilmung *1984* (1956), im Kriegsgefangenendrama *The Great Escape* (1963), Roman Polanskis *Cul-de-Sac* (1966), dem Bond-Film *You Only Live Twice* (1967), der Giraudoux-Adaption *The Madwoman of Chaillot* (1969), dem Spionagefilm *The Black Windmill* (1974), in *The Last Tycoon* (1976) und *Shadows and Fog* (1992, R. Woody Allen). Daneben wirkte er (was er später bedauerte) in einer kaum überschaubaren Reihe von Horrorfilmen mit, darunter in «Klassikern» des Genres, wie John Carpenters *Halloween*. – Ein virtuoser und wandlungsfähiger Charakterdarsteller, der Durchschnittsmenschen ebenso überzeugend verkörperte wie Psychopathen oder Sadisten. Ein Mann der leisen Töne, des schauspielerischen Understatements, der selbst in Nebenrollen durch Präsenz und die Intensität seines Spiels in Erinnerung blieb. 1993 ausgezeichnet mit dem Order of the British Empire.

Wolfgang Beck

Pluhar, Erika, * 28. 2. 1939 Wien. Schauspielerin, Sängerin, Autorin.

Tochter eines Verwaltungsbeamten. Nach der Ausbildung am Wiener Reinhardt-Seminar (1957–59) ans Wiener Burgtheater engagiert, an dem sie bis zu ihrem Bühnenabschied 1999 blieb. Hier verkörperte P. Frauenrollen von der Antike bis zur Moderne, u. a. in Sophokles' *Antigone* (1961, R. → Sellner); Calderóns *Dame Kobold* (1964), Schillers *Die Räuber* (1965, R. → Lindtberg), *Don Carlos* (1973), *Maria Stuart* (TR, 1974), *Kabale und Liebe* (1975, R. → Klingenberg), → Shakespeares *Othello* (1967), Grillparzers *Die Jüdin von Toledo*, Topols *Fastnachtsende* (beide 1968), Babels *Marija* (1969), Stoppards *Akrobaten* (1973, R. → Wood), Vitracs *Victor oder die Kinder an der Macht* (1977, R. → Neuenfels), Pinters *Heimkehr* (1977), Ibsens *Hedda Gabler* (TR, 1978, beide R. → Palitzsch), Hofmannsthals *Der Schwierige* (1978, R. Steinboeck), Gor'kijs *Sommergäste* (1979, R. → Benning), Musils *Die Schwärmer* (1980, R. → Axer; 1982 TV), Čechovs *Der Kirschgarten* (1982/83), Strauß' *Kalldewey, Farce* (1983), Noréns *Dämonen* (1985/86), *Nacht, Mutter des Tages* (1991, R.

→ Joosten), Turgenevs *Ein Monat auf dem Lande* (1986), → Brechts *Der aufhaltsame Aufstieg des Arturo Ui* (1988, R. A → Kirchner). Zuletzt in Gor'kijs *Kinder der Sonne* (1999). Gastspiele u. a. bei den Festspielen in Salzburg (→ Nestroy, *Der böse Geist Lumpazivagabundus*, 1962; Sophokles, *König Ödipus / Ödipus auf Kolonos*, 1965), Bad Hersfeld (Shakespeare, *Was ihr wollt*, 1966), den Münchner Kammerspielen (Čechov, *Onkel Wanja*, 1972), den Wiener Festwochen (Heller, *King-Kong-Mayer-Mayer-Ling*, UA 1972). 2004 Rückkehr aufs Th. in W. Schneyders Dramatisierung (auch R., Rolle) ihres Romans *Verzeihen Sie, ist das hier schon die Endstation?* (Bühne im Hof, St. Pölten). Seit Anfang der 1960er Jahre auch im Film und Fernsehen, u. a. in *Bel Ami* (1968), *Die Angst des Tormanns beim Elfmeter* (1971), *Reigen* (1973), *Sonntagskinder* (1979), *Marmortische* (1987), *Rosalinas Haus* (1992, beide auch Drehbuch), *Mrs. Klein* (1994), *Marafona* (2001, Buch, R., Rolle). In den 1970er Jahren begann die vielseitig talentierte P. ihre Karriere als Sängerin von Chansons mit Liedern ihres damaligen Mannes André Heller und Wolf Biermanns, seit den 1980er Jahren fast ausschließlich eigener Texte. In den letzten Jahrzehnten hat sich P. erfolgreich auf ihre literarische Arbeit konzentriert. Zahlreiche Auszeichnungen. – Mit ihrer herben Schönheit, dem warmen Timbre ihrer ausdrucksstarken Stimme im Film und Fernsehen oft als «femme fatale» eingesetzt, umfasst ihr Darstellungsspektrum klassische wie moderne Frauenrollen, deren Brüche und Verzweiflungen sie in ihrer Interpretation ebenso herauszuarbeiten versteht wie die komödiantischen Elemente. Während der Intendanz Bennings eine der meistbeschäftigten Schauspielerinnen, wurde sie bei Peymann, zu dessen engagierten Gegnern sie gehörte, kaum besetzt. Herausragend ihre Gestaltungen Musil'scher Figuren. Starke Ausstrahlung.

Erika Pluhar. Gesehen und photographiert von Ch. de Grancy u. a. Hamburg 2004; Der Künstler und die Realität. R. Possarnig im Gespräch mit […] Erika Pluhar, […]. Basel u. a. 1985; Müller, A.: Österreicher(innen). Wien 1994; Pluhar, E.: Am Ende des Gartens. (3. Aufl.) Hamburg 1997; dies.: Aus Tagebüchern. Reinbek 1989; dies.: Der Fisch lernt fliegen. (2. Aufl.) Hamburg 2000; dies.: Marisa. (4. Aufl.) Hamburg 1996; dies.: Verzeihen Sie, ist das hier schon die Endstation? (4. Aufl.) Hamburg 2001; dies.: Die Wahl. Hamburg 2003; dies.: Zwischen die Horizonte geschrieben. Wien 1992.

Wolfgang Beck

Pohl, Klaus, * 30. 3. 1952 Rothenburg ob der Tauber. Schauspieler, Regisseur, Autor.

1973–74 Ausbildung an der Max-Reinhardt-Schule Berlin. 1975 Freie Volksbühne Berlin. 1976–79 Dt. Schauspielhaus Hamburg (Dave in Grays *Leider nicht erreichbar*, DEA 1976; Peter in Strauß' *Trilogie des Wiedersehens*, UA 1977; Chanan in An-Skis *Der Dybuk*, 1979). Thalia Th. Hamburg, Zürcher Schauspielhaus (1982 Just in → Lessings *Minna von Barnhelm*). 1980 Regiedebüt am Rotterdamer RO–T. 1983–85 Schauspiel Köln (Wladimir in Becketts *Warten auf Godot*, Josef Meißner in seinem Stück *Das alte Land*), 1985–89 Thalia Th. Hamburg (Begriffenfeld in Ibsens *Peer Gynt*, Wagner in → Goethes *Faust I*, Geist von Hamlets Vater in → Shakespeares *Hamlet*, Schratz in der UA seines Stücks *Heißes Geld*, Josip in Čechovs *Platonow*). Seit Ende der 1970er Jahre vorwiegend Autor von mehr als einem Dutzend Theaterstücken, die aktuelle Probleme der jüngeren Zeitgeschichte aufgreifen, teils mit tragischer Dimension, teils als Farce satirisch. Gebrauchsstücke mit Gespür für gesellschaftsrelevante Themen, manchmal im Reportagestil. Konnten sich im Repertoire nicht durchsetzen. 1986 Mülheimer Dramatikerpreis für *Das alte Land*, 1987 Gerhart-Hauptmann-Preis. Inszenierte u. a. mehrere UAen eigener Stücke, so 1991 im Dt. Schauspielhaus Hamburg *Karate-Billi kehrt zurück*,

1995 im Thalia Th. Hamburg *Zettel*, im Dt. Th. *Wartesaal Deutschland Stimmenreich*, 2003 am Schauspielhaus Bochum *Seele des Dichters – unheimliches Lokal*, 2005 *Anatomie* im Anatomiesaal der Kunsthochschule Wien. Im Film Schauspieler und Drehbuchautor (*Das Milliardenspiel*, 1989, *Otomo*, 1999, *Abschied – Brechts letzter Sommer*, 2000). Spielte in Zürich 1993 Franz Wassermann in der UA seines Stücks *Selbstmord in Madrid*, am Wiener Burgtheater u. a. Horatio in Shakespeares *Hamlet* (1999, R. → Zadek, TR Angela → Winkler), Max in Schnitzlers *Anatol* (2002, Wiener Festwochen / Burgtheater, R. → Bondy), 2003 in der UA von Jonkes *Chorphantasie* (Koproduktion Graz 2003 / Burgtheater), Derwisch in → Lessings *Nathan der Weise* (2004, TR → Brandauer), Er in Fosses *Schlaf* (2006, Wiener Festwochen / Burgtheater, R. Bondy).

Werner Schulze-Reimpell

Polt, Gerhard, 7. 5. 1942 München. Kabarettist, Schauspieler, Regisseur, Autor.

P. studierte Politikwissenschaft, Geschichte, Kunstgeschichte in München, ab 1962 Skandinavistik in Göteborg. Arbeitete als Dolmetscher, Übersetzer und Lehrer in München. Seine Theaterlaufbahn begann 1975 mit einem Kabarett-Auftritt in Hanns Christian Müllers *Nachtrevue* in der Münchner *Kleinen Freiheit*. 1978 spielte er am Berliner Schiller-Th. in der Szenenfolge *Da schau her*. Seine künstl. Theaterheimat wurden die Münchner Kammerspiele. Hier wurden uraufgeführt die mit Müller geschriebene Faschingssatire *Kehraus* (1979), die u. a. mit Müller, → Hildebrandt gestalteten satirischen Revuen *München leuchtet* (1984), *Diri Dari* (1988), die mit Müller und Hans Well geschriebene Polit-Satire *Tschurangrati* (1993), hier fanden (mit den Biermösl Blos'n) Auftritte statt u. a. in *Bayern Open* (1996). In allen spielte P. meist mehrere Rollen. *Die Exoten* wurde 1985 im Münchener Residenztheater uraufgeführt («Bald friert man vor Gemütlichkeit im Bayern des Gerhard Polt», H. Schödel in *Die Zeit*, 29. 3. 1985), *Daheim, im Wirtshaus und im Amt* 1993 im Münchner Volkstheater (beide mit Müller), die satirische Szenenfolge *Kinderdämmerung* 1994 im Münchener Th. am Sozialamt, *Crème Bavaroise: Obatzt is* (mit den Biermösl Blos'n) 2002 im Cuvilliés-Th. Tourneen mit Kabarett-Programmen (meist mit den Biermösl Blos'n) im In- und Ausland. Überregional bekannt wurde P. v. a. durch Fernseh- und Filmproduktionen wie die Sketch-Reihe *Fast wia im richtigen Leben* (1979–88, TV). Im Film u. a. in *Rosi und die große Stadt* (1981), Seitz' Thomas-Mann-Adaption *Doktor Faustus* (1982), v. a. aber in den satirischen Filmen, in denen er auch an Drehbuch und Regie mitgewirkt hat: *Kehraus* (1983), *Man spricht deutsh* (1988), *Herr Ober!* (1992), *Germanikus* (2004). Zahlreiche Auszeichnungen, u. a. Dt. Kleinkunstkreis (1980), Jean-Paul-Preis 2001, Prix Pantheon (2002). – Was P. in seinen Texten beschreibt und als Figur auf der Bühne und im Film darstellt, ist der selbstgerechte und voll unbegriffener Klischees steckende Spießbürger jeder Gesellschaftsschicht, den er durch die (scheinbare) Bestätigung der Vorurteile und Verhaltensweisen entlarvt. Dabei wird die Wirkung noch verstärkt durch die klischeehaft «Gemütlichkeit» verheißende Benutzung des bayer. Dialekts. Er ist ein «Leutebeobachter, der das bayerisch verzinkte Hochdeutsch wie ein Rasiermesser benutzen kann» (ponkie, in *Abendzeitung*, 2. 7. 1979).

Polt, G.: Circus Maximus: das gesammelte Werk. (2. Aufl.) Zürich 2003; ders.: Heute wegen Tod geschlossen: Dialoge von A nach B. Zürich 2001; ders.: Hundskrüppel: Lehrjahre eines Übeltäters. (4. Aufl.) Zürich 2004; ders., H. Ch. Müller: Fast wia im richtigen Leben. 2 Bde. Zürich 1990; dies.: Ja, mei…. München 1996.

Wolfgang Beck

Ponnelle, Jean-Pierre, * 19. 2. 1932 Paris, † 11. 8. 1988 München. Bühnenbildner, Regisseur.

P., dessen Großvater mit Richard Strauss befreundet war, wuchs in Paris und Burgund auf. Nach der Errichtung der franz. Besatzungszone zog die Familie nach Baden-Baden, wo der Vater Intendant eines franz.sprachigen Rundfunksenders wurde. P. nahm Musikstunden bei Hans Rosbaud, dem Chefdirigenten des Südwestfunks, und studierte nach dem Abitur in Paris Philosophie und Kunstgeschichte. Er nahm Malstunden bei Fernand Léger und begann, als Bühnenbildner zu arbeiten. Er lernte Hans Werner Henze kennen, der zu dieser Zeit bei René Leibowitz in Paris studierte. Der Durchbruch war die Ausstattung für Henzes erste Oper *Boulevard Solitude*, die die Liebesromanze der Manon Lescaut von Abbé Prévost noch einmal aufgriff und die Form der Oper mit dem Ballett verband und 1952 in Hannover uraufgeführt wurde. Tätigkeit an den Münchner Kammerspielen. Karl-Heinz → Stroux nahm ihn für das Düsseldorfer Schauspielhaus unter Vertrag (Bühnendekor zu Stücken von Calderón, Jean Giraudoux, → Shakespeare, Peter → Ustinov). Punktuelle Verpflichtungen an vielen dt. Th.n. 1958 erste Bühnenbildgestaltung in den Vereinigten Staaten zu Carl Orffs *Carmina Burana* am Opernhaus San Francisco. Seit der Spielzeit 1961/62 auch Regietätigkeit, zum ersten Mal am Düsseldorfer Schauspielhaus mit der Insz. von *Caligula* von Albert Camus. 1962 an der Dt. Oper am Rhein Insz. von Wagners *Tristan und Isolde*. Regie- und Bühnenbildaufträge in vielen Ländern. 1977 triumphaler Erfolg mit den Monteverdi-Insz.en *L'Incoronazione di Poppea*, *Il ritorno d'Ulisse in Patria* und *Orfeo* in Zürich, unter der musikalischen Leitung von Nikolaus Harnoncourt, mit dem er in der Folge häufig zusammenarbeitete. Insz.en bei den Salzburger Festspielen (1978 Mozarts *Die Zauberflöte*; 1980 Offenbachs *Hoffmanns Erzählungen*; 1986 Mozarts *Die Hochzeit des Figaro*; 1987/88 *Moses and Aron* von Arnold Schönberg); P. kümmerte sich persönlich um die vielen Fernsehfassungen seiner Opernsz.en, u. a. von *Die Zauberflöte*, *Die Hochzeit des Figaro*, *Madame Butterfly*, *Così fan tutte*. – P. gehörte zu den gefragtesten Opernregisseuren weltweit. Seine Werktreue und Detailkenntnis führte zu außerordentlich bildhaften und überzeugenden Aufführungen. Aufschlüsse über sein Schaffen gab P. in dem 1983 erschienenen Interview-Buch *Imre Fabian im Gespräch mit Jean-Pierre Ponnelle*. Arbeitsbesessen und ständig unterwegs zwischen seinen vielen Wirkungsorten, unter denen Salzburg, Zürich, Wien, München, London, Straßburg, Düsseldorf, Bayreuth, Venedig und New York zu nennen sind. Er stürzte bei Proben in Tel Aviv ohnmächtig in den Orchestergraben und starb wenige Wochen nach diesem Unfall an seinem Wohnort München. Seine Frau war die dt. Schauspielerin und Regisseurin Margit Saad (* 1929).

Horst Schumacher

Ponto, Erich (eig. Johannes Bruno P.), * 14. 12. 1884 Lübeck, † 4. 2. 1957 Stuttgart. Schauspieler, Theaterleiter.

Kaufmannssohn; Ausbildung zum Apotheker und abgebrochenes Pharmaziestudium in München. Schauspielunterricht bei Hans Lackner. Über Passau (1908), Reichenberg (Liberec, 1909–10), Stadttheater Düsseldorf (1911–14) kam P. 1914 ans Hof-, spätere Staatstheater Dresden, wo er bis 1947 über 300 Rollen verkörperte. Zu seinen größten Erfolgen gehörte die TR in Müller-Schlössers *Schneider Wibbel*, den er seit 1916 spielte (1939 Film). Rollen u. a. in Hauptmanns *Schluck und Jau* (1918), *Die Ratten* (1929; 1949 Stuttgart), → Goethes *Faust I* (1920, Rolle: Mephisto), Hasenclevers *Gobseck* (TR, UA 1922),

→ Shakespeares *Der Kaufmann von Venedig* (1924; 1956 Stuttgart, Rolle: Shylock), *Richard III.* (TR, 1935), *Ein Sommernachtstraum* (1939), → Lessings *Emilia Galotti* (1925), *Nathan der Weise* (TR, 1929; 1933 Reichenberg), Schillers *Kabale und Liebe* (1926), → Molières *Der Geizige* (TR, 1926; 1938 Dt. Th. Berlin), Menzels *Toboggan* (UA 1928), Neuners (d. i. E. Kästner) *Das lebenslängliche Kind* (1934; 1941 Dt. Th. Berlin), → Raimunds *Der Verschwender* (1942). In Kaisers *Der mutige Seefahrer* (UA 1925, R. → Gielen) trat P. erstmals in Berlin auf (1927, Thalia Th.): «Ein Schauspieler von Phantasie und handwerklichem Können. Man ist angeregt und sicher bei ihm. Er kann, was er will» (Jhering, 2. Bd., S. 259). Durchbruch in Berlin als Peachum in der UA von → Brecht / Weills *Die Dreigroschenoper* (31. 8. 1928, Th. am Schiffbauerdamm): «Diese Kraft hat in Berlin zu bleiben. Ein Zuwachs» (Kerr, zit. nach Schneider, S. 55). Weiter dort in den UAen von Ungars *Die Gartenlaube* (1929), Tollers *Feuer aus den Kesseln*, Kornfelds *Jud Süß* (beide 1930, R. → Jeßner). Seit 1936 regelmäßiger Gast am Dt. Th. Berlin. Nach Kriegsende bei der Eröffnung des Interimstheaters Dresdner Bühnen am 10. 7. 1945 TR in Lessings *Nathan der Weise* (1954 Stuttgart; 1956 Wuppertal). 1945–46 Generalintendant in Dresden. Blieb 1947 nach einem Gastspiel mit der TR von Zuckmayers *Der Hauptmann von Köpenick* (Th. der Jugend) in Stuttgart. Seither v. a. Württemberg. Staatstheater, Dt. Th. Göttingen, Münchner Kammerspiele, Schauspiel Wuppertal. In Göttingen u. a. in Zuckmayers *Der Gesang im Feuerofen* (1950), in München in Millers *Der Tod des Handlungsreisenden* (TR, DEA 1950) und *Hexenjagd* (1954), Dürrenmatts *Ein Engel kommt nach Babylon* (UA 1953), in Stuttgart u. a. in Schillers *Kabale und Liebe* (1954; 1955 Salzburger Festspiele), Nashs *Der Regenmacher* (DEA 1955). Letzter Auftritt am 16. 1. 1957 als Shylock. Im Film ein begehrter Nebendarsteller. Mehrere Auszeichnungen; seit 1999 wird in Dresden der E.-P.-Preis verliehen. Seine Tochter Eva Doering-P. (* 1918) wurde Schnittmeisterin beim Film, sein Sohn Klaus (* 1927) Schauspieler. – Ein technisch perfekter, überaus wandlungsfähiger Charakterdarsteller und -komiker, der durch seine Präsenz und nuancenreiche Sensibilität selbst in Nebenrollen auf der Bühne wie im Film zu überzeugen wusste. Ein Schauspieler mit zurückgenommenen Mitteln, ironischer Distanz und hoher Sprechkultur, der auch als Rezitator mit breit gefächertem Repertoire überaus populär war.

Erich Ponto in Stuttgart 1947–1957. Stuttgart 1957; Jhering, H.: Von Reinhardt bis Brecht. 2. Bd. Berlin 1961; Melchinger, S., R. Clausen: Schauspieler. Velber 1965; Schneider, H.: Erich Ponto. Berlin 2000; Sein oder Nichtsein? Theatergeschichten. Staatsschauspiel Dresden 1913 bis heute. Hg. U. Dittmann. Dresden 1995; Wiesmann, S.: Erich Ponto. Die Sprache des Menschen durch die Maske. Diss. Wien 1967.

Wolfgang Beck

Porat, Orna * 6. 6. 1924 Köln. Schauspielerin, Theaterleiterin.

Geboren als Ingrid Klein; 1942–44 Landesbühne Schleswig. Heiratete den brit. Offizier und späteren Geheimdienstmitarbeiter Jaacov Porat und ging mit ihm 1947 nach Palästina, lebte in einem Kibbuz. Seit 1949 am Cameri Th. in Tel Aviv. Spielte die TR in Shaws *Die heilige Johanna*, Shen Te / Shui Ta in → Brechts *Der gute Mensch von Sezuan*, die TR in Schillers *Maria Stuart*, Claire Zachanassian in Dürrenmatts *Der Besuch der alten Dame*, 1988 TR in García Lorcas *Bernarda Albas Haus*. 1999 schrieb ihr Fernando Arrabal das Monodrama *Ein Liebesbrief* (Habimah, Tel Aviv), mit dem sie 1999 beim Monodrama-Festival Thespis I in Kiel gastierte. 2003 in *Dybuk* nach An-Ski und Hanna Krall (R. K. Warlikowski, Wrocław und Tournee). 1970 gründete P. das Kinder- und Jugendtheater Israels, das sie bis

1989 leitete, in dem sie auch inszenierte. Es bereist das ganze Land mit 1500 bis 2000 Vorstellungen im Jahr und trug wesentlich zur Integration der Einwanderer aus aller Welt bei, führte zudem jüdische und arabische Kinder zusammen. Filmrollen. Film-Feature *Die Orna Porat-Story*. 1979 Israel Prize, 1983 Israel Th. Critics Award, 1997 Israel Th. Lifetime Achievement Award. Eine der bedeutendsten Schauspielerinnen Israels, die Widersprüchlichkeiten ihrer Rollen auslotete und zu einer Einheit des Charakters harmonisierte.

Werner Schulze-Reimpell

Praetorius, Friedrich-Karl, * 6. 1. 1952 Hamburg. Schauspieler, Autor.

Mit 17 Jahren bestand P. die Aufnahmeprüfung an der Hamburgischen Hochschule für Musik und Darstellende Kunst. Neben Jürgen Prochnow debütierte er im Januar 1973 als Lorenzo in → Shakespeares *Kaufmann von Venedig* (Schauspielhaus Bochum, R. → Zadek). Bis 1977 spielte er in vielen Zadek-Insz.en mit. So nahm Zadek ihn auch 1978 mit nach Hamburg an das Thalia Th., wo er Griffith' *Komiker* inszenierte. Für die Rolle des Gethin Price wurde P. von *Th. heute* zum besten Schauspieler des Jahres gewählt. P. liebt das Risiko, die Herausforderung, sich an neuen Aufgaben zu erproben. So wechselte er zu → Neuenfels, der am Thalia Th. Shakespeares *Hamlet* mit ihm in der TR inszenierte (1978). «So ausgeflippt und verquer hatte man sich den edlen Dänenprinzen nicht vorgestellt» (*Die Welt*, 11. 4. 88). Danach standen ihm die großen Häuser offen. Er war ein gefeierter sophokleischer König Ödipus, der «kreischend pubertierte» (Schauspiel Frankfurt, 1979, R. Neuenfels), und ein Don Carlos Schillers (Schauspiel Frankfurt, 1979, R. → Palitzsch), der «Papa Philipp auf den Schoß sprang» (C. Schülke *Ein fröhlicher Misanthrop*, in *FAZ*, 12. 3. 1993). Am Schauspielhaus Zürich Kajus Beck in der UA von Hauptmanns *Christiane Lawrenz* (12. 4. 1990). P. reist gern, was auch in seinen Prosawerken zum Ausdruck kommt (*Reisebuch für den Menschenfeind*, 1993). Dennoch konnte ihn Peter → Eschberg 1992 für einige Jahre an Frankfurt binden. (Bernhard, *Ritter, Dene, Voss*, 1994, R. Eschberg). Gerhard Rohde bezeichnete P. dabei als «manischen Selbstdarsteller mit nicht unbeträchtlichen Verbrennungsenergien» (*FAZ*, 10. 11. 1994). Odysseus in Strauß' *Ithaka* (1997). Als Gast u. a. in → Ayckbourns *Alles nur aus Liebe* (2000, Renaissancetheater Berlin), → Brechts *Mutter Courage und ihre Kinder* (2003, Dt. Th. Berlin, R. Zadek), dem Projekt *TermitenStädte* (2004, Schauspielhaus Wien). Zahlreiche Film- und Fernsehrollen. Weniger erfolgreich mit seinen eigenen Theaterstücken *Alzheimer Roulette* (UA 1999), *Die Frauenfalle* (2000, beide Frankfurter Kammerspiele, R. Palitzsch). – P. ist ein vielseitiger Künstler mit starkem Hang zur Selbstbehauptung und Spaß am Tabubruch. Er gilt daher u. a. als Idealbesetzung für Außenseiter und Sonderlinge.

Sabine Steinhage

Prampolini, Enrico, * 20. 4. 1894 Modena, † 17. 6. 1956 Rom. Bühnenbildner, Regisseur.

P. gilt als der hervorragendste Vertreter der futuristischen Generation nach dem 1. Weltkrieg, der er sich 1912 angeschlossen hatte als Mitarbeiter und Herausgeber der Avantgarde-Zeitschriften *Noi* und *Stile Futurista*. Verbindung mit Dada, Der Sturm, Novembergruppe, Bauhaus. 1913 – 14 Konzeption einer neuen Baukunst: *L'atmosfera-struttura futurista. Basi per une architettura*. Marino Marinetti verpflichtete P. zur Gestaltung des Kriegerdenkmals in Como und des Futuristischen Pavillons in Turin. Autor vieler Manifeste und Programmschriften. Die Idee eines «synthetischen Th.s» setzte P. im Teatro del Colore, im

Teatro Sintetico (1921/22), dem Teatro degli Independenti und gemeinsam mit → Bragaglia im Teatro delle Arti (1923) um. Als Maler und Bühnenbildner in den Jahren 1925 und 1926 immer stärkere Hinwendung zur plastischen Vereinfachung (L'Architettura feminile). Entwickelte sich vom Postkubismus zum Abstrakt-Geometrischen.

 Frette. G.: Scenografia teatrale 1909–1954. O. O. 1955.

Horst Schumacher

Preetorius, Emil, * 21. 6. 1883 Mainz, † 27. 1. 1973 München. Bühnenbildner, Illustrator, Pädagoge. Bruder des Malers Willy P. (1882–1964). Nach dem Studium der Rechtswissenschaften, Kunstgeschichte und Naturwissenschaften in München, Berlin und Gießen (Dr. jur.) besuchte P. kurz die Kunstgewerbeschule in München, war aber als Maler und Zeichner weitgehend Autodidakt. Seit 1907 arbeitete er als Illustrator (u. a. für die Zeitschriften *Jugend* und *Simplicissimus*). In München gründete er 1909 mit dem Grafiker und Buchkünstler Paul Renner (1878–1956) die Schule für Illustration und Buchgewerbe, leitete seit 1910 die Münchner Lehrwerkstätten, war Mitglied des Dt. Werkbundes (1912) und der Künstlergruppe «Die Sechs». Seit 1926 Leiter (1928 Professor) von Klassen für Illustration und Bühnenbild an der Hochschule für Bildende Künste, lehrte P. ab 1928 an der Akademie für Angewandte Kunst. 1921 erstes Bühnenbild für Glucks *Iphigenie in Aulis* (Nationaltheater München). Seit 1923 Arbeit für die Münchner Kammerspiele (Insz.en → Falckenbergs) und weitere Bühnen, u. a. für → Goethes *Urfaust* (1923, Künstlertheater München), Strauss' *Feuersnot* (1931, Städt. Oper Berlin), Zemlinskys *Der Kreidekreis* (1933, Kroll-Oper, Berlin). Seit 1932/33 war P. szenischer Leiter der Bayreuther Festspiele und prägte bis Anfang der 1950er Jahre deren Wagnerstil. Für Insz.en Heinz Tietjens (1881–1967) entwarf er Szenographien zu Wagners *Die Meistersinger von Nürnberg*, *Der Ring des Nibelungen* (beide 1933), *Parsifal* (1934, mit → Roller), *Tristan und Isolde* (1938), *Der fliegende Holländer* (1939). Auch nach 1945 gehörten Bühnenbilder zu Opern zu seinen Arbeitsschwerpunkten, so für Wagners *Götterdämmerung* (1954, Rom), *Der Ring des Nibelungen* (Staatsoper Wien, 1958–61). Für die Salzburger Festspiele 1952 entwarf er das Bühnenbild zur UA von Strauss' *Liebe der Danae*. P. war Präsident der Bayer. Akademie der Schönen Künste (1953–68, seit 1948 Vizepräsident) und der Gesellschaft der Bibliophilen. Zahlreiche Auszeichnungen. – P. wollte Begleiter der Interpretation sein, seine Bühnenbilder sollten nicht dominieren. Sie sollten zwischen der von ihm geforderten historischen Treue und der nötigen – nicht immer konsequent durchgeführten – Stilisierung einen Mittelweg finden. «In Preetorius' bühnenästhetischen Vorstellungen zu Wagners Opern spiegeln sich die Konzepte sowohl eines Appia, eines Roller und eines Sievert wider. Tatsächlich modern war das in den dreißiger Jahren längst nicht mehr» (Eckert, S. 117). Auch wenn seine Entwürfe für die Bayreuther Festspiele nicht frei von monumentalen Zügen und realistischer Ausgestaltung des Raums waren, bedeuteten sie gegenüber der bisherigen Praxis einen Fortschritt. Erst nach 1945 fand sich auch bei ihm eine Tendenz zu verstärkter Stilisierung und bühnenbildnerischer Kargheit. Als Illustrator und Buchgestalter war P. vom jap. Holzschnitt beeinflusst. Seine Sammlung asiatischer Kunst, eine der bedeutendsten dt. Privatsammlungen, befindet sich heute im Museum für Völkerkunde in München.

 Adolph, R.: Emil Preetorius. Aschaffenburg 1960; Hölscher, E.: Emil Preetorius. Das Gesamtwerk. Berlin 1943; Im Umkreis der Kunst. Hg. F. Hollwich. Wiesbaden 1954; Preetorius, E.: Gedanken zur Kunst. (4. Aufl.) München 1947; ders.: Geheimnis des Sichtbaren. München 1963; ders.: Das szenische Werk. Berlin 1941; ders.: Über die Kunst und ihr Schicksal in dieser Zeit. Düsseldorf, München 1953; ders.: Wagner. Bild und Vision. (3. Aufl.) Godesberg 1949.

Wolfgang Beck

Preminger, Otto (Ludwig), * 5. 12. 1905 (1906?) Wien, † 23. 4. 1986 New York. Regisseur, Theaterleiter, Schauspieler, Filmproduzent.

Sohn eines Juristen. Ausbildung am Reinhardt-Seminar, Debüt in Shakespeares *Ein Sommernachtstraum* (1922, Th. in der Josefstadt, R. Max → Reinhardt). Regieassistent bei Reinhardt (Salzburger Festspiele). Verschiedene Engagements, erste Regie am Stadttheater Aussig (1925). Daneben Jurastudium in Wien (1928 Promotion). Gründete in Wien 1929 Die Komödie und übernahm (mit J. Feldhammer) 1929–31 die Wiener Volksoper als Neues Wiener Schauspielhaus. 1931 erste Filmregie in *Die große Liebe*. Seit 1931 Regisseur am Th. in der Josefstadt, dessen Direktor P. 1933–35 nach dem Rückzug Reinhardts wurde. Vorwiegend populärer Spielplan. P. inszenierte u. a. Hecht/MacArthurs *Reporter* (1931), Bus-Feketes *Mehr als Liebe* (mit P. → Wessely, A. → Hörbiger), → Shakespeares *Macbeth*, → Nestroys *Einen Jux will er sich machen* (mit H. → Moser, K. → Paryla, beide 1934), Kaisers *Adrienne Ambrossat*, Laverys *Die erste Legion* (beide 1935). 1935 Emigration (Großbritannien, USA). 1935–37 Filmregisseur für 20th Century Fox, inszenierte danach am Broadway, u. a. Woolls *Libel* (P. 20. 10. 1935, Henry Miller's Th.), Clare Booths *Margin for Error* (P. 3. 11. 1939, Plymouth Th., 264 Auff., 1943 auch Filmregie), Howard Koch/John Hustons *In Time to Come* (P. 28. 12. 1941, Mansfield Th.). 1938–41 Lehrer an der Drama School der Yale University. Seit den 1940er Jahren v. a. im Film, neben wenigen Rollen (*Pied Piper*, 1942, *They Got Me Covered*, 1943, *Stalag 17*, 1953) hauptsächlich Regie, seit 1953 unabhängiger Produzent und Regisseur. Zu den Filmen, die seine «Handschrift» weltberühmt machten, gehören *Laura* (1944), *Angel Face* (1952, mit R. Mitchum), *Carmen Jones* (mit H. Belafonte), *River of No Return* (mit M. Monroe, beide 1954), *The Man with the Golden Arm* (1955, mit F. Sinatra), *Bonjour Tristesse* (1958, mit J. Seberg), *Anatomy of a Murder* (mit J. Stewart), *Porgy and Bess* (mit S. Poitier, beide 1959), *Exodus* (1960, mit P. Newman), *Bunny Lake is Missing* (1965, mit L. → Olivier), *Rosebud* (1975, mit P. O'Toole), *The Human Factor* (1980). Daneben weiterhin Produzent und Regisseur am Broadway, u. a. F. Hugh Herberts *The Moon is Blue* (P. 8. 3. 1951, Henry Miller's Th., 924 Auff.), Ira Levins *Critic's Choice* (P. 14. 12. 1960, Ethel Barrymore Th., mit Henry Fonda), Erich Maria Remarques *Full Circle* (P. 7. 11. 1973, ANTA Playhouse). 1953 in New York amerik. EA von Gottfried von Einems Oper *Der Prozeß* (City Center Opera). – Mit nicht sehr zahlreichen Rollen als Schauspieler kaum hervorgetreten, als Leiter der Josefstadt zwischen Reinhardt und Ernst → Lothar nur begrenzt in der Lage, eigene Akzente zu setzen. Bedeutend als Regisseur, berühmt wegen seiner präzisen und subtilen Schauspielerführung, berüchtigt wegen seiner diktatorischen Strenge. Auch in seinen Filmen lässt sich seine Herkunft vom Th. nicht verkennen. Er beherrschte das szenische Arrangement, die innovative Lichtregie wie kaum einer seiner Kollegen. Hinter vordergründig realistischer Gestaltung der Spannungen zwischen Individuum und Gesellschaft arbeitete P. neue Ebenen der Realität heraus, die das vorher scheinbar Eindeutige immer wieder in Frage stellen. Zahlreiche internat. Auszeichnungen. Sein Bruder Ingo (eig. Ingwald) P. (1911–2006) arbeitete als Produzent, sein Sohn Erik Lee P. (* 1944 New York) als Produzent und Drehbuchautor. P. war u. a. mit der Schauspielerin und Schriftstellerin Marion Mill (1913–72) und der Kostümbildnerin Hope Bryce verheiratet.

Carluccio, G., L. Cena: Otto Preminger. Florenz 1991; Coursodon, J.-P., P. Sauvage: American Directors. 1. Bd. New York 1983; Frischauer, W.: Behind the Scenes of Otto Preminger. New York 1974; Legrand, G. u. a.: Otto Preminger. Crisnée 1993. Otto Preminger. Hg. N. Grob u. a. Berlin 1999; Pratley, G.: The Cinema of Otto Preminger. New York 1971; Preminger, O.: Preminger. New York 1977 *(Autobiographie)*.

Wolfgang Beck

Q

Quadflieg, Will, * 15. 9. 1914 Oberhausen, † 27. 11. 2003 Hamburg. Schauspieler.

Sohn eines Zechendirektors. Privater Schauspielunterricht. Debüt 1933 am Stadttheater Oberhausen. 1934–35 Stadttheater Gießen (Don Cesar in Schillers *Die Braut von Messina*), 1935–36 Stadttheater Gera (Riccaut in → Lessings *Minna von Barnhelm*), 1936–37 Düsseldorfer Schauspielhaus, 1937–40 Volksbühne Berlin (Romeo in → Shakespeares *Romeo und Julia*, TR in Lessings *Philotas*, August Keil in Hauptmanns *Rose Bernd*), 1940–44 Schiller-Th. Berlin (Mortimer in Schillers *Maria Stuart*, TR in → Goethes *Clavigo*, alternierend TR und Mephisto in Goethes *Urfaust*). 1945–46 Bühnen der Stadt Lübeck (TR in Shakespeares *Hamlet*, Orest in Goethes *Iphigenie auf Tauris*). 1946–47 Junge Bühne Hamburg (TR in Goethes *Torquato Tasso*), 1947–66 Dt. Schauspielhaus Hamburg (TR in Ibsens *Peer Gynt* und Shakespeares *Macbeth*, Sigismund in Calderóns *Das Leben ein Traum*, Eugène in Wolfes *Herrenhaus*, Don Juan in Grabbes *Don Juan und Faust*, TRn in Goethes *Faust I + II* -1960 verfilmt, Marquis von Posa in Schillers *Don Carlos*, Advokat in Strindbergs *Traumspiel*, Julian in der DEA von Albees *Winzige Alice*, Doktor Marinus in der UA von Durrells *Ein irischer Faust*). Seit 1948 auch am Züricher Schauspielhaus (Hamlet, Tasso, Orest, Mortimer, TR in Schillers *Don Carlos*, Juan d'Austria in Zuckmayers *Barbara Blomberg*). Seit 1949 Salzburger Festspiele (Clavigo, 1952–59 TR, 1973–74 Tod, 1983–89 Stimme des Herrn in Hofmannsthals *Jedermann*, Orest, Ferdinand in Schillers *Kabale und Liebe*, Don Carlos, Mortimer, Mephisto, Prospero in Shakespeares *Der Sturm*, 1973–74 Spielleiter in Shakespeare / → Strehlers *Spiel der Mächtigen*, 1981 Thomas Payne in Büchners *Dantons Tod*). In den 1960er Jahren zahlreiche Tourneen (Rosmer in Ibsens *Rosmersholm*). 1964 Macbeth im Wiener Burgtheater, Unbekannter in Strindbergs *Nach Damaskus*, Akademietheater Wien. 1965 Monceau in Millers *Zwischenfall in Vichy*, Ruhrfestspiele Recklinghausen. 1971 TR in Schillers *Wallenstein*, Landestheater Hannover. Rückkehr ans Dt. Schauspielhaus (1971 Julian in Anouilhs *Wecken Sie Madame nicht auf*, TR in Sartres *Kean* und → Molières *Der Menschenfeind*, James Tyrone in O'Neills *Eines langen Tages Reise in die Nacht*, Ridgeon in Shaws *Der Arzt am Scheidewege*). 1977 Hassenreuther in Hauptmanns *Die Ratten* (Th. der Freien Volksbühne Berlin). 1981–2000 Thalia Th. Hamburg (Salieri in Shaffers *Amadeus*, TR in Hauptmanns *Michael Kramer*, Nat in Gardners *Ich bin nicht Rappa-*

port, Karl Josef in *Besucher* von Botho Strauß, Arnold Rubek in Ibsens *Wenn wir Toten erwachen*, Billy Rice in Osbornes *Der Entertainer*, TR in Shakespeares *König Lear*, Direktor Werle in Ibsens *Die Wildente*, Serebrjakow in Čechovs *Onkel Wanja*, Feuerwehrhauptmann in Ionescos *Die kahle Sängerin*, Tubal in Shakespeares *Der Kaufmann von Venedig*, Ferapont in Čechovs *Drei Schwestern*). 2000 Zueignung bei der Premiere von Peter → Steins strichloser Insz. von Goethes *Faust I + II* (Expo Hannover). Seit 1966 einige Insz.en (Shakespeares *Othello*, 1972 Büchners *Dantons Tod* mit sich als Robespierre, Festspiele Bad Hersfeld). Filmrollen, Lesereisen, Schallplatten.

Friedrich Luft nannte ihn «ein Gottesgeschenk an das Theater». Q. war in seinen Anfängen ein feuriger jugendlicher Held, ein Schiller-Jüngling par excellence, später ein nachdenklicher, psychologisch differenzierter Charakterspieler. Leidenschaft und Sprachgewalt zeichneten ihn aus – er war ein begnadeter Sprecher literarischer Texte. Er selbst klagte einmal, er sei «von Literatur durchtränkt wie ein Schwamm», sein Kopf ein gigantischer Friedhof von Rollen, die ihn bis in die Träume begleiteten. Viel verdankte er → Gründgens und v. a. Rudolf → Noelte, der ihn – nach Gründgens' Tod – aus einer tiefen Krise herausführte, als Q. als Tourneeschauspieler in leeres Pathos zu versinken drohte.

Flimm, J.: Theatergänger. Begegnungen und Stationen. Göttingen 2004; ders.: Will Quadflieg. Ein Leben für das Wort in Texten und Bildern. Zürich 1994; Melchinger, S., R. Clausen: Schauspieler. 36 Porträts. Velber 1965; Quadflieg, W.: Wir spielen immer. Frankfurt a. M. 1976; Sucher, C. B.: Theaterzauberer. Schauspieler. München, Zürich 1988.

Werner Schulze-Reimpell

Qualtinger, Helmut (Pseud. Hans Helmut, Helmut Blattl; mit Michael Kehlmann: Paul Brisot), * 8. 10. 1928 Wien, † 29. 9. 1986 Wien. Schauspieler, Kabarettist, Regisseur, Autor.

Sohn eines Gymnasialprofessors. 1944 Mitbegründer der «Mozart-Bühne»; inszenierte 1944 → Nestroys Posse *Nur keck*. Nach Kriegsende verschiedene Berufe; Mitglied der Studentenbühne «Studio der Hochschulen», Kabarett mit Carl Merz (eig. C. Czell, 1906–79). Journalistische Arbeit, Satiren, Kritiken. Von Protesten begleitet 1949 die UA seines zeitkritischen Stücks *Jugend vor den Schranken* in Graz. Schrieb mit Kehlmann, Merz, Gerhard Bronner einen der größten Publikumserfolge der Wiener Nachkriegszeit, *Reigen 51* (UA 30. 10. 1951, Kleines Th. im Konzerthaus Wien), eine aktuelle Adaption von Schnitzlers Stück. Mit denselben Ko-Autoren 1952–61 große Erfolge als Kabarettist. Schrieb mit Merz «das größte dramatische Ereignis Österreichs seit Schnitzler und Horváth» (H. Weigel in *Die Presse*, Sept. 1986), den Monolog *Der Herr Karl*, dessen Protagonisten Q. bei der UA (15. 11. 1961) im Österr. Fernsehen und auf Tourneen (BRD, Schweiz, 1963 Broadway) immer wieder verkörperte. Der den «gemütlichen» Wiener als opportunistischen Mitläufer entlarvende Einakter löste in Österreich große Empörung aus. Spielte seit den 1950er Jahren u. a. im Th. in der Josefstadt (Molnár, *Liliom*; Nestroy, *Lumpazivagabundus*) und im Wiener Volkstheater (Sartre / Dumas, *Kean*; Nestroy, *Eisenbahnheiraten*, 1960; Horváth, *Geschichten aus dem Wiener Wald*, 1968; Bühnenfassung von Dostoevskijs *Raskolnikoff*, 1969; Nestroy, *Der Talisman*, 1970; Dürrenmatt / Shakespeare, *König Johann*, 1971). In den 1970er Jahren lebte Q. lange in Hamburg, spielte v. a. am Thalia Th. (Dorfrichter in Kleists *Der zerbrochne Krug*, 1971/72), wo er auch inszenierte (1973 → Kroetz' *Oberösterreich*, 1974 Gert Hofmanns *Tod in Miami*). Umfangreiche Lesereisen, v. a. mit Hitlers *Mein Kampf* und Karl Kraus' *Die letzten Tage der Menschheit*. 1980 Rückkehr nach Wien, Insz. von Kraus' *Die Unüberwindli-*

chen (Festwochen). 1981 Theobald Maske in Sternheims *Die Hose* (Volkstheater). Spielte im Schauspielhaus und im Th. in der Josefstadt. – Seit 1952 wirkte Q. in über 40 Filmen und Fernsehspielen mit, v. a. in Literaturadaptionen; u. a. nach Horváth (*Geschichten aus dem Wiener Wald*, 1961, mit → Moser; 1964 TV, mit → Lohner; 1979, R. M. → Schell), Joseph Roth (*Radetzkymarsch*, 1965 TV; *Das falsche Gewicht*, 1971 TV, R. → Wicki, mit Agnes → Fink), Nestroy (*Lumpazivagabundus*, 1965), Kafka (*Das Schloß*, 1968, R. → Noelte), Schnitzler (*Das weite Land*, 1970 TV, mit O. W. → Fischer), Bernhard (*Der Kulterer*, 1973), Dorst (*Eiszeit*, 1975 TV, R. → Zadek), Dürrenmatt (*Der Richter und sein Henker*, 1976), Doderer (*Das Diarium des Dr. Döblinger*, 1986 TV). Letzte Rolle in der Verfilmung von Ecos *Der Name der Rose* (1986). – Q. war ein bedeutender satirischer Autor und Kabarettist und ein Schauspieler von unverwechselbarer Ausstrahlung: «in seinen Rollen lebt sich Q. nicht aus, er verkriecht, versteckt, verleugnet sich in ihnen» (S. Wirsing in *Tagesspiegel*, 18. 7. 1965). Er verstand es auf sensible Weise, Zwischentönen und Abgründen seiner Figuren nachzuspüren, ihre Komplexität sichtbar zu machen. Mit seiner überaus modulationsreichen Stimme beherrschte er alle Register künstl. Wandlungsfähigkeit. Das ermöglichte ihm die Lesung ganzer Stücke von Nestroy und Karl Kraus, in denen jede Figur ihre eigene Sprache fand. In welcher Funktion er auch auftrat, seine charismatische Präsenz beherrschte die Szene.

Horowitz, M.: Helmut Qualtinger. Wien 1996; Kehlmann, M., G. Biron: Der Qualtinger. St. Andrä-Wördern 1995; Kubacek, A.: Der Herr Karl: eine sprachliche Untersuchung. Dipl.-Arbeit Wien 1989; Wendt, G.: Helmut Qualtinger, ein Leben. (2. Aufl.) Wien 1999.

Wolfgang Beck

Quest, Hans, * 20. 8. 1915 Herford, † 29. 3. 1997 München. Schauspieler, Regisseur.

Aus einer Musikerfamilie stammend; Ausbildung 1933–35 an der Schauspielschule der Berliner Staatstheater. Über Wuppertal (1935–37) kam er nach Berlin, wo er am Preuß. Staatstheater u. a. in Beaumarchais' *Der tolle Tag oder Figaros Hochzeit* (1938, R. → Gründgens), an der Volksbühne in Halbes *Jugend* (1937), Hauptmanns *Kollege Crampton* (1938), Gehris *Im sechsten Stock* (1939), Liecks *Annelie* (UA 1940) auftrat. Nach Kriegsende 1946 Engagements am Stadttheater Hildesheim, Staatstheater Hannover, Dt. Schauspielhaus Hamburg. Dort 1946 in Barlachs *Die Sündflut*, Büchners *Dantons Tod*, Giraudoux' *Undine*, 1949 in Camus' *Caligula* (TR), Sartres *Die schmutzigen Hände*, Roblès' *Montserrat* (TR). 1947–50 Hamburger Kammerspiele. Hier verkörperte er die Rolle, die ihn schlagartig bekannt machte, nachdem er sie zuvor schon im Hörspiel gesprochen hatte: Beckmann in Borcherts *Draußen vor der Tür* (UA 21. 11. 1947, R. W. → Liebeneiner). «Ein graues Gesicht hinter der Gasmaskenbrille. Ein Mitmensch a. D., sterbenstraurig und sterbensmüde, nur dann und wann wie aus einem bösen Traum gejagt in wilde Anklagen ausbrechend. Eine große schauspielerische Leistung» (*Hamburger Echo*, 25. 11. 1947). Weiter u. a. in Wilders *Wir sind noch einmal davongekommen* (1947, R. → Käutner; 1952 Ruhrfestspiele). 1950–55 Münchner Kammerspiele (später als Gast); Rollen u. a. in Frys *Die Dame ist nicht fürs Feuer* (1951, R. → Schweikart), Hebbels *Herodes und Mariamne* (1952), Ibsens *Gespenster* (1953, alternierend mit → Blech, beide R. → Kortner), Anouilhs *Colombe* (1953), → Shakespeares *Hamlet* (1954, R. → Lindtberg), Albees *Alles vorbei* (DEA 1972, R. → Everding), Bonds *Sommer* (DEA 1983, R. → Bondy). Als Gast u. a. bei den Ruhrfestspielen (TR in Schillers *Don Carlos*, 1951, R. → Stroux), am

Zürcher Schauspielhaus, den Staatl. Schauspielbühnen Berlin, den Festspielen in Bad Hersfeld und Salzburg (→ Molières *Dom Juan*, 1983, R. → Bergman). Seit 1972 am Bayer. Staatsschauspiel München (vorher als Gast) u. a. in Bolts *Thomas Morus* (DEA 1960, R. → Meisel), Genets *Die Wände* (1968, R. → Lietzau), Bonds *Die See* (1973), → Ayckbourns *Frohe Feste* (1975), Strindbergs *Ein Traumspiel*, Shakespeares *Macbeth* (beide 1977), *Viel Lärm um nichts* (1983), Dorsts *Heinrich oder Die Schmerzen der Phantasie* (1986, R. → Hesse); Insz. u. a. von Rose / Budjuhns *Die zwölf Geschworenen* (1976). Seit seinem Regiedebüt 1946 in Hildesheim inszenierte Q. u. a. in Hamburg, München und für Tourneetheater. Im Film u. a. in *Das unsterbliche Herz* (1939), *Friedrich Schiller* (1940), *Die Entlassung* (1942), *Die blauen Schwerter* (1949), *Ludwig II.* (1955), *Das Schlangenei* (1977), *Caspar David Friedrich – Grenzen der Zeit* (1986), *Der 13. Tag* (1991). Regisseur von Unterhaltungsfilmen (u. a. *Wenn der Vater mit dem Sohne*, 1955, *Charleys Tante*, 1956, beide mit → Rühmann) und Fernsehproduktionen wie den Durbridge-Krimis *Das Halstuch* (1962) und *Tim Frazer* (1963–64). 1982 Bayer. Staatsschauspieler. – In die Theatergeschichte eingegangen ist Q. mit der Rolle seines Lebens in dem Stück *Draußen vor Tür*, das der Autor ihm gewidmet hat. Mit dieser Rolle identifiziert zu werden, belastete sein weiteres künstl. Schaffen. Er war ein vielseitiger, präziser und mit zurückgenommenen Mitteln arbeitender Charakterdarsteller, der auch Nebenrollen unverwechselbares Profil zu geben verstand.

Wolfgang Beck

R

Raddatz, Carl (Werner Fritz), * 13. 3. 1912 Mannheim, † 19. 5. 2004 Berlin. Schauspieler.

Sohn eines Bankbeamten. 1930/31 Schauspielunterricht bei Willy Birgel (1891–1973). 1931 Nationaltheater Mannheim (Debüt in → Shakespeares *Julius Cäsar*), 1933/34 Aachen, 1934–37 Darmstadt; 1937/38 Bremen. 1937 für den Film entdeckt, in dem er bis nach Kriegsende fast ausschließlich spielte. In zahlreichen Produktionen der Ufa verkörperte R. den soldatisch-maskulinen Draufgänger mit sprödem Charme; u. a. *Urlaub auf Ehrenwort* (1938), *Wunschkonzert* (1940), *Zwielicht* (1940), *Heimkehr* (1941), *Über alles in der Welt* (1941), *Stukas* (1941), *Immensee* (1943), *Opfergang* (1944), *Unter den Brücken* (1945, R. → Käutner). Die Mitwirkung an Propagandafilmen wurde ihm nach 1945 vorgeworfen. Setzte in der BRD seine Filmkarriere fort, später auch im Fernsehen. Insgesamt fast 50 Filme, u. a. *In jenen Tagen* (1947, R. Käutner), *Schatten der Nacht* (1950), *Regina Amstetten* (1953), *Rosen im Herbst* (1955, nach Fontane), *Das Mädchen Marion* (1956), *Das Mädchen Rosemarie* (1958), *The Counterfeit Traitor* (1962), *Jeder stirbt für sich allein* (1975), *Die Buddenbrooks* (1979, TV), *Rosinenbomber* (1988, TV). Synchronsprecher u. a. von Humphrey Bogart, Burt Lancaster, Kirk Douglas, Robert Mitchum. Von → Hilpert «entdeckt», begann R. in den 1950er Jahren seine eigentliche Theaterkarriere in Göttingen. Spielte u. a. in der UA von Ulrich Bechers *Feuerwasser* (1952) und Bellman in Zuckmayers *Ulla Winblad* (UA der Neufassung, 1953). Wurde 1958 von → Barlog an die Staatl. Schauspielbühnen Berlin engagiert (Ehrenmitglied 1972), wo er bis 1986/87 spielte, u. a. in Bruckners *Verbrecher* (1958, R. → Lietzau), Strindbergs *Totentanz* (1960), Hauptmanns *Vor Sonnenuntergang* (1961, mit → Deutsch), *Die Ratten* (1962) und *Der rote Hahn* (1979), → Brechts *Herr Puntila und sein Knecht Matti* (1965), Büchners *Leonce und Lena* (1975, R. → Ciulli), Arno Holz' *Sozialaristokraten* (1980, R. → Gobert), O'Neills *Fast ein Poet* (1983). Zusammenarbeit mit → Kortner in Shakespeares *Was ihr wollt* (1962) und *Antonius und Cleopatra* (1969), Hebbels *Maria Magdalena* (1966). Erfolgreich als Darsteller Zuckmayer'scher Protagonisten (TRn 1964 in *Der Hauptmann von Köpenick* und 1967 in *Des Teufels General*, 1970 Vater in *Katharina Knie*). 1975 in Becketts eigener Regie Pozzo in dessen *Warten auf Godot*. Am Renaissancetheater (Berlin) 1989 in Dürrenmatts *Der Besuch der alten Dame* (mit Lola → Müthel). 1963 Staatsschauspieler, 1972 Bundesverdienstkreuz, 1979 Filmband in Gold, Ernst-Reuter-Medaille. Den Professorentitel lehnte R. 1993 wegen der Schließung des Schiller-Th.s durch den Senat ab. – Ein Charakterdarsteller mit unverwechselbarer Stimme und großer Ausstrahlung, mit kühlem Charme, ohne jede Sentimentalität. Spielte häufig «ganze Kerle», die er zu problematisieren verstand: «Von den heroischen Siegertypen des realistischen Schauspieltheaters ist er wohl der melancholischste […] gewesen. Er spielte Raubeine, die dennoch immer Format und funkelnden Charme hatten. […] Jemand, der nicht mit Kraft überwältigt, sondern mit maskuliner Gebrochenheit» (J. Kaiser in *SZ*, 13. 3. 2002).

Wolfgang Beck

Radtke, Peter, * 19. 3. 1943 Freiburg i. Br. Schauspieler, Regisseur, Autor.

Der schwerstbehinderte Romanist (Glasknochenkrankheit) war nach seinem Studium (Promotion 1976 über *Das Problem ‹Brüchigkeit› bei Rabelais, Diderot und Claudel*) 1977–84 an der Münchener Volkshochschule für das Behindertenprogramm zuständig, initiierte zu der Zeit das erste dt. Stück mit Behinderten auf einer subventionierten Bühne (M. Blenheim, *Licht am Ende des Tunnels*, Th. der Jugend, München 1978). Nach einer Aufführung lernte er → Tabori kennen, mit dem er seit 1985 immer wieder zusammenarbeitet, so bei *M*, Taboris *Medea*-Fassung nach Euripides (UA 3. 1. 1985) und Becketts *Glückliche Tage* (1986, beide Münchner Kammerspiele). Den Affen Rotpeter in Kafkas *Bericht für eine Akademie* spielte R. sowohl in der Insz. → Kroetz' (1986, Münchner Kammerspiele) als auch zweimal in der Taboris (1992, Burgtheater Wien; 2000, Berliner Ensemble). R. ist «der Inbegriff des eingepferchten, neugierig beglotzten, nur mit Mühe ertragenen Außenseiters. […] Das Äffische wird dabei zur Nebensache, zu einer Möglichkeit unter vielen Behinderungen» (F. Dietschreit in *Mannheimer Morgen*, 12. 1. 2001). Weitere Rollen in Taboris (nach Kafka) *Unruhige Träume* (1992, Burgtheater), Büchners *Woyzeck* (1999, Züricher Schauspielhaus, R. K. Henkel). – R. schrieb selber Th.- und Hörspiele: *Nachricht vom Grottenolm* wurde mit ihm in der Hauptrolle von Werner Geifrig uraufgeführt (1981, Th. am Sozialamt, München); *Auch ein Othello* (UA 1985, Regensburg), Hermann in *Hermann und Benedikt* (UA 23. 6. 1991, Regensburg, R. M. Bleiziffer). Ebenfalls in Regensburg führte R. Regie bei Taboris *Goldberg-Variationen* (1993, Städt. Bühnen). – 1982 Mitbegründer des Münchner Crüppel Cabarets. Seit 1984 ist R. Geschäftsführer der «Arbeitsgemeinschaft Behinderung und Medien e. V.». Er erhielt u. a. das Bundesverdienstkreuz, den Bayer. Verdienstorden, den Kulturförderpreis der Stadt Regensburg. Inzwischen agiert R. auch in Filmen, z. B. als Oskar Matzerath in der Romanverfilmung von Grass' *Die Rättin* (1997). – R.s Aktivitäten und Engagement lassen sein Handicap oft in den Hintergrund treten, und doch muss er, wie er selber sagt: «Jedes Mal, bei jeder neuen Theaterproduktion […] wieder darum kämpfen, auch als Schauspieler und nicht als Behinderter anerkannt zu werden» (*SZ Magazin* Nr. 8, S. 10 ff.).

Radtke, P.: M wie Tabori. Zürich 1987.

Sabine Steinhage

Raimund, Ferdinand (eig. F. Jakob Raimann), * 1. 6. 1790 Wien, † 5. 9. 1836 Pottenstein (Niederösterr.). Schauspieler, Regisseur, Theaterleiter, Autor.

Sohn eines Drechslermeisters; früh Vollwaise. Lehre als Zuckerbäcker. Als Süßigkeitenverkäufer im Burgtheater erster Kontakt zur Bühne. 1808/09 Abbruch der Lehre und (nach zuerst vergeblichen Versuchen) Engagement bei der Hain'schen Theatergesellschaft in Steinamanger. Nach Auflösung der Truppe 1809 und einem kurzen Zwischenspiel in Ödenburg (Sopron) 4 Jahre v. a. für Intriganten und komische Alte engagiert bei der Kurz'schen Truppe, die in Ödenburg und Raab (Györ) spielte. 1814 Wiener Gastspiel im Th. in der Josefstadt (u. a. als Franz Moor in Schillers *Die Räuber*, Geßler in *Wilhelm Tell*). Als Schauspieler noch weitgehend Nachahmer damaliger Burgtheatergrößen wie Ferdinand Ochsenheimer (1765 – 1822). Durchbruch mit der für ihn geschriebenen Rolle des Adam Kratzerl in Josef Alois Gleichs lokaler Posse *Die Musikanten am Hohenmarkt* (P. 28. 3. 1815), der wegen des Erfolgs mehrere Fortsetzungen folgten. 1816 Regisseur im Th. in der Josefstadt. 1817 – 30 Schauspieler und ab 1821 Regisseur im Th. in der Leopoldstadt. Schrieb zuerst Einlagen und Szenen für Stücke anderer Autoren, um seine Rollen aufzuwerten. Unzufriedenheit mit der gängigen literarischen Qualität («es ist zum verzweifeln, was man für Schmierereyn lesen muß», *Sämtl. Werke*, 4. Bd., S. 25) und das Streben danach, dem Publikum neben Unterhaltung auch Kunst zu bieten, veranlassten R. zum Schreiben eigener Stücke mit wesentlichen Rollen für ihn: Quecksilber im (zuerst anonymen) Stück *Der Barometermacher auf der Zauberinsel* (P. 18. 12. 1823), Waschblau in *Der Diamant des Geisterkönigs* (P. 17. 12. 1824), Wurzel in *Der Bauer als Millionär* (P. 10. 11. 1826), Nachtigall in *Die gefesselte Phantasie* (P. 8. 1. 1828), Rappelkopf in *Der Alpenkönig und der Menschenfeind* (P. 17. 10. 1828), Zitternadel in *Die unheilbringende Krone* (P. 4. 12. 1829). 1828 – 30 künstl. Direktor des Th. in der Leopoldstadt. Seit 1830 nur noch Gastspiele (u. a. Th. an der Wien, Th. in der Josefstadt, München, Hamburg, Berlin). In der Josefstadt am 20. 2. 1834 UA von *Der Verschwender* mit R. als Valentin, den er auch bei seinem letzten Bühnenauftritt am 1. 5. 1836 in Hamburg (Stadttheater) spielte. August 1836 von einem Hund gebissen, versuchte R. aus Angst vor Tollwut sich auf der Rückreise nach Wien in Pottenstein (29./30. 8.) zu erschießen. Er starb nach langem Todeskampf.

R. hielt sich als Autor wie als Darsteller eigentlich für einen Tragöden. Als Schauspieler Autodidakt, begann er als Nachahmer berühmter Kollegen. Durchbruch als Komiker und Entwicklung zum bedeutenden Charakterdarsteller. Virtuoser Verwandlungskünstler, der in vielen Stücken (z. T. für ihn geschrieben) in mehreren Rollen auftrat, ohne im bloß Äußerlichen steckenzubleiben. R., der beständig an seiner Technik und Sprache arbeitete, bemühte sich in späterer Zeit um die «innere Wahrheit» der von ihm dargestellten Charaktere, vermied Übertreibungen und

Typisierungen. Seine Komik war nicht satirisch, karikierend, outrierend, sondern mit melancholischen, resignativen Tönen vermischt, «die diesen Schauspieler nicht als einen Lustigmacher, sondern als einen leidvollen Humoristen erscheinen» lassen (Costenoble, 1. Bd., S. 306 f.). Als Regisseur für die damalige Zeit von unüblicher Präzision und Akribie, der seine Intentionen und Rollenauffassungen konsequent durchsetzte.

Behrens, E.: Mimische Grundformen im Wiener Volkstheater. Diss. (masch.) Wien 1961; Brody, A.: Die Elemente des Stegreiftheaters bei Raimund. Diss. (masch.) Wien 1953; Costenoble, K. L.: Aus dem Burgtheater. 2 Bde. Wien 1889; Es ist ewig schad' um mich. Ferdinand Raimund und Wien. Bearb. W. Deutschmann, R. Wagner. Wien 1996 *(Katalog)*; Hein, J.: Ferdinand Raimund. Stuttgart 1970; Holtz, G.: Ferdinand Raimund – der geliebte Hypochonder. Frankfurt a. M. u. a. 2002; Raimund, F.: Sämtliche Werke. Hg. F. Brukner, E. Castle. 6 Bde. Wien 1924–34 (Nachdruck 1974); Riedl, G.: Ferdinand Raimund. Wien 1990; Wagner, R.: Ferdinand Raimund. Wien 1985.

Wolfgang Beck

Rame, Franca, * 17. 7. 1929 Parabiago bei Mailand. Schauspielerin, Theaterleiterin, Autorin.

R. entstammt einer Puppenspielerfamilie und hatte ihren ersten Theaterauftritt als 8-Jährige. Sie arbeitet seit 1951 mit Dario → Fo zusammen und ist seit 1954 seine Frau. 1959 Gründung der Truppe La compagnia Dario Fo–Franca Rame, wobei sie als Schauspielerin und als Inspiratorin und Autorin mit ihrem Gatten zusammenwirkte und wetteiferte. Parallel Fernseh- und Theaterauftritte und – durch ihre Mitgliedschaft in der KPI naheliegende – Gastvorführungen in Werkshallen, Gefängnissen, Arbeitervorstädten. Mit beißender Satire Geißelung der wunden Punkte in der ital. (und westlichen) Gesellschaft: Korruption auf höchster Ebene bei Regierung und (katholischer) Kirche, Verletzung der Menschenrechte, Polizeibrutalität, Mafia-Seilschaften, Unterdrückung der Frau durch Quasi-Verbot und Erschwerung von Scheidung und Abtreibung. Die Truppe trat unter wechselnden Namen auf: 1968 La Nuova Scena, später La Comune, seit 1974 feste Spielstätte in Mailand. Tourneen in der ganzen Welt und Übersetzungen und Nachspielungen in vielen Ländern, die immer wieder Skandale verursachten und die Zensur alarmierten.

Horst Schumacher

Rath, Elisabeth, * 6. 7. 1948 Linz (Österr.). Schauspielerin.

Schauspielstudium am Salzburger Mozarteum. 1970–72 Dt. Th. Göttingen (Christine in Schnitzlers *Liebelei*; TR in Machiavellis *Clizia*, R. → Ciulli); 1972–74 Hess. Staatstheater Darmstadt (Salvatore, *Büchners Tod*, UA 1972, R. G. → Heinz); 1974–80 Thalia Th. Hamburg (1974–1980). Dort u. a. in Stücken → Lessings, Schillers, → Nestroys *(Einen Jux will er sich machen*, 1977, mit → Heltau). An den Staatl. Schauspielbühnen Berlin trat R. 1980–85 u. a. in Fleißers *Tiefseefisch* (DEA 1980), → Zadek / Greiffenhagens Adaption von Falladas Roman *Jeder stirbt für sich allein* (UA 1981, R. Zadek), → Goethes *Stella* (TR, 1982, R. → Wendt), Racines *Phädra* (TR, 1984), Dramen Schillers und → Shakespeares auf. 1985/86 an der Freien Volksbühne Berlin in Wedekinds *Franziska* (R. → Neuenfels). 1986–88 Th. in der Josefstadt Wien; in Wendts letzter Insz. in Čechovs *Drei Schwestern* (1986); dazu Kurt Kahl: «Auffälligster Gewinn: Elisabeth Rath, deren Mascha atemberaubende Wandlungen vorlebte. Wie da ein erloschenes Gesicht aufblühte, wie die Hysterie des Weinens umschlug in Gelächter, war schlechthin faszinierend» (S. 144). Außerdem 1987/88 in Hamptons (nach Choderlos de Laclos) *Gefährliche Liebschaften*, Feydeaus *Floh im Ohr* (R. → Benning). Am Wiener Burgtheater Olga in der UA von Bernhards *Heldenplatz* (1988, R. → Peymann); dort auch in

Insz.en → Schleefs in Jelineks *Ein Sportstück* (UA 1998) und Schleefs Bearbeitung von Goldonis *Trilogie der Sommerfrische* unter dem Titel *Wilder Sommer* (1999). Am Staatstheater Hannover 1988–93 u. a. in Musils *Die Schwärmer* (1989/90), Joyce' *Verbannte* (R. Fontheim), Schnitzlers *Das weite Land* (beide 1991), Wedekinds *Lulu* (1992, R. M. → Hartmann), Dramen Schillers, Čechovs, Ibsens. Als Gast 2004 in Horváths *Zur schönen Aussicht*. Seit 1993 Bayer. Staatsschauspiel München; Rollen u. a. in Čechovs *Der Kirschgarten* (1993), Ibsens *Peer Gynt* (R. → Bogdanov), → Savarys *Zazou* (R. der Autor), Shakespeares *Was ihr wollt* (alle 1995), Euripides' *Die Troerinnen*, Zaums (nach Victor Hugo) *Der Glöckner von Notre Dame* (UA), McNallys *Meisterklasse* (DEA), Genets *Die Zofen* (alle 1996, R. Neuenfels), García Lorcas *Bernarda Albas Haus* (R. → Kriegenburg), Kleists *Das Käthchen von Heilbronn* (beide 1997, R. A. → Weber), *Penthesilea* (1999), Schillers *Wallenstein* (2001), → Raimunds *Der Bauer als Millionär* (2002, R. → Kroetz), Hauptmanns *Das Friedensfest* (2002, R. Th. → Langhoff), Čechovs *Onkel Wanja* (2003). Am Volkstheater Wien in der dt.sprachigen EA von Belbels *Das Blut* (2000), bei den Salzburger Festspielen in Raimunds *Der Bauer als Millionär* (1987, R. → Flimm), Hofmannsthals *Jedermann* (2002). Regie bei McNallys *Meisterklasse* (2002, Vereinigte Bühnen Graz). Wenige Film- und Fernsehrollen. R. lehrt an der Bayer. Theaterakademie München. 1997 Kurt-Meisel-, 1999 Karl-Skraup-Preis. – Vielseitige Charakterdarstellerin von großer Ausdruckskraft, breitem Repertoire und vielfältigen künstl. Möglichkeiten in klassischen wie modernen Stücken.

Wolfgang Beck

Redgrave (Familie)

Aus Großbritannien stammende Familie, die seit rund 100 Jahren bedeutende Theater- und Filmschaffende hervorgebracht hat.

Redgrave, Roy (eig. George Ellsworthy R.), * 1873 (1871?), † 25. 5. 1922 Sydney. Schauspieler.

Sohn eines Gastwirts; Bühnendebüt 1899. 1902 Sadlers Wells Th. (London), trat v. a. in populären Produktionen auf, häufig im Brittania Th. (Hoxton). Er war in zweiter Ehe verheiratet mit der Schauspielerin Margaret (Daisy) Scudamore (* 13. 11. 1884, Portsmouth, † 5. 10. 1958, London). R. verließ seine Familie und wurde in Australien ein beliebter Schauspieler in Stummfilmen, u. a. *The Christian* (1911), *The Remittance Man* (1913), *Our Friends the Hayseeds* (1917), *Robbery Under Arms* (1920). Sein Sohn war

Redgrave, Sir Michael (Scudamore), * 20. 3. 1908 Bristol, † 21. 3. 1985 London. Schauspieler, Regisseur, Autor.

R. studierte nach dem Clifton College (Bristol) am Magdalen College in Cambridge (1931 Bachelor of Arts). Nach einigen Jahren als Lehrer 1934–36 Schauspieler am Liverpool Playhouse, u. a. in Rice' *Counsellor at Law* (1934), → Shakespeares *Hamlet* (1935), Daviots (eig. Elizabeth Macintosh) *Richard of Bordeaux* (1936). Filmdebüt in *Secret Agent* (1936). 1936–37 Old Vic Th. (London), 1937/38 in der von → Gielgud geleiteten Klassik-Saison im Queens Th. in Shakespeares *Richard II*, Sheridans *The School for Scandal* (beide 1937), Čechovs *Drei Schwestern* (1938). 1940 Macheath in Gays *The Beggar's Opera* (Haymarket Th., London). 1941–42 Soldat bei der Royal Navy. 1942 erste Regie bei Hamiltons *The Duke in Darkness* (St. James's Th., London; auch Rolle). Wichtige Rollen in Turgenevs *Ein Monat auf dem Lande* (1943, St. James's Th., eigene R.; 1949 New Th., London; 1965 Guildford), Werfel/Behrmans *Jacobowsky and the Colonel* (1945, Piccadilly Th., London, eigene R.), Shakespeares *Macbeth* (TR, 1947, Aldwych Th., London; 1948 National Th., New York); Regie und Rolle im eigenen (mit Gould) Stück *A*

Woman in Love (1949, Embassy Th., London). 1949/50 wieder bei der Old Vic Company im New Th. in Goldsmith' *She Stoops to Conquer*, Shakespeares *Love's Labour's Lost* (beide 1949), TR in *Hamlet* (1950, auch in Helsingør; 1958/59 Russland-Tournee). Spielte 1951 und 1953 im Shakespeare Memorial Th. (Stratford-upon-Avon) jeweils 3 Hauptrollen in Shakespeare-Stücken: TR in *Richard II*, Hotspur in *Henry IV, part I*, Prospero in *The Tempest* (alle 1951), Shylock in *The Merchant of Venice*, TRn in *Antony and Cleopatra* und *King Lear* (alle 1953); außerdem Benedick in *Much Ado About Nothing* (1958). Am Broadway in Giraudoux' *Der Trojanische Krieg findet nicht statt* (1955/56, Plymouth Theatre), Rattigans *The Sleeping Prince* (1956, Coronet Th., eigene R.), Greenes *The Complaisant Lover* (1961, Ethel Barrymore Th.). 1962 TR in Čechovs *Onkel Wanja* beim Chichester Festival (1963 Film). Ensemblemitglied des neu gegründeten National Th. (NT), u. a. Claudius in *Hamlet* (1963), TR in Ibsens *Baumeister Solness* (1964). 1974 bei der Welttournee der Royal Shakespeare Company mit der Shakespeare-Kompilation *The Hollow Crown*. Die Parkinson'sche Krankheit erzwang seinen Rückzug von der Bühne. Letzte Rolle in Grays *Close of Play* (1979, NT, R. → Pinter). Zu seinen Regiearbeiten zählen → Ustinovs *Blow Your Own Trumpet* (1943, London Playhouse) und die Operninsz.en von Massenets *Werther* und Puccinis *La Bohème* (beide 1966, Glyndebourne Festival). Nach seinem Durchbruch in Hitchcocks *The Lady Vanishes* (1938) zahlreiche weitere Filme, u. a. *Thunder Rock* (1942), *Dead of Night* (1945), *The Years Between* (1946), *Mourning Becomes Electra* (1947), *The Dam Busters* (1954), *1984* (1956), *Law and Disorder* (1958), *The Loneliness of the Long Distance Runner* (1962), *Oh! What a Lovely War* (1969), *Connecting Rooms* (1972), *Rime of the Ancient Mariner* (1976). – Bereits nach wenigen Jahren als Schauspieler zählte R. zu den bedeutendsten Charakterdarstellern seiner Zeit. Von imposanter Erscheinung, technisch perfekt, ein meisterhafter Sprachgestalter, spielte er klassische wie moderne Rollen mit gleicher Brillanz. Ein intellektueller, sensibler Schauspieler, beeinflusst von → Stanislavskij, gestaltete mit emotionaler Intensität am überzeugendsten gebrochene, selbstzweiflerische Figuren in Grenzsituationen. R. verfasste Theaterstücke (*The Seventh Man*, *Circus Boy*, *The Aspern Papers* nach Henry James), eine Autobiographie und theatertheoretische Arbeiten. Auszeichnungen u. a. 1952 Commander of the British Empire (CBE), 1955 dän. Danebrogorden, 1959 geadelt. Seine Kinder Vanessa, Corin, Lynn entstammen der Ehe (seit 1935) mit

Kempson, Rachel (Lady Redgrave), * 28. 5. 1910 Dartmouth, † 23. 5. 2003 Millbrook (USA). Schauspielerin.

Tochter des Leiters des Royal Naval College; ausgebildet an der Royal Academy of Dramatic Arts in London. Debüt 1932/33 in Shakespeares *Much Ado About Nothing*, *Hamlet*, *Romeo and Juliet* im Shakespeare Memorial Th. (Stratford-upon-Avon). 1933 London-Debüt als Bianca in Álvarez Quinteros *The Lady From Alfaqueque*. 1935 am Liverpool Playhouse in van Drutens *Flowers of the Forest* (mit Michael R., den sie im gleichen Jahr heiratete). 1936–37 Old Vic Company (London), 1937/38 in Gielguds Ensemble für die Klassik-Saison im Queens Th.; seit 1956 Mitglied der English Stage Company. Zahlreiche Rollen in Shakespeare-Stücken, u. a. in *Love's Labour's Lost* (1936, Old Vic Th., mit → Guinness), *Antony and Cleopatra*, *King Lear* (beide 1953), *Pericles*, *Romeo and Juliet*, *Much Ado About Nothing* (alle 1959, alle Shakespeare Memorial Th., Stratford), *Coriolanus* (1988, Young Vic Th., London). Außerdem u. a. in Frys *Venus Observed* (1950, St. James's Th., mit → Olivier), Ibsens *Hedda Gabler* (1954, Lyric Th.), → Brechts

Der gute Mensch von Sezuan (1956, Royal Court Th.), Čechovs *Die Möwe* (1964, Queen's Th., R. Tony → Richardson, mit Vanessa R.) und *Onkel Wanja* (1987, Vaudeville Th.), Osbornes *A Sense of Detachment* (1972, Royal Court Th.), Nichols' *The Freeway* (1974, National Th.), Eliots *The Cocktail Party* (1986, Phoenix Th.), Morris' *Her Infinite Variety* (1987, Shakespeare Memorial Th.). Filme u. a. *Jeannie* (1941), *A Woman's Vengeance* (1948), *The Sea Shall Not Have Them* (1954), *Tom Jones* (1963), *The Charge of the Light Brigade* (1968), *Little Lord Fauntleroy* (1980, TV), *Out of Africa* (1985), *She's Been Away* (1989), *Déjà Vu* (1997). Ihre Autobiographie *Life Among the Redgraves* erschien 1986. – Eine Schauspielerin von intensiv ausgelebter Emotionalität, die vom klassischen Repertoire (v. a. Shakespeare) bis zur Moderne alles beherrschte. Immer offen für neue Tendenzen, gewann sie im Alter noch an darstellerischer Tiefe.

Redgrave, Vanessa, * 30. 1. 1937 London. Schauspielerin.

Tochter von Michael R. und Rachel Kempson, Schwester von Corin und Lynn. Ausbildung als Tänzerin (Rambert School) und Schauspielerin (Central School of Speech and Drama, 1955 – 57). Debüt in Homes *The Reluctant Debutante* (1957, Summer Th. Frinton). 1958 London-Debüt mit ihrem Vater in Hunters *A Touch of the Sun* (Saville Th.); zugleich Filmdebüt (*Behind the Mask*, 1958). 1959 Mitglied des Shakespeare Memorial Th. in Stratford-upon-Avon, aus dem 1961 die Royal Shakespeare Company (RSC) hervorging. Rollen dort in Shakespeares *A Midsummer Night's Dream*, *Coriolanus* (beide 1959), *As You Like It*, *The Taming of the Shrew* (beide 1961; 1986/87 Haymarket Th., London), *Cymbeline* (1964). Außerdem u. a. in Ibsens *Die Frau vom Meer* (1961, Queen's Th.; 1976, Circle in the Square Th., New York, Exchange Th., Manchester) und *Gespenster* (1986/87 Young Vic Th.), Čechovs *Die Möwe* (1964, 1985, Queen's Th.), *Drei Schwestern* (1991, Queen's Th., mit Lynn und Jemma R.) und *Der Kirschgarten* (2000, National Th.), → Brecht/Weills *Die Dreigroschenoper* (1972, Prince of Wales Th.), O'Neills *A Touch of the Poet* (1988, Young Vic Th.) und *Long Day's Journey Into Night* (2003, Plymouth Th., New York), Williams' *Orpheus Descending* (1989, Neil Simon Th., New York, R. → Hall; 1990 TV), Shaws *Heartbreak House* (1992, Haymarket Th.), Wildes *Lady Windermere's Fan* (2002, Haymarket Th.), Atkins' Adaption *Vita and Virginia* (1994/95, Union Square Th., New York), Cowards *Song at Twilight* (1999, The King's Head, London, mit Corin R.), Shakespeares *The Tempest* (2000, Globe Th., Rolle: Prospero), Enslers *Necessary Targets* (2004, Arts Th., Lesung), Euripides' *Hekuba* (2005, RSC). 1993 gründete sie mit ihrem Bruder Corin und dessen Frau Kika Markham The Moving Th. Company. Erfolgreiche Filmkarriere, u. a. in *A Man for All Seasons*, *Blowup* (beide 1966), *Isadora* (1968), *Oh! What a Lovely War* (1969), *Julia* (1977), *The Bostonians* (1984), *Wetherby* (1985), *Prick Up Your Ears* (1987), *The Ballad of the Sad Cafe* (1991), *Howards End* (1992), *Mission: Impossible* (1996), *Smilla's Sense of Snow*, *Mrs. Dalloway*, *Déjà Vu* (alle 1997), *Girl, Interrupted* (1999), *If These Walls Could Talk 2* (2000, TV), *Crime and Punishment* (2002). – R. gehört zu den bedeutendsten Charakterdarstellerinnen ihrer Generation. Bereits ihre ersten Auftritte in Stratford wurden als herausragende Verkörperungen Shakespeare'scher Frauengestalten gefeiert. Mit großer Intensität, physischer Präsenz und stimmlicher Variabilität vermag sie Brüche, Leiden und v. a. die innere Stärke der von ihr verkörperten Frauen gleich überzeugend auf der Bühne wie im Film darzustellen. Breites Spektrum klassischer wie moderner Rollen. Die politisch engagierte R. kandidierte mehrfach für das brit. Parlament als Kandidatin der trotzkistischen Worker's Revolutionary Party. Zahlreiche Auszeichnungen, u. a. 1967 Commander of the British Empire (CBE). Ihrer Ehe mit Tony → Richardson (1962–67) entstammen die Töchter Natasha und Joely, der Beziehung zum Schauspieler Franco Nero (eig. Francesco Sparanero, * 1941) der als Drehbuchautor und Regisseur arbeitende Carlo Gabriel Nero (* 1969).

Richardson, Natasha (Jane), * 11. 5. 1963 London. Schauspielerin.

Die Tochter Vanessa R.s und Tony Richardsons, Schwester von Joely, hat sich nach der Ausbildung an der Londoner Central School of Speech and Drama als Theater-, v. a. aber als Filmschauspielerin rasch einen Namen gemacht. Erste Auftritte 1985 am Young Vic Th. (London) in Shakespeares *A Midsummer's Night's Dream* und *Hamlet*. Durchbruch als Nina in Čechovs *Die Möwe* (1985, Queen's Th., mit ihrer Mutter). Weitere Rollen in Porter / Eyres Musical *High Society* (1987, Victoria Palace Th.), O'Neills *Anna Christie* (1991/92, London; 1992/93 Criterion Center, New York), Kander / Masteroffs Musical *Cabaret* (1998, Kit Kat Klub, New York, u. a. Tony Award), Marbers *Closer* (1999, Music Box Th., New York), Ibsens *Die Frau vom Meer* (2003, Almeida Th., London). In der Regie ihres Vaters Filmdebüt in *The Charge of the Light Brigade* (1968). Weitere Filme u. a. *Gothic* (1986), *A Month in the Country* (1987), *The Handmaid's Tale* (1990), *Past Midnight* (1992), *Zelda* (1993, TV), *Nell* (1994), *Chelsea Walls* (2001), *Waking Up in Reno* (2002), *Asylum* (2004). Die naturalisierte Amerikanerin R. ist seit 1994 mit dem Schauspieler Liam Neeson (* 1952) verheiratet. R. hat sich bereits in ihren Anfängen als außergewöhnliche und vielseitige Schauspielerin erwiesen, die neben ihrer Filmkarriere gerade auf der Bühne immer wieder Aufsehen erregt.

Richardson, Joely (Kim), * 9. 1. 1965 London. Schauspielerin.

Die Tochter Vanessa R.s und Tony Richardsons, Schwester von Natasha wuchs z. T. in den USA auf, besuchte die Royal Academy of Dramatic Arts in London. Danach bei der Royal Shakespare Company u. a. in Shakespeares *A Midsummer Night's Dream*, *Macbeth*, Jonsons *Every Man in His Humour*. Weitere Rollen u. a. in Harlings *Steel Magnolias* (1989, Lyric Th., London), Strindbergs *Fräulein Julie* (1994, Liverpool Playhouse), Nelsons *Madame Melville* (2001, Promenade Th., New York), mit ihrer Mutter in Wildes *Lady Windermere's Fan* (2002, Th. Royal, London, R. → Hall). Begann ihre Filmkarriere mit 3 Jahren mit bloßer Anwesenheit in ihres Vaters *The Charge of The Light Brigade* (1968). In *Wetherby* (1985) spielte sie die Rolle in jungen Jahren, die ihre Mutter als Erwachsene verkörperte. Weitere Filme u. a. *Shining Through* (1992), *Lady Chatterley* (1993, TV), *Sister My Sister* (1994), *101 Dalmatians* (1996), *Under Heaven* (1998), *Maybe Baby*, *The Patriot* (beide 2000), *Shoreditch* (2003).

Redgrave, Corin, * 16. 7. 1939 London. Schauspieler, Regisseur, Theaterleiter.

Sohn von Michael R. und Rachel Kempson, Bruder von Vanessa und Lynn; studierte am King's College (Cambridge). Mitarbeit am Universitätstheater. Regieassistent und Schauspieler am Royal Court Th. (London), u. a. Shakespeares *A Midsummer Night's Dream* (1961, R. Tony Richardson), Weskers *Chips With Everything* (1962; 1963–64 Plymouth Th. New York). 1972 im Ensemble der Royal Shakespeare Company (RSC), u. a. in Shakespeares *Julius Caesar*, *Antony and Cleopatra*, *The Comedy of Errors*. Am Young Vic Th. u. a. in Stücken Ibsens, Millers, Shakespeares (*Measure for Measure*, 1987; *Coriolanus*, 1988). 1993 gründete R. mit seiner Frau Kika Markham und seiner Schwester Vanessa The Moving Th. Company. Er ist assoziierter künstl. Leiter des Alley Th. in Houston (USA). Erfolgreich in Richard Nelsons *The General from America* (1996, RSC; 2002, Alley Th., Houston, Lucille Lortel Th., New York), Williams' *Not About Nightingales* (1998, National Th., Olivier Award; 1999 Circle in the Square Th., New York). Mit seiner Schwester Vanessa in Cowards *Song at Twilight* (1999, Gielgud Th.) und in Čechovs *Der Kirschgarten* (2000, National Th.). Außerdem in Bartletts *In Extremis* / Wildes *De Profundis* (2000), → Pinters *No Man's Land* (2001) und *Trouble in the Works* (2002), Murray-Smiths *Honour* (2002, alle National Th.), im eigenen Stück *Blunt Speaking* (2002, Chichester Festival), Osbornes *The Entertainer* (2004, Liverpool Playhouse). Bei der RSC im eigenen Stück (mit R. Nelson) *Tynan* und TR in Shakespeares *King Lear* (beide 2004). Regie und Rolle in Farquhars *The Recruiting Officer* (2004, Garrick Th., Lichfield). Film- und Fernsehrollen seit 1961, u. a. in *A Man for All Seasons* (1966), *The Charge of the Light Brigade* (1968), *When Eight Bells Toll* (1971), *Excalibur* (1981), *The Fool* (1990), *Four Weddings and a Funeral* (1994), *England, My England* (1995), *The Ice House* (1997, TV), *Enigma* (2001), *To Kill a King* (2003), *Enduring Love* (2004). Zahlreiche Insz.en. Autor von Stücken *(Roy and Daisy, Fool for the Rest of his Life)* und einer Biographie seines Vaters. Wie seine Schwester Vanessa ist R. politisch engagiert, war Mitglied der trotzkistischen Workers' Revolutionary Party, ist Herausgeber der Zeitschrift *The Marxist*. Ein Schauspieler mit großer Ausdruckskraft und darstellerisch vielfältigen Möglichkeiten. Seiner ersten Ehe entstammen der als Kameramann arbeitende Luke R. (* 1967) und die Tochter:

Redgrave, Jemma, * 14. 1. 1965 London. Schauspielerin.

Tochter von Corin, Nichte von Vanessa und Lynn R., Cousine von Natasha und Joely Richardson. Ausbildung an der Londoner Royal Academy of Dramatic Art; danach am Lyric Th. (Belfast). Hauptsächlich als Schauspielerin im Film und Fernsehen tätig, u. a. in *The Dream Demon* (1988), *The Trials of Oz* (1991, TV), *Howards End* (1992), *One Night Stand* (1993), *La Chance* (1994), *Mosley* (1998, TV), *The Acid House* (1998), *Moonlight* (2002), *I'll Be There* (2003), *Amnesia* (2004, TV). Durchbruch als Ärztin in der Fernsehserie *Bramwell* (1995–98). Theaterauftritte u. a. mit ihren Tanten Vanessa und Lynn in Čechovs *Drei Schwestern* (1991, Queen's Th.), Shaws *Major Barbara* (1998, Piccadilly Th., R. Hall), Shakespeares *A Midsummer Night's Dream* (2001, Albery Th.).

Redgrave, Lynn (Rachel), * 8. 3. 1943 London. Schauspielerin, Autorin.

Die Schwester von Vanessa und Corin, Tochter von Michael R. und Rachel Kempson studierte an der Londoner Central School of Music and Drama. Debüt am Royal Court Th. in Shakespeares *A Midsummer Night's Dream* (1962). 1963–66 am National Th. u. a. in Shakespeares *Hamlet* (1963, R. Olivier) und *Much Ado About Nothing* (1964, R. → Zeffirelli), Shaws *Saint Joan* (1963), Frischs *Andorra* (1964), Brechts *Mutter Courage und ihre Kinder* (1965). Broadway-Debüt 1967 in Shaffers *Black Comedy* (Ethel Barrymore Th.). Seither hauptsächlich in den USA arbeitend (naturalisiert). Auftritte in London u. a. in Hares *Slag* (1970, Royal Court Th.), Frayns *The Two of Us* (1971, Garrick Th.; 1975 USA-Tournee) und *Noises Off* (2001, Piccadilly Th.), Čechovs *Drei Schwestern* (1990/91, Queen's Th., mit Vanessa und Jemma R.). Am Broadway u. a. in Lawrences *My Fat Friend* (1974, Brooks Atkinson Th.). Shaws *Mrs. Warren's Profession* (1976, Vivian Beaumont Th.), Guerneys *Love Letters* (1989/90, Edison Th.), Ibsens *Baumeister Solness* (1992, Belasco Th.). Weiter u. a. in Shaws *Misalliance* (1976, Chicago) und *Don Juan in Hell* (1991, Henry Ford Th., Los Angeles), Williams' (nach Čechov) *The Notebook of Trigorin* (UA 1996, Playhouse in the Park, Cincinnati),

Sondheims *Company* (2002, Kennedy Center, Washington). Großer Erfolg mit ihrem eigenen Ein-Personen-Stück *Shakespeare For My Father*, das sie 9 Monate am Broadway spielte (1993–94, Helen Hayes Th.), mit dem sie 1993–96 Tourneen durch die USA unternahm, es 1996 am Haymarket Th. (London) zur Aufführung brachte. Ihr zweites Stück *The Mandrake Root* wurde am 31. 1. 2001 im Long Wharf Th. (New Haven) uraufgeführt. Seit *Tom Jones* (1963) in rund 80 Film- und Fernsehproduktionen, u. a. in *Georgy Girl* (1966), *The National Health* (1973), *Getting It Right* (1989), *What Ever Happened to Baby Jane?* (1991, TV, mit Vanessa R.), *Shine* (1996), *Gods and Monsters* (1998), *Anita and Me* (2002), *Charlie's War* (2003), *Kinsey* (2004). – Die vielfach ausgezeichnete R. (2001 Order of the British Empire, OBE) hat klassische und moderne Rollen gespielt, ist in Musicals ebenso aufgetreten wie 8 Jahre in Werbespots der «Weight Watchers». Sie war Moderatorin der Talkshow *Not For Women Only*, hat mit ihrer einprägsamen Stimme zahlreiche Hörbücher besprochen, eine Autobiographie verfasst (*This Is Living*, 1988) und unterrichtet internat. an Schauspielseminaren. Sie war 1967–2000 verheiratet mit dem Schauspieler und Regisseur John Clark (* 1932). Ihre Tochter Kelly Clark (* 1970) ist ebenfalls Schauspielerin.

Burton, H.: Acting in the sixties. London 1970; ders.: Great acting. London 1967; Findlater, R.: Michael Redgrave – Actor. London 1956; Redgrave, C.: Michael Redgrave, my father. London 1995; Redgrave D., D. Brook: To be a Redgrave: surviving amidst the glamour. New York 1982; Redgrave, M.: The Actor's Ways and Means. London 1955 (Neuausgabe 1995); ders.: Mask or Face – Reflections in an Actor's Mirror. London 1958; ders.: In My Mind's Eye. London 1983; Redgrave, V.: An Autobiography. London 1991 (dt. Weinheim, Berlin 1992); Strachan, A.: Secret dreams: the biography of Michael Redgrave. London 2004.

Wolfgang Beck

Redl, Christian, * 20. 1. 1948 Schleswig. Schauspieler.

Ausbildung Schauspielschule Bochum. Engagements in Wuppertal (Edgar in → Shakespeares *König Lear*), Frankfurt a. M. (Mephisto in → Goethes *Urfaust*, TR in Büchners *Woyzeck*, Zettel in Shakespeares *Sommernachtstraum*), Mannheim (Valerio in Büchners *Leonce und Lena*). 1978–80 Bremen (Mortimer in Schillers *Maria Stuart*, Narr in Shakespeares *Was ihr wollt*). 1980–93 Dt. Schauspielhaus Hamburg; u. a. Macheath in → Brechts *Dreigroschenoper*, Stanley Kowalski in Williams' *Endstation Sehnsucht*, TR in → Molières *Tartüffe* («Redl hört man mehr zu als den anderen; er setzt jeden Satz unbezweifelbar, direkt, durchgeformt»; Henning Rischbieter), TR in Mamets *Edmond*, König in Shakespeares *Hamlet*, Caliban in dessen *Der Sturm*. Zunehmend Film- und Fernsehrollen, u. a. in *Der Hammermörder* (1990, TV), *Angst* (1994, TV), *Das Trio* (1998), *Tattoo* (2002), *Als der Fremde kam* (2006, TV). Gelegentlich Gast in den Hamburger Kammerspielen (1996, 2006 Rezas *Kunst*, 2001 Kamarkar/Farins *Der Totmacher*). – Vorzüglich im komischen wie im tragischen Fach. Realistischer Darsteller mit souveräner Beherrschung des Handwerks und starker Ausstrahlung.

Werner Schulze-Reimpell

Regnier, Charles, * 22. 7. 1914 Freiburg (Schweiz), † 13. 9. 2001 Bad Wiessee. Schauspieler.

Nach einer Schauspielausbildung in Berlin debütierte R. im Th. in Greifswald, spielte dann kleinere Rollen in Hannover. 1942 holte ihn O. → Falckenberg an die Münchner Kammerspiele, wo er bis 1958 engagiert war. Es folgten Verpflichtungen nach Düsseldorf, Bochum, Wuppertal, Zürich, Hamburg, Köln und Wien, wo er u. a. unter der Regie von F. → Kortner (*Minna von Barnhelm* von → Lessing), H. → Schweikart (*Die Ehe des Herrn Mississippi* von F. Dürrenmatt) und H. → Hilpert (*Der Bauer als Millionär* von F. → Raimund, verfilmt 1961, R. K. Hoffmann) arbeitete. Über Kortner kam R. auch zum Film, wo er in den 1950er und 1960er Jahren zu einem der prägnantesten und erfolgreichsten dt. Darsteller avancierte (u. a. *Banditen der Autobahn*, R. G. v. Cziffra, 1955; *Zeit zu lieben und Zeit zu sterben*, R. D. → Sirk, 1958; *Der schwarze Abt*, R. A. Vohrer, 1963). Insgesamt drehte er ca. 80 Spielfilme, darunter 1964 Kipphardts *In der Sache J. Robert Oppenheimer* (TV, R. → Klingenberg); 1987 *Der Passagier – Welcome to Germany* (R. Th. Brasch) und 1999 *Die Unberührbare* (R. O. Roehler) – sein letzter Kinofilm. Anfang der 1980er Jahre rückte für R. das gehobene Boulevardtheater in den Mittelpunkt seines Interesses. Er spielte in München, Berlin und Zürich und ging auf diverse Tourneen (*Endspurt* von P. → Ustinov, R. G. → Fleckenstein, 1999); 1998 erhielt er den Tourneetheater-Preis der INTHEGA. R. übersetzte Werke aus dem Franz. und Engl. (u. a. J. Cocteau, S. Maugham) und war ein gefragter Hörbuch- und Hörspielsprecher (z. B. hauchte er in den Gruselhörspielen des «Tonstudios Europa» dem Grafen Dracula Stimme und Leben ein). – R., «der Schauspieler, der zwischen moderner Klassik, gehobenem Boulevard und gepflegter Film- und Fernsehkost so gut wie alles gespielt hat» (*Hamburger Abendblatt*, 15. 9. 2001), führte auch selber Regie und schrieb Drehbücher. Seine intellektuell geprägte Spielweise, die Distanziertheit, Süffisanz, Zwielichtigkeit gleichermaßen glaubwürdig darzustellen wusste, und seine präzise Sprache machten ihn zu einem der letzten «Grandseigneurs des deutschen Theaters».

Ute Hagel

Rehberg, Hans Michael, * 2. 4. 1938 Fürstenwalde. Schauspieler, Regisseur.

Sohn des Dramatikers Hans Rehberg (1901–63). 1956–58 Folkwangschule Essen. Debüt Vereinigte Städt. Bühnen Krefeld-Mönchengladbach. 1960–63 Landesbühne Schleswig. 1963–72 Bayer. Staatsschauspiel München (Schweizer in Schillers *Die Räuber*, Orsino in → Shakespeares *Was ihr wollt*, TR in → Goethes *Urfaust*). Robespierre in Büchners *Dantons Tod* im Düsseldorfer Schauspielhaus. 1973–75 Münchner Kammerspiele (Hahnrei in *Worte Gottes* von Valle-Inclán, 1974). 1975–77 Dt. Schauspielhaus Hamburg (1975 Gregers Werle in Ibsens *Wildente*, R. → Zadek, 1976 TR in *Dantons Tod*, R. → Flimm, 1977 Kunstvereinsdirektor Moritz in UA *Trilogie des Wiedersehens* von Botho Strauß). Robert in → Pinters *Betrogen* am Thalia Th. Hamburg 1979 («Von Rehberg geht eine so vitale Schwermut aus, eine so melancholische Energie, eine so lebensgierige Traurigkeit, daß man auf die Verhältnisse der drei Personen plötzlich mit den ernst grüblerischen Augen dieses Mannes blickt», Rolf Michaelis). 1981–84 wieder Bayer. Staatsschauspiel (TRn in *In der Sache J. Robert Oppenheimer* von Kipphardt und 1983 in der UA von dessen *Bruder Eichmann*, in Shakespeares *Othello*, 1981, und Ibsens *Baumeister Solness*, R. Zadek, 1983). Gastrollen am Wiener Burgtheater (Babels *Sonnenuntergang*, 1994), Staatstheater Stuttgart, Dt. Schauspielhaus Hamburg (→ Ayckbourns *Der Held des Tages*, DEA 1990). 1992–2000 Schauspiel Köln, zeitweise Ko-Direktor des Schauspiels (Edgar in Strindbergs *Totentanz*, George in Albees *Wer hat Angst vor Virginia Woolf?*, TR in Shakespeares *König Lear*, Schauspieler in Bernhards *Einfach kompliziert* in eigener Insz., Meister Anton in Hebbels *Maria Magdalena*). Bei den Salzburger Festspielen 1992 Cassius in Shakespeares *Julius Caesar* (R. P → . Stein), 1993 Menenius Agrippa in *Coriolan*, Antonius in *Antonius und Cleopatra* (1994), Schnauz in *Ein Sommer-*

nachtstraum (1996, R. → Haußmann), Payne in Büchners *Dantons Tod* (1998, R. → Wilson), 1998–2001 Stimme des Herrn (Bandeinspielung), 2002 Gott der Herr in Hofmannsthals *Jedermann*. Als Gast in München (TR in Hamiks *Der verkaufte Großvater*, 1999, Volkstheater, R. → Kroetz), Zürich (Babels *Marija*, 1999, Schauspielhaus), in Berlin am Berliner Ensemble (Hochhuths *Der Stellvertreter*, 2000), am Dt. Th. (TR in Shakespeares *Titus Andronicus*, 2001, R. → Neuenfels), der Schaubühne am Lehniner Platz (Shlink in Brechts *Im Dickicht der Städte*, 2003), bei der RuhrTriennale 2005 (→ Bechtolfs *Steine und Herzen*) und in Bochum (Der ältere Mann in Fosses *Todesvariationen*, DEA 2005, R. M. → Hartmann). Seit 1971 gelegentlich Regie (Molières *Tartüffe*, Residenztheater München, Hauptmanns *Die Ratten*, Molières *Der eingebildet Kranke*, beide Dt. Schauspielhaus Hamburg). An die 100 Film- und Fernsehrollen, u. a. in *Eisenhans* (1983), *Der Angriff der Gegenwart auf die verlorene Zeit* (1985), *Georg Elser – Einer aus Deutschland* (1989), *Schindlers Liste* (1993), *Der Totmacher* (1995), *Der Campus* (1998), *Deutschlandspiel* (2000), *Die Manns* (2001), *Die Frau des Architekten* (2003). Bayer. Staatsschauspieler, Gertrud-Eysoldt-Ring u. a. Auszeichnungen. – Ein Darsteller mit sehr breit gefächerten Möglichkeiten im Tragischen und Komischen, «aber eigentlich liegen ihm eher die Gebrochenen, die Verletzten. Die Aufsteiger, die Bürgerlichen sind seine Spezies» (C. B. Sucher). Ein grüblerischer Intellektueller, der jede Rolle bis in die seelischen Verästelungen analysiert.

Sucher, C. B.: Theaterzauberer. Schauspieler. 40 Porträts. München 1988.

Werner Schulze-Reimpell

Rehm, Werner, * 1934 Hannover. Schauspieler.

Hochschule für Musik und Th. Hannover. Debüt in Hannover. Nach Engagements in Neuss und Luzern 1966–70 Th. Bremen (1966 Macduff in → Shakespeares *Macbeth*, Rosencrantz in dessen *Hamlet*, 1969 Antonio in Peter → Steins Insz. von → Goethes *Torquato Tasso*, Richard in → Pinters *Der Liebhaber*, 1970 Jean in Strindbergs *Fräulein Julie*, Derwisch in → Lessings *Nathan der Weise*, Albert in Bonds *Early Morning*). 1970–96 Schaubühne am Halleschen Ufer / Lehniner Platz. Dort u. a. Peer Nr. 7 in Ibsens *Peer Gynt* (1971), Hohenzollern in Kleists *Prinz Friedrich von Homburg* (1972), Cordenbris in Labiches *Das Sparschwein* (1973), Dudakow in Gor'kijs *Sommergäste* (1974, alle R. Stein), Heinrich in Lasker-Schülers *Die Wupper* (1976), Baron in Mussets *Man spielt nicht mit der Liebe* (1977, beide R. → Bondy), Narr in Shakespeares *Wie es euch gefällt* (1977), Lothar in *Trilogie des Wiedersehens* von Botho Strauß (1978), Archibald in Genets *Die Neger* (1983), Kulygin in Čechovs *Drei Schwestern* (1984). Weiter in Eörsis *Das Verhör* (1984, R. → Tabori), Ostrovkijs *Ein heißes Herz* (1986), Strauß' *Die Zeit und das Zimmer* (UA 1989), Shakespeares *Ein Wintermärchen* (1990), Jonkes *Sanftwut oder Der Ohrenmaschinist* (1991), → Brechts *Die Antigone des Sophokles* (1991, R. Straub / Huillet, 1992 TV), Handkes *Die Stunde, da wir nichts voneinander wußten* (1994), Euripides' *Medea* (1996, R. → Clever). 1996–2000 Dt. Schauspielhaus Hamburg; Rollen in Gombrowicz' *Yvonne, Prinzessin von Burgund* (1996, R. K. → Beier), Handkes *Kaspar* (1996, R. → Wieler), Corneilles *Triumph der Illusionen* (1997, R. → Bachmann), Bernhards *Alte Meister* (1997, R. → Nel; 2001 Zürich), Goetz' *Krieg* (1998, R. A. → Weber), Bonassis *Subúrbio / Niemandsland* (UA 1998, R. → Kresnik), Jelineks *Ein Sportstück* (1998), Grabbes *Don Juan und Faust* (1999, R. → Bruncken), Schillers *Die Jungfrau von Orleans* (1999, R. M. → Hartmann), Kopers *Headless Body in Topless Bar* (R. B. Bürk), Mayenburgs *Parasiten* (beide UA 1999, R. → Ostermeier, Koproduktion Schaubühne). Als Gast bei den Salzburger Festspielen in Shakespeares *Julius Cäsar* (1992), Čechovs *Der Kirschgarten* (1995, beide R. Stein), Bergs *Lulu* (1995), an den Münchner Kammerspielen in Fosses *Traum im Herbst* (2001, TV), Shakespeares *Othello* (2002/03, beide R. → Perceval, 2003 TV), am Züricher Schauspielhaus, dem Schauspiel Frankfurt in Euripides' *Bakchen* (2005, R. Nel). Film- und Fernsehrollen u. a. in *Die Unberatenen* (1966, TV), *Familienglück* (1975), *Die Blechtrommel* (1979), *Die Abschiebung* (1985, TV), *Einer zahlt immer* (1992), *Aimée & Jaguar* (1999). – Auffälliger Darsteller unauffälliger Menschen, spießiger Kleinbürger und korrekten Biedersinns mit zurückhaltender Gestik. Peter Iden attestierte ihm «Gespür für einen Grad der Verzweifeltheit im Hintergrund bürgerlicher Selbstzufriedenheit».

Iden, P.: Die Schaubühne am Halleschen Ufer 1970–1979. München 1979.

Werner Schulze-Reimpell

Reichel, Käthe (eig. Waltraut Reichelt), *3.3. 1926 Berlin. Schauspielerin.

Ohne Schauspielausbildung nach kaufmännischer Lehre über Greiz, Gotha und Rostock 1951 zum Berliner Ensemble (Gustchen in → Brechts Bearbeitung von Lenz' *Der Hofmeister*, 1950, R. Brecht / → Neher; Margarethe in → Goethes *Urfaust*, 1952, R. → Monk; TR in Seghers/Brechts *Der Prozeß der Jeanne d'Arc zu Rouen*, 1952, R. → Besson; Shen Te in Brechts *Der gute Mensch von Sezuan*, 1957, R. Besson). 1954 Grusche in Brechts *Der kaukasische Kreidekreis* in Frankfurt a. M. (R. der Autor). 1959 Polly in Brecht/ Weills *Dreigroschenoper* in Rostock, 1956 TR in Shaws *Die heilige Johanna* in Wuppertal, 1965 Nationaltheater Mannheim. 1961 in Stuttgart und Rostock TR in Brechts *Die heilige Johanna der Schlachthöfe*. 1960 Wechsel ans Dt. Th. Berlin (TR in → Lessings *Minna von Barnhelm*, 1960,

R. Wolfgang → Langhoff; Julia in → Shakespeares *Zwei Herren aus Verona*, 1963; Sophie von Beeskow in Sternheims *1913*). 1982 Die alte Frau in Handkes *Über die Dörfer* im Dt. Schauspielhaus Hamburg (R. Niels-Peter → Rudolph). In Kleists *Der zerbrochne Krug* (1990), *Das Käthchen von Heilbronn* (1991) und Brechts *Der kaukasische Kreidekreis* (1998) am Dt. Th. (beide R. Thomas → Langhoff). Film- und Fernsehrollen (*Die Legende von Paul und Paula*, 1974; *Levins Mühle*, 1980; *Der Laden*, 1998), Leseabende. 2001 Brechts *Die heilige Johanna der Schlachthöfe* von ihr allein vorgetragen. – Eine Lieblingsdarstellerin Brechts, der sie als vitales, kämpferisches junges Mädchen sah und zu einer perfekten Vertreterin seiner Theaterästhetik entwickelte. Spielte allerdings überwiegend in Insz.en von Besson.

Werner Schulze-Reimpell

Reicher, Emanuel, *7. 6. 1849 Bochnia (Österr.-Ungarn, heute Polen), †15. 5. 1924 Berlin. Schauspieler.

Aufgewachsen in Krakau, debütierte R. dort 1853 in Bärenraiters Gartentheater. Es folgten Engagements an zahlreichen Provinztheatern Österr.-Ungarns, ab 1870 in Gmunden und Wien (Th. in der Josefstadt), ab 1873 in München (Residenztheater, Th. am Gärtnerplatz), später an den Stadttheatern in Hamburg und Wien, Weimar, 1877 dem Hoftheater Oldenburg (TR in → Goethes *Egmont*). Seit 1887 in Berlin, zuerst am Residenztheater. 1889 mit → Brahm u. a. einer der Begründer des Vereins Freie Bühne, wo in geschlossenen, meist einmaligen Aufführungen aktuelle und von der Zensur verbotene Stücke aufgeführt wurden. Auftritte u. a. in den UAen von Hauptmanns *Vor Sonnenaufgang* (1889), *Das Friedensfest* (1890), der DEA von Strindbergs *Der Vater* (1890). 1890–92 Königl. Hoftheater, 1892–94 und 1904–14 Lessing-Th. (Ibsen, *John Gabriel Borkman*, 1908; Hauptmann, *Die*

Ratten, UA 1911), 1894–1904 Dt. Th., wo er u. a. in Hauptmanns *Florian Geyer* (UA 1896), Schnitzlers *Liebelei* (1896), Wildes *Salome* (1902), Wedekinds *Erdgeist* (1902), *König Nicolo* (1903), Gor'kijs *Nachtasyl* (1903), Schillers *Kabale und Liebe* (1904) auftrat. Am Dt. Künstlertheater in Schillers *Wilhelm Tell* (1913) und der UA von Hauptmanns *Der Bogen des Odysseus* (1914). 1899 gründete er eine Hochschule für dramatische Kunst. Während des 1. Weltkriegs ging R. in die USA (New York), wo er Regie und TR in Ibsens *John Gabriel Borkman* (1915 Lyceum Th.) übernahm und Ko-Direktor des Garden Th.s wurde. Dort Regie und Rollen bei Bjørnsons *Wenn der junge Wein blüht* (1915) und Hauptmanns *Die Weber* (1915/16). 1922 kehrte R. zurück und spielte v. a. am Raimund-Th. (Wien). Er war u. a. verheiratet mit der Opernsängerin Hedwig R.-Kindermann (1853–83), seine Tochter Hedwig(a) (1884–1971), seine Söhne Frank (1875–1965) und Ernst (1885–1936) waren Schauspieler. – R.s Bedeutung liegt v. a. in seiner Rolle als einer der wesentlichen Protagonisten naturalistischer Schauspielkunst. Er brach auch im Konversationsstück oder bei Klassikern den deklamatorischen Hoftheaterstil auf, bemühte sich um individualisierte und psychologisch vertiefte Rollendeutung, bezog den sozialen Hintergrund in seine Darstellung ein. «Wahrheit des Ausdrucks» war das Ziel seiner nuancierten Schauspielkunst.

Bab, J.: Kränze dem Mimen. Emsdetten 1954.
Wolfgang Beck

Reichmann, Wolfgang, *7. 1. 1932 Beuthen (heute Bytom, Polen), †7. 5. 1991 Waltalingen (Schweiz). Schauspieler.

Studierte Germanistik und Theaterwissenschaft in Frankfurt a. M., Gesangsunterricht am Konservatorium in Frankfurt. Debüt in Wiesbaden. In einer Blitzkarriere über mehrere Stationen, u. a. Schauspielhaus Bochum (1958 Schwarzer Ritter in Grabbes *Don Juan und Faust*), 1959 an die Münchner Kammerspiele (Noah in Barlachs *Sündflut*). Seit 1963 Zürcher Schauspielhaus (Holofernes in Hebbels *Judith*, Albert in Bonds *Trauer zu früh*, R. Peter → Stein, Arzt in der UA von Dürrenmatts *Der Meteor*, Salieri in Shaffers *Amadeus*). 1966–70 regelmäßig Gast im Düsseldorfer Schauspielhaus (TRn in → Shakespeares *Othello*, → Goethes *Faust I* und Büchners *Dantons Tod* zur Eröffnung des neuen Schauspielhauses 1970). In → Strehlers Insz. *Spiel der Mächtigen* nach Shakespeare (1973, Salzburger Festspiele) Jack Code, Falstaff in Shakespeares *Heinrich IV.* (1971, Luisenburg-Festspiele Wunsiedel), TR in Goethes *Götz von Berlichingen* (1984, Burgfestspiele Jagsthausen). Fernsehrollen (u. a. Pozzo in Becketts *Warten auf Godot*, TR in Büchners *Dantons Tod*, Don Camillo in Claudels *Der seidene Schuh*, Derwisch in → Lessings *Nathan der Weise*, Dorfrichter Adam in Kleists *Der zerbrochne Krug*). Filmrollen (u. a. *Der Prozeß*, *Die Nonne*, *Woyzeck*, *Beethoven*, *Stille Tage in Clichy*). – Moses in Schönbergs *Moses und Aaron* (1982, Münchner Staatsoper), Bassa Selim in Mozarts *Die Entführung aus dem Serail* (1985, Oper Zürich, R. → Ponnelle), Tevje im Musical *Anatevka* (1983), Conférencier in *Cabaret* (1987, beide Th. des Westens Berlin). – Obwohl mit imposanter Körperfülle der Typ des schweren Charakterhelden, eignete ihm eine schnellfüßige Behendigkeit und ein verschmitztes Komödiantentum, «eine zarte, wie auf Zehenspitzen gehende Leichtigkeit» (H. Rischbieter).
Werner Schulze-Reimpell

Reigbert, Otto, *4. 11. 1890 Kiel, †3 .2. 1957 München. Bühnenbildner.

1908–10 Ausbildung an der Unterrichtsanstalt des Berliner Kunstgewerbemuseums. Seit 1910 als Bühnenbildner am Stadttheater

Freiburg i. Br., ab 1913 am Dt. Th. Berlin, 1918/19 an den Städt. Bühnen Kiel. 1919/20 von → Piscator an dessen kurzlebige Kammerspielbühne Das Tribunal in Königsberg engagiert. Bühnenbilder zu Strindbergs *Gespenstersonate* (R. O. Spaun), Wedekinds *Tod und Teufel*, H. Manns *Varieté* (1920, R. Piscator). 1920–32 war R. Ausstattungsleiter an den von Otto → Falckenberg geleiteten Münchner Kammerspielen. Zu seinen dort entstandenen über 300 szenischen Arbeiten (häufig für Insz.en Falckenbergs) gehören die Bühnenbilder zu Hasenclevers *Jenseits* (1921 R. → Viertel), Bronnens *Vatermord* (1922), → Brechts *Trommeln in der Nacht* (UA 1922), Barlachs *Der tote Tag*, Strindbergs *Karl XII.* (beide 1924), → Shakespeares *Troilus und Cressida* (1925), Lenz/Plautus' *Die Betschwester*, Goetz' *Neidhart von Gneisenau*, Büchners *Dantons Tod* (alle 1926), Ibsens *Peer Gynt*, Rehfischs *Der Frauenarzt*, Wedekinds *Lulu* (alle 1928), Bruckners *Die Verbrecher* (1929), *Die Kreatur*, Wolfs *Cyankali* (beide 1930), Billingers *Rauhnacht* (UA 1931). Nach einem Zwischenspiel in Köln (1932–35) kehrte R. nach München zurück, wo er seit 1935 für das Bayer. Staatstheater tätig war. – R.s bedeutendste bühnenbildnerische Arbeiten sind eng mit den Kammerspielen und dem Regisseur Falckenberg verknüpft. Hier konnte er seinen spezifischen Stil entwickeln, «der gewiß ekstatisch, aber doch nicht expressionistisch im Sinne einer stereotypen Richtung war» (Petzet). «In Reigberts Bühnenentwürfen war der pathetische Gestus des Expressionismus zurückgenommen zugunsten subtiler Farbigkeit und beinahe skizzenhafter Leichtigkeit» (Brauneck, S. 346). Seine dynamischen, anti-illusionistischen, häufig quasi improvisiert wirkenden Szenographien, die von ihm bevorzugte variable Einheitsbühne, waren anfänglich auch das Ergebnis der (vor dem Umzug der Kammerspiele 1926) sehr beengten Bühnenverhältnisse und der zahlreichen Premieren. Was z.T. auch aus der Not geboren war, entwickelte sich zu einem künstl. einprägsamen Stil, der für jede Szene das «richtige» Bild suchte, das den geistigen Gehalt ins Sichtbare transformieren sollte. Dabei ging es ihm folgerichtig nicht um historische Treue. Umbau auf offener Bühne, nach oben offene Szenerien gehörten ebenso zu seinen Stilmitteln wie Projektionen von Bildern und Filmausschnitten. Als besonders gelungenes Beispiel seiner Arbeit gilt die Ausstattung zur UA von Brechts *Trommeln in der Nacht*, bei der R. auch auf Skizzen → Nehers zurückgriff. B. verstand sich als ein Bühnenbildner, dessen Arbeit nicht dominieren, sondern sich in den Dienst der theatralischen Gesamtwirkung stellen sollte.

Brauneck, M.: Die Welt als Bühne. 4. Bd. Stuttgart, Weimar 2003; Eckert, N.: Das Bühnenbild im 20. Jahrhundert. Berlin 1998; Petzet, W.: Theater. Die Münchner Kammerspiele 1911–1972. München 1973.

Wolfgang Beck

Reincke, Heinz, * 28. 5. 1925 Kiel. Schauspieler.

Lehre bei der Industrie- und Handelskammer Kiel, zugleich Schauspielunterricht, Komparse am Stadttheater. Souffleur, Inspizient, Operettenbuffo, jugendlicher Komiker in Landsberg/Warthe (Gorzów Wielkopolski) und im Kurtheater Zoppot (Sopot). Als Soldat in der Truppenbetreuung tätig. 1947/48 am Schleswiger Renaissancetheater; 1948 gründete er die Wanderbühne Entertainer. 1949–50 Stadttheater Bonn, 1950–55 Staatstheater Stuttgart (Arnold Kramer in Hauptmanns *Michael Kramer*, Spiegelberg in Schillers *Die Räuber*, K in Kafkas *Der Prozeß*, Mosca in Jonsons *Volpone*). 1955–64 Dt. Schauspielhaus Hamburg; spielte in → Gründgens' Regie u. a. Wolters in Zuckmayers *Das kalte Licht* (UA 1955), TR in Jahnns *Thomas Chatterton*, Simpleton in → Goetz' *Nichts Neues aus Holly-*

wood (beide UA 1956), Frosch in → Goethes *Faust I* (1957, 1960 Film), Famulus in *Faust II* (1958), Payne in Büchners *Dantons Tod* (1958), 1. Arbeiter in → Brechts *Die heilige Johanna der Schlachthöfe* (UA 1959, Ko-R. Vibach), Harlekin in Waldmanns *Von Bergamo bis morgen früh* (UA 1960). Außerdem Beckmann in Borcherts *Draußen vor der Tür* (1957), TR in Büchners *Woyzeck* (1959), Möbius in Dürrenmatts *Die Physiker* (1962; 1984 Burgtheater), Offizier in Strindbergs *Traumspiel* (1963), Sason in Lenz' *Zeit der Schuldlosen* (UA 1961), Bruno Deutz in *Das Gesicht* (UA 1964, R. → Monk). Im Düsseldorfer Schauspielhaus in → Stroux' Regie 1966 TR in → Shakespeares *Macbeth* (1973 Burgtheater), Jago in *Othello*, 1968 Mephisto in Goethes *Faust I* (1976 Burgtheater). Bei den Salzburger Festspielen Puck / Philostrat in Shakespeares *Ein Sommernachtstraum* (1966), Teufel in Hofmannsthals *Jedermann* (1969–72, beide R. → Lindtberg). Nach einem Probegastspiel am Wiener Burgtheater als Robespierre in Büchners *Dantons Tod* (R. → Schenk) 1968–85 Ensemblemitglied. Rollen u. a. in Erdmanns *Der Selbstmörder* (TR, 1970), Brechts *Herr Puntila und sein Knecht Matti* (1970/71), *Mutter Courage und ihre Kinder* (1974), Ionescos *Macbett* (TR, dt.sprachige EA 1972, R. → Klingenberg), Grillparzers *König Ottokars Glück und Ende* (TR, 1976), Kleists *Prinz Friedrich von Homburg* (R. → Wekwerth), Sternheims *Tabula rasa* (beide 1978), *1913* (1980, beide R. → Hurwicz), Williams' *Die Katze auf dem heißen Blechdach* (1981, R → Dresen), Gor'kijs *Barbaren* (1982/83), Millers *Der Tod des Handlungsreisenden* (TR, 1983). Zuletzt TR in Zuckmayers *Der Hauptmann von Köpenick* (1985). 1985/86 beim Tournee-Th. Neue Schaubühne München TR in → Pinters *Der Hausmeister*. Zahlreiche Soloprogramme, u. a. über 400 Auftritte im Theaterschiff (Hamburg). Seit Mitte der 1950er Jahre neben vielen Unterhaltungsfilmen u. a. in *Nasser Asphalt* (1958), *Der längste Tag* (1962), *Die Brücke von Remagen* (1969). Popularität durch Fernsehserien (TR in *Adrian der Tulpendieb*, 1966; *Heimatgeschichten*, *Der Landarzt*, seit 1986). R. ist seit 1970 auch österr. Staatsbürger; Kammerschauspieler, Kulturpreis Kiel (1983), Bundesverdienstkreuz (1990), Goldenes Ehrenzeichen für Verdienste um das Land Wien (2001). – Komödiant und wandlungsfähiger Charakterdarsteller, vorzüglicher Sprecher, gleich gut in Komödien wie in ernsten Rollen mit einem Zug zum Volksschauspieler.

Werner Schulze-Reimpell

Reinhardt, Andreas, * 20. 8. 1937 Meißen. Bühnen- und Kostümbildner.

1951–54 Lehre als Theatermaler; Ausbildung an der Hochschule für Bildende Künste Dresden, 1962–64 Meisterschüler bei von → Appen an der Akademie der Künste in Ostberlin. 1964 Assistent, ab 1965 Bühnenbildner am Berliner Ensemble. Szenographien u. a. zu O'Caseys *Purpurstaub* (1966), für Insz.en von → Berghaus bei Weiss' *Viet Nam Diskurs* (1968), → Brechts *Im Dickicht der Städte* (1971), Hacks' *Omphale* (1972), → Müller / Gladkows·*Zement* (UA 1973), Brecht / Gor'kijs *Die Mutter* (1974). Am Dt. Th. Bühnenbilder für die politisch umstrittene Insz. von → Goethes *Faust I* (1968, R. → Dresen / W. → Heinz), → Shakespeares *König Richard III.* (1972, R. → Wekwerth / Haus). Ab Mitte der 1970er Jahre in der Bundesrepublik, Staatl. Schauspielbühnen Berlin, seit 1978 freier Bühnenbildner. Zusammenarbeit mit → Lietzau u. a. bei Stoppards *Travesties* (1977, Bayer. Staatsschauspiel), Čechovs *Der Kirschgarten* (1978, Schiller-Th. Berlin), Gor'kijs *Wassa Schelesnowa* (1990, Th. in der Josefstadt, Wien), → Hollmann u. a. bei Mozarts *Don Giovanni* (1977, Oper Frankfurt), Goethes *Faust Teil I und II* (1980, Thalia Th. Hamburg), → Krämer u. a. bei Bernhards *Ein Fest für Boris*, Schillers *Maria*

Stuart (beide 1977, Schiller-Th.), Dorsts *Die Villa* (UA 1980, Staatstheater Stuttgart). Szenographien u. a. für Büchners *Woyzeck* (1976, Stuttgart, R. → Kirchner), → Müller/Sophokles' *Ödipus* (1980, Burgtheater Wien), Senecas *Ödipus* (1982, Stuttgart), Shakespeares *Richard III.* (1988, Bremen), Spoerlis Choreographien von *Igor* (Musik: Stravinskij)/ Strauss' *Josephslegende* (Zürich, 2003). R. hat seit den 1980er Jahren v. a. Werke des Musiktheaters ausgestattet. Zusammenarbeit mit Berghaus u. a. bei Strauss' *Elektra* (1967), Dessaus *Einstein* (UA 1974), Webers *Der Freischütz* (1980, alle Dt. Staatsoper Berlin); mit Götz Friedrich u. a. bei Tals *Die Versuchung* (UA 1976), Sinopolis *Lou Salomé* (UA 1981, beide Bayer. Staatsoper München), Wagners *Parsifal* (1982, Bayreuther Festspiele), Bergs *Lulu* (1982), Rihms *Oedipus* (UA 1987), Henzes *Der Prinz von Homburg* (1997, alle Dt. Oper Berlin); mit Krämer bei Janáčeks *Katja Kabanowa* (1986), *Die Sache Makropulos* (1990, beide Dt. Oper Berlin), Schrekers *Der Schatzgräber* (1989, Hamburgische Staatsoper), Křeneks *Jonny spielt auf* (2002, Staatsoper Wien; 2005 Oper Köln); mit Kurt Horres u. a. bei Čajkovskijs *Pique Dame* (1982, Staatsoper Wien), Kirchners *Belshazar* (UA 1985, Bayer. Staatsoper), Verdis *Rigoletto* (1998, Oper Frankfurt), Wagners *Der Ring des Nibelungen* (2005, Koproduktion Národní Divadlo Prag/Dt. Oper am Rhein), für → Schaaf bei Strauss' *Capriccio* (1985), Mozarts *Die Entführung aus dem Serail* (1987, beide Salzburger Festspiele). Arbeiten an zahlreichen Th.n Europas und der USA. 1997 Professor an der Hochschule für Bildende Künste Dresden. – R. hat sich noch in der DDR der realistischen Szenographie verweigert und auf der Eigengesetzlichkeit der Bühne bestanden. Dabei arbeitet er mit sehr unterschiedlichen szenischen Räumen, von der fast leeren Bühne über bizarre Stahlgerüste bis zum ironisch-distanzierten Zitat. «Unverkennbar ist die Vorliebe für große, umbaute Einheitsräume von zumeist kühler Atmosphäre. Jalousien sind darin ein wichtiges raumstrukturierendes Requisit, das zugleich die Lichtverhältnisse beeinflußt» (Eckert, S. 135).

Eckert, N.: Das Bühnenbild im 20. Jahrhundert. Berlin 1998; Kreuder, F.: Andreas Reinhardts Zauberlaterne. In: Beiträge zum Musiktheater. 17. Bd. Berlin 1998.

Wolfgang Beck

Reinhardt, Max (eig. M. Goldmann), *9. 9. 1873 Baden (Österr.), †31. 10. 1943 New York (USA), Schauspieler, Regisseur, Theaterleiter.

Aus einem kunstfernen Elternhaus kommend, machte R. zunächst eine Banklehre, aber schon bald führte ihn seine Theaterbegeisterung zum Schauspielunterricht. Erstes Engagement 1892 am Neuen Volkstheater Rudolfsheim in der Nähe Wiens. Mit 21 Jahren gehörte R. bereits dem Dt. Th. von Otto → Brahm in Berlin an (Ensemblemitglied 1894–1902), das bald die führende dt.sprachige Bühne der Zeit werden sollte. Brahm setzte sich für die Naturalisten Holz, Schlaf und v. a. Gerhart Hauptmann ein, er unterstützte Schnitzler und Ibsen und brachte mit kompromissloser Entschlossenheit gegen Kritik und Zensur einen neuen Theaterstil zur Durchsetzung. R.s bevorzugte schauspielerische Domäne dabei waren Altmännerrollen; er interessierte sich jedoch zunehmend für weiterreichendere Aufgaben im Th. und kam wohl auch an seine schauspielerischen Grenzen, als sich ihm 1900 die Möglichkeit bot, eine erste Regie zu übernehmen. Mit Freunden gründete er eine eigene Kleinkunstbühne («Schall und Rauch» 1901, im folgenden Jahr umbenannt in «Kleines Th.»). R.s Ungenügen am Naturalismus Brahms ließ den Entschluss reifen, Theaterleiter zu werden. Als Pilger Luka in Gor'kijs *Nachtasyl* erlebte R. mit seinem Kleinen Th. sofort einen sensationellen Erfolg

(1903, R. Richard Vallentin). Im selben Jahr übernahm er das Neue Th. am Schiffbauerdamm, inszenierte die Eröffnungspremiere von Maeterlincks *Pelléas und Mélisande* und begann damit, seine Ideen von einem Th. der Poesie und des Glanzes gegen den Naturalismus der Zeit zu setzen. Seine moderne Klassikerinsz. von → Shakespeares *Ein Sommernachtstraum* 1905 (den R. insgesamt 12-mal inszenierte und 1935 verfilmte) wurde als Sensation empfunden: Die Schauspieler waren in einem bis dahin unbekannten Maß zu einer harmonischen Gesamtleistung zusammengeführt worden, die eine unverwechselbare Handschrift der Regie erkennen ließ, die Bühne beeindruckte durch plastische Dekorationen (Moosboden, echter Waldduft) auf einer dramaturgisch überzeugend eingesetzten Drehbühne. Das Th., verstanden als ein dem Alltag fernes, diesen überhöhendes Fest, als in sich geschlossene perfekte Welt zog die Zuschauer in seinen Bann. Dass einzelne Kritiker (v. a. Karl Kraus) R.s Theatersprache schon damals in der Nähe des Kitsches sahen, tat R.s Erfolgsgeschichte keinen Abbruch. Als Brahm seine Intendanz am Dt. Th. nicht verlängerte, übernahm R. das Dt. Th., das er fortan zusammen mit seinem Bruder Edmund (als kaufmännischem Direktor) leitete. Ein dem Th. benachbartes Gebäude wurde umgebaut und 1906 als Kammerspiele des Dt. Th.s mit Ibsens *Gespenster* (Bühnenbild: Edvard Munch) eröffnet. Im selben Jahr inszenierte R. dort die UA von Wedekinds *Frühlings Erwachen*. R.s 11 Stunden dauernde Aufführung von → Goethes *Faust II* erlebte 100 Wiederholungen. Um seine Vorstellungen vom Th. als Massenerlebnis verwirklichen zu können, suchte R. nach neuen, die Grenzen des konventionellen Theaterbaus überschreitenden Räumlichkeiten: Hofmannsthal / Sophokles' *König Ödipus* wurde 1910 R.s erste Arena-Insz. (u. a. im Berliner Zirkus Schumann, der 5125 Plätze umfasste), die Weltpremiere von Vollmoellers *Das Mirakel* fand 1911 in der Olympia Hall in London statt. Gastspiele in zahlreichen europ. Städten und in New York machten R. zu einer internat. Berühmtheit. Auf dem Höhepunkt seiner Berliner Jahre war der omnipräsente R. an 10 Berliner Bühnen tätig («R.-Bühnen»), die auch ökonomisch als Konzern zusammengefasst waren. – Als sich neuere Entwicklungen am Th. abzeichneten (Politisierung, Stilisierung), die R. nicht mittrug, ließ sein Einfluss nach, und er zog sich enttäuscht von Berlin nach Wien und Salzburg zurück. Mit Hugo v. Hofmannsthal gründete R. 1920 die Salzburger Festspiele und zeigte zu deren Eröffnung dessen *Jedermann* (UA 1911, Zirkus Schumann, Berlin, R. Reinhardt). 1924 übernahm R. das restaurierte Th. in der Josefstadt und gründete 1929 eine Schauspiel- und Regieschule in Wien, das bis heute bestehende Reinhardt-Seminar. – Durch die Nationalsozialisten als Jude jäh aus Deutschland verdrängt, emigrierte R. 1933 zunächst nach Österreich, 1938 in die USA. Trotz zahlreicher Aktivitäten, unterstützt durch seine Frau Helene → Thimig, kam es nur zu wenigen Insz.en R.s in Amerika, und auch der Gründung des «Workshop for Stage, Screen and Radio» in Hollywood war kein Erfolg beschieden. Verbitterung über mangelnde Anerkennung und finanzielle Sorgen prägten R.s letzte Lebensjahre.

R. gilt zu Recht als Begründer des modernen europ. Regietheaters durch präzise Schauspielerführung (bis ins Kleinste ausgearbeitete Regiebücher), geschickten Einsatz der neueren technischen Möglichkeiten (Drehbühne, Beleuchtungseffekte) und illusionsfördernde Ausstattungen. Wenn sein Th. auch an Impulskraft verlor, als mit → Brecht und → Piscator neue Theatertendenzen in den Vordergrund traten, waren doch seine Hervorhebung des performativen Charakters von

Th. durch die Transformation in ein sinnliches Fest, die Suche nach neuen Räumen und die Überschreitung der Grenze von Bühne und Zuschauerraum richtungweisend für spätere Theaterentwicklungen. Zentrum von R.s Theaterverständnis war der Schauspieler. Schon 1902 hatte er programmatisch geschrieben: «Ich glaube an ein Theater, das dem Schauspieler gehört» (in *Es gibt nur einen Zweck des Theaters: das Theater*). Viele später berühmt gewordene Schauspielerinnen und Schauspieler wurden von ihm entdeckt und gefördert (→ Moissi, → Eysoldt, → Durieux, → Krauß u. v. a.). Hermann Bahr schrieb über ihn: «Ein großer Menschenfresser und – die Gefressenen leben davon». R. arbeitete mit bildenden Künstlern wie E. Munch und M. Slevogt zusammen, zog durch sein Interesse am Gesamtkunstwerk aber auch Kritik auf sich, den literarischen Text zu vernachlässigen. R.s Leistungen lagen im Zusammenführen der kreativen Kräfte, in der Begeisterung von Schauspielern und Förderern, in der künstl. Synthese. An Theatertheorie zeigte er nur wenig Interesse, entwickelte auch keinen Stil im engeren Sinn, der Schule gemacht hätte. R. war zunächst mit der Schauspielerin Else Heims (2 Söhne) und ab 1935 mit Helene → Thimig verheiratet.

    Brauneck, M.: Die Welt als Bühne. 4. Bd. Stuttgart, Weimar 2004; Fiedler, L. M.: Max Reinhardt in Selbstzeugnissen und Bilddokumenten. Reinbek 1975; Reinhardt, M.: «Ich bin nichts als ein Theatermann». Briefe, Reden, Aufzeichnungen, Interviews, Gespräche, Auszüge aus Regiebüchern. Hg. H. Fetting. Berlin 1989; Thimig-R., H.: Wie Max Reinhardt lebte. Percha 1973.

Susanne Eigenmann

Reinke, Martin, * 25. 3. 1956 Hamburg. Schauspieler.

    1974 Studium an der Universität Hamburg (Mathematik, Philosophie), parallel dazu Besuch des Schauspielstudios Frese. Debüt 1978 Th. im Zimmer Hamburg (Mr. Smith in Ionescos *Die kahle Sängerin*). 1977–79 Stadttheater Heilbronn (auch Bühnenmusik). 1979–84 Krefeld-Mönchengladbach (Hudetz in Horváths *Der jüngste Tag*). 1984–86 Bremen (Siebenmark in Barlachs *Der arme Vetter* – bester Nachwuchsschauspieler). 1987–90 Macheath in → Brecht/Weills *Dreigroschenoper* – 220 Aufführungen in Berlin, Hamburg, Spoleto, Tokio, Köln. Seit 1990 Schauspiel Köln (u. a. Karl Moor in Schillers *Die Räuber*, Shlink in Brechts *Im Dickicht der Städte*, TR in → Shakespeares *Richard III.* und Büchners *Dantons Tod*, Rittmeister in Strindbergs *Der Vater*, Mephisto in → Goethes *Faust I*, Hofreiter in Schnitzlers *Das weite Land*, Präsident v. Walter in Schillers *Kabale und Liebe*, Antonio in Shakespeares *Der Kaufmann von Venedig*). 1991 Hudetz in *Der jüngste Tag*, Höfgen in *Mephisto* von → Mnouchkine nach dem Roman von Klaus Mann (2004) im Wiener Volkstheater, im Wiener Burgtheater 1995 Macheath und Peachum in Brecht/Weills *Dreigroschenoper*, 1999 König Artus in Dorsts *Merlin*, 2000 Dr. Hinkfus in Pirandellos *Heute wird aus dem Stegreif gespielt*. Büchnerprojekt *Das Fieber – Solo für zwei Stimmen* (mit dem Cellisten Siegfried Palm). 1996 TR in *Caligula* von Camus, Schlauberger in Aristophanes' *Die Vögel* (2003) im Dt. Theater Berlin, TR in Goethes *Faust I* (2006) bei den Bad Hersfelder Festspielen. Ab 2006 am Burgtheater (Raymond in Harrowers *Blackbird*). Hörbücher. – Charismatischer Darsteller von großer Ausstrahlung und Entertainerqualität, souverän im Spiel mit seinen Mitteln, der Brüche einer Figur zeigt und deren verborgene geistige Dimensionen erhellt. Brillanter Sprecher.

Werner Schulze-Reimpell

Renaud, Madeleine, * 21. 2. 1900 Paris, † 23. 9. 1994 Neuilly-sur-Seine. Schauspielerin, Intendantin, Regisseurin.

    R. trat 18-jährig ins Pariser Konservatorium ein, Schauspielausbildung bei Rafael Duflos. 1921 erste Rollen an der Comédie Française, deren festem Ensemble sie ab 1928 angehörte. Sie überzeugte zunächst in naiven Rollen in → Molière-Komödien: als Henriette in *Les Femmes savantes (Die gelehrten Frauen)*, als Marianne in *L'Avare (Der Geizige)*, als Angélique im *Malade imaginaire (Der eingebildete Kranke)*. Im modernen Repertoire machte sie in Stücken von Montherlant (*La Reine morte*, dt. *Die tote Königin*), Mauriac *(Les Mal-Aimés)*, Salacrou *(Les Fiancés du Havre)* und Claudel (*Le soulier de satin*, dt. *Der seidene Schuh*) auf sich aufmerksam. R. heiratete 1940 Jean-Louis → Barrault. Sie verließen beide gleichzeitig 1946 die Comédie Française und gründeten ihre eigene Truppe Compagnie Renaud-Barrault, die sich 2 Jahre im Pariser Th. Marigny einrichtete, wo R. in großen Rollen auftrat und ein breites Repertoire ausfüllte: Stücke von Čechov, Feydeau, Camus und Anouilh. 1957 feierte R. in der Hauptrolle von Victorien Sardous *Madame Sans-Gêne* im Th. Sarah Bernhardt einen sensationellen Erfolg. 1958 trat sie in Jacques Offenbachs *La vie parisienne* im Th. du Palais-Royal auf. 1959 bezog die Compagnie R.-Barrault das Th. de l'Odéon, das als zweites Haus der Comédie Française in Th. de France umgetauft wurde und der Truppe ein staatl. alimentiertes Budget sicherte. In vielen UAen- und EAen war R. (Regisseurin und) Hauptdarstellerin: 1962 *Das Dunkel ist Licht genug* von Christopher Fry; 1963 im Odéon-Th. in der Insz. von Roger → Blin Samuel Becketts *Oh les beaux jours (Glückliche Tage)*; 1966 *Les Paravents (Die Wände)* von Jean Genet. *Il faut passer par les nuages (Durch die Wolken)* von François Billetdoux 1964 und *Des journées entières dans les arbres (Ganze Tage in den Bäumen)* von Marguerite Duras 1965 waren weitere schauspielerische Triumphe. Wegen (passiver) Unterstützung der Studentenunruhen im Mai 1968, in deren Verlauf das Odéon-Th. zum revolutionären Diskussionsforum geworden war, entzog Kulturminister André Malraux der Compagnie R.-Barrault Spielstätte und staatl. Förderung. Behelfsmäßige Installation der Truppe im Th. Élysées-Montmartre, einer ehemaligen Ringkampfarena. 1971–80 war die Halle des stillgelegten Bahnhofs Gare d'Orsay Spielstätte, 1981 endgültige Etablierung der Truppe am Rond-Point des Champs-Élysées. R. brilliert hier als die ideale Darstellerin in Stücken Samuel Becketts, besonders in der Rolle der Winnie in *Glückliche Tage*, die sie jahrzehntelang gespielt und eigentlich kreiert hat. Sie spielte in *Harold und Maude* des australischen Dramatikers Colin Higgins 1973 und in *Savannah Bay* von Marguerite Duras 1983–89. R. ist auch als Filmschauspielerin hervorgetreten, u. a. in *La Belle Marinière* (R. Harry Lachmann, 1932), *Maria Chapdelaine* (R. Julien Duvivier, 1934), *Hélène* (R. Jean Benoit-Lévy, 1938), *Remorques* (R. Jean Grémillon, 1941), *Le ciel est à vous* (R. Grémillon, 1943), *Le Dialogue des carmélites* (R. P. Bruckberger / Philippe Agostini, 1960), *Le Diable par la queue* (R. Philippe de Broca, 1968), *Des journées entières dans les arbres* (R. Duras, Verfilmung des Bühnenstücks, 1977). – R. gilt als eine der größten Schauspielerinnen des franz. Th.s des 20. Jh.s. Barrault charakterisiert sie in seinen *Erinnerungen für morgen* als Verkörperung der «Schauspielernatur». «Anpassungsfähigkeit und Flexibilität. Sie kann jede Rolle übernehmen: Sozialhelferin oder Kokotte. Sie ist Zikade und Ameise zugleich.»

Barrault, J.-L.: Réfléxions sur le théâtre. Paris 1949; ders.: Souvenirs pour demain, Paris 1972 (dt. 1972 Erinnerungen für morgen); Bonal, G.: Les Renaud-Barrault. Paris 2000; Cahiers de la compagnie Renaud-Barrault. Paris 1953 ff.; Germain, A.: Renaud-Barrault: les feux de la rampe et de l'amour. Paris 1992; Renaud, M.: La déclaration d'amour. Rencontres avec André Coutin. Paris 2000; Renaud-Barrault. Exposition à la Bibliotheque Nationale de France. Red. N. Giret. Paris 1999.

Horst Schumacher

Rennert, Günther (Peter), * 1. 4. 1911 Essen, † 31. 7. 1978 Salzburg. Regisseur, Theaterleiter.

Studierte Rechtswissenschaften in Berlin, München, Halle. Promotion 1934 *(Die Zwangsmitgliedschaft, ihre Begründung und ihre Beendigung)*. Danach in München Musikstudium am Konservatorium und Schauspielunterricht. Begann als Regisseur von Kulturfilmen und Assistent bei Spielfilmen. 1935–37 Regieassistent an der Frankfurter Oper. Über Wuppertal (1938/39) und Mainz (1939/40) als Oberspielleiter der Oper nach Königsberg (1940–42). 1942–44 Städt. Oper Berlin. Inszenierte 1945 Beethovens *Fidelio* zur Wiedereröffnung der Münchener Staatsoper. 1946–57 Intendant der Hamburgischen Staatsoper. Inszenierte v. a. zuvor verbotene Opern von Stravinskij, Honegger, Alban Berg und Schönberg. Weiter u. a. Brittens *Peter Grimes* (1947), Mozarts *Die Zauberflöte* (1955, Eröffnung nach Umbau), Egks *Der Revisor* (1957). Gastinsz.en in Berlin an der Komischen Oper Rossinis *Der Barbier von Sevilla* (1950), der Städt. Oper Mozarts *Die Zauberflöte* und von Einems *Der Prozeß* (1953), in London, Edinburgh, Buenos Aires und Mailand. Auch Schauspielinsz.en: 1950 im Berliner Schlossparktheater Eliots *Der Familientag*, 1962 Gogol's *Der Revisor*, im Berliner Schiller-Th. 1951 Beaumarchais' *Der tolle Tag oder Figaros Hochzeit*, im Hamburger Th. im Zimmer 1954 Becketts *Warten auf Godot*, in Wien 1961 Giraudoux' *Die Irre von Chaillot*, 1964 → Shakespeares *Macbeth*, 1957 im Staatstheater Stuttgart → Brechts *Leben des Galilei*, 1967 Strindbergs *Fräulein Julie*. 1959–69 Artist Adviser und Chief of Production der Glyndebourne-Festspiele. 1967–76 Intendant der Bayer. Staatsoper München; Regie u. a. bei Puccinis *La Bohème* (1945), Orffs *Die Kluge* (1948), Egks *Die Verlobung in San Domingo* (UA 1963), Bergs *Lulu* (1967, 1957 Hamburg), *Wozzeck* (1970), Cikkers *Das Spiel von Liebe und Tod* (UA 1969), Cavallis *L'Ormindo* (1969), Janáčeks *Jenufa* (1970; 1974 Metropolitan Opera), *Aus einem Totenhaus* (1976), Mozarts *Die Entführung aus dem Serail* (1970), Yuns *Sim Tjong* (UA 1972), Monteverdis *Die Krönung der Poppea* (1974). Bei den Salzburger Festspielen Regie u. a. bei Beethovens *Fidelio* (1949, 1968), Pfitzners *Palestrina* (1955), Mozarts *Le nozze di Figaro* (1957), *Die Zauberflöte* (1959; 1967 Metropolitan Opera), *Così fan tutte* (1960), Strauss' *Die schweigsame Frau* (1959), *Ariadne auf Naxos* (1964), *Die Frau ohne Schatten* (1974), *Der Rosenkavalier* (1978). Gastinsz.en an der Mailänder Scala (Liebermann, *Leonore 40/45*, 1953; Walton, *Troilus und Cressida*, 1956; Stravinskij, *Oedipus Rex*, *Die Sintflut*, beide 1963), Wiener Staatsoper (Smetana, *Die verkaufte Braut*, 1959; Orff, *Oedipus der Tyrann*, 1961; Rossini, *Il Barbiere di Siviglia*, 1966), Oper Frankfurt (Dallapiccola, *Il Prigioniero*, 1957), Metropolitan Opera New York (Strauss, *Salome*, 1965), Staatsoper Stuttgart (Egk, *Siebzehn Tage und vier Minuten*, 1967). Letzte Insz. → Goethes *Stella* im Wiener Th. in der Josefstadt. Der Dirigent Wolfgang R. (* 1922) ist sein Bruder. – Prägender Regisseur eines modernen, aber der Gestalt jedes Werks verpflichteten (Musik-)Th.s. Übersetzer von Libretti.

Backöfer, A.: Günther Rennert. Faszination der Regie. München 1990; ders.: Günther Rennert. Regisseur und Intendant. Diss. München 1994; Günther Rennert zum Abschied. Hg. Bayerische Staatsoper. München 1975; Günther Rennert: 1911–1978. Hg. Bayerische Staatsoper. München 1983; Rennert, G.: Opernarbeit. Inszenierungen 1963–73. München 1974; ders.: Rückblick auf den Neubeginn. Hamburg 1978; Schäfer, W. E.: Günther Rennert. Regisseur dieser Zeit. Bremen 1962.

Werner Schulze-Reimpell

Reumert, Poul (Hagen), * 26. 3. 1883 Kopenhagen, † 19. 4. 1968 Kopenhagen. Schauspieler.

Sohn des Schauspielers und Autors Elith Poul Ponsaing R. (1855–1934) und der Tänzerin Athalia Flammé (1858–1952). 1901 Ausbildung am Kongelige Teater (Königl. Th.) in Kopenhagen; Debüt am 16. 2. 1902 in Esmonds *Da vi var enogtyve*. 1902–08 Folketeatret; 1908–11 Det Ny Teater in Sprechtheater- und Operettenrollen (Falls *Dollarprinzessin*). 1911–18 Kongelige Teater, u. a. in Nathensens *Indenfor Murene*, → Molières *Die lächerlichen Preziösen* (eigene Übersetzung), Gandrups *Lazarus*, Ibsens *Peer Gynt* und *Ein Volksfeind*, Holbergs *Jean de France* und *Mascarade*. 1915 Beginn der Zusammenarbeit mit Bodil → Ipsen, die sie zum gefeiertesten Paar der neueren dän. Theatergeschichte machte. 1919–22 mit Ipsen am Dagmarteatret, dort u. a. in Molières *Tartuffe*, → Shakespeares *Der Widerspenstigen Zähmung*, Strindbergs *Totentanz* (R. Henri Nathansen), in dem ihre Interpretation als einzig adäquate gepriesen wurde. 1922–30 und seit 1937 Kongelige Teater. Dazwischen Tourneen mit dem Dagmarteatret und Auslandsgastspiele (Skandinavien, Belgien, Frankreich). Spielte als einziger dän. Schauspieler 1925 die TR in Molières *Tartuffe* an der Comédie Française in Paris. 1928 erfolgreiches Gastspiel am Pariser Th. de l'Odéon (Bramsons *Le Professeur Klenow*). – Zu den rund 400 Rollen seiner Karriere gehörten die Protagonisten in klassischen Stücken wie Jonsons *Volpone*, Molières *Der Menschenfeind* und *Tartuffe*, Holbergs *Don Ranudo* und *Barselstuen (Die Wochenstube)*, Ibsens *Fräulein Julie* ebenso wie moderne Rollen (Gandrups *Fru Beates Regnskab*, Munks *En Idealist*, Hauptmanns *Vor Sonnenuntergang*, Dürrenmatts *Der Besuch der alten Dame*). Bedeutend im tragischen und komischen Fach und auch in Operetten (Eisenstein in Strauß' *Fledermaus*). Debüt als Filmschauspieler 1910 in *Afgrunden* (mit Asta Nielsen). Weitere Filme u. a. *Häxan* (1922), *Den gamle præst* (1939), *Frøken Kirkemus* (1941), *Afsporet* (1942, R. Ipsen, Lau Lauritzen), *For frihed og ret* (1949), *Før Cannae* (1962, TV).

Wohl der bedeutendste dän. Charakterdarsteller seiner Zeit mit immenser Technik, ausstrahlender Energie, meisterhafter Dialog- und Sprachgestaltung. Alles Pathetische lag ihm fern, seine Stärke war die reflektierte und psychologisch begründete Charakterisierung. Verheiratet zunächst mit der Schauspielerin Rigmor Dinesen (1893–1978), danach mit Anna Borg (1903–63), die u. a. H. C. Branners *Thermopylæ* (1958) mit R. inszenierte. Seine Tochter Vibeke R. (1909–2003) war ebenfalls Schauspielerin. Nach ihm ist ein dän. Theaterpreis benannt. Er übersetzte und schrieb Bücher über das Th. und Erinnerungen.

Bogen om Poul Reumert skrevet af venner. Hg. B. Freisleben, K. Holkenfeldt. København 1963; Larsen, Th.: Minder om mennesker jeg skylder tak. København 1965; Poul Reumert. Hg. J. Danielsen. København 1968; Reumert, P.: Masker og mennesker. København (3. Aufl.) 1963; ders.: Om teater. København 1971; ders.: Teatrets kunst: erindringer og betragtninger. København 1963; Reumert, R.: Erindringer om Poul Reumert og mit teaterliv. København 1972; Soya, C. E.: Poul Reumert. København 1942.

Wolfgang Beck

Reuss, Leo (eig. Mauriz Leon Reiss, später Lionel Royce, Künstlername Kaspar Brandhofer), * 30. 3. 1891 Dolina (Österr.-Ungarn), † 1. 4. 1946 Manila (Philippinen). Schauspieler, Regisseur.

Nach Anfängen in Wien und Hamburg (Kammerspiele) war R. 1922–25 in Berlin am Staatstheater, 1925–29 an der Volksbühne engagiert, wo er in Insz.en → Jeßners und → Fehlings bzw. → Piscators (z. B. in Paquets *Sturmflut*, P. 20. 2. 1926) auftrat. Außerdem Stumm- und Tonfilmrollen, Arbeit mit Moriz → Seelers Junger Bühne, → Brecht und eigene Regiearbeiten. Mit der ihm auch privat verbundenen Agnes Straub 1932–35 Tourneen mit eigenen

Ensembles. Wegen seiner jüd. Herkunft mit wachsenden Schwierigkeiten konfrontiert, «verwandelte» sich R. in einen theaterbesessenen Tiroler Bergbauern und wurde unter dem Künstlernamen Kaspar Brandhofer im Oktober 1936 an das Th. in der Josefstadt engagiert, wo er in Ernst → Lothars Dramatisierung von Schnitzlers *Fräulein Else* (R. Hans → Thimig, Rolle: v. Dorsday) auftrat. Nachdem aus ungeklärten Gründen seine Maskerade erkannt worden war, emigrierte R. September 1937 mit einem abgeschlossenen Filmvertrag der MGM in die USA, wo er v. a. in antifaschistischen Filmen eingesetzt wurde. Daneben engagierte er sich in Emigrantenvereinigungen und spielte (Mai 1939) die TR in der *Wilhelm-Tell*-Insz. der Emigrantentruppe Continental Players (R. L. Jeßner, u. a. mit Ernst → Deutsch und Alexander → Granach). R. starb während einer Tournee zur Truppenbetreuung. – R. engagierte sich als Schauspieler und Regisseur immer dort, wo mit den Möglichkeiten des Th.s experimentiert wurde, ohne das Risiko des künstl. Scheiterns zu scheuen. Die Tragik seines Lebens bleibt, dass seine Person und Leistung bereits für die Zeitgenossen hinter der Episode als Kaspar Brandhofer verschwanden.

Ambesser, G. von: Die Ratten betreten das sinkende Schiff. Das absurde Leben des Leo Reuss. Frankfurt a. M. 2005; Haider-Pregler, H.: Überlebens-Theater. Wien 1998.

Wolfgang Beck

Reyer, Walther, * 4. 9. 1922 Hall (Tirol), † 6. 9. 1999 Innsbruck. Schauspieler.

Sohn eines Gendarmeriebeamten; abgebrochenes Medizinstudium. 1945 Sprecher bei Radio Innsbruck; bei Traute Foresti Sprech-, bei Fred Liewehr einige Stunden Schauspielunterricht. Debüt 1947 an der Vorarlberger Landesbühne in Bregenz. In Innsbruck 1948/49 und 1951/52 an der Exl-Bühne, 1949–52 am Landestheater; 1952–55 Vereinigte Bühnen Graz. Seit 1954/55 in Wien jeweils mit Unterbrechungen am Th. in der Josefstadt und am Burgtheater. Rollen in der Josefstadt u. a. in Inges *Picnic* (1955), Schillers *Kabale und Liebe* (1959), → Goethes *Clavigo* (TR, 1960), Schnitzlers *Der grüne Kakadu* (1960), *Das weite Land* (1972; 1979 Salzburger Festspiele), → Ellerts *Elena und Robert* (1998, Rabenhof). Am Burgtheater u. a. in Giraudoux' *Amphitryon 38* (TR, 1955), Schillers *Don Carlos* (TR, 1956), *Maria Stuart* (1956), *Die Piccolomini* und *Wallensteins Tod* (beide 1959), Kleists *Prinz Friedrich von Homburg* (TR, 1959), O'Neills *Ein Mond für die Beladenen* (1960) und *Seltsames Zwischenspiel* (1965), → Lessings *Emilia Galotti* (1961), → Raimunds *Der Verschwender* (1963, 1976); zahlreiche → Shakespeare-Rollen. Auch in aktuellen Stücken, so in Weiss' *Die Verfolgung und Ermordung des Jean Paul Marat* (TR, 1968), Hochwälders *Donadieu* (1980), Hochhuths *Ärztinnen* (1981; 1983 Film), Strauß' *Der Park* (1985), Behans *Die Geisel* (1995). Bei den Salzburger Festspielen u. a. in Hofmannsthals *Jedermann* 1956 und 1977 (Reinhardt-Gedächtnisaufführung) der Gute Gesell und 1960–69 in der TR (1961 Film). Auftritte bei den Festspielen in Bad Hersfeld, auf Burg Forchtenstein, in Hall und auf Tourneen. Film- und Fernsehrollen, u. a. in *Sissi* (1956/57), *Der Arzt von Stalingrad*, *Das indische Grabmal* (beide 1958), *L'Œil du Malin* (1962, R. Chabrol), *Die Geschichte der 1002. Nacht* (1969), *Das Geständnis* (1995), sowie in der TV-Serie *Der Bergdoktor* (seit 1993). Mehrere Auszeichnungen. – Seine elegante Erscheinung, sein kultivierter Charme, seine melodiöse und modulationsreiche Stimme machten ihn zum klassischen jugendlichen Helden. Ein nuancenreicher Charakterdarsteller, der auch «unheldische» Figuren (u. a. bei O'Neill) glaubwürdig darstellen konnte, seit den 1960er Jahren sein Rollenspektrum um die Moderne und die klassische österr. Moderne (Schnitzler, Hofmannsthal, Bahr) erweiternd. Einer der letzten Vertreter einstiger Burgtheatertradition, seit der Intendanz →Benning selten besetzt.

<small>V. Reimann, V.: Die Adelsrepublik der Künstler. Düsseldorf, Wien 1963; Reyer, W.: Es fügte sich so. Aufgezeichnet von H. Egghardt. Wien, München 2000.</small>

Wolfgang Beck

Riccoboni (Familie)

Aus Italien stammende, v. a. in Frankreich tätige Familie von Schauspielern der Commedia dell'arte und der Comédie Italienne/ Th. Italien, die durch ihre praktische wie theoretische Arbeit die Entwicklung der ital. Tragödie, der franz. Komödie und der Schauspielkunst beeinflusste.

Riccoboni, Antonio (Lebensdaten unbekannt). Schauspieler.

Soll nach Angaben seines Sohns aus angesehener Familie gewesen sein. Hat wohl rund 4 Jahrzehnte die Rolle des Pantalone in einer Commedia-dell'Arte-Truppe am Hof von Modena verkörpert, 1677–89 war er ihr «capocomico». 1679 Auftritt in London. 1698 wird er zuletzt als Arzneiverkäufer in Modena erwähnt. 5 Kinder, darunter

Riccoboni, Luigi Andreas (Künstlername Lélio), * 1676 Modena, † 1753 Paris. Schauspieler, Theatertheoretiker.

Begann als Schauspieler mit 14 Jahren in Modena; beschäftigte sich früh mit Theatergeschichte und Übersetzungen. Verheiratet mit den Schauspielerinnen Gabriella Gardellini (Künstlername Argentina) und Elena Balletti (1686–1771, Künstlername Flaminia). Mit dieser gründete R. 1707 eine eigene Truppe, um in Norditalien ein franz. beeinflusstes Th. als Gegenpol zur Commedia dell'Arte durchzusetzen. Seine Bemühungen um die ital. Tragödie waren wirkungsvoll, ähnliche Versuche für die traditionelle ital. Komödie blieben erfolglos. R. ging 1715/16 nach Paris, um das dort seit 1697 verbotene Th. Italien erneut zu etablieren. Seine Reformbemühungen blieben auch hier erfolglos. Das Publikum erwartete die Farcen der Commedia dell'Arte und zog bei Tragödien den pathetisch-deklamatorischen Stil der Comédie Française dem von ihm bevorzugten natürlicheren Schauspielstil vor. Sprachbarrieren führten zum Übergang zur franz. Sprache und zur Gewinnung franz. Autoren (Marivaux). 1727/28 Auftritte in London. 1729 zog sich R. vom Th. zurück und fungierte bis 1731 als Haushofmeister am Hof von Parma. 1733 kehrte er nach Paris zurück, wo er eine Reihe von theatertheoretischen Schriften veröffentlichte (u. a. *Dell'arte Rappresentative*, 1728; *L'Histoire du Théâtre italien*, 1728, 1731; *Les Réflexions historiques et critiques*, 1738; *Pensées sur la déclamation*, 1738; *De la réformation du théâtre*, 1743). Er galt als einer der großen Schauspieler seiner Zeit. Sein Sohn aus zweiter Ehe war

Riccoboni, Antoine François Valentin (Künstlername Lélio fils), * 1707 Mantua, † 1772 Paris. Schauspieler, Theatertheoretiker.

R. spielte 1726–50 in der Comédie Italienne, bevor er sich vom Th. zurückzog. Verfasste wie sein Vater Adaptionen, eigene Stücke und Stückszenarien (Kanevas) für das Th. sowie das theoretische Werk *L'Art du Théâtre* (1750), das u. a. Diderot beeinflusste und von →Lessing ins Deutsche übersetzt wurde. Mit ihm, der kinderlos mit der Schauspielerin und Autorin Marie-Jeanne de Laboras de Mézières (1713–1792) verheiratet war, starb die Familie R. aus.

<small>Cappalletti, S.: Luigi Riccoboni e la riforma del teatro. Ravenna 1986; Castagneri, M. M.: Luigi Riccoboni il suo ruolo nella storia del teatro italiano. Turin 1988; Courville, X. de: Luigi Riccoboni dit Lélio. 3 Bde. Paris 1943–45; Di Bella, S.: Luigi Riccoboni in France: sa production théorique de 1721 à 1738. Diss. Paris-Nanterre 1999; Pandolfi, V.: La Commedia dell'arte. 6 Bde. Florenz 1957–61.</small>

Wolfgang Beck

Richardson, Sir Ralph (David), * 19. 12. 1902 Cheltenham (Großbritannien), † 10. 10. 1983 London. Schauspieler, Regisseur, Theaterleiter.

Sohn eines Malers und Kunstlehrers. Versicherungsangestellter. Kurzer Besuch einer Kunstschule in Brighton; dort 1920/21 erste Theatererfahrungen bei den semiprofessionellen St. Nicholas Players. 1921–24 Mitglied der reisenden Charles Doran Shakespeare Company; zahlreiche → Shakespeare-Rollen, London-Debüt als Vincentio in *The Taming of the Shrew* (13. 2. 1922). 1924–28 Birmingham Repertory Company. 1928 im Royal Court Th. u. a. in Shaws *Back to Methusalem*, Tennysons *Harold* (mit → Olivier). 1930–32 v. a. Shakespeare-Rollen mit der Old Vic Company. Prominenter Schauspieler des West End in modernen Stücken wie Maugham's *Sheppey* (TR, 1933, R. → Gielgud), Priestleys *Eden End* (1934), *Cornelius* (TR, 1935) und *Bees on the Boat Deck* (1936). Broadway-Debüt als Mercutio in Shakespeares *Romeo and Juliet* (Martin Beck Th., 1935). In Tyrone → Guthries Regie TR in *Othello* (1938, Old Vic Th., mit Olivier als Jago). Im 2. Weltkrieg bei den Marinefliegern. Seit 1944 verheiratet mit der Schauspielerin Meriel Forbes-Robertson (13. 9. 1913 London – 7. 4. 2000 London). 1944–47 Direktor der Old Vic Company (mit Olivier und John Burrell). U. a. TRn in Ibsens *Peer Gynt* (1944) und Čechovs *Onkel Vanja*, Falstaff in Shakespeares *Henry IV, Part I + II*, Tiresias in Sophokles' *Oedipus* (alle 1945), TRn in Priestleys *An Inspector Calls* und Rostands *Cyrano de Bergerac* (beide 1946). 1952 Shakespeare Memorial Th. in Stratford-upon-Avon (TR in Jonsons *Volpone*, Prospero in Shakespeares *The Tempest*, TR in *Macbeth*). 1957 Broadway-Erfolg in Anouilhs *Der Walzer der Toreros* (Coronet Th., R. → Clurman). Triumphale Rückkehr auf die Bühnen des West End in Robert Bolts *Flowering Cherry* (1957, über 400 Aufführungen). 1964 Südamerika- und Europa-Tournee (Shylock in *The Merchant of Venice*, Bottom in *A Midsummer Night's Dream*). 1969 Dr. Rance in der posthumen UA von Ortons *What the Butler Saw* (Queen's Th.), 1970 mit Gielgud in David Storeys *Home* (Royal Court Th., danach West End und Broadway), 1972 anhaltender Erfolg mit Douglas Homes *Lloyd George Knew My Father* von (mit → Ashcroft; 1973 Australien-, 1974 Nordamerika-Tournee). Erst 1975 in der Regie Peter → Halls Auftritte im National Th. (NT): TR in Ibsens *John Gabriel Borkman*, Hirst in Pinters *No Man's Land* (mit Gielgud; Broadway-Gastspiel 1976). Weitere Rollen im NT 1978 in Čechovs *Kirschgarten*, 1979 in Ibsens *Die Wildente*, 1980 in Storeys *Early Days*. — Seit 1933 rund 75 Filme, häufig in tragenden Nebenrollen. U. a. *School for Secrets* (1946, R. → Ustinov), *Anna Karenina* (1948), *Richard III* (1955, R. u. TR Olivier, mit Gielgud), *Our Man in Havanna* (1959, mit → Guinness), *Exodus* (1961, R. → Preminger), *Long Day's Journey into Night* (1962), *Dr. Schiwago* (1966), *Oh What a Lovely War* (1969), *A Doll's House* (1973), *The Man in the Iron Mask* (1977), *Greystoke* (1984). Mehrfach ausgezeichnet, 1947 geadelt.

Neben Olivier und Gielgud einer der bedeutendsten engl.sprachigen Charakterdarsteller seiner Zeit von großer Vielseitigkeit und Bühnenpräsenz, die ihn selbst in Nebenrollen die Szene beherrschen ließ. In modernen Stücken ebenso überzeugend wie als Shakespeare-Darsteller. Ein kreativer und selbstkritischer Schauspieler, der «seine Schauspielerei mit seinem Instinkt an(ging), ohne detaillierte Analysen oder langes Überlegen» (Spoto, S. 138). Konnte die dunklen und tragischen Tiefen seiner Figuren ebenso ausleuchten, wie er in Komödien mit subtilem Humor und menschlicher Wärme überzeugte. Meisterhaft als Darsteller «bürgerlicher» Verhaltensweisen, durch die er auch klassische Rollen seinen Zeitgenossen menschlich näherbrachte.

Clough V.: Sir Ralph Richardson: a life in the theatre. Worthing 1989; Fuller, J.: Ralph Richardson. London 1996; O'Connor, G.: Ralph Richardson: an actor's life. London (rev.) 1999; Spoto, D.: Sir Laurence Olivier. München 1992; Tanitch, R.: Ralph Richardson: a tribute. London 1982.

Wolfgang Beck

Richardson, Tony (eig. Cecil Antonio R.), * 5. 6. 1928 Shipley (Yorkshire, Großbritannien), † 14. 11. 1991 Los Angeles, Regisseur.

Studium am Wadham College (Oxford); Mitglied der Dramatic Society, erste Insz.en. 1952–55 Produzent bei der BBC. 1955 Mitbegründer und stellvertretender künstl. Leiter der English Stage Company (ESC), die im Londoner Royal Court Th. spielte. Regieassistenz bei Millers *The Crucible* (1956, R. → Devine), Durchbruch mit der UA von Osbornes *Look Back in Anger* (1956; 1957/58 Lyceum Th., New York), mit dem für das brit. Th. eine neue Ära begann. Weitere Insz.en für die ESC u. a. von Osbornes *The Entertainer* (UA, mit → Olivier; 1958 Royale Th., New York), McCullers' *The Member of the Wedding*, Dennis' *The Making of Moo*, Faulkners *Requiem for a Nun* (alle 1957; 1959 John Golden Th., New York), Reckords *Flesh to a Tiger*, Ionescos *Die Stühle / Die Unterrichtsstunde* (beide 1958), Williams' *Orpheus Descending*, Cowards *Look After Lulu!* (beide 1959), Osbornes *Luther* (UA 1961, mit → Finney; 1963/64 Booth Th., New York). → Shakespeare-Insz.en u. a. von *Pericles* (1958), *Othello* (1959, beide Shakespeare Memorial Th., Stratford-upon-Avon), *Hamlet* (1969, Round House), *Antony and Cleopatra* (1973, Zelt-Th. auf dem Gelände des historischen Globe Th.). Regie bei Turners *Semi-Detached* (1962, Saville Th.), Čechovs *Die Möwe* (1964, Queen's Th.), → Brecht / Weills *Die Dreigroschenoper* (1972, Prince of Wales Th., beide mit V. → Redgrave). Insz.en am Broadway u. a. von Delaneys *A Taste of Honey* (1960/61, Lyceum Th.), Inges *Natural Affection* (Booth Th.), Brechts *Der aufhaltsame Aufstieg des Arturo Ui* (beide 1963, Lunt-Fontanne Th.), Williams' *The Milk Train Doesn't Stop Here Anymore* (1964, Brooks Atkinson Th.), Ibsens *Die Frau vom Meer* (1976, Circle in the Square Th.). R. war Filmkritiker von *Sight and Sound* und Mitherausgeber der Filmzeitschrift *Sequence*. Nach der Ko-R. des Dokumentarfilms *Momma Don't Allow* (1995, mit K. Reisz) gründete R. mit Osborne und Saltzman die Produktionsfirma Woodfall Films und wurde mit seinen sozialkritisch-realistischen Filmen einer der führenden Regisseure des brit. «Free Cinema». Den Osborne-Verfilmungen *Look Back in Anger* (1959, mit → Burton) und *The Entertainer* (1960, mit Olivier) folgten *A Taste of Honey* (1961, nach Delaney) und *The Loneliness of the Long Distance Runner* (1962, nach Sillitoe). Internat. Durchbruch mit dem satirischen Historienfilm *Tom Jones* (1963, nach Fielding), ausgezeichnet mit 3 Oscars. R. drehte danach auch in den USA und für das Fernsehen, u. a. *The Loved One* (1965), *Mademoiselle* (1966, mit → Moreau), *The Sailor From Gibraltar* (1967), *The Charge of the Light Brigade* (1968, mit → Gielgud), *Laughter in the Dark* (1969), *A Delicate Balance* (1973, mit → Scofield), *The Border* (1982), *The Hotel New Hampshire* (1984, mit Joely R.), *The Phantom of the Opera* (1991, TV, mit Burt Lancaster). Sein letzter Film, *Blue Sky* (1994), wurde posthum veröffentlicht. – R. war einer der führenden brit. Th.- und Filmregisseure, künstl. kompromisslos, sozial engagiert, Vertreter eines realistischen, gesellschaftskritischen Th.s und Films. Trug mit seinen Insz.en wesentlich zur Durchsetzung der Dramen der «Angry Young Men», aber auch Brechts in Großbritannien bei. 1962–67 mit Vanessa Redgrave verheiratet; ihre Töchter sind Natasha und Joely R. (s. u. Redgrave).

The Cinema of Tony Richardson. Hg. J. M. Welsh, J. C. Tibbets. Albany 1999; Radovich, D.: Tony Richardson. A Bio-Bibliography. Westport 1995; Richardson, T.: The Long Distance Runner. London 1993.

Wolfgang Beck

Richter, Falk, * 23. 10. 1969 Hamburg, Regisseur, Autor, Übersetzer.

Studierte 1992–96 Regie am Institut für Theater-, Musiktheater- und Filmregie an der Universität Hamburg. Bereits mit seiner Diplominszenierung *Silikon* von Gerardjan →Rijnders 1996 auf Kampnagel in Hamburg weckte er überregionale Aufmerksamkeit. In schneller Folge inszenierte er an verschiedenen Th.n in Deutschland, den Niederlanden und den USA z.T. eigene Texte oder neue Texte in seiner Übersetzung. 1999 inszenierte er die UA seines Stücks *Gott ist ein DJ* am Staatstheater in Mainz. In diesem Stück, das inzwischen vielfach übersetzt und nachgespielt wurde, kristallisieren sich die Grundthemen von R. Die Abwesenheit einer fundamentalen Wahrheit führt zu einer schillernden Oberfläche von Figuren, Sprache und Handlung. Er und Sie haben sich mitsamt ihrer Einzimmerwohnung und ihrer fehlenden Privatheit in eine Kunsthalle verfrachten lassen. Dabei werden sie von Kameras überwacht, die die Bilder im Internet veröffentlichen. Er und Sie performen ihr Leben. 2000 wird *Nothing Hurts*, das R. zusammen mit den Schauspielerinnen Bibiana Beglau und Sylvana Krappatsch und der Tänzerin Anouk van Dyk durch Improvisationen erarbeitet hat, zum 37. Berliner Theatertreffen eingeladen. Seit der Spielzeit 2000/2001 arbeitete R. als Hausregisseur am Schauspielhaus Zürich (Ravenhills *Polaroids*, 2000; Noréns *Die Klinik*, 2002/03, Schimmelpfennigs *Für eine bessere Welt*, 2003) und inszeniert regelmäßig an der Schaubühne am Lehniner Platz in Berlin (Kanes *Psychose 4.48*, 2001, das eigene Stück *Das System 2 / Unter Eis*, UA 2004). 2001 inszenierte er seine erste Oper *We come to the river* von Hans Werner Henze an der Hamburgischen Staatsoper. – R. steht sowohl mit der Arbeitsweise des Sampelns, Zitierens und Neu-Mischens als auch der Thematisierung einer opaken Oberfläche, an der jeder menschliche Ausdruck zerschellt, in der Tradition der Popkultur, die sich aus der Perspektive des Ausgeschlossenen zu einem utopischen Eingeschlossenen versteht. R.s Insz.en und Texte versuchen, das flüchtige Gefühl der Gemeinsamkeit in einen gesellschaftlichen Auftrag zu verwandeln, das reibungslose Unrecht zu stören.

Bernd Stegemann

Rigg, Dame (Enid) **Diana** (Elizabeth), * 20. 7. 1938 Doncaster (Großbritannien). Schauspielerin.

Bis zum 8. Lebensjahr in Jodhpur (Indien), wo ihr Vater Eisenbahningenieur war. Besuchte danach engl. Internate und seit 1955 die Royal Academy of Dramatic Art (RADA). Debüt 1957 in einer Schulproduktion von →Brechts *Der kaukasische Kreidekreis*. 1959–64 Mitglied der Royal Shakespeare Company (RSC), der sie als «associate artist» verbunden blieb. Zahlreiche →Shakespeare-Rollen, u. a. in *Troilus and Cressida* (1960), *The Taming of the Shrew* (1961), *A Midsummer Night's Dream* (1962), *Macbeth* (1962), *King Lear* (1962, mit Paul →Scofield). Daneben in modernen Stücken wie Anouilhs *Becket* (1961) oder Dürrenmatts *Die Physiker* (1963). 1964 änderte sich ihre Karriere schlagartig, als sie im Fernsehen die Rolle der Emma Peel in der Spionageserie *The Avengers* (1965–68, *Mit Schirm, Charme und Melone*) übernahm und mit der Darstellung einer emanzipierten, in jeder Hinsicht schlagfertigen Frau internat. berühmt wurde (2 Emmy Awards). Nach Verlassen der Serie spielte sie in Filmen wie dem James-Bond-Film *On Her Majesty's Secret Service* (1967), Peter →Halls *A Midsummer Night's Dream* (1968). R. wurde 1971/72

Mitglied des National Th. (NT), großer Erfolg in Stoppards *Jumpers* (UA 2. 2. 1972, dt. *Akrobaten*). Spielte 1973 – 75 in der gefeierten Broadway-Produktion (St. James Th.) von → Molières *Der Menschenfeind* die Célimène als Charakterstudie einer scheinbar oberflächlichen, in Wahrheit komplizierten Person. Weitere Rollen u. a. in T. Harrisons Adaption von Racines *Phaedra Britannica* (1975, NT), Stoppards *Night and Day* (1978, Phoenix Th. London), Shakespeares *Antony and Cleopatra* (1985, Chichester Festival), John Drydens *All for Love* (1991, Almeida Th. London), Howard Brentons *Berlin Bertie* (1992, Royal Court Th.). R.s Entwicklung zur bedeutenden Charakterschauspielerin führte sie zu großen Erfolgen in Euripides' *Medea* (1993, Almeida Th., 1994 Broadway), Brechts *Mutter Courage und ihre Kinder* (1995, NT), Albees *Who's Afraid of Virginia Woolf?* (1996, Almeida Th.), Racines *Phedre* und *Britannicus* (1998, Almeida Th., 1999 Broadway), Ch. Jones' *Humble Boy* (2001, NT), Williams' *Suddenly Last Summer* (2004, Lyceum Th. Sheffield, Tournee), Murray-Smith' *Honour* (2006, Wyndham Th.). Aus familiären Gründen – ihre Tochter Rachel Stirling ist inzwischen ebenfalls Schauspielerin – in den 1980er Jahren v. a. Film- und Fernsehproduktionen, so die Ibsen-Adaptionen *Hedda Gabler* (1981) und *Little Eyolf* (1982), 1984 an der Seite → Oliviers in Shakespeares *King Lear*. – Vielfach ausgezeichnet, 1987 Commander of the British Empire, 1994 geadelt, Ehrendoktorin der Universitäten Leeds (1992) und Stirling (1988), deren Kanzlerin sie seit 1995 ist. Mitbegründerin der Schauspielervereinigung United British Artists. – Eine wandlungsfähige Charakterdarstellerin mit exzellenter Sprachbehandlung und großem Sinn für Komik. Schon in jungen Jahren hochgelobt, hat sie herausfordernde und schwierige Rollen, in denen sie Intellekt und Emotion verbinden kann, erst in den letzten Jahrzehnten erhalten.

«Heute scheint Dame Diana gleichermaßen von Publikum und Kritikern als die am meisten wagende, intelligente und inspirierte Tragödin der Londoner (und New Yorker) Bühne angesehen zu werden» (N. Farndale in *The Weekly Telegraph*, 12. 9. 1998). Es sind v. a. aktive, vielschichtige, tragisch gebrochene Frauengestalten, die sie – Kritik wie Publikum begeisternd – überzeugend gestaltet, nie künstl. Risiko scheuend.

<small>Carrazé, A., J.-L. Putheaud: Chapeau melon et bottes de cuir. Paris 1995; No turn unstoned: the worst ever theatrical reviews. Hg. D. Rigg. London 1982; Tracy, K: Diana Rigg. Dallas 2004.</small>

<small>*Wolfgang Beck*</small>

Rijnders, Gerardjan, * 2. 6. 1949 Delft. Regisseur, Schauspieler, Theaterleiter, Autor.

R. studierte in Amsterdam an der Universität Rechtswissenschaft und bis 1973 an der Toneelschool Regie (Abschluss-Insz.: Bernhards *Der Ignorant und der Wahnsinnige*). 1974 Assistent von Fritz → Marquardt bei Kleists *Penthesilea* für den Toneelraad Rotterdam. Regiedebüt 1974 bei der Theatergruppe Baal (Dumas' *Die Kameliendame*). Für die Gruppe F Act in Rotterdam inszenierte R. 1975 seine Bearbeitung von Sophokles' *Antigone* und spielte 1976 die TR in seinem eigenen (mit Mia Meijer) Stück *Schreber*. Arbeiten für De Nieuwe Komedie *(Voor niks gaat de Zon op)*, für das Projekttheater von Frans Strijards (Copis *Transsiberië Expres* und das eigene Stück *Dollie of Avocado's bij de Lunch*). 1977 – 85 künstl. Leiter der Theatergruppe Globe in Eindhoven, die sich zu einer der aufsehenerregendsten niederländ. Theatergruppen entwickelte. Regie u. a. bei Sternheims *Bürger Schippel* (1977), → Molières *Der Menschenfeind* (1979), → Shakespeares *Troilus und Cressida* (1981), Čechovs *Drei Schwestern* (1983), dem eigenen Stück *Wolfson, de Talenstudent* (1985). Regiearbeiten für das Publiekstheater (Shakespeare, *Hamlet*,

1986) und die Toneelschuur (eigene Stücke *Silicone*, 1986; *Pick-up*, 1987). 1987–2000 künstl. Leiter der Toneelgroep Amsterdam, die aus dem Zusammenschluss von Publiekstheater und der Theatergruppe Centrum entstanden war. Die Toneelgroep wurde bekannt durch künstl. hochstehende Produktionen des klassischen und modernen Repertoires, wozu nicht zuletzt R.s «Montageaufführungen» gehörten (u. a. *Bakeliet*, 1987; *De Hoeksteen, Titus, geen Shakespeare*, beide 1988; *Ballet*, 1990; *Anne Frank, de tentoonstelling*, 1991; *Count Your Blessings* 1993; *Ecstasy*, 1995; *Licht*, 1996). Insz.en u. a. von Koltès' *Zurück in die Wüste* (1988), Bernhards *Die Jagdgesellschaft* (1991), Kleists *Penthesilea* (1991/92), *Klaagliederen* (nach Jeremias), Shakespeares *Richard III*. (1994), → Kroetz' *Der Drang* (1996), Corneilles *Der Cid*, Heiner → Müllers *Quartet* (beide 1999, Rolle: Valmont), Shakespeares *Macbeth* (2000), van den Boogaards *De nacht van de bonobo's* (2002), Ibsens *Die Wildente* (2003), der eigenen Stücke *Liefhebber* (1991/92), *Stalker, Bernhard* (beide 2000), *Snaren* (2002). Seine Stücke und Insz.en wurden auf zahlreichen internat. Festivals gezeigt. Seit 2000 arbeitet R. als freier Regisseur. Als Gast inszenierte R. u. a. an den Vereinigten Bühnen Krefeld-Mönchengladbach Kleists *Das Käthchen von Heilbronn* (1985), am Dt. Th. Berlin sein eigenes Stück *Moffenblues* (1996) und Kleists *Penthesilea* (1998), am Schauspiel Bonn sein Stück *Malstrom* (1998), am Zuidelijk Toneel Hollandia (Eindhoven) sein Stück *Tim van Athene* (2003) und Geerlings' *Offertorium* (2005). Erste Musiktheaterregie im Muziektheater Transparant bei Traettas *Antigona* (2002). Filmarbeit als Schauspieler u. a. in *Golven* (1982), *Afzien* (1986), *Max & Laura & Henk & Willie* (1989), *Op afbetaling* (1992, TV), *The Best Thing in Life* (1993), *You Can't Go Home Again, Het Jaar van de opvolging* (beide 1998, TV), als Regisseur bei *Oude tonge* (1992), *Old Tongues* (1994), *Duinzicht boven* (1999), *TV7* (2002, TV). Auszeichnungen u. a. Albert van Dalsumprijs 1977 und 1988, Theaterfestival Prijs 2000, Prins Bernard Cultuurprijs 2003. – R. gilt als einer der wichtigsten niederländ. Theaterkünstler, als Erneuerer der niederländ. Theaterszene zwischen Klassik und Avantgarde. Ein selbstkritischer Regisseur, der die Schauspieler fordert, in seinen Insz.en auf vielfältige Stilmittel zurückgreift, dabei das Zitat, das Klischee, selbst den Kitsch nicht scheuend, wenn es die Arbeit an dem jeweiligen Stück fördert. Formbewusst, in manchmal überquellenden Bildern denkend. Von theatergeschichtlichem Rang in den Niederlanden seine Insz.en des eigenen Stücks *Titus, geen Shakespeare* und Corneilles *Der Cid* («atemberaubend», *NRC-Handelsblad*).

Freriks, Ch. M., G. Rijnders: Tranen op bevel: een polemiek over theater. Amsterdam u. a. 1992; De roes en de rede: over Gerardjan Rijnders. Hg. N. van Rossen. Amsterdam 1992.

Wolfgang Beck

Ristori, Adelaide (eig. A. R. in Caprinica), * 29. 1. 1822 Cividale (Friaul), † 8. 10. 1906 Turin (Sterbedatum und -ort werden oft falsch – 9. 10. 1906 Rom – angegeben). Schauspielerin.

Der Familienname R. ist mit der Commedia dell'arte verbunden. R.s Eltern waren Schauspieler, die ihre Tochter schon als 3-Jährige auf die Bühne schickten. Nachhaltiger Erfolg als 14-Jährige in *Francesca di Rimini* von Silvio Pellico. Schneller Aufstieg durch die Förderung der berühmten Schauspielerin Carlotta Marchionni; Auftritte in Dramen des patriotischen Risorgimento-Repertoires, u. a. *Pia de Tolomei* von Carlo Morenco, aber auch in klassischen Rollen wie → Shakespeares *Romeo und Julia*. Im römischen Teatro Metastasio lernte sie den Marchese Giuliano Caprinica del Grillo kennen, den sie 1847 heiratete.

3-jährige Auftrittspause, um den zunehmenden Ärger mit den Zensurbehörden zu vermeiden. Als Adlige (durch Heirat) war es ihr verboten, in Rollen unter ihrem Stand aufzutreten, weshalb sie 1855 das Angebot, *Die Kameliendame* von Alexandre Dumas d. J. zu spielen, ablehnen musste. Im gleichen Jahr erster Aufenthalt in Paris, wo sie in Alfieris *Mirra* Triumphe feierte und im Laufe ihres Lebens immer wieder auftrat. Sie reiste in der Folge durch viele europ. Hauptstädte und wurde von Camillo Cavour, dem Einiger Italiens, ermuntert, als Propagandistin für die patriotische Sache zu wirken. Sie verstand es, die nationalen Gefühle ihrer Landsleute zu wecken und als Heldin des Vaterlandes gefeiert zu werden. Ihre Auftritte wurden von den Polizeibehörden als Gefahr für die öffentliche Sicherheit betrachtet. Sie erhielt Auftrittsverbot und wurde 1858 aus dem damals zu Österreich gehörenden Venedig ausgewiesen. – R. galt zu ihren Lebzeiten als eine der bedeutendsten Tragödinnen Europas, die auch in Amerika und Australien gefeiert wurde. Zu ihren wichtigsten Rollen gehörten Maria Stuart, Mirra, Phaedra und Lady Macbeth. Auf Tourneen und bei Gastspielen trat sie in über 30 Ländern weltweit auf. Nach der Einigung Italiens widmete sie sich mäzenatischen Aufgaben, setzte sich mit der Gründung der «Società per l'istruzione della donna» für die Chancengleichheit der Frau in der Bildung ein. 1885 Abschied von der Bühne und Niederschrift ihrer Erinnerungen im Capranica-Palast in Rom.

Enciclopedia delle Spettacolo. 8. Bd. Rom 1975; Enciclopedia italiana Treccani. 29. Bd. Rom 1949; Field, K.: Adelaide Ristori. New York 1868; Perodi, E.: Adelaide Ristori marchesa Capranica del Grillo: ricordi e aneddoti della sua vita. Palermo 1902; Ristori, A.: Ricordi e studi artistici, Turin 1887.

Horst Schumacher

Ritter, Ilse, * 20. 6. 1944 Schaumburg bei Rinteln. Schauspielerin.

Schon während des Studiums an der Hochschule für Musik und Th. in Hannover wurde R. von H. → Bauer entdeckt, der sie ans Stadttheater Darmstadt (1962–67) engagierte. In seiner Insz. von Lasker-Schülers *Arthur Aronymus und seine Väter* (DEA Wuppertal 1968) gelang R. in der TR des 11-jährigen Jungen ein triumphaler Erfolg. Es folgten Engagements am Staatstheater Stuttgart (1970), an den Schauspielhäusern Hamburg (1971), Düsseldorf (1972), Bochum (1977), an der Schaubühne (1973–77) und der Freien Volksbühne Berlin (1979 und 1981), den Bühnen der Stadt Köln (1981). Nach zahlreichen Gastengagements war sie seit Ende der 1980er Jahre unter → Bogdanov und → Baumbauer erneut Ensemblemitglied am Dt. Schauspielhaus Hamburg. – R. arbeitete im Verlauf ihrer Karriere mit den einflussreichsten Regisseuren der letzten Jahrzehnte zusammen: Nach Erfolgen in Strindbergs *Gespenstersonate* (Stuttgart 1971, R. → Neuenfels) und Adamovs *Off Limits* (Düsseldorf 1972, R. → Grüber) spielte sie an der Berliner Schaubühne in → Steins legendärer Insz. von Gor'kijs *Sommergäste* (1974) und in de Mussets *Man spielt nicht mit der Liebe* (1977, R. → Bondy). Ihre langjährige Zusammenarbeit mit → Zadek begann am Schauspielhaus Bochum als Ophelia in → Shakespeares *Hamlet* (1977), es folgten Perdita in *Ein Wintermärchen* (1978, Dt. Schauspielhaus), Arsinoë in → Molière/Enzensbergers *Der Menschenfeind* (1979, Freie Volksbühne, mit → Wildgruber), Ruth in Hopkins' *Verlorene Zeit* (1984) und Celia in Shakespeares *Wie es Euch gefällt* (1986, beide Dt. Schauspielhaus). In Köln feierte sie 1982 mit Insz.en von Bondy als Lady Macbeth in Shakespeares *Macbeth* und Tochter in Bernhards *Am Ziel* Erfolge. Bernhard würdigte R. daraufhin mit einer für sie geschriebenen Rolle in dem Stück *Ritter, Dene, Voss*, das → Peymann 1985 bei den Salzburger Festspielen uraufführte. Im gleichen Jahr wurde sie von *Th. heute* zur

Schauspielerin des Jahres gewählt. Am Dt. Schauspielhaus spielte R. unter der Regie von Bogdanov Gertrud in Shakespeares *Hamlet* (1989), Elisabeth in Schillers *Maria Stuart* (1990, mit → Mattes) und stand als Ragnhild in → Fernandes' Insz. *Königsblut* (1993, nach Ibsens *Die Kronprätendenten*) auf der Bühne. Für ihre Darstellung in Jelineks *Wolken. Heim.* (1993, R. → Wieler) wurde R. mit ihren 5 Mitspielerinnen zur Schauspielerin des Jahres 1994 gewählt. Weitere Rollen dort u. a. in Kleists *Das Käthchen von Heilbronn* (1994, R. M. → Hartmann), Flauberts *Die Versuchung des heiligen Antonius* (1994, R. → Manthey), Dorsts *Nach Jerusalem* (UA 18. 12. 1994, R. Hartmann), Canettis *Hochzeit* (1995, R. → Marthaler), Čechovs *Drei Schwestern* (1995, R. → Clemen), Gombrowicz' *Yvonne, die Burgunderprinzessin* (1996, R. K. → Beier), Ibsens *Peer Gynt* (1997), Amatoseros *Asylanten* (UA 9. 5. 1998, R. → Watanabe), Jelineks *er nicht als er* (UA 1. 10. 1998, Koproduktion mit den Salzburger Festspielen), Schillers *Die Jungfrau von Orleans* (1999), Dorns *Marleni* (UA 15. 1. 2000, mit → Diekhoff). Weitere Rollen u. a. in Rezas *Der Mann des Zufalls* (2002, Renaissancetheater Berlin), Strauß' *Besucher* (2005, schauspielfrankfurt), García Lorcas *Doña Rosita oder Die Sprache der Blumen* (2006, Schauspielhaus Bochum). – Die fragilen Kunstfiguren R.s überraschen immer wieder durch ihre innerliche Kraft. Bondy äußerte über die Schauspielerin: «Sie ist eine flackernde Schauspielerin. Mich hat immer wieder überrascht, daß diese einem Ästchen gleichende Schauspielerin innerlich diese Kraft besitzt. Diese Energie, eingegeben durch ihre Imagination, macht, daß für sie letztlich das Repertoire unendlich ist» (zit. nach Kahle, S. 41).

Kahle, U.: «Natürlich in der Kunst». Ilse Ritter, Schauspielerin – Ein Porträt. In: Th. heute 4, 1998, S. 34–41.

Nina Grabe

Röbbeling, Hermann (Karl August), * 31. 10. 1875 Stolberg, † 4. 6. 1949 Wien. Theaterleiter, Regisseur, Schauspieler.

R. brach Ingenieursausbildung (Polytechnikum Leipzig) ab, Schauspielunterricht, Engagements an Provinzbühnen. 1902 Leipzig, 1905 Mannheim, 1907 Hoftheater Meiningen (1908 erste Regie). Leitete seit 1908 außerdem das Sommertheater Liegnitz. 1912 Leiter und Regisseur am Stadttheater Frankfurt/Oder. 1915–32 Leitung des Hamburger Thalia Th.s (1925 DEA von Pirandellos *Heinrich IV.* u. d. T. *Die lebende Maske*), 1928–32 (nach Vereinigung beider Bühnen) auch des Dt. Schauspielhauses. R.s Bemühen galt hier (letztlich vergeblich) v. a. der Konsolidierung dieser finanziell angeschlagenen Bühnen. Folge war der weitgehende Verzicht auf avantgardistisches und künstl. innovatives Th.; seine Spielpläne versuchten, mit einer Mischung aus Klassik, Unterhaltung und (mit wenigen Ausnahmen) gemäßigter Moderne sowie meist unspektakulären Insz.en neue Zuschauer zu gewinnen. Auch seine eigenen Regiearbeiten am Schauspielhaus spiegeln diese Tendenz; u. a. Zuckmayers *Schinderhannes* (1928), Schillers *Die Räuber* (1929) und *Maria Stuart*, Forzanos *Peter der Große* (beide 1930). 1932–38 Direktor des Wiener Burgtheaters. Auch hier galt es, ein finanziell bedrängtes Th. zu sanieren – mit breitgefächertem und umfangreichem Repertoire, mit finanziell Erfolg versprechenden Stücken, verstärkter Werbung und verändertem Abonnementsystem. Insz.en in Zyklen («Stimme der Völker im Drama»), um einen ausgewogenen Spielplan mit österr. und internat. Dramatikern zu realisieren. Engagement neuer Schauspieler (Maria → Eis, Fred → Liewehr, Hermann → Thimig) und Regisseure (Ernst → Lothar, H. Waniek). Eigene Insz. u. a. Hauptmanns *Michael Kramer* (1938). Kulturpolitisch wichtige Auslandsgastspiele (1936 Prag). R., der Th. als «völkerverbindenden Faktor» verstand, wurde nach dem Einmarsch dt. Truppen in Österreich (11.3.1938) abgesetzt. Seine weltoffene Haltung zu Spielplan und Ensemble widersprach dem Bestreben der neuen Machthaber, das Burgtheater als «volksformende Kraft» (Kindermann, S. 6) im nationalsozialistischen Sinne zu instrumentalisieren. Lebte seither in Berlin. Konnte nach 1945 das Angebot zur Rückkehr an das Burgtheater aus gesundheitlichen Gründen nicht mehr annehmen. – Sein Sohn Harald Hermann R. arbeitete als Dramaturg und Regisseur am Th. (auch bei seinem Vater), schrieb Drehbücher und führte bei einigen Filmen Regie.

    Alth, M. v.: Burgtheater 1776–1976. Aufführungen und Besetzungen. 2 Bde. Wien 1979; 100 Jahre Deutsches Schauspielhaus in Hamburg. Hg. Zentrum für Theaterforschung, Dt: Schauspielhaus. Hamburg 1999; Kindermann, H.: Das Burgtheater. Wien, Leipzig 1939; Burgtheater Wien 1776–1986. Hg. R. Urbach, A. Benning. Wien 1986.

Wolfgang Beck

Robeson, Paul (Leroy), * 9.4.1898 Princeton (USA), † 23.1.1976 Philadelphia. Schauspieler, Sänger.

    Sohn eines ehemaligen Sklaven und Pastors. 1915–19 als dritter Afroamerikaner am Rutgers College, 1920–23 Jurastudium an der Columbia University. 1920–22 professioneller Footballspieler. 1923 kurzzeitig in einer New Yorker Anwaltssozietät, die er wegen fehlender Karrierechancen für Farbige verließ. Bereits sein erster Auftritt mit den Amateur Players 1921 in Harlem erregte Aufsehen (TR in Torrence' *Simon the Cyrenian*). Professionelles Debüt in New York in Wiborgs *Taboo* (1922). 1923 in Stevens' *Roseanne* (Lafayette Players). Mit den Provincetown Players 1924 Hauptrollen in O'Neills *All God's Chillun Got Wings (Alle Kinder Gottes haben Flügel)* und *The Emperor Jones (Kaiser Jones*, 1925 in London, 1933 Film). 1926 TR in Tully/Dazeys *Black Boy*, 1927 in Heywards *Porgy*. 1928 in der engl. EA des Musicals von Kern/Hammerstein II *Show Boat* (1932 New York, 1936 Film, 1940 Los Angeles), 1931 in O'Neills *The Hairy Ape*, 1935 in Garlands *Basalik*, 1936 in James' *Toussaint L'Ouverture*, 1938 in Bengals *Plant in the Sun* (alle in London), 1940 in Bradfords *John Henry* (New York). Von Triumphen und rassistischen Anfeindungen begleitet der Höhepunkt seiner Schauspielerkarriere, die maßstabsetzende Darstellung der TR in → Shakespeares *Othello*, die er als erster Farbiger in einem weißen Ensemble spielte. 1930 in London (mit Peggy → Ashcroft), 1943/44 in New York (mit Uta Hagen, José → Ferrer), die bis dahin erfolgreichste Shakespeare-Insz. am Broadway (296 Auff.), 1944/45 in 45 Städten der USA (ohne Südstaaten) gezeigt. Othello war auch seine letzte Bühnenrolle 1959 in Stratford-upon-Avon. – Ohne eigentliche Ausbildung wurde der Bass-Bariton R. ein gefeierter Sänger v. a. von Spirituals und internat. Folklore. Seit 1925 zahlreiche Tourneen durch die USA, Europa, die Sowjetunion, Australien (1959/60 letzte Tournee). 1925–42 auch als Filmschauspieler tätig. Sein Eintreten für die Rechte der Afroamerikaner und gegen den Faschismus, seine Sympathie für den Sozialismus und die Sowjetunion (in der er sich nicht diskriminiert fühlte) führten 1941–74 zur dauernden Beobachtung durch den FBI. 1946 erstmals vor dem Kongressausschuss für «unamerikanische Aktivitäten» wegen des Verdachts, Kommunist zu sein. 1950–58 war sein Pass eingezogen, was Auslandsreisen unmöglich machte. Danach erneut weltweit erfolgreich, bis physische wie psychische Beschwerden ihn in den 1960er Jahren zum Rückzug aus der Öffentlichkeit zwangen. Beteiligt an der Gründung afroamerikanischer Theatergruppen (Suitcase Th., Negro Playwrights Company).

    Seine Karriere ist ein Musterbeispiel für

die Schwierigkeiten farbiger Schauspieler in den 1950er Jahren, nicht nur in den USA. Er war einer der ersten Afroamerikaner, die ernsthafte «schwarze» Rollen spielten, von denen es nur wenige gab. Der vielseitig talentierte R. (er sprach über 20 Sprachen) war ein charismatischer Schauspieler und Sänger von großer Bühnenpräsenz und Eindrücklichkeit, überzeugend selbst in weniger bedeutenden Stücken. Internat. ausgezeichnet. Das Haus seiner letzten Lebensjahre ist ein Museum, nach ihm benannt wurde ein Forschungszentrum der University of Califonia Riverside, 1978 ein Th. in Buffalo. 1978 posthume Auszeichnung der UNO für seinen Kampf gegen Apartheid. 1988 UA eines auf seinem Leben basierenden Dramas von Philip Hayes Dean.

Black Americans: the FBI files. Hg. D. Gallen. New York 1994; Boyle, S. T, A. Bunie: Paul Robeson. Amherst 2001; Brown, L. L. The Young Paul Robeson. Boulder 1996; Davis, L. G.: A Paul Robeson research guide. Westport 1982; Duberman, M. B.: Paul Robeson. New York 1988; Paul Robeson. Hg. J. C. Stewart. New Brunswick 1999; Paul Robeson. Hg. J. Dorinson. Jefferson 2002; Paul Robeson Speaks. Hg. Ph. S. Foner. New York 1978; Robeson, P.: Here I Stand. New York 1958 (dt. Mein Lied – meine Waffe. Berlin 1958); Robeson Jr., P.: The undiscovered Paul Robeson. New York u. a. 2001; Schwander, M.: Paul Robeson. Essen 1998.

Wolfgang Beck

Roggisch, Peter, * 10. 8. 1937 Berlin, † 28. 2. 2001. Hamburg. Schauspieler.

Beginn eines Jurastudiums in Hamburg, zugleich Schauspielunterricht. 1958 erstes Engagement in Bern (Ateliertheater). Über Burgtheater Wien und Hamburger Kammerspiele 1962 zur Baseler Komödie. 1964–72 Staatstheater Stuttgart. König Heinrich in → Palitzsch' → Shakespeare-Fassung *Krieg der Rosen* (1967), Trofimow in Čechovs *Der Kirschgarten* (1968, R. → Zadek), 1968 TR in der UA von Dorsts *Toller* («Literatur und Politik: das Abenteuer dazwischen spielt Peter Roggisch. Er ist Toller, eine bewegliche, agile, neurasthenische Empfindungen schnell in Läufe umsetzende Gestalt, ein Erregbarer und Erregter, mehr fortgerissen als selbst treibend; getragen und aufblühend in der Zustimmung des Volkes. Aber Tollers Agilität wird langsam aufgelöst in hektischen Gebärden eines Überforderten, der um sich schlägt», G. Rühle). Prinz Heinz in Shakespeares *Heinrich IV.* (1970): «Der Charme des Jungen Heinz und der des Töters Heinz ist der gleiche – aber die Funktion dieses Charmes ist, bei veränderten Verhältnissen, eine andere. Der Primat der Umstände ist ganz spielerische, ganz ästhetische Bühnenwirklichkeit geworden» (V. Canaris in *Die Zeit*, 27. 3. 1970). TRn in der UA *Hölderlin* von Peter Weiss (1971) und Shakespeares *Hamlet* (1972), Estragon in Becketts *Warten auf Godot* (1971), Helmer in Ibsens *Nora* (1972, R. → Neuenfels). R. folgte Palitzsch nach Frankfurt a. M. (1972–80), war kurze Zeit Mitglied des Direktoriums. Spielte Thersites in Shakespeares *Troilus und Cressida* (1972), Sigismund in → Fernandes' *Traum und Leben des Prinzen Sigismund* nach Calderóns *Das Leben ein Traum* (1973), TR in → Brechts *Baal* (1974), Puntila in dessen *Herr Puntila und sein Knecht Matti* (1975), Kellner in Benatzkys *Im weißen Rössl* (1978), TRn in Shakespeares *Othello* (1978; 1982 Schiller-Th.) und *Ödipus* von Sophokles. Gastrollen am Schiller-Th. Berlin, Freie Volksbühne Berlin (Pirandello, *Sechs Personen suchen einen Autor*, 1981), Thalia Th. Hamburg. In Bremen TR in Shakespeares *Richard II.* (1981), im Dt. Schauspielhaus Hamburg Adam in Kleists *Der zerbrochne Krug* (1983). 1984 Saladin in → Lessings *Nathan der Weise* (Salzburger Festspiele), 1985 in Ionescos *Die Stühle* (Zürcher Schauspielhaus). 1986–93 Schauspielhaus Bochum; u. a. Zauberer in Pirandellos *Die Riesen vom Berge* (1986), TR in Čechovs *Onkel Wanja*

(1988), Papst in DEA *Sie* von Genet (1991), Hamm in Becketts *Endspiel* (1992), Alceste in →Molières *Der Menschenfeind* (1993), TRn in Shakespeares *Timon von Athen* und *Antonius und Cleopatra*. In Hamburg 1994 TR in UA *Herr Paul* von Dorst im Dt. Schauspielhaus, am Thalia Th. 1998 Zauberkönig in Horváths *Geschichten aus dem Wiener Wald*, 1999 TR in Shakespeares *Der Kaufmann von Venedig*, 2000 Der Alte in Strindbergs *Gespenstersonate*. Wenige Insz.en: 1992 *Die Stühle* von Ionesco, 1998 Goethes *Die Laune des Verliebten* (Thalia Th. Hamburg). Film- und Fernsehrollen, u. a. in *Der Angriff der Gegenwart auf die übrige Zeit* (1985), *Das Spinnennetz* (1989), *Schtonk!* (1992), *Rosenzweigs Freiheit* (1998), *Sass* (2001).

    Laube, H., G. Loschütz: War da was? Theaterarbeit und Mitbestimmung am Schauspiel Frankfurt 1972–1980. Frankfurt a. M. 1980.

Werner Schulze-Reimpell

Rois, Sophie, * 1. 6. 1961 Ottensheim bei Linz (Oberösterreich). Schauspielerin.

Erste Auftritte im Linzer Th. des Kindes. 1982–85 Studium am Reinhardt-Seminar in Wien, ging 1986 nach Berlin. Erste Auftritte am Kindertheater Berliner Kammerspiele, am Renaissancetheater (Feydeau, *Ein Klotz am Bein*, R. →Klingenberg), der Freien Volksbühne (u. a. Strindberg, *Rausch*). Seit 1993 im Ensemble der Volksbühne. In Insz.en →Castorfs u. a. in Bergs *Fremde in der Nacht* (UA 1992), Laufs/Jacoby/H. →Müller *Pension Schöller: Die Schlacht* (mit →Hübchen), Przybyszewskas *Die Sache Danton* (beide 1994), Hebbels *Die Nibelungen I/II – Born bad*, Fellinis *Die Stadt der Frauen* (beide 1995), Zuckmayers *Des Teufels General* (1996, mit →Harfouch, 1997 TV), *Hauptmanns Weber* (1997), Staffels *Terrordrom* (1998), Dostoevskijs *Dämonen* (1999, Koproduktion Wiener Festwochen, Film 2000). Zusammenarbeit mit →Schlingensief u. a. bei *Kühnen 94. Bring mir den Kopf von Adolf Hitler!* (UA 1993), *Rocky Dutschke, '68* (1996), *Schlacht um Europa – Ufokrise 97: Raumpatrouille Schlingensief* (1997), *Rosebud* (2001), mit →Kresnik bei *Luxemburg – Rote Rosen für dich* (nach →Taboris Libretto, UA 1993), mit →Marthaler bei Offenbachs *Pariser Leben* (1998, Koproduktion Wiener Festwochen), *Die Zehn Gebote* (nach Viviani, 2001), mit René Pollesch bei *Frau unter Einfluss* (nach Cassavetes, 2000), *Sex* (nach Mae West, 2002), dessen *Telefavela* (2004). Weiter u. a. in *Dr. Jekyll & Mr. Hyde* (nach Stevenson, 1995, R. M. Simon), Ibsens *Gespenster* (1999), Strindbergs *Traumspiel* (2000, beide R. S. →Hartmann). Bei den Salzburger Festspielen in Hofmannsthals *Jedermann* (1998, Rolle: Buhlschaft), Polleschs *Cappuccetto Rosso* (UA 2005, Koproduktion Volksbühne), im Wiener Burgtheater bei Polleschs *Hallo Hotel…!* (2004). S. tritt gelegentlich auch als Sängerin mit Bands wie Baby Sunshine und die 1000 km, Straight from the Heart oder Die Mädels auf. Film- und Fernsehrollen u. a. in *Hopnick* (1990), *Wir können auch anders…* (1993), *Doktor Knock* (1996, TV), *Die 120 Tage von Bottrop* (1997), *Die Siebtelbauern* (1998), *Duell – Enemy at the Gates* (2001), *Liegen lernen* (2003), *Fräulein Phyllis* (2004). Erika Mann in Breloers *Die Manns – Ein Jahrhundertroman* (2001, TV, Grimme-Preis). – Ausdrucksstarke Schauspielerin mit einer «Gestik und Stimme, die jeden Moment vor Energie zu kollabieren droht. Ihre rauchige bis heisere Stimme klingt immer danach, als stünde sie am Rand des Nervenzusammenbruchs». Zwischen Exzentrik und Hysterie, Komik und Verletzlichkeit vermag sie v. a. Frauengestalten abseits bürgerlicher «Normalität» überzeugend zu gestalten: «Das Renitente und Aufmüpfige liegt ihr. Das enthusiastische Dagegensein» (K. Cerny in *Falter* 22/2004).

Wolfgang Beck

Roller, Alfred, * 2. 10. 1864 Brünn (Österr.-Ungarn, heute Brno, Tschech. Republik), † 21. 6. 1935 Wien. Bühnenbildner, Maler.

Sohn des Malers Josef R. (1833–93); studierte in Wien Rechtswissenschaften und Kunstgeschichte (1883/84) und Malerei und Architektur an der Akademie der bildenden Künste. 1897 Mitbegründer der Wiener Sezession (1902 Präsident), zeitweise Schriftleiter der Zeitschrift *Ver Sacrum*. 1899 Professor, seit 1909 Direktor der Wiener Kunstgewerbeschule. 1912 Mitbegründer des Österr. Werkbundes. Ab 1923 Leiter der Bühnenbildklasse der Musikakademie in Wien, 1929 Lehrer am Reinhardt-Seminar. Seine Karriere als Bühnenbildner begann 1903, als Gustav Mahler ihn an die Hofoper verpflichtete, deren Ausstattungsleiter er bis 1909 war und an die er später als Bühnenbildner zurückkehrte. R. unterstützte Mahlers Bemühungen um eine reformierte Aufführungspraxis in Richtung auf ein Gesamtkunstwerk durch seine Ausstattungen, in denen illusionistischer Naturalismus durch eine stilisierte Bühne abgelöst wurde. Dabei legte R. Wert darauf, jede szenische Ausstattung nach werkimmanenten Forderungen zu gestalten: «Jedes Kunstwerk trägt das Gesetz der Inszenierung in sich.» Zu den gemeinsamen Arbeiten gehörte neben Wagners *Tristan und Isolde* (1903), Beethovens *Fidelio* (1904) v. a. Mozarts *Don Giovanni* (1905), bei dem vierseitige turmähnliche und bewegliche Gebilde (später «R.-Türme» genannt) den Bühnenraum in seiner ganzen Ausdehnung strukturierten. Für die Dresdener UA der Oper *Der Rosenkavalier* (1911) von Richard Strauss entwarf R. ebenso das Bühnenbild wie für die Wiener EAen von dessen Opern und Bearbeitungen (u. a. von Beethovens *Die Ruinen von Athen*, UA 1924). Seit 1909 arbeitete R. auch für das Burgtheater, wo er u. a. für die Szenographien zu → Shakespeares *Hamlet*, *Macbeth* (beide 1920), *König Lear* (1935) verantwortlich zeichnete. Ähnlich kongenial wie mit Mahler verlief die Zusammenarbeit mit Max → Reinhardt. Für dessen Berliner Insz.en schuf R. u. a. die Ausstattungen für Hofmannsthals *Oedipus und die Sphinx* (UA 1906), → Goethes *Faust I* (1909; 1915 Volksbühne) und *Faust II* (1911, alle Dt. Th.), Sophokles' *König Oedipus* (1911), Hofmannsthals *Jedermann* (UA 1911, mit → Stern, beide Zirkus Schumann), Rollands *Danton* (1920, Großes Schauspielhaus). Außerdem zu Aischylos' *Die Orestie* (1911, Musikfesthalle München), Calderóns *Dame Kobold*, Goethes *Clavigo* und *Stella* (beide 1922, Redoutensaal der Wiener Hofburg), Schillers *Kabale und Liebe* (1924, Th. in der Josefstadt, Wien). Seit 1918 war R. Ausstattungsleiter der Wiener Staatstheater und gehörte zum Kunstrat der Salzburger Festspiele, wo er u. a. die Bühnengestaltung für Hofmannsthals *Jedermann* (1920) und *Das Große Salzburger Welttheater* (UA 1922, beide R. Reinhardt) übernahm. Zu seinen letzten Arbeiten gehörte die Ausstattung für die Neuinsz. von Wagners *Tristan und Isolde* bei den Bayreuther Festspielen 1934. – Für seine – Erkenntnisse → Appias und → Craigs einbeziehenden – szenischen Reformbemühungen in Zusammenarbeit mit Mahler noch heftig angefeindet, sind R.s Verdienste um die Erneuerung der Szenographie heute unbestritten. Seine im damaligen Vergleich eher puristische Bühnengestaltung, seine von Licht und intensiver Farbigkeit bestimmten Räume, die Öffnung und variable Nutzung des Bühnenraums eröffneten neue Perspektiven interpretatorischer Insz.en auch von Werken des klassischen Repertoires. – Sein Sohn Ulrich R. (1912–42) war ebenfalls Bühnenbildner.

Alfred Roller und seine Zeit. Bearb. E. Greisenegger u. a. Wien u. a. 1991; Baker, E.: Alfred Roller's production of Mozart's «Don Giovanni». Diss. New York 1993; Baker, E., O. Pausch: Das Archiv Alfred Roller. Wien

u. a. 1994; Eckert, N.: Das Bühnenbild im 20. Jahrhundert. Berlin 1998; Kitzwegerer, L.: Alfred Roller als Bühnenbildner. Diss. Wien 1959; Pott, G.: Die Spiegelung des Sezessionismus im österreichischen Theater. Wien, Stuttgart 1975; Wagner, M.: Alfred Roller in seiner Zeit. Salzburg, Wien 1996; Winfried Tonner und die Künstlertradition der Familie Roller. München 1999 *(Katalog)*.

Wolfgang Beck

Römer, Anneliese, * 24. 6. 1922 Leipzig, † 25. 11. 2003 Berlin. Schauspielerin.

Schauspielschule Bochum. Debüt 1939 als Hermia in → Shakespeares *Ein Sommernachtstraum* im Bochumer Schauspielhaus. 1942–44 Städt. Bühnen Münster, 1945–47 Neues Th. Stuttgart, 1947–51 Zürcher Schauspielhaus (Jessica in Sartres *Die schmutzigen Hände* und Ines in dessen *Bei geschlossenen Türen*, Frau in Jahnns *Armut, Reichtum, Mensch und Tier*, Elvira in → Molières *Don Juan*, R. Giorgio → Strehler). 1953–56 Dt. Schauspielhaus Hamburg (Sara in Claudels *Tobias und Sara*, UA 1953; Paola in Giraudoux' *Um Lucretia*). 1956–67 Staatl. Schauspielbühnen Berlin (TR in Shaws *Major Barbara*, Helena in Euripides/Brauns *Die Troerinnen*, TR in Moretos *Dona Diana*, Ranewskaja in Čechovs *Der Kirschgarten*, Olivia in Shakespeares *Was ihr wollt* 1962, R. Fritz → Kortner, Gräfin Totzky in Wedekinds *Der Liebestrank*, Königin in Ionescos *Der König stirbt*, TR in Audibertis *Die Zimmerwirtin*). 1968 noch einmal Ranewskaja in der Freien Volksbühne Berlin, Regie Claus → Peymann (auch 1981 im Schauspielhaus Bochum). 1974–78 Staatsschauspiel Stuttgart (Reinshagen-UAen: 1974 Sonja Wilke in *Himmel und Erde*, 1976 Anne-Sophie Belins in *Sonntagskinder*; Mutter in Wolfs *Cyankali*, Marthe Schwerdtlein in → Goethes *Faust I*, Charlotte von Stein in Hacks' *Gespräch im Hause Stein über den abwesenden Herrn von Goethe*, Millionärin in der UA von Bernhards *Immanuel Kant*) 1979–86 Schauspielhaus Bochum (Adele in Horváths *Die Italienische Nacht*, Daja in → Lessings *Nathan der Weise*, Frau Meister in der UA von Bernhards *Über allen Gipfeln ist Ruh*, Paulina in Shakespeares *Ein Wintermärchen*, Toinette in Molières *Der eingebildete Kranke*, 1884 Winnie in Becketts *Glückliche Tage*). 1986–92 Wiener Burgtheater (Frau Zittel in der UA von Bernhards *Heldenplatz* 1988, 1989 TV; Alte in der UA von Handkes *Spiel vom Fragen oder Die Reise ins sonore Land*, 1990). 1992 Staatl. Schauspielbühnen Berlin (Claire Zachanassian in Dürrenmatts *Der Besuch der alten Dame*, Assia in der UA *Böhmen am Meer* von Volker Braun); 1995 Königin Margaret in Shakespeares *Richard III.* (Schlossparktheater). Kaum Film- und Fernsehrollen, u. a. in *Der Herr vom anderen Stern* (1948), *Ein Mädchen aus Flandern* (1956), *Haus am See* (1991), *Deutschlandlied* (1996, TV). – Sehr vitale, komödiantische Schauspielerin mit vielfältigen Möglichkeiten zwischen Salondame und Tragödin, Dame der Gesellschaft und Frau aus dem Volk. «Ein im Vergeuden sich vergeudendes Weib», schrieb Günther Rühle über ihre Ranewskaja. – Staatsschauspielerin.

Werner Schulze-Reimpell

Ronconi, Luca, * 8. 3. 1933 Susa (Tunesien). Schauspieler, Regisseur, Theaterleiter.

1953 Abschlussdiplom der Accademia Nazionale d'Arte Drammatica in Rom. Karriere als Schauspieler in Zusammenarbeit mit Vittorio → Gassman und Giorgio → Strehler. Die Insz. des Terenz-Stücks *Der Selbstquäler* brachte ihm 1965 den Durchbruch. Er galt bald als einer der bedeutendsten Avantgarde-Regisseure Italiens. Sensationellen Erfolg erzielte er 1966 mit dem (unter dem Titel *I lunatici* aufgeführten) Stück *Changeling* der → Shakespeare-Zeitgenossen Thomas Middleton und William Rowley, mit dem sich fast gleichzeitig Peter → Stein bei den Zürcher Juni-Festwochen 1970 profilierte. Mit der ursprünglich für das Festival zweier Welten in Spoleto 1969 inszenierten Bearbeitung von Ludovico Ariosts Epos *Der rasende Roland* (*L'Orlando Furioso*) wurde R. internat. bekannt. Aufführungen auf öffentlichen Plätzen in Italien, Gastspiele in Berlin, Paris, London, New York begeisterten die Zuschauer, die die herkömmliche Bühnenarchitektur aufgegeben, sich von einer Schar von Schauspielern umgeben sahen und ihre Plätze wechseln mussten. Als «Orlando-Happening» wies diese Aufführung den Weg zu einer Erneuerung des Th.s mit der Reaktivierung verschiedenster Traditionen und Techniken zu einem Gesamt-Spektakel von dionysischem Atem, in dem Turnier-, Mysterien- und Weihespiel, Jahrmarktstrubel, Tragödie und Komödie ineinander übergehen. 1972 auf der Biennale von Venedig wurde *Die Orestie* von Aischylos mit dem «Holztheater»-Bühnenbild von Enrico Job (* 1934) zu einem der nachhaltigsten Th.-Erlebnisse seit Jahren. Die sechseinhalbstündige Spieldauer – mit einstündiger Pause nach dem *Agamemnon* – trug zusätzlich zur Intensität der Aufführung bei, die als Gastspiel anschließend auch im Ausland zu sehen war. 1975–77 wurde R. Direktor der Sektion Th. der Biennale de Venezia und machte mit Aristophanes' Märchenkomödie *Die Vögel* Furore. Er inszenierte Stücke von Kleist, Ibsen, Schnitzler, Euripides, Pasolini und wagte es, 1990 mit dem von ihm 1989–94 geleiteten Turiner Teatro Stabile *Die letzten Tage der Menschheit* von Karl Kraus in einer Halle der Fiat-Automobilwerke aufzuführen, ein Stück, auf das ihn die Wiener Kritikerin Hilde Spiel bei einem Gastspiel im Burgtheater im Frühjahr 1975 aufmerksam gemacht hatte. Gastregisseur im In- und Ausland. Theaterleiter in verschiedenen ital. Städten. Seit 1998 Direktor des Piccolo Teatro di Milano als Nachfolger Strehlers, mit dem er oft verglichen wurde. Regie u. a. bei Strindbergs *Ein Traumspiel* (2000), Zvetaevas *Phoenix*, Brunos *Candelaio* (beide 2001), Aischylos' *Der gefesselte Prometheus*, Euripides' *Die Bakchen*, Aristophanes' *Die Frösche* (alle 2002), Sicilianos *Memoriale da Tucidide* (2004), Schnitzlers *Professor Bernhardi*, Lenz' *Die Soldaten* (beide 2005). Zahlreiche Operninsz.en im In- und Ausland. Im Herbst 2002 sensationeller Erfolg mit der Insz. von Händels Oper *Julius Cäsar in Ägypten* im Teatro Real in Madrid (Koproduktion Stadttheater Bologna) mit der Nebeneinanderstellung von Antike, Barockzeitalter und der Gegenwart des heutigen Ägyptens mit seinen Tourismusklischees, das auf zwei übergroßen Bildschirmen neben und über der Bühne dem Publikum als Ort der Handlung und verfremdetes Reiseziel vor Augen geführt wurde. Zahlreiche Auszeichnungen.

Castiglioni, E.: Le regie liriche di Luca Ronconi. Neapel 2001; Cavaglieri, L.: Invito al teatro di Luca Ronconi. Mailand 2003; Luca Ronconi e il suo teatro. Hg. I. Innamorati. (2. Aufl.) Rom 1996; Luca Ronconi, la ricerca di un metodo. Hg. F. Quadri. Mailand 1999; Luca Ronconi: utopia senza paradiso. Hg. I. Moscati. Venedig 1999.

Horst Schumacher

Rosalie (eig. Gudrun Müller), * 24. 2. 1953 Gemmrigheim (Neckar). Bühnen-, Kostümbildnerin, Regisseurin.

R. studierte in Stuttgart 1974–78 Germanistik und Kunstgeschichte, an der Akademie der Bildenden Künste 1975–82 Malerei, Graphik, Plastisches Arbeiten, 1977–82 Bühnenbild bei Jürgen → Rose (von dem auch ihr Künstlername stammt). Seit 1979 arbeitet sie als Bühnen- und Kostümbildnerin für alle Sparten des Th.s und den Film sowie als freischaffende bildende Künstlerin (Bilder, Plastiken, experimentelle Installationen). Seit 1995 lehrt sie Bühnen- und Kostümbild an der Hochschule für Gestaltung in Offenbach, hält Vorträge und leitet Workshops, so 2002 erstmals die Meisterklasse «Bild. Raum. Szene» an der Internat. Sommerakademie für Bildende Kunst in Salzburg. Zu ihren Arbeiten für das Sprechtheater gehören u. a. die Ausstattungen zu → Shakespeares *Ein Sommernachtstraum* (1983), *Der Sturm* (1985, beide Wuppertaler Bühnen), → Goethes *Faust I* (1990, Staatl. Schauspielbühnen Berlin, R. → Kirchner), Mosebachs *Rotkäppchen und der Wolf* (UA 1991, Schauspiel Frankfurt, R. → Hollmann). Das Schwergewicht ihrer Arbeit liegt auf der Opernausstattung; u. a. Telemanns *Pimpinone* (1983), Henzes *Pollicino* (1984, beide Staatstheater Stuttgart), Cornelius' *Der Barbier von Bagdad* (1985), Puccinis *Der Mantel* (1986, beide Wuppertal), Glanerts *Leyla und Medjnun* (UA 1988, 1. Münchener Biennale), Mozarts *Idomeneo* (1990, Hamburgische Staatsoper, R. Kirchner), *Die Zauberflöte* (1997, Nürnberg), *Così fan tutte* (2002, Aachen), Wagners *Der Ring des Nibelungen* (1994–98, Bayreuther Festspiele, R. Kirchner), Strauss' *Salome* (1994, Koproduktion Opéra du Rhin, Straßburg / Opéra São Carlos, Lissabon, R. → Dorn), *Elektra* (1995, Nürnberg), *Die Frau ohne Schatten* (1996, Semperoper Dresden), Hölszkys *Die Wände* (2000, Oper Frankfurt, beide R. Hollmann), Bryars' *G* (UA 2002, Mainz), Smetanas *Dalibor* (2003, Staatstheater Karlsruhe), Haas' *Nacht* (DEA 2005, Oper Frankfurt). Beim Ballett Zusammenarbeit mit den Choreographen Heinz Spörli (*Vivaldi I, II, III – L'Estro Armonico*, 1982, Stadttheater Basel), John Cranko (*Aus Holbergs Zeit*, 1984, Stuttgarter Ballett), Davide Bombana (*Penthesilea*, 2001, Teatro Communale, Florenz), Daniela Kurz (*Hamlet ruft*, 2003, Nürnberg). V. a. aber mit Uwe Scholz, u. a. bei Haydns *Die Schöpfung* (1985, Oper Zürich), Debussys *Khamma* (1986, Teatro alla Scala, Mailand), Stravinskijs *Der Feuervogel* (1998, Stuttgarter Ballett), *Bruckner 8* (2001), *Notizen 1* (2004, beide Oper Leipzig). Ausstattung für Filme u. a. zu *Ein Asylant auf dem Weihnachtsmarkt* (1987, TV), *Rosamunde* (1997, TV, beide R. → Beilharz). Erste Regie bei Wagners *Tristan und Isolde* (2005, Th. Basel). – R.s Szenerien und Kostüme sind von opulenter Farbigkeit. Dabei nutzt sie die synthetischen Erzeugnisse unserer Warenwelt, verarbeitet ungewohnte Materialien, arbeitet «mit Symbolen und Chiffren, mit optischen Formeln» (Eckert, S. 180). Das führt gelegentlich zur optischen Dominanz ihrer Entwürfe im Gesamtkonzept der Insz.en, zur Schönheit als Selbstzweck. «Rosalie agiert in Räumen, wobei es nur von nachgeordneter Bedeutung ist, ob es sich dabei um die Räume eines Museums, um Außenräume im öffentlichen Bereich oder den Bühnenraum eines Theaters handelt» (R. Beuth in *Rheinischer Merkur*, 23. 06. 2005).

Eckert, N.: Das Bühnenbild im 20. Jahrhundert. Berlin 1998. rosalie – Bilder und Räume. Hg. U. Schweikert, Th. Jürgens. Stuttgart, Weimar 2001.

Wolfgang Beck

Rosar, Annie (eig. Anna), * 17. 5. 1888 Wien, † 5. 8. 1963 Wien. Schauspielerin.

R., Tochter eines Straßenbahnschaffners, besuchte die Akademien für darstellende Kunst in Wien und Mailand. Debüt 1910 am Wiener Lustspieltheater in Ch. Marlowes Schwank *Die goldene Ritterzeit*. Danach am Wiener Th. in der Josefstadt, in München am Künstlertheater und im Schauspielhaus u. a. in Hauptmanns *Rose Bernd*, Hebbels *Judith*, Schillers *Maria Stuart*. 1917 am Dt. Schauspielhaus Hamburg TRn in Hofmannsthals *Elektra* und Heinrich Manns *Madame Legros*. 1917–23 am Burgtheater Wien u. a. in Ibsens *Rosmersholm*, Hebbels *Judith* (mit H. → George), → Shakespeares *Macbeth*. 1925–38 Mitglied des Th.s in der Josefstadt, wo Max → Reinhardt ihr komödiantisches Talent entdeckte und förderte. Der Übergang zu vorwiegend komischen Rollen machte aus ihr eine beliebte Volksschauspielerin, als die sie 1939–42 und

1947–51 am Dt. Volkstheater Wien große Erfolge und in der UA von Schuberts *Stadtpark* (1950) ihr 40-jähriges Bühnenjubiläum feierte. Nach Kriegsende spielte sie in Wien u. a. in → Epps Th. *Die Insel* und 1945–47 im Bürgertheater (zuerst in Gehris *Im 6. Stock*, mit O. W. → Fischer). Seit den 1950er Jahren überwiegend Gastrollen, z. B. 1953 am Dt. Schauspielhaus Hamburg in Robinsons *Laß die Leute reden!* Bekannt wurde R. auch durch Rezitationen vollständiger antiker Dramen, u. a. von Euripides' *Die Troerinnen*, Sophokles' *König Ödipus* und *Die Perser*. Im dt.sprachigen Raum populär wurde R. durch ihre weit über 100 Filme, in denen sie meist tragende Nebenrollen verkörperte, besonders erfolgreich als Partnerin von → Moser oder Paul → Hörbiger. Rollen u. a. in *Der Mord an der Bajadere* (1919), *Der junge Baron Neuhaus* (1934), *Die 13 Stühle* (1938), *Die goldene Stadt*, *Wen die Götter lieben* (beide 1942), *Gabriele Dambrone* (1943), *Der Herr Kanzleirat* (1948), *The Third Man* (1949), *Hallo, Dienstmann* (1951), *Ich denke oft an Piroschka* (1955), *Ein Lied geht um die Welt* (1958), *Die Ballade vom Franz und der Marie* (1961), *Besuch am Nachmittag* (1963). Ihr wahres Können konnte sie selten zeigen, etwa in den Hauptrollen in der Werfel-Verfilmung *Der veruntreute Himmel* und Dengers Ein-Personen-Stück *Langusten* (1960, TV). 1961 Ehrenkreuz für Wissenschaft und Kunst. – Populäre Schauspielerin von kompakter Körperlichkeit und großem komödiantischem Talent, die Dienstboten wie tyrannische Hausdrachen, schrullige Klatschbasen wie resolute Frauen überzeugend verkörperte.

Müller, Ch.: Annie Rosar. Gestaltung und Aussage. Diss. (masch.). Wien 1970.

Wolfgang Beck

Rose, Jürgen, * 25. 8. 1937 Bernburg (Saale). Bühnen- und Kostümbildner.

Nach dem Abitur an der Odenwaldschule Bühnenbild-Assistent bei Franz Mertz (1897–1966) am Hess. Landestheater Darmstadt; Ausbildung 1958–59 an der Akademie der bildenden Künste Berlin und als Schauspieler bei Marlise Ludwig (1886–1982). 1959/60 Städt. Bühnen Ulm bei Kurt → Hübner (zuerst mit Spielverpflichtung). R., der prinzipiell sowohl Bühnenbild wie Kostüme entwirft, arbeitete v. a. in den 1960–70er Jahren häufig für Ballettinsz.en. Für John Cranko u. a. zu *Romeo und Julia* (1962, Musik Prokof'ev), *Onegin* (1965, Musik Čajkovskij), *Initialen R. B. M.E.* (UA 1972, Musik Brahms), *Spuren* (UA 1973, Musik Mahler, alle Stuttgarter Ballett); für John Neumeier u. a. zu *Der Nußknacker* (Royal Winnipeg Ballett), *Le baiser de la fée* (beide Musik Čajkovskij), *Daphnis und Chloë* (alle 1972, Musik Ravel, beide Frankfurt Ballett), *Ein Sommernachtstraum* (1977, Musik Mendelssohn-Bartholdy / Ligeti), *Die Kameliendame* (1987, Musik Chopin), *Peer Gynt* (1989, Musik Schnittke, alle Hamburg Ballett), für Anthony Tudor zu *Lilac Garden* (1965/66, Musik Chausson, National Ballet of Canada). Zusammenarbeit mit → Lietzau am Bayer. Staatsschauspiel München u. a. bei Büchners *Woyzeck* (1966), Claudels *Der seidene Schuh* (1967), Genets *Die Wände*, → Shakespeares *Wie es euch gefällt*, H. → Müllers *Philoktet* (UA), Schillers *Die Räuber* (alle 1968), am Dt. Schauspielhaus Hamburg u. a. bei Dorst / Tiecks *Der gestiefelte Kater* (UA 1964), Kopits *Indianer* (DEA 1970), Shakespeares *Richard II.* (1970), am Berliner Schiller-Th. bei Stoppards *Rosenkranz und Güldenstern sind tot* (DEA 1967), Grass' *Davor* (UA 1969); mit → Noelte u. a. bei Ostrovskijs *Wölfe und Schafe* (1964, Münchner Kammerspiele), → Molières *Der Menschenfeind* (1975, Dt. Schauspielhaus). 1962–69 und 1976–2001 war R. v. a. für die Münchner Kammerspiele tätig, u. a. bei Becketts *Das letzte Band* (1961, mit → Kortner), Dürrenmatts *Die Wiedertäufer* (1967, beide R.

→ Schweikart), Bonds *Gerettet* (1967, R. P. → Stein), Čechovs *Platonow* (1981), → Lessings *Emilia Galotti* (1984), Mussets *Lorenzaccio* (1985), Ibsens *Die Frau vom Meer* (1989), Goethes *Stella* (1991, alle R. Th. → Langhoff). Besonders intensiv die Zusammenarbeit mit → Dorn («Kein Dorn ohne Rose», Haberlik, S. 70). Für ihn entwarf R. u. a. die Szenerien zu Lessings *Minna von Barnhelm* (1976), Enquists *Die Nacht der Tribaden* (DEA 1977), Shakespeares *Ein Mittsommernachtstraum* (1978), *Was ihr wollt* (1980), *Troilus und Cressida* (1986), *König Lear* (1992), *Der Sturm* (1994), Strauß' *Groß und klein* (1979), *Kalldewey, Farce* (1983), *Der Park* (1984), *Besucher* (UA), *Sieben Türen* (DEA, beide 1988), *Schlußchor* (UA 1991), *Ithaka* (UA 1996), Goethes *Iphigenie auf Tauris* (1981), *Faust I* (1987), Weiss' *Der neue Prozeß* (1983), Kopits *Road to Nirvana* (DEA 1992), Euripides' *Hekabe*, Kleists *Amphitryon* (beide 1999). Nach Dorns Wechsel ans Bayer. Staatsschauspiel weitere Zusammenarbeit u. a. bei Shakespeares *Der Kaufmann von Venedig* (2001), *Maß für Maß* (2004), Strauß' *Die eine und die andere* (UA 2005). Bei den Salzburger Festspielen Ausstattung u. a. für → Nestroys *Der Talisman* (1976, R. → Schenk), Schnitzlers *Der einsame Weg* (1987), Grillparzers *Die Jüdin von Toledo* (1990, beide R. Th. Langhoff). Einen wichtigen Aspekt in R.s Schaffen bilden Opernausstattungen; u. a. für Wagners *Tannhäuser* (1972), *Der fliegende Holländer* (1990, beide Bayreuther Festspiele), *Die Meistersinger von Nürnberg* (1975), *Parsifal* (1979, beide Wiener Staatsoper), Mozarts *Die Zauberflöte* (1978), *Così fan tutte* (1993), Berlioz' *Faust* (1993), Webers *Der Freischütz* (1998, alle Bayer. Staatsoper). Bei den Salzburger Festspielen von Bergs *Wozzeck* (1971, R. → Sellner), Strauss' *Ariadne auf Naxos* (1979), Henzes *L'Upupa und der Triumph der Sohnesliebe* (UA 2003, beide R. Dorn). Seit den 1990er Jahren eigene Regie und Gesamtausstattung bei Opern, u. a. bei Mozarts *Die Zauberflöte* (1996, Bonn), Verdis *Don Carlos* (2000), Janáčeks *Das schlaue Füchslein* (2002), Bellinis *Norma* (2006, alle Bayer. Staatsoper). 1973–2000 war R. Professor für Bühnenbild an der Staatl. Akademie der Bildenden Künste in Stuttgart. – Während seine frühen Ausstattungen noch einem «atmosphärisch verfeinerten Realismus» (Eckert, S. 137) zugerechnet werden können, veränderten sie sich von einer gewissen Opulenz zu kargeren, auf das essenziell Notwendige sich beschränkenden Räumen, die – auch wenn sie Hässliches zeigen – immer ästhetisch reizvoll und «schön» sind. In der kongenialen Zusammenarbeit mit Dorn entwickelten beide eine spezifische «Kammerspiel-Ästhetik», die bei aller szenographischen Vielfalt sinnfällige, immer wieder auftauchende Bilder entstehen ließ: «der geschlossene Raum, die Stühle, die seitliche Fensterfront, die hohen Türen des Bühnenhauses, die wie Wagen bewegbaren Podeste, der Spielort als eine Schachtel» (Dultz, S. 328). Wie andere Bühnenbildner auch hat sich R. der Opernregie zugewandt, in der es weniger auf intensive Schauspielerführung ankommt als auf das Arrangieren der Sänger in einer räumlichen Konzeption.

Eckert, N.: Das Bühnenbild im 20. Jahrhundert. Berlin 1998; Haberlik, Ch.: Theaterpaare. Berlin 2004; Müller, H.-R., D. Dorn, E. Wendt: Theater für München. München 1983; Die Münchner Kammerspiele. Hg. S. Dultz. München 2001; Jürgen Rose: Theaterarbeiten. Stuttgart 1985 *(Katalog)*.

Wolfgang Beck

Rott, Adolf (Peter), * 14. 12. 1905 Barmen (heute Wuppertal), † 24. 7. 1982 Wien. Regisseur, Theaterleiter.

R. studierte Rechtswissenschaft in Köln (1929 Promotion); lernte danach Regie am Düsseldorfer Schauspielhaus Luise → Dumonts, wo er u. a. Assistent Peter Scharoffs (ca. 1880–1969) war. Regisseur, Dramaturg und Schauspieler in Bunzlau (1929/30), Cottbus (1930/31) und Bautzen (1931–33). 1934/35 Regisseur am Dt. Schauspielhaus Hamburg, inszenierte u. a. → Shakespeares *König Lear* (1958 Burgtheater), Ibsens *Die Wildente*, Gobschs *Die Kreuznacht des Bertold Lenz* (UA, alle 1934), Kleists *Robert Guiskard* (1935). 1935–37 Oberspielleiter am Th. in Danzig (Shakespeare, *Hamlet*, 1936). Seit 1937 Regisseur, 1951–54 Oberspielleiter, 1954–58 Direktor des Burgtheaters Wien. Insz.en u. a. von Grabbes *Hannibal* (1937), Johsts *Thomas Paine* (1938), Kolbenheyers *Heroische Leidenschaften* (1939) und *Gregor und Heinrich* (1943), Ibsens *Hedda Gabler* (1941), Shaws *Candida* (1942), Beer-Hofmanns *Jaakobs Traum* (1945), Griboedovs *Verstand schafft Leiden* (1946), Schillers *Die Jungfrau von Orleans* (1946), Büchners *Dantons Tod* (1947), Hochwälders *Das heilige Experiment* (1947) und *Donadieu* (1953), Hasenclevers *Münchhausen* (1948), Tolstojs *Anna Karenina* (1948), Gor'kijs *Jegor Bulytschow und die anderen* (1949), Zuckmayers *Der Hauptmann von Köpenick* (1950, mit → Krauß), Rostands *Cyrano de Bergerac* (1951, 1975), Mells *Kriemhilds Rache* (1951) und *Das Nachfolge-Christi-Spiel* (1960), Grillparzers *König Ottokars Glück und Ende* (1955), Priestleys *Schafft den Narren fort* (UA 1955), Claudels *Das Buch von Christoph Columbus* (1957), → Goethes *Faust I* (1958), Kleists *Prinz Friedrich von Homburg* (1959), Schnitzlers *Der junge Medardus* (1962), Shakespeares *Der Kaufmann von Venedig* (1967). 1958 Chefregisseur der Dt. Oper am Rhein in Düsseldorf. Beteiligt an der Leitung der Bregenzer Festspiele (R. Stolz, *Trauminsel*, UA 1962). Seit den 1950er Jahren verstärkt Opern- und Operettenregie. Inszenierte in Berlin u. a. am Th. des Volkes (R. Stolz, *Himmelblaue Träume*, 1935), der Städt. Oper (Puccini, *Tosca*, 1952), der Volksoper (d'Albert, *Tiefland*, 1966), in Wien an der Volksoper (Millöcker, *Der Bettelstudent*, 1949; R. Strauss, *Feuersnot*, 1964; Haydn, *Das brennende Haus*, 1965) und der Staatsoper (Suppé, *Boccaccio*, 1951; R. Strauss, *Elektra*, 1952, 1956; Salmhofer, *Iwan Tarassenko*; Kienzl, *Der Kuhreigen*, beide 1954; Verdi, *Aida*, 1955; Hindemith, *Mathis der Maler*, 1958), an der Mailänder Scala (Wagner, *Der fliegende Holländer*, 1959), am Teatro La Fenice in Venedig (G. F. Malipiero, *Le Metamorfosi di Bonaventura*, UA 1966). Für die Wiener Festwochen Regie bei Brandstaetters *Der Büßer Boleslaw* (1981, Minoritenkirche). Lehrer am Reinhardt-Seminar in Wien. – Ein dem Wort und dem Autor verpflichteter Regisseur, als Intendant um Erneuerung des Repertoires und des Ensembles bemüht.

Wolfgang Beck

Rovina, Hanna (auch Chana Rowina), * 10. 10. 1889 Bjaresina (Beresino) bei Minsk (Russland, heute Weißrussland), † 2. 2. 1980 Tel Aviv (Israel). Schauspielerin.

R. stammte aus einer chassidischen Familie; Ausbildung in Warschau (Warszawa) als Kindergärtnerin. Lernte dort den Hebräischlehrer Nahum Zemach (1888–1939) kennen, der die Theatergruppe Habimah Ha'ivrit gründete und auf dessen Vorschlag sie u. a. in Mark Arnsteins *Dos eybike Lid* und Čechovs *Die Hochzeit* spielte. Während des 1. Weltkriegs verließ sie Warschau und arbeitete als Kindergärtnerin. 1917 wurde sie in Moskau Mitglied der u. a. von Zemach gegründeten hebräischsprachigen Theatergruppe, aus der die Habima hervorging, die als Studio dem Moskauer Künstlertheater (MChAT) angegliedert wurde. Unter der Patronage → Stanislavskijs wurde → Vachtangov ihr erster künstl. Leiter. In seiner Regie wurde An-Skis *Der Dibbuk* die berühmteste Insz. des Th.s, die Jahrzehnte im Repertoire blieb; R. spielte als Leah die berühmteste Rolle ihres Lebens. Außerdem in Aschs *Die älteste Tochter* (1918), Pinskis *Der Ewige Jude* (1919, R. V. Mechidovlov), Leiviks

Der Golem (1925, R. B. Vershilov). 1926 verließ R. mit dem Ensemble die Sowjetunion und ging auf Tournee durch Europa und die USA (1926/27 Mansfield Th., New York). 1928 ließ sich R. mit einem Großteil des Ensembles im damaligen Palästina nieder, wo sie der Star der seit 1931 in Tel Aviv beheimateten Habima (seit 1958 Nationaltheater Israels) wurde. Rollen in M. Zweigs *Die Marannen* (UA 1939), Gordins *Mirele Efros* (1939, 1958), Čapeks *Die Mutter* (1939), A. Ashmans *Ha'adama Hazot* (1942), Y. Mossinsohns *Be'arvot Hanegev* (1949), → Brechts *Mutter Courage und ihre Kinder* (TR, 1951), N. Alonis *Achzar mi-kol Hamelech* (1953) und *Dodah Lizah* (1969), Euripides' *Medea* (1955), Pirandellos *Das Spiel der Rollen*, Camus' *Das Mißverständnis* (beide ca. 1963–66), → Shakespeares *Richard III.* (1976). 1936 am ersten Programm des Palestine Broadcasting Service (PBS) beteiligt. 1948 Protagonistin des Habima-Gastspiels am Broadway mit An-Skis *Der Dibbuk*, Calderóns *Die Krone Davids*, Sophokles' *König Ödipus* (Broadway Th.). Im Cameri-Th. (Tel Aviv) in Altermans *Kineret Kineret* (1961). R. wirkte als Sprecherin mit bei der UA von Leonard Bernsteins 3. Symphonie *Kaddisch* (1963, Tel Aviv). Wenige Filme, u. a. *Mabul* (1927), *Chalutzim* (1933), *Shabbat Hamalka* (1965), *Iris* (1968). Israel-Preis (1956), Dr. h. c. der Universität Tel Aviv (1975). Nach ihr ist ein israel. Theaterpreis benannt. – Die «First Lady» des israel. Th.s war eine große Charakterdarstellerin, bewundert von ihrem Publikum. Mit voluminöser und variabler Stimme, intensivem Spiel und großer Bühnenpräsenz verkörperte die klassische Tragödin v. a. Mütterfiguren besonders überzeugend. Zu ihrem Repertoire gehörten hebr. und israel. Stücke ebenso wie die Werke der Klassiker der Weltdramatik.

    Burko, F.: Habima and the Moscow Chamber Theater. In: Proceedings of the Ninth World Congress of Jewish Studies. 2. Bd. Jerusalem 1986; Gai, C.: Ha-malkah nasah ba-otobus. Rovina ve-habima. Tel Aviv 1995; Shohat, E.: Israeli Cinema. East/West and the Politics of Representation. Austin 1989; Theatre in Israel. Hg. L. Ben-Zvi. Ann Arbor 1996; Zemach, N.: Breshit Habima. Jerusalem 1966.

Wolfgang Beck

Rudolph, Hans Christian, * 14. 12. 1943 Metz. Schauspieler.

    Sohn des Schauspielers und Intendanten Hans-Georg R. (1908–87), Bruder Niels-Peter → R.s. 1963–66 Max-Reinhardt-Schule Berlin. 1966–68 Städt. Bühnen Essen. 1968–70 Gastrollen u. a. Staatstheater Stuttgart, Freie Volksbühne Berlin. 1970–73 Staatstheater Darmstadt, 1974–77 Thalia Th. Hamburg (Gaveston in Marlowes *Eduard II.*). Rollen am Düsseldorfer Schauspielhaus (Josef K. in Kafkas *Der Prozeß*, TR in Sternheims *Der Snob*) und Schauspielhaus Bochum (Diederich Heßling in Heinrich Manns *Der Untertan*). 1978–80 Schauspiel Frankfurt (Posa in Schillers *Don Carlos*). 1980–85 Schauspiel Köln – TRn in → Brechts *Baal* («Rudolph spielt einen Mann, der stets bemüht ist, sich zu befreien, auch von sich selbst. Doch er wird immer wieder zurückgestoßen», C. B. Sucher), Kleists *Amphitryon*, → Goethes *Faust*, → Molières *Der Menschenfeind*. Beginn der intensiven Zusammenarbeit mit Jürgen → Flimm. Seit 1985 mit Unterbrechungen bis 2003 am Thalia Th. Hamburg – Oberon in → Shakespeares *Ein Sommernachtstraum*, TRn in Čechovs *Platonov* («Rudolph gelingt das tolle Kunststück, die Figur dadurch interessant zu machen, daß er ihre Uninteressantheit niemals bestreitet», B. Henrichs), Shakespeares *Richard II.* und Čechovs *Onkel Wanja*, Hofreiter in Schnitzlers *Das weite Land*, Orgon in Molières *Tartuffe*, Heine in Dorsts *Harrys Kopf*, Shylock in Shakespeares *Der Kaufmann von Venedig*, Johann Behrens in Rinkes *Republik Vineta* (UA 2000, R. St. Kimmig), Henrik in Márais *Die Glut*, Sir William in → Lessings *Miß Sara Sampson*

(2002, R. → Kriegenburg), Helge in Rukov/ Vinterbergs *Das Fest* (2003, R. Kimmig). 1990 Rotgesicht in der UA *Weisman und Rotgesicht* von → Tabori im Wiener Burgtheater. Bei den Salzburger Festspielen Mammon in Hofmannsthals *Jedermann* (1990–91). In der Schaubühne am Lehniner Platz Berlin Leontes in Shakespeares *Wintermärchen* (1990), Stephan von Sala in Schnitzlers *Der einsame Weg* (1991) und der Schauspieler in Gorkis *Nachtasyl* (1992). Film- und Fernsehrollen, u. a. in *Herrenhaus* (1967, TV), *Polly* (1972, TV), *Die Wupper* (1983, TV), *Stammheim* (1988), *Die Verlorenen* (2004, TV). 1989 Schauspieler des Jahres *(Th. heute)*. Gertrud-Eysoldt-Ring der Dt. Akademie der Darstellenden Künste 1991. – Ein außerordentlich formbewusster Darsteller, der seinen Figuren eine existenzielle Traurigkeit gibt, eine Ahnung von der Labilität des Glücks. Er strebt nach «einer Einfachheit, die so schwer ist: daß die Rolle alles kann, was auch ich kann». Überlässt sich vertrauensvoll Regisseuren, damit sie aus ihm herausholen, «was in mir ist», und hat doch eine genaue Vorstellung von dem, was er will. Ein Protagonist von bannender Eindringlichkeit.

Mühry, A.: Gespräch mit einem Verschlossenen. In: Thalia Theater. Merian Sonderheft. Hamburg 1993; Sucher, C. B.: Theaterzauberer. München 1988; Weitz, H.-J.: Klassiker auf dem Theater von heute. Festrede zur Vergabe des Gertrud-Eysoldt-Rings an Hans C. Rudolph. Kulturamt Darmstadt 1991.

Werner Schulze-Reimpell

Rudolph, Niels-Peter, * 2. 5. 1940 Wuppertal. Regisseur, Intendant.

Sohn des Schauspielers und Intendanten Hans-Georg R. (1908–87), Bruder Hans-Christian → R.s. Einige Semester Theaterwissenschaft, Kunstgeschichte, Germanistik in Kiel und FU Berlin. Schauspieler und Regisseur an der Studentenbühne. Regieassistent Schauspielhaus Bochum, dort Insz. u. a. von Sternheims *Bürger Schippel*, DEA *Architekt und Kaiser von Assyrien* von Arrabal. 1968–70 Staatsschauspiel München (Fleißers *Pioniere von Ingolstadt*, → Lessings *Minna von Barnhelm*). Ab 1970 zahlreiche Insz.en am Staatstheater Stuttgart (Čechovs *Onkel Wanja* – 1976 auch im Schiller-Th. Berlin, Wolfs *Cyankali*, 1976 UA *Bekannte Gesichter, gemischte Gefühle* von Botho Strauß, 1978 dessen *Trilogie des Wiedersehens*). 1972–73 Schauspieldirektor am Th. Basel (Wedekinds *Frühlings Erwachen*). Dt. Schauspielhaus Hamburg (1969 Büchners *Woyzeck*, 1972 → Shakespeares *Wie es euch gefällt*). Staatl. Schauspielbühnen Berlin (Lenz *Die Soldaten*, Ibsens *Hedda Gabler*, 1978 UA *Lovely Rita* von Brasch, *Leben und Tod von Marilyn Monroe* von Reinshagen). 1980–85 Intendant des Hamburger Dt. Schauspielhauses. Junges Ensemble mit vielen hochbegabten Anfängern. Etablierte in der ehemaligen Kampnagelfabrik eine dauerhafte Spielstätte zunächst als Ausweichquartier für das Schauspielhaus, später für alternatives Th. Insz.en u. a. Čechovs *Drei Schwestern* (1980), Schillers *Die Verschwörung des Fiesco zu Genua* (1981), DEA *Über die Dörfer* von Handke (1982), UA *Kalldewey Farce* von Botho Strauß (1982). Seit 1985 freier Regisseur an nahezu allen großen Bühnen zwischen Hamburg, Berlin und dem Burgtheater Wien. 1989 UA *Elisabeth II.* von Thomas Bernhard (Schiller-Th. Berlin). DEA *Valparaiso* von DeLillo, 1999 Schillers *Don Carlos* (beide Volkstheater Wien). Zahlreiche Einladungen zum Berliner Theatertreffen. Zunehmend Operninsz.en. (Mozarts *Die Entführung aus dem Serail* und *Così fan tutte*, Rossinis *Die seidene Leiter*, Staatstheater Stuttgart; Webers *Der Freischütz*, Bayer. Staatsoper München; Schönbergs *Moses und Aron*, Janáčeks *Katja Kabanova*, Wagners *Das Rheingold*, Opernhaus Nürnberg; *Così fan tutte* und Haydns *Armida*, Schwetzinger Festspiele; Mozarts *Don Giovanni*, Strauß' *Die Fledermaus*,

Wuppertaler Bühnen; Bellinis *Norma*, Volksoper Wien; Sciarrinos *Lohengrin*, Nationaloper Helsinki). Seit 1997 Professor für Musiktheaterregie an der Folkwang Hochschule Essen, Lehrbeauftragter der Universität Hamburg am Institut für Schauspielregie. – Bedeutender Theatermann, als Regisseur wie als Pädagoge. Sorgfältiger Sachwalter der Bühnentexte, deren Essenz er mittels einer großen Phantasie akzentuiert.

Werner Schulze-Reimpell

Rühmann, Heinz (eig. Heinrich Wilhelm Hermann R.), * 7. 3. 1902 Essen, † 3. 10. 1994 Berg (Starnberger See). Schauspieler.

Besuchte in München das Gymnasium, verließ die Schule vor dem Abitur. Privatunterricht beim Hofschauspieler Friedrich Basil, von Richard Gorter nach Breslau engagiert. 1920 debütierte R. am Lobe- und dem dazugehörigen Thalia-Th. als jugendlicher Liebhaber. 1921 Wechsel ans Residenztheater Hannover, wo er zusammen mit Theo → Lingen und Rudolf Platte (1904–84) engagiert war. Gemeinsam standen sie in Weber-Brauns *Beethoven* (1922) auf der Bühne. In Hannover soll R. auch den ersten männlichen Puck in → Shakespeares *Ein Sommernachtstraum* (1921) gegeben haben. Wirklicher Erfolg stellte sich erst ein, als R. sein komisches Talent entdeckte. 1922 spielte er am Schauspielhaus Bremen u. a. zum ersten Mal den *Mustergatten* von A. Hopwood. Eine Rolle, die ihm später und v. a. nach dem Krieg viel Erfolg bescherte. 1923 in München am Schauspielhaus, 1925–29 an den Kammerspielen. Wichtige Rollen u. a. in *Der Mustergatte*, Shakespeares *Liebes Leid und Lust* (beide 1927, R. → Falckenberg), Thomas' *Charleys Tante* (1928). 1927 erstmals in Berlin in Medcraft/Mitchells *Lockvögel* (Dt. Th./Kammerspiele). Bis 1937 spielte R. abwechselnd in München und Berlin, 1938–43 unter → Gründgens im Ensemble des Preuß. Staatstheaters Berlin. Er spielte u. a. in Armont/Marchands *Der Bridgekönig* (1938) und Higgins in Shaws *Pygmalion* (1941, beide R. → Liebeneiner). 1940 Staatsschauspieler. – R. machte den Wechsel vom Stumm- zum Tonfilm mit. Er debütierte 1926 mit *Das deutsche Mutterherz*, gefolgt von *Das Mädchen mit den fünf Nullen* (1927, mit → Sandrock und → Harlan). Doch erst der Tonfilm *Die Drei von der Tankstelle* (1930) brachte Erfolg. Das Image des «kleinen Mannes», der alles mit Herz und Pfiffigkeit erreicht, haftete ihm seither an. Unvergesslich sind Filme wie *Quax, der Bruchpilot* (1941) und *Die Feuerzangenbowle* (1944). Nach dem Krieg ging R. mit dem *Mustergatten* in eigener Regie auf Tournee und gründete 1947 eine Filmfirma, die 1950 Konkurs ging. Im Film wie auf der Bühne gelang R. der Wechsel zum Charakterdarsteller. Große Erfolge im Film waren u. a. *Der Hauptmann von Köpenick* (1956, R. → Käutner) und *Der brave Soldat Schwejk* (1960, R. → Ambesser). Th. spielte R. weiterhin, u. a. an den Münchner Kammerspielen in Becketts *Warten auf Godot* (1954, R. → Kortner), → Pinters *Der Hausmeister* (1972, R. → Everding), Simons *Sonny Boys* (1974, R. → Barlog) und am Wiener Burgtheater in Millers *Der Tod des Handlungsreisenden* (1962, R. P. → Hoffmann). – «Er hat sein komisches Fach immer wieder mutig durchbrochen. Wenn er's tat, bewies er meistens, wie gefährlich nahe und verwandt Komik und tragische Wirkung sein können» (F. Luft in *Die Welt*, 5. 3. 1982). R. spielte in mehr als 100 Spielfilmen, war seit den 1970er Jahren zusätzlich im Fernsehen beschäftigt und fand als Rezitator viel Beachtung. So las er im Hamburger Michel an den Adventstagen 1976–92 weihnachtliche Texte.

Görtz, F. J., H. Sarkowicz: Heinz Rühmann. Der Schauspieler und sein Jahrhundert. München 2001; Rühmann, H.: Das war's. Erinnerungen. Frankfurt a. M. 1985.

Sabine Steinhage

Rupprecht, Martin, * 1.7.1937 Woldenberg (Neumark). Bühnen- und Kostümbildner.

Aufgewachsen in Bernau bei Berlin. 1956–61 Studium an der Meisterschule für das Kunsthandwerk in Westberlin in der Bühnenbildklasse bei Marianne Herting und Werner Kleinschmidt. Bereits während des Studiums Arbeiten für das Berliner Th.; Debüt mit Kaisers *Der Protagonist* (1957/58, Studentenbühne der FU Berlin). Assistenzen bei L. → Berger (1964) und (bis 1967) → Maximowna. Ab 1967 Lehrauftrag, 1971–2002 Professor für Bühnenkostüm an der Hochschule der Künste Berlin. Als freier Bühnen- und Kostümbildner verantwortlich für mehr als 200 Ausstattungen. In Berlin an der Vagantenbühne u. a. für Rys' *Grenzgänger* (UA 1960), Borcherts *Draußen vor der Tür* (1962), Sartres *Geschlossene Gesellschaft* (1969), Kants *Die Aula* (1970), am Renaissancetheater für Gershes *Schmetterlinge sind frei* (1971), → Goetz' *Der Lügner und die Nonne* (1973), Wildes *Ein idealer Gatte* (1979). Weitere Ausstattungen u. a. für Dorsts *Auf dem Chimborazo* (1979, Th. Schleswig), Schillers *Wilhelm Tell* (1979), Schnitzlers *Reigen* (1983), Frayns *Der reinste Wahnsinn* (1984, alle Thalia Th. Hamburg), Osbornes *Der Entertainer* (1992, Stadttheater Aachen), McNallys *Meisterklasse* (1998, Th. Lübeck). Konzentration auf Werke des Musiktheaters; kontinuierliche Zusammenarbeit mit Regisseuren wie Winfried Bauernfeind, Michael Hampe, Steffen Piontek. Neben Werken des Repertoires v. a. UAen und DEAen moderner Musik, u. a. Poussurs *Die Erprobung des Petrus Hebraicus* (UA 1974), Kagels *Mare nostrum* (UA 1975, beide Berliner Festwochen), *Aus Deutschland* (UA 1981, Dt. Oper Berlin), Wahrens *Fettklößchen* (UA), Henzes *Wir erreichen den Fluß* (DEA, beide 1976, Dt. Oper Berlin), Sieberts *Der Untergang der Titanic* (UA 1979, Dt. Oper Berlin, 1980 Los Angeles, 1994 Cottbus), *Schlemihl* (UA 1987, Th. des Westens Berlin), *Die Maske des roten Todes* (UA 2005, Volkstheater Rostock), Dinescus *Der 35. Mai* (UA 1991, Gärtnerplatztheater München), Kurbjuhns *Dracula!* (Städt. Th. Chemnitz), Husmanns *Vivaldi* (beide UA 2002, Th. Ulm), Maus' *Hamel* (UA 2004, Sejong-Center Seoul). Arbeiten für das Ballett und Open-Air-Spektakel wie *Preußen – Ein Traum* zur 750-Jahrfeier Berlins (1987) oder das «Wannsee-Spektakel» *Inferno und Paradies* (1988). Zahlreiche Ausstattungen für Bühnen in Europa, Amerika, Asien. – Einer der führenden Ausstatter des dt.sprachigen Raums, dessen «Kunst der atmosphärischen Konzentration» (W. Burde in *Melos* 1976, H. 6/7, S. 472) variantenreich, opulent und ironisch herkömmliche Sehgewohnheiten bricht und starke optische Akzente setzt. Seine Bühnenbilder und Kostüme meiden bei aller ästhetischen Schönheit das bloß Dekorative.

Martin Rupprecht. Bühnenbilder und Kostüme. Hg. L. Schirmer. Berlin 2005.

Wolfgang Beck

S

Samarovski, Branko, * 9. 7. 1939 Zemlin (Jugoslawien). Schauspieler.

Ausbildung am Mozarteum Salzburg. 1970–72 Vereinigte Bühnen Graz (Manfred in der UA von Sommers *Unheimlich starker Abgang*). 1972–79 Staatsschauspiel Stuttgart (Horvat in Krležas *Galizien*, Alfred in Horváths *Geschichten aus dem Wiener Wald*, TR in Büchners *Woyzeck*, Mephisto in → Goethes *Faust I und II*, Zettel in → Shakespeares *Ein Sommernachtstraum*, Thoas in Goethes *Iphigenie auf Tauris*, Krauthammer in → Nestroys *Der Zerrissene*). 1979–85 Schauspielhaus Bochum (TR in Goethes *Torquato Tasso* und in → Molières *Der eingebildete Kranke*, Frosch in *Die Fledermaus* von Johann Strauß, Lopachin in Čechovs *Der Kirschgarten*, Autor in der UA von → Achternbuschs *Sintflut*, Matti in → Brechts *Herr Puntila und sein Knecht Matti*. 1981 Salzburger Festspiele: Schriftsteller in der UA von Bernhards *Am Ziel*. 1985–90 Schaubühne am Lehniner Platz Berlin (Edgar in Shakespeares *König Lear*, Kaufmann in Ostrovskijs *Ein heißes Herz*, Theseus in Racines *Phädra*, Derryl in O'Caseys *Das Ende vom Anfang*). Seit 1990 Wiener Burgtheater (Estragon in Becketts *Warten auf Godot*, Major in der UA von → Taboris *Requiem für einen Spion*, Truffaldino in Goldonis *Der Diener zweier Herren*, Zauberkönig in Horváths *Geschichten aus dem Wiener Wald*). 2003 in → Grübers Insz. von Sophokles' *Ödipus auf Kolonos*, 2004 Knut Brovik in Ibsens *Baumeister Solness* (R. → Ostermeier). 1998 Frosch in der *Fledermaus* in der Wiener Staatsoper. Casca in Shakespeares *Julius Caesar* (1992), Enobarbus in dessen *Antonius und Cleopatra* (1994, beide R. P. → Stein), Teufel in Hofmannsthals *Jedermann* bei den Salzburger Festspielen. Film- und Fernsehrollen. – Scharfer Charakterspieler und hintergründiger Komiker mit großen Verwandlungsmöglichkeiten. Vorzüglich in der Darstellung des kleinen, gedemütigten Mannes, der sich aufbäumt. Aus diesem Verständnis entwickelte er eine eigenwillige Interpretation des Mephisto.

Sucher, C. B.: Theaterzauberer. Schauspieler. München, Zürich 1988.

Werner Schulze-Reimpell

Samel, Udo, * 25. 6. 1953 Eitelbach bei Trier. Schauspieler, Regisseur.

1973–74 Studium der Slawistik und Philosophie in Frankfurt a. M.; Studententheater. 1974–76 Hochschule für Musik und Darstellende Kunst Frankfurt a. M. Debüt am Staatstheater Darmstadt (Roelle in Fleißers *Fegefeuer in Ingolstadt*, Carl Pius in Lasker-Schülers *Die Wupper*). 1976–78 Düsseldorfer Schauspielhaus (Metzenthin in Reinshagens *Sonntagskinder*, TR in Jahnns *Thomas Chatterton*, Hugo in Sartres *Die schmutzigen Hände*). 1978–92 Schaubühne am Halleschen Ufer/ Lehniner Platz. In Insz.en P. → Steins u. a. verschiedene Rollen in *Groß und klein* von Botho Strauß (UA 1978), Orestes in der *Orestie des Aischylos* (1980), Vollmond in Williams' *Klassenfeind* (DEA 1981, 1983 Film), Richter in Genets *Die Neger* (1983), Trofimow in Čechovs *Der Kirschgarten* (1989); → Bondys u. a. TR in Strauß' *Kalldewey, Farce* (1982), Olaf in *Die Zeit und das Zimmer* (UA 1989), Oronte in → Molières *Der Menschenfeind* (1987); → Grübers u. a. Güldenstern in → Shakespeares *Hamlet* (1982), Lenglumé in Labiches *Die Affäre Rue de Lourcine* (1988), Sosias in Kleists *Amphitryon*

(1991). Außerdem McCann in → Pinters *Die Geburtstagsfeier* (1985, R. J. Kruse), Porfirij in → Wajdas Adaption von Dostoevskijs *Schuld und Sühne* (1986/87), Odysseus in H. → Müllers *Philoktet* (1988, R. H. König). Bei den Salzburger Festspielen 1986 Hermes in Aischylos/Handkes *Prometheus gefesselt*, 1993 und 1994 Teufel in Hofmannsthals *Jedermann*. 1992–2001 freier Schauspieler. 1994 im Wiener Burgtheater TR in → Goethes *Torquato Tasso* (R. C. → Lievi). Erfolge als Marc in Rezas *Kunst* (DEA 1995, Schaubühne, seit 2000 Renaissancetheater, 1997 TV) und Henri in *Drei Mal Leben* (DEA 2001, Renaissancetheater). An der Oper Zürich in Willi/Schneiders Oper *Schlafes Bruder* (UA 1996), am Bayer. Staatsschauspiel Silber in der UA von Ostermaiers *The Making of B.-Movie*, TR in Büchners *Woyzeck* (beide 1999). Seit 2001 Schauspiel Frankfurt; u. a. Manders in Ibsens *Gespenster*, Vater in Mankells *Zeit im Dunkeln* (R. der Autor, beide 2002/03). 2004 Antoine in H. Müllers *Der Auftrag* (Haus der Berliner Festspiele, R. → Mühe), 2005 Gajew in Čechovs *Der Kirschgarten* (Burgtheater, R. → Breth). Zahlreiche Rollen im Film (Daumer in *Kaspar Hauser* 1992) und Fernsehen (Schubert im Dreiteiler *Mit meinen heißen Tränen* 1986). Weiter u. a. in *Messer im Kopf* (1978), *Winckelmanns Reisen* (1990), *Durchreise* (1993, TV), *Der Vulkan* (1999), *Die Klavierspielerin* (2001), *Alles auf Zucker!* (2004), *Unkenrufe* (2005). Literarisch-musikalische Revuen, z. T. mit Sona McDonald und dem Pianisten Alan Marks (*Lost in the Stars and Stripes*, *Exil in Amerika*; *Ohne Grund nicht denken, ein Bertolt-Brecht-Abend*; *Ganz ohne Lorbeer und Hurra*). Regie bei Bergs *Wozzeck* (1996, Nationaltheater Weimar), Donizettis *Don Pasquale* (1997, Bremer Th.), Ostermaiers *Zuckersüß und Leichenbitter* (UA 1997, Bayer. Staatsschauspiel), Verdis *Aida*, Puccinis *Il Trittico* (beide 1998, Semper-Oper Dresden), Muhlischs *Das Theater, der Brief und die Wahrheit* (2001, Schauspiel Frankfurt); den szenischen Liederabenden von Schuberts *Die schöne Müllerin* (2003), *Winterreise*, *Schwanengesang* (beide 2004, alle Oper/Schauspiel Frankfurt). Zahlreiche Auszeichnungen. – Begnadeter Komiker und hintergründiger Charakterspieler von großer Ausstrahlung, auch als Chargenspieler schnell Mittelpunktsfigur. Immer diszipliniert und sehr genau. Peter Iden nannte den jungen S. einen «Expressionismus-Spieler».

Werner Schulze-Reimpell

Sander, Otto, * 30. 6. 1941 Peine bei Hannover. Schauspieler.

Nach einem Studium der Theaterwissenschaft, Germanistik, Kunstgeschichte und Philosophie besuchte S. die Otto-Falckenberg-Schule in München. Obwohl er die schauspielerische Ausbildung zunächst nur nutzen wollte für sein Berufsziel des Regisseurs, gab er bereits als Student sein Theater- wie Filmdebüt (1965) und machte Kabarett am Münchner Rationaltheater. Über die Düsseldorfer Kammerspiele und das Th. der Stadt Heidelberg kam S. 1968 nach Berlin, in die Stadt, die «seine» Stadt werden sollte. Nach einem Engagement bei Peymann an der Freien Volksbühne begannen S.s wichtigste Theaterjahre 1970 mit dem Wechsel zur Schaubühne am Halleschen Ufer unter Peter → Stein (Ensemblemitglied 1970–81). Durch eine Vielzahl großer klassischer Rollen, u. a. Teiresias in Euripides' *Die Bakchen* (1973, R. → Grüber) und Suslow in Gor'kijs *Sommergäste* (1974, R. Stein), aber v. a. als Darsteller in Stücken Botho Strauß' (u. a. Richard in *Trilogie des Wiedersehens*, 1978, R. Stein; Der Mann in *Kalldewey, Farce*, 1982, R. → Bondy) gewann S. unverwechselbare Kontur. In *Death Destruction & Detroit* (1979) von Robert Wilson überzeugte S. als «witzig beklemmender Star des Wilson-Abends, (als) Schauspieler, der in allen Szenen eine Schwindel erregende, an den Komiker Valentin erinnernde Tiefe erreichte» (H. Karasek im *Spiegel*). Seit seinem Schaubühnen-Engagement hat S. keinem Th. mehr angehört und mit ganz verschiedenen Regisseuren zusammengearbeitet (u. a. Werschinin in Čechovs *Drei Schwestern*, 1984, R. Stein; Der Tod in Hofmannsthals *Jedermann*, Salzburger Festspiele 1988, R. → Haeusserman; Zettel in → Shakespeares *Sommernachtstraum*, Salzburger Festspiele 1996, R. → Haußmann; Herr Jelke in Strauß' *Der Kuß des Vergessens*, 1998, Schauspielhaus Zürich; König Claudius in *Hamlet*, 1999, R. → Zadek). Peter Iden schilderte S.s König Claudius in der *FR* als einen «ganz und gar gewöhnlichen» Menschen: «Darin gründet die Spannung von Sanders Schilderung des Claudius: dass sie die überbrachte Konvention stört, indem sie mit voller Absicht unterlaufen, konterkariert wird.» 2004 TR in Zuckmayers *Der Hauptmann von Köpenick* (Schauspielhaus Bochum). Einzelne Regiearbeiten. S. spielte von Beginn an auch in zahlreichen Filmen, u. a. mit so bekannten Regisseuren wie Eric Rohmer (*Die Marquise von O*, 1975/76), Volker Schlöndorff (*Die Blechtrommel*, 1978/79), Wolfgang Petersen (*Das Boot*, 1980/81) und Margarethe von Trotta (*Rosa Luxemburg*, 1985/86). Eine «himmlische» internat. Filmberühmtheit wurde S. durch die Filme *Der Himmel über Berlin* (1986/87) und *In weiter Ferne, so nah* (1993) von Wim Wenders als Engel Cassiel neben Bruno → Ganz. Darüber hinaus ist S. durch diverse Fernsehrollen einem breiten Publikum bekannt. Seine unverwechselbar markante Stimme prädestiniert ihn zum gefragten Sprecher von Fernseh- und Radiobeiträgen, zum Synchronsprecher und für Lesungen (u. a. Joachim Ringelnatz: «Ich bin etwas schief ins Leben gebaut»). – Unzweifelhaft zählt S. zu den wichtigsten dt. Schauspielern. In seinen größten schauspielerischen Leistungen ist der schmale Mann mit den roten Haaren und der sommersprossigen, weißen Haut in seiner Komik nie banal, in seiner scharf beobachtenden Ironie nie kalt, bei aller schüchternen Melancholie immer in die Menschen verliebt. Dt. Darstellerpreis (1980 und 1989), Ernst-Lubitsch-Preis (1982). S. ist verheiratet mit der Schauspielerin Monika Hansen, deren Kinder Meret und Ben Becker ebenfalls vielbeachtete Schauspieler sind.

Dermutz, K., K. Meßlinger: Otto Sander. Ein Hauch von Anarchie darf schon dabei sein... Berlin 2002.

Susanne Eigenmann

Sandrock, Adele, * 19. 8. 1863 Rotterdam, † 30. 8. 1937 Berlin. Schauspielerin.

S. begann 1877 als Statistin am Hoftheater Meiningen. Nach meist kurzen Engagements in Moskau, Berlin, Wien, Durchbruch im Th. an der Wien in *Der Fall Clemenceau* (A. Dumas fils / A. d'Artois; P. 5. 10. 1889). 1889–95 am Dt. Volkstheater (Wien) engagiert, wurde sie zum gefeierten Star. 1895 «erste Heroine» am Burgtheater, das sie – nach Unstimmigkeiten mit der Direktion – 1898 verließ – ein Schritt, den sie mehrfach vergeblich rückgängig zu machen versuchte. 1899–1901 Tourneen u. a. durch Deutschland, Serbien, Ungarn, die Niederlande und Russland. 1905–10 Engagement am Dt. Theater Max → Reinhardts. 1912–14 erfolglose Tourneen in die dt.sprachige Provinz. 1918–20 an der Neuen Freien Volksbühne Berlin, sonst meist Rollenverpflichtungen. Erneute Erfolge in eher komischen Rollen: Fürstin Nikolajewna in Wedekinds *Liebestrank* (Neue Freie Volksbühne, P. 10. [17.?] 1. 1920), Lady Brancaster in Wildes *Bunbury* (Tribüne, Berlin, P. 1. 6. 1920). In dieser Rolle betrat sie 1934 (Renaissancetheater Berlin) zuletzt die Bühne. – Seit 1911 wirkte sie in angeblich rund 160 Filmen mit. Der Übergang zum Tonfilm gelang ihr problemlos, ihr sonores Organ, ihre «spezifische Komik der Unmodernen» (C. Balk, S. 143) verhalfen ihr v. a.

in komischen Rollen zu Erfolg und großer Popularität.

Ihre glanzvolle Bühnenlaufbahn hat «die» S. begonnen als Star der «Wiener Moderne», als effektsichere Virtuosin und «femme fatale», deren leidenschaftliches, «nervöses» Spiel gefeiert wurde: «Wien besaß eine Heroine mit Sex-Appeal» (L. Speidel, zit. n. Renger, S. 52). Verstärkt wurde diese theatralische Ausstrahlung durch analoge private «Auftritte», Affären u. a. mit Felix Salten, Roda Roda, v. a. aber mit Arthur Schnitzler, in dessen Stücken sie mehrfach spielte und den sie durchzusetzen half; u. a. als Christine in der UA von *Liebelei* (Wien, Burg, P. 9. 10. 1895). – Problematisch für ihre Karriere wurden um die Jahrhundertwende die Auflösung der starren Rollenfächer, die Abwendung vom heroischen Pathos in Sprache und Darstellung, die Herausbildung des modernen Regietheaters. Tendenzen, denen sie nicht folgen wollte: «Mit der wechselnden Tagesnatürlichkeit der Straße wurden verdichtete, klassische Gestalten gesprochen [...]. Danach wurde meine Darstellungsweise als eine ‹hinter der Zeit zurückgebliebene› betrachtet. [...] Ich habe in dieser Entartungsmanier bewußt nicht mitgetan, nicht, weil ich nicht konnte, sondern weil ich nicht wollte» (S., zit. n. Balk, S. 90). Neue Erfolge errang sie auf dem Th. wie im Film, als sie komische Rollen zu spielen begann, in denen sie die Wirkung durch die Diskrepanz zu steigern verstand, die zwischen komischem Inhalt und ihrer Darstellung mit Pathos in Sprache und Gebärde entstand. Überdauert hat ihr Bild als «komische Alte» in Filmen der 1930er Jahre wie *Alles hört auf mein Kommando* (1934, R. G. Zoch), *Kirschen in Nachbars Garten* (1935, R. E. → Engel, mit K. → Valentin), *Amphitryon* (1935, R. R. Schünzel).

Ahlemann, J.: Adele Sandrock. Frankfurt a. M. u. a. 1989; Balk, C.: Von ‹Der Sandrock› zur Adele. München 1997 *(Katalog)*; Renger, W.: Adele Sandrock. Diss. München 1950.

Wolfgang Beck

Savary, Jérôme, * 27. 6. 1942 Buenos Aires. Regisseur, Intendant.

Die Kindheit verbrachte S. im südfranz. Departement Ardèche; besuchte später die Pariser Kunstgewerbeschule École des arts décoratifs, leistete seinen Wehrdienst in Argentinien ab und kehrte über New York nach Frankreich zurück, wo er 1965 das Grand Th. Panique gründete, das ihn unter dem 1968 angenommenen Namen Grand Magic Circus (et ses animaux tristes) S. internat. bekannt machte. Zahlreiche Th.-Revuen, in denen S. meist selbst als Kommentator und Animateur auftrat, begeisterten die Kritik, waren aber meistens keine finanziellen Erfolge: *Zartan, Tarzans ungeliebter Bruder* (1970, auch *Tropische Oper* genannt); *Robinson Crusoes letzte Tage der Einsamkeit* (1971); *Von Moses bis Mao* (1974); *Good bye Mister Freud*; *Die großen Gefühle* (1975), *Les Mélodies du Malheur* (1979). 1975 inszenierte S. auf Einladung Ivan → Nagels Büchners *Leonce und Lena* in Hamburg und hatte mit seiner poetischen, bildhaften Erzähl-Regie großen Erfolg. Das Publikum schätzte sein Tabus beiseiteschiebendes faszinierendes Farben-, Formen- und Sprachspiel. *Die Zauberflöte* auf der Seebühne der Bregenzer Festspiele 1985 und 1986 und *Cabaret* als Huldigung an das Berlin der 1930er Jahre in Düsseldorf und Lyon 1986 waren große Theaterereignisse, ebenso die UA von Quim Monzós *Don Juan Tango* 1986 in Hamburg. 1982–85 Leiter des Centre Dramatique National du Languedoc-Roussillon. 1988 Direktor des Th. National de Chaillot am Pariser Trocadéro. «Interessant, vielseitig und für Überraschungen gut», provozierten seine mit viel Spektakel inszenierten Aufführungen die unterschiedlichsten Reaktionen. Elan, rasanter Szenenablauf und ironisches Augenzwinkern machte seine tamtamhaften Aufführungen zu Riesenerfolgen, etwa seine *Holiday-on-Ice*-Einstudierung nach Jules Vernes utopischem Roman *Reise um die Welt in 80 Tagen* (1990). Aufsehenerregende Insz.en der 1990er Jahre: 1991 Bizets *Carmen* bei den Bregenzer Festspielen; eine *Fledermaus*-Revue 1991 in Genf; die 1990 in Paris kreierte und 1992 in Lübeck gespielte Revue *Zazou und die Swing boys* über die Pariser Jeunesse dorée während der dt. Besatzungszeit; *Der blaue Engel* nach einem Text von Tankred Dorst am Berliner Th. des Westens zusammen mit Peter → Zadek, die «Untat der Saison» 1991/92 nach dem Urteil der *Zeit* vom 5.6.1992 trotz der Starbesetzung mit Ute Lemper und Ulrich → Wildgruber. Zum Abschied von der Leitung des Chaillot-Th.s inszenierte S. *Irma la Douce* im Mai 2000 als ein «Sommermärchen für Liebende». Mit der Spielzeit 1999/2000 übernahm S. die Leitung der Opéra comique in Paris, wo er seine Konzeption eines volksnahen Musiktheaters mit Anklängen an Revue, Operette, Varieté und Zirkus verwirklichen und die Tradition Jacques Offenbachs, dem er mehrfach Reverenz erwiesen hat, zeitgemäß fortsetzen kann. Beispielhaft dafür ist *Chano, un cubain à New York* als großes Musikspektakel, das S. gemeinsam mit dem Kubaner Anga Diaz und dem Amerikaner Allen Hoist verfasst hat und zunächst in La Havana und dann in Paris 2002 in span. Sprache uraufführte. Diese comédie musicale schildert das Leben des im Alter von 33 Jahren in einer New Yorker Bar ermordeten kubanischen Schlagzeugers Chano Pozo, der nach dem 2. Weltkrieg die sinnlichen afrokubanischen Rhythmen in den amerik. Jazz eingebracht hatte. Als totales Th., bei dem die Zuschauer eingeladen sind, im Orchestergraben mitzutanzen, ist die Insz. zugleich als ein ekstatisches Fest der Lebensfreude angelegt.

Le Grand Magic Circus et ses animaux tristes. Paris 1996; Savary, J.: *Dictionnaire amoureux du spectacle.* Paris 2004; ders.: *Ma vie commence à 20 h 30.* Paris 1991; ders.: *La vie privée d'un magicien ordinaire.* Paris 1985 (dt. *Ein ganz gewöhnlicher Magier.* München 1986).

Horst Schumacher

Schaaf, Johannes, *7.4.1933 Stuttgart-Bad Cannstatt. Schauspieler, Regisseur.

Studierte einige Semester Medizin in Tübingen und Berlin, arbeitete als Taxifahrer. Begann als Schauspieler und Regieassistent am Stuttgarter Staatsschauspiel. 1958 Schauspieler und erste Insz.en im Stadttheater Ulm bei Kurt → Hübner, dem er 1962–63 ans Th. der Freien Hansestadt Bremen folgte; spielte in → Zadek-Insz.en Eck in Osbornes *Luther* und Hauptmann in Behans *Die Geisel*, inszenierte die DEA von Weskers *Tag für Tag*. Beginn intensiver Film- und Fernseharbeit; Regie u. a. bei *Ein ungebetener Gast* (1963, TV), *Die Gegenprobe* (1965, TV), *Tätowierung* (1967), *Lebeck* (1968, TV), *Trotta* (1971), *Traumstadt* (1973), *Leonce und Lena* (1975, TV), als Schauspieler u. a. in *Die Nashörner* (1961, TV), *Alle Jahre wieder* (1967), *Jaider, der einsame Jäger* (1971, TV), *Das falsche Gewicht* (1971), *John Glückstadt* (1975). 1968–70 Dozent an der Filmhochschule Berlin. 1970 → Shakespeares *Was ihr wollt* (Bayer. Staatsschauspiel, Einladung zum Berliner Theatertreffen). 1973–76 Haus-Regisseur der Münchner Kammerspiele (Sternheims *Die Kassette*, Valle-Incláns *Worte Gottes*, Wedekinds *Schloß Wetterstein*, alle 1974). In Wien am Burgtheater u. a. Schnitzlers *Der Ruf des Lebens* (1977), im Th. in der Josefstadt Horváths *Glaube, Liebe, Hoffnung* (1978); am Düsseldorfer Schauspielhaus u. a. Kleists *Das Käthchen von Heilbronn* (1979), Grasers *Die buckelige Angelika* (UA 1983), Shakespeares *Ein Sommernachtstraum* (1984). 1980–81 mit → Minks und Eos Schopohl Leitung des Schauspiels Frankfurt a. M.; Regie bei Büchners *Dantons Tod* und Če-

Schade, Doris

chovs *Der Kirschgarten*. Bei den Salzburger Festspielen inszenierte S. mit → Brandauer Büchners *Leonce und Lena* (1975) und Beaumarchais' *Ein toller Tag oder Figaros Hochzeit* (1978; 1983 Düsseldorf), mit → Schulze und → Roggisch → Lessings *Nathan der Weise* (1984); außerdem R. Strauss' *Capriccio* (1985), Mozarts *Die Entführung aus dem Serail* (1986; 1992 Hamburg), *Die Zauberflöte* (1991). 1986 Verfilmung von Michael Endes Roman *Momo*. Inszeniert seit Mitte der 1980er Jahre hauptsächlich Opern, bevorzugt von Mozart sowie Werke des 20. Jh.s. An der Wiener Staatsoper Mozarts *Idomeneo* (1987; 1989 London), an der Londoner Covent Garden Opera Mozarts *Die Hochzeit des Figaro* (1987; 2005 Mannheim), *Così fan tutte* (1989; 1999 Essen), *Don Giovanni* (1992; 1999 Mariinski-Th. St. Petersburg), an der Bayer. Staatsoper von Einems *Dantons Tod* (1990), Musorgskijs *Boris Godunow* (1991), an der Oper Frankfurt Šostakovičs *Die Nase* (1990; 2006 Essen). Insz.en für De Nederlandse Opera (Amsterdam) von Strauß' *Die Fledermaus* (1987), Beethovens *Fidelio* (1991), Čajkovskijs *Eugen Onegin* (1997; 2004 Übernahme San Francisco), am Staatstheater Stuttgart u. a. von Šostakovičs *Lady Macbeth von Mzensk* (1992; 2003 Übernahme San Francisco), Bergs *Wozzeck* (1993; 2004 Essen), Verdis *Rigoletto* (1994; 1986 Hamburg), *Simone Boccanegra* (1995), an der Oper Zürich von Verdis *Aida* (1997), Webers *Oberon* (1998), Rimskij-Korsakovs *Die Zarenbraut* (2005), am Aalto Musiktheater Essen von Strauss' *Ariadne auf Naxos* (2002), am Mariinski Th. (St. Petersburg) von Wagners *Das Rheingold* (2000), der San Francisco Opera von Janáčeks *Katja Kabanova* (2002), Rossinis *Il barbiere di Siviglia* (2003). Die Leitung der Hamburgischen Staatsoper zu übernehmen, lehnte S. 1995 ab. – In allen Genres ein genauer, phantasievoller, an der Vorlage orientierter Regisseur. Entdeckungsfreudig, immer interessiert an Werken abseits der konventionellen Spielpläne. Manchmal Neigung zum repräsentativen Gestus, zur symbolischen Überhöhung. «Ein radikaler Ästhet von bezwingender Kraft» (M. Stenger in *WAZ*, 7. 4. 2003).

Werner Schulze-Reimpell

Schade, Doris, * 21. 5. 1924 Frankenhausen (Thüringen). Schauspielerin.

Aufgewachsen in der Sowjetunion und Japan. 1942–44 Ausbildung am Alten Th. Leipzig. 1946–47 Städt. Bühnen Osnabrück (Luise in Schillers *Kabale und Liebe*). 1947–49 Bühnen der Freien Hansestadt Bremen, 1949–54 Städt. Bühnen Nürnberg (Phönix in Calderóns *Der standhafte Prinz*). 1954–61 Städt. Bühnen Frankfurt a. M. (Isabella in → Shakespeares *Maß für Maß*). 1961–72 Münchner Kammerspiele. In → Kortner-Insz.en Desdemona in Shakespeares *Othello*, Anna in dessen *König Richard III.*; außerdem Isabella in dessen *Maß für Maß*, Emilie in der DEA von Vitracs *Victor oder Die Kinder an der Macht* (R. Anouilh), Julia in Albees *Empfindliches Gleichgewicht*, Jenny in der DEA von dessen *Alles im Garten*, Jenny in Sternheims *Bürger Schippel*, Frau John in Hauptmanns *Die Ratten*. 1972–77 Dt. Schauspielhaus Hamburg (Mutter in *Victor oder Die Kinder an der Macht*, Jessica in Bonds *Die See*, Julie in Büchners *Dantons Tod*, Frau Alving in Ibsens *Gespenster*). 1975 Stuttgarter Staatsschauspiel: Frau Fröhlich in Bernhards *Der Präsident*. Seit 1977 Münchner Kammerspiele. Spielte ein enormes Repertoire zwischen Klassik (Jokaste in *König Ödipus* von Sophokles, Elisabeth in Schillers *Maria Stuart*, Maria in Shakespeares *Was ihr wollt*, Gertrud in dessen *Hamlet*, Marthe Rull in Kleists *Der zerbrochne Krug*, Gunhild in Ibsens *John Gabriel Borkman*, Arkadina Ranjewskaja in Čechovs *Die Möwe*, Teiresias in Sophokles' *Antigone*) und Gegenwartsdramatik (Frau Grollfeuer in Schwabs *Volksver-*

nichtung oder Meine Leber ist sinnlos, Frau in der UA von Kerstin Spechts Amiwiesen, Marquise de Merteuil in Heiner → Müllers Quartett, Marthe in der DEA von Bonds Sommer, Mutter in Bernhards Am Ziel, Hanne in Dorsts Merlin oder Das wüste Land), Komischem (Madame Hortense in Anouilhs Das Orchester) und Anrührendem. Bei den Salzburger Festspielen u. a. in Fortes (nach Bidermann) Cenodoxus (UA 1972). 1987 Gertrud-Eysoldt-Ring. Filmrollen bei → Fassbinder (Die Sehnsucht der Veronika Voss, 1982) und Margarethe von Trotta (Die bleierne Zeit, 1982; Rosa Luxemburg, 1986; Rosenstraße, 2003), Fernsehrollen. – Eine Schauspielerin, die anscheinend alles spielen kann und der man alles zutraut. «Es ist, als begegnete man in jeder Rolle einer anderen Schauspielerin. [...] Die Schade ist immer wieder anders, neu. Auf der Suche nach der Figur wird sie stets fündig, entdeckt die Rolle und damit zugleich an sich eine bisher unbekannte Facette, einen nie gehörten Ton. Sie nimmt die Menschen, die sie darstellt, ein, okkupiert sie mit Körper und Geist und äußert dann das Innenleben dieser Kunstfigur ganz realistisch, in völliger Harmonie mit sich selber, ganz unkünstlich», schrieb C. Bernd Sucher.

Müller, H. R., D. Dorn, E. Wendt: Theater für München. Ein Arbeitsbuch der Kammerspiele 1973–83. München 1983; Sucher, C. B.: Theaterzauberer. Schauspieler. München, Zürich 1988.

Werner Schulze-Reimpell

Schall, Ekkehard, * 29. 5. 1930 Magdeburg, † 3. 9. 2005 Buckow. Schauspieler, Regisseur.

Ausbildung 1946–48 am Schauspielstudio in Magdeburg. S. kam über Engagements am Stadttheater Frankfurt a. d. O. (1948–51) und 1951/52 an der Neuen Bühne Berlin (heute Maxim-Gorki-Th.) 1952 an das Berliner Ensemble, wo er bis 1991 blieb, rasch einer der herausragenden Protagonisten des Hauses und 1977 stellvertretender Intendant wurde. Wichtige Rollen in Strittmatters Katzgraben (UA 1953), Bechers Winterschlacht (1955, beide R. → Brecht), Brecht / → Palitzsch / Webers Der Tag des großen Gelehrten Wu (1955), Synges Der Held der westlichen Welt (1956), Višnevskijs Optimistische Tragödie (1958, R. Palitzsch / → Wekwerth), Kipphardts In der Sache J. Robert Oppenheimer (TR, 1965), Büchners Woyzeck (TR, 1970), Hacks' Omphale (1972), Gladkow / H. → Müllers Zement (UA 1973), V. Brauns Großer Frieden (UA 1979), Eislers Johann Faustus (1982), → Shakespeares Troilus und Cressida (1985), Brecht / Müllers Fatzer (DDR-EA 1987), Kleists Prinz Friedrich von Homburg (1990). Entscheidend für den Verlauf seiner Th.-Karriere waren Rollen in Stücken Brechts, beginnend mit der Übernahme des Eilif in Mutter Courage und ihre Kinder und als José in Die Gewehre der Frau Carrar (1952, R. → Monk, mit → Weigel, 1953 TV). Außerdem Rigault in Die Tage der Commune (1962), Philosoph in Der Messingkauf (1963), Shlink in Im Dickicht der Städte (1971, R. → Berghaus), Papst Urban in Leben des Galilei (1971/72; 1978 TR), Hi Wei in Turandot oder Der Kongreß der Weißwäscher (1973; 1981), Puntila in Herr Puntila und sein Knecht Matti (1975), Azdak in Der kaukasische Kreidekreis (1976), Macheath in Die Dreigroschenoper (1981), TR in Baal (1987), Wasserverkäufer Wang in Der gute Mensch von Sezuan (1991). Von theatergeschichtlichem Rang und auf Gastspielen internat. gefeiert seine Verkörperung der Titelhelden in Brechts Der aufhaltsame Aufstieg des Arturo Ui (über 500 Aufführungen seit 1959) und in Shakespeare / Brechts Die Tragödie des Coriolan (1964, 1978 TV). Regiedebüt (mit B. Berg) 1974 mit der bald abgesetzten Insz. von Marlowe / Brechts Leben Eduards II. von England, in der die Homosexualität des Titelhelden offen dargestellt wurde. Gastspiele u. a. im Th. im Palast der Republik (TiP, Berlin) 1978 in

Brechts *Flüchtlingsgespräche* und 1986 mit dem Soloabend *Lebensabende* mit Texten Becketts *(Das letzte Band)* und Brechts *(Die Erziehung der Hirse)*. S. gastierte u. a. als Teufel in Hofmannsthals *Jedermann* (1990, Salzburger Festspiele), Ill in Dürrenmatts *Der Besuch der alten Dame* (1992, Staatl. Schauspielbühnen Berlin, R. A. → Kirchner), Kreon in Sophokles' *Antigone* (1995, Ruhrfestspiele Recklinghausen, R. → Heyme), Stalin in Müllers *Germania 3 Gespenster am Toten Mann* (UA 1996, Berliner Ensemble, R. → Wuttke), Truffaldino in Goldonis *Der Diener zweier Herren* (2001, Th. national du Luxembourg / Ruhrfestspiele, R. Heyme), Galloudec in H. Müllers *Der Auftrag* (2004, Haus der Berliner Festspiele, R. → Mühe). Seit den späten 1990er Jahren lag der Schwerpunkt seiner Arbeit am freien theater 89, das v. a. in Berlin und Brandenburg verschiedene Spielstätten bespielt. Rollen in Heins *Bruch* (2000), der Adaption von Horváths Roman *Ein Kind unserer Zeit* (2001) als Solo, Michael Frayns *Kopenhagen* (2003), Hochhuths *Die Stunde des Jägers* (2005). Brecht-Programme (Tournee mit seiner Tochter 1998 mit *Eins gegen eins oder ich hab (B)Recht*), Rezitationen, Hörfunk-, Fernseharbeit, Filme, u. a. *Berlin – Ecke Schönhauser*, *Schlösser und Katen* (beide 1957), *Wolf unter Wölfen* (1965), *Im Staub der Sterne*, *Spur des Falken* (beide 1976), *Die Rache des Kapitäns Mitchell* (1978), *Die unwürdige Greisin* (1985, beide nach Brecht). Autor von essayistischen Texten (*Meine Schule des Theaters*, 2001) und Lyrik (*Buckower Barometer*, 2002; *Auf mir Makel nun, wie sich's gehört*, 2005). Mehrere Auszeichnungen. Seine Töchter Johanna → S. und die Kostümbildnerin Jenny S. stammen aus der Ehe mit der Schauspielerin Maria Barbara Brecht-S. (* 1930), der Tochter Brechts und Helene Weigels. – Einer der wesentlichen Charakterdarsteller seiner Generation, herausragend als Interpret von Rollen Brechts.

«Ein Schauspielmethodiker des entschiedenen Denk-Spiels» (H.-D. Schütt in *Neues Deutschland*, 26. 2. 2005). Von technischer Perfektion, großer Sprechtechnik und starker Ausdruckskraft. Anfänglich expressiv in Sprache und Spiel, nicht immer frei von Manierismen, hat S. später seine Mittel zurückgenommen, sparsam, aber immer präzise eingesetzt und dabei an darstellerischer Tiefe noch gewonnen.

Kranz, D.: Berliner Theater. 100 Aufführungen aus drei Jahrzehnten. Berlin 1990.

Wolfgang Beck

Schall, Johanna, * 19. 9. 1958 Berlin. Schauspielerin, Regisseurin.

Tochter der Schauspieler Ekkehard → S. und Barbara Brecht-S. (als Barbara Berg bis 1972 am Berliner Ensemble), Enkelin → Brechts und Helene → Weigels. Ihre Schwester Jenny S., mit der sie oft zusammenarbeitet, ist Kostümbildnerin. Als Schülerin erste Fernseh- und Bühnenrollen. Seit 1978 mit A. → Lang als Mentor Elevin am Dt. Th. Berlin. 1980 Abschluss der Schauspielausbildung an der Hochschule für Schauspielkunst «Ernst Busch». Rollen am Dt. Th. u. a. in Bez' *Jutta oder Die Kinder von Damutz* (1980, R. → Solter), Büchners *Dantons Tod* (1981, R. Lang). 1982 – 84 Kleist-Th. Frankfurt a. d. Oder; 1984 – 97 am Dt. Th. als Schauspielerin und (später) Regisseurin. Rollen in → Goethes *Stella* (1986), Turgenevs *Ein Monat auf dem Lande* (1987), H. → Müllers *Der Lohndrücker* (1988, R. der Autor), Ionescos *Die kahle Sängerin* (R. K. → Paryla), Shaws *Haus Herzenstod* (beide 1990, R. Th. → Langhoff), → Shakespeares *König Heinrich VI.* (1991), Horváths *Don Juan kommt aus dem Krieg*, → Pohls *Karate-Billi kehrt zurück* (beide 1992), Lope de Vegas *Der hat uns noch gefehlt* (1994), Brecht / Weills *Die Dreigroschenoper* (1995, R. Lang). In den 1990er Jahren Wechsel zur Regie. Insz. en u. a.

in Berlin am Dt. Th. von Chattens *Unser Dorf soll schöner werden* (UA 1993), des Liederabends *Eine Sehnsucht, egal wonach*, Mamets *Oleanna* (beide 1994), Shakespeares *Der Widerspenstigen Zähmung* (1995), Brechts *Im Dickicht* (Fassung der UA), Schwabs *Übergewicht, unwichtig: Unform* (beide 1997), am th. 98 von Gieschens *Die Abzocker* (2002), am Maxim-Gorki-Th. von Brecht/Weills *Die Dreigroschenoper* (2004); am Schauspiel Bonn von Strindbergs *Der Pelikan* (1991/92), in Leipzig von O'Briens *Rocky Horror Show* (1996), Ibsens *Die Frau vom Meer* (1998), Shakespeares *Ein Sommernachtstraum* (2000), in Bremen von Wertmüllers *Gianni, Ginetta und die anderen* (DEA 1998), in Karlsruhe von → Molières *Der Menschenfeind* (1999), Schillers *Die Räuber* (2000), Kleists *Amphitryon* (2001). 2002–06/07 Schauspieldirektorin am Volkstheater Rostock, wo sie u. a. Regie führte bei Brechts *Der aufhaltsame Aufstieg des Arturo Ui* (2003), *Herr Puntila und sein Knecht Matti*, Shakespeares *Romeo und Julia*, El Kurdis *Angstmän*, Hebbels *Die Nibelungen* (alle 2004), Kleists *Penthesilea/Das Käthchen von Heilbronn* (2005). Film- und Fernsehrollen u. a. in *Solo Sunny* (1979), *Das Luftschiff* (1983), *Blonder Tango* (1986), *Die Alleinseglerin* (1987), *Selbstversuch* (1989), *Bella Block – Die Kommissarin* (1993, TV), *Kelly Bastian – Geschichte einer Hoffnung* (2001, TV), *Herbst* (2003). – Schauspielerin mit breitem Repertoire und spielerischer Präzision, gleichermaßen in klassischen wie modernen Stücken, im komischen wie im ernsten Fach. Eine Regisseurin, die sich Stücken auf unkonventionelle Weise nähert, konzeptionell denkend. «Theater darf nicht belehren, aber es kann ermutigen» (S.).

THEATERFRAUENTHEATER. Hg. B. Engelhardt u. a. Berlin 2001.

Wolfgang Beck

Schalla, Hans (eig. Szalla), * 1. 5. 1904 Hamburg, † 23. 8. 1983 Hamburg. Schauspieler, Regisseur, Intendant.

Lehrjahre in einer Ex- und Importfirma. 1922 Schauspielunterricht bei Ernst Sattler, Debüt am Dt. Schauspielhaus Hamburg. Engagements in Breslau, Darmstadt (Camille in Büchners *Dantons Tod*, 1925), Bremen, Kassel, Hamburger Kammerspiele (Fritz in Lampels *Revolte im Erziehungsheim*, 1930), Essen. Regisseur (und Schauspieler) in Stettin, Gera, Aachen, Köln. 1940 Insz. von Grillparzers *König Ottokars Glück und Ende* im Staatstheater Berlin. 1945 Weimar, 1946–47 Köln (Aufführungen ohne Dekorationen, Kostüme, Maske). 1947–49 Oberspielleiter am Düsseldorfer Schauspielhaus (Insz. von Grabbes *Scherz, Satire, Ironie und tiefere Bedeutung*, Schillers *Turandot*, → Goethes *Clavigo*, Kleists *Amphitryon*, → Shakespeares *Timon von Athen*, 1948 an aufeinanderfolgenden Tagen Hasenclevers *Der Sohn* und Borcherts *Draußen vor der Tür*). 1949–72 Intendant des Bochumer Schauspielhauses. Unterwarf das 30 Jahre von Saladin → Schmitt geführte, nach dem Krieg in Feierlichkeit erstarrte Th. einer radikal anderen, komödiantischen, emotional expressiven, zeichenhaften Ästhetik, die wesentlich vom Ausstattungsleiter Max → Fritzsche und der Kostümbildnerin Therese von Treeck mitgeprägt wurde. Weiterhin Klassikerpflege mit Schwerpunkt Shakespeare (40 Insz.en von 30 Stücken), aber offen für Auseinandersetzung mit Strömungen der Gegenwart und neuen Spielweisen. Charakteristisch die starke Dynamik, der gespannte Furor, der den Stücken etwas atemlos Motorisches gab, ohne den Text zu hetzen. Untrüglicher Sinn für szenisches Timing – zweieinhalb Stunden Spieldauer für Tragödien, 2 für Komödien waren sein Ideal, das er zu erreichen versuchte mit innerem Tempo der Darstellung. Keine Neigung zu intellektuellen Konversations-

Schediwy, Fritz 632

stücken, kaum Interesse für → Brecht. Wenige UAen und DEAen, aber Vielzahl zeitgenössischer Stücke. 1955 «Woche amerik. Dramatik». 1956 «Woche zeitgenössischer franz. Dramatik», 1957 «Tage zeitgenössischer dt. Dramatik», 1959 «Woche engl. Dramatik». Internat. Anerkennung durch Gastspiele beim «Th. der Nationen» in Paris 1956, 1957, 1959; 1958 anlässlich der Weltausstellung in Brüssel. Mehrfach bei den Ruhrfestspielen. 1953 Eröffnung des neu gebauten Schauspielhauses. Spielte anfangs in Bochum noch einige Rollen (1951 Miller in Schillers *Kabale und Liebe*). Wenige Gastinsz.en (im Düsseldorfer Schauspielhaus 1951 Shakespeares *Viel Lärm um nichts*, 1952 Büchners *Dantons Tod*, Münchner Kammerspiele Sartres *Der Teufel und der liebe Gott*, seine vielleicht erfolgreichste Insz., in Bochum zuvor von katholischer Seite skandalisiert, in Paris ein Triumph; Schiller-Th. Berlin 1953 Frischs *Don Juan oder Die Liebe zur Geometrie*, Schlossparktheater Berlin 1963 Grabbes *Scherz, Satire, Ironie und tiefere Bedeutung*).

Neben → Stroux und → Sellner der prägendste Regisseur-Intendant der 1950er und 60er Jahre mit ihm verschworenem qualifiziertem Ensemble. Als Regisseur von → Fehling und → Jeßner beeinflusst. «Je aggressiver, je unbequemer ein Stück ist, je ungewöhnlicher in der Form, umso mehr spiele ich für das Publikum. Ich will es für neue Erkenntnisse und Ausdrucksmöglichkeiten gewinnen.» 1967 Professorentitel, 1971 Otto-Brahm-Medaille.

<small>Doll, H. P.: Hans Schalla 1904–1983. Bochum 1983; Dörnemann, K.: Bochumer Aspekte. Bochum 1963.</small>

Werner Schulze-Reimpell

Schediwy, Fritz, * 24. 2. 1943 Prag. Schauspieler.

Otto Falckenberg-Schule München. Fränkisches Th. Maßbach. Einige Semester Theatergeschichte in München. 1968–73 Th. Bremen (TR in Schillers *Don Carlos*, Ferdinand in → Shakespeares *Der Sturm* und Malvolio in dessen *Was ihr wollt*, Student in Strindbergs *Gespenstersonate*, Prinz in Gombrowicz' *Yvonne, Prinzessin von Burgund*). 1973–78 Schauspielhaus Bochum (Edmund in Shakespeares *König Lear*, Brack in Ibsens *Hedda Gabler*, in Insz.en von Augusto → Fernandes Neffe in García Lorcas *Doña Rosita bleibt ledig*, Aurelian in Calderóns *Der große Zenobia*, Nero in Racines *Britannicus*, Mitwirkung in dessen Gruppenprojekten *Atlantis* und *Der Admiral von der traurigen Gestalt*). 1978–80 Düsseldorfer Schauspielhaus (Admetos in *Alkestis* und Odysseus in *Der Zyklop* von Euripides). 1980–82 Schauspiel Frankfurt (TR in Shakespeares *König Richard III.*, Orgon in → Molières *Tartuffe*, Debuisson in Heiner → Müllers *Der Auftrag*). Im Schauspielhaus Bochum 1982 Valmont in der UA von Müllers *Quartett*. 1982–85 Zürcher Schauspielhaus (TR in Dorsts *Merlin oder Das wüste Land*, Mesa in Claudels *Mittagswende*, Napoleon in der UA von Dürrenmatts *Achterloo*, Marinelli in → Lessings *Emilia Galotti*, Achill in Kleists *Penthesilea*). 1985–86 Schauspielhaus Bochum (Valerio in Büchners *Leonce und Lena*, John in der DEA von Noréns *Nachtwache*). 1986 Wiener Burgtheater (Theseus/Oberon in Shakespeares *Ein Sommernachtstraum*, Stephano in dessen *Der Sturm*). 1989 Robespierre in Büchners *Dantons Tod* im Düsseldorfer Schauspielhaus. 1991 Th. an der Ruhr Mülheim (TR in Sophokles/Schäfers *König Ödipus* und in Shakespeares *Macbeth*). 1996 in der UA von Schuenke/Simons Neufassung von Sardous *Tosca!* (Burgtheater). 2000–05 Schauspielhaus Bochum (Pozzo in Becketts *Warten auf Godot*, Philipp II. in Schillers *Don Carlos*, Einstein in Dürrenmatts *Die Physiker*). Seit 2005 am Schauspielhaus Zürich; u. a. Gajew in Čechovs *Der Kirschgarten* (R. → Gosch), Iwanows Onkel in dessen *Iwanow* (R. M. → Hartmann), Ignacio in Buero Vallejos *Brennende Finsternis*. Inszenierte im Schauspiel Frankfurt Lessings *Emilia Galotti*, am Zürcher Schauspielhaus die Wilde-Collage *Salome oder Auf dem Dach der Welt*. – Nervös-expressiver Darsteller mit hitzigem Temperament und elementarer Kraft, gelegentlich mit Neigung zu Manierismen.

Werner Schulze-Reimpell

Schell, Maria (eig. Margarethe), * 5. (15. ?). 1. 1926 Wien, † 26. 4. 2005 Preitenegg (Kärnten). Schauspielerin.

Tochter des Schweizer Schriftstellers Hermann Ferdinand S. (1900–72) und der Schauspielerin und Regisseurin Margarethe S. von Noe (1905–95); Schwester des Schauspielers und Regisseurs Carl Schell (* 1927), des Schauspielers, Regisseurs und Autors Maximilian → S., der Schauspielerin Immy S. (1934–92). 1938 emigrierte die Familie nach Basel. Ihre kaufmännische Ausbildung brach S. nach ihrem Filmdebüt in Sigfrit Steiners *Steibruch* (1942, als Gritli S.) ab. Nach kurzem Gesangs- und Schauspielunterricht Engagements an Züricher Th.n (Niccodemi, *Scampolo*), 1944–46 am Städtebund-Th. Biel-Solothurn, danach am Stadttheater Bern (Shaw, *Pygmalion*; Hauptmann, *Rose Bernd*, beide 1946), der Komödie Basel (Ibsen, *Nora*), Th.n in Wien (Josefstadt, Kammerspiele). 1948 Tournee mit → Bassermann und dem Schweizer Schauspielensemble als Gretchen in → Goethes *Faust*. Ihre Th.-Arbeit trat zurück, nachdem sie in dem Film *Der Engel mit der Posaune* (1948) internat. Aufsehen erregt hatte. Mit häufig melodramatischen Filmen wie *Dr. Holl* (1951), *Bis wir uns wiedersehen* (1952), *Solange Du da bist*, *Der träumende Mund*, *Tagebuch einer Verliebten* (alle 1953) avancierte sie neben Ruth Leuwerik (* 1924), mit Partnern wie Dieter Borsche (1909–82) und O. W. → Fischer, zum Star des westdt. Films der 1950er Jahre. Vergeblich kämpfte sie seither gegen das damals entstandene Bild des emotionalen «Seelchens», dessen Lächeln schon die späteren Tränen ahnen ließ. Internat. Anerkennung fand sie mit → Käutners Antikriegsfilm *Die letzte Brücke* (1954). Sie spielte in Filmen bekannter Regisseure wie Siodmak (*Die Ratten*, 1955), Staudte (*Rose Bernd*, 1956), Clement (*Gervaise*, 1956), → Visconti (*Le Notti bianche*, 1957, mit Mastroianni), Chabrol (*Folies bourgeoises*, 1976); ihre Partner waren u. a. Trevor Howard (*The Heart of the Matter*, 1953), Yul Brynner (*The Brothers Karamazov*, 1958), Curd → Jürgens (*Der Schinderhannes*, 1958), Gary Cooper (*The Hanging Tree*, 1959), Glenn Ford (*Cimarron*, 1960), Yves Montand (*Le diable par la queue*, 1969), Jon Voight (*The Odessa File*, 1974), Orson Welles und Max von → Sydow (*Voyage of the Damned*, 1976), Marlon Brando (*Superman*, 1978), Romy Schneider (*La Passante du Sans-Souci*, 1982). Letzte ihrer über 100 Film- und Fernsehrollen in *Tatort – Heilig Blut* (1996). Daneben spielte S. immer wieder Th., so bei den Salzburger Festspielen in Schillers *Kabale und Liebe* (1955, R: E. → Lothar), Schnitzlers *Das weite Land* (1979, R. Maximilian S.), an der Freien Volksbühne Berlin die TR in Bruckners *Elisabeth von England* (1982, R. → Noelte). Broadway-Erfolg in Kohouts *Armer Mörder* (1976/77 Ethel Barrymore Th.). Tourneen durch die dt.sprachigen Länder, u. a. mit Ibsens *Nora* (TR, 1964/65), Shakespeares *Viel Lärm um nichts* (1969), Schillers *Maria Stuart* (TR, 1970), Lautensacks *Die Pfarrhauskomödie*, Dürrenmatts *Der Besuch der alten Dame*. S. war 1957–65 mit dem Regisseur Horst Hächler (* 1926), 1966–88 mit dem Schauspieler und Regisseur Veit Relin (* 1926) verheiratet. Ihre mit → Kroetz verheiratete Tochter Maria Thérès Relin (* 1966) ist Schauspielerin. Ihr Bruder Maximilian schuf über die in ihren letzten Jahren schwer leidende S. ein einfühlsames

Filmporträt (*Meine Schwester Maria*, 2002). – S. war eine vielseitige Schauspielerin mit großer Sensibilität, Einfühlungsvermögen und darstellerischer Kraft, deren wahres Können – trotz internat. Auszeichnungen – hinter dem verfestigten Bild ihrer frühen Filme verschwand.

Schell, M.: Die Kostbarkeit des Augenblicks. München 1985; dies.: … und wenn's a Katz is. Mein Weg durchs Leben. Bergisch-Gladbach 1997; Schell, M., G. v. Boehm: Meine Schwester Maria. Aufgezeichnet von Th. Montasser. Hamburg 2004; Spaich, H.: Maria Schell. Ihre Filme – ihr Leben. München 1986; Weiland, M.: Maria Schell. Wien 1959.

Wolfgang Beck

Schell, Maximilian, * 8. 12. 1930 Wien. Schauspieler, Regisseur und Autor.

Sohn des Schweizer Schriftstellers Hermann Ferdinand S. und der österr. Schauspielerin Margarethe Noé von Nordberg. Bruder der Schauspieler Maria → S., Carl und Immaculata (Immy) S. 1938 Umzug in die Schweiz. Studium der Germanistik, Kunstgeschichte, Theaterwissenschaft und Musik in Zürich und München. Erstes Engagement 1953 in Basel als Schauspieler, Regisseur und Dramaturg. Stationen in den nächsten Jahren: Essen, Bonn (u. a. Kleist, *Der Prinz von Homburg*), Lübeck, Münchner Kammerspiele (Wolfe, *Herrenhaus*), Th. am Kurfürstendamm (→ Lessings *Philotas*, TR in Büchners *Leonce und Lena*, 1957 Gastspiel mit diesen Aufführungen in London), Salzburger Festspiele (Sigismund in Hofmannsthals *Der Turm*, R. E. → Lothar, P. 13. 8. 1959). Am Dt. Schauspielhaus Hamburg in Durrells *Sappho* (UA 1959) und TR in → Shakespeares *Hamlet* (1963, beide R. → Gründgens). Weitere Rollen u. a.: 1968 *Hamlet* (eigene R.) am Bayer. Staatstheater München, 1982 Kerschenze in Kohouts *Armer Mörder* am Renaissancetheater Berlin (R. Kohout), 1985 Don Rodrigo in Claudels *Der seidene Schuh* (Salzburg, R. → Lietzau). 1978–82 TR in Hofmannsthals *Jedermann* bei den Salzburger Festspielen. Auch Schauspieltätigkeit im Ausland: Paul in Ira Levins *Interlock* (1958, ANTA Playhouse, New York, Alfred Redl in Osbornes *A Patriot for Me* (1965, Royal Court Th., London; 1969 Imperial Th., New York), Emil Jannings in Abby Manns *Judgement at Nuremberg* (2001, Longacre Th., New York), Hauptrolle in Arthur Millers *Resurrection Blues* (2006, Old Vic Th., London). Daneben ist S. erfolgreich als Filmschauspieler, v. a. in Hollywood. Debüt in *Kinder, Mütter und ein General* (1955). Erster Hollywoodfilm 1958 *The Young Lions (Die jungen Löwen)* an der Seite Marlon Brandos. 1961 Verteidiger in *Judgement at Nuremberg (Das Urteil von Nürnberg)*. Weitere Filme u. a. *I Sequestrati di Altona (Die Eingeschlossenen von Altona*, 1962, R. de Sica), *Topkapi* (1964), *Das Schloß* nach Kafka (1968), *The Odessa File (Die Akte Odessa*, 1974), *A Bridge Too Far (Die Brücke von Arnheim)*, *Julia* (beide 1977) und *Justiz* nach Dürrenmatt (1993). S. ist überdies im Th. und Film als Regisseur tätig. Als Theaterregisseur u. a. 1977 Horváths *Geschichten aus dem Wiener Wald (Tales from the Vienna Woods)* im National Th. in London, 1979 Schnitzlers *Das weite Land* bei den Salzburger Festspielen (mit Maria S.), 1985 Matthus' *Die Weise von Liebe und Tod des Cornets Christoph Rilke* an der Dt. Oper Berlin, 1989 Horváths *Glaube, Liebe, Hoffnung* in Moskau. In den letzten Jahren vermehrt Regie im Musiktheater: Wagners *Lohengrin* (2001) und Strauss / Hofmannsthals *Der Rosenkavalier* (2005, beide Los Angeles Opera). Als Filmregisseur oftmals Literaturverfilmungen, u. a. *Erste Liebe* (1970, nach Turgenev, R. und Rolle), *Der Richter und sein Henker* (1975, nach Dürrenmatt), *Geschichten aus dem Wiener Wald* (1979, nach Horváth). 1983 inszenierte und produzierte S. eine biographische Filmmontage über Marlene Dietrich *(Marlene)*, 2002 einen Film über seine Schwester *(Meine Schwester Maria)*. Autor und

Übersetzer (u. a. von Osbornes *A Patriot for Me*, dt. *Ein Patriot für mich*). 1966 UA seines Dramas *Herostrat* am Schauspiel Bochum (R. → Schalla). Mehrfach ausgezeichnet, v. a. als Filmschauspieler und -regisseur, u. a. 1962 Oscar als bester Hauptdarsteller für *Judgement at Nuremberg*. – S. ist einer der wenigen dt. Weltstars. Er gilt als schwierig und pflegt selber das Image eines Rebellen. Seine Regiearbeiten sind oft durch künstl. Wagemut gekennzeichnet; so war *Tales from the Vienna Woods* (1977) das erste Stück Horváths, das in England gespielt wurde. S.s Karriere als Schauspieler am Th. stand immer im Schatten der Filmarbeit, die es ihm nicht ermöglichte, über einen längeren Zeitraum Ensemblemitglied an einem Th. zu werden. «Maximilian Schell und der Film – das ist eine Liebesgeschichte. Maximilian Schell und das Theater – das ist eine kosmische Farce: ein strahlender Meteor, der nie einschlägt, immer nur streift» (G. Stadelmaier in *FAZ*, 8. 12. 1990).

Schell, M.: Der Rebell. München 1997 *(autobiographisch gefärbte Erzählung)*.

Karoline Bendig

Schellow, Erich, * 27. 2. 1915 Berlin, † 25. 11. 1995 Berlin. Schauspieler.

1935–37 Staatl. Schauspielschule Berlin. 1937–40 Dt. Volkstheater Hamburg-Altona (Debüt als Mortimer in Schillers *Maria Stuart*). 1940–44 Preuß. Staatstheater Berlin (Kaiser in → Goethes *Faust II*). 1945–51 Dt. Schauspielhaus Hamburg (Giraudoux, *Sodom und Gomorrha*, DEA 1946; Kleist, *Penthesilea*, 1948; Camus, *Caligula*, 1949; Aischylos, *Orestie*, 1951). Seit 1947 auch Schlossparktheater, dann bis zur Schließung 1993 Staatl. Schauspielbühnen Berlin (Tellheim in → Lessings *Minna von Barnhelm*, TR in Goethes *Torquato Tasso*, Mond in García Lorcas *Bluthochzeit*, Orest in Giraudoux' *Elektra* und Hector in dessen *Der Trojanische Krieg findet nicht statt*, Don Rodrigo in Claudels *Der seidene Schuh*, Troilus in → Shakespeares *Troilus und Cressida*, TR in dessen *Hamlet*, Wetter vom Strahl in Kleists *Das Käthchen von Heilbronn* (Friedrich Luft: «Er spricht wie ein Gott. Ihm gelingt es mühelos, das verzwickte Pathos der Kleistschen Sprache zu tragen»), Posa in Schillers *Don Carlos*, später Philipp II., Karl Moor in dessen *Die Räuber*, TR in Anouilhs *Becket oder Die Ehre Gottes*, Möbius in Dürrenmatts *Die Physiker*, George in der DEA von Albees *Wer hat Angst vor Virginia Woolf?*, TRn in Goethes *Egmont*, Marlowe / → Brechts *Leben Eduards II. von England*, → Molières *Der Menschenfeind* und dessen *Der Geizige* sowie in *Senecas Tod* von Hacks, Mephisto in Goethes *Faust II*, Richard in Joyce' *Verbannte*, General in Genets *Der Balkon*, Guggenheim in der UA von Bernhards *Elisabeth II.*, Hassenreuther in Hauptmanns *Die Ratten*. Letzte Rolle 1993 Großinquisitor in Schillers *Don Carlos*. Salzburger Festspiele: 1965 TR in *König Ödipus* und *Ödipus auf Kolonos* von Sophokles, 1990 Tod in Hofmannsthals *Jedermann*. 1967 Residenztheater München: Chef in *Die Plebejer proben den Aufstand* von Grass, 1970 Düsseldorfer Schauspielhaus: TR in Shakespeares *Coriolan*. Film- und Fernsehrollen, Lesungen. 1960 und 1971 Berliner Kunstpreis, 1966 Theaterpreis des Verbandes der dt. Kritiker, Berliner Staatsschauspieler. – Von blendender Erscheinung und ein kultivierter Sprecher, erfüllte er alle Voraussetzungen als Darsteller klassischer Helden, denen er oft etwas Nachdenkliches, Zweifelndes gab. Für Luft war er «der beste Posa, den man je sah», und «der eindrucksvollste Karl Moor, dessen man je ansichtig wurde». Später ein bedeutender Charakterspieler, überzeugend auch in Unterhaltungsstücken.

Melchinger, S., R. Clausen: Schauspieler. 36 Porträts. Velber 1965.

Werner Schulze-Reimpell

Schenk, Otto, * 12. 6. 1930 Wien. Schauspieler, Regisseur, Theaterleiter.

Der Sohn eines Notars studierte einige Semester Rechts- und Staatswissenschaften an der Wiener Universität. Ausbildung am Reinhardt-Seminar; Bühnendebüt in Schönherrs *Karrnerleut* (1948, Th. der Jugend). In Wien Schauspieler am Volkstheater (Freytags *Die Journalisten*, 1953) und Kellertheatern wie dem Th. am Parkring (Büchners *Woyzeck*, TR, 1951; Becketts *Warten auf Godot*, 1954). Im Kaleidoskop Debüt als Regisseur mit Moretos *Der Unwiderstehliche*. Seit 1954 Regisseur und Schauspieler am Th. in der Josefstadt (Ehrenmitglied, 2004 Doyen). Rollen u. a. in Wouks *Meuterei auf der Caine* (1954), → Nestroys *Der Talisman* (1958), Ionescos *Die Nashörner* (1960), Roncoronis *Die Zeit der Kirschen* (1962), Hofmannsthals *Der Unbestechliche* (1974), Kohouts *August, August, August* (TR, 1980), Gardners *Ich bin nicht Rappaport*, Jonsons *Volpone* (TR, beide 1989, R. → Noelte), Shaffers *Amadeus* (1991), Preses / Bechers *Der Bockerer* (TR, 1993). Turrinis *Grillparzer im Pornoladen* (1994), *Josef und Maria* (1999), → Molières *Der Geizige* (1996, R. → Mouchtar-Samorai), *Der eingebildete Kranke* (2004), Nestroys *Höllenangst* (1997), *Kampl* (2004/05), → Shakespeares *Ein Sommernachtstraum* (2001), → Pinters *Der Hausmeister*, → Pohls *Kanari* (beide 2003). Große Erfolge als Solist in K. Ludwigs *Othello darf nicht platzen* (seit 1990 über 400 Vorstellungen) und E. Streuls *Die Sternstunde des Josef Bieder* (1993, auch auf Tournee). Insz.en u. a. von Nestroys *Umsonst* (1955), Wittlingers *Kennen Sie die Milchstraße?* (1958), O'Neills *O Wildnis* (1960), Ostrovskijs *Der Wald* (1961), Horváths *Kasimir und Karoline* (1964; Einladung zum Berliner Theatertreffen), Schnitzlers *Der Reigen* (1981; 1989). 1988–97 Intendant der Josefstadt, als erste Insz. Schnitzlers *Professor Bernhardi* (1987) – «die Inszenierung bietet nicht Schattierungen von Ansichten, von Charakteren, sondern Nuancen des Komischen. [...] Otto Schenks Tragik: Es fällt ihm zum Menschen zuviel Komisches ein» (Kahl, S. 149). Weitere Insz.en u. a. von O'Neills *Fast ein Poet* (1988), Schnitzlers *Anatol* (1990), *Das weite Land* (1994), Griffins *Die von nebenan* (1991), Shakespeares *Der Widerspenstigen Zähmung* (1992), Čechovs *Die Möwe* (1993), Wildgans' *Armut* (1997), Horváths *Glaube Liebe Hoffnung*, Zuckmayers *Des Teufels General* (beide 1998), Hofmannsthals *Der Schwierige* (2000). Auftritte und Regie an den Münchner Kammerspielen (u. a. R. bei Horváths *Kasimir und Karoline*, 1964, 1969, *Geschichten aus dem Wiener Wald*, 1966 – Einladung zum Berliner Theatertreffen), dem Wiener Burgtheater (u. a. R. bei O'Caseys *Juno und der Pfau*, 1977, Rolle in Ibsens *Rosmersholm*, 2000, R. → Zadek), den Festspielen Reichenau (Kraus, *Die letzten Tage der Menschheit*, 2000). Bei den Salzburger Festspielen (1986–88 Direktoriumsmitglied) als Schauspieler in Nestroys *Die Träume von Schale und Kern* (1952), *Das Mädl aus der Vorstadt* (1989, R. → Flimm), → Raimunds *Der Bauer als Millionär* (1961; 1987), *Der Alpenkönig und der Menschenfeind* (1996, R. P. → Stein), Shakespeares *Ein Sommernachtstraum* (1966), Hofmannsthals *Jedermann* (1978–82, 1991–92), *Der Schwierige* (1991); als Regisseur u. a. bei Shakespeares *Was ihr wollt* (1972), *Wie es euch gefällt* (1980), Nestroys *Der Talisman* (1976), *Der Zerrissene* (1981, auch Rolle), Cerhas Oper *Baal* (UA 1981). – 1957 erste Opernregie bei Mozarts *Die Zauberflöte* (Landestheater Salzburg). Seither ca. 120 Insz.en weltweit. An der Wiener Staatsoper (ab 1966 ständiger Regisseur, zeitweise Oberspielleiter, 1980 Ehrenmitglied) u. a. von Bergs *Lulu* (1962), Bizets *Carmen* (1966), Mozarts *Don Giovanni* (1967), Strauss' *Der Rosenkavalier* (1968; 1972 Bayer. Staatsoper; 1998 Dt. Oper am Rhein), Giordanos *Andrea Chenier* (1981),

Wagners *Tannhäuser* (1982; 1988); Křeneks *Karl V.* (1984); Puccinis *Manon Lescaut* (1986). An der Hamburgischen Staatsoper Strauss' *Ariadne auf Naxos* (1979), *Arabella* (1983), Gounods *Faust* (1985); der Bayer. Staatsoper München u. a. Strauß' *Die Fledermaus* (1975; 1979 Wien), Cornelius' *Der Barbier von Bagdad* (1984), Offenbachs *Hoffmanns Erzählungen* (1986); der Mailander Scala Mozarts *Le nozze di Figaro* (1974); der Metropolitan Opera New York u. a. bei Beethovens *Fidelio* (1970), Wagners *Tannhäuser* (1978), *Der Ring des Nibelungen* (1986/87), *Die Meistersinger von Nürnberg* (1993). Viele Film- und Fernsehrollen und -insz.en, zahlreiche Vortragsabende. Kammerschauspieler, Titularprofessor, zahlreiche Auszeichnungen. Verheiratet mit der Schauspielerin Renée Michaelis, ihr gemeinsamer Sohn Konstantin ist Dirigent. – S. ist als Schauspieler, Regisseur und Theaterleiter geprägt von den Traditionen der Josefstadt. Vertreter eines Schauspielertheaters, der v. a. Wert auf Natürlichkeit im schauspielerischen und sprachlichen Ausdruck legt. Als Regisseur dem Werk verpflichtet. Sein großes komödiantisches Talent ermöglicht ihm exzellente Leistungen (etwa in Stücken Nestroys), verführt den – handwerklich perfekten – S. aber immer wieder auch zu darstellerischen Manierismen. Ein Publikumsliebling, künstl. gelegentlich umstritten, ein Multitalent: «Einer, der alles kann – aber nicht alles tun sollte» (Kahl, S. 203).

<small>Horowitz, M.: Otto Schenk. Wien 1995; Kahl, K.: Premierenfieber. Wien 1996; Otto Schenk. «Nach außen bin ich ja viel jünger». Hg. H. Fechter. Wien 2005.</small>

<small>*Wolfgang Beck*</small>

Schepmann, Ernst-August, * 21. 6. 1931 Hattingen / Ruhr. Schauspieler.

1951–53 Staatl. Hochschule für Musik und Th. Hamburg. Rollen im Th. im Zimmer (Hamburg), Dt. Schauspielhaus Hamburg.

1953–60 Hessisches Staatstheater Wiesbaden (TR in Mussets *Lorenzaccio*, → Shakespeares *Richard II.*, Frischs *Don Juan oder Die Liebe zur Geometrie*). 1960–63 und 1985–90 Schauspiel Frankfurt. (Tellheim in → Lessings *Minna von Barnhelm*, Pastor Parris in Millers *Hexenjagd*). 1963–69 und 1979–85 Staatsschauspiel Stuttgart (Florindo in Hofmannsthals *Cristinas Heimreise*, Eduard IV. in *Rosenkriege* nach Shakespeare, Robespierre in Büchners *Dantons Tod*). 1969–79 Staatstheater Hannover (TRn in Shakespeares *Othello*, Čechovs *Onkel Wanja*, → Goethes *Faust I* und *II*, Macheath in → Brecht / Weills *Dreigroschenoper*, Malvolio in Shakespeares *Was ihr wollt*). 1987 in Feydeaus *Floh im Ohr* Thalia Th. Hamburg. Seit 1990 Schauspiel Köln (Horváths *Der jüngste Tag*, 1991, Onkel in → Taboris *Kannibalen*, Krapp in Becketts *Das letzte Band*, von Aigner in Schnitzlers *Das weite Land*, Talbot in Schillers *Maria Stuart*, Strenge Dame in Dorsts *Die Geschichte der Pfeile*, UA 1996, Hauptmanns *Einsame Menschen*, 2001). Zahlreiche Hörspiele, Hörbücher, Film- und Fernsehrollen. – Ein stets dominanter Darsteller, der seine Rollen intellektuell durchdringt, ihnen aber auch Leichtigkeit, tänzerische Luzidität und eine fast skurrile Grandezza zu geben versteht. Arbeitete mit vielen bedeutenden Regisseuren.

<small>*Werner Schulze-Reimpell*</small>

Schiller, Leon (eig. L. S. de Schildenfeld), * 14. 3. 1887 Kraków, † 25. 3. 1954 Warszawa. Regisseur, Theaterleiter, Theoretiker, Pädagoge.

S. studierte in Krakau (1906 / 1907) und Paris (1907–1909), ohne das Studium zu beenden. Er war ein genialer und permanenter Autodidakt. Seit 1908 war S. in Briefkontakt mit Edward Gordon → Craig, publizierte in dessen Zeitschrift *The Mask* und lernte ihn 1909 auch persönlich kennen. 1913 organisierte S.

mit dem Bühnenbildner Franciszek Siedlecki in Warschau eine internat. Ausstellung des modernen Bühnenbildes, die neue Theaterideen nach Polen brachte. Als Regisseur debütierte S. 1917 im Teatr Polski (Poln. Th.) in Warszawa und arbeitete 1922–24 im Kammertheater Reduta, wo seine berühmten Insz.en der altpoln. Musikdramen *Pastorałka* (dt. *Weihnachtsspiel*, UA 24. 12. 1922) und *Wielkanoc* (dt. *Ostern*, UA 2. 4. 1923) entstanden. 1924–26 leitete S. das Bogusławski-Th. in Warszawa und begann in seinen großen antinaturalistischen, vieldeutigen und handlungsreichen szenischen Projekten, die durch die poln. Dichter Adam Mickiewicz und Stanisław → Wyspiański inspirierte Idee des Monumentaltheaters zu entwickeln. Die spätere, nach vielen Meinungen ideale Bühnenerfüllung dieser Idee war seine Bearbeitung des poln. Nationaldramas *Dziady (Totenfeier)* von Mickiewicz (UA 18. 3. 1932, Stadttheater Lwow; dann auch Teatr na Pohulance, Wilna, P. 18. 11. 1933; Teatr Polski, Warszawa, P. 15. 12. 1934; Narodnija teatar, Sofia, Bulgarien, P. 3. 3. 1937). In der Zwischenkriegszeit inszenierte S. auch mehrere zeitgenössische Stücke, die radikale soziale Fragen behandelten, u. a. → Brecht / Weills *Die Dreigroschenoper* (P. 4. 5. 1929, Teatr Polski, Warszawa,), Wolfs *Cyankali* (P. 14. 1. 1930, Stadttheater Łódź), Tret'jakovs *Brülle, China!* (P. 15. 5. 1932, Stadttheater Lwow). Nach dem 2. Weltkrieg leitete S. 1946–49 das Teatr Wojska Polskiego (Th. der Poln. Armee) in Łódź, wo zu seinen größten Erfolgen *Krakauer und Goralen* von Wojciech → Bogusławski (P. 30. 11. 1946), *Der Sturm* → Shakespeares (P. 19. 7. 1947) und *Spiel mit dem Teufel* von Jan Drda (P. 13. 10. 1948) gehörten. Seit 1949 war er Intendant des Teatr Polski in Warszawa. Der Theaterstil und die Theaterideologie S.s wurden jedoch bald durch die kommunistischen Behörden, die damals den sog. sozialistischen Realismus propagierten, als reaktionär bezeichnet, und S. verlor 1950 seine Stelle. In den letzten Lebensjahren widmete er sich hauptsächlich der wissenschaftlichen Arbeit, u. a. gründete er 1952 die für die poln. Theatergeschichte verdienstvolle Zeitschrift *Pamiętnik Teatralny*. Im Februar 1952 lernte S. Bertolt → Brecht kennen und regte danach (im Dezember 1952) die Einladung des Berliner Ensembles nach Polen an. Die letzte Bühnenarbeit Schillers war *Halka* von Stanisław Moniuszko in der Oper von Warszawa (P. 31. 5. 1953). – S. war auch ein passionierter Theaterpädagoge. Seit 1933 leitete er die neuerrichtete Abteilung für Theaterregie am Staatl. Institut für Theaterkunst in Warschau, 1946 übernahm er die Stelle des Rektors der Theaterhochschule mit dem Sitz zuerst in Łódź, dann in Warszawa. Auch aus dieser Stelle wurde er 1950 aus politischen Gründen entlassen. Zu seinen berühmtesten Schülern gehören u. a. Erwin → Axer und Kazimierz → Dejmek.

Das Schaffen von S. (insgesamt ca. 150 Insz.en) bildete in Polen den Grundstein für die moderne Theaterregie, seine zahlreichen Schriften dienten der Verbreitung der Ideen der europ. Theaterreform wie der eigenen originalen Theorie des poln. Monumentaltheaters, die man als Erbe der großen Theatervisionen von Bogusławski, Mickiewicz und Wyspiański bezeichnen kann. Wie kein anderer Künstler prägte S. das gesamte Theaterleben in Polen in der ersten Hälfte des 20. Jh.s.

Ostatni romantyk sceny polskiej. Hg. J. Timoszewicz. Kraków 1990 *(mit Zeittafel und Bibliographie)*; Schiller, L.: Das gewaltige Theater. In: Balagan. Bd. 4 (1998), H. 1; ders.: «Teatr ogromny» Hg. Z. Raszewski. Warszawa 1961.

Wojciech Dudzik

Schinkel, Karl Friedrich, * 13. 3. 1781 Neuruppin, † 9. 10. 1841 Berlin. Architekt, Maler, Bühnenbildner.

Sohn eines Kirchen- und Schulinspektors,

seit 1794 in Berlin. Ausbildung bei den Architekten David (1748–1808) und Friedrich Gilly (1772–1800). 1799–1802 Studium an der Berliner Bauakademie. 1803–05 Studienreise nach Italien und Frankreich. 1808–15 malte S. v. a. damals beliebte Dioramen und Panoramen, die seine spätere Theaterarbeit beeinflussten. 1810 Oberbau-Assessor der Oberbaudeputation und Akademie-Lehrer, 1815 Oberbaurat, 1820 Professor an der Bauakademie, 1831 Oberbaudirektor, 1838 Oberlandesbaudirektor. Seit 1831 war S. verantwortlich für die gesamte Bautätigkeit in Preußen. Der zu den bedeutendsten dt. Architekten zählende S. war auch als Städteplaner, Theoretiker und früher Denkmalschützer über Preußen hinaus von prägender Wirkung. Er entwarf Innendekorationen und kunstgewerbliche Artikel. Auf allen Reisen besuchte er Th., studierte ihre Bauweise und Bühnenmalerei. Als Architekt hat er 1818–21 das bald europaweit berühmte Schauspielhaus am Gendarmenmarkt in Berlin entworfen und ausgeführt, für Hamburg (Stadttheater, 1822) und Gotha (1837) Entwürfe, für die Th. in Charlottenburg (1817), Aachen (1822), Frankfurt a. d. O. (1839) Änderungsvorschläge vorgelegt. Seine Ideen zur Reform des Theaterwesens unterbreitete S. 1813 dem Berliner Intendanten → Iffland, der sein Angebot, als Bühnenmaler tätig zu werden, ablehnte. Erst unter dem Generalintendanten Graf Karl Friedrich Moritz von Brühl (1772–1837), der 1815–28 die Theaterleitung hatte, konnte S. Bühnenbildentwürfe gestalten. Mit dem Ausscheiden Brühls endete auch S.s Theaterarbeit. Zu seinen Bühnenmalereien gehören allgemeine Dekorationen, für den Fundus gedacht und keinem Stück speziell zugeordnet, und Entwürfe für bestimmte Schauspiele und Opern. Bereits mit den berühmten frühen Dekorationen zu Mozarts *Die Zauberflöte* und zur UA von E. T. A. Hoffmanns *Undine* (beide 1816) erwies sich S. als Meister der Theatermalerei. Neben Entwürfen für Opern Spontinis und Glucks, Dramen Schillers, Grillparzers und Calderóns bleibt ein Entwurf für eine frühe Teilaufführung von → Goethes *Faust I* (1820) im Privattheater des Fürsten Radziwill zu nennen. S. wollte mit seinen frühen Bühnendekorationen die «produktive Phantasie» der Zuschauer anregen und mit der «symbolische(n) Darstellung des Prospektes […] die Idee, das Wesentliche» des Werks herausarbeiten (Harten, S. 41). Dabei waren zentralperspektivische Komposition, vereinheitlichte Lichtführung und Farbgebung wesentliche Mittel. Seine späteren Arbeiten, der Forderung nach historischer Genauigkeit und dem Wunsch des Hofs nach Repräsentation folgend, zeichnen sich durch komplizierte Perspektivkonstruktionen, die Häufung von Motiven und Details aus, was den Bühnenaufbau erschwerte, aber der sich ändernden Raumnutzung der Bühne Rechnung trug. Zahlreiche seiner Entwürfe wurden veröffentlicht. Einige seiner Dekorationen waren augenscheinlich noch Mitte des 19. Jh.s in Benutzung.

Harten, U.: Die Bühnenbilder K. F. Schinkels 1798–1834. Diss. Kiel 1974; dies.: Die Bühnenentwürfe. Überarbeitet von H. Börsch-Supan, G. Riemann. München, Berlin 2000; Karl Friedrich Schinkel 1781–1841. Berlin 1980 *(Katalog)*; Karl Friedrich Schinkel. Werke und Wirkungen. Berlin 1981 *(Katalog)*; Mahlberg, H.: Schinkels Theaterdekorationen. Diss. Düsseldorf 1916; Rave, P. O.: Karl Friedrich Schinkel. Bearb. E. Börsch-Supan. München 1981; Schinkel, K. F.: Dekorationen auf den königlichen Hoftheatern zu Berlin. 5 Hefte. Berlin 1819–1824; Szambien, W.: Karl Friedrich Schinkel. Basel u. a. 1990; Zadow, M.: Karl Friedrich Schinkel. Berlin 1980.

Wolfgang Beck

Schirmer, Friedrich, * 7. 9. 1951 Köln. Dramaturg, Theaterleiter.

1970–73 Assistent und Dramaturg am Westfäl. Landestheater Castrop-Rauxel, 1973 Dramaturg an der Freien Volksbühne Berlin,

1975 für die gesamte künstl. Organisation verantwortlicher Produktionschef des Schauspiels der Städt. Bühnen Nürnberg, ab Januar 1976 kommissarischer Leiter des Schauspiels. 1977–79 Dramaturg am Nationaltheater Mannheim, 1979–82 Chefdisponent der Nürnberger Oper. 1982–85 Chefdramaturg der Städt. Bühnen Dortmund. 1985–89 Intendant der Landesbühne Esslingen. Auf die Region bezogener Spielplan mit vergessenen Stücken (*Die Karlsschüler* von Heinrich Laube) und Autoren der Region zur Auseinandersetzung mit der eigenen Geschichte. 1989–93 Intendant der Städt. Bühnen Freiburg, 1993–2005 Intendant des Stuttgarter Staatsschauspiels. Konsequentes Ensembletheater fast ohne Gäste. Gutes Gespür für Begabungen, band eine Reihe junger Regisseure fest an das Haus. Unter S. ist das Stuttgarter Schauspiel (wieder) eines der qualifiziertesten im deutschsprachigen Raum geworden. 2005 als Nachfolger Tom → Strombergs Intendant des Dt. Schauspielhauses Hamburg.

Werner Schulze-Reimpell

Schleef, Einar, * 17. 1. 1944 Sangershausen, † 21. 7. 2001 Berlin. Bühnenbildner, Regisseur, Autor, Schauspieler.

1964–71 Studium der Malerei, dann Bühnenbild an der Kunsthochschule Berlin-Weißensee, 1971–73 Meisterschüler von Karl von → Appen an der Akademie der Künste der DDR. 1972 Ausstattung von Molinas *Don Gil von den grünen Hosen* an der Volksbühne Berlin. 1972–75 Berliner Ensemble (BE). Bühnenbildner und Ko-Regie (mit B. K. → Tragelehn) bei Strittmatters *Katzgraben* (1972), Wedekinds *Frühlings Erwachen* (1974), Strindbergs *Fräulein Julie* (1975, die Aufführung erregte politisch Missfallen und wurde abgesetzt). S. verließ das BE. 1975 Insz. seines Stücks *Der Fischer und seine Frau* nach Grimm im Kindertheater Dresden. Ausstattungen in Berlin an der Komischen Oper, der Staatsoper, am Dt. Th. Ausstellungen in der Tschechoslowakei, der Sowjetunion, Finnland, Frankreich, Ungarn. 1978 Ausreise nach Westberlin. Regiestudium an der Dt. Film- und Fernsehakademie. Arbeit als Autor. 1986–90 Schauspiel Frankfurt a. M.; Insz. *Mütter* (nach Aischylos' *Sieben gegen Theben* und Euripides' *Die Bittflehenden*, P. 23. 2. 1986), Hauptmanns *Vor Sonnenaufgang* (P. 3. 4. 1987), UA seines Stücks *Die Schauspieler* (P. 12. 3. 1988), → Goethes *Urgötz* (P. 19. 4. 1989), Goethes *Faust* als Zusammenfassung beider Teile (P. 30. 6. 1990). Im Berliner Ensemble am 10. 2. 1993 UA *Wessis in Weimar* von Hochhuth, von der sich der Autor distanzierte, und → Brechts *Herr Puntila und sein Knecht Matti* (P. 17. 2. 1996) mit ihm als Puntila. Im Düsseldorfer Schauspielhaus Wildes *Salome* (P. 21. 6. 1997). 1998 UA *Ein Sportstück* von Elfriede Jelinek im Burgtheater Wien. 2000 am Dt. Th. Berlin UA des eigenen Stücks *Verratenes Volk* (nach Texten von Milton, Nietzsche, Dwinger, Döblin). Großer Erfolg mit seiner Sangershausen-Trilogie *Totentrompeten* über 3 alte Frauen. Dafür 1995 Mülheimer Dramatikerpreis. Außerdem Preis des Verbandes der dt. Kritiker, Alfred-Döblin-Preis, Kortner-Preis (zusammen mit Tragelehn). 2 Einladungen zum Berliner Theatertreffen.

An seinen Insz. en schieden sich große Teile der Kritik und des Publikums. Seine ganz eigene, total gegenläufige Ästhetik mit militanten Aufmärschen, Stakkatoreden, Sprech- und Schreichören ohne Rücksicht auf die gegebene Struktur der Stücke und deren Intentionen, seine Neigung, Figuren zu vervielfachen (Faust und Gretchen im Dutzend), stieß auf Befremden und vehemente Abwehr. Und doch hatten viele seiner Insz.en geradezu antike Größe und die Faszination des Elementaren.

Einar Schleef inszeniert. Ein Photo- und Textband. Berlin 1991.

Werner Schulze-Reimpell

Schlemmer, Oskar, * 4. 9. 1888 Stuttgart, † 13. 4. 1943 Baden-Baden. Maler, Bildhauer, Tänzer, Choreograph, Bühnenbildner, Theatertheoretiker.

Sohn eines Kaufmanns und Dramatikers. In Stuttgart 1903–05 Lehre als kunstgewerblicher Zeichner in einer Intarsienfirma, Besuch der Kunstgewerbeschule (1905) und der Akademie der bildenden Künste (1906–09). 1911 freier Maler in Berlin (Kontakte zum «Sturm»-Kreis). 1912 Rückkehr nach Stuttgart, Meisterschüler bei Adolf Hölzel (1853–1934); 1913–14 Betrieb einer auf moderne Kunst spezialisierten Galerie mit seinem Bruder. 1914 Kriegsfreiwilliger. 1919 Mitbegründer der Stuttgarter «Üecht-Gruppe», 1920 Heirat mit Anna Helena Tutein. 1920–29 Lehrer am Bauhaus in Weimar und Dessau, «Formmeister» der Werkstätten für Wandmalerei, Holz- und Steinbildhauerei, seit 1923 Leiter der Bauhausbühne als Nachfolger Lothar Schreyers. Von 1929 bis zur Schließung 1932 Leiter der Bühnenklasse und Unterricht «Mensch und Raum» an der Akademie in Breslau. Danach an den Vereinigten Staatsschulen für Kunst und Kunstgewerbe in Berlin (1933 entlassen). Nach der Machtübergabe an die Nationalsozialisten erhielt er Ausstellungsverbot; 1937 wurden seine Werke in die Ausstellung «Entartete Kunst» aufgenommen. S. ging in die Schweiz, kehrte aber nach Deutschland zurück, lebte in Südbaden. Seit 1938 in einem Stuttgarter Malergeschäft, seit 1940 in einer Wuppertaler Lackfabrik beschäftigt. S. befasste sich nicht erst im Bauhaus mit Theorie und Praxis des Theaterspiels, v. a. des Tanztheaters. Bereits 1913 hatte er mit dem Tanzpaar Albert Burger (1884–1970) und Else Hötzel (1886–1966) eine dreiteilige Tanzfolge im Sinne eines synästhetischen «Totalkunstwerks» geplant. Zur Ausführung gelangte 1916 in Stuttgart eine Tanzstudie mit zwei Figurinen, dargestellt von Burger und Hötzel. Diese «Vorstudien» fanden Eingang in sein wichtigstes Theaterprojekt, das *Triadische Ballett*. «Es war eine Art tänzerischer Konstruktivismus, bei dem sich die Choreographie aus den mechanischen Bewegungsgesetzen der Figurinen ableitete, denen auch der Körper der Tänzer restlos unterworfen wurde. [...]. Der Körper des Tänzers wurde zur scheinbar mechanisch funktionierenden Kunstfigur» (Brauneck, *Theater*, S. 234). Das Stück wurde am 30. 9. 1922 am Württemberg. Landestheater Stuttgart uraufgeführt, 1923 im Weimarer Nationaltheater mit großem Erfolg und S. als Tänzer wiederaufgeführt (1926 Donaueschinger Musiktage, 1932 Gastspiel in Paris). Ausgehend von theoretischen Überlegungen (*Mensch und Kunstfigur*, 1925) machte S. aus der Bauhausbühne v. a. in Dessau eine Art Theaterlaboratorium, in dem «Theater als Raumproblem» (ebd., S. 227) betrachtet, die Grundlagen menschlicher Bewegungsstrukturen und ihre tänzerische Umsetzung untersucht wurden. Th. sollte, entsprechend seinem kultisch-rituellen Ursprung, als Bestandteil existenzieller Sinngebung wieder erfahrbar werden. Dazu gehörten die Bauhausfeste (*Metallisches Fest*, 1929) ebenso wie S.s Bauhaustänze, die aus dem Zusammenwirken tänzerischer Bewegung mit der Eigendynamik mechanischer Spielelemente ihren ästhetischen Reiz zogen. Diese Tänze (*Stäbetanz*, *Metalltanz*, *Raumtanz*, *Baukastenspiel* u. a.), neue Formen rhythmisch-dynamischer Bühnenraumgestaltung, wurden in zahlreichen Städten gezeigt, auf der Internat. Theaterausstellung in New York (1926), dem Internat. Tänzerkongreß in Magdeburg (1927). Der Ende der 1920er Jahre lauter werdenden Forderung nach Politisierung der Bauhausbühne widersetzte sich S., der vor dem Ende seiner Lehrtätigkeit 1929 noch mit ihr auf Tournee ging. Außer der Arbeit am Bauhaus inszenierte S. und entwarf Bühnenbilder und Kostüme. Am

Württemberg. Landestheater in Stuttgart Szenerien für Hindemiths Vertonungen von Kokoschkas *Mörder, Hoffnung der Frauen* und Bleis *Nuschi-Nuschi* anlässlich der Tagung des Dt. Werkbundes 1921; an der Berliner Volksbühne für Carl Hauptmanns *Der abtrünnige Zar* (1923), Andreevs *König Hunger* (UA), Wolfs *Der arme Konrad* (beide 1924), Rehfischs *Wer weint um Juckenack?* (UA, R. → Piscator) → Shakespeares *Hamlet* (beide 1925); am Nationaltheater Weimar inszenierte er Grabbes *Don Juan und Faust* (1925), an der Berliner Kroll-Oper Schönbergs *Die glückliche Hand*. «Der Mensch ist sowohl ein Organismus aus Fleisch und Blut als auch ein Mechanismus aus Maß und Zahl» (S., zit. nach Koneffke, S. 96). S.s theoretische und praktische Theaterarbeiten – speziell am Bauhaus – nahmen die Spannungen und Gegensätze seiner Zeit zwischen den humanen Bedürfnissen und der Tendenz zur Mechanisierung und Verwissenschaftlichung auf und bemühten sich um eine künstl. Synthese, die Mensch, Raum und Technik vereinte.

Beckmann, H.: Oskar Schlemmer and the Experimental Theatre of the Bauhaus. Diss. Edmonton 1977; Brauneck, M.: Theater im 20. Jahrhundert. (8. Aufl.) Reinbek 1998; ders.: Die Welt als Bühne. 4. Bd. Stuttgart, Weimar 2003; Grohmann, W., T. Schlemmer: Oskar Schlemmer. Zeichnungen und Graphik. Œuvrekatalog. Stuttgart 1965; Hüneke, A.: Oskar Schlemmer. Idealist der Form. Briefe, Tagebücher, Schriften 1912–1943. Leipzig 1990; Koneffke, S.: Theater-Raum. Berlin 1999; Maur, K. v.: Oskar Schlemmer. Monographie und Œuvrekatalog der Gemälde, Aquarelle, Pastelle und Plastiken. München 1979; dies.: Oskar Schlemmer. München 1982; Oskar Schlemmer. Tanz Theater Bühne. Ostfildern 1994; Scheper, D.: Oskar Schlemmer. Das Triadische Ballett und die Bauhausbühne. Berlin 1988; Schlemmer, O. u. a.: Die Bühne im Bauhaus. München 1925 (Neudruck Mainz, Berlin 1965); ders.: Briefe und Tagebücher. München 1958; ders.: Der Mensch. Unterricht am Bauhaus. Nachgelassene Aufzeichnungen. Berlin 2003; Tanz in der Moderne. Von Matisse bis Schlemmer. Red. K. Adelsbach, A. Firmenich. München 1997 *(Katalog)*.

Wolfgang Beck

Schlingensief, Christoph, * 24. 10. 1960 Oberhausen. Regisseur, Aktionskünstler.

S. studierte in München Germanistik, Philosophie und Kunstgeschichte. 1983 erschien sein erster abendfüllender Spielfilm *Tunguska – Die Kisten sind da*. In den folgenden Jahren veröffentlichte S. weitere Filme, u. a. *100 Jahre Adolf Hitler* (1988/89), *Das deutsche Kettensägenmassaker* (1990) und *Terror 2000* (1992). 1993 debütierte er als Theaterregisseur mit *100 Jahre CDU – Spiel ohne Grenzen* an der Volksbühne Berlin. Mit seiner Verpflichtung als Hausregisseur der Berliner Volksbühne 1996 führte er in seiner Insz. *Rocky Dutschke, 68* erstmals Behinderte, Schauspieler und Laien auf der Bühne zusammen – ein Konzept, mit dem er fortan öfter arbeitete. S. trat in der Folge als Film-, Hörspiel- und Theaterregisseur an die Öffentlichkeit: Für die Hörspielfassung von *Rocky Dutschke, 68* erhielt er 1997 den Prix Futura als bestes europ. Hörspiel. Mit *Mein Fett, mein Filz, mein Hase – 48 Stunden Überleben für Deutschland* arbeitete er auch an einer Kunstaktion auf der documenta X. – S. verletzt mit seinen Projekten wiederholt die Grenze zwischen theatralkünstl. und real-politischem Raum: So wurde er während der documenta X auf der Bühne verhaftet, als die Polizei ein Schild mit der Aufschrift «Tötet Helmut Kohl» beschlagnahmen wollte, oder er zog bei seiner Arbeit *Passion Impossible – 7 Tage Notruf für Deutschland* am Schauspielhaus Hamburg nach der Premiere in eine leere Polizeistation, wo er 7 Tage lang zusammen mit Drogenabhängigen bzw. Obdachlosen lebte und Th. spielte. 1998 trat S. auch als Talkmaster in der 8-teiligen Reihe *Talk 2000* im Fernsehen in Erscheinung. Im Bundestagswahlkampf 1998 gründete er die Partei «Chance 2000» und begleitete deren Wahlkampf mit medienwirksamen Insz.en. In den folgenden Jahren entfachte S. auch in Österreich und der Schweiz Theaterskandale: Mit *Bitte liebt Österreich* erarbeitete S. 2000 ein umstrittenes Projekt für die Wiener Festwochen, bei dem 12 österr. Asylbewerber eine Woche lang 24 Stunden am Tag von Internet-Usern beobachtet und per Abstimmung zur «Abschiebung» nominiert werden konnten. Mit → Shakespeares *Hamlet* (2001) forderte S. am Schauspielhaus Zürich die Schweizer Öffentlichkeit heraus, weil er vermeintlich aussteigewillige jugendliche Neonazis im Rahmen seiner Insz. des Klassikers auf die Bühne holte. Im selben Jahr Insz. seines eigenen Stücks *Rosebud* an der Berliner Volksbühne (2003 Hörspielpreis der Kriegsblinden für das danach entstandene Hörspiel). Weitere Projekte u. a. *Quiz 3000 – «Du bist die Katastrophe!»* (2002, Volksbühne), *Freakstars 3000* (2002), das erste Behindertenmagazin im dt. Fernsehen (VIVA Plus, als Film 2003), *Bambiland* (Burgtheater Wien, 2003), *Attabambi-Pornoland* (Schauspielhaus Zürich, 2004), *Kunst und Gemüse, A. Hipler* (2004, Volksbühne, zusammen mit Hosea Dzingirai), *Area 7 – Sadochrist Matthäus – Eine Expedition* (2006, Burgtheater Wien). Für die Bayreuther Festspiele 2004 inszenierte S. Wagners *Parsifal*.

<small>Nagel, A.: «Kalkofes Mattscheibe» und «Schlingensief-Talk 2000»: zur Formensprache von Comedy. Dipl. Arb. Univ. Hildesheim 1999; Schlingensief! Notruf für Deutschland. Über die Mission, das Theater und die Welt des Christoph Schlingensief. Hg. J. Lochte, W. Schulz. Hamburg 1998.</small>

Christian Gefert

Schlömer, Joachim, * 27. 5. 1962 Monheim (bei Leverkusen). Tänzer, Choreograph, Regisseur.

S. studierte zuerst Architektur, ehe er eine reguläre Tanzausbildung an der Essener Folkwang Hochschule absolvierte. 1988 engagierte ihn Mark Morris als Tänzer an das Th. Royal de la Monnaie in Brüssel. 1990 gründete S. seine Kompanie Josch; 1991–94 leitete Schlömer das Ballett des Ulmer Th.s, 1994–96 das Tanztheater am Dt. Nationaltheater Weimar, 1996–2001 das Tanztheater am Th. Basel. Seitdem arbeitet S. als freischaffender Choreograph. S.s Stil knüpft an den expressiven modernen Tanz an, wie er ihn an der Folkwang Hochschule kennengelernt und zu einem charakteristischen gestenreichen, konzentrierten Vokabular geformt hat. Weiterhin kennzeichnend ist ein enger Bezug von Tanz und Musik; die Musik gibt nicht nur Strukturen vor, sondern inspiriert auch die atmosphärisch dichten Stimmungen, die im Tanz aufgegriffen werden. Ein früher Höhepunkt in Schlömers Laufbahn war der Auftrag von Michail Baryschnikow, für die Kompanie White Oak Dance Project 3 Stücke zu choreographieren. Großen Erfolg hatte S. mit *La guerra d'amore*, eine Produktion für Tänzer und Sänger zu Barockmusik. Daneben hat S. auch Schauspiele und Opern inszeniert (etwa Richard Wagners *Rheingold*, Stuttgart 1999). Zu S.s bekannteren Werken zählen außerdem *Louisiana Mama* (1992), *Kraanerg* (1995), *Hamlet I, II, III* (1996), *Lissabon-Projekt* (1998), *Senza fine oder als Rimini noch schön war* (2001), *Les Larmes du ciel* (2002).

Katja Schneider

Schmahl, Hildegard, * 6. 2. 1940 Schlawe (Pommern). Schauspielerin.

Ausbildung in Hamburg. Über Braunschweig und Bern kam sie zum Bochumer Schauspielhaus (1967 Gretchen in → Goethes *Faust I*, Grete in Barlachs *Der blaue Boll*). 1969–80 vorwiegend Staatl. Schauspielbühnen Berlin (TRn in → Lessings *Emilia Galotti* und *Minna von Barnhelm* sowie in Zuckmayers *Katharina Knie*, Sonja in Čechovs *Onkel Wanja*, Thea Elvstedt in Ibsens *Hedda Gabler*, TR in Sophokles/Hölderlins *Antigone*). Im Staatsschauspiel Stuttgart 1971 Alkmene in Kleists *Amphitryon*, 1972 Giacinta in Goldonis *Trilo-*

gie der schönen Ferienzeit. 1980–85 Dt. Schauspielhaus Hamburg (Mascha in Čechovs *Die Möwe*, TR in *Medea* von Euripides, Nova in der DEA von Handkes *Über die Dörfer*). 1987–90 Th. Der Kreis Wien (in → Taboris → Shakespeare-Collage *Verliebte und Verrückte*, Lear in dessen *Lears Schatten*). 1988–2001 Thalia Th. Hamburg (Brunhild in Hebbels *Die Nibelungen*, die fremde Dame in Ibsens *Wenn wir Toten erwachen*, Rosetta in Büchners *Leonce und Lena*, Irina Arkadina in Čechovs *Die Möwe*, Gina Ekdal in Ibsens *Die Wildente*, Lilly Groth in *Das Gleichgewicht* von Botho Strauß, Maria Callas in McNallys *Meisterklasse*, Mutter in *Das Mißverständnis* von Camus, Klytämnestra in Hofmannsthals *Elektra*, 2001 Köchin Martha in der UA von Dea Lohers *Der dritte Sektor*). Seit 2001 Münchner Kammerspiele, u. a Schwester in der UA von Enda Walshs *The New Electric Ballroom*, in Fleißers *Der starke Stamm*, Euripides' *Alkestis*, Koltès' *Sallinger*, Hebbels *Die Nibelungen*. Film- und Fernsehrollen. – Wandlungsfähige Darstellerin, zurückhaltend im Gebrauch ihrer Mittel, starke Ausstrahlung durch bloße Präsenz. Charakterisiert Figuren durch feine Mimik und Gestik sowie sprachlichen Ausdruck.

Werner Schulze-Reimpell

Schmaus, Cornelia, * 15. 9. 1946 Frankfurt a. M. Schauspielerin.

Tochter des Schriftstellers Stephan Hermlin (1915–97), Mutter Dramaturgin am Dt. Th. Berlin. 1965–68 Staatl. Schauspielschule Berlin. 1968–84 Th. Karl-Marx-Stadt (Chemnitz). Spielte Natalie in Kleists *Prinz Friedrich von Homburg*, TR in Offenbach / Hacks' *Die schöne Helena*, Ismene in Sophokles' *Antigone*, Ellida Wangel in Ibsens *Die Frau vom Meer*, Lady Macbeth in → Shakespeares *Macbeth*. Städt. Bühnen Magdeburg: TR in Rostschin / Tolstojs *Anna Karenina*. 1984–87 Staatsschauspiel Dresden (Brunhilde in Hebbels *Die Nibelungen*, TR in Kleists *Penthesilea*). 1987–92 Volksbühne Berlin (1987 Margarita in Czechowski / Bulgakows *Der Meister und Margarita*, 1989 TR in → Müller / Shakespeares *Hamlet*). Dt. Th. Berlin: Lucie in Kahlau / Bredemeyers *Galoschenoper*. 1992–94 Schauspiel Frankfurt (TR in Ibsens *Hedda Gabler*, Portia in Shakespeares *Der Kaufmann von Venedig*, Genia Hofreiter in Schnitzlers *Das weite Land*). An der Volksbühne Berlin u. a. in Fellinis *Die Stadt der Frauen* (1995), Müllers (nach Gladkow) *Zement* (1996), → Goethes *Triumph der Empfindsamkeit* (1996), Jonigks *Rottweiler* (1997), Offenbachs *Pariser Leben* (1998). 2001 Theater Bremen: Großfürstin in Camus' *Die Gerechten*, Mutter in Lagarces *Einfach das Ende*. 2003/04 Städt. Bühnen Osnabrück (Vivian Bearing in Edsons *Geist*). 2005 am Maxim-Gorki-Th. Berlin in der UA von Gröschners *Moskauer Eis*. Zahlreiche Fernsehrollen. – Vehemente Darstellerin mit Sprachkraft und großem handwerklichen Können. Verkörperte im Th. der DDR selbstbewusste oder sich emanzipierende Frauen durchaus mit Bezug auf die politische Entwicklung. Fand nach der Wende keine dauerhafte künstl. Heimat mehr.

Ulrich, R.: Mein Kapital bin ich selbst. Gespräche mit Theaterfrauen in Ost-Berlin 1990/91. Berlin 1991.

Werner Schulze-Reimpell

Schmid, Aglaja, * 9. 8. 1926 Scheibbs (Niederösterr.), † 16. 12. 2003 Wien. Schauspielerin.

Ausbildung am Max-Reinhardt-Seminar Wien. 1945–54 Th. in der Josefstadt Wien (Carol in Priestleys *Die Conways und die Zeit*, Helene Altenwyl in Hofmannsthals *Der Schwierige* – Oskar Maurus Fontana: «Endlich eine junge Schauspielerin, die wagt, vom Herzen her zu spielen, innig zu sein»). 1954–56 als Gast in Berlin. In der Freien Volksbühne noch einmal Helene Altenwyl, Christine in Schnitzlers *Liebelei*, TR in → Goethes *Stella*, im Schlossparktheater Agnes in → Molières *Die Schule der Frauen* und Gouvernante in Anouilhs *Die Schule der Väter*, Mademoiselle Supo in der DEA von dessen *Ornifle oder der erzürnte Himmel*, im Schiller-Th. Elisabeth in Schillers *Don Carlos*, 1956 in Hofmannsthals *Cristinas Heimreise*. 1956–89 Wiener Burgtheater (Olivia in → Shakespeares *Was ihr wollt*, Beatrice in dessen *Viel Lärm um nichts*, Edrita in Grillparzers *Weh dem, der lügt*, TR in → Lessings *Emilia Galotti* und Schillers *Maria Stuart*, Thekla in dessen *Wallenstein*, Alkmene in Kleists *Amphitryon*, Genia Hofreiter in Schnitzlers *Das weite Land*, Crescence in Hofmannsthals *Der Schwierige*, Mutter in Horváths *Geschichten aus dem Wiener Wald*. 1964 Dt. Schauspielhaus Hamburg: Noch einmal Helene Altenwyl und Stella. Salzburger Festspiele: 1960 Dona Angela in Calderóns *Dame Kobold*, 1961–63 Gretchen in Goethes *Faust I*, 1963–65 Una Poenitentium / Gretchen in *Faust II*, 1973–77 Gute Werke in Hofmannsthals *Jedermann*. Schauspielhaus Zürich: 1964 TR in Giraudoux' *Elektra*. 2001 nach 12 Jahren Spielpause Tante Fini in Mihuras *Katzenzungen* im Th. in der Josefstadt. Einige Filmrollen, überwiegend Literaturverfilmungen. 1977 Österr. Ehrenkreuz für Kunst und Wissenschaft, 1982 Ehrenmedaille der Bundeshauptstadt Wien in Silber. Kammerschauspielerin. – Für ihre feinen Zwischentöne und ihre poetische Anmut gerühmte Darstellerin, die in späteren Jahren stupenden Sinn für das Kauzige einer Figur zeigte. Spielte meist in der Regie ihres Mannes Rudolf Steinboeck.

Werner Schulze-Reimpell

Schmidinger, Walter, * 28. 4. 1933 Linz. Schauspieler, Regisseur.

Lehre und Verkäufer in einem Geschäft für Inneneinrichtung. Laientheater bei der Katholischen Jugend und beim Volkshochschultheater. Dort von Romuald → Pekny «entdeckt». Ab 1951 Ausbildung am Max-Reinhardt-Seminar in Wien. 1954–56 Bonn, Rollen in Stücken → Shakespeares, → Nestroys, Anouilhs. 1956–60 Schauspielhaus Düsseldorf, u. a. in Shakespeares *König Lear* (1957, mit → Krauß), Pirandellos *Die Riesen vom Berge* (1958, R. → Strehler), Becketts *Warten auf Godot* (1959). 1960–69 erneut in Bonn; TRen in Shakespeares *Richard II.* (1961), *Hamlet* (1968), Anouilhs *Becket oder die Ehre Gottes* (1966), Mephisto in → Goethes *Faust I* (1967). Dazwischen 1965 in Bremen, in Schisgals *Liiiebe*, Shakespeares *Hamlet* (R. → Hübner), Valentins *Die Unberatenen* (UA, R. → Zadek). 1969–71 v. a. an den Münchner Kammerspielen, u. a. in Bonds *Schmaler Weg in den tiefen Norden* (DEA, 1969); «Schauspieler des Jahres» *(Th. heute)* für → Kroetz' *Heimarbeit / Hartnäckig* (UA 1971). 1972–84 Staatsschauspiel München, u. a. Nestroys *Der Zerrissene* (R. → Manker), Schillers *Wallenstein* (beide 1972, R. → Felsenstein), Shakespeares *Richard II.* (TR, 1978) und *Der Kaufmann von Venedig* (1984), → Molières *Tartuffe* (1979, R. → Bergman), Bernhards *Über allen Gipfeln ist Ruh* (1983). Große Erfolge als Tuchhändler in Bonds *Die See* (1973, R. → Bondy) und Salieri in Shaffers *Amadeus* (1981, R. → Meisel). 1974 Dt. Schauspielhaus Hamburg (u. a. Čechovs *Die Möwe*). Gast u. a. an der Berliner Schaubühne am Lehniner Platz (Strauß, *Der Park*, 1985; Zvetajeva, *Phoenix*, 1990), bei den Salzburger Festspielen (Shakespeares *Julius Caesar*, 1992; Pirandellos *Die Riesen vom Berge*, 1994; → Raimunds *Der Alpenkönig und der Menschenfeind*, 1996). 1985 bis zur Schließung am Schiller-Th. Berlin, u. a. in → Lessings *Nathan der Weise* (TR, 1985), Gor'kijs *Das Nachtasyl* (1988), Bernhards *Elisabeth II.* (UA 1989), Serreaus *Weißalles und Dickedumm* (1993). Am Dt. Th. Berlin in Horváths *Geschichten aus dem Wiener Wald* (1995), Bernhards *Alte Meister*

(1997), am Wiener Burgtheater in Shakespeares *Hamlet* (2002, R. → Brandauer), am Berliner Ensemble in Büchners *Leonce und Lena* (2003), Shakespeares *Ein Wintermärchen* (2005, beide R. → Wilson). Wenige Insz.en, u. a. Kroetz' *Globales Interesse* (1972, Th. im Marstall, München), Genets *Die Zofen*, Shakespeares *Hamlet* (beide 2000, Zimmertheater Tübingen). Seit 1960 in Film- und Fernsehproduktionen, u. a. *Eiszeit* (1975, TV, R. Zadek), *Das Schlangenei* (1977), *Aus dem Leben der Marionetten* (1980, beide R. Bergman), *Der Passagier – Welcome to Germany* (1988), *Scardanelli* (2000). – Ein Besessener mit unverwechselbarer Diktion, am überzeugendsten in der Darstellung von Ausgestoßenen, Einsamen, Zerrissenen, die, verzweifelt um sich selbst kreisend, einen (ihren) Platz in der Welt suchen. Ein bis zum psychischen Zusammenbruch Gefährdeter, der ohne «stimmiges» Ensemble und Regie in Gefahr ist, seine Mittel, seine Spielphantasie allzu virtuos einzusetzen: «Er schlendert gerne alle übrigen an die Wand» (G. Stadelmaier in *FAZ*, 28. 4. 1993). Ein Meister sprachlicher Nuancierung auch in Lesungen und Rezitationen. Ein bedeutender Schauspieler von großer Bühnenpräsenz und Sensibilität, Widersprüche herausarbeitend.

Faber, M., L. Weizert: ... und dann spielten sie wieder. Das Bayerische Staatsschauspiel 1946–1986. München 1986; Schmidinger, W.: Angst vor dem Glück. Berlin 2003; Sucher. B. C.: Theaterzauberer. Schauspieler. München, Zürich 1988.

Wolfgang Beck

Schmidt, Willi, * 19. 1. 1910 Dresden, † 20. 2. 1994 Berlin. Bühnenbildner, Regisseur.

Bis 1933 Studium der Theaterwissenschaften, Germanistik, Kunstgeschichte und Philosophie in Berlin, daneben Assistenz bei Jürgen → Fehling und dem Bühnenbildner Rochus → Gliese am Preuß. Schauspielhaus. Erste eigene Ausstattung bei Pohls *Die leichte Person* (P. 13. 5. 1933, Volksbühne Berlin, R. → Hilpert). Es folgten Bühnenbilder an der Volksbühne und dem Dt. Th., zumeist für Hilpert. 1940 erwirkte → Gründgens seine Freistellung vom Wehrdienst, und so arbeitete S. bis 1944 am Preuß. Staatstheater. Bis zum Kriegsende entstanden 76 Bühnenbilder für Insz.en von Fehling, Hilpert, Bruno → Hübner, → Käutner, Wolfgang → Liebeneiner, → Stroux u. a. – Nach dem Krieg setzte S. seine Arbeit an den Berliner Bühnen fort. Mit Georg Kaisers *Der Soldat Tanaka* am Hebbel-Th. (P. 13. 2. 1946) begann seine steile Karriere als Regisseur. Als Bühnenbildner und Regisseur begann er am Dt. Th., wechselte Ende der 1940er Jahre nach Westberlin, arbeitete vornehmlich an → Barlogs Staatl. Schauspielbühnen. Er führte an vielen bedeutenden dt.sprachigen Th.n Regie, u. a. in Düsseldorf, am Hamburger Dt. Schauspielhaus und dem Thalia Th., dem Residenztheater München, am Wiener Burgtheater und bei den Ruhrfestspielen in Recklinghausen. Mit mehr als 60 Insz.en gehört er zu den am meisten beschäftigten Regisseuren in Berlin. Neben bewährten Klassikern zeigte S. eine Vorliebe für zeitgenössische, insbesondere franz. und angelsächsische Autoren. Sein bevorzugter Hauptdarsteller war Klaus → Kammer. Besonders erwähnenswert sind die Insz.en von Marceaus *Das Ei* (Schlossparktheater Berlin, P. 21. 2. 1958), die laut Walter Karsch in ihrer «szenischen Üppigkeit und in der großartigen Führung von Klaus Klammer fast eine Sünde wider den Geist» war (*Th. heute* 1961, H. 1, S. 20), und die Bühnenbearbeitung von Kafkas *Bericht für eine Akademie* (Akademie der Künste, P. 26. 9. 1962). Beachtenswert auch die Insz.en von Giraudoux' *Die Irre von Chaillot* (P. 31. 5. 1959), Anouilhs *Becket oder die Ehre Gottes* (P. 14. 1. 1961, beide Schiller-Th. Berlin) und → Goethes *Clavigo* (P. 17. 11. 1962, Schlossparktheater Berlin). 1952–75 war S. Professor für Bühnenbild an der Berliner Hochschule der Künste. Hörspiel- und Fernsehinsz.en literarischer Stoffe. 1961 erhielt er für seine Theaterarbeit den Berliner Kunstpreis.

S.s Arbeiten waren geprägt von Formbewusstsein und einer klaren Stilisierung. Er ging von der Maxime aus, dass die Kunst des Bühnenbildners kein flächig-gefälliges Dekorationshandwerk sei, sondern dass man Szenen-Räume erfinden müsse. Das Bühnenbild basierte bei S. auf dem Grundriss. Dieser strukturiert den Raum, das Feld der Bewegungen der Schauspieler ebenso wie im Verlauf des Spiels seine Gefühle, die sich in Gesten ausdrücken. Er war ein «Meister der Transparenzen, der Einsichten und Durchsichtigkeit» (Gronius/Wille, S. 20). Als Regisseur achtete S. noch mehr auf den Zusammenklang von Spiel und Raum, sodass die Insz.en harmonisch wirkten. Er ging von der genauen Lektüre des Stücks aus, ebenso wie von der ausgedehnten Recherche im historischen Umfeld des Autors. Der Werktreue fühlte er sich verpflichtet, Aktualisierungen lagen ihm fern.

Gronius, J., F. Wille: Willi Schmidt. Das Bühnenwerk. Berlin 1990; Theater in Berlin. Einf. H. Ritter. Berlin 1962.

Sabine Steinhage

Schmitt, Saladin Josef, * 12.9.1883 Bingen, † 14.3.1951 Bochum. Schauspieler, Dramaturg, Regisseur, Intendant.

Sohn eines Weingutsbesitzers, Vetter von Stefan George, dem er früh mit formvollendeter Lyrik und Prosastücken nachzueifern versuchte. Seit 1909 Veröffentlichungen in Georges Zeitschrift *Blätter für die Kunst*, auch noch als in den Augen Georges «Abtrünniger auf verlorenem Weg» in der «auf Schau und Erregung berechneten Reizanstalt» Th. Studium der Germanistik in Bonn, Promotion über Hebbels Dramentechnik. Theaterkritiken. Ausbildung zum Schauspieler. Engagement (zugleich als Dramaturg) in Elberfeld. In Krefeld Ferdinand in Schillers *Kabale und Liebe*. Erkannte seine darstellerischen Grenzen: «in keinem einzigen Moment – aber wirklich keinem einzigen – gelang mir bei der Aufführung die Selbstvertauschung, dies eigentlich Schauspielerische […] Ich fühlte es bereits ganz deutlich während der ersten Szenen, daß ich keine Macht über die Menschen haben würde.» Drängte deswegen zur Regie. 1914 Oberspielleiter in Freiburg. 1916 von der Militärverwaltung zum Leiter des «Dt. Th.s im Generalgouvernement Belgien» berufen. November 1918 bis 1949 Intendant des Bochumer Schauspielhauses, dessen erstes Ensemble er zusammenstellte. Hochgestecktes Ziel: «Sich nicht nur neben den großen Schauspielen des Westens behaupten, sondern sie vorbildlich überragen». Eröffnung mit Grillparzers *Des Meeres und der Liebe Wellen*. Literarisch anspruchsvoller Spielplan, überwiegend Klassiker. Die Aufführungen trafen zunächst in einer reinen Arbeiterstadt auf wenig Interesse und Verständnis. Die Stadt gab ihm Zeit. Entwicklung von zyklischen Dramatiker-Porträts. 1927 erste Aufführung aller Königsdramen → Shakespeares in Deutschland (alle in der R. von S.), 1937 geschlossene Folge seiner Römerdramen. 1928 Goethe-Woche, 1932 Hauptmann-Festtage, 1934 Schiller-Woche auf einer für alle Stücke gleichen Einheitsbühne, 1936 Kleist-Festwoche, 1939 Hebbel-Festwoche, 1941 Grabbe-Woche. Kaum Spielplan-Konzessionen an die Machthaber des «Dritten Reichs», zu denen er schwejkhaft Distanz hielt. 1937 allerdings zu einer Woche der Dramatiker der HJ mit vorgeschriebenen UAen gezwungen. 1938 setzte er *Seeschlacht* des Expressionisten Reinhard Goering dagegen, was Unwillen hervorrief. Die Übernahme des Wiener Burgtheaters lehnte er ab. Professorentitel.

S. prägte ein konsequent antinaturalistisches, dramaturgisch bestimmtes Th. mit philologischer Textanalyse, charakterisiert durch tragisches Pathos, große darstellerische Geste, hohes Formbewusstsein und sprachliche Differenzierung («Heraldischer Stil»). Ensembletheater, geringe Fluktuation. Sprungbrett für junge Darsteller. Bevorzugter Autor Shakespeare, den S. 40-mal inszenierte, zuletzt in Bochum 1949 *Cymbeline*. Letzte Insz. → Lessings *Minna von Barnhelm* 1950 in Aachen. 1921–34 gleichzeitig Opernintendant in Duisburg. Wagner-Regie. Stilprägender Theatermann von epochaler Bedeutung, dem das Bochumer Schauspielhaus Ansehen und Bedeutung verdankt, der im Th. aufging: «Ich brauche das Theater als Korsett, damit ich nicht aus mir herausfalle.»

Dörmenmann, K.: Saladin Schmitt – Blätter der Erinnerung. Bochum 1964; ders.: Schauspiel in Bochum. Bochum 1963; ders.: Shakespeare-Theater in Bochum 1919–1979. Bochum 1979; Saladin Schmitt. Der Theatergründer. Zum 100. Geburtstag. Bochum 1983; Schmidt, B.: Die Entwicklung des Bochumer Theaters bis 1944 unter besonderer Berücksichtigung der Festwochen in der Zeit von 1933–1944. Mag.-Arbeit Berlin 1981; Schrage, H. D.: Saladin Schmitt am Stadttheater Bochum. Diss. Wien 1967.

Werner Schulze-Reimpell

Schneider-Siemssen, Günther (eig. G. Schneider), * 7. 6. 1926 Augsburg. Bühnenbildner.

Wollte Dirigent oder Bühnenbildner werden. Der Dirigent Clemens Krauss sagte ihm: «Wir brauchen Bühnenbildner, die eine Musik optisch interpretieren können», so begann S. seine Ausbildung in München an der Staatsoper und studierte an der Akademie für bildende Künste bei L. Sievert und E. → Preetorius. 1946–49 erste eigene Arbeiten am Münchner Lustspielhaus und Gärtnerplatztheater, darunter die UA von Oscar Straus' *Božena* (1947). Er war kurzfristig Leiter einer Tourneebühne und arbeitete im Filmatelier Geiselgasteig. 1951 erstes festes Engagement am Landestheater Salzburg, wo er bereits Versuche mit Lichtprojektionen machte und seine dauerhafte Verbindung zum Salzburger Marionettentheater knüpfte, für das er Dekorationen und eine transportable Drehbühne entwarf. 1954–62 war S. in Bremen am Th. am Goetheplatz engagiert, eine Zeit, die ihn künstl. formte. Zu erwähnen sind besonders Wagners *Ring des Nibelungen* (1960) und Hindemiths *Die Harmonie der Welt* (1957, beide R. Albert → Lippert). Hier hatte S. «zum ersten Mal die Vision einer kosmischen Bühne gehabt» (*Die Bühne – mein Leben*, S. 14). Gastspiele u. a in London (Schönbergs *Erwartung*, Covent Garden 1957, R. → Ustinov) und Wien (Th. Bergers *Die Jahreszeiten*, Staatsoper 1960). Hier begann die über 27 Jahre dauernde enge Zusammenarbeit mit Herbert von Karajan, v. a. bei den Salzburger Festspielen. 1962 wechselte S. an die Wiener Staatsoper. Er stattete hier für Karajan u. a. Debussys *Pelleas und Melisande* (1962) und R. Strauss' *Die Frau ohne Schatten* (1964) aus und für die Salzburger Festspiele u. a. seinen dritten *Ring*-Zyklus (Wagner, 1967–70), bei dem der Grundgedanke war, das Werk auf einer Ring-Ellipse aufzubauen, Musorgskijs *Boris Godunow* (1965), Wagners *Die Meistersinger von Nürnberg* (1974) und *Lohengrin* (1976). S. arbeitete mit vielen bekannten Regisseuren zusammen. Dabei fanden besonderes Interesse die Insz.en und Ausstattungen von Orffs *Das Spiel vom Ende der Zeiten* (UA 1973, R. → Everding), R. Strauss' *Die Frau ohne Schatten* (1974, R. Rennert), Berios *Un Re in Ascolto* (UA 1984, R. Friedrich, alle Salzburger Festspiele) und von Einems *Der Tulifant* (UA 1990, Wien). 1969–94 war S. Leiter der Bühnenbild-Klasse der Internat. Sommerakademie Salzburg. Als Gast arbeitete er an fast allen großen Th.- und Opernhäusern der Welt. Für die Metropolitan Opera (New York) stattete er 2-mal den *Ring*-

Zyklus aus. (1967–72 R. Karajan, 1979–89 R. →Schenk). – Erste eigene R. führte er in Kapstadt (Südafrika) bei Wagners *Tristan und Isolde* (1983). Für seinen inzwischen 8. *Ring*-Zyklus (2000–02, Wels) schuf er nicht nur die Szenographie, sondern führte auch Regie. S. schuf auch Lichtprojektionen für öffentliche Veranstaltungen, u. a. in Salzburg zur Jahrtausendwende. – S. liebt offene Verwandlungen auf der Bühne, arbeitet mit Projektionen (auch auf Architektur!) und experimentiert mit Holographie, «malt» mit Licht. S. versucht das Hörbare (Musik) in Sichtbares zu verwandeln und bei Werken, die kosmische Wesenszüge (Sternenhimmel, unterschiedlichen Realitätsebenen, Erlösungsmotive etc.) enthalten, dies auch zu visualisieren.

Die Bühne – mein Leben. Günther Schneider-Siemssen in Gesprächen mit Kurt Pahlen. (2. Aufl.) Wien 2001; Die Bühne als kosmischer Raum. Hg. K. Becsi. Wien 1976.

Sabine Steinhage

Schoenfelder, Friedrich, * 17. 10. 1916 Sorau (heute Żary, Polen). Schauspieler.

Sohn eines Architekten; Ausbildung an der Schauspielschule der Berliner Staatstheater; dort auch 1936–39 engagiert (u. a. Rehberg, *Der Siebenjährige Krieg*, 1938, R. →Gründgens). Nach Kriegsdienst und Gefangenschaft 1946–50 Württemberg. Staatstheater Stuttgart, 1950 Dt. Th. Göttingen (Zuckmayer, *Der Gesang im Feuerofen*), 1951–58 Städt. Bühnen Frankfurt a. M. Seither v. a. in Berlin. An der Freien Volksbühne u. a. in →Molières *George Dandin* (1956), der Adaption von Kirsts *Aufstand der Offiziere* (1966, R. →Piscator), Dürrenmatts *Romulus der Große* (1966); im Th. des Westens in Loewes *My Fair Lady* (1961; 1964 Corso-Th. Zürich, Th. an der Wien; 1971 Luxemburg; 1972 Tournee); im Renaissancetheaters u. a. in Asmodis *Geld* (1993). Zahlreiche Gastspiele und Tourneen. – S. ist der Prototyp des Bonvivants und Gentleman, des Père noble, v. a. in späteren Jahren mehr und mehr in Boulevardstücken beschäftigt. Seine bis ins hohe Alter distinguierte Erscheinung, seine markante Stimme machten ihn auch als Synchronsprecher für internat. Stars sowie im Film und Fernsehen zu einem gesuchten Schauspieler. Dort u. a. in *Tragödie einer Leidenschaft* (1949), *Der eiserne Gustav* (1958, *Das kunstseidene Mädchen* (1960), *Die Herren mit der weißen Weste* (1970), *Der Raub der Sabinerinnen* (1973, TV), *The Magician of Lublin* (1979), *Romeo mit grauen Schläfen* (1988, TV), *Pension Schöller* (1997), *Ein Banker zum Verlieben* (2003, TV). Auch künstl. unbedeutende Boulevardstücke gewinnen durch seine technisch perfekte, ironisch-distanzierte Darstellung. 1996 erschien seine Autobiographie *Ich war doch immer ich*.

Wolfgang Beck

Schomberg, Hermann, * 21. 8. 1907 Unna, † 17. 11. 1975 Hamburg. Schauspieler.

Ausbildung an der Hochschule für Bühnenkunst Düsseldorf bei Louise →Dumont und Gustav →Lindemann. Erste Rollen am Düsseldorfer Schauspielhaus. Kam über Osnabrück, Dortmund, Wien, Aachen 1934 für 10 Jahre an die Städt. Bühnen Frankfurt (TR in Schillers *Wilhelm Tell* und →Shakespeares *Macbeth*, Siegfried in Hebbels *Die Nibelungen*). 1945–49 Hamburger Kammerspiele (in der Eröffnungsvorstellung Charleston in Ardreys *Leuchtfeuer*, Beerdigungsunternehmer in der UA von Borcherts *Draußen vor der Tür*). 1949–50 Dt. Schauspielhaus Hamburg (TR in Schillers *Wilhelm Tell*, 1950). 1950 TR in →Goethes *Götz von Berlichingen mit der eisernen Hand* bei den Festspielen in Jagsthausen. 1951–53 Schauspielhaus Bochum (Heinrich VIII. in Rehbergs *Heinrich und Anna*, Undershaft in Shaws *Major Barbara*). 1953–55 Düsseldorfer Schauspielhaus (Mulhammer in

Eliots *Der Privatsekretär*, Selicour in Picard / Schillers *Der Parasit*, Belman in Frys *Das Dunkel ist Licht genug*). Seit 1955 Dt. Schauspielhaus Hamburg (1955 TR in → Molières *Tartuffe*, 1957 Theaterdirektor / Gottvater / Erdgeist in Goethes *Faust I*, 1958 Chiron in *Faust II*, 1959 Mauler in der UA von → Brechts *Die heilige Johanna der Schlachthöfe* und Leporello in Grabbes *Don Juan und Faust*, 1961 Petronius in der UA von Durrells *Actis*, 1963 Falstaff in Shakespeares *Die lustigen Weiber von Windsor*, 1966 Pandarus in dessen *Troilus und Cressida*, 1968 Maximilian Moor in Schillers *Die Räuber*, 1971 Souffleur in der DEA von Anouilhs *Wecken Sie Madame nicht auf*, 1972 Spaak 1 in der UA von Strauß' *Die Hypochonder*, 1973 Hassenreuther in Hauptmanns *Die Ratten*, 1975 Florent in Cocteaus *Das heilige Ungeheuer*). Gastspiele am Wiener Burgtheater. Filmrollen. – Schwerer Held und Charakterkomiker, der seine enorme Leibesfülle gleichsam wegspielen, leicht und fast graziös sein konnte. Oft dröhnend laut, dann wieder empfindsam leise. Volkstümlicher Schauspieler.

Melchinger, S., R. Clausen: Schauspieler. 36 Porträts. Velber 1965.

Werner Schulze-Reimpell

Schreyvogel, Joseph (Karl) (Pseudonym Thomas bzw. Karl August West), * 27. 3. 1768 Wien, † 28. 7. 1832 Wien. Dramaturg, Journalist, Autor, Verleger.

Sohn eines Holzhändlers, dessen Erbe ihn finanziell unabhängig machte. Abgebrochenes Jurastudium, publizistische Tätigkeit, erste literarische Veröffentlichungen. 1794–1796 in Jena, seit 1795 Mitarbeit an der *Allgemeinen Literatur-Zeitung*. Sein Lustspiel *Die Witwe* erschien in Schillers *Neue Thalia*, Teile des (unvollendeten) Briefromans *Der neue Lovelace* in Wielands *Merkur*. 1802–04 im dramaturgischen Beirat des Wiener Hoftheaters. Stiller, seit 1802 öffentlicher Teilhaber des Wiener Kunst- und Industriekomptoirs, in dem u. a. musikalische Werke und Landkarten erschienen (1812 bankrott). 1807–09 Herausgeber der Zeitschrift *Sonntagsblatt, oder Unterhaltungen von Thomas West*. Seit 1817 Zensor, 1819–32 Herausgeber des Taschenbuchs *Aglaja*. Schrieb – meist unter Pseudonym – neben journalistischen Arbeiten Erzählungen (*Samuel Brink's letzte Liebesgeschichte*, 1820), Dramen (*Die Gleichgiltigen oder Die gefährliche Wette*, UA 28. 12. 1818, Burgtheater) und Dramenbearbeitungen (*Das Leben ein Traum*, *Don Gutierre*, beide nach Calderón). Bis heute bekannt das Lustspiel *Donna Diana* nach Moretos *El desden con el desden*. – 1814–32 Theatersekretär und Dramaturg der Hoftheater, zu denen das Burgtheater und (bis 1820) das Th. am Kärntnertor gehörten. Trotz formal ungesicherter Stellung unter häufig inkompetenter Oberleitung gelang es S., das Burgtheater aus schwerer künstl. und finanzieller Krise herauszuführen. Unter strenger Zensur gelang es ihm (auch mit eigenen Bearbeitungen → Shakespeares, Calderóns, Schillers), ein klassisches und internat. Repertoire durchzusetzen, neue Dichter zu fördern (Grillparzer, Müllner, Bauernfeld u. a.) und ein bedeutendes Ensemble aufzubauen (Sophie Schröder, Julie und Ludwig Löwe, Heinrich Anschütz, Friedrich Wilhelmi, Carl Ludwig Costenoble, Julie Gley-Rettich). Das Burgtheater erlebte unter seiner de-facto-künstl. Leitung eine Blütezeit und entwickelte seinen typischen Bühnenstil. 1832 wurde er unter unwürdigen Umständen pensioniert und starb wenig später an der Cholera. S. «wollte immer das Beste und worin er eben so vielen Bühnenleitern voraus war, er wußte auch gewöhnlich, was das Beste sei» (H. Anschütz).

Buxbaum, E.: Joseph Schreyvogel: der Aufklärer im Beamtenrock. Wien 1995; Josef Schreyvogels Tagbücher 1810–1823. Hg. Karl Glossy. 2. Tle. Berlin 1903.

Wolfgang Beck

Schröder, Ernst (August), * 27. 1. 1915 Wanne-Eickel, † 26. 7. 1994 Berlin. Schauspieler, Regisseur.

Ausbildung bei Saladin → Schmitt in Bochum, wo er 1934–36 als Schauspieler engagiert war. Über Bielefeld und Kiel (TR in → Goethes *Clavigo*) 1938 ans Berliner Schiller-Th. 1940–42 und 1944–45 Soldat. 1945–48 Hebbel-Th. Berlin (Karl Moor in Schillers *Die Räuber*, R. → Felsenstein), dort 1945 erste Insz. des eigenen Stücks *Kreuzberger Krippenspiel 1945*. Leiter der Hebbel-Theaterschule. 1948–49 Direktor des Rheingautheaters Berlin, inszenierte Schillers *Don Carlos*, spielte die TR in *Caligula* von Camus. 1950 Regie der DEA *Tote ohne Begräbnis* von Sartre (Tribüne Berlin). 1949–51 Lehrbeauftragter für Regie an der Freien Universität Berlin. 1950 Domingo in Schillers *Don Carlos* (R. → Kortner) am Hebbel-Th., 1952 Marc Anton in → Shakespeares *Julius Caesar*, 1953 Franz Moor in Schillers *Die Räuber* und TR in Shakespeares *König Richard III.* (alle Schiller-Th.), TR in → Molières *Tartuffe*, Adam in Kleists *Der zerbrochne Krug* (Freie Volksbühne Berlin). 1954 Wladimir in Becketts *Warten auf Godot* (Münchner Kammerspiele, R. Kortner). Seit 1958 zahlreiche Rollen am Zürcher Schauspielhaus (Schmitz in der UA von Frischs *Biedermann und die Brandstifter*, 1958; TR in Shakespeares *König Richard III.*, 1958; Lehrer in der UA von Frischs *Andorra*, 1961; Staatsanwalt in Frischs *Graf Öderland*, 1962; in 2 Dürrenmatt-UA: *Herkules und der Stall des Augias*, 1963, und als Bockelson in *Die Wiedertäufer*, 1967). 1951–75 Staatl. Schauspielbühnen Berlin: Marquis de Sade in der UA von *Marat/Sade* von Peter Weiss (1964, R. → Swinarski), der alte Sedemund in Barlachs *Die echten Sedemunds* (1961), Maske in Sternheims *1913*, Mephisto in Goethes *Faust II* (1966, in eigener R.), Hamm in Becketts *Endspiel* (1967, in der R. des Autors), TR in Bonds *Lear* (1973). Inszenierte mit Vorliebe Gombrowicz (1968 *Die Trauung*, 1970 *Yvonne, Prinzessin von Burgund*, 1972 *Operette*); außerdem Shakespeares *Troilus und Cressida*, → Lessings *Emilia Galotti* (1969), Gor'kijs *Die Letzten* (1973, Schlossparktheater Berlin); im Cuvilliés-Th. München Dürrenmatts *Der Besuch der alten Dame* (1975). 1969–72 TR in Hofmannsthals *Jedermann* (Salzburger Festspiele); Churchill in Hochhuths *Soldaten* (1968, Wiener Volkstheater); TR in Schillers *Wallenstein* (Nürnberg 1972). 1983 Moritz Meister in Bernhards *Über allen Wolken ist Ruh'* (Freie Volksbühne Berlin). Letzte Rolle 1985 in Claudels *Der seidene Schuh* (Salzburger Festspiele). Zahlreiche Film- und Fernsehrollen. 1972 Insz. der Oper *Elektra* von Richard Strauss (Dt. Oper Berlin). – Ein ungemein vitaler, kraftvoller Komödiant mit wacher Intelligenz und scharfer Beobachtungsgabe sowie Lust an intellektuellem Disput. Texttreuer Regisseur.

Berger, L.: Ernst Schröder. Berlin 1958; Matzker, R.: Was noch bleibt, ist das Bild. Berlin 1995; Schröder, E.: Die Arbeit des Schauspielers. Zürich 1966; ders.: Das Leben – verspielt. Frankfurt a. M. 1978 *(Erinnerungen)*; ders.: Die Zikaden. Hamburg 1990 *(Roman)*.

Werner Schulze-Reimpell

Schröder, Friedrich Ludwig, * 3. 11. 1744 Schwerin, † 3. 9. 1816 Rellingen bei Hamburg. Schauspieler, Dramatiker, Theaterleiter.

Zunächst Tänzer in der Truppe seiner Mutter Sophie Charlotte und seines Stiefvaters Konrad Ernst Ackermann, wurde S. durch den berühmten Schauspieler Konrad → Ekhof gefördert. Nach dem Tod seines Stiefvaters übernahm er 1771 die Direktion des ersten stehenden Th.s in Hamburg und entwickelte sich schauspielerisch über verschiedene komische Rollen zum großen Charakterdarsteller. Sein mutiger und risikofreudiger Spielplan wurde neben Zeitstücken in vorher unbekanntem Maß von zeitgenössischer, anspruchsvoller Dramatik (→ Lessing, Lenz,

Schiller, →Goethe, Klinger u. a.) und →Shakespeare geprägt. S. selbst spielte zahlreiche wichtige Hauptrollen (u. a. Marinelli, Hamlet, Jago, Richard II., Lear). Als Theaterleiter unterstützte er junge Dramatiker, förderte seine Schauspieler (seine Halbschwestern Charlotte und Dorothea Ackermann waren die «Stars» der 1770er Jahre) und schuf eine Pensionsanstalt für ihre Altersabsicherung. Nach zahlreichen triumphalen Gastspielen wurde er 1781 gefeierter und in seiner natürlich-wahrhaftigen Darstellung stilprägender Schauspieler in Wien am Burgtheater. Seine zweite Direktionszeit in Hamburg (1786–97) fand mit einem konservativen Spielplan (Iffland, Kotzebue, S.s eigene Zeitstücke) breite Anerkennung. S. führte fortan ein für Schauspieler in dieser Zeit ungewöhnlich gutsituiertes, von den Bürgern geachtetes Leben. Eine erneute Theaterübernahme 1811/12 blieb folgenlos. – S. gilt als einer der bedeutendsten Schauspieler des 18. Jh.s und verhalf als Theaterleiter der bürgerlichen Aufklärung zum Durchbruch auf dem Th. Seine Reformen in Spielplan, Darstellung, Kostümen, Bühnenbild und Betriebsabläufen (interne sog. «Theatergesetze») stellten die ersten Schritte auf dem Weg zum Th. als bürgerlicher Kulturinstitution dar und wurden in zahlreichen Th.n zum Vorbild genommen.

Eigenmann, S.: Zwischen ästhetischer Raserei und aufgeklärter Disziplin. Stuttgart, Weimar 1994; Meyer, F. L. W.: Friedrich Ludwig Schröder. 3 Bde. Hamburg 1819.

Susanne Eigenmann

Schroeter, Werner, * 7. 4. 1945 Georgenthal. Regisseur.

Aufgewachsen in Bielefeld und Heidelberg; 3 Semester Psychologie in Mannheim; nach einigen Wochen abgebrochene Ausbildung an der Filmhochschule München. Drehte 8-mm-Filme, arbeitete mit Rosa von Praunheim zusammen. 1969 Opernfilm *Eika Katappa*, 1970 *Der Bomberpilot*, 1971 *Salome*, *Macbeth* und *Der Tod der Maria Malibran*. Wurde für →Fassbinder zum wichtigsten, spannendsten, entscheidendsten sowie entschiedensten Regisseur eines alternativen Films. Zahlreiche Filme, deren Protagonistin häufig die Schauspielerin Magdalena Montezuma (1943–84, eig. Erika Kluge) war; u. a. *Der schwarze Engel* (1973/74), *Flocons d'Or* (1973–76) *Regno di Napoli* (*Neapolitanische Geschwister*, 1978), *Palermo oder Wolfsburg* (1980; Goldener Bär, Berlinale), *Das Liebeskonzil* (1981), *Tag der Idioten* (1982), *Der lachende Stern* (1983), *Der Rosenkönig* (1986), *Malina* (1990), *Poussières d'Amour – Abfallprodukte der Liebe* (1996), *Die Königin: Marianne Hoppe* (2000), *Deux* (2002). Erste Theaterregie 1972 bei →Lessings *Emilia Galotti* am Dt. Schauspielhaus Hamburg, wo er später Kushners *Angels in America* (DEA 1993) und →Molières *Der Menschenfeind* (1995) inszenierte. Insz.en am Schauspielhaus Bochum u. a. von Wildes *Salome* (1973), Hugos *Lukrezia Borgia* (1974), Strindbergs *Fräulein Julie* (1977), Kleists *Das Käthchen von Heilbronn* (1978), Snajders *Die Windsbraut* (UA 1998); am Bremer Th. u. a. von Büchners *Leonce und Lena* (1986), Strindbergs *Rausch* (1987), Schillers *Don Carlos* (1988), Becketts *Atem* (1989); am Düsseldorfer Schauspielhaus u. a. von García Lorcas *Doña Rosita bleibt ledig* (1986), Mishimas *Der tropische Baum* (1987), Gor'kijs *Kinder der Sonne* (1988), Jahnns *Medea* (1989), →Shakespeares *König Lear* (1990, mit →Lause), Strindbergs *Totentanz* (1991), O'Neills *Trauer muß Elektra tragen* (1993), Valle-Incláns *Worte Gottes* (1996), am Schauspielhaus Köln u. a. von Lenz' *Die Soldaten* (1992), Genets *Unter Aufsicht* (1993), Camus' *Caligula* (1994). Insz.en von Pirandellos *Heute abend wird aus dem Stegreif gespielt* (1982, Schauspiel Frankfurt), Shakespeares *Komödie der Irrungen* (1983,

Freie Volksbühne Berlin), Laubes (nach Goldoni) *Finale in Smyrna* (UA 1985, Bayer. Staatsschauspiel München), Mussets *Die Launen der Marianne* (1991, Thalia Th. Hamburg), *Monsieur Verdoux* (nach Chaplin, 1997, Berliner Ensemble). Seit 1979 (Wagners *Lohengrin*, Staatstheater Kassel) zahlreiche Insz.en von Werken des Musiktheaters, u. a. Traettas *Antigona* (1988, Festival dei Due Mondi, Spoleto), Alvaros *Medea* (1991, Florenz), Zimmermanns *Ekklesiastische Aktion*/ Schönbergs *Die Jakobsleiter* (1992, Oper Düsseldorf), Šostakovičs *Lady Macbeth von Mzensk* (1992/93, Oper Frankfurt), Puccinis *Tosca* (1994, Opéra Bastille, Paris), Wagners *Tristan und Isolde* (1998, Th. Duisburg), Bizets *Carmen* (1998/99, Staatstheater Darmstadt), Bergs *Lulu* (Bonn), Bellinis *Norma* (beide 2003, Oper Düsseldorf), Müller-Wielands *Die Irre oder Nächtlicher Fischfang* (UA 2005, Bonn). Ferner Genregrenzen sprengende Projekte wie *Trauer Sehnsucht Rebellion* (1987), *Wagner und …* (1989, beide Düsseldorf) oder die «szenische Kreation» *Ein Walzertraum oder die Juwelen der Callas. Eros' Heimfahrt* für → Kresniks Choreographisches Th. (UA 2005, Bonn). – Als avantgardistischer Film- wie als nicht minder bedeutender Theaterregisseur immer ein Außenseiter mit Neigung zu extremer Grenzüberschreitung. Interesse für Stücke abseits des Repertoires. Langjährige Zusammenarbeit mit der Ausstatterin Alberte Barsacq.

<small>Dhein, S.: Werner Schroeter. Frankfurt a. M. 1991; Langford, M.: Allegorical Images: Tableau, Time and Gesture in the Cinema of Werner Schroeter. Diss. Sydney 2000; Schütte, W.: Werner Schroeter. München 1991; Sieglohr, U.: Imaginary Identities in Werner Schroeter's Cinema. Diss. East Anglia 1994; Werner Schroeter. Hg. P. W. Jansen, W. Schütte. München, Wien 1980; Werner Schroeter. Hg. G. Courant. Paris 1982.</small>

Werner Schulze-Reimpell

Schroth, Christoph, * 5. 5. 1937 Dresden. Regisseur, Intendant.

Aus einer alten Schauspielerfamilie. Studierte 1955–59 Journalistik in Leipzig. 1960–65 Regieassistent Maxim-Gorki-Th. Berlin, 1965–66 Volksbühne Berlin. Daneben extern 1963–65 Studium der Theaterwissenschaft, 1969–74 der Philosophie. 1966 Regiedebüt an der Volksbühne (Walsers *Der Abstecher*), 1966–71 Landestheater Halle (Farquhars *Pauken und Trompeten*, DDR-EA von Sperrs *Landshuter Erzählungen*, → Brechts *Herr Puntila und sein Knecht Matti*, → Shakespeares *Ein Sommernachtstraum*). 1971–73 Volksbühne Berlin (Matusches *Kap der Unruhe*, Plenzdorfs *Die neuen Leiden des jungen W.*). 1974 am Dt. Th. Berlin DDR-EA von Rozovs *Vom Abend bis zum Mittag*. 1974–88 Schauspieldirektor am Staatstheater Schwerin. Setzte mit spektakulären Insz.en starke Akzente. Politisch intendierte Spielpläne. Inszenierte 1975 das 1965 noch inkriminierte Stück *Moritz Tassow* von Hacks sowie u. a. Schillers *Don Carlos*, eine Bearbeitung des Romans *Franziska Linkerhand* von Brigitte Reimann, Schillers *Demetrius*-Fragment / Brauns *Dimitri*, 1989 Schillers *Wilhelm Tell*, einen «deutschen Liederabend» sich gleichsam selbst parodierender FDJ-Lieder *So haltet die Freude recht fest* und → Müllers *Wolokamsker Chaussee*. Große Resonanz hatten «antike Entdeckungen», die Stücke der griech. Klassiker in einen auch politischen Zusammenhang stellten. Zahlreiche Einladungen zu Gastspielen in Westdeutschland. 1988–91 Berliner Ensemble, wo er schon 1980 Šatrovs *Blaue Pferde auf rotem Gras* inszeniert hatte. 1988 UA *Lenins Tod* von Braun, 1991 Kleists *Die Familie Schroffenstein*, 1992 Hauptmanns *Vor Sonnenaufgang*. 1992–2003 Generalintendant des Staatstheaters Cottbus. Inszenierte u. a. Shakespeares *Othello*, Schillers *Die Räuber*, 1994 UA einer Mickel-Bearbeitung von Arnold Zweigs Roman *Das Beil von Wandsbek*, UA von Brauns *Der Staub von Brandenburg*, DEA von Bonds *Die Kinder*.

Starke Beachtung fanden die jährlichen «Zonenrand-Ermutigungen» nach dem Vorbild der «Spektakel» in der Volksbühne Berlin während der 1970er Jahre, bei denen mehr als ein Dutzend Stücke, vielfach UAen und EAen, gleichzeitig oder nacheinander überall im Th. gespielt wurden. 2003 → Lessings *Minna von Barnhelm* in Altenburg, an der Neuen Bühne Senftenberg 2004 UA Langes *Senftenberger Erzählungen*, 2005 *Deutsche Balladen*, 2006 Strauß' *Die Fledermaus* (Freilichtaufführung). – Neben Wolfgang → Engel der wichtigste und am wenigsten angepasste Regisseur der DDR in den 1980er Jahren. Seine Insz.en unprätenziös eindringlich und von intellektueller Brillanz. Rückgriff auf Traditionen des kritischen Volkstheaters. Vorzüglicher Intendant. 2003 Hans-Otto-Preis.

Sein Bruder Peter S. (* 1940), Schauspieler in Altenburg, Weimar, Brandenburg, Halle. 1983–87 Schauspieldirektor Weimar (1987 UA Volker Braun *Siegfried / Frauenprotokolle / Deutscher Furor*, R. S. und Peter Kleinert). Hervorragender Schauspielpädagoge. Seit 1977 Dozent an der Hochschule für Schauspielkunst Berlin. 1987–92 Direktor des Instituts für Schauspielregie. 1998–2000 Schauspielleiter Badisches Staatstheater Karlsruhe (Brecht, *Trommeln in der Nacht*, 1998; Tabori, *Jubiläum*, 2000); 2006 Shakespeares *Komödie der Irrungen* (Neues Th. Senftenberg).

«Wo ich bin, ist keine Provinz» – Der Regisseur Christoph Schroth. Hg. M. Linzer u. a. Cottbus 2003.

Werner Schulze-Reimpell

Schubert, Heinz, * 12. 11. 1925 Berlin, † 12. 2. 1999 Hamburg. Schauspieler.

Sohn eines Schneiders. Volkssturm, brit. Kriegsgefangenschaft. Schauspielstudium in Berlin. 1950–61 am Berliner Ensemble (Nickel in Hauptmann / → Brechts *Der Biberpelz und Roter Hahn*, Schweizerkas in Brechts *Mutter Courage und ihre Kinder*, Christopher Mahon in Synges *Der Held der westlichen Welt*, Dullfeet in Brechts *Der aufhaltsame Aufstieg des Arturo Ui*, Hakenfinger-Jakob in Brecht / Weills *Die Dreigroschenoper*, Gottlieb in der UA von Baierls *Frau Flinz*, 1961). 1962–68 Münchner Kammerspiele und Lehrer an der Otto-Falckenberg-Schule, 1968–76 Dt. Schauspielhaus Hamburg (1968 Moser in Schillers *Die Räuber*, 1970 Beinloser Krüppel in der UA von Bernhards *Ein Fest für Boris*, 1975 Relling in Ibsens *Die Wildente*). Landestheater Tübingen: 1973 TR in der UA von Hanns Eislers *Johann Faustus*, 1974 Shylock in → Shakespeares *Der Kaufmann von Venedig*. 1978 Thalia Th. Hamburg: Eddy Waters in der DEA von Griffith' *Komiker*. 1983 Staatsschauspiel Stuttgart: Romanow in Schillers *Demetrius*. 1985–88 erneut Dt. Schauspielhaus Hamburg (1986 Jourdain in → Molières *Der Bürger als Edelmann*, 1988 Schigolch in der UA der Urfassung von Wedekinds *Lulu*, R. → Zadek). Am Wiener Burgtheater 1989 Hauptmann in Büchners *Woyzeck*, 1990 in Hochhuths *Sommer 14*. Tourneen. Film- und zahlreiche Fernsehrollen – populär als Alfred Tetzlaff in der Serie *Ein Herz und eine Seele*. 1980–90 Professor an der Hochschule für Musik und darstellende Kunst in Hamburg. Ein hintergründiger, oft ätzend boshafter Komiker und scharfer Charakterspieler, hoch geschätzt von Brecht und Zadek. Vorzüglich als verbohrter Kleinbürger und belehrender Rechthaber.

Werner Schulze-Reimpell

Schuh, Oscar Fritz, * 15. 1. 1904 München, † 22. 10. 1984 Großmain bei Salzburg. Regisseur, Theaterleiter, Übersetzer.

Sohn eines Tierarztes. Schon als Schüler Theaterkorrespondent für Zeitschriften und Zeitungen. Seit 1921 Studium der Theaterwissenschaft, Kunstgeschichte und Philosophie in München. 1923 UA von Brentanos *Ponce de Leon* in S.s Bearbeitung an der Bayer. Landesbühne Augsburg. Dort erste Regie bei Hauptmanns *Hanneles Himmelfahrt* (1923). Schauspielunterricht bei Erich Riewe. Kam über Oldenburg, Osnabrück (Horváths *Das Buch der Tänze*, UA 1926), Darmstadt, Gera (Wagner-Régenys *Der nackte König*, UA 1929, *Jakob und Esau*, UA 1930), das Dt. Th. Prag 1932–40 an die Hamburgische Staatsoper. Inszenierte dort u. a. Egks *Die Zaubergeige* (1936), Zilligs *Das Opfer* (UA 1937), Pfitzners *Palestrina* (1937), Borodins *Fürst Igor* (1938). 1939 Heirat mit der Malerin und Übersetzerin Ursula Diederich. 1940–50 Oberregisseur der Staatsoper Wien, Beginn der langjährigen Zusammenarbeit mit dem Bühnenbildner → Neher. Mit ihm und dem Dirigenten Karl Böhm Herausbildung des sog. Wiener Mozart-Stils, bei dem das Wesentliche «die Betonung des stilisierten schauspielerischen Ausdrucks» war (S., *So war es*, S. 129). Insz.en u. a. von Wagner-Régenys *Johanna Balk* (UA 1941), Egks *Columbus* (1942). Seit 1946 Gastregisseur am Burgtheater und bei den Salzburger Festspielen. Dort neben herausragenden Mozart-Insz.en Regie bei den UAen von von Einems *Dantons Tod* (1947) und *Der Prozeß* (1953), Martins *Der Zaubertrank* (1948), Orffs *Antigonae* (1949), Liebermanns *Penelope* (1954) und *Die Schule der Frauen* (1957), Egks *Irische Legende* (1955). Später auch Stücke des Sprechtheaters, O'Neills *Fast ein Poet* (1957), → Shakespeares *Der Sturm* (1968), Schnitzlers *Zum großen Wurstel* und Horváths *Figaro läßt sich scheiden* (1970). Zahlreiche Gastinsz.en in Europa. Nach großem Erfolg mit Pirandellos *Sechs Personen suchen einen Autor* (1951; 1968 Zürcher Schauspielhaus) an der Freien Volksbühne Berlin im Th. am Kurfürstendamm 1953–58 deren Direktor. Neben Insz.en des klassischen Repertoires u. a. von Frischs *Die Chinesische Mauer* (UA der Neufassung 1955), O'Neills *Trauer muß Elektra tragen* (1955), *Eines langen Tages Reise in die Nacht* (DEA 1956), *Fast ein Poet* (DEA 1958). 1959–62 Intendant der Städt. Bühnen Köln (vermehrt Opernregie), 1963–68 des Dt. Schauspielhauses Hamburg. Insz.en dort u. a. von O'Neills *Hughie* (1960) und *Alle Reichtümer der Welt* (DEA 1965), Strindbergs *Ein Traumspiel* (1963), DEAen von Saunders' *Wer war Mr. Hilary?* (1963), *Nachbarn, Ein unglücklicher Zufall* (beide 1965). Außerdem Durrells *Ein irischer Faust* (UA 1963), Camus' *Der Belagerungszustand* (1966), Claudels *Der Tausch* (1968). Seither Gastregisseur. Gründer der kurzlebigen reisenden Truppe Szene 71, in Salzburg seit 1970 Leitung des «Fests in Hellbrunn» und 1970 Gründung des Salzburger Straßentheaters mit fahrbarer Bühne, auf der u. a. → Nestroy, → Valentin, Horváth, Herzmanovsky-Orlando gespielt wurden. Regie beim Film (*Ein toller Tag*, 1944/45) und Fernsehen (Greens *Adrienne Mesurat*, 1969). Schrieb dramaturgische Schriften und Memoiren. – Für die Entwicklung des modernen Musiktheaters stilbildender Regisseur. S. verstand die Bühne als «geistigen Raum», in dem auf geistige Auseinandersetzung gerichtetes Spiel quasi als Gleichnis stattfand, das in theatralen Bildern in formaler Stilisierung den Sinn hinter der Handlung freilegen sollte. Sein metaphysisch-mythisch geprägtes Weltbild ließ ihn zu einem wichtigen Regisseur der Stücke Strindbergs, Pirandellos, O'Neills werden.

Hommage à O. F. Schuh. Hg. I. Fabian. Zürich 1984; Schuh, O. F., F. Willnauer: Bühne als geistiger Raum. Bremen 1963; Schuh, O. F.: Konservatives Theater – experimentelles Theater. Bremen 1975; ders.: Salzburger Dramaturgie. Salzburg 1969; ders.: So war es – war es so? Berlin u. a. 1980.

Wolfgang Beck

Schulz, Wilfried, * 26. 5. 1952 Falkensee bei Berlin. Dramaturg, Intendant.

Studium (Theaterwissenschaft, Politologie, Germanistik) an der FU Berlin und der Nouvelle Sorbonne Paris. Magisterarbeit über das Th. der Ariane → Mnouchkine. 1976–81 Assistent an der Hochschule der Künste Berlin. Wissenschaftliche Veröffentlichungen. 1982–85 Dramaturg in Heidelberg, Mitbegründer des Heidelberger Stückemarkts, 1986–88 Staatstheater Stuttgart. 1988–93 Chefdramaturg Th. Basel und 1993–2000 Dt. Schauspielhaus Hamburg. Spielplan mit überwiegend zeitgenössischen Stücken, Förderung junger dt. Dramatik. 1998–99 gleichzeitig Dramaturg des Schauspiels der Salzburger Festspiele (Programmplanung, Produktionsdramaturgie). – Seit 2000 Intendant des Schauspiels der Niedersächs. Staatstheater Hannover. Fortsetzung der Förderung dt.sprachiger Dramatiker, zahlreiche UAen. Lehraufträge an den Universitäten Basel und Hamburg. Herausgeber eines Buchs über den Regisseur Christoph → Schlingensief.

Werner Schulze-Reimpell

Schulze, Hans, *7. 10. 1930 Bochum. Schauspieler.

1950–53 Schauspielschule Bochum. Erste Engagements in Bonn, Münster, Oldenburg, Basel. 1963–68 Staatstheater Wiesbaden (Mercutio in → Shakespeares *Romeo und Julia*, Stauffacher in Schillers *Wilhelm Tell*, Gennadius in Ostrovskijs *Der Wald*, Robespierre in Büchners *Dantons Tod*). 1968–79 Schauspiel Köln (Landauer in Dorsts *Toller*, Piccolomini in Schillers *Wallenstein*, Fugger in Fortes *Martin Luther & Thomas Münzer*, Kaiser in Arrabals *Der Architekt und der Kaiser von Assyrien*, Meister Anton in Hebbels *Maria Magdalena*, Hagen in Hebbels *Die Nibelungen*, Dionysos in Euripides' *Die Bakchen* und Aristophanes' *Die Frösche*, Macheath in → Brecht/Weills *Die Dreigroschenoper*, Luka in Gor'kijs *Nachtasyl*, Antonius in Shakespeares *Antonius und Cleopatra*, Claudius in *Hamlet*, Mephisto in → Goethes *Faust II*, Christian Maske in Sternheims *1913*, Seneca in der UA von Caspar von Lohensteins *Epicharis*). 1976–79 Mitglied des Direktoriums, der dreiköpfigen kollektiven Schauspielintendanz. 1979–81 Staatsschauspiel Stuttgart (Philipp in Schillers *Don Carlos*). Th. an der Ruhr Mülheim (Schigolch in Wedekinds *Lulu*). 1983–86 Düsseldorfer Schauspielhaus (Einstein in Johnsons *Bedeutende Leute*, Heinrich Mann in Hamptons *Geschichten aus Hollywood*, TR in der UA von Brechts *Jakob Geherda*, Jupiter in Kleists *Amphitryon*, Rubek in Ibsens *Wenn wir Toten erwachen*). 1981 TR in → Lessings *Nathan der Weise* bei den Salzburger Festspielen. 1986–89 Bayer. Staatsschauspiel München (TR in der UA von Dorsts *Ich, Feuerbach*, de Sade in Weiss' *Marat/Sade*, Jacques in Shakespeares *Wie es euch gefällt*), 1989–92 Essener Schauspiel, 1992–94 Bremer Th. (Menelaos in Euripides' *Helena*, TR in *Heimkehr des Odysseus* nach Homer). 1995 Großvater in → de Filippos *Samstag, Sonntag, Montag* (Schauspielhaus Düsseldorf), 1999 Großinquisitor in Schillers *Don Carlos* (Dt. Nationaltheater Weimar), 2002 William von Baskerville in der Bühnenfassung von Ecos *Im Namen der Rose* (Schlossfestspiele Heidelberg). Von Januar 1995 bis Dezember 1998 Direktor der Bochumer Schauspielschule. 1996 Professorentitel. – Einer der markantesten Schauspieler seiner Generation mit großer Bühnenpräsenz und hoher Sprachkultur. Obwohl seine Karriere eng mit dem Namen → Heyme verbunden ist (Wiesbaden, Köln, Stuttgart, Essen, Bremen), war er doch kein typischer Vertreter der Heyme'schen Ästhetik, sondern stets sehr eigengeprägt eine unverwechselbare Darstellerpersönlichkeit.

Werner Schulze-Reimpell

Schuster, Robert, *3. 2. 1970 Meißen, Regisseur.

Studium in der Regieklasse der Hochschule für Schauspielkunst «Ernst Busch»

1992–96. S. begann schon während der Regieschule zusammen mit Tom → Kühnel zu inszenieren. Nach Stationen an verschiedenen Th.n wurde er 1997–99 mit Kühnel Hausregisseur am Schauspiel Frankfurt (1996 Becketts *Warten auf Godot*, 1997 Ibsens *Peer Gynt*, 1998/99 → Goethes *Faust*). Ab der Spielzeit 1999/2000 übernahmen S. und Kühnel die künstl. Leitung des TAT im Bockenheimer Depot. S. trat hier zusammen mit einer Truppe junger Schauspieler und dem Bühnenbildner Jan Pappelbaum an, um im Geiste der Mitbestimmung ein Th. neu zu gründen. Die idealistische Vorstellung einer freien Gruppe mit einheitlichen Gehältern und dem gemeinsamen Wunsch, das Th. eng an die Realität zu führen, führte anfangs zu ungewöhnlichen Erfolgen, verstieß jedoch die Avantgardeliebhaber des alten TAT. Die Eröffnung des neuen TAT mit den Sprachexerzitien *Deutsch für Ausländer* von Sören Voima, einem Autorenkollektiv, irritierte die Erwartungen des Frankfurter Publikums auf eine Fortsetzung der gelungenen Klassikerinterpretationen, die S. mit Kühnel zuvor am Schauspiel Frankfurt gezeigt hatte. Seit der Spielzeit 2000/2001 inszeniert S. allein. Gleich seine erste Insz., *Europa* nach Sophokles und Euripides, entwickelt mit großem Atem aus dem Ödipus-Mythos die tragischen Widersprüche des modernen europ. Menschenbildes, dass es kein Außerhalb der Gesellschaft mehr gibt und somit keine Unschuld. Ende 2002 endete S.s künstl. Leitung des TAT. Insz.en an anderen Th.n u. a. von Čechovs *Die Vaterlosen* (2002, Staatstheater Hannover), → Molières *Tartuffe* (2005, Dt. Th. Berlin), → Brechts *Der gute Mensch von Sezuan* (2006, Staatstheater Schwerin). Erste Operninszenierungen am Th. Basel: *Norma* von Bellini (2002), Šostakovič' *Die Nase* (2004). S. ist Professor an der Berliner Hochschule für Schauspielkunst «Ernst Busch», mit deren Studenten er 2004 die DEA von Lars Noréns *Kälte* einstudierte.

Bernd Stegemann

Schütter, Friedrich (Franz Johann), * 4. 1. 1921 Düsseldorf, † 17. 9. 1995 Hamburg. Schauspieler, Regisseur, Theaterleiter.

Sohn eines Hotelbesitzers, zeitweise in Brasilien aufgewachsen, 1939 Rückkehr nach Deutschland. Im Krieg Soldat. 1947–49 Schauspielunterricht bei H. → Gmelin und Walter Falk. Engagements u. a. am Dt. Schauspielhaus Hamburg. 1951 Gründungsmitglied und künstl. Leiter (Verwaltungsdirektor: Wolfgang Borchert) des Jungen Th.s, 1973 in Ernst-Deutsch-Th. umbenannt. Eröffnung am 13. 10. 1951 mit Priestleys *Gefährliches Spiel*. S. spielte in über 4 Jahrzehnten unzählige Rollen des klassischen und modernen Repertoires im ernsten wie im komischen Fach, u. a. in Maughams *Die heilige Flamme* (1952), Brandstaetters *Das Schweigen* (1959), Weisenborns *Das verlorene Gesicht* (1960), Wilders *Unsere kleine Stadt* (1963), Weiss' *Marat/Sade* (1965), O'Neills *Ein Mond für die Beladenen* (1967), Genets *Der Balkon* (1973), Breitbachs *Hinter dem Vorhang oder Genosse Veygond* (1977), Zuckmayers *Des Teufels General* (1980), → Brechts *Schweyk im zweiten Weltkrieg* (1983), Muellers *Das Totenfloß* (1988/89), Hauptmanns *Die Ratten* (1990), *Vor Sonnenuntergang* (1994), Schönthans *Der Raub der Sabinerinnen* (1991), → Lessings *Nathan der Weise* (1993), Čechovs *Drei Schwestern* (1994). Zuletzt in Weiss' *Die Ermittlung* (1995). Zu seinen zahlreichen Insz.en zählen u. a. Steinbecks *Von Mäusen und Menschen* (1957/58; 1987/88), → Molières *Der eingebildete Kranke* (1961/62), Molière/Brechts *Don Juan* (1963/64), Behans *Die Geisel* (1964/65), Duras' *Ganze Tage in den Bäumen* (1969/70), Hochhuths *Die Hebamme* (1972/73), *Lysistrate und die Nato* (1973/74), *Juristen* (UA 1979/80), Higgins' *Harold und Maude*

(1976/77), Brechts *Der aufhaltsame Aufstieg des Arturo Ui* (1982/83), → Shakespeares *Was ihr wollt* (1987/88), Brecht/Weills *Die Dreigroschenoper* (1991/92). S. wirkte bei den Bad Hersfelder Festspielen (zweimal Gr. Preis) und den Ruhrfestspielen mit, übernahm Film- und Fernsehrollen und synchronisierte u. a. Lorne Greene *(Bonanza)* und Lee Marvin. – S. war ein leidenschaftlicher, politisch engagierter Theaterkünstler von großer Energie. Zu seinen bleibenden Verdiensten gehört, dass es ihm gelang, sein Th. zu einem der erfolgreichsten dt. Privattheater zu machen, ohne seinen künstl. Anspruch aufzugeben. Neben dem finanziell notwendigen Boulevard bildeten zeitkritische aktuelle Stücke (mit zahlreichen UAen und DEAen) den Schwerpunkt des Repertoires. Viele berühmte Schauspieler und Regisseure arbeiteten an seinem Th., u. a. K. → Paryla, → Deutsch, → Noelte, → Quadflieg (auch Regie), → Everding, → Lavelli, → Fleckenstein, → Buckwitz, → Tausig, → Stroux. Nachfolger als Theaterleiter ist seine Frau Isabella Vértes-S., 2004–06 Volker Lechtenbrink.

Andrist, M.: Wir treten auf! Hamburg 2001.
Wolfgang Beck

Schütz, Johannes, * 12. 2. 1950 Frankfurt a. M. Bühnenbildner, Regisseur.

Nach dem Studium an der Hochschule für bildende Künste Hamburg (bei → Minks) 1970–73 Assistent und Bühnenbildner an den Staatl. Schauspielbühnen Berlin; Ausstattung u. a. für H. → Müllers *Horatier* (UA 1973, R. → Lietzau), Becketts *Nicht Ich* (DEA 1973), Harald Muellers *Strandgut/Stille Nacht* (UA 1975, beide R. → Wendt), Hauptmanns *Das Friedensfest* (1974 R. → Clemen). 1976–83 Münchner Kammerspiele; Szenographien meist für Insz.en Wendts, u. a. bei Genets *Der Balkon*, Becketts *Tritte/Damals* (beide 1976), García Lorcas *Doña Rosita la Soltera* (1977), Sophokles/Müllers *Ödipus* (1977), Müllers *Germania Tod in Berlin* (UA 1978), → Brechts *Trommeln in der Nacht*, (1979), Strindbergs *Fräulein Julie* (1980), Jahnns *Medea*, → Goethes *Torquato Tasso* (beide 1981), → Shakespeares *Wie es euch gefällt* (1982), Čechovs *Der Kirschgarten* (1983). Weiter u. a. bei Reinshagens *Sonntagskinder* (R. → Matiasek), Dorsts *Auf dem Chimborazo* (beide 1976), O'Neills *Fast ein Poet*, Fleißers *Fegefeuer in Ingolstadt* (beide 1977), Čechovs *Die Möwe* (1978, alle R. Clemen), Dorsts *Merlin oder Das wüste Land* (1982, R. → Dorn). 1978–81 Ausstattungsleiter am Bremer Th.; neben der Zusammenarbeit mit der Choreographin R. → Hoffmann (u. a. *Hochzeit, Unkrautgarten*, beide 1980) Bühnenbilder zu Jahnns *Die Krönung Richards III.* (1978), Shakespeares *Richard II.* (1981, beide R. F.-P. → Steckel). Arbeiten am Dt. Schauspielhaus Hamburg u. a. für Hebbels *Gyges und sein Ring* (1982), Schillers *Die Räuber* (1983), → Lessings *Minna von Barnhelm* (1984, alle R. Wendt). Ab 1986 war S. Chefbühnenbildner am Schauspielhaus Bochum; Beginn der intensiven Zusammenarbeit mit → Gosch. In Bochum u. a. bei Becketts *Endspiel* (1992), Handkes *Die Stunde da wir nichts voneinander wußten*, Eustaches *Die Mama und die Hure* (beide 1994), am Dt. Th. Berlin u. a. bei Kleists *Prinz Friedrich von Homburg* (1995), Becketts *Warten auf Godot* (1996), Handkes *Zurüstungen für die Unsterblichkeit*, Shakespeares *Ein Sommernachtstraum* (beide 1997), Schillers *Jungfrau von Orleans* (1998), Albees *Wer hat Angst vor Virginia Woolf?* (2004), am Th. Basel bei Calderóns *Das Leben ist Traum* (1998), am Dt. Schauspielhaus Hamburg bei Schimmelpfennigs *Push Up 1–3*, *Vor langer Zeit im Mai* (2001), Rezas *Ein spanisches Stück* (2005), am Düsseldorfer Schauspielhaus bei Gor'kijs *Sommergäste* (2004), Shakespeares *Macbeth* (2005), im Staatstheater Hannover bei Čechovs *Drei Schwestern* (2005). Opernausstattungen u. a. für Schönbergs *Ein Überlebender aus Warschau / Die glückliche Hand / Die Jakobsleiter* (1983, Hamburgische Staatsoper), Mozarts *Idomeneo* (1984, Kassel), Eötvös *Drei Schwestern* (1999), Musorgskijs *Boris Godunov* (2001, beide Oper Düsseldorf). Seit seinem Debüt mit Glucks *Iphigenie in Aulis* (1990, Oper Düsseldorf) Musik- und Sprechtheaterregie (eigene Ausstattung), u. a. bei Brechts *Fatzer-Fragment* (1992, Bochum), Mozarts *Idomeneo* (1996, Oper Frankfurt), Bernhards *Der Weltverbesserer* (1998, Dt. Th. Berlin), Händels *Alcina* (2000, Oldenburg), Glucks *Orpheus und Eurydike* (2003, Kassel), Schillers *Die Braut von Messina* (2002), Strauss' *Ariadne auf Naxos* (2003, beide Staatstheater Mainz). In Karlsruhe Professor für Szenographie am Zentrum für Kunst und Medientechnologie (1992–98), assoziierter Professor an der Hochschule für Gestaltung. – S. hat seine Bühnenbildsprache v. a. entwickelt in der Zusammenarbeit mit den Regisseuren Wendt und Gosch. Dabei verlief die Entwicklung von üppig dekorierten, «meist dunkel grundierten Räumen, die nicht selten die Stückfiguren in eine grafische Beziehung zueinander setzten» (*Münchner Kammerspiele*, S. 480) hin zu stilisierten, artifiziellen Räumen mit einzelnen signifikanten Symbolen. S.' kunstvoll geordnete leere Bühnen, bestimmt von Licht und Farbe, schaffen Freiräume für den poetischen Gehalt und werten den Schauspieler auf (Eckert, S. 164).

Bühnenbild heute – Bühnenbild der Zukunft. Karlsruhe 1993 *(Katalog)*; Eckert, N.: Das Bühnenbild im 20. Jahrhundert. Berlin 1998; Müller, H.-R., D. Dorn, E. Wendt: Theater für München. München 1983; Die Münchner Kammerspiele. Hg. S. Dultz. München 2001.
Wolfgang Beck

Schwab, Martin, *9. 11. 1937 Möckmühl (Württemberg). Schauspieler.

Ausbildung zum Chemiekaufmann. Reinhardt-Schule Berlin, 1959–62 Reinhardt-Seminar Wien. Erstes Engagement 1962 Landesbühne Rheinland-Pfalz in Neuwied. 1963–68 Staatstheater Oldenburg, 1968–72 Ulmer Th., 1972–79 Staatsschauspiel Stuttgart; u. a. Woinow in Camus' *Die Gerechten* (1976), Orest in → Goethes *Iphigenie auf Tauris* (1977), Steward in Bernhards *Immanuel Kant* (UA 1978, alle R. → Peymann), Damis in → Molières *Tartuffe* (1978). 1979–82 Schauspielhaus Bochum; Antonio in Goethes *Torquato Tasso* (1980, 1982 TV), Feldkoch in → Brechts *Mutter Courage und ihre Kinder* (1981), TR in Zahls *Johann Georg Elser* (UA 1982, R. → Kirchner). 1982–87 Städt. Bühnen Frankfurt a. M. (TR in Millers *Der Tod eines Handlungsreisenden*, 1983). Bei den Salzburger Festspielen 1982 Gregor in der UA von Handkes *Über die Dörfer* (R. Wenders / Klett), 1985 Ferrucio in der UA von Bernhards *Der Theatermacher* (1990 TV), 1987 Doktor Reumann in Schnitzlers *Der einsame Weg* (R. Th. → Langhoff), 1992 Messala in → Shakespeares *Julius Cäsar* (R. P. → Stein), 1993 Gregor in der UA *Das Gleichgewicht* von Strauß (R. → Bondy). Seit 1987 Wiener Burgtheater; u. a. TR in Büchners *Woyzeck*, Pfarrer in Turrinis *Tod und Teufel* (UA, R. → Palitzsch), Mauerschauer in der UA von Handkes *Spiel vom Fragen oder Die Reise zum sonoren Land*, Lebedew in Čechovs *Ivanov* (alle 1990), Simjonow-Pischtschik in *Der Kirschgarten* (1997, beide R. → Zadek), König Merops in *Phaeton* von Strauß nach Euripides, Beaumarchais in Goethes *Clavigo* (beide 1991), Der alte Mann in Jelineks *Totenauberg* (UA 1992, R. → Karge), Gast in *Raststätte oder sie machens alle* (UA 1994) Vater in Pirandellos *Sechs Personen suchen einen Autor* (1993, R. C. → Lievi), Theaterdirektor in *Die Schlacht um Wien* von Turrini (UA 1995), Ajaxerle in → Raimunds *Der Bauer als Millionär* (1996, R. → Herrmann), Dr. Rank in Ibsens *Nora* (1997), O'Hara in Handkes *Die Fahrt im Einbaum oder Das Stück zum Film vom Krieg* (UA 1999), Bischof in Grillparzers *Weh dem, der lügt* (1999),

Rott in Schönherrs *Glaube und Heimat* (2001, beide R. → Kuše), Älterer Herr in Koltès' *Roberto Zucco* (2001, R. → Grüber, Koproduktion Wiener Festwochen), Talbot in Schillers *Maria Stuart* (2002, R. → Breth), Billy Rice in Osbornes *Der Entertainer* (2003), Corneille in Bauersima/Desvignes' *Bérénice de Molière* (UA 2004), Bessemjonow in Gor'kijs *Kleinbürger* (2005). Weiter u. a. in Handkes *Zurüstungen für die Unsterblichkeit* (UA 1997), Ostrovskijs *Der Wald* (2002, R. T. Ascher), Sophokles' *Ödipus in Kolonos* (2003, Koproduktion Wiener Festwochen), Jonkes *Die versunkene Kathedrale* (UA 2005), Shakespeares *Hamlet* in einer Fassung für 3 Schauspieler als *Hamlet³* (2005, R. Árpád Schilling). Ständiger Gast im Berliner Ensemble (Bernhards *Peymann-Dramolette*, 2001) und den Münchner Kammerspielen (Bitterwolf in Fleißers *Der starke Stamm*, 2002). Lesungen. Mitwirkung bei Operetten und Musicals; wenige Filme, u. a. *Mesmer* (1993). Lehrauftrag am Reinhardt-Seminar. Auszeichnungen u. a. Kainz-Medaille (1992), Nestroy-Preis (2000), Goldenes Ehrenzeichen der Stadt Wien (2002). – Von Peymann in der Provinz entdeckter und diesem seit über 30 Jahren künstl. verbundener Schauspieler. Unaufwendig karg in seinen Mitteln und damit prädestiniert für die Darstellung schlichter Menschen und bodenständiger Verlässlichkeit, vermag S. durchaus ins Artifizielle und skurril Komische zu wechseln.

Werner Schulze-Reimpell

Schwartz, Malene, * 10. 8. 1936 Kopenhagen. Schauspielerin, Theaterleiterin.

S. wurde bei einer Schulaufführung durch den Schauspieler Arne Weel (1891–1975) entdeckt. Ausbildung 1955–57 an der Privatteatrenes elevskole. Ab 1957 am Kopenhagener Th. Alléscenen, wo sie 1958 in Delaneys *Bitterer Honig* ihren schauspielerischen Durchbruch erlebte. 1961–70 an Det Kongelige Teater (Kopenhagen) u. a. in Ionescos *Der König stirbt*, Ibsens *Die Wildente*, Heibergs *Elverhøj (Der Elfenhügel)*, Feydeaus *Kümmere dich um Amélie*. In den folgenden Jahren bewies sie ihr komisches und musikalisches Talent in Schauspielen, Revuen (Cirkusrevyen, Tivolirevyen) und Musicals; u. a. in Haimsohn/Millers *Piger til søs* (1970), *Født i går* (1971, beide Det Ny Teater, Kopenhagen), Loewes *My Fair Lady* (Scala), Loessers *Guys and Dolls* (1984, Det Kongelige Teater). 1980 übernahm S. mit Lone Hertz (* 1939) die Leitung des Bristol Teatret; spielte selbst u. a. in Ionescos *Die Stühle* (mit Ove Sprogøe). 1982 wechselten beide ans Aveny Teatret (Frederiksberg), das S. 1984–92 allein leitete. Mehr noch als im Bristol Teatret bestimmte hier die Mischung aus Klassikern und und neuen dän. und ausländischen Stücken (Norén, Svend Åge Madsen, B. Strauß) den Spielplan. Workshops und Lesungen sollten junge dän. Dramatiker unterstützen, Zusammenarbeit mit Schulen ein junges Publikum gewinnen. Rollen u. a. in Noréns *Dämonen* (1986), an Det Ny Teater in Mishimas *Marquise de Sade* (1989). 1994–2001 war S. Leiterin des Th.s in Ålborg, wo sie u. a. in Vitracs *Victor oder die Kinder an der Macht* (1995) spielte. Seither freiberuflich tätig; u. a. in Kesselrings *Arsen und Spitzenhäubchen* (2001, Det Kongelige Teater), Thomas Bredsdorffs *Lykken* (2004/05, Rialto Teater, Frederiksberg). Nach ihrem Filmdebüt 1956 mit *Pige søger natkvarter* wurde S. in den 1960er Jahren eine der beliebtesten dän. Filmschauspielerinnen, u. a. in *Duellen* (1962), *Slottet* (1964), *Tre små piger* (1966). Große Popularität durch die Fernsehserie *Matador* (1978–82). Seither in *Tro, Håb og Kærlighed* (1984, R. Bille August), *Reconstruction* (2003). S. unterrichtete an der staatl. Teaterskole (1981–83), war Mitglied des Teaterråd (1992–94), sitzt im Beirat von Det Kongelige Teater und Folketeatret, schrieb Kinderbücher (*Mor, er du min mor?*, Kopenhagen 1982; dt. *Wie Tine ihre Eltern bekam*) und Erinnerungen (*Livet er ikke for begyndere*, Kopenhagen 2003). Zahlreiche Auszeichnungen, u. a. Läkerols Kulturpris 1985, Henkel-Prisen 1986, Clara Pontoppidan-Legat 1992, Ritter des Danebrog-Ordens 1992. – S. ist eine das dän. Theaterleben der letzten Jahrzehnte prägende Künstlerin. Eine sensible, intelligente und ausdrucksstarke Charakterdarstellerin mit großer Ausstrahlung, gleichermaßen im komischen wie ernsten Fach und auch im musikalischen Bereich zu Hause. Als Theaterleiterin bemüht um ausgewogene Ensemble- und Spielplanpolitik, wobei die Förderung aktueller Dramatik und junger dän. Autoren ihr besonders am Herzen lag.

<small>Aveny-teatret i fortid, nutid og fremtid. Red. E. Balling. Frederiksberg 1987.</small>

Wolfgang Beck

Schwartz, Maurice, * 18. 6. 1890 Sudilkov (Russland, heute Ukraine), † 10. 5. 1960 Tel Aviv (Israel). Schauspieler, Regisseur, Theaterleiter.

Der «Olivier des jiddischen Theaters», geboren in einer ukrain. Kleinstadt, kam 1901 / 02 mit seinen Eltern in die USA und begann jung in jidd. Theatergruppen New Yorks als Schauspieler. 1918 gründete er ein eigenes Ensemble im Irving Place Th., aus dem 1921 das Yiddish Art Th. (Jidd. Künstlertheater) in der Second Avenue hervorging, dem Zentrum jidd. Theaterlebens in New York («Yiddish Rialto»). Der Spielplan umfasste ins Jidd. übersetzte klassische und moderne Dramen sowie neue Stücke oder Adaptionen jidd. Autoren wie Scholem Aleichem, Perez Hirschbein, David Pinski. V. a. in den Anfangsjahren gelang es S. («Mr. Second Avenue»), dem jidd. Th. Geltung zu verschaffen durch künstl. hochstehende Aufführungen und ein Ensemble, zu dem u. a. Stella → Adler ebenso gehörte wie 1918–25 der spätere Filmstar Paul Muni (1895–1967). In den rund 30 Jahren seines Bestehens brachte das Yiddish Art Th. über 150 Produktionen heraus. Weltwirtschaftskrise, neue Medien, Einwanderungsbeschränkungen, die den Zustrom jidd.sprechenden Publikums einschränkten, brachten seit den 1930er Jahren nicht nur dieses Th. in wirtschaftliche Schwierigkeiten. Tourneen durch Europa und Südamerika, Broadway-Aufführungen (Jacob Pragers *The Water Carrier*, 1936, Albert Ganzerts *Borderline*, 1937), engl. Fassungen jidd. Stücke lösten die Probleme ebenso wenig wie ein dem leichteren Publikumsgeschmack angepasster Spielplan und größerer technischer und szenischer Aufwand. 1950 musste das Yiddish Art Th. offiziell schließen. S.' Bemühungen, in Israel ein jidd. Th. zu etablieren, führten nur zu einer einzigen Produktion.

Neben der Arbeit am eigenen Th. war S. auch am Broadway als Schauspieler und Regisseur tätig, u. a. in Scholem Aleichems *If I Were You*, E. Tollers *Bloody Laughter* (beide 1931), R. Rollands *Die Wölfe* (1932), Pedro Blochs *Conscience* (1952). Zu seinen bekanntesten Rollen gehörten Rabbi Malech in Fritz Blockis *Yoshe Kalb* (nach I. Singer), Luka in Gor'kijs *Nachtasyl*, Oswald in Ibsens *Gespenster*, Shylock in Shakespeares *Merchant of Venice (Kaufmann von Venedig)*, die TR in *King Lear*. S. war ein Schauspieler großer Vielseitigkeit und starker Bühnenpräsenz, die er auch in den Film übertragen konnte. Nach einigen frühen Slapstickfilmen (*Little Moritz est trop petit*, *Little Moritz se fait les muscles*, *Little Moritz enlève Rosalie*, *Little Moritz demande Rosalie en mariage*, alle 1911) trat er in einer Reihe wichtiger jidd. Filme auf: *Yiskor* (1924 und 1933), *Broken Hearts* (1926), *Uncle Moses* (1932, nach Sch. Asch), *Tevye* (1939, nach Sch. Aleichem), *Americaner Shadchen* (1940). Weitere Filme u. a. *Mission to Moscow* (1943, R. Michael Curtiz), *Bird of Paradise* (1951), *Salome* (R. William Dieterle), *Slaves of Babylon* (beide 1953).

<small>Bialin, A. H.: Moris Shvarts un der yidisher kunst teater. New York 1934; Leksikon fun yidishn teater. 6 Bde. New York u. a. 1931–69; Lifson, David S.: The Yiddish theatre in America. New York 1965; Lipsky, Louis: Tales of the Yiddish Rialto. New York 1962; Maurice Schwartz's Production of I. J. Singer's Play «Yoshe Kalb." Hg. M. Hurwitz. [New York 1933]; Sandrow, N.: Vagabond Stars. New York u. a. 1977.</small>

Wolfgang Beck

Schwarz, Elisabeth, * 7. 11. 1938 in Stuttgart. Schauspielerin.

Nach Abschluss ihres Schauspielstudiums an der Otto-Falckenberg-Schule in München (1957) erste Lehrjahre in der «Provinz», in Schleswig und Kassel. 1964/65–72 Württemberg. Staatstheater in Stuttgart. Arbeit mit Regisseuren wie → Bauer, → Zadek, → Noelte und → Palitzsch, der für ihre künstl. Entwicklung sehr wichtig wurde. Aufmerksamkeit gewann S. durch ihre Darstellung der Mascha in Noeltes Insz. von Čechovs *Drei Schwestern* (1965). 1972 ging sie ans Schauspiel Frankfurt, wo Regisseure (u. a. Palitzsch und → Neuenfels), Dramaturgen (Horst Laube, Wolfgang Wiens) und Schauspieler das Frankfurter Mitbestimmungsmodell «erfanden» und 8 Jahre hindurch praktizierten. Über diese Zeit schrieb sie: «Wirklich, wir haben aber auch jeden Fehler gemacht, der innerhalb des Modells möglich war. Wir haben uns untereinander kaum mehr mit unseren Augen, sondern nur noch durch den Filter unserer Meinungen gesehen und deshalb nichts mehr wahrgenommen. Blinde waren wir über lange Strecken. Und das hätte uns fast den Garaus gemacht. Fast? Ja, nur fast! Denn obwohl wir uns selbst die härtesten Bedingungen bereitet hatten, die es am Theater geben kann, haben wir schöne Produktionen zustande gebracht» (*War da was?*, S. 260). Fortsetzung der Zusammenarbeit mit Palitzsch, sie war u. a.

Dascha in Heiner → Müllers *Zement* (1975), Prinzessin Eboli in Schillers *Don Karlos* (1979), Charlotte in Horst Laubes *Der erste Tag des Friedens* (1979). In → Grübers legendärer Insz. von → Brechts *Im Dickicht der Städte* spielte sie Marie Garga (1973). Seit 1978 arbeitete S. frei, u. a. an den Münchner Kammerspielen, wo sie Titania in → Dorns *Sommernachtstraum*-Insz. und Anna Petrowna in Th. → Langhoffs Interpretation von Čechovs *Platonow* (1981) war. Iokaste in → Goschs Insz. des sophokleischen *Oedipus* (1984, Schauspiel Köln), TR in Gor'kijs *Wassa Schelesnowa* (1982, Schauspiel Frankfurt, R. → Dresen), Natalja Petrowna in Turgenevs *Ein Monat auf dem Lande* (1984, Freie Volksbühne, Berlin). 1985–2001 Thalia Th. Hamburg. In diesen Jahren entwickelte sie sich zur Ersten Schauspielerin des Hauses, die fast sämtliche großen Frauenrollen spielte; so war sie u. a. Herzeloide in Dorst / → Wilsons *Parzival* (UA 1987), Gräfin Werdenfels in Wedekinds *Marquis von Keith* (1986, R.: Th. Langhoff), Alice in Strindbergs *Totentanz* (1986, R. Gosch), Mathilde in → Langs Version von Koltès' *Rückkehr in die Wüste* (1988) und 1989 in Flimms → herausragender Insz. von *Platonow* wiederum Anna Petrowna. Peter Iden dazu: «Wir sehen einen Menschen, den die Realität zum Entwurf von Fluchtbildern veranlaßt, die nicht vorübergehende Ausschweifung, nicht unerklärliche, törichte Schwärmerei sind, sondern – Konsequenz der Lebensverhältnisse – zur Wirklichkeit der Person unablösbar gehören. Das scheinbar Widersprüchliche – Elisabeth Schwarz beweist es als eine in Wahrheit notwendige, unvermeidlich aus den Erfahrungen der Generalin sich ableitende Ambivalenz» (*Th. heute* 3/1989, S. 10). Auch mit den stilprägenden Regisseuren der jüngeren Generation ergaben sich fruchtbare Arbeitskontakte, so spielte sie in 2 Insz.en → Kušejs (1998 Valerie in Horváths *Geschichten aus dem Wiener Wald*,

Mumie in Strindbergs *Gespenstersonate*, 2000) und in Stephan Kimmigs Insz. von Kleists *Prinz Friedrich von Homburg* war sie die Kurfürstin (2001). Mit Kimmig als Regisseur kehrte sie nach über 30 Jahren als Gast ans Stuttgarter Th. zurück: in *Ach ja ... nein wirklich* von Rudi Bekaert spielte sie Marianne Maus (2002). Bei den Salzburger Festspielen in den UAen von Handkes *Über die Dörfer* (1982), Turrinis *Da Ponte in Santa Fe* (2002, R. → Peymann), → Raimunds *Der Bauer als Millionär* (1987/88, R. Flimm), Glaube in Hofmannsthals *Jedermann* (2004).

Merschmeier, Michael: Madame est comédienne. In: Th. heute 10/1985; War da was? Theaterarbeit und Mitbestimmung am Schauspiel Frankfurt. 1972–1980. Hg. G. Loschütz, H. Laube. Frankfurt a. M. 1980.

Eva-Maria Voigtländer

Schwarz, Libgart, * 25. 1. 1941 St. Veith (Kärnten). Schauspielerin.

1959 Mozarteum Salzburg, anschließend Max-Reinhardt-Seminar Wien. Debüt an den Vereinigten Bühnen Graz (Shen Te / Shui Ta in → Brechts *Der gute Mensch von Sezuan*, Ophelia in → Shakespeares *Hamlet*, Gretchen in → Goethes *Urfaust*, Charlotte Corday in *Die Verfolgung und Ermordung des Jean Paul Marat [...] von Weiss*). 1966–68 Düsseldorfer Schauspielhaus (Desdemona in Shakespeares *Othello*, Irina in Čechovs *Drei Schwestern*). Freie Volksbühne Berlin (Anja in Čechovs *Der Kirschgarten*, Monika in Wolfgang Bauers *Magic Afternoon*). 1973 Th. am Turm Frankfurt a. M. (TR in Brechts *Turandot oder Der Kongreß der Weißwäscher*; Narr in Büchners *Woyzeck*). 1975–76 Staatsschauspiel Stuttgart (Marianne in Horváths *Geschichten aus dem Wiener Wald*, Schauspielerin in Bernhards *Der Präsident*). 1976 Schaubühne am Halleschen Ufer (später am Lehniner Platz) Berlin (Berta in Lasker-Schülers *Die Wupper*, Susanne in *Trilogie des Wiedersehens* von Strauß und Helen in dessen *Der Park*, Leontine in Marivaux' *Triumph der Liebe*, Goneril in Shakespeares *König Lear*, Önome in Racines *Phädra*, Olga in Čechovs *Drei Schwestern*, Marie Steuber in der UA von *Die Zeit und das Zimmer* von Strauß, Paulina in Shakespeares *Ein Wintermärchen*, Magd in Brechts *Die Antigone des Sophokles*, Gabriele Wegrat in Schnitzlers *Der einsame Weg*, Frau in *Die Krankheit Tod* von Marguerite Duras, Silvia in der UA von Cesare → Lievis *Die Sommergeschwister*, Alice in Sontags *Alice im Bett*, Der Tod in Kaisers *Von morgens bis Mitternacht*). Seit 2001 Wiener Burgtheater (u. a. in Bonds *Die See*, 2003 Autorin in der UA von Jelineks *Das Werk*, 2006 in Kesselrings *Arsen und Spitzenhäubchen*). 1981 Erste Schauspielerin in Pirandellos *Sechs Personen suchen einen Autor* (Freie Volksbühne Berlin), 1982 Mertheuil in der UA von Heiner → Müllers *Quartett* (Schauspielhaus Bochum), 1982 Nova in der UA von Handkes *Über die Dörfer* (Salzburger Festspiele). 2002 in Schwabs *Die Präsidentinnen* (Zimmertheater Tübingen). Insz. von Borges' *Averroes auf der Suche* (Schaubühne). – Gibt all ihren Rollen einen spezifischen Ton, eine entschieden eigene Sprachhaltung des Verwundbaren, Fragilen, Irrealen und ihren Figuren oft eine ins Mythische transzendierende Dimension. Peter v. Becker sprach von einer «Meta-Sprache», die «aus dem Körper Parabeln, auch Allegorien der Gedanken» entwickelt. C. Bernd Sucher: «Diese Schauspielerin verwandelt sich nicht in ihre Rollen hinein. Sie bricht sie nicht. Libgart Schwarz spielt sie, als blicke sie durch sie hindurch, um danach das Innen nach außen zu krempeln.»

Sucher, C. B.: Theaterzauberer. Schauspieler. München, Zürich 1988.

Werner Schulze-Reimpell

Schwarzkopf, Klaus, * 18. 12. 1922 Neuruppin, † 21. 6. 1991 Bochum. Schauspieler.

Nach einer bürgerlichen Ausbildung während des 2. Weltkriegs (Handelsschule, Beamtenanwärter) entschloss sich S. 1943, Schauspieler zu werden. Nach Besuch der Schauspielschule des Dt. Theaters Berlin lernte er bei Ernst → Schröder am Berliner Hebbel-Th. Sein erstes Engagement fand S. 1947 am Berliner Schlossparktheater, wo er u. a. die Hauptrolle in Eugene O'Neills *O Wildnis!* (1947, R. Boleslaw → Barlog) spielte. Über Wiesbaden (1953–57) und das Landestheater Hannover (1957–60) kam S. 1960 zum Residenztheater nach München (1960–67). – Dem breiten Publikum wurde S. durch zahlreiche Fernsehfilme seit den 1970er Jahren bekannt, u. a. in *Einer von uns beiden* (1973, R. Wolfgang Petersen) und *Bekenntnisse des Hochstaplers Felix Krull* (1981, R. Bernhard Sinkel). Richtiggehend populär machte ihn die Krimireihe *Tatort*, in der er in 7 Folgen als «Kommissar Finke» ermittelte (1971–78). Aufsehen erregte der wohl meistgesehene Tatort *Reifezeugnis* (1977) mit der jungen Nastassja Kinski als Schülerin, die einen Gleichaltrigen umbringt, damit das Liebesverhältnis mit ihrem Lehrer nicht auffliegt. S. gab in seiner ruhigbehäbigen Art einen Kommissar mit Charakter und Herz, dem die überraschende Lösung des prekären Falls gelang, weil er sich nicht beirren und umgarnen ließ. – Auch als Synchronsprecher beeindruckte der kleine unauffällige S. mit der großen Stimme. In den 1970er Jahren wurde er «die» deutsche Stimme des Schauspielers Peter Falk in der amerik. Krimiserie *Columbo*. Die frühen Folgen dieser Serie haben nicht zuletzt S.s kongenialer Leistungen wegen längst Kultcharakter. – Trotz seiner zahlreichen Aktivitäten als Fernsehschauspieler war S. immer wieder zu Gast am Th. und feierte in den 1970er Jahren besonders in Hamburg Erfolge. In Charles Dyers *Unter der Treppe* (1976, R. Harry → Meyen) spielte er am Dt. Schauspielhaus einen homosexuellen Friseur zu einem Zeitpunkt, als Homosexualität noch ein gesellschaftliches Tabu war und auch die persönliche sexuelle Ausrichtung eines Schauspielers nicht offen ausgesprochen wurde. Am Thalia Th. überzeugte er 1978 als Weller Martin neben Edda → Seippel in dem Kabinettstück für zwei *Gin-Rommé* von D. L. Coburn (R. Tom Toelle) mit seiner Darstellung eines schwierigen Alten. Und in Arthur Millers *Der Tod des Handlungsreisenden* ging er als erfolgloser Handelsvertreter Willy Loman in den Tod, um seinem Versagen noch einen letzten Sinn zugunsten seiner Familie zu geben (1980, R. Toelle). In Berlin spielte er 1983 die TR in Zuckmayers *Der Hauptmann von Köpenick* (Staatl. Schauspielbühnen, R. Boy → Gobert). – 1987 wurde er Ensemblemitglied an den Münchner Kammerspielen und arbeitete dort u. a. mit Herbert → Achternbusch in *Linz* (R. Achternbusch, UA 1987) und Volker Schlöndorff (in Heinrich Bölls *Frauen vor Flußlandschaft*, UA 1988). S. starb 1991 während der Dreharbeiten zum Fernsehfilm *Der große Bellheim* (1993, R. Dieter Wedel). – Auszeichnungen: Bayer. Staatsschauspieler (1963), Bundesfilmpreis in Gold (1973).

Blasche, G., E. Witt: Hamburger Thalia Theater Boy Gobert. Hamburg 1980.

Susanne Eigenmann

Schweiger, Heinrich, * 23. 7. 1931 Wien. Schauspieler, Regisseur.

Ausbildung bei Maria Horak und Fritz Hofbauer (1884–1968), 1947–48 Reinhardt-Seminar in Wien. In Wien Debüt in → Farkas / Herczegs *Die Wunder-Bar* (1947, Neues Schauspielhaus); 1948 Th. in der Josefstadt, seit 1949 (mit Unterbrechungen) Burgtheater, dessen Ehrenmitglied er heute ist. Spielte dort u. a. in → Goethes *Götz von Berlichingen* (1950; 1973), *Clavigo* (1980), Zuckmayers *Der Hauptmann von Köpenick* (1950, mit → Krauß; 1985), → Shakespeares *Der Widerspenstigen*

Zähmung (1950, R. → Felsenstein), *Othello* (1953; TR 1966, R. → Kortner), *Richard III.* (1962, R. → Lindtberg), *Hamlet* (1985, R. → Hollmann, mit → Brandauer), Schnitzlers *Komtesse Mizzi* (1954), Anouilhs *Becket oder die Ehre Gottes* (1960, mit O. → Werner; 1962 TV), Frys *König Kurzrock* (1961), O'Neills *Trauer muß Elektra tragen*, Sophokles' *Elektra* (beide 1963), Büchners *Dantons Tod* (TR, 1967, R. → Schenk), Horváths *Geschichten aus dem Wiener Wald* (1974; 1991 Frankfurt a. M.), → Brecht / Weills *Die Dreigroschenoper* (1978), Brechts *Im Dickicht der Städte* (1982, R. → Bosse), *Der aufhaltsame Aufstieg des Arturo Ui* (1988, R. → Kirchner), → Molières *Der eingebildete Kranke* (TR, 1985/86), Hauptmanns *Die Ratten* (1989, R. → Palitzsch), Behans *Die Geisel* (1995), Strauß' *Der Narr und seine Frau heute abend in Pancomedia* (2002), Studlars *Transdanubia Dreaming* (UA 2003). Mitte der 1950er Jahre mehrere Spielzeiten am Bayer. Staatsschauspiel München und dem Düsseldorfer Schauspielhaus. In München u. a. in Schillers *Maria Stuart* (1955; 1957 Düsseldorf), Shakespeares *Troilus und Cressida* (TR, 1955, R. → Ginsberg), Molières *Tartuffe* (1955), → Nestroys *Das Mädl aus der Vorstadt* (1963), Büchners *Woyzeck* (TR 1966, R. → Lietzau). In Düsseldorf u. a. TRn in Schillers *Don Carlos*, → Ustinovs *Romanoff und Julia* (beide 1956). In Berlin als Gast an der Freien Volksbühne in Shakespeares *Der Sturm* (1958/59), Osbornes *Luther* (1963, R. → Zadek). Bei den Salzburger Festspielen u. a. Truffaldino in Goldonis *Der Diener zweier Herren* (1949, Aufführung des Reinhardt-Seminars), Shakespeares *Julius Cäsar* (1953, R. → Gielen; 1992, R. → Stein), Fortes (nach Bidermann) *Cenodoxus* (UA 1972, R. → Düggelin), Hochwälders *Lazaretti oder der Säbeltiger* (UA 1975), Nestroys *Der Talisman* (1976, 1978–80), Schnitzlers *Das weite Land* (1980, R. M. → Schell), Molières *Dom Juan* (1983, R. → Bergman), → Raimunds *Der Bauer als Millionär* (1987, R. → Flimm). In Hofmannsthals *Jedermann* zuerst 1949 in der Tischgesellschaft, später als Teufel (1961–68), Mammon (1969–72) und Dicker Vetter (1983). Gastspiele u. a. bei den Perchtoldsdorfer Sommerspielen (1981–90), dem Th. in der Josefstadt (Dorfman, *Der Tod und das Mädchen*, dt.sprachige EA 1992; Schnitzlers *Liebelei*, 1993). Wenige Insz.en; über 50 Filme und Fernsehspiele, von *Eine Nacht in Venedig* (1953) bis zu *Der neue Bockerer – Prager Frühling* (2003). – Ein Charakterdarsteller von imposanter Körperlichkeit, ausdrucksvoller Sprechtechnik, großer Vitalität und differenziertem Spiel, der auch die Brüche der von ihm verkörperten Figuren sensibel und nuancenreich zu gestalten vermag. Auszeichnungen u. a. als Kammerschauspieler und Titularprofessor (2003).

Schweiger, H., U. Schweiger-Stenzel: Bilder eines Schauspielers. Neudörfl 1995.

Wolfgang Beck

Schweikart, Hans, * 1. 10. 1895 Berlin, † 1. 12. 1975 München. Schauspieler, Regisseur, Intendant, Autor.

Ausbildung an der Marie-Seebach-Schule des Königl. Schauspielhauses Berlin. 1915 Wiesbaden, kam über Görlitz, Magdeburg, Köln nach Berlin. 1918–23 Dt. Th. (Montezuma in Hauptmanns *Der weiße Heiland*). 1923–29 Münchner Kammerspiele (Baldock in der UA von → Brechts *Leben Eduards II. von England*, Dr. Rank in Ibsens *Nora*, Alwa in Wedekinds *Lulu*, TR in → Goethes *Torquato Tasso*, Camille in Büchners *Dantons Tod*). Insz.en von Büchners *Woyzeck*, Wedekinds *Frühlings Erwachen*, Brecht / Weills *Die Dreigroschenoper*, Kaisers *Der mutige Seefahrer*. 1929–34 Gastspiele in München, Wien, Berlin. 1934–38 Oberspielleiter des Bayer. Staatsschauspiels München, → Shakespeare-Zyklus. 1935 Insz. von → Lessings *Emilia Galotti*,

Dt. Schauspielhaus Hamburg. 1938–42 Produktionschef der Bavaria Filmgesellschaft und Filmregisseur, danach freier Autor. Schrieb Drehbücher, Romane und viel gespielte Unterhaltungsstücke *(Lauter Lügen, Ich brauche dich)*. 1947–63 Intendant der Münchner Kammerspiele. 40 Insz.en, vorwiegend zeitgenössische Stücke, 8 von Dürrenmatt (UA *Die Ehe des Herrn Mississippi*, UA *Nächtlicher Besuch eines verachteten Menschen*, UA *Ein Engel kommt nach Babylon, Der Besuch der alten Dame, Meteor*), UA von Orffs *Astutuli*, UA von Hacks' *Die Eröffnung des indischen Zeitalters*, UA von Rose / Budjuhns *Die Zwölf Geschworenen*, DEA *Der Drache* von Evgenij Švarč, Stücke von Wilder, Miller, Albee, Fleißers *Der starke Stamm*, aber auch *Dantons Tod* und *Woyzeck* von Büchner, Goethes *Faust II*. 1965–71 Gastinsz.en am Berliner Schlossparktheater (DEA von → Pinters *Die Heimkehr*, UA von Jochen Ziems *Die Einladung*, Frischs *Biografie. Ein Spiel*, Brechts *Der gute Mensch von Sezuan*, → Molières *Der Menschenfeind*, Hamptons *Der Menschenfreund*). 1967 Freie Volksbühne Berlin: UA von Hochhuths *Die Soldaten*. Am Dt. Schauspielhaus Hamburg DEA von Hugh Leonards *Stephen Daedalus* (1964), Zuckmayers *Der Hauptmann von Köpenick* (1966), DEA von Pinters *Schweigen / Landschaft* (1970), Becketts *Glückliche Tage* (1972), DEA von Shaffers *Equus* (1974); im Thalia Th. Hamburg DEA von Pinters *Alte Zeiten* (1972). 1973 am Burgtheater Wien Goethes *Götz von Berlichingen*. Zuletzt am Münchner Residenztheater Schillers *Don Carlos*, Brechts *Herr Puntila und sein Knecht Matti*. 3 Einladungen zum Berliner Theatertreffen. 1947 DEFA-Film *Ehe im Schatten*. – Guter Schauspieler, bedeutender Regisseur, Ideal eines Intendanten, der viele der besten Darsteller um sich versammelte, Brecht 1950 für eine Insz. seiner *Mutter Courage und ihre Kinder* gewinnen konnte und → Kortner für 12 Insz.en. Joachim Kaiser schrieb im Nachruf: «Schweikart hat das deutsche Nachkriegstheater mitgeprägt, weil er eine Idee zu beschwören suchte: die Idee des einsichtigen, des sich selbst zart erhellenden, des unverlogenen und unprätentiösen Theaters.»

Zum 65. Geburtstag eines Theatermannes. Ein Sonderheft der Kammerspiele. München 1960; Petzet, W.: Die Münchner Kammerspiele 1911–72. München 1973.

Werner Schulze-Reimpell

Schwientek, Siggi, * 6. 8. 1952 Alfeld. Schauspieler.

Begann als Bühnentechniker am Züricher Th. am Neumarkt. Debüt als Schauspieler am Stadttheater Freiburg. 1980–84 Schauspiel Frankfurt, danach 2 Spielzeiten am Staatstheater Kassel. Über das Zürcher Schauspielhaus kam S. ans Th. Basel (Lorenzo in Shakespeares *Romeo und Julia*, Puck in dessen *Ein Sommernachtstraum*). Häufig gemeinsame Auftritte mit seinem Bruder Norbert S., u. a. in Jandls *Die Humanisten* und bei den Festspielen in Schwäbisch Hall. 1993–2000 Dt. Schauspielhaus Hamburg (Mephisto in → Marthalers *Goethes Faust $\sqrt{1+2}$*, TR in UA *Wie Dilldapp nach dem Riesen ging* von Dorst / Ehler, Diabetes in Allens *Gott*, Malvolio in Shakespeares *Was ihr wollt*, Frosch in *Die Fledermaus* von Johann Strauß). Seit 2000 Zürcher Schauspielhaus, u. a. Verstummter Bastler in Marthalers *Hotel Angst* (2000), in → Castorfs Fassung von Döblins Roman *Berlin Alexanderplatz* (2001), Truffaldino / Teiresias in Hürlimanns *Synchron* (2001, R. Marthaler), Wang in Brechts *Der gute Mensch von Sezuan* (2002), Jeronimus in Kleists *Familie Schroffenstein*, Nagg in Becketts *Endspiel*, Seth in O'Neills *Trauer muß Elektra tragen* (alle 2003), in Čechovs *Onkel Wanja* (2004, R. → Düggelin), Firs in *Der Kirschgarten* (2005, R. → Gosch). – Ein hintergründig skurriler Komiker von großem Format, der manchmal wie unbeteiligt neben sich zu stehen scheint und bald darauf in Slapstick brilliert. – Sein Bruder Norbert ist ebenfalls Schauspieler.

Werner Schulze-Reimpell

Schygulla, Hanna, * 25. 12. 1943 Kattowitz (heute Katowice, Polen). Schauspielerin, Sängerin.

S. wuchs in München auf. Während ihres Germanistik- und Romanistikstudiums (1964–69) Schauspielunterricht am Fridl-Leonhard-Studio (1966/67), wo sie → Fassbinder kennenlernte. Durch ihn kam sie ans Münchner Action Th., wo sie für eine ausgefallene Schauspielerin in P. Rabens Bearbeitung von Anouilhs *Antigone* spielte. Nach der zwangsweisen Schließung des Th.s gründeten Raben, Fassbinder und S. im Juni 1968 das antiteater. S., deren Stärke darin besteht, dass sie programmatisch jedes Ausspielen von Emotionen unterlässt, spielte 1969–74 in fast allen Fassbinder-Filmen und in vielen seiner Theaterinsz.en, so in Bruckners *Die Verbrecher* (1967), Fleißers *Zum Beispiel Ingolstadt* (= *Pioniere in Ingolstadt*, 1968), Fassbinders *Katzelmacher* (1968, alle Action-Th.) und Gay / Fassbinders *Bettleroper* (1969, antiteater). Am Schauspielhaus Bochum in Molnárs *Liliom* (1972), H. Manns / Fassbinders *Bibi* (1973). S. wurde zum Star der «Subkultur» und im Ausland als «Vorstadt-Marylin» gefeiert. 1972 wurde sie durch die Serie *Acht Stunden sind kein Tag* auch beim Fernsehpublikum bekannt. 1974 großer Erfolg mit der TR in Fassbinders Verfilmung von Fontanes *Effi Briest*. Nach 4 Jahren Unterbrechung erneute Zusammenarbeit und internat. Erfolg mit dem Nachkriegsmelodram *Die Ehe der Maria Braun* (1978) und mit *Lili Marleen* (1981). Internat. Erfolge in Filmen Wenders' (*Falsche Bewegung*, 1975), Jasnys (*Ansichten eines Clowns*, 1976), Schlöndorffs (*Die Fälschung*, 1981), Scolas (*Flucht nach Varennes*, 1982), von Trottas *Heller Wahn* (1982), Ferreris (*Die Geschichte der Piera*, TR, 1983 – Darstellerpreis Cannes), → Wajdas (*Eine Liebe in Deutschland*, 1983), Beuchots (*Aventure de Catherine C.*, 1990), Salems (*Absolitude*, 2001). Fortsetzung der Theaterarbeit u. a. mit Tourneen: 1976 mit Hauptmanns *Rose Bernd* und 1980 mit der Dostoevskij-Adaption *Der Idiot*. 1979 an den Münchner Kammerspielen Mutter in der UA von → Taboris *My Mothers Courage*, 1988 Die Frau in der UA von Carrières *Zum zweiten Mal* (Th. Der Kreis, Wien, R. Tabori). Im Rahmen des Kunstfests Weimar gastierte S. 1995 als Corona Schröter / Carola Neher in Sempruns *Bleiche Mutter, zarte Schwester* (R. → Grüber, aufgeführt zwischen Gräbern des Schlosses Belvedere), 1996 als fiktive Exgeliebte → Goethes in Enzensbergers Th.-Talkshow *Nieder mit Goethe* (Weimarhalle, Live-TV-Übertragung). Im selben Jahr trat sie im Münchener Th. im Marstall mit den 2 Jelinek-Monologen *Ich möchte seicht sein* und *Begierde und Fahrerlaubnis* (R. M. → Fontheim) auf. Seit den 1990er Jahren ist S. mit unterschiedlichem Erfolg als Chansonsängerin in Deutschland und in Frankreich zu sehen. Für ihren ersten Chansonabend *Zwischen zwei Welten* (1996) wählte sie u. a. Texte Fassbinders, Handkes, H. → Müllers, Rimbauds, Baudelaires und J.-C. Carrières. «In ihren Chansons schwingt eine deutsch-französische Künstlersymbiose, eine ganz eigene Mischung von Herbheit und sanftem Säuseln (*SZ*, 3. 10. 1997). Weitere Liederabende u. a. *Brecht … hier und jetzt*, *Der Tango*, *Borges und ich*, *Traumprotokolle*. Ehrenpreis für Filmkunst 2005.

«Du … Augen wie Sterne»: das Hanna Schygulla Album. Hg. L. Schirmer. München 2004; Haberlik, Ch.: Theaterpaare. Berlin 2004; Lowry, St., H. Korte: Der Filmstar. Stuttgart u. a. 2000; Presber, G.: Die Kunst ist weiblich. München 1988.

Karin Schönewolf

Scofield, (David) **Paul**, * 22. 1. 1922 Birmingham. Schauspieler, Theaterleiter.

Scofield, Paul

Lehrersohn, aufgewachsen in Hurstpierpoint (Sussex). Spielte bereits in Schulaufführungen → Shakespeare-Rollen. Professionelles Debüt in Wills/Langbridges *The Only Way* (1936, Th. Royal, Brighton). Ausbildung an der Croydon Repertory Th. School (1939), der Mask Th. School in London (1940). London-Debüt 1940 mit Drinkwaters *Abraham Lincoln* und O'Neills *Desire Under The Elms* (beide Westminster Th.). 1940–41 in der Truppenbetreuung, 1942–45 u. a. beim Birmingham Repertory Th.; Beginn der Zusammenarbeit mit Peter → Brook: «Ich erkannte, daß unter der höflichen Bescheidenheit seines Benehmens die absolute Sicherheit des geborenen Künstlers verborgen lag.» Beide gingen 1946 ans Stratford Memorial Th. (aus dem die Royal Shakespeare Company, RSC, hervorging), wo S. 1946–48 13 Shakespeare-Rollen spielte, u. a. die TRn in *Henry V* (1946), *Pericles* (1947), *Troilus and Cressida*, *Hamlet* (beide 1948). 1949 erste Hauptrollen im West End in Rattigans *Adventure Story* (St. James's Th.), Čechovs *Die Möwe* (Lyric Th.). In → Gielguds Regie u. a. in Shakespeares *Richard II* (Lyric Th.) und *Much Ado About Nothing* (beide 1952, Phoenix Th.), Greenes *The Complaisant Lover* (1959, Globe Th., mit R. → Richardson). Triumphaler Erfolg in Brooks Insz. des *Hamlet* (TR, 1955, Phoenix Th., 124 Vorstellungen), mit der S. als erster brit. Schauspieler in die UdSSR eingeladen wurde. Weltweiter Erfolg als Thomas More in Bolts *A Man For All Seasons* (UA 1960, Globe Th.; 1961–63 ANTA Playhouse New York, 637 Vorstellungen; 1966 Film, Oscar). Im kanad. Stratford in Shakespeares *Coriolanus* (1960) und *Love's Labour's Lost* (1961). In Brooks Regie TR in *King Lear* (1962, RSC, mit → Rigg; 1963 Gastspiel im Pariser Th. Sarah Bernhardt, 1964 Osteuropa-Tournee, 1971 Film). Mit der RSC (Ko-Direktor 1966–68) neben weiteren Shakespeare-Rollen u. a. in Dyers *Staircase* (beide 1966), Eliots *The Family Reunion* (1999). Seit 1971 auch am National Th. (NT), u. a. in Pirandellos *Das Spiel der Rollen*, Zuckmayers *Der Hauptmann von Köpenick* (beide 1971), Salieri in Shaffers *Amadeus* (UA 1979, R. → Hall), Shakespeares *Othello* (TR, 1980). In London u. a. in Osbornes *The Hotel in Amsterdam* (UA 1968, Royal Court Th.), Hamptons *Savages* (UA 1973, Comedy Th.), Archers *Exclusive Exclusive* (UA 1989, Strand Th.). 2001 szenische Lesung aus dem Briefwechsel Čechovs mit seiner Frau: *I Take Your Hand in Mine* (Almeida Th.). – Seit 1955 auch in Filmen, u. a. in *The Train* (1964), *Tell Me Lies* (1968, R. Brook), *Nijinsky-Project* (1970), *A Delicate Balance* (1973), *The Attic* (1988), *Henry V* (1989, R. → Branagh), *Hamlet* (1990, R. → Zeffirelli), *Utz* (1992, mit A. → Müller-Stahl), *Quiz Show* (1994, R. Redford). Mehrfacher Ehrendoktor, vielfach ausgezeichnet. 1956 Commander of the Order of the British Empire (CBE), 2001 Companion of Honour. Die Erhebung in den Adelsstand hat er abgelehnt. – Einer der profiliertesten brit. Charakterdarsteller von auratischer Ausstrahlungskraft. Obwohl S. immer wieder Rollen moderner Dramatiker verkörpert hat, liegt das Schwergewicht seiner Theaterarbeit auf den Autoren der elisabethanischen und nachelisabethanischen Zeit, v. a. auf Shakespeare, dessen Personen er wie wenige facettenreich darstellt. Seine ungewöhnliche Stimme und ausgeprägte Physiognomie, seine natürliche Autorität machen ihn unverwechselbar. Ein Ensemblespieler von Intelligenz und Integrität.

Beauman, S.: The Royal Shakespeare Company. London 1982; Brook, Peter: Threads of Time. London 1998; Nearman, M. J.: An analysis of the British stage speech used by John Gielgud, Paul Scofield, and Richard Burton in selected passages from Shakespeare's Hamlet. M. A. American University 1969; O'Connor, G.: Paul Scofield – An Actor for All Seasons. London 2002; Trewin, J. C.: Paul Scofield. London 1956.

Wolfgang Beck

Seebach, Marie (eig. Maria Wilhelmina S.), * 24. 2. 1829 Riga, † 3. 8. 1897 Sankt Moritz (Schweiz, Kt. Graubünden). Schauspielerin.

Mit ihrer Schwester Wilhelmine (1832–1911) trat die Tochter eines Sänger-Schauspieler-Ehepaars schon früh in Kinderrollen auf. Nach Gesangsstunden und Schauspielunterricht wurde sie 1848 in Lübeck engagiert und kam über Schwerin, Danzig und Kassel 1852 nach Hamburg. Dort wechselte sie vom naiv-sentimentalen ins tragische Rollenfach und gab ihr Debüt als Gretchen in → Goethes *Faust I* – eine Rolle, die S. zeitlebens spielen (u. a. 1854 Gastspiel in München bei Franz von Dingelstedt) und die sie unvergesslich machen sollte. Unter Heinrich Laube am Hofburgtheater Wien (1854–56) brillierte sie u. a. als Luise in Schillers *Kabale und Liebe*, verließ Wien jedoch nach Unstimmigkeiten mit Laube und mehreren Misserfolgen. In Hannover am Hoftheater (1857–66) engagiert, heiratete sie 1859 dort den Wagner-Sänger Albert Niemann (1831–1917). Nach gescheiterter Ehe unternahm S. ausgedehnte Gastspielreisen (1867–87) u. a. durch Russland und trat 1870/71 in Amerika mit ihrer eigenen S.-Compagnie auf. – Seit 1887 am Königl. Schauspielhaus Berlin engagiert, gründete S. nach einem schweren Unfall das M.-S.-Stift in Weimar, ein Altersheim für in Not geratene Schauspieler, das 1895 eröffnet wurde. 1897 stand S. in Berlin zum letzten Mal auf der Bühne. – Von ihren Zeitgenossen als virtuose Künstlerin gefeiert, nach dem Tod jedoch v. a. mit ihrer Stiftung in Verbindung gebracht, profilierte sich S. neben ihrer Gretchen-Darstellung in klassischen Rollen als Klärchen in Goethes *Egmont*, Marie in *Clavigo* und der TR von *Stella*, in Schillers *Don Carlos* als Eboli und der TR von *Maria Stuart* sowie als Ophelia in → Shakespeares *Hamlet*, Desdemona in *Othello* und als Lady Macbeth.

Messner, P.: Unsterbliches Gretchen: Eine Marie-Seebach-Biographie. Weimar 1995.

Nina Grabe

Seeler, Moriz, * 1. 3. 1896 Greifenberg (Pommern), † nach 15. 8. 1942 Ghetto Riga (?). Theaterleiter, Regisseur, Filmproduzent, Autor.

Kam mit ca. 15 Jahren nach Berlin. Im 1. Weltkrieg Soldat. Veröffentlichte seit 1917/18 Gedichte, schrieb seit den 1920er Jahren Texte für das Kabarett, Artikel über Theaterfragen (u. a. in *Die Weltbühne*). 1922 gründete S. die Junge Bühne, um neue Autoren zu fördern, deren Stücke von etablierten Bühnen nicht aufgeführt wurden. Die Junge Bühne, die bis Ende 1926 arbeitete, besaß weder Theater noch Ensemble. Für die meist einmaligen Sonntagsmatineen wurden ein Th. sowie interessierte Schauspieler und Regisseure gesucht, die ohne Gage arbeiteten. Auf diese Weise ermöglichte S. die UA von Stücken Bronnens (*Vatermord*, P. 14. 5. 1922, R. → Viertel; *Anarchie in Sillian*, P. 6. 4. 1924, beide Dt. Th.; *Die Exzesse*, P. 7. 6. 1925, beide R. → Hilpert; *Die Geburt der Jugend*, P. 13. 12. 1925, beide Lessing-Th.), Ernst Weiß' (*Olympia*, P. 18. 3. 1923, R. → Martin, Renaissancetheater), Essigs (*Überteufel*, P. 23. 9. 1923, R. → Jeßner, Schauspielhaus), Zuckmayers (*Pankraz erwacht oder Die Hinterwäldler*, P. 15. 2. 1925, R. Hilpert, Dt. Th.), Fleißers (*Fegefeuer in Ingolstadt*, P. 25. 4. 1926, R. Paul Bildt / → Brecht, Dt. Th.). Außerdem Aufführungen von Jahnns *Die Krönung Richards III.* (P. 12. 12. 1926, Th. am Schiffbauerdamm) und Brechts *Baal* (14. 2. 1926, Dt. Th.): «Dieser Mittag der Jungen Bühne wird ihrem Leiter Seeler nicht vergessen werden» (Jhering, Bd. 2, S. 177). 1927 war S. Mitautor von Friedrich Hollaenders Revue *Bei uns – um die Gedächtniskirche rum* (Th. am Kurfürstendamm), 1928/29 stellvertretender Direktor des Dt. Künstler- und Lessing-Th.s

Die von S. gegründete «Filmgesellschaft 1929» produzierte den berühmt gewordenen Stummfilm *Menschen am Sonntag* (R. Siodmak u. a.). Regie bei Gmeyners *Das Automatenbüffet* (P. 25. 12. 1932, Th. der Schauspieler im Th. am Schiffbauerdamm) und Hülsenbeck/Weisenborns *Warum lacht Frau Balsam?* (P. 16. 3. 1933, Künstlertheater, beide Bühnenbildner Traugott → Müller). Nach 1933 verwischen seine Lebensspuren. S. inszenierte 1936/37 mehrere Stücke für den Jüd. Kulturbund Rhein-Ruhr, floh über Prag nach Wien, wo 1937 sein Gedichtband *Die Flut* erschien. Die Gründe für seine Rückkehr nach Deutschland sind ungeklärt. Im November 1938 mehrere Wochen in ein Konzentrationslager verbracht, lebte S. danach illegal in Berlin. Am 15. 8. 1942 Deportation ins Ghetto Riga, wo sich seine Spur verliert. – Die Bedeutung des heute weitgehend vergessenen S. für das dt. Th. der 1920er Jahre ist kaum zu überschätzen. Die Junge Bühne war eines der innovativsten Reformprojekte des Theaterlebens jener Zeit und ein «Sprungbrett» zum Ruhm für die genannten Autoren und viele Schauspieler (Elisabeth → Bergner, Curt → Bois, Maria → Eis, Alexander → Granach, Veit → Harlan, Helene → Weigel).

Elbin, G.: Am Sonntag in die Matinee. Moriz Seeler und die Junge Bühne. Mannheim 1998; Jhering, H.: Von Reinhardt bis Brecht. 3 Bde. Berlin 1958–61.

Wolfgang Beck

Seidler, Alma, * 8. 6. 1899 Leoben (Steiermark), † 8. 12. 1977 Wien. Schauspielerin.

Tochter des letzten österr.-ungar. Ministerpräsidenten Ernst Ritter von S.; erhielt Schauspielunterricht beim Burgtheaterdirektor Albert → Heine, debütierte 1917 in Wien am Volkstheater und war von 1918 bis zu ihrem Tod Mitglied des Burgtheaters (Ehrenmitglied). Antrittsrolle: Hedwig in Ibsens *Die Wildente* (1918). Im Verlauf ihrer langjährigen Zugehörigkeit zum Burgtheater spielte sie von Mädchen bis zu Müttern zahllose Rollen des klassischen und modernen Repertoires im ernsten wie im komischen Fach. Immer wieder in Stücken → Nestroys, → Raimunds und Schnitzlers. Daneben u. a. in → Shakespeares *Viel Lärm um Nichts* (1920), *Was ihr wollt* (1938), → Molières *Der eingebildete Kranke* (1922), → Lessings *Minna von Barnhelm* (1926), Molnárs *Das Veilchen* (1927), *Liliom* (1945), *Der Schwan* (1961), Shaws *Cäsar und Cleopatra* (1928, mit → Krauß), *Die heilige Johanna* (TR, 1938), Hauptmanns *Und Pippa tanzt* (TR, 1928), *Hanneles Himmelfahrt* (1935), Hasenclevers *Ein besserer Herr* (1928), Hofmannsthals *Jedermann* (1945), → Goethes *Stella*, *Torquato Tasso* (beide 1947), Eliots *Die Cocktailparty* (1951), Bahrs *Das Konzert* (1955), O'Neills *Eines langen Tages Reise in die Nacht* (1956), Pirandellos *Sechs Personen suchen einen Autor* (1959), Giraudoux' *Die Irre von Chaillot* (1961), Dürrenmatts *Die Physiker* (1963), Ibsens *John Gabriel Borkman* (1964, R. → Kortner), O'Neills *Seltsames Zwischenspiel* (1965), Storeys *Zur Feier des Tages* (1972), Wilders *Die Heiratsvermittlerin* (1973), Aristophanes' *Die Vögel* (1975, R. → Ronconi). Wenige Gastspiele. Bei den Salzburger Festspielen u. a. in Hofmannsthals *Jedermann* (1961–64, 1972) und *Der Schwierige* (1967–68), Goethes *Faust II* (1963–65, R. → Lindtberg), Lehmans *Der Ostwind* (1967), Fortes (nach Bidermann) *Cenodoxus* (1972, R. → Düggelin). Filmrollen u. a. in *Der Engel mit der Posaune* (1948), *1. April 2000* (1952), *Drei Männer im Schnee* (1955), *Jedermann* (1961), *Die Unverbesserliche* (1977, TV). Auszeichnungen, u. a. Kammerschauspielerin. Ein nach ihr benannter Ring wird an die bedeutendste Schauspielerin des dt.sprachigen Raums verliehen. Sie war seit 1920 verheiratet mit dem Schauspieler und Regisseur Karl Eidlitz (1894–1981), der 1938–45 im Schweizer Exil lebte. – Eine der herausragenden Charakterdarstellerinnen ihrer Zeit, in klassischen wie modernen, in komischen und tragischen Rollen. Ihre große Ausdruckskraft und Wandlungsfähigkeit, ihre spezifisch österr. Mischung aus Charme und Melancholie machten sie zu einer typischen Vertreterin des klassischen Burgtheaterstils.

<small>Alma Seidler. Red. A. Koll. Wien 1977; Erbacher, B.: Alma Seidler. Diss. Wien 1969; Fontana, O. M.: Wiener Schauspieler. Wien 1948; Ihering, H.: Von Josef Kainz bis Paula Wessely. Heidelberg u. a. 1942; S. Melchinger, S., R. Clausen: Schauspieler. Velber 1965; V. Reimann: Die Adelsrepublik der Künstler. Düsseldorf u. a. 1963.</small>

Wolfgang Beck

Sellars, Peter, * 27. 9. 1957 Pittsburgh (USA). Regisseur, Theaterleiter, Schauspieler.

S. studierte in Harvard Literatur und elektronische Musik. Bereits während seines Studiums war er Leiter einer Experimentalbühne (Explosives B Cabaret). Nach Reisen durch Europa, Indien, Japan, China und die Sowjetunion sowie einem Studienaufenthalt in Paris, bei dem er sich mit westlichen und östlichen Theatertraditionen auseinandersetzte, beendete S. 1980 sein Studium mit einem Examen in Harvard. Seine ersten größeren Insz.en waren Anfang der 1980er Jahre in New York zu sehen – so etwa Gershwins *My One and Only* am Broadway. Schon bald wurde S. durch radikale Regieeinfälle bekannt: So machte er den Protagonisten in Händels *Orlando* (1981, American Repertory Th.) zum Astronauten. 1983 leitete S. das Boston Shakespeare Th., ab 1984 das American National Th. (ANT) in Washington D. C. Seine Insz. von Sophokles' *Ajax* (1986) führte zu seiner Absetzung als Leiter des ANT – er hatte das Stück als ein Drama zwischen US-Generälen inszeniert und provozierte damit heftige Kritik. S. wurde einem breiteren Publikum in Europa durch seine Gastspiele 1987 beim Holland Festival in Amsterdam, bei den Wiener Festwochen und dem Stuttgarter Festival Th. der Welt bekannt. 1988–96 leitete er das Los Angeles Festival, das er zu einem breit angelegten, interkulturellen, internat. und interdisziplinären Festival der Künste machte. 1990 entfachte S. beim Theaterfestival in Glyndebourne durch seine Insz. von Mozarts *Die Zauberflöte* einen Skandal, weil er ganz auf den gesprochenen Text verzichtete. Im selben Jahr gründete er mit Craig Smith und Robert Canon das Boston Opera Th. S. trat internat. mit spektakulären Aktualisierungen klassischer Texte im Schauspiel und Musiktheater an die Öffentlichkeit: Mozarts *Don Giovanni* (1987) verlegte er in die Drogenszene der Bronx, und Debussys *Pelléas und Mélisande* (1993) versetzte er in das heutige Kalifornien. S. inszenierte *Die Perser* (1993) von Aischylos mit deutlichen Anklängen an den Golfkrieg und seine Neufassung von → Shakespeares *Kaufmanns von Venedig* in der Spielzeit 1994/95 am Hamburger Thalia Th. spielte in einem US-amerik. Video-Studio. S. sieht es als seine Aufgabe an, klassische Stoffe als «politische Handlungen für jedermann verständlich darzustellen und nicht als Begebenheiten aus einem fremden Land und einer fremden Zeit, wo eine Elite andere Luft einatmete als wir» (S. in *Ein kurzer Film über die Wirklichkeit*, WDR 1994). Er arbeitete jedoch auch an Aufsehen erregenden Insz.en zeitgenössischer Stücke; so bei John Adams' Opern *Nixon in China* (1987) und *Der Tod Klinghoffers* (1991), in dem die Probleme zwischen Palästinensern und Israelis thematisiert werden. Zu seinen wichtigsten internat. beachteten Insz.en der 1990er Jahre gehörten Hindemiths *Mathis der Maler* (1995) am Royal Opera House in London und Stravinkijs *The Rakes Progress* 1996/97 am Th. du Châtelet in Paris. 1997 war seine Insz. *Mahagonny Songspiel* (Brecht/Weill) am Frankfurter TAT zu sehen. S. war häufig Gast bei den Th.-Festivals in Glyndebourne und Salzburg sowie bei den Wiener Festwochen: 2002 provozierte er dort das Publikum mit einem Projekt zu Artauds *For an End to the Judgement of God* und Jordans *Missing God Goodbye*, weil er den Artaud-Text einem US-Offizier in den Mund legte – der ihn im Rahmen einer Pentagon-Pressekonferenz sprach – und dazu Aufnahmen aus dem Krieg in Afghanistan kombinierte. S. setzte in den letzten Jahren oft aufwendige Videoinstallationen mit Fernsehapparaten auf der Bühne ein, um «vom heutigen Leben [zu] sprechen», in dem «der Fernseher [offensichtlich] Teil des Alltags von jedem Menschen [ist]» (S. in *Theater&Musik* 9/98). Er spielte auch selbst in Filmen oder übernahm die Regie: So spielte S. die Hauptrolle in Godards *King Lear* (1987) und wirkte in Bill Moyers *A World of Ideas*, in *Miami Vice* und *The Equalizer* als Darsteller mit. Er inszenierte ein Rockvideo für Herbie Hancock. Sein erster herausragender Kinofilm war *Das Kabinett des Dr. Ramirez* (1991). Er produzierte ferner eine Reihe von Rundfunkepisoden unter dem Titel *The Territory of Art* für das Museum für Zeitgenössische Kunst in Los Angeles. 2002 Künstl. Leiter des Festival of Arts im austral. Adelaide, 2006 zum 250. Geburtstag Mozarts Leiter des Festivals New Crowned Hope in Wien. 1983 erhielt S. das renommierte MacArthur-Stipendium, für *Nixon in China* wurde ihm der Emmy Award und für seinen Beitrag zur europ. Kultur 1998 der Erasmus-Preis der Niederlande verliehen. S. ist Professor für «World Arts and Culture» an der Universität von Kalifornien in Los Angeles (UCLA). Er hat bisher bei mehr als 100 Produktionen weltweit Regie geführt – auf internat. Ebene gehört er zu den bekanntesten zeitgenössischen Th.- und Opernregisseuren.

Henrichs, B., I. Nagel: Liebe! Liebe! Liebe! ist die Seele des Genies: vier Regisseure des Welttheaters. München 1996; Leiter, S. L.: The great stage directors. New York 1994; Peter Sellars. Hg. F. Maurin. Paris 2003; Pomarico, A.: Les éléments transculturels dans la mise en scène de Bob Wilson et Peter Sellars. Diplom-Arb. Univ. Paris III 1996; Williams, J.: Visual rhetoric in staging: Peter Sellars and the Mozart / Da Ponte trilogy. Diss. Bowling Green State Univ. 1999.

Christian Gefert

Sellner, Gustav Rudolf, * 25. 5. 1905 Traunstein, † 8. 5. 1990 Königsfeld-Burgberg. Schauspieler, Regisseur, Intendant.

Sohn eines Juristen. Einige Semester Germanistik an der Universität München. Ab 1924 Schauspielunterricht in München. Schauspieler, Dramaturg und Regisseur 1928–29 in Gotha, 1929–31 in Coburg, 1931–37 in Oldenburg. 1935 Leiter der Kultstätte Stedingsehre und stellvertretender Landesleiter der Reichstheaterkammer. 1937–43 Intendant in Oldenburg, dann in Göttingen, 1943–44 Landestheater Hannover – inszenierte Hauptmanns *Iphigenie in Aulis*. Nach 1945 Berufsverbot. 1948–51 Insz.en in Kiel (→ Shakespeares *König Lear*, *Die Perser* des Aischylos), Essen (DEA von García Lorcas *Bernarda Albas Haus* und dessen *Doña Rosita bleibt ledig*). 1951 Dt. Schauspielhaus Hamburg (*Die Orestie* des Aischylos). 1951–62 Intendant des Landestheaters Darmstadt, wo er einen unverwechselbaren, stark formalisierten, nicht psychologisierenden, «instrumentalen» Stil kreierte. Vorliebe für die griech. Tragiker – «Ich suchte den Zauberspruch, die Formel. Wenn irgendwo, so war sie, hoffte ich, in der antiken Tragödie zu finden. Hier entsprach die Größe der Bilder der Größe der Leiden, derer, die wir ertragen, und derer, die wir verursacht hatten». Insz.en u. a. von Sophokles' *König Ödipus*, *Antigone*, *Elektra*, von Shakespeares *Ein Sommernachtstraum* mit Musik von Orff, 1951 UAen von Barlachs *Der Graf von Ratzeburg*, 1953 von Kommerells *Kasperspiel für Erwachsene* und 1958 Ionescos *Mörder ohne Bezahlung*, DEA von Williams' *Camino Real*, UA von Sophokles / Pounds *Die*

Frauen von Trachis, außerdem Kleists *Robert Guiskard*, Barlachs *Die Sündflut*, Audibertis *Das schwarze Fest*, Sartres *Die Fliegen*. 1961–63 Sophokles-Zyklus am Wiener Burgtheater in Bühnenbildern von Fritz Wotruba, im Dt. Schauspielhaus Hamburg Wilders *Alkestis* und *Die beschwipsten Schwestern* (1958), Shakespeares *Der Sturm* (1960); im Berliner Schiller-Th. zwischen 1954 und 1962 fast jährlich 1 Insz. (Shakespeares *Troilus und Cressida* und *Maß für Maß*, Schillers *Don Carlos* und *Die Verschwörung des Fiesco zu Genua*, Kleists *Das Käthchen von Heilbronn*, → Goethes *Egmont*, 1969 → Brechts *Leben Eduard II. von England*). Ruhrfestspiele Recklinghausen: 1956 Goethes *Iphigenie auf Tauris*, 1958 Shakespeares *Der Sturm*. 1959 erste Operninsz.en: Schönbergs *Moses und Aron* (szenische UA), Glucks *Orpheus und Eurydike*, Städt. Oper Berlin. 1962–72 Intendant der Dt. Oper Berlin. Inszenierte u. a. de Falla/Halffters *Atlantida*, Beethovens *Fidelio*, von Einems *Dantons Tod*, die szenische UA von Milhauds *Die Orestie des Aischylos*, Mozarts *Figaros Hochzeit*, die UA von Sessions *Montezuma*, die UAen von Henzes *Der junge Lord* und dessen *Bassariden*, Wagners *Der Ring der Nibelungen*, Bergs *Lulu*, die UAen von Dallapiccolas *Odysseus* und Blachers 200 000 *Taler* – durchschnittlich 3 bis 4 Insz.en pro Spielzeit. 1971 Schwetzinger Festspiele: UA von Reimanns *Melusine*. Salzburger Festspiele: 1971 Bergs *Wozzeck*, 1972 Mozarts *Idomeneo*. Münchner Nationaltheater: 1975 von Einems *Der Besuch der alten Dame*.

Einer der prägenden Erneuerer im dt. Nachkriegstheater aus den Quellen des Mythos und der Sprache. Verdienstvoll v. a. der Einsatz für zeitgenössische Opern. Im Nachruf bilanzierte Georg Hensel: «Vieles von dem, was heute selbstverständlich ist, wurde von ihm systematisch ausprobiert in der Darmstädter Orangerie: die Tilgung der letzten Reste des Hoftheaters; die Abschaffung des Guckkastens; die Entrümpelung der Szene; der Bühnenraum, der für jede Szene neu gebaut wird; die Schauspieler, die sich als Darsteller fühlen, nicht als Versteller; die Neigung der Szenerie und der Requisiten, sich in Zeichen und Signale zu verwandeln; die Bühne als begehbares Symbol, alias Environment, lange bevor es diesen Begriff gab. Sellner brachte (…) sein Publikum mehr zum Nachdenken als zur Beglückung durch Spiel und Komödiantik.»

Gustav Rudolf Sellner: Regisseur und Intendant. Hg. E. Buck. Köln 1996 *(Katalog)*; Hensel, G.: Kritiken. Ein Jahrzehnt Sellner-Theater in Darmstadt. Darmstadt 1962; Köhler, G.: Das instrumentale Theater des Gustav Rudolf Sellner. Köln 2002; Sellner, G. R., W. Wien: Theatralische Landschaft. Bremen 1962.

Werner Schulze-Reimpell

Semper, Gottfried, * 29. 11. 1803 Altona (Dänemark, heute Hamburg), † 15. 5. 1879 Rom. Architekt.

Sohn eines Wollfabrikanten; studierte 1823–25 Mathematik in Göttingen, 1825/26 einige Monate Architektur in München, bevor er 1826–30 (mit Unterbrechungen) an der privaten Architekturschule von Franz Christian Gau in Paris sein Studium fortsetzte. Eine Studienreise durch Frankreich, Italien, Griechenland 1830–33 führte zu einer europaweit Aufsehen erregenden Veröffentlichung (*Vorläufige Bemerkungen über bemalte Architectur und Plastik bei den Alten*, 1834), in der er als Anhänger der Polychromie in den langdauernden Streit darüber eingriff, ob die antiken Bauten monochrom weiß oder farbig gewesen waren. 1834 Professor für Architektur und Vorsteher der Dresdner Kunstakademie. Neben zahlreichen wegweisenden Bauten revolutionierte er hier mit dem ersten Hoftheater (1838–41) den Theaterbau, indem er mit Formen der ital. Hochrenaissance durch halbkreisförmige Anordnung der Sitzreihen die Sichtverhältnisse für alle Zuschauer verbesserte und die innere Struktur des Baus in der äußeren Gestaltung sichtbar werden ließ. Der überzeugte Demokrat S. nahm aktiv an der 1848er Revolution teil und musste nach deren Scheitern – steckbrieflich gesucht – 1849 ins Pariser, später Londoner Exil gehen. In London u. a. an der Gestaltung der Weltausstellung (1851) beteiligt; 1852 Professor der School for Practical Art. 1855 Direktor der Bauschule am Eidgenössischen Polytechnikum in Zürich. Nachdem das Dresdener Hoftheater 1869 abgebrannt war, wurde S. mit dem Neubau (heute als «Semperoper» bekannt) beauftragt, der 1871–78 unter der Bauleitung seines Sohns Manfred (1838–1913) errichtet wurde. 1871 übersiedelte S. nach Wien, um an den Planungen des Kaiserforums und der damit verbundenen Museen mitzuwirken, v. a. aber (mit dem österr. Architekten Carl Hasenauer) den Neubau des Burgtheaters zu entwerfen. 1876 gab S. die praktische Arbeit daran wegen Querelen mit seinem Partner und schlechter Gesundheit auf und übersiedelte nach Rom. Neben den genannten Theaterbauten entwarf S. u. a. nicht realisierte Entwürfe für ein Monumentaltheater in Rio de Janeiro (1858) und v. a. 1864–66 für ein in München geplantes Festspielhaus für Richard Wagner. Vorgesehen war auch hier ein amphitheatralisches Auditorium mit gleichen Sichtverhältnissen, das den Zuschauerraum «demokratisiert» hätte. Seine Vorstellungen beeinflussten die Konzeption des Bayreuther Festspielhauses. Seine theoretischen Arbeiten in ihrer Verbindung von Architektur mit allgemeiner Kulturtheorie blieben wirkungsvoll für folgende Generationen.

S., der bedeutendste dt. Architekt des Historismus, arbeitete in einer Zeit des Umbruchs, auch in der Entwicklung des Th.s, das seine höfischen Repräsentationsaufgaben verlor und zum bürgerlichen Bildungsinstitut wurde (Brauneck, S. 56). So waren auch seine Theaterbauten bestimmt vom für ihn notwendigen Zusammenhang von künstl. und gesellschaftlicher Entwicklung. Die Funktion eines Bauwerks bestimmte nicht nur seine Form, sondern sollte auch von außen erkennbar sein; eine Art «Gesamtkunstwerk», in dem alle Künste dazu beitragen sollten, ideell und materiell die Wirkung zu steigern. Die topographischen Gegebenheiten und mögliche Ensemblewirkungen beeinflussten dabei die genutzten historischen Stilformen, die immer mit hochmodernen technischen Lösungen verbunden waren. Seine Arbeiten beeinflussten nachdrücklich den europ. Theaterbau.

Gnehm, M.: Stumme Poesie. Architektur und Sprache bei Gottfried Semper. Zürich 2004; Gottfried Semper. Architektur und Wissenschaft. Hg. W. Nerdinger, W. Oechslin. München 2003; Fröhlich, M.: Gottfried Semper. Zürich, München 1991; Herrmann, W.: Gottfried Semper im Exil. Basel, Stuttgart 1978; Hvattum, M.: Semper and the problem of historicism. Cambridge 2004; Laudel, H.: Gottfried Semper. Dresden 1991; Magirius, H.: Gottfried Sempers zweites Dresdner Hoftheater. Wien u. a. 1985; Mallgrave, H. F.: Gottfried Semper. Zürich 2001; Quitzsch, H.: Gottfried Semper. Praktische Ästhetik und politischer Kampf. Braunschweig, Wiesbaden 1981; Semper, G.: Kleine Schriften. Hg. H. und M. Semper. Berlin, Stuttgart 1884 (Nachdruck Mittenwald 1979); ders.: Der Stil in den technischen und tektonischen Künsten, oder praktische Ästhetik. 2 Bde. Frankfurt a. M. 1860, München 1863; ders.: Die vier Elemente der Baukunst. Braunschweig 1851.

Wolfgang Beck

Șerban, Andrei, * 21. 6. 1943 Bukarest (Rumänien). Regisseur, Theaterleiter.

Sohn eines Photographen, studierte 1961–68 am Bukarester Theater- und Filminstitut; vielbeachtete Insz.en, u. a. von → Shakespeares *Julius Cäsar* (1968, Bulandra Th.), ging mit einem Stipendium der Ford Foundation nach New York zu Ellen → Stewarts Experimentierbühne La MaMa. Arbeitete einige Zeit auf Einladung Peter → Brooks in Paris in dessen Centre international de recherches théâtrales. War nach seiner Rückkehr nach New York Jahrzehnte eng verbunden mit La MaMa und dem American Repertory Th. (A. R. T.), inszenierte außerdem u. a. am Public Th., Yale Repertory Th., Lincoln Center, Circle in the Square (Beaumarchais, *Figaros Hochzeit*, 1985). Gastinsz.en in Europa (Paris, Genf, Wien, Helsinki) und Japan. 1990–93 Leitung des Bukarester Nationaltheaters. S. unterrichtete an amerik. Universitäten, in Paris, Stockholm, Tokio, lehrt seit 1992 an der Columbia University (New York), leitet das Oscar Hammerstein II Center for Th. Studies. – Zu seinen wichtigen Insz.en gehören am La MaMa u. a. Jarrys *König Ubu* (1970), Euripides' *Medea* (1972) und *Fragments of a Trilogy* (*Medea, Elektra, Die Trojanerinnen*, 1974, 1986, 1999), → Brechts *Der gute Mensch von Sezuan* (1975) und *Der Kaukasische Kreidekreis* (1998), → Shakespeares *As You Like It* (1976) und *Richard 3* (in eigener Adaption, 2001). Regie am A. R. T. u. a. bei Gozzis *König Hirsch*, Shakespeares *Der Widerspenstigen Zähmung, Der Kaufmann von Venedig* (1998/99), *Hamlet* (2000), Čechovs *Drei Schwestern* (1983), → Molières *Der Geizige* (1988), Aristophanes' *Lysistrata* (2002), für das New York Shakespeare Festival u. a. *Agamemnon* (nach Aischylos), Čechovs *Der Kirschgarten* (beide 1977), an der Comédie Française Molières *Der Geizige* (2001) und Shakespeares *Kaufmann von Venedig* (2001/02). – Seit seiner Insz. von Čaikovskijs *Eugen Onegin* (1980, Welsh National Opera, Cardiff) ist S. auch ein internat. gefragter Opernregisseur, der weltweit Werke des klassischen Repertoires wie der Moderne in Szene setzt, u. a. Philip Glass' *The Juniper Tree* (UA 1985 Boston), George Enescus *Oedipe* (1995, Bukarest), Rossinis *Die Italienerin in Algier* (1998, Paris), Berlioz' *Benvenuto Cellini* (2003), Gounods *Faust* (2005, beide Metropolitan Opera, New York), Massenets *Werther* (2005, Staatsoper Wien), Puccinis *Turandot* (2006, Covent Garden, London). – S. ist ein überaus produktiver Regisseur von internat. Ruf, dessen häufig kontrovers beurteilte Insz.en versuchen, den Raum des Th.s neu zu bestimmen und als autonom zu begreifen. Die Suche nach einem Zeichensystem des Th.s jenseits der Wortsprache führte ihn immer wieder zu beeindruckenden ästhetischen Bildern und dynamischen Umsetzungen, für die der Text des Autors nur Ausgangspunkt theatralischer Auseinandersetzung ist.

Menta, E.: Andrei Serban – The Magic World behind the Curtain. New York 1997.

Wolfgang Beck

Servillo, Toni, * 1959 Afragola (bei Neapel). Schauspieler, Regisseur.

S. gründete 1977 das Teatro Studio di Caserta, in dem er als Regisseur und Schauspieler u. a. *Propaganda* (1979) und *Guernica* (1985) produzierte. In Zusammenarbeit mit der Gruppe Falso Movimento (seit 1986) spielte er in Martones *Ritorno ad Alphaville* und inszenierte *E...* nach Texten von Eduardo → de Filippo. 1987 Mitbegründer der Teatri Uniti in Neapel, mit denen er sich als Schauspieler und Regisseur u. a. mit Stücken in neapolitanischem Dialekt beschäftigte, wie Moscatos *Partitura* (1988) und *Rasoi* (1991), *Ha da passà a nuttata* (1989) nach de Filippo, Vivianis *Zingari* (1993). Intensive Auseinandersetzung mit → Molière, inszenierte (und spielte) dessen *Der Menschenfeind* (1995) und *Tartuffe* (2000). Weitere Insz.en u. a. von *Natura morta* (1990) nach Akten des XXIII. Kongresses der K.P.d.S.U., Marivaux' *Die falschen Vertraulichkeiten* (1998). Im Teatro San Joao di Oporto (Portugal) inszenierte S. 1997 *Da Pirandello a Eduardo*, seine Version von Pirandellos *L'uomo dal fiore in bocca* und de Filippos *Sik-Sik, l'artefice magico*. 2001 realisierte er (mit M. Paladino) das theatralische Projekt *Iliade/Odissea* nach Homer. Als Schauspieler u. a. in Aischylos' *Persern* (1990), F. Battiatos Oper *Il cavaliere dell'intelletto* (1994), Copis *Tango barbaro* (1995, R. Elio De Capitani), Sophokles' *Ödipus Rex* (2000, R. Mario Martone), Andrea Renzis Bearbeitung von Collodis *Pinocchio* (2000), Marcoaldi/Vacchis *Benjaminowo: padre e figlio* (2004, auch R.). Europatourneen mit seiner internat. gefeierten Insz. (auch Rolle) von de Filippos *Sabato, domenica e lunedì* in einer Produktion der Teatri Uniti und des Teatro Stabile dell'Umbria (2003). Seit 1999 auch Musiktheaterregie, u. a. bei Martin y Solers *La cosa rara* (1999), Mozarts *Le nozze di Figaro* (2000, beide La Fenice, Venedig), Cimarosas *Il marito disperato* (2001, Teatro San Carlo, Neapel), Musorgskijs *Boris Godunov* (2001), Strauss' *Ariadne auf Naxos* (2004, beide Teatro Sao Carlos, Lissabon), Beethovens *Fidelio* (2005, Teatro San Carlo, Neapel). Als Filmschauspieler in *Morte di un matematico napoletano* (1992), *Rasoi* (1993), *La salita* (1997), *Teatro di guerra* (1998), *Luna Rossa, L'uomo in più* (beide 2001), *Notte senza fine, Le conseguenze dell'amore* (beide 2004). Produzierte für den ital. Rundfunk RAI u. a. Brancatis *Don Giovanni involuntario* (1998), Montesanos *Per sempre giovani* (2001). Zahlreiche Auszeichnungen. – Ein überaus wandlungsfähiger Darsteller in komischen wie tragischen Rollen mit sensiblem Spiel und modulationsreicher Stimme. Als Regisseur von seinen Erfahrungen in der freien Theaterszene geprägt, der auf Bühnenwirksamkeit, inszenatorische Klarheit und Sparsamkeit der eingesetzten Mittel Wert legt.

Wolfgang Beck

Seweryn, Andrzej, * 25. 4. 1946 Heilbronn. Schauspieler, Regisseur.

Nach dem Studium an der Theaterhochschule in Warszawa debütierte S. im Jahre 1968 am Ateneum-Th. in Warszawa, wo er nachher sein allseitiges Talent im klassischen sowie im zeitgenössischen Repertoire zeigte. Gleichzeitig spielte er viel im Film (v. a. unter der Regie von Andrzej → Wajda) und im Fernsehen. 1980 trat S. zum ersten Mal vor franz. Publikum auf (Th. des Amandiers, Paris-Nanterre). Seit dieser Zeit arbeitet er hauptsächlich in Frankreich: 1985 – 87 nahm S. am großen *Mahābhārata*-Projekt (eine 9-stündige Dramatisierung des ind. Epos) von Peter → Brook am Pariser Th. des Bouffes du Nord teil (anschließend Welttournee und 1988 Verfilmung). Seit 1993 ist der poln. Schauspieler Mitglied der Comédie Française (seit 1994 «sociétaire») und gestaltet dort seine größten Rollen; u. a. TR in → Molières *Dom Juan* (1993, R. J. Lassalle), Gajev in Čechovs *Der Kirschgarten* (1998, R. A. Françon), Monsieur Jourdain in Molières *Le bourgeois gentilhomme* (*Der Bürger als Edelmann*, 2000, R. J.-L. Benoit), Henryk in Gombrowicz' *Die Trauung* (2001, R. J. Rosner), Shylock in → Shakespeares *Kaufmann von Venedig* (2001, R. A. → Şerban). Bislang auf der Bühne in ca. 80 Rollen aufgetreten. S. ist auch pädagogisch tätig und debütierte 1999 an der Comédie Française als Regisseur (Molière, *Le mariage forcé*). S. ist in den letzten Jahren ebenfalls wieder sehr aktiv in Polen, wo er – neben Gastspielen und Fernsehauftritten – in 2 großen Filmproduktionen Wajdas spielte: in der erfolgreichen Verfilmung des poln. Nationalepos von A. Mickiewicz *Pan Tadeusz* (1999) und in *Zemsta (Die Rache)*, nach dem klassischen Lustspiel von A. Fredro (2002). 2004 inszenierte S. am Teatr Narodowy (Nationaltheater) in Warszawa Shakespeares *Richard II.* (P. 16. 10. 2004). – S. gehört zu den größten und vielseitigsten Schauspieltalenten seiner Generation, entwickelt ständig seine Fähigkeiten und sein Berufsselbstbewusstsein, stellt sich vielfach schwierige Bühnenaufgaben wie auch neue Anforderungen. Er fühlt sich wohl im klassischen Repertoire, ist aber auch zum künstl. begründeten Experiment bereit. Dozent an der Staatl. Theaterhochschule in Warszawa.

    Wilniewczyc, T.: Andrzej Seweryn. Warszawa 2001.

Wojciech Dudzik

Shakespeare, William, * 23. (?) 4. (Taufe: 26. 4.) 1564 Stratford-upon-Avon, † 23. (?). 4. (Begräbnis: 25. 4.) 1616 Stratford-upon-Avon. Autor, Schauspieler, Teilhaber einer Theatertruppe.

    Sohn eines Handwerkers und Händlers, zeitweiligen Ratsmitglieds und Bürgermeisters. Nov./Dez. 1582 Heirat mit Anne Hathaway. In den 1580er Jahren sind Wandertruppen in seiner Heimatstadt nachgewiesen. Unbekannt ist, wo sich S. in den sog. «Lost Years» (1585–92) aufhielt, ob er Mitglied einer Theatertruppe wurde, wann er nach London ging. Die verschiedensten – mehr oder weniger plausiblen – Theorien versuchen, die Lücke zu füllen: Er habe als Wilderer fliehen, als Katholik untertauchen müssen, sei als Mitglied einer katholischen Geheimorganisation mehrmals in Rom oder als Lehrer tätig gewesen. 1592 erste Erwähnung S.s als Autor und Schauspieler in einem Pamphlet Robert Greenes. 1594 gehörte er zu den 8 Gründungsmitgliedern (und Teilhabern) der unter dem Schutz des Lord-Oberhofmeisters stehenden Truppe. «The Lord Chamberlain's Men» ließen das 1599 eröffnete Globe Th. erbauen (ca. 2700 Plätze) und übernahmen 1608 zusätzlich das kleinere Blackfriars Th. Als die Truppe 1603 als «The King's Men» den Schutz Jakobs I. erhielt, wurde S. an zweiter Stelle im königlichen Patent angeführt. 1613 brannte das Globe Th. ab (1614 Neubau); damals dürfte S. bereits wieder in Stratford gelebt haben. 1597 hatte er dort Häuser, 1602 Grundbesitz erworben, 1613 ein Haus in London. In seinem Testament findet sich kein Hinweis auf den Verbleib seiner Anteile als Teilhaber. – Über den Autor, Schauspieler und Teilhaber einer der führenden Londoner Theatertruppen der Zeit gibt es nur wenige verlässliche und unbestrittene Quellen. Seine Autorschaft wird seit etwa 150 Jahren immer wieder angezweifelt. Umstritten ist, woher das Geld stammte, mit dem er sich bei den «Lord Chamberlain's Men» einkaufte. Über die Qualitäten des Schauspielers S. und die von ihm gespielten Rollen ist nichts bekannt, obwohl die damaligen Theaterverhältnisse und seine Stellung als Teilhaber intensive schauspielerische Arbeit nahelegen. Belegt ist, dass er in Ben Jonsons (1572–1637) Schauspielen *Every Man in His Humour* (1598) und *Sejanus His Fall* (1603) mitgespielt hat. Da er im Zusammenhang mit diesem Stück letztmalig als Darsteller erwähnt wird, vermutet man, er habe in dieser Zeit als Schauspieler zu arbeiten aufgehört. Dass er in der ersten Sammelausgabe seiner Dramen (First Folio von 1623) an erster Stelle unter den Schauspielern genannt wird, die in allen Stücken mitgewirkt haben, kann nicht als Beleg für seine Bedeutung als Schauspieler dienen. In einem 1610 erschienenen Epigramm werden Königsrollen erwähnt; lange nach seinem Tod wurde im 18. Jh. behauptet, S.s beste Rolle sei der Geist in seinem *Hamlet* gewesen, auch Adam in *As You Like It* habe er gespielt. Zeitgenössische Belege dafür fehlen. Indirekt lassen sich vielleicht Hamlets Anweisungen an die Schauspieler (III, 2) als Ausdruck von S.s Vorstellung von Schauspielkunst und angemessener Aufführungspraxis interpretieren. Ein Bekenntnis zu realistischer, unpathetischer Darstellung, ohne jede Form von Übertreibung, weder in der Sprachgestaltung noch in der Gestik. Ablehnung der Extempores, speziell der Narren, Ablehnung eines nur auf Beifall berechneten Spiels. An anderer Stelle

(II, 2) wird gegen die damals beliebten Kindertruppen argumentiert. Das Th. habe die Aufgabe, «der Natur gleichsam den Spiegel vorzuhalten», dabei sei darauf zu achten, «niemals die Bescheidenheit der Natur zu überschreiten» (III, 2).

Blinn, H., W. G. Schmidt: Shakespeare – deutsch. Berlin 2003; The Cambridge Companion to Shakespeare. Hg. M. de Grazia, St. Wells. Cambridge 2001; Champion, L. S.: The essential Shakespeare. An annotated bibliography. (2. Aufl.) New York, Oxford 1993; Gurr, A.: The Shakespearean Stage. (2. Aufl.) London 1981; Hammerschmidt-Hummel, H.: William Shakespeare: seine Zeit – sein Leben – sein Werk. Mainz 2003; Klier, W.: Das Shakespeare-Komplott. Göttingen 1994; Schoenbaum, S.: William Shakespeare. A Documentary Life. Oxford 1975; Shakespeare-Handbuch. Hg. I. Schabert. (3. Aufl.) Stuttgart 1992; Shakespeare. A Biographical Guide. Hg. S. Wells. Oxford 1990.

Wolfgang Beck

Siede, Horst, * 30. 4. 1936 Hannover. Schauspieler, Regisseur.

Studium (Wirtschaftswissenschaft, Philosophie, Literaturwissenschaft) an der FU Berlin. Schauspielausbildung an der Max-Reinhardt-Schule Berlin. Engagements in Essen, Heidelberg, Salzburg, Ulm. Mehr und mehr hauptsächlich Regisseur. In Basel 1970 Insz. der UA *Eisenwichser* von Henkel, 1971 *Hölderlin* von Weiss. 1972 UA der ersten → Kroetz-Stücke *Hartnäckig* und *Heimarbeit* (Münchner Kammerspiele). 1972 *Wildwechsel* von Kroetz, 1973 Plenzdorfs *Die neuen Leiden des jungen W.* (beide Staatl. Schauspielbühnen Berlin). 1974 D. H. Lawrence' *Die Schwiegertochter* (Münchner Kammerspiele), DEA von Storeys *Der Gutshof* (Darmstadt), 1975 UA von Henkels *Betriebsschließung* (Basel). 1975 – 79 Schauspieldirektor am Staatstheater Wiesbaden – Čechovs *Der Kirschgarten*, Reinshagens *Sonntagskinder*. 1979 – 82 Schauspieldirektor der Wuppertaler Bühnen – → Shakespeares *Romeo und Julia*, UA von Karl Otto Mühls *Die Reise der alten Männer*, Tollers *Hoppla, wir leben*, Kipphardts *März*. 1980 Lasker-Schülers *Die Wupper* bei den Ruhrfestspielen. Seit 1982 freier Regisseur. 1984 UA *Furcht und Hoffnung der BRD* von Kroetz (Schauspielhaus Bochum). 1985 – 86 Mitglied des Direktoriums von Schauspiel Köln – UA von Stefan Dähnerts *Herbstball*. 1988 DEA von Mitterers *Die wilde Frau* (Bayer. Staatsschauspiel). Seit Mitte der 1990er Jahre Dozent an der Otto-Falckenberg-Schule München. – Einer der prägenden Regisseure seiner Generation, der ganz hinter seine Insz.en zurücktritt, die von größter Genauigkeit im Detail, präziser Darstellerführung und starker Atmosphäre charakterisiert sind. Zog sich mehr und mehr aus dem Theaterbetrieb zurück, inszeniert nur noch gelegentlich an kleinen Bühnen – Reinshagens *Die Clownin* am Bonner Contrakreis-Th. – oder mit seinen Schauspielschülern.

Werner Schulze-Reimpell

Sierck, (Hans) Detlef (in den USA: Douglas Sirk), * 26. 4. 1897 Hamburg, † 14. 1. 1987 Lugano. Regisseur, Theaterleiter, Schauspieler.

Sohn aus Dänemark stammender Eltern. 1919 – 22 Studium, Jura in München, Philosophie in Jena, Philosophie und Kunstgeschichte in Hamburg. 1920 Mitarbeiter der *Neuen Hamburger Ztg.* 1920 – 22 Dramaturg am Dt. Schauspielhaus, Regiedebüt mit Boßdorfs *Bahnmeister Tod* (1922). 1922/ 23 Direktor und Regisseur am Kleinen Th. Chemnitz; 1923 Insz.en von → Shakespeares *Hamlet* (mit → Moissi), Ibsens *Die Stützen der Gesellschaft* (mit → Bassermann) beim Sommertheater Zoppot (Sopot). 1923 – 29 Oberspielleiter am Schauspielhaus Bremen. 1929 – 36 Leiter des Alten Th.s in Leipzig und künstl. Leiter der Schauspielschule. Insz. eines frühen dt. Dokumentarstücks, Blumes *Im Namen des Volkes!* und Kaiser / Weills *Der Silbersee* (Ring-UA 18. 2. 1933), dessen Aufführungen durch die SA gestört wurden. 1936 – 38 Regisseur an der Komödie (Berlin). Insz. von Shakespeares *Was ihr wollt* (1934, Volksbühne Berlin, eigene Übersetzung), Bergmans *Der Nobelpreis* (1935, Th. in der Saarlandstraße Berlin), Kleists *Der zerbrochne Krug* (1934, Reichsfestspiele Heidelberg); seit 1934 Gastinsz.en in Bern, Zürich, Prag. Drehte für die UFA seit 1934 z. T. nach eigenen Drehbüchern u. a. *Das Mädchen vom Moorhof* (1935), *Schlußakkord* (1936), *Zu neuen Ufern, La Habanera, Die Heimat ruft* (jeweils 1937) und machte Zarah Leander zum Star. Ende 1937 blieb er mit seiner (jüd.) Frau in Rom, war in Frankreich an der Fertigstellung des Films *Accord Final (Schlussakkord)* beteiligt, führte 1939 in den Niederlanden Regie bei *Boefje* und emigrierte in die USA. Lebte u. a. als Farmer im San Fernando Valley, änderte seinen Namen und wurde einer der wichtigen, kommerziell erfolgreichen Regisseure Hollywoods. Er schuf antifaschistische Filme (*Hitler's Madman*, 1943), Literaturverfilmungen (*Summer Storm*, 1944, nach Čechov), musikalische Komödien (*Has Anybody Seen My Gal?*, 1951), Thriller (*Sleep, My Love* 1948), Abenteuerfilme (*Taza, Son of Cochise*, 1954). Berühmt wurde S. als Meister des Melodrams: *All I Desire* (1953), *Magnificent Obsession* (1954), *All That Heaven Allows* (1955), *The Tarnished Angels* (1958), *Imitation of Life* (1959). 1959 drehte er in Deutschland *A Time to Love and a Time to Die* (1959) und zog in die Schweiz. Unter seinem eigenen Namen 1963–67 Insz.en am Münchner Residenztheater. Letzte Regie bei Williams' *Ein Königreich auf Erden* (1969, Thalia Th. Hamburg). Mitte der 1970er Jahre Dozent an der Hochschule für Fernsehen und Film (München). – Bei S. beeinflussten sich Th.- und Filmarbeit gegenseitig. Ein Meister subtiler Gesellschaftskritik auch in scheinbar belanglosen Geschichten. Happy-Ends erweisen sich – durch subtile Ironie gebrochen – als mehrdeutig. Virtuos sein Umgang mit Farb- und Lichtdramaturgie, Schatten, Spiegelungen. Noch zu Lebzeiten wurden seine Melodramen auch wegen der Darstellung «starker» Frauen als «Frauenfilme» abqualifiziert. Erst seit den 1970er Jahren fand er wieder Anerkennung, beriefen sich Regisseure wie → Fassbinder, Truffaut, Godard, Almodóvar, Kaurismäki, Tarantino auf ihn. Seit 1995 vergibt das Filmfest Hamburg den D.-S.-Preis.

Bourget, J.-L.: Douglas Sirk. Paris 1984; Castellano, A.: Douglas Sirk. Firenze 1988; Drove, A. Tiempo de vivir, tiempo de revivir. Murcia 1995; González Requena, J.: La metáfora del espejo. Valencia u. a. 1986; Klinger, B. u. a.: Melodrama and meaning. Bloomington 1994; Läufer, E.: Skeptiker des Lichts. Frankfurt a. M. 1987; Sirk, D.: Imitation of Life. Frankfurt a. M. 1997; Stern, M.: Douglas Sirk. Boston 1979.

Wolfgang Beck

Signoret, Simone (Henriette Charlotte, eig. Kaminker), *25. 3. 1921 Wiesbaden, † 30. 9. 1985 Autheuil-Athouillet (bei Paris). Schauspielerin, Schriftstellerin.

Als Tochter eines franz. Verwaltungsbeamten ostjüd. Herkunft im nach dem 1. Weltkrieg dem besetzten Rheinland angeschlossenen Wiesbaden geboren. 1923 Rückkehr der Familie nach Paris. Besuch des Gymnasiums und Abitur im Villenvorort Neuilly. Im 2. Weltkrieg während der dt. Besetzung Tätigkeit als Sekretärin und Latein- und Englischlehrerin unter dem Mädchennamen ihrer Mutter (S.). Statistin beim Film, um sich ein Zubrot zu verdienen. Jean Boyer erkannte ihre Begabung und gab ihr 1941 in *Le Prince Charmant* und *Bolero* kleine Rollen. Yves Allégret sicherte ihr erste Erfolge in seinen Filmen *La Boîte aux Rêves* (1943), *Les Demons de l'aube* (1945) und wurde 1945 ihr Ehemann. In der Folge große Filmrollen und zahllose Auszeichnungen für ihre schauspielerischen Leistungen, z. B. in *Der Reigen* (*La Ronde*, 1950, R. M. Ophüls), *Goldhelm* (*Casque d'or*, 1951, R. J. Becker), *Thérèse Raquin* (1953, R. M. Carné), *Die*

Teuflischen (*Les Diaboliques*, 1955, R. H.-G. Clouzot), *Pesthauch des Dschungels* (*La mort en ce jardin*, 1956, R. L. Buñuel). Nach der Scheidung von Allégret und der Heirat mit Yves Montand 1951 Beginn der Karriere als Theaterschauspielerin: Erfolg in Millers *Hexenjagd* (1956), das gleichzeitig auch mit ihr verfilmt wurde. 1966 spielte S. auf der Bühne in Hellmans *Die kleinen Füchse* und im Londoner Royal Court Th. mit → Guinness in → Shakespeares *Macbeth*. Trotz ihrer Erfolge auf der Bühne und verlockender Angebote war S. in erster Linie Filmschauspielerin, die ihre Arbeit so ernst nahm, dass sie Rollen, in die sie sich nicht «hineinversetzen» konnte, ablehnte: Spektakulär ihre Rücktritte bei den Dreharbeiten zu *Barabbas* und *Alexis Sorbas*. Sie hätte nicht ihr Bestes geben können, entschuldigte sie sich. In ihren frühen Filmen wurde S. als eine der schönsten Filmschauspielerinnen aller Zeiten gerühmt, sie galt als eminent franz. und wie aus den Gemälden Renoirs in die Kinowelt «gestiegen». Oft mit Marilyn Monroe verglichen, alterte sie vor der Zeit, litt an einer schweren Krankheit und glänzte bis zuletzt in allen Rollen, die sie spielte. Unvergessen ist sie u. a. als die vom Leiden gezeichnete alte Madame Rosa in *La vie devant soi* (1977) des israel. Regisseurs Mizrahi, eine ehemaligen Dirne, die in einem heruntergekommenen Mietshaus einen Kindergarten betreibt. Weitere Filme: *Le chat* (*Die Katze*, 1971, mit Jean Gabin) von P. Granier-Deferre, *Das Narrenschiff* (*Ship of Fools*, 1965) von Stanley Kramer, *La chair de l'orchidée* (1975) und *Judith Therpauve* (1977) von P. → Chéreau, *L'Etoile du Nord* (1982) von Granier-Deferre. 1976 veröffentlichte S. ihre Memoiren unter dem Titel *La nostalgie n'est plus ce qu'elle était* (dt. *Ungeteilte Erinnerungen*). Die Kritik sah in dem Filmschauspielerpaar Montand-S. ein Pendant zum Th.-Paar → Renaud- → Barrault. Marguerite Duras nannte sie eine «Königin». Kampflustig und immer engagiert: als Künstlerin, als Linksintellektuelle aus dem Umkreis von Sartre und de Beauvoir, bei humanitären Aktionen, wobei sie vor Brüskierungen nicht zurückschreckte.

Allégret, C.: Rendezvous mit der verlorenen Zeit. Köln 1997; David, C.: Simone Signoret ou la mémoire partagée. Paris 1990.

Horst Schumacher

Simonischek, Peter, * 6. 8. 1946 Graz. Schauspieler.

Aufgewachsen in Markt Hartmannsdorf (Steiermark), Abitur im Konvikt St. Paul im Lavanttal. Nach 2 Jahren Architekturstudium und Zahntechnikerlehre 1968–70 an der Akademie für Musik und darstellende Künste in Graz, erste Auftritte im dortigen Schauspielhaus. 1970–72 Stadttheater St. Gallen (→ Nestroy, *Der Talisman*; → Lessing, *Nathan der Weise*; Beckett, *Warten auf Godot*), 1972–74 Stadttheater Bern (→ Goethe, *Urfaust*), 1974–76 Hess. Staatstheater Darmstadt, 1976–78 Düsseldorfer Schauspielhaus (Ferdinand in Schillers *Kabale und Liebe*, 1978). 1979–99 Ensemblemitglied der Berliner Schaubühne am Lehniner Platz. Rollen in der Regie Peter → Steins in Aischylos' *Die Orestie* (1980), → Kroetz' *Nicht Fisch nicht Fleisch* (1981), Strauß' *Der Park*, Čechovs *Drei Schwestern* (beide 1984), *Der Kirschgarten* (1989), → Grübers in Labiches *Die Affäre Rue de Lourcine* (1988), Kleists *Amphitryon* (1991), Genets *Splendid's* (UA 1994), → Bondys in Strauß' *Die Zeit und das Zimmer* (UA 1989), Guitrys *Der Illusionist* (1995), → Breths in Schnitzlers *Der einsame Weg* (1991), Gor'kijs *Nachtasyl* (1991/92), Kaisers *Von morgens bis mitternachts* (1993), → Clevers in Euripides' *Medea* (1996). Überaus erfolgreich (ca. 300 Aufführungen) in Praders Insz. von Rezas *Kunst* (DEA 1995), die 2001–04 ins Renaissancetheater übernommen wurde. TR in der UA von Esther Vilars

Speer (1998, Hotel Adlon, Berlin, R. → Brandauer). Danach am Schauspielhaus Zürich in Hofmannsthals *Der Unbestechliche* (2003 Burgtheater). Seit 1999 am Wiener Burgtheater. Antrittsrolle in Ibsens *John Gabriel Borkman*. Weiter in Schillers *Die Verschwörung des Fiesco zu Genua* (2000), *Die Jungfrau von Orleans* (2002), Horváths *Der jüngste Tag*, Kleists *Das Käthchen von Heilbronn* (beide 2000/01), Fosses *Traum im Herbst* (österr. EA 2001, R. → Oida), Ostermaiers *Letzter Aufruf* (UA 2002, R. Breth), Belbels *Die Zeit der Plancks* (2003), Albees *Die Ziege oder wer ist Sylvia?* (2004), Strindbergs *Totentanz* (R. → Zadek, mit → Voss, → Hoger), Nestroys *Zu ebener Erde und erster Stock* (beide 2005). Bei den Salzburger Festspielen TR in → Goethes *Torquato Tasso* (1982, R. → Dorn), Okeanos in Aischylos' *Prometheus, gefesselt* (1986, mit → Ganz), Horch in Canettis *Hochzeit* (1988), Wernyhora in Wyspiańskis *Wesele* (1992, R. → Wajda), Gajew in Čechovs *Der Kirschgarten* (1995, R. Stein). 1991–94 der Tod, seit 2002 TR in Hofmannsthals *Jedermann*. Film- und Fernsehrollen u. a. in *Das eine Glück und das andere* (1979, TV), *Lenz oder die Freiheit* (1986, TV), *Der Berg* (1990), *Die Grube* (1995), *Gebürtig* (2002), *Hierankl* (2003), *Einmal so wie ich will* (2004). S. ist mit der Schauspielerin Brigitte Karner (* 1957) verheiratet. Auszeichnungen u. a. Dt. Kritikerpreis (1989), Kainz-Medaille (1996), Österr. Ehrenkreuz für Wissenschaft und Kunst (1999), Goldenes Verdienstzeichen des Landes Wien (2006). – Markanter Charakterdarsteller mit großem Repertoire, ein «Männerspieler», der «fasziniert als Herr der alten Wiener Schule, als verzweifelter Spießer und als proletarischer Unbestechlicher, als eine der verwehenden Figuren Tschechows oder als sehr heutiger Mensch, der jäh den Boden unter den Füssen verliert» (K. Kathrein).

Wolfgang Beck

Sinjen, Sabine, * 18. 8. 1942 Itzehoe, † 18. 5. 1995 Berlin. Schauspielerin.

Bereits als 14-Jährige wurde S. vom Filmproduzenten Arthur Brauner entdeckt und überzeugte in der Rolle der Hannelore in *Die Frühreifen* (1957, R. Joseph v. Baky). Bis 1969 17 weitere Filme, u. a. an der Seite Romy Schneiders in *Mädchen in Uniform* (1958, R. Geza v. Radvány) oder als Abigail in *Das Glas Wasser* (nach Scribe) mit G. → Gründgens (1960, R. H. → Käutner). S. avancierte zu einer der Protagonistinnen des Jungen Dt. Films, am erfolgreichsten 1965 in Ulrich Schamonis *Es*. Als Bühnenschauspielerin debütierte sie 1961 als Wendla in Wedekinds *Frühlings Erwachen* (Schiller-Th., Werkstatt, Berlin). Sie spielte in der Folge an den Bühnen der Stadt Köln (1963), den Staatl. Schauspielbühnen Berlin (1967), am Wiener Th. in der Josefstadt (1967–71), am Zürcher Schauspielhaus (1971). S. war 1972–74 bei den Salzburger Festspielen zu sehen, 1974 am Nationaltheater Mannheim, 1976–80 am Hamburger Thalia Th. unter dem Intendanten Boy → Gobert. Mit ihm ging sie 1980 zurück an die Staatl. Schauspielbühnen Berlin, wo sie bis 1986 blieb. S. trat dort u. a. als Frau Göring in der Revue nach Hans Fallada *Jeder stirbt für sich allein* auf oder als Ellida in Ibsens *Frau am Meer*. 1987 gelang S. nach schwerer Krankheit in Berlin ein Comeback mit der Solorolle in J. Cocteaus *Geliebte Stimme* (R. Dietmar Pflegerl). Auch im Film beeindruckte sie in Peter Schamonis *Caspar David Friedrich – Grenzen der Zeit* (1986) als Ehefrau des Malers. Ihre letzte Theaterstation war Aachen, wo sie bis zur krankheitsbedingten Aufgabe ihres Berufs Ende 1994 engagiert war. U. a. durch die Zusammenarbeit mit Peter Beauvais, den sie 1963 heiratete, entwickelte sich S. vom Nachwuchsstar zur überzeugenden Charakterschauspielerin. Sie spielte u. a. die TRn in Giraudoux' *Undine* (1967, Staatl. Schauspielbühnen Berlin, R. Willi → Schmidt), Strindbergs *Fräulein Julie* (1974, Nationaltheater Mannheim, R. Andras → Friscay) oder die Marquise Merteuil in Heiner Müllers *Quartett* 1988 im Berliner Schlossparktheater (R. Hans Peter Cloos). Sie war erfolgreich auch in Fernsehserien und -spielen, darunter vielen Literaturverfilmungen, etliche unter Beauvais' Regie. S. wusste durch ihre stark ausgeprägte Wandlungsfähigkeit sowohl in großen als auch in kleinen Rollen zu überzeugen.

Karin Schönewolf

Sinkovits, Imre, * 21. 9. 1928 Budapest, † 18. 1. 2001 Budapest. Schauspieler.

1947 – 51 Schauspielausbildung an der Th.- und Filmhochschule in Budapest, danach sofort ans Nationaltheater (Nemzeti Színház) engagiert (bis 1957). Am «Ungarn-Aufstand» beteiligt, trug am 23. 10. 1956 Sándor Petöfis *Nemzeti Dal* und studentische Forderungen öffentlich vor. Seine Popularität schützte ihn nach der Niederschlagung des Aufstands vor weitergehenden Repressalien; S. schlug sich einige Zeit als Hilfsarbeiter durch und war 1957 – 63 Mitglied des Attila-József-Th.s. Er kehrte 1963 zum Nationaltheater zurück, dessen Mitglied er bis zum Lebensende blieb – noch am Vorabend seines Todes trat er in Mihály Vörösmartys *Csongor és Tünde (Csongor und Tünde)* auf. Große Bandbreite schauspielerischer Darstellungskunst, überzeugte in klassischen Stücken wie → Shakespeares *Ein Sommernachtstraum*, *Macbeth*, *König Lear*, *Der Sturm*, Čechovs *Der Kirschgarten*, Ibsens *Peer Gynt* ebenso wie in modernen Bühnenstücken: De Sade in Weiss' *Die Verfolgung und Ermordung Jean Paul Marats*, Einstein in Dürrenmatts *Die Physiker*, Chance Wayne in Williams' *Süßer Vogel Jugend*. S. verkörperte mit gleicher Selbstverständlichkeit Oberst Pickering in Loewes Musical *My Fair Lady* wie die TR in Aischylos' *Orestie*. Zu seiner außergewöhnlichen Popularität trugen gerade auch seine zahlreichen Rollen in klassischen wie modernen Stücken ungar. Dramatik bei, z. B. in Imre Madáchs *Mózes*, *Az ember tragédiája (Die Tragödie des Menschen)*, Joszef Katonas *Bánk bán (Ban Bank)*, László Némeths *Husz János*, *VII. Gergely (Gregor VII.)*, Ferenc Molnárs *Panoptikum*, *A hattyú (Der Schwan)*, in mehreren Stücken András Sütos: *A szúzai menyegzö*, *Advent a Hargitán*, *Balkáni gerle*. Von Statur und Stimme eigentlich zum klassischen Helden prädestiniert, vermochte er gebrochene, widersprüchliche Figuren ebenso überzeugend zu gestalten. Ein Charakterdarsteller, dessen gelegentlich karikierender Humor in komischen und volkstümlichen Rollen zum Tragen kam. Hochgelobt seine Darstellung des Pawel in → Brecht / Gor'kijs *Die Mutter* wie auch die des Großinquisitors in Schillers *Don Carlos*. S. wirkte in mehr als 50 Filmen mit, u. a. in *Vihar* (1951), *Alba Regia* (1961), *Egri csillagok* (1968, *Die Sterne von Eger*), *Szerelmi álmok – Liszt* (1970), *A Kard* (1976), *Új földesúr* (1988), *Honfoglalás* (1996), *Retúr* (1997). S. war einer der herausragenden ungar. Schauspieler in der zweiten Hälfte des 20. Jh.s, hochgeehrt. 1955 und 1962 Jászai-Mari-Preis, 1966 Kossuth-Preis, mehrfach verdienter Künstler der ungar. Volksrepublik, Ehrenmitglied des Nationaltheaters, 2000 «Nationalschauspieler». – Sein Bruder László Sinkó (* 14. 3. 1940) ist ebenso Schauspieler wie seine Frau Katalin Gombos (* 2. 2. 1929) und sein Sohn Vitai András (* 1952).

Sütö, A. u. a.: Sinkovits. Budapest 2001.

Wolfgang Beck

Sjöberg, Alf, * 21. 6. 1903 Stockholm, † 17. 4. 1980 Stockholm. Regisseur, Schauspieler.

Mit → Molander und → Bergman einer der bedeutendsten schwed. Regisseure des 20. Jh.s. Ausbildung 1923 – 25 an der Schauspielschule des Kungliga Dramatiska Teatern (Dramaten) in Stockholm, 1928 in Paris (Bühnenbild). 1925–29 Schauspieler am Dramaten (Karl Thomas in Tollers *Hoppla, wir leben*, Michael in Synges *Reiter ans Meer*). 1930 Regiedebüt im Dramaten, an dem er seither fast ausschließlich inszenierte (138 Insz.en), darunter zahlreiche Dramen skandinav. Autoren, u. a. Krags *Baldwins brollop* (1930), Mobergs *Hustrun* (1935) und *Var ofodde son* (1945), Lagerqvists *Seger i marker* (1940), Ahlstroms *Beredskap* (1942), Ibsens *Brand* (1950), *Vildanten* (1955), *Rosmersholm* (1959), Strindbergs *Ovader* (1933), *Karl XII* (1940), *Den starkaste* (1949), *Fröken Julie* (1949), *Master Olof* (1972). Trug durch seine Insz.en internat. Dramatiker wesentlich zu deren Rezeption in Schweden bei; u. a. O'Neill (*Gier unter Ulmen*, 1933; *Tage ohne Ende*, 1935; *Alle Kinder Gottes haben Flügel*, 1945), Eliot (*Mord im Dom*, 1935, 1939; *Der Familientag*, 1948), García Lorca (*Bluthochzeit*, 1944; *Bernarda Albas Haus*, 1947), Ionesco (*Die Unterrichtsstunde*, 1954), → Brecht (*Schweyk im zweiten Weltkrieg*, 1962; *Herr Puntila und sein Knecht Matti*, *Mutter Courage und ihre Kinder*, beide 1968), Gombrowicz (*Yvonne, Prinzessin von Burgund*, *Die Trauung*, beide 1966), Sartre (*Die Fliegen*, 1945; *Geschlossene Gesellschaft*, 1946), Miller (*Tod eines Handlungsreisenden*, 1949; *Blick von der Brücke*, 1958), Osborne (*Blick zurück im Zorn*, 1957). Eigene Bühnenadaptionen von Erzählungen Almqvists (*Amorina*, UA 1951; *Drottningensjuvelsmycke*, 1957). Letzte Insz. Pleijels *Kollontai* (1979). Arbeitete auch für das Radiotheater und seit 1940 verstärkt für den schwed. Film, für dessen Entwicklung er eine wesentliche Rolle spielte. Berühmt für seine visuelle Phantasie, seine Bühnen- und Literaturadaptionen; schrieb zahlreiche Drehbücher. Filme u. a. *Den starkaste* (1929), *Hem från Babylon* (1941), *Hets* (1944, Drehbuch: I. Bergman), *Bara en mor* (1949, mit → Sydow), *Fröken Julie* (1951, Goldene Palme Cannes), *Karin Månsdotter* (1954), *Hamlet* (1955, TV), *Domaren* (1960), *Fadern* (1969).

S. war ein Regisseur, der alle Bühnenmittel nutzte, um mit seinen Insz.en ein «Gesamtkunstwerk» zu schaffen. Beeinflusst von → Appia und → Craig betonte er das visuelle Element, nutzte die symbolische Bedeutung von Licht und Farbe. Die Choreographie von Bewegungen und Gruppierungen spielte eine wesentliche Rolle in seiner Regiearbeit. Anfangs entwarf er selbst seine Bühnenbilder, arbeitete später jedoch viel mit bildenden Künstlern und Bildhauern zusammen. S. machte gesellschaftspolitisch engagiertes Th., nutzte klassische Texte zur Erklärung der modernen Welt (z. B. Shakespeares Königsdramen). Politisch engagiert, unterlief er bei seiner Insz. von Marika Stiernstedts antifaschistischem Stück *Attentatet* (1944) durch Licht- und Tonregie und das Bühnenbild die während des Kriegs in Schweden verstärkt geforderte Neutralität und interne Zensur.

Ek, S. R.: Spelplatsens magi: Alf Sjöbergs regikonst 1930–1957. Hedemora 1988; Lundin, G.: Filmregi Alf Sjöberg. Lund 1979; Martinsson, E.: Attentatet på Dramaten. En studie av Alf Sjöbergs uppsättning av Marika Stiernstedts drama. Harlösa 2000; Sjöberg, A.: Teater som besvärjelse: artiklar från fem decennier. Stockholm 1982.

Wolfgang Beck

Skoda, Albin (Michael Johann), * 29. 9. 1909 Wien, † 22. 9. 1961 Wien. Schauspieler.

Sohn eines Kaffeehausbesitzers. Erste Auftritte als Kind mit seinem Vater, der im eigenen Café und auf Veranstaltungen als Vortragskünstler auftrat. 1918 Vertrag mit dem Burgtheater für Kinderrollen (Debüt in Hauptmanns *Der Biberpelz*). Schauspielausbildung u. a. bei → Moissi an der Wiener Staatsakademie für darstellende Kunst; spielte 1924 in einer Schulaufführung Ferdinand in Schillers *Kabale und Liebe*. 1924–28 am

Wiener Raimund- und Volkstheater, 1928/29 in St. Pölten, danach bis 1931 in Aussig als jugendlicher Held und Bonvivant. 1931–33 in Hamburg u. a. am Thalia Th.; mit →Kortners Ensemble auf Europa-Tournee; 1933 Königsberger Schauspielhaus; 1933/34 Bayer. Staatstheater München. 1934–45 am Dt. Th. Berlin unter →Hilpert, wo er fast alle klassischen jugendlichen Helden und Liebhaber verkörperte. Seit 1938 auch am Th. in der Josefstadt Wien, dort Orlando in →Shakespeares *Wie es euch gefällt* (1938), Sekretär in Hebbels *Maria Magdalena* (1941), Yang Sun in →Brechts *Der gute Mensch von Sezuan* (1946). Nach Kriegsende am Salzburger Landestheater in Schnitzlers *Liebelei*, Hofmannsthals *Der Tor und der Tod*. Seit 1946 im Ensemble des Burgtheaters v. a. in klassischen Rollen, u. a. in Schillers *Die Jungfrau von Orleans* (1946, mit M. →Becker), *Die Räuber* (1947, R. →Felsenstein), *Die Verschwörung des Fiesco zu Genua* (TR, 1952), *Maria Stuart* (1956; 1959 Film), *Die Piccolomini*, *Wallensteins Tod* (beide 1959, R. →Lindtberg), Hochwälders *Das heilige Experiment*, Büchners *Dantons Tod* (beide 1947, mit →Balser), Shakespeares *Hamlet* (TR, 1947), *Maß für Maß* (1956), *Heinrich IV.* (TR, 1960, mit →Werner), Zuckmayers *Des Teufels General* (1948/49), Hofmannsthals *Der Turm* (1948), Goethes *Faust II* (1950), *Torquato Tasso* (TR, 1955), *Faust I* (TR, 1958), Hauptmanns *Die Ratten* (1952), Grillparzers *König Ottokars Glück und Ende* (1955), *Ein Bruderzwist im Hause Habsburg* (1957, mit →Krauß), Anouilhs *Jeanne oder die Lerche* (1955), *Becket oder die Ehre Gottes* (1960), Sophokles' *Antigone*, Schehadés *Die Reise* (beide 1961). Als Gast u. a. bei den Festspielen in Bregenz, Bad Hersfeld, Salzburg. Dort seit den 1930er Jahren, u. a. in Goldonis *Der Lügner* (1952), Macleishs *Spiel um Job* (dt.sprachige EA, R. →Schuh), Werfels *Juarez und Maximilian* (beide 1958). Wenige Filme, u. a. *Der letzte Akt* (1955), *Wilhelm Tell* (1956), *Urfaust* (1961). Schauspiellehrer; Kammerschauspieler. Nach ihm ist der A.-S.-Ring für Schauspieler benannt. – Der immer wieder mit →Kainz verglichene S. war ein herausragender Vertreter der klassischen Burgtheatertradition von psychologischer Differenziertheit und virtuoser Gestaltungskraft, handwerklich perfekter Darstellungskunst und exzellenter Sprechtechnik. Bedeutend auch als Rezitator.

Albin Skoda: Schauspieler, Sprecher, Sammler. Hg. J. Mayerhöfer. Wien 1973; Fontana, O. M.: Albin Skoda. Wien 1962; Haeusserman, E.: Die Burg. Wien 1964.
Wolfgang Beck

Sobel, Bernard (eig. B. Rothstein), * 10. 1. 1936 Paris. Regisseur, Theaterleiter.

Nach einem mit der licence d'allemand abgeschlossenen Germanistikstudium kam S. 1956 mit einem DDR-Stipendium nach Ostberlin, wo er 4 Jahre beim Berliner Ensemble unter →Brechts Witwe Helene →Weigel arbeitete und 1957 dessen *Die Ausnahme und die Regel* inszenierte. Nach Frankreich zurückgekehrt, inszenierte er am Th. National Populaire (TNP) in Paris Brechts *Der aufhaltsame Aufstieg des Arturo Ui* (1960). 1961 gehörte S. zu den Mitbegründern des Th. Gérard Philipe im Arbeitervorort Saint-Denis nördlich Paris. Seit 1964 ist sein Name mit Gennevilliers, einer Banlieue-Gemeinde im «roten» (kommunistisch wählenden) Gürtel vor den Toren von Paris, verbunden. Unter seiner Leitung wurde ein Laientheater zunächst 1964 Ensemble théâtral de Gennevilliers und 1983 subventioniertes Centre Dramatique National. Erste aufsehenerregende Insz. dort: 1970 *Mann ist Mann* von Brecht. Viele bekannte Regisseure begannen ihre Laufbahn unter S. in Gennevilliers: Patrice →Chereau, Bruno Bayen, Christian →Colin u. a. Seit 1974 Herausgabe einer Theaterzeitschrift *Théâtre/Public*. Viele seiner Th.-Insz.en hat S. für die franz.

Television bearbeitet oder direkt für das Fernsehen konzipiert (1989 *Die Orestie* nach Aischylos). Unter allen Bühnenautoren gilt Brecht seine Vorliebe (*Die Rundköpfe und die Spitzköpfe*, 1973, *Der gute Mensch von Sezuan*, 1990), aber auch den dt. Dramatikern des Sturm und Drang und der Klassik, Lenz (*Der Hofmeister oder Die Vorteile der Privaterziehung*, 1975, *Die Freunde machen den Philosophen*, 1988), Kleist (*Der zerbrochne Krug*, 1984), → Lessing (*Nathan der Weise*, franz. EA 1987), Schiller (*Maria Stuart*, 1983). S. hat Heiner → Müller für das franz. Th. entdeckt, ebenso Christoph Hein. Er brachte das oft für unspielbar geltende Drama Grabbes *Napoleon oder die hundert Tage* 1996 auf die Bühne, ein durchschlagender Erfolg, der u. a. durch einen das Geschehen kommentierenden Chor wie in antiken Schauspielen garantiert wurde. Aleksander Ostrovskij (*Der Wald*, 1989) entdeckte er für das franz.sprachige Th. und war in den 1970er Jahren der Anreger für eine Übersetzung von Ostrovskijs Gesamtwerk ins Französische. Isaak Babel, aber auch → Molière, Claudel (*La Ville*, 1986, *L'Otage*, dt. *Der Bürge*, *Le pain dur*, dt. *Das harte Brot*, 2001), Samuel Becketts *En attendant Godot* (*Warten auf Godot*, Festival d'Avignon 2002) verstand S. publikumswirksam zu aktualisieren. Mit Ablauf des Jahres 2006 endet seine Intendantenzeit; letzte Insz.en u. a. → Shakespeares *Troilus und Cressida* (2005), Ostrovskijs *Talente und Verehrer* (2006). Arbeiten in Berlin, Basel (Molières *Don Juan*, *Tartuffe*, 1978) und Zürich (Shakespeares *Timon von Athen*, 1977, *König Lear*, 1987). Vereinzelte Insz.en von Werken des Musiktheaters, u. a. Cherubinis *Der Wasserträger* (1980, Opéra comique), Dallapiccolas *Il Prigioniero* (1992, Th. Musical de Paris), Janáčeks *Die Affäre Makropoulos* (1994, Opéra du Rhin).

Ein außerordentlich breites Repertoire eines überzeugen Marxisten, den die Rolle der Massen in der Geschichte interessiert, der seine Theaterarbeit moralisch und politisch motiviert, so als wäre «die Bühne nicht nur die Widerspiegelung der Wirklichkeit, sondern ein Ort des Nachdenkens über die Wirklichkeit». Es geht S. darum, die Formen und den Wandel der Ästhetik im geschichtlichen Ablauf zu hinterfragen und ihre ideologische Determinierung herauszustellen. Er hatte in den 1970er Jahren die soziologischen Ideen von Louis Althusser auf seine Theaterarbeit angewandt: so auf das europ. Barockdrama (Marlowes *Der Jude von Malta* 1975/76, *Eduard II*. 1981). In Shakespeare glaubt S., den Vorläufer des Brecht'schen Prinzips der Verfremdung zu erkennen, dessen Stücke er in seinen frühen Insz.en als Lehrstücke auf die Bühne brachte.

Gresh, S.: Bernard Sobel. Un art légitime. Paris 1993.

Horst Schumacher

Sodann, Peter, * 1. 6. 1936 Meißen. Schauspieler, Regisseur, Theaterleiter.

Lehre als Werkzeugmacher. 1954–57 Studium an Arbeiter- und Bauernfakultät, Wechsel zu Jura in Leipzig. 1959 Theaterhochschule Leipzig. Mitwirkender, später Leiter des Studentenkabaretts «Rat der Spötter», das 1961 in Marburg/Lahn und Wien gastieren durfte. Herbst 1961 Verbot des neuen Programms («konterrevolutionäre Sauerei»). S. wurde verhaftet und zu 2 Jahren Gefängnis verurteilt. 1962 Umwandlung in Bewährungsstrafe. Lehre als Spitzendreher. 1963 Wiederaufnahme an der Theaterhochschule Leipzig. 1964–66 Berliner Ensemble. Insz. eines kabarettistischen Nachtprogramms. 1966–71 Städt. Bühnen Erfurt (Vansen in → Goethes *Egmont*, Thersites in → Shakespeares *Troilus und Cressida*). 1971–75 Karl-Marx-Stadt (Franz Moor in Schillers *Die Räuber*, Wang in → Brechts *Der gute Mensch von Se-*

zuan, Leontes in Shakespeares *Das Wintermärchen*, Regie und TR in der UA *Van Gogh* von Alfred Matusche). Einladung zur Insz. dieses Stücks im Jermolowa Th. in Moskau. 1975–80 Schauspieldirektor der Bühnen der Stadt Magdeburg (TR in Brechts *Galilei*, Möbius in Dürrenmatts *Die Physiker*, Striese in Schönthans *Der Raub der Sabinerinnen*; R. u. a. bei → Lessings *Nathan der Weise*, Molnárs *Liliom*). Gastinsz. von Schillers *Kabale und Liebe* in Moskau. Seit 1980 in Halle, zunächst als Schauspieldirektor des Landestheaters. Zahlreiche Insz.en von Gor'kij, Brecht, Kipphardt, Weiss, Dürrenmatt, Heiner → Müller, Volker Braun (*Der große Friede*, 1984), Christoph Hein (*Ritter der Tafelrunde*, 1989) u. a. Nebenbei Umbau eines Kinosaals zum «neuen theater» (eröffnet am 8. 4. 1981 mit der Revue *Was das für Zeiten waren*) inmitten einer von S. initiierten «Kulturinsel» im Herzen der Stadt mit Galerie, Bibliothek der zwischen 1945 und 1989 in der DDR erschienenen Bücher, Literaturcafé und Theaterkneipe («Strieses Biertunnel») nach Vorbild eines *centre culturel* in Frankreich. Zahlreiche, v. a. Klassikerinsz.en, kaum Rollen (u. a. Major Arnold in Harwoods *Furtwängler, Kategorie 4*, 2003). Das 25-jährige Jubiläum «seines» neuen theaters erlebte er nicht mehr als Intendant: Die Stadt Halle verlängerte 2005 den Vertrag des auch politisch engagierten S. nicht mehr. Vielzahl von Film- und Fernsehrollen. Seit 1991 «Tatort»-Kommissar (ARD). 1999 Theaterpreis des Verbandes der dt. Kritiker. 2001 Bundesverdienstkreuz 1. Klasse. – Darstellerisch gleich überzeugend in tragischen wie in komischen Rollen, als Regisseur ein dem Werk verpflichteter kompetenter Sachwalter der Szene, als Theaterleiter ein unermüdlicher Ermöglicher eines breit gefächerten Angebots.

Röhl, E.: Rat der Spötter. Das Kabarett des Peter Sodann. Leipzig 2002; Sodann, P., E. Preuk: Mai-Reden und andere Provokationen. (2. Aufl.) Stuttgart, Leipzig 2004.

Werner Schulze-Reimpell

Solter, Frido, * 24. 7. 1932 Rappen (Pommern). Schauspieler, Regisseur.

Staatl. Schauspielschule Berlin, Hospitant bei Proben von → Brecht im Berliner Ensemble. 1955 Schauspieler in Senftenberg, 1956–59 in Meiningen (Macheath in Brecht/Weills *Dreigroschenoper*), 1959–70 und 1972–2001 als Schauspieler und Regisseur Dt. Th. Berlin, seit 1984 Chefregisseur. Zwischen 1970 und 1972 Dt. Fernsehfunk. Rollen u. a.: Just in → Lessings *Minna von Barnhelm*, TR in Schillers *Wilhelm Tell*, Claudius in → Shakespeares *Hamlet*. Insz.en: DEA *Unterwegs* von Rosov, Hochhuths *Der Stellvertreter* 1966, Lessings *Nathan der Weise*, Hacks' *Amphitryon*, Shakespeares *Der Sturm*, → Goethes *Torquato Tasso*, Shakespeares *König Lear*, Majakovskijs *Das Schwitzbad*, Schillers *Wallenstein*, Calderóns *Das Leben ein Traum*, Bernhards *Vor dem Ruhestand* (DDR-DEA), Sartres *Die Fliegen*, Barlachs *Die echten Sedemunds*, Euripides' *Der Zyklop*. Ab 1976 durfte S. regelmäßig im westlichen Ausland inszenieren. Zunächst in Stockholm *Die Schlacht von Lobositz* von Hacks, zwischen 1978 und 1980 in Bonn Dürrenmatts *Der Besuch der alten Dame*, Sophokles' *Elektra* und Brechts *Mann ist Mann* mit beträchtlichem Erfolg, 1985 Lessings *Nathan der Weise* und 1986 Müllers *Die Schlacht* in Darmstadt sowie in Bremen, Salzburg und Madrid. Zwischen 1994 und 1999 inszenierte S. regelmäßig in Göttingen (u. a. Goethes *Stella*, Ionescos *Die Nashörner*). In den 1990er Jahren auch wieder Rollen im Dt. Th.; dort auch Insz.en von Bernhards *Alte Meister* (1997) und Albees *Empfindliches Gleichgewicht* (1998). Rezitationen. – Obwohl kein Avantgardist und kein Revolutionär der Szene, war S. mit seiner präzisen Handwerklichkeit einer der prägenden Regisseure des Th.s der DDR. Er setzte sich immer wieder unkonventionell und nahezu unbefangen mit Klassikern von der Antike bis ins 20. Jh. auseinander, die er gelegentlich in überraschend neuer Lesart interpretierte, ohne die Texte anzutasten, in *Nathan der Weise* z. B. die komischen Aspekte akzentuierend. Geringes Interesse an zeitgenössischer Dramatik.

F. Solters Inszenierung «Der Sturm» am Deutschen Theater 1974. Berlin 1977.

Werner Schulze-Reimpell

Sonnenthal, Adolf von (eig. Neckwadel), * 21. 12. 1834 Pest (heute Budapest), † 4. 4. 1909 Prag. Schauspieler, Regisseur, Theaterleiter.

Gelernter Schneider, wandte sich – vom berühmten Schauspieler Bogumil Dawison (1818–72) ermuntert und angeleitet – dem Th. zu und debütierte 1851 im rumän. (damals österr.-ungar.) Temeswar (Timişoara) als Phöbus in Birch-Pfeiffers *Der Glöckner von Notre Dame*. 1852 ging er nach Hermannstadt (Sibiu), 1854 nach Graz, 1855 ins ostpreuß. Königsberg, wo er mit solchem Erfolg auftrat, dass er von Laube ans Wiener Burgtheater engagiert wurde. Obwohl er bei seinem Debüt als Mortimer in Schillers *Maria Stuart* durchfiel, erhielt er einen Kontrakt für 3 Jahre. S. konnte sich rasch durchsetzen, wurde 1859 Hofschauspieler und 1877 auf Lebenszeit engagiert. Seit 1870 auch als Regisseur tätig, 1884 Oberregisseur; 1887/88 und 1889/90 vorübergehend Leiter des Burgtheaters. Anlässlich seines 25-jährigen Dienstjubiläums 1881 erhielt er den mit dem erblichen Adel verbundenen Orden der Eisernen Krone. Unter seiner Leitung wurde 1888 der Neubau des Burgtheaters eröffnet. S. war einer der meistbeschäftigten Schauspieler (bis zu 160 Vorstellungen pro Jahr) im klassischen wie im modernen Repertoire. Er spielte u. a. die Protagonisten in → Shakespeares *Romeo und Julia*, *Hamlet*, *Richard II.*, *Othello*, *Macbeth*, *König Lear*, → Lessings *Nathan der Weise*, → Goethes *Clavigo*, *Faust*, Schillers *Don Carlos*, *Maria Stuart*, *Wallenstein*, *Wilhelm Tell*, Grillparzers *König Ottokars Glück und Ende*, *Die Jüdin von Toledo*, *Esther*, Dumas' *Kean*, Hauptmanns *Fuhrmann Henschel*, Hofmannsthals *Die Hochzeit der Sobeide*. Besonders erfolgreich in damals aktuellen Schauspielen, Konversations- und Salonstücken, u. a. in Brachvogels *Narciß*, Bauernfelds *Aus der Gesellschaft*, Wilbrandts *Der Meister von Palmyra*, Halms *Wildfeuer*, Blumenthals *Die Fee Caprice*, Murgers *Aus der komischen Oper*. S. übersetzte u. a. George Sands *Marquis von Villemer*, Layas *Verstrickt*. – S., der in seiner langen Karriere vom jugendlichen Helden bis zu Väterrollen alles spielte, war der Liebling des Wiener Publikums. Als klassischer Helden- und Charakterdarsteller überzeugte er mehr durch seine Erscheinung und Sprachgestaltung als durch die darstellerische Durchdringung eines Charakters. Unbestritten dagegen seine Meisterschaft als Bonvivant und Konversationsschauspieler. Zahlreiche Gastspiele führten ihn u. a. 1885, 1899 und 1902 in die USA (New York, Chicago) und nach Russland, wo er in Petersburg zuletzt 1906/07 als Fuhrmann Henschel und Shylock in Shakespeares *Der Kaufmann von Venedig* auftrat.

Eisenberg, L.: Adolf Sonnenthal. (2. Aufl.) Dresden u. a. 1900; Lothar, R.: Adolf Sonnenthal. Berlin 1904; Schlenther, P.: Adolf Sonnenthal. 50 Jahre Wiener Burgtheater 1856–1906. Leipzig 1906; Sonnenthal, A.: Briefwechsel. 2 Bde. Stuttgart, Berlin 1912.

Wolfgang Beck

Sowinetz, Kurt, * 26. 2. 1928 Wien, † 28. 1. 1991 Wien. Schauspieler.

Sohn eines Kapellmeisters; Malerlehre, 1 Jahr Schauspielschule Otto. Die Schließung aller Th. 1944 verhinderte ein Engagement in Fürth; dort zur Arbeit in einer Munitionsfabrik dienstverpflichtet. Rückkehr nach Wien, wo er seitdem fast ausschließlich spielte. 1944 Bühnenbild für → Nestroys *Nur keck!* (mit → Qualtinger). Nach 1945 u. a. am Neuen Schauspielhaus (Wolf / Pollaczek, *Das rote Tuch*, 1946, mit → Moser), am Th. in der Josefstadt, Kellertheatern. 1954 im Th. am Parkring Estragon in der österr. EA von Becketts *Warten auf Godot* (1964 TV; 1970 Salzburger Festspiele, R. → Krejča). 1955–64 am Wiener Volkstheater. Rollen u. a. in Nashs *Der Regenmacher* (TR, österr. EA 1955), → Shakespeares *Was ihr wollt* (1957; 1968, Th. in der Josefstadt), *Die beiden Veroneser* (1960), *Viel Lärm um nichts* (1962), *Troilus und Cressida* (1963; 1977/78 Burgtheater), Büchners *Dantons Tod* (1960), O'Neills *Jenseits vom Horizont* (1960), Nestroys *Mann, Frau, Kind* (1960), *Häuptling Abendwind* (1963). 1964–75 Th. in der Josefstadt. Zahlreiche klassische und moderne Rollen, darunter in Horváths *Kasimir und Karoline* (1964), Nestroys *Der böse Geist Lumpazivagabundus* (1964; 1965 TV), *Die beiden Nachtwandler* (1973), Bowens *Schneckenhäuser* (1969, mit → Brandauer). Seit 1975 am Burgtheater; Antrittsrolle: Clov in Becketts *Endspiel* (1975, R. → Axer). Auftritte u. a. in Frischs *Biedermann und die Brandstifter* (1976, R. → Lindtberg), Stoppards *Travesties* (1976), *Night and Day* (1980, beide dt.sprach. EA, R. → Wood), Hofmannsthals *Der Schwierige* (1978), Gor'kijs *Sommergäste* (1979, R. → Benning), Canettis *Komödie der Eitelkeit* (1979, R. → Hollmann), Werfels *Jacobowsky und der Oberst* (TR, 1983, Burgtheater, R. → Schenk), → Pinters *Das Treibhaus* (1983), Pohls *Das Alte Land* (UA 1984), Dürrenmatts *Die Physiker* (1985, R. → Bosse), Molières *Don Juan* (1986, R. → Besson), Nestroys *Umsonst* (1987), Schillers *Wilhelm Tell*; letzte Rolle: Morten Kiil in Ibsens *Ein Volksfeind* (beide 1990, R. → Peymann). Bei den Salzburger Festspielen u. a. in Hofmannsthals *Jedermann* (1958–60), *Der Turm* (1959), Werfels *Juarez und Maximilian* (1958), Calderóns *Dame Kobold* (1960), → Raimunds *Der Bauer als Millionär* (1961), → Goethes *Faust I* (1961). Schallplatten mit Moritaten, Chansons und Couplets. Zahlreiche Film- und Fernsehproduktionen, u. a. *Die Hinrichtung* (1966). *Das falsche Gewicht* (1971), *Change* (1975), *Der Narr von Wien* (1982), *Das Plakat* (1990). Kammerschauspieler, Nestroy-Ring. – S. war ein außergewöhnlicher Charakterschauspieler und -komiker mit breit gefächertem Repertoire vom Volksstück bis zur Tragödie, von der Klassik bis zur Moderne. Ein Darsteller der gebrochenen, melancholischen Figuren, der Narren und Verzweifelten, dem tragische wie komische Töne zur Verfügung standen, der – kongenial zu Qualtinger – die bösartige Seite wienerischer Gemütlichkeit überzeugend verkörperte. Bedeutend seine Darstellungen von Figuren Shakespeares, Nestroys, Horváths und Becketts. – Seine Tochter Dunja (* 1964) S. ist ebenfalls Schauspielerin.

Sowinetz, I. und D.: «Man müßt' mit an Vogerl Bruderschaft trinken...» Wien, München 1991.

Wolfgang Beck

Spier, (Johann) **Wolfgang** (Rudolf), * 27. 9. 1920 Frankfurt a. M. Schauspieler, Regisseur.

Sohn eines Personalchefs und späteren Psychologen; seit 1929 in Berlin. 1939/40 Studium an der Wirtschaftshochschule Berlin; aus «rassischen» Gründen exmatrikuliert. 1941–45 Bankangestellter. Nach 3 Monaten privaten Schauspielunterrichts Debüt in Helwigs *Götter auf Urlaub* (P. 29. 9. 1945, Kammerspiele Charlottenburg). 1946–50 Schauspieler und Regieassistent am Staatstheater Wiesbaden unter → Stroux; Regiedebüt bei Priestleys *Der Zigarettenkasten* (1946). 1950 Mitbegründer des Theaterklubs im British Centre (Berlin). Dort neben Rollen u. a. Regie bei → Shakespeares *Verlorene Liebesmüh*

(1951), *Der Widerspenstigen Zähmung* (1952), Heys *Revolutionäre* (UA 1953). 1953–55 Hörspielregisseur beim Berliner RIAS. 1955–57 Schauspieler und Regisseur am Düsseldorfer Schauspielhaus unter Stroux. Seither freier Schauspieler und Regisseur an zahlreichen Bühnen. In → Piscators Regie TR in Shakespeares *Der Kaufmann von Venedig* (1963, Freie Volksbühne Berlin, mit → Deutsch). Insz.en u. a. am Hamburger Thalia Th. (Wilder, *Die Heiratsvermittlerin*, 1958), am Staatstheater Stuttgart (Lope de Vega, *Der Ritter vom Mirakel*, 1958), in Berlin an der Freien Volksbühne (Ionesco, *Die Nashörner*, 1962), dem Schlossparktheater (Anouilh, *Wecken Sie Madam nicht auf*, 1972), am Münchner Residenztheater (Sternheim, *Tabula rasa*, 1977). Musicalinsz.en von Loewe / Lerners *My Fair Lady* (DEA 1961) und Bacharach / Simons *Promises, Promises* (1970, beide Th. des Westens, Berlin). S.s Schwerpunkt als Regisseur liegt auf Komödien und Stücken gehobener Unterhaltung. Insz.en von Stücken Shaffers (*Komödie im Dunkeln*, DEA 1967), → Ayckbourns (*Treppauf – Treppab*, DEA 1982), Flatows (*Vater einer Tochter*, UA 1965, alle Komödie, Berlin; *Der Mann, der sich nicht traut*, UA 1973, Th. am Kurfürstendamm; *Zweite Geige*, UA 1991, Komödie), Simons (*Barfuß im Park*, DEA 1964; *Der letzte der feurigen Liebhaber*, DEA 1971, beide Komödie; *Sonny Boys*, 1993, Th. am Kurfürstendamm, mit → Juhnke). 1970–72 künstl. Leiter zweier Komödientheater in München, 1973 der Berliner Wölffer-Bühnen. Zahlreiche Tourneen und Tournee-Insz.en, Film- und Fernsehrollen, Übersetzungen von Bühnenstücken; Synchronsprecher. Auszeichnungen. – S. ist als Schauspieler (häufig in eigener Regie) und als Regisseur ein Meister gehobener Unterhaltung, mit untrüglichem Sinn für das Setzen von Pointen und die Besonderheiten dieses Genres, in dem etwa präzise Zeitabläufe eine entscheidende Rolle für den Erfolg spielen. Seine intelligente Regie vermag selbst eher seichte Stücke unterhaltsam zu gestalten.

Spier, W.: Dabei fällt mir ein … Berlin 2004.

Wolfgang Beck

Spira, Camilla, * 1. 3. 1906 Hamburg, † 25. 8. 1997 Berlin. Schauspielerin.

Die Tochter des Schauspieler-Ehepaars Lotte S.-Andresen (1883–1943) und Fritz S. (1881–1943) absolvierte ihre Ausbildung an der Max-Reinhardt-Schule in Berlin. Von 1922 bis 1933 spielte die Schwester Steffie → S.s in Berlin u. a. am Wallner-Th. (1922, Debüt in → Lessings *Emilia Galotti*), dem Dt. Th., der Volksbühne (Zuckmayer, *Schinderhannes*, 1933, R. → Hilpert), am Renaissancetheater und am Großen Schauspielhaus, wo ihr 1930 mit der Wirtin Josepha in der UA von Benatzkys Operette *Im Weißen Rößl* der Durchbruch gelang. Mitwirkung in Operetten und Revuen. Auch im Film war S. erfolgreich und avancierte zum Ufa-Star, u. a. in Fritz Langs *Das Testament des Dr. Mabuse* (1932). Obwohl sie bei der Premiere des Films *Morgenrot* (1933) als «Darstellerin der dt. Frau» ausgezeichnet wurde, erteilten ihr die nationalsozialistischen Machthaber Spielverbot (ihr Vater und ihr Mann waren Juden). Mitwirkung an Theateraufführungen und Bunten Abenden des Jüd. Kulturbundes, so u. a. als Beatrice in → Shakespeares *Viel Lärm um nichts* (1938, Berlin, R. → Wisten). Sie emigrierte mit ihrer Familie erst 1938 in die Niederlande, 1945 in die USA. In den Niederlanden Mitwirkung an Aufführungen des dortigen Jüd. Kulturbundes. 1943 im KZ Westerbork interniert; nach der Entlassung in Amsterdam untergetaucht. Gleich nach ihrer Rückkehr nach Deutschland 1947 war sie im Th. am Schiffbauerdamm in Berlin als Marthe Krull in Kleists *Der zerbrochne Krug* erfolgreich. 1948–52 spielte sie an → Barlogs Staatl.

Schauspielbühnen Berlin, zumeist in Stücken der Moderne (Coward, *Die Geisterkomödie*, 1949; Fry, *Venus im Licht*, 1951). S. arbeitete nach 1952 als freie Schauspielerin und übernahm v. a. Filmrollen, u. a. in *Die Buntkarierten* (1949), *Rosen für den Staatsanwalt* (1959), *Vertauschtes Leben* (1961). Ihren größten internat. Erfolg hatte sie in der Verfilmung von Zuckmayers *Des Teufels General* (1955, R. → Käutner, mit → Jürgens). In diesem Stück war sie bereits 1948 an der Seite von O. E. → Hasse erfolgreich aufgetreten. S. arbeitete auch für das Fernsehen und war in den Serien *Großer Mann, was nun?* (1967, mit G. → Knuth) und *Die Powenzbande* (1975) erfolgreich. 1990 trat sie mit ihrer Schwester Steffie in der Reihe Berliner Lektionen unter dem Titel *Der getrennte Himmel – Leben in Ost und West* im Renaissancetheater auf. – S., eher eine großbürgerliche Frau, verkörperte sowohl die Arbeiterfrau als auch die Grande Dame überzeugend, wobei ihr «die heikle Gratwanderung zwischen Dirndl und Robe, Soubrette und Charakterdarstellung» (D. Baretzko in *FAZ*, 1. 3. 1996) hervorragend gelang.

Karin Schönewolf

Spira, Steffie, (eig. Stefanie) * 2. 6. 1908 Wien, † 10. 5. 1995 Berlin. Schauspielerin.

Tochter des Schauspieler-Ehepaars Lotte Andresen-Spira und Jakob Spira, Schwester von Camilla → S.; Schauspielunterricht an der Schauspielschule der Genossenschaft Dt. Bühnenangehörigen. Mit 18 Jahren erstes Engagement am Th. in der Königgrätzerstraße (dem heutigen Hebbel-Th.), u. a. in → Nestroys *Einen Jux will er sich machen* (1926, mit Elisabeth → Bergner). S. war an der Gründung des sozialistischen Schauspielerkollektivs Truppe 1931 beteiligt, das bis zur Machtübernahme durch die Nationalsozialisten erfolgreich antifaschistisches Th. und Kabarett machte (Frau Fleißig in → Wangenheims *Die Mausefalle*, UA 1931). 1933 mit ihrem Mann, dem Schauspieler und Regisseur Günther Ruschin, verhaftet. Flucht über die Schweiz nach Paris. Dort gründeten sie das Exilkabarett *Die Laterne*. 1937 spielte S. Frau Perez in der UA von → Brechts *Die Gewehre der Frau Carrar* in Paris. 1939 verhaftet und in Südfrankreich interniert. 1941 Emigration nach Mexiko, wo sie in Mexico City mit ihrem Mann und 4 anderen exilierten dt. Schauspielern das Emigrantentheater im Heinrich-Heine-Club gründete. Mehrere Produktionen unter schwierigen Bedingungen. TR in Kischs *Die Höllenfahrt der Galgentoni* (1943), Regie bei Bruckners *Denn seine Zeit ist kurz* (UA 1944), Bodo Uhses *Preis des Lebens* (UA 1947). 1947 Rückkehr nach Berlin. Zunächst an der Volksbühne an der Kastanienallee (Mutter Wolffen in Hauptmanns *Der Biberpelz*, 1948). 1949–53 im Ensemble von Fritz → Wisten im Th. am Schiffbauerdamm (u. a. Kommissarin in Soforonovs *Der Moskauer Charakter*, 1949; Plina in Gor'kijs *Die Feinde*, 1952; Heiratsvermittlerin in Gogol's *Die Heirat*, 1953). Ab 1953 für mehrere Jahrzehnte im Ensemble der Volksbühne am Rosa-Luxemburg-Platz, wo sie u. a. Olga Pawlowna in Schwarkins *Ein fremdes Kind* (1954), Frau Hassenreuther in Hauptmanns *Die Ratten* (1956), die Obdachlose in Sartres *Nekrassow* (1956), Garderobenfrau in Kaisers *Nebeneinander* (1967), Teppichhändlerin in Brechts *Der gute Mensch von Sezuan* (1970, R. → Besson) spielt. Soloabende (*Vorstellung von Vorstellungen*, 1973; *Frauen*, 1979). Die sozial engagierte Schauspielerin spielte oft Volksgestalten und war schon in jungen Jahren in Rollen älterer Frauen zu sehen. 1989 wurde die in der DDR sehr beliebte Schauspielerin auch in der BRD durch ihre Rede am 4. November auf dem Alexanderplatz vor Tausenden gegen die DDR-Regierung Demonstrierenden bekannt. 1990 trat sie mit ihrer Schwester im Berliner Renaissancetheater unter dem Titel *Der getrennte Himmel – Leben in Ost und West* auf. Im gleichen Jahr letzte Rolle als alte Göttin in *Gilgamesch*.

<small>Spira, S.: Trab der Schaukelpferde. Berlin, Weimar 1984 *(Autobiographie);* dies.: Rote Fahne mit Trauerflor. Freiburg 1990 *(Tagebuchnotizen)*.</small>

Karin Schönewolf

Sprenger, Wolf-Dietrich, * 11.10.1942 Zeitz. Schauspieler, Regisseur, Autor.

1957 Westberlin; Studium der Germanistik und Theaterwissenschaft; Studententheater. Ohne Schauspielausbildung 1966 Debüt am Forum-Th. Berlin; Reichskabarett. Kam über Flensburg (1968/69) und die Vereinigten Bühnen Krefeld/Mönchengladbach (1969–72) ans Dt. Schauspielhaus Hamburg (1972–79), u.a. in Bonds *Die See* (DEA 1973), Rudkins *Asche* (DEA 1974), Ibsens *Die Wildente* (1975, R. → Zadek), *Gespenster* (1977, R. → Bondy), → Marijnens *Grimm!* (UA 1975), → Shakespeares *Der Sturm* (1976, R. → Minks), An-Skis *Der Dybuk* (1979, R. → Zinger). Ko-Regie beim eigenen Stück *Pinocchio* (1977). 1979–85 Bühnen der Stadt Köln bei → Flimm, in dessen Insz. u.a. Sosias in Kleists *Amphitryon* (1982): «In seiner kreiselnden Beweglichkeit, auch Zerbrechlichkeit erinnert er an Komiker wie Curt Bois, […] – und hält doch immer, nicht zuletzt durch den rauhen Klang seiner oft überschnappenden Stimme, die Erinnerung an den proletarischen Sklaven wach, der bei ihm […] als Bruder von Büchners Woyzeck erscheint» (Michaelis in *Die Zeit*, 11/1982). Weiter u.a. in Greiners *Kiez* (UA 1980, 1983 Film), → Goethes *Faust I* (1983), Schillers *Die Jungfrau von Orleans* (1985), → Pohls *La Balkona Bar* (UA 1985); Insz. von Fleißers *Fegefeuer in Ingolstadt* (1980). S. folgte 1986 Flimm ans Hamburger Thalia Th.; dort u.a. in H. → Müllers *Hamletmaschine* (1986, R. → Wilson), TR in Dorsts *Ich, Feuerbach* (1987; 2005 Bochum, beide R. Dorst), Schulmeister in Lenz' *Der Hofmeister* (1989, R. A. → Lang), Malvolio in Shakespeares *Was ihr wollt* (1991), Narr in *König Lear* (1992), TRn in Strindbergs *Vater* (1993), Pohls *Zettel* (UA 1995); Insz. u.a. von Schillers *Die Räuber* (1994), Schmitts *Enigma* (DEA 1997). Bei den Salzburger Festspielen in Wyspiańskis *Wesele* (1993, R. → Wajda), Grillparzers *Libussa* (1997, R. P. → Stein). Ab 1997 freiberuflich tätig. Rollen u.a. in Strauß' *Die Fledermaus* (1996, Dt. Oper Düsseldorf), Gor'kijs *Nachtasyl* (2000, Thalia Th.), Rinkes *Die Optimisten* (2003, Bochum). Vermehrt Regiearbeiten. Am Staatsschauspiel Hannover Congreves *Liebe für Liebe* (1996), Horváths *Geschichten aus dem Wiener Wald* (1998), am Th. Bremen → Molières *Der Menschenfeind* (1997), → Brechts *Der gute Mensch von Sezuan* (1998), im Wiener Th. in der Josefstadt Bernhards *Über allen Gipfeln ist Ruh* (2002), *Der Ignorant und der Wahnsinnige*, Williams' *Die Glasmenagerie* (beide 2005), am Schauspiel Zürich Becketts *Endspiel* (2003). Seit 2004/05 Hausregisseur am Hamburger Ernst-Deutsch-Th.; u.a. bei O'Neills *Eines langen Tages Reise in die Nacht* (2002), der eigenen Fassung (nach Feydeau) *Der Hamburger Floh im Ohr* (auch Rolle), Gardners *Ich bin nicht Rappaport* (beide 2004), Schillers *Der Parasit* (2005), Bernhards *Vor dem Ruhestand* (2006). Zahlreiche Film- und Fernsehrollen. Autor von Kinderstücken und der Farce *Nullzunull oder die Wiederbelebung des Angriffsspiels* (UA 1982, Köln). – Ein reflektierter und v.a. in skurril-komischen Rollen herausragender Darsteller mit prägnanter Sprachgestaltung und differenziertem Spiel. Ein Regisseur, der die Stücke ernst nimmt, um den Text und die sprachliche Gestaltung bemüht, die Schauspieler in Szene setzend: «Ich zerbreche das Stück nicht. Die Leute, die im Schauspielführer vorgelesen haben, werden den Versuch vorfinden, das Stück zu machen. Und nicht eine Meditation» (S. in *Der Standard*, 27.1.2005).

Wolfgang Beck

Staniewski, Włodzimierz, * 20. 4. 1950, Bardo (Polen). Theaterleiter, Regisseur, Schauspieler.

S. begann mit dem Th. im Jahre 1968 als Schauspieler im Studententheater STU zum Anfang seines Polonistik-Studiums an der Jagiellonen-Universität in Kraków. 1971–76 arbeitete er mit Jerzy → Grotowski zusammen und war bei den paratheatralischen Projekten und Workshops des Teatr Laboratorium (u. a. *Special Project*) aktiv. 1977 gründete S. den Theaterverein Gardzienice mit Sitz im gleichnamigen Dorf im südöstl. Polen und formulierte ein originelles Programm der Theaterarbeit auf dem Lande, um dort «nach einem neuen Theatermilieu» im Grenzbereich der avantgardistischen Kunst, traditionellen Volkskultur, Ethnographie und Ökologie zu suchen. Mit nichtprofessionellen Schauspielern bildete S. das Zentrum für Theaterpraxis, in dem alle seine Aufführungen entstanden: 1977 *Spektakl wieczorny (Abendvorstellung)*, nach Rabelais, während der ländlichen künstl. Expeditionen im Freien gespielt; 1981 *Gusła (Beschwörung)*, nach Mickiewicz; 1983 *Avvakum*, nach der Autobiographie eines russ. Häretikers; 1990 *Carmina Burana*, nach *Tristan und Isolde*, mit bearbeiteten Liedern aus dem mittelalterlichen Handschriften-Codex des Klosters Benediktbeuren; 1996 *Metamorphosen*, «ein theatraler Essay» nach Apuleius. Jede Aufführung ist als ein mehrjähriges Projekt angelegt – mit vorherigen Forschungen im Bereich von Musik und Körpertechnik. Auch nach der Premiere wird an den Projekten weitergearbeitet. Originelle Musik, die viel aus dem Volksliedgut schöpft, und Körperexpressivität der Schauspieler sind Hauptkennzeichen der Theaterarbeit S.s. Seit 1999 veranstaltet S. auch eine mehrstündige Vorstellung mit dem Titel *Kosmos Gardzienice*, die den Zuschauern Einblick in alle Arbeitsformen seines Ensembles ermöglicht. Die künstl. Tätigkeit des poln. Regisseurs konzentriert sich in den letzten Jahren auf antike und musikalische Quellen des Th.s und der europ. Kultur. *Sceny z Elektry* nach Euripides (2004). In Gardzienice will er ein «antikes Dorf» gründen. Außerdem leistet S. pädagogische Arbeit in einer eigenen Akademie für Theaterpraxis (seit 1997); zahlreiche Workshops in der ganzen Welt.

Hodge, A.: Włodzimierz Staniewski: Gardzienice and the naturalized actor. In: Twentieth Century Actor Training. London, New York 2000; Kornás, T.: Włodzimierz Staniewski i Ośrodek Praktyk Teatralnych «Gardzienice». Kraków 2004; Staniewski, W., A. Hodge: Hidden Territories: The Theatre of Gardzienice. London 2003; Taranienko, Z.: Gardzienice. Praktyki teatralne Włodzimierza Staniewskiego. Lublin 1997 [engl. Zusammenfassung].

Wojciech Dudzik

Stanislavskij, Konstantin Sergeevič (eig. K. S. Alekseev), * 17. 1. 1863 Moskau, † 7. 8. 1938 Moskau. Regisseur, Theaterleiter, Dramaturg, Schauspieler, Theatertheoretiker, -pädagoge.

Sohn eines wohlhabenden Moskauer Kaufmanns, in dessen – auf Vaudevilles und Operetten spezialisiertem – privatem Familientheater S. erste Rollen spielte. 1888 konstituierte sich auf seine und A. A. Fedotovs (1863–1909) Initiative die «Moskauer Gesellschaft für Kunst und Literatur», die mit Laienschauspielern Theateraufführungen (u. a. Ostrovskij, → Moliere, → Shakespeare, Hauptmann, Schiller) veranstaltete und sich einen guten Ruf erwarb. Während dieser Zeit leitete S. (Künstlername aus Familienrücksichten) als Direktor die väterliche Handelsgesellschaft. Ab 1896 erste Insz.en mit professionellen Schauspielern. 1898 mit V. I. → Nemirovič-Dančenko Gründung des Moskovskij chudozestvennyj teatr (Moskauer Künstlertheater, MChT, seit 1920 mit dem Zusatz ‹akademisch›, MChAT). Angeregt durch die

Russland-Gastspiele der Meininger, propagierten sie ein für breite Schichten zugängliches «Th. der Wahrheit und der Kunst», das sich vom Hoftheater ebenso unterschied wie vom kommerziellen Bühnenbetrieb und eine naturalistische Authentizität und perfektes Zusammenspiel anstrebte. Eröffnung am 14. Oktober 1898 mit dem historischen Schauspiel *Car' Fëdor Ioannovič (Zar Fjodor)* von A. K. Tolstoj mit durchschlagendem Erfolg, der von der Insz. des Čechov-Dramas *Cajka (Die Möwe*, P. 17. 12 1898), das bei der UA 1896 in St. Petersburg durchgefallen war, noch übertroffen wurde. S. und Nemirovič-Dančenko, die bis zu S.s Tod 1938 das Th. gemeinsam leiteten, führten in enger Zusammenarbeit mit dem Autor alle Stücke Čechovs auf und verhalfen dem Autor zum internat. Durchbruch, was dem Künstlertheater zum Beinamen «Haus Čechovs» und zum Emblem der Möwe verhalf. Den sozialkritisch-gesellschaftspolitischen Ansichten, die S. förderte, entsprachen die Dramen Gor'kijs, deren Insz.en für die Durchsetzung des Autors wie für das Th. große Bedeutung hatten: *Meščane (Die Kleinbürger*, 1902), *Na dne (Nachtasyl*, 1902, mit 908 Aufführungen bis 1938 die erfolgreichste Insz.), *Deti solnca (Kinder der Sonne*, 1905). Weitere Insz.en u. a. von Stücken Hauptmanns (*Die versunkene Glocke*, 1898; *Fuhrmann Henschel*, 1899; *Einsame Menschen*, 1899; *Michael Kramer*, 1901) und Ibsens (*Hedda Gabler*, 1899; *Ein Volksfeind*, 1900; *Die Wildente*, 1901; *Die Stützen der Gesellschaft*, 1903; *Gespenster*, 1905), von Tolstoj *Vlast' t'my (Die Macht der Finsternis*, 1902), *Živoj trup (Der lebende Leichnam*, 1911). Die Gefahr künstl. Stagnation und die zaristische Repression nach der (gescheiterten) Februarrevolution von 1905 ließen S. auf symbolistische Stücke zurückgreifen, am erfolgreichsten mit Maeterlincks *Der blaue Vogel* (1908, 818 Aufführungen bis 1938). Eine Reihe von Dramen Turgenevs, der bis dahin vor allem als Erzähler galt, wurden inszeniert, so *Provincialka (Die Provinzialin)* und *Mesjac v derevne (Ein Monat auf dem Lande*, beide 1912). S., der meist mit Ko-Regisseuren inszenierte, trat auch weiterhin als Schauspieler auf. Seit 1901 unternahm das MChAT Gastspiele im In- und Ausland (u. a. mehrfach in Deutschland). Bis zum Ausbruch der Oktoberrevolution ein fruchtbares Jahrzehnt der Experimente, das zur Grundlegung des – mit L. A. Suleržickij (1872–1916) erarbeiteten – sog. S.-Systems führte. Zu diesen Experimenten gehörten auch die Einladung an den gänzlich anderen Prinzipien folgenden Gordon → Craig, der 1911 → Shakespeares *Hamlet* in einer völlig neuartigen Auffassung auf die Bühne brachte (Ko-Regie S. und Suleržickij), und die Einrichtung von Studios, die der Weiterentwicklung der Theorie und der Ausbildung schauspielerischen Nachwuchses dienen sollten. 1913 eröffnete das Erste Studio des Künstlertheaters, anfänglich geleitet von Suleržickij, 1916 das Zweite Studio unter der Leitung von Mtšedelov. Aus dem von → Vachtangov geleiteten Dritten Studio (1920) ging später als selbständige Bühne das Vachtangov-Th. hervor, als Viertes Studio wurde 1922 die jüd. Theatertruppe Habima dem MChAT angeschlossen. In der Anfangsphase der Sowjetzeit wurde S. bourgeoiser Subjektivismus vorgeworfen. Sein Th. war in Gefahr, als klassenfeindlich geschlossen zu werden, weshalb er sich mit seinem Ensemble 1922–24 auf eine weltweite Gastspielreise begab. S. stellte sich nach der Rückkehr auf die neuen Verhältnisse ein, sein Th. wurde 1932 in Maksim-Gor'kij-Th. umbenannt. Es galt als Vorzeigebühne des sozialistischen Realismus. S. inszenierte nach der Oktoberrevolution nur noch selten Stücke des Sprechtheaters; neben Stücken wie Ostrovskijs *Gorjačee serdce (Das heiße Herz*, 1926), Beaumarchais' *Der tolle Tag oder Figaros Hochzeit* (1927) auch Werke aktueller sowjet. Dramatik wie Bulgakovs *Dni Turbinych* (*Die Tage der Geschwister Turbin*, 1926), Ivanovs *Bronepoezd 14–69* (*Panzerzug 14–69*, 1927). S.s Arbeitsschwerpunkt wurde die Opernregie. Er übernahm die Leitung des 1918 gegründeten Opernstudios des Bol'šoj-Th.s, das nach mehrfacher Umbenennung seit 1928 als S.-Opern-Th. firmierte. Insz.en u. a. von Čajkovskijs *Evgenij Onegin* (*Eugen Onegin*, 1922), *Pikovaja Dama* (*Pique Dame*, 1928), Rimskij-Korsakovs *Carskaja nevesta* (*Die Zarenbraut*, 1926), *Majskaja noc'* (*Die Mai-Nacht*, 1928), *Zolotoj petušok* (*Der goldene Hahn*, 1932). Obwohl öffentlich geehrt und ausgezeichnet, verlebte S. seine letzten Jahre weitgehend isoliert.

Der Ruhm S.s begann mit den frühen Insz.en v. a. der Dramen Čechovs und Gor'kijs, die sich durch geschlossene Ensembleleistungen, «Wahrheit» im darstellerischen Ausdruck und bis ins Detail illusionistische Bühnengestaltung auszeichneten. Da diese realistisch-naturalistische Schauspielkunst im MChAT ihren künstl. Höhepunkt erlebte, als in Westeuropa Theaterkünstler sich zunehmend von diesen Tendenzen abwandten, geriet das MChAT um 1905/06 in eine künstl. Krise, die letztendlich durch Aufnahme symbolistischer Tendenzen und die Auseinandersetzung mit anderen Theorien folgenden Theaterkünstlern (→ Mejerchol'd, Vachtangov, Craig) produktiv überwunden werden konnte. Für S.s Entwicklung als Regisseur wesentlich wurde in späteren Jahren die intensive Beschäftigung mit der Oper, die als Genre nichtnaturalistisch ist und mit einer Realität «kopierenden» Bühnenästhetik nicht zu fassen. V. a. seine schauspielpädagogische Methodik (verkürzt als «System» bezeichnet) ist es, die S.s Bedeutung für das Th. des 20. Jh.s ausmacht. Eine ähnliche Wirkung hatte kaum ein anderer Theaterschaffender. Bis heute berufen sich Schauspielschulen weltweit auf seine methodischen Ansätze, wenn auch in «weiterentwickelter» (gelegentlich auch missverstandener) Form. Michail → Čechovs Schauspielpädagogik gehört ebenso dazu wie Lee → Strasbergs als «The Method» bekanntgewordene Ausbildung. Durch produktive Auseinandersetzung und Abgrenzung ist sein Einfluss indirekt auch bei Mejerchol'd, Vanchtangov oder → Brecht zu spüren. Zur Verfestigung der Vorstellung eines geschlossenen «Systems» bei S. trug nicht unwesentlich bei, dass S.s theoretische Ansätze in der UdSSR zur Untermauerung des «sozialistischen Realismus» genutzt und gegen antiillusionistische Ansätze (etwa Mejerchol'ds) ausgespielt wurden. Da S. die begonnene grundlegende Überarbeitung und Erweiterung seiner Theorie nicht vollenden konnte, war die fragmentarische Überlieferung manipulativen Eingriffen ausgesetzt. Auch in der DDR wurde das «S.-System» zur bestimmenden Lehre und zwang etwa Brecht zu intensiver Auseinandersetzung und Abgrenzung. Als Theaterpädagoge und Theoretiker versuchte S., den Darsteller zur Entwicklung seiner «schöpferischen Phantasie» zu führen, wobei er vor der Revolution der «Logik der Gefühle», nach der Revolution ab Mitte der 1920er Jahre der «Logik der Handlung» die Priorität einräumte. Seine Theorie «beruht – auf den knappesten Nenner gebracht – auf dem Prinzip der Einfühlung des Schauspielers in die Rolle und des Publikums in die Bühnenfigur. Das Sich-einleben des Schauspielers in die Bühnenfigur will Stanislawski durch eine Reihe von Techniken erreichen, die diesen Vorgang in den Phasen der ‹Arbeit des Schauspielers an sich selbst› und der ‹Arbeit des Schauspielers an der Rolle› organisieren» (Brauneck, *Klassiker*, S. 45 f.). Für den Aufbau einer Rolle war für den Schauspieler wichtig, die im «emotionalen Gedächtnis» gespeicherten eigenen Erlebnisse und Erfahrungen nutzbar zu machen. Durch die Hineinversetzung in die Rolle müsste sich die angemessene «physische» Handlung von allein einstellen und die sog. «Überaufgabe» des Respekts vor Autor, Werk und Regisseur eine ganzheitliche Leistung ermöglichen. Dabei gewannen im Lauf der Zeit die Auseinandersetzung mit der physischen Handlung und die Rollenanalyse verstärkt Bedeutung, in der Erkenntnis, dass der schöpferische Prozess bei der Erarbeitung einer Rolle gleichermaßen auf Emotionalität und Reflexivität beruhen muss, um zu einer geschlossenen Darstellung zu gelangen. Die Entwicklung der Psychotechnik als eines methodischen Gesamtsystems der darstellerischen Kunst bleibt mit dem Namen S. verbunden.

Antarova, K. E.: Studioarbeit mit Stanislawski. Berlin 1952; Benedetti, J.: Stanislavski. London 1980; Blank, R.: Schauspielkunst in Theater und Film: Strasberg, Brecht, Stanislawski. (2. Aufl.) Berlin 2005; Brauneck, M.: Klassiker der Schauspielregie. Reinbek 1988; ders.: Theater im 20. Jahrhundert. Reinbek 1982; ders.: Die Welt als Bühne. 3. und 4. Bd. Stuttgart, Weimar 1999–2003; Brecht & Stanislawaki – und die Folgen. Hg. I. Hentschel u. a. Berlin 1997; Gortschakow, N. M.: Regie. Unterricht bei Stanislawski. (2. Aufl.) Berlin 1963; Heyer, A.: Brechts Auseinandersetzung mit Stanislawski. Mag.-Arbeit Kiel 1990; Hoffmeier, D.: Stanislavskij. Stuttgart 1993; Jansen, K.: Stanislawski – Theaterarbeit nach System. Frankfurt a. M. u. a. 1995; Just, C.: Stanislawski und das deutschsprachige Theater. Diss. Erlangen-Nürnberg 1970; Koller, S.: Das Gedächtnis des Theaters: Stanislavskij, Mejerchol'd und das russische Gegenwartstheater Lev Dodins und Anatolij Vasil'evs. Tübingen 2005; Konstantin Stanislawski. Hg. G. Ahrends. Tübingen 1992; Moossen, I.: Theater als Kunst: Sinn und Unsinn des Stanislawski-Systems. Frankfurt a. M. 1993; Poljakowa, E. I.: Stanislawski. Bonn 1981; Rellstab, F.: Stanislawski-Buch. (3. Aufl.) Wädenswil 1992; Stanislavskij, K. S.: Die Arbeit des Schauspielers an der Rolle. Berlin 1983; ders.: Ethik. Berlin 1950; ders.: Mein Leben in der Kunst. Berlin 1951; ders.: Theater, Regie und Schauspieler. Hamburg 1958; ders.: Die Arbeit des Schauspielers an sich selbst. 2 Bde. Berlin 1961–63; ders.: Briefe. Berlin 1975;
Stanislawski-Lesebuch. Hg. P. Simhandl. (2. Aufl.) Berlin 1992; Toporkov, V.: K. S. Stanislawski bei der Probe. Berlin 1952.

Horst Schumacher / Wolfgang Beck

Steckel, Frank-Patrick, * 10. 2. 1943 Hamburg. Regisseur, Intendant, Übersetzer.

Erste Insz.en im Hamburger Studententheater (u. a. Jahnns *Straßenecke*). Begann 1970 als Dramaturgie- und Regieassistent an der Berliner Schaubühne am Halleschen Ufer. Mit Peter → Stein Insz. von → Brecht / Gor'kijs *Die Mutter*, mit Jan Kauenhoven 1972 von Hofmannsthals *Das gerettete Venedig*. Selbständig 1973 Brechts *Die Ausnahme und die Regel*, 1974 Heiner → Müllers *Der Lohndrücker*, 1975 UA von Brechts Fragment *Der Untergang des Egoisten Fatzer* («Der Regisseur Frank-Patrick Steckel mutet uns […] gleich die erste Szene […] hintereinander in drei verschiedenen Fassungen zu, und auch später werden mehrmals mehrere Möglichkeiten, wenn nicht szenisch, so doch vom ‹Leser› vorgetragen», K. Niehoff). Zwischen 1975 und 1978 zahlreiche Insz.en am Schauspiel Frankfurt (Hebbels *Maria Magdalena*, Brecht / Seghers' *Der Prozess der Jeanne d'Arc zu Rouen*, Barlachs *Der arme Vetter*). 1978–81 Oberspielleiter am Bremer Th. (Jahnns *Die Krönung Richards III.*, Strindbergs *Nach Damaskus*, → Shakespeares *König Richard II.*). Zwischen 1981 und 1986 Insz.en an der Berliner Schaubühne (Barlachs *Der blaue Boll*, Ostrovskijs *Der Wald*), am Dt. Schauspielhaus Hamburg (Brechts *Herr Puntila und sein Knecht Matti*, Hölderlins *Leben des Empedokles*), an den Münchner Kammerspielen (*Judith* von Hebbel – dazu Joachim Kaiser: «… es kam ihm auf genaues, Wort für Wort, Geste für Geste durchkalkuliertes Kunsttheater an»). 1986–95 Intendant des Bochumer Schauspielhauses. Inszenierte als Zyklus Hebbels *Die Nibelungen*, Johannes R. Bechers *Winter-*

schlacht und Heiner Müllers *Germania Tod in Berlin*. Shakespeare-Pflege (*Antonius und Cleopatra*, *Timon von Athen* mit Kopfmasken von Dieter Hacker, *Hamlet* gänzlich ungestrichen 1995 als Ausstand). Lasker-Schülers *Die Wupper*. Setzte im Spielplan klare, jedoch zunehmend deterministische Akzente. Kaum Konzessionen an ein Unterhaltungsbedürfnis. Christian Thomas nannte das Schauspielhaus 1993 «eine Trutzburg wider den Zeitgeist des Flotten, des Unverbindlichen, des knallbunten Kunstgewerbes. [...] Die andere Seite, [...] das Haus wird zunehmend mit einem grauen Einheitsstil identifiziert.» Der Versuch, durch Engagement der Choreografin Reinhild → Hoffmann eine Symbiose aus Schauspiel und Tanztheater zu entwickeln, ließ sich nicht realisieren. Seit 1995 Gastregisseur. S. inszenierte u. a. am Burgtheater 1996 Müllers *Germania 3 Gespenster am Toten Mann*, Ende der 1990er Jahre in Köln als Zyklus Shakespeares *Verlorene Liebesmüh*, *Leben und Sterben des Königs John* und *Die Regierung des Königs Edward III.*, in Bonn 2001 Shakespeares *Cymbeline*, jeweils in eigener Übersetzung, in Düsseldorf 2000 die UA von Gertrud Kolmars *Nacht*, 2002 in Bonn Gerhart Hauptmanns *Winterballade*, 2003 in Darmstadt → Molières *Der Geizhals*, 2005 im Staatstheater Mainz Corneilles *Othon*, beide in eigener Übersetzung. Am Nationaltheater Mannheim Beethovens *Fidelio* (2004) als erste Opernregie. Seit 1975 zahlreiche Einladungen zum Berliner Theatertreffen. Gastprofessor an der Universität Mozarteum (Salzburg). – Ein außerordentlich formstrenger, unerbittlich konsequenter Regisseur, zu keinerlei Konzessionen bereit. Exzellenter Shakespeare-Regisseur. Vorliebe für Stücke abseits des Mainstreams (Jahnn, Barlach). Geringes Interesse an Gegenwartsdramatik.

    Kässens, W., W. Gronius: Theatermacher. Frankfurt a. M. 1987.

Werner Schulze-Reimpell

Steckel, Leonard (eig. Leonhard), *8. 1. 1901 Knihinin (Ungarn), †9. 2. 1971 bei Aitrang (Zugunglück). Schauspieler, Regisseur.

    Sohn eines Eisenbahnverwalters; aufgewachsen in Berlin. Auftritte in Schulaufführungen; Schauspielunterricht. Bis 1933 Schauspieler an verschiedenen Berliner Th.n, u. a. am Neuen Volkstheater (1921–23), Lustspielhaus (1923/24), Preuß. Staatstheater (1924/25), Dt. Th. (1925/26). S. spielte 1926/27, 1929–32 an der Volksbühne u. a. in Zweig/Jonsons *Volpone oder Der Tanz ums Geld* (1926), Welks *Gewitter über Gottland* (1927, R. → Piscator), Kraus' *Die Unüberwindlichen* (1929), Munros *Das Gerücht*, Polgar/Kataevs *Die Defraudanten* (UA), Kaisers *Mississippi* (alle 1930), Molnárs *Liliom*, Döblins *Die Ehe* (UA), Wedekinds *Der Kammersänger* (alle 1931), Franks *Der Sturm im Wasserglas* (1932), Pagnols *Zum Goldenen Anker* (1933). Außerdem mit dem Ensemble Die Truppe 1923 in → Shakespeares *Der Kaufmann von Venedig*, Kaisers *Nebeneinander* (UA), Musils *Vinzenz oder Die Freundin bedeutender Männer*. Wichtig die Arbeit mit Piscator in Paquets *Fahnen* (UA 1924, Volksbühne), Tollers *Hoppla, wir leben* (1927), Mehrings *Der Kaufmann von Berlin* (UA 1929, beide Th. am Nollendorfplatz). 1928 erste Regie bei Jungs *Heimweh* (Studio der Piscator-Bühne). 1929 Auftritte im Kabarett Larifari. 1933 Skandinavien-Tournee mit Millöckers Operette *Madame Dubarry* und Emigration in die Schweiz mit seiner ersten Frau, der Tänzerin und Autorin Jo Mihaly (eig. Elfriede Kuhr, 1902–89). Seither Schauspieler und Regisseur am Zürcher Schauspielhaus, seit den 1950er Jahren als Gast. Spielte u. a. in Wolfs *Professor Mannheim* (*Professor Mamlock*, 1934, R. → Lindtberg), Horváths *Hin und Her* (UA 1934), Lasker-Schülers *Arthur Aronymus und seine Väter* (UA 1936), → Goethes *Faust I* (1937), Kessers *Talleyrand und Napoleon* (UA 1938, R. → Wälterlin), Wilders *Eine kleine*

Stadt (*Unsere kleine Stadt*, dt.sprachige EA 1939), Shakespeares *König Richard der Dritte* (TR, 1942) und *Sturm* (1942, eigene R.), Synges *Der Held des Westerlands* (1944, eigene R.), → Brechts *Herr Puntila und sein Knecht Matti* (TR, UA 1948; 1949 Berliner Ensemble), Dürrenmatts *Der Meteor* (UA 1966, 1968 TV). Über 100 Insz.en, u. a. von Laverys *Die erste Legion* (1935), Werfels *In einer Nacht* (1937), Giraudoux' *Sodom und Gomorrha* (1938, 1944; 1954 Münchner Kammerspiele), *Undine* (dt.sprachige EA 1940), von Arx' *Der kleine Sündenfall* (UA 1938), Maeglins *Gilberte de Courgenay* (UA 1939), Ardreys *Leuchtfeuer* (dt.sprachige EA 1941), Goldonis *Das Kaffeehaus* (1941, 1944), *Der Diener zweier Herren* (1942), Brechts *Der gute Mensch von Sezuan* und *Galileo Galilei* (beide UA 1943, TR), García Lorcas *Bluthochzeit*, Sartres *Die Fliegen* (beide dt.sprachige EA 1944), Bruckners *Die Befreiten* (UA 1945), Giraudoux' *Die Irre von Chaillot* (dt.sprachige EA 1946), Frischs *Die Chinesische Mauer* (UA 1946) und *Graf Öderland* (UA 1. Fassung 1951; 1968 TV), Dürrenmatts *Herkules und der Stall des Augias* (UA 1963). Gast am Stadttheater Basel, u. a. in Klabunds *Kreidekreis* (1945/46, eigene R.), Gor'kijs *Jegor Bulytschow und die anderen* (dt.sprachige EA 1945/46, R. → Ginsberg). Da die Amerikaner S. aus unerfindlichen Gründen die Einreise verweigerten, bedurfte es der Intervention u. a. des Bundespräsidenten Heuss, um ihm die Remigration zu ermöglichen. Als Schauspieler u. a. in München in Hacks' *Die Eröffnung des indischen Zeitalters* (1955, Kammerspiele, R. → Schweikart), in Berlin in Millers *Tod eines Handlungsreisenden* (1961, Freie Volksbühne, R. Piscator) und *Der Preis* (DEA 1968, Schlossparktheater), Dyers *Unter der Treppe* (DEA 1968, Renaissancetheater, mit → Quadflieg), bei den Salzburger Festspielen in Hofmannsthals *Jedermann* (1963–64), Goethes *Faust II* (1964). Er inszenierte u. a. in München Grünwalds *Manon* (1953, Kammerspiele), in Berlin Porters Musical *Kiss Me Kate* (1955, Komödie), Henzes Oper *König Hirsch* (UA 1956, Städtische Oper); als Leiter der Freien Volksbühne (1958/59) u. a. Stücke Shakespeares, Frischs, Goldonis, Giraudoux'. Letzte Regie bei Feydeaus *Einer muß der Dumme sein* (1970, Dt. Schauspielhaus Hamburg). Rundfunkarbeit; Film- und Fernsehrollen, u. a. in *Phantome des Glücks* (1930), *M* (1931), *Der Hauptmann von Köpenick* (1931, 1956), *Les nuits de Port Said* (1931), *Salon Dora Green* (1933), *Du mein stilles Tal* (1955, auch R.), *Stresemann* (1957), *Der Arzt von Stalingrad* (1958), *Liebling der Götter* (1960), *Affäre Blum* (1962), *The Visit* (1964), *Grieche sucht Griechin* (1966), *Einladung ins Schloß* (1970, TV). Regie bei *Bider der Flieger* (1941), *Palace Hotel*, *Die Venus vom Tivoli* (beide 1952), *Zwiespalt des Herzens* (1953). – S. war ein vitaler, komödiantischer Charakterdarsteller von großer Ausdrucksvielfalt: «Er geht nicht von der Nachahmung, sondern von der Phantasie aus. Diese Phantasie hat zusammendrängende Kraft. […] Ein Künstler der Konzentration bei scheinbarer Sprunghaftigkeit der Einfälle» (Jhering, 3. Bd., S. 21). Er konnte die Virilität eines Puntila ebenso überzeugend darstellen wie den alternden Homosexuellen in Dyers *Unter der Treppe* oder die resignierte Melancholie des Juden Solomon in Millers *Der Preis*. Auch als Regisseur von großer theatraler Phantasie, der weniger experimentelles als handfest-lebendiges Th. machen wollte. Wichtig seine Insz.en von Stücken Brechts, von Giraudoux, Goldoni, Frisch und Dürrenmatt.

Ausgangspunkt Schweiz. Hg. Ch. Jauslin, L. Naef. Willisau 1989; Jhering, H.: Von Reinhardt bis Brecht. 3. Bd. Berlin 1961; Mittenzwei, W.: Das Züricher Schauspielhaus 1933–1945 oder Die letzte Chance. Berlin 1979; Das verschonte Haus. Hg. D. Bachmann, R. Schneider. Zürich 1987.

Wolfgang Beck

Stein, Gisela, * 8. 10. 1934 Swinemünde (heute Świnoujście). Schauspielerin.

1952 Schauspielschule in Wiesbaden. 1953 Städt. Bühnen Koblenz, dann Vereinigte Städt. Bühnen Krefeld-Mönchengladbach (Natascha in Tolstojs *Krieg und Frieden*, 1956, R. → Piscator) und Städt. Bühnen Essen. 1960–80 Staatl. Schauspielbühnen Berlin. Spielte Inge in Frischs *Graf Öderland* (UA letzte Fassung 1961, R. → Lietzau), Thekla in Schillers *Wallenstein*, TR in Hebbels *Maria Magdalena* (1966, R. → Kortner), Klara Hühnerwadel in Wedekinds *Musik* (1973), Sarah in Čechovs *Ivanov* (1974), Elena in *Onkel Wanja* und Ranjewskaja in *Der Kirschgarten* (1978), Lucette Gautier in Feydeaus *Ein Klotz am Bein* (1974), Hester in Fugards *Hallo und Adieu* (1975), TRn in Ibsens *Hedda Gabler* (1977, R. N.-P. → Rudolph) und Schillers *Maria Stuart* (1977), Emma in Pinters *Betrogen* (DEA 1979). 1980 Alice in Strindbergs *Totentanz* (Staatsschauspiel Stuttgart). Bei den Salzburger Festspielen Hippolyta / Titania in → Shakespeares *Ein Sommernachtstraum* (1966, R. → Lindtberg). 1980–2001 Münchner Kammerspiele; u. a. Olivia in Shakespeares *Was ihr wollt* (1980), Helena in *Troilus und Cressida* (1986), Goneril in *König Lear* (1992, TV), Ariel in *Der Sturm* (1994), Jupiter in *Cymbeline* (1998, 2000 TV), TR in → Goethes *Iphigenie auf Tauris* (1981), Leonore Sanvitale in *Torquato Tasso* (1984, alle R. → Dorn), TR in Söderbergs *Gertrud* (1981, R. → Krämer), Ginevra in Dorsts *Merlin oder Das wüste Land* (1982), Die kahle Anna / Engel in dessen *Karlos* (UA 1990, beide R. Dorn), Luise in → Achternbuschs *Mein Herbert* (1985, R. → Tabori), TRn in Racines *Phädra* und Kleists *Penthesilea* als Doppelprojekt (1987, R. A. → Lang), Kathrin in Ortons *Seid nett zu Mr. Sloane* (1989, R. → Griem), Winnie in Becketts *Glückliche Tage* (1990), Anita von Schastorf in Strauß' *Schlußchor* (UA 1991), Penelope in *Ithaka* (UA 1996), Reisende Dame in Ibsens *Wenn wir Toten erwachen* (1991, R. → Zadek), Atossa in Aischylos / Brauns *Die Perser* (1993), Vater u. a. in → Wilsons *Der Mond im Gras* (1994), Kurfürstin in Kleists *Prinz Friedrich von Homburg* (1995, 1997 TV), Mary Tyrone in O'Neills *Eines langen Tages Reise in die Nacht* (1997), TR in *Hekabe* von Euripides (1999). Seit 2001 Bayer. Staatsschauspiel München (2003 Mutter in Genets *Die Wände*, 2005 Lissie Kelch in UA *Die eine und die andere* von Botho Strauß, Chorführerin in *Die Bakchen* des Euripides). Film- und Fernsehrollen, u. a. in *Die Schlacht* (1976, TV), *Deutschland bleiche Mutter* (1980), *Sansibar oder Der letzte Grund* (1987). Lesungen. Auszeichnungen u. a. Kritikerpreis, Bayer. Maximiliansorden. – S. wurde von Hans Lietzau, dann von Dieter Dorn sehr achtsam zu einer bedeutenden Charakterschauspielerin aufgebaut und ans Tragödinnenfach herangeführt. Friedrich Luft bemerkte an der jungen Schauspielerin «einen Ton eleganter Klarheit». C. Bernd Sucher schrieb: «Die Kunst der Stein ist es, sich nie in eine Figur einzufühlen. Sie schafft sie neu, indem sie sie analysiert und wieder zusammenfügt. [...] In ihrem Spiel werden deshalb auch die Widersprüche dieser Gestalten deutlich.»

Müller, H.-R., D. Dorn, E. Wendt: Theater für München. Ein Arbeitsbuch der Kammerspiele 1973–83. München 1983; Die Münchner Kammerspiele. Hg. S. Dultz. München 2001; Sucher, C. B.: Theaterzauberer. Schauspieler. 40 Porträts. München, Zürich 1988.

Werner Schulze-Reimpell

Stein, Peter, * 1. 10. 1937 Berlin. Regisseur, Theaterleiter.

S. studierte 8 Jahre Germanistik und Kunstgeschichte in Frankfurt a. M. und München. Engagierte sich beim Studententheater und wurde Regie- und Dramaturgieassistent an den Münchner Kammerspielen. Hier arbeitete er u. a. mit → Giesing, → Everding und → Schweikart zusammen. Besonders beeinflusst hat ihn → Kortner. Von ihm übernahm er das inhaltlich-kritische Befragen der Klassiker. «Stein lernte von Kortner: Präzision, Klarheit, die Wichtigkeit des Wortes, dessen eingehende Prüfung und das unermüdliche Interesse für Details» (Patterson, S. 2). Bereits mit seiner ersten Insz. von Bonds *Gerettet* (P. 15. 4. 1967), bei der I. → Nagel als Dramaturg mitarbeitete, machte sich S. einen Namen, indem er mit einer von Martin Sperr geschriebenen bayer. Dialektfassung experimentierte, welche die Münchner «härter und erschreckender als Bonds Original oder dessen hochdeutsche Übersetzung» empfanden, da die Insz. den Zuschauer «nicht nur dem ‹Verfall› von Sitten, sondern auch dem ‹Verfall› von Sprache» aussetzte (I. Nagel in *Theater 1967*, S. 76). 1968 verließ S. München, wechselte nach Zürich und Bremen. Hier entzweite seine Insz. von → Goethes *Torquato Tasso* 1969 die Kritiker. Von einer «Welle ästhetischer Begeisterung und analytischer Vertiefung» bis zu «pikiert bündige(n) Absagen» reichte das Spektrum (I. Nagel in *Theater 1969*, S. 27). 1970 kam S. als künstl. Leiter neben → Peymann an die Berliner Schaubühne am Halleschen Ufer (1981 Umzug an den Lehniner Platz). Das Ensemble setzte sich v. a. aus Schauspielern zusammen, die bereits mit S. zusammengearbeitet hatten (u. a. → Clever, → Ganz, → Giskes, → Lampe, → Sander). Das Schaubühnenmodell (Kollektivtheater) praktizierte den Einheitslohn und innerbetriebliche Demokratie, die allen Beschäftigten die Möglichkeit direkter Einflussnahme auf künstl. und ökonomische Fragen gab. Dies Modell setzte neue Maßstäbe im bundesdeutschen Theater. – S.s programmatische Eröffnungsinsz. (mit W. Schwiedrzik und F. P. → Steckel) wurde → Brechts *Die Mutter* mit Th. → Giehse in der TR (P. 8. 10. 1970). H. Rischbieter lobte die «klare und zart-genaue Präsentation des Textes» und schrieb: «Professionalität hohen Ranges kennzeichnet den Abend» (*Th. heute* 11/1970, S. 26). Während Peymann Berlin rasch wieder verließ, machte S. die Schaubühne mit seinen Insz.en zum Mittelpunkt der europ. Theaterlandschaft (u. a. Ibsen, *Peer Gynt*, 1971; Kleist, *Der Prinz von Homburg*, 1972; Gor'kij, *Sommergäste*, 1974; → Shakespeare, *Wie es euch gefällt*, 1977; Botho Strauß, *Groß und Klein*, UA 1978; Čechov, *Drei Schwestern*, 1984). Die meisten Insz.en wurden zum Berliner Theatertreffen eingeladen und gastierten auch im Ausland. Das zunächst politisch orientierte Th. (als «Kommunistenbühne» beschimpft) wandelte sich in den 1980er Jahren im Sinne eines hoch ambitionierten Literaturtheaters. Ende der Spielzeit 1984/85 verließ S. überraschend die Schaubühne, kehrte als Gastregisseur (u. a. Koltès, *Roberto Zucco*, UA 1990) jedoch öfter zurück. – Nach seinem Fortgang aus Berlin arbeitete S. viel im Ausland, interessierte sich verstärkt für die Oper. In Cardiff inszenierte er an der Welsh National Opera Verdis *Othello* (1986) und *Falstaff* (1988) sowie Debussys *Pelléas et Mélisande* (1992). 1991–97 agierte S. als Schauspielchef der Salzburger Festspiele (Intendant Gérard Mortier). Mit der Insz. von Shakespeares *Julius Cäsar* 1992 in der Felsenreitschule gab er seinen Einstand. Der große Raum und die schlechte Akustik bereiteten Probleme. Dennoch beschreibt Rolf Michaelis S. auch für diese Insz. als «Meister psychologischer Erklärungs-Kunst», der die «Geschichte eines großen, politischen Streits in symbolischen Stellungen, wortlos, sofort verständlich erzählt» (*Die Zeit*, 31. 7. 1992). Zeitgleich arbeitete S. in Moskau an der *Orestie* des Aischylos in russ. Sprache. Diese Insz., die sich an seine Schaubühnenfassung von 1980 anlehnte, hatte 1994 Premiere. Sie erfuhr in Russland jedoch nicht die Beachtung wie in Europa. 1996 wurde S. Lektor für Schauspiel an der Berliner Hochschule der Künste. Von

Salzburg verabschiedete sich S. mit Bergs *Wozzeck* zu den Osterfestspielen 1997 und Grillparzers *Libussa* zu den Festspielen. Als Gastregisseur arbeitete er daraufhin in Wien (Strauß, *Die Ähnlichen*, UA 1998) und wieder in Moskau (Shakespeare, *Hamlet*, 1998) und Cardiff (Britten, *Peter Grimes*, 1999). – August 1999 begannen die Proben zu seinem *Faust*-Projekt. Deswegen war es bereits 1992 zum Bruch mit der Berliner Schaubühne gekommen. Zur Expo 2000 in Hannover hatte die über 20 Stunden dauernde Insz. von Goethes *Faust I* und *II* Premiere. Mit Bruno Ganz und Christian Nickel als Hauptdarstellern war das Projekt anschließend in Berlin und Wien als Gastspiel zu sehen. Unstrittig ist die Bravour und das persönliche Engagement, mit der S. erstmals eine ungekürzte professionelle Aufführung beider Teile realisierte. Die Ansichten zur Insz. gingen weit auseinander. Peter Iden schrieb vorausschauend: «Dieser *Faust* wird […] polarisieren: hier Stein als Protagonist der Bewahrer, dort die freilich derzeit in der Mehrheit kleinkarierten, bloß zerstörerischen Verfechter neuer Formen. Die Kontroverse ist alt. Vorzüge gibt es auf beiden Seiten. Man sehe sich diesen *Faust* an – dafür wie dagegen läßt sich trefflich streiten» (*FR*, 25. 7. 2000). 2002 realisierte S. ein weiteres ungewöhnliches Theaterprojekt: Kleists *Penthesilea* hatte in Epidauros Premiere, tourte danach durch europ. antike Stätten. Stein gelang dabei eines Synthese des «antiken Stoff(s) der antiklassischen Zügellosigkeit mit der Psychoanalyse des zwanzigsten und der Technik des einundzwanzigsten Jahrhunderts» (D. Polaczek in *FAZ*, 24. 6. 2002). S. ist auch als Rezitator hervorgetreten. So hat er bei den Salzburger Festspielen 1993 Goethes *Faust II*, 1997 Puškins *Eugen Onegin* vorgetragen und 2005 Schillers *Wallenstein* an verschiedenen Orten.

S. ist kein Freund von Wiederholungen. Ihn fasziniert stets das Neue, etwas, das er «entziffern» (übersetzen) kann. Dabei versucht er, den Text eines Stücks so umfassend wie möglich zu begreifen und dieses Textverständnis inszenatorisch zu vermitteln. Eine langjährige Zusammenarbeit verbindet ihn mit Moidele → Bickel (Kostümbildnerin), Bruno Ganz (Schauspieler) und Karl-Ernst → Herrmann (Bühnenbildner). Zahlreiche Preise und Auszeichnungen belegen seine überragende Bedeutung für das europ. Th.

    Iden, P.: Die Schaubühne am Hallschen Ufer 1970–79. München 1979; Nagel, I.: Kortner Zadek Stein. München 1989; Patterson, M.: Peter Stein. Germany's leading theatre director. Cambridge 1981; Schieb, R.: Peter Stein. Berlin 2005; Vierzig Jahre Schaubühne Berlin. Hg. H. Müller, J. Schitthelm. Berlin 2002.

Sabine Steinhage

Steinrück, Albert, * 20. 5. 1872 Wetterburg/Waldeck, † 21. 2. 1929 Berlin. Schauspieler, Regisseur, Intendant.

Wollte Maler worden, entschied sich dann für das Th. Über Mühlhausen, Wiesbaden, Breslau (Wrocław) kam er 1901 nach Berlin, spielte am Schiller-Th. Präsident Walter in Schillers *Kabale und Liebe*, Marquis Posa in Schillers *Don Carlos*, Wehrhahn in Hauptmanns *Biberpelz*, Hjalmar Ekdal in Ibsens *Wildente*, Rosmer in Ibsens *Rosmersholm*. 1905–08 Dt. Th. (Dr. Schön in Wedekinds *Der Erdgeist*, Caesar in Shaws *Caesar und Cleopatra*). 1908–20 Schauspieler, Regisseur und Intendant des Münchner Hof- bzw. Staatstheaters. TRn in der UA *Woyzeck* von Büchner, Wedekinds *Der Marquis von Keith* («Nur Sie können meine Stücke so spielen, wie ich sie auffasse, nämlich sachlich», schrieb ihm Wedekind), → Shakespeares *König Lear* und *Macbeth*, Kleists *Robert Guiskard* und UA *Hannibal* von Grabbe. 1913 gastierte er als Higgins in der DEA *Pygmalion* von Shaw im Berliner Lessing-Th. Seit 1921 am Preuß. Staatstheater Berlin (Jago in Shakespeares *Othello*, Occe in der UA *Rheinische Rebellen* von Bronnen). Im Dt. Th. Mephisto in → Goethes *Faust I*. Nach seinem Tod wurde er geehrt wie kaum je ein anderer: Die besten Schauspieler Berlins vereinten sich in einer Gedenkaufführung des *Marquis von Keith*.

Einer der markantesten Darsteller im ersten Drittel des 20. Jh.s. «Ein unverrückbarer Fels auf der Bühne, männlich, kantig und verschlossen» (Herbert Ihering), «breiten Schatten werfend, wuchtig und schwer in der dramatischen Landschaft» (Alfred Polgar). Dabei von großer Verwandlungsfähigkeit, sparsam im Gebrauch seiner Mittel, um genaue realistische Darstellung bemüht: «Seine Rollen hatten zugleich etwas Naives und Abgeklärtes, etwas Kräftiges und Mildes, etwas Gespenstisches und Sarkastisches» (Ihering). Hervorragend auch im komischen Fach.

Bronnen, A.: Begegnung mit Schauspielern. Berlin 1967; Drews, W.: Die Großen des deutschen Schauspiels. Berlin 1941; Heymann, M.: Eine Sternstunde des deutschen Theaters. Berlin 2006; Ihering, H.: Von Josef Kainz bis Paula Wessely. Heidelberg u. a. 1942.

Werner Schulze-Reimpell

Stemann, Nicolas, 30. 11. 1968 Hamburg, Regisseur.

Besuch der Regieklassen am Max-Reinhardt-Seminar in Wien und dem Institut für Theater, Musiktheater und Film an der Universität Hamburg. Schon mit seiner Diplominsz. 1997 *Terrorspiel* nach Čechovs *Die Möwe* auf Kampnagel in Hamburg trat S. als Autor seiner eigenen Geschichte auf. Mit der Leitfrage seiner eigenen Jugend «Wie geht Jungsein ohne Rebellion?» inszenierte er noch im selben Jahr die *Terrortrilogie*, die das *Terrorspiel*, *Antigone* von Sophokles und *Leonce und Lena* von Büchner vereint. S. gelang es hier, durch die Fokussierung auf eine Frage, die die Schauspieler real interessierte, eine Gruppenenergie zu erzeugen, die dem Th. eine ernsthafte Leichtigkeit gibt und seine «Gruppe Stemann» auszeichnet. Das Polittheater *Zombie '45. Am Baß Adolf Hitler* und *Verschwörung* nach → Goethe, Schiller, W. Bredel stellt in dieser Gruppe den vorläufigen Schluss dar, und S. begann, im Stadttheater zu arbeiten. Hier gelang ihm v. a. mit *Hamlet* von → Shakespeare am schauspielhannover eine Synthese seiner Arbeitsform mit dem Gefüge des Staatstheaters, die sich auch in Einladungen zur Experimenta 7 und zum 39. Berliner Theatertreffen äußerte. S. nimmt die Situation, in der er lebt und arbeitet, immer ernst, und so wird sein Hamlet in Hannover ein ohnmächtiger Rebell in einer gut gepolsterten Welt, der man eigentlich nicht mehr böse sein kann. Die Frage, wie Entscheidungen in einer grundsätzlich unübersichtlichen Welt überhaupt zu treffen sind, bildet das existenzialistische Fundament aller Arbeiten S.s und macht den Charakter seiner offenen, durch große Musikalität strukturierten Insz.en aus. Mit Bernd Stegemann entwickelte S. *German Roots*, eine Auseinandersetzung mit dt. Familiengeschichte (UA 2004, Ruhrfestspiele Recklinghausen / Thalia Th. Hamburg). Weitere Arbeiten u. a. am Th. Basel (Ellis' *Einfach unwiderstehlich*, 1998), dem Dt. Schauspielhaus Hamburg (Ostermaiers *Death Valley Junction*, UA 2000), am Dt. Th. Berlin (Kleists *Das Käthchen von Heilbronn*, 2003), am Wiener Burgtheater (Jelineks *Das Werk*, UA 2004, Einladung zum Berliner Theatertreffen, Hauptmanns *Vor Sonnenaufgang*, 2004).

Bernd Stegemann

Stern, Ernst (Julian), * 1. 4. 1876 Bukarest, † 28. 8. 1954 London. Bühnen- und Kostümbildner, Maler, Graphiker.

S. studierte nach dem Besuch der Handelsakademie in Wien seit 1894 an der Akademie der Schönen Künste in München. Dort war er Mitarbeiter der Zeitschriften *Jugend* und *Simplicissimus*, Mitglied des Kabaretts Die Elf Scharfrichter und der Dramatischen Gesellschaft. Seit 1905 in Berlin, arbeitete u. a. für die *Lustigen Blätter*, lehrte seit 1913 Kostümgestaltung an der Kunstgewerbeschule und war 1906–20 Chefbühnenbildner und Ausstattungsleiter der Bühnen Max → Reinhardts, für dessen Insz.en er rund 90 Szenographien entwarf. Dazu gehörten Operetten wie Offenbachs *Orpheus in der Unterwelt* (1906) und (Tanz-)Pantomimen wie Freska / Hollaenders *Sumurun* (UA 1910), Vollmoellers *Das Mirakel* (UA 1911 Olympia Hall, London; 1914, Zirkus Busch), Hofmannsthals *Die grüne Flöte* (1916, Dt. Th.; 1925 Salzburger Festspiele), *Lillebil's Hochzeitsreise* nach eigenem Libretto (UA 1917). S. entwarf die Ausstattung zu antiken Dramen (Aristophanes, *Lysistrata*, 1908, 1920; Sophokles, *König Ödipus*, 1916), zahlreichen Werken → Shakespeares (darunter den 10 Dramen umfassenden Zyklus 1913/14), → Goethes (u. a. *Clavigo*, 1908, 1918; *Torquato Tasso*, 1913), Schillers (u. a. *Don Carlos*, 1909, 1917; *Kabale und Liebe*, 1916), Ibsens (*John Gabriel Borkman*, 1917; *Gespenster*, 1920), Hauptmanns (u. a. *Der Biberpelz*, 1916; *Winterballade*, UA 1917), Hofmannsthals (*Der Tor und der Tod*, 1908; *Cristinas Heimreise*, UA 1910; *Jedermann*, UA 1911, 1920, beide Male mit → Roller) und aktueller Dramatik (Schmidtbonn, *Der verlorene Sohn*, UA 1913; Sorge, *Der Bettler*, UA 1917; Goering, *Seeschlacht*, 1918; Rolland, *Danton*, DEA 1920). Seit 1918 Ausstatter beim Film, u. a. für Murnau (*Satanas*, 1919), Lubitsch (*Die Bergkatze*, 1921), Dieterle (*Ludwig der Zweite, König von Bayern*, 1930), Eric Charell (*Der Kongreß tanzt*, 1931). Seit 1924 Ausstattungsleiter für Charells Revue- und Operettenproduktionen; u. a. die Revuen *An Alle* (1924/25), *Für Dich!* (1925/26), *Von Mund zu Mund* (1926/27), Benatzkys Operette *Im weißen Rössl* (UA 1930; 1931 London Coliseum; 1933 Th. Magador, Paris; 1936 Center Th., New York). S. blieb 1933 in Paris, emigrierte 1935 nach Großbritannien. Dort u. a. Mitarbeit an Filmen (*Whom the Gods Love, The Beloved Vagabond, Pagliacci*, alle 1936), Bühnenbilder und Kostüme für Th.-Insz.en in London. Darunter für Henry / Savins *That Certain Something* (1934, Aldwych Th.), Schwartz' *Follow the Sun* (1936, Adelphi Th.), Franks *Young Madame Conti* (1936, Savoy Th.), Lonsdales *The Last of Mrs Cheyney* (1944, Savoy Th., R. → Guthrie). Zusammenarbeit mit Donald Wolfits Advance Players Association bei dessen Shakespeare-Zyklus. – Der wichtigste Szenograph Reinhardts besaß eine Vorliebe für farbige gemalte Dekorationen, war auf optische Harmonie bedacht, die er v. a. bei Charells Revuen und Operetten verwirklichen konnte. Für Reinhardt musste er v. a. als «Raumkünstler» (Jhering) arbeiten, seine Szenographien den unterschiedlich großen Th.n des Reinhardt-Konzerns anpassen, die von den Kammerspielen bis zum über 3000 Plätze umfassenden Großen Schauspielhaus reichten und zwischen denen auch Insz.en ausgetauscht wurden. Dafür bedurfte es z. T. «zyklopische(r) Architektur» (S.) wie für Aischylos' *Die Orestie* (1919, Großes Schauspielhaus), doch verstand sich S. auch auf die dramaturgisch effektvolle innovative Nutzung von Licht und Projektionen.

Eckert, N.: Das Bühnenbild im 20. Jahrhundert. Berlin 1998; Georgi, L.: Der Bühnenbildner Ernst Stern. Diss. FU Berlin 1971; Huesmann, H.: Weltteater Reinhardt. Bauten, Spielstätten, Inszenierungen. München 1983; Niessen, C.: Max Reinhardt und seine Bühnenbildner. Köln 1958; Reinhardt und seine Bühne. Hg. E. Stern, H. Herald. Berlin 1919; Stern, E.: My Life, My Stage. London, Toronto 1951 (dt.: Bühnenbildner bei Max Reinhardt. Berlin 1955, 1983).

Wolfgang Beck

Stewart, Ellen, * 7. 12. 1919 (1920?) Alexandria (Louisiana, USA). Theaterleiterin, Regisseurin, Autorin.

S. lebte in Chicago, kam 1950 nach New York, arbeitete 8 Jahre als Angestellte; später Modedesignerin im Warenhaus Saks Fifth Avenue. Gründete Oktober 1961 das Cafétheater La MaMa, das heute – nach über 1900 Produktionen – als La MaMa Experimental Th. Club eine der führenden Bühnen des Off-Off-Broadway von internat. Bedeutung ist. Aus dem am 27. 7. 1962 mit T. Williams' *One Arm* eröffneten Kellertheater wurde ein 3 Bühnen umfassendes Gebäude mit Kunstgalerie und Café, ein siebenstöckiges Probengebäude und ein umfangreiches Archiv zur Geschichte des amerik. Avantgardetheaters. Seit 1990 besteht als Kulturzentrum und Künstlerresidenz La MaMa Umbria in Santa Maria Reggiana (Italien). S. ist die erste Afroamerikanerin, die sich in einem für Farbige bis dahin weitgehend unzugänglichen Bereich kulturellen Lebens durchsetzen konnte. Ihr Ansatz war von Anfang an multikulturell, sie wollte neue Autoren und Künstler fördern und ihnen Arbeits- und Aufführungsmöglichkeiten geben. So arbeiten unter dem Dach «La MaMa» nicht nur eigene, sondern auch internat. Gruppen. Seit 1965 unternehmen La-MaMa-Ensembles internat. Tourneen, gastieren in- und ausländische Ensembles in New York. So u. a. →Chaikins Open Th. (1966), das Bread and Puppet Th. (1968), Le Grand Magic Circus (1970, →Savary), Cricot 2 (1979, 1982, 1985, 1988, 1991, →Kantor), das Bukarester Bulandra Th. (1979, →Ciulei), Le Centre International de la Création Théâtrale (1980, →Brook), Tenjô Sajiki (1980, →Terayama), Odin Teatret (1984, 1999, →Barba), das poln. Gardzienice Th. (2001, →Staniewski). Bedeutende Regisseure haben im La MaMa inszeniert, u. a. Joseph Chaikin, Richard →Foreman, Robert →Wilson, Richard Schechner, Franz →Marijnen, Fritz Bennewitz (1977 →Brechts *Kaukasischer Kreidekreis*, 1978 →Goethes *Faust*), Peter →Sellars, Peter →Halász, Andrei →Şerban. S. machte bereits 1967 das amerik. Publikum mit dem neuen osteurop. Th. vertraut, als sie Jerzy →Grotowski, Ryszard →Cieślak u. a. einlud. Auf dem Spielplan stehen Klassiker von →Shakespeare bis Beckett, internat. Avantgarde und amerik. Autoren, die sie kontinuierlich fördert, u. a. Paul Foster (*Hurrah for the Bridge*, 1963; *Silver Queen*, 1973), Andy Warhol (*Pork*, 1971), Lanford Wilson (*No Trespassing*, 1964; *The Rimers of Eldritch*, 1966), Sam Shepard (*Dog*, 1965; *Geography of a Horse Dreamer*, 1985), Jean-Claude Van Itallie (*America Hurrah, Pavane*, beide 1965; *Ancient Boys*, 1991), Harvey Fierstein (*International Stud*, 1978; *Safe Sex*, 1987). U. a. Meredith Monk, Karole Armitage, Billy Cristal, Danny De Vito, Bette Midler, Robert de Niro haben bei La MaMa ihre Karriere begonnen. – S. «ist» La MaMa, treibende Kraft, Theaterleiterin, Managerin. Daneben leitet sie im In- und Ausland Workshops, arbeitet mit dortigen Theatermachern und inszeniert, war Gastprofessorin in Seoul. Zu ihren Insz.en im eigenen Haus, bei denen sie häufig auch Autorin bzw. Bearbeiterin der Texte ist, gehören u. a. *Mythos Oedipus* (1985), *Orfei* (1986), *Dionysus Filius Dei* (1989, 2002), *Yunus* (1992), *Tancredi, Erminia* (1993), *Seven against Theben* (2001, nach Aischylos), *Draupadi* (2002, eine Kathakali-Oper), *Carmilla* (2003, Kammeroper von Wilford Leach / Ben Johnson), *Antigone* (2004), *Perseus* (2005), *Herakles via Phaedra* (2006). Ihrem multikulturellen Ansatz und der Zusammensetzung der Ensembles wie des Publikums entsprechend, legt S. Wert auf multimediale Elemente wie Tanz, Musik, Gesang und bevorzugt eine visuelle Herangehensweise gegenüber dem literarischen Th. So wurde für die Bearbeitungen griech. Mythen eine eigene «Sprache» erfunden, eine Mischung von Wörtern antiker und moderner Sprachen, verbunden mit onomatopoëtischen Geräuschen und musikalischer Begleitung, um Verständnis jenseits der Sprache zu eröffnen. – Produktionen von La MaMa haben zahlreiche Preise erhalten, S. ist mehrfache Ehrendoktorin, wurde internat. ausgezeichnet (u. a. Offizier des franz. Ordre des arts et des lettres) und als erster Off-Off-Broadway-Produzent in die Th. Hall of Fame aufgenommen. In ihrer Bedeutung als Vermittlerin internat. Th.s, als Förderin des modernen amerikan. (Avantgarde-)Th.s nicht zu überschätzen.

    Horn, B. L.: Ellen Stewart and La Mama. A Bio-Bibliography. Westport 1993; Gagnon, P. D.: The Development and Achievement of La Mama under the Artistic Direction of Ellen Stewart (New York). Diss. Univ. of Michigan 1987; Ostroska, B.: Ellen Stewart's Global ‹Pushcart›: Twenty-Six Years of Internationalism at La Mama, 1962–1988. Diss. Univ. of Colorado 1991.

Wolfgang Beck

Stolze, Lena, * 8. 8. 1956 Ostberlin. Schauspielerin.

S., Tochter einer Schauspielerin und des Opernsängers Gerhard S., wuchs in Wien auf, wo sie 2 Jahre an der Universität studierte, bevor sie ans Max-Reinhardt-Seminar ging. Von dort wechselte sie nach einem Jahr direkt ans Th. und debütierte 1976/77 in Ulm. Es folgten Engagements an der Freien Volksbühne (Hauptmanns *Die Ratten*, R. → Noelte), am Schiller-Th. in Berlin und am Wiener Burgtheater (1978–1980), wo sie u. a. Hermia in → Shakespeares *Ein Sommernachtstraum* (1979), Marianne in → Molières *Tartuffe* (1979/1980) spielte. 1981–84 arbeitete sie am Bayer. Staatsschauspiel und überzeugte u. a. als Lavinia in O'Neills *Trauer muss Elektra tragen.* (1982) oder als Nina in Čechovs *Die Möwe* (1984). Parallel arbeitete S. auch als Filmschauspielerin und war 1982 gleich in 2 Filmen als Sophie Scholl zu sehen, in Percy Adlons *Fünf letzte Tage* und in Michael Verhoevens *Die Weiße Rose*, mit dem ihr der Durchbruch gelang (Bundesfilmpreis). Mit demselben Regisseur hatte sie 1990 einen ähnlichen Erfolg mit *Das schreckliche Mädchen*, der authentischen Geschichte über eine junge Frau, die die NS-Vergangenheit ihrer Heimatstadt erforscht und auf massiven Widerstand stößt. 1984–1990 gehörte S. zu J. → Flimms Ensemble am Hamburger Thalia Th. Dort verkörperte sie erfolgreich u. a. eine junge Penthesilea (in Kleists gleichnamigen Stück, 1985) oder Fräulein Else in einem selbst erarbeiteten Monolog nach der gleichnamigen Novelle Schnitzlers in der Regie ihres damaligen Ehemanns Norbert Skrovanek (1987) Auch als Ophelia in Heiner → Müllers *Hamletmaschine* (R. → Wilson) hatte sie Erfolg. Nach einem kurzen Intermezzo in Wien 1991 zog sie sich für einige Zeit vom Theaterbetrieb zurück, um sich ihren Kindern zu widmen. S. spielte weiterhin in Filmen und Fernsehspielen, z. B. in *Die Vergebung* (1994), als Lasker-Schüler in *Mein Herz Niemandem* (1996 R. H. Sanders Brahms), *Schlafes Bruder* (1995), *Späte Rache* (2001), *Rosenstraße* (2003, R. M. von Trotta), *Tatort – Bitteres Brot* (2004, TV), *Lapislazuli* (2006). 1999 trat sie als Madame Sommer in → Goethes *Stella* (Schauspiel Frankfurt, R. → Niermeyer), Barbara Tarpes in → Ayckburns *Alles nur aus Liebe* (Renaissancetheater Berlin), 2002 als Arsinoe in Molières *Der Menschenfeind* (R. J. Bosse) im Dt. Schauspielhaus Hamburg auf. – Charakteristisch für S., die lange gegen das Image der Kindfrau anspielen musste, ist die Verkörperung von komplexen und schwierigen, oftmals politischen Frauenfiguren. S. ist Jurymitglied der Berlinale und des Europ. Filmpreises und lehrt an der Dt. Film- und Fernsehakademie Berlin.

Karin Schönewolf

Strasberg, (Israel) **Lee**, * 17. 11. 1901 Budzanow (bei Tarnopol, Österr.-Ungarn, heute Budanov, Ukraine), † 17. 2. 1982 New York. Schauspieler, Regisseur, Theaterleiter, Theaterpädagoge.

Die 1908 nach Amerika eingewanderte Familie ließ sich in der Lower East Side von New York nieder, wo S. aufwuchs. Erste Rolle als 15-Jähriger im Christie Street Settlement House. Schauspielunterricht am American Laboratory Th. bei Richard Boleslavski und Maria Ouspenskaya, die in Moskau bei → Stanislavskij studiert hatten. Regieassistenz an der Th. Guild und Auftritte in Flemings *Red Dust* (1929, Martin Beck Th.) und Riggs' *Green grow the lilacs* (1931, Garrick Th.). Neben dem Stanislavskij-System des Moskauer Künstlertheaters waren Anregungen von → Brecht und → Reinhardt für die Regiekonzeption S.s entscheidend. Nach Trennung von der Th. Guild gründete S. 1930 mit Harold → Clurman (1901–80) und Cheryl Crawford (1902–86) das bis 1941 bestehende Group Th. in New York. Engagiert sozialkritische Dramatik amerik. Autoren bestimmte den Spielplan, darunter von Clifford Odets (1906–63), der auch als Schauspieler am Group Th. wirkte: *Awake and sing* (dt. *Wachet auf und singet*; auch *Die das Leben ehren*), *Waiting for Lefty* (dt. *Wo ist Lefty?*), *Paradise Lost*. Große Erfolge mit dem – später auch verfilmten – Stück *Men in White* von Kingsley (Pulitzer-Preis 1933) und *Gentlewomen* (dt. *Damen*) von John Howard Lawson (1894–1977). Außerdem inszenierte S. Greens *House of Conelly* (1931, Martin Beck Th.), Andersons *Night over Taos* (1932, 48th Street Th.), Lawsons *Success story* (1932, Maxine Elliot Th.). Die Th.-Arbeit wollte die Umsetzung von Ideen Stanislavskijs, die Fortsetzung der amerik. Proletbühnenerfahrungen mit Agitprop-Elementen durch die Suche nach einem «Dritten Weg». 1937 verließ S. das Group Th. und arbeitete in Hollywood. Nach 1945 Broadway-Insz.en, darunter 1949 im National Th. *The Big Knife* (dt. *Zwischenfall in Hollywood*) von Clifford Odets. – 1949 Eintritt in das von Cheryl Crawford, Robert Lewis, und Elia → Kazan 1947 in New York gegründete Actors Studio, dessen Leiter S. 1952–82 war. In diesem Institut zur Schauspielerfortbildung, das sich in keiner Weise als Schauspielschule im klassischen Sinn der Konservatorien verstanden wissen wollte, entwickelte S. eine vom Moskauer Künstlertheater inspirierte Schauspielpädagogik, die als «The Method» internat. bekannt geworden ist: Der Darsteller soll durch Aktivierung seines eigenen (biographischen) Erlebnis- und Gedächtnisreservoirs zur vollen Ausfüllung seiner Rolle geführt werden und sich im Vorfeld die vier «W-Fragen» stellen: Wer bin ich? Wo befinde ich mich? Was mache ich dort? Was ist vorher geschehen? Die nicht nur trainierte, sondern aus der ganzen physisch-psychischen Persönlichkeit gespeiste Echtheit und Wahrhaftigkeit brachte einige der hervorragendsten amerik. Schauspieler hervor: Marlon Brando, James Dean, Paul Newman, Julie Harris, Eli Wallach, Kim Stanley, Geraldine Page, Al Pacino, Ellen Burstyn, Shelley Winters, Marilyn Monroe. Neben dem Actor's Studio, das sich als Laboratorium zur Förderung von Talenten verstand, gründete und leitete S. eine Schauspielschule im eher traditionellen Sinn (wo u. a. Jane Fonda studiert hat), das L. S. Th. Institute 1969 in New York, später auch in Los Angeles. Auf zahlreichen Seminaren und bei Vorträgen und Vorlesungen im In- und Ausland verbreitete S. seine Vorstellungen vom Th., im Januar 1978 z. B. am Schauspielhaus Bochum. S. war auch Filmschauspieler, der als Gangster Hyman Roth in *Der Pate II* einen großen Leinwanderfolg feierte (Oscar-Nominierung).

Brüning, E.: Das amerikanische Theater der 1930er Jahre. Berlin 1966; Clurman, H.: The Fervent Years.

New York 1945; ders.: The Naked Image – Observation in the Modern Theatre. New York 1966; Eaton, W. P.: The Theatre Guild. New York 1929; Fröhlich, P.: Das nichtkommerzielle amerikanische Theater. Rheinfelden 1994; Garfield, D.: A Player's Place. The Story of the Actors Studio. New York 1980; Hethmon, R. H.: Strasberg at the Actors Studio. New York 1991; Himmelstein, M.: Drama was a Weapon – The Left Theatre in New York 1929–41. New Brunswick 1975; Hirsch, F.: A Method To Their Madness. The History of the Actors Studio. New York 1984; Lee Strasberg – Schauspielerseminar. Bochum 1979; Strasberg, L.: Ein Traum von Leidenschaft. München 1989; ders.: Schauspielen und das Training des Schauspielers Berlin 1988; Veinberg. S.: Method Actors. New York 1991.

Horst Schumacher

Strehler, Giorgio, * 14. 8. 1921 Barcola / Triest, † 25. 12. 1997 Lugano. Regisseur, Intendant, Schauspieler.

S. verbrachte seine Kindheit in Mailand und besuchte dort 1938–40 die Academia dei Filodramatici. Zusammen mit seinem Freund Paolo →Grassi Mitarbeit bei einer Versuchsbühne. Erste Insz.en von 3 Pirandello-Dramen 1943 für die Gruppo Palcoscenico. 1943 nach Einberufung Flucht in die Schweiz. Zunächst Studium der Rechtswissenschaften in Genf, schließlich Schauspielunterricht bei Jean Bart und Gründung der Theatergruppe Compagnie des Masques, mit Einstudierung von T. S. Eliots *Mord im Dom* und *Caligula* von Albert Camus. Nach Kriegsende Rückkehr nach Mailand; Theaterkritiker für *Milano Sera*.

Schauspieler. 1947 mit Paolo Grassi in einem Mailänder Kino Gründung des Piccolo Teatro de la Città di Milano, das mit der Aufführung von Gor'kijs *Nachtasyl* eröffnet wurde (S. in der Rolle des Schusters Aljoschka) und als proletarische «Volksbühne mit Weltniveau» konzipiert war und als eines der wenigen italienischen Th. mit einer ständigen Truppe einen Sonderstatus besaß. Mit →Shakespeare-, Pirandello-, Goldoni- und Brecht-Insz.en setzte sich das Piccolo Teatro durch. Bertolt Brecht schrieb an S. über die *Dreigroschenoper*-Aufführung: «Sie haben mein Werk zum zweiten Mal geschaffen!» Viele internat. Autoren setzte S. in Italien durch. 1966 mit Goldonis Komödie *Le baruffe chiozzatta (Aufruhr in Chioggia)* erste große Gastspieltournee ins Ausland. 1968 europaweites Echo seiner Insz. von Goldonis *Arlecchino servitore di due padroni (Diener zweier Herren)*. Der volkserzieherische Theateransatz führte S. und Grassi von Anfang an dazu, in Schulen und Fabriken der Mailänder Vororte aufzutreten. 1966–68 betrieben sie mit dem Teatro Lirico ein weiteres Haus, das mit 1800 Sitzen dreimal so viele Zuschauer fasste wie das Piccolo Teatro.

Die Bemühungen, S. als Nachfolger des 1966 verstorbenen Erwin →Piscator an die Freie Volksbühne Berlin zu holen, blieben erfolglos. 1968–72 nur sporadische Bühnenarbeit am Piccolo Teatro, um unabhängig größere Aktionsfreiheit zu gewinnen. Mit seiner selbst finanzierten Truppe Gruppo di Teatro Azione die ital. EA des Peter-Weiss-Stücks *Gesang vom lusitanischen Popanz* unter dem Titel *Cantata di un mostro lusitano* 1969 im römischen Teatro Quirino in eigener Übersetzung. Brechts *Die heilige Johanna der Schlachthöfe* wurde 1970 als kostspieligste Insz. der gesamten ital. Theatergeschichte mit großem Erfolg im Mailänder Teatro Lirico aufgeführt. Ähnliche Zustimmung fand die im gleichen Jahr im Teatro Metastasio in Prato gezeigte Neueinstudierung von Gor'kijs *Nachtasyl*. 1972 Rückkehr ans Piccolo Teatro, wo S. nunmehr der alleinige Direktor war und mit Shakespeares *König Lear* einen triumphalen Einstand gab. In den folgenden Jahren wurde S. als Gastregisseur v. a. von dt.sprachigen Th.n verpflichtet, z. B. arbeitete er bei den Salzburger Festspielen (1973 seine Shakespeare-Bearbeitung – nach *Heinrich VI. – Das*

Spiel der Mächtigen, 1974 Mozarts Die Zauberflöte), am Wiener Burgtheater und am Dt. Schauspielhaus in Hamburg (Brechts Der gute Mensch von Sezuan, 1977). Er wirkte als künstl. Berater für zahlreiche Schauspiel- und Opernhäuser, so 1977–82 für die Mailänder Scala. Über viele Jahre erstreckte sich S.s Arbeit an → Goethes Faust, die er 1989 am Piccolo Teatro begonnen hatte. S. selbst übersetzte Faust I und II, führte Regie und spielte den Faust in 10 Teilen. Es wurden 1991 und 1992 nur Fragmente von Faust I und II aufgeführt, wobei das Streben des Titelhelden nach einem neuen, einem anderen Leben (entsprechend der Faust'schen Vorgeschichte) besonders betont wurde. Im September 1983 übernahm S. die Leitung des auf Initiative des franz. Kulturministers Jack Lang neu gegründeten, im Th. de l'Odéon im Pariser Quartier Latin angesiedelten Th. de l'Europe, in dem er mit seiner ital. Insz. von → Lessings Minna von Barnhelm gastierte und die Kritik für dieses vorher nie in Frankreich gespielte Stück eines dt. Klassikers begeisterte. S. inszenierte 1984 für das Th. de l'Europe Corneilles L'Illusion comique und führte u. a. 1986 Brechts Dreigroschenoper auf. 1989 wurde er Vorsitzender des Verbands europ. Th. (Union of Th.s of Europe). Parallel setzte S. seine Arbeit am Piccolo Teatro fort, an dem er 1986 Elvira o la passione teatrale (Elvira oder die theatralische Leidenschaft) nach Louis → Jouvet inszenierte. In den 1990er Jahren überschatteten Konflikte und Anfeindungen teilweise die künstl. Arbeit. 1992/93 wurden S. Veruntreuungen von europ. Subventionsgeldern vorgeworfen, die sich schließlich in allen Punkten als haltlos erwiesen. Der S. zugesagte Neubau des Piccolo Teatro verschleppte sich derart, dass er 1996 der Stadt Mailand seinen Rücktritt vom Piccolo Teatro antrug und Jack Lang, den damaligen französischen Kulturminister, als Interimsleiter vorschlug. Nach S.s endgültigem Bruch mit dem Piccolo Teatro im Juni 1997 und seiner Übersiedlung nach Lugano wirkte er als künstl. Berater und Regisseur der Mozartoper Così fan tutte, die wenige Monate nach seinem Tod 1998 zur Eröffnung des nach 14-jähriger Bauzeit bezogenen neuen Piccolo Teatro aufgeführt wurde. – S. war in der Weihnachtsnacht 1997 gestorben, sein Leichnam wurde in die Familiengrabstätte nach Triest überführt. Verheiratet mit der Schauspielerin Andrea → Jonasson.

In seiner sich über ein halbes Jh. erstreckenden Theatertätigkeit profilierte sich S. als «demiurgischer Regisseur», gewissermaßen in der Nachfolge Max → Reinhardts, den er schon als Kind bewundert hatte. Eine fast jansenistische Strenge in der Regieführung verweist auf die Vorbilder Jacques → Copeau und Louis → Jouvet. Hinzu kommt die Überzeugung, dass der Text eines Stücks alles enthält, was vom Schauspieler inkarniert und gestaltet wird. Viele Insz.en S.s wurden jahrzehntelang gespielt. Goldonis Komödie Diener zweier Herren aus der Spielzeit 1947/48 ging auf Tournee rund um die Welt und wurde in vielen Fassungen und mit unterschiedlichen Hauptdarstellern in der Rolle des Harlekin – Marcello Moretti, Ferrucio Soleri – immer wieder aufgeführt.

Fechner, E.: Strehler inszeniert. Velber 1963; Gaipa, E.: Giorgio Strehler. Bologna 1959; Positionen: Strehler, Planchon, Koun, Dario Fo, Långbacka, Stein. Gespräche mit Regisseuren des europäischen Theaters. Hg. D. Kranz. Berlin 1981; Strehler, G.: Für ein menschlicheres Theater. Geschriebene, gesprochene und verwirklichte Gedanken. Frankfurt a. M. 1977.

Horst Schumacher

Striebeck, Catrin, * 18. 4. 1966 Wien. Schauspielerin.

Nach Anfängen als Regieassistentin am Teatro Español in Madrid absolvierte die Tochter Peter → S.s und der Schauspielerin und Tänzerin Ulla Purr die Ausbildung am Wiener Max-Reinhardt-Seminar (1984–87). Es folgten Engagements am Nationaltheater Mannheim (1987/88), Staatstheater Stuttgart (1988–91), Dt. Schauspielhaus Hamburg (mit Unterbrechungen 1990–2002), Volksbühne Berlin (2002–04) und Schauspielhaus Bochum (2003/04). – Am Dt. Schauspielhaus gelang S. als Julia in → Shakespeares *Romeo und Julia* (1990, R. → Bogdanov) der Durchbruch. Weitere Rollen dort u. a. in → Pohls *Karate Billi kehrt zurück* (UA 16. 5. 1991, R. der Autor), Čechovs *Kirschgarten* (1991, R. → Minks), → Marthalers → Goethe-Insz. *Faust, 1* und *2* (UA 4. 11. 1993), Dorsts *Herr Paul* (UA 16. 2. 1994) und *Merlin oder Das wüste Land* (2000, beide R. → Wieler), Schwabs *Eskalation ordinär* (UA 17. 3. 1995, R. K. → Beier), Belbels *Nach dem Regen* (DEA 17. 11. 1995, R. E. → Lang), Büchners *Woyzeck* (1996, R. → Kroetz), Schillers *Don Carlos* (1996), → Fassbinders *Katzelmacher* (1997), Srbljanovićs *Familiengeschichten. Belgrad* (DEA 20. 11. 1998, R. jeweils A. → Weber), Shakespeares *König Lear* (1999, R. → Gotscheff), Schimmelpfennigs *Push Up* (2001, R. → Gosch). In Insz.en des Dramatikers und Regisseurs René Pollesch spielte S. in *www.slums.de* (2000/01), *Der Kandidat (1980). Sie leben!* (2002), *Splatterboulevard* (2003) sowie an der Volksbühne Berlin in *24 Stunden sind kein Tag* (2002) und *Soylent Green* (2003). Am Schauspielhaus Bochum gastierte sie mit großem Erfolg als Frau Hilde in Fosses *Schönes* (2003, R. → Giesing), Arkadina in Čechovs *Die Möwe* (2004, R. → Goerden), Marie Steuber in Strauß' *Die Zeit und das Zimmer* (2005). An den Hamburger Kammerspielen Stevie Gray in Albees *Die Ziege oder Wer ist Sylvia?* (2006, R. → Klaußner). – Als Film- und Fernsehdarstellerin u. a. in U. Schraders *Mau Mau* (1992), L. Beckers *Bunte Hunde* (1995) und F. Aikins *Gegen die Wand* (2004). – Ihre Schwester Janna (* 1971) ist ebenfalls Schauspielerin.

Nina Grabe

Striebeck, Peter, * 15. 3. 1938 Frankfurt an der Oder. Schauspieler, Regisseur, Theaterleiter.

Sohn des Schauspielerehepaars Karl S. (1904–85) und Mathilde S.-Zedler, Bruder des Schauspielers Jochen S. (* 1942). 1958–60 Ausbildung an der Hochschule für Musik und darstellende Kunst Hamburg. 1960–61 Stadttheater Ulm. 1961–64 Thalia Th. Hamburg, Wuppertaler Bühnen, Städt. Bühnen Frankfurt a. M., Hebbel-Th. Berlin. 1964–68 Wiener Burgtheater (Sarti in → Brechts *Leben des Galilei*, Dr. Jura in Bahrs *Das Konzert*, Ajaxerle in → Raimunds *Der Bauer als Millionär*, Holzapfel in → Shakespeares *Viel Lärm um nichts*). 1967 TR in der Verfilmung von Kohouts *August August, August*. Gastspiel im Berliner Renaissancetheater. 1968–85 Thalia Th. Hamburg, 1980–85 als Intendant. Spielte die TRn in Shakespeares *Hamlet*, Marlowe/Brechts *Leben Eduards des Zweiten von England*, Čechovs *Onkel Wanja* und Büchners *Woyzeck* sowie Stolzius in *Die Soldaten* von Lenz, Wladimir in Becketts *Warten auf Godot*, Cyril Poges in O'Caseys *Purpurstaub*, Chandebise/Poche in Feydeaus *Der Floh im Ohr*, König Heinrich in Anouilhs *Becket oder Die Ehre Gottes*, Lachmann in Hauptmanns *Michael Kramer* (Werner Burkhardt: «Er hielt einen durchschnittlichen Menschen mit überdurchschnittlichen schauspielerischen Mitteln ständig präsent»), Aimable in Pagnols *Die Frau des Bäckers*. 1998 kehrte er ins Thalia Th. zurück und spielte Probstein in Shakespeares *Wie es euch gefällt*, Dorfrichter Adam in Kleists *Der zerbrochne Krug*, Abel Znorko in der DEA von Schmitts *Enigma*. Gastspiele im Fritz-Remond-Th. Frankfurt a. M., Ernst-Deutsch-Th. Hamburg und im Berliner Renaissancetheater (Nils Bohr in Michael Frayns *Kopenhagen*, Willy Brandt in Frayns *Demokratie*, Nat in Gardners *Ich bin nicht Rappaport*, Willi in Simons *Sonny Boys*). Tourneetheater. Seit

1970 auch als Regisseur tätig, inszenierte in Frankfurt a. M. Topols *Katze auf dem Gleis*, Sperrs *Jagdszenen in Niederbayern*, im Bayer. Staatstheater *Polly* von Hacks, an den Wuppertaler Bühnen Schillers *Kabale und Liebe*, im Thalia Th. Hamburg Mühls *Rheinpromenade*, Schillers *Kabale und Liebe*. Zahlreiche Film- und Fernsehrollen, Lesungen. Seine Frau Ulla Purr, seine Töchter Janna (* 1971) und Catrin → S. sind Schauspielerinnen. – Begabt mit reichen Möglichkeiten zwischen Naturburschen und differenzierten Charakterrollen, praller Komik und stiller Trauer. Vorzüglich als Darsteller schlichter Menschen in einem engen Lebenskreis, oft von tumber Treuherzigkeit, mit denen er sich die Nähe zum kritischen Volksstück erspielt.

Werner Schulze-Reimpell

Strnad, Oskar, * 26. 10. 1879 Wien, † 3. 9. 1935 Bad Aussee. Bühnenbildner, Architekt, Designer. S. studierte Architektur an der TH Wien und promovierte 1904 mit der Arbeit *Das Princip der Dekoration in der frühchristlichen Kunst*. Danach arbeitete er u. a. im durch seine zahlreichen Theaterbauten berühmten Büro von → Fellner / Helmer. Seit 1909 selbständiger Architekt, entwarf Häuser und Inneneinrichtungen. S. unterrichtete von 1909 bis zu seinem Tod an der Wiener Kunstgewerbeschule, zuerst Allgemeine Formenlehre, seit 1914 Architektur. Er beschäftigte sich auch als Architekt mit Theaterfragen, entwarf um 1915 ein Rundtheater für mehrere tausend Zuschauer, Anfang der 1920er Jahre ein Simultantheater mit dreiteiliger Bühne und kreisförmigem Auditorium. Seit 1919 arbeitete er auch als Bühnenbildner, allein für das Dt. Volkstheater in Wien entwarf er rund 50 Bühnenausstattungen (Hasenclever, *Antigone*, 1919; → Shakespeare, *Hamlet*, 1924). 1922 kam es bei Lenormands *Die Namenlosen* (Dt. Volkstheater) zur ersten Zusammenarbeit mit Max → Reinhardt, für den er in den folgenden Jahren v. a. im Wiener Th. in der Josefstadt (Hofmannsthal, *Der Schwierige*, Shakespeare, *Der Kaufmann von Venedig*, beide 1924), aber auch in Berlin zahlreiche Szenerien entwarf. Dort am Dt. Th. für Shaws *Die heilige Johanna* (1924), Langers *Peripherie* (1926), Hofmannsthals (nach Calderón) *Das Große Welttheater* (1933), in der Komödie für Bruckners *Die Kreatur*, Hofmannsthals *Der Schwierige*, Shakespeares *Ein Sommernachtstraum* (alle 1930). Er stattete die Insz. von Vollmoellers *Das Mirakel* (1927, Zirkus Renz) aus, entwarf eine technisch aufwendige, märchenhafte Szenerie für die Insz. von Offenbachs *Hoffmanns Erzählungen* (1931) im Großen Schauspielhaus. Bei den Salzburger Festspielen schuf S. die Ausstattung zu Strauss' *Ariadne auf Naxos* (1926), Shakespeares *Ein Sommernachtstraum* (1927) in der Regie Reinhardts. Außerdem arbeitete S. in Wien für das Burgtheater, die Festwochen (Büchner, *Dantons Tod*, 1929), die Staatsoper (Křenek, *Jonny spielt auf*, 1929; Berg, *Wozzek*, 1930). Weitere Bühnenbilder entstanden für das Berliner Schauspielhaus (Schiller, *Don Carlos*, 1922, R. → Jeßner), das Dt. Schauspielhaus Hamburg (Schiller, *Die Räuber*, 1929, R. → Röbbeling), die Dresdener Staatsoper (Wagner, *Der Ring des Nibelungen*, 1930), Bühnen in Amsterdam (Mozart, *Die Zauberflöte*, 1931) und Florenz (Mozart, *Die Entführung aus dem Serail*, Maggio musicale 1935). Ausstatter beim Film (*Maskerade*, 1934; *Episode* 1935). – S. «sah den Zauber der Bühne in ihrer unendlichen Wandlungsfähigkeit, in einer gleichwohl harmonisierten Vielfältigkeit» (Eckert, S. 34), seine «narrativen» Bühnenbilder waren Bühnenräume mit eigener atmosphärischer wie räumlicher Dramaturgie. Er unterschied «atmosphärische Stücke» (für die er Bühnenbilder entwarf, die mit der historischen Zeit des Werks korrespondierten) von «rhythmischen

Stücken», die er mit vorwiegend architektonisch gestalteten Bühnenbildern ausstattete. Immer aber sollte die Szenographie die Absicht des Dichters, die dramatische Handlung verdeutlichen, die Insz. unterstützen, nicht aber kommentieren.

Bauer, Ch.: 100 Jahre Wiener Bühnenbild. Diss. Wien 1950; Eckert, N.: Das Bühnenbild im 20. Jahrhundert. Berlin 1998; Eisler, M.: Oskar Strnad. Wien 1936; Gregor, J.: Rede auf Oskar Strnad. Wien u. a. 1936; Stoklaska, J.: Oskar Strnad. Diss. (masch.) Wien 1960; Niedermoser, O.: Oskar Strnad. Wien 1965; Der Architekt Oskar Strnad. Wien 1979; Weich, U.: Die theoretischen Ansichten des Architekten und Lehrers Oskar Strnad. Dipl.-Arbeit Wien 1995.

Wolfgang Beck

Stromberg, Tom, * 30. 4. 1960 Wilhelmshaven. Kulturmanager, Intendant.

S. studierte Germanistik und Theaterwissenschaft in Köln und arbeitete als freier Mitarbeiter beim WDR, bevor er als Dramaturg in Darmstadt (1984/85) begann. Am Frankfurter Th. am Turm (1986–96) profilierte er sich als Dramaturg, Chefdramaturg, Mitglied der künstl. Leitung und Intendant: Unter seiner Leitung wurde das TAT zur Spielstätte für freie experimentelle Gruppen, internat. Gastspiele und Koproduktionen (u. a. mit → Fabre, → Lauwers), die im Rahmen eines bis heute fortwirkenden internat. Produzenten-Netzwerks in Frankfurt erst ermöglicht wurden und dem dt. Th. neue ästhetische Impulse gaben. In dieser Zeit leitete S. auch das Festival *Experimenta 6* zum Thema «Heiner Müller» (1990) und war neben Lehraufträgen an den Universitäten Gießen, Mainz und Innsbruck (1993–96) künstl. Beirat des Leipziger Theaterfestivals *Euroscene* (1995–99). Angesichts der Sparpolitik der Stadt Frankfurt kündigte S. 1996 vorzeitig seine Intendantentätigkeit am TAT, stand jedoch William → Forsythe, dem kommissarischen Leiter des umstrukturierten Th.s, als künstl. Berater (1996–98) zur Verfügung. – Seit 1996 verantwortete S. als künstl. Leiter erfolgreich das Kultur- und Ereignisprogramm der Weltausstellung EXPO 2000 in Hannover und war in dieser Funktion Vorsitzender des Beirats des Theaterfestivals *Theaterformen* und Ko-Direktor des Festivals *TANZtheater INTERNATIONAL*. 1997 war er zudem als Kurator für das Theaterprogramm der *documenta X* «Theaterskizzen» in Kassel tätig. – Im August 2000 trat S. die Intendanz am Dt. Schauspielhaus in Hamburg als Nachfolger → Baumbauers an, in dessen Intendanz das Haus zum erfolgreichsten dt.sprachigen Th. der 1990er Jahre avanciert war. Noch vor Amtsantritt rief seine Wahl Zweifler auf den Plan, die einen «bunten, internationalen Gastspiel-Event-Betrieb» befürchteten (G. Jörder, in *Die Zeit*, 23. 3. 2000). Mit einem verkleinerten Ensemble aus etablierten Darstellern und Nachwuchsschauspielern, seinen Hausregisseuren Jan Bosse, Ingrid Lausund, Ute Rauwald, Gast- und Koproduktionen wollte S. das Haus für neue Theaterentwicklungen und künstl. Grenzüberschreitungen öffnen. S. etablierte Künstler u. a. aus seiner Frankfurter Zeit (u. a. Stefan Pucher, René Pollesch), ermöglichte innovative Produktionen, die ihre Fortsetzung an anderen dt. Häusern fanden (u. a. von Pollesch, Studio Braun, Rimini-Protokoll), und setzte auf internat. Künstler wie Jérôme Bel, Jan Lauwers, Michael Laub und Laurent Chétouane. Nach anfänglichen Startschwierigkeiten mit einigen wenig überzeugenden Insz.en konsolidierte S. den Kurs des Hauses jedoch durch eine Verstärkung der Dramaturgie, eine Folge gelungener Klassikerinsz.en und engagiertes Gegenwartstheater, was dem Dt. Schauspielhaus durchaus Profil verschaffte und auch zunehmend Anerkennung bei Publikum und Presse fand. Dennoch wurde der Vertrag des letztendlich erfolgreichen Intendanten über die Spielzeit 2004/05 hinaus nicht verlängert. 2005 gründete S. mit dem Regisseur →Zadek die Firma «my way productions», die zunächst Shakespeare-Stücke in Zadeks Regie für mehrere Festspiele produzieren soll. Am Sitz der Firma im brandenburgischen Streckenthin soll auch ein Aus- und Fortbildungszentrum für junge Schauspieler entstehen.

Nina Grabe

Stroux, Karl Heinz, * 25. 2. 1908 Hamborn, † 2. 8. 1985 Düsseldorf. Schauspieler, Regisseur, Intendant.

Louise →Dumont bestätigte ihm nach einem Vorsprechen große Begabung. Kurz als Schauspieler in Aachen. Einige Semester Studium, Ausbildung an der Schauspielschule der Volksbühne Berlin. 1928–30 Regieassistent an der Volksbühne, kleine Rollen. 1931 sehr erfolgreiches Debüt als Regisseur mit →Shakespeares *Komödie der Irrungen*. 1933–34 Th. am Nollendorfplatz. Wegen unliebsamer Billinger-Insz. nach Erfurt versetzt. 1936–38 Städt. Bühnen Wuppertal. 1938 Heidelberger Festspiele: Shakespeares *Der Widerspenstigen Zähmung*. 1939–44 Gastinsz.en am Wiener Burgtheater (Grillparzers *Die Ahnfrau*, Grabbes *Don Juan und Faust*) und am Preuß. Staatstheater Berlin (Schillers *Die Verschwörung des Fiesco zu Genua*, Gozzi / Schillers *Turandot*, Picard / Schillers *Der Parasit*). 1945 Gründung der Heidelberger Kammerspiele (*Faust*-Abend). Anfang 1946 Oberspielleiter des Landestheaters Darmstadt (DEA von Anouilhs *Antigone*, DEA von Wilders *Wir sind noch einmal davon gekommen* – bald darauf auch im Berliner Hebbel-Th.). 1946–48 Schauspieldirektor am Staatstheater Wiesbaden (Shakespeares *Das Wintermärchen*). 1947 am Dt. Th. Berlin *König Ödipus* von Sophokles (Neuinsz. im gleichen Jahr im Düsseldorfer Schauspielhaus zum Auftakt der Intendanz →Gründgens, beide Male mit ihm in der TR), Städt. Bühnen Frankfurt a. M.: DEA von O'Neills *Trauer muß Elektra tragen*. 1949–51 Oberspielleiter des Berliner Hebbel-Th.s (Zuckmayers *Barbara Blomberg*, Shakespeares *Othello*, *Undine* und *Die Irre von Chaillot* von Giraudoux, Büchners *Dantons Tod*). 1951–55 Oberspielleiter des Schiller- und Schlossparktheaters in Berlin (Sartres *Der Teufel und der liebe Gott*, Shakespeares *Julius Caesar*, Bruckners *Elisabeth von England*, DEA von Millers *Hexenjagd*, Shakespeares *Richard III.*, Hauptmanns *Die Ratten*, DEA von Frys *Das Dunkel ist Licht genug*), im Schlossparktheater García Lorcas *Bernarda Albas Haus*, *Sodom und Gomorrha* von Giraudoux, DEA von Becketts *Warten auf Godot*, Kaisers *Die Bürger von Calais*, Shakespeares *Was ihr wollt*. Bei den Ruhrfestspielen Recklinghausen 1951 Schillers *Don Carlos*, 1955 Shakespeares *Hamlet*. 1955–72 Intendant des Düsseldorfer Schauspielhauses. Über 100 Insz.en. Zahlreiche Klassiker – mehr als ein dutzendmal Shakespeare, 6 Stücke von Schiller, dreimal →Goethes *Faust*, Kleist, →Lessing. Kaum Interesse an aktuellen dt. Autoren (UA von Bölls *Ein Schluck Erde*), die auch im Spielplan weitgehend fehlten (je einmal Grass, Weiss, Walser, 1956 UA von Rehbergs *Rembrandt*, 1967 UA von Dorsts *Wittek geht um*); aber konsequenter Einsatz für den späten Ionesco (*Die Unterrichtsstunde*, UA *Die Nashörner*, UA *Fußgänger der Luft*, DEA *Der König stirbt*, UA *Hunger und Durst*, UA *Triumph des Todes*). 1974 am Staatsschauspiel Stuttgart: Shaffers *Equus*; 1977 am Düsseldorfer Schauspielhaus: Wedekinds *Der Kammersänger* und Schnitzlers *Große Szene*. Tourneetheater-Insz.en. Spielte 1982 im Düsseldorfer Schauspielhaus Schwitter in Dürrenmatts *Der Meteor*.

Einer der prägenden Regisseure des Nachkriegstheaters mit genialischem Ausdruckswillen ohne eng umrissenes ästhetisches Konzept. Der Typ des Schauspielervaters. Gab dem Düsseldorfer Schauspielhaus internat. Ausstrahlung durch die Verpflichtung vieler der besten Schauspieler der Epoche (→ Krauß, → Deutsch, → Bergner, Attila → Hörbiger). Hans Schwab-Felisch schrieb im Nachruf: «Den Umschlag vom Apollinischen ins Dionysische, vom Rationalismus in den Irrationalismus, das war es, was Stroux von Anfang an zeigen wollte. [...] Er war ein Bewahrer und Erneuerer der Klassik. Doch machte ihn das nur zum Teil aus. Er war ebenso ein Entdecker. Er suchte nach Neuem, aber es mußte, so verstand er die Rolle des Theaters, standhalten. Er suchte nicht den Zeitkommentar, sondern die tiefgreifende Analyse. Er wollte Dichter auf die Bühne bringen, nicht Pamphlete.»

Biedrzynski, R.: Schauspieler, Regisseure, Intendanten. Heidelberg, Berlin, Leipzig 1944; Schwab-Felisch, H.: 75 Jahre Düsseldorfer Schauspielhaus. Düsseldorf 1980; Riemenschneider, H.: Theatergeschichte der Stadt Düsseldorf. Düsseldorf 1987.

Werner Schulze-Reimpell

Sturm, Dieter, * 24. 5. 1936 Frankfurt a. M. Dramaturg.

S. studierte Ethnologie, Germanistik und Alte Geschichte in Erlangen und an der FU Berlin, wo er Ende der 1950er Jahre die Studiobühne, das Studententheater der Universität, mitbegründete und leitete. 1962 mit Jürgen Schitthelm u. a. Mitbegründer der Berliner Schaubühne am Halleschen Ufer (seit 1981 Schaubühne am Lehniner Platz), deren künstl. Profil er als Dramaturg wesentlich mitprägte. Seit 1970 im Leitungsteam um Peter → Stein, nach dessen überraschendem Rücktritt 1985–87 Luc → Bondy mit S. und Chr. Leimbacher die Direktion übernahm. Intellektueller Kopf des Hauses bis 1996. Peter Iden schrieb 1979: «Die meisten Positionen der Spielpläne sind ohne die Vorschläge von Dieter Sturm nicht zu denken; seine literarischen, philosophischen, historischen Kenntnisse haben den Diskussionen des Ensembles, deren bester Lenker er oft war, immer neues Gedankenmaterial geliefert. Dem Nachdenken über Theater hat Sturm die Maßstäbe gesetzt.» Produktionsdramaturgischer Partner von Claus → Peymann (Handke, *Der Ritt über den Bodensee*, UA 1971), Klaus Michael → Grüber u. a. bei Euripides' *Die Bakchen* (1974), Hölderlins Fragment *Empedokles* (1975, mit → Ganz), der Adaptation des Hölderlin'schen *Hyperion* unter dem Titel *Die Winterreise* (1977), Kleists *Amphitryon* (1991), von Stein u. a. bei Višnevskijs *Optimistische Tragödie* (1972), dessen → Shakespeare-Projekten, Čechovs *Drei Schwestern* (1984). R. Stephan pries S. als «nicht genug zu rühmenden Sonderfall unter den Dramaturgen. Es gibt keinen Schauspieler und keinen Regisseur in der 25jährigen Geschichte des Hauses, der nicht erst bei, mit und von Dieter Sturm wirklich gelernt hätte, was geistige Auseinandersetzung mit einem Theaterprojekt bedeutet – wie viel Spaß sie einem bereiten kann und welche Mühe sie bereiten muß, um Spaß zu machen» (*SZ*, 25. 8. 1987). 1996–2001 Dramaturg und Berater des Intendanten Th. → Langhoff im Dt. Th. Berlin (u. a. Strauß, *Ithaka*, 1997). Intensive Zusammenarbeit mit Bondy, u. a. bei Mozarts *Don Giovanni* (1990, Koproduktion Wiener Staatsoper), Strauß' *Lotphantasie* (UA 1999, beide Wiener Festwochen), R. Strauss' *Salome* (1992, Koproduktion Th. Royal de la Monnaie, Brüssel), Strauß' *Das Gleichgewicht* (UA 1993, beide Salzburger Festspiele), Crimps *Auf dem Land* (2001, Schauspielhaus Zürich / Berliner Ensemble), Strauß' *Unerwartete Rückkehr* (2002, Koproduktion Schauspielhaus Bochum), *Die Eine und die Andere* (2005, beide Berliner Ensemble). Produktionsdramaturgie bei → Ronconis Insz. von Pirandellos *Die Riesen vom Berge* (1994, Salzburger Festspiele), der gemeinsamen Adaption mit Edith → Clever von → Schleefs *Gertrud* (UA 2002, Berliner Ensemble / Burgtheater Wien).

1993 Kortner-Preis. Luc →Bondy nannte ihn in seiner Laudatio einen «Theaterphilosophen» und «dialogischen Denker»; einen «Mann des historischen Gedächtnisses für die Gegenwart des Theaters» nannte ihn die Jury.

Bondy, L.: Der Theaterphilosoph. In: Th. heute 12/1993; Iden, P.: Die Schaubühne am Halleschen Ufer 1970–79. München 1979.

Werner Schulze-Reimpell

Sukowa, Barbara, * 2.2.1950 Bremen. Schauspielerin.

Nach dem Studium am Max-Reinhardt-Seminar in Berlin debütierte sie an der Berliner Schaubühne in Peter Handkes *Ritt über den Bodensee* (1971, R. →Peymann) und bekam Engagements am Darmstädter Staatstheater (1971–73) und in Bremen (1973/74). In den folgenden Jahren spielte S. an mehreren großen Th.n: an den Städt. Bühnen Frankfurt a. M. u. a. unter →Bondy die Pat in Bonds *Hochzeit des Papstes* (1975); am Dt. Schauspielhaus Hamburg (1976–80) u. a. die Siri in Per Olof Enquists *Nacht der Tribaden* und die Helena in →Shakespeares *Sommernachtstraum* (1978, R. →Marijnen). Nach theaterpolitischem Streit verließ die «rote Barbara» Hamburg und trat bei den Salzburger Festspielen als Rosalinde in Shakespeares *Was ihr wollt* auf. Anschließend war sie in München tätig, wo sie u. a. Pauline in Offenbachs *Pariser Leben* (1982, R. →Giesing), Desdemona in Shakespeares *Othello* (1982, R. →Palitzsch) und Hilde Wangel in Ibsens *Baumeister Solness* (1983, R. →Zadek) spielte, für deren Darstellung sie von *Th. heute* zur besten Schauspielerin des Jahres 1983 gewählt wurde. 1986 verkörperte sie in Paris die Polly in der *Dreigroschenoper* von →Brecht/Weill (R. →Strehler). Gleichzeitig ist S. auch in Film- und Fernsehrollen erfolgreich, wie in R. W. →Fassbinders TV-Verfilmung von Döblins *Berlin Alexanderplatz* (1980) oder in der TR in Margarethe von Trottas *Rosa Luxemburg* (1986), für die sie in Cannes mit der Goldenen Palme ausgezeichnet wird. 1998 erhielt sie den Bayer. Filmpreis für den Fernsehfilm *Im Namen der Unschuld*. Weitere internat. Filme u. a. *Homo faber* (1991, R. Schlöndorff), *Europa* (1991, R. von Trier), *M. Butterfly* (1993), *Office Killer* (1997), *Cradle Will Rock* (1999, R. Tim Robbins), *Hierankel* (2003), *Die andere Frau* (2004, R. von Trotta). S. lebt seit Mitte der 1990er Jahre mit ihrem dritten Mann, dem Multimediakünstler Robert Longo, in den USA. Ihre Leidenschaft gilt zunehmend dem Gesang, seit Jahren gibt sie weltweit Konzerte *(Pierrot Lunaire, Gurre-Lieder, Dreigroschenoper)* mit renommierten Dirigenten und Orchestern. 2006 Premiere einer melodramatischen Musikfassung des antiken Kassandra-Stoffs, den der Komponist Michael Jarrell u. a. für sie komponiert hat. Auftritt in Schumanns «dramatischem Gedicht» *Manfred* mit den Berliner Philharmonikern (2006, mit →Ganz, P. →Fitz). – «Diese Schauspielerin vermag die Emotionen ihrer Figuren, die Motivationen für ihr Handeln und Denken aus der Tiefe an die Oberfläche zu spielen: in ihre Bewegungen, in ihr Gesicht, in ihre zuweilen brüchige, aber immer helle, neugierige, stets kindliche Stimme» (Sucher, S. 278).

Sucher, C. B.: Theaterzauberer. München, Zürich 1988.

Karin Schönewolf

Svoboda, Josef, * 10.5.1920 Čáslav (Tschechoslowakei), † 8.4.2002 Prag. Bühnenbildner, Theaterleiter.

1935–38 Tischlerlehre, 1938–40 Meisterschule für Kunsttischlerei in Prag, 1940–43 Ausbildung zum Innenarchitekten, Bühnenbildkurse am Konservatorium, 1945–51 Architekturstudium an der Kunstgewerbeschule in Prag. 1943 Mitbegründer des Neuen Ensembles (Nový soubor), in dem er u. a. mit dem Regisseur Ivan Weiss bei Hölderlins *Empedokles* und Strindbergs *Die Kronenbraut* zusammenarbeitete. 1945 beteiligt an der Gründung der Großen Oper des Th.s des 5. Mai (Velká opera 5. května), deren Ausstattungsleiter er 1946–48 war (Offenbach, *Hoffmanns Erzählungen*, 1946; Puccini, *Tosca*, 1947). Daneben Zusammenarbeit mit dem Th. der Satire (Divadlo satiry) und dem Studio des Nationaltheaters (Národní divadlo). 1948 wurde er Bühnenbildner, 1951–70 technischer und künstl. Leiter, danach Chefbühnenbildner des Nationaltheaters, das er erst 1992 endgültig verließ. Bereits in den 1940er Jahren experimentierte S. mit dem Regisseur Alfréd Radok (1914–76) mit audiovisuellen Techniken, die die Szenographie durch Licht, Projektionen und Filmeinblendungen revolutionieren sollten. Für den tschechoslowak. Pavillon der Weltausstellung 1958 in Brüssel schufen beide das multimediale Spektakel *Laterna Magika*, aus dem sich das gleichnamige Prager Th. entwickelte, das mit der Mischung verschiedener theatraler Genres, Beleuchtungseffekten und vielfältigen Projektionsformen bis heute Erfolge feiert. S.s audiovisuelle und lichttechnische Versuche führten zu einer Vielzahl theatraler Projekte und Erfindungen wie dem Polyekran, bei dem mehrfache Film- und Bildprojektionen synchronisiert eine eigene Dramaturgie entwickelten, fortgeführt mit dem Diapolyekran, der 1970 bei der Weltausstellung in Montreal erstmals vorgeführt wurde. S. erfand das heute im Fachjargon unter seinem Namen bekannte Gestell mit 9 Niederspannungs-Scheinwerfern, das intensives Licht ohne Schlagschatten erzeugt und weltweit genutzt wird. Der Bühnenbildner S. arbeitete in Prag vielfach mit dem Regisseur → Krejča zusammen, am Nationaltheater wie an dessen Th. hinter dem Tor (Divadlo Za Branou), zuletzt bei Pirandellos *Die Riesen vom Berge* (1994). Internat. gibt es kaum einen bekannten Regisseur, mit dem S. nicht zusammengearbeitet hat. Zu seinen Arbeiten für das Sprechtheater gehören u. a. die Ausstattungen von Josef und Karel Čapeks *Ze zivota hmyzu* (*Aus dem Leben der Insekten*, 1946), → Shakespeares *Hamlet* (1958, 1992), *Romeo und Julia* (1963), Kunderas *Majitelé klíců* (*Die Schlüsselbesitzer*, 1962, alle Nationaltheater Prag), Rosovs *Unterwegs* (DDR-EA 1964, Dt. Th. Berlin), Hochhuths *Der Stellvertreter* (1966, Dt. Th. Berlin), Ostrovskijs *Das Gewitter* (1966, R. John Dexter), Čechovs *Drei Schwestern* (1967, R. → Olivier), Gray / Dostoevskijs *Der Idiot* (1970, R. Anthony Quayle, alle National Th., London), Topols *Fastnachtsende* (dt.sprach. EA 1968, Akademietheater Wien, R. Krejča), Stoppards *Akrobaten* (1974, Billy Rose Th., New York, R. → Wood), Strindbergs *Ein Traumspiel* (1980, State University, Albany, New York), Čechovs *Die Möwe* (1988, Atelier Theatral Louvaine-la-Neuve), → Goethes *Faust II* (1991, Piccolo Teatro di Milano, R. → Strehler). Ausstattungen für das Musiktheater u. a. für das Teatro La Fenice in Venedig (Dvořáks *Rusalka*, 1958; Nonos *Intolleranza*, 1960), die Bayreuther Festspiele (Wagners *Der fliegende Holländer*, 1969; *Tristan und Isolde*, 1974, beide R. → Everding), die Metropolitan Opera in New York (Bizets *Carmen*, 1972; Verdis *Die sizilianische Vesper*, 1974; Smetanas *Die verkaufte Braut*, 1978), Opernhäuser in London (Debussys *Pelléas und Mélisande*, 1969; Wagners *Der Ring des Nibelungen*, 1974–76), München (Mozarts *Die Zauberflöte*, 1970), Wien (Mozarts *Idomeneo*, 1971), Kopenhagen (Stravinskijs *Der Feuervogel*, 1972), Rom (Verdis *Macbeth*, 1995), Berlin (Gounods *Faust*, 1977, Dt. Oper), Mailand (Strauss' *Josephslegende*, 1981). Zu S.s Arbeiten für das Ballett zählen die für Choreographien Roland Petits entstandenen Ausstattungen für *La symphonie fantastique* (1975), *L'Ange bleu* (1985), *Le Chat botté* (1985), *Le Dia-*

ble amoureux (1988, alle mit dem Ballet National de Marseille), *Dix oder Eros und Tod* (1993, Ballett der Staatsoper Berlin). Zu seinen wenigen Arbeiten für den Film zählt die Opernszenerie für Milos Formans *Amadeus* (1984). 1992 übernahm S. die Leitung der Laterna Magika, deren künstl. Leiter er bereits seit 1973 gewesen war. Seine wohl erfolgreichste Arbeit für dieses Th. war *Kouzelný cirkus*, das seit 1977 fast 5000-mal weltweit aufgeführt wurde. Weitere Ausstattungen u. a. für *Odysseus* (1987), *Minotaurus* (1989, auch R.), *Casanova* (1995), *Hádanky* (1996, auch R.), *Past* (1999, auch R.); zuletzt *Graffiti* (2001). S. lehrte lange Jahre an der Kunstgewerbeschule in Prag und an internat. Institutionen. Zahlreiche in- und ausländische Auszeichnungen, mehrfacher Ehrendoktor, Ritter der franz. Ehrenlegion. – Der überaus produktive S., der an die 700 Szenographien schuf, war ein «Magier des Lichts», ein Meister der Projektionen, dessen Raumgestaltungen eigene Dynamik und kinetische Energie entfalteten und sich dennoch in den Dienst des jeweiligen Werks und seiner Interpretation stellten – als integraler Bestandteil eines in sich stimmigen «Gesamtkunstwerks». Dass er dabei nicht nur an aufwendige Licht- und Projektionstechnik gebunden war, bewiesen einfache Raum- und Formkompositionen. Seine Innovationen und künstl. Ideen beeinflussten – verstärkt durch seine internat. Tätigkeit – Generationen von Bühnenbildnern.

Bablet, D.: Josef Svoboda. Paris 1970; Berjozkin V. J.: Teatr Josefa Svobody. Moskau 1973; Burian, J.: The Scenography of Josef Svoboda. Middletown 1974; Les écrans sur la scène. Hg. B. Picon-Vallin. Paris 1998; Josef Svoboda: cesta za světlem = Josef Svoboda: in search of light. Prag 1995 *(Katalog)*; Ptáčková, V.: Josef Svoboda. Prag 1984; Schröder E., E. Killy: Josef Svoboda. Berlin 1980; Strehler, G. u. a.: Josef Svoboda Scénographe. Paris 1992 *(Katalog)*; Svoboda, J.: The Secret of Theatrical Space. New York 1993; Ursini Ursic, G.: Josef Svoboda, scenographer. Paris 1998.

Wolfgang Beck

Swinarski, Konrad, * 4. 7. 1929 Warszawa, † 20. 8. 1975 bei Damaskus (in einer Flugzeugkatastrophe). Regisseur.

Nach der Absolvierung der Hochschule für Bildende Künste in Łodz (1951) und der Theaterhochschule in Warszawa (1954) war S. Stipendiat am Berliner Ensemble (1955–56). In Warszawa inszenierte er später erfolgreich einige Stücke von → Brecht (u. a. *Die Dreigroschenoper*, P. 3. 10. 1958; *Der aufhaltsame Aufstieg des Arturo Ui*, P. 6. 1. 1962, beide im Teatr Współczesny) und galt lange als «ein Schüler Brechts». Seine größten Insz.en entstanden jedoch am Stary Teatr in Kraków und gehörten hauptsächlich zum klassischen Repertoire: *Nieboska komedia* von Zygmunt Krasiński (*Ungöttliche Komödie*, P. 9. 10. 1965), *Woyzeck* von Georg Büchner (P. 25. 6. 1966), *Fantazy* von Juliusz Słowacki (P. 30. 12. 1967), *Dziady* von Adam Mickiewicz (*Die Totenfeier*, P. 18. 2. 1973), *Wyzwolenie* von Stanisław → Wyspiański (*Die Befreiung*, P. 30. 5. 1974), wie auch → Shakespeares *Ein Sommernachtstraum* (P. 22. 7. 1970) und *Ende gut, alles gut* (P. 2. 10. 1971). Dazu zählt man ebenfalls legendäre, wegen des plötzlichen Todes des Regisseurs nicht zur Premiere geführte Proben zu *Hamlet* (1974/75). Außer insgesamt 46 Stücken von 31 Autoren (auch gegenwärtigen, wie Dürrenmatt, Genet, Mrożek, Różewicz) in den poln. Th.n realisierte S. 25 Bühnenwerke im Ausland, u. a. in Berlin (*Marat/Sade* von Peter Weiss am Schiller-Th., UA 29. 4. 1964), Darmstadt, Düsseldorf, Zürich, Helsinki, Moskau, Tel Aviv.

S. war nicht nur eine hochbegabte und ausdrucksvolle Persönlichkeit im poln. Th. der 1960er und 70er Jahre, sondern nach Meinung vieler auch einer der beiden (neben Leon → Schiller) größten poln. Regisseure des 20. Jh.s. Im Mittelpunkt seiner großräumigen, ästhetisch reichen, symbolischen und manchmal bilderstürmischen Insz.en stand immer ein gegen die Welt kämpfendes Individuum (oft ziemlich ironisch betrachtet), das nach einem eigenen Weg und Lebenssinn im Dschungel der Geschichte bzw. Politik suchte. S. liebte Schauspieler, oft arbeitete er mit ihnen individuell, war aber auch ein Meister der gemeinsamen Bühnenarbeit. Was nicht immer die Regel ist: S. hatte Erfolg nicht nur bei der Kritik, sondern auch beim Publikum: Nach Kraków pilgerten (v. a. junge) Zuschauer aus ganz Polen, um *Die Totenfeier* (269 Vorstellungen) bzw. *Die Befreiung* (199 Vorstellungen) zu besuchen.

Walaszek, J.: Konrad Swinarski i jego krakowskie inscenizacje. Warszawa 1991.

Wojciech Dudzik

Sydow, Max von (eig. Carl Adolph v. S.), * 10. 4. 1929 Lund (Schweden). Schauspieler, Regisseur.

Sohn eines Ethnologen. Erste Theatererfahrungen als Schüler. 1948–51 Ausbildung an der Schauspielschule des Kungliga Dramatiska Teatern (Dramaten). S. prägte sich internat. v. a. durch seine Filmrollen ein, obwohl er während seiner gesamten Schauspielerkarriere das Sprechtheater dem Film vorzog. Filmdebüt 1949 in *Bara en mor (Nur eine Mutter)* in der Regie von Alf → Sjöberg. Erstes Bühnenengagement 1951–53 am Stadttheater Norrköping-Linköping. Nach einer Spielzeit am Stadttheater Helsingborg (1954) am Stadttheater Malmö (1955–60), das unter der Intendanz von Ingmar → Bergman das führende Schauspielhaus Nordeuropas geworden war. Ab 1960 Kungliga Dramatiska Teatern (Dramaten) in Stockholm, wiederum unter Bergman, in dessen Filmen *Det sjunde inseglet* (*Das siebente Siegel*, 1956), *Smultronstället* (*Wilde Erdbeeren*, 1957), *Jungfrukällan* (*Die Jungfrauenquelle*, 1959), *Nära livet* (*Am Anfang des Lebens*, 1957), *Såsom i en spegel* (*Wie in einem Spiegel*, 1960) S. bereits Schlüsselrollen besetzt hatte. – Bedeutende Charakterdarstellungen in Malmö u. a. als Jakob in Mobergs *Lea och Rakel* (1955), Paratov in Ostrovskijs *Die arme Braut*, Brick in Williams' *Die Katze auf dem heißen Blechdach*, Carl in Strindbergs *Erik XIV.* (alle 1956), TR in Ibsens *Peer Gynt*, Alceste in → Molières *Der Menschenfeind* (beide 1957), Gerhard in H. Bergmans *Sagan*, Faust in → Goethes *Ur-Faust*, Per in Dahlgrens *Värmlänningarna* (alle 1958), in Stockholm u. a. als Franz in Sartres *Die Eingeschlossenen von Altona* (1960), Viktor in *Yerma* von García Lorca (1961), Achilles in → Shakespeares *Troilus und Cressida* (1967), Advokat in Strindbergs *Ett drömspel* (*Ein Traumspiel*, 1970), Gregers Werle in Ibsens *Die Wildente* (1972). Am Broadway Strindberg in Enquists *Die Nacht der Tribaden* (1977, Helen Hayes Th.), Feldman in Kempinksis *Duet for One* (1981, Royale Th.), im Londoner Old Vic Th. 1988 Prospero in Shakespeares *The Tempest (Der Sturm)*. – Nach den Erfolgen in Bergman-Filmen Zusammenarbeit mit anderen Regisseuren. In *Älskarinnan* (*Die Mätresse*, 1962) von Vilgot Sjöman überzeugte er als fremdgehender Ehemann so sehr, dass er nach Hollywood eingeladen wurde. S. war der Christus-Darsteller in *The Greatest Story Ever Told* (1965) und spielte in *The Reward* (1964) und in *Hawaii* (1965). Nach längerem Kalifornienaufenthalt Rückkehr nach Schweden, wo er wieder auf der Bühne stand und gleichzeitig und danach in engl.-, schwed.- und dän.sprachigen Filmen die unterschiedlichsten Rollen verkörperte und selbst in schwachen oder umstrittenen Filmen überzeugte (z. B. 1980 in *Flash Gordon* als Ming der Unbarmherzige). Er spielte die Hauptrollen in den Filmadaptionen Jan Troells von Werken des Literaturnobelpreisträgers Eyvind Johnson (1900–76): einen urwüchsigen obdachlosen Landstreicher in *4 x 4* (1964); den autobiographischen Helden aus dem 4-bändigen *Olof*-Roman in *Här har du ditt liv *(Hier hast du dein Leben,* 1965). 1987 bot ihm Bille August an, durch alle Altersstufen vom Jüngling zum Greis *Pelle Erobreren (Pelle der Eroberer)* nach dem gleichnamigen Proletarierroman Andersen-Nexös (1869–1954) darzustellen. Dass dieser naturalistisch-veristische Film in Cannes mit der Goldenen Palme ausgezeichnet wurde, war v. a. der schauspielerischen Leistung S.s zu verdanken (Oscar-Nominierung). In Woody Allens *Hannah and her sisters (Hannah und ihre Schwestern,* 1984) war S. der menschenscheue Maler Frederick. Über 100 Film- und Fernsehrollen, u. a. in *The Exorcist* (1973), *Steppenwolf* (1974), *Three Days of the Condor* (1975), *Never Say Never Again* (1983), *Awakenings* (1990), *Den Goda viljan* (1992), *Hamsun* (1996), *Snow Falling on Cedars* (1999), *Minority Report* (2002), *Die Nibelungen* (2004, TV). Synchronsprecher, Rezitator. – 1987 Debüt als Filmregisseur mit *Ved vejen (Katinka,* 1988) nach einer Novelle von Herman Bang (1857–1912). – S. gilt als der bedeutendste lebende Schauspieler Schwedens. Seine imponierende Erscheinung, sein vierkantiges Gesicht, seine sonore Stimme haben vielen Rollen unvergessliches Gepräge gegeben. Er ist einer der wenigen Darsteller, der sowohl Gott *(King of Kings)* als auch den Teufel *(Needfull Things)* gespielt hat. Zahlreiche internat. Auszeichnungen.

Cowie, P.: Max von Sydow: from The Seventh Seal to Pelle the Conqueror. Stockholm 1989; Leiser, E.: Nahaufnahmen: Begegnungen mit Künstlern unserer Zeit. Reinbek 1990; Sydow, M. v.: Loppcirkus: Max von Sydow berättar. Stockholm 1989.

Horst Schumacher

Szajna, Józef, * 13. 3. 1922 Rzeszów (Polen). Bühnenbildner, Regisseur, Theaterleiter, Maler, Bildhauer.

Bevor S. seinen künstl. Weg begann, wurde er während des 2. Weltkriegs mit einer tragischen Erfahrung konfrontiert, die sein ganzes späteres Leben beeinflusste und sein Werk stark prägte: Der junge S. war KZ-Häftling in Auschwitz und Buchenwald. «Nach Jahren noch findet sich in meinen Theateraufführungen der Satz festgeschrieben: ‹Ich wurde von der Henkersschnur abgeschnitten, der Tod ist in mir, ich muss nachts mit ihm das Bett teilen.›» Nach dem Krieg studierte S. Graphik (Diplom 1952) und Bühnenbild (Diplom 1953) an der Akademie für Bildende Kunst in Kraków. Kurz nach dem Theaterdebüt in Opole (Teatr Ziemi Opolskiej, 1953) begann S. seine mehrjährige Mitarbeit am Teatr Ludowy (Volkstheater) in Nowa Huta bei Kraków (1955–63 Bühnenbildner, 1963–66 Intendant). Die dort entstandenen modernen und bildnerisch experimentellen Aufführungen – u. a. *Prinzessin Turandot* von Gozzi (P. 2. 1. 1956, R. Krystyna Skuszanka und Jerzy Krasowski), *Jacobowsky und der Oberst* von Werfel (P. 20. 1. 1957, R. J. Krasowski), *Der Sturm* von → Shakespeare (P. 20. 3. 1959, R. K. Skuszanka), *Die Totenfeier* von Mickiewicz (P. 25. 5. 1962, R. K. Skuszanka und J. Krasowski), *Der Revisor* von Gogol' (P. 21. 11. 1963, R./Bb. Szajna) – schufen dem Künstler einen Namen in ganz Polen. Seit 1962 arbeitete S. mit Jerzy → Grotowski zusammen und war Ko-Regisseur bei einer der wichtigsten Aufführungen des Th.s der 13 Reihen in Opole (und später des Teatr Laboratorium in Wrocław), bei *Akropolis* nach Stanisław → Wyspiański (P. 10. 10. 1962, bis 1967 noch 4 Fassungen: 2 in Opole und 2 in Wrocław nach dem Umzug des Th.s): Die Handlung dieses klassischen Dramas spielt in einem KZ, auf einem Friedhof der Kultur und der Menschheit. 1966–71 arbeitete S. u. a. in Kraków (R./Bb. bei Majakovskijs *Das Schwitzbad,* Teatr Stary, P. 25. 11. 1967) und Warszawa (R./Bb., *Faust,* Teatr Polski, P. 3. 7. 1971). In den Jahren 1972–82 entwickelte S. – als Leiter des Teatr Studio (Studio-Th.) in Warszawa – ein Autorentheater, in dem er alle künstl. Aufgaben selbst übernahm: Regisseur, Bühnenbildner, Kostümdesigner, Textschreiber. Zu den wichtigsten und durch Gastspiele in der ganzen Welt bekannten Insz.en dieser Zeit gehörten u. a. *Dante* (P. 20. 4. 1974), *Cervantes* (P. 30. 12. 1976), *Majakovskij* (P. 17. 2. 1978); als größter Theatererfolg S.s gilt jedoch ohne Zweifel die vielmals bearbeitete *Replik* (zuerst 1971 als plastische Komposition im Kunstmuseum in Göteborg, dann mit Schauspielern am 1. 1. 1972 in Edinburgh aufgeführt; seit 1973 als autonome Aufführung am Teatr Studio in Warszawa, P. 8. 10. 1973) – von den Kritikern als «ein Abrechnungsstück», ein «Aufschrei unserer Zeit», eine «Darstellung der Landschaft nach dem Erdbeben» bezeichnet. Der Autor schreibt über das Werk: «Die *Replik* klagt an. Sie spricht von der Agonie unserer Welt, von unserem Kleinmut, vom Zerfall unserer Zivilisation und von der postindustriellen Kultur.» Dieses pessimistische Projekt wurde von den Kriegserfahrungen und KZ-Erlebnissen des Autors am stärksten geprägt. 1982 legte S. seine Theaterdirektion wie auch seine Professur (seit 1972) an der Akademie für Bildende Kunst in Warszawa aus Protest gegen die Ausrufung des Kriegsrechts in Polen nieder und wandte sich v. a. der Malerei und Bildhauerei zu (Ausstellungen in der ganzen Welt), gelegentlich veranstaltet er noch Happenings und realisiert neue eigene Theaterszenarien (z. B. *Ślady*, dt. *Spuren*, P. 3. 4. 1993, Chorzów, 1994 auch in Ankara; *Deballage*, P. 21. 6. 1997, Rzeszów). Für seine künstl. Beiträge zur Erinnerungskultur des 20. Jh.s erhielt S. die Ehrendoktorwürde der Universität Oldenburg (2002) und der Universität in Katowice (2003).

S. schuf einen originellen, eigenen Theaterstil, dessen Ästhetik das plastische Bild bestimmt. Die Schauspieler werden in dieses Bild wie andere Elemente integriert, um der ganzen Bühnenstruktur zu dienen. S. erzählt keine Geschichten, er schafft plastische Visionen, benutzt dabei wenige Worte und – stattdessen – die Körper-, Bewegungs- bzw. Bildersprache. «Das Leben will ich in ein Bild umwandeln», behauptet der Künstler; die Kritik spricht in seinem Fall vom «Theater der plastischen Erzählung». S.s Bühnenvisionen einer «Welt, die aus der Bahn fiel», zeichnen sich durch große Expressivität aus und berühren deswegen die Zuschauer stets sehr stark.

Józef Szajna and His World. Hg. B. Kowalska. Warszawa 2000; Józef Szajna – Kunst und Theater. Hg. I. Scheurmann, V. Knigge. Göttingen 2002; Tomczyk-Watrak, Z.: Józef Szajna i jego teatr. Warszawa 1985.

Wojciech Dudzik

T

Tabori, George (eig. György Tábori), * 24. 5. 1914 Budapest. Regisseur, Theaterleiter, Schauspieler, Autor. Übersetzer, Journalist.

Sohn des in Auschwitz ermordeten Publizisten Kornél T. (1879–1944), Bruder des Autors und Übersetzers Paul (Pál) T. (1908–74). 1932–34 Hotelpraktikum in Berlin und Dresden. 1935–39 Übersetzer und Reiseleiter in London; 1940–41 Journalist in Sofia, Belgrad, Istanbul. Seit 1942 (Deckname Turner) tätig für den brit. Geheimdienst und in der ungar. Abteilung der BBC in Jerusalem, 1943

Tabori, George

in Kairo. Rückkehr nach Großbritannien (1947 naturalisiert); u. a. freier Mitarbeiter der BBC und Romanautor. Seit 1947 mit seiner ersten Frau in Hollywood, später New York. Seine ersten Filmentwürfe wurden nicht realisiert. Drehbücher schrieb T. später u. a. zu *I Confess* (1953, R. Hitchcock), *The Young Lovers* (1954), *The Journey* (1959), *No Exit* (1962), *Secret Ceremony* (1968), *Insomnia* (TV, 1974), *Frohes Fest* (TV, 1981, beide eigene R.); *Mutters Courage* (1995). UAen seiner Theaterstücke *Flight into Egypt* (1952, Music Box Th., R. → Kazan) und *Emperor's Clothes* (1953, Ethel Barrymore Th., R. → Clurman) am Broadway, *Brouhaha* (1958, Aldwych Th., R. → Hall) in London. Mehrere Jahre «Beobachter» im von → Strasberg geleiteten Actors Studio. 1956 erste Regie bei Strindbergs *Fräulein Julie* und *Die Stärkere* (Phoenix Th., New York). Mit der Kompilation *Brecht on Brecht* (1962, Th. de Lys, New York, Ko-R.) wie mit Stück-Übersetzungen hat T. wesentlich zu → Brechts Bekanntheit in den USA beigetragen. 1965/66 gründete T. mit seiner damaligen Frau, der Schauspielerin Viveca Lindfors (1920–95), die freie Theatergruppe The Strolling Players, die v. a. Universitäten bespielte. 1966 inszenierte er beim Berkshire Th. Festival → Shakespeares *The Merchant of Venice* mit dem Titelzusatz *as Performed in Theresienstadt*. Die europ. EA seines Stücks *Die Kannibalen* im Berliner Schiller-Th. (13. 12. 1969, Ko-R.) leitete die Rückkehr T.s nach Europa ein (endgültig 1971). Nach Insz.en seiner Stücke *Pinkville* (1971, Dreieinigkeitskirche, Berlin), *Clowns* (UA 1972, Zimmertheater Tübingen; 2004 Schauspielhaus Zürich), von Saunders' *Kohlhaas* (1974), Mrożeks *Emigranten* (1975, beide Schauspiel Bonn) leitete T. 1975–78 am Bremer Th. das Theaterlabor. Hier konnte er mit einer Gruppe von Ensemble-Schauspielern seine von Strasberg, → Stanislavskij, dem Living Th. und Perls' Gestalttherapie beeinflusste Schauspielmethodik praktisch erproben. Zu den gemeinsamen Projekten gehörten neben Rudkins *Vor der Nacht* (1975), M. Brauns Fassung von Euripides' *Die Troerinnen* (1976), Bonds *Die Schaukel* (DEA 1977), Shakespeares *Hamlet* (1978) T.s Stücke *Sigmunds Freude* (UA 1975), *Talk Show* (UA 1976), *Die Hungerkünstler* (UA 1977, nach Kafka). Nach dem politisch erwünschten Ende des Theaterlabors verlegte T. das Schwergewicht seiner Theaterarbeit an die Münchner Kammerspiele, wo er u. a. Regie führte bei seinen Stücken *Verwandlungen* (UA 1977, nach Kafka), *Ich wollte meine Tochter läge tot zu meinen Füßen und hätte die Juwelen in den Ohre*n (1978, Improvisationen nach Shakespeares *Der Kaufmann von Venedig*), *My Mother's Courage* (*Mutters Courage*, UA 1979), *M* nach Euripides' *Medea* (1985), Enzensbergers *Der Untergang der Titanic* (UA 1980; 2002 Berliner Ensemble), Becketts *Warten auf Godot* (1984) und *Glückliche Tage* (1986), → Achternbuschs *Mein Herbert*, Jens' *Die Troerinnen des Euripides* (beide 1985), Harald Muellers *Totenfloß* (1986). Insz.en in Kassel (Brecht, *Der Jasager und Der Neinsager*, 1981), Rotterdam (Euripides, *Medea*, 1982), Bochum (seine Stücke *Jubiläum*, UA 1983; *Peepshow*, UA 1984), Köln (G. Stein, *Doktor Faustus Lichterloh*, DEA 1983), Berlin (T., *Der Voyeur*, 1982, Spiegelzelt; Eörsi *Das Verhör*, UA 1984, Schaubühne am Lehniner Platz), Hamburg (*Stammheim-Epilog* zu Hauffs Film *Stammheim*, 1986, Kampnagelfabrik). 1986–89 leitete T. das Th. Der Kreis in Wien, zu dem u. a. → Domröse, → Schmahl, → Schygulla, → Thate, → Degen gehörten. Insz.en von *Schuldig geboren* nach Interviews von Sichrovsky (UA 1987), Salvatores *Stalin* (1988), Carrières *Zum zweiten Mal* (UA 1988), *Masada* nach Flavius Josephus' *Der Jüdische Krieg* (UA 1988, Steirischer Herbst, Graz, dann Der Kreis), nach Shakespeare die Collage *Verliebte und Verrückte* (1989), *Lears Schatten* (1989, Bregenzer Festspiele, Koproduktion), *Hamlet* (1990, Wiener Festwochen, dann Der Kreis). Durchbruch im etablierten Theaterbetrieb mit der Insz. seines Stücks *Mein Kampf* (UA 1987, Burgtheater). Für die Wiener Festwochen Regie bei Braschs *Frauen Krieg Lustspiel* (UA 1988). Bei → Peymann Hausregisseur am Burgtheater. Insz.en von Shakespeares *Othello* (1990), Kafkas *Bericht für eine Akademie* (1992), Jelineks *Stecken, Stab und Stangl* (1997), Becketts *Endspiel* (1998), v. a. aber der eigenen Stücke (meist UAen) *Weisman und Rotgesicht* (1990), *Babylon-Blues*, *Goldberg-Variationen* (beide 1991), *Unruhige Träume* (1992, nach Kafka), *Requiem für einen Spion* (1993), *Die 25. Stunde* (1994), *Die Massenmörderin und ihre Freunde* (1995), *Die Ballade vom Wiener Schnitzel* (1996), *Die letzte Nacht im September* (1997), *Purgatorium* (1999). Außerdem Regie bei seinem «Anti-Lessing» *Nathans Tod* (UA 1991, Wolfenbüttel), der Dostoevskij-Adaption *Der Großinquisitor* (UA 1992, Centro Andaluz de Teatro, Sevilla), Enzensbergers *Delirium* (1994, Thalia Th., Hamburg). 1999 folgte T. Peymann ans Berliner Ensemble, wo er seither u. a. verantwortlich war für die Brecht-Abende *Die Brecht Akte* und *Von der Freundlichkeit der Welt* (beide 2000), → Lessings *Die Juden* (2004) und die eigenen Stücke *Frühzeitiges Ableben* (2001), *Erdbeben Concerto* (2002). 2004 (inoffizielle) UA als szenische Lesung seines Stücks *Die Hinrichtung* beim Poetenfest im österr. Schloss Raabs. Zu T.s Insz.en von Werken des Musiktheaters gehören die skandalträchtige und abgesetzte Insz. von Schmidts Oratorium *Das Buch mit sieben Siegeln* (szen. UA 1987, Salzburger Festspiele), Ullmanns *Der Tod dankt ab. Der Kaiser von Atlantis* (1987, Hebbel-Th., Berlin), Madernas *Satyricon* (1991, Salzburger Festspiele), Schönbergs *Moses und Aron* (1994, Oper Leipzig), Bartóks *Herzog Blaubarts Burg* und Schönbergs *Erwartung* (1997, Twentse Schouwburg), Mozarts *Die Zauberflöte* (1998, Zirkuszelt Roncalli, Berlin) und *Die Entführung aus dem Serail* (2002, Gedächtniskirche, Berlin). Außerdem verfasste T. das Libretto zu → Kresniks Tanztheaterstück *Rosa Luxemburg – Rote Rosen für Dich* (1993, Volksbühne Berlin) und inszenierte selbst mit Ismael Ivo das Tanztheater-Projekt *Der nackte Michelangelo* (1998, nach Šostakovič, Schaubühne am Lehniner Platz), mit Ivo und Marcia Haydée *Ödipus* (2001, Koproduktion Berliner Ensemble / Theaterhaus Wangen, Stuttgart). Arbeiten für Rundfunk und Fernsehen. Als Schauspieler v. a. in eigenen Stücken und Filmen, u. a. in *Der Passagier – Welcome to Germany* (1988), *Auf Wiedersehen Amerika*, *Köd* (beide 1994), *Der Unfisch* (1997). Zahlreiche Auszeichnungen. 1976–84 verheiratet mit der Übersetzerin Ursula Grützmacher, seit 1985 mit der Tänzerin und Schauspielerin Ursula → Höpfner.

Als Autor, Regisseur, Theaterleiter ist T. einer der wichtigsten Theaterkünstler unserer Zeit. Mit seinen Stücken und Insz.en hat er gegen das Vergessen angekämpft, mit bitterem Zynismus, schonungsloser Offenheit und ästhetischen Grenzüberschreitungen. Mitteln, die verstörten und bei Kritikern und Publikum nicht immer auf Verständnis stießen. In seinen Stücken enttabuisierte er das Thema Holocaust; seine assoziative und subjektive Erinnerungsarbeit befreite das Thema von weihevoller (und verdrängender) Behandlung. «Tabori sucht keine Antworten, es sind die Fragen, die ihm wichtig sind» (H. Beil in *Berliner Ztg.*, 22. 5. 2004). Der Regisseur T. war lange Zeit umstritten. Ungewöhnlich im dt. Th. gab T. den Schauspielern Zeit, den Subtext der Stücke zu ergründen, das eigene Unbewusste und eigene Assoziationen einzubringen. Eher ein «Animateur», der Schauspieler ihre Grenzen erkunden lässt, als ein autoritärer Vertreter des Regietheaters. Im Zentrum von T.s Regiearbeit steht der Schauspieler, nicht der Text oder das fertige Produkt, das für ihn nur Zeugnis, Fixierung einer weiterzuführenden Auseinandersetzung ist – jede Insz. ein «work in progress», unabgeschlossen und offen auch für das Scheitern.

Bashaw, R. B.: Witz at work: the comic and the grotesque in Edgar Hilsenrath, Jakov Lind, and George Tabori. Diss. Univ. of Minnesota 2002; Feinberg, A.: Embodied memory: the theatre of George Tabori. Iowa City 1999; dies.: George Tabori. München 2003; Fischer, B.: Nathans Ende? Von Lessing bis Tabori. Göttingen 2000; George Tabori. Red. J. Strümpel. München 1997; George Tabori. Hg. A. Welker. Wien u. a. 1994; Guerrero, Ch.: George Tabori im Spiegel der deutschsprachigen Kritik. Köln 1999; Haas, B.: Das Theater des George Tabori. Frankfurt a. M. u. a. 2000; Marx, P. W.: Theater und kulturelle Erinnerung. Tübingen u. a. 2003; Ohngemach, G.: George Tabori. (2. Aufl.) Frankfurt a. M. 1993; Scholz, St.: Von der humanisierenden Kraft des Scheiterns. Stuttgart 2002; Der Spielmacher: Gespräche mit George Tabori. Hg. W. Kässens. Berlin 2004; Strümpel, J.: Vorstellungen vom Holocaust. Göttingen 2000; Tabori, G.: Autodafé. Berlin 2002; ders.: Meine Kämpfe. Berlin (Neuaufl.) 2002; ders.: Die Romane. 4 Bde. Göttingen 2004; ders.: Theaterstücke. 2 Bde. München u. a. 1994; Theater gegen das Vergessen: Bühnenarbeit und Drama bei George Tabori. Hg. H.-P. Bayerdörfer u. a. Tübingen 1997; Theatermacher. Hg. W. Kässens, J. W. Gronius. Frankfurt a. M. 1987; Verkörperte Geschichtsentwürfe: George Taboris Theaterarbeit. Hg. P. Höyng. Tübingen u. a. 1998.

Wolfgang Beck

Tairov, Aleksandr Jakovlevič (eig. A. Kornblit), * 24. 6. 1885 Romny (Russland, heute Ukraine) † 25. 9. 1950 Moskau. Schauspieler, Regisseur, Theaterleiter.

Während des Studiums der Rechtswissenschaften an der Universität Kiev schon Kontakte zu Theatertruppen. Bekanntschaft mit dem Regiestil → Mejer'cholds am Petersburger Komissarshevskaja-Th. 1906/07, als T. u. a. in dessen Insz. von *Balagantschik* (dt. *Die Schaubude*) von Aleksander A. Blok eine Rolle übernommen hatte. 1913 Eintritt ins Freie Th. (Svobodny teatr) von K. A. Mardshanov (1872–1933), dessen Konzeption des Synthetischen Th.s als einer Verschmelzung von Sprech- und Musiktheater, von Ballett und Pantomime die darstellenden Künste erneuern wollte. Am Freien Th. inszenierte T. 1913 die Pantomime *Der Schleier der Pierrette* (nach Arthur Schnitzler). 1914 Gründung des Moskauer Staatl. Kammertheaters (Gosudarstvenny Moskowskij Kamernyj teatr) mit seiner späteren Frau, der Schauspielerin Alice Koonen (1889–1974). Eröffnung am 12. 12. 1914 mit Kālidāsas altindischem Drama *Sakuntala* über die heimliche Heirat eines Königs mit einer Einsiedlertochter. Dieser legendenartige Stoff und der die weitere Arbeit bestimmende Inszenierungsstil waren eine Abkehr vom psychologisch-naturalistischen Th. → Stanislavskijs und von technisch aufwendiger Stilisierung im Mejer'chold'schen Sinn. Der hohe Anspruch «reiner Theatralität» wurde mit der Veränderung der sowjet. Kulturpolitik in den 1920er Jahren als reaktionär diskreditiert, zumal T. dem sozialistischen Realismus einen sog. strukturellen Realismus entgegenzusetzen wagte. Anstoß erregte vor allem seine Auffassung, dass der Schauspieler Bühnenwirksamkeit nicht aus einer wie immer gearteten naturalistischen Realität heraus erreicht, sondern sie «aus dem Zauberreich der Phantasie zu schöpferischem Dasein erweckt». T. forderte ein Th., das sich von der Bindung an die literarische Vorlage löst und die Freiheit des Regisseurs und des Schauspielers für alle Bühnenrealisierungen nutzt, die sog. Retheatralisierung. Wichtig für T.s Th. war die Zusammenarbeit mit führenden avantgardistischen Bühnen- und Kostümbildnern wie Aleksandra Exter (1882–1949), Aleksandr Vesnin (1883–1953), Georgij Jakulov (1944–1928). In den 32 Jahren seiner Theaterleitung ragten hervor: → Brecht/Weills *Dreigroschenoper*, die 1930 mit vielen Show- und Operetteneffekten die erste Insz. eines Brecht-Stücks in der Sowjetunion war. *Optimistische Tragödie* des Sowjetautors V. V.

Višnevskij (1900–51) wurde 1933 ein großer Erfolg. Überzeugend war auch die Dramatisierung des Flaubert-Romans *Madame Bovary* (1940), in der Alice Koonen die Hauptrolle der Emma spielte. Das Kammertheater unternahm mit Insz.en wie *Prinzessin Brambilla* nach E. T. A. Hoffmann und *Giroflé-Girofla* von Alexandre Charles Lecocq (1832–1918) in den 1920er Jahren Gastspielreisen außerhalb der Sowjetunion. 1949 verlor T. sein Th., das 1950 endgültig geschlossen wurde. Formalismus, Westlertum, Ästhetizismus, Kosmopolitismus warfen ihm die Behörden vor.

Brauneck, M.: Klassiker der Schauspielregie. Reinbek 1988; ders.: Die Welt als Bühne. 4. Bd. Stuttgart, Weimar 2003; Derzavin, K.: Kniga o Kamernom teatr. Leningrad 1934; Forr, S.: Alexander Tairow und das Kammertheater. Mag.-Arbeit Erlangen-Nürnberg 2002; Golovasenko, J. A.: Rezisserskoe iskusstvo Tairova. Moskau 1970; Kamernyj teatr. Stat'i i zametki vaspominanija. Moskau 1934; Koljazin, V. F.: Tairov, Mejerchol'd i Germanija – Piskator, Brecht i Rossija. Moskau 1998; Ocerkiistori russkogo sovetskogo dramaticeskogo teatra. 2. u. 3. Bd. Moskau 1960–61; Sokolov, I. V.: Reissura A. Ja. Tairova. Moskau 1925; Tairow, A.: Das entfesselte Theater. (2. Aufl.) Leipzig, Weimar 1980; Theateroktober. Wsewolod E. Meyerhold, Alexander I. Tairund und Jewgeni B. Wachtangow. Hg. L. Hoffmann, D. Wardetzky. (2. Aufl.) Leipzig 1972; Torda, Th. J.: Alexander Tairov and the scenic artists of the Moscow Kamerny Theater, 1914–1935. Diss. Univ. of Denver 1977; Worrall, N.: Modernism to realism on the Soviet stage: Tairov – Vakhtangov – Okhlopkov. Cambridge u. a. 1989.

Horst Schumacher

Tandy, Jessica, * 7. 9. 1909 London, † 11. 9. 1994 Easton (USA). Schauspielerin.

Tochter eines Geschäftsreisenden, besuchte die Ben Greet Academy of Acting, 1928 Mitglied der Birmingham Repertory Company. Erster Auftritt in London 1929, Broadway-Debüt in G. B. Sterns *The Matriarch* (P. 18. 3. 1930). Seither Theaterauftritte in beiden Ländern, darunter viele → Shakespeare-Rollen, u. a. Ophelia in *Hamlet* (1934, mit → Gielgud), Viola in *Twelfth Night* (1937, R. → Guthrie). 1940 ging sie in die USA (1954 naturalisiert) und heiratete 1942 den kanad. Schauspieler und Regisseur Hume Cronyn (1911–2003), mit dem sie bis zu ihrem Tod in zahlreichen Filmen und Bühnenstücken zusammenwirkte, bezeichnet als «das führende Paar des amerik. Theaters». Endgültiger Durchbruch am Broadway mit der Darstellung der Blanche DuBois in der erfolgreichen UA (855 Auff.) von Tennessee Williams' *A Streetcar Named Desire* (*Endstation Sehnsucht*, Ethel Barrymore Th., P. 3. 12. 1947, R. → Kazan, u. a. mit Marlon Brando). Sie spielte mehrfach in Stücken Williams', so in *Portrait of a Madonna* (1959), *Camino Real* (1970), *The Glass Menagerie* (1983/84). Wichtige Rollen am Broadway u. a. in Peter Shaffers *Five Finger Exercise* (1959/60), Dürrenmatts *Die Physiker* (1964, Rolle: Mathilde von Zahnd), Edward Albees *A Delicate Balance* (1966/67) und *All Over* (1971, R. Gielgud), David Storeys *Home* (1970/71, Produktion des Royal Court Th. London, mit Ralph → Richardson). Zu den künstl. Höhepunkten ihrer Theaterarbeit gehörten eine Reihe von Zwei-Personen-Stücken, in denen T. gemeinsam mit ihrem Ehemann auftrat. So in Jan de Hartogs *The Fourposter* (1951–53, 632 Auff.), D. L. Coburns *The Gin Game* (1977/78) und – ihr letzter Broadway-Auftritt – in Brian Clarks *The Petition* (1986). Auch im Film und Fernsehen arbeiteten beide seit Fred Zinnemanns *The Seventh Cross* (1944, *Das siebte Kreuz*) häufig zusammen. Filmkarriere seit 1932, u. a. in Hitchcocks *The Birds* (1963, *Die Vögel*), *The World According to Garp* (1982, *Garp und wie er die Welt sah*), *The Bostonians* (1984). Späten Filmruhm erlangte sie mit der TR in *Driving Miss Daisy* (1989, *Miss Daisy und ihr Chauffeur*), für die sie einen Oscar erhielt, sowie mit *Fried Green Tomatoes at the Whistle Stop Cafe* (1991, *Grüne Tomaten*) und *Used People* (1991, *Die Herbstzeitlosen*). – T. war eine vielseitige Darstellerin mit großer künstl. Ausdruckskraft, besonders beeindruckend in der Darstellung komplexer Charaktere, v. a. in modernen Stücken. Sie verband scheinbare Zerbrechlichkeit und Sensitivität mit Kraft, Emotion und Leidenschaft und konnte die Brüche in den von ihr dargestellten Personen überzeugend gestalten. Bedeutende Altersrollen. Vielfach ausgezeichnet, u. a. mehrere Tony Awards, Kennedy Center Honors (1986, mit H. Cronyn), Nat. Medal of Arts. Für ihre Verdienste um das amerik. Th. wurde sie in die Th. Hall of Fame aufgenommen. – Ihre Tochter Tandy Cronyn (* 26. 11. 1945 Los Angeles) ist ebenfalls Schauspielerin.

Barranger, Milly S.: Jessica Tandy: a bio-bibliography. New York 1991.

Wolfgang Beck

Tausig, Otto, * 13. 2. 1922 Wien. Schauspieler, Regisseur.

Sohn eines Juristen und Geschäftsmanns; trat schon in Schultheateraufführungen auf (→ Nestroys *Hinüber herüber*, 1933) und führte Regie. Nach dem «Anschluss» 1938 als Jude von der Schule verwiesen. 1939 mit einem Kindertransport nach Großbritannien; Besuch des Caedmon College (Whitby), Arbeit in einer Hühnerfarm. 1940–42 u. a. auf der Isle of Man interniert, spielte in der Theatergruppe des Lagers. Nach der Entlassung Arbeit als Gärtner, Metallarbeiter, Journalist. In London Mitglied im Austrian Center, Leiter der Austrian Youth Players, spielte und inszenierte Stücke von Schnitzler, → Raimund, Nestroy, Soyfer (*Vineta*, 1942), Kabarettprogramme. 1946 Rückkehr nach Wien; Leiter der Theatergruppe Jura Soyfer der Freien Österr. Jugend; Insz.en u. a. von Soyfers *Der Lechner Edi schaut ins Paradies* und *Der Weltuntergang* (beide 1947). 1946–48 Ausbildung am Reinhardt-Seminar. 1948–56 Schauspieler, Regisseur, Dramaturg, auch stellvertretender Leiter im Neuen Th. in der Scala (Wien). Rollen u. a. in Stücken → Molières (*Der eingebildete Kranke*, 1951), Goldonis (*Der Diener zweier Herren*, 1951), → Brechts (*Die Mutter*, 1953, R. Brecht / → Wekwerth; *Leben des Galilei*, 1956), v. a. aber Nestroys. Inszenierte u. a. dessen *Der böse Geist Lumpazivagabundus* (1950), Gor'kijs *Nachtasyl* (1952, mit W. → Heinz), Tolstojs *Krieg und Frieden* (1955). Nach dem Ende der als kommunistisch verschrienen Neuen Scala bekam T. in Österreich jahrelang keine Engagements. In Ostberlin Gastregie am Dt. Th. und der Volksbühne, wo seine Insz. von Goldonis *Der Diener zweier Herren* (1955) 10 Jahre lief. Dort 1957–60 Schauspieler und Regisseur; spielte u. a. in Nestroys *Der Talisman* (1958), Majakovskijs *Das Schwitzbad* (1959); inszenierte u. a. Jonsons *Volpone* (1958), Kohuts *So eine Liebe* (1958), Dudow / Tschessno-Hells *Der Hauptmann von Köln* (UA 1959). 1960/61 Münster, 1961/62 Zürcher Schauspielhaus. 1962–70 freier Regisseur und Schauspieler. 1971–83 Burgtheater Wien, häufig in Nestroy-Rollen. 1997 dort in der UA von → Taboris *Die letzte Nacht im September* (R. der Autor). 1984 in der europ. EA von Sobols *Ghetto* (Freie Volksbühne Westberlin, R. → Zadek, auch Dt. Schauspielhaus Hamburg). 1999 Bühnenabschied mit Nestroys *Das Mädl aus der Vorstadt* (Volkstheater Wien). Seither Lesungen, Soloabende (*Kasperl, Kummerl, Jud*, 2000/01, Volkstheater). Film- und Fernsehrollen (auch Regie), u. a. *Kean* (1963), *Fluchtversuch* (1976), *Nocturne Indien* (1989), *Die Bartholomäusnacht*, *Auf Wiedersehen Amerika* (beide 1994), *Place Vendôme* (1998), *Nobel* (2001), *Gebürtig*, *Epsteins Nacht* (beide 2002), *SuperTex* (2003). T. war Dozent am Reinhardt-Seminar. Mitbegründer des GemeindeHoftheaters (Wien). Verheiratet mit der Schauspielerin Lilly Schmuck (* 1930). – Ein Charakterdarsteller, der sich durch unverwechselbares Spiel und große

Wandlungsfähigkeit bei zurückgenommenen Mitteln auszeichnet. Seit Beginn auf komische Rollen spezialisiert, die er facettenreich verkörpert, deren Brüche und tragische Untertöne er aber mitgestaltet. Einer der bedeutendsten Nestroy-Spieler. T. versteht sich als politischer (nicht parteipolitischer) Schauspieler: «ein Kasperl, der die Menschen nicht nur zum Lachen bringen will, sondern auch zum Denken» (T. in: Lause / Wiens, S. 200 f.). 1996 Nestroy-Ring, 1998 Kreisky-Preis für Verdienste um die Menschenrechte.

<small>Köper, C.-R.: Ein unheiliges Experiment. Das Neue Theater in der Scala. Wien 1995; Lause, B., R. Wiens: Theaterleben. Frankfurt a. M. 1991.</small>

<small>*Wolfgang Beck*</small>

Ten Cate, Ritsaert, * 29. 5. 1938 Almelo (Niederlande). Theaterleiter, Regisseur, Bühnenbildner, Autor, bildender Künstler.

Nach einjährigem Studium an der University of Bristol und Arbeit als Film- und Fernsehproduzent gründete T. C. im Dezember 1965 in seinem Bauernhaus in Loenersloot (bei Amsterdam) das Mickery-Th. (mit Galerie). Das von ihm anfangs allein finanzierte Unternehmen zog nach Erhalt erster Subventionen 1970 in ein ehemaliges Kino in Amsterdam und entwickelte sich rasch zu einer Spielstätte für freie und alternative Theatergruppen von internat. Ruf. Um dem künstl. stagnierenden niederländ. Theaterleben neue Impulse zu geben, lud T. C. internat. Theatergruppen zu Gastspielen und Koproduktionen ein, darunter Traverse Theatre (Edinburgh), La MaMa und The Wooster Group (beide New York), Pip Simmons Group (London) und Shuji → Terayamas Tenjô Sajiki (Tokio). Die Gründung des Mickery-Th.s machte T. C. zu einer über die Landesgrenzen hinaus berühmten und wichtigen Person zeitgenössischen Theaterlebens. Mitbegründer des Informal European Th. Meeting (IETM). Eigenproduktionen des Mickery waren häufig dramaturgisch und inszenatorisch innovativ und beeinflussten Theatermacher des In- und Auslands. T. C. war nicht nur Theaterleiter, sondern schrieb, inszenierte und stattete die eigenen Stücke auch aus. Produktionen, in denen er in all diesen Funktionen tätig war, waren u. a. 1975 *Fairground* (mit Rob van der Linden und Annemarie Pijlman), 1976 *Folter Follies*, 1981 *Beauty and the Beast* (mit Pip Simmons), 1985 *Rembrandt and Hitler or Me*, 1986 *Vespers*. 1977 schrieb und inszenierte er (mit Terayama) *Cloud Cuckooland*; Autor (mit Jan Zoet) und Bühnenbildner war er 1989 bei *History of Theatre (part II)*. Außerdem verfasste T. C. Filmdrehbücher und trat als bildender Künstler hervor. 1991 wurde das Mickery geschlossen, nachdem die innovativen Bemühungen des Th.s und seines Leiters Teil des aktuellen Theaterlebens geworden waren. 1994 gründete T. C. (u. a. mit Marijke Hoogenboom) die interdisziplinäre Theaterschule DasArts (De Amsterdamse School Advanced Research in Th. and Dance Studies), die er bis 1999 leitete. Hier studieren ohne strikte Trennung angehende Regisseure, Choreographen, Pantomimen, bildende Künstler und Bühnenbildner. Seit den 1980er Jahren arbeitet T. C. verstärkt als bildender Künstler, internat. vertreten in Einzel- und Sammelausstellungen, mehrfach ausgezeichnet, u. a. 1996 mit dem Sandberg-Preis für seine Installation *There was nothing between us but a considerable distance*. – T. C. gehört zu den das niederländ. Theaterleben seit den 1960er Jahren bestimmenden Persönlichkeiten, die internat. nicht nur das Freie oder Alternativtheater beeinflussten.

<small>*Wolfgang Beck*</small>

Terayama, Shûji, * 10. 12. 1935 Misawa (Bezirk Aomori / Nord-Hondo, Japan), † 4. 5. 1983 Tokio. Theater- und Filmregisseur, Intendant,

Dramatiker, Drehbuchautor, Lyriker, Essayist.

T.s Vater starb 1945 kurz vor Ende des 2. Weltkriegs auf der von den Japanern besetzten Sunda-Insel Celebes. Die Mutter begann auf der südjapanischen Insel Kiuschu ein neues Leben. Der Knabe T. blieb zurück und wuchs bei einem Großonkel auf, der ein Kino betrieb, sah bis zu 6 Filme an einem Tag und schlief oft in der Vorführkabine oder hinter der Leinwand. 1948 erste Versuche als Komponist und Lyrikveröffentlichungen. 1954 Aufnahme des Studiums an der Waseda Universität und erste Auszeichnung für seine Tanka-Gedichte, deren Formensprache er souverän weiterentwickelte. Ein 3-jähriger Krankenhausaufenthalt wegen eines schweren Nierenleidens wurde für intensive literarische Arbeit genutzt. 1957 erschienen *Gesammelte Gedichte*. 1966 begann T., Theaterstücke zu schreiben und aufzuführen, er gründete sein eigenes Ensemble – zusammen mit Eiko Kujo, Yukata Azuma und Tadanori Yokoo –, das er nach Marcel Carnés Film *Les Enfants du Paradis* (1944, dt. *Kinder des Olymp*) – wörtlich übersetzt – Tenjô Sajiki nannte. Das Stück *Der Bucklige von Aomori* (1967) machte ihn als Theaterautor bekannt. Seinen ersten Kurzfilm *Nekogaku* hatte er 1960 gedreht, dem zahlreiche weitere Experimentierfilme folgten, in die von Fall zu Fall die Zuschauer einbezogen wurden, z. B. *Tomato Kechappu Kôtei (Kaiser Tomato-Ketchup)* und *Jan-Ken-Pon-Senso* (1970), *Hoso-tan (Geschichte von den Pocken,* 1975), *Les Chants de Maldoror* (1977, nach Lautréamont) und *Ein Radiergummi* (1977). Im westlichen Ausland erregte T. v. a. durch seine in stilisierter Bildsprache, oft surrealistischen, autobiographisch inspirierten Spielfilme Aufsehen: *Sho o sute yo machi e deyô* (*Werft die Bücher weg und geht auf die Straße*, 1971), *Den'en ni shisu* (*Sterben auf dem Land*, 1974), *Der Boxer* (1978). Der mit Klaus Kinski realisierten franz.-japan. Gemeinschaftsproduktion *Les fruits de la passion* (1981) war nur ein Achtungserfolg beschieden, obwohl die obsessionelle Bildsprache faszinierte. *Saraba Hakobune (Lebe wohl, Arche)*, der letzte fertiggestellte Film T.s, wurde posthum bei den Filmfestspielen in Cannes 1985 gezeigt.

<small>Akihiko, S.: The Voyage of Contemporary Japanese Theatre. Honolulu 1997; Alternative Japanese drama: ten plays. Hg. R. T. Rolf, J. K. Gillespie. Honolulu 1992; Sorgenfrei, C. J.: Shuji Terayama. Diss. Univ. of California Santa Barbara 1978; Terayama, S.: Gogatsu no shi = Poems of May: a collection of miscellaneous poems. Lewiston 1998; ders.: Theater contra Ideologie. Frankfurt a. M. 1971; ders., S. Tanikawa: Videobrief. Dialogtext. Berlin 2002.</small>

Horst Schumacher

Terry, Dame Ellen (Alice), * 27. 2. 1847 Coventry, † 21. 7. 1928 Small Hythe (Großbritannien). Schauspielerin.

T. entstammte einer Schauspielerfamilie und wurde ein bekannter Kinderstar. Debüt April 1856 als Mamillius in → Shakespeares *The Winter's Tale* an der Seite des berühmten Charles → Kean, dessen Ensemblemitglied sie bis 1859 blieb. Trat dann u. a. in Bristol auf, zahlreiche Shakespeare-Rollen. Kehrte nach kurzer Ehe (1864) mit dem Maler G. F. Watts auf die Bühne zurück, spielte 1867 erstmals mit Henry → Irving in Shakespeares *The Taming of the Shrew*. T. verließ 1868 erneut das Th., um mit dem Architekten und Bühnenbildner Edward Godwin (1833–86) zusammenzuleben (Vater ihrer Kinder Edith und E. G. → Craig). 1875 Rückkehr zum Th. als Porzia in einer viel beachteten Insz. von Shakespeares *The Merchant of Venice*. 1878 von Irving als führende Schauspielerin seines Ensembles im Lyceum Th. engagiert. Beginn einer 24 Jahre andauernden privaten und beruflichen Zusammenarbeit, bei der sich die unterschiedlichen Talente und Temperamente ergänzten. T. spielte in seiner opulenten und stark auf malerische Bildwirkung angelegten Insz.en in zeitgenössischen (u. a. Tennysons *Becket*, 1893) und v. a. in Shakespeare-Stücken Hauptrollen, z. B. Porzia (1879), Julia und Beatrice (1882), Lady Macbeth (1888), Königin Katharina (1892), Imogen (1896), Volumnia (1901), Ophelia (1878), Desdemona (1881), Cordelia (1892). Vergebliche Versuche, Irving zur Insz. moderner Stücke (Shaw, Ibsen) zu überreden. In den 1890er Jahren Bekanntschaft und Briefwechsel mit George Bernard Shaw, der sie u. a. zum Verlassen Irvings zu bewegen suchte, den er als Vertreter einer zu Ende gehenden Epoche des Th.s sah. 1902 trennte sie sich von Irving, leitete wenig glücklich das Imperial Th. (an dem ihr Sohn E. G. Craig Shakespeares *Much Ado About Nothing* und Ibsens *Nordische Heerfahrt* inszenierte), 1906 Lady Cecily Waynflete in der UA von Shaws *Captain Brassbound's Conversion*. Als T. 1906 ihr 50-jähriges Bühnenjubiläum feierte, war sie längst anerkannt als eine der bedeutendsten Schauspielerinnen ihrer Zeit. Sie trat bis 1925 auf, spielte in Filmen, war als Shakespeare-Rezitatorin in Großbritannien, USA und Australien erfolgreich. 1925 geadelt. – T. gilt in mehrfacher Hinsicht als eine der zentralen Gestalten des brit. Th.s ihrer Zeit. Offen für die Werke junger Autoren ihrer Zeit, war sie nicht nur eine Vertreterin des viktorianischen Th.s, sondern – an einem Scheitelpunkt theaterhistorischer Entwicklung – eine moderne Schauspielerin. Mit spontanem Temperament, kraft- und gefühlvoller Ausstrahlung, hoher Sprachkultur gleich bedeutend in komischen wie tragischen, modernen wie klassischen Rollen. Eine der bedeutendsten Shakespeare-Interpretinnen. Shaw sah sie als Beispiel einer intelligenten, modernen Schauspielerin, die intellektueller wie naturalistischer Darstellung fähig war.

Auerbach, N.: Ellen Terry. Philadelphia 1997; Prideaux, T.: Love or Nothing. The Life and Times of Ellen Terry. New York 1987; Stokes, J. u. a.: Bernhardt, Terry, Duse. The Actress in Her Time. Cambridge 1988.

Wolfgang Beck

Thalbach, Katharina, * 19. 1. 1954 → Ostberlin. Schauspielerin, Regisseurin.

Tochter der Schauspielerin Sabine T. (1932 – 66) und Benno → Bessons. Mutter der Schauspielerin Anna T. (* 1973 Berlin). Schon mit 4 Jahren spielte T. erste Rollen auf der Bühne und im Fernsehen. Durch Helene → Weigel ans Berliner Ensemble geholt, übernahm T. 1969 die Rolle der Betty und später der Polly in → Brecht / Weills *Die Dreigroschenoper* (R. E. → Engel). Danach bis 1975 Engagement an der Berliner Volksbühne, dort u. a. in Insz.en von Matthias → Langhoff und Manfred → Karge. Nach der Übersiedlung T.s und ihres damaligen Lebensgefährten, des Schriftstellers Thomas Brasch, in den Westen (1976) u. a. Engagements am Schiller-Th. Berlin, Thalia Th. Hamburg sowie am Schauspielhaus Zürich. Wichtige Th.-Rollen u. a.: Desdemona in → Shakespeares *Othello* (1972, Volksbühne, R. Karge / Langhoff), TR in Braschs *Lovely Rita* (UA 1977, Schiller-Th., R. N.-P. → Rudolph), TR in Kleists *Das Käthchen von Heilbronn* (1979/80, Bühnen der Stadt Köln, R. J. → Flimm), Prothoe in Kleists *Penthesilea* (1981, Schiller-Th., R. → Neuenfels), Ophelia in → Shakespeares *Hamlet* (1982/83, R. Besson), das Mädchen Oi in Braschs *Mercedes* (UA 1983, beide Zürcher Schauspielhaus, R. M. Langhoff), Viola / Sebastian in Shakespeares *Was ihr wollt* (1984/85, R. E. → Wendt), TR in Serreaus *Hase Hase* (1992) sowie Dickedumm in deren *Weißalles und Dickedumm* (UA 1993, alle Schiller-Th., R. Besson). Am Schauspielhaus Bochum Frau Schmidt in Lindemanns *Koala Lumpur* (UA 2004, R. → Minks), Falstaff in Shakespeares *Heinrich IV.* (2004). T. wurde seit ihrer Entdeckung durch H. Weigel als herausragendes Theatertalent erkannt und immer wieder mit Preisen ausgezeichnet (u. a. Schauspielerin des Jahres 1980). Seit Ende der 1980er Jahre war T. als Bühnenregisseurin tätig und begeisterte mit neuen Lesarten von Shakespeare und Brecht: T. inszenierte mit großem Erfolg 1987 Shakespeares *Macbeth* (Schiller-Th.-Werkstatt). Erfolgreich war auch die Insz. von Brechts *Mann ist Mann* (1989, Thalia Th., im selben Jahr zum Berliner Theatertreffen eingeladen). Es folgten u. a. Shakespeares *Romeo und Julia* (1990, in der Bearbeitung von Brasch), *Wie es euch gefällt* (1993, beide Schiller-Th. Berlin) sowie Brecht/Weills *Die Dreigroschenoper* (Thalia Th. Hamburg 1994). 1996 inszenierte sie am Maxim-Gorki-Th. Berlin Zuckmayers *Der Hauptmann von Köpenick*, wobei sie zeitweise für Harald → Juhnke die Hauptrolle übernahm, sowie → Molières *Don Juan* (ebenda). Regie und Rollen (Striese und Luise Gollwitz) in Schönthans *Der Raub der Sabinerinnen* (2003, Volkstheater Rostock). 1997 übernahm sie mit Mozarts *Don Giovanni* (E-Werk Berlin) erstmals die Regie einer Oper. Es folgte 2002 die Regie zu J. Offenbachs *Orpheus in der Unterwelt* am Th. Basel. Zahlreiche Film- und Fernsehrollen, u. a. in *Lotte in Weimar* (1974), *Das zweite Erwachen der Christa Klages* (1978), *Die Blechtrommel* (1979), *Engel aus Eisen* (1981), *Flucht in den Norden* (1986), *Die Denunziantin* (1993), *Sonnenallee* (1999), *Die Manns* (2001, TV), *König der Diebe* (2001). T. sagt über ihre Arbeit: «Ich versuche – als Regisseurin und Schauspielerin – immer irgendwie, und sei es auf die abwegigste Art und Weise, Punkte von Utopie herauszukriegen, deshalb auch das Theater als vergnügliche Anstalt zu sehen und nicht nur als Abbild der Welt und der Realität» (*taz*, 18. 5. 1988).

Sonja Galler

Thalheimer, Michael, * 28. 5. 1965 Münster bei Frankfurt a. M. Regisseur, Schauspieler.

Schlagzeugausbildung, ab 1985 Schauspielstudium an der Hochschule für Musik und Th. Bern und bis 1997 verschiedene Engagements als Schauspieler. Erste Insz. 1997 an den Städt. Bühnen Chemnitz *Der Architekt und der Kaiser von Assyrien* von Fernando Arrabal, danach zahlreiche Insz.en v. a. am Staatstheater Dresden, Schauspiel Leipzig und Thalia Th. Hamburg. 2001 Doppeleinladung zum 38. Berliner Theatertreffen mit den Insz.en *Liliom* von F. Molnar und *Das Fest* von Vinterberg/Rukov und Gewinner des 3sat-Innovationspreises zusammen mit dem Ausstatter Olaf Altmann anlässlich dieser Einladungen. Erneute Einladungen mit Schnitzlers *Liebelei* (2002) und Wedekinds *Lulu* (2005, beide Thalia Th.). Weitere Insz.en u. a. Büchners *Woyzeck* (2003, Salzburger Festspiele/Thalia Th.), → Shakespeares *Hamlet* (2004, Schauspiel Köln). → Lessings *Emilia Galotti* (2002), Čechovs *Drei Schwestern* (2003), → Goethes *Faust I und II* (2004/05) am Dt. Th. Berlin, am dem T. seit der Spielzeit 2005/06 als Leitender Regisseur und Teil der künstl. Leitung fungiert. – T.s Insz.en zeichnen sich durch eine Erzählweise aus, in der die Figuren wie «gestische Psychogramme» agieren und so ihre Seelenzustände in verdichteter Form vorführen. Mit einem Gespür für die wesentlichen Aspekte der Handlung gelingen T. dramaturgische Verknappungen, die den Text durch die Reduktion wieder zu einem Erlebnis machen. T.s Kompression von Figuren und Handlung ist wirkungssicher und bleibt in ihrer Radikalität nah an der literarischen Vorlage.

Bernd Stegemann

Thate, Hilmar, * 17. 4. 1931 Dölau (bei Halle). Schauspieler.

Ausbildung seit 1947 an der Staatl. Hochschule für Th. und Musik Halle. Debüt 1949 in Cottbus. 1952 Th. der Freundschaft Berlin. 1953–59 Maxim-Gorki-Th. (Antipholus in → Shakespeares *Komödie der Irrungen*, Roller in Schillers *Die Räuber*, Oswald in Ibsens *Gespenster*, Pepel in Gor'kijs *Nachtasyl*). 1959–70 Berliner Ensemble (Pawel in → Brecht / Gor'kijs *Die Mutter*, Givola in Brechts *Der aufhaltsame Aufstieg des Arturo Ui*, 1959, Karl in Baierls *Frau Flinz*, UA 1961, Aufidius in Shakespeare / Brechts *Coriolan*, 1964, Galy Gay in Brechts *Mann ist Mann*, 1967). 1969–71 Volksbühne Berlin (Gennadi in Ostrovskijs *Der Wald*, 1969; außerdem in Winterlichs *Horizonte*, UA 1969; Kataevs *Avantgarde*, 1970). 1971–79 Dt. Th. Berlin (TRn in Shakespeares *König Richard III*. und → Goethes *Götz von Berlichingen*, Adam in *Adam und Eva* von Hacks). Nach Eintreten für Wolf Biermann Ausreiseantrag. 1980–83 Staatl. Schauspielbühnen Berlin (Enno Kluge und Fallada in Fallada / Zadek / Greifenhagens *Jeder stirbt für sich allein* (1981), Gundling in Heiner → Müllers *Leben Gundlings Friedrich von Preußen Lessing Schlaf Traum Schrei* (1983). 1982 Stadtth. Basel: TR in → Molières *Tartuffe*. 1983 Salzburger Festspiele / Münchner Residenztheater: Sganarelle in Molières *Dom Juan* (R. I. → Bergman). 1985 im Schauspielhaus Bochum Titus in der UA von Heiner Müllers *Anatomie Titus Fall of Rome*. 1986 im Schlossparktheater Berlin George in Albees *Wer hat Angst vor Virginia Woolf?* 1988 im Th. an der Wien Bassa Selim in Mozarts *Die Entführung aus dem Serail*. 1988–90 in → Taboris Wiener Th. Der Kreis (Pandarus in der UA von Braschs *Frauen. Krieg. Lustspiel*, Itzig Sager in Salvatores *Stalin*). Am Schiller-Th. Berlin u. a. 1991 in Shakespeare / Braschs *Liebe Macht Tod*, 1992 Jakolew in Gor'kijs *Die falsche Münze* und in Serreaus *Hase Hase*. Tourneetheater, Gastrollen im Th. in der Josefstadt Wien (u. a. in Esther Vilars *Das Lächeln des Barrakuda*, UA 1994; TR in Hauptmanns *Michael Kramer*, 1996), Komödie Berlin.

Film- und Fernsehrollen, u. a. in *Professor Mamlock* (1961), *Der geteilte Himmel* (1964), *Daniel Druskat* (1976, TV, 5 Teile), *Fleur Lafontaine* (1978), *Die Sehnsucht der Veronika Voss* (1982), *Wege in die Nacht* (1999), *Der neunte Tag* (2004). Mehrere Auszeichnungen, zweimal «Schauspieler des Jahres» in der DDR. Verheiratet mit Angelica → Domröse. – Emotionsbetonter, markanter Vollblutschauspieler, am besten mit kräftigen, klar strukturierten Figuren, die er sich psychisch und physisch ganz zu eigen macht.

Werner Schulze-Reimpell

Thimig (Familie)

Die Familie T. hat mehrere Generationen erfolgreicher Bühnenkünstler hervorgebracht und ist als österr. «Institution» untrennbar mit dem Burgtheater und dem Th. in der Josefstadt in Wien verbunden.

Thimig, Hugo, * 16. 6. 1854 Dresden, † 24. 9. 1944 Wien. Schauspieler, Regisseur, Theaterleiter.

Sohn eines Handschuhmachers. Abgebrochene Kaufmannslehre, Handelsschule, Schauspielunterricht bei Ludwig Dessoir (1810–74). Mitglied einer Wandertruppe, kurze Engagements in Bautzen, Zittau, Freiberg, Breslau (Lobe-Th.). 1874 als «jugendlicher Komiker, Naturbursche, schüchterner Liebhaber» ans Burgtheater verpflichtet, an dem er bis 1923 blieb, seit 1936 als Gast. Rollen u. a. in Benedix' *Die zärtlichen Verwandten* (1874), → Shakespeares *Der Kaufmann von Venedig* (1880; 1921, mit Hans T.; 1924, Th. in der Josefstadt, R. → Reinhardt, mit Hermann T.), *Ein Sommernachtstraum* (1894), Schönthans *Der Raub der Sabinerinnen* (1908; 1930 Th. in der Josefstadt). Seit 1897 auch Regisseur am Burgtheater (u. a. Schiller, *Wilhelm Tell*, 1904; Schnitzler, *Der junge Medardus*, 1910; Hardt, *Gudrun*, 1912; → Raimund, *Der Verschwender*, 1913), 1912–17 dessen Direktor. 1924–36 Th. in der Josefstadt, u. a. in Goldonis *Der Diener zweier Herren* (1924, R. Reinhardt, mit Helene und Hermann T.), Schillers *Kabale und Liebe* (1924; 1927 Salzburger Festspiele, mit Helene T.), Friedell/Saßmanns (nach → Nestroy) *Alles und nichts oder Der Traum von Schale und Kern* (1926, mit allen 3 Kindern); Regie u. a. bei Thomas' *Charleys Tante* (1929). Wenige Filme, u. a. *Das Verbotene Land* (1924), *Pratermizzi* (1927), *Buchhalter Schnabel* (1935). – Bedeutender Charakterkomiker, in dessen schauspielerische Kunst Elemente der Commedia dell'Arte wie die lange Tradition «lustiger Personen» im österr. Th. eingingen: «Komiker und Père noble in einer Person» (H. Jhering in *Berliner Börsen-Courier*, 31.8.1928). Größte Erfolge in Shakespeares *Was ihr wollt*, Kleists *Der zerbrochne Krug*, Goldonis *Der Diener zweier Herren*, Gogol's *Revisor*. T. war Hofschauspieler, Wirklicher Hofrat, Ehrenmitglied des Burgtheaters. Seine Theatralia-Sammlung bildet eine der Grundlagen des Österr. Theatermuseums. Vater von Helene, Hermann und Hans T.

Thimig, (Ottilie) **Helene** (1907 Künstlername Helene Werner), * 5.6.1889 Wien, † 7.11.1974 Wien. Schauspielerin, Regisseurin, Theaterpädagogin.

Schauspielunterricht bei Hedwig → Bleibtreu. Debüt 1907 in Paillerons *Die Maus* (Baden bei Wien), 1908–11 Hoftheater Meiningen (Ibsen, *Hedda Gabler*, 1911). 1912 in Lauchstädt in der UA von Hauptmanns *Gabriel Schillings Flucht*. 1911–17 Königl. Schauspielhaus Berlin, u. a. TR in Strindbergs *Schwanenweiß* (DEA 1913), Sophokles' *Antigone* (1915). Seit 1917 Dt. Th. Berlin unter Max Reinhardt, den sie 1935 heiratete. Auftritte in Hauptmanns *Winterballade* (UA 1917), *Dorothea Angermann* (1926) und *Vor Sonnenuntergang* (UA 1932), Sorges *Der Bettler* (UA 1917), Shakespeares *Hamlet* (1920, mit → Moissi), Hofmannsthals *Der Schwierige* (1921). Seit 1924 auch Th. in der Josefstadt (Wien), u. a. in Schillers *Kabale und Liebe* (1924, mit ihrem Vater) und *Maria Stuart* (1934), → Goethes *Iphigenie auf Tauris* (TR, 1928), Cocteaus *Die geliebte Stimme* (1934). 1927/28 Amerika-Tournee mit den Reinhardt-Bühnen. Nach 1933 nicht mehr in Deutschland. Seit 1920 bei den Salzburger Festspielen, Gute Werke, später Glaube in Hofmannsthals *Jedermann*, Weisheit in dessen *Das Salzburger Große Welttheater* (1922), Böser Geist in Goethes *Faust I* (1933–37, alle R. Reinhardt). 1937 in Werfels *Weg der Verheißung* (New York). Emigrierte 1937 mit Reinhardt in die USA; 1938–41 Lehrerin und Regisseurin am Reinhardt Workshop for Stage, Screen and Radio in Hollywood. Filmrollen u. a. in *The Gay Sisters* (1942), *The Hitler Gang*, *The Seventh Cross (Das siebte Kreuz)*, *The Master Race* (alle 1944), *Hotel Berlin* (1945). 1946 Rückkehr nach Österreich. Bei den Salzburger Festspielen 1946–51 und 1963–65 Glaube in Hofmannsthals *Jedermann* (1946 R. → Hilpert, dann eigene R.), 1971 in dessen *Der Unbestechliche* (R. G. → Manker). 1947–68 Burgtheater, u. a. in Giraudoux' *Die Irre von Chaillot* (TR, 1948), Williams' *Die Glasmenagerie* (1949), Zuckmayers *Der Gesang im Feuerofen* (1951), Tolstojs *Und das Licht scheint in der Finsternis* (1953), Goethes *Faust II* (1967). Ab 1954 auch am Th. in der Josefstadt (auch R.), u. a. in Ibsens *Gespenster* (1955), Ionescos *Die Stühle* (1957), Eliots *Der Familientag* (1960), Anouilhs *Leocadia* (1963). Vereinzelte Insz.en. 1948–59 Leiterin des Reinhardt-Seminars, 1948–54, 1960 Professorin an der Akademie für Musik und darstellende Kunst. Zahlreiche Auszeichnungen. – T. war eine der bedeutendsten Charakterdarstellerinnen ihrer Zeit mit außergewöhnlicher Repertoire- und Ausdrucksvielfalt, modulationsreicher Stimme und bezwingender Präsenz. Gleich versiert in Konversationsstücken, klassischen Tragödien und Dramen des absurden Theaters. Große Altersrollen.

Thimig, Hermann (Friedrich August), * 3. 10. 1890 Wien, † 7. 7. 1982 Wien. Schauspieler, Regisseur.

Nach Auftritten in Schultheateraufführungen ohne Ausbildung 1910–14 am Hoftheater Meiningen, u. a. in Schönherrs *Glaube und Heimat* (1911), Shakespeares *Was ihr wollt* (beide 1913), Freytags *Die Journalisten* (1914). 1914/15 Soldat. 1915–34 Reinhardt-Bühnen Berlin, u. a. in Lenz' *Die Soldaten* (1916, R. Reinhardt), Grillparzers *Weh dem, der lügt* (1917; 1934 Burgtheater), Goerings *Seeschlacht* (1918), Hauptmanns *Und Pippa tanzt* (1919), Shakespeares *Ein Sommernachtstraum* (1921; 1927 Salzburger Festspiele; 1930 Lessing-Th.; 1947 Burgtheater), Schnitzlers *Anatol* (1922), Gogol's *Der Revisor* (1925), Langers *Peripherie* (1926), Zweigs *Der Streit um den Sergeanten Grischa* (1930), Giraudoux' *Amphitryon 38* (1931). Seit 1924 auch am Th. in der Josefstadt (Wien). Überragenden Erfolg hatte seine Darstellung des Truffaldino in Reinhardts legendärer Insz. von Goldonis *Der Diener zweier Herren* (1924), die noch → Strehler beeinflusste. Diese Rolle verkörperte T. in 20 Jahren auch auf internat. Gastspielen über 400-mal: «Es gibt in Deutschland keinen anderen komischen Schauspieler von dieser Anmut und Grazie» (K. Pinthus, zit. nach *Hermann Thimig*, S. 86). Seit 1925 bei den Salzburger Festspielen. 1927/28 Gastspiel mit dem Reinhardt-Ensemble in New York. 1934–68 Burgtheater Wien, wo er in Stücken Nestroys und v. a. Raimunds brillierte. Weiter u. a. in Bahrs *Das Konzert* (1934), → Molières *Der eingebildete Kranke* (1946), Hauptmanns *Der Biberpelz* (1965). Letzter Auftritt am 27. 1. 1968 in Roussins *Die Lokomotive*. Seit 1919 über 60 Filme, u. a. *Die Brüder Karamasoff* (1921), *Die Dreigroschenoper* (1931), *Kleiner Mann – was nun?* (1933), *Viktor und Viktoria* (1933), *Die kluge Marianne* (1943), *Der Prozeß* (1948), *Romanze in Venedig* (1962). Verheiratet mit den Schauspielerinnen Hanna Wisser (1919–27) und Vilma → Degischer (seit 1939). Zahlreiche Auszeichnungen. Seine Tochter Johanna (* 1943) ist ebenfalls Schauspielerin. – Herausragender Charakterkomiker und -darsteller von elementarer Gestaltungskraft und Beweglichkeit, der Traditionen der Commedia dell'Arte und des Wiener Volkstheaters mit psychologisch fundierter Spielweise verband. Neben Truffaldino gehörten Zettel in Shakespeares *Ein Sommernachtstraum*, Nestroy- und Raimund-Rollen zu seinen Glanzpartien.

Thimig, Hans (Alois Emil), (1916 Künstlername Hans Werner) * 23. 7. 1900 Wien, † 17. 2. 1991 Wien. Schauspieler, Regisseur.

Leitete schon als Schüler 1913–18 im elterlichen Haus ein Liebhabertheater. Debüt in Schönherrs *Volk in Not* (UA 1916, Dt. Volkstheater). Ohne Schauspielausbildung 1918–24 ans Burgtheater engagiert, u. a. in Shaws *Candida* (1919), Molières *Der eingebildete Kranke* (1922; 1923 Salzburger Festspiele), Nestroys *Einen Jux will er sich machen* (1923; 1956). 1922 als Buffo in der UA von Léhars Operette *Frasquita* (Th. an der Wien). 1924–43 Th. in der Josefstadt (1938–41 Schauspieldirektor), zuerst in Vanes *Die Überfahrt* (1924). Weiter in Shakespeares *Was ihr wollt* (1931, 1939), → Brechts *Baal* (1926), Bruckners *Verbrecher* (1929), Schnitzlers *Das weite Land* (1932), Pirandellos *Sechs Personen suchen einen Autor* (1934), → Lessings *Nathan der Weise* (1936), Ibsens *Nora* (1943). 1927/28 Amerika-Tournee mit dem Reinhardt-Ensemble. Rollen in Berlin u. a. am Dt. Th. in Klabunds *Der Kreidekreis* (1925), Raimunds *Der Bauer als Millionär* (1938). 1942–49 freier Th.- und Filmregisseur. Filmrollen u. a. in *Kleider machen Leute* (1921, mit Vater und Bruder), *Das Geld liegt auf der Straße* (1930), *Zwei glückliche Menschen* (1943), *Mann im Schatten* (1961); Filmregie u. a. *Die kluge Marianne*

(1943), *Die goldene Fessel* (1944), *Gottes Engel sind überall* (1948). 1949–66 Burgtheater, danach als Gast. Rollen u. a. in Goethes *Faust II* (1949), Nestroys *Der Färber und sein Zwillingsbruder* (1951), *Der Zerrissene* (1958), Hochwälders *Der Unschuldige* (1958), Schnitzlers *Professor Bernhardi* (1965). Als Gast u. a. in Horváths *Geschichten aus dem Wiener Wald* (1970, Schauspielhaus Düsseldorf, R. → Hollmann), Molnárs *Liliom* (1982, Bregenzer Festspiele). Theaterregie im In- und Ausland, v. a. bei Komödien. Seit 1923 bei den Salzburger Festspielen. Tourneen und Rezitationsabende; Rundfunkarbeit. Seit 1929 Lehrer am Reinhardt-Seminar, das er 1945 und 1959/60 leitete. Zahlreiche Auszeichnungen. – Ein vielseitiger Schauspieler, der auch Nebenrollen überzeugendes Profil zu geben vermochte. Ein Darsteller mit feiner Komik, zurückgenommenem Spiel, der im Alter an Tiefe gewann. – Seine Tochter Henriette (* 1947) ist ebenfalls Theater- und Filmschauspielerin, v. a. an dt. Th.n beschäftigt.

Bier, M.: Schauspielerporträts. Berlin 1989; Hermann Thimig. Ein Leben in Dokumenten. Hg. G. Doublier, F. Fuhrich. Wien 1972; Hugo Thimig erzählt von seinem Leben und dem Theater seiner Zeit. Hg. F. Hadamowsky. Graz, Köln 1962; Kern, R.: Hans Thimig und das Theater. Diss. (masch.) Wien 1967; Pospischill, E.: Hermann Thimig. Diss. Wien 1950; Schwiefert, F.: Helene Thimig. Berlin 1923; Srncik, G.: Die Burgtheaterdirektion Hugo Thimig. Diss. (masch.) Wien 1949; Thimig, Hans: Neugierig wie ich bin. Wien, München 1983 *(Autobiographie)*; Thimig, Helene: Wie Max Reinhardt lebte. Percha 1973; Die Thimigs. Hg. E. Fuhrich-Leisler, G. Prossnitz. Salzburg 1977; Wurm, E.: Helene Thimig. Wien 1969.

Wolfgang Beck

Tismer, Anne, * 9. 8. 1963 Versailles. Schauspielerin.

Tochter eines Managers; 1982/83 2 Semester Jura- und Sinologiestudium an der Universität Hamburg. 1982–85 Schauspielausbildung am Reinhardt-Seminar in Wien. Debüt 1986 am Wiener Th. der Courage in Turrinis *Kindsmord*. 1987 kurzes Engagement am Schauspiel Bonn. 1988 in der Regie ihres späteren Mannes R. → Hunger-Bühler Johanna in Jonkes *Gegenwart der Erinnerung* (UA, Bonn, Raum 45). 1989–93 am Th. Freiburg Beginn der Zusammenarbeit mit J. → Kruse (u. a. TRn in Hebbels *Judith*, García Lorcas *Die wundersame Schustersfrau*, Narr in → Shakespeares *Timon von Athen*). 1993–95 am Staatstheater Stuttgart u. a. in Grabbes *Herzog Theodor von Gothland* (R. → Kusej), Shakespeares *Richard II.* (R. Kruse), Strindbergs *Schwanenweiß*. 1995–97 Schauspielhaus Bochum, u. a. in Euripides' *Medea* (TR), Wedekinds *Musik* (beide R. Kruse), Goldonis *Krach in Chioggia* (R. → Haußmann), Mérimées *Marquis de Sade* (R. → Castorf). Am Schauspielhaus Zürich in Schwitters' *Ribble Bubble Pimlico* (1988, R. → Marthaler), Musils *Die Schwärmer* (1997, R. → Giesing), Strauß' *Der Kuß des Vergessens* (1998, R. M. → Hartmann, mit → Sander). Bei den Salzburger Festspielen Christa in Canettis *Hochzeit* (1988), Antigone in Aischylos' *Sieben gegen Theben* (1993, R. Kruse, Koproduktion Schauspiel Frankfurt), Wlasta in Grillparzers *Libussa* (1997, R. P. → Stein), Lady Macbeth in Shakespeares *Macbeth* (2001), bei den Wiener Festwochen Susanne in Horváths *Figaro läßt sich scheiden* (1998, R. → Bondy, Koproduktion Th. in der Josefstadt). Ab 2001 an der Berliner Schaubühne u. a. in Schimmelpfennigs *Die arabische Nacht* (R. → Kühnel), Fosses *Traum im Herbst*. In der Regie → Ostermeiers u. a. TRn in Ibsens *Nora*, Wedekinds *Lulu*, Fräulein Rasch in → Kroetz' *Wunschkonzert*, Martha in Woudstras *Der Würgeengel*. In einer Koproduktion mit dem TAT Frankfurt TR in → Brechts *Die heilige Johanna der Schlachthöfe* (2002). An der Berliner Volksbühne in Strindbergs *Der Vater* (2000), Lindemanns *Das Wiegenlied vom Recht* (UA 2005). Kaum Film- und Fernsehrollen. Zusammenarbeit mit der

Künstlerin Bianca Schönig (Videoarbeiten u. a. *Ikea 1 Versuch, Todesstreifen*) und der Choreographin Constanza Macras. 2006 wurde das von T. mit den Regisseuren Uwe Moritz Eichler und Philipp Reuter als genreübergreifendes Kunsthaus gegründete Ballhaus Ost im Bezirk Prenzlauer Berg mit der Adaption von → Fassbinders *Die Ehe der Maria Braun* mit ihr in der TR eröffnet. Schauspielerin des Jahres 2003 *(Th. heute)*. – Eigenwillige, sich jeder Einordnung entziehende Darstellerin von großer Ausdruckskraft und künstl. Vielfalt.

Wolfgang Beck

Toffolutti, Ezio, * 19. 1. 1944 Venedig. Bühnenbildner, Regisseur.

Studium der Bühnenausstattung und Malerei an der Accademia delle Belle Arti Venedig. Kurze Tätigkeit als Designer und Architekt an Urbanistik- und Ausstellungsprojekten in Verona. 1971–79 an der Volksbühne Berlin als Bühnen- und Kostümbildner in Zusammenarbeit mit Benno → Besson. Gleichzeitig auch für das Dt. Th. Berlin tätig. Zeichnete für die Ausstattung von Stücken von Bertolt → Brecht, Peter Hacks, Heiner → Müller, Pablo Neruda, William → Shakespeare u. a. verantwortlich. Ab Mitte der 1970er Jahre Ausstattungsaufträge von Festspielleitungen, Schauspiel- und Opernhäusern in ganz Europa (Athen, Avignon, Florenz, Helsinki, Paris, Wien u. a.). Regisseure wie Michael Kakkoyannis (Shakespeares *Antonius und Cleopatra*, 1979, Athen), Harry Kupfer, Nikolaus Lehnhoff, Hans → Lietzau (Čechovs *Onkel Wanja*, 1987, Münchner Kammerspiele), Jérôme → Savary (Brechts *Der aufhaltsame Aufstieg des Arturo Ui*, 1993, Th. National de Chaillot), Johannes → Schaaf, Katharina → Thalbach (Brechts *Mann ist Mann*, 1989, Thalia Th. Hamburg) sicherten sich seine Mitarbeit. Opernausstattungen u. a. von Verdis *Rigoletto* (Komische Oper Berlin), Mozarts *Così fan tutte* und *La Clemenza di Tito* (Grand Th. Genf), Wagners *Die Meistersinger von Nürnberg* (Mailänder Scala), Mozarts *Idomeneo* (Salzburger Festspiele 1990), von Einems *Dantons Tod* (Bayer. Staatsoper München), Rossinis *Der Graf Ory* (Festspiele von Glyndebourne). Entwarf seit 1985 zahlreiche Bühnenausstattungen für Gerd → Heinz in Zürich (u. a. → Goethes *Iphigenie auf Tauris*, 1988). Seit 1987 Hauptwohnsitz wieder in Venedig, aber regelmäßig für Bühnenbildaufträge im dt. Sprachraum (Berlin, München, Salzburg). Seit 1983 verschiedentlich Regisseur, Bühnen- und Kostümausstatter zugleich, z. B. Mozarts *Così fan tutte* 1996 für die Pariser Oper Palais Garnier; *Die heimliche Ehe* von Domenico Cimarosa für die Wiener Kammeroper; Mozarts *Figaros Hochzeit* und *Die Zauberflöte* für das Aalto-Th. Essen. Auszeichnungen u. a. Kritikerpreis, Kainz-Medaille, Prix Molière. Seit 2001 unterrichtet T. Bühnenbild an der Fakultät Design e Arti der Universität für Architektur in Venedig, seit 2003 ist er Leiter des Studiengangs Bühnenbild und Bühnenkostüm an der Akademie der Bildenden Künste (München). – «Man hat ihn [...] in jene Gruppe von Bühnenbildner einzuordnen, die für jedes Stück eine andere Ausstattung entwerfen, und zwar stilistisch so verschieden, daß schon die Vielfalt bühnenbildnerischen Vokabulars faszinierend ist. [...] Toffolutti spricht viele Theatersprachen, er beherrscht sie allemal virtuos und bescherte immer wieder schönste Überraschungen» (Eckert, S. 155 f.).

Eckert, N.: Das Bühnenbild im 20. Jahrhundert. Berlin 1998.

Horst Schumacher

Tomaszewski, Henryk, * 20. 11. 1919 Poznań, † 23. 9. 2001 Kowary (Niederschlesien). Pantomime, Tänzer, Choreograph, Regisseur, Theaterleiter.

Unmittelbar nach dem 2. Weltkrieg begann T. seine künstl. Ausbildung im Dramatischen Studio von Iwo Gall und in der Ballettschule von Feliks Parnell in Kraków. Nach dem Debüt als Tänzer wurde er 1948 als Solist an die Oper in Wrocław (Breslau) engagiert. Dort beschäftigte er sich auch mit Choreographie und Pantomime. 1956 gründete T. ein Pantomimen-Studio, das 3 Jahre später zum professionellen Pantomimen-Th. (Wrocławski Teatr Pantomimy – WTP) wurde. T. leitete dieses Th. bis zu seinem Tod und inszenierte dort 24 Programme, in denen er anfangs (bis 1961) auch als Hauptakteur auftrat. Die ersten Projekte waren pantomimische Bilder, Sketche, Etüden und Mimodramen, die an die Tradition der Pantomime von Jean-Louis → Barrault, Étienne → Decroux und Marcel → Marceau wie auch an den modernen Tanz anknüpften. Seit 1970 realisierte T. autonome Aufführungen, originelle Bearbeitungen literarischer Motive und Werke für Körper und Bewegung, mit reichem Bühnenbild und Kostüm, u. a.: *Fausts Höllenfahrt* nach → Goethe (P. 16. 3. 1970), *Der Novembernachtstraum* nach → Wyspiański (P. 14. 3. 1971), *Die Menagerie der Kaiserin Fillissa* nach Wedekind (P. 28. 2. 1972), *Ich komme morgen* nach Euripides und Pasolini (P. 4. 3. 1974), *Der Streit* (P. 24. 6. 1978) nach Marivaux, *Hamlet – Ironie und Trauer* (P. 26. 7. 1979) und *Ein Sommernachtstraum* (P. 20. 6. 1986) nach → Shakespeare, *Cardenio und Celinde* nach Gryphius (P. 28. 11. 1990), *Schluck und Jau* nach Hauptmann (P. 25. 11. 1995 in Ludwigshafen), *Aus dem Leben einer Puppe* nach Bruckner (P. 11. 12. 1999). T. arbeitete auch als Regisseur im Schauspieltheater, er inszenierte u. a. *Marat/Sade* von P. Weiss (Poznań, Teatr Polski, P. 18. 3. 1967), *Protesilas i Laodamia* von S. Wyspiański (Wrocław, Teatr Polski, P. 31. 5. 1969), *Triumph des Todes oder Das große Massakerspiel* von E. Ionesco (Wrocław, Teatr Polski, P. 17. 6. 1973), *Equus* von P. Shaffer (Wrocław, Teatr Polski, P. 4. 11. 1978), zuletzt *Über das Marionettentheater* von H. von Kleist (Warszawa, Teatr Narodowy, P. 9. 4. 1999). Ebenso arbeitete T. an vielen europ. Th.n und Opern, u. a. in Amsterdam, Kopenhagen, Köln, Oslo, Stockholm. Das WTP gastierte mit Erfolg in der ganzen Welt. Ohne eigene Bühne in Polen – alle Premieren wurden im Teatr Polski in Wrocław vorbereitet – galt das WTP immer als eine Wandertruppe.

In seiner Theaterarbeit entwickelte T. nicht nur einen eigenen Bühnenstil, sondern auch eine neue Theaterform (Gemeinschaftspantomime) und eine eigene Theatersprache. Von den modernen pantomimischen Mitteln ausgehend, kreierte er eine besondere Körper- und Bewegungssprache, in der man – in Verbindung mit Musik, Kostüm und Bühnenbild – mehr als mit dem Tanz, mehr auch als mit den Worten des Schauspieltheaters ausdrücken kann. Im Zentrum des «reichen Theaters» T.s («reich» heißt hier: totale Insz. statt bloße Choreographie) stand der Mensch als «Wiederspiegelung des ganzen Kosmos». Um ihn – mit allen seinen Gefühlen, Leidenschaften und Instinkten – bildete T. szenische «Handlungsbilder», die die allgemeine «conditio humana» darstellen sollten. Charakteristisch für T. war die Anknüpfung an die Weltliteratur, deren Werke und Mythen er in eine universale Bewegungssprache übersetzte. – T. war auch ein passionierter Puppensammler. Aus seiner großen Sammlung entstand 1994 das Spielzeugmuseum in Karpacz.

Hera, J.: Henryk Tomaszewski i jego teatr. Warszawa 1983; Smużniak, K.: Wrocławski Teatr Pantomimy: mit w teatrze Henryka Tomaszewskiego. Wrocław 1991.

Wojciech Dudzik

Tovstonogov, Georgi Aleksandrovič, * 15. 9. 1915 Tiflis (heute Tbilissi / Georgien), † 24. 5. 1989 Leningrad (heute St. Petersburg). Regisseur, Theaterleiter.

Besuch der dt. Schule in Tiflis. Begann als Schauspieler und Regieassistent in seiner Geburtsstadt Tiflis. Studium am Staatl. Lunačarskij-Theaterinstitut, der heutigen Theaterakademie GITIS in Moskau, das er kurz vor Ausbruch des 2. Weltkriegs mit dem Doktorgrad abschloss. 1938–46 Künstl. Direktor des Russ. Th.s Griboedov in Tiflis. 1946–49 Direktor des Zentralen Kindertheaters in Moskau. 1950–56 am Lenin Komsomol Th. in Leningrad. Entscheidender Durchbruch seit seiner Ernennung zum Intendanten des Bol'šoj-Th.s in Leningrad, das den Namen Maksim Gor'kijs trug und 3 Jahre nach T.s Tod in Bol'šoj dramaticeskij teatr imeni Tovstonogova (Gr. T.-Schauspielhaus) umgetauft wurde. Dieses 1919 unter Mitwirkung von Maksim Gor'kij (1868–1932), Aleksandr Blok (1880–1921) und M. F. Andreeva gegründete erste Th. der Sowjetära begann die Ideen →Stanislavskijs, dessen Schüler T. war, auf zeitgemäße Art umzusetzen: Sparsamkeit im Ausdruck, Konzentration auf die innere Handlung. Es gelang T., die Aufführungen von dem grauen Einerlei des sozialistischen Realismus, zu dem die Anwendung des Stanislavskij-Systems im Stalinismus verkommen war, loszulösen. Pflege des klassischen russ. Repertoires: *Verstand schafft Leiden* von Aleksandr Sergeevič Griboedov (1962), *Drei Schwestern* von Anton Čechov (1965), Stücke von Gogol' und Ostrovskij. T. folgte in seinen Insz.en dem Diktum von →Nemirovič-Dančenko, eine Dramenaufführung bis an die äußersten Grenzen des Möglichen auszugestalten, unter der einzigen Voraussetzung, dass der Wesenskern des Stücks nicht verloren ging. Eine Bühnenproduktion müsse schlüssig, gerechtfertigt und zugleich auch überraschend und innovativ sein; Neuinterpretation müsse in unvoreingenommener Textanalyse einsetzen und vorgefasste Meinungen und Erwartungen beiseiteschieben.

Dem selbstgestellten Anspruch entsprach T. am erfolgreichsten bei Insz.en der Klassiker. Mit →Shakespeares *Heinrich IV.* trat er in die kontroverse «Theatralitäts»-Diskussion von →Mejerchol'd und →Vachtangov ein und verkürzte die 2 Teile des Stücks dank der Übersetzung von Boris Pasternak (1890–1960) auf einen Aufführungsabend, der als Vorstellung einer Wandertruppe präsentiert wurde. Diese besondere Präsentation wurde ergänzt durch eine Bühnentechnik, mit der T. versuchte, beste russ. Schaupieler- und Regieleistung mit den Methoden von Bertolt →Brecht und Peter →Brook zu verbinden. *Der Revisor* (1972 und 1976) von Gogol', *Optimistische Tragödie* (1981) von Višnevskij, für deren Insz. von 1955 er 1958 den Stalin-Preis erhalten hatte, waren Beispiele dieser Arbeitsweise. Zahlreiche Gastspielreisen machten T.s Insz.en auch im westlichen Ausland bekannt. T., der künstl. keine Kompromisse machte und sich nicht scheute, einen Broadway-Erfolg wie *West Side Story* (1969) zu inszenieren, verstand es, seine Produktionen den Machthabern als Beiträge zur Schaffung des vom Klassenjoch befreiten «neuen Menschen» zu «verkaufen». Er war zeitweise Deputierter beim Obersten Sowjet und wurde mit Ehrentiteln und Auszeichnungen überhäuft.

Aslan, O. D. Bablet: V. Garcia, B. Wilson, G. Tovstonogov, M. Olosoy. Paris 1984; Tovstongov, G.: Quarante ans de mise en scène. Moskau 1976; ders.: Zerkalo sceny. 2 Bde. Leningrad 1980 (dt. Spiegel der Bühne. Berlin 1985); The World Encyclopedia of Contemporary Theatre. Bd 1. Europe. Hg. D. Rubin. London, New York 1994.

Horst Schumacher

Tragelehn, B(ernhard) K(laus), * 12. 4. 1936 Dresden. Regisseur, Übersetzer.

1955–58 Akademie der Künste Berlin, Meisterschüler von →Brecht und Erich →Engel. 1957 Insz. von Brechts *Die Ausnahme und die Regel* in Wittenberg. 1958–61 Studentenbühne der Hochschule für Ökonomie Berlin-Karlshorst. Rauswurf nach der UA von →Müllers *Die Umsiedlerin* 1961. 1961–62 Arbeit im Kohlentagebau. Freier Regisseur. 1967–69 Dozent an der Dt. Hochschule für Filmkunst Babelsberg. Inszenierte 1969 →Shakespeares *Wie es euch gefällt* in Potsdam. 1972–76 Berliner Ensemble. In Ko-Regie mit Einar →Schleef Strittmatters *Katzgraben*, Wedekinds *Frühlings Erwachen*, Strindbergs *Fräulein Julie* (die Insz. wurde nach wenigen Vorstellungen aus politischen Gründen abgesetzt). Keine weiteren Inszenierungsmöglichkeiten. 1979 Ausreise. Inszenierte in Bochum (Shakespeares *Maß für Maß*), 1980 Schauspiel Frankfurt (→Molières *Tartuffe*), 1981 vom Magistrat gekündigt. Heiner-Müller-Insz.en in Düsseldorf (*Die Schlacht*, *Macbeth* nach Shakespeare), in Bochum (1982 UA *Quartett*), im Münchner Residenztheater (*Philoktet*, *Herakles 5*), 1986 im Dresdner Schauspielhaus *Die Umsiedlerin* (Gastspiele in Westdeutschland). 1987–89 Schauspieldirektor am Düsseldorfer Schauspielhaus (Shakespeares *Was ihr wollt* in eigener Übersetzung, *Der Sturm*, Molières *Don Juan*, Müllers *Verkommenes Ufer Medeamaterial Landschaft mit Argonauten*). In Berlin 1990 an der Freien Volksbühne Müllers *Germania Tod in Berlin*, an der Volksbühne 1990 O'Caseys *Das Ende vom Anfang*, 1991 am Maxim-Gorki-Th. *Leben Gundlings Friedrich von Preußen Lessings Schlaf Traum Schrei* von Müller, 1993 in Bochum Shakespeares *Troilus und Cressida*. 1997 am Berliner Ensemble Brechts *Leben des Galilei*. Mehrere Einladungen zum Berliner Theatertreffen. Zahlreiche Übersetzungen von Molière, Shakespeare und dessen Zeitgenossen. Gedichtbände. 1990 Fritz Kortner-Preis (mit Schleef). Bis 1998 letzter Präsident des ostdeutschen PEN. Vorsitzender der Internat. Heiner-Müller-Gesellschaft. – Genauer, textnaher Regisseur, der allen Stücken auch ohne Eingriffe in ihre Struktur eine zeitgenössische Relevanz zu geben vermag. Von großer Bedeutung für die Heiner-Müller-Rezeption.

Tragelehn, B. K. Theaterarbeiten. Shakespeare. Molière. Hg. T. Girshausen. Berlin 1980.

Werner Schulze-Reimpell

Treusch, Hermann, * 13.10.1937 Dortmund. Schauspieler, Regisseur, Intendant, Autor.

Einige Semester Germanistik und Kunstgeschichte in Marburg, Leiter der Studentenbühne. 1958 Max-Reinhardt-Schule Berlin. 1959 Gründung der Theatergruppe studiokreis 59. 1960 Stadttheater Oberhausen, 1961 Staatstheater Stuttgart. 1962–65 Vereinigte Bühnen Graz, erste Insz.en (Sophokles/Hölderlins *Antigonae*, →Brechts *Mann ist Mann*, Heiner →Müllers *Philoktet*). 1965–69 Landestheater Hannover (TR in →Shakespeares *Hamlet*, Marquis Posa in Schillers *Don Carlos*, Insz. von Handkes *Publikumsbeschimpfung*), 1969 *Amphitryon* von Hacks im Stadttheater Heidelberg. 1969–70 Bayer. Staatsschauspiel München (Feydeaus *Monsieur Chasse oder Wie man Hasen jagt*, →Molières *Die Schule der Männer*). 1970–72 Th. am Turm (TAT) Frankfurt a. M. (Horváths *Sladek oder Der schwarze Reichswehrmann*, UA von Deichsels *Frankenstein*). 1973 Dauphin in Schillers *Die Jungfrau von Orleans* am Dt. Schauspielhaus Hamburg. 1974–75 Schauspiel Frankfurt a. M. (Jürgen Tesman in Ibsens *Hedda Gabler*, Carlos in →Goethes *Clavigo*, Insz. von Schillers *Die Verschwörung des Fiesco zu Genua*, DEA von Oléšas *Die Verschwörung der Gefühle*, UA von Wächters *Schule mit Clowns*). 1975–79 künstl. Leiter des TAT, Mitbestimmungsmodell. Inszenierte die UA von Karsunkes *USA-Revue* und dessen *Bauernoper*, UA des eigenen

Stücks *Clown in der Klemme*. 1979–81 Gastregisseur in Braunschweig (Goethes *Faust I*, Sophokles/Hölderlins *Antigonae*) und Freiburg (Brechts *Die heilige Johanna der Schlachthöfe*, UA von Greiners *Fast ein Prolet*). 1981–85 Staatl. Schauspielbühnen Berlin (Achill in Kleists *Penthesilea*, Thomas in Musils *Die Schwärmer*, Fernando in Goethes *Stella*; inszenierte Tennessee Williams' *Endstation Sehnsucht*, Brechts *Furcht und Elend des Dritten Reiches*). Th. der Freien Volksbühne Berlin: Schriftsteller in Joyce' *Der Verbannte*, Ralf in Wedekinds *Franziska*, Prinz in → Lessings *Emilia Galotti*. 1990 bis zur Schließung 1992 Intendant des Th.s der Freien Volksbühne. Spielte Rosmer in Ibsens *Rosmersholm*, Gollwitz in Schönthans *Der Raub der Sabinerinnen*, die TR in Kleists *Robert Guiskard*. Inszenierte 1994 Hofmannsthals *Jedermann* im Berliner Dom. Spielte im Schauspiel Köln Boss Whalen in der DEA von Tennessee Williams' *Aber nichts von Nachtigallen*, 1999 im Badischen Staatstheater Karlsruhe King Marchan im Musical *Victor/Victoria* von Edwards/Mancini/Bricusse, 2000 in Mearas *Afterplay* (Münchner Volkstheater), 2001 im Schlossparktheater Berlin Hermann Oberth in der UA von Hochhuths *Hitlers Dr. Faust*, 2005 im Luxemburgischen Nationaltheater König Claudius in Shakespeares *Hamlet*. Zahlreiche Fernsehrollen. – Geradliniger Schauspieler mit intellektueller Brillanz und viel Formgefühl, als handwerklich vorzüglicher Regisseur den Stücken und den Darstellern verpflichtet.

Spiel auf Zeit: Theater der Freien Volksbühne 1963–1992. Hg. H. Treusch. Berlin 1992.

Werner Schulze-Reimpell

Trissenaar, Elisabeth, * 13. 4. 1944 Wien. Schauspielerin.

1962–64 Max-Reinhardt-Seminar Wien. 1964–66 Stadttheater Bern. 1966–68 Vereinigte Städt. Bühnen Krefeld-Mönchengladbach, Beginn der bis heute bestehenden Zusammenarbeit mit Hans → Neuenfels (Proeza in Claudels *Der seidene Schuh*, TR in Schillers *Maria Stuart*). 1968–70 Stadttheater Heidelberg (Alkmene in Kleists *Amphitryon*, Lady Macbeth in → Shakespeares *Macbeth*, TR in Strindbergs *Fräulein Julie*). 1970–71 Schauspielhaus Bochum (Beatrice in Middleton/Rowleys *Changeling*, Warja in Čechovs *Der Kirschgarten*). 1971–72 Staatsschauspiel Stuttgart (Gertrud in Shakespeares *Hamlet*, TR in Ibsens *Nora* – darüber Reinhard Baumgart: «Sie beherrscht, je nach Gegenüber und Situation, ein ganzes Verhaltensrepertoire: das Imponiergehabe der Lady, die Singvögelchenallüren, eine ganz simple Freude an Macht, Geld, Makronen und das infantile Jetzt-kann-ich-nicht-mehr-Weiter oder So-schlimm-wird-und-darf-es-nicht-Werden»). 1972–78 Schauspiel Frankfurt a. M. (TR in Ibsens *Hedda Gabler*, Regine in dessen *Gespenster*, Cressida in Shakespeares *Troilus und Cressida*, Sophie in → Brechts *Baal*, Julie in Molnárs *Liliom*. TRn in Wedekinds *Lulu* (1977 Züricher Schauspielhaus) und dessen *Franziska* (1978 Wiener Burgtheater), in → Goethes *Iphigenie auf Tauris* (1980 Schauspiel Frankfurt), Kunigunde in Kleists *Das Käthchen von Heilbronn* (Schauspiel Köln). 1980–85 Staatl. Schauspielbühnen Berlin (TR in Kleists *Penthesilea*, Regine in Musils *Die Schwärmer*, Irma in Genets *Der Balkon*). 1985–90 Th. der Freien Volksbühne Berlin (Bertha in Joyce' *Verbannte*, TRn in Wedekinds *Franziska* und Euripides' *Elektra*, Gräfin Orsina in → Lessings *Emilia Galotti*, Cleopatra in Shakespeares *Antonius und Cleopatra*, Isabella in Schillers *Die Braut von Messina*). 1990 Leonore in Goethes *Torquato Tasso* (Dt. Schauspielhaus Hamburg), 1991 Martha in Albees *Wer hat Angst vor Virginia Woolf?* (Wiener Burgtheater), 1992 Miranda in Barnes' *Antiphon* (Schauspiel Frankfurt), 1993 Titania in Shakespeares *Ein Sommer-*

nachtstraum (Schiller-Th. Berlin). Im Münchner Residenztheater 1996 in der UA von Neuenfels' Robert-Musil-Projekt *Der Clarisse-Komplex*, Serafina in Tennessee Williams' *Die tätowierte Rose*, 2000 Henriette in der UA von Neuenfels' *Frau Schlemihl*. 2001 Frosch in *Die Fledermaus* von Johann Strauß (Salzburger Festspiele). Seit 2001 Dt. Th. Berlin (Tamora in Shakespeares *Titus Andronicus*, Alice in Strindbergs *Totentanz*, Iocaste in Sophokles' *König Ödipus*, TR in der UA von Jelineks *Jackie und andere Prinzessinnen*). Zahlreiche Rollen in → Fassbinder-Filmen und Filmen von Neuenfels. – Ungewöhnlich breit gefächertes Repertoire; gleich gut im schweren wie im leichten Fach, Tragödin und Komödiantin. Sibylle Wirsing nannte sie eine «Königin der Bühne» und schrieb 1982: «Ihre Frauengestalten sind helldunkel, flammenhaft-flatterhaft und bestehen aus der Unruhe im Leib und dem Drama in der Seele.»

    Loschütz, G., H. Laube: War da was? Theaterarbeit und Mitbestimmung am Schauspiel Frankfurt 1972–1980. Frankfurt a. M. 1980.

Werner Schulze-Reimpell

Tukur, Ulrich, * 29. 7. 1957 Viernheim. Schauspieler, Musiker, Intendant.

    Studium der Germanistik, Anglistik und Geschichte in Tübingen, Mitbegründer der Floyd-Foodlight-Foyer-Band, 1978–80 Besuch der Staatl. Hochschule für Musik und Darstellende Kunst in Stuttgart, wurde dort für den Film entdeckt (*Die Weiße Rose*, R. Michael Verhoeven, 1982). 1983/84 erstes Theaterengagement in Heidelberg. Erfolge stellten sich u. a. an der Freien Volksbühne in Berlin (Kittel in Sobols *Ghetto*, 1984, R. → Zadek) – für diese Darstellung erhielt er den O.-E.-Hasse- und den Boy-Gobert-Preis – und am Zürcher Schauspielhaus mit → Shakespeares *Maß für Maß* ein (Rolle: Angelo, 1985, R. → Zinger). Am Stuttgarter Staatsschauspiel spielte T. Eddie in Shepards *Liebestoll* (1986), für dessen Darstellung er von *Th. heute* zum Schauspieler des Jahres gekürt wurde. Dennoch folgte er Zadek nach Hamburg an das Dt. Schauspielhaus. Hier spielte er u. a. in den Shakespeare-Insz.en *Wie es euch gefällt* Orlando (1986, R. Zadek), in *Julius Cäsar* Mark Anton (1986) und die TR in *Hamlet* (1989, beide R. → Bogdanov). Neben Susanne → Lothar Schöning in Wedekinds *Lulu* (1988, R. Zadek) und Dangerfield in Donleavys *The Ginger Man* (1991, R. Bogdanov). Nach 1988 arbeitete T. frei als Gast. In Hamburg hatte sein mit Ulrich Waller und Thomas Struck geschriebenes Musical *Blaubarts Orchester* Premiere (1993, Tivoli-Th.): «Tukur […] liebt es, den Charmeur zu spielen, den ach so strahlend-männlichen Helden des frühen deutschen Tonfilms, Nostalgie im Knopfloch, ein Zwinkern im Auge und die Rose zur Hand» (Ulrike Kahle in *Th. heute* 2/1993, S. 55 f.). Zum 1. 7. 1995 übernahm T. mit Waller die künstl. Leitung der Hamburger Kammerspiele. Eine Mischung aus klassischem Kammerspiel, Kabarett und Musik sollte neue Zuschauerschichten ansprechen. Er spielte hier unter Wallers Regie Beckmann in Borcherts *Draußen vor der Tür* (1995), eine Hommage an die UA unter der Leitung von Ida → Ehre, und Willi Neumann in der Revue *Einmal Casanova sein* (1997). Eine persönliche Hommage an Hamburg zeigte T. mit *Einmal noch nach Hamburg* (2000). Nach dem Umbau des Th.s und finanziellen Problemen legten T. und Waller die Leitung der Kammerspiele 2003 nieder; Waller übernahm (mit Thomas Collien) die Leitung des St. Pauli-Th.s. Neben seiner Intendantentätigkeit war T. weiterhin als Schauspieler auf der Bühne und im Film tätig, z. B. in Ibsens *Peer Gynt* in München (1995, Residenztheater, R. Bogdanov), Hofmannsthals *Jedermann* (1999–2001, Salzburger Festspiele) oder → Brecht / Weills *Dreigroschenoper* (2004, St. Pauli-Th.). Bekannt wurde T. v. a. als Schauspieler in Film und Fernsehen, u. a. in Hauffs Film *Stammheim* (1986), *Felix* (1988, R. von Trotta u. a.), *Das Milliardenspiel* (1989, TV), *In meinem Herzen, Schatz* (1989, H.-C. Blumenberg), *Die Kaltenbach-Papiere* (1991, TV, R. Erler), *Wehner – Die unerzählte Geschichte* (1993, H. Breloer), *Mutters Courage* nach → Tabori (1994, M. Verhoeven), *Der Mörder und sein Kind* (1995, Matti Geschonneck), *Amen – Der Stellvertreter* nach Hochhuth (2001, Costa-Gavras), *Der Fall Furtwängler* (2002, I. Szábo), *Solaris* (2002, St. Soderbergh), *Stauffenberg* (2004, TV). – T. ist ein vielseitiger Schauspieler und ein Show-Talent. Er vereint Musik (nostalgisch angehaucht), Th. und Varieté in einer Person. So gründete er 1995 die Tanzkapelle Ulrich Tukur und die Rhythmus Boys, mit der er großen Erfolg verbuchen kann.

Sabine Steinhage

U

Ustinov, Sir Peter Alexander (eig. Petrus Alexandrus), * 16. 4. 1921 London, † 28. 3. 2004 Genoilier bei Genf. Schauspieler, Regisseur, Autor, Bühnenbildner, Entertainer.

Sein Vater war der aus Russland stammende dt. Journalist (1935 engl. Staatsbürger) Jona (von) U., seine Mutter die franz.-russ. Malerin Nadia Benois, Nichte des Bühnenbildners Alexandre Benois. 1934–37 Westminster School (ohne Abschluss); Schauspielausbildung an Michael St. Denis' Th. Studio (London). Bühnendebüt 1938 als alter Mann in Čechovs *Der Waldschrat* (Barn Th., Shere). 1939 mit eigenen Sketchen in Revuen des Londoner Players Th. (u. a. *The Bishop of Limpopoland*), 1940 in der Revue *Swinging the Gate* (Gate Th.) und den eigenen Revuen *Diversion* und *Diversion No 2* (Wyndham's Th.). Erste Filmrolle in *Hullo, Fame!* (1940). 1942 wurde das erste seiner über 20 Stücke in London aufgeführt (*House of Regrets*, Arts Th.). 1942–46 Soldat, u. a. beim Army Kinematographic Service als Drehbuchmitarbeiter; erste Regie (*School for Secrets*, 1946, mit → Richardson). Nach 1944 in der Truppenbetreuung, u. a. Regie und Rolle in Sheridans *The Rivals* (Salisbury). Nach 1945 Theaterrollen u. a. in Acklands Dostoevskij-Adaption *Crime and Punishment* (1946, New Th.), → Bergmans *Frenzy* (1948, Lyric Th.), Linklaters *Love in Albania* (1949, Wyndham's Th., eigene R.). Seit den 1950er Jahren v. a. in eigenen Stücken (oft auch R.), so u. a. in *The Love of Four Colonels* (1951, Wyndham's Th., über 800 Vorstellungen), *Romanoff and Juliet* in London (Piccadilly Th.) und am Broadway (beides 1956, Plymouth Th.), *Photo Finish* (1963, Brooks Atkinson Th., New York), bei dessen Londoner Insz. U. nur Regie geführt hatte (1962, Saville Th.), *The Unknown Soldier and His Wife* (1968 Chichester; 1973 New London Th. – eigene R., mit Tochter Tamara), *Who's Who in Hell* (UA 1974, Lunt-Fontanne Th., New York), *Beethoven's Tenth* (1983, Vaudeville Th.). 1979 spielte U. die TR in → Shakespeares *King Lear* (Stratford, Ontario). In den 1990er Jahren Solo-Programm *An Evening with Peter Ustinov* (1990/91 Haymarket Th.), auch auf Tournee in Australien, Neuseeland und 1999/2000 in Deutschland *(Ein klassischer Abend mit Peter Ustinov)*.

Regie v. a. bei Opern, in London, Edinburgh, Paris, Hamburg, Berlin, Salzburg, Dresden, Moskau – von Puccinis *Gianni Schicchi* (1962, Covent Garden, London) bis Prokofjevs *Die Liebe zu den drei Orangen* (1997, Bolšoj, Moskau). – Als Schauspieler in über 80 Filmen, Durchbruch mit *Quo Vadis?* (1951). Weitere u. a. *Beau Brummell* (1954), *We're No Angels* (1955), *Lola Montès* (1955), *Spartacus* (1960, Oscar), *Romanoff and Juliet* (1961), *Billy Budd* (1962, beide auch Buch und R.), *Topkapi* (1964, Oscar), *Lady L* (1965, auch Buch und R.), *The Comedians* (1967), *Hammersmith Is Out* (1972), *Memed My Hawk* (1984, beide auch Buch und R.), *Lorenzo's Oil* (1992), *Stiff Upper Lips* (1998), *Luther* (2003). Mehrfach hat er Christies Detektiv Hercule Poirot verkörpert. Er schrieb mehr als 10 Drehbücher und führte mehrfach Regie. Außerdem arbeitete U. für den Rundfunk, als Maler, schrieb Autobiographien und mehr als 10 Prosabände, war in den 1990er Jahren Kolumnist für *The European*. Seit 1969 UNICEF-«Botschafter», 1968–73 Rektor der Universität Dundee, seit 1992 Kanzler der Universität Durham, 1992 Vorsitzender der World Association for World Federation (WAWF). Gründer der entwicklungspolitisch engagierten P.-U.-Stiftung. Zahllose internat. Auszeichnungen, in Großbritannien u. a. 1975 Companion of the order of the British Empire (CBE), 1990 geadelt, in Frankreich 1985 Commandeur de l'Ordre des Arts et des Lettres, 1989 Mitglied der Académie des Beaux Arts, in Deutschland 1998 Bundesverdienstkreuz, 2004 Bremer Hansepreis für Völkerverständigung. Er war verheiratet mit den Schauspielerinnen Isolde Denham, Suzanne Cloutier (1927–2003), der Journalistin Hélène de Lau d'Allemans. Seine Töchter Tamara (Tammy, * 1945) und Pavla sind Schauspielerinnen.

U. war wohl das vielseitigste und (fast immer) brillante Multitalent seiner Generation. Der «polyglotte Proteus» (K. Tynan) – er beherrschte 6 Sprachen – war ein großer Kommunikator und Alleinunterhalter, gestisch, mimisch, sprachlich ein unerreichter Verwandlungskünstler, ein Parodist von hohen Graden. Ein (Selbst-)Darsteller, dem die ironisch gebrochene Selbstinszenierung auch als Mittel der Distanz zu sich selbst diente. Ein Charakterdarsteller, dessen untertreibend-übertreibende Schauspielkunst selbst in Nebenrollen die Szene beherrschte. Die Vielzahl seiner Fähigkeiten ließ ihn nicht immer sein wahres Potenzial ausschöpfen: «Er war alles. Vor allem komisch. Er war nur kein Genie. Dafür hatte er zu viele Talente» (G. Stadelmaier in *FAZ*, 30. 3. 2004).

<small>Miller, J.: Peter Ustinov: the gift of laughter. London 2002 (dt. Die Gabe des Lachens. Frankfurt a. M. 2004); Schönborn, F. v., P. Ustinov: «Ich glaube an den Ernst des Lachens». (4. Aufl.) Frankfurt a. M. 2000; Thomas, T.: Ustinov in focus. London, New York 1971; Ustinov, P.: Achtung! Vorurteile. (12. Aufl.) Hamburg 2004; ders.: Dear me. London 1977 (dt. Ich und ich. München 2003); ders.: Ustinov at large. (Neuausg.) London 1992; ders.: Ustinov still at large. London 1993; Waldman, M.: Planet Ustinov. London 1998; Warwick, Ch.: The universal Ustinov. London 1990 (dt. Peter Ustinov. München 1992); Willans, G.: Peter Ustinov. London 1957; Zucker, C.: Conversations with actors on film, television, and stage performance. Portsmouth, NH 2002.</small>

Wolfgang Beck

Utzerath, Hansjörg, * 20. 3. 1926 Tübingen. Regisseur, Theaterleiter.

Abitur, Kriegsdienst, Gefangenschaft. 1947 Schauspielausbildung, Engagement als Schauspieler in Bonn. 1950 erste Insz. in einer freien Truppe in Düsseldorf. 1952 Mitbegründer der Düsseldorfer Kammerspiele, die er 1959–66 leitete und zu überregionaler Bedeutung führte. Konsequenter Einsatz für Stücke des absurden Th.s (Ionesco, Beckett, Genet, Hildesheimer). Insz. 1950 UA *Die Kurve* von Tankred Dorst in Lübeck, an den Staatl.

Schauspielbühnen Berlin 1963 DEA Saunders' *Ein Eremit wird entdeckt*, 1964 DEA Havels *Gartenfest*, 1965 → Brechts *Leben des Galilei*, Millers *Nach dem Sündenfall*, 1966 UA *Die Plebejer proben den Aufstand* von Günter Grass. 1967–73 Intendant der Freien Volksbühne Berlin. Inszenierte → Shakespeare, Ibsen, Strindberg, Sternheim, Horváth, O'Casey, Dürrenmatt, Hochhuth u. a. 1973–77 freier Regisseur. Inszenierte im Düsseldorfer Schauspielhaus (1973 UA *Was heißt hier Volsinii* von Peter Rühmkorf, 1974/75 Brecht/Weills *Die Dreigroschenoper* – Einladung zum Berliner Theatertreffen, 1976 deren *Aufstieg und Fall der Stadt Mahagonny*), in Bonn → Lessings *Nathan der Weise* 1973: In Achim → Freyers Ausstattung flankierte ein Sudelvorhang mit Invektiven wie «Judensau», «Scheiß Gastarbeiter», «Polackenschwein» den Zuschauerraum. Die Bühne war mit weißem Schaumstoff ausgelegt, der keinen aufrechten Gang erlaubte und eine Körperhaltung erzwang, die «innere Zustände» nach außen kehrte; 1976 Horváths *Kasimir und Karoline*. 1977–92 Schauspieldirektor in Nürnberg. Neben Shakespeare-, Beckett-, Brecht- und Hauptmann-Insz.en u. a. 1982 Tollers *Hoppla, wir leben*, 1987 Kornfelds *Jud Süß*, 1988 Oskar Panizzas *Liebeskonzil*, 1990 UA *Lila* von Kerstin Specht. Kritische Bühnenfassung des Scherzinger-Romans *Hitlerjunge Quex* (UA 1989). 1979 im Thalia Th. Hamburg Schillers *Wilhelm Tell*. Seit 1992 Gastinsz.en, u. a. im Düsseldorfer Schauspielhaus sehr komödiantisch Brechts *Herr Puntila und sein Knecht Matti* (1993), in Stuttgart, Halle, Ingolstadt, Zürich (1997 UA von Loetschers *Die Launen des Glücks*). – Ein oft sehr origineller Regisseur mit szenischem Witz und stets klarem, dramaturgisch durchdachtem Ansatz. Interesse an ästhetisch neuen Stücken und politisch-gesellschaftlich engagiertem Th.; Ensembleerzieher.

Werner Schulze-Reimpell

V

Vachtangov, Evgenij Bogrationovič, * 13. 2. 1883 Vladikavkas (Nordossetien / Rußland), † 29. 5. 1922 Moskau. Schauspieler, Regisseur, Theaterleiter.

Sohn eines Tabakfabrikanten. Studierte ab 1903 Naturwissenschaften, dann Jura an der Universität Moskau, war 1904/05 Mitglied verschiedener Laientheatergruppen (erste Regie bei Hauptmanns *Das Friedensfest*), gründete 1906 eine Studentenbühne, an der er zuerst Gor'kijs *Sommergäste* inszenierte. Ab 1908 Schauspielunterricht an der Schule Aleksandr Adaševs, wo sein wichtigster Lehrer der Mitarbeiter → Stanislavskijs, L. A. Suleržickij (1872–1916), wurde. 1911 engagierten Stanislavskij und → Nemirovič-Dančenko V. an ihr Moskauer Künstlertheater (MChAT), wo er u. a. in Tolstojs *Der lebende Leichnam*, → Molières *Der eingebildete Kranke*, → Shakespeares *Macbeth* auftrat. Noch 1911 wurde V. von Stanislavskij mit der Bildung einer Arbeitsgruppe beauftragt, die dessen Schauspielpädagogik überprüfen sollte. Auch wenn V. dessen pädagogische und künstl. Grundgedanken nie in Frage stellte, zeigten sich doch bald Akzentverschiebungen in den künstl. Auffassungen, eine Annäherung an Ideen → Mejerchol'ds. V. unterrichtete und inszenierte auch außerhalb des MChAT. Er leitete mit Suleržickij das 1913 eröffnete 1. Studio des MChAT, inszenierte zuerst Hauptmanns *Das Friedensfest*. Seine Insz. von B. Zajcevs *Das Gut der Lanins* (1914) mit einem eigenen Studio, dem Studentischen Dramatischen Studio, wurde ein solcher Misserfolg, dass er sich dort nur noch inoffiziell betätigen konnte. Das Studentische Dramatische Studio wurde mehrfach umbenannt und 1920 als 3. Studio dem MChAT angegliedert. Seit 1918 leitete es V. erneut (seit 1926 ist es als V.-Th. eigenständig). Außerdem gründete er 1918 im Auftrag des Rats der Arbeiterdeputierten das Moskauer Künstl. Volkstheater, übernahm auf Vorschlag Stanislavskijs die Leitung des 1917 gegründeten jüd. Th.-Studios Habima und wurde 1919 Leiter der Abteilung Regie in der Theaterabteilung des Kultusministeriums (Volkskommissariat für Bildung). Seine Insz. von An-Skis Legendendrama *Der Dibbuk* (1922) brachte der Habima weltweite Berühmtheit und stand bis in die Gegenwart im Repertoire. V. inszenierte am 1. Studio des MChAT u. a. Ibsens *Rosmersholm* (1918), *Hedda Gabler* (1920), Strindbergs *Erik XIV.* (1921), an seinem (dem späteren 3.) Studio u. a. Maeterlincks *Das Wunder des heiligen Antonius* (1918), Čechovs *Hochzeit* (1920; 1921 1. Studio) und – unbestrittener Höhepunkt seiner Regiearbeit – Gozzis Stück *Turandot* (1922), dessen Premiere der schwerkranke V. schon nicht mehr beiwohnen konnte. An dieser Insz., die (überarbeitet) bis in die Gegenwart auf dem Spielplan stand, wurden die Prinzipien seiner Vorstellung von Th. am deutlichsten. Im Gegensatz zu Stanislavskijs illusionistischem Bühnenrealismus («Th. des Lebens») legte V. Wert auf ein Th., das nicht zu verbergen suchte, Th. zu sein («das Leben als Th.»). Das Th. sollte sich selbst reflektieren, durch poetische Verfremdung gängige Erwartungen brechen und die Phantasie anregen. V. a. in der *Turandot*-Insz. ist der Einfluss der ital. Commedia dell'Arte und der scheinbaren Improvisation ihrer Schauspieler deutlich zu erkennen. Nicht «lebensechte» Nachahmung, sondern theatergemäß sollten Aufführungen sein: «Nichts zum Klischee werden lassen. Jede Probe ist eine neue Probe. Jede Aufführung ist eine neue Aufführung» (V., *Schriften*, S. 61). V. versuchte, Theorie und Praxis der Theaterarbeit Stanislavskijs und Mejerchol'ds in seinen eigenen künstl. Anschauungen, von ihm «phantastischer Realismus» genannt, zusammenzuführen. «Inhalt und Form, die Wahrheit der Gefühle und die theatergemäße Darstellung von Vorgängen, das wollte Vachtangov in seinem Theater vereinigen. Vachtangovs Theater will die organische Einheit der ‹ewigen Grundlagen der darstellenden Kunst mit der theatergemäßen Form, auf einen Nenner gebracht durch ein zeitgemäßes Gefühl›» (Sachava, zit. nach Brauneck, *Klassiker*, S. 216). Neben A. J. → Tairov und V. E. Mejerchol'd war V. die einflussreichste Persönlichkeit des sowjetruss. revolutionären Th.s. Sein früher Tod verhinderte, dass aus ihm wurde, was Stanislavskij in ihm sah, den «zukünftigen Führer des russischen Theaters».

Brauneck, M.: Klassiker der Schauspielregie. Reinbek 1988; ders.: Die Welt als Bühne. 4. Bd. Stuttgart, Weimar 2003; Drama und Theater der europäischen Avantgarde. Hg. F. N. Mennemeier, E. Fischer-Lichte. Tübingen 1994; Gorchakov, N. M.: Vakhtangov, metteur en scène. Moskau 1959; Paech, J.: Das Theater der russischen Revolution. Kronberg 1974; Smirnov-Nesvickij, J.: Vachtangov. Leningrad 1987; Wachtangow, J. B.: Schriften. Hg. D. Wardetzky. Berlin 1982; Worrall, N.: The Moscow Art Theatre. New York 1996; Wsewolod E. Meyerhold, Alexander I. Tairow, Jewgeni B. Wachtangow. Theateroktober. Hg. L. Hoffmann, D. Wardetzki. Frankfurt a. M. 1972.

Horst Schumacher / Wolfgang Beck

Valdéz, Luis (Miguel), * 26. 6. 1940 Delano (USA). Theaterleiter, Regisseur, Schauspieler, Autor.

Sohn eines Ehepaars mexikan. Herkunft, das als Erntehelfer in Kalifornien arbeitete; musste bereits als Kind mitarbeiten. V. studierte 1960–64 am San Jose State College (Bachelor of Arts), schrieb Theaterstücke und spielte in studentischen Theatergruppen. Sein erstes abendfüllendes Stück, *The Shrunken Head of Pancho Villa*, wurde 1963 dort uraufgeführt. 1964 Mitglied der mit Mitteln des Agitprop arbeitenden San Francisco Mime Troupe. 1965 unterstützte er den Farmarbeiterstreik der «Chicanos» (US-Amerikaner lateinamerik. Herkunft) und die Bemühungen der «United Farm Workers Union» um bessere Arbeits- und Lebensbedingungen, indem er mit und vor den Arbeitern kleine Stücke *(actos)* aufführte, in denen ihre Probleme thematisiert wurden. 1965 Gründung des bis heute von ihm geleiteten El Teatro Campesino, dessen Ziel es war, Chicanos zu informieren und weiterzubilden, mit ihrer Vergangenheit vertraut zu machen und Öffentlichkeit zu erreichen. Damit wurde V. einer der «Väter» des modernen Chicano-Th., von großem Einfluss auf andere Gruppen. 1967 Tournee durch die USA. Thematik wie Spiel- und Formenrepertoire wurden erweitert durch musikalische «corridas», religiöse Stücke, «peladitos», Formen des Vaudeville. Seit 1969 entwickelte V. als Autor und Regisseur den «mito», eine Theaterform, die Mythen der indianischen Vorfahren der Chicanos aktualisieren soll. 1967 Gründung eines Kulturzentrums im kalifornischen Del Ray, das wie die Theatertruppe 1969–71 in Fresno residierte, seit 1971 in San Juan Bautista. Dort u. a. Zusammenarbeit mit → Brooks «Centre Internat. de Recherches Théâtrales». In Fresno gründete V. TENAZ (nat. Vereinigung der Chicano-Th.). An ihrem heutigen Sitz entwickelte sich El Teatro Campesino zu einem Berufstheater, das auch auf Tourneen durch die USA, Mexiko und Europa (1976) seine Anliegen verbreitete. – V.s Stücke werden erfolgreich auch an anderen Th.n gezeigt, so *Zoot Suit* (1978) über historische Ereignisse von 1942 und alltäglichen Rassismus. Nach 2 Jahren Laufzeit in Los Angeles wurde es als erstes Stück eines Chicano am Broadway gespielt (1982 in seiner R. verfilmt). Weitere Stücke u. a. *Los Vendidos* (1967), *Bandido!* (1982), *Corridos! Tales of Passion and Revolution* (1983), *I Don't Have to Show You No Stinking Badges!* (1986), *The Mummified Deer* (2000/01, UA San Diego). Seit den 1970er Jahren auch Filmschauspieler und Regisseur für Film und Fernsehen, u. a. *I am Joaquin* (1969), *La Bamba* (1987), *La Pastorela* (TV, 1991), *The Cisco Kid* (TV, 1994). – Mit seinen Stücken und Insz.en genießt V. internat. Ruf als kultureller Provokateur, dessen Aktivitäten beitrugen, Klischees über Chicanos in Frage zu stellen; als Theaterleiter gelang es ihm, Schauspieler verschiedenen sozialen und kulturellen Hintergrunds zusammenzuführen. Zahlreiche Auszeichnungen, mehrfacher Ehrendoktor, Dozent der California State University Monterey Bay. Bruder des Schauspielers und Produzenten Daniel V.

Broyles-González, Y.. El Teatro Campesino: Theater in the Chicano Movement. Austin 1994; Elam, H. J.: Taking it to the streets: the social protest theater of Luis Valdéz and Amiri Baraka. Ann Arbor 1997; Herms, D.: Die zeitgenössische Literatur der Chicanos (1959–1988). Frankfurt a. M. 1990; Huerta, J. A. Chicano Drama: Performance, Society, and Myth. Cambridge 2000; Imagination beyond Nation: Latin American Popular Culture. Hg. E. P. Bueno. Pittsburgh 1998; Solloch, C: Performing Conquista. Kulturelle Inszenierungen Mexikos in europäischen und U.S.-amerikanischen Medien im 20. Jahrhundert. Berlin 2004; Staging Difference. Hg. M. Maufort. New York 1995; Valdéz, L.: Pensamiento Serpentino: A Chicano Approach to the Theater of Reality. Fresno 1973.

Wolfgang Beck

Valentin, Karl (eig. V. Ludwig Fey, Künstlername Charles Fey), *4. 6. 1882 München, †9. 2. 1948 Planegg. Komiker, Schauspieler, Autor.

Sohn eines Tapezierers und Spediteurs, schon während der Tischlerlehre als «Vereinshumorist» tätig. 1903–06 unter Künstlernamen erfolglose Tournee mit einem selbstgebauten «Lebenden Orchestrion». Auftritte in Singspielhallen, Gaststätten und Hotels Münchens mit eigenen Sketchen und Liedern. 1911 Bekanntschaft mit Liesl → Karlstadt, seit 1913 seine kongeniale Partnerin in Produktion und Reproduktion seiner Stücke. Bekanntschaft mit → Brecht, der ihn schätzte: «Dieser Mensch ist ein durchaus komplizierter, blutiger Witz» (Brecht, S. 14). In seiner und Erich → Engels Regie 1922/23 Mitwirkung am surrealistischen Film *Mysterien eines Friseursalons* (mit K. → Horwitz, Carola → Neher). In den 1920er Jahren Gastspiele in der Schweiz (u. a. 1922/23 Zürich), Österreich (u. a. 1923/24 Wien) und ganz Deutschland (seit 1923/24 immer wieder in Berlin). Bereits beim ersten Gastspiel u. a. von Tucholsky und Alfred Kerr gefeiert. Seit 1912/13 im Film (meist Kurzfilme). 1929 Gründung der K.-V.-Filmproduktion (München). Die meisten seiner Filme entstanden nach eigenen Sketchen. Mitwirkung auch in Filmen anderer Autoren, u. a. *Die verkaufte Braut* (1932, R. Max Ophüls, mit → Giehse), *Kirschen in Nachbars Garten* (1935, R. E. Engel, mit → Sandrock), *Donner, Blitz und Sonnenschein* (1936, R. Engel) und – nach eigener Idee – *Die Erbschaft* (1936, wegen «Elendstendenzen» verboten). – Am 21. 10. 1934 Eröffnung des Panoptikums («Kuriositäten- und Gruselkeller»), Ende 1935 Bankrott. V. hatte dabei auch die Ersparnisse seiner Partnerin verloren. Karlstadt, seit Beginn ihrer Zusammenarbeit als bloße «Stichwortgeberin» weit unterschätzt, erlitt einen Nervenzusammenbruch und trennte sich von ihm. 1939–42 «Ritterspelunke» (Mischung aus Panoptikum, Kellerlokal, Kabarett), Auftrittsort mit seiner neuen Partnerin. 1942–47 keine öffentliche Auftritte, Arbeit als Tischler. Oktober 1947 bis Januar 1948 traten V. und Karlstadt wieder gemeinsam auf, jedoch ohne die frühere Resonanz. – V.s rund 500 überlieferte Texte sind in erster Linie auf ihn und seine Partnerin zugeschnittene «Partituren». Autor und Darsteller V. bildeten eine untrennbare Einheit, die ihre größte Wirkung im Zusammenspiel mit Karlstadt entfaltete. Aus diesem Grund galten seine Texte lange Zeit als unaufführbar, gehören heute aber zum Repertoire von Kleinkunstbühnen und Th.n. «Man nennt ihn einen Komiker, weil man für seine besondere Art kein besseres Wort weiß, und weil man lacht. Aber er ist eigentlich ein Tragiker, der lachen macht» (Blei, S. 329). Die typischen Figuren des «Wortzerklauberers» (Kerr) verfangen sich im Doppelsinn der Sprache, treiben in scheinbar logischer Deduktion und rechthaberischer Rabulistik Situationen ins Absurde. Kleinbürgerlicher Alltag, seine sozialen und sprachlichen Konventionen, werden bis zur Kenntlichkeit verzerrt.

Blei, F.: Schriften in Auswahl. München 1960; Brecht, B.: Werke. Bd 5. Weimar, Berlin 1967; Karl Valentin. Volks-Sänger? DADAist? Hg. W. Till. München 1982; Karl Valentins Filme. Hg. M. Schulte, P. Syr. München u. a. 1978; Valentin, K.: Sämtliche Werke. 8 Bde und Ergänzungsband. München u. a. 1991–97.

Wolfgang Beck

Vallentin, (Max) **Maxim** (Gerhard), *9. 10. 1904 Berlin, †2. 9. 1987 Berlin. Schauspieler, Regisseur, Intendant, Theaterpädagoge.

Sohn des Schauspielers und Regisseurs Richard V. (1874–1908). Mit 15 Jahren Schauspielschüler, Stipendiat am Berliner Staatstheater. Seit 1921 Schauspieler an verschiedenen Berliner Bühnen und in Zürich. 1926 Wendung zum Agitproptheater, Gründung einer Arbeiterspielgruppe, aus der das «Rote Sprachrohr» hervorging. 1933 Emigration nach Prag, 1935 in die UdSSR. Bis 1936 Mitglied des Dt. Gebietstheaters Dnepropetrovsk, 1937 Ko-Direktor des Akademischen Dt. Staatstheaters in Engels. 1945 Rückkehr. Intensive Beschäftigung mit der Schauspieltheorie →Stanislavskijs. 1947 mit Ottofritz Gaillard Gründung des Dt. Theaterinstituts in Weimar, aus dem 1952 die Theaterhochschule Leipzig hervorging. 1949 mit der Insz. *Das wundertätige Puppentheater* von Cervantes Gründung des Jungen Ensembles, das nach der Methode Stanislavskijs arbeitete. 1952 mit diesem Ensemble nach Berlin berufen als erster Intendant des Maxim-Gorki-Th.s, das als Musterbühne des sozialistischen Realismus sich der Pflege russ. und sowjet. Dramatik sowie von DDR-Autoren widmen sollte. Bemühen um Formen kollektiver Theaterleitung mit Teilhabe des Ensembles an der Gesamtverantwortung. Machte sich einen Namen als Regisseur der Stücke Gor'kijs. Inszenierte 1955 die UA von Friedrich Wolfs *Das Schiff auf der Donau*, 1956 von J. R. Bechers *Der Weg nach Füssen*, aber auch Kleists *Der zerbrochene Krug*. Verpflichtete 1957 Joan →Littlewood für ihre erste Regie in Deutschland, die Insz. einer *Lysistrata*-Adaption von Ewan McColl *(Operation Ölzweig)*. Intendant bis 1968. Herausgeber der *Bühne der Wahrheit – Schriftenreihe für das deutsche Volkstheater*.

Maxim-Gorki-Theater – 50 Jahre und kein Ende. Berlin 2002.

Werner Schulze-Reimpell

Vasil'ev, Anatolij Aleksandrovič, * 4. 5. 1942 Danilovka bei Pensa (UdSSR). Regisseur, Theaterleiter, Theaterpädagoge.

Nach dem Chemiestudium an der Universität in Rostov am Don wandte sich V. dem Th. zu und studierte 1968–72 Regie am Staatl. Theaterinstitut GITIS in Moskau. Danach war er in 3 Moskauer Th.n tätig: MChAT (hier debütierte er 1973 mit *Solo dlja časov s boem*, dt. *Solo für eine Spieluhr*, von O. Zahradnik), Stanislavskij-Th. (1977–1982, hier u. a. Gor'kijs *Pervyj variant Vassy Železnovoj*, dt. *Urfassung der Vassa Železnova*, 1978), Taganka-Th. (1982–85, hier u. a. *Cerceau* von V. Slavkin, 1985, zur Insz. des Jahres in der Sowjetunion gewählt und 1987–89 in vielen Städten Europas präsentiert). Nach diesem letzten Erfolg gründete V. in Moskau ein eigenes Th.: Škola dramatičeskogo iskusstva (Schule der dramatischen Kunst), das am 24. 2. 1987 mit *Sechs Personen suchen einen Autor* von Pirandello eröffnet wurde. Mit seinen Schauspielern bzw. Schülern realisierte W. (auch als Professor für Regie am GITIS tätig) in den nächsten Jahren u. a. *Heute abend wird aus dem Stegreif gespielt* nach Pirandello (1990), *Fiorenza* und *Joseph und seine Brüder* nach Th. Mann (1993), *Amphitryon* nach →Molière (1994), *Jeremia-Klagelieder* mit Musik W. Martynows (1996), *Don Juan oder Der steinerne Gast und andere Dichtungen* (1998) sowie Puškins *Mozart und Salieri* (2000), *Medea-Materialien* nach H. →Müller (2001). Außerdem realisierte V. in seiner Schule der dramatischen Kunst viele Werke als «Laboratoriumsprojekte», z. B. *Dialoge* (1988, 1990) und *Die Republik* (1992) nach Platon, *Ein Abend mit Molière* (1992), *Homer. Ilias* (1997, 2001), Čechovs *Drei Schwestern* (2000), García Lorcas *Bluthochzeit* (2001). Mit seinen Aufführungen gastierte W. mit großem Erfolg in ganz Europa (u. a. Belgien, Deutschland, England, Frankreich, Italien, Polen, Spanien) sowie Amerika (USA, Kanada, Mexiko) und machte sich internat. einen Namen. W. ist im Ausland auch als Theaterpädagoge (u. a. an der franz. Académie Expérimentale des Th.s), als Regisseur (u. a. Lermontovs *Maskerade* an der Comédie Française, 1992; Čaikovskijs *Pique Dame* am Dt. Nationaltheater Weimar, 1996) und als Leiter internat. Projekte aktiv (u. a.

zweisprachige Insz. von Wedekinds *Frühlings Erwachen* in Luzern, 1990; *Vis-à-vis* nach Dostoevskijs *Idiot* – in Kooperation mit dem Künstlerhaus Bethanien in Berlin, 1992; *Jeder auf seine Weise* von Pirandello – zusammen mit dem ital. Centro Teatro Ateneo und der Universität Rom, 1993; mehrere Projekte in Zusammenarbeit mit der Académie Expérimentale des Th.s in Paris – 1993, 1995, 1996, 2001 und mit dem Workcenter of Jerzy Grotowski in Pontedera – 1993, 1996, 1999). Für seine künstl. und pädagogischen Leistungen erhielt W. viele internat. Preise und Auszeichnungen, u. a. Stanislavskij-Preis, Pirandello-Preis.

Ohne Zweifel gehört W. zu den interessantesten und originellsten Theaterkünstlern Russlands. Seine Praxis ist aus Erfahrungen mit →Stanislavskij, →Vachtangov, Michail Čechov und →Grotowski hervorgegangen, aber W. bemüht sich, eine eigene Arbeitsmethode zu schaffen: «Ich gehe nicht wieder zurück. Diese neue Zone des Theaters, dieses Versuchsfeld, hängt mit höheren Kategorien zusammen, mit philosophischen Kategorien: der Erörterung des Schönen, des Göttlichen.[...] Meine Erziehungsmethode ist das Spiel selbst, das Leben auf der Bühne: das Aneignen von Wissen über diesen Beruf – und die Fähigkeit, in diesem Beruf leben zu können» (W., *Monolog des Regisseurs*, in J. Fiebach, *Manifeste europäischen Theaters*. Berlin 2003, S. 404). W. will sein Th. vom Erbe des psychologischen Realismus befreien, er beschäftigt sich viel mit dem Wort und übt mit seinen Schülern verschiedene Ausdrucksmöglichkeiten des Dialogs. – 2001 ist die Schule der dramatischen Kunst in ein neues, hochmodernes Gebäude umgezogen, dessen Entwurf von V. und seinem langjährigen Bühnenbildner Igor' Popov stammt. Auf diese Weise schuf sich V. einen der interessantesten Theaterräume Europas und ideale Bedingungen für die weitere Arbeit.

Brauckhoff, M.: Das Theater Anatolij Vasil'jevs (1973–1995): zwischen Tradition und Erneuerung. Bochum 1999; Vassiliev, A.: Sept ou huit leçons de théâtre. Textes traduits, révisés et annotés par Martine Néron. Paris 1999; Wassiljew, Anatolij: Dem einzigen Leser. Texte und Gespräche über das Theater. Berlin 2001; Wyneken-Galibin, R.: Anatolij Wassiljew. Frankfurt a. M. 1993.

Wojciech Dudzik

Velten, Johann(es), * 27. 12. 1640 Halle / Saale, † Ende 1692 (?), 8 .4. 1693 (?) Hamburg (wahrscheinlich). Theaterleiter, Schauspieler.

Nach Privatunterricht studierte der Kaufmannssohn V. seit 1657 Theologie in Wittenberg, wandte sich jedoch bald Studien der Philosophie, Beredsamkeit und Poesie zu. An der Universität Leipzig promovierte er am 24. 2. 1661 zum Magister und Baccalaureus. Nachdem er wohl schon während seines Studiums an Schulaufführungen teilgenommen hatte, trat er um 1665 in die Wandertruppe des Carl Andreas Paulsen ein, dessen Tochter Catharina Elisabeth (um 1650 – um 1715) er um 1671 heiratete. 1678 gründete V. mit seiner Frau eine eigene Truppe, die hauptsächlich im nord- und mitteldeutschen Raum spielte und sich wachsender Beliebtheit erfreute. 1684 als «Churssächsische Comoedianten» durch Kurfürst Johann Georg III. in fester Anstellung an den Hof in Dresden berufen. Nach dessen Tod 1691 entlassen, erneutes Wanderleben, in dessen Verlauf V. 1692 in Hamburg schwer erkrankte. Angeblich hat man dem Sterbenden das Abendmahl verweigert. Die Truppe, deren Spur sich 1712 in Wien verliert, wurde durch seine Frau weitergeführt. Sie wurde berühmt durch ihre Streitschrift *Zeugnis der Warheit Vor die Schau-Spiele oder Comödien*[...] (o. O. 1701), in der sie als erste Th. und Schauspieler gegen kirchliche Angriffe verteidigte. – V. war ein wichtiger Theaterreformer, aus dessen Truppe weitere Theaterprinzipale hervorgingen. Er überwand das überzogene

Stegreifspiel und erweiterte den gängigen Spielplan. Erster akademisch gebildeter Schauspieler mit Kenntnissen in mehreren Fremdsprachen, übernahm Stücke engl., franz., span., niederl. Herkunft, übersetzte und bearbeitete → Molière (von dem er 10 Dramen aufführte), Calderón, → Shakespeare (*Der bestrafte Brudermord*, eine *Hamlet*-Adaption). Im Repertoire seiner Truppe waren über 80 Stücke, u. a. von Gryphius (*Papinian, Peter Squentz*).

Heine, C.: Johannes Velten. Diss. Halle-Wittenberg 1887; Pies, E.: Prinzipale. Ratingen u. a. 1973; Uschenberger, E.: Schauspiel in Dresden, Berlin 1989; Velten, C. E. u. a.: Frau Magister Velten verteidigt die Schaubühne. Emsdetten 1940.

Wolfgang Beck

Verhoeven, Paul (eig. Joseph Paulus V.), * 23. 6. 1901 Unna, † 22. 3. 1975 München. Schauspieler, Regisseur, Intendant, Autor.

Besuch der Kunstgewerbeschule in Dortmund. Privater Schauspielunterricht bei Karl Wüstenhagen. Debüt 1921 am Schauspielhaus München unter Hermine → Körner. Schauspieler und Regisseur in Dresden (1925–29 Albert-Th.; dort Insz. der UA von Karl Kraus' *Die Unüberwindlichen*), Wien, 1929–35 Städt. Bühnen Frankfurt a. M. (u. a. R. bei O'Neills *Anna Christie*). Ab 1935 Dt. Th. Berlin bei Heinz → Hilpert (Rollen u. a. in → Shakespeares *Coriolan*, Čechovs *Drei Schwestern*). Filmarbeit. 1943–44 Intendant des Th.s am Schiffbauerdamm Berlin und des Th.s Unter den Linden. 1945–49 Intendant des Bayer. Staatsschauspiels München. Insz.en u. a. von Shakespeares *Ein Sommernachtstraum*, → Lessings *Nathan der Weise*, Wilders *Wir sind noch einmal davongekommen*, Strindbergs *Ein Traumspiel*. Danach v. a. Filmregisseur (etwa 30 Filme, meist eigene Drehbücher), Gastrollen und -insz.en (1955 TR in Shakespeares *Julius Caesar*, R. → Kortner; Edgar in Strindbergs *Totentanz*). Inszenierte 1954 die DEA einer Dramatisierung von Greenes Roman *Die Kraft und die Herrlichkeit*. Seit 1963 Schauspieldirektor der Münchner Kammerspiele. Inszenierte die UA von Kipphardts *In der Sache J. Robert Oppenheimer* 1964, Ring-UA von Weiss' *Die Ermittlung* 1965, Fortes *Martin Luther & Thomas Müntzer oder Die Einführung der Buchhaltung* 1971. Spielte 1965 den Präsidenten in Schillers *Kabale und Liebe* (R. Kortner), 1966 Schwitter in Dürrenmatts *Der Meteor* (R. Hans → Schweikart), 1968 Peachum in → Brecht / Weills *Die Dreigroschenoper* (R. Jan → Grossmann), Knipperdollinck in Dürrenmatts *Die Wiedertäufer*. Letzte Rolle in Neil Simons *Sonny Boys* (1974, Thalia Th. Hamburg, R. → Gobert). Eigene Theaterstücke (u. a. *Das kleine Hofkonzert*, UA 1937 Burgtheater Wien, *Eines Mannes Leben*, UA 1941 Dt. Th, Berlin, eigene R.). – Markanter Darsteller mit unverwechselbarem Ausdrucksprofil. Schauspieler-Regisseur. V. war Präsident der Dt. Film-Union und Dozent am Dt. Institut für Film und Fernsehen. Seine Tochter Lis (* 11. 3. 1931 Frankfurt a. M.) ist Schauspielerin, Regisseurin und war 1994 bis 2000 Intendantin der Kreuzgangspiele Feuchtwangen. – V.s Sohn Michael (* 13. 7. 1938 Berlin) ist Schauspieler und bekannter (Film-)Regisseur. – V.s Enkel Stella, Simon und Luca arbeiten ebenfalls als Schauspieler.

Zur Erinnerung: Therese Giehse, Paul Verhoeven, Carl Wery. Hg. Münchner Kammerspiele. München 1975.

Werner Schulze-Reimpell

Viebrock, Anna, * 3 .8. 1951 Frankfurt a. M. Bühnenbildnerin, Kostümbildnerin.

Nach dem Studium bei Karl → Kneidl an der Düsseldorfer Kunstakademie stattete V. zahlreiche Insz.en an Sprechtheatern und Opern aus (Schauspiel und Oper Frankfurt a. M., Bonner Th., Stadttheater Heidelberg, Staatstheater Stuttgart). 1988–93 feste Bühnenbildnerin am Stadttheater Basel. 1993–2000 Ausstattungsleiterin am Dt. Schauspielhaus in Hamburg (DSH). 2000–04 arbeitete V. als Ausstattungsleiterin im Leitungsteam Christoph → Marthaler / Stefanie Carp / V. am Schauspielhaus Zürich.

In der engen Zusammenarbeit mit den Schweizer Regisseuren Jossi → Wieler (u. a. Ausstattungen für zahlreiche Opern und für Jelineks *Wolken. Heim*, DSH 1993) und Marthaler (u. a. *Murx den Europäer!*, Volksbühne Berlin 1993, *Goethes Faust $\sqrt{1+2}$*, 1993, *Stunde Null oder Die Kunst des Servierens*, 1995, Horváths *Kasimir und Karoline*, 1996, alle DSH) fand sie ihren ganz eigenen Stil eines erneuerten, vielfach gebrochenen Bühnenrealismus. V.s kongeniale Raumschöpfungen unterstützen die Regiekonzepte nicht nur, sondern bilden sie zuallererst mit heraus. Besonders Marthalers Auseinandersetzung mit Kontingenz und Geschichtlichkeit allen menschlichen Wirkens ist ohne V.s verschlissene Möbel und abgerissene Tapeten, ihre hoffnungslos altmodischen Kleider und die die Funktion verweigernden funktionalen Gegenstände schwerlich vorstellbar: ironische Skepsis gegenüber einer perfekten Oberfläche der Gesellschaft. V.s detailbesessene, lustvolle Ausstattungen spielen in irritierender zeitlicher Unbestimmtheit mit Authentizität und Fiktion. Befriedigte Wiedererkennung wird im selben Atemzug durch raffinierte Verfremdung unterlaufen. «Man fühlt sich in diese Räume erst einmal eingeladen, aber man scheitert in dem Moment, wo man beginnt, sich einzurichten», schreibt der Schauspieler Josef → Bierbichler (in *Anna Viebrock*, unpaginiert). Berühmt geworden sind besonders V.s Fahrstühle und Türen in trostlosen öffentlichen Räumen, die das Verlassen paradoxerweise verunmöglichen: beklemmender Ausdruck unentrinnbarer Gesellschaftlichkeit der Figuren, die nicht miteinander auskommen und doch nicht ohne einander sein können. – Indem V. in ihren Ausstattungen mit einer gewissen Nostalgie noch einmal die Errungenschaften des «Fortschritts» im 20. Jh. aufruft, unterzieht sie einem Musealisierungsprozess, was aus dem Alltag der Menschen zunehmend herausfällt, und verstärkt damit die Frage nach der Zukunft des Th.s, nach der Desavouierung von Vernunft und Aufklärung. In der Kritikerumfrage der Zeitschrift *Th. heute* wurde V. mehrfach zur Bühnen- und Kostümbildnerin des Jahres gewählt. Zusammen mit Marthaler erhielt sie 1997 den Kortner-Preis. 1997 Hess. Kulturpreis. Zahlreiche Einladungen zum Berliner Theatertreffen, u. a. mit Marthalers *Die schöne Müllerin* (2002) und dessen *Groundings* (2003), *Schutz vor der Zukunft* (2005, mit Carp). Ebenfalls in Zusammenarbeit mit Marthaler und Wieler hat V. auch zahlreiche Operninsz.en ausgestattet. Seit dem Anfang des Jahrhunderts hat V. in Zusammenarbeit mit dem Komponisten und Musiker Johannes Harneit eigene Musiktheaterproduktionen entwickelt. So *In Vain oder Reproduktion verboten* (2002), *Geschwister Tanner* (2004, beide Schauspielhaus Zürich), *Ohne Leben Tod* (2004, HAU 1, Berlin). 2005 inszenierte sie (auch Bühne und Kostüme) an der Staatsoper Hannover Hespos' *iOPAL. Große Oper*.

<small>Anna Viebrock. Bühnen / Räume. Damit die Zeit nicht stehenbleibt. Hg. B. Masuch. Berlin 2000; Theater der verlorenen Zeit oder: Alpträume aus dem Hinterhalt. In: Th. heute, Jahrbuch 1994; Winkelsesser, K., H. Cybulska: Des Müllers Wandern – ohne Lust. In: Bühnentechnische Rundschau 96 (2002), H. 3.</small>

<small>*Susanne Eigenmann*</small>

Viertel, Berthold, (Pseudonyme: Europaensis, Parolles), * 28. 6. 1885 Wien, † 24. 9. 1953 Wien. Regisseur, Theaterleiter, Autor.

Sohn eines Möbelhändlers; 1904–09 Studium (Philosophie, Germanistik) in Wien; schriftstellerische und journalistische Arbeit.

1912–14 Autor und Darsteller im Kabarett *Simpl*, Dramaturg und Regisseur der Freien Volksbühne Wien. Regiedebüt mit Eulenbergs *Alles um Geld* (1913, mit → Kortner): «Nie fand ich wieder einen so blutsverwandten Gegner und einen so gegnerischen Freund» (Kortner, S. 147). 1914 Kritiker und Redakteur des *Prager Tagblatts*. 1914–17 Soldat. 1918–22 Dramaturg, Regisseur, Leitungsmitglied am Staatstheater Dresden. Einsatz für expressionistische Dramatiker, Insz.en u. a. von Wolfs *Das bist du* (UA 1919), Kaisers *Gas* (1920) und *Von morgens bis mitternachts* (1922), Stramms *Die Haidebraut* und *Erwachen* (UA 1921), Hasenclevers *Jenseits* (UA 1920; 1921 Münchner Kammerspiele) und *Gobseck* (UA 1922). 1922 Berlin, Insz.en am Dt. Th. u. a. – V.s künstl. Durchbruch – Hebbels *Judith* (1922, mit → George), → Shakespeares *Richard II.* (1922, mit → Moissi), am Schauspielhaus Ibsens *John Gabriel Borkman* (1923), an → Seelers Junger Bühne Bronnens *Vatermord* (UA 1922). 1922 erste Filmarbeit (*Nora* nach Ibsen). 1923 mit → Aufricht Gründung des genossenschaftlich organisierten Ensembles Die Truppe, das bis 1924 bestand. Eröffnung mit Shakespeares *Der Kaufmann von Venedig* (mit Kortner); UA von Schauspielen Kaisers *(Nebeneinander)*, Musils (*Vinzenz oder die Freundin bedeutender Männer*, alle 1923), Kraus' (*Traumtheater / Traumstück*, 1924), O'Neills *Kaiser Jones* (DEA 1924). 1926/27 Düsseldorfer Schauspielhaus, u. a. Rehfischs *Razzia*, Holz' *Ignorabimus* (beide 1927). 1928–32 Drehbuchautor und Regisseur in Hollywood. Rückkehr nach Deutschland; Februar 1933 Flucht nach Prag; Aufenthalte in Paris, den USA, London, wo V. 1934–36 3 Filme drehte und Lehmanns *No More Music* (1938, Duke of York's Th.), Catos *They Walk Alone* (1939, Shaftesbury Th.) inszenierte. 1939 USA; vergebliche Versuche, am Broadway Fuß zu fassen (Balithos / Rattigans *Grey Farm*, Mai 1940, Hudson Th.; Catos *They Walk Alone*, März 1941, Shubert Th.). Mitarbeit an Zeitschriften, bei Veranstaltungen Exilierter, Vortrags- und Leseabende. Mitbegründer der Tribüne für Freie Dt. Literatur und Kunst, für die er 1942 4 Szenen aus → Brechts *Furcht und Elend des Dritten Reiches* inszenierte (Juni 1945 sprang er für → Piscator ein bei der Insz. von *The Private Life of the Master Race*, der engl. Version von Brechts Szenenfolge). 1944 Mitbegründer des Exilsverlags Aurora in New York. April 1945 Lese-UA seines Stücks *The Way Home* (Barbizon Plaza Th.). 1947 Rückkehr nach Europa, 1947–48 Arbeit als Hörspielregisseur und Reporter der BBC. Seit 1948 in Wien. Gastregie, u. a. am Zürcher Schauspielhaus (Stücke Shaws, Ibsens, O'Caseys), Brechts Berliner Ensemble (Gor'kij, *Wassa Schelesnowa*, 1949, mit → Giehse), bei den Salzburger Festspielen (Kleist, *Der zerbrochne Krug*, 1951), v. a. aber am Burg- und Akademietheater in Wien (Insz.en von Stücken Shaws, Čechovs, Williams'); letzte Regie bei Shakespeares *Antonius und Cleopatra* (1953). Erst nach Intervention des Bundespräsidenten erhielt der von den Nazis ausgebürgerte V. 1953 die österr. Staatsangehörigkeit zurück. V. war u. a. mit der Schauspielerin und Drehbuchautorin Salka (eig. Salomea Sarah) Steuermann (1889–1978) und der Schauspielerin Elisabeth Neumann (1900–94) verheiratet; seine Söhne Hans (* 1919) und Peter (* 1920) wurden Drehbuchautoren und Schriftsteller. V. veröffentlichte Lyrik, Dramen, Prosa, Essays und Übersetzungen. – V., «ein Leibeigener des Theaters» (Kortner, S. 147), ging als Regisseur von der Dramaturgie aus. Im Mittelpunkt seiner Arbeit stand das dichterische Werk, den Regisseur betrachtete V. als Vermittler, dessen Bemühungen den Text erschließen sollten: «Der Regisseur ist der Vereinheitlicher der verschiedenen Vitalitäten und Ideen, der verschiedenen Kunstgattungen

[…]. Wie wir den Regisseur heute sehen und erleben, produziert er die lebendige Einheit, indem er die Gegensätze hervorlockt, ermutigt und bestärkt, um sie auf höherer Ebene aufzulösen» (V., zit. nach Brauneck, S. 266).

Berthold Viertel. Hg. J. Mayerhöfer. Wien 1975; Berthold Viertel im Exil. Hg. F. Pfäfflin. Marbach 1978; Bolbecher, S., K. Kaiser: Lexikon der österreichischen Exilliteratur. Wien 2000; Brauneck, M.: Klassiker der Schauspielregie. Reinbek 1988; Jansen, I.: Berthold Viertel. New York u. a. 1992; Kortner, F.: Aller Tage Abend. München 1969; Viertel, B.: Kindheit eines Cherub. Wien 1990; ders.: Schriften zum Theater. München 1970; ders.: Studienausgabe. 2 Bde. Wien 1989–90; ders.: Die Überwindung des Übermenschen. Exilschriften. 4 Bde. Wien 1989; Viertel, S.: Das unbelehrbare Herz. Hildesheim 1970.

Wolfgang Beck

Vilar, Jean (eig. J. Louis Come V.), * 25. 3. 1912 Sète (Hérault, Frankreich), † 28. 5. 1971 Sète. Schauspieler, Regisseur, Theaterleiter.

Als Sohn eines kleinen Kaufmanns verbrachte V. Kindheit und Gymnasialzeit in der Mittelmeerstadt Sète. Seit seinem 12. Lebensjahr verdiente er sich in der Freizeit ein Taschengeld als Jazz-Violinist. Literaturstudium an der Universität Montpellier ohne Abschluss. 1932 in Paris, wo er die Philosophiekurse von Alain (eig. Émile Auguste Chartier) besuchte, Schauspielunterricht bei Charles → Dullin nahm und in dessen Th. de l'Atelier in kleinen Rollen auftrat. Nach Rückkehr aus dem Wehrdienst (1937–40) zog er mit dem Wandertheater La Roulotte durch die franz. Provinz. Die ersten eigenen Insz.en machten ihn bekannt: 1943 die Strindberg-Stücke *Totentanz* und *Wetterleuchten*, 1944 *Dom Juan* von → Molière. 1943 Gründung einer eigenen Truppe mit der Compagnie des Sept, für die er 1945 *Mord im Dom* von T. S. Eliot im Th. du Vieux-Colombier inszenierte, den Kritikerpreis erhielt und sich endgültig als Schauspieler und Regisseur durchsetzte. 1947 gründete V. das Festival d'Avignon. Der Ehrenhof des Papstpalasts schien ihm der ideale Ort für – Salzburg ebenbürtige – Theaterfestspiele unter freiem Himmel, die zunächst mit bescheidensten Mitteln, von einigen Freunden wie dem Maler und Bühnenbildner Léon → Gischia unterstützt, begannen und sich nur Requisiten aus dem Armeedepot leisten konnten. Selten oder vorher in Frankreich noch nie inszenierte Stücke von → Shakespeare, Kleist, Büchner, Musset gelangten zur Aufführung und wurden ab 1951 dank der Mitwirkung des Schauspielers Gérard → Philipe (im *Cid* von Corneille, als *Prinz von Homburg* im Schauspiel Kleists) zu von Kritik und Publikum als einmalig betrachteten Th.-Ereignissen. 1951 Intendant des Th. National Populaire (TNP) im Pariser Chaillot-Palast, womit viele Insz.en sowohl im geschlossenen Theatersaal mit über 2000 Sitzplätzen in Paris als auch im Freien in Avignon zu sehen waren. 1961, auf dem Höhepunkt des Algerienkriegs, suchte V. nicht nur volkserzieherisch Th. für alle zu niedrigen Eintrittspreisen zu ermöglichen, sondern auch politisch zu wirken. Die Wahl von Stücken wie *Antigone* von Sophokles, *Der Richter von Zalamea* von Calderón, *Arturo Ui* von → Brecht, *Der Frieden* nach Aristophanes waren als Stellungnahmen des engagierten Linksintellektuellen zur Tagespolitik gemeint. 1963 verließ V. das TNP und widmete sich ausschließlich Avignon und Gastinsz.en im Ausland. 1968 verzichtete er nach einer Rundfunkansprache de Gaulles über die Hintergründe der Studentenrevolution vom Mai auf die Kandidatur als Direktor der Pariser Oper. – Neben seiner Theaterarbeit war V. bis zuletzt immer wieder als Filmschauspieler tätig. 1971 starb er wenige Tage nach der Rückkehr von einer Studienreise zum Moskauer Bol'šoj-Th. in seinem Haus «Midi du Juste» in seiner Geburtsstadt Sète.

V. war ein großer Schauspieler, dessen tiefe Stimme und maßvolle Gestik seinen Königsrollen in Corneille- oder Shakespeare-Dramen eine einmalige abgeklärte Würde verlieh. Er war enorm wandlungsfähig und verkörperte den geizigen Harpagon Molières wie Brechts Diktator Arturo Ui als keifende fratzenschneideride Figuren. Größte Vollendung erreichte er wahrscheinlich als Don Juan, wobei es ihm gelang, Louis →Jouvet vergessen zu machen, der dieser Rolle kurze Zeit vorher ein sehr eigenständiges Profil gegeben hatte. Als Regisseur hat V. die Vorstellungen Jacques →Copeaus am radikalsten umgesetzt. Die «nackte Bühne» Copeaus wurde in Avignon der Platz im Freien vor einer dunklen Mauer, sozusagen in der elementaren Urnacht, aus und in der die dramatische Handlung ins Licht treten sollte. Man hat das fast völlige Fehlen von Ausstattungselementen oftmals einen «Jansenismus» der Bühne genannt. Es war V. wichtig, die wenigen Mittel, über die sein «armes Th.» («théâtre pauvre») verfügte, für Beleuchtung und Kostüme zu verwenden, die dem Schauspieler helfen sollten, sich zu entfalten. Darsteller wie Gérard Philipe, Maria →Casarès, Daniel Sorano, Georges Wilson entsprachen dieser Konzeption.

Puaux, M., O. Barrot: Honneur à Vilar. Paris 2002; Vilar, J.: De la tradition théâtrale. Paris 1955 (Neuaufl. 1999).

Horst Schumacher

Vincent, Jean-Pierre, * 26. 3. 1942 Juvisy-sur-Orge bei Paris. Regisseur, Theaterleiter.

Gemeinsame Anfänge mit Patrice →Chéreau im Schülertheater des Lycée Louis-le-Grand Paris. 1966 machte er mit einer Aufsehen (und Anstoß) erregenden Insz. von Labiches *L'Affaire de la rue de Lourcine (Die Affäre in der Rue Lourcine)* von sich reden und wurde mit Chéreau an das neu gegründete Th. der Satellitenstadt Sartrouville bei Paris geholt, das nach nur einjähriger Spielzeit wegen Überschuldung geschlossen werden musste. Bei einem Brecht-Kolloquium in Grenoble Begegnung mit Jean →Jourdheuil. Das «Gespann» Vincent-Jourdheuil versuchte erfolgreich, Regie und Dramaturgie im Sinne der dt. Th.-Praxis zu verbinden und die geschichtlichen, philosophischen und politischen Implikationen des «gespielten Texts» zur Geltung zu bringen. In 7-jähriger Zusammenarbeit bildeten sie ein Kollektiv, in dem jeder unspezialisiert für alles verantwortlich sein musste und demonstrativ sozialkritisch unter Betonung komischer Elemente den inszenierten Stücken neue Aspekte abzugewinnen wusste: *Die Kleinbürgerhochzeit* von Bertolt →Brecht, *Montefosco oder der Feudalherr* von Carlo Goldoni, *Capitaine Schelle, capitaine Ecco* von Serge Rezvani (1971), *Don Juan und Faust* von Grabbe (1973), *Woyzeck* von Büchner (1973). 1975 inszenierte V. für das Jeune Th. National *En revenant de l'expo* von Jean-Claude Grumberg. Trennung von Jean Jourdheuil, der sich nicht ins institutionalisierte Th. einbinden lassen wollte, als V. 1975 Intendant des Nationaltheaters Straßburg wurde (TNS, Th. National de Strasbourg), das er in 8-jähriger Tätigkeit zu einer der wichtigsten franz.sprachigen Bühnen außerhalb von Paris machte. Der Teamgeist des Ensembles, die von V. initiierte Schauspielschule, die in ständiger Diskussion mit allen Bühnenangehörigen entschiedene Spielplangestaltung führten u. a. zur Entdeckung und Profilierung von Regisseuren wie Michel Deutsch, André Engel, Dominique Muller. *Germinal* von Michel Deutsch nach Émile Zola und *Le misanthrope (Der Menschenfeind)* von →Molière (1977) wurden als hyperrealistische Bloßstellungen einer in Konventionen erstarrten Gesellschaft stark beachtet. 1983 Ernennung zum «administrateur» der Comédie Française (C. F.) durch Kulturminister Jack Lang. Der verstaubten

Klassikerpflege der «Maison de Molière», wie das nat. Referenztheater schlechthin genannt wird, setzte er eine moderne Konzeption entgegen, wobei nicht mehr zeitgemäße Traditionen aufgegeben wurden: keine jahrzehntelange automatische Wiederverwendung ein und desselben Dekors für die Stücke des Standardrepertoires; Abschaffung der Gala-Abende der «abonnements habillés» zu erhöhten Eintrittspreisen, die den Th.-Besuch zum Luxuskulturkonsum der «höheren Stände» degradierten. V. öffnete die C. F. für das zeitgenössische Drama (Roger → Planchon, Michel Vinaver) und fremdsprachige Autoren. V. inszenierte *Les Corbeaux* von Becque, *Félicité* von Jean Audureau, setzte *Le Balcon* von Jean Genet auf den Spielplan und lud Klaus Michael → Grüber als Gastregisseur ein (*Bérénice* von Jean Racine). – Nach 3-jähriger Leitung der C. F. arbeitete V. als unabhängiger Regisseur, inszenierte *Figaros Hochzeit* (1986), Stücke von Thomas Bernhard, Sophokles und Aristophanes. 1990 übernahm V. als Nachfolger von Patrice Chéreau die Leitung des Th. des Amandiers im Pariser Vorort Nanterre, wo er 11 Jahre blieb und ein Volkstheater im Sinne Jean → Vilars realisieren wollte. Er verpflichtete den Schauspieler Daniel Auteuil, in dem er einen neuen Gérard → Philipe sah, der aber nach 3-jähriger Mitarbeit zum Film wechselte. 1995–97 Zusammenarbeit mit Stanislas Nordey. 1997–2001 mit Marc Dondey als Generalsekretär der Bühne viele programmatische Experimente, die in einer Bühnenfassung von *Das Kapital* unter dem Titel *Karl Marx* gipfelten. Nach 11 Jahren Nanterre arbeitet V. seit 2002 als freier Regisseur. Er war als Nachfolger von Bernard Faivre d'Arcier als Festspieldirektor für Avignon im Gespräch, gab aber klar zu verstehen, dass er für Verwaltungsaufgaben nicht mehr zur Verfügung stünde. In Interviews beklagte V. die behördlichen Zwänge des institutionalisierten Th.s. So hält er die gesetzliche Einführung der 35-Stunden-Woche bei Künstlern, zu denen die Schauspieler gehören, für eine Absurdität. Die EU-Regelung, dass für weibliche Mitarbeiter die «Nachtarbeit» schon um 20 Uhr beginnt, bezeichnete er in Bezug auf das Th. als absolut weltfremd.

Das «Primat des Künstlerischen» – nach einem Vierteljahrhundert im «öffentlichen (Theater-)Dienst» – bestimmt den Kurs des mit dem Dramaturgen Bernard Chartreux gegründeten Ensemble Studio Libre, dessen erste Insz. – u. a. aus arbeitsrechtlichen Gründen – mit Schauspielschülern der ERAC (Ecole regionale d'acteurs de Cannes) in der Maison de la Culture in Bobigny bei Paris in der Spielzeit 2002/2003 zu sehen war: *Der Narr und seine Frau heute abend in Pancomedia* von Botho Strauß. Koproduktionen mit anderen Th.n, u. a. bei Jean-Luc Lagarce' *Les Prétendants* (2003, Th. de la Colline), dessen *Derniers remords avant l'oubli* (2003/04, Th. de l'Europe), Bonds *Onze Débardeurs* (2004/05, Th. des Salins, Martigues).

Vincent, J.-P.: Le Désordre des Vivants. Mes quarante-trois premières années. Entretiens avec Dominique Darzacq. Besançon 2002.

Horst Schumacher

Visconti, Luchino (eig. L. V. di Modrone bzw. Don L. V. conte de Modrone), * 2. 11. 1906 Mailand, † 17. 3. 1976 Rom. Regisseur.

4. von 7 Kindern. Seine Eltern Giuseppe V. und Carla Erba gehörten dem lombardischen Hochadel an. Streng konservative und katholische Erziehung. Der früh Cello spielende V. gab ab seinem 14. Lebensjahr Konzerte im Mailänder Konservatorium. Der Knabe begeisterte sich für den Film und v. a. das Th.: «Ich bin mit dem Bühnengeruch auf die Welt gekommen.» 1933 Reise ins – ihn zunächst sehr beeindruckende – nationalsozialistische Deutschland. 1935 durch Vermitt-

lung der Modeschöpferin Coco Chanel Regieassistent von Jean Renoir in Paris, unter dessen Einfluss er zum marxistischen Linksintellektuellen und Antifaschisten wurde. 1937 Aufenthalt in Hollywood, von dem V. enttäuscht als Antikapitalist nach Italien zurückkehrte und sich offen zum Marxismus und seiner Homosexualität bekannte. Die Erfahrungen mit dem Faschismus verarbeitete V., der 1943 nach dem Sturz Mussolinis Untergrundkämpfer versteckt hatte und vorübergehend von der Gestapo verhaftet worden war, 25 Jahre später im Film *La caduta degli dei* (*Die Verdammten*, 1969). Die Verfilmung des Romans *The Postman always rings twice* von James M. Cain, auf den ihn Jean Renoir aufmerksam gemacht hatte, brachte den Durchbruch: *Ossessione – von Liebe besessen* (1942), ein Meisterwerk des Realismus und Wegbereiter für eine ganze Stilrichtung, die neben V. von Roberto Rossellini und Vittorio De Sica vertreten wurde. Bewegliche und verborgene Kameras sorgten für Wirklichkeitsnähe, ebenso wie an den Drehorten verpflichtete Laien, die das Ensemble der Berufsschauspieler ergänzten. *Die Erde bebt* (*La terra trema*, 1947) verzichtete völlig auf Studioaufnahmen und den Einsatz von Schauspielern; sizilianische Fischer, die nur Dialekt sprachen, illustrierten ihre ausweglos schlechte soziale Lage so deutlich, dass der Film als für das internat. Ansehen Italiens schädlich von der Zensur verboten wurde. Mit *Bellissima* (1951) und *Siamo donne* (*Wir Frauen*, 1953) begann die Starkarriere von Anna Magnani. Weitere bekannte Filme: *Senso* (*Sehnsucht*, 1953), V.s erster Farbfilm; *Rocco e i suoi fratelli* (*Rocco und seine Brüder*, 1960). Große Resonanz fand die Verfilmung des Romans *Il Gattopardo* (*Der Leopard*, 1963) von Giuseppe Tomasi di Lampedusa, mit dessen Hauptgestalt, dem traditionsbewussten und liberal eingestellten Fürsten Don Fabrizio, er sich geistig verwandt fühlte. *Morte a Venezia* (*Der Tod in Venedig*, 1971) nach der Erzählung Thomas Manns erhielt den Preis der Goldenen Weltkugel. Der aufwendig ästhetisierende Film über Ludwig II. (*Ludwig*, 1973) sowie *Gruppo di famiglia in un inferno* (*Gewalt und Leidenschaft*, 1974), die Geschichte eines alternden einzelgängerischen Schöngeists im Konflikt mit einer Schickeriafamilie, folgten. V.s letzter Film *L'innocento* basiert auf einer Novelle d'Annunzios und war zum Zeitpunkt seines Todes noch nicht abgeschlossen. – Als Th.-Regisseur – häufig in Zusammenarbeit mit der Truppe Morelli-Stoppa – stellte V. amerik. und franz. zeitgenössische Dramatiker dem ital. Publikum erstmalig vor. Er führte Regie bei Stücken Cocteaus (*Schreckliche Eltern*), Anouilhs (*Antigone*), Sartres (*Geschlossene Gesellschaft*, alle 1945, Teatro Eliseo, Rom), Arthur Millers (*Tod eines Handlungsreisenden*, 1951, Teatro Eliseo; *Hexenjagd*, 1955, Teatro Quirino, Rom; *Nach dem Sündenfall*, 1965, Th. du Gymnase, Paris), Tennessee Williams' (*Die Glasmenagerie*, 1946, Teatro Eliseo; *Endstation Sehnsucht*, 1949, Teatro Eliseo; 1951, Teatro Nuovo, Mailand), → Pinters (*Alte Zeiten*, 1973, Teatro Argentina, Rom). Er inszenierte aber auch Klassiker wie Euripides (*Medea*, 1953, Teatro Manzoni, Mailand), → Shakespeare (*Troilus und Cressida*, 1949, Maggio Musicale Florenz), Goldoni (*La locandiera*, 1952, Teatro La Fenice, Venedig), → Goethe (*Egmont*, 1967, Palazzo Pitti, Florenz), Čechov (*Drei Schwestern*, 1952, *Onkel Wanja*, 1955, beide Teatro Eliseo; *Der Kirschgarten*, 1965, Teatro Valle, Rom), Strindberg (*Fräulein Julie*, 1957, Teatro delle Arti, Rom). Viele von ihm eingesetzte Schauspieler – wie Marcello Mastroianni – machten später beim Film Karriere. Mit dem 1961 in Paris inszenierten Theaterstück John Fords *Schade, daß sie eine Hure ist* (Th. des Ambassadeurs) setzte V. Romy Schneider auf der Bühne durch. Ab 1954 Opernsz.en an der Mailänder Scala aus Bewunderung für Maria

Callas: *La Vestale, La Traviata, La Somnambula, Anna Bolena, Iphigenia in Tauris*. Operninsz.en auch in London (Covent Garden), Berlin, Wien, München, Spoleto, wobei er oft auch als Bühnenbild- und Kostümentwerfer und Choreograph verantwortlich zeichnete. Letzte Regie bei Puccinis *Manon Lescaut* (1973, Teatro Nuovo, Spoleto). V. schrieb auch Ballett-Libretti (*Mario e il mago*, 1956; *Maratona di danza*, 1957).

    Di Rosa, L.: From page to screen: the role of literature in the films of Luchino Visconti. Diss. Univ. of Toronto 2001; Gastel Chiarelli, C.: Musica e memoria nell'arte di Luchino Visconti. Mailand 1997; Geitel, K. u. a.: Luchino Visconti. (4. Aufl.) München u. a. 1985; Lagny, M.: Luchino Visconti: vérités d'une légende. Paris u. a. 2002; Luchino Visconti, Gabriele D'Annunzio, Giuseppe Verdi. Hg. D. Bax. Bobigny 2004; Mancini, E.: Luchino Visconti: a guide to references and resources. Boston 1986; Mazzocchi, F.: La locandiera di Goldoni per Luchino Visconti. Pisa 2003; Micciché, L.: Luchino Visconti: un profilo critico. Venedig 1996; Murcier, B.: Le temps dans les films de Luchino Visconti. Diss. Univ. Paris 1997; Nowell-Smith, G.: Luchino Visconti. London (3. Aufl.) 2003; Rondolino, G.: Luchino Visconti. Turin 2003; Schifano, L.: Luchino Visconti. Gernsbach 1988; Tramontana, G.: Invito al cinema di Luchino Visconti. Mailand 2003; Visconti, L.: Il mio teatro. 2 Bde. Bologna 1979.

Horst Schumacher

Vitez, Antoine, * 20. 12. 1930 Paris, † 30. 4. 1990 Paris. Schauspieler, Regisseur, Theaterleiter, Theaterpädagoge.

    V., Sohn eines Photographen und einer Grundschullehrerin, nahm Schauspielunterricht bei Tania Balachova und belegte Kurse in russ. Literatur und Sprache am Institut des Langues Orientales der Universität Paris, war aber im wesentlichen Autodidakt von umfassender und polyglotter Bildung. Zunächst kurze Engagements als Schauspieler an verschiedenen Bühnen. Übersetzer aus dem Russischen (Šolochov, Majakowskij, Bulgakov), Deutschen, Griechischen. 1960–62 Privatsekretär des marxistischen Schriftstellers Louis Aragon und mit der Endredaktion von dessen gemeinsam mit André Maurois verfasster *L'Histoire parallèle de l'U. R. S.S. et des Etats-Unis (Parallelgeschichte UdSSR – USA)* betraut. Die erste eigene Insz. (*Elektra* von Sophokles, 1966) wurde sofort gut aufgenommen, jedoch verzichtete V. auch später neben der Regiearbeit nie auf eine Tätigkeit als Schauspieler und Theaterpädagoge (École Jacques-Lecocq und 1968–81 am Staatl. Konservatorium Paris und parallel dazu an seiner eigenen Schule am Th. des Quartiers d'Ivry, das er 1971–81 leitete). 1981–88 Direktor des Th. National de Chaillot (TNC), wo er, der Th. und Schule als zwei kommunizierende Röhren betrachtete, sofort eine Schauspielschule eröffnete und großen Einfluss auf den Schauspielernachwuchs in der gesamten Frankophonie ausübte. – V. begann seine erste Spielzeit am TNC mit → Goethes *Faust*, spielte selbst die TR und stieg wie Homunkulus nackt aus der Büchertruhe, um den langen Eingangsmonolog zu deklamieren. Die geballte Dichte seiner Insz.en war seit dem großen → Molière-Zyklus 1978 in Avignon offenbar; Ergebnis der bohrenden analytischen Intelligenz und der szenischen Vorstellungskraft dieses authentischen Th.-Mannes. Hauptetappen seiner Entwicklung: *Britannicus* von Racine, → Shakespeares *Hamlet*, *Elektra* von Sophokles, *Der seidene Schuh* von Paul Claudel, *Celestina* von Fernando de Rojas. Immer wieder versuchte V., sein Repertoire allen Epochen und Strömungen zu öffnen und die Gegenwartsdramatik zu fördern (UAen von Stücken Michel Vinavers, René Kaliskys, Pierre Guyotats). 1988 wurde V. «administrateur général» der Comedie Française und setzte seine Bemühungen fort, ein «philosophisches Th.», «ein elitäres Th. für alle» und «aus allem Th. zu machen» («faire th. du tout»), d. h. auch ursprünglich nichtdramatische Texte für die Bühne zu bearbeiten und nutzbar zu machen. *Leben des Galilei* von → Brecht in ungekürzter Fassung war seine letzte Insz., die in Avignon und posthum nach dem plötzlichen Gehirnschlag des erst 59-Jährigen an der Comédie Française gezeigt wurde. In Galilei wollten viele Kritiker eine Art «Alter Ego» von V. sehen, dem sich der kosmische und dogmatische Himmel wechselweise öffnet und schließt, «metaphysische Kraftanstrengungen eines Aufklärers, der seinen Atheismus bis an den Abgrund seiner Immanenz trieb». In der Absicht, ein Th. als moralische Anstalt im öffentlichen Dienst (als Intendant staatl. Bühnen) zu schaffen, war er Nachfolger von Jean → Vilar, mit dem er oft verglichen wurde und dem er auch vom Habitus her ähnlich war.

<small>Copfermann, E.: Antoine Vitez. De Chaillot à Chaillot. Paris 1981; Ralite, J.: Complicités avec Jean Vilar, Antoine Vitez. Paris 1996; Vitez, A.: L'essai de solitude. Paris 1981; ders.: La tragédie c'est l'histoire des larmes. Paris 1976.</small>

Horst Schumacher

Voss, Gert, * 10. 10. 1941 Shanghai. Schauspieler.

Kaufmannssohn. Kam als 5-Jähriger nach Deutschland, wuchs am Bodensee auf. Abgebrochenes Studium (Germanistik, Anglistik). 1964–66 privater Schauspielunterricht in München. Erstes Engagement 1966–68 Konstanz (Marchbanks in Shaws *Candida*, Mortimer in Schillers *Maria Stuart*). 1968–71 Staatstheater Braunschweig (Clov in Becketts *Endspiel*, Ferdinand in Schillers *Kabale und Liebe*, Faust in → Goethes *Urfaust*). 1971–72 Residenztheater München (Demetrius in → Shakespeares *Ein Sommernachtstraum*). Zwischen 1972 und 1999 fast ununterbrochen im Ensemble von Claus → Peymann. Zunächst 1972–79 Staatstheater Stuttgart (noch einmal Ferdinand, Melchior in Wedekinds *Frühlings Erwachen*, Karl Moor in Schillers *Die Räuber*, TRn in Büchners *Woyzeck* und → Molières *Tartuffe*, Dorfrichter Adam in Kleists *Der zerbrochne Krug*). 1979–85 Schauspielhaus Bochum (Pylades in Goethes *Iphigenie auf Tauris*, Saladin in → Lessings *Nathan der Weise*, Firs in Čechovs *Der Kirschgarten*). Durchbruch als Hermann in Kleists *Die Hermannsschlacht* – ein smarter, immer moderater Politmanager, der seine Konkurrenten mit freundlichem Understatement manipuliert, den unsäglichen Hasstiraden mit beiläufigem Plauderton die Peinlichkeit nahm und ihnen zugleich Gewicht gab. C. Bernd Sucher: «Er war heutig: skrupellos, menschenverachtend, intelligent. Ein gefährlicher Komiker – ein großartiger Spieler.» 1984 Gastspiel in Köln als Gajew in Čechovs *Der Kirschgarten*. 1985–86 Staatstheater Stuttgart, Dt. Schauspielhaus Hamburg (Ferdinand in Websters *Die Herzogin von Malfi*). Beginn einer kontinuierlichen Zusammenarbeit mit → Zadek. Seit 1987 Burgtheater Wien, u. a. TR in Shakespeares *Richard III.* (1987), Prospero in *Der Sturm*, Shylock in *Der Kaufmann von Venedig* (beide 1988), Geßler in Schillers *Wilhelm Tell* (1989), TRn in Shakespeares *Othello*, (1990, R. → Tabori), *Macbeth* (1992), Čechovs *Ivanov* (1990, R. Zadek). 1993/94 am Berliner Ensemble Antonius in Shakespeares *Antonius und Cleopatra* (1994, R. Zadek, Wiener Festwochen / Berliner Ensemble). Am Burgtheater Morgenstern in Taboris *Ballade vom Wiener Schnitzel* (1996), Pablo Vega in Handkes *Zurüstungen für die Unsterblichkeit* (UA 1997), Mann in Turrinis *Endlich Schluß* (UA 1997). 1998 Hamm in Becketts *Endspiel*, 1999 Krapp in Becketts *Das letzte Band* (Th. in der Josefstadt / Burgtheater), Trigorin in Čechovs *Die Möwe* (2000, R. → Bondy), 2000 Rosmer in Ibsens *Rosmersholm*, 2001 Barabas in Marlowes *Der Jude von Malta* (beide R. Zadek), 2002 Herrenstein in Bernhards *Elisabeth II.* (R. Th. → Langhoff), 2004 TR in Ibsens *Baumeister Solness* (R. → Ostermeier), 2005 Hauptmann Edgar in Strindbergs *Totentanz*.

Mit seiner Frau Uschi Voss und Ignaz →Kirchner inszenierte er Genets *Die Zofen*. Bei den Salzburger Festspielen 1986 in der UA *Ritter, Dene, Voss* von Bernhard, 1992 Marc Anton in Shakespeares *Julius Caesar* (R. P. →Stein), 1995–98 TR in Hofmannsthals *Jedermann*. Bei den Wiener Festwochen TR in Horváths *Figaro läßt sich scheiden* (1998, R. Bondy). 5-mal zum «Schauspieler des Jahres» gewählt. 1988 Gertrud-Eysoldt-Ring, Kainz-Medaille, 1992 Fritz Kortner-Preis, 1997 Preis des Internat. Theaterinstituts, 2000 Nestroy-Preis, 2001 Goldenes Ehrenzeichen der Stadt Wien. Kammerschauspieler (1998).

V. zählt zu den profiliertesten Darstellern des dt.sprachigen Th.s, der sich total bis in seine Erscheinung zu verwandeln versteht und dabei gern eine fast ironische Distanz der Selbstbeobachtung zu den Figuren wahrt, die er verkörpert und die diesen eine spielerische Leichtigkeit gibt. Seine körperliche Ausdrucksfähigkeit ist so groß wie das Maß seiner sprachlichen Mittel. Nicht zuletzt zeichnen ihn eine wache dramaturgische Intelligenz und Neugier aus. Tabori rühmte «Gerts Besessenheit, sich zu geben, geben, geben, wie nur große Liebhaber es tun, ohne Scham und ohne die bürgerlichen Tugenden des Anstands»: «Er ist ein gefährlicher, nackter Schauspieler, ein unheimlicher Clown, ein wilder Stier, aus dem Käfig ausgebrochen in die Theaterwelt.»

Dermutz, K.: Die Verwandlungen des Gert Voss. Salzburg 2001; Gert Voss «Ich würd' gern wissen, wie man ein Geheimnis spielt». Hg. H. D. Schütt. Berlin 1997; Sucher, B. C.: Theaterzauberer. München 1988.

Werner Schulze-Reimpell

Vysockij, Vladimir Semjonovič, * 25. 1. 1938 Moskau, † 25. 7. 1980 Moskau. Schauspieler, Sänger, Dichter.

V. studierte Schauspielkunst 1956–60 im Studio des MChAT (Moskauer Akademisches Künstlertheater). Nach dem Diplom debütierte er am Puškin-Th. in Moskau, aber seine Bühnenkarriere entwickelte sich erst seit 1964 am damals neugegründeten Taganka-Th.; in den nächsten Jahren schuf der Schauspieler dort seine besten – obwohl verhältnismäßig wenige (insgesamt 20) – Rollen. Es waren u. a. Galileo in →Brechts *Leben des Galilei* (P. 17. 5. 1966), Chlopuscha in Esenins *Pugačev* (*Pugatschow*, P. 7. 11. 1967), die TR in →Shakespeares *Hamlet* (P. 29. 11. 1971, gespielt bis 1980, alle R. →Ljubimov), Lopachin in Čechovs *Višnevyi sad* (*Der Kirschgarten*, P. 30. 6. 1975, R. →Efros), Swidrigajlov in *Prestuplenie i nakazanie* (*Schuld und Sühne*) nach F. Dostoevskij (P. 12. 2. 1979, R. Ljubimov). V. spielte auch in mehreren Filmen, außerdem war er als Dichter-Sänger (Autor von mehr als 500 Liedern) berühmt. – Als Schauspieler hatte V. ein nicht besonders anziehendes Äußeres, dafür fast unbegrenzte Stimmöglichkeiten. Seine Stimme – vom lyrischen Gesang bis zum wilden Schrei – sowie seine strahlende Energie elektrisierten das Publikum und erlaubten ihm, sowohl närrische als auch tragische Töne in seinen Rollen auszudrücken. Als Hamlet schwang sich V. in die Höhe der Schauspielkunst; er war dabei ein Umstürzler (im zeitgemäßen schwarzen Pullover), mit dem sich die Zuschauer identifizieren konnten. Der Dichter-Sänger V. sang mit Begleitung seiner Gitarre auch in vielen Aufführungen des Taganka-Th.s (einschl. *Hamlet*), was zum Erfolg dieser Insz.en sowie zum Ruhm des Schauspielers beigetragen hat. Berühmt schon zu seinen Lebzeiten, ist V. nach seinem frühen Tod zur Kultfigur in Russland geworden.

Novikov, V.I.: Vysockij. Moskva 2002; Soldatenkov, P. J.: Vladimir Vysockij. Moskva 1999; Vladimir Vysockij: polnoe multimedijnoe sobranie: 60-e gody, vse pesni, vse roli, vse stichi, biografija, fotoarchiv, avtografi. Moskva 2001.

Wojciech Dudzik

W

Wachowiak, Jutta, * 13. 12. 1940 Berlin. Schauspielerin.

Arbeitete zunächst als Sekretärin. 1960–63 Filmhochschule Babelsberg. 1963–68 Hans-Otto-Th. Potsdam (Tatjana in Gor'kijs *Die Kleinbürger*, Eliza in Shaws *Pygmalion*). 1968–70 Th. Karl-Marx-Stadt (Chemnitz). Spielte Luise in Schillers *Kabale und Liebe*. Seit 1970 Dt. Th. Berlin, wo sie u. a. Sonja in Čechovs *Onkel Wanja* (Ernst Schumacher: «Die Überraschung des Abends war zweifellos Jutta Wachowiak, die die Sonja mit solch natürlicher Lauterkeit, man muß das Wort gebrauchen: mit Keuschheit, mit so viel Mädchenscheu und Wehmut darstellte»), Charlie in Plenzdorfs *Die neuen Leiden des jungen W.*, Giacinta in Goldonis *Die Sommerfrische* (Schumacher: «Sie macht deutlich, wie die angenommene Rolle zwangsläufig zum Identitätsverlust führt»), Cordelia in → Shakespeares *König Lear*, Frau John in Hauptmanns *Die Ratten*, Jelena in Gor'kijs *Kinder der Sonne*, Arkadina in Čechovs *Die Möwe*, TRn in Schillers *Maria Stuart* und in García Lorcas *Yerma*, Grete Grüntal in Barlachs *Der blaue Boll*, Aase in Ibsens *Peer Gynt*, Frau Wolff in Hauptmanns *Der Biberpelz*, Marianne Abel in Strauß' *Das Gleichgewicht* spielte. 2005 Amanda Wingfield in Williams' *Die Glasmenagerie*, Fräulein von Zahnd in Dürrenmatts *Die Physiker* (R. → Fricsay) als letzte Rolle am Dt. Th. Ab 2006/07 am Th. in Essen. Zahlreiche Film- und Fernsehrollen, oft Literaturverfilmungen (*Stella, Guten Morgen, du Schöne, Der kaukasische Kreidekreis, Furcht und Elend des Dritten Reiches, Der Trinker, Nikolaikirche, Jahrestage*). Kritikerpreise, Schauspielerpreis, 1979 DDR-Kunstpreis. – Vitale Volksschauspielerin mit starker Emotionalität. Ebenso überzeugend im ernsten Fach wie, komisch verschmitzt, im Lustspiel.

Werner Schulze-Reimpell

Wagner, Elsa (Elisabeth Karoline Auguste), * 24. 1. 1881 Reval (Tallinn, Estland), † 17. 8. 1975 Berlin. Schauspielerin.

Schauspielunterricht in St. Petersburg. Erstes Engagement im Berliner Novitäten-Ensemble, das durch Ost- und Westpreußen reiste. Über Heidelberg, Plauen und 1907–11 Stadttheater Hannover (Gretchen in → Goethes *Faust I*, Rautendelein in Hauptmanns *Die versunkene Glocke*, TR in Ibsens *Nora*) 1911 zu Max → Reinhardt ans Dt. Th. Berlin. 1921–44 Preuß. Staatstheater Berlin; u. a. Emilia in → Shakespeares *Othello* (1921), Frau Stockmann in Ibsens *Ein Volksfeind* (1923), Mutter in Hebbels *Maria Magdalena*, Kupplerin in Wedekinds *König Nicolo* (beide 1924, alle R. → Jeßner), Frigga in Hebbels *Die Nibelungen* (1924), Amme in → Shakespeares *Romeo und Julia* (1925, beide R. → Fehling), Mutter in Bronnens *Rheinische Rebellen* (1925), Charis in Kleists *Amphitryon* (1926), Mutter in Kaisers *Gas I* (1928, alle R. Jeßner), Frau Linde in Ibsens *Nora* (1930, R. Fehling), Marthe Schwerdtlein in Goethes *Faust I* (1932, R. → Lindemann, mit → Gründgens), Herzogin von York in Shakespeares *Richard III.* (1937, R. Fehling), 1941 Frau Lund in Thomas *Moral* (1941, R. Fehling). In Gründgens' Regie in Büchners *Dantons Tod* (1939). 1945–51 Dt. Th. Berlin (Frau Maske in Sternheims *Der Snob*, Madame Pernelle in → Molières *Tartuffe*, Mursawetzkaja in Ostrovskijs *Wölfe und Schafe*). Gastrollen im Berliner Hebbel-Th.

1951 bis zu ihrem Tod Schiller- und Schlossparktheater Berlin. Spielte 1952 und 1966 La Poncia in García Lorcas *Bernarda Albas Haus*, 1953 Wirtin in der UA von Kafka/Brods *Das Schloß* (R. → Noelte), 1960 in → Barlogs Regie Urgroßmutter Rose in Saroyans *Pariser Komödie*. «Was treibt Elsa Wagner nicht wieder an Herrlichkeiten, wenn sie resolut, verschlagen und körnig in diesem Regiment der Weiber noch die Weiber reglementiert» (Friedrich Luft, 1960). 1966 Brigitte in Kleists *Der zerbrochene Krug* (Ruhrfestspiele). Letzte Rolle 1973 Haushälterin in Joyce' *Verbannte*. Über 100 Filmrollen von *Das Leid der Liebe* (1916) bis *Der Fußgänger* (1973). – Von Reinhardt wenig, von Jeßner und Fehling umso mehr beachtete Schauspielerin (21 Rollen in Fehling-Insz.en). Vitalität, Witz und große Präsenz auch in kleinen Rollen zeichneten sie aus bis ins hohe Alter. Glänzend in komischen Rollen. Publikumsliebling: «die Wagner».

Donat, E.: Elsa Wagner. Velbert 1962; Eckenberg, E.: Diese volle Zeit. Zwei vom Theater. Frankfurt a. M. 1958.

Werner Schulze-Reimpell

Wajda, Andrzej, * 6. 3. 1926 Suwałki (Polen). Theater- und Filmregisseur.

W. studierte zuerst an der Akademie für Bildende Kunst in Kraków (1946–49), dann absolvierte er die Filmhochschule in Łódź (1954) und debütierte gleich danach als Filmregisseur. Im Th. begann W. (R. und Bb.) 5 Jahre später mit *A Hatful of Rain* von Michael Gazzo (Gdańsk, Teatr Wybrzeże, P. 1. 5. 1959). Weltweit ist der Regisseur W. v. a. durch seine mehr als 40 Filme bekannt, u. a. *Der Kanal* (1956), *Asche und Diamant* (1958), *Das gelobte Land* (1974), *Der Mann aus Marmor* (1976), *Die Mädchen von Wilko* (1979), *Der Dirigent* (1979), *Der Mann aus Eisen* – 1981 ausgezeichnet mit der Goldenen Palme in Cannes, *Danton* (1982), *Eine Liebe in Deutschland* (1983), *Die Dämonen* (1987), *Korczak* (1990), *Pan Tadeusz* (1999), ebenso ist er jedoch einer der interessantesten «Theatermenschen». Seine größten Bühnenerfolge sind mit dem Stary Teatr (Altes Th.) in Kraków verbunden. Dort inszenierte W. mit den hervorragenden Schauspielern v. a. sein Dostoevskij-Triptychon: *Die Dämonen* (P. 29. 4. 1971, viele Gastspiele, u. a. London 1972 – dort 20 Minuten Standing Ovation nach der ersten Vorstellung –, Berlin und Weimar 1977, Mailand 1981, Amsterdam 1984), *Nastasja Filipowna* nach dem Roman *Der Idiot* (P. 17. 2. 1977, mehrere Gastspiele, u. a. Helsinki 1977, Florenz 1980, Caracas 1981, Buenos Aires 1982, Rom 1982, Edinburgh 1983, Madrid 1985, Karlsruhe 1985) und *Schuld und Sühne* (P. 7. 10. 1984, auch: Berlin, Schaubühne am Lehniner Platz, P. 29. 11. 1986). Außerdem inszenierte W. in Kraków *Die Hochzeit* (P. 26. 10. 1963 und 1. 6. 1991) sowie *Die Novembernacht* von → Wyspiański (P. 13. 1. 1974), *Emigranten* von Mrożek (P. 24. 4. 1976), *Antigone* von Sophokles (P. 20. 1. 1984), *Der Dybuk* von An-Ski (P. 12. 3. 1988), *Hamlet* von → Shakespeare (P. 28. 11. 1981 und 30. 6. 1989) und zuletzt *Macbeth* (P. 26. 11. 2004). Wichtige Premieren fanden am Teatr Powszechny in Warszawa statt: *Die Affaire Danton* von Przybyszewska (P. 25. 1. 1975), *Gespräche mit dem Henker* von Moczarski (P. 22. 12. 1977), *Fräulein Julie* von Strindberg (P. 8. 1. 1988), *Zwei auf der Schaukel* von Gibson (P. 10. 2. 1990). 1976 verfilmte W. in Krakau die berühmte Aufführung von Tadeusz → Kantors *Die tote Klasse*. W. arbeitete ebenfalls in vielen ausländischen Th.n: in Berlin, Moskau, Nanterre, New Haven (USA), Salzburg, Sofia, Tel Aviv, Tokio, Venedig, Zürich. Für seine künstl. Tätigkeit erhielt er mehrere Ehrendoktorwürden und zahlreiche Preise, darunter den hochdotierten Kyoto-Preis in Japan und in den USA den Oscar für sein Gesamtfilmwerk.

Im Film wie auch im Th. interessiert sich

W. v. a. für die große Literatur (Shakespeare, Wyspiański, Dostoevskij), die sich mit essenziellen politischen und ethischen Problemen der Geschichte und des Menschen auseinandersetzt. Er konfrontiert zumeist verschiedene existenzielle Haltungen, Möglichkeiten und Lebensentscheidungen. Als Regisseur sucht er nicht ständig nach neuen ästhetischen Mitteln, sondern konzentriert sich auf die 3 wichtigsten Elemente der Theaterkommunikation, d. h. auf den Schauspieler, auf den Theaterraum und auf deren Beziehung zu den Zuschauern. W. liebt seine Schauspieler und ist immer für ihre Vorschläge und Improvisationen offen; er fühlt sich ebenso wohl in einer großen, manchmal sogar gewaltigen Insz. mit historischer bzw. mythologischer Symbolik (z. B. *Die Novembernacht*) wie auch auf der Kammerbühne, wo im Zentrum die psychologische Analyse steht (z. B. Dostoevskij-Triptychon, *Gespräche mit dem Henker*). W. will stets «heißes» Th. machen, das die Zuschauer angeht und berührt.

Andrzej Wajda. Beiträge von K. Eder u. a. München 1980; Dostojewski – teatr sumienia. Trzy inscenizacje Andrzeja Wajda w Teatrze Starym w Krakowie. Hg. M. Karpiński. Warszawa 1989; Karpiński, M.: The Theatre of Andrzej Wajda. Cambridge, New York 1989; Wajda, A.: O polityce, o sztuce, o sobie. Warszawa 2000.

Wojciech Dudzik

Walser, Franziska, * 23. 3. 1950 Stuttgart. Schauspielerin.

Tochter des Schriftstellers Martin W., ältere Schwester der Dramatikerin Theresia und der Autorin Alissa W. Seit 1985 mit dem Kollegen Edgar Selge verheiratet, mit dem sie oft auf der Bühne steht. 1972–74 Otto-Falckenberg-Schule München. 1974–75 Staatsschauspiel Stuttgart (Rebekkle in Hermann Essigs *Die Glückskuh*). 1975–76 Dt. Schauspielhaus Hamburg (Rosi in UA von Martin Walsers *Sauspiel*, Miranda in → Shakespeares *Der Sturm*). 1976–2001 Münchner Kammerspiele (Sarah in O'Neills *Fast ein Poet*, 1977; Helena in Shakespeares *Ein Sommernachtstraum*, 1978; Marie in → Goethes *Clavigo*, 1979; Anna in → Brechts *Trommeln in der Nacht*, 1979; Lena in Büchners *Leonce und Lena*, Klara in Hebbels *Maria Magdalena*, beide 1981; Keelin in O'Caseys *Das Freudenfeuer für den Bischof*, 1982; Emmi in *Nicht Fisch, nicht Fleisch* von → Kroetz, 1983; Regan in Shakespeares *König Lear*, May in Shepards *Fool for Love*, 1986; Henriette in UA *Schlußchor* von Strauß, 1991; TR in → Pohls *Die schöne Fremde*, 1992; Hilde in UA *Der Drang* von Kroetz, 1994; Mutter in der UA von Mayenburgs *Feuergesicht*, 1998; 1999 in DEA von Theresia Walsers *King Kongs Töchter* und 2000 UA von deren *So wild ist es in unseren Wäldern schon lange nicht mehr*). Seit 2001 Gastrollen im Schauspiel Köln (2002 in LaButes *Das Maß der Dinge*), Schauspiel Frankfurt (2003 in UA *Die Frankfurter Verlobung* von Matthias Beltz), Zürcher Schauspielhaus (2003 in Kleists *Familie Schroffenstein*, 2005 Boutiquenbesitzerin in UA *Nach der Liebe beginnt ihre Geschichte* von Botho Strauß, 2006 Marthe Rull in Kleists *Der zerbrochne Krug*), Ruhrfestspiele (2005 in Lessings *Minna von Barnhelm*). Zahlreiche Film- und Fernsehrollen. Lesungen. 1980 Th.-Förderpreis der Stadt München, 1991 Bayer. Filmpreis. – Vitale, sehr wandlungsfähige Darstellerin. Joachim Kaiser bescheinigte ihr «vollkommen reine Ausdrucksmittel. Kein Wunder, daß bedeutende Regisseure gern mit einem solchen Geschöpf, einer solchen Möglichkeit arbeiten».

Werner Schulze-Reimpell

Wälterlin, Oskar, * 30. 8. 1895 Basel, † 4. 4. 1961 Hamburg. Schauspieler, Regisseur, Theaterleiter.

1919–25 Schauspieler und Regisseur, ab 1925 (bis 1932) Direktor des Stadttheaters Basel. 1933–38 Oberspielleiter an der Oper Frankfurt a. M. 1938–61 Intendant des Zürcher Schauspielhauses. Gemeinsam mit seinem Chefdramaturgen Kurt → Hirschfeld (1902–64), der schon unmittelbar nach seiner Emigration 1933/34 am Schauspielhaus Zürich gearbeitet hatte, machte W. Zürich zum wichtigsten Stützpunkt des dt. Exiltheaters und zum maßgeblichen dt.sprachigen Th. außerhalb des nationalsozialistischen Machtbereichs. Bedeutende Darsteller konnten hier weiterarbeiten und sich profilieren: Maria → Becker, Sybille Binder (1895–1962), Therese → Giehse, Ernst → Ginsberg, Wolfgang → Heinz, Kurt → Horwitz, Erwin → Kalser, Wolfgang → Langhoff, Karl → Paryla, Leonard → Steckel. Gustav → Hartung und Leopold → Lindtberg wurden mit Insz.en beauftragt. Teo → Otto wirkte als Bühnenbildner. Mit praktisch einer Neuinsz. wöchentlich orientierte sich W. zunächst am klassischen Weltheater, setzte sich daneben zunehmend für die vom Nationalsozialismus verbotenen und verfolgten Autoren ein. UA der → Brecht-Dramen *Mutter Courage und ihre Kinder* (1941), *Der gute Mensch von Sezuan* (1943), *Leben des Galilei* (1943), *Herr Puntila und sein Knecht Matti* (1948). Viele dt.sprachige EAen von zeitgenössischen Stücken der Weltdramatik, u. a. *Unsere kleine Stadt* (1939) und *Wir sind noch einmal davongekommen* (1944) von Thornton Wilder, *Die Familienfeier* (1945) von T. S. Eliot. Die Anerkennung von Max Frisch und Friedrich Dürrenmatt wurde durch W.s Einsatz entscheidend gefördert. Von W. selbst inszenierte UAen der beiden Schweizer Dramatiker: *Don Juan oder Die Liebe zur Geometrie* (1953) und *Biedermann und die Brandstifter* (1958) von Frisch, *Der Besuch der alten Dame* (1956) und *Frank V.* (1959) von Dürrenmatt. Bis zu seinem plötzlichen Tod 1961 hatte W. weit über 100 eigene Insz.en am Schauspielhaus Zürich herausgebracht, das damit zu einer der maßgeblichen dt.sprachigen Theaterstätten überhaupt wurde und auch unter seinen Nachfolgern (Kurt Hirschfeld, Leopold Lindtberg, Peter Löffler, Harry → Buckwitz, Gerhard → Klingenberg, Gerd → Heinz, Gerd Leo Kuck, Christoph → Marthaler, Matthias → Hartmann) blieb.

Eine große Zeit. Das Schauspielhaus Zürich in der Ära Wälterlin 1938/39–1960/61. Hg. F. Lendenmann. Zürich 1995; Hirschfeld, K., P. Löffler: Schauspielhaus Zürich 1938–1958. Zürich 1958; Loeffler, P. M.: Oskar Wälterlin. Ein Profil. Basel 1979; Mittenzwei, W.: Das Zürcher Schauspielhaus 1933–45. Berlin 1979; Schoop, G.: Das Zürcher Schauspielhaus im 2. Weltkrieg. Zürich 1957; Das verschonte Haus. Das Zürcher Schauspielhaus im 2. Weltkrieg. Hg. D. Bachmann, R. Schneider. Zürich 1982; Wälterlin, O.: Verantwortung des Theaters. Berlin 1947; ders.: Die Berufstheater in der Schweiz. Bern 1954.

Horst Schumacher

Waltz, Sasha (eig. Alexandra W.), *8. 3. 1963 Karlsruhe. Tänzerin, Choreographin, Leiterin einer Kompanie.

Nach erstem Tanzunterricht bei der → Wigman-Schülerin Waltraut Kornhaas studierte W. 1983–86 an der School for New Dance Development in Amsterdam. Anschließend ging sie nach New York, wo sie als Tänzerin in diversen Kompanien engagiert war. Zurück in Europa arbeitete sie ab 1988 mit verschiedenen Künstlern zusammen. 1993 wurde W. «artist in residence» am Künstlerhaus Bethanien in Berlin und gründete die Kompanie Sasha Waltz & Guests. Es entstand ihre erfolgreiche *Travelogue-Trilogie* mit den Teilen *Twenty to Eight* (1993), *Tears break fast* (1994) und *All Ways Six Steps* (1995), mit der sie internat. zu zahlreichen Gastspielen eingeladen wurde, wie auch mit späteren Arbeiten. Mit Jochen Sandig 1996 Gründung und Eröffnung des Th.s Sophiensaele in Berlin und UA der *Allee der Kosmonauten*. 1999–2004 Mitglied des Leitungsteams der Schaubühne am Lehniner Platz in Berlin, wodurch der Tanz erstmals eine feste Position an diesem Th. erhielt. Weiterhin Kooperation ihrer Kompanie mit der Schaubühne, so bei *Impromptus* zur Musik Schuberts (2004, Koproduktion Teatro Comunale di Ferrara), *Gezeiten* (2005). Die choreographische Installation *insideout* wurde 2003 in Graz uraufgeführt. 2005 realisierte sie mit der Akademie für Alte Musik Purcells Oper *Dido & Aeneas* an der Staatsoper Unter den Linden. Zur Eröffnung des Berliner Tanzkongresses 2006 *Solo für Malakhov* für den Leiter des Berliner Staatsballetts Vladimir Malakhov. – W. gilt als Shooting Star unter den jüngeren dt. Choreographen. Anfang der 1990er Jahre schlug sie eine gänzlich neue Tonart im choreographischen Konzert des Tanztheaters an: witzige, schnelle, slapstickartige, dem Alltag entlehnte Bewegungen. Seit ihrem Wechsel an die Schaubühne haben ihre Stücke weitgehend den erzählerischen Duktus aufgegeben. W. hat sich auf die Suche nach einer neuen Formensprache und Raumnutzung gemacht. Mit ihrer Choreographie *Körper* (2000) liefert sie einen Grenzgang zwischen Tanz, Körperskulptur und Körperinspektion. In *S* (2001) und *noBody* (2002) arbeitete sie weiter an dem Thema «Körper», hin zu einem szenischen wie tänzerischen Minimalismus.

Patricia Stöckemann

Wanamaker, Sam (eig. S. Watenmaker), * 14. 6. 1919 Chicago, † 18. 12. 1993 London. Schauspieler, Regisseur, Theaterleiter.

Ausbildung Drake University (Des Moines), Goodman Th. School in Chicago. 1936–39 u. a. beim Chicagoer Summer Th. als Schauspieler und Regisseur. Auftritte am New Yorker Broadway u. a. in Krafts *Cafe Crown* (1942, Cort Th., R. → Kazan), Appells *This, Too, Shall Pass* (1946, Belasco Th.), Shaws *Arms and the Man* (*Helden*, 1950, Arena Th.), zuletzt in Denkers *A Far Country* (1961, Music Box Th.). Durchbruch in Andersons *Joan of Lorraine* (1946, Alvin Th., mit Ingrid Bergman). Regie u. a. bei Laverys *The Gentleman From Athens* (1947, Mansfield Th.), Kanins *Goodbye, My Fancy* (1948, Morosco Th., auch Rolle), Ibsens *Die Frau vom Meer*, Riggs' *Borned in Texas* (beide 1950, Fulton Th.), I. Shaws *Children From Their Games* (Morosco Th.), Denkers *A Case of Libel* (beide 1963, Longacre Th.), Jamiaques *A Murderer Among Us* (1964, Morosco Th.). 1943–46 Soldat. W. kam Anfang der 1950er Jahre nach London, wo er – bedroht von den Intellektuellenverfolgungen in den USA während der McCarthy-Ära – bis 1961 blieb. Inszenierte (und spielte) u. a. Odets' *Winter Journey* (*Winterreise*, 1952, St. James's Th., mit M. → Redgrave), *The Big Knife* (*Das große Messer*, 1954, Duke of York's Th.), Nashs *The Rainmaker* (*Der Regenmacher*, 1956, St. Martin's Th.), Gazzos *A Hatful of Rain* (1957, Prince's Th.), Williams' *The Rose Tattoo* (*Die tätowierte Rose*, 1959, New Th.); Regie u. a. 1953 bei O'Caseys *Purple Dust* (*Purpurstaub*, Birmingham), 1956 brit. EA von → Brecht / Weills *Die Dreigroschenoper* in London. 1957 künstl. Leiter des New Shakespeare Th. Liverpool. 1959 Jago in → Shakespeares *Othello* (Shakespeare Memorial Th. Stratford-upon-Avon, R. T. → Richardson, mit → Robeson). In den USA u. a. 1964 TR in Shakespeares *Macbeth* in Chicago, 1975 in *Hamlet*. Auch Opern-Insz.en, u. a. von Prokof'evs *Krieg und Frieden* 1973 zur Eröffnung der Oper in Sydney. Über 50 Film- und Fernsehrollen, u. a. in *Mr. Denning Drives North* (1952), *Taras Bulba* (1962), *The Spy Who Came In from the Cold* (1965), *Holocaust* (1978, TV), *Judgment in Berlin* (1988), *Guilty by Suspicion* (1991); Regie v. a. im Fernsehen *(Columbo)*. Seit 1970 Versuche, Shakespeares Globe Th. wieder aufzubauen. Initiierte dessen originalgetreue Rekonstruktion in London in unmittelbarer Nähe des ursprünglichen Standorts, für die er zahlreiche Prominente und Sponsoren gewann (Eröffnung 1997). In der Gewissheit seines baldigen Todes organisierte er eine erste Vorstellung im fertigen Rohbau 1993 durch die bremer shakespeare company, auf deren Spielweise er erheblich Einfluss nahm. Bedeutender Shakespeare-Darsteller, als Regisseur Brechtianer. Unermüdlicher Anreger und Experimentator. Zahlreiche Auszeichnungen, u. a. 1993 Olivier Th. Award, 1993 CBE (Commander of the British Empire). Verheiratet mit der Schauspielerin Charlotte Holland (1915–97); Zoë → W. ist eine ihrer Töchter.

Werner Schulze-Reimpell

Wanamaker, Zoë, * 13. 5. 1949 New York. Schauspielerin.

Aufgewachsen in London, Ausbildung 1967–70 an der Central School of Speech and Drama. Nach Anfängen in der Provinz, u. a. bei der Cambridge Th. Company (→ Shakespeare, *Twelfth Night*; Goldsmith, *She Stoops to Conquer*, beide 1974), etablierte sich W. rasch als Schauspielerin in London. Regelmäßige Auftritte in der Royal Shakespeare Company (RSC) und dem Royal National Th. (NT). In Produktionen der RSC u. a. in Shaws *The Devil's Disciple*, Čechovs *Ivanov* (beide 1976), Bianca in Shakespeares *The Taming of the Shrew* (1978), Adriana in *The Comedy of Errors*, Viola in *Twelfth Night* (beide 1983), Emilia in *Othello* (1989), Toine in Gems' *Piaf* (1978), May Daniels in Hart / Kaufmans *Once in a Lifetime* (1979, R. → Nunn), Kitty Duval in Saroyans *The Time of Your Life* (1983), Kattrin in → Brechts *Mutter Courage und ihre Kinder* (1984). Im NT u. a. in Wildes *The Importance of Being Earnest* (1982, R. → Hall), Hares *The Bay at Nice / Wrecked Eggs* (UA 1986), Wrights *Mrs Klein* (1988), Millers *The Crucible* (1990), Staffords *Battle Royal* (1999), Guares (nach Hecht / McArthur) *His Girl Friday* (2003). Weiter u. a. Fay in Ortons *Loot* (1986, Manhattan Th. Club, New York), Patricia in Millers *The Last Yankee* (1993, Young Vic Th.), Eleanor in Johnsons *Dead Funny* (1994, Hampstead Th.), Amanda Wingfield in Williams' *The Glass Menagerie* (1995, Donmar Warehouse), TRn in Gurneys *Sylvia* (1996, Apollo Th., alle London), Sophokles' *Elektra* (1997, Chichester Festival Th.; 1998 Ethel Barrymore Th., New York), Jolly in Mamets *The Old Neighborhood* (1998, Royal Court Th.), Anna in dessen *Boston Marriage* (2001, Donmar Warehouse). Große Popularität durch zahlreiche Film- und Fernsehrollen, u. a. als Madame Hooch in *Harry Potter und der Stein der Weisen* (2001). Auszeichnungen u. a. Olivier und Drama Award, Commander of the British Empire (CBE). – Eine der herausragenden brit. Schauspielerinnen ihrer Generation, von großer darstellerischer Ausdruckskraft und breitgefächertem Repertoire. Gleich bedeutend im ernsten wie im komischen Fach, klassischen wie modernen Rollen.

Wolfgang Beck

Wangenheim, (Ingo Clemens) **Gustav** (Adolf) **von** (Pseudonym Hans Huss), * 18. 2. 1895 Wiesbaden, † 5. 8. 1975 Berlin. Schauspieler, Regisseur, Theaterleiter, Autor.

Sohn des Schauspielers Eduard v. Winterstein (eig. v. Wangenheim, 1871–1961); Landwirtschaftslehre, 1912–14 Schauspielschule des Dt. Th.s Berlin, 1914–15 Soldat. Schauspieler am Dt. Th., 1915/16 Burgtheater Wien, 1917–19 Volksbühne Berlin (u. a. in → Shakespeares *Macbeth*, 1917, R. → Reinhardt). 1922 KPD-Mitglied, 1923 Leiter, Autor und Regisseur des Zentralen Sprechchors (*Chor der Arbeit*, 1923). Mit der 1924 gegründeten Barbusse-Truppe Tournee mit Barbusse' *Das Feuer*. Spielte u. a. in Leonhards *Segel am Horizont* (UA 1925, Volksbühne Berlin, R. → Piscator), Lasks *Thomas Müntzer* (TR, 1925 Freilichtaufführung Mansfeld). 1925/26 Dt.

Th. Berlin, 1926 Darmstadt. 1926–28 Dt. Schauspielhaus Hamburg, u. a. in → Brechts *Leben Eduards des Zweiten von England*, Schillers *Die Verschwörung des Fiesco zu Genua* (TR, beide 1926), Wolfs *Kolonne Hund* (UA), Jahnns *Medea* (beide 1927). Im dortigen Zirkus Busch Insz. seines Massenspiels *Erinnert Euch* mit Arbeitern. Seit 1928/29 Berlin; u. a. in Pliéviers *Des Kaisers Kulis* (UA 1930, Lessing-Th., R. Piscator). Filmarbeit, u. a. *Homunculus* (1916), *Nosferatu* (1922, R. Murnau), *Die Frau im Mond* (1929, R. Lang), *Danton* (1931). Nach 1928 künstl. Leiter des Arbeiter-Th.-Bundes Deutschland (ATBD). Autor und Regisseur der Revue *Imperialismus*, 1929 mit der Agritprop-Truppe Rote Blusen in Berlin aufgeführt. 1931 Mitbegründer des aus Berufsschauspielern bestehenden Kollektivs Truppe 1931. Für sie schrieb und inszenierte W. *Die Mausefalle* (UA 22. 12. 1931, Kl. Th. Unter den Linden, Tournee, 314 Aufführungen), *Da liegt der Hund begraben* (UA 18. 10. 1932, Th. am Schiffbauerdamm), *Wer ist der Dümmste?* (nach Wittfogel, UA 4. 2. 1933, Kl. Th. Unter den Linden). 1933 Emigration über Paris in die UdSSR; bis 1935 Leiter, Autor und Regisseur des Dt. Th.s Kolonne Links. Regie beim antifaschistischen Film *Borzi* (dt. *Kämpfer*, 1936). 1941–43 aus Moskau evakuiert. Mitbegründer des Nationalkomitees Freies Deutschland; Rundfunkarbeit. 1945 Rückkehr in den sowjet. Sektor Berlins; 1945/46 Intendant des Dt. Th.s, inszenierte u. a. Hays *Gerichtstag* (DEA 1945), Dengers *Wir heißen euch hoffen* (UA 1946). In den 1950er Jahren u. a. Schauspieler an der Volksbühne Berlin (u. a. Shaw *Die heilige Johanna*, 1956). Dramen- und Drehbuchautor; Filmregisseur: *Und wieder 48!* (1948), *Der Auftrag Höglers* (1950), *Gefährliche Fracht* (1954) *Heimliche Ehen* (1956). Verheiratet mit der Autorin, Schauspielerin und Regisseurin Inge W., geb. Franke (1912–93). – W.s Bedeutung liegt v. a. in seiner Stellung als Autor, Regisseur und Organisator für das Agitprop- und Arbeitertheater der Weimarer Republik. Die von ihm geleitete Truppe 1931 hatte auch dank seiner Stücke mit ihrer Mischung aus Revue, Zeitstück, Kabarett außerordentlichen Erfolg auf beachtlichem künstl. Niveau.

<small>Hoffmann, L., D. Hoffmann-Ostwald. Deutsches Arbeitertheater 1918–1933. 2 Bde. (3. Aufl.) Berlin 1977; Knellessen, F. W.: Agitation auf der Bühne. Emsdetten 1970; Schmiester, B.: Revolution im Theater. Frankfurt a. M. 1982; Theater der Kollektive. Hg. L. Hoffmann, K. Pfützner. 2 Bde. Berlin 1980; Wangenheim, G. v.: Da liegt der Hund begraben und andere Stücke. Reinbek 1974.</small>

Wolfgang Beck

Watanabe, Kazuko, * 1940 Sendai (Japan). Bühnen- und Kostümbildnerin, Regisseurin.

Studium der Geschichte und Soziologie an der Joshi Daigaku Universität in Tokio (Magister); Übersiedlung nach Wien, Besuch der Modeschule in Hetzendorf, Kostümstudium an der Hochschule für angewandte Kunst (Magister). Ab 1972 Assistentin für Kostüm in Salzburg und Berlin, seit 1974 als Kostümbildnerin tätig. Arbeiten u. a. am Dt. Schauspielhaus Hamburg, den Städt. Bühnen Frankfurt a. M., den Münchner Kammerspielen, der Freien Volksbühne Berlin. Nach 1978 Bühnen- und Kostümbildnerin im Sprech- und Musiktheater. Zusammenarbeit mit → Tabori u. a. bei Steins *Dr. Faustus lichterloh* (1983, Th. der Stadt Köln), Becketts *Warten auf Godot* (1984), *Glückliche Tage* (1986, beide Münchner Kammerspiele), Taboris *Jubiläum* (UA 1983), *Peepshow* (1985, beide Schauspielhaus Bochum), Leoncavallos *Der Bajazzo* (1986, Kammeroper Wien), mit → Tragelehn u. a. bei H. → Müllers *Quartett* (UA 1982, Bochum), *Philoktet* (1985), *Herakles 5* (1986, alle Bayer. Staatsschauspiel München), → Shakespeare / Müllers *Macbeth* (1986, Düsseldorfer Schauspielhaus), mit → Mouchtar-Samorai u. a. bei → Lessings *Miß Sara Sampson* (1985), → Achternbuschs *Der weiße Stier* (UA 1986, beide Schauspiel Bonn), Sobols *Die Palästinenserin* (1987, Düsseldorfer Schauspielhaus), mit →Hesse u. a. bei Grillparzers *König Ottokars Glück und Ende* (1991, Schauspiel Bonn), Schnitzlers *Das weite Land* (1996, Th. der Stadt Köln), Walsers *Die Heldin von Potsdam* (UA 2001, Maxim-Gorki-Th. Berlin). Weitere Ausstattungen u. a. für Brittens *Ein Sommernachtstraum* (1989, Oper Frankfurt, R. Th. →Langhoff), Hillers *Eduard auf dem Seil* (UA 2000, Opernhaus Halle), Debussys *Pelléas und Mélisande* (2003, Staatsoper Hannover). Seit 1988 stattet W. auch eigene Insz.en aus. Regie im Sprechtheater u. a. bei Sobols *Sylvester 72* (DEA), Zschokkes *Brut* (UA, beide 1988 Schauspiel Bonn), Spechts *Amiwiesen* (UA 1991, Münchner Kammerspiele), Jelineks *Clara S.* (1993), Roes' *Madschnun al Malik*. – *Der Narr des Königs* (UA 1998), den eigenen Bühnenadaptionen von Akutagawas *Rashomon* (UA 1995; 1999 Tokio), Fontanes *Effi Briest* (1999), Dumas' *Kameliendame* (2001, alle Düsseldorfer Schauspielhaus), Jelineks *Stecken, Stab und Stangl* (1997 Schauspiel Leipzig, Einladung zum Berliner Theatertreffen), Amatoseros *Asylanten* (UA 1998, Dt. Schauspielhaus), Streeruwitz' *Sapporo* (UA 2000, steirischer herbst, Graz), Ibsens *Gespenster* (2001, Maxim-Gorki-Th. Berlin). Musiktheaterinsz.en u. a. von Verdis *Aida* (1999, Oper Dortmund), Neuwirth / Jelineks *Bählamms Fest* (Schweizer EA 2002, Th. Luzern), dem «Liedertheater» *Evening Hymn* nach Purcell (2004, Hannover), Wagners *Der fliegende Holländer* (2005/06, Koproduktion Nikikai Oper Tokio / Staatsoper Hannover). Für das Festival In Transit gestaltete W. nach Texten Murakamis das multimediale Theaterprojekt *Underground* (2004, U-Bahnhof Kanzleramt, Berlin). Mit dem Regisseur →Wieler und japan. Schauspielern arbeitete W. als Ausstatterin der aktualisierten Insz. des Kabuki-Stücks *Yotsuya Kaidan* von Nanboku (2005, Th. X, Tokio, mit →Oida). Sie unterrichtet an der Berliner Universität der Künste. – W. schafft zeitlos-abstrakte «Spiel»-Räume, den Kunstcharakter des Th.s betonend; Dekorationen, die die «Vor-Struktur des Verstehens» bilden. W. «ist nicht eindeutig, noch nicht (und wohl nie) deutsch, nicht mehr (ganz) japanisch. ‹Deutsche Gesetze und Regeln›, sagt sie, ‹gehen in meinen Körper einfach nicht rein›» (Wilink, S. 74). Sie hat sich den Blick der «Fremden» bewahrt, ihr Weg geht häufig von der Form zum Inhalt, so neue Aspekte gewinnend. Als Regisseurin nicht unumstritten, jedoch um präzise und auf das Wesentliche konzentrierte Insz.en bemüht.

Wilink, A.: Kazuko Watanabe. Der Stoff, aus dem die Träume sind. In: Theater*Kultur*Vision. Hg. Th. Hörnigk u. a. Berlin 1998, S. 72–74.

Wolfgang Beck

Weber, Anselm, * 3. 10. 1963 München, Regisseur.

W. begann 1984 eine Ausbildung an der Staatl. Fachakademie für Fotodesign und war von 1986 bis 1989 Regieassistent bei Dieter →Dorn und Hans →Lietzau an den Münchner Kammerspielen, wo er 1988 sein erstes Stück, *Die Minderleister* von Peter Turrini, inszenierte. Von 1991 bis 1993 war W. Hausregisseur am Schauspiel Frankfurt und erregte v. a. mit seinen Insz.en der *Jungfrau von Orleans* von Schiller mit Judith Engel in der TR und *Hanneles Himmelfahrt* von G. Hauptmann Aufsehen. 1993 eröffnete er mit der UA von *Kritik in Festung* von Rainald Goetz die Intendanz von Frank →Baumbauer am Dt. Schauspielhaus in Hamburg. Das Doppelprojekt *Nathan der Weise* von →Lessing und *Der Jude von Malta* von Marlowe, das W. zur Spielzeiteröffnung 1994 in Hamburg inszenierte, wurde als zu oberflächliches Spiel mit Klischees und Stereotypen des Antisemitismus und Exotismus kritisiert. Positiv wurden seine realistischen Insz.en im Malersaal des Dt. Schauspielhauses aufgenommen, wie 1996 die DEA von Sarah Kanes *Zerbombt*, in der ein futuristischer Bürgerkrieg in eine aggressive Zweierbeziehung hineinragt, oder *Katzelmacher* von R. W. → Fassbinder, das W. in einem Freibad spielen lässt, einem Ort, an dem die kleidungsbetonten Unterschiede verschwinden und stattdessen die unhintergehbaren, physiologischen Ungleichheiten drastisch betont werden. 1999 inszenierte W. mit Verdis *Rigoletto* am Aalto-Th. Essen seine erste Oper. Ab 2001/2002 war W. Oberspielleiter am schauspielfrankfurt, wo er sich v. a. für die großen klassischen Stoffe interessierte. So ist dort von ihm neben der Spielzeiteröffnung mit *Penthesilea* von Kleist und ein Jahr später *Hamlet* von → Shakespeare auch seine Insz. des *Wallenstein* von Schiller zu sehen, die vom Bayer. Staatsschauspiel übernommen wurde. Weitere Insz.en in Frankfurt von Grabbes *Scherz, Satire, Ironie und tiefere Bedeutung* (2004), Ibsens *Die Wildente* (2005), in Hannover von Ibsens *Baumeister Solness* (2001), an den Münchner Kammerspielen von Sigarews *Plastilin* (2003), am Burgtheater von McDonaghs *Der Kissenmann* (2003). Seit 2005/06 Schauspielintendant am Th. Essen, Insz. von Schimmelpfennigs *Ambrosia* (UA 2005), Hebbels *Die Nibelungen* (2006). Dozent an der Universität Hamburg im Fach Schauspieltheater-Regie.

Bernd Stegemann

Weber, Hasko, * 10.12.1963 Dresden. Schauspieler, Regisseur, Theaterleiter.

Gelernter Maschinen- und Anlagenmonteur. Ausbildung an der Theaterhochschule «Hans Otto» in Leipzig, Studio des Th.s Karl-Marx-Stadt (heute Chemnitz). 1989 Gründung der Gruppe Dramatische Brigade in Chemnitz. 1992–2001 Staatsschauspiel Dresden, zunächst als Schauspieler, dann als Regisseur, ab 1993 als Schauspieldirektor. Plädierte für ein «Theater als Ort authentischer Ereignisse» und inszenierte überwiegend Klassiker (1993 *König Ödipus – Ödipus auf Kolonos – Antigone* von Sophokles, 1996 → Lessings *Emilia Galotti*, Kleists *Die Hermannsschlacht*, 1997 → Shakespeares *Hamlet* zusammen mit → Müllers *Hamletmaschine*, 1999 Schillers *Wallenstein*), aber auch als DEA 1995 Franceschis *Scacco pazzo*, *Der Drang* von → Kroetz (1996), Becketts *Endspiel*, → Brechts *Trommeln in der Nacht* (beide 2000). 1999 Wedekinds *Lulu* in Lübeck, 2000 Shakespeares *Romeo und Julia* in Tübingen. 2001 Hausregisseur am Staatsschauspiel Stuttgart. Inszenierte u. a. Ibsens *Brand* (Bayer. Theaterpreis 2002) und *Peer Gynt* (2003), Horváths *Die Bergbahn* (2004), Becketts *Warten auf Godot* (2005). In Mannheim Arnolt Bronnens *Das Recht auf Jugend* (2002) und Lessings *Nathan der Weise* (2003), in Karlsruhe Shakespeares *Der Kaufmann von Venedig* (2002) und Goldonis *Der Diener zweier Herren* (2003), in Saarbrücken *Die Orestie* des Aischylos (2003), am Berliner Ensemble Schillers *Die Räuber* (2004). 2005 Intendant des Stuttgarter Staatsschauspiels (Th. des Jahres 2006), Regie u. a. bei → Goethes *Faust I* (2005), Bukowskis *Steinkes Rettung*, Ibsens *Klein Eyolf* (beide 2006). Filmrollen. – Eigenwilliger, aber doch behutsamer Umgang mit Stücken, vom Schauspieler ausgehend. Nicht auf einen Stil festgelegt. Findet für jede Insz. ein anderes, oft überraschendes ästhetisches Konzept. Sein Ansatz ist: «Die Schwächen und die Antastbarkeit des Menschen, auch Schauspielers auf der Bühne, müssen zum Ereignis, zur lustvollen Verständigung mit dem Publikum werden, dann behauptet sich das Theater auch als Medium» (*Dt. Bühne* 1/1999).

Werner Schulze-Reimpell

Wegener, Paul, * 11.12.1874 Bischdorf (Ostpreußen), † 13.9.1948 Berlin. Schauspieler.

Begann in Leipzig ein Jurastudium und nahm daneben Schauspielunterricht. Debüt 1895 in Rostock. Über Berlin, Magdeburg, Wiesbaden 1903 nach Hamburg, 1906 an das Dt. Th. Berlin, dem er fast ununterbrochen (1913–15 Th. in der Königgrätzer Straße Berlin, wo er die TRn in → Shakespeares *Macbeth* und *König Richard III.* spielte) bis 1937 angehörte. Er spielte u. a. Mercutio in Shakespeares *Romeo und Julia*, bald v. a. ältere Männer wie Kottwitz in Kleists *Der Prinz von Homburg* (auch 1932 und 1939 am Berliner Schiller-Th.), Kandaules in Hebbels *Gyges und sein Ring*, Gloster in Shakespeares *König Lear*, Holofernes in Hebbels *Judith*, Präsident in Schillers *Kabale und Liebe*, Mephisto in → Goethes *Faust I*, TRn in Sophokles' *König Ödipus* und Shakespeares *König Heinrich IV.*, Franz Moor in Schillers *Die Räuber*, Philipp II. in Schillers *Don Carlos*, Jago, später Othello in Shakespeares *Othello*. 1917 Vater in der UA *Der Bettler* von Sorge. Im Großen Schauspielhaus Max → Reinhardts König in Shakespeares *Hamlet*, 1920 TR in der UA *Danton* von Romain Rolland. In den 1920er Jahren große Tourneen. 1937–41 Schiller-Th. (TR in Ibsens *John Gabriel Borkman*). 1942–44 Preuß. Staatstheater Berlin, v. a. in Insz.en → Fehlings (Ulrichs in Halbes *Der Strom*, Vogelreuter in Sudermanns *Johannisfeuer*). 1945 Präsident der Kammer der Kulturschaffenden in Berlin. Zur Wiedereröffnung des Dt. Th.s TR in → Lessings *Nathan der Weise* («heiter mit einem Anflug von List, von welterfahrener Verschmitztheit», Paul Wiegler), Polonius in Shakespeares *Hamlet*, 1946 TR in Hauptmanns *Kollege Crampton*. Seit 1913 Filmtätigkeit als Schauspieler, Drehbuchautor und Regisseur. Der von ihm als Ko-Autor geschriebene, inszenierte und gespielte Film *Der Golem – Wie er in die Welt kam* (1920) war sein größter Erfolg.

Einer der bedeutendsten Darsteller der 1. Hälfte des 20. Jh.s von enormer Vitalität, Kraft und charismatischer Ausstrahlung. Vorzüglich in Rollen gebrochener und schuldbelasteter Charaktere. Galt als «einer der intelligentesten deutschen Schauspieler» (Herbert Ihering). «So wenig selbstverständlich, wie irgendwo in der Kunst Intuition und Meisterschaft zu sein pflegen, ist es dagegen, mit welch unmerklich feinen, förmlich hauchartigen Mitteln dieser schwere, harte Wegener Vergangenheit und Gegenwart, Jähzorn und Schwäche, Angst und Tücke, Sorge und Sehnsucht zu einem Charakterbild verbindet, von dem man den Blick kaum wenden kann, weil es nicht bloß überzeugt, sondern auch glüht, wärmt und glitzert», schrieb Siegfried Jacobsohn 1912 über W. als Heinrich IV. Ihering: «Er sah das Theater nie isoliert und zog als Schauspieler seine Anregungen aus dem Umkreis des Lebens und der Kunst.» W. war ein besessener Sammler ostasiatischer Kunst, in deren Geist er sich versenkte.

Bier, M.: Schauspielerporträts. Berlin 1989; Bronnen, A.: Paul Wegener. Berlin 1977; Hindermann-Wegener, A.: Lied eines Lebens. Minden 1950; Joseph, R. S.: Der Regisseur und Schauspieler Paul Wegener. München 1965; Möller, K.: Paul Wegener. Hamburg 1954; Noa, W.: Paul Wegener. Berlin 1964; Pfeiffer, H.: Paul Wegener. Berlin 1957; Schönemann, H.: Paul Wegener: frühe Moderne im Film. Stuttgart u. a. 2003; Wegener, P.: Flandrisches Tagebuch 1914. Berlin 1933.

Werner Schulze-Reimpell

Weigel, Helene (eig. H. Weigl), * 12.5.1900 Wien, † 6.5.1971 Berlin. Schauspielerin, Theaterleiterin.

Verließ mit 17 Jahren das Gymnasium. 3 Monate Schauspielunterricht. Kleindarstellerin in Bodenbach (Mähren). 1919–21 Neues Th. Frankfurt a. M. (Marie in Büchners *Woyzeck*, Piperkarcka in Hauptmanns *Die Ratten*). 1921–22 Schauspielhaus Frankfurt a. M. (Meroe in Kleists *Penthesilea*, Armgard in Schillers *Wilhelm Tell*). Seit 1922 in Berlin u. a. am Staatstheater, Dt. Th. (kleine Rollen). 1925 Klara in Hebbels *Maria Magdalena* (Renaissancetheater); 1926 an → Seelers Junger Bühne u. a. in → Brechts *Baal* und der UA von Fleißers *Fegefeuer in Ingolstadt*, am Staatstheater Salome in Hebbels *Herodes und Mariamne* (R. → Jeßner); 1927 an der Volksbühne Grete in Tollers *Hinkemann* (R. der Autor), Witwe Begbick in Brechts *Mann ist Mann* (1931 auch im Staatstheater); 1929 Dame in Grau in der UA von Dorothy Lanes (d. i. E. Hauptmann) *Happy End* (Th. am Schiffbauerdamm, R. E. → Engel / Brecht), 1930 ein Agitator in der UA von Brechts *Die Maßnahme* (Berliner Philharmonie), 1932 TR in der UA von Brecht / Gor'kijs *Die Mutter* (Komödienhaus am Schiffbauerdamm). 1933 Emigration mit Brecht über Prag, Wien u. a. nach Dänemark, 1939 Schweden, 1940 Finnland, 1941 über die UdSSR in die USA. In Paris 1937 Mitwirkung in Brecht / Weills *L'opera de quat' sous (Die Dreigroschenoper*, Th. de l'Etoile, R. → Aufricht / R. Rouleau), TR in der UA von Brechts *Die Gewehre der Frau Carrar* (Salle Adyar; 1938 auch in Kopenhagen), 1938 *Die jüdische Frau* u. a. in der UA von dessen *Furcht und Elend des Dritten Reiches* (Salle d'Iéna). Ende 1947 Rückkehr aus der Emigration. 1948 TR in der UA der Brecht-Bearbeitung *Die Antigone des Sophokles* (Stadttheater Chur). Januar 1949 TR in Brechts *Mutter Courage und ihre Kinder* (Dt. Th. Berlin – 405 Aufführungen). Gründung des Berliner Ensembles (BE), das sie bis zu ihrem Tod leitete. Gastspiele in Westdeutschland und Wien. 1950 TR in *Die Mutter* – Kritik des ZK der SED an der Aufführung. 1953 Frau Großmann in der UA von Strittmatters *Katzgraben*. 1954 Gastspiel mit *Mutter Courage und ihre Kinder* in Paris (1. Preis beim Th. der Nationen), ebenso 1957 und 1960. 1956 Gastspiel in London, 1959 in Stockholm und Helsinki (sowie in allen Jahren in Städten Osteuropas einschließlich Moskau). 1971 *Die Mutter* in Paris und Nanterre (letzter Auftritt). Verfilmung der *Mutter Courage* (R. M. → Wekwerth / P. → Palitzsch, Premiere 1961). 1961 TR in der UA *Frau Flinz* von Helmut Baierl. 1965 Volumnia in → Shakespeare / Brechts *Coriolan*. 1968 Frau Luckerniddle in Brechts *Die heilige Johanna der Schlachthöfe*. Mitwirkung in 5 Brecht-Abenden.

Überraschend begrenztes Rollenrepertoire, bedingt auch durch die 15-jährige Zwangspause und die Pflichten als Intendantin sowie nicht zuletzt die Orientierung an Brechts Theaterarbeit. Sie galt von Anfang an als hochbegabt («eines der größten dramatischen Genies, die je geboren wurden», urteilte der Wiener Volksbühnenintendant Arthur Rundt über die 18-Jährige), fiel auch in Berlin schnell auf (Alfred Kerr, Herbert Ihering), blieb aber lange in der zweiten Reihe trotz entfesseltem Bühnentemperament und Kritikerlobs. Unter dem Einfluss Brechts Entwicklung zur Protagonistin des «epischen Th.s» und nuancierter realistischer Schauspielkunst. Hervorragend in Rollen proletarischer Frauen. Neigung zu demonstrierendem Gestus und pädagogisierendem Spiel. Im Alter zunehmend «holzschnittartige Virtuosität» (Hartmut Krug). Fürsorglich autoritäre Intendantin, die sich um alles im Betrieb kümmerte. Ihr v. a. ist die internat. Anerkennung des Werks von Brecht zu verdanken, zu der die vielen Auslandsgastspiele des BE wesentlich beitrugen. Eine allmähliche Musealisierung der Brecht-Rezeption im BE konnte sie offenbar nicht verhindern, obwohl ihr das Problem bewusst war. 1949 und 1953 Nationalpreis 2. Klasse, 1960 1. Klasse. 1954 Clara-Zetkin-Medaille. 1959 Vaterländischer Verdienstorden in Silber, 1965 in Gold. 1950 Internat. Stalin-Friedenspreis. 1965 Kunstpreis der DDR. 1960 Professorentitel.

Hecht, W.: Helene Weigel. Eine große Frau des

20. Jahrhunderts. Frankfurt a. M. 2000; Kebir, S.: Abstieg in den Ruhm. Helene Weigel. Eine Biografie. Berlin 2000; Die Schauspielerin Helene Weigel. Ein Fotobuch. Hg. W. Pinzka. Berlin 1959; Stern, C.: Männer lieben anders. Helene Weigel und Bertolt Brecht. Berlin 2000; Tenschert, V.: Helene Weigel. Berlin 2000; Theaterarbeit. Hg. H. Weigel u. a. Berlin 1953; Wir sind zu berühmt, um überall hinzugehen. Briefwechsel 1935–71. Hg. S. Mahlke u. a. Berlin 2000.

Werner Schulze-Reimpell

Weisgerber, Antje, * 17. 5. 1922 Königsberg (heute Kaliningrad, Russland), † 29. 9. 2004 Dortmund. Schauspielerin.

Tochter eines Tierarztes. 1939–41 Schauspielschule des Preuß. Staatstheaters, kleine Rollen im Staatstheater. 1941 in den Münchner Kammerspielen Laura in Laubes *Die Karlsschüler*, Gretchen in → Goethes *Urfaust*. 1941–43 Preuß. Staatstheater Berlin (Gretchen in Goethes *Faust I + II*), 1943–44 Wiener Burgtheater (Thekla in Schillers *Wallenstein*). 1945–48 Dt. Th. Berlin (Julia in → Shakespeares *Romeo und Julia*, Marianne von Palen in Sternheims *Der Snob*, Luise in dessen *Die Hose*, Marianne in → Molières *Tartuffe*). Im Berliner Hebbel-Th. 1947 Andromache in *Der Trojanische Krieg findet nicht statt* von Giraudoux; im Schlossparktheater Berlin 1948 Anne Eilers in Zuckmayers *Des Teufels General*, 1950 Braut in García Lorcas *Bluthochzeit*; im Düsseldorfer Schauspielhaus 1949 Gretchen in Goethes *Faust I*; im Th. am Kurfürstendamm Berlin 1951 Julia in Anouilhs *Romeo und Jeanette*, bei den Ruhrfestspielen 1951 Königin in Schillers *Don Carlos*, 1953 TR in dessen *Die Jungfrau von Orleans*; im Schiller-Th. Berlin 1952 Portia in Shakespeares *Julius Caesar*. 1951–54 am Düsseldorfer Schauspielhaus bei → Gründgens (Amalia in Schillers *Die Räuber*, Perpetua in Frays *Venus im Licht*, Rosaura in Calderóns *Das Leben ein Traum*, Lucile in Büchners *Dantons Tod*, Thekla in Schillers *Wallenstein*, 1955 auch in Hamburg).

1955–63 Dt. Schauspielhaus Hamburg, Margaret in Wolfes *Herrenhaus* (1956), Gwendoline McDonald in → Goetz' *Nichts Neues aus Hollywood* (UA 1956), Gretchen in Goethes *Faust I* (1957), Helena in *Faust II* (1958), Donna Anna in Grabbes *Don Juan und Faust* (1959), TR in Schillers *Maria Stuart* (1959) und Königin in dessen *Don Carlos* (1962, alle R. Gründgens). Bei den Salzburger Festspielen 1952–56 Glaube in Hofmannsthals *Jedermann*, 1953 Portia in Shakespeares *Julius Caesar*, 1958 Sara in Macleishs *Spiel um Job*, 1970 Königin in Shakespeares *Hamlet* (R. und TR Oskar → Werner). 1963 auf Tournee Rhodope in Hebbels *Gyges und sein Ring*. 1965 Bad Hersfelder Festspiele Doña Proëza in Claudels *Der seidene Schuh*; 1968 mit dem Burgtheater als → Lessings *Minna von Barnhelm* auf Welttournee; im Jungen Th. Hamburg 1969 TR in Goethes *Iphigenie auf Tauris*. 1970 TR in Rattigans *Olivia* (Tournee). Nach langer Theaterpause 1980 Frau Alving in Ibsens *Gespenster* (Tournee). 1980–85 Staatl. Schauspielbühnen Berlin (Big Mama in *Die Katze auf dem heißen Blechdach* von Williams und Amanda Wingfield in dessen *Die Glasmenagerie*, Deborah in O'Neills *Fast ein Poet*, Linda in Millers *Der Tod eines Handlungsreisenden*). Danach Fernsehserien. – War mit ihrem Ehemann Horst → Caspar in vielen Stücken der Inbegriff des klassischen Paars. Mit ihrer schönen Erscheinung und der großen Klarheit ihrer Ausstrahlung und Diktion das Ideal einer romantisch-tragisch Liebenden und einer jugendlichen Heldin. Dass sie viel mehr konnte, bemerkte Friedrich Luft 1952 erstaunt anlässlich einer Giraudoux-Rolle, in der er «verführerisch kluge Unklugheit, die Verführung ohne die Erfüllung, die Lüge mit den weichen Armen – sicher, überlegen, sprachlich schön und in voller Anmut» entdeckte.

Werner Schulze-Reimpell

Wekwerth, Manfred, * 3. 12. 1929 Köthen. Regisseur, Theaterpädagoge, Theaterleiter.

Nach dem Krieg «Neulehrer». Mitglied eines Amateurtheaters. 1951–69 Berliner Ensemble (BE), zunächst als Regieassistent und Meisterschüler von → Brecht. Erste Insz. 1953 Brechts *Die Mutter* (Neue Scala Wien). Weitere Insz.en im BE als Ko-Regisseur von Brecht, → Palitzsch, Joachim Tenschert (1928–92), überwiegend Stücke von Brecht in Fortführung der Tradition. 1960 Chefregisseur. 1970 Promotion mit einer Arbeit über *Theater und Wissenschaft – Überlegungen für eine Theorie des Theaters*. Am Dt. Th. Berlin Insz. von Enzensbergers *Verhör von Habana* (1970), → Shakespeares *Richard III.* (1972, 1974 auch in Zürich). Am National Th. London 1973 Shakespeares *Coriolan*, in Zürich Gor'kijs *Jegor Bulytschow und die anderen*, Brechts *Der gute Mensch von Sezuan*. 1974–77 Direktor des neu gegründeten Instituts für Schauspielregie. 1977–91 Intendant des Berliner Ensembles. Insz.en mit Tenschert von Brechts *Leben des Galilei*, *Turandot oder Der Kongreß der Weißwäscher*, *Der Untergang des Egoisten Fatzer*, von Braun UA *Der große Frieden*. Am Wiener Burgtheater Kleists *Der Prinz von Homburg*, Schillers *Wallenstein*. In den 1990er Jahren Insz.en u. a. in Meiningen, Halle (Hofmannsthals *Jedermann*). 1982–90 Präsident der Akademie der Künste der DDR. 1986–90 Mitglied des Zentralkomitees der SED. Nationalpreis der DDR 1959 und 1961. Großer Preis der Pariser Theaterkritik. – W. verstand sich als getreuer Ekkehard der Theaterarbeit Brechts, was letztlich zu einer Musealisierung der Brecht-Rezeption am BE führte. Beachtliche Beiträge zur Theorie des Th.s. Nicht unbeträchtlicher kulturpolitischer Einfluss, aber kein Doktrinär.

Wekwerth, M.: Erinnern ist Leben. Leipzig 2000; ders.: Theater in Diskussion: Notate, Gespräche, Polemiken. Berlin 1982; ders.: Theater und Wissenschaft. Berlin 1970.

Werner Schulze-Reimpell

Wendt, Ernst, * 12. 7. 1937 Hannover, † 12. 8. 1986 München. Kritiker, Dramaturg, Regisseur.

W. war nach dem Studium der Volkswirtschaft und Soziologie in Wien und Hamburg 1960–67 Redaktionsmitglied von *Th. heute* und 1965–67 Kritiker der Zeitschrift *Film*. 1967 ging W. als Chefdramaturg ans Bayer. Staatsschauspiel in München, wo die Zusammenarbeit mit dem damaligen Oberspielleiter → Lietzau begann. Mit dem Intendanten Lietzau ging W. 1969/70 ans Dt. Schauspielhaus Hamburg und 1972 an die Staatl. Schauspielbühnen Berlin. Dort Regie bei Becketts *Nicht ich* (1973), H. → Müllers *Herakles 5 / Die Befreiung des Prometheus* (1974), Harald Muellers *Strandgut / Stille Nacht* (UA 1975). Außerdem Regie bei Bernhards *Der Präsident* (1975, Burgtheater Wien). 1976 trennte sich W. (wie → Dorn und → Clemen) von Lietzau und wurde Chefdramaturg der Münchner Kammerspiele. Hier ging er mehr und mehr zur Regie über, u. a. bei Genets *Der Balkon*, Becketts *Damals / Tritte* (beide 1976), García Lorcas *Doña Rosita la Soltera oder Die Sprache der Blumen*, Sophokles / Hölderlin / Müllers *Ödipus* (beide 1977), Müllers *Germania Tod in Berlin* (UA), Braschs *Lovely Rita*, Schillers *Kabale und Liebe* (alle 1978) und *Maria Stuart*, → Brechts *Trommeln in der Nacht*, Kleists *Das Käthchen von Heilbronn* (alle 1979), → Shakespeares *Hamlet* (1980) und *Wie es euch gefällt* (1982), Pirandellos *Die Riesen vom Berge* (1980), Jahnns *Medea*, → Goethes *Torquato Tasso* (beide 1981), Čechovs *Der Kirschgarten* (1983). 1983 verließ W. die Kammerspiele und ging ans Dt. Schauspielhaus Hamburg, wo er schon Müllers *Die Schlacht* (1975) und Strindbergs *Fräulein Julie* (1980) inszeniert hatte. Regie bei Hebbels *Gy-*

ges und sein Ring (1982), Kleists *Der zerbrochne Krug*, Schillers *Die Räuber* (beide 1983), Werfels *Die Troerinnen des Euripides*, → Lessings *Minna von Barnhelm* (beide 1984). Gastinsz.en in Bremen (Sophokles / Hölderlin, *Antigonae*, 1979), Berlin (Racine, *Phädra*, 1984; Ibsen, *Gespenster*, 1985; beide Staatl. Schauspielbühnen), Köln (Strindberg, *Gespenstersonate*, 1985), Zürich (Claudel, *Das harte Brot*, 1986). Die Aufgabe, ab 1986/87 als Chefdramaturg und Regisseur am Wiener Th. in der Josefstadt zu arbeiten, verhinderte der Tod des designierten Intendanten → Gobert und sein eigener. Letzte Regie dort bei Čechovs *Drei Schwestern* (1986).

Der auch mit dramaturgischen und theaterhistorischen Arbeiten hervorgetretene W. galt als schwieriger, Schauspielern wie Publikum viel abverlangender Regisseur. Der Titel seines Essaybandes *Wie es euch gefällt geht nicht mehr* (1985) hatte programmatische Bedeutung auch für seine Regiearbeiten, in denen «seine Wut und seine Trauer über die Heillosigkeit von Welt und Mensch» (Rischbieter, in *Th. heute* 12/99) immer zugespitzter zum Ausdruck kamen. Seine mehrfach zum Berliner Theatertreffen eingeladenen, beunruhigenden und radikalen Insz.en wurden meist kontrovers aufgenommen, spalteten Kritik und Publikum. Als Aufgabe des heutigen Th.s betrachtete W. das «Entdecken (Wieder-Entdecken) und Erfinden von Bildern und Sprache, die im Augenblick des Vorzeigens vor allem Widersprüche offenbaren» (zit. nach *Die Münchner Kammerspiele*, S. 394).

Haberlik, Ch.: Theaterpaare. Berlin 2004; Iden, P.: Theater als Widerspruch. München 1984; Die Münchner Kammerspiele. Hg. S. Dultz. München 2001; Theater für München. Hg. H.-R. Müller u. a. München 1983; Rischbieter, H., E. Wendt: Deutsche Dramatik in West und Ost. Velber 1964; Wendt, E.: Moderne Dramaturgie. Frankfurt a. M. 1974.

Wolfgang Beck

Werner, Oskar (eig. O. Josef Bschließmayer), * 13. 11. 1922 Wien, † 23. 10. 1984 Marburg a. d. Lahn. Schauspieler, Regisseur.

Sohn eines Versicherungsangestellten. Besuch des Technikums; kurzer Schauspielunterricht. Sein Künstlername entstand aus Verehrung für sein Bühnenidol Werner → Krauß. 1937/38 Auftritte im Kabarett Der Beißkorb und im Th. Die Insel (Grillparzer, *Das goldene Vließ*); Statist beim Film (1939 *Hotel Sacher*). Von Lothar → Müthel 1941 ans Burgtheater verpflichtet. Erster Auftritt in Kolbenheyers *Heroische Leidenschaften*. Rollen u. a. in → Shakespeares *Was ihr wollt* (1942), → Nestroys *Der böse Geist Lumpazivagabundus* (1943, 1947), Calderóns *Über allen Zauber Liebe* (1946, R. → Schuh), Schillers *Die Räuber* (1947, R. → Felsenstein), Hofmannsthals *Der Turm* (R. → Lindtberg), Zuckmayers *Des Teufels General* (beide 1948), Halbes *Jugend* (1948, R. und Rolle). 1947 Gast am Wiener Raimund- und Volkstheater, bei den Salzburger Festspielen in Lernet-Holenias *Die Frau des Potiphar*. 1949 wegen ungenehmigter Dreharbeiten vom Burgtheater entlassen. 1949/50 am Wiener Th. in der Josefstadt. 1951 in Zuckmayers *Gesang im Feuerofen* (Burgtheater), 1952 in Büchners *Dantons Tod* (Zürcher Schauspielhaus), 1953 in Shakespeares *Hamlet* und Kleists *Der Prinz von Homburg* (Schauspielhaus Frankfurt a. M.). 1955 triumphaler Erfolg mit der TR von Schillers *Don Carlos* (Burgtheater, R. → Gielen). Dort in Shakespeares *Heinrich IV.* (1960) und *Heinrich V.* (1961), Anouilhs *Becket oder die Ehre Gottes*, → Goethes *Torquato Tasso* (beide 1960). Nach Querelen mit der Direktion verließ W. 1961 das Burgtheater. Tourneen mit Cocteaus *Bacchus* (1957/58), Shakespeares *Hamlet* (1958), Kleists *Der Prinz von Homburg* (1959), mit Lyrik (1962; 1967 New York). Mit eigenem Ensemble Tournee mit Grillparzers *Weh dem, der lügt* und Schillers *Kabale und Liebe*

(1959). Die Gestaltung des Hamlet («seiner» Rolle) in eigener Regie bei den Salzburger Festspielen 1970 wurde von der Kritik abgelehnt. Sein letzter Bühnenauftritt als Prinz von Homburg (eigene R.) bei seinem Wachau-Festival 1983 in Krems wurde ein Fiasko. Während einer Lesereise durch die BRD starb der seit längerem alkoholkranke W. an Herzversagen.

Parallel zu seiner triumphalen Theaterlaufbahn entwickelte sich W. zu einem Weltstar beim Film, u. a. in *Der Engel mit der Posaune* (1948), *Entscheidung vor Morgengrauen* (1950), *Lola Montez* (1955, R. Ophüls), *Der letzte Akt* (1955, R. Pabst), *Jules und Jim* (1961, R. Truffaut), *Das Narrenschiff* (1964), *Der Spion der aus der Kälte kam* (1965), *Fahrenheit 451* (1966, R. Truffaut), *In den Schuhen des Fischers* (1968), *Reise der Verdammten* (1976). Letzte Filmarbeit: *Playback* in der Krimiserie *Columbo* (1975). Unter dem Pseudonym Erasmus Notnagel führte er Regie beim Fernsehfilm *Ein gewisser Judas* (SWF 1958). W. war u. a. mit der Schauspielerin Elisabeth Kallina verheiratet. In den 1970er Jahren war Antje → Weisgerber seine Lebensgefährtin. Sein Sohn Felix W. (* 1966) arbeitet u. a. als Produzent.

Das selbstzerstörerische Genie W. erlebte einen kometenhaften Aufstieg zu einem der bedeutendsten Schauspieler seiner Zeit. Seine sensible, in jungen Jahren fast feminin wirkende Ausstrahlung, sein introvertierter Charme, seine zu jeder Nuance fähige Stimme mit unverwechselbarem Timbre machten ihn schon zu Lebzeiten im Th. und Film zu einer Legende. Ein unangepasster «Suchender» voll leidenschaftlichen, Berufsethos, künstl. kompromisslos und perfektionistisch. Er galt als schwierig, allein dem Wort des Autors verpflichtet, modernes Regietheater ablehnend. Ein brillanter, wandlungsfähiger und komödiantischer Schauspieler, der jugendliche Liebhaber mit gleicher Souveränität gestaltete wie grüblerische, widersprüchliche Gestalten. «In seinen Rollen schuf er mit seiner sensitiven Ausstrahlung das Idealbild des ‹neuen Mannes›, bevor man diesen Begriff überhaupt kannte» (G. Steiner).

Dachs, R.: Oskar Werner. Wien 1988; ders.: Oskar Werner: Genie und Fetzenschädl. Wien 1994; Láng, A. E.: Oskar Werner – Eine Spurensicherung. (2. Aufl.) Wien, München 1985; Mazura, M.: Oskar Werner – Maske, Mythos, Mensch. (2. Aufl.) Wien 1986; Oskar Werner – Das Filmbuch. Hg. R. Fritz. Wien 2002; Oskar Werner, 1922–1984: «Welch einen sonderbaren Traum träumt' ich». Hg. U. Dembski, Ch. Mühlegger-Henhapel. Wien 2002.

Wolfgang Beck

Wessely, Paula, * 20. 1. 1907 Wien, † 11. 5. 2000 Wien. Schauspielerin.

Tochter eines Schlachtermeisters; ihre Tante war die Burgschauspielerin Josephine W. (1860–87). Unterricht 1922–25 an der Staatsakademie für Musik und darstellende Kunst, 1923/24 auch bei Valerie Gréy. 1924–26 und 1927–29 Dt. Volkstheater und Raimund-Th. (Wien), Debüt in Sardous *Cyprienne* (1924). 1926/27 Dt. Th. Prag. Dort erster gemeinsamer Auftritt mit ihrem späteren Mann (Heirat 1935) Attila → Hörbiger. 1929–52 Th. in der Josefstadt (Wien). Rollen u. a. in Shaws *Der Kaiser von Amerika* (1930, R. → Reinhardt) und *Pygmalion* (1942), Schnitzlers *Das weite Land* (1932), Mells *Das Apostelspiel* (1937), Čechovs *Drei Schwestern* (1940), Hauptmanns *Griselda* (TR, 1942), → Brechts *Der gute Mensch von Sezuan* (1946), Zuckmayers *Barbara Blomberg*, Ibsens *Die Frau vom Meer* (beide 1949). Bei den Salzburger Festspielen 1930 in Schillers *Kabale und Liebe* und Goldonis *Der Diener zweier Herren*, 1933–37 Gretchen in → Goethes *Faust I* (R. Reinhardt), 1948 in Grillparzers *Des Meeres und der Liebe Wellen*, 1961 in → Raimunds *Der Bauer als Millionär* und Hofmannsthals *Jedermann*, 1964 in → Shakespeares *Die lustigen Weiber von*

Windsor. Seit 1932 auch am Dt. Th. Berlin, wo ihr mit der TR in Hauptmanns *Rose Bernd* (1932) der Durchbruch gelang; weiter u. a. TR in dessen *Dorothea Angermann* (1939). Seit 1953 Burgtheater Wien, u. a. in Stücken Schillers (*Maria Stuart*, TR, 1956), Wildes (*Eine Frau ohne Bedeutung*, 1958), O'Neills (*Fast ein Poet*, 1958, Deutschlandtournee; *Alle Reichtümer dieser Welt*, 1969), Zuckmayers (*Die Uhr schlägt eins*, 1961), Ibsens (*John Gabriel Borkman*, 1964, R. → Kortner), Williams' (*Die Glasmenagerie*, 1965), Albees (*Empfindliches Gleichgewicht*, 1967), Bonds (*Die See*, 1974), Langes (*Frau von Kauenhofen*, 1978), Hofmannsthals (*Der Unbestechliche*, 1983), Raimunds (*Der Diamant des Geisterkönigs*, 1984). In Hamburg u. a. 1965 in Goethes *Stella* (Dt. Schauspielhaus), 1969 in Ibsens *Gespenster* (Thalia Th., R. → Everding). Bühnenabschied 1987 mit einer Lesung im Burgtheater, dessen Doyenne sie war. Debüt und Durchbruch im Film mit *Maskerade* (1934). Weitere Film- und Fernsehrollen u. a. in *Episode* (1935), *Das Herz muß schweigen* (1944), *Der Engel mit der Posaune* (1948), *Maria Theresia* (1951), *Weg in die Vergangenheit* (1954), *Anders als du und ich* (1957, R. → Harlan), *Port Royal* (1963, ZDF), *Rumpelstilz* (1969, ZDF), *Glückssachen* (1977, ORF). Ihre Mitwirkung im antipolnischen Propagandafilm *Heimkehr* (1941) führte nach Kriegsende zu einem kurzfristigen Auftrittsverbot. 1950–60 eigene Filmproduktion. Zahlreiche Auszeichnungen. Ihre Töchter Elisabeth → Orth, Christiane → Hörbiger und Maresa Hörbiger sind ebenfalls Schauspielerinnen.

«Die» W. war eine der wichtigsten dt.sprachigen Schauspielerinnen des 20. Jh.s, idolisiert zur Verkörperin der Österreicherin schlechthin. Mit ihrem Mann war sie eine unantastbare österr. «Institution». Ihre von Beginn an gefeierte psychologisch ausgefeilte Schauspielkunst basierte auf darstellerischer Virtuosität, großer Selbstdisziplin und dem Phänomen, dass ihre «scheinbare Unverstelltheit und bezwingender Charme» sie immer natürlich und wahrhaftig erscheinen ließen. Sie schien nicht in der Rollengestaltung aufzugehen, sondern den Rollen ihren Stempel aufzudrücken. Diese immer wieder hervorgehobene Kongruenz von Rolle und Person bestimmte auch ihr Repertoire, in dem dämonische, Leidenschaft auslebende Frauenfiguren fehlen. «Das Phänomen Wessely gehört ins Reich der Töne: Sätze, den Wortlaut ihrer Glanzpartien, lernte sie nie bloß auswendig, sie lernte sie inwendig. Darum wirkten Jubel und Schmerz, Trauer und Entsagung so unnachahmlich echt, rüttelten auf, drangen bis in tiefste Gefühlsschichten der Zuschauer vor» (U. Weinzierl in *FAZ*, 20. 1. 1997).

Fontana, O. M.: Paula Wessely. Berlin 1959; Horch, F.: Paula Wessely. Wien u. a. 1937; Orth, E.: Märchen ihres Lebens. Meine Eltern Paula Wessely und Attila Hörbiger. Wien u. a. 1975; Paula Wessely und Attila Hörbiger. Hg. E. Fuhrich, G. Prossnitz. München, Wien 1985; Steiner, M.: Paula Wessely. Die verdrängten Jahre. Wien 1996.

Wolfgang Beck

Wicki, Bernhard, * 28. 10. 1919 St. Pölten, † 5. 1. 2000 München. Regisseur, Schauspieler, Drehbuchautor.

Sohn eines schweiz. technischen Direktors. 1938 Staatl. Schauspielschule Berlin. Nach einer Denunziation 1938/39 KZ Sachsenhausen. 1939 Schauspiel- und Regiestudium an der Wiener Staatsakademie für Musik und darstellende Kunst (ehemals Reinhardt-Seminar). Im Rahmen des Studiums 1939 Debüt in der TR von → Goethes *Urfaust*; Regie und Rolle in Hauptmanns *Elga*. 1940/41 Stadttheater Freiberg/Sachsen; Insz. von Gobschs *Herr Varnhusen liquidiert* (1940). 1941–43 Schauspielhaus Bremen; u. a. in Goethes *Clavigo* (1942/43). 1943 bei den Salzburger Festspielen in Goethes *Iphigenie auf Tauris* (R.

→ Falckenberg). 1943/44 Bayer. Staatsschauspiel München, u. a. in Sophokles' *Aias*. 1945–47 Schauspielhaus Zürich, u. a. in Eliots *Der Familientag* (DEA 1945), Giraudoux' *Die Irre von Chaillot* (dt.sprachige EA 1946). 1948–50 Stadttheater Basel, u. a. in den UAen von Dürrenmatts *Romulus der Große* und *Der Blinde* (beide 1948/49, R. → Ginsberg). 1950–54 Bayer. Staatsschauspiel München; u. a. in Insz.en → Fehlings in García Lorcas *Doña Rosita bleibt ledig* (1950), Tiecks *Ritter Blaubart* (1951). 1950 Filmdebüt in *Der fallende Stern*; seither vermehrt Film- und Fernseharbeit (1955–66 ausschließlich), u. a. in *Die letzte Brücke* (1953, R. → Käutner), *Kinder, Mütter und ein General* (1954), *La notte* (1960, R. Antonioni), *Crime and Passion* (1975), *Die linkshändige Frau* (R. Handke), *Despair – Eine Reise ins Licht* (R. → Fassbinder, beide 1977), *La mort en direct* (*Der gekaufte Tod*, 1979, R. Tavernier), *Domino* (1982, R. Th. Brasch), *Eine Liebe in Deutschland* (1983, R. → Wajda), *Paris, Texas* (1984, R. Wenders), *Erfolg* (1990, R. Seitz). Seit dem dokumentarischen Spielfilm *Warum sind sie gegen uns?* (1958) v. a. Filmregisseur, u. a. bei *Die Brücke* (1959), *Das Wunder des Malachias* (1961), *The Longest Day* (*Der längste Tag*, 1962, Ko-R.), *The Visit* (*Der Besuch*), *Morituri* (beide 1964), *Das falsche Gewicht* (1970, TV), *Die Eroberung der Zitadelle* (1977), *Die Grünstein-Variante* (1984), *Sansibar oder Der letzte Grund* (1986), *Das Spinnennetz* (1989). Seit den 1960er Jahren wieder Theaterarbeit; bei den Salzburger Festspielen in Lehmans *Ostwind* (europ. EA, 1967, R. → Meisel; auch TV), Becketts *Warten auf Godot* (1970, R. → Krejca), Hochhuths *Tod eines Jägers* (UA 1977). Insz.en von Shakespeares *Der Sturm* (Burgtheater) und *Antonius und Cleopatra* (beide 1968, Schauspielhaus Zürich), Albees *Winzige Alice* (1971, Akademietheater Wien), Giraudoux' *Die Irre von Chaillot* (1978, Th. in der Josefstadt). Verheiratet mit den Schauspielerinnen Agnes → Fink (1945–94) und Elisabeth Endriss (seit 1995). Internat. ausgezeichnet, mehr als 60 Filmpreise. – W. war als Schauspieler wie als Regisseur kompromisslos den eigenen Ansprüchen verpflichtet. Ein besessener Arbeiter, sich und den Schauspielern alles abverlangend im Streben nach größtmöglicher Authentizität. Einer der internat. wichtigsten dt. Filmregisseure nach 1945, voll kreativer Radikalität und unbedingtem Qualitätsstreben. Als Schauspieler mit nuancenreicher Stimme ein Mann der leisen Töne, allein durch physische Präsenz die Szene auch in Nebenrollen beherrschend. Obwohl er komisch sein konnte, am überzeugendsten in der Darstellung gebrochener, nachdenklich-melancholischer Charaktere.

Fischer, R.: Bernhard Wicki. München 1994; ders.: Sanftmut und Gewalt. Der Regisseur und Schauspieler Bernhard Wicki. Köln, Essen 1991; Wicki, B.: Zwei Gramm Licht. Zürich 1960.

Wolfgang Beck

Wieler, Jossi, * 6. 8. 1952 Kreuzlingen (Schweiz). Regisseur.

W. lebte 1972–80 in Israel, studierte Regie an der Universität von Tel Aviv und inszenierte am israel. National-Th. Habima. 1980 begann er als Regieassistent und Regisseur am Düsseldorfer Schauspielhaus und war 1983–85 Hausregisseur am Th. der Stadt Heidelberg, wo die kontinuierliche Zusammenarbeit mit der Bühnenbildnerin Anna → Viebrock begann. Am Schauspiel Bonn inszenierte W. 1985 *Amphitryon* von H. v. Kleist als dt. Turnstunde, in der sprachliche und körperliche Exerzitien die Figuren einfangen, und wurde damit zum 22. Berliner Theatertreffen eingeladen. 1988 begann W. als fester Hausregisseur am Th. Basel unter dem Intendanten Frank → Baumbauer, wo er zentrale Texte des klassischen Repertoires und auch frei erarbeitete Projekte inszenierte. 1993 wechselte W.

mit Baumbauer ans Dt. Schauspielhaus Hamburg, wo er zur Eröffnung eine Insz. von *Wolken.Heim* von Elfriede Jelinek herausbrachte, die zum 31. Berliner Theatertreffen eingeladen und zur Insz. des Jahres 1994 gewählt wurde. Jelineks Collage dt. Texte des Wir-Gefühls verteilte W. auf 6 Schauspielerinnen, die als Kriegerwitwen und Waisen in den Keller dt. Nationalideologien hinabsteigen und wie in einem verwunschenen Haus Schränke nach Erinnerungen durchstöbern. Die Insz. blieb die gesamte Hamburger Ära von Baumbauer auf dem Spielplan und wurde 2002 in die Münchner Kammerspiele übernommen, an denen W. im selben Jahr *Alkestis* von Euripides inszenierte, womit er wiederum zum Berliner Theatertreffen eingeladen wurde. Die Handlung der *Alkestis*, von Selbstopferung und göttlich glücklicher Rettung, wird von W. mit seinem großem Gespür für das reale Detail, in dem eine Tiefe sich verbirgt, in einen bürgerlichen Salon übersetzt und gerät so zum Seelendrama einer unerlösten Familie. 1994 inszenierte W. seine erste Oper, *La Clemenza di Tito* von W. A. Mozart, und war 1999 mit seiner Insz. des *Siegfried* von R. Wagner an dem legendären *Ring*-Zyklus der Stuttgarter Oper beteiligt. Seine Insz. von *Ariadne auf Naxos* von R. Strauss 2001 bei den Salzburger Festspielen wurde 2002 zur «Aufführung des Jahres», und W. und sein Dramaturg Sergio Morabito, mit dem er alle Opern gemeinsam erarbeitet, wurden zum «Regieteam des Jahres» gewählt. Zahlreiche Insz.en von Werken des Sprech- und Musiktheaters im dt. Sprachraum und darüber hinaus. So hat W. 2005 am Th. X in Tokio mit japan. Schauspielern das klassische Stück des Kabuki-Th.s *Yotsuya Kaidan* von Tsuruya Namboku in Szene gesetzt, das auch in Deutschland gezeigt wurde. 2005 Dt. Kritikerpreis.

Bernd Stegemann

Wigger, Stefan, * 26. 3. 1932 Leipzig. Schauspieler.

W. lebte seit 1949 in Hannover, wo er 1951–53 seine Schauspielausbildung erhielt. Über Engagements in Lüneburg, Kiel, Baden-Baden kam er 1958 an die Staatl. Schauspielbühnen Berlin unter → Barlog, an denen er (mit Ausnahme kurzer Engagements am Schauspielhaus Düsseldorf und den Münchner Kammerspielen) bis 1978 Ensemblemitglied war. Hier wurde er bekannt als Bleichenwang in → Kortners Insz. von → Shakespeares *Was ihr wollt* (1962, mit → Bois), als Ausrufer in → Swinarskis Insz. der UA von Weiss' *Die Verfolgung und Ermordung des Jean Paul Marats, dargestellt durch die Schauspielgruppe des Hospizes zu Charenton unter Anleitung des Herrn de Sade* (1964, mit E. → Schröder). Weiter u. a. in Stoppards *Rosenkranz und Güldenstern sind tot* (1967), Bernhards *Der Ignorant und der Wahnsinnige* (1972, R. → Dorn), O'Caseys *Ein Freudenfeuer für den Bischof* (1972, R. → Minks), Čechovs *Iwanow* (TR) und Langes *Aias* (UA, beide 1974, R. → Lietzau), Mrożeks *Emigranten* (1975), Canettis *Hochzeit* (1977, beide R. → Krämer). Internat. Aufmerksamkeit erlangte W. als Estragon bzw. Wladimir in Becketts *Warten auf Godot* (mit → Bollmann), das 1965 von Deryk Mendel / Beckett, 1975 vom Autor inszeniert wurde. 1974 gestaltete er mit Hugo Egon Balder (* 1950) das erfolgreiche Kabarettprogramm *Musikalischer Kitsch*, 1976 inszenierte er in der Werkstatt des Schiller-Th.s die Revue *Haus Vaterland*. Seit 1978 freiberuflich tätig. Gastverpflichtungen u. a. in Vilars *Helmer oder ein Puppenheim* (TR, 1980, Stückemarkt Theatertreffen Berlin / Bonn), Shakespeares *Der Kaufmann von Venedig* (1981, Schauspielhaus Düsseldorf, R. → Palitzsch, Rolle: Shylock), Gray / Petersons *Billy Bishop steigt auf* (DEA 1986, Bayer. Staatsschauspiel München), Porter / Spewacks Musical *Wodka Cola* (1988, Staatsschauspiel Stuttgart), Canettis *Hochzeit* (1988, Salzburger Festspiele), → Taboris *Weisman und Rotgesicht* (1991, Bayer. Staatsschauspiel), → Lessing / Taboris *Nathans Tod* (UA 1991, Wolfenbüttel, Koproduktion Bayer. Staatsschauspiel / Stiftung Niedersachsen, R. Tabori), Chattens *Unser Dorf soll schöner werden* (1995/96, Dt. Th. Göttingen / Nordtour Theatergastspiele), Handkes *Die Stunde, da wir nichts voneinander wußten* (1995/96, Tournee), Trafics Bühnenadaption des Stummfilm-Klassikers *Das Kabinett des Dr. Caligari* (TR, 2001, Ernst-Deutsch-Th. Hamburg). Einzelne Insz.en (u. a. Vampilov, Kleist), Lesungen, Hörspiele und -bücher. Film- und Fernsehrollen u. a. in *Haie und kleine Fische* (1957), *Dr. Knock* (1960, TV), *Die Dreigroschenoper* (1962), *Don Gil von den grünen Hosen* (1964, TV), *Der Regenmacher* (1966), *Warten auf Godot* (1975, TV), *Happy Birthday, Türke!* (1991), *Zwei alte Gauner* (2002, TV). Seit den 1990er Jahren wurde W. v. a. durch Fernsehserien wie *Ein Haus in der Toskana* (1990), *Freunde fürs Leben* (1992), *Tierarzt Dr. Engel* (1998), *Nicht ohne meinen Anwalt* (2003) einem größeren Publikum bekannt. 1965 Kritikerpreis, 1996 Sonderpreis zum INTHEGA-Preis. Seine Frau Uta Hallant (* 1939) und ihr Sohn Maximilian sind ebenfalls Schauspieler. – Ein Charakterdarsteller und -komiker, der v. a. durch seine unterspielte, ironisch gebrochene Darstellung zu überzeugen weiß. Von Bedeutung seine Auftritte in Stücken von Beckett, Weiss und Canetti.

Wolfgang Beck

Wigman, Mary (eig. Karoline Sofie Marie Wiegmann), * 13. 11. 1886 Hannover, † 18. 9. 1973 Berlin. Tänzerin, Choreographin, Pädagogin.

Ausbildung in Rhythmischer Gymnastik bei → Jaques-Dalcroze in der Bildungsanstalt Hellerau (1910–13); ging 1913 auf Anraten des Malers Emil Nolde in die Künstlerkolonie Monte Verità bei Ascona, um bei → Laban zu studieren; wurde bald darauf dessen Mitarbeiterin und begann zu unterrichten. Auftritte mit ihren ersten Solotänzen *Hexentanz I* und *Lento* in München (1914). Blieb während des Kriegs mit Laban in der Schweiz, unterrichtete als seine Assistentin in Zürich und Ascona. 1919 erste Tournee durch Deutschland; in Hamburg und Dresden gelang ihr der Durchbruch. 1920 Gründung der Wigman-Schule in Dresden, die bald zum Zentrum des Ausdruckstanzes wurde; dort studierten u. a. Gret Palucca, Harald Kreutzberg und Yvonne Georgi. Mit ihrer 1921 gegründeten Kammertanzgruppe Gastspiele in ganz Europa mit Werken wie *Die sieben Tänze des Lebens* (1921), *Szenen aus einem Tanzdrama* (1924), *Totentanz II* (1926). 1928 UA des Gruppenwerks *Die Feier II*; danach Auflösung der Gruppe wegen Finanzproblemen. Als Solotänzerin 1930 Debüt in New York und anschließend erste USA-Tournee. 1936 choreographierte W. mit einer Gruppe von 80 Tänzerinnen die *Totenklage* für das Festspiel *Olympische Jugend* anlässlich der Eröffnung der Olympischen Spiele in Berlin. 1942 musste sie ihre Dresdner Schule verkaufen; erhielt einen Gastlehrervertrag an der Abteilung Tanz der Hochschule für Musik und darstellende Kunst in Leipzig; letzter Bühnenauftritt mit *Abschied und Dank*. Aufsehen erregende Insz. von Glucks *Orpheus und Eurydike* 1947 mit Schülern ihrer nach dem Krieg eröffneten Schule in Leipzig. 1949 Übersiedlung nach Berlin und Eröffnung des Mary-Wigman-Studios. In den 1950er Jahren zeichnete sie verantwortlich für herausragende Insz.en von Händels *Saul* (1954), Orffs *Catulli Carmina* (1955), Glucks *Alkestis* (1958, alle Nationaltheater Mannheim) und choreographierte Stravinskijs *Le Sacre du Printemps* unter dem Titel *Frühlingsweihe* in der Städt. Oper Berlin (1957). 1967 schloss sie ihr Berliner Studio, widmete sich ihrer Vortragstätigkeit im In- und Ausland sowie Artikeln und Buchbeiträgen über die Tanzkunst dt. Tradition.

W. wurde zur Ikone des dt. Ausdruckstanzes. Wie ihr Lehrer Laban löste sie sich vom Diktat der Musik im Tanz, forderte die Unterordnung der Musik unter die tänzerische Idee und schuf mehrere musiklose Choreographien. Ihre Tänze waren Selbstausdruck, motiviert von ihrem subjektiven, ganz persönlichen Erleben, das sie durch die Form der Choreographie objektivierte. Ihr Tanz kreiste um existenzielle Themen wie Sehnsucht, Liebe, Lust, Leid, Angst, das Dämonische, worunter sie die Auseinandersetzung mit den eigenen versteckten Wünschen und Ängsten sowie das Ringen um die Gestaltung einer Tanzidee verstand. Ihr pädagogisches Ziel war, den Körper des Tänzers in seinen natürlichen Bewegungsmöglichkeiten zu trainieren, ohne ihm eine bestimmte Technik aufzuzwingen. Der Schüler sollte durch Selbsterfahrung und Selbsterkenntnis seine künstl. Kreativität entdecken. W.s Schulung und ihr Credo, den Tanz als individuelle Kunst zu begreifen, die vom Menschen und seinem Erleben handelt, wurde richtungweisend für nachfolgende Tänzergenerationen, darunter Susanne → Linke und Gerhard → Bohner.

<small>Fritsch-Vivié, G.: Mary Wigman. Reinbek 1999; Liebe Hanya: Mary Wigman's letters to Hanya Holm. Hg. C. Gitelman. Madison 2003; Manning, S. A.: Ecstasy and the demon: feminism and nationalism in the dances of Mary Wigman. Berkeley 1993; Mary Wigman in Leipzig. Hg. A. Rannow, R. Stabel. Dresden 1994; Müller, H.: Mary Wigman. Leben und Werk der großen Tänzerin. (3. Aufl.) Weinheim, Berlin 1992; Norton, S. J.: Modernity in motion: the performance art of Mary Wigman and Valeska Gert in the Weimar Republic. Diss. Minneapolis 1998; Partsch-Bergsohn, I., H. Bergsohn: The makers of modern dance in Germany: Rudolf Laban, Mary Wigman, Kurt Jooss. Hightstown 2003; Sorell, W.: Mary Wigman. Wilhelmshaven 1986.</small>

Patricia Stöckemann

Wildgruber, Ulrich, * 16. 11. 1937 Bielefeld, † 30. 11. 1999 Westerland / Sylt (Freitod). Schauspieler.

Wechselte vor dem Abitur an eine Hamburger Schauspielschule, die er bald verlassen musste. Eleve am Bielefelder Stadttheater. Als ihn eine Zeitung als «gehobenen Dilettanten» bezeichnete, floh er während der Spielzeit nach Italien, wollte Schriftsteller werden. 3 Jahre Gelegenheitsarbeiten. 1959–62 Max-Reinhardt-Seminar Wien. 1963 Schweizerkas in → Brechts *Mutter Courage und ihre Kinder*, Volkstheater Wien (R. Gustav → Manker). 2 Jahre Th. Basel (Estragon in Becketts *Warten auf Godot*). 1967–71 Städt. Bühnen Heidelberg (Ulrich Bräker in Hacks' *Die Schlacht von Lobositz*, R. → Peymann; Marquis de Sade in Weiss' *Marat/Sade*, TR in Büchners *Dantons Tod*, Franz Moor in Schillers *Die Räuber*, alle R. → Neuenfels). 1968 TR in Handkes *Kaspar*, Städt. Bühnen Oberhausen. 1969 TR in Brechts *Baal*, Th. im Zimmer Hamburg. 1971–72 Schaubühne am Halleschen Ufer, Berlin. 1972 Vater in der UA von Bernhards *Der Ignorant und der Wahnsinnige*, Salzburger Festspiele (mit → Ganz). 1972–77 Schauspielhaus Bochum. Beginn langjähriger Zusammenarbeit mit → Zadek: 1973 Oswald in der UA von Dorsts *Eiszeit*, Trigorin in Čechovs *Die Möwe*, von → Shakespeare Lancelot in *Der Kaufmann von Venedig*, TR in *König Lear* (1974) und *Hamlet* (1977), im Dt. Schauspielhaus Hamburg TRn in *Othello* (1976), Leontes in *Das Wintermärchen* (1978), Petruchio in *Der Widerspenstigen Zähmung* (1981). Außerdem in Zadeks Regie 1975 Hjalmar Ekdal in Ibsens *Die Wildente* (Darstellerpreis des Norddt. Theatertreffens), 1988 Dr. Schöning in der UA der Urfassung von Wedekinds *Lulu* (Schauspieler des Jahres), 1979 Alceste in der UA von Enzensbergers *Molières Menschenfeind*, Freie Volksbühne Berlin, 1991 Hubek in Ibsens *Wenn wir Toten erwachen*, Münchner Kammerspiele, 1992 Professor Unrat in Heinrich Mann / Tankred Dorsts *Der blaue Engel*, Th. des Westens Berlin. Weitere Rollen in Hamburg: Werschinin in Čechovs *Drei Schwestern* (1980), TR in Schillers *Die Verschwörung des Fiesko zu Genua* (1981, R. Niels-Peter → Rudolph), in Shakespeares *Macbeth* (1987, R. → Minks) und → Goethes *Torquato Tasso*, Bruscon in Bernhards *Der Theatermacher* (beide 1990). Im Staatstheater Stuttgart TR in → Molières *Tartuffe*, in Köln in Sophokles' *König Ödipus*, in der Berliner Schaubühne am Lehniner Platz Thoas in Goethes *Iphigenie auf Tauris*. Wieder mit Zadek im Burgtheater Wien Gajew in Čechovs *Der Kirschgarten*, Polonius in Shakespeares *Hamlet*. Zuletzt Krapp in Becketts *Das letzte Band*, Hamburger Kammerspiele. Einige Film- und Fernsehrollen (*Hallo Sisters*, 1990, R. Ottokar Runze; *La Reine Margot*, 1993/94, R. Patrice → Chéreau; *Pakten*, 1995, R. Leidulv Risan).

Kein anderer Schauspieler seit → Moissi hat die Theaterwelt und das Publikum durch seine Spielweise derart polarisiert wie W. Keiner wurde so oft ausgebuht und so vehement von einem Teil der Theaterkritik abqualifiziert («Man wird es langsam müde, dem Zadek immer wieder ins Ohr zu posaunen, daß dieser schwammige, schwitzende, hampelnde, jede große Rolle im gleichen Blubberbrei herausspeiende Anti-Schauspieler auch ein Anti-Liebhaber ist», schrieb 1981 Karena Niehoff über seinen Petruchio), von anderen aber fast idolisiert. Für einige der bedeutendsten Regisseure avancierte er zu deren Lieblingsschauspieler. W.s Spiel hatte anarchische Unberechenbarkeit, zugleich die ungelenke Grazie eines Zirkusclowns und die Naivität des Kindes. Dem spät einsetzenden Erfolg und dem daraus resultierenden Nimbus eines Stars begegnete er mit Misstrauen und Selbstzweifeln: «Theater regt mich furchtbar auf, weil ich es nicht kann. Also haben die Leute recht, wenn sie buhen. Manchmal fällt es schwer, auf die Bühne zu gehen, weil es eine Anstrengung ist, man muß ja immer begründen, was man tut …», sagte er 1986 in einem Interview. Im Bild des Th.s Ende des 20. Jh.s setzte er eine kräftige Farbe.

Werner Schulze-Reimpell

Wilms, Bernd, * 1. 11. 1940 Solingen. Dramaturg, Theaterleiter.

Studium der evangelischen Theologie in Wuppertal. 1962 Wechsel zu Theaterwissenschaft, Philosophie, Germanistik an der Universität Köln. 1969 Promotion FU Berlin (*Der Schwank. Deutsches Trivialtheater 1880–1930*). 1968–72 Dramaturg in Wuppertal, 1972–79 Dt. Schauspielhaus Hamburg. 1980–81 geschäftsführender Direktor des Th.s der Welt in Köln. 1981–82 Dramaturg in Bremen, 1983–86 an den Münchner Kammerspielen. 1986–91 Direktor der Münchner Otto-Falckenberg-Schule. 1991 Intendant des Ulmer Th.s. Trotz überregionaler Anerkennung vorzeitige Vertragsauflösung Ende der Spielzeit 1993/94, um Ende 1993 erneut die Leitung der Otto-Falckenberg-Schule zu übernehmen. 1994–95 kommissarischer Leiter des Maxim-Gorki-Th.s in Berlin, 1995–2001 dessen Intendant. Seit 2001 Intendant des Dt. Th.s Berlin. Einige wenige Insz.en (Beckett-Abend). Namhafter Dramaturg und als Intendant auf unspektakuläre Weise durch hohes Durchschnittsniveau der Aufführungen und originelle Spielpläne erfolgreich. Berief Michael → Thalheimer als Leitenden Regisseur, band mit Jürgen → Gosch und Dimiter → Gotscheff erfolgreiche Regisseure enger ans Haus. Übersetzer von Libretti zu Operetten Jacques Offenbachs.

50 Jahre Maxim-Gorki-Theater. Berlin 2002.

Werner Schulze-Reimpell

Wilson, Robert, * 4. 10. 1941 Waco (Texas). Regisseur, Performancekünstler, Autor, Designer, Produzent.

Nach Überwindung einer Sprachbehinderung mit Hilfe der Tänzerin Byrd Hoffman studierte W. ab 1959 «business administration» an der Universität in Austin, Architektur am Pratt Institute (Brooklyn) und bei Paolo Soleri (Phoenix), Malerei bei George McNeil (American Center, Paris). Therapeutische Arbeit mit behinderten Kindern und erste Bühnenbilder für M. Louis' *Junk Dances* und *Landscapes* (1964, Henry St. Settlement House, New York) und van Itallies *America Hurrah* (1965, Cafe La Mama, New York). Erste Installationen und (Tanz-)Performances, u. a. *Clorox* und *Opus 2* (1966, Pratt Institute), *Poles* (Grailville, Ohio). 1968 mit einer Gruppe von Künstlern Gründung der Byrd Hoffman School of Byrds (New York). Nach Projekten wie *Alley Cats* (UA 1968, New York University), *The King of Spain* (Anderson Th., New York), *The Life and Times of Sigmund Freud* (beide UA 1969, Brooklyn Academy of Music, New York) gewann W. internat. Anerkennung mit der auch in Europa aufgeführten «stillen Oper» *Deafman Glance* (UA 1970, Iowa City; 1981 Video), die er mit seinem taubstummen Adoptivsohn Raymond Andrews entwickelt hatte. Seither ist W. weltweit tätig. Für das Shiraz-Persepolis Festival 1972 im Iran entwickelte er das einwöchige Stück KA MOUNTAIN AND GUARDenia TERRACE, dessen *Overture* auch in New York und Paris aufgeführt wurde. Produktionen wie *The Life and Times of Joseph Stalin* (UA 1973, Det Ny Teater, Kopenhagen), *DiaLog / A Mad Man A Mad Giant A Mad Dog A Mad Urge A Mad Face* (Villa Borghese, Rom), *A Letter for Queen Victoria* (beide UA 1974, Teatro Caio Melisso, Spoleto) fanden ebenso internat. Anerkennung wie das mit dem Komponisten Philip Glass entwickelte Stück *Einstein on the Beach* (1976, Video Exchange Th., New York, 1984 Wiederaufnahme, 1988 Neuproduktion). Mit *I was sitting on my patio and this guy appeared I thought I was haluzinating!* (1977, Quirk Auditorium, Ypsilanti, Ko-R. L. Childs) ging W. auf Welttournee. In Deutschland wurde W. v. a. bekannt mit *Death, Destruction & Detroit* (UA 1979, Schaubühne am Halleschen Ufer, Berlin; 2. Tl UA 1987, Schaubühne am Lehniner Platz, Berlin; 3. Tl UA 1999, Lincoln Center, New York), *The Man in the Raincoat* (UA 1981, Schauspielhaus Köln) und *Die goldenen Fenster* (UA 1982, Münchner Kammerspiele; 1985 USA-, 1988 Montréal-Version). In den frühen 1980er Jahren plante W. mit internat. Künstlern das durch Workshops (München 1981, Freiburg i. Br. 1982, Tokio und Marseille 1984) vorbereitete Mammutprojekt *the CIVIL warS: a tree is best measured when it is down*, dessen Teile beim Olympic Arts Festival in Los Angeles 1984 als Ganzes gezeigt werden sollten. Nur Abschnitte wurden verwirklicht: die *Rotterdam Section* (1983, Schouwburg Th.), die *Cologne Section* mit H. →Müller (1984, Schauspielhaus), die *Rome Section* mit Ph. Glass (1984, Teatro dell' Opera) und die als verbindende Teile gedachten *Knee Plays* (1984, Walker Art Center, Minneapolis). Danach wandte sich W. verstärkt der Insz. klassischer und moderner Stücke des Sprech- und Musiktheaters zu, meist in eigenen Bearbeitungen und zusätzlichen Texten; u. a. Euripides' *Medea* mit Texten H. Müllers und Majakovskijs (1984, Opéra de Lyon) und *Alcestis* (1986, American Repertory Th., Cambridge; 1987 dt. Version, Staatstheater Stuttgart), →Shakespeares *King Lear* (1985, Metromedia Square, Los Angeles; 1990 Schauspielhaus Frankfurt, mit M. →Hoppe), H. Müllers *Hamletmaschine* (1986, New York University; dt. Version, Th. in der Kunsthalle, Hamburg), *Quartett* (1987, Schlosstheater Ludwigsburg; 1988 USA-Version) und (mit D. Pinckney) *The Forest* (1988, Freie Volksbühne Berlin), Glucks

Alceste (1986, Staatstheater Stuttgart; 1990 Civic Opera House, Chicago; 1999 Th. du Châtelet, Paris), Dorsts *Parzival: Auf der anderen Seite des Sees* (1987, Thalia Th., Hamburg), Strauss' *Salomé* (1987, Teatro alla Scala, Mailand), Čechovs *Schwanengesang* (1989, Münchner Kammerspiele), *Orlando* nach Virginia Woolf (1989, Schaubühne am Lehniner Platz, Berlin; 1993 dän. und franz., 1996 engl. Version). Für die Hamburgische Staatsoper setzte W. *Cosmopolitan Greetings* (Text A. Ginsberg, Musik R. Liebermann und G. Gruntz, Kampnagelfabrik) in Szene, für die Pariser Oper Debussys *Le Martyre de Saint Sébastien* (beide 1988), zur Eröffnung der Pariser Opéra Bastille 1989 *La Nuit d'Avant le Jour* nach Stücken verschiedener Komponisten, für die Amsterdamer Oper 1989 *De Materie* (Musik L. Andreissen). Ein Welterfolg wurde das mit Tom Waits (Musik) und W. S. Burroughs (Text) erarbeitete Stück *The Black Rider* (UA 1990, Thalia Th., Hamburg), dem am gleichen Th. 1992 *Alice* (Text P. Schmidt, Musik Waits), 1996 *Time Rocker* (Text D. Pinckney, Musik Lou Reed), 2000 *POEtry* (nach E. A. Poe; Text und Musik Reed) folgten. Weitere Projekte waren *Die Krankheit Tod* nach M. Duras (UA 1991, Schaubühne am Lehniner Platz, Berlin; 1996 Th. Vidy-Lausanne, mit → Piccoli), *Alice in Bed* von S. Sontag (UA 1993, Hebbel-Th., Berlin), das auf Texten der Brüder Grimm und Büchners basierende *Der Mond im Gras: einmal keinmal immer* (UA 1994, Münchner Kammerspiele), die mit W. Wiens erarbeitete Shakespeare-Adaption *HAMLET. A monologue* (1995, Alley Th., Houston), in der W. alle Rollen spielte und mit der er weltweit auf Tournee war. Auf Texten Gertrude Steins basierten *Dr. Faustus Lights the Lights* (1992, Hebbel-Th.), *Four Saints in Three Acts* (1996, Brown Th., Houston), *Saints and Singing* (1997, Hebbel-Th.). In Zusammenarbeit mit Ph. Glass entstanden *White Raven* (Text L. Costa Gomes, Teatro Camões, Lissabon), *Monsters of Grace* (beide UA 1998, University of Los Angeles). W. schuf für die Oberammergauer Passionsspiele die Ausstellung *14 STATIONS* (2000), inszenierte in Berlin am Berliner Ensemble → Brechts *Der Ozeanflug* (1998), Büchners *Leonce und Lena* (2003), Shakespeares *Ein Wintermärchen* (2005), am Dt. Th. *Doctor Caligari* nach dem Stummfilm-Klassiker (2002), für das Betty Nansen Teatret (Kopenhagen) Büchners *Woyzeck* (2000, Musik T. Waits), das Národní Divadlo Prag Janáčeks *Osud* (2002), die Comédie Française in Paris *Les Fables* (nach La Fontaine), das Esplanade Th. in Singapur *I La Galigo* (nach dem indones. Epos *Sureq Galigo*), das Nederlands Dans Th. III die Produktion *2 Lips and Dancers and Space* (alle 2004). Video- und Filmarbeiten, Ausstellungen seiner Zeichnungen, Gemälde, Installationen, Entwürfe ergänzen das umfangreiche Œuvre des Multitalents, das in einem eigenen Archiv in New York dokumentiert wird. Jeden Sommer finden in seinem Watermill Center (Long Island, New York) Workshops mit Künstlern unterschiedlicher Disziplinen statt. Zahlreiche internat. Auszeichnungen.

W. gilt als visionärer Magier theatralischer Bilder, dem mit z. T. extremen Zeitmaßen (zumeist Verlangsamung) verstörende und bannende Insz.en von besonderem ästhetischem Reiz gelingen; dabei Bilderwelten schaffend, die in sich selbst zu ruhen scheinen. Im Zentrum seiner Arbeiten steht eine Auseinandersetzung mit Zeit und Raum, die er – artifiziell ausgeleuchtet und choreographisch inszeniert – als Kontinuum neu erfahrbar machen will. In frühen szenischen Arbeiten waren die Schauspieler eher Randfiguren, die sich wie verloren im Raum bewegten. Seine Produktionen forcieren durchweg neue Sichtweisen bei den Ausführenden wie beim Publikum. Seine Vision eines künstl. Gesamtkunstwerks versucht W. seit den

1990er Jahren auch in seinen Operninsz.en zu verwirklichen. Kritiker des unermüdlich weltweit tätigen W. bemängeln, dass v. a. in den letzten Jahren sein einst einer «autistische(n) Séance» gleichendes Th. mehr und mehr einem «ästhetische(n) Großangriff der Haupt- und Staats- und Prunkbilder» gewichen (B. Henrichs in *Die Zeit* 26/1996), künstl. beliebig und berechenbar geworden sei.

Brecht, S.: The theatre of visions: Robert Wilson. Frankfurt a. M. 1979; Dietrich, D. Y.: Archetypal dreams: the quantum theater of Robert Wilson. Diss. Ann Arbor 1992; Gaible, E. L.: Alone in the crowd: a reception history of avant-garde productions in the United States. Diss. Berkeley 1993; Graff, B.: Das Geheimnis der Oberfläche. Der Raum der Postmoderne und die Bühnenkunst Robert Wilsons. Tübingen 1994; Griffin, M. B.: Text and image in Heiner Müller's Theater collaborations with Robert Wilson. Diss. New York 1999; Henrichs, B., I. Nagel: Liebe! Liebe! Liebe! ist die Seele des Genies. München u. a. 1996; Hentschker, F.: Die Produktionsstrategie des amerikanischen Theaterkünstlers Robert Wilson. Diss. Gießen 1993; Holmberg, A.: The theatre of Robert Wilson. Cambridge 1997; Keller, H.: Robert Wilson. Frankfurt a. M. 1997; Lavender, A.: Hamlet in Pieces: Shakespeare reworked by Peter Brook, Robert Lepage, Robert Wilson. London 2001; Maurin, F.: Robert Wilson. Paris 1998; Moldoveanu, M.: Komposition, Licht und Farbe in Robert Wilsons neuem Theater. Stuttgart 2001; Quadri, F. u. a.: Robert Wilson. Stuttgart 1997; Robert Wilson, the theater of images. New York 1984; Roesner, D.: Theater als Musik. Tübingen 2003 (mit 1 CD); Shyer, L.: Robert Wilson and his collaborators. New York 1989; Wilcox, D. R.: The language of visual theatre. Diss. Seattle 1994.

Wolfgang Beck

Wimmer, Maria, * 27. 1. 1911 Dresden, † 4. 1. 1996 Bühlerhöhe. Schauspielerin.

Tochter eines Ingenieurs; besuchte 1930/31 die Schauspielschule des Alten Th.s in Leipzig, wo sie auch in kleinen Rollen auf der Bühne stand. Debüt in der UA von Speyers *Stern und Dämon* (1930). 1931–34 Stadttheater Stettin, 1934–37 Schauspielhaus Frankfurt a. M., 1937–47 Dt. Schauspielhaus Hamburg, u. a. in Kleists *Penthesilea* (1937), →Goethes *Faust I* (1940) und *Iphigenie auf Tauris* (1943), Schillers *Maria Stuart* (TR, 1940), Hofmannsthals *Jedermann* (1945, St. Johannis), Giraudoux' *Undine* (1946). 1947/48 Bayer. Staatsschauspiel München (TR in Goethes *Stella*, 1947). 1948–54 Münchner Kammerspiele; u. a. in Cocteaus *Der Doppeladler* (1948), Millers *Hexenjagd* (1954, R. →Schweikart). Seither nur Stückverträge: «Ich habe keine Theaterheimat. Das bedeutet: Ohne festes Engagement muß ich immer gut sein!» (W., zit. nach Sucher, S. 69). Sie spielte v. a. in Hamburg, Berlin, Düsseldorf und München, arbeitete immer wieder mit den gleichen Regisseuren. In Insz.en →Kortners spielte sie in Strindbergs *Der Vater* (1949; 1967 Dt. Schauspielhaus Hamburg), →Lessings *Minna von Barnhelm* (1951), Hebbels *Herodes und Mariamne* (1952), Williams' *Die tätowierte Rose* (1953, alle Münchner Kammerspiele), →Shakespeares *Antonius und Cleopatra* (1969, Schiller-Th., Berlin). Zu den zahlreichen Arbeiten mit →Stroux am Schauspielhaus Düsseldorf gehörten Claudels *Der seidene Schuh* (1959), Becketts *Glückliche Tage* (1961), Euripides' *Medea*, Hauptmanns *Die Ratten* (beide 1962), Aristophanes' *Lysistrata* (1965). Sie spielte in Insz.en →Sellners (Sophokles, *König Ödipus*, 1960, Burgtheater Wien), →Schuhs (Albee, *Empfindliches Gleichgewicht*, 1968, Freie Volksbühne Berlin), →Strehlers (Pirandello, *Die Riesen vom Berge*, 1958, Schauspielhaus Düsseldorf), →Noeltes (Čechov, *Der Kirschgarten*, 1970, Residenztheater München). Trat seit den 1970er Jahren selten auf. Erfolge mit Monolog- bzw. Dialogstücken wie Hacks' *Ein Gespräch im Hause Stein über den abwesenden Herrn von Goethe* (1977, Renaissancetheater Berlin; Tournee), Martins *Gertrude Stein Gertrude Stein Gertrude Stein* (1984), Berkéwicz' *Nur wir* (1991, beide Münchner Kammerspiele). Letzte Rolle: Volumnia in Shakespeares

Coriolan (1993, Salzburger Festspiele, mit →Ganz). Ihre Lieblingsrolle war die TR in Goethes *Iphigenie auf Tauris*, die sie von 1943–67 immer wieder verkörperte. 1941–95 Lesungen und Rezitationsabende mit selbst zusammengestellten Programmen. Kaum Film- und Fernseharbeit. Vielfach ausgezeichnet. Als erste Schauspielerin Mitglied des Ordens Pour le mérite.

Hymnisch gefeiert in klassischen wie modernen Rollen, war W. eine der bedeutendsten Charakterdarstellerinnen ihrer Zeit, von herber Schönheit, großer Ausdruckskraft und bannender Präsenz. Eine Sprachkünstlerin von hohem Rang, mit modulationsreicher Stimme und eigenem Timbre. Zurückgenommen in der Körpersprache: «Je stärker der sprachliche Ausdruck, desto reduzierter der gestische» (Sucher, S. 86). W. war eine selbstkritische und reflektierte Künstlerin, eine klassische Tragödin, deren Darstellungsstil distanziert, für manche Kritiker gelegentlich manieriert wirkte. Sie «wurde noch im Stil der deklamatorischen, pathetischen Schule erzogen, die große Gefühlsausbrüche und Posen bevorzugte. Sie verband diese Tradition mit dem neuen Realismus, wie er von Otto Brahm begründet wurde. Sie kultivierte beide Schulen zu ganz Eigenem [...]. Ihrem entwickelten schauspielerischen Talent, geprägt von natürlicher Herbheit wie innerem Feuer, entsprachen am besten die klassischen tragischen Frauenrollen» (E. Schumacher, in *Berliner Ztg.*, 8. 1. 1996).

Ihering, H.: Schauspieler in der Entwicklung. Berlin 1956; Melchinger, S., R. Clausen: Schauspieler. Velber 1965; Schulze-Vellinghausen, A.: Maria Wimmer. Velber 1962; Sucher, C. E., St. Dörschel: Maria Wimmer 1911–1996. Berlin 2000.

Wolfgang Beck

Winkler, Angela, * 22. 1. 1944 Templin (Uckermark). Schauspielerin.

Besuch des Gymnasiums in Erlangen, Schauspielunterricht in Stuttgart und bei Ernst F. Fürbringer und Hanna Burgwitz in München. Sie arbeitete zunächst an der Studiobühne Erlangen, hatte ihr erstes Engagement am Staatstheater in Kassel (1967), bevor sie im Film in Peter Fleischmanns *Jagdszenen aus Niederbayern* (1968) debütierte. Engagement am Landestheater Castrop-Rauxel, bevor sie 1971–78 an die Berliner Schaubühne am Halleschen Ufer wechselte. Mit der Rolle der Olga in Fleißers *Fegefeuer in Ingolstadt* (1972, R. P. →Stein) gelang ihr der Durchbruch. Lieschen in Lasker-Schülers *Die Wupper* (1976, R. →Bondy), 1981 Stieftochter in Bondys legendärer Insz. von Pirandellos *Sechs Personen suchen einen Autor* auf. Danach arbeitete sie frei, wechselte zwischen Th.- und Filmrollen, zog sich zwischendurch aus dem Kulturbetrieb zurück. 1986 spielte sie die Io in Aischylos' *Prometheus, gefesselt* bei den Salzburger Festspielen (Neuübersetzung von Peter Handke) und 1987 die TR in Sophokles' *Antigone* in Mailand (beide R. →Grüber). Ab 1990 war W. in mehreren Insz.en →Zadeks in Wien erfolgreich: als Anna Petrowna in Čechovs *Iwanow* (1990) und als Ranjewskaja in *Der Kirschgarten* (1996), zusammen mit →Bierbichler als Lopachin, wofür beide von *Th. heute* zum Schauspielerpaar des Jahres gewählt wurden. W. wurde mit der Kainz-Medaille und dem Gordana-Kosanović-Schauspielerpreis ausgezeichnet. 1999 feierte W. große Erfolge mit der Verkörperung der TR in →Shakespeares *Hamlet* («Wiener Jahrhundert-Hamlet» in *FAZ*, 25. 5. 1999), nicht nur in Wien, sondern auch in Straßburg, Zürich, Paris, Edinburgh, Hamburg und in Hannover auf der Expo 2000. In dieser Rolle konnte sie die ganze Bandbreite ihrer schauspielerischen Fähigkeiten ausspielen. Sie spielte Hamlet weder als Mann noch als Frau, sondern als «großes, angstvoll staunendes Kind» (H. Krug in *Tagesspiegel*, 29. 8. 1999). Für ihre

Darstellung der Rebecca West in Ibsens *Rosmersholm* am Akademietheater in Wien wurde W. 2001 mit dem Gertrud-Eysoldt-Ring ausgezeichnet. Herausragend auch als Else Lasker-Schüler in dem Soloprogramm *Reise nach Jerusalem* (1994, Berliner Ensemble, danach Tournee, auch auf den Salzburger Festspielen 1998). «Angela Winkler erschuf mit präziser Artikulation, minimalistischen Gesten und hypnotisierendem Blick Lasker-Schülers Traumwelt» (E. Freese in *die taz*, 21. 3. 1995). In ihren Filmrollen verkörpert W. zumeist Frauen, die sowohl depressiv-sensibel als auch kämpferisch sind, Frauen, die empfindsam die Menschenwürde verteidigen, sich auch gegen die bestehenden politischen Verhältnisse wenden und dabei oft scheitern, wie als Antigone in *Deutschland im Herbst* (1978, Autorenteam) oder in der TR der Verfilmung von Bölls Roman *Die verlorene Ehre der Katharina Blum* (1975, R. Volker Schlöndorff und Margarethe von Trotta). Weitere Filme u. a. *Die Blechtrommel* (nach Grass, 1979, R. Schlöndorff), *Ediths Tagebuch* (nach Highsmith, 1983, R. Hans W. Geißendörfer), in dem sie in der TR zu sehen ist, → Wajdas *Danton* (1982), Roland Suso Richters *Die Bubi-Scholz-Story* (1997).

Karin Schönewolf

Wisten, Fritz, * 25. 3. 1890 Wien, † 12. 12. 1962 Berlin. Schauspieler, Regisseur, Intendant.

Ausbildung an der Akademie für Musik und darstellende Kunst Wien. 1912 Märkisches Wandertheater Berlin, 1915–18 Eisenach, 1919 Residenztheater Berlin, 1920 Dt. Th. Berlin, dann Landestheater Stuttgart (dort im März 1933 aus politischen und rassischen Gründen entlassen). Spielte u. a. Franz Moor in Schillers *Die Räuber*, Domingo in *Don Carlos*, TRn in Strindbergs *Gustav III.* und Wedekinds *Der Marquis von Keith*, Mephisto in beiden Teilen von → Goethes *Faust*, TRn in Sophokles' *König Ödipus* und Schillers *Die Verschwörung des Fiesco zu Genua*, von → Shakespeare Jago in *Othello*, TR in *Richard III.*, Puck in *Ein Sommernachtstraum*, Lucio in *Maß für Maß*, Shylock in *Der Kaufmann von Venedig*, Voigt in Zuckmayers *Der Hauptmann von Köpenick*. 1933–41 Th. des jüd. Kulturbundes Berlin, dort auch Regisseur, seit 1935 Oberspielleiter, 1939 Leiter (TR in Zweigs *Jeremias*). Nach Schließung des Th.s in Haft, u. a. im KZ Sachsenhausen. 1945 Insz. von → Lessings *Nathan der Weise* im Dt. Th. Berlin zur Spielzeiteröffnung, Sternheims *Der Snob* (mit → Gründgens in der TR), im Hebbel-Th. Wolfs *Professor Mamlock*. 1946–50 Intendant des Th.s am Schiffbauerdamm (inszenierte → Nestroys *Der böse Geist Lumpazivagabundus*, Moretos *Donna Diana*, Shakespeares *Viel Lärm um Nichts*, Ibsens *Stützen der Gesellschaft*). 1954–62 Intendant der Volksbühne Berlin. Inszenierte u. a. Schillers *Wilhelm Tell* (1954) und *Fiesco* (1955), Goethes *Götz von Berlichingen* (1955), Sartres *Nekrassow* (DEA 1956), Sternheims *Der Kandidat* (1960), Stücke von DDR-Dramatikern (Zinners *Ravensbrücker Ballade*, 1961). – Humorbegabter Darsteller mit scharfem Witz, der nach 1941 nicht mehr auftrat. Erfolgreich besonders als Komödienregisseur. Als Intendant v. a. organisatorisch begabt; vertrat ein realistisch-komödiantisches Volkstheater. «Gutes Theater volkstümlich und Volkstümliches gut zu geben, das ist in der Tat das Prinzip, nach dem Wisten am Schiffbauerdamm und später an der Volksbühne die Linie seines Hauses unverwechselbar charakterisierte» (Eylau).

Freeden, H.: Jüdisches Theater im Nazideutschland. Tübingen 1964 / Frankfurt a. M. 1985; Komödiantisches Theater. Fritz Wisten und sein Ensemble. Hg. H. Goertz, R. Weyl. Berlin 1957; Wisten, F.: 3 Leben für das Theater. Berlin 1990.

Werner Schulze-Reimpell

Wöhler, Gustav-Peter, * 31.7.1956 Bielefeld. Schauspieler, Sänger.

Gastwirtssohn; Lehre als Großhandelskaufmann. In Bochum Ausbildung an der Westfäl. Schauspielschule und Engagement am Schauspielhaus. 1982–96 am Dt. Schauspielhauses Hamburg u. a. bei Insz.en → Nels in → Shakespeares *Titus Andronicus* (1982), → Wendts in Schillers *Die Räuber* (1983), → Zadeks in García Lorcas *Yerma*, Websters *Die Herzogin von Malfi* (beide 1985), Shakespeares *Wie es euch gefällt* (1986), → Minks' in → Brechts *Mutter Courage* (1986), Dorsts *Korbes* (1988), Dostoevskijs *Der Idiot* (1989), Turrinis *Tod und Teufel* (DEA 1991), Lindlaus *St. Pauli Saga* (UA 1997), → Bogdanovs in Shakespeares *Julius Cäsar* (1986), *Hamlet*, Thomas' *Unter dem Milchwald* (beide 1989), → Savarys in dessen *Cocu & Co* (UA 1987), → Giesings in → Ayckbourns *Der Held des Tages* (DEA 1990),), → Castorfs in → Goethes *Stella* (1990), Jelineks *Raststätte oder Sie machens alle* (DEA 1995). Auftritte in Musicals und Liederabenden wie → Beginnens *Wir Mädel singen* (UA 1993), Wittenbrinks *Mämmer!* (1997). Regie bei McNallys *Liebe! Stärke! Mitgefühl!* (DEA 1996). Als Gast u. a. bei den Salzburger Festspielen Guter Gesell in Hofmannsthals *Jedermann* (1999), den Münchner Kammerspielen Psychologe in Crouch / McDermotts *Shockheaded Peter* (2002), am Hamburger St. Pauli Th. Michael in Alfieris *Sechs Tanzstunden in sechs Wochen* (2004), Conférencier in Kander / Ebbs' *Cabaret* (2005), an der Oper Essen Puck (Sprechrolle) in Brittens *A Midsummer Night's Dream* (2005). Engagiert im Hamburger Behinderten-Theaterprojekt «Station 17». Film- und Fernsehrollen u. a. in *Lebewohl Fremde* (1991), *Die Denunziantin* (1992), *Bin ich schön?* (1998), *Absolute Giganten* (1999), *Der Zimmerspringbrunnen* (2001), *Tattoo* (2002), *Urlaub vom Leben* (2005). 1995 gründete W. eine eigene Band, mit der er seither im dt.sprachigen Raum gastiert. – Ein vielseitiger und wandlungsfähiger Schauspieler mit ausdrucksstarker Körpersprache, variationsreichem Spiel und komischem Talent. Seine charakteristische und modulationsreiche Stimme, seine Qualitäten als Entertainer machen ihn zu einem ebenso erfolgreichen Sänger.

Wolfgang Beck

Wold, Susse (eig. Lise), * 17.11.1938 Frederiksberg (Dänemark). Schauspielerin.

Tochter der Schauspielerin Ida Marguerite Steenberg Jensen Viby (1909–2001), Ausbildung 1958–60 an der Privatteatrenes elevskole. 1960–64 Det Ny Teater (Kopenhagen), u. a. in Shaws *Major Barbara*, Vitracs *Victor oder die Kinder an der Macht*. 1964–71 Det Kongelige Teater (Kopenhagen); u. a. TR in Feydeaus *Kümmere dich um Amélie*, Maggie in Millers *Vor dem Sündenfall*, Pernille in Holbergs *Den stundenløse (Der Mann, der keine Zeit hat)*, Cressida in → Shakespeares *Troilus und Cressida*. 1971 verließ W. Det Kongelige Teater, zu dem sie aber immer wieder zurückkehrte. Spielte mit ihrer Mutter in Hervés *Nitouche* (1972, Det Ny Teater). Großer Erfolg (724 Vorstellungen) in Cowards *Intimitäten* (Betty Nansen Teatret, Frederiksberg; 1973 Vasa Th., Stockholm) mit ihrem späteren Ehemann Bent Mejding (* 1937). Neben zahlreichen Rollen in Stücken Shakespeares und Holbergs u. a. in Strindbergs *Das Band* (1979), Marivaux' *Die doppelte Unbeständigkeit* (1983), Nicholas Wrights *Mrs. Klein* (mit Bodil Kjer, 1917–2003), TR in Robert → Wilsons *Orlando* (nach Virginia Woolf, 1994, alle Det Kongelige Teater), *At elske sin skæbne* (nach Briefen Karen Blixens, 1998, Det Ny Teater), P. O. Enquists *Søstrene* (nach Čechov, UA 2000, Betty Nansen Teatret), Cowards *Gefallene Engel* (2002, Privat Teatret, Kopenhagen). Außerdem in Fernsehfassungen von Schauspielen wie Genets *Zofen* (1962), Ionescos *Die kahle Sängerin*

(1966), *Der König stirbt* (1970). Fernseh- und Filmrollen u. a. in der Serie *Matador* (1978–81), *Manden på Svanegården* (1972), *Den kroniske uskyld* (1985), *Frøernes spådom* (2003). Tourneen mit Finn Methlings Monolog *Rejsen til de grønne skygger* in Bulgarien und den USA. Auftritte in der ganzen Welt mit (auch engl.sprachigen) Programmen mit Texten Hans Christian Andersens. Tourneen mit eigenen Programmen wie *Kørekort til mig selv*. Zahlreiche Auszeichnungen, u. a. Henkel-Prisen 1979, Jeppe-Prisen 1984, Andersen Medaljen 1994, Andersen-prisen «Mit Livs Eventyr» 2001, Årets Aktive Kvinde 2003; Ritter des Danebrog-Ordens (1996). – Eine sehr wandlungsfähige und populäre Charakterdarstellerin im komischen wie im ernsten Fach. Hohe Sprachkultur, psychologisch eindringliches Spiel und große Ausstrahlung kennzeichnen ihre hochgelobte Darstellungskunst. Seit 1985 Vorsitzende des dän. AIDS-Fondet.

Engberg, H.: Den unge vredes tid. Teaterkritik 1958–1968. Kopenhagen 1970; Kragh-Jacobsen, S.: Teateraftener. Kopenhagen 1980.

Wolfgang Beck

Wolfram, Gerhard, * 15. 6. 1922 Naumburg, † 20. 1. 1991 Berlin. Schauspieler, Dramaturg, Theaterleiter.

Schauspielerausbildung in Dresden. 1945–47 in Köthen, 1948–49 an der Volksbühne Leipzig. Journalist (Berliner Rundfunk, *Tägliche Rundschau*). 1953–65 Chefdramaturg des Maxim-Gorki-Th.s Berlin, zeitweise stellvertretender Intendant. Intendant 1966–72 in Halle, 1972–82 am Dt. Theater Berlin, 1982–90 am Staatsschauspiel Dresden. In Berlin der Beginn lebenslanger Zusammenarbeit mit dem Regisseur Horst Schönemann. W. führte nur ausnahmsweise Regie. Setzte sich lange für das «sozialistische Zeitstück» ein, bevorzugte in den 1980er Jahren systemkritische Stücke (Heiner → Müllers *Die Umsiedlerin* 1985, Brauns *Übergangsgesellschaft*). Höhepunkt dieses Engagements war die UA *Ritter der Tafelrunde* von Christoph Hein 1989. Ermöglichte erstmals Becketts *Warten auf Godot* in der DDR. Im Herbst 1989 verlas das Ensemble Abend für Abend Resolutionen auf der Bühne. Auch hinsichtlich seiner künstl. Qualität war das Dresdner Staatsschauspiel unter W. zum wichtigsten Th. in der DDR geworden. 1986 Gastspielreise mit einem Dutzend Produktionen nach Köln, Düsseldorf und Hamburg.

Sein oder Nichtsein? Theatergeschichten. Dresden o. J.

Werner Schulze-Reimpell

Wolter, Charlotte, * 1. 3. 1834 Köln, † 14. 6. 1897 Wien. Schauspielerin.

W. begann nach kurzem Unterricht in Wien 1857 ihre Karriere in Pest (heute Budapest), Auftritte in Birch-Pfeiffers *Die Waise aus Lowood*, Mosenthals *Deborah*. Danach spielte sie bei Wandertruppen in Ungarn, am Wiener Carl-Th., 1859–61 am neuen Viktoriatheater in Berlin, wo sie u. a. als Hermione in → Shakespeares *Ein Wintermärchen* Aufsehen erregte. Erfolgreiches Gastspiel 1861 am Wiener Burgtheater u. a. mit Scribes *Adrienne Lecouvreur*, Schillers *Maria Stuart*, Laubes *Graf Essex*. 1861 ging sie ans Hamburger Thalia Th., 1862 wechselte sie ans Burgtheater, wo sie in über 2000 Vorstellungen mehr als 100 Rollen spielte. Zahlreiche Gastspiele in dt. und österr. Städten. Am Burgtheater gab sie ihr Debüt in der TR von → Goethes *Iphigenie auf Tauris* (12. 6. 1862) und trat zuletzt in Philippis *Der Dornenweg* auf (23. 6. 1896). Klassische Rollen u. a. in Stücken Shakespeares, Racines, → Lessings, Goethes, Schillers, Kleists, Grillparzers, Hebbels. Daneben spielte sie in Stücken damals aktueller Autoren wie Sardou *(Eine Familie nach der Mode)*, Feuillet *(Eine vornehme*

Ehe), Dumas *(Die Kameliendame)*, Birch-Pfeiffer *(Die Frau in Weiß)*. Manche Stücke österr. Autoren waren speziell auf sie zugeschnitten; TRn u. a. in Halms *Begum Somru*, Weilens *Drahomira*, Brachvogels *Prinzessin Montpensier*, Mautners *Eglantine*, Gottschalls *Katharina Howard*, Rollen in Bauernfelds *Aus der Gesellschaft*, Mosenthals *Die deutschen Komödianten*, Weilens *Edda*. Einer ihrer größten Bühnenerfolge war Messalina in Wilbrandts *Arria und Messalina*. In dieser Rolle wurde sie vom damals berühmten Hans Makart porträtiert. Seit 1874 mit dem Grafen Karl O'Sullivan de Graß († 1888) verheiratet. – «Die W.» war eine bedeutende Tragödin und Heroine; eine instinktsichere, keine analytische Schauspielerin von großer Leidenschaft des Ausdrucks, die ihre Rollen von den «großen Szenen» aus gestaltete, berühmt war für ihre Todesdarstellungen. Zeitgenossen, die «W.-Dramen» verfassten, konzipierten ihre Stücke häufig auf effektvolle Szenen hin, die große Auf- und tragische Abtritte ermöglichten. Ihr leidenschaftliches Spiel, ihre ausdrucksvolle Gestik und Mimik sprengten die bis dahin üblichen Konventionen der Darstellung und wiesen voraus auf eine realistischere Schauspielkunst. Ihre tiefe, melodiöse Stimme war zugleich über eine sich steigernde Tonmelodie des grellsten Schreis fähig, der als «W.-Schrei» in die Theatergeschichte einging. Diese «akustische Hyperbel» (J. Vogel) zählte der Kritiker und spätere Burgtheaterdirektor Paul Schlenther zu den «Merkwürdigkeiten» Wiens: «Wer die Wolter ohne ihren Schrei kennt, der hat Rom ohne seinen Pabst gesehen.» Nach ihrem Tod wurde sie, die viel Wert auf charakteristische Kostüme gelegt hatte, auf eigenen Wunsch im Kostüm der Iphigenie beerdigt.

Altmann, J.: Chronologisches Verzeichniß der von Charlotte Wolter während fünfundzwanzig Jahren im Burgtheater gespielten Rollen. (Wien 1887); Bang, H.: Menschen und Masken. Berlin 1909; Charlotte Wolter in ihren Glanzrollen. Hg. E. M. Engel. Wien 1897; Doublier, G.: Charlotte Wolter. Diss. Wien 1925; Ehrenfeld, M.: Charlotte Wolter. Wien 1887; Hirschfeld, L.: Charlotte Wolter. Wien 1897; Niederle, B.: Charlotte Wolter. Berlin u. a. 1948; Richter, H.: Charlotte Wolter. Wien 1934; Vogel, J.: Die Furie und das Gesetz. Zur Dramaturgie der «großen Szene» in der Tragödie des 19. Jahrhunderts. Freiburg i. Br. 2002.

Wolfgang Beck

Wonder, Erich, * 30. 3. 1944 Jennersdorf (Österreich). Bühnenbildner.

Ausbildung 1960–64 Kunstgewerbeschule Graz, 1964–67 Akademie der bildenden Künste Wien. 1968–71 Assistent von → Minks in Bremen; Szenerien u. a. für Tanztheaterinsz.en → Kresniks: *Kriegsanleitung für Jedermann*, *Pegasus* (beide UA 1970), *Frühling wurd's* (UA 1972). 1972–78 Ausstattungsleiter am Schauspielhaus Frankfurt; u. a. Fletcher, *Zwielicht* (DEA 1973, R. → Palitzsch), → Brecht, *Baal* (1974, R. → Neuenfels), Laube, *Der Dauerklavierspieler* (1974), Bond, *Die Hochzeit des Papstes* (1975, beide R. → Bondy), Rudkin, *Vor der Nacht* (1976, R. → Löscher), Sophokles, *Antigone* (1978, R. → Nel), Pirandello, *Heinrich IV.* (1978, R. → Fernandes). Seither freier Bühnenbildner für Sprechtheater und Oper. Kontinuierliche Zusammenarbeit mit einzelnen Regisseuren. Mit → Berghaus u. a. bei Janáčeks *Die Sache Makropoulos* (1982, Oper Frankfurt a. M.), Kleists *Penthesilea* (1991 Burgtheater Wien); mit Bondy u. a. bei Schnitzlers *Das weite Land* (1984, Th. des Amandiers, Paris-Nanterre), Mozarts *Don Giovanni* (1990, Wiener Staatsoper), Strauß' *Schlußchor* (1992, Schaubühne am Lehniner Platz, Berlin), Ibsens *John Gabriel Borkman* (1993, Th. de Vidy Lausanne), Boesmans' *Reigen* (UA 1993), *Wintermärchen* (UA 1999, beide Th. de la Monnaie, Brüssel), Horváths *Figaro läßt sich scheiden* (1998, Th. in der Josefstadt Wien); mit → Flimm u. a. bei Horváths *Geschichten aus dem Wiener Wald*

(1973), Ionescos *Die Stühle* (1977), Hebbels *Die Nibelungen* (1988), Ibsens *Die Wildente* (1994, alle Thalia Th. Hamburg), Hofmannsthals *Der Schwierige* (1991, Salzburger Festspiele), Händels *Alcina* (1997, Wiener Festwochen / Oper Zürich), Bergs *Wozzeck* (1997, Teatro alla Scala, Mailand), Wagners *Der Ring des Nibelungen* (2000, Bayreuther Festspiele), Cerhas / Turrinis *Die Riesen vom Steinfeld* (UA 2002, Staatsoper Wien); mit Heiner → Müller bei dessen *Der Auftrag* (1982, Schauspielhaus Bochum), *Der Lohndrücker* (1988), *Hamlet / Hamletmaschine* (1990, beide Dt. Th. Berlin), Wagners *Tristan und Isolde* (1993, Bayreuther Festspiele); mit Peter Mussbach bei Busonis *Doktor Faustus* (1999, Salzburger Festspiele), Strauss' *Arabella* (2002, Th. le Châtelet, Paris), Verdis *La Traviata* (2003, Staatsoper Berlin), Brittens *Billy Budd* (2005, Bayer. Staatsoper). Außerdem mit → Peymann (Strauß' *Die Hypochonder*, UA 1972, Dt. Schauspielhaus Hamburg), N.-P. → Rudolph (Strauß' *Kalldewey, Farce*, UA 1982, Dt. Schauspielhaus Hamburg), Nel (Shakespeares *Titus Andronicus*, 1983, Kampnagel Hamburg), Schmid (Bergs *Lulu*, 1985, Grand Th. de Genève), Lehnhoff (Wagners *Der Ring des Nibelungen*, 1987, Bayer. Staatsoper), → Lievi (Willis *Schlafes Bruder*, UA 1996, Opernhaus Zürich), → Breth (Schnitzler, *Das weite Land*, 2002, Salzburger Festspiele), M. → Hartmann (Strauß, *Der Narr und seine Frau heute abend in Pancomedia*, UA 2001, Schauspielhaus Bochum). Eigene Insz. von Cavallis *L'Ormindo* (1984, Hamburgische Staatsoper). Ausstellungen von szenischen Entwürfen und Bildern (*Inszenierte Räume*, 1979, Kunstverein Hamburg; *Fallen – Gleiten – Schweben*, 2004, Galerie Ulysses, Wien). Performances und Rauminstallationen wie *Rosebud* (1979, Schauspielhaus Düsseldorf), *Maelstromsüdpol* (1987, documenta 8, Kassel), *Das Auge des Taifuns* (1992, Ringstraße Wien). 1978–85 Leiter der Meisterklasse für Bühnenbild an der Hochschule für Angewandte Kunst, seit 1985 Leiter der Meisterschule für Bühnengestaltung der Akademie der bildenden Künste (beide Wien). 1987 Preis der Stadt Wien für Angewandte Kunst, 2003 Hein-Heckroth-Bühnenbildpreis.

W. ist einer der wichtigsten Bühnenbildner der letzten Jahrzehnte, dessen szenische Raumgestaltungen keine bloße Dekoration sind, sondern Aktionsraum für die Figuren des Stücks. Die Starrheit des Bühnenraums versucht er aufzubrechen, «den Blickwinkel zu verändern, gewohnte Bilder aus anderen Perspektiven zu formulieren und die Betrachtung, die Wahrnehmung zu irritieren» (E. Schweeger in *Erich Wonder: Bühnenbilder*, S. 148). Der Würfel als Grundform einer gebrochenen Architektur, Licht, Farbe, Tüll als ideale Projektionsfläche sind wesentliche Elemente seiner vom Film beeinflussten Ästhetik. Mit Hilfe des Lichts gelingt es ihm, poetische Räume und theatrale Bilder zu schaffen, die Regisseuren die Insz. des Wesentlichen gestatten. «Der Bühnenraum muß unwirklich sein. So unwirklich, daß er schon wieder ganz wirklich wird» (W. in ebd., S 72).

Bühnenbild heute – Bühnenbild der Zukunft. Hg. H. Klotz. Karlsruhe 1993 *(Katalog)*; Eckert, N.: Das Bühnenbild im 20. Jahrhundert. Berlin 1998; Erich Wonder. Bühnenbilder. Hg. K. Hetzer-Molden. Ostfildern-Ruit 2000; Erich Wonder. Raum-Szenen / Szenen-Raum. Hg. E. Schweeger. Stuttgart 1986.

Wolfgang Beck

Wood, Peter, * 8. 10. 1927 Colyton (Devon, Großbritannien). Regisseur.

W. war bereits während seines Studiums in Cambridge Mitglied einer studentischen Theatergruppe (Marlowe Society). Mit Peter → Hall gründete er 1953 die Elizabethan Th. Company. Arbeitete als Regisseur am Oxford Playhouse (1955), danach am Arts Th. in London, Insz. en u. a. von Ionescos *Der neue Mieter*, *Die kahle Sängerin* (beide 1956), Salacrous

Scherben, Peakes *The Wit To Woo* (beide 1957), O'Neills *The Iceman Cometh* (*Der Eismann kommt*, 1958). 1958 beim Edinburgh Festival Schillers *Maria Stuart*. Bei der Royal Shakespeares Company (RSC) war W. beteiligt an der Produktion von John Bartons → Shakespeare-Adaption *The War of the Roses* (1963), inszenierte u. a. Shakespeares *The Winter's Tale* (*Ein Wintermärchen*, 1960), *Hamlet* (1961; 1970 TV), Whitings *The Devils* (1961), → Brecht/Weills *Die Dreigroschenoper* (1963; 1986 National Th.), Stevensons *Doctor Jekyll and Mr. Hyde* (1991). Er führte Regie bei den UAen von → Pinters *The Birthday Party* (*Die Geburtstagsfeier*, 1958, Lyric Th., Hammersmith), Shaffers *The Private Ear* und *The Public Eye* (*Hören Sie zu! Geben Sie Acht!*, 1962, Globe Th., London; 1963 Morosco Th., New York) und Ortons *Loot* (*Die Beute*, 1965, Cambridge). Zahlreiche Insz.en am National Th. (NT) in London, wo W. 1978–89 als «Associate Director» fungierte. Regie u. a. bei Ibsens *Baumeister Solness* (1964, mit M. → Redgrave), Congreves *Love for Love* (*Liebe für Liebe*, 1965, mit → Olivier; 1985), *The Double-Dealer* (*Doppelspiel*, 1978, mit R. → Richardson), Molnárs *Der Gardeoffizier* (1979), Vanbrughs *The Provok'd Wife* (1980), Sheridans *The Rivals* (*Die Rivalen*, 1983), *The School for Scandal* (*Die Lästerschule*, 1990), Millers *The American Clock* (*Die große Depression*, 1986), Farquhars *The Beaux' Stratagem* (*Des Stutzers Kriegslist*, 1989, zuerst Belgrad Th., Coventry). Zahlreiche Gastinsz.en an Th.n des In- und Auslands, u. a. von Kerrs *Poor Richard* (*Armer Richard*, 1964, Helen Hayes Th., New York), Pinters *Betrogen* (dt.sprachige EA 1978), *Das Treibhaus* (1983), Shaffers *Amadeus* (dt.sprachige EA 1981, alle Burgtheater Wien), Nashs *Wildfire* (1986, Th. Royal, Bath und Phoenix Th., London), Hamptons *Les liaisons dangereuses* (1988 Ahmanson Th., Los Angeles), Nicholsons *Map of the Heart* (1991, Globe Th., London), Stoppards *Arkadien* (dt.sprachige EA 1993), Shakespeares *Ein Sommernachtstraum* (1992/93, beide Züricher Schauspielhaus). Bei den Festivals in Glyndebourne Regie bei Mozarts *Die Entführung aus dem Serail* (1980), in Chichester bei Jones/Hermans *The Silver King* (1990), Pineros *Preserving Mr. Panmure* (1991), Goldsmith's *She Stoops To Conquer* (1992), Stoppards *Arcadia* (2000). Besonders als Regisseur von Dramen Tom Stoppards hat sich W. internat. einen Namen gemacht. Von ihm inszenierte er die UAen der Bearbeitungen *Undiscovered Country* (nach Schnitzlers *Das weite Land*, 1979), *Dalliance* (nach Schnitzlers *Liebelei*, 1986), *On the Razzle* (nach → Nestroys *Einen Jux will er sich machen*, 1981 – Olivier Award; 1984 Burgtheater; 1986 TV; 2001 Chichester Festival), *Rough Crossing* (nach Molnárs *Spiel im Schloß*, 1984), die UAen der Stücke *Jumpers* (*Akrobaten*, 1972, 1976 National Th.; 1974 Billy Rose Th. New York; 1983, Burgtheater Wien; 1985 Aldwych Th. London), *Travesties* (1974, RSC im Aldwych Th.; 1975 Ethel Barrymore Th. New York; 1976 Burgtheater), *Night and Day* (1978, Phoenix Th. London; 1979, Eisenhower Th. Washington, dann ANTA Th. New York; 1980 Burgtheater), *The Real Thing* (*Das einzig Wahre*, Strand Th., London; 1984 Burgtheater), *Hapgood* (1988, Aldwych Th. London; 1989 Doolittle Th. Los Angeles), *Indian Ink* (1995, Yvonne Arnaud Th. Guildford, dann Aldwych Th.), das Fernsehspiel *The Dog It Was That Died* (1988). Film- und Fernsehregie u. a. bei *In Search of Gregory* (1969), *The Man from Haven* (1972, TV), *A Long Day's Journey Into Night* (1973, TV), *Life of Shakespeare* (1978, TV), *The Gondoliers* (1982). – W., der häufig mit dem Bühnenbildner Carl Toms (1927–99) zusammenarbeitete, ist ein präziser, dem Werk verpflichteter Regisseur mit großer komödiantischer Phantasie, die er wirkungsvoll einzusetzen versteht. Besonders verdienstvoll sein Einsatz für die Werke Stoppards und Pinters, aber auch für Dramen des brit. Restaurationstheaters.

Wolfgang Beck

Wüstenhöfer, Arno, * 9. 10. 1920 Karlsruhe, † 19. 7. 2003 Wuppertal. Schauspieler, Regisseur, Intendant.

Bereits als Gymnasiast Schauspielunterricht. 1938–39 Arbeitsdienst, 1939–41 Jurastudium in Bonn und Köln, 1941–45 Soldat. Gründete eine Soldatenbühne. Nach der Rückkehr aus Gefangenschaft 1946–59 Wuppertaler Bühnen (Tellheim in → Lessings *Minna von Barnhelm*, Rupprecht in Kleists *Der zerbrochene Krug*, Spitta in Hauptmanns *Ratten*). Seit 1952 auch Regisseur (Hauptmanns *Der Biberpelz*, Schillers *Kabale und Liebe*, Ibsens *Die Stützen der Gesellschaft*, DEA O'Neills *Jenseits vom Horizont*). 1959–64 Intendant der Bühnen der Hansestadt Lübeck, 1964–75 der Wuppertaler Bühnen. Die Direktion des Basler Th.s trat er wegen erheblicher Etatkürzungen nicht an. 1975–78 freier Regisseur. 1978–85 Intendant des Bremer Th.s. Danach wieder Schauspieler, u. a. als Gast im Dt. Schauspielhaus Hamburg (Sir Stamford Foley in Brenton/Hares *Prawda*, DEA 1986). Einige Operninsz.en. – W. nahm sein eigenes künstl. Ausdrucksverlangen als Intendant klug zurück, beschied sich zuweilen mit der Rolle eines Ko-Regisseurs. Er versuchte, durch einen literarischen Spielplan mit vielen (Wieder-)Entdeckungen (Strindbergs *Advent*, Fleißers *Fegefeuer in Ingolstadt*, Wedekinds *Schloß Wetterstein*, Lasker-Schülers *Arthur Aronymus und seine Väter*, Bronnens *Die Exzesse*) das Profil der Th. zu prägen und namhafte (→ Zadek, → Peymann, → Neuenfels, Hans → Bauer) oder offensichtlich begabte junge Regisseure (→ Heyme, → Bondy) zu gewinnen. Großes Verdienst erwarb er sich mit der Verpflichtung der Tanztheatertruppe von Pina → Bausch, zu der er unbeirrbar stand, allen anfänglichen Protesten des Publikums zum Trotz. In Bremen engagierte er mit Gerhard → Bohner und Reinhild → Hoffmann ebenfalls hochqualifizierte Ballettchefs.

Bremer Theater 1978–1985. Bremen 1985; Premieren und Ensemble 1945–1986. Hg. Wuppertaler Bühnen. Wuppertal 1986.

Werner Schulze-Reimpell

Wuttke, Martin, * 8. 2. 1962 Gelsenkirchen. Schauspieler, Regisseur.

Nach der Ausbildung an der Schauspielschule Bochum hatte W. sein erstes Engagement am Schauspiel Frankfurt a. M., wo er in der *Hamlet*-Insz. Holger Bergs 1985 die TR spielte und dann zum bedeutendsten Protagonisten in Einar → Schleefs Projekten *Mütter* und *Die Schauspieler* (1986) wie auch in seinen Insz.en von → Goethes *Götz von Berlichingen* (1989), Feuchtwangers *1918* (1990; Rolle: Thomas Wendt) und Goethes *Faust* (1990; Rollen: Mephisto/Faust/Gretchen) avancierte. Nach Gastspielen u. a. an der Freien Volksbühne Berlin als Prinz Sigismund in Kurt → Hübners Insz. von Calderóns *Das Leben ein Traum* (1986) und König Gilgamesch in Robert → Wilsons/David Byrnes *The Forest* (1988) gehörte er 1991–93 dem Ensemble des Hamburger Thalia Th.s an; Rollen u. a. George Garga in → Brechts *Im Dickicht der Städte* (1991; R. Ruth → Berghaus). Seit 1994 gehörte W. zum Berliner Ensemble (BE), wo er den entscheidenden Durchbruch mit seiner Darstellung des Arturo Ui in Heiner → Müllers Brecht-Insz. *Der aufhaltsame Aufstieg des Arturo Ui* (1995, mit Bernhard → Minetti als Uis Schauspiellehrer) hatte und von den Kritikern zum Schauspieler des Jahres gewählt wurde und den Gertrud-Eysoldt-Ring erhielt. Am BE Regiedebüt mit Heiner Müllers nachgelassenem Stück *Germania 3. Gespenster am toten Mann* (1996). Nach Müllers Tod (1996) übernahm W. kurze Zeit die Leitung des BE.

Nach Gastspielen an der Berliner Schaubühne am Lehniner Platz als Orest in Goethes *Iphigenie auf Tauris* (1998, mit Angela → Winkler, R. → Grüber) und bei den Salzburger Festspielen in der TR von Georg Büchners *Dantons Tod* (1998; R. Wilson) wechselte W. an die Volksbühne am Rosa-Luxemburg-Platz, wo er mit den Regisseuren → Castorf, → Marthaler und → Schlingensief zusammenarbeitete. Rollen u. a.: 1999 Stawrogin in *Dämonen* nach Dostoevskij, 2001 Wanja in *Erniedrigte und Beleidigte* nach Dostoevskij, 2002 Meister in *Meister und Margarita* nach Bulgakov, 2003 TR in *Der Idiot* nach Dostoevskij, 2004 Chance Wayne in *Forever Young* nach Williams' *Süßer Vogel Jugend* (alle Volksbühne; R. Castorf). Insbesondere die Insz.en Castorfs bereicherte W. durch sein an Schleef geschultes formbetontes und präzise rhythmisiertes Spiel, das Michael Merschmeier anlässlich seiner Darstellung des Arturo Ui so beschrieb: «Wuttke zeigt: eine Patchwork-Puppe, zusammengesetzt gemäß den Dokumenten von Hitler-Auftritten und gewürzt mit Chaplins *Großem Diktator*. Doch gelingt ihm weit mehr als eine brillante Travestienummer, er beweist: Ein Schauspieler kriegt mit solch wohlkalkulierter Mischung aus kraftvoller Überrumpelung, klamottiger Anbiederei, intelligenter Brechung und handwerklicher Perfektion (fast) jeden rum – wie der nur vordergründig tumb floskelnde und grob gestikulierende A. H. allzu viele rumkriegte. [...] Mit untrüglichem Instinkt und komischer Klugheit gelingt Wuttke der Balanceakt: Seine krasse Hitler-Karikatur ist immer gefährlich und bissig» (*Th. heute*, Jahrbuch 1995). Film- und Fernsehrollen. Eigene Insz.en u. a. von Müllers *Quartett* (1997, Scuola d'Arte Drammatica Paolo Grassi, Mailand), *Podpolje* nach Dostoevskij (2002), *Perser* nach Aischylos / Grünbein (2003), *Solaris* nach Lem (2004, alle Stiftung Schloss Neuhardenberg).

Friedemann Kreuder

Wyspiański, Stanisław, * 15. 1. 1869 Kraków, † 28. 11. 1907 Kraków. Dramatiker, Maler, Bühnenbildner, Theatervisionär.

Nach dem Studium an der Akademie der Bildenden Künste in Kraków und in Paris beschäftigte sich W. hauptsächlich mit der Malerei und – vielseitig – mit Th. 1898 debütierte er als Dramatiker und Bühnenbildner am Stadttheater Kraków (*Warszawianka*, dt. *Das Warschauer Lied*, 26. 11. 1898, R. L. Solski), wo auch seine wichtigsten Dramen aufgeführt wurden (*Wesele*, dt. *Die Hochzeit*, P. 16. 3. 1901 – nach Meinung vieler Kritiker das größte poln. Theaterwerk des 20. Jh.s, dt.sprach. EA am Landestheater Salzburg, P. 27. 7. 1992, R. A. → Wajda; *Wyzwolenie*, dt. *Die Befreiung*, P. 28. 2. 1903; *Bolesław Śmiały*, dt. *Boleslaus der Kühne*, P. 7. 5. 1903). 1901 bearbeitete W. für die Bühne in Kraków – zum ersten Mal in Polen – den vollen Text eines der Hauptwerke der poln. Romantik, des Nationaldramas von Adam Mickiewicz (1798–1855) *Dziady (Die Totenfeier)*. Nach einem Konflikt mit dem Intendanten des Stadttheaters Kraków, J. Kotarbiński, zog W. 1904 alle seine Stücke von der Bühne zurück und widmete sich ausschließlich der literarischen Arbeit und der Malerei. 1905 bewarb sich W. ohne Erfolg um die Intendanz des Th.s in Kraków. Die Stelle erhielt damals ein erfolgreicher Schauspieler, Ludwik Solski, dem es jedoch gelungen ist, den Dramatiker W. erneut zur Zusammenarbeit mit dem Th. zu bewegen. 1905 gab W. eine umfangreiche – und teilweise poetisch gefasste – Analyse von → Shakespeares *Hamlet* heraus, in der er seine Theateransichten und Bühnenvisionen darstellte. Nach dem Tod W.s fand die letzte wichtige Premiere seines Dramas *Noc listopadowa* (*Die Novembernacht*, P. 28. 11. 1908) statt. Zu den originellsten und berühmtesten modernen Bearbeitungen eines Stücks von W. gehört *Akropolis* (Th.-Laboratorium Opole, P. 10. 10. 1962, R. J. → Szajna und J. → Grotowski).

W. war nicht nur ein hervorragender Dramatiker, der die Tradition der patriotischen Literatur der poln. Romantik pflegte, sondern auch ein Theatervisionär, Vorläufer der antiillusionistischen Theaterreform in Polen und des in den Jahren 1918–39 von Leon →Schiller und Wilam Horzyca (1889–1959) in Polen entwickelten Inszenierungsstils, des sog. Monumentaltheaters, der außerdem an Vorstellungen des Wagner'schen Gesamtkunstwerks und Forderungen von Edward Gordon →Craig anknüpfte. W. gilt in Polen als einer der wichtigsten Klassiker (vergleichbar mit Adam Mickiewicz) der poln. Nationalliteratur.

Köstler, N.: Strukturen des modernen epischen Theaters: Stanisław Wyspiańskis «Teatr ogromny» […]. Diss. München 1981; Kröplin, W.: Stanisław Wyspiańskis «monumentales Theater». Diss. Berlin 1985; de Schildenfeld-Schiller, L.: The New Theatre in Poland: Stanisław Wyspiański. In: The Mask 1909/1910, Bd. 2.

Wojciech Dudzik

Z

Zadek, Peter (Max), * 19. 5. 1926 Berlin. Regisseur, Theaterleiter.

Sohn eines Handlungsreisenden; 1933 Emigration der Familie nach Großbritannien. Studium der Germanistik und Romanistik in Oxford, unterbrochen von einer Zeit als Lehrer. 1945 erste Insz.en für den Experimental Drama Club London (Milne, *Michael and Mary*; Bernard, *The Springtime of Others*). 1946 Ausbildung an der Theaterschule des Old Vic Th., Regie bei Wildes *Salome* und Eliots *Sweeney Agonistes* (1946). In den folgenden Jahren Insz.en für verschiedene Londoner Th., darunter des eigenen Stücks *Mexican Fiesta* (1951, Hendon Summer Th.) und der engl. EA von Genets *Die Zofen* in franz. (Mercury Th. Club) und engl. Sprache (beide 1952/53, Royal Court Th. Club). 1954/55 wöchentlich 1 Insz. in Swansea und Pontybridd (Wales), bis 1956 Regie beim Fernsehen der BBC. 1957 UA von Genets *Der Balkon* (Arts Th. Club) in einer geschlossenen Veranstaltung. Mit Vauthiers *Kapitän Bada* 1958 erste Insz. in der BRD (Th. am Dom, Köln), der weitere in Köln, Ulm, Hannover folgten. 1960 von Kurt →Hübner an das Ulmer Th. engagiert, u. a. Regie bei Lehmans *Der Spielverderber* (UA 1960), Behans *Die Geisel* (DEA 1961). Beginn der Zusammenarbeit mit dem Bühnenbildner Wilfried →Minks, mit dem er Hübner nach Bremen folgte. 1962–67 dort Schauspieldirektor; Z. wurde einer der Protagonisten des – das Th. der BRD beeinflussenden – sog. Bremer Stils. Insz.en u. a. von Osbornes *Luther* (DEA 1962) und *Ein Patriot für mich* (DEA 1966), Jellicoes *Was ist an Tolen so sexy* (DEA 1963), Behans *Der Spaßvogel* (1964), Valentin / Mullers *Die Unberatenen* (UA 1965), Donleavys *Ein sonderbarer Mann* (DEA 1967). Erste Musicalinsz.en (Wilsons *Music Man*, 1963; Norman / Barts *Die alten Zeiten sind vorbei*, 1965) und Aufsehen erregende Insz.en von Stücken →Shakespeares (*Held Henry* nach *Heinrich V.*, 1964; *Maß für Maß*, 1967), Wedekinds (*Frühlings Erwachen*, 1965), Schillers (*Die Räuber*, 1966) und Ibsens (*Nora oder Ein Puppenheim*, 1967). In den folgenden Jahren Gastregie in Wuppertal, Stuttgart, Berlin und München (Bond, *Schma-*

ler Weg in den tiefen Norden, DEA 1969, Kammerspiele) sowie Film- und Fernsehproduktionen, u. a. *Ich bin ein Elefant, Madame* (1968), *Piggies, Rotmord* (beide 1969), *Der Pott* (1970), *Van der Valk und das Mädchen* (1972). 1972–75 Intendant des Schauspielhauses Bochum, 1975–77 Mitglied des neu eingerichteten Leitenden Direktoriums. Insz.en von Revuen nach Romanvorlagen wie *Kleiner Mann, was nun?* (1972, nach Fallada), *Professor Unrat* (1974, nach Heinrich Mann), von Stücken Dorsts (*Eiszeit*, UA 1973), Hamptons (*Die Wilden*, DEA 1973), Čechovs (*Die Möwe*, 1973), Ibsens (*Die Wildente*, 1975; *Hedda Gabler*, 1977) und immer wieder Shakespeares. 1978–85 freier Regisseur. Für Udo Lindenberg inszenierte Z. die Rock-Revue *Dröhnland Symphonie* (1979, Stadthalle Bremen). Insz.en u. a. in Hamburg am Thalia Th. (Griffith' *Komiker*, DEA 1978) und dem Dt. Schauspielhaus (Shakespeare, *Das Wintermärchen*, 1978; → Ayckbourn, *Spaß beiseite*, DEA 1979; Hopkins, *Verlorene Zeit*, DEA 1984), in Berlin an der Freien Volksbühne (Enzensberger, *Molières Menschenfeind*, UA 1979; Sobol, *Ghetto*, europ. EA 1984) und dem Schiller-Th. (*Jeder stirbt für sich allein*, UA 1981, nach Fallada). Erste Opernregie bei Mozarts *Figaros Hochzeit* (1983, Staatstheater Stuttgart). 1985–89 Intendant des Dt. Schauspielhauses Hamburg, erfolgreiche und umstrittene Insz.en von García Lorcas *Yerma*, Websters *Die Herzogin von Malfi* (beide 1985), Shakespeares *Wie es euch gefällt* (1986), des Musicals *Andi* (Driest, Raben, Z., UA 1987), Wedekinds *Lulu* (UA der Urfassung 1988). Seither freier Regisseur, unterbrochen von der Ko-Intendanz (mit H. → Müller, → Palitzsch, → Marquardt, M. → Langhoff) am Berliner Ensemble (1992–94), wo Z. in diesen Jahren die eigene Bearbeitung von Zavattinis *Das Wunder von Mailand*, → Brechts *Der Jasager und der Neinsager* (beide 1993), Shakespeares *Antonius und Cleopatra* (1994) inszenierte. Seither dort u. a. Ibsens *Peer Gynt* (2004), am Dt. Th. Brechts *Mutter Courage und ihre Kinder* (2003). Gast-Regie in Paris, München, in Hamburg an den Kammerspielen (Kane, *Gesäubert*, DEA 1999; LaBute, *bash*, DEA 2001), dem St. Pauli Th. (Delaney, *Bitterer Honig*, 2006), den Salzburger Festspielen (Brecht / Weill, *Aufstieg und Fall der Stadt Mahagonny*, 1998), v. a. aber am Wiener Burgtheater. Dort große Erfolge u. a. mit Čechovs *Iwanow* (1990) und *Der Kirschgarten* (1996), Shakespeares *Hamlet* (1999, mit Angela → Winkler in der TR), Ibsens *Rosmersholm* (2000), Marlowes *Der Jude von Malta* (2001), Williams' *Die Nacht des Leguan* (2002). 2005 gründete Z. mit dem ehemaligen Intendanten des Dt. Schauspielhauses Tom → Stromberg die Firma «my way productions», die zunächst Shakespeare-Stücke in Z.s Regie für mehrere Festspiele produzieren soll. Am Sitz der Firma im brandenburgischen Streckenthin soll auch ein Aus- und Fortbildungszentrum für junge Schauspieler entstehen. Zahlreiche Auszeichnungen (mehrfach Regisseur des Jahres); Z.s Insz.en wurden vielfach zu nat. (20-mal Berliner Theatertreffen) und internat. Festivals eingeladen. Der Regisseur Z. hat sich immer wieder mit Stücken Čechovs, Ibsens und v. a. Shakespeares auseinandergesetzt. Allein 5-mal mit *Der Kaufmann von Venedig* (1947, Arts Council Tournee-Th.; 1961, Ulmer Th.; 1972, Schauspielhaus Bochum; 1988 und 1994 Burgtheater).

Z. ist einer der herausragenden Regisseure seiner Zeit, unbequem, provokativ, Publikum und Schauspieler fordernd, v. a. in seinem Umgang mit klassischen Stücken. So in seinen umstrittenen Insz.en von Shakespeares *Othello* (1976, Dt. Schauspielhaus Hamburg) und *Hamlet* (1977, Schauspielhaus Bochum). – «Der entspannteste und genialste aller alten Jugendtheatermeister» (G. Stadelmaier in *FAZ*, 10. 4. 2004), ein «Meister der

Register des Verstörenden, Belebenden und Bewegenden» (K. Hübner in *Berliner Ztg.*, 18. 5. 1996). Ein phantasievoller, bilderreicher Regisseur, zu dessen theaterästhetischen Vorstellungen auch Spieltechniken des Volkstheaters und des Boulevards gehören. Bei allen wieder auftauchenden Elementen hat sich Z. in allen seinen Schaffensphasen immer wieder neu «erfunden», dabei auch das künstl. Scheitern bewusst in Kauf genommen: «Wenn Leute meinen, bei mir einen Stil zu erkennen, dann frage ich mich, was ich falsch gemacht habe» (Z.). Ein etablierter Außenseiter im Mittelpunkt des Theatergeschehens. Immer wieder mit denselben Bühnenbildnern (Minks, Grützke, Kneidl) und Schauspielern (→ Hoger, → Mattes, Winkler, → Wildgruber, → Voss) arbeitend.

Dermutz, K.: Die Außenseiter-Welten des Peter Zadek. Salzburg u. a. 2001; Lange, M.: Peter Zadek. Frankfurt a. M. 1989; Weckherlin, Th.: Mit Boulevard gegen Dallas. Das Theater von Peter Zadek als kritisches Vergnügen. Norderstedt 2002; Zadek, P.: Menschen Löwen Adler Rebhühner. Theaterregie. Köln 2003; ders.: My Way. Köln 1998.

Wolfgang Beck

Zapatka, Manfred, * 2. 10. 1942 Bremen. Schauspieler.

Der Sohn eines Journalisten studierte 2 Jahre Journalismus in Köln, lernte ab 1962 an der Westfäl. Schauspielschule Bochum, wurde an die Bühnen in Freiburg i. Br. (1966–68) und Essen (1968–72) engagiert. 1972–76 am Staatstheater Stuttgart u. a. in Langes *Staschek oder Das Leben des Ovid* (UA 1974), Schillers *Die Räuber* (R. → Peymann), Strauß' *Bekannte Gesichter, gemischte Gefühle* (UA, R. N.-P. → Rudolph), Wolfs *Cyankali* (alle 1975), Camus' *Die Gerechten*, → Brechts *Trommeln in der Nacht* (beide 1976, R. → Nel). 1977 TR in → Shakespeares *Hamlet* am Düsseldorfer Schauspielhaus (R. → Krejca). 1976–81 und 1984–97 an den Münchner Kammerspielen. Dazwischen 1982/83 am Schauspielhaus Frankfurt a. M. u. a. in Kleists *Amphitryon* (TR) und Brechts *Im Dickicht der Städte* (beide R. → Dresen). In München u. a. in Odets' *Golden Boy* (1976), Gor'kijs *Nachtasyl* (1976, R. → Ciulei), H. → Müllers *Germania Tod in Berlin* (1978), *Die Hamletmaschine* und *Verkommenes Ufer Medeamaterial Landschaft mit Argonauten* (1984), Schillers *Maria Stuart* (1979, R. → Wendt), Ibsens *Die Wildente* (1979), Santanellis *Regina Madre* (DEA 1990), Spechts *Carceri* (UA 1996), Dorsts *Die Legende vom armen Heinrich* (TR, UA 1997). In der Regie A. → Langs in Racines *Phädra*, Kleists *Penthesilea* (beide 1987), Th. → Langhoffs in Čechovs *Platonow* (1981), Mussets *Lorenzaccio* (TR, 1985), Ibsens *Die Frau vom Meer* (1989), v. a. aber in Insz.en → Dorns: Wedekinds *Lulu* (1. Teil: *Erdgeist*, 2. Teil: *Die Büchse der Pandora*, 1977), → Goethes *Clavigo* (TR, 1979), *Torquato Tasso* (TR, 1984), Büchners *Dantons Tod* (1980), Strauß' *Der Park* (1984), *Sieben Türen* (DEA 1988), *Schlußchor* (UA 1991), Shakespeares *Troilus und Cressida* (1986), *König Lear* (1992, TV), *Der Sturm* (1994), Kopits *Road to Nirvana* (DEA 1992). Seither freier Schauspieler; spielte u. a. bei den Wormser Nibelungenfestspielen Hagen von Tronje in Rinkes *Die Nibelungen* (2003) und Hebbels *Die Nibelungen* (2004–05, R. K. → Beier), auf Tournee den Vernehmungsoffizier in Harwoods *Der Fall Furtwängler* (2004, R. F. Berndt). Am Dt. Schauspielhaus Hamburg 2005 in einer Videoeinspielung in Wedekinds *Frühlings Erwachen* und in Rezas *Ein spanisches Stück* (R. → Gosch). Erste Regie bei Kreislers *Lola Blau* (2003, Essen). Zahlreiche Film- und Fernsehrollen, u. a. in *Das Lamm* (1964), *Deutschland im Herbst* (1978), *Krieg und Frieden* (1982), *Egmont* (1984, TV), *Rivalen der Rennbahn* (1989, TV), *Erfolg* (1991), *Der große Bellheim* (1993, TV), *Todesspiel* (1997, TV), *Frankfurter Kreuz* (1998, TV), *Manila* (2000), *Das Himmler Projekt* (2001, Grimme-

Preis), *Elefantenherz* (2002), *Die Nacht singt ihre Lieder* (2003), *Falscher Bekenner* (2004). Sprecher vieler Hörbücher und Hörspiele. – Ein jugendlicher Held, der sich zum Charakterdarsteller mit breitem Repertoire, großer Ausdruckskraft und komödiantischem Talent entwickelte. Der «virtuose Nervenschauspieler» (Lorenz in *Die Münchner Kammerspiele*, S. 293) feierte große Erfolge mit der intensiven Verkörperung von «uneindeutigen» Figuren wie Leicester in *Maria Stuart*, als Hamlet, Tasso, Lorenzaccio und Platonov, «junge Männer, die durch besondere Konstellationen gebrochen werden» (Z., ebd.).

Die Münchner Kammerspiele. Hg. S. Dultz. München 2001.

Wolfgang Beck

Zech, Rosel (eig. Rosalie Helga Lina Z.), * 7. 7. 1942 Berlin. Schauspielerin.

Nach dem Besuch des Max-Reinhardt-Seminars in Berlin hatte die Tochter eines Binnenschifferehepaars ihr erstes Engagement 1962–64 in Landshut. Von dort wechselte sie an Schweizer Th. 1966–70 war Z. am Schauspielhaus in Wuppertal (O'Caseys *Der Pott*, R. → Zadek), 1970–72 in Stuttgart TR in Kleists *Penthesilea*, 1970, R. → Grüber). 1972 holte sie Zadek ans Schauspielhaus Bochum, wo sie bis 1977 blieb und zu einer der gefragtesten bundesdt. Bühnenschauspielerinnen avancierte. Unter Zadek spielte sie in seinen berühmten → Shakespeare-Insz.en, u. a. die Porzia in *Der Kaufmann von Venedig* (1972), Cordelia in *König Lear* (1974) oder den Polonius in *Hamlet* (1977). Für die TR in Ibsens *Hedda Gabler* wurde sie von *Th. heute* zur besten Schauspielerin des Jahres 1977 gewählt. Weitere Rollen in Bochum: die Amme in García Lorcas *Doña Rosita bleibt ledig* (1974) und die Hauptrolle in Calderóns *Die große Zenobia* (1975, beide R. → Fernandes). Weitere Zusammenarbeit mit Zadek am Dt. Schauspielhaus in Hamburg 1978/79 und 1985/86, u. a. als Anthea in → Ayckbourns *Spaß beiseite* (DEA 1979). Danach Verpflichtungen an der Freien Volksbühne Berlin (u. a. Célimène in Enzensbergers *Molières Menschenfeind*, UA 1979, R. Zadek), am Th. in der Josefstadt in Wien (Mutter in O'Neills *Eines langen Tages Reise in die Nacht*, 1989) und an Münchner Th.n (1981, 1984, 1999), wo sie im Bayer. Staatsschauspiel u. a. in Strindbergs *Der Vater* (1980, R. → Lietzau), Schillers *Maria Stuart* (1991), Kleists *Der zerbrochne Krug* (1997, R. → Niermeyer), Per Olov Enquists *Die Bildermacher* in der Rolle der Selma Lagerlöf auftrat (1999), an den Kammerspielen 1993 in Bernhards *Über allen Gipfeln ist Ruh* (R. A. → Lang). 1995 verkörperte sie bei den Wiener Festwochen neben Elisabeth → Trissenaar die Solange in Genets *Die Zofen* (R. → Neuenfels). Bei den Salzburger Festspielen Calpurnia in Shakespeares *Julius Caesar* (1992, R. P. → Stein), Glaube in Hofmannsthals *Jedermann* (1994). 2000 in Mearas *Afterplay* (Münchner Volkstheater), 2002 in Williams' *Die Nacht des Leguan* (Burgtheater, R. Zadek), 2005 in Rezas *Ein spanisches Stück* (Dt. Schauspielhaus Hamburg, R. → Gosch). Als Fernsehschauspielerin wurde sie einem großen Publikum durch ihre Rolle als resolute Bergarbeiterfrau und Mutter Elfriede in der ZDF-Serie *Knapp-Familie* bekannt. Weitere Fernsehrollen u. a. in *Die Bertinis* (1987/88) oder in der Krimiserie *Tatort*, ab 2002 als Mutter Oberin in der Serie *Um Himmels Willen*. Ihren größten Erfolg feierte Z. mit der TR in R. W. → Fassbinders Film *Die Sehnsucht der Veronika Voss* (1982). In Percy Adlons Film *Salmonberries* (1991) verkörpert sie eine in Alaska arbeitende Ostberliner Bibliothekarin, die mit einer jungen Eskimofrau Freundschaft schließt. Für diese Rolle wurde Z. mit dem Bayer. Filmpreis ausgezeichnet. Weitere Filme u. a. *Hades* (1995, R. → Achternbusch), *Aimée & Jaguar* (1997), *Kammerflimmern* (2004). C. B.

Sucher schreibt über die ausdrucksstarke und wandlungsfähige Schauspielerin: «Sie kratzt an der Fassade der Schwachen, und wenn der Putz bröckelt, sehen wir das morsche Mauerwerk, sehen die Risse. Rosel Zech tüncht sie mit ihrem Spiel nicht wieder zu, sie zeigt sie – selbstbewußt» (S. 307 f.).

Sucher, C. B.: Theaterzauberer. München, Zürich 1988.

Karin Schönewolf

Zeffirelli, Franco (eig. Gianfranco Corsi), * 12. 2. 1923 Florenz. Schauspieler, Bühnenbildner, Regisseur.

Sohn eines Kaufmanns und einer Modezeichnerin. Nach Besuch des humanistischen Gymnasiums Architekturstudium an der Universität seiner Geburtsstadt und Leitung einer Studentenbühne 1941–43. Gegen Kriegsende Engagement im antifaschistischen Widerstand und Übersiedlung nach Rom. Tätigkeit beim ital. Rundfunk und ab 1946 Zusammenarbeit mit → Visconti in dessen Ensemble Morelli-Stoppa als Schauspieler, Bühnenbildner, Regieassistent. 1948 an den Dreharbeiten von Viscontis neorealistischem Film *La Terra Trema (Die Erde bebt)*, später an *Bellissima* (1951) und *Senso* (1954) beteiligt. Arbeitete mit Roberto Rossellini (1906–77) und Vittorio de Sica (1902–74). Schwerpunkttätigkeit als Bühnen- und Kostümbildner, 1948/49 gemeinsam mit Salvador Dalí für die Ausstattung von → Shakespeares *Wie es euch gefällt* und *Troilus und Cressida*, Williams' *Endstation Sehnsucht* verantwortlich zeichnend. Ab 1953 an der Mailänder Scala Bühnenbildentwürfe für Rossini-Opern, schließlich auch Regie bei Donizettis *Der Liebestrank*. Zahlreiche Regieaufträge im Ausland, v. a. alljährlich in Dallas / Texas. Am Broadway u. a. Regie und Bühnenbild bei McNally / Coopers (nach Dumas) *The Lady of the Camellias* (1963, Winter Garden Th.). In Großbritannien u. a. Regie bei Shakespeares *Romeo und Julia* (1960, Old Vic Th., London), *Othello* (1961, Stratford-upon-Avon, mit → Gielgud), *Hamlet* (1964), *Viel Lärm um Nichts* (1965, beide National Th.), → de Filippos *Samstag, Sonntag, Montag* (1973, National Th.; 1974 Broadway), *Filumena* (1977, Lyric Th.), Pirandellos *Sechs Personen suchen einen Autor* (1992/93, National Th.), *So ist es – ist es so?* (2003, Wyndham's Th., London). Die Zahl seiner weltweiten Schauspiel- und Musiktheater-Insz.en ist Legion: Sie fielen und fallen durch ihre üppige Ausstattung auf, um deren Entwürfe er sich meistens noch selbst kümmerte. Seine Zusammenarbeit mit Maria Callas ist Legende geworden und fand ihren filmischen Niederschlag in *Callas forever* (2002, TR Fanny Ardant). Zu Z.s berühmtesten Filmen gehören zahlreiche Opern- und Literaturverfilmungen wie *La bisbetica domata (Der Widerspenstigen Zähmung*, 1966) und *Romeo und Julia* (1967), wobei er 2 Heranwachsende für die Darstellung des Liebespaars engagierte; Oscar-Nominierung für die beste Regieleistung. Bibel- und Literaturverfilmungen (*Jesus von Nazaret*, 1976; *Hamlet*, 1990; *Jane Eyre*, 1995). Lebenslang faszinierte ihn die Gestalt des heiligen Franz von Assisi: Dem 1973 gedrehten und vom Vatikan heftig kritisierten Film *Fratello sole, sorella luna (Bruder Sonne, Schwester Mond)* soll ein neuer Assisi-Film sozusagen als Vermächtnis Z.s folgen. – Als Enfant terrible des ital. Kulturlebens machte Z. auch außerhalb seiner künstl. Arbeit von sich reden. Er bekannte sich schon früh zu seiner Homosexualität, verurteilte als militanter Katholik die Sexwelle auf Leinwand und Bildschirm so undifferenziert, dass der Verband der ital. Filmschaffenden den «Verteidiger der Triebunterdrückung» ausschloss. Er kandidierte (erfolglos) für ein Abgeordnetenmandat der Forza Italia Berlusconis.

Abelein, K.: Hamlet: Verfilmungen 1990–2000.

Heidelberg 2003; Biesinger, K.: Style and signification in Shakespeare film: a study of the narrative realism of Franco Zeffirelli and the symolism of Peter Brook. Diss. Brigham Young Univ., Provo 1991; Franco Zeffirelli: il cinema delle grandi storie. (Rom 2000?); Graziano, G.: Maria Callas e il lavoro con i registi: Visconti, Zeffirelli, Pisolini. Diss. Bologna 2001/02; Salvadori, P.: Shakespeare e il cinema. Diss. Milano 1992; Zeffirelli: opere di pittura scenografica. Rom 2000 (Katalog); Zeffirelli by Zeffirelli! London 1986 (dt. Ausgabe München 1987).

Horst Schumacher

Zeidler, Hans-Dieter, * 19. 1. 1926 Bremen, † 25. 10. 1998 Zürich. Schauspieler.

Ausbildung Schauspielschule in Bremen. 1946–48 Oldenburg, 1948–51 Dt. Schauspielhaus Hamburg (TR in Ibsens *Peer Gynt*). 1951–69 Staatl. Schauspielbühnen Berlin (Caliban in → Shakespeares *Der Sturm*, TRn in Büchners *Dantons Tod* und Shakespeares *Macbeth*). Gastspiele in Frankfurt a. M. (TR in Byrons *Kain* 1958, → Brechts *Leben des Galilei* 1960, Hebbels *Herodes und Mariamne*, UA *Marski* von Hartmut Lange 1966, Mephisto in → Goethes *Faust I* und *II* 1964), in Darmstadt (TRn in Brechts *Baal*, Barlachs *Der blaue Boll* 1963, bei den Salzburger Festspielen (Orgon in → Molières *Tartuffe* 1960). 1969–73 Freie Volksbühne Berlin (Lopachin in Čechovs *Der Kirschgarten*, Adam in Kleists *Der zerbrochne Krug*, Theobald Maske in Sternheims *Die Hose*, TR in Shakespeares *Othello*). 1972 bei den Salzburger Festspielen Tobias Rülp in Shakespeares *Was ihr wollt*. Seit Mitte der 1970er Jahre am Zürcher Schauspielhaus (Stauffacher in Schillers *Wilhelm Tell*, Gennadi in Ostrovskijs *Der Wald*, Verrina in Schillers *Die Verschwörung des Fiesko zu Genua*, Falstaff in Shakespeares *Die lustigen Weiber von Windsor*, Biedermann in Frischs *Biedermann und die Brandstifter*, Der Alte in Dorsts *Eiszeit* in R. des Autors, Vater in UA *Der Gesandte* von Hürlimann 1991). 1984 in Bonn Jau in Hauptmanns *Schluck und Jau*. Fernsehrollen. – Z. arbeitete mit vielen bedeutenden Regisseuren (→ Kortner, → Piscator, → Noelte, → Peymann, → Buckwitz, → Bauer u. a.), die seine ungewöhnliche Vielseitigkeit schätzten. Obwohl von der Statur der Typ des schweren Charakterspielers, war er doch dank seiner vitalen Komödiantik auf kein Rollenfach festzulegen.

Werner Schulze-Reimpell

Ziegel, Erich, * 26. 8. 1876 Schwerin a. d. Warthe, † 30. 11. 1950 München. Theaterleiter, Regisseur, Schauspieler, Autor.

Nach abgebrochener Buchhändlerlehre debütierte Z. 1894 am Hoftheater Meiningen, kam über Lübeck, Halle, Breslau (1906–09 Leiter eines literarischen Sommertheaters) nach Berlin, wo er an verschiedenen Th.n als Schauspieler und Regisseur arbeitete. 1913–16 künstl. Leiter der Münchner Kammerspiele, wo er sich mit zahlreichen Insz.en als Wedekind- und Strindberg-Spezialist etablierte. Erfolgreich auch die Insz.en von P. Nansens *Eine glückliche Ehe*, Synges *Der Held des Westerlandes* (*Der Held der westlichen Welt*, DEA), L. Thomas *Die Sippe* (alle 1913). 1916 ging Z. nach Hamburg, zuerst als Oberspielleiter ans Thalia Th., 1917 als Regisseur und Schauspieler ans Dt. Schauspielhaus, wo er in eigener Regie u. a. in Schnitzlers *Zwischenspiel*, Strindbergs *Fräulein Julie*, Wedekinds *Erdgeist*, Sakheims *Krise im Gottesländchen* (UA, alle 1917), Feuchtwangers *Warren Hastings* (1918) spielte. 1918 gründete Z. die Hamburger Kammerspiele, die sich zu einem der innovativsten dt. Th. entwickelten. Im Rahmen einer Wedekind-Woche wurden sie am 31. 8. 1918 mit *Hidalla oder Die Moral der Schönheit* in Z.s Insz. (mit → Steinrück) eröffnet. Zahlreiche Schauspieler machten von hier aus Karriere, darunter → Kortner, → Gründgens, → Ambesser, → Hinz, H. → Otto. Stilprägende Mitarbeiter waren der Bühnenbildner Johannes Schröder (1883–1973), der Regisseur E. → Engel und Z.s Frau Mirjam Horwitz-Ziegel (1882–1967) als Schauspielerin und Regisseurin. Wichtige Insz.en Z.s waren u. a. Kaisers *Der Brand im Opernhaus*, Hasenclevers *Der Sohn* (beide 1918), Wedekinds *Franziska* und *Die Büchse der Pandora* (beide 1919), die UAen von Barlachs *Der arme Vetter* (1919) und *Die echten Sedemunds* (1920), → Shakespeares *Ein Sommernachtstraum* (1921). Bahnbrechend seine Insz. von Schillers *Die Räuber* (1921) in modernem Kostüm. 1926–28 leitete Z.s Frau die Kammerspiele, während er als Intendant des Dt. Schauspielhauses dessen Spielplan und Inszenierungsstil modernisierte. Regie u. a. bei Schillers *Die Verschwörung des Fiesco zu Genua*, Shakespeares *Othello* (beide 1926) und *Romeo und Julia* (1928), → Brechts *Leben Eduards des Zweiten von England* (1926), Romains' *Der Diktator*, Blumes *Treibjagd* (UA), Feuchtwangers *Die Petroleum-Inseln*, Kaisers *Nebeneinander* (alle 1927), Walters *Die große Hebammenkunst* (1928). 1928 kehrte Z. an die Kammerspiele zurück, die ab 1932 im Thalia Th. angesiedelt waren, dessen Leitung er übernommen hatte. 1934 gingen Z. und seine wegen ihrer Herkunft gefährdete Frau nach Wien, wo er die Kammerspiele übernahm und mit seiner Bearbeitung von Grabbes *Scherz, Satire, Ironie und tiefere Bedeutung* am 20. 9. 1934 eröffnete. Noch vor dem Ende der zweiten Spielzeit kehrten sie nach Deutschland zurück, wo Gründgens sie ans Preuß. Staatstheater engagierte. Rollen u. a. in → Lessings *Emilia Galotti* (1937), Rehbergs *Der Siebenjährige Krieg* (1938), Schillers *Die Jungfrau von Orleans* (1939), Shaws *Die heilige Johanna* (1943, R. → Fehling). 1944 Rückkehr nach Wien; seit 1945 Schauspieler und Oberspielleiter im Th. Die Insel; Insz.en am Volkstheater. 1949 Gastspiel Z.s und seiner Frau im Hamburger Thalia Th. in Hauptmanns *Der Biberpelz* (eigene R.). Z. schrieb u. a. Lustspiele und Bühnenbearbeitungen (Grabbe, Shakespeare) und trat auch im Film auf, u. a. in *Colombine* (1920), *Der Weg nach Shanghai* (1936), *Der Berg ruft!* (1938), *Johannisfeuer* (1939), *Das unsterbliche Antlitz* (1947), *Der Prozeß* (1948).

Weitaus bedeutender denn als Schauspieler war Z. als Regisseur und v. a. als Theaterleiter. Als Regisseur gelangen Z. für ihre innere Dynamik, die kluge Raumaufteilung und Lichtregie hochgelobte Insz.en, ohne dass ein eindeutiger Regiestil fassbar wäre. «In Hamburg war ich in wenigen Tagen elektrisiert und gebannt von wohltuend sinnvollen Proben, die Erich Ziegel leitete» (Kortner, S. 181). Bleibende Verdienste hat er sich als innovativer Theaterleiter erworben, der sich an allen Wirkungsstätten um die Durchsetzung aktueller Dramatik bemühte, dem es immer wieder gelang, bedeutende Mitarbeiter zu gewinnen und Ensembles zu bilden. Er war ein «Ermöglicher», dem viele herausragende Bühnenkünstler Förderung und künstl. Entwicklung zu danken hatten.

Brauneck, M.: Die Welt als Bühne. 4. Bd. Stuttgart, Weimar 2003; Fischer, H. W.: Hamburger Kulturbilderbogen. Hamburg 1998 (Neuausg.); Hundert Jahre Deutsches Schauspielhaus. Hamburg 1999; Jhering, H.: Von Reinhardt bis Brecht. 1. Bd. Berlin 1958; Kortner, F. Aller Tage Abend. München 1969; Nichts als Theater. Die Geschichte der Hamburger Kammerspiele. Hg. U. Tukur, U. Waller. Hamburg 2003; Petzet, W.: Theater. Die Münchner Kammerspiele 1911–1972. München 1973.

Wolfgang Beck

Zimmermann, Jörg, * 27. 5. 1933 Zürich, † 10. 12. 1994 Augsburg. Bühnenbildner.

Schüler und Assistent von Teo → Otto in Zürich, 1953–55 erstes Engagement am Dt. Schauspielhaus Hamburg. Debüt mit Georg Kaisers *Napoleon in New Orleans* (P. 27. 3. 1953, R. Peter Hamel). «Dies allererste eigne Bühnenbild Zimmermanns sprüht von Witz und glüht von Farbe; es ist so graziös wie frech» (Gerhard Sande in *Die Welt*, 30. 3.

1953). Besonders wirkungsvoll waren die Dekorationen u. a. zu Brandon Thomas' Schwank *Charleys Tante* (P. 27. 2. 1955, R. Robert Meyn): «Ein Fest der heitersten Farben […] Der Zimmermann im Bühnenhaus erspart die Axt des Kritikers» (*Hamburger Echo*, 28. 2. 1955). Dennoch lag der Schwerpunkt seiner Arbeit 1955–68 bei den Münchner Kammerspielen. Hier arbeitete er u. a. mit den Regisseuren Fritz → Kortner, Hans → Schweikart, Paul → Verhoeven, Kurt → Meisel, Axel von → Ambesser und August → Everding zusammen. Als Gast war er später u. a. in Berlin, Düsseldorf, Salzburg, Bayreuth, Paris, Stockholm und San Francisco tätig, für seinen Freund und Regisseur Werner → Düggelin in Darmstadt, München, Bochum und Wien. 1969 Wechsel zum Basler Th. – Zur Oper kam Z. durch Carl → Ebert. Für die Städt. Oper Berlin stattete er Orffs *Mond* aus (P. 17. 11. 1958, R. Wolf Völker). Er «malt bunte Märchenbuch-Bilder in Chagall-Farben und in der Manier bäuerischer Glasmalereien» (W. Oehlmann in *Tagesspiegel*, 19. 11. 1958). Bei Operninsz.en waren die Regiepartner neben Düggelin zumeist Nikolaus Lehnhoff, Helmut Baumann, Hellmuth → Matiasek und erneut A. Everding. Ende der 1970er Jahre entwickelte Z. eine Vorliebe für Musicals und Operetten. – 1977–82/83 war er Ausstattungsleiter in Zürich; dort auch erste Regiearbeiten, 1983–92 Staatsbühnenbildner der Bayer. Staatstheater in München und seit 1992 Ausstattungsleiter und Chefbühnenbildner in Augsburg. Z.s Stärke war die üppige, verspielte, stilsichere Dekoration.

Sabine Steinhage

Zinger, Arie, * 1953 (1952?) Tel Aviv. Regisseur.

Ausbildung in Tel Aviv. Seit 1976 in Deutschland. 1977–79 Dt. Schauspielhaus Hamburg. Debüt mit der Insz. von Salvatores *Freibrief*, dann Osbornes *Blick zurück im Zorn*, An-Skis *Der Dybuk*. 1979–80 Schauspiel Köln (→ Shakespeares *Der Kaufmann von Venedig*, Clarks *Ist das nicht mein Leben*). 1981–83 Israel. 1983 Münchner Residenztheater: DEA von Vinavers *Flug in die Anden*. Am Zürcher Schauspielhaus 1982 Čechovs *Ivanov*, 1985 Shakespeares *Maß für Maß*, 1987 Osbornes *Der Entertainer*. Schauspiel Köln: 1984 Ibsens *Gespenster*, Residenztheater München: Čechovs *Die Möwe*. Zürcher Schauspielhaus: 1985 Shakespeares *Maß für Maß*, Stuttgarter Staatsschauspiel: DEA von Frayns *Wilder Honig*, 1986 Shepards *Fools of Love* (1987 auch in Hamburg), 1987 Shakespeares *Macbeth*. Thalia Th. Hamburg 1987 *Die Katze auf dem heißen Blechdach* von Tennessee Williams. 1987–89 Oberspielleiter des Dt. Schauspielhauses Hamburg (Odets' *Wachet auf und rühmet*, Strindbergs *Der Pelikan*, O'Neills *Fast ein Poet*). Dort 1992 DEA von Shawns *Das Fieber*, Hatsors *Die Vermummten* und Shaws *Haus Herzenstod*. 1989 Münchner Residenztheater: Strindbergs *Totentanz*, Maxim-Gorki-Th. Berlin: 1995 O'Neills *Eines langen Tages Reise in die Nacht*, 1996 Ibsens *Baumeister Solness*. 1999 Ibsens *Stützen der Gesellschaft* (Düsseldorfer Schauspielhaus). 2000 UA von Felixas *Mister Mazel* (Schauspielhaus Dortmund). Am Volkstheater Wien zwischen 1996 und 2003: McNallys *Meisterklasse*, Eltons *Popcorn*, dt.sprachige EAen von Hares *Amy's Welt* und Rona Munros *Eisen*. Th. in der Josefstadt Wien: 2003 *Bei Kerzenlicht* von Karl → Farkas. Mehrere Einladungen zum Berliner Theatertreffen. Karl-Skraup-Preis 1998. – Unkonventioneller Regisseur, der Brüche deutlich markiert und charakterliche Widersprüche akzentuiert. Verbindet, besonders bei Čechov und Shakespeare, schrille Komik mit Trauer über unglückliche Verhältnisse. Bei der Auswahl der Stücke für seine Insz.en nicht immer glücklich. Vorliebe für «well made plays», manchmal ohne Ansehen der Qualität.

Werner Schulze-Reimpell

Zirner, August, * 7. 1. 1956 Urbana (Illinois, USA). Schauspieler.

Sohn einer Designerin und eines österr. Emigranten, der in Urbana eine Opernschule leitete. 1973–76 Schauspielausbildung am Reinhardt-Seminar in Wien. 1976 Debüt als Prinz in Strindbergs *Schwanenweiß* im Wiener Volkstheater. 1977–79 Niedersächs. Staatstheater Hannover, 1979–81 Hess. Staatstheater Wiesbaden, 1981–88 Münchner Kammerspiele. Dort spielte er in der Regie Th. → Langhoffs in Čechovs *Platonow* (1981), O'Caseys *Das Freudenfeuer für den Bischof* (1982), Mussets *Lorenzaccio* (1985), → Wendts in Jahnns *Medea* (1981), → Shakespeares *Wie es euch gefällt* (1982), → Dorns in Dorsts *Merlin oder das wüste Land* (1982), Weiss' *Der neue Prozeß* (1983), → Langs in Schillers *Don Carlos* (1985), Kleists *Penthesilea* (1987). Außerdem in Hebbels *Judith* (R. F.-P. → Steckel), Tollers *Der entfesselte Wotan* (beide 1983), Büchners *Woyzeck* (1984), Dreyers *Die goldene Brücke* (UA 1985, R. → Clemen), Pohls *La Balkona Bar* (1985), → Brechts *Mann ist Mann* (1987), *Im Dickicht der Städte* (1988), Bölls *Frauen vor Flußlandschaft* (UA 1988, R. → Schlöndorff). Seither freier Schauspieler, v. a. im Film und Fernsehen. Dennoch regelmäßige Bühnenauftritte; u. a. im Wiener Th. in der Josefstadt in Herzbergs *Leas Hochzeit* (1989), Harwoods *Der Fall Furtwängler* (1997, R. → Griem), Strauß' *Die Ähnlichen* (1998, R. P. → Stein, Koproduktion Wiener Festwochen), am Zürcher Schauspielhaus in Marivaux' *Liebe und Lüge* (1995, R. → Mouchtar-Samorai), Crimps *Auf dem Land* (2001/02, R. → Bondy, Koproduktion Berliner Ensemble), am Schauspielhaus Bochum in LaButes *Einordnen/Ausflug/Land der Toten* (2002, R. M. → Hartmann), am Volkstheater München in Albees *Die Ziege oder Wer ist Sylvia?* (2004, R. Stückl), am Staatstheater Hannover in Schillers *Don Carlos* (2005, R. → Minks). Bei den Salzburger Festspielen in Hofmannsthals *Der Schwierige* (1990, R. → Flimm, Koproduktion Burgtheater), Wyspiańskis *Wesele* (1992, R. → Wajda). Film- und Fernsehrollen u. a. in *Geld* (1989, R. Dörrie), *Homo faber* (1990, R. Schlöndorff), *Von Gewalt keine Rede* (1992, TV), *Das Versprechen* (1994, R. Trotta), *Hannah* (1996), *Winterkind* (1997, TV), *Jahrestage* (1999, TV), *Gebürtig* (2001), *Speer und Er* (2004, TV), *Tara Road* (2004). – Ein eindringlicher und sensibler Schauspieler mit unaufdringlichem Spiel, zurückgenommenen Mitteln und großem komischem Talent.

Wolfgang Beck

Znamenacek, Wolfgang, * 4. 2. 1913 Köln, † 23. 5. 1953 Mirandola (Italien, Autounfall). Bühnenbildner.

Nach der Ausbildung an der Werkschule Köln (1931–33) schuf Z. erste eigene szenographische Arbeiten 1933–35 am Neuen Th. in Frankfurt a. M., bevor er über Stolp (Słupsk, 1935–37) an das private Berliner Rose-Th. kam, an dem er bis zur Schließung 1944 arbeitete. Bühnenbilder u. a. für Sudermanns *Ehre* (1937), → Shakespeares *Hamlet* (1938) und *Der Kaufmann von Venedig* (1942), → Goethes *Egmont* (1939), Schillers *Maria Stuart* (1940). Nach Kriegsende zuerst in Düsseldorf, seit 1946/47 an den Münchner Kammerspielen, wo er u. a. die Bühnenbilder zu Frischs *Nun singen sie wieder* (1946, R. B. → Hübner) und *Don Juan oder die Liebe zur Geometrie* (1953, R. → Steckel), Anouilhs *Eurydike* (1947, R. → Engel), Hebbels *Maria Magdalena* (1949), Ibsens *Nora* (1950, beide R. → Fehling), Williams' *Endstation Sehnsucht* (1951, R. → Verhoeven), Horváths *Kasimir und Karoline* (1952, R. B. → Hübner), → Raimunds *Der*

Bauer als Millionär (1953, R. → Hilpert) entwarf. Häufige Zusammenarbeit mit Hans → Schweikart, u. a. bei → Brechts *Herr Puntila und sein Knecht Matti* (1949), Camus' *Der Belagerungszustand* (DEA 1950), Millers *Der Tod des Handlungsreisenden* (1950), Dürrenmatts *Die Ehe des Herrn Mississippi* (UA 1952). Außerdem bei Insz.en → Kortners, so bei dessen *Donauwellen* (UA 1949), → Lessings *Minna von Barnhelm* (1951); Schillers *Don Carlos* (1950, Hebbel-Th. Berlin). Seine Bühnenbildentwürfe zur Münchener Insz. von Strindbergs *Der Vater* (1949) wurden von Kortner bei seinen Insz.en des Stücks am Berliner Hebbel-Th. (1950) und am Dt. Schauspielhaus Hamburg (1967) erneut genutzt. – Als Z. an den Folgen eines Autounfalls starb, war er auf dem Weg, einer der führenden dt. Bühnenbildner der Nachkriegszeit zu werden, gesucht von bedeutenden Regisseuren. Er verstand seine Arbeit als integralen Bestandteil der Insz., griff je nach Stück und Regiekonzept auf unterschiedliche künstl. Stilrichtungen zurück und versuchte, die jeweilige Stimmung durch seine Raumkonzeptionen zu intensivieren. «Znam wußte, daß der Weg vom überhöhten Theater zum wahren Ausdruck ein Aufstieg nach unten zu den Wurzeln sein müsse; von der Peripherie ins Zentrum; von der handgreiflichen Stilisierung ins Subtile. […] Znam ging von der Realität aus. Er steigerte sie – fast unmerkbar – ins Surreale» (Kortner, zit. nach Völker, S. 213 f.).

Völker, K.: Fritz Kortner. Schauspieler und Regisseur. (2. Aufl.) Berlin 1993; Znamenacek, W.: Kulissen, Bühne und Bild. Augsburg 1957.

Wolfgang Beck